תורה נביאים כתובים

קורֵן ירושלים

בראשית ברא אלהים את השמים ואת הארץ והארץ היתה תהו ובהו וחשך
ועתה קום עבר את־הירדן הזה אתה וכל־העם הזה אל־הארץ אשר

על־פני תהום ורוח אלהים מרחפת על־פני המים ויאמר אלהים יהי־אור ויהי־אור וירא אלהים את־האור כי־טוב ויבדל
אנכי נתן להם לבני ישראל כל־מקום אשר תדרך כף־רגלכם בו לכם נתתיו כאשר דברתי אל־משה • אשרי־האיש אשר

תורה
נביאים
כתובים

הוצאת קורן ירושלים

The Koren Classic Tanakh

Koren Publishers Jerusalem Ltd.
POB 4044, Jerusalem 9104001, ISRAEL
POB 8531, New Milford, CT 06776, USA

www.korenpub.com

Classic Edition, Personal Size:
Hardcover, ISBN 978-965-301-051-2
Burgundy Leather, ISBN 978-965-301-052-9

Gitler Family Ma'alot Edition, Personal Size:

Dedicated on the occasion of the Bat Mitzva of
Meital Gabriella Gitler

And in honor of her grandmothers
Julia Koschitzky, Suzanne Gitler
and great-grandmother ***Molly Tennenbaum***

May this special-edition Tanakh keep the Torah at our fingertips and continue to inspire our lives.

Hardcover, ISBN 978-965-301-181-6
Flexible Cover, Turquoise, ISBN 978-965-301-827-3
Flexible Cover, Orange, ISBN 978-965-301-910-2
Flexible Cover, Pink, ISBN 978-965-301-065-9
Flexible Cover, Purple, ISBN 978-965-301-894-5
Flexible Cover, Light Blue, ISBN 978-965-301-084-0
Flexible Cover, Denim, ISBN 978-965-301-828-0
Flexible Cover, Green, ISBN 978-965-301-083-3

Printed in PRC

תורה נביאים כתובים
תנ״ך קורן
הוצאת קורן ירושלים
ת״ד 4044 ירושלים 9104001
www.korenpub.com

תנ״ך קורן, מהדורה אישית:
כריכה קשה, מסת״ב: 978-965-301-051-2
כריכה קשה, עור בורדו, מסת״ב: 978-965-301-052-9

תנ״ך המעלות על שם משפחת גיטלר, מהדורה אישית:

תנ״ך קורן המעלות על שם משפחת גיטלר
מוקדש לבתנו היקרה
מיטל גבריאלה גיטלר
בהגיעה למצוות (קיץ תש״ע)
ולסבתותיה
יהודית קושיצקי, שפרינצה בילה גיטלר
וסבתא רבה מלכה טננבאום
מי ייתן שהלומדים בתנ״ך זה יפיקו תועלת מכל מעלותיו
״למען תהיה תורת ה׳ בפיך״.

כריכה קשה, מסת״ב: 978-965-301-181-6
כריכה גמישה, צבע טורקיז, מסת״ב: 978-965-301-827-3
כריכה גמישה, צבע כתום, מסת״ב: 978-965-301-910-2
כריכה גמישה, צבע ורוד פוקסיה, מסת״ב: 978-965-301-065-9
כריכה גמישה, צבע סגול, מסת״ב: 978-965-301-894-5
כריכה גמישה, צבע כחול, מסת״ב: 978-965-301-084-0
כריכה גמישה, צבע כחול ג׳ינס, מסת״ב: 978-965-301-828-0
כריכה גמישה, צבע ירוק, מסת״ב: 978-965-301-083-3

תורה

בראשית
שמות
ויקרא
במדבר
דברים

בראשית

א ב בְּרֵאשִׁית בָּרָא אֱלֹהִים אֵת הַשָּׁמַיִם וְאֵת הָאָרֶץ: וְהָאָרֶץ א
הָיְתָה תֹהוּ וָבֹהוּ וְחֹשֶׁךְ עַל־פְּנֵי תְהוֹם וְרוּחַ אֱלֹהִים מְרַחֶפֶת
ג ד עַל־פְּנֵי הַמָּיִם: וַיֹּאמֶר אֱלֹהִים יְהִי־אוֹר וַיְהִי־אוֹר: וַיַּרְא אֱלֹהִים
ה אֶת־הָאוֹר כִּי־טוֹב וַיַּבְדֵּל אֱלֹהִים בֵּין הָאוֹר וּבֵין הַחֹשֶׁךְ: וַיִּקְרָא
אֱלֹהִים ׀ לָאוֹר יוֹם וְלַחֹשֶׁךְ קָרָא לָיְלָה וַיְהִי־עֶרֶב וַיְהִי־בֹקֶר יוֹם
אֶחָד:

ו וַיֹּאמֶר אֱלֹהִים יְהִי רָקִיעַ בְּתוֹךְ הַמָּיִם וִיהִי מַבְדִּיל בֵּין מַיִם
ז לָמָיִם: וַיַּעַשׂ אֱלֹהִים אֶת־הָרָקִיעַ וַיַּבְדֵּל בֵּין הַמַּיִם אֲשֶׁר
ח מִתַּחַת לָרָקִיעַ וּבֵין הַמַּיִם אֲשֶׁר מֵעַל לָרָקִיעַ וַיְהִי־כֵן: וַיִּקְרָא
אֱלֹהִים לָרָקִיעַ שָׁמָיִם וַיְהִי־עֶרֶב וַיְהִי־בֹקֶר יוֹם שֵׁנִי:

ט וַיֹּאמֶר אֱלֹהִים יִקָּווּ הַמַּיִם מִתַּחַת הַשָּׁמַיִם אֶל־מָקוֹם אֶחָד
י וְתֵרָאֶה הַיַּבָּשָׁה וַיְהִי־כֵן: וַיִּקְרָא אֱלֹהִים ׀ לַיַּבָּשָׁה אֶרֶץ וּלְמִקְוֵה
יא הַמַּיִם קָרָא יַמִּים וַיַּרְא אֱלֹהִים כִּי־טוֹב: וַיֹּאמֶר אֱלֹהִים תַּדְשֵׁא
הָאָרֶץ דֶּשֶׁא עֵשֶׂב מַזְרִיעַ זֶרַע עֵץ פְּרִי עֹשֶׂה פְּרִי לְמִינוֹ אֲשֶׁר
יב זַרְעוֹ־בוֹ עַל־הָאָרֶץ וַיְהִי־כֵן: וַתּוֹצֵא הָאָרֶץ דֶּשֶׁא עֵשֶׂב מַזְרִיעַ
זֶרַע לְמִינֵהוּ וְעֵץ עֹשֶׂה־פְּרִי אֲשֶׁר זַרְעוֹ־בוֹ לְמִינֵהוּ וַיַּרְא אֱלֹהִים
יג כִּי־טוֹב: וַיְהִי־עֶרֶב וַיְהִי־בֹקֶר יוֹם שְׁלִישִׁי:

יד וַיֹּאמֶר אֱלֹהִים יְהִי מְאֹרֹת בִּרְקִיעַ הַשָּׁמַיִם לְהַבְדִּיל בֵּין הַיּוֹם
טו וּבֵין הַלָּיְלָה וְהָיוּ לְאֹתֹת וּלְמוֹעֲדִים וּלְיָמִים וְשָׁנִים: וְהָיוּ
טז לִמְאוֹרֹת בִּרְקִיעַ הַשָּׁמַיִם לְהָאִיר עַל־הָאָרֶץ וַיְהִי־כֵן: וַיַּעַשׂ
אֱלֹהִים אֶת־שְׁנֵי הַמְּאֹרֹת הַגְּדֹלִים אֶת־הַמָּאוֹר הַגָּדֹל לְמֶמְשֶׁלֶת
הַיּוֹם וְאֶת־הַמָּאוֹר הַקָּטֹן לְמֶמְשֶׁלֶת הַלַּיְלָה וְאֵת הַכּוֹכָבִים:
יז יח וַיִּתֵּן אֹתָם אֱלֹהִים בִּרְקִיעַ הַשָּׁמָיִם לְהָאִיר עַל־הָאָרֶץ: וְלִמְשֹׁל
בַּיּוֹם וּבַלַּיְלָה וּלְהַבְדִּיל בֵּין הָאוֹר וּבֵין הַחֹשֶׁךְ וַיַּרְא אֱלֹהִים
יט כִּי־טוֹב: וַיְהִי־עֶרֶב וַיְהִי־בֹקֶר יוֹם רְבִיעִי:

כ וַיֹּאמֶר אֱלֹהִים יִשְׁרְצוּ הַמַּיִם שֶׁרֶץ נֶפֶשׁ חַיָּה וְעוֹף יְעוֹפֵף עַל־
כא הָאָרֶץ עַל־פְּנֵי רְקִיעַ הַשָּׁמָיִם: וַיִּבְרָא אֱלֹהִים אֶת־הַתַּנִּינִם

הַגְּדֹלִים וְאֵת כׇּל־נֶפֶשׁ הַחַיָּה ׀ הָרֹמֶשֶׂת אֲשֶׁר שָׁרְצוּ הַמַּיִם
לְמִינֵהֶם וְאֵת כׇּל־עוֹף כָּנָף לְמִינֵהוּ וַיַּרְא אֱלֹהִים כִּי־טוֹב:
וַיְבָרֶךְ אֹתָם אֱלֹהִים לֵאמֹר פְּרוּ וּרְבוּ וּמִלְאוּ אֶת־הַמַּיִם בַּיַּמִּים כב
וְהָעוֹף יִרֶב בָּאָרֶץ: וַיְהִי־עֶרֶב וַיְהִי־בֹקֶר יוֹם חֲמִישִׁי: כג
וַיֹּאמֶר אֱלֹהִים תּוֹצֵא הָאָרֶץ נֶפֶשׁ חַיָּה לְמִינָהּ בְּהֵמָה וָרֶמֶשׂ כד
וְחַיְתוֹ־אֶרֶץ לְמִינָהּ וַיְהִי־כֵן: וַיַּעַשׂ אֱלֹהִים אֶת־חַיַּת הָאָרֶץ לְמִינָהּ כה
וְאֶת־הַבְּהֵמָה לְמִינָהּ וְאֵת כׇּל־רֶמֶשׂ הָאֲדָמָה לְמִינֵהוּ וַיַּרְא
אֱלֹהִים כִּי־טוֹב: וַיֹּאמֶר אֱלֹהִים נַעֲשֶׂה אָדָם בְּצַלְמֵנוּ כִּדְמוּתֵנוּ כו
וְיִרְדּוּ בִדְגַת הַיָּם וּבְעוֹף הַשָּׁמַיִם וּבַבְּהֵמָה וּבְכׇל־הָאָרֶץ וּבְכׇל־
הָרֶמֶשׂ הָרֹמֵשׂ עַל־הָאָרֶץ: וַיִּבְרָא אֱלֹהִים ׀ אֶת־הָאָדָם בְּצַלְמוֹ כז
בְּצֶלֶם אֱלֹהִים בָּרָא אֹתוֹ זָכָר וּנְקֵבָה בָּרָא אֹתָם: וַיְבָרֶךְ כח
אֹתָם אֱלֹהִים וַיֹּאמֶר לָהֶם אֱלֹהִים פְּרוּ וּרְבוּ וּמִלְאוּ אֶת־הָאָרֶץ
וְכִבְשֻׁהָ וּרְדוּ בִּדְגַת הַיָּם וּבְעוֹף הַשָּׁמַיִם וּבְכׇל־חַיָּה הָרֹמֶשֶׂת
עַל־הָאָרֶץ: וַיֹּאמֶר אֱלֹהִים הִנֵּה נָתַתִּי לָכֶם אֶת־כׇּל־עֵשֶׂב ׀ זֹרֵעַ כט
זֶרַע אֲשֶׁר עַל־פְּנֵי כׇל־הָאָרֶץ וְאֶת־כׇּל־הָעֵץ אֲשֶׁר־בּוֹ פְרִי־עֵץ
זֹרֵעַ זָרַע לָכֶם יִהְיֶה לְאׇכְלָה: וּלְכׇל־חַיַּת הָאָרֶץ וּלְכׇל־עוֹף ל
הַשָּׁמַיִם וּלְכֹל ׀ רוֹמֵשׂ עַל־הָאָרֶץ אֲשֶׁר־בּוֹ נֶפֶשׁ חַיָּה אֶת־כׇּל־
יֶרֶק עֵשֶׂב לְאׇכְלָה וַיְהִי־כֵן: וַיַּרְא אֱלֹהִים אֶת־כׇּל־אֲשֶׁר עָשָׂה לא
וְהִנֵּה־טוֹב מְאֹד וַיְהִי־עֶרֶב וַיְהִי־בֹקֶר יוֹם הַשִּׁשִּׁי:
וַיְכֻלּוּ הַשָּׁמַיִם וְהָאָרֶץ וְכׇל־צְבָאָם: וַיְכַל אֱלֹהִים בַּיּוֹם הַשְּׁבִיעִי ב א
מְלַאכְתּוֹ אֲשֶׁר עָשָׂה וַיִּשְׁבֹּת בַּיּוֹם הַשְּׁבִיעִי מִכׇּל־מְלַאכְתּוֹ
אֲשֶׁר עָשָׂה: וַיְבָרֶךְ אֱלֹהִים אֶת־יוֹם הַשְּׁבִיעִי וַיְקַדֵּשׁ אֹתוֹ כִּי ג
בוֹ שָׁבַת מִכׇּל־מְלַאכְתּוֹ אֲשֶׁר־בָּרָא אֱלֹהִים לַעֲשׂוֹת:
שני ב אֵלֶּה תוֹלְדוֹת הַשָּׁמַיִם וְהָאָרֶץ בְּהִבָּרְאָם בְּיוֹם עֲשׂוֹת יְהוָה ד
אֱלֹהִים אֶרֶץ וְשָׁמָיִם: וְכֹל ׀ שִׂיחַ הַשָּׂדֶה טֶרֶם יִהְיֶה בָאָרֶץ וְכׇל־ ה
עֵשֶׂב הַשָּׂדֶה טֶרֶם יִצְמָח כִּי לֹא הִמְטִיר יְהוָה אֱלֹהִים עַל־הָאָרֶץ
וְאָדָם אַיִן לַעֲבֹד אֶת־הָאֲדָמָה: וְאֵד יַעֲלֶה מִן־הָאָרֶץ וְהִשְׁקָה ו

ז אֶת־כָּל־פְּנֵי הָאֲדָמָה: וַיִּיצֶר יְהוָה אֱלֹהִים אֶת־הָאָדָם עָפָר
מִן־הָאֲדָמָה וַיִּפַּח בְּאַפָּיו נִשְׁמַת חַיִּים וַיְהִי הָאָדָם לְנֶפֶשׁ חַיָּה:
ח וַיִּטַּע יְהוָה אֱלֹהִים גַּן בְּעֵדֶן מִקֶּדֶם וַיָּשֶׂם שָׁם אֶת־הָאָדָם אֲשֶׁר
ט יָצָר: וַיַּצְמַח יְהוָה אֱלֹהִים מִן־הָאֲדָמָה כָּל־עֵץ נֶחְמָד לְמַרְאֶה
י וְטוֹב לְמַאֲכָל וְעֵץ הַחַיִּים בְּתוֹךְ הַגָּן וְעֵץ הַדַּעַת טוֹב וָרָע: וְנָהָר
יֹצֵא מֵעֵדֶן לְהַשְׁקוֹת אֶת־הַגָּן וּמִשָּׁם יִפָּרֵד וְהָיָה לְאַרְבָּעָה
יא רָאשִׁים: שֵׁם הָאֶחָד פִּישׁוֹן הוּא הַסֹּבֵב אֵת כָּל־אֶרֶץ הַחֲוִילָה
יב אֲשֶׁר־שָׁם הַזָּהָב: וּזֲהַב הָאָרֶץ הַהִוא טוֹב שָׁם הַבְּדֹלַח וְאֶבֶן
יג הַשֹּׁהַם: וְשֵׁם־הַנָּהָר הַשֵּׁנִי גִּיחוֹן הוּא הַסּוֹבֵב אֵת כָּל־אֶרֶץ
יד כּוּשׁ: וְשֵׁם הַנָּהָר הַשְּׁלִישִׁי חִדֶּקֶל הוּא הַהֹלֵךְ קִדְמַת אַשּׁוּר
טו וְהַנָּהָר הָרְבִיעִי הוּא פְרָת: וַיִּקַּח יְהוָה אֱלֹהִים אֶת־הָאָדָם
טז וַיַּנִּחֵהוּ בְגַן־עֵדֶן לְעָבְדָהּ וּלְשָׁמְרָהּ: וַיְצַו יְהוָה אֱלֹהִים עַל־הָאָדָם
יז לֵאמֹר מִכֹּל עֵץ־הַגָּן אָכֹל תֹּאכֵל: וּמֵעֵץ הַדַּעַת טוֹב וָרָע לֹא
יח תֹאכַל מִמֶּנּוּ כִּי בְּיוֹם אֲכָלְךָ מִמֶּנּוּ מוֹת תָּמוּת: וַיֹּאמֶר יְהוָה
יט אֱלֹהִים לֹא־טוֹב הֱיוֹת הָאָדָם לְבַדּוֹ אֶעֱשֶׂה־לּוֹ עֵזֶר כְּנֶגְדּוֹ: וַיִּצֶר
יְהוָה אֱלֹהִים מִן־הָאֲדָמָה כָּל־חַיַּת הַשָּׂדֶה וְאֵת כָּל־עוֹף הַשָּׁמַיִם
וַיָּבֵא אֶל־הָאָדָם לִרְאוֹת מַה־יִּקְרָא־לוֹ וְכֹל אֲשֶׁר יִקְרָא־
כ לוֹ הָאָדָם נֶפֶשׁ חַיָּה הוּא שְׁמוֹ: וַיִּקְרָא הָאָדָם שֵׁמוֹת לְכָל־ שלישי
הַבְּהֵמָה וּלְעוֹף הַשָּׁמַיִם וּלְכֹל חַיַּת הַשָּׂדֶה וּלְאָדָם לֹא־מָצָא
כא עֵזֶר כְּנֶגְדּוֹ: וַיַּפֵּל יְהוָה אֱלֹהִים ׀ תַּרְדֵּמָה עַל־הָאָדָם וַיִּישָׁן
כב וַיִּקַּח אַחַת מִצַּלְעֹתָיו וַיִּסְגֹּר בָּשָׂר תַּחְתֶּנָּה: וַיִּבֶן יְהוָה אֱלֹהִים ׀
אֶת־הַצֵּלָע אֲשֶׁר־לָקַח מִן־הָאָדָם לְאִשָּׁה וַיְבִאֶהָ אֶל־הָאָדָם:
כג וַיֹּאמֶר הָאָדָם זֹאת הַפַּעַם עֶצֶם מֵעֲצָמַי וּבָשָׂר מִבְּשָׂרִי לְזֹאת
כד יִקָּרֵא אִשָּׁה כִּי מֵאִישׁ לֻקֳחָה־זֹּאת: עַל־כֵּן יַעֲזָב־אִישׁ אֶת־
כה אָבִיו וְאֶת־אִמּוֹ וְדָבַק בְּאִשְׁתּוֹ וְהָיוּ לְבָשָׂר אֶחָד: וַיִּהְיוּ שְׁנֵיהֶם
ג א עֲרוּמִּים הָאָדָם וְאִשְׁתּוֹ וְלֹא יִתְבֹּשָׁשׁוּ: וְהַנָּחָשׁ הָיָה עָרוּם מִכֹּל
חַיַּת הַשָּׂדֶה אֲשֶׁר עָשָׂה יְהוָה אֱלֹהִים וַיֹּאמֶר אֶל־הָאִשָּׁה אַף

כִּי־אָמַ֣ר אֱלֹהִ֔ים לֹ֣א תֹֽאכְל֔וּ מִכֹּ֖ל עֵ֥ץ הַגָּֽן: וַתֹּ֥אמֶר הָֽאִשָּׁ֖ה ב

אֶל־הַנָּחָ֑שׁ מִפְּרִ֥י עֵֽץ־הַגָּ֖ן נֹאכֵֽל: וּמִפְּרִ֣י הָעֵץ֮ אֲשֶׁ֣ר בְּתוֹךְ־הַגָּן֒ ג

אָמַ֣ר אֱלֹהִ֗ים לֹ֤א תֹֽאכְלוּ֙ מִמֶּ֔נּוּ וְלֹ֥א תִגְּע֖וּ בּ֑וֹ פֶּן־תְּמֻתֽוּן:

וַיֹּ֥אמֶר הַנָּחָ֖שׁ אֶל־הָֽאִשָּׁ֑ה לֹֽא־מ֖וֹת תְּמֻתֽוּן: כִּ֚י יֹדֵ֣עַ אֱלֹהִ֔ים כִּ֣י ה

בְּי֗וֹם אֲכָלְכֶ֣ם מִמֶּ֔נּוּ וְנִפְקְח֖וּ עֵֽינֵיכֶ֑ם וִהְיִיתֶם֙ כֵּֽאלֹהִ֔ים יֹדְעֵ֖י ט֥וֹב

וָרָֽע: וַתֵּ֣רֶא הָֽאִשָּׁ֡ה כִּ֣י טוֹב֩ הָעֵ֨ץ לְמַאֲכָ֜ל וְכִ֧י תַֽאֲוָה־ה֣וּא ו

לָֽעֵינַ֗יִם וְנֶחְמָ֤ד הָעֵץ֙ לְהַשְׂכִּ֔יל וַתִּקַּ֥ח מִפִּרְי֖וֹ וַתֹּאכַ֑ל וַתִּתֵּ֧ן גַּם־

לְאִישָׁ֛הּ עִמָּ֖הּ וַיֹּאכַֽל: וַתִּפָּקַ֙חְנָה֙ עֵינֵ֣י שְׁנֵיהֶ֔ם וַיֵּ֣דְע֔וּ כִּ֥י עֵֽירֻמִּ֖ם ז

הֵ֑ם וַֽיִּתְפְּרוּ֙ עֲלֵ֣ה תְאֵנָ֔ה וַיַּעֲשׂ֥וּ לָהֶ֖ם חֲגֹרֹֽת: וַֽיִּשְׁמְע֞וּ אֶת־ק֨וֹל ח

יְהֹוָ֧ה אֱלֹהִ֛ים מִתְהַלֵּ֥ךְ בַּגָּ֖ן לְר֣וּחַ הַיּ֑וֹם וַיִּתְחַבֵּ֨א הָֽאָדָ֜ם וְאִשְׁתּ֗וֹ

מִפְּנֵי֙ יְהֹוָ֣ה אֱלֹהִ֔ים בְּת֖וֹךְ עֵ֥ץ הַגָּֽן: וַיִּקְרָ֛א יְהֹוָ֥ה אֱלֹהִ֖ים אֶל־ ט

הָֽאָדָ֑ם וַיֹּ֥אמֶר ל֖וֹ אַיֶּֽכָּה: וַיֹּ֕אמֶר אֶת־קֹלְךָ֥ שָׁמַ֖עְתִּי בַּגָּ֑ן וָאִירָ֛א י

כִּֽי־עֵירֹ֥ם אָנֹ֖כִי וָאֵחָבֵֽא: וַיֹּ֕אמֶר מִ֚י הִגִּ֣יד לְךָ֔ כִּ֥י עֵירֹ֖ם אָ֑תָּה יא

הֲמִן־הָעֵ֗ץ אֲשֶׁ֧ר צִוִּיתִ֛יךָ לְבִלְתִּ֥י אֲכָל־מִמֶּ֖נּוּ אָכָֽלְתָּ: וַיֹּ֖אמֶר יב

הָֽאָדָ֑ם הָֽאִשָּׁה֙ אֲשֶׁ֣ר נָתַ֣תָּה עִמָּדִ֔י הִ֛וא נָֽתְנָה־לִּ֥י מִן־הָעֵ֖ץ

וָאֹכֵֽל: וַיֹּ֩אמֶר֩ יְהֹוָ֨ה אֱלֹהִ֧ים לָֽאִשָּׁ֛ה מַה־זֹּ֣את עָשִׂ֑ית וַתֹּ֙אמֶר֙ יג

הָֽאִשָּׁ֔ה הַנָּחָ֥שׁ הִשִּׁיאַ֖נִי וָאֹכֵֽל: וַיֹּאמֶר֩ יְהֹוָ֨ה אֱלֹהִ֥ים ׀ אֶל־הַנָּחָשׁ֮ יד

כִּ֣י עָשִׂ֣יתָ זֹּאת֒ אָר֤וּר אַתָּה֙ מִכָּל־הַבְּהֵמָ֔ה וּמִכֹּ֖ל חַיַּ֣ת הַשָּׂדֶ֑ה

עַל־גְּחֹנְךָ֣ תֵלֵ֔ךְ וְעָפָ֥ר תֹּאכַ֖ל כָּל־יְמֵ֥י חַיֶּֽיךָ: וְאֵיבָ֣ה ׀ אָשִׁ֗ית בֵּֽינְךָ֙ טו

וּבֵ֣ין הָֽאִשָּׁ֔ה וּבֵ֥ין זַרְעֲךָ֖ וּבֵ֣ין זַרְעָ֑הּ ה֚וּא יְשׁוּפְךָ֣ רֹ֔אשׁ וְאַתָּ֖ה

תְּשׁוּפֶ֥נּוּ עָקֵֽב: אֶל־הָֽאִשָּׁ֣ה אָמַ֗ר הַרְבָּ֤ה אַרְבֶּה֙ טז

עִצְּבוֹנֵ֣ךְ וְהֵֽרֹנֵ֔ךְ בְּעֶ֖צֶב תֵּֽלְדִ֣י בָנִ֑ים וְאֶל־אִישֵׁךְ֙ תְּשׁ֣וּקָתֵ֔ךְ וְה֖וּא

יִמְשָׁל־בָּֽךְ: וּלְאָדָ֣ם אָמַ֗ר כִּֽי־שָׁמַעְתָּ֮ לְק֣וֹל אִשְׁתֶּךָ֒ יז

וַתֹּ֙אכַל֙ מִן־הָעֵ֔ץ אֲשֶׁ֤ר צִוִּיתִ֙יךָ֙ לֵאמֹ֔ר לֹ֥א תֹאכַ֖ל מִמֶּ֑נּוּ אֲרוּרָ֤ה

הָֽאֲדָמָה֙ בַּֽעֲבוּרֶ֔ךָ בְּעִצָּבוֹן֙ תֹּֽאכֲלֶ֔נָּה כֹּ֖ל יְמֵ֥י חַיֶּֽיךָ: וְק֥וֹץ יח

וְדַרְדַּ֖ר תַּצְמִ֣יחַֽ לָ֑ךְ וְאָכַלְתָּ֖ אֶת־עֵ֥שֶׂב הַשָּׂדֶֽה: בְּזֵעַ֤ת אַפֶּ֙יךָ֙ יט

תֹּ֣אכַל לֶ֔חֶם עַ֤ד שֽׁוּבְךָ֙ אֶל־הָ֣אֲדָמָ֔ה כִּ֥י מִמֶּ֖נָּה לֻקָּ֑חְתָּ כִּֽי־

כ עָפָר אַתָּה וְאֶל־עָפָר תָּשׁוּב׃ וַיִּקְרָא הָאָדָם שֵׁם אִשְׁתּוֹ חַוָּה
כא כִּי הִוא הָיְתָה אֵם כָּל־חָי׃ וַיַּעַשׂ יְהוָה אֱלֹהִים לְאָדָם וּלְאִשְׁתּוֹ
כָּתְנוֹת עוֹר וַיַּלְבִּשֵׁם׃
כב ג רביעי וַיֹּאמֶר ׀ יְהוָה אֱלֹהִים הֵן הָאָדָם הָיָה כְּאַחַד מִמֶּנּוּ לָדַעַת טוֹב
וָרָע וְעַתָּה ׀ פֶּן־יִשְׁלַח יָדוֹ וְלָקַח גַּם מֵעֵץ הַחַיִּים וְאָכַל וָחַי
כג לְעֹלָם׃ וַיְשַׁלְּחֵהוּ יְהוָה אֱלֹהִים מִגַּן־עֵדֶן לַעֲבֹד אֶת־הָאֲדָמָה
כד אֲשֶׁר לֻקַּח מִשָּׁם׃ וַיְגָרֶשׁ אֶת־הָאָדָם וַיַּשְׁכֵּן מִקֶּדֶם לְגַן־עֵדֶן
אֶת־הַכְּרֻבִים וְאֵת לַהַט הַחֶרֶב הַמִּתְהַפֶּכֶת לִשְׁמֹר אֶת־דֶּרֶךְ
ד א עֵץ הַחַיִּים׃ וְהָאָדָם יָדַע אֶת־חַוָּה אִשְׁתּוֹ וַתַּהַר
ב וַתֵּלֶד אֶת־קַיִן וַתֹּאמֶר קָנִיתִי אִישׁ אֶת־יְהוָה׃ וַתֹּסֶף לָלֶדֶת
אֶת־אָחִיו אֶת־הָבֶל וַיְהִי־הֶבֶל רֹעֵה צֹאן וְקַיִן הָיָה עֹבֵד אֲדָמָה׃
ג ד וַיְהִי מִקֵּץ יָמִים וַיָּבֵא קַיִן מִפְּרִי הָאֲדָמָה מִנְחָה לַיהוָה׃ וְהֶבֶל
הֵבִיא גַם־הוּא מִבְּכֹרוֹת צֹאנוֹ וּמֵחֶלְבֵהֶן וַיִּשַׁע יְהוָה אֶל־
ה הֶבֶל וְאֶל־מִנְחָתוֹ׃ וְאֶל־קַיִן וְאֶל־מִנְחָתוֹ לֹא שָׁעָה וַיִּחַר
ו לְקַיִן מְאֹד וַיִּפְּלוּ פָּנָיו׃ וַיֹּאמֶר יְהוָה אֶל־קָיִן לָמָּה חָרָה לָךְ
ז וְלָמָּה נָפְלוּ פָנֶיךָ׃ הֲלוֹא אִם־תֵּיטִיב שְׂאֵת וְאִם לֹא תֵיטִיב
לַפֶּתַח חַטָּאת רֹבֵץ וְאֵלֶיךָ תְּשׁוּקָתוֹ וְאַתָּה תִּמְשָׁל־בּוֹ׃
ח וַיֹּאמֶר קַיִן אֶל־הֶבֶל אָחִיו וַיְהִי בִּהְיוֹתָם בַּשָּׂדֶה וַיָּקָם קַיִן
ט אֶל־הֶבֶל אָחִיו וַיַּהַרְגֵהוּ׃ וַיֹּאמֶר יְהוָה אֶל־קַיִן אֵי הֶבֶל
י אָחִיךָ וַיֹּאמֶר לֹא יָדַעְתִּי הֲשֹׁמֵר אָחִי אָנֹכִי׃ וַיֹּאמֶר מֶה
יא עָשִׂיתָ קוֹל דְּמֵי אָחִיךָ צֹעֲקִים אֵלַי מִן־הָאֲדָמָה׃ וְעַתָּה אָרוּר
אָתָּה מִן־הָאֲדָמָה אֲשֶׁר פָּצְתָה אֶת־פִּיהָ לָקַחַת אֶת־דְּמֵי
יב אָחִיךָ מִיָּדֶךָ׃ כִּי תַעֲבֹד אֶת־הָאֲדָמָה לֹא־תֹסֵף תֵּת־כֹּחָהּ לָךְ
יג נָע וָנָד תִּהְיֶה בָאָרֶץ׃ וַיֹּאמֶר קַיִן אֶל־יְהוָה גָּדוֹל עֲוֹנִי מִנְּשֹׂא׃
יד הֵן גֵּרַשְׁתָּ אֹתִי הַיּוֹם מֵעַל פְּנֵי הָאֲדָמָה וּמִפָּנֶיךָ אֶסָּתֵר וְהָיִיתִי
טו נָע וָנָד בָּאָרֶץ וְהָיָה כָל־מֹצְאִי יַהַרְגֵנִי׃ וַיֹּאמֶר לוֹ יְהוָה לָכֵן
כָּל־הֹרֵג קַיִן שִׁבְעָתַיִם יֻקָּם וַיָּשֶׂם יְהוָה לְקַיִן אוֹת לְבִלְתִּי

הַכּוֹת־אֹתוֹ כָּל־מֹצְאוֹ: וַיֵּצֵא קַיִן מִלִּפְנֵי יהוה וַיֵּשֶׁב בְּאֶרֶץ־ טז
נוֹד קִדְמַת־עֵדֶן: וַיֵּדַע קַיִן אֶת־אִשְׁתּוֹ וַתַּהַר וַתֵּלֶד אֶת־חֲנוֹךְ יז
וַיְהִי בֹּנֶה עִיר וַיִּקְרָא שֵׁם הָעִיר כְּשֵׁם בְּנוֹ חֲנוֹךְ: וַיִּוָּלֵד לַחֲנוֹךְ יח
אֶת־עִירָד וְעִירָד יָלַד אֶת־מְחוּיָאֵל וּמְחִיָּיאֵל יָלַד אֶת־מְתוּשָׁאֵל
חמישי וּמְתוּשָׁאֵל יָלַד אֶת־לָמֶךְ: וַיִּקַּח־לוֹ לֶמֶךְ שְׁתֵּי נָשִׁים שֵׁם הָאַחַת יט
עָדָה וְשֵׁם הַשֵּׁנִית צִלָּה: וַתֵּלֶד עָדָה אֶת־יָבָל הוּא הָיָה אֲבִי כ
יֹשֵׁב אֹהֶל וּמִקְנֶה: וְשֵׁם אָחִיו יוּבָל הוּא הָיָה אֲבִי כָּל־תֹּפֵשׂ כא
כִּנּוֹר וְעוּגָב: וְצִלָּה גַם־הִוא יָלְדָה אֶת־תּוּבַל קַיִן לֹטֵשׁ כָּל־ כב
חֹרֵשׁ נְחֹשֶׁת וּבַרְזֶל וַאֲחוֹת תּוּבַל־קַיִן נַעֲמָה: וַיֹּאמֶר לֶמֶךְ לְנָשָׁיו כג
עָדָה וְצִלָּה שְׁמַעַן קוֹלִי נְשֵׁי לֶמֶךְ הַאְזֵנָּה אִמְרָתִי כִּי אִישׁ
הָרַגְתִּי לְפִצְעִי וְיֶלֶד לְחַבֻּרָתִי: כִּי שִׁבְעָתַיִם יֻקַּם־קָיִן וְלֶמֶךְ כד
שִׁבְעִים וְשִׁבְעָה: וַיֵּדַע אָדָם עוֹד אֶת־אִשְׁתּוֹ וַתֵּלֶד בֵּן וַתִּקְרָא כה
אֶת־שְׁמוֹ שֵׁת כִּי שָׁת־לִי אֱלֹהִים זֶרַע אַחֵר תַּחַת הֶבֶל כִּי הֲרָגוֹ
קָיִן: וּלְשֵׁת גַּם־הוּא יֻלַּד־בֵּן וַיִּקְרָא אֶת־שְׁמוֹ אֱנוֹשׁ אָז הוּחַל כו
ששי ד לִקְרֹא בְּשֵׁם יהוה: זֶה סֵפֶר תּוֹלְדֹת אָדָם בְּיוֹם א ה
בְּרֹא אֱלֹהִים אָדָם בִּדְמוּת אֱלֹהִים עָשָׂה אֹתוֹ: זָכָר וּנְקֵבָה ב
בְּרָאָם וַיְבָרֶךְ אֹתָם וַיִּקְרָא אֶת־שְׁמָם אָדָם בְּיוֹם הִבָּרְאָם:
וַיְחִי אָדָם שְׁלֹשִׁים וּמְאַת שָׁנָה וַיּוֹלֶד בִּדְמוּתוֹ כְּצַלְמוֹ וַיִּקְרָא ג
אֶת־שְׁמוֹ שֵׁת: וַיִּהְיוּ יְמֵי־אָדָם אַחֲרֵי הוֹלִידוֹ אֶת־שֵׁת שְׁמֹנֶה ד
מֵאֹת שָׁנָה וַיּוֹלֶד בָּנִים וּבָנוֹת: וַיִּהְיוּ כָּל־יְמֵי אָדָם אֲשֶׁר־חַי ה
תְּשַׁע מֵאוֹת שָׁנָה וּשְׁלֹשִׁים שָׁנָה וַיָּמֹת: וַיְחִי־ ו
שֵׁת חָמֵשׁ שָׁנִים וּמְאַת שָׁנָה וַיּוֹלֶד אֶת־אֱנוֹשׁ: וַיְחִי־שֵׁת אַחֲרֵי ז
הוֹלִידוֹ אֶת־אֱנוֹשׁ שֶׁבַע שָׁנִים וּשְׁמֹנֶה מֵאוֹת שָׁנָה וַיּוֹלֶד בָּנִים
וּבָנוֹת: וַיִּהְיוּ כָּל־יְמֵי־שֵׁת שְׁתֵּים עֶשְׂרֵה שָׁנָה וּתְשַׁע מֵאוֹת ח
שָׁנָה וַיָּמֹת: וַיְחִי אֱנוֹשׁ תִּשְׁעִים שָׁנָה וַיּוֹלֶד אֶת־ ט
קֵינָן: וַיְחִי אֱנוֹשׁ אַחֲרֵי הוֹלִידוֹ אֶת־קֵינָן חֲמֵשׁ עֶשְׂרֵה שָׁנָה י
וּשְׁמֹנֶה מֵאוֹת שָׁנָה וַיּוֹלֶד בָּנִים וּבָנוֹת: וַיִּהְיוּ כָּל־יְמֵי אֱנוֹשׁ יא

יב חָמֵשׁ שָׁנִים וּתְשַׁע מֵאוֹת שָׁנָה וַיָּמֹת׃ וַיְחִי קֵינָן
יג שִׁבְעִים שָׁנָה וַיּוֹלֶד אֶת־מַהֲלַלְאֵל׃ וַיְחִי קֵינָן אַחֲרֵי הוֹלִידוֹ
אֶת־מַהֲלַלְאֵל אַרְבָּעִים שָׁנָה וּשְׁמֹנֶה מֵאוֹת שָׁנָה וַיּוֹלֶד
יד בָּנִים וּבָנוֹת׃ וַיִּהְיוּ כָּל־יְמֵי קֵינָן עֶשֶׂר שָׁנִים וּתְשַׁע מֵאוֹת
טו שָׁנָה וַיָּמֹת׃ וַיְחִי מַהֲלַלְאֵל חָמֵשׁ שָׁנִים וְשִׁשִּׁים
טז שָׁנָה וַיּוֹלֶד אֶת־יָרֶד׃ וַיְחִי מַהֲלַלְאֵל אַחֲרֵי הוֹלִידוֹ אֶת־יֶרֶד
יז שְׁלֹשִׁים שָׁנָה וּשְׁמֹנֶה מֵאוֹת שָׁנָה וַיּוֹלֶד בָּנִים וּבָנוֹת׃ וַיִּהְיוּ
כָּל־יְמֵי מַהֲלַלְאֵל חָמֵשׁ וְתִשְׁעִים שָׁנָה וּשְׁמֹנֶה מֵאוֹת שָׁנָה
יח וַיָּמֹת׃ וַיְחִי־יֶרֶד שְׁתַּיִם וְשִׁשִּׁים שָׁנָה וּמְאַת שָׁנָה
יט וַיּוֹלֶד אֶת־חֲנוֹךְ׃ וַיְחִי־יֶרֶד אַחֲרֵי הוֹלִידוֹ אֶת־חֲנוֹךְ שְׁמֹנֶה
כ מֵאוֹת שָׁנָה וַיּוֹלֶד בָּנִים וּבָנוֹת׃ וַיִּהְיוּ כָּל־יְמֵי־יֶרֶד שְׁתַּיִם
כא וְשִׁשִּׁים שָׁנָה וּתְשַׁע מֵאוֹת שָׁנָה וַיָּמֹת׃ וַיְחִי חֲנוֹךְ
כב חָמֵשׁ וְשִׁשִּׁים שָׁנָה וַיּוֹלֶד אֶת־מְתוּשָׁלַח׃ וַיִּתְהַלֵּךְ חֲנוֹךְ אֶת־
הָאֱלֹהִים אַחֲרֵי הוֹלִידוֹ אֶת־מְתוּשֶׁלַח שְׁלֹשׁ מֵאוֹת שָׁנָה וַיּוֹלֶד
כג בָּנִים וּבָנוֹת׃ וַיְהִי כָּל־יְמֵי חֲנוֹךְ חָמֵשׁ וְשִׁשִּׁים שָׁנָה וּשְׁלֹשׁ
כד מֵאוֹת שָׁנָה׃ וַיִּתְהַלֵּךְ חֲנוֹךְ אֶת־הָאֱלֹהִים וְאֵינֶנּוּ כִּי־לָקַח
כה אֹתוֹ אֱלֹהִים׃ וַיְחִי מְתוּשֶׁלַח שֶׁבַע וּשְׁמֹנִים שָׁנָה שביעי
כו וּמְאַת שָׁנָה וַיּוֹלֶד אֶת־לָמֶךְ׃ וַיְחִי מְתוּשֶׁלַח אַחֲרֵי הוֹלִידוֹ
אֶת־לֶמֶךְ שְׁתַּיִם וּשְׁמוֹנִים שָׁנָה וּשְׁבַע מֵאוֹת שָׁנָה וַיּוֹלֶד
כז בָּנִים וּבָנוֹת׃ וַיִּהְיוּ כָּל־יְמֵי מְתוּשֶׁלַח תֵּשַׁע וְשִׁשִּׁים שָׁנָה
כח וּתְשַׁע מֵאוֹת שָׁנָה וַיָּמֹת׃ וַיְחִי־לֶמֶךְ שְׁתַּיִם
כט וּשְׁמֹנִים שָׁנָה וּמְאַת שָׁנָה וַיּוֹלֶד בֵּן׃ וַיִּקְרָא אֶת־שְׁמוֹ נֹחַ
לֵאמֹר זֶה יְנַחֲמֵנוּ מִמַּעֲשֵׂנוּ וּמֵעִצְּבוֹן יָדֵינוּ מִן־הָאֲדָמָה
ל אֲשֶׁר אֵרְרָהּ יְהוָה׃ וַיְחִי־לֶמֶךְ אַחֲרֵי הוֹלִידוֹ אֶת־נֹחַ חָמֵשׁ
וְתִשְׁעִים שָׁנָה וַחֲמֵשׁ מֵאֹת שָׁנָה וַיּוֹלֶד בָּנִים וּבָנוֹת׃
לא וַיְהִי כָּל־יְמֵי־לֶמֶךְ שֶׁבַע וְשִׁבְעִים שָׁנָה וּשְׁבַע מֵאוֹת שָׁנָה
לב וַיָּמֹת׃ וַיְהִי־נֹחַ בֶּן־חֲמֵשׁ מֵאוֹת שָׁנָה וַיּוֹלֶד נֹחַ

אֶת־שֵׁם אֶת־חָם וְאֶת־יָפֶת: וַיְהִי כִּי־הֵחֵל הָאָדָם לָרֹב עַל־ א
פְּנֵי הָאֲדָמָה וּבָנוֹת יֻלְּדוּ לָהֶם: וַיִּרְאוּ בְנֵי־הָאֱלֹהִים אֶת־ ב
בְּנוֹת הָאָדָם כִּי טֹבֹת הֵנָּה וַיִּקְחוּ לָהֶם נָשִׁים מִכֹּל אֲשֶׁר
בָּחָרוּ: וַיֹּאמֶר יְהוָה לֹא־יָדוֹן רוּחִי בָאָדָם לְעֹלָם בְּשַׁגַּם הוּא ג
בָשָׂר וְהָיוּ יָמָיו מֵאָה וְעֶשְׂרִים שָׁנָה: הַנְּפִלִים הָיוּ בָאָרֶץ ד
בַּיָּמִים הָהֵם וְגַם אַחֲרֵי־כֵן אֲשֶׁר יָבֹאוּ בְּנֵי הָאֱלֹהִים אֶל־
בְּנוֹת הָאָדָם וְיָלְדוּ לָהֶם הֵמָּה הַגִּבֹּרִים אֲשֶׁר מֵעוֹלָם אַנְשֵׁי
הַשֵּׁם:

מפטיר וַיַּרְא יְהוָה כִּי רַבָּה רָעַת הָאָדָם בָּאָרֶץ וְכָל־יֵצֶר מַחְשְׁבֹת ה
לִבּוֹ רַק רַע כָּל־הַיּוֹם: וַיִּנָּחֶם יְהוָה כִּי־עָשָׂה אֶת־הָאָדָם ו
בָּאָרֶץ וַיִּתְעַצֵּב אֶל־לִבּוֹ: וַיֹּאמֶר יְהוָה אֶמְחֶה אֶת־הָאָדָם ז
אֲשֶׁר־בָּרָאתִי מֵעַל פְּנֵי הָאֲדָמָה מֵאָדָם עַד־בְּהֵמָה עַד־
רֶמֶשׂ וְעַד־עוֹף הַשָּׁמָיִם כִּי נִחַמְתִּי כִּי עֲשִׂיתִם: וְנֹחַ מָצָא חֵן ח
בְּעֵינֵי יְהוָה:

נח ה אֵלֶּה תּוֹלְדֹת נֹחַ נֹחַ אִישׁ צַדִּיק תָּמִים הָיָה בְּדֹרֹתָיו אֶת־ ט
הָאֱלֹהִים הִתְהַלֶּךְ־נֹחַ: וַיּוֹלֶד נֹחַ שְׁלֹשָׁה בָנִים אֶת־שֵׁם אֶת־ י
חָם וְאֶת־יָפֶת: וַתִּשָּׁחֵת הָאָרֶץ לִפְנֵי הָאֱלֹהִים וַתִּמָּלֵא הָאָרֶץ יא
חָמָס: וַיַּרְא אֱלֹהִים אֶת־הָאָרֶץ וְהִנֵּה נִשְׁחָתָה כִּי־הִשְׁחִית כָּל־ יב
בָּשָׂר אֶת־דַּרְכּוֹ עַל־הָאָרֶץ: וַיֹּאמֶר אֱלֹהִים לְנֹחַ יג
קֵץ כָּל־בָּשָׂר בָּא לְפָנַי כִּי־מָלְאָה הָאָרֶץ חָמָס מִפְּנֵיהֶם וְהִנְנִי
מַשְׁחִיתָם אֶת־הָאָרֶץ: עֲשֵׂה לְךָ תֵּבַת עֲצֵי־גֹפֶר קִנִּים תַּעֲשֶׂה יד
אֶת־הַתֵּבָה וְכָפַרְתָּ אֹתָהּ מִבַּיִת וּמִחוּץ בַּכֹּפֶר: וְזֶה אֲשֶׁר טו
תַּעֲשֶׂה אֹתָהּ שְׁלֹשׁ מֵאוֹת אַמָּה אֹרֶךְ הַתֵּבָה חֲמִשִּׁים אַמָּה
רָחְבָּהּ וּשְׁלֹשִׁים אַמָּה קוֹמָתָהּ: צֹהַר ׀ תַּעֲשֶׂה לַתֵּבָה וְאֶל־אַמָּה טז
תְּכַלֶּנָּה מִלְמַעְלָה וּפֶתַח הַתֵּבָה בְּצִדָּהּ תָּשִׂים תַּחְתִּים שְׁנִיִּם
וּשְׁלִשִׁים תַּעֲשֶׂהָ: וַאֲנִי הִנְנִי מֵבִיא אֶת־הַמַּבּוּל מַיִם עַל־הָאָרֶץ יז
לְשַׁחֵת כָּל־בָּשָׂר אֲשֶׁר־בּוֹ רוּחַ חַיִּים מִתַּחַת הַשָּׁמָיִם כֹּל אֲשֶׁר־

יח בָּאָ֖רֶץ יָגֽוֹעַ: וַהֲקִמֹתִ֤י אֶת־בְּרִיתִי֙ אִתָּ֔ךְ וּבָאתָ֙ אֶל־הַתֵּבָ֔ה אַתָּ֕ה

יט וּבָנֶ֛יךָ וְאִשְׁתְּךָ֥ וּנְשֵֽׁי־בָנֶ֖יךָ אִתָּֽךְ: וּמִכָּל־הָ֠חַי מִֽכָּל־בָּשָׂ֞ר שְׁנַ֧יִם

כ מִכֹּ֛ל תָּבִ֥יא אֶל־הַתֵּבָ֖ה לְהַחֲיֹ֣ת אִתָּ֑ךְ זָכָ֥ר וּנְקֵבָ֖ה יִֽהְיֽוּ: מֵהָע֣וֹף

לְמִינֵ֗הוּ וּמִן־הַבְּהֵמָה֙ לְמִינָ֔הּ מִכֹּ֛ל רֶ֥מֶשׂ הָֽאֲדָמָ֖ה לְמִינֵ֑הוּ שְׁנַ֧יִם

כא מִכֹּ֛ל יָבֹ֥אוּ אֵלֶ֖יךָ לְהַֽחֲיֽוֹת: וְאַתָּ֣ה קַח־לְךָ֗ מִכָּל־מַֽאֲכָל֙ אֲשֶׁ֣ר

כב יֵֽאָכֵ֔ל וְאָֽסַפְתָּ֖ אֵלֶ֑יךָ וְהָיָ֥ה לְךָ֛ וְלָהֶ֖ם לְאָכְלָֽה: וַיַּ֖עַשׂ נֹ֑חַ כְּ֠כֹל

ז א אֲשֶׁ֨ר צִוָּ֥ה אֹת֛וֹ אֱלֹהִ֖ים כֵּ֥ן עָשָֽׂה: וַיֹּ֤אמֶר יְהֹוָה֙ לְנֹ֔חַ בֹּֽא־אַתָּ֥ה שֵׁנִי

וְכָל־בֵּֽיתְךָ֖ אֶל־הַתֵּבָ֑ה כִּֽי־אֹֽתְךָ֥ רָאִ֛יתִי צַדִּ֥יק לְפָנַ֖י בַּדּ֥וֹר

ב הַזֶּֽה: מִכֹּ֣ל ׀ הַבְּהֵמָ֣ה הַטְּהוֹרָ֗ה תִּֽקַּח־לְךָ֛ שִׁבְעָ֥ה שִׁבְעָ֖ה אִ֣ישׁ

וְאִשְׁתּ֑וֹ וּמִן־הַבְּהֵמָ֡ה אֲ֠שֶׁר לֹ֣א טְהֹרָ֥ה הִ֛וא שְׁנַ֖יִם אִ֥ישׁ

ג וְאִשְׁתּֽוֹ: גַּ֣ם מֵע֧וֹף הַשָּׁמַ֛יִם שִׁבְעָ֥ה שִׁבְעָ֖ה זָכָ֣ר וּנְקֵבָ֑ה לְחַיּ֥וֹת

ד זֶ֖רַע עַל־פְּנֵ֥י כָל־הָאָֽרֶץ: כִּי֩ לְיָמִ֨ים ע֜וֹד שִׁבְעָ֗ה אָֽנֹכִי֙ מַמְטִ֣יר

עַל־הָאָ֔רֶץ אַרְבָּעִ֣ים י֔וֹם וְאַרְבָּעִ֖ים לָ֑יְלָה וּמָחִ֗יתִי אֶֽת־כָּל־

ה הַיְק֣וּם אֲשֶׁ֣ר עָשִׂ֔יתִי מֵעַ֖ל פְּנֵ֣י הָֽאֲדָמָ֑ה וַיַּ֖עַשׂ נֹ֑חַ כְּכֹ֥ל אֲשֶׁר־

ו צִוָּ֖הוּ יְהֹוָֽה: וְנֹ֕חַ בֶּן־שֵׁ֥שׁ מֵא֖וֹת שָׁנָ֑ה וְהַמַּבּ֣וּל הָיָ֔ה מַ֖יִם עַל־

ז הָאָֽרֶץ: וַיָּ֣בֹא נֹ֗חַ וּ֠בָנָיו וְאִשְׁתּ֧וֹ וּנְשֵֽׁי־בָנָ֛יו אִתּ֖וֹ אֶל־הַתֵּבָ֑ה

ח מִפְּנֵ֖י מֵ֥י הַמַּבּֽוּל: מִן־הַבְּהֵמָה֙ הַטְּהוֹרָ֔ה וּמִ֨ן־הַבְּהֵמָ֔ה אֲשֶׁ֥ר

ט אֵינֶ֖נָּה טְהֹרָ֑ה וּמִ֨ן־הָע֔וֹף וְכֹ֥ל אֲשֶׁר־רֹמֵ֖שׂ עַל־הָֽאֲדָמָֽה: שְׁנַ֨יִם

שְׁנַ֜יִם בָּ֧אוּ אֶל־נֹ֛חַ אֶל־הַתֵּבָ֖ה זָכָ֣ר וּנְקֵבָ֑ה כַּֽאֲשֶׁ֛ר צִוָּ֥ה אֱלֹהִ֖ים

י אֶת־נֹֽחַ: וַֽיְהִ֖י לְשִׁבְעַ֣ת הַיָּמִ֑ים וּמֵ֣י הַמַּבּ֔וּל הָי֖וּ עַל־הָאָֽרֶץ:

יא בִּשְׁנַ֨ת שֵׁשׁ־מֵא֤וֹת שָׁנָה֙ לְחַיֵּי־נֹ֔חַ בַּחֹ֨דֶשׁ֙ הַשֵּׁנִ֔י בְּשִׁבְעָֽה־עָשָׂ֥ר

י֖וֹם לַחֹ֑דֶשׁ בַּיּ֣וֹם הַזֶּ֗ה נִבְקְעוּ֙ כָּֽל־מַעְיְנֹת֙ תְּה֣וֹם רַבָּ֔ה וַֽאֲרֻבֹּ֥ת

יב הַשָּׁמַ֖יִם נִפְתָּֽחוּ: וַֽיְהִ֥י הַגֶּ֖שֶׁם עַל־הָאָ֑רֶץ אַרְבָּעִ֣ים י֔וֹם וְאַרְבָּעִ֖ים

יג לָֽיְלָה: בְּעֶ֨צֶם֙ הַיּ֣וֹם הַזֶּ֔ה בָּ֣א נֹ֔חַ וְשֵׁם־וְחָ֥ם וָיֶ֖פֶת בְּנֵי־נֹ֑חַ וְאֵ֣שֶׁת

יד נֹ֗חַ וּשְׁלֹ֧שֶׁת נְשֵֽׁי־בָנָ֛יו אִתָּ֖ם אֶל־הַתֵּבָֽה: הֵ֜מָּה וְכָל־הַֽחַיָּ֣ה לְמִינָ֗הּ

וְכָל־הַבְּהֵמָה֙ לְמִינָ֔הּ וְכָל־הָרֶ֛מֶשׂ הָֽרֹמֵ֥שׂ עַל־הָאָ֖רֶץ לְמִינֵ֑הוּ

טו וְכָל־הָע֥וֹף לְמִינֵ֖הוּ כֹּ֣ל צִפּ֣וֹר כָּל־כָּנָֽף: וַיָּבֹ֥אוּ אֶל־נֹ֖חַ אֶל־

טו הַתֵּבָה שְׁנַיִם שְׁנַיִם מִכָּל־הַבָּשָׂר אֲשֶׁר־בּוֹ רוּחַ חַיִּים: וְהַבָּאִים
זָכָר וּנְקֵבָה מִכָּל־בָּשָׂר בָּאוּ כַּאֲשֶׁר צִוָּה אֹתוֹ אֱלֹהִים וַיִּסְגֹּר
יז יְהוָה בַּעֲדוֹ: וַיְהִי הַמַּבּוּל אַרְבָּעִים יוֹם עַל־הָאָרֶץ וַיִּרְבּוּ הַמַּיִם שלישי
יח וַיִּשְׂאוּ אֶת־הַתֵּבָה וַתָּרָם מֵעַל הָאָרֶץ: וַיִּגְבְּרוּ הַמַּיִם וַיִּרְבּוּ
יט מְאֹד עַל־הָאָרֶץ וַתֵּלֶךְ הַתֵּבָה עַל־פְּנֵי הַמָּיִם: וְהַמַּיִם גָּבְרוּ
מְאֹד מְאֹד עַל־הָאָרֶץ וַיְכֻסּוּ כָּל־הֶהָרִים הַגְּבֹהִים אֲשֶׁר־תַּחַת
כ כָּל־הַשָּׁמָיִם: חֲמֵשׁ עֶשְׂרֵה אַמָּה מִלְמַעְלָה גָּבְרוּ הַמָּיִם וַיְכֻסּוּ
כא הֶהָרִים: וַיִּגְוַע כָּל־בָּשָׂר ׀ הָרֹמֵשׂ עַל־הָאָרֶץ בָּעוֹף וּבַבְּהֵמָה
כב וּבַחַיָּה וּבְכָל־הַשֶּׁרֶץ הַשֹּׁרֵץ עַל־הָאָרֶץ וְכֹל הָאָדָם: כֹּל אֲשֶׁר
כג נִשְׁמַת־רוּחַ חַיִּים בְּאַפָּיו מִכֹּל אֲשֶׁר בֶּחָרָבָה מֵתוּ: וַיִּמַח אֶת־
כָּל־הַיְקוּם ׀ אֲשֶׁר ׀ עַל־פְּנֵי הָאֲדָמָה מֵאָדָם עַד־בְּהֵמָה עַד־
רֶמֶשׂ וְעַד־עוֹף הַשָּׁמַיִם וַיִּמָּחוּ מִן־הָאָרֶץ וַיִּשָּׁאֶר אַךְ־נֹחַ וַאֲשֶׁר
כד אִתּוֹ בַּתֵּבָה: וַיִּגְבְּרוּ הַמַּיִם עַל־הָאָרֶץ חֲמִשִּׁים וּמְאַת יוֹם:
ח א וַיִּזְכֹּר אֱלֹהִים אֶת־נֹחַ וְאֵת כָּל־הַחַיָּה וְאֶת־כָּל־הַבְּהֵמָה אֲשֶׁר ו
אִתּוֹ בַּתֵּבָה וַיַּעֲבֵר אֱלֹהִים רוּחַ עַל־הָאָרֶץ וַיָּשֹׁכּוּ הַמָּיִם:
ב וַיִּסָּכְרוּ מַעְיְנֹת תְּהוֹם וַאֲרֻבֹּת הַשָּׁמָיִם וַיִּכָּלֵא הַגֶּשֶׁם מִן־
ג הַשָּׁמָיִם: וַיָּשֻׁבוּ הַמַּיִם מֵעַל הָאָרֶץ הָלוֹךְ וָשׁוֹב וַיַּחְסְרוּ הַמַּיִם
ד מִקְצֵה חֲמִשִּׁים וּמְאַת יוֹם: וַתָּנַח הַתֵּבָה בַּחֹדֶשׁ הַשְּׁבִיעִי
ה בְּשִׁבְעָה־עָשָׂר יוֹם לַחֹדֶשׁ עַל הָרֵי אֲרָרָט: וְהַמַּיִם הָיוּ הָלוֹךְ
וְחָסוֹר עַד הַחֹדֶשׁ הָעֲשִׂירִי בָּעֲשִׂירִי בְּאֶחָד לַחֹדֶשׁ נִרְאוּ רָאשֵׁי
ו הֶהָרִים: וַיְהִי מִקֵּץ אַרְבָּעִים יוֹם וַיִּפְתַּח נֹחַ אֶת־חַלּוֹן הַתֵּבָה
ז אֲשֶׁר עָשָׂה: וַיְשַׁלַּח אֶת־הָעֹרֵב וַיֵּצֵא יָצוֹא וָשׁוֹב עַד־יְבֹשֶׁת
ח הַמַּיִם מֵעַל הָאָרֶץ: וַיְשַׁלַּח אֶת־הַיּוֹנָה מֵאִתּוֹ לִרְאוֹת הֲקַלּוּ
ט הַמַּיִם מֵעַל פְּנֵי הָאֲדָמָה: וְלֹא־מָצְאָה הַיּוֹנָה מָנוֹחַ לְכַף־רַגְלָהּ
וַתָּשָׁב אֵלָיו אֶל־הַתֵּבָה כִּי־מַיִם עַל־פְּנֵי כָל־הָאָרֶץ וַיִּשְׁלַח יָדוֹ
י וַיִּקָּחֶהָ וַיָּבֵא אֹתָהּ אֵלָיו אֶל־הַתֵּבָה: וַיָּחֶל עוֹד שִׁבְעַת יָמִים
יא אֲחֵרִים וַיֹּסֶף שַׁלַּח אֶת־הַיּוֹנָה מִן־הַתֵּבָה: וַתָּבֹא אֵלָיו הַיּוֹנָה

לְעֵת עֶרֶב וְהִנֵּה עֲלֵה־זַיִת טָרָף בְּפִיהָ וַיֵּדַע נֹחַ כִּי־קַלּוּ הַמַּיִם
יב מֵעַל הָאָרֶץ׃ וַיִּיָּחֶל עוֹד שִׁבְעַת יָמִים אֲחֵרִים וַיְשַׁלַּח אֶת־הַיּוֹנָה
יג וְלֹא־יָסְפָה שׁוּב־אֵלָיו עוֹד׃ וַיְהִי בְּאַחַת וְשֵׁשׁ־מֵאוֹת שָׁנָה
בָּרִאשׁוֹן בְּאֶחָד לַחֹדֶשׁ חָרְבוּ הַמַּיִם מֵעַל הָאָרֶץ וַיָּסַר נֹחַ אֶת־
יד מִכְסֵה הַתֵּבָה וַיַּרְא וְהִנֵּה חָרְבוּ פְּנֵי הָאֲדָמָה׃ וּבַחֹדֶשׁ הַשֵּׁנִי
טו בְּשִׁבְעָה וְעֶשְׂרִים יוֹם לַחֹדֶשׁ יָבְשָׁה הָאָרֶץ׃ וַיְדַבֵּר ז רביעי
טז אֱלֹהִים אֶל־נֹחַ לֵאמֹר׃ צֵא מִן־הַתֵּבָה אַתָּה וְאִשְׁתְּךָ וּבָנֶיךָ
יז וּנְשֵׁי־בָנֶיךָ אִתָּךְ׃ כָּל־הַחַיָּה אֲשֶׁר־אִתְּךָ מִכָּל־בָּשָׂר בָּעוֹף
וּבַבְּהֵמָה וּבְכָל־הָרֶמֶשׂ הָרֹמֵשׂ עַל־הָאָרֶץ הוצא אִתָּךְ וְשָׁרְצוּ הַיְצֵא
יח בָאָרֶץ וּפָרוּ וְרָבוּ עַל־הָאָרֶץ׃ וַיֵּצֵא־נֹחַ וּבָנָיו וְאִשְׁתּוֹ וּנְשֵׁי־
יט בָנָיו אִתּוֹ׃ כָּל־הַחַיָּה כָּל־הָרֶמֶשׂ וְכָל־הָעוֹף כֹּל רוֹמֵשׂ עַל־
כ הָאָרֶץ לְמִשְׁפְּחֹתֵיהֶם יָצְאוּ מִן־הַתֵּבָה׃ וַיִּבֶן נֹחַ מִזְבֵּחַ לַיהוָה
וַיִּקַּח מִכֹּל ׀ הַבְּהֵמָה הַטְּהֹרָה וּמִכֹּל הָעוֹף הַטָּהֹר וַיַּעַל עֹלֹת
כא בַּמִּזְבֵּחַ׃ וַיָּרַח יְהוָה אֶת־רֵיחַ הַנִּיחֹחַ וַיֹּאמֶר יְהוָה אֶל־לִבּוֹ לֹא
אֹסִף לְקַלֵּל עוֹד אֶת־הָאֲדָמָה בַּעֲבוּר הָאָדָם כִּי יֵצֶר לֵב הָאָדָם
רַע מִנְּעֻרָיו וְלֹא־אֹסִף עוֹד לְהַכּוֹת אֶת־כָּל־חַי כַּאֲשֶׁר עָשִׂיתִי׃
כב עֹד כָּל־יְמֵי הָאָרֶץ זֶרַע וְקָצִיר וְקֹר וָחֹם וְקַיִץ וָחֹרֶף וְיוֹם וָלַיְלָה
ט א לֹא יִשְׁבֹּתוּ׃ וַיְבָרֶךְ אֱלֹהִים אֶת־נֹחַ וְאֶת־בָּנָיו וַיֹּאמֶר לָהֶם
ב פְּרוּ וּרְבוּ וּמִלְאוּ אֶת־הָאָרֶץ׃ וּמוֹרַאֲכֶם וְחִתְּכֶם יִהְיֶה עַל כָּל־
חַיַּת הָאָרֶץ וְעַל כָּל־עוֹף הַשָּׁמָיִם בְּכֹל אֲשֶׁר תִּרְמֹשׂ הָאֲדָמָה
ג וּבְכָל־דְּגֵי הַיָּם בְּיֶדְכֶם נִתָּנוּ׃ כָּל־רֶמֶשׂ אֲשֶׁר הוּא־חַי לָכֶם
ד יִהְיֶה לְאָכְלָה כְּיֶרֶק עֵשֶׂב נָתַתִּי לָכֶם אֶת־כֹּל׃ אַךְ־בָּשָׂר
ה בְּנַפְשׁוֹ דָמוֹ לֹא תֹאכֵלוּ׃ וְאַךְ אֶת־דִּמְכֶם לְנַפְשֹׁתֵיכֶם אֶדְרֹשׁ
מִיַּד כָּל־חַיָּה אֶדְרְשֶׁנּוּ וּמִיַּד הָאָדָם מִיַּד אִישׁ אָחִיו אֶדְרֹשׁ
ו אֶת־נֶפֶשׁ הָאָדָם׃ שֹׁפֵךְ דַּם הָאָדָם בָּאָדָם דָּמוֹ יִשָּׁפֵךְ כִּי בְּצֶלֶם
ז אֱלֹהִים עָשָׂה אֶת־הָאָדָם׃ וְאַתֶּם פְּרוּ וּרְבוּ שִׁרְצוּ בָאָרֶץ
ח וּרְבוּ־בָהּ׃ וַיֹּאמֶר אֱלֹהִים אֶל־נֹחַ וְאֶל־בָּנָיו אִתּוֹ חמישי

ט לֵאמֹר: וַאֲנִי הִנְנִי מֵקִים אֶת־בְּרִיתִי אִתְּכֶם וְאֶת־זַרְעֲכֶם
י אַחֲרֵיכֶם: וְאֵת כָּל־נֶפֶשׁ הַחַיָּה אֲשֶׁר אִתְּכֶם בָּעוֹף בַּבְּהֵמָה
וּבְכָל־חַיַּת הָאָרֶץ אִתְּכֶם מִכֹּל יֹצְאֵי הַתֵּבָה לְכֹל חַיַּת הָאָרֶץ:
יא וַהֲקִמֹתִי אֶת־בְּרִיתִי אִתְּכֶם וְלֹא־יִכָּרֵת כָּל־בָּשָׂר עוֹד מִמֵּי
יב הַמַּבּוּל וְלֹא־יִהְיֶה עוֹד מַבּוּל לְשַׁחֵת הָאָרֶץ: וַיֹּאמֶר אֱלֹהִים
זֹאת אוֹת־הַבְּרִית אֲשֶׁר־אֲנִי נֹתֵן בֵּינִי וּבֵינֵיכֶם וּבֵין כָּל־נֶפֶשׁ
יג חַיָּה אֲשֶׁר אִתְּכֶם לְדֹרֹת עוֹלָם: אֶת־קַשְׁתִּי נָתַתִּי בֶּעָנָן וְהָיְתָה
יד לְאוֹת בְּרִית בֵּינִי וּבֵין הָאָרֶץ: וְהָיָה בְּעַנְנִי עָנָן עַל־הָאָרֶץ
טו וְנִרְאֲתָה הַקֶּשֶׁת בֶּעָנָן: וְזָכַרְתִּי אֶת־בְּרִיתִי אֲשֶׁר בֵּינִי וּבֵינֵיכֶם
וּבֵין כָּל־נֶפֶשׁ חַיָּה בְּכָל־בָּשָׂר וְלֹא־יִהְיֶה עוֹד הַמַּיִם לְמַבּוּל
טז לְשַׁחֵת כָּל־בָּשָׂר: וְהָיְתָה הַקֶּשֶׁת בֶּעָנָן וּרְאִיתִיהָ לִזְכֹּר בְּרִית
עוֹלָם בֵּין אֱלֹהִים וּבֵין כָּל־נֶפֶשׁ חַיָּה בְּכָל־בָּשָׂר אֲשֶׁר עַל־
יז הָאָרֶץ: וַיֹּאמֶר אֱלֹהִים אֶל־נֹחַ זֹאת אוֹת־הַבְּרִית אֲשֶׁר הֲקִמֹתִי
בֵּינִי וּבֵין כָּל־בָּשָׂר אֲשֶׁר עַל־הָאָרֶץ:

ששי ח
יח וַיִּהְיוּ בְנֵי־נֹחַ הַיֹּצְאִים מִן־הַתֵּבָה שֵׁם וְחָם וָיָפֶת וְחָם הוּא אֲבִי
יט כ כְנָעַן: שְׁלֹשָׁה אֵלֶּה בְּנֵי־נֹחַ וּמֵאֵלֶּה נָפְצָה כָל־הָאָרֶץ: וַיָּחֶל
כא נֹחַ אִישׁ הָאֲדָמָה וַיִּטַּע כָּרֶם: וַיֵּשְׁתְּ מִן־הַיַּיִן וַיִּשְׁכָּר וַיִּתְגַּל
כב בְּתוֹךְ אָהֳלֹה: וַיַּרְא חָם אֲבִי כְנַעַן אֵת עֶרְוַת אָבִיו וַיַּגֵּד לִשְׁנֵי־
כג אֶחָיו בַּחוּץ: וַיִּקַּח שֵׁם וָיֶפֶת אֶת־הַשִּׂמְלָה וַיָּשִׂימוּ עַל־שְׁכֶם
שְׁנֵיהֶם וַיֵּלְכוּ אֲחֹרַנִּית וַיְכַסּוּ אֵת עֶרְוַת אֲבִיהֶם וּפְנֵיהֶם אֲחֹרַנִּית
כד וְעֶרְוַת אֲבִיהֶם לֹא רָאוּ: וַיִּיקֶץ נֹחַ מִיֵּינוֹ וַיֵּדַע אֵת אֲשֶׁר־
כה עָשָׂה לוֹ בְּנוֹ הַקָּטָן: וַיֹּאמֶר אָרוּר כְּנָעַן עֶבֶד עֲבָדִים יִהְיֶה
כו לְאֶחָיו: וַיֹּאמֶר בָּרוּךְ יהוה אֱלֹהֵי שֵׁם וִיהִי כְנַעַן עֶבֶד לָמוֹ:
כז יַפְתְּ אֱלֹהִים לְיֶפֶת וְיִשְׁכֹּן בְּאָהֳלֵי־שֵׁם וִיהִי כְנַעַן עֶבֶד לָמוֹ:
כח כט וַיְחִי־נֹחַ אַחַר הַמַּבּוּל שְׁלֹשׁ מֵאוֹת שָׁנָה וַחֲמִשִּׁים שָׁנָה: וַיְהִי
כָּל־יְמֵי־נֹחַ תְּשַׁע מֵאוֹת שָׁנָה וַחֲמִשִּׁים שָׁנָה וַיָּמֹת:
א י וְאֵלֶּה תּוֹלְדֹת בְּנֵי־נֹחַ שֵׁם חָם וָיָפֶת וַיִּוָּלְדוּ לָהֶם בָּנִים אַחַר

ב הַמַּבּוּל: בְּנֵי יֶפֶת גֹּמֶר וּמָגוֹג וּמָדַי וְיָוָן וְתֻבָל וּמֶשֶׁךְ וְתִירָס:
ג ד וּבְנֵי גֹּמֶר אַשְׁכְּנַז וְרִיפַת וְתֹגַרְמָה: וּבְנֵי יָוָן אֱלִישָׁה וְתַרְשִׁישׁ
ה כִּתִּים וְדֹדָנִים: מֵאֵלֶּה נִפְרְדוּ אִיֵּי הַגּוֹיִם בְּאַרְצֹתָם אִישׁ לִלְשֹׁנוֹ
ו ז לְמִשְׁפְּחֹתָם בְּגוֹיֵהֶם: וּבְנֵי חָם כּוּשׁ וּמִצְרַיִם וּפוּט וּכְנָעַן: וּבְנֵי
כוּשׁ סְבָא וַחֲוִילָה וְסַבְתָּה וְרַעְמָה וְסַבְתְּכָא וּבְנֵי רַעְמָה שְׁבָא
ח וּדְדָן: וְכוּשׁ יָלַד אֶת־נִמְרֹד הוּא הֵחֵל לִהְיוֹת גִּבֹּר בָּאָרֶץ:
ט הוּא־הָיָה גִבֹּר־צַיִד לִפְנֵי יְהוָה עַל־כֵּן יֵאָמַר כְּנִמְרֹד גִּבּוֹר צַיִד
י לִפְנֵי יְהוָה: וַתְּהִי רֵאשִׁית מַמְלַכְתּוֹ בָּבֶל וְאֶרֶךְ וְאַכַּד וְכַלְנֵה
יא בְּאֶרֶץ שִׁנְעָר: מִן־הָאָרֶץ הַהִוא יָצָא אַשּׁוּר וַיִּבֶן אֶת־נִינְוֵה
יב וְאֶת־רְחֹבֹת עִיר וְאֶת־כָּלַח: וְאֶת־רֶסֶן בֵּין נִינְוֵה וּבֵין כָּלַח
יג הִוא הָעִיר הַגְּדֹלָה: וּמִצְרַיִם יָלַד אֶת־לוּדִים וְאֶת־עֲנָמִים
יד וְאֶת־לְהָבִים וְאֶת־נַפְתֻּחִים: וְאֶת־פַּתְרֻסִים וְאֶת־כַּסְלֻחִים
טו אֲשֶׁר יָצְאוּ מִשָּׁם פְּלִשְׁתִּים וְאֶת־כַּפְתֹּרִים: וּכְנַעַן
טז יָלַד אֶת־צִידֹן בְּכֹרוֹ וְאֶת־חֵת: וְאֶת־הַיְבוּסִי וְאֶת־הָאֱמֹרִי
יז יח וְאֵת הַגִּרְגָּשִׁי: וְאֶת־הַחִוִּי וְאֶת־הַעַרְקִי וְאֶת־הַסִּינִי: וְאֶת־
הָאַרְוָדִי וְאֶת־הַצְּמָרִי וְאֶת־הַחֲמָתִי וְאַחַר נָפֹצוּ מִשְׁפְּחוֹת
יט הַכְּנַעֲנִי: וַיְהִי גְּבוּל הַכְּנַעֲנִי מִצִּידֹן בֹּאֲכָה גְרָרָה עַד־עַזָּה
כ בֹּאֲכָה סְדֹמָה וַעֲמֹרָה וְאַדְמָה וּצְבֹיִם עַד־לָשַׁע: אֵלֶּה בְנֵי־חָם
כא לְמִשְׁפְּחֹתָם לִלְשֹׁנֹתָם בְּאַרְצֹתָם בְּגוֹיֵהֶם: וּלְשֵׁם
כב יֻלַּד גַּם־הוּא אֲבִי כָּל־בְּנֵי־עֵבֶר אֲחִי יֶפֶת הַגָּדוֹל: בְּנֵי שֵׁם
כג עֵילָם וְאַשּׁוּר וְאַרְפַּכְשַׁד וְלוּד וַאֲרָם: וּבְנֵי אֲרָם עוּץ וְחוּל
כד וְגֶתֶר וָמַשׁ: וְאַרְפַּכְשַׁד יָלַד אֶת־שָׁלַח וְשֶׁלַח יָלַד אֶת־עֵבֶר:
כה וּלְעֵבֶר יֻלַּד שְׁנֵי בָנִים שֵׁם הָאֶחָד פֶּלֶג כִּי בְיָמָיו נִפְלְגָה הָאָרֶץ
כו וְשֵׁם אָחִיו יָקְטָן: וְיָקְטָן יָלַד אֶת־אַלְמוֹדָד וְאֶת־שָׁלֶף וְאֶת־
כז חֲצַרְמָוֶת וְאֶת־יָרַח: וְאֶת־הֲדוֹרָם וְאֶת־אוּזָל וְאֶת־דִּקְלָה:
כח כט וְאֶת־עוֹבָל וְאֶת־אֲבִימָאֵל וְאֶת־שְׁבָא: וְאֶת־אוֹפִר וְאֶת־
ל חֲוִילָה וְאֶת־יוֹבָב כָּל־אֵלֶּה בְּנֵי יָקְטָן: וַיְהִי מוֹשָׁבָם מִמֵּשָׁא

לא בֹּאֲכָה סְפָרָה הַר הַקֶּדֶם׃ אֵלֶּה בְנֵי־שֵׁם לְמִשְׁפְּחֹתָם לִלְשֹׁנֹתָם
לב בְּאַרְצֹתָם לְגוֹיֵהֶם׃ אֵלֶּה מִשְׁפְּחֹת בְּנֵי־נֹחַ לְתוֹלְדֹתָם בְּגוֹיֵהֶם
וּמֵאֵלֶּה נִפְרְדוּ הַגּוֹיִם בָּאָרֶץ אַחַר הַמַּבּוּל׃

יא א ב וַיְהִי כָל־הָאָרֶץ שָׂפָה אֶחָת וּדְבָרִים אֲחָדִים׃ וַיְהִי בְּנָסְעָם שביעי ט
ג מִקֶּדֶם וַיִּמְצְאוּ בִקְעָה בְּאֶרֶץ שִׁנְעָר וַיֵּשְׁבוּ שָׁם׃ וַיֹּאמְרוּ אִישׁ
אֶל־רֵעֵהוּ הָבָה נִלְבְּנָה לְבֵנִים וְנִשְׂרְפָה לִשְׂרֵפָה וַתְּהִי לָהֶם
ד הַלְּבֵנָה לְאָבֶן וְהַחֵמָר הָיָה לָהֶם לַחֹמֶר׃ וַיֹּאמְרוּ הָבָה ׀ נִבְנֶה־
לָּנוּ עִיר וּמִגְדָּל וְרֹאשׁוֹ בַשָּׁמַיִם וְנַעֲשֶׂה־לָּנוּ שֵׁם פֶּן־נָפוּץ עַל־
ה פְּנֵי כָל־הָאָרֶץ׃ וַיֵּרֶד יהוה לִרְאֹת אֶת־הָעִיר וְאֶת־הַמִּגְדָּל
ו אֲשֶׁר בָּנוּ בְּנֵי הָאָדָם׃ וַיֹּאמֶר יהוה הֵן עַם אֶחָד וְשָׂפָה אַחַת
לְכֻלָּם וְזֶה הַחִלָּם לַעֲשׂוֹת וְעַתָּה לֹא־יִבָּצֵר מֵהֶם כֹּל אֲשֶׁר
ז יָזְמוּ לַעֲשׂוֹת׃ הָבָה נֵרְדָה וְנָבְלָה שָׁם שְׂפָתָם אֲשֶׁר לֹא יִשְׁמְעוּ
ח אִישׁ שְׂפַת רֵעֵהוּ׃ וַיָּפֶץ יהוה אֹתָם מִשָּׁם עַל־פְּנֵי כָל־הָאָרֶץ
ט וַיַּחְדְּלוּ לִבְנֹת הָעִיר׃ עַל־כֵּן קָרָא שְׁמָהּ בָּבֶל כִּי־שָׁם
בָּלַל יהוה שְׂפַת כָּל־הָאָרֶץ וּמִשָּׁם הֱפִיצָם יהוה עַל־פְּנֵי
כָּל־הָאָרֶץ׃

י אֵלֶּה תּוֹלְדֹת שֵׁם שֵׁם בֶּן־מְאַת שָׁנָה וַיּוֹלֶד אֶת־אַרְפַּכְשָׁד
יא שְׁנָתַיִם אַחַר הַמַּבּוּל׃ וַיְחִי־שֵׁם אַחֲרֵי הוֹלִידוֹ אֶת־אַרְפַּכְשָׁד
יב חֲמֵשׁ מֵאוֹת שָׁנָה וַיּוֹלֶד בָּנִים וּבָנוֹת׃ וְאַרְפַּכְשַׁד
יג חַי חָמֵשׁ וּשְׁלֹשִׁים שָׁנָה וַיּוֹלֶד אֶת־שָׁלַח׃ וַיְחִי אַרְפַּכְשַׁד
אַחֲרֵי הוֹלִידוֹ אֶת־שֶׁלַח שָׁלֹשׁ שָׁנִים וְאַרְבַּע מֵאוֹת שָׁנָה
יד וַיּוֹלֶד בָּנִים וּבָנוֹת׃ וְשֶׁלַח חַי שְׁלֹשִׁים שָׁנָה וַיּוֹלֶד
טו אֶת־עֵבֶר׃ וַיְחִי־שֶׁלַח אַחֲרֵי הוֹלִידוֹ אֶת־עֵבֶר שָׁלֹשׁ שָׁנִים
טז וְאַרְבַּע מֵאוֹת שָׁנָה וַיּוֹלֶד בָּנִים וּבָנוֹת׃ וַיְחִי־עֵבֶר
יז אַרְבַּע וּשְׁלֹשִׁים שָׁנָה וַיּוֹלֶד אֶת־פָּלֶג׃ וַיְחִי־עֵבֶר אַחֲרֵי הוֹלִידוֹ
אֶת־פֶּלֶג שְׁלֹשִׁים שָׁנָה וְאַרְבַּע מֵאוֹת שָׁנָה וַיּוֹלֶד בָּנִים
יח וּבָנוֹת׃ וַיְחִי־פֶלֶג שְׁלֹשִׁים שָׁנָה וַיּוֹלֶד אֶת־רְעוּ׃

יט וַיְחִי־פֶ֗לֶג אַֽחֲרֵי֙ הוֹלִיד֣וֹ אֶת־רְע֔וּ תֵּ֥שַׁע שָׁנִ֖ים וּמָאתַ֣יִם שָׁנָ֑ה

כ וַיּ֖וֹלֶד בָּנִ֥ים וּבָנֽוֹת׃   וַיְחִ֣י רְע֔וּ שְׁתַּ֥יִם וּשְׁלֹשִׁ֖ים שָׁנָ֑ה

כא וַיּ֖וֹלֶד אֶת־שְׂר֑וּג׃ וַיְחִ֣י רְע֗וּ אַֽחֲרֵי֙ הוֹלִיד֣וֹ אֶת־שְׂר֔וּג שֶׁ֥בַע שָׁנִ֖ים

כב וּמָאתַ֣יִם שָׁנָ֑ה וַיּ֖וֹלֶד בָּנִ֥ים וּבָנֽוֹת׃   וַיְחִ֥י שְׂר֖וּג שְׁלֹשִׁ֥ים

כג שָׁנָ֑ה וַיּ֖וֹלֶד אֶת־נָחֽוֹר׃ וַיְחִ֣י שְׂר֗וּג אַֽחֲרֵי֙ הוֹלִיד֣וֹ אֶת־נָח֔וֹר מָאתַ֖יִם

כד שָׁנָ֑ה וַיּ֖וֹלֶד בָּנִ֥ים וּבָנֽוֹת׃   וַיְחִ֣י נָח֔וֹר תֵּ֥שַׁע וְעֶשְׂרִ֖ים

כה שָׁנָ֑ה וַיּ֖וֹלֶד אֶת־תָּֽרַח׃ וַיְחִ֣י נָח֗וֹר אַֽחֲרֵי֙ הוֹלִיד֣וֹ אֶת־תֶּ֔רַח תְּשַֽׁע־

כו עֶשְׂרֵ֥ה שָׁנָ֖ה וּמְאַ֣ת שָׁנָ֑ה וַיּ֖וֹלֶד בָּנִ֥ים וּבָנֽוֹת׃   וַֽיְחִי־

תֶ֖רַח שִׁבְעִ֣ים שָׁנָ֑ה וַיּ֙וֹלֶד֙ אֶת־אַבְרָ֔ם אֶת־נָח֖וֹר וְאֶת־הָרָֽן׃

כז וְאֵ֙לֶּה֙ תּֽוֹלְדֹ֣ת תֶּ֔רַח תֶּ֚רַח הוֹלִ֣יד אֶת־אַבְרָ֔ם אֶת־נָח֖וֹר וְאֶת־

כח הָרָ֑ן וְהָרָ֖ן הוֹלִ֣יד אֶת־ל֑וֹט׃ וַיָּ֣מָת הָרָ֗ן עַל־פְּנֵי֙ תֶּ֣רַח אָבִ֔יו בְּאֶ֖רֶץ

מפטיר   כט מֽוֹלַדְתּ֖וֹ בְּא֥וּר כַּשְׂדִּֽים׃ וַיִּקַּ֨ח אַבְרָ֧ם וְנָח֛וֹר לָהֶ֖ם נָשִׁ֑ים שֵׁ֣ם

אֵֽשֶׁת־אַבְרָם֙ שָׂרָ֔י וְשֵׁ֤ם אֵֽשֶׁת־נָחוֹר֙ מִלְכָּ֔ה בַּת־הָרָ֥ן אֲבִֽי־

ל   לא מִלְכָּ֖ה וַֽאֲבִ֣י יִסְכָּֽה׃ וַתְּהִ֥י שָׂרַ֖י עֲקָרָ֑ה אֵ֥ין לָ֖הּ וָלָֽד׃ וַיִּקַּ֨ח תֶּ֜רַח

אֶת־אַבְרָ֣ם בְּנ֗וֹ וְאֶת־ל֤וֹט בֶּן־הָרָן֙ בֶּן־בְּנ֔וֹ וְאֵת֙ שָׂרַ֣י כַּלָּת֔וֹ

אֵ֖שֶׁת אַבְרָ֣ם בְּנ֑וֹ וַיֵּֽצְא֨וּ אִתָּ֜ם מֵא֣וּר כַּשְׂדִּ֗ים לָלֶ֙כֶת֙ אַ֣רְצָה

לב כְּנַ֔עַן וַיָּבֹ֥אוּ עַד־חָרָ֖ן וַיֵּ֥שְׁבוּ שָֽׁם׃ וַיִּֽהְי֣וּ יְמֵי־תֶ֔רַח חָמֵ֥שׁ שָׁנִ֖ים

וּמָאתַ֣יִם שָׁנָ֑ה וַיָּ֥מָת תֶּ֖רַח בְּחָרָֽן׃

יב א   י לך לך   וַיֹּ֤אמֶר יְהֹוָה֙ אֶל־אַבְרָ֔ם לֶךְ־לְךָ֛ מֵֽאַרְצְךָ֥ וּמִמּֽוֹלַדְתְּךָ֖ וּמִבֵּ֣ית

ב אָבִ֑יךָ אֶל־הָאָ֖רֶץ אֲשֶׁ֥ר אַרְאֶֽךָּ׃ וְאֶֽעֶשְׂךָ֙ לְג֣וֹי גָּד֔וֹל וַאֲבָ֣רֶכְךָ֔

ג וַאֲגַדְּלָ֖ה שְׁמֶ֑ךָ וֶֽהְיֵ֖ה בְּרָכָֽה׃ וַאֲבָֽרְכָה֙ מְבָ֣רְכֶ֔יךָ וּמְקַלֶּלְךָ֖ אָאֹ֑ר

ד וְנִבְרְכ֣וּ בְךָ֔ כֹּ֖ל מִשְׁפְּחֹ֥ת הָֽאֲדָמָֽה׃ וַיֵּ֣לֶךְ אַבְרָ֗ם כַּֽאֲשֶׁ֨ר דִּבֶּ֤ר

אֵלָיו֙ יְהֹוָ֔ה וַיֵּ֥לֶךְ אִתּ֖וֹ ל֑וֹט וְאַבְרָ֗ם בֶּן־חָמֵ֧שׁ שָׁנִ֛ים וְשִׁבְעִ֥ים

ה שָׁנָ֖ה בְּצֵאת֥וֹ מֵֽחָרָֽן׃ וַיִּקַּ֣ח אַבְרָ֣ם אֶת־שָׂרַ֣י אִשְׁתּ֡וֹ וְאֶת־ל֣וֹט

בֶּן־אָחִ֡יו וְאֶת־כׇּל־רְכוּשָׁם֙ אֲשֶׁ֣ר רָכָ֔שׁוּ וְאֶת־הַנֶּ֖פֶשׁ אֲשֶׁר־עָשׂ֣וּ

ו בְחָרָ֔ן וַיֵּֽצְא֗וּ לָלֶ֙כֶת֙ אַ֣רְצָה כְּנַ֔עַן וַיָּבֹ֖אוּ אַ֣רְצָה כְּנָֽעַן׃ וַיַּֽעֲבֹ֤ר

אַבְרָם֙ בָּאָ֔רֶץ עַ֚ד מְק֣וֹם שְׁכֶ֔ם עַ֖ד אֵל֣וֹן מוֹרֶ֑ה וְהַֽכְּנַעֲנִ֖י אָ֥ז

ז בָּאָֽרֶץ: וַיֵּרָ֨א יְהוָה֙ אֶל־אַבְרָ֔ם וַיֹּ֕אמֶר לְזַ֨רְעֲךָ֔ אֶתֵּ֖ן אֶת־הָאָ֣רֶץ
ח הַזֹּ֑את וַיִּ֤בֶן שָׁם֙ מִזְבֵּ֔חַ לַיהוָ֖ה הַנִּרְאֶ֥ה אֵלָֽיו: וַיַּעְתֵּ֨ק מִשָּׁ֜ם
הָהָ֗רָה מִקֶּ֛דֶם לְבֵֽית־אֵ֖ל וַיֵּ֣ט אָהֳלֹ֑ה בֵּֽית־אֵ֤ל מִיָּם֙ וְהָעַ֣י מִקֶּ֔דֶם
ט וַיִּֽבֶן־שָׁ֤ם מִזְבֵּ֨חַ֙ לַֽיהוָ֔ה וַיִּקְרָ֖א בְּשֵׁ֣ם יְהוָֽה: וַיִּסַּ֣ע אַבְרָ֔ם הָל֥וֹךְ
וְנָס֖וֹעַ הַנֶּֽגְבָּה:

י וַיְהִ֥י רָעָ֖ב בָּאָ֑רֶץ וַיֵּ֨רֶד אַבְרָ֤ם מִצְרַ֨יְמָה֙ לָג֣וּר שָׁ֔ם כִּֽי־כָבֵ֥ד
יא הָרָעָ֖ב בָּאָֽרֶץ: וַיְהִ֕י כַּאֲשֶׁ֥ר הִקְרִ֖יב לָב֣וֹא מִצְרָ֑יְמָה וַיֹּ֨אמֶר֙
אֶל־שָׂרַ֣י אִשְׁתּ֔וֹ הִנֵּה־נָ֣א יָדַ֔עְתִּי כִּ֛י אִשָּׁ֥ה יְפַת־מַרְאֶ֖ה אָֽתְּ:
יב וְהָיָ֗ה כִּֽי־יִרְא֤וּ אֹתָךְ֙ הַמִּצְרִ֔ים וְאָמְר֖וּ אִשְׁתּ֣וֹ זֹ֑את וְהָרְג֥וּ אֹתִ֖י
יג וְאֹתָ֥ךְ יְחַיּֽוּ: אִמְרִי־נָ֖א אֲחֹ֣תִי אָ֑תְּ לְמַ֨עַן֙ יִֽיטַב־לִ֣י בַעֲבוּרֵ֔ךְ
יד וְחָיְתָ֥ה נַפְשִׁ֖י בִּגְלָלֵֽךְ: וַיְהִ֕י כְּב֥וֹא אַבְרָ֖ם מִצְרָ֑יְמָה וַיִּרְא֤וּ
טו הַמִּצְרִים֙ אֶת־הָ֣אִשָּׁ֔ה כִּֽי־יָפָ֥ה הִ֖וא מְאֹֽד: וַיִּרְא֤וּ אֹתָהּ֙ שָׂרֵ֣י
פַרְעֹ֔ה וַיְהַֽלְל֥וּ אֹתָ֖הּ אֶל־פַּרְעֹ֑ה וַתֻּקַּ֥ח הָאִשָּׁ֖ה בֵּ֥ית פַּרְעֹֽה:
טז וּלְאַבְרָ֥ם הֵיטִ֖יב בַּעֲבוּרָ֑הּ וַֽיְהִי־ל֤וֹ צֹאן־וּבָקָר֙ וַחֲמֹרִ֔ים וַעֲבָדִים֙
יז וּשְׁפָחֹ֔ת וַאֲתֹנֹ֖ת וּגְמַלִּֽים: וַיְנַגַּ֨ע יְהוָ֧ה ׀ אֶת־פַּרְעֹ֛ה נְגָעִ֥ים גְּדֹלִ֖ים
יח וְאֶת־בֵּית֑וֹ עַל־דְּבַ֥ר שָׂרַ֖י אֵ֥שֶׁת אַבְרָֽם: וַיִּקְרָ֤א פַרְעֹה֙ לְאַבְרָ֔ם
וַיֹּ֕אמֶר מַה־זֹּ֖את עָשִׂ֣יתָ לִּ֑י לָ֚מָּה לֹא־הִגַּ֣דְתָּ לִּ֔י כִּ֥י אִשְׁתְּךָ֖ הִֽוא:
יט לָמָ֤ה אָמַ֨רְתָּ֙ אֲחֹ֣תִי הִ֔וא וָאֶקַּ֥ח אֹתָ֛הּ לִ֖י לְאִשָּׁ֑ה וְעַתָּ֕ה הִנֵּ֥ה
כ אִשְׁתְּךָ֖ קַ֥ח וָלֵֽךְ: וַיְצַ֥ו עָלָ֛יו פַּרְעֹ֖ה אֲנָשִׁ֑ים וַֽיְשַׁלְּח֥וּ אֹת֛וֹ

יג א וְאֶת־אִשְׁתּ֖וֹ וְאֶת־כָּל־אֲשֶׁר־לֽוֹ: וַיַּֽעַל֩ אַבְרָ֨ם מִמִּצְרַ֜יִם ה֠וּא
ב וְאִשְׁתּ֧וֹ וְכָל־אֲשֶׁר־ל֛וֹ וְל֥וֹט עִמּ֖וֹ הַנֶּֽגְבָּה: וְאַבְרָ֖ם כָּבֵ֣ד מְאֹ֑ד
ג בַּמִּקְנֶ֕ה בַּכֶּ֖סֶף וּבַזָּהָֽב: וַיֵּ֨לֶךְ֙ לְמַסָּעָ֔יו מִנֶּ֖גֶב וְעַד־בֵּֽית־אֵ֑ל עַד־
הַמָּק֗וֹם אֲשֶׁר־הָ֨יָה שָׁ֤ם אָהֳלֹה֙ בַּתְּחִלָּ֔ה בֵּ֥ין בֵּֽית־אֵ֖ל וּבֵ֥ין הָעָֽי:
ד אֶל־מְקוֹם֙ הַמִּזְבֵּ֔חַ אֲשֶׁר־עָ֥שָׂה שָׁ֖ם בָּרִֽאשֹׁנָ֑ה וַיִּקְרָ֥א שָׁ֛ם
ה אַבְרָ֖ם בְּשֵׁ֥ם יְהוָֽה: וְגַ֨ם־לְל֔וֹט הַהֹלֵ֖ךְ אֶת־אַבְרָ֑ם הָיָ֥ה צֹאן־
ו וּבָקָ֖ר וְאֹהָלִֽים: וְלֹא־נָשָׂ֥א אֹתָ֛ם הָאָ֖רֶץ לָשֶׁ֣בֶת יַחְדָּ֑ו כִּֽי־הָיָ֤ה
ז רְכוּשָׁם֙ רָ֔ב וְלֹ֥א יָֽכְל֖וּ לָשֶׁ֣בֶת יַחְדָּֽו: וַֽיְהִי־רִ֗יב בֵּ֚ין רֹעֵ֣י מִקְנֵֽה־

אַבְרָ֔ם וּבֵ֖ין רֹעֵ֣י מִקְנֵה־ל֑וֹט וְהַֽכְּנַעֲנִי֙ וְהַפְּרִזִּ֔י אָ֖ז יֹשֵׁ֥ב בָּאָֽרֶץ:

ח וַיֹּ֨אמֶר אַבְרָ֜ם אֶל־ל֗וֹט אַל־נָ֤א תְהִ֣י מְרִיבָה֙ בֵּינִ֣י וּבֵינֶ֔ךָ וּבֵ֥ין

ט רֹעַ֖י וּבֵ֣ין רֹעֶ֑יךָ כִּֽי־אֲנָשִׁ֥ים אַחִ֖ים אֲנָֽחְנוּ: הֲלֹ֤א כָל־הָאָ֨רֶץ֙

לְפָנֶ֔יךָ הִפָּ֥רֶד נָ֖א מֵֽעָלָ֑י אִם־הַשְּׂמֹ֣אל וְאֵימִ֔נָה וְאִם־הַיָּמִ֖ין

י וְאַשְׂמְאִֽילָה: וַיִּשָּׂא־ל֣וֹט אֶת־עֵינָ֗יו וַיַּרְא֙ אֶת־כָּל־כִּכַּ֣ר הַיַּרְדֵּ֔ן

כִּ֥י כֻלָּ֖הּ מַשְׁקֶ֑ה לִפְנֵ֣י ׀ שַׁחֵ֣ת יְהוָ֗ה אֶת־סְדֹם֙ וְאֶת־עֲמֹרָ֔ה כְּגַן־

יא יְהוָה֙ כְּאֶ֣רֶץ מִצְרַ֔יִם בֹּאֲכָ֖ה צֹֽעַר: וַיִּבְחַר־ל֣וֹ ל֗וֹט אֵ֚ת כָּל־כִּכַּ֣ר

יב הַיַּרְדֵּ֔ן וַיִּסַּ֥ע ל֖וֹט מִקֶּ֑דֶם וַיִּפָּ֣רְד֔וּ אִ֖ישׁ מֵעַ֥ל אָחִֽיו: אַבְרָ֖ם יָשַׁ֣ב

יג בְּאֶֽרֶץ־כְּנָ֑עַן וְל֗וֹט יָשַׁב֙ בְּעָרֵ֣י הַכִּכָּ֔ר וַיֶּאֱהַ֖ל עַד־סְדֹֽם: וְאַנְשֵׁ֣י

יד סְדֹ֔ם רָעִ֖ים וְחַטָּאִ֑ים לַיהוָ֖ה מְאֹֽד: וַֽיהוָ֞ה אָמַ֣ר אֶל־אַבְרָ֗ם

אַחֲרֵי֙ הִפָּֽרֶד־ל֣וֹט מֵֽעִמּ֔וֹ שָׂ֣א נָ֤א עֵינֶ֨יךָ֙ וּרְאֵ֔ה מִן־הַמָּק֖וֹם

טו אֲשֶׁר־אַתָּ֣ה שָׁ֑ם צָפֹ֥נָה וָנֶ֖גְבָּה וָקֵ֣דְמָה וָיָֽמָּה: כִּ֧י אֶת־כָּל־

הָאָ֛רֶץ אֲשֶׁר־אַתָּ֥ה רֹאֶ֖ה לְךָ֣ אֶתְּנֶ֑נָּה וּֽלְזַרְעֲךָ֖ עַד־עוֹלָֽם:

טז וְשַׂמְתִּ֥י אֶֽת־זַרְעֲךָ֖ כַּעֲפַ֣ר הָאָ֑רֶץ אֲשֶׁ֣ר ׀ אִם־יוּכַ֣ל אִ֗ישׁ לִמְנוֹת֙

יז אֶת־עֲפַ֣ר הָאָ֔רֶץ גַּֽם־זַרְעֲךָ֖ יִמָּנֶֽה: ק֚וּם הִתְהַלֵּ֣ךְ בָּאָ֔רֶץ לְאָרְכָּ֖הּ

יח וּלְרָחְבָּ֑הּ כִּ֥י לְךָ֖ אֶתְּנֶֽנָּה: וַיֶּאֱהַ֣ל אַבְרָ֗ם וַיָּבֹ֛א וַיֵּ֛שֶׁב בְּאֵלֹנֵ֥י

מַמְרֵ֖א אֲשֶׁ֣ר בְּחֶבְר֑וֹן וַיִּֽבֶן־שָׁ֥ם מִזְבֵּ֖חַ לַיהוָֽה:

יא רביעי   יד א וַיְהִ֗י בִּימֵי֙ אַמְרָפֶ֣ל מֶֽלֶךְ־שִׁנְעָ֔ר אַרְי֖וֹךְ מֶ֣לֶךְ אֶלָּסָ֑ר כְּדָרְלָעֹ֨מֶר֙

ב מֶ֣לֶךְ עֵילָ֔ם וְתִדְעָ֖ל מֶ֣לֶךְ גּוֹיִֽם: עָשׂ֣וּ מִלְחָמָ֗ה אֶת־בֶּ֨רַע֙ מֶ֣לֶךְ

סְדֹ֔ם וְאֶת־בִּרְשַׁ֖ע מֶ֣לֶךְ עֲמֹרָ֑ה שִׁנְאָ֣ב ׀ מֶ֣לֶךְ אַדְמָ֗ה וְשֶׁמְאֵ֨בֶר֙

צבוים   ג מֶ֣לֶךְ צְבֹיִ֔ים וּמֶ֥לֶךְ בֶּ֖לַע הִיא־צֹֽעַר: כָּל־אֵ֨לֶּה֙ חָֽבְר֔וּ אֶל־עֵ֖מֶק

ד הַשִּׂדִּ֑ים ה֖וּא יָ֥ם הַמֶּֽלַח: שְׁתֵּ֤ים עֶשְׂרֵה֙ שָׁנָ֔ה עָבְד֖וּ אֶת־

ה כְּדָרְלָעֹ֑מֶר וּשְׁלֹשׁ־עֶשְׂרֵ֥ה שָׁנָ֖ה מָרָֽדוּ: וּבְאַרְבַּע֩ עֶשְׂרֵ֨ה שָׁנָ֜ה

בָּ֣א כְדָרְלָעֹ֗מֶר וְהַמְּלָכִים֙ אֲשֶׁ֣ר אִתּ֔וֹ וַיַּכּ֤וּ אֶת־רְפָאִים֙ בְּעַשְׁתְּרֹ֣ת

ו קַרְנַ֔יִם וְאֶת־הַזּוּזִ֖ים בְּהָ֑ם וְאֵת֙ הָֽאֵימִ֔ים בְּשָׁוֵ֖ה קִרְיָתָֽיִם: וְאֶת־

ז הַחֹרִ֖י בְּהַרְרָ֣ם שֵׂעִ֑יר עַ֚ד אֵ֣יל פָּארָ֔ן אֲשֶׁ֖ר עַל־הַמִּדְבָּֽר: וַ֠יָּשֻׁבוּ

וַיָּבֹ֜אוּ אֶל־עֵ֤ין מִשְׁפָּט֙ הִ֣וא קָדֵ֔שׁ וַיַּכּ֕וּ אֶֽת־כָּל־שְׂדֵ֖ה הָעֲמָלֵקִ֑י

בראשית   יד

צְבֹיִם

ח   וְגַם֙ אֶת־הָאֱמֹרִ֔י הַיֹּשֵׁ֖ב בְּחַֽצְצֹ֣ן תָּמָ֑ר: וַיֵּצֵ֨א מֶֽלֶךְ־סְדֹ֜ם וּמֶ֣לֶךְ
עֲמֹרָ֗ה וּמֶ֤לֶךְ אַדְמָה֙ וּמֶ֣לֶךְ צְבֹיִ֔ם וּמֶ֥לֶךְ בֶּ֖לַע הִוא־צֹ֑עַר וַיַּֽעַרְכ֤וּ
ט   אִתָּם֙ מִלְחָמָ֔ה בְּעֵ֖מֶק הַשִּׂדִּֽים: אֵ֣ת כְּדָרְלָעֹ֜מֶר מֶ֣לֶךְ עֵילָ֗ם
וְתִדְעָל֙ מֶ֣לֶךְ גּוֹיִ֔ם וְאַמְרָפֶל֙ מֶ֣לֶךְ שִׁנְעָ֔ר וְאַרְי֖וֹךְ מֶ֣לֶךְ אֶלָּסָ֑ר
אַרְבָּעָ֥ה מְלָכִ֖ים אֶת־הַֽחֲמִשָּֽׁה: וְעֵ֣מֶק הַשִּׂדִּ֗ים בֶּֽאֱרֹ֤ת בֶּֽאֱרֹת֙
י
חֵמָ֔ר וַיָּנֻ֛סוּ מֶֽלֶךְ־סְדֹ֥ם וַֽעֲמֹרָ֖ה וַיִּפְּלוּ־שָׁ֑מָּה וְהַנִּשְׁאָרִ֖ים הֶ֥רָה
יא   נָֽסוּ: וַיִּקְח֠וּ אֶת־כָּל־רְכֻ֨שׁ סְדֹ֧ם וַֽעֲמֹרָ֛ה וְאֶת־כָּל־אָכְלָ֖ם וַיֵּלֵֽכוּ:
יב   וַיִּקְח֨וּ אֶת־ל֧וֹט וְאֶת־רְכֻשׁ֛וֹ בֶּן־אֲחִ֥י אַבְרָ֖ם וַיֵּלֵ֑כוּ וְה֥וּא יֹשֵׁ֖ב
יג   בִּסְדֹֽם: וַיָּבֹא֙ הַפָּלִ֔יט וַיַּגֵּ֖ד לְאַבְרָ֣ם הָֽעִבְרִ֑י וְהוּא֩ שֹׁכֵ֨ן בְּאֵֽלֹנֵ֜י
מַמְרֵ֣א הָֽאֱמֹרִ֗י אֲחִ֤י אֶשְׁכֹּל֙ וַֽאֲחִ֣י עָנֵ֔ר וְהֵ֖ם בַּֽעֲלֵ֥י בְרִית־אַבְרָֽם:
יד   וַיִּשְׁמַ֣ע אַבְרָ֔ם כִּ֥י נִשְׁבָּ֖ה אָחִ֑יו וַיָּ֨רֶק אֶת־חֲנִיכָ֜יו יְלִידֵ֣י בֵית֗וֹ
טו   שְׁמֹנָ֤ה עָשָׂר֙ וּשְׁלֹ֣שׁ מֵא֔וֹת וַיִּרְדֹּ֖ף עַד־דָּֽן: וַיֵּֽחָלֵ֨ק עֲלֵיהֶ֧ם ׀ לַ֛יְלָה
ה֥וּא וַֽעֲבָדָ֖יו וַיַּכֵּ֑ם וַֽיִּרְדְּפֵם֙ עַד־חוֹבָ֔ה אֲשֶׁ֥ר מִשְּׂמֹ֖אל לְדַמָּֽשֶׂק:
טז   וַיָּ֕שֶׁב אֵ֖ת כָּל־הָֽרְכֻ֑שׁ וְגַם֩ אֶת־ל֨וֹט אָחִ֤יו וּרְכֻשׁוֹ֙ הֵשִׁ֔יב וְגַ֥ם
אֶת־הַנָּשִׁ֖ים וְאֶת־הָעָֽם: וַיֵּצֵ֣א מֶֽלֶךְ־סְדֹם֮ לִקְרָאתוֹ֒ אַֽחֲרֵ֣י שׁוּב֗וֹ
יז
מֵֽהַכּוֹת֙ אֶת־כְּדָרְלָעֹ֔מֶר וְאֶת־הַמְּלָכִ֖ים אֲשֶׁ֣ר אִתּ֑וֹ אֶל־עֵ֣מֶק
שָׁוֵ֔ה ה֖וּא עֵ֥מֶק הַמֶּֽלֶךְ: וּמַלְכִּי־צֶ֨דֶק֙ מֶ֣לֶךְ שָׁלֵ֔ם הוֹצִ֖יא לֶ֣חֶם
יח
יט   וָיָ֑יִן וְה֥וּא כֹהֵ֖ן לְאֵ֥ל עֶלְיֽוֹן: וַֽיְבָרְכֵ֖הוּ וַיֹּאמַ֑ר בָּר֤וּךְ אַבְרָם֙ לְאֵ֣ל
כ   עֶלְי֔וֹן קֹנֵ֖ה שָׁמַ֥יִם וָאָֽרֶץ: וּבָרוּךְ֙ אֵ֣ל עֶלְי֔וֹן אֲשֶׁר־מִגֵּ֥ן צָרֶ֖יךָ
חמישי   בְּיָדֶ֑ךָ וַיִּתֶּן־ל֥וֹ מַֽעֲשֵׂ֖ר מִכֹּֽל: וַיֹּ֥אמֶר מֶֽלֶךְ־סְדֹ֖ם אֶל־אַבְרָ֑ם
כא
כב   תֶּן־לִ֣י הַנֶּ֔פֶשׁ וְהָֽרְכֻ֖שׁ קַֽח־לָֽךְ: וַיֹּ֥אמֶר אַבְרָ֖ם אֶל־מֶ֣לֶךְ סְדֹ֑ם
הֲרִמֹ֨תִי יָדִ֤י אֶל־יְהֹוָה֙ אֵ֣ל עֶלְי֔וֹן קֹנֵ֖ה שָׁמַ֥יִם וָאָֽרֶץ: אִם־מִחוּט֙
כג
וְעַ֣ד שְׂרֽוֹךְ־נַ֔עַל וְאִם־אֶקַּ֖ח מִכָּל־אֲשֶׁר־לָ֑ךְ וְלֹ֣א תֹאמַ֔ר אֲנִ֖י
כד   הֶֽעֱשַׁ֥רְתִּי אֶת־אַבְרָֽם: בִּלְעָדַ֗י רַ֚ק אֲשֶׁ֣ר אָֽכְל֣וּ הַנְּעָרִ֔ים וְחֵ֨לֶק֙
הָֽאֲנָשִׁ֔ים אֲשֶׁ֥ר הָֽלְכ֖וּ אִתִּ֑י עָנֵר֙ אֶשְׁכֹּ֣ל וּמַמְרֵ֔א הֵ֖ם יִקְח֥וּ
טו
א   חֶלְקָֽם: אַחַ֣ר ׀ הַדְּבָרִ֣ים הָאֵ֗לֶּה הָיָ֤ה דְבַר־יְהֹוָה֙
יב
אֶל־אַבְרָ֔ם בַּֽמַּֽחֲזֶ֖ה לֵאמֹ֑ר אַל־תִּירָ֣א אַבְרָ֗ם אָֽנֹכִי֙ מָגֵ֣ן לָ֔ךְ

ב שְׂכָרְךָ הַרְבֵּה מְאֹד: וַיֹּאמֶר אַבְרָם אֲדֹנָי יֱהֹוִה מַה־תִּתֶּן־לִי
וְאָנֹכִי הוֹלֵךְ עֲרִירִי וּבֶן־מֶשֶׁק בֵּיתִי הוּא דַּמֶּשֶׂק אֱלִיעֶזֶר:
ג וַיֹּאמֶר אַבְרָם הֵן לִי לֹא נָתַתָּה זָרַע וְהִנֵּה בֶן־בֵּיתִי יוֹרֵשׁ אֹתִי:
ד וְהִנֵּה דְבַר־יְהוָה אֵלָיו לֵאמֹר לֹא יִירָשְׁךָ זֶה כִּי־אִם אֲשֶׁר
ה יֵצֵא מִמֵּעֶיךָ הוּא יִירָשֶׁךָ: וַיּוֹצֵא אֹתוֹ הַחוּצָה וַיֹּאמֶר הַבֶּט־
נָא הַשָּׁמַיְמָה וּסְפֹר הַכּוֹכָבִים אִם־תּוּכַל לִסְפֹּר אֹתָם וַיֹּאמֶר
ו לוֹ כֹּה יִהְיֶה זַרְעֶךָ: וְהֶאֱמִן בַּיהוָה וַיַּחְשְׁבֶהָ לּוֹ צְדָקָה:
ששי ז וַיֹּאמֶר אֵלָיו אֲנִי יְהוָה אֲשֶׁר הוֹצֵאתִיךָ מֵאוּר כַּשְׂדִּים לָתֶת
ח לְךָ אֶת־הָאָרֶץ הַזֹּאת לְרִשְׁתָּהּ: וַיֹּאמַר אֲדֹנָי יֱהֹוִה בַּמָּה
ט אֵדַע כִּי אִירָשֶׁנָּה: וַיֹּאמֶר אֵלָיו קְחָה לִי עֶגְלָה מְשֻׁלֶּשֶׁת
י וְעֵז מְשֻׁלֶּשֶׁת וְאַיִל מְשֻׁלָּשׁ וְתֹר וְגוֹזָל: וַיִּקַּח־לוֹ אֶת־כָּל־
אֵלֶּה וַיְבַתֵּר אֹתָם בַּתָּוֶךְ וַיִּתֵּן אִישׁ־בִּתְרוֹ לִקְרַאת רֵעֵהוּ
יא וְאֶת־הַצִּפֹּר לֹא בָתָר: וַיֵּרֶד הָעַיִט עַל־הַפְּגָרִים וַיַּשֵּׁב אֹתָם
יב אַבְרָם: וַיְהִי הַשֶּׁמֶשׁ לָבוֹא וְתַרְדֵּמָה נָפְלָה עַל־אַבְרָם וְהִנֵּה
יג אֵימָה חֲשֵׁכָה גְדֹלָה נֹפֶלֶת עָלָיו: וַיֹּאמֶר לְאַבְרָם יָדֹעַ תֵּדַע
כִּי־גֵר | יִהְיֶה זַרְעֲךָ בְּאֶרֶץ לֹא לָהֶם וַעֲבָדוּם וְעִנּוּ אֹתָם אַרְבַּע
יד מֵאוֹת שָׁנָה: וְגַם אֶת־הַגּוֹי אֲשֶׁר יַעֲבֹדוּ דָּן אָנֹכִי וְאַחֲרֵי־
טו כֵן יֵצְאוּ בִּרְכֻשׁ גָּדוֹל: וְאַתָּה תָּבוֹא אֶל־אֲבֹתֶיךָ בְּשָׁלוֹם
טז תִּקָּבֵר בְּשֵׂיבָה טוֹבָה: וְדוֹר רְבִיעִי יָשׁוּבוּ הֵנָּה כִּי לֹא־שָׁלֵם
יז עֲוֺן הָאֱמֹרִי עַד־הֵנָּה: וַיְהִי הַשֶּׁמֶשׁ בָּאָה וַעֲלָטָה הָיָה וְהִנֵּה
יח תַנּוּר עָשָׁן וְלַפִּיד אֵשׁ אֲשֶׁר עָבַר בֵּין הַגְּזָרִים הָאֵלֶּה: בַּיּוֹם
הַהוּא כָּרַת יְהוָה אֶת־אַבְרָם בְּרִית לֵאמֹר לְזַרְעֲךָ נָתַתִּי אֶת־
יט הָאָרֶץ הַזֹּאת מִנְּהַר מִצְרַיִם עַד־הַנָּהָר הַגָּדֹל נְהַר־פְּרָת: אֶת־
כ הַקֵּינִי וְאֶת־הַקְּנִזִּי וְאֵת הַקַּדְמֹנִי: וְאֶת־הַחִתִּי וְאֶת־הַפְּרִזִּי וְאֶת־
כא הָרְפָאִים: וְאֶת־הָאֱמֹרִי וְאֶת־הַכְּנַעֲנִי וְאֶת־הַגִּרְגָּשִׁי וְאֶת־
טז א הַיְבוּסִי: וְשָׂרַי אֵשֶׁת אַבְרָם לֹא יָלְדָה לוֹ וְלָהּ יג
ב שִׁפְחָה מִצְרִית וּשְׁמָהּ הָגָר: וַתֹּאמֶר שָׂרַי אֶל־אַבְרָם הִנֵּה־נָא

עֲצָרַ֤נִי יְהוָה֙ מִלֶּ֔דֶת בֹּא־נָא֙ אֶל־שִׁפְחָתִ֔י אוּלַ֥י אִבָּנֶ֖ה מִמֶּ֑נָּה
וַיִּשְׁמַ֥ע אַבְרָ֖ם לְק֥וֹל שָׂרָֽי׃ וַתִּקַּ֞ח שָׂרַ֣י אֵֽשֶׁת־אַבְרָ֗ם אֶת־הָגָ֤ר ג
הַמִּצְרִית֙ שִׁפְחָתָ֔הּ מִקֵּץ֙ עֶ֣שֶׂר שָׁנִ֔ים לְשֶׁ֥בֶת אַבְרָ֖ם בְּאֶ֣רֶץ כְּנָ֑עַן
וַתִּתֵּ֥ן אֹתָ֛הּ לְאַבְרָ֥ם אִישָׁ֖הּ ל֥וֹ לְאִשָּֽׁה׃ וַיָּבֹ֥א אֶל־הָגָ֖ר וַתַּ֑הַר ד
וַתֵּ֙רֶא֙ כִּ֣י הָרָ֔תָה וַתֵּקַ֥ל גְּבִרְתָּ֖הּ בְּעֵינֶֽיהָ׃ וַתֹּ֨אמֶר שָׂרַ֣י אֶל־ ה
אַבְרָם֮ חֲמָסִ֣י עָלֶיךָ֒ אָנֹכִ֗י נָתַ֤תִּי שִׁפְחָתִי֙ בְּחֵיקֶ֔ךָ וַתֵּ֙רֶא֙ כִּ֣י
הָרָ֔תָה וָאֵקַ֖ל בְּעֵינֶ֑יהָ יִשְׁפֹּ֥ט יְהוָ֖ה בֵּינִ֥י וּבֵינֶֽיךָ׃ וַיֹּ֨אמֶר אַבְרָ֜ם ו
אֶל־שָׂרַ֗י הִנֵּ֤ה שִׁפְחָתֵךְ֙ בְּיָדֵ֔ךְ עֲשִׂי־לָ֖הּ הַטּ֣וֹב בְּעֵינָ֑יִךְ וַתְּעַנֶּ֣הָ
שָׂרַ֔י וַתִּבְרַ֖ח מִפָּנֶֽיהָ׃ וַֽיִּמְצָאָ֞הּ מַלְאַ֧ךְ יְהוָ֛ה עַל־עֵ֥ין הַמַּ֖יִם ז
בַּמִּדְבָּ֑ר עַל־הָעַ֖יִן בְּדֶ֥רֶךְ שֽׁוּר׃ וַיֹּאמַ֗ר הָגָ֞ר שִׁפְחַ֥ת שָׂרַ֛י אֵֽי־ ח
מִזֶּ֥ה בָ֖את וְאָ֣נָה תֵלֵ֑כִי וַתֹּ֕אמֶר מִפְּנֵי֙ שָׂרַ֣י גְּבִרְתִּ֔י אָנֹכִ֖י בֹּרַֽחַת׃
וַיֹּ֤אמֶר לָהּ֙ מַלְאַ֣ךְ יְהוָ֔ה שׁ֖וּבִי אֶל־גְּבִרְתֵּ֑ךְ וְהִתְעַנִּ֖י תַּ֥חַת יָדֶֽיהָ׃ ט
וַיֹּ֤אמֶר לָהּ֙ מַלְאַ֣ךְ יְהוָ֔ה הַרְבָּ֥ה אַרְבֶּ֖ה אֶת־זַרְעֵ֑ךְ וְלֹ֥א יִסָּפֵ֖ר י
מֵרֹֽב׃ וַיֹּ֤אמֶר לָהּ֙ מַלְאַ֣ךְ יְהוָ֔ה הִנָּ֥ךְ הָרָ֖ה וְיֹלַ֣דְתְּ בֵּ֑ן וְקָרָ֤את יא
שְׁמוֹ֙ יִשְׁמָעֵ֔אל כִּֽי־שָׁמַ֥ע יְהוָ֖ה אֶל־עָנְיֵֽךְ׃ וְה֤וּא יִהְיֶה֙ פֶּ֣רֶא יב
אָדָ֔ם יָד֣וֹ בַכֹּ֔ל וְיַ֥ד כֹּ֖ל בּ֑וֹ וְעַל־פְּנֵ֥י כָל־אֶחָ֖יו יִשְׁכֹּֽן׃ וַתִּקְרָ֤א יג
שֵׁם־יְהוָה֙ הַדֹּבֵ֣ר אֵלֶ֔יהָ אַתָּ֖ה אֵ֣ל רֳאִ֑י כִּ֣י אָֽמְרָ֗ה הֲגַ֥ם הֲלֹ֛ם
רָאִ֖יתִי אַחֲרֵ֥י רֹאִֽי׃ עַל־כֵּן֙ קָרָ֣א לַבְּאֵ֔ר בְּאֵ֥ר לַחַ֖י רֹאִ֑י הִנֵּ֥ה יד
בֵין־קָדֵ֖שׁ וּבֵ֥ין בָּֽרֶד׃ וַתֵּ֧לֶד הָגָ֛ר לְאַבְרָ֖ם בֵּ֑ן וַיִּקְרָ֨א אַבְרָ֧ם שֶׁם־ טו
בְּנ֛וֹ אֲשֶׁר־יָלְדָ֥ה הָגָ֖ר יִשְׁמָעֵֽאל׃ וְאַבְרָ֕ם בֶּן־שְׁמֹנִ֥ים שָׁנָ֖ה וְשֵׁ֣שׁ טז
שָׁנִ֑ים בְּלֶֽדֶת־הָגָ֥ר אֶת־יִשְׁמָעֵ֖אל לְאַבְרָֽם׃ וַֽיְהִ֣י יז א

אַבְרָ֔ם בֶּן־תִּשְׁעִ֥ים שָׁנָ֖ה וְתֵ֣שַׁע שָׁנִ֑ים וַיֵּרָ֨א יְהוָ֜ה אֶל־אַבְרָ֗ם
וַיֹּ֤אמֶר אֵלָיו֙ אֲנִֽי־אֵ֣ל שַׁדַּ֔י הִתְהַלֵּ֥ךְ לְפָנַ֖י וֶהְיֵ֥ה תָמִֽים׃ וְאֶתְּנָ֥ה ב
בְרִיתִ֖י בֵּינִ֣י וּבֵינֶ֑ךָ וְאַרְבֶּ֥ה אוֹתְךָ֖ בִּמְאֹ֥ד מְאֹֽד׃ וַיִּפֹּ֥ל אַבְרָ֖ם ג
עַל־פָּנָ֑יו וַיְדַבֵּ֥ר אִתּ֛וֹ אֱלֹהִ֖ים לֵאמֹֽר׃ אֲנִ֕י הִנֵּ֥ה בְרִיתִ֖י אִתָּ֑ךְ ד
וְהָיִ֕יתָ לְאַ֖ב הֲמ֥וֹן גּוֹיִֽם׃ וְלֹא־יִקָּרֵ֥א ע֛וֹד אֶת־שִׁמְךָ֖ אַבְרָ֑ם ה
וְהָיָ֤ה שִׁמְךָ֙ אַבְרָהָ֔ם כִּ֛י אַב־הֲמ֥וֹן גּוֹיִ֖ם נְתַתִּֽיךָ׃ וְהִפְרֵתִ֤י אֹֽתְךָ֙ ו

שביעי
ז בִּמְאֹד מְאֹד וּנְתַתִּיךָ לְגוֹיִם וּמְלָכִים מִמְּךָ יֵצֵאוּ: וַהֲקִמֹתִי אֶת־
בְּרִיתִי בֵּינִי וּבֵינֶךָ וּבֵין זַרְעֲךָ אַחֲרֶיךָ לְדֹרֹתָם לִבְרִית עוֹלָם
ח לִהְיוֹת לְךָ לֵאלֹהִים וּלְזַרְעֲךָ אַחֲרֶיךָ: וְנָתַתִּי לְךָ וּלְזַרְעֲךָ אַחֲרֶיךָ
אֵת | אֶרֶץ מְגֻרֶיךָ אֵת כָּל־אֶרֶץ כְּנַעַן לַאֲחֻזַּת עוֹלָם וְהָיִיתִי
ט לָהֶם לֵאלֹהִים: וַיֹּאמֶר אֱלֹהִים אֶל־אַבְרָהָם וְאַתָּה אֶת־בְּרִיתִי
י תִשְׁמֹר אַתָּה וְזַרְעֲךָ אַחֲרֶיךָ לְדֹרֹתָם: זֹאת בְּרִיתִי אֲשֶׁר תִּשְׁמְרוּ
יא בֵּינִי וּבֵינֵיכֶם וּבֵין זַרְעֲךָ אַחֲרֶיךָ הִמּוֹל לָכֶם כָּל־זָכָר: וּנְמַלְתֶּם
יב אֵת בְּשַׂר עָרְלַתְכֶם וְהָיָה לְאוֹת בְּרִית בֵּינִי וּבֵינֵיכֶם: וּבֶן־
שְׁמֹנַת יָמִים יִמּוֹל לָכֶם כָּל־זָכָר לְדֹרֹתֵיכֶם יְלִיד בָּיִת וּמִקְנַת־
יג כֶּסֶף מִכֹּל בֶּן־נֵכָר אֲשֶׁר לֹא מִזַּרְעֲךָ הוּא: הִמּוֹל | יִמּוֹל יְלִיד
בֵּיתְךָ וּמִקְנַת כַּסְפֶּךָ וְהָיְתָה בְרִיתִי בִּבְשַׂרְכֶם לִבְרִית עוֹלָם:
יד וְעָרֵל | זָכָר אֲשֶׁר לֹא־יִמּוֹל אֶת־בְּשַׂר עָרְלָתוֹ וְנִכְרְתָה הַנֶּפֶשׁ
טו הַהִוא מֵעַמֶּיהָ אֶת־בְּרִיתִי הֵפַר: וַיֹּאמֶר אֱלֹהִים
אֶל־אַבְרָהָם שָׂרַי אִשְׁתְּךָ לֹא־תִקְרָא אֶת־שְׁמָהּ שָׂרָי כִּי שָׂרָה
טז שְׁמָהּ: וּבֵרַכְתִּי אֹתָהּ וְגַם נָתַתִּי מִמֶּנָּה לְךָ בֵּן וּבֵרַכְתִּיהָ וְהָיְתָה
יז לְגוֹיִם מַלְכֵי עַמִּים מִמֶּנָּה יִהְיוּ: וַיִּפֹּל אַבְרָהָם עַל־פָּנָיו וַיִּצְחָק
וַיֹּאמֶר בְּלִבּוֹ הַלְּבֶן מֵאָה־שָׁנָה יִוָּלֵד וְאִם־שָׂרָה הֲבַת־תִּשְׁעִים
יח שָׁנָה תֵּלֵד: וַיֹּאמֶר אַבְרָהָם אֶל־הָאֱלֹהִים לוּ יִשְׁמָעֵאל יִחְיֶה
יט לְפָנֶיךָ: וַיֹּאמֶר אֱלֹהִים אֲבָל שָׂרָה אִשְׁתְּךָ יֹלֶדֶת לְךָ בֵּן וְקָרָאתָ
אֶת־שְׁמוֹ יִצְחָק וַהֲקִמֹתִי אֶת־בְּרִיתִי אִתּוֹ לִבְרִית עוֹלָם לְזַרְעוֹ
כ אַחֲרָיו: וּלְיִשְׁמָעֵאל שְׁמַעְתִּיךָ הִנֵּה | בֵּרַכְתִּי אֹתוֹ וְהִפְרֵיתִי אֹתוֹ
וְהִרְבֵּיתִי אֹתוֹ בִּמְאֹד מְאֹד שְׁנֵים־עָשָׂר נְשִׂיאִם יוֹלִיד וּנְתַתִּיו
כא לְגוֹי גָּדוֹל: וְאֶת־בְּרִיתִי אָקִים אֶת־יִצְחָק אֲשֶׁר תֵּלֵד לְךָ שָׂרָה
כב לַמּוֹעֵד הַזֶּה בַּשָּׁנָה הָאַחֶרֶת: וַיְכַל לְדַבֵּר אִתּוֹ וַיַּעַל אֱלֹהִים
כג מֵעַל אַבְרָהָם: וַיִּקַּח אַבְרָהָם אֶת־יִשְׁמָעֵאל בְּנוֹ וְאֵת כָּל־
יְלִידֵי בֵיתוֹ וְאֵת כָּל־מִקְנַת כַּסְפּוֹ כָּל־זָכָר בְּאַנְשֵׁי בֵּית
אַבְרָהָם וַיָּמָל אֶת־בְּשַׂר עָרְלָתָם בְּעֶצֶם הַיּוֹם הַזֶּה כַּאֲשֶׁר

מפטיר
כד דִּבֶּר אִתּוֹ אֱלֹהִים: וְאַבְרָהָם בֶּן־תִּשְׁעִים וָתֵשַׁע שָׁנָה בְּהִמֹּלוֹ
כה בְּשַׂר עָרְלָתוֹ: וְיִשְׁמָעֵאל בְּנוֹ בֶּן־שְׁלֹשׁ עֶשְׂרֵה שָׁנָה בְּהִמֹּלוֹ
כו אֵת בְּשַׂר עָרְלָתוֹ: בְּעֶצֶם הַיּוֹם הַזֶּה נִמּוֹל אַבְרָהָם וְיִשְׁמָעֵאל
כז בְּנוֹ: וְכָל־אַנְשֵׁי בֵיתוֹ יְלִיד בָּיִת וּמִקְנַת־כֶּסֶף מֵאֵת בֶּן־נֵכָר
נִמֹּלוּ אִתּוֹ:

וירא טו
יח א וַיֵּרָא אֵלָיו יְהוָה בְּאֵלֹנֵי מַמְרֵא וְהוּא יֹשֵׁב פֶּתַח־הָאֹהֶל כְּחֹם
ב הַיּוֹם: וַיִּשָּׂא עֵינָיו וַיַּרְא וְהִנֵּה שְׁלֹשָׁה אֲנָשִׁים נִצָּבִים עָלָיו וַיַּרְא
ג וַיָּרָץ לִקְרָאתָם מִפֶּתַח הָאֹהֶל וַיִּשְׁתַּחוּ אָרְצָה: וַיֹּאמַר אֲדֹנָי
ד אִם־נָא מָצָאתִי חֵן בְּעֵינֶיךָ אַל־נָא תַעֲבֹר מֵעַל עַבְדֶּךָ: יֻקַּח־
ה נָא מְעַט־מַיִם וְרַחֲצוּ רַגְלֵיכֶם וְהִשָּׁעֲנוּ תַּחַת הָעֵץ: וְאֶקְחָה
פַת־לֶחֶם וְסַעֲדוּ לִבְּכֶם אַחַר תַּעֲבֹרוּ כִּי־עַל־כֵּן עֲבַרְתֶּם עַל־
ו עַבְדְּכֶם וַיֹּאמְרוּ כֵּן תַּעֲשֶׂה כַּאֲשֶׁר דִּבַּרְתָּ: וַיְמַהֵר אַבְרָהָם
הָאֹהֱלָה אֶל־שָׂרָה וַיֹּאמֶר מַהֲרִי שְׁלֹשׁ סְאִים קֶמַח סֹלֶת לוּשִׁי
ז וַעֲשִׂי עֻגוֹת: וְאֶל־הַבָּקָר רָץ אַבְרָהָם וַיִּקַּח בֶּן־בָּקָר רַךְ וָטוֹב
ח וַיִּתֵּן אֶל־הַנַּעַר וַיְמַהֵר לַעֲשׂוֹת אֹתוֹ: וַיִּקַּח חֶמְאָה וְחָלָב וּבֶן־
הַבָּקָר אֲשֶׁר עָשָׂה וַיִּתֵּן לִפְנֵיהֶם וְהוּא עֹמֵד עֲלֵיהֶם תַּחַת הָעֵץ
ט וַיֹּאכֵלוּ: וַיֹּאמְרוּ אֵלָיו אַיֵּה שָׂרָה אִשְׁתֶּךָ וַיֹּאמֶר הִנֵּה בָאֹהֶל:
י וַיֹּאמֶר שׁוֹב אָשׁוּב אֵלֶיךָ כָּעֵת חַיָּה וְהִנֵּה־בֵן לְשָׂרָה אִשְׁתֶּךָ
יא וְשָׂרָה שֹׁמַעַת פֶּתַח הָאֹהֶל וְהוּא אַחֲרָיו: וְאַבְרָהָם וְשָׂרָה זְקֵנִים
יב בָּאִים בַּיָּמִים חָדַל לִהְיוֹת לְשָׂרָה אֹרַח כַּנָּשִׁים: וַתִּצְחַק שָׂרָה
יג בְּקִרְבָּהּ לֵאמֹר אַחֲרֵי בְלֹתִי הָיְתָה־לִּי עֶדְנָה וַאדֹנִי זָקֵן: וַיֹּאמֶר
יְהוָה אֶל־אַבְרָהָם לָמָּה זֶּה צָחֲקָה שָׂרָה לֵאמֹר הַאַף אֻמְנָם
יד אֵלֵד וַאֲנִי זָקַנְתִּי: הֲיִפָּלֵא מֵיְהוָה דָּבָר לַמּוֹעֵד אָשׁוּב אֵלֶיךָ
שני
טו כָּעֵת חַיָּה וּלְשָׂרָה בֵן: וַתְּכַחֵשׁ שָׂרָה ׀ לֵאמֹר לֹא צָחַקְתִּי כִּי ׀
טז יָרֵאָה וַיֹּאמֶר ׀ לֹא כִּי צָחָקְתְּ: וַיָּקֻמוּ מִשָּׁם הָאֲנָשִׁים וַיַּשְׁקִפוּ
יז עַל־פְּנֵי סְדֹם וְאַבְרָהָם הֹלֵךְ עִמָּם לְשַׁלְּחָם: וַיהוָה אָמָר הַמְכַסֶּה
יח אֲנִי מֵאַבְרָהָם אֲשֶׁר אֲנִי עֹשֶׂה: וְאַבְרָהָם הָיוֹ יִהְיֶה לְגוֹי גָּדוֹל

יט וְעָצ֑וּם וְנִ֨בְרְכוּ־ב֔וֹ כֹּ֖ל גּוֹיֵ֥י הָאָֽרֶץ׃ כִּ֣י יְדַעְתִּ֗יו לְמַ֩עַן֩ אֲשֶׁ֨ר
יְצַוֶּ֜ה אֶת־בָּנָ֤יו וְאֶת־בֵּיתוֹ֙ אַחֲרָ֔יו וְשָֽׁמְרוּ֙ דֶּ֣רֶךְ יְהֹוָ֔ה לַעֲשׂ֥וֹת
צְדָקָ֖ה וּמִשְׁפָּ֑ט לְמַ֗עַן הָבִ֤יא יְהֹוָה֙ עַל־אַבְרָהָ֔ם אֵ֥ת אֲשֶׁר־
כ דִּבֶּ֖ר עָלָֽיו׃ וַיֹּ֣אמֶר יְהֹוָ֔ה זַעֲקַ֛ת סְדֹ֥ם וַעֲמֹרָ֖ה כִּי־רָ֑בָּה וְחַ֨טָּאתָ֔ם
כא כִּ֥י כָבְדָ֖ה מְאֹֽד׃ אֵֽרֲדָה־נָּ֣א וְאֶרְאֶ֔ה הַכְּצַעֲקָתָ֛הּ הַבָּ֥אָה אֵלַ֖י
כב עָשׂ֣וּ ׀ כָּלָ֑ה וְאִם־לֹ֖א אֵדָֽעָה׃ וַיִּפְנ֤וּ מִשָּׁם֙ הָֽאֲנָשִׁ֔ים וַיֵּלְכ֖וּ סְדֹ֑מָה
כג וְאַ֨בְרָהָ֔ם עוֹדֶ֥נּוּ עֹמֵ֖ד לִפְנֵ֥י יְהֹוָֽה׃ וַיִּגַּ֥שׁ אַבְרָהָ֖ם וַיֹּאמַ֑ר הַאַ֣ף
כד תִּסְפֶּ֔ה צַדִּ֖יק עִם־רָשָֽׁע׃ אוּלַ֥י יֵ֛שׁ חֲמִשִּׁ֥ים צַדִּיקִ֖ם בְּת֣וֹךְ הָעִ֑יר
הַאַ֤ף תִּסְפֶּה֙ וְלֹא־תִשָּׂ֣א לַמָּק֔וֹם לְמַ֛עַן חֲמִשִּׁ֥ים הַצַּדִּיקִ֖ם אֲשֶׁ֥ר
כה בְּקִרְבָּֽהּ׃ חָלִ֨לָה לְּךָ֜ מֵעֲשֹׂ֣ת ׀ כַּדָּבָ֣ר הַזֶּ֗ה לְהָמִ֤ית צַדִּיק֙ עִם־
רָשָׁ֔ע וְהָיָ֥ה כַצַּדִּ֖יק כָּרָשָׁ֑ע חָלִ֣לָה לָּ֔ךְ הֲשֹׁפֵט֙ כָּל־הָאָ֔רֶץ לֹ֥א
כו יַעֲשֶׂ֖ה מִשְׁפָּֽט׃ וַיֹּ֣אמֶר יְהֹוָ֔ה אִם־אֶמְצָ֥א בִסְדֹ֛ם חֲמִשִּׁ֥ים צַדִּיקִ֖ם
כז בְּת֣וֹךְ הָעִ֑יר וְנָשָׂ֥אתִי לְכָל־הַמָּק֖וֹם בַּעֲבוּרָֽם׃ וַיַּ֥עַן אַבְרָהָ֖ם
וַיֹּאמַ֑ר הִנֵּה־נָ֤א הוֹאַ֙לְתִּי֙ לְדַבֵּ֣ר אֶל־אֲדֹנָ֔י וְאָנֹכִ֖י עָפָ֥ר וָאֵֽפֶר׃
כח אוּלַ֠י יַחְסְר֞וּן חֲמִשִּׁ֤ים הַצַּדִּיקִם֙ חֲמִשָּׁ֔ה הֲתַשְׁחִ֥ית בַּחֲמִשָּׁ֖ה אֶת־
כָּל־הָעִ֑יר וַיֹּ֙אמֶר֙ לֹ֣א אַשְׁחִ֔ית אִם־אֶמְצָ֣א שָׁ֔ם אַרְבָּעִ֖ים וַחֲמִשָּֽׁה׃
כט וַיֹּ֨סֶף ע֜וֹד לְדַבֵּ֤ר אֵלָיו֙ וַיֹּאמַ֔ר אוּלַ֛י יִמָּצְא֥וּן שָׁ֖ם אַרְבָּעִ֑ים וַיֹּ֙אמֶר֙
ל לֹ֣א אֶעֱשֶׂ֔ה בַּעֲב֖וּר הָאַרְבָּעִֽים׃ וַ֠יֹּאמֶר אַל־נָ֞א יִ֤חַר לַֽאדֹנָי֙
וַאֲדַבֵּ֔רָה אוּלַ֛י יִמָּצְא֥וּן שָׁ֖ם שְׁלֹשִׁ֑ים וַיֹּ֙אמֶר֙ לֹ֣א אֶעֱשֶׂ֔ה אִם־
לא אֶמְצָ֥א שָׁ֖ם שְׁלֹשִֽׁים׃ וַיֹּ֗אמֶר הִנֵּה־נָ֤א הוֹאַ֙לְתִּי֙ לְדַבֵּ֣ר אֶל־
אֲדֹנָ֔י אוּלַ֛י יִמָּצְא֥וּן שָׁ֖ם עֶשְׂרִ֑ים וַיֹּ֙אמֶר֙ לֹ֣א אַשְׁחִ֔ית בַּעֲב֖וּר
לב הָֽעֶשְׂרִֽים׃ וַ֠יֹּאמֶר אַל־נָ֞א יִ֤חַר לַֽאדֹנָי֙ וַאֲדַבְּרָ֣ה אַךְ־הַפַּ֔עַם
אוּלַ֛י יִמָּצְא֥וּן שָׁ֖ם עֲשָׂרָ֑ה וַיֹּ֙אמֶר֙ לֹ֣א אַשְׁחִ֔ית בַּעֲב֖וּר הָעֲשָׂרָֽה׃
לג וַיֵּ֣לֶךְ יְהֹוָ֔ה כַּאֲשֶׁ֣ר כִּלָּ֔ה לְדַבֵּ֖ר אֶל־אַבְרָהָ֑ם וְאַבְרָהָ֖ם שָׁ֥ב

יט א לִמְקֹמֽוֹ׃ וַ֠יָּבֹ֠אוּ שְׁנֵ֨י הַמַּלְאָכִ֤ים סְדֹ֙מָה֙ בָּעֶ֔רֶב וְל֖וֹט יֹשֵׁ֣ב בְּשַֽׁעַר־ **טז** שלישי
ב סְדֹ֑ם וַיַּרְא־לוֹט֙ וַיָּ֣קָם לִקְרָאתָ֔ם וַיִּשְׁתַּ֥חוּ אַפַּ֖יִם אָֽרְצָה׃ וַיֹּ֜אמֶר
הִנֶּ֣ה נָּֽא־אֲדֹנַ֗י ס֣וּרוּ נָ֠א אֶל־בֵּ֨ית עַבְדְּכֶ֤ם וְלִ֙ינוּ֙ וְרַחֲצ֣וּ רַגְלֵיכֶ֔ם

וְהִשְׁכַּמְתֶּם וַהֲלַכְתֶּם לְדַרְכְּכֶם וַיֹּאמְרוּ לֹּא כִּי בָרְחוֹב נָלִין׃
וַיִּפְצַר־בָּם מְאֹד וַיָּסֻרוּ אֵלָיו וַיָּבֹאוּ אֶל־בֵּיתוֹ וַיַּעַשׂ לָהֶם מִשְׁתֶּה ג
וּמַצּוֹת אָפָה וַיֹּאכֵלוּ׃ טֶרֶם יִשְׁכָּבוּ וְאַנְשֵׁי הָעִיר אַנְשֵׁי סְדֹם ד
נָסַבּוּ עַל־הַבַּיִת מִנַּעַר וְעַד־זָקֵן כָּל־הָעָם מִקָּצֶה׃ וַיִּקְרְאוּ אֶל־ ה
לוֹט וַיֹּאמְרוּ לוֹ אַיֵּה הָאֲנָשִׁים אֲשֶׁר־בָּאוּ אֵלֶיךָ הַלָּיְלָה הוֹצִיאֵם
אֵלֵינוּ וְנֵדְעָה אֹתָם׃ וַיֵּצֵא אֲלֵהֶם לוֹט הַפֶּתְחָה וְהַדֶּלֶת סָגַר ו
אַחֲרָיו׃ וַיֹּאמַר אַל־נָא אַחַי תָּרֵעוּ׃ הִנֵּה־נָא לִי שְׁתֵּי בָנוֹת ז ח
אֲשֶׁר לֹא־יָדְעוּ אִישׁ אוֹצִיאָה־נָּא אֶתְהֶן אֲלֵיכֶם וַעֲשׂוּ לָהֶן
כַּטּוֹב בְּעֵינֵיכֶם רַק לָאֲנָשִׁים הָאֵל אַל־תַּעֲשׂוּ דָבָר כִּי־עַל־
כֵּן בָּאוּ בְּצֵל קֹרָתִי׃ וַיֹּאמְרוּ ׀ גֶּשׁ־הָלְאָה וַיֹּאמְרוּ הָאֶחָד בָּא־ ט
לָגוּר וַיִּשְׁפֹּט שָׁפוֹט עַתָּה נָרַע לְךָ מֵהֶם וַיִּפְצְרוּ בָאִישׁ בְּלוֹט
מְאֹד וַיִּגְּשׁוּ לִשְׁבֹּר הַדָּלֶת׃ וַיִּשְׁלְחוּ הָאֲנָשִׁים אֶת־יָדָם וַיָּבִיאוּ י
אֶת־לוֹט אֲלֵיהֶם הַבָּיְתָה וְאֶת־הַדֶּלֶת סָגָרוּ׃ וְאֶת־הָאֲנָשִׁים יא
אֲשֶׁר־פֶּתַח הַבַּיִת הִכּוּ בַּסַּנְוֵרִים מִקָּטֹן וְעַד־גָּדוֹל וַיִּלְאוּ לִמְצֹא
הַפָּתַח׃ וַיֹּאמְרוּ הָאֲנָשִׁים אֶל־לוֹט עֹד מִי־לְךָ פֹה חָתָן וּבָנֶיךָ יב
וּבְנֹתֶיךָ וְכֹל אֲשֶׁר־לְךָ בָּעִיר הוֹצֵא מִן־הַמָּקוֹם׃ כִּי־מַשְׁחִתִים יג
אֲנַחְנוּ אֶת־הַמָּקוֹם הַזֶּה כִּי־גָדְלָה צַעֲקָתָם אֶת־פְּנֵי יְהוָה
וַיְשַׁלְּחֵנוּ יְהוָה לְשַׁחֲתָהּ׃ וַיֵּצֵא לוֹט וַיְדַבֵּר ׀ אֶל־חֲתָנָיו ׀ לֹקְחֵי יד
בְנֹתָיו וַיֹּאמֶר קוּמוּ צְּאוּ מִן־הַמָּקוֹם הַזֶּה כִּי־מַשְׁחִית יְהוָה
אֶת־הָעִיר וַיְהִי כִמְצַחֵק בְּעֵינֵי חֲתָנָיו׃ וּכְמוֹ הַשַּׁחַר עָלָה וַיָּאִיצוּ טו
הַמַּלְאָכִים בְּלוֹט לֵאמֹר קוּם קַח אֶת־אִשְׁתְּךָ וְאֶת־שְׁתֵּי בְנֹתֶיךָ
הַנִּמְצָאֹת פֶּן־תִּסָּפֶה בַּעֲוֺן הָעִיר׃ וַיִּתְמַהְמָהּ ׀ וַיַּחֲזִיקוּ הָאֲנָשִׁים טז
בְּיָדוֹ וּבְיַד־אִשְׁתּוֹ וּבְיַד שְׁתֵּי בְנֹתָיו בְּחֶמְלַת יְהוָה עָלָיו וַיֹּצִאֻהוּ
וַיַּנִּחֻהוּ מִחוּץ לָעִיר׃ וַיְהִי כְהוֹצִיאָם אֹתָם הַחוּצָה וַיֹּאמֶר הִמָּלֵט יז
עַל־נַפְשֶׁךָ אַל־תַּבִּיט אַחֲרֶיךָ וְאַל־תַּעֲמֹד בְּכָל־הַכִּכָּר הָהָרָה
הִמָּלֵט פֶּן־תִּסָּפֶה׃ וַיֹּאמֶר לוֹט אֲלֵהֶם אַל־נָא אֲדֹנָי׃ הִנֵּה־נָא יח יט
מָצָא עַבְדְּךָ חֵן בְּעֵינֶיךָ וַתַּגְדֵּל חַסְדְּךָ אֲשֶׁר עָשִׂיתָ עִמָּדִי לְהַחֲיוֹת

אֶת־נַפְשִׁי וְאָנֹכִי לֹא אוּכַל לְהִמָּלֵט הָהָרָה פֶּן־תִּדְבָּקַנִי הָרָעָה
כ וָמַתִּי: הִנֵּה־נָא הָעִיר הַזֹּאת קְרֹבָה לָנוּס שָׁמָּה וְהִוא מִצְעָר
כא אִמָּלְטָה נָּא שָׁמָּה הֲלֹא מִצְעָר הִוא וּתְחִי נַפְשִׁי: וַיֹּאמֶר אֵלָיו רביעי
הִנֵּה נָשָׂאתִי פָנֶיךָ גַּם לַדָּבָר הַזֶּה לְבִלְתִּי הָפְכִּי אֶת־הָעִיר
כב אֲשֶׁר דִּבַּרְתָּ: מַהֵר הִמָּלֵט שָׁמָּה כִּי לֹא אוּכַל לַעֲשׂוֹת דָּבָר
כג עַד־בֹּאֲךָ שָׁמָּה עַל־כֵּן קָרָא שֵׁם־הָעִיר צוֹעַר: הַשֶּׁמֶשׁ יָצָא
כד עַל־הָאָרֶץ וְלוֹט בָּא צֹעֲרָה: וַיהוה הִמְטִיר עַל־סְדֹם וְעַל־
כה עֲמֹרָה גָּפְרִית וָאֵשׁ מֵאֵת יהוה מִן־הַשָּׁמָיִם: וַיַּהֲפֹךְ אֶת־הֶעָרִים
הָאֵל וְאֵת כָּל־הַכִּכָּר וְאֵת כָּל־יֹשְׁבֵי הֶעָרִים וְצֶמַח הָאֲדָמָה:
כו כז וַתַּבֵּט אִשְׁתּוֹ מֵאַחֲרָיו וַתְּהִי נְצִיב מֶלַח: וַיַּשְׁכֵּם אַבְרָהָם בַּבֹּקֶר
כח אֶל־הַמָּקוֹם אֲשֶׁר־עָמַד שָׁם אֶת־פְּנֵי יהוה: וַיַּשְׁקֵף עַל־פְּנֵי
סְדֹם וַעֲמֹרָה וְעַל כָּל־פְּנֵי אֶרֶץ הַכִּכָּר וַיַּרְא וְהִנֵּה עָלָה קִיטֹר
כט הָאָרֶץ כְּקִיטֹר הַכִּבְשָׁן: וַיְהִי בְּשַׁחֵת אֱלֹהִים אֶת־עָרֵי הַכִּכָּר
וַיִּזְכֹּר אֱלֹהִים אֶת־אַבְרָהָם וַיְשַׁלַּח אֶת־לוֹט מִתּוֹךְ הַהֲפֵכָה
ל בַּהֲפֹךְ אֶת־הֶעָרִים אֲשֶׁר־יָשַׁב בָּהֵן לוֹט: וַיַּעַל לוֹט מִצּוֹעַר
וַיֵּשֶׁב בָּהָר וּשְׁתֵּי בְנֹתָיו עִמּוֹ כִּי יָרֵא לָשֶׁבֶת בְּצוֹעַר וַיֵּשֶׁב
לא בַּמְּעָרָה הוּא וּשְׁתֵּי בְנֹתָיו: וַתֹּאמֶר הַבְּכִירָה אֶל־הַצְּעִירָה
אָבִינוּ זָקֵן וְאִישׁ אֵין בָּאָרֶץ לָבוֹא עָלֵינוּ כְּדֶרֶךְ כָּל־הָאָרֶץ:
לב לְכָה נַשְׁקֶה אֶת־אָבִינוּ יַיִן וְנִשְׁכְּבָה עִמּוֹ וּנְחַיֶּה מֵאָבִינוּ זָרַע:
לג וַתַּשְׁקֶיןָ אֶת־אֲבִיהֶן יַיִן בַּלַּיְלָה הוּא וַתָּבֹא הַבְּכִירָה וַתִּשְׁכַּב
לד אֶת־אָבִיהָ וְלֹא־יָדַע בְּשִׁכְבָהּ וּבְקוּמָהּ: וַיְהִי מִמָּחֳרָת וַתֹּאמֶר
הַבְּכִירָה אֶל־הַצְּעִירָה הֵן־שָׁכַבְתִּי אֶמֶשׁ אֶת־אָבִי נַשְׁקֶנּוּ יַיִן
לה גַּם־הַלַּיְלָה וּבֹאִי שִׁכְבִי עִמּוֹ וּנְחַיֶּה מֵאָבִינוּ זָרַע: וַתַּשְׁקֶיןָ גַּם
בַּלַּיְלָה הַהוּא אֶת־אֲבִיהֶן יָיִן וַתָּקָם הַצְּעִירָה וַתִּשְׁכַּב עִמּוֹ
לו וְלֹא־יָדַע בְּשִׁכְבָהּ וּבְקֻמָהּ: וַתַּהֲרֶיןָ שְׁתֵּי בְנוֹת־לוֹט מֵאֲבִיהֶן:
לז וַתֵּלֶד הַבְּכִירָה בֵּן וַתִּקְרָא שְׁמוֹ מוֹאָב הוּא אֲבִי־מוֹאָב עַד־
לח הַיּוֹם: וְהַצְּעִירָה גַם־הִוא יָלְדָה בֵּן וַתִּקְרָא שְׁמוֹ בֶּן־עַמִּי הוּא

יז אֲבִי בְנֵי־עַמּוֹן עַד־הַיּוֹם: וַיִּסַּע מִשָּׁם אַבְרָהָם א
אַרְצָה הַנֶּגֶב וַיֵּשֶׁב בֵּין־קָדֵשׁ וּבֵין שׁוּר וַיָּגָר בִּגְרָר: וַיֹּאמֶר ב
אַבְרָהָם אֶל־שָׂרָה אִשְׁתּוֹ אֲחֹתִי הִוא וַיִּשְׁלַח אֲבִימֶלֶךְ מֶלֶךְ
גְּרָר וַיִּקַּח אֶת־שָׂרָה: וַיָּבֹא אֱלֹהִים אֶל־אֲבִימֶלֶךְ בַּחֲלוֹם הַלָּיְלָה ג
וַיֹּאמֶר לוֹ הִנְּךָ מֵת עַל־הָאִשָּׁה אֲשֶׁר־לָקַחְתָּ וְהִוא בְּעֻלַת בָּעַל:
וַאֲבִימֶלֶךְ לֹא קָרַב אֵלֶיהָ וַיֹּאמַר אֲדֹנָי הֲגוֹי גַּם־צַדִּיק תַּהֲרֹג: ד
הֲלֹא הוּא אָמַר־לִי אֲחֹתִי הִוא וְהִיא־גַם־הִוא אָמְרָה אָחִי הוּא ה
בְּתָם־לְבָבִי וּבְנִקְיֹן כַּפַּי עָשִׂיתִי זֹאת: וַיֹּאמֶר אֵלָיו הָאֱלֹהִים ו
בַּחֲלֹם גַּם אָנֹכִי יָדַעְתִּי כִּי בְתָם־לְבָבְךָ עָשִׂיתָ זֹּאת וָאֶחְשֹׂךְ
גַּם־אָנֹכִי אוֹתְךָ מֵחֲטוֹ־לִי עַל־כֵּן לֹא־נְתַתִּיךָ לִנְגֹּעַ אֵלֶיהָ:
וְעַתָּה הָשֵׁב אֵשֶׁת־הָאִישׁ כִּי־נָבִיא הוּא וְיִתְפַּלֵּל בַּעַדְךָ וֶחְיֵה ז
וְאִם־אֵינְךָ מֵשִׁיב דַּע כִּי־מוֹת תָּמוּת אַתָּה וְכָל־אֲשֶׁר־לָךְ:
וַיַּשְׁכֵּם אֲבִימֶלֶךְ בַּבֹּקֶר וַיִּקְרָא לְכָל־עֲבָדָיו וַיְדַבֵּר אֶת־כָּל־ ח
הַדְּבָרִים הָאֵלֶּה בְּאָזְנֵיהֶם וַיִּירְאוּ הָאֲנָשִׁים מְאֹד: וַיִּקְרָא ט
אֲבִימֶלֶךְ לְאַבְרָהָם וַיֹּאמֶר לוֹ מֶה־עָשִׂיתָ לָּנוּ וּמֶה־חָטָאתִי לָךְ
כִּי־הֵבֵאתָ עָלַי וְעַל־מַמְלַכְתִּי חֲטָאָה גְדֹלָה מַעֲשִׂים אֲשֶׁר לֹא־
יֵעָשׂוּ עָשִׂיתָ עִמָּדִי: וַיֹּאמֶר אֲבִימֶלֶךְ אֶל־אַבְרָהָם מָה רָאִיתָ י
כִּי עָשִׂיתָ אֶת־הַדָּבָר הַזֶּה: וַיֹּאמֶר אַבְרָהָם כִּי אָמַרְתִּי רַק יא
אֵין־יִרְאַת אֱלֹהִים בַּמָּקוֹם הַזֶּה וַהֲרָגוּנִי עַל־דְּבַר אִשְׁתִּי: וְגַם־ יב
אָמְנָה אֲחֹתִי בַת־אָבִי הִוא אַךְ לֹא בַת־אִמִּי וַתְּהִי־לִי לְאִשָּׁה:
וַיְהִי כַּאֲשֶׁר הִתְעוּ אֹתִי אֱלֹהִים מִבֵּית אָבִי וָאֹמַר לָהּ זֶה יג
חַסְדֵּךְ אֲשֶׁר תַּעֲשִׂי עִמָּדִי אֶל כָּל־הַמָּקוֹם אֲשֶׁר נָבוֹא שָׁמָּה
אִמְרִי־לִי אָחִי הוּא: וַיִּקַּח אֲבִימֶלֶךְ צֹאן וּבָקָר וַעֲבָדִים וּשְׁפָחֹת יד
וַיִּתֵּן לְאַבְרָהָם וַיָּשֶׁב לוֹ אֵת שָׂרָה אִשְׁתּוֹ: וַיֹּאמֶר אֲבִימֶלֶךְ טו
הִנֵּה אַרְצִי לְפָנֶיךָ בַּטּוֹב בְּעֵינֶיךָ שֵׁב: וּלְשָׂרָה אָמַר הִנֵּה נָתַתִּי טז
אֶלֶף כֶּסֶף לְאָחִיךְ הִנֵּה הוּא־לָךְ כְּסוּת עֵינַיִם לְכֹל אֲשֶׁר אִתָּךְ
וְאֵת־כֹּל וְנֹכָחַת: וַיִּתְפַּלֵּל אַבְרָהָם אֶל־הָאֱלֹהִים וַיִּרְפָּא אֱלֹהִים יז

יח אֶת־אֲבִימֶלֶךְ וְאֶת־אִשְׁתּוֹ וְאַמְהֹתָיו וַיֵּלֵדוּ׃ כִּי־עָצֹר עָצַר
יְהוָה בְּעַד כָּל־רֶחֶם לְבֵית אֲבִימֶלֶךְ עַל־דְּבַר שָׂרָה אֵשֶׁת
כא א אַבְרָהָם׃ וַיהוָה פָּקַד אֶת־שָׂרָה כַּאֲשֶׁר אָמָר יח
ב וַיַּעַשׂ יְהוָה לְשָׂרָה כַּאֲשֶׁר דִּבֵּר׃ וַתַּהַר וַתֵּלֶד שָׂרָה לְאַבְרָהָם
ג בֵּן לִזְקֻנָיו לַמּוֹעֵד אֲשֶׁר־דִּבֶּר אֹתוֹ אֱלֹהִים׃ וַיִּקְרָא אַבְרָהָם
ד אֶת־שֶׁם־בְּנוֹ הַנּוֹלַד־לוֹ אֲשֶׁר־יָלְדָה־לּוֹ שָׂרָה יִצְחָק׃ וַיָּמָל
אַבְרָהָם אֶת־יִצְחָק בְּנוֹ בֶּן־שְׁמֹנַת יָמִים כַּאֲשֶׁר צִוָּה אֹתוֹ
ה אֱלֹהִים׃ וְאַבְרָהָם בֶּן־מְאַת שָׁנָה בְּהִוָּלֶד לוֹ אֵת יִצְחָק בְּנוֹ׃ חמישי
ו וַתֹּאמֶר שָׂרָה צְחֹק עָשָׂה לִי אֱלֹהִים כָּל־הַשֹּׁמֵעַ יִצְחַק־לִי׃
ז וַתֹּאמֶר מִי מִלֵּל לְאַבְרָהָם הֵינִיקָה בָנִים שָׂרָה כִּי־יָלַדְתִּי בֵן
ח לִזְקֻנָיו׃ וַיִּגְדַּל הַיֶּלֶד וַיִּגָּמַל וַיַּעַשׂ אַבְרָהָם מִשְׁתֶּה גָדוֹל בְּיוֹם
ט הִגָּמֵל אֶת־יִצְחָק׃ וַתֵּרֶא שָׂרָה אֶת־בֶּן־הָגָר הַמִּצְרִית אֲשֶׁר־
י יָלְדָה לְאַבְרָהָם מְצַחֵק׃ וַתֹּאמֶר לְאַבְרָהָם גָּרֵשׁ הָאָמָה הַזֹּאת
וְאֶת־בְּנָהּ כִּי לֹא יִירַשׁ בֶּן־הָאָמָה הַזֹּאת עִם־בְּנִי עִם־יִצְחָק׃
יא יב וַיֵּרַע הַדָּבָר מְאֹד בְּעֵינֵי אַבְרָהָם עַל אוֹדֹת בְּנוֹ׃ וַיֹּאמֶר אֱלֹהִים
אֶל־אַבְרָהָם אַל־יֵרַע בְּעֵינֶיךָ עַל־הַנַּעַר וְעַל־אֲמָתֶךָ כֹּל אֲשֶׁר
יג תֹּאמַר אֵלֶיךָ שָׂרָה שְׁמַע בְּקֹלָהּ כִּי בְיִצְחָק יִקָּרֵא לְךָ זָרַע׃ וְגַם
יד אֶת־בֶּן־הָאָמָה לְגוֹי אֲשִׂימֶנּוּ כִּי זַרְעֲךָ הוּא׃ וַיַּשְׁכֵּם אַבְרָהָם ׀
בַּבֹּקֶר וַיִּקַּח־לֶחֶם וְחֵמַת מַיִם וַיִּתֵּן אֶל־הָגָר שָׂם עַל־שִׁכְמָהּ
טו וְאֶת־הַיֶּלֶד וַיְשַׁלְּחֶהָ וַתֵּלֶךְ וַתֵּתַע בְּמִדְבַּר בְּאֵר שָׁבַע׃ וַיִּכְלוּ
טז הַמַּיִם מִן־הַחֵמֶת וַתַּשְׁלֵךְ אֶת־הַיֶּלֶד תַּחַת אַחַד הַשִּׂיחִם׃ וַתֵּלֶךְ
וַתֵּשֶׁב לָהּ מִנֶּגֶד הַרְחֵק כִּמְטַחֲוֵי קֶשֶׁת כִּי אָמְרָה אַל־אֶרְאֶה
יז בְּמוֹת הַיָּלֶד וַתֵּשֶׁב מִנֶּגֶד וַתִּשָּׂא אֶת־קֹלָהּ וַתֵּבְךְּ׃ וַיִּשְׁמַע
אֱלֹהִים אֶת־קוֹל הַנַּעַר וַיִּקְרָא מַלְאַךְ אֱלֹהִים ׀ אֶל־הָגָר מִן־
הַשָּׁמַיִם וַיֹּאמֶר לָהּ מַה־לָּךְ הָגָר אַל־תִּירְאִי כִּי־שָׁמַע אֱלֹהִים
יח אֶל־קוֹל הַנַּעַר בַּאֲשֶׁר הוּא־שָׁם׃ קוּמִי שְׂאִי אֶת־הַנַּעַר וְהַחֲזִיקִי
יט אֶת־יָדֵךְ בּוֹ כִּי־לְגוֹי גָּדוֹל אֲשִׂימֶנּוּ׃ וַיִּפְקַח אֱלֹהִים אֶת־עֵינֶיהָ

וַתֵּרֶא בְּאֵר מָיִם וַתֵּלֶךְ וַתְּמַלֵּא אֶת־הַחֵמֶת מַיִם וַתַּשְׁק אֶת־
כ הַנָּעַר׃ וַיְהִי אֱלֹהִים אֶת־הַנַּעַר וַיִּגְדָּל וַיֵּשֶׁב בַּמִּדְבָּר וַיְהִי רֹבֶה
כא קַשָּׁת׃ וַיֵּשֶׁב בְּמִדְבַּר פָּארָן וַתִּקַּח־לוֹ אִמּוֹ אִשָּׁה מֵאֶרֶץ
מִצְרָיִם׃
ששי כב וַיְהִי בָּעֵת הַהִוא וַיֹּאמֶר אֲבִימֶלֶךְ וּפִיכֹל שַׂר־צְבָאוֹ אֶל־אַבְרָהָם
כג לֵאמֹר אֱלֹהִים עִמְּךָ בְּכֹל אֲשֶׁר־אַתָּה עֹשֶׂה׃ וְעַתָּה הִשָּׁבְעָה
לִּי בֵאלֹהִים הֵנָּה אִם־תִּשְׁקֹר לִי וּלְנִינִי וּלְנֶכְדִּי כַּחֶסֶד אֲשֶׁר־
עָשִׂיתִי עִמְּךָ תַּעֲשֶׂה עִמָּדִי וְעִם־הָאָרֶץ אֲשֶׁר־גַּרְתָּה בָּהּ׃
כד כה וַיֹּאמֶר אַבְרָהָם אָנֹכִי אִשָּׁבֵעַ׃ וְהוֹכִחַ אַבְרָהָם אֶת־אֲבִימֶלֶךְ
כו עַל־אֹדוֹת בְּאֵר הַמַּיִם אֲשֶׁר גָּזְלוּ עַבְדֵי אֲבִימֶלֶךְ׃ וַיֹּאמֶר
אֲבִימֶלֶךְ לֹא יָדַעְתִּי מִי עָשָׂה אֶת־הַדָּבָר הַזֶּה וְגַם־אַתָּה לֹא־
כז הִגַּדְתָּ לִּי וְגַם אָנֹכִי לֹא שָׁמַעְתִּי בִּלְתִּי הַיּוֹם׃ וַיִּקַּח אַבְרָהָם
כח צֹאן וּבָקָר וַיִּתֵּן לַאֲבִימֶלֶךְ וַיִּכְרְתוּ שְׁנֵיהֶם בְּרִית׃ וַיַּצֵּב
כט אַבְרָהָם אֶת־שֶׁבַע כִּבְשֹׂת הַצֹּאן לְבַדְּהֶן׃ וַיֹּאמֶר אֲבִימֶלֶךְ אֶל־
אַבְרָהָם מָה הֵנָּה שֶׁבַע כְּבָשֹׂת הָאֵלֶּה אֲשֶׁר הִצַּבְתָּ לְבַדָּנָה׃
ל וַיֹּאמֶר כִּי אֶת־שֶׁבַע כְּבָשֹׂת תִּקַּח מִיָּדִי בַּעֲבוּר תִּהְיֶה־לִּי
לא לְעֵדָה כִּי חָפַרְתִּי אֶת־הַבְּאֵר הַזֹּאת׃ עַל־כֵּן קָרָא לַמָּקוֹם
לב הַהוּא בְּאֵר שָׁבַע כִּי שָׁם נִשְׁבְּעוּ שְׁנֵיהֶם׃ וַיִּכְרְתוּ בְרִית בִּבְאֵר
שָׁבַע וַיָּקָם אֲבִימֶלֶךְ וּפִיכֹל שַׂר־צְבָאוֹ וַיָּשֻׁבוּ אֶל־אֶרֶץ פְּלִשְׁתִּים׃
לג וַיִּטַּע אֶשֶׁל בִּבְאֵר שָׁבַע וַיִּקְרָא־שָׁם בְּשֵׁם יְהוָה אֵל עוֹלָם׃
לד וַיָּגָר אַבְרָהָם בְּאֶרֶץ פְּלִשְׁתִּים יָמִים רַבִּים׃
שביעי יט כב א וַיְהִי אַחַר הַדְּבָרִים הָאֵלֶּה וְהָאֱלֹהִים נִסָּה אֶת־אַבְרָהָם וַיֹּאמֶר
ב אֵלָיו אַבְרָהָם וַיֹּאמֶר הִנֵּנִי׃ וַיֹּאמֶר קַח־נָא אֶת־בִּנְךָ אֶת־
יְחִידְךָ אֲשֶׁר־אָהַבְתָּ אֶת־יִצְחָק וְלֶךְ־לְךָ אֶל־אֶרֶץ הַמֹּרִיָּה
ג וְהַעֲלֵהוּ שָׁם לְעֹלָה עַל אַחַד הֶהָרִים אֲשֶׁר אֹמַר אֵלֶיךָ׃ וַיַּשְׁכֵּם
אַבְרָהָם בַּבֹּקֶר וַיַּחֲבֹשׁ אֶת־חֲמֹרוֹ וַיִּקַּח אֶת־שְׁנֵי נְעָרָיו אִתּוֹ
וְאֵת יִצְחָק בְּנוֹ וַיְבַקַּע עֲצֵי עֹלָה וַיָּקָם וַיֵּלֶךְ אֶל־הַמָּקוֹם אֲשֶׁר־

ד אָמַר־לוֹ הָאֱלֹהִים: בַּיּוֹם הַשְּׁלִישִׁי וַיִּשָּׂא אַבְרָהָם אֶת־עֵינָיו
ה וַיַּרְא אֶת־הַמָּקוֹם מֵרָחֹק: וַיֹּאמֶר אַבְרָהָם אֶל־נְעָרָיו שְׁבוּ־לָכֶם
פֹּה עִם־הַחֲמוֹר וַאֲנִי וְהַנַּעַר נֵלְכָה עַד־כֹּה וְנִשְׁתַּחֲוֶה וְנָשׁוּבָה
ו אֲלֵיכֶם: וַיִּקַּח אַבְרָהָם אֶת־עֲצֵי הָעֹלָה וַיָּשֶׂם עַל־יִצְחָק בְּנוֹ
וַיִּקַּח בְּיָדוֹ אֶת־הָאֵשׁ וְאֶת־הַמַּאֲכֶלֶת וַיֵּלְכוּ שְׁנֵיהֶם יַחְדָּו:
ז וַיֹּאמֶר יִצְחָק אֶל־אַבְרָהָם אָבִיו וַיֹּאמֶר אָבִי וַיֹּאמֶר הִנֶּנִּי בְנִי
ח וַיֹּאמֶר הִנֵּה הָאֵשׁ וְהָעֵצִים וְאַיֵּה הַשֶּׂה לְעֹלָה: וַיֹּאמֶר אַבְרָהָם
ט אֱלֹהִים יִרְאֶה־לּוֹ הַשֶּׂה לְעֹלָה בְּנִי וַיֵּלְכוּ שְׁנֵיהֶם יַחְדָּו: וַיָּבֹאוּ
אֶל־הַמָּקוֹם אֲשֶׁר אָמַר־לוֹ הָאֱלֹהִים וַיִּבֶן שָׁם אַבְרָהָם אֶת־
הַמִּזְבֵּחַ וַיַּעֲרֹךְ אֶת־הָעֵצִים וַיַּעֲקֹד אֶת־יִצְחָק בְּנוֹ וַיָּשֶׂם אֹתוֹ
י עַל־הַמִּזְבֵּחַ מִמַּעַל לָעֵצִים: וַיִּשְׁלַח אַבְרָהָם אֶת־יָדוֹ וַיִּקַּח
יא אֶת־הַמַּאֲכֶלֶת לִשְׁחֹט אֶת־בְּנוֹ: וַיִּקְרָא אֵלָיו מַלְאַךְ יהוה
יב מִן־הַשָּׁמַיִם וַיֹּאמֶר אַבְרָהָם ׀ אַבְרָהָם וַיֹּאמֶר הִנֵּנִי: וַיֹּאמֶר אַל־
תִּשְׁלַח יָדְךָ אֶל־הַנַּעַר וְאַל־תַּעַשׂ לוֹ מְאוּמָה כִּי ׀ עַתָּה יָדַעְתִּי
כִּי־יְרֵא אֱלֹהִים אַתָּה וְלֹא חָשַׂכְתָּ אֶת־בִּנְךָ אֶת־יְחִידְךָ מִמֶּנִּי:
יג וַיִּשָּׂא אַבְרָהָם אֶת־עֵינָיו וַיַּרְא וְהִנֵּה־אַיִל אַחַר נֶאֱחַז בַּסְּבַךְ
בְּקַרְנָיו וַיֵּלֶךְ אַבְרָהָם וַיִּקַּח אֶת־הָאַיִל וַיַּעֲלֵהוּ לְעֹלָה תַּחַת
יד בְּנוֹ: וַיִּקְרָא אַבְרָהָם שֵׁם־הַמָּקוֹם הַהוּא יהוה ׀ יִרְאֶה אֲשֶׁר
טו יֵאָמֵר הַיּוֹם בְּהַר יהוה יֵרָאֶה: וַיִּקְרָא מַלְאַךְ יהוה אֶל־אַבְרָהָם
טז שֵׁנִית מִן־הַשָּׁמָיִם: וַיֹּאמֶר בִּי נִשְׁבַּעְתִּי נְאֻם־יהוה כִּי יַעַן אֲשֶׁר
יז עָשִׂיתָ אֶת־הַדָּבָר הַזֶּה וְלֹא חָשַׂכְתָּ אֶת־בִּנְךָ אֶת־יְחִידֶךָ: כִּי־
בָרֵךְ אֲבָרֶכְךָ וְהַרְבָּה אַרְבֶּה אֶת־זַרְעֲךָ כְּכוֹכְבֵי הַשָּׁמַיִם וְכַחוֹל
יח אֲשֶׁר עַל־שְׂפַת הַיָּם וְיִרַשׁ זַרְעֲךָ אֵת שַׁעַר אֹיְבָיו: וְהִתְבָּרְכוּ
יט בְזַרְעֲךָ כֹּל גּוֹיֵי הָאָרֶץ עֵקֶב אֲשֶׁר שָׁמַעְתָּ בְּקֹלִי: וַיָּשָׁב אַבְרָהָם
אֶל־נְעָרָיו וַיָּקֻמוּ וַיֵּלְכוּ יַחְדָּו אֶל־בְּאֵר שָׁבַע וַיֵּשֶׁב אַבְרָהָם
בִּבְאֵר שָׁבַע:
כ וַיְהִי אַחֲרֵי הַדְּבָרִים הָאֵלֶּה וַיֻּגַּד לְאַבְרָהָם לֵאמֹר הִנֵּה יָלְדָה מפטיר

כא מִלְכָּה גַם־הִוא בָּנִים לְנָחוֹר אָחִיךָ: אֶת־עוּץ בְּכֹרוֹ וְאֶת־בּוּז
כב אָחִיו וְאֶת־קְמוּאֵל אֲבִי אֲרָם: וְאֶת־כֶּשֶׂד וְאֶת־חֲזוֹ וְאֶת־
כג פִּלְדָּשׁ וְאֶת־יִדְלָף וְאֵת בְּתוּאֵל: וּבְתוּאֵל יָלַד אֶת־רִבְקָה
כד שְׁמֹנָה אֵלֶּה יָלְדָה מִלְכָּה לְנָחוֹר אֲחִי אַבְרָהָם: וּפִילַגְשׁוֹ
וּשְׁמָהּ רְאוּמָה וַתֵּלֶד גַּם־הִוא אֶת־טֶבַח וְאֶת־גַּחַם וְאֶת־תַּחַשׁ
וְאֶת־מַעֲכָה:

חיי שרה

כג א וַיִּהְיוּ חַיֵּי שָׂרָה מֵאָה שָׁנָה וְעֶשְׂרִים שָׁנָה וְשֶׁבַע שָׁנִים שְׁנֵי חַיֵּי
ב שָׂרָה: וַתָּמָת שָׂרָה בְּקִרְיַת אַרְבַּע הִוא חֶבְרוֹן בְּאֶרֶץ כְּנָעַן
ג וַיָּבֹא אַבְרָהָם לִסְפֹּד לְשָׂרָה וְלִבְכֹּתָהּ: וַיָּקָם אַבְרָהָם מֵעַל
ד פְּנֵי מֵתוֹ וַיְדַבֵּר אֶל־בְּנֵי־חֵת לֵאמֹר: גֵּר־וְתוֹשָׁב אָנֹכִי עִמָּכֶם
ה תְּנוּ לִי אֲחֻזַּת־קֶבֶר עִמָּכֶם וְאֶקְבְּרָה מֵתִי מִלְּפָנָי: וַיַּעֲנוּ בְנֵי־
ו חֵת אֶת־אַבְרָהָם לֵאמֹר לוֹ: שְׁמָעֵנוּ ׀ אֲדֹנִי נְשִׂיא אֱלֹהִים
אַתָּה בְּתוֹכֵנוּ בְּמִבְחַר קְבָרֵינוּ קְבֹר אֶת־מֵתֶךָ אִישׁ מִמֶּנּוּ אֶת־
ז קִבְרוֹ לֹא־יִכְלֶה מִמְּךָ מִקְּבֹר מֵתֶךָ: וַיָּקָם אַבְרָהָם וַיִּשְׁתַּחוּ
ח לְעַם־הָאָרֶץ לִבְנֵי־חֵת: וַיְדַבֵּר אִתָּם לֵאמֹר אִם־יֵשׁ אֶת־
נַפְשְׁכֶם לִקְבֹּר אֶת־מֵתִי מִלְּפָנַי שְׁמָעוּנִי וּפִגְעוּ־לִי בְּעֶפְרוֹן
ט בֶּן־צֹחַר: וְיִתֶּן־לִי אֶת־מְעָרַת הַמַּכְפֵּלָה אֲשֶׁר־לוֹ אֲשֶׁר בִּקְצֵה
י שָׂדֵהוּ בְּכֶסֶף מָלֵא יִתְּנֶנָּה לִּי בְּתוֹכְכֶם לַאֲחֻזַּת־קָבֶר: וְעֶפְרוֹן
יֹשֵׁב בְּתוֹךְ בְּנֵי־חֵת וַיַּעַן עֶפְרוֹן הַחִתִּי אֶת־אַבְרָהָם בְּאָזְנֵי
יא בְנֵי־חֵת לְכֹל בָּאֵי שַׁעַר־עִירוֹ לֵאמֹר: לֹא־אֲדֹנִי שְׁמָעֵנִי הַשָּׂדֶה
נָתַתִּי לָךְ וְהַמְּעָרָה אֲשֶׁר־בּוֹ לְךָ נְתַתִּיהָ לְעֵינֵי בְנֵי־עַמִּי נְתַתִּיהָ
יב יג לָּךְ קְבֹר מֵתֶךָ: וַיִּשְׁתַּחוּ אַבְרָהָם לִפְנֵי עַם־הָאָרֶץ: וַיְדַבֵּר
אֶל־עֶפְרוֹן בְּאָזְנֵי עַם־הָאָרֶץ לֵאמֹר אַךְ אִם־אַתָּה לוּ שְׁמָעֵנִי
יד נָתַתִּי כֶּסֶף הַשָּׂדֶה קַח מִמֶּנִּי וְאֶקְבְּרָה אֶת־מֵתִי שָׁמָּה: וַיַּעַן
טו עֶפְרוֹן אֶת־אַבְרָהָם לֵאמֹר לוֹ: אֲדֹנִי שְׁמָעֵנִי אֶרֶץ אַרְבַּע מֵאֹת
טז שֶׁקֶל־כֶּסֶף בֵּינִי וּבֵינְךָ מַה־הִוא וְאֶת־מֵתְךָ קְבֹר: וַיִּשְׁמַע
אַבְרָהָם אֶל־עֶפְרוֹן וַיִּשְׁקֹל אַבְרָהָם לְעֶפְרֹן אֶת־הַכֶּסֶף אֲשֶׁר

דִּבֶּ֧ר בְּאָזְנֵ֣י בְנֵי־חֵ֗ת אַרְבַּ֤ע מֵאוֹת֙ שֶׁ֣קֶל כֶּ֔סֶף עֹבֵ֖ר לַסֹּחֵֽר:

שני יז וַיָּ֣קָם ׀ שְׂדֵ֣ה עֶפְר֗וֹן אֲשֶׁר֙ בַּמַּכְפֵּלָ֔ה אֲשֶׁ֖ר לִפְנֵ֣י מַמְרֵ֑א הַשָּׂדֶה֙
וְהַמְּעָרָ֣ה אֲשֶׁר־בּ֔וֹ וְכָל־הָעֵץ֙ אֲשֶׁ֣ר בַּשָּׂדֶ֔ה אֲשֶׁ֥ר בְּכָל־גְּבֻל֖וֹ
סָבִ֑יב: יח לְאַבְרָהָ֥ם לְמִקְנָ֖ה לְעֵינֵ֣י בְנֵי־חֵ֑ת בְּכֹ֖ל בָּאֵ֥י שַֽׁעַר־עִירֽוֹ:
יט וְאַֽחֲרֵי־כֵן֩ קָבַ֨ר אַבְרָהָ֜ם אֶת־שָׂרָ֣ה אִשְׁתּ֗וֹ אֶל־מְעָרַ֞ת שְׂדֵ֧ה
הַמַּכְפֵּלָ֛ה עַל־פְּנֵ֥י מַמְרֵ֖א הִ֣וא חֶבְר֑וֹן בְּאֶ֖רֶץ כְּנָֽעַן: כ וַיָּ֧קָם
הַשָּׂדֶ֛ה וְהַמְּעָרָ֥ה אֲשֶׁר־בּ֖וֹ לְאַבְרָהָ֑ם לַאֲחֻזַּת־קָ֖בֶר מֵאֵ֥ת
כד א בְּנֵי־חֵֽת: וְאַבְרָהָ֣ם זָקֵ֔ן בָּ֖א בַּיָּמִ֑ים וַֽיהוָ֛ה בֵּרַ֥ךְ כ
אֶת־אַבְרָהָ֖ם בַּכֹּֽל: ב וַיֹּ֣אמֶר אַבְרָהָ֗ם אֶל־עַבְדּוֹ֙ זְקַ֣ן בֵּית֔וֹ הַמֹּשֵׁ֖ל
בְּכָל־אֲשֶׁר־ל֑וֹ שִֽׂים־נָ֥א יָדְךָ֖ תַּ֥חַת יְרֵכִֽי: ג וְאַשְׁבִּ֣יעֲךָ֔ בַּֽיהוָה֙
אֱלֹהֵ֣י הַשָּׁמַ֔יִם וֵֽאלֹהֵ֖י הָאָ֑רֶץ אֲשֶׁ֨ר לֹֽא־תִקַּ֤ח אִשָּׁה֙ לִבְנִ֔י מִבְּנוֹת֙
ד הַֽכְּנַעֲנִ֔י אֲשֶׁ֥ר אָנֹכִ֖י יוֹשֵׁ֥ב בְּקִרְבּֽוֹ: כִּ֧י אֶל־אַרְצִ֛י וְאֶל־מֽוֹלַדְתִּ֖י
ה תֵּלֵ֑ךְ וְלָקַחְתָּ֥ אִשָּׁ֖ה לִבְנִ֥י לְיִצְחָֽק: וַיֹּ֤אמֶר אֵלָיו֙ הָעֶ֔בֶד אוּלַי֙
לֹא־תֹאבֶ֣ה הָֽאִשָּׁ֔ה לָלֶ֥כֶת אַחֲרַ֖י אֶל־הָאָ֣רֶץ הַזֹּ֑את הֶֽהָשֵׁ֤ב
ו אָשִׁיב֙ אֶת־בִּנְךָ֔ אֶל־הָאָ֖רֶץ אֲשֶׁר־יָצָ֥אתָ מִשָּֽׁם: וַיֹּ֥אמֶר אֵלָ֖יו
ז אַבְרָהָ֑ם הִשָּׁ֣מֶר לְךָ֔ פֶּן־תָּשִׁ֥יב אֶת־בְּנִ֖י שָֽׁמָּה: יְהוָ֣ה ׀ אֱלֹהֵ֣י
הַשָּׁמַ֗יִם אֲשֶׁ֤ר לְקָחַ֨נִי֙ מִבֵּ֤ית אָבִי֙ וּמֵאֶ֣רֶץ מֽוֹלַדְתִּ֔י וַאֲשֶׁ֨ר דִּבֶּר־
לִ֜י וַאֲשֶׁ֤ר נִֽשְׁבַּֽע־לִי֙ לֵאמֹ֔ר לְזַ֨רְעֲךָ֔ אֶתֵּ֖ן אֶת־הָאָ֣רֶץ הַזֹּ֑את
ח ה֗וּא יִשְׁלַ֤ח מַלְאָכוֹ֙ לְפָנֶ֔יךָ וְלָקַחְתָּ֥ אִשָּׁ֖ה לִבְנִ֥י מִשָּֽׁם: וְאִם־לֹ֨א
תֹאבֶ֤ה הָֽאִשָּׁה֙ לָלֶ֣כֶת אַחֲרֶ֔יךָ וְנִקִּ֕יתָ מִשְּׁבֻעָתִ֖י זֹ֑את רַ֣ק אֶת־
ט בְּנִ֔י לֹ֥א תָשֵׁ֖ב שָֽׁמָּה: וַיָּ֤שֶׂם הָעֶ֨בֶד֙ אֶת־יָד֔וֹ תַּ֛חַת יֶ֥רֶךְ אַבְרָהָ֖ם
שלישי י אֲדֹנָ֑יו וַיִּשָּׁ֣בַֽע ל֔וֹ עַל־הַדָּבָ֖ר הַזֶּֽה: וַיִּקַּ֣ח הָ֠עֶבֶד עֲשָׂרָ֨ה גְמַלִּ֜ים
מִגְּמַלֵּ֤י אֲדֹנָיו֙ וַיֵּ֔לֶךְ וְכָל־ט֥וּב אֲדֹנָ֖יו בְּיָד֑וֹ וַיָּ֗קָם וַיֵּ֛לֶךְ אֶל־אֲרַ֥ם
יא נַֽהֲרַ֖יִם אֶל־עִ֥יר נָחֽוֹר: וַיַּבְרֵ֧ךְ הַגְּמַלִּ֛ים מִח֥וּץ לָעִ֖יר אֶל־בְּאֵ֣ר
יב הַמָּ֑יִם לְעֵ֣ת עֶ֔רֶב לְעֵ֖ת צֵ֥את הַשֹּׁאֲבֹֽת: וַיֹּאמַ֓ר ׀ יְהוָ֗ה אֱלֹהֵי֙
אֲדֹנִ֣י אַבְרָהָ֔ם הַקְרֵה־נָ֥א לְפָנַ֖י הַיּ֑וֹם וַעֲשֵׂה־חֶ֕סֶד עִ֖ם אֲדֹנִ֥י
יג אַבְרָהָֽם: הִנֵּ֛ה אָנֹכִ֥י נִצָּ֖ב עַל־עֵ֣ין הַמָּ֑יִם וּבְנוֹת֙ אַנְשֵׁ֣י הָעִ֔יר

יד יֹצְאֹת לִשְׁאֹב מָיִם: וְהָיָה הַנַּעֲרָ אֲשֶׁר אֹמַר אֵלֶיהָ הַטִּי־נָא
כַדֵּךְ וְאֶשְׁתֶּה וְאָמְרָה שְׁתֵה וְגַם־גְּמַלֶּיךָ אַשְׁקֶה אֹתָהּ הֹכַחְתָּ
טו לְעַבְדְּךָ לְיִצְחָק וּבָהּ אֵדַע כִּי־עָשִׂיתָ חֶסֶד עִם־אֲדֹנִי: וַיְהִי־הוּא
טֶרֶם כִּלָּה לְדַבֵּר וְהִנֵּה רִבְקָה יֹצֵאת אֲשֶׁר יֻלְּדָה לִבְתוּאֵל
טז בֶּן־מִלְכָּה אֵשֶׁת נָחוֹר אֲחִי אַבְרָהָם וְכַדָּהּ עַל־שִׁכְמָהּ: וְהַנַּעֲרָ
טֹבַת מַרְאֶה מְאֹד בְּתוּלָה וְאִישׁ לֹא יְדָעָהּ וַתֵּרֶד הָעַיְנָה
יז וַתְּמַלֵּא כַדָּהּ וַתָּעַל: וַיָּרָץ הָעֶבֶד לִקְרָאתָהּ וַיֹּאמֶר הַגְמִיאִינִי
יח נָא מְעַט־מַיִם מִכַּדֵּךְ: וַתֹּאמֶר שְׁתֵה אֲדֹנִי וַתְּמַהֵר וַתֹּרֶד כַּדָּהּ
יט עַל־יָדָהּ וַתַּשְׁקֵהוּ: וַתְּכַל לְהַשְׁקֹתוֹ וַתֹּאמֶר גַּם לִגְמַלֶּיךָ
כ אֶשְׁאָב עַד אִם־כִּלּוּ לִשְׁתֹּת: וַתְּמַהֵר וַתְּעַר כַּדָּהּ אֶל־הַשֹּׁקֶת
כא וַתָּרָץ עוֹד אֶל־הַבְּאֵר לִשְׁאֹב וַתִּשְׁאַב לְכָל־גְּמַלָּיו: וְהָאִישׁ
מִשְׁתָּאֵה לָהּ מַחֲרִישׁ לָדַעַת הַהִצְלִיחַ יְהוָה דַּרְכּוֹ אִם־לֹא:
כב וַיְהִי כַּאֲשֶׁר כִּלּוּ הַגְּמַלִּים לִשְׁתּוֹת וַיִּקַּח הָאִישׁ נֶזֶם זָהָב בֶּקַע
כג מִשְׁקָלוֹ וּשְׁנֵי צְמִידִים עַל־יָדֶיהָ עֲשָׂרָה זָהָב מִשְׁקָלָם: וַיֹּאמֶר
בַּת־מִי אַתְּ הַגִּידִי נָא לִי הֲיֵשׁ בֵּית־אָבִיךְ מָקוֹם לָנוּ לָלִין:
כד וַתֹּאמֶר אֵלָיו בַּת־בְּתוּאֵל אָנֹכִי בֶּן־מִלְכָּה אֲשֶׁר יָלְדָה לְנָחוֹר:
כה וַתֹּאמֶר אֵלָיו גַּם־תֶּבֶן גַּם־מִסְפּוֹא רַב עִמָּנוּ גַּם־מָקוֹם לָלוּן:
רביעי כו כז וַיִּקֹּד הָאִישׁ וַיִּשְׁתַּחוּ לַיהוָה: וַיֹּאמֶר בָּרוּךְ יְהוָה אֱלֹהֵי אֲדֹנִי
אַבְרָהָם אֲשֶׁר לֹא־עָזַב חַסְדּוֹ וַאֲמִתּוֹ מֵעִם אֲדֹנִי אָנֹכִי בַּדֶּרֶךְ
כח נָחַנִי יְהוָה בֵּית אֲחֵי אֲדֹנִי: וַתָּרָץ הַנַּעֲרָ וַתַּגֵּד לְבֵית אִמָּהּ
כט כַּדְּבָרִים הָאֵלֶּה: וּלְרִבְקָה אָח וּשְׁמוֹ לָבָן וַיָּרָץ לָבָן אֶל־הָאִישׁ
ל הַחוּצָה אֶל־הָעָיִן: וַיְהִי ׀ כִּרְאֹת אֶת־הַנֶּזֶם וְאֶת־הַצְּמִדִים עַל־
יְדֵי אֲחֹתוֹ וּכְשָׁמְעוֹ אֶת־דִּבְרֵי רִבְקָה אֲחֹתוֹ לֵאמֹר כֹּה־דִבֶּר
אֵלַי הָאִישׁ וַיָּבֹא אֶל־הָאִישׁ וְהִנֵּה עֹמֵד עַל־הַגְּמַלִּים עַל־
לא הָעָיִן: וַיֹּאמֶר בּוֹא בְּרוּךְ יְהוָה לָמָּה תַעֲמֹד בַּחוּץ וְאָנֹכִי פִּנִּיתִי
לב הַבַּיִת וּמָקוֹם לַגְּמַלִּים: וַיָּבֹא הָאִישׁ הַבַּיְתָה וַיְפַתַּח הַגְּמַלִּים
וַיִּתֵּן תֶּבֶן וּמִסְפּוֹא לַגְּמַלִּים וּמַיִם לִרְחֹץ רַגְלָיו וְרַגְלֵי הָאֲנָשִׁים

לג אֲשֶׁ֥ר אִתּֽוֹ׃ וייּשם לְפָנָיו֙ לֶֽאֱכֹ֔ל וַיֹּ֗אמֶר לֹ֣א אֹכַ֔ל עַ֥ד אִם־דִּבַּ֖רְתִּי ויּוּשַׂ֤ם
לד לה דְּבָרָ֑י וַיֹּ֖אמֶר דַּבֵּֽר׃ וַיֹּאמַ֑ר עֶ֥בֶד אַבְרָהָ֖ם אָנֹֽכִי׃ וַֽיהוָ֞ה בֵּרַ֧ךְ
אֶת־אֲדֹנִ֛י מְאֹ֖ד וַיִּגְדָּ֑ל וַיִּתֶּן־ל֞וֹ צֹ֤אן וּבָקָר֙ וְכֶ֣סֶף וְזָהָ֔ב וַעֲבָדִם֙
לו וּשְׁפָחֹ֔ת וּגְמַלִּ֖ים וַחֲמֹרִֽים׃ וַתֵּ֡לֶד שָׂרָ֞ה אֵ֤שֶׁת אֲדֹנִי֙ בֵן֙ לַֽאדֹנִ֔י
לז אַחֲרֵ֖י זִקְנָתָ֑הּ וַיִּתֶּן־ל֖וֹ אֶת־כָּל־אֲשֶׁר־לֽוֹ׃ וַיַּשְׁבִּעֵ֥נִי אֲדֹנִ֖י לֵאמֹ֑ר
לֹֽא־תִקַּ֤ח אִשָּׁה֙ לִבְנִ֔י מִבְּנוֹת֙ הַֽכְּנַעֲנִ֔י אֲשֶׁ֥ר אָנֹכִ֖י יֹשֵׁ֥ב בְּאַרְצֽוֹ׃
לח אִם־לֹ֧א אֶל־בֵּית־אָבִ֛י תֵּלֵ֖ךְ וְאֶל־מִשְׁפַּחְתִּ֑י וְלָקַחְתָּ֥ אִשָּׁ֖ה לִבְנִֽי׃
לט מ וָאֹמַ֖ר אֶל־אֲדֹנִ֑י אֻלַ֛י לֹא־תֵלֵ֥ךְ הָאִשָּׁ֖ה אַחֲרָֽי׃ וַיֹּ֖אמֶר אֵלָ֑י יְהוָ֞ה
אֲשֶׁר־הִתְהַלַּ֣כְתִּי לְפָנָ֗יו יִשְׁלַ֨ח מַלְאָכ֤וֹ אִתָּךְ֙ וְהִצְלִ֣יחַ דַּרְכֶּ֔ךָ
מא וְלָקַחְתָּ֥ אִשָּׁה֙ לִבְנִ֔י מִמִּשְׁפַּחְתִּ֖י וּמִבֵּ֥ית אָבִֽי׃ אָ֤ז תִּנָּקֶה֙ מֵאָ֣לָתִ֔י
כִּ֥י תָב֖וֹא אֶל־מִשְׁפַּחְתִּ֑י וְאִם־לֹ֤א יִתְּנוּ֙ לָ֔ךְ וְהָיִ֥יתָ נָקִ֖י מֵאָלָתִֽי׃
מב וָאָבֹ֥א הַיּ֖וֹם אֶל־הָעָ֑יִן וָאֹמַ֗ר יְהוָה֙ אֱלֹהֵי֙ אֲדֹנִ֣י אַבְרָהָ֔ם אִם־ כא
מג יֶשְׁךָ־נָּא֙ מַצְלִ֣יחַ דַּרְכִּ֔י אֲשֶׁ֥ר אָנֹכִ֖י הֹלֵ֥ךְ עָלֶֽיהָ׃ הִנֵּ֛ה אָנֹכִ֥י
נִצָּ֖ב עַל־עֵ֣ין הַמָּ֑יִם וְהָיָ֤ה הָעַלְמָה֙ הַיֹּצֵ֣את לִשְׁאֹ֔ב וְאָמַרְתִּ֣י
מד אֵלֶ֔יהָ הַשְׁקִֽינִי־נָ֥א מְעַט־מַ֖יִם מִכַּדֵּֽךְ׃ וְאָמְרָ֤ה אֵלַי֙ גַּם־אַתָּ֣ה
שְׁתֵ֔ה וְגַ֥ם לִגְמַלֶּ֖יךָ אֶשְׁאָ֑ב הִ֣וא הָֽאִשָּׁ֔ה אֲשֶׁר־הֹכִ֥יחַ יְהוָ֖ה לְבֶן־
מה אֲדֹנִֽי׃ אֲנִי֩ טֶ֨רֶם אֲכַלֶּ֜ה לְדַבֵּ֣ר אֶל־לִבִּ֗י וְהִנֵּ֨ה רִבְקָ֤ה יֹצֵאת֙
וְכַדָּ֣הּ עַל־שִׁכְמָ֔הּ וַתֵּ֥רֶד הָעַ֖יְנָה וַתִּשְׁאָ֑ב וָאֹמַ֥ר אֵלֶ֖יהָ הַשְׁקִ֥ינִי
מו נָֽא׃ וַתְּמַהֵ֗ר וַתּ֤וֹרֶד כַּדָּהּ֙ מֵֽעָלֶ֔יהָ וַתֹּ֣אמֶר שְׁתֵ֔ה וְגַם־גְּמַלֶּ֖יךָ
מז אַשְׁקֶ֑ה וָאֵ֕שְׁתְּ וְגַ֥ם הַגְּמַלִּ֖ים הִשְׁקָֽתָה׃ וָאֶשְׁאַ֣ל אֹתָ֗הּ וָאֹמַר֮
בַּת־מִ֣י אַתְּ֒ וַתֹּ֗אמֶר בַּת־בְּתוּאֵל֙ בֶּן־נָח֔וֹר אֲשֶׁ֥ר יָֽלְדָה־לּ֖וֹ
מח מִלְכָּ֑ה וָאָשִׂ֤ם הַנֶּ֙זֶם֙ עַל־אַפָּ֔הּ וְהַצְּמִידִ֖ים עַל־יָדֶֽיהָ׃ וָאֶקֹּ֥ד
וָֽאֶשְׁתַּחֲוֶ֖ה לַֽיהוָ֑ה וָאֲבָרֵ֗ךְ אֶת־יְהוָה֙ אֱלֹהֵי֙ אֲדֹנִ֣י אַבְרָהָ֔ם אֲשֶׁ֤ר
מט הִנְחַ֙נִי֙ בְּדֶ֣רֶךְ אֱמֶ֔ת לָקַ֛חַת אֶת־בַּת־אֲחִ֥י אֲדֹנִ֖י לִבְנֽוֹ׃ וְעַתָּ֡ה
אִם־יֶשְׁכֶ֣ם עֹשִׂים֩ חֶ֨סֶד וֶֽאֱמֶ֧ת אֶת־אֲדֹנִ֛י הַגִּ֖ידוּ לִ֑י וְאִם־לֹ֕א
נ הַגִּ֣ידוּ לִ֔י וְאֶפְנֶ֥ה עַל־יָמִ֖ין א֥וֹ עַל־שְׂמֹֽאל׃ וַיַּ֨עַן לָבָ֤ן וּבְתוּאֵל֙
וַיֹּ֣אמְר֔וּ מֵיְהוָ֖ה יָצָ֣א הַדָּבָ֑ר לֹ֥א נוּכַ֛ל דַּבֵּ֥ר אֵלֶ֖יךָ רַ֥ע אוֹ־טֽוֹב׃

נא הִנֵּה־רִבְקָה לְפָנֶיךָ קַח וָלֵךְ וּתְהִי אִשָּׁה לְבֶן־אֲדֹנֶיךָ כַּאֲשֶׁר
נב דִּבֶּר יְהוָה׃ וַיְהִי כַּאֲשֶׁר שָׁמַע עֶבֶד אַבְרָהָם אֶת־דִּבְרֵיהֶם
חמישי נג וַיִּשְׁתַּחוּ אַרְצָה לַיהוָה׃ וַיּוֹצֵא הָעֶבֶד כְּלֵי־כֶסֶף וּכְלֵי זָהָב
נד וּבְגָדִים וַיִּתֵּן לְרִבְקָה וּמִגְדָּנֹת נָתַן לְאָחִיהָ וּלְאִמָּהּ׃ וַיֹּאכְלוּ
וַיִּשְׁתּוּ הוּא וְהָאֲנָשִׁים אֲשֶׁר־עִמּוֹ וַיָּלִינוּ וַיָּקוּמוּ בַבֹּקֶר וַיֹּאמֶר
נה שַׁלְּחֻנִי לַאדֹנִי׃ וַיֹּאמֶר אָחִיהָ וְאִמָּהּ תֵּשֵׁב הַנַּעֲרָ אִתָּנוּ יָמִים
נו אוֹ עָשׂוֹר אַחַר תֵּלֵךְ׃ וַיֹּאמֶר אֲלֵהֶם אַל־תְּאַחֲרוּ אֹתִי וַיהוָה
נז הִצְלִיחַ דַּרְכִּי שַׁלְּחוּנִי וְאֵלְכָה לַאדֹנִי׃ וַיֹּאמְרוּ נִקְרָא לַנַּעֲרָ
נח וְנִשְׁאֲלָה אֶת־פִּיהָ׃ וַיִּקְרְאוּ לְרִבְקָה וַיֹּאמְרוּ אֵלֶיהָ הֲתֵלְכִי
נט עִם־הָאִישׁ הַזֶּה וַתֹּאמֶר אֵלֵךְ׃ וַיְשַׁלְּחוּ אֶת־רִבְקָה אֲחֹתָם
ס וְאֶת־מֵנִקְתָּהּ וְאֶת־עֶבֶד אַבְרָהָם וְאֶת־אֲנָשָׁיו׃ וַיְבָרְכוּ אֶת־
רִבְקָה וַיֹּאמְרוּ לָהּ אֲחֹתֵנוּ אַתְּ הֲיִי לְאַלְפֵי רְבָבָה וְיִירַשׁ זַרְעֵךְ
סא אֵת שַׁעַר שֹׂנְאָיו׃ וַתָּקָם רִבְקָה וְנַעֲרֹתֶיהָ וַתִּרְכַּבְנָה עַל־
הַגְּמַלִּים וַתֵּלַכְנָה אַחֲרֵי הָאִישׁ וַיִּקַּח הָעֶבֶד אֶת־רִבְקָה וַיֵּלַךְ׃
סב וְיִצְחָק בָּא מִבּוֹא בְּאֵר לַחַי רֹאִי וְהוּא יוֹשֵׁב בְּאֶרֶץ הַנֶּגֶב׃
סג וַיֵּצֵא יִצְחָק לָשׂוּחַ בַּשָּׂדֶה לִפְנוֹת עָרֶב וַיִּשָּׂא עֵינָיו וַיַּרְא וְהִנֵּה
סד גְמַלִּים בָּאִים׃ וַתִּשָּׂא רִבְקָה אֶת־עֵינֶיהָ וַתֵּרֶא אֶת־יִצְחָק
סה וַתִּפֹּל מֵעַל הַגָּמָל׃ וַתֹּאמֶר אֶל־הָעֶבֶד מִי־הָאִישׁ הַלָּזֶה הַהֹלֵךְ
בַּשָּׂדֶה לִקְרָאתֵנוּ וַיֹּאמֶר הָעֶבֶד הוּא אֲדֹנִי וַתִּקַּח הַצָּעִיף
סו וַתִּתְכָּס׃ וַיְסַפֵּר הָעֶבֶד לְיִצְחָק אֵת כָּל־הַדְּבָרִים אֲשֶׁר עָשָׂה׃
סז וַיְבִאֶהָ יִצְחָק הָאֹהֱלָה שָׂרָה אִמּוֹ וַיִּקַּח אֶת־רִבְקָה וַתְּהִי־לוֹ
לְאִשָּׁה וַיֶּאֱהָבֶהָ וַיִּנָּחֵם יִצְחָק אַחֲרֵי אִמּוֹ׃
ששי כב כה א ב וַיֹּסֶף אַבְרָהָם וַיִּקַּח אִשָּׁה וּשְׁמָהּ קְטוּרָה׃ וַתֵּלֶד לוֹ אֶת־זִמְרָן
ג וְאֶת־יָקְשָׁן וְאֶת־מְדָן וְאֶת־מִדְיָן וְאֶת־יִשְׁבָּק וְאֶת־שׁוּחַ׃ וְיָקְשָׁן
יָלַד אֶת־שְׁבָא וְאֶת־דְּדָן וּבְנֵי דְדָן הָיוּ אַשּׁוּרִם וּלְטוּשִׁם וּלְאֻמִּים׃
ד וּבְנֵי מִדְיָן עֵיפָה וָעֵפֶר וַחֲנֹךְ וַאֲבִידָע וְאֶלְדָּעָה כָּל־אֵלֶּה
ה ו בְּנֵי קְטוּרָה׃ וַיִּתֵּן אַבְרָהָם אֶת־כָּל־אֲשֶׁר־לוֹ לְיִצְחָק׃ וְלִבְנֵי

הַפִּילַגְשִׁים אֲשֶׁר לְאַבְרָהָם נָתַן אַבְרָהָם מַתָּנֹת וַיְשַׁלְּחֵם מֵעַל
ז יִצְחָק בְּנוֹ בְּעוֹדֶנּוּ חַי קֵדְמָה אֶל־אֶרֶץ קֶדֶם׃ וְאֵלֶּה יְמֵי שְׁנֵי־
חַיֵּי אַבְרָהָם אֲשֶׁר־חָי מְאַת שָׁנָה וְשִׁבְעִים שָׁנָה וְחָמֵשׁ שָׁנִים׃
ח וַיִּגְוַע וַיָּמָת אַבְרָהָם בְּשֵׂיבָה טוֹבָה זָקֵן וְשָׂבֵעַ וַיֵּאָסֶף אֶל־
ט עַמָּיו׃ וַיִּקְבְּרוּ אֹתוֹ יִצְחָק וְיִשְׁמָעֵאל בָּנָיו אֶל־מְעָרַת הַמַּכְפֵּלָה
י אֶל־שְׂדֵה עֶפְרֹן בֶּן־צֹחַר הַחִתִּי אֲשֶׁר עַל־פְּנֵי מַמְרֵא׃ הַשָּׂדֶה
אֲשֶׁר־קָנָה אַבְרָהָם מֵאֵת בְּנֵי־חֵת שָׁמָּה קֻבַּר אַבְרָהָם וְשָׂרָה
יא אִשְׁתּוֹ׃ וַיְהִי אַחֲרֵי מוֹת אַבְרָהָם וַיְבָרֶךְ אֱלֹהִים אֶת־יִצְחָק
בְּנוֹ וַיֵּשֶׁב יִצְחָק עִם־בְּאֵר לַחַי רֹאִי׃
יב וְאֵלֶּה תֹּלְדֹת יִשְׁמָעֵאל בֶּן־אַבְרָהָם אֲשֶׁר יָלְדָה הָגָר הַמִּצְרִית שביעי
יג שִׁפְחַת שָׂרָה לְאַבְרָהָם׃ וְאֵלֶּה שְׁמוֹת בְּנֵי יִשְׁמָעֵאל בִּשְׁמֹתָם
לְתוֹלְדֹתָם בְּכֹר יִשְׁמָעֵאל נְבָיֹת וְקֵדָר וְאַדְבְּאֵל וּמִבְשָׂם׃
יד טו וּמִשְׁמָע וְדוּמָה וּמַשָּׂא׃ חֲדַד וְתֵימָא יְטוּר נָפִישׁ וָקֵדְמָה׃
טז אֵלֶּה הֵם בְּנֵי יִשְׁמָעֵאל וְאֵלֶּה שְׁמֹתָם בְּחַצְרֵיהֶם וּבְטִירֹתָם מפטיר
יז שְׁנֵים־עָשָׂר נְשִׂיאִם לְאֻמֹּתָם׃ וְאֵלֶּה שְׁנֵי חַיֵּי יִשְׁמָעֵאל מְאַת
שָׁנָה וּשְׁלֹשִׁים שָׁנָה וְשֶׁבַע שָׁנִים וַיִּגְוַע וַיָּמָת וַיֵּאָסֶף אֶל־עַמָּיו׃
יח וַיִּשְׁכְּנוּ מֵחֲוִילָה עַד־שׁוּר אֲשֶׁר עַל־פְּנֵי מִצְרַיִם בֹּאֲכָה אַשּׁוּרָה
עַל־פְּנֵי כָל־אֶחָיו נָפָל׃
יט וְאֵלֶּה תּוֹלְדֹת יִצְחָק בֶּן־אַבְרָהָם אַבְרָהָם הוֹלִיד אֶת־יִצְחָק׃ כג תולדת
כ וַיְהִי יִצְחָק בֶּן־אַרְבָּעִים שָׁנָה בְּקַחְתּוֹ אֶת־רִבְקָה בַּת־בְּתוּאֵל
כא הָאֲרַמִּי מִפַּדַּן אֲרָם אֲחוֹת לָבָן הָאֲרַמִּי לוֹ לְאִשָּׁה׃ וַיֶּעְתַּר
יִצְחָק לַיהוה לְנֹכַח אִשְׁתּוֹ כִּי עֲקָרָה הִוא וַיֵּעָתֶר לוֹ יהוה
כב וַתַּהַר רִבְקָה אִשְׁתּוֹ׃ וַיִּתְרֹצְצוּ הַבָּנִים בְּקִרְבָּהּ וַתֹּאמֶר אִם־
כג כֵּן לָמָּה זֶּה אָנֹכִי וַתֵּלֶךְ לִדְרֹשׁ אֶת־יהוה׃ וַיֹּאמֶר יהוה לָהּ
שְׁנֵי גיים בְּבִטְנֵךְ וּשְׁנֵי לְאֻמִּים מִמֵּעַיִךְ יִפָּרֵדוּ וּלְאֹם מִלְאֹם גוים
כד יֶאֱמָץ וְרַב יַעֲבֹד צָעִיר׃ וַיִּמְלְאוּ יָמֶיהָ לָלֶדֶת וְהִנֵּה תוֹמִם
כה בְּבִטְנָהּ׃ וַיֵּצֵא הָרִאשׁוֹן אַדְמוֹנִי כֻּלּוֹ כְּאַדֶּרֶת שֵׂעָר וַיִּקְרְאוּ

שְׁמ֣וֹ עֵשָׂ֑ו וְאַֽחֲרֵי־כֵ֞ן יָצָ֣א אָחִ֗יו וְיָד֤וֹ אֹחֶ֙זֶת֙ בַּעֲקֵ֣ב עֵשָׂ֔ו כו

וַיִּקְרָ֥א שְׁמ֖וֹ יַֽעֲקֹ֑ב וְיִצְחָ֤ק בֶּן־שִׁשִּׁ֣ים שָׁנָ֔ה בְּלֶ֥דֶת אֹתָֽם: וַֽיִּגְדְּלוּ֙ כז

הַנְּעָרִ֔ים וַיְהִ֣י עֵשָׂ֗ו אִ֛ישׁ יֹדֵ֥עַ צַ֖יִד אִ֣ישׁ שָׂדֶ֑ה וְיַעֲקֹב֙ אִ֣ישׁ תָּ֔ם

יֹשֵׁ֖ב אֹהָלִֽים: וַיֶּאֱהַ֥ב יִצְחָ֛ק אֶת־עֵשָׂ֖ו כִּי־צַ֣יִד בְּפִ֑יו וְרִבְקָ֖ה כח

אֹהֶ֥בֶת אֶֽת־יַעֲקֹֽב: וַיָּ֥זֶד יַעֲקֹ֖ב נָזִ֑יד וַיָּבֹ֥א עֵשָׂ֛ו מִן־הַשָּׂדֶ֖ה וְה֥וּא כט

עָיֵֽף: וַיֹּ֨אמֶר עֵשָׂ֜ו אֶֽל־יַעֲקֹ֗ב הַלְעִיטֵ֤נִי נָא֙ מִן־הָאָדֹ֤ם ל

הָאָדֹם֙ הַזֶּ֔ה כִּ֥י עָיֵ֖ף אָנֹ֑כִי עַל־כֵּ֥ן קָרָֽא־שְׁמ֖וֹ אֱדֽוֹם: וַיֹּ֖אמֶר יַעֲקֹ֑ב לא

מִכְרָ֥ה כַיּ֛וֹם אֶת־בְּכֹֽרָתְךָ֖ לִֽי: וַיֹּ֣אמֶר עֵשָׂ֔ו הִנֵּ֛ה אָנֹכִ֥י הוֹלֵ֖ךְ לב

לָמ֑וּת וְלָמָּה־זֶּ֥ה לִ֖י בְּכֹרָֽה: וַיֹּ֣אמֶר יַעֲקֹ֗ב הִשָּׁ֤בְעָה לִּי֙ כַּיּ֔וֹם לג

וַיִּשָּׁבַ֖ע ל֑וֹ וַיִּמְכֹּ֥ר אֶת־בְּכֹֽרָת֖וֹ לְיַעֲקֹֽב: וְיַעֲקֹ֞ב נָתַ֣ן לְעֵשָׂ֗ו לד

לֶ֚חֶם וּנְזִ֣יד עֲדָשִׁ֔ים וַיֹּ֣אכַל וַיֵּ֔שְׁתְּ וַיָּ֖קָם וַיֵּלַ֑ךְ וַיִּ֥בֶז עֵשָׂ֖ו אֶת־

הַבְּכֹרָֽה:

וַיְהִ֤י רָעָב֙ בָּאָ֔רֶץ מִלְּבַד֙ הָרָעָ֣ב הָרִאשׁ֔וֹן אֲשֶׁ֥ר הָיָ֖ה בִּימֵ֣י אַבְרָהָ֑ם כו א

וַיֵּ֧לֶךְ יִצְחָ֛ק אֶל־אֲבִימֶ֥לֶךְ מֶֽלֶךְ־פְּלִשְׁתִּ֖ים גְּרָֽרָה: וַיֵּרָ֤א אֵלָיו֙ ב

יְהוָ֔ה וַיֹּ֖אמֶר אַל־תֵּרֵ֣ד מִצְרָ֑יְמָה שְׁכֹ֣ן בָּאָ֔רֶץ אֲשֶׁ֖ר אֹמַ֥ר

אֵלֶֽיךָ: גּ֚וּר בָּאָ֣רֶץ הַזֹּ֔את וְאֶֽהְיֶ֥ה עִמְּךָ֖ וַאֲבָרְכֶ֑ךָּ כִּֽי־לְךָ֣ וּֽלְזַרְעֲךָ֗ ג

אֶתֵּן֙ אֶת־כָּל־הָֽאֲרָצֹ֣ת הָאֵ֔ל וַהֲקִֽמֹתִי֙ אֶת־הַשְּׁבֻעָ֔ה אֲשֶׁ֥ר

נִשְׁבַּ֖עְתִּי לְאַבְרָהָ֣ם אָבִֽיךָ: וְהִרְבֵּיתִ֤י אֶֽת־זַרְעֲךָ֙ כְּכֽוֹכְבֵ֣י הַשָּׁמַ֔יִם ד

וְנָתַתִּ֣י לְזַרְעֲךָ֔ אֵ֥ת כָּל־הָֽאֲרָצֹ֖ת הָאֵ֑ל וְהִתְבָּרֲכ֣וּ בְזַרְעֲךָ֔ כֹּ֖ל

גּוֹיֵ֣י הָאָֽרֶץ: עֵ֕קֶב אֲשֶׁר־שָׁמַ֥ע אַבְרָהָ֖ם בְּקֹלִ֑י וַיִּשְׁמֹר֙ מִשְׁמַרְתִּ֔י ה

מִצְוֺתַ֖י חֻקּוֹתַ֥י וְתוֹרֹתָֽי: וַיֵּ֥שֶׁב יִצְחָ֖ק בִּגְרָֽר: וַֽיִּשְׁאֲל֞וּ אַנְשֵׁ֤י שני ו

הַמָּקוֹם֙ לְאִשְׁתּ֔וֹ וַיֹּ֖אמֶר אֲחֹ֣תִי הִ֑וא כִּ֤י יָרֵא֙ לֵאמֹ֣ר אִשְׁתִּ֔י פֶּן־

יַֽהַרְגֻ֜נִי אַנְשֵׁ֤י הַמָּקוֹם֙ עַל־רִבְקָ֔ה כִּֽי־טוֹבַ֥ת מַרְאֶ֖ה הִֽוא: וַיְהִ֗י ח

כִּ֣י אָֽרְכוּ־ל֥וֹ שָׁם֙ הַיָּמִ֔ים וַיַּשְׁקֵ֗ף אֲבִימֶ֙לֶךְ֙ מֶ֣לֶךְ פְּלִשְׁתִּ֔ים בְּעַ֖ד

הַֽחַלּ֑וֹן וַיַּ֗רְא וְהִנֵּ֤ה יִצְחָק֙ מְצַחֵ֔ק אֵ֖ת רִבְקָ֥ה אִשְׁתּֽוֹ: וַיִּקְרָ֨א ט

אֲבִימֶ֜לֶךְ לְיִצְחָ֗ק וַיֹּ֙אמֶר֙ אַ֣ךְ הִנֵּ֤ה אִשְׁתְּךָ֙ הִ֔וא וְאֵ֥יךְ אָמַ֖רְתָּ

אֲחֹ֣תִי הִ֑וא וַיֹּ֤אמֶר אֵלָיו֙ יִצְחָ֔ק כִּ֣י אָמַ֔רְתִּי פֶּן־אָמ֖וּת עָלֶֽיהָ:

י וַיֹּאמֶר אֲבִימֶלֶךְ מַה־זֹּאת עָשִׂיתָ לָּנוּ כִּמְעַט שָׁכַב אַחַד הָעָם
יא אֶת־אִשְׁתֶּךָ וְהֵבֵאתָ עָלֵינוּ אָשָׁם׃ וַיְצַו אֲבִימֶלֶךְ אֶת־כָּל־הָעָם
יב לֵאמֹר הַנֹּגֵעַ בָּאִישׁ הַזֶּה וּבְאִשְׁתּוֹ מוֹת יוּמָת׃ וַיִּזְרַע יִצְחָק
בָּאָרֶץ הַהִוא וַיִּמְצָא בַּשָּׁנָה הַהִוא מֵאָה שְׁעָרִים וַיְבָרְכֵהוּ
יג יד יְהוָה׃ וַיִּגְדַּל הָאִישׁ וַיֵּלֶךְ הָלוֹךְ וְגָדֵל עַד כִּי־גָדַל מְאֹד׃ וַיְהִי־ שלישי
לוֹ מִקְנֵה־צֹאן וּמִקְנֵה בָקָר וַעֲבֻדָּה רַבָּה וַיְקַנְאוּ אֹתוֹ פְּלִשְׁתִּים׃
טו וְכָל־הַבְּאֵרֹת אֲשֶׁר חָפְרוּ עַבְדֵי אָבִיו בִּימֵי אַבְרָהָם אָבִיו
טז סִתְּמוּם פְּלִשְׁתִּים וַיְמַלְאוּם עָפָר׃ וַיֹּאמֶר אֲבִימֶלֶךְ אֶל־יִצְחָק
יז לֵךְ מֵעִמָּנוּ כִּי־עָצַמְתָּ מִמֶּנּוּ מְאֹד׃ וַיֵּלֶךְ מִשָּׁם יִצְחָק וַיִּחַן
יח בְּנַחַל־גְּרָר וַיֵּשֶׁב שָׁם׃ וַיָּשָׁב יִצְחָק וַיַּחְפֹּר ׀ אֶת־בְּאֵרֹת הַמַּיִם
אֲשֶׁר חָפְרוּ בִּימֵי אַבְרָהָם אָבִיו וַיְסַתְּמוּם פְּלִשְׁתִּים אַחֲרֵי מוֹת
אַבְרָהָם וַיִּקְרָא לָהֶן שֵׁמוֹת כַּשֵּׁמֹת אֲשֶׁר־קָרָא לָהֶן אָבִיו׃
יט כ וַיַּחְפְּרוּ עַבְדֵי־יִצְחָק בַּנָּחַל וַיִּמְצְאוּ־שָׁם בְּאֵר מַיִם חַיִּים׃ וַיָּרִיבוּ
רֹעֵי גְרָר עִם־רֹעֵי יִצְחָק לֵאמֹר לָנוּ הַמָּיִם וַיִּקְרָא שֵׁם־הַבְּאֵר
כא עֵשֶׂק כִּי הִתְעַשְּׂקוּ עִמּוֹ׃ וַיַּחְפְּרוּ בְּאֵר אַחֶרֶת וַיָּרִיבוּ גַּם־עָלֶיהָ
כב וַיִּקְרָא שְׁמָהּ שִׂטְנָה׃ וַיַּעְתֵּק מִשָּׁם וַיַּחְפֹּר בְּאֵר אַחֶרֶת וְלֹא
רָבוּ עָלֶיהָ וַיִּקְרָא שְׁמָהּ רְחֹבוֹת וַיֹּאמֶר כִּי־עַתָּה הִרְחִיב יְהוָה
כג כד לָנוּ וּפָרִינוּ בָאָרֶץ׃ וַיַּעַל מִשָּׁם בְּאֵר שָׁבַע׃ וַיֵּרָא אֵלָיו יְהוָה רביעי
בַּלַּיְלָה הַהוּא וַיֹּאמֶר אָנֹכִי אֱלֹהֵי אַבְרָהָם אָבִיךָ אַל־תִּירָא
כִּי־אִתְּךָ אָנֹכִי וּבֵרַכְתִּיךָ וְהִרְבֵּיתִי אֶת־זַרְעֲךָ בַּעֲבוּר אַבְרָהָם
כה עַבְדִּי׃ וַיִּבֶן שָׁם מִזְבֵּחַ וַיִּקְרָא בְּשֵׁם יְהוָה וַיֶּט־שָׁם אָהֳלוֹ
כו וַיִּכְרוּ־שָׁם עַבְדֵי־יִצְחָק בְּאֵר׃ וַאֲבִימֶלֶךְ הָלַךְ אֵלָיו מִגְּרָר
כז וַאֲחֻזַּת מֵרֵעֵהוּ וּפִיכֹל שַׂר־צְבָאוֹ׃ וַיֹּאמֶר אֲלֵהֶם יִצְחָק מַדּוּעַ
כח בָּאתֶם אֵלָי וְאַתֶּם שְׂנֵאתֶם אֹתִי וַתְּשַׁלְּחוּנִי מֵאִתְּכֶם׃ וַיֹּאמְרוּ
רָאוֹ רָאִינוּ כִּי־הָיָה יְהוָה ׀ עִמָּךְ וַנֹּאמֶר תְּהִי נָא אָלָה בֵּינוֹתֵינוּ
כט בֵּינֵינוּ וּבֵינֶךָ וְנִכְרְתָה בְרִית עִמָּךְ׃ אִם־תַּעֲשֵׂה עִמָּנוּ רָעָה
כַּאֲשֶׁר לֹא נְגַעֲנוּךָ וְכַאֲשֶׁר עָשִׂינוּ עִמְּךָ רַק־טוֹב וַנְּשַׁלֵּחֲךָ

חמישי בְּשָׁל֔וֹם אַתָּ֥ה עַתָּ֖ה בְּר֥וּךְ יְהוָֽה׃ וַיַּ֤עַשׂ לָהֶם֙ מִשְׁתֶּ֔ה וַיֹּאכְל֖וּ ל
וַיִּשְׁתּֽוּ׃ וַיַּשְׁכִּ֣ימוּ בַבֹּ֔קֶר וַיִּשָּׁבְע֖וּ אִ֣ישׁ לְאָחִ֑יו וַיְשַׁלְּחֵ֣ם יִצְחָ֔ק לא
וַיֵּלְכ֥וּ מֵאִתּ֖וֹ בְּשָׁלֽוֹם׃ וַיְהִ֣י ׀ בַּיּ֣וֹם הַה֗וּא וַיָּבֹ֙אוּ֙ עַבְדֵ֣י יִצְחָ֔ק לב
וַיַּגִּ֣דוּ ל֔וֹ עַל־אֹד֥וֹת הַבְּאֵ֖ר אֲשֶׁ֣ר חָפָ֑רוּ וַיֹּ֥אמְרוּ ל֖וֹ מָצָ֥אנוּ מָֽיִם׃
וַיִּקְרָ֥א אֹתָ֖הּ שִׁבְעָ֑ה עַל־כֵּ֤ן שֵׁם־הָעִיר֙ בְּאֵ֣ר שֶׁ֔בַע עַ֖ד הַיּ֥וֹם לג
הַזֶּֽה׃ וַיְהִ֤י עֵשָׂו֙ בֶּן־אַרְבָּעִ֣ים שָׁנָ֔ה וַיִּקַּ֣ח אִשָּׁה֙ לד
אֶת־יְהוּדִ֔ית בַּת־בְּאֵרִ֖י הַחִתִּ֑י וְאֶת־בָּ֣שְׂמַ֔ת בַּת־אֵילֹ֖ן הַחִתִּֽי׃
כד וַתִּהְיֶ֖יןָ מֹ֣רַת ר֑וּחַ לְיִצְחָ֖ק וּלְרִבְקָֽה׃ וַיְהִי֙ כִּֽי־זָקֵ֣ן לה א כז
יִצְחָ֔ק וַתִּכְהֶ֥יןָ עֵינָ֖יו מֵרְאֹ֑ת וַיִּקְרָ֞א אֶת־עֵשָׂ֣ו ׀ בְּנ֣וֹ הַגָּדֹ֗ל וַיֹּ֤אמֶר
אֵלָיו֙ בְּנִ֔י וַיֹּ֥אמֶר אֵלָ֖יו הִנֵּֽנִי׃ וַיֹּ֕אמֶר הִנֵּה־נָ֖א זָקַ֑נְתִּי לֹ֥א יָדַ֖עְתִּי ב
י֥וֹם מוֹתִֽי׃ וְעַתָּה֙ שָׂא־נָ֣א כֵלֶ֔יךָ תֶּלְיְךָ֖ וְקַשְׁתֶּ֑ךָ וְצֵא֙ הַשָּׂדֶ֔ה ג
ציד וְצ֥וּדָה לִּ֖י צידה׃ וַעֲשֵׂה־לִ֨י מַטְעַמִּ֜ים כַּאֲשֶׁ֥ר אָהַ֛בְתִּי וְהָבִ֥יאָה ד
לִּ֖י וְאֹכֵ֑לָה בַּעֲב֛וּר תְּבָרֶכְךָ֥ נַפְשִׁ֖י בְּטֶ֥רֶם אָמֽוּת׃ וְרִבְקָ֣ה שֹׁמַ֔עַת ה
בְּדַבֵּ֣ר יִצְחָ֔ק אֶל־עֵשָׂ֖ו בְּנ֑וֹ וַיֵּ֤לֶךְ עֵשָׂו֙ הַשָּׂדֶ֔ה לָצ֥וּד צַ֖יִד לְהָבִֽיא׃
וְרִבְקָה֙ אָֽמְרָ֔ה אֶל־יַעֲקֹ֥ב בְּנָ֖הּ לֵאמֹ֑ר הִנֵּ֤ה שָׁמַ֙עְתִּי֙ אֶת־אָבִ֔יךָ ו
מְדַבֵּ֛ר אֶל־עֵשָׂ֥ו אָחִ֖יךָ לֵאמֹֽר׃ הָבִ֨יאָה לִּ֥י צַ֛יִד וַעֲשֵׂה־לִ֥י ז
מַטְעַמִּ֖ים וְאֹכֵ֑לָה וַאֲבָרֶכְכָ֛ה לִפְנֵ֥י יְהוָ֖ה לִפְנֵ֥י מוֹתִֽי׃ וְעַתָּ֥ה ח
בְנִ֖י שְׁמַ֣ע בְּקֹלִ֑י לַאֲשֶׁ֥ר אֲנִ֖י מְצַוָּ֥ה אֹתָֽךְ׃ לֶךְ־נָא֙ אֶל־הַצֹּ֔אן ט
וְקַח־לִ֣י מִשָּׁ֗ם שְׁנֵ֛י גְּדָיֵ֥י עִזִּ֖ים טֹבִ֑ים וְאֶעֱשֶׂ֨ה אֹתָ֧ם מַטְעַמִּ֛ים
לְאָבִ֖יךָ כַּאֲשֶׁ֥ר אָהֵֽב׃ וְהֵבֵאתָ֥ לְאָבִ֖יךָ וְאָכָ֑ל בַּעֲבֻ֥ר אֲשֶׁ֥ר י
יְבָרֶכְךָ֖ לִפְנֵ֥י מוֹתֽוֹ׃ וַיֹּ֣אמֶר יַעֲקֹ֔ב אֶל־רִבְקָ֖ה אִמּ֑וֹ הֵ֚ן עֵשָׂ֣ו יא
אָחִ֔י אִ֣ישׁ שָׂעִ֔ר וְאָנֹכִ֖י אִ֥ישׁ חָלָֽק׃ אוּלַ֤י יְמֻשֵּׁ֙נִי֙ אָבִ֔י וְהָיִ֥יתִי יב
בְעֵינָ֖יו כִּמְתַעְתֵּ֑עַ וְהֵבֵאתִ֥י עָלַ֛י קְלָלָ֖ה וְלֹ֥א בְרָכָֽה׃ וַתֹּ֤אמֶר יג
לוֹ֙ אִמּ֔וֹ עָלַ֥י קִלְלָתְךָ֖ בְּנִ֑י אַ֛ךְ שְׁמַ֥ע בְּקֹלִ֖י וְלֵ֥ךְ קַֽח־לִֽי׃ וַיֵּ֙לֶךְ֙ יד
וַיִּקַּ֔ח וַיָּבֵ֖א לְאִמּ֑וֹ וַתַּ֤עַשׂ אִמּוֹ֙ מַטְעַמִּ֔ים כַּאֲשֶׁ֖ר אָהֵ֥ב אָבִֽיו׃
וַתִּקַּ֣ח רִ֠בְקָה אֶת־בִּגְדֵ֨י עֵשָׂ֜ו בְּנָ֤הּ הַגָּדֹל֙ הַחֲמֻדֹ֔ת אֲשֶׁ֥ר אִתָּ֖הּ טו
בַּבָּ֑יִת וַתַּלְבֵּ֥שׁ אֶת־יַעֲקֹ֖ב בְּנָ֥הּ הַקָּטָֽן׃ וְאֵ֗ת עֹרֹת֙ גְּדָיֵ֣י הָֽעִזִּ֔ים טז

יז הַלְבִּישָׁה עַל־יָדָיו וְעַל חֶלְקַת צַוָּארָיו: וַתִּתֵּן אֶת־הַמַּטְעַמִּים
יח וְאֶת־הַלֶּחֶם אֲשֶׁר עָשָׂתָה בְּיַד יַעֲקֹב בְּנָהּ: וַיָּבֹא אֶל־אָבִיו
יט וַיֹּאמֶר אָבִי וַיֹּאמֶר הִנֶּנִּי מִי אַתָּה בְּנִי: וַיֹּאמֶר יַעֲקֹב אֶל־אָבִיו
אָנֹכִי עֵשָׂו בְּכֹרֶךָ עָשִׂיתִי כַּאֲשֶׁר דִּבַּרְתָּ אֵלָי קוּם־נָא שְׁבָה
כ וְאָכְלָה מִצֵּידִי בַּעֲבוּר תְּבָרְכַנִּי נַפְשֶׁךָ: וַיֹּאמֶר יִצְחָק אֶל־בְּנוֹ
מַה־זֶּה מִהַרְתָּ לִמְצֹא בְּנִי וַיֹּאמֶר כִּי הִקְרָה יְהוָה אֱלֹהֶיךָ
כא לְפָנָי: וַיֹּאמֶר יִצְחָק אֶל־יַעֲקֹב גְּשָׁה־נָּא וַאֲמֻשְׁךָ בְּנִי הַאַתָּה
כב זֶה בְּנִי עֵשָׂו אִם־לֹא: וַיִּגַּשׁ יַעֲקֹב אֶל־יִצְחָק אָבִיו וַיְמֻשֵּׁהוּ
כג וַיֹּאמֶר הַקֹּל קוֹל יַעֲקֹב וְהַיָּדַיִם יְדֵי עֵשָׂו: וְלֹא הִכִּירוֹ כִּי־הָיוּ
כד יָדָיו כִּידֵי עֵשָׂו אָחִיו שְׂעִרֹת וַיְבָרְכֵהוּ: וַיֹּאמֶר אַתָּה זֶה בְּנִי
כה עֵשָׂו וַיֹּאמֶר אָנִי: וַיֹּאמֶר הַגִּשָׁה לִּי וְאֹכְלָה מִצֵּיד בְּנִי לְמַעַן
כו תְּבָרֶכְךָ נַפְשִׁי וַיַּגֶּשׁ־לוֹ וַיֹּאכַל וַיָּבֵא לוֹ יַיִן וַיֵּשְׁתְּ: וַיֹּאמֶר אֵלָיו
כז יִצְחָק אָבִיו גְּשָׁה־נָּא וּשְׁקָה־לִּי בְּנִי: וַיִּגַּשׁ וַיִּשַּׁק־לוֹ וַיָּרַח אֶת־רֵיחַ
בְּגָדָיו וַיְבָרְכֵהוּ וַיֹּאמֶר רְאֵה רֵיחַ בְּנִי כְּרֵיחַ שָׂדֶה אֲשֶׁר בֵּרְכוֹ
כח יְהוָה: וְיִתֶּן־לְךָ הָאֱלֹהִים מִטַּל הַשָּׁמַיִם וּמִשְׁמַנֵּי הָאָרֶץ וְרֹב כה ששי
כט דָּגָן וְתִירֹשׁ: יַעַבְדוּךָ עַמִּים וְיִשְׁתַּחֲוֻ לְךָ לְאֻמִּים הֱוֵה גְבִיר
לְאַחֶיךָ וְיִשְׁתַּחֲווּ לְךָ בְּנֵי אִמֶּךָ אֹרְרֶיךָ אָרוּר וּמְבָרֲכֶיךָ בָּרוּךְ:
ל וַיְהִי כַּאֲשֶׁר כִּלָּה יִצְחָק לְבָרֵךְ אֶת־יַעֲקֹב וַיְהִי אַךְ יָצֹא יָצָא
לא יַעֲקֹב מֵאֵת פְּנֵי יִצְחָק אָבִיו וְעֵשָׂו אָחִיו בָּא מִצֵּידוֹ: וַיַּעַשׂ גַּם־
הוּא מַטְעַמִּים וַיָּבֵא לְאָבִיו וַיֹּאמֶר לְאָבִיו יָקֻם אָבִי וְיֹאכַל
לב מִצֵּיד בְּנוֹ בַּעֲבֻר תְּבָרְכַנִּי נַפְשֶׁךָ: וַיֹּאמֶר לוֹ יִצְחָק אָבִיו מִי־
לג אָתָּה וַיֹּאמֶר אֲנִי בִּנְךָ בְכֹרְךָ עֵשָׂו: וַיֶּחֱרַד יִצְחָק חֲרָדָה גְּדֹלָה
עַד־מְאֹד וַיֹּאמֶר מִי־אֵפוֹא הוּא הַצָּד־צַיִד וַיָּבֵא לִי וָאֹכַל
לד מִכֹּל בְּטֶרֶם תָּבוֹא וָאֲבָרְכֵהוּ גַּם־בָּרוּךְ יִהְיֶה: כִּשְׁמֹעַ עֵשָׂו
אֶת־דִּבְרֵי אָבִיו וַיִּצְעַק צְעָקָה גְּדֹלָה וּמָרָה עַד־מְאֹד וַיֹּאמֶר
לה לְאָבִיו בָּרְכֵנִי גַם־אָנִי אָבִי: וַיֹּאמֶר בָּא אָחִיךָ בְּמִרְמָה וַיִּקַּח
לו בִּרְכָתֶךָ: וַיֹּאמֶר הֲכִי קָרָא שְׁמוֹ יַעֲקֹב וַיַּעְקְבֵנִי זֶה פַעֲמַיִם

אֶת־בְּכֹרָתִי לָקָח וְהִנֵּה עַתָּה לָקַח בִּרְכָתִי וַיֹּאמַר הֲלֹא־
לז אָצַלְתָּ לִּי בְּרָכָה׃ וַיַּעַן יִצְחָק וַיֹּאמֶר לְעֵשָׂו הֵן גְּבִיר שַׂמְתִּיו
לָךְ וְאֶת־כָּל־אֶחָיו נָתַתִּי לוֹ לַעֲבָדִים וְדָגָן וְתִירֹשׁ סְמַכְתִּיו
לח וּלְכָה אֵפוֹא מָה אֶעֱשֶׂה בְּנִי׃ וַיֹּאמֶר עֵשָׂו אֶל־אָבִיו הַבְרָכָה
אַחַת הִוא־לְךָ אָבִי בָּרְכֵנִי גַם־אָנִי אָבִי וַיִּשָּׂא עֵשָׂו קֹלוֹ
לט וַיֵּבְךְּ׃ וַיַּעַן יִצְחָק אָבִיו וַיֹּאמֶר אֵלָיו הִנֵּה מִשְׁמַנֵּי הָאָרֶץ
מ יִהְיֶה מוֹשָׁבֶךָ וּמִטַּל הַשָּׁמַיִם מֵעָל׃ וְעַל־חַרְבְּךָ תִחְיֶה וְאֶת־
אָחִיךָ תַּעֲבֹד וְהָיָה כַּאֲשֶׁר תָּרִיד וּפָרַקְתָּ עֻלּוֹ מֵעַל צַוָּארֶךָ׃
מא וַיִּשְׂטֹם עֵשָׂו אֶת־יַעֲקֹב עַל־הַבְּרָכָה אֲשֶׁר בֵּרְכוֹ אָבִיו וַיֹּאמֶר
עֵשָׂו בְּלִבּוֹ יִקְרְבוּ יְמֵי אֵבֶל אָבִי וְאַהַרְגָה אֶת־יַעֲקֹב אָחִי׃
מב וַיֻּגַּד לְרִבְקָה אֶת־דִּבְרֵי עֵשָׂו בְּנָהּ הַגָּדֹל וַתִּשְׁלַח וַתִּקְרָא
לְיַעֲקֹב בְּנָהּ הַקָּטָן וַתֹּאמֶר אֵלָיו הִנֵּה עֵשָׂו אָחִיךָ מִתְנַחֵם לְךָ
מג לְהָרְגֶךָ׃ וְעַתָּה בְנִי שְׁמַע בְּקֹלִי וְקוּם בְּרַח־לְךָ אֶל־לָבָן אָחִי
מד חָרָנָה׃ וְיָשַׁבְתָּ עִמּוֹ יָמִים אֲחָדִים עַד אֲשֶׁר־תָּשׁוּב חֲמַת אָחִיךָ׃
מה עַד־שׁוּב אַף־אָחִיךָ מִמְּךָ וְשָׁכַח אֵת אֲשֶׁר־עָשִׂיתָ לּוֹ וְשָׁלַחְתִּי
מו וּלְקַחְתִּיךָ מִשָּׁם לָמָה אֶשְׁכַּל גַּם־שְׁנֵיכֶם יוֹם אֶחָד׃ וַתֹּאמֶר
רִבְקָה אֶל־יִצְחָק קַצְתִּי בְחַיַּי מִפְּנֵי בְּנוֹת חֵת אִם־לֹקֵחַ יַעֲקֹב
כח א אִשָּׁה מִבְּנוֹת־חֵת כָּאֵלֶּה מִבְּנוֹת הָאָרֶץ לָמָּה לִּי חַיִּים׃ וַיִּקְרָא
יִצְחָק אֶל־יַעֲקֹב וַיְבָרֶךְ אֹתוֹ וַיְצַוֵּהוּ וַיֹּאמֶר לוֹ לֹא־תִקַּח
ב אִשָּׁה מִבְּנוֹת כְּנָעַן׃ קוּם לֵךְ פַּדֶּנָה אֲרָם בֵּיתָה בְתוּאֵל אֲבִי
ג אִמֶּךָ וְקַח־לְךָ מִשָּׁם אִשָּׁה מִבְּנוֹת לָבָן אֲחִי אִמֶּךָ׃ וְאֵל שַׁדַּי
ד יְבָרֵךְ אֹתְךָ וְיַפְרְךָ וְיַרְבֶּךָ וְהָיִיתָ לִקְהַל עַמִּים׃ וְיִתֶּן־לְךָ אֶת־
בִּרְכַּת אַבְרָהָם לְךָ וּלְזַרְעֲךָ אִתָּךְ לְרִשְׁתְּךָ אֶת־אֶרֶץ מְגֻרֶיךָ
ה אֲשֶׁר־נָתַן אֱלֹהִים לְאַבְרָהָם׃ וַיִּשְׁלַח יִצְחָק אֶת־יַעֲקֹב וַיֵּלֶךְ שביעי
פַּדֶּנָה אֲרָם אֶל־לָבָן בֶּן־בְּתוּאֵל הָאֲרַמִּי אֲחִי רִבְקָה אֵם
ו יַעֲקֹב וְעֵשָׂו׃ וַיַּרְא עֵשָׂו כִּי־בֵרַךְ יִצְחָק אֶת־יַעֲקֹב וְשִׁלַּח אֹתוֹ
פַּדֶּנָה אֲרָם לָקַחַת־לוֹ מִשָּׁם אִשָּׁה בְּבָרְכוֹ אֹתוֹ וַיְצַו עָלָיו

ז לֵאמֹר לֹא־תִקַּח אִשָּׁה מִבְּנוֹת כְּנָעַן: וַיִּשְׁמַע יַעֲקֹב אֶל־ מפטיר
ח אָבִיו וְאֶל־אִמּוֹ וַיֵּלֶךְ פַּדֶּנָה אֲרָם: וַיַּרְא עֵשָׂו כִּי רָעוֹת בְּנוֹת
ט כְּנָעַן בְּעֵינֵי יִצְחָק אָבִיו: וַיֵּלֶךְ עֵשָׂו אֶל־יִשְׁמָעֵאל וַיִּקַּח אֶת־
מָחֲלַת ׀ בַּת־יִשְׁמָעֵאל בֶּן־אַבְרָהָם אֲחוֹת נְבָיוֹת עַל־נָשָׁיו לוֹ
י לְאִשָּׁה: וַיֵּצֵא יַעֲקֹב מִבְּאֵר שָׁבַע וַיֵּלֶךְ כו ויצא
יא חָרָנָה: וַיִּפְגַּע בַּמָּקוֹם וַיָּלֶן שָׁם כִּי־בָא הַשֶּׁמֶשׁ וַיִּקַּח מֵאַבְנֵי
יב הַמָּקוֹם וַיָּשֶׂם מְרַאֲשֹׁתָיו וַיִּשְׁכַּב בַּמָּקוֹם הַהוּא: וַיַּחֲלֹם וְהִנֵּה
סֻלָּם מֻצָּב אַרְצָה וְרֹאשׁוֹ מַגִּיעַ הַשָּׁמָיְמָה וְהִנֵּה מַלְאֲכֵי
יג אֱלֹהִים עֹלִים וְיֹרְדִים בּוֹ: וְהִנֵּה יהוה נִצָּב עָלָיו וַיֹּאמַר אֲנִי
יהוה אֱלֹהֵי אַבְרָהָם אָבִיךָ וֵאלֹהֵי יִצְחָק הָאָרֶץ אֲשֶׁר אַתָּה
יד שֹׁכֵב עָלֶיהָ לְךָ אֶתְּנֶנָּה וּלְזַרְעֶךָ: וְהָיָה זַרְעֲךָ כַּעֲפַר הָאָרֶץ
וּפָרַצְתָּ יָמָּה וָקֵדְמָה וְצָפֹנָה וָנֶגְבָּה וְנִבְרְכוּ בְךָ כָּל־מִשְׁפְּחֹת
טו הָאֲדָמָה וּבְזַרְעֶךָ: וְהִנֵּה אָנֹכִי עִמָּךְ וּשְׁמַרְתִּיךָ בְּכֹל אֲשֶׁר־תֵּלֵךְ
וַהֲשִׁבֹתִיךָ אֶל־הָאֲדָמָה הַזֹּאת כִּי לֹא אֶעֱזָבְךָ עַד אֲשֶׁר אִם־
טז עָשִׂיתִי אֵת אֲשֶׁר־דִּבַּרְתִּי לָךְ: וַיִּיקַץ יַעֲקֹב מִשְּׁנָתוֹ וַיֹּאמֶר
יז אָכֵן יֵשׁ יהוה בַּמָּקוֹם הַזֶּה וְאָנֹכִי לֹא יָדָעְתִּי: וַיִּירָא וַיֹּאמַר
מַה־נּוֹרָא הַמָּקוֹם הַזֶּה אֵין זֶה כִּי אִם־בֵּית אֱלֹהִים וְזֶה
יח שַׁעַר הַשָּׁמָיִם: וַיַּשְׁכֵּם יַעֲקֹב בַּבֹּקֶר וַיִּקַּח אֶת־הָאֶבֶן אֲשֶׁר־
שָׂם מְרַאֲשֹׁתָיו וַיָּשֶׂם אֹתָהּ מַצֵּבָה וַיִּצֹק שֶׁמֶן עַל־רֹאשָׁהּ:
יט וַיִּקְרָא אֶת־שֵׁם־הַמָּקוֹם הַהוּא בֵּית־אֵל וְאוּלָם לוּז שֵׁם־הָעִיר
כ לָרִאשֹׁנָה: וַיִּדַּר יַעֲקֹב נֶדֶר לֵאמֹר אִם־יִהְיֶה אֱלֹהִים עִמָּדִי
וּשְׁמָרַנִי בַּדֶּרֶךְ הַזֶּה אֲשֶׁר אָנֹכִי הוֹלֵךְ וְנָתַן־לִי לֶחֶם לֶאֱכֹל
כא וּבֶגֶד לִלְבֹּשׁ: וְשַׁבְתִּי בְשָׁלוֹם אֶל־בֵּית אָבִי וְהָיָה יהוה לִי
כב לֵאלֹהִים: וְהָאֶבֶן הַזֹּאת אֲשֶׁר־שַׂמְתִּי מַצֵּבָה יִהְיֶה בֵּית
כט א אֱלֹהִים וְכֹל אֲשֶׁר תִּתֶּן־לִי עַשֵּׂר אֲעַשְּׂרֶנּוּ לָךְ: וַיִּשָּׂא יַעֲקֹב שני
ב רַגְלָיו וַיֵּלֶךְ אַרְצָה בְנֵי־קֶדֶם: וַיַּרְא וְהִנֵּה בְאֵר בַּשָּׂדֶה וְהִנֵּה־
שָׁם שְׁלֹשָׁה עֶדְרֵי־צֹאן רֹבְצִים עָלֶיהָ כִּי מִן־הַבְּאֵר הַהִוא

ג יַשְׁקוּ הָעֲדָרִים וְהָאֶבֶן גְּדֹלָה עַל־פִּי הַבְּאֵר: וְנֶאֶסְפוּ־שָׁמָּה
כָל־הָעֲדָרִים וְגָלֲלוּ אֶת־הָאֶבֶן מֵעַל פִּי הַבְּאֵר וְהִשְׁקוּ אֶת־הַצֹּאן
ד וְהֵשִׁיבוּ אֶת־הָאֶבֶן עַל־פִּי הַבְּאֵר לִמְקֹמָהּ: וַיֹּאמֶר לָהֶם יַעֲקֹב
ה אַחַי מֵאַיִן אַתֶּם וַיֹּאמְרוּ מֵחָרָן אֲנָחְנוּ: וַיֹּאמֶר לָהֶם הַיְדַעְתֶּם
ו אֶת־לָבָן בֶּן־נָחוֹר וַיֹּאמְרוּ יָדָעְנוּ: וַיֹּאמֶר לָהֶם הֲשָׁלוֹם לוֹ
ז וַיֹּאמְרוּ שָׁלוֹם וְהִנֵּה רָחֵל בִּתּוֹ בָּאָה עִם־הַצֹּאן: וַיֹּאמֶר הֵן
עוֹד הַיּוֹם גָּדוֹל לֹא־עֵת הֵאָסֵף הַמִּקְנֶה הַשְׁקוּ הַצֹּאן וּלְכוּ
ח רְעוּ: וַיֹּאמְרוּ לֹא נוּכַל עַד אֲשֶׁר יֵאָסְפוּ כָּל־הָעֲדָרִים וְגָלֲלוּ
ט אֶת־הָאֶבֶן מֵעַל פִּי הַבְּאֵר וְהִשְׁקִינוּ הַצֹּאן: עוֹדֶנּוּ מְדַבֵּר עִמָּם
י וְרָחֵל ׀ בָּאָה עִם־הַצֹּאן אֲשֶׁר לְאָבִיהָ כִּי רֹעָה הִוא: וַיְהִי
כַּאֲשֶׁר רָאָה יַעֲקֹב אֶת־רָחֵל בַּת־לָבָן אֲחִי אִמּוֹ וְאֶת־צֹאן
לָבָן אֲחִי אִמּוֹ וַיִּגַּשׁ יַעֲקֹב וַיָּגֶל אֶת־הָאֶבֶן מֵעַל פִּי הַבְּאֵר
יא וַיַּשְׁקְ אֶת־צֹאן לָבָן אֲחִי אִמּוֹ: וַיִּשַּׁק יַעֲקֹב לְרָחֵל וַיִּשָּׂא
יב אֶת־קֹלוֹ וַיֵּבְךְּ: וַיַּגֵּד יַעֲקֹב לְרָחֵל כִּי אֲחִי אָבִיהָ הוּא וְכִי
יג בֶן־רִבְקָה הוּא וַתָּרָץ וַתַּגֵּד לְאָבִיהָ: וַיְהִי כִשְׁמֹעַ לָבָן אֶת־
שֵׁמַע ׀ יַעֲקֹב בֶּן־אֲחֹתוֹ וַיָּרָץ לִקְרָאתוֹ וַיְחַבֶּק־לוֹ וַיְנַשֶּׁק־לוֹ
וַיְבִיאֵהוּ אֶל־בֵּיתוֹ וַיְסַפֵּר לְלָבָן אֵת כָּל־הַדְּבָרִים הָאֵלֶּה:
יד וַיֹּאמֶר לוֹ לָבָן אַךְ עַצְמִי וּבְשָׂרִי אָתָּה וַיֵּשֶׁב עִמּוֹ חֹדֶשׁ יָמִים:
טו וַיֹּאמֶר לָבָן לְיַעֲקֹב הֲכִי־אָחִי אַתָּה וַעֲבַדְתַּנִי חִנָּם הַגִּידָה
טז לִּי מַה־מַּשְׂכֻּרְתֶּךָ: וּלְלָבָן שְׁתֵּי בָנוֹת שֵׁם הַגְּדֹלָה לֵאָה
יז וְשֵׁם הַקְּטַנָּה רָחֵל: וְעֵינֵי לֵאָה רַכּוֹת וְרָחֵל הָיְתָה יְפַת־
יח תֹּאַר וִיפַת מַרְאֶה: וַיֶּאֱהַב יַעֲקֹב אֶת־רָחֵל וַיֹּאמֶר אֶעֱבָדְךָ שלישי
יט שֶׁבַע שָׁנִים בְּרָחֵל בִּתְּךָ הַקְּטַנָּה: וַיֹּאמֶר לָבָן טוֹב תִּתִּי
כ אֹתָהּ לָךְ מִתִּתִּי אֹתָהּ לְאִישׁ אַחֵר שְׁבָה עִמָּדִי: וַיַּעֲבֹד יַעֲקֹב
בְּרָחֵל שֶׁבַע שָׁנִים וַיִּהְיוּ בְעֵינָיו כְּיָמִים אֲחָדִים בְּאַהֲבָתוֹ
כא אֹתָהּ: וַיֹּאמֶר יַעֲקֹב אֶל־לָבָן הָבָה אֶת־אִשְׁתִּי כִּי מָלְאוּ
כב יָמָי וְאָבוֹאָה אֵלֶיהָ: וַיֶּאֱסֹף לָבָן אֶת־כָּל־אַנְשֵׁי הַמָּקוֹם

כג וַיַּ֥עַשׂ מִשְׁתֶּֽה׃ וַיְהִ֣י בָעֶ֔רֶב וַיִּקַּח֙ אֶת־לֵאָ֣ה בִתּ֔וֹ וַיָּבֵ֥א אֹתָ֖הּ
כד אֵלָ֑יו וַיָּבֹ֖א אֵלֶֽיהָ׃ וַיִּתֵּ֤ן לָבָן֙ לָ֔הּ אֶת־זִלְפָּ֖ה שִׁפְחָת֑וֹ לְלֵאָ֥ה
כה בִתּ֖וֹ שִׁפְחָֽה׃ וַיְהִ֣י בַבֹּ֔קֶר וְהִנֵּה־הִ֖וא לֵאָ֑ה וַיֹּ֣אמֶר אֶל־לָבָ֗ן
מַה־זֹּאת֙ עָשִׂ֣יתָ לִּ֔י הֲלֹ֤א בְרָחֵל֙ עָבַ֣דְתִּי עִמָּ֔ךְ וְלָ֖מָּה רִמִּיתָֽנִי׃
כו וַיֹּ֣אמֶר לָבָ֔ן לֹא־יֵעָשֶׂ֥ה כֵ֖ן בִּמְקוֹמֵ֑נוּ לָתֵ֥ת הַצְּעִירָ֖ה לִפְנֵ֥י
כז הַבְּכִירָֽה׃ מַלֵּ֖א שְׁבֻ֣עַ זֹ֑את וְנִתְּנָ֨ה לְךָ֜ גַּם־אֶת־זֹ֗את בַּעֲבֹדָה֙
כח אֲשֶׁ֣ר תַּעֲבֹ֣ד עִמָּדִ֔י ע֖וֹד שֶֽׁבַע־שָׁנִ֥ים אֲחֵרֽוֹת׃ וַיַּ֤עַשׂ יַעֲקֹב֙ כֵּ֔ן
כט וַיְמַלֵּ֖א שְׁבֻ֣עַ זֹ֑את וַיִּתֶּן־ל֛וֹ אֶת־רָחֵ֥ל בִּתּ֖וֹ ל֥וֹ לְאִשָּֽׁה׃ וַיִּתֵּ֤ן
ל לָבָן֙ לְרָחֵ֣ל בִּתּ֔וֹ אֶת־בִּלְהָ֖ה שִׁפְחָת֑וֹ לָ֖הּ לְשִׁפְחָֽה׃ וַיָּבֹא֙ גַּ֣ם
אֶל־רָחֵ֔ל וַיֶּאֱהַ֥ב גַּֽם־אֶת־רָחֵ֖ל מִלֵּאָ֑ה וַיַּעֲבֹ֣ד עִמּ֔וֹ ע֖וֹד שֶֽׁבַע־
לא שָׁנִ֥ים אֲחֵרֽוֹת׃ וַיַּ֤רְא יהוה֙ כִּֽי־שְׂנוּאָ֣ה לֵאָ֔ה וַיִּפְתַּ֖ח אֶת־רַחְמָ֑הּ כז
לב וְרָחֵ֖ל עֲקָרָֽה׃ וַתַּ֤הַר לֵאָה֙ וַתֵּ֣לֶד בֵּ֔ן וַתִּקְרָ֥א שְׁמ֖וֹ רְאוּבֵ֑ן כִּ֣י
לג אָֽמְרָ֗ה כִּֽי־רָאָ֤ה יהוה֙ בְּעָנְיִ֔י כִּ֥י עַתָּ֖ה יֶאֱהָבַ֥נִי אִישִֽׁי׃ וַתַּ֣הַר
עוֹד֮ וַתֵּ֣לֶד בֵּן֒ וַתֹּ֗אמֶר כִּֽי־שָׁמַ֤ע יהוה֙ כִּֽי־שְׂנוּאָ֣ה אָנֹ֔כִי וַיִּתֶּן־
לד לִ֖י גַּם־אֶת־זֶ֑ה וַתִּקְרָ֥א שְׁמ֖וֹ שִׁמְעֽוֹן׃ וַתַּ֣הַר עוֹד֮ וַתֵּ֣לֶד בֵּן֒
וַתֹּ֗אמֶר עַתָּ֤ה הַפַּ֙עַם֙ יִלָּוֶ֤ה אִישִׁי֙ אֵלַ֔י כִּֽי־יָלַ֥דְתִּי ל֖וֹ שְׁלֹשָׁ֣ה
לה בָנִ֑ים עַל־כֵּ֥ן קָרָֽא־שְׁמ֖וֹ לֵוִֽי׃ וַתַּ֨הַר ע֜וֹד וַתֵּ֣לֶד בֵּ֗ן וַתֹּ֙אמֶר֙
הַפַּ֙עַם֙ אוֹדֶ֣ה אֶת־יהוה עַל־כֵּ֛ן קָרְאָ֥ה שְׁמ֖וֹ יְהוּדָ֑ה וַֽתַּעֲמֹ֖ד
ל א מִלֶּֽדֶת׃ וַתֵּ֣רֶא רָחֵ֗ל כִּ֣י לֹ֤א יָֽלְדָה֙ לְיַעֲקֹ֔ב וַתְּקַנֵּ֥א רָחֵ֖ל בַּאֲחֹתָ֑הּ
ב וַתֹּ֤אמֶר אֶֽל־יַעֲקֹב֙ הָֽבָה־לִּ֣י בָנִ֔ים וְאִם־אַ֖יִן מֵתָ֥ה אָנֹֽכִי׃ וַיִּֽחַר־
אַ֥ף יַעֲקֹ֖ב בְּרָחֵ֑ל וַיֹּ֗אמֶר הֲתַ֤חַת אֱלֹהִים֙ אָנֹ֔כִי אֲשֶׁר־מָנַ֥ע מִמֵּ֖ךְ
ג פְּרִי־בָֽטֶן׃ וַתֹּ֕אמֶר הִנֵּ֛ה אֲמָתִ֥י בִלְהָ֖ה בֹּ֣א אֵלֶ֑יהָ וְתֵלֵד֙ עַל־
ד בִּרְכַּ֔י וְאִבָּנֶ֥ה גַם־אָנֹכִ֖י מִמֶּֽנָּה׃ וַתִּתֶּן־ל֛וֹ אֶת־בִּלְהָ֥ה שִׁפְחָתָ֖הּ
ה לְאִשָּׁ֑ה וַיָּבֹ֥א אֵלֶ֖יהָ יַעֲקֹֽב׃ וַתַּ֣הַר בִּלְהָ֔ה וַתֵּ֥לֶד לְיַעֲקֹ֖ב בֵּֽן׃
ו וַתֹּ֤אמֶר רָחֵל֙ דָּנַ֣נִּי אֱלֹהִ֔ים וְגַם֙ שָׁמַ֣ע בְּקֹלִ֔י וַיִּתֶּן־לִ֖י בֵּ֑ן עַל־
ז כֵּ֛ן קָרְאָ֥ה שְׁמ֖וֹ דָּֽן׃ וַתַּ֣הַר ע֔וֹד וַתֵּ֕לֶד בִּלְהָ֖ה שִׁפְחַ֣ת רָחֵ֑ל בֵּ֥ן
ח שֵׁנִ֖י לְיַעֲקֹֽב׃ וַתֹּ֣אמֶר רָחֵ֗ל נַפְתּוּלֵ֨י אֱלֹהִ֧ים ׀ נִפְתַּ֛לְתִּי עִם־

אֲחֹתִי גַּם־יָכֹלְתִּי וַתִּקְרָא שְׁמוֹ נַפְתָּלִי׃ וַתֵּרֶא לֵאָה כִּי עָמְדָה ט
מִלֶּדֶת וַתִּקַּח אֶת־זִלְפָּה שִׁפְחָתָהּ וַתִּתֵּן אֹתָהּ לְיַעֲקֹב לְאִשָּׁה׃
בָּא גָד וַתֵּלֶד זִלְפָּה שִׁפְחַת לֵאָה לְיַעֲקֹב בֵּן׃ וַתֹּאמֶר לֵאָה בגד יא
וַתִּקְרָא אֶת־שְׁמוֹ גָּד׃ וַתֵּלֶד זִלְפָּה שִׁפְחַת לֵאָה בֵּן שֵׁנִי לְיַעֲקֹב׃ יב
וַתֹּאמֶר לֵאָה בְּאָשְׁרִי כִּי אִשְּׁרוּנִי בָּנוֹת וַתִּקְרָא אֶת־שְׁמוֹ יג
רביעי אָשֵׁר׃ וַיֵּלֶךְ רְאוּבֵן בִּימֵי קְצִיר־חִטִּים וַיִּמְצָא דוּדָאִים בַּשָּׂדֶה יד
וַיָּבֵא אֹתָם אֶל־לֵאָה אִמּוֹ וַתֹּאמֶר רָחֵל אֶל־לֵאָה תְּנִי־נָא לִי
מִדּוּדָאֵי בְּנֵךְ׃ וַתֹּאמֶר לָהּ הַמְעַט קַחְתֵּךְ אֶת־אִישִׁי וְלָקַחַת טו
גַּם אֶת־דּוּדָאֵי בְּנִי וַתֹּאמֶר רָחֵל לָכֵן יִשְׁכַּב עִמָּךְ הַלַּיְלָה
תַּחַת דּוּדָאֵי בְנֵךְ׃ וַיָּבֹא יַעֲקֹב מִן־הַשָּׂדֶה בָּעֶרֶב וַתֵּצֵא לֵאָה טז
לִקְרָאתוֹ וַתֹּאמֶר אֵלַי תָּבוֹא כִּי שָׂכֹר שְׂכַרְתִּיךָ בְּדוּדָאֵי בְּנִי
וַיִּשְׁכַּב עִמָּהּ בַּלַּיְלָה הוּא׃ וַיִּשְׁמַע אֱלֹהִים אֶל־לֵאָה וַתַּהַר יז
וַתֵּלֶד לְיַעֲקֹב בֵּן חֲמִישִׁי׃ וַתֹּאמֶר לֵאָה נָתַן אֱלֹהִים שְׂכָרִי יח
אֲשֶׁר־נָתַתִּי שִׁפְחָתִי לְאִישִׁי וַתִּקְרָא שְׁמוֹ יִשָּׂשכָר׃ וַתַּהַר עוֹד יט
לֵאָה וַתֵּלֶד בֵּן־שִׁשִּׁי לְיַעֲקֹב׃ וַתֹּאמֶר לֵאָה זְבָדַנִי אֱלֹהִים ׀ אֹתִי כ
זֵבֶד טוֹב הַפַּעַם יִזְבְּלֵנִי אִישִׁי כִּי־יָלַדְתִּי לוֹ שִׁשָּׁה בָנִים וַתִּקְרָא
אֶת־שְׁמוֹ זְבֻלוּן׃ וְאַחַר יָלְדָה בַּת וַתִּקְרָא אֶת־שְׁמָהּ דִּינָה׃ כא
כח וַיִּזְכֹּר אֱלֹהִים אֶת־רָחֵל וַיִּשְׁמַע אֵלֶיהָ אֱלֹהִים וַיִּפְתַּח אֶת־ כב
רַחְמָהּ׃ וַתַּהַר וַתֵּלֶד בֵּן וַתֹּאמֶר אָסַף אֱלֹהִים אֶת־חֶרְפָּתִי׃ כג
וַתִּקְרָא אֶת־שְׁמוֹ יוֹסֵף לֵאמֹר יֹסֵף יהוה לִי בֵּן אַחֵר׃ וַיְהִי כד כה
כַּאֲשֶׁר יָלְדָה רָחֵל אֶת־יוֹסֵף וַיֹּאמֶר יַעֲקֹב אֶל־לָבָן שַׁלְּחֵנִי
וְאֵלְכָה אֶל־מְקוֹמִי וּלְאַרְצִי׃ תְּנָה אֶת־נָשַׁי וְאֶת־יְלָדַי אֲשֶׁר כו
עָבַדְתִּי אֹתְךָ בָּהֵן וְאֵלֵכָה כִּי אַתָּה יָדַעְתָּ אֶת־עֲבֹדָתִי אֲשֶׁר
עֲבַדְתִּיךָ׃ וַיֹּאמֶר אֵלָיו לָבָן אִם־נָא מָצָאתִי חֵן בְּעֵינֶיךָ נִחַשְׁתִּי כז
חמישי וַיְבָרְכֵנִי יהוה בִּגְלָלֶךָ׃ וַיֹּאמַר נָקְבָה שְׂכָרְךָ עָלַי וְאֶתֵּנָה׃ כח
וַיֹּאמֶר אֵלָיו אַתָּה יָדַעְתָּ אֵת אֲשֶׁר עֲבַדְתִּיךָ וְאֵת אֲשֶׁר־הָיָה כט
מִקְנְךָ אִתִּי׃ כִּי מְעַט אֲשֶׁר־הָיָה לְךָ לְפָנַי וַיִּפְרֹץ לָרֹב וַיְבָרֶךְ ל

לא יְהוָה אֹתְךָ לְרַגְלִי וְעַתָּה מָתַי אֶעֱשֶׂה גַם־אָנֹכִי לְבֵיתִי: וַיֹּאמֶר
מָה אֶתֶּן־לָךְ וַיֹּאמֶר יַעֲקֹב לֹא־תִתֶּן־לִי מְאוּמָה אִם־תַּעֲשֶׂה־
לב לִּי הַדָּבָר הַזֶּה אָשׁוּבָה אֶרְעֶה צֹאנְךָ אֶשְׁמֹר: אֶעֱבֹר בְּכָל־
צֹאנְךָ הַיּוֹם הָסֵר מִשָּׁם כָּל־שֶׂה ׀ נָקֹד וְטָלוּא וְכָל־שֶׂה־חוּם
לג בַּכְּשָׂבִים וְטָלוּא וְנָקֹד בָּעִזִּים וְהָיָה שְׂכָרִי: וְעָנְתָה־בִּי צִדְקָתִי
בְּיוֹם מָחָר כִּי־תָבוֹא עַל־שְׂכָרִי לְפָנֶיךָ כֹּל אֲשֶׁר־אֵינֶנּוּ נָקֹד
לד וְטָלוּא בָּעִזִּים וְחוּם בַּכְּשָׂבִים גָּנוּב הוּא אִתִּי: וַיֹּאמֶר לָבָן
לה הֵן לוּ יְהִי כִדְבָרֶךָ: וַיָּסַר בַּיּוֹם הַהוּא אֶת־הַתְּיָשִׁים הָעֲקֻדִּים
וְהַטְּלֻאִים וְאֵת כָּל־הָעִזִּים הַנְּקֻדּוֹת וְהַטְּלֻאֹת כֹּל אֲשֶׁר־לָבָן
לו בּוֹ וְכָל־חוּם בַּכְּשָׂבִים וַיִּתֵּן בְּיַד־בָּנָיו: וַיָּשֶׂם דֶּרֶךְ שְׁלֹשֶׁת יָמִים
לז בֵּינוֹ וּבֵין יַעֲקֹב וְיַעֲקֹב רֹעֶה אֶת־צֹאן לָבָן הַנּוֹתָרֹת: וַיִּקַּח־
לוֹ יַעֲקֹב מַקַּל לִבְנֶה לַח וְלוּז וְעַרְמוֹן וַיְפַצֵּל בָּהֵן פְּצָלוֹת
לח לְבָנוֹת מַחְשֹׂף הַלָּבָן אֲשֶׁר עַל־הַמַּקְלוֹת: וַיַּצֵּג אֶת־הַמַּקְלוֹת
אֲשֶׁר פִּצֵּל בָּרְהָטִים בְּשִׁקֲתוֹת הַמָּיִם אֲשֶׁר תָּבֹאןָ הַצֹּאן
לט לִשְׁתּוֹת לְנֹכַח הַצֹּאן וַיֵּחַמְנָה בְּבֹאָן לִשְׁתּוֹת: וַיֶּחֱמוּ הַצֹּאן
מ אֶל־הַמַּקְלוֹת וַתֵּלַדְןָ הַצֹּאן עֲקֻדִּים נְקֻדִּים וּטְלֻאִים: וְהַכְּשָׂבִים
הִפְרִיד יַעֲקֹב וַיִּתֵּן פְּנֵי הַצֹּאן אֶל־עָקֹד וְכָל־חוּם בְּצֹאן לָבָן
מא וַיָּשֶׁת לוֹ עֲדָרִים לְבַדּוֹ וְלֹא שָׁתָם עַל־צֹאן לָבָן: וְהָיָה בְּכָל־
יַחֵם הַצֹּאן הַמְקֻשָּׁרוֹת וְשָׂם יַעֲקֹב אֶת־הַמַּקְלוֹת לְעֵינֵי הַצֹּאן
מב בָּרְהָטִים לְיַחְמֵנָּה בַּמַּקְלוֹת: וּבְהַעֲטִיף הַצֹּאן לֹא יָשִׂים וְהָיָה
מג הָעֲטֻפִים לְלָבָן וְהַקְּשֻׁרִים לְיַעֲקֹב: וַיִּפְרֹץ הָאִישׁ מְאֹד מְאֹד
לא א וַיְהִי־לוֹ צֹאן רַבּוֹת וּשְׁפָחוֹת וַעֲבָדִים וּגְמַלִּים וַחֲמֹרִים: וַיִּשְׁמַע
אֶת־דִּבְרֵי בְנֵי־לָבָן לֵאמֹר לָקַח יַעֲקֹב אֵת כָּל־אֲשֶׁר לְאָבִינוּ
ב וּמֵאֲשֶׁר לְאָבִינוּ עָשָׂה אֵת כָּל־הַכָּבֹד הַזֶּה: וַיַּרְא יַעֲקֹב אֶת־
ג פְּנֵי לָבָן וְהִנֵּה אֵינֶנּוּ עִמּוֹ כִּתְמוֹל שִׁלְשׁוֹם: וַיֹּאמֶר יְהוָה אֶל־ כט
ד יַעֲקֹב שׁוּב אֶל־אֶרֶץ אֲבוֹתֶיךָ וּלְמוֹלַדְתֶּךָ וְאֶהְיֶה עִמָּךְ: וַיִּשְׁלַח
ה יַעֲקֹב וַיִּקְרָא לְרָחֵל וּלְלֵאָה הַשָּׂדֶה אֶל־צֹאנוֹ: וַיֹּאמֶר לָהֶן

רְאֶה אָנֹכִי אֶת־פְּנֵי אֲבִיכֶן כִּי־אֵינֶנּוּ אֵלַי כִּתְמֹל שִׁלְשֹׁם וֵאלֹהֵי
ו אָבִי הָיָה עִמָּדִי׃ וְאַתֵּנָה יְדַעְתֶּן כִּי בְּכָל־כֹּחִי עָבַדְתִּי אֶת־
ז אֲבִיכֶן׃ וַאֲבִיכֶן הֵתֶל בִּי וְהֶחֱלִף אֶת־מַשְׂכֻּרְתִּי עֲשֶׂרֶת מֹנִים
ח וְלֹא־נְתָנוֹ אֱלֹהִים לְהָרַע עִמָּדִי׃ אִם־כֹּה יֹאמַר נְקֻדִּים יִהְיֶה
שְׂכָרֶךָ וְיָלְדוּ כָל־הַצֹּאן נְקֻדִּים וְאִם־כֹּה יֹאמַר עֲקֻדִּים יִהְיֶה
ט שְׂכָרֶךָ וְיָלְדוּ כָל־הַצֹּאן עֲקֻדִּים׃ וַיַּצֵּל אֱלֹהִים אֶת־מִקְנֵה
י אֲבִיכֶם וַיִּתֶּן־לִי׃ וַיְהִי בְּעֵת יַחֵם הַצֹּאן וָאֶשָּׂא עֵינַי וָאֵרֶא
בַּחֲלוֹם וְהִנֵּה הָעַתֻּדִים הָעֹלִים עַל־הַצֹּאן עֲקֻדִּים נְקֻדִּים
יא וּבְרֻדִּים׃ וַיֹּאמֶר אֵלַי מַלְאַךְ הָאֱלֹהִים בַּחֲלוֹם יַעֲקֹב וָאֹמַר
יב הִנֵּנִי׃ וַיֹּאמֶר שָׂא־נָא עֵינֶיךָ וּרְאֵה כָּל־הָעַתֻּדִים הָעֹלִים עַל־
הַצֹּאן עֲקֻדִּים נְקֻדִּים וּבְרֻדִּים כִּי רָאִיתִי אֵת כָּל־אֲשֶׁר לָבָן
יג עֹשֶׂה לָּךְ׃ אָנֹכִי הָאֵל בֵּית־אֵל אֲשֶׁר מָשַׁחְתָּ שָּׁם מַצֵּבָה אֲשֶׁר
נָדַרְתָּ לִּי שָׁם נֶדֶר עַתָּה קוּם צֵא מִן־הָאָרֶץ הַזֹּאת וְשׁוּב אֶל־
יד אֶרֶץ מוֹלַדְתֶּךָ׃ וַתַּעַן רָחֵל וְלֵאָה וַתֹּאמַרְנָה לוֹ הַעוֹד לָנוּ
טו חֵלֶק וְנַחֲלָה בְּבֵית אָבִינוּ׃ הֲלוֹא נָכְרִיּוֹת נֶחְשַׁבְנוּ לוֹ כִּי
טז מְכָרָנוּ וַיֹּאכַל גַּם־אָכוֹל אֶת־כַּסְפֵּנוּ׃ כִּי כָל־הָעֹשֶׁר אֲשֶׁר הִצִּיל
אֱלֹהִים מֵאָבִינוּ לָנוּ הוּא וּלְבָנֵינוּ וְעַתָּה כֹּל אֲשֶׁר אָמַר אֱלֹהִים
ששי יז אֵלֶיךָ עֲשֵׂה׃ וַיָּקָם יַעֲקֹב וַיִּשָּׂא אֶת־בָּנָיו וְאֶת־נָשָׁיו עַל־
יח הַגְּמַלִּים׃ וַיִּנְהַג אֶת־כָּל־מִקְנֵהוּ וְאֶת־כָּל־רְכֻשׁוֹ אֲשֶׁר רָכָשׁ
מִקְנֵה קִנְיָנוֹ אֲשֶׁר רָכַשׁ בְּפַדַּן אֲרָם לָבוֹא אֶל־יִצְחָק אָבִיו
יט אַרְצָה כְּנָעַן׃ וְלָבָן הָלַךְ לִגְזֹז אֶת־צֹאנוֹ וַתִּגְנֹב רָחֵל אֶת־
כ הַתְּרָפִים אֲשֶׁר לְאָבִיהָ׃ וַיִּגְנֹב יַעֲקֹב אֶת־לֵב לָבָן הָאֲרַמִּי
כא עַל־בְּלִי הִגִּיד לוֹ כִּי בֹרֵחַ הוּא׃ וַיִּבְרַח הוּא וְכָל־אֲשֶׁר־לוֹ
כב וַיָּקָם וַיַּעֲבֹר אֶת־הַנָּהָר וַיָּשֶׂם אֶת־פָּנָיו הַר הַגִּלְעָד׃ וַיֻּגַּד לְלָבָן
כג בַּיּוֹם הַשְּׁלִישִׁי כִּי בָרַח יַעֲקֹב׃ וַיִּקַּח אֶת־אֶחָיו עִמּוֹ וַיִּרְדֹּף
כד אַחֲרָיו דֶּרֶךְ שִׁבְעַת יָמִים וַיַּדְבֵּק אֹתוֹ בְּהַר הַגִּלְעָד׃ וַיָּבֹא
אֱלֹהִים אֶל־לָבָן הָאֲרַמִּי בַּחֲלֹם הַלָּיְלָה וַיֹּאמֶר לוֹ הִשָּׁמֶר לְךָ

כה פֶּן־תְּדַבֵּר עִם־יַעֲקֹב מִטּוֹב עַד־רָע: וַיַּשֵּׂג לָבָן אֶת־יַעֲקֹב
וְיַעֲקֹב תָּקַע אֶת־אָהֳלוֹ בָּהָר וְלָבָן תָּקַע אֶת־אֶחָיו בְּהַר
כו הַגִּלְעָד: וַיֹּאמֶר לָבָן לְיַעֲקֹב מֶה עָשִׂיתָ וַתִּגְנֹב אֶת־לְבָבִי
כז וַתְּנַהֵג אֶת־בְּנֹתַי כִּשְׁבֻיוֹת חָרֶב: לָמָּה נַחְבֵּאתָ לִבְרֹחַ וַתִּגְנֹב
אֹתִי וְלֹא־הִגַּדְתָּ לִּי וָאֲשַׁלֵּחֲךָ בְּשִׂמְחָה וּבְשִׁרִים בְּתֹף וּבְכִנּוֹר:
כח כט וְלֹא נְטַשְׁתַּנִי לְנַשֵּׁק לְבָנַי וְלִבְנֹתָי עַתָּה הִסְכַּלְתָּ עֲשׂוֹ: יֶשׁ־
לְאֵל יָדִי לַעֲשׂוֹת עִמָּכֶם רָע וֵאלֹהֵי אֲבִיכֶם אֶמֶשׁ ׀ אָמַר אֵלַי
ל לֵאמֹר הִשָּׁמֶר לְךָ מִדַּבֵּר עִם־יַעֲקֹב מִטּוֹב עַד־רָע: וְעַתָּה הָלֹךְ
הָלַכְתָּ כִּי־נִכְסֹף נִכְסַפְתָּה לְבֵית אָבִיךָ לָמָּה גָנַבְתָּ אֶת־אֱלֹהָי:
לא וַיַּעַן יַעֲקֹב וַיֹּאמֶר לְלָבָן כִּי יָרֵאתִי כִּי אָמַרְתִּי פֶּן־תִּגְזֹל אֶת־
לב בְּנוֹתֶיךָ מֵעִמִּי: עִם אֲשֶׁר תִּמְצָא אֶת־אֱלֹהֶיךָ לֹא יִחְיֶה נֶגֶד
אַחֵינוּ הַכֶּר־לְךָ מָה עִמָּדִי וְקַח־לָךְ וְלֹא־יָדַע יַעֲקֹב כִּי רָחֵל
לג גְּנָבָתַם: וַיָּבֹא לָבָן בְּאֹהֶל־יַעֲקֹב ׀ וּבְאֹהֶל לֵאָה וּבְאֹהֶל שְׁתֵּי
לד הָאֲמָהֹת וְלֹא מָצָא וַיֵּצֵא מֵאֹהֶל לֵאָה וַיָּבֹא בְּאֹהֶל רָחֵל: וְרָחֵל
לָקְחָה אֶת־הַתְּרָפִים וַתְּשִׂמֵם בְּכַר הַגָּמָל וַתֵּשֶׁב עֲלֵיהֶם
לה וַיְמַשֵּׁשׁ לָבָן אֶת־כָּל־הָאֹהֶל וְלֹא מָצָא: וַתֹּאמֶר אֶל־אָבִיהָ
אַל־יִחַר בְּעֵינֵי אֲדֹנִי כִּי לוֹא אוּכַל לָקוּם מִפָּנֶיךָ כִּי־דֶרֶךְ נָשִׁים
לו לִי וַיְחַפֵּשׂ וְלֹא מָצָא אֶת־הַתְּרָפִים: וַיִּחַר לְיַעֲקֹב וַיָּרֶב בְּלָבָן
וַיַּעַן יַעֲקֹב וַיֹּאמֶר לְלָבָן מַה־פִּשְׁעִי מַה חַטָּאתִי כִּי דָלַקְתָּ
לז אַחֲרָי: כִּי־מִשַּׁשְׁתָּ אֶת־כָּל־כֵּלַי מַה־מָּצָאתָ מִכֹּל כְּלֵי־בֵיתֶךָ
לח שִׂים כֹּה נֶגֶד אַחַי וְאַחֶיךָ וְיוֹכִיחוּ בֵּין שְׁנֵינוּ: זֶה עֶשְׂרִים שָׁנָה
אָנֹכִי עִמָּךְ רְחֵלֶיךָ וְעִזֶּיךָ לֹא שִׁכֵּלוּ וְאֵילֵי צֹאנְךָ לֹא אָכָלְתִּי:
לט טְרֵפָה לֹא־הֵבֵאתִי אֵלֶיךָ אָנֹכִי אֲחַטֶּנָּה מִיָּדִי תְּבַקְשֶׁנָּה גְּנֻבְתִי
מ יוֹם וּגְנֻבְתִי לָיְלָה: הָיִיתִי בַיּוֹם אֲכָלַנִי חֹרֶב וְקֶרַח בַּלָּיְלָה
מא וַתִּדַּד שְׁנָתִי מֵעֵינָי: זֶה־לִּי עֶשְׂרִים שָׁנָה בְּבֵיתֶךָ עֲבַדְתִּיךָ
אַרְבַּע־עֶשְׂרֵה שָׁנָה בִּשְׁתֵּי בְנֹתֶיךָ וְשֵׁשׁ שָׁנִים בְּצֹאנֶךָ וַתַּחֲלֵף
מב אֶת־מַשְׂכֻּרְתִּי עֲשֶׂרֶת מֹנִים: לוּלֵי אֱלֹהֵי אָבִי אֱלֹהֵי אַבְרָהָם

וּפַ֤חַד יִצְחָק֙ הָ֣יָה לִ֔י כִּ֥י עַתָּ֖ה רֵיקָ֣ם שִׁלַּחְתָּ֑נִי אֶת־עׇנְיִ֣י וְאֶת־

מג　יְגִ֣יעַ כַּפַּ֗י רָאָ֤ה אֱלֹהִים֙ וַיּ֥וֹכַח אָֽמֶשׁ׃ וַיַּ֨עַן לָבָ֜ן וַיֹּ֣אמֶר אֶֽל־
יַעֲקֹ֗ב הַבָּנ֨וֹת בְּנֹתַ֜י וְהַבָּנִ֤ים בָּנַי֙ וְהַצֹּ֣אן צֹאנִ֔י וְכֹ֛ל אֲשֶׁר־אַתָּ֥ה
רֹאֶ֖ה לִי־ה֑וּא וְלִבְנֹתַ֞י מָה־אֶֽעֱשֶׂ֤ה לָאֵ֙לֶּה֙ הַיּ֔וֹם א֥וֹ לִבְנֵיהֶ֖ן
מד　אֲשֶׁ֥ר יָלָֽדוּ׃ וְעַתָּ֗ה לְכָ֛ה נִכְרְתָ֥ה בְרִ֖ית אֲנִ֣י וָאָ֑תָּה וְהָיָ֥ה לְעֵ֖ד
מה　בֵּינִ֥י וּבֵינֶֽךָ׃ וַיִּקַּ֥ח יַעֲקֹ֖ב אָ֑בֶן וַיְרִימֶ֖הָ מַצֵּבָֽה׃ וַיֹּ֨אמֶר יַעֲקֹ֤ב
לְאֶחָיו֙ לִקְט֣וּ אֲבָנִ֔ים וַיִּקְח֥וּ אֲבָנִ֖ים וַיַּֽעֲשׂוּ־גָ֑ל וַיֹּ֥אכְלוּ שָׁ֖ם עַל־
מז　הַגָּֽל׃ וַיִּקְרָא־ל֣וֹ לָבָ֔ן יְגַ֖ר שָׂהֲדוּתָ֑א וְיַֽעֲקֹ֔ב קָ֥רָא ל֖וֹ גַּלְעֵֽד׃
מח　וַיֹּ֣אמֶר לָבָ֔ן הַגַּ֨ל הַזֶּ֥ה עֵ֛ד בֵּינִ֥י וּבֵינְךָ֖ הַיּ֑וֹם עַל־כֵּ֥ן קָרָֽא־שְׁמ֖וֹ
מט　גַּלְעֵֽד׃ וְהַמִּצְפָּה֙ אֲשֶׁ֣ר אָמַ֔ר יִ֥צֶף יְהֹוָ֖ה בֵּינִ֣י וּבֵינֶ֑ךָ כִּ֥י נִסָּתֵ֖ר
נ　אִ֥ישׁ מֵרֵעֵֽהוּ׃ אִם־תְּעַנֶּ֣ה אֶת־בְּנֹתַ֗י וְאִם־תִּקַּ֤ח נָשִׁים֙ עַל־
נא　בְּנֹתַ֔י אֵ֥ין אִ֖ישׁ עִמָּ֑נוּ רְאֵ֕ה אֱלֹהִ֥ים עֵ֖ד בֵּינִ֥י וּבֵינֶֽךָ׃ וַיֹּ֥אמֶר
לָבָ֖ן לְיַעֲקֹ֑ב הִנֵּ֣ה ׀ הַגַּ֣ל הַזֶּ֗ה וְהִנֵּה֙ הַמַּצֵּבָ֔ה אֲשֶׁ֥ר יָרִ֖יתִי בֵּינִ֥י
נב　וּבֵינֶֽךָ׃ עֵ֚ד הַגַּ֣ל הַזֶּ֔ה וְעֵדָ֖ה הַמַּצֵּבָ֑ה אִם־אָ֗נִי לֹֽא־אֶֽעֱבֹ֤ר אֵלֶ֙יךָ֙
אֶת־הַגַּ֣ל הַזֶּ֔ה וְאִם־אַ֠תָּ֠ה לֹא־תַעֲבֹ֨ר אֵלַ֜י אֶת־הַגַּ֥ל הַזֶּ֛ה וְאֶת־
נג　הַמַּצֵּבָ֥ה הַזֹּ֖את לְרָעָֽה׃ אֱלֹהֵ֨י אַבְרָהָ֜ם וֵֽאלֹהֵ֤י נָחוֹר֙ יִשְׁפְּט֣וּ
בֵינֵ֔ינוּ אֱלֹהֵ֖י אֲבִיהֶ֑ם וַיִּשָּׁבַ֣ע יַעֲקֹ֔ב בְּפַ֖חַד אָבִ֥יו יִצְחָֽק׃ וַיִּזְבַּ֨ח
נד　יַעֲקֹ֥ב זֶ֙בַח֙ בָּהָ֔ר וַיִּקְרָ֥א לְאֶחָ֖יו לֶאֱכׇל־לָ֑חֶם וַיֹּ֣אכְלוּ לֶ֔חֶם וַיָּלִ֖ינוּ
מפטיר　בָּהָֽר׃ וַיַּשְׁכֵּ֨ם לָבָ֜ן בַּבֹּ֗קֶר וַיְנַשֵּׁ֧ק לְבָנָ֛יו וְלִבְנוֹתָ֖יו וַיְבָ֣רֶךְ אֶתְהֶ֑ם
נה　
לב א　וַיֵּ֛לֶךְ וַיָּ֥שׇׁב לָבָ֖ן לִמְקֹמֽוֹ׃ וְיַעֲקֹ֖ב הָלַ֣ךְ לְדַרְכּ֑וֹ וַיִּפְגְּעוּ־ב֖וֹ מַלְאֲכֵ֥י
ב　אֱלֹהִֽים׃ וַיֹּ֤אמֶר יַעֲקֹב֙ כַּאֲשֶׁ֣ר רָאָ֔ם מַחֲנֵ֥ה אֱלֹהִ֖ים זֶ֑ה וַיִּקְרָ֛א
שֵׁ֥ם־הַמָּק֥וֹם הַה֖וּא מַחֲנָֽיִם׃

ג　וַיִּשְׁלַ֨ח יַעֲקֹ֤ב מַלְאָכִים֙ לְפָנָ֔יו אֶל־עֵשָׂ֖ו אָחִ֑יו אַ֥רְצָה שֵׂעִ֖יר
ד　שְׂדֵ֥ה אֱדֽוֹם׃ וַיְצַ֤ו אֹתָם֙ לֵאמֹ֔ר כֹּ֣ה תֹֽאמְר֔וּן לַֽאדֹנִ֖י לְעֵשָׂ֑ו כֹּ֤ה
אָמַר֙ עַבְדְּךָ֣ יַעֲקֹ֔ב עִם־לָבָ֣ן גַּ֔רְתִּי וָאֵחַ֖ר עַד־עָֽתָּה׃ וַֽיְהִי־לִי֙
ה　שׁ֣וֹר וַחֲמ֔וֹר צֹ֖אן וְעֶ֣בֶד וְשִׁפְחָ֑ה וָֽאֶשְׁלְחָה֙ לְהַגִּ֣יד לַֽאדֹנִ֔י לִמְצֹא־
ו　חֵ֖ן בְּעֵינֶֽיךָ׃ וַיָּשֻׁ֙בוּ֙ הַמַּלְאָכִ֔ים אֶֽל־יַעֲקֹ֖ב לֵאמֹ֑ר בָּ֤אנוּ אֶל־

מח

אָחִ֙יךָ֙ אֶל־עֵשָׂ֔ו וְגַם֙ הֹלֵ֣ךְ לִקְרָֽאתְךָ֔ וְאַרְבַּע־מֵא֥וֹת אִ֖ישׁ עִמּֽוֹ:

ז וַיִּירָ֧א יַעֲקֹ֛ב מְאֹ֖ד וַיֵּ֣צֶר ל֑וֹ וַיַּ֣חַץ אֶת־הָעָ֣ם אֲשֶׁר־אִתּ֗וֹ וְאֶת־
ח הַצֹּ֧אן וְאֶת־הַבָּקָ֛ר וְהַגְּמַלִּ֖ים לִשְׁנֵ֥י מַחֲנֽוֹת: וַיֹּ֕אמֶר אִם־יָב֥וֹא
עֵשָׂ֛ו אֶל־הַמַּחֲנֶ֥ה הָאַחַ֖ת וְהִכָּ֑הוּ וְהָיָ֛ה הַמַּחֲנֶ֥ה הַנִּשְׁאָ֖ר לִפְלֵיטָֽה:
ט וַיֹּאמֶר֮ יַעֲקֹב֒ אֱלֹהֵי֙ אָבִ֣י אַבְרָהָ֔ם וֵאלֹהֵ֖י אָבִ֣י יִצְחָ֑ק יְהֹוָ֞ה
י הָאֹמֵ֣ר אֵלַ֗י שׁ֧וּב לְאַרְצְךָ֛ וּלְמוֹלַדְתְּךָ֖ וְאֵיטִ֣יבָה עִמָּֽךְ: קָטֹ֜נְתִּי
מִכֹּ֤ל הַחֲסָדִים֙ וּמִכׇּל־הָ֣אֱמֶ֔ת אֲשֶׁ֥ר עָשִׂ֖יתָ אֶת־עַבְדֶּ֑ךָ כִּ֣י
בְמַקְלִ֗י עָבַ֙רְתִּי֙ אֶת־הַיַּרְדֵּ֣ן הַזֶּ֔ה וְעַתָּ֥ה הָיִ֖יתִי לִשְׁנֵ֥י מַחֲנֽוֹת:
יא הַצִּילֵ֥נִי נָ֛א מִיַּ֥ד אָחִ֖י מִיַּ֣ד עֵשָׂ֑ו כִּֽי־יָרֵ֤א אָנֹכִי֙ אֹת֔וֹ פֶּן־יָב֣וֹא
יב וְהִכַּ֖נִי אֵ֥ם עַל־בָּנִֽים: וְאַתָּ֣ה אָמַ֔רְתָּ הֵיטֵ֥ב אֵיטִ֖יב עִמָּ֑ךְ וְשַׂמְתִּ֣י
יג אֶֽת־זַרְעֲךָ֙ כְּח֣וֹל הַיָּ֔ם אֲשֶׁ֥ר לֹא־יִסָּפֵ֖ר מֵרֹֽב: וַיָּ֥לֶן שָׁ֖ם בַּלַּ֣יְלָה   שני
יד הַה֑וּא וַיִּקַּ֞ח מִן־הַבָּ֧א בְיָד֛וֹ מִנְחָ֖ה לְעֵשָׂ֥ו אָחִֽיו: עִזִּ֣ים מָאתַ֗יִם
טו וּתְיָשִׁ֣ים עֶשְׂרִ֔ים רְחֵלִ֥ים מָאתַ֖יִם וְאֵילִ֥ים עֶשְׂרִֽים: גְּמַלִּ֧ים
מֵֽינִיק֛וֹת וּבְנֵיהֶ֖ם שְׁלֹשִׁ֑ים פָּר֤וֹת אַרְבָּעִים֙ וּפָרִ֣ים עֲשָׂרָ֔ה אֲתֹנֹ֣ת
טז עֶשְׂרִ֔ים וַעְיָרִ֖ם עֲשָׂרָֽה: וַיִּתֵּן֙ בְּיַד־עֲבָדָ֔יו עֵ֥דֶר עֵ֖דֶר לְבַדּ֑וֹ וַיֹּ֤אמֶר
יז אֶל־עֲבָדָיו֙ עִבְר֣וּ לְפָנַ֔י וְרֶ֣וַח תָּשִׂ֔ימוּ בֵּ֥ין עֵ֖דֶר וּבֵ֥ין עֵֽדֶר: וַיְצַ֥ו
אֶת־הָרִאשׁ֖וֹן לֵאמֹ֑ר כִּ֣י יִֽפְגׇשְׁךָ֞ עֵשָׂ֣ו אָחִ֗י וִשְׁאֵֽלְךָ֙ לֵאמֹ֔ר לְמִי־
יח אַ֔תָּה וְאָ֣נָה תֵלֵ֔ךְ וּלְמִ֖י אֵ֥לֶּה לְפָנֶֽיךָ: וְאָֽמַרְתָּ֙ לְעַבְדְּךָ֣ לְיַעֲקֹ֔ב
יט מִנְחָ֥ה הִוא֙ שְׁלוּחָ֔ה לַֽאדֹנִ֖י לְעֵשָׂ֑ו וְהִנֵּ֥ה גַם־ה֖וּא אַחֲרֵֽינוּ: וַיְצַ֞ו
גַּ֣ם אֶת־הַשֵּׁנִ֗י גַּ֚ם אֶת־הַשְּׁלִישִׁ֔י גַּ֚ם אֶֽת־כׇּל־הַהֹ֣לְכִ֔ים אַחֲרֵ֣י
הָעֲדָרִ֖ים לֵאמֹ֑ר כַּדָּבָ֤ר הַזֶּה֙ תְּדַבְּר֣וּן אֶל־עֵשָׂ֔ו בְּמֹצַאֲכֶ֥ם אֹתֽוֹ:
כ וַאֲמַרְתֶּ֕ם גַּ֗ם הִנֵּ֛ה עַבְדְּךָ֥ יַעֲקֹ֖ב אַחֲרֵ֑ינוּ כִּֽי־אָמַ֞ר אֲכַפְּרָ֣ה פָנָ֗יו
בַּמִּנְחָה֙ הַהֹלֶ֣כֶת לְפָנָ֔י וְאַחֲרֵי־כֵן֙ אֶרְאֶ֣ה פָנָ֔יו אוּלַ֖י יִשָּׂ֥א פָנָֽי:
כא וַתַּעֲבֹ֥ר הַמִּנְחָ֖ה עַל־פָּנָ֑יו וְה֛וּא לָ֥ן בַּלַּֽיְלָה־הַה֖וּא בַּֽמַּחֲנֶֽה:
כב וַיָּ֣קׇם ׀ בַּלַּ֣יְלָה ה֗וּא וַיִּקַּ֞ח אֶת־שְׁתֵּ֤י נָשָׁיו֙ וְאֶת־שְׁתֵּ֣י שִׁפְחֹתָ֔יו
כג וְאֶת־אַחַ֥ד עָשָׂ֖ר יְלָדָ֑יו וַֽיַּעֲבֹ֔ר אֵ֖ת מַעֲבַ֥ר יַבֹּֽק: וַיִּקָּחֵ֔ם וַיַּֽעֲבִרֵ֖ם
כד אֶת־הַנָּ֑חַל וַֽיַּעֲבֵ֖ר אֶת־אֲשֶׁר־לֽוֹ: וַיִּוָּתֵ֥ר יַעֲקֹ֖ב לְבַדּ֑וֹ וַיֵּאָבֵ֥ק

כה אִישׁ עִמּוֹ עַד עֲלוֹת הַשָּׁחַר: וַיַּרְא כִּי לֹא יָכֹל לוֹ וַיִּגַּע בְּכַף־
כו יְרֵכוֹ וַתֵּקַע כַּף־יֶרֶךְ יַעֲקֹב בְּהֵאָבְקוֹ עִמּוֹ: וַיֹּאמֶר שַׁלְּחֵנִי כִּי
כז עָלָה הַשָּׁחַר וַיֹּאמֶר לֹא אֲשַׁלֵּחֲךָ כִּי אִם־בֵּרַכְתָּנִי: וַיֹּאמֶר
כח אֵלָיו מַה־שְּׁמֶךָ וַיֹּאמֶר יַעֲקֹב: וַיֹּאמֶר לֹא יַעֲקֹב יֵאָמֵר עוֹד
שִׁמְךָ כִּי אִם־יִשְׂרָאֵל כִּי־שָׂרִיתָ עִם־אֱלֹהִים וְעִם־אֲנָשִׁים
כט וַתּוּכָל: וַיִּשְׁאַל יַעֲקֹב וַיֹּאמֶר הַגִּידָה־נָּא שְׁמֶךָ וַיֹּאמֶר לָמָּה
ל זֶּה תִּשְׁאַל לִשְׁמִי וַיְבָרֶךְ אֹתוֹ שָׁם: וַיִּקְרָא יַעֲקֹב שֵׁם הַמָּקוֹם שלישי
לא פְּנִיאֵל כִּי־רָאִיתִי אֱלֹהִים פָּנִים אֶל־פָּנִים וַתִּנָּצֵל נַפְשִׁי: וַיִּזְרַח־
לב לוֹ הַשֶּׁמֶשׁ כַּאֲשֶׁר עָבַר אֶת־פְּנוּאֵל וְהוּא צֹלֵעַ עַל־יְרֵכוֹ: עַל־
כֵּן לֹא־יֹאכְלוּ בְנֵי־יִשְׂרָאֵל אֶת־גִּיד הַנָּשֶׁה אֲשֶׁר עַל־כַּף הַיָּרֵךְ
לג א עַד הַיּוֹם הַזֶּה כִּי נָגַע בְּכַף־יֶרֶךְ יַעֲקֹב בְּגִיד הַנָּשֶׁה: וַיִּשָּׂא
יַעֲקֹב עֵינָיו וַיַּרְא וְהִנֵּה עֵשָׂו בָּא וְעִמּוֹ אַרְבַּע מֵאוֹת אִישׁ
וַיַּחַץ אֶת־הַיְלָדִים עַל־לֵאָה וְעַל־רָחֵל וְעַל שְׁתֵּי הַשְּׁפָחוֹת:
ב וַיָּשֶׂם אֶת־הַשְּׁפָחוֹת וְאֶת־יַלְדֵיהֶן רִאשֹׁנָה וְאֶת־לֵאָה וִילָדֶיהָ
ג אַחֲרֹנִים וְאֶת־רָחֵל וְאֶת־יוֹסֵף אַחֲרֹנִים: וְהוּא עָבַר לִפְנֵיהֶם
ד וַיִּשְׁתַּחוּ אַרְצָה שֶׁבַע פְּעָמִים עַד־גִּשְׁתּוֹ עַד־אָחִיו: וַיָּרָץ עֵשָׂו
ה לִקְרָאתוֹ וַיְחַבְּקֵהוּ וַיִּפֹּל עַל־צַוָּארָו וַיִּשָּׁקֵהוּ וַיִּבְכּוּ: וַיִּשָּׂא
אֶת־עֵינָיו וַיַּרְא אֶת־הַנָּשִׁים וְאֶת־הַיְלָדִים וַיֹּאמֶר מִי־אֵלֶּה
ו לָּךְ וַיֹּאמַר הַיְלָדִים אֲשֶׁר־חָנַן אֱלֹהִים אֶת־עַבְדֶּךָ: וַתִּגַּשְׁןָ רביעי
ז הַשְּׁפָחוֹת הֵנָּה וְיַלְדֵיהֶן וַתִּשְׁתַּחֲוֶיןָ: וַתִּגַּשׁ גַּם־לֵאָה וִילָדֶיהָ
ח וַיִּשְׁתַּחֲוּוּ וְאַחַר נִגַּשׁ יוֹסֵף וְרָחֵל וַיִּשְׁתַּחֲוּוּ: וַיֹּאמֶר מִי לְךָ כָּל־
הַמַּחֲנֶה הַזֶּה אֲשֶׁר פָּגָשְׁתִּי וַיֹּאמֶר לִמְצֹא־חֵן בְּעֵינֵי אֲדֹנִי:
ט י וַיֹּאמֶר עֵשָׂו יֶשׁ־לִי רָב אָחִי יְהִי לְךָ אֲשֶׁר־לָךְ: וַיֹּאמֶר יַעֲקֹב
אַל־נָא אִם־נָא מָצָאתִי חֵן בְּעֵינֶיךָ וְלָקַחְתָּ מִנְחָתִי מִיָּדִי
יא כִּי עַל־כֵּן רָאִיתִי פָנֶיךָ כִּרְאֹת פְּנֵי אֱלֹהִים וַתִּרְצֵנִי: קַח־נָא
אֶת־בִּרְכָתִי אֲשֶׁר הֻבָאת לָךְ כִּי־חַנַּנִי אֱלֹהִים וְכִי יֶשׁ־לִי־כֹל
יב יג וַיִּפְצַר־בּוֹ וַיִּקָּח: וַיֹּאמַר נִסְעָה וְנֵלֵכָה וְאֵלְכָה לְנֶגְדֶּךָ: וַיֹּאמֶר

וישלח   לג

אֵלָ֗יו אֲדֹנִ֤י יֹדֵ֙עַ֙ כִּֽי־הַיְלָדִ֣ים רַכִּ֔ים וְהַצֹּ֥אן וְהַבָּקָ֖ר עָל֣וֹת עָלָ֑י

יד וּדְפָק֣וּם י֣וֹם אֶחָ֔ד וָמֵ֖תוּ כָּל־הַצֹּֽאן׃ יַעֲבָר־נָ֥א אֲדֹנִ֖י לִפְנֵ֣י עַבְדּ֑וֹ
וַאֲנִ֞י אֶֽתְנַהֲלָ֣ה לְאִטִּ֗י לְרֶ֨גֶל הַמְּלָאכָ֤ה אֲשֶׁר־לְפָנַי֙ וּלְרֶ֣גֶל

טו הַיְלָדִ֔ים עַ֛ד אֲשֶׁר־אָבֹ֥א אֶל־אֲדֹנִ֖י שֵׂעִֽירָה׃ וַיֹּ֣אמֶר עֵשָׂ֔ו אַצִּֽיגָה־
נָּ֤א עִמְּךָ֙ מִן־הָעָ֣ם אֲשֶׁ֣ר אִתִּ֔י וַיֹּ֙אמֶר֙ לָ֣מָּה זֶּ֔ה אֶמְצָא־חֵ֖ן בְּעֵינֵ֥י

טז אֲדֹנִֽי׃ וַיָּשָׁב֩ בַּיּ֨וֹם הַה֧וּא עֵשָׂ֛ו לְדַרְכּ֖וֹ שֵׂעִֽירָה׃ וְיַעֲקֹב֙ נָסַ֣ע
סֻכֹּ֔תָה וַיִּ֥בֶן ל֖וֹ בָּ֑יִת וּלְמִקְנֵ֙הוּ֙ עָשָׂ֣ה סֻכֹּ֔ת עַל־כֵּ֛ן קָרָ֥א שֵׁם־

יח הַמָּק֖וֹם סֻכּֽוֹת׃   וַיָּבֹא֩ יַעֲקֹ֨ב שָׁלֵ֜ם עִ֣יר שְׁכֶ֗ם אֲשֶׁר֙ לא

יט בְּאֶ֣רֶץ כְּנַ֔עַן בְּבֹא֖וֹ מִפַּדַּ֣ן אֲרָ֑ם וַיִּ֖חַן אֶת־פְּנֵ֥י הָעִֽיר׃ וַיִּ֜קֶן
אֶת־חֶלְקַ֣ת הַשָּׂדֶ֗ה אֲשֶׁ֤ר נָֽטָה־שָׁם֙ אָֽהֳל֔וֹ מִיַּ֥ד בְּנֵֽי־חֲמ֖וֹר אֲבִ֥י

כ שְׁכֶ֑ם בְּמֵאָ֖ה קְשִׂיטָֽה׃ וַיַּצֶּב־שָׁ֖ם מִזְבֵּ֑חַ וַיִּקְרָא־ל֔וֹ אֵ֖ל אֱלֹהֵ֥י

לד א יִשְׂרָאֵֽל׃   וַתֵּצֵ֤א דִינָה֙ בַּת־לֵאָ֔ה אֲשֶׁ֥ר יָלְדָ֖ה לְיַעֲקֹ֑ב חמישי

ב לִרְא֖וֹת בִּבְנ֥וֹת הָאָֽרֶץ׃ וַיַּ֨רְא אֹתָ֜הּ שְׁכֶ֧ם בֶּן־חֲמ֛וֹר הַֽחִוִּ֖י נְשִׂ֣יא
ג הָאָ֑רֶץ וַיִּקַּ֥ח אֹתָ֛הּ וַיִּשְׁכַּ֥ב אֹתָ֖הּ וַיְעַנֶּֽהָ׃ וַתִּדְבַּ֣ק נַפְשׁ֔וֹ בְּדִינָ֖ה
ד בַּֽת־יַעֲקֹ֑ב וַיֶּֽאֱהַב֙ אֶת־הַֽנַּעֲרָ֔ וַיְדַבֵּ֖ר עַל־לֵ֥ב הַֽנַּעֲרָֽ׃ וַיֹּ֣אמֶר
שְׁכֶ֗ם אֶל־חֲמ֥וֹר אָבִ֖יו לֵאמֹ֑ר קַֽח־לִ֛י אֶת־הַיַּלְדָּ֥ה הַזֹּ֖את לְאִשָּֽׁה׃

ה וְיַעֲקֹ֣ב שָׁמַ֗ע כִּ֤י טִמֵּא֙ אֶת־דִּינָ֣ה בִתּ֔וֹ וּבָנָ֛יו הָי֥וּ אֶת־מִקְנֵ֖הוּ
ו בַּשָּׂדֶ֑ה וְהֶחֱרִ֥שׁ יַעֲקֹ֖ב עַד־בֹּאָֽם׃ וַיֵּצֵ֛א חֲמ֥וֹר אֲבִֽי־שְׁכֶ֖ם
ז אֶֽל־יַעֲקֹ֖ב לְדַבֵּ֥ר אִתּֽוֹ׃ וּבְנֵ֣י יַעֲקֹ֗ב בָּ֤אוּ מִן־הַשָּׂדֶה֙ כְּשָׁמְעָ֔ם
וַיִּֽתְעַצְּבוּ֙ הָֽאֲנָשִׁ֔ים וַיִּ֥חַר לָהֶ֖ם מְאֹ֑ד כִּֽי־נְבָלָ֞ה עָשָׂ֣ה בְיִשְׂרָאֵ֗ל

ח לִשְׁכַּב֙ אֶת־בַּֽת־יַעֲקֹ֔ב וְכֵ֖ן לֹ֥א יֵעָשֶֽׂה׃ וַיְדַבֵּ֥ר חֲמ֖וֹר אִתָּ֣ם
לֵאמֹ֑ר שְׁכֶ֣ם בְּנִ֗י חָֽשְׁקָ֤ה נַפְשׁוֹ֙ בְּבִתְּכֶ֔ם תְּנ֨וּ נָ֥א אֹתָ֛הּ ל֖וֹ

ט לְאִשָּֽׁה׃ וְהִֽתְחַתְּנ֖וּ אֹתָ֑נוּ בְּנֹֽתֵיכֶם֙ תִּתְּנוּ־לָ֔נוּ וְאֶת־בְּנֹתֵ֖ינוּ
י תִּקְח֥וּ לָכֶֽם׃ וְאִתָּ֖נוּ תֵּשֵׁ֑בוּ וְהָאָ֙רֶץ֙ תִּהְיֶ֣ה לִפְנֵיכֶ֔ם שְׁב֖וּ וּסְחָר֔וּהָ
יא וְהֵֽאָחֲז֖וּ בָּֽהּ׃ וַיֹּ֤אמֶר שְׁכֶם֙ אֶל־אָבִ֣יהָ וְאֶל־אַחֶ֔יהָ אֶמְצָא־חֵ֖ן
יב בְּעֵֽינֵיכֶ֑ם וַאֲשֶׁ֥ר תֹּאמְר֛וּ אֵלַ֖י אֶתֵּֽן׃ הַרְבּ֨וּ עָלַ֤י מְאֹד֙ מֹ֣הַר
וּמַתָּ֔ן וְאֶ֨תְּנָ֔ה כַּאֲשֶׁ֥ר תֹּאמְר֖וּ אֵלָ֑י וּתְנוּ־לִ֥י אֶת־הַֽנַּעֲרָ֖ לְאִשָּֽׁה׃

יג וַיַּעֲנוּ בְנֵי־יַעֲקֹב אֶת־שְׁכֶם וְאֶת־חֲמוֹר אָבִיו בְּמִרְמָה וַיְדַבֵּרוּ
יד אֲשֶׁר טִמֵּא אֵת דִּינָה אֲחֹתָם׃ וַיֹּאמְרוּ אֲלֵיהֶם לֹא נוּכַל לַעֲשׂוֹת
הַדָּבָר הַזֶּה לָתֵת אֶת־אֲחֹתֵנוּ לְאִישׁ אֲשֶׁר־לוֹ עָרְלָה כִּי־
טו חֶרְפָּה הִוא לָנוּ׃ אַךְ־בְּזֹאת נֵאוֹת לָכֶם אִם תִּהְיוּ כָמֹנוּ
טז לְהִמֹּל לָכֶם כָּל־זָכָר׃ וְנָתַנּוּ אֶת־בְּנֹתֵינוּ לָכֶם וְאֶת־בְּנֹתֵיכֶם
יז נִקַּח־לָנוּ וְיָשַׁבְנוּ אִתְּכֶם וְהָיִינוּ לְעַם אֶחָד׃ וְאִם־לֹא תִשְׁמְעוּ
יח אֵלֵינוּ לְהִמּוֹל וְלָקַחְנוּ אֶת־בִּתֵּנוּ וְהָלָכְנוּ׃ וַיִּיטְבוּ דִבְרֵיהֶם
יט בְּעֵינֵי חֲמוֹר וּבְעֵינֵי שְׁכֶם בֶּן־חֲמוֹר׃ וְלֹא־אֵחַר הַנַּעַר לַעֲשׂוֹת
כ הַדָּבָר כִּי חָפֵץ בְּבַת־יַעֲקֹב וְהוּא נִכְבָּד מִכֹּל בֵּית אָבִיו׃ וַיָּבֹא
חֲמוֹר וּשְׁכֶם בְּנוֹ אֶל־שַׁעַר עִירָם וַיְדַבְּרוּ אֶל־אַנְשֵׁי עִירָם
כא לֵאמֹר׃ הָאֲנָשִׁים הָאֵלֶּה שְׁלֵמִים הֵם אִתָּנוּ וְיֵשְׁבוּ בָאָרֶץ
וְיִסְחֲרוּ אֹתָהּ וְהָאָרֶץ הִנֵּה רַחֲבַת־יָדַיִם לִפְנֵיהֶם אֶת־בְּנֹתָם
כב נִקַּח־לָנוּ לְנָשִׁים וְאֶת־בְּנֹתֵינוּ נִתֵּן לָהֶם׃ אַךְ־בְּזֹאת יֵאֹתוּ
לָנוּ הָאֲנָשִׁים לָשֶׁבֶת אִתָּנוּ לִהְיוֹת לְעַם אֶחָד בְּהִמּוֹל לָנוּ כָּל־
כג זָכָר כַּאֲשֶׁר הֵם נִמֹּלִים׃ מִקְנֵהֶם וְקִנְיָנָם וְכָל־בְּהֶמְתָּם הֲלוֹא
כד לָנוּ הֵם אַךְ נֵאוֹתָה לָהֶם וְיֵשְׁבוּ אִתָּנוּ׃ וַיִּשְׁמְעוּ אֶל־חֲמוֹר
וְאֶל־שְׁכֶם בְּנוֹ כָּל־יֹצְאֵי שַׁעַר עִירוֹ וַיִּמֹּלוּ כָּל־זָכָר כָּל־יֹצְאֵי
כה שַׁעַר עִירוֹ׃ וַיְהִי בַיּוֹם הַשְּׁלִישִׁי בִּהְיוֹתָם כֹּאֲבִים וַיִּקְחוּ שְׁנֵי־
בְנֵי־יַעֲקֹב שִׁמְעוֹן וְלֵוִי אֲחֵי דִינָה אִישׁ חַרְבּוֹ וַיָּבֹאוּ עַל־הָעִיר
כו בֶּטַח וַיַּהַרְגוּ כָּל־זָכָר׃ וְאֶת־חֲמוֹר וְאֶת־שְׁכֶם בְּנוֹ הָרְגוּ לְפִי־
כז חָרֶב וַיִּקְחוּ אֶת־דִּינָה מִבֵּית שְׁכֶם וַיֵּצֵאוּ׃ בְּנֵי יַעֲקֹב בָּאוּ
כח עַל־הַחֲלָלִים וַיָּבֹזּוּ הָעִיר אֲשֶׁר טִמְּאוּ אֲחוֹתָם׃ אֶת־צֹאנָם
וְאֶת־בְּקָרָם וְאֶת־חֲמֹרֵיהֶם וְאֵת אֲשֶׁר־בָּעִיר וְאֶת־אֲשֶׁר בַּשָּׂדֶה
כט לָקָחוּ׃ וְאֶת־כָּל־חֵילָם וְאֶת־כָּל־טַפָּם וְאֶת־נְשֵׁיהֶם שָׁבוּ וַיָּבֹזּוּ
ל וְאֵת כָּל־אֲשֶׁר בַּבָּיִת׃ וַיֹּאמֶר יַעֲקֹב אֶל־שִׁמְעוֹן וְאֶל־לֵוִי
עֲכַרְתֶּם אֹתִי לְהַבְאִישֵׁנִי בְּיֹשֵׁב הָאָרֶץ בַּכְּנַעֲנִי וּבַפְּרִזִּי וַאֲנִי
לא מְתֵי מִסְפָּר וְנֶאֶסְפוּ עָלַי וְהִכּוּנִי וְנִשְׁמַדְתִּי אֲנִי וּבֵיתִי׃ וַיֹּאמְרוּ

הַכְזוֹנָ֕ה יַעֲשֶׂ֖ה אֶת־אֲחוֹתֵֽנוּ׃

לה א וַיֹּ֤אמֶר אֱלֹהִים֙ אֶֽל־יַעֲקֹ֔ב ק֛וּם עֲלֵ֥ה בֵֽית־אֵ֖ל וְשֶׁב־שָׁ֑ם וַעֲשֵׂה־
שָׁ֣ם מִזְבֵּ֔חַ לָאֵל֙ הַנִּרְאֶ֣ה אֵלֶ֔יךָ בְּבָרְחֲךָ֔ מִפְּנֵ֖י עֵשָׂ֥ו אָחִֽיךָ׃
ב וַיֹּ֤אמֶר יַעֲקֹב֙ אֶל־בֵּית֔וֹ וְאֶ֖ל כָּל־אֲשֶׁ֣ר עִמּ֑וֹ הָסִ֜רוּ אֶת־אֱלֹהֵ֤י
ג הַנֵּכָר֙ אֲשֶׁ֣ר בְּתֹכְכֶ֔ם וְהִֽטַּהֲר֔וּ וְהַחֲלִ֖יפוּ שִׂמְלֹתֵיכֶֽם׃ וְנָק֣וּמָה
וְנַעֲלֶ֣ה בֵּֽית־אֵ֑ל וְאֶֽעֱשֶׂה־שָּׁ֣ם מִזְבֵּ֗חַ לָאֵ֞ל הָעֹנֶ֤ה אֹתִי֙ בְּי֣וֹם
ד צָֽרָתִ֔י וַיְהִי֙ עִמָּדִ֔י בַּדֶּ֖רֶךְ אֲשֶׁ֣ר הָלָ֑כְתִּי׃ וַיִּתְּנ֣וּ אֶֽל־יַעֲקֹ֗ב אֵ֣ת
כָּל־אֱלֹהֵ֤י הַנֵּכָר֙ אֲשֶׁ֣ר בְּיָדָ֔ם וְאֶת־הַנְּזָמִ֖ים אֲשֶׁ֣ר בְּאָזְנֵיהֶ֑ם
ה וַיִּטְמֹ֤ן אֹתָם֙ יַעֲקֹ֔ב תַּ֥חַת הָאֵלָ֖ה אֲשֶׁ֣ר עִם־שְׁכֶֽם׃ וַיִּסָּ֑עוּ וַיְהִ֣י ׀
חִתַּ֣ת אֱלֹהִ֗ים עַל־הֶֽעָרִים֙ אֲשֶׁר֙ סְבִיבֹ֣תֵיהֶ֔ם וְלֹ֣א רָֽדְפ֔וּ אַחֲרֵ֖י
ו בְּנֵ֥י יַעֲקֹֽב׃ וַיָּבֹ֨א יַעֲקֹ֜ב ל֗וּזָה אֲשֶׁר֙ בְּאֶ֣רֶץ כְּנַ֔עַן הִ֖וא בֵּֽית־אֵ֑ל
ז ה֖וּא וְכָל־הָעָ֥ם אֲשֶׁר־עִמּֽוֹ׃ וַיִּ֤בֶן שָׁם֙ מִזְבֵּ֔חַ וַיִּקְרָא֙ לַמָּק֔וֹם אֵ֖ל
ח בֵּֽית־אֵ֑ל כִּ֣י שָׁ֗ם נִגְל֤וּ אֵלָיו֙ הָֽאֱלֹהִ֔ים בְּבָרְח֖וֹ מִפְּנֵ֥י אָחִֽיו׃ וַתָּ֤מָת
דְּבֹרָה֙ מֵינֶ֣קֶת רִבְקָ֔ה וַתִּקָּבֵ֛ר מִתַּ֥חַת לְבֵֽית־אֵ֖ל תַּ֣חַת הָֽאַלּ֑וֹן
וַיִּקְרָ֥א שְׁמ֖וֹ אַלּ֥וֹן בָּכֽוּת׃

ט וַיֵּרָ֨א אֱלֹהִ֤ים אֶֽל־יַעֲקֹב֙ ע֔וֹד בְּבֹא֖וֹ מִפַּדַּ֣ן אֲרָ֑ם וַיְבָ֖רֶךְ אֹתֽוֹ׃ לב
י וַיֹּֽאמֶר־ל֧וֹ אֱלֹהִ֛ים שִׁמְךָ֥ יַעֲקֹ֑ב לֹֽא־יִקָּרֵא֩ שִׁמְךָ֨ ע֤וֹד יַעֲקֹב֙ כִּ֤י
יא אִם־יִשְׂרָאֵל֙ יִהְיֶ֣ה שְׁמֶ֔ךָ וַיִּקְרָ֥א אֶת־שְׁמ֖וֹ יִשְׂרָאֵֽל׃ וַיֹּאמֶר֩ ל֨וֹ
אֱלֹהִ֜ים אֲנִ֨י אֵ֤ל שַׁדַּי֙ פְּרֵ֣ה וּרְבֵ֔ה גּ֛וֹי וּקְהַ֥ל גּוֹיִ֖ם יִהְיֶ֣ה מִמֶּ֑ךָּ
יב וּמְלָכִ֖ים מֵחֲלָצֶ֥יךָ יֵצֵֽאוּ׃ וְאֶת־הָאָ֗רֶץ אֲשֶׁ֥ר נָתַ֖תִּי לְאַבְרָהָ֣ם שׁשׁי
יג וּלְיִצְחָ֖ק לְךָ֣ אֶתְּנֶ֑נָּה וּֽלְזַרְעֲךָ֥ אַחֲרֶ֖יךָ אֶתֵּ֥ן אֶת־הָאָֽרֶץ׃ וַיַּ֥עַל
יד מֵעָלָ֖יו אֱלֹהִ֑ים בַּמָּק֖וֹם אֲשֶׁר־דִּבֶּ֣ר אִתּֽוֹ׃ וַיַּצֵּ֨ב יַעֲקֹ֜ב מַצֵּבָ֗ה
בַּמָּק֛וֹם אֲשֶׁר־דִּבֶּ֥ר אִתּ֖וֹ מַצֶּ֣בֶת אָ֑בֶן וַיַּסֵּ֤ךְ עָלֶ֙יהָ֙ נֶ֔סֶךְ וַיִּצֹ֥ק
טו עָלֶ֖יהָ שָֽׁמֶן׃ וַיִּקְרָ֨א יַעֲקֹ֜ב אֶת־שֵׁ֣ם הַמָּק֗וֹם אֲשֶׁר֩ דִּבֶּ֨ר אִתּ֥וֹ
טז שָׁ֛ם אֱלֹהִ֖ים בֵּֽית־אֵֽל׃ וַיִּסְעוּ֙ מִבֵּ֣ית אֵ֔ל וַֽיְהִי־ע֥וֹד כִּבְרַת־הָאָ֖רֶץ
יז לָב֣וֹא אֶפְרָ֑תָה וַתֵּ֥לֶד רָחֵ֖ל וַתְּקַ֥שׁ בְּלִדְתָּֽהּ׃ וַיְהִ֥י בְהַקְשֹׁתָ֖הּ
בְּלִדְתָּ֑הּ וַתֹּ֨אמֶר לָ֤הּ הַֽמְיַלֶּ֙דֶת֙ אַל־תִּ֣ירְאִ֔י כִּֽי־גַם־זֶ֥ה לָ֖ךְ בֵּֽן׃

וַיְהִי בְּצֵאת נַפְשָׁהּ כִּי מֵתָה וַתִּקְרָא שְׁמוֹ בֶּן־אוֹנִי וְאָבִיו קָרָא־ יח
לוֹ בִנְיָמִין: וַתָּמָת רָחֵל וַתִּקָּבֵר בְּדֶרֶךְ אֶפְרָתָה הִוא בֵּית לָחֶם: יט
וַיַּצֵּב יַעֲקֹב מַצֵּבָה עַל־קְבֻרָתָהּ הִוא מַצֶּבֶת קְבֻרַת־רָחֵל עַד־ כ
הַיּוֹם: וַיִּסַּע יִשְׂרָאֵל וַיֵּט אָהֳלֹה מֵהָלְאָה לְמִגְדַּל־עֵדֶר: וַיְהִי כא כב
בִּשְׁכֹּן יִשְׂרָאֵל בָּאָרֶץ הַהִוא וַיֵּלֶךְ רְאוּבֵן וַיִּשְׁכַּב אֶת־בִּלְהָה
פִּילֶגֶשׁ אָבִיו וַיִּשְׁמַע יִשְׂרָאֵל

וַיִּהְיוּ בְנֵי־יַעֲקֹב שְׁנֵים עָשָׂר: בְּנֵי לֵאָה בְּכוֹר יַעֲקֹב רְאוּבֵן כג
וְשִׁמְעוֹן וְלֵוִי וִיהוּדָה וְיִשָּׂשכָר וּזְבוּלֻן: בְּנֵי רָחֵל יוֹסֵף וּבִנְיָמִן: כד
וּבְנֵי בִלְהָה שִׁפְחַת רָחֵל דָּן וְנַפְתָּלִי: וּבְנֵי זִלְפָּה שִׁפְחַת לֵאָה כה כו
גָּד וְאָשֵׁר אֵלֶּה בְּנֵי יַעֲקֹב אֲשֶׁר יֻלַּד־לוֹ בְּפַדַּן אֲרָם: וַיָּבֹא יַעֲקֹב כז
אֶל־יִצְחָק אָבִיו מַמְרֵא קִרְיַת הָאַרְבַּע הִוא חֶבְרוֹן אֲשֶׁר־גָּר־
שָׁם אַבְרָהָם וְיִצְחָק: וַיִּהְיוּ יְמֵי יִצְחָק מְאַת שָׁנָה וּשְׁמֹנִים שָׁנָה: כח
וַיִּגְוַע יִצְחָק וַיָּמָת וַיֵּאָסֶף אֶל־עַמָּיו זָקֵן וּשְׂבַע יָמִים וַיִּקְבְּרוּ כט
אֹתוֹ עֵשָׂו וְיַעֲקֹב בָּנָיו:

וְאֵלֶּה תֹּלְדוֹת עֵשָׂו הוּא אֱדוֹם: עֵשָׂו לָקַח אֶת־נָשָׁיו מִבְּנוֹת לו א ב
כְּנָעַן אֶת־עָדָה בַּת־אֵילוֹן הַחִתִּי וְאֶת־אָהֳלִיבָמָה בַּת־עֲנָה
בַּת־צִבְעוֹן הַחִוִּי: וְאֶת־בָּשְׂמַת בַּת־יִשְׁמָעֵאל אֲחוֹת נְבָיוֹת: ג
וַתֵּלֶד עָדָה לְעֵשָׂו אֶת־אֱלִיפָז וּבָשְׂמַת יָלְדָה אֶת־רְעוּאֵל: ד
יְעוּשׁ וְאָהֳלִיבָמָה יָלְדָה אֶת־יעיש וְאֶת־יַעְלָם וְאֶת־קֹרַח אֵלֶּה בְּנֵי ה
עֵשָׂו אֲשֶׁר יֻלְּדוּ־לוֹ בְּאֶרֶץ כְּנָעַן: וַיִּקַּח עֵשָׂו אֶת־נָשָׁיו וְאֶת־ ו
בָּנָיו וְאֶת־בְּנֹתָיו וְאֶת־כָּל־נַפְשׁוֹת בֵּיתוֹ וְאֶת־מִקְנֵהוּ וְאֶת־
כָּל־בְּהֶמְתּוֹ וְאֵת כָּל־קִנְיָנוֹ אֲשֶׁר רָכַשׁ בְּאֶרֶץ כְּנָעַן וַיֵּלֶךְ אֶל־
אֶרֶץ מִפְּנֵי יַעֲקֹב אָחִיו: כִּי־הָיָה רְכוּשָׁם רָב מִשֶּׁבֶת יַחְדָּו וְלֹא ז
יָכְלָה אֶרֶץ מְגוּרֵיהֶם לָשֵׂאת אֹתָם מִפְּנֵי מִקְנֵיהֶם: וַיֵּשֶׁב עֵשָׂו ח
בְּהַר שֵׂעִיר עֵשָׂו הוּא אֱדוֹם: וְאֵלֶּה תֹּלְדוֹת עֵשָׂו אֲבִי אֱדוֹם ט
בְּהַר שֵׂעִיר: אֵלֶּה שְׁמוֹת בְּנֵי־עֵשָׂו אֱלִיפַז בֶּן־עָדָה אֵשֶׁת עֵשָׂו י
רְעוּאֵל בֶּן־בָּשְׂמַת אֵשֶׁת עֵשָׂו: וַיִּהְיוּ בְּנֵי אֱלִיפָז תֵּימָן אוֹמָר יא

יב צְפוֹ וְגַעְתָּם וּקְנַז׃ וְתִמְנַע ׀ הָיְתָה פִילֶגֶשׁ לֶאֱלִיפַז בֶּן־עֵשָׂו
יג וַתֵּלֶד לֶאֱלִיפַז אֶת־עֲמָלֵק אֵלֶּה בְּנֵי עָדָה אֵשֶׁת עֵשָׂו׃ וְאֵלֶּה
בְּנֵי רְעוּאֵל נַחַת וָזֶרַח שַׁמָּה וּמִזָּה אֵלֶּה הָיוּ בְּנֵי בָשְׂמַת אֵשֶׁת
יד עֵשָׂו׃ וְאֵלֶּה הָיוּ בְּנֵי אָהֳלִיבָמָה בַת־עֲנָה בַּת־צִבְעוֹן אֵשֶׁת
טו עֵשָׂו וַתֵּלֶד לְעֵשָׂו אֶת־יעיש וְאֶת־יַעְלָם וְאֶת־קֹרַח׃ אֵלֶּה יְעוּשׁ
אַלּוּפֵי בְנֵי־עֵשָׂו בְּנֵי אֱלִיפַז בְּכוֹר עֵשָׂו אַלּוּף תֵּימָן אַלּוּף אוֹמָר
טז אַלּוּף צְפוֹ אַלּוּף קְנַז׃ אַלּוּף־קֹרַח אַלּוּף גַּעְתָּם אַלּוּף עֲמָלֵק
יז אֵלֶּה אַלּוּפֵי אֱלִיפַז בְּאֶרֶץ אֱדוֹם אֵלֶּה בְּנֵי עָדָה׃ וְאֵלֶּה בְּנֵי
רְעוּאֵל בֶּן־עֵשָׂו אַלּוּף נַחַת אַלּוּף זֶרַח אַלּוּף שַׁמָּה אַלּוּף מִזָּה
אֵלֶּה אַלּוּפֵי רְעוּאֵל בְּאֶרֶץ אֱדוֹם אֵלֶּה בְּנֵי בָשְׂמַת אֵשֶׁת עֵשָׂו׃
יח וְאֵלֶּה בְּנֵי אָהֳלִיבָמָה אֵשֶׁת עֵשָׂו אַלּוּף יְעוּשׁ אַלּוּף יַעְלָם אַלּוּף
יט קֹרַח אֵלֶּה אַלּוּפֵי אָהֳלִיבָמָה בַּת־עֲנָה אֵשֶׁת עֵשָׂו׃ אֵלֶּה בְנֵי־
כ עֵשָׂו וְאֵלֶּה אַלּוּפֵיהֶם הוּא אֱדוֹם׃ אֵלֶּה בְנֵי־ שביעי
כא שֵׂעִיר הַחֹרִי יֹשְׁבֵי הָאָרֶץ לוֹטָן וְשׁוֹבָל וְצִבְעוֹן וַעֲנָה׃ וְדִשׁוֹן
כב וְאֵצֶר וְדִישָׁן אֵלֶּה אַלּוּפֵי הַחֹרִי בְּנֵי שֵׂעִיר בְּאֶרֶץ אֱדוֹם׃ וַיִּהְיוּ
כג בְנֵי־לוֹטָן חֹרִי וְהֵימָם וַאֲחוֹת לוֹטָן תִּמְנָע׃ וְאֵלֶּה בְּנֵי שׁוֹבָל
כד עַלְוָן וּמָנַחַת וְעֵיבָל שְׁפוֹ וְאוֹנָם׃ וְאֵלֶּה בְנֵי־צִבְעוֹן וְאַיָּה וַעֲנָה
הוּא עֲנָה אֲשֶׁר מָצָא אֶת־הַיֵּמִם בַּמִּדְבָּר בִּרְעֹתוֹ אֶת־הַחֲמֹרִים
כה לְצִבְעוֹן אָבִיו׃ וְאֵלֶּה בְנֵי־עֲנָה דִּשֹׁן וְאָהֳלִיבָמָה בַּת־עֲנָה׃
כו כז וְאֵלֶּה בְּנֵי דִישָׁן חֶמְדָּן וְאֶשְׁבָּן וְיִתְרָן וּכְרָן׃ אֵלֶּה בְּנֵי־אֵצֶר
כח כט בִּלְהָן וְזַעֲוָן וַעֲקָן׃ אֵלֶּה בְנֵי־דִישָׁן עוּץ וַאֲרָן׃ אֵלֶּה אַלּוּפֵי
ל הַחֹרִי אַלּוּף לוֹטָן אַלּוּף שׁוֹבָל אַלּוּף צִבְעוֹן אַלּוּף עֲנָה׃ אַלּוּף
דִּשֹׁן אַלּוּף אֵצֶר אַלּוּף דִּישָׁן אֵלֶּה אַלּוּפֵי הַחֹרִי לְאַלֻּפֵיהֶם
בְּאֶרֶץ שֵׂעִיר׃

לא וְאֵלֶּה הַמְּלָכִים אֲשֶׁר מָלְכוּ בְּאֶרֶץ אֱדוֹם לִפְנֵי מְלָךְ־מֶלֶךְ
לב לִבְנֵי יִשְׂרָאֵל׃ וַיִּמְלֹךְ בֶּאֱדוֹם בֶּלַע בֶּן־בְּעוֹר וְשֵׁם עִירוֹ דִּנְהָבָה׃
לג לד וַיָּמָת בָּלַע וַיִּמְלֹךְ תַּחְתָּיו יוֹבָב בֶּן־זֶרַח מִבָּצְרָה׃ וַיָּמָת יוֹבָב

לה וַיִּמְלֹךְ תַּחְתָּיו חֻשָׁם מֵאֶרֶץ הַתֵּימָנִי: וַיָּמָת חֻשָׁם וַיִּמְלֹךְ תַּחְתָּיו
הֲדַד בֶּן־בְּדַד הַמַּכֶּה אֶת־מִדְיָן בִּשְׂדֵה מוֹאָב וְשֵׁם עִירוֹ עֲוִית:
לו לז וַיָּמָת הֲדָד וַיִּמְלֹךְ תַּחְתָּיו שַׂמְלָה מִמַּשְׂרֵקָה: וַיָּמָת שַׂמְלָה
לח וַיִּמְלֹךְ תַּחְתָּיו שָׁאוּל מֵרְחֹבוֹת הַנָּהָר: וַיָּמָת שָׁאוּל וַיִּמְלֹךְ
לט תַּחְתָּיו בַּעַל חָנָן בֶּן־עַכְבּוֹר: וַיָּמָת בַּעַל חָנָן בֶּן־עַכְבּוֹר וַיִּמְלֹךְ
תַּחְתָּיו הֲדַר וְשֵׁם עִירוֹ פָּעוּ וְשֵׁם אִשְׁתּוֹ מְהֵיטַבְאֵל בַּת־
מפטיר מ מַטְרֵד בַּת מֵי זָהָב: וְאֵלֶּה שְׁמוֹת אַלּוּפֵי עֵשָׂו לְמִשְׁפְּחֹתָם
לִמְקֹמֹתָם בִּשְׁמֹתָם אַלּוּף תִּמְנָע אַלּוּף עַלְוָה אַלּוּף יְתֵת:
מא מב אַלּוּף אָהֳלִיבָמָה אַלּוּף אֵלָה אַלּוּף פִּינֹן: אַלּוּף קְנַז אַלּוּף תֵּימָן
מג אַלּוּף מִבְצָר: אַלּוּף מַגְדִּיאֵל אַלּוּף עִירָם אֵלֶּה ׀ אַלּוּפֵי אֱדוֹם
לְמֹשְׁבֹתָם בְּאֶרֶץ אֲחֻזָּתָם הוּא עֵשָׂו אֲבִי אֱדוֹם:

וישב לג
לז א ב וַיֵּשֶׁב יַעֲקֹב בְּאֶרֶץ מְגוּרֵי אָבִיו בְּאֶרֶץ כְּנָעַן: אֵלֶּה ׀ תֹּלְדוֹת
יַעֲקֹב יוֹסֵף בֶּן־שְׁבַע־עֶשְׂרֵה שָׁנָה הָיָה רֹעֶה אֶת־אֶחָיו בַּצֹּאן
וְהוּא נַעַר אֶת־בְּנֵי בִלְהָה וְאֶת־בְּנֵי זִלְפָּה נְשֵׁי אָבִיו וַיָּבֵא
ג יוֹסֵף אֶת־דִּבָּתָם רָעָה אֶל־אֲבִיהֶם: וְיִשְׂרָאֵל אָהַב אֶת־יוֹסֵף
ד מִכָּל־בָּנָיו כִּי־בֶן־זְקֻנִים הוּא לוֹ וְעָשָׂה לוֹ כְּתֹנֶת פַּסִּים: וַיִּרְאוּ
אֶחָיו כִּי־אֹתוֹ אָהַב אֲבִיהֶם מִכָּל־אֶחָיו וַיִּשְׂנְאוּ אֹתוֹ וְלֹא
ה יָכְלוּ דַּבְּרוֹ לְשָׁלֹם: וַיַּחֲלֹם יוֹסֵף חֲלוֹם וַיַּגֵּד לְאֶחָיו וַיּוֹסִפוּ
ו עוֹד שְׂנֹא אֹתוֹ: וַיֹּאמֶר אֲלֵיהֶם שִׁמְעוּ־נָא הַחֲלוֹם הַזֶּה אֲשֶׁר
ז חָלָמְתִּי: וְהִנֵּה אֲנַחְנוּ מְאַלְּמִים אֲלֻמִּים בְּתוֹךְ הַשָּׂדֶה וְהִנֵּה
קָמָה אֲלֻמָּתִי וְגַם־נִצָּבָה וְהִנֵּה תְסֻבֶּינָה אֲלֻמֹּתֵיכֶם וַתִּשְׁתַּחֲוֶיןָ
ח לַאֲלֻמָּתִי: וַיֹּאמְרוּ לוֹ אֶחָיו הֲמָלֹךְ תִּמְלֹךְ עָלֵינוּ אִם־מָשׁוֹל
תִּמְשֹׁל בָּנוּ וַיּוֹסִפוּ עוֹד שְׂנֹא אֹתוֹ עַל־חֲלֹמֹתָיו וְעַל־דְּבָרָיו:
ט וַיַּחֲלֹם עוֹד חֲלוֹם אַחֵר וַיְסַפֵּר אֹתוֹ לְאֶחָיו וַיֹּאמֶר הִנֵּה חָלַמְתִּי
חֲלוֹם עוֹד וְהִנֵּה הַשֶּׁמֶשׁ וְהַיָּרֵחַ וְאַחַד עָשָׂר כּוֹכָבִים מִשְׁתַּחֲוִים
י לִי: וַיְסַפֵּר אֶל־אָבִיו וְאֶל־אֶחָיו וַיִּגְעַר־בּוֹ אָבִיו וַיֹּאמֶר לוֹ מָה
הַחֲלוֹם הַזֶּה אֲשֶׁר חָלָמְתָּ הֲבוֹא נָבוֹא אֲנִי וְאִמְּךָ וְאַחֶיךָ

יא לְהִשְׁתַּחֲוֺת לְךָ אָרְצָה: וַיְקַנְאוּ־בוֹ אֶחָיו וְאָבִיו שָׁמַר אֶת־
יב יג הַדָּבָר: וַיֵּלְכוּ אֶחָיו לִרְעוֹת אֶת־צֹאן אֲבִיהֶם בִּשְׁכֶם: וַיֹּאמֶר שני
יִשְׂרָאֵל אֶל־יוֹסֵף הֲלוֹא אַחֶיךָ רֹעִים בִּשְׁכֶם לְכָה וְאֶשְׁלָחֲךָ
יד אֲלֵיהֶם וַיֹּאמֶר לוֹ הִנֵּנִי: וַיֹּאמֶר לוֹ לֶךְ־נָא רְאֵה אֶת־שְׁלוֹם
אַחֶיךָ וְאֶת־שְׁלוֹם הַצֹּאן וַהֲשִׁבֵנִי דָּבָר וַיִּשְׁלָחֵהוּ מֵעֵמֶק חֶבְרוֹן
טו וַיָּבֹא שְׁכֶמָה: וַיִּמְצָאֵהוּ אִישׁ וְהִנֵּה תֹעֶה בַּשָּׂדֶה וַיִּשְׁאָלֵהוּ
טז הָאִישׁ לֵאמֹר מַה־תְּבַקֵּשׁ: וַיֹּאמֶר אֶת־אַחַי אָנֹכִי מְבַקֵּשׁ
יז הַגִּידָה־נָּא לִי אֵיפֹה הֵם רֹעִים: וַיֹּאמֶר הָאִישׁ נָסְעוּ מִזֶּה כִּי
שָׁמַעְתִּי אֹמְרִים נֵלְכָה דֹּתָיְנָה וַיֵּלֶךְ יוֹסֵף אַחַר אֶחָיו וַיִּמְצָאֵם
יח בְּדֹתָן: וַיִּרְאוּ אֹתוֹ מֵרָחֹק וּבְטֶרֶם יִקְרַב אֲלֵיהֶם וַיִּתְנַכְּלוּ
יט אֹתוֹ לַהֲמִיתוֹ: וַיֹּאמְרוּ אִישׁ אֶל־אָחִיו הִנֵּה בַּעַל הַחֲלֹמוֹת
כ הַלָּזֶה בָּא: וְעַתָּה ׀ לְכוּ וְנַהַרְגֵהוּ וְנַשְׁלִכֵהוּ בְּאַחַד הַבֹּרוֹת
כא וְאָמַרְנוּ חַיָּה רָעָה אֲכָלָתְהוּ וְנִרְאֶה מַה־יִּהְיוּ חֲלֹמֹתָיו: וַיִּשְׁמַע
כב רְאוּבֵן וַיַּצִּלֵהוּ מִיָּדָם וַיֹּאמֶר לֹא נַכֶּנּוּ נָפֶשׁ: וַיֹּאמֶר אֲלֵהֶם ׀
רְאוּבֵן אַל־תִּשְׁפְּכוּ־דָם הַשְׁלִיכוּ אֹתוֹ אֶל־הַבּוֹר הַזֶּה אֲשֶׁר
בַּמִּדְבָּר וְיָד אַל־תִּשְׁלְחוּ־בוֹ לְמַעַן הַצִּיל אֹתוֹ מִיָּדָם לַהֲשִׁיבוֹ
כג אֶל־אָבִיו: וַיְהִי כַּאֲשֶׁר־בָּא יוֹסֵף אֶל־אֶחָיו וַיַּפְשִׁיטוּ אֶת־יוֹסֵף שלישי
כד אֶת־כֻּתָּנְתּוֹ אֶת־כְּתֹנֶת הַפַּסִּים אֲשֶׁר עָלָיו: וַיִּקָּחֻהוּ וַיַּשְׁלִכוּ
כה אֹתוֹ הַבֹּרָה וְהַבּוֹר רֵק אֵין בּוֹ מָיִם: וַיֵּשְׁבוּ לֶאֱכָל־לֶחֶם וַיִּשְׂאוּ
עֵינֵיהֶם וַיִּרְאוּ וְהִנֵּה אֹרְחַת יִשְׁמְעֵאלִים בָּאָה מִגִּלְעָד וּגְמַלֵּיהֶם
כו נֹשְׂאִים נְכֹאת וּצְרִי וָלֹט הוֹלְכִים לְהוֹרִיד מִצְרָיְמָה: וַיֹּאמֶר
יְהוּדָה אֶל־אֶחָיו מַה־בֶּצַע כִּי נַהֲרֹג אֶת־אָחִינוּ וְכִסִּינוּ אֶת־
כז דָּמוֹ: לְכוּ וְנִמְכְּרֶנּוּ לַיִּשְׁמְעֵאלִים וְיָדֵנוּ אַל־תְּהִי־בוֹ כִּי־אָחִינוּ
כח בְשָׂרֵנוּ הוּא וַיִּשְׁמְעוּ אֶחָיו: וַיַּעַבְרוּ אֲנָשִׁים מִדְיָנִים סֹחֲרִים
וַיִּמְשְׁכוּ וַיַּעֲלוּ אֶת־יוֹסֵף מִן־הַבּוֹר וַיִּמְכְּרוּ אֶת־יוֹסֵף לַיִּשְׁמְעֵאלִים
כט בְּעֶשְׂרִים כָּסֶף וַיָּבִיאוּ אֶת־יוֹסֵף מִצְרָיְמָה: וַיָּשָׁב רְאוּבֵן אֶל־
ל הַבּוֹר וְהִנֵּה אֵין־יוֹסֵף בַּבּוֹר וַיִּקְרַע אֶת־בְּגָדָיו: וַיָּשָׁב אֶל־

לא אָחִיו וַיֹּאמַר הַיֶּלֶד אֵינֶנּוּ וַאֲנִי אָנָה אֲנִי־בָא׃ וַיִּקְחוּ אֶת־
כְּתֹנֶת יוֹסֵף וַיִּשְׁחֲטוּ שְׂעִיר עִזִּים וַיִּטְבְּלוּ אֶת־הַכֻּתֹּנֶת בַּדָּם׃
לב וַיְשַׁלְּחוּ אֶת־כְּתֹנֶת הַפַּסִּים וַיָּבִיאוּ אֶל־אֲבִיהֶם וַיֹּאמְרוּ זֹאת
לג מָצָאנוּ הַכֶּר־נָא הַכְּתֹנֶת בִּנְךָ הִוא אִם־לֹא׃ וַיַּכִּירָהּ וַיֹּאמֶר
לד כְּתֹנֶת בְּנִי חַיָּה רָעָה אֲכָלָתְהוּ טָרֹף טֹרַף יוֹסֵף׃ וַיִּקְרַע יַעֲקֹב
שִׂמְלֹתָיו וַיָּשֶׂם שַׂק בְּמָתְנָיו וַיִּתְאַבֵּל עַל־בְּנוֹ יָמִים רַבִּים׃
לה וַיָּקֻמוּ כָל־בָּנָיו וְכָל־בְּנֹתָיו לְנַחֲמוֹ וַיְמָאֵן לְהִתְנַחֵם וַיֹּאמֶר כִּי־
לו אֵרֵד אֶל־בְּנִי אָבֵל שְׁאֹלָה וַיֵּבְךְּ אֹתוֹ אָבִיו׃ וְהַמְּדָנִים מָכְרוּ אֹתוֹ
אֶל־מִצְרָיִם לְפוֹטִיפַר סְרִיס פַּרְעֹה שַׂר הַטַּבָּחִים׃

רביעי לד
לח א וַיְהִי בָּעֵת הַהִוא וַיֵּרֶד יְהוּדָה מֵאֵת אֶחָיו וַיֵּט עַד־אִישׁ עֲדֻלָּמִי
ב וּשְׁמוֹ חִירָה׃ וַיַּרְא־שָׁם יְהוּדָה בַּת־אִישׁ כְּנַעֲנִי וּשְׁמוֹ שׁוּעַ
ג וַיִּקָּחֶהָ וַיָּבֹא אֵלֶיהָ׃ וַתַּהַר וַתֵּלֶד בֵּן וַיִּקְרָא אֶת־שְׁמוֹ עֵר׃
ד ה וַתַּהַר עוֹד וַתֵּלֶד בֵּן וַתִּקְרָא אֶת־שְׁמוֹ אוֹנָן׃ וַתֹּסֶף עוֹד וַתֵּלֶד
ו בֵּן וַתִּקְרָא אֶת־שְׁמוֹ שֵׁלָה וְהָיָה בִכְזִיב בְּלִדְתָּהּ אֹתוֹ׃ וַיִּקַּח
ז יְהוּדָה אִשָּׁה לְעֵר בְּכוֹרוֹ וּשְׁמָהּ תָּמָר׃ וַיְהִי עֵר בְּכוֹר יְהוּדָה
ח רַע בְּעֵינֵי יְהוָה וַיְמִתֵהוּ יְהוָה׃ וַיֹּאמֶר יְהוּדָה לְאוֹנָן בֹּא אֶל־
ט אֵשֶׁת אָחִיךָ וְיַבֵּם אֹתָהּ וְהָקֵם זֶרַע לְאָחִיךָ׃ וַיֵּדַע אוֹנָן כִּי לֹּא
לוֹ יִהְיֶה הַזָּרַע וְהָיָה אִם־בָּא אֶל־אֵשֶׁת אָחִיו וְשִׁחֵת אַרְצָה
י לְבִלְתִּי נְתָן־זֶרַע לְאָחִיו׃ וַיֵּרַע בְּעֵינֵי יְהוָה אֲשֶׁר עָשָׂה וַיָּמֶת
יא גַּם־אֹתוֹ׃ וַיֹּאמֶר יְהוּדָה לְתָמָר כַּלָּתוֹ שְׁבִי אַלְמָנָה בֵית־
אָבִיךְ עַד־יִגְדַּל שֵׁלָה בְנִי כִּי אָמַר פֶּן־יָמוּת גַּם־הוּא כְּאֶחָיו
יב וַתֵּלֶךְ תָּמָר וַתֵּשֶׁב בֵּית אָבִיהָ׃ וַיִּרְבּוּ הַיָּמִים וַתָּמָת בַּת־שׁוּעַ
אֵשֶׁת־יְהוּדָה וַיִּנָּחֶם יְהוּדָה וַיַּעַל עַל־גֹּזְזֵי צֹאנוֹ הוּא וְחִירָה
יג רֵעֵהוּ הָעֲדֻלָּמִי תִּמְנָתָה׃ וַיֻּגַּד לְתָמָר לֵאמֹר הִנֵּה חָמִיךְ עֹלֶה
יד תִמְנָתָה לָגֹז צֹאנוֹ׃ וַתָּסַר בִּגְדֵי אַלְמְנוּתָהּ מֵעָלֶיהָ וַתְּכַס
בַּצָּעִיף וַתִּתְעַלָּף וַתֵּשֶׁב בְּפֶתַח עֵינַיִם אֲשֶׁר עַל־דֶּרֶךְ תִּמְנָתָה
טו כִּי רָאֲתָה כִּי־גָדַל שֵׁלָה וְהִוא לֹא־נִתְּנָה לוֹ לְאִשָּׁה׃ וַיִּרְאֶהָ

טז יְהוּדָ֔ה וַֽיַּחְשְׁבֶ֖הָ לְזוֹנָ֑ה כִּ֥י כִסְּתָ֖ה פָּנֶֽיהָ׃ וַיֵּ֨ט אֵלֶ֜יהָ אֶל־הַדֶּ֗רֶךְ
וַיֹּ֙אמֶר֙ הָֽבָה נָּא֙ אָב֣וֹא אֵלַ֔יִךְ כִּ֚י לֹ֣א יָדַ֔ע כִּ֥י כַלָּת֖וֹ הִ֑וא וַתֹּ֙אמֶר֙
יז מַה־תִּתֶּן־לִּ֔י כִּ֥י תָב֖וֹא אֵלָֽי׃ וַיֹּ֕אמֶר אָנֹכִ֛י אֲשַׁלַּ֥ח גְּדִֽי־עִזִּ֖ים
יח מִן־הַצֹּ֑אן וַתֹּ֕אמֶר אִם־תִּתֵּ֥ן עֵרָב֖וֹן עַ֥ד שָׁלְחֶֽךָ׃ וַיֹּ֗אמֶר מָ֣ה
הָעֵרָבוֹן֮ אֲשֶׁ֣ר אֶתֶּן־לָּךְ֒ וַתֹּ֗אמֶר חֹתָֽמְךָ֙ וּפְתִילֶ֔ךָ וּמַטְּךָ֖ אֲשֶׁ֣ר
יט בְּיָדֶ֑ךָ וַיִּתֶּן־לָּ֛הּ וַיָּבֹ֥א אֵלֶ֖יהָ וַתַּ֥הַר לֽוֹ׃ וַתָּ֣קָם וַתֵּ֔לֶךְ וַתָּ֥סַר
כ צְעִיפָ֖הּ מֵעָלֶ֑יהָ וַתִּלְבַּ֖שׁ בִּגְדֵ֥י אַלְמְנוּתָֽהּ׃ וַיִּשְׁלַ֨ח יְהוּדָ֜ה אֶת־
גְּדִ֣י הָֽעִזִּ֗ים בְּיַד֙ רֵעֵ֣הוּ הָעֲדֻלָּמִ֔י לָקַ֥חַת הָעֵרָב֖וֹן מִיַּ֣ד הָאִשָּׁ֑ה
כא וְלֹ֖א מְצָאָֽהּ׃ וַיִּשְׁאַ֞ל אֶת־אַנְשֵׁ֤י מְקֹמָהּ֙ לֵאמֹ֔ר אַיֵּ֥ה הַקְּדֵשָׁ֛ה
כב הִ֥וא בָעֵינַ֖יִם עַל־הַדָּ֑רֶךְ וַיֹּ֣אמְר֔וּ לֹא־הָיְתָ֥ה בָזֶ֖ה קְדֵשָֽׁה׃ וַיָּ֙שָׁב֙
אֶל־יְהוּדָ֔ה וַיֹּ֖אמֶר לֹ֣א מְצָאתִ֑יהָ וְגַ֨ם אַנְשֵׁ֤י הַמָּקוֹם֙ אָֽמְר֔וּ
כג לֹא־הָיְתָ֥ה בָזֶ֖ה קְדֵשָֽׁה׃ וַיֹּ֤אמֶר יְהוּדָה֙ תִּקַּח־לָ֔הּ פֶּ֖ן נִהְיֶ֣ה
כד לָב֑וּז הִנֵּ֤ה שָׁלַ֙חְתִּי֙ הַגְּדִ֣י הַזֶּ֔ה וְאַתָּ֖ה לֹ֥א מְצָאתָֽהּ׃ וַיְהִ֣י ׀ כְּמִשְׁלֹ֣שׁ
חֳדָשִׁ֗ים וַיֻּגַּ֨ד לִֽיהוּדָ֤ה לֵאמֹר֙ זָֽנְתָה֙ תָּמָ֣ר כַּלָּתֶ֔ךָ וְגַ֛ם הִנֵּ֥ה הָרָ֖ה
כה לִזְנוּנִ֑ים וַיֹּ֣אמֶר יְהוּדָ֔ה הוֹצִיא֖וּהָ וְתִשָּׂרֵֽף׃ הִ֣וא מוּצֵ֗את וְהִ֨יא
שָׁלְחָ֤ה אֶל־חָמִ֙יהָ֙ לֵאמֹ֔ר לְאִישׁ֙ אֲשֶׁר־אֵ֣לֶּה לּ֔וֹ אָנֹכִ֖י הָרָ֑ה
וַתֹּ֙אמֶר֙ הַכֶּר־נָ֔א לְמִ֞י הַחֹתֶ֧מֶת וְהַפְּתִילִ֛ים וְהַמַּטֶּ֖ה הָאֵֽלֶּה׃
כו וַיַּכֵּ֣ר יְהוּדָ֗ה וַיֹּ֙אמֶר֙ צָֽדְקָ֣ה מִמֶּ֔נִּי כִּֽי־עַל־כֵּ֥ן לֹא־נְתַתִּ֖יהָ לְשֵׁלָ֣ה
כז בְנִ֑י וְלֹֽא־יָסַ֥ף ע֖וֹד לְדַעְתָּֽהּ׃ וַיְהִ֖י בְּעֵ֣ת לִדְתָּ֑הּ וְהִנֵּ֥ה תְאוֹמִ֖ים
כח בְּבִטְנָֽהּ׃ וַיְהִ֥י בְלִדְתָּ֖הּ וַיִּתֶּן־יָ֑ד וַתִּקַּ֣ח הַמְיַלֶּ֗דֶת וַתִּקְשֹׁ֨ר עַל־
כט יָד֤וֹ שָׁנִי֙ לֵאמֹ֔ר זֶ֖ה יָצָ֥א רִאשֹׁנָֽה׃ וַיְהִ֣י ׀ כְּמֵשִׁ֣יב יָד֗וֹ וְהִנֵּה֙ יָצָ֣א
ל אָחִ֔יו וַתֹּ֕אמֶר מַה־פָּרַ֖צְתָּ עָלֶ֣יךָ פָּ֑רֶץ וַיִּקְרָ֥א שְׁמ֖וֹ פָּֽרֶץ׃ וְאַחַר֙
לט א יָצָ֣א אָחִ֔יו אֲשֶׁ֥ר עַל־יָד֖וֹ הַשָּׁנִ֑י וַיִּקְרָ֥א שְׁמ֖וֹ זָֽרַח׃ וְיוֹסֵ֖ף לה חמישי
הוּרַ֣ד מִצְרָ֑יְמָה וַיִּקְנֵ֡הוּ פּוֹטִיפַ֡ר סְרִ֨יס פַּרְעֹ֜ה שַׂ֣ר הַטַּבָּחִ֗ים
ב אִ֚ישׁ מִצְרִ֔י מִיַּד֙ הַיִּשְׁמְעֵאלִ֔ים אֲשֶׁ֥ר הוֹרִדֻ֖הוּ שָֽׁמָּה׃ וַיְהִ֤י יְהוָה֙
ג אֶת־יוֹסֵ֔ף וַיְהִ֖י אִ֣ישׁ מַצְלִ֑יחַ וַיְהִ֕י בְּבֵ֥ית אֲדֹנָ֖יו הַמִּצְרִֽי׃ וַיַּ֣רְא
אֲדֹנָ֔יו כִּ֥י יְהוָ֖ה אִתּ֑וֹ וְכֹל֙ אֲשֶׁר־ה֣וּא עֹשֶׂ֔ה יְהוָ֖ה מַצְלִ֥יחַ בְּיָדֽוֹ׃

ד וַיִּמְצָא יוֹסֵף חֵן בְּעֵינָיו וַיְשָׁרֶת אֹתוֹ וַיַּפְקִדֵהוּ עַל־בֵּיתוֹ וְכָל־
ה יֶשׁ־לוֹ נָתַן בְּיָדוֹ׃ וַיְהִי מֵאָז הִפְקִיד אֹתוֹ בְּבֵיתוֹ וְעַל כָּל־
אֲשֶׁר יֶשׁ־לוֹ וַיְבָרֶךְ יהוה אֶת־בֵּית הַמִּצְרִי בִּגְלַל יוֹסֵף וַיְהִי
ו בִּרְכַּת יהוה בְּכָל־אֲשֶׁר יֶשׁ־לוֹ בַּבַּיִת וּבַשָּׂדֶה׃ וַיַּעֲזֹב כָּל־
אֲשֶׁר־לוֹ בְּיַד־יוֹסֵף וְלֹא־יָדַע אִתּוֹ מְאוּמָה כִּי אִם־הַלֶּחֶם
ששי ז אֲשֶׁר־הוּא אוֹכֵל וַיְהִי יוֹסֵף יְפֵה־תֹאַר וִיפֵה מַרְאֶה׃ וַיְהִי אַחַר
הַדְּבָרִים הָאֵלֶּה וַתִּשָּׂא אֵשֶׁת־אֲדֹנָיו אֶת־עֵינֶיהָ אֶל־יוֹסֵף
ח וַתֹּאמֶר שִׁכְבָה עִמִּי׃ וַיְמָאֵן ׀ וַיֹּאמֶר אֶל־אֵשֶׁת אֲדֹנָיו הֵן אֲדֹנִי
ט לֹא־יָדַע אִתִּי מַה־בַּבָּיִת וְכֹל אֲשֶׁר־יֶשׁ־לוֹ נָתַן בְּיָדִי׃ אֵינֶנּוּ
גָדוֹל בַּבַּיִת הַזֶּה מִמֶּנִּי וְלֹא־חָשַׂךְ מִמֶּנִּי מְאוּמָה כִּי אִם־אוֹתָךְ
בַּאֲשֶׁר אַתְּ־אִשְׁתּוֹ וְאֵיךְ אֶעֱשֶׂה הָרָעָה הַגְּדֹלָה הַזֹּאת וְחָטָאתִי
י לֵאלֹהִים׃ וַיְהִי כְּדַבְּרָהּ אֶל־יוֹסֵף יוֹם ׀ יוֹם וְלֹא־שָׁמַע אֵלֶיהָ
יא לִשְׁכַּב אֶצְלָהּ לִהְיוֹת עִמָּהּ׃ וַיְהִי כְּהַיּוֹם הַזֶּה וַיָּבֹא הַבַּיְתָה
לַעֲשׂוֹת מְלַאכְתּוֹ וְאֵין אִישׁ מֵאַנְשֵׁי הַבַּיִת שָׁם בַּבָּיִת׃
יב וַתִּתְפְּשֵׂהוּ בְּבִגְדוֹ לֵאמֹר שִׁכְבָה עִמִּי וַיַּעֲזֹב בִּגְדוֹ בְּיָדָהּ וַיָּנָס
יג וַיֵּצֵא הַחוּצָה׃ וַיְהִי כִּרְאוֹתָהּ כִּי־עָזַב בִּגְדוֹ בְּיָדָהּ וַיָּנָס הַחוּצָה׃
יד וַתִּקְרָא לְאַנְשֵׁי בֵיתָהּ וַתֹּאמֶר לָהֶם לֵאמֹר רְאוּ הֵבִיא לָנוּ
אִישׁ עִבְרִי לְצַחֶק בָּנוּ בָּא אֵלַי לִשְׁכַּב עִמִּי וָאֶקְרָא בְּקוֹל גָּדוֹל׃
טו וַיְהִי כְשָׁמְעוֹ כִּי־הֲרִימֹתִי קוֹלִי וָאֶקְרָא וַיַּעֲזֹב בִּגְדוֹ אֶצְלִי וַיָּנָס
טז וַיֵּצֵא הַחוּצָה׃ וַתַּנַּח בִּגְדוֹ אֶצְלָהּ עַד־בּוֹא אֲדֹנָיו אֶל־בֵּיתוֹ׃
יז וַתְּדַבֵּר אֵלָיו כַּדְּבָרִים הָאֵלֶּה לֵאמֹר בָּא אֵלַי הָעֶבֶד הָעִבְרִי
יח אֲשֶׁר־הֵבֵאתָ לָּנוּ לְצַחֶק בִּי׃ וַיְהִי כַּהֲרִימִי קוֹלִי וָאֶקְרָא וַיַּעֲזֹב
יט בִּגְדוֹ אֶצְלִי וַיָּנָס הַחוּצָה׃ וַיְהִי כִשְׁמֹעַ אֲדֹנָיו אֶת־דִּבְרֵי אִשְׁתּוֹ
אֲשֶׁר דִּבְּרָה אֵלָיו לֵאמֹר כַּדְּבָרִים הָאֵלֶּה עָשָׂה לִי עַבְדֶּךָ
כ וַיִּחַר אַפּוֹ׃ וַיִּקַּח אֲדֹנֵי יוֹסֵף אֹתוֹ וַיִּתְּנֵהוּ אֶל־בֵּית הַסֹּהַר
מְקוֹם אֲשֶׁר־אסורי הַמֶּלֶךְ אֲסוּרִים וַיְהִי־שָׁם בְּבֵית הַסֹּהַר׃ אֲסִירֵי
כא וַיְהִי יהוה אֶת־יוֹסֵף וַיֵּט אֵלָיו חָסֶד וַיִּתֵּן חִנּוֹ בְּעֵינֵי שַׂר בֵּית־

ס

כב הַסֹּהַר: וַיִּתֵּן שַׂר בֵּית־הַסֹּהַר בְּיַד־יוֹסֵף אֵת כָּל־הָאֲסִירִם
אֲשֶׁר בְּבֵית הַסֹּהַר וְאֵת כָּל־אֲשֶׁר עֹשִׂים שָׁם הוּא הָיָה עֹשֶׂה:
כג אֵין ׀ שַׂר בֵּית־הַסֹּהַר רֹאֶה אֶת־כָּל־מְאוּמָה בְּיָדוֹ בַּאֲשֶׁר יהוה
אִתּוֹ וַאֲשֶׁר־הוּא עֹשֶׂה יהוה מַצְלִיחַ:
מ א וַיְהִי אַחַר הַדְּבָרִים הָאֵלֶּה חָטְאוּ מַשְׁקֵה מֶלֶךְ־מִצְרַיִם וְהָאֹפֶה שביעי
ב לַאֲדֹנֵיהֶם לְמֶלֶךְ מִצְרָיִם: וַיִּקְצֹף פַּרְעֹה עַל שְׁנֵי סָרִיסָיו עַל
ג שַׂר הַמַּשְׁקִים וְעַל שַׂר הָאוֹפִים: וַיִּתֵּן אֹתָם בְּמִשְׁמַר בֵּית שַׂר
ד הַטַּבָּחִים אֶל־בֵּית הַסֹּהַר מְקוֹם אֲשֶׁר יוֹסֵף אָסוּר שָׁם: וַיִּפְקֹד
שַׂר הַטַּבָּחִים אֶת־יוֹסֵף אִתָּם וַיְשָׁרֶת אֹתָם וַיִּהְיוּ יָמִים בְּמִשְׁמָר:
ה וַיַּחַלְמוּ חֲלוֹם שְׁנֵיהֶם אִישׁ חֲלֹמוֹ בְּלַיְלָה אֶחָד אִישׁ כְּפִתְרוֹן
חֲלֹמוֹ הַמַּשְׁקֶה וְהָאֹפֶה אֲשֶׁר לְמֶלֶךְ מִצְרַיִם אֲשֶׁר אֲסוּרִים
ו בְּבֵית הַסֹּהַר: וַיָּבֹא אֲלֵיהֶם יוֹסֵף בַּבֹּקֶר וַיַּרְא אֹתָם וְהִנָּם
ז זֹעֲפִים: וַיִּשְׁאַל אֶת־סְרִיסֵי פַרְעֹה אֲשֶׁר אִתּוֹ בְמִשְׁמַר בֵּית
ח אֲדֹנָיו לֵאמֹר מַדּוּעַ פְּנֵיכֶם רָעִים הַיּוֹם: וַיֹּאמְרוּ אֵלָיו חֲלוֹם
חָלַמְנוּ וּפֹתֵר אֵין אֹתוֹ וַיֹּאמֶר אֲלֵהֶם יוֹסֵף הֲלוֹא לֵאלֹהִים
ט פִּתְרֹנִים סַפְּרוּ־נָא לִי: וַיְסַפֵּר שַׂר־הַמַּשְׁקִים אֶת־חֲלֹמוֹ לְיוֹסֵף
י וַיֹּאמֶר לוֹ בַּחֲלוֹמִי וְהִנֵּה־גֶפֶן לְפָנָי: וּבַגֶּפֶן שְׁלֹשָׁה שָׂרִיגִם
יא וְהִוא כְפֹרַחַת עָלְתָה נִצָּהּ הִבְשִׁילוּ אַשְׁכְּלֹתֶיהָ עֲנָבִים: וְכוֹס
פַּרְעֹה בְּיָדִי וָאֶקַּח אֶת־הָעֲנָבִים וָאֶשְׂחַט אֹתָם אֶל־כּוֹס פַּרְעֹה
יב וָאֶתֵּן אֶת־הַכּוֹס עַל־כַּף פַּרְעֹה: וַיֹּאמֶר לוֹ יוֹסֵף זֶה פִּתְרֹנוֹ
יג שְׁלֹשֶׁת הַשָּׂרִגִים שְׁלֹשֶׁת יָמִים הֵם: בְּעוֹד ׀ שְׁלֹשֶׁת יָמִים יִשָּׂא
פַרְעֹה אֶת־רֹאשֶׁךָ וַהֲשִׁיבְךָ עַל־כַּנֶּךָ וְנָתַתָּ כוֹס־פַּרְעֹה בְּיָדוֹ
יד כַּמִּשְׁפָּט הָרִאשׁוֹן אֲשֶׁר הָיִיתָ מַשְׁקֵהוּ: כִּי אִם־זְכַרְתַּנִי אִתְּךָ
כַּאֲשֶׁר יִיטַב לָךְ וְעָשִׂיתָ־נָּא עִמָּדִי חָסֶד וְהִזְכַּרְתַּנִי אֶל־פַּרְעֹה
טו וְהוֹצֵאתַנִי מִן־הַבַּיִת הַזֶּה: כִּי־גֻנֹּב גֻּנַּבְתִּי מֵאֶרֶץ הָעִבְרִים
טז וְגַם־פֹּה לֹא־עָשִׂיתִי מְאוּמָה כִּי־שָׂמוּ אֹתִי בַּבּוֹר: וַיַּרְא שַׂר־
הָאֹפִים כִּי טוֹב פָּתָר וַיֹּאמֶר אֶל־יוֹסֵף אַף־אֲנִי בַּחֲלוֹמִי וְהִנֵּה

יז שְׁלֹשָׁה סַלֵּי חֹרִי עַל־רֹאשִׁי׃ וּבַסַּל הָעֶלְיוֹן מִכֹּל מַאֲכַל פַּרְעֹה
יח מַעֲשֵׂה אֹפֶה וְהָעוֹף אֹכֵל אֹתָם מִן־הַסַּל מֵעַל רֹאשִׁי׃ וַיַּעַן
יוֹסֵף וַיֹּאמֶר זֶה פִּתְרֹנוֹ שְׁלֹשֶׁת הַסַּלִּים שְׁלֹשֶׁת יָמִים הֵם׃
יט בְּעוֹד ׀ שְׁלֹשֶׁת יָמִים יִשָּׂא פַרְעֹה אֶת־רֹאשְׁךָ מֵעָלֶיךָ וְתָלָה
כ אוֹתְךָ עַל־עֵץ וְאָכַל הָעוֹף אֶת־בְּשָׂרְךָ מֵעָלֶיךָ׃ וַיְהִי ׀ בַּיּוֹם מפטיר
הַשְּׁלִישִׁי יוֹם הֻלֶּדֶת אֶת־פַּרְעֹה וַיַּעַשׂ מִשְׁתֶּה לְכָל־עֲבָדָיו
וַיִּשָּׂא אֶת־רֹאשׁ ׀ שַׂר הַמַּשְׁקִים וְאֶת־רֹאשׁ שַׂר הָאֹפִים בְּתוֹךְ
כא עֲבָדָיו׃ וַיָּשֶׁב אֶת־שַׂר הַמַּשְׁקִים עַל־מַשְׁקֵהוּ וַיִּתֵּן הַכּוֹס עַל־
כב כַּף פַּרְעֹה׃ וְאֵת שַׂר הָאֹפִים תָּלָה כַּאֲשֶׁר פָּתַר לָהֶם יוֹסֵף׃
כג וְלֹא־זָכַר שַׂר־הַמַּשְׁקִים אֶת־יוֹסֵף וַיִּשְׁכָּחֵהוּ׃
מא א וַיְהִי מִקֵּץ שְׁנָתַיִם יָמִים וּפַרְעֹה חֹלֵם וְהִנֵּה עֹמֵד עַל־הַיְאֹר׃ מקץ לו
ב וְהִנֵּה מִן־הַיְאֹר עֹלֹת שֶׁבַע פָּרוֹת יְפוֹת מַרְאֶה וּבְרִיאֹת בָּשָׂר
ג וַתִּרְעֶינָה בָּאָחוּ׃ וְהִנֵּה שֶׁבַע פָּרוֹת אֲחֵרוֹת עֹלוֹת אַחֲרֵיהֶן מִן־
הַיְאֹר רָעוֹת מַרְאֶה וְדַקּוֹת בָּשָׂר וַתַּעֲמֹדְנָה אֵצֶל הַפָּרוֹת עַל־
ד שְׂפַת הַיְאֹר׃ וַתֹּאכַלְנָה הַפָּרוֹת רָעוֹת הַמַּרְאֶה וְדַקֹּת הַבָּשָׂר
ה אֵת שֶׁבַע הַפָּרוֹת יְפֹת הַמַּרְאֶה וְהַבְּרִיאֹת וַיִּיקַץ פַּרְעֹה׃ וַיִּישָׁן
וַיַּחֲלֹם שֵׁנִית וְהִנֵּה ׀ שֶׁבַע שִׁבֳּלִים עֹלוֹת בְּקָנֶה אֶחָד בְּרִיאוֹת
ו וְטֹבוֹת׃ וְהִנֵּה שֶׁבַע שִׁבֳּלִים דַּקּוֹת וּשְׁדוּפֹת קָדִים צֹמְחוֹת
ז אַחֲרֵיהֶן׃ וַתִּבְלַעְנָה הַשִּׁבֳּלִים הַדַּקּוֹת אֵת שֶׁבַע הַשִּׁבֳּלִים
ח הַבְּרִיאוֹת וְהַמְּלֵאוֹת וַיִּיקַץ פַּרְעֹה וְהִנֵּה חֲלוֹם׃ וַיְהִי בַבֹּקֶר
וַתִּפָּעֶם רוּחוֹ וַיִּשְׁלַח וַיִּקְרָא אֶת־כָּל־חַרְטֻמֵּי מִצְרַיִם וְאֶת־
כָּל־חֲכָמֶיהָ וַיְסַפֵּר פַּרְעֹה לָהֶם אֶת־חֲלֹמוֹ וְאֵין־פּוֹתֵר אוֹתָם
ט לְפַרְעֹה׃ וַיְדַבֵּר שַׂר הַמַּשְׁקִים אֶת־פַּרְעֹה לֵאמֹר אֶת־חֲטָאַי
י אֲנִי מַזְכִּיר הַיּוֹם׃ פַּרְעֹה קָצַף עַל־עֲבָדָיו וַיִּתֵּן אֹתִי בְּמִשְׁמַר
יא בֵּית שַׂר הַטַּבָּחִים אֹתִי וְאֵת שַׂר הָאֹפִים׃ וַנַּחַלְמָה חֲלוֹם
יב בְּלַיְלָה אֶחָד אֲנִי וָהוּא אִישׁ כְּפִתְרוֹן חֲלֹמוֹ חָלָמְנוּ׃ וְשָׁם
אִתָּנוּ נַעַר עִבְרִי עֶבֶד לְשַׂר הַטַּבָּחִים וַנְּסַפֶּר־לוֹ וַיִּפְתָּר־לָנוּ

יג אֶת־חֲלֹמֹתֵינוּ אִישׁ כַּחֲלֹמוֹ פָּתָר: וַיְהִי כַּאֲשֶׁר פָּתַר־לָנוּ כֵּן
יד הָיָה אֹתִי הֵשִׁיב עַל־כַּנִּי וְאֹתוֹ תָלָה: וַיִּשְׁלַח פַּרְעֹה וַיִּקְרָא
אֶת־יוֹסֵף וַיְרִיצֻהוּ מִן־הַבּוֹר וַיְגַלַּח וַיְחַלֵּף שִׂמְלֹתָיו וַיָּבֹא אֶל־
טו פַּרְעֹה: וַיֹּאמֶר פַּרְעֹה אֶל־יוֹסֵף חֲלוֹם חָלַמְתִּי וּפֹתֵר אֵין אֹתוֹ שני
טז וַאֲנִי שָׁמַעְתִּי עָלֶיךָ לֵאמֹר תִּשְׁמַע חֲלוֹם לִפְתֹּר אֹתוֹ: וַיַּעַן
יוֹסֵף אֶת־פַּרְעֹה לֵאמֹר בִּלְעָדָי אֱלֹהִים יַעֲנֶה אֶת־שְׁלוֹם פַּרְעֹה:
יז וַיְדַבֵּר פַּרְעֹה אֶל־יוֹסֵף בַּחֲלֹמִי הִנְנִי עֹמֵד עַל־שְׂפַת הַיְאֹר:
יח וְהִנֵּה מִן־הַיְאֹר עֹלֹת שֶׁבַע פָּרוֹת בְּרִיאוֹת בָּשָׂר וִיפֹת תֹּאַר
יט וַתִּרְעֶינָה בָּאָחוּ: וְהִנֵּה שֶׁבַע פָּרוֹת אֲחֵרוֹת עֹלוֹת אַחֲרֵיהֶן
דַּלּוֹת וְרָעוֹת תֹּאַר מְאֹד וְרַקּוֹת בָּשָׂר לֹא־רָאִיתִי כָהֵנָּה בְּכָל־
כ אֶרֶץ מִצְרַיִם לָרֹעַ: וַתֹּאכַלְנָה הַפָּרוֹת הָרַקּוֹת וְהָרָעוֹת אֵת
כא שֶׁבַע הַפָּרוֹת הָרִאשֹׁנוֹת הַבְּרִיאֹת: וַתָּבֹאנָה אֶל־קִרְבֶּנָה
וְלֹא נוֹדַע כִּי־בָאוּ אֶל־קִרְבֶּנָה וּמַרְאֵיהֶן רַע כַּאֲשֶׁר בַּתְּחִלָּה
כב וָאִיקָץ: וָאֵרֶא בַּחֲלֹמִי וְהִנֵּה ׀ שֶׁבַע שִׁבֳּלִים עֹלֹת בְּקָנֶה
כג אֶחָד מְלֵאֹת וְטֹבוֹת: וְהִנֵּה שֶׁבַע שִׁבֳּלִים צְנֻמוֹת דַּקּוֹת
כד שְׁדֻפוֹת קָדִים צֹמְחוֹת אַחֲרֵיהֶם: וַתִּבְלַעְןָ הַשִּׁבֳּלִים הַדַּקֹּת
אֵת שֶׁבַע הַשִּׁבֳּלִים הַטֹּבוֹת וָאֹמַר אֶל־הַחַרְטֻמִּים וְאֵין מַגִּיד
כה לִי: וַיֹּאמֶר יוֹסֵף אֶל־פַּרְעֹה חֲלוֹם פַּרְעֹה אֶחָד הוּא אֵת אֲשֶׁר
כו הָאֱלֹהִים עֹשֶׂה הִגִּיד לְפַרְעֹה: שֶׁבַע פָּרֹת הַטֹּבֹת שֶׁבַע שָׁנִים
הֵנָּה וְשֶׁבַע הַשִּׁבֳּלִים הַטֹּבֹת שֶׁבַע שָׁנִים הֵנָּה חֲלוֹם אֶחָד
כז הוּא: וְשֶׁבַע הַפָּרוֹת הָרַקּוֹת וְהָרָעֹת הָעֹלֹת אַחֲרֵיהֶן שֶׁבַע
שָׁנִים הֵנָּה וְשֶׁבַע הַשִּׁבֳּלִים הָרֵקוֹת שְׁדֻפוֹת הַקָּדִים יִהְיוּ שֶׁבַע
כח שְׁנֵי רָעָב: הוּא הַדָּבָר אֲשֶׁר דִּבַּרְתִּי אֶל־פַּרְעֹה אֲשֶׁר הָאֱלֹהִים
כט עֹשֶׂה הֶרְאָה אֶת־פַּרְעֹה: הִנֵּה שֶׁבַע שָׁנִים בָּאוֹת שָׂבָע גָּדוֹל
ל בְּכָל־אֶרֶץ מִצְרָיִם: וְקָמוּ שֶׁבַע שְׁנֵי רָעָב אַחֲרֵיהֶן וְנִשְׁכַּח
לא כָּל־הַשָּׂבָע בְּאֶרֶץ מִצְרָיִם וְכִלָּה הָרָעָב אֶת־הָאָרֶץ: וְלֹא־
יִוָּדַע הַשָּׂבָע בָּאָרֶץ מִפְּנֵי הָרָעָב הַהוּא אַחֲרֵי־כֵן כִּי־כָבֵד

לב הוּא מְאֹד: וְעַל הִשָּׁנוֹת הַחֲלוֹם אֶל־פַּרְעֹה פַּעֲמָיִם כִּי־נָכוֹן
לג הַדָּבָר מֵעִם הָאֱלֹהִים וּמְמַהֵר הָאֱלֹהִים לַעֲשֹׂתוֹ: וְעַתָּה יֵרֶא
לד פַרְעֹה אִישׁ נָבוֹן וְחָכָם וִישִׁיתֵהוּ עַל־אֶרֶץ מִצְרָיִם: יַעֲשֶׂה
פַרְעֹה וְיַפְקֵד פְּקִדִים עַל־הָאָרֶץ וְחִמֵּשׁ אֶת־אֶרֶץ מִצְרַיִם
לה בְּשֶׁבַע שְׁנֵי הַשָּׂבָע: וְיִקְבְּצוּ אֶת־כָּל־אֹכֶל הַשָּׁנִים הַטֹּבֹת
הַבָּאֹת הָאֵלֶּה וְיִצְבְּרוּ־בָר תַּחַת יַד־פַּרְעֹה אֹכֶל בֶּעָרִים וְשָׁמָרוּ:
לו וְהָיָה הָאֹכֶל לְפִקָּדוֹן לָאָרֶץ לְשֶׁבַע שְׁנֵי הָרָעָב אֲשֶׁר תִּהְיֶיןָ
לז בְּאֶרֶץ מִצְרָיִם וְלֹא־תִכָּרֵת הָאָרֶץ בָּרָעָב: וַיִּיטַב הַדָּבָר בְּעֵינֵי
לז לח פַרְעֹה וּבְעֵינֵי כָּל־עֲבָדָיו: וַיֹּאמֶר פַּרְעֹה אֶל־עֲבָדָיו הֲנִמְצָא
שלישי לט כָזֶה אִישׁ אֲשֶׁר רוּחַ אֱלֹהִים בּוֹ: וַיֹּאמֶר פַּרְעֹה אֶל־יוֹסֵף אַחֲרֵי
הוֹדִיעַ אֱלֹהִים אוֹתְךָ אֶת־כָּל־זֹאת אֵין־נָבוֹן וְחָכָם כָּמוֹךָ:
מ אַתָּה תִּהְיֶה עַל־בֵּיתִי וְעַל־פִּיךָ יִשַּׁק כָּל־עַמִּי רַק הַכִּסֵּא אֶגְדַּל
מא מִמֶּךָּ: וַיֹּאמֶר פַּרְעֹה אֶל־יוֹסֵף רְאֵה נָתַתִּי אֹתְךָ עַל כָּל־
מב אֶרֶץ מִצְרָיִם: וַיָּסַר פַּרְעֹה אֶת־טַבַּעְתּוֹ מֵעַל יָדוֹ וַיִּתֵּן אֹתָהּ
עַל־יַד יוֹסֵף וַיַּלְבֵּשׁ אֹתוֹ בִּגְדֵי־שֵׁשׁ וַיָּשֶׂם רְבִד הַזָּהָב עַל־
מג צַוָּארוֹ: וַיַּרְכֵּב אֹתוֹ בְּמִרְכֶּבֶת הַמִּשְׁנֶה אֲשֶׁר־לוֹ וַיִּקְרְאוּ לְפָנָיו
מד אַבְרֵךְ וְנָתוֹן אֹתוֹ עַל כָּל־אֶרֶץ מִצְרָיִם: וַיֹּאמֶר פַּרְעֹה אֶל־
יוֹסֵף אֲנִי פַרְעֹה וּבִלְעָדֶיךָ לֹא־יָרִים אִישׁ אֶת־יָדוֹ וְאֶת־רַגְלוֹ
מה בְּכָל־אֶרֶץ מִצְרָיִם: וַיִּקְרָא פַרְעֹה שֵׁם־יוֹסֵף צָפְנַת פַּעְנֵחַ וַיִּתֶּן־
לוֹ אֶת־אָסְנַת בַּת־פּוֹטִי פֶרַע כֹּהֵן אֹן לְאִשָּׁה וַיֵּצֵא יוֹסֵף עַל־
מו אֶרֶץ מִצְרָיִם: וְיוֹסֵף בֶּן־שְׁלֹשִׁים שָׁנָה בְּעָמְדוֹ לִפְנֵי פַּרְעֹה
מֶלֶךְ־מִצְרָיִם וַיֵּצֵא יוֹסֵף מִלִּפְנֵי פַרְעֹה וַיַּעֲבֹר בְּכָל־אֶרֶץ
מז מח מִצְרָיִם: וַתַּעַשׂ הָאָרֶץ בְּשֶׁבַע שְׁנֵי הַשָּׂבָע לִקְמָצִים: וַיִּקְבֹּץ
אֶת־כָּל־אֹכֶל ׀ שֶׁבַע שָׁנִים אֲשֶׁר הָיוּ בְּאֶרֶץ מִצְרַיִם וַיִּתֶּן־
אֹכֶל בֶּעָרִים אֹכֶל שְׂדֵה־הָעִיר אֲשֶׁר סְבִיבֹתֶיהָ נָתַן בְּתוֹכָהּ:
מט וַיִּצְבֹּר יוֹסֵף בָּר כְּחוֹל הַיָּם הַרְבֵּה מְאֹד עַד כִּי־חָדַל לִסְפֹּר
נ כִּי־אֵין מִסְפָּר: וּלְיוֹסֵף יֻלַּד שְׁנֵי בָנִים בְּטֶרֶם תָּבוֹא שְׁנַת

מא

הָרָעָב אֲשֶׁר יָלְדָה־לּוֹ אָסְנַת בַּת־פּוֹטִי פֶרַע כֹּהֵן אוֹן: וַיִּקְרָא נא
יוֹסֵף אֶת־שֵׁם הַבְּכוֹר מְנַשֶּׁה כִּי־נַשַּׁנִי אֱלֹהִים אֶת־כָּל־עֲמָלִי
וְאֵת כָּל־בֵּית אָבִי: וְאֵת שֵׁם הַשֵּׁנִי קָרָא אֶפְרָיִם כִּי־הִפְרַנִי נב
רביעי אֱלֹהִים בְּאֶרֶץ עָנְיִי: וַתִּכְלֶינָה שֶׁבַע שְׁנֵי הַשָּׂבָע אֲשֶׁר הָיָה נג
בְּאֶרֶץ מִצְרָיִם: וַתְּחִלֶּינָה שֶׁבַע שְׁנֵי הָרָעָב לָבוֹא כַּאֲשֶׁר אָמַר נד
יוֹסֵף וַיְהִי רָעָב בְּכָל־הָאֲרָצוֹת וּבְכָל־אֶרֶץ מִצְרַיִם הָיָה לָחֶם:
וַתִּרְעַב כָּל־אֶרֶץ מִצְרַיִם וַיִּצְעַק הָעָם אֶל־פַּרְעֹה לַלָּחֶם וַיֹּאמֶר נה
פַּרְעֹה לְכָל־מִצְרַיִם לְכוּ אֶל־יוֹסֵף אֲשֶׁר־יֹאמַר לָכֶם תַּעֲשׂוּ:
וְהָרָעָב הָיָה עַל כָּל־פְּנֵי הָאָרֶץ וַיִּפְתַּח יוֹסֵף אֶת־כָּל־אֲשֶׁר נו
בָּהֶם וַיִּשְׁבֹּר לְמִצְרַיִם וַיֶּחֱזַק הָרָעָב בְּאֶרֶץ מִצְרָיִם: וְכָל־הָאָרֶץ נז
בָּאוּ מִצְרַיְמָה לִשְׁבֹּר אֶל־יוֹסֵף כִּי־חָזַק הָרָעָב בְּכָל־הָאָרֶץ:
וַיַּרְא יַעֲקֹב כִּי יֶשׁ־שֶׁבֶר בְּמִצְרָיִם וַיֹּאמֶר יַעֲקֹב לְבָנָיו לָמָּה א מב
תִּתְרָאוּ: וַיֹּאמֶר הִנֵּה שָׁמַעְתִּי כִּי יֶשׁ־שֶׁבֶר בְּמִצְרָיִם רְדוּ־שָׁמָּה ב
וְשִׁבְרוּ־לָנוּ מִשָּׁם וְנִחְיֶה וְלֹא נָמוּת: וַיֵּרְדוּ אֲחֵי־יוֹסֵף עֲשָׂרָה ג
לִשְׁבֹּר בָּר מִמִּצְרָיִם: וְאֶת־בִּנְיָמִין אֲחִי יוֹסֵף לֹא־שָׁלַח יַעֲקֹב ד
אֶת־אֶחָיו כִּי אָמַר פֶּן־יִקְרָאֶנּוּ אָסוֹן: וַיָּבֹאוּ בְּנֵי יִשְׂרָאֵל לִשְׁבֹּר ה
בְּתוֹךְ הַבָּאִים כִּי־הָיָה הָרָעָב בְּאֶרֶץ כְּנָעַן: וְיוֹסֵף הוּא הַשַּׁלִּיט ו
עַל־הָאָרֶץ הוּא הַמַּשְׁבִּיר לְכָל־עַם הָאָרֶץ וַיָּבֹאוּ אֲחֵי יוֹסֵף
וַיִּשְׁתַּחֲווּ־לוֹ אַפַּיִם אָרְצָה: וַיַּרְא יוֹסֵף אֶת־אֶחָיו וַיַּכִּרֵם וַיִּתְנַכֵּר ז
אֲלֵיהֶם וַיְדַבֵּר אִתָּם קָשׁוֹת וַיֹּאמֶר אֲלֵהֶם מֵאַיִן בָּאתֶם וַיֹּאמְרוּ
מֵאֶרֶץ כְּנַעַן לִשְׁבָּר־אֹכֶל: וַיַּכֵּר יוֹסֵף אֶת־אֶחָיו וְהֵם לֹא ח
הִכִּרֻהוּ: וַיִּזְכֹּר יוֹסֵף אֵת הַחֲלֹמוֹת אֲשֶׁר חָלַם לָהֶם וַיֹּאמֶר ט
אֲלֵהֶם מְרַגְּלִים אַתֶּם לִרְאוֹת אֶת־עֶרְוַת הָאָרֶץ בָּאתֶם:
וַיֹּאמְרוּ אֵלָיו לֹא אֲדֹנִי וַעֲבָדֶיךָ בָּאוּ לִשְׁבָּר־אֹכֶל: כֻּלָּנוּ בְּנֵי י יא
אִישׁ־אֶחָד נָחְנוּ כֵּנִים אֲנַחְנוּ לֹא־הָיוּ עֲבָדֶיךָ מְרַגְּלִים: וַיֹּאמֶר יב
אֲלֵהֶם לֹא כִּי־עֶרְוַת הָאָרֶץ בָּאתֶם לִרְאוֹת: וַיֹּאמְרוּ שְׁנֵים יג
עָשָׂר עֲבָדֶיךָ אַחִים ׀ אֲנַחְנוּ בְּנֵי אִישׁ־אֶחָד בְּאֶרֶץ כְּנָעַן וְהִנֵּה

הַקָּטֹן אֶת־אָבִינוּ הַיּוֹם וְהָאֶחָד אֵינֶנּוּ׃ יד וַיֹּאמֶר אֲלֵהֶם יוֹסֵף
טו הוּא אֲשֶׁר דִּבַּרְתִּי אֲלֵכֶם לֵאמֹר מְרַגְּלִים אַתֶּם׃ בְּזֹאת תִּבָּחֵנוּ
חֵי פַרְעֹה אִם־תֵּצְאוּ מִזֶּה כִּי אִם־בְּבוֹא אֲחִיכֶם הַקָּטֹן הֵנָּה׃
טז שִׁלְחוּ מִכֶּם אֶחָד וְיִקַּח אֶת־אֲחִיכֶם וְאַתֶּם הֵאָסְרוּ וְיִבָּחֲנוּ
דִּבְרֵיכֶם הַאֱמֶת אִתְּכֶם וְאִם־לֹא חֵי פַרְעֹה כִּי מְרַגְּלִים אַתֶּם׃
לח יז וַיֶּאֱסֹף אֹתָם אֶל־מִשְׁמָר שְׁלֹשֶׁת יָמִים׃ יח וַיֹּאמֶר אֲלֵהֶם יוֹסֵף
חמישי בַּיּוֹם הַשְּׁלִישִׁי זֹאת עֲשׂוּ וִחְיוּ אֶת־הָאֱלֹהִים אֲנִי יָרֵא׃ יט אִם־
כֵּנִים אַתֶּם אֲחִיכֶם אֶחָד יֵאָסֵר בְּבֵית מִשְׁמַרְכֶם וְאַתֶּם לְכוּ
הָבִיאוּ שֶׁבֶר רַעֲבוֹן בָּתֵּיכֶם׃ כ וְאֶת־אֲחִיכֶם הַקָּטֹן תָּבִיאוּ אֵלַי
וְיֵאָמְנוּ דִבְרֵיכֶם וְלֹא תָמוּתוּ וַיַּעֲשׂוּ־כֵן׃ כא וַיֹּאמְרוּ אִישׁ אֶל־
אָחִיו אֲבָל אֲשֵׁמִים ׀ אֲנַחְנוּ עַל־אָחִינוּ אֲשֶׁר רָאִינוּ צָרַת נַפְשׁוֹ
בְּהִתְחַנְנוֹ אֵלֵינוּ וְלֹא שָׁמָעְנוּ עַל־כֵּן בָּאָה אֵלֵינוּ הַצָּרָה הַזֹּאת׃
כב וַיַּעַן רְאוּבֵן אֹתָם לֵאמֹר הֲלוֹא אָמַרְתִּי אֲלֵיכֶם ׀ לֵאמֹר אַל־
תֶּחֶטְאוּ בַיֶּלֶד וְלֹא שְׁמַעְתֶּם וְגַם־דָּמוֹ הִנֵּה נִדְרָשׁ׃ כג וְהֵם לֹא
יָדְעוּ כִּי שֹׁמֵעַ יוֹסֵף כִּי הַמֵּלִיץ בֵּינֹתָם׃ כד וַיִּסֹּב מֵעֲלֵיהֶם וַיֵּבְךְּ
וַיָּשָׁב אֲלֵהֶם וַיְדַבֵּר אֲלֵהֶם וַיִּקַּח מֵאִתָּם אֶת־שִׁמְעוֹן וַיֶּאֱסֹר
אֹתוֹ לְעֵינֵיהֶם׃ כה וַיְצַו יוֹסֵף וַיְמַלְאוּ אֶת־כְּלֵיהֶם בָּר וּלְהָשִׁיב
כַּסְפֵּיהֶם אִישׁ אֶל־שַׂקּוֹ וְלָתֵת לָהֶם צֵדָה לַדָּרֶךְ וַיַּעַשׂ לָהֶם
כֵּן׃ כו וַיִּשְׂאוּ אֶת־שִׁבְרָם עַל־חֲמֹרֵיהֶם וַיֵּלְכוּ מִשָּׁם׃ כז וַיִּפְתַּח
הָאֶחָד אֶת־שַׂקּוֹ לָתֵת מִסְפּוֹא לַחֲמֹרוֹ בַּמָּלוֹן וַיַּרְא אֶת־כַּסְפּוֹ
וְהִנֵּה־הוּא בְּפִי אַמְתַּחְתּוֹ׃ כח וַיֹּאמֶר אֶל־אֶחָיו הוּשַׁב כַּסְפִּי וְגַם
הִנֵּה בְאַמְתַּחְתִּי וַיֵּצֵא לִבָּם וַיֶּחֶרְדוּ אִישׁ אֶל־אָחִיו לֵאמֹר מַה־
זֹּאת עָשָׂה אֱלֹהִים לָנוּ׃ כט וַיָּבֹאוּ אֶל־יַעֲקֹב אֲבִיהֶם אַרְצָה כְּנָעַן
וַיַּגִּידוּ לוֹ אֵת כָּל־הַקֹּרֹת אֹתָם לֵאמֹר׃ ל דִּבֶּר הָאִישׁ אֲדֹנֵי
הָאָרֶץ אִתָּנוּ קָשׁוֹת וַיִּתֵּן אֹתָנוּ כִּמְרַגְּלִים אֶת־הָאָרֶץ׃ לא וַנֹּאמֶר
אֵלָיו כֵּנִים אֲנָחְנוּ לֹא הָיִינוּ מְרַגְּלִים׃ לב שְׁנֵים־עָשָׂר אֲנַחְנוּ אַחִים
בְּנֵי אָבִינוּ הָאֶחָד אֵינֶנּוּ וְהַקָּטֹן הַיּוֹם אֶת־אָבִינוּ בְּאֶרֶץ כְּנָעַן׃

לג וַיֹּ֣אמֶר אֵלֵ֗ינוּ הָאִישׁ֙ אֲדֹנֵ֣י הָאָ֔רֶץ בְּזֹ֣את אֵדַ֔ע כִּ֥י כֵנִ֖ים אַתֶּ֑ם
אֲחִיכֶ֤ם הָֽאֶחָד֙ הַנִּ֣יחוּ אִתִּ֔י וְאֶת־רַעֲב֥וֹן בָּתֵּיכֶ֖ם קְח֥וּ וָלֵֽכוּ׃
לד וְ֠הָבִיאוּ אֶת־אֲחִיכֶ֣ם הַקָּטֹן֮ אֵלַי֒ וְאֵדְעָ֗ה כִּ֣י לֹ֤א מְרַגְּלִים֙ אַתֶּ֔ם
לה כִּ֥י כֵנִ֖ים אַתֶּ֑ם אֶת־אֲחִיכֶם֙ אֶתֵּ֣ן לָכֶ֔ם וְאֶת־הָאָ֖רֶץ תִּסְחָֽרוּ׃ וַיְהִ֗י
הֵ֚ם מְרִיקִ֣ים שַׂקֵּיהֶ֔ם וְהִנֵּה־אִ֥ישׁ צְרוֹר־כַּסְפּ֖וֹ בְּשַׂקּ֑וֹ וַיִּרְא֞וּ אֶת־
לו צְרֹר֧וֹת כַּסְפֵּיהֶ֛ם הֵ֥מָּה וַאֲבִיהֶ֖ם וַיִּירָֽאוּ׃ וַיֹּ֤אמֶר אֲלֵהֶם֙ יַעֲקֹ֣ב
אֲבִיהֶ֔ם אֹתִ֖י שִׁכַּלְתֶּ֑ם יוֹסֵ֤ף אֵינֶ֙נּוּ֙ וְשִׁמְע֣וֹן אֵינֶ֔נּוּ וְאֶת־בִּנְיָמִ֣ן
לז תִּקָּ֔חוּ עָלַ֖י הָי֥וּ כֻלָּֽנָה׃ וַיֹּ֤אמֶר רְאוּבֵן֙ אֶל־אָבִ֣יו לֵאמֹ֔ר אֶת־
שְׁנֵ֤י בָנַי֙ תָּמִ֔ית אִם־לֹ֥א אֲבִיאֶ֖נּוּ אֵלֶ֑יךָ תְּנָ֤ה אֹתוֹ֙ עַל־יָדִ֔י וַאֲנִ֖י
לח אֲשִׁיבֶ֥נּוּ אֵלֶֽיךָ׃ וַיֹּ֕אמֶר לֹא־יֵרֵ֥ד בְּנִ֖י עִמָּכֶ֑ם כִּֽי־אָחִ֨יו מֵ֜ת וְה֧וּא
לְבַדּ֣וֹ נִשְׁאָ֗ר וּקְרָאָ֤הוּ אָסוֹן֙ בַּדֶּ֙רֶךְ֙ אֲשֶׁ֣ר תֵּֽלְכוּ־בָ֔הּ וְהוֹרַדְתֶּ֧ם
ג א ב אֶת־שֵׂיבָתִ֛י בְּיָג֖וֹן שְׁאֽוֹלָה׃ וְהָרָעָ֖ב כָּבֵ֥ד בָּאָֽרֶץ׃ וַיְהִ֗י כַּאֲשֶׁ֤ר כִּלּוּ֙
לֶֽאֱכֹ֣ל אֶת־הַשֶּׁ֔בֶר אֲשֶׁ֥ר הֵבִ֖יאוּ מִמִּצְרָ֑יִם וַיֹּ֤אמֶר אֲלֵיהֶם֙
ג אֲבִיהֶ֔ם שֻׁ֖בוּ שִׁבְרוּ־לָ֥נוּ מְעַט־אֹֽכֶל׃ וַיֹּ֧אמֶר אֵלָ֛יו יְהוּדָ֖ה
לֵאמֹ֑ר הָעֵ֣ד הֵעִד֩ בָּ֨נוּ הָאִ֤ישׁ לֵאמֹר֙ לֹא־תִרְא֣וּ פָנַ֔י בִּלְתִּ֖י
ד אֲחִיכֶ֥ם אִתְּכֶֽם׃ אִם־יֶשְׁךָ֛ מְשַׁלֵּ֥חַ אֶת־אָחִ֖ינוּ אִתָּ֑נוּ נֵֽרְדָ֕ה
ה וְנִשְׁבְּרָ֥ה לְךָ֖ אֹֽכֶל׃ וְאִם־אֵינְךָ֥ מְשַׁלֵּ֖חַ לֹ֣א נֵרֵ֑ד כִּֽי־הָאִ֞ישׁ אָמַ֤ר
ו אֵלֵ֙ינוּ֙ לֹא־תִרְא֣וּ פָנַ֔י בִּלְתִּ֖י אֲחִיכֶ֥ם אִתְּכֶֽם׃ וַיֹּ֙אמֶר֙ יִשְׂרָאֵ֔ל
ז לָמָ֥ה הֲרֵעֹתֶ֖ם לִ֑י לְהַגִּ֣יד לָאִ֔ישׁ הַע֥וֹד לָכֶ֖ם אָֽח׃ וַיֹּאמְר֡וּ שָׁא֣וֹל
שָֽׁאַל־הָ֠אִישׁ לָ֣נוּ וּלְמֽוֹלַדְתֵּ֜נוּ לֵאמֹ֗ר הַע֨וֹד אֲבִיכֶ֥ם חַי֙ הֲיֵ֣שׁ
לָכֶ֣ם אָ֔ח וַנַּ֨גֶּד־ל֔וֹ עַל־פִּ֖י הַדְּבָרִ֣ים הָאֵ֑לֶּה הֲיָד֣וֹעַ נֵדַ֔ע כִּ֣י יֹאמַ֔ר
ח הוֹרִ֖ידוּ אֶת־אֲחִיכֶֽם׃ וַיֹּ֨אמֶר יְהוּדָ֜ה אֶל־יִשְׂרָאֵ֣ל אָבִ֗יו שִׁלְחָ֥ה
הַנַּ֛עַר אִתִּ֖י וְנָק֣וּמָה וְנֵלֵ֑כָה וְנִֽחְיֶה֙ וְלֹ֣א נָמ֔וּת גַּם־אֲנַ֥חְנוּ גַם־
ט אַתָּ֖ה גַּם־טַפֵּֽנוּ׃ אָנֹכִי֙ אֶֽעֶרְבֶ֔נּוּ מִיָּדִ֖י תְּבַקְשֶׁ֑נּוּ אִם־לֹ֨א הֲבִיאֹתִ֤יו
י אֵלֶ֙יךָ֙ וְהִצַּגְתִּ֣יו לְפָנֶ֔יךָ וְחָטָ֥אתִֽי לְךָ֖ כָּל־הַיָּמִֽים׃ כִּ֖י לוּלֵ֣א
יא הִתְמַהְמָ֑הְנוּ כִּֽי־עַתָּ֥ה שַׁ֖בְנוּ זֶ֥ה פַעֲמָֽיִם׃ וַיֹּ֨אמֶר אֲלֵהֶ֜ם יִשְׂרָאֵ֣ל
אֲבִיהֶ֗ם אִם־כֵּ֣ן ׀ אֵפוֹא֮ זֹ֣את עֲשׂוּ֒ קְח֞וּ מִזִּמְרַ֤ת הָאָ֙רֶץ֙ בִּכְלֵיכֶ֔ם

וְהוֹרִ֣ידוּ לָאִ֣ישׁ מִנְחָ֑ה מְעַ֤ט צֳרִי֙ וּמְעַ֣ט דְּבַ֔שׁ נְכֹ֣את וָלֹ֔ט בָּטְנִ֖ים

יב וּשְׁקֵדִֽים: וְכֶ֥סֶף מִשְׁנֶ֖ה קְח֣וּ בְיֶדְכֶ֑ם וְאֶת־הַכֶּ֜סֶף הַמּוּשָׁ֤ב בְּפִ֣י

יג אַמְתְּחֹֽתֵיכֶם֙ תָּשִׁ֣יבוּ בְיֶדְכֶ֔ם אוּלַ֖י מִשְׁגֶּ֥ה הֽוּא: וְאֶת־אֲחִיכֶ֣ם

יד קָ֑חוּ וְק֖וּמוּ שׁ֥וּבוּ אֶל־הָאִֽישׁ: וְאֵ֣ל שַׁדַּ֗י יִתֵּ֨ן לָכֶ֤ם רַֽחֲמִים֙ לִפְנֵ֣י

הָאִ֔ישׁ וְשִׁלַּ֥ח לָכֶ֛ם אֶת־אֲחִיכֶ֥ם אַחֵ֖ר וְאֶת־בִּנְיָמִ֑ין וַֽאֲנִ֕י כַּֽאֲשֶׁ֥ר

טו שָׁכֹ֖לְתִּי שָׁכָֽלְתִּי: וַיִּקְח֤וּ הָֽאֲנָשִׁים֙ אֶת־הַמִּנְחָ֣ה הַזֹּ֔את וּמִשְׁנֶה־

כֶּ֛סֶף לָֽקְח֥וּ בְיָדָ֖ם וְאֶת־בִּנְיָמִ֑ן וַיָּקֻ֨מוּ֙ וַיֵּֽרְד֣וּ מִצְרַ֔יִם וַיַּֽעַמְד֖וּ

טז ששי לִפְנֵ֥י יוֹסֵֽף: וַיַּ֨רְא יוֹסֵ֣ף אִתָּם֮ אֶת־בִּנְיָמִין֒ וַיֹּ֗אמֶר לַֽאֲשֶׁר֙ עַל־

בֵּית֔וֹ הָבֵ֥א אֶת־הָֽאֲנָשִׁ֖ים הַבָּ֑יְתָה וּטְבֹ֤חַ טֶ֨בַח֙ וְהָכֵ֔ן כִּ֥י אִתִּ֛י

יז יֹֽאכְל֥וּ הָֽאֲנָשִׁ֖ים בַּֽצָּהֳרָֽיִם: וַיַּ֣עַשׂ הָאִ֔ישׁ כַּֽאֲשֶׁ֖ר אָמַ֣ר יוֹסֵ֑ף

יח וַיָּבֵ֥א הָאִ֛ישׁ אֶת־הָֽאֲנָשִׁ֖ים בֵּ֥יתָה יוֹסֵֽף: וַיִּֽירְא֣וּ הָֽאֲנָשִׁ֗ים כִּ֣י

הֽוּבְאוּ֮ בֵּ֣ית יוֹסֵף֒ וַיֹּֽאמְר֗וּ עַל־דְּבַ֤ר הַכֶּ֨סֶף֙ הַשָּׁ֤ב בְּאַמְתְּחֹתֵ֨ינוּ֙

בַּתְּחִלָּ֔ה אֲנַ֖חְנוּ מֽוּבָאִ֑ים לְהִתְגֹּלֵ֤ל עָלֵ֨ינוּ֙ וּלְהִתְנַפֵּ֣ל עָלֵ֔ינוּ

יט וְלָקַ֧חַת אֹתָ֛נוּ לַֽעֲבָדִ֖ים וְאֶת־חֲמֹרֵֽינוּ: וַֽיִּגְּשׁוּ֙ אֶל־הָאִ֔ישׁ אֲשֶׁ֖ר

כ עַל־בֵּ֣ית יוֹסֵ֑ף וַיְדַבְּר֥וּ אֵלָ֖יו פֶּ֥תַח הַבָּֽיִת: וַיֹּֽאמְר֖וּ בִּ֣י אֲדֹנִ֑י יָרֹ֥ד

כא יָרַ֛דְנוּ בַּתְּחִלָּ֖ה לִשְׁבָּר־אֹֽכֶל: וַֽיְהִ֞י כִּי־בָ֣אנוּ אֶל־הַמָּל֗וֹן וַֽנִּפְתְּחָה֙

אֶת־אַמְתְּחֹתֵ֔ינוּ וְהִנֵּ֤ה כֶֽסֶף־אִישׁ֙ בְּפִ֣י אַמְתַּחְתּ֔וֹ כַּסְפֵּ֖נוּ

כב בְּמִשְׁקָל֑וֹ וַנָּ֥שֶׁב אֹת֖וֹ בְּיָדֵֽנוּ: וְכֶ֧סֶף אַחֵ֛ר הוֹרַ֥דְנוּ בְיָדֵ֖נוּ לִשְׁבָּר־

כג אֹ֑כֶל לֹ֣א יָדַ֔עְנוּ מִי־שָׂ֥ם כַּסְפֵּ֖נוּ בְּאַמְתְּחֹתֵֽינוּ: וַיֹּ֩אמֶר֩ שָׁל֨וֹם

לָכֶ֜ם אַל־תִּירָ֗אוּ אֱלֹ֨הֵיכֶ֜ם וֵֽאלֹהֵ֤י אֲבִיכֶם֙ נָתַ֨ן לָכֶ֤ם מַטְמוֹן֙

בְּאַמְתְּחֹ֣תֵיכֶ֔ם כַּסְפְּכֶ֖ם בָּ֣א אֵלָ֑י וַיּוֹצֵ֥א אֲלֵהֶ֖ם אֶת־שִׁמְעֽוֹן:

כד וַיָּבֵ֥א הָאִ֛ישׁ אֶת־הָֽאֲנָשִׁ֖ים בֵּ֣יתָה יוֹסֵ֑ף וַיִּתֶּן־מַ֨יִם֙ וַיִּרְחֲצ֣וּ

כה רַגְלֵיהֶ֔ם וַיִּתֵּ֥ן מִסְפּ֖וֹא לַֽחֲמֹֽרֵיהֶֽם: וַיָּכִ֨ינוּ֙ אֶת־הַמִּנְחָ֔ה עַד־בּ֥וֹא

יוֹסֵ֖ף בַּֽצָּהֳרָ֑יִם כִּ֣י שָֽׁמְע֔וּ כִּי־שָׁ֖ם יֹ֥אכְלוּ לָֽחֶם: וַיָּבֹ֤א יוֹסֵף֙

כו הַבַּ֔יְתָה וַיָּבִ֥יאּוּ ל֛וֹ אֶת־הַמִּנְחָ֥ה אֲשֶׁר־בְּיָדָ֖ם הַבָּ֑יְתָה וַיִּֽשְׁתַּֽחֲווּ־

כז ל֖וֹ אָֽרְצָה: וַיִּשְׁאַ֤ל לָהֶם֙ לְשָׁל֔וֹם וַיֹּ֗אמֶר הֲשָׁל֛וֹם אֲבִיכֶ֥ם הַזָּקֵ֖ן

כח אֲשֶׁ֣ר אֲמַרְתֶּ֑ם הַעוֹדֶ֖נּוּ חָֽי: וַיֹּֽאמְר֗וּ שָׁל֛וֹם לְעַבְדְּךָ֥ לְאָבִ֖ינוּ

כט עוֹדֶנּוּ חָי וַיִּקְּדוּ וַיִּשְׁתַּחֲוֻ: וַיִּשָּׂא עֵינָיו וַיַּרְא אֶת־בִּנְיָמִין אָחִיו
בֶּן־אִמּוֹ וַיֹּאמֶר הֲזֶה אֲחִיכֶם הַקָּטֹן אֲשֶׁר אֲמַרְתֶּם אֵלָי וַיֹּאמַר
ל אֱלֹהִים יָחְנְךָ בְּנִי: וַיְמַהֵר יוֹסֵף כִּי־נִכְמְרוּ רַחֲמָיו אֶל־אָחִיו שביעי
לא וַיְבַקֵּשׁ לִבְכּוֹת וַיָּבֹא הַחַדְרָה וַיֵּבְךְּ שָׁמָּה: וַיִּרְחַץ פָּנָיו וַיֵּצֵא
לב וַיִּתְאַפַּק וַיֹּאמֶר שִׂימוּ לָחֶם: וַיָּשִׂימוּ לוֹ לְבַדּוֹ וְלָהֶם לְבַדָּם
וְלַמִּצְרִים הָאֹכְלִים אִתּוֹ לְבַדָּם כִּי לֹא יוּכְלוּן הַמִּצְרִים לֶאֱכֹל
לג אֶת־הָעִבְרִים לֶחֶם כִּי־תוֹעֵבָה הִוא לְמִצְרָיִם: וַיֵּשְׁבוּ לְפָנָיו
הַבְּכֹר כִּבְכֹרָתוֹ וְהַצָּעִיר כִּצְעִרָתוֹ וַיִּתְמְהוּ הָאֲנָשִׁים אִישׁ אֶל־
לד רֵעֵהוּ: וַיִּשָּׂא מַשְׂאֹת מֵאֵת פָּנָיו אֲלֵהֶם וַתֵּרֶב מַשְׂאַת בִּנְיָמִן
א מִמַּשְׂאֹת כֻּלָּם חָמֵשׁ יָדוֹת וַיִּשְׁתּוּ וַיִּשְׁכְּרוּ עִמּוֹ: וַיְצַו אֶת־אֲשֶׁר
עַל־בֵּיתוֹ לֵאמֹר מַלֵּא אֶת־אַמְתְּחֹת הָאֲנָשִׁים אֹכֶל כַּאֲשֶׁר
ב יוּכְלוּן שְׂאֵת וְשִׂים כֶּסֶף־אִישׁ בְּפִי אַמְתַּחְתּוֹ: וְאֶת־גְּבִיעִי
גְּבִיעַ הַכֶּסֶף תָּשִׂים בְּפִי אַמְתַּחַת הַקָּטֹן וְאֵת כֶּסֶף שִׁבְרוֹ וַיַּעַשׂ
ג כִּדְבַר יוֹסֵף אֲשֶׁר דִּבֵּר: הַבֹּקֶר אוֹר וְהָאֲנָשִׁים שֻׁלְּחוּ הֵמָּה
ד וַחֲמֹרֵיהֶם: הֵם יָצְאוּ אֶת־הָעִיר לֹא הִרְחִיקוּ וְיוֹסֵף אָמַר לַאֲשֶׁר
עַל־בֵּיתוֹ קוּם רְדֹף אַחֲרֵי הָאֲנָשִׁים וְהִשַּׂגְתָּם וְאָמַרְתָּ אֲלֵהֶם
ה לָמָּה שִׁלַּמְתֶּם רָעָה תַּחַת טוֹבָה: הֲלוֹא זֶה אֲשֶׁר יִשְׁתֶּה אֲדֹנִי
ו בּוֹ וְהוּא נַחֵשׁ יְנַחֵשׁ בּוֹ הֲרֵעֹתֶם אֲשֶׁר עֲשִׂיתֶם: וַיַּשִּׂגֵם וַיְדַבֵּר
ז אֲלֵהֶם אֶת־הַדְּבָרִים הָאֵלֶּה: וַיֹּאמְרוּ אֵלָיו לָמָּה יְדַבֵּר אֲדֹנִי
ח כַּדְּבָרִים הָאֵלֶּה חָלִילָה לַעֲבָדֶיךָ מֵעֲשׂוֹת כַּדָּבָר הַזֶּה: הֵן כֶּסֶף
אֲשֶׁר מָצָאנוּ בְּפִי אַמְתְּחֹתֵינוּ הֱשִׁיבֹנוּ אֵלֶיךָ מֵאֶרֶץ כְּנָעַן וְאֵיךְ
ט נִגְנֹב מִבֵּית אֲדֹנֶיךָ כֶּסֶף אוֹ זָהָב: אֲשֶׁר יִמָּצֵא אִתּוֹ מֵעֲבָדֶיךָ
י וָמֵת וְגַם־אֲנַחְנוּ נִהְיֶה לַאדֹנִי לַעֲבָדִים: וַיֹּאמֶר גַּם־עַתָּה
כְדִבְרֵיכֶם כֶּן־הוּא אֲשֶׁר יִמָּצֵא אִתּוֹ יִהְיֶה־לִּי עָבֶד וְאַתֶּם
יא תִּהְיוּ נְקִיִּם: וַיְמַהֲרוּ וַיּוֹרִדוּ אִישׁ אֶת־אַמְתַּחְתּוֹ אָרְצָה וַיִּפְתְּחוּ
יב אִישׁ אַמְתַּחְתּוֹ: וַיְחַפֵּשׂ בַּגָּדוֹל הֵחֵל וּבַקָּטֹן כִּלָּה וַיִּמָּצֵא הַגָּבִיעַ
יג בְּאַמְתַּחַת בִּנְיָמִן: וַיִּקְרְעוּ שִׂמְלֹתָם וַיַּעֲמֹס אִישׁ עַל־חֲמֹרוֹ

יד מפטיר וַיָּשֻׁבוּ הָעִירָה׃ וַיָּבֹא יְהוּדָה וְאֶחָיו בֵּיתָה יוֹסֵף וְהוּא עוֹדֶנּוּ
טו שָׁם וַיִּפְּלוּ לְפָנָיו אָרְצָה׃ וַיֹּאמֶר לָהֶם יוֹסֵף מָה־הַמַּעֲשֶׂה הַזֶּה
אֲשֶׁר עֲשִׂיתֶם הֲלוֹא יְדַעְתֶּם כִּי־נַחֵשׁ יְנַחֵשׁ אִישׁ אֲשֶׁר כָּמֹנִי׃
טז וַיֹּאמֶר יְהוּדָה מַה־נֹּאמַר לַאדֹנִי מַה־נְּדַבֵּר וּמַה־נִּצְטַדָּק
הָאֱלֹהִים מָצָא אֶת־עֲוֺן עֲבָדֶיךָ הִנֶּנּוּ עֲבָדִים לַאדֹנִי גַּם־אֲנַחְנוּ
יז גַּם אֲשֶׁר־נִמְצָא הַגָּבִיעַ בְּיָדוֹ׃ וַיֹּאמֶר חָלִילָה לִּי מֵעֲשׂוֹת זֹאת
הָאִישׁ אֲשֶׁר נִמְצָא הַגָּבִיעַ בְּיָדוֹ הוּא יִהְיֶה־לִּי עָבֶד וְאַתֶּם
יח ויגש מ עֲלוּ לְשָׁלוֹם אֶל־אֲבִיכֶם׃ וַיִּגַּשׁ אֵלָיו יְהוּדָה
וַיֹּאמֶר בִּי אֲדֹנִי יְדַבֶּר־נָא עַבְדְּךָ דָבָר בְּאָזְנֵי אֲדֹנִי וְאַל־יִחַר
יט אַפְּךָ בְּעַבְדֶּךָ כִּי כָמוֹךָ כְּפַרְעֹה׃ אֲדֹנִי שָׁאַל אֶת־עֲבָדָיו לֵאמֹר
כ הֲיֵשׁ־לָכֶם אָב אוֹ־אָח׃ וַנֹּאמֶר אֶל־אֲדֹנִי יֶשׁ־לָנוּ אָב זָקֵן
וְיֶלֶד זְקֻנִים קָטָן וְאָחִיו מֵת וַיִּוָּתֵר הוּא לְבַדּוֹ לְאִמּוֹ וְאָבִיו
כא אֲהֵבוֹ׃ וַתֹּאמֶר אֶל־עֲבָדֶיךָ הוֹרִדֻהוּ אֵלָי וְאָשִׂימָה עֵינִי עָלָיו׃
כב וַנֹּאמֶר אֶל־אֲדֹנִי לֹא־יוּכַל הַנַּעַר לַעֲזֹב אֶת־אָבִיו וְעָזַב אֶת־
כג אָבִיו וָמֵת׃ וַתֹּאמֶר אֶל־עֲבָדֶיךָ אִם־לֹא יֵרֵד אֲחִיכֶם הַקָּטֹן
כד אִתְּכֶם לֹא תֹסִפוּן לִרְאוֹת פָּנָי׃ וַיְהִי כִּי עָלִינוּ אֶל־עַבְדְּךָ אָבִי
כה וַנַּגֶּד־לוֹ אֵת דִּבְרֵי אֲדֹנִי׃ וַיֹּאמֶר אָבִינוּ שֻׁבוּ שִׁבְרוּ־לָנוּ מְעַט־
כו אֹכֶל׃ וַנֹּאמֶר לֹא נוּכַל לָרֶדֶת אִם־יֵשׁ אָחִינוּ הַקָּטֹן אִתָּנוּ
וְיָרַדְנוּ כִּי־לֹא נוּכַל לִרְאוֹת פְּנֵי הָאִישׁ וְאָחִינוּ הַקָּטֹן אֵינֶנּוּ
כז אִתָּנוּ׃ וַיֹּאמֶר עַבְדְּךָ אָבִי אֵלֵינוּ אַתֶּם יְדַעְתֶּם כִּי שְׁנַיִם יָלְדָה־
כח לִּי אִשְׁתִּי׃ וַיֵּצֵא הָאֶחָד מֵאִתִּי וָאֹמַר אַךְ טָרֹף טֹרָף וְלֹא
כט רְאִיתִיו עַד־הֵנָּה׃ וּלְקַחְתֶּם גַּם־אֶת־זֶה מֵעִם פָּנַי וְקָרָהוּ אָסוֹן
ל וְהוֹרַדְתֶּם אֶת־שֵׂיבָתִי בְּרָעָה שְׁאֹלָה׃ וְעַתָּה כְּבֹאִי אֶל־עַבְדְּךָ
לא שני אָבִי וְהַנַּעַר אֵינֶנּוּ אִתָּנוּ וְנַפְשׁוֹ קְשׁוּרָה בְנַפְשׁוֹ׃ וְהָיָה כִּרְאוֹתוֹ
כִּי־אֵין הַנַּעַר וָמֵת וְהוֹרִידוּ עֲבָדֶיךָ אֶת־שֵׂיבַת עַבְדְּךָ אָבִינוּ
לב בְּיָגוֹן שְׁאֹלָה׃ כִּי עַבְדְּךָ עָרַב אֶת־הַנַּעַר מֵעִם אָבִי לֵאמֹר
לג אִם־לֹא אֲבִיאֶנּוּ אֵלֶיךָ וְחָטָאתִי לְאָבִי כָּל־הַיָּמִים׃ וְעַתָּה

יֵשֶׁב־נָא עַבְדְּךָ תַּחַת הַנַּעַר עֶבֶד לַאדֹנִי וְהַנַּעַר יַעַל עִם־אֶחָיו׃
לד כִּי־אֵיךְ אֶעֱלֶה אֶל־אָבִי וְהַנַּעַר אֵינֶנּוּ אִתִּי פֶּן אֶרְאֶה בָרָע
א אֲשֶׁר יִמְצָא אֶת־אָבִי׃ וְלֹא־יָכֹל יוֹסֵף לְהִתְאַפֵּק לְכֹל הַנִּצָּבִים
עָלָיו וַיִּקְרָא הוֹצִיאוּ כָל־אִישׁ מֵעָלָי וְלֹא־עָמַד אִישׁ אִתּוֹ
ב בְּהִתְוַדַּע יוֹסֵף אֶל־אֶחָיו׃ וַיִּתֵּן אֶת־קֹלוֹ בִּבְכִי וַיִּשְׁמְעוּ מִצְרַיִם
ג וַיִּשְׁמַע בֵּית פַּרְעֹה׃ וַיֹּאמֶר יוֹסֵף אֶל־אֶחָיו אֲנִי יוֹסֵף הַעוֹד
ד אָבִי חָי וְלֹא־יָכְלוּ אֶחָיו לַעֲנוֹת אֹתוֹ כִּי נִבְהֲלוּ מִפָּנָיו׃ וַיֹּאמֶר
יוֹסֵף אֶל־אֶחָיו גְּשׁוּ־נָא אֵלַי וַיִּגָּשׁוּ וַיֹּאמֶר אֲנִי יוֹסֵף אֲחִיכֶם
ה אֲשֶׁר־מְכַרְתֶּם אֹתִי מִצְרָיְמָה׃ וְעַתָּה ׀ אַל־תֵּעָצְבוּ וְאַל־יִחַר
בְּעֵינֵיכֶם כִּי־מְכַרְתֶּם אֹתִי הֵנָּה כִּי לְמִחְיָה שְׁלָחַנִי אֱלֹהִים
ו לִפְנֵיכֶם׃ כִּי־זֶה שְׁנָתַיִם הָרָעָב בְּקֶרֶב הָאָרֶץ וְעוֹד חָמֵשׁ שָׁנִים
ז אֲשֶׁר אֵין־חָרִישׁ וְקָצִיר׃ וַיִּשְׁלָחֵנִי אֱלֹהִים לִפְנֵיכֶם לָשׂוּם לָכֶם
ח שְׁאֵרִית בָּאָרֶץ וּלְהַחֲיוֹת לָכֶם לִפְלֵיטָה גְּדֹלָה׃ וְעַתָּה לֹא־אַתֶּם שלישי
שְׁלַחְתֶּם אֹתִי הֵנָּה כִּי הָאֱלֹהִים וַיְשִׂימֵנִי לְאָב לְפַרְעֹה וּלְאָדוֹן
ט לְכָל־בֵּיתוֹ וּמֹשֵׁל בְּכָל־אֶרֶץ מִצְרָיִם׃ מַהֲרוּ וַעֲלוּ אֶל־אָבִי
וַאֲמַרְתֶּם אֵלָיו כֹּה אָמַר בִּנְךָ יוֹסֵף שָׂמַנִי אֱלֹהִים לְאָדוֹן לְכָל־
י מִצְרָיִם רְדָה אֵלַי אַל־תַּעֲמֹד׃ וְיָשַׁבְתָּ בְאֶרֶץ־גֹּשֶׁן וְהָיִיתָ קָרוֹב
אֵלַי אַתָּה וּבָנֶיךָ וּבְנֵי בָנֶיךָ וְצֹאנְךָ וּבְקָרְךָ וְכָל־אֲשֶׁר־לָךְ׃
יא וְכִלְכַּלְתִּי אֹתְךָ שָׁם כִּי־עוֹד חָמֵשׁ שָׁנִים רָעָב פֶּן־תִּוָּרֵשׁ אַתָּה
יב וּבֵיתְךָ וְכָל־אֲשֶׁר־לָךְ׃ וְהִנֵּה עֵינֵיכֶם רֹאוֹת וְעֵינֵי אָחִי בִנְיָמִין
יג כִּי־פִי הַמְדַבֵּר אֲלֵיכֶם׃ וְהִגַּדְתֶּם לְאָבִי אֶת־כָּל־כְּבוֹדִי בְּמִצְרַיִם
וְאֵת כָּל־אֲשֶׁר רְאִיתֶם וּמִהַרְתֶּם וְהוֹרַדְתֶּם אֶת־אָבִי הֵנָּה׃
יד וַיִּפֹּל עַל־צַוְּארֵי בִנְיָמִן־אָחִיו וַיֵּבְךְּ וּבִנְיָמִן בָּכָה עַל־צַוָּארָיו׃
טו וַיְנַשֵּׁק לְכָל־אֶחָיו וַיֵּבְךְּ עֲלֵהֶם וְאַחֲרֵי כֵן דִּבְּרוּ אֶחָיו אִתּוֹ׃
טז וְהַקֹּל נִשְׁמַע בֵּית פַּרְעֹה לֵאמֹר בָּאוּ אֲחֵי יוֹסֵף וַיִּיטַב בְּעֵינֵי
יז פַרְעֹה וּבְעֵינֵי עֲבָדָיו׃ וַיֹּאמֶר פַּרְעֹה אֶל־יוֹסֵף אֱמֹר אֶל־אַחֶיךָ
יח זֹאת עֲשׂוּ טַעֲנוּ אֶת־בְּעִירְכֶם וּלְכוּ־בֹאוּ אַרְצָה כְּנָעַן׃ וּקְחוּ

מה
אֶת־אֲבִיכֶם וְאֶת־בָּתֵּיכֶם וּבֹאוּ אֵלָי וְאֶתְּנָה לָכֶם אֶת־טוּב
רביעי אֶרֶץ מִצְרַיִם וְאִכְלוּ אֶת־חֵלֶב הָאָרֶץ: יט וְאַתָּה צֻוֵּיתָה זֹאת עֲשׂוּ
קְחוּ־לָכֶם מֵאֶרֶץ מִצְרַיִם עֲגָלוֹת לְטַפְּכֶם וְלִנְשֵׁיכֶם וּנְשָׂאתֶם
כ אֶת־אֲבִיכֶם וּבָאתֶם: וְעֵינְכֶם אַל־תָּחֹס עַל־כְּלֵיכֶם כִּי־טוּב
כא כָּל־אֶרֶץ מִצְרַיִם לָכֶם הוּא: וַיַּעֲשׂוּ־כֵן בְּנֵי יִשְׂרָאֵל וַיִּתֵּן לָהֶם
כב יוֹסֵף עֲגָלוֹת עַל־פִּי פַרְעֹה וַיִּתֵּן לָהֶם צֵדָה לַדָּרֶךְ: לְכֻלָּם נָתַן
לָאִישׁ חֲלִפוֹת שְׂמָלֹת וּלְבִנְיָמִן נָתַן שְׁלֹשׁ מֵאוֹת כֶּסֶף וְחָמֵשׁ
כג חֲלִפֹת שְׂמָלֹת: וּלְאָבִיו שָׁלַח כְּזֹאת עֲשָׂרָה חֲמֹרִים נֹשְׂאִים
מִטּוּב מִצְרָיִם וְעֶשֶׂר אֲתֹנֹת נֹשְׂאֹת בָּר וָלֶחֶם וּמָזוֹן לְאָבִיו
כד לַדָּרֶךְ: וַיְשַׁלַּח אֶת־אֶחָיו וַיֵּלֵכוּ וַיֹּאמֶר אֲלֵהֶם אַל־תִּרְגְּזוּ
כה בַּדָּרֶךְ: וַיַּעֲלוּ מִמִּצְרָיִם וַיָּבֹאוּ אֶרֶץ כְּנַעַן אֶל־יַעֲקֹב אֲבִיהֶם:
כו וַיַּגִּדוּ לוֹ לֵאמֹר עוֹד יוֹסֵף חַי וְכִי־הוּא מֹשֵׁל בְּכָל־אֶרֶץ מִצְרָיִם
כז וַיָּפָג לִבּוֹ כִּי לֹא־הֶאֱמִין לָהֶם: וַיְדַבְּרוּ אֵלָיו אֵת כָּל־דִּבְרֵי
יוֹסֵף אֲשֶׁר דִּבֶּר אֲלֵהֶם וַיַּרְא אֶת־הָעֲגָלוֹת אֲשֶׁר־שָׁלַח יוֹסֵף
כח חמישי לָשֵׂאת אֹתוֹ וַתְּחִי רוּחַ יַעֲקֹב אֲבִיהֶם: וַיֹּאמֶר יִשְׂרָאֵל רַב עוֹד־
מו א יוֹסֵף בְּנִי חָי אֵלְכָה וְאֶרְאֶנּוּ בְּטֶרֶם אָמוּת: וַיִּסַּע יִשְׂרָאֵל וְכָל־
אֲשֶׁר־לוֹ וַיָּבֹא בְּאֵרָה שָּׁבַע וַיִּזְבַּח זְבָחִים לֵאלֹהֵי אָבִיו יִצְחָק:
ב וַיֹּאמֶר אֱלֹהִים ׀ לְיִשְׂרָאֵל בְּמַרְאֹת הַלַּיְלָה וַיֹּאמֶר יַעֲקֹב ׀ יַעֲקֹב
ג וַיֹּאמֶר הִנֵּנִי: וַיֹּאמֶר אָנֹכִי הָאֵל אֱלֹהֵי אָבִיךָ אַל־תִּירָא מֵרְדָה
ד מִצְרַיְמָה כִּי־לְגוֹי גָּדוֹל אֲשִׂימְךָ שָׁם: אָנֹכִי אֵרֵד עִמְּךָ מִצְרַיְמָה
ה וְאָנֹכִי אַעַלְךָ גַם־עָלֹה וְיוֹסֵף יָשִׁית יָדוֹ עַל־עֵינֶיךָ: וַיָּקָם יַעֲקֹב
מִבְּאֵר שָׁבַע וַיִּשְׂאוּ בְנֵי־יִשְׂרָאֵל אֶת־יַעֲקֹב אֲבִיהֶם וְאֶת־טַפָּם
ו וְאֶת־נְשֵׁיהֶם בָּעֲגָלוֹת אֲשֶׁר־שָׁלַח פַּרְעֹה לָשֵׂאת אֹתוֹ: וַיִּקְחוּ
אֶת־מִקְנֵיהֶם וְאֶת־רְכוּשָׁם אֲשֶׁר רָכְשׁוּ בְּאֶרֶץ כְּנַעַן וַיָּבֹאוּ
ז מִצְרָיְמָה יַעֲקֹב וְכָל־זַרְעוֹ אִתּוֹ: בָּנָיו וּבְנֵי בָנָיו אִתּוֹ בְּנֹתָיו וּבְנוֹת
ח בָּנָיו וְכָל־זַרְעוֹ הֵבִיא אִתּוֹ מִצְרָיְמָה: וְאֵלֶּה שְׁמוֹת
בְּנֵי־יִשְׂרָאֵל הַבָּאִים מִצְרַיְמָה יַעֲקֹב וּבָנָיו בְּכֹר יַעֲקֹב רְאוּבֵן:

ט י וּבְנֵי רְאוּבֵן חֲנוֹךְ וּפַלּוּא וְחֶצְרֹן וְכַרְמִי: וּבְנֵי שִׁמְעוֹן יְמוּאֵל
יא וְיָמִין וְאֹהַד וְיָכִין וְצֹחַר וְשָׁאוּל בֶּן־הַכְּנַעֲנִית: וּבְנֵי לֵוִי גֵּרְשׁוֹן
יב קְהָת וּמְרָרִי: וּבְנֵי יְהוּדָה עֵר וְאוֹנָן וְשֵׁלָה וָפֶרֶץ וָזָרַח וַיָּמָת
יג עֵר וְאוֹנָן בְּאֶרֶץ כְּנַעַן וַיִּהְיוּ בְנֵי־פֶרֶץ חֶצְרֹן וְחָמוּל: וּבְנֵי
יד יִשָּׂשכָר תּוֹלָע וּפֻוָּה וְיוֹב וְשִׁמְרֹן: וּבְנֵי זְבֻלוּן סֶרֶד וְאֵלוֹן וְיַחְלְאֵל:
טו אֵלֶּה ׀ בְּנֵי לֵאָה אֲשֶׁר יָלְדָה לְיַעֲקֹב בְּפַדַּן אֲרָם וְאֵת דִּינָה
טז בִתּוֹ כָּל־נֶפֶשׁ בָּנָיו וּבְנוֹתָיו שְׁלֹשִׁים וְשָׁלֹשׁ: וּבְנֵי גָד צִפְיוֹן
יז וְחַגִּי שׁוּנִי וְאֶצְבֹּן עֵרִי וַאֲרוֹדִי וְאַרְאֵלִי: וּבְנֵי אָשֵׁר יִמְנָה וְיִשְׁוָה
יח וְיִשְׁוִי וּבְרִיעָה וְשֶׂרַח אֲחֹתָם וּבְנֵי בְרִיעָה חֶבֶר וּמַלְכִּיאֵל: אֵלֶּה
בְּנֵי זִלְפָּה אֲשֶׁר־נָתַן לָבָן לְלֵאָה בִתּוֹ וַתֵּלֶד אֶת־אֵלֶּה לְיַעֲקֹב
יט כ שֵׁשׁ עֶשְׂרֵה נָפֶשׁ: בְּנֵי רָחֵל אֵשֶׁת יַעֲקֹב יוֹסֵף וּבִנְיָמִן: וַיִּוָּלֵד
לְיוֹסֵף בְּאֶרֶץ מִצְרַיִם אֲשֶׁר יָלְדָה־לּוֹ אָסְנַת בַּת־פּוֹטִי פֶרַע
כא כֹּהֵן אֹן אֶת־מְנַשֶּׁה וְאֶת־אֶפְרָיִם: וּבְנֵי בִנְיָמִן בֶּלַע וָבֶכֶר
כב וְאַשְׁבֵּל גֵּרָא וְנַעֲמָן אֵחִי וָרֹאשׁ מֻפִּים וְחֻפִּים וָאָרְדְּ: אֵלֶּה בְּנֵי
כג רָחֵל אֲשֶׁר יֻלַּד לְיַעֲקֹב כָּל־נֶפֶשׁ אַרְבָּעָה עָשָׂר: וּבְנֵי־דָן חֻשִׁים:
כד כה וּבְנֵי נַפְתָּלִי יַחְצְאֵל וְגוּנִי וְיֵצֶר וְשִׁלֵּם: אֵלֶּה בְּנֵי בִלְהָה אֲשֶׁר־
נָתַן לָבָן לְרָחֵל בִּתּוֹ וַתֵּלֶד אֶת־אֵלֶּה לְיַעֲקֹב כָּל־נֶפֶשׁ שִׁבְעָה:
כו כָּל־הַנֶּפֶשׁ הַבָּאָה לְיַעֲקֹב מִצְרַיְמָה יֹצְאֵי יְרֵכוֹ מִלְּבַד נְשֵׁי
כז בְנֵי־יַעֲקֹב כָּל־נֶפֶשׁ שִׁשִּׁים וָשֵׁשׁ: וּבְנֵי יוֹסֵף אֲשֶׁר־יֻלַּד־לוֹ
בְמִצְרַיִם נֶפֶשׁ שְׁנָיִם כָּל־הַנֶּפֶשׁ לְבֵית־יַעֲקֹב הַבָּאָה מִצְרַיְמָה
כח שִׁבְעִים: וְאֶת־יְהוּדָה שָׁלַח לְפָנָיו אֶל־יוֹסֵף לְהוֹרֹת מא ששי
כט לְפָנָיו גֹּשְׁנָה וַיָּבֹאוּ אַרְצָה גֹּשֶׁן: וַיֶּאְסֹר יוֹסֵף מֶרְכַּבְתּוֹ וַיַּעַל
לִקְרַאת־יִשְׂרָאֵל אָבִיו גֹּשְׁנָה וַיֵּרָא אֵלָיו וַיִּפֹּל עַל־צַוָּארָיו וַיֵּבְךְּ
ל עַל־צַוָּארָיו עוֹד: וַיֹּאמֶר יִשְׂרָאֵל אֶל־יוֹסֵף אָמוּתָה הַפָּעַם
לא אַחֲרֵי רְאוֹתִי אֶת־פָּנֶיךָ כִּי עוֹדְךָ חָי: וַיֹּאמֶר יוֹסֵף אֶל־אֶחָיו
וְאֶל־בֵּית אָבִיו אֶעֱלֶה וְאַגִּידָה לְפַרְעֹה וְאֹמְרָה אֵלָיו אַחַי
לב וּבֵית־אָבִי אֲשֶׁר בְּאֶרֶץ־כְּנַעַן בָּאוּ אֵלָי: וְהָאֲנָשִׁים רֹעֵי צֹאן

כִּי־אַנְשֵׁי מִקְנֶה הָיוּ וְצֹאנָם וּבְקָרָם וְכָל־אֲשֶׁר לָהֶם הֵבִיאוּ׃
וְהָיָה כִּי־יִקְרָא לָכֶם פַּרְעֹה וְאָמַר מַה־מַּעֲשֵׂיכֶם׃ וַאֲמַרְתֶּם לג לד
אַנְשֵׁי מִקְנֶה הָיוּ עֲבָדֶיךָ מִנְּעוּרֵינוּ וְעַד־עַתָּה גַּם־אֲנַחְנוּ גַּם־
אֲבֹתֵינוּ בַּעֲבוּר תֵּשְׁבוּ בְּאֶרֶץ גֹּשֶׁן כִּי־תוֹעֲבַת מִצְרַיִם כָּל־
רֹעֵה צֹאן׃ וַיָּבֹא יוֹסֵף וַיַּגֵּד לְפַרְעֹה וַיֹּאמֶר אָבִי וְאַחַי וְצֹאנָם א
וּבְקָרָם וְכָל־אֲשֶׁר לָהֶם בָּאוּ מֵאֶרֶץ כְּנָעַן וְהִנָּם בְּאֶרֶץ גֹּשֶׁן׃
וּמִקְצֵה אֶחָיו לָקַח חֲמִשָּׁה אֲנָשִׁים וַיַּצִּגֵם לִפְנֵי פַרְעֹה׃ וַיֹּאמֶר ב ג
פַּרְעֹה אֶל־אֶחָיו מַה־מַּעֲשֵׂיכֶם וַיֹּאמְרוּ אֶל־פַּרְעֹה רֹעֵה צֹאן
עֲבָדֶיךָ גַּם־אֲנַחְנוּ גַּם־אֲבוֹתֵינוּ׃ וַיֹּאמְרוּ אֶל־פַּרְעֹה לָגוּר ד
בָּאָרֶץ בָּאנוּ כִּי־אֵין מִרְעֶה לַצֹּאן אֲשֶׁר לַעֲבָדֶיךָ כִּי־כָבֵד
הָרָעָב בְּאֶרֶץ כְּנָעַן וְעַתָּה יֵשְׁבוּ־נָא עֲבָדֶיךָ בְּאֶרֶץ גֹּשֶׁן׃
וַיֹּאמֶר פַּרְעֹה אֶל־יוֹסֵף לֵאמֹר אָבִיךָ וְאַחֶיךָ בָּאוּ אֵלֶיךָ׃ אֶרֶץ ה ו
מִצְרַיִם לְפָנֶיךָ הִוא בְּמֵיטַב הָאָרֶץ הוֹשֵׁב אֶת־אָבִיךָ וְאֶת־
אַחֶיךָ יֵשְׁבוּ בְּאֶרֶץ גֹּשֶׁן וְאִם־יָדַעְתָּ וְיֶשׁ־בָּם אַנְשֵׁי־חַיִל וְשַׂמְתָּם
שָׂרֵי מִקְנֶה עַל־אֲשֶׁר־לִי׃ וַיָּבֵא יוֹסֵף אֶת־יַעֲקֹב אָבִיו וַיַּעֲמִדֵהוּ ז
לִפְנֵי פַרְעֹה וַיְבָרֶךְ יַעֲקֹב אֶת־פַּרְעֹה׃ וַיֹּאמֶר פַּרְעֹה אֶל־יַעֲקֹב ח
כַּמָּה יְמֵי שְׁנֵי חַיֶּיךָ׃ וַיֹּאמֶר יַעֲקֹב אֶל־פַּרְעֹה יְמֵי שְׁנֵי מְגוּרַי ט
שְׁלֹשִׁים וּמְאַת שָׁנָה מְעַט וְרָעִים הָיוּ יְמֵי שְׁנֵי חַיַּי וְלֹא הִשִּׂיגוּ
אֶת־יְמֵי שְׁנֵי חַיֵּי אֲבֹתַי בִּימֵי מְגוּרֵיהֶם׃ וַיְבָרֶךְ יַעֲקֹב אֶת־ י
שביעי פַּרְעֹה וַיֵּצֵא מִלִּפְנֵי פַרְעֹה׃ וַיּוֹשֵׁב יוֹסֵף אֶת־אָבִיו וְאֶת־אֶחָיו יא
וַיִּתֵּן לָהֶם אֲחֻזָּה בְּאֶרֶץ מִצְרַיִם בְּמֵיטַב הָאָרֶץ בְּאֶרֶץ רַעְמְסֵס
כַּאֲשֶׁר צִוָּה פַרְעֹה׃ וַיְכַלְכֵּל יוֹסֵף אֶת־אָבִיו וְאֶת־אֶחָיו וְאֵת יב
כָּל־בֵּית אָבִיו לֶחֶם לְפִי הַטָּף׃ וְלֶחֶם אֵין בְּכָל־הָאָרֶץ כִּי־ יג
כָבֵד הָרָעָב מְאֹד וַתֵּלַהּ אֶרֶץ מִצְרַיִם וְאֶרֶץ כְּנַעַן מִפְּנֵי הָרָעָב׃
וַיְלַקֵּט יוֹסֵף אֶת־כָּל־הַכֶּסֶף הַנִּמְצָא בְאֶרֶץ־מִצְרַיִם וּבְאֶרֶץ יד
כְּנַעַן בַּשֶּׁבֶר אֲשֶׁר־הֵם שֹׁבְרִים וַיָּבֵא יוֹסֵף אֶת־הַכֶּסֶף בֵּיתָה
פַרְעֹה׃ וַיִּתֹּם הַכֶּסֶף מֵאֶרֶץ מִצְרַיִם וּמֵאֶרֶץ כְּנַעַן וַיָּבֹאוּ כָל־ טו

מִצְרַיִם אֶל־יוֹסֵף לֵאמֹר הָבָה־לָּנוּ לֶחֶם וְלָמָּה נָמוּת נֶגְדֶּךָ כִּי
טז אָפֵס כָּסֶף: וַיֹּאמֶר יוֹסֵף הָבוּ מִקְנֵיכֶם וְאֶתְּנָה לָכֶם בְּמִקְנֵיכֶם
יז אִם־אָפֵס כָּסֶף: וַיָּבִיאוּ אֶת־מִקְנֵיהֶם אֶל־יוֹסֵף וַיִּתֵּן לָהֶם יוֹסֵף
לֶחֶם בַּסּוּסִים וּבְמִקְנֵה הַצֹּאן וּבְמִקְנֵה הַבָּקָר וּבַחֲמֹרִים וַיְנַהֲלֵם
יח בַּלֶּחֶם בְּכָל־מִקְנֵהֶם בַּשָּׁנָה הַהִוא: וַתִּתֹּם הַשָּׁנָה הַהִוא וַיָּבֹאוּ
אֵלָיו בַּשָּׁנָה הַשֵּׁנִית וַיֹּאמְרוּ לוֹ לֹא־נְכַחֵד מֵאֲדֹנִי כִּי אִם־תַּם
הַכֶּסֶף וּמִקְנֵה הַבְּהֵמָה אֶל־אֲדֹנִי לֹא נִשְׁאַר לִפְנֵי אֲדֹנִי בִּלְתִּי
יט אִם־גְּוִיָּתֵנוּ וְאַדְמָתֵנוּ: לָמָּה נָמוּת לְעֵינֶיךָ גַּם־אֲנַחְנוּ גַּם־
אַדְמָתֵנוּ קְנֵה־אֹתָנוּ וְאֶת־אַדְמָתֵנוּ בַּלָּחֶם וְנִהְיֶה אֲנַחְנוּ
וְאַדְמָתֵנוּ עֲבָדִים לְפַרְעֹה וְתֶן־זֶרַע וְנִחְיֶה וְלֹא נָמוּת וְהָאֲדָמָה
כ לֹא תֵשָׁם: וַיִּקֶן יוֹסֵף אֶת־כָּל־אַדְמַת מִצְרַיִם לְפַרְעֹה כִּי־
מָכְרוּ מִצְרַיִם אִישׁ שָׂדֵהוּ כִּי־חָזַק עֲלֵהֶם הָרָעָב וַתְּהִי הָאָרֶץ
כא לְפַרְעֹה: וְאֶת־הָעָם הֶעֱבִיר אֹתוֹ לֶעָרִים מִקְצֵה גְבוּל־מִצְרַיִם
כב וְעַד־קָצֵהוּ: רַק אַדְמַת הַכֹּהֲנִים לֹא קָנָה כִּי חֹק לַכֹּהֲנִים מֵאֵת
פַּרְעֹה וְאָכְלוּ אֶת־חֻקָּם אֲשֶׁר נָתַן לָהֶם פַּרְעֹה עַל־כֵּן לֹא
כג מָכְרוּ אֶת־אַדְמָתָם: וַיֹּאמֶר יוֹסֵף אֶל־הָעָם הֵן קָנִיתִי אֶתְכֶם
הַיּוֹם וְאֶת־אַדְמַתְכֶם לְפַרְעֹה הֵא־לָכֶם זֶרַע וּזְרַעְתֶּם אֶת־
כד הָאֲדָמָה: וְהָיָה בַּתְּבוּאֹת וּנְתַתֶּם חֲמִישִׁית לְפַרְעֹה וְאַרְבַּע
הַיָּדֹת יִהְיֶה לָכֶם לְזֶרַע הַשָּׂדֶה וּלְאָכְלְכֶם וְלַאֲשֶׁר בְּבָתֵּיכֶם
כה וְלֶאֱכֹל לְטַפְּכֶם: וַיֹּאמְרוּ הֶחֱיִתָנוּ נִמְצָא־חֵן בְּעֵינֵי אֲדֹנִי וְהָיִינוּ מפטיר
כו עֲבָדִים לְפַרְעֹה: וַיָּשֶׂם אֹתָהּ יוֹסֵף לְחֹק עַד־הַיּוֹם הַזֶּה עַל־
אַדְמַת מִצְרַיִם לְפַרְעֹה לַחֹמֶשׁ רַק אַדְמַת הַכֹּהֲנִים לְבַדָּם לֹא
כז הָיְתָה לְפַרְעֹה: וַיֵּשֶׁב יִשְׂרָאֵל בְּאֶרֶץ מִצְרַיִם בְּאֶרֶץ גֹּשֶׁן
כח וַיֵּאָחֲזוּ בָהּ וַיִּפְרוּ וַיִּרְבּוּ מְאֹד: וַיְחִי יַעֲקֹב בְּאֶרֶץ מִצְרַיִם שְׁבַע ויחי
עֶשְׂרֵה שָׁנָה וַיְהִי יְמֵי־יַעֲקֹב שְׁנֵי חַיָּיו שֶׁבַע שָׁנִים וְאַרְבָּעִים
כט וּמְאַת שָׁנָה: וַיִּקְרְבוּ יְמֵי־יִשְׂרָאֵל לָמוּת וַיִּקְרָא ׀ לִבְנוֹ לְיוֹסֵף
וַיֹּאמֶר לוֹ אִם־נָא מָצָאתִי חֵן בְּעֵינֶיךָ שִׂים־נָא יָדְךָ תַּחַת יְרֵכִי

וְעָשִׂ֤יתָ עִמָּדִי֙ חֶ֣סֶד וֶאֱמֶ֔ת אַל־נָ֥א תִקְבְּרֵ֖נִי בְּמִצְרָֽיִם: וְשָֽׁכַבְתִּי֙ ל
עִם־אֲבֹתַ֔י וּנְשָׂאתַ֙נִי֙ מִמִּצְרַ֔יִם וּקְבַרְתַּ֖נִי בִּקְבֻרָתָ֑ם וַיֹּאמַ֖ר אָנֹכִ֥י
אֶעֱשֶׂ֥ה כִדְבָרֶֽךָ: וַיֹּ֗אמֶר הִשָּֽׁבְעָה֙ לִ֔י וַיִּשָּׁבַ֖ע ל֑וֹ וַיִּשְׁתַּ֥חוּ יִשְׂרָאֵ֖ל לא
עַל־רֹ֥אשׁ הַמִּטָּֽה:

וַיְהִ֗י אַחֲרֵי֙ הַדְּבָרִ֣ים הָאֵ֔לֶּה וַיֹּ֣אמֶר לְיוֹסֵ֔ף הִנֵּ֥ה אָבִ֖יךָ חֹלֶ֑ה מב א
וַיִּקַּ֞ח אֶת־שְׁנֵ֤י בָנָיו֙ עִמּ֔וֹ אֶת־מְנַשֶּׁ֖ה וְאֶת־אֶפְרָֽיִם: וַיַּגֵּ֣ד לְיַעֲקֹ֔ב ב
וַיֹּ֕אמֶר הִנֵּ֛ה בִּנְךָ֥ יוֹסֵ֖ף בָּ֣א אֵלֶ֑יךָ וַיִּתְחַזֵּ֣ק יִשְׂרָאֵ֔ל וַיֵּ֖שֶׁב עַל־
הַמִּטָּֽה: וַיֹּ֤אמֶר יַעֲקֹב֙ אֶל־יוֹסֵ֔ף אֵ֥ל שַׁדַּ֛י נִרְאָֽה־אֵלַ֥י בְּל֖וּז ג
בְּאֶ֣רֶץ כְּנָ֑עַן וַיְבָ֖רֶךְ אֹתִֽי: וַיֹּ֣אמֶר אֵלַ֗י הִנְנִ֤י מַפְרְךָ֙ וְהִרְבִּיתִ֔ךָ ד
וּנְתַתִּ֖יךָ לִקְהַ֣ל עַמִּ֑ים וְנָ֨תַתִּ֜י אֶת־הָאָ֧רֶץ הַזֹּ֛את לְזַרְעֲךָ֥ אַחֲרֶ֖יךָ
אֲחֻזַּ֥ת עוֹלָֽם: וְעַתָּ֡ה שְׁנֵֽי־בָנֶיךָ֩ הַנּוֹלָדִ֨ים לְךָ֜ בְּאֶ֣רֶץ מִצְרַ֗יִם עַד־ ה
בֹּאִ֥י אֵלֶ֛יךָ מִצְרַ֖יְמָה לִי־הֵ֑ם אֶפְרַ֙יִם֙ וּמְנַשֶּׁ֔ה כִּרְאוּבֵ֥ן וְשִׁמְע֖וֹן
יִֽהְיוּ־לִֽי: וּמוֹלַדְתְּךָ֛ אֲשֶׁר־הוֹלַ֥דְתָּ אַחֲרֵיהֶ֖ם לְךָ֣ יִהְי֑וּ עַ֣ל שֵׁ֧ם ו
אֲחֵיהֶ֛ם יִקָּרְא֖וּ בְּנַחֲלָתָֽם: וַאֲנִ֣י ׀ בְּבֹאִ֣י מִפַּדָּ֗ן מֵ֩תָה֩ עָלַ֨י רָחֵ֜ל ז
בְּאֶ֤רֶץ כְּנַ֙עַן֙ בַּדֶּ֔רֶךְ בְּע֥וֹד כִּבְרַת־אֶ֖רֶץ לָבֹ֣א אֶפְרָ֑תָה וָאֶקְבְּרֶ֤הָ
שָּׁם֙ בְּדֶ֣רֶךְ אֶפְרָ֔ת הִ֖וא בֵּ֥ית לָֽחֶם: וַיַּ֥רְא יִשְׂרָאֵ֖ל אֶת־בְּנֵ֣י ח
יוֹסֵ֑ף וַיֹּ֖אמֶר מִי־אֵֽלֶּה: וַיֹּ֤אמֶר יוֹסֵף֙ אֶל־אָבִ֔יו בָּנַ֣י הֵ֔ם אֲשֶׁר־ ט
נָֽתַן־לִ֥י אֱלֹהִ֖ים בָּזֶ֑ה וַיֹּאמַ֕ר קָֽחֶם־נָ֥א אֵלַ֖י וַאֲבָרֲכֵֽם: וְעֵינֵ֤י י שני
יִשְׂרָאֵל֙ כָּבְד֣וּ מִזֹּ֔קֶן לֹ֥א יוּכַ֖ל לִרְא֑וֹת וַיַּגֵּ֤שׁ אֹתָם֙ אֵלָ֔יו וַיִּשַּׁ֥ק
לָהֶ֖ם וַיְחַבֵּ֥ק לָהֶֽם: וַיֹּ֤אמֶר יִשְׂרָאֵל֙ אֶל־יוֹסֵ֔ף רְאֹ֥ה פָנֶ֖יךָ לֹ֣א יא
פִלָּ֑לְתִּי וְהִנֵּ֨ה הֶרְאָ֥ה אֹתִ֛י אֱלֹהִ֖ים גַּ֥ם אֶת־זַרְעֶֽךָ: וַיּוֹצֵ֥א יוֹסֵ֛ף יב
אֹתָ֖ם מֵעִ֣ם בִּרְכָּ֑יו וַיִּשְׁתַּ֥חוּ לְאַפָּ֖יו אָֽרְצָה: וַיִּקַּ֣ח יוֹסֵף֮ אֶת־ יג
שְׁנֵיהֶם֒ אֶת־אֶפְרַ֤יִם בִּֽימִינוֹ֙ מִשְּׂמֹ֣אל יִשְׂרָאֵ֔ל וְאֶת־מְנַשֶּׁ֥ה
בִשְׂמֹאל֖וֹ מִימִ֣ין יִשְׂרָאֵ֑ל וַיַּגֵּ֖שׁ אֵלָֽיו: וַיִּשְׁלַח֩ יִשְׂרָאֵ֨ל אֶת־ יד
יְמִינ֜וֹ וַיָּ֣שֶׁת עַל־רֹ֣אשׁ אֶפְרַ֗יִם וְה֣וּא הַצָּעִ֔יר וְאֶת־שְׂמֹאל֖וֹ עַל־
רֹ֣אשׁ מְנַשֶּׁ֑ה שִׂכֵּ֣ל אֶת־יָדָ֔יו כִּ֥י מְנַשֶּׁ֖ה הַבְּכֽוֹר: וַיְבָ֥רֶךְ אֶת־ טו
יוֹסֵ֖ף וַיֹּאמַ֑ר הָֽאֱלֹהִ֡ים אֲשֶׁר֩ הִתְהַלְּכ֨וּ אֲבֹתַ֤י לְפָנָיו֙ אַבְרָהָ֣ם

טז וְיִצְחָק הָאֱלֹהִים הָרֹעֶה אֹתִי מֵעוֹדִי עַד־הַיּוֹם הַזֶּה: הַמַּלְאָךְ
הַגֹּאֵל אֹתִי מִכָּל־רָע יְבָרֵךְ אֶת־הַנְּעָרִים וְיִקָּרֵא בָהֶם שְׁמִי
יז וְשֵׁם אֲבֹתַי אַבְרָהָם וְיִצְחָק וְיִדְגּוּ לָרֹב בְּקֶרֶב הָאָרֶץ: וַיַּרְא שלישי
יוֹסֵף כִּי־יָשִׁית אָבִיו יַד־יְמִינוֹ עַל־רֹאשׁ אֶפְרַיִם וַיֵּרַע בְּעֵינָיו
וַיִּתְמֹךְ יַד־אָבִיו לְהָסִיר אֹתָהּ מֵעַל רֹאשׁ־אֶפְרַיִם עַל־רֹאשׁ
יח מְנַשֶּׁה: וַיֹּאמֶר יוֹסֵף אֶל־אָבִיו לֹא־כֵן אָבִי כִּי־זֶה הַבְּכֹר שִׂים
יט יְמִינְךָ עַל־רֹאשׁוֹ: וַיְמָאֵן אָבִיו וַיֹּאמֶר יָדַעְתִּי בְנִי יָדַעְתִּי גַּם־
הוּא יִהְיֶה־לְּעָם וְגַם־הוּא יִגְדָּל וְאוּלָם אָחִיו הַקָּטֹן יִגְדַּל מִמֶּנּוּ
כ וְזַרְעוֹ יִהְיֶה מְלֹא־הַגּוֹיִם: וַיְבָרְכֵם בַּיּוֹם הַהוּא לֵאמוֹר בְּךָ
יְבָרֵךְ יִשְׂרָאֵל לֵאמֹר יְשִׂמְךָ אֱלֹהִים כְּאֶפְרַיִם וְכִמְנַשֶּׁה וַיָּשֶׂם
כא אֶת־אֶפְרַיִם לִפְנֵי מְנַשֶּׁה: וַיֹּאמֶר יִשְׂרָאֵל אֶל־יוֹסֵף הִנֵּה
אָנֹכִי מֵת וְהָיָה אֱלֹהִים עִמָּכֶם וְהֵשִׁיב אֶתְכֶם אֶל־אֶרֶץ
כב אֲבֹתֵיכֶם: וַאֲנִי נָתַתִּי לְךָ שְׁכֶם אַחַד עַל־אַחֶיךָ אֲשֶׁר לָקַחְתִּי
מִיַּד הָאֱמֹרִי בְּחַרְבִּי וּבְקַשְׁתִּי:
מט א וַיִּקְרָא יַעֲקֹב אֶל־בָּנָיו וַיֹּאמֶר הֵאָסְפוּ וְאַגִּידָה לָכֶם אֵת אֲשֶׁר־ מג רביעי
ב יִקְרָא אֶתְכֶם בְּאַחֲרִית הַיָּמִים: הִקָּבְצוּ וְשִׁמְעוּ בְּנֵי יַעֲקֹב
ג וְשִׁמְעוּ אֶל־יִשְׂרָאֵל אֲבִיכֶם: רְאוּבֵן בְּכֹרִי אַתָּה כֹּחִי וְרֵאשִׁית
ד אוֹנִי יֶתֶר שְׂאֵת וְיֶתֶר עָז: פַּחַז כַּמַּיִם אַל־תּוֹתַר כִּי עָלִיתָ
מִשְׁכְּבֵי אָבִיךָ אָז חִלַּלְתָּ יְצוּעִי עָלָה:
ה ו שִׁמְעוֹן וְלֵוִי אַחִים כְּלֵי חָמָס מְכֵרֹתֵיהֶם: בְּסֹדָם אַל־תָּבֹא
נַפְשִׁי בִּקְהָלָם אַל־תֵּחַד כְּבֹדִי כִּי בְאַפָּם הָרְגוּ אִישׁ וּבִרְצֹנָם
ז עִקְּרוּ־שׁוֹר: אָרוּר אַפָּם כִּי עָז וְעֶבְרָתָם כִּי קָשָׁתָה אֲחַלְּקֵם
בְּיַעֲקֹב וַאֲפִיצֵם בְּיִשְׂרָאֵל:
ח יְהוּדָה אַתָּה יוֹדוּךָ אַחֶיךָ יָדְךָ בְּעֹרֶף אֹיְבֶיךָ יִשְׁתַּחֲווּ לְךָ בְּנֵי
ט אָבִיךָ: גּוּר אַרְיֵה יְהוּדָה מִטֶּרֶף בְּנִי עָלִיתָ כָּרַע רָבַץ כְּאַרְיֵה
י וּכְלָבִיא מִי יְקִימֶנּוּ: לֹא־יָסוּר שֵׁבֶט מִיהוּדָה וּמְחֹקֵק מִבֵּין
יא רַגְלָיו עַד כִּי־יָבֹא שִׁילֹה וְלוֹ יִקְּהַת עַמִּים: אֹסְרִי לַגֶּפֶן עִירֹה

מט

וְלַשֹּׂרֵקָה בְּנִי אֲתֹנוֹ כִּבֵּס בַּיַּיִן לְבֻשׁוֹ וּבְדַם־עֲנָבִים סוּתֹה׃
יב חַכְלִילִי עֵינַיִם מִיָּיִן וּלְבֶן־שִׁנַּיִם מֵחָלָב׃
יג זְבוּלֻן לְחוֹף יַמִּים יִשְׁכֹּן וְהוּא לְחוֹף אֳנִיֹּת וְיַרְכָתוֹ עַל־צִידֹן׃
יד טו יִשָּׂשכָר חֲמֹר גָּרֶם רֹבֵץ בֵּין הַמִּשְׁפְּתָיִם׃ וַיַּרְא מְנֻחָה כִּי
טוֹב וְאֶת־הָאָרֶץ כִּי נָעֵמָה וַיֵּט שִׁכְמוֹ לִסְבֹּל וַיְהִי לְמַס־
טז עֹבֵד׃ דָּן יָדִין עַמּוֹ כְּאַחַד שִׁבְטֵי יִשְׂרָאֵל׃
יז יְהִי־דָן נָחָשׁ עֲלֵי־דֶרֶךְ שְׁפִיפֹן עֲלֵי־אֹרַח הַנֹּשֵׁךְ עִקְּבֵי־סוּס
חמישי יח יט וַיִּפֹּל רֹכְבוֹ אָחוֹר׃ לִישׁוּעָתְךָ קִוִּיתִי יְהוָה׃ גָּד
כ גְּדוּד יְגוּדֶנּוּ וְהוּא יָגֻד עָקֵב׃ מֵאָשֵׁר שְׁמֵנָה לַחְמוֹ
כא וְהוּא יִתֵּן מַעֲדַנֵּי־מֶלֶךְ׃ נַפְתָּלִי אַיָּלָה שְׁלֻחָה
כב הַנֹּתֵן אִמְרֵי־שָׁפֶר׃ בֵּן פֹּרָת יוֹסֵף בֵּן פֹּרָת
כג עֲלֵי־עָיִן בָּנוֹת צָעֲדָה עֲלֵי־שׁוּר׃ וַיְמָרְרֻהוּ וָרֹבּוּ וַיִּשְׂטְמֻהוּ
כד בַּעֲלֵי חִצִּים׃ וַתֵּשֶׁב בְּאֵיתָן קַשְׁתּוֹ וַיָּפֹזּוּ זְרֹעֵי יָדָיו מִידֵי
כה אֲבִיר יַעֲקֹב מִשָּׁם רֹעֶה אֶבֶן יִשְׂרָאֵל׃ מֵאֵל אָבִיךָ וְיַעְזְרֶךָּ
וְאֵת שַׁדַּי וִיבָרְכֶךָּ בִּרְכֹת שָׁמַיִם מֵעָל בִּרְכֹת תְּהוֹם רֹבֶצֶת
כו תָּחַת בִּרְכֹת שָׁדַיִם וָרָחַם׃ בִּרְכֹת אָבִיךָ גָּבְרוּ עַל־בִּרְכֹת הוֹרַי
עַד־תַּאֲוַת גִּבְעֹת עוֹלָם תִּהְיֶיןָ לְרֹאשׁ יוֹסֵף וּלְקָדְקֹד נְזִיר
אֶחָיו׃
ששי כז כח בִּנְיָמִין זְאֵב יִטְרָף בַּבֹּקֶר יֹאכַל עַד וְלָעֶרֶב יְחַלֵּק שָׁלָל׃ כָּל־
אֵלֶּה שִׁבְטֵי יִשְׂרָאֵל שְׁנֵים עָשָׂר וְזֹאת אֲשֶׁר־דִּבֶּר לָהֶם אֲבִיהֶם
כט וַיְבָרֶךְ אוֹתָם אִישׁ אֲשֶׁר כְּבִרְכָתוֹ בֵּרַךְ אֹתָם׃ וַיְצַו אוֹתָם
וַיֹּאמֶר אֲלֵהֶם אֲנִי נֶאֱסָף אֶל־עַמִּי קִבְרוּ אֹתִי אֶל־אֲבֹתָי אֶל־
ל הַמְּעָרָה אֲשֶׁר בִּשְׂדֵה עֶפְרוֹן הַחִתִּי׃ בַּמְּעָרָה אֲשֶׁר בִּשְׂדֵה
הַמַּכְפֵּלָה אֲשֶׁר־עַל־פְּנֵי מַמְרֵא בְּאֶרֶץ כְּנָעַן אֲשֶׁר קָנָה
לא אַבְרָהָם אֶת־הַשָּׂדֶה מֵאֵת עֶפְרֹן הַחִתִּי לַאֲחֻזַּת־קָבֶר׃ שָׁמָּה
קָבְרוּ אֶת־אַבְרָהָם וְאֵת שָׂרָה אִשְׁתּוֹ שָׁמָּה קָבְרוּ אֶת־יִצְחָק
לב וְאֵת רִבְקָה אִשְׁתּוֹ וְשָׁמָּה קָבַרְתִּי אֶת־לֵאָה׃ מִקְנֵה הַשָּׂדֶה

לג וְהַמְּעָרָ֥ה אֲשֶׁר־בּ֖וֹ מֵאֵ֣ת בְּנֵי־חֵ֑ת וַיְכַ֤ל יַעֲקֹב֙ לְצַוֺּ֣ת אֶת־

א בָּנָ֔יו וַיֶּאֱסֹ֥ף רַגְלָ֖יו אֶל־הַמִּטָּ֑ה וַיִּגְוַ֖ע וַיֵּאָ֥סֶף אֶל־עַמָּֽיו׃ וַיִּפֹּ֥ל

ב יוֹסֵ֖ף עַל־פְּנֵ֣י אָבִ֑יו וַיֵּ֥בְךְּ עָלָ֖יו וַיִּשַּׁק־לֽוֹ׃ וַיְצַ֨ו יוֹסֵ֤ף אֶת־

עֲבָדָיו֙ אֶת־הָרֹ֣פְאִ֔ים לַחֲנֹ֖ט אֶת־אָבִ֑יו וַיַּחַנְט֥וּ הָרֹפְאִ֖ים אֶת־

ג יִשְׂרָאֵֽל׃ וַיִּמְלְאוּ־לוֹ֙ אַרְבָּעִ֣ים י֔וֹם כִּ֛י כֵּ֥ן יִמְלְא֖וּ יְמֵ֣י הַחֲנֻטִ֑ים

ד וַיִּבְכּ֥וּ אֹת֛וֹ מִצְרַ֖יִם שִׁבְעִ֥ים יֽוֹם׃ וַיַּֽעַבְרוּ֙ יְמֵ֣י בְכִית֔וֹ וַיְדַבֵּ֣ר

יוֹסֵ֔ף אֶל־בֵּ֥ית פַּרְעֹ֖ה לֵאמֹ֑ר אִם־נָ֨א מָצָ֤אתִי חֵן֙ בְּעֵ֣ינֵיכֶ֔ם

ה דַּבְּרוּ־נָ֕א בְּאָזְנֵ֥י פַרְעֹ֖ה לֵאמֹֽר׃ אָבִ֞י הִשְׁבִּיעַ֣נִי לֵאמֹ֗ר הִנֵּ֣ה

אָנֹכִי֮ מֵת֒ בְּקִבְרִ֗י אֲשֶׁ֨ר כָּרִ֤יתִי לִי֙ בְּאֶ֣רֶץ כְּנַ֔עַן שָׁ֖מָּה תִּקְבְּרֵ֑נִי

ו וְעַתָּ֗ה אֶֽעֱלֶה־נָּ֛א וְאֶקְבְּרָ֥ה אֶת־אָבִ֖י וְאָשֽׁוּבָה׃ וַיֹּ֖אמֶר פַּרְעֹ֑ה

ז עֲלֵ֛ה וּקְבֹ֥ר אֶת־אָבִ֖יךָ כַּאֲשֶׁ֥ר הִשְׁבִּיעֶֽךָ׃ וַיַּ֥עַל יוֹסֵ֖ף לִקְבֹּ֣ר

אֶת־אָבִ֑יו וַיַּֽעֲל֨וּ אִתּ֜וֹ כָּל־עַבְדֵ֤י פַרְעֹה֙ זִקְנֵ֣י בֵית֔וֹ וְכֹ֖ל זִקְנֵ֥י

ח אֶֽרֶץ־מִצְרָֽיִם׃ וְכֹל֙ בֵּ֣ית יוֹסֵ֔ף וְאֶחָ֖יו וּבֵ֣ית אָבִ֑יו רַ֗ק טַפָּם֙ וְצֹאנָ֣ם

ט וּבְקָרָ֔ם עָזְב֖וּ בְּאֶ֣רֶץ גֹּֽשֶׁן׃ וַיַּ֣עַל עִמּ֔וֹ גַּם־רֶ֖כֶב גַּם־פָּרָשִׁ֑ים וַיְהִ֥י

י הַֽמַּחֲנֶ֖ה כָּבֵ֥ד מְאֹֽד׃ וַיָּבֹ֜אוּ עַד־גֹּ֣רֶן הָאָטָ֗ד אֲשֶׁר֙ בְּעֵ֣בֶר הַיַּרְדֵּ֔ן

וַיִּ֨סְפְּדוּ־שָׁ֔ם מִסְפֵּ֛ד גָּד֥וֹל וְכָבֵ֖ד מְאֹ֑ד וַיַּ֧עַשׂ לְאָבִ֛יו אֵ֖בֶל שִׁבְעַ֥ת

יא יָמִֽים׃ וַיַּ֡רְא יוֹשֵׁב֩ הָאָ֨רֶץ הַֽכְּנַעֲנִ֜י אֶת־הָאֵ֗בֶל בְּגֹ֙רֶן֙ הָֽאָטָ֔ד

וַיֹּ֣אמְר֔וּ אֵֽבֶל־כָּבֵ֥ד זֶ֖ה לְמִצְרָ֑יִם עַל־כֵּ֞ן קָרָ֤א שְׁמָהּ֙ אָבֵ֣ל מִצְרַ֔יִם

יב אֲשֶׁ֖ר בְּעֵ֥בֶר הַיַּרְדֵּֽן׃ וַיַּעֲשׂ֥וּ בָנָ֖יו ל֑וֹ כֵּ֖ן כַּאֲשֶׁ֥ר צִוָּֽם׃ וַיִּשְׂא֧וּ

אֹת֣וֹ בָנָ֗יו אַ֚רְצָה כְּנַ֔עַן וַיִּקְבְּר֣וּ אֹת֔וֹ בִּמְעָרַ֖ת שְׂדֵ֣ה הַמַּכְפֵּלָ֑ה

יג אֲשֶׁ֣ר קָנָה֩ אַבְרָהָ֨ם אֶת־הַשָּׂדֶ֜ה לַאֲחֻזַּת־קֶ֗בֶר מֵאֵ֛ת עֶפְרֹ֥ן

יד הַחִתִּ֖י עַל־פְּנֵ֥י מַמְרֵֽא׃ וַיָּ֨שָׁב יוֹסֵ֤ף מִצְרַ֙יְמָה֙ ה֣וּא וְאֶחָ֔יו וְכָל־

הָעֹלִ֥ים אִתּ֖וֹ לִקְבֹּ֣ר אֶת־אָבִ֑יו אַחֲרֵ֖י קָבְר֥וֹ אֶת־אָבִֽיו׃ וַיִּרְא֣וּ

טו אֲחֵֽי־יוֹסֵ֗ף כִּי־מֵ֣ת אֲבִיהֶ֔ם וַיֹּ֣אמְר֔וּ ל֥וּ יִשְׂטְמֵ֖נוּ יוֹסֵ֑ף וְהָשֵׁ֤ב

טז יָשִׁיב֙ לָ֔נוּ אֵ֚ת כָּל־הָ֣רָעָ֔ה אֲשֶׁ֥ר גָּמַ֖לְנוּ אֹתֽוֹ׃ וַיְצַוּ֕וּ אֶל־יוֹסֵ֖ף

יז לֵאמֹ֑ר אָבִ֣יךָ צִוָּ֔ה לִפְנֵ֥י מוֹת֖וֹ לֵאמֹֽר׃ כֹּֽה־תֹאמְר֣וּ לְיוֹסֵ֗ף אָ֣נָּ֡א

שָׂ֣א נָ֠א פֶּ֣שַׁע אַחֶ֤יךָ וְחַטָּאתָם֙ כִּי־רָעָ֣ה גְמָל֔וּךָ וְעַתָּה֙ שָׂ֣א נָ֔א

לְפֶשַׁע עַבְדֵי אֱלֹהֵי אָבִיךָ וַיֵּבְךְּ יוֹסֵף בְּדַבְּרָם אֵלָיו: וַיֵּלְכוּ גַּם־ יח
אֶחָיו וַיִּפְּלוּ לְפָנָיו וַיֹּאמְרוּ הִנֶּנּוּ לְךָ לַעֲבָדִים: וַיֹּאמֶר אֲלֵהֶם יט
יוֹסֵף אַל־תִּירָאוּ כִּי הֲתַחַת אֱלֹהִים אָנִי: וְאַתֶּם חֲשַׁבְתֶּם עָלַי כ
רָעָה אֱלֹהִים חֲשָׁבָהּ לְטֹבָה לְמַעַן עֲשֹׂה כַּיּוֹם הַזֶּה לְהַחֲיֹת
שביעי עַם־רָב: וְעַתָּה אַל־תִּירָאוּ אָנֹכִי אֲכַלְכֵּל אֶתְכֶם וְאֶת־טַפְּכֶם כא
וַיְנַחֵם אוֹתָם וַיְדַבֵּר עַל־לִבָּם: וַיֵּשֶׁב יוֹסֵף בְּמִצְרַיִם הוּא וּבֵית כב
מפטיר אָבִיו וַיְחִי יוֹסֵף מֵאָה וָעֶשֶׂר שָׁנִים: וַיַּרְא יוֹסֵף לְאֶפְרַיִם בְּנֵי כג
שִׁלֵּשִׁים גַּם בְּנֵי מָכִיר בֶּן־מְנַשֶּׁה יֻלְּדוּ עַל־בִּרְכֵּי יוֹסֵף: וַיֹּאמֶר כד
יוֹסֵף אֶל־אֶחָיו אָנֹכִי מֵת וֵאלֹהִים פָּקֹד יִפְקֹד אֶתְכֶם וְהֶעֱלָה
אֶתְכֶם מִן־הָאָרֶץ הַזֹּאת אֶל־הָאָרֶץ אֲשֶׁר נִשְׁבַּע לְאַבְרָהָם
לְיִצְחָק וּלְיַעֲקֹב: וַיַּשְׁבַּע יוֹסֵף אֶת־בְּנֵי יִשְׂרָאֵל לֵאמֹר פָּקֹד כה
יִפְקֹד אֱלֹהִים אֶתְכֶם וְהַעֲלִתֶם אֶת־עַצְמֹתַי מִזֶּה: וַיָּמָת יוֹסֵף כו
בֶּן־מֵאָה וָעֶשֶׂר שָׁנִים וַיַּחַנְטוּ אֹתוֹ וַיִּישֶׂם בָּאָרוֹן בְּמִצְרָיִם:

פ

שמות

א

א וְאֵלֶּה שְׁמוֹת בְּנֵי יִשְׂרָאֵל הַבָּאִים מִצְרָיְמָה אֵת יַעֲקֹב אִישׁ א
ב ג וּבֵיתוֹ בָּאוּ: רְאוּבֵן שִׁמְעוֹן לֵוִי וִיהוּדָה: יִשָּׂשכָר זְבוּלֻן וּבִנְיָמִן:
ד ה דָּן וְנַפְתָּלִי גָּד וְאָשֵׁר: וַיְהִי כָּל־נֶפֶשׁ יֹצְאֵי יֶרֶךְ־יַעֲקֹב שִׁבְעִים
ו נָפֶשׁ וְיוֹסֵף הָיָה בְמִצְרָיִם: וַיָּמָת יוֹסֵף וְכָל־אֶחָיו וְכֹל הַדּוֹר
ז הַהוּא: וּבְנֵי יִשְׂרָאֵל פָּרוּ וַיִּשְׁרְצוּ וַיִּרְבּוּ וַיַּעַצְמוּ בִּמְאֹד מְאֹד
וַתִּמָּלֵא הָאָרֶץ אֹתָם:
ח ט וַיָּקָם מֶלֶךְ־חָדָשׁ עַל־מִצְרָיִם אֲשֶׁר לֹא־יָדַע אֶת־יוֹסֵף: וַיֹּאמֶר
י אֶל־עַמּוֹ הִנֵּה עַם בְּנֵי יִשְׂרָאֵל רַב וְעָצוּם מִמֶּנּוּ: הָבָה נִתְחַכְּמָה
לוֹ פֶּן־יִרְבֶּה וְהָיָה כִּי־תִקְרֶאנָה מִלְחָמָה וְנוֹסַף גַּם־הוּא עַל־
יא שֹׂנְאֵינוּ וְנִלְחַם־בָּנוּ וְעָלָה מִן־הָאָרֶץ: וַיָּשִׂימוּ עָלָיו שָׂרֵי מִסִּים
לְמַעַן עַנֹּתוֹ בְּסִבְלֹתָם וַיִּבֶן עָרֵי מִסְכְּנוֹת לְפַרְעֹה אֶת־פִּתֹם
יב וְאֶת־רַעַמְסֵס: וְכַאֲשֶׁר יְעַנּוּ אֹתוֹ כֵּן יִרְבֶּה וְכֵן יִפְרֹץ וַיָּקֻצוּ
יג מִפְּנֵי בְּנֵי יִשְׂרָאֵל: וַיַּעֲבִדוּ מִצְרַיִם אֶת־בְּנֵי יִשְׂרָאֵל בְּפָרֶךְ:
יד וַיְמָרְרוּ אֶת־חַיֵּיהֶם בַּעֲבֹדָה קָשָׁה בְּחֹמֶר וּבִלְבֵנִים וּבְכָל־
עֲבֹדָה בַּשָּׂדֶה אֵת כָּל־עֲבֹדָתָם אֲשֶׁר־עָבְדוּ בָהֶם בְּפָרֶךְ:
טו וַיֹּאמֶר מֶלֶךְ מִצְרַיִם לַמְיַלְּדֹת הָעִבְרִיֹּת אֲשֶׁר שֵׁם הָאַחַת שִׁפְרָה
טז וְשֵׁם הַשֵּׁנִית פּוּעָה: וַיֹּאמֶר בְּיַלֶּדְכֶן אֶת־הָעִבְרִיּוֹת וּרְאִיתֶן עַל־
יז הָאָבְנָיִם אִם־בֵּן הוּא וַהֲמִתֶּן אֹתוֹ וְאִם־בַּת הִוא וָחָיָה: וַתִּירֶאןָ
הַמְיַלְּדֹת אֶת־הָאֱלֹהִים וְלֹא עָשׂוּ כַּאֲשֶׁר דִּבֶּר אֲלֵיהֶן מֶלֶךְ
יח מִצְרָיִם וַתְּחַיֶּיןָ אֶת־הַיְלָדִים: וַיִּקְרָא מֶלֶךְ־מִצְרַיִם לַמְיַלְּדֹת שני
וַיֹּאמֶר לָהֶן מַדּוּעַ עֲשִׂיתֶן הַדָּבָר הַזֶּה וַתְּחַיֶּיןָ אֶת־הַיְלָדִים:
יט וַתֹּאמַרְןָ הַמְיַלְּדֹת אֶל־פַּרְעֹה כִּי לֹא כַנָּשִׁים הַמִּצְרִיֹּת הָעִבְרִיֹּת
כ כִּי־חָיוֹת הֵנָּה בְּטֶרֶם תָּבוֹא אֲלֵהֶן הַמְיַלֶּדֶת וְיָלָדוּ: וַיֵּיטֶב
כא אֱלֹהִים לַמְיַלְּדֹת וַיִּרֶב הָעָם וַיַּעַצְמוּ מְאֹד: וַיְהִי כִּי־יָרְאוּ
כב הַמְיַלְּדֹת אֶת־הָאֱלֹהִים וַיַּעַשׂ לָהֶם בָּתִּים: וַיְצַו פַּרְעֹה לְכָל־
עַמּוֹ לֵאמֹר כָּל־הַבֵּן הַיִּלּוֹד הַיְאֹרָה תַּשְׁלִיכֻהוּ וְכָל־הַבַּת
תְּחַיּוּן:

ב

וַיֵּלֶךְ אִישׁ מִבֵּית לֵוִי וַיִּקַּח אֶת־בַּת־לֵוִי׃ וַתַּהַר הָאִשָּׁה וַתֵּלֶד א ב
בֵּן וַתֵּרֶא אֹתוֹ כִּי־טוֹב הוּא וַתִּצְפְּנֵהוּ שְׁלֹשָׁה יְרָחִים׃ וְלֹא־ ג
יָכְלָה עוֹד הַצְּפִינוֹ וַתִּקַּח־לוֹ תֵּבַת גֹּמֶא וַתַּחְמְרָה בַחֵמָר וּבַזָּפֶת
וַתָּשֶׂם בָּהּ אֶת־הַיֶּלֶד וַתָּשֶׂם בַּסּוּף עַל־שְׂפַת הַיְאֹר׃ וַתֵּתַצַּב ד
אֲחֹתוֹ מֵרָחֹק לְדֵעָה מַה־יֵּעָשֶׂה לוֹ׃ וַתֵּרֶד בַּת־פַּרְעֹה לִרְחֹץ ה
עַל־הַיְאֹר וְנַעֲרֹתֶיהָ הֹלְכֹת עַל־יַד הַיְאֹר וַתֵּרֶא אֶת־הַתֵּבָה
בְּתוֹךְ הַסּוּף וַתִּשְׁלַח אֶת־אֲמָתָהּ וַתִּקָּחֶהָ׃ וַתִּפְתַּח וַתִּרְאֵהוּ ו
אֶת־הַיֶּלֶד וְהִנֵּה־נַעַר בֹּכֶה וַתַּחְמֹל עָלָיו וַתֹּאמֶר מִיַּלְדֵי
הָעִבְרִים זֶה׃ וַתֹּאמֶר אֲחֹתוֹ אֶל־בַּת־פַּרְעֹה הַאֵלֵךְ וְקָרָאתִי ז
לָךְ אִשָּׁה מֵינֶקֶת מִן הָעִבְרִיֹּת וְתֵינִק לָךְ אֶת־הַיָּלֶד׃ וַתֹּאמֶר־ ח
לָהּ בַּת־פַּרְעֹה לֵכִי וַתֵּלֶךְ הָעַלְמָה וַתִּקְרָא אֶת־אֵם הַיָּלֶד׃
וַתֹּאמֶר לָהּ בַּת־פַּרְעֹה הֵילִיכִי אֶת־הַיֶּלֶד הַזֶּה וְהֵינִקִהוּ לִי ט
וַאֲנִי אֶתֵּן אֶת־שְׂכָרֵךְ וַתִּקַּח הָאִשָּׁה הַיֶּלֶד וַתְּנִיקֵהוּ׃ וַיִּגְדַּל הַיֶּלֶד י
וַתְּבִאֵהוּ לְבַת־פַּרְעֹה וַיְהִי־לָהּ לְבֵן וַתִּקְרָא שְׁמוֹ מֹשֶׁה וַתֹּאמֶר
שלישי כִּי מִן־הַמַּיִם מְשִׁיתִהוּ׃ וַיְהִי ׀ בַּיָּמִים הָהֵם וַיִּגְדַּל מֹשֶׁה וַיֵּצֵא יא
אֶל־אֶחָיו וַיַּרְא בְּסִבְלֹתָם וַיַּרְא אִישׁ מִצְרִי מַכֶּה אִישׁ־עִבְרִי
מֵאֶחָיו׃ וַיִּפֶן כֹּה וָכֹה וַיַּרְא כִּי אֵין אִישׁ וַיַּךְ אֶת־הַמִּצְרִי יב
וַיִּטְמְנֵהוּ בַּחוֹל׃ וַיֵּצֵא בַּיּוֹם הַשֵּׁנִי וְהִנֵּה שְׁנֵי־אֲנָשִׁים עִבְרִים יג
נִצִּים וַיֹּאמֶר לָרָשָׁע לָמָּה תַכֶּה רֵעֶךָ׃ וַיֹּאמֶר מִי שָׂמְךָ לְאִישׁ יד
שַׂר וְשֹׁפֵט עָלֵינוּ הַלְהָרְגֵנִי אַתָּה אֹמֵר כַּאֲשֶׁר הָרַגְתָּ אֶת־
הַמִּצְרִי וַיִּירָא מֹשֶׁה וַיֹּאמַר אָכֵן נוֹדַע הַדָּבָר׃ וַיִּשְׁמַע פַּרְעֹה טו
אֶת־הַדָּבָר הַזֶּה וַיְבַקֵּשׁ לַהֲרֹג אֶת־מֹשֶׁה וַיִּבְרַח מֹשֶׁה מִפְּנֵי
פַרְעֹה וַיֵּשֶׁב בְּאֶרֶץ־מִדְיָן וַיֵּשֶׁב עַל־הַבְּאֵר׃ וּלְכֹהֵן מִדְיָן שֶׁבַע טז
בָּנוֹת וַתָּבֹאנָה וַתִּדְלֶנָה וַתְּמַלֶּאנָה אֶת־הָרְהָטִים לְהַשְׁקוֹת
צֹאן אֲבִיהֶן׃ וַיָּבֹאוּ הָרֹעִים וַיְגָרְשׁוּם וַיָּקָם מֹשֶׁה וַיּוֹשִׁעָן וַיַּשְׁקְ יז
אֶת־צֹאנָם׃ וַתָּבֹאנָה אֶל־רְעוּאֵל אֲבִיהֶן וַיֹּאמֶר מַדּוּעַ מִהַרְתֶּן יח
בֹּא הַיּוֹם׃ וַתֹּאמַרְןָ אִישׁ מִצְרִי הִצִּילָנוּ מִיַּד הָרֹעִים וְגַם־דָּלֹה יט

כ דַּלֹה דָלָה לָנוּ וַיַּשְׁקְ אֶת־הַצֹּאן: וַיֹּאמֶר אֶל־בְּנֹתָיו וְאַיּוֹ לָמָּה זֶּה
כא עֲזַבְתֶּן אֶת־הָאִישׁ קִרְאֶן לוֹ וְיֹאכַל לָחֶם: וַיּוֹאֶל מֹשֶׁה לָשֶׁבֶת
כב אֶת־הָאִישׁ וַיִּתֵּן אֶת־צִפֹּרָה בִתּוֹ לְמֹשֶׁה: וַתֵּלֶד בֵּן וַיִּקְרָא אֶת־
שְׁמוֹ גֵּרְשֹׁם כִּי אָמַר גֵּר הָיִיתִי בְּאֶרֶץ נָכְרִיָּה:
כג וַיְהִי בַיָּמִים הָרַבִּים הָהֵם וַיָּמָת מֶלֶךְ מִצְרַיִם וַיֵּאָנְחוּ בְנֵי־
יִשְׂרָאֵל מִן־הָעֲבֹדָה וַיִּזְעָקוּ וַתַּעַל שַׁוְעָתָם אֶל־הָאֱלֹהִים מִן־
כד הָעֲבֹדָה: וַיִּשְׁמַע אֱלֹהִים אֶת־נַאֲקָתָם וַיִּזְכֹּר אֱלֹהִים אֶת־
כה בְּרִיתוֹ אֶת־אַבְרָהָם אֶת־יִצְחָק וְאֶת־יַעֲקֹב: וַיַּרְא אֱלֹהִים
א אֶת־בְּנֵי יִשְׂרָאֵל וַיֵּדַע אֱלֹהִים: וּמֹשֶׁה הָיָה רֹעֶה ב רביעי
אֶת־צֹאן יִתְרוֹ חֹתְנוֹ כֹּהֵן מִדְיָן וַיִּנְהַג אֶת־הַצֹּאן אַחַר הַמִּדְבָּר
ב וַיָּבֹא אֶל־הַר הָאֱלֹהִים חֹרֵבָה: וַיֵּרָא מַלְאַךְ יהוה אֵלָיו בְּלַבַּת־
אֵשׁ מִתּוֹךְ הַסְּנֶה וַיַּרְא וְהִנֵּה הַסְּנֶה בֹּעֵר בָּאֵשׁ וְהַסְּנֶה אֵינֶנּוּ
ג אֻכָּל: וַיֹּאמֶר מֹשֶׁה אָסֻרָה־נָּא וְאֶרְאֶה אֶת־הַמַּרְאֶה הַגָּדֹל
ד הַזֶּה מַדּוּעַ לֹא־יִבְעַר הַסְּנֶה: וַיַּרְא יהוה כִּי סָר לִרְאוֹת וַיִּקְרָא
אֵלָיו אֱלֹהִים מִתּוֹךְ הַסְּנֶה וַיֹּאמֶר מֹשֶׁה מֹשֶׁה וַיֹּאמֶר הִנֵּנִי:
ה וַיֹּאמֶר אַל־תִּקְרַב הֲלֹם שַׁל־נְעָלֶיךָ מֵעַל רַגְלֶיךָ כִּי הַמָּקוֹם
ו אֲשֶׁר אַתָּה עוֹמֵד עָלָיו אַדְמַת־קֹדֶשׁ הוּא: וַיֹּאמֶר אָנֹכִי אֱלֹהֵי
אָבִיךָ אֱלֹהֵי אַבְרָהָם אֱלֹהֵי יִצְחָק וֵאלֹהֵי יַעֲקֹב וַיַּסְתֵּר מֹשֶׁה
ז פָּנָיו כִּי יָרֵא מֵהַבִּיט אֶל־הָאֱלֹהִים: וַיֹּאמֶר יהוה רָאֹה רָאִיתִי
אֶת־עֳנִי עַמִּי אֲשֶׁר בְּמִצְרָיִם וְאֶת־צַעֲקָתָם שָׁמַעְתִּי מִפְּנֵי
ח נֹגְשָׂיו כִּי יָדַעְתִּי אֶת־מַכְאֹבָיו: וָאֵרֵד לְהַצִּילוֹ ׀ מִיַּד מִצְרַיִם
וּלְהַעֲלֹתוֹ מִן־הָאָרֶץ הַהִוא אֶל־אֶרֶץ טוֹבָה וּרְחָבָה אֶל־אֶרֶץ
זָבַת חָלָב וּדְבָשׁ אֶל־מְקוֹם הַכְּנַעֲנִי וְהַחִתִּי וְהָאֱמֹרִי וְהַפְּרִזִּי
ט וְהַחִוִּי וְהַיְבוּסִי: וְעַתָּה הִנֵּה צַעֲקַת בְּנֵי־יִשְׂרָאֵל בָּאָה אֵלָי וְגַם־
י רָאִיתִי אֶת־הַלַּחַץ אֲשֶׁר מִצְרַיִם לֹחֲצִים אֹתָם: וְעַתָּה לְכָה
וְאֶשְׁלָחֲךָ אֶל־פַּרְעֹה וְהוֹצֵא אֶת־עַמִּי בְנֵי־יִשְׂרָאֵל מִמִּצְרָיִם:
יא וַיֹּאמֶר מֹשֶׁה אֶל־הָאֱלֹהִים מִי אָנֹכִי כִּי אֵלֵךְ אֶל־פַּרְעֹה וְכִי

אוֹצִיא אֶת־בְּנֵי יִשְׂרָאֵל מִמִּצְרָיִם: וַיֹּאמֶר כִּי־אֶהְיֶה עִמָּךְ וְזֶה־ יב
לְּךָ הָאוֹת כִּי אָנֹכִי שְׁלַחְתִּיךָ בְּהוֹצִיאֲךָ אֶת־הָעָם מִמִּצְרַיִם
תַּעַבְדוּן אֶת־הָאֱלֹהִים עַל הָהָר הַזֶּה: וַיֹּאמֶר מֹשֶׁה אֶל־ יג
הָאֱלֹהִים הִנֵּה אָנֹכִי בָא אֶל־בְּנֵי יִשְׂרָאֵל וְאָמַרְתִּי לָהֶם אֱלֹהֵי
אֲבוֹתֵיכֶם שְׁלָחַנִי אֲלֵיכֶם וְאָמְרוּ־לִי מַה־שְּׁמוֹ מָה אֹמַר אֲלֵהֶם:
וַיֹּאמֶר אֱלֹהִים אֶל־מֹשֶׁה אֶהְיֶה אֲשֶׁר אֶהְיֶה וַיֹּאמֶר כֹּה תֹאמַר יד
לִבְנֵי יִשְׂרָאֵל אֶהְיֶה שְׁלָחַנִי אֲלֵיכֶם: וַיֹּאמֶר עוֹד אֱלֹהִים אֶל־ טו
מֹשֶׁה כֹּה תֹאמַר אֶל־בְּנֵי יִשְׂרָאֵל יְהוָה אֱלֹהֵי אֲבֹתֵיכֶם אֱלֹהֵי
אַבְרָהָם אֱלֹהֵי יִצְחָק וֵאלֹהֵי יַעֲקֹב שְׁלָחַנִי אֲלֵיכֶם זֶה־שְּׁמִי
חמישי לְעֹלָם וְזֶה זִכְרִי לְדֹר דֹּר: לֵךְ וְאָסַפְתָּ אֶת־זִקְנֵי יִשְׂרָאֵל וְאָמַרְתָּ טז
אֲלֵהֶם יְהוָה אֱלֹהֵי אֲבֹתֵיכֶם נִרְאָה אֵלַי אֱלֹהֵי אַבְרָהָם
יִצְחָק וְיַעֲקֹב לֵאמֹר פָּקֹד פָּקַדְתִּי אֶתְכֶם וְאֶת־הֶעָשׂוּי לָכֶם
בְּמִצְרָיִם: וָאֹמַר אַעֲלֶה אֶתְכֶם מֵעֳנִי מִצְרַיִם אֶל־אֶרֶץ הַכְּנַעֲנִי יז
וְהַחִתִּי וְהָאֱמֹרִי וְהַפְּרִזִּי וְהַחִוִּי וְהַיְבוּסִי אֶל־אֶרֶץ זָבַת חָלָב
וּדְבָשׁ: וְשָׁמְעוּ לְקֹלֶךָ וּבָאתָ אַתָּה וְזִקְנֵי יִשְׂרָאֵל אֶל־מֶלֶךְ יח
מִצְרַיִם וַאֲמַרְתֶּם אֵלָיו יְהוָה אֱלֹהֵי הָעִבְרִיִּים נִקְרָה עָלֵינוּ
וְעַתָּה נֵלְכָה־נָּא דֶּרֶךְ שְׁלֹשֶׁת יָמִים בַּמִּדְבָּר וְנִזְבְּחָה לַיהוָה
אֱלֹהֵינוּ: וַאֲנִי יָדַעְתִּי כִּי לֹא־יִתֵּן אֶתְכֶם מֶלֶךְ מִצְרַיִם לַהֲלֹךְ יט
וְלֹא בְּיָד חֲזָקָה: וְשָׁלַחְתִּי אֶת־יָדִי וְהִכֵּיתִי אֶת־מִצְרַיִם בְּכֹל כ
נִפְלְאֹתַי אֲשֶׁר אֶעֱשֶׂה בְּקִרְבּוֹ וְאַחֲרֵי־כֵן יְשַׁלַּח אֶתְכֶם: וְנָתַתִּי כא
אֶת־חֵן הָעָם־הַזֶּה בְּעֵינֵי מִצְרָיִם וְהָיָה כִּי תֵלֵכוּן לֹא תֵלְכוּ
רֵיקָם: וְשָׁאֲלָה אִשָּׁה מִשְּׁכֶנְתָּהּ וּמִגָּרַת בֵּיתָהּ כְּלֵי־כֶסֶף וּכְלֵי כב
זָהָב וּשְׂמָלֹת וְשַׂמְתֶּם עַל־בְּנֵיכֶם וְעַל־בְּנֹתֵיכֶם וְנִצַּלְתֶּם אֶת־
מִצְרָיִם: וַיַּעַן מֹשֶׁה וַיֹּאמֶר וְהֵן לֹא־יַאֲמִינוּ לִי וְלֹא יִשְׁמְעוּ א ד
בְּקֹלִי כִּי יֹאמְרוּ לֹא־נִרְאָה אֵלֶיךָ יְהוָה: וַיֹּאמֶר אֵלָיו יְהוָה ב
מַה־זֶּה מזה בְיָדֶךָ וַיֹּאמֶר מַטֶּה: וַיֹּאמֶר הַשְׁלִיכֵהוּ אַרְצָה וַיַּשְׁלִכֵהוּ ג
אַרְצָה וַיְהִי לְנָחָשׁ וַיָּנָס מֹשֶׁה מִפָּנָיו: וַיֹּאמֶר יְהוָה אֶל־מֹשֶׁה ד

שְׁלַ֣ח יָֽדְךָ֔ וֶאֱחֹ֖ז בִּזְנָב֑וֹ וַיִּשְׁלַ֤ח יָדוֹ֙ וַיַּ֣חֲזֶק בּ֔וֹ וַיְהִ֥י לְמַטֶּ֖ה בְּכַפּֽוֹ:

ה לְמַ֣עַן יַאֲמִ֔ינוּ כִּֽי־נִרְאָ֥ה אֵלֶ֛יךָ יְהוָ֖ה אֱלֹהֵ֣י אֲבֹתָ֑ם אֱלֹהֵ֧י

ו אַבְרָהָ֛ם אֱלֹהֵ֥י יִצְחָ֖ק וֵאלֹהֵ֥י יַעֲקֹֽב: וַיֹּאמֶר֩ יְהוָ֨ה ל֜וֹ ע֗וֹד הָבֵא־

נָ֤א יָֽדְךָ֙ בְּחֵיקֶ֔ךָ וַיָּבֵ֥א יָד֖וֹ בְּחֵיק֑וֹ וַיּ֣וֹצִאָ֔הּ וְהִנֵּ֥ה יָד֖וֹ מְצֹרַ֥עַת

ז כַּשָּֽׁלֶג: וַיֹּ֗אמֶר הָשֵׁ֤ב יָֽדְךָ֙ אֶל־חֵיקֶ֔ךָ וַיָּ֥שֶׁב יָד֖וֹ אֶל־חֵיק֑וֹ וַיּֽוֹצִאָהּ֙

ח מֵֽחֵיק֔וֹ וְהִנֵּה־שָׁ֖בָה כִּבְשָׂרֽוֹ: וְהָיָה֙ אִם־לֹ֣א יַאֲמִ֣ינוּ לָ֔ךְ וְלֹ֣א

יִשְׁמְע֔וּ לְקֹ֖ל הָאֹ֣ת הָרִאשׁ֑וֹן וְהֶֽאֱמִ֔ינוּ לְקֹ֖ל הָאֹ֥ת הָאַחֲרֽוֹן:

ט וְהָיָ֡ה אִם־לֹ֣א יַאֲמִ֡ינוּ גַּם֩ לִשְׁנֵ֨י הָאֹת֜וֹת הָאֵ֗לֶּה וְלֹ֤א יִשְׁמְעוּן֙

לְקֹלֶ֔ךָ וְלָקַחְתָּ֙ מִמֵּימֵ֣י הַיְאֹ֔ר וְשָׁפַכְתָּ֖ הַיַּבָּשָׁ֑ה וְהָי֤וּ הַמַּ֙יִם֙ אֲשֶׁ֣ר

י תִּקַּ֣ח מִן־הַיְאֹ֔ר וְהָי֥וּ לְדָ֖ם בַּיַּבָּֽשֶׁת: וַיֹּ֨אמֶר מֹשֶׁ֣ה אֶל־יְהוָה֮

בִּ֣י אֲדֹנָי֒ לֹא֩ אִ֨ישׁ דְּבָרִ֜ים אָנֹ֗כִי גַּ֤ם מִתְּמוֹל֙ גַּ֣ם מִשִּׁלְשֹׁ֔ם גַּ֛ם

יא מֵאָ֥ז דַּבֶּרְךָ֖ אֶל־עַבְדֶּ֑ךָ כִּ֧י כְבַד־פֶּ֛ה וּכְבַ֥ד לָשׁ֖וֹן אָנֹֽכִי: וַיֹּ֨אמֶר

יְהוָ֜ה אֵלָ֗יו מִ֣י שָׂ֣ם פֶּה֮ לָֽאָדָם֒ א֚וֹ מִֽי־יָשׂ֣וּם אִלֵּ֔ם א֥וֹ חֵרֵ֖שׁ א֣וֹ

יב פִקֵּ֣חַ א֣וֹ עִוֵּ֑ר הֲלֹ֥א אָנֹכִ֖י יְהוָֽה: וְעַתָּ֖ה לֵ֑ךְ וְאָנֹכִי֙ אֶֽהְיֶ֣ה עִם־פִּ֔יךָ

יג וְהוֹרֵיתִ֖יךָ אֲשֶׁ֥ר תְּדַבֵּֽר: וַיֹּ֖אמֶר בִּ֣י אֲדֹנָ֑י שְֽׁלַֽח־נָ֖א בְּיַד־תִּשְׁלָֽח:

יד וַיִּֽחַר־אַ֨ף יְהוָ֜ה בְּמֹשֶׁ֗ה וַיֹּ֙אמֶר֙ הֲלֹ֨א אַהֲרֹ֤ן אָחִ֙יךָ֙ הַלֵּוִ֔י יָדַ֕עְתִּי

כִּֽי־דַבֵּ֥ר יְדַבֵּ֖ר ה֑וּא וְגַ֤ם הִנֵּה־הוּא֙ יֹצֵ֣א לִקְרָאתֶ֔ךָ וְרָֽאֲךָ֖ וְשָׂמַ֥ח

טו בְּלִבּֽוֹ: וְדִבַּרְתָּ֣ אֵלָ֔יו וְשַׂמְתָּ֥ אֶת־הַדְּבָרִ֖ים בְּפִ֑יו וְאָנֹכִ֗י אֶֽהְיֶ֤ה

טז עִם־פִּ֙יךָ֙ וְעִם־פִּ֔יהוּ וְהוֹרֵיתִ֣י אֶתְכֶ֔ם אֵ֖ת אֲשֶׁ֥ר תַּעֲשֽׂוּן: וְדִבֶּר־

ה֥וּא לְךָ֖ אֶל־הָעָ֑ם וְהָ֤יָה הוּא֙ יִֽהְיֶה־לְּךָ֣ לְפֶ֔ה וְאַתָּ֖ה תִּֽהְיֶה־

יז לּ֥וֹ לֵֽאלֹהִֽים: וְאֶת־הַמַּטֶּ֥ה הַזֶּ֖ה תִּקַּ֣ח בְּיָדֶ֑ךָ אֲשֶׁ֥ר תַּעֲשֶׂה־

בּ֖וֹ אֶת־הָאֹתֹֽת:

יח וַיֵּ֨לֶךְ מֹשֶׁ֜ה וַיָּ֣שָׁב ׀ אֶל־יֶ֣תֶר חֹֽתְנ֗וֹ וַיֹּ֤אמֶר לוֹ֙ אֵ֣לְכָה נָּ֗א וְאָשׁ֙וּבָה֙ ג ששי

אֶל־אַחַ֣י אֲשֶׁר־בְּמִצְרַ֔יִם וְאֶרְאֶ֖ה הַעוֹדָ֣ם חַיִּ֑ים וַיֹּ֧אמֶר יִתְר֛וֹ

יט לְמֹשֶׁ֖ה לֵ֥ךְ לְשָׁלֽוֹם: וַיֹּ֨אמֶר יְהוָ֤ה אֶל־מֹשֶׁה֙ בְּמִדְיָ֔ן לֵ֖ךְ שֻׁ֣ב

כ מִצְרָ֑יִם כִּי־מֵ֙תוּ֙ כָּל־הָ֣אֲנָשִׁ֔ים הַֽמְבַקְשִׁ֖ים אֶת־נַפְשֶֽׁךָ: וַיִּקַּ֨ח

מֹשֶׁ֜ה אֶת־אִשְׁתּ֣וֹ וְאֶת־בָּנָ֗יו וַיַּרְכִּבֵם֙ עַֽל־הַחֲמֹ֔ר וַיָּ֖שָׁב אַ֣רְצָה

ד

מִצְרָיִם וַיִּקַּח מֹשֶׁה אֶת־מַטֵּה הָאֱלֹהִים בְּיָדוֹ׃ וַיֹּאמֶר יְהוָה כא
אֶל־מֹשֶׁה בְּלֶכְתְּךָ לָשׁוּב מִצְרַיְמָה רְאֵה כָּל־הַמֹּפְתִים אֲשֶׁר־
שַׂמְתִּי בְיָדֶךָ וַעֲשִׂיתָם לִפְנֵי פַרְעֹה וַאֲנִי אֲחַזֵּק אֶת־לִבּוֹ וְלֹא
יְשַׁלַּח אֶת־הָעָם׃ וְאָמַרְתָּ אֶל־פַּרְעֹה כֹּה אָמַר יְהוָה בְּנִי בְכֹרִי כב
יִשְׂרָאֵל׃ וָאֹמַר אֵלֶיךָ שַׁלַּח אֶת־בְּנִי וְיַעַבְדֵנִי וַתְּמָאֵן לְשַׁלְּחוֹ כג
הִנֵּה אָנֹכִי הֹרֵג אֶת־בִּנְךָ בְּכֹרֶךָ׃ וַיְהִי בַדֶּרֶךְ בַּמָּלוֹן וַיִּפְגְּשֵׁהוּ כד
יְהוָה וַיְבַקֵּשׁ הֲמִיתוֹ׃ וַתִּקַּח צִפֹּרָה צֹר וַתִּכְרֹת אֶת־עָרְלַת כה
בְּנָהּ וַתַּגַּע לְרַגְלָיו וַתֹּאמֶר כִּי חֲתַן־דָּמִים אַתָּה לִי׃ וַיִּרֶף כו
מִמֶּנּוּ אָז אָמְרָה חֲתַן דָּמִים לַמּוּלֹת׃
וַיֹּאמֶר יְהוָה אֶל־אַהֲרֹן לֵךְ לִקְרַאת מֹשֶׁה הַמִּדְבָּרָה וַיֵּלֶךְ כז
וַיִּפְגְּשֵׁהוּ בְּהַר הָאֱלֹהִים וַיִּשַּׁק־לוֹ׃ וַיַּגֵּד מֹשֶׁה לְאַהֲרֹן אֵת כָּל־ כח
דִּבְרֵי יְהוָה אֲשֶׁר שְׁלָחוֹ וְאֵת כָּל־הָאֹתֹת אֲשֶׁר צִוָּהוּ׃ וַיֵּלֶךְ כט
מֹשֶׁה וְאַהֲרֹן וַיַּאַסְפוּ אֶת־כָּל־זִקְנֵי בְּנֵי יִשְׂרָאֵל׃ וַיְדַבֵּר אַהֲרֹן ל
אֵת כָּל־הַדְּבָרִים אֲשֶׁר־דִּבֶּר יְהוָה אֶל־מֹשֶׁה וַיַּעַשׂ הָאֹתֹת
לְעֵינֵי הָעָם׃ וַיַּאֲמֵן הָעָם וַיִּשְׁמְעוּ כִּי־פָקַד יְהוָה אֶת־בְּנֵי לא
שביעי יִשְׂרָאֵל וְכִי רָאָה אֶת־עָנְיָם וַיִּקְּדוּ וַיִּשְׁתַּחֲווּ׃ וְאַחַר בָּאוּ מֹשֶׁה א ה
וְאַהֲרֹן וַיֹּאמְרוּ אֶל־פַּרְעֹה כֹּה־אָמַר יְהוָה אֱלֹהֵי יִשְׂרָאֵל שַׁלַּח
אֶת־עַמִּי וְיָחֹגּוּ לִי בַּמִּדְבָּר׃ וַיֹּאמֶר פַּרְעֹה מִי יְהוָה אֲשֶׁר אֶשְׁמַע ב
בְּקֹלוֹ לְשַׁלַּח אֶת־יִשְׂרָאֵל לֹא יָדַעְתִּי אֶת־יְהוָה וְגַם אֶת־
יִשְׂרָאֵל לֹא אֲשַׁלֵּחַ׃ וַיֹּאמְרוּ אֱלֹהֵי הָעִבְרִים נִקְרָא עָלֵינוּ ג
נֵלְכָה־נָּא דֶּרֶךְ שְׁלֹשֶׁת יָמִים בַּמִּדְבָּר וְנִזְבְּחָה לַיהוָה אֱלֹהֵינוּ
פֶּן־יִפְגָּעֵנוּ בַּדֶּבֶר אוֹ בֶחָרֶב׃ וַיֹּאמֶר אֲלֵהֶם מֶלֶךְ מִצְרַיִם לָמָּה ד
מֹשֶׁה וְאַהֲרֹן תַּפְרִיעוּ אֶת־הָעָם מִמַּעֲשָׂיו לְכוּ לְסִבְלֹתֵיכֶם׃
וַיֹּאמֶר פַּרְעֹה הֵן־רַבִּים עַתָּה עַם־הָאָרֶץ וְהִשְׁבַּתֶּם אֹתָם ה
מִסִּבְלֹתָם׃ וַיְצַו פַּרְעֹה בַּיּוֹם הַהוּא אֶת־הַנֹּגְשִׂים בָּעָם וְאֶת־ ו
שֹׁטְרָיו לֵאמֹר׃ לֹא תֹאסִפוּן לָתֵת תֶּבֶן לָעָם לִלְבֹּן הַלְּבֵנִים ז
כִּתְמוֹל שִׁלְשֹׁם הֵם יֵלְכוּ וְקֹשְׁשׁוּ לָהֶם תֶּבֶן׃ וְאֶת־מַתְכֹּנֶת ח

הַלְּבֵנִים אֲשֶׁר הֵם עֹשִׂים תְּמוֹל שִׁלְשֹׁם תָּשִׂימוּ עֲלֵיהֶם לֹא
תִגְרְעוּ מִמֶּנּוּ כִּי־נִרְפִּים הֵם עַל־כֵּן הֵם צֹעֲקִים לֵאמֹר נֵלְכָה
ט נִזְבְּחָה לֵאלֹהֵינוּ: תִּכְבַּד הָעֲבֹדָה עַל־הָאֲנָשִׁים וְיַעֲשׂוּ־בָהּ
י וְאַל־יִשְׁעוּ בְּדִבְרֵי־שָׁקֶר: וַיֵּצְאוּ נֹגְשֵׂי הָעָם וְשֹׁטְרָיו וַיֹּאמְרוּ
יא אֶל־הָעָם לֵאמֹר כֹּה אָמַר פַּרְעֹה אֵינֶנִּי נֹתֵן לָכֶם תֶּבֶן: אַתֶּם
לְכוּ קְחוּ לָכֶם תֶּבֶן מֵאֲשֶׁר תִּמְצָאוּ כִּי אֵין נִגְרָע מֵעֲבֹדַתְכֶם
יב דָּבָר: וַיָּפֶץ הָעָם בְּכָל־אֶרֶץ מִצְרָיִם לְקֹשֵׁשׁ קַשׁ לַתֶּבֶן:
יג וְהַנֹּגְשִׂים אָצִים לֵאמֹר כַּלּוּ מַעֲשֵׂיכֶם דְּבַר־יוֹם בְּיוֹמוֹ כַּאֲשֶׁר
יד בִּהְיוֹת הַתֶּבֶן: וַיֻּכּוּ שֹׁטְרֵי בְּנֵי יִשְׂרָאֵל אֲשֶׁר־שָׂמוּ עֲלֵהֶם נֹגְשֵׂי
פַרְעֹה לֵאמֹר מַדּוּעַ לֹא כִלִּיתֶם חָקְכֶם לִלְבֹּן כִּתְמוֹל שִׁלְשֹׁם
טו גַּם־תְּמוֹל גַּם־הַיּוֹם: וַיָּבֹאוּ שֹׁטְרֵי בְּנֵי יִשְׂרָאֵל וַיִּצְעֲקוּ אֶל־
טז פַּרְעֹה לֵאמֹר לָמָּה תַעֲשֶׂה כֹה לַעֲבָדֶיךָ: תֶּבֶן אֵין נִתָּן לַעֲבָדֶיךָ
וּלְבֵנִים אֹמְרִים לָנוּ עֲשׂוּ וְהִנֵּה עֲבָדֶיךָ מֻכִּים וְחָטָאת עַמֶּךָ:
יז וַיֹּאמֶר נִרְפִּים אַתֶּם נִרְפִּים עַל־כֵּן אַתֶּם אֹמְרִים נֵלְכָה נִזְבְּחָה
יח לַיהוה: וְעַתָּה לְכוּ עִבְדוּ וְתֶבֶן לֹא־יִנָּתֵן לָכֶם וְתֹכֶן לְבֵנִים
יט תִּתֵּנוּ: וַיִּרְאוּ שֹׁטְרֵי בְנֵי־יִשְׂרָאֵל אֹתָם בְּרָע לֵאמֹר לֹא־תִגְרְעוּ
כ מִלִּבְנֵיכֶם דְּבַר־יוֹם בְּיוֹמוֹ: וַיִּפְגְּעוּ אֶת־מֹשֶׁה וְאֶת־אַהֲרֹן
כא נִצָּבִים לִקְרָאתָם בְּצֵאתָם מֵאֵת פַּרְעֹה: וַיֹּאמְרוּ אֲלֵהֶם יֵרֶא
יהוה עֲלֵיכֶם וְיִשְׁפֹּט אֲשֶׁר הִבְאַשְׁתֶּם אֶת־רֵיחֵנוּ בְּעֵינֵי פַרְעֹה
כב וּבְעֵינֵי עֲבָדָיו לָתֶת־חֶרֶב בְּיָדָם לְהָרְגֵנוּ: וַיָּשָׁב מֹשֶׁה אֶל־ מפטיר
יהוה וַיֹּאמַר אֲדֹנָי לָמָה הֲרֵעֹתָה לָעָם הַזֶּה לָמָּה זֶּה שְׁלַחְתָּנִי:
כג וּמֵאָז בָּאתִי אֶל־פַּרְעֹה לְדַבֵּר בִּשְׁמֶךָ הֵרַע לָעָם הַזֶּה וְהַצֵּל
ו א לֹא־הִצַּלְתָּ אֶת־עַמֶּךָ: וַיֹּאמֶר יהוה אֶל־מֹשֶׁה עַתָּה תִרְאֶה
אֲשֶׁר אֶעֱשֶׂה לְפַרְעֹה כִּי בְיָד חֲזָקָה יְשַׁלְּחֵם וּבְיָד חֲזָקָה יְגָרְשֵׁם
ב מֵאַרְצוֹ: וַיְדַבֵּר אֱלֹהִים אֶל־מֹשֶׁה וַיֹּאמֶר אֵלָיו ד וארא
ג אֲנִי יהוה: וָאֵרָא אֶל־אַבְרָהָם אֶל־יִצְחָק וְאֶל־יַעֲקֹב בְּאֵל
ד שַׁדָּי וּשְׁמִי יהוה לֹא נוֹדַעְתִּי לָהֶם: וְגַם הֲקִמֹתִי אֶת־בְּרִיתִי

אֹתָם לָתֵת לָהֶם אֶת־אֶרֶץ כְּנָעַן אֵת אֶרֶץ מְגֻרֵיהֶם אֲשֶׁר־
גָּרוּ בָהּ׃ וְגַם ׀ אֲנִי שָׁמַעְתִּי אֶת־נַאֲקַת בְּנֵי יִשְׂרָאֵל אֲשֶׁר מִצְרַיִם ה
מַעֲבִדִים אֹתָם וָאֶזְכֹּר אֶת־בְּרִיתִי׃ לָכֵן אֱמֹר לִבְנֵי־יִשְׂרָאֵל ו
אֲנִי יהוה וְהוֹצֵאתִי אֶתְכֶם מִתַּחַת סִבְלֹת מִצְרַיִם וְהִצַּלְתִּי
אֶתְכֶם מֵעֲבֹדָתָם וְגָאַלְתִּי אֶתְכֶם בִּזְרוֹעַ נְטוּיָה וּבִשְׁפָטִים
גְּדֹלִים׃ וְלָקַחְתִּי אֶתְכֶם לִי לְעָם וְהָיִיתִי לָכֶם לֵאלֹהִים וִידַעְתֶּם ז
כִּי אֲנִי יהוה אֱלֹהֵיכֶם הַמּוֹצִיא אֶתְכֶם מִתַּחַת סִבְלוֹת מִצְרָיִם׃
וְהֵבֵאתִי אֶתְכֶם אֶל־הָאָרֶץ אֲשֶׁר נָשָׂאתִי אֶת־יָדִי לָתֵת אֹתָהּ ח
לְאַבְרָהָם לְיִצְחָק וּלְיַעֲקֹב וְנָתַתִּי אֹתָהּ לָכֶם מוֹרָשָׁה אֲנִי יהוה׃
וַיְדַבֵּר מֹשֶׁה כֵּן אֶל־בְּנֵי יִשְׂרָאֵל וְלֹא שָׁמְעוּ אֶל־מֹשֶׁה מִקֹּצֶר ט
רוּחַ וּמֵעֲבֹדָה קָשָׁה׃
וַיְדַבֵּר יהוה אֶל־מֹשֶׁה לֵּאמֹר׃ בֹּא דַבֵּר אֶל־פַּרְעֹה מֶלֶךְ י יא
מִצְרָיִם וִישַׁלַּח אֶת־בְּנֵי־יִשְׂרָאֵל מֵאַרְצוֹ׃ וַיְדַבֵּר מֹשֶׁה לִפְנֵי יב
יהוה לֵאמֹר הֵן בְּנֵי־יִשְׂרָאֵל לֹא־שָׁמְעוּ אֵלַי וְאֵיךְ יִשְׁמָעֵנִי
פַרְעֹה וַאֲנִי עֲרַל שְׂפָתָיִם׃
וַיְדַבֵּר יהוה אֶל־מֹשֶׁה וְאֶל־אַהֲרֹן וַיְצַוֵּם אֶל־בְּנֵי יִשְׂרָאֵל יג
וְאֶל־פַּרְעֹה מֶלֶךְ מִצְרָיִם לְהוֹצִיא אֶת־בְּנֵי־יִשְׂרָאֵל מֵאֶרֶץ
שני מִצְרָיִם׃ אֵלֶּה רָאשֵׁי בֵית־אֲבֹתָם בְּנֵי רְאוּבֵן יד
בְּכֹר יִשְׂרָאֵל חֲנוֹךְ וּפַלּוּא חֶצְרֹן וְכַרְמִי אֵלֶּה מִשְׁפְּחֹת רְאוּבֵן׃
וּבְנֵי שִׁמְעוֹן יְמוּאֵל וְיָמִין וְאֹהַד וְיָכִין וְצֹחַר וְשָׁאוּל בֶּן־הַכְּנַעֲנִית טו
אֵלֶּה מִשְׁפְּחֹת שִׁמְעוֹן׃ וְאֵלֶּה שְׁמוֹת בְּנֵי־לֵוִי לְתֹלְדֹתָם גֵּרְשׁוֹן טז
וּקְהָת וּמְרָרִי וּשְׁנֵי חַיֵּי לֵוִי שֶׁבַע וּשְׁלֹשִׁים וּמְאַת שָׁנָה׃ בְּנֵי יז
גֵרְשׁוֹן לִבְנִי וְשִׁמְעִי לְמִשְׁפְּחֹתָם׃ וּבְנֵי קְהָת עַמְרָם וְיִצְהָר יח
וְחֶבְרוֹן וְעֻזִּיאֵל וּשְׁנֵי חַיֵּי קְהָת שָׁלֹשׁ וּשְׁלֹשִׁים וּמְאַת שָׁנָה׃
וּבְנֵי מְרָרִי מַחְלִי וּמוּשִׁי אֵלֶּה מִשְׁפְּחֹת הַלֵּוִי לְתֹלְדֹתָם׃ וַיִּקַּח יט כ
עַמְרָם אֶת־יוֹכֶבֶד דֹּדָתוֹ לוֹ לְאִשָּׁה וַתֵּלֶד לוֹ אֶת־אַהֲרֹן וְאֶת־
מֹשֶׁה וּשְׁנֵי חַיֵּי עַמְרָם שֶׁבַע וּשְׁלֹשִׁים וּמְאַת שָׁנָה׃ וּבְנֵי יִצְהָר כא

כב כג קֹרַח וָנֶפֶג וְזִכְרִי: וּבְנֵי עֻזִּיאֵל מִישָׁאֵל וְאֶלְצָפָן וְסִתְרִי: וַיִּקַּח
אַהֲרֹן אֶת־אֱלִישֶׁבַע בַּת־עַמִּינָדָב אֲחוֹת נַחְשׁוֹן לוֹ לְאִשָּׁה
וַתֵּלֶד לוֹ אֶת־נָדָב וְאֶת־אֲבִיהוּא אֶת־אֶלְעָזָר וְאֶת־אִיתָמָר:
כד וּבְנֵי קֹרַח אַסִּיר וְאֶלְקָנָה וַאֲבִיאָסָף אֵלֶּה מִשְׁפְּחֹת הַקָּרְחִי:
כה וְאֶלְעָזָר בֶּן־אַהֲרֹן לָקַח־לוֹ מִבְּנוֹת פּוּטִיאֵל לוֹ לְאִשָּׁה
וַתֵּלֶד לוֹ אֶת־פִּינְחָס אֵלֶּה רָאשֵׁי אֲבוֹת הַלְוִיִּם לְמִשְׁפְּחֹתָם:
כו הוּא אַהֲרֹן וּמֹשֶׁה אֲשֶׁר אָמַר יהוה לָהֶם הוֹצִיאוּ אֶת־
כז בְּנֵי יִשְׂרָאֵל מֵאֶרֶץ מִצְרַיִם עַל־צִבְאֹתָם: הֵם הַמְדַבְּרִים
אֶל־פַּרְעֹה מֶלֶךְ־מִצְרַיִם לְהוֹצִיא אֶת־בְּנֵי־יִשְׂרָאֵל מִמִּצְרָיִם
כח הוּא מֹשֶׁה וְאַהֲרֹן: וַיְהִי בְּיוֹם דִּבֶּר יהוה אֶל־מֹשֶׁה בְּאֶרֶץ
כט מִצְרָיִם: וַיְדַבֵּר יהוה אֶל־מֹשֶׁה לֵּאמֹר אֲנִי יהוה שלישי
דַּבֵּר אֶל־פַּרְעֹה מֶלֶךְ מִצְרַיִם אֵת כָּל־אֲשֶׁר אֲנִי דֹּבֵר אֵלֶיךָ:
ל וַיֹּאמֶר מֹשֶׁה לִפְנֵי יהוה הֵן אֲנִי עֲרַל שְׂפָתַיִם וְאֵיךְ יִשְׁמַע
אֵלַי פַּרְעֹה:
ז א וַיֹּאמֶר יהוה אֶל־מֹשֶׁה רְאֵה נְתַתִּיךָ אֱלֹהִים לְפַרְעֹה וְאַהֲרֹן
ב אָחִיךָ יִהְיֶה נְבִיאֶךָ: אַתָּה תְדַבֵּר אֵת כָּל־אֲשֶׁר אֲצַוֶּךָּ וְאַהֲרֹן
ג אָחִיךָ יְדַבֵּר אֶל־פַּרְעֹה וְשִׁלַּח אֶת־בְּנֵי־יִשְׂרָאֵל מֵאַרְצוֹ: וַאֲנִי
אַקְשֶׁה אֶת־לֵב פַּרְעֹה וְהִרְבֵּיתִי אֶת־אֹתֹתַי וְאֶת־מוֹפְתַי בְּאֶרֶץ
ד מִצְרָיִם: וְלֹא־יִשְׁמַע אֲלֵכֶם פַּרְעֹה וְנָתַתִּי אֶת־יָדִי בְּמִצְרָיִם
וְהוֹצֵאתִי אֶת־צִבְאֹתַי אֶת־עַמִּי בְנֵי־יִשְׂרָאֵל מֵאֶרֶץ מִצְרַיִם
ה בִּשְׁפָטִים גְּדֹלִים: וְיָדְעוּ מִצְרַיִם כִּי־אֲנִי יהוה בִּנְטֹתִי אֶת־
ו יָדִי עַל־מִצְרָיִם וְהוֹצֵאתִי אֶת־בְּנֵי־יִשְׂרָאֵל מִתּוֹכָם: וַיַּעַשׂ
ז מֹשֶׁה וְאַהֲרֹן כַּאֲשֶׁר צִוָּה יהוה אֹתָם כֵּן עָשׂוּ: וּמֹשֶׁה בֶּן־
שְׁמֹנִים שָׁנָה וְאַהֲרֹן בֶּן־שָׁלֹשׁ וּשְׁמֹנִים שָׁנָה בְּדַבְּרָם אֶל־
פַּרְעֹה:
ח ט וַיֹּאמֶר יהוה אֶל־מֹשֶׁה וְאֶל־אַהֲרֹן לֵאמֹר: כִּי יְדַבֵּר אֲלֵכֶם ה רביעי
פַּרְעֹה לֵאמֹר תְּנוּ לָכֶם מוֹפֵת וְאָמַרְתָּ אֶל־אַהֲרֹן קַח אֶת־

מַטְּךָ וְהַשְׁלֵךְ לִפְנֵי־פַרְעֹה יְהִי לְתַנִּין: וַיָּבֹא מֹשֶׁה וְאַהֲרֹן אֶל־ י
פַּרְעֹה וַיַּעֲשׂוּ־כֵן כַּאֲשֶׁר צִוָּה יְהוָה וַיַּשְׁלֵךְ אַהֲרֹן אֶת־מַטֵּהוּ
לִפְנֵי פַרְעֹה וְלִפְנֵי עֲבָדָיו וַיְהִי לְתַנִּין: וַיִּקְרָא גַּם־פַּרְעֹה לַחֲכָמִים יא
וְלַמְכַשְּׁפִים וַיַּעֲשׂוּ גַם־הֵם חַרְטֻמֵּי מִצְרַיִם בְּלַהֲטֵיהֶם כֵּן:
וַיַּשְׁלִיכוּ אִישׁ מַטֵּהוּ וַיִּהְיוּ לְתַנִּינִם וַיִּבְלַע מַטֵּה־אַהֲרֹן אֶת־ יב
מַטֹּתָם: וַיֶּחֱזַק לֵב פַּרְעֹה וְלֹא שָׁמַע אֲלֵהֶם כַּאֲשֶׁר דִּבֶּר יג
יְהוָה: וַיֹּאמֶר יְהוָה אֶל־מֹשֶׁה כָּבֵד לֵב פַּרְעֹה יד
מֵאֵן לְשַׁלַּח הָעָם: לֵךְ אֶל־פַּרְעֹה בַּבֹּקֶר הִנֵּה יֹצֵא הַמַּיְמָה טו
וְנִצַּבְתָּ לִקְרָאתוֹ עַל־שְׂפַת הַיְאֹר וְהַמַּטֶּה אֲשֶׁר־נֶהְפַּךְ לְנָחָשׁ
תִּקַּח בְּיָדֶךָ: וְאָמַרְתָּ אֵלָיו יְהוָה אֱלֹהֵי הָעִבְרִים שְׁלָחַנִי אֵלֶיךָ טז
לֵאמֹר שַׁלַּח אֶת־עַמִּי וְיַעַבְדֻנִי בַּמִּדְבָּר וְהִנֵּה לֹא־שָׁמַעְתָּ
עַד־כֹּה: כֹּה אָמַר יְהוָה בְּזֹאת תֵּדַע כִּי אֲנִי יְהוָה הִנֵּה אָנֹכִי יז
מַכֶּה ׀ בַּמַּטֶּה אֲשֶׁר־בְּיָדִי עַל־הַמַּיִם אֲשֶׁר בַּיְאֹר וְנֶהֶפְכוּ לְדָם:
וְהַדָּגָה אֲשֶׁר־בַּיְאֹר תָּמוּת וּבָאַשׁ הַיְאֹר וְנִלְאוּ מִצְרַיִם לִשְׁתּוֹת יח
מַיִם מִן־הַיְאֹר: וַיֹּאמֶר יְהוָה אֶל־מֹשֶׁה אֱמֹר יט
אֶל־אַהֲרֹן קַח מַטְּךָ וּנְטֵה־יָדְךָ עַל־מֵימֵי מִצְרַיִם עַל־נַהֲרֹתָם ׀
עַל־יְאֹרֵיהֶם וְעַל־אַגְמֵיהֶם וְעַל כָּל־מִקְוֵה מֵימֵיהֶם וְיִהְיוּ־דָם
וְהָיָה דָם בְּכָל־אֶרֶץ מִצְרַיִם וּבָעֵצִים וּבָאֲבָנִים: וַיַּעֲשׂוּ־כֵן כ
מֹשֶׁה וְאַהֲרֹן כַּאֲשֶׁר ׀ צִוָּה יְהוָה וַיָּרֶם בַּמַּטֶּה וַיַּךְ אֶת־הַמַּיִם
אֲשֶׁר בַּיְאֹר לְעֵינֵי פַרְעֹה וּלְעֵינֵי עֲבָדָיו וַיֵּהָפְכוּ כָּל־הַמַּיִם אֲשֶׁר־
בַּיְאֹר לְדָם: וְהַדָּגָה אֲשֶׁר־בַּיְאֹר מֵתָה וַיִּבְאַשׁ הַיְאֹר וְלֹא־ כא
יָכְלוּ מִצְרַיִם לִשְׁתּוֹת מַיִם מִן־הַיְאֹר וַיְהִי הַדָּם בְּכָל־אֶרֶץ
מִצְרָיִם: וַיַּעֲשׂוּ־כֵן חַרְטֻמֵּי מִצְרַיִם בְּלָטֵיהֶם וַיֶּחֱזַק לֵב־פַּרְעֹה כב
וְלֹא־שָׁמַע אֲלֵהֶם כַּאֲשֶׁר דִּבֶּר יְהוָה: וַיִּפֶן פַּרְעֹה וַיָּבֹא אֶל־ כג
בֵּיתוֹ וְלֹא־שָׁת לִבּוֹ גַּם־לָזֹאת: וַיַּחְפְּרוּ כָל־מִצְרַיִם סְבִיבֹת כד
הַיְאֹר מַיִם לִשְׁתּוֹת כִּי לֹא יָכְלוּ לִשְׁתֹּת מִמֵּימֵי הַיְאֹר: וַיִּמָּלֵא כה
שִׁבְעַת יָמִים אַחֲרֵי הַכּוֹת־יְהוָה אֶת־הַיְאֹר:

כו וַיֹּ֤אמֶר יְהוָה֙ אֶל־מֹשֶׁ֔ה בֹּ֖א אֶל־פַּרְעֹ֑ה וְאָמַרְתָּ֣ אֵלָ֗יו כֹּ֚ה אָמַ֣ר
כז יְהוָ֔ה שַׁלַּ֥ח אֶת־עַמִּ֖י וְיַֽעַבְדֻֽנִי׃ וְאִם־מָאֵ֥ן אַתָּ֖ה לְשַׁלֵּ֑חַ הִנֵּ֣ה
כח אָנֹכִ֗י נֹגֵ֛ף אֶת־כָּל־גְּבוּלְךָ֖ בַּֽצְפַרְדְּעִֽים׃ וְשָׁרַ֣ץ הַיְאֹר֮ צְפַרְדְּעִים֒
וְעָלוּ֙ וּבָ֣אוּ בְּבֵיתֶ֔ךָ וּבַחֲדַ֥ר מִשְׁכָּבְךָ֖ וְעַל־מִטָּתֶ֑ךָ וּבְבֵ֤ית עֲבָדֶ֙יךָ֙
כט וּבְעַמֶּ֔ךָ וּבְתַנּוּרֶ֖יךָ וּבְמִשְׁאֲרוֹתֶֽיךָ׃ וּבְכָ֥ה וּֽבְעַמְּךָ֖ וּבְכָל־עֲבָדֶ֑יךָ
ח א יַעֲל֖וּ הַֽצְפַרְדְּעִֽים׃ וַיֹּ֣אמֶר יְהוָה֮ אֶל־מֹשֶׁה֒ אֱמֹ֣ר אֶֽל־אַהֲרֹ֗ן
נְטֵ֤ה אֶת־יָֽדְךָ֙ בְּמַטֶּ֔ךָ עַל־הַנְּהָרֹ֕ת עַל־הַיְאֹרִ֖ים וְעַל־הָאֲגַמִּ֑ים
ב וְהַ֥עַל אֶת־הַֽצְפַרְדְּעִ֖ים עַל־אֶ֥רֶץ מִצְרָֽיִם׃ וַיֵּ֤ט אַהֲרֹן֙ אֶת־יָד֔וֹ
עַ֖ל מֵימֵ֣י מִצְרָ֑יִם וַתַּ֙עַל֙ הַצְּפַרְדֵּ֔עַ וַתְּכַ֖ס אֶת־אֶ֥רֶץ מִצְרָֽיִם׃
ג וַיַּֽעֲשׂוּ־כֵ֥ן הַֽחַרְטֻמִּ֖ים בְּלָטֵיהֶ֑ם וַיַּֽעֲל֥וּ אֶת־הַֽצְפַרְדְּעִ֖ים עַל־
ד אֶ֥רֶץ מִצְרָֽיִם׃ וַיִּקְרָ֨א פַרְעֹ֜ה לְמֹשֶׁ֣ה וּֽלְאַהֲרֹ֗ן וַיֹּ֙אמֶר֙ הַעְתִּ֣ירוּ
אֶל־יְהוָ֔ה וְיָסֵר֙ הַֽצְפַרְדְּעִ֔ים מִמֶּ֖נִּי וּמֵֽעַמִּ֑י וַאֲשַׁלְּחָה֙ אֶת־הָעָ֔ם
ה וְיִזְבְּח֖וּ לַֽיהוָֽה׃ וַיֹּ֨אמֶר מֹשֶׁ֣ה לְפַרְעֹה֮ הִתְפָּאֵ֣ר עָלַי֒ לְמָתַ֣י ׀
אַעְתִּ֣יר לְךָ֗ וְלַעֲבָדֶ֙יךָ֙ וּֽלְעַמְּךָ֔ לְהַכְרִית֙ הַֽצְפַרְדְּעִ֔ים מִמְּךָ֖
ו וּמִבָּתֶּ֑יךָ רַ֥ק בַּיְאֹ֖ר תִּשָּׁאַֽרְנָה׃ וַיֹּ֖אמֶר לְמָחָ֑ר וַיֹּ֙אמֶר֙ כִּדְבָ֣רְךָ֔
ז לְמַ֣עַן תֵּדַ֔ע כִּי־אֵ֖ין כַּיהוָ֥ה אֱלֹהֵֽינוּ׃ וְסָר֣וּ הַֽצְפַרְדְּעִ֗ים מִמְּךָ֙ חמישי
ח וּמִבָּ֣תֶּ֔יךָ וּמֵעֲבָדֶ֖יךָ וּמֵעַמֶּ֑ךָ רַ֥ק בַּיְאֹ֖ר תִּשָּׁאַֽרְנָה׃ וַיֵּצֵ֥א מֹשֶׁ֛ה
וְאַהֲרֹ֖ן מֵעִ֣ם פַּרְעֹ֑ה וַיִּצְעַ֤ק מֹשֶׁה֙ אֶל־יְהוָ֔ה עַל־דְּבַ֥ר הַֽצְפַרְדְּעִ֖ים
ט אֲשֶׁר־שָׂ֥ם לְפַרְעֹֽה׃ וַיַּ֥עַשׂ יְהוָ֖ה כִּדְבַ֣ר מֹשֶׁ֑ה וַיָּמֻ֙תוּ֙ הַֽצְפַרְדְּעִ֔ים
י מִן־הַבָּתִּ֥ים מִן־הַחֲצֵרֹ֖ת וּמִן־הַשָּׂדֹֽת׃ וַיִּצְבְּר֥וּ אֹתָ֖ם חֳמָרִ֣ם
יא חֳמָרִ֑ם וַתִּבְאַ֖שׁ הָאָֽרֶץ׃ וַיַּ֣רְא פַּרְעֹ֗ה כִּ֤י הָֽיְתָה֙ הָֽרְוָחָ֔ה וְהַכְבֵּד֙
יב אֶת־לִבּ֔וֹ וְלֹ֥א שָׁמַ֖ע אֲלֵהֶ֑ם כַּאֲשֶׁ֖ר דִּבֶּ֥ר יְהוָֽה׃ וַיֹּ֣אמֶר
יְהוָה֮ אֶל־מֹשֶׁה֒ אֱמֹר֙ אֶֽל־אַהֲרֹ֔ן נְטֵ֣ה אֶֽת־מַטְּךָ֔ וְהַ֖ךְ אֶת־
יג עֲפַ֣ר הָאָ֑רֶץ וְהָיָ֥ה לְכִנִּ֖ם בְּכָל־אֶ֥רֶץ מִצְרָֽיִם׃ וַיַּֽעֲשׂוּ־כֵ֗ן וַיֵּ֨ט
אַהֲרֹ֤ן אֶת־יָד֙וֹ בְמַטֵּ֙הוּ֙ וַיַּךְ֙ אֶת־עֲפַ֣ר הָאָ֔רֶץ וַתְּהִי֙ הַכִּנָּ֔ם בָּאָדָ֖ם
וּבַבְּהֵמָ֑ה כָּל־עֲפַ֥ר הָאָ֛רֶץ הָיָ֥ה כִנִּ֖ים בְּכָל־אֶ֥רֶץ מִצְרָֽיִם׃
יד וַיַּֽעֲשׂוּ־כֵ֨ן הַחַרְטֻמִּ֧ים בְּלָטֵיהֶ֛ם לְהוֹצִ֥יא אֶת־הַכִּנִּ֖ים וְלֹ֣א יָכֹ֑לוּ

טו וַתְּהִי הַכִּנָּם בָּאָדָם וּבַבְּהֵמָה׃ וַיֹּאמְרוּ הַחַרְטֻמִּם אֶל־פַּרְעֹה
אֶצְבַּע אֱלֹהִים הִוא וַיֶּחֱזַק לֵב־פַּרְעֹה וְלֹא־שָׁמַע אֲלֵהֶם כַּאֲשֶׁר
טז דִּבֶּר יְהוָה׃ וַיֹּאמֶר יְהוָה אֶל־מֹשֶׁה הַשְׁכֵּם בַּבֹּקֶר ו
וְהִתְיַצֵּב לִפְנֵי פַרְעֹה הִנֵּה יוֹצֵא הַמָּיְמָה וְאָמַרְתָּ אֵלָיו כֹּה
יז אָמַר יְהוָה שַׁלַּח עַמִּי וְיַעַבְדֻנִי׃ כִּי אִם־אֵינְךָ מְשַׁלֵּחַ אֶת־עַמִּי
הִנְנִי מַשְׁלִיחַ בְּךָ וּבַעֲבָדֶיךָ וּבְעַמְּךָ וּבְבָתֶּיךָ אֶת־הֶעָרֹב וּמָלְאוּ
יח בָּתֵּי מִצְרַיִם אֶת־הֶעָרֹב וְגַם הָאֲדָמָה אֲשֶׁר־הֵם עָלֶיהָ׃ וְהִפְלֵיתִי
בַיּוֹם הַהוּא אֶת־אֶרֶץ גֹּשֶׁן אֲשֶׁר עַמִּי עֹמֵד עָלֶיהָ לְבִלְתִּי הֱיוֹת־
יט שָׁם עָרֹב לְמַעַן תֵּדַע כִּי אֲנִי יְהוָה בְּקֶרֶב הָאָרֶץ׃ וְשַׂמְתִּי ששי
כ פְדֻת בֵּין עַמִּי וּבֵין עַמֶּךָ לְמָחָר יִהְיֶה הָאֹת הַזֶּה׃ וַיַּעַשׂ יְהוָה
כֵּן וַיָּבֹא עָרֹב כָּבֵד בֵּיתָה פַרְעֹה וּבֵית עֲבָדָיו וּבְכָל־אֶרֶץ
כא מִצְרַיִם תִּשָּׁחֵת הָאָרֶץ מִפְּנֵי הֶעָרֹב׃ וַיִּקְרָא פַרְעֹה אֶל־מֹשֶׁה
כב וּלְאַהֲרֹן וַיֹּאמֶר לְכוּ זִבְחוּ לֵאלֹהֵיכֶם בָּאָרֶץ׃ וַיֹּאמֶר מֹשֶׁה
לֹא נָכוֹן לַעֲשׂוֹת כֵּן כִּי תּוֹעֲבַת מִצְרַיִם נִזְבַּח לַיהוָה אֱלֹהֵינוּ
כג הֵן נִזְבַּח אֶת־תּוֹעֲבַת מִצְרַיִם לְעֵינֵיהֶם וְלֹא יִסְקְלֻנוּ׃ דֶּרֶךְ
שְׁלֹשֶׁת יָמִים נֵלֵךְ בַּמִּדְבָּר וְזָבַחְנוּ לַיהוָה אֱלֹהֵינוּ כַּאֲשֶׁר יֹאמַר
כד אֵלֵינוּ׃ וַיֹּאמֶר פַּרְעֹה אָנֹכִי אֲשַׁלַּח אֶתְכֶם וּזְבַחְתֶּם לַיהוָה
אֱלֹהֵיכֶם בַּמִּדְבָּר רַק הַרְחֵק לֹא־תַרְחִיקוּ לָלֶכֶת הַעְתִּירוּ
כה בַּעֲדִי׃ וַיֹּאמֶר מֹשֶׁה הִנֵּה אָנֹכִי יוֹצֵא מֵעִמָּךְ וְהַעְתַּרְתִּי אֶל־
יְהוָה וְסָר הֶעָרֹב מִפַּרְעֹה מֵעֲבָדָיו וּמֵעַמּוֹ מָחָר רַק אַל־יֹסֵף
כו פַּרְעֹה הָתֵל לְבִלְתִּי שַׁלַּח אֶת־הָעָם לִזְבֹּחַ לַיהוָה׃ וַיֵּצֵא מֹשֶׁה
כז מֵעִם פַּרְעֹה וַיֶּעְתַּר אֶל־יְהוָה׃ וַיַּעַשׂ יְהוָה כִּדְבַר מֹשֶׁה וַיָּסַר
כח הֶעָרֹב מִפַּרְעֹה מֵעֲבָדָיו וּמֵעַמּוֹ לֹא נִשְׁאַר אֶחָד׃ וַיַּכְבֵּד פַּרְעֹה
אֶת־לִבּוֹ גַּם בַּפַּעַם הַזֹּאת וְלֹא שִׁלַּח אֶת־הָעָם׃

ט א וַיֹּאמֶר יְהוָה אֶל־מֹשֶׁה בֹּא אֶל־פַּרְעֹה וְדִבַּרְתָּ אֵלָיו כֹּה־אָמַר
ב יְהוָה אֱלֹהֵי הָעִבְרִים שַׁלַּח אֶת־עַמִּי וְיַעַבְדֻנִי׃ כִּי אִם־מָאֵן אַתָּה
ג לְשַׁלֵּחַ וְעוֹדְךָ מַחֲזִיק בָּם׃ הִנֵּה יַד־יְהוָה הוֹיָה בְּמִקְנְךָ אֲשֶׁר

בַּשָּׂדֶה בַּסּוּסִים בַּחֲמֹרִים בַּגְּמַלִּים בַּבָּקָר וּבַצֹּאן דֶּבֶר כָּבֵד
ד מְאֹד׃ וְהִפְלָה יְהוָה בֵּין מִקְנֵה יִשְׂרָאֵל וּבֵין מִקְנֵה מִצְרָיִם
ה וְלֹא יָמוּת מִכָּל־לִבְנֵי יִשְׂרָאֵל דָּבָר׃ וַיָּשֶׂם יְהוָה מוֹעֵד לֵאמֹר
ו מָחָר יַעֲשֶׂה יְהוָה הַדָּבָר הַזֶּה בָּאָרֶץ׃ וַיַּעַשׂ יְהוָה אֶת־הַדָּבָר
הַזֶּה מִמָּחֳרָת וַיָּמָת כֹּל מִקְנֵה מִצְרָיִם וּמִמִּקְנֵה בְנֵי־יִשְׂרָאֵל
ז לֹא־מֵת אֶחָד׃ וַיִּשְׁלַח פַּרְעֹה וְהִנֵּה לֹא־מֵת מִמִּקְנֵה יִשְׂרָאֵל
עַד־אֶחָד וַיִּכְבַּד לֵב פַּרְעֹה וְלֹא שִׁלַּח אֶת־הָעָם׃
ח וַיֹּאמֶר יְהוָה אֶל־מֹשֶׁה וְאֶל־אַהֲרֹן קְחוּ לָכֶם מְלֹא חָפְנֵיכֶם
ט פִּיחַ כִּבְשָׁן וּזְרָקוֹ מֹשֶׁה הַשָּׁמַיְמָה לְעֵינֵי פַרְעֹה׃ וְהָיָה לְאָבָק
עַל כָּל־אֶרֶץ מִצְרָיִם וְהָיָה עַל־הָאָדָם וְעַל־הַבְּהֵמָה לִשְׁחִין
י פֹּרֵחַ אֲבַעְבֻּעֹת בְּכָל־אֶרֶץ מִצְרָיִם׃ וַיִּקְחוּ אֶת־פִּיחַ הַכִּבְשָׁן
וַיַּעַמְדוּ לִפְנֵי פַרְעֹה וַיִּזְרֹק אֹתוֹ מֹשֶׁה הַשָּׁמָיְמָה וַיְהִי שְׁחִין
יא אֲבַעְבֻּעֹת פֹּרֵחַ בָּאָדָם וּבַבְּהֵמָה׃ וְלֹא־יָכְלוּ הַחַרְטֻמִּים לַעֲמֹד
לִפְנֵי מֹשֶׁה מִפְּנֵי הַשְּׁחִין כִּי־הָיָה הַשְּׁחִין בַּחַרְטֻמִּם וּבְכָל־מִצְרָיִם׃
יב וַיְחַזֵּק יְהוָה אֶת־לֵב פַּרְעֹה וְלֹא שָׁמַע אֲלֵהֶם כַּאֲשֶׁר דִּבֶּר
יג יְהוָה אֶל־מֹשֶׁה׃ וַיֹּאמֶר יְהוָה אֶל־מֹשֶׁה הַשְׁכֵּם
בַּבֹּקֶר וְהִתְיַצֵּב לִפְנֵי פַרְעֹה וְאָמַרְתָּ אֵלָיו כֹּה־אָמַר יְהוָה
יד אֱלֹהֵי הָעִבְרִים שַׁלַּח אֶת־עַמִּי וְיַעַבְדֻנִי׃ כִּי ׀ בַּפַּעַם הַזֹּאת אֲנִי
שֹׁלֵחַ אֶת־כָּל־מַגֵּפֹתַי אֶל־לִבְּךָ וּבַעֲבָדֶיךָ וּבְעַמֶּךָ בַּעֲבוּר תֵּדַע
טו כִּי אֵין כָּמֹנִי בְּכָל־הָאָרֶץ׃ כִּי עַתָּה שָׁלַחְתִּי אֶת־יָדִי וָאַךְ אוֹתְךָ
טז וְאֶת־עַמְּךָ בַּדָּבֶר וַתִּכָּחֵד מִן־הָאָרֶץ׃ וְאוּלָם בַּעֲבוּר זֹאת
הֶעֱמַדְתִּיךָ בַּעֲבוּר הַרְאֹתְךָ אֶת־כֹּחִי וּלְמַעַן סַפֵּר שְׁמִי בְּכָל־
יז יח הָאָרֶץ׃ עוֹדְךָ מִסְתּוֹלֵל בְּעַמִּי לְבִלְתִּי שַׁלְּחָם׃ הִנְנִי מַמְטִיר שביעי
כָּעֵת מָחָר בָּרָד כָּבֵד מְאֹד אֲשֶׁר לֹא־הָיָה כָמֹהוּ בְּמִצְרַיִם לְמִן־
יט הַיּוֹם הִוָּסְדָה וְעַד־עָתָּה׃ וְעַתָּה שְׁלַח הָעֵז אֶת־מִקְנְךָ וְאֵת כָּל־
אֲשֶׁר לְךָ בַּשָּׂדֶה כָּל־הָאָדָם וְהַבְּהֵמָה אֲשֶׁר־יִמָּצֵא בַשָּׂדֶה
כ וְלֹא יֵאָסֵף הַבַּיְתָה וְיָרַד עֲלֵהֶם הַבָּרָד וָמֵתוּ׃ הַיָּרֵא אֶת־דְּבַר

יְהוָה מֵעַבְדֵי פַּרְעֹה הֵנִיס אֶת־עֲבָדָיו וְאֶת־מִקְנֵהוּ אֶל־
הַבָּתִּים׃ וַאֲשֶׁר לֹא־שָׂם לִבּוֹ אֶל־דְּבַר יְהוָה וַיַּעֲזֹב אֶת־עֲבָדָיו כא
וְאֶת־מִקְנֵהוּ בַּשָּׂדֶה׃

וַיֹּאמֶר יְהוָה אֶל־מֹשֶׁה נְטֵה אֶת־יָדְךָ עַל־הַשָּׁמַיִם וִיהִי בָרָד כב
בְּכָל־אֶרֶץ מִצְרָיִם עַל־הָאָדָם וְעַל־הַבְּהֵמָה וְעַל כָּל־עֵשֶׂב
הַשָּׂדֶה בְּאֶרֶץ מִצְרָיִם׃ וַיֵּט מֹשֶׁה אֶת־מַטֵּהוּ עַל־הַשָּׁמַיִם כג
וַיהוָה נָתַן קֹלֹת וּבָרָד וַתִּהֲלַךְ־אֵשׁ אָרְצָה וַיַּמְטֵר יְהוָה בָּרָד
עַל־אֶרֶץ מִצְרָיִם׃ וַיְהִי בָרָד וְאֵשׁ מִתְלַקַּחַת בְּתוֹךְ הַבָּרָד כָּבֵד כד
מְאֹד אֲשֶׁר לֹא־הָיָה כָמֹהוּ בְּכָל־אֶרֶץ מִצְרַיִם מֵאָז הָיְתָה לְגוֹי׃
וַיַּךְ הַבָּרָד בְּכָל־אֶרֶץ מִצְרַיִם אֵת כָּל־אֲשֶׁר בַּשָּׂדֶה מֵאָדָם כה
וְעַד־בְּהֵמָה וְאֵת כָּל־עֵשֶׂב הַשָּׂדֶה הִכָּה הַבָּרָד וְאֶת־כָּל־עֵץ
הַשָּׂדֶה שִׁבֵּר׃ רַק בְּאֶרֶץ גֹּשֶׁן אֲשֶׁר־שָׁם בְּנֵי יִשְׂרָאֵל לֹא הָיָה כו
בָּרָד׃ וַיִּשְׁלַח פַּרְעֹה וַיִּקְרָא לְמֹשֶׁה וּלְאַהֲרֹן וַיֹּאמֶר אֲלֵהֶם כז
חָטָאתִי הַפָּעַם יְהוָה הַצַּדִּיק וַאֲנִי וְעַמִּי הָרְשָׁעִים׃ הַעְתִּירוּ כח
אֶל־יְהוָה וְרַב מִהְיֹת קֹלֹת אֱלֹהִים וּבָרָד וַאֲשַׁלְּחָה אֶתְכֶם וְלֹא
תֹסִפוּן לַעֲמֹד׃ וַיֹּאמֶר אֵלָיו מֹשֶׁה כְּצֵאתִי אֶת־הָעִיר אֶפְרֹשׂ כט
אֶת־כַּפַּי אֶל־יְהוָה הַקֹּלוֹת יֶחְדָּלוּן וְהַבָּרָד לֹא יִהְיֶה־עוֹד לְמַעַן
תֵּדַע כִּי לַיהוָה הָאָרֶץ׃ וְאַתָּה וַעֲבָדֶיךָ יָדַעְתִּי כִּי טֶרֶם תִּירְאוּן ל
מִפְּנֵי יְהוָה אֱלֹהִים׃ וְהַפִּשְׁתָּה וְהַשְּׂעֹרָה נֻכָּתָה כִּי הַשְּׂעֹרָה לא
אָבִיב וְהַפִּשְׁתָּה גִּבְעֹל׃ וְהַחִטָּה וְהַכֻּסֶּמֶת לֹא נֻכּוּ כִּי אֲפִילֹת לב
מפטיר הֵנָּה׃ וַיֵּצֵא מֹשֶׁה מֵעִם פַּרְעֹה אֶת־הָעִיר וַיִּפְרֹשׂ כַּפָּיו אֶל־יְהוָה לג
וַיַּחְדְּלוּ הַקֹּלוֹת וְהַבָּרָד וּמָטָר לֹא־נִתַּךְ אָרְצָה׃ וַיַּרְא פַּרְעֹה לד
כִּי־חָדַל הַמָּטָר וְהַבָּרָד וְהַקֹּלֹת וַיֹּסֶף לַחֲטֹא וַיַּכְבֵּד לִבּוֹ הוּא
וַעֲבָדָיו׃ וַיֶּחֱזַק לֵב פַּרְעֹה וְלֹא שִׁלַּח אֶת־בְּנֵי יִשְׂרָאֵל כַּאֲשֶׁר לה
דִּבֶּר יְהוָה בְּיַד־מֹשֶׁה׃

בא ז וַיֹּאמֶר יְהוָה אֶל־מֹשֶׁה בֹּא אֶל־פַּרְעֹה כִּי־אֲנִי הִכְבַּדְתִּי אֶת־ י א
לִבּוֹ וְאֶת־לֵב עֲבָדָיו לְמַעַן שִׁתִי אֹתֹתַי אֵלֶּה בְּקִרְבּוֹ׃ וּלְמַעַן ב

תְסַפֵּר בְּאָזְנֵי בִנְךָ וּבֶן־בִּנְךָ אֵת אֲשֶׁר הִתְעַלַּלְתִּי בְּמִצְרַיִם
ג וְאֶת־אֹתֹתַי אֲשֶׁר־שַׂמְתִּי בָם וִידַעְתֶּם כִּי־אֲנִי יהוה: וַיָּבֹא
מֹשֶׁה וְאַהֲרֹן אֶל־פַּרְעֹה וַיֹּאמְרוּ אֵלָיו כֹּה־אָמַר יהוה אֱלֹהֵי
הָעִבְרִים עַד־מָתַי מֵאַנְתָּ לֵעָנֹת מִפָּנָי שַׁלַּח עַמִּי וְיַעַבְדֻנִי:
ד כִּי אִם־מָאֵן אַתָּה לְשַׁלֵּחַ אֶת־עַמִּי הִנְנִי מֵבִיא מָחָר אַרְבֶּה
ה בִּגְבֻלֶךָ: וְכִסָּה אֶת־עֵין הָאָרֶץ וְלֹא יוּכַל לִרְאֹת אֶת־הָאָרֶץ
וְאָכַל ׀ אֶת־יֶתֶר הַפְּלֵטָה הַנִּשְׁאֶרֶת לָכֶם מִן־הַבָּרָד וְאָכַל אֶת־
ו כָּל־הָעֵץ הַצֹּמֵחַ לָכֶם מִן־הַשָּׂדֶה: וּמָלְאוּ בָתֶּיךָ וּבָתֵּי כָל־
עֲבָדֶיךָ וּבָתֵּי כָל־מִצְרַיִם אֲשֶׁר לֹא־רָאוּ אֲבֹתֶיךָ וַאֲבוֹת אֲבֹתֶיךָ
מִיּוֹם הֱיוֹתָם עַל־הָאֲדָמָה עַד הַיּוֹם הַזֶּה וַיִּפֶן וַיֵּצֵא מֵעִם פַּרְעֹה:
ז וַיֹּאמְרוּ עַבְדֵי פַרְעֹה אֵלָיו עַד־מָתַי יִהְיֶה זֶה לָנוּ לְמוֹקֵשׁ
שַׁלַּח אֶת־הָאֲנָשִׁים וְיַעַבְדוּ אֶת־יהוה אֱלֹהֵיהֶם הֲטֶרֶם תֵּדַע
ח כִּי אָבְדָה מִצְרָיִם: וַיּוּשַׁב אֶת־מֹשֶׁה וְאֶת־אַהֲרֹן אֶל־פַּרְעֹה
וַיֹּאמֶר אֲלֵהֶם לְכוּ עִבְדוּ אֶת־יהוה אֱלֹהֵיכֶם מִי וָמִי הַהֹלְכִים:
ט וַיֹּאמֶר מֹשֶׁה בִּנְעָרֵינוּ וּבִזְקֵנֵינוּ נֵלֵךְ בְּבָנֵינוּ וּבִבְנוֹתֵנוּ בְּצֹאנֵנוּ
י וּבִבְקָרֵנוּ נֵלֵךְ כִּי חַג־יהוה לָנוּ: וַיֹּאמֶר אֲלֵהֶם יְהִי כֵן יהוה
עִמָּכֶם כַּאֲשֶׁר אֲשַׁלַּח אֶתְכֶם וְאֶת־טַפְּכֶם רְאוּ כִּי רָעָה נֶגֶד
יא פְּנֵיכֶם: לֹא כֵן לְכוּ־נָא הַגְּבָרִים וְעִבְדוּ אֶת־יהוה כִּי אֹתָהּ אַתֶּם
יב מְבַקְשִׁים וַיְגָרֶשׁ אֹתָם מֵאֵת פְּנֵי פַרְעֹה: וַיֹּאמֶר שני
יהוה אֶל־מֹשֶׁה נְטֵה יָדְךָ עַל־אֶרֶץ מִצְרַיִם בָּאַרְבֶּה וְיַעַל עַל־
אֶרֶץ מִצְרָיִם וְיֹאכַל אֶת־כָּל־עֵשֶׂב הָאָרֶץ אֵת כָּל־אֲשֶׁר
יג הִשְׁאִיר הַבָּרָד: וַיֵּט מֹשֶׁה אֶת־מַטֵּהוּ עַל־אֶרֶץ מִצְרַיִם וַיהוה
נִהַג רוּחַ־קָדִים בָּאָרֶץ כָּל־הַיּוֹם הַהוּא וְכָל־הַלָּיְלָה הַבֹּקֶר
יד הָיָה וְרוּחַ הַקָּדִים נָשָׂא אֶת־הָאַרְבֶּה: וַיַּעַל הָאַרְבֶּה עַל כָּל־
אֶרֶץ מִצְרַיִם וַיָּנַח בְּכֹל גְּבוּל מִצְרָיִם כָּבֵד מְאֹד לְפָנָיו לֹא־
טו הָיָה כֵן אַרְבֶּה כָּמֹהוּ וְאַחֲרָיו לֹא יִהְיֶה־כֵּן: וַיְכַס אֶת־עֵין
כָּל־הָאָרֶץ וַתֶּחְשַׁךְ הָאָרֶץ וַיֹּאכַל אֶת־כָּל־עֵשֶׂב הָאָרֶץ וְאֵת

כָּל־פְּרִי הָעֵץ אֲשֶׁר הוֹתִיר הַבָּרָד וְלֹא־נוֹתַר כָּל־יֶרֶק בָּעֵץ
טז וּבְעֵשֶׂב הַשָּׂדֶה בְּכָל־אֶרֶץ מִצְרָיִם׃ וַיְמַהֵר פַּרְעֹה לִקְרֹא
יז לְמֹשֶׁה וּלְאַהֲרֹן וַיֹּאמֶר חָטָאתִי לַיהוָה אֱלֹהֵיכֶם וְלָכֶם׃ וְעַתָּה
שָׂא נָא חַטָּאתִי אַךְ הַפַּעַם וְהַעְתִּירוּ לַיהוָה אֱלֹהֵיכֶם וְיָסֵר
יח מֵעָלַי רַק אֶת־הַמָּוֶת הַזֶּה׃ וַיֵּצֵא מֵעִם פַּרְעֹה וַיֶּעְתַּר אֶל־יְהוָה׃
יט וַיַּהֲפֹךְ יְהוָה רוּחַ־יָם חָזָק מְאֹד וַיִּשָּׂא אֶת־הָאַרְבֶּה וַיִּתְקָעֵהוּ
כ יָמָּה סּוּף לֹא נִשְׁאַר אַרְבֶּה אֶחָד בְּכֹל גְּבוּל מִצְרָיִם׃ וַיְחַזֵּק
יְהוָה אֶת־לֵב פַּרְעֹה וְלֹא שִׁלַּח אֶת־בְּנֵי יִשְׂרָאֵל׃
כא וַיֹּאמֶר יְהוָה אֶל־מֹשֶׁה נְטֵה יָדְךָ עַל־הַשָּׁמַיִם וִיהִי חֹשֶׁךְ עַל־
כב אֶרֶץ מִצְרָיִם וְיָמֵשׁ חֹשֶׁךְ׃ וַיֵּט מֹשֶׁה אֶת־יָדוֹ עַל־הַשָּׁמָיִם
כג וַיְהִי חֹשֶׁךְ־אֲפֵלָה בְּכָל־אֶרֶץ מִצְרַיִם שְׁלֹשֶׁת יָמִים׃ לֹא־רָאוּ
אִישׁ אֶת־אָחִיו וְלֹא־קָמוּ אִישׁ מִתַּחְתָּיו שְׁלֹשֶׁת יָמִים וּלְכָל־
שלישי כד בְּנֵי יִשְׂרָאֵל הָיָה אוֹר בְּמוֹשְׁבֹתָם׃ וַיִּקְרָא פַרְעֹה אֶל־מֹשֶׁה
וַיֹּאמֶר לְכוּ עִבְדוּ אֶת־יְהוָה רַק צֹאנְכֶם וּבְקַרְכֶם יֻצָּג גַּם־
כה טַפְּכֶם יֵלֵךְ עִמָּכֶם׃ וַיֹּאמֶר מֹשֶׁה גַּם־אַתָּה תִּתֵּן בְּיָדֵנוּ זְבָחִים
כו וְעֹלֹת וְעָשִׂינוּ לַיהוָה אֱלֹהֵינוּ׃ וְגַם־מִקְנֵנוּ יֵלֵךְ עִמָּנוּ לֹא
תִשָּׁאֵר פַּרְסָה כִּי מִמֶּנּוּ נִקַּח לַעֲבֹד אֶת־יְהוָה אֱלֹהֵינוּ וַאֲנַחְנוּ
כז לֹא־נֵדַע מַה־נַּעֲבֹד אֶת־יְהוָה עַד־בֹּאֵנוּ שָׁמָּה׃ וַיְחַזֵּק
כח יְהוָה אֶת־לֵב פַּרְעֹה וְלֹא אָבָה לְשַׁלְּחָם׃ וַיֹּאמֶר־לוֹ פַרְעֹה
לֵךְ מֵעָלָי הִשָּׁמֶר לְךָ אַל־תֹּסֶף רְאוֹת פָּנַי כִּי בְּיוֹם רְאֹתְךָ
כט פָּנַי תָּמוּת׃ וַיֹּאמֶר מֹשֶׁה כֵּן דִּבַּרְתָּ לֹא־אֹסִף עוֹד רְאוֹת
פָּנֶיךָ׃

ח יא א וַיֹּאמֶר יְהוָה אֶל־מֹשֶׁה עוֹד נֶגַע אֶחָד אָבִיא עַל־פַּרְעֹה וְעַל־
מִצְרַיִם אַחֲרֵי־כֵן יְשַׁלַּח אֶתְכֶם מִזֶּה כְּשַׁלְּחוֹ כָּלָה גָּרֵשׁ יְגָרֵשׁ
ב אֶתְכֶם מִזֶּה׃ דַּבֶּר־נָא בְּאָזְנֵי הָעָם וְיִשְׁאֲלוּ אִישׁ ׀ מֵאֵת רֵעֵהוּ
ג וְאִשָּׁה מֵאֵת רְעוּתָהּ כְּלֵי־כֶסֶף וּכְלֵי זָהָב׃ וַיִּתֵּן יְהוָה אֶת־חֵן
הָעָם בְּעֵינֵי מִצְרָיִם גַּם ׀ הָאִישׁ מֹשֶׁה גָּדוֹל מְאֹד בְּאֶרֶץ מִצְרַיִם

ד בְּעֵינֵ֥י עַבְדֵֽי־פַרְעֹ֖ה וּבְעֵינֵ֥י הָעָֽם׃ וַיֹּ֣אמֶר מֹשֶׁ֔ה רביעי
ה כֹּ֖ה אָמַ֣ר יְהוָ֑ה כַּחֲצֹ֣ת הַלַּ֔יְלָה אֲנִ֥י יוֹצֵ֖א בְּת֥וֹךְ מִצְרָֽיִם׃ וּמֵ֣ת
כָּל־בְּכוֹר֮ בְּאֶ֣רֶץ מִצְרַיִם֒ מִבְּכ֤וֹר פַּרְעֹה֙ הַיֹּשֵׁ֣ב עַל־כִּסְא֔וֹ עַ֚ד
ו בְּכ֣וֹר הַשִּׁפְחָ֔ה אֲשֶׁ֖ר אַחַ֣ר הָרֵחָ֑יִם וְכֹ֖ל בְּכ֥וֹר בְּהֵמָֽה׃ וְהָֽיְתָ֛ה
צְעָקָ֥ה גְדֹלָ֖ה בְּכָל־אֶ֣רֶץ מִצְרָ֑יִם אֲשֶׁ֤ר כָּמֹ֙הוּ֙ לֹ֣א נִהְיָ֔תָה
ז וְכָמֹ֖הוּ לֹ֥א תֹסִֽף׃ וּלְכֹ֣ל ׀ בְּנֵ֣י יִשְׂרָאֵ֗ל לֹ֤א יֶֽחֱרַץ־כֶּ֙לֶב֙ לְשֹׁנ֔וֹ
לְמֵאִ֖ישׁ וְעַד־בְּהֵמָ֑ה לְמַ֙עַן֙ תֵּֽדְע֔וּן אֲשֶׁר֙ יַפְלֶ֣ה יְהוָ֔ה בֵּ֥ין מִצְרַ֖יִם
ח וּבֵ֥ין יִשְׂרָאֵֽל׃ וְיָרְד֣וּ כָל־עֲבָדֶ֣יךָ אֵ֠לֶּה אֵלַ֨י וְהִשְׁתַּֽחֲווּ־לִ֤י לֵאמֹר֙
צֵ֤א אַתָּה֙ וְכָל־הָעָ֣ם אֲשֶׁר־בְּרַגְלֶ֔יךָ וְאַחֲרֵי־כֵ֖ן אֵצֵ֑א וַיֵּ֥צֵא
ט מֵעִם־פַּרְעֹ֖ה בָּחֳרִי־אָֽף׃ וַיֹּ֤אמֶר יְהוָה֙ אֶל־
מֹשֶׁ֔ה לֹא־יִשְׁמַ֥ע אֲלֵיכֶ֖ם פַּרְעֹ֑ה לְמַ֛עַן רְב֥וֹת מוֹפְתַ֖י בְּאֶ֥רֶץ
י מִצְרָֽיִם׃ וּמֹשֶׁ֣ה וְאַהֲרֹ֗ן עָשׂ֛וּ אֶת־כָּל־הַמֹּפְתִ֥ים הָאֵ֖לֶּה לִפְנֵ֣י
פַרְעֹ֑ה וַיְחַזֵּ֤ק יְהוָה֙ אֶת־לֵ֣ב פַּרְעֹ֔ה וְלֹֽא־שִׁלַּ֥ח אֶת־בְּנֵֽי־יִשְׂרָאֵ֖ל
יב א מֵאַרְצֽוֹ׃ וַיֹּ֤אמֶר יְהוָה֙ אֶל־מֹשֶׁ֣ה וְאֶֽל־אַהֲרֹ֔ן
ב בְּאֶ֥רֶץ מִצְרַ֖יִם לֵאמֹֽר׃ הַחֹ֧דֶשׁ הַזֶּ֛ה לָכֶ֖ם רֹ֣אשׁ חֳדָשִׁ֑ים רִאשׁ֥וֹן
ג ה֙וּא֙ לָכֶ֔ם לְחָדְשֵׁ֖י הַשָּׁנָֽה׃ דַּבְּר֗וּ אֶֽל־כָּל־עֲדַ֤ת יִשְׂרָאֵל֙ לֵאמֹ֔ר
בֶּעָשֹׂ֖ר לַחֹ֣דֶשׁ הַזֶּ֑ה וְיִקְח֣וּ לָהֶ֗ם אִ֛ישׁ שֶׂ֥ה לְבֵית־אָבֹ֖ת שֶׂ֥ה
ד לַבָּֽיִת׃ וְאִם־יִמְעַ֣ט הַבַּיִת֮ מִהְי֣וֹת מִשֶּׂה֒ וְלָקַ֣ח ה֗וּא וּשְׁכֵנ֛וֹ
הַקָּרֹ֥ב אֶל־בֵּית֖וֹ בְּמִכְסַ֣ת נְפָשֹׁ֑ת אִ֚ישׁ לְפִ֣י אָכְל֔וֹ תָּכֹ֖סּוּ עַל־
ה הַשֶּֽׂה׃ שֶׂ֥ה תָמִ֛ים זָכָ֥ר בֶּן־שָׁנָ֖ה יִהְיֶ֣ה לָכֶ֑ם מִן־הַכְּבָשִׂ֥ים וּמִן־
ו הָעִזִּ֖ים תִּקָּֽחוּ׃ וְהָיָ֤ה לָכֶם֙ לְמִשְׁמֶ֔רֶת עַ֣ד אַרְבָּעָ֥ה עָשָׂ֛ר י֖וֹם
לַחֹ֣דֶשׁ הַזֶּ֑ה וְשָׁחֲט֣וּ אֹת֗וֹ כֹּ֛ל קְהַ֥ל עֲדַת־יִשְׂרָאֵ֖ל בֵּ֥ין הָעַרְבָּֽיִם׃
ז וְלָֽקְחוּ֙ מִן־הַדָּ֔ם וְנָֽתְנ֛וּ עַל־שְׁתֵּ֥י הַמְּזוּזֹ֖ת וְעַל־הַמַּשְׁק֑וֹף עַ֚ל
ח הַבָּ֣תִּ֔ים אֲשֶׁר־יֹאכְל֥וּ אֹת֖וֹ בָּהֶֽם׃ וְאָכְל֥וּ אֶת־הַבָּשָׂ֖ר בַּלַּ֣יְלָה
ט הַזֶּ֑ה צְלִי־אֵ֣שׁ וּמַצּ֔וֹת עַל־מְרֹרִ֖ים יֹאכְלֻֽהוּ׃ אַל־תֹּאכְל֤וּ מִמֶּ֙נּוּ֙
נָ֔א וּבָשֵׁ֥ל מְבֻשָּׁ֖ל בַּמָּ֑יִם כִּ֣י אִם־צְלִי־אֵ֔שׁ רֹאשׁ֥וֹ עַל־כְּרָעָ֖יו
י וְעַל־קִרְבּֽוֹ׃ וְלֹֽא־תוֹתִ֥ירוּ מִמֶּ֖נּוּ עַד־בֹּ֑קֶר וְהַנֹּתָ֥ר מִמֶּ֛נּוּ עַד־

יא בֹּקֶר בָּאֵשׁ תִּשְׂרֹפוּ׃ וְכָכָה תֹּאכְלוּ אֹתוֹ מׇתְנֵיכֶם חֲגֻרִים
נַעֲלֵיכֶם בְּרַגְלֵיכֶם וּמַקֶּלְכֶם בְּיֶדְכֶם וַאֲכַלְתֶּם אֹתוֹ בְּחִפָּזוֹן
יב פֶּסַח הוּא לַיהוָה׃ וְעָבַרְתִּי בְאֶרֶץ־מִצְרַיִם בַּלַּיְלָה הַזֶּה וְהִכֵּיתִי
כׇל־בְּכוֹר בְּאֶרֶץ מִצְרַיִם מֵאָדָם וְעַד־בְּהֵמָה וּבְכׇל־אֱלֹהֵי
יג מִצְרַיִם אֶעֱשֶׂה שְׁפָטִים אֲנִי יהוה׃ וְהָיָה הַדָּם לָכֶם לְאֹת עַל
הַבָּתִּים אֲשֶׁר אַתֶּם שָׁם וְרָאִיתִי אֶת־הַדָּם וּפָסַחְתִּי עֲלֵכֶם
יד וְלֹא־יִהְיֶה בָכֶם נֶגֶף לְמַשְׁחִית בְּהַכֹּתִי בְּאֶרֶץ מִצְרָיִם׃ וְהָיָה
הַיּוֹם הַזֶּה לָכֶם לְזִכָּרוֹן וְחַגֹּתֶם אֹתוֹ חַג לַיהוָה לְדֹרֹתֵיכֶם
טו חֻקַּת עוֹלָם תְּחָגֻּהוּ׃ שִׁבְעַת יָמִים מַצּוֹת תֹּאכֵלוּ אַךְ בַּיּוֹם
הָרִאשׁוֹן תַּשְׁבִּיתוּ שְּׂאֹר מִבָּתֵּיכֶם כִּי ׀ כׇּל־אֹכֵל חָמֵץ וְנִכְרְתָה
טז הַנֶּפֶשׁ הַהִוא מִיִּשְׂרָאֵל מִיּוֹם הָרִאשֹׁן עַד־יוֹם הַשְּׁבִעִי׃ וּבַיּוֹם
הָרִאשׁוֹן מִקְרָא־קֹדֶשׁ וּבַיּוֹם הַשְּׁבִיעִי מִקְרָא־קֹדֶשׁ יִהְיֶה לָכֶם
כׇּל־מְלָאכָה לֹא־יֵעָשֶׂה בָהֶם אַךְ אֲשֶׁר יֵאָכֵל לְכׇל־נֶפֶשׁ הוּא
יז לְבַדּוֹ יֵעָשֶׂה לָכֶם׃ וּשְׁמַרְתֶּם אֶת־הַמַּצּוֹת כִּי בְּעֶצֶם הַיּוֹם
הַזֶּה הוֹצֵאתִי אֶת־צִבְאוֹתֵיכֶם מֵאֶרֶץ מִצְרָיִם וּשְׁמַרְתֶּם אֶת־
יח הַיּוֹם הַזֶּה לְדֹרֹתֵיכֶם חֻקַּת עוֹלָם׃ בָּרִאשֹׁן בְּאַרְבָּעָה עָשָׂר
יוֹם לַחֹדֶשׁ בָּעֶרֶב תֹּאכְלוּ מַצֹּת עַד יוֹם הָאֶחָד וְעֶשְׂרִים
יט לַחֹדֶשׁ בָּעָרֶב׃ שִׁבְעַת יָמִים שְׂאֹר לֹא יִמָּצֵא בְּבָתֵּיכֶם כִּי ׀
כׇּל־אֹכֵל מַחְמֶצֶת וְנִכְרְתָה הַנֶּפֶשׁ הַהִוא מֵעֲדַת יִשְׂרָאֵל בַּגֵּר
כ וּבְאֶזְרַח הָאָרֶץ׃ כׇּל־מַחְמֶצֶת לֹא תֹאכֵלוּ בְּכֹל מוֹשְׁבֹתֵיכֶם
תֹּאכְלוּ מַצּוֹת׃

חמישי
כא וַיִּקְרָא מֹשֶׁה לְכׇל־זִקְנֵי יִשְׂרָאֵל וַיֹּאמֶר אֲלֵהֶם מִשְׁכוּ וּקְחוּ
כב לָכֶם צֹאן לְמִשְׁפְּחֹתֵיכֶם וְשַׁחֲטוּ הַפָּסַח׃ וּלְקַחְתֶּם אֲגֻדַּת אֵזוֹב
וּטְבַלְתֶּם בַּדָּם אֲשֶׁר־בַּסַּף וְהִגַּעְתֶּם אֶל־הַמַּשְׁקוֹף וְאֶל־שְׁתֵּי
הַמְּזוּזֹת מִן־הַדָּם אֲשֶׁר בַּסָּף וְאַתֶּם לֹא תֵצְאוּ אִישׁ מִפֶּתַח־
כג בֵּיתוֹ עַד־בֹּקֶר׃ וְעָבַר יהוה לִנְגֹּף אֶת־מִצְרַיִם וְרָאָה אֶת־
הַדָּם עַל־הַמַּשְׁקוֹף וְעַל שְׁתֵּי הַמְּזוּזֹת וּפָסַח יהוה עַל־הַפֶּתַח

כד וְלֹא יִתֵּן הַמַּשְׁחִית לָבֹא אֶל־בָּתֵּיכֶם לִנְגֹּף׃ וּשְׁמַרְתֶּם אֶת־
כה הַדָּבָר הַזֶּה לְחָק־לְךָ וּלְבָנֶיךָ עַד־עוֹלָם׃ וְהָיָה כִּי־תָבֹאוּ
אֶל־הָאָרֶץ אֲשֶׁר יִתֵּן יהוה לָכֶם כַּאֲשֶׁר דִּבֵּר וּשְׁמַרְתֶּם אֶת־
כו הָעֲבֹדָה הַזֹּאת׃ וְהָיָה כִּי־יֹאמְרוּ אֲלֵיכֶם בְּנֵיכֶם מָה הָעֲבֹדָה
כז הַזֹּאת לָכֶם׃ וַאֲמַרְתֶּם זֶבַח־פֶּסַח הוּא לַיהוה אֲשֶׁר פָּסַח עַל־
בָּתֵּי בְנֵי־יִשְׂרָאֵל בְּמִצְרַיִם בְּנָגְפּוֹ אֶת־מִצְרַיִם וְאֶת־בָּתֵּינוּ הִצִּיל
כח וַיִּקֹּד הָעָם וַיִּשְׁתַּחֲווּ׃ וַיֵּלְכוּ וַיַּעֲשׂוּ בְּנֵי יִשְׂרָאֵל כַּאֲשֶׁר צִוָּה
כט יהוה אֶת־מֹשֶׁה וְאַהֲרֹן כֵּן עָשׂוּ׃ וַיְהִי ׀ בַּחֲצִי הַלַּיְלָה ט ששי
וַיהוה הִכָּה כָל־בְּכוֹר בְּאֶרֶץ מִצְרַיִם מִבְּכֹר פַּרְעֹה הַיֹּשֵׁב עַל־
כִּסְאוֹ עַד בְּכוֹר הַשְּׁבִי אֲשֶׁר בְּבֵית הַבּוֹר וְכֹל בְּכוֹר בְּהֵמָה׃
ל וַיָּקָם פַּרְעֹה לַיְלָה הוּא וְכָל־עֲבָדָיו וְכָל־מִצְרַיִם וַתְּהִי צְעָקָה
לא גְדֹלָה בְּמִצְרָיִם כִּי־אֵין בַּיִת אֲשֶׁר אֵין־שָׁם מֵת׃ וַיִּקְרָא לְמֹשֶׁה
וּלְאַהֲרֹן לַיְלָה וַיֹּאמֶר קוּמוּ צְּאוּ מִתּוֹךְ עַמִּי גַּם־אַתֶּם גַּם־
לב בְּנֵי יִשְׂרָאֵל וּלְכוּ עִבְדוּ אֶת־יהוה כְּדַבֶּרְכֶם׃ גַּם־צֹאנְכֶם גַּם־
לג בְּקַרְכֶם קְחוּ כַּאֲשֶׁר דִּבַּרְתֶּם וָלֵכוּ וּבֵרַכְתֶּם גַּם־אֹתִי׃ וַתֶּחֱזַק
מִצְרַיִם עַל־הָעָם לְמַהֵר לְשַׁלְּחָם מִן־הָאָרֶץ כִּי אָמְרוּ כֻּלָּנוּ
לד מֵתִים׃ וַיִּשָּׂא הָעָם אֶת־בְּצֵקוֹ טֶרֶם יֶחְמָץ מִשְׁאֲרֹתָם צְרֻרֹת
לה בְּשִׂמְלֹתָם עַל־שִׁכְמָם׃ וּבְנֵי־יִשְׂרָאֵל עָשׂוּ כִּדְבַר מֹשֶׁה וַיִּשְׁאֲלוּ
לו מִמִּצְרַיִם כְּלֵי־כֶסֶף וּכְלֵי זָהָב וּשְׂמָלֹת׃ וַיהוה נָתַן אֶת־חֵן הָעָם
בְּעֵינֵי מִצְרַיִם וַיַּשְׁאִלוּם וַיְנַצְּלוּ אֶת־מִצְרָיִם׃
לז וַיִּסְעוּ בְנֵי־יִשְׂרָאֵל מֵרַעְמְסֵס סֻכֹּתָה כְּשֵׁשׁ־מֵאוֹת אֶלֶף רַגְלִי
לח הַגְּבָרִים לְבַד מִטָּף׃ וְגַם־עֵרֶב רַב עָלָה אִתָּם וְצֹאן וּבָקָר
לט מִקְנֶה כָּבֵד מְאֹד׃ וַיֹּאפוּ אֶת־הַבָּצֵק אֲשֶׁר הוֹצִיאוּ מִמִּצְרַיִם
עֻגֹת מַצּוֹת כִּי לֹא חָמֵץ כִּי־גֹרְשׁוּ מִמִּצְרַיִם וְלֹא יָכְלוּ לְהִתְמַהְמֵהַּ
מ וְגַם־צֵדָה לֹא־עָשׂוּ לָהֶם׃ וּמוֹשַׁב בְּנֵי יִשְׂרָאֵל אֲשֶׁר יָשְׁבוּ
מא בְּמִצְרָיִם שְׁלֹשִׁים שָׁנָה וְאַרְבַּע מֵאוֹת שָׁנָה׃ וַיְהִי מִקֵּץ שְׁלֹשִׁים
שָׁנָה וְאַרְבַּע מֵאוֹת שָׁנָה וַיְהִי בְּעֶצֶם הַיּוֹם הַזֶּה יָצְאוּ כָּל־

שמות

יב

צִבְא֧וֹת יְהוָ֛ה מֵאֶ֥רֶץ מִצְרָֽיִם: לֵ֣יל שִׁמֻּרִ֥ים הוּא֙ לַֽיהוָ֔ה מב
לְהוֹצִיאָ֖ם מֵאֶ֣רֶץ מִצְרָ֑יִם הֽוּא־הַלַּ֤יְלָה הַזֶּה֙ לַֽיהוָ֔ה שִׁמֻּרִ֥ים
לְכָל־בְּנֵ֥י יִשְׂרָאֵ֖ל לְדֹרֹתָֽם:

וַיֹּ֤אמֶר יְהוָה֙ אֶל־מֹשֶׁ֣ה וְאַֽהֲרֹ֔ן זֹ֖את חֻקַּ֣ת הַפָּ֑סַח כָּל־בֶּן־נֵכָ֖ר מג
לֹא־יֹ֥אכַל בּֽוֹ: וְכָל־עֶ֥בֶד אִ֖ישׁ מִקְנַת־כָּ֑סֶף וּמַלְתָּ֣ה אֹת֔וֹ אָ֖ז מד
יֹ֥אכַל בּֽוֹ: תּוֹשָׁ֥ב וְשָׂכִ֖יר לֹא־יֹ֥אכַל בּֽוֹ: בְּבַ֤יִת אֶחָד֙ יֵֽאָכֵ֔ל לֹֽא־ מה
תוֹצִ֧יא מִן־הַבַּ֛יִת מִן־הַבָּשָׂ֖ר ח֑וּצָה וְעֶ֖צֶם לֹ֥א תִשְׁבְּרוּ־בֽוֹ:
כָּל־עֲדַ֥ת יִשְׂרָאֵ֖ל יַֽעֲשׂ֥וּ אֹתֽוֹ: וְכִֽי־יָג֨וּר אִתְּךָ֜ גֵּ֗ר וְעָ֣שָׂה פֶ֨סַח֙ מח
לַֽיהוָ֔ה הִמּ֧וֹל ל֣וֹ כָל־זָכָ֗ר וְאָז֙ יִקְרַ֣ב לַֽעֲשֹׂת֔וֹ וְהָיָ֖ה כְּאֶזְרַ֣ח הָאָ֑רֶץ
וְכָל־עָרֵ֖ל לֹא־יֹ֥אכַל בּֽוֹ: תּוֹרָ֣ה אַחַ֔ת יִֽהְיֶ֖ה לָֽאֶזְרָ֑ח וְלַגֵּ֖ר הַגָּ֥ר מט
בְּתֽוֹכְכֶֽם: וַיַּֽעֲשׂ֖וּ כָּל־בְּנֵ֣י יִשְׂרָאֵ֑ל כַּֽאֲשֶׁ֨ר צִוָּ֧ה יְהוָ֛ה אֶת־מֹשֶׁ֥ה נ
וְאֶֽת־אַֽהֲרֹ֖ן כֵּ֥ן עָשֽׂוּ: וַיְהִ֕י בְּעֶ֖צֶם הַיּ֣וֹם הַזֶּ֑ה הוֹצִ֣יא נא
יְהוָ֗ה אֶת־בְּנֵ֧י יִשְׂרָאֵ֛ל מֵאֶ֥רֶץ מִצְרַ֖יִם עַל־צִבְאֹתָֽם:

שביעי וַיְדַבֵּ֥ר יְהוָ֖ה אֶל־מֹשֶׁ֥ה לֵּאמֹֽר: קַדֶּשׁ־לִ֤י כָל־בְּכוֹר֙ פֶּ֣טֶר כָּל־רֶ֔חֶם יג א
בִּבְנֵ֤י יִשְׂרָאֵל֙ בָּֽאָדָ֣ם וּבַבְּהֵמָ֔ה לִ֖י הֽוּא: וַיֹּ֤אמֶר מֹשֶׁה֙ אֶל־הָעָ֔ם ב
זָכ֞וֹר אֶת־הַיּ֤וֹם הַזֶּה֙ אֲשֶׁ֨ר יְצָאתֶ֤ם מִמִּצְרַ֨יִם֙ מִבֵּ֣ית עֲבָדִ֔ים כִּ֚י ג
בְּחֹ֣זֶק יָ֔ד הוֹצִ֧יא יְהוָ֛ה אֶתְכֶ֖ם מִזֶּ֑ה וְלֹ֥א יֵֽאָכֵ֖ל חָמֵֽץ: הַיּ֖וֹם ד
אַתֶּ֣ם יֹֽצְאִ֑ים בְּחֹ֖דֶשׁ הָֽאָבִֽיב: וְהָיָ֣ה כִֽי־יְבִֽיאֲךָ֣ יְהוָ֡ה אֶל־אֶ֣רֶץ ה
הַֽכְּנַעֲנִ֡י וְהַֽחִתִּ֡י וְהָֽאֱמֹרִי֩ וְהַֽחִוִּ֨י וְהַיְבוּסִ֜י אֲשֶׁ֨ר נִשְׁבַּ֤ע לַֽאֲבֹתֶ֨יךָ֙
לָ֣תֶת לָ֔ךְ אֶ֛רֶץ זָבַ֥ת חָלָ֖ב וּדְבָ֑שׁ וְעָֽבַדְתָּ֛ אֶת־הָֽעֲבֹדָ֥ה הַזֹּ֖את
בַּחֹ֥דֶשׁ הַזֶּֽה: שִׁבְעַ֥ת יָמִ֖ים תֹּאכַ֣ל מַצֹּ֑ת וּבַיּוֹם֙ הַשְּׁבִיעִ֔י חַ֖ג ו
לַֽיהוָֽה: מַצּוֹת֙ יֵֽאָכֵ֔ל אֵ֖ת שִׁבְעַ֣ת הַיָּמִ֑ים וְלֹֽא־יֵֽרָאֶ֨ה לְךָ֜ חָמֵ֗ץ ז
וְלֹֽא־יֵֽרָאֶ֥ה לְךָ֛ שְׂאֹ֖ר בְּכָל־גְּבֻלֶֽךָ: וְהִגַּדְתָּ֣ לְבִנְךָ֔ בַּיּ֥וֹם הַה֖וּא ח
לֵאמֹ֑ר בַּֽעֲב֣וּר זֶ֗ה עָשָׂ֤ה יְהוָה֙ לִ֔י בְּצֵאתִ֖י מִמִּצְרָֽיִם: וְהָיָה֩ לְךָ֨ ט
לְא֜וֹת עַל־יָֽדְךָ֗ וּלְזִכָּרוֹן֙ בֵּ֣ין עֵינֶ֔יךָ לְמַ֗עַן תִּֽהְיֶ֛ה תּוֹרַ֥ת יְהוָ֖ה
בְּפִ֑יךָ כִּ֚י בְּיָ֣ד חֲזָקָ֔ה הוֹצִֽאֲךָ֥ יְהוָ֖ה מִמִּצְרָֽיִם: וְשָֽׁמַרְתָּ֛ אֶת־ י
הַֽחֻקָּ֥ה הַזֹּ֖את לְמֽוֹעֲדָ֑הּ מִיָּמִ֖ים יָמִֽימָה:

יא וְהָיָ֞ה כִּֽי־יְבִאֲךָ֤ יְהוָה֙ אֶל־אֶ֣רֶץ הַֽכְּנַעֲנִ֔י כַּאֲשֶׁ֛ר נִשְׁבַּ֥ע לְךָ֖
יב וְלַֽאֲבֹתֶ֑יךָ וּנְתָנָ֖הּ לָֽךְ: וְהַעֲבַרְתָּ֥ כָל־פֶּֽטֶר־רֶ֖חֶם לַֽיהוָ֑ה וְכָל־
יג פֶּ֣טֶר ׀ שֶׁ֣גֶר בְּהֵמָ֗ה אֲשֶׁ֨ר יִהְיֶ֥ה לְךָ֛ הַזְּכָרִ֖ים לַֽיהוָֽה: וְכָל־פֶּ֤טֶר
חֲמֹר֙ תִּפְדֶּ֣ה בְשֶׂ֔ה וְאִם־לֹ֥א תִפְדֶּ֖ה וַעֲרַפְתּ֑וֹ וְכֹ֨ל בְּכ֥וֹר אָדָ֛ם
מפטיר בְּבָנֶ֖יךָ תִּפְדֶּֽה: וְהָיָ֞ה כִּֽי־יִשְׁאָלְךָ֥ בִנְךָ֛ מָחָ֖ר לֵאמֹ֣ר מַה־זֹּ֑את
יד וְאָמַרְתָּ֣ אֵלָ֔יו בְּחֹ֣זֶק יָ֗ד הוֹצִיאָ֧נוּ יְהוָ֛ה מִמִּצְרַ֖יִם מִבֵּ֥ית עֲבָדִֽים:
טו וַיְהִ֗י כִּֽי־הִקְשָׁ֣ה פַרְעֹה֮ לְשַׁלְּחֵנוּ֒ וַיַּהֲרֹ֣ג יְהוָֹ֤ה כָּל־בְּכוֹר֙ בְּאֶ֣רֶץ
מִצְרַ֔יִם מִבְּכֹ֥ר אָדָ֖ם וְעַד־בְּכ֣וֹר בְּהֵמָ֑ה עַל־כֵּן֩ אֲנִ֨י זֹבֵ֜חַ לַֽיהוָֹ֗ה
טז כָּל־פֶּ֤טֶר רֶ֨חֶם֙ הַזְּכָרִ֔ים וְכָל־בְּכ֥וֹר בָּנַ֖י אֶפְדֶּֽה: וְהָיָ֤ה לְאוֹת֙
עַל־יָ֣דְכָ֔ה וּלְטוֹטָפֹ֖ת בֵּ֣ין עֵינֶ֑יךָ כִּ֚י בְּחֹ֣זֶק יָ֔ד הוֹצִיאָ֥נוּ יְהוָ֖ה
בשלח יז מִמִּצְרָֽיִם: וַיְהִ֗י בְּשַׁלַּ֣ח פַּרְעֹה֮ אֶת־הָעָם֒ וְלֹֽא־
נָחָ֣ם אֱלֹהִ֗ים דֶּ֚רֶךְ אֶ֣רֶץ פְּלִשְׁתִּ֔ים כִּ֥י קָר֖וֹב ה֑וּא כִּ֣י ׀ אָמַ֣ר
יח אֱלֹהִ֗ים פֶּֽן־יִנָּחֵ֥ם הָעָ֛ם בִּרְאֹתָ֥ם מִלְחָמָ֖ה וְשָׁ֣בוּ מִצְרָֽיְמָה: וַיַּסֵּ֨ב
אֱלֹהִ֧ים ׀ אֶת־הָעָ֛ם דֶּ֥רֶךְ הַמִּדְבָּ֖ר יַם־ס֑וּף וַחֲמֻשִׁ֛ים עָל֥וּ בְנֵי־
יט יִשְׂרָאֵ֖ל מֵאֶ֥רֶץ מִצְרָֽיִם: וַיִּקַּ֥ח מֹשֶׁ֛ה אֶת־עַצְמ֥וֹת יוֹסֵ֖ף עִמּ֑וֹ
כִּי֩ הַשְׁבֵּ֨עַ הִשְׁבִּ֜יעַ אֶת־בְּנֵ֤י יִשְׂרָאֵל֙ לֵאמֹ֔ר פָּקֹ֨ד יִפְקֹ֤ד אֱלֹהִים֙
כ אֶתְכֶ֔ם וְהַעֲלִיתֶ֧ם אֶת־עַצְמֹתַ֛י מִזֶּ֖ה אִתְּכֶֽם: וַיִּסְע֖וּ מִסֻּכֹּ֑ת
כא וַיַּחֲנ֣וּ בְאֵתָ֔ם בִּקְצֵ֖ה הַמִּדְבָּֽר: וַֽיהוָ֡ה הֹלֵךְ֩ לִפְנֵיהֶ֨ם יוֹמָ֜ם
בְּעַמּ֤וּד עָנָן֙ לַנְחֹתָ֣ם הַדֶּ֔רֶךְ וְלַ֛יְלָה בְּעַמּ֥וּד אֵ֖שׁ לְהָאִ֣יר לָהֶ֑ם
כב לָלֶ֖כֶת יוֹמָ֥ם וָלָֽיְלָה: לֹֽא־יָמִ֞ישׁ עַמּ֤וּד הֶֽעָנָן֙ יוֹמָ֔ם וְעַמּ֥וּד הָאֵ֖שׁ
לָ֑יְלָה לִפְנֵ֖י הָעָֽם:

יד א וַיְדַבֵּ֥ר יְהוָ֖ה אֶל־מֹשֶׁ֥ה לֵּאמֹֽר: דַּבֵּר֮ אֶל־בְּנֵ֣י יִשְׂרָאֵל֒ וְיָשֻׁ֗בוּ וְיַחֲנוּ֙
לִפְנֵי֙ פִּ֣י הַֽחִירֹ֔ת בֵּ֥ין מִגְדֹּ֖ל וּבֵ֣ין הַיָּ֑ם לִפְנֵי֙ בַּ֣עַל צְפֹ֔ן נִכְח֥וֹ תַחֲנ֖וּ
ג עַל־הַיָּֽם: וְאָמַ֤ר פַּרְעֹה֙ לִבְנֵ֣י יִשְׂרָאֵ֔ל נְבֻכִ֥ים הֵ֖ם בָּאָ֑רֶץ סָגַ֥ר
ד עֲלֵיהֶ֖ם הַמִּדְבָּֽר: וְחִזַּקְתִּ֣י אֶת־לֵב־פַּרְעֹה֮ וְרָדַ֣ף אַחֲרֵיהֶם֒ וְאִכָּבְדָ֤ה
בְּפַרְעֹה֙ וּבְכָל־חֵיל֔וֹ וְיָדְע֥וּ מִצְרַ֖יִם כִּֽי־אֲנִ֣י יְהוָ֑ה וַיַּֽעֲשׂוּ־כֵֽן:
ה וַיֻּגַּד֙ לְמֶ֣לֶךְ מִצְרַ֔יִם כִּ֥י בָרַ֖ח הָעָ֑ם וַ֠יֵּהָפֵךְ לְבַ֨ב פַּרְעֹ֤ה וַעֲבָדָיו֙

אֶל־הָעָ֔ם וַיֹּ֣אמְר֔וּ מַה־זֹּ֣את עָשִׂ֔ינוּ כִּֽי־שִׁלַּ֥חְנוּ אֶת־יִשְׂרָאֵ֖ל
מֵעָבְדֵ֑נוּ: וַיֶּאְסֹ֖ר אֶת־רִכְבּ֑וֹ וְאֶת־עַמּ֖וֹ לָקַ֥ח עִמּֽוֹ: וַיִּקַּ֗ח שֵׁשׁ־ ז
מֵא֤וֹת רֶ֙כֶב֙ בָּח֔וּר וְכֹ֖ל רֶ֣כֶב מִצְרָ֑יִם וְשָׁלִשִׁ֖ם עַל־כֻּלּֽוֹ: וַיְחַזֵּ֣ק ח
יְהֹוָ֗ה אֶת־לֵ֤ב פַּרְעֹה֙ מֶ֣לֶךְ מִצְרַ֔יִם וַיִּרְדֹּ֕ף אַחֲרֵ֖י בְּנֵ֣י יִשְׂרָאֵ֑ל
וּבְנֵ֣י יִשְׂרָאֵ֔ל יֹצְאִ֖ים בְּיָ֥ד רָמָֽה: וַיִּרְדְּפ֨וּ מִצְרַ֜יִם אַחֲרֵיהֶ֗ם וַיַּשִּׂ֤יגוּ ט
אוֹתָם֙ חֹנִ֣ים עַל־הַיָּ֔ם כָּל־סוּס֙ רֶ֣כֶב פַּרְעֹ֔ה וּפָרָשָׁ֖יו וְחֵיל֑וֹ עַל־
פִּי֙ הַֽחִירֹ֔ת לִפְנֵ֖י בַּ֥עַל צְפֹֽן: וּפַרְעֹ֖ה הִקְרִ֑יב וַיִּשְׂא֣וּ בְנֵי־יִשְׂרָאֵ֣ל י
אֶת־עֵינֵיהֶ֡ם וְהִנֵּ֣ה מִצְרַ֣יִם ׀ נֹסֵ֣עַ אַחֲרֵיהֶם֮ וַיִּֽירְא֣וּ מְאֹד֒ וַיִּצְעֲק֥וּ
בְנֵֽי־יִשְׂרָאֵ֖ל אֶל־יְהֹוָֽה: וַיֹּאמְר֣וּ אֶל־מֹשֶׁ֗ה הֲֽמִבְּלִ֤י אֵין־קְבָרִים֙ יא
בְּמִצְרַ֔יִם לְקַחְתָּ֖נוּ לָמ֣וּת בַּמִּדְבָּ֑ר מַה־זֹּאת֙ עָשִׂ֣יתָ לָּ֔נוּ לְהוֹצִיאָ֖נוּ
מִמִּצְרָֽיִם: הֲלֹא־זֶ֣ה הַדָּבָ֗ר אֲשֶׁר֩ דִּבַּ֨רְנוּ אֵלֶ֤יךָ בְמִצְרַ֙יִם֙ לֵאמֹ֔ר יב
חֲדַ֥ל מִמֶּ֖נּוּ וְנַֽעַבְדָ֣ה אֶת־מִצְרָ֑יִם כִּ֣י ט֤וֹב לָ֙נוּ֙ עֲבֹ֣ד אֶת־מִצְרַ֔יִם
מִמֻּתֵ֖נוּ בַּמִּדְבָּֽר: וַיֹּ֨אמֶר מֹשֶׁ֣ה אֶל־הָעָם֮ אַל־תִּירָאוּ֒ הִֽתְיַצְּב֗וּ יג
וּרְאוּ֙ אֶת־יְשׁוּעַ֣ת יְהֹוָ֔ה אֲשֶׁר־יַעֲשֶׂ֥ה לָכֶ֖ם הַיּ֑וֹם כִּ֗י אֲשֶׁ֨ר
רְאִיתֶ֤ם אֶת־מִצְרַ֙יִם֙ הַיּ֔וֹם לֹ֥א תֹסִ֛יפוּ לִרְאֹתָ֥ם ע֖וֹד עַד־עֹלָֽם:
יְהֹוָ֖ה יִלָּחֵ֣ם לָכֶ֑ם וְאַתֶּ֖ם תַּחֲרִשֽׁוּן: יד

וַיֹּ֤אמֶר יְהֹוָה֙ אֶל־מֹשֶׁ֔ה מַה־תִּצְעַ֖ק אֵלָ֑י דַּבֵּ֥ר אֶל־בְּנֵֽי־יִשְׂרָאֵ֖ל טו
וְיִסָּֽעוּ: וְאַתָּ֞ה הָרֵ֣ם אֶֽת־מַטְּךָ֗ וּנְטֵ֧ה אֶת־יָדְךָ֛ עַל־הַיָּ֖ם וּבְקָעֵ֑הוּ טז
וְיָבֹ֧אוּ בְנֵֽי־יִשְׂרָאֵ֛ל בְּת֥וֹךְ הַיָּ֖ם בַּיַּבָּשָֽׁה: וַאֲנִ֗י הִנְנִ֤י מְחַזֵּק֙ אֶת־ יז
לֵ֣ב מִצְרַ֔יִם וְיָבֹ֖אוּ אַחֲרֵיהֶ֑ם וְאִכָּבְדָ֤ה בְּפַרְעֹה֙ וּבְכָל־חֵיל֔וֹ
בְּרִכְבּ֖וֹ וּבְפָרָשָֽׁיו: וְיָדְע֥וּ מִצְרַ֖יִם כִּֽי־אֲנִ֣י יְהֹוָ֑ה בְּהִכָּבְדִ֣י בְּפַרְעֹ֔ה יח
בְּרִכְבּ֖וֹ וּבְפָרָשָֽׁיו: וַיִּסַּ֞ע מַלְאַ֣ךְ הָאֱלֹהִ֗ים הַֽהֹלֵךְ֙ לִפְנֵי֙ מַחֲנֵ֣ה יט
יִשְׂרָאֵ֔ל וַיֵּ֖לֶךְ מֵאַחֲרֵיהֶ֑ם וַיִּסַּ֞ע עַמּ֤וּד הֶֽעָנָן֙ מִפְּנֵיהֶ֔ם וַיַּֽעֲמֹ֖ד
מֵאַחֲרֵיהֶֽם: וַיָּבֹ֞א בֵּ֣ין ׀ מַחֲנֵ֣ה מִצְרַ֗יִם וּבֵין֙ מַחֲנֵ֣ה יִשְׂרָאֵ֔ל כ
וַיְהִ֤י הֶֽעָנָן֙ וְהַחֹ֔שֶׁךְ וַיָּ֖אֶר אֶת־הַלָּ֑יְלָה וְלֹא־קָרַ֥ב זֶ֛ה אֶל־זֶ֖ה
כָּל־הַלָּֽיְלָה: וַיֵּ֨ט מֹשֶׁ֣ה אֶת־יָדוֹ֮ עַל־הַיָּם֒ וַיּ֣וֹלֶךְ יְהֹוָ֣ה ׀ אֶת־ כא
הַ֠יָּ֠ם בְּר֨וּחַ קָדִ֤ים עַזָּה֙ כָּל־הַלַּ֔יְלָה וַיָּ֥שֶׂם אֶת־הַיָּ֖ם לֶחָרָבָ֑ה

כב וַיִּבָּקְע֖וּ הַמָּ֑יִם וַיָּבֹ֧אוּ בְנֵֽי־יִשְׂרָאֵ֛ל בְּת֥וֹךְ הַיָּ֖ם בַּיַּבָּשָׁ֑ה וְהַמַּ֤יִם

כג לָהֶם֙ חֹמָ֔ה מִֽימִינָ֖ם וּמִשְּׂמֹאלָֽם: וַיִּרְדְּפ֤וּ מִצְרַ֙יִם֙ וַיָּבֹ֣אוּ אַחֲרֵיהֶ֔ם

כד כֹּ֚ל ס֣וּס פַּרְעֹ֔ה רִכְבּ֖וֹ וּפָרָשָׁ֑יו אֶל־תּ֖וֹךְ הַיָּֽם: וַֽיְהִי֙ בְּאַשְׁמֹ֣רֶת

הַבֹּ֔קֶר וַיַּשְׁקֵ֤ף יְהוָה֙ אֶל־מַחֲנֵ֣ה מִצְרַ֔יִם בְּעַמּ֥וּד אֵ֖שׁ וְעָנָ֑ן

כה וַיָּ֕הָם אֵ֖ת מַחֲנֵ֣ה מִצְרָ֑יִם: וַיָּ֗סַר אֵ֚ת אֹפַ֣ן מַרְכְּבֹתָ֔יו וַֽיְנַהֲגֵ֖הוּ

בִּכְבֵדֻ֑ת וַיֹּ֣אמֶר מִצְרַ֗יִם אָנ֙וּסָה֙ מִפְּנֵ֣י יִשְׂרָאֵ֔ל כִּ֣י יְהוָ֔ה נִלְחָ֥ם

לָהֶ֖ם בְּמִצְרָֽיִם:

רביעי כו וַיֹּ֤אמֶר יְהוָה֙ אֶל־מֹשֶׁ֔ה נְטֵ֥ה אֶת־יָדְךָ֖ עַל־הַיָּ֑ם וְיָשֻׁ֤בוּ הַמַּ֙יִם֙

כז עַל־מִצְרַ֔יִם עַל־רִכְבּ֖וֹ וְעַל־פָּרָשָֽׁיו: וַיֵּט֩ מֹשֶׁ֨ה אֶת־יָד֜וֹ עַל־הַיָּ֗ם

וַיָּ֨שָׁב הַיָּ֜ם לִפְנ֥וֹת בֹּ֙קֶר֙ לְאֵ֣יתָנ֔וֹ וּמִצְרַ֖יִם נָסִ֣ים לִקְרָאת֑וֹ וַיְנַעֵ֧ר

כח יְהוָ֛ה אֶת־מִצְרַ֖יִם בְּת֥וֹךְ הַיָּֽם: וַיָּשֻׁ֣בוּ הַמַּ֗יִם וַיְכַסּ֤וּ אֶת־הָרֶ֙כֶב֙

וְאֶת־הַפָּ֣רָשִׁ֔ים לְכֹל֙ חֵ֣יל פַּרְעֹ֔ה הַבָּאִ֥ים אַחֲרֵיהֶ֖ם בַּיָּ֑ם לֹֽא־

כט נִשְׁאַ֥ר בָּהֶ֖ם עַד־אֶחָֽד: וּבְנֵ֧י יִשְׂרָאֵ֛ל הָלְכ֥וּ בַיַּבָּשָׁ֖ה בְּת֣וֹךְ הַיָּ֑ם

ל וְהַמַּ֤יִם לָהֶם֙ חֹמָ֔ה מִֽימִינָ֖ם וּמִשְּׂמֹאלָֽם: וַיּ֨וֹשַׁע יְהוָ֜ה בַּיּ֥וֹם הַה֛וּא

אֶת־יִשְׂרָאֵ֖ל מִיַּ֣ד מִצְרָ֑יִם וַיַּ֤רְא יִשְׂרָאֵל֙ אֶת־מִצְרַ֔יִם מֵ֖ת עַל־

לא שְׂפַ֥ת הַיָּֽם: וַיַּ֨רְא יִשְׂרָאֵ֜ל אֶת־הַיָּ֣ד הַגְּדֹלָ֗ה אֲשֶׁ֨ר עָשָׂ֤ה יְהוָה֙

בְּמִצְרַ֔יִם וַיִּֽירְא֥וּ הָעָ֖ם אֶת־יְהוָ֑ה וַֽיַּאֲמִ֙ינוּ֙ בַּֽיהוָ֔ה וּבְמֹשֶׁ֖ה עַבְדּֽוֹ:

טו א אָ֣ז יָשִֽׁיר־מֹשֶׁה֩ וּבְנֵ֨י יִשְׂרָאֵ֜ל אֶת־הַשִּׁירָ֤ה הַזֹּאת֙ לַֽיהוָ֔ה וַיֹּאמְר֖וּ

לֵאמֹ֑ר   אָשִׁ֤ירָה לַֽיהוָה֙ כִּֽי־גָאֹ֣ה גָּאָ֔ה   ס֥וּס

ב וְרֹכְב֖וֹ רָמָ֣ה בַיָּֽם: עָזִּ֤י וְזִמְרָת֙ יָ֔הּ וַֽיְהִי־לִ֖י

לִֽישׁוּעָ֑ה   זֶ֤ה אֵלִי֙ וְאַנְוֵ֔הוּ   אֱלֹהֵ֥י

ג אָבִ֖י וַאֲרֹמְמֶֽנְהוּ:   יְהוָ֖ה אִ֣ישׁ מִלְחָמָ֑ה יְהוָ֖ה

ד שְׁמֽוֹ:   מַרְכְּבֹ֥ת פַּרְעֹ֛ה וְחֵיל֖וֹ יָרָ֣ה בַיָּ֑ם   וּמִבְחַ֥ר

ה שָֽׁלִשָׁ֖יו טֻבְּע֥וּ בְיַם־סֽוּף: תְּהֹמֹ֖ת יְכַסְיֻ֑מוּ יָרְד֥וּ בִמְצוֹלֹ֖ת

ו כְּמוֹ־אָֽבֶן: יְמִֽינְךָ֣ יְהוָ֔ה נֶאְדָּרִ֖י בַּכֹּ֑חַ   יְמִֽינְךָ֥

ז יְהוָ֖ה תִּרְעַ֥ץ אוֹיֵֽב: וּבְרֹ֥ב גְּאוֹנְךָ֖ תַּהֲרֹ֣ס

ח קָמֶיךָ תְּשַׁלַּח חֲרֹנְךָ יֹאכְלֵמוֹ כַּקַּשׁ׃ וּבְרוּחַ
אַפֶּיךָ נֶעֶרְמוּ מַיִם נִצְּבוּ כְמוֹ־נֵד
ט נֹזְלִים קָפְאוּ תְהֹמֹת בְּלֶב־יָם׃ אָמַר
אוֹיֵב אֶרְדֹּף אַשִּׂיג אֲחַלֵּק שָׁלָל תִּמְלָאֵמוֹ
י נַפְשִׁי אָרִיק חַרְבִּי תּוֹרִישֵׁמוֹ יָדִי׃ נָשַׁפְתָּ
בְרוּחֲךָ כִּסָּמוֹ יָם צָלֲלוּ כַּעוֹפֶרֶת בְּמַיִם
יא אַדִּירִים׃ מִי־כָמֹכָה בָּאֵלִם יְהוָה מִי
כָּמֹכָה נֶאְדָּר בַּקֹּדֶשׁ נוֹרָא תְהִלֹּת עֹשֵׂה
יב יג פֶלֶא׃ נָטִיתָ יְמִינְךָ תִּבְלָעֵמוֹ אָרֶץ׃ נָחִיתָ
בְחַסְדְּךָ עַם־זוּ גָּאָלְתָּ נֵהַלְתָּ בְעָזְּךָ אֶל־נְוֵה
יד קָדְשֶׁךָ׃ שָׁמְעוּ עַמִּים יִרְגָּזוּן חִיל
טו אָחַז יֹשְׁבֵי פְּלָשֶׁת׃ אָז נִבְהֲלוּ אַלּוּפֵי
אֱדוֹם אֵילֵי מוֹאָב יֹאחֲזֵמוֹ רָעַד נָמֹגוּ
טז כֹּל יֹשְׁבֵי כְנָעַן׃ תִּפֹּל עֲלֵיהֶם אֵימָתָה
וָפַחַד בִּגְדֹל זְרוֹעֲךָ יִדְּמוּ כָּאָבֶן עַד־
יַעֲבֹר עַמְּךָ יְהוָה עַד־יַעֲבֹר עַם־זוּ
יז קָנִיתָ׃ תְּבִאֵמוֹ וְתִטָּעֵמוֹ בְּהַר נַחֲלָתְךָ מָכוֹן
לְשִׁבְתְּךָ פָּעַלְתָּ יְהוָה מִקְּדָשׁ אֲדֹנָי כּוֹנְנוּ
יח יט יָדֶיךָ׃ יְהוָה ׀ יִמְלֹךְ לְעֹלָם וָעֶד׃ כִּי
בָא סוּס פַּרְעֹה בְּרִכְבּוֹ וּבְפָרָשָׁיו בַּיָּם וַיָּשֶׁב יְהוָה עֲלֵהֶם אֶת־מֵי
הַיָּם וּבְנֵי יִשְׂרָאֵל הָלְכוּ בַיַּבָּשָׁה בְּתוֹךְ הַיָּם׃

כ וַתִּקַּח מִרְיָם הַנְּבִיאָה אֲחוֹת אַהֲרֹן אֶת־הַתֹּף בְּיָדָהּ וַתֵּצֶאןָ
כא כָל־הַנָּשִׁים אַחֲרֶיהָ בְּתֻפִּים וּבִמְחֹלֹת׃ וַתַּעַן לָהֶם מִרְיָם שִׁירוּ
כב לַיהוָה כִּי־גָאֹה גָּאָה סוּס וְרֹכְבוֹ רָמָה בַיָּם׃ וַיַּסַּע
מֹשֶׁה אֶת־יִשְׂרָאֵל מִיַּם־סוּף וַיֵּצְאוּ אֶל־מִדְבַּר־שׁוּר וַיֵּלְכוּ שְׁלֹשֶׁת־
כג יָמִים בַּמִּדְבָּר וְלֹא־מָצְאוּ מָיִם׃ וַיָּבֹאוּ מָרָתָה וְלֹא יָכְלוּ לִשְׁתֹּת

כד מַ֣יִם מִמָּרָ֔ה כִּ֥י מָרִ֖ים הֵ֑ם עַל־כֵּ֥ן קָרָֽא־שְׁמָ֖הּ מָרָֽה: וַיִּלֹּ֧נוּ

כה הָעָ֛ם עַל־מֹשֶׁ֥ה לֵּאמֹ֖ר מַה־נִּשְׁתֶּֽה: וַיִּצְעַ֣ק אֶל־יְהוָ֗ה וַיּוֹרֵ֤הוּ

יְהוָה֙ עֵ֔ץ וַיַּשְׁלֵךְ֙ אֶל־הַמַּ֔יִם וַֽיִּמְתְּק֖וּ הַמָּ֑יִם שָׁ֣ם שָׂ֥ם ל֛וֹ חֹ֥ק

כו וּמִשְׁפָּ֖ט וְשָׁ֥ם נִסָּֽהוּ: וַיֹּ֩אמֶר֩ אִם־שָׁמ֨וֹעַ תִּשְׁמַ֜ע לְק֣וֹל ׀ יְהוָ֣ה

אֱלֹהֶ֗יךָ וְהַיָּשָׁ֤ר בְּעֵינָיו֙ תַּעֲשֶׂ֔ה וְהַֽאֲזַנְתָּ֙ לְמִצְוֺתָ֔יו וְשָׁמַרְתָּ֖ כָּל־

חֻקָּ֑יו כָּֽל־הַמַּֽחֲלָ֞ה אֲשֶׁר־שַׂ֤מְתִּי בְמִצְרַ֙יִם֙ לֹא־אָשִׂ֣ים עָלֶ֔יךָ כִּ֛י

כז אֲנִ֥י יְהוָ֖ה רֹפְאֶֽךָ: חמישי   וַיָּבֹ֣אוּ אֵילִ֔מָה וְשָׁ֗ם שְׁתֵּ֣ים

עֶשְׂרֵ֞ה עֵינֹ֥ת מַ֙יִם֙ וְשִׁבְעִ֣ים תְּמָרִ֑ים וַיַּֽחֲנוּ־שָׁ֖ם עַל־הַמָּֽיִם:

טז א וַיִּסְעוּ֙ מֵֽאֵילִ֔ם וַיָּבֹ֜אוּ כָּל־עֲדַ֤ת בְּנֵֽי־יִשְׂרָאֵל֙ אֶל־מִדְבַּר־סִ֔ין

אֲשֶׁ֥ר בֵּין־אֵילִ֖ם וּבֵ֣ין סִינָ֑י בַּחֲמִשָּׁ֨ה עָשָׂ֥ר יוֹם֙ לַחֹ֣דֶשׁ הַשֵּׁנִ֔י

ב לְצֵאתָ֖ם מֵאֶ֥רֶץ מִצְרָֽיִם: וַיִּלּ֜וֹנוּ כָּל־עֲדַ֧ת בְּנֵֽי־יִשְׂרָאֵ֛ל עַל־מֹשֶׁ֥ה   וַיִּלֹּ֖נוּ

ג וְעַֽל־אַהֲרֹ֖ן בַּמִּדְבָּֽר: וַיֹּאמְר֨וּ אֲלֵהֶ֜ם בְּנֵ֣י יִשְׂרָאֵ֗ל מִֽי־יִתֵּ֨ן מוּתֵ֤נוּ

בְיַד־יְהוָה֙ בְּאֶ֣רֶץ מִצְרַ֔יִם בְּשִׁבְתֵּ֙נוּ֙ עַל־סִ֣יר הַבָּשָׂ֔ר בְּאָכְלֵ֥נוּ

לֶ֖חֶם לָשֹׂ֑בַע כִּֽי־הוֹצֵאתֶ֤ם אֹתָ֙נוּ֙ אֶל־הַמִּדְבָּ֣ר הַזֶּ֔ה לְהָמִ֛ית

ד אֶת־כָּל־הַקָּהָ֥ל הַזֶּ֖ה בָּרָעָֽב: יב   וַיֹּ֤אמֶר יְהוָה֙ אֶל־

מֹשֶׁ֔ה הִנְנִ֨י מַמְטִ֥יר לָכֶ֛ם לֶ֖חֶם מִן־הַשָּׁמָ֑יִם וְיָצָ֨א הָעָ֤ם וְלָֽקְטוּ֙

ה דְּבַר־י֣וֹם בְּיוֹמ֔וֹ לְמַ֧עַן אֲנַסֶּ֛נּוּ הֲיֵלֵ֥ךְ בְּתוֹרָתִ֖י אִם־לֹֽא: וְהָיָה֙

בַּיּ֣וֹם הַשִּׁשִּׁ֔י וְהֵכִ֖ינוּ אֵ֣ת אֲשֶׁר־יָבִ֑יאוּ וְהָיָ֣ה מִשְׁנֶ֔ה עַ֥ל אֲשֶֽׁר־

ו יִלְקְט֖וּ י֥וֹם ׀ י֑וֹם: וַיֹּ֤אמֶר מֹשֶׁה֙ וְאַֽהֲרֹ֔ן אֶֽל־כָּל־בְּנֵ֖י יִשְׂרָאֵ֑ל

ז עֶ֕רֶב וִֽידַעְתֶּ֕ם כִּ֧י יְהוָ֛ה הוֹצִ֥יא אֶתְכֶ֖ם מֵאֶ֣רֶץ מִצְרָֽיִם: וּבֹ֗קֶר

וּרְאִיתֶם֙ אֶת־כְּב֣וֹד יְהוָ֔ה בְּשָׁמְע֛וֹ אֶת־תְּלֻנֹּתֵיכֶ֖ם עַל־יְהוָ֑ה

ח וְנַ֣חְנוּ מָ֔ה כִּ֥י תַלִּ֖ינוּ עָלֵֽינוּ: וַיֹּ֣אמֶר מֹשֶׁ֗ה בְּתֵ֣ת יְהוָה֩ לָכֶ֨ם   תַּלִּ֖ינוּ

בָּעֶ֜רֶב בָּשָׂ֣ר לֶֽאֱכֹ֗ל וְלֶ֤חֶם בַּבֹּ֙קֶר֙ לִשְׂבֹּ֔עַ בִּשְׁמֹ֤עַ יְהוָה֙ אֶת־

תְּלֻנֹּ֣תֵיכֶ֔ם אֲשֶׁר־אַתֶּ֖ם מַלִּינִ֣ם עָלָ֑יו וְנַ֣חְנוּ מָ֔ה לֹא־עָלֵ֥ינוּ

ט תְלֻנֹּתֵיכֶ֖ם כִּ֥י עַל־יְהוָֽה: וַיֹּ֤אמֶר מֹשֶׁה֙ אֶֽל־אַהֲרֹ֔ן אֱמֹ֗ר אֶֽל־

כָּל־עֲדַת֙ בְּנֵ֣י יִשְׂרָאֵ֔ל קִרְב֖וּ לִפְנֵ֣י יְהוָ֑ה כִּ֣י שָׁמַ֔ע אֵ֖ת תְּלֻנֹּתֵיכֶֽם:

י וַיְהִ֗י כְּדַבֵּ֤ר אַהֲרֹן֙ אֶל־כָּל־עֲדַ֣ת בְּנֵֽי־יִשְׂרָאֵ֔ל וַיִּפְנ֖וּ אֶל־הַמִּדְבָּ֑ר

וְהִנֵּה כְּבוֹד יְהוָה נִרְאָה בֶּעָנָן׃
יא יב וַיְדַבֵּר יְהוָה אֶל־מֹשֶׁה לֵּאמֹר׃ שָׁמַעְתִּי אֶת־תְּלוּנֹּת בְּנֵי ששי
יִשְׂרָאֵל דַּבֵּר אֲלֵהֶם לֵאמֹר בֵּין הָעַרְבַּיִם תֹּאכְלוּ בָשָׂר וּבַבֹּקֶר
יג תִּשְׂבְּעוּ־לָחֶם וִידַעְתֶּם כִּי אֲנִי יְהוָה אֱלֹהֵיכֶם׃ וַיְהִי בָעֶרֶב
וַתַּעַל הַשְּׂלָו וַתְּכַס אֶת־הַמַּחֲנֶה וּבַבֹּקֶר הָיְתָה שִׁכְבַת הַטָּל
יד סָבִיב לַמַּחֲנֶה׃ וַתַּעַל שִׁכְבַת הַטָּל וְהִנֵּה עַל־פְּנֵי הַמִּדְבָּר דַּק
טו מְחֻסְפָּס דַּק כַּכְּפֹר עַל־הָאָרֶץ׃ וַיִּרְאוּ בְנֵי־יִשְׂרָאֵל וַיֹּאמְרוּ אִישׁ
אֶל־אָחִיו מָן הוּא כִּי לֹא יָדְעוּ מַה־הוּא וַיֹּאמֶר מֹשֶׁה אֲלֵהֶם
טז הוּא הַלֶּחֶם אֲשֶׁר נָתַן יְהוָה לָכֶם לְאָכְלָה׃ זֶה הַדָּבָר אֲשֶׁר
צִוָּה יְהוָה לִקְטוּ מִמֶּנּוּ אִישׁ לְפִי אָכְלוֹ עֹמֶר לַגֻּלְגֹּלֶת מִסְפַּר
יז נַפְשֹׁתֵיכֶם אִישׁ לַאֲשֶׁר בְּאָהֳלוֹ תִּקָּחוּ׃ וַיַּעֲשׂוּ־כֵן בְּנֵי יִשְׂרָאֵל
יח וַיִּלְקְטוּ הַמַּרְבֶּה וְהַמַּמְעִיט׃ וַיָּמֹדּוּ בָעֹמֶר וְלֹא הֶעְדִּיף הַמַּרְבֶּה
יט וְהַמַּמְעִיט לֹא הֶחְסִיר אִישׁ לְפִי־אָכְלוֹ לָקָטוּ׃ וַיֹּאמֶר מֹשֶׁה
כ אֲלֵהֶם אִישׁ אַל־יוֹתֵר מִמֶּנּוּ עַד־בֹּקֶר׃ וְלֹא־שָׁמְעוּ אֶל־מֹשֶׁה
וַיּוֹתִרוּ אֲנָשִׁים מִמֶּנּוּ עַד־בֹּקֶר וַיָּרֻם תּוֹלָעִים וַיִּבְאַשׁ וַיִּקְצֹף
כא עֲלֵהֶם מֹשֶׁה׃ וַיִּלְקְטוּ אֹתוֹ בַּבֹּקֶר בַּבֹּקֶר אִישׁ כְּפִי אָכְלוֹ
כב וְחַם הַשֶּׁמֶשׁ וְנָמָס׃ וַיְהִי ׀ בַּיּוֹם הַשִּׁשִּׁי לָקְטוּ לֶחֶם מִשְׁנֶה שְׁנֵי
כג הָעֹמֶר לָאֶחָד וַיָּבֹאוּ כָּל־נְשִׂיאֵי הָעֵדָה וַיַּגִּידוּ לְמֹשֶׁה׃ וַיֹּאמֶר
אֲלֵהֶם הוּא אֲשֶׁר דִּבֶּר יְהוָה שַׁבָּתוֹן שַׁבַּת־קֹדֶשׁ לַיהוָה מָחָר
אֵת אֲשֶׁר־תֹּאפוּ אֵפוּ וְאֵת אֲשֶׁר־תְּבַשְּׁלוּ בַּשֵּׁלוּ וְאֵת כָּל־
כד הָעֹדֵף הַנִּיחוּ לָכֶם לְמִשְׁמֶרֶת עַד־הַבֹּקֶר׃ וַיַּנִּיחוּ אֹתוֹ עַד־
הַבֹּקֶר כַּאֲשֶׁר צִוָּה מֹשֶׁה וְלֹא הִבְאִישׁ וְרִמָּה לֹא־הָיְתָה־בּוֹ׃
כה וַיֹּאמֶר מֹשֶׁה אִכְלֻהוּ הַיּוֹם כִּי־שַׁבָּת הַיּוֹם לַיהוָה הַיּוֹם לֹא
כו תִמְצָאֻהוּ בַּשָּׂדֶה׃ שֵׁשֶׁת יָמִים תִּלְקְטֻהוּ וּבַיּוֹם הַשְּׁבִיעִי שַׁבָּת
כז לֹא יִהְיֶה־בּוֹ׃ וַיְהִי בַּיּוֹם הַשְּׁבִיעִי יָצְאוּ מִן־הָעָם לִלְקֹט וְלֹא
כח מָצָאוּ׃ וַיֹּאמֶר יְהוָה אֶל־מֹשֶׁה עַד־אָנָה מֵאַנְתֶּם יג
כט לִשְׁמֹר מִצְוֹתַי וְתוֹרֹתָי׃ רְאוּ כִּי־יְהוָה נָתַן לָכֶם הַשַּׁבָּת עַל־

כֵּן הוּא נֹתֵן לָכֶם בַּיּוֹם הַשִּׁשִּׁי לֶחֶם יוֹמָיִם שְׁבוּ ׀ אִישׁ תַּחְתָּיו
ל אַל־יֵצֵא אִישׁ מִמְּקֹמוֹ בַּיּוֹם הַשְּׁבִיעִי: וַיִּשְׁבְּתוּ הָעָם בַּיּוֹם
לא הַשְּׁבִעִי: וַיִּקְרְאוּ בֵית־יִשְׂרָאֵל אֶת־שְׁמוֹ מָן וְהוּא כְּזֶרַע גַּד
לב לָבָן וְטַעְמוֹ כְּצַפִּיחִת בִּדְבָשׁ: וַיֹּאמֶר מֹשֶׁה זֶה הַדָּבָר אֲשֶׁר
צִוָּה יהוה מְלֹא הָעֹמֶר מִמֶּנּוּ לְמִשְׁמֶרֶת לְדֹרֹתֵיכֶם לְמַעַן ׀ יִרְאוּ
אֶת־הַלֶּחֶם אֲשֶׁר הֶאֱכַלְתִּי אֶתְכֶם בַּמִּדְבָּר בְּהוֹצִיאִי אֶתְכֶם
לג מֵאֶרֶץ מִצְרָיִם: וַיֹּאמֶר מֹשֶׁה אֶל־אַהֲרֹן קַח צִנְצֶנֶת אַחַת
וְתֶן־שָׁמָּה מְלֹא־הָעֹמֶר מָן וְהַנַּח אֹתוֹ לִפְנֵי יהוה לְמִשְׁמֶרֶת
לד לְדֹרֹתֵיכֶם: כַּאֲשֶׁר צִוָּה יהוה אֶל־מֹשֶׁה וַיַּנִּיחֵהוּ אַהֲרֹן לִפְנֵי
לה הָעֵדֻת לְמִשְׁמָרֶת: וּבְנֵי יִשְׂרָאֵל אָכְלוּ אֶת־הַמָּן אַרְבָּעִים שָׁנָה
עַד־בֹּאָם אֶל־אֶרֶץ נוֹשָׁבֶת אֶת־הַמָּן אָכְלוּ עַד־בֹּאָם אֶל־
לו קְצֵה אֶרֶץ כְּנָעַן: וְהָעֹמֶר עֲשִׂרִית הָאֵיפָה הוּא:
יז א וַיִּסְעוּ כָּל־עֲדַת בְּנֵי־יִשְׂרָאֵל מִמִּדְבַּר־סִין לְמַסְעֵיהֶם עַל־פִּי יהוה שביעי
ב וַיַּחֲנוּ בִּרְפִידִים וְאֵין מַיִם לִשְׁתֹּת הָעָם: וַיָּרֶב הָעָם עִם־מֹשֶׁה
וַיֹּאמְרוּ תְּנוּ־לָנוּ מַיִם וְנִשְׁתֶּה וַיֹּאמֶר לָהֶם מֹשֶׁה מַה־תְּרִיבוּן
ג עִמָּדִי מַה־תְּנַסּוּן אֶת־יהוה: וַיִּצְמָא שָׁם הָעָם לַמַּיִם וַיָּלֶן הָעָם
עַל־מֹשֶׁה וַיֹּאמֶר לָמָּה זֶּה הֶעֱלִיתָנוּ מִמִּצְרַיִם לְהָמִית אֹתִי
ד וְאֶת־בָּנַי וְאֶת־מִקְנַי בַּצָּמָא: וַיִּצְעַק מֹשֶׁה אֶל־יהוה לֵאמֹר
ה מָה אֶעֱשֶׂה לָעָם הַזֶּה עוֹד מְעַט וּסְקָלֻנִי: וַיֹּאמֶר יהוה אֶל־
מֹשֶׁה עֲבֹר לִפְנֵי הָעָם וְקַח אִתְּךָ מִזִּקְנֵי יִשְׂרָאֵל וּמַטְּךָ אֲשֶׁר
ו הִכִּיתָ בּוֹ אֶת־הַיְאֹר קַח בְּיָדְךָ וְהָלָכְתָּ: הִנְנִי עֹמֵד לְפָנֶיךָ
שָּׁם ׀ עַל־הַצּוּר בְּחֹרֵב וְהִכִּיתָ בַצּוּר וְיָצְאוּ מִמֶּנּוּ מַיִם וְשָׁתָה
ז הָעָם וַיַּעַשׂ כֵּן מֹשֶׁה לְעֵינֵי זִקְנֵי יִשְׂרָאֵל: וַיִּקְרָא שֵׁם הַמָּקוֹם
מַסָּה וּמְרִיבָה עַל־רִיב ׀ בְּנֵי יִשְׂרָאֵל וְעַל נַסֹּתָם אֶת־יהוה
לֵאמֹר הֲיֵשׁ יהוה בְּקִרְבֵּנוּ אִם־אָיִן:
ח ט וַיָּבֹא עֲמָלֵק וַיִּלָּחֶם עִם־יִשְׂרָאֵל בִּרְפִידִם: וַיֹּאמֶר מֹשֶׁה אֶל־
יְהוֹשֻׁעַ בְּחַר־לָנוּ אֲנָשִׁים וְצֵא הִלָּחֵם בַּעֲמָלֵק מָחָר אָנֹכִי נִצָּב

עַל־רֹ֥אשׁ הַגִּבְעָ֖ה וּמַטֵּ֥ה הָאֱלֹהִ֖ים בְּיָדִֽי: וַיַּ֣עַשׂ יְהוֹשֻׁ֗עַ כַּאֲשֶׁ֤ר
אָֽמַר־לוֹ֙ מֹשֶׁ֔ה לְהִלָּחֵ֖ם בַּעֲמָלֵ֑ק וּמֹשֶׁה֙ אַהֲרֹ֣ן וְח֔וּר עָל֖וּ רֹ֥אשׁ
הַגִּבְעָֽה: וְהָיָ֗ה כַּאֲשֶׁ֨ר יָרִ֥ים מֹשֶׁ֛ה יָד֖וֹ וְגָבַ֣ר יִשְׂרָאֵ֑ל וְכַאֲשֶׁ֥ר
יָנִ֛יחַ יָד֖וֹ וְגָבַ֥ר עֲמָלֵֽק: וִידֵ֤י מֹשֶׁה֙ כְּבֵדִ֔ים וַיִּקְחוּ־אֶ֛בֶן וַיָּשִׂ֥ימוּ
תַחְתָּ֖יו וַיֵּ֣שֶׁב עָלֶ֑יהָ וְאַהֲרֹ֨ן וְח֜וּר תָּֽמְכ֣וּ בְיָדָ֗יו מִזֶּ֤ה אֶחָד֙ וּמִזֶּ֣ה
אֶחָ֔ד וַיְהִ֥י יָדָ֛יו אֱמוּנָ֖ה עַד־בֹּ֥א הַשָּֽׁמֶשׁ: וַיַּחֲלֹ֧שׁ יְהוֹשֻׁ֛עַ אֶת־
עֲמָלֵ֥ק וְאֶת־עַמּ֖וֹ לְפִי־חָֽרֶב:

מפטיר   וַיֹּ֨אמֶר יְהוָ֜ה אֶל־מֹשֶׁ֗ה כְּתֹ֨ב זֹ֤את זִכָּרוֹן֙ בַּסֵּ֔פֶר וְשִׂ֖ים בְּאָזְנֵ֣י
יְהוֹשֻׁ֑עַ כִּֽי־מָחֹ֤ה אֶמְחֶה֙ אֶת־זֵ֣כֶר עֲמָלֵ֔ק מִתַּ֖חַת הַשָּׁמָֽיִם: וַיִּ֥בֶן
מֹשֶׁ֖ה מִזְבֵּ֑חַ וַיִּקְרָ֥א שְׁמ֖וֹ יְהוָ֥ה ׀ נִסִּֽי: וַיֹּ֗אמֶר כִּֽי־יָד֙ עַל־כֵּ֣ס
יָ֔הּ מִלְחָמָ֥ה לַיהוָ֖ה בַּֽעֲמָלֵ֑ק מִדֹּ֖ר דֹּֽר:

יתרו יח   וַיִּשְׁמַ֞ע יִתְר֨וֹ כֹהֵ֤ן מִדְיָן֙ חֹתֵ֣ן מֹשֶׁ֔ה אֵת֩ כָּל־אֲשֶׁ֨ר עָשָׂ֤ה אֱלֹהִים֙
לְמֹשֶׁ֔ה וּלְיִשְׂרָאֵ֖ל עַמּ֑וֹ כִּֽי־הוֹצִ֧יא יְהוָ֛ה אֶת־יִשְׂרָאֵ֖ל מִמִּצְרָֽיִם:
וַיִּקַּ֗ח יִתְרוֹ֙ חֹתֵ֣ן מֹשֶׁ֔ה אֶת־צִפֹּרָ֖ה אֵ֣שֶׁת מֹשֶׁ֑ה אַחַ֖ר שִׁלּוּחֶֽיהָ:
וְאֵ֖ת שְׁנֵ֣י בָנֶ֑יהָ אֲשֶׁ֨ר שֵׁ֤ם הָֽאֶחָד֙ גֵּֽרְשֹׁ֔ם כִּ֣י אָמַ֔ר גֵּ֣ר הָיִ֔יתִי
בְּאֶ֖רֶץ נָכְרִיָּֽה: וְשֵׁ֥ם הָאֶחָ֖ד אֱלִיעֶ֑זֶר כִּֽי־אֱלֹהֵ֤י אָבִי֙ בְּעֶזְרִ֔י
וַיַּצִּלֵ֖נִי מֵחֶ֥רֶב פַּרְעֹֽה: וַיָּבֹ֞א יִתְר֨וֹ חֹתֵ֥ן מֹשֶׁ֛ה וּבָנָ֥יו וְאִשְׁתּ֖וֹ
אֶל־מֹשֶׁ֑ה אֶל־הַמִּדְבָּ֗ר אֲשֶׁר־ה֛וּא חֹנֶ֥ה שָׁ֖ם הַ֥ר הָאֱלֹהִֽים:
וַיֹּ֙אמֶר֙ אֶל־מֹשֶׁ֔ה אֲנִ֛י חֹתֶנְךָ֥ יִתְר֖וֹ בָּ֣א אֵלֶ֑יךָ וְאִ֨שְׁתְּךָ֔ וּשְׁנֵ֥י
בָנֶ֖יהָ עִמָּֽהּ: וַיֵּצֵ֨א מֹשֶׁ֜ה לִקְרַ֣את חֹֽתְנ֗וֹ וַיִּשְׁתַּ֙חוּ֙ וַיִּשַּׁק־ל֔וֹ
וַיִּשְׁאֲל֥וּ אִישׁ־לְרֵעֵ֖הוּ לְשָׁל֑וֹם וַיָּבֹ֖אוּ הָאֹֽהֱלָה: וַיְסַפֵּ֤ר מֹשֶׁה֙
לְחֹ֣תְנ֔וֹ אֵת֩ כָּל־אֲשֶׁ֨ר עָשָׂ֤ה יְהוָה֙ לְפַרְעֹ֣ה וּלְמִצְרַ֔יִם עַ֖ל אוֹדֹ֣ת
יִשְׂרָאֵ֑ל אֵ֤ת כָּל־הַתְּלָאָה֙ אֲשֶׁ֣ר מְצָאָ֣תַם בַּדֶּ֔רֶךְ וַיַּצִּלֵ֖ם יְהוָֽה:
וַיִּ֣חַדְּ יִתְר֔וֹ עַ֚ל כָּל־הַטּוֹבָ֔ה אֲשֶׁר־עָשָׂ֥ה יְהוָ֖ה לְיִשְׂרָאֵ֑ל אֲשֶׁ֥ר
הִצִּיל֖וֹ מִיַּ֥ד מִצְרָֽיִם: וַיֹּאמֶר֮ יִתְרוֹ֒ בָּר֣וּךְ יְהוָ֔ה אֲשֶׁ֨ר הִצִּ֥יל
אֶתְכֶ֛ם מִיַּ֥ד מִצְרַ֖יִם וּמִיַּ֣ד פַּרְעֹ֑ה אֲשֶׁ֤ר הִצִּיל֙ אֶת־הָעָ֔ם מִתַּ֖חַת
יַד־מִצְרָֽיִם: עַתָּ֣ה יָדַ֔עְתִּי כִּֽי־גָד֥וֹל יְהוָ֖ה מִכָּל־הָאֱלֹהִ֑ים כִּ֣י

יב בַּדָּבָ֖ר אֲשֶׁ֣ר זָד֣וּ עֲלֵיהֶ֑ם: וַיִּקַּ֞ח יִתְר֨וֹ חֹתֵ֤ן מֹשֶׁה֙ עֹלָ֣ה וּזְבָחִ֔ים לֵאלֹהִ֑ים וַיָּבֹ֨א אַהֲרֹ֜ן וְכֹ֣ל ׀ זִקְנֵ֣י יִשְׂרָאֵ֗ל לֶאֱכָל־לֶ֛חֶם עִם־חֹתֵ֥ן

שני יג מֹשֶׁ֖ה לִפְנֵ֥י הָאֱלֹהִֽים: וַֽיְהִי֙ מִֽמָּחֳרָ֔ת וַיֵּ֥שֶׁב מֹשֶׁ֖ה לִשְׁפֹּ֣ט אֶת־

יד הָעָ֑ם וַיַּעֲמֹ֤ד הָעָם֙ עַל־מֹשֶׁ֔ה מִן־הַבֹּ֖קֶר עַד־הָעָֽרֶב: וַיַּ֗רְא חֹתֵ֤ן מֹשֶׁה֙ אֵ֛ת כָּל־אֲשֶׁר־ה֥וּא עֹשֶׂ֖ה לָעָ֑ם וַיֹּ֗אמֶר מָֽה־הַדָּבָ֤ר הַזֶּה֙ אֲשֶׁ֨ר אַתָּ֤ה עֹשֶׂה֙ לָעָ֔ם מַדּ֗וּעַ אַתָּ֤ה יוֹשֵׁב֙ לְבַדֶּ֔ךָ וְכָל־הָעָ֛ם

טו נִצָּ֥ב עָלֶ֖יךָ מִן־בֹּ֥קֶר עַד־עָֽרֶב: וַיֹּ֥אמֶר מֹשֶׁ֖ה לְחֹֽתְנ֑וֹ כִּֽי־יָבֹ֥א אֵלַ֛י

טז הָעָ֖ם לִדְרֹ֥שׁ אֱלֹהִֽים: כִּֽי־יִהְיֶ֨ה לָהֶ֤ם דָּבָר֙ בָּ֣א אֵלַ֔י וְשָׁ֣פַטְתִּ֔י בֵּ֥ין אִ֖ישׁ וּבֵ֣ין רֵעֵ֑הוּ וְהוֹדַעְתִּ֛י אֶת־חֻקֵּ֥י הָאֱלֹהִ֖ים וְאֶת־תּוֹרֹתָֽיו:

יז וַיֹּ֛אמֶר חֹתֵ֥ן מֹשֶׁ֖ה אֵלָ֑יו לֹא־טוֹב֙ הַדָּבָ֔ר אֲשֶׁ֥ר אַתָּ֖ה עֹשֶֽׂה:

יח נָבֹ֣ל תִּבֹּ֔ל גַּם־אַתָּ֕ה גַּם־הָעָ֥ם הַזֶּ֖ה אֲשֶׁ֣ר עִמָּ֑ךְ כִּֽי־כָבֵ֤ד מִמְּךָ֙

יט הַדָּבָ֔ר לֹא־תוּכַ֥ל עֲשֹׂ֖הוּ לְבַדֶּֽךָ: עַתָּ֞ה שְׁמַ֤ע בְּקֹלִי֙ אִיעָ֣צְךָ֔ וִיהִ֥י אֱלֹהִ֖ים עִמָּ֑ךְ הֱיֵ֧ה אַתָּ֣ה לָעָ֗ם מ֚וּל הָֽאֱלֹהִ֔ים וְהֵבֵאתָ֥ אַתָּ֛ה

כ אֶת־הַדְּבָרִ֖ים אֶל־הָאֱלֹהִֽים: וְהִזְהַרְתָּ֣ה אֶתְהֶ֔ם אֶת־הַֽחֻקִּ֖ים וְאֶת־הַתּוֹרֹ֑ת וְהוֹדַעְתָּ֣ לָהֶ֗ם אֶת־הַדֶּ֨רֶךְ֙ יֵ֣לְכוּ בָ֔הּ וְאֶת־הַֽמַּעֲשֶׂ֖ה

כא אֲשֶׁ֥ר יַעֲשֽׂוּן: וְאַתָּ֣ה תֶחֱזֶ֣ה מִכָּל־הָ֠עָם אַנְשֵׁי־חַ֜יִל יִרְאֵ֧י אֱלֹהִ֛ים אַנְשֵׁ֥י אֱמֶ֖ת שֹׂ֣נְאֵי בָ֑צַע וְשַׂמְתָּ֣ עֲלֵהֶ֗ם שָׂרֵ֤י אֲלָפִים֙ שָׂרֵ֣י מֵא֔וֹת

כב שָׂרֵ֥י חֲמִשִּׁ֖ים וְשָׂרֵ֣י עֲשָׂרֹֽת: וְשָׁפְט֣וּ אֶת־הָעָם֘ בְּכָל־עֵת֒ וְהָיָ֞ה כָּל־הַדָּבָ֤ר הַגָּדֹל֙ יָבִ֣יאוּ אֵלֶ֔יךָ וְכָל־הַדָּבָ֥ר הַקָּטֹ֖ן יִשְׁפְּטוּ־הֵ֑ם

כג וְהָקֵל֙ מֵֽעָלֶ֔יךָ וְנָשְׂא֖וּ אִתָּֽךְ: אִ֣ם אֶת־הַדָּבָ֤ר הַזֶּה֙ תַּעֲשֶׂ֔ה וְצִוְּךָ֣ אֱלֹהִ֔ים וְיָֽכָלְתָּ֖ עֲמֹ֑ד וְגַם֙ כָּל־הָעָ֣ם הַזֶּ֔ה עַל־מְקֹמ֖וֹ יָבֹ֥א בְשָׁלֽוֹם:

שלישי כד כה וַיִּשְׁמַ֥ע מֹשֶׁ֖ה לְק֣וֹל חֹתְנ֑וֹ וַיַּ֕עַשׂ כֹּ֖ל אֲשֶׁ֥ר אָמָֽר: וַיִּבְחַ֨ר מֹשֶׁ֤ה אַנְשֵׁי־חַ֙יִל֙ מִכָּל־יִשְׂרָאֵ֔ל וַיִּתֵּ֥ן אֹתָ֛ם רָאשִׁ֖ים עַל־הָעָ֑ם

כו שָׂרֵ֤י אֲלָפִים֙ שָׂרֵ֣י מֵא֔וֹת שָׂרֵ֥י חֲמִשִּׁ֖ים וְשָׂרֵ֣י עֲשָׂרֹֽת: וְשָׁפְט֥וּ אֶת־הָעָ֖ם בְּכָל־עֵ֑ת אֶת־הַדָּבָ֤ר הַקָּשֶׁה֙ יְבִיא֣וּן אֶל־מֹשֶׁ֔ה וְכָל־

כז הַדָּבָ֥ר הַקָּטֹ֖ן יִשְׁפּוּט֥וּ הֵֽם: וַיְשַׁלַּ֥ח מֹשֶׁ֖ה אֶת־חֹֽתְנ֑וֹ וַיֵּ֥לֶךְ ל֖וֹ אֶל־אַרְצֽוֹ:

שמות

יט

רביעי א בַּחֹ֙דֶשׁ֙ הַשְּׁלִישִׁ֔י לְצֵ֥את בְּנֵֽי־יִשְׂרָאֵ֖ל מֵאֶ֣רֶץ מִצְרָ֑יִם בַּיּ֥וֹם הַזֶּ֖ה

ב בָּ֖אוּ מִדְבַּ֥ר סִינָֽי: וַיִּסְע֣וּ מֵרְפִידִ֗ים וַיָּבֹ֙אוּ֙ מִדְבַּ֣ר סִינַ֔י וַֽיַּחֲנ֖וּ

ג בַּמִּדְבָּ֑ר וַיִּֽחַן־שָׁ֥ם יִשְׂרָאֵ֖ל נֶ֥גֶד הָהָֽר: וּמֹשֶׁ֥ה עָלָ֖ה אֶל־הָֽאֱלֹהִ֑ים

וַיִּקְרָ֙א אֵלָ֤יו יְהוָה֙ מִן־הָהָ֣ר לֵאמֹ֔ר כֹּ֤ה תֹאמַר֙ לְבֵ֣ית יַעֲקֹ֔ב

ד וְתַגֵּ֖יד לִבְנֵ֥י יִשְׂרָאֵֽל: אַתֶּ֣ם רְאִיתֶ֔ם אֲשֶׁ֥ר עָשִׂ֖יתִי לְמִצְרָ֑יִם

ה וָאֶשָּׂ֤א אֶתְכֶם֙ עַל־כַּנְפֵ֣י נְשָׁרִ֔ים וָאָבִ֥א אֶתְכֶ֖ם אֵלָֽי: וְעַתָּ֗ה

אִם־שָׁמ֤וֹעַ תִּשְׁמְעוּ֙ בְּקֹלִ֔י וּשְׁמַרְתֶּ֖ם אֶת־בְּרִיתִ֑י וִהְיִ֨יתֶם לִ֜י

ו סְגֻלָּה֙ מִכָּל־הָ֣עַמִּ֔ים כִּי־לִ֖י כָּל־הָאָֽרֶץ: וְאַתֶּ֧ם תִּֽהְיוּ־לִ֛י מַמְלֶ֥כֶת

כֹּהֲנִ֖ים וְג֣וֹי קָד֑וֹשׁ אֵ֚לֶּה הַדְּבָרִ֔ים אֲשֶׁ֥ר תְּדַבֵּ֖ר אֶל־בְּנֵ֥י יִשְׂרָאֵֽל:

חמישי ז וַיָּבֹ֣א מֹשֶׁ֔ה וַיִּקְרָ֖א לְזִקְנֵ֣י הָעָ֑ם וַיָּ֣שֶׂם לִפְנֵיהֶ֗ם אֵ֚ת כָּל־הַדְּבָרִ֣ים

ח הָאֵ֔לֶּה אֲשֶׁ֥ר צִוָּ֖הוּ יְהוָֽה: וַיַּעֲנ֨וּ כָל־הָעָ֤ם יַחְדָּו֙ וַיֹּ֣אמְר֔וּ כֹּ֛ל

אֲשֶׁר־דִּבֶּ֥ר יְהוָ֖ה נַעֲשֶׂ֑ה וַיָּ֧שֶׁב מֹשֶׁ֛ה אֶת־דִּבְרֵ֥י הָעָ֖ם אֶל־

ט יְהוָֽה: וַיֹּ֨אמֶר יְהוָ֜ה אֶל־מֹשֶׁ֗ה הִנֵּ֨ה אָנֹכִ֜י בָּ֣א אֵלֶ֘יךָ֮ בְּעַ֣ב

הֶֽעָנָן֒ בַּעֲב֞וּר יִשְׁמַ֤ע הָעָם֙ בְּדַבְּרִ֣י עִמָּ֔ךְ וְגַם־בְּךָ֖ יַאֲמִ֣ינוּ לְעוֹלָ֑ם

י וַיַּגֵּ֥ד מֹשֶׁ֛ה אֶת־דִּבְרֵ֥י הָעָ֖ם אֶל־יְהוָֽה: וַיֹּ֨אמֶר יְהוָ֤ה אֶל־מֹשֶׁה֙

לֵ֣ךְ אֶל־הָעָ֔ם וְקִדַּשְׁתָּ֥ם הַיּ֖וֹם וּמָחָ֑ר וְכִבְּס֖וּ שִׂמְלֹתָֽם: וְהָי֥וּ

יא נְכֹנִ֖ים לַיּ֣וֹם הַשְּׁלִישִׁ֑י כִּ֣י ׀ בַּיּ֣וֹם הַשְּׁלִשִׁ֗י יֵרֵ֧ד יְהוָ֛ה לְעֵינֵ֥י כָל־

יב הָעָ֖ם עַל־הַ֥ר סִינָֽי: וְהִגְבַּלְתָּ֤ אֶת־הָעָם֙ סָבִ֣יב לֵאמֹ֔ר הִשָּׁמְר֥וּ

לָכֶ֛ם עֲל֥וֹת בָּהָ֖ר וּנְגֹ֣עַ בְּקָצֵ֑הוּ כָּל־הַנֹּגֵ֥עַ בָּהָ֖ר מ֥וֹת יוּמָֽת:

יג לֹא־תִגַּ֨ע בּ֜וֹ יָ֗ד כִּֽי־סָק֤וֹל יִסָּקֵל֙ אֽוֹ־יָרֹ֣ה יִיָּרֶ֔ה אִם־בְּהֵמָ֥ה אִם־

אִ֖ישׁ לֹ֣א יִחְיֶ֑ה בִּמְשֹׁךְ֙ הַיֹּבֵ֔ל הֵ֖מָּה יַעֲל֥וּ בָהָֽר: וַיֵּ֧רֶד מֹשֶׁ֛ה

יד מִן־הָהָ֖ר אֶל־הָעָ֑ם וַיְקַדֵּשׁ֙ אֶת־הָעָ֔ם וַֽיְכַבְּס֖וּ שִׂמְלֹתָֽם: וַיֹּ֙אמֶר֙

טו אֶל־הָעָ֔ם הֱי֥וּ נְכֹנִ֖ים לִשְׁלֹ֣שֶׁת יָמִ֑ים אַֽל־תִּגְּשׁ֖וּ אֶל־אִשָּֽׁה:

טז וַיְהִי֩ בַיּ֨וֹם הַשְּׁלִישִׁ֜י בִּֽהְיֹ֣ת הַבֹּ֗קֶר וַיְהִי֩ קֹלֹ֨ת וּבְרָקִ֜ים וְעָנָ֤ן כָּבֵד֙

עַל־הָהָ֔ר וְקֹ֥ל שֹׁפָ֖ר חָזָ֣ק מְאֹ֑ד וַיֶּחֱרַ֥ד כָּל־הָעָ֖ם אֲשֶׁ֥ר בַּֽמַּחֲנֶֽה:

יז וַיּוֹצֵ֨א מֹשֶׁ֧ה אֶת־הָעָ֛ם לִקְרַ֥את הָאֱלֹהִ֖ים מִן־הַֽמַּחֲנֶ֑ה וַיִּֽתְיַצְּב֖וּ

יח בְּתַחְתִּ֥ית הָהָֽר: וְהַ֤ר סִינַי֙ עָשַׁ֣ן כֻּלּ֔וֹ מִ֠פְּנֵי אֲשֶׁ֨ר יָרַ֥ד עָלָ֛יו יְהוָ֖ה

יט בָּאֵשׁ וַיַּעַל עֲשָׁנוֹ כְּעֶשֶׁן הַכִּבְשָׁן וַיֶּחֱרַד כָּל־הָהָר מְאֹד׃ וַיְהִי קוֹל
הַשֹּׁפָר הוֹלֵךְ וְחָזֵק מְאֹד מֹשֶׁה יְדַבֵּר וְהָאֱלֹהִים יַעֲנֶנּוּ בְקוֹל׃
כ וַיֵּרֶד יְהוָה עַל־הַר סִינַי אֶל־רֹאשׁ הָהָר וַיִּקְרָא יְהוָה לְמֹשֶׁה ששי
כא אֶל־רֹאשׁ הָהָר וַיַּעַל מֹשֶׁה׃ וַיֹּאמֶר יְהוָה אֶל־מֹשֶׁה רֵד הָעֵד
כב בָּעָם פֶּן־יֶהֶרְסוּ אֶל־יְהוָה לִרְאוֹת וְנָפַל מִמֶּנּוּ רָב׃ וְגַם הַכֹּהֲנִים
כג הַנִּגָּשִׁים אֶל־יְהוָה יִתְקַדָּשׁוּ פֶּן־יִפְרֹץ בָּהֶם יְהוָה׃ וַיֹּאמֶר מֹשֶׁה
אֶל־יְהוָה לֹא־יוּכַל הָעָם לַעֲלֹת אֶל־הַר סִינָי כִּי־אַתָּה הַעֵדֹתָה
כד בָּנוּ לֵאמֹר הַגְבֵּל אֶת־הָהָר וְקִדַּשְׁתּוֹ׃ וַיֹּאמֶר אֵלָיו יְהוָה לֶךְ־
רֵד וְעָלִיתָ אַתָּה וְאַהֲרֹן עִמָּךְ וְהַכֹּהֲנִים וְהָעָם אַל־יֶהֶרְסוּ
כה לַעֲלֹת אֶל־יְהוָה פֶּן־יִפְרָץ־בָּם׃ וַיֵּרֶד מֹשֶׁה אֶל־הָעָם וַיֹּאמֶר
כ א אֲלֵהֶם׃ וַיְדַבֵּר אֱלֹהִים אֵת כָּל־הַדְּבָרִים הָאֵלֶּה
ב לֵאמֹר׃ אָנֹכִי יְהוָה אֱלֹהֶיךָ אֲשֶׁר הוֹצֵאתִיךָ
ג מֵאֶרֶץ מִצְרַיִם מִבֵּית עֲבָדִים׃ לֹא־יִהְיֶה לְךָ אֱלֹהִים אֲחֵרִים
ד עַל־פָּנָי׃ לֹא־תַעֲשֶׂה לְךָ פֶסֶל וְכָל־תְּמוּנָה אֲשֶׁר בַּשָּׁמַיִם מִמַּעַל
ה וַאֲשֶׁר בָּאָרֶץ מִתָּחַת וַאֲשֶׁר בַּמַּיִם מִתַּחַת לָאָרֶץ׃ לֹא־
תִשְׁתַּחֲוֶה לָהֶם וְלֹא תָעָבְדֵם כִּי אָנֹכִי יְהוָה אֱלֹהֶיךָ אֵל קַנָּא
פֹּקֵד עֲוֺן אָבֹת עַל־בָּנִים עַל־שִׁלֵּשִׁים וְעַל־רִבֵּעִים לְשֹׂנְאָי׃
ו ז וְעֹשֶׂה חֶסֶד לַאֲלָפִים לְאֹהֲבַי וּלְשֹׁמְרֵי מִצְוֺתָי׃ לֹא
תִשָּׂא אֶת־שֵׁם־יְהוָה אֱלֹהֶיךָ לַשָּׁוְא כִּי לֹא יְנַקֶּה יְהוָה אֵת
אֲשֶׁר־יִשָּׂא אֶת־שְׁמוֹ לַשָּׁוְא׃
ח ט זָכוֹר אֶת־יוֹם הַשַּׁבָּת לְקַדְּשׁוֹ׃ שֵׁשֶׁת יָמִים תַּעֲבֹד וְעָשִׂיתָ כָּל־
י מְלַאכְתֶּךָ׃ וְיוֹם הַשְּׁבִיעִי שַׁבָּת לַיהוָה אֱלֹהֶיךָ לֹא־תַעֲשֶׂה כָל־
מְלָאכָה אַתָּה ׀ וּבִנְךָ וּבִתֶּךָ עַבְדְּךָ וַאֲמָתְךָ וּבְהֶמְתֶּךָ וְגֵרְךָ אֲשֶׁר
יא בִּשְׁעָרֶיךָ׃ כִּי שֵׁשֶׁת־יָמִים עָשָׂה יְהוָה אֶת־הַשָּׁמַיִם וְאֶת־הָאָרֶץ
אֶת־הַיָּם וְאֶת־כָּל־אֲשֶׁר־בָּם וַיָּנַח בַּיּוֹם הַשְּׁבִיעִי עַל־כֵּן בֵּרַךְ
יב יְהוָה אֶת־יוֹם הַשַּׁבָּת וַיְקַדְּשֵׁהוּ׃ כַּבֵּד אֶת־אָבִיךָ
וְאֶת־אִמֶּךָ לְמַעַן יַאֲרִכוּן יָמֶיךָ עַל הָאֲדָמָה אֲשֶׁר־יְהוָה אֱלֹהֶיךָ

נֹתֵ֥ן לָֽךְ׃ לֹ֖א תִּרְצָֽח׃ לֹ֖א יג
תִּנְאָֽף׃ לֹ֖א תִּגְנֹֽב׃ לֹֽא־
תַעֲנֶ֥ה בְרֵעֲךָ֖ עֵ֥ד שָֽׁקֶר׃ לֹ֥א יד
תַחְמֹ֖ד בֵּ֣ית רֵעֶ֑ךָ לֹֽא־
תַחְמֹ֞ד אֵ֣שֶׁת רֵעֶ֗ךָ וְעַבְדּ֤וֹ וַאֲמָתוֹ֙ וְשׁוֹר֣וֹ וַחֲמֹר֔וֹ וְכֹ֖ל אֲשֶׁ֥ר
לְרֵעֶֽךָ׃
שביעי וְכָל־הָעָם֩ רֹאִ֨ים אֶת־הַקּוֹלֹ֜ת וְאֶת־הַלַּפִּידִ֗ם וְאֵת֙ ק֣וֹל הַשֹּׁפָ֔ר טו
וְאֶת־הָהָ֖ר עָשֵׁ֑ן וַיַּ֤רְא הָעָם֙ וַיָּנֻ֔עוּ וַיַּֽעַמְד֖וּ מֵֽרָחֹֽק׃ וַיֹּֽאמְרוּ֙ אֶל־ טז
מֹשֶׁ֔ה דַּבֵּר־אַתָּ֥ה עִמָּ֖נוּ וְנִשְׁמָ֑עָה וְאַל־יְדַבֵּ֥ר עִמָּ֛נוּ אֱלֹהִ֖ים פֶּן־
נָמֽוּת׃ וַיֹּ֨אמֶר מֹשֶׁ֣ה אֶל־הָעָם֮ אַל־תִּירָאוּ֒ כִּ֗י לְבַֽעֲבוּר֙ נַסּ֣וֹת יז
אֶתְכֶ֔ם בָּ֖א הָאֱלֹהִ֑ים וּבַעֲב֗וּר תִּהְיֶ֧ה יִרְאָת֛וֹ עַל־פְּנֵיכֶ֖ם לְבִלְתִּ֥י
תֶחֱטָֽאוּ׃ וַיַּעֲמֹ֥ד הָעָ֖ם מֵרָחֹ֑ק וּמֹשֶׁה֙ נִגַּ֣שׁ אֶל־הָעֲרָפֶ֔ל אֲשֶׁר־ יח
מפטיר שָׁ֖ם הָאֱלֹהִֽים׃ וַיֹּ֤אמֶר יהוה֙ אֶל־מֹשֶׁ֔ה כֹּ֥ה יט
תֹאמַ֖ר אֶל־בְּנֵ֣י יִשְׂרָאֵ֑ל אַתֶּ֣ם רְאִיתֶ֔ם כִּ֚י מִן־הַשָּׁמַ֔יִם דִּבַּ֖רְתִּי
עִמָּכֶֽם׃ לֹ֥א תַעֲשׂ֖וּן אִתִּ֑י אֱלֹ֤הֵי כֶ֙סֶף֙ וֵֽאלֹהֵ֣י זָהָ֔ב לֹ֥א תַעֲשׂ֖וּ כ
לָכֶֽם׃ מִזְבַּ֣ח אֲדָמָה֮ תַּעֲשֶׂה־לִּי֒ וְזָבַחְתָּ֣ עָלָ֗יו אֶת־עֹלֹתֶ֙יךָ֙ כא
וְאֶת־שְׁלָמֶ֔יךָ אֶת־צֹֽאנְךָ֖ וְאֶת־בְּקָרֶ֑ךָ בְּכָל־הַמָּקוֹם֙ אֲשֶׁ֣ר
אַזְכִּ֣יר אֶת־שְׁמִ֔י אָב֥וֹא אֵלֶ֖יךָ וּבֵרַכְתִּֽיךָ׃ וְאִם־מִזְבַּ֤ח אֲבָנִים֙ כב
תַּֽעֲשֶׂה־לִּ֔י לֹֽא־תִבְנֶ֥ה אֶתְהֶ֖ן גָּזִ֑ית כִּ֧י חַרְבְּךָ֛ הֵנַ֥פְתָּ עָלֶ֖יהָ
וַתְּחַלְלֶֽהָ׃ וְלֹֽא־תַעֲלֶ֥ה בְמַעֲלֹ֖ת עַֽל־מִזְבְּחִ֑י אֲשֶׁ֛ר לֹֽא־תִגָּלֶ֥ה כג
עֶרְוָתְךָ֖ עָלָֽיו׃
משפטים טז וְאֵ֙לֶּה֙ הַמִּשְׁפָּטִ֔ים אֲשֶׁ֥ר תָּשִׂ֖ים לִפְנֵיהֶֽם׃ כִּ֤י תִקְנֶה֙ עֶ֣בֶד עִבְרִ֔י א ב כא
שֵׁ֥שׁ שָׁנִ֖ים יַעֲבֹ֑ד וּבַ֨שְּׁבִעִ֔ת יֵצֵ֥א לַֽחָפְשִׁ֖י חִנָּֽם׃ אִם־בְּגַפּ֥וֹ יָבֹ֖א ג
בְּגַפּ֣וֹ יֵצֵ֑א אִם־בַּ֤עַל אִשָּׁה֙ ה֔וּא וְיָצְאָ֥ה אִשְׁתּ֖וֹ עִמּֽוֹ׃ אִם־אֲדֹנָיו֙ ד
יִתֶּן־ל֣וֹ אִשָּׁ֔ה וְיָלְדָה־ל֥וֹ בָנִ֖ים א֣וֹ בָנ֑וֹת הָאִשָּׁ֣ה וִילָדֶ֗יהָ תִּהְיֶה֙
לַֽאדֹנֶ֔יהָ וְה֖וּא יֵצֵ֥א בְגַפּֽוֹ׃ וְאִם־אָמֹ֤ר יֹאמַר֙ הָעֶ֔בֶד אָהַ֙בְתִּי֙ ה
אֶת־אֲדֹנִ֔י אֶת־אִשְׁתִּ֖י וְאֶת־בָּנָ֑י לֹ֥א אֵצֵ֖א חָפְשִֽׁי׃ וְהִגִּישׁ֤וֹ אֲדֹנָיו֙ ו

אֶל־הָאֱלֹהִים וְהִגִּישׁוֹ אֶל־הַדֶּלֶת אוֹ אֶל־הַמְּזוּזָה וְרָצַע אֲדֹנָיו
ז אֶת־אָזְנוֹ בַּמַּרְצֵעַ וַעֲבָדוֹ לְעֹלָם׃ וְכִי־יִמְכֹּר אִישׁ
ח אֶת־בִּתּוֹ לְאָמָה לֹא תֵצֵא כְּצֵאת הָעֲבָדִים׃ אִם־רָעָה בְּעֵינֵי
אֲדֹנֶיהָ אֲשֶׁר־לֹא יְעָדָהּ וְהֶפְדָּהּ לְעַם נָכְרִי לֹא־יִמְשֹׁל לְמָכְרָהּ לו
ט בְּבִגְדוֹ־בָהּ׃ וְאִם־לִבְנוֹ יִיעָדֶנָּה כְּמִשְׁפַּט הַבָּנוֹת יַעֲשֶׂה־לָּהּ׃ אִם־
יא אַחֶרֶת יִקַּח־לוֹ שְׁאֵרָהּ כְּסוּתָהּ וְעֹנָתָהּ לֹא יִגְרָע׃ וְאִם־שְׁלָשׁ־
יב אֵלֶּה לֹא יַעֲשֶׂה לָהּ וְיָצְאָה חִנָּם אֵין כָּסֶף׃ מַכֵּה
יג אִישׁ וָמֵת מוֹת יוּמָת׃ וַאֲשֶׁר לֹא צָדָה וְהָאֱלֹהִים אִנָּה לְיָדוֹ
יד וְשַׂמְתִּי לְךָ מָקוֹם אֲשֶׁר יָנוּס שָׁמָּה׃ וְכִי־
יָזִד אִישׁ עַל־רֵעֵהוּ לְהָרְגוֹ בְעָרְמָה מֵעִם מִזְבְּחִי תִּקָּחֶנּוּ
טו טז לָמוּת׃ וּמַכֵּה אָבִיו וְאִמּוֹ מוֹת יוּמָת׃ וְגֹנֵב
יז אִישׁ וּמְכָרוֹ וְנִמְצָא בְיָדוֹ מוֹת יוּמָת׃ וּמְקַלֵּל
יח אָבִיו וְאִמּוֹ מוֹת יוּמָת׃ וְכִי־יְרִיבֻן אֲנָשִׁים וְהִכָּה־
אִישׁ אֶת־רֵעֵהוּ בְּאֶבֶן אוֹ בְאֶגְרֹף וְלֹא יָמוּת וְנָפַל לְמִשְׁכָּב׃
יט אִם־יָקוּם וְהִתְהַלֵּךְ בַּחוּץ עַל־מִשְׁעַנְתּוֹ וְנִקָּה הַמַּכֶּה רַק
כ שִׁבְתּוֹ יִתֵּן וְרַפֹּא יְרַפֵּא׃ וְכִי־יַכֶּה אִישׁ אֶת־עַבְדּוֹ שני
כא אוֹ אֶת־אֲמָתוֹ בַּשֵּׁבֶט וּמֵת תַּחַת יָדוֹ נָקֹם יִנָּקֵם׃ אַךְ אִם־יוֹם
כב אוֹ יוֹמַיִם יַעֲמֹד לֹא יֻקַּם כִּי כַסְפּוֹ הוּא׃ וְכִי־
יִנָּצוּ אֲנָשִׁים וְנָגְפוּ אִשָּׁה הָרָה וְיָצְאוּ יְלָדֶיהָ וְלֹא יִהְיֶה אָסוֹן
עָנוֹשׁ יֵעָנֵשׁ כַּאֲשֶׁר יָשִׁית עָלָיו בַּעַל הָאִשָּׁה וְנָתַן בִּפְלִלִים׃
כג כד וְאִם־אָסוֹן יִהְיֶה וְנָתַתָּה נֶפֶשׁ תַּחַת נָפֶשׁ׃ עַיִן תַּחַת עַיִן שֵׁן
כה תַּחַת שֵׁן יָד תַּחַת יָד רֶגֶל תַּחַת רָגֶל׃ כְּוִיָּה תַּחַת כְּוִיָּה פֶּצַע
כו תַּחַת פָּצַע חַבּוּרָה תַּחַת חַבּוּרָה׃ וְכִי־יַכֶּה אִישׁ
אֶת־עֵין עַבְדּוֹ אוֹ־אֶת־עֵין אֲמָתוֹ וְשִׁחֲתָהּ לַחָפְשִׁי יְשַׁלְּחֶנּוּ
כז תַּחַת עֵינוֹ׃ וְאִם־שֵׁן עַבְדּוֹ אוֹ־שֵׁן אֲמָתוֹ יַפִּיל לַחָפְשִׁי יְשַׁלְּחֶנּוּ
תַּחַת שִׁנּוֹ׃
כח וְכִי־יִגַּח שׁוֹר אֶת־אִישׁ אוֹ אֶת־אִשָּׁה וָמֵת סָקוֹל יִסָּקֵל הַשּׁוֹר

כט וְלֹא יֵאָכֵל אֶת־בְּשָׂרוֹ וּבַעַל הַשּׁוֹר נָקִי׃ וְאִם שׁוֹר נַגָּח הוּא
מִתְּמֹל שִׁלְשֹׁם וְהוּעַד בִּבְעָלָיו וְלֹא יִשְׁמְרֶנּוּ וְהֵמִית אִישׁ אוֹ
ל אִשָּׁה הַשּׁוֹר יִסָּקֵל וְגַם־בְּעָלָיו יוּמָת׃ אִם־כֹּפֶר יוּשַׁת עָלָיו וְנָתַן
לא פִּדְיֹן נַפְשׁוֹ כְּכֹל אֲשֶׁר־יוּשַׁת עָלָיו׃ אוֹ־בֵן יִגָּח אוֹ־בַת יִגָּח כַּמִּשְׁפָּט
לב הַזֶּה יֵעָשֶׂה לּוֹ׃ אִם־עֶבֶד יִגַּח הַשּׁוֹר אוֹ אָמָה כֶּסֶף ׀ שְׁלֹשִׁים
לג שְׁקָלִים יִתֵּן לַאדֹנָיו וְהַשּׁוֹר יִסָּקֵל׃ וְכִי־יִפְתַּח
אִישׁ בּוֹר אוֹ כִּי־יִכְרֶה אִישׁ בֹּר וְלֹא יְכַסֶּנּוּ וְנָפַל־שָׁמָּה שּׁוֹר
לד אוֹ חֲמוֹר׃ בַּעַל הַבּוֹר יְשַׁלֵּם כֶּסֶף יָשִׁיב לִבְעָלָיו וְהַמֵּת יִהְיֶה־
לה לּוֹ׃ וְכִי־יִגֹּף שׁוֹר־אִישׁ אֶת־שׁוֹר רֵעֵהוּ וָמֵת
וּמָכְרוּ אֶת־הַשּׁוֹר הַחַי וְחָצוּ אֶת־כַּסְפּוֹ וְגַם אֶת־הַמֵּת יֶחֱצוּן׃
לו אוֹ נוֹדַע כִּי שׁוֹר נַגָּח הוּא מִתְּמוֹל שִׁלְשֹׁם וְלֹא יִשְׁמְרֶנּוּ בְּעָלָיו
לז שַׁלֵּם יְשַׁלֵּם שׁוֹר תַּחַת הַשּׁוֹר וְהַמֵּת יִהְיֶה־לּוֹ׃ כִּי
יִגְנֹב־אִישׁ שׁוֹר אוֹ־שֶׂה וּטְבָחוֹ אוֹ מְכָרוֹ חֲמִשָּׁה בָקָר יְשַׁלֵּם
כב א תַּחַת הַשּׁוֹר וְאַרְבַּע־צֹאן תַּחַת הַשֶּׂה׃ אִם־בַּמַּחְתֶּרֶת יִמָּצֵא
ב הַגַּנָּב וְהֻכָּה וָמֵת אֵין לוֹ דָּמִים׃ אִם־זָרְחָה הַשֶּׁמֶשׁ עָלָיו
ג דָּמִים לוֹ שַׁלֵּם יְשַׁלֵּם אִם־אֵין לוֹ וְנִמְכַּר בִּגְנֵבָתוֹ׃ אִם־
הִמָּצֵא תִמָּצֵא בְיָדוֹ הַגְּנֵבָה מִשּׁוֹר עַד־חֲמוֹר עַד־שֶׂה חַיִּים
ד שְׁנַיִם יְשַׁלֵּם׃ כִּי יַבְעֶר־אִישׁ שָׂדֶה אוֹ־כֶרֶם וְשִׁלַּח שלישי
אֶת־בְּעִירֹה וּבִעֵר בִּשְׂדֵה אַחֵר מֵיטַב שָׂדֵהוּ וּמֵיטַב כַּרְמוֹ
ה יְשַׁלֵּם׃ כִּי־תֵצֵא אֵשׁ וּמָצְאָה קֹצִים וְנֶאֱכַל
גָּדִישׁ אוֹ הַקָּמָה אוֹ הַשָּׂדֶה שַׁלֵּם יְשַׁלֵּם הַמַּבְעִר אֶת־
ו הַבְּעֵרָה׃ כִּי־יִתֵּן אִישׁ אֶל־רֵעֵהוּ כֶּסֶף אוֹ־כֵלִים
ז לִשְׁמֹר וְגֻנַּב מִבֵּית הָאִישׁ אִם־יִמָּצֵא הַגַּנָּב יְשַׁלֵּם שְׁנָיִם׃ אִם־לֹא
יִמָּצֵא הַגַּנָּב וְנִקְרַב בַּעַל־הַבַּיִת אֶל־הָאֱלֹהִים אִם־לֹא שָׁלַח יָדוֹ
ח בִּמְלֶאכֶת רֵעֵהוּ׃ עַל־כָּל־דְּבַר־פֶּשַׁע עַל־שׁוֹר עַל־חֲמוֹר עַל־
שֶׂה עַל־שַׂלְמָה עַל־כָּל־אֲבֵדָה אֲשֶׁר יֹאמַר כִּי־הוּא זֶה עַד
הָאֱלֹהִים יָבֹא דְּבַר־שְׁנֵיהֶם אֲשֶׁר יַרְשִׁיעֻן אֱלֹהִים יְשַׁלֵּם שְׁנַיִם

ט לְרֵעֵהוּ׃ כִּי־יִתֵּן אִישׁ אֶל־רֵעֵהוּ חֲמוֹר אוֹ־שׁוֹר
אוֹ־שֶׂה וְכָל־בְּהֵמָה לִשְׁמֹר וּמֵת אוֹ־נִשְׁבַּר אוֹ־נִשְׁבָּה אֵין
י רֹאֶה׃ שְׁבֻעַת יהוה תִּהְיֶה בֵּין שְׁנֵיהֶם אִם־לֹא שָׁלַח יָדוֹ
יא בִּמְלֶאכֶת רֵעֵהוּ וְלָקַח בְּעָלָיו וְלֹא יְשַׁלֵּם׃ וְאִם־גָּנֹב יִגָּנֵב
יב מֵעִמּוֹ יְשַׁלֵּם לִבְעָלָיו׃ אִם־טָרֹף יִטָּרֵף יְבִאֵהוּ עֵד הַטְּרֵפָה
לֹא יְשַׁלֵּם׃
יג וְכִי־יִשְׁאַל אִישׁ מֵעִם רֵעֵהוּ וְנִשְׁבַּר אוֹ־מֵת בְּעָלָיו אֵין־עִמּוֹ
יד שַׁלֵּם יְשַׁלֵּם׃ אִם־בְּעָלָיו עִמּוֹ לֹא יְשַׁלֵּם אִם־שָׂכִיר הוּא בָּא
טו בִּשְׂכָרוֹ׃ וְכִי־יְפַתֶּה אִישׁ בְּתוּלָה אֲשֶׁר לֹא־אֹרָשָׂה
טז וְשָׁכַב עִמָּהּ מָהֹר יִמְהָרֶנָּה לּוֹ לְאִשָּׁה׃ אִם־מָאֵן יְמָאֵן אָבִיהָ
יז לְתִתָּהּ לוֹ כֶּסֶף יִשְׁקֹל כְּמֹהַר הַבְּתוּלֹת׃ מְכַשֵּׁפָה
יח יט לֹא תְחַיֶּה׃ כָּל־שֹׁכֵב עִם־בְּהֵמָה מוֹת יוּמָת׃ זֹבֵחַ
כ לָאֱלֹהִים יָחֳרָם בִּלְתִּי לַיהוה לְבַדּוֹ׃ וְגֵר לֹא־תוֹנֶה וְלֹא
כא תִלְחָצֶנּוּ כִּי־גֵרִים הֱיִיתֶם בְּאֶרֶץ מִצְרָיִם׃ כָּל־אַלְמָנָה וְיָתוֹם
כב לֹא תְעַנּוּן׃ אִם־עַנֵּה תְעַנֶּה אֹתוֹ כִּי אִם־צָעֹק יִצְעַק אֵלַי
כג שָׁמֹעַ אֶשְׁמַע צַעֲקָתוֹ׃ וְחָרָה אַפִּי וְהָרַגְתִּי אֶתְכֶם בֶּחָרֶב וְהָיוּ
נְשֵׁיכֶם אַלְמָנוֹת וּבְנֵיכֶם יְתֹמִים׃
כד אִם־כֶּסֶף ׀ תַּלְוֶה אֶת־עַמִּי אֶת־הֶעָנִי עִמָּךְ לֹא־תִהְיֶה לוֹ כְּנֹשֶׁה יז
כה לֹא־תְשִׂימוּן עָלָיו נֶשֶׁךְ׃ אִם־חָבֹל תַּחְבֹּל שַׂלְמַת רֵעֶךָ עַד־
כו בֹּא הַשֶּׁמֶשׁ תְּשִׁיבֶנּוּ לוֹ׃ כִּי הִוא כְסוּתֹה לְבַדָּהּ הִוא שִׂמְלָתוֹ
לְעֹרוֹ בַּמֶּה יִשְׁכָּב וְהָיָה כִּי־יִצְעַק אֵלַי וְשָׁמַעְתִּי כִּי־חַנּוּן
כז אָנִי׃ אֱלֹהִים לֹא תְקַלֵּל וְנָשִׂיא בְעַמְּךָ לֹא תָאֹר׃ רביעי
כח כט מְלֵאָתְךָ וְדִמְעֲךָ לֹא תְאַחֵר בְּכוֹר בָּנֶיךָ תִּתֶּן־לִי׃ כֵּן־תַּעֲשֶׂה
לְשֹׁרְךָ לְצֹאנֶךָ שִׁבְעַת יָמִים יִהְיֶה עִם־אִמּוֹ בַּיּוֹם הַשְּׁמִינִי
ל תִּתְּנוֹ־לִי׃ וְאַנְשֵׁי־קֹדֶשׁ תִּהְיוּן לִי וּבָשָׂר בַּשָּׂדֶה טְרֵפָה לֹא
כג א תֹאכֵלוּ לַכֶּלֶב תַּשְׁלִכוּן אֹתוֹ׃ לֹא תִשָּׂא שֵׁמַע
ב שָׁוְא אַל־תָּשֶׁת יָדְךָ עִם־רָשָׁע לִהְיֹת עֵד חָמָס׃ לֹא־תִהְיֶה

אַחֲרֵי־רַבִּים לְרָעֹת וְלֹא־תַעֲנֶה עַל־רִב לִנְטֹת אַחֲרֵי רַבִּים
לְהַטֹּת׃ וְדָל לֹא תֶהְדַּר בְּרִיבוֹ׃ כִּי תִפְגַּע שׁוֹר ג ד
אֹיִבְךָ אוֹ חֲמֹרוֹ תֹּעֶה הָשֵׁב תְּשִׁיבֶנּוּ לוֹ׃ כִּי־ ה
תִרְאֶה חֲמוֹר שֹׂנַאֲךָ רֹבֵץ תַּחַת מַשָּׂאוֹ וְחָדַלְתָּ מֵעֲזֹב לוֹ עָזֹב
חמישי תַּעֲזֹב עִמּוֹ׃ לֹא תַטֶּה מִשְׁפַּט אֶבְיֹנְךָ בְּרִיבוֹ׃ ו
מִדְּבַר־שֶׁקֶר תִּרְחָק וְנָקִי וְצַדִּיק אַל־תַּהֲרֹג כִּי לֹא־אַצְדִּיק ז
רָשָׁע׃ וְשֹׁחַד לֹא תִקָּח כִּי הַשֹּׁחַד יְעַוֵּר פִּקְחִים וִיסַלֵּף דִּבְרֵי ח
צַדִּיקִים׃ וְגֵר לֹא תִלְחָץ וְאַתֶּם יְדַעְתֶּם אֶת־נֶפֶשׁ הַגֵּר כִּי־ ט
גֵרִים הֱיִיתֶם בְּאֶרֶץ מִצְרָיִם׃ וְשֵׁשׁ שָׁנִים תִּזְרַע אֶת־אַרְצֶךָ י
וְאָסַפְתָּ אֶת־תְּבוּאָתָהּ׃ וְהַשְּׁבִיעִת תִּשְׁמְטֶנָּה וּנְטַשְׁתָּהּ וְאָכְלוּ יא
אֶבְיֹנֵי עַמֶּךָ וְיִתְרָם תֹּאכַל חַיַּת הַשָּׂדֶה כֵּן־תַּעֲשֶׂה לְכַרְמְךָ
לְזֵיתֶךָ׃ שֵׁשֶׁת יָמִים תַּעֲשֶׂה מַעֲשֶׂיךָ וּבַיּוֹם הַשְּׁבִיעִי תִּשְׁבֹּת יב
לְמַעַן יָנוּחַ שׁוֹרְךָ וַחֲמֹרֶךָ וְיִנָּפֵשׁ בֶּן־אֲמָתְךָ וְהַגֵּר׃ וּבְכֹל אֲשֶׁר־ יג
אָמַרְתִּי אֲלֵיכֶם תִּשָּׁמֵרוּ וְשֵׁם אֱלֹהִים אֲחֵרִים לֹא תַזְכִּירוּ
לֹא יִשָּׁמַע עַל־פִּיךָ׃ שָׁלֹשׁ רְגָלִים תָּחֹג לִי בַּשָּׁנָה׃ אֶת־חַג יד טו
הַמַּצּוֹת תִּשְׁמֹר שִׁבְעַת יָמִים תֹּאכַל מַצּוֹת כַּאֲשֶׁר צִוִּיתִךָ
לְמוֹעֵד חֹדֶשׁ הָאָבִיב כִּי־בוֹ יָצָאתָ מִמִּצְרָיִם וְלֹא־יֵרָאוּ פָנַי
רֵיקָם׃ וְחַג הַקָּצִיר בִּכּוּרֵי מַעֲשֶׂיךָ אֲשֶׁר תִּזְרַע בַּשָּׂדֶה וְחַג טז
הָאָסִף בְּצֵאת הַשָּׁנָה בְּאָסְפְּךָ אֶת־מַעֲשֶׂיךָ מִן־הַשָּׂדֶה׃ שָׁלֹשׁ יז
פְּעָמִים בַּשָּׁנָה יֵרָאֶה כָּל־זְכוּרְךָ אֶל־פְּנֵי הָאָדֹן ׀ יהוה׃ לֹא־ יח
תִזְבַּח עַל־חָמֵץ דַּם־זִבְחִי וְלֹא־יָלִין חֵלֶב־חַגִּי עַד־בֹּקֶר׃
רֵאשִׁית בִּכּוּרֵי אַדְמָתְךָ תָּבִיא בֵּית יהוה אֱלֹהֶיךָ לֹא־תְבַשֵּׁל יט
גְּדִי בַּחֲלֵב אִמּוֹ׃
ששי הִנֵּה אָנֹכִי שֹׁלֵחַ מַלְאָךְ לְפָנֶיךָ לִשְׁמָרְךָ בַּדָּרֶךְ וְלַהֲבִיאֲךָ אֶל־ כ
הַמָּקוֹם אֲשֶׁר הֲכִנֹתִי׃ הִשָּׁמֶר מִפָּנָיו וּשְׁמַע בְּקֹלוֹ אַל־תַּמֵּר כא
בּוֹ כִּי לֹא יִשָּׂא לְפִשְׁעֲכֶם כִּי שְׁמִי בְּקִרְבּוֹ׃ כִּי אִם־שָׁמוֹעַ כב
תִּשְׁמַע בְּקֹלוֹ וְעָשִׂיתָ כֹּל אֲשֶׁר אֲדַבֵּר וְאָיַבְתִּי אֶת־אֹיְבֶיךָ

כג וְצַרְתִּי אֶת־צֹרְרֶיךָ׃ כִּי־יֵלֵךְ מַלְאָכִי לְפָנֶיךָ וֶהֱבִיאֲךָ אֶל־
כד הָאֱמֹרִי וְהַחִתִּי וְהַפְּרִזִּי וְהַכְּנַעֲנִי הַחִוִּי וְהַיְבוּסִי וְהִכְחַדְתִּיו׃ לֹא־
תִשְׁתַּחֲוֶה לֵאלֹהֵיהֶם וְלֹא תָעָבְדֵם וְלֹא תַעֲשֶׂה כְּמַעֲשֵׂיהֶם
כה כִּי הָרֵס תְּהָרְסֵם וְשַׁבֵּר תְּשַׁבֵּר מַצֵּבֹתֵיהֶם׃ וַעֲבַדְתֶּם אֵת
יהוה אֱלֹהֵיכֶם וּבֵרַךְ אֶת־לַחְמְךָ וְאֶת־מֵימֶיךָ וַהֲסִרֹתִי מַחֲלָה
כו מִקִּרְבֶּךָ׃ לֹא תִהְיֶה מְשַׁכֵּלָה וַעֲקָרָה בְּאַרְצֶךָ שביעי
כז אֶת־מִסְפַּר יָמֶיךָ אֲמַלֵּא׃ אֶת־אֵימָתִי אֲשַׁלַּח לְפָנֶיךָ וְהַמֹּתִי
אֶת־כָּל־הָעָם אֲשֶׁר תָּבֹא בָּהֶם וְנָתַתִּי אֶת־כָּל־אֹיְבֶיךָ אֵלֶיךָ
כח עֹרֶף׃ וְשָׁלַחְתִּי אֶת־הַצִּרְעָה לְפָנֶיךָ וְגֵרְשָׁה אֶת־הַחִוִּי אֶת־
כט הַכְּנַעֲנִי וְאֶת־הַחִתִּי מִלְּפָנֶיךָ׃ לֹא אֲגָרְשֶׁנּוּ מִפָּנֶיךָ בְּשָׁנָה
ל אֶחָת פֶּן־תִּהְיֶה הָאָרֶץ שְׁמָמָה וְרַבָּה עָלֶיךָ חַיַּת הַשָּׂדֶה׃ מְעַט
מְעַט אֲגָרְשֶׁנּוּ מִפָּנֶיךָ עַד אֲשֶׁר תִּפְרֶה וְנָחַלְתָּ אֶת־הָאָרֶץ׃
לא וְשַׁתִּי אֶת־גְּבֻלְךָ מִיַּם־סוּף וְעַד־יָם פְּלִשְׁתִּים וּמִמִּדְבָּר עַד־
הַנָּהָר כִּי ׀ אֶתֵּן בְּיֶדְכֶם אֵת יֹשְׁבֵי הָאָרֶץ וְגֵרַשְׁתָּמוֹ מִפָּנֶיךָ׃
לב לג לֹא־תִכְרֹת לָהֶם וְלֵאלֹהֵיהֶם בְּרִית׃ לֹא יֵשְׁבוּ בְּאַרְצְךָ
פֶּן־יַחֲטִיאוּ אֹתְךָ לִי כִּי תַעֲבֹד אֶת־אֱלֹהֵיהֶם כִּי־יִהְיֶה לְךָ
לְמוֹקֵשׁ׃
כד א וְאֶל־מֹשֶׁה אָמַר עֲלֵה אֶל־יהוה אַתָּה וְאַהֲרֹן נָדָב וַאֲבִיהוּא
ב וְשִׁבְעִים מִזִּקְנֵי יִשְׂרָאֵל וְהִשְׁתַּחֲוִיתֶם מֵרָחֹק׃ וְנִגַּשׁ מֹשֶׁה
ג לְבַדּוֹ אֶל־יהוה וְהֵם לֹא יִגָּשׁוּ וְהָעָם לֹא יַעֲלוּ עִמּוֹ׃ וַיָּבֹא
מֹשֶׁה וַיְסַפֵּר לָעָם אֵת כָּל־דִּבְרֵי יהוה וְאֵת כָּל־הַמִּשְׁפָּטִים
וַיַּעַן כָּל־הָעָם קוֹל אֶחָד וַיֹּאמְרוּ כָּל־הַדְּבָרִים אֲשֶׁר־דִּבֶּר
ד יהוה נַעֲשֶׂה׃ וַיִּכְתֹּב מֹשֶׁה אֵת כָּל־דִּבְרֵי יהוה וַיַּשְׁכֵּם בַּבֹּקֶר
וַיִּבֶן מִזְבֵּחַ תַּחַת הָהָר וּשְׁתֵּים עֶשְׂרֵה מַצֵּבָה לִשְׁנֵים עָשָׂר
ה שִׁבְטֵי יִשְׂרָאֵל׃ וַיִּשְׁלַח אֶת־נַעֲרֵי בְּנֵי יִשְׂרָאֵל וַיַּעֲלוּ עֹלֹת
ו וַיִּזְבְּחוּ זְבָחִים שְׁלָמִים לַיהוה פָּרִים׃ וַיִּקַּח מֹשֶׁה חֲצִי הַדָּם
ז וַיָּשֶׂם בָּאַגָּנֹת וַחֲצִי הַדָּם זָרַק עַל־הַמִּזְבֵּחַ׃ וַיִּקַּח סֵפֶר הַבְּרִית

וַיִּקְרָא בְּאָזְנֵי הָעָם וַיֹּאמְרוּ כֹּל אֲשֶׁר־דִּבֶּר יְהוָה נַעֲשֶׂה וְנִשְׁמָע׃
ח וַיִּקַּח מֹשֶׁה אֶת־הַדָּם וַיִּזְרֹק עַל־הָעָם וַיֹּאמֶר הִנֵּה דַם־הַבְּרִית
ט אֲשֶׁר כָּרַת יְהוָה עִמָּכֶם עַל כָּל־הַדְּבָרִים הָאֵלֶּה׃ וַיַּעַל מֹשֶׁה
י וְאַהֲרֹן נָדָב וַאֲבִיהוּא וְשִׁבְעִים מִזִּקְנֵי יִשְׂרָאֵל׃ וַיִּרְאוּ אֵת
אֱלֹהֵי יִשְׂרָאֵל וְתַחַת רַגְלָיו כְּמַעֲשֵׂה לִבְנַת הַסַּפִּיר וּכְעֶצֶם
יא הַשָּׁמַיִם לָטֹהַר׃ וְאֶל־אֲצִילֵי בְּנֵי יִשְׂרָאֵל לֹא שָׁלַח יָדוֹ וַיֶּחֱזוּ
יב אֶת־הָאֱלֹהִים וַיֹּאכְלוּ וַיִּשְׁתּוּ׃ וַיֹּאמֶר יְהוָה אֶל־
מֹשֶׁה עֲלֵה אֵלַי הָהָרָה וֶהְיֵה־שָׁם וְאֶתְּנָה לְךָ אֶת־לֻחֹת הָאֶבֶן
יג וְהַתּוֹרָה וְהַמִּצְוָה אֲשֶׁר כָּתַבְתִּי לְהוֹרֹתָם׃ וַיָּקָם מֹשֶׁה וִיהוֹשֻׁעַ
יד מְשָׁרְתוֹ וַיַּעַל מֹשֶׁה אֶל־הַר הָאֱלֹהִים׃ וְאֶל־הַזְּקֵנִים אָמַר
שְׁבוּ־לָנוּ בָזֶה עַד אֲשֶׁר־נָשׁוּב אֲלֵיכֶם וְהִנֵּה אַהֲרֹן וְחוּר עִמָּכֶם
טו מִי־בַעַל דְּבָרִים יִגַּשׁ אֲלֵהֶם׃ וַיַּעַל מֹשֶׁה אֶל־הָהָר וַיְכַס הֶעָנָן מפטיר
טז אֶת־הָהָר׃ וַיִּשְׁכֹּן כְּבוֹד־יְהוָה עַל־הַר סִינַי וַיְכַסֵּהוּ הֶעָנָן שֵׁשֶׁת
יז יָמִים וַיִּקְרָא אֶל־מֹשֶׁה בַּיּוֹם הַשְּׁבִיעִי מִתּוֹךְ הֶעָנָן׃ וּמַרְאֵה
יח כְּבוֹד יְהוָה כְּאֵשׁ אֹכֶלֶת בְּרֹאשׁ הָהָר לְעֵינֵי בְּנֵי יִשְׂרָאֵל׃ וַיָּבֹא
מֹשֶׁה בְּתוֹךְ הֶעָנָן וַיַּעַל אֶל־הָהָר וַיְהִי מֹשֶׁה בָּהָר אַרְבָּעִים
יוֹם וְאַרְבָּעִים לָיְלָה׃

כה א ב וַיְדַבֵּר יְהוָה אֶל־מֹשֶׁה לֵּאמֹר׃ דַּבֵּר אֶל־בְּנֵי יִשְׂרָאֵל וְיִקְחוּ־ תרומה יח
לִי תְּרוּמָה מֵאֵת כָּל־אִישׁ אֲשֶׁר יִדְּבֶנּוּ לִבּוֹ תִּקְחוּ אֶת־תְּרוּמָתִי׃
ג ד וְזֹאת הַתְּרוּמָה אֲשֶׁר תִּקְחוּ מֵאִתָּם זָהָב וָכֶסֶף וּנְחֹשֶׁת׃ וּתְכֵלֶת
ה וְאַרְגָּמָן וְתוֹלַעַת שָׁנִי וְשֵׁשׁ וְעִזִּים׃ וְעֹרֹת אֵילִם מְאָדָּמִים
ו וְעֹרֹת תְּחָשִׁים וַעֲצֵי שִׁטִּים׃ שֶׁמֶן לַמָּאֹר בְּשָׂמִים לְשֶׁמֶן
ז הַמִּשְׁחָה וְלִקְטֹרֶת הַסַּמִּים׃ אַבְנֵי־שֹׁהַם וְאַבְנֵי מִלֻּאִים
ח ט לָאֵפֹד וְלַחֹשֶׁן׃ וְעָשׂוּ לִי מִקְדָּשׁ וְשָׁכַנְתִּי בְּתוֹכָם׃ כְּכֹל אֲשֶׁר
אֲנִי מַרְאֶה אוֹתְךָ אֵת תַּבְנִית הַמִּשְׁכָּן וְאֵת תַּבְנִית כָּל־כֵּלָיו
י וְכֵן תַּעֲשׂוּ׃ וְעָשׂוּ אֲרוֹן עֲצֵי שִׁטִּים אַמָּתַיִם וָחֵצִי
יא אָרְכּוֹ וְאַמָּה וָחֵצִי רָחְבּוֹ וְאַמָּה וָחֵצִי קֹמָתוֹ׃ וְצִפִּיתָ אֹתוֹ זָהָב

טָה֛וֹר מִבַּ֥יִת וּמִח֖וּץ תְּצַפֶּ֑נּוּ וְעָשִׂ֧יתָ עָלָ֛יו זֵ֥ר זָהָ֖ב סָבִֽיב׃
יב וְיָצַ֣קְתָּ לּ֗וֹ אַרְבַּע֙ טַבְּעֹ֣ת זָהָ֔ב וְנָ֣תַתָּ֔ה עַ֖ל אַרְבַּ֣ע פַּעֲמֹתָ֑יו
וּשְׁתֵּ֣י טַבָּעֹ֗ת עַל־צַלְעוֹ֙ הָֽאֶחָ֔ת וּשְׁתֵּי֙ טַבָּעֹ֔ת עַל־צַלְע֖וֹ הַשֵּׁנִֽית׃
יג יד וְעָשִׂ֥יתָ בַדֵּ֖י עֲצֵ֣י שִׁטִּ֑ים וְצִפִּיתָ֥ אֹתָ֖ם זָהָֽב׃ וְהֵבֵאתָ֤ אֶת־הַבַּדִּים֙
טו בַּטַּבָּעֹ֔ת עַ֖ל צַלְעֹ֣ת הָאָרֹ֑ן לָשֵׂ֥את אֶת־הָאָרֹ֖ן בָּהֶֽם׃ בְּטַבְּעֹת֙
טז הָאָרֹ֔ן יִהְי֖וּ הַבַּדִּ֑ים לֹ֥א יָסֻ֖רוּ מִמֶּֽנּוּ׃ וְנָתַתָּ֖ אֶל־הָאָרֹ֑ן אֵ֚ת
יז הָעֵדֻ֔ת אֲשֶׁ֥ר אֶתֵּ֖ן אֵלֶֽיךָ׃ וְעָשִׂ֥יתָ כַפֹּ֖רֶת זָהָ֣ב טָה֑וֹר אַמָּתַ֤יִם שני
יח וָחֵ֙צִי֙ אָרְכָּ֔הּ וְאַמָּ֥ה וָחֵ֖צִי רָחְבָּֽהּ׃ וְעָשִׂ֛יתָ שְׁנַ֥יִם כְּרֻבִ֖ים זָהָ֑ב
יט מִקְשָׁה֙ תַּעֲשֶׂ֣ה אֹתָ֔ם מִשְּׁנֵ֖י קְצ֥וֹת הַכַּפֹּֽרֶת׃ וַ֠עֲשֵׂה כְּר֨וּב אֶחָ֤ד
מִקָּצָה֙ מִזֶּ֔ה וּכְרוּב־אֶחָ֥ד מִקָּצָ֖ה מִזֶּ֑ה מִן־הַכַּפֹּ֛רֶת תַּעֲשׂ֥וּ אֶת־
כ הַכְּרֻבִ֖ים עַל־שְׁנֵ֥י קְצוֹתָֽיו׃ וְהָי֣וּ הַכְּרֻבִים֩ פֹּרְשֵׂ֨י כְנָפַ֜יִם לְמַ֗עְלָה
סֹכְכִ֤ים בְּכַנְפֵיהֶם֙ עַל־הַכַּפֹּ֔רֶת וּפְנֵיהֶ֖ם אִ֣ישׁ אֶל־אָחִ֑יו אֶל־
כא הַכַּפֹּ֔רֶת יִהְי֖וּ פְּנֵ֥י הַכְּרֻבִֽים׃ וְנָתַתָּ֧ אֶת־הַכַּפֹּ֛רֶת עַל־הָאָרֹ֖ן
מִלְמָ֑עְלָה וְאֶל־הָ֣אָרֹ֔ן תִּתֵּן֙ אֶת־הָ֣עֵדֻ֔ת אֲשֶׁ֥ר אֶתֵּ֖ן אֵלֶֽיךָ׃
כב וְנוֹעַדְתִּ֣י לְךָ֮ שָׁם֒ וְדִבַּרְתִּ֨י אִתְּךָ֜ מֵעַ֣ל הַכַּפֹּ֗רֶת מִבֵּין֙ שְׁנֵ֣י
הַכְּרֻבִ֔ים אֲשֶׁ֖ר עַל־אֲר֣וֹן הָעֵדֻ֑ת אֵ֣ת כָּל־אֲשֶׁ֧ר אֲצַוֶּ֛ה אוֹתְךָ֖
אֶל־בְּנֵ֥י יִשְׂרָאֵֽל׃

כג וְעָשִׂ֥יתָ שֻׁלְחָ֖ן עֲצֵ֣י שִׁטִּ֑ים אַמָּתַ֤יִם אָרְכּוֹ֙ וְאַמָּ֣ה רָחְבּ֔וֹ וְאַמָּ֥ה
כד וָחֵ֖צִי קֹמָתֽוֹ׃ וְצִפִּיתָ֥ אֹת֖וֹ זָהָ֣ב טָה֑וֹר וְעָשִׂ֥יתָ לּ֛וֹ זֵ֥ר זָהָ֖ב סָבִֽיב׃
כה וְעָשִׂ֨יתָ לּ֥וֹ מִסְגֶּ֛רֶת טֹ֖פַח סָבִ֑יב וְעָשִׂ֧יתָ זֵר־זָהָ֛ב לְמִסְגַּרְתּ֖וֹ
כו סָבִֽיב׃ וְעָשִׂ֣יתָ לּ֔וֹ אַרְבַּ֖ע טַבְּעֹ֣ת זָהָ֑ב וְנָתַתָּ֙ אֶת־הַטַּבָּעֹ֔ת
כז עַ֚ל אַרְבַּ֣ע הַפֵּאֹ֔ת אֲשֶׁ֖ר לְאַרְבַּ֥ע רַגְלָֽיו׃ לְעֻמַּת֙ הַמִּסְגֶּ֔רֶת תִּהְיֶ֖יןָ
כח הַטַּבָּעֹ֑ת לְבָתִּ֣ים לְבַדִּ֔ים לָשֵׂ֖את אֶת־הַשֻּׁלְחָֽן׃ וְעָשִׂ֤יתָ אֶת־
הַבַּדִּים֙ עֲצֵ֣י שִׁטִּ֔ים וְצִפִּיתָ֥ אֹתָ֖ם זָהָ֑ב וְנִשָּׂא־בָ֖ם אֶת־הַשֻּׁלְחָֽן׃
כט וְעָשִׂ֨יתָ קְּעָרֹתָ֜יו וְכַפֹּתָ֗יו וּקְשׂוֹתָיו֙ וּמְנַקִּיֹּתָ֔יו אֲשֶׁ֥ר יֻסַּ֖ךְ בָּהֵ֑ן
ל זָהָ֥ב טָה֖וֹר תַּעֲשֶׂ֥ה אֹתָֽם׃ וְנָתַתָּ֧ עַל־הַשֻּׁלְחָ֛ן לֶ֥חֶם פָּנִ֖ים לְפָנַ֥י
תָּמִֽיד׃

לא וְעָשִׂיתָ מְנֹרַת זָהָב טָהוֹר מִקְשָׁה תֵּיעָשֶׂה הַמְּנוֹרָה יְרֵכָהּ
לב וְקָנָהּ גְּבִיעֶיהָ כַּפְתֹּרֶיהָ וּפְרָחֶיהָ מִמֶּנָּה יִהְיוּ׃ וְשִׁשָּׁה קָנִים
יֹצְאִים מִצִּדֶּיהָ שְׁלֹשָׁה ׀ קְנֵי מְנֹרָה מִצִּדָּהּ הָאֶחָד וּשְׁלֹשָׁה קְנֵי
לג מְנֹרָה מִצִּדָּהּ הַשֵּׁנִי׃ שְׁלֹשָׁה גְבִעִים מְשֻׁקָּדִים בַּקָּנֶה הָאֶחָד
כַּפְתֹּר וָפֶרַח וּשְׁלֹשָׁה גְבִעִים מְשֻׁקָּדִים בַּקָּנֶה הָאֶחָד כַּפְתֹּר
לד וָפָרַח כֵּן לְשֵׁשֶׁת הַקָּנִים הַיֹּצְאִים מִן־הַמְּנֹרָה׃ וּבַמְּנֹרָה אַרְבָּעָה
לה גְבִעִים מְשֻׁקָּדִים כַּפְתֹּרֶיהָ וּפְרָחֶיהָ׃ וְכַפְתֹּר תַּחַת שְׁנֵי הַקָּנִים
מִמֶּנָּה וְכַפְתֹּר תַּחַת שְׁנֵי הַקָּנִים מִמֶּנָּה וְכַפְתֹּר תַּחַת־שְׁנֵי
לו הַקָּנִים מִמֶּנָּה לְשֵׁשֶׁת הַקָּנִים הַיֹּצְאִים מִן־הַמְּנֹרָה׃ כַּפְתֹּרֵיהֶם
לז וּקְנֹתָם מִמֶּנָּה יִהְיוּ כֻּלָּהּ מִקְשָׁה אַחַת זָהָב טָהוֹר׃ וְעָשִׂיתָ
אֶת־נֵרֹתֶיהָ שִׁבְעָה וְהֶעֱלָה אֶת־נֵרֹתֶיהָ וְהֵאִיר עַל־עֵבֶר פָּנֶיהָ׃
לח לט וּמַלְקָחֶיהָ וּמַחְתֹּתֶיהָ זָהָב טָהוֹר׃ כִּכָּר זָהָב טָהוֹר יַעֲשֶׂה אֹתָהּ
מ אֵת כָּל־הַכֵּלִים הָאֵלֶּה׃ וּרְאֵה וַעֲשֵׂה בְּתַבְנִיתָם אֲשֶׁר־אַתָּה
כו א מָרְאֶה בָּהָר׃ וְאֶת־הַמִּשְׁכָּן תַּעֲשֶׂה עֶשֶׂר יְרִיעֹת שלישי יט
שֵׁשׁ מָשְׁזָר וּתְכֵלֶת וְאַרְגָּמָן וְתֹלַעַת שָׁנִי כְּרֻבִים מַעֲשֵׂה חֹשֵׁב
ב תַּעֲשֶׂה אֹתָם׃ אֹרֶךְ ׀ הַיְרִיעָה הָאַחַת שְׁמֹנֶה וְעֶשְׂרִים בָּאַמָּה
וְרֹחַב אַרְבַּע בָּאַמָּה הַיְרִיעָה הָאֶחָת מִדָּה אַחַת לְכָל־הַיְרִיעֹת׃
ג חֲמֵשׁ הַיְרִיעֹת תִּהְיֶיןָ חֹבְרֹת אִשָּׁה אֶל־אֲחֹתָהּ וְחָמֵשׁ יְרִיעֹת
ד חֹבְרֹת אִשָּׁה אֶל־אֲחֹתָהּ׃ וְעָשִׂיתָ לֻלְאֹת תְּכֵלֶת עַל שְׂפַת
הַיְרִיעָה הָאֶחָת מִקָּצָה בַּחֹבָרֶת וְכֵן תַּעֲשֶׂה בִּשְׂפַת הַיְרִיעָה
ה הַקִּיצוֹנָה בַּמַּחְבֶּרֶת הַשֵּׁנִית׃ חֲמִשִּׁים לֻלָאֹת תַּעֲשֶׂה בַּיְרִיעָה
הָאֶחָת וַחֲמִשִּׁים לֻלָאֹת תַּעֲשֶׂה בִּקְצֵה הַיְרִיעָה אֲשֶׁר בַּמַּחְבֶּרֶת
ו הַשֵּׁנִית מַקְבִּילֹת הַלֻּלָאֹת אִשָּׁה אֶל־אֲחֹתָהּ׃ וְעָשִׂיתָ חֲמִשִּׁים
קַרְסֵי זָהָב וְחִבַּרְתָּ אֶת־הַיְרִיעֹת אִשָּׁה אֶל־אֲחֹתָהּ בַּקְּרָסִים
ז וְהָיָה הַמִּשְׁכָּן אֶחָד׃ וְעָשִׂיתָ יְרִיעֹת עִזִּים לְאֹהֶל עַל־הַמִּשְׁכָּן
ח עַשְׁתֵּי־עֶשְׂרֵה יְרִיעֹת תַּעֲשֶׂה אֹתָם׃ אֹרֶךְ ׀ הַיְרִיעָה הָאַחַת
שְׁלֹשִׁים בָּאַמָּה וְרֹחַב אַרְבַּע בָּאַמָּה הַיְרִיעָה הָאֶחָת מִדָּה

ט אַחַת לְעַשְׁתֵּי עֶשְׂרֵה יְרִיעֹת׃ וְחִבַּרְתָּ אֶת־חֲמֵשׁ הַיְרִיעֹת לְבָד
וְאֶת־שֵׁשׁ הַיְרִיעֹת לְבָד וְכָפַלְתָּ אֶת־הַיְרִיעָה הַשִּׁשִּׁית אֶל־
י מוּל פְּנֵי הָאֹהֶל׃ וְעָשִׂיתָ חֲמִשִּׁים לֻלָאֹת עַל שְׂפַת הַיְרִיעָה
הָאֶחָת הַקִּיצֹנָה בַּחֹבָרֶת וַחֲמִשִּׁים לֻלָאֹת עַל שְׂפַת הַיְרִיעָה
יא הַחֹבֶרֶת הַשֵּׁנִית׃ וְעָשִׂיתָ קַרְסֵי נְחֹשֶׁת חֲמִשִּׁים וְהֵבֵאתָ אֶת־
יב הַקְּרָסִים בַּלֻּלָאֹת וְחִבַּרְתָּ אֶת־הָאֹהֶל וְהָיָה אֶחָד׃ וְסֶרַח הָעֹדֵף
בִּירִיעֹת הָאֹהֶל חֲצִי הַיְרִיעָה הָעֹדֶפֶת תִּסְרַח עַל אֲחֹרֵי
יג הַמִּשְׁכָּן׃ וְהָאַמָּה מִזֶּה וְהָאַמָּה מִזֶּה בָּעֹדֵף בְּאֹרֶךְ יְרִיעֹת
הָאֹהֶל יִהְיֶה סָרוּחַ עַל־צִדֵּי הַמִּשְׁכָּן מִזֶּה וּמִזֶּה לְכַסֹּתוֹ׃
יד וְעָשִׂיתָ מִכְסֶה לָאֹהֶל עֹרֹת אֵילִם מְאָדָּמִים וּמִכְסֵה עֹרֹת
תְּחָשִׁים מִלְמָעְלָה׃

טו טז וְעָשִׂיתָ אֶת־הַקְּרָשִׁים לַמִּשְׁכָּן עֲצֵי שִׁטִּים עֹמְדִים׃ עֶשֶׂר אַמּוֹת רביעי
יז אֹרֶךְ הַקָּרֶשׁ וְאַמָּה וַחֲצִי הָאַמָּה רֹחַב הַקֶּרֶשׁ הָאֶחָד׃ שְׁתֵּי
יָדוֹת לַקֶּרֶשׁ הָאֶחָד מְשֻׁלָּבֹת אִשָּׁה אֶל־אֲחֹתָהּ כֵּן תַּעֲשֶׂה
יח לְכֹל קַרְשֵׁי הַמִּשְׁכָּן׃ וְעָשִׂיתָ אֶת־הַקְּרָשִׁים לַמִּשְׁכָּן עֶשְׂרִים
יט קֶרֶשׁ לִפְאַת נֶגְבָּה תֵימָנָה׃ וְאַרְבָּעִים אַדְנֵי־כֶסֶף תַּעֲשֶׂה
תַּחַת עֶשְׂרִים הַקָּרֶשׁ שְׁנֵי אֲדָנִים תַּחַת־הַקֶּרֶשׁ הָאֶחָד לִשְׁתֵּי
כ יְדֹתָיו וּשְׁנֵי אֲדָנִים תַּחַת־הַקֶּרֶשׁ הָאֶחָד לִשְׁתֵּי יְדֹתָיו׃ וּלְצֶלַע
כא הַמִּשְׁכָּן הַשֵּׁנִית לִפְאַת צָפוֹן עֶשְׂרִים קָרֶשׁ׃ וְאַרְבָּעִים אַדְנֵיהֶם
כֶּסֶף שְׁנֵי אֲדָנִים תַּחַת הַקֶּרֶשׁ הָאֶחָד וּשְׁנֵי אֲדָנִים תַּחַת הַקֶּרֶשׁ
כב כג הָאֶחָד׃ וּלְיַרְכְּתֵי הַמִּשְׁכָּן יָמָּה תַּעֲשֶׂה שִׁשָּׁה קְרָשִׁים׃ וּשְׁנֵי
כד קְרָשִׁים תַּעֲשֶׂה לִמְקֻצְעֹת הַמִּשְׁכָּן בַּיַּרְכָתָיִם׃ וְיִהְיוּ תֹאֲמִם
מִלְּמַטָּה וְיַחְדָּו יִהְיוּ תַמִּים עַל־רֹאשׁוֹ אֶל־הַטַּבַּעַת הָאֶחָת
כה כֵּן יִהְיֶה לִשְׁנֵיהֶם לִשְׁנֵי הַמִּקְצֹעֹת יִהְיוּ׃ וְהָיוּ שְׁמֹנָה קְרָשִׁים
וְאַדְנֵיהֶם כֶּסֶף שִׁשָּׁה עָשָׂר אֲדָנִים שְׁנֵי אֲדָנִים תַּחַת הַקֶּרֶשׁ
כו הָאֶחָד וּשְׁנֵי אֲדָנִים תַּחַת הַקֶּרֶשׁ הָאֶחָד׃ וְעָשִׂיתָ בְרִיחִם עֲצֵי
כז שִׁטִּים חֲמִשָּׁה לְקַרְשֵׁי צֶלַע־הַמִּשְׁכָּן הָאֶחָד׃ וַחֲמִשָּׁה בְרִיחִם

לְקַרְשֵׁי צֶלַע־הַמִּשְׁכָּן הַשֵּׁנִית וַחֲמִשָּׁה בְרִיחִם לְקַרְשֵׁי צֶלַע
הַמִּשְׁכָּן לַיַּרְכָתַיִם יָמָּה׃ וְהַבְּרִיחַ הַתִּיכֹן בְּתוֹךְ הַקְּרָשִׁים כח
מַבְרִחַ מִן־הַקָּצֶה אֶל־הַקָּצֶה׃ וְאֶת־הַקְּרָשִׁים תְּצַפֶּה זָהָב כט
וְאֶת־טַבְּעֹתֵיהֶם תַּעֲשֶׂה זָהָב בָּתִּים לַבְּרִיחִם וְצִפִּיתָ אֶת־
הַבְּרִיחִם זָהָב׃ וַהֲקֵמֹתָ אֶת־הַמִּשְׁכָּן כְּמִשְׁפָּטוֹ אֲשֶׁר הָרְאֵיתָ ל
חמישי כ בָּהָר׃ וְעָשִׂיתָ פָרֹכֶת תְּכֵלֶת וְאַרְגָּמָן וְתוֹלַעַת לא
שָׁנִי וְשֵׁשׁ מָשְׁזָר מַעֲשֵׂה חֹשֵׁב יַעֲשֶׂה אֹתָהּ כְּרֻבִים׃ וְנָתַתָּה לב
אֹתָהּ עַל־אַרְבָּעָה עַמּוּדֵי שִׁטִּים מְצֻפִּים זָהָב וָוֵיהֶם זָהָב עַל־
אַרְבָּעָה אַדְנֵי־כָסֶף׃ וְנָתַתָּה אֶת־הַפָּרֹכֶת תַּחַת הַקְּרָסִים לג
וְהֵבֵאתָ שָׁמָּה מִבֵּית לַפָּרֹכֶת אֵת אֲרוֹן הָעֵדוּת וְהִבְדִּילָה
הַפָּרֹכֶת לָכֶם בֵּין הַקֹּדֶשׁ וּבֵין קֹדֶשׁ הַקֳּדָשִׁים׃ וְנָתַתָּ אֶת־ לד
הַכַּפֹּרֶת עַל אֲרוֹן הָעֵדֻת בְּקֹדֶשׁ הַקֳּדָשִׁים׃ וְשַׂמְתָּ אֶת־ לה
הַשֻּׁלְחָן מִחוּץ לַפָּרֹכֶת וְאֶת־הַמְּנֹרָה נֹכַח הַשֻּׁלְחָן עַל צֶלַע
הַמִּשְׁכָּן תֵּימָנָה וְהַשֻּׁלְחָן תִּתֵּן עַל־צֶלַע צָפוֹן׃ וְעָשִׂיתָ מָסָךְ לו
לְפֶתַח הָאֹהֶל תְּכֵלֶת וְאַרְגָּמָן וְתוֹלַעַת שָׁנִי וְשֵׁשׁ מָשְׁזָר מַעֲשֵׂה
רֹקֵם׃ וְעָשִׂיתָ לַמָּסָךְ חֲמִשָּׁה עַמּוּדֵי שִׁטִּים וְצִפִּיתָ אֹתָם זָהָב לז
ששי וָוֵיהֶם זָהָב וְיָצַקְתָּ לָהֶם חֲמִשָּׁה אַדְנֵי נְחֹשֶׁת׃ וְעָשִׂיתָ א כז
אֶת־הַמִּזְבֵּחַ עֲצֵי שִׁטִּים חָמֵשׁ אַמּוֹת אֹרֶךְ וְחָמֵשׁ אַמּוֹת רֹחַב
רָבוּעַ יִהְיֶה הַמִּזְבֵּחַ וְשָׁלֹשׁ אַמּוֹת קֹמָתוֹ׃ וְעָשִׂיתָ קַרְנֹתָיו עַל ב
אַרְבַּע פִּנֹּתָיו מִמֶּנּוּ תִּהְיֶיןָ קַרְנֹתָיו וְצִפִּיתָ אֹתוֹ נְחֹשֶׁת׃ וְעָשִׂיתָ ג
סִּירֹתָיו לְדַשְּׁנוֹ וְיָעָיו וּמִזְרְקֹתָיו וּמִזְלְגֹתָיו וּמַחְתֹּתָיו לְכָל־כֵּלָיו
תַּעֲשֶׂה נְחֹשֶׁת׃ וְעָשִׂיתָ לּוֹ מִכְבָּר מַעֲשֵׂה רֶשֶׁת נְחֹשֶׁת וְעָשִׂיתָ ד
עַל־הָרֶשֶׁת אַרְבַּע טַבְּעֹת נְחֹשֶׁת עַל אַרְבַּע קְצוֹתָיו׃ וְנָתַתָּה ה
אֹתָהּ תַּחַת כַּרְכֹּב הַמִּזְבֵּחַ מִלְּמָטָּה וְהָיְתָה הָרֶשֶׁת עַד חֲצִי
הַמִּזְבֵּחַ׃ וְעָשִׂיתָ בַדִּים לַמִּזְבֵּחַ בַּדֵּי עֲצֵי שִׁטִּים וְצִפִּיתָ אֹתָם ו
נְחֹשֶׁת׃ וְהוּבָא אֶת־בַּדָּיו בַּטַּבָּעֹת וְהָיוּ הַבַּדִּים עַל־שְׁתֵּי ז
צַלְעֹת הַמִּזְבֵּחַ בִּשְׂאֵת אֹתוֹ׃ נְבוּב לֻחֹת תַּעֲשֶׂה אֹתוֹ כַּאֲשֶׁר ח

ט הָרְאָה אֹתְךָ בָּהָר כֵּן יַעֲשׂוּ׃ וְעָשִׂיתָ אֵת חֲצַר שביעי
הַמִּשְׁכָּן לִפְאַת נֶגֶב־תֵּימָנָה קְלָעִים לֶחָצֵר שֵׁשׁ מָשְׁזָר מֵאָה
י בָאַמָּה אֹרֶךְ לַפֵּאָה הָאֶחָת׃ וְעַמֻּדָיו עֶשְׂרִים וְאַדְנֵיהֶם עֶשְׂרִים
יא נְחֹשֶׁת וָוֵי הָעַמֻּדִים וַחֲשֻׁקֵיהֶם כָּסֶף׃ וְכֵן לִפְאַת צָפוֹן בָּאֹרֶךְ
קְלָעִים מֵאָה אֹרֶךְ וְעַמֻּדָו עֶשְׂרִים וְאַדְנֵיהֶם עֶשְׂרִים נְחֹשֶׁת
יב וָוֵי הָעַמֻּדִים וַחֲשֻׁקֵיהֶם כָּסֶף׃ וְרֹחַב הֶחָצֵר לִפְאַת־יָם קְלָעִים
יג חֲמִשִּׁים אַמָּה עַמֻּדֵיהֶם עֲשָׂרָה וְאַדְנֵיהֶם עֲשָׂרָה׃ וְרֹחַב הֶחָצֵר
יד לִפְאַת קֵדְמָה מִזְרָחָה חֲמִשִּׁים אַמָּה׃ וַחֲמֵשׁ עֶשְׂרֵה אַמָּה
טו קְלָעִים לַכָּתֵף עַמֻּדֵיהֶם שְׁלֹשָׁה וְאַדְנֵיהֶם שְׁלֹשָׁה׃ וְלַכָּתֵף
הַשֵּׁנִית חֲמֵשׁ עֶשְׂרֵה קְלָעִים עַמֻּדֵיהֶם שְׁלֹשָׁה וְאַדְנֵיהֶם שְׁלֹשָׁה׃
טז וּלְשַׁעַר הֶחָצֵר מָסָךְ ׀ עֶשְׂרִים אַמָּה תְּכֵלֶת וְאַרְגָּמָן וְתוֹלַעַת
שָׁנִי וְשֵׁשׁ מָשְׁזָר מַעֲשֵׂה רֹקֵם עַמֻּדֵיהֶם אַרְבָּעָה וְאַדְנֵיהֶם
יז אַרְבָּעָה׃ כָּל־עַמּוּדֵי הֶחָצֵר סָבִיב מְחֻשָּׁקִים כֶּסֶף וָוֵיהֶם כָּסֶף מפטיר
יח וְאַדְנֵיהֶם נְחֹשֶׁת׃ אֹרֶךְ הֶחָצֵר מֵאָה בָאַמָּה וְרֹחַב ׀ חֲמִשִּׁים
יט בַּחֲמִשִּׁים וְקֹמָה חָמֵשׁ אַמּוֹת שֵׁשׁ מָשְׁזָר וְאַדְנֵיהֶם נְחֹשֶׁת׃ לְכֹל
כְּלֵי הַמִּשְׁכָּן בְּכֹל עֲבֹדָתוֹ וְכָל־יְתֵדֹתָיו וְכָל־יִתְדֹת הֶחָצֵר
כ נְחֹשֶׁת׃ וְאַתָּה תְּצַוֶּה ׀ אֶת־בְּנֵי יִשְׂרָאֵל וְיִקְחוּ כא תצוה
כא אֵלֶיךָ שֶׁמֶן זַיִת זָךְ כָּתִית לַמָּאוֹר לְהַעֲלֹת נֵר תָּמִיד׃ בְּאֹהֶל
מוֹעֵד מִחוּץ לַפָּרֹכֶת אֲשֶׁר עַל־הָעֵדֻת יַעֲרֹךְ אֹתוֹ אַהֲרֹן וּבָנָיו
מֵעֶרֶב עַד־בֹּקֶר לִפְנֵי יְהוָה חֻקַּת עוֹלָם לְדֹרֹתָם מֵאֵת בְּנֵי
כח א יִשְׂרָאֵל׃ וְאַתָּה הַקְרֵב אֵלֶיךָ אֶת־אַהֲרֹן אָחִיךָ וְאֶת־
בָּנָיו אִתּוֹ מִתּוֹךְ בְּנֵי יִשְׂרָאֵל לְכַהֲנוֹ־לִי אַהֲרֹן נָדָב וַאֲבִיהוּא
ב אֶלְעָזָר וְאִיתָמָר בְּנֵי אַהֲרֹן׃ וְעָשִׂיתָ בִגְדֵי־קֹדֶשׁ לְאַהֲרֹן אָחִיךָ
ג לְכָבוֹד וּלְתִפְאָרֶת׃ וְאַתָּה תְּדַבֵּר אֶל־כָּל־חַכְמֵי־לֵב אֲשֶׁר
מִלֵּאתִיו רוּחַ חָכְמָה וְעָשׂוּ אֶת־בִּגְדֵי אַהֲרֹן לְקַדְּשׁוֹ לְכַהֲנוֹ־
ד לִי׃ וְאֵלֶּה הַבְּגָדִים אֲשֶׁר יַעֲשׂוּ חֹשֶׁן וְאֵפוֹד וּמְעִיל וּכְתֹנֶת
תַּשְׁבֵּץ מִצְנֶפֶת וְאַבְנֵט וְעָשׂוּ בִגְדֵי־קֹדֶשׁ לְאַהֲרֹן אָחִיךָ וּלְבָנָיו

ה לְכַהֲנוֹ־לִי׃ וְהֵם יִקְחוּ אֶת־הַזָּהָב וְאֶת־הַתְּכֵלֶת וְאֶת־הָאַרְגָּמָן
וְאֶת־תּוֹלַעַת הַשָּׁנִי וְאֶת־הַשֵּׁשׁ׃
ו וְעָשׂוּ אֶת־הָאֵפֹד זָהָב תְּכֵלֶת וְאַרְגָּמָן תּוֹלַעַת שָׁנִי וְשֵׁשׁ מָשְׁזָר
ז מַעֲשֵׂה חֹשֵׁב׃ שְׁתֵּי כְתֵפֹת חֹבְרֹת יִהְיֶה־לּוֹ אֶל־שְׁנֵי קְצוֹתָיו
ח וְחֻבָּר׃ וְחֵשֶׁב אֲפֻדָּתוֹ אֲשֶׁר עָלָיו כְּמַעֲשֵׂהוּ מִמֶּנּוּ יִהְיֶה זָהָב
ט תְּכֵלֶת וְאַרְגָּמָן וְתוֹלַעַת שָׁנִי וְשֵׁשׁ מָשְׁזָר׃ וְלָקַחְתָּ אֶת־שְׁתֵּי
י אַבְנֵי־שֹׁהַם וּפִתַּחְתָּ עֲלֵיהֶם שְׁמוֹת בְּנֵי יִשְׂרָאֵל׃ שִׁשָּׁה מִשְּׁמֹתָם
עַל הָאֶבֶן הָאֶחָת וְאֶת־שְׁמוֹת הַשִּׁשָּׁה הַנּוֹתָרִים עַל־הָאֶבֶן
יא הַשֵּׁנִית כְּתוֹלְדֹתָם׃ מַעֲשֵׂה חָרַשׁ אֶבֶן פִּתּוּחֵי חֹתָם תְּפַתַּח
אֶת־שְׁתֵּי הָאֲבָנִים עַל־שְׁמֹת בְּנֵי יִשְׂרָאֵל מֻסַבֹּת מִשְׁבְּצוֹת
יב זָהָב תַּעֲשֶׂה אֹתָם׃ וְשַׂמְתָּ אֶת־שְׁתֵּי הָאֲבָנִים עַל כִּתְפֹת הָאֵפֹד
אַבְנֵי זִכָּרֹן לִבְנֵי יִשְׂרָאֵל וְנָשָׂא אַהֲרֹן אֶת־שְׁמוֹתָם לִפְנֵי יְהוָה
יג עַל־שְׁתֵּי כְתֵפָיו לְזִכָּרֹן׃ וְעָשִׂיתָ מִשְׁבְּצֹת זָהָב׃ שני
יד וּשְׁתֵּי שַׁרְשְׁרֹת זָהָב טָהוֹר מִגְבָּלֹת תַּעֲשֶׂה אֹתָם מַעֲשֵׂה עֲבֹת
טו וְנָתַתָּה אֶת־שַׁרְשְׁרֹת הָעֲבֹתֹת עַל־הַמִּשְׁבְּצֹת׃ וְעָשִׂיתָ
חֹשֶׁן מִשְׁפָּט מַעֲשֵׂה חֹשֵׁב כְּמַעֲשֵׂה אֵפֹד תַּעֲשֶׂנּוּ זָהָב תְּכֵלֶת
טז וְאַרְגָּמָן וְתוֹלַעַת שָׁנִי וְשֵׁשׁ מָשְׁזָר תַּעֲשֶׂה אֹתוֹ׃ רָבוּעַ יִהְיֶה
יז כָּפוּל זֶרֶת אָרְכּוֹ וְזֶרֶת רָחְבּוֹ׃ וּמִלֵּאתָ בוֹ מִלֻּאַת אֶבֶן אַרְבָּעָה
יח טוּרִים אָבֶן טוּר אֹדֶם פִּטְדָה וּבָרֶקֶת הַטּוּר הָאֶחָד׃ וְהַטּוּר
יט הַשֵּׁנִי נֹפֶךְ סַפִּיר וְיָהֲלֹם׃ וְהַטּוּר הַשְּׁלִישִׁי לֶשֶׁם שְׁבוֹ וְאַחְלָמָה׃
כ וְהַטּוּר הָרְבִיעִי תַּרְשִׁישׁ וְשֹׁהַם וְיָשְׁפֵה מְשֻׁבָּצִים זָהָב יִהְיוּ
כא בְּמִלּוּאֹתָם׃ וְהָאֲבָנִים תִּהְיֶיןָ עַל־שְׁמֹת בְּנֵי־יִשְׂרָאֵל שְׁתֵּים
עֶשְׂרֵה עַל־שְׁמֹתָם פִּתּוּחֵי חוֹתָם אִישׁ עַל־שְׁמוֹ תִּהְיֶיןָ לִשְׁנֵי
כב עָשָׂר שָׁבֶט׃ וְעָשִׂיתָ עַל־הַחֹשֶׁן שַׁרְשֹׁת גַּבְלֻת מַעֲשֵׂה עֲבֹת
כג זָהָב טָהוֹר׃ וְעָשִׂיתָ עַל־הַחֹשֶׁן שְׁתֵּי טַבְּעוֹת זָהָב וְנָתַתָּ אֶת־
כד שְׁתֵּי הַטַּבָּעוֹת עַל־שְׁנֵי קְצוֹת הַחֹשֶׁן׃ וְנָתַתָּה אֶת־שְׁתֵּי עֲבֹתֹת
כה הַזָּהָב עַל־שְׁתֵּי הַטַּבָּעֹת אֶל־קְצוֹת הַחֹשֶׁן׃ וְאֵת שְׁתֵּי קְצוֹת

שְׁתֵּי הָעֲבֹתֹת תִּתֵּן עַל־שְׁתֵּי הַמִּשְׁבְּצוֹת וְנָתַתָּה עַל־כִּתְפוֹת
כו הָאֵפֹד אֶל־מוּל פָּנָיו: וְעָשִׂיתָ שְׁתֵּי טַבְּעוֹת זָהָב וְשַׂמְתָּ אֹתָם
עַל־שְׁנֵי קְצוֹת הַחֹשֶׁן עַל־שְׂפָתוֹ אֲשֶׁר אֶל־עֵבֶר הָאֵפוֹד בָּיְתָה:
כז וְעָשִׂיתָ שְׁתֵּי טַבְּעוֹת זָהָב וְנָתַתָּה אֹתָם עַל־שְׁתֵּי כִתְפוֹת
הָאֵפוֹד מִלְּמַטָּה מִמּוּל פָּנָיו לְעֻמַּת מַחְבַּרְתּוֹ מִמַּעַל לְחֵשֶׁב
כח הָאֵפוֹד: וְיִרְכְּסוּ אֶת־הַחֹשֶׁן מִטַּבְּעֹתָו אֶל־טַבְּעֹת הָאֵפוֹד
בִּפְתִיל תְּכֵלֶת לִהְיוֹת עַל־חֵשֶׁב הָאֵפוֹד וְלֹא־יִזַּח הַחֹשֶׁן מֵעַל
כט הָאֵפוֹד: וְנָשָׂא אַהֲרֹן אֶת־שְׁמוֹת בְּנֵי־יִשְׂרָאֵל בְּחֹשֶׁן הַמִּשְׁפָּט
ל עַל־לִבּוֹ בְּבֹאוֹ אֶל־הַקֹּדֶשׁ לְזִכָּרֹן לִפְנֵי־יְהוָה תָּמִיד: וְנָתַתָּ אֶל־
חֹשֶׁן הַמִּשְׁפָּט אֶת־הָאוּרִים וְאֶת־הַתֻּמִּים וְהָיוּ עַל־לֵב אַהֲרֹן
בְּבֹאוֹ לִפְנֵי יְהוָה וְנָשָׂא אַהֲרֹן אֶת־מִשְׁפַּט בְּנֵי־יִשְׂרָאֵל עַל־
לא לִבּוֹ לִפְנֵי יְהוָה תָּמִיד: וְעָשִׂיתָ אֶת־מְעִיל הָאֵפוֹד שלישי
לב כְּלִיל תְּכֵלֶת: וְהָיָה פִי־רֹאשׁוֹ בְּתוֹכוֹ שָׂפָה יִהְיֶה לְפִיו סָבִיב
לג מַעֲשֵׂה אֹרֵג כְּפִי תַחְרָא יִהְיֶה־לּוֹ לֹא יִקָּרֵעַ: וְעָשִׂיתָ עַל־שׁוּלָיו
רִמֹּנֵי תְּכֵלֶת וְאַרְגָּמָן וְתוֹלַעַת שָׁנִי עַל־שׁוּלָיו סָבִיב וּפַעֲמֹנֵי
לד זָהָב בְּתוֹכָם סָבִיב: פַּעֲמֹן זָהָב וְרִמּוֹן פַּעֲמֹן זָהָב וְרִמּוֹן עַל־
לה שׁוּלֵי הַמְּעִיל סָבִיב: וְהָיָה עַל־אַהֲרֹן לְשָׁרֵת וְנִשְׁמַע קוֹלוֹ בְּבֹאוֹ
לו אֶל־הַקֹּדֶשׁ לִפְנֵי יְהוָה וּבְצֵאתוֹ וְלֹא יָמוּת: וְעָשִׂיתָ
לז צִּיץ זָהָב טָהוֹר וּפִתַּחְתָּ עָלָיו פִּתּוּחֵי חֹתָם קֹדֶשׁ לַיהוָה: וְשַׂמְתָּ
אֹתוֹ עַל־פְּתִיל תְּכֵלֶת וְהָיָה עַל־הַמִּצְנָפֶת אֶל־מוּל פְּנֵי־
לח הַמִּצְנֶפֶת יִהְיֶה: וְהָיָה עַל־מֵצַח אַהֲרֹן וְנָשָׂא אַהֲרֹן אֶת־עֲוֹן
הַקֳּדָשִׁים אֲשֶׁר יַקְדִּישׁוּ בְּנֵי יִשְׂרָאֵל לְכָל־מַתְּנֹת קָדְשֵׁיהֶם
לט וְהָיָה עַל־מִצְחוֹ תָּמִיד לְרָצוֹן לָהֶם לִפְנֵי יְהוָה: וְשִׁבַּצְתָּ הַכְּתֹנֶת
מ שֵׁשׁ וְעָשִׂיתָ מִצְנֶפֶת שֵׁשׁ וְאַבְנֵט תַּעֲשֶׂה מַעֲשֵׂה רֹקֵם: וְלִבְנֵי
אַהֲרֹן תַּעֲשֶׂה כֻתֳּנֹת וְעָשִׂיתָ לָהֶם אַבְנֵטִים וּמִגְבָּעוֹת תַּעֲשֶׂה
מא לָהֶם לְכָבוֹד וּלְתִפְאָרֶת: וְהִלְבַּשְׁתָּ אֹתָם אֶת־אַהֲרֹן אָחִיךָ
וְאֶת־בָּנָיו אִתּוֹ וּמָשַׁחְתָּ אֹתָם וּמִלֵּאתָ אֶת־יָדָם וְקִדַּשְׁתָּ אֹתָם

וְכִהֲנוּ־לִי׃ וַעֲשֵׂה לָהֶם מִכְנְסֵי־בָד לְכַסּוֹת בְּשַׂר עֶרְוָה מִמָּתְנַיִם מב
וְעַד־יְרֵכַיִם יִהְיוּ׃ וְהָיוּ עַל־אַהֲרֹן וְעַל־בָּנָיו בְּבֹאָם ׀ אֶל־אֹהֶל מג
מוֹעֵד אוֹ בְגִשְׁתָּם אֶל־הַמִּזְבֵּחַ לְשָׁרֵת בַּקֹּדֶשׁ וְלֹא־יִשְׂאוּ עָוֺן
רביעי כב וָמֵתוּ חֻקַּת עוֹלָם לוֹ וּלְזַרְעוֹ אַחֲרָיו׃ וְזֶה הַדָּבָר א כט
אֲשֶׁר תַּעֲשֶׂה לָהֶם לְקַדֵּשׁ אֹתָם לְכַהֵן לִי לְקַח פַּר אֶחָד בֶּן־
בָּקָר וְאֵילִם שְׁנַיִם תְּמִימִם׃ וְלֶחֶם מַצּוֹת וְחַלֹּת מַצֹּת בְּלוּלֹת ב
בַּשֶּׁמֶן וּרְקִיקֵי מַצּוֹת מְשֻׁחִים בַּשָּׁמֶן סֹלֶת חִטִּים תַּעֲשֶׂה אֹתָם׃
וְנָתַתָּ אוֹתָם עַל־סַל אֶחָד וְהִקְרַבְתָּ אֹתָם בַּסָּל וְאֶת־הַפָּר ג
וְאֵת שְׁנֵי הָאֵילִם׃ וְאֶת־אַהֲרֹן וְאֶת־בָּנָיו תַּקְרִיב אֶל־פֶּתַח אֹהֶל ד
מוֹעֵד וְרָחַצְתָּ אֹתָם בַּמָּיִם׃ וְלָקַחְתָּ אֶת־הַבְּגָדִים וְהִלְבַּשְׁתָּ ה
אֶת־אַהֲרֹן אֶת־הַכֻּתֹּנֶת וְאֵת מְעִיל הָאֵפֹד וְאֶת־הָאֵפֹד וְאֶת־
הַחֹשֶׁן וְאָפַדְתָּ לוֹ בְּחֵשֶׁב הָאֵפֹד׃ וְשַׂמְתָּ הַמִּצְנֶפֶת עַל־רֹאשׁוֹ ו
וְנָתַתָּ אֶת־נֵזֶר הַקֹּדֶשׁ עַל־הַמִּצְנָפֶת׃ וְלָקַחְתָּ אֶת־שֶׁמֶן ז
הַמִּשְׁחָה וְיָצַקְתָּ עַל־רֹאשׁוֹ וּמָשַׁחְתָּ אֹתוֹ׃ וְאֶת־בָּנָיו תַּקְרִיב ח
וְהִלְבַּשְׁתָּם כֻּתֳּנֹת׃ וְחָגַרְתָּ אֹתָם אַבְנֵט אַהֲרֹן וּבָנָיו וְחָבַשְׁתָּ ט
לָהֶם מִגְבָּעֹת וְהָיְתָה לָהֶם כְּהֻנָּה לְחֻקַּת עוֹלָם וּמִלֵּאתָ יַד־
אַהֲרֹן וְיַד־בָּנָיו׃ וְהִקְרַבְתָּ אֶת־הַפָּר לִפְנֵי אֹהֶל מוֹעֵד וְסָמַךְ י
אַהֲרֹן וּבָנָיו אֶת־יְדֵיהֶם עַל־רֹאשׁ הַפָּר׃ וְשָׁחַטְתָּ אֶת־הַפָּר יא
לִפְנֵי יהוה פֶּתַח אֹהֶל מוֹעֵד׃ וְלָקַחְתָּ מִדַּם הַפָּר וְנָתַתָּה עַל־ יב
קַרְנֹת הַמִּזְבֵּחַ בְּאֶצְבָּעֶךָ וְאֶת־כָּל־הַדָּם תִּשְׁפֹּךְ אֶל־יְסוֹד
הַמִּזְבֵּחַ׃ וְלָקַחְתָּ אֶת־כָּל־הַחֵלֶב הַמְכַסֶּה אֶת־הַקֶּרֶב וְאֵת יג
הַיֹּתֶרֶת עַל־הַכָּבֵד וְאֵת שְׁתֵּי הַכְּלָיֹת וְאֶת־הַחֵלֶב אֲשֶׁר עֲלֵיהֶן
וְהִקְטַרְתָּ הַמִּזְבֵּחָה׃ וְאֶת־בְּשַׂר הַפָּר וְאֶת־עֹרוֹ וְאֶת־פִּרְשׁוֹ יד
תִּשְׂרֹף בָּאֵשׁ מִחוּץ לַמַּחֲנֶה חַטָּאת הוּא׃ וְאֶת־הָאַיִל הָאֶחָד טו
תִּקָּח וְסָמְכוּ אַהֲרֹן וּבָנָיו אֶת־יְדֵיהֶם עַל־רֹאשׁ הָאָיִל׃ וְשָׁחַטְתָּ טז
אֶת־הָאָיִל וְלָקַחְתָּ אֶת־דָּמוֹ וְזָרַקְתָּ עַל־הַמִּזְבֵּחַ סָבִיב׃ וְאֶת־ יז
הָאַיִל תְּנַתֵּחַ לִנְתָחָיו וְרָחַצְתָּ קִרְבּוֹ וּכְרָעָיו וְנָתַתָּ עַל־נְתָחָיו

כט   תצוה

יח וְעַל־רֹאשׁוֹ: וְהִקְטַרְתָּ אֶת־כָּל־הָאַיִל הַמִּזְבֵּחָה עֹלָה הוּא

יט לַיהוָה רֵיחַ נִיחוֹחַ אִשֶּׁה לַיהוָה הוּא: וְלָקַחְתָּ אֵת הָאַיִל הַשֵּׁנִי חמישי

כ   וְסָמַךְ אַהֲרֹן וּבָנָיו אֶת־יְדֵיהֶם עַל־רֹאשׁ הָאָיִל: וְשָׁחַטְתָּ אֶת־
    הָאַיִל וְלָקַחְתָּ מִדָּמוֹ וְנָתַתָּה עַל־תְּנוּךְ אֹזֶן אַהֲרֹן וְעַל־תְּנוּךְ
    אֹזֶן בָּנָיו הַיְמָנִית וְעַל־בֹּהֶן יָדָם הַיְמָנִית וְעַל־בֹּהֶן רַגְלָם

כא הַיְמָנִית וְזָרַקְתָּ אֶת־הַדָּם עַל־הַמִּזְבֵּחַ סָבִיב: וְלָקַחְתָּ מִן־הַדָּם
    אֲשֶׁר עַל־הַמִּזְבֵּחַ וּמִשֶּׁמֶן הַמִּשְׁחָה וְהִזֵּיתָ עַל־אַהֲרֹן וְעַל־
    בְּגָדָיו וְעַל־בָּנָיו וְעַל־בִּגְדֵי בָנָיו אִתּוֹ וְקָדַשׁ הוּא וּבְגָדָיו וּבָנָיו

כב וּבִגְדֵי בָנָיו אִתּוֹ: וְלָקַחְתָּ מִן־הָאַיִל הַחֵלֶב וְהָאַלְיָה וְאֶת־
    הַחֵלֶב ׀ הַמְכַסֶּה אֶת־הַקֶּרֶב וְאֵת יֹתֶרֶת הַכָּבֵד וְאֵת ׀ שְׁתֵּי
    הַכְּלָיֹת וְאֶת־הַחֵלֶב אֲשֶׁר עֲלֵיהֶן וְאֵת שׁוֹק הַיָּמִין כִּי אֵיל

כג מִלֻּאִים הוּא: וְכִכַּר לֶחֶם אַחַת וְחַלַּת לֶחֶם שֶׁמֶן אַחַת וְרָקִיק

כד אֶחָד מִסַּל הַמַּצּוֹת אֲשֶׁר לִפְנֵי יְהוָה: וְשַׂמְתָּ הַכֹּל עַל כַּפֵּי

כה אַהֲרֹן וְעַל כַּפֵּי בָנָיו וְהֵנַפְתָּ אֹתָם תְּנוּפָה לִפְנֵי יְהוָה: וְלָקַחְתָּ
    אֹתָם מִיָּדָם וְהִקְטַרְתָּ הַמִּזְבֵּחָה עַל־הָעֹלָה לְרֵיחַ נִיחוֹחַ לִפְנֵי

כו יְהוָה אִשֶּׁה הוּא לַיהוָה: וְלָקַחְתָּ אֶת־הֶחָזֶה מֵאֵיל הַמִּלֻּאִים
    אֲשֶׁר לְאַהֲרֹן וְהֵנַפְתָּ אֹתוֹ תְּנוּפָה לִפְנֵי יְהוָה וְהָיָה לְךָ לְמָנָה:

כז וְקִדַּשְׁתָּ אֵת ׀ חֲזֵה הַתְּנוּפָה וְאֵת שׁוֹק הַתְּרוּמָה אֲשֶׁר הוּנַף
    וַאֲשֶׁר הוּרָם מֵאֵיל הַמִּלֻּאִים מֵאֲשֶׁר לְאַהֲרֹן וּמֵאֲשֶׁר לְבָנָיו:

כח וְהָיָה לְאַהֲרֹן וּלְבָנָיו לְחָק־עוֹלָם מֵאֵת בְּנֵי יִשְׂרָאֵל כִּי תְרוּמָה
    הוּא וּתְרוּמָה יִהְיֶה מֵאֵת בְּנֵי־יִשְׂרָאֵל מִזִּבְחֵי שַׁלְמֵיהֶם

כט תְּרוּמָתָם לַיהוָה: וּבִגְדֵי הַקֹּדֶשׁ אֲשֶׁר לְאַהֲרֹן יִהְיוּ לְבָנָיו

ל   אַחֲרָיו לְמָשְׁחָה בָהֶם וּלְמַלֵּא־בָם אֶת־יָדָם: שִׁבְעַת יָמִים
    יִלְבָּשָׁם הַכֹּהֵן תַּחְתָּיו מִבָּנָיו אֲשֶׁר יָבֹא אֶל־אֹהֶל מוֹעֵד לְשָׁרֵת

לא בַּקֹּדֶשׁ: וְאֵת אֵיל הַמִּלֻּאִים תִּקָּח וּבִשַּׁלְתָּ אֶת־בְּשָׂרוֹ בְּמָקֹם

לב קָדֹשׁ: וְאָכַל אַהֲרֹן וּבָנָיו אֶת־בְּשַׂר הָאַיִל וְאֶת־הַלֶּחֶם אֲשֶׁר

לג בַּסָּל פֶּתַח אֹהֶל מוֹעֵד: וְאָכְלוּ אֹתָם אֲשֶׁר כֻּפַּר בָּהֶם לְמַלֵּא

לד אֶת־יָדָם לְקַדֵּשׁ אֹתָם וְזָר לֹא־יֹאכַל כִּי־קֹדֶשׁ הֵם׃ וְאִם־
יִוָּתֵר מִבְּשַׂר הַמִּלֻּאִים וּמִן־הַלֶּחֶם עַד־הַבֹּקֶר וְשָׂרַפְתָּ אֶת־
לה הַנּוֹתָר בָּאֵשׁ לֹא יֵאָכֵל כִּי־קֹדֶשׁ הוּא׃ וְעָשִׂיתָ לְאַהֲרֹן וּלְבָנָיו
לו כָּכָה כְּכֹל אֲשֶׁר־צִוִּיתִי אֹתָכָה שִׁבְעַת יָמִים תְּמַלֵּא יָדָם׃ וּפַר
חַטָּאת תַּעֲשֶׂה לַיּוֹם עַל־הַכִּפֻּרִים וְחִטֵּאתָ עַל־הַמִּזְבֵּחַ בְּכַפֶּרְךָ
לז עָלָיו וּמָשַׁחְתָּ אֹתוֹ לְקַדְּשׁוֹ׃ שִׁבְעַת יָמִים תְּכַפֵּר עַל־הַמִּזְבֵּחַ
וְקִדַּשְׁתָּ אֹתוֹ וְהָיָה הַמִּזְבֵּחַ קֹדֶשׁ קָדָשִׁים כָּל־הַנֹּגֵעַ בַּמִּזְבֵּחַ
ששי לח יִקְדָּשׁ׃ וְזֶה אֲשֶׁר תַּעֲשֶׂה עַל־הַמִּזְבֵּחַ כְּבָשִׂים
לט בְּנֵי־שָׁנָה שְׁנַיִם לַיּוֹם תָּמִיד׃ אֶת־הַכֶּבֶשׂ הָאֶחָד תַּעֲשֶׂה
מ בַבֹּקֶר וְאֵת הַכֶּבֶשׂ הַשֵּׁנִי תַּעֲשֶׂה בֵּין הָעַרְבָּיִם׃ וְעִשָּׂרֹן סֹלֶת
בָּלוּל בְּשֶׁמֶן כָּתִית רֶבַע הַהִין וְנֵסֶךְ רְבִיעִת הַהִין יָיִן לַכֶּבֶשׂ
מא הָאֶחָד׃ וְאֵת הַכֶּבֶשׂ הַשֵּׁנִי תַּעֲשֶׂה בֵּין הָעַרְבָּיִם כְּמִנְחַת
מב הַבֹּקֶר וּכְנִסְכָּהּ תַּעֲשֶׂה־לָּהּ לְרֵיחַ נִיחֹחַ אִשֶּׁה לַיהוָה׃ עֹלַת
תָּמִיד לְדֹרֹתֵיכֶם פֶּתַח אֹהֶל־מוֹעֵד לִפְנֵי יְהוָה אֲשֶׁר אִוָּעֵד
מג לָכֶם שָׁמָּה לְדַבֵּר אֵלֶיךָ שָׁם׃ וְנֹעַדְתִּי שָׁמָּה לִבְנֵי יִשְׂרָאֵל
מד וְנִקְדַּשׁ בִּכְבֹדִי׃ וְקִדַּשְׁתִּי אֶת־אֹהֶל מוֹעֵד וְאֶת־הַמִּזְבֵּחַ
מה וְאֶת־אַהֲרֹן וְאֶת־בָּנָיו אֲקַדֵּשׁ לְכַהֵן לִי׃ וְשָׁכַנְתִּי בְּתוֹךְ בְּנֵי
מו יִשְׂרָאֵל וְהָיִיתִי לָהֶם לֵאלֹהִים׃ וְיָדְעוּ כִּי אֲנִי יְהוָה אֱלֹהֵיהֶם
אֲשֶׁר הוֹצֵאתִי אֹתָם מֵאֶרֶץ מִצְרַיִם לְשָׁכְנִי בְתוֹכָם אֲנִי יְהוָה
אֱלֹהֵיהֶם׃

שביעי כג ל א ב וְעָשִׂיתָ מִזְבֵּחַ מִקְטַר קְטֹרֶת עֲצֵי שִׁטִּים תַּעֲשֶׂה אֹתוֹ׃ אַמָּה
אָרְכּוֹ וְאַמָּה רָחְבּוֹ רָבוּעַ יִהְיֶה וְאַמָּתַיִם קֹמָתוֹ מִמֶּנּוּ קַרְנֹתָיו׃
ג וְצִפִּיתָ אֹתוֹ זָהָב טָהוֹר אֶת־גַּגּוֹ וְאֶת־קִירֹתָיו סָבִיב וְאֶת־
ד קַרְנֹתָיו וְעָשִׂיתָ לּוֹ זֵר זָהָב סָבִיב׃ וּשְׁתֵּי טַבְּעֹת זָהָב תַּעֲשֶׂה־
לּוֹ ׀ מִתַּחַת לְזֵרוֹ עַל שְׁתֵּי צַלְעֹתָיו תַּעֲשֶׂה עַל־שְׁנֵי צִדָּיו וְהָיָה
ה לְבָתִּים לְבַדִּים לָשֵׂאת אֹתוֹ בָּהֵמָּה׃ וְעָשִׂיתָ אֶת־הַבַּדִּים עֲצֵי
ו שִׁטִּים וְצִפִּיתָ אֹתָם זָהָב׃ וְנָתַתָּה אֹתוֹ לִפְנֵי הַפָּרֹכֶת אֲשֶׁר עַל־

אֲרֹן הָעֵדֻת לִפְנֵי הַכַּפֹּרֶת אֲשֶׁר עַל־הָעֵדֻת אֲשֶׁר אִוָּעֵד לְךָ
ז שָׁמָּה׃ וְהִקְטִיר עָלָיו אַהֲרֹן קְטֹרֶת סַמִּים בַּבֹּקֶר בַּבֹּקֶר בְּהֵיטִיבוֹ
ח אֶת־הַנֵּרֹת יַקְטִירֶנָּה׃ וּבְהַעֲלֹת אַהֲרֹן אֶת־הַנֵּרֹת בֵּין הָעַרְבַּיִם מפטיר
ט יַקְטִירֶנָּה קְטֹרֶת תָּמִיד לִפְנֵי יהוה לְדֹרֹתֵיכֶם׃ לֹא־תַעֲלוּ עָלָיו
י קְטֹרֶת זָרָה וְעֹלָה וּמִנְחָה וְנֶסֶךְ לֹא תִסְּכוּ עָלָיו׃ וְכִפֶּר אַהֲרֹן
עַל־קַרְנֹתָיו אַחַת בַּשָּׁנָה מִדַּם חַטַּאת הַכִּפֻּרִים אַחַת בַּשָּׁנָה
יְכַפֵּר עָלָיו לְדֹרֹתֵיכֶם קֹדֶשׁ־קָדָשִׁים הוּא לַיהוה׃

יא יב וַיְדַבֵּר יהוה אֶל־מֹשֶׁה לֵּאמֹר׃ כִּי תִשָּׂא אֶת־רֹאשׁ בְּנֵי־יִשְׂרָאֵל כי תשא
לִפְקֻדֵיהֶם וְנָתְנוּ אִישׁ כֹּפֶר נַפְשׁוֹ לַיהוה בִּפְקֹד אֹתָם וְלֹא־
יג יִהְיֶה בָהֶם נֶגֶף בִּפְקֹד אֹתָם׃ זֶה ׀ יִתְּנוּ כָּל־הָעֹבֵר עַל־הַפְּקֻדִים
מַחֲצִית הַשֶּׁקֶל בְּשֶׁקֶל הַקֹּדֶשׁ עֶשְׂרִים גֵּרָה הַשֶּׁקֶל מַחֲצִית
יד הַשֶּׁקֶל תְּרוּמָה לַיהוה׃ כֹּל הָעֹבֵר עַל־הַפְּקֻדִים מִבֶּן עֶשְׂרִים
טו שָׁנָה וָמָעְלָה יִתֵּן תְּרוּמַת יהוה׃ הֶעָשִׁיר לֹא־יַרְבֶּה וְהַדַּל לֹא
יַמְעִיט מִמַּחֲצִית הַשָּׁקֶל לָתֵת אֶת־תְּרוּמַת יהוה לְכַפֵּר עַל־
טז נַפְשֹׁתֵיכֶם׃ וְלָקַחְתָּ אֶת־כֶּסֶף הַכִּפֻּרִים מֵאֵת בְּנֵי יִשְׂרָאֵל וְנָתַתָּ
אֹתוֹ עַל־עֲבֹדַת אֹהֶל מוֹעֵד וְהָיָה לִבְנֵי יִשְׂרָאֵל לְזִכָּרוֹן לִפְנֵי
יהוה לְכַפֵּר עַל־נַפְשֹׁתֵיכֶם׃

יז יח וַיְדַבֵּר יהוה אֶל־מֹשֶׁה לֵּאמֹר׃ וְעָשִׂיתָ כִּיּוֹר נְחֹשֶׁת וְכַנּוֹ נְחֹשֶׁת
לְרָחְצָה וְנָתַתָּ אֹתוֹ בֵּין־אֹהֶל מוֹעֵד וּבֵין הַמִּזְבֵּחַ וְנָתַתָּ שָׁמָּה
יט כ מָיִם׃ וְרָחֲצוּ אַהֲרֹן וּבָנָיו מִמֶּנּוּ אֶת־יְדֵיהֶם וְאֶת־רַגְלֵיהֶם׃ בְּבֹאָם
אֶל־אֹהֶל מוֹעֵד יִרְחֲצוּ־מַיִם וְלֹא יָמֻתוּ אוֹ בְגִשְׁתָּם אֶל־הַמִּזְבֵּחַ
כא לְשָׁרֵת לְהַקְטִיר אִשֶּׁה לַיהוה׃ וְרָחֲצוּ יְדֵיהֶם וְרַגְלֵיהֶם וְלֹא
יָמֻתוּ וְהָיְתָה לָהֶם חָק־עוֹלָם לוֹ וּלְזַרְעוֹ לְדֹרֹתָם׃

כב כג וַיְדַבֵּר יהוה אֶל־מֹשֶׁה לֵּאמֹר׃ וְאַתָּה קַח־לְךָ בְּשָׂמִים רֹאשׁ
מָר־דְּרוֹר חֲמֵשׁ מֵאוֹת וְקִנְּמָן־בֶּשֶׂם מַחֲצִיתוֹ חֲמִשִּׁים וּמָאתָיִם
כד וּקְנֵה־בֹשֶׂם חֲמִשִּׁים וּמָאתָיִם׃ וְקִדָּה חֲמֵשׁ מֵאוֹת בְּשֶׁקֶל
כה הַקֹּדֶשׁ וְשֶׁמֶן זַיִת הִין׃ וְעָשִׂיתָ אֹתוֹ שֶׁמֶן מִשְׁחַת־קֹדֶשׁ רֹקַח

מִרְקַ֖חַת מַעֲשֵׂ֣ה רֹקֵ֑חַ שֶׁ֥מֶן מִשְׁחַת־קֹ֖דֶשׁ יִהְיֶֽה׃ וּמָשַׁחְתָּ֥ בֽוֹ כו
כז אֶת־אֹ֣הֶל מוֹעֵ֔ד וְאֵ֖ת אֲר֥וֹן הָעֵדֻֽת׃ וְאֶת־הַשֻּׁלְחָן֙ וְאֶת־כָּל־
כח כֵּלָ֔יו וְאֶת־הַמְּנֹרָ֖ה וְאֶת־כֵּלֶ֑יהָ וְאֵ֖ת מִזְבַּ֥ח הַקְּטֹֽרֶת׃ וְאֶת־
כט מִזְבַּ֥ח הָעֹלָ֖ה וְאֶת־כָּל־כֵּלָ֑יו וְאֶת־הַכִּיֹּ֖ר וְאֶת־כַּנּֽוֹ׃ וְקִדַּשְׁתָּ֣
ל אֹתָ֔ם וְהָי֖וּ קֹ֣דֶשׁ קָֽדָשִׁ֑ים כָּל־הַנֹּגֵ֥עַ בָּהֶ֖ם יִקְדָּֽשׁ׃ וְאֶת־אַהֲרֹ֥ן
לא וְאֶת־בָּנָ֖יו תִּמְשָׁ֑ח וְקִדַּשְׁתָּ֥ אֹתָ֖ם לְכַהֵ֥ן לִֽי׃ וְאֶל־בְּנֵ֥י יִשְׂרָאֵ֖ל
לב תְּדַבֵּ֣ר לֵאמֹ֑ר שֶׁ֠מֶן מִשְׁחַת־קֹ֨דֶשׁ יִהְיֶ֥ה זֶ֛ה לִ֖י לְדֹרֹתֵיכֶֽם׃ עַל־
בְּשַׂ֤ר אָדָם֙ לֹ֣א יִיסָ֔ךְ וּבְמַ֨תְכֻּנְתּ֔וֹ לֹ֥א תַעֲשׂ֖וּ כָּמֹ֑הוּ קֹ֣דֶשׁ ה֔וּא
לג קֹ֖דֶשׁ יִהְיֶ֥ה לָכֶֽם׃ אִ֚ישׁ אֲשֶׁ֣ר יִרְקַ֣ח כָּמֹ֔הוּ וַאֲשֶׁ֥ר יִתֵּ֛ן מִמֶּ֖נּוּ
לד עַל־זָ֑ר וְנִכְרַ֖ת מֵעַמָּֽיו׃ וַיֹּאמֶר֩ יְהֹוָ֨ה אֶל־מֹשֶׁ֜ה
קַח־לְךָ֣ סַמִּ֗ים נָטָ֤ף ׀ וּשְׁחֵ֙לֶת֙ וְחֶלְבְּנָ֔ה סַמִּ֖ים וּלְבֹנָ֣ה זַכָּ֑ה בַּ֥ד
לה בְּבַ֖ד יִהְיֶֽה׃ וְעָשִׂ֤יתָ אֹתָהּ֙ קְטֹ֔רֶת רֹ֖קַח מַעֲשֵׂ֣ה רוֹקֵ֑חַ מְמֻלָּ֖ח
לו טָה֥וֹר קֹֽדֶשׁ׃ וְשָׁחַקְתָּ֣ מִמֶּנָּה֮ הָדֵק֒ וְנָתַתָּ֨ה מִמֶּ֜נָּה לִפְנֵ֤י הָעֵדֻת֙
בְּאֹ֣הֶל מוֹעֵ֔ד אֲשֶׁ֛ר אִוָּעֵ֥ד לְךָ֖ שָׁ֑מָּה קֹ֥דֶשׁ קָֽדָשִׁ֖ים תִּהְיֶ֥ה לָכֶֽם׃
לז וְהַקְּטֹ֙רֶת֙ אֲשֶׁ֣ר תַּעֲשֶׂ֔ה בְּמַ֨תְכֻּנְתָּ֔הּ לֹ֥א תַעֲשׂ֖וּ לָכֶ֑ם קֹ֛דֶשׁ
לח תִּהְיֶ֥ה לְךָ֖ לַיהֹוָֽה׃ אִ֛ישׁ אֲשֶׁר־יַעֲשֶׂ֥ה כָמ֖וֹהָ לְהָרִ֣יחַ בָּ֑הּ וְנִכְרַ֖ת
לא א ב מֵעַמָּֽיו׃ וַיְדַבֵּ֥ר יְהֹוָ֖ה אֶל־מֹשֶׁ֥ה לֵּאמֹֽר׃ רְאֵ֖ה כד
ג קָרָ֣אתִי בְשֵׁ֔ם בְּצַלְאֵ֥ל בֶּן־אוּרִ֛י בֶן־ח֖וּר לְמַטֵּ֥ה יְהוּדָֽה׃ וָאֲמַלֵּ֥א
אֹת֖וֹ ר֣וּחַ אֱלֹהִ֑ים בְּחָכְמָ֛ה וּבִתְבוּנָ֥ה וּבְדַ֖עַת וּבְכָל־מְלָאכָֽה׃
ד ה לַחְשֹׁ֖ב מַחֲשָׁבֹ֑ת לַעֲשׂ֛וֹת בַּזָּהָ֥ב וּבַכֶּ֖סֶף וּבַנְּחֹֽשֶׁת׃ וּבַחֲרֹ֥שֶׁת
ו אֶ֛בֶן לְמַלֹּ֖את וּבַחֲרֹ֣שֶׁת עֵ֑ץ לַעֲשׂ֖וֹת בְּכָל־מְלָאכָֽה׃ וַאֲנִ֞י הִנֵּ֧ה
נָתַ֣תִּי אִתּ֗וֹ אֵ֣ת אָהֳלִיאָ֞ב בֶּן־אֲחִֽיסָמָךְ֙ לְמַטֵּה־דָ֔ן וּבְלֵ֥ב כָּל־
ז חֲכַם־לֵ֖ב נָתַ֣תִּי חָכְמָ֑ה וְעָשׂ֕וּ אֵ֖ת כָּל־אֲשֶׁ֥ר צִוִּיתִֽךָ׃ אֵ֣ת ׀ אֹ֣הֶל
מוֹעֵ֗ד וְאֶת־הָֽאָרֹן֙ לָֽעֵדֻ֔ת וְאֶת־הַכַּפֹּ֖רֶת אֲשֶׁ֣ר עָלָ֑יו וְאֵ֖ת כָּל־
ח כְּלֵ֥י הָאֹֽהֶל׃ וְאֶת־הַשֻּׁלְחָן֙ וְאֶת־כֵּלָ֔יו וְאֶת־הַמְּנֹרָ֥ה הַטְּהֹרָ֖ה
ט וְאֶת־כָּל־כֵּלֶ֑יהָ וְאֵ֖ת מִזְבַּ֥ח הַקְּטֹֽרֶת׃ וְאֶת־מִזְבַּ֥ח הָעֹלָ֖ה
י וְאֶת־כָּל־כֵּלָ֑יו וְאֶת־הַכִּיּ֖וֹר וְאֶת־כַּנּֽוֹ׃ וְאֵת֙ בִּגְדֵ֣י הַשְּׂרָ֔ד וְאֶת־

יא בִּגְדֵי הַקֹּדֶשׁ לְאַהֲרֹן הַכֹּהֵן וְאֶת־בִּגְדֵי בָנָיו לְכַהֵן׃ וְאֵת שֶׁמֶן
הַמִּשְׁחָה וְאֶת־קְטֹרֶת הַסַּמִּים לַקֹּדֶשׁ כְּכֹל אֲשֶׁר־צִוִּיתִךָ
יַעֲשׂוּ׃
יב יג וַיֹּאמֶר יְהוָה אֶל־מֹשֶׁה לֵּאמֹר׃ וְאַתָּה דַּבֵּר אֶל־בְּנֵי יִשְׂרָאֵל
לֵאמֹר אַךְ אֶת־שַׁבְּתֹתַי תִּשְׁמֹרוּ כִּי אוֹת הִוא בֵּינִי וּבֵינֵיכֶם
יד לְדֹרֹתֵיכֶם לָדַעַת כִּי אֲנִי יְהוָה מְקַדִּשְׁכֶם׃ וּשְׁמַרְתֶּם אֶת־
הַשַּׁבָּת כִּי קֹדֶשׁ הִוא לָכֶם מְחַלְלֶיהָ מוֹת יוּמָת כִּי כָּל־הָעֹשֶׂה
טו בָהּ מְלָאכָה וְנִכְרְתָה הַנֶּפֶשׁ הַהִוא מִקֶּרֶב עַמֶּיהָ׃ שֵׁשֶׁת יָמִים
יֵעָשֶׂה מְלָאכָה וּבַיּוֹם הַשְּׁבִיעִי שַׁבַּת שַׁבָּתוֹן קֹדֶשׁ לַיהוָה
טז כָּל־הָעֹשֶׂה מְלָאכָה בְּיוֹם הַשַּׁבָּת מוֹת יוּמָת׃ וְשָׁמְרוּ
בְנֵי־יִשְׂרָאֵל אֶת־הַשַּׁבָּת לַעֲשׂוֹת אֶת־הַשַּׁבָּת לְדֹרֹתָם בְּרִית
יז עוֹלָם׃ בֵּינִי וּבֵין בְּנֵי יִשְׂרָאֵל אוֹת הִוא לְעֹלָם כִּי־שֵׁשֶׁת יָמִים
עָשָׂה יְהוָה אֶת־הַשָּׁמַיִם וְאֶת־הָאָרֶץ וּבַיּוֹם הַשְּׁבִיעִי שָׁבַת
יח וַיִּנָּפַשׁ׃ וַיִּתֵּן אֶל־מֹשֶׁה כְּכַלֹּתוֹ לְדַבֵּר אִתּוֹ שני
בְּהַר סִינַי שְׁנֵי לֻחֹת הָעֵדֻת לֻחֹת אֶבֶן כְּתֻבִים בְּאֶצְבַּע אֱלֹהִים׃
לב א וַיַּרְא הָעָם כִּי־בֹשֵׁשׁ מֹשֶׁה לָרֶדֶת מִן־הָהָר וַיִּקָּהֵל הָעָם עַל־
אַהֲרֹן וַיֹּאמְרוּ אֵלָיו קוּם ׀ עֲשֵׂה־לָנוּ אֱלֹהִים אֲשֶׁר יֵלְכוּ לְפָנֵינוּ
כִּי־זֶה ׀ מֹשֶׁה הָאִישׁ אֲשֶׁר הֶעֱלָנוּ מֵאֶרֶץ מִצְרַיִם לֹא יָדַעְנוּ
ב מֶה־הָיָה לוֹ׃ וַיֹּאמֶר אֲלֵהֶם אַהֲרֹן פָּרְקוּ נִזְמֵי הַזָּהָב אֲשֶׁר
ג בְּאָזְנֵי נְשֵׁיכֶם בְּנֵיכֶם וּבְנֹתֵיכֶם וְהָבִיאוּ אֵלָי׃ וַיִּתְפָּרְקוּ כָּל־
ד הָעָם אֶת־נִזְמֵי הַזָּהָב אֲשֶׁר בְּאָזְנֵיהֶם וַיָּבִיאוּ אֶל־אַהֲרֹן׃ וַיִּקַּח
מִיָּדָם וַיָּצַר אֹתוֹ בַּחֶרֶט וַיַּעֲשֵׂהוּ עֵגֶל מַסֵּכָה וַיֹּאמְרוּ אֵלֶּה
ה אֱלֹהֶיךָ יִשְׂרָאֵל אֲשֶׁר הֶעֱלוּךָ מֵאֶרֶץ מִצְרָיִם׃ וַיַּרְא אַהֲרֹן וַיִּבֶן
ו מִזְבֵּחַ לְפָנָיו וַיִּקְרָא אַהֲרֹן וַיֹּאמַר חַג לַיהוָה מָחָר׃ וַיַּשְׁכִּימוּ
מִמָּחֳרָת וַיַּעֲלוּ עֹלֹת וַיַּגִּשׁוּ שְׁלָמִים וַיֵּשֶׁב הָעָם לֶאֱכֹל וְשָׁתוֹ
וַיָּקֻמוּ לְצַחֵק׃
ז וַיְדַבֵּר יְהוָה אֶל־מֹשֶׁה לֶךְ־רֵד כִּי שִׁחֵת עַמְּךָ אֲשֶׁר הֶעֱלֵיתָ

ח מֵאֶ֣רֶץ מִצְרָֽיִם׃ סָ֣רוּ מַהֵ֗ר מִן־הַדֶּ֙רֶךְ֙ אֲשֶׁ֣ר צִוִּיתִ֔ם עָשׂ֣וּ לָהֶ֔ם
עֵ֖גֶל מַסֵּכָ֑ה וַיִּשְׁתַּחֲווּ־לוֹ֙ וַיִּזְבְּחוּ־ל֔וֹ וַיֹּ֣אמְר֔וּ אֵ֤לֶּה אֱלֹהֶ֙יךָ֙
ט יִשְׂרָאֵ֔ל אֲשֶׁ֥ר הֶֽעֱל֖וּךָ מֵאֶ֥רֶץ מִצְרָֽיִם׃ וַיֹּ֥אמֶר יְהוָ֖ה אֶל־מֹשֶׁ֑ה
י רָאִ֙יתִי֙ אֶת־הָעָ֣ם הַזֶּ֔ה וְהִנֵּ֥ה עַם־קְשֵׁה־עֹ֖רֶף הֽוּא׃ וְעַתָּה֙ הַנִּ֣יחָה
יא לִּ֔י וְיִֽחַר־אַפִּ֥י בָהֶ֖ם וַאֲכַלֵּ֑ם וְאֶֽעֱשֶׂ֥ה אוֹתְךָ֖ לְג֥וֹי גָּדֽוֹל׃ וַיְחַ֣ל מֹשֶׁ֔ה
אֶת־פְּנֵ֖י יְהוָ֣ה אֱלֹהָ֑יו וַיֹּ֗אמֶר לָמָ֤ה יְהוָה֙ יֶחֱרֶ֤ה אַפְּךָ֙ בְּעַמֶּ֔ךָ אֲשֶׁ֤ר
יב הוֹצֵ֙אתָ֙ מֵאֶ֣רֶץ מִצְרַ֔יִם בְּכֹ֥חַ גָּד֖וֹל וּבְיָ֥ד חֲזָקָֽה׃ לָ֩מָּה֩ יֹאמְר֨וּ
מִצְרַ֜יִם לֵאמֹ֗ר בְּרָעָ֤ה הֽוֹצִיאָם֙ לַהֲרֹ֤ג אֹתָם֙ בֶּֽהָרִ֔ים וּלְכַ֨לֹּתָ֔ם
מֵעַ֖ל פְּנֵ֣י הָאֲדָמָ֑ה שׁ֚וּב מֵחֲר֣וֹן אַפֶּ֔ךָ וְהִנָּחֵ֥ם עַל־הָרָעָ֖ה לְעַמֶּֽךָ׃
יג זְכֹ֡ר לְאַבְרָהָם֩ לְיִצְחָ֨ק וּלְיִשְׂרָאֵ֜ל עֲבָדֶ֗יךָ אֲשֶׁ֨ר נִשְׁבַּ֣עְתָּ לָהֶם֮
בָּךְ֒ וַתְּדַבֵּ֣ר אֲלֵהֶ֔ם אַרְבֶּה֙ אֶת־זַרְעֲכֶ֔ם כְּכוֹכְבֵ֖י הַשָּׁמָ֑יִם וְכָל־
יד הָאָ֨רֶץ הַזֹּ֜את אֲשֶׁ֣ר אָמַ֗רְתִּי אֶתֵּן֙ לְזַרְעֲכֶ֔ם וְנָחֲל֖וּ לְעֹלָֽם׃ וַיִּנָּ֖חֶם
יְהוָ֑ה עַל־הָ֣רָעָ֔ה אֲשֶׁ֥ר דִּבֶּ֖ר לַעֲשׂ֥וֹת לְעַמּֽוֹ׃

כה
טו וַיִּ֜פֶן וַיֵּ֤רֶד מֹשֶׁה֙ מִן־הָהָ֔ר וּשְׁנֵ֛י לֻחֹ֥ת הָעֵדֻ֖ת בְּיָד֑וֹ לֻחֹ֗ת כְּתֻבִים֙
טז מִשְּׁנֵ֣י עֶבְרֵיהֶ֔ם מִזֶּ֥ה וּמִזֶּ֖ה הֵ֥ם כְּתֻבִֽים׃ וְהַ֨לֻּחֹ֔ת מַעֲשֵׂ֥ה אֱלֹהִ֖ים
יז הֵ֑מָּה וְהַמִּכְתָּ֗ב מִכְתַּ֤ב אֱלֹהִים֙ ה֔וּא חָר֖וּת עַל־הַלֻּחֹֽת׃ וַיִּשְׁמַ֧ע
יְהוֹשֻׁ֛עַ אֶת־ק֥וֹל הָעָ֖ם בְּרֵעֹ֑ה וַיֹּ֙אמֶר֙ אֶל־מֹשֶׁ֔ה ק֥וֹל מִלְחָמָ֖ה
יח בַּֽמַּחֲנֶֽה׃ וַיֹּ֗אמֶר אֵ֥ין קוֹל֙ עֲנ֣וֹת גְּבוּרָ֔ה וְאֵ֥ין ק֖וֹל עֲנ֣וֹת חֲלוּשָׁ֑ה
יט ק֣וֹל עַנּ֔וֹת אָנֹכִ֖י שֹׁמֵֽעַ׃ וַיְהִ֗י כַּאֲשֶׁ֤ר קָרַב֙ אֶל־הַֽמַּחֲנֶ֔ה וַיַּ֥רְא
אֶת־הָעֵ֖גֶל וּמְחֹלֹ֑ת וַיִּֽחַר־אַ֣ף מֹשֶׁ֗ה וַיַּשְׁלֵ֤ךְ מִיָּדָו֙ אֶת־הַלֻּחֹ֔ת
כ וַיְשַׁבֵּ֥ר אֹתָ֖ם תַּ֥חַת הָהָֽר׃ וַיִּקַּ֞ח אֶת־הָעֵ֨גֶל אֲשֶׁ֤ר עָשׂוּ֙ וַיִּשְׂרֹ֣ף
בָּאֵ֔שׁ וַיִּטְחַ֖ן עַ֣ד אֲשֶׁר־דָּ֑ק וַיִּ֙זֶר֙ עַל־פְּנֵ֣י הַמַּ֔יִם וַיַּ֖שְׁקְ אֶת־בְּנֵ֥י
כא יִשְׂרָאֵֽל׃ וַיֹּ֤אמֶר מֹשֶׁה֙ אֶֽל־אַהֲרֹ֔ן מֶֽה־עָשָׂ֥ה לְךָ֖ הָעָ֣ם הַזֶּ֑ה
כב כִּֽי־הֵבֵ֥אתָ עָלָ֖יו חֲטָאָ֥ה גְדֹלָֽה׃ וַיֹּ֣אמֶר אַהֲרֹ֔ן אַל־יִ֥חַר אַ֖ף
כג אֲדֹנִ֑י אַתָּה֙ יָדַ֣עְתָּ אֶת־הָעָ֔ם כִּ֥י בְרָ֖ע הֽוּא׃ וַיֹּ֣אמְרוּ לִ֔י עֲשֵׂה־
לָ֣נוּ אֱלֹהִ֔ים אֲשֶׁ֥ר יֵלְכ֖וּ לְפָנֵ֑ינוּ כִּי־זֶ֣ה ׀ מֹשֶׁ֣ה הָאִ֗ישׁ אֲשֶׁ֤ר
כד הֶֽעֱלָ֙נוּ֙ מֵאֶ֣רֶץ מִצְרַ֔יִם לֹ֥א יָדַ֖עְנוּ מֶה־הָ֥יָה לֽוֹ׃ וָאֹמַ֤ר לָהֶם֙

לְמִי זָהָב הִתְפָּרָקוּ וַיִּתְּנוּ־לִי וָאַשְׁלִכֵהוּ בָאֵשׁ וַיֵּצֵא הָעֵגֶל
כה הַזֶּה׃ וַיַּרְא מֹשֶׁה אֶת־הָעָם כִּי פָרֻעַ הוּא כִּי־פְרָעֹה אַהֲרֹן
כו לְשִׁמְצָה בְּקָמֵיהֶם׃ וַיַּעֲמֹד מֹשֶׁה בְּשַׁעַר הַמַּחֲנֶה וַיֹּאמֶר מִי
כז לַיהוָה אֵלָי וַיֵּאָסְפוּ אֵלָיו כָּל־בְּנֵי לֵוִי׃ וַיֹּאמֶר לָהֶם כֹּה־אָמַר
יְהוָה אֱלֹהֵי יִשְׂרָאֵל שִׂימוּ אִישׁ־חַרְבּוֹ עַל־יְרֵכוֹ עִבְרוּ וָשׁוּבוּ
מִשַּׁעַר לָשַׁעַר בַּמַּחֲנֶה וְהִרְגוּ אִישׁ־אֶת־אָחִיו וְאִישׁ אֶת־רֵעֵהוּ
כח וְאִישׁ אֶת־קְרֹבוֹ׃ וַיַּעֲשׂוּ בְנֵי־לֵוִי כִּדְבַר מֹשֶׁה וַיִּפֹּל מִן־הָעָם
כט בַּיּוֹם הַהוּא כִּשְׁלֹשֶׁת אַלְפֵי אִישׁ׃ וַיֹּאמֶר מֹשֶׁה מִלְאוּ יֶדְכֶם
הַיּוֹם לַיהוָה כִּי אִישׁ בִּבְנוֹ וּבְאָחִיו וְלָתֵת עֲלֵיכֶם הַיּוֹם בְּרָכָה׃
ל וַיְהִי מִמָּחֳרָת וַיֹּאמֶר מֹשֶׁה אֶל־הָעָם אַתֶּם חֲטָאתֶם חֲטָאָה
גְדֹלָה וְעַתָּה אֶעֱלֶה אֶל־יְהוָה אוּלַי אֲכַפְּרָה בְּעַד חַטַּאתְכֶם׃
לא וַיָּשָׁב מֹשֶׁה אֶל־יְהוָה וַיֹּאמַר אָנָּא חָטָא הָעָם הַזֶּה חֲטָאָה גְדֹלָה
לב וַיַּעֲשׂוּ לָהֶם אֱלֹהֵי זָהָב׃ וְעַתָּה אִם־תִּשָּׂא חַטָּאתָם וְאִם־אַיִן
לג מְחֵנִי נָא מִסִּפְרְךָ אֲשֶׁר כָּתָבְתָּ׃ וַיֹּאמֶר יְהוָה אֶל־מֹשֶׁה מִי
לד אֲשֶׁר חָטָא־לִי אֶמְחֶנּוּ מִסִּפְרִי׃ וְעַתָּה לֵךְ ׀ נְחֵה אֶת־הָעָם אֶל
אֲשֶׁר־דִּבַּרְתִּי לָךְ הִנֵּה מַלְאָכִי יֵלֵךְ לְפָנֶיךָ וּבְיוֹם פָּקְדִי וּפָקַדְתִּי
לה עֲלֵהֶם חַטָּאתָם׃ וַיִּגֹּף יְהוָה אֶת־הָעָם עַל אֲשֶׁר עָשׂוּ אֶת־
לג א הָעֵגֶל אֲשֶׁר עָשָׂה אַהֲרֹן׃ וַיְדַבֵּר יְהוָה אֶל־מֹשֶׁה
לֵךְ עֲלֵה מִזֶּה אַתָּה וְהָעָם אֲשֶׁר הֶעֱלִיתָ מֵאֶרֶץ מִצְרָיִם אֶל־
הָאָרֶץ אֲשֶׁר נִשְׁבַּעְתִּי לְאַבְרָהָם לְיִצְחָק וּלְיַעֲקֹב לֵאמֹר
ב לְזַרְעֲךָ אֶתְּנֶנָּה׃ וְשָׁלַחְתִּי לְפָנֶיךָ מַלְאָךְ וְגֵרַשְׁתִּי אֶת־הַכְּנַעֲנִי
ג הָאֱמֹרִי וְהַחִתִּי וְהַפְּרִזִּי הַחִוִּי וְהַיְבוּסִי׃ אֶל־אֶרֶץ זָבַת חָלָב
וּדְבָשׁ כִּי לֹא אֶעֱלֶה בְּקִרְבְּךָ כִּי עַם־קְשֵׁה־עֹרֶף אַתָּה פֶּן־
ד אֲכֶלְךָ בַּדָּרֶךְ׃ וַיִּשְׁמַע הָעָם אֶת־הַדָּבָר הָרָע הַזֶּה וַיִּתְאַבָּלוּ
ה וְלֹא־שָׁתוּ אִישׁ עֶדְיוֹ עָלָיו׃ וַיֹּאמֶר יְהוָה אֶל־מֹשֶׁה אֱמֹר אֶל־
בְּנֵי־יִשְׂרָאֵל אַתֶּם עַם־קְשֵׁה־עֹרֶף רֶגַע אֶחָד אֶעֱלֶה בְקִרְבְּךָ
וְכִלִּיתִיךָ וְעַתָּה הוֹרֵד עֶדְיְךָ מֵעָלֶיךָ וְאֵדְעָה מָה אֶעֱשֶׂה־לָּךְ׃

וַיִּתְנַצְּל֧וּ בְנֵֽי־יִשְׂרָאֵ֛ל אֶת־עֶדְיָ֖ם מֵהַ֥ר חוֹרֵֽב: וּמֹשֶׁה֩ יִקַּ֨ח
אֶת־הָאֹ֜הֶל וְנָֽטָה־ל֣וֹ ׀ מִח֣וּץ לַֽמַּחֲנֶ֗ה הַרְחֵק֙ מִן־הַֽמַּחֲנֶ֔ה וְקָ֥רָא
ל֖וֹ אֹ֣הֶל מוֹעֵ֑ד וְהָיָה֙ כָּל־מְבַקֵּ֣שׁ יְהֹוָ֔ה יֵצֵא֙ אֶל־אֹ֣הֶל מוֹעֵ֔ד
אֲשֶׁ֖ר מִח֥וּץ לַֽמַּחֲנֶֽה: וְהָיָ֗ה כְּצֵ֤את מֹשֶׁה֙ אֶל־הָאֹ֔הֶל יָק֨וּמוּ֙   ח
כָּל־הָעָ֔ם וְנִ֨צְּב֔וּ אִ֖ישׁ פֶּ֣תַח אָֽהֳל֑וֹ וְהִבִּ֨יטוּ֙ אַֽחֲרֵ֣י מֹשֶׁ֔ה עַד־
בֹּא֖וֹ הָאֹֽהֱלָה: וְהָיָ֗ה כְּבֹ֤א מֹשֶׁה֙ הָאֹ֔הֱלָה יֵרֵד֙ עַמּ֣וּד הֶֽעָנָ֔ן   ט
וְעָמַ֖ד פֶּ֣תַח הָאֹ֑הֶל וְדִבֶּ֖ר עִם־מֹשֶֽׁה: וְרָאָ֤ה כָל־הָעָם֙ אֶת־   י
עַמּ֣וּד הֶֽעָנָ֔ן עֹמֵ֖ד פֶּ֣תַח הָאֹ֑הֶל וְקָ֤ם כָּל־הָעָם֙ וְהִֽשְׁתַּֽחֲו֔וּ אִ֖ישׁ
פֶּ֥תַח אָֽהֳלֽוֹ: וְדִבֶּ֨ר יְהֹוָ֤ה אֶל־מֹשֶׁה֙ פָּנִ֣ים אֶל־פָּנִ֔ים כַּֽאֲשֶׁ֛ר   יא
יְדַבֵּ֥ר אִ֖ישׁ אֶל־רֵעֵ֑הוּ וְשָׁב֙ אֶל־הַֽמַּחֲנֶ֔ה וּמְשָֽׁרְת֞וֹ יְהוֹשֻׁ֤עַ בִּן־
נוּן֙ נַ֔עַר לֹ֥א יָמִ֖ישׁ מִתּ֥וֹךְ הָאֹֽהֶל:

שלישי   וַיֹּ֨אמֶר מֹשֶׁ֜ה אֶל־יְהֹוָ֗ה רְ֠אֵ֠ה אַתָּ֞ה אֹמֵ֤ר אֵלַי֙ הַ֚עַל אֶת־הָעָ֣ם   יב
הַזֶּ֔ה וְאַתָּה֙ לֹ֣א הֽוֹדַעְתַּ֔נִי אֵ֥ת אֲשֶׁר־תִּשְׁלַ֖ח עִמִּ֑י וְאַתָּ֣ה אָמַ֗רְתָּ
יְדַעְתִּ֣יךָ בְשֵׁ֔ם וְגַם־מָצָ֥אתָ חֵ֖ן בְּעֵינָֽי: וְעַתָּ֡ה אִם־נָא֩ מָצָ֨אתִי   יג
חֵ֜ן בְּעֵינֶ֗יךָ הֽוֹדִעֵ֤נִי נָא֙ אֶת־דְּרָכֶ֔ךָ וְאֵדָ֣עֲךָ֔ לְמַ֥עַן אֶמְצָא־חֵ֖ן
בְּעֵינֶ֑יךָ וּרְאֵ֕ה כִּ֥י עַמְּךָ֖ הַגּ֥וֹי הַזֶּֽה: וַיֹּאמַ֑ר פָּנַ֥י יֵלֵ֖כוּ וַהֲנִחֹ֥תִי   יד
לָֽךְ: וַיֹּ֖אמֶר אֵלָ֑יו אִם־אֵ֤ין פָּנֶ֨יךָ֙ הֹֽלְכִ֔ים אַֽל־תַּֽעֲלֵ֖נוּ מִזֶּֽה: טו
וּבַמֶּ֣ה ׀ יִוָּדַ֣ע אֵפ֗וֹא כִּֽי־מָצָ֨אתִי חֵ֤ן בְּעֵינֶ֨יךָ֙ אֲנִ֣י וְעַמֶּ֔ךָ הֲל֖וֹא   טז
בְּלֶכְתְּךָ֣ עִמָּ֑נוּ וְנִפְלֵ֨ינוּ֙ אֲנִ֣י וְעַמְּךָ֔ מִכָּ֨ל־הָעָ֔ם אֲשֶׁ֖ר עַל־פְּנֵ֥י
הָֽאֲדָמָֽה:

רביעי   וַיֹּ֤אמֶר יְהֹוָה֙ אֶל־מֹשֶׁ֔ה גַּ֣ם אֶת־הַדָּבָ֥ר הַזֶּ֛ה אֲשֶׁ֥ר דִּבַּ֖רְתָּ אֶֽעֱשֶׂ֑ה   יז
כִּֽי־מָצָ֤אתָ חֵן֙ בְּעֵינַ֔י וָאֵֽדָעֲךָ֖ בְּשֵֽׁם: וַיֹּאמַ֑ר הַרְאֵ֥נִי נָ֖א אֶת־   יח
כְּבֹדֶֽךָ: וַיֹּ֗אמֶר אֲנִ֨י אַֽעֲבִ֤יר כָּל־טוּבִי֙ עַל־פָּנֶ֔יךָ וְקָרָ֧אתִי בְשֵׁ֛ם   יט
יְהֹוָ֖ה לְפָנֶ֑יךָ וְחַנֹּתִי֙ אֶת־אֲשֶׁ֣ר אָחֹ֔ן וְרִֽחַמְתִּ֖י אֶת־אֲשֶׁ֥ר אֲרַחֵֽם:
וַיֹּ֕אמֶר לֹ֥א תוּכַ֖ל לִרְאֹ֣ת אֶת־פָּנָ֑י כִּ֛י לֹֽא־יִרְאַ֥נִי הָֽאָדָ֖ם וָחָֽי: כ
וַיֹּ֣אמֶר יְהֹוָ֔ה הִנֵּ֥ה מָק֖וֹם אִתִּ֑י וְנִצַּבְתָּ֖ עַל־הַצּֽוּר: וְהָיָה֙ בַּֽעֲבֹ֣ר   כא כב
כְּבֹדִ֔י וְשַׂמְתִּ֖יךָ בְּנִקְרַ֣ת הַצּ֑וּר וְשַׂכֹּתִ֥י כַפִּ֛י עָלֶ֖יךָ עַד־עָבְרִֽי:

כג וַהֲסִרֹתִי אֶת־כַּפִּי וְרָאִיתָ אֶת־אֲחֹרָי וּפָנַי לֹא יֵרָאוּ:

חמישי
לד א וַיֹּאמֶר יְהוָה אֶל־מֹשֶׁה פְּסָל־לְךָ שְׁנֵי־לֻחֹת אֲבָנִים כָּרִאשֹׁנִים
וְכָתַבְתִּי עַל־הַלֻּחֹת אֶת־הַדְּבָרִים אֲשֶׁר הָיוּ עַל־הַלֻּחֹת
ב הָרִאשֹׁנִים אֲשֶׁר שִׁבַּרְתָּ: וֶהְיֵה נָכוֹן לַבֹּקֶר וְעָלִיתָ בַבֹּקֶר אֶל־
ג הַר סִינַי וְנִצַּבְתָּ לִי שָׁם עַל־רֹאשׁ הָהָר: וְאִישׁ לֹא־יַעֲלֶה עִמָּךְ
וְגַם־אִישׁ אַל־יֵרָא בְּכָל־הָהָר גַּם־הַצֹּאן וְהַבָּקָר אַל־יִרְעוּ אֶל־
ד מוּל הָהָר הַהוּא: וַיִּפְסֹל שְׁנֵי־לֻחֹת אֲבָנִים כָּרִאשֹׁנִים וַיַּשְׁכֵּם
מֹשֶׁה בַבֹּקֶר וַיַּעַל אֶל־הַר סִינַי כַּאֲשֶׁר צִוָּה יְהוָה אֹתוֹ וַיִּקַּח
ה בְּיָדוֹ שְׁנֵי לֻחֹת אֲבָנִים: וַיֵּרֶד יְהוָה בֶּעָנָן וַיִּתְיַצֵּב עִמּוֹ שָׁם
ו וַיִּקְרָא בְשֵׁם יְהוָה: וַיַּעֲבֹר יְהוָה ׀ עַל־פָּנָיו וַיִּקְרָא יְהוָה ׀ יְהוָה
ז אֵל רַחוּם וְחַנּוּן אֶרֶךְ אַפַּיִם וְרַב־חֶסֶד וֶאֱמֶת: נֹצֵר חֶסֶד
לָאֲלָפִים נֹשֵׂא עָוֹן וָפֶשַׁע וְחַטָּאָה וְנַקֵּה לֹא יְנַקֶּה פֹּקֵד ׀ עֲוֹן
ח אָבוֹת עַל־בָּנִים וְעַל־בְּנֵי בָנִים עַל־שִׁלֵּשִׁים וְעַל־רִבֵּעִים: וַיְמַהֵר
ט מֹשֶׁה וַיִּקֹּד אַרְצָה וַיִּשְׁתָּחוּ: וַיֹּאמֶר אִם־נָא מָצָאתִי חֵן בְּעֵינֶיךָ
אֲדֹנָי יֵלֶךְ־נָא אֲדֹנָי בְּקִרְבֵּנוּ כִּי עַם־קְשֵׁה־עֹרֶף הוּא וְסָלַחְתָּ

ששי
י לַעֲוֹנֵנוּ וּלְחַטָּאתֵנוּ וּנְחַלְתָּנוּ: וַיֹּאמֶר הִנֵּה אָנֹכִי כֹּרֵת בְּרִית
נֶגֶד כָּל־עַמְּךָ אֶעֱשֶׂה נִפְלָאֹת אֲשֶׁר לֹא־נִבְרְאוּ בְכָל־הָאָרֶץ
וּבְכָל־הַגּוֹיִם וְרָאָה כָל־הָעָם אֲשֶׁר־אַתָּה בְקִרְבּוֹ אֶת־מַעֲשֵׂה
יא יְהוָה כִּי־נוֹרָא הוּא אֲשֶׁר אֲנִי עֹשֶׂה עִמָּךְ: שְׁמָר־לְךָ אֵת אֲשֶׁר
אָנֹכִי מְצַוְּךָ הַיּוֹם הִנְנִי גֹרֵשׁ מִפָּנֶיךָ אֶת־הָאֱמֹרִי וְהַכְּנַעֲנִי וְהַחִתִּי
יב וְהַפְּרִזִּי וְהַחִוִּי וְהַיְבוּסִי: הִשָּׁמֶר לְךָ פֶּן־תִּכְרֹת בְּרִית לְיוֹשֵׁב
יג הָאָרֶץ אֲשֶׁר אַתָּה בָּא עָלֶיהָ פֶּן־יִהְיֶה לְמוֹקֵשׁ בְּקִרְבֶּךָ: כִּי
אֶת־מִזְבְּחֹתָם תִּתֹּצוּן וְאֶת־מַצֵּבֹתָם תְּשַׁבֵּרוּן וְאֶת־אֲשֵׁרָיו
יד תִּכְרֹתוּן: כִּי לֹא תִשְׁתַּחֲוֶה לְאֵל אַחֵר כִּי יְהוָה קַנָּא שְׁמוֹ אֵל
טו קַנָּא הוּא: פֶּן־תִּכְרֹת בְּרִית לְיוֹשֵׁב הָאָרֶץ וְזָנוּ ׀ אַחֲרֵי אֱלֹהֵיהֶם
טז וְזָבְחוּ לֵאלֹהֵיהֶם וְקָרָא לְךָ וְאָכַלְתָּ מִזִּבְחוֹ: וְלָקַחְתָּ מִבְּנֹתָיו
לְבָנֶיךָ וְזָנוּ בְנֹתָיו אַחֲרֵי אֱלֹהֵיהֶן וְהִזְנוּ אֶת־בָּנֶיךָ אַחֲרֵי אֱלֹהֵיהֶן:

אֱלֹהֵי מַסֵּכָה לֹא תַעֲשֶׂה־לָּךְ׃ אֶת־חַג הַמַּצּוֹת תִּשְׁמֹר שִׁבְעַת יז יח
יָמִים תֹּאכַל מַצּוֹת אֲשֶׁר צִוִּיתִךָ לְמוֹעֵד חֹדֶשׁ הָאָבִיב כִּי בְּחֹדֶשׁ
הָאָבִיב יָצָאתָ מִמִּצְרָיִם׃ כָּל־פֶּטֶר רֶחֶם לִי וְכָל־מִקְנְךָ תִּזָּכָר יט
פֶּטֶר שׁוֹר וָשֶׂה׃ וּפֶטֶר חֲמוֹר תִּפְדֶּה בְשֶׂה וְאִם־לֹא תִפְדֶּה כ
וַעֲרַפְתּוֹ כֹּל בְּכוֹר בָּנֶיךָ תִּפְדֶּה וְלֹא־יֵרָאוּ פָנַי רֵיקָם׃ שֵׁשֶׁת כא
יָמִים תַּעֲבֹד וּבַיּוֹם הַשְּׁבִיעִי תִּשְׁבֹּת בֶּחָרִישׁ וּבַקָּצִיר תִּשְׁבֹּת׃
וְחַג שָׁבֻעֹת תַּעֲשֶׂה לְךָ בִּכּוּרֵי קְצִיר חִטִּים וְחַג הָאָסִיף תְּקוּפַת כב
הַשָּׁנָה׃ שָׁלֹשׁ פְּעָמִים בַּשָּׁנָה יֵרָאֶה כָּל־זְכוּרְךָ אֶת־פְּנֵי הָאָדֹן ׀ כג
יְהוָה אֱלֹהֵי יִשְׂרָאֵל׃ כִּי־אוֹרִישׁ גּוֹיִם מִפָּנֶיךָ וְהִרְחַבְתִּי אֶת־ כד
גְּבֻלֶךָ וְלֹא־יַחְמֹד אִישׁ אֶת־אַרְצְךָ בַּעֲלֹתְךָ לֵרָאוֹת אֶת־פְּנֵי יְהוָה
אֱלֹהֶיךָ שָׁלֹשׁ פְּעָמִים בַּשָּׁנָה׃ לֹא־תִשְׁחַט עַל־חָמֵץ דַּם־זִבְחִי כה
וְלֹא־יָלִין לַבֹּקֶר זֶבַח חַג הַפָּסַח׃ רֵאשִׁית בִּכּוּרֵי אַדְמָתְךָ תָּבִיא כו
בֵּית יְהוָה אֱלֹהֶיךָ לֹא־תְבַשֵּׁל גְּדִי בַּחֲלֵב אִמּוֹ׃
שביעי כו וַיֹּאמֶר יְהוָה אֶל־מֹשֶׁה כְּתָב־לְךָ אֶת־הַדְּבָרִים הָאֵלֶּה כִּי עַל־ כז
פִּי ׀ הַדְּבָרִים הָאֵלֶּה כָּרַתִּי אִתְּךָ בְּרִית וְאֶת־יִשְׂרָאֵל׃ וַיְהִי־שָׁם כח
עִם־יְהוָה אַרְבָּעִים יוֹם וְאַרְבָּעִים לַיְלָה לֶחֶם לֹא אָכַל וּמַיִם
לֹא שָׁתָה וַיִּכְתֹּב עַל־הַלֻּחֹת אֵת דִּבְרֵי הַבְּרִית עֲשֶׂרֶת הַדְּבָרִים׃
וַיְהִי בְּרֶדֶת מֹשֶׁה מֵהַר סִינַי וּשְׁנֵי לֻחֹת הָעֵדֻת בְּיַד־מֹשֶׁה בְּרִדְתּוֹ כט
מִן־הָהָר וּמֹשֶׁה לֹא־יָדַע כִּי קָרַן עוֹר פָּנָיו בְּדַבְּרוֹ אִתּוֹ׃ וַיַּרְא ל
אַהֲרֹן וְכָל־בְּנֵי יִשְׂרָאֵל אֶת־מֹשֶׁה וְהִנֵּה קָרַן עוֹר פָּנָיו וַיִּירְאוּ
מִגֶּשֶׁת אֵלָיו׃ וַיִּקְרָא אֲלֵהֶם מֹשֶׁה וַיָּשֻׁבוּ אֵלָיו אַהֲרֹן וְכָל־ לא
הַנְּשִׂאִים בָּעֵדָה וַיְדַבֵּר מֹשֶׁה אֲלֵהֶם׃ וְאַחֲרֵי־כֵן נִגְּשׁוּ כָּל־בְּנֵי לב
מפטיר יִשְׂרָאֵל וַיְצַוֵּם אֵת כָּל־אֲשֶׁר דִּבֶּר יְהוָה אִתּוֹ בְּהַר סִינָי׃ וַיְכַל לג
מֹשֶׁה מִדַּבֵּר אִתָּם וַיִּתֵּן עַל־פָּנָיו מַסְוֶה׃ וּבְבֹא מֹשֶׁה לִפְנֵי לד
יְהוָה לְדַבֵּר אִתּוֹ יָסִיר אֶת־הַמַּסְוֶה עַד־צֵאתוֹ וְיָצָא וְדִבֶּר אֶל־
בְּנֵי יִשְׂרָאֵל אֵת אֲשֶׁר יְצֻוֶּה׃ וְרָאוּ בְנֵי־יִשְׂרָאֵל אֶת־פְּנֵי מֹשֶׁה לה
כִּי קָרַן עוֹר פְּנֵי מֹשֶׁה וְהֵשִׁיב מֹשֶׁה אֶת־הַמַּסְוֶה עַל־פָּנָיו עַד־

א בֹּאוֹ לְדַבֵּר אִתּוֹ: וַיַּקְהֵל מֹשֶׁה אֶת־כָּל־עֲדַת
בְּנֵי יִשְׂרָאֵל וַיֹּאמֶר אֲלֵהֶם אֵלֶּה הַדְּבָרִים אֲשֶׁר־צִוָּה יְהוָה לַעֲשֹׂת
ב אֹתָם: שֵׁשֶׁת יָמִים תֵּעָשֶׂה מְלָאכָה וּבַיּוֹם הַשְּׁבִיעִי יִהְיֶה לָכֶם
ג קֹדֶשׁ שַׁבַּת שַׁבָּתוֹן לַיהוָה כָּל־הָעֹשֶׂה בוֹ מְלָאכָה יוּמָת: לֹא־
תְבַעֲרוּ אֵשׁ בְּכֹל מֹשְׁבֹתֵיכֶם בְּיוֹם הַשַּׁבָּת:
ד וַיֹּאמֶר מֹשֶׁה אֶל־כָּל־עֲדַת בְּנֵי־יִשְׂרָאֵל לֵאמֹר זֶה הַדָּבָר אֲשֶׁר־
ה צִוָּה יְהוָה לֵאמֹר: קְחוּ מֵאִתְּכֶם תְּרוּמָה לַיהוָה כֹּל נְדִיב
ו לִבּוֹ יְבִיאֶהָ אֵת תְּרוּמַת יְהוָה זָהָב וָכֶסֶף וּנְחֹשֶׁת: וּתְכֵלֶת
ז וְאַרְגָּמָן וְתוֹלַעַת שָׁנִי וְשֵׁשׁ וְעִזִּים: וְעֹרֹת אֵילִם מְאָדָּמִים וְעֹרֹת
ח תְּחָשִׁים וַעֲצֵי שִׁטִּים: וְשֶׁמֶן לַמָּאוֹר וּבְשָׂמִים לְשֶׁמֶן הַמִּשְׁחָה
ט וְלִקְטֹרֶת הַסַּמִּים: וְאַבְנֵי־שֹׁהַם וְאַבְנֵי מִלֻּאִים לָאֵפוֹד וְלַחֹשֶׁן:
י וְכָל־חֲכַם־לֵב בָּכֶם יָבֹאוּ וְיַעֲשׂוּ אֵת כָּל־אֲשֶׁר צִוָּה יְהוָה:
יא אֶת־הַמִּשְׁכָּן אֶת־אָהֳלוֹ וְאֶת־מִכְסֵהוּ אֶת־קְרָסָיו וְאֶת־קְרָשָׁיו
יב אֶת־בְּרִיחָו אֶת־עַמֻּדָיו וְאֶת־אֲדָנָיו: אֶת־הָאָרֹן וְאֶת־בַּדָּיו
יג אֶת־הַכַּפֹּרֶת וְאֵת פָּרֹכֶת הַמָּסָךְ: אֶת־הַשֻּׁלְחָן וְאֶת־בַּדָּיו
יד וְאֶת־כָּל־כֵּלָיו וְאֵת לֶחֶם הַפָּנִים: וְאֶת־מְנֹרַת הַמָּאוֹר וְאֶת־
טו כֵּלֶיהָ וְאֶת־נֵרֹתֶיהָ וְאֵת שֶׁמֶן הַמָּאוֹר: וְאֶת־מִזְבַּח הַקְּטֹרֶת
וְאֶת־בַּדָּיו וְאֵת שֶׁמֶן הַמִּשְׁחָה וְאֵת קְטֹרֶת הַסַּמִּים וְאֶת־
טז מָסַךְ הַפֶּתַח לְפֶתַח הַמִּשְׁכָּן: אֵת ׀ מִזְבַּח הָעֹלָה וְאֶת־מִכְבַּר
הַנְּחֹשֶׁת אֲשֶׁר־לוֹ אֶת־בַּדָּיו וְאֶת־כָּל־כֵּלָיו אֶת־הַכִּיֹּר וְאֶת־
יז כַּנּוֹ: אֵת קַלְעֵי הֶחָצֵר אֶת־עַמֻּדָיו וְאֶת־אֲדָנֶיהָ וְאֵת מָסַךְ
יח שַׁעַר הֶחָצֵר: אֶת־יִתְדֹת הַמִּשְׁכָּן וְאֶת־יִתְדֹת הֶחָצֵר וְאֶת־
יט מֵיתְרֵיהֶם: אֶת־בִּגְדֵי הַשְּׂרָד לְשָׁרֵת בַּקֹּדֶשׁ אֶת־בִּגְדֵי הַקֹּדֶשׁ
כ לְאַהֲרֹן הַכֹּהֵן וְאֶת־בִּגְדֵי בָנָיו לְכַהֵן: וַיֵּצְאוּ כָּל־עֲדַת בְּנֵי־
כא יִשְׂרָאֵל מִלִּפְנֵי מֹשֶׁה: וַיָּבֹאוּ כָּל־אִישׁ אֲשֶׁר־נְשָׂאוֹ לִבּוֹ וְכֹל שני
אֲשֶׁר נָדְבָה רוּחוֹ אֹתוֹ הֵבִיאוּ אֶת־תְּרוּמַת יְהוָה לִמְלֶאכֶת
כב אֹהֶל מוֹעֵד וּלְכָל־עֲבֹדָתוֹ וּלְבִגְדֵי הַקֹּדֶשׁ: וַיָּבֹאוּ הָאֲנָשִׁים

עַל־הַנָּשִׁים כֹּל ׀ נְדִיב לֵב הֵבִיאוּ חָח וָנֶזֶם וְטַבַּעַת וְכוּמָז כָּל־
כְּלִי זָהָב וְכָל־אִישׁ אֲשֶׁר הֵנִיף תְּנוּפַת זָהָב לַיהוָה׃ וְכָל־אִישׁ כג
אֲשֶׁר־נִמְצָא אִתּוֹ תְּכֵלֶת וְאַרְגָּמָן וְתוֹלַעַת שָׁנִי וְשֵׁשׁ וְעִזִּים
וְעֹרֹת אֵילִם מְאָדָּמִים וְעֹרֹת תְּחָשִׁים הֵבִיאוּ׃ כָּל־מֵרִים תְּרוּמַת כד
כֶּסֶף וּנְחֹשֶׁת הֵבִיאוּ אֵת תְּרוּמַת יְהוָה וְכֹל אֲשֶׁר נִמְצָא אִתּוֹ
עֲצֵי שִׁטִּים לְכָל־מְלֶאכֶת הָעֲבֹדָה הֵבִיאוּ׃ וְכָל־אִשָּׁה חַכְמַת־ כה
לֵב בְּיָדֶיהָ טָווּ וַיָּבִיאוּ מַטְוֶה אֶת־הַתְּכֵלֶת וְאֶת־הָאַרְגָּמָן
אֶת־תּוֹלַעַת הַשָּׁנִי וְאֶת־הַשֵּׁשׁ׃ וְכָל־הַנָּשִׁים אֲשֶׁר נָשָׂא לִבָּן כו
אֹתָנָה בְּחָכְמָה טָווּ אֶת־הָעִזִּים׃ וְהַנְּשִׂאִם הֵבִיאוּ אֵת אַבְנֵי כז
הַשֹּׁהַם וְאֵת אַבְנֵי הַמִּלֻּאִים לָאֵפוֹד וְלַחֹשֶׁן׃ וְאֶת־הַבֹּשֶׂם כח
וְאֶת־הַשָּׁמֶן לְמָאוֹר וּלְשֶׁמֶן הַמִּשְׁחָה וְלִקְטֹרֶת הַסַּמִּים׃ כָּל־ כט
אִישׁ וְאִשָּׁה אֲשֶׁר נָדַב לִבָּם אֹתָם לְהָבִיא לְכָל־הַמְּלָאכָה
אֲשֶׁר צִוָּה יְהוָה לַעֲשׂוֹת בְּיַד־מֹשֶׁה הֵבִיאוּ בְנֵי־יִשְׂרָאֵל נְדָבָה
לַיהוָה׃

שלישי /שני/ וַיֹּאמֶר מֹשֶׁה אֶל־בְּנֵי יִשְׂרָאֵל רְאוּ קָרָא יְהוָה בְּשֵׁם בְּצַלְאֵל ל
בֶּן־אוּרִי בֶן־חוּר לְמַטֵּה יְהוּדָה׃ וַיְמַלֵּא אֹתוֹ רוּחַ אֱלֹהִים לא
בְּחָכְמָה בִּתְבוּנָה וּבְדַעַת וּבְכָל־מְלָאכָה׃ וְלַחְשֹׁב מַחֲשָׁבֹת לב
לַעֲשֹׂת בַּזָּהָב וּבַכֶּסֶף וּבַנְּחֹשֶׁת׃ וּבַחֲרֹשֶׁת אֶבֶן לְמַלֹּאת לג
וּבַחֲרֹשֶׁת עֵץ לַעֲשׂוֹת בְּכָל־מְלֶאכֶת מַחֲשָׁבֶת׃ וּלְהוֹרֹת נָתַן לד
בְּלִבּוֹ הוּא וְאָהֳלִיאָב בֶּן־אֲחִיסָמָךְ לְמַטֵּה־דָן׃ מִלֵּא אֹתָם לה
חָכְמַת־לֵב לַעֲשׂוֹת כָּל־מְלֶאכֶת חָרָשׁ ׀ וְחֹשֵׁב וְרֹקֵם בַּתְּכֵלֶת
וּבָאַרְגָּמָן בְּתוֹלַעַת הַשָּׁנִי וּבַשֵּׁשׁ וְאֹרֵג עֹשֵׂי כָּל־מְלָאכָה
וְחֹשְׁבֵי מַחֲשָׁבֹת׃ וְעָשָׂה בְצַלְאֵל וְאָהֳלִיאָב וְכֹל ׀ אִישׁ חֲכַם־ א לו
לֵב אֲשֶׁר נָתַן יְהוָה חָכְמָה וּתְבוּנָה בָּהֵמָּה לָדַעַת לַעֲשֹׂת אֶת־
כָּל־מְלֶאכֶת עֲבֹדַת הַקֹּדֶשׁ לְכֹל אֲשֶׁר־צִוָּה יְהוָה׃ וַיִּקְרָא ב
מֹשֶׁה אֶל־בְּצַלְאֵל וְאֶל־אָהֳלִיאָב וְאֶל כָּל־אִישׁ חֲכַם־לֵב
אֲשֶׁר נָתַן יְהוָה חָכְמָה בְּלִבּוֹ כֹּל אֲשֶׁר נְשָׂאוֹ לִבּוֹ לְקָרְבָה

ג אֶל־הַמְּלָאכָה לַעֲשֹׂת אֹתָהּ: וַיִּקְחוּ מִלִּפְנֵי מֹשֶׁה אֵת כָּל־
הַתְּרוּמָה אֲשֶׁר הֵבִיאוּ בְּנֵי יִשְׂרָאֵל לִמְלֶאכֶת עֲבֹדַת הַקֹּדֶשׁ
לַעֲשֹׂת אֹתָהּ וְהֵם הֵבִיאוּ אֵלָיו עוֹד נְדָבָה בַּבֹּקֶר בַּבֹּקֶר:
ד וַיָּבֹאוּ כָּל־הַחֲכָמִים הָעֹשִׂים אֵת כָּל־מְלֶאכֶת הַקֹּדֶשׁ אִישׁ
ה אִישׁ מִמְּלַאכְתּוֹ אֲשֶׁר־הֵמָּה עֹשִׂים: וַיֹּאמְרוּ אֶל־מֹשֶׁה לֵּאמֹר
מַרְבִּים הָעָם לְהָבִיא מִדֵּי הָעֲבֹדָה לַמְּלָאכָה אֲשֶׁר־צִוָּה יְהֹוָה
ו לַעֲשֹׂת אֹתָהּ: וַיְצַו מֹשֶׁה וַיַּעֲבִירוּ קוֹל בַּמַּחֲנֶה לֵאמֹר אִישׁ
וְאִשָּׁה אַל־יַעֲשׂוּ־עוֹד מְלָאכָה לִתְרוּמַת הַקֹּדֶשׁ וַיִּכָּלֵא הָעָם
ז מֵהָבִיא: וְהַמְּלָאכָה הָיְתָה דַיָּם לְכָל־הַמְּלָאכָה לַעֲשׂוֹת אֹתָהּ
ח וְהוֹתֵר: וַיַּעֲשׂוּ כָל־חֲכַם־לֵב בְּעֹשֵׂי הַמְּלָאכָה רביעי
אֶת־הַמִּשְׁכָּן עֶשֶׂר יְרִיעֹת שֵׁשׁ מָשְׁזָר וּתְכֵלֶת וְאַרְגָּמָן וְתוֹלַעַת
ט שָׁנִי כְּרֻבִים מַעֲשֵׂה חֹשֵׁב עָשָׂה אֹתָם: אֹרֶךְ הַיְרִיעָה הָאַחַת
שְׁמֹנֶה וְעֶשְׂרִים בָּאַמָּה וְרֹחַב אַרְבַּע בָּאַמָּה הַיְרִיעָה הָאֶחָת
י מִדָּה אַחַת לְכָל־הַיְרִיעֹת: וַיְחַבֵּר אֶת־חֲמֵשׁ הַיְרִיעֹת אַחַת
יא אֶל־אֶחָת וְחָמֵשׁ יְרִיעֹת חִבַּר אַחַת אֶל־אֶחָת: וַיַּעַשׂ לֻלְאֹת
תְּכֵלֶת עַל שְׂפַת הַיְרִיעָה הָאֶחָת מִקָּצָה בַּמַּחְבָּרֶת כֵּן עָשָׂה
יב בִּשְׂפַת הַיְרִיעָה הַקִּיצוֹנָה בַּמַּחְבֶּרֶת הַשֵּׁנִית: חֲמִשִּׁים לֻלָאֹת
עָשָׂה בַּיְרִיעָה הָאֶחָת וַחֲמִשִּׁים לֻלָאֹת עָשָׂה בִּקְצֵה הַיְרִיעָה
אֲשֶׁר בַּמַּחְבֶּרֶת הַשֵּׁנִית מַקְבִּילֹת הַלֻּלָאֹת אַחַת אֶל־אֶחָת:
יג וַיַּעַשׂ חֲמִשִּׁים קַרְסֵי זָהָב וַיְחַבֵּר אֶת־הַיְרִיעֹת אַחַת אֶל־אַחַת
בַּקְּרָסִים וַיְהִי הַמִּשְׁכָּן אֶחָד:
יד וַיַּעַשׂ יְרִיעֹת עִזִּים לְאֹהֶל עַל־הַמִּשְׁכָּן עַשְׁתֵּי־עֶשְׂרֵה יְרִיעֹת
טו עָשָׂה אֹתָם: אֹרֶךְ הַיְרִיעָה הָאַחַת שְׁלֹשִׁים בָּאַמָּה וְאַרְבַּע
אַמּוֹת רֹחַב הַיְרִיעָה הָאֶחָת מִדָּה אַחַת לְעַשְׁתֵּי עֶשְׂרֵה יְרִיעֹת:
טז יז וַיְחַבֵּר אֶת־חֲמֵשׁ הַיְרִיעֹת לְבָד וְאֶת־שֵׁשׁ הַיְרִיעֹת לְבָד: וַיַּעַשׂ
לֻלָאֹת חֲמִשִּׁים עַל שְׂפַת הַיְרִיעָה הַקִּיצֹנָה בַּמַּחְבָּרֶת וַחֲמִשִּׁים
יח לֻלָאֹת עָשָׂה עַל־שְׂפַת הַיְרִיעָה הַחֹבֶרֶת הַשֵּׁנִית: וַיַּעַשׂ

יח קַרְסֵי נְחֹשֶׁת חֲמִשִּׁים לְחַבֵּר אֶת־הָאֹהֶל לִהְיֹת אֶחָד׃ וַיַּעַשׂ
יט מִכְסֶה לָאֹהֶל עֹרֹת אֵילִם מְאָדָּמִים וּמִכְסֵה עֹרֹת תְּחָשִׁים
כ חמישי מִלְמָעְלָה׃ וַיַּעַשׂ אֶת־הַקְּרָשִׁים לַמִּשְׁכָּן עֲצֵי
כא שִׁטִּים עֹמְדִים׃ עֶשֶׂר אַמֹּת אֹרֶךְ הַקָּרֶשׁ וְאַמָּה וַחֲצִי הָאַמָּה
כב רֹחַב הַקֶּרֶשׁ הָאֶחָד׃ שְׁתֵּי יָדֹת לַקֶּרֶשׁ הָאֶחָד מְשֻׁלָּבֹת אַחַת
כג אֶל־אֶחָת כֵּן עָשָׂה לְכֹל קַרְשֵׁי הַמִּשְׁכָּן׃ וַיַּעַשׂ אֶת־הַקְּרָשִׁים
כד לַמִּשְׁכָּן עֶשְׂרִים קְרָשִׁים לִפְאַת נֶגֶב תֵּימָנָה׃ וְאַרְבָּעִים אַדְנֵי־
כֶסֶף עָשָׂה תַּחַת עֶשְׂרִים הַקְּרָשִׁים שְׁנֵי אֲדָנִים תַּחַת־הַקֶּרֶשׁ
הָאֶחָד לִשְׁתֵּי יְדֹתָיו וּשְׁנֵי אֲדָנִים תַּחַת־הַקֶּרֶשׁ הָאֶחָד לִשְׁתֵּי
כה יְדֹתָיו׃ וּלְצֶלַע הַמִּשְׁכָּן הַשֵּׁנִית לִפְאַת צָפוֹן עָשָׂה עֶשְׂרִים
כו קְרָשִׁים׃ וְאַרְבָּעִים אַדְנֵיהֶם כָּסֶף שְׁנֵי אֲדָנִים תַּחַת הַקֶּרֶשׁ
כז הָאֶחָד וּשְׁנֵי אֲדָנִים תַּחַת הַקֶּרֶשׁ הָאֶחָד׃ וּלְיַרְכְּתֵי הַמִּשְׁכָּן
כח יָמָּה עָשָׂה שִׁשָּׁה קְרָשִׁים׃ וּשְׁנֵי קְרָשִׁים עָשָׂה לִמְקֻצְעֹת הַמִּשְׁכָּן
כט בַּיַּרְכָתָיִם׃ וְהָיוּ תוֹאֲמִם מִלְּמַטָּה וְיַחְדָּו יִהְיוּ תַמִּים אֶל־רֹאשׁוֹ
ל אֶל־הַטַּבַּעַת הָאֶחָת כֵּן עָשָׂה לִשְׁנֵיהֶם לִשְׁנֵי הַמִּקְצֹעֹת׃ וְהָיוּ
שְׁמֹנָה קְרָשִׁים וְאַדְנֵיהֶם כֶּסֶף שִׁשָּׁה עָשָׂר אֲדָנִים שְׁנֵי אֲדָנִים
לא שְׁנֵי אֲדָנִים תַּחַת הַקֶּרֶשׁ הָאֶחָד׃ וַיַּעַשׂ בְּרִיחֵי עֲצֵי שִׁטִּים
לב חֲמִשָּׁה לְקַרְשֵׁי צֶלַע־הַמִּשְׁכָּן הָאֶחָת׃ וַחֲמִשָּׁה בְרִיחִם לְקַרְשֵׁי
צֶלַע־הַמִּשְׁכָּן הַשֵּׁנִית וַחֲמִשָּׁה בְרִיחִם לְקַרְשֵׁי הַמִּשְׁכָּן לַיַּרְכָתַיִם
לג יָמָּה׃ וַיַּעַשׂ אֶת־הַבְּרִיחַ הַתִּיכֹן לִבְרֹחַ בְּתוֹךְ הַקְּרָשִׁים מִן־
לד הַקָּצֶה אֶל־הַקָּצֶה׃ וְאֶת־הַקְּרָשִׁים צִפָּה זָהָב וְאֶת־טַבְּעֹתָם
לה עָשָׂה זָהָב בָּתִּים לַבְּרִיחִם וַיְצַף אֶת־הַבְּרִיחִם זָהָב׃ וַיַּעַשׂ אֶת־
הַפָּרֹכֶת תְּכֵלֶת וְאַרְגָּמָן וְתוֹלַעַת שָׁנִי וְשֵׁשׁ מָשְׁזָר מַעֲשֵׂה
לו חֹשֵׁב עָשָׂה אֹתָהּ כְּרֻבִים׃ וַיַּעַשׂ לָהּ אַרְבָּעָה עַמּוּדֵי שִׁטִּים
לז וַיְצַפֵּם זָהָב וָוֵיהֶם זָהָב וַיִּצֹק לָהֶם אַרְבָּעָה אַדְנֵי־כָסֶף׃ וַיַּעַשׂ
מָסָךְ לְפֶתַח הָאֹהֶל תְּכֵלֶת וְאַרְגָּמָן וְתוֹלַעַת שָׁנִי וְשֵׁשׁ מָשְׁזָר
לח מַעֲשֵׂה רֹקֵם׃ וְאֶת־עַמּוּדָיו חֲמִשָּׁה וְאֶת־וָוֵיהֶם וְצִפָּה רָאשֵׁיהֶם

וְחָשֻׁקֵיהֶם זָהָב וְאַדְנֵיהֶם חֲמִשָּׁה נְחֹשֶׁת׃
א וַיַּעַשׂ בְּצַלְאֵל אֶת־הָאָרֹן עֲצֵי שִׁטִּים אַמָּתַיִם וָחֵצִי אָרְכּוֹ וְאַמָּה כז
ב וָחֵצִי רָחְבּוֹ וְאַמָּה וָחֵצִי קֹמָתוֹ׃ וַיְצַפֵּהוּ זָהָב טָהוֹר מִבַּיִת
ג וּמִחוּץ וַיַּעַשׂ לוֹ זֵר זָהָב סָבִיב׃ וַיִּצֹק לוֹ אַרְבַּע טַבְּעֹת זָהָב
עַל אַרְבַּע פַּעֲמֹתָיו וּשְׁתֵּי טַבָּעֹת עַל־צַלְעוֹ הָאֶחָת וּשְׁתֵּי טַבָּעֹת
ד עַל־צַלְעוֹ הַשֵּׁנִית׃ וַיַּעַשׂ בַּדֵּי עֲצֵי שִׁטִּים וַיְצַף אֹתָם זָהָב׃
ה וַיָּבֵא אֶת־הַבַּדִּים בַּטַּבָּעֹת עַל צַלְעֹת הָאָרֹן לָשֵׂאת אֶת־
ו הָאָרֹן׃ וַיַּעַשׂ כַּפֹּרֶת זָהָב טָהוֹר אַמָּתַיִם וָחֵצִי אָרְכָּהּ וְאַמָּה
ז וָחֵצִי רָחְבָּהּ׃ וַיַּעַשׂ שְׁנֵי כְרֻבִים זָהָב מִקְשָׁה עָשָׂה אֹתָם מִשְּׁנֵי
ח קְצוֹת הַכַּפֹּרֶת׃ כְּרוּב־אֶחָד מִקָּצָה מִזֶּה וּכְרוּב־אֶחָד מִקָּצָה מִזֶּה
ט מִן־הַכַּפֹּרֶת עָשָׂה אֶת־הַכְּרֻבִים מִשְּׁנֵי קצוותו׃ וַיִּהְיוּ הַכְּרֻבִים קְצוֹתָיו
פֹּרְשֵׂי כְנָפַיִם לְמַעְלָה סֹכְכִים בְּכַנְפֵיהֶם עַל־הַכַּפֹּרֶת וּפְנֵיהֶם
אִישׁ אֶל־אָחִיו אֶל־הַכַּפֹּרֶת הָיוּ פְּנֵי הַכְּרֻבִים׃
י וַיַּעַשׂ אֶת־הַשֻּׁלְחָן עֲצֵי שִׁטִּים אַמָּתַיִם אָרְכּוֹ וְאַמָּה רָחְבּוֹ
יא וְאַמָּה וָחֵצִי קֹמָתוֹ׃ וַיְצַף אֹתוֹ זָהָב טָהוֹר וַיַּעַשׂ לוֹ זֵר זָהָב
יב סָבִיב׃ וַיַּעַשׂ לוֹ מִסְגֶּרֶת טֹפַח סָבִיב וַיַּעַשׂ זֵר־זָהָב לְמִסְגַּרְתּוֹ
יג סָבִיב׃ וַיִּצֹק לוֹ אַרְבַּע טַבְּעֹת זָהָב וַיִּתֵּן אֶת־הַטַּבָּעֹת עַל
יד אַרְבַּע הַפֵּאֹת אֲשֶׁר לְאַרְבַּע רַגְלָיו׃ לְעֻמַּת הַמִּסְגֶּרֶת הָיוּ
טו הַטַּבָּעֹת בָּתִּים לַבַּדִּים לָשֵׂאת אֶת־הַשֻּׁלְחָן׃ וַיַּעַשׂ אֶת־הַבַּדִּים
טז עֲצֵי שִׁטִּים וַיְצַף אֹתָם זָהָב לָשֵׂאת אֶת־הַשֻּׁלְחָן׃ וַיַּעַשׂ אֶת־
הַכֵּלִים ׀ אֲשֶׁר עַל־הַשֻּׁלְחָן אֶת־קְעָרֹתָיו וְאֶת־כַּפֹּתָיו וְאֵת
מְנַקִּיֹּתָיו וְאֶת־הַקְּשָׂוֹת אֲשֶׁר יֻסַּךְ בָּהֵן זָהָב טָהוֹר׃
יז וַיַּעַשׂ אֶת־הַמְּנֹרָה זָהָב טָהוֹר מִקְשָׁה עָשָׂה אֶת־הַמְּנֹרָה יְרֵכָהּ ששי /שלישי/
יח וְקָנָהּ גְּבִיעֶיהָ כַּפְתֹּרֶיהָ וּפְרָחֶיהָ מִמֶּנָּה הָיוּ׃ וְשִׁשָּׁה קָנִים יֹצְאִים
מִצִּדֶּיהָ שְׁלֹשָׁה ׀ קְנֵי מְנֹרָה מִצִּדָּהּ הָאֶחָד וּשְׁלֹשָׁה קְנֵי מְנֹרָה
יט מִצִּדָּהּ הַשֵּׁנִי׃ שְׁלֹשָׁה גְבִעִים מְשֻׁקָּדִים בַּקָּנֶה הָאֶחָד כַּפְתֹּר
וָפֶרַח וּשְׁלֹשָׁה גְבִעִים מְשֻׁקָּדִים בְּקָנֶה אֶחָד כַּפְתֹּר וָפָרַח כֵּן

כ לְשֵׁשֶׁת הַקָּנִים הַיֹּצְאִים מִן־הַמְּנֹרָה׃ וּבַמְּנֹרָה אַרְבָּעָה גְבִעִים
כא מְשֻׁקָּדִים כַּפְתֹּרֶיהָ וּפְרָחֶיהָ׃ וְכַפְתֹּר תַּחַת שְׁנֵי הַקָּנִים מִמֶּנָּה
וְכַפְתֹּר תַּחַת שְׁנֵי הַקָּנִים מִמֶּנָּה וְכַפְתֹּר תַּחַת־שְׁנֵי הַקָּנִים מִמֶּנָּה
כב לְשֵׁשֶׁת הַקָּנִים הַיֹּצְאִים מִמֶּנָּה׃ כַּפְתֹּרֵיהֶם וּקְנֹתָם מִמֶּנָּה הָיוּ
כג כֻּלָּהּ מִקְשָׁה אַחַת זָהָב טָהוֹר׃ וַיַּעַשׂ אֶת־נֵרֹתֶיהָ שִׁבְעָה
כד וּמַלְקָחֶיהָ וּמַחְתֹּתֶיהָ זָהָב טָהוֹר׃ כִּכָּר זָהָב טָהוֹר עָשָׂה אֹתָהּ
וְאֵת כָּל־כֵּלֶיהָ׃
כה וַיַּעַשׂ אֶת־מִזְבַּח הַקְּטֹרֶת עֲצֵי שִׁטִּים אַמָּה אָרְכּוֹ וְאַמָּה רָחְבּוֹ
כו רָבוּעַ וְאַמָּתַיִם קֹמָתוֹ מִמֶּנּוּ הָיוּ קַרְנֹתָיו׃ וַיְצַף אֹתוֹ זָהָב
טָהוֹר אֶת־גַּגּוֹ וְאֶת־קִירֹתָיו סָבִיב וְאֶת־קַרְנֹתָיו וַיַּעַשׂ לוֹ
כז זֵר זָהָב סָבִיב׃ וּשְׁתֵּי טַבְּעֹת זָהָב עָשָׂה־לוֹ ׀ מִתַּחַת לְזֵרוֹ
עַל שְׁתֵּי צַלְעֹתָיו עַל שְׁנֵי צִדָּיו לְבָתִּים לְבַדִּים לָשֵׂאת אֹתוֹ
כח כט בָּהֶם׃ וַיַּעַשׂ אֶת־הַבַּדִּים עֲצֵי שִׁטִּים וַיְצַף אֹתָם זָהָב׃ וַיַּעַשׂ
אֶת־שֶׁמֶן הַמִּשְׁחָה קֹדֶשׁ וְאֶת־קְטֹרֶת הַסַּמִּים טָהוֹר מַעֲשֵׂה
שביעי /רביעי/ לח א רֹקֵחַ׃ וַיַּעַשׂ אֶת־מִזְבַּח הָעֹלָה עֲצֵי שִׁטִּים חָמֵשׁ
אַמּוֹת אָרְכּוֹ וְחָמֵשׁ־אַמּוֹת רָחְבּוֹ רָבוּעַ וְשָׁלֹשׁ אַמּוֹת קֹמָתוֹ׃
ב וַיַּעַשׂ קַרְנֹתָיו עַל אַרְבַּע פִּנֹּתָיו מִמֶּנּוּ הָיוּ קַרְנֹתָיו וַיְצַף אֹתוֹ
ג נְחֹשֶׁת׃ וַיַּעַשׂ אֶת־כָּל־כְּלֵי הַמִּזְבֵּחַ אֶת־הַסִּירֹת וְאֶת־הַיָּעִים
וְאֶת־הַמִּזְרָקֹת אֶת־הַמִּזְלָגֹת וְאֶת־הַמַּחְתֹּת כָּל־כֵּלָיו עָשָׂה
ד נְחֹשֶׁת׃ וַיַּעַשׂ לַמִּזְבֵּחַ מִכְבָּר מַעֲשֵׂה רֶשֶׁת נְחֹשֶׁת תַּחַת
ה כַּרְכֻּבּוֹ מִלְּמַטָּה עַד־חֶצְיוֹ׃ וַיִּצֹק אַרְבַּע טַבָּעֹת בְּאַרְבַּע
ו הַקְּצָוֹת לְמִכְבַּר הַנְּחֹשֶׁת בָּתִּים לַבַּדִּים׃ וַיַּעַשׂ אֶת־הַבַּדִּים
ז עֲצֵי שִׁטִּים וַיְצַף אֹתָם נְחֹשֶׁת׃ וַיָּבֵא אֶת־הַבַּדִּים בַּטַּבָּעֹת
עַל צַלְעֹת הַמִּזְבֵּחַ לָשֵׂאת אֹתוֹ בָּהֶם נְבוּב לֻחֹת עָשָׂה
ח אֹתוֹ׃ וַיַּעַשׂ אֵת הַכִּיּוֹר נְחֹשֶׁת וְאֵת כַּנּוֹ נְחֹשֶׁת בְּמַרְאֹת
ט הַצֹּבְאֹת אֲשֶׁר צָבְאוּ פֶּתַח אֹהֶל מוֹעֵד׃ וַיַּעַשׂ
אֶת־הֶחָצֵר לִפְאַת ׀ נֶגֶב תֵּימָנָה קַלְעֵי הֶחָצֵר שֵׁשׁ מָשְׁזָר מֵאָה

י בָּאַמָּה: עַמּוּדֵיהֶם עֶשְׂרִים וְאַדְנֵיהֶם עֶשְׂרִים נְחֹשֶׁת וָוֵי הָעַמּוּדִים
יא וַחֲשֻׁקֵיהֶם כָּסֶף: וְלִפְאַת צָפוֹן מֵאָה בָאַמָּה עַמּוּדֵיהֶם עֶשְׂרִים
יב וְאַדְנֵיהֶם עֶשְׂרִים נְחֹשֶׁת וָוֵי הָעַמּוּדִים וַחֲשֻׁקֵיהֶם כָּסֶף: וְלִפְאַת־
יָם קְלָעִים חֲמִשִּׁים בָּאַמָּה עַמּוּדֵיהֶם עֲשָׂרָה וְאַדְנֵיהֶם עֲשָׂרָה
יג וָוֵי הָעַמֻּדִים וַחֲשׁוּקֵיהֶם כָּסֶף: וְלִפְאַת קֵדְמָה מִזְרָחָה חֲמִשִּׁים
יד אַמָּה: קְלָעִים חֲמֵשׁ־עֶשְׂרֵה אַמָּה אֶל־הַכָּתֵף עַמּוּדֵיהֶם שְׁלֹשָׁה
טו וְאַדְנֵיהֶם שְׁלֹשָׁה: וְלַכָּתֵף הַשֵּׁנִית מִזֶּה וּמִזֶּה לְשַׁעַר הֶחָצֵר
קְלָעִים חֲמֵשׁ עֶשְׂרֵה אַמָּה עַמֻּדֵיהֶם שְׁלֹשָׁה וְאַדְנֵיהֶם שְׁלֹשָׁה:
טז יז כָּל־קַלְעֵי הֶחָצֵר סָבִיב שֵׁשׁ מָשְׁזָר: וְהָאֲדָנִים לָעַמֻּדִים נְחֹשֶׁת
וָוֵי הָעַמּוּדִים וַחֲשׁוּקֵיהֶם כֶּסֶף וְצִפּוּי רָאשֵׁיהֶם כָּסֶף וְהֵם
יח מְחֻשָּׁקִים כֶּסֶף כֹּל עַמֻּדֵי הֶחָצֵר: וּמָסַךְ שַׁעַר הֶחָצֵר מַעֲשֵׂה מפטיר
רֹקֵם תְּכֵלֶת וְאַרְגָּמָן וְתוֹלַעַת שָׁנִי וְשֵׁשׁ מָשְׁזָר וְעֶשְׂרִים
אַמָּה אֹרֶךְ וְקוֹמָה בְרֹחַב חָמֵשׁ אַמּוֹת לְעֻמַּת קַלְעֵי הֶחָצֵר:
יט וְעַמֻּדֵיהֶם אַרְבָּעָה וְאַדְנֵיהֶם אַרְבָּעָה נְחֹשֶׁת וָוֵיהֶם כֶּסֶף וְצִפּוּי
כ רָאשֵׁיהֶם וַחֲשֻׁקֵיהֶם כָּסֶף: וְכָל־הַיְתֵדֹת לַמִּשְׁכָּן וְלֶחָצֵר סָבִיב
כא נְחֹשֶׁת: אֵלֶּה פְקוּדֵי הַמִּשְׁכָּן מִשְׁכַּן הָעֵדֻת כח פקודי
אֲשֶׁר פֻּקַּד עַל־פִּי מֹשֶׁה עֲבֹדַת הַלְוִיִּם בְּיַד אִיתָמָר בֶּן־אַהֲרֹן
כב הַכֹּהֵן: וּבְצַלְאֵל בֶּן־אוּרִי בֶן־חוּר לְמַטֵּה יְהוּדָה עָשָׂה אֵת
כג כָּל־אֲשֶׁר־צִוָּה יְהוָה אֶת־מֹשֶׁה: וְאִתּוֹ אָהֳלִיאָב בֶּן־אֲחִיסָמָךְ
לְמַטֵּה־דָן חָרָשׁ וְחֹשֵׁב וְרֹקֵם בַּתְּכֵלֶת וּבָאַרְגָּמָן וּבְתוֹלַעַת
כד הַשָּׁנִי וּבַשֵּׁשׁ: כָּל־הַזָּהָב הֶעָשׂוּי לַמְּלָאכָה בְּכֹל
מְלֶאכֶת הַקֹּדֶשׁ וַיְהִי ׀ זְהַב הַתְּנוּפָה תֵּשַׁע וְעֶשְׂרִים כִּכָּר וּשְׁבַע
כה מֵאוֹת וּשְׁלֹשִׁים שֶׁקֶל בְּשֶׁקֶל הַקֹּדֶשׁ: וְכֶסֶף פְּקוּדֵי הָעֵדָה מְאַת
כִּכָּר וְאֶלֶף וּשְׁבַע מֵאוֹת וַחֲמִשָּׁה וְשִׁבְעִים שֶׁקֶל בְּשֶׁקֶל הַקֹּדֶשׁ:
כו בֶּקַע לַגֻּלְגֹּלֶת מַחֲצִית הַשֶּׁקֶל בְּשֶׁקֶל הַקֹּדֶשׁ לְכֹל הָעֹבֵר עַל־
הַפְּקֻדִים מִבֶּן עֶשְׂרִים שָׁנָה וָמַעְלָה לְשֵׁשׁ־מֵאוֹת אֶלֶף וּשְׁלֹשֶׁת
כז אֲלָפִים וַחֲמֵשׁ מֵאוֹת וַחֲמִשִּׁים: וַיְהִי מְאַת כִּכַּר הַכֶּסֶף לָצֶקֶת

אֵת אַדְנֵי הַקֹּדֶשׁ וְאֵת אַדְנֵי הַפָּרֹכֶת מְאַת אֲדָנִים לִמְאַת
כח הַכִּכָּר כִּכָּר לָאָדֶן׃ וְאֶת־הָאֶלֶף וּשְׁבַע הַמֵּאוֹת וַחֲמִשָּׁה וְשִׁבְעִים
כט עָשָׂה וָוִים לָעַמּוּדִים וְצִפָּה רָאשֵׁיהֶם וְחִשַּׁק אֹתָם׃ וּנְחֹשֶׁת
ל הַתְּנוּפָה שִׁבְעִים כִּכָּר וְאַלְפַּיִם וְאַרְבַּע־מֵאוֹת שָׁקֶל׃ וַיַּעַשׂ
בָּהּ אֶת־אַדְנֵי פֶּתַח אֹהֶל מוֹעֵד וְאֵת מִזְבַּח הַנְּחֹשֶׁת וְאֶת־
לא מִכְבַּר הַנְּחֹשֶׁת אֲשֶׁר־לוֹ וְאֵת כָּל־כְּלֵי הַמִּזְבֵּחַ׃ וְאֶת־אַדְנֵי
הֶחָצֵר סָבִיב וְאֶת־אַדְנֵי שַׁעַר הֶחָצֵר וְאֵת כָּל־יִתְדֹת הַמִּשְׁכָּן
לט א וְאֶת־כָּל־יִתְדֹת הֶחָצֵר סָבִיב׃ וּמִן־הַתְּכֵלֶת וְהָאַרְגָּמָן וְתוֹלַעַת
הַשָּׁנִי עָשׂוּ בִגְדֵי־שְׂרָד לְשָׁרֵת בַּקֹּדֶשׁ וַיַּעֲשׂוּ אֶת־בִּגְדֵי הַקֹּדֶשׁ
אֲשֶׁר לְאַהֲרֹן כַּאֲשֶׁר צִוָּה יְהוָה אֶת־מֹשֶׁה׃
ב וַיַּעַשׂ אֶת־הָאֵפֹד זָהָב תְּכֵלֶת וְאַרְגָּמָן וְתוֹלַעַת שָׁנִי וְשֵׁשׁ שני /חמישי/
ג מָשְׁזָר׃ וַיְרַקְּעוּ אֶת־פַּחֵי הַזָּהָב וְקִצֵּץ פְּתִילִם לַעֲשׂוֹת בְּתוֹךְ
הַתְּכֵלֶת וּבְתוֹךְ הָאַרְגָּמָן וּבְתוֹךְ תּוֹלַעַת הַשָּׁנִי וּבְתוֹךְ הַשֵּׁשׁ
ד מַעֲשֵׂה חֹשֵׁב׃ כְּתֵפֹת עָשׂוּ־לוֹ חֹבְרֹת עַל־שְׁנֵי קצוותו חֻבָּר׃ קְצוֹתָיו
ה וְחֵשֶׁב אֲפֻדָּתוֹ אֲשֶׁר עָלָיו מִמֶּנּוּ הוּא כְּמַעֲשֵׂהוּ זָהָב תְּכֵלֶת
וְאַרְגָּמָן וְתוֹלַעַת שָׁנִי וְשֵׁשׁ מָשְׁזָר כַּאֲשֶׁר צִוָּה יְהוָה אֶת־
ו מֹשֶׁה׃ וַיַּעֲשׂוּ אֶת־אַבְנֵי הַשֹּׁהַם מֻסַבֹּת מִשְׁבְּצֹת
ז זָהָב מְפֻתָּחֹת פִּתּוּחֵי חוֹתָם עַל־שְׁמוֹת בְּנֵי יִשְׂרָאֵל׃ וַיָּשֶׂם
אֹתָם עַל כִּתְפֹת הָאֵפֹד אַבְנֵי זִכָּרוֹן לִבְנֵי יִשְׂרָאֵל כַּאֲשֶׁר צִוָּה
יְהוָה אֶת־מֹשֶׁה׃
ח וַיַּעַשׂ אֶת־הַחֹשֶׁן מַעֲשֵׂה חֹשֵׁב כְּמַעֲשֵׂה אֵפֹד זָהָב תְּכֵלֶת
ט וְאַרְגָּמָן וְתוֹלַעַת שָׁנִי וְשֵׁשׁ מָשְׁזָר׃ רָבוּעַ הָיָה כָּפוּל עָשׂוּ אֶת־
י הַחֹשֶׁן זֶרֶת אָרְכּוֹ וְזֶרֶת רָחְבּוֹ כָּפוּל׃ וַיְמַלְאוּ־בוֹ אַרְבָּעָה טוּרֵי
יא אָבֶן טוּר אֹדֶם פִּטְדָה וּבָרֶקֶת הַטּוּר הָאֶחָד׃ וְהַטּוּר הַשֵּׁנִי נֹפֶךְ
יב יג סַפִּיר וְיָהֲלֹם׃ וְהַטּוּר הַשְּׁלִישִׁי לֶשֶׁם שְׁבוֹ וְאַחְלָמָה׃ וְהַטּוּר
הָרְבִיעִי תַּרְשִׁישׁ שֹׁהַם וְיָשְׁפֵה מוּסַבֹּת מִשְׁבְּצוֹת זָהָב בְּמִלֻּאֹתָם׃
יד וְהָאֲבָנִים עַל־שְׁמֹת בְּנֵי־יִשְׂרָאֵל הֵנָּה שְׁתֵּים עֶשְׂרֵה עַל־שְׁמֹתָם

טו פִּתּוּחֵי חֹתָם אִישׁ עַל־שְׁמוֹ לִשְׁנֵים עָשָׂר שָׁבֶט׃ וַיַּעֲשׂוּ עַל־
טז הַחֹשֶׁן שַׁרְשְׁרֹת גַּבְלֻת מַעֲשֵׂה עֲבֹת זָהָב טָהוֹר׃ וַיַּעֲשׂוּ שְׁתֵּי
מִשְׁבְּצֹת זָהָב וּשְׁתֵּי טַבְּעֹת זָהָב וַיִּתְּנוּ אֶת־שְׁתֵּי הַטַּבָּעֹת
יז עַל־שְׁנֵי קְצוֹת הַחֹשֶׁן׃ וַיִּתְּנוּ שְׁתֵּי הָעֲבֹתֹת הַזָּהָב עַל־שְׁתֵּי
יח הַטַּבָּעֹת עַל־קְצוֹת הַחֹשֶׁן׃ וְאֵת שְׁתֵּי קְצוֹת שְׁתֵּי הָעֲבֹתֹת
נָתְנוּ עַל־שְׁתֵּי הַמִּשְׁבְּצֹת וַיִּתְּנֻם עַל־כִּתְפֹת הָאֵפֹד אֶל־מוּל
יט פָּנָיו׃ וַיַּעֲשׂוּ שְׁתֵּי טַבְּעֹת זָהָב וַיָּשִׂימוּ עַל־שְׁנֵי קְצוֹת הַחֹשֶׁן
כ עַל־שְׂפָתוֹ אֲשֶׁר אֶל־עֵבֶר הָאֵפֹד בָּיְתָה׃ וַיַּעֲשׂוּ שְׁתֵּי טַבְּעֹת
זָהָב וַיִּתְּנֻם עַל־שְׁתֵּי כִתְפֹת הָאֵפֹד מִלְּמַטָּה מִמּוּל פָּנָיו
כא לְעֻמַּת מַחְבַּרְתּוֹ מִמַּעַל לְחֵשֶׁב הָאֵפֹד׃ וַיִּרְכְּסוּ אֶת־הַחֹשֶׁן
מִטַּבְּעֹתָיו אֶל־טַבְּעֹת הָאֵפֹד בִּפְתִיל תְּכֵלֶת לִהְיֹת עַל־
חֵשֶׁב הָאֵפֹד וְלֹא־יִזַּח הַחֹשֶׁן מֵעַל הָאֵפֹד כַּאֲשֶׁר צִוָּה יְהוָה
אֶת־מֹשֶׁה׃
כב כג וַיַּעַשׂ אֶת־מְעִיל הָאֵפֹד מַעֲשֵׂה אֹרֵג כְּלִיל תְּכֵלֶת׃ וּפִי־הַמְּעִיל שלישי /ששי/
כד בְּתוֹכוֹ כְּפִי תַחְרָא שָׂפָה לְפִיו סָבִיב לֹא יִקָּרֵעַ׃ וַיַּעֲשׂוּ עַל־
שׁוּלֵי הַמְּעִיל רִמּוֹנֵי תְּכֵלֶת וְאַרְגָּמָן וְתוֹלַעַת שָׁנִי מָשְׁזָר׃
כה וַיַּעֲשׂוּ פַעֲמֹנֵי זָהָב טָהוֹר וַיִּתְּנוּ אֶת־הַפַּעֲמֹנִים בְּתוֹךְ הָרִמֹּנִים
כו עַל־שׁוּלֵי הַמְּעִיל סָבִיב בְּתוֹךְ הָרִמֹּנִים׃ פַּעֲמֹן וְרִמֹּן פַּעֲמֹן
וְרִמֹּן עַל־שׁוּלֵי הַמְּעִיל סָבִיב לְשָׁרֵת כַּאֲשֶׁר צִוָּה יְהוָה אֶת־
כז מֹשֶׁה׃ וַיַּעֲשׂוּ אֶת־הַכָּתְנֹת שֵׁשׁ מַעֲשֵׂה אֹרֵג
כח לְאַהֲרֹן וּלְבָנָיו׃ וְאֵת הַמִּצְנֶפֶת שֵׁשׁ וְאֶת־פַּאֲרֵי הַמִּגְבָּעֹת שֵׁשׁ
כט וְאֶת־מִכְנְסֵי הַבָּד שֵׁשׁ מָשְׁזָר׃ וְאֶת־הָאַבְנֵט שֵׁשׁ מָשְׁזָר וּתְכֵלֶת
וְאַרְגָּמָן וְתוֹלַעַת שָׁנִי מַעֲשֵׂה רֹקֵם כַּאֲשֶׁר צִוָּה יְהוָה אֶת־
ל מֹשֶׁה׃ וַיַּעֲשׂוּ אֶת־צִיץ נֵזֶר־הַקֹּדֶשׁ זָהָב טָהוֹר
לא וַיִּכְתְּבוּ עָלָיו מִכְתַּב פִּתּוּחֵי חוֹתָם קֹדֶשׁ לַיהוָה׃ וַיִּתְּנוּ עָלָיו
פְּתִיל תְּכֵלֶת לָתֵת עַל־הַמִּצְנֶפֶת מִלְמָעְלָה כַּאֲשֶׁר צִוָּה יְהוָה
לב אֶת־מֹשֶׁה׃ וַתֵּכֶל כָּל־עֲבֹדַת מִשְׁכַּן אֹהֶל

מוֹעֵד וַיַּעֲשׂוּ בְּנֵי יִשְׂרָאֵל כְּכֹל אֲשֶׁר צִוָּה יְהוָה אֶת־מֹשֶׁה כֵּן
עָשׂוּ:
רביעי כט וַיָּבִיאוּ אֶת־הַמִּשְׁכָּן אֶל־מֹשֶׁה אֶת־הָאֹהֶל וְאֶת־כָּל־כֵּלָיו לג
קְרָסָיו קְרָשָׁיו בְּרִיחָו וְעַמֻּדָיו וַאֲדָנָיו: וְאֶת־מִכְסֵה עוֹרֹת הָאֵילִם לד
הַמְאָדָּמִים וְאֶת־מִכְסֵה עֹרֹת הַתְּחָשִׁים וְאֵת פָּרֹכֶת הַמָּסָךְ:
אֶת־אֲרוֹן הָעֵדֻת וְאֶת־בַּדָּיו וְאֵת הַכַּפֹּרֶת: אֶת־הַשֻּׁלְחָן אֶת־ לה לו
כָּל־כֵּלָיו וְאֵת לֶחֶם הַפָּנִים: אֶת־הַמְּנֹרָה הַטְּהֹרָה אֶת־נֵרֹתֶיהָ לז
נֵרֹת הַמַּעֲרָכָה וְאֶת־כָּל־כֵּלֶיהָ וְאֵת שֶׁמֶן הַמָּאוֹר: וְאֵת מִזְבַּח לח
הַזָּהָב וְאֵת שֶׁמֶן הַמִּשְׁחָה וְאֵת קְטֹרֶת הַסַּמִּים וְאֵת מָסַךְ
פֶּתַח הָאֹהֶל: אֵת ׀ מִזְבַּח הַנְּחֹשֶׁת וְאֶת־מִכְבַּר הַנְּחֹשֶׁת אֲשֶׁר־ לט
לוֹ אֶת־בַּדָּיו וְאֶת־כָּל־כֵּלָיו אֶת־הַכִּיֹּר וְאֶת־כַּנּוֹ: אֵת קַלְעֵי מ
הֶחָצֵר אֶת־עַמֻּדֶיהָ וְאֶת־אֲדָנֶיהָ וְאֶת־הַמָּסָךְ לְשַׁעַר הֶחָצֵר
אֶת־מֵיתָרָיו וִיתֵדֹתֶיהָ וְאֵת כָּל־כְּלֵי עֲבֹדַת הַמִּשְׁכָּן לְאֹהֶל
מוֹעֵד: אֶת־בִּגְדֵי הַשְּׂרָד לְשָׁרֵת בַּקֹּדֶשׁ אֶת־בִּגְדֵי הַקֹּדֶשׁ מא
לְאַהֲרֹן הַכֹּהֵן וְאֶת־בִּגְדֵי בָנָיו לְכַהֵן: כְּכֹל אֲשֶׁר־צִוָּה יְהוָה מב
אֶת־מֹשֶׁה כֵּן עָשׂוּ בְּנֵי יִשְׂרָאֵל אֵת כָּל־הָעֲבֹדָה: וַיַּרְא מֹשֶׁה מג
אֶת־כָּל־הַמְּלָאכָה וְהִנֵּה עָשׂוּ אֹתָהּ כַּאֲשֶׁר צִוָּה יְהוָה כֵּן עָשׂוּ
וַיְבָרֶךְ אֹתָם מֹשֶׁה:
חמישי /שביעי/ וַיְדַבֵּר יְהוָה אֶל־מֹשֶׁה לֵּאמֹר: בְּיוֹם־הַחֹדֶשׁ הָרִאשׁוֹן בְּאֶחָד א ב מ
לַחֹדֶשׁ תָּקִים אֶת־מִשְׁכַּן אֹהֶל מוֹעֵד: וְשַׂמְתָּ שָׁם אֵת אֲרוֹן ג
הָעֵדוּת וְסַכֹּתָ עַל־הָאָרֹן אֶת־הַפָּרֹכֶת: וְהֵבֵאתָ אֶת־הַשֻּׁלְחָן ד
וְעָרַכְתָּ אֶת־עֶרְכּוֹ וְהֵבֵאתָ אֶת־הַמְּנֹרָה וְהַעֲלֵיתָ אֶת־נֵרֹתֶיהָ:
וְנָתַתָּה אֶת־מִזְבַּח הַזָּהָב לִקְטֹרֶת לִפְנֵי אֲרוֹן הָעֵדֻת וְשַׂמְתָּ ה
אֶת־מָסַךְ הַפֶּתַח לַמִּשְׁכָּן: וְנָתַתָּה אֵת מִזְבַּח הָעֹלָה לִפְנֵי ו
פֶּתַח מִשְׁכַּן אֹהֶל־מוֹעֵד: וְנָתַתָּ אֶת־הַכִּיֹּר בֵּין־אֹהֶל מוֹעֵד ז
וּבֵין הַמִּזְבֵּחַ וְנָתַתָּ שָׁם מָיִם: וְשַׂמְתָּ אֶת־הֶחָצֵר סָבִיב וְנָתַתָּ ח
אֶת־מָסַךְ שַׁעַר הֶחָצֵר: וְלָקַחְתָּ אֶת־שֶׁמֶן הַמִּשְׁחָה וּמָשַׁחְתָּ ט

אֶת־הַמִּשְׁכָּן וְאֶת־כָּל־אֲשֶׁר־בּוֹ וְקִדַּשְׁתָּ אֹתוֹ וְאֶת־כָּל־כֵּלָיו
י וְהָיָה קֹדֶשׁ׃ וּמָשַׁחְתָּ אֶת־מִזְבַּח הָעֹלָה וְאֶת־כָּל־כֵּלָיו וְקִדַּשְׁתָּ
יא אֶת־הַמִּזְבֵּחַ וְהָיָה הַמִּזְבֵּחַ קֹדֶשׁ קָדָשִׁים׃ וּמָשַׁחְתָּ אֶת־הַכִּיֹּר
יב וְאֶת־כַּנּוֹ וְקִדַּשְׁתָּ אֹתוֹ׃ וְהִקְרַבְתָּ אֶת־אַהֲרֹן וְאֶת־בָּנָיו אֶל־
יג פֶּתַח אֹהֶל מוֹעֵד וְרָחַצְתָּ אֹתָם בַּמָּיִם׃ וְהִלְבַּשְׁתָּ אֶת־אַהֲרֹן
יד אֵת בִּגְדֵי הַקֹּדֶשׁ וּמָשַׁחְתָּ אֹתוֹ וְקִדַּשְׁתָּ אֹתוֹ וְכִהֵן לִי׃ וְאֶת־
טו בָּנָיו תַּקְרִיב וְהִלְבַּשְׁתָּ אֹתָם כֻּתֳּנֹת׃ וּמָשַׁחְתָּ אֹתָם כַּאֲשֶׁר
מָשַׁחְתָּ אֶת־אֲבִיהֶם וְכִהֲנוּ לִי וְהָיְתָה לִהְיֹת לָהֶם מָשְׁחָתָם
טז לִכְהֻנַּת עוֹלָם לְדֹרֹתָם׃ וַיַּעַשׂ מֹשֶׁה כְּכֹל אֲשֶׁר צִוָּה יְהוָה
יז אֹתוֹ כֵּן עָשָׂה׃ וַיְהִי בַּחֹדֶשׁ הָרִאשׁוֹן בַּשָּׁנָה ששי
יח הַשֵּׁנִית בְּאֶחָד לַחֹדֶשׁ הוּקַם הַמִּשְׁכָּן׃ וַיָּקֶם מֹשֶׁה אֶת־
הַמִּשְׁכָּן וַיִּתֵּן אֶת־אֲדָנָיו וַיָּשֶׂם אֶת־קְרָשָׁיו וַיִּתֵּן אֶת־בְּרִיחָיו
יט וַיָּקֶם אֶת־עַמּוּדָיו׃ וַיִּפְרֹשׂ אֶת־הָאֹהֶל עַל־הַמִּשְׁכָּן וַיָּשֶׂם
אֶת־מִכְסֵה הָאֹהֶל עָלָיו מִלְמָעְלָה כַּאֲשֶׁר צִוָּה יְהוָה אֶת־
כ מֹשֶׁה׃ וַיִּקַּח וַיִּתֵּן אֶת־הָעֵדֻת אֶל־הָאָרֹן וַיָּשֶׂם
אֶת־הַבַּדִּים עַל־הָאָרֹן וַיִּתֵּן אֶת־הַכַּפֹּרֶת עַל־הָאָרֹן מִלְמָעְלָה׃
כא וַיָּבֵא אֶת־הָאָרֹן אֶל־הַמִּשְׁכָּן וַיָּשֶׂם אֵת פָּרֹכֶת הַמָּסָךְ וַיָּסֶךְ עַל
כב אֲרוֹן הָעֵדוּת כַּאֲשֶׁר צִוָּה יְהוָה אֶת־מֹשֶׁה׃ וַיִּתֵּן
אֶת־הַשֻּׁלְחָן בְּאֹהֶל מוֹעֵד עַל יֶרֶךְ הַמִּשְׁכָּן צָפֹנָה מִחוּץ
כג לַפָּרֹכֶת׃ וַיַּעֲרֹךְ עָלָיו עֵרֶךְ לֶחֶם לִפְנֵי יְהוָה כַּאֲשֶׁר צִוָּה יְהוָה
כד אֶת־מֹשֶׁה׃ וַיָּשֶׂם אֶת־הַמְּנֹרָה בְּאֹהֶל מוֹעֵד
כה נֹכַח הַשֻּׁלְחָן עַל יֶרֶךְ הַמִּשְׁכָּן נֶגְבָּה׃ וַיַּעַל הַנֵּרֹת לִפְנֵי יְהוָה
כו כַּאֲשֶׁר צִוָּה יְהוָה אֶת־מֹשֶׁה׃ וַיָּשֶׂם אֶת־מִזְבַּח
כז הַזָּהָב בְּאֹהֶל מוֹעֵד לִפְנֵי הַפָּרֹכֶת׃ וַיַּקְטֵר עָלָיו קְטֹרֶת סַמִּים
כח כַּאֲשֶׁר צִוָּה יְהוָה אֶת־מֹשֶׁה׃ וַיָּשֶׂם אֶת־מָסַךְ שביעי
כט הַפֶּתַח לַמִּשְׁכָּן׃ וְאֵת מִזְבַּח הָעֹלָה שָׂם פֶּתַח מִשְׁכַּן אֹהֶל־
מוֹעֵד וַיַּעַל עָלָיו אֶת־הָעֹלָה וְאֶת־הַמִּנְחָה כַּאֲשֶׁר צִוָּה יְהוָה

שמות

מ

ל אֶת־מֹשֶֽׁה: וַיָּ֙שֶׂם֙ אֶת־הַכִּיֹּ֔ר בֵּֽין־אֹ֥הֶל מוֹעֵ֖ד

לא וּבֵ֣ין הַמִּזְבֵּ֑חַ וַיִּתֵּ֥ן שָׁ֖מָּה מַ֥יִם לְרָחְצָֽה: וְרָחֲצ֣וּ מִמֶּ֔נּוּ מֹשֶׁ֖ה

לב וְאַהֲרֹ֣ן וּבָנָ֑יו אֶת־יְדֵיהֶ֖ם וְאֶת־רַגְלֵיהֶֽם: בְּבֹאָ֞ם אֶל־אֹ֣הֶל

מוֹעֵ֗ד וּבְקָרְבָתָ֛ם אֶל־הַמִּזְבֵּ֖חַ יִרְחָ֑צוּ כַּאֲשֶׁ֛ר צִוָּ֥ה יְהוָ֖ה אֶת־

לג מֹשֶֽׁה: וַיָּ֥קֶם אֶת־הֶחָצֵ֖ר סָבִ֑יב

לַמִּשְׁכָּ֣ן וְלַמִּזְבֵּ֔חַ וַיִּתֵּ֕ן אֶת־מָסַ֖ךְ שַׁ֣עַר הֶחָצֵ֑ר וַיְכַ֥ל מֹשֶׁ֖ה אֶת־

הַמְּלָאכָֽה:

מפטיר לד וַיְכַ֥ס הֶעָנָ֖ן אֶת־אֹ֣הֶל מוֹעֵ֑ד וּכְב֣וֹד יְהוָ֔ה מָלֵ֖א אֶת־הַמִּשְׁכָּֽן:

לה וְלֹא־יָכֹ֣ל מֹשֶׁ֗ה לָבוֹא֙ אֶל־אֹ֣הֶל מוֹעֵ֔ד כִּֽי־שָׁכַ֥ן עָלָ֖יו הֶעָנָ֑ן

לו וּכְב֣וֹד יְהוָ֔ה מָלֵ֖א אֶת־הַמִּשְׁכָּֽן: וּבְהֵעָל֤וֹת הֶֽעָנָן֙ מֵעַ֣ל הַמִּשְׁכָּ֔ן

לז יִסְע֖וּ בְּנֵ֣י יִשְׂרָאֵ֑ל בְּכֹ֖ל מַסְעֵיהֶֽם: וְאִם־לֹ֥א יֵעָלֶ֖ה הֶעָנָ֑ן וְלֹ֣א

לח יִסְע֔וּ עַד־י֖וֹם הֵעָלֹתֽוֹ: כִּי֩ עֲנַ֨ן יְהוָ֤ה עַֽל־הַמִּשְׁכָּן֙ יוֹמָ֔ם וְאֵ֕שׁ

תִּהְיֶ֥ה לַ֖יְלָה בּ֑וֹ לְעֵינֵ֥י כָל־בֵּֽית־יִשְׂרָאֵ֖ל בְּכָל־מַסְעֵיהֶֽם:

ויקרא

א וַיִּקְרָ֖א אֶל־מֹשֶׁ֑ה וַיְדַבֵּ֤ר יְהוָה֙ אֵלָ֔יו מֵאֹ֥הֶל מוֹעֵ֖ד לֵאמֹֽר׃ א
ב דַּבֵּ֞ר אֶל־בְּנֵ֤י יִשְׂרָאֵל֙ וְאָמַרְתָּ֣ אֲלֵהֶ֔ם אָדָ֗ם כִּֽי־יַקְרִ֥יב מִכֶּ֛ם
קָרְבָּ֖ן לַֽיהוָ֑ה מִן־הַבְּהֵמָ֗ה מִן־הַבָּקָר֙ וּמִן־הַצֹּ֔אן תַּקְרִ֖יבוּ אֶת־
ג קָרְבַּנְכֶֽם׃ אִם־עֹלָ֤ה קָרְבָּנוֹ֙ מִן־הַבָּקָ֔ר זָכָ֥ר תָּמִ֖ים יַקְרִיבֶ֑נּוּ
ד אֶל־פֶּ֜תַח אֹ֤הֶל מוֹעֵד֙ יַקְרִ֣יב אֹת֔וֹ לִרְצֹנ֖וֹ לִפְנֵ֥י יְהוָֽה׃ וְסָמַ֣ךְ
ה יָד֔וֹ עַ֖ל רֹ֣אשׁ הָעֹלָ֑ה וְנִרְצָ֥ה ל֖וֹ לְכַפֵּ֥ר עָלָֽיו׃ וְשָׁחַ֛ט אֶת־בֶּ֥ן
הַבָּקָ֖ר לִפְנֵ֣י יְהוָ֑ה וְהִקְרִ֡יבוּ בְּנֵי֩ אַהֲרֹ֨ן הַכֹּהֲנִ֜ים אֶת־הַדָּ֗ם וְזָרְק֨וּ
ו אֶת־הַדָּ֤ם עַל־הַמִּזְבֵּ֙חַ֙ סָבִ֔יב אֲשֶׁר־פֶּ֖תַח אֹ֥הֶל מוֹעֵֽד׃ וְהִפְשִׁ֖יט
ז אֶת־הָעֹלָ֑ה וְנִתַּ֥ח אֹתָ֖הּ לִנְתָחֶֽיהָ׃ וְֽנָתְנ֗וּ בְּנֵ֨י אַהֲרֹ֧ן הַכֹּהֵ֛ן
ח אֵ֖שׁ עַל־הַמִּזְבֵּ֑חַ וְעָרְכ֥וּ עֵצִ֖ים עַל־הָאֵֽשׁ׃ וְעָרְכ֗וּ בְּנֵ֤י אַהֲרֹן֙
הַכֹּ֣הֲנִ֔ים אֵ֚ת הַנְּתָחִ֔ים אֶת־הָרֹ֖אשׁ וְאֶת־הַפָּ֑דֶר עַל־הָֽעֵצִים֙
ט אֲשֶׁ֣ר עַל־הָאֵ֔שׁ אֲשֶׁ֖ר עַל־הַמִּזְבֵּֽחַ׃ וְקִרְבּ֥וֹ וּכְרָעָ֖יו יִרְחַ֣ץ בַּמָּ֑יִם
וְהִקְטִ֨יר הַכֹּהֵ֤ן אֶת־הַכֹּל֙ הַמִּזְבֵּ֔חָה עֹלָ֛ה אִשֵּׁ֥ה רֵֽיחַ־נִיח֖וֹחַ
י לַיהוָֽה׃ וְאִם־מִן־הַצֹּ֨אן קָרְבָּנ֧וֹ מִן־הַכְּשָׂבִ֛ים א֥וֹ
יא מִן־הָעִזִּ֖ים לְעֹלָ֑ה זָכָ֥ר תָּמִ֖ים יַקְרִיבֶֽנּוּ׃ וְשָׁחַ֨ט אֹת֜וֹ עַ֣ל יֶ֧רֶךְ
הַמִּזְבֵּ֛חַ צָפֹ֖נָה לִפְנֵ֣י יְהוָ֑ה וְזָרְק֡וּ בְּנֵי֩ אַהֲרֹ֨ן הַכֹּהֲנִ֧ים אֶת־דָּמ֛וֹ
יב עַל־הַמִּזְבֵּ֖חַ סָבִֽיב׃ וְנִתַּ֤ח אֹתוֹ֙ לִנְתָחָ֔יו וְאֶת־רֹאשׁ֖וֹ וְאֶת־
פִּדְר֑וֹ וְעָרַ֤ךְ הַכֹּהֵן֙ אֹתָ֔ם עַל־הָֽעֵצִים֙ אֲשֶׁ֣ר עַל־הָאֵ֔שׁ אֲשֶׁ֖ר
יג עַל־הַמִּזְבֵּֽחַ׃ וְהַקֶּ֥רֶב וְהַכְּרָעַ֖יִם יִרְחַ֣ץ בַּמָּ֑יִם וְהִקְרִ֨יב הַכֹּהֵ֤ן
אֶת־הַכֹּל֙ וְהִקְטִ֣יר הַמִּזְבֵּ֔חָה עֹלָ֣ה ה֗וּא אִשֵּׁ֛ה רֵ֥יחַ נִיחֹ֖חַ
לַיהוָֽה׃
יד וְאִ֧ם מִן־הָע֛וֹף עֹלָ֥ה קָרְבָּנ֖וֹ לַֽיהוָ֑ה וְהִקְרִ֣יב מִן־הַתֹּרִ֗ים א֛וֹ שני
טו מִן־בְּנֵ֥י הַיּוֹנָ֖ה אֶת־קָרְבָּנֽוֹ׃ וְהִקְרִיב֤וֹ הַכֹּהֵן֙ אֶל־הַמִּזְבֵּ֔חַ וּמָלַק֙
אֶת־רֹאשׁ֔וֹ וְהִקְטִ֖יר הַמִּזְבֵּ֑חָה וְנִמְצָ֣ה דָמ֔וֹ עַ֖ל קִ֥יר הַמִּזְבֵּֽחַ׃
טז וְהֵסִ֥יר אֶת־מֻרְאָת֖וֹ בְּנֹצָתָ֑הּ וְהִשְׁלִ֨יךְ אֹתָ֜הּ אֵ֤צֶל הַמִּזְבֵּ֙חַ֙
יז קֵ֔דְמָה אֶל־מְק֖וֹם הַדָּֽשֶׁן׃ וְשִׁסַּ֨ע אֹת֣וֹ בִכְנָפָיו֮ לֹ֣א יַבְדִּיל֒ וְהִקְטִ֨יר
אֹת֤וֹ הַכֹּהֵן֙ הַמִּזְבֵּ֔חָה עַל־הָעֵצִ֖ים אֲשֶׁ֣ר עַל־הָאֵ֑שׁ עֹלָ֣ה ה֗וּא

ב

א אִשֵּׁה רֵיחַ נִיחֹחַ לַיהוָה׃ וְנֶפֶשׁ כִּי־תַקְרִיב קָרְבַּן

מִנְחָה לַיהוָה סֹלֶת יִהְיֶה קָרְבָּנוֹ וְיָצַק עָלֶיהָ שֶׁמֶן וְנָתַן עָלֶיהָ

ב לְבֹנָה׃ וֶהֱבִיאָהּ אֶל־בְּנֵי אַהֲרֹן הַכֹּהֲנִים וְקָמַץ מִשָּׁם מְלֹא קֻמְצוֹ

מִסָּלְתָּהּ וּמִשַּׁמְנָהּ עַל כָּל־לְבֹנָתָהּ וְהִקְטִיר הַכֹּהֵן אֶת־אַזְכָּרָתָהּ

ג הַמִּזְבֵּחָה אִשֵּׁה רֵיחַ נִיחֹחַ לַיהוָה׃ וְהַנּוֹתֶרֶת מִן־הַמִּנְחָה לְאַהֲרֹן

ד וּלְבָנָיו קֹדֶשׁ קָדָשִׁים מֵאִשֵּׁי יְהוָה׃ וְכִי תַקְרִב

קָרְבַּן מִנְחָה מַאֲפֵה תַנּוּר סֹלֶת חַלּוֹת מַצֹּת בְּלוּלֹת בַּשֶּׁמֶן

ה וּרְקִיקֵי מַצּוֹת מְשֻׁחִים בַּשָּׁמֶן׃ וְאִם־מִנְחָה עַל־

ו הַמַּחֲבַת קָרְבָּנֶךָ סֹלֶת בְּלוּלָה בַשֶּׁמֶן מַצָּה תִהְיֶה׃ פָּתוֹת אֹתָהּ

ז פִּתִּים וְיָצַקְתָּ עָלֶיהָ שָׁמֶן מִנְחָה הִוא׃ וְאִם־ שלישי

ח מִנְחַת מַרְחֶשֶׁת קָרְבָּנֶךָ סֹלֶת בַּשֶּׁמֶן תֵּעָשֶׂה׃ וְהֵבֵאתָ אֶת־

הַמִּנְחָה אֲשֶׁר יֵעָשֶׂה מֵאֵלֶּה לַיהוָה וְהִקְרִיבָהּ אֶל־הַכֹּהֵן וְהִגִּישָׁהּ

ט אֶל־הַמִּזְבֵּחַ׃ וְהֵרִים הַכֹּהֵן מִן־הַמִּנְחָה אֶת־אַזְכָּרָתָהּ וְהִקְטִיר

י הַמִּזְבֵּחָה אִשֵּׁה רֵיחַ נִיחֹחַ לַיהוָה׃ וְהַנּוֹתֶרֶת מִן־הַמִּנְחָה לְאַהֲרֹן

יא וּלְבָנָיו קֹדֶשׁ קָדָשִׁים מֵאִשֵּׁי יְהוָה׃ כָּל־הַמִּנְחָה אֲשֶׁר תַּקְרִיבוּ

לַיהוָה לֹא תֵעָשֶׂה חָמֵץ כִּי כָל־שְׂאֹר וְכָל־דְּבַשׁ לֹא־תַקְטִירוּ

יב מִמֶּנּוּ אִשֶּׁה לַיהוָה׃ קָרְבַּן רֵאשִׁית תַּקְרִיבוּ אֹתָם לַיהוָה וְאֶל־

יג הַמִּזְבֵּחַ לֹא־יַעֲלוּ לְרֵיחַ נִיחֹחַ׃ וְכָל־קָרְבַּן מִנְחָתְךָ בַּמֶּלַח תִּמְלָח

וְלֹא תַשְׁבִּית מֶלַח בְּרִית אֱלֹהֶיךָ מֵעַל מִנְחָתֶךָ עַל כָּל־קָרְבָּנְךָ

יד תַּקְרִיב מֶלַח׃ וְאִם־תַּקְרִיב מִנְחַת בִּכּוּרִים

לַיהוָה אָבִיב קָלוּי בָּאֵשׁ גֶּרֶשׂ כַּרְמֶל תַּקְרִיב אֵת מִנְחַת

טו בִּכּוּרֶיךָ׃ וְנָתַתָּ עָלֶיהָ שֶׁמֶן וְשַׂמְתָּ עָלֶיהָ לְבֹנָה מִנְחָה הִוא׃

טז וְהִקְטִיר הַכֹּהֵן אֶת־אַזְכָּרָתָהּ מִגִּרְשָׂהּ וּמִשַּׁמְנָהּ עַל כָּל־לְבֹנָתָהּ

אִשֶּׁה לַיהוָה׃

ג א וְאִם־זֶבַח שְׁלָמִים קָרְבָּנוֹ אִם מִן־הַבָּקָר הוּא מַקְרִיב אִם־ רביעי

ב זָכָר אִם־נְקֵבָה תָּמִים יַקְרִיבֶנּוּ לִפְנֵי יְהוָה׃ וְסָמַךְ יָדוֹ עַל־רֹאשׁ

קָרְבָּנוֹ וּשְׁחָטוֹ פֶּתַח אֹהֶל מוֹעֵד וְזָרְקוּ בְּנֵי אַהֲרֹן הַכֹּהֲנִים

ג אֶת־הַדָּם עַל־הַמִּזְבֵּחַ סָבִיב׃ וְהִקְרִיב מִזֶּבַח הַשְּׁלָמִים אִשֶּׁה
לַיהוָה אֶת־הַחֵלֶב הַמְכַסֶּה אֶת־הַקֶּרֶב וְאֵת כָּל־הַחֵלֶב אֲשֶׁר
ד עַל־הַקֶּרֶב׃ וְאֵת שְׁתֵּי הַכְּלָיֹת וְאֶת־הַחֵלֶב אֲשֶׁר עֲלֵהֶן אֲשֶׁר
עַל־הַכְּסָלִים וְאֶת־הַיֹּתֶרֶת עַל־הַכָּבֵד עַל־הַכְּלָיוֹת יְסִירֶנָּה׃
ה וְהִקְטִירוּ אֹתוֹ בְנֵי־אַהֲרֹן הַמִּזְבֵּחָה עַל־הָעֹלָה אֲשֶׁר עַל־הָעֵצִים
אֲשֶׁר עַל־הָאֵשׁ אִשֵּׁה רֵיחַ נִיחֹחַ לַיהוָה׃
ו וְאִם־מִן־הַצֹּאן קָרְבָּנוֹ לְזֶבַח שְׁלָמִים לַיהוָה זָכָר אוֹ נְקֵבָה
ז תָּמִים יַקְרִיבֶנּוּ׃ אִם־כֶּשֶׂב הוּא־מַקְרִיב אֶת־קָרְבָּנוֹ וְהִקְרִיב
ח אֹתוֹ לִפְנֵי יְהוָה׃ וְסָמַךְ אֶת־יָדוֹ עַל־רֹאשׁ קָרְבָּנוֹ וְשָׁחַט אֹתוֹ
לִפְנֵי אֹהֶל מוֹעֵד וְזָרְקוּ בְּנֵי אַהֲרֹן אֶת־דָּמוֹ עַל־הַמִּזְבֵּחַ סָבִיב׃
ט וְהִקְרִיב מִזֶּבַח הַשְּׁלָמִים אִשֶּׁה לַיהוָה חֶלְבּוֹ הָאַלְיָה תְמִימָה
לְעֻמַּת הֶעָצֶה יְסִירֶנָּה וְאֶת־הַחֵלֶב הַמְכַסֶּה אֶת־הַקֶּרֶב וְאֵת
י כָּל־הַחֵלֶב אֲשֶׁר עַל־הַקֶּרֶב׃ וְאֵת שְׁתֵּי הַכְּלָיֹת וְאֶת־הַחֵלֶב
אֲשֶׁר עֲלֵהֶן אֲשֶׁר עַל־הַכְּסָלִים וְאֶת־הַיֹּתֶרֶת עַל־הַכָּבֵד
יא עַל־הַכְּלָיֹת יְסִירֶנָּה׃ וְהִקְטִירוֹ הַכֹּהֵן הַמִּזְבֵּחָה לֶחֶם אִשֶּׁה
לַיהוָה׃
יב יג וְאִם־עֵז קָרְבָּנוֹ וְהִקְרִיבוֹ לִפְנֵי יְהוָה׃ וְסָמַךְ אֶת־יָדוֹ עַל־רֹאשׁוֹ
וְשָׁחַט אֹתוֹ לִפְנֵי אֹהֶל מוֹעֵד וְזָרְקוּ בְּנֵי אַהֲרֹן אֶת־דָּמוֹ עַל־
יד הַמִּזְבֵּחַ סָבִיב׃ וְהִקְרִיב מִמֶּנּוּ קָרְבָּנוֹ אִשֶּׁה לַיהוָה אֶת־הַחֵלֶב
טו הַמְכַסֶּה אֶת־הַקֶּרֶב וְאֵת כָּל־הַחֵלֶב אֲשֶׁר עַל־הַקֶּרֶב׃ וְאֵת
שְׁתֵּי הַכְּלָיֹת וְאֶת־הַחֵלֶב אֲשֶׁר עֲלֵהֶן אֲשֶׁר עַל־הַכְּסָלִים
טז וְאֶת־הַיֹּתֶרֶת עַל־הַכָּבֵד עַל־הַכְּלָיֹת יְסִירֶנָּה׃ וְהִקְטִירָם
הַכֹּהֵן הַמִּזְבֵּחָה לֶחֶם אִשֶּׁה לְרֵיחַ נִיחֹחַ כָּל־חֵלֶב לַיהוָה׃
יז חֻקַּת עוֹלָם לְדֹרֹתֵיכֶם בְּכֹל מוֹשְׁבֹתֵיכֶם כָּל־חֵלֶב וְכָל־דָּם
לֹא תֹאכֵלוּ׃
ד א ב וַיְדַבֵּר יְהוָה אֶל־מֹשֶׁה לֵּאמֹר׃ דַּבֵּר אֶל־בְּנֵי יִשְׂרָאֵל לֵאמֹר ב חמישי
נֶפֶשׁ כִּי־תֶחֱטָא בִשְׁגָגָה מִכֹּל מִצְוֺת יְהוָה אֲשֶׁר לֹא תֵעָשֶׂינָה

וְעָשָׂ֣ה מֵאַחַ֣ת מֵהֵ֑נָּה: אִ֣ם הַכֹּהֵ֧ן הַמָּשִׁ֛יחַ יֶחֱטָ֖א לְאַשְׁמַ֣ת ג
הָעָ֑ם וְהִקְרִ֡יב עַ֣ל חַטָּאתוֹ֩ אֲשֶׁ֨ר חָטָ֜א פַּ֣ר בֶּן־בָּקָ֥ר תָּמִ֛ים
לַיהוָ֖ה לְחַטָּֽאת: וְהֵבִ֣יא אֶת־הַפָּ֗ר אֶל־פֶּ֛תַח אֹ֥הֶל מוֹעֵ֖ד לִפְנֵ֣י ד
יְהוָ֑ה וְסָמַ֤ךְ אֶת־יָדוֹ֙ עַל־רֹ֣אשׁ הַפָּ֔ר וְשָׁחַ֥ט אֶת־הַפָּ֖ר לִפְנֵ֥י
יְהוָֽה: וְלָקַ֛ח הַכֹּהֵ֥ן הַמָּשִׁ֖יחַ מִדַּ֣ם הַפָּ֑ר וְהֵבִ֥יא אֹת֖וֹ אֶל־אֹ֥הֶל ה
מוֹעֵֽד: וְטָבַ֧ל הַכֹּהֵ֛ן אֶת־אֶצְבָּע֖וֹ בַּדָּ֑ם וְהִזָּ֨ה מִן־הַדָּ֜ם שֶׁ֣בַע ו
פְּעָמִים֙ לִפְנֵ֣י יְהוָ֔ה אֶת־פְּנֵ֖י פָּרֹ֥כֶת הַקֹּֽדֶשׁ: וְנָתַן֩ הַכֹּהֵ֨ן מִן־ ז
הַדָּ֜ם עַל־קַרְנ֗וֹת מִזְבַּ֜ח קְטֹ֤רֶת הַסַּמִּים֙ לִפְנֵ֣י יְהוָ֔ה אֲשֶׁ֖ר בְּאֹ֣הֶל
מוֹעֵ֑ד וְאֵ֣ת ׀ כָּל־דַּ֣ם הַפָּ֗ר יִשְׁפֹּךְ֙ אֶל־יְסוֹד֙ מִזְבַּ֣ח הָעֹלָ֔ה אֲשֶׁר־
פֶּ֖תַח אֹ֥הֶל מוֹעֵֽד: וְאֶת־כָּל־חֵ֛לֶב פַּ֥ר הַֽחַטָּ֖את יָרִ֣ים מִמֶּ֑נּוּ ח
אֶת־הַחֵ֙לֶב֙ הַֽמְכַסֶּ֣ה עַל־הַקֶּ֔רֶב וְאֵת֙ כָּל־הַחֵ֔לֶב אֲשֶׁ֖ר עַל־
הַקֶּֽרֶב: וְאֵת֙ שְׁתֵּ֣י הַכְּלָיֹ֔ת וְאֶת־הַחֵ֙לֶב֙ אֲשֶׁ֣ר עֲלֵיהֶ֔ן אֲשֶׁ֖ר עַל־ ט
הַכְּסָלִ֑ים וְאֶת־הַיֹּתֶ֙רֶת֙ עַל־הַכָּבֵ֔ד עַל־הַכְּלָי֖וֹת יְסִירֶֽנָּה: כַּאֲשֶׁ֣ר י
יוּרָ֗ם מִשּׁ֤וֹר זֶ֙בַח֙ הַשְּׁלָמִ֔ים וְהִקְטִירָם֙ הַכֹּהֵ֔ן עַ֖ל מִזְבַּ֥ח הָעֹלָֽה:
וְאֶת־ע֤וֹר הַפָּר֙ וְאֶת־כָּל־בְּשָׂר֔וֹ עַל־רֹאשׁ֖וֹ וְעַל־כְּרָעָ֑יו וְקִרְבּ֖וֹ יא
וּפִרְשֽׁוֹ: וְהוֹצִ֣יא אֶת־כָּל־הַ֠פָּר אֶל־מִח֨וּץ לַֽמַּחֲנֶ֜ה אֶל־מָק֤וֹם יב
טָהוֹר֙ אֶל־שֶׁ֣פֶךְ הַדֶּ֔שֶׁן וְשָׂרַ֥ף אֹת֛וֹ עַל־עֵצִ֖ים בָּאֵ֑שׁ עַל־שֶׁ֥פֶךְ
הַדֶּ֖שֶׁן יִשָּׂרֵֽף:
וְאִ֨ם כָּל־עֲדַ֤ת יִשְׂרָאֵל֙ יִשְׁגּ֔וּ וְנֶעְלַ֣ם דָּבָ֔ר מֵעֵינֵ֖י הַקָּהָ֑ל וְ֠עָשׂוּ יג
אַחַ֞ת מִכָּל־מִצְוֺ֧ת יְהוָ֛ה אֲשֶׁ֥ר לֹא־תֵעָשֶׂ֖ינָה וְאָשֵֽׁמוּ: וְנֽוֹדְעָה֙ יד
הַֽחַטָּ֔את אֲשֶׁ֥ר חָטְא֖וּ עָלֶ֑יהָ וְהִקְרִ֣יבוּ הַקָּהָ֗ל פַּ֣ר בֶּן־בָּקָר֮
לְחַטָּאת֒ וְהֵבִ֣יאוּ אֹת֔וֹ לִפְנֵ֖י אֹ֣הֶל מוֹעֵֽד: וְ֠סָמְכוּ זִקְנֵ֨י הָעֵדָ֧ה טו
אֶת־יְדֵיהֶ֛ם עַל־רֹ֥אשׁ הַפָּ֖ר לִפְנֵ֣י יְהוָ֑ה וְשָׁחַ֥ט אֶת־הַפָּ֖ר לִפְנֵ֥י
יְהוָֽה: וְהֵבִ֛יא הַכֹּהֵ֥ן הַמָּשִׁ֖יחַ מִדַּ֣ם הַפָּ֑ר אֶל־אֹ֖הֶל מוֹעֵֽד: וְטָבַ֧ל טז
הַכֹּהֵ֛ן אֶצְבָּע֖וֹ מִן־הַדָּ֑ם וְהִזָּ֞ה שֶׁ֤בַע פְּעָמִים֙ לִפְנֵ֣י יְהוָ֔ה אֵ֖ת
פְּנֵ֥י הַפָּרֹֽכֶת: וּמִן־הַדָּ֣ם יִתֵּ֣ן ׀ עַל־קַרְנֹ֣ת הַמִּזְבֵּ֗חַ אֲשֶׁר֙ לִפְנֵ֣י יח
יְהוָ֔ה אֲשֶׁ֖ר בְּאֹ֣הֶל מוֹעֵ֑ד וְאֵ֣ת כָּל־הַדָּ֗ם יִשְׁפֹּךְ֙ אֶל־יְסוֹד֙ מִזְבַּ֣ח

יט הָעֹלָה אֲשֶׁר־פֶּתַח אֹהֶל מוֹעֵד: וְאֵת כָּל־חֶלְבּוֹ יָרִים מִמֶּנּוּ
כ וְהִקְטִיר הַמִּזְבֵּחָה: וְעָשָׂה לַפָּר כַּאֲשֶׁר עָשָׂה לְפַר הַחַטָּאת
כא כֵּן יַעֲשֶׂה־לּוֹ וְכִפֶּר עֲלֵהֶם הַכֹּהֵן וְנִסְלַח לָהֶם: וְהוֹצִיא אֶת־הַפָּר
אֶל־מִחוּץ לַמַּחֲנֶה וְשָׂרַף אֹתוֹ כַּאֲשֶׁר שָׂרַף אֵת הַפָּר הָרִאשׁוֹן
חַטַּאת הַקָּהָל הוּא:

כב אֲשֶׁר נָשִׂיא יֶחֱטָא וְעָשָׂה אַחַת מִכָּל־מִצְוֺת יהוה אֱלֹהָיו
כג אֲשֶׁר לֹא־תֵעָשֶׂינָה בִּשְׁגָגָה וְאָשֵׁם: אוֹ־הוֹדַע אֵלָיו חַטָּאתוֹ
אֲשֶׁר חָטָא בָּהּ וְהֵבִיא אֶת־קָרְבָּנוֹ שְׂעִיר עִזִּים זָכָר תָּמִים:
כד וְסָמַךְ יָדוֹ עַל־רֹאשׁ הַשָּׂעִיר וְשָׁחַט אֹתוֹ בִּמְקוֹם אֲשֶׁר־
כה יִשְׁחַט אֶת־הָעֹלָה לִפְנֵי יהוה חַטָּאת הוּא: וְלָקַח הַכֹּהֵן
מִדַּם הַחַטָּאת בְּאֶצְבָּעוֹ וְנָתַן עַל־קַרְנֹת מִזְבַּח הָעֹלָה וְאֶת־
כו דָּמוֹ יִשְׁפֹּךְ אֶל־יְסוֹד מִזְבַּח הָעֹלָה: וְאֶת־כָּל־חֶלְבּוֹ יַקְטִיר
הַמִּזְבֵּחָה כְּחֵלֶב זֶבַח הַשְּׁלָמִים וְכִפֶּר עָלָיו הַכֹּהֵן מֵחַטָּאתוֹ
וְנִסְלַח לוֹ:

כז וְאִם־נֶפֶשׁ אַחַת תֶּחֱטָא בִשְׁגָגָה מֵעַם הָאָרֶץ בַּעֲשֹׂתָהּ אַחַת ששי
כח מִמִּצְוֺת יהוה אֲשֶׁר לֹא־תֵעָשֶׂינָה וְאָשֵׁם: אוֹ הוֹדַע אֵלָיו
חַטָּאתוֹ אֲשֶׁר חָטָא וְהֵבִיא קָרְבָּנוֹ שְׂעִירַת עִזִּים תְּמִימָה נְקֵבָה
כט עַל־חַטָּאתוֹ אֲשֶׁר חָטָא: וְסָמַךְ אֶת־יָדוֹ עַל רֹאשׁ הַחַטָּאת
ל וְשָׁחַט אֶת־הַחַטָּאת בִּמְקוֹם הָעֹלָה: וְלָקַח הַכֹּהֵן מִדָּמָהּ
בְּאֶצְבָּעוֹ וְנָתַן עַל־קַרְנֹת מִזְבַּח הָעֹלָה וְאֶת־כָּל־דָּמָהּ יִשְׁפֹּךְ
לא אֶל־יְסוֹד הַמִּזְבֵּחַ: וְאֶת־כָּל־חֶלְבָּהּ יָסִיר כַּאֲשֶׁר הוּסַר חֵלֶב
מֵעַל זֶבַח הַשְּׁלָמִים וְהִקְטִיר הַכֹּהֵן הַמִּזְבֵּחָה לְרֵיחַ נִיחֹחַ לַיהוה
וְכִפֶּר עָלָיו הַכֹּהֵן וְנִסְלַח לוֹ:

לב וְאִם־כֶּבֶשׂ יָבִיא קָרְבָּנוֹ לְחַטָּאת נְקֵבָה תְמִימָה יְבִיאֶנָּה:
לג וְסָמַךְ אֶת־יָדוֹ עַל רֹאשׁ הַחַטָּאת וְשָׁחַט אֹתָהּ לְחַטָּאת
לד בִּמְקוֹם אֲשֶׁר יִשְׁחַט אֶת־הָעֹלָה: וְלָקַח הַכֹּהֵן מִדַּם הַחַטָּאת
בְּאֶצְבָּעוֹ וְנָתַן עַל־קַרְנֹת מִזְבַּח הָעֹלָה וְאֶת־כָּל־דָּמָהּ יִשְׁפֹּךְ

אֶל־יְס֖וֹד הַמִּזְבֵּֽחַ׃ וְאֶת־כָּל־חֶלְבָּ֣הּ יָסִ֔יר כַּאֲשֶׁ֨ר יוּסַ֤ר חֵ֨לֶב֙ לה

הַכֶּ֨שֶׂב֙ מִזֶּ֣בַח הַשְּׁלָמִ֔ים וְהִקְטִ֨יר הַכֹּהֵ֤ן אֹתָם֙ הַמִּזְבֵּ֔חָה עַ֖ל

אִשֵּׁ֣י יְהוָ֑ה וְכִפֶּר֩ עָלָ֨יו הַכֹּהֵ֧ן עַל־חַטָּאת֛וֹ אֲשֶׁר־חָטָ֖א וְנִסְלַ֥ח

לֽוֹ׃

ה א   וְנֶ֣פֶשׁ כִּֽי־תֶחֱטָ֗א וְשָֽׁמְעָה֙ ק֣וֹל אָלָ֔ה וְה֣וּא עֵ֔ד א֥וֹ רָאָ֖ה א֣וֹ יָדָ֑ע

אִם־ל֥וֹא יַגִּ֖יד וְנָשָׂ֥א עֲוֺנֽוֹ׃ א֣וֹ נֶ֗פֶשׁ אֲשֶׁ֣ר תִּגַּע֮ בְּכָל־דָּבָ֣ר טָמֵא֒ ב

א֣וֹ בְנִבְלַ֣ת חַיָּ֣ה טְמֵאָ֗ה א֚וֹ בְּנִבְלַת֙ בְּהֵמָ֣ה טְמֵאָ֔ה א֕וֹ בְּנִבְלַ֖ת

שֶׁ֣רֶץ טָמֵ֑א וְנֶעְלַ֣ם מִמֶּ֔נּוּ וְה֥וּא טָמֵ֖א וְאָשֵֽׁם׃ א֣וֹ כִ֣י יִגַּ֗ע ג

בְּטֻמְאַ֣ת אָדָ֔ם לְכֹל֙ טֻמְאָת֔וֹ אֲשֶׁ֥ר יִטְמָ֖א בָּ֑הּ וְנֶעְלַ֣ם מִמֶּ֔נּוּ

וְה֥וּא יָדַ֖ע וְאָשֵֽׁם׃ א֣וֹ נֶ֡פֶשׁ כִּ֣י תִשָּׁבַע֩ לְבַטֵּ֨א בִשְׂפָתַ֜יִם לְהָרַ֣ע ד

א֣וֹ לְהֵיטִ֗יב לְ֠כֹל אֲשֶׁ֨ר יְבַטֵּ֧א הָאָדָ֛ם בִּשְׁבֻעָ֖ה וְנֶעְלַ֣ם מִמֶּ֑נּוּ

וְה֥וּא־יָדַ֖ע וְאָשֵׁ֥ם לְאַחַ֥ת מֵאֵֽלֶּה׃ וְהָיָ֥ה כִֽי־יֶאְשַׁ֖ם לְאַחַ֥ת ה

מֵאֵ֑לֶּה וְהִ֨תְוַדָּ֔ה אֲשֶׁ֥ר חָטָ֖א עָלֶֽיהָ׃ וְהֵבִ֨יא אֶת־אֲשָׁמ֣וֹ לַֽיהוָ֗ה ו

עַ֣ל חַטָּאת֞וֹ אֲשֶׁ֣ר חָטָ֗א נְקֵבָ֛ה מִן־הַצֹּ֛אן כִּשְׂבָּ֥ה אֽוֹ־שְׂעִירַ֥ת

עִזִּ֖ים לְחַטָּ֑את וְכִפֶּ֥ר עָלָ֛יו הַכֹּהֵ֖ן מֵחַטָּאתֽוֹ׃ וְאִם־לֹ֨א תַגִּ֣יעַ יָדוֹ֮ ז

דֵּ֣י שֶׂה֒ וְהֵבִ֨יא אֶת־אֲשָׁמ֜וֹ אֲשֶׁ֣ר חָטָ֗א שְׁתֵּ֥י תֹרִ֛ים אֽוֹ־שְׁנֵ֥י

בְנֵֽי־יוֹנָ֖ה לַֽיהוָ֑ה אֶחָ֥ד לְחַטָּ֖את וְאֶחָ֥ד לְעֹלָֽה׃ וְהֵבִ֤יא אֹתָם֙ ח

אֶל־הַכֹּהֵ֔ן וְהִקְרִ֛יב אֶת־אֲשֶׁ֥ר לַחַטָּ֖את רִֽאשׁוֹנָ֑ה וּמָלַ֧ק אֶת־

רֹאשׁ֛וֹ מִמּ֥וּל עָרְפּ֖וֹ וְלֹ֥א יַבְדִּֽיל׃ וְהִזָּ֞ה מִדַּ֤ם הַֽחַטָּאת֙ עַל־קִ֣יר ט

הַמִּזְבֵּ֔חַ וְהַנִּשְׁאָ֣ר בַּדָּ֔ם יִמָּצֵ֖ה אֶל־יְס֣וֹד הַמִּזְבֵּ֑חַ חַטָּ֖את הֽוּא׃

וְאֶת־הַשֵּׁנִ֛י יַעֲשֶׂ֥ה עֹלָ֖ה כַּמִּשְׁפָּ֑ט וְכִפֶּ֨ר עָלָ֧יו הַכֹּהֵ֛ן מֵחַטָּאת֥וֹ י

אֲשֶׁר־חָטָ֖א וְנִסְלַ֥ח לֽוֹ׃   שביעי   וְאִם־לֹא֩ תַשִּׂ֨יג יָד֜וֹ יא

לִשְׁתֵּ֣י תֹרִ֗ים א֣וֹ לִשְׁנֵ֣י בְנֵֽי־יוֹנָ֒ה וְהֵבִ֨יא אֶת־קָרְבָּנ֜וֹ אֲשֶׁ֣ר חָטָ֗א

עֲשִׂירִ֧ת הָאֵפָ֛ה סֹ֖לֶת לְחַטָּ֑את לֹא־יָשִׂ֨ים עָלֶ֜יהָ שֶׁ֗מֶן וְלֹֽא־יִתֵּ֤ן

עָלֶ֨יהָ֙ לְבֹנָ֔ה כִּ֥י חַטָּ֖את הֽוּא׃ וֶהֱבִיאָהּ֮ אֶל־הַכֹּהֵן֒ וְקָמַ֨ץ הַכֹּהֵ֤ן יב

מִמֶּ֨נָּה֙ מְל֣וֹא קֻמְצ֗וֹ אֶת־אַזְכָּֽרָתָהּ֙ וְהִקְטִ֣יר הַמִּזְבֵּ֔חָה עַ֖ל אִשֵּׁ֣י

יְהוָ֑ה חַטָּ֖את הֽוּא׃ וְכִפֶּר֩ עָלָ֨יו הַכֹּהֵ֜ן עַל־חַטָּאת֧וֹ אֲשֶׁר־חָטָ֛א יג

קנח

יד מֵאַחַת מֵאֵלֶּה וְנִסְלַח לוֹ וְהָיְתָה לַכֹּהֵן כַּמִּנְחָה׃ וַיְדַבֵּר
טו יְהוָה אֶל־מֹשֶׁה לֵּאמֹר׃ נֶפֶשׁ כִּי־תִמְעֹל מַעַל וְחָטְאָה בִּשְׁגָגָה
מִקָּדְשֵׁי יְהוָה וְהֵבִיא אֶת־אֲשָׁמוֹ לַיהוָה אַיִל תָּמִים מִן־הַצֹּאן
טז בְּעֶרְכְּךָ כֶּסֶף־שְׁקָלִים בְּשֶׁקֶל־הַקֹּדֶשׁ לְאָשָׁם׃ וְאֵת אֲשֶׁר חָטָא
מִן־הַקֹּדֶשׁ יְשַׁלֵּם וְאֶת־חֲמִישִׁתוֹ יוֹסֵף עָלָיו וְנָתַן אֹתוֹ לַכֹּהֵן
וְהַכֹּהֵן יְכַפֵּר עָלָיו בְּאֵיל הָאָשָׁם וְנִסְלַח לוֹ׃
יז וְאִם־נֶפֶשׁ כִּי תֶחֱטָא וְעָשְׂתָה אַחַת מִכָּל־מִצְוֺת יְהוָה אֲשֶׁר
יח לֹא תֵעָשֶׂינָה וְלֹא־יָדַע וְאָשֵׁם וְנָשָׂא עֲוֺנוֹ׃ וְהֵבִיא אַיִל תָּמִים
מִן־הַצֹּאן בְּעֶרְכְּךָ לְאָשָׁם אֶל־הַכֹּהֵן וְכִפֶּר עָלָיו הַכֹּהֵן עַל
יט שִׁגְגָתוֹ אֲשֶׁר־שָׁגָג וְהוּא לֹא־יָדַע וְנִסְלַח לוֹ׃ אָשָׁם הוּא אָשֹׁם
אָשַׁם לַיהוָה׃
כ כא וַיְדַבֵּר יְהוָה אֶל־מֹשֶׁה לֵּאמֹר׃ נֶפֶשׁ כִּי תֶחֱטָא וּמָעֲלָה מַעַל
בַּיהוָה וְכִחֵשׁ בַּעֲמִיתוֹ בְּפִקָּדוֹן אוֹ־בִתְשׂוּמֶת יָד אוֹ בְגָזֵל אוֹ
כב עָשַׁק אֶת־עֲמִיתוֹ׃ אוֹ־מָצָא אֲבֵדָה וְכִחֶשׁ בָּהּ וְנִשְׁבַּע עַל־
כג שָׁקֶר עַל־אַחַת מִכֹּל אֲשֶׁר־יַעֲשֶׂה הָאָדָם לַחֲטֹא בָהֵנָּה׃ וְהָיָה
כִּי־יֶחֱטָא וְאָשֵׁם וְהֵשִׁיב אֶת־הַגְּזֵלָה אֲשֶׁר גָּזָל אוֹ אֶת־הָעֹשֶׁק
אֲשֶׁר עָשָׁק אוֹ אֶת־הַפִּקָּדוֹן אֲשֶׁר הָפְקַד אִתּוֹ אוֹ אֶת־הָאֲבֵדָה
כד אֲשֶׁר מָצָא׃ אוֹ מִכֹּל אֲשֶׁר־יִשָּׁבַע עָלָיו לַשֶּׁקֶר וְשִׁלַּם אֹתוֹ מפטיר
בְּרֹאשׁוֹ וַחֲמִשִׁתָיו יֹסֵף עָלָיו לַאֲשֶׁר הוּא לוֹ יִתְּנֶנּוּ בְּיוֹם אַשְׁמָתוֹ׃
כה וְאֶת־אֲשָׁמוֹ יָבִיא לַיהוָה אַיִל תָּמִים מִן־הַצֹּאן בְּעֶרְכְּךָ לְאָשָׁם
כו אֶל־הַכֹּהֵן׃ וְכִפֶּר עָלָיו הַכֹּהֵן לִפְנֵי יְהוָה וְנִסְלַח לוֹ עַל־אַחַת
מִכֹּל אֲשֶׁר־יַעֲשֶׂה לְאַשְׁמָה בָהּ׃
ו א ב וַיְדַבֵּר יְהוָה אֶל־מֹשֶׁה לֵּאמֹר׃ צַו אֶת־אַהֲרֹן וְאֶת־בָּנָיו לֵאמֹר צו
זֹאת תּוֹרַת הָעֹלָה הִוא הָעֹלָה עַל מוֹקְדָה עַל־הַמִּזְבֵּחַ כָּל־
ג הַלַּיְלָה עַד־הַבֹּקֶר וְאֵשׁ הַמִּזְבֵּחַ תּוּקַד בּוֹ׃ וְלָבַשׁ הַכֹּהֵן מִדּוֹ
בַד וּמִכְנְסֵי־בַד יִלְבַּשׁ עַל־בְּשָׂרוֹ וְהֵרִים אֶת־הַדֶּשֶׁן אֲשֶׁר
תֹּאכַל הָאֵשׁ אֶת־הָעֹלָה עַל־הַמִּזְבֵּחַ וְשָׂמוֹ אֵצֶל הַמִּזְבֵּחַ׃

ד וּפָשַׁט֙ אֶת־בְּגָדָ֔יו וְלָבַ֖שׁ בְּגָדִ֣ים אֲחֵרִ֑ים וְהוֹצִ֤יא אֶת־הַדֶּ֙שֶׁן֙
ה אֶל־מִח֣וּץ לַֽמַּחֲנֶ֔ה אֶל־מָק֖וֹם טָהֽוֹר׃ וְהָאֵ֨שׁ עַל־הַמִּזְבֵּ֤חַ תּֽוּקַד־
בּוֹ֙ לֹ֣א תִכְבֶּ֔ה וּבִעֵ֨ר עָלֶ֧יהָ הַכֹּהֵ֛ן עֵצִ֖ים בַּבֹּ֣קֶר בַּבֹּ֑קֶר וְעָרַ֤ךְ
ו עָלֶ֙יהָ֙ הָעֹלָ֔ה וְהִקְטִ֥יר עָלֶ֖יהָ חֶלְבֵ֥י הַשְּׁלָמִֽים׃ אֵ֗שׁ תָּמִ֛יד תּוּקַ֥ד
ז עַל־הַמִּזְבֵּ֖חַ לֹ֥א תִכְבֶּֽה׃ וְזֹ֥את תּוֹרַ֖ת הַמִּנְחָ֑ה
ח הַקְרֵ֨ב אֹתָ֤הּ בְּנֵֽי־אַהֲרֹן֙ לִפְנֵ֣י יְהוָ֔ה אֶל־פְּנֵ֖י הַמִּזְבֵּֽחַ׃ וְהֵרִ֨ים
מִמֶּ֜נּוּ בְּקֻמְצ֗וֹ מִסֹּ֤לֶת הַמִּנְחָה֙ וּמִשַּׁמְנָ֔הּ וְאֵת֙ כָּל־הַלְּבֹנָ֔ה אֲשֶׁ֖ר
עַל־הַמִּנְחָ֑ה וְהִקְטִ֣יר הַמִּזְבֵּ֗חַ רֵ֧יחַ נִיחֹ֛חַ אַזְכָּרָתָ֖הּ לַיהוָֽה׃
ט וְהַנּוֹתֶ֣רֶת מִמֶּ֔נָּה יֹאכְל֖וּ אַהֲרֹ֣ן וּבָנָ֑יו מַצּ֤וֹת תֵּאָכֵל֙ בְּמָק֣וֹם
י קָדֹ֔שׁ בַּחֲצַ֥ר אֹֽהֶל־מוֹעֵ֖ד יֹאכְלֽוּהָ׃ לֹ֤א תֵאָפֶה֙ חָמֵ֔ץ חֶלְקָ֛ם
יא נָתַ֥תִּי אֹתָ֖הּ מֵאִשָּׁ֑י קֹ֤דֶשׁ קָֽדָשִׁים֙ הִ֔וא כַּֽחַטָּ֖את וְכָאָשָֽׁם׃ כָּל־
זָכָ֞ר בִּבְנֵ֤י אַהֲרֹן֙ יֹֽאכְלֶ֔נָּה חָק־עוֹלָם֙ לְדֹרֹ֣תֵיכֶ֔ם מֵאִשֵּׁ֖י יְהוָ֑ה
כֹּ֛ל אֲשֶׁר־יִגַּ֥ע בָּהֶ֖ם יִקְדָּֽשׁ׃
שני ג יב יג וַיְדַבֵּ֥ר יְהוָ֖ה אֶל־מֹשֶׁ֥ה לֵּאמֹֽר׃ זֶ֡ה קָרְבַּן֩ אַהֲרֹ֨ן וּבָנָ֜יו אֲשֶׁר־
יַקְרִ֣יבוּ לַֽיהוָ֗ה בְּיוֹם֙ הִמָּשַׁ֣ח אֹת֔וֹ עֲשִׂירִ֨ת הָאֵפָ֥ה סֹ֛לֶת מִנְחָ֖ה
יד תָּמִ֑יד מַחֲצִיתָ֣הּ בַּבֹּ֔קֶר וּמַחֲצִיתָ֖הּ בָּעָֽרֶב׃ עַל־מַחֲבַ֗ת בַּשֶּׁ֛מֶן
תֵּעָשֶׂ֖ה מֻרְבֶּ֣כֶת תְּבִיאֶ֑נָּה תֻּפִינֵי֙ מִנְחַ֣ת פִּתִּ֔ים תַּקְרִ֥יב רֵֽיחַ־
טו נִיחֹ֖חַ לַיהוָֽה׃ וְהַכֹּהֵ֨ן הַמָּשִׁ֤יחַ תַּחְתָּיו֙ מִבָּנָ֔יו יַעֲשֶׂ֖ה אֹתָ֑הּ חָק־
טז עוֹלָ֕ם לַֽיהוָ֖ה כָּלִ֥יל תָּקְטָֽר׃ וְכָל־מִנְחַ֥ת כֹּהֵ֛ן כָּלִ֥יל תִּהְיֶ֖ה לֹ֥א
תֵאָכֵֽל׃
יז יח וַיְדַבֵּ֥ר יְהוָ֖ה אֶל־מֹשֶׁ֥ה לֵּאמֹֽר׃ דַּבֵּ֤ר אֶֽל־אַהֲרֹן֙ וְאֶל־בָּנָ֣יו לֵאמֹ֔ר
זֹ֥את תּוֹרַ֖ת הַֽחַטָּ֑את בִּמְק֡וֹם אֲשֶׁר֩ תִּשָּׁחֵ֨ט הָעֹלָ֜ה תִּשָּׁחֵ֤ט
יט הַֽחַטָּאת֙ לִפְנֵ֣י יְהוָ֔ה קֹ֥דֶשׁ קָדָשִׁ֖ים הִֽוא׃ הַכֹּהֵ֛ן הַֽמְחַטֵּ֥א אֹתָ֖הּ
כ יֹאכֲלֶ֑נָּה בְּמָק֤וֹם קָדֹשׁ֙ תֵּֽאָכֵ֔ל בַּחֲצַ֖ר אֹ֥הֶל מוֹעֵֽד׃ כֹּ֛ל אֲשֶׁר־
יִגַּ֥ע בִּבְשָׂרָ֖הּ יִקְדָּ֑שׁ וַאֲשֶׁ֨ר יִזֶּ֤ה מִדָּמָהּ֙ עַל־הַבֶּ֔גֶד אֲשֶׁר֙ יִזֶּ֣ה
כא עָלֶ֔יהָ תְּכַבֵּ֖ס בְּמָק֥וֹם קָדֹֽשׁ׃ וּכְלִי־חֶ֛רֶשׂ אֲשֶׁ֥ר תְּבֻשַּׁל־בּ֖וֹ
כב יִשָּׁבֵ֑ר וְאִם־בִּכְלִ֤י נְחֹ֙שֶׁת֙ בֻּשָּׁ֔לָה וּמֹרַ֥ק וְשֻׁטַּ֖ף בַּמָּֽיִם׃ כָּל־זָכָ֥ר

כג בַּכֹּהֲנִים יֹאכַל אֹתָהּ קֹדֶשׁ קָדָשִׁים הִוא׃ וְכָל־חַטָּאת אֲשֶׁר
יוּבָא מִדָּמָהּ אֶל־אֹהֶל מוֹעֵד לְכַפֵּר בַּקֹּדֶשׁ לֹא תֵאָכֵל בָּאֵשׁ
תִּשָּׂרֵף׃

ז א ב וְזֹאת תּוֹרַת הָאָשָׁם קֹדֶשׁ קָדָשִׁים הוּא׃ בִּמְקוֹם אֲשֶׁר יִשְׁחֲטוּ
אֶת־הָעֹלָה יִשְׁחֲטוּ אֶת־הָאָשָׁם וְאֶת־דָּמוֹ יִזְרֹק עַל־הַמִּזְבֵּחַ
ג סָבִיב׃ וְאֵת כָּל־חֶלְבּוֹ יַקְרִיב מִמֶּנּוּ אֵת הָאַלְיָה וְאֶת־הַחֵלֶב
ד הַמְכַסֶּה אֶת־הַקֶּרֶב׃ וְאֵת שְׁתֵּי הַכְּלָיֹת וְאֶת־הַחֵלֶב אֲשֶׁר
עֲלֵיהֶן אֲשֶׁר עַל־הַכְּסָלִים וְאֶת־הַיֹּתֶרֶת עַל־הַכָּבֵד עַל־הַכְּלָיֹת
ה יְסִירֶנָּה׃ וְהִקְטִיר אֹתָם הַכֹּהֵן הַמִּזְבֵּחָה אִשֶּׁה לַיהוָה אָשָׁם
ו הוּא׃ כָּל־זָכָר בַּכֹּהֲנִים יֹאכְלֶנּוּ בְּמָקוֹם קָדוֹשׁ יֵאָכֵל קֹדֶשׁ
ז קָדָשִׁים הוּא׃ כַּחַטָּאת כָּאָשָׁם תּוֹרָה אַחַת לָהֶם הַכֹּהֵן אֲשֶׁר
ח יְכַפֶּר־בּוֹ לוֹ יִהְיֶה׃ וְהַכֹּהֵן הַמַּקְרִיב אֶת־עֹלַת אִישׁ עוֹר הָעֹלָה
ט אֲשֶׁר הִקְרִיב לַכֹּהֵן לוֹ יִהְיֶה׃ וְכָל־מִנְחָה אֲשֶׁר תֵּאָפֶה בַּתַּנּוּר
וְכָל־נַעֲשָׂה בַמַּרְחֶשֶׁת וְעַל־מַחֲבַת לַכֹּהֵן הַמַּקְרִיב אֹתָהּ לוֹ
י תִהְיֶה׃ וְכָל־מִנְחָה בְלוּלָה־בַשֶּׁמֶן וַחֲרֵבָה לְכָל־בְּנֵי אַהֲרֹן
תִּהְיֶה אִישׁ כְּאָחִיו׃

יא יב וְזֹאת תּוֹרַת זֶבַח הַשְּׁלָמִים אֲשֶׁר יַקְרִיב לַיהוָה׃ אִם עַל־תּוֹדָה שלישי
יַקְרִיבֶנּוּ וְהִקְרִיב ׀ עַל־זֶבַח הַתּוֹדָה חַלּוֹת מַצּוֹת בְּלוּלֹת בַּשֶּׁמֶן
וּרְקִיקֵי מַצּוֹת מְשֻׁחִים בַּשָּׁמֶן וְסֹלֶת מֻרְבֶּכֶת חַלֹּת בְּלוּלֹת
יג בַּשָּׁמֶן׃ עַל־חַלֹּת לֶחֶם חָמֵץ יַקְרִיב קָרְבָּנוֹ עַל־זֶבַח תּוֹדַת
יד שְׁלָמָיו׃ וְהִקְרִיב מִמֶּנּוּ אֶחָד מִכָּל־קָרְבָּן תְּרוּמָה לַיהוָה לַכֹּהֵן
טו הַזֹּרֵק אֶת־דַּם הַשְּׁלָמִים לוֹ יִהְיֶה׃ וּבְשַׂר זֶבַח תּוֹדַת שְׁלָמָיו
טז בְּיוֹם קָרְבָּנוֹ יֵאָכֵל לֹא־יַנִּיחַ מִמֶּנּוּ עַד־בֹּקֶר׃ וְאִם־נֶדֶר ׀ אוֹ
נְדָבָה זֶבַח קָרְבָּנוֹ בְּיוֹם הַקְרִיבוֹ אֶת־זִבְחוֹ יֵאָכֵל וּמִמָּחֳרָת
יז וְהַנּוֹתָר מִמֶּנּוּ יֵאָכֵל׃ וְהַנּוֹתָר מִבְּשַׂר הַזָּבַח בַּיּוֹם הַשְּׁלִישִׁי
יח בָּאֵשׁ יִשָּׂרֵף׃ וְאִם הֵאָכֹל יֵאָכֵל מִבְּשַׂר־זֶבַח שְׁלָמָיו בַּיּוֹם
הַשְּׁלִישִׁי לֹא יֵרָצֶה הַמַּקְרִיב אֹתוֹ לֹא יֵחָשֵׁב לוֹ פִּגּוּל יִהְיֶה

יט וְהַנֶּפֶשׁ הָאֹכֶלֶת מִמֶּנּוּ עֲוֺנָהּ תִּשָּׂא׃ וְהַבָּשָׂר אֲשֶׁר־יִגַּע בְּכָל־
טָמֵא לֹא יֵאָכֵל בָּאֵשׁ יִשָּׂרֵף וְהַבָּשָׂר כָּל־טָהוֹר יֹאכַל בָּשָׂר׃
כ וְהַנֶּפֶשׁ אֲשֶׁר־תֹּאכַל בָּשָׂר מִזֶּבַח הַשְּׁלָמִים אֲשֶׁר לַיהוה
כא וְטֻמְאָתוֹ עָלָיו וְנִכְרְתָה הַנֶּפֶשׁ הַהִוא מֵעַמֶּיהָ׃ וְנֶפֶשׁ כִּי־תִגַּע
בְּכָל־טָמֵא בְּטֻמְאַת אָדָם אוֹ ׀ בִּבְהֵמָה טְמֵאָה אוֹ בְּכָל־שֶׁקֶץ
טָמֵא וְאָכַל מִבְּשַׂר־זֶבַח הַשְּׁלָמִים אֲשֶׁר לַיהוה וְנִכְרְתָה הַנֶּפֶשׁ
כב כג הַהִוא מֵעַמֶּיהָ׃ וַיְדַבֵּר יהוה אֶל־מֹשֶׁה לֵּאמֹר׃ דַּבֵּר אֶל־בְּנֵי
כד יִשְׂרָאֵל לֵאמֹר כָּל־חֵלֶב שׁוֹר וְכֶשֶׂב וָעֵז לֹא תֹאכֵלוּ׃ וְחֵלֶב נְבֵלָה
כה וְחֵלֶב טְרֵפָה יֵעָשֶׂה לְכָל־מְלָאכָה וְאָכֹל לֹא תֹאכְלֻהוּ׃ כִּי
כָּל־אֹכֵל חֵלֶב מִן־הַבְּהֵמָה אֲשֶׁר יַקְרִיב מִמֶּנָּה אִשֶּׁה לַיהוה
כו וְנִכְרְתָה הַנֶּפֶשׁ הָאֹכֶלֶת מֵעַמֶּיהָ׃ וְכָל־דָּם לֹא תֹאכְלוּ בְּכֹל
כז מוֹשְׁבֹתֵיכֶם לָעוֹף וְלַבְּהֵמָה׃ כָּל־נֶפֶשׁ אֲשֶׁר־תֹּאכַל כָּל־דָּם
וְנִכְרְתָה הַנֶּפֶשׁ הַהִוא מֵעַמֶּיהָ׃
כח כט וַיְדַבֵּר יהוה אֶל־מֹשֶׁה לֵּאמֹר׃ דַּבֵּר אֶל־בְּנֵי יִשְׂרָאֵל לֵאמֹר
הַמַּקְרִיב אֶת־זֶבַח שְׁלָמָיו לַיהוה יָבִיא אֶת־קָרְבָּנוֹ לַיהוה
ל מִזֶּבַח שְׁלָמָיו׃ יָדָיו תְּבִיאֶינָה אֵת אִשֵּׁי יהוה אֶת־הַחֵלֶב עַל־
הֶחָזֶה יְבִיאֶנּוּ אֵת הֶחָזֶה לְהָנִיף אֹתוֹ תְּנוּפָה לִפְנֵי יהוה׃
לא וְהִקְטִיר הַכֹּהֵן אֶת־הַחֵלֶב הַמִּזְבֵּחָה וְהָיָה הֶחָזֶה לְאַהֲרֹן וּלְבָנָיו׃
לב וְאֵת שׁוֹק הַיָּמִין תִּתְּנוּ תְרוּמָה לַכֹּהֵן מִזִּבְחֵי שַׁלְמֵיכֶם׃
לג הַמַּקְרִיב אֶת־דַּם הַשְּׁלָמִים וְאֶת־הַחֵלֶב מִבְּנֵי אַהֲרֹן לוֹ תִהְיֶה
לד שׁוֹק הַיָּמִין לְמָנָה׃ כִּי אֶת־חֲזֵה הַתְּנוּפָה וְאֵת ׀ שׁוֹק הַתְּרוּמָה
לָקַחְתִּי מֵאֵת בְּנֵי־יִשְׂרָאֵל מִזִּבְחֵי שַׁלְמֵיהֶם וָאֶתֵּן אֹתָם
לה לְאַהֲרֹן הַכֹּהֵן וּלְבָנָיו לְחָק־עוֹלָם מֵאֵת בְּנֵי יִשְׂרָאֵל׃ זֹאת
מִשְׁחַת אַהֲרֹן וּמִשְׁחַת בָּנָיו מֵאִשֵּׁי יהוה בְּיוֹם הִקְרִיב אֹתָם
לו לְכַהֵן לַיהוה׃ אֲשֶׁר צִוָּה יהוה לָתֵת לָהֶם בְּיוֹם מָשְׁחוֹ אֹתָם
לז מֵאֵת בְּנֵי יִשְׂרָאֵל חֻקַּת עוֹלָם לְדֹרֹתָם׃ זֹאת הַתּוֹרָה לָעֹלָה
לח לַמִּנְחָה וְלַחַטָּאת וְלָאָשָׁם וְלַמִּלּוּאִים וּלְזֶבַח הַשְּׁלָמִים׃ אֲשֶׁר

צִוָּה יְהוָה אֶת־מֹשֶׁה בְּהַר סִינָי בְּיוֹם צַוֹּתוֹ אֶת־בְּנֵי יִשְׂרָאֵל
לְהַקְרִיב אֶת־קָרְבְּנֵיהֶם לַיהוָה בְּמִדְבַּר סִינָי׃
ח א ב וַיְדַבֵּר יְהוָה אֶל־מֹשֶׁה לֵּאמֹר׃ קַח אֶת־אַהֲרֹן וְאֶת־בָּנָיו אִתּוֹ ד רביעי
וְאֵת הַבְּגָדִים וְאֵת שֶׁמֶן הַמִּשְׁחָה וְאֵת ׀ פַּר הַחַטָּאת וְאֵת שְׁנֵי
ג הָאֵילִים וְאֵת סַל הַמַּצּוֹת׃ וְאֵת כָּל־הָעֵדָה הַקְהֵל אֶל־פֶּתַח
ד אֹהֶל מוֹעֵד׃ וַיַּעַשׂ מֹשֶׁה כַּאֲשֶׁר צִוָּה יְהוָה אֹתוֹ וַתִּקָּהֵל הָעֵדָה
ה אֶל־פֶּתַח אֹהֶל מוֹעֵד׃ וַיֹּאמֶר מֹשֶׁה אֶל־הָעֵדָה זֶה הַדָּבָר
ו אֲשֶׁר־צִוָּה יְהוָה לַעֲשׂוֹת׃ וַיַּקְרֵב מֹשֶׁה אֶת־אַהֲרֹן וְאֶת־בָּנָיו
ז וַיִּרְחַץ אֹתָם בַּמָּיִם׃ וַיִּתֵּן עָלָיו אֶת־הַכֻּתֹּנֶת וַיַּחְגֹּר אֹתוֹ בָּאַבְנֵט
וַיַּלְבֵּשׁ אֹתוֹ אֶת־הַמְּעִיל וַיִּתֵּן עָלָיו אֶת־הָאֵפֹד וַיַּחְגֹּר אֹתוֹ
ח בְּחֵשֶׁב הָאֵפֹד וַיֶּאְפֹּד לוֹ בּוֹ׃ וַיָּשֶׂם עָלָיו אֶת־הַחֹשֶׁן וַיִּתֵּן אֶל־
ט הַחֹשֶׁן אֶת־הָאוּרִים וְאֶת־הַתֻּמִּים׃ וַיָּשֶׂם אֶת־הַמִּצְנֶפֶת עַל־
רֹאשׁוֹ וַיָּשֶׂם עַל־הַמִּצְנֶפֶת אֶל־מוּל פָּנָיו אֵת צִיץ הַזָּהָב נֵזֶר
י הַקֹּדֶשׁ כַּאֲשֶׁר צִוָּה יְהוָה אֶת־מֹשֶׁה׃ וַיִּקַּח מֹשֶׁה אֶת־שֶׁמֶן
הַמִּשְׁחָה וַיִּמְשַׁח אֶת־הַמִּשְׁכָּן וְאֶת־כָּל־אֲשֶׁר־בּוֹ וַיְקַדֵּשׁ אֹתָם׃
יא וַיַּז מִמֶּנּוּ עַל־הַמִּזְבֵּחַ שֶׁבַע פְּעָמִים וַיִּמְשַׁח אֶת־הַמִּזְבֵּחַ וְאֶת־
יב כָּל־כֵּלָיו וְאֶת־הַכִּיֹּר וְאֶת־כַּנּוֹ לְקַדְּשָׁם׃ וַיִּצֹק מִשֶּׁמֶן הַמִּשְׁחָה
יג עַל רֹאשׁ אַהֲרֹן וַיִּמְשַׁח אֹתוֹ לְקַדְּשׁוֹ׃ וַיַּקְרֵב מֹשֶׁה אֶת־בְּנֵי
אַהֲרֹן וַיַּלְבִּשֵׁם כֻּתֳּנֹת וַיַּחְגֹּר אֹתָם אַבְנֵט וַיַּחֲבֹשׁ לָהֶם מִגְבָּעוֹת
יד כַּאֲשֶׁר צִוָּה יְהוָה אֶת־מֹשֶׁה׃ וַיַּגֵּשׁ אֵת פַּר הַחַטָּאת וַיִּסְמֹךְ חמישי
טו אַהֲרֹן וּבָנָיו אֶת־יְדֵיהֶם עַל־רֹאשׁ פַּר הַחַטָּאת׃ וַיִּשְׁחָט וַיִּקַּח
מֹשֶׁה אֶת־הַדָּם וַיִּתֵּן עַל־קַרְנוֹת הַמִּזְבֵּחַ סָבִיב בְּאֶצְבָּעוֹ וַיְחַטֵּא
אֶת־הַמִּזְבֵּחַ וְאֶת־הַדָּם יָצַק אֶל־יְסוֹד הַמִּזְבֵּחַ וַיְקַדְּשֵׁהוּ לְכַפֵּר
טז עָלָיו׃ וַיִּקַּח אֶת־כָּל־הַחֵלֶב אֲשֶׁר עַל־הַקֶּרֶב וְאֵת יֹתֶרֶת הַכָּבֵד
יז וְאֶת־שְׁתֵּי הַכְּלָיֹת וְאֶת־חֶלְבְּהֶן וַיַּקְטֵר מֹשֶׁה הַמִּזְבֵּחָה׃ וְאֶת־
הַפָּר וְאֶת־עֹרוֹ וְאֶת־בְּשָׂרוֹ וְאֶת־פִּרְשׁוֹ שָׂרַף בָּאֵשׁ מִחוּץ
יח לַמַּחֲנֶה כַּאֲשֶׁר צִוָּה יְהוָה אֶת־מֹשֶׁה׃ וַיַּקְרֵב אֵת אֵיל הָעֹלָה

ויקרא
ח

וַיִּסְמְכ֡וּ אַהֲרֹ֣ן וּבָנָ֡יו אֶת־יְדֵיהֶם֮ עַל־רֹ֣אשׁ הָאָ֑יִל וַיִּשְׁחָ֗ט וַיִּזְרֹ֨ק יט

מֹשֶׁ֧ה אֶת־הַדָּ֛ם עַל־הַמִּזְבֵּ֖חַ סָבִ֑יב וְאֶת־הָאַ֔יִל נִתַּ֖ח לִנְתָחָ֑יו כ

וַיַּקְטֵ֤ר מֹשֶׁה֙ אֶת־הָרֹ֔אשׁ וְאֶת־הַנְּתָחִ֖ים וְאֶת־הַפָּֽדֶר׃ וְאֶת־ כא

הַקֶּ֤רֶב וְאֶת־הַכְּרָעַ֙יִם֙ רָחַ֣ץ בַּמָּ֔יִם וַיַּקְטֵר֩ מֹשֶׁ֨ה אֶת־כָּל־הָאַ֜יִל

הַמִּזְבֵּ֗חָה עֹלָ֨ה ה֤וּא לְרֵֽיחַ־נִיחֹ֙חַ֙ אִשֶּׁ֥ה הוּא֙ לַֽיהוָ֔ה כַּאֲשֶׁ֛ר צִוָּ֥ה

יְהוָ֖ה אֶת־מֹשֶֽׁה׃ וַיַּקְרֵב֙ אֶת־הָאַ֣יִל הַשֵּׁנִ֔י אֵ֖יל הַמִּלֻּאִ֑ים וַֽיִּסְמְכ֡וּ ששי כב

אַהֲרֹ֣ן וּבָנָ֡יו אֶת־יְדֵיהֶ֖ם עַל־רֹ֣אשׁ הָאָֽיִל׃ וַיִּשְׁחָ֓ט ׀ וַיִּקַּ֤ח מֹשֶׁה֙ כג

מִדָּמ֔וֹ וַיִּתֵּ֛ן עַל־תְּנ֥וּךְ אֹֽזֶן־אַהֲרֹ֖ן הַיְמָנִ֑ית וְעַל־בֹּ֤הֶן יָדוֹ֙ הַיְמָנִ֔ית

וְעַל־בֹּ֥הֶן רַגְל֖וֹ הַיְמָנִֽית׃ וַיַּקְרֵ֞ב אֶת־בְּנֵ֣י אַהֲרֹ֗ן וַיִּתֵּ֨ן מֹשֶׁ֤ה מִן־ כד

הַדָּם֙ עַל־תְּנ֤וּךְ אָזְנָם֙ הַיְמָנִ֔ית וְעַל־בֹּ֤הֶן יָדָם֙ הַיְמָנִ֔ית וְעַל־בֹּ֥הֶן

רַגְלָ֖ם הַיְמָנִ֑ית וַיִּזְרֹ֨ק מֹשֶׁ֧ה אֶת־הַדָּ֛ם עַל־הַֽמִּזְבֵּ֖חַ סָבִֽיב׃ וַיִּקַּ֞ח כה

אֶת־הַחֵ֣לֶב וְאֶת־הָֽאַלְיָ֗ה וְאֶֽת־כָּל־הַחֵלֶב֮ אֲשֶׁ֣ר עַל־הַקֶּרֶב֒

וְאֵת֙ יֹתֶ֣רֶת הַכָּבֵ֔ד וְאֶת־שְׁתֵּ֥י הַכְּלָיֹ֖ת וְאֶֽת־חֶלְבְּהֶ֑ן וְאֵ֖ת שׁ֥וֹק

הַיָּמִֽין׃ וּמִסַּ֨ל הַמַּצּ֜וֹת אֲשֶׁ֣ר ׀ לִפְנֵ֣י יְהוָ֗ה לָ֠קַח חַלַּ֨ת מַצָּ֤ה אַחַת֙ כו

וְֽחַלַּ֨ת לֶ֥חֶם שֶׁ֛מֶן אַחַ֖ת וְרָקִ֣יק אֶחָ֑ד וַיָּ֙שֶׂם֙ עַל־הַ֣חֲלָבִ֔ים וְעַ֖ל

שׁ֣וֹק הַיָּמִֽין׃ וַיִּתֵּ֣ן אֶת־הַכֹּ֗ל עַ֚ל כַּפֵּ֣י אַהֲרֹ֔ן וְעַ֖ל כַּפֵּ֣י בָנָ֑יו וַיָּ֧נֶף כז

אֹתָ֛ם תְּנוּפָ֖ה לִפְנֵ֥י יְהוָֽה׃ וַיִּקַּ֨ח מֹשֶׁ֤ה אֹתָם֙ מֵעַ֣ל כַּפֵּיהֶ֔ם וַיַּקְטֵ֥ר כח

הַמִּזְבֵּ֖חָה עַל־הָעֹלָ֑ה מִלֻּאִ֥ים הֵם֙ לְרֵ֣יחַ נִיחֹ֔חַ אִשֶּׁ֥ה ה֖וּא לַיהוָֽה׃

וַיִּקַּ֤ח מֹשֶׁה֙ אֶת־הֶ֣חָזֶ֔ה וַיְנִיפֵ֥הוּ תְנוּפָ֖ה לִפְנֵ֣י יְהוָ֑ה מֵאֵ֣יל הַמִּלֻּאִ֗ים כט

לְמֹשֶׁ֤ה הָיָה֙ לְמָנָ֔ה כַּאֲשֶׁ֛ר צִוָּ֥ה יְהוָ֖ה אֶת־מֹשֶֽׁה׃ וַיִּקַּ֨ח מֹשֶׁ֜ה שביעי ל

מִשֶּׁ֣מֶן הַמִּשְׁחָ֗ה וּמִן־הַדָּם֮ אֲשֶׁ֣ר עַל־הַמִּזְבֵּחַ֒ וַיַּ֤ז עַֽל־אַהֲרֹן֙

עַל־בְּגָדָ֔יו וְעַל־בָּנָ֛יו וְעַל־בִּגְדֵ֥י בָנָ֖יו אִתּ֑וֹ וַיְקַדֵּ֤שׁ אֶֽת־אַהֲרֹן֙

אֶת־בְּגָדָ֔יו וְאֶת־בָּנָ֛יו וְאֶת־בִּגְדֵ֥י בָנָ֖יו אִתּֽוֹ׃ וַיֹּ֨אמֶר מֹשֶׁ֜ה אֶֽל־ לא

אַהֲרֹ֣ן וְאֶל־בָּנָ֗יו בַּשְּׁל֣וּ אֶת־הַבָּשָׂר֮ פֶּ֣תַח אֹ֣הֶל מוֹעֵד֒ וְשָׁם֙

תֹּאכְל֣וּ אֹת֔וֹ וְאֶ֨ת־הַלֶּ֔חֶם אֲשֶׁ֖ר בְּסַ֣ל הַמִּלֻּאִ֑ים כַּאֲשֶׁ֣ר צִוֵּ֔יתִי

לֵאמֹ֔ר אַהֲרֹ֥ן וּבָנָ֖יו יֹאכְלֻֽהוּ׃ וְהַנּוֹתָ֥ר בַּבָּשָׂ֖ר וּבַלָּ֑חֶם בָּאֵ֖שׁ לב

תִּשְׂרֹֽפוּ׃ וּמִפֶּתַח֩ אֹ֨הֶל מוֹעֵ֜ד לֹ֤א תֵֽצְאוּ֙ שִׁבְעַ֣ת יָמִ֔ים עַ֚ד י֣וֹם מפטיר לג

קסד

לד מְלֹאת יְמֵי מִלֻּאֵיכֶם כִּי שִׁבְעַת יָמִים יְמַלֵּא אֶת־יֶדְכֶם: כַּאֲשֶׁר
לה עָשָׂה בַּיּוֹם הַזֶּה צִוָּה יְהוָה לַעֲשֹׂת לְכַפֵּר עֲלֵיכֶם: וּפֶתַח אֹהֶל
מוֹעֵד תֵּשְׁבוּ יוֹמָם וָלַיְלָה שִׁבְעַת יָמִים וּשְׁמַרְתֶּם אֶת־מִשְׁמֶרֶת
לו יְהוָה וְלֹא תָמוּתוּ כִּי־כֵן צֻוֵּיתִי: וַיַּעַשׂ אַהֲרֹן וּבָנָיו אֵת כָּל־
ט א הַדְּבָרִים אֲשֶׁר־צִוָּה יְהוָה בְּיַד־מֹשֶׁה: וַיְהִי שמיני
ב בַּיּוֹם הַשְּׁמִינִי קָרָא מֹשֶׁה לְאַהֲרֹן וּלְבָנָיו וּלְזִקְנֵי יִשְׂרָאֵל: וַיֹּאמֶר
אֶל־אַהֲרֹן קַח־לְךָ עֵגֶל בֶּן־בָּקָר לְחַטָּאת וְאַיִל לְעֹלָה תְּמִימִם
ג וְהַקְרֵב לִפְנֵי יְהוָה: וְאֶל־בְּנֵי יִשְׂרָאֵל תְּדַבֵּר לֵאמֹר קְחוּ שְׂעִיר־
ד עִזִּים לְחַטָּאת וְעֵגֶל וָכֶבֶשׂ בְּנֵי־שָׁנָה תְּמִימִם לְעֹלָה: וְשׁוֹר
וָאַיִל לִשְׁלָמִים לִזְבֹּחַ לִפְנֵי יְהוָה וּמִנְחָה בְּלוּלָה בַשָּׁמֶן כִּי הַיּוֹם
ה יְהוָה נִרְאָה אֲלֵיכֶם: וַיִּקְחוּ אֵת אֲשֶׁר צִוָּה מֹשֶׁה אֶל־פְּנֵי אֹהֶל
ו מוֹעֵד וַיִּקְרְבוּ כָּל־הָעֵדָה וַיַּעַמְדוּ לִפְנֵי יְהוָה: וַיֹּאמֶר מֹשֶׁה זֶה
ז הַדָּבָר אֲשֶׁר־צִוָּה יְהוָה תַּעֲשׂוּ וְיֵרָא אֲלֵיכֶם כְּבוֹד יְהוָה: וַיֹּאמֶר
מֹשֶׁה אֶל־אַהֲרֹן קְרַב אֶל־הַמִּזְבֵּחַ וַעֲשֵׂה אֶת־חַטָּאתְךָ וְאֶת־
עֹלָתֶךָ וְכַפֵּר בַּעַדְךָ וּבְעַד הָעָם וַעֲשֵׂה אֶת־קָרְבַּן הָעָם וְכַפֵּר
ח בַּעֲדָם כַּאֲשֶׁר צִוָּה יְהוָה: וַיִּקְרַב אַהֲרֹן אֶל־הַמִּזְבֵּחַ וַיִּשְׁחַט
ט אֶת־עֵגֶל הַחַטָּאת אֲשֶׁר־לוֹ: וַיַּקְרִבוּ בְּנֵי אַהֲרֹן אֶת־הַדָּם אֵלָיו
וַיִּטְבֹּל אֶצְבָּעוֹ בַּדָּם וַיִּתֵּן עַל־קַרְנוֹת הַמִּזְבֵּחַ וְאֶת־הַדָּם יָצַק
י אֶל־יְסוֹד הַמִּזְבֵּחַ: וְאֶת־הַחֵלֶב וְאֶת־הַכְּלָיֹת וְאֶת־הַיֹּתֶרֶת מִן־
הַכָּבֵד מִן־הַחַטָּאת הִקְטִיר הַמִּזְבֵּחָה כַּאֲשֶׁר צִוָּה יְהוָה אֶת־
יא מֹשֶׁה: וְאֶת־הַבָּשָׂר וְאֶת־הָעוֹר שָׂרַף בָּאֵשׁ מִחוּץ לַמַּחֲנֶה:
יב וַיִּשְׁחַט אֶת־הָעֹלָה וַיַּמְצִאוּ בְּנֵי אַהֲרֹן אֵלָיו אֶת־הַדָּם וַיִּזְרְקֵהוּ
יג עַל־הַמִּזְבֵּחַ סָבִיב: וְאֶת־הָעֹלָה הִמְצִיאוּ אֵלָיו לִנְתָחֶיהָ וְאֶת־
יד הָרֹאשׁ וַיַּקְטֵר עַל־הַמִּזְבֵּחַ: וַיִּרְחַץ אֶת־הַקֶּרֶב וְאֶת־הַכְּרָעָיִם
טו וַיַּקְטֵר עַל־הָעֹלָה הַמִּזְבֵּחָה: וַיַּקְרֵב אֵת קָרְבַּן הָעָם וַיִּקַּח אֶת־
טז שְׂעִיר הַחַטָּאת אֲשֶׁר לָעָם וַיִּשְׁחָטֵהוּ וַיְחַטְּאֵהוּ כָּרִאשׁוֹן: וַיַּקְרֵב
יז אֶת־הָעֹלָה וַיַּעֲשֶׂהָ כַּמִּשְׁפָּט: וַיַּקְרֵב אֶת־הַמִּנְחָה וַיְמַלֵּא כַפּוֹ שני

מִמֶּ֫נָּה וַיַּקְטֵ֖ר עַל־הַמִּזְבֵּ֑חַ מִלְּבַ֖ד עֹלַ֥ת הַבֹּֽקֶר: וַיִּשְׁחַ֣ט אֶת־ יח
הַשּׁ֗וֹר וְאֶת־הָאַ֙יִל֙ זֶ֣בַח הַשְּׁלָמִ֖ים אֲשֶׁ֣ר לָעָ֑ם וַ֠יַּמְצִאוּ בְּנֵ֨י אַהֲרֹ֤ן
אֶת־הַדָּם֙ אֵלָ֔יו וַיִּזְרְקֵ֥הוּ עַל־הַמִּזְבֵּ֖חַ סָבִֽיב: וְאֶת־הַחֲלָבִ֖ים יט
מִן־הַשּׁ֑וֹר וּמִן־הָאַ֗יִל הָֽאַלְיָ֤ה וְהַֽמְכַסֶּה֙ וְהַכְּלָיֹ֔ת וְיֹתֶ֖רֶת הַכָּבֵֽד:
וַיָּשִׂ֥ימוּ אֶת־הַחֲלָבִ֖ים עַל־הֶֽחָז֑וֹת וַיַּקְטֵ֥ר הַחֲלָבִ֖ים הַמִּזְבֵּֽחָה: כ
וְאֵ֣ת הֶחָז֗וֹת וְאֵת֙ שׁ֣וֹק הַיָּמִ֔ין הֵנִ֧יף אַהֲרֹ֛ן תְּנוּפָ֖ה לִפְנֵ֣י יְהוָ֑ה כא
כַּאֲשֶׁ֖ר צִוָּ֥ה מֹשֶֽׁה: וַיִּשָּׂ֨א אַהֲרֹ֧ן אֶת־יָדָ֛ו אֶל־הָעָ֖ם וַֽיְבָרְכֵ֑ם כב
וַיֵּ֗רֶד מֵעֲשֹׂ֧ת הַֽחַטָּ֛את וְהָעֹלָ֖ה וְהַשְּׁלָמִֽים: וַיָּבֹ֨א מֹשֶׁ֤ה וְאַהֲרֹן֙ כג
אֶל־אֹ֣הֶל מוֹעֵ֔ד וַיֵּ֣צְא֔וּ וַֽיְבָרְכ֖וּ אֶת־הָעָ֑ם וַיֵּרָ֥א כְבוֹד־יְהוָ֖ה אֶל־
כָּל־הָעָֽם: וַתֵּ֤צֵא אֵשׁ֙ מִלִּפְנֵ֣י יְהוָ֔ה וַתֹּ֙אכַל֙ עַל־הַמִּזְבֵּ֔חַ אֶת־ שלישי כד
הָעֹלָ֖ה וְאֶת־הַחֲלָבִ֑ים וַיַּ֤רְא כָּל־הָעָם֙ וַיָּרֹ֔נּוּ וַֽיִּפְּל֖וּ עַל־פְּנֵיהֶֽם:

וַיִּקְח֣וּ בְנֵֽי־אַ֠הֲרֹן נָדָ֨ב וַאֲבִיה֜וּא אִ֣ישׁ מַחְתָּת֗וֹ וַיִּתְּנ֤וּ בָהֵן֙ אֵ֔שׁ י א
וַיָּשִׂ֥ימוּ עָלֶ֖יהָ קְטֹ֑רֶת וַיַּקְרִ֜יבוּ לִפְנֵ֤י יְהוָה֙ אֵ֣שׁ זָרָ֔ה אֲשֶׁ֧ר לֹ֦א
צִוָּ֖ה אֹתָֽם: וַתֵּ֤צֵא אֵשׁ֙ מִלִּפְנֵ֣י יְהוָ֔ה וַתֹּ֖אכַל אוֹתָ֑ם וַיָּמֻ֖תוּ לִפְנֵ֥י ב
יְהוָֽה: וַיֹּ֨אמֶר מֹשֶׁ֜ה אֶֽל־אַהֲרֹ֗ן הוּא֩ אֲשֶׁר־דִּבֶּ֨ר יְהוָ֤ה ׀ לֵאמֹר֙ ג
בִּקְרֹבַ֣י אֶקָּדֵ֔שׁ וְעַל־פְּנֵ֥י כָל־הָעָ֖ם אֶכָּבֵ֑ד וַיִּדֹּ֖ם אַהֲרֹֽן: וַיִּקְרָ֣א ד
מֹשֶׁ֗ה אֶל־מִֽישָׁאֵל֙ וְאֶ֣ל אֶלְצָפָ֔ן בְּנֵ֥י עֻזִּיאֵ֖ל דֹּ֣ד אַהֲרֹ֑ן וַיֹּ֣אמֶר
אֲלֵהֶ֗ם קִ֠רְב֞וּ שְׂא֤וּ אֶת־אֲחֵיכֶם֙ מֵאֵ֣ת פְּנֵֽי־הַקֹּ֔דֶשׁ אֶל־מִח֖וּץ
לַֽמַּחֲנֶֽה: וַֽיִּקְרְב֗וּ וַיִּשָּׂאֻם֙ בְּכֻתֳּנֹתָ֔ם אֶל־מִח֖וּץ לַֽמַּחֲנֶ֑ה כַּאֲשֶׁ֖ר ה
דִּבֶּ֥ר מֹשֶֽׁה: וַיֹּ֣אמֶר מֹשֶׁ֣ה אֶֽל־אַהֲרֹ֡ן וּלְאֶלְעָזָר֩ וּלְאִֽיתָמָ֨ר ׀ בָּנָ֜יו ו
רָֽאשֵׁיכֶ֥ם אַל־תִּפְרָ֣עוּ ׀ וּבִגְדֵיכֶ֤ם לֹֽא־תִפְרֹ֙מוּ֙ וְלֹ֣א תָמֻ֔תוּ וְעַ֥ל כָּל־
הָעֵדָ֖ה יִקְצֹ֑ף וַאֲחֵיכֶם֙ כָּל־בֵּ֣ית יִשְׂרָאֵ֔ל יִבְכּוּ֙ אֶת־הַשְּׂרֵפָ֔ה
אֲשֶׁ֖ר שָׂרַ֣ף יְהוָֽה: וּמִפֶּתַח֩ אֹ֨הֶל מוֹעֵ֜ד לֹ֤א תֵֽצְאוּ֙ פֶּן־תָּמֻ֔תוּ כִּי־ ז
שֶׁ֛מֶן מִשְׁחַ֥ת יְהוָ֖ה עֲלֵיכֶ֑ם וַֽיַּעֲשׂ֖וּ כִּדְבַ֥ר מֹשֶֽׁה:

וַיְדַבֵּ֣ר יְהוָ֔ה אֶֽל־אַהֲרֹ֖ן לֵאמֹֽר: יַ֣יִן וְשֵׁכָ֞ר אַל־תֵּ֣שְׁתְּ ׀ אַתָּ֣ה ׀ ח רביעי
וּבָנֶ֣יךָ אִתָּ֗ךְ בְּבֹאֲכֶ֛ם אֶל־אֹ֥הֶל מוֹעֵ֖ד וְלֹ֣א תָמֻ֑תוּ חֻקַּ֥ת עוֹלָ֖ם
לְדֹרֹתֵיכֶֽם: וּֽלֲהַבְדִּ֔יל בֵּ֥ין הַקֹּ֖דֶשׁ וּבֵ֣ין הַחֹ֑ל וּבֵ֥ין הַטָּמֵ֖א וּבֵ֥ין י

קעו

יא הַטָּה֑וֹר: וּלְהוֹרֹ֖ת אֶת־בְּנֵ֣י יִשְׂרָאֵ֑ל אֵ֚ת כָּל־הַ֣חֻקִּ֔ים אֲשֶׁ֨ר דִּבֶּ֧ר יְהֹוָ֛ה אֲלֵיהֶ֖ם בְּיַד־מֹשֶֽׁה:

רביעי יב וַיְדַבֵּ֣ר מֹשֶׁ֡ה אֶֽל־אַהֲרֹ֡ן וְאֶל֩ אֶלְעָזָ֨ר וְאֶל־אִֽיתָמָ֣ר ׀ בָּנָיו֮ הַנּֽוֹתָרִים֒ קְח֣וּ אֶת־הַמִּנְחָ֗ה הַנּוֹתֶ֙רֶת֙ מֵאִשֵּׁ֣י יְהֹוָ֔ה וְאִכְל֥וּהָ מַצּ֖וֹת אֵ֣צֶל

יג הַמִּזְבֵּ֑חַ כִּ֛י קֹ֥דֶשׁ קָֽדָשִׁ֖ים הִֽוא: וַאֲכַלְתֶּ֤ם אֹתָהּ֙ בְּמָק֣וֹם קָד֔וֹשׁ

יד כִּ֣י חָקְךָ֤ וְחָק־בָּנֶ֙יךָ֙ הִ֔וא מֵאִשֵּׁ֖י יְהֹוָ֑ה כִּי־כֵ֖ן צֻוֵּֽיתִי: וְאֵת֩ חֲזֵ֨ה הַתְּנוּפָ֜ה וְאֵ֣ת ׀ שׁ֣וֹק הַתְּרוּמָ֗ה תֹּֽאכְלוּ֙ בְּמָק֣וֹם טָה֔וֹר אַתָּ֕ה וּבָנֶ֥יךָ וּבְנֹתֶ֖יךָ אִתָּ֑ךְ כִּֽי־חׇקְךָ֤ וְחׇק־בָּנֶ֙יךָ֙ נִתְּנ֔וּ מִזִּבְחֵ֥י

טו שַׁלְמֵ֖י בְּנֵ֥י יִשְׂרָאֵֽל: שׁ֣וֹק הַתְּרוּמָ֞ה וַחֲזֵ֣ה הַתְּנוּפָ֗ה עַ֣ל אִשֵּׁ֤י הַחֲלָבִים֙ יָבִ֔יאוּ לְהָנִ֥יף תְּנוּפָ֖ה לִפְנֵ֣י יְהֹוָ֑ה וְהָיָ֨ה לְךָ֜ וּלְבָנֶ֤יךָ אִתְּךָ֙

חמישי טז לְחׇק־עוֹלָ֔ם כַּאֲשֶׁ֖ר צִוָּ֥ה יְהֹוָֽה: וְאֵ֣ת ׀ שְׂעִ֣יר הַֽחַטָּ֗את דָּרֹ֥שׁ דָּרַ֛שׁ מֹשֶׁ֖ה וְהִנֵּ֣ה שֹׂרָ֑ף וַ֠יִּקְצֹ֠ף עַל־אֶלְעָזָ֤ר וְעַל־אִֽיתָמָר֙ בְּנֵ֣י אַהֲרֹ֔ן

יז הַנּֽוֹתָרִ֖ם לֵאמֹֽר: מַדּ֗וּעַ לֹֽא־אֲכַלְתֶּ֤ם אֶת־הַֽחַטָּאת֙ בִּמְק֣וֹם הַקֹּ֔דֶשׁ כִּ֛י קֹ֥דֶשׁ קָֽדָשִׁ֖ים הִ֑וא וְאֹתָ֣הּ ׀ נָתַ֣ן לָכֶ֗ם לָשֵׂאת֙ אֶת־

יח עֲוֺ֣ן הָֽעֵדָ֔ה לְכַפֵּ֥ר עֲלֵיהֶ֖ם לִפְנֵ֣י יְהֹוָֽה: הֵ֚ן לֹא־הוּבָ֣א אֶת־דָּמָ֔הּ אֶל־הַקֹּ֖דֶשׁ פְּנִ֑ימָה אָכ֨וֹל תֹּאכְל֥וּ אֹתָ֛הּ בַּקֹּ֖דֶשׁ כַּאֲשֶׁ֥ר צִוֵּֽיתִי:

יט וַיְדַבֵּ֨ר אַהֲרֹ֜ן אֶל־מֹשֶׁ֗ה הֵ֣ן הַ֠יּ֠וֹם הִקְרִ֨יבוּ אֶת־חַטָּאתָ֤ם וְאֶת־עֹֽלָתָם֙ לִפְנֵ֣י יְהֹוָ֔ה וַתִּקְרֶ֥אנָה אֹתִ֖י כָּאֵ֑לֶּה וְאָכַ֤לְתִּי חַטָּאת֙ הַיּ֔וֹם

כ הַיִּיטַ֖ב בְּעֵינֵ֥י יְהֹוָֽה: וַיִּשְׁמַ֣ע מֹשֶׁ֔ה וַיִּיטַ֖ב בְּעֵינָֽיו:

ו ששי יא א וַיְדַבֵּ֧ר יְהֹוָ֛ה אֶל־מֹשֶׁ֥ה וְאֶֽל־אַהֲרֹ֖ן לֵאמֹ֥ר אֲלֵהֶֽם: דַּבְּר֛וּ אֶל־

ב בְּנֵ֥י יִשְׂרָאֵ֖ל לֵאמֹ֑ר זֹ֤את הַֽחַיָּה֙ אֲשֶׁ֣ר תֹּֽאכְל֔וּ מִכׇּל־הַבְּהֵמָ֖ה

ג אֲשֶׁ֥ר עַל־הָאָֽרֶץ: כֹּ֣ל ׀ מַפְרֶ֣סֶת פַּרְסָ֗ה וְשֹׁסַ֤עַת שֶׁ֙סַע֙ פְּרָסֹ֔ת

ד מַעֲלַ֥ת גֵּרָ֖ה בַּבְּהֵמָ֑ה אֹתָ֖הּ תֹּאכֵֽלוּ: אַ֣ךְ אֶת־זֶ֞ה לֹ֤א תֹֽאכְלוּ֙ מִֽמַּעֲלֵ֣י הַגֵּרָ֔ה וּמִמַּפְרִסֵ֖י הַפַּרְסָ֑ה אֶֽת־הַ֠גָּמָ֠ל כִּֽי־מַעֲלֵ֨ה גֵרָ֜ה

ה ה֗וּא וּפַרְסָה֙ אֵינֶ֣נּוּ מַפְרִ֔יס טָמֵ֥א ה֖וּא לָכֶֽם: וְאֶת־הַשָּׁפָ֗ן כִּֽי־

ו מַעֲלֵ֤ה גֵרָה֙ ה֔וּא וּפַרְסָ֖ה לֹ֣א יַפְרִ֑יס טָמֵ֥א ה֖וּא לָכֶֽם: וְאֶת־הָאַרְנֶ֗בֶת כִּֽי־מַעֲלַ֤ת גֵּרָה֙ הִ֔וא וּפַרְסָ֖ה לֹ֣א הִפְרִ֑יסָה טְמֵאָ֥ה

ז הוּא לָכֶם: וְאֶת־הַחֲזִיר כִּי־מַפְרִיס פַּרְסָה הוּא וְשֹׁסַע שֶׁסַע
ח פַּרְסָה וְהוּא גֵּרָה לֹא־יִגָּר טָמֵא הוּא לָכֶם: מִבְּשָׂרָם לֹא
ט תֹאכֵלוּ וּבְנִבְלָתָם לֹא תִגָּעוּ טְמֵאִים הֵם לָכֶם: אֶת־זֶה תֹּאכְלוּ
מִכֹּל אֲשֶׁר בַּמָּיִם כֹּל אֲשֶׁר־לוֹ סְנַפִּיר וְקַשְׂקֶשֶׂת בַּמַּיִם בַּיַּמִּים
י וּבַנְּחָלִים אֹתָם תֹּאכֵלוּ: וְכֹל אֲשֶׁר אֵין־לוֹ סְנַפִּיר וְקַשְׂקֶשֶׂת
בַּיַּמִּים וּבַנְּחָלִים מִכֹּל שֶׁרֶץ הַמַּיִם וּמִכֹּל נֶפֶשׁ הַחַיָּה אֲשֶׁר
יא בַּמָּיִם שֶׁקֶץ הֵם לָכֶם: וְשֶׁקֶץ יִהְיוּ לָכֶם מִבְּשָׂרָם לֹא תֹאכֵלוּ
יב וְאֶת־נִבְלָתָם תְּשַׁקֵּצוּ: כֹּל אֲשֶׁר אֵין־לוֹ סְנַפִּיר וְקַשְׂקֶשֶׂת בַּמָּיִם
יג שֶׁקֶץ הוּא לָכֶם: וְאֶת־אֵלֶּה תְּשַׁקְּצוּ מִן־הָעוֹף לֹא יֵאָכְלוּ שֶׁקֶץ
יד הֵם אֶת־הַנֶּשֶׁר וְאֶת־הַפֶּרֶס וְאֵת הָעָזְנִיָּה: וְאֶת־הַדָּאָה וְאֶת־
טו טז הָאַיָּה לְמִינָהּ: אֵת כָּל־עֹרֵב לְמִינוֹ: וְאֵת בַּת הַיַּעֲנָה וְאֶת־
יז הַתַּחְמָס וְאֶת־הַשָּׁחַף וְאֶת־הַנֵּץ לְמִינֵהוּ: וְאֶת־הַכּוֹס וְאֶת־
יח הַשָּׁלָךְ וְאֶת־הַיַּנְשׁוּף: וְאֶת־הַתִּנְשֶׁמֶת וְאֶת־הַקָּאָת וְאֶת־
יט הָרָחָם: וְאֵת הַחֲסִידָה הָאֲנָפָה לְמִינָהּ וְאֶת־הַדּוּכִיפַת וְאֶת־
כ הָעֲטַלֵּף: כֹּל שֶׁרֶץ הָעוֹף הַהֹלֵךְ עַל־אַרְבַּע שֶׁקֶץ הוּא לָכֶם:
כא אַךְ אֶת־זֶה תֹּאכְלוּ מִכֹּל שֶׁרֶץ הָעוֹף הַהֹלֵךְ עַל־אַרְבַּע אֲשֶׁר־
כב לֹא כְרָעַיִם מִמַּעַל לְרַגְלָיו לְנַתֵּר בָּהֵן עַל־הָאָרֶץ: אֶת־אֵלֶּה לוֹ
מֵהֶם תֹּאכֵלוּ אֶת־הָאַרְבֶּה לְמִינוֹ וְאֶת־הַסָּלְעָם לְמִינֵהוּ וְאֶת־
כג הַחַרְגֹּל לְמִינֵהוּ וְאֶת־הֶחָגָב לְמִינֵהוּ: וְכֹל שֶׁרֶץ הָעוֹף אֲשֶׁר־
כד לוֹ אַרְבַּע רַגְלָיִם שֶׁקֶץ הוּא לָכֶם: וּלְאֵלֶּה תִּטַּמָּאוּ כָּל־הַנֹּגֵעַ
כה בְּנִבְלָתָם יִטְמָא עַד־הָעָרֶב: וְכָל־הַנֹּשֵׂא מִנִּבְלָתָם יְכַבֵּס בְּגָדָיו
כו וְטָמֵא עַד־הָעָרֶב: לְכָל־הַבְּהֵמָה אֲשֶׁר הִוא מַפְרֶסֶת פַּרְסָה
וְשֶׁסַע ׀ אֵינֶנָּה שֹׁסַעַת וְגֵרָה אֵינֶנָּה מַעֲלָה טְמֵאִים הֵם לָכֶם
כז כָּל־הַנֹּגֵעַ בָּהֶם יִטְמָא: וְכֹל ׀ הוֹלֵךְ עַל־כַּפָּיו בְּכָל־הַחַיָּה
הַהֹלֶכֶת עַל־אַרְבַּע טְמֵאִים הֵם לָכֶם כָּל־הַנֹּגֵעַ בְּנִבְלָתָם
כח יִטְמָא עַד־הָעָרֶב: וְהַנֹּשֵׂא אֶת־נִבְלָתָם יְכַבֵּס בְּגָדָיו וְטָמֵא
כט עַד־הָעָרֶב טְמֵאִים הֵמָּה לָכֶם: וְזֶה לָכֶם הַטָּמֵא

בַּשֶּׁ֣רֶץ הַשֹּׁרֵ֣ץ עַל־הָאָ֑רֶץ הַחֹ֥לֶד וְהָעַכְבָּ֖ר וְהַצָּ֥ב לְמִינֵֽהוּ:

לא וְהָאֲנָקָ֥ה וְהַכֹּ֖חַ וְהַלְּטָאָ֑ה וְהַחֹ֖מֶט וְהַתִּנְשָֽׁמֶת: אֵ֥לֶּה הַטְּמֵאִ֖ים

לב לָכֶ֖ם בְּכָל־הַשָּׁ֑רֶץ כָּל־הַנֹּגֵ֧עַ בָּהֶ֛ם בְּמֹתָ֖ם יִטְמָ֥א עַד־הָעָֽרֶב: וְכֹ֣ל אֲשֶׁר־יִפֹּל־עָלָיו֩ מֵהֶ֨ם ׀ בְּמֹתָ֜ם יִטְמָ֗א מִכָּל־כְּלִי־עֵץ֙ א֣וֹ בֶ֣גֶד אוֹ־ע֜וֹר א֣וֹ שָׂ֗ק כָּל־כְּלִ֗י אֲשֶׁר־יֵעָשֶׂ֤ה מְלָאכָה֙ בָּהֶ֔ם בַּמַּ֥יִם יוּבָ֖א וְטָמֵ֥א

לג עַד־הָעֶ֖רֶב וְטָהֵֽר: וְכָל־כְּלִי־חֶ֔רֶשׂ אֲשֶׁר־יִפֹּ֥ל מֵהֶ֖ם אֶל־תּוֹכ֑וֹ

לד כֹּ֣ל אֲשֶׁ֧ר בְּתוֹכ֛וֹ יִטְמָ֖א וְאֹת֥וֹ תִשְׁבֹּֽרוּ: מִכָּל־הָאֹ֜כֶל אֲשֶׁ֣ר יֵאָכֵ֗ל אֲשֶׁ֨ר יָב֥וֹא עָלָ֛יו מַ֖יִם יִטְמָ֑א וְכָל־מַשְׁקֶה֙ אֲשֶׁ֣ר יִשָּׁתֶ֔ה

לה בְּכָל־כְּלִ֖י יִטְמָֽא: וְ֠כֹל אֲשֶׁר־יִפֹּ֨ל מִנִּבְלָתָ֥ם ׀ עָלָיו֮ יִטְמָא֒ תַּנּ֧וּר וְכִירַ֛יִם יֻתָּ֖ץ טְמֵאִ֣ים הֵ֑ם וּטְמֵאִ֖ים יִהְי֥וּ לָכֶֽם: אַ֣ךְ מַעְיָ֣ן וּב֗וֹר

לו מִקְוֵה־מַ֛יִם יִהְיֶ֥ה טָה֑וֹר וְנֹגֵ֥עַ בְּנִבְלָתָ֖ם יִטְמָֽא: וְכִ֤י יִפֹּל֙ מִנִּבְלָתָ֔ם

לז עַל־כָּל־זֶ֥רַע זֵר֖וּעַ אֲשֶׁ֣ר יִזָּרֵ֑עַ טָה֖וֹר הֽוּא: וְכִ֤י יֻתַּן־מַ֙יִם֙ עַל־

לח זֶ֔רַע וְנָפַ֥ל מִנִּבְלָתָ֖ם עָלָ֑יו טָמֵ֥א ה֖וּא לָכֶֽם: לט וְכִ֣י

יָמוּת֩ מִן־הַבְּהֵמָ֨ה אֲשֶׁר־הִ֧יא לָכֶ֛ם לְאָכְלָ֖ה הַנֹּגֵ֥עַ בְּנִבְלָתָ֖הּ

מ יִטְמָ֥א עַד־הָעָֽרֶב: וְהָֽאֹכֵל֙ מִנִּבְלָתָ֔הּ יְכַבֵּ֥ס בְּגָדָ֖יו וְטָמֵ֣א עַד־הָעָ֑רֶב וְהַנֹּשֵׂא֙ אֶת־נִבְלָתָ֔הּ יְכַבֵּ֥ס בְּגָדָ֖יו וְטָמֵ֥א עַד־הָעָֽרֶב:

מא וְכָל־הַשֶּׁ֖רֶץ הַשֹּׁרֵ֣ץ עַל־הָאָ֑רֶץ שֶׁ֥קֶץ ה֖וּא לֹ֥א יֵאָכֵֽל: כֹּל֩ הוֹלֵ֨ךְ עַל־גָּח֜וֹן וְכֹ֣ל ׀ הוֹלֵ֣ךְ עַל־אַרְבַּ֗ע עַ֚ד כָּל־מַרְבֵּ֣ה רַגְלַ֔יִם לְכָל־

מג הַשֶּׁ֖רֶץ הַשֹּׁרֵ֣ץ עַל־הָאָ֑רֶץ לֹ֥א תֹֽאכְל֖וּם כִּי־שֶׁ֥קֶץ הֵֽם: אַל־תְּשַׁקְּצוּ֙ אֶת־נַפְשֹׁ֣תֵיכֶ֔ם בְּכָל־הַשֶּׁ֖רֶץ הַשֹּׁרֵ֑ץ וְלֹ֤א תִֽטַּמְּאוּ֙ בָּהֶ֔ם

מד וְנִטְמֵתֶ֖ם בָּֽם: כִּ֣י אֲנִ֣י יְהוָה֮ אֱלֹֽהֵיכֶם֒ וְהִתְקַדִּשְׁתֶּם֙ וִהְיִיתֶ֣ם קְדֹשִׁ֔ים כִּ֥י קָד֖וֹשׁ אָ֑נִי וְלֹ֤א תְטַמְּאוּ֙ אֶת־נַפְשֹׁ֣תֵיכֶ֔ם בְּכָל־הַשֶּׁ֖רֶץ

מה הָרֹמֵ֥שׂ עַל־הָאָֽרֶץ: כִּ֣י ׀ אֲנִ֣י יְהוָ֗ה הַמַּֽעֲלֶ֤ה אֶתְכֶם֙ מֵאֶ֣רֶץ מִצְרַ֔יִם

מו לִהְיֹ֥ת לָכֶ֖ם לֵאלֹהִ֑ים וִהְיִיתֶ֣ם קְדֹשִׁ֔ים כִּ֥י קָד֖וֹשׁ אָֽנִי: זֹ֣את תּוֹרַ֤ת הַבְּהֵמָה֙ וְהָע֔וֹף וְכֹל֙ נֶ֣פֶשׁ הַֽחַיָּ֔ה הָרֹמֶ֖שֶׂת בַּמָּ֑יִם וּלְכָל־

מז נֶ֖פֶשׁ הַשֹּׁרֶ֥צֶת עַל־הָאָֽרֶץ: לְהַבְדִּ֕יל בֵּ֥ין הַטָּמֵ֖א וּבֵ֣ין הַטָּהֹ֑ר וּבֵ֤ין הַֽחַיָּה֙ הַנֶּֽאֱכֶ֔לֶת וּבֵין֙ הַֽחַיָּ֔ה אֲשֶׁ֖ר לֹ֥א תֵאָכֵֽל:

ויקרא

יב

תזריע ז וַיְדַבֵּ֥ר יְהוָ֖ה אֶל־מֹשֶׁ֥ה לֵּאמֹֽר׃ דַּבֵּ֞ר אֶל־בְּנֵ֤י יִשְׂרָאֵל֙ לֵאמֹ֔ר
אִשָּׁה֙ כִּ֣י תַזְרִ֔יעַ וְיָלְדָ֖ה זָכָ֑ר וְטָֽמְאָה֙ שִׁבְעַ֣ת יָמִ֔ים כִּימֵ֛י נִדַּ֥ת
דְּוֺתָ֖הּ תִּטְמָֽא׃ וּבַיּ֖וֹם הַשְּׁמִינִ֑י יִמּ֖וֹל בְּשַׂ֥ר עָרְלָתֽוֹ׃ וּשְׁלֹשִׁ֥ים
יוֹם֙ וּשְׁלֹ֣שֶׁת יָמִ֔ים תֵּשֵׁ֖ב בִּדְמֵ֣י טָהֳרָ֑ה בְּכָל־קֹ֣דֶשׁ לֹֽא־תִגָּ֗ע
וְאֶל־הַמִּקְדָּשׁ֙ לֹ֣א תָבֹ֔א עַד־מְלֹ֖את יְמֵ֥י טָהֳרָֽהּ׃ וְאִם־נְקֵבָ֣ה
תֵלֵ֔ד וְטָמְאָ֥ה שְׁבֻעַ֖יִם כְּנִדָּתָ֑הּ וְשִׁשִּׁ֥ים יוֹם֙ וְשֵׁ֣שֶׁת יָמִ֔ים תֵּשֵׁ֖ב
עַל־דְּמֵ֥י טָהֳרָֽה׃ וּבִמְלֹ֣את ׀ יְמֵ֣י טָהֳרָ֗הּ לְבֵן֙ א֣וֹ לְבַ֔ת תָּבִ֞יא
כֶּ֤בֶשׂ בֶּן־שְׁנָתוֹ֙ לְעֹלָ֔ה וּבֶן־יוֹנָ֥ה אוֹ־תֹ֖ר לְחַטָּ֑את אֶל־פֶּ֥תַח אֹֽהֶל־
מוֹעֵ֖ד אֶל־הַכֹּהֵֽן׃ וְהִקְרִיב֞וֹ לִפְנֵ֤י יְהוָה֙ וְכִפֶּ֣ר עָלֶ֔יהָ וְטָהֲרָ֖ה
מִמְּקֹ֣ר דָּמֶ֑יהָ זֹ֤את תּוֹרַת֙ הַיֹּלֶ֔דֶת לַזָּכָ֖ר א֥וֹ לַנְּקֵבָֽה׃ וְאִם־לֹ֨א
תִמְצָ֣א יָדָהּ֮ דֵּ֣י שֶׂה֒ וְלָקְחָ֣ה שְׁתֵּֽי־תֹרִ֗ים א֤וֹ שְׁנֵי֙ בְּנֵ֣י יוֹנָ֔ה אֶחָ֥ד
לְעֹלָ֖ה וְאֶחָ֣ד לְחַטָּ֑את וְכִפֶּ֥ר עָלֶ֛יהָ הַכֹּהֵ֖ן וְטָהֵֽרָה׃

יג וַיְדַבֵּ֣ר יְהוָ֔ה אֶל־מֹשֶׁ֥ה וְאֶֽל־אַהֲרֹ֖ן לֵאמֹֽר׃ אָדָ֗ם כִּֽי־יִהְיֶ֤ה
בְעוֹר־בְּשָׂרוֹ֙ שְׂאֵ֤ת אֽוֹ־סַפַּ֙חַת֙ א֣וֹ בַהֶ֔רֶת וְהָיָ֥ה בְעוֹר־בְּשָׂר֖וֹ
לְנֶ֣גַע צָרָ֑עַת וְהוּבָא֙ אֶל־אַהֲרֹ֣ן הַכֹּהֵ֔ן א֛וֹ אֶל־אַחַ֥ד מִבָּנָ֖יו
הַכֹּהֲנִֽים׃ וְרָאָ֣ה הַכֹּהֵ֣ן אֶת־הַנֶּ֣גַע בְּעֽוֹר־הַ֠בָּשָׂר וְשֵׂעָ֨ר בַּנֶּ֜גַע
הָפַ֣ךְ ׀ לָבָ֗ן וּמַרְאֵ֤ה הַנֶּ֙גַע֙ עָמֹק֙ מֵע֣וֹר בְּשָׂר֔וֹ נֶ֥גַע צָרַ֖עַת ה֑וּא
וְרָאָ֥הוּ הַכֹּהֵ֖ן וְטִמֵּ֥א אֹתֽוֹ׃ וְאִם־בַּהֶרֶת֩ לְבָנָ֨ה הִ֜וא בְּע֣וֹר בְּשָׂר֗וֹ
וְעָמֹק֙ אֵֽין־מַרְאֶ֣הָ מִן־הָע֔וֹר וּשְׂעָרָ֖הּ לֹא־הָפַ֣ךְ לָבָ֑ן וְהִסְגִּ֧יר
הַכֹּהֵ֛ן אֶת־הַנֶּ֖גַע שִׁבְעַ֥ת יָמִֽים׃ וְרָאָ֣הוּ הַכֹּהֵן֮ בַּיּ֣וֹם הַשְּׁבִיעִי֒
וְהִנֵּ֤ה הַנֶּ֙גַע֙ עָמַ֣ד בְּעֵינָ֔יו לֹֽא־פָשָׂ֥ה הַנֶּ֖גַע בָּע֑וֹר וְהִסְגִּיר֧וֹ הַכֹּהֵ֛ן
שני שִׁבְעַ֥ת יָמִ֖ים שֵׁנִֽית׃ וְרָאָ֣ה הַכֹּהֵן֩ אֹת֨וֹ בַּיּ֤וֹם הַשְּׁבִיעִי֙ שֵׁנִ֔ית
וְהִנֵּה֙ כֵּהָ֣ה הַנֶּ֔גַע וְלֹא־פָשָׂ֥ה הַנֶּ֖גַע בָּע֑וֹר וְטִהֲר֤וֹ הַכֹּהֵן֙ מִסְפַּ֣חַת
ה֔וּא וְכִבֶּ֥ס בְּגָדָ֖יו וְטָהֵֽר׃ וְאִם־פָּשֹׂ֨ה תִפְשֶׂ֤ה הַמִּסְפַּ֙חַת֙ בָּע֔וֹר
אַחֲרֵ֛י הֵרָאֹת֥וֹ אֶל־הַכֹּהֵ֖ן לְטָהֳרָת֑וֹ וְנִרְאָ֥ה שֵׁנִ֖ית אֶל־הַכֹּהֵֽן׃
וְרָאָה֙ הַכֹּהֵ֔ן וְהִנֵּ֛ה פָּשְׂתָ֥ה הַמִּסְפַּ֖חַת בָּע֑וֹר וְטִמְּא֥וֹ הַכֹּהֵ֖ן
צָרַ֥עַת הֽוּא׃

ט נֶגַע צָרַעַת כִּי תִהְיֶה בְּאָדָם וְהוּבָא אֶל־הַכֹּהֵן׃ וְרָאָה הַכֹּהֵן
וְהִנֵּה שְׂאֵת־לְבָנָה בָּעוֹר וְהִיא הָפְכָה שֵׂעָר לָבָן וּמִחְיַת בָּשָׂר
יא חַי בַּשְׂאֵת׃ צָרַעַת נוֹשֶׁנֶת הִוא בְּעוֹר בְּשָׂרוֹ וְטִמְּאוֹ הַכֹּהֵן
יב לֹא יַסְגִּרֶנּוּ כִּי טָמֵא הוּא׃ וְאִם־פָּרוֹחַ תִּפְרַח הַצָּרַעַת בָּעוֹר
וְכִסְּתָה הַצָּרַעַת אֵת כָּל־עוֹר הַנֶּגַע מֵרֹאשׁוֹ וְעַד־רַגְלָיו לְכָל־
יג מַרְאֵה עֵינֵי הַכֹּהֵן׃ וְרָאָה הַכֹּהֵן וְהִנֵּה כִסְּתָה הַצָּרַעַת אֶת־
יד כָּל־בְּשָׂרוֹ וְטִהַר אֶת־הַנָּגַע כֻּלּוֹ הָפַךְ לָבָן טָהוֹר הוּא׃ וּבְיוֹם
טו הֵרָאוֹת בּוֹ בָּשָׂר חַי יִטְמָא׃ וְרָאָה הַכֹּהֵן אֶת־הַבָּשָׂר הַחַי
טז וְטִמְּאוֹ הַבָּשָׂר הַחַי טָמֵא הוּא צָרַעַת הוּא׃ אוֹ כִי יָשׁוּב הַבָּשָׂר
יז הַחַי וְנֶהְפַּךְ לְלָבָן וּבָא אֶל־הַכֹּהֵן׃ וְרָאָהוּ הַכֹּהֵן וְהִנֵּה נֶהְפַּךְ
הַנֶּגַע לְלָבָן וְטִהַר הַכֹּהֵן אֶת־הַנֶּגַע טָהוֹר הוּא׃
יח יט וּבָשָׂר כִּי־יִהְיֶה בוֹ־בְעֹרוֹ שְׁחִין וְנִרְפָּא׃ וְהָיָה בִּמְקוֹם הַשְּׁחִין שְׂאֵת שלישי
כ לְבָנָה אוֹ בַהֶרֶת לְבָנָה אֲדַמְדָּמֶת וְנִרְאָה אֶל־הַכֹּהֵן׃ וְרָאָה
הַכֹּהֵן וְהִנֵּה מַרְאֶהָ שָׁפָל מִן־הָעוֹר וּשְׂעָרָהּ הָפַךְ לָבָן וְטִמְּאוֹ
כא הַכֹּהֵן נֶגַע־צָרַעַת הִוא בַּשְּׁחִין פָּרָחָה׃ וְאִם ׀ יִרְאֶנָּה הַכֹּהֵן וְהִנֵּה
אֵין־בָּהּ שֵׂעָר לָבָן וּשְׁפָלָה אֵינֶנָּה מִן־הָעוֹר וְהִיא כֵהָה וְהִסְגִּירוֹ
כב הַכֹּהֵן שִׁבְעַת יָמִים׃ וְאִם־פָּשֹׂה תִפְשֶׂה בָּעוֹר וְטִמֵּא הַכֹּהֵן אֹתוֹ
כג נֶגַע הִוא׃ וְאִם־תַּחְתֶּיהָ תַּעֲמֹד הַבַּהֶרֶת לֹא פָשָׂתָה צָרֶבֶת
כד הַשְּׁחִין הִוא וְטִהֲרוֹ הַכֹּהֵן׃ אוֹ בָשָׂר כִּי־יִהְיֶה רביעי /שני/
בְעֹרוֹ מִכְוַת־אֵשׁ וְהָיְתָה מִחְיַת הַמִּכְוָה בַּהֶרֶת לְבָנָה אֲדַמְדֶּמֶת
כה אוֹ לְבָנָה׃ וְרָאָה אֹתָהּ הַכֹּהֵן וְהִנֵּה נֶהְפַּךְ שֵׂעָר לָבָן בַּבַּהֶרֶת
וּמַרְאֶהָ עָמֹק מִן־הָעוֹר צָרַעַת הִוא בַּמִּכְוָה פָּרָחָה וְטִמֵּא אֹתוֹ
כו הַכֹּהֵן נֶגַע צָרַעַת הִוא׃ וְאִם ׀ יִרְאֶנָּה הַכֹּהֵן וְהִנֵּה אֵין־בַּבַּהֶרֶת
שֵׂעָר לָבָן וּשְׁפָלָה אֵינֶנָּה מִן־הָעוֹר וְהִוא כֵהָה וְהִסְגִּירוֹ הַכֹּהֵן
כז שִׁבְעַת יָמִים׃ וְרָאָהוּ הַכֹּהֵן בַּיּוֹם הַשְּׁבִיעִי אִם־פָּשֹׂה תִפְשֶׂה
כח בָּעוֹר וְטִמֵּא הַכֹּהֵן אֹתוֹ נֶגַע צָרַעַת הִוא׃ וְאִם־תַּחְתֶּיהָ תַעֲמֹד
הַבַּהֶרֶת לֹא־פָשְׂתָה בָעוֹר וְהִוא כֵהָה שְׂאֵת הַמִּכְוָה הִוא

וְטִהֲרוֹ֙ הַכֹּהֵ֔ן כִּֽי־צָרֶ֥בֶת הַמִּכְוָ֖ה הִֽוא׃
כט חמישי ח וְאִישׁ֙ א֣וֹ אִשָּׁ֔ה כִּֽי־יִהְיֶ֥ה ב֖וֹ נָ֑גַע בְּרֹ֖אשׁ א֥וֹ בְזָקָֽן׃ ל וְרָאָ֨ה הַכֹּהֵ֜ן
אֶת־הַנֶּ֗גַע וְהִנֵּ֤ה מַרְאֵ֙הוּ֙ עָמֹ֣ק מִן־הָע֔וֹר וּב֛וֹ שֵׂעָ֥ר צָהֹ֖ב דָּ֑ק
וְטִמֵּ֨א אֹת֤וֹ הַכֹּהֵן֙ נֶ֣תֶק ה֔וּא צָרַ֧עַת הָרֹ֛אשׁ א֥וֹ הַזָּקָ֖ן הֽוּא׃
לא וְכִֽי־יִרְאֶ֨ה הַכֹּהֵ֜ן אֶת־נֶ֣גַע הַנֶּ֗תֶק וְהִנֵּ֤ה אֵין־מַרְאֵ֙הוּ֙ עָמֹ֣ק מִן־
הָע֔וֹר וְשֵׂעָ֥ר שָׁחֹ֖ר אֵ֣ין בּ֑וֹ וְהִסְגִּ֧יר הַכֹּהֵ֛ן אֶת־נֶ֥גַע הַנֶּ֖תֶק שִׁבְעַ֥ת
לב יָמִֽים׃ וְרָאָ֨ה הַכֹּהֵ֥ן אֶת־הַנֶּ֘גַע֮ בַּיּ֣וֹם הַשְּׁבִיעִי֒ וְהִנֵּה֙ לֹא־פָשָׂ֣ה
הַנֶּ֔תֶק וְלֹא־הָ֥יָה ב֖וֹ שֵׂעָ֣ר צָהֹ֑ב וּמַרְאֵ֣ה הַנֶּ֔תֶק אֵ֥ין עָמֹ֖ק מִן־
לג הָעֽוֹר׃ וְהִתְגַּלָּ֔ח וְאֶת־הַנֶּ֖תֶק לֹ֣א יְגַלֵּ֑חַ וְהִסְגִּ֨יר הַכֹּהֵ֧ן אֶת־הַנֶּ֛תֶק
לד שִׁבְעַ֥ת יָמִ֖ים שֵׁנִֽית׃ וְרָאָה֩ הַכֹּהֵ֨ן אֶת־הַנֶּ֜תֶק בַּיּ֣וֹם הַשְּׁבִיעִ֗י
וְ֠הִנֵּה לֹא־פָשָׂ֤ה הַנֶּ֙תֶק֙ בָּע֔וֹר וּמַרְאֵ֕הוּ אֵינֶ֥נּוּ עָמֹ֖ק מִן־הָע֑וֹר
לה וְטִהַ֤ר אֹתוֹ֙ הַכֹּהֵ֔ן וְכִבֶּ֥ס בְּגָדָ֖יו וְטָהֵֽר׃ וְאִם־פָּשֹׂ֥ה יִפְשֶׂ֛ה הַנֶּ֖תֶק
לו בָּע֑וֹר אַחֲרֵ֖י טׇהֳרָתֽוֹ׃ וְרָאָ֙הוּ֙ הַכֹּהֵ֔ן וְהִנֵּ֛ה פָּשָׂ֥ה הַנֶּ֖תֶק בָּע֑וֹר
לז לֹֽא־יְבַקֵּ֧ר הַכֹּהֵ֛ן לַשֵּׂעָ֥ר הַצָּהֹ֖ב טָמֵ֥א הֽוּא׃ וְאִם־בְּעֵינָ֞יו עָמַ֣ד
הַנֶּ֗תֶק וְשֵׂעָ֨ר שָׁחֹ֧ר צָֽמַח־בּ֛וֹ נִרְפָּ֥א הַנֶּ֖תֶק טָה֣וֹר ה֑וּא וְטִהֲר֖וֹ
לח הַכֹּהֵֽן׃ וְאִישׁ֙ אֽוֹ־אִשָּׁ֔ה כִּֽי־יִהְיֶ֥ה בְעוֹר־בְּשָׂרָ֖ם בֶּהָרֹ֑ת
לט בֶּהָרֹ֖ת לְבָנֹֽת׃ וְרָאָ֣ה הַכֹּהֵ֗ן וְהִנֵּ֛ה בְעוֹר־בְּשָׂרָ֥ם בֶּהָרֹ֖ת כֵּה֣וֹת
מ ששי /שלישי/ לְבָנֹ֑ת בֹּ֥הַק ה֛וּא פָּרַ֥ח בָּע֖וֹר טָה֥וֹר הֽוּא׃ וְאִ֕ישׁ
מא כִּ֥י יִמָּרֵ֖ט רֹאשׁ֑וֹ קֵרֵ֥חַ ה֖וּא טָה֥וֹר הֽוּא׃ וְאִם֙ מִפְּאַ֣ת פָּנָ֔יו יִמָּרֵ֖ט
מב רֹאשׁ֑וֹ גִּבֵּ֥חַ ה֖וּא טָה֥וֹר הֽוּא׃ וְכִֽי־יִהְיֶ֤ה בַקָּרַ֙חַת֙ א֣וֹ בַגַּבַּ֔חַת
נֶ֖גַע לָבָ֣ן אֲדַמְדָּ֑ם צָרַ֤עַת פֹּרַ֙חַת֙ הִ֔וא בְּקָרַחְתּ֖וֹ א֥וֹ בְגַבַּחְתּֽוֹ׃
מג וְרָאָ֨ה אֹת֜וֹ הַכֹּהֵ֗ן וְהִנֵּ֤ה שְׂאֵֽת־הַנֶּ֙גַע֙ לְבָנָ֣ה אֲדַמְדֶּ֔מֶת בְּקָרַחְתּ֖וֹ
מד א֣וֹ בְגַבַּחְתּ֑וֹ כְּמַרְאֵ֥ה צָרַ֖עַת ע֥וֹר בָּשָֽׂר׃ אִישׁ־צָר֥וּעַ ה֖וּא טָמֵ֣א
מה ה֑וּא טַמֵּ֧א יְטַמְּאֶ֛נּוּ הַכֹּהֵ֖ן בְּרֹאשׁ֥וֹ נִגְעֽוֹ׃ וְהַצָּר֜וּעַ אֲשֶׁר־בּ֣וֹ הַנֶּ֗גַע
בְּגָדָ֞יו יִהְי֣וּ פְרֻמִ֗ים וְרֹאשׁוֹ֙ יִהְיֶ֣ה פָר֔וּעַ וְעַל־שָׂפָ֖ם יַעְטֶ֑ה וְטָמֵ֥א ׀
מו טָמֵ֖א יִקְרָֽא׃ כׇּל־יְמֵ֞י אֲשֶׁ֨ר הַנֶּ֥גַע בּ֛וֹ יִטְמָ֖א טָמֵ֣א ה֑וּא בָּדָ֣ד
מז יֵשֵׁ֔ב מִח֥וּץ לַֽמַּחֲנֶ֖ה מוֹשָׁבֽוֹ׃ וְהַבֶּ֗גֶד כִּֽי־יִהְיֶ֥ה ב֛וֹ

מח נֶ֣גַע צָרַ֔עַת בְּבֶ֣גֶד צֶ֔מֶר א֖וֹ בְּבֶ֣גֶד פִּשְׁתִּֽים: א֤וֹ בִשְׁתִי֙ א֣וֹ בְעֵ֔רֶב

מט לַפִּשְׁתִּ֖ים וְלַצָּ֑מֶר א֣וֹ בְע֔וֹר א֖וֹ בְּכָל־מְלֶ֥אכֶת עֽוֹר: וְהָיָ֣ה הַנֶּ֡גַע

יְרַקְרַ֣ק ׀ א֣וֹ אֲדַמְדָּ֡ם בַּבֶּ֩גֶד֩ א֨וֹ בָע֜וֹר אֽוֹ־בַשְּׁתִ֤י אֽוֹ־בָעֵ֙רֶב֙ א֣וֹ

נ בְכָל־כְּלִי־ע֔וֹר נֶ֥גַע צָרַ֖עַת ה֑וּא וְהָרְאָ֖ה אֶת־הַכֹּהֵֽן: וְרָאָ֥ה

נא הַכֹּהֵ֖ן אֶת־הַנָּ֑גַע וְהִסְגִּ֥יר אֶת־הַנֶּ֖גַע שִׁבְעַ֥ת יָמִֽים: וְרָאָ֣ה אֶת־

הַנֶּ֡גַע בַּיּוֹם֩ הַשְּׁבִיעִ֨י כִּֽי־פָשָׂ֤ה הַנֶּ֙גַע֙ בַּ֠בֶּגֶד אֽוֹ־בַשְּׁתִ֤י אֽוֹ־בָעֵ֙רֶב֙

א֣וֹ בָע֔וֹר לְכֹ֛ל אֲשֶׁר־יֵעָשֶׂ֥ה הָע֖וֹר לִמְלָאכָ֑ה צָרַ֧עַת מַמְאֶ֛רֶת

נב הַנֶּ֖גַע טָמֵ֥א הֽוּא: וְשָׂרַ֨ף אֶת־הַבֶּ֜גֶד א֣וֹ אֶֽת־הַשְּׁתִ֣י ׀ א֣וֹ אֶת־

הָעֵ֗רֶב בַּצֶּ֙מֶר֙ א֣וֹ בַפִּשְׁתִּ֔ים א֚וֹ אֶת־כָּל־כְּלִ֣י הָע֔וֹר אֲשֶׁר־

נג יִהְיֶ֥ה ב֖וֹ הַנָּ֑גַע כִּֽי־צָרַ֤עַת מַמְאֶ֙רֶת֙ ה֔וּא בָּאֵ֖שׁ תִּשָּׂרֵֽף: וְאִם֮

יִרְאֶ֣ה הַכֹּהֵן֒ וְהִנֵּה֙ לֹא־פָשָׂ֣ה הַנֶּ֔גַע בַּבֶּ֕גֶד א֥וֹ בַשְּׁתִ֖י א֣וֹ בָעֵ֑רֶב

נד א֖וֹ בְּכָל־כְּלִי־עֽוֹר: וְצִוָּה֙ הַכֹּהֵ֔ן וְכִ֨בְּס֔וּ אֵ֥ת אֲשֶׁר־בּ֖וֹ הַנָּ֑גַע

שביעי /רביעי/   נה וְהִסְגִּיר֖וֹ שִׁבְעַת־יָמִ֥ים שֵׁנִֽית: וְרָאָ֨ה הַכֹּהֵ֜ן אַחֲרֵ֣י ׀ הֻכַּבֵּ֣ס

אֶת־הַנֶּ֗גַע וְ֠הִנֵּה לֹֽא־הָפַ֨ךְ הַנֶּ֤גַע אֶת־עֵינוֹ֙ וְהַנֶּ֣גַע לֹֽא־פָשָׂ֔ה

טָמֵ֣א ה֔וּא בָּאֵ֖שׁ תִּשְׂרְפֶ֑נּוּ פְּחֶ֣תֶת הִ֔וא בְּקָֽרַחְתּ֖וֹ א֥וֹ בְגַבַּחְתּֽוֹ:

נו וְאִם֮ רָאָ֣ה הַכֹּהֵן֒ וְהִנֵּה֙ כֵּהָ֣ה הַנֶּ֔גַע אַחֲרֵ֖י הֻכַּבֵּ֣ס אֹת֑וֹ וְקָרַ֣ע

אֹת֗וֹ מִן־הַבֶּ֙גֶד֙ א֣וֹ מִן־הָע֔וֹר א֥וֹ מִן־הַשְּׁתִ֖י א֥וֹ מִן־הָעֵֽרֶב:

מפטיר   נז וְאִם־תֵּרָאֶ֨ה ע֜וֹד בַּבֶּ֗גֶד אֽוֹ־בַשְּׁתִ֤י אֽוֹ־בָעֵ֙רֶב֙ א֣וֹ בְכָל־כְּלִי־

נח ע֔וֹר פֹּרַ֖חַת הִ֑וא בָּאֵ֣שׁ תִּשְׂרְפֶ֔נּוּ אֵ֥ת אֲשֶׁר־בּ֖וֹ הַנָּֽגַע: וְהַבֶּ֡גֶד

אֽוֹ־הַשְּׁתִ֣י אוֹ־הָעֵ֩רֶב֩ אֽוֹ־כָל־כְּלִ֨י הָע֜וֹר אֲשֶׁ֣ר תְּכַבֵּ֗ס וְסָ֥ר

נט מֵהֶ֛ם הַנָּ֖גַע וְכֻבַּ֥ס שֵׁנִ֖ית וְטָהֵֽר: זֹ֠את תּוֹרַ֨ת נֶֽגַע־צָרַ֜עַת בֶּ֤גֶד

הַצֶּ֙מֶר֙ ׀ א֣וֹ הַפִּשְׁתִּ֗ים א֤וֹ הַשְּׁתִי֙ א֣וֹ הָעֵ֔רֶב א֖וֹ כָּל־כְּלִי־ע֑וֹר

לְטַהֲר֖וֹ א֥וֹ לְטַמְּאֽוֹ: {פ}

יד א וַיְדַבֵּ֥ר יְהוָ֖ה אֶל־מֹשֶׁ֥ה לֵּאמֹֽר: זֹ֤את תִּֽהְיֶה֙ תּוֹרַ֣ת הַמְּצֹרָ֔ע **ט** מצרע

ב בְּי֖וֹם טׇהֳרָת֑וֹ וְהוּבָ֖א אֶל־הַכֹּהֵֽן: וְיָצָא֙ הַכֹּהֵ֔ן אֶל־מִח֖וּץ לַֽמַּחֲנֶ֑ה

ד וְרָאָה֙ הַכֹּהֵ֔ן וְהִנֵּ֛ה נִרְפָּ֥א נֶֽגַע־הַצָּרַ֖עַת מִן־הַצָּרֽוּעַ: וְצִוָּה֙ הַכֹּהֵ֔ן

וְלָקַ֣ח לַמִּטַּהֵ֗ר שְׁתֵּֽי־צִפֳּרִ֛ים חַיּ֖וֹת טְהֹר֑וֹת וְעֵ֣ץ אֶ֔רֶז וּשְׁנִ֥י תוֹלַ֖עַת

וְאֵזֹב: וְצִוָּה֙ הַכֹּהֵ֔ן וְשָׁחַ֖ט אֶת־הַצִּפּ֣וֹר הָאֶחָ֑ת אֶל־כְּלִי־חֶ֖רֶשׂ ה
עַל־מַ֥יִם חַיִּֽים: אֶת־הַצִּפֹּ֤ר הַֽחַיָּה֙ יִקַּ֣ח אֹתָ֔הּ וְאֶת־עֵ֥ץ הָאֶ֖רֶז ו
וְאֶת־שְׁנִ֣י הַתּוֹלַ֔עַת וְאֶת־הָאֵזֹ֑ב וְטָבַ֨ל אוֹתָ֜ם וְאֵ֣ת ׀ הַצִּפֹּ֣ר הַֽחַיָּ֗ה
בְּדַם֙ הַצִּפֹּ֣ר הַשְּׁחֻטָ֔ה עַ֖ל הַמַּ֥יִם הַֽחַיִּֽים: וְהִזָּ֗ה עַ֧ל הַמִּטַּהֵ֛ר ז
מִן־הַצָּרַ֖עַת שֶׁ֣בַע פְּעָמִ֑ים וְטִ֣הֲר֔וֹ וְשִׁלַּ֛ח אֶת־הַצִּפֹּ֥ר הַֽחַיָּ֖ה
עַל־פְּנֵ֥י הַשָּׂדֶֽה: וְכִבֶּ֣ס הַמִּטַּהֵ֣ר אֶת־בְּגָדָ֡יו וְגִלַּ֣ח אֶת־כָּל־ ח
שְׂעָר֡וֹ וְרָחַ֣ץ בַּמַּיִם֮ וְטָהֵר֒ וְאַחַ֖ר יָב֣וֹא אֶל־הַֽמַּחֲנֶ֑ה וְיָשַׁ֛ב
מִח֥וּץ לְאָהֳל֖וֹ שִׁבְעַ֥ת יָמִֽים: וְהָיָה֩ בַיּ֨וֹם הַשְּׁבִיעִ֜י יְגַלַּ֣ח אֶת־ ט
כָּל־שְׂעָר֗וֹ אֶת־רֹאשׁ֤וֹ וְאֶת־זְקָנוֹ֙ וְאֵת֙ גַּבֹּ֣ת עֵינָ֔יו וְאֶת־כָּל־
שְׂעָר֖וֹ יְגַלֵּ֑חַ וְכִבֶּ֣ס אֶת־בְּגָדָ֗יו וְרָחַ֧ץ אֶת־בְּשָׂר֛וֹ בַּמַּ֖יִם וְטָהֵֽר:
וּבַיּ֣וֹם הַשְּׁמִינִ֗י יִקַּ֤ח שְׁנֵֽי־כְבָשִׂים֙ תְּמִימִ֔ם וְכַבְשָׂ֥ה אַחַ֖ת בַּת־ י
שְׁנָתָ֣הּ תְּמִימָ֑ה וּשְׁלֹשָׁ֣ה עֶשְׂרֹנִ֗ים סֹ֤לֶת מִנְחָה֙ בְּלוּלָ֣ה בַשֶּׁ֔מֶן
וְלֹ֥ג אֶחָ֖ד שָֽׁמֶן: וְהֶעֱמִ֞יד הַכֹּהֵ֣ן הַֽמְטַהֵ֗ר אֵ֛ת הָאִ֥ישׁ הַמִּטַּהֵ֖ר יא
וְאֹתָ֑ם לִפְנֵ֥י יְהוָ֖ה פֶּ֥תַח אֹ֥הֶל מוֹעֵֽד: וְלָקַ֨ח הַכֹּהֵ֜ן אֶת־הַכֶּ֣בֶשׂ יב
הָאֶחָ֗ד וְהִקְרִ֥יב אֹת֛וֹ לְאָשָׁ֖ם וְאֶת־לֹ֣ג הַשָּׁ֑מֶן וְהֵנִ֥יף אֹתָ֛ם תְּנוּפָ֖ה
לִפְנֵ֥י יְהוָֽה: וְשָׁחַ֣ט אֶת־הַכֶּ֗בֶשׂ בִּ֠מְקוֹם אֲשֶׁ֨ר יִשְׁחַ֧ט אֶת־ יג
הַֽחַטָּ֛את וְאֶת־הָעֹלָ֖ה בִּמְק֣וֹם הַקֹּ֑דֶשׁ כִּ֡י כַּ֠חַטָּאת הָאָשָׁ֥ם
ה֨וּא֙ לַכֹּהֵ֔ן קֹ֥דֶשׁ קָֽדָשִׁ֖ים הֽוּא: וְלָקַ֣ח הַכֹּהֵן֮ מִדַּ֣ם הָאָשָׁם֒ וְנָתַ֣ן יד
הַכֹּהֵ֗ן עַל־תְּנ֛וּךְ אֹ֥זֶן הַמִּטַּהֵ֖ר הַיְמָנִ֑ית וְעַל־בֹּ֤הֶן יָדוֹ֙ הַיְמָנִ֔ית
וְעַל־בֹּ֥הֶן רַגְל֖וֹ הַיְמָנִֽית: וְלָקַ֥ח הַכֹּהֵ֖ן מִלֹּ֣ג הַשָּׁ֑מֶן וְיָצַ֛ק עַל־ טו
כַּ֥ף הַכֹּהֵ֖ן הַשְּׂמָאלִֽית: וְטָבַ֤ל הַכֹּהֵן֙ אֶת־אֶצְבָּע֣וֹ הַיְמָנִ֔ית מִן־ טז
הַשֶּׁ֕מֶן אֲשֶׁ֥ר עַל־כַּפּ֖וֹ הַשְּׂמָאלִ֑ית וְהִזָּ֨ה מִן־הַשֶּׁ֧מֶן בְּאֶצְבָּע֛וֹ
שֶׁ֥בַע פְּעָמִ֖ים לִפְנֵ֥י יְהוָֽה: וּמִיֶּ֨תֶר הַשֶּׁ֜מֶן אֲשֶׁ֣ר עַל־כַּפּ֗וֹ יִתֵּ֣ן יז
הַכֹּהֵ֡ן עַל־תְּנ֣וּךְ אֹ֩זֶן֩ הַמִּטַּהֵ֨ר הַיְמָנִ֜ית וְעַל־בֹּ֤הֶן יָדוֹ֙ הַיְמָנִ֔ית
וְעַל־בֹּ֥הֶן רַגְל֖וֹ הַיְמָנִ֑ית עַ֖ל דַּ֥ם הָאָשָֽׁם: וְהַנּוֹתָ֗ר בַּשֶּׁ֙מֶן֙ אֲשֶׁר֙ יח
עַל־כַּ֣ף הַכֹּהֵ֔ן יִתֵּ֖ן עַל־רֹ֣אשׁ הַמִּטַּהֵ֑ר וְכִפֶּ֥ר עָלָ֛יו הַכֹּהֵ֖ן לִפְנֵ֥י
יְהוָֽה: וְעָשָׂ֤ה הַכֹּהֵן֙ אֶת־הַ֣חַטָּ֔את וְכִפֶּ֕ר עַל־הַמִּטַּהֵ֖ר מִטֻּמְאָת֑וֹ יט

קעד

כ וְאַחַר יִשְׁחַט אֶת־הָעֹלָה׃ וְהֶעֱלָה הַכֹּהֵן אֶת־הָעֹלָה וְאֶת־
כא הַמִּנְחָה הַמִּזְבֵּחָה וְכִפֶּר עָלָיו הַכֹּהֵן וְטָהֵר׃ וְאִם־ שלישי /חמישי/
דַּל הוּא וְאֵין יָדוֹ מַשֶּׂגֶת וְלָקַח כֶּבֶשׂ אֶחָד אָשָׁם לִתְנוּפָה לְכַפֵּר
כב עָלָיו וְעִשָּׂרוֹן סֹלֶת אֶחָד בָּלוּל בַּשֶּׁמֶן לְמִנְחָה וְלֹג שָׁמֶן׃ וּשְׁתֵּי
תֹרִים אוֹ שְׁנֵי בְּנֵי יוֹנָה אֲשֶׁר תַּשִּׂיג יָדוֹ וְהָיָה אֶחָד חַטָּאת
כג וְהָאֶחָד עֹלָה׃ וְהֵבִיא אֹתָם בַּיּוֹם הַשְּׁמִינִי לְטָהֳרָתוֹ אֶל־הַכֹּהֵן
כד אֶל־פֶּתַח אֹהֶל־מוֹעֵד לִפְנֵי יהוה׃ וְלָקַח הַכֹּהֵן אֶת־כֶּבֶשׂ
הָאָשָׁם וְאֶת־לֹג הַשָּׁמֶן וְהֵנִיף אֹתָם הַכֹּהֵן תְּנוּפָה לִפְנֵי יהוה׃
כה וְשָׁחַט אֶת־כֶּבֶשׂ הָאָשָׁם וְלָקַח הַכֹּהֵן מִדַּם הָאָשָׁם וְנָתַן עַל־
תְּנוּךְ אֹזֶן־הַמִּטַּהֵר הַיְמָנִית וְעַל־בֹּהֶן יָדוֹ הַיְמָנִית וְעַל־בֹּהֶן
כו רַגְלוֹ הַיְמָנִית׃ וּמִן־הַשֶּׁמֶן יִצֹק הַכֹּהֵן עַל־כַּף הַכֹּהֵן הַשְּׂמָאלִית׃
כז וְהִזָּה הַכֹּהֵן בְּאֶצְבָּעוֹ הַיְמָנִית מִן־הַשֶּׁמֶן אֲשֶׁר עַל־כַּפּוֹ
כח הַשְּׂמָאלִית שֶׁבַע פְּעָמִים לִפְנֵי יהוה׃ וְנָתַן הַכֹּהֵן מִן־הַשֶּׁמֶן ׀
אֲשֶׁר עַל־כַּפּוֹ עַל־תְּנוּךְ אֹזֶן הַמִּטַּהֵר הַיְמָנִית וְעַל־בֹּהֶן יָדוֹ
כט הַיְמָנִית וְעַל־בֹּהֶן רַגְלוֹ הַיְמָנִית עַל־מְקוֹם דַּם הָאָשָׁם׃ וְהַנּוֹתָר
מִן־הַשֶּׁמֶן אֲשֶׁר עַל־כַּף הַכֹּהֵן יִתֵּן עַל־רֹאשׁ הַמִּטַּהֵר לְכַפֵּר
ל עָלָיו לִפְנֵי יהוה׃ וְעָשָׂה אֶת־הָאֶחָד מִן־הַתֹּרִים אוֹ מִן־בְּנֵי
לא הַיּוֹנָה מֵאֲשֶׁר תַּשִּׂיג יָדוֹ׃ אֵת אֲשֶׁר־תַּשִּׂיג יָדוֹ אֶת־הָאֶחָד
חַטָּאת וְאֶת־הָאֶחָד עֹלָה עַל־הַמִּנְחָה וְכִפֶּר הַכֹּהֵן עַל הַמִּטַּהֵר
לב לִפְנֵי יהוה׃ זֹאת תּוֹרַת אֲשֶׁר־בּוֹ נֶגַע צָרָעַת אֲשֶׁר לֹא־תַשִּׂיג
יָדוֹ בְּטָהֳרָתוֹ׃
לג לד וַיְדַבֵּר יהוה אֶל־מֹשֶׁה וְאֶל־אַהֲרֹן לֵאמֹר׃ כִּי תָבֹאוּ אֶל־אֶרֶץ רביעי /ששי/
כְּנַעַן אֲשֶׁר אֲנִי נֹתֵן לָכֶם לַאֲחֻזָּה וְנָתַתִּי נֶגַע צָרַעַת בְּבֵית
לה אֶרֶץ אֲחֻזַּתְכֶם׃ וּבָא אֲשֶׁר־לוֹ הַבַּיִת וְהִגִּיד לַכֹּהֵן לֵאמֹר
לו כְּנֶגַע נִרְאָה לִי בַּבָּיִת׃ וְצִוָּה הַכֹּהֵן וּפִנּוּ אֶת־הַבַּיִת בְּטֶרֶם
יָבֹא הַכֹּהֵן לִרְאוֹת אֶת־הַנֶּגַע וְלֹא יִטְמָא כָּל־אֲשֶׁר בַּבָּיִת
לז וְאַחַר כֵּן יָבֹא הַכֹּהֵן לִרְאוֹת אֶת־הַבָּיִת׃ וְרָאָה אֶת־הַנֶּגַע וְהִנֵּה

הַנֶּגַע בְּקִירֹת הַבַּיִת שְׁקַעֲרוּרֹת יְרַקְרַקֹּת אוֹ אֲדַמְדַּמֹּת וּמַרְאֵיהֶן
לח שָׁפָל מִן־הַקִּיר: וְיָצָא הַכֹּהֵן מִן־הַבַּיִת אֶל־פֶּתַח הַבָּיִת וְהִסְגִּיר
לט אֶת־הַבַּיִת שִׁבְעַת יָמִים: וְשָׁב הַכֹּהֵן בַּיּוֹם הַשְּׁבִיעִי וְרָאָה וְהִנֵּה
מ פָּשָׂה הַנֶּגַע בְּקִירֹת הַבָּיִת: וְצִוָּה הַכֹּהֵן וְחִלְּצוּ אֶת־הָאֲבָנִים
אֲשֶׁר בָּהֵן הַנָּגַע וְהִשְׁלִיכוּ אֶתְהֶן אֶל־מִחוּץ לָעִיר אֶל־מָקוֹם
מא טָמֵא: וְאֶת־הַבַּיִת יַקְצִעַ מִבַּיִת סָבִיב וְשָׁפְכוּ אֶת־הֶעָפָר אֲשֶׁר
מב הִקְצוּ אֶל־מִחוּץ לָעִיר אֶל־מָקוֹם טָמֵא: וְלָקְחוּ אֲבָנִים אֲחֵרוֹת
וְהֵבִיאוּ אֶל־תַּחַת הָאֲבָנִים וְעָפָר אַחֵר יִקַּח וְטָח אֶת־הַבָּיִת:
מג וְאִם־יָשׁוּב הַנֶּגַע וּפָרַח בַּבַּיִת אַחַר חִלֵּץ אֶת־הָאֲבָנִים וְאַחֲרֵי
מד הִקְצוֹת אֶת־הַבַּיִת וְאַחֲרֵי הִטּוֹחַ: וּבָא הַכֹּהֵן וְרָאָה וְהִנֵּה פָּשָׂה
מה הַנֶּגַע בַּבָּיִת צָרַעַת מַמְאֶרֶת הִוא בַּבַּיִת טָמֵא הוּא: וְנָתַץ
אֶת־הַבַּיִת אֶת־אֲבָנָיו וְאֶת־עֵצָיו וְאֵת כָּל־עֲפַר הַבָּיִת וְהוֹצִיא
מו אֶל־מִחוּץ לָעִיר אֶל־מָקוֹם טָמֵא: וְהַבָּא אֶל־הַבַּיִת כָּל־יְמֵי
מז הִסְגִּיר אֹתוֹ יִטְמָא עַד־הָעָרֶב: וְהַשֹּׁכֵב בַּבַּיִת יְכַבֵּס אֶת־בְּגָדָיו
מח וְהָאֹכֵל בַּבַּיִת יְכַבֵּס אֶת־בְּגָדָיו: וְאִם־בֹּא יָבֹא הַכֹּהֵן וְרָאָה
וְהִנֵּה לֹא־פָשָׂה הַנֶּגַע בַּבַּיִת אַחֲרֵי הִטֹּחַ אֶת־הַבָּיִת וְטִהַר
מט הַכֹּהֵן אֶת־הַבַּיִת כִּי נִרְפָּא הַנָּגַע: וְלָקַח לְחַטֵּא אֶת־הַבַּיִת
נ שְׁתֵּי צִפֳּרִים וְעֵץ אֶרֶז וּשְׁנִי תוֹלַעַת וְאֵזֹב: וְשָׁחַט אֶת־הַצִּפֹּר
נא הָאֶחָת אֶל־כְּלִי־חֶרֶשׂ עַל־מַיִם חַיִּים: וְלָקַח אֶת־עֵץ־הָאֶרֶז
וְאֶת־הָאֵזֹב וְאֵת ׀ שְׁנִי הַתּוֹלַעַת וְאֵת הַצִּפֹּר הַחַיָּה וְטָבַל אֹתָם
בְּדַם הַצִּפֹּר הַשְּׁחוּטָה וּבַמַּיִם הַחַיִּים וְהִזָּה אֶל־הַבַּיִת שֶׁבַע
נב פְּעָמִים: וְחִטֵּא אֶת־הַבַּיִת בְּדַם הַצִּפּוֹר וּבַמַּיִם הַחַיִּים וּבַצִּפֹּר
נג הַחַיָּה וּבְעֵץ הָאֶרֶז וּבָאֵזֹב וּבִשְׁנִי הַתּוֹלָעַת: וְשִׁלַּח אֶת־הַצִּפֹּר
הַחַיָּה אֶל־מִחוּץ לָעִיר אֶל־פְּנֵי הַשָּׂדֶה וְכִפֶּר עַל־הַבַּיִת וְטָהֵר:
נד נה זֹאת הַתּוֹרָה לְכָל־נֶגַע הַצָּרַעַת וְלַנָּתֶק: וּלְצָרַעַת הַבֶּגֶד וְלַבָּיִת: חמישי
נו נז וְלַשְׂאֵת וְלַסַּפַּחַת וְלַבֶּהָרֶת: לְהוֹרֹת בְּיוֹם הַטָּמֵא וּבְיוֹם הַטָּהֹר
זֹאת תּוֹרַת הַצָּרָעַת:

טו   מצרע

יא   א וַיְדַבֵּ֣ר יְהוָ֔ה אֶל־מֹשֶׁ֥ה וְאֶֽל־אַהֲרֹ֖ן לֵאמֹֽר: דַּבְּרוּ֙ אֶל־בְּנֵ֣י יִשְׂרָאֵ֔ל
וַאֲמַרְתֶּ֖ם אֲלֵהֶ֑ם אִ֣ישׁ אִ֗ישׁ כִּ֤י יִהְיֶה֙ זָ֣ב מִבְּשָׂר֔וֹ זוֹב֖וֹ טָמֵ֥א הֽוּא:

ג וְזֹ֛את תִּהְיֶ֥ה טֻמְאָת֖וֹ בְּזוֹב֑וֹ רָ֣ר בְּשָׂר֞וֹ אֶת־זוֹב֗וֹ אֽוֹ־הֶחְתִּ֤ים
בְּשָׂרוֹ֙ מִזּוֹב֔וֹ טֻמְאָת֖וֹ הִֽוא: כָּל־הַמִּשְׁכָּ֗ב אֲשֶׁ֨ר יִשְׁכַּ֥ב עָלָ֛יו

ד הַזָּ֖ב יִטְמָ֑א וְכָֽל־הַכְּלִ֛י אֲשֶׁר־יֵשֵׁ֥ב עָלָ֖יו יִטְמָֽא: וְאִ֕ישׁ אֲשֶׁ֥ר

ו יִגַּ֖ע בְּמִשְׁכָּב֑וֹ יְכַבֵּ֧ס בְּגָדָ֛יו וְרָחַ֥ץ בַּמַּ֖יִם וְטָמֵ֥א עַד־הָעָֽרֶב:
וְהַיֹּשֵׁב֙ עַֽל־הַכְּלִ֔י אֲשֶׁר־יֵשֵׁ֥ב עָלָ֖יו הַזָּ֑ב יְכַבֵּ֧ס בְּגָדָ֛יו וְרָחַ֥ץ בַּמַּ֖יִם

ז וְטָמֵ֥א עַד־הָעָֽרֶב: וְהַנֹּגֵ֖עַ בִּבְשַׂ֣ר הַזָּ֑ב יְכַבֵּ֧ס בְּגָדָ֛יו וְרָחַ֥ץ בַּמַּ֖יִם

ח וְטָמֵ֥א עַד־הָעָֽרֶב: וְכִֽי־יָרֹ֥ק הַזָּ֖ב בַּטָּה֑וֹר וְכִבֶּ֧ס בְּגָדָ֛יו וְרָחַ֥ץ בַּמַּ֖יִם

ט וְטָמֵ֥א עַד־הָעָֽרֶב: וְכָל־הַמֶּרְכָּ֗ב אֲשֶׁ֨ר יִרְכַּ֥ב עָלָ֛יו הַזָּ֖ב יִטְמָֽא:

י וְכָל־הַנֹּגֵ֗עַ בְּכֹל֙ אֲשֶׁ֣ר יִהְיֶ֣ה תַחְתָּ֔יו יִטְמָ֖א עַד־הָעָ֑רֶב וְהַנּוֹשֵׂ֣א

יא אוֹתָ֔ם יְכַבֵּ֧ס בְּגָדָ֛יו וְרָחַ֥ץ בַּמַּ֖יִם וְטָמֵ֥א עַד־הָעָֽרֶב: וְכֹ֨ל אֲשֶׁ֤ר
יִגַּע־בּוֹ֙ הַזָּ֔ב וְיָדָ֖יו לֹא־שָׁטַ֣ף בַּמָּ֑יִם וְכִבֶּ֧ס בְּגָדָ֛יו וְרָחַ֥ץ בַּמַּ֖יִם

יב וְטָמֵ֥א עַד־הָעָֽרֶב: וּכְלִי־חֶ֛רֶשׂ אֲשֶׁר־יִגַּע־בּ֥וֹ הַזָּ֖ב יִשָּׁבֵ֑ר וְכָל־

יג כְּלִי־עֵ֔ץ יִשָּׁטֵ֖ף בַּמָּֽיִם: וְכִֽי־יִטְהַ֤ר הַזָּב֙ מִזּוֹב֔וֹ וְסָ֨פַר ל֜וֹ שִׁבְעַ֥ת
יָמִ֛ים לְטָהֳרָת֖וֹ וְכִבֶּ֣ס בְּגָדָ֑יו וְרָחַ֧ץ בְּשָׂר֛וֹ בְּמַ֥יִם חַיִּ֖ים וְטָהֵֽר:

יד וּבַיּ֣וֹם הַשְּׁמִינִ֗י יִֽקַּֽח־לוֹ֙ שְׁתֵּ֣י תֹרִ֔ים א֥וֹ שְׁנֵ֖י בְּנֵ֣י יוֹנָ֑ה וּבָ֣א ׀ לִפְנֵ֣י

טו יְהוָ֗ה אֶל־פֶּ֙תַח֙ אֹ֣הֶל מוֹעֵ֔ד וּנְתָנָ֖ם אֶל־הַכֹּהֵֽן: וְעָשָׂ֤ה אֹתָם֙
הַכֹּהֵ֔ן אֶחָ֣ד חַטָּ֔את וְהָאֶחָ֖ד עֹלָ֑ה וְכִפֶּ֨ר עָלָ֧יו הַכֹּהֵ֛ן לִפְנֵ֥י יְהוָ֖ה

ששי   טז מִזּוֹבֽוֹ:   וְאִ֕ישׁ כִּֽי־תֵצֵ֥א מִמֶּ֖נּוּ שִׁכְבַת־זָ֑רַע וְרָחַ֥ץ
/שביעי

יז בַּמַּ֛יִם אֶת־כָּל־בְּשָׂר֖וֹ וְטָמֵ֥א עַד־הָעָֽרֶב: וְכָל־בֶּ֣גֶד וְכָל־ע֔וֹר
אֲשֶׁר־יִהְיֶ֥ה עָלָ֖יו שִׁכְבַת־זָ֑רַע וְכֻבַּ֥ס בַּמַּ֖יִם וְטָמֵ֥א עַד־הָעָֽרֶב:

יח וְאִשָּׁ֕ה אֲשֶׁ֨ר יִשְׁכַּ֥ב אִ֛ישׁ אֹתָ֖הּ שִׁכְבַת־זָ֑רַע וְרָחֲצ֣וּ בַמַּ֔יִם וְטָמְא֖וּ
עַד־הָעָֽרֶב:

יט וְאִשָּׁה֙ כִּֽי־תִהְיֶ֣ה זָבָ֔ה דָּ֛ם יִהְיֶ֥ה זֹבָ֖הּ בִּבְשָׂרָ֑הּ שִׁבְעַ֤ת יָמִים֙
תִּהְיֶ֣ה בְנִדָּתָ֔הּ וְכָל־הַנֹּגֵ֥עַ בָּ֖הּ יִטְמָ֥א עַד־הָעָֽרֶב: וְכֹל֩ אֲשֶׁ֨ר

כא תִּשְׁכַּ֥ב עָלָ֛יו בְּנִדָּתָ֖הּ יִטְמָ֑א וְכֹ֛ל אֲשֶׁר־תֵּשֵׁ֥ב עָלָ֖יו יִטְמָֽא: וְכָל־

הַנֹּגֵעַ בְּמִשְׁכָּבָהּ יְכַבֵּס בְּגָדָיו וְרָחַץ בַּמַּיִם וְטָמֵא עַד־הָעָרֶב׃
וְכָל־הַנֹּגֵעַ בְּכָל־כְּלִי אֲשֶׁר־תֵּשֵׁב עָלָיו יְכַבֵּס בְּגָדָיו וְרָחַץ בַּמַּיִם כב
וְטָמֵא עַד־הָעָרֶב׃ וְאִם עַל־הַמִּשְׁכָּב הוּא אוֹ עַל־הַכְּלִי אֲשֶׁר־ כג
הִוא יֹשֶׁבֶת־עָלָיו בְּנָגְעוֹ־בוֹ יִטְמָא עַד־הָעָרֶב׃ וְאִם שָׁכֹב יִשְׁכַּב כד
אִישׁ אֹתָהּ וּתְהִי נִדָּתָהּ עָלָיו וְטָמֵא שִׁבְעַת יָמִים וְכָל־הַמִּשְׁכָּב
יב אֲשֶׁר־יִשְׁכַּב עָלָיו יִטְמָא׃ וְאִשָּׁה כִּי־יָזוּב זוֹב כה
דָּמָהּ יָמִים רַבִּים בְּלֹא עֶת־נִדָּתָהּ אוֹ כִי־תָזוּב עַל־נִדָּתָהּ כָּל־
יְמֵי זוֹב טֻמְאָתָהּ כִּימֵי נִדָּתָהּ תִּהְיֶה טְמֵאָה הִוא׃ כָּל־הַמִּשְׁכָּב כו
אֲשֶׁר תִּשְׁכַּב עָלָיו כָּל־יְמֵי זוֹבָהּ כְּמִשְׁכַּב נִדָּתָהּ יִהְיֶה־לָּהּ
וְכָל־הַכְּלִי אֲשֶׁר תֵּשֵׁב עָלָיו טָמֵא יִהְיֶה כְּטֻמְאַת נִדָּתָהּ׃
וְכָל־הַנּוֹגֵעַ בָּם יִטְמָא וְכִבֶּס בְּגָדָיו וְרָחַץ בַּמַּיִם וְטָמֵא עַד־ כז
הָעָרֶב׃ וְאִם־טָהֲרָה מִזּוֹבָהּ וְסָפְרָה־לָּהּ שִׁבְעַת יָמִים וְאַחַר כח
שביעי תִּטְהָר׃ וּבַיּוֹם הַשְּׁמִינִי תִּקַּח־לָהּ שְׁתֵּי תֹרִים אוֹ שְׁנֵי בְּנֵי יוֹנָה כט
וְהֵבִיאָה אוֹתָם אֶל־הַכֹּהֵן אֶל־פֶּתַח אֹהֶל מוֹעֵד׃ וְעָשָׂה הַכֹּהֵן ל
אֶת־הָאֶחָד חַטָּאת וְאֶת־הָאֶחָד עֹלָה וְכִפֶּר עָלֶיהָ הַכֹּהֵן לִפְנֵי
מפטיר יְהוָה מִזּוֹב טֻמְאָתָהּ׃ וְהִזַּרְתֶּם אֶת־בְּנֵי־יִשְׂרָאֵל מִטֻּמְאָתָם לא
וְלֹא יָמֻתוּ בְּטֻמְאָתָם בְּטַמְּאָם אֶת־מִשְׁכָּנִי אֲשֶׁר בְּתוֹכָם׃ זֹאת לב
תּוֹרַת הַזָּב וַאֲשֶׁר תֵּצֵא מִמֶּנּוּ שִׁכְבַת־זֶרַע לְטָמְאָה־בָהּ׃ וְהַדָּוָה לג
בְּנִדָּתָהּ וְהַזָּב אֶת־זוֹבוֹ לַזָּכָר וְלַנְּקֵבָה וּלְאִישׁ אֲשֶׁר יִשְׁכַּב עִם־
טְמֵאָה׃

אחרי מות וַיְדַבֵּר יְהוָה אֶל־מֹשֶׁה אַחֲרֵי מוֹת שְׁנֵי בְּנֵי אַהֲרֹן בְּקָרְבָתָם א טז
לִפְנֵי־יְהוָה וַיָּמֻתוּ׃ וַיֹּאמֶר יְהוָה אֶל־מֹשֶׁה דַּבֵּר אֶל־אַהֲרֹן אָחִיךָ ב
וְאַל־יָבֹא בְכָל־עֵת אֶל־הַקֹּדֶשׁ מִבֵּית לַפָּרֹכֶת אֶל־פְּנֵי הַכַּפֹּרֶת
אֲשֶׁר עַל־הָאָרֹן וְלֹא יָמוּת כִּי בֶּעָנָן אֵרָאֶה עַל־הַכַּפֹּרֶת׃ בְּזֹאת ג
יָבֹא אַהֲרֹן אֶל־הַקֹּדֶשׁ בְּפַר בֶּן־בָּקָר לְחַטָּאת וְאַיִל לְעֹלָה׃
כְּתֹנֶת־בַּד קֹדֶשׁ יִלְבָּשׁ וּמִכְנְסֵי־בַד יִהְיוּ עַל־בְּשָׂרוֹ וּבְאַבְנֵט ד
בַּד יַחְגֹּר וּבְמִצְנֶפֶת בַּד יִצְנֹף בִּגְדֵי־קֹדֶשׁ הֵם וְרָחַץ בַּמַּיִם אֶת־

ה בְּשָׂרוֹ וּלְבֵשָׁם: וּמֵאֵת עֲדַת בְּנֵי יִשְׂרָאֵל יִקַּח שְׁנֵי־שְׂעִירֵי עִזִּים
ו לְחַטָּאת וְאַיִל אֶחָד לְעֹלָה: וְהִקְרִיב אַהֲרֹן אֶת־פַּר הַחַטָּאת
ז אֲשֶׁר־לוֹ וְכִפֶּר בַּעֲדוֹ וּבְעַד בֵּיתוֹ: וְלָקַח אֶת־שְׁנֵי הַשְּׂעִירִם
ח וְהֶעֱמִיד אֹתָם לִפְנֵי יהוה פֶּתַח אֹהֶל מוֹעֵד: וְנָתַן אַהֲרֹן עַל־
שְׁנֵי הַשְּׂעִירִם גֹּרָלוֹת גּוֹרָל אֶחָד לַיהוה וְגוֹרָל אֶחָד לַעֲזָאזֵל:
ט וְהִקְרִיב אַהֲרֹן אֶת־הַשָּׂעִיר אֲשֶׁר עָלָה עָלָיו הַגּוֹרָל לַיהוה
י וְעָשָׂהוּ חַטָּאת: וְהַשָּׂעִיר אֲשֶׁר עָלָה עָלָיו הַגּוֹרָל לַעֲזָאזֵל יָעֳמַד־
חַי לִפְנֵי יהוה לְכַפֵּר עָלָיו לְשַׁלַּח אֹתוֹ לַעֲזָאזֵל הַמִּדְבָּרָה:
יא וְהִקְרִיב אַהֲרֹן אֶת־פַּר הַחַטָּאת אֲשֶׁר־לוֹ וְכִפֶּר בַּעֲדוֹ וּבְעַד
יב בֵּיתוֹ וְשָׁחַט אֶת־פַּר הַחַטָּאת אֲשֶׁר־לוֹ: וְלָקַח מְלֹא־הַמַּחְתָּה
גַּחֲלֵי־אֵשׁ מֵעַל הַמִּזְבֵּחַ מִלִּפְנֵי יהוה וּמְלֹא חׇפְנָיו קְטֹרֶת סַמִּים
יג דַּקָּה וְהֵבִיא מִבֵּית לַפָּרֹכֶת: וְנָתַן אֶת־הַקְּטֹרֶת עַל־הָאֵשׁ לִפְנֵי
יהוה וְכִסָּה ׀ עֲנַן הַקְּטֹרֶת אֶת־הַכַּפֹּרֶת אֲשֶׁר עַל־הָעֵדוּת וְלֹא
יד יָמוּת: וְלָקַח מִדַּם הַפָּר וְהִזָּה בְאֶצְבָּעוֹ עַל־פְּנֵי הַכַּפֹּרֶת קֵדְמָה
טו וְלִפְנֵי הַכַּפֹּרֶת יַזֶּה שֶׁבַע־פְּעָמִים מִן־הַדָּם בְּאֶצְבָּעוֹ: וְשָׁחַט
אֶת־שְׂעִיר הַחַטָּאת אֲשֶׁר לָעָם וְהֵבִיא אֶת־דָּמוֹ אֶל־מִבֵּית
לַפָּרֹכֶת וְעָשָׂה אֶת־דָּמוֹ כַּאֲשֶׁר עָשָׂה לְדַם הַפָּר וְהִזָּה אֹתוֹ עַל־
טז הַכַּפֹּרֶת וְלִפְנֵי הַכַּפֹּרֶת: וְכִפֶּר עַל־הַקֹּדֶשׁ מִטֻּמְאֹת בְּנֵי יִשְׂרָאֵל
וּמִפִּשְׁעֵיהֶם לְכׇל־חַטֹּאתָם וְכֵן יַעֲשֶׂה לְאֹהֶל מוֹעֵד הַשֹּׁכֵן אִתָּם
יז בְּתוֹךְ טֻמְאֹתָם: וְכׇל־אָדָם לֹא־יִהְיֶה ׀ בְּאֹהֶל מוֹעֵד בְּבֹאוֹ
לְכַפֵּר בַּקֹּדֶשׁ עַד־צֵאתוֹ וְכִפֶּר בַּעֲדוֹ וּבְעַד בֵּיתוֹ וּבְעַד כׇּל־
יח קְהַל יִשְׂרָאֵל: וְיָצָא אֶל־הַמִּזְבֵּחַ אֲשֶׁר לִפְנֵי־יהוה וְכִפֶּר עָלָיו שני
וְלָקַח מִדַּם הַפָּר וּמִדַּם הַשָּׂעִיר וְנָתַן עַל־קַרְנוֹת הַמִּזְבֵּחַ סָבִיב:
יט וְהִזָּה עָלָיו מִן־הַדָּם בְּאֶצְבָּעוֹ שֶׁבַע פְּעָמִים וְטִהֲרוֹ וְקִדְּשׁוֹ
כ מִטֻּמְאֹת בְּנֵי יִשְׂרָאֵל: וְכִלָּה מִכַּפֵּר אֶת־הַקֹּדֶשׁ וְאֶת־אֹהֶל
כא מוֹעֵד וְאֶת־הַמִּזְבֵּחַ וְהִקְרִיב אֶת־הַשָּׂעִיר הֶחָי: וְסָמַךְ אַהֲרֹן
אֶת־שְׁתֵּי יָדָו עַל־רֹאשׁ הַשָּׂעִיר הַחַי וְהִתְוַדָּה עָלָיו אֶת־כׇּל־

עֲוֹנֹת בְּנֵי יִשְׂרָאֵל וְאֶת־כָּל־פִּשְׁעֵיהֶם לְכָל־חַטֹּאתָם וְנָתַן אֹתָם
עַל־רֹאשׁ הַשָּׂעִיר וְשִׁלַּח בְּיַד־אִישׁ עִתִּי הַמִּדְבָּרָה׃ וְנָשָׂא כב
הַשָּׂעִיר עָלָיו אֶת־כָּל־עֲוֹנֹתָם אֶל־אֶרֶץ גְּזֵרָה וְשִׁלַּח אֶת־הַשָּׂעִיר
בַּמִּדְבָּר׃ וּבָא אַהֲרֹן אֶל־אֹהֶל מוֹעֵד וּפָשַׁט אֶת־בִּגְדֵי הַבָּד כג
אֲשֶׁר לָבַשׁ בְּבֹאוֹ אֶל־הַקֹּדֶשׁ וְהִנִּיחָם שָׁם׃ וְרָחַץ אֶת־בְּשָׂרוֹ כד
בַמַּיִם בְּמָקוֹם קָדוֹשׁ וְלָבַשׁ אֶת־בְּגָדָיו וְיָצָא וְעָשָׂה אֶת־עֹלָתוֹ
שלישי /שני/ וְאֶת־עֹלַת הָעָם וְכִפֶּר בַּעֲדוֹ וּבְעַד הָעָם׃ וְאֵת חֵלֶב הַחַטָּאת כה
יַקְטִיר הַמִּזְבֵּחָה׃ וְהַמְשַׁלֵּחַ אֶת־הַשָּׂעִיר לַעֲזָאזֵל יְכַבֵּס בְּגָדָיו כו
וְרָחַץ אֶת־בְּשָׂרוֹ בַּמָּיִם וְאַחֲרֵי־כֵן יָבוֹא אֶל־הַמַּחֲנֶה׃ וְאֵת פַּר כז
הַחַטָּאת וְאֵת ׀ שְׂעִיר הַחַטָּאת אֲשֶׁר הוּבָא אֶת־דָּמָם לְכַפֵּר
בַּקֹּדֶשׁ יוֹצִיא אֶל־מִחוּץ לַמַּחֲנֶה וְשָׂרְפוּ בָאֵשׁ אֶת־עֹרֹתָם וְאֶת־
בְּשָׂרָם וְאֶת־פִּרְשָׁם׃ וְהַשֹּׂרֵף אֹתָם יְכַבֵּס בְּגָדָיו וְרָחַץ אֶת־ כח
בְּשָׂרוֹ בַּמָּיִם וְאַחֲרֵי־כֵן יָבוֹא אֶל־הַמַּחֲנֶה׃ וְהָיְתָה לָכֶם לְחֻקַּת כט
עוֹלָם בַּחֹדֶשׁ הַשְּׁבִיעִי בֶּעָשׂוֹר לַחֹדֶשׁ תְּעַנּוּ אֶת־נַפְשֹׁתֵיכֶם
וְכָל־מְלָאכָה לֹא תַעֲשׂוּ הָאֶזְרָח וְהַגֵּר הַגָּר בְּתוֹכְכֶם׃ כִּי־בַיּוֹם ל
הַזֶּה יְכַפֵּר עֲלֵיכֶם לְטַהֵר אֶתְכֶם מִכֹּל חַטֹּאתֵיכֶם לִפְנֵי יְהוָה
תִּטְהָרוּ׃ שַׁבַּת שַׁבָּתוֹן הִיא לָכֶם וְעִנִּיתֶם אֶת־נַפְשֹׁתֵיכֶם חֻקַּת לא
עוֹלָם׃ וְכִפֶּר הַכֹּהֵן אֲשֶׁר־יִמְשַׁח אֹתוֹ וַאֲשֶׁר יְמַלֵּא אֶת־יָדוֹ לב
לְכַהֵן תַּחַת אָבִיו וְלָבַשׁ אֶת־בִּגְדֵי הַבָּד בִּגְדֵי הַקֹּדֶשׁ׃ וְכִפֶּר לג
אֶת־מִקְדַּשׁ הַקֹּדֶשׁ וְאֶת־אֹהֶל מוֹעֵד וְאֶת־הַמִּזְבֵּחַ יְכַפֵּר וְעַל
הַכֹּהֲנִים וְעַל־כָּל־עַם הַקָּהָל יְכַפֵּר׃ וְהָיְתָה־זֹּאת לָכֶם לְחֻקַּת לד
עוֹלָם לְכַפֵּר עַל־בְּנֵי יִשְׂרָאֵל מִכָּל־חַטֹּאתָם אַחַת בַּשָּׁנָה וַיַּעַשׂ
כַּאֲשֶׁר צִוָּה יְהוָה אֶת־מֹשֶׁה׃

רביעי יג וַיְדַבֵּר יְהוָה אֶל־מֹשֶׁה לֵּאמֹר׃ דַּבֵּר אֶל־אַהֲרֹן וְאֶל־בָּנָיו וְאֶל יז א ב
כָּל־בְּנֵי יִשְׂרָאֵל וְאָמַרְתָּ אֲלֵיהֶם זֶה הַדָּבָר אֲשֶׁר־צִוָּה יְהוָה
לֵאמֹר׃ אִישׁ אִישׁ מִבֵּית יִשְׂרָאֵל אֲשֶׁר יִשְׁחַט שׁוֹר אוֹ־כֶשֶׂב ג
אוֹ־עֵז בַּמַּחֲנֶה אוֹ אֲשֶׁר יִשְׁחַט מִחוּץ לַמַּחֲנֶה׃ וְאֶל־פֶּתַח ד

אֹ֣הֶל מוֹעֵד֮ לֹ֣א הֱבִיאוֹ֒ לְהַקְרִ֤יב קׇרְבָּן֙ לַֽיהֹוָ֔ה לִפְנֵ֖י מִשְׁכַּ֣ן יְהֹוָ֑ה
דָּ֣ם יֵחָשֵׁ֞ב לָאִ֤ישׁ הַהוּא֙ דָּ֣ם שָׁפָ֔ךְ וְנִכְרַ֛ת הָאִ֥ישׁ הַה֖וּא מִקֶּ֥רֶב
ה עַמּֽוֹ׃ לְמַ֡עַן אֲשֶׁר֩ יָבִ֨יאוּ בְּנֵ֜י יִשְׂרָאֵ֗ל אֶֽת־זִבְחֵיהֶם֮ אֲשֶׁ֣ר הֵ֣ם
זֹבְחִים֮ עַל־פְּנֵ֣י הַשָּׂדֶה֒ וֶהֱבִיאֻ֣ם לַֽיהֹוָ֗ה אֶל־פֶּ֛תַח אֹ֥הֶל מוֹעֵ֖ד
ו אֶל־הַכֹּהֵ֑ן וְזָבְח֗וּ זִבְחֵ֧י שְׁלָמִ֛ים לַֽיהֹוָ֖ה אוֹתָֽם׃ וְזָרַ֨ק הַכֹּהֵ֤ן אֶת־
הַדָּם֙ עַל־מִזְבַּ֣ח יְהֹוָ֔ה פֶּ֖תַח אֹ֣הֶל מוֹעֵ֑ד וְהִקְטִ֣יר הַחֵ֔לֶב לְרֵ֥יחַ
ז נִיחֹ֖חַ לַֽיהֹוָֽה׃ וְלֹא־יִזְבְּח֥וּ עוֹד֙ אֶת־זִבְחֵיהֶ֔ם לַשְּׂעִירִ֕ם אֲשֶׁ֥ר הֵ֛ם
ח זֹנִ֥ים אַחֲרֵיהֶ֑ם חֻקַּ֥ת עוֹלָ֛ם תִּֽהְיֶה־זֹּ֥את לָהֶ֖ם לְדֹרֹתָֽם׃ וַאֲלֵהֶ֣ם חמישי /שלישי/
תֹּאמַ֔ר אִ֥ישׁ אִישׁ֙ מִבֵּ֣ית יִשְׂרָאֵ֔ל וּמִן־הַגֵּ֖ר אֲשֶׁר־יָג֣וּר בְּתוֹכָ֑ם
ט אֲשֶׁר־יַעֲלֶ֥ה עֹלָ֖ה אוֹ־זָֽבַח׃ וְאֶל־פֶּ֜תַח אֹ֤הֶל מוֹעֵד֙ לֹ֣א יְבִיאֶ֔נּוּ
י לַעֲשׂ֥וֹת אֹת֖וֹ לַֽיהֹוָ֑ה וְנִכְרַ֛ת הָאִ֥ישׁ הַה֖וּא מֵעַמָּֽיו׃ וְאִ֨ישׁ אִ֜ישׁ
מִבֵּ֣ית יִשְׂרָאֵ֗ל וּמִן־הַגֵּר֙ הַגָּ֣ר בְּתוֹכָ֔ם אֲשֶׁ֥ר יֹאכַ֖ל כׇּל־דָּ֑ם
וְנָתַתִּ֣י פָנַ֗י בַּנֶּ֙פֶשׁ֙ הָאֹכֶ֣לֶת אֶת־הַדָּ֔ם וְהִכְרַתִּ֥י אֹתָ֖הּ מִקֶּ֥רֶב
יא עַמָּֽהּ׃ כִּ֣י נֶ֣פֶשׁ הַבָּשָׂר֮ בַּדָּ֣ם הִוא֒ וַאֲנִ֞י נְתַתִּ֤יו לָכֶם֙ עַל־הַמִּזְבֵּ֔חַ
יב לְכַפֵּ֖ר עַל־נַפְשֹׁתֵיכֶ֑ם כִּֽי־הַדָּ֥ם ה֖וּא בַּנֶּ֥פֶשׁ יְכַפֵּֽר׃ עַל־כֵּ֤ן
אָמַ֙רְתִּי֙ לִבְנֵ֣י יִשְׂרָאֵ֔ל כׇּל־נֶ֥פֶשׁ מִכֶּ֖ם לֹא־תֹ֣אכַל דָּ֑ם וְהַגֵּ֛ר
יג הַגָּ֥ר בְּתוֹכְכֶ֖ם לֹא־יֹ֥אכַל דָּֽם׃ וְאִ֨ישׁ אִ֜ישׁ מִבְּנֵ֣י יִשְׂרָאֵ֗ל וּמִן־
הַגֵּר֙ הַגָּ֣ר בְּתוֹכָ֔ם אֲשֶׁ֨ר יָצ֜וּד צֵ֥יד חַיָּ֛ה אוֹ־ע֖וֹף אֲשֶׁ֣ר יֵאָכֵ֑ל
יד וְשָׁפַךְ֙ אֶת־דָּמ֔וֹ וְכִסָּ֖הוּ בֶּעָפָֽר׃ כִּֽי־נֶ֣פֶשׁ כׇּל־בָּשָׂ֗ר דָּמ֣וֹ בְנַפְשׁוֹ֮
הוּא֒ וָאֹמַר֙ לִבְנֵ֣י יִשְׂרָאֵ֔ל דַּ֥ם כׇּל־בָּשָׂ֖ר לֹ֣א תֹאכֵ֑לוּ כִּ֣י נֶ֤פֶשׁ
טו כׇּל־בָּשָׂר֙ דָּמ֣וֹ הִ֔וא כׇּל־אֹכְלָ֖יו יִכָּרֵֽת׃ וְכׇל־נֶ֗פֶשׁ אֲשֶׁ֨ר תֹּאכַ֤ל
נְבֵלָה֙ וּטְרֵפָ֔ה בָּאֶזְרָ֖ח וּבַגֵּ֑ר וְכִבֶּ֨ס בְּגָדָ֜יו וְרָחַ֥ץ בַּמַּ֛יִם וְטָמֵ֥א
טז עַד־הָעֶ֖רֶב וְטָהֵֽר׃ וְאִם֙ לֹ֣א יְכַבֵּ֔ס וּבְשָׂר֖וֹ לֹ֣א יִרְחָ֑ץ וְנָשָׂ֖א
עֲוֺנֽוֹ׃

יח א וַיְדַבֵּ֥ר יְהֹוָ֖ה אֶל־מֹשֶׁ֥ה לֵּאמֹֽר׃ ב דַּבֵּר֙ אֶל־בְּנֵ֣י יִשְׂרָאֵ֔ל וְאָמַרְתָּ֖ יד
ג אֲלֵהֶ֑ם אֲנִ֖י יְהֹוָ֥ה אֱלֹהֵיכֶֽם׃ כְּמַעֲשֵׂ֧ה אֶֽרֶץ־מִצְרַ֛יִם אֲשֶׁ֥ר יְשַׁבְתֶּם־
בָּ֖הּ לֹ֣א תַעֲשׂ֑וּ וּכְמַעֲשֵׂ֣ה אֶֽרֶץ־כְּנַ֡עַן אֲשֶׁ֣ר אֲנִ֣י מֵבִ֤יא אֶתְכֶם֙

ד שְׁמָּה לֹא תַעֲשׂוּ וּבְחֻקֹּתֵיהֶם לֹא תֵלֵכוּ׃ אֶת־מִשְׁפָּטַי תַּעֲשׂוּ
ה וְאֶת־חֻקֹּתַי תִּשְׁמְרוּ לָלֶכֶת בָּהֶם אֲנִי יְהוָה אֱלֹהֵיכֶם׃ וּשְׁמַרְתֶּם
אֶת־חֻקֹּתַי וְאֶת־מִשְׁפָּטַי אֲשֶׁר יַעֲשֶׂה אֹתָם הָאָדָם וָחַי בָּהֶם אֲנִי
ו יְהוָה׃ אִישׁ אִישׁ אֶל־כָּל־שְׁאֵר בְּשָׂרוֹ לֹא תִקְרְבוּ ששי
ז לְגַלּוֹת עֶרְוָה אֲנִי יְהוָה׃ עֶרְוַת אָבִיךָ וְעֶרְוַת אִמְּךָ
ח לֹא תְגַלֵּה אִמְּךָ הִוא לֹא תְגַלֶּה עֶרְוָתָהּ׃ עֶרְוַת
ט אֵשֶׁת־אָבִיךָ לֹא תְגַלֵּה עֶרְוַת אָבִיךָ הִוא׃ עֶרְוַת
אֲחוֹתְךָ בַת־אָבִיךָ אוֹ בַת־אִמֶּךָ מוֹלֶדֶת בַּיִת אוֹ מוֹלֶדֶת חוּץ
י לֹא תְגַלֶּה עֶרְוָתָן׃ עֶרְוַת בַּת־בִּנְךָ אוֹ בַת־
יא בִּתְּךָ לֹא תְגַלֶּה עֶרְוָתָן כִּי עֶרְוָתְךָ הֵנָּה׃ עֶרְוַת
בַּת־אֵשֶׁת אָבִיךָ מוֹלֶדֶת אָבִיךָ אֲחוֹתְךָ הִוא לֹא תְגַלֶּה
יב עֶרְוָתָהּ׃ עֶרְוַת אֲחוֹת־אָבִיךָ לֹא תְגַלֵּה שְׁאֵר
יג אָבִיךָ הִוא׃ עֶרְוַת אֲחוֹת־אִמְּךָ לֹא תְגַלֵּה כִּי־
יד שְׁאֵר אִמְּךָ הִוא׃ עֶרְוַת אֲחִי־אָבִיךָ לֹא תְגַלֵּה אֶל־
טו אִשְׁתּוֹ לֹא תִקְרָב דֹּדָתְךָ הִוא׃ עֶרְוַת כַּלָּתְךָ לֹא
טז תְגַלֵּה אֵשֶׁת בִּנְךָ הִוא לֹא תְגַלֶּה עֶרְוָתָהּ׃ עֶרְוַת
יז אֵשֶׁת־אָחִיךָ לֹא תְגַלֵּה עֶרְוַת אָחִיךָ הִוא׃ עֶרְוַת
אִשָּׁה וּבִתָּהּ לֹא תְגַלֵּה אֶת־בַּת־בְּנָהּ וְאֶת־בַּת־בִּתָּהּ לֹא
יח תִקַּח לְגַלּוֹת עֶרְוָתָהּ שַׁאֲרָה הֵנָּה זִמָּה הִוא׃ וְאִשָּׁה אֶל־
יט אֲחֹתָהּ לֹא תִקָּח לִצְרֹר לְגַלּוֹת עֶרְוָתָהּ עָלֶיהָ בְּחַיֶּיהָ׃ וְאֶל־
כ אִשָּׁה בְּנִדַּת טֻמְאָתָהּ לֹא תִקְרַב לְגַלּוֹת עֶרְוָתָהּ׃ וְאֶל־אֵשֶׁת
כא עֲמִיתְךָ לֹא־תִתֵּן שְׁכָבְתְּךָ לְזָרַע לְטָמְאָה־בָהּ׃ וּמִזַּרְעֲךָ לֹא־
תִתֵּן לְהַעֲבִיר לַמֹּלֶךְ וְלֹא תְחַלֵּל אֶת־שֵׁם אֱלֹהֶיךָ אֲנִי יְהוָה׃
כב כג וְאֶת־זָכָר לֹא תִשְׁכַּב מִשְׁכְּבֵי אִשָּׁה תּוֹעֵבָה הִוא׃ וּבְכָל־בְּהֵמָה שביעי /רביעי/
לֹא־תִתֵּן שְׁכָבְתְּךָ לְטָמְאָה־בָהּ וְאִשָּׁה לֹא־תַעֲמֹד לִפְנֵי בְהֵמָה
כד לְרִבְעָהּ תֶּבֶל הוּא׃ אַל־תִּטַּמְּאוּ בְּכָל־אֵלֶּה כִּי בְכָל־אֵלֶּה
כה נִטְמְאוּ הַגּוֹיִם אֲשֶׁר־אֲנִי מְשַׁלֵּחַ מִפְּנֵיכֶם׃ וַתִּטְמָא הָאָרֶץ

כו וְאֶפְקֹד עֲוֺנָהּ עָלֶיהָ וַתָּקִא הָאָרֶץ אֶת־יֹשְׁבֶיהָ׃ וּשְׁמַרְתֶּם אַתֶּם
אֶת־חֻקֹּתַי וְאֶת־מִשְׁפָּטַי וְלֹא תַעֲשׂוּ מִכֹּל הַתּוֹעֵבֹת הָאֵלֶּה
כז הָאֶזְרָח וְהַגֵּר הַגָּר בְּתוֹכְכֶם׃ כִּי אֶת־כָּל־הַתּוֹעֵבֹת הָאֵל עָשׂוּ
כח אַנְשֵׁי־הָאָרֶץ אֲשֶׁר לִפְנֵיכֶם וַתִּטְמָא הָאָרֶץ׃ וְלֹא־תָקִיא הָאָרֶץ מפטיר
אֶתְכֶם בְּטַמַּאֲכֶם אֹתָהּ כַּאֲשֶׁר קָאָה אֶת־הַגּוֹי אֲשֶׁר לִפְנֵיכֶם׃
כט כִּי כָּל־אֲשֶׁר יַעֲשֶׂה מִכֹּל הַתּוֹעֵבוֹת הָאֵלֶּה וְנִכְרְתוּ הַנְּפָשׁוֹת
ל הָעֹשֹׂת מִקֶּרֶב עַמָּם׃ וּשְׁמַרְתֶּם אֶת־מִשְׁמַרְתִּי לְבִלְתִּי עֲשׂוֹת
מֵחֻקּוֹת הַתּוֹעֵבֹת אֲשֶׁר נַעֲשׂוּ לִפְנֵיכֶם וְלֹא תִטַּמְּאוּ בָּהֶם אֲנִי
יְהוָה אֱלֹהֵיכֶם׃
יט א ב וַיְדַבֵּר יְהוָה אֶל־מֹשֶׁה לֵּאמֹר׃ דַּבֵּר אֶל־כָּל־עֲדַת בְּנֵי־יִשְׂרָאֵל טו קדשים
וְאָמַרְתָּ אֲלֵהֶם קְדֹשִׁים תִּהְיוּ כִּי קָדוֹשׁ אֲנִי יְהוָה אֱלֹהֵיכֶם׃
ג אִישׁ אִמּוֹ וְאָבִיו תִּירָאוּ וְאֶת־שַׁבְּתֹתַי תִּשְׁמֹרוּ אֲנִי יְהוָה
ד אֱלֹהֵיכֶם׃ אַל־תִּפְנוּ אֶל־הָאֱלִילִם וֵאלֹהֵי מַסֵּכָה לֹא תַעֲשׂוּ
ה לָכֶם אֲנִי יְהוָה אֱלֹהֵיכֶם׃ וְכִי תִזְבְּחוּ זֶבַח שְׁלָמִים לַיהוָה
ו לִרְצֹנְכֶם תִּזְבָּחֻהוּ׃ בְּיוֹם זִבְחֲכֶם יֵאָכֵל וּמִמָּחֳרָת וְהַנּוֹתָר עַד־
ז יוֹם הַשְּׁלִישִׁי בָּאֵשׁ יִשָּׂרֵף׃ וְאִם הֵאָכֹל יֵאָכֵל בַּיּוֹם הַשְּׁלִישִׁי
ח פִּגּוּל הוּא לֹא יֵרָצֶה׃ וְאֹכְלָיו עֲוֺנוֹ יִשָּׂא כִּי־אֶת־קֹדֶשׁ יְהוָה
ט חִלֵּל וְנִכְרְתָה הַנֶּפֶשׁ הַהִוא מֵעַמֶּיהָ׃ וּבְקֻצְרְכֶם אֶת־קְצִיר
אַרְצְכֶם לֹא תְכַלֶּה פְּאַת שָׂדְךָ לִקְצֹר וְלֶקֶט קְצִירְךָ לֹא תְלַקֵּט׃
י וְכַרְמְךָ לֹא תְעוֹלֵל וּפֶרֶט כַּרְמְךָ לֹא תְלַקֵּט לֶעָנִי וְלַגֵּר תַּעֲזֹב
יא אֹתָם אֲנִי יְהוָה אֱלֹהֵיכֶם׃ לֹא תִּגְנֹבוּ וְלֹא־תְכַחֲשׁוּ וְלֹא־תְשַׁקְּרוּ
יב אִישׁ בַּעֲמִיתוֹ׃ וְלֹא־תִשָּׁבְעוּ בִשְׁמִי לַשָּׁקֶר וְחִלַּלְתָּ אֶת־שֵׁם
יג אֱלֹהֶיךָ אֲנִי יְהוָה׃ לֹא־תַעֲשֹׁק אֶת־רֵעֲךָ וְלֹא תִגְזֹל לֹא־תָלִין
יד פְּעֻלַּת שָׂכִיר אִתְּךָ עַד־בֹּקֶר׃ לֹא־תְקַלֵּל חֵרֵשׁ וְלִפְנֵי עִוֵּר לֹא
טו תִתֵּן מִכְשֹׁל וְיָרֵאתָ מֵּאֱלֹהֶיךָ אֲנִי יְהוָה׃ לֹא־תַעֲשׂוּ עָוֶל בַּמִּשְׁפָּט שני /חמישי/
לֹא־תִשָּׂא פְנֵי־דָל וְלֹא תֶהְדַּר פְּנֵי גָדוֹל בְּצֶדֶק תִּשְׁפֹּט עֲמִיתֶךָ׃
טז לֹא־תֵלֵךְ רָכִיל בְּעַמֶּיךָ לֹא תַעֲמֹד עַל־דַּם רֵעֶךָ אֲנִי יְהוָה׃

יז לֹא־תִשְׂנָא אֶת־אָחִיךָ בִּלְבָבֶךָ הוֹכֵחַ תּוֹכִיחַ אֶת־עֲמִיתֶךָ וְלֹא־
יח תִשָּׂא עָלָיו חֵטְא׃ לֹא־תִקֹּם וְלֹא־תִטֹּר אֶת־בְּנֵי עַמֶּךָ וְאָהַבְתָּ
יט לְרֵעֲךָ כָּמוֹךָ אֲנִי יהוה׃ אֶת־חֻקֹּתַי תִּשְׁמֹרוּ בְּהֶמְתְּךָ לֹא־תַרְבִּיעַ
כִּלְאַיִם שָׂדְךָ לֹא־תִזְרַע כִּלְאָיִם וּבֶגֶד כִּלְאַיִם שַׁעַטְנֵז לֹא יַעֲלֶה
כ עָלֶיךָ׃ וְאִישׁ כִּי־יִשְׁכַּב אֶת־אִשָּׁה שִׁכְבַת־זֶרַע וְהִוא שִׁפְחָה
נֶחֱרֶפֶת לְאִישׁ וְהָפְדֵּה לֹא נִפְדָּתָה אוֹ חֻפְשָׁה לֹא נִתַּן־לָהּ
כא בִּקֹּרֶת תִּהְיֶה לֹא יוּמְתוּ כִּי־לֹא חֻפָּשָׁה׃ וְהֵבִיא אֶת־אֲשָׁמוֹ
כב לַיהוה אֶל־פֶּתַח אֹהֶל מוֹעֵד אֵיל אָשָׁם׃ וְכִפֶּר עָלָיו הַכֹּהֵן
בְּאֵיל הָאָשָׁם לִפְנֵי יהוה עַל־חַטָּאתוֹ אֲשֶׁר חָטָא וְנִסְלַח לוֹ
מֵחַטָּאתוֹ אֲשֶׁר חָטָא׃
כג וְכִי־תָבֹאוּ אֶל־הָאָרֶץ וּנְטַעְתֶּם כָּל־עֵץ מַאֲכָל וַעֲרַלְתֶּם עָרְלָתוֹ טז שלישי
כד אֶת־פִּרְיוֹ שָׁלֹשׁ שָׁנִים יִהְיֶה לָכֶם עֲרֵלִים לֹא יֵאָכֵל׃ וּבַשָּׁנָה
כה הָרְבִיעִת יִהְיֶה כָּל־פִּרְיוֹ קֹדֶשׁ הִלּוּלִים לַיהוה׃ וּבַשָּׁנָה הַחֲמִישִׁת
תֹּאכְלוּ אֶת־פִּרְיוֹ לְהוֹסִיף לָכֶם תְּבוּאָתוֹ אֲנִי יהוה אֱלֹהֵיכֶם׃
כו כז לֹא תֹאכְלוּ עַל־הַדָּם לֹא תְנַחֲשׁוּ וְלֹא תְעוֹנֵנוּ׃ לֹא תַקִּפוּ
כח פְּאַת רֹאשְׁכֶם וְלֹא תַשְׁחִית אֵת פְּאַת זְקָנֶךָ׃ וְשֶׂרֶט לָנֶפֶשׁ
לֹא תִתְּנוּ בִּבְשַׂרְכֶם וּכְתֹבֶת קַעֲקַע לֹא תִתְּנוּ בָּכֶם אֲנִי יהוה׃
כט אַל־תְּחַלֵּל אֶת־בִּתְּךָ לְהַזְנוֹתָהּ וְלֹא־תִזְנֶה הָאָרֶץ וּמָלְאָה
ל הָאָרֶץ זִמָּה׃ אֶת־שַׁבְּתֹתַי תִּשְׁמֹרוּ וּמִקְדָּשִׁי תִּירָאוּ אֲנִי יהוה׃
לא אַל־תִּפְנוּ אֶל־הָאֹבֹת וְאֶל־הַיִּדְּעֹנִים אַל־תְּבַקְשׁוּ לְטָמְאָה
לב בָהֶם אֲנִי יהוה אֱלֹהֵיכֶם׃ מִפְּנֵי שֵׂיבָה תָּקוּם וְהָדַרְתָּ פְּנֵי זָקֵן
לג וְיָרֵאתָ מֵּאֱלֹהֶיךָ אֲנִי יהוה׃ וְכִי־יָגוּר אִתְּךָ גֵּר רביעי /ששי/
לד בְּאַרְצְכֶם לֹא תוֹנוּ אֹתוֹ׃ כְּאֶזְרָח מִכֶּם יִהְיֶה לָכֶם הַגֵּר ׀ הַגָּר
אִתְּכֶם וְאָהַבְתָּ לוֹ כָּמוֹךָ כִּי־גֵרִים הֱיִיתֶם בְּאֶרֶץ מִצְרָיִם אֲנִי
לה יהוה אֱלֹהֵיכֶם׃ לֹא־תַעֲשׂוּ עָוֶל בַּמִּשְׁפָּט בַּמִּדָּה בַּמִּשְׁקָל
לו וּבַמְּשׂוּרָה׃ מֹאזְנֵי צֶדֶק אַבְנֵי־צֶדֶק אֵיפַת צֶדֶק וְהִין צֶדֶק יִהְיֶה
לָכֶם אֲנִי יהוה אֱלֹהֵיכֶם אֲשֶׁר־הוֹצֵאתִי אֶתְכֶם מֵאֶרֶץ מִצְרָיִם׃

לז וּשְׁמַרְתֶּ֤ם אֶת־כָּל־חֻקֹּתַי֙ וְאֶת־כָּל־מִשְׁפָּטַ֔י וַעֲשִׂיתֶ֖ם אֹתָ֑ם אֲנִ֖י
יְהוָֽה׃

כ א וַיְדַבֵּ֥ר יְהוָ֖ה אֶל־מֹשֶׁ֥ה לֵּאמֹֽר׃ ב וְאֶל־בְּנֵ֣י יִשְׂרָאֵל֮ תֹּאמַר֒ אִ֣ישׁ   חמישי
אִ֣ישׁ מִבְּנֵ֣י יִשְׂרָאֵ֗ל וּמִן־הַגֵּ֤ר ׀ הַגָּר֙ בְּיִשְׂרָאֵ֔ל אֲשֶׁ֨ר יִתֵּ֧ן מִזַּרְע֛וֹ
לַמֹּ֖לֶךְ מ֣וֹת יוּמָ֑ת עַ֥ם הָאָ֖רֶץ יִרְגְּמֻ֥הוּ בָאָֽבֶן׃ ג וַאֲנִ֞י אֶתֵּ֤ן אֶת־
פָּנַי֙ בָּאִ֣ישׁ הַה֔וּא וְהִכְרַתִּ֥י אֹת֖וֹ מִקֶּ֣רֶב עַמּ֑וֹ כִּ֤י מִזַּרְעוֹ֙ נָתַ֣ן
לַמֹּ֔לֶךְ לְמַ֗עַן טַמֵּא֙ אֶת־מִקְדָּשִׁ֔י וּלְחַלֵּ֖ל אֶת־שֵׁ֥ם קָדְשִֽׁי׃ ד וְאִ֡ם
הַעְלֵ֣ם יַעְלִימוּ֩ עַ֨ם הָאָ֜רֶץ אֶת־עֵֽינֵיהֶ֗ם מִן־הָאִ֤ישׁ הַהוּא֙ בְּתִתּ֣וֹ
מִזַּרְע֣וֹ לַמֹּ֔לֶךְ לְבִלְתִּ֖י הָמִ֥ית אֹתֽוֹ׃ ה וְשַׂמְתִּ֨י אֲנִ֧י אֶת־פָּנַ֛י בָּאִ֥ישׁ
הַה֖וּא וּבְמִשְׁפַּחְתּ֑וֹ וְהִכְרַתִּ֨י אֹת֜וֹ וְאֵ֣ת ׀ כָּל־הַזֹּנִ֣ים אַחֲרָ֗יו לִזְנ֛וֹת
אַחֲרֵ֥י הַמֹּ֖לֶךְ מִקֶּ֣רֶב עַמָּֽם׃ ו וְהַנֶּ֗פֶשׁ אֲשֶׁ֨ר תִּפְנֶ֤ה אֶל־הָֽאֹבֹת֙
וְאֶל־הַיִּדְּעֹנִ֔ים לִזְנ֖וֹת אַחֲרֵיהֶ֑ם וְנָתַתִּ֤י אֶת־פָּנַי֙ בַּנֶּ֣פֶשׁ הַה֔וּא
וְהִכְרַתִּ֥י אֹת֖וֹ מִקֶּ֥רֶב עַמּֽוֹ׃ ז וְהִ֨תְקַדִּשְׁתֶּ֔ם וִהְיִיתֶ֖ם קְדֹשִׁ֑ים כִּ֛י
אֲנִ֥י יְהוָ֖ה אֱלֹהֵיכֶֽם׃ ח וּשְׁמַרְתֶּם֙ אֶת־חֻקֹּתַ֔י וַעֲשִׂיתֶ֖ם אֹתָ֑ם   שׁשׁי
אֲנִ֥י יְהוָ֖ה מְקַדִּשְׁכֶֽם׃ ט כִּֽי־אִ֣ישׁ אִ֗ישׁ אֲשֶׁ֨ר יְקַלֵּ֧ל אֶת־אָבִ֛יו וְאֶת־   /שׁביעי
אִמּ֖וֹ מ֣וֹת יוּמָ֑ת אָבִ֧יו וְאִמּ֛וֹ קִלֵּ֖ל דָּמָ֥יו בּֽוֹ׃ י וְאִ֗ישׁ אֲשֶׁ֤ר יִנְאַף֙
אֶת־אֵ֣שֶׁת אִ֔ישׁ אֲשֶׁ֥ר יִנְאַ֖ף אֶת־אֵ֣שֶׁת רֵעֵ֑הוּ מֽוֹת־יוּמַ֥ת הַנֹּאֵ֖ף
וְהַנֹּאָֽפֶת׃ יא וְאִ֗ישׁ אֲשֶׁ֤ר יִשְׁכַּב֙ אֶת־אֵ֣שֶׁת אָבִ֔יו עֶרְוַ֥ת אָבִ֖יו גִּלָּ֑ה
מֽוֹת־יוּמְת֥וּ שְׁנֵיהֶ֖ם דְּמֵיהֶ֥ם בָּֽם׃ יב וְאִ֗ישׁ אֲשֶׁ֤ר יִשְׁכַּב֙ אֶת־כַּלָּת֔וֹ
מ֥וֹת יוּמְת֖וּ שְׁנֵיהֶ֑ם תֶּ֣בֶל עָשׂ֔וּ דְּמֵיהֶ֖ם בָּֽם׃ יג וְאִ֗ישׁ אֲשֶׁ֤ר יִשְׁכַּב֙
אֶת־זָכָר֙ מִשְׁכְּבֵ֣י אִשָּׁ֔ה תּוֹעֵבָ֥ה עָשׂ֖וּ שְׁנֵיהֶ֑ם מ֥וֹת יוּמָ֖תוּ דְּמֵיהֶ֥ם
בָּֽם׃ יד וְאִ֗ישׁ אֲשֶׁ֨ר יִקַּ֧ח אֶת־אִשָּׁ֛ה וְאֶת־אִמָּ֖הּ זִמָּ֣ה הִ֑וא בָּאֵ֞שׁ
יִשְׂרְפ֤וּ אֹתוֹ֙ וְאֶתְהֶ֔ן וְלֹא־תִהְיֶ֥ה זִמָּ֖ה בְּתוֹכְכֶֽם׃ טו וְאִ֗ישׁ אֲשֶׁ֨ר
יִתֵּ֧ן שְׁכָבְתּ֛וֹ בִּבְהֵמָ֖ה מ֣וֹת יוּמָ֑ת וְאֶת־הַבְּהֵמָ֖ה תַּהֲרֹֽגוּ׃ טז וְאִשָּׁ֗ה
אֲשֶׁ֨ר תִּקְרַ֤ב אֶל־כָּל־בְּהֵמָה֙ לְרִבְעָ֣ה אֹתָ֔הּ וְהָרַגְתָּ֥ אֶת־הָאִשָּׁ֖ה
וְאֶת־הַבְּהֵמָ֑ה מ֥וֹת יוּמָ֖תוּ דְּמֵיהֶ֥ם בָּֽם׃ יז וְאִ֣ישׁ אֲשֶׁר־יִקַּ֣ח אֶת־
אֲחֹת֡וֹ בַּת־אָבִ֣יו א֣וֹ בַת־אִמּ֡וֹ וְרָאָה֩ אֶת־עֶרְוָתָ֨הּ וְהִ֤יא תִרְאֶה֙

אֶת־עֶרְוָתוֹ חֶסֶד הוּא וְנִכְרְתוּ לְעֵינֵי בְּנֵי עַמָּם עֶרְוַת אֲחֹתוֹ
יח גִּלָּה עֲוֺנוֹ יִשָּׂא׃ וְאִישׁ אֲשֶׁר־יִשְׁכַּב אֶת־אִשָּׁה דָּוָה וְגִלָּה אֶת־
עֶרְוָתָהּ אֶת־מְקֹרָהּ הֶעֱרָה וְהִוא גִּלְּתָה אֶת־מְקוֹר דָּמֶיהָ וְנִכְרְתוּ
יט שְׁנֵיהֶם מִקֶּרֶב עַמָּם׃ וְעֶרְוַת אֲחוֹת אִמְּךָ וַאֲחוֹת אָבִיךָ לֹא
כ תְגַלֵּה כִּי אֶת־שְׁאֵרוֹ הֶעֱרָה עֲוֺנָם יִשָּׂאוּ׃ וְאִישׁ אֲשֶׁר יִשְׁכַּב
כא אֶת־דֹּדָתוֹ עֶרְוַת דֹּדוֹ גִּלָּה חֶטְאָם יִשָּׂאוּ עֲרִירִים יָמֻתוּ׃ וְאִישׁ
אֲשֶׁר יִקַּח אֶת־אֵשֶׁת אָחִיו נִדָּה הִוא עֶרְוַת אָחִיו גִּלָּה עֲרִירִים
כב יִהְיוּ׃ וּשְׁמַרְתֶּם אֶת־כָּל־חֻקֹּתַי וְאֶת־כָּל־מִשְׁפָּטַי וַעֲשִׂיתֶם
אֹתָם וְלֹא־תָקִיא אֶתְכֶם הָאָרֶץ אֲשֶׁר אֲנִי מֵבִיא אֶתְכֶם שָׁמָּה
כג לָשֶׁבֶת בָּהּ׃ וְלֹא תֵלְכוּ בְּחֻקֹּת הַגּוֹי אֲשֶׁר־אֲנִי מְשַׁלֵּחַ מִפְּנֵיכֶם שביעי
כד כִּי אֶת־כָּל־אֵלֶּה עָשׂוּ וָאָקֻץ בָּם׃ וָאֹמַר לָכֶם אַתֶּם תִּירְשׁוּ
אֶת־אַדְמָתָם וַאֲנִי אֶתְּנֶנָּה לָכֶם לָרֶשֶׁת אֹתָהּ אֶרֶץ זָבַת חָלָב
וּדְבָשׁ אֲנִי יְהוָה אֱלֹהֵיכֶם אֲשֶׁר־הִבְדַּלְתִּי אֶתְכֶם מִן־הָעַמִּים׃
כה וְהִבְדַּלְתֶּם בֵּין־הַבְּהֵמָה הַטְּהֹרָה לַטְּמֵאָה וּבֵין־הָעוֹף הַטָּמֵא מפטיר
לַטָּהֹר וְלֹא־תְשַׁקְּצוּ אֶת־נַפְשֹׁתֵיכֶם בַּבְּהֵמָה וּבָעוֹף וּבְכֹל
כו אֲשֶׁר תִּרְמֹשׂ הָאֲדָמָה אֲשֶׁר־הִבְדַּלְתִּי לָכֶם לְטַמֵּא׃ וִהְיִיתֶם לִי
קְדֹשִׁים כִּי קָדוֹשׁ אֲנִי יְהוָה וָאַבְדִּל אֶתְכֶם מִן־הָעַמִּים לִהְיוֹת
כז לִי׃ וְאִישׁ אוֹ־אִשָּׁה כִּי־יִהְיֶה בָהֶם אוֹב אוֹ יִדְּעֹנִי מוֹת יוּמָתוּ
בָּאֶבֶן יִרְגְּמוּ אֹתָם דְּמֵיהֶם בָּם׃

כא א וַיֹּאמֶר יְהוָה אֶל־מֹשֶׁה אֱמֹר אֶל־הַכֹּהֲנִים בְּנֵי אַהֲרֹן וְאָמַרְתָּ אמר יז
ב אֲלֵהֶם לְנֶפֶשׁ לֹא־יִטַּמָּא בְּעַמָּיו׃ כִּי אִם־לִשְׁאֵרוֹ הַקָּרֹב אֵלָיו
ג לְאִמּוֹ וּלְאָבִיו וְלִבְנוֹ וּלְבִתּוֹ וּלְאָחִיו׃ וְלַאֲחֹתוֹ הַבְּתוּלָה הַקְּרוֹבָה
ד אֵלָיו אֲשֶׁר לֹא־הָיְתָה לְאִישׁ לָהּ יִטַּמָּא׃ לֹא יִטַּמָּא בַּעַל בְּעַמָּיו
ה לְהֵחַלּוֹ׃ לֹא־יקרחה קָרְחָה בְּרֹאשָׁם וּפְאַת זְקָנָם לֹא יְגַלֵּחוּ יִקְרְחוּ
ו וּבִבְשָׂרָם לֹא יִשְׂרְטוּ שָׂרָטֶת׃ קְדֹשִׁים יִהְיוּ לֵאלֹהֵיהֶם וְלֹא
יְחַלְּלוּ שֵׁם אֱלֹהֵיהֶם כִּי אֶת־אִשֵּׁי יְהוָה לֶחֶם אֱלֹהֵיהֶם הֵם
ז מַקְרִיבִם וְהָיוּ קֹדֶשׁ׃ אִשָּׁה זֹנָה וַחֲלָלָה לֹא יִקָּחוּ וְאִשָּׁה גְּרוּשָׁה

ח מֵאִשָּׁה לֹא יִקָּחוּ כִּי־קָדֹשׁ הוּא לֵאלֹהָיו: וְקִדַּשְׁתּוֹ כִּי־אֶת־
לֶחֶם אֱלֹהֶיךָ הוּא מַקְרִיב קָדֹשׁ יִהְיֶה־לָּךְ כִּי קָדוֹשׁ אֲנִי יְהוָה
ט מְקַדִּשְׁכֶם: וּבַת אִישׁ כֹּהֵן כִּי תֵחֵל לִזְנוֹת אֶת־אָבִיהָ הִיא
י מְחַלֶּלֶת בָּאֵשׁ תִּשָּׂרֵף: וְהַכֹּהֵן הַגָּדוֹל מֵאֶחָיו
אֲשֶׁר־יוּצַק עַל־רֹאשׁוֹ ׀ שֶׁמֶן הַמִּשְׁחָה וּמִלֵּא אֶת־יָדוֹ לִלְבֹּשׁ
יא אֶת־הַבְּגָדִים אֶת־רֹאשׁוֹ לֹא יִפְרָע וּבְגָדָיו לֹא יִפְרֹם: וְעַל כָּל־
יב נַפְשֹׁת מֵת לֹא יָבֹא לְאָבִיו וּלְאִמּוֹ לֹא יִטַּמָּא: וּמִן־הַמִּקְדָּשׁ
לֹא יֵצֵא וְלֹא יְחַלֵּל אֵת מִקְדַּשׁ אֱלֹהָיו כִּי נֵזֶר שֶׁמֶן מִשְׁחַת
יג יד אֱלֹהָיו עָלָיו אֲנִי יְהוָה: וְהוּא אִשָּׁה בִבְתוּלֶיהָ יִקָּח: אַלְמָנָה
וּגְרוּשָׁה וַחֲלָלָה זֹנָה אֶת־אֵלֶּה לֹא יִקָּח כִּי אִם־בְּתוּלָה
טו מֵעַמָּיו יִקַּח אִשָּׁה: וְלֹא־יְחַלֵּל זַרְעוֹ בְּעַמָּיו כִּי אֲנִי יְהוָה
טז יז מְקַדְּשׁוֹ: וַיְדַבֵּר יְהוָה אֶל־מֹשֶׁה לֵּאמֹר: דַּבֵּר שני
אֶל־אַהֲרֹן לֵאמֹר אִישׁ מִזַּרְעֲךָ לְדֹרֹתָם אֲשֶׁר יִהְיֶה בוֹ מוּם
יח לֹא יִקְרַב לְהַקְרִיב לֶחֶם אֱלֹהָיו: כִּי כָל־אִישׁ אֲשֶׁר־בּוֹ מוּם לֹא
יט יִקְרָב אִישׁ עִוֵּר אוֹ פִסֵּחַ אוֹ חָרֻם אוֹ שָׂרוּעַ: אוֹ אִישׁ אֲשֶׁר־
כ יִהְיֶה בוֹ שֶׁבֶר רָגֶל אוֹ שֶׁבֶר יָד: אוֹ־גִבֵּן אוֹ־דַק אוֹ תְּבַלֻּל
כא בְּעֵינוֹ אוֹ גָרָב אוֹ יַלֶּפֶת אוֹ מְרוֹחַ אָשֶׁךְ: כָּל־אִישׁ אֲשֶׁר־בּוֹ מוּם
מִזֶּרַע אַהֲרֹן הַכֹּהֵן לֹא יִגַּשׁ לְהַקְרִיב אֶת־אִשֵּׁי יְהוָה מוּם בּוֹ
כב אֵת לֶחֶם אֱלֹהָיו לֹא יִגַּשׁ לְהַקְרִיב: לֶחֶם אֱלֹהָיו מִקָּדְשֵׁי
כג הַקֳּדָשִׁים וּמִן־הַקֳּדָשִׁים יֹאכֵל: אַךְ אֶל־הַפָּרֹכֶת לֹא יָבֹא וְאֶל־
הַמִּזְבֵּחַ לֹא יִגַּשׁ כִּי־מוּם בּוֹ וְלֹא יְחַלֵּל אֶת־מִקְדָּשַׁי כִּי אֲנִי
כד יְהוָה מְקַדְּשָׁם: וַיְדַבֵּר מֹשֶׁה אֶל־אַהֲרֹן וְאֶל־בָּנָיו וְאֶל־כָּל־
בְּנֵי יִשְׂרָאֵל:

כב א ב וַיְדַבֵּר יְהוָה אֶל־מֹשֶׁה לֵּאמֹר: דַּבֵּר אֶל־אַהֲרֹן וְאֶל־בָּנָיו וְיִנָּזְרוּ
מִקָּדְשֵׁי בְנֵי־יִשְׂרָאֵל וְלֹא יְחַלְּלוּ אֶת־שֵׁם קָדְשִׁי אֲשֶׁר הֵם
ג מַקְדִּשִׁים לִי אֲנִי יְהוָה: אֱמֹר אֲלֵהֶם לְדֹרֹתֵיכֶם כָּל־אִישׁ ׀ אֲשֶׁר־
יִקְרַב מִכָּל־זַרְעֲכֶם אֶל־הַקֳּדָשִׁים אֲשֶׁר יַקְדִּישׁוּ בְנֵי־יִשְׂרָאֵל

לַיהוָה וְטֻמְאָתוֹ עָלָיו וְנִכְרְתָה הַנֶּפֶשׁ הַהִוא מִלְּפָנַי אֲנִי יְהוָה׃
ד אִישׁ אִישׁ מִזֶּרַע אַהֲרֹן וְהוּא צָרוּעַ אוֹ זָב בַּקֳּדָשִׁים לֹא יֹאכַל
עַד אֲשֶׁר יִטְהָר וְהַנֹּגֵעַ בְּכָל־טְמֵא־נֶפֶשׁ אוֹ אִישׁ אֲשֶׁר־תֵּצֵא
ה מִמֶּנּוּ שִׁכְבַת־זָרַע׃ אוֹ־אִישׁ אֲשֶׁר יִגַּע בְּכָל־שֶׁרֶץ אֲשֶׁר יִטְמָא־
ו לוֹ אוֹ בְאָדָם אֲשֶׁר יִטְמָא־לוֹ לְכֹל טֻמְאָתוֹ׃ נֶפֶשׁ אֲשֶׁר תִּגַּע־
בּוֹ וְטָמְאָה עַד־הָעָרֶב וְלֹא יֹאכַל מִן־הַקֳּדָשִׁים כִּי אִם־רָחַץ
ז בְּשָׂרוֹ בַּמָּיִם׃ וּבָא הַשֶּׁמֶשׁ וְטָהֵר וְאַחַר יֹאכַל מִן־הַקֳּדָשִׁים
ח כִּי לַחְמוֹ הוּא׃ נְבֵלָה וּטְרֵפָה לֹא יֹאכַל לְטָמְאָה־בָהּ אֲנִי יְהוָה׃
ט וְשָׁמְרוּ אֶת־מִשְׁמַרְתִּי וְלֹא־יִשְׂאוּ עָלָיו חֵטְא וּמֵתוּ בוֹ כִּי יְחַלְּלֻהוּ
י אֲנִי יְהוָה מְקַדְּשָׁם׃ וְכָל־זָר לֹא־יֹאכַל קֹדֶשׁ תּוֹשַׁב כֹּהֵן וְשָׂכִיר
יא לֹא־יֹאכַל קֹדֶשׁ׃ וְכֹהֵן כִּי־יִקְנֶה נֶפֶשׁ קִנְיַן כַּסְפּוֹ הוּא יֹאכַל
יב בּוֹ וִילִיד בֵּיתוֹ הֵם יֹאכְלוּ בְלַחְמוֹ׃ וּבַת־כֹּהֵן כִּי תִהְיֶה לְאִישׁ
יג זָר הִוא בִּתְרוּמַת הַקֳּדָשִׁים לֹא תֹאכֵל׃ וּבַת־כֹּהֵן כִּי תִהְיֶה
אַלְמָנָה וּגְרוּשָׁה וְזֶרַע אֵין לָהּ וְשָׁבָה אֶל־בֵּית אָבִיהָ כִּנְעוּרֶיהָ
יד מִלֶּחֶם אָבִיהָ תֹּאכֵל וְכָל־זָר לֹא־יֹאכַל בּוֹ׃ וְאִישׁ כִּי־יֹאכַל
קֹדֶשׁ בִּשְׁגָגָה וְיָסַף חֲמִשִׁיתוֹ עָלָיו וְנָתַן לַכֹּהֵן אֶת־הַקֹּדֶשׁ׃
טו וְלֹא יְחַלְּלוּ אֶת־קָדְשֵׁי בְּנֵי יִשְׂרָאֵל אֵת אֲשֶׁר־יָרִימוּ לַיהוָה׃
טז וְהִשִּׂיאוּ אוֹתָם עֲוֺן אַשְׁמָה בְּאָכְלָם אֶת־קָדְשֵׁיהֶם כִּי אֲנִי יְהוָה
מְקַדְּשָׁם׃
יז יח וַיְדַבֵּר יְהוָה אֶל־מֹשֶׁה לֵּאמֹר׃ דַּבֵּר אֶל־אַהֲרֹן וְאֶל־בָּנָיו וְאֶל יח שלישי
כָּל־בְּנֵי יִשְׂרָאֵל וְאָמַרְתָּ אֲלֵהֶם אִישׁ אִישׁ מִבֵּית יִשְׂרָאֵל וּמִן־
הַגֵּר בְּיִשְׂרָאֵל אֲשֶׁר יַקְרִיב קָרְבָּנוֹ לְכָל־נִדְרֵיהֶם וּלְכָל־נִדְבוֹתָם
יט אֲשֶׁר־יַקְרִיבוּ לַיהוָה לְעֹלָה׃ לִרְצֹנְכֶם תָּמִים זָכָר בַּבָּקָר
כ בַּכְּשָׂבִים וּבָעִזִּים׃ כֹּל אֲשֶׁר־בּוֹ מוּם לֹא תַקְרִיבוּ כִּי־לֹא לְרָצוֹן
כא יִהְיֶה לָכֶם׃ וְאִישׁ כִּי־יַקְרִיב זֶבַח־שְׁלָמִים לַיהוָה לְפַלֵּא־נֶדֶר
אוֹ לִנְדָבָה בַּבָּקָר אוֹ בַצֹּאן תָּמִים יִהְיֶה לְרָצוֹן כָּל־מוּם לֹא
כב יִהְיֶה־בּוֹ׃ עַוֶּרֶת אוֹ שָׁבוּר אוֹ־חָרוּץ אוֹ־יַבֶּלֶת אוֹ גָרָב אוֹ

יַלֶּ֗פֶת לֹא־תַקְרִ֥יבוּ אֵ֖לֶּה לַֽיהוָ֑ה וְאִשֶּׁ֗ה לֹא־תִתְּנ֥וּ מֵהֶ֛ם עַל־
כג הַמִּזְבֵּ֖חַ לַֽיהוָֽה׃ וְשׁ֥וֹר וָשֶׂ֖ה שָׂר֣וּעַ וְקָל֑וּט נְדָבָה֙ תַּעֲשֶׂ֣ה אֹת֔וֹ
כד וּלְנֵ֖דֶר לֹ֥א יֵרָצֶֽה׃ וּמָע֤וּךְ וְכָתוּת֙ וְנָת֣וּק וְכָר֔וּת לֹ֥א תַקְרִ֖יבוּ
כה לַֽיהוָ֑ה וּבְאַרְצְכֶ֖ם לֹ֥א תַעֲשֽׂוּ׃ וּמִיַּ֣ד בֶּן־נֵכָ֗ר לֹ֥א תַקְרִ֛יבוּ אֶת־
לֶ֥חֶם אֱלֹהֵיכֶ֖ם מִכָּל־אֵ֑לֶּה כִּ֣י מָשְׁחָתָ֤ם בָּהֶם֙ מ֣וּם בָּ֔ם לֹ֥א יֵרָצ֖וּ
כו כז לָכֶֽם׃ וַיְדַבֵּ֥ר יְהוָ֖ה אֶל־מֹשֶׁ֥ה לֵּאמֹֽר׃ שׁ֣וֹר אוֹ־
כֶ֤שֶׂב אוֹ־עֵז֙ כִּ֣י יִוָּלֵ֔ד וְהָיָ֛ה שִׁבְעַ֥ת יָמִ֖ים תַּ֣חַת אִמּ֑וֹ וּמִיּ֤וֹם הַשְּׁמִינִי֙
כח וָהָ֔לְאָה יֵרָצֶ֕ה לְקָרְבַּ֥ן אִשֶּׁ֖ה לַֽיהוָֽה׃ וְשׁ֖וֹר אוֹ־שֶׂ֑ה אֹת֣וֹ וְאֶת־
כט בְּנ֔וֹ לֹ֥א תִשְׁחֲט֖וּ בְּי֥וֹם אֶחָֽד׃ וְכִֽי־תִזְבְּח֥וּ זֶֽבַח־תּוֹדָ֖ה לַֽיהוָ֑ה
ל לִֽרְצֹנְכֶ֖ם תִּזְבָּֽחוּ׃ בַּיּ֤וֹם הַהוּא֙ יֵֽאָכֵ֔ל לֹֽא־תוֹתִ֥ירוּ מִמֶּ֖נּוּ עַד־
לא בֹּ֑קֶר אֲנִ֖י יְהוָֽה׃ וּשְׁמַרְתֶּם֙ מִצְוֺתַ֔י וַעֲשִׂיתֶ֖ם אֹתָ֑ם אֲנִ֖י יְהוָֽה׃
לב וְלֹ֤א תְחַלְּלוּ֙ אֶת־שֵׁ֣ם קָדְשִׁ֔י וְנִ֨קְדַּשְׁתִּ֔י בְּת֖וֹךְ בְּנֵ֣י יִשְׂרָאֵ֑ל אֲנִ֥י
לג יְהוָ֖ה מְקַדִּשְׁכֶֽם׃ הַמּוֹצִ֤יא אֶתְכֶם֙ מֵאֶ֣רֶץ מִצְרַ֔יִם לִהְי֥וֹת לָכֶ֖ם
לֵאלֹהִ֑ים אֲנִ֖י יְהוָֽה׃

כג א ב וַיְדַבֵּ֥ר יְהוָ֖ה אֶל־מֹשֶׁ֥ה לֵּאמֹֽר׃ דַּבֵּ֞ר אֶל־בְּנֵ֤י יִשְׂרָאֵל֙ וְאָמַרְתָּ֣ רביעי
אֲלֵהֶ֔ם מוֹעֲדֵ֣י יְהוָ֔ה אֲשֶׁר־תִּקְרְא֥וּ אֹתָ֖ם מִקְרָאֵ֣י קֹ֑דֶשׁ אֵ֖לֶּה
ג הֵ֥ם מוֹעֲדָֽי׃ שֵׁ֣שֶׁת יָמִים֮ תֵּעָשֶׂ֣ה מְלָאכָה֒ וּבַיּ֣וֹם הַשְּׁבִיעִ֗י שַׁבַּ֤ת
שַׁבָּתוֹן֙ מִקְרָא־קֹ֔דֶשׁ כָּל־מְלָאכָ֖ה לֹ֣א תַעֲשׂ֑וּ שַׁבָּ֥ת הִוא֙ לַֽיהוָ֔ה
בְּכֹ֖ל מוֹשְׁבֹתֵיכֶֽם׃
ד אֵ֚לֶּה מוֹעֲדֵ֣י יְהוָ֔ה מִקְרָאֵ֖י קֹ֑דֶשׁ אֲשֶׁר־תִּקְרְא֥וּ אֹתָ֖ם בְּמוֹעֲדָֽם׃
ה בַּחֹ֣דֶשׁ הָֽרִאשׁ֗וֹן בְּאַרְבָּעָ֥ה עָשָׂ֛ר לַחֹ֖דֶשׁ בֵּ֣ין הָֽעַרְבָּ֑יִם פֶּ֖סַח
ו לַֽיהוָֽה׃ וּבַחֲמִשָּׁ֨ה עָשָׂ֥ר יוֹם֙ לַחֹ֣דֶשׁ הַזֶּ֔ה חַ֥ג הַמַּצּ֖וֹת לַֽיהוָ֑ה
ז שִׁבְעַ֥ת יָמִ֖ים מַצּ֥וֹת תֹּאכֵֽלוּ׃ בַּיּוֹם֙ הָֽרִאשׁ֔וֹן מִקְרָא־קֹ֖דֶשׁ יִהְיֶ֣ה
ח לָכֶ֑ם כָּל־מְלֶ֥אכֶת עֲבֹדָ֖ה לֹ֥א תַעֲשֽׂוּ׃ וְהִקְרַבְתֶּ֥ם אִשֶּׁ֛ה לַֽיהוָ֖ה
שִׁבְעַ֣ת יָמִ֑ים בַּיּ֤וֹם הַשְּׁבִיעִי֙ מִקְרָא־קֹ֔דֶשׁ כָּל־מְלֶ֥אכֶת עֲבֹדָ֖ה
לֹ֥א תַעֲשֽׂוּ׃
ט י וַיְדַבֵּ֥ר יְהוָ֖ה אֶל־מֹשֶׁ֥ה לֵּאמֹֽר׃ דַּבֵּ֞ר אֶל־בְּנֵ֣י יִשְׂרָאֵ֗ל וְאָמַרְתָּ֣

אֱלֵהֶם כִּי־תָבֹאוּ אֶל־הָאָרֶץ אֲשֶׁר אֲנִי נֹתֵן לָכֶם וּקְצַרְתֶּם
אֶת־קְצִירָהּ וַהֲבֵאתֶם אֶת־עֹמֶר רֵאשִׁית קְצִירְכֶם אֶל־הַכֹּהֵן׃
יא וְהֵנִיף אֶת־הָעֹמֶר לִפְנֵי יהוה לִרְצֹנְכֶם מִמָּחֳרַת הַשַּׁבָּת יְנִיפֶנּוּ
יב הַכֹּהֵן׃ וַעֲשִׂיתֶם בְּיוֹם הֲנִיפְכֶם אֶת־הָעֹמֶר כֶּבֶשׂ תָּמִים בֶּן־
יג שְׁנָתוֹ לְעֹלָה לַיהוה׃ וּמִנְחָתוֹ שְׁנֵי עֶשְׂרֹנִים סֹלֶת בְּלוּלָה
בַשֶּׁמֶן אִשֶּׁה לַיהוה רֵיחַ נִיחֹחַ וְנִסְכֹּה יַיִן רְבִיעִת הַהִין׃
יד וְלֶחֶם וְקָלִי וְכַרְמֶל לֹא תֹאכְלוּ עַד־עֶצֶם הַיּוֹם הַזֶּה עַד
הֲבִיאֲכֶם אֶת־קָרְבַּן אֱלֹהֵיכֶם חֻקַּת עוֹלָם לְדֹרֹתֵיכֶם בְּכֹל
טו מֹשְׁבֹתֵיכֶם׃ וּסְפַרְתֶּם לָכֶם מִמָּחֳרַת הַשַּׁבָּת יט
מִיּוֹם הֲבִיאֲכֶם אֶת־עֹמֶר הַתְּנוּפָה שֶׁבַע שַׁבָּתוֹת תְּמִימֹת
טז תִּהְיֶינָה׃ עַד מִמָּחֳרַת הַשַּׁבָּת הַשְּׁבִיעִת תִּסְפְּרוּ חֲמִשִּׁים יוֹם
יז וְהִקְרַבְתֶּם מִנְחָה חֲדָשָׁה לַיהוה׃ מִמּוֹשְׁבֹתֵיכֶם תָּבִיאּוּ ׀ לֶחֶם
תְּנוּפָה שְׁתַּיִם שְׁנֵי עֶשְׂרֹנִים סֹלֶת תִּהְיֶינָה חָמֵץ תֵּאָפֶינָה בִּכּוּרִים
יח לַיהוה׃ וְהִקְרַבְתֶּם עַל־הַלֶּחֶם שִׁבְעַת כְּבָשִׂים תְּמִימִם בְּנֵי
שָׁנָה וּפַר בֶּן־בָּקָר אֶחָד וְאֵילִם שְׁנָיִם יִהְיוּ עֹלָה לַיהוה וּמִנְחָתָם
יט וְנִסְכֵּיהֶם אִשֵּׁה רֵיחַ־נִיחֹחַ לַיהוה׃ וַעֲשִׂיתֶם שְׂעִיר־עִזִּים אֶחָד
כ לְחַטָּאת וּשְׁנֵי כְבָשִׂים בְּנֵי שָׁנָה לְזֶבַח שְׁלָמִים׃ וְהֵנִיף הַכֹּהֵן ׀
אֹתָם עַל לֶחֶם הַבִּכֻּרִים תְּנוּפָה לִפְנֵי יהוה עַל־שְׁנֵי כְּבָשִׂים
כא קֹדֶשׁ יִהְיוּ לַיהוה לַכֹּהֵן׃ וּקְרָאתֶם בְּעֶצֶם ׀ הַיּוֹם הַזֶּה מִקְרָא־
קֹדֶשׁ יִהְיֶה לָכֶם כָּל־מְלֶאכֶת עֲבֹדָה לֹא תַעֲשׂוּ חֻקַּת עוֹלָם
כב בְּכָל־מוֹשְׁבֹתֵיכֶם לְדֹרֹתֵיכֶם׃ וּבְקֻצְרְכֶם אֶת־קְצִיר אַרְצְכֶם
לֹא־תְכַלֶּה פְּאַת שָׂדְךָ בְּקֻצְרֶךָ וְלֶקֶט קְצִירְךָ לֹא תְלַקֵּט לֶעָנִי
וְלַגֵּר תַּעֲזֹב אֹתָם אֲנִי יהוה אֱלֹהֵיכֶם׃
כג כד וַיְדַבֵּר יהוה אֶל־מֹשֶׁה לֵּאמֹר׃ דַּבֵּר אֶל־בְּנֵי יִשְׂרָאֵל לֵאמֹר חמישי
בַּחֹדֶשׁ הַשְּׁבִיעִי בְּאֶחָד לַחֹדֶשׁ יִהְיֶה לָכֶם שַׁבָּתוֹן זִכְרוֹן תְּרוּעָה
כה מִקְרָא־קֹדֶשׁ׃ כָּל־מְלֶאכֶת עֲבֹדָה לֹא תַעֲשׂוּ וְהִקְרַבְתֶּם אִשֶּׁה
כו כז לַיהוה׃ וַיְדַבֵּר יהוה אֶל־מֹשֶׁה לֵּאמֹר׃ אַךְ

בֶּעָשׂוֹר לַחֹדֶשׁ הַשְּׁבִיעִי הַזֶּה יוֹם הַכִּפֻּרִים הוּא מִקְרָא־קֹדֶשׁ
יִהְיֶה לָכֶם וְעִנִּיתֶם אֶת־נַפְשֹׁתֵיכֶם וְהִקְרַבְתֶּם אִשֶּׁה לַיהוָה׃
כח וְכָל־מְלָאכָה לֹא תַעֲשׂוּ בְּעֶצֶם הַיּוֹם הַזֶּה כִּי יוֹם כִּפֻּרִים הוּא
כט לְכַפֵּר עֲלֵיכֶם לִפְנֵי יהוה אֱלֹהֵיכֶם׃ כִּי כָל־הַנֶּפֶשׁ אֲשֶׁר לֹא־
ל תְעֻנֶּה בְּעֶצֶם הַיּוֹם הַזֶּה וְנִכְרְתָה מֵעַמֶּיהָ׃ וְכָל־הַנֶּפֶשׁ אֲשֶׁר
תַּעֲשֶׂה כָּל־מְלָאכָה בְּעֶצֶם הַיּוֹם הַזֶּה וְהַאֲבַדְתִּי אֶת־הַנֶּפֶשׁ
לא הַהִוא מִקֶּרֶב עַמָּהּ׃ כָּל־מְלָאכָה לֹא תַעֲשׂוּ חֻקַּת עוֹלָם
לב לְדֹרֹתֵיכֶם בְּכֹל מֹשְׁבֹתֵיכֶם׃ שַׁבַּת שַׁבָּתוֹן הוּא לָכֶם וְעִנִּיתֶם
אֶת־נַפְשֹׁתֵיכֶם בְּתִשְׁעָה לַחֹדֶשׁ בָּעֶרֶב מֵעֶרֶב עַד־עֶרֶב תִּשְׁבְּתוּ
שַׁבַּתְּכֶם׃
לג לד וַיְדַבֵּר יהוה אֶל־מֹשֶׁה לֵּאמֹר׃ דַּבֵּר אֶל־בְּנֵי יִשְׂרָאֵל לֵאמֹר ששי
בַּחֲמִשָּׁה עָשָׂר יוֹם לַחֹדֶשׁ הַשְּׁבִיעִי הַזֶּה חַג הַסֻּכּוֹת שִׁבְעַת
לה יָמִים לַיהוָה׃ בַּיּוֹם הָרִאשׁוֹן מִקְרָא־קֹדֶשׁ כָּל־מְלֶאכֶת עֲבֹדָה
לו לֹא תַעֲשׂוּ׃ שִׁבְעַת יָמִים תַּקְרִיבוּ אִשֶּׁה לַיהוָה בַּיּוֹם הַשְּׁמִינִי
מִקְרָא־קֹדֶשׁ יִהְיֶה לָכֶם וְהִקְרַבְתֶּם אִשֶּׁה לַיהוָה עֲצֶרֶת הִוא
לז כָּל־מְלֶאכֶת עֲבֹדָה לֹא תַעֲשׂוּ׃ אֵלֶּה מוֹעֲדֵי יהוה אֲשֶׁר־
תִּקְרְאוּ אֹתָם מִקְרָאֵי קֹדֶשׁ לְהַקְרִיב אִשֶּׁה לַיהוָה עֹלָה וּמִנְחָה
לח זֶבַח וּנְסָכִים דְּבַר־יוֹם בְּיוֹמוֹ׃ מִלְּבַד שַׁבְּתֹת יהוה וּמִלְּבַד
מַתְּנוֹתֵיכֶם וּמִלְּבַד כָּל־נִדְרֵיכֶם וּמִלְּבַד כָּל־נִדְבֹתֵיכֶם אֲשֶׁר
לט תִּתְּנוּ לַיהוָה׃ אַךְ בַּחֲמִשָּׁה עָשָׂר יוֹם לַחֹדֶשׁ הַשְּׁבִיעִי בְּאָסְפְּכֶם
אֶת־תְּבוּאַת הָאָרֶץ תָּחֹגּוּ אֶת־חַג־יהוה שִׁבְעַת יָמִים בַּיּוֹם
מ הָרִאשׁוֹן שַׁבָּתוֹן וּבַיּוֹם הַשְּׁמִינִי שַׁבָּתוֹן׃ וּלְקַחְתֶּם לָכֶם בַּיּוֹם
הָרִאשׁוֹן פְּרִי עֵץ הָדָר כַּפֹּת תְּמָרִים וַעֲנַף עֵץ־עָבֹת וְעַרְבֵי־
מא נָחַל וּשְׂמַחְתֶּם לִפְנֵי יהוה אֱלֹהֵיכֶם שִׁבְעַת יָמִים׃ וְחַגֹּתֶם
אֹתוֹ חַג לַיהוָה שִׁבְעַת יָמִים בַּשָּׁנָה חֻקַּת עוֹלָם לְדֹרֹתֵיכֶם
מב בַּחֹדֶשׁ הַשְּׁבִיעִי תָּחֹגּוּ אֹתוֹ׃ בַּסֻּכֹּת תֵּשְׁבוּ שִׁבְעַת יָמִים כָּל־
מג הָאֶזְרָח בְּיִשְׂרָאֵל יֵשְׁבוּ בַּסֻּכֹּת׃ לְמַעַן יֵדְעוּ דֹרֹתֵיכֶם כִּי בַסֻּכּוֹת

הוֹשַׁבְתִּי אֶת־בְּנֵי יִשְׂרָאֵל בְּהוֹצִיאִי אוֹתָם מֵאֶרֶץ מִצְרָיִם
מד אֲנִי יְהוָה אֱלֹהֵיכֶם: וַיְדַבֵּר מֹשֶׁה אֶת־מֹעֲדֵי יְהוָה אֶל־בְּנֵי
יִשְׂרָאֵל:

שביעי כד א ב וַיְדַבֵּר יְהוָה אֶל־מֹשֶׁה לֵּאמֹר: צַו אֶת־בְּנֵי יִשְׂרָאֵל וְיִקְחוּ אֵלֶיךָ
ג שֶׁמֶן זַיִת זָךְ כָּתִית לַמָּאוֹר לְהַעֲלֹת נֵר תָּמִיד: מִחוּץ לְפָרֹכֶת
הָעֵדֻת בְּאֹהֶל מוֹעֵד יַעֲרֹךְ אֹתוֹ אַהֲרֹן מֵעֶרֶב עַד־בֹּקֶר לִפְנֵי
ד יְהוָה תָּמִיד חֻקַּת עוֹלָם לְדֹרֹתֵיכֶם: עַל הַמְּנֹרָה הַטְּהֹרָה יַעֲרֹךְ
אֶת־הַנֵּרוֹת לִפְנֵי יְהוָה תָּמִיד:

ה וְלָקַחְתָּ סֹלֶת וְאָפִיתָ אֹתָהּ שְׁתֵּים עֶשְׂרֵה חַלּוֹת שְׁנֵי עֶשְׂרֹנִים יִהְיֶה
ו הַחַלָּה הָאֶחָת: וְשַׂמְתָּ אוֹתָם שְׁתַּיִם מַעֲרָכוֹת שֵׁשׁ הַמַּעֲרָכֶת
ז עַל הַשֻּׁלְחָן הַטָּהֹר לִפְנֵי יְהוָה: וְנָתַתָּ עַל־הַמַּעֲרֶכֶת לְבֹנָה
ח זַכָּה וְהָיְתָה לַלֶּחֶם לְאַזְכָּרָה אִשֶּׁה לַיהוָה: בְּיוֹם הַשַּׁבָּת בְּיוֹם
הַשַּׁבָּת יַעַרְכֶנּוּ לִפְנֵי יְהוָה תָּמִיד מֵאֵת בְּנֵי־יִשְׂרָאֵל בְּרִית עוֹלָם:
ט וְהָיְתָה לְאַהֲרֹן וּלְבָנָיו וַאֲכָלֻהוּ בְּמָקוֹם קָדֹשׁ כִּי קֹדֶשׁ קָדָשִׁים
י הוּא לוֹ מֵאִשֵּׁי יְהוָה חָק־עוֹלָם: וַיֵּצֵא בֶּן־אִשָּׁה
יִשְׂרְאֵלִית וְהוּא בֶּן־אִישׁ מִצְרִי בְּתוֹךְ בְּנֵי יִשְׂרָאֵל וַיִּנָּצוּ בַּמַּחֲנֶה
יא בֶּן הַיִּשְׂרְאֵלִית וְאִישׁ הַיִּשְׂרְאֵלִי: וַיִּקֹּב בֶּן־הָאִשָּׁה הַיִּשְׂרְאֵלִית
אֶת־הַשֵּׁם וַיְקַלֵּל וַיָּבִיאוּ אֹתוֹ אֶל־מֹשֶׁה וְשֵׁם אִמּוֹ שְׁלֹמִית
יב בַּת־דִּבְרִי לְמַטֵּה־דָן: וַיַּנִּיחֻהוּ בַּמִּשְׁמָר לִפְרֹשׁ לָהֶם עַל־פִּי
יְהוָה:

יג יד וַיְדַבֵּר יְהוָה אֶל־מֹשֶׁה לֵּאמֹר: הוֹצֵא אֶת־הַמְקַלֵּל אֶל־מִחוּץ
לַמַּחֲנֶה וְסָמְכוּ כָל־הַשֹּׁמְעִים אֶת־יְדֵיהֶם עַל־רֹאשׁוֹ וְרָגְמוּ אֹתוֹ
טו כָּל־הָעֵדָה: וְאֶל־בְּנֵי יִשְׂרָאֵל תְּדַבֵּר לֵאמֹר אִישׁ אִישׁ כִּי־
טז יְקַלֵּל אֱלֹהָיו וְנָשָׂא חֶטְאוֹ: וְנֹקֵב שֵׁם־יְהוָה מוֹת יוּמָת רָגוֹם
יז יִרְגְּמוּ־בוֹ כָּל־הָעֵדָה כַּגֵּר כָּאֶזְרָח בְּנָקְבוֹ־שֵׁם יוּמָת: וְאִישׁ כִּי
יח יַכֶּה כָּל־נֶפֶשׁ אָדָם מוֹת יוּמָת: וּמַכֵּה נֶפֶשׁ־בְּהֵמָה יְשַׁלְּמֶנָּה
יט נֶפֶשׁ תַּחַת נָפֶשׁ: וְאִישׁ כִּי־יִתֵּן מוּם בַּעֲמִיתוֹ כַּאֲשֶׁר עָשָׂה כֵּן

כ יַעֲשֶׂה לּוֹ: שֶׁבֶר תַּחַת שֶׁבֶר עַיִן תַּחַת עַיִן שֵׁן תַּחַת שֵׁן כַּאֲשֶׁר
כא יִתֵּן מוּם בָּאָדָם כֵּן יִנָּתֶן בּוֹ: וּמַכֵּה בְהֵמָה יְשַׁלְּמֶנָּה וּמַכֵּה מפטיר
כב אָדָם יוּמָת: מִשְׁפַּט אֶחָד יִהְיֶה לָכֶם כַּגֵּר כָּאֶזְרָח יִהְיֶה כִּי אֲנִי
כג יהוה אֱלֹהֵיכֶם: וַיְדַבֵּר מֹשֶׁה אֶל־בְּנֵי יִשְׂרָאֵל וַיּוֹצִיאוּ אֶת־
הַמְקַלֵּל אֶל־מִחוּץ לַמַּחֲנֶה וַיִּרְגְּמוּ אֹתוֹ אָבֶן וּבְנֵי־יִשְׂרָאֵל עָשׂוּ
כַּאֲשֶׁר צִוָּה יהוה אֶת־מֹשֶׁה:

כה א ב וַיְדַבֵּר יהוה אֶל־מֹשֶׁה בְּהַר סִינַי לֵאמֹר: דַּבֵּר אֶל־בְּנֵי יִשְׂרָאֵל בהר סיני
וְאָמַרְתָּ אֲלֵהֶם כִּי תָבֹאוּ אֶל־הָאָרֶץ אֲשֶׁר אֲנִי נֹתֵן לָכֶם
ג וְשָׁבְתָה הָאָרֶץ שַׁבָּת לַיהוה: שֵׁשׁ שָׁנִים תִּזְרַע שָׂדֶךָ וְשֵׁשׁ
ד שָׁנִים תִּזְמֹר כַּרְמֶךָ וְאָסַפְתָּ אֶת־תְּבוּאָתָהּ: וּבַשָּׁנָה הַשְּׁבִיעִת
שַׁבַּת שַׁבָּתוֹן יִהְיֶה לָאָרֶץ שַׁבָּת לַיהוה שָׂדְךָ לֹא תִזְרָע וְכַרְמְךָ
ה לֹא תִזְמֹר: אֵת סְפִיחַ קְצִירְךָ לֹא תִקְצוֹר וְאֶת־עִנְּבֵי נְזִירֶךָ
ו לֹא תִבְצֹר שְׁנַת שַׁבָּתוֹן יִהְיֶה לָאָרֶץ: וְהָיְתָה שַׁבַּת הָאָרֶץ
לָכֶם לְאָכְלָה לְךָ וּלְעַבְדְּךָ וְלַאֲמָתֶךָ וְלִשְׂכִירְךָ וּלְתוֹשָׁבְךָ הַגָּרִים
ז עִמָּךְ: וְלִבְהֶמְתְּךָ וְלַחַיָּה אֲשֶׁר בְּאַרְצֶךָ תִּהְיֶה כָל־תְּבוּאָתָהּ
ח לֶאֱכֹל: וְסָפַרְתָּ לְךָ שֶׁבַע שַׁבְּתֹת שָׁנִים שֶׁבַע
שָׁנִים שֶׁבַע פְּעָמִים וְהָיוּ לְךָ יְמֵי שֶׁבַע שַׁבְּתֹת הַשָּׁנִים תֵּשַׁע
ט וְאַרְבָּעִים שָׁנָה: וְהַעֲבַרְתָּ שׁוֹפַר תְּרוּעָה בַּחֹדֶשׁ הַשְּׁבִעִי בֶּעָשׂוֹר
י לַחֹדֶשׁ בְּיוֹם הַכִּפֻּרִים תַּעֲבִירוּ שׁוֹפָר בְּכָל־אַרְצְכֶם: וְקִדַּשְׁתֶּם
אֵת שְׁנַת הַחֲמִשִּׁים שָׁנָה וּקְרָאתֶם דְּרוֹר בָּאָרֶץ לְכָל־יֹשְׁבֶיהָ
יוֹבֵל הִוא תִּהְיֶה לָכֶם וְשַׁבְתֶּם אִישׁ אֶל־אֲחֻזָּתוֹ וְאִישׁ אֶל־
יא מִשְׁפַּחְתּוֹ תָּשֻׁבוּ: יוֹבֵל הִוא שְׁנַת הַחֲמִשִּׁים שָׁנָה תִּהְיֶה לָכֶם
לֹא תִזְרָעוּ וְלֹא תִקְצְרוּ אֶת־סְפִיחֶיהָ וְלֹא תִבְצְרוּ אֶת־נְזִרֶיהָ:
יב כִּי יוֹבֵל הִוא קֹדֶשׁ תִּהְיֶה לָכֶם מִן־הַשָּׂדֶה תֹּאכְלוּ אֶת־תְּבוּאָתָהּ:
יג יד בִּשְׁנַת הַיּוֹבֵל הַזֹּאת תָּשֻׁבוּ אִישׁ אֶל־אֲחֻזָּתוֹ: וְכִי־תִמְכְּרוּ ב שני
מִמְכָּר לַעֲמִיתֶךָ אוֹ קָנֹה מִיַּד עֲמִיתֶךָ אַל־תּוֹנוּ אִישׁ אֶת־
טו אָחִיו: בְּמִסְפַּר שָׁנִים אַחַר הַיּוֹבֵל תִּקְנֶה מֵאֵת עֲמִיתֶךָ בְּמִסְפַּר

טז שְׁנֵי־תְבוּאֹת יִמְכָּר־לָךְ׃ לְפִי ׀ רֹב הַשָּׁנִים תַּרְבֶּה מִקְנָתוֹ
וּלְפִי מְעֹט הַשָּׁנִים תַּמְעִיט מִקְנָתוֹ כִּי מִסְפַּר תְּבוּאֹת הוּא
יז מֹכֵר לָךְ׃ וְלֹא תוֹנוּ אִישׁ אֶת־עֲמִיתוֹ וְיָרֵאתָ מֵאֱלֹהֶיךָ כִּי
יח אֲנִי יְהוָה אֱלֹהֵיכֶם׃ וַעֲשִׂיתֶם אֶת־חֻקֹּתַי וְאֶת־מִשְׁפָּטַי תִּשְׁמְרוּ
יט וַעֲשִׂיתֶם אֹתָם וִישַׁבְתֶּם עַל־הָאָרֶץ לָבֶטַח׃ וְנָתְנָה הָאָרֶץ שלישי /שני/
כ פִּרְיָהּ וַאֲכַלְתֶּם לָשֹׂבַע וִישַׁבְתֶּם לָבֶטַח עָלֶיהָ׃ וְכִי תֹאמְרוּ
מַה־נֹּאכַל בַּשָּׁנָה הַשְּׁבִיעִת הֵן לֹא נִזְרָע וְלֹא נֶאֱסֹף אֶת־
כא תְּבוּאָתֵנוּ׃ וְצִוִּיתִי אֶת־בִּרְכָתִי לָכֶם בַּשָּׁנָה הַשִּׁשִּׁית וְעָשָׂת
כב אֶת־הַתְּבוּאָה לִשְׁלֹשׁ הַשָּׁנִים׃ וּזְרַעְתֶּם אֵת הַשָּׁנָה הַשְּׁמִינִת
וַאֲכַלְתֶּם מִן־הַתְּבוּאָה יָשָׁן עַד ׀ הַשָּׁנָה הַתְּשִׁיעִת עַד־בּוֹא
כג תְּבוּאָתָהּ תֹּאכְלוּ יָשָׁן׃ וְהָאָרֶץ לֹא תִמָּכֵר לִצְמִתֻת כִּי־לִי
כד הָאָרֶץ כִּי־גֵרִים וְתוֹשָׁבִים אַתֶּם עִמָּדִי׃ וּבְכֹל אֶרֶץ אֲחֻזַּתְכֶם
כה גְּאֻלָּה תִּתְּנוּ לָאָרֶץ׃ כִּי־יָמוּךְ אָחִיךָ וּמָכַר רביעי
מֵאֲחֻזָּתוֹ וּבָא גֹאֲלוֹ הַקָּרֹב אֵלָיו וְגָאַל אֵת מִמְכַּר אָחִיו׃
כו וְאִישׁ כִּי לֹא יִהְיֶה־לּוֹ גֹּאֵל וְהִשִּׂיגָה יָדוֹ וּמָצָא כְּדֵי גְאֻלָּתוֹ׃
כז וְחִשַּׁב אֶת־שְׁנֵי מִמְכָּרוֹ וְהֵשִׁיב אֶת־הָעֹדֵף לָאִישׁ אֲשֶׁר מָכַר־
כח לוֹ וְשָׁב לַאֲחֻזָּתוֹ׃ וְאִם לֹא־מָצְאָה יָדוֹ דֵּי הָשִׁיב לוֹ וְהָיָה
מִמְכָּרוֹ בְּיַד הַקֹּנֶה אֹתוֹ עַד שְׁנַת הַיּוֹבֵל וְיָצָא בַּיֹּבֵל וְשָׁב
כט לַאֲחֻזָּתוֹ׃ וְאִישׁ כִּי־יִמְכֹּר בֵּית־מוֹשַׁב עִיר חמישי /שלישי/
חוֹמָה וְהָיְתָה גְּאֻלָּתוֹ עַד־תֹּם שְׁנַת מִמְכָּרוֹ יָמִים תִּהְיֶה
ל גְאֻלָּתוֹ׃ וְאִם לֹא־יִגָּאֵל עַד־מְלֹאת לוֹ שָׁנָה תְמִימָה וְקָם
הַבַּיִת אֲשֶׁר־בָּעִיר אֲשֶׁר־לא חֹמָה לַצְּמִיתֻת לַקֹּנֶה אֹתוֹ לוֹ
לא לְדֹרֹתָיו לֹא יֵצֵא בַּיֹּבֵל׃ וּבָתֵּי הַחֲצֵרִים אֲשֶׁר אֵין־לָהֶם
חֹמָה סָבִיב עַל־שְׂדֵה הָאָרֶץ יֵחָשֵׁב גְּאֻלָּה תִּהְיֶה־לּוֹ וּבַיֹּבֵל
לב יֵצֵא׃ וְעָרֵי הַלְוִיִּם בָּתֵּי עָרֵי אֲחֻזָּתָם גְּאֻלַּת עוֹלָם תִּהְיֶה
לג לַלְוִיִּם׃ וַאֲשֶׁר יִגְאַל מִן־הַלְוִיִּם וְיָצָא מִמְכַּר־בַּיִת וְעִיר
אֲחֻזָּתוֹ בַּיֹּבֵל כִּי בָתֵּי עָרֵי הַלְוִיִּם הִוא אֲחֻזָּתָם בְּתוֹךְ בְּנֵי

לד יִשְׂרָאֵל: וּשְׂדֵה מִגְרַשׁ עָרֵיהֶם לֹא יִמָּכֵר כִּי־אֲחֻזַּת עוֹלָם הוּא
לה לָהֶם: וְכִי־יָמוּךְ אָחִיךָ וּמָטָה יָדוֹ עִמָּךְ וְהֶחֱזַקְתָּ כא
לו בּוֹ גֵּר וְתוֹשָׁב וָחַי עִמָּךְ: אַל־תִּקַּח מֵאִתּוֹ נֶשֶׁךְ וְתַרְבִּית וְיָרֵאתָ
לז מֵאֱלֹהֶיךָ וְחֵי אָחִיךָ עִמָּךְ: אֶת־כַּסְפְּךָ לֹא־תִתֵּן לוֹ בְּנֶשֶׁךְ
לח וּבְמַרְבִּית לֹא־תִתֵּן אָכְלֶךָ: אֲנִי יהוה אֱלֹהֵיכֶם אֲשֶׁר־הוֹצֵאתִי
אֶתְכֶם מֵאֶרֶץ מִצְרָיִם לָתֵת לָכֶם אֶת־אֶרֶץ כְּנַעַן לִהְיוֹת לָכֶם
לט לֵאלֹהִים: וְכִי־יָמוּךְ אָחִיךָ עִמָּךְ וְנִמְכַּר־לָךְ לֹא־ ששי /רביעי/
מ תַעֲבֹד בּוֹ עֲבֹדַת עָבֶד: כְּשָׂכִיר כְּתוֹשָׁב יִהְיֶה עִמָּךְ עַד־שְׁנַת
מא הַיֹּבֵל יַעֲבֹד עִמָּךְ: וְיָצָא מֵעִמָּךְ הוּא וּבָנָיו עִמּוֹ וְשָׁב אֶל־
מב מִשְׁפַּחְתּוֹ וְאֶל־אֲחֻזַּת אֲבֹתָיו יָשׁוּב: כִּי־עֲבָדַי הֵם אֲשֶׁר־
מג הוֹצֵאתִי אֹתָם מֵאֶרֶץ מִצְרָיִם לֹא יִמָּכְרוּ מִמְכֶּרֶת עָבֶד: לֹא־
מד תִרְדֶּה בוֹ בְּפָרֶךְ וְיָרֵאתָ מֵאֱלֹהֶיךָ: וְעַבְדְּךָ וַאֲמָתְךָ אֲשֶׁר יִהְיוּ־
לָךְ מֵאֵת הַגּוֹיִם אֲשֶׁר סְבִיבֹתֵיכֶם מֵהֶם תִּקְנוּ עֶבֶד וְאָמָה:
מה וְגַם מִבְּנֵי הַתּוֹשָׁבִים הַגָּרִים עִמָּכֶם מֵהֶם תִּקְנוּ וּמִמִּשְׁפַּחְתָּם
אֲשֶׁר עִמָּכֶם אֲשֶׁר הוֹלִידוּ בְּאַרְצְכֶם וְהָיוּ לָכֶם לַאֲחֻזָּה:
מו וְהִתְנַחַלְתֶּם אֹתָם לִבְנֵיכֶם אַחֲרֵיכֶם לָרֶשֶׁת אֲחֻזָּה לְעֹלָם
בָּהֶם תַּעֲבֹדוּ וּבְאַחֵיכֶם בְּנֵי־יִשְׂרָאֵל אִישׁ בְּאָחִיו לֹא־תִרְדֶּה
מז בוֹ בְּפָרֶךְ: וְכִי תַשִּׂיג יַד גֵּר וְתוֹשָׁב עִמָּךְ וּמָךְ אָחִיךָ שביעי
מח עִמּוֹ וְנִמְכַּר לְגֵר תּוֹשָׁב עִמָּךְ אוֹ לְעֵקֶר מִשְׁפַּחַת גֵּר: אַחֲרֵי
מט נִמְכַּר גְּאֻלָּה תִּהְיֶה־לּוֹ אֶחָד מֵאֶחָיו יִגְאָלֶנּוּ: אוֹ־דֹדוֹ אוֹ בֶן־
דֹּדוֹ יִגְאָלֶנּוּ אוֹ־מִשְּׁאֵר בְּשָׂרוֹ מִמִּשְׁפַּחְתּוֹ יִגְאָלֶנּוּ אוֹ־הִשִּׂיגָה
נ יָדוֹ וְנִגְאָל: וְחִשַּׁב עִם־קֹנֵהוּ מִשְּׁנַת הִמָּכְרוֹ לוֹ עַד שְׁנַת הַיֹּבֵל
נא וְהָיָה כֶּסֶף מִמְכָּרוֹ בְּמִסְפַּר שָׁנִים כִּימֵי שָׂכִיר יִהְיֶה עִמּוֹ: אִם־
נב עוֹד רַבּוֹת בַּשָּׁנִים לְפִיהֶן יָשִׁיב גְּאֻלָּתוֹ מִכֶּסֶף מִקְנָתוֹ: וְאִם־
מְעַט נִשְׁאַר בַּשָּׁנִים עַד־שְׁנַת הַיֹּבֵל וְחִשַּׁב־לוֹ כְּפִי שָׁנָיו יָשִׁיב
נג אֶת־גְּאֻלָּתוֹ: כִּשְׂכִיר שָׁנָה בְּשָׁנָה יִהְיֶה עִמּוֹ לֹא־יִרְדֶּנּוּ בְּפֶרֶךְ
נד לְעֵינֶיךָ: וְאִם־לֹא יִגָּאֵל בְּאֵלֶּה וְיָצָא בִּשְׁנַת הַיֹּבֵל הוּא וּבָנָיו

נה עַמּוֹ׃ כִּי־לִי בְנֵי־יִשְׂרָאֵל עֲבָדִים עֲבָדַי הֵם אֲשֶׁר־הוֹצֵאתִי מפטיר
כו א אוֹתָם מֵאֶרֶץ מִצְרָיִם אֲנִי יְהוָה אֱלֹהֵיכֶם׃ לֹא־תַעֲשׂוּ לָכֶם
אֱלִילִם וּפֶסֶל וּמַצֵּבָה לֹא־תָקִימוּ לָכֶם וְאֶבֶן מַשְׂכִּית לֹא תִתְּנוּ
ב בְּאַרְצְכֶם לְהִשְׁתַּחֲוֹת עָלֶיהָ כִּי אֲנִי יְהוָה אֱלֹהֵיכֶם׃ אֶת־שַׁבְּתֹתַי
תִּשְׁמֹרוּ וּמִקְדָּשִׁי תִּירָאוּ אֲנִי יְהוָה׃

ג ד אִם־בְּחֻקֹּתַי תֵּלֵכוּ וְאֶת־מִצְוֹתַי תִּשְׁמְרוּ וַעֲשִׂיתֶם אֹתָם׃ וְנָתַתִּי בחקתי כב
גִשְׁמֵיכֶם בְּעִתָּם וְנָתְנָה הָאָרֶץ יְבוּלָהּ וְעֵץ הַשָּׂדֶה יִתֵּן פִּרְיוֹ׃
ה וְהִשִּׂיג לָכֶם דַּיִשׁ אֶת־בָּצִיר וּבָצִיר יַשִּׂיג אֶת־זָרַע וַאֲכַלְתֶּם
ו לַחְמְכֶם לָשֹׂבַע וִישַׁבְתֶּם לָבֶטַח בְּאַרְצְכֶם׃ וְנָתַתִּי שָׁלוֹם בָּאָרֶץ שני
וּשְׁכַבְתֶּם וְאֵין מַחֲרִיד וְהִשְׁבַּתִּי חַיָּה רָעָה מִן־הָאָרֶץ וְחֶרֶב
ז לֹא־תַעֲבֹר בְּאַרְצְכֶם׃ וּרְדַפְתֶּם אֶת־אֹיְבֵיכֶם וְנָפְלוּ לִפְנֵיכֶם
ח לֶחָרֶב׃ וְרָדְפוּ מִכֶּם חֲמִשָּׁה מֵאָה וּמֵאָה מִכֶּם רְבָבָה יִרְדֹּפוּ
ט וְנָפְלוּ אֹיְבֵיכֶם לִפְנֵיכֶם לֶחָרֶב׃ וּפָנִיתִי אֲלֵיכֶם וְהִפְרֵיתִי אֶתְכֶם
י וְהִרְבֵּיתִי אֶתְכֶם וַהֲקִימֹתִי אֶת־בְּרִיתִי אִתְּכֶם׃ וַאֲכַלְתֶּם יָשָׁן שלישי /חמישי/
יא נוֹשָׁן וְיָשָׁן מִפְּנֵי חָדָשׁ תּוֹצִיאוּ׃ וְנָתַתִּי מִשְׁכָּנִי בְּתוֹכְכֶם וְלֹא־
יב תִגְעַל נַפְשִׁי אֶתְכֶם׃ וְהִתְהַלַּכְתִּי בְּתוֹכְכֶם וְהָיִיתִי לָכֶם לֵאלֹהִים
יג וְאַתֶּם תִּהְיוּ־לִי לְעָם׃ אֲנִי יְהוָה אֱלֹהֵיכֶם אֲשֶׁר הוֹצֵאתִי אֶתְכֶם
מֵאֶרֶץ מִצְרַיִם מִהְיֹת לָהֶם עֲבָדִים וָאֶשְׁבֹּר מֹטֹת עֻלְּכֶם וָאוֹלֵךְ
אֶתְכֶם קוֹמְמִיּוּת׃

יד טו וְאִם־לֹא תִשְׁמְעוּ לִי וְלֹא תַעֲשׂוּ אֵת כָּל־הַמִּצְוֹת הָאֵלֶּה׃ וְאִם־
בְּחֻקֹּתַי תִּמְאָסוּ וְאִם אֶת־מִשְׁפָּטַי תִּגְעַל נַפְשְׁכֶם לְבִלְתִּי עֲשׂוֹת
טז אֶת־כָּל־מִצְוֹתַי לְהַפְרְכֶם אֶת־בְּרִיתִי׃ אַף־אֲנִי אֶעֱשֶׂה־זֹּאת
לָכֶם וְהִפְקַדְתִּי עֲלֵיכֶם בֶּהָלָה אֶת־הַשַּׁחֶפֶת וְאֶת־הַקַּדַּחַת
מְכַלּוֹת עֵינַיִם וּמְדִיבֹת נָפֶשׁ וּזְרַעְתֶּם לָרִיק זַרְעֲכֶם וַאֲכָלֻהוּ
יז אֹיְבֵיכֶם׃ וְנָתַתִּי פָנַי בָּכֶם וְנִגַּפְתֶּם לִפְנֵי אֹיְבֵיכֶם וְרָדוּ בָכֶם
יח שֹׂנְאֵיכֶם וְנַסְתֶּם וְאֵין־רֹדֵף אֶתְכֶם׃ וְאִם־עַד־אֵלֶּה לֹא תִשְׁמְעוּ
יט לִי וְיָסַפְתִּי לְיַסְּרָה אֶתְכֶם שֶׁבַע עַל־חַטֹּאתֵיכֶם׃ וְשָׁבַרְתִּי אֶת־

גְּא֣וֹן עֻזְּכֶ֑ם וְנָתַתִּ֤י אֶת־שְׁמֵיכֶם֙ כַּבַּרְזֶ֔ל וְאֶת־אַרְצְכֶ֖ם כַּנְּחֻשָֽׁה:

כ וְתַ֥ם לָרִ֖יק כֹּחֲכֶ֑ם וְלֹא־תִתֵּ֤ן אַרְצְכֶם֙ אֶת־יְבוּלָ֔הּ וְעֵ֣ץ הָאָ֔רֶץ

לֹ֥א יִתֵּ֖ן פִּרְיֽוֹ: כא וְאִם־תֵּֽלְכ֤וּ עִמִּי֙ קֶ֔רִי וְלֹ֥א תֹאב֖וּ לִשְׁמֹ֣עַֽ לִ֑י

וְיָסַפְתִּ֤י עֲלֵיכֶם֙ מַכָּ֔ה שֶׁ֖בַע כְּחַטֹּאתֵיכֶֽם: כב וְהִשְׁלַחְתִּ֨י בָכֶ֜ם אֶת־

חַיַּ֤ת הַשָּׂדֶה֙ וְשִׁכְּלָ֣ה אֶתְכֶ֔ם וְהִכְרִ֙יתָה֙ אֶת־בְּהֶמְתְּכֶ֔ם וְהִמְעִ֖יטָה

אֶתְכֶ֑ם וְנָשַׁ֖מּוּ דַּרְכֵיכֶֽם: כג וְאִם־בְּאֵ֣לֶּה לֹ֤א תִוָּֽסְרוּ֙ לִ֔י וַהֲלַכְתֶּ֥ם

כד עִמִּ֖י קֶֽרִי: וְהָלַכְתִּ֧י אַף־אֲנִ֛י עִמָּכֶ֖ם בְּקֶ֑רִי וְהִכֵּיתִ֤י אֶתְכֶם֙ גַּם־

כה אָ֔נִי שֶׁ֖בַע עַל־חַטֹּאתֵיכֶֽם: וְהֵבֵאתִ֣י עֲלֵיכֶ֗ם חֶ֙רֶב֙ נֹקֶ֣מֶת

נְקַם־בְּרִ֔ית וְנֶֽאֱסַפְתֶּ֖ם אֶל־עָרֵיכֶ֑ם וְשִׁלַּ֤חְתִּי דֶ֙בֶר֙ בְּתֽוֹכְכֶ֔ם

כו וְנִתַּתֶּ֖ם בְּיַד־אוֹיֵֽב: בְּשִׁבְרִ֣י לָכֶם֮ מַטֵּה־לֶ֒חֶם֒ וְ֠אָפ֠וּ עֶ֣שֶׂר נָשִׁ֤ים

לַחְמְכֶם֙ בְּתַנּ֣וּר אֶחָ֔ד וְהֵשִׁ֥יבוּ לַחְמְכֶ֖ם בַּמִּשְׁקָ֑ל וַאֲכַלְתֶּ֖ם וְלֹ֥א

כז תִשְׂבָּֽעוּ:   וְאִם־בְּזֹ֕את לֹ֥א תִשְׁמְע֖וּ לִ֑י וַהֲלַכְתֶּ֥ם

כח עִמִּ֖י בְּקֶֽרִי: וְהָלַכְתִּ֥י עִמָּכֶ֖ם בַּחֲמַת־קֶ֑רִי וְיִסַּרְתִּ֤י אֶתְכֶם֙ אַף־

כט אָ֔נִי שֶׁ֖בַע עַל־חַטֹּאתֵיכֶֽם: וַאֲכַלְתֶּ֖ם בְּשַׂ֣ר בְּנֵיכֶ֑ם וּבְשַׂ֥ר בְּנֹתֵיכֶ֖ם

ל תֹּאכֵֽלוּ: וְהִשְׁמַדְתִּ֞י אֶת־בָּמֹֽתֵיכֶ֗ם וְהִכְרַתִּי֙ אֶת־חַמָּ֣נֵיכֶ֔ם וְנָֽתַתִּי֙

לא אֶת־פִּגְרֵיכֶ֔ם עַל־פִּגְרֵ֖י גִּלּֽוּלֵיכֶ֑ם וְגָעֲלָ֥ה נַפְשִׁ֖י אֶתְכֶֽם: וְנָתַתִּ֤י

אֶת־עָֽרֵיכֶם֙ חָרְבָּ֔ה וַהֲשִׁמּוֹתִ֖י אֶת־מִקְדְּשֵׁיכֶ֑ם וְלֹ֣א אָרִ֔יחַ בְּרֵ֖יחַ

לב נִיחֹֽחֲכֶֽם: וַהֲשִׁמֹּתִ֥י אֲנִ֖י אֶת־הָאָ֑רֶץ וְשָֽׁמְמ֤וּ עָלֶ֙יהָ֙ אֹֽיְבֵיכֶ֔ם

לג הַיֹּֽשְׁבִ֖ים בָּֽהּ: וְאֶתְכֶם֙ אֱזָרֶ֣ה בַגּוֹיִ֔ם וַהֲרִיקֹתִ֥י אַחֲרֵיכֶ֖ם חָ֑רֶב

לד וְהָיְתָ֤ה אַרְצְכֶם֙ שְׁמָמָ֔ה וְעָרֵיכֶ֖ם יִהְי֥וּ חָרְבָּֽה: אָ֣ז תִּרְצֶ֣ה הָאָ֗רֶץ

אֶת־שַׁבְּתֹתֶ֔יהָ כֹּ֚ל יְמֵ֣י הָשַּׁמָּ֔ה וְאַתֶּ֖ם בְּאֶ֣רֶץ אֹיְבֵיכֶ֑ם אָ֚ז תִּשְׁבַּ֣ת

לה הָאָ֔רֶץ וְהִרְצָ֖ת אֶת־שַׁבְּתֹתֶֽיהָ: כָּל־יְמֵ֥י הָשַּׁמָּ֖ה תִּשְׁבֹּ֑ת אֵ֣ת

לו אֲשֶׁ֧ר לֹֽא־שָׁבְתָ֛ה בְּשַׁבְּתֹתֵיכֶ֖ם בְּשִׁבְתְּכֶ֥ם עָלֶֽיהָ: וְהַנִּשְׁאָרִ֣ים

בָּכֶ֔ם וְהֵבֵ֤אתִי מֹ֙רֶךְ֙ בִּלְבָבָ֔ם בְּאַרְצֹ֖ת אֹֽיְבֵיהֶ֑ם וְרָדַ֣ף אֹתָ֗ם ק֚וֹל

לז עָלֶ֣ה נִדָּ֔ף וְנָ֛סוּ מְנֻֽסַת־חֶ֥רֶב וְנָפְל֖וּ וְאֵ֥ין רֹדֵֽף: וְכָשְׁל֧וּ אִישׁ־

בְּאָחִ֛יו כְּמִפְּנֵי־חֶ֖רֶב וְרֹדֵ֣ף אָ֑יִן וְלֹא־תִהְיֶ֤ה לָכֶם֙ תְּקוּמָ֔ה לִפְנֵ֖י

לח אֹֽיְבֵיכֶֽם: וַאֲבַדְתֶּ֖ם בַּגּוֹיִ֑ם וְאָכְלָ֣ה אֶתְכֶ֔ם אֶ֖רֶץ אֹֽיְבֵיכֶֽם:

לט וְהַנִּשְׁאָרִים בָּכֶם יִמַּקּוּ בַּעֲוֺנָם בְּאַרְצֹת אֹיְבֵיכֶם וְאַף בַּעֲוֺנֹת
מ אֲבֹתָם אִתָּם יִמָּקּוּ׃ וְהִתְוַדּוּ אֶת־עֲוֺנָם וְאֶת־עֲוֺן אֲבֹתָם בְּמַעֲלָם
מא אֲשֶׁר מָעֲלוּ־בִי וְאַף אֲשֶׁר־הָלְכוּ עִמִּי בְּקֶרִי׃ אַף־אֲנִי אֵלֵךְ
עִמָּם בְּקֶרִי וְהֵבֵאתִי אֹתָם בְּאֶרֶץ אֹיְבֵיהֶם אוֹ־אָז יִכָּנַע לְבָבָם
מב הֶעָרֵל וְאָז יִרְצוּ אֶת־עֲוֺנָם׃ וְזָכַרְתִּי אֶת־בְּרִיתִי יַעֲקוֹב וְאַף
אֶת־בְּרִיתִי יִצְחָק וְאַף אֶת־בְּרִיתִי אַבְרָהָם אֶזְכֹּר וְהָאָרֶץ אֶזְכֹּר׃
מג וְהָאָרֶץ תֵּעָזֵב מֵהֶם וְתִרֶץ אֶת־שַׁבְּתֹתֶיהָ בָּהְשַׁמָּה מֵהֶם וְהֵם
יִרְצוּ אֶת־עֲוֺנָם יַעַן וּבְיַעַן בְּמִשְׁפָּטַי מָאָסוּ וְאֶת־חֻקֹּתַי גָּעֲלָה
מד נַפְשָׁם׃ וְאַף גַּם־זֹאת בִּהְיוֹתָם בְּאֶרֶץ אֹיְבֵיהֶם לֹא־מְאַסְתִּים
וְלֹא־גְעַלְתִּים לְכַלֹּתָם לְהָפֵר בְּרִיתִי אִתָּם כִּי אֲנִי יְהוָה אֱלֹהֵיהֶם׃
מה וְזָכַרְתִּי לָהֶם בְּרִית רִאשֹׁנִים אֲשֶׁר הוֹצֵאתִי־אֹתָם מֵאֶרֶץ מִצְרַיִם
מו לְעֵינֵי הַגּוֹיִם לִהְיֹת לָהֶם לֵאלֹהִים אֲנִי יְהוָה׃ אֵלֶּה הַחֻקִּים
וְהַמִּשְׁפָּטִים וְהַתּוֹרֹת אֲשֶׁר נָתַן יְהוָה בֵּינוֹ וּבֵין בְּנֵי יִשְׂרָאֵל
בְּהַר סִינַי בְּיַד־מֹשֶׁה׃

כז א ב וַיְדַבֵּר יְהוָה אֶל־מֹשֶׁה לֵּאמֹר׃ דַּבֵּר אֶל־בְּנֵי יִשְׂרָאֵל וְאָמַרְתָּ כג רביעי /ששי/
ג אֲלֵהֶם אִישׁ כִּי יַפְלִא נֶדֶר בְּעֶרְכְּךָ נְפָשֹׁת לַיהוָה׃ וְהָיָה עֶרְכְּךָ
הַזָּכָר מִבֶּן עֶשְׂרִים שָׁנָה וְעַד בֶּן־שִׁשִּׁים שָׁנָה וְהָיָה עֶרְכְּךָ
ד חֲמִשִּׁים שֶׁקֶל כֶּסֶף בְּשֶׁקֶל הַקֹּדֶשׁ׃ וְאִם־נְקֵבָה הִוא וְהָיָה
ה עֶרְכְּךָ שְׁלֹשִׁים שָׁקֶל׃ וְאִם מִבֶּן־חָמֵשׁ שָׁנִים וְעַד בֶּן־עֶשְׂרִים
שָׁנָה וְהָיָה עֶרְכְּךָ הַזָּכָר עֶשְׂרִים שְׁקָלִים וְלַנְּקֵבָה עֲשֶׂרֶת שְׁקָלִים׃
ו וְאִם מִבֶּן־חֹדֶשׁ וְעַד בֶּן־חָמֵשׁ שָׁנִים וְהָיָה עֶרְכְּךָ הַזָּכָר חֲמִשָּׁה
ז שְׁקָלִים כָּסֶף וְלַנְּקֵבָה עֶרְכְּךָ שְׁלֹשֶׁת שְׁקָלִים כָּסֶף׃ וְאִם מִבֶּן־
שִׁשִּׁים שָׁנָה וָמַעְלָה אִם־זָכָר וְהָיָה עֶרְכְּךָ חֲמִשָּׁה עָשָׂר שָׁקֶל
ח וְלַנְּקֵבָה עֲשָׂרָה שְׁקָלִים׃ וְאִם־מָךְ הוּא מֵעֶרְכֶּךָ וְהֶעֱמִידוֹ לִפְנֵי
הַכֹּהֵן וְהֶעֱרִיךְ אֹתוֹ הַכֹּהֵן עַל־פִּי אֲשֶׁר תַּשִּׂיג יַד הַנֹּדֵר יַעֲרִיכֶנּוּ
ט הַכֹּהֵן׃ וְאִם־בְּהֵמָה אֲשֶׁר יַקְרִיבוּ מִמֶּנָּה קָרְבָּן
י לַיהוָה כֹּל אֲשֶׁר יִתֵּן מִמֶּנּוּ לַיהוָה יִהְיֶה־קֹּדֶשׁ׃ לֹא יַחֲלִיפֶנּוּ

וְלֹא־יָמִיר אֹתוֹ טוֹב בְּרָע אוֹ־רַע בְּטוֹב וְאִם־הָמֵר יָמִיר בְּהֵמָה
יא בִּבְהֵמָה וְהָיָה־הוּא וּתְמוּרָתוֹ יִהְיֶה־קֹּדֶשׁ׃ וְאִם כָּל־בְּהֵמָה
טְמֵאָה אֲשֶׁר לֹא־יַקְרִיבוּ מִמֶּנָּה קָרְבָּן לַיהוָה וְהֶעֱמִיד אֶת־
יב הַבְּהֵמָה לִפְנֵי הַכֹּהֵן׃ וְהֶעֱרִיךְ הַכֹּהֵן אֹתָהּ בֵּין טוֹב וּבֵין רָע
יג כְּעֶרְכְּךָ הַכֹּהֵן כֵּן יִהְיֶה׃ וְאִם־גָּאֹל יִגְאָלֶנָּה וְיָסַף חֲמִישִׁתוֹ עַל־
יד עֶרְכֶּךָ׃ וְאִישׁ כִּי־יַקְדִּשׁ אֶת־בֵּיתוֹ קֹדֶשׁ לַיהוָה וְהֶעֱרִיכוֹ הַכֹּהֵן
טו בֵּין טוֹב וּבֵין רָע כַּאֲשֶׁר יַעֲרִיךְ אֹתוֹ הַכֹּהֵן כֵּן יָקוּם׃ וְאִם־
הַמַּקְדִּישׁ יִגְאַל אֶת־בֵּיתוֹ וְיָסַף חֲמִישִׁית כֶּסֶף־עֶרְכְּךָ עָלָיו
טז וְהָיָה לוֹ׃ וְאִם ׀ מִשְּׂדֵה אֲחֻזָּתוֹ יַקְדִּישׁ אִישׁ לַיהוָה וְהָיָה עֶרְכְּךָ חמישי /שביעי/
יז לְפִי זַרְעוֹ זֶרַע חֹמֶר שְׂעֹרִים בַּחֲמִשִּׁים שֶׁקֶל כָּסֶף׃ אִם־מִשְּׁנַת
יח הַיֹּבֵל יַקְדִּישׁ שָׂדֵהוּ כְּעֶרְכְּךָ יָקוּם׃ וְאִם־אַחַר הַיֹּבֵל יַקְדִּישׁ
שָׂדֵהוּ וְחִשַּׁב־לוֹ הַכֹּהֵן אֶת־הַכֶּסֶף עַל־פִּי הַשָּׁנִים הַנּוֹתָרֹת
יט עַד שְׁנַת הַיֹּבֵל וְנִגְרַע מֵעֶרְכֶּךָ׃ וְאִם־גָּאֹל יִגְאַל אֶת־הַשָּׂדֶה
כ הַמַּקְדִּישׁ אֹתוֹ וְיָסַף חֲמִשִׁית כֶּסֶף־עֶרְכְּךָ עָלָיו וְקָם לוֹ׃ וְאִם־
לֹא יִגְאַל אֶת־הַשָּׂדֶה וְאִם־מָכַר אֶת־הַשָּׂדֶה לְאִישׁ אַחֵר לֹא־
כא יִגָּאֵל עוֹד׃ וְהָיָה הַשָּׂדֶה בְּצֵאתוֹ בַיֹּבֵל קֹדֶשׁ לַיהוָה כִּשְׂדֵה
כב הַחֵרֶם לַכֹּהֵן תִּהְיֶה אֲחֻזָּתוֹ׃ וְאִם אֶת־שְׂדֵה מִקְנָתוֹ אֲשֶׁר לֹא ששי
כג מִשְּׂדֵה אֲחֻזָּתוֹ יַקְדִּישׁ לַיהוָה׃ וְחִשַּׁב־לוֹ הַכֹּהֵן אֵת מִכְסַת
הָעֶרְכְּךָ עַד שְׁנַת הַיֹּבֵל וְנָתַן אֶת־הָעֶרְכְּךָ בַּיּוֹם הַהוּא קֹדֶשׁ
כד לַיהוָה׃ בִּשְׁנַת הַיּוֹבֵל יָשׁוּב הַשָּׂדֶה לַאֲשֶׁר קָנָהוּ מֵאִתּוֹ
כה לַאֲשֶׁר־לוֹ אֲחֻזַּת הָאָרֶץ׃ וְכָל־עֶרְכְּךָ יִהְיֶה בְּשֶׁקֶל הַקֹּדֶשׁ
כו עֶשְׂרִים גֵּרָה יִהְיֶה הַשָּׁקֶל׃ אַךְ־בְּכוֹר אֲשֶׁר יְבֻכַּר לַיהוָה
בִּבְהֵמָה לֹא־יַקְדִּישׁ אִישׁ אֹתוֹ אִם־שׁוֹר אִם־שֶׂה לַיהוָה
כז הוּא׃ וְאִם בַּבְּהֵמָה הַטְּמֵאָה וּפָדָה בְעֶרְכֶּךָ וְיָסַף חֲמִשִׁתוֹ עָלָיו
כח וְאִם־לֹא יִגָּאֵל וְנִמְכַּר בְּעֶרְכֶּךָ׃ אַךְ כָּל־חֵרֶם אֲשֶׁר יַחֲרִם אִישׁ
לַיהוָה מִכָּל־אֲשֶׁר־לוֹ מֵאָדָם וּבְהֵמָה וּמִשְּׂדֵה אֲחֻזָּתוֹ לֹא
כט יִמָּכֵר וְלֹא יִגָּאֵל כָּל־חֵרֶם קֹדֶשׁ־קָדָשִׁים הוּא לַיהוָה׃ כָּל־חֵרֶם שביעי

כז

אֲשֶׁ֨ר יַחֲרִ֥ם מִן־הָאָדָ֖ם לֹ֣א יִפָּדֶ֑ה מ֖וֹת יוּמָֽת: וְכָל־מַעְשַׂ֨ר ל

הָאָ֜רֶץ מִזֶּ֤רַע הָאָ֙רֶץ֙ מִפְּרִ֣י הָעֵ֔ץ לַיהוָ֖ה ה֑וּא קֹ֖דֶשׁ לַיהוָֽה:

מפטיר וְאִם־גָּאֹ֥ל יִגְאַ֛ל אִ֖ישׁ מִמַּֽעֲשְׂר֑וֹ חֲמִשִׁית֖וֹ יֹסֵ֥ף עָלָֽיו: וְכָל־ לֹֽא

מַעְשַׂ֤ר בָּקָר֙ וָצֹ֔אן כֹּ֥ל אֲשֶׁר־יַעֲבֹ֖ר תַּ֣חַת הַשָּׁ֑בֶט הָעֲשִׂירִ֕י יִֽהְיֶה־

קֹ֖דֶשׁ לַיהוָֽה: לֹ֧א יְבַקֵּ֛ר בֵּֽין־ט֥וֹב לָרַ֖ע וְלֹ֣א יְמִירֶ֑נּוּ וְאִם־הָמֵ֤ר לג

יְמִירֶ֙נּוּ֙ וְהָֽיָה־ה֣וּא וּתְמֽוּרָת֔וֹ יִֽהְיֶה־קֹ֖דֶשׁ לֹ֥א יִגָּאֵֽל: אֵ֣לֶּה לד

הַמִּצְוֺ֗ת אֲשֶׁ֨ר צִוָּ֧ה יְהוָ֛ה אֶת־מֹשֶׁ֖ה אֶל־בְּנֵ֣י יִשְׂרָאֵ֑ל בְּהַ֖ר סִינָֽי:

במדבר

א וַיְדַבֵּ֨ר יְהוָ֧ה אֶל־מֹשֶׁ֛ה בְּמִדְבַּ֥ר סִינַ֖י בְּאֹ֣הֶל מוֹעֵ֑ד בְּאֶחָד֩ לַחֹ֨דֶשׁ א
ב הַשֵּׁנִ֜י בַּשָּׁנָ֣ה הַשֵּׁנִ֗ית לְצֵאתָ֛ם מֵאֶ֥רֶץ מִצְרַ֖יִם לֵאמֹֽר׃ שְׂא֗וּ אֶת־
רֹאשׁ֙ כָּל־עֲדַ֣ת בְּנֵֽי־יִשְׂרָאֵ֔ל לְמִשְׁפְּחֹתָ֖ם לְבֵ֣ית אֲבֹתָ֑ם בְּמִסְפַּ֣ר
ג שֵׁמ֔וֹת כָּל־זָכָ֖ר לְגֻלְגְּלֹתָֽם׃ מִבֶּ֨ן עֶשְׂרִ֤ים שָׁנָה֙ וָמַ֔עְלָה כָּל־יֹצֵ֥א
ד צָבָ֖א בְּיִשְׂרָאֵ֑ל תִּפְקְד֥וּ אֹתָ֛ם לְצִבְאֹתָ֖ם אַתָּ֥ה וְאַהֲרֹֽן׃ וְאִתְּכֶ֣ם
ה יִהְי֔וּ אִ֥ישׁ אִ֖ישׁ לַמַּטֶּ֑ה אִ֛ישׁ רֹ֥אשׁ לְבֵית־אֲבֹתָ֖יו הֽוּא׃ וְאֵ֙לֶּה֙
שְׁמ֣וֹת הָֽאֲנָשִׁ֔ים אֲשֶׁ֥ר יַֽעַמְד֖וּ אִתְּכֶ֑ם לִרְאוּבֵ֕ן אֱלִיצ֖וּר בֶּן־
ו ז שְׁדֵיאֽוּר׃ לְשִׁמְע֕וֹן שְׁלֻמִיאֵ֖ל בֶּן־צוּרִֽישַׁדָּֽי׃ לִיהוּדָ֕ה נַחְשׁ֖וֹן בֶּן־
ח ט עַמִּֽינָדָֽב׃ לְיִ֨שָּׂשכָ֔ר נְתַנְאֵ֖ל בֶּן־צוּעָֽר׃ לִזְבוּלֻ֕ן אֱלִיאָ֖ב בֶּן־חֵלֹֽן׃
י לִבְנֵ֣י יוֹסֵ֔ף לְאֶפְרַ֕יִם אֱלִישָׁמָ֖ע בֶּן־עַמִּיה֑וּד לִמְנַשֶּׁ֕ה גַּמְלִיאֵ֖ל בֶּן־
יא יב פְּדָהצֽוּר׃ לְבִ֨נְיָמִ֔ן אֲבִידָ֖ן בֶּן־גִּדְעֹנִֽי׃ לְדָ֕ן אֲחִיעֶ֖זֶר בֶּן־עַמִּֽישַׁדָּֽי׃
יג יד טו לְאָשֵׁ֕ר פַּגְעִיאֵ֖ל בֶּן־עָכְרָֽן׃ לְגָ֕ד אֶלְיָסָ֖ף בֶּן־דְּעוּאֵֽל׃ לְנַ֨פְתָּלִ֔י
טז אֲחִירַ֖ע בֶּן־עֵינָֽן׃ אֵ֚לֶּה קְרִיאֵ֣י הָֽעֵדָ֔ה נְשִׂיאֵ֖י מַטּ֣וֹת אֲבוֹתָ֑ם רָאשֵׁ֛י קְרוּאֵי
יז אַלְפֵ֥י יִשְׂרָאֵ֖ל הֵֽם׃ וַיִּקַּ֥ח מֹשֶׁ֖ה וְאַהֲרֹ֑ן אֵ֚ת הָאֲנָשִׁ֣ים הָאֵ֔לֶּה
יח אֲשֶׁ֥ר נִקְּב֖וּ בְּשֵׁמֽוֹת׃ וְאֵ֨ת כָּל־הָעֵדָ֜ה הִקְהִ֗ילוּ בְּאֶחָד֙ לַחֹ֣דֶשׁ
הַשֵּׁנִ֔י וַיִּתְיַֽלְד֥וּ עַל־מִשְׁפְּחֹתָ֖ם לְבֵ֣ית אֲבֹתָ֑ם בְּמִסְפַּ֣ר שֵׁמ֗וֹת
יט מִבֶּ֨ן עֶשְׂרִ֥ים שָׁנָ֛ה וָמַ֖עְלָה לְגֻלְגְּלֹתָֽם׃ כַּאֲשֶׁ֛ר צִוָּ֥ה יְהוָ֖ה אֶת־
כ מֹשֶׁ֑ה וַֽיִּפְקְדֵ֖ם בְּמִדְבַּ֥ר סִינָֽי׃ וַיִּֽהְי֤וּ בְנֵֽי־רְאוּבֵן֙ שני
בְּכֹ֣ר יִשְׂרָאֵ֔ל תּוֹלְדֹתָ֥ם לְמִשְׁפְּחֹתָ֖ם לְבֵ֣ית אֲבֹתָ֑ם בְּמִסְפַּ֤ר
שֵׁמוֹת֙ לְגֻלְגְּלֹתָ֔ם כָּל־זָכָ֗ר מִבֶּ֨ן עֶשְׂרִ֤ים שָׁנָה֙ וָמַ֔עְלָה כֹּ֖ל יֹצֵ֥א
כא צָבָֽא׃ פְּקֻדֵיהֶ֖ם לְמַטֵּ֣ה רְאוּבֵ֑ן שִׁשָּׁ֧ה וְאַרְבָּעִ֛ים אֶ֖לֶף וַחֲמֵ֥שׁ
מֵאֽוֹת׃
כב לִבְנֵ֣י שִׁמְע֔וֹן תּֽוֹלְדֹתָ֥ם לְמִשְׁפְּחֹתָ֖ם לְבֵ֣ית אֲבֹתָ֑ם פְּקֻדָ֗יו בְּמִסְפַּ֤ר
שֵׁמוֹת֙ לְגֻלְגְּלֹתָ֔ם כָּל־זָכָ֗ר מִבֶּ֨ן עֶשְׂרִ֤ים שָׁנָה֙ וָמַ֔עְלָה כֹּ֖ל יֹצֵ֥א
כג צָבָֽא׃ פְּקֻדֵיהֶ֖ם לְמַטֵּ֣ה שִׁמְע֑וֹן תִּשְׁעָ֧ה וַחֲמִשִּׁ֛ים אֶ֖לֶף וּשְׁלֹ֥שׁ
מֵאֽוֹת׃
כד לִבְנֵ֣י גָ֔ד תּוֹלְדֹתָ֥ם לְמִשְׁפְּחֹתָ֖ם לְבֵ֣ית אֲבֹתָ֑ם בְּמִסְפַּ֣ר שֵׁמ֗וֹת

כה מִבֶּ֨ן עֶשְׂרִ֤ים שָׁנָה֙ וָמַ֔עְלָה כֹּ֖ל יֹצֵ֥א צָבָֽא׃ פְּקֻדֵיהֶ֖ם לְמַטֵּ֣ה גָ֑ד
חֲמִשָּׁ֤ה וְאַרְבָּעִים֙ אֶ֔לֶף וְשֵׁ֥שׁ מֵא֖וֹת וַחֲמִשִּֽׁים׃
כו לִבְנֵ֣י יְהוּדָ֔ה תּוֹלְדֹתָ֥ם לְמִשְׁפְּחֹתָ֖ם לְבֵ֣ית אֲבֹתָ֑ם בְּמִסְפַּ֣ר שֵׁמֹ֗ת
כז מִבֶּ֨ן עֶשְׂרִ֤ים שָׁנָה֙ וָמַ֔עְלָה כֹּ֖ל יֹצֵ֥א צָבָֽא׃ פְּקֻדֵיהֶ֖ם לְמַטֵּ֣ה יְהוּדָ֑ה
אַרְבָּעָ֧ה וְשִׁבְעִ֛ים אֶ֖לֶף וְשֵׁ֥שׁ מֵאֽוֹת׃
כח לִבְנֵ֣י יִשָּׂשכָ֔ר תּוֹלְדֹתָ֥ם לְמִשְׁפְּחֹתָ֖ם לְבֵ֣ית אֲבֹתָ֑ם בְּמִסְפַּ֣ר
כט שֵׁמֹ֗ת מִבֶּ֨ן עֶשְׂרִ֤ים שָׁנָה֙ וָמַ֔עְלָה כֹּ֖ל יֹצֵ֥א צָבָֽא׃ פְּקֻדֵיהֶ֖ם לְמַטֵּ֣ה
יִשָּׂשכָ֑ר אַרְבָּעָ֧ה וַחֲמִשִּׁ֛ים אֶ֖לֶף וְאַרְבַּ֥ע מֵאֽוֹת׃
ל לִבְנֵ֣י זְבוּלֻ֔ן תּוֹלְדֹתָ֥ם לְמִשְׁפְּחֹתָ֖ם לְבֵ֣ית אֲבֹתָ֑ם בְּמִסְפַּ֣ר שֵׁמֹ֗ת
לא מִבֶּ֨ן עֶשְׂרִ֤ים שָׁנָה֙ וָמַ֔עְלָה כֹּ֖ל יֹצֵ֥א צָבָֽא׃ פְּקֻדֵיהֶ֖ם לְמַטֵּ֣ה זְבוּלֻ֑ן
שִׁבְעָ֧ה וַחֲמִשִּׁ֛ים אֶ֖לֶף וְאַרְבַּ֥ע מֵאֽוֹת׃
לב לִבְנֵ֤י יוֹסֵף֙ לִבְנֵ֣י אֶפְרַ֔יִם תּוֹלְדֹתָ֥ם לְמִשְׁפְּחֹתָ֖ם לְבֵ֣ית אֲבֹתָ֑ם
לג בְּמִסְפַּ֣ר שֵׁמֹ֗ת מִבֶּ֨ן עֶשְׂרִ֤ים שָׁנָה֙ וָמַ֔עְלָה כֹּ֖ל יֹצֵ֥א צָבָֽא׃ פְּקֻדֵיהֶ֖ם
לְמַטֵּ֣ה אֶפְרָ֑יִם אַרְבָּעִ֥ים אֶ֖לֶף וַחֲמֵ֥שׁ מֵאֽוֹת׃
לד לִבְנֵ֣י מְנַשֶּׁ֔ה תּוֹלְדֹתָ֥ם לְמִשְׁפְּחֹתָ֖ם לְבֵ֣ית אֲבֹתָ֑ם בְּמִסְפַּ֣ר שֵׁמ֗וֹת
לה מִבֶּ֨ן עֶשְׂרִ֤ים שָׁנָה֙ וָמַ֔עְלָה כֹּ֖ל יֹצֵ֥א צָבָֽא׃ פְּקֻדֵיהֶ֖ם לְמַטֵּ֣ה מְנַשֶּׁ֑ה
שְׁנַ֧יִם וּשְׁלֹשִׁ֛ים אֶ֖לֶף וּמָאתָֽיִם׃
לו לִבְנֵ֣י בִנְיָמִ֔ן תּוֹלְדֹתָ֥ם לְמִשְׁפְּחֹתָ֖ם לְבֵ֣ית אֲבֹתָ֑ם בְּמִסְפַּ֣ר שֵׁמֹ֗ת
לז מִבֶּ֨ן עֶשְׂרִ֤ים שָׁנָה֙ וָמַ֔עְלָה כֹּ֖ל יֹצֵ֥א צָבָֽא׃ פְּקֻדֵיהֶ֖ם לְמַטֵּ֣ה בִנְיָמִ֑ן
חֲמִשָּׁ֧ה וּשְׁלֹשִׁ֛ים אֶ֖לֶף וְאַרְבַּ֥ע מֵאֽוֹת׃
לח לִבְנֵ֣י דָ֔ן תּוֹלְדֹתָ֥ם לְמִשְׁפְּחֹתָ֖ם לְבֵ֣ית אֲבֹתָ֑ם בְּמִסְפַּ֣ר שֵׁמֹ֗ת מִבֶּ֨ן
לט עֶשְׂרִ֤ים שָׁנָה֙ וָמַ֔עְלָה כֹּ֖ל יֹצֵ֥א צָבָֽא׃ פְּקֻדֵיהֶ֖ם לְמַטֵּ֣ה דָ֑ן שְׁנַ֧יִם
וְשִׁשִּׁ֛ים אֶ֖לֶף וּשְׁבַ֥ע מֵאֽוֹת׃
מ לִבְנֵ֣י אָשֵׁ֔ר תּוֹלְדֹתָ֥ם לְמִשְׁפְּחֹתָ֖ם לְבֵ֣ית אֲבֹתָ֑ם בְּמִסְפַּ֣ר שֵׁמֹ֗ת
מא מִבֶּ֨ן עֶשְׂרִ֤ים שָׁנָה֙ וָמַ֔עְלָה כֹּ֖ל יֹצֵ֥א צָבָֽא׃ פְּקֻדֵיהֶ֖ם לְמַטֵּ֣ה אָשֵׁ֑ר
אֶחָ֧ד וְאַרְבָּעִ֛ים אֶ֖לֶף וַחֲמֵ֥שׁ מֵאֽוֹת׃
מב בְּנֵ֣י נַפְתָּלִ֔י תּוֹלְדֹתָ֥ם לְמִשְׁפְּחֹתָ֖ם לְבֵ֣ית אֲבֹתָ֑ם בְּמִסְפַּ֣ר שֵׁמֹ֗ת

מג מִבֶּן עֶשְׂרִים שָׁנָה וָמַעְלָה כֹּל יֹצֵא צָבָא׃ פְּקֻדֵיהֶם לְמַטֵּה נַפְתָּלִי
שְׁלֹשָׁה וַחֲמִשִּׁים אֶלֶף וְאַרְבַּע מֵאוֹת׃
מד אֵלֶּה הַפְּקֻדִים אֲשֶׁר פָּקַד מֹשֶׁה וְאַהֲרֹן וּנְשִׂיאֵי יִשְׂרָאֵל שְׁנֵים
מה עָשָׂר אִישׁ אִישׁ־אֶחָד לְבֵית־אֲבֹתָיו הָיוּ׃ וַיִּהְיוּ כָּל־פְּקוּדֵי בְנֵי־
יִשְׂרָאֵל לְבֵית אֲבֹתָם מִבֶּן עֶשְׂרִים שָׁנָה וָמַעְלָה כָּל־יֹצֵא צָבָא
מו בְּיִשְׂרָאֵל׃ וַיִּהְיוּ כָּל־הַפְּקֻדִים שֵׁשׁ־מֵאוֹת אֶלֶף וּשְׁלֹשֶׁת אֲלָפִים
מז וַחֲמֵשׁ מֵאוֹת וַחֲמִשִּׁים׃ וְהַלְוִיִּם לְמַטֵּה אֲבֹתָם לֹא הָתְפָּקְדוּ
בְּתוֹכָם׃
מח מט וַיְדַבֵּר יְהוָה אֶל־מֹשֶׁה לֵּאמֹר׃ אַךְ אֶת־מַטֵּה לֵוִי לֹא תִפְקֹד
נ וְאֶת־רֹאשָׁם לֹא תִשָּׂא בְּתוֹךְ בְּנֵי יִשְׂרָאֵל׃ וְאַתָּה הַפְקֵד אֶת־
הַלְוִיִּם עַל־מִשְׁכַּן הָעֵדֻת וְעַל כָּל־כֵּלָיו וְעַל כָּל־אֲשֶׁר־לוֹ הֵמָּה
יִשְׂאוּ אֶת־הַמִּשְׁכָּן וְאֶת־כָּל־כֵּלָיו וְהֵם יְשָׁרְתֻהוּ וְסָבִיב לַמִּשְׁכָּן
נא יַחֲנוּ׃ וּבִנְסֹעַ הַמִּשְׁכָּן יוֹרִידוּ אֹתוֹ הַלְוִיִּם וּבַחֲנֹת הַמִּשְׁכָּן יָקִימוּ
נב אֹתוֹ הַלְוִיִּם וְהַזָּר הַקָּרֵב יוּמָת׃ וְחָנוּ בְּנֵי יִשְׂרָאֵל אִישׁ עַל־
נג מַחֲנֵהוּ וְאִישׁ עַל־דִּגְלוֹ לְצִבְאֹתָם׃ וְהַלְוִיִּם יַחֲנוּ סָבִיב לְמִשְׁכַּן
הָעֵדֻת וְלֹא־יִהְיֶה קֶצֶף עַל־עֲדַת בְּנֵי יִשְׂרָאֵל וְשָׁמְרוּ הַלְוִיִּם
נד אֶת־מִשְׁמֶרֶת מִשְׁכַּן הָעֵדוּת׃ וַיַּעֲשׂוּ בְּנֵי יִשְׂרָאֵל כְּכֹל אֲשֶׁר
צִוָּה יְהוָה אֶת־מֹשֶׁה כֵּן עָשׂוּ׃
ב א ב וַיְדַבֵּר יְהוָה אֶל־מֹשֶׁה וְאֶל־אַהֲרֹן לֵאמֹר׃ אִישׁ עַל־דִּגְלוֹ ב שלישי
בְאֹתֹת לְבֵית אֲבֹתָם יַחֲנוּ בְּנֵי יִשְׂרָאֵל מִנֶּגֶד סָבִיב לְאֹהֶל־
ג מוֹעֵד יַחֲנוּ׃ וְהַחֹנִים קֵדְמָה מִזְרָחָה דֶּגֶל מַחֲנֵה יְהוּדָה לְצִבְאֹתָם
ד וְנָשִׂיא לִבְנֵי יְהוּדָה נַחְשׁוֹן בֶּן־עַמִּינָדָב׃ וּצְבָאוֹ וּפְקֻדֵיהֶם
ה אַרְבָּעָה וְשִׁבְעִים אֶלֶף וְשֵׁשׁ מֵאוֹת׃ וְהַחֹנִים עָלָיו מַטֵּה
ו יִשָּׂשכָר וְנָשִׂיא לִבְנֵי יִשָּׂשכָר נְתַנְאֵל בֶּן־צוּעָר׃ וּצְבָאוֹ וּפְקֻדָיו
ז אַרְבָּעָה וַחֲמִשִּׁים אֶלֶף וְאַרְבַּע מֵאוֹת׃ מַטֵּה זְבוּלֻן וְנָשִׂיא
ח לִבְנֵי זְבוּלֻן אֱלִיאָב בֶּן־חֵלֹן׃ וּצְבָאוֹ וּפְקֻדָיו שִׁבְעָה וַחֲמִשִּׁים
ט אֶלֶף וְאַרְבַּע מֵאוֹת׃ כָּל־הַפְּקֻדִים לְמַחֲנֵה יְהוּדָה מְאַת אֶלֶף

וּשְׁמֹנִ֣ים אֶ֗לֶף וְשֵׁ֧שֶׁת־אֲלָפִ֛ים וְאַרְבַּע־מֵא֖וֹת לְצִבְאֹתָ֑ם רִאשֹׁנָ֖ה
יִסָּֽעוּ׃   דֶּ֣גֶל מַחֲנֵ֧ה רְאוּבֵ֛ן תֵּימָ֖נָה לְצִבְאֹתָ֑ם י

וְנָשִׂיא֙ לִבְנֵ֣י רְאוּבֵ֔ן אֱלִיצ֖וּר בֶּן־שְׁדֵיא֑וּר׃ וּצְבָא֖וֹ וּפְקֻדָ֑יו יא

שִׁשָּׁ֧ה וְאַרְבָּעִ֛ים אֶ֖לֶף וַחֲמֵ֥שׁ מֵאֽוֹת׃ וְהַחוֹנִ֥ם עָלָ֖יו מַטֵּ֣ה שִׁמְע֑וֹן יב

וְנָשִׂיא֙ לִבְנֵ֣י שִׁמְע֔וֹן שְׁלֻמִיאֵ֖ל בֶּן־צוּרִֽישַׁדָּ֑י׃ וּצְבָא֖וֹ וּפְקֻדֵיהֶ֑ם יג

תִּשְׁעָ֧ה וַחֲמִשִּׁ֛ים אֶ֖לֶף וּשְׁלֹ֥שׁ מֵאֽוֹת׃ וּמַטֵּ֣ה גָ֔ד וְנָשִׂיא֙ לִבְנֵ֣י גָ֔ד יד

אֶלְיָסָ֖ף בֶּן־רְעוּאֵֽל׃ וּצְבָא֖וֹ וּפְקֻדֵיהֶ֑ם חֲמִשָּׁ֥ה וְאַרְבָּעִ֛ים אֶ֖לֶף טו

וְשֵׁ֥שׁ מֵא֖וֹת וַחֲמִשִּׁ֑ים׃ כָּל־הַפְּקֻדִ֡ים לְמַחֲנֵה֩ רְאוּבֵ֨ן מְאַ֜ת טז

אֶ֗לֶף וְאֶחָ֤ד וַחֲמִשִּׁים֙ אֶ֔לֶף וְאַרְבַּע־מֵא֖וֹת לְצִבְאֹתָ֑ם

וּשְׁנַ֖יִם יִסָּֽעוּ׃   וְנָסַ֧ע אֹֽהֶל־מוֹעֵ֛ד מַחֲנֵ֥ה יז

הַלְוִיִּ֖ם בְּת֣וֹךְ הַֽמַּחֲנֹ֑ת כַּאֲשֶׁ֤ר יַחֲנוּ֙ כֵּ֣ן יִסָּ֔עוּ אִ֥ישׁ עַל־יָד֖וֹ

לְדִגְלֵיהֶֽם׃   דֶּ֣גֶל מַחֲנֵ֧ה אֶפְרַ֛יִם לְצִבְאֹתָ֖ם יח

יָ֑מָּה וְנָשִׂיא֙ לִבְנֵ֣י אֶפְרַ֔יִם אֱלִֽישָׁמָ֖ע בֶּן־עַמִּיה֑וּד׃ וּצְבָא֖וֹ וּפְקֻדֵיהֶ֑ם יט

אַרְבָּעִ֥ים אֶ֖לֶף וַחֲמֵ֥שׁ מֵאֽוֹת׃ וְעָלָ֖יו מַטֵּ֣ה מְנַשֶּׁ֑ה וְנָשִׂיא֙ לִבְנֵ֣י כ

מְנַשֶּׁ֔ה גַּמְלִיאֵ֖ל בֶּן־פְּדָהצֽוּר׃ וּצְבָא֖וֹ וּפְקֻדֵיהֶ֑ם שְׁנַ֥יִם וּשְׁלֹשִׁ֛ים כא

אֶ֖לֶף וּמָאתָֽיִם׃ וּמַטֵּ֣ה בִּנְיָמִ֑ן וְנָשִׂיא֙ לִבְנֵ֣י בִנְיָמִ֔ן אֲבִידָ֖ן בֶּן־ כב

גִּדְעֹנִֽי׃ וּצְבָא֖וֹ וּפְקֻדֵיהֶ֑ם חֲמִשָּׁ֧ה וּשְׁלֹשִׁ֛ים אֶ֖לֶף וְאַרְבַּ֥ע מֵאֽוֹת׃ כג

כָּל־הַפְּקֻדִ֡ים לְמַחֲנֵ֣ה אֶפְרַ֡יִם מְאַ֣ת אֶ֗לֶף וּשְׁמֹֽנַת־אֲלָפִ֛ים וּמֵאָ֖ה כד

לְצִבְאֹתָ֑ם וּשְׁלֹשִׁ֖ים יִסָּֽעוּ׃   דֶּ֣גֶל מַחֲנֵ֥ה דָ֖ן צָפֹ֑נָה כה

לְצִבְאֹתָ֑ם וְנָשִׂיא֙ לִבְנֵ֣י דָ֔ן אֲחִיעֶ֖זֶר בֶּן־עַמִּֽישַׁדָּ֑י׃ וּצְבָא֖וֹ וּפְקֻדֵיהֶ֑ם כו

שְׁנַ֧יִם וְשִׁשִּׁ֛ים אֶ֖לֶף וּשְׁבַ֥ע מֵאֽוֹת׃ וְהַחֹנִ֥ם עָלָ֖יו מַטֵּ֣ה אָשֵׁ֑ר כז

וְנָשִׂיא֙ לִבְנֵ֣י אָשֵׁ֔ר פַּגְעִיאֵ֖ל בֶּן־עָכְרָֽן׃ וּצְבָא֖וֹ וּפְקֻדֵיהֶ֑ם אֶחָ֧ד כח

וְאַרְבָּעִ֛ים אֶ֖לֶף וַחֲמֵ֥שׁ מֵאֽוֹת׃ וּמַטֵּ֣ה נַפְתָּלִ֑י וְנָשִׂיא֙ לִבְנֵ֣י נַפְתָּלִ֔י כט

אֲחִירַ֖ע בֶּן־עֵינָֽן׃ וּצְבָא֖וֹ וּפְקֻדֵיהֶ֑ם שְׁלֹשָׁ֧ה וַחֲמִשִּׁ֛ים אֶ֖לֶף וְאַרְבַּ֥ע ל

מֵאֽוֹת׃ כָּל־הַפְּקֻדִ֡ים לְמַחֲנֵ֣ה דָ֗ן מְאַ֣ת אֶ֗לֶף וְשִׁבְעָ֧ה וַחֲמִשִּׁ֛ים לא

אֶ֖לֶף וְשֵׁ֣שׁ מֵא֑וֹת לָאַחֲרֹנָ֖ה יִסְע֥וּ לְדִגְלֵיהֶֽם׃

אֵ֣לֶּה פְּקוּדֵ֤י בְנֵֽי־יִשְׂרָאֵל֙ לְבֵ֣ית אֲבֹתָ֑ם כָּל־פְּקוּדֵ֥י הַֽמַּחֲנֹ֛ת לב

רטז

לְצִבְאֹתָם שֵׁשׁ־מֵאוֹת אֶלֶף וּשְׁלֹשֶׁת אֲלָפִים וַחֲמֵשׁ מֵאוֹת
לג וַחֲמִשִּׁים׃ וְהַלְוִיִּם לֹא הָתְפָּקְדוּ בְּתוֹךְ בְּנֵי יִשְׂרָאֵל כַּאֲשֶׁר צִוָּה
לד יְהוָה אֶת־מֹשֶׁה׃ וַיַּעֲשׂוּ בְּנֵי יִשְׂרָאֵל כְּכֹל אֲשֶׁר־צִוָּה יְהוָה
אֶת־מֹשֶׁה כֵּן־חָנוּ לְדִגְלֵיהֶם וְכֵן נָסָעוּ אִישׁ לְמִשְׁפְּחֹתָיו עַל־
בֵּית אֲבֹתָיו׃

ג א וְאֵלֶּה תּוֹלְדֹת אַהֲרֹן וּמֹשֶׁה בְּיוֹם דִּבֶּר יְהוָה אֶת־מֹשֶׁה בְּהַר ג רביעי
ב סִינָי׃ וְאֵלֶּה שְׁמוֹת בְּנֵי־אַהֲרֹן הַבְּכֹר ׀ נָדָב וַאֲבִיהוּא אֶלְעָזָר
ג וְאִיתָמָר׃ אֵלֶּה שְׁמוֹת בְּנֵי אַהֲרֹן הַכֹּהֲנִים הַמְּשֻׁחִים אֲשֶׁר־מִלֵּא
ד יָדָם לְכַהֵן׃ וַיָּמָת נָדָב וַאֲבִיהוּא לִפְנֵי יְהוָה בְּהַקְרִבָם אֵשׁ זָרָה
לִפְנֵי יְהוָה בְּמִדְבַּר סִינַי וּבָנִים לֹא־הָיוּ לָהֶם וַיְכַהֵן אֶלְעָזָר
וְאִיתָמָר עַל־פְּנֵי אַהֲרֹן אֲבִיהֶם׃

ה ו וַיְדַבֵּר יְהוָה אֶל־מֹשֶׁה לֵּאמֹר׃ הַקְרֵב אֶת־מַטֵּה לֵוִי וְהַעֲמַדְתָּ
ז אֹתוֹ לִפְנֵי אַהֲרֹן הַכֹּהֵן וְשֵׁרְתוּ אֹתוֹ׃ וְשָׁמְרוּ אֶת־מִשְׁמַרְתּוֹ
וְאֶת־מִשְׁמֶרֶת כָּל־הָעֵדָה לִפְנֵי אֹהֶל מוֹעֵד לַעֲבֹד אֶת־עֲבֹדַת
ח הַמִּשְׁכָּן׃ וְשָׁמְרוּ אֶת־כָּל־כְּלֵי אֹהֶל מוֹעֵד וְאֶת־מִשְׁמֶרֶת
ט בְּנֵי יִשְׂרָאֵל לַעֲבֹד אֶת־עֲבֹדַת הַמִּשְׁכָּן׃ וְנָתַתָּה אֶת־הַלְוִיִּם
לְאַהֲרֹן וּלְבָנָיו נְתוּנִם נְתוּנִם הֵמָּה לוֹ מֵאֵת בְּנֵי יִשְׂרָאֵל׃
י וְאֶת־אַהֲרֹן וְאֶת־בָּנָיו תִּפְקֹד וְשָׁמְרוּ אֶת־כְּהֻנָּתָם וְהַזָּר הַקָּרֵב
יוּמָת׃

יא יב וַיְדַבֵּר יְהוָה אֶל־מֹשֶׁה לֵּאמֹר׃ וַאֲנִי הִנֵּה לָקַחְתִּי אֶת־הַלְוִיִּם
מִתּוֹךְ בְּנֵי יִשְׂרָאֵל תַּחַת כָּל־בְּכוֹר פֶּטֶר רֶחֶם מִבְּנֵי יִשְׂרָאֵל
יג וְהָיוּ לִי הַלְוִיִּם׃ כִּי לִי כָּל־בְּכוֹר בְּיוֹם הַכֹּתִי כָל־בְּכוֹר בְּאֶרֶץ
מִצְרַיִם הִקְדַּשְׁתִּי לִי כָל־בְּכוֹר בְּיִשְׂרָאֵל מֵאָדָם עַד־בְּהֵמָה
לִי יִהְיוּ אֲנִי יְהוָה׃

יד טו וַיְדַבֵּר יְהוָה אֶל־מֹשֶׁה בְּמִדְבַּר סִינַי לֵאמֹר׃ פְּקֹד אֶת־בְּנֵי לֵוִי חמישי
לְבֵית אֲבֹתָם לְמִשְׁפְּחֹתָם כָּל־זָכָר מִבֶּן־חֹדֶשׁ וָמַעְלָה תִּפְקְדֵם׃
טז יז וַיִּפְקֹד אֹתָם מֹשֶׁה עַל־פִּי יְהוָה כַּאֲשֶׁר צֻוָּה׃ וַיִּהְיוּ־אֵלֶּה בְנֵי־

יח לֵוִי בִּשְׁמֹתָם גֵּרְשׁוֹן וּקְהָת וּמְרָרִי׃ וְאֵלֶּה שְׁמוֹת בְּנֵי־גֵרְשׁוֹן
יט לְמִשְׁפְּחֹתָם לִבְנִי וְשִׁמְעִי׃ וּבְנֵי קְהָת לְמִשְׁפְּחֹתָם עַמְרָם וְיִצְהָר
כ חֶבְרוֹן וְעֻזִּיאֵל׃ וּבְנֵי מְרָרִי לְמִשְׁפְּחֹתָם מַחְלִי וּמוּשִׁי אֵלֶּה הֵם
כא מִשְׁפְּחֹת הַלֵּוִי לְבֵית אֲבֹתָם׃ לְגֵרְשׁוֹן מִשְׁפַּחַת הַלִּבְנִי וּמִשְׁפַּחַת
כב הַשִּׁמְעִי אֵלֶּה הֵם מִשְׁפְּחֹת הַגֵּרְשֻׁנִּי׃ פְּקֻדֵיהֶם בְּמִסְפַּר כָּל־זָכָר
מִבֶּן־חֹדֶשׁ וָמָעְלָה פְּקֻדֵיהֶם שִׁבְעַת אֲלָפִים וַחֲמֵשׁ מֵאוֹת׃
כג כד מִשְׁפְּחֹת הַגֵּרְשֻׁנִּי אַחֲרֵי הַמִּשְׁכָּן יַחֲנוּ יָמָּה׃ וּנְשִׂיא בֵית־אָב
כה לַגֵּרְשֻׁנִּי אֶלְיָסָף בֶּן־לָאֵל׃ וּמִשְׁמֶרֶת בְּנֵי־גֵרְשׁוֹן בְּאֹהֶל מוֹעֵד
כו הַמִּשְׁכָּן וְהָאֹהֶל מִכְסֵהוּ וּמָסַךְ פֶּתַח אֹהֶל מוֹעֵד׃ וְקַלְעֵי הֶחָצֵר
וְאֶת־מָסַךְ פֶּתַח הֶחָצֵר אֲשֶׁר עַל־הַמִּשְׁכָּן וְעַל־הַמִּזְבֵּחַ סָבִיב
כז וְאֵת מֵיתָרָיו לְכֹל עֲבֹדָתוֹ׃ וְלִקְהָת מִשְׁפַּחַת
הָעַמְרָמִי וּמִשְׁפַּחַת הַיִּצְהָרִי וּמִשְׁפַּחַת הַחֶבְרֹנִי וּמִשְׁפַּחַת
כח הָעָזִּיאֵלִי אֵלֶּה הֵם מִשְׁפְּחֹת הַקְּהָתִי׃ בְּמִסְפַּר כָּל־זָכָר מִבֶּן־
חֹדֶשׁ וָמָעְלָה שְׁמֹנַת אֲלָפִים וְשֵׁשׁ מֵאוֹת שֹׁמְרֵי מִשְׁמֶרֶת
כט ל הַקֹּדֶשׁ׃ מִשְׁפְּחֹת בְּנֵי־קְהָת יַחֲנוּ עַל יֶרֶךְ הַמִּשְׁכָּן תֵּימָנָה׃ וּנְשִׂיא
לא בֵית־אָב לְמִשְׁפְּחֹת הַקְּהָתִי אֱלִיצָפָן בֶּן־עֻזִּיאֵל׃ וּמִשְׁמַרְתָּם
הָאָרֹן וְהַשֻּׁלְחָן וְהַמְּנֹרָה וְהַמִּזְבְּחֹת וּכְלֵי הַקֹּדֶשׁ אֲשֶׁר יְשָׁרְתוּ
לב בָּהֶם וְהַמָּסָךְ וְכֹל עֲבֹדָתוֹ׃ וּנְשִׂיא נְשִׂיאֵי הַלֵּוִי אֶלְעָזָר בֶּן־
לג אַהֲרֹן הַכֹּהֵן פְּקֻדַּת שֹׁמְרֵי מִשְׁמֶרֶת הַקֹּדֶשׁ׃ לִמְרָרִי מִשְׁפַּחַת
לד הַמַּחְלִי וּמִשְׁפַּחַת הַמּוּשִׁי אֵלֶּה הֵם מִשְׁפְּחֹת מְרָרִי׃ וּפְקֻדֵיהֶם
בְּמִסְפַּר כָּל־זָכָר מִבֶּן־חֹדֶשׁ וָמָעְלָה שֵׁשֶׁת אֲלָפִים וּמָאתָיִם׃
לה וּנְשִׂיא בֵית־אָב לְמִשְׁפְּחֹת מְרָרִי צוּרִיאֵל בֶּן־אֲבִיחָיִל עַל יֶרֶךְ
לו הַמִּשְׁכָּן יַחֲנוּ צָפֹנָה׃ וּפְקֻדַּת מִשְׁמֶרֶת בְּנֵי מְרָרִי קַרְשֵׁי הַמִּשְׁכָּן
לז וּבְרִיחָיו וְעַמֻּדָיו וַאֲדָנָיו וְכָל־כֵּלָיו וְכֹל עֲבֹדָתוֹ׃ וְעַמֻּדֵי הֶחָצֵר
לח סָבִיב וְאַדְנֵיהֶם וִיתֵדֹתָם וּמֵיתְרֵיהֶם׃ וְהַחֹנִים לִפְנֵי הַמִּשְׁכָּן
קֵדְמָה לִפְנֵי אֹהֶל־מוֹעֵד ׀ מִזְרָחָה מֹשֶׁה ׀ וְאַהֲרֹן וּבָנָיו שֹׁמְרִים
מִשְׁמֶרֶת הַמִּקְדָּשׁ לְמִשְׁמֶרֶת בְּנֵי יִשְׂרָאֵל וְהַזָּר הַקָּרֵב יוּמָת׃

לט כָּל־פְּקוּדֵי הַלְוִיִּם אֲשֶׁר פָּקַד מֹשֶׁה וְאַהֲרֹן עַל־פִּי יְהוָה
לְמִשְׁפְּחֹתָם כָּל־זָכָר מִבֶּן־חֹדֶשׁ וָמַעְלָה שְׁנַיִם וְעֶשְׂרִים
מ אָלֶף׃ וַיֹּאמֶר יְהוָה אֶל־מֹשֶׁה פְּקֹד כָּל־בְּכֹר ששי
זָכָר לִבְנֵי יִשְׂרָאֵל מִבֶּן־חֹדֶשׁ וָמָעְלָה וְשָׂא אֵת מִסְפַּר שְׁמֹתָם׃
מא וְלָקַחְתָּ אֶת־הַלְוִיִּם לִי אֲנִי יְהוָה תַּחַת כָּל־בְּכֹר בִּבְנֵי יִשְׂרָאֵל
וְאֵת בֶּהֱמַת הַלְוִיִּם תַּחַת כָּל־בְּכוֹר בְּבֶהֱמַת בְּנֵי יִשְׂרָאֵל׃
מב וַיִּפְקֹד מֹשֶׁה כַּאֲשֶׁר צִוָּה יְהוָה אֹתוֹ אֶת־כָּל־בְּכוֹר בִּבְנֵי יִשְׂרָאֵל׃
מג וַיְהִי כָל־בְּכוֹר זָכָר בְּמִסְפַּר שֵׁמֹת מִבֶּן־חֹדֶשׁ וָמַעְלָה לִפְקֻדֵיהֶם
שְׁנַיִם וְעֶשְׂרִים אֶלֶף שְׁלֹשָׁה וְשִׁבְעִים וּמָאתָיִם׃
מד מה וַיְדַבֵּר יְהוָה אֶל־מֹשֶׁה לֵּאמֹר׃ קַח אֶת־הַלְוִיִּם תַּחַת כָּל־בְּכוֹר
בִּבְנֵי יִשְׂרָאֵל וְאֶת־בֶּהֱמַת הַלְוִיִּם תַּחַת בְּהֶמְתָּם וְהָיוּ־לִי
מו הַלְוִיִּם אֲנִי יְהוָה׃ וְאֵת פְּדוּיֵי הַשְּׁלֹשָׁה וְהַשִּׁבְעִים וְהַמָּאתָיִם
מז הָעֹדְפִים עַל־הַלְוִיִּם מִבְּכוֹר בְּנֵי יִשְׂרָאֵל׃ וְלָקַחְתָּ חֲמֵשֶׁת
חֲמֵשֶׁת שְׁקָלִים לַגֻּלְגֹּלֶת בְּשֶׁקֶל הַקֹּדֶשׁ תִּקָּח עֶשְׂרִים גֵּרָה
מח הַשָּׁקֶל׃ וְנָתַתָּה הַכֶּסֶף לְאַהֲרֹן וּלְבָנָיו פְּדוּיֵי הָעֹדְפִים בָּהֶם׃
מט וַיִּקַּח מֹשֶׁה אֵת כֶּסֶף הַפִּדְיוֹם מֵאֵת הָעֹדְפִים עַל פְּדוּיֵי הַלְוִיִּם׃
נ מֵאֵת בְּכוֹר בְּנֵי יִשְׂרָאֵל לָקַח אֶת־הַכָּסֶף חֲמִשָּׁה וְשִׁשִּׁים
נא וּשְׁלֹשׁ מֵאוֹת וָאֶלֶף בְּשֶׁקֶל הַקֹּדֶשׁ׃ וַיִּתֵּן מֹשֶׁה אֶת־כֶּסֶף
הַפְּדֻיִם לְאַהֲרֹן וּלְבָנָיו עַל־פִּי יְהוָה כַּאֲשֶׁר צִוָּה יְהוָה אֶת־
מֹשֶׁה׃

ד א ב וַיְדַבֵּר יְהוָה אֶל־מֹשֶׁה וְאֶל־אַהֲרֹן לֵאמֹר׃ נָשֹׂא אֶת־רֹאשׁ בְּנֵי שביעי
ג קְהָת מִתּוֹךְ בְּנֵי לֵוִי לְמִשְׁפְּחֹתָם לְבֵית אֲבֹתָם׃ מִבֶּן שְׁלֹשִׁים
שָׁנָה וָמַעְלָה וְעַד בֶּן־חֲמִשִּׁים שָׁנָה כָּל־בָּא לַצָּבָא לַעֲשׂוֹת
ד מְלָאכָה בְּאֹהֶל מוֹעֵד׃ זֹאת עֲבֹדַת בְּנֵי־קְהָת בְּאֹהֶל מוֹעֵד
ה קֹדֶשׁ הַקֳּדָשִׁים׃ וּבָא אַהֲרֹן וּבָנָיו בִּנְסֹעַ הַמַּחֲנֶה וְהוֹרִדוּ אֵת
ו פָּרֹכֶת הַמָּסָךְ וְכִסּוּ־בָהּ אֵת אֲרֹן הָעֵדֻת׃ וְנָתְנוּ עָלָיו כְּסוּי
עוֹר תַּחַשׁ וּפָרְשׂוּ בֶגֶד־כְּלִיל תְּכֵלֶת מִלְמָעְלָה וְשָׂמוּ בַּדָּיו׃

ז וְעַל ׀ שֻׁלְחַן הַפָּנִים יִפְרְשׂוּ בֶּגֶד תְּכֵלֶת וְנָתְנוּ עָלָיו אֶת־הַקְּעָרֹת
וְאֶת־הַכַּפֹּת וְאֶת־הַמְּנַקִּיֹּת וְאֵת קְשׂוֹת הַנָּסֶךְ וְלֶחֶם הַתָּמִיד
ח עָלָיו יִהְיֶה׃ וּפָרְשׂוּ עֲלֵיהֶם בֶּגֶד תּוֹלַעַת שָׁנִי וְכִסּוּ אֹתוֹ בְּמִכְסֵה
ט עוֹר תָּחַשׁ וְשָׂמוּ אֶת־בַּדָּיו׃ וְלָקְחוּ ׀ בֶּגֶד תְּכֵלֶת וְכִסּוּ אֶת־
מְנֹרַת הַמָּאוֹר וְאֶת־נֵרֹתֶיהָ וְאֶת־מַלְקָחֶיהָ וְאֶת־מַחְתֹּתֶיהָ
י וְאֵת כָּל־כְּלֵי שַׁמְנָהּ אֲשֶׁר יְשָׁרְתוּ־לָהּ בָּהֶם׃ וְנָתְנוּ אֹתָהּ וְאֶת־
יא כָּל־כֵּלֶיהָ אֶל־מִכְסֵה עוֹר תָּחַשׁ וְנָתְנוּ עַל־הַמּוֹט׃ וְעַל ׀ מִזְבַּח
הַזָּהָב יִפְרְשׂוּ בֶּגֶד תְּכֵלֶת וְכִסּוּ אֹתוֹ בְּמִכְסֵה עוֹר תָּחַשׁ וְשָׂמוּ
יב אֶת־בַּדָּיו׃ וְלָקְחוּ אֶת־כָּל־כְּלֵי הַשָּׁרֵת אֲשֶׁר יְשָׁרְתוּ־בָם בַּקֹּדֶשׁ
וְנָתְנוּ אֶל־בֶּגֶד תְּכֵלֶת וְכִסּוּ אוֹתָם בְּמִכְסֵה עוֹר תָּחַשׁ וְנָתְנוּ
יג יד עַל־הַמּוֹט׃ וְדִשְּׁנוּ אֶת־הַמִּזְבֵּחַ וּפָרְשׂוּ עָלָיו בֶּגֶד אַרְגָּמָן׃ וְנָתְנוּ
עָלָיו אֶת־כָּל־כֵּלָיו אֲשֶׁר יְשָׁרְתוּ עָלָיו בָּהֶם אֶת־הַמַּחְתֹּת אֶת־
הַמִּזְלָגֹת וְאֶת־הַיָּעִים וְאֶת־הַמִּזְרָקֹת כֹּל כְּלֵי הַמִּזְבֵּחַ וּפָרְשׂוּ
טו עָלָיו כְּסוּי עוֹר תַּחַשׁ וְשָׂמוּ בַדָּיו׃ וְכִלָּה אַהֲרֹן־וּבָנָיו לְכַסֹּת אֶת־
הַקֹּדֶשׁ וְאֶת־כָּל־כְּלֵי הַקֹּדֶשׁ בִּנְסֹעַ הַמַּחֲנֶה וְאַחֲרֵי־כֵן יָבֹאוּ בְנֵי־
קְהָת לָשֵׂאת וְלֹא־יִגְּעוּ אֶל־הַקֹּדֶשׁ וָמֵתוּ אֵלֶּה מַשָּׂא בְנֵי־קְהָת
טז בְּאֹהֶל מוֹעֵד׃ וּפְקֻדַּת אֶלְעָזָר ׀ בֶּן־אַהֲרֹן הַכֹּהֵן שֶׁמֶן הַמָּאוֹר
וּקְטֹרֶת הַסַּמִּים וּמִנְחַת הַתָּמִיד וְשֶׁמֶן הַמִּשְׁחָה פְּקֻדַּת כָּל־
הַמִּשְׁכָּן וְכָל־אֲשֶׁר־בּוֹ בְּקֹדֶשׁ וּבְכֵלָיו׃

יז יח וַיְדַבֵּר יְהוָה אֶל־מֹשֶׁה וְאֶל־אַהֲרֹן לֵאמֹר׃ אַל־תַּכְרִיתוּ אֶת־ מפטיר ד
יט שֵׁבֶט מִשְׁפְּחֹת הַקְּהָתִי מִתּוֹךְ הַלְוִיִּם׃ וְזֹאת ׀ עֲשׂוּ לָהֶם וְחָיוּ
וְלֹא יָמֻתוּ בְּגִשְׁתָּם אֶת־קֹדֶשׁ הַקֳּדָשִׁים אַהֲרֹן וּבָנָיו יָבֹאוּ וְשָׂמוּ
כ אוֹתָם אִישׁ אִישׁ עַל־עֲבֹדָתוֹ וְאֶל־מַשָּׂאוֹ׃ וְלֹא־יָבֹאוּ לִרְאוֹת
כְּבַלַּע אֶת־הַקֹּדֶשׁ וָמֵתוּ׃

כא כב וַיְדַבֵּר יְהוָה אֶל־מֹשֶׁה לֵּאמֹר׃ נָשֹׂא אֶת־רֹאשׁ בְּנֵי גֵרְשׁוֹן גַּם־ נשא
כג הֵם לְבֵית אֲבֹתָם לְמִשְׁפְּחֹתָם׃ מִבֶּן שְׁלֹשִׁים שָׁנָה וָמַעְלָה עַד
בֶּן־חֲמִשִּׁים שָׁנָה תִּפְקֹד אוֹתָם כָּל־הַבָּא לִצְבֹא צָבָא לַעֲבֹד

כד עֲבֹדָה בְּאֹהֶל מוֹעֵד׃ זֹאת עֲבֹדַת מִשְׁפְּחֹת הַגֵּרְשֻׁנִּי לַעֲבֹד
כה וּלְמַשָּׂא׃ וְנָשְׂאוּ אֶת־יְרִיעֹת הַמִּשְׁכָּן וְאֶת־אֹהֶל מוֹעֵד מִכְסֵהוּ
וּמִכְסֵה הַתַּחַשׁ אֲשֶׁר־עָלָיו מִלְמָעְלָה וְאֶת־מָסַךְ פֶּתַח אֹהֶל
כו מוֹעֵד׃ וְאֵת קַלְעֵי הֶחָצֵר וְאֶת־מָסַךְ ׀ פֶּתַח ׀ שַׁעַר הֶחָצֵר אֲשֶׁר
עַל־הַמִּשְׁכָּן וְעַל־הַמִּזְבֵּחַ סָבִיב וְאֵת מֵיתְרֵיהֶם וְאֶת־כָּל־כְּלֵי
כז עֲבֹדָתָם וְאֵת כָּל־אֲשֶׁר יֵעָשֶׂה לָהֶם וְעָבָדוּ׃ עַל־פִּי אַהֲרֹן וּבָנָיו
תִּהְיֶה כָּל־עֲבֹדַת בְּנֵי הַגֵּרְשֻׁנִּי לְכָל־מַשָּׂאָם וּלְכֹל עֲבֹדָתָם
כח וּפְקַדְתֶּם עֲלֵהֶם בְּמִשְׁמֶרֶת אֵת כָּל־מַשָּׂאָם׃ זֹאת עֲבֹדַת
מִשְׁפְּחֹת בְּנֵי הַגֵּרְשֻׁנִּי בְּאֹהֶל מוֹעֵד וּמִשְׁמַרְתָּם בְּיַד אִיתָמָר בֶּן־
כט אַהֲרֹן הַכֹּהֵן׃ בְּנֵי מְרָרִי לְמִשְׁפְּחֹתָם לְבֵית־
ל אֲבֹתָם תִּפְקֹד אֹתָם׃ מִבֶּן שְׁלֹשִׁים שָׁנָה וָמַעְלָה וְעַד בֶּן־חֲמִשִּׁים
שָׁנָה תִּפְקְדֵם כָּל־הַבָּא לַצָּבָא לַעֲבֹד אֶת־עֲבֹדַת אֹהֶל מוֹעֵד׃
לא וְזֹאת מִשְׁמֶרֶת מַשָּׂאָם לְכָל־עֲבֹדָתָם בְּאֹהֶל מוֹעֵד קַרְשֵׁי הַמִּשְׁכָּן
לב וּבְרִיחָיו וְעַמּוּדָיו וַאֲדָנָיו׃ וְעַמּוּדֵי הֶחָצֵר סָבִיב וְאַדְנֵיהֶם וִיתֵדֹתָם
וּמֵיתְרֵיהֶם לְכָל־כְּלֵיהֶם וּלְכֹל עֲבֹדָתָם וּבְשֵׁמֹת תִּפְקְדוּ אֶת־
לג כְּלֵי מִשְׁמֶרֶת מַשָּׂאָם׃ זֹאת עֲבֹדַת מִשְׁפְּחֹת בְּנֵי מְרָרִי לְכָל־
לד עֲבֹדָתָם בְּאֹהֶל מוֹעֵד בְּיַד אִיתָמָר בֶּן־אַהֲרֹן הַכֹּהֵן׃ וַיִּפְקֹד
מֹשֶׁה וְאַהֲרֹן וּנְשִׂיאֵי הָעֵדָה אֶת־בְּנֵי הַקְּהָתִי לְמִשְׁפְּחֹתָם וּלְבֵית
לה אֲבֹתָם׃ מִבֶּן שְׁלֹשִׁים שָׁנָה וָמַעְלָה וְעַד בֶּן־חֲמִשִּׁים שָׁנָה כָּל־
לו הַבָּא לַצָּבָא לַעֲבֹדָה בְּאֹהֶל מוֹעֵד׃ וַיִּהְיוּ פְקֻדֵיהֶם לְמִשְׁפְּחֹתָם
לז אַלְפַּיִם שְׁבַע מֵאוֹת וַחֲמִשִּׁים׃ אֵלֶּה פְקוּדֵי מִשְׁפְּחֹת הַקְּהָתִי
כָּל־הָעֹבֵד בְּאֹהֶל מוֹעֵד אֲשֶׁר פָּקַד מֹשֶׁה וְאַהֲרֹן עַל־פִּי יְהוָה
לח בְּיַד־מֹשֶׁה׃ וּפְקוּדֵי בְּנֵי גֵּרְשׁוֹן לְמִשְׁפְּחוֹתָם שני
לט וּלְבֵית אֲבֹתָם׃ מִבֶּן שְׁלֹשִׁים שָׁנָה וָמַעְלָה וְעַד בֶּן־חֲמִשִּׁים
מ שָׁנָה כָּל־הַבָּא לַצָּבָא לַעֲבֹדָה בְּאֹהֶל מוֹעֵד׃ וַיִּהְיוּ פְּקֻדֵיהֶם
מא לְמִשְׁפְּחֹתָם לְבֵית אֲבֹתָם אַלְפַּיִם וְשֵׁשׁ מֵאוֹת וּשְׁלֹשִׁים׃ אֵלֶּה
פְּקוּדֵי מִשְׁפְּחֹת בְּנֵי גֵרְשׁוֹן כָּל־הָעֹבֵד בְּאֹהֶל מוֹעֵד אֲשֶׁר פָּקַד

מֹשֶׁה וְאַהֲרֹן עַל־פִּי יְהוָה׃ וּפְקוּדֵי מִשְׁפְּחֹת בְּנֵי מְרָרִי לְמִשְׁפְּחֹתָם מב
לְבֵית אֲבֹתָם׃ מִבֶּן שְׁלֹשִׁים שָׁנָה וָמַעְלָה וְעַד בֶּן־חֲמִשִּׁים מג
שָׁנָה כָּל־הַבָּא לַצָּבָא לַעֲבֹדָה בְּאֹהֶל מוֹעֵד׃ וַיִּהְיוּ פְקֻדֵיהֶם מד
לְמִשְׁפְּחֹתָם שְׁלֹשֶׁת אֲלָפִים וּמָאתָיִם׃ אֵלֶּה פְקוּדֵי מִשְׁפְּחֹת מה
בְּנֵי מְרָרִי אֲשֶׁר פָּקַד מֹשֶׁה וְאַהֲרֹן עַל־פִּי יְהוָה בְּיַד־מֹשֶׁה׃
כָּל־הַפְּקֻדִים אֲשֶׁר פָּקַד מֹשֶׁה וְאַהֲרֹן וּנְשִׂיאֵי יִשְׂרָאֵל אֶת־ מו
הַלְוִיִּם לְמִשְׁפְּחֹתָם וּלְבֵית אֲבֹתָם׃ מִבֶּן שְׁלֹשִׁים שָׁנָה וָמַעְלָה מז
וְעַד בֶּן־חֲמִשִּׁים שָׁנָה כָּל־הַבָּא לַעֲבֹד עֲבֹדַת עֲבֹדָה וַעֲבֹדַת
מַשָּׂא בְּאֹהֶל מוֹעֵד׃ וַיִּהְיוּ פְּקֻדֵיהֶם שְׁמֹנַת אֲלָפִים וַחֲמֵשׁ מֵאוֹת מח
וּשְׁמֹנִים׃ עַל־פִּי יְהוָה פָּקַד אוֹתָם בְּיַד־מֹשֶׁה אִישׁ אִישׁ עַל־עֲבֹדָתוֹ מט
וְעַל־מַשָּׂאוֹ וּפְקֻדָיו אֲשֶׁר־צִוָּה יְהוָה אֶת־מֹשֶׁה׃

שלישי וַיְדַבֵּר יְהוָה אֶל־מֹשֶׁה לֵּאמֹר׃ צַו אֶת־בְּנֵי יִשְׂרָאֵל וִישַׁלְּחוּ מִן־ ה א ב
הַמַּחֲנֶה כָּל־צָרוּעַ וְכָל־זָב וְכֹל טָמֵא לָנָפֶשׁ׃ מִזָּכָר עַד־נְקֵבָה ג
תְּשַׁלֵּחוּ אֶל־מִחוּץ לַמַּחֲנֶה תְּשַׁלְּחוּם וְלֹא יְטַמְּאוּ אֶת־מַחֲנֵיהֶם
אֲשֶׁר אֲנִי שֹׁכֵן בְּתוֹכָם׃ וַיַּעֲשׂוּ־כֵן בְּנֵי יִשְׂרָאֵל וַיְשַׁלְּחוּ אוֹתָם ד
אֶל־מִחוּץ לַמַּחֲנֶה כַּאֲשֶׁר דִּבֶּר יְהוָה אֶל־מֹשֶׁה כֵּן עָשׂוּ בְּנֵי
יִשְׂרָאֵל׃

וַיְדַבֵּר יְהוָה אֶל־מֹשֶׁה לֵּאמֹר׃ דַּבֵּר אֶל־בְּנֵי יִשְׂרָאֵל אִישׁ אוֹ־ ה ו
אִשָּׁה כִּי יַעֲשׂוּ מִכָּל־חַטֹּאת הָאָדָם לִמְעֹל מַעַל בַּיהוָה
וְאָשְׁמָה הַנֶּפֶשׁ הַהִוא׃ וְהִתְוַדּוּ אֶת־חַטָּאתָם אֲשֶׁר עָשׂוּ וְהֵשִׁיב ז
אֶת־אֲשָׁמוֹ בְּרֹאשׁוֹ וַחֲמִישִׁתוֹ יֹסֵף עָלָיו וְנָתַן לַאֲשֶׁר אָשַׁם
לוֹ׃ וְאִם־אֵין לָאִישׁ גֹּאֵל לְהָשִׁיב הָאָשָׁם אֵלָיו הָאָשָׁם הַמּוּשָׁב ח
לַיהוָה לַכֹּהֵן מִלְּבַד אֵיל הַכִּפֻּרִים אֲשֶׁר יְכַפֶּר־בּוֹ עָלָיו׃ וְכָל־ ט
תְּרוּמָה לְכָל־קָדְשֵׁי בְנֵי־יִשְׂרָאֵל אֲשֶׁר־יַקְרִיבוּ לַכֹּהֵן לוֹ
יִהְיֶה׃ וְאִישׁ אֶת־קֳדָשָׁיו לוֹ יִהְיוּ אִישׁ אֲשֶׁר־יִתֵּן לַכֹּהֵן לוֹ י
יִהְיֶה׃

רביעי ה וַיְדַבֵּר יְהוָה אֶל־מֹשֶׁה לֵּאמֹר׃ דַּבֵּר אֶל־בְּנֵי יִשְׂרָאֵל וְאָמַרְתָּ יא יב

ה   נשא

יג אֲלֵהֶ֗ם אִ֣ישׁ אִישׁ כִּֽי־תִשְׂטֶ֤ה אִשְׁתּוֹ֙ וּמָעֲלָ֥ה בֽוֹ מָֽעַל׃ וְשָׁכַ֨ב
אִ֣ישׁ אֹתָ֜הּ שִׁכְבַת־זֶ֗רַע וְנֶעְלַם֙ מֵעֵינֵ֣י אִישָׁ֔הּ וְנִסְתְּרָ֖ה וְהִ֣יא
יד נִטְמָ֑אָה וְעֵד֙ אֵ֣ין בָּ֔הּ וְהִ֖וא לֹ֥א נִתְפָּֽשָׂה׃ וְעָבַ֨ר עָלָ֧יו רֽוּחַ־
קִנְאָ֛ה וְקִנֵּ֥א אֶת־אִשְׁתּ֖וֹ וְהִ֣וא נִטְמָ֑אָה אֽוֹ־עָבַ֨ר עָלָ֧יו רֽוּחַ־
טו קִנְאָ֛ה וְקִנֵּ֥א אֶת־אִשְׁתּ֖וֹ וְהִ֥יא לֹ֣א נִטְמָֽאָה׃ וְהֵבִ֤יא הָאִישׁ֙
אֶת־אִשְׁתּוֹ֙ אֶל־הַכֹּהֵ֔ן וְהֵבִ֤יא אֶת־קָרְבָּנָהּ֙ עָלֶ֔יהָ עֲשִׂירִ֥ת הָֽאֵיפָ֖ה
קֶ֣מַח שְׂעֹרִ֑ים לֹֽא־יִצֹ֨ק עָלָ֜יו שֶׁ֗מֶן וְלֹֽא־יִתֵּ֤ן עָלָיו֙ לְבֹנָ֔ה כִּֽי־
טז מִנְחַ֤ת קְנָאֹת֙ ה֔וּא מִנְחַ֥ת זִכָּר֖וֹן מַזְכֶּ֥רֶת עָוֺֽן׃ וְהִקְרִ֥יב אֹתָ֖הּ
יז הַכֹּהֵ֑ן וְהֶֽעֱמִדָ֖הּ לִפְנֵ֥י יְהֹוָֽה׃ וְלָקַ֧ח הַכֹּהֵ֛ן מַ֥יִם קְדֹשִׁ֖ים בִּכְלִי־
חָ֑רֶשׂ וּמִן־הֶֽעָפָ֗ר אֲשֶׁ֤ר יִהְיֶה֙ בְּקַרְקַ֣ע הַמִּשְׁכָּ֔ן יִקַּ֥ח הַכֹּהֵ֖ן וְנָתַ֥ן
יח אֶל־הַמָּֽיִם׃ וְהֶֽעֱמִ֨יד הַכֹּהֵ֥ן אֶת־הָֽאִשָּׁה֮ לִפְנֵ֣י יְהֹוָה֒ וּפָרַע֙ אֶת־
רֹ֣אשׁ הָֽאִשָּׁ֔ה וְנָתַ֣ן עַל־כַּפֶּ֗יהָ אֵ֚ת מִנְחַ֣ת הַזִּכָּר֔וֹן מִנְחַ֥ת קְנָאֹ֖ת
יט הִ֑וא וּבְיַ֣ד הַכֹּהֵ֗ן יִהְי֛וּ מֵ֥י הַמָּרִ֖ים הַֽמְאָֽרְרִֽים׃ וְהִשְׁבִּ֨יעַ אֹתָ֜הּ
הַכֹּהֵ֗ן וְאָמַ֤ר אֶל־הָֽאִשָּׁה֙ אִם־לֹ֨א שָׁכַ֥ב אִישׁ֙ אֹתָ֔ךְ וְאִם־לֹ֧א
שָׂטִ֛ית טֻמְאָ֖ה תַּ֣חַת אִישֵׁ֑ךְ הִנָּקִ֕י מִמֵּ֛י הַמָּרִ֥ים הַֽמְאָֽרְרִ֖ים הָאֵֽלֶּה׃
כ וְאַ֗תְּ כִּ֥י שָׂטִ֛ית תַּ֥חַת אִישֵׁ֖ךְ וְכִ֣י נִטְמֵ֑את וַיִּתֵּ֨ן אִ֥ישׁ בָּךְ֙ אֶת־
כא שְׁכָבְתּ֔וֹ מִֽבַּלְעֲדֵ֖י אִישֵֽׁךְ׃ וְהִשְׁבִּ֨יעַ הַכֹּהֵ֥ן אֶת־הָֽאִשָּׁה֮ בִּשְׁבֻעַ֣ת
הָֽאָלָה֒ וְאָמַ֤ר הַכֹּהֵן֙ לָֽאִשָּׁ֔ה יִתֵּ֨ן יְהֹוָ֥ה אוֹתָ֛ךְ לְאָלָ֥ה וְלִשְׁבֻעָ֖ה
בְּת֣וֹךְ עַמֵּ֑ךְ בְּתֵ֤ת יְהֹוָה֙ אֶת־יְרֵכֵ֣ךְ נֹפֶ֔לֶת וְאֶת־בִּטְנֵ֖ךְ צָבָֽה׃
כב וּבָ֨אוּ הַמַּ֜יִם הַֽמְאָֽרְרִ֤ים הָאֵ֨לֶּה֙ בְּמֵעַ֔יִךְ לַצְבּ֥וֹת בֶּ֖טֶן וְלַנְפִּ֣ל יָרֵ֑ךְ
כג וְאָֽמְרָ֥ה הָֽאִשָּׁ֖ה אָמֵ֥ן ׀ אָמֵֽן׃ וְ֠כָתַ֠ב אֶת־הָֽאָלֹ֥ת הָאֵ֛לֶּה הַכֹּהֵ֖ן
כד בַּסֵּ֑פֶר וּמָחָ֖ה אֶל־מֵ֥י הַמָּרִֽים׃ וְהִשְׁקָה֙ אֶת־הָ֣אִשָּׁ֔ה אֶת־מֵ֥י
כה הַמָּרִ֖ים הַֽמְאָֽרְרִ֑ים וּבָ֥אוּ בָ֛הּ הַמַּ֥יִם הַֽמְאָֽרְרִ֖ים לְמָרִֽים׃ וְלָקַ֤ח
הַכֹּהֵן֙ מִיַּ֣ד הָֽאִשָּׁ֔ה אֵ֖ת מִנְחַ֣ת הַקְּנָאֹ֑ת וְהֵנִ֤יף אֶת־הַמִּנְחָה֙
כו לִפְנֵ֣י יְהֹוָ֔ה וְהִקְרִ֥יב אֹתָ֖הּ אֶל־הַמִּזְבֵּֽחַ׃ וְקָמַ֨ץ הַכֹּהֵ֤ן מִן־הַמִּנְחָה֙
אֶת־אַזְכָּ֣רָתָ֔הּ וְהִקְטִ֖יר הַמִּזְבֵּ֑חָה וְאַחַ֛ר יַשְׁקֶ֥ה אֶת־הָֽאִשָּׁ֖ה אֶת־
כז הַמָּֽיִם׃ וְהִשְׁקָ֣הּ אֶת־הַמַּ֗יִם וְהָיְתָ֞ה אִֽם־נִטְמְאָ֗ה וַתִּמְעֹ֥ל מַ֨עַל

בָאִשָּׁה֒ וּבָ֨אוּ בָ֜הּ הַמַּ֤יִם הַמְאָֽרֲרִים֙ לְמָרִ֔ים וְצָבְתָ֣ה בִטְנָ֔הּ
כח וְנָפְלָ֣ה יְרֵכָ֑הּ וְהָיְתָ֧ה הָאִשָּׁ֛ה לְאָלָ֖ה בְּקֶ֥רֶב עַמָּֽהּ: וְאִם־לֹ֤א
כט נִטְמְאָה֙ הָֽאִשָּׁ֔ה וּטְהֹרָ֖ה הִ֑וא וְנִקְּתָ֖ה וְנִזְרְעָ֥ה זָֽרַע: זֹ֥את
תּוֹרַ֖ת הַקְּנָאֹ֑ת אֲשֶׁ֨ר תִּשְׂטֶ֥ה אִשָּׁ֛ה תַּ֥חַת אִישָׁ֖הּ וְנִטְמָֽאָה:
ל אֹ֣ו אִ֗ישׁ אֲשֶׁ֨ר תַּעֲבֹ֤ר עָלָיו֙ ר֣וּחַ קִנְאָ֔ה וְקִנֵּ֖א אֶת־אִשְׁתּ֑וֹ
וְהֶעֱמִ֤יד אֶת־הָֽאִשָּׁה֙ לִפְנֵ֣י יְהוָ֔ה וְעָ֤שָׂה לָהּ֙ הַכֹּהֵ֔ן אֵ֥ת כָּל־
לא הַתּוֹרָ֖ה הַזֹּֽאת: וְנִקָּ֥ה הָאִ֖ישׁ מֵעָוֺ֑ן וְהָאִשָּׁ֣ה הַהִ֔וא תִּשָּׂ֖א אֶת־
עֲוֺנָֽהּ:

ו וַיְדַבֵּ֥ר יְהוָ֖ה אֶל־מֹשֶׁ֥ה לֵּאמֹֽר: דַּבֵּר֙ אֶל־בְּנֵ֣י יִשְׂרָאֵ֔ל וְאָמַרְתָּ֖
אֲלֵהֶ֑ם אִ֣ישׁ אֽוֹ־אִשָּׁ֗ה כִּ֤י יַפְלִא֙ לִנְדֹּר֙ נֶ֣דֶר נָזִ֔יר לְהַזִּ֖יר לַֽיהוָֽה:
ג מִיַּ֤יִן וְשֵׁכָר֙ יַזִּ֔יר חֹ֥מֶץ יַ֛יִן וְחֹ֥מֶץ שֵׁכָ֖ר לֹ֣א יִשְׁתֶּ֑ה וְכָל־מִשְׁרַ֨ת
ד עֲנָבִ֜ים לֹ֣א יִשְׁתֶּ֗ה וַעֲנָבִ֛ים לַחִ֥ים וִֽיבֵשִׁ֖ים לֹ֥א יֹאכֵֽל: כֹּ֖ל יְמֵ֣י
נִזְר֑וֹ מִכֹּל֩ אֲשֶׁ֨ר יֵעָשֶׂ֜ה מִגֶּ֣פֶן הַיַּ֗יִן מֵחַרְצַנִּ֛ים וְעַד־זָ֖ג לֹ֥א יֹאכֵֽל:
ה כָּל־יְמֵי֙ נֶ֣דֶר נִזְר֔וֹ תַּ֖עַר לֹא־יַעֲבֹ֣ר עַל־רֹאשׁ֑וֹ עַד־מְלֹ֨את הַיָּמִ֜ם
ו אֲשֶׁר־יַזִּ֤יר לַֽיהוָה֙ קָדֹ֣שׁ יִהְיֶ֔ה גַּדֵּ֥ל פֶּ֖רַע שְׂעַ֥ר רֹאשֽׁוֹ: כָּל־יְמֵ֛י
ז הַזִּיר֖וֹ לַֽיהוָ֑ה עַל־נֶ֥פֶשׁ מֵ֖ת לֹ֥א יָבֹֽא: לְאָבִ֣יו וּלְאִמּ֗וֹ לְאָחִיו֙
וּלְאַ֣חֹת֔וֹ לֹא־יִטַּמָּ֥א לָהֶ֖ם בְּמֹתָ֑ם כִּ֛י נֵ֥זֶר אֱלֹהָ֖יו עַל־רֹאשֽׁוֹ:
ח כֹּ֖ל יְמֵ֣י נִזְר֑וֹ קָדֹ֥שׁ ה֖וּא לַֽיהוָֽה: וְכִֽי־יָמ֨וּת מֵ֤ת עָלָיו֙ בְּפֶ֣תַע
פִּתְאֹ֔ם וְטִמֵּ֖א רֹ֣אשׁ נִזְר֑וֹ וְגִלַּ֤ח רֹאשׁוֹ֙ בְּי֣וֹם טָהֳרָת֔וֹ בַּיּ֥וֹם הַשְּׁבִיעִ֖י
י יְגַלְּחֶֽנּוּ: וּבַיּ֣וֹם הַשְּׁמִינִ֗י יָבִא֙ שְׁתֵּ֣י תֹרִ֔ים א֥וֹ שְׁנֵ֖י בְּנֵ֣י יוֹנָ֑ה אֶל־
יא הַכֹּהֵ֔ן אֶל־פֶּ֖תַח אֹ֥הֶל מוֹעֵֽד: וְעָשָׂ֣ה הַכֹּהֵ֗ן אֶחָ֤ד לְחַטָּאת֙ וְאֶחָ֣ד
לְעֹלָ֔ה וְכִפֶּ֣ר עָלָ֔יו מֵאֲשֶׁ֥ר חָטָ֖א עַל־הַנָּ֑פֶשׁ וְקִדַּ֥שׁ אֶת־רֹאשׁ֖וֹ
יב בַּיּ֥וֹם הַהֽוּא: וְהִזִּ֤יר לַֽיהוָה֙ אֶת־יְמֵ֣י נִזְר֔וֹ וְהֵבִ֛יא כֶּ֥בֶשׂ בֶּן־שְׁנָת֖וֹ
לְאָשָׁ֑ם וְהַיָּמִ֤ים הָרִֽאשֹׁנִים֙ יִפְּל֔וּ כִּ֥י טָמֵ֖א נִזְר֑וֹ: וְזֹ֥את תּוֹרַ֖ת
יג הַנָּזִ֑יר בְּי֗וֹם מְלֹאת֙ יְמֵ֣י נִזְר֔וֹ יָבִ֣יא אֹת֔וֹ אֶל־פֶּ֖תַח אֹ֥הֶל מוֹעֵֽד:
יד וְהִקְרִ֣יב אֶת־קָרְבָּנ֣וֹ לַֽיהוָ֡ה כֶּבֶשׂ֩ בֶּן־שְׁנָת֨וֹ תָמִ֥ים אֶחָ֛ד לְעֹלָ֖ה
וְכַבְשָׂ֨ה אַחַ֧ת בַּת־שְׁנָתָ֛הּ תְּמִימָ֖ה לְחַטָּ֑את וְאַֽיִל־אֶחָ֥ד תָּמִ֖ים

טו לִשְׁלָמִים: וְסַל מַצּוֹת סֹלֶת חַלֹּת בְּלוּלֹת בַּשֶּׁמֶן וּרְקִיקֵי מַצּוֹת
טז מְשֻׁחִים בַּשָּׁמֶן וּמִנְחָתָם וְנִסְכֵּיהֶם: וְהִקְרִיב הַכֹּהֵן לִפְנֵי יְהוָה
יז וְעָשָׂה אֶת־חַטָּאתוֹ וְאֶת־עֹלָתוֹ: וְאֶת־הָאַיִל יַעֲשֶׂה זֶבַח
שְׁלָמִים לַיהוָה עַל סַל הַמַּצּוֹת וְעָשָׂה הַכֹּהֵן אֶת־מִנְחָתוֹ וְאֶת־
יח נִסְכּוֹ: וְגִלַּח הַנָּזִיר פֶּתַח אֹהֶל מוֹעֵד אֶת־רֹאשׁ נִזְרוֹ וְלָקַח
אֶת־שְׂעַר רֹאשׁ נִזְרוֹ וְנָתַן עַל־הָאֵשׁ אֲשֶׁר־תַּחַת זֶבַח הַשְּׁלָמִים:
יט וְלָקַח הַכֹּהֵן אֶת־הַזְּרֹעַ בְּשֵׁלָה מִן־הָאַיִל וְחַלַּת מַצָּה אַחַת
מִן־הַסַּל וּרְקִיק מַצָּה אֶחָד וְנָתַן עַל־כַּפֵּי הַנָּזִיר אַחַר הִתְגַּלְּחוֹ
כ אֶת־נִזְרוֹ: וְהֵנִיף אוֹתָם הַכֹּהֵן ׀ תְּנוּפָה לִפְנֵי יְהוָה קֹדֶשׁ הוּא
לַכֹּהֵן עַל חֲזֵה הַתְּנוּפָה וְעַל שׁוֹק הַתְּרוּמָה וְאַחַר יִשְׁתֶּה
כא הַנָּזִיר יָיִן: זֹאת תּוֹרַת הַנָּזִיר אֲשֶׁר יִדֹּר קָרְבָּנוֹ לַיהוָה עַל־נִזְרוֹ
מִלְּבַד אֲשֶׁר־תַּשִּׂיג יָדוֹ כְּפִי נִדְרוֹ אֲשֶׁר יִדֹּר כֵּן יַעֲשֶׂה עַל תּוֹרַת
נִזְרוֹ:

כב כג וַיְדַבֵּר יְהוָה אֶל־מֹשֶׁה לֵּאמֹר: דַּבֵּר אֶל־אַהֲרֹן וְאֶל־בָּנָיו לֵאמֹר כֹּה ו
כד תְבָרְכוּ אֶת־בְּנֵי יִשְׂרָאֵל אָמוֹר לָהֶם: יְבָרֶכְךָ יְהוָה
כה כו וְיִשְׁמְרֶךָ: יָאֵר יְהוָה ׀ פָּנָיו אֵלֶיךָ וִיחֻנֶּךָּ: יִשָּׂא
כז יְהוָה ׀ פָּנָיו אֵלֶיךָ וְיָשֵׂם לְךָ שָׁלוֹם: וְשָׂמוּ אֶת־שְׁמִי
ז א עַל־בְּנֵי יִשְׂרָאֵל וַאֲנִי אֲבָרְכֵם: וַיְהִי בְּיוֹם כַּלּוֹת מֹשֶׁה חמישי
לְהָקִים אֶת־הַמִּשְׁכָּן וַיִּמְשַׁח אֹתוֹ וַיְקַדֵּשׁ אֹתוֹ וְאֶת־כָּל־כֵּלָיו
ב וְאֶת־הַמִּזְבֵּחַ וְאֶת־כָּל־כֵּלָיו וַיִּמְשָׁחֵם וַיְקַדֵּשׁ אֹתָם: וַיַּקְרִיבוּ
נְשִׂיאֵי יִשְׂרָאֵל רָאשֵׁי בֵּית אֲבֹתָם הֵם נְשִׂיאֵי הַמַּטֹּת הֵם
ג הָעֹמְדִים עַל־הַפְּקֻדִים: וַיָּבִיאוּ אֶת־קָרְבָּנָם לִפְנֵי יְהוָה שֵׁשׁ־
עֶגְלֹת צָב וּשְׁנֵי־עָשָׂר בָּקָר עֲגָלָה עַל־שְׁנֵי הַנְּשִׂאִים וְשׁוֹר
ד לְאֶחָד וַיַּקְרִיבוּ אוֹתָם לִפְנֵי הַמִּשְׁכָּן: וַיֹּאמֶר יְהוָה אֶל־מֹשֶׁה
ה לֵּאמֹר: קַח מֵאִתָּם וְהָיוּ לַעֲבֹד אֶת־עֲבֹדַת אֹהֶל מוֹעֵד וְנָתַתָּה
ו אוֹתָם אֶל־הַלְוִיִּם אִישׁ כְּפִי עֲבֹדָתוֹ: וַיִּקַּח מֹשֶׁה אֶת־הָעֲגָלֹת
ז וְאֶת־הַבָּקָר וַיִּתֵּן אוֹתָם אֶל־הַלְוִיִּם: אֵת ׀ שְׁתֵּי הָעֲגָלוֹת וְאֵת

ח אַרְבַּעַת הַבָּקָר נָתַן לִבְנֵי גֵרְשׁוֹן כְּפִי עֲבֹדָתָם: וְאֵת ׀ אַרְבַּע
הָעֲגָלֹת וְאֵת שְׁמֹנַת הַבָּקָר נָתַן לִבְנֵי מְרָרִי כְּפִי עֲבֹדָתָם בְּיַד
ט אִיתָמָר בֶּן־אַהֲרֹן הַכֹּהֵן: וְלִבְנֵי קְהָת לֹא נָתָן כִּי־עֲבֹדַת הַקֹּדֶשׁ
י עֲלֵהֶם בַּכָּתֵף יִשָּׂאוּ: וַיַּקְרִיבוּ הַנְּשִׂאִים אֵת חֲנֻכַּת הַמִּזְבֵּחַ בְּיוֹם
יא הִמָּשַׁח אֹתוֹ וַיַּקְרִיבוּ הַנְּשִׂיאִם אֶת־קָרְבָּנָם לִפְנֵי הַמִּזְבֵּחַ: וַיֹּאמֶר
יְהוָה אֶל־מֹשֶׁה נָשִׂיא אֶחָד לַיּוֹם נָשִׂיא אֶחָד לַיּוֹם יַקְרִיבוּ
יב אֶת־קָרְבָּנָם לַחֲנֻכַּת הַמִּזְבֵּחַ: וַיְהִי הַמַּקְרִיב בַּיּוֹם
יג הָרִאשׁוֹן אֶת־קָרְבָּנוֹ נַחְשׁוֹן בֶּן־עַמִּינָדָב לְמַטֵּה יְהוּדָה: וְקָרְבָּנוֹ
קַעֲרַת־כֶּסֶף אַחַת שְׁלֹשִׁים וּמֵאָה מִשְׁקָלָהּ מִזְרָק אֶחָד כֶּסֶף
שִׁבְעִים שֶׁקֶל בְּשֶׁקֶל הַקֹּדֶשׁ שְׁנֵיהֶם ׀ מְלֵאִים סֹלֶת בְּלוּלָה
יד טו בַשֶּׁמֶן לְמִנְחָה: כַּף אַחַת עֲשָׂרָה זָהָב מְלֵאָה קְטֹרֶת: פַּר אֶחָד
טז בֶּן־בָּקָר אַיִל אֶחָד כֶּבֶשׂ־אֶחָד בֶּן־שְׁנָתוֹ לְעֹלָה: שְׂעִיר־עִזִּים
יז אֶחָד לְחַטָּאת: וּלְזֶבַח הַשְּׁלָמִים בָּקָר שְׁנַיִם אֵילִם חֲמִשָּׁה
עַתּוּדִים חֲמִשָּׁה כְּבָשִׂים בְּנֵי־שָׁנָה חֲמִשָּׁה זֶה קָרְבַּן נַחְשׁוֹן
בֶּן־עַמִּינָדָב:
יח יט בַּיּוֹם הַשֵּׁנִי הִקְרִיב נְתַנְאֵל בֶּן־צוּעָר נְשִׂיא יִשָּׂשכָר: הִקְרִב
אֶת־קָרְבָּנוֹ קַעֲרַת־כֶּסֶף אַחַת שְׁלֹשִׁים וּמֵאָה מִשְׁקָלָהּ מִזְרָק
אֶחָד כֶּסֶף שִׁבְעִים שֶׁקֶל בְּשֶׁקֶל הַקֹּדֶשׁ שְׁנֵיהֶם ׀ מְלֵאִים סֹלֶת
כ בְּלוּלָה בַשֶּׁמֶן לְמִנְחָה: כַּף אַחַת עֲשָׂרָה זָהָב מְלֵאָה קְטֹרֶת:
כא פַּר אֶחָד בֶּן־בָּקָר אַיִל אֶחָד כֶּבֶשׂ־אֶחָד בֶּן־שְׁנָתוֹ לְעֹלָה:
כב כג שְׂעִיר־עִזִּים אֶחָד לְחַטָּאת: וּלְזֶבַח הַשְּׁלָמִים בָּקָר שְׁנַיִם אֵילִם
חֲמִשָּׁה עַתֻּדִים חֲמִשָּׁה כְּבָשִׂים בְּנֵי־שָׁנָה חֲמִשָּׁה זֶה קָרְבַּן
נְתַנְאֵל בֶּן־צוּעָר:
כד כה בַּיּוֹם הַשְּׁלִישִׁי נָשִׂיא לִבְנֵי זְבוּלֻן אֱלִיאָב בֶּן־חֵלֹן: קָרְבָּנוֹ
קַעֲרַת־כֶּסֶף אַחַת שְׁלֹשִׁים וּמֵאָה מִשְׁקָלָהּ מִזְרָק אֶחָד כֶּסֶף
שִׁבְעִים שֶׁקֶל בְּשֶׁקֶל הַקֹּדֶשׁ שְׁנֵיהֶם ׀ מְלֵאִים סֹלֶת בְּלוּלָה
כו כז בַשֶּׁמֶן לְמִנְחָה: כַּף אַחַת עֲשָׂרָה זָהָב מְלֵאָה קְטֹרֶת: פַּר אֶחָד

כח בֶּן־בָּקָ֣ר אֶחָ֗ד אַ֧יִל אֶחָ֛ד כֶּֽבֶשׂ־אֶחָ֥ד בֶּן־שְׁנָת֖וֹ לְעֹלָֽה: שְׂעִיר־עִזִּ֥ים

כט אֶחָ֖ד לְחַטָּֽאת: וּלְזֶ֣בַח הַשְּׁלָמִים֮ בָּקָ֣ר שְׁנַ֒יִם֒ אֵילִ֤ם חֲמִשָּׁה֙ עַתֻּדִ֣ים חֲמִשָּׁ֔ה כְּבָשִׂ֥ים בְּנֵֽי־שָׁנָ֖ה חֲמִשָּׁ֑ה זֶ֛ה קָרְבַּ֥ן אֱלִיאָ֖ב בֶּן־חֵלֹֽן:

לא בַּיּוֹם֙ הָרְבִיעִ֔י נָשִׂ֖יא לִבְנֵ֣י רְאוּבֵ֑ן אֱלִיצ֖וּר בֶּן־שְׁדֵיאֽוּר: קָרְבָּנ֞וֹ קַֽעֲרַת־כֶּ֣סֶף אַחַ֗ת שְׁלֹשִׁ֣ים וּמֵאָה֮ מִשְׁקָלָהּ֒ מִזְרָ֤ק אֶחָד֙ כֶּ֔סֶף שִׁבְעִ֥ים שֶׁ֖קֶל בְּשֶׁ֣קֶל הַקֹּ֑דֶשׁ שְׁנֵיהֶ֣ם ׀ מְלֵאִ֗ים סֹ֛לֶת בְּלוּלָ֥ה בַשֶּׁ֖מֶן לְמִנְחָֽה: כַּ֚ף אַחַ֣ת עֲשָׂרָ֣ה זָהָ֔ב מְלֵאָ֖ה קְטֹֽרֶת: פַּ֣ר אֶחָ֞ד בֶּן־בָּקָ֗ר אַ֧יִל אֶחָ֛ד כֶּֽבֶשׂ־אֶחָ֥ד בֶּן־שְׁנָת֖וֹ לְעֹלָֽה: שְׂעִיר־

לה עִזִּ֥ים אֶחָ֖ד לְחַטָּֽאת: וּלְזֶ֣בַח הַשְּׁלָמִים֮ בָּקָ֣ר שְׁנַ֒יִם֒ אֵילִ֤ם חֲמִשָּׁה֙ עַתֻּדִ֣ים חֲמִשָּׁ֔ה כְּבָשִׂ֥ים בְּנֵֽי־שָׁנָ֖ה חֲמִשָּׁ֑ה זֶ֛ה קָרְבַּ֥ן אֱלִיצ֖וּר בֶּן־שְׁדֵיאֽוּר:

לו בַּיּוֹם֙ הַֽחֲמִישִׁ֔י נָשִׂ֖יא לִבְנֵ֣י שִׁמְע֑וֹן שְׁלֻֽמִיאֵ֖ל בֶּן־צוּרִֽישַׁדָּֽי: קָרְבָּנ֞וֹ קַֽעֲרַת־כֶּ֣סֶף אַחַ֗ת שְׁלֹשִׁ֣ים וּמֵאָה֮ מִשְׁקָלָהּ֒ מִזְרָ֤ק אֶחָד֙ כֶּ֔סֶף שִׁבְעִ֥ים שֶׁ֖קֶל בְּשֶׁ֣קֶל הַקֹּ֑דֶשׁ שְׁנֵיהֶ֣ם ׀ מְלֵאִ֗ים סֹ֛לֶת בְּלוּלָ֥ה בַשֶּׁ֖מֶן לְמִנְחָֽה: כַּ֚ף אַחַ֣ת עֲשָׂרָ֣ה זָהָ֔ב מְלֵאָ֖ה קְטֹֽרֶת: פַּ֣ר אֶחָ֞ד בֶּן־בָּקָ֗ר אַ֧יִל אֶחָ֛ד כֶּֽבֶשׂ־אֶחָ֥ד בֶּן־שְׁנָת֖וֹ לְעֹלָֽה: שְׂעִיר־

מא עִזִּ֥ים אֶחָ֖ד לְחַטָּֽאת: וּלְזֶ֣בַח הַשְּׁלָמִים֮ בָּקָ֣ר שְׁנַ֒יִם֒ אֵילִ֤ם חֲמִשָּׁה֙ עַתֻּדִ֣ים חֲמִשָּׁ֔ה כְּבָשִׂ֥ים בְּנֵֽי־שָׁנָ֖ה חֲמִשָּׁ֑ה זֶ֛ה קָרְבַּ֣ן שְׁלֻֽמִיאֵ֔ל בֶּן־צוּרִֽישַׁדָּֽי:

ששי מב בַּיּוֹם֙ הַשִּׁשִּׁ֔י נָשִׂ֖יא לִבְנֵ֣י גָ֑ד אֶלְיָסָ֖ף בֶּן־דְּעוּאֵֽל: קָרְבָּנ֞וֹ קַֽעֲרַת־כֶּ֣סֶף אַחַ֗ת שְׁלֹשִׁ֣ים וּמֵאָה֮ מִשְׁקָלָהּ֒ מִזְרָ֤ק אֶחָד֙ כֶּ֔סֶף שִׁבְעִ֥ים שֶׁ֖קֶל בְּשֶׁ֣קֶל הַקֹּ֑דֶשׁ שְׁנֵיהֶ֣ם ׀ מְלֵאִ֗ים סֹ֛לֶת בְּלוּלָ֥ה בַשֶּׁ֖מֶן לְמִנְחָֽה: כַּ֚ף אַחַ֣ת עֲשָׂרָ֣ה זָהָ֔ב מְלֵאָ֖ה קְטֹֽרֶת: פַּ֣ר אֶחָ֞ד בֶּן־בָּקָ֗ר אַ֧יִל אֶחָ֛ד כֶּֽבֶשׂ־אֶחָ֥ד בֶּן־שְׁנָת֖וֹ לְעֹלָֽה: שְׂעִיר־עִזִּ֥ים אֶחָ֖ד לְחַטָּֽאת: וּלְזֶ֣בַח הַשְּׁלָמִים֮ בָּקָ֣ר שְׁנַ֒יִם֒ אֵילִ֤ם חֲמִשָּׁה֙ עַתֻּדִ֣ים חֲמִשָּׁ֔ה כְּבָשִׂ֥ים בְּנֵֽי־שָׁנָ֖ה חֲמִשָּׁ֑ה זֶ֛ה קָרְבַּ֥ן אֶלְיָסָ֖ף

בֶּן־דְּעוּאֵל׃
ז בַּיּוֹם הַשְּׁבִיעִי נָשִׂיא לִבְנֵי אֶפְרָיִם אֱלִישָׁמָע בֶּן־עַמִּיהוּד׃ קָרְבָּנוֹ מח מט
קַעֲרַת־כֶּסֶף אַחַת שְׁלֹשִׁים וּמֵאָה מִשְׁקָלָהּ מִזְרָק אֶחָד כֶּסֶף
שִׁבְעִים שֶׁקֶל בְּשֶׁקֶל הַקֹּדֶשׁ שְׁנֵיהֶם ׀ מְלֵאִים סֹלֶת בְּלוּלָה
בַשֶּׁמֶן לְמִנְחָה׃ כַּף אַחַת עֲשָׂרָה זָהָב מְלֵאָה קְטֹרֶת׃ פַּר אֶחָד נ נא
בֶּן־בָּקָר אַיִל אֶחָד כֶּבֶשׂ־אֶחָד בֶּן־שְׁנָתוֹ לְעֹלָה׃ שְׂעִיר־עִזִּים נב
אֶחָד לְחַטָּאת׃ וּלְזֶבַח הַשְּׁלָמִים בָּקָר שְׁנַיִם אֵילִם חֲמִשָּׁה נג
עַתֻּדִים חֲמִשָּׁה כְּבָשִׂים בְּנֵי־שָׁנָה חֲמִשָּׁה זֶה קָרְבַּן אֱלִישָׁמָע
בֶּן־עַמִּיהוּד׃
בַּיּוֹם הַשְּׁמִינִי נָשִׂיא לִבְנֵי מְנַשֶּׁה גַּמְלִיאֵל בֶּן־פְּדָהצוּר׃ קָרְבָּנוֹ נד נה
קַעֲרַת־כֶּסֶף אַחַת שְׁלֹשִׁים וּמֵאָה מִשְׁקָלָהּ מִזְרָק אֶחָד כֶּסֶף
שִׁבְעִים שֶׁקֶל בְּשֶׁקֶל הַקֹּדֶשׁ שְׁנֵיהֶם ׀ מְלֵאִים סֹלֶת בְּלוּלָה
בַשֶּׁמֶן לְמִנְחָה׃ כַּף אַחַת עֲשָׂרָה זָהָב מְלֵאָה קְטֹרֶת׃ פַּר אֶחָד נו נז
בֶּן־בָּקָר אַיִל אֶחָד כֶּבֶשׂ־אֶחָד בֶּן־שְׁנָתוֹ לְעֹלָה׃ שְׂעִיר־עִזִּים נח
אֶחָד לְחַטָּאת׃ וּלְזֶבַח הַשְּׁלָמִים בָּקָר שְׁנַיִם אֵילִם חֲמִשָּׁה נט
עַתֻּדִים חֲמִשָּׁה כְּבָשִׂים בְּנֵי־שָׁנָה חֲמִשָּׁה זֶה קָרְבַּן גַּמְלִיאֵל
בֶּן־פְּדָהצוּר׃
בַּיּוֹם הַתְּשִׁיעִי נָשִׂיא לִבְנֵי בִנְיָמִן אֲבִידָן בֶּן־גִּדְעֹנִי׃ קָרְבָּנוֹ ס סא
קַעֲרַת־כֶּסֶף אַחַת שְׁלֹשִׁים וּמֵאָה מִשְׁקָלָהּ מִזְרָק אֶחָד כֶּסֶף
שִׁבְעִים שֶׁקֶל בְּשֶׁקֶל הַקֹּדֶשׁ שְׁנֵיהֶם ׀ מְלֵאִים סֹלֶת בְּלוּלָה
בַשֶּׁמֶן לְמִנְחָה׃ כַּף אַחַת עֲשָׂרָה זָהָב מְלֵאָה קְטֹרֶת׃ פַּר אֶחָד סב סג
בֶּן־בָּקָר אַיִל אֶחָד כֶּבֶשׂ־אֶחָד בֶּן־שְׁנָתוֹ לְעֹלָה׃ שְׂעִיר־עִזִּים סד
אֶחָד לְחַטָּאת׃ וּלְזֶבַח הַשְּׁלָמִים בָּקָר שְׁנַיִם אֵילִם חֲמִשָּׁה סה
עַתֻּדִים חֲמִשָּׁה כְּבָשִׂים בְּנֵי־שָׁנָה חֲמִשָּׁה זֶה קָרְבַּן אֲבִידָן
בֶּן־גִּדְעֹנִי׃
בַּיּוֹם הָעֲשִׂירִי נָשִׂיא לִבְנֵי דָן אֲחִיעֶזֶר בֶּן־עַמִּישַׁדָּי׃ קָרְבָּנוֹ סו סז
קַעֲרַת־כֶּסֶף אַחַת שְׁלֹשִׁים וּמֵאָה מִשְׁקָלָהּ מִזְרָק אֶחָד כֶּסֶף

שִׁבְעִ֥ים שֶׁ֖קֶל בְּשֶׁ֣קֶל הַקֹּ֑דֶשׁ שְׁנֵיהֶ֣ם ׀ מְלֵאִ֗ים סֹ֛לֶת בְּלוּלָ֥ה
סח סט בַשֶּׁ֖מֶן לְמִנְחָֽה׃ כַּ֥ף אַחַ֛ת עֲשָׂרָ֥ה זָהָ֖ב מְלֵאָ֥ה קְטֹֽרֶת׃ פַּ֣ר
ע אֶחָ֞ד בֶּן־בָּקָ֗ר אַ֧יִל אֶחָ֛ד כֶּֽבֶשׂ־אֶחָ֥ד בֶּן־שְׁנָת֖וֹ לְעֹלָֽה׃ שְׂעִיר־
עא עִזִּ֥ים אֶחָ֖ד לְחַטָּֽאת׃ וּלְזֶ֣בַח הַשְּׁלָמִים֮ בָּקָ֣ר שְׁנַ֒יִם֒ אֵילִ֤ם חֲמִשָּׁה֙
עַתֻּדִ֣ים חֲמִשָּׁ֔ה כְּבָשִׂ֥ים בְּנֵי־שָׁנָ֖ה חֲמִשָּׁ֑ה זֶ֛ה קָרְבַּ֥ן אֲחִיעֶ֖זֶר
בֶּן־עַמִּישַׁדָּֽי׃

עב עג בְּיוֹם֙ עַשְׁתֵּ֣י עָשָׂ֣ר י֔וֹם נָשִׂ֖יא לִבְנֵ֣י אָשֵׁ֑ר פַּגְעִיאֵ֖ל בֶּן־עָכְרָֽן׃ קָרְבָּנ֞וֹ שביעי
קַעֲרַת־כֶּ֣סֶף אַחַ֗ת שְׁלֹשִׁ֣ים וּמֵאָה֮ מִשְׁקָלָהּ֒ מִזְרָ֤ק אֶחָד֙ כֶּ֔סֶף
שִׁבְעִ֥ים שֶׁ֖קֶל בְּשֶׁ֣קֶל הַקֹּ֑דֶשׁ שְׁנֵיהֶ֣ם ׀ מְלֵאִ֗ים סֹ֛לֶת בְּלוּלָ֥ה
עד עה בַשֶּׁ֖מֶן לְמִנְחָֽה׃ כַּ֥ף אַחַ֛ת עֲשָׂרָ֥ה זָהָ֖ב מְלֵאָ֥ה קְטֹֽרֶת׃ פַּ֣ר אֶחָ֞ד
עו בֶּן־בָּקָ֗ר אַ֧יִל אֶחָ֛ד כֶּֽבֶשׂ־אֶחָ֥ד בֶּן־שְׁנָת֖וֹ לְעֹלָֽה׃ שְׂעִיר־עִזִּ֥ים
עז אֶחָ֖ד לְחַטָּֽאת׃ וּלְזֶ֣בַח הַשְּׁלָמִים֮ בָּקָ֣ר שְׁנַ֒יִם֒ אֵילִ֤ם חֲמִשָּׁה֙
עַתֻּדִ֣ים חֲמִשָּׁ֔ה כְּבָשִׂ֥ים בְּנֵי־שָׁנָ֖ה חֲמִשָּׁ֑ה זֶ֛ה קָרְבַּ֥ן פַּגְעִיאֵ֖ל
בֶּן־עָכְרָֽן׃

עח עט בְּיוֹם֙ שְׁנֵ֣ים עָשָׂ֣ר י֔וֹם נָשִׂ֖יא לִבְנֵ֣י נַפְתָּלִ֑י אֲחִירַ֖ע בֶּן־עֵינָֽן׃ קָרְבָּנ֞וֹ
קַעֲרַת־כֶּ֣סֶף אַחַ֗ת שְׁלֹשִׁ֣ים וּמֵאָה֮ מִשְׁקָלָהּ֒ מִזְרָ֤ק אֶחָד֙ כֶּ֔סֶף
שִׁבְעִ֥ים שֶׁ֖קֶל בְּשֶׁ֣קֶל הַקֹּ֑דֶשׁ שְׁנֵיהֶ֣ם ׀ מְלֵאִ֗ים סֹ֛לֶת בְּלוּלָ֥ה
פ פא בַשֶּׁ֖מֶן לְמִנְחָֽה׃ כַּ֥ף אַחַ֛ת עֲשָׂרָ֥ה זָהָ֖ב מְלֵאָ֥ה קְטֹֽרֶת׃ פַּ֣ר אֶחָ֞ד
פב בֶּן־בָּקָ֗ר אַ֧יִל אֶחָ֛ד כֶּֽבֶשׂ־אֶחָ֥ד בֶּן־שְׁנָת֖וֹ לְעֹלָֽה׃ שְׂעִיר־עִזִּ֥ים
פג אֶחָ֖ד לְחַטָּֽאת׃ וּלְזֶ֣בַח הַשְּׁלָמִים֮ בָּקָ֣ר שְׁנַ֒יִם֒ אֵילִ֤ם חֲמִשָּׁה֙
עַתֻּדִ֣ים חֲמִשָּׁ֔ה כְּבָשִׂ֥ים בְּנֵי־שָׁנָ֖ה חֲמִשָּׁ֑ה זֶ֛ה קָרְבַּ֥ן אֲחִירַ֖ע
בֶּן־עֵינָֽן׃

פד זֹ֣את ׀ חֲנֻכַּ֣ת הַמִּזְבֵּ֗חַ בְּיוֹם֙ הִמָּשַׁ֣ח אֹת֔וֹ מֵאֵ֖ת נְשִׂיאֵ֣י יִשְׂרָאֵ֑ל
קַעֲרֹ֨ת כֶּ֜סֶף שְׁתֵּ֣ים עֶשְׂרֵ֗ה מִֽזְרְקֵי־כֶ֙סֶף֙ שְׁנֵ֣ים עָשָׂ֔ר כַּפּ֥וֹת זָהָ֖ב
פה שְׁתֵּ֥ים עֶשְׂרֵֽה׃ שְׁלֹשִׁ֣ים וּמֵאָ֗ה הַקְּעָרָ֤ה הָֽאַחַת֙ כֶּ֔סֶף וְשִׁבְעִ֖ים
הַמִּזְרָ֣ק הָאֶחָ֑ד כֹּ֚ל כֶּ֣סֶף הַכֵּלִ֔ים אַלְפַּ֥יִם וְאַרְבַּע־מֵא֖וֹת בְּשֶׁ֥קֶל
פו הַקֹּֽדֶשׁ׃ כַּפּ֨וֹת זָהָ֤ב שְׁתֵּים־עֶשְׂרֵה֙ מְלֵאֹ֣ת קְטֹ֔רֶת עֲשָׂרָ֥ה עֲשָׂרָ֛ה

מפטיר פו הַכַּף בְּשֶׁקֶל הַקֹּדֶשׁ כָּל־זְהַב הַכַּפּוֹת עֶשְׂרִים וּמֵאָה׃ כָּל־הַבָּקָר
לָעֹלָה שְׁנֵים עָשָׂר פָּרִים אֵילִם שְׁנֵים־עָשָׂר כְּבָשִׂים בְּנֵי־שָׁנָה
פח שְׁנֵים עָשָׂר וּמִנְחָתָם וּשְׂעִירֵי עִזִּים שְׁנֵים עָשָׂר לְחַטָּאת׃ וְכֹל
בְּקַר ׀ זֶבַח הַשְּׁלָמִים עֶשְׂרִים וְאַרְבָּעָה פָּרִים אֵילִם שִׁשִּׁים
עַתֻּדִים שִׁשִּׁים כְּבָשִׂים בְּנֵי־שָׁנָה שִׁשִּׁים זֹאת חֲנֻכַּת הַמִּזְבֵּחַ
פט אַחֲרֵי הִמָּשַׁח אֹתוֹ׃ וּבְבֹא מֹשֶׁה אֶל־אֹהֶל מוֹעֵד לְדַבֵּר אִתּוֹ
וַיִּשְׁמַע אֶת־הַקּוֹל מִדַּבֵּר אֵלָיו מֵעַל הַכַּפֹּרֶת אֲשֶׁר עַל־אֲרֹן
הָעֵדֻת מִבֵּין שְׁנֵי הַכְּרֻבִים וַיְדַבֵּר אֵלָיו׃

בהעלתך ח
ח א וַיְדַבֵּר יְהוָה אֶל־מֹשֶׁה לֵּאמֹר׃ דַּבֵּר אֶל־אַהֲרֹן וְאָמַרְתָּ אֵלָיו
ב בְּהַעֲלֹתְךָ אֶת־הַנֵּרֹת אֶל־מוּל פְּנֵי הַמְּנוֹרָה יָאִירוּ שִׁבְעַת הַנֵּרוֹת׃
ג וַיַּעַשׂ כֵּן אַהֲרֹן אֶל־מוּל פְּנֵי הַמְּנוֹרָה הֶעֱלָה נֵרֹתֶיהָ כַּאֲשֶׁר
ד צִוָּה יְהוָה אֶת־מֹשֶׁה׃ וְזֶה מַעֲשֵׂה הַמְּנֹרָה מִקְשָׁה זָהָב עַד־
יְרֵכָהּ עַד־פִּרְחָהּ מִקְשָׁה הִוא כַּמַּרְאֶה אֲשֶׁר הֶרְאָה יְהוָה אֶת־
מֹשֶׁה כֵּן עָשָׂה אֶת־הַמְּנֹרָה׃

ה ו וַיְדַבֵּר יְהוָה אֶל־מֹשֶׁה לֵּאמֹר׃ קַח אֶת־הַלְוִיִּם מִתּוֹךְ בְּנֵי יִשְׂרָאֵל
ז וְטִהַרְתָּ אֹתָם׃ וְכֹה־תַעֲשֶׂה לָהֶם לְטַהֲרָם הַזֵּה עֲלֵיהֶם מֵי
חַטָּאת וְהֶעֱבִירוּ תַעַר עַל־כָּל־בְּשָׂרָם וְכִבְּסוּ בִגְדֵיהֶם וְהִטֶּהָרוּ׃
ח וְלָקְחוּ פַּר בֶּן־בָּקָר וּמִנְחָתוֹ סֹלֶת בְּלוּלָה בַשָּׁמֶן וּפַר־שֵׁנִי בֶן־
ט בָּקָר תִּקַּח לְחַטָּאת׃ וְהִקְרַבְתָּ אֶת־הַלְוִיִּם לִפְנֵי אֹהֶל מוֹעֵד
י וְהִקְהַלְתָּ אֶת־כָּל־עֲדַת בְּנֵי יִשְׂרָאֵל׃ וְהִקְרַבְתָּ אֶת־הַלְוִיִּם
יא לִפְנֵי יְהוָה וְסָמְכוּ בְנֵי־יִשְׂרָאֵל אֶת־יְדֵיהֶם עַל־הַלְוִיִּם׃ וְהֵנִיף
אַהֲרֹן אֶת־הַלְוִיִּם תְּנוּפָה לִפְנֵי יְהוָה מֵאֵת בְּנֵי יִשְׂרָאֵל וְהָיוּ
יב לַעֲבֹד אֶת־עֲבֹדַת יְהוָה׃ וְהַלְוִיִּם יִסְמְכוּ אֶת־יְדֵיהֶם עַל רֹאשׁ
הַפָּרִים וַעֲשֵׂה אֶת־הָאֶחָד חַטָּאת וְאֶת־הָאֶחָד עֹלָה לַיהוָה
יג לְכַפֵּר עַל־הַלְוִיִּם׃ וְהַעֲמַדְתָּ אֶת־הַלְוִיִּם לִפְנֵי אַהֲרֹן וְלִפְנֵי בָנָיו
יד וְהֵנַפְתָּ אֹתָם תְּנוּפָה לַיהוָה׃ וְהִבְדַּלְתָּ אֶת־הַלְוִיִּם מִתּוֹךְ בְּנֵי
שני טו יִשְׂרָאֵל וְהָיוּ לִי הַלְוִיִּם׃ וְאַחֲרֵי־כֵן יָבֹאוּ הַלְוִיִּם לַעֲבֹד אֶת־

טז אֹהֶל מוֹעֵד וְטִהַרְתָּ אֹתָם וְהֵנַפְתָּ אֹתָם תְּנוּפָה׃ כִּי נְתֻנִים
נְתֻנִים הֵמָּה לִי מִתּוֹךְ בְּנֵי יִשְׂרָאֵל תַּחַת פִּטְרַת כָּל־רֶחֶם בְּכוֹר
יז כֹּל מִבְּנֵי יִשְׂרָאֵל לָקַחְתִּי אֹתָם לִי׃ כִּי לִי כָל־בְּכוֹר בִּבְנֵי יִשְׂרָאֵל
בָּאָדָם וּבַבְּהֵמָה בְּיוֹם הַכֹּתִי כָל־בְּכוֹר בְּאֶרֶץ מִצְרַיִם הִקְדַּשְׁתִּי
יח אֹתָם לִי׃ וָאֶקַּח אֶת־הַלְוִיִּם תַּחַת כָּל־בְּכוֹר בִּבְנֵי יִשְׂרָאֵל׃
יט וָאֶתְּנָה אֶת־הַלְוִיִּם נְתֻנִים ׀ לְאַהֲרֹן וּלְבָנָיו מִתּוֹךְ בְּנֵי יִשְׂרָאֵל
לַעֲבֹד אֶת־עֲבֹדַת בְּנֵי־יִשְׂרָאֵל בְּאֹהֶל מוֹעֵד וּלְכַפֵּר עַל־בְּנֵי
יִשְׂרָאֵל וְלֹא יִהְיֶה בִּבְנֵי יִשְׂרָאֵל נֶגֶף בְּגֶשֶׁת בְּנֵי־יִשְׂרָאֵל אֶל־
כ הַקֹּדֶשׁ׃ וַיַּעַשׂ מֹשֶׁה וְאַהֲרֹן וְכָל־עֲדַת בְּנֵי־יִשְׂרָאֵל לַלְוִיִּם
כְּכֹל אֲשֶׁר־צִוָּה יְהוָה אֶת־מֹשֶׁה לַלְוִיִּם כֵּן־עָשׂוּ לָהֶם בְּנֵי
כא יִשְׂרָאֵל׃ וַיִּתְחַטְּאוּ הַלְוִיִּם וַיְכַבְּסוּ בִּגְדֵיהֶם וַיָּנֶף אַהֲרֹן אֹתָם
כב תְּנוּפָה לִפְנֵי יְהוָה וַיְכַפֵּר עֲלֵיהֶם אַהֲרֹן לְטַהֲרָם׃ וְאַחֲרֵי־כֵן
בָּאוּ הַלְוִיִּם לַעֲבֹד אֶת־עֲבֹדָתָם בְּאֹהֶל מוֹעֵד לִפְנֵי אַהֲרֹן
וְלִפְנֵי בָנָיו כַּאֲשֶׁר צִוָּה יְהוָה אֶת־מֹשֶׁה עַל־הַלְוִיִּם כֵּן עָשׂוּ
כג כד לָהֶם׃ וַיְדַבֵּר יְהוָה אֶל־מֹשֶׁה לֵּאמֹר׃ זֹאת אֲשֶׁר
לַלְוִיִּם מִבֶּן חָמֵשׁ וְעֶשְׂרִים שָׁנָה וָמַעְלָה יָבוֹא לִצְבֹא צָבָא בַּעֲבֹדַת
כה אֹהֶל מוֹעֵד׃ וּמִבֶּן חֲמִשִּׁים שָׁנָה יָשׁוּב מִצְּבָא הָעֲבֹדָה וְלֹא יַעֲבֹד
כו עוֹד׃ וְשֵׁרֵת אֶת־אֶחָיו בְּאֹהֶל מוֹעֵד לִשְׁמֹר מִשְׁמֶרֶת וַעֲבֹדָה
לֹא יַעֲבֹד כָּכָה תַּעֲשֶׂה לַלְוִיִּם בְּמִשְׁמְרֹתָם׃
ט א וַיְדַבֵּר יְהוָה אֶל־מֹשֶׁה בְמִדְבַּר־סִינַי בַּשָּׁנָה הַשֵּׁנִית לְצֵאתָם שלישי
ב מֵאֶרֶץ מִצְרַיִם בַּחֹדֶשׁ הָרִאשׁוֹן לֵאמֹר׃ וְיַעֲשׂוּ בְנֵי־יִשְׂרָאֵל
ג אֶת־הַפָּסַח בְּמוֹעֲדוֹ׃ בְּאַרְבָּעָה עָשָׂר־יוֹם בַּחֹדֶשׁ הַזֶּה בֵּין
הָעַרְבַּיִם תַּעֲשׂוּ אֹתוֹ בְּמֹעֲדוֹ כְּכָל־חֻקֹּתָיו וּכְכָל־מִשְׁפָּטָיו
ד תַּעֲשׂוּ אֹתוֹ׃ וַיְדַבֵּר מֹשֶׁה אֶל־בְּנֵי יִשְׂרָאֵל לַעֲשֹׂת הַפָּסַח׃
ה וַיַּעֲשׂוּ אֶת־הַפֶּסַח בָּרִאשׁוֹן בְּאַרְבָּעָה עָשָׂר יוֹם לַחֹדֶשׁ בֵּין
הָעַרְבַּיִם בְּמִדְבַּר סִינָי כְּכֹל אֲשֶׁר צִוָּה יְהוָה אֶת־מֹשֶׁה כֵּן עָשׂוּ
ו בְּנֵי יִשְׂרָאֵל׃ וַיְהִי אֲנָשִׁים אֲשֶׁר הָיוּ טְמֵאִים לְנֶפֶשׁ אָדָם וְלֹא־

יָכְל֗וּ לַעֲשֹֽת־הַפֶּ֥סַח בַּיּ֣וֹם הַה֑וּא וַיִּקְרְב֞וּ לִפְנֵ֤י מֹשֶׁה֙ וְלִפְנֵ֣י
אַהֲרֹ֔ן בַּיּ֖וֹם הַהֽוּא: וַיֹּאמְר֞וּ הָאֲנָשִׁ֤ים הָהֵ֙מָּה֙ אֵלָ֔יו אֲנַ֥חְנוּ ז
טְמֵאִ֖ים לְנֶ֣פֶשׁ אָדָ֑ם לָ֣מָּה נִגָּרַ֗ע לְבִלְתִּ֞י הַקְרִ֤ב אֶת־קָרְבַּן֙ יְהוָֹה֙
בְּמֹ֣עֲד֔וֹ בְּת֖וֹךְ בְּנֵ֥י יִשְׂרָאֵֽל: וַיֹּ֥אמֶר אֲלֵהֶ֖ם מֹשֶׁ֑ה עִמְד֣וּ וְאֶשְׁמְעָ֔ה ח
מַה־יְצַוֶּ֥ה יְהוָֹ֖ה לָכֶֽם:

וַיְדַבֵּ֥ר יְהוָֹ֖ה אֶל־מֹשֶׁ֥ה לֵּאמֹֽר: דַּבֵּ֞ר אֶל־בְּנֵ֤י יִשְׂרָאֵל֙ לֵאמֹ֔ר ט
אִ֣ישׁ אִ֣ישׁ כִּי־יִהְיֶֽה־טָמֵ֣א ׀ לָנֶ֡פֶשׁ אוֹ֩ בְדֶ֨רֶךְ רְחֹקָ֜ה לָכֶ֗ם א֚וֹ
לְדֹרֹ֣תֵיכֶ֔ם וְעָ֥שָׂה פֶ֖סַח לַֽיהוָֹֽה: בַּחֹ֨דֶשׁ הַשֵּׁנִ֜י בְּאַרְבָּעָ֨ה עָשָׂ֥ר יא
י֛וֹם בֵּ֥ין הָעַרְבַּ֖יִם יַעֲשׂ֣וּ אֹת֑וֹ עַל־מַצּ֥וֹת וּמְרֹרִ֖ים יֹאכְלֻֽהוּ:
לֹֽא־יַשְׁאִ֤ירוּ מִמֶּ֙נּוּ֙ עַד־בֹּ֔קֶר וְעֶ֖צֶם לֹ֣א יִשְׁבְּרוּ־ב֑וֹ כְּכָל־חֻקַּ֥ת יב
הַפֶּ֖סַח יַעֲשׂ֥וּ אֹתֽוֹ: וְהָאִישׁ֩ אֲשֶׁר־ה֨וּא טָה֜וֹר וּבְדֶ֣רֶךְ לֹא־ יג
הָיָ֗ה וְחָדַל֙ לַעֲשֹ֣ות הַפֶּ֔סַח וְנִכְרְתָ֛ה הַנֶּ֥פֶשׁ הַהִ֖וא מֵעַמֶּ֑יהָ
כִּ֣י ׀ קָרְבַּ֣ן יְהוָֹ֗ה לֹ֤א הִקְרִיב֙ בְּמֹ֣עֲד֔וֹ חֶטְא֥וֹ יִשָּׂ֖א הָאִ֥ישׁ הַהֽוּא:
וְכִֽי־יָג֨וּר אִתְּכֶ֜ם גֵּ֗ר וְעָ֤שָׂה פֶ֙סַח֙ לַֽיהוָֹ֔ה כְּחֻקַּ֥ת הַפֶּ֖סַח יד
וּכְמִשְׁפָּט֑וֹ כֵּ֣ן יַעֲשֶׂ֔ה חֻקָּ֤ה אַחַת֙ יִהְיֶ֣ה לָכֶ֔ם וְלַגֵּ֖ר וּלְאֶזְרַ֥ח
הָאָֽרֶץ: רביעי   וּבְיוֹם֙ הָקִ֣ים אֶת־הַמִּשְׁכָּ֔ן כִּסָּ֤ה הֶֽעָנָן֙ טו
אֶת־הַמִּשְׁכָּ֔ן לְאֹ֖הֶל הָעֵדֻ֑ת וּבָעֶ֜רֶב יִהְיֶ֧ה עַל־הַמִּשְׁכָּ֛ן כְּמַרְאֵה־
אֵ֖שׁ עַד־בֹּֽקֶר: כֵּ֣ן יִהְיֶ֣ה תָמִ֔יד הֶעָנָ֖ן יְכַסֶּ֑נּוּ וּמַרְאֵה־אֵ֖שׁ לָֽיְלָה: טז
וּלְפִ֞י הֵעָל֤וֹת הֶֽעָנָן֙ מֵעַ֣ל הָאֹ֔הֶל וְאַ֣חֲרֵי־כֵ֔ן יִסְע֖וּ בְּנֵ֣י יִשְׂרָאֵ֑ל יז
וּבִמְק֗וֹם אֲשֶׁ֤ר יִשְׁכָּן־שָׁם֙ הֶֽעָנָ֔ן שָׁ֥ם יַחֲנ֖וּ בְּנֵ֥י יִשְׂרָאֵֽל: עַל־ יח
פִּ֣י יְהוָֹ֗ה יִסְעוּ֙ בְּנֵ֣י יִשְׂרָאֵ֔ל וְעַל־פִּ֥י יְהוָֹ֖ה יַחֲנ֑וּ כָּל־יְמֵ֗י אֲשֶׁ֨ר
יִשְׁכֹּ֧ן הֶעָנָ֛ן עַל־הַמִּשְׁכָּ֖ן יַחֲנֽוּ: וּבְהַאֲרִ֨יךְ הֶֽעָנָ֤ן עַל־הַמִּשְׁכָּן֙ יט
יָמִ֣ים רַבִּ֔ים וְשָׁמְר֧וּ בְנֵֽי־יִשְׂרָאֵ֛ל אֶת־מִשְׁמֶ֥רֶת יְהוָֹ֖ה וְלֹ֥א יִסָּֽעוּ:
וְ֠יֵשׁ אֲשֶׁ֨ר יִהְיֶ֧ה הֶֽעָנָ֛ן יָמִ֥ים מִסְפָּ֖ר עַל־הַמִּשְׁכָּ֑ן עַל־פִּ֤י יְהוָֹה֙ כ
יַחֲנ֔וּ וְעַל־פִּ֥י יְהוָֹ֖ה יִסָּֽעוּ: וְיֵ֞שׁ אֲשֶׁ֨ר יִהְיֶ֤ה הֶֽעָנָן֙ מֵעֶ֣רֶב עַד־ כא
בֹּ֔קֶר וְנַעֲלָ֧ה הֶֽעָנָ֛ן בַּבֹּ֖קֶר וְנָסָ֑עוּ א֚וֹ יוֹמָ֣ם וָלַ֔יְלָה וְנַעֲלָ֥ה הֶעָנָ֖ן
וְנָסָֽעוּ: אֽוֹ־יֹמַ֜יִם אוֹ־חֹ֣דֶשׁ אֽוֹ־יָמִ֗ים בְּהַאֲרִ֨יךְ הֶֽעָנָ֤ן עַל־הַמִּשְׁכָּן֙ כב

רכב

כג לִשְׁכֹּן עָלָיו יַחֲנוּ בְנֵי־יִשְׂרָאֵל וְלֹא יִסָּעוּ וּבְהֵעָלֹתוֹ יִסָּעוּ׃ עַל־
פִּי יְהוָה יַחֲנוּ וְעַל־פִּי יְהוָה יִסָּעוּ אֶת־מִשְׁמֶרֶת יְהוָה שָׁמָרוּ עַל־
פִּי יְהוָה בְּיַד־מֹשֶׁה׃

י א ב וַיְדַבֵּר יְהוָה אֶל־מֹשֶׁה לֵּאמֹר׃ עֲשֵׂה לְךָ שְׁתֵּי חֲצוֹצְרֹת כֶּסֶף ט
מִקְשָׁה תַּעֲשֶׂה אֹתָם וְהָיוּ לְךָ לְמִקְרָא הָעֵדָה וּלְמַסַּע אֶת־
ג הַמַּחֲנוֹת׃ וְתָקְעוּ בָּהֵן וְנוֹעֲדוּ אֵלֶיךָ כָּל־הָעֵדָה אֶל־פֶּתַח אֹהֶל
ד מוֹעֵד׃ וְאִם־בְּאַחַת יִתְקָעוּ וְנוֹעֲדוּ אֵלֶיךָ הַנְּשִׂיאִים רָאשֵׁי
ה אַלְפֵי יִשְׂרָאֵל׃ וּתְקַעְתֶּם תְּרוּעָה וְנָסְעוּ הַמַּחֲנוֹת הַחֹנִים קֵדְמָה׃
ו וּתְקַעְתֶּם תְּרוּעָה שֵׁנִית וְנָסְעוּ הַמַּחֲנוֹת הַחֹנִים תֵּימָנָה תְּרוּעָה
ז יִתְקְעוּ לְמַסְעֵיהֶם׃ וּבְהַקְהִיל אֶת־הַקָּהָל תִּתְקְעוּ וְלֹא תָרִיעוּ׃
ח וּבְנֵי אַהֲרֹן הַכֹּהֲנִים יִתְקְעוּ בַּחֲצֹצְרוֹת וְהָיוּ לָכֶם לְחֻקַּת עוֹלָם
ט לְדֹרֹתֵיכֶם׃ וְכִי־תָבֹאוּ מִלְחָמָה בְּאַרְצְכֶם עַל־הַצַּר הַצֹּרֵר אֶתְכֶם
וַהֲרֵעֹתֶם בַּחֲצֹצְרֹת וְנִזְכַּרְתֶּם לִפְנֵי יְהוָה אֱלֹהֵיכֶם וְנוֹשַׁעְתֶּם
י מֵאֹיְבֵיכֶם׃ וּבְיוֹם שִׂמְחַתְכֶם וּבְמוֹעֲדֵיכֶם וּבְרָאשֵׁי חָדְשֵׁכֶם
וּתְקַעְתֶּם בַּחֲצֹצְרֹת עַל עֹלֹתֵיכֶם וְעַל זִבְחֵי שַׁלְמֵיכֶם וְהָיוּ לָכֶם
לְזִכָּרוֹן לִפְנֵי אֱלֹהֵיכֶם אֲנִי יְהוָה אֱלֹהֵיכֶם׃

יא וַיְהִי בַּשָּׁנָה הַשֵּׁנִית בַּחֹדֶשׁ הַשֵּׁנִי בְּעֶשְׂרִים בַּחֹדֶשׁ נַעֲלָה הֶעָנָן חמישי
יב מֵעַל מִשְׁכַּן הָעֵדֻת׃ וַיִּסְעוּ בְנֵי־יִשְׂרָאֵל לְמַסְעֵיהֶם מִמִּדְבַּר סִינָי
יג וַיִּשְׁכֹּן הֶעָנָן בְּמִדְבַּר פָּארָן׃ וַיִּסְעוּ בָּרִאשֹׁנָה עַל־פִּי יְהוָה בְּיַד־
יד מֹשֶׁה׃ וַיִּסַּע דֶּגֶל מַחֲנֵה בְנֵי־יְהוּדָה בָּרִאשֹׁנָה לְצִבְאֹתָם וְעַל־
טו צְבָאוֹ נַחְשׁוֹן בֶּן־עַמִּינָדָב׃ וְעַל־צְבָא מַטֵּה בְּנֵי יִשָּׂשכָר נְתַנְאֵל
טז יז בֶּן־צוּעָר׃ וְעַל־צְבָא מַטֵּה בְּנֵי זְבוּלֻן אֱלִיאָב בֶּן־חֵלֹן׃ וְהוּרַד
יח הַמִּשְׁכָּן וְנָסְעוּ בְנֵי־גֵרְשׁוֹן וּבְנֵי מְרָרִי נֹשְׂאֵי הַמִּשְׁכָּן׃ וְנָסַע דֶּגֶל
יט מַחֲנֵה רְאוּבֵן לְצִבְאֹתָם וְעַל־צְבָאוֹ אֱלִיצוּר בֶּן־שְׁדֵיאוּר׃ וְעַל־
כ צְבָא מַטֵּה בְּנֵי שִׁמְעוֹן שְׁלֻמִיאֵל בֶּן־צוּרִישַׁדָּי׃ וְעַל־צְבָא מַטֵּה
כא בְנֵי־גָד אֶלְיָסָף בֶּן־דְּעוּאֵל׃ וְנָסְעוּ הַקְּהָתִים נֹשְׂאֵי הַמִּקְדָּשׁ
כב וְהֵקִימוּ אֶת־הַמִּשְׁכָּן עַד־בֹּאָם׃ וְנָסַע דֶּגֶל מַחֲנֵה בְנֵי־אֶפְרַיִם

כג לְצִבְאֹתָם וְעַל־צְבָאוֹ אֱלִישָׁמָע בֶּן־עַמִּיהוּד: וְעַל־צְבָא מַטֵּה
כד בְּנֵי מְנַשֶּׁה גַּמְלִיאֵל בֶּן־פְּדָהצוּר: וְעַל־צְבָא מַטֵּה בְּנֵי בִנְיָמִן
כה אֲבִידָן בֶּן־גִּדְעוֹנִי: וְנָסַע דֶּגֶל מַחֲנֵה בְנֵי־דָן מְאַסֵּף לְכָל־
כו הַמַּחֲנֹת לְצִבְאֹתָם וְעַל־צְבָאוֹ אֲחִיעֶזֶר בֶּן־עַמִּישַׁדָּי: וְעַל־
כז צְבָא מַטֵּה בְּנֵי אָשֵׁר פַּגְעִיאֵל בֶּן־עָכְרָן: וְעַל־צְבָא מַטֵּה
כח בְּנֵי נַפְתָּלִי אֲחִירַע בֶּן־עֵינָן: אֵלֶּה מַסְעֵי בְנֵי־יִשְׂרָאֵל לְצִבְאֹתָם
כט וַיִּסָּעוּ: וַיֹּאמֶר מֹשֶׁה לְחֹבָב בֶּן־רְעוּאֵל הַמִּדְיָנִי
חֹתֵן מֹשֶׁה נֹסְעִים ׀ אֲנַחְנוּ אֶל־הַמָּקוֹם אֲשֶׁר אָמַר יְהוָה אֹתוֹ
אֶתֵּן לָכֶם לְכָה אִתָּנוּ וְהֵטַבְנוּ לָךְ כִּי־יְהוָה דִּבֶּר־טוֹב עַל־יִשְׂרָאֵל:
ל וַיֹּאמֶר אֵלָיו לֹא אֵלֵךְ כִּי אִם־אֶל־אַרְצִי וְאֶל־מוֹלַדְתִּי אֵלֵךְ:
לא וַיֹּאמֶר אַל־נָא תַּעֲזֹב אֹתָנוּ כִּי ׀ עַל־כֵּן יָדַעְתָּ חֲנֹתֵנוּ בַּמִּדְבָּר
לב וְהָיִיתָ לָּנוּ לְעֵינָיִם: וְהָיָה כִּי־תֵלֵךְ עִמָּנוּ וְהָיָה ׀ הַטּוֹב הַהוּא
לג אֲשֶׁר יֵיטִיב יְהוָה עִמָּנוּ וְהֵטַבְנוּ לָךְ: וַיִּסְעוּ מֵהַר יְהוָה דֶּרֶךְ
שְׁלֹשֶׁת יָמִים וַאֲרוֹן בְּרִית־יְהוָה נֹסֵעַ לִפְנֵיהֶם דֶּרֶךְ שְׁלֹשֶׁת
לד יָמִים לָתוּר לָהֶם מְנוּחָה: וַעֲנַן יְהוָה עֲלֵיהֶם יוֹמָם בְּנָסְעָם מִן־
ששי לה הַמַּחֲנֶה: ׆ וַיְהִי בִּנְסֹעַ הָאָרֹן וַיֹּאמֶר מֹשֶׁה קוּמָה ׀
לו יְהוָה וְיָפֻצוּ אֹיְבֶיךָ וְיָנֻסוּ מְשַׂנְאֶיךָ מִפָּנֶיךָ: וּבְנֻחֹה יֹאמַר שׁוּבָה
יְהוָה רִבְבוֹת אַלְפֵי יִשְׂרָאֵל: ׆

יא א וַיְהִי הָעָם כְּמִתְאֹנְנִים רַע בְּאָזְנֵי יְהוָה וַיִּשְׁמַע יְהוָה וַיִּחַר אַפּוֹ
ב וַתִּבְעַר־בָּם אֵשׁ יְהוָה וַתֹּאכַל בִּקְצֵה הַמַּחֲנֶה: וַיִּצְעַק הָעָם
ג אֶל־מֹשֶׁה וַיִּתְפַּלֵּל מֹשֶׁה אֶל־יְהוָה וַתִּשְׁקַע הָאֵשׁ: וַיִּקְרָא שֵׁם־
ד הַמָּקוֹם הַהוּא תַּבְעֵרָה כִּי־בָעֲרָה בָם אֵשׁ יְהוָה: וְהָאסַפְסֻף
אֲשֶׁר בְּקִרְבּוֹ הִתְאַוּוּ תַּאֲוָה וַיָּשֻׁבוּ וַיִּבְכּוּ גַּם בְּנֵי יִשְׂרָאֵל וַיֹּאמְרוּ
ה מִי יַאֲכִלֵנוּ בָּשָׂר: זָכַרְנוּ אֶת־הַדָּגָה אֲשֶׁר־נֹאכַל בְּמִצְרַיִם חִנָּם
אֵת הַקִּשֻּׁאִים וְאֵת הָאֲבַטִּחִים וְאֶת־הֶחָצִיר וְאֶת־הַבְּצָלִים
ו וְאֶת־הַשּׁוּמִים: וְעַתָּה נַפְשֵׁנוּ יְבֵשָׁה אֵין כֹּל בִּלְתִּי אֶל־הַמָּן
ז עֵינֵינוּ: וְהַמָּן כִּזְרַע־גַּד הוּא וְעֵינוֹ כְּעֵין הַבְּדֹלַח: שָׁטוּ הָעָם ח

וְלָקְטוּ וְטָחֲנוּ בָרֵחַיִם אוֹ דָכוּ בַּמְּדֹכָה וּבִשְּׁלוּ בַּפָּרוּר וְעָשׂוּ אֹתוֹ
ט עֻגוֹת וְהָיָה טַעְמוֹ כְּטַעַם לְשַׁד הַשָּׁמֶן: וּבְרֶדֶת הַטַּל עַל־הַמַּחֲנֶה
י לָיְלָה יֵרֵד הַמָּן עָלָיו: וַיִּשְׁמַע מֹשֶׁה אֶת־הָעָם בֹּכֶה לְמִשְׁפְּחֹתָיו
יא אִישׁ לְפֶתַח אָהֳלוֹ וַיִּחַר־אַף יהוה מְאֹד וּבְעֵינֵי מֹשֶׁה רָע: וַיֹּאמֶר
מֹשֶׁה אֶל־יהוה לָמָה הֲרֵעֹתָ לְעַבְדֶּךָ וְלָמָּה לֹא־מָצָתִי חֵן בְּעֵינֶיךָ
יב לָשׂוּם אֶת־מַשָּׂא כָּל־הָעָם הַזֶּה עָלָי: הֶאָנֹכִי הָרִיתִי אֵת כָּל־הָעָם
הַזֶּה אִם־אָנֹכִי יְלִדְתִּיהוּ כִּי־תֹאמַר אֵלַי שָׂאֵהוּ בְחֵיקֶךָ כַּאֲשֶׁר
יִשָּׂא הָאֹמֵן אֶת־הַיֹּנֵק עַל הָאֲדָמָה אֲשֶׁר נִשְׁבַּעְתָּ לַאֲבֹתָיו:
יג מֵאַיִן לִי בָּשָׂר לָתֵת לְכָל־הָעָם הַזֶּה כִּי־יִבְכּוּ עָלַי לֵאמֹר תְּנָה־
יד לָּנוּ בָשָׂר וְנֹאכֵלָה: לֹא־אוּכַל אָנֹכִי לְבַדִּי לָשֵׂאת אֶת־כָּל־הָעָם
טו הַזֶּה כִּי כָבֵד מִמֶּנִּי: וְאִם־כָּכָה ׀ אַתְּ־עֹשֶׂה לִּי הָרְגֵנִי נָא הָרֹג אִם־
מָצָאתִי חֵן בְּעֵינֶיךָ וְאַל־אֶרְאֶה בְּרָעָתִי:
טז וַיֹּאמֶר יהוה אֶל־מֹשֶׁה אֶסְפָה־לִּי שִׁבְעִים אִישׁ מִזִּקְנֵי יִשְׂרָאֵל י
אֲשֶׁר יָדַעְתָּ כִּי־הֵם זִקְנֵי הָעָם וְשֹׁטְרָיו וְלָקַחְתָּ אֹתָם אֶל־אֹהֶל
יז מוֹעֵד וְהִתְיַצְּבוּ שָׁם עִמָּךְ: וְיָרַדְתִּי וְדִבַּרְתִּי עִמְּךָ שָׁם וְאָצַלְתִּי
מִן־הָרוּחַ אֲשֶׁר עָלֶיךָ וְשַׂמְתִּי עֲלֵיהֶם וְנָשְׂאוּ אִתְּךָ בְּמַשָּׂא
יח הָעָם וְלֹא־תִשָּׂא אַתָּה לְבַדֶּךָ: וְאֶל־הָעָם תֹּאמַר הִתְקַדְּשׁוּ
לְמָחָר וַאֲכַלְתֶּם בָּשָׂר כִּי בְּכִיתֶם בְּאָזְנֵי יהוה לֵאמֹר מִי יַאֲכִלֵנוּ
בָּשָׂר כִּי־טוֹב לָנוּ בְּמִצְרָיִם וְנָתַן יהוה לָכֶם בָּשָׂר וַאֲכַלְתֶּם:
יט לֹא יוֹם אֶחָד תֹּאכְלוּן וְלֹא יוֹמָיִם וְלֹא ׀ חֲמִשָּׁה יָמִים וְלֹא
כ עֲשָׂרָה יָמִים וְלֹא עֶשְׂרִים יוֹם: עַד ׀ חֹדֶשׁ יָמִים עַד אֲשֶׁר־
יֵצֵא מֵאַפְּכֶם וְהָיָה לָכֶם לְזָרָא יַעַן כִּי־מְאַסְתֶּם אֶת־יהוה
אֲשֶׁר בְּקִרְבְּכֶם וַתִּבְכּוּ לְפָנָיו לֵאמֹר לָמָּה זֶּה יָצָאנוּ מִמִּצְרָיִם:
כא וַיֹּאמֶר מֹשֶׁה שֵׁשׁ־מֵאוֹת אֶלֶף רַגְלִי הָעָם אֲשֶׁר אָנֹכִי בְּקִרְבּוֹ
כב וְאַתָּה אָמַרְתָּ בָּשָׂר אֶתֵּן לָהֶם וְאָכְלוּ חֹדֶשׁ יָמִים: הֲצֹאן וּבָקָר
יִשָּׁחֵט לָהֶם וּמָצָא לָהֶם אִם אֶת־כָּל־דְּגֵי הַיָּם יֵאָסֵף לָהֶם וּמָצָא
לָהֶם:

יא
כג וַיֹּאמֶר יְהוָה אֶל־מֹשֶׁה הֲיַד יְהוָה תִּקְצָר עַתָּה תִרְאֶה הֲיִקְרְךָ
כד דְבָרִי אִם־לֹא: וַיֵּצֵא מֹשֶׁה וַיְדַבֵּר אֶל־הָעָם אֵת דִּבְרֵי יְהוָה
וַיֶּאֱסֹף שִׁבְעִים אִישׁ מִזִּקְנֵי הָעָם וַיַּעֲמֵד אֹתָם סְבִיבֹת הָאֹהֶל:
כה וַיֵּרֶד יְהוָה ׀ בֶּעָנָן וַיְדַבֵּר אֵלָיו וַיָּאצֶל מִן־הָרוּחַ אֲשֶׁר עָלָיו וַיִּתֵּן
עַל־שִׁבְעִים אִישׁ הַזְּקֵנִים וַיְהִי כְּנוֹחַ עֲלֵיהֶם הָרוּחַ וַיִּתְנַבְּאוּ
כו וְלֹא יָסָפוּ: וַיִּשָּׁאֲרוּ שְׁנֵי־אֲנָשִׁים ׀ בַּמַּחֲנֶה שֵׁם הָאֶחָד ׀ אֶלְדָּד
וְשֵׁם הַשֵּׁנִי מֵידָד וַתָּנַח עֲלֵהֶם הָרוּחַ וְהֵמָּה בַּכְּתֻבִים וְלֹא יָצְאוּ
כז הָאֹהֱלָה וַיִּתְנַבְּאוּ בַּמַּחֲנֶה: וַיָּרָץ הַנַּעַר וַיַּגֵּד לְמֹשֶׁה וַיֹּאמַר
כח אֶלְדָּד וּמֵידָד מִתְנַבְּאִים בַּמַּחֲנֶה: וַיַּעַן יְהוֹשֻׁעַ בִּן־נוּן מְשָׁרֵת
כט מֹשֶׁה מִבְּחֻרָיו וַיֹּאמַר אֲדֹנִי מֹשֶׁה כְּלָאֵם: וַיֹּאמֶר לוֹ מֹשֶׁה
הַמְקַנֵּא אַתָּה לִי וּמִי יִתֵּן כָּל־עַם יְהוָה נְבִיאִים כִּי־יִתֵּן יְהוָה
ל אֶת־רוּחוֹ עֲלֵיהֶם: וַיֵּאָסֵף מֹשֶׁה אֶל־הַמַּחֲנֶה הוּא וְזִקְנֵי יִשְׂרָאֵל: שביעי
לא וְרוּחַ נָסַע ׀ מֵאֵת יְהוָה וַיָּגָז שַׂלְוִים מִן־הַיָּם וַיִּטֹּשׁ עַל־הַמַּחֲנֶה
כְּדֶרֶךְ יוֹם כֹּה וּכְדֶרֶךְ יוֹם כֹּה סְבִיבוֹת הַמַּחֲנֶה וּכְאַמָּתַיִם עַל־
לב פְּנֵי הָאָרֶץ: וַיָּקָם הָעָם כָּל־הַיּוֹם הַהוּא וְכָל־הַלַּיְלָה וְכֹל ׀ יוֹם
הַמָּחֳרָת וַיַּאַסְפוּ אֶת־הַשְּׂלָו הַמַּמְעִיט אָסַף עֲשָׂרָה חֳמָרִים
לג וַיִּשְׁטְחוּ לָהֶם שָׁטוֹחַ סְבִיבוֹת הַמַּחֲנֶה: הַבָּשָׂר עוֹדֶנּוּ בֵּין שִׁנֵּיהֶם
טֶרֶם יִכָּרֵת וְאַף יְהוָה חָרָה בָעָם וַיַּךְ יְהוָה בָּעָם מַכָּה רַבָּה
לד מְאֹד: וַיִּקְרָא אֶת־שֵׁם־הַמָּקוֹם הַהוּא קִבְרוֹת הַתַּאֲוָה כִּי־
לה שָׁם קָבְרוּ אֶת־הָעָם הַמִּתְאַוִּים: מִקִּבְרוֹת הַתַּאֲוָה נָסְעוּ הָעָם
חֲצֵרוֹת וַיִּהְיוּ בַּחֲצֵרוֹת:
יב א וַתְּדַבֵּר מִרְיָם וְאַהֲרֹן בְּמֹשֶׁה עַל־אֹדוֹת הָאִשָּׁה הַכֻּשִׁית אֲשֶׁר
ב לָקָח כִּי־אִשָּׁה כֻשִׁית לָקָח: וַיֹּאמְרוּ הֲרַק אַךְ־בְּמֹשֶׁה דִּבֶּר יְהוָה
ג הֲלֹא גַּם־בָּנוּ דִבֵּר וַיִּשְׁמַע יְהוָה: וְהָאִישׁ מֹשֶׁה עָנָו מְאֹד מִכֹּל
ד הָאָדָם אֲשֶׁר עַל־פְּנֵי הָאֲדָמָה: וַיֹּאמֶר יְהוָה
פִּתְאֹם אֶל־מֹשֶׁה וְאֶל־אַהֲרֹן וְאֶל־מִרְיָם צְאוּ שְׁלָשְׁתְּכֶם אֶל־
ה אֹהֶל מוֹעֵד וַיֵּצְאוּ שְׁלָשְׁתָּם: וַיֵּרֶד יְהוָה בְּעַמּוּד עָנָן וַיַּעֲמֹד

בהעלתך   יב

א פֶּ֣תַח הָאֹ֑הֶל וַיִּקְרָ֞א אַהֲרֹ֤ן וּמִרְיָם֙ וַיֵּצְא֖וּ שְׁנֵיהֶֽם: וַיֹּ֖אמֶר שִׁמְעוּ־
נָ֣א דְבָרָ֑י אִם־יִֽהְיֶה֙ נְבִ֣יאֲכֶ֔ם יְהֹוָ֗ה בַּמַּרְאָה֙ אֵלָ֣יו אֶתְוַדָּ֔ע בַּחֲל֖וֹם
ב אֲדַבֶּר־בּֽוֹ: לֹא־כֵ֖ן עַבְדִּ֣י מֹשֶׁ֑ה בְּכָל־בֵּיתִ֖י נֶאֱמָ֥ן הֽוּא: פֶּ֣ה
אֶל־פֶּ֞ה אֲדַבֶּר־בּ֗וֹ וּמַרְאֶה֙ וְלֹ֣א בְחִידֹ֔ת וּתְמֻנַ֥ת יְהֹוָ֖ה יַבִּ֑יט
ג וּמַדּ֙וּעַ֙ לֹ֣א יְרֵאתֶ֔ם לְדַבֵּ֖ר בְּעַבְדִּ֣י בְמֹשֶֽׁה: וַיִּֽחַר־אַ֧ף יְהֹוָ֛ה בָּ֖ם
ד וַיֵּלַֽךְ: וְהֶעָנָ֗ן סָ֚ר מֵעַ֣ל הָאֹ֔הֶל וְהִנֵּ֥ה מִרְיָ֖ם מְצֹרַ֣עַת כַּשָּׁ֑לֶג
יא וַיִּ֧פֶן אַהֲרֹ֛ן אֶל־מִרְיָ֖ם וְהִנֵּ֥ה מְצֹרָֽעַת: וַיֹּ֥אמֶר אַהֲרֹ֖ן אֶל־
מֹשֶׁ֑ה בִּ֣י אֲדֹנִ֔י אַל־נָ֨א תָשֵׁ֤ת עָלֵ֙ינוּ֙ חַטָּ֔את אֲשֶׁ֥ר נוֹאַ֖לְנוּ וַאֲשֶׁ֥ר
יב חָטָֽאנוּ: אַל־נָ֥א תְהִ֖י כַּמֵּ֑ת אֲשֶׁ֤ר בְּצֵאתוֹ֙ מֵרֶ֣חֶם אִמּ֔וֹ וַיֵּאָכֵ֖ל
יג חֲצִ֥י בְשָׂרֽוֹ: וַיִּצְעַ֣ק מֹשֶׁ֔ה אֶל־יְהֹוָ֖ה לֵאמֹ֑ר אֵ֕ל נָ֛א רְפָ֥א נָ֖א
לָֽהּ:

מפטיר   יד וַיֹּ֨אמֶר יְהֹוָ֜ה אֶל־מֹשֶׁ֗ה וְאָבִ֙יהָ֙ יָרֹ֤ק יָרַק֙ בְּפָנֶ֔יהָ הֲלֹ֥א תִכָּלֵ֖ם
שִׁבְעַ֣ת יָמִ֑ים תִּסָּגֵ֞ר שִׁבְעַ֤ת יָמִים֙ מִח֣וּץ לַֽמַּחֲנֶ֔ה וְאַחַ֖ר תֵּאָסֵֽף:
טו וַתִּסָּגֵ֥ר מִרְיָ֛ם מִח֥וּץ לַֽמַּחֲנֶ֖ה שִׁבְעַ֣ת יָמִ֑ים וְהָעָם֙ לֹ֣א נָסַ֔ע
טז עַד־הֵאָסֵ֥ף מִרְיָֽם: וְאַחַ֛ר נָסְע֥וּ הָעָ֖ם מֵחֲצֵר֑וֹת וַיַּחֲנ֖וּ בְּמִדְבַּ֥ר
פָּארָֽן:

יג צ   יב שלח   א וַיְדַבֵּ֥ר יְהֹוָ֖ה אֶל־מֹשֶׁ֥ה לֵּאמֹֽר: שְׁלַח־לְךָ֣ אֲנָשִׁ֗ים וְיָתֻ֙רוּ֙ אֶת־
אֶ֣רֶץ כְּנַ֔עַן אֲשֶׁר־אֲנִ֥י נֹתֵ֖ן לִבְנֵ֣י יִשְׂרָאֵ֑ל אִ֣ישׁ אֶחָד֩ אִ֨ישׁ אֶחָ֜ד
ג לְמַטֵּ֤ה אֲבֹתָיו֙ תִּשְׁלָ֔חוּ כֹּ֖ל נָשִׂ֥יא בָהֶֽם: וַיִּשְׁלַ֨ח אֹתָ֥ם מֹשֶׁ֛ה
מִמִּדְבַּ֥ר פָּארָ֖ן עַל־פִּ֣י יְהֹוָ֑ה כֻּלָּ֣ם אֲנָשִׁ֔ים רָאשֵׁ֥י בְנֵֽי־יִשְׂרָאֵ֖ל
ד הֵֽמָּה: וְאֵ֖לֶּה שְׁמוֹתָ֑ם לְמַטֵּ֣ה רְאוּבֵ֔ן שַׁמּ֖וּעַ בֶּן־זַכּֽוּר: לְמַטֵּ֣ה
ה שִׁמְע֔וֹן שָׁפָ֖ט בֶּן־חוֹרִֽי: לְמַטֵּ֣ה יְהוּדָ֔ה כָּלֵ֖ב בֶּן־יְפֻנֶּֽה: לְמַטֵּ֣ה
ז יִשָּׂשכָ֔ר יִגְאָ֖ל בֶּן־יוֹסֵֽף: לְמַטֵּ֣ה אֶפְרָ֔יִם הוֹשֵׁ֖עַ בִּן־נֽוּן: לְמַטֵּ֣ה
ט בִנְיָמִ֔ן פַּלְטִ֖י בֶּן־רָפֽוּא: לְמַטֵּ֣ה זְבוּלֻ֔ן גַּדִּיאֵ֖ל בֶּן־סוֹדִֽי: לְמַטֵּ֣ה
יא יוֹסֵ֣ף לְמַטֵּ֣ה מְנַשֶּׁ֔ה גַּדִּ֖י בֶּן־סוּסִֽי: לְמַטֵּ֣ה דָ֔ן עַמִּיאֵ֖ל בֶּן־גְּמַלִּֽי:
יג לְמַטֵּ֣ה אָשֵׁ֔ר סְת֖וּר בֶּן־מִֽיכָאֵֽל: לְמַטֵּ֣ה נַפְתָּלִ֔י נַחְבִּ֖י בֶּן־וׇפְסִֽי:
טו לְמַטֵּ֣ה גָ֔ד גְּאוּאֵ֖ל בֶּן־מָכִֽי: אֵ֚לֶּה שְׁמ֣וֹת הָֽאֲנָשִׁ֔ים אֲשֶׁר־שָׁלַ֥ח

מֹשֶׁה לָתוּר אֶת־הָאָרֶץ וַיִּקְרָא מֹשֶׁה לְהוֹשֵׁעַ בִּן־נוּן יְהוֹשֻׁעַ׃
יז וַיִּשְׁלַח אֹתָם מֹשֶׁה לָתוּר אֶת־אֶרֶץ כְּנָעַן וַיֹּאמֶר אֲלֵהֶם עֲלוּ
יח זֶה בַּנֶּגֶב וַעֲלִיתֶם אֶת־הָהָר׃ וּרְאִיתֶם אֶת־הָאָרֶץ מַה־הִוא
וְאֶת־הָעָם הַיֹּשֵׁב עָלֶיהָ הֶחָזָק הוּא הֲרָפֶה הַמְעַט הוּא אִם־
יט רָב׃ וּמָה הָאָרֶץ אֲשֶׁר־הוּא יֹשֵׁב בָּהּ הֲטוֹבָה הִוא אִם־רָעָה
וּמָה הֶעָרִים אֲשֶׁר־הוּא יוֹשֵׁב בָּהֵנָּה הַבְּמַחֲנִים אִם בְּמִבְצָרִים׃
כ וּמָה הָאָרֶץ הַשְּׁמֵנָה הִוא אִם־רָזָה הֲיֵשׁ־בָּהּ עֵץ אִם־אַיִן
וְהִתְחַזַּקְתֶּם וּלְקַחְתֶּם מִפְּרִי הָאָרֶץ וְהַיָּמִים יְמֵי בִּכּוּרֵי עֲנָבִים׃
שני כא וַיַּעֲלוּ וַיָּתֻרוּ אֶת־הָאָרֶץ מִמִּדְבַּר־צִן עַד־רְחֹב לְבֹא חֲמָת׃
כב וַיַּעֲלוּ בַנֶּגֶב וַיָּבֹא עַד־חֶבְרוֹן וְשָׁם אֲחִימַן שֵׁשַׁי וְתַלְמַי יְלִידֵי
כג הָעֲנָק וְחֶבְרוֹן שֶׁבַע שָׁנִים נִבְנְתָה לִפְנֵי צֹעַן מִצְרָיִם׃ וַיָּבֹאוּ
עַד־נַחַל אֶשְׁכֹּל וַיִּכְרְתוּ מִשָּׁם זְמוֹרָה וְאֶשְׁכּוֹל עֲנָבִים אֶחָד
כד וַיִּשָּׂאֻהוּ בַמּוֹט בִּשְׁנָיִם וּמִן־הָרִמֹּנִים וּמִן־הַתְּאֵנִים׃ לַמָּקוֹם
הַהוּא קָרָא נַחַל אֶשְׁכּוֹל עַל אֹדוֹת הָאֶשְׁכּוֹל אֲשֶׁר־כָּרְתוּ מִשָּׁם
כה כו בְּנֵי יִשְׂרָאֵל׃ וַיָּשֻׁבוּ מִתּוּר הָאָרֶץ מִקֵּץ אַרְבָּעִים יוֹם׃ וַיֵּלְכוּ
וַיָּבֹאוּ אֶל־מֹשֶׁה וְאֶל־אַהֲרֹן וְאֶל־כָּל־עֲדַת בְּנֵי־יִשְׂרָאֵל אֶל־
מִדְבַּר פָּארָן קָדֵשָׁה וַיָּשִׁיבוּ אֹתָם דָּבָר וְאֶת־כָּל־הָעֵדָה וַיַּרְאוּם
כז אֶת־פְּרִי הָאָרֶץ׃ וַיְסַפְּרוּ־לוֹ וַיֹּאמְרוּ בָּאנוּ אֶל־הָאָרֶץ אֲשֶׁר
כח שְׁלַחְתָּנוּ וְגַם זָבַת חָלָב וּדְבַשׁ הִוא וְזֶה־פִּרְיָהּ׃ אֶפֶס כִּי־עַז
הָעָם הַיֹּשֵׁב בָּאָרֶץ וְהֶעָרִים בְּצֻרוֹת גְּדֹלֹת מְאֹד וְגַם־יְלִדֵי
כט הָעֲנָק רָאִינוּ שָׁם׃ עֲמָלֵק יוֹשֵׁב בְּאֶרֶץ הַנֶּגֶב וְהַחִתִּי וְהַיְבוּסִי
וְהָאֱמֹרִי יוֹשֵׁב בָּהָר וְהַכְּנַעֲנִי יֹשֵׁב עַל־הַיָּם וְעַל יַד הַיַּרְדֵּן׃
ל וַיַּהַס כָּלֵב אֶת־הָעָם אֶל־מֹשֶׁה וַיֹּאמֶר עָלֹה נַעֲלֶה וְיָרַשְׁנוּ
לא אֹתָהּ כִּי־יָכוֹל נוּכַל לָהּ׃ וְהָאֲנָשִׁים אֲשֶׁר עָלוּ עִמּוֹ אָמְרוּ לֹא
לב נוּכַל לַעֲלוֹת אֶל־הָעָם כִּי־חָזָק הוּא מִמֶּנּוּ׃ וַיֹּצִיאוּ דִּבַּת הָאָרֶץ
אֲשֶׁר תָּרוּ אֹתָהּ אֶל־בְּנֵי יִשְׂרָאֵל לֵאמֹר הָאָרֶץ אֲשֶׁר עָבַרְנוּ
בָהּ לָתוּר אֹתָהּ אֶרֶץ אֹכֶלֶת יוֹשְׁבֶיהָ הִוא וְכָל־הָעָם אֲשֶׁר־

לג רָאִ֙ינוּ בְתוֹכָ֜הּ אַנְשֵׁ֤י מִדּוֹת֙ וְשָׁ֣ם רָאִ֗ינוּ אֶת־הַנְּפִילִ֛ים בְּנֵ֥י
עֲנָ֖ק מִן־הַנְּפִלִ֑ים וַנְּהִ֤י בְעֵינֵ֙ינוּ֙ כַּֽחֲגָבִ֔ים וְכֵ֥ן הָיִ֖ינוּ בְּעֵֽינֵיהֶֽם:

יד א וַתִּשָּׂא֙ כָּל־הָ֣עֵדָ֔ה וַֽיִּתְּנ֖וּ אֶת־קוֹלָ֑ם וַיִּבְכּ֥וּ הָעָ֖ם בַּלַּ֥יְלָה הַהֽוּא:
ב וַיִּלֹּ֙נוּ֙ עַל־מֹשֶׁ֣ה וְעַֽל־אַֽהֲרֹ֔ן כֹּ֖ל בְּנֵ֣י יִשְׂרָאֵ֑ל וַיֹּֽאמְר֙וּ אֲלֵהֶ֜ם כָּל־
הָֽעֵדָ֗ה לוּ־מַ֙תְנוּ֙ בְּאֶ֣רֶץ מִצְרַ֔יִם א֚וֹ בַּמִּדְבָּ֣ר הַזֶּ֔ה לוּ־מָֽתְנוּ:
ג וְלָמָ֣ה יְ֠הוָֹה מֵבִ֙יא אֹתָ֜נוּ אֶל־הָאָ֤רֶץ הַזֹּאת֙ לִנְפֹּ֣ל בַּחֶ֔רֶב נָשֵׁ֣ינוּ
וְטַפֵּ֔נוּ יִֽהְי֖וּ לָבַ֑ז הֲל֣וֹא ט֥וֹב לָ֖נוּ שׁ֥וּב מִצְרָֽיְמָה: ד וַיֹּֽאמְר֖וּ אִ֣ישׁ
אֶל־אָחִ֑יו נִתְּנָ֥ה רֹ֖אשׁ וְנָשׁ֥וּבָה מִצְרָֽיְמָה: ה וַיִּפֹּ֥ל מֹשֶׁ֛ה וְאַֽהֲרֹ֖ן
עַל־פְּנֵיהֶ֑ם לִפְנֵ֕י כָּל־קְהַ֥ל עֲדַ֖ת בְּנֵ֥י יִשְׂרָאֵֽל: ו וִֽיהוֹשֻׁ֣עַ בִּן־נ֗וּן
וְכָלֵ֙ב֙ בֶּן־יְפֻנֶּ֔ה מִן־הַתָּרִ֖ים אֶת־הָאָ֑רֶץ קָֽרְע֖וּ בִּגְדֵיהֶֽם: ז וַיֹּֽאמְר֗וּ
אֶל־כָּל־עֲדַ֥ת בְּנֵֽי־יִשְׂרָאֵ֖ל לֵאמֹ֑ר הָאָ֗רֶץ אֲשֶׁ֙ר עָבַ֤רְנוּ בָהּ֙ לָת֣וּר
שלישי   אֹתָ֔הּ טוֹבָ֥ה הָאָ֖רֶץ מְאֹ֥ד מְאֹֽד: ח אִם־חָפֵ֥ץ בָּ֙נוּ֙ יְהֹוָ֔ה וְהֵבִ֤יא
אֹתָ֙נוּ֙ אֶל־הָאָ֣רֶץ הַזֹּ֔את וּנְתָנָ֖הּ לָ֑נוּ אֶ֕רֶץ אֲשֶׁר־הִ֛וא זָבַ֥ת חָלָ֖ב
וּדְבָֽשׁ: ט אַ֣ךְ בַּֽיהֹוָה֘ אַל־תִּמְרֹ֒דוּ֒ וְאַתֶּ֗ם אַל־תִּֽירְאוּ֙ אֶת־עַ֣ם הָאָ֔רֶץ
כִּ֥י לַחְמֵ֖נוּ הֵ֑ם סָ֣ר צִלָּ֤ם מֵֽעֲלֵיהֶם֙ וַֽיהֹוָ֣ה אִתָּ֔נוּ אַל־תִּֽירָאֻֽם:
י וַיֹּֽאמְרוּ֙ כָּל־הָ֣עֵדָ֔ה לִרְגּ֥וֹם אֹתָ֖ם בָּֽאֲבָנִ֑ים וּכְב֣וֹד יְהֹוָ֗ה נִרְאָה֙
בְּאֹ֣הֶל מוֹעֵ֔ד אֶֽל־כָּל־בְּנֵ֖י יִשְׂרָאֵֽל: פ

יג יא וַיֹּ֤אמֶר יְהֹוָה֙ אֶל־מֹשֶׁ֔ה עַד־אָ֥נָה יְנַֽאֲצֻ֖נִי הָעָ֣ם הַזֶּ֑ה וְעַד־אָ֙נָה֙
לֹֽא־יַֽאֲמִ֣ינוּ בִ֔י בְּכֹל֙ הָֽאֹת֔וֹת אֲשֶׁ֥ר עָשִׂ֖יתִי בְּקִרְבּֽוֹ: יב אַכֶּ֥נּוּ בַדֶּ֖בֶר
וְאֽוֹרִשֶׁ֑נּוּ וְאֶֽעֱשֶׂה֙ אֹֽתְךָ֔ לְגֽוֹי־גָּד֥וֹל וְעָצ֖וּם מִמֶּֽנּוּ: יג וַיֹּ֥אמֶר מֹשֶׁ֖ה
אֶל־יְהֹוָ֑ה וְשָֽׁמְע֣וּ מִצְרַ֔יִם כִּֽי־הֶֽעֱלִ֧יתָ בְכֹֽחֲךָ֛ אֶת־הָעָ֥ם הַזֶּ֖ה
מִקִּרְבּֽוֹ: יד וְאָֽמְר֗וּ אֶל־יוֹשֵׁב֮ הָאָ֣רֶץ הַזֹּאת֒ שָֽׁמְע֗וּ כִּֽי־אַתָּ֤ה יְהֹוָה֙
בְּקֶ֣רֶב הָעָ֣ם הַזֶּ֔ה אֲשֶׁר־עַ֣יִן בְּעַ֗יִן נִרְאָ֤ה ׀ אַתָּ֣ה יְהֹוָ֔ה וַֽעֲנָ֣נְךָ֔
עֹמֵ֣ד עֲלֵהֶ֔ם וּבְעַמֻּ֣ד עָנָ֗ן אַתָּ֙ה הֹלֵ֤ךְ לִפְנֵיהֶם֙ יוֹמָ֔ם וּבְעַמּ֥וּד אֵ֖שׁ
לָֽיְלָה: טו וְהֵֽמַתָּ֛ה אֶת־הָעָ֥ם הַזֶּ֖ה כְּאִ֣ישׁ אֶחָ֑ד וְאָֽמְרוּ֙ הַגּוֹיִ֔ם אֲשֶׁר־
שָֽׁמְע֥וּ אֶֽת־שִׁמְעֲךָ֖ לֵאמֹֽר: טז מִבִּלְתִּ֞י יְכֹ֣לֶת יְהֹוָ֗ה לְהָבִיא֙ אֶת־
הָעָ֤ם הַזֶּה֙ אֶל־הָאָ֔רֶץ אֲשֶׁר־נִשְׁבַּ֖ע לָהֶ֑ם וַיִּשְׁחָטֵ֖ם בַּמִּדְבָּֽר: יז וְעַתָּ֕ה

רכט

יִגְדַּל־נָא כֹּחַ אֲדֹנָי כַּאֲשֶׁר דִּבַּרְתָּ לֵאמֹר׃ יְהוָה אֶרֶךְ אַפַּיִם יח
וְרַב־חֶסֶד נֹשֵׂא עָוֹן וָפָשַׁע וְנַקֵּה לֹא יְנַקֶּה פֹּקֵד עֲוֹן אָבוֹת עַל־
בָּנִים עַל־שִׁלֵּשִׁים וְעַל־רִבֵּעִים׃ סְלַח־נָא לַעֲוֹן הָעָם הַזֶּה כְּגֹדֶל יט
חַסְדֶּךָ וְכַאֲשֶׁר נָשָׂאתָה לָעָם הַזֶּה מִמִּצְרַיִם וְעַד־הֵנָּה׃ וַיֹּאמֶר כ
יְהוָה סָלַחְתִּי כִּדְבָרֶךָ׃ וְאוּלָם חַי־אָנִי וְיִמָּלֵא כְבוֹד־יְהוָה אֶת־ כא
כָּל־הָאָרֶץ׃ כִּי כָל־הָאֲנָשִׁים הָרֹאִים אֶת־כְּבֹדִי וְאֶת־אֹתֹתַי כב
אֲשֶׁר־עָשִׂיתִי בְמִצְרַיִם וּבַמִּדְבָּר וַיְנַסּוּ אֹתִי זֶה עֶשֶׂר פְּעָמִים
וְלֹא שָׁמְעוּ בְּקוֹלִי׃ אִם־יִרְאוּ אֶת־הָאָרֶץ אֲשֶׁר נִשְׁבַּעְתִּי לַאֲבֹתָם כג
וְכָל־מְנַאֲצַי לֹא יִרְאוּהָ׃ וְעַבְדִּי כָלֵב עֵקֶב הָיְתָה רוּחַ אַחֶרֶת כד
עִמּוֹ וַיְמַלֵּא אַחֲרָי וַהֲבִיאֹתִיו אֶל־הָאָרֶץ אֲשֶׁר־בָּא שָׁמָּה וְזַרְעוֹ
יוֹרִשֶׁנָּה׃ וְהָעֲמָלֵקִי וְהַכְּנַעֲנִי יוֹשֵׁב בָּעֵמֶק מָחָר פְּנוּ וּסְעוּ לָכֶם כה
הַמִּדְבָּר דֶּרֶךְ יַם־סוּף׃
רביעי וַיְדַבֵּר יְהוָה אֶל־מֹשֶׁה וְאֶל־אַהֲרֹן לֵאמֹר׃ עַד־מָתַי לָעֵדָה כו כז
הָרָעָה הַזֹּאת אֲשֶׁר הֵמָּה מַלִּינִים עָלָי אֶת־תְּלֻנּוֹת בְּנֵי יִשְׂרָאֵל
אֲשֶׁר הֵמָּה מַלִּינִים עָלַי שָׁמָעְתִּי׃ אֱמֹר אֲלֵהֶם חַי־אָנִי נְאֻם־ כח
יְהוָה אִם־לֹא כַּאֲשֶׁר דִּבַּרְתֶּם בְּאָזְנָי כֵּן אֶעֱשֶׂה לָכֶם׃ בַּמִּדְבָּר כט
הַזֶּה יִפְּלוּ פִגְרֵיכֶם וְכָל־פְּקֻדֵיכֶם לְכָל־מִסְפַּרְכֶם מִבֶּן עֶשְׂרִים
שָׁנָה וָמָעְלָה אֲשֶׁר הֲלִינֹתֶם עָלָי׃ אִם־אַתֶּם תָּבֹאוּ אֶל־הָאָרֶץ ל
אֲשֶׁר נָשָׂאתִי אֶת־יָדִי לְשַׁכֵּן אֶתְכֶם בָּהּ כִּי אִם־כָּלֵב בֶּן־יְפֻנֶּה
וִיהוֹשֻׁעַ בִּן־נוּן׃ וְטַפְּכֶם אֲשֶׁר אֲמַרְתֶּם לָבַז יִהְיֶה וְהֵבֵיאתִי לא
אֹתָם וְיָדְעוּ אֶת־הָאָרֶץ אֲשֶׁר מְאַסְתֶּם בָּהּ׃ וּפִגְרֵיכֶם אַתֶּם לב
יִפְּלוּ בַּמִּדְבָּר הַזֶּה׃ וּבְנֵיכֶם יִהְיוּ רֹעִים בַּמִּדְבָּר אַרְבָּעִים שָׁנָה לג
וְנָשְׂאוּ אֶת־זְנוּתֵיכֶם עַד־תֹּם פִּגְרֵיכֶם בַּמִּדְבָּר׃ בְּמִסְפַּר הַיָּמִים לד
אֲשֶׁר־תַּרְתֶּם אֶת־הָאָרֶץ אַרְבָּעִים יוֹם יוֹם לַשָּׁנָה יוֹם לַשָּׁנָה
תִּשְׂאוּ אֶת־עֲוֹנֹתֵיכֶם אַרְבָּעִים שָׁנָה וִידַעְתֶּם אֶת־תְּנוּאָתִי׃
אֲנִי יְהוָה דִּבַּרְתִּי אִם־לֹא ׀ זֹאת אֶעֱשֶׂה לְכָל־הָעֵדָה הָרָעָה לה
הַזֹּאת הַנּוֹעָדִים עָלָי בַּמִּדְבָּר הַזֶּה יִתַּמּוּ וְשָׁם יָמֻתוּ׃ וְהָאֲנָשִׁים לו

אֲשֶׁר־שָׁלַח מֹשֶׁה לָתוּר אֶת־הָאָרֶץ וַיָּשֻׁבוּ וילונו עָלָיו אֶת־ וַיַּלִּינוּ
לז כָּל־הָעֵדָה לְהוֹצִיא דִבָּה עַל־הָאָרֶץ׃ וַיָּמֻתוּ הָאֲנָשִׁים מוֹצִאֵי
לח דִבַּת־הָאָרֶץ רָעָה בַּמַּגֵּפָה לִפְנֵי יהוה׃ וִיהוֹשֻׁעַ בִּן־נוּן וְכָלֵב
בֶּן־יְפֻנֶּה חָיוּ מִן־הָאֲנָשִׁים הָהֵם הַהֹלְכִים לָתוּר אֶת־הָאָרֶץ׃
לט וַיְדַבֵּר מֹשֶׁה אֶת־הַדְּבָרִים הָאֵלֶּה אֶל־כָּל־בְּנֵי יִשְׂרָאֵל וַיִּתְאַבְּלוּ
מ הָעָם מְאֹד׃ וַיַּשְׁכִּמוּ בַבֹּקֶר וַיַּעֲלוּ אֶל־רֹאשׁ־הָהָר לֵאמֹר
מא הִנֶּנּוּ וְעָלִינוּ אֶל־הַמָּקוֹם אֲשֶׁר־אָמַר יהוה כִּי חָטָאנוּ׃ וַיֹּאמֶר
מֹשֶׁה לָמָּה זֶּה אַתֶּם עֹבְרִים אֶת־פִּי יהוה וְהִוא לֹא תִצְלָח׃
מב אַל־תַּעֲלוּ כִּי אֵין יהוה בְּקִרְבְּכֶם וְלֹא תִּנָּגְפוּ לִפְנֵי אֹיְבֵיכֶם׃
מג כִּי הָעֲמָלֵקִי וְהַכְּנַעֲנִי שָׁם לִפְנֵיכֶם וּנְפַלְתֶּם בֶּחָרֶב כִּי־עַל־כֵּן
מד שַׁבְתֶּם מֵאַחֲרֵי יהוה וְלֹא־יִהְיֶה יהוה עִמָּכֶם׃ וַיַּעְפִּלוּ לַעֲלוֹת
אֶל־רֹאשׁ הָהָר וַאֲרוֹן בְּרִית־יהוה וּמֹשֶׁה לֹא־מָשׁוּ מִקֶּרֶב
מה הַמַּחֲנֶה׃ וַיֵּרֶד הָעֲמָלֵקִי וְהַכְּנַעֲנִי הַיֹּשֵׁב בָּהָר הַהוּא וַיַּכּוּם
וַיַּכְּתוּם עַד־הַחָרְמָה׃
טו א ב וַיְדַבֵּר יהוה אֶל־מֹשֶׁה לֵּאמֹר׃ דַּבֵּר אֶל־בְּנֵי יִשְׂרָאֵל וְאָמַרְתָּ יד
אֲלֵהֶם כִּי תָבֹאוּ אֶל־אֶרֶץ מוֹשְׁבֹתֵיכֶם אֲשֶׁר אֲנִי נֹתֵן לָכֶם׃
ג וַעֲשִׂיתֶם אִשֶּׁה לַיהוה עֹלָה אוֹ־זֶבַח לְפַלֵּא־נֶדֶר אוֹ בִנְדָבָה
אוֹ בְּמֹעֲדֵיכֶם לַעֲשׂוֹת רֵיחַ נִיחֹחַ לַיהוה מִן־הַבָּקָר אוֹ מִן־
ד הַצֹּאן׃ וְהִקְרִיב הַמַּקְרִיב קָרְבָּנוֹ לַיהוה מִנְחָה סֹלֶת עִשָּׂרוֹן
ה בָּלוּל בִּרְבִעִית הַהִין שָׁמֶן׃ וְיַיִן לַנֶּסֶךְ רְבִיעִית הַהִין תַּעֲשֶׂה
ו עַל־הָעֹלָה אוֹ לַזָּבַח לַכֶּבֶשׂ הָאֶחָד׃ אוֹ לָאַיִל תַּעֲשֶׂה מִנְחָה
ז סֹלֶת שְׁנֵי עֶשְׂרֹנִים בְּלוּלָה בַשֶּׁמֶן שְׁלִשִׁית הַהִין׃ וְיַיִן לַנֶּסֶךְ
ח שְׁלִשִׁית הַהִין תַּקְרִיב רֵיחַ־נִיחֹחַ לַיהוה׃ וְכִי־תַעֲשֶׂה בֶן־בָּקָר חמישי
ט עֹלָה אוֹ־זָבַח לְפַלֵּא־נֶדֶר אוֹ־שְׁלָמִים לַיהוה׃ וְהִקְרִיב עַל־
בֶּן־הַבָּקָר מִנְחָה סֹלֶת שְׁלֹשָׁה עֶשְׂרֹנִים בָּלוּל בַּשֶּׁמֶן חֲצִי הַהִין׃
י וְיַיִן תַּקְרִיב לַנֶּסֶךְ חֲצִי הַהִין אִשֵּׁה רֵיחַ־נִיחֹחַ לַיהוה׃ כָּכָה
יֵעָשֶׂה לַשּׁוֹר הָאֶחָד אוֹ לָאַיִל הָאֶחָד אוֹ־לַשֶּׂה בַכְּבָשִׂים אוֹ

יב בָּעִזִּים: כַּמִּסְפָּר אֲשֶׁר תַּעֲשׂוּ כָּכָה תַּעֲשׂוּ לָאֶחָד כְּמִסְפָּרָם:
יג כָּל־הָאֶזְרָח יַעֲשֶׂה־כָּכָה אֶת־אֵלֶּה לְהַקְרִיב אִשֵּׁה רֵיחַ־נִיחֹחַ
יד לַיהוָה: וְכִי־יָגוּר אִתְּכֶם גֵּר אוֹ אֲשֶׁר־בְּתוֹכְכֶם לְדֹרֹתֵיכֶם וְעָשָׂה
טו אִשֵּׁה רֵיחַ־נִיחֹחַ לַיהוָה כַּאֲשֶׁר תַּעֲשׂוּ כֵּן יַעֲשֶׂה: הַקָּהָל חֻקָּה
אַחַת לָכֶם וְלַגֵּר הַגָּר חֻקַּת עוֹלָם לְדֹרֹתֵיכֶם כָּכֶם כַּגֵּר יִהְיֶה
טז לִפְנֵי יְהוָה: תּוֹרָה אַחַת וּמִשְׁפָּט אֶחָד יִהְיֶה לָכֶם וְלַגֵּר הַגָּר
אִתְּכֶם:

ששי יז יח וַיְדַבֵּר יְהוָה אֶל־מֹשֶׁה לֵּאמֹר: דַּבֵּר אֶל־בְּנֵי יִשְׂרָאֵל וְאָמַרְתָּ
יט אֲלֵהֶם בְּבֹאֲכֶם אֶל־הָאָרֶץ אֲשֶׁר אֲנִי מֵבִיא אֶתְכֶם שָׁמָּה: וְהָיָה
כ בַּאֲכָלְכֶם מִלֶּחֶם הָאָרֶץ תָּרִימוּ תְרוּמָה לַיהוָה: רֵאשִׁית עֲרִסֹתֵכֶם
כא חַלָּה תָּרִימוּ תְרוּמָה כִּתְרוּמַת גֹּרֶן כֵּן תָּרִימוּ אֹתָהּ: מֵרֵאשִׁית
כב עֲרִסֹתֵיכֶם תִּתְּנוּ לַיהוָה תְּרוּמָה לְדֹרֹתֵיכֶם: וְכִי
תִשְׁגּוּ וְלֹא תַעֲשׂוּ אֵת כָּל־הַמִּצְוֹת הָאֵלֶּה אֲשֶׁר־דִּבֶּר יְהוָה
כג אֶל־מֹשֶׁה: אֵת כָּל־אֲשֶׁר צִוָּה יְהוָה אֲלֵיכֶם בְּיַד־מֹשֶׁה מִן־
כד הַיּוֹם אֲשֶׁר צִוָּה יְהוָה וָהָלְאָה לְדֹרֹתֵיכֶם: וְהָיָה אִם מֵעֵינֵי
הָעֵדָה נֶעֶשְׂתָה לִשְׁגָגָה וְעָשׂוּ כָל־הָעֵדָה פַּר בֶּן־בָּקָר אֶחָד
לְעֹלָה לְרֵיחַ נִיחֹחַ לַיהוָה וּמִנְחָתוֹ וְנִסְכּוֹ כַּמִּשְׁפָּט וּשְׂעִיר־עִזִּים
כה אֶחָד לְחַטָּת: וְכִפֶּר הַכֹּהֵן עַל־כָּל־עֲדַת בְּנֵי יִשְׂרָאֵל וְנִסְלַח
לָהֶם כִּי־שְׁגָגָה הִוא וְהֵם הֵבִיאוּ אֶת־קָרְבָּנָם אִשֶּׁה לַיהוָה
כו וְחַטָּאתָם לִפְנֵי יְהוָה עַל־שִׁגְגָתָם: וְנִסְלַח לְכָל־עֲדַת בְּנֵי יִשְׂרָאֵל
שביעי כז וְלַגֵּר הַגָּר בְּתוֹכָם כִּי לְכָל־הָעָם בִּשְׁגָגָה: וְאִם־
נֶפֶשׁ אַחַת תֶּחֱטָא בִשְׁגָגָה וְהִקְרִיבָה עֵז בַּת־שְׁנָתָהּ לְחַטָּאת:
כח וְכִפֶּר הַכֹּהֵן עַל־הַנֶּפֶשׁ הַשֹּׁגֶגֶת בְּחֶטְאָה בִשְׁגָגָה לִפְנֵי יְהוָה
כט לְכַפֵּר עָלָיו וְנִסְלַח לוֹ: הָאֶזְרָח בִּבְנֵי יִשְׂרָאֵל וְלַגֵּר הַגָּר בְּתוֹכָם
ל תּוֹרָה אַחַת יִהְיֶה לָכֶם לָעֹשֶׂה בִּשְׁגָגָה: וְהַנֶּפֶשׁ אֲשֶׁר־תַּעֲשֶׂה ׀
בְּיָד רָמָה מִן־הָאֶזְרָח וּמִן־הַגֵּר אֶת־יְהוָה הוּא מְגַדֵּף וְנִכְרְתָה
לא הַנֶּפֶשׁ הַהִוא מִקֶּרֶב עַמָּהּ: כִּי דְבַר־יְהוָה בָּזָה וְאֶת־מִצְוָתוֹ

הֵפַר הִכָּרֵת ׀ תִּכָּרֵת הַנֶּפֶשׁ הַהִוא עֲוֺנָה בָהּ׃
לב וַיִּהְיוּ בְנֵי־יִשְׂרָאֵל בַּמִּדְבָּר וַיִּמְצְאוּ אִישׁ מְקֹשֵׁשׁ עֵצִים בְּיוֹם
לג הַשַּׁבָּת׃ וַיַּקְרִיבוּ אֹתוֹ הַמֹּצְאִים אֹתוֹ מְקֹשֵׁשׁ עֵצִים אֶל־מֹשֶׁה
לד וְאֶל־אַהֲרֹן וְאֶל כָּל־הָעֵדָה׃ וַיַּנִּיחוּ אֹתוֹ בַּמִּשְׁמָר כִּי לֹא פֹרַשׁ
לה מַה־יֵּעָשֶׂה לוֹ׃ וַיֹּאמֶר יְהוָה אֶל־מֹשֶׁה מוֹת
יוּמַת הָאִישׁ רָגוֹם אֹתוֹ בָאֲבָנִים כָּל־הָעֵדָה מִחוּץ לַמַּחֲנֶה׃
לו וַיֹּצִיאוּ אֹתוֹ כָּל־הָעֵדָה אֶל־מִחוּץ לַמַּחֲנֶה וַיִּרְגְּמוּ אֹתוֹ בָּאֲבָנִים
וַיָּמֹת כַּאֲשֶׁר צִוָּה יְהוָה אֶת־מֹשֶׁה׃
לז לח וַיֹּאמֶר יְהוָה אֶל־מֹשֶׁה לֵּאמֹר׃ דַּבֵּר אֶל־בְּנֵי יִשְׂרָאֵל וְאָמַרְתָּ מפטיר
אֲלֵהֶם וְעָשׂוּ לָהֶם צִיצִת עַל־כַּנְפֵי בִגְדֵיהֶם לְדֹרֹתָם וְנָתְנוּ עַל־
לט צִיצִת הַכָּנָף פְּתִיל תְּכֵלֶת׃ וְהָיָה לָכֶם לְצִיצִת וּרְאִיתֶם אֹתוֹ
וּזְכַרְתֶּם אֶת־כָּל־מִצְוֺת יְהוָה וַעֲשִׂיתֶם אֹתָם וְלֹא תָתֻרוּ אַחֲרֵי
מ לְבַבְכֶם וְאַחֲרֵי עֵינֵיכֶם אֲשֶׁר־אַתֶּם זֹנִים אַחֲרֵיהֶם׃ לְמַעַן תִּזְכְּרוּ
מא וַעֲשִׂיתֶם אֶת־כָּל־מִצְוֺתָי וִהְיִיתֶם קְדֹשִׁים לֵאלֹהֵיכֶם׃ אֲנִי יְהוָה
אֱלֹהֵיכֶם אֲשֶׁר הוֹצֵאתִי אֶתְכֶם מֵאֶרֶץ מִצְרַיִם לִהְיוֹת לָכֶם
לֵאלֹהִים אֲנִי יְהוָה אֱלֹהֵיכֶם׃
טז א וַיִּקַּח קֹרַח בֶּן־יִצְהָר בֶּן־קְהָת בֶּן־לֵוִי וְדָתָן וַאֲבִירָם בְּנֵי אֱלִיאָב טו קרח
ב וְאוֹן בֶּן־פֶּלֶת בְּנֵי רְאוּבֵן׃ וַיָּקֻמוּ לִפְנֵי מֹשֶׁה וַאֲנָשִׁים מִבְּנֵי־
יִשְׂרָאֵל חֲמִשִּׁים וּמָאתָיִם נְשִׂיאֵי עֵדָה קְרִאֵי מוֹעֵד אַנְשֵׁי־שֵׁם׃
ג וַיִּקָּהֲלוּ עַל־מֹשֶׁה וְעַל־אַהֲרֹן וַיֹּאמְרוּ אֲלֵהֶם רַב־לָכֶם כִּי כָל־
הָעֵדָה כֻּלָּם קְדֹשִׁים וּבְתוֹכָם יְהוָה וּמַדּוּעַ תִּתְנַשְּׂאוּ עַל־קְהַל
ד ה יְהוָה׃ וַיִּשְׁמַע מֹשֶׁה וַיִּפֹּל עַל־פָּנָיו׃ וַיְדַבֵּר אֶל־קֹרַח וְאֶל־כָּל־
עֲדָתוֹ לֵאמֹר בֹּקֶר וְיֹדַע יְהוָה אֶת־אֲשֶׁר־לוֹ וְאֶת־הַקָּדוֹשׁ וְהִקְרִיב
ו אֵלָיו וְאֵת אֲשֶׁר יִבְחַר־בּוֹ יַקְרִיב אֵלָיו׃ זֹאת עֲשׂוּ קְחוּ־לָכֶם
ז מַחְתּוֹת קֹרַח וְכָל־עֲדָתוֹ׃ וּתְנוּ־בָהֵן ׀ אֵשׁ וְשִׂימוּ עֲלֵיהֶן ׀ קְטֹרֶת
לִפְנֵי יְהוָה מָחָר וְהָיָה הָאִישׁ אֲשֶׁר־יִבְחַר יְהוָה הוּא הַקָּדוֹשׁ
ח רַב־לָכֶם בְּנֵי לֵוִי׃ וַיֹּאמֶר מֹשֶׁה אֶל־קֹרַח שִׁמְעוּ־נָא בְּנֵי לֵוִי׃

ט הַמְעַט מִכֶּם כִּי־הִבְדִּיל אֱלֹהֵי יִשְׂרָאֵל אֶתְכֶם מֵעֲדַת יִשְׂרָאֵל
לְהַקְרִיב אֶתְכֶם אֵלָיו לַעֲבֹד אֶת־עֲבֹדַת מִשְׁכַּן יְהוָה וְלַעֲמֹד
י לִפְנֵי הָעֵדָה לְשָׁרְתָם׃ וַיַּקְרֵב אֹתְךָ וְאֶת־כָּל־אַחֶיךָ בְנֵי־לֵוִי אִתָּךְ
יא וּבִקַּשְׁתֶּם גַּם־כְּהֻנָּה׃ לָכֵן אַתָּה וְכָל־עֲדָתְךָ הַנֹּעָדִים עַל־יְהוָה
יב וְאַהֲרֹן מַה־הוּא כִּי תלונו עָלָיו׃ וַיִּשְׁלַח מֹשֶׁה לִקְרֹא לְדָתָן תַּלִּינוּ
יג וְלַאֲבִירָם בְּנֵי אֱלִיאָב וַיֹּאמְרוּ לֹא נַעֲלֶה׃ הַמְעַט כִּי הֶעֱלִיתָנוּ
מֵאֶרֶץ זָבַת חָלָב וּדְבַשׁ לַהֲמִיתֵנוּ בַּמִּדְבָּר כִּי־תִשְׂתָּרֵר עָלֵינוּ
יד גַּם־הִשְׂתָּרֵר׃ אַף לֹא אֶל־אֶרֶץ זָבַת חָלָב וּדְבַשׁ הֲבִיאֹתָנוּ שני
וַתִּתֶּן־לָנוּ נַחֲלַת שָׂדֶה וָכָרֶם הַעֵינֵי הָאֲנָשִׁים הָהֵם תְּנַקֵּר לֹא
טו נַעֲלֶה׃ וַיִּחַר לְמֹשֶׁה מְאֹד וַיֹּאמֶר אֶל־יְהוָה אַל־תֵּפֶן אֶל־
מִנְחָתָם לֹא חֲמוֹר אֶחָד מֵהֶם נָשָׂאתִי וְלֹא הֲרֵעֹתִי אֶת־אַחַד
טז מֵהֶם׃ וַיֹּאמֶר מֹשֶׁה אֶל־קֹרַח אַתָּה וְכָל־עֲדָתְךָ הֱיוּ לִפְנֵי יְהוָה
יז אַתָּה וָהֵם וְאַהֲרֹן מָחָר׃ וּקְחוּ ׀ אִישׁ מַחְתָּתוֹ וּנְתַתֶּם עֲלֵיהֶם
קְטֹרֶת וְהִקְרַבְתֶּם לִפְנֵי יְהוָה אִישׁ מַחְתָּתוֹ חֲמִשִּׁים וּמָאתַיִם
יח מַחְתֹּת וְאַתָּה וְאַהֲרֹן אִישׁ מַחְתָּתוֹ׃ וַיִּקְחוּ אִישׁ מַחְתָּתוֹ וַיִּתְּנוּ
עֲלֵיהֶם אֵשׁ וַיָּשִׂימוּ עֲלֵיהֶם קְטֹרֶת וַיַּעַמְדוּ פֶּתַח אֹהֶל מוֹעֵד
יט וּמֹשֶׁה וְאַהֲרֹן׃ וַיַּקְהֵל עֲלֵיהֶם קֹרַח אֶת־כָּל־הָעֵדָה אֶל־פֶּתַח אֹהֶל
כ מוֹעֵד וַיֵּרָא כְבוֹד־יְהוָה אֶל־כָּל־הָעֵדָה׃ וַיְדַבֵּר שלישי
כא יְהוָה אֶל־מֹשֶׁה וְאֶל־אַהֲרֹן לֵאמֹר׃ הִבָּדְלוּ מִתּוֹךְ הָעֵדָה
כב הַזֹּאת וַאֲכַלֶּה אֹתָם כְּרָגַע׃ וַיִּפְּלוּ עַל־פְּנֵיהֶם וַיֹּאמְרוּ אֵל
אֱלֹהֵי הָרוּחֹת לְכָל־בָּשָׂר הָאִישׁ אֶחָד יֶחֱטָא וְעַל כָּל־הָעֵדָה
כג כד תִּקְצֹף׃ וַיְדַבֵּר יְהוָה אֶל־מֹשֶׁה לֵּאמֹר׃ דַּבֵּר
אֶל־הָעֵדָה לֵאמֹר הֵעָלוּ מִסָּבִיב לְמִשְׁכַּן־קֹרַח דָּתָן וַאֲבִירָם׃
כה וַיָּקָם מֹשֶׁה וַיֵּלֶךְ אֶל־דָּתָן וַאֲבִירָם וַיֵּלְכוּ אַחֲרָיו זִקְנֵי יִשְׂרָאֵל׃
כו וַיְדַבֵּר אֶל־הָעֵדָה לֵאמֹר סוּרוּ נָא מֵעַל אָהֳלֵי הָאֲנָשִׁים הָרְשָׁעִים
הָאֵלֶּה וְאַל־תִּגְּעוּ בְּכָל־אֲשֶׁר לָהֶם פֶּן־תִּסָּפוּ בְּכָל־חַטֹּאתָם׃
כז וַיֵּעָלוּ מֵעַל מִשְׁכַּן־קֹרַח דָּתָן וַאֲבִירָם מִסָּבִיב וְדָתָן וַאֲבִירָם

כח יָצְא֣וּ נִצָּבִ֗ים פֶּ֚תַח אׇֽהֳלֵיהֶ֔ם וּנְשֵׁיהֶ֥ם וּבְנֵיהֶ֖ם וְטַפָּֽם׃ וַיֹּ֣אמֶר
מֹשֶׁ֗ה בְּזֹאת֙ תֵּֽדְע֔וּן כִּֽי־יְהֹוָ֣ה שְׁלָחַ֔נִי לַעֲשׂ֕וֹת אֵ֥ת כׇּל־הַֽמַּעֲשִׂ֖ים
כט הָאֵ֑לֶּה כִּי־לֹ֖א מִלִּבִּֽי׃ אִם־כְּמ֤וֹת כׇּל־הָֽאָדָם֙ יְמֻת֣וּן אֵ֔לֶּה וּפְקֻדַּת֙
ל כׇּל־הָ֣אָדָ֔ם יִפָּקֵ֖ד עֲלֵיהֶ֑ם לֹ֥א יְהֹוָ֖ה שְׁלָחָֽנִי׃ וְאִם־בְּרִיאָ֞ה יִבְרָ֣א
יְהֹוָ֗ה וּפָצְתָ֨ה הָאֲדָמָ֤ה אֶת־פִּ֙יהָ֙ וּבָלְעָ֤ה אֹתָם֙ וְאֶת־כׇּל־אֲשֶׁ֣ר
לָהֶ֔ם וְיָרְד֥וּ חַיִּ֖ים שְׁאֹ֑לָה וִֽידַעְתֶּ֕ם כִּ֧י נִאֲצ֛וּ הָאֲנָשִׁ֥ים הָאֵ֖לֶּה
לא אֶת־יְהֹוָֽה׃ וַֽיְהִי֙ כְּכַלֹּת֔וֹ לְדַבֵּ֕ר אֵ֥ת כׇּל־הַדְּבָרִ֖ים הָאֵ֑לֶּה וַתִּבָּקַ֥ע
לב הָאֲדָמָ֖ה אֲשֶׁ֥ר תַּחְתֵּיהֶֽם׃ וַתִּפְתַּ֤ח הָאָ֙רֶץ֙ אֶת־פִּ֔יהָ וַתִּבְלַ֥ע אֹתָ֖ם
לג וְאֶת־בָּתֵּיהֶ֑ם וְאֵ֤ת כׇּל־הָֽאָדָם֙ אֲשֶׁ֣ר לְקֹ֔רַח וְאֵ֖ת כׇּל־הָרְכֽוּשׁ׃ וַיֵּ֨רְד֜וּ
הֵ֣ם וְכׇל־אֲשֶׁ֥ר לָהֶ֛ם חַיִּ֖ים שְׁאֹ֑לָה וַתְּכַ֤ס עֲלֵיהֶם֙ הָאָ֔רֶץ וַיֹּאבְד֖וּ
לד מִתּ֥וֹךְ הַקָּהָֽל׃ וְכׇל־יִשְׂרָאֵ֗ל אֲשֶׁ֛ר סְבִיבֹתֵיהֶ֖ם נָ֣סוּ לְקֹלָ֑ם כִּ֣י
לה אָמְר֔וּ פֶּן־תִּבְלָעֵ֖נוּ הָאָֽרֶץ׃ וְאֵ֥שׁ יָצְאָ֖ה מֵאֵ֣ת יְהֹוָ֑ה וַתֹּ֗אכַל אֵ֣ת
יז א הַחֲמִשִּׁ֤ים וּמָאתַ֙יִם֙ אִ֔ישׁ מַקְרִיבֵ֖י הַקְּטֹֽרֶת׃ וַיְדַבֵּ֥ר
ב יְהֹוָ֖ה אֶל־מֹשֶׁ֥ה לֵּאמֹֽר׃ אֱמֹ֨ר אֶל־אֶלְעָזָ֜ר בֶּן־אַהֲרֹ֣ן הַכֹּהֵ֗ן וְיָרֵ֤ם
אֶת־הַמַּחְתֹּת֙ מִבֵּ֣ין הַשְּׂרֵפָ֔ה וְאֶת־הָאֵ֖שׁ זְרֵה־הָ֑לְאָה כִּ֖י קָדֵֽשׁוּ׃
ג אֵ֡ת מַחְתּוֹת֩ הַחַטָּאִ֨ים הָאֵ֜לֶּה בְּנַפְשֹׁתָ֗ם וְעָשׂ֨וּ אֹתָ֜ם רִקֻּעֵ֤י
פַחִים֙ צִפּ֣וּי לַמִּזְבֵּ֔חַ כִּֽי־הִקְרִיבֻ֥ם לִפְנֵֽי־יְהֹוָ֖ה וַיִּקְדָּ֑שׁוּ וְיִהְי֥וּ לְא֖וֹת
ד לִבְנֵ֥י יִשְׂרָאֵֽל׃ וַיִּקַּ֞ח אֶלְעָזָ֣ר הַכֹּהֵ֗ן אֵ֚ת מַחְתּ֣וֹת הַנְּחֹ֔שֶׁת אֲשֶׁ֥ר
ה הִקְרִ֖יבוּ הַשְּׂרֻפִ֑ים וַיְרַקְּע֖וּם צִפּ֥וּי לַמִּזְבֵּֽחַ׃ זִכָּר֞וֹן לִבְנֵ֣י יִשְׂרָאֵ֗ל
לְמַ֡עַן אֲשֶׁ֣ר לֹֽא־יִקְרַב֩ אִ֨ישׁ זָ֜ר אֲשֶׁ֨ר לֹ֣א מִזֶּ֤רַע אַהֲרֹן֙ ה֔וּא
לְהַקְטִ֥יר קְטֹ֖רֶת לִפְנֵ֣י יְהֹוָ֑ה וְלֹא־יִהְיֶ֤ה כְקֹ֙רַח֙ וְכַ֣עֲדָת֔וֹ כַּאֲשֶׁ֨ר
דִּבֶּ֧ר יְהֹוָ֛ה בְּיַד־מֹשֶׁ֖ה לֽוֹ׃

ו וַיִּלֹּ֜נוּ כׇּל־עֲדַ֤ת בְּנֵֽי־יִשְׂרָאֵל֙ מִֽמׇּחֳרָ֔ת עַל־מֹשֶׁ֥ה וְעַֽל־אַהֲרֹ֖ן
ז לֵאמֹ֑ר אַתֶּ֥ם הֲמִתֶּ֖ם אֶת־עַ֥ם יְהֹוָֽה׃ וַיְהִ֗י בְּהִקָּהֵ֤ל הָֽעֵדָה֙
עַל־מֹשֶׁ֣ה וְעַֽל־אַהֲרֹ֔ן וַיִּפְנוּ֙ אֶל־אֹ֣הֶל מוֹעֵ֔ד וְהִנֵּ֥ה כִסָּ֖הוּ
ח הֶעָנָ֑ן וַיֵּרָ֖א כְּב֥וֹד יְהֹוָֽה׃ וַיָּבֹ֤א מֹשֶׁה֙ וְאַהֲרֹ֔ן אֶל־פְּנֵ֖י אֹ֥הֶל
ט מוֹעֵֽד׃ וַיְדַבֵּ֥ר יְהֹוָ֖ה אֶל־מֹשֶׁ֥ה לֵּאמֹֽר׃ הֵרֹ֗מּוּ רביעי

מִתּוֹךְ הָעֵדָה הַזֹּאת וַאֲכַלֶּה אֹתָם כְּרָגַע וַיִּפְּלוּ עַל־פְּנֵיהֶם׃
יא וַיֹּאמֶר מֹשֶׁה אֶל־אַהֲרֹן קַח אֶת־הַמַּחְתָּה וְתֶן־עָלֶיהָ אֵשׁ
מֵעַל הַמִּזְבֵּחַ וְשִׂים קְטֹרֶת וְהוֹלֵךְ מְהֵרָה אֶל־הָעֵדָה וְכַפֵּר
יב עֲלֵיהֶם כִּי־יָצָא הַקֶּצֶף מִלִּפְנֵי יהוה הֵחֵל הַנָּגֶף׃ וַיִּקַּח אַהֲרֹן
כַּאֲשֶׁר ׀ דִּבֶּר מֹשֶׁה וַיָּרָץ אֶל־תּוֹךְ הַקָּהָל וְהִנֵּה הֵחֵל הַנֶּגֶף בָּעָם
יג וַיִּתֵּן אֶת־הַקְּטֹרֶת וַיְכַפֵּר עַל־הָעָם׃ וַיַּעֲמֹד בֵּין־הַמֵּתִים וּבֵין
יד הַחַיִּים וַתֵּעָצַר הַמַּגֵּפָה׃ וַיִּהְיוּ הַמֵּתִים בַּמַּגֵּפָה אַרְבָּעָה עָשָׂר
טו אֶלֶף וּשְׁבַע מֵאוֹת מִלְּבַד הַמֵּתִים עַל־דְּבַר־קֹרַח׃ וַיָּשָׁב אַהֲרֹן
אֶל־מֹשֶׁה אֶל־פֶּתַח אֹהֶל מוֹעֵד וְהַמַּגֵּפָה נֶעֱצָרָה׃

חמישי טז וַיְדַבֵּר יהוה אֶל־מֹשֶׁה לֵּאמֹר׃ יז דַּבֵּר ׀ אֶל־בְּנֵי יִשְׂרָאֵל וְקַח
מֵאִתָּם מַטֶּה מַטֶּה לְבֵית אָב מֵאֵת כָּל־נְשִׂיאֵהֶם לְבֵית אֲבֹתָם
יח שְׁנֵים עָשָׂר מַטּוֹת אִישׁ אֶת־שְׁמוֹ תִּכְתֹּב עַל־מַטֵּהוּ׃ וְאֵת שֵׁם
אַהֲרֹן תִּכְתֹּב עַל־מַטֵּה לֵוִי כִּי מַטֶּה אֶחָד לְרֹאשׁ בֵּית אֲבוֹתָם׃
יט וְהִנַּחְתָּם בְּאֹהֶל מוֹעֵד לִפְנֵי הָעֵדוּת אֲשֶׁר אִוָּעֵד לָכֶם שָׁמָּה׃
כ וְהָיָה הָאִישׁ אֲשֶׁר אֶבְחַר־בּוֹ מַטֵּהוּ יִפְרָח וַהֲשִׁכֹּתִי מֵעָלַי אֶת־
כא תְּלֻנּוֹת בְּנֵי יִשְׂרָאֵל אֲשֶׁר הֵם מַלִּינִם עֲלֵיכֶם׃ וַיְדַבֵּר מֹשֶׁה
אֶל־בְּנֵי יִשְׂרָאֵל וַיִּתְּנוּ אֵלָיו ׀ כָּל־נְשִׂיאֵיהֶם מַטֶּה לְנָשִׂיא אֶחָד
מַטֶּה לְנָשִׂיא אֶחָד לְבֵית אֲבֹתָם שְׁנֵים עָשָׂר מַטּוֹת וּמַטֵּה
כב אַהֲרֹן בְּתוֹךְ מַטּוֹתָם׃ וַיַּנַּח מֹשֶׁה אֶת־הַמַּטֹּת לִפְנֵי יהוה בְּאֹהֶל
כג הָעֵדֻת׃ וַיְהִי מִמָּחֳרָת וַיָּבֹא מֹשֶׁה אֶל־אֹהֶל הָעֵדוּת וְהִנֵּה פָּרַח
מַטֵּה־אַהֲרֹן לְבֵית לֵוִי וַיֹּצֵא פֶרַח וַיָּצֵץ צִיץ וַיִּגְמֹל שְׁקֵדִים׃
כד וַיֹּצֵא מֹשֶׁה אֶת־כָּל־הַמַּטֹּת מִלִּפְנֵי יהוה אֶל־כָּל־בְּנֵי יִשְׂרָאֵל
וַיִּרְאוּ וַיִּקְחוּ אִישׁ מַטֵּהוּ׃

ששי כה וַיֹּאמֶר יהוה אֶל־מֹשֶׁה הָשֵׁב אֶת־מַטֵּה אַהֲרֹן לִפְנֵי הָעֵדוּת
לְמִשְׁמֶרֶת לְאוֹת לִבְנֵי־מֶרִי וּתְכַל תְּלוּנֹּתָם מֵעָלַי וְלֹא יָמֻתוּ׃
כו וַיַּעַשׂ מֹשֶׁה כַּאֲשֶׁר צִוָּה יהוה אֹתוֹ כֵּן עָשָׂה׃
כז וַיֹּאמְרוּ בְּנֵי יִשְׂרָאֵל אֶל־מֹשֶׁה לֵאמֹר הֵן גָּוַעְנוּ אָבַדְנוּ כֻּלָּנוּ

כח אָבַדְנוּ׃ כֹּל הַקָּרֵב ׀ הַקָּרֵב אֶל־מִשְׁכַּן יְהוָה יָמוּת הַאִם תַּמְנוּ
יח א לִגְוֺעַ׃ וַיֹּאמֶר יְהוָה אֶל־אַהֲרֹן אַתָּה וּבָנֶיךָ וּבֵית־
אָבִיךָ אִתָּךְ תִּשְׂאוּ אֶת־עֲוֺן הַמִּקְדָּשׁ וְאַתָּה וּבָנֶיךָ אִתָּךְ תִּשְׂאוּ
ב אֶת־עֲוֺן כְּהֻנַּתְכֶם׃ וְגַם אֶת־אַחֶיךָ מַטֵּה לֵוִי שֵׁבֶט אָבִיךָ הַקְרֵב
אִתָּךְ וְיִלָּווּ עָלֶיךָ וִישָׁרְתוּךָ וְאַתָּה וּבָנֶיךָ אִתָּךְ לִפְנֵי אֹהֶל הָעֵדֻת׃
ג וְשָׁמְרוּ מִשְׁמַרְתְּךָ וּמִשְׁמֶרֶת כָּל־הָאֹהֶל אַךְ אֶל־כְּלֵי הַקֹּדֶשׁ
ד וְאֶל־הַמִּזְבֵּחַ לֹא יִקְרָבוּ וְלֹא־יָמֻתוּ גַם־הֵם גַּם־אַתֶּם׃ וְנִלְווּ
עָלֶיךָ וְשָׁמְרוּ אֶת־מִשְׁמֶרֶת אֹהֶל מוֹעֵד לְכֹל עֲבֹדַת הָאֹהֶל
ה וְזָר לֹא־יִקְרַב אֲלֵיכֶם׃ וּשְׁמַרְתֶּם אֵת מִשְׁמֶרֶת הַקֹּדֶשׁ וְאֵת
ו מִשְׁמֶרֶת הַמִּזְבֵּחַ וְלֹא־יִהְיֶה עוֹד קֶצֶף עַל־בְּנֵי יִשְׂרָאֵל׃ וַאֲנִי
הִנֵּה לָקַחְתִּי אֶת־אֲחֵיכֶם הַלְוִיִּם מִתּוֹךְ בְּנֵי יִשְׂרָאֵל לָכֶם
ז מַתָּנָה נְתֻנִים לַיהוָה לַעֲבֹד אֶת־עֲבֹדַת אֹהֶל מוֹעֵד׃ וְאַתָּה
וּבָנֶיךָ אִתְּךָ תִּשְׁמְרוּ אֶת־כְּהֻנַּתְכֶם לְכָל־דְּבַר הַמִּזְבֵּחַ וּלְמִבֵּית
לַפָּרֹכֶת וַעֲבַדְתֶּם עֲבֹדַת מַתָּנָה אֶתֵּן אֶת־כְּהֻנַּתְכֶם וְהַזָּר הַקָּרֵב
יוּמָת׃

ח וַיְדַבֵּר יְהוָה אֶל־אַהֲרֹן וַאֲנִי הִנֵּה נָתַתִּי לְךָ אֶת־מִשְׁמֶרֶת
תְּרוּמֹתָי לְכָל־קָדְשֵׁי בְנֵי־יִשְׂרָאֵל לְךָ נְתַתִּים לְמָשְׁחָה וּלְבָנֶיךָ
ט לְחָק־עוֹלָם׃ זֶה יִהְיֶה לְךָ מִקֹּדֶשׁ הַקֳּדָשִׁים מִן־הָאֵשׁ כָּל־קָרְבָּנָם
לְכָל־מִנְחָתָם וּלְכָל־חַטָּאתָם וּלְכָל־אֲשָׁמָם אֲשֶׁר יָשִׁיבוּ לִי
י קֹדֶשׁ קָדָשִׁים לְךָ הוּא וּלְבָנֶיךָ׃ בְּקֹדֶשׁ הַקֳּדָשִׁים תֹּאכְלֶנּוּ כָּל־
יא זָכָר יֹאכַל אֹתוֹ קֹדֶשׁ יִהְיֶה־לָּךְ׃ וְזֶה־לְּךָ תְּרוּמַת מַתָּנָם לְכָל־
תְּנוּפֹת בְּנֵי יִשְׂרָאֵל לְךָ נְתַתִּים וּלְבָנֶיךָ וְלִבְנֹתֶיךָ אִתְּךָ לְחָק־
יב עוֹלָם כָּל־טָהוֹר בְּבֵיתְךָ יֹאכַל אֹתוֹ׃ כֹּל חֵלֶב יִצְהָר וְכָל־חֵלֶב
יג תִּירוֹשׁ וְדָגָן רֵאשִׁיתָם אֲשֶׁר־יִתְּנוּ לַיהוָה לְךָ נְתַתִּים׃ בִּכּוּרֵי
כָּל־אֲשֶׁר בְּאַרְצָם אֲשֶׁר־יָבִיאוּ לַיהוָה לְךָ יִהְיֶה כָּל־טָהוֹר בְּבֵיתְךָ
יד טו יֹאכְלֶנּוּ׃ כָּל־חֵרֶם בְּיִשְׂרָאֵל לְךָ יִהְיֶה׃ כָּל־פֶּטֶר רֶחֶם לְכָל־
בָּשָׂר אֲשֶׁר־יַקְרִיבוּ לַיהוָה בָּאָדָם וּבַבְּהֵמָה יִהְיֶה־לָּךְ אַךְ ׀ פָּדֹה

תִּפְדֶּה אֵת בְּכוֹר הָאָדָם וְאֵת בְּכוֹר־הַבְּהֵמָה הַטְּמֵאָה תִּפְדֶּה׃
טז וּפְדוּיָו מִבֶּן־חֹדֶשׁ תִּפְדֶּה בְּעֶרְכְּךָ כֶּסֶף חֲמֵשֶׁת שְׁקָלִים בְּשֶׁקֶל
יז הַקֹּדֶשׁ עֶשְׂרִים גֵּרָה הוּא׃ אַךְ בְּכוֹר־שׁוֹר אוֹ־בְכוֹר כֶּשֶׂב אוֹ־
בְכוֹר עֵז לֹא תִפְדֶּה קֹדֶשׁ הֵם אֶת־דָּמָם תִּזְרֹק עַל־הַמִּזְבֵּחַ
יח וְאֶת־חֶלְבָּם תַּקְטִיר אִשֶּׁה לְרֵיחַ נִיחֹחַ לַיהוָה׃ וּבְשָׂרָם יִהְיֶה־
יט לָּךְ כַּחֲזֵה הַתְּנוּפָה וּכְשׁוֹק הַיָּמִין לְךָ יִהְיֶה׃ כֹּל ׀ תְּרוּמֹת
הַקֳּדָשִׁים אֲשֶׁר יָרִימוּ בְנֵי־יִשְׂרָאֵל לַיהוָה נָתַתִּי לְךָ וּלְבָנֶיךָ
וְלִבְנֹתֶיךָ אִתְּךָ לְחָק־עוֹלָם בְּרִית מֶלַח עוֹלָם הִוא לִפְנֵי יְהוָה
כ לְךָ וּלְזַרְעֲךָ אִתָּךְ׃ וַיֹּאמֶר יְהוָה אֶל־אַהֲרֹן בְּאַרְצָם לֹא תִנְחָל
וְחֵלֶק לֹא־יִהְיֶה לְךָ בְּתוֹכָם אֲנִי חֶלְקְךָ וְנַחֲלָתְךָ בְּתוֹךְ בְּנֵי
שביעי כא יִשְׂרָאֵל׃ וְלִבְנֵי לֵוִי הִנֵּה נָתַתִּי כָּל־מַעֲשֵׂר בְּיִשְׂרָאֵל
לְנַחֲלָה חֵלֶף עֲבֹדָתָם אֲשֶׁר־הֵם עֹבְדִים אֶת־עֲבֹדַת אֹהֶל מוֹעֵד׃
כב וְלֹא־יִקְרְבוּ עוֹד בְּנֵי יִשְׂרָאֵל אֶל־אֹהֶל מוֹעֵד לָשֵׂאת חֵטְא
כג לָמוּת׃ וְעָבַד הַלֵּוִי הוּא אֶת־עֲבֹדַת אֹהֶל מוֹעֵד וְהֵם יִשְׂאוּ
עֲוֹנָם חֻקַּת עוֹלָם לְדֹרֹתֵיכֶם וּבְתוֹךְ בְּנֵי יִשְׂרָאֵל לֹא יִנְחֲלוּ
כד נַחֲלָה׃ כִּי אֶת־מַעְשַׂר בְּנֵי־יִשְׂרָאֵל אֲשֶׁר יָרִימוּ לַיהוָה תְּרוּמָה
נָתַתִּי לַלְוִיִּם לְנַחֲלָה עַל־כֵּן אָמַרְתִּי לָהֶם בְּתוֹךְ בְּנֵי יִשְׂרָאֵל
לֹא יִנְחֲלוּ נַחֲלָה׃
יז כה כו וַיְדַבֵּר יְהוָה אֶל־מֹשֶׁה לֵּאמֹר׃ וְאֶל־הַלְוִיִּם תְּדַבֵּר וְאָמַרְתָּ
אֲלֵהֶם כִּי־תִקְחוּ מֵאֵת בְּנֵי־יִשְׂרָאֵל אֶת־הַמַּעֲשֵׂר אֲשֶׁר נָתַתִּי
לָכֶם מֵאִתָּם בְּנַחֲלַתְכֶם וַהֲרֵמֹתֶם מִמֶּנּוּ תְּרוּמַת יְהוָה מַעֲשֵׂר
כז מִן־הַמַּעֲשֵׂר׃ וְנֶחְשַׁב לָכֶם תְּרוּמַתְכֶם כַּדָּגָן מִן־הַגֹּרֶן וְכַמְלֵאָה
כח מִן־הַיָּקֶב׃ כֵּן תָּרִימוּ גַם־אַתֶּם תְּרוּמַת יְהוָה מִכֹּל מַעְשְׂרֹתֵיכֶם
אֲשֶׁר תִּקְחוּ מֵאֵת בְּנֵי יִשְׂרָאֵל וּנְתַתֶּם מִמֶּנּוּ אֶת־תְּרוּמַת יְהוָה
כט לְאַהֲרֹן הַכֹּהֵן׃ מִכֹּל מַתְּנֹתֵיכֶם תָּרִימוּ אֵת כָּל־תְּרוּמַת יְהוָה
מפטיר ל מִכָּל־חֶלְבּוֹ אֶת־מִקְדְּשׁוֹ מִמֶּנּוּ׃ וְאָמַרְתָּ אֲלֵהֶם בַּהֲרִימְכֶם
אֶת־חֶלְבּוֹ מִמֶּנּוּ וְנֶחְשַׁב לַלְוִיִּם כִּתְבוּאַת גֹּרֶן וְכִתְבוּאַת יָקֶב׃

לא וַאֲכַלְתֶּם אֹתוֹ בְּכָל־מָקוֹם אַתֶּם וּבֵיתְכֶם כִּי־שָׂכָר הוּא לָכֶם
לב חֵלֶף עֲבֹדַתְכֶם בְּאֹהֶל מוֹעֵד׃ וְלֹא־תִשְׂאוּ עָלָיו חֵטְא בַּהֲרִימְכֶם
אֶת־חֶלְבּוֹ מִמֶּנּוּ וְאֶת־קָדְשֵׁי בְנֵי־יִשְׂרָאֵל לֹא תְחַלְּלוּ וְלֹא
תָמוּתוּ׃

יט א ב וַיְדַבֵּר יְהוָה אֶל־מֹשֶׁה וְאֶל־אַהֲרֹן לֵאמֹר׃ זֹאת חֻקַּת הַתּוֹרָה חקת
אֲשֶׁר־צִוָּה יְהוָה לֵאמֹר דַּבֵּר ׀ אֶל־בְּנֵי יִשְׂרָאֵל וְיִקְחוּ אֵלֶיךָ פָרָה
אֲדֻמָּה תְּמִימָה אֲשֶׁר אֵין־בָּהּ מוּם אֲשֶׁר לֹא־עָלָה עָלֶיהָ עֹל׃
ג וּנְתַתֶּם אֹתָהּ אֶל־אֶלְעָזָר הַכֹּהֵן וְהוֹצִיא אֹתָהּ אֶל־מִחוּץ לַמַּחֲנֶה
ד וְשָׁחַט אֹתָהּ לְפָנָיו׃ וְלָקַח אֶלְעָזָר הַכֹּהֵן מִדָּמָהּ בְּאֶצְבָּעוֹ וְהִזָּה
ה אֶל־נֹכַח פְּנֵי אֹהֶל־מוֹעֵד מִדָּמָהּ שֶׁבַע פְּעָמִים׃ וְשָׂרַף אֶת־
הַפָּרָה לְעֵינָיו אֶת־עֹרָהּ וְאֶת־בְּשָׂרָהּ וְאֶת־דָּמָהּ עַל־פִּרְשָׁהּ
ו יִשְׂרֹף׃ וְלָקַח הַכֹּהֵן עֵץ אֶרֶז וְאֵזוֹב וּשְׁנִי תוֹלָעַת וְהִשְׁלִיךְ אֶל־
ז תּוֹךְ שְׂרֵפַת הַפָּרָה׃ וְכִבֶּס בְּגָדָיו הַכֹּהֵן וְרָחַץ בְּשָׂרוֹ בַּמַּיִם
ח וְאַחַר יָבֹא אֶל־הַמַּחֲנֶה וְטָמֵא הַכֹּהֵן עַד־הָעָרֶב׃ וְהַשֹּׂרֵף אֹתָהּ
יְכַבֵּס בְּגָדָיו בַּמַּיִם וְרָחַץ בְּשָׂרוֹ בַּמָּיִם וְטָמֵא עַד־הָעָרֶב׃
ט וְאָסַף ׀ אִישׁ טָהוֹר אֵת אֵפֶר הַפָּרָה וְהִנִּיחַ מִחוּץ לַמַּחֲנֶה בְּמָקוֹם
טָהוֹר וְהָיְתָה לַעֲדַת בְּנֵי־יִשְׂרָאֵל לְמִשְׁמֶרֶת לְמֵי נִדָּה חַטָּאת
י הִוא׃ וְכִבֶּס הָאֹסֵף אֶת־אֵפֶר הַפָּרָה אֶת־בְּגָדָיו וְטָמֵא עַד־
הָעָרֶב וְהָיְתָה לִבְנֵי יִשְׂרָאֵל וְלַגֵּר הַגָּר בְּתוֹכָם לְחֻקַּת עוֹלָם׃
יא יב הַנֹּגֵעַ בְּמֵת לְכָל־נֶפֶשׁ אָדָם וְטָמֵא שִׁבְעַת יָמִים׃ הוּא יִתְחַטָּא־
בוֹ בַּיּוֹם הַשְּׁלִישִׁי וּבַיּוֹם הַשְּׁבִיעִי יִטְהָר וְאִם־לֹא יִתְחַטָּא בַּיּוֹם
יג הַשְּׁלִישִׁי וּבַיּוֹם הַשְּׁבִיעִי לֹא יִטְהָר׃ כָּל־הַנֹּגֵעַ בְּמֵת בְּנֶפֶשׁ
הָאָדָם אֲשֶׁר־יָמוּת וְלֹא יִתְחַטָּא אֶת־מִשְׁכַּן יְהוָה טִמֵּא וְנִכְרְתָה
הַנֶּפֶשׁ הַהִוא מִיִּשְׂרָאֵל כִּי מֵי נִדָּה לֹא־זֹרַק עָלָיו טָמֵא יִהְיֶה
יד עוֹד טֻמְאָתוֹ בוֹ׃ זֹאת הַתּוֹרָה אָדָם כִּי־יָמוּת בְּאֹהֶל כָּל־
טו הַבָּא אֶל־הָאֹהֶל וְכָל־אֲשֶׁר בָּאֹהֶל יִטְמָא שִׁבְעַת יָמִים׃ וְכֹל
טז כְּלִי פָתוּחַ אֲשֶׁר אֵין־צָמִיד פָּתִיל עָלָיו טָמֵא הוּא׃ וְכֹל אֲשֶׁר־

יִגַּ֜ע עַל־פְּנֵ֣י הַשָּׂדֶ֗ה בַּחֲלַל־חֶ֙רֶב֙ א֣וֹ בְמֵ֔ת אוֹ־בְעֶ֥צֶם אָדָ֖ם א֣וֹ
יז בְקָ֑בֶר יִטְמָ֖א שִׁבְעַ֥ת יָמִֽים׃ וְלָֽקְחוּ֙ לַטָּמֵ֔א מֵעֲפַ֖ר שְׂרֵפַ֣ת
יח שני הַֽחַטָּ֑את וְנָתַ֥ן עָלָ֛יו מַ֥יִם חַיִּ֖ים אֶל־כֶּֽלִי׃ וְלָקַ֨ח אֵז֜וֹב וְטָבַ֣ל בַּמַּ֘יִם֮
אִ֣ישׁ טָהוֹר֒ וְהִזָּ֤ה עַל־הָאֹ֙הֶל֙ וְעַל־כָּל־הַכֵּלִ֔ים וְעַל־הַנְּפָשׁ֖וֹת
אֲשֶׁ֣ר הָֽיוּ־שָׁ֑ם וְעַל־הַנֹּגֵ֗עַ בַּעֶ֙צֶם֙ א֣וֹ בֶֽחָלָ֔ל א֥וֹ בַמֵּ֖ת א֥וֹ בַקָּֽבֶר׃
יט וְהִזָּ֤ה הַטָּהֹר֙ עַל־הַטָּמֵ֔א בַּיּ֥וֹם הַשְּׁלִישִׁ֖י וּבַיּ֣וֹם הַשְּׁבִיעִ֑י וְחִטְּאוֹ֙
כ בַּיּ֣וֹם הַשְּׁבִיעִ֔י וְכִבֶּ֧ס בְּגָדָ֛יו וְרָחַ֥ץ בַּמַּ֖יִם וְטָהֵ֥ר בָּעָֽרֶב׃ וְאִ֤ישׁ
אֲשֶׁר־יִטְמָא֙ וְלֹ֣א יִתְחַטָּ֔א וְנִכְרְתָ֛ה הַנֶּ֥פֶשׁ הַהִ֖וא מִתּ֣וֹךְ הַקָּהָ֑ל
כִּי֩ אֶת־מִקְדַּ֨שׁ יְהוָ֜ה טִמֵּ֗א מֵ֥י נִדָּ֛ה לֹא־זֹרַ֥ק עָלָ֖יו טָמֵ֥א הֽוּא׃
כא וְהָיְתָ֥ה לָהֶ֖ם לְחֻקַּ֣ת עוֹלָ֑ם וּמַזֵּ֤ה מֵֽי־הַנִּדָּה֙ יְכַבֵּ֣ס בְּגָדָ֔יו וְהַנֹּגֵ֙עַ֙
כב בְּמֵ֣י הַנִּדָּ֔ה יִטְמָ֖א עַד־הָעָֽרֶב׃ וְכֹ֧ל אֲשֶׁר־יִגַּע־בּ֛וֹ הַטָּמֵ֖א יִטְמָ֑א
וְהַנֶּ֥פֶשׁ הַנֹּגַ֖עַת תִּטְמָ֥א עַד־הָעָֽרֶב׃

כ א וַיָּבֹ֣אוּ בְנֵֽי־יִ֠שְׂרָאֵל כָּל־הָ֨עֵדָ֜ה מִדְבַּר־צִן֙ בַּחֹ֣דֶשׁ הָֽרִאשׁ֔וֹן וַיֵּ֥שֶׁב
ב הָעָ֖ם בְּקָדֵ֑שׁ וַתָּ֤מָת שָׁם֙ מִרְיָ֔ם וַתִּקָּבֵ֖ר שָֽׁם׃ וְלֹא־הָ֥יָה מַ֖יִם
ג לָעֵדָ֑ה וַיִּקָּ֣הֲל֔וּ עַל־מֹשֶׁ֖ה וְעַֽל־אַהֲרֹֽן׃ וַיָּ֥רֶב הָעָ֖ם עִם־מֹשֶׁ֑ה
ד וַיֹּאמְר֣וּ לֵאמֹ֔ר וְל֥וּ גָוַ֛עְנוּ בִּגְוַ֥ע אַחֵ֖ינוּ לִפְנֵ֥י יְהוָֽה׃ וְלָמָ֤ה הֲבֵאתֶם֙
אֶת־קְהַ֣ל יְהוָ֔ה אֶל־הַמִּדְבָּ֖ר הַזֶּ֑ה לָמ֣וּת שָׁ֔ם אֲנַ֖חְנוּ וּבְעִירֵֽנוּ׃
ה וְלָמָ֤ה הֶעֱלִיתֻ֙נוּ֙ מִמִּצְרַ֔יִם לְהָבִ֣יא אֹתָ֔נוּ אֶל־הַמָּק֥וֹם הָרָ֖ע הַזֶּ֑ה
ו לֹ֣א ׀ מְק֣וֹם זֶ֗רַע וּתְאֵנָ֤ה וְגֶ֙פֶן֙ וְרִמּ֔וֹן וּמַ֥יִם אַ֖יִן לִשְׁתּֽוֹת׃ וַיָּבֹא֩
מֹשֶׁ֨ה וְאַהֲרֹ֜ן מִפְּנֵ֣י הַקָּהָ֗ל אֶל־פֶּ֙תַח֙ אֹ֣הֶל מוֹעֵ֔ד וַֽיִּפְּל֖וּ עַל־פְּנֵיהֶ֑ם
וַיֵּרָ֥א כְבוֹד־יְהוָ֖ה אֲלֵיהֶֽם׃

ז ח שלישי /שני/ וַיְדַבֵּ֥ר יְהוָ֖ה אֶל־מֹשֶׁ֥ה לֵּאמֹֽר׃ קַ֣ח אֶת־הַמַּטֶּ֗ה וְהַקְהֵ֤ל אֶת־
הָֽעֵדָה֙ אַתָּה֙ וְאַהֲרֹ֣ן אָחִ֔יךָ וְדִבַּרְתֶּ֧ם אֶל־הַסֶּ֛לַע לְעֵינֵיהֶ֖ם
וְנָתַ֣ן מֵימָ֑יו וְהוֹצֵאתָ֨ לָהֶ֥ם מַ֙יִם֙ מִן־הַסֶּ֔לַע וְהִשְׁקִיתָ֥ אֶת־הָעֵדָ֖ה
ט וְאֶת־בְּעִירָֽם׃ וַיִּקַּ֥ח מֹשֶׁ֛ה אֶת־הַמַּטֶּ֖ה מִלִּפְנֵ֣י יְהוָ֑ה כַּאֲשֶׁ֖ר
י צִוָּֽהוּ׃ וַיַּקְהִ֜לוּ מֹשֶׁ֧ה וְאַהֲרֹ֛ן אֶת־הַקָּהָ֖ל אֶל־פְּנֵ֣י הַסָּ֑לַע וַיֹּ֣אמֶר
לָהֶ֗ם שִׁמְעוּ־נָא֙ הַמֹּרִ֔ים הֲמִן־הַסֶּ֣לַע הַזֶּ֔ה נוֹצִ֥יא לָכֶ֖ם מָֽיִם׃

יא וַיָּ֨רֶם מֹשֶׁ֜ה אֶת־יָד֗וֹ וַיַּ֧ךְ אֶת־הַסֶּ֛לַע בְּמַטֵּ֖הוּ פַּעֲמָ֑יִם וַיֵּצְאוּ֙
יב מַ֣יִם רַבִּ֔ים וַתֵּ֥שְׁתְּ הָעֵדָ֖ה וּבְעִירָֽם׃ וַיֹּ֣אמֶר יְהוָה֮
אֶל־מֹשֶׁ֣ה וְאֶל־אַהֲרֹן֒ יַ֚עַן לֹא־הֶאֱמַנְתֶּ֣ם בִּ֔י לְהַ֨קְדִּישֵׁ֔נִי לְעֵינֵ֖י
בְּנֵ֣י יִשְׂרָאֵ֑ל לָכֵ֗ן לֹ֤א תָבִ֙יאוּ֙ אֶת־הַקָּהָ֣ל הַזֶּ֔ה אֶל־הָאָ֖רֶץ אֲשֶׁר־
יג נָתַ֥תִּי לָהֶֽם׃ הֵ֚מָּה מֵ֣י מְרִיבָ֔ה אֲשֶׁר־רָב֥וּ בְנֵֽי־יִשְׂרָאֵ֖ל אֶת־
יד יְהוָ֑ה וַיִּקָּדֵ֖שׁ בָּֽם׃ וַיִּשְׁלַ֨ח מֹשֶׁ֧ה מַלְאָכִ֛ים מִקָּדֵ֖שׁ יח רביעי
אֶל־מֶ֣לֶךְ אֱד֑וֹם כֹּ֤ה אָמַר֙ אָחִ֣יךָ יִשְׂרָאֵ֔ל אַתָּ֣ה יָדַ֔עְתָּ אֵ֥ת כָּל־
טו הַתְּלָאָ֖ה אֲשֶׁ֥ר מְצָאָֽתְנוּ׃ וַיֵּרְד֤וּ אֲבֹתֵ֙ינוּ֙ מִצְרַ֔יְמָה וַנֵּ֥שֶׁב בְּמִצְרַ֖יִם
טז יָמִ֣ים רַבִּ֑ים וַיָּרֵ֥עוּ לָ֛נוּ מִצְרַ֖יִם וְלַאֲבֹתֵֽינוּ׃ וַנִּצְעַ֤ק אֶל־יְהוָה֙
וַיִּשְׁמַ֣ע קֹלֵ֔נוּ וַיִּשְׁלַ֣ח מַלְאָ֔ךְ וַיֹּצִאֵ֖נוּ מִמִּצְרָ֑יִם וְהִנֵּה֙ אֲנַ֣חְנוּ בְקָדֵ֔שׁ
יז עִ֖יר קְצֵ֥ה גְבוּלֶֽךָ׃ נַעְבְּרָה־נָּ֣א בְאַרְצֶ֗ךָ לֹ֤א נַעֲבֹר֙ בְּשָׂדֶ֣ה וּבְכֶ֔רֶם
וְלֹ֥א נִשְׁתֶּ֖ה מֵ֣י בְאֵ֑ר דֶּ֧רֶךְ הַמֶּ֣לֶךְ נֵלֵ֗ךְ לֹ֤א נִטֶּה֙ יָמִ֣ין וּשְׂמֹ֔אול
יח עַ֥ד אֲשֶֽׁר־נַעֲבֹ֖ר גְּבֻלֶֽךָ׃ וַיֹּ֤אמֶר אֵלָיו֙ אֱד֔וֹם לֹ֥א תַעֲבֹ֖ר בִּ֑י פֶּן־
יט בַּחֶ֖רֶב אֵצֵ֥א לִקְרָאתֶֽךָ׃ וַיֹּאמְר֨וּ אֵלָ֥יו בְּנֵֽי־יִשְׂרָאֵל֮ בַּֽמְסִלָּ֣ה נַעֲלֶה֒
וְאִם־מֵימֶ֤יךָ נִשְׁתֶּה֙ אֲנִ֣י וּמִקְנַ֔י וְנָתַתִּ֖י מִכְרָ֑ם רַ֥ק אֵין־דָּבָ֖ר בְּרַגְלַ֥י
כ אֶעֱבֹֽרָה׃ וַיֹּ֖אמֶר לֹ֣א תַעֲבֹ֑ר וַיֵּצֵ֤א אֱדוֹם֙ לִקְרָאת֔וֹ בְּעַ֥ם כָּבֵ֖ד
כא וּבְיָ֥ד חֲזָקָֽה׃ וַיְמָאֵ֣ן ׀ אֱד֗וֹם נְתֹן֙ אֶת־יִשְׂרָאֵ֔ל עֲבֹ֖ר בִּגְבֻל֑וֹ וַיֵּ֥ט
יִשְׂרָאֵ֖ל מֵעָלָֽיו׃

כב כג וַיִּסְע֖וּ מִקָּדֵ֑שׁ וַיָּבֹ֧אוּ בְנֵֽי־יִשְׂרָאֵ֛ל כָּל־הָעֵדָ֖ה הֹ֥ר הָהָֽר׃ וַיֹּ֧אמֶר חמישי /שלישי/
יְהוָ֛ה אֶל־מֹשֶׁ֥ה וְאֶֽל־אַהֲרֹ֖ן בְּהֹ֣ר הָהָ֑ר עַל־גְּב֥וּל אֶֽרֶץ־אֱד֖וֹם
כד לֵאמֹֽר׃ יֵאָסֵ֤ף אַהֲרֹן֙ אֶל־עַמָּ֔יו כִּ֣י לֹ֤א יָבֹא֙ אֶל־הָאָ֔רֶץ אֲשֶׁ֥ר
נָתַ֖תִּי לִבְנֵ֣י יִשְׂרָאֵ֑ל עַ֛ל אֲשֶׁר־מְרִיתֶ֥ם אֶת־פִּ֖י לְמֵ֥י מְרִיבָֽה׃
כה כו קַ֚ח אֶת־אַהֲרֹ֔ן וְאֶת־אֶלְעָזָ֖ר בְּנ֑וֹ וְהַ֥עַל אֹתָ֖ם הֹ֥ר הָהָֽר׃ וְהַפְשֵׁ֤ט
אֶֽת־אַהֲרֹן֙ אֶת־בְּגָדָ֔יו וְהִלְבַּשְׁתָּ֖ם אֶת־אֶלְעָזָ֣ר בְּנ֑וֹ וְאַהֲרֹ֥ן יֵאָסֵ֖ף
כז וּמֵ֥ת שָֽׁם׃ וַיַּ֣עַשׂ מֹשֶׁ֔ה כַּאֲשֶׁ֖ר צִוָּ֣ה יְהוָ֑ה וַֽיַּעֲלוּ֙ אֶל־הֹ֣ר הָהָ֔ר
כח לְעֵינֵ֖י כָּל־הָעֵדָֽה׃ וַיַּפְשֵׁט֩ מֹשֶׁ֨ה אֶֽת־אַהֲרֹ֜ן אֶת־בְּגָדָ֗יו וַיַּלְבֵּ֤שׁ
אֹתָם֙ אֶת־אֶלְעָזָ֣ר בְּנ֔וֹ וַיָּ֥מָת אַהֲרֹ֛ן שָׁ֖ם בְּרֹ֣אשׁ הָהָ֑ר וַיֵּ֧רֶד מֹשֶׁ֛ה

כט וְאֶלְעָזָר מִן־הָהָר׃ וַיִּרְאוּ כָּל־הָעֵדָה כִּי גָוַע אַהֲרֹן וַיִּבְכּוּ אֶת־
כא א אַהֲרֹן שְׁלֹשִׁים יוֹם כֹּל בֵּית יִשְׂרָאֵל׃ וַיִּשְׁמַע
הַכְּנַעֲנִי מֶלֶךְ־עֲרָד יֹשֵׁב הַנֶּגֶב כִּי בָּא יִשְׂרָאֵל דֶּרֶךְ הָאֲתָרִים
ב וַיִּלָּחֶם בְּיִשְׂרָאֵל וַיִּשְׁבְּ ׀ מִמֶּנּוּ שֶׁבִי׃ וַיִּדַּר יִשְׂרָאֵל נֶדֶר לַיהֹוָה
וַיֹּאמַר אִם־נָתֹן תִּתֵּן אֶת־הָעָם הַזֶּה בְּיָדִי וְהַחֲרַמְתִּי אֶת־
ג עָרֵיהֶם׃ וַיִּשְׁמַע יְהוָה בְּקוֹל יִשְׂרָאֵל וַיִּתֵּן אֶת־הַכְּנַעֲנִי וַיַּחֲרֵם
אֶתְהֶם וְאֶת־עָרֵיהֶם וַיִּקְרָא שֵׁם־הַמָּקוֹם חָרְמָה׃
ד וַיִּסְעוּ מֵהֹר הָהָר דֶּרֶךְ יַם־סוּף לִסְבֹב אֶת־אֶרֶץ אֱדוֹם וַתִּקְצַר
ה נֶפֶשׁ־הָעָם בַּדָּרֶךְ׃ וַיְדַבֵּר הָעָם בֵּאלֹהִים וּבְמֹשֶׁה לָמָה הֶעֱלִיתֻנוּ
מִמִּצְרַיִם לָמוּת בַּמִּדְבָּר כִּי אֵין לֶחֶם וְאֵין מַיִם וְנַפְשֵׁנוּ קָצָה
ו בַּלֶּחֶם הַקְּלֹקֵל׃ וַיְשַׁלַּח יְהוָה בָּעָם אֵת הַנְּחָשִׁים הַשְּׂרָפִים
ז וַיְנַשְּׁכוּ אֶת־הָעָם וַיָּמָת עַם־רָב מִיִּשְׂרָאֵל׃ וַיָּבֹא הָעָם אֶל־
מֹשֶׁה וַיֹּאמְרוּ חָטָאנוּ כִּי־דִבַּרְנוּ בַיהוָה וָבָךְ הִתְפַּלֵּל אֶל־יְהוָה
ח וְיָסֵר מֵעָלֵינוּ אֶת־הַנָּחָשׁ וַיִּתְפַּלֵּל מֹשֶׁה בְּעַד הָעָם׃ וַיֹּאמֶר
יְהוָה אֶל־מֹשֶׁה עֲשֵׂה לְךָ שָׂרָף וְשִׂים אֹתוֹ עַל־נֵס וְהָיָה כָּל־
ט הַנָּשׁוּךְ וְרָאָה אֹתוֹ וָחָי׃ וַיַּעַשׂ מֹשֶׁה נְחַשׁ נְחֹשֶׁת וַיְשִׂמֵהוּ
עַל־הַנֵּס וְהָיָה אִם־נָשַׁךְ הַנָּחָשׁ אֶת־אִישׁ וְהִבִּיט אֶל־נְחַשׁ
י יא הַנְּחֹשֶׁת וָחָי׃ וַיִּסְעוּ בְּנֵי יִשְׂרָאֵל וַיַּחֲנוּ בְּאֹבֹת׃ וַיִּסְעוּ מֵאֹבֹת ששי
וַיַּחֲנוּ בְּעִיֵּי הָעֲבָרִים בַּמִּדְבָּר אֲשֶׁר עַל־פְּנֵי מוֹאָב מִמִּזְרַח
יב יג הַשָּׁמֶשׁ׃ מִשָּׁם נָסָעוּ וַיַּחֲנוּ בְּנַחַל זָרֶד׃ מִשָּׁם נָסָעוּ וַיַּחֲנוּ מֵעֵבֶר
אַרְנוֹן אֲשֶׁר בַּמִּדְבָּר הַיֹּצֵא מִגְּבֻל הָאֱמֹרִי כִּי אַרְנוֹן גְּבוּל מוֹאָב
יד בֵּין מוֹאָב וּבֵין הָאֱמֹרִי׃ עַל־כֵּן יֵאָמַר בְּסֵפֶר מִלְחֲמֹת יְהוָה
טו אֶת־וָהֵב בְּסוּפָה וְאֶת־הַנְּחָלִים אַרְנוֹן׃ וְאֶשֶׁד הַנְּחָלִים אֲשֶׁר
טז נָטָה לְשֶׁבֶת עָר וְנִשְׁעַן לִגְבוּל מוֹאָב׃ וּמִשָּׁם בְּאֵרָה הִוא
הַבְּאֵר אֲשֶׁר אָמַר יְהוָה לְמֹשֶׁה אֱסֹף אֶת־הָעָם וְאֶתְּנָה לָהֶם
יז מָיִם׃ אָז יָשִׁיר יִשְׂרָאֵל אֶת־הַשִּׁירָה הַזֹּאת עֲלִי
יח בְאֵר עֱנוּ־לָהּ׃ בְּאֵר חֲפָרוּהָ שָׂרִים כָּרוּהָ נְדִיבֵי הָעָם בִּמְחֹקֵק

יט בְּמִשְׁעֲנֹתָם וּמִמִּדְבָּר מַתָּנָה: וּמִמַּתָּנָה נַחֲלִיאֵל וּמִנַּחֲלִיאֵל
כ בָּמוֹת: וּמִבָּמוֹת הַגַּיְא אֲשֶׁר בִּשְׂדֵה מוֹאָב רֹאשׁ הַפִּסְגָּה וְנִשְׁקָפָה
עַל־פְּנֵי הַיְשִׁימֹן:
כא וַיִּשְׁלַח יִשְׂרָאֵל מַלְאָכִים אֶל־סִיחֹן מֶלֶךְ־הָאֱמֹרִי לֵאמֹר: שביעי /רביעי/
כב אֶעְבְּרָה בְאַרְצֶךָ לֹא נִטֶּה בְּשָׂדֶה וּבְכֶרֶם לֹא נִשְׁתֶּה מֵי בְאֵר
כג בְּדֶרֶךְ הַמֶּלֶךְ נֵלֵךְ עַד אֲשֶׁר־נַעֲבֹר גְּבֻלֶךָ: וְלֹא־נָתַן סִיחֹן אֶת־
יִשְׂרָאֵל עֲבֹר בִּגְבֻלוֹ וַיֶּאֱסֹף סִיחֹן אֶת־כָּל־עַמּוֹ וַיֵּצֵא לִקְרַאת
כד יִשְׂרָאֵל הַמִּדְבָּרָה וַיָּבֹא יָהְצָה וַיִּלָּחֶם בְּיִשְׂרָאֵל: וַיַּכֵּהוּ יִשְׂרָאֵל
לְפִי־חָרֶב וַיִּירַשׁ אֶת־אַרְצוֹ מֵאַרְנֹן עַד־יַבֹּק עַד־בְּנֵי עַמּוֹן כִּי
כה עַז גְּבוּל בְּנֵי עַמּוֹן: וַיִּקַּח יִשְׂרָאֵל אֵת כָּל־הֶעָרִים הָאֵלֶּה וַיֵּשֶׁב
כו יִשְׂרָאֵל בְּכָל־עָרֵי הָאֱמֹרִי בְּחֶשְׁבּוֹן וּבְכָל־בְּנֹתֶיהָ: כִּי חֶשְׁבּוֹן
עִיר סִיחֹן מֶלֶךְ הָאֱמֹרִי הִוא וְהוּא נִלְחַם בְּמֶלֶךְ מוֹאָב הָרִאשׁוֹן
כז וַיִּקַּח אֶת־כָּל־אַרְצוֹ מִיָּדוֹ עַד־אַרְנֹן: עַל־כֵּן יֹאמְרוּ הַמֹּשְׁלִים
כח בֹּאוּ חֶשְׁבּוֹן תִּבָּנֶה וְתִכּוֹנֵן עִיר סִיחוֹן: כִּי־אֵשׁ יָצְאָה מֵחֶשְׁבּוֹן
כט לֶהָבָה מִקִּרְיַת סִיחֹן אָכְלָה עָר מוֹאָב בַּעֲלֵי בָּמוֹת אַרְנֹן: אוֹי־
לְךָ מוֹאָב אָבַדְתָּ עַם־כְּמוֹשׁ נָתַן בָּנָיו פְּלֵיטִם וּבְנֹתָיו בַּשְּׁבִית
ל לְמֶלֶךְ אֱמֹרִי סִיחוֹן: וַנִּירָם אָבַד חֶשְׁבּוֹן עַד־דִּיבֹן וַנַּשִּׁים עַד־
לא לב נֹפַח אֲשֶׁר עַד־מֵידְבָא: וַיֵּשֶׁב יִשְׂרָאֵל בְּאֶרֶץ הָאֱמֹרִי: וַיִּשְׁלַח
מֹשֶׁה לְרַגֵּל אֶת־יַעְזֵר וַיִּלְכְּדוּ בְּנֹתֶיהָ ויירש אֶת־הָאֱמֹרִי אֲשֶׁר־ וַיּוֹרֶשׁ
לג שָׁם: וַיִּפְנוּ וַיַּעֲלוּ דֶּרֶךְ הַבָּשָׁן וַיֵּצֵא עוֹג מֶלֶךְ־הַבָּשָׁן לִקְרָאתָם
לד הוּא וְכָל־עַמּוֹ לַמִּלְחָמָה אֶדְרֶעִי: וַיֹּאמֶר יהוה אֶל־מֹשֶׁה אַל־ מפטיר
תִּירָא אֹתוֹ כִּי בְיָדְךָ נָתַתִּי אֹתוֹ וְאֶת־כָּל־עַמּוֹ וְאֶת־אַרְצוֹ וְעָשִׂיתָ
לּוֹ כַּאֲשֶׁר עָשִׂיתָ לְסִיחֹן מֶלֶךְ הָאֱמֹרִי אֲשֶׁר יוֹשֵׁב בְּחֶשְׁבּוֹן:
לה וַיַּכּוּ אֹתוֹ וְאֶת־בָּנָיו וְאֶת־כָּל־עַמּוֹ עַד־בִּלְתִּי הִשְׁאִיר־לוֹ שָׂרִיד
כב א וַיִּירְשׁוּ אֶת־אַרְצוֹ: וַיִּסְעוּ בְּנֵי יִשְׂרָאֵל וַיַּחֲנוּ בְּעַרְבוֹת מוֹאָב
ב מֵעֵבֶר לְיַרְדֵּן יְרֵחוֹ: וַיַּרְא בָּלָק בֶּן־צִפּוֹר אֵת יט בלק
ג כָּל־אֲשֶׁר־עָשָׂה יִשְׂרָאֵל לָאֱמֹרִי: וַיָּגָר מוֹאָב מִפְּנֵי הָעָם מְאֹד

כִּי רַב־הוּא וַיָּקָץ מוֹאָב מִפְּנֵי בְּנֵי יִשְׂרָאֵל׃ וַיֹּאמֶר מוֹאָב אֶל־ ד
זִקְנֵי מִדְיָן עַתָּה יְלַחֲכוּ הַקָּהָל אֶת־כָּל־סְבִיבֹתֵינוּ כִּלְחֹךְ הַשּׁוֹר
אֵת יֶרֶק הַשָּׂדֶה וּבָלָק בֶּן־צִפּוֹר מֶלֶךְ לְמוֹאָב בָּעֵת הַהִוא׃
ה וַיִּשְׁלַח מַלְאָכִים אֶל־בִּלְעָם בֶּן־בְּעֹר פְּתוֹרָה אֲשֶׁר עַל־הַנָּהָר
אֶרֶץ בְּנֵי־עַמּוֹ לִקְרֹא־לוֹ לֵאמֹר הִנֵּה עַם יָצָא מִמִּצְרַיִם הִנֵּה
ו כִסָּה אֶת־עֵין הָאָרֶץ וְהוּא יֹשֵׁב מִמֻּלִי׃ וְעַתָּה לְכָה־נָּא אָרָה־
לִּי אֶת־הָעָם הַזֶּה כִּי־עָצוּם הוּא מִמֶּנִּי אוּלַי אוּכַל נַכֶּה־בּוֹ
וַאֲגָרְשֶׁנּוּ מִן־הָאָרֶץ כִּי יָדַעְתִּי אֵת אֲשֶׁר־תְּבָרֵךְ מְבֹרָךְ וַאֲשֶׁר
ז תָּאֹר יוּאָר׃ וַיֵּלְכוּ זִקְנֵי מוֹאָב וְזִקְנֵי מִדְיָן וּקְסָמִים בְּיָדָם וַיָּבֹאוּ
ח אֶל־בִּלְעָם וַיְדַבְּרוּ אֵלָיו דִּבְרֵי בָלָק׃ וַיֹּאמֶר אֲלֵיהֶם לִינוּ פֹה
הַלַּיְלָה וַהֲשִׁבֹתִי אֶתְכֶם דָּבָר כַּאֲשֶׁר יְדַבֵּר יהוה אֵלָי וַיֵּשְׁבוּ
ט שָׂרֵי־מוֹאָב עִם־בִּלְעָם׃ וַיָּבֹא אֱלֹהִים אֶל־בִּלְעָם וַיֹּאמֶר מִי
י הָאֲנָשִׁים הָאֵלֶּה עִמָּךְ׃ וַיֹּאמֶר בִּלְעָם אֶל־הָאֱלֹהִים בָּלָק בֶּן־
יא צִפֹּר מֶלֶךְ מוֹאָב שָׁלַח אֵלָי׃ הִנֵּה הָעָם הַיֹּצֵא מִמִּצְרַיִם וַיְכַס
אֶת־עֵין הָאָרֶץ עַתָּה לְכָה קָבָה־לִּי אֹתוֹ אוּלַי אוּכַל לְהִלָּחֶם
יב בּוֹ וְגֵרַשְׁתִּיו׃ וַיֹּאמֶר אֱלֹהִים אֶל־בִּלְעָם לֹא תֵלֵךְ עִמָּהֶם לֹא
יג תָאֹר אֶת־הָעָם כִּי בָרוּךְ הוּא׃ וַיָּקָם בִּלְעָם בַּבֹּקֶר וַיֹּאמֶר שני /חמישי/
אֶל־שָׂרֵי בָלָק לְכוּ אֶל־אַרְצְכֶם כִּי מֵאֵן יהוה לְתִתִּי לַהֲלֹךְ
יד עִמָּכֶם׃ וַיָּקוּמוּ שָׂרֵי מוֹאָב וַיָּבֹאוּ אֶל־בָּלָק וַיֹּאמְרוּ מֵאֵן בִּלְעָם
טו הֲלֹךְ עִמָּנוּ׃ וַיֹּסֶף עוֹד בָּלָק שְׁלֹחַ שָׂרִים רַבִּים וְנִכְבָּדִים מֵאֵלֶּה׃
טז וַיָּבֹאוּ אֶל־בִּלְעָם וַיֹּאמְרוּ לוֹ כֹּה אָמַר בָּלָק בֶּן־צִפּוֹר אַל־
יז נָא תִמָּנַע מֵהֲלֹךְ אֵלָי׃ כִּי־כַבֵּד אֲכַבֶּדְךָ מְאֹד וְכֹל אֲשֶׁר־
יח תֹּאמַר אֵלַי אֶעֱשֶׂה וּלְכָה־נָּא קָבָה לִּי אֵת הָעָם הַזֶּה׃ וַיַּעַן
בִּלְעָם וַיֹּאמֶר אֶל־עַבְדֵי בָלָק אִם־יִתֶּן־לִי בָלָק מְלֹא בֵיתוֹ
כֶּסֶף וְזָהָב לֹא אוּכַל לַעֲבֹר אֶת־פִּי יהוה אֱלֹהָי לַעֲשׂוֹת קְטַנָּה
יט אוֹ גְדוֹלָה׃ וְעַתָּה שְׁבוּ נָא בָזֶה גַּם־אַתֶּם הַלָּיְלָה וְאֵדְעָה מַה־
כ יֹּסֵף יהוה דַּבֵּר עִמִּי׃ וַיָּבֹא אֱלֹהִים ׀ אֶל־בִּלְעָם לַיְלָה וַיֹּאמֶר

לוֹ אִם־לִקְרֹא לְךָ֗ בָּ֤אוּ הָֽאֲנָשִׁים֙ ק֣וּם לֵ֣ךְ אִתָּ֔ם וְאַ֗ךְ אֶת־הַדָּבָ֛ר

כא   שלישי   אֲשֶׁר־אֲדַבֵּ֥ר אֵלֶ֖יךָ אֹת֥וֹ תַעֲשֶֽׂה׃ וַיָּ֤קׇם בִּלְעָם֙ בַּבֹּ֔קֶר וַֽיַּחֲבֹ֖שׁ

כב   אֶת־אֲתֹנ֑וֹ וַיֵּ֖לֶךְ עִם־שָׂרֵ֥י מוֹאָֽב׃ וַיִּֽחַר־אַ֣ף אֱלֹהִים֮ כִּֽי־הוֹלֵ֣ךְ

ה֒וּא וַיִּתְיַצֵּ֞ב מַלְאַ֧ךְ יְהֹוָ֛ה בַּדֶּ֖רֶךְ לְשָׂטָ֣ן ל֑וֹ וְהוּא֙ רֹכֵ֣ב עַל־אֲתֹנ֔וֹ

כג   וּשְׁנֵ֥י נְעָרָ֖יו עִמּֽוֹ׃ וַתֵּ֣רֶא הָאָתוֹן֩ אֶת־מַלְאַ֨ךְ יְהֹוָ֜ה נִצָּ֣ב בַּדֶּ֗רֶךְ

וְחַרְבּ֤וֹ שְׁלוּפָה֙ בְּיָד֔וֹ וַתֵּ֤ט הָֽאָתוֹן֙ מִן־הַדֶּ֔רֶךְ וַתֵּ֖לֶךְ בַּשָּׂדֶ֑ה וַיַּ֤ךְ

כד   בִּלְעָם֙ אֶת־הָ֣אָת֔וֹן לְהַטֹּתָ֖הּ הַדָּֽרֶךְ׃ וַֽיַּעֲמֹד֙ מַלְאַ֣ךְ יְהֹוָ֔ה בְּמִשְׁע֖וֹל

הַכְּרָמִ֑ים גָּדֵ֥ר מִזֶּ֖ה וְגָדֵ֥ר מִזֶּֽה׃ וַתֵּ֨רֶא הָֽאָת֜וֹן אֶת־מַלְאַ֣ךְ יְהֹוָ֗ה

כה   וַתִּלָּחֵץ֙ אֶל־הַקִּ֔יר וַתִּלְחַ֛ץ אֶת־רֶ֥גֶל בִּלְעָ֖ם אֶל־הַקִּ֑יר וַיֹּ֖סֶף

לְהַכֹּתָֽהּ׃ וַיּ֥וֹסֶף מַלְאַךְ־יְהֹוָ֖ה עֲב֑וֹר וַֽיַּעֲמֹד֙ בְּמָק֣וֹם צָ֔ר אֲשֶׁ֛ר

כו   אֵֽין־דֶּ֥רֶךְ לִנְט֖וֹת יָמִ֥ין וּשְׂמֹֽאול׃ וַתֵּ֤רֶא הָֽאָתוֹן֙ אֶת־מַלְאַ֣ךְ יְהֹוָ֔ה

וַתִּרְבַּ֖ץ תַּ֣חַת בִּלְעָ֑ם וַיִּֽחַר־אַ֣ף בִּלְעָ֔ם וַיַּ֥ךְ אֶת־הָאָת֖וֹן בַּמַּקֵּֽל׃

כז   וַיִּפְתַּ֥ח יְהֹוָ֖ה אֶת־פִּ֣י הָאָת֑וֹן וַתֹּ֤אמֶר לְבִלְעָם֙ מֶה־עָשִׂ֣יתִי לְךָ֔

כח   כִּ֣י הִכִּיתַ֔נִי זֶ֖ה שָׁלֹ֥שׁ רְגָלִֽים׃ וַיֹּ֤אמֶר בִּלְעָם֙ לָֽאָת֔וֹן כִּ֥י הִתְעַלַּ֖לְתְּ

כט   בִּ֑י ל֤וּ יֶשׁ־חֶ֙רֶב֙ בְּיָדִ֔י כִּ֥י עַתָּ֖ה הֲרַגְתִּֽיךְ׃ וַתֹּ֨אמֶר הָאָת֜וֹן אֶל־

ל   בִּלְעָ֗ם הֲלוֹא֩ אָנֹכִ֨י אֲתֹֽנְךָ֜ אֲשֶׁר־רָכַ֣בְתָּ עָלַ֗י מֵעֽוֹדְךָ֙ עַד־הַיּ֣וֹם

הַזֶּ֔ה הַֽהַסְכֵּ֣ן הִסְכַּ֔נְתִּי לַעֲשׂ֥וֹת לְךָ֖ כֹּ֑ה וַיֹּ֖אמֶר לֹֽא׃ וַיְגַ֣ל יְהֹוָה֮

לא   אֶת־עֵינֵ֣י בִלְעָם֒ וַיַּ֞רְא אֶת־מַלְאַ֤ךְ יְהֹוָה֙ נִצָּ֣ב בַּדֶּ֔רֶךְ וְחַרְבּ֥וֹ

שְׁלֻפָ֖ה בְּיָד֑וֹ וַיִּקֹּ֥ד וַיִּשְׁתַּ֖חוּ לְאַפָּֽיו׃ וַיֹּ֤אמֶר אֵלָיו֙ מַלְאַ֣ךְ יְהֹוָ֔ה

לב   עַל־מָ֗ה הִכִּ֙יתָ֙ אֶת־אֲתֹ֣נְךָ֔ זֶ֖ה שָׁל֣וֹשׁ רְגָלִ֑ים הִנֵּ֤ה אָנֹכִי֙ יָצָ֣אתִי

לְשָׂטָ֔ן כִּֽי־יָרַ֥ט הַדֶּ֖רֶךְ לְנֶגְדִּֽי׃ וַתִּרְאַ֙נִי֙ הָֽאָת֔וֹן וַתֵּ֣ט לְפָנַ֔י זֶ֖ה שָׁלֹ֣שׁ

לג   רְגָלִ֑ים אוּלַי֙ נָטְתָ֣ה מִפָּנַ֔י כִּ֥י עַתָּ֛ה גַּם־אֹתְכָ֥ה הָרַ֖גְתִּי וְאוֹתָ֥הּ

לד   הֶחֱיֵֽיתִי׃ וַיֹּ֨אמֶר בִּלְעָ֜ם אֶל־מַלְאַ֤ךְ יְהֹוָה֙ חָטָ֔אתִי כִּ֚י לֹ֣א יָדַ֔עְתִּי

כִּ֥י אַתָּ֛ה נִצָּ֥ב לִקְרָאתִ֖י בַּדָּ֑רֶךְ וְעַתָּ֛ה אִם־רַ֥ע בְּעֵינֶ֖יךָ אָשׁ֥וּבָה

לה   לִּֽי׃ וַיֹּ֩אמֶר֩ מַלְאַ֨ךְ יְהֹוָ֜ה אֶל־בִּלְעָ֗ם לֵ֚ךְ עִם־הָ֣אֲנָשִׁ֔ים וְאֶ֗פֶס

אֶת־הַדָּבָ֛ר אֲשֶׁר־אֲדַבֵּ֥ר אֵלֶ֖יךָ אֹת֣וֹ תְדַבֵּ֑ר וַיֵּ֥לֶךְ בִּלְעָ֖ם עִם־

לו   שָׂרֵ֥י בָלָֽק׃ וַיִּשְׁמַ֥ע בָּלָ֖ק כִּ֣י בָ֣א בִלְעָ֑ם וַיֵּצֵ֨א לִקְרָאת֜וֹ אֶל־

לז עִיר מוֹאָב אֲשֶׁר עַל־גְּבוּל אַרְנֹן אֲשֶׁר בִּקְצֵה הַגְּבוּל: וַיֹּאמֶר
בָּלָק אֶל־בִּלְעָם הֲלֹא שָׁלֹחַ שָׁלַחְתִּי אֵלֶיךָ לִקְרֹא־לָךְ לָמָּה
לח לֹא־הָלַכְתָּ אֵלָי הַאֻמְנָם לֹא אוּכַל כַּבְּדֶךָ: וַיֹּאמֶר בִּלְעָם אֶל־
בָּלָק הִנֵּה־בָאתִי אֵלֶיךָ עַתָּה הֲיָכֹל אוּכַל דַּבֵּר מְאוּמָה הַדָּבָר
רביעי /ששי/ לט אֲשֶׁר יָשִׂים אֱלֹהִים בְּפִי אֹתוֹ אֲדַבֵּר: וַיֵּלֶךְ בִּלְעָם עִם־בָּלָק
מ וַיָּבֹאוּ קִרְיַת חֻצוֹת: וַיִּזְבַּח בָּלָק בָּקָר וָצֹאן וַיְשַׁלַּח לְבִלְעָם
מא וְלַשָּׂרִים אֲשֶׁר אִתּוֹ: וַיְהִי בַבֹּקֶר וַיִּקַּח בָּלָק אֶת־בִּלְעָם וַיַּעֲלֵהוּ
כג א בָּמוֹת בָּעַל וַיַּרְא מִשָּׁם קְצֵה הָעָם: וַיֹּאמֶר בִּלְעָם אֶל־בָּלָק
בְּנֵה־לִי בָזֶה שִׁבְעָה מִזְבְּחֹת וְהָכֵן לִי בָּזֶה שִׁבְעָה פָרִים וְשִׁבְעָה
ב אֵילִים: וַיַּעַשׂ בָּלָק כַּאֲשֶׁר דִּבֶּר בִּלְעָם וַיַּעַל בָּלָק וּבִלְעָם פַּר
ג וָאַיִל בַּמִּזְבֵּחַ: וַיֹּאמֶר בִּלְעָם לְבָלָק הִתְיַצֵּב עַל־עֹלָתֶךָ וְאֵלְכָה
אוּלַי יִקָּרֵה יהוה לִקְרָאתִי וּדְבַר מַה־יַּרְאֵנִי וְהִגַּדְתִּי לָךְ וַיֵּלֶךְ
ד שֶׁפִי: וַיִּקָּר אֱלֹהִים אֶל־בִּלְעָם וַיֹּאמֶר אֵלָיו אֶת־שִׁבְעַת הַמִּזְבְּחֹת
ה עָרַכְתִּי וָאַעַל פָּר וָאַיִל בַּמִּזְבֵּחַ: וַיָּשֶׂם יהוה דָּבָר בְּפִי בִלְעָם
ו וַיֹּאמֶר שׁוּב אֶל־בָּלָק וְכֹה תְדַבֵּר: וַיָּשָׁב אֵלָיו וְהִנֵּה נִצָּב עַל־
ז עֹלָתוֹ הוּא וְכָל־שָׂרֵי מוֹאָב: וַיִּשָּׂא מְשָׁלוֹ וַיֹּאמַר מִן־אֲרָם
יַנְחֵנִי בָלָק מֶלֶךְ־מוֹאָב מֵהַרְרֵי־קֶדֶם לְכָה אָרָה־לִּי יַעֲקֹב וּלְכָה
ח זֹעֲמָה יִשְׂרָאֵל: מָה אֶקֹּב לֹא קַבֹּה אֵל וּמָה אֶזְעֹם לֹא זָעַם
ט יהוה: כִּי־מֵרֹאשׁ צֻרִים אֶרְאֶנּוּ וּמִגְּבָעוֹת אֲשׁוּרֶנּוּ הֶן־עָם
כ י לְבָדָד יִשְׁכֹּן וּבַגּוֹיִם לֹא יִתְחַשָּׁב: מִי מָנָה עֲפַר יַעֲקֹב וּמִסְפָּר
אֶת־רֹבַע יִשְׂרָאֵל תָּמֹת נַפְשִׁי מוֹת יְשָׁרִים וּתְהִי אַחֲרִיתִי
יא כָּמֹהוּ: וַיֹּאמֶר בָּלָק אֶל־בִּלְעָם מֶה עָשִׂיתָ לִי לָקֹב אֹיְבַי
יב לְקַחְתִּיךָ וְהִנֵּה בֵּרַכְתָּ בָרֵךְ: וַיַּעַן וַיֹּאמַר הֲלֹא אֵת אֲשֶׁר יָשִׂים
חמישי יג יהוה בְּפִי אֹתוֹ אֶשְׁמֹר לְדַבֵּר: וַיֹּאמֶר אֵלָיו בָּלָק לְךָ־נָּא אִתִּי
אֶל־מָקוֹם אַחֵר אֲשֶׁר תִּרְאֶנּוּ מִשָּׁם אֶפֶס קָצֵהוּ תִרְאֶה וְכֻלּוֹ
יד לֹא תִרְאֶה וְקָבְנוֹ־לִי מִשָּׁם: וַיִּקָּחֵהוּ שְׂדֵה צֹפִים אֶל־רֹאשׁ
טו הַפִּסְגָּה וַיִּבֶן שִׁבְעָה מִזְבְּחֹת וַיַּעַל פָּר וָאַיִל בַּמִּזְבֵּחַ: וַיֹּאמֶר

טז אֶל־בָּלָק הִתְיַצֵּב כֹּה עַל־עֹלָתֶךָ וְאָנֹכִי אִקָּרֶה כֹּה׃ וַיִּקָּר יְהוָה
אֶל־בִּלְעָם וַיָּשֶׂם דָּבָר בְּפִיו וַיֹּאמֶר שׁוּב אֶל־בָּלָק וְכֹה תְדַבֵּר׃
יז וַיָּבֹא אֵלָיו וְהִנּוֹ נִצָּב עַל־עֹלָתוֹ וְשָׂרֵי מוֹאָב אִתּוֹ וַיֹּאמֶר לוֹ
יח בָּלָק מַה־דִּבֶּר יְהוָה׃ וַיִּשָּׂא מְשָׁלוֹ וַיֹּאמַר קוּם בָּלָק וּשְׁמָע
יט הַאֲזִינָה עָדַי בְּנוֹ צִפֹּר׃ לֹא אִישׁ אֵל וִיכַזֵּב וּבֶן־אָדָם וְיִתְנֶחָם
כ הַהוּא אָמַר וְלֹא יַעֲשֶׂה וְדִבֶּר וְלֹא יְקִימֶנָּה׃ הִנֵּה בָרֵךְ לָקָחְתִּי
כא וּבֵרֵךְ וְלֹא אֲשִׁיבֶנָּה׃ לֹא־הִבִּיט אָוֶן בְּיַעֲקֹב וְלֹא־רָאָה עָמָל
כב בְּיִשְׂרָאֵל יְהוָה אֱלֹהָיו עִמּוֹ וּתְרוּעַת מֶלֶךְ בּוֹ׃ אֵל מוֹצִיאָם
כג מִמִּצְרָיִם כְּתוֹעֲפֹת רְאֵם לוֹ׃ כִּי לֹא־נַחַשׁ בְּיַעֲקֹב וְלֹא־קֶסֶם
כד בְּיִשְׂרָאֵל כָּעֵת יֵאָמֵר לְיַעֲקֹב וּלְיִשְׂרָאֵל מַה־פָּעַל אֵל׃ הֶן־עָם
כְּלָבִיא יָקוּם וְכַאֲרִי יִתְנַשָּׂא לֹא יִשְׁכַּב עַד־יֹאכַל טֶרֶף וְדַם־
כה חֲלָלִים יִשְׁתֶּה׃ וַיֹּאמֶר בָּלָק אֶל־בִּלְעָם גַּם־קֹב לֹא תִקֳּבֶנּוּ
כו גַּם־בָּרֵךְ לֹא תְבָרְכֶנּוּ׃ וַיַּעַן בִּלְעָם וַיֹּאמֶר אֶל־בָּלָק הֲלֹא
כז דִּבַּרְתִּי אֵלֶיךָ לֵאמֹר כֹּל אֲשֶׁר־יְדַבֵּר יְהוָה אֹתוֹ אֶעֱשֶׂה׃ וַיֹּאמֶר ששי /שביעי/
בָּלָק אֶל־בִּלְעָם לְכָה־נָּא אֶקָּחֲךָ אֶל־מָקוֹם אַחֵר אוּלַי יִישַׁר בְּעֵינֵי
כח הָאֱלֹהִים וְקַבֹּתוֹ לִי מִשָּׁם׃ וַיִּקַּח בָּלָק אֶת־בִּלְעָם רֹאשׁ הַפְּעוֹר
כט הַנִּשְׁקָף עַל־פְּנֵי הַיְשִׁימֹן׃ וַיֹּאמֶר בִּלְעָם אֶל־בָּלָק בְּנֵה־לִי בָזֶה
ל שִׁבְעָה מִזְבְּחֹת וְהָכֵן לִי בָּזֶה שִׁבְעָה פָרִים וְשִׁבְעָה אֵילִם׃ וַיַּעַשׂ
כד א בָּלָק כַּאֲשֶׁר אָמַר בִּלְעָם וַיַּעַל פַּר וָאַיִל בַּמִּזְבֵּחַ׃ וַיַּרְא בִּלְעָם כִּי
טוֹב בְּעֵינֵי יְהוָה לְבָרֵךְ אֶת־יִשְׂרָאֵל וְלֹא־הָלַךְ כְּפַעַם־בְּפַעַם
ב לִקְרַאת נְחָשִׁים וַיָּשֶׁת אֶל־הַמִּדְבָּר פָּנָיו׃ וַיִּשָּׂא בִלְעָם אֶת־עֵינָיו
ג וַיַּרְא אֶת־יִשְׂרָאֵל שֹׁכֵן לִשְׁבָטָיו וַתְּהִי עָלָיו רוּחַ אֱלֹהִים׃ וַיִּשָּׂא
מְשָׁלוֹ וַיֹּאמַר נְאֻם בִּלְעָם בְּנוֹ בְעֹר וּנְאֻם הַגֶּבֶר שְׁתֻם הָעָיִן׃
ד נְאֻם שֹׁמֵעַ אִמְרֵי־אֵל אֲשֶׁר מַחֲזֵה שַׁדַּי יֶחֱזֶה נֹפֵל וּגְלוּי עֵינָיִם׃
ה ו מַה־טֹּבוּ אֹהָלֶיךָ יַעֲקֹב מִשְׁכְּנֹתֶיךָ יִשְׂרָאֵל׃ כִּנְחָלִים נִטָּיוּ כְּגַנֹּת
ז עֲלֵי נָהָר כַּאֲהָלִים נָטַע יְהוָה כַּאֲרָזִים עֲלֵי־מָיִם׃ יִזַּל־מַיִם
מִדָּלְיָו וְזַרְעוֹ בְּמַיִם רַבִּים וְיָרֹם מֵאֲגַג מַלְכּוֹ וְתִנַּשֵּׂא מַלְכֻתוֹ׃

אֵל מוֹצִיאוֹ מִמִּצְרַיִם כְּתוֹעֲפֹת רְאֵם לוֹ יֹאכַל גּוֹיִם צָרָיו ח
וְעַצְמֹתֵיהֶם יְגָרֵם וְחִצָּיו יִמְחָץ׃ כָּרַע שָׁכַב כַּאֲרִי וּכְלָבִיא מִי ט
יְקִימֶנּוּ מְבָרְכֶיךָ בָרוּךְ וְאֹרְרֶיךָ אָרוּר׃ וַיִּחַר־אַף בָּלָק אֶל־ י
בִּלְעָם וַיִּסְפֹּק אֶת־כַּפָּיו וַיֹּאמֶר בָּלָק אֶל־בִּלְעָם לָקֹב אֹיְבַי
קְרָאתִיךָ וְהִנֵּה בֵּרַכְתָּ בָרֵךְ זֶה שָׁלֹשׁ פְּעָמִים׃ וְעַתָּה בְּרַח־לְךָ יא
אֶל־מְקוֹמֶךָ אָמַרְתִּי כַּבֵּד אֲכַבֶּדְךָ וְהִנֵּה מְנָעֲךָ יהוה מִכָּבוֹד׃
וַיֹּאמֶר בִּלְעָם אֶל־בָּלָק הֲלֹא גַּם אֶל־מַלְאָכֶיךָ אֲשֶׁר־שָׁלַחְתָּ יב
אֵלַי דִּבַּרְתִּי לֵאמֹר׃ אִם־יִתֶּן־לִי בָלָק מְלֹא בֵיתוֹ כֶּסֶף וְזָהָב יג
לֹא אוּכַל לַעֲבֹר אֶת־פִּי יהוה לַעֲשׂוֹת טוֹבָה אוֹ רָעָה מִלִּבִּי
שביעי אֲשֶׁר־יְדַבֵּר יהוה אֹתוֹ אֲדַבֵּר׃ וְעַתָּה הִנְנִי הוֹלֵךְ לְעַמִּי לְכָה יד
אִיעָצְךָ אֲשֶׁר יַעֲשֶׂה הָעָם הַזֶּה לְעַמְּךָ בְּאַחֲרִית הַיָּמִים׃ וַיִּשָּׂא טו
מְשָׁלוֹ וַיֹּאמַר נְאֻם בִּלְעָם בְּנוֹ בְעֹר וּנְאֻם הַגֶּבֶר שְׁתֻם הָעָיִן׃
נְאֻם שֹׁמֵעַ אִמְרֵי־אֵל וְיֹדֵעַ דַּעַת עֶלְיוֹן מַחֲזֵה שַׁדַּי יֶחֱזֶה נֹפֵל טז
וּגְלוּי עֵינָיִם׃ אֶרְאֶנּוּ וְלֹא עַתָּה אֲשׁוּרֶנּוּ וְלֹא קָרוֹב דָּרַךְ כּוֹכָב יז
מִיַּעֲקֹב וְקָם שֵׁבֶט מִיִּשְׂרָאֵל וּמָחַץ פַּאֲתֵי מוֹאָב וְקַרְקַר כָּל־
בְּנֵי־שֵׁת׃ וְהָיָה אֱדוֹם יְרֵשָׁה וְהָיָה יְרֵשָׁה שֵׂעִיר אֹיְבָיו וְיִשְׂרָאֵל יח
עֹשֶׂה חָיִל׃ וְיֵרְדְּ מִיַּעֲקֹב וְהֶאֱבִיד שָׂרִיד מֵעִיר׃ וַיַּרְא אֶת־ יט כ
עֲמָלֵק וַיִּשָּׂא מְשָׁלוֹ וַיֹּאמַר רֵאשִׁית גּוֹיִם עֲמָלֵק וְאַחֲרִיתוֹ עֲדֵי
אֹבֵד׃ וַיַּרְא אֶת־הַקֵּינִי וַיִּשָּׂא מְשָׁלוֹ וַיֹּאמַר אֵיתָן מוֹשָׁבֶךָ וְשִׂים כא
בַּסֶּלַע קִנֶּךָ׃ כִּי אִם־יִהְיֶה לְבָעֵר קָיִן עַד־מָה אַשּׁוּר תִּשְׁבֶּךָּ׃ כב
וַיִּשָּׂא מְשָׁלוֹ וַיֹּאמַר אוֹי מִי יִחְיֶה מִשֻּׂמוֹ אֵל׃ וְצִים מִיַּד כִּתִּים כג כד
וְעִנּוּ אַשּׁוּר וְעִנּוּ־עֵבֶר וְגַם־הוּא עֲדֵי אֹבֵד׃ וַיָּקָם בִּלְעָם וַיֵּלֶךְ כה
וַיָּשָׁב לִמְקֹמוֹ וְגַם־בָּלָק הָלַךְ לְדַרְכּוֹ׃

כא וַיֵּשֶׁב יִשְׂרָאֵל בַּשִּׁטִּים וַיָּחֶל הָעָם לִזְנוֹת אֶל־בְּנוֹת מוֹאָב׃ א כד
וַתִּקְרֶאןָ לָעָם לְזִבְחֵי אֱלֹהֵיהֶן וַיֹּאכַל הָעָם וַיִּשְׁתַּחֲווּ לֵאלֹהֵיהֶן׃ ב
וַיִּצָּמֶד יִשְׂרָאֵל לְבַעַל פְּעוֹר וַיִּחַר־אַף יהוה בְּיִשְׂרָאֵל׃ וַיֹּאמֶר ג ד
יהוה אֶל־מֹשֶׁה קַח אֶת־כָּל־רָאשֵׁי הָעָם וְהוֹקַע אוֹתָם לַיהוה

ה   נֶ֣גֶד הַשָּׁ֑מֶשׁ וְיָשֹׁ֛ב חֲר֥וֹן אַף־יְהוָֹ֖ה מִיִּשְׂרָאֵֽל: וַיֹּ֣אמֶר מֹשֶׁ֔ה אֶל־

ו   שֹׁפְטֵ֖י יִשְׂרָאֵ֑ל הִרְגוּ֙ אִ֣ישׁ אֲנָשָׁ֔יו הַנִּצְמָדִ֖ים לְבַ֥עַל פְּעֽוֹר: וְהִנֵּ֡ה
       אִישׁ֩ מִבְּנֵ֨י יִשְׂרָאֵ֜ל בָּ֗א וַיַּקְרֵ֤ב אֶל־אֶחָיו֙ אֶת־הַמִּדְיָנִ֔ית לְעֵינֵ֣י
       מֹשֶׁ֔ה וּלְעֵינֵ֖י כָּל־עֲדַ֣ת בְּנֵֽי־יִשְׂרָאֵ֑ל וְהֵ֣מָּה בֹכִ֔ים פֶּ֖תַח אֹ֥הֶל

מפטיר ז   מוֹעֵֽד: וַיַּ֗רְא פִּֽינְחָ֨ס בֶּן־אֶלְעָזָ֜ר בֶּן־אַהֲרֹ֣ן הַכֹּהֵ֔ן וַיָּ֖קָם מִתּ֣וֹךְ

ח   הָֽעֵדָ֑ה וַיִּקַּ֥ח רֹ֖מַח בְּיָדֽוֹ: וַ֠יָּבֹא אַחַ֨ר אִֽישׁ־יִשְׂרָאֵ֜ל אֶל־הַקֻּבָּ֗ה
       וַיִּדְקֹר֙ אֶת־שְׁנֵיהֶ֔ם אֵ֚ת אִ֣ישׁ יִשְׂרָאֵ֔ל וְאֶת־הָֽאִשָּׁ֖ה אֶל־קֳבָתָ֑הּ

ט   וַתֵּֽעָצַר֙ הַמַּגֵּפָ֔ה מֵעַ֖ל בְּנֵ֥י יִשְׂרָאֵֽל: וַיִּֽהְי֕וּ הַמֵּתִ֖ים בַּמַּגֵּפָ֑ה אַרְבָּעָ֥ה
       וְעֶשְׂרִ֖ים אָֽלֶף:

כב פינחס יא   וַיְדַבֵּ֥ר יְהוָֹ֖ה אֶל־מֹשֶׁ֥ה לֵּאמֹֽר: פִּֽינְחָ֨ס בֶּן־אֶלְעָזָ֜ר בֶּן־אַהֲרֹ֣ן הַכֹּהֵ֗ן
       הֵשִׁ֤יב אֶת־חֲמָתִי֙ מֵעַ֣ל בְּנֵֽי־יִשְׂרָאֵ֔ל בְּקַנְא֥וֹ אֶת־קִנְאָתִ֖י בְּתוֹכָ֑ם

יב   וְלֹֽא־כִלִּ֥יתִי אֶת־בְּנֵֽי־יִשְׂרָאֵ֖ל בְּקִנְאָתִֽי: לָכֵ֖ן אֱמֹ֑ר הִנְנִ֨י נֹתֵ֥ן ל֛וֹ

יג   אֶת־בְּרִיתִ֖י שָׁלֽוֹם: וְהָ֤יְתָה לּוֹ֙ וּלְזַרְע֣וֹ אַחֲרָ֔יו בְּרִ֖ית כְּהֻנַּ֣ת עוֹלָ֑ם
       תַּ֗חַת אֲשֶׁ֤ר קִנֵּא֙ לֵֽאלֹהָ֔יו וַיְכַפֵּ֖ר עַל־בְּנֵ֥י יִשְׂרָאֵֽל: וְשֵׁם֩ אִ֨ישׁ

יד   יִשְׂרָאֵ֜ל הַמֻּכֶּ֗ה אֲשֶׁ֤ר הֻכָּה֙ אֶת־הַמִּדְיָנִ֔ית זִמְרִ֖י בֶּן־סָל֑וּא נְשִׂ֥יא

טו   בֵֽית־אָ֖ב לַשִּׁמְעֹנִֽי: וְשֵׁ֨ם הָֽאִשָּׁ֧ה הַמֻּכָּ֛ה הַמִּדְיָנִ֖ית כָּזְבִּ֣י בַת־
       צ֑וּר רֹ֣אשׁ אֻמּ֥וֹת בֵּֽית־אָ֛ב בְּמִדְיָ֖ן הֽוּא:

טז   וַיְדַבֵּ֥ר יְהוָֹ֖ה אֶל־מֹשֶׁ֥ה לֵּאמֹֽר: צָר֖וֹר אֶת־הַמִּדְיָנִ֑ים וְהִכִּיתֶ֖ם

יח   אוֹתָֽם: כִּ֣י צֹרֲרִ֥ים הֵם֙ לָכֶ֔ם בְּנִכְלֵיהֶ֛ם אֲשֶׁר־נִכְּל֥וּ לָכֶ֖ם עַל־דְּבַר־
       פְּע֑וֹר וְעַל־דְּבַ֞ר כָּזְבִּ֨י בַת־נְשִׂ֤יא מִדְיָן֙ אֲחֹתָ֔ם הַמֻּכָּ֥ה בְיֽוֹם־

כו א   הַמַּגֵּפָ֖ה עַל־דְּבַר־פְּעֽוֹר: וַיְהִ֖י אַחֲרֵ֣י הַמַּגֵּפָ֑ה
       וַיֹּ֤אמֶר יְהוָֹה֙ אֶל־מֹשֶׁ֔ה וְאֶ֧ל אֶלְעָזָ֛ר בֶּן־אַהֲרֹ֥ן הַכֹּהֵ֖ן לֵאמֹֽר:

ב   שְׂא֞וּ אֶת־רֹ֣אשׁ ׀ כָּל־עֲדַ֣ת בְּנֵֽי־יִשְׂרָאֵ֗ל מִבֶּ֨ן עֶשְׂרִ֥ים שָׁנָ֛ה וָמַ֖עְלָה

ג   לְבֵ֣ית אֲבֹתָ֑ם כָּל־יֹצֵ֥א צָבָ֖א בְּיִשְׂרָאֵֽל: וַיְדַבֵּ֨ר מֹשֶׁ֜ה וְאֶלְעָזָ֧ר

ד   הַכֹּהֵ֛ן אֹתָ֖ם בְּעַֽרְבֹ֣ת מוֹאָ֑ב עַל־יַרְדֵּ֥ן יְרֵח֖וֹ לֵאמֹֽר: מִבֶּ֛ן עֶשְׂרִ֥ים
       שָׁנָ֖ה וָמָ֑עְלָה כַּאֲשֶׁר֩ צִוָּ֨ה יְהוָֹ֤ה אֶת־מֹשֶׁה֙ וּבְנֵ֣י יִשְׂרָאֵ֔ל הַיֹּצְאִ֖ים

שני ה   מֵאֶ֣רֶץ מִצְרָֽיִם: רְאוּבֵ֖ן בְּכ֣וֹר יִשְׂרָאֵ֑ל בְּנֵ֣י רְאוּבֵ֗ן חֲנוֹךְ֙ מִשְׁפַּ֣חַת

ו הַחֲנֹכִי לְפַלּוּא מִשְׁפַּחַת הַפַּלֻּאִי: לְחֶצְרֹן מִשְׁפַּחַת הַחֶצְרוֹנִי
ז לְכַרְמִי מִשְׁפַּחַת הַכַּרְמִי: אֵלֶּה מִשְׁפְּחֹת הָרְאוּבֵנִי וַיִּהְיוּ פְקֻדֵיהֶם
ח שְׁלֹשָׁה וְאַרְבָּעִים אֶלֶף וּשְׁבַע מֵאוֹת וּשְׁלֹשִׁים: וּבְנֵי פַלּוּא
ט אֱלִיאָב: וּבְנֵי אֱלִיאָב נְמוּאֵל וְדָתָן וַאֲבִירָם הוּא־דָתָן וַאֲבִירָם
קְרוּאֵי הָעֵדָה אֲשֶׁר הִצּוּ עַל־מֹשֶׁה וְעַל־אַהֲרֹן בַּעֲדַת־קֹרַח קְרִיאֵי
י בְּהַצֹּתָם עַל־יְהוָה: וַתִּפְתַּח הָאָרֶץ אֶת־פִּיהָ וַתִּבְלַע אֹתָם
וְאֶת־קֹרַח בְּמוֹת הָעֵדָה בַּאֲכֹל הָאֵשׁ אֵת חֲמִשִּׁים וּמָאתַיִם
יא יב אִישׁ וַיִּהְיוּ לְנֵס: וּבְנֵי־קֹרַח לֹא־מֵתוּ: בְּנֵי שִׁמְעוֹן
לְמִשְׁפְּחֹתָם לִנְמוּאֵל מִשְׁפַּחַת הַנְּמוּאֵלִי לְיָמִין מִשְׁפַּחַת הַיָּמִינִי
יג לְיָכִין מִשְׁפַּחַת הַיָּכִינִי: לְזֶרַח מִשְׁפַּחַת הַזַּרְחִי לְשָׁאוּל מִשְׁפַּחַת
יד הַשָּׁאוּלִי: אֵלֶּה מִשְׁפְּחֹת הַשִּׁמְעֹנִי שְׁנַיִם וְעֶשְׂרִים אֶלֶף
טו וּמָאתָיִם: בְּנֵי גָד לְמִשְׁפְּחֹתָם לִצְפוֹן מִשְׁפַּחַת הַצְּפוֹנִי
טז לְחַגִּי מִשְׁפַּחַת הַחַגִּי לְשׁוּנִי מִשְׁפַּחַת הַשּׁוּנִי: לְאָזְנִי מִשְׁפַּחַת
יז הָאָזְנִי לְעֵרִי מִשְׁפַּחַת הָעֵרִי: לַאֲרוֹד מִשְׁפַּחַת הָאֲרוֹדִי לְאַרְאֵלִי
יח מִשְׁפַּחַת הָאַרְאֵלִי: אֵלֶּה מִשְׁפְּחֹת בְּנֵי־גָד לִפְקֻדֵיהֶם אַרְבָּעִים
יט אֶלֶף וַחֲמֵשׁ מֵאוֹת: בְּנֵי יְהוּדָה עֵר וְאוֹנָן וַיָּמָת
כ עֵר וְאוֹנָן בְּאֶרֶץ כְּנָעַן: וַיִּהְיוּ בְנֵי־יְהוּדָה לְמִשְׁפְּחֹתָם לְשֵׁלָה
מִשְׁפַּחַת הַשֵּׁלָנִי לְפֶרֶץ מִשְׁפַּחַת הַפַּרְצִי לְזֶרַח מִשְׁפַּחַת הַזַּרְחִי:
כא וַיִּהְיוּ בְנֵי־פֶרֶץ לְחֶצְרֹן מִשְׁפַּחַת הַחֶצְרֹנִי לְחָמוּל מִשְׁפַּחַת הֶחָמוּלִי:
כב אֵלֶּה מִשְׁפְּחֹת יְהוּדָה לִפְקֻדֵיהֶם שִׁשָּׁה וְשִׁבְעִים אֶלֶף וַחֲמֵשׁ
כג מֵאוֹת: בְּנֵי יִשָּׂשכָר לְמִשְׁפְּחֹתָם תּוֹלָע מִשְׁפַּחַת
כד הַתּוֹלָעִי לְפֻוָּה מִשְׁפַּחַת הַפּוּנִי: לְיָשׁוּב מִשְׁפַּחַת הַיָּשֻׁבִי לְשִׁמְרֹן
כה מִשְׁפַּחַת הַשִּׁמְרֹנִי: אֵלֶּה מִשְׁפְּחֹת יִשָּׂשכָר לִפְקֻדֵיהֶם אַרְבָּעָה
כו וְשִׁשִּׁים אֶלֶף וּשְׁלֹשׁ מֵאוֹת: בְּנֵי זְבוּלֻן לְמִשְׁפְּחֹתָם
לְסֶרֶד מִשְׁפַּחַת הַסַּרְדִּי לְאֵלוֹן מִשְׁפַּחַת הָאֵלֹנִי לְיַחְלְאֵל מִשְׁפַּחַת
כז הַיַּחְלְאֵלִי: אֵלֶּה מִשְׁפְּחֹת הַזְּבוּלֹנִי לִפְקֻדֵיהֶם שִׁשִּׁים אֶלֶף וַחֲמֵשׁ
כח מֵאוֹת: בְּנֵי יוֹסֵף לְמִשְׁפְּחֹתָם מְנַשֶּׁה וְאֶפְרָיִם:

כט בְּנֵי מְנַשֶּׁה לְמָכִיר מִשְׁפַּחַת הַמָּכִירִי וּמָכִיר הוֹלִיד אֶת־גִּלְעָד
ל לְגִלְעָד מִשְׁפַּחַת הַגִּלְעָדִי׃ אֵלֶּה בְּנֵי גִלְעָד אִיעֶזֶר מִשְׁפַּחַת
לא הָאִיעֶזְרִי לְחֵלֶק מִשְׁפַּחַת הַחֶלְקִי׃ וְאַשְׂרִיאֵל מִשְׁפַּחַת הָאַשְׂרְאֵלִי
לב וְשֶׁכֶם מִשְׁפַּחַת הַשִּׁכְמִי׃ וּשְׁמִידָע מִשְׁפַּחַת הַשְּׁמִידָעִי וְחֵפֶר
לג מִשְׁפַּחַת הַחֶפְרִי׃ וּצְלָפְחָד בֶּן־חֵפֶר לֹא־הָיוּ לוֹ בָּנִים כִּי אִם־
בָּנוֹת וְשֵׁם בְּנוֹת צְלָפְחָד מַחְלָה וְנֹעָה חָגְלָה מִלְכָּה וְתִרְצָה׃
לד אֵלֶּה מִשְׁפְּחֹת מְנַשֶּׁה וּפְקֻדֵיהֶם שְׁנַיִם וַחֲמִשִּׁים אֶלֶף וּשְׁבַע
לה מֵאוֹת׃ אֵלֶּה בְנֵי־אֶפְרַיִם לְמִשְׁפְּחֹתָם לְשׁוּתֶלַח
מִשְׁפַּחַת הַשֻּׁתַלְחִי לְבֶכֶר מִשְׁפַּחַת הַבַּכְרִי לְתַחַן מִשְׁפַּחַת
לו לז הַתַּחֲנִי׃ וְאֵלֶּה בְּנֵי שׁוּתָלַח לְעֵרָן מִשְׁפַּחַת הָעֵרָנִי׃ אֵלֶּה מִשְׁפְּחֹת
בְּנֵי־אֶפְרַיִם לִפְקֻדֵיהֶם שְׁנַיִם וּשְׁלֹשִׁים אֶלֶף וַחֲמֵשׁ מֵאוֹת אֵלֶּה
לח בְנֵי־יוֹסֵף לְמִשְׁפְּחֹתָם׃ בְּנֵי בִנְיָמִן לְמִשְׁפְּחֹתָם
לְבֶלַע מִשְׁפַּחַת הַבַּלְעִי לְאַשְׁבֵּל מִשְׁפַּחַת הָאַשְׁבֵּלִי לַאֲחִירָם
לט מִשְׁפַּחַת הָאֲחִירָמִי׃ לִשְׁפוּפָם מִשְׁפַּחַת הַשּׁוּפָמִי לְחוּפָם מִשְׁפַּחַת
מ הַחוּפָמִי׃ וַיִּהְיוּ בְנֵי־בֶלַע אַרְדְּ וְנַעֲמָן מִשְׁפַּחַת הָאַרְדִּי לְנַעֲמָן
מא מִשְׁפַּחַת הַנַּעֲמִי׃ אֵלֶּה בְנֵי־בִנְיָמִן לְמִשְׁפְּחֹתָם וּפְקֻדֵיהֶם חֲמִשָּׁה
מב וְאַרְבָּעִים אֶלֶף וְשֵׁשׁ מֵאוֹת׃ אֵלֶּה בְנֵי־
דָן לְמִשְׁפְּחֹתָם לְשׁוּחָם מִשְׁפַּחַת הַשּׁוּחָמִי אֵלֶּה מִשְׁפְּחֹת דָּן
מג לְמִשְׁפְּחֹתָם׃ כָּל־מִשְׁפְּחֹת הַשּׁוּחָמִי לִפְקֻדֵיהֶם אַרְבָּעָה וְשִׁשִּׁים
מד אֶלֶף וְאַרְבַּע מֵאוֹת׃ בְּנֵי אָשֵׁר לְמִשְׁפְּחֹתָם
לְיִמְנָה מִשְׁפַּחַת הַיִּמְנָה לְיִשְׁוִי מִשְׁפַּחַת הַיִּשְׁוִי לִבְרִיעָה
מה מִשְׁפַּחַת הַבְּרִיעִי׃ לִבְנֵי בְרִיעָה לְחֶבֶר מִשְׁפַּחַת הַחֶבְרִי
מו מז לְמַלְכִּיאֵל מִשְׁפַּחַת הַמַּלְכִּיאֵלִי׃ וְשֵׁם בַּת־אָשֵׁר שָׂרַח׃ אֵלֶּה
מִשְׁפְּחֹת בְּנֵי־אָשֵׁר לִפְקֻדֵיהֶם שְׁלֹשָׁה וַחֲמִשִּׁים אֶלֶף וְאַרְבַּע
מח מֵאוֹת׃ בְּנֵי נַפְתָּלִי לְמִשְׁפְּחֹתָם לְיַחְצְאֵל מִשְׁפַּחַת
מט הַיַּחְצְאֵלִי לְגוּנִי מִשְׁפַּחַת הַגּוּנִי׃ לְיֵצֶר מִשְׁפַּחַת הַיִּצְרִי לְשִׁלֵּם
נ מִשְׁפַּחַת הַשִּׁלֵּמִי׃ אֵלֶּה מִשְׁפְּחֹת נַפְתָּלִי לְמִשְׁפְּחֹתָם וּפְקֻדֵיהֶם

נא חֲמִשָּׁה וְאַרְבָּעִים אֶלֶף וְאַרְבַּע מֵאוֹת: אֵלֶּה פְּקוּדֵי בְּנֵי יִשְׂרָאֵל
שֵׁשׁ־מֵאוֹת אֶלֶף וָאָלֶף שְׁבַע מֵאוֹת וּשְׁלֹשִׁים:
שלישי כג נב נג וַיְדַבֵּר יְהוָה אֶל־מֹשֶׁה לֵּאמֹר: לָאֵלֶּה תֵּחָלֵק הָאָרֶץ בְּנַחֲלָה
נד בְּמִסְפַּר שֵׁמוֹת: לָרַב תַּרְבֶּה נַחֲלָתוֹ וְלַמְעַט תַּמְעִיט נַחֲלָתוֹ
נה אִישׁ לְפִי פְקֻדָיו יֻתַּן נַחֲלָתוֹ: אַךְ־בְּגוֹרָל יֵחָלֵק אֶת־הָאָרֶץ
נו לִשְׁמוֹת מַטּוֹת־אֲבֹתָם יִנְחָלוּ: עַל־פִּי הַגּוֹרָל תֵּחָלֵק נַחֲלָתוֹ
נז בֵּין רַב לִמְעָט: וְאֵלֶּה פְקוּדֵי הַלֵּוִי לְמִשְׁפְּחֹתָם
לְגֵרְשׁוֹן מִשְׁפַּחַת הַגֵּרְשֻׁנִּי לִקְהָת מִשְׁפַּחַת הַקְּהָתִי לִמְרָרִי
נח מִשְׁפַּחַת הַמְּרָרִי: אֵלֶּה | מִשְׁפְּחֹת לֵוִי מִשְׁפַּחַת הַלִּבְנִי מִשְׁפַּחַת
הַחֶבְרֹנִי מִשְׁפַּחַת הַמַּחְלִי מִשְׁפַּחַת הַמּוּשִׁי מִשְׁפַּחַת הַקָּרְחִי
נט וּקְהָת הוֹלִד אֶת־עַמְרָם: וְשֵׁם | אֵשֶׁת עַמְרָם יוֹכֶבֶד בַּת־לֵוִי
אֲשֶׁר יָלְדָה אֹתָהּ לְלֵוִי בְּמִצְרָיִם וַתֵּלֶד לְעַמְרָם אֶת־אַהֲרֹן וְאֶת־
ס מֹשֶׁה וְאֵת מִרְיָם אֲחֹתָם: וַיִּוָּלֵד לְאַהֲרֹן אֶת־נָדָב וְאֶת־אֲבִיהוּא
סא אֶת־אֶלְעָזָר וְאֶת־אִיתָמָר: וַיָּמָת נָדָב וַאֲבִיהוּא בְּהַקְרִיבָם
סב אֵשׁ־זָרָה לִפְנֵי יְהוָה: וַיִּהְיוּ פְקֻדֵיהֶם שְׁלֹשָׁה וְעֶשְׂרִים אֶלֶף כָּל־
זָכָר מִבֶּן־חֹדֶשׁ וָמָעְלָה כִּי | לֹא הָתְפָּקְדוּ בְּתוֹךְ בְּנֵי יִשְׂרָאֵל כִּי
סג לֹא־נִתַּן לָהֶם נַחֲלָה בְּתוֹךְ בְּנֵי יִשְׂרָאֵל: אֵלֶּה פְּקוּדֵי מֹשֶׁה
וְאֶלְעָזָר הַכֹּהֵן אֲשֶׁר פָּקְדוּ אֶת־בְּנֵי יִשְׂרָאֵל בְּעַרְבֹת מוֹאָב
סד עַל יַרְדֵּן יְרֵחוֹ: וּבְאֵלֶּה לֹא־הָיָה אִישׁ מִפְּקוּדֵי מֹשֶׁה וְאַהֲרֹן
סה הַכֹּהֵן אֲשֶׁר פָּקְדוּ אֶת־בְּנֵי יִשְׂרָאֵל בְּמִדְבַּר סִינָי: כִּי־אָמַר יְהוָה
לָהֶם מוֹת יָמֻתוּ בַּמִּדְבָּר וְלֹא־נוֹתַר מֵהֶם אִישׁ כִּי אִם־כָּלֵב
כז א בֶּן־יְפֻנֶּה וִיהוֹשֻׁעַ בִּן־נוּן: וַתִּקְרַבְנָה בְּנוֹת צְלָפְחָד
בֶּן־חֵפֶר בֶּן־גִּלְעָד בֶּן־מָכִיר בֶּן־מְנַשֶּׁה לְמִשְׁפְּחֹת מְנַשֶּׁה בֶן־
יוֹסֵף וְאֵלֶּה שְׁמוֹת בְּנֹתָיו מַחְלָה נֹעָה וְחָגְלָה וּמִלְכָּה וְתִרְצָה:
ב וַתַּעֲמֹדְנָה לִפְנֵי מֹשֶׁה וְלִפְנֵי אֶלְעָזָר הַכֹּהֵן וְלִפְנֵי הַנְּשִׂיאִם וְכָל־
ג הָעֵדָה פֶּתַח אֹהֶל־מוֹעֵד לֵאמֹר: אָבִינוּ מֵת בַּמִּדְבָּר וְהוּא לֹא־
הָיָה בְּתוֹךְ הָעֵדָה הַנּוֹעָדִים עַל־יְהוָה בַּעֲדַת־קֹרַח כִּי־בְחֶטְאוֹ

ד מֵת וּבָנִים לֹא־הָיוּ לוֹ: לָמָּה יִגָּרַע שֵׁם־אָבִינוּ מִתּוֹךְ מִשְׁפַּחְתּוֹ
ה כִּי אֵין לוֹ בֵּן תְּנָה־לָּנוּ אֲחֻזָּה בְּתוֹךְ אֲחֵי אָבִינוּ: וַיַּקְרֵב מֹשֶׁה
אֶת־מִשְׁפָּטָן לִפְנֵי יְהוָה:
ו ז וַיֹּאמֶר יְהוָה אֶל־מֹשֶׁה לֵּאמֹר: כֵּן בְּנוֹת צְלָפְחָד דֹּבְרֹת נָתֹן תִּתֵּן רביעי
לָהֶם אֲחֻזַּת נַחֲלָה בְּתוֹךְ אֲחֵי אֲבִיהֶם וְהַעֲבַרְתָּ אֶת־נַחֲלַת
ח אֲבִיהֶן לָהֶן: וְאֶל־בְּנֵי יִשְׂרָאֵל תְּדַבֵּר לֵאמֹר אִישׁ כִּי־יָמוּת וּבֵן
ט אֵין לוֹ וְהַעֲבַרְתֶּם אֶת־נַחֲלָתוֹ לְבִתּוֹ: וְאִם־אֵין לוֹ בַּת וּנְתַתֶּם
י אֶת־נַחֲלָתוֹ לְאֶחָיו: וְאִם־אֵין לוֹ אַחִים וּנְתַתֶּם אֶת־נַחֲלָתוֹ
יא לַאֲחֵי אָבִיו: וְאִם־אֵין אַחִים לְאָבִיו וּנְתַתֶּם אֶת־נַחֲלָתוֹ לִשְׁאֵרוֹ
הַקָּרֹב אֵלָיו מִמִּשְׁפַּחְתּוֹ וְיָרַשׁ אֹתָהּ וְהָיְתָה לִבְנֵי יִשְׂרָאֵל לְחֻקַּת
מִשְׁפָּט כַּאֲשֶׁר צִוָּה יְהוָה אֶת־מֹשֶׁה:
יב וַיֹּאמֶר יְהוָה אֶל־מֹשֶׁה עֲלֵה אֶל־הַר הָעֲבָרִים הַזֶּה וּרְאֵה אֶת־
יג הָאָרֶץ אֲשֶׁר נָתַתִּי לִבְנֵי יִשְׂרָאֵל: וְרָאִיתָה אֹתָהּ וְנֶאֱסַפְתָּ אֶל־
יד עַמֶּיךָ גַּם־אָתָּה כַּאֲשֶׁר נֶאֱסַף אַהֲרֹן אָחִיךָ: כַּאֲשֶׁר מְרִיתֶם פִּי
בְּמִדְבַּר־צִן בִּמְרִיבַת הָעֵדָה לְהַקְדִּישֵׁנִי בַמַּיִם לְעֵינֵיהֶם הֵם מֵי־
טו מְרִיבַת קָדֵשׁ מִדְבַּר־צִן: וַיְדַבֵּר מֹשֶׁה אֶל־יְהוָה כד
טז לֵאמֹר: יִפְקֹד יְהוָה אֱלֹהֵי הָרוּחֹת לְכָל־בָּשָׂר אִישׁ עַל־הָעֵדָה:
יז אֲשֶׁר־יֵצֵא לִפְנֵיהֶם וַאֲשֶׁר יָבֹא לִפְנֵיהֶם וַאֲשֶׁר יוֹצִיאֵם וַאֲשֶׁר
יְבִיאֵם וְלֹא תִהְיֶה עֲדַת יְהוָה כַּצֹּאן אֲשֶׁר אֵין־לָהֶם רֹעֶה:
יח וַיֹּאמֶר יְהוָה אֶל־מֹשֶׁה קַח־לְךָ אֶת־יְהוֹשֻׁעַ בִּן־נוּן אִישׁ אֲשֶׁר־
יט רוּחַ בּוֹ וְסָמַכְתָּ אֶת־יָדְךָ עָלָיו: וְהַעֲמַדְתָּ אֹתוֹ לִפְנֵי אֶלְעָזָר
כ הַכֹּהֵן וְלִפְנֵי כָּל־הָעֵדָה וְצִוִּיתָה אֹתוֹ לְעֵינֵיהֶם: וְנָתַתָּה מֵהוֹדְךָ
כא עָלָיו לְמַעַן יִשְׁמְעוּ כָּל־עֲדַת בְּנֵי יִשְׂרָאֵל: וְלִפְנֵי אֶלְעָזָר הַכֹּהֵן
יַעֲמֹד וְשָׁאַל לוֹ בְּמִשְׁפַּט הָאוּרִים לִפְנֵי יְהוָה עַל־פִּיו יֵצְאוּ וְעַל־
כב פִּיו יָבֹאוּ הוּא וְכָל־בְּנֵי־יִשְׂרָאֵל אִתּוֹ וְכָל־הָעֵדָה: וַיַּעַשׂ מֹשֶׁה
כַּאֲשֶׁר צִוָּה יְהוָה אֹתוֹ וַיִּקַּח אֶת־יְהוֹשֻׁעַ וַיַּעֲמִדֵהוּ לִפְנֵי אֶלְעָזָר
כג הַכֹּהֵן וְלִפְנֵי כָּל־הָעֵדָה: וַיִּסְמֹךְ אֶת־יָדָיו עָלָיו וַיְצַוֵּהוּ כַּאֲשֶׁר

דִּבֶּר יְהֹוָה בְּיַד־מֹשֶׁה:

חמישי וַיְדַבֵּ֥ר יְהֹוָ֖ה אֶל־מֹשֶׁ֥ה לֵּאמֹֽר: צַ֚ו אֶת־בְּנֵ֣י יִשְׂרָאֵ֔ל וְאָמַרְתָּ֖ כ
אֲלֵהֶ֑ם אֶת־קׇרְבָּנִ֨י לַחְמִ֜י לְאִשַּׁ֗י רֵ֚יחַ נִֽיחֹחִי֙ תִּשְׁמְר֔וּ לְהַקְרִ֥יב
לִ֖י בְּמֽוֹעֲדֽוֹ: וְאָמַרְתָּ֣ לָהֶ֔ם זֶ֚ה הָֽאִשֶּׁ֔ה אֲשֶׁ֥ר תַּקְרִ֖יבוּ לַֽיהֹוָ֑ה ג
כְּבָשִׂ֨ים בְּנֵֽי־שָׁנָ֧ה תְמִימִ֛ם שְׁנַ֥יִם לַיּ֖וֹם עֹלָ֥ה תָמִֽיד: אֶת־הַכֶּ֥בֶשׂ ד
אֶחָ֖ד תַּֽעֲשֶׂ֣ה בַבֹּ֑קֶר וְאֵת֙ הַכֶּ֣בֶשׂ הַשֵּׁנִ֔י תַּֽעֲשֶׂ֖ה בֵּ֥ין הָֽעַרְבָּֽיִם:
וַֽעֲשִׂירִ֧ת הָֽאֵיפָ֛ה סֹ֖לֶת לְמִנְחָ֑ה בְּלוּלָ֛ה בְּשֶׁ֥מֶן כָּתִ֖ית רְבִיעִ֥ת ה
הַהִֽין: עֹלַ֖ת תָּמִ֑יד הָֽעֲשֻׂיָ֙ה בְּהַ֣ר סִינַ֔י לְרֵ֣יחַ נִיחֹ֔חַ אִשֶּׁ֖ה לַֽיהֹוָֽה: ו
וְנִסְכּוֹ֙ רְבִיעִ֣ת הַהִ֔ין לַכֶּ֖בֶשׂ הָֽאֶחָ֑ד בַּקֹּ֗דֶשׁ הַסֵּ֛ךְ נֶ֥סֶךְ שֵׁכָ֖ר לַֽיהֹוָֽה: ז
וְאֵת֙ הַכֶּ֣בֶשׂ הַשֵּׁנִ֔י תַּֽעֲשֶׂ֖ה בֵּ֣ין הָֽעַרְבָּ֑יִם כְּמִנְחַ֨ת הַבֹּ֤קֶר וּכְנִסְכּוֹ֙ ח
תַּֽעֲשֶׂ֔ה אִשֵּׁ֛ה רֵ֥יחַ נִיחֹ֖חַ לַֽיהֹוָֽה:

וּבְיוֹם֙ הַשַּׁבָּ֔ת שְׁנֵֽי־כְבָשִׂ֥ים בְּנֵֽי־שָׁנָ֖ה תְּמִימִ֑ם וּשְׁנֵ֣י עֶשְׂרֹנִ֗ים סֹ֤לֶת ט
מִנְחָ֛ה בְּלוּלָ֥ה בַשֶּׁ֖מֶן וְנִסְכּֽוֹ: עֹלַ֥ת שַׁבַּ֖ת בְּשַׁבַּתּ֑וֹ עַל־עֹלַ֥ת י
הַתָּמִ֖יד וְנִסְכָּֽהּ:

וּבְרָאשֵׁי֙ חׇדְשֵׁיכֶ֔ם תַּקְרִ֥יבוּ עֹלָ֖ה לַֽיהֹוָ֑ה פָּרִ֨ים בְּנֵֽי־בָקָ֤ר שְׁנַ֙יִם֙ יא
וְאַ֣יִל אֶחָ֔ד כְּבָשִׂ֧ים בְּנֵֽי־שָׁנָ֛ה שִׁבְעָ֖ה תְּמִימִֽם: וּשְׁלֹשָׁ֣ה עֶשְׂרֹנִ֗ים יב
סֹ֤לֶת מִנְחָה֙ בְּלוּלָ֣ה בַשֶּׁ֔מֶן לַפָּ֖ר הָֽאֶחָ֑ד וּשְׁנֵ֣י עֶשְׂרֹנִ֗ים סֹ֤לֶת
מִנְחָה֙ בְּלוּלָ֣ה בַשֶּׁ֔מֶן לָאַ֖יִל הָֽאֶחָֽד: וְעִשָּׂרֹ֣ן עִשָּׂר֗וֹן סֹ֤לֶת יג
מִנְחָה֙ בְּלוּלָ֣ה בַשֶּׁ֔מֶן לַכֶּ֖בֶשׂ הָֽאֶחָ֑ד עֹלָה֙ רֵ֣יחַ נִיחֹ֔חַ אִשֶּׁ֖ה
לַֽיהֹוָֽה: וְנִסְכֵּיהֶ֗ם חֲצִ֣י הַהִ֣ין יִהְיֶ֣ה לַפָּ֡ר וּשְׁלִישִׁ֣ת הַהִ֣ין לָאַ֔יִל יד
וּרְבִיעִ֥ת הַהִ֖ין לַכֶּ֣בֶשׂ יָ֑יִן זֹ֣את עֹלַ֥ת חֹ֙דֶשׁ֙ בְּחׇדְשׁ֔וֹ לְחׇדְשֵׁ֖י הַשָּׁנָֽה:
וּשְׂעִ֨יר עִזִּ֥ים אֶחָ֛ד לְחַטָּ֖את לַֽיהֹוָ֑ה עַל־עֹלַ֧ת הַתָּמִ֛יד יֵֽעָשֶׂ֖ה טו
וְנִסְכּֽוֹ: ששי וּבַחֹ֣דֶשׁ הָֽרִאשׁ֗וֹן בְּאַרְבָּעָ֥ה עָשָׂ֛ר י֖וֹם טז
לַחֹ֑דֶשׁ פֶּ֖סַח לַֽיהֹוָֽה: וּבַֽחֲמִשָּׁ֨ה עָשָׂ֥ר י֛וֹם לַחֹ֥דֶשׁ הַזֶּ֖ה חָ֑ג שִׁבְעַ֣ת יז
יָמִ֔ים מַצּ֖וֹת יֵֽאָכֵֽל: בַּיּ֥וֹם הָֽרִאשׁ֖וֹן מִקְרָא־קֹ֑דֶשׁ כׇּל־מְלֶ֥אכֶת יח
עֲבֹדָ֖ה לֹ֥א תַֽעֲשֽׂוּ: וְהִקְרַבְתֶּ֨ם אִשֶּׁ֤ה עֹלָה֙ לַֽיהֹוָ֔ה פָּרִ֧ים בְּנֵֽי־ יט
בָקָ֛ר שְׁנַ֖יִם וְאַ֣יִל אֶחָ֑ד וְשִׁבְעָ֤ה כְבָשִׂים֙ בְּנֵ֣י שָׁנָ֔ה תְּמִימִ֖ם יִֽהְי֥וּ

כ לָכֶם: וּמִנְחָתָם סֹלֶת בְּלוּלָה בַשָּׁמֶן שְׁלֹשָׁה עֶשְׂרֹנִים לַפָּר וּשְׁנֵי
כא עֶשְׂרֹנִים לָאַיִל תַּעֲשׂוּ: עִשָּׂרוֹן עִשָּׂרוֹן תַּעֲשֶׂה לַכֶּבֶשׂ הָאֶחָד
כב כג לְשִׁבְעַת הַכְּבָשִׂים: וּשְׂעִיר חַטָּאת אֶחָד לְכַפֵּר עֲלֵיכֶם: מִלְּבַד
כד עֹלַת הַבֹּקֶר אֲשֶׁר לְעֹלַת הַתָּמִיד תַּעֲשׂוּ אֶת־אֵלֶּה: כָּאֵלֶּה
תַּעֲשׂוּ לַיּוֹם שִׁבְעַת יָמִים לֶחֶם אִשֵּׁה רֵיחַ־נִיחֹחַ לַיהוָה עַל־
כה עוֹלַת הַתָּמִיד יֵעָשֶׂה וְנִסְכּוֹ: וּבַיּוֹם הַשְּׁבִיעִי מִקְרָא־קֹדֶשׁ יִהְיֶה
כו לָכֶם כָּל־מְלֶאכֶת עֲבֹדָה לֹא תַעֲשׂוּ: וּבְיוֹם כה
הַבִּכּוּרִים בְּהַקְרִיבְכֶם מִנְחָה חֲדָשָׁה לַיהוָה בְּשָׁבֻעֹתֵיכֶם
מִקְרָא־קֹדֶשׁ יִהְיֶה לָכֶם כָּל־מְלֶאכֶת עֲבֹדָה לֹא תַעֲשׂוּ:
כז וְהִקְרַבְתֶּם עוֹלָה לְרֵיחַ נִיחֹחַ לַיהוָה פָּרִים בְּנֵי־בָקָר שְׁנַיִם אַיִל
כח אֶחָד שִׁבְעָה כְבָשִׂים בְּנֵי שָׁנָה: וּמִנְחָתָם סֹלֶת בְּלוּלָה בַשָּׁמֶן
כט שְׁלֹשָׁה עֶשְׂרֹנִים לַפָּר הָאֶחָד שְׁנֵי עֶשְׂרֹנִים לָאַיִל הָאֶחָד: עִשָּׂרוֹן
ל עִשָּׂרוֹן לַכֶּבֶשׂ הָאֶחָד לְשִׁבְעַת הַכְּבָשִׂים: שְׂעִיר עִזִּים אֶחָד
לא לְכַפֵּר עֲלֵיכֶם: מִלְּבַד עֹלַת הַתָּמִיד וּמִנְחָתוֹ תַּעֲשׂוּ תְּמִימִם
יִהְיוּ־לָכֶם וְנִסְכֵּיהֶם:
כט א וּבַחֹדֶשׁ הַשְּׁבִיעִי בְּאֶחָד לַחֹדֶשׁ מִקְרָא־קֹדֶשׁ יִהְיֶה לָכֶם כָּל־
ב מְלֶאכֶת עֲבֹדָה לֹא תַעֲשׂוּ יוֹם תְּרוּעָה יִהְיֶה לָכֶם: וַעֲשִׂיתֶם
עֹלָה לְרֵיחַ נִיחֹחַ לַיהוָה פַּר בֶּן־בָּקָר אֶחָד אַיִל אֶחָד כְּבָשִׂים
ג בְּנֵי־שָׁנָה שִׁבְעָה תְּמִימִם: וּמִנְחָתָם סֹלֶת בְּלוּלָה בַשָּׁמֶן שְׁלֹשָׁה
ד עֶשְׂרֹנִים לַפָּר שְׁנֵי עֶשְׂרֹנִים לָאָיִל: וְעִשָּׂרוֹן אֶחָד לַכֶּבֶשׂ הָאֶחָד
ה לְשִׁבְעַת הַכְּבָשִׂים: וּשְׂעִיר־עִזִּים אֶחָד חַטָּאת לְכַפֵּר עֲלֵיכֶם:
ו מִלְּבַד עֹלַת הַחֹדֶשׁ וּמִנְחָתָהּ וְעֹלַת הַתָּמִיד וּמִנְחָתָהּ וְנִסְכֵּיהֶם
ז כְּמִשְׁפָּטָם לְרֵיחַ נִיחֹחַ אִשֶּׁה לַיהוָה: וּבֶעָשׂוֹר
לַחֹדֶשׁ הַשְּׁבִיעִי הַזֶּה מִקְרָא־קֹדֶשׁ יִהְיֶה לָכֶם וְעִנִּיתֶם אֶת־
ח נַפְשֹׁתֵיכֶם כָּל־מְלָאכָה לֹא תַעֲשׂוּ: וְהִקְרַבְתֶּם עֹלָה לַיהוָה רֵיחַ
נִיחֹחַ פַּר בֶּן־בָּקָר אֶחָד אַיִל אֶחָד כְּבָשִׂים בְּנֵי־שָׁנָה שִׁבְעָה תְּמִימִם
ט יִהְיוּ לָכֶם: וּמִנְחָתָם סֹלֶת בְּלוּלָה בַשָּׁמֶן שְׁלֹשָׁה עֶשְׂרֹנִים לַפָּר

י שְׁנֵי עֶשְׂרֹנִים לָאַיִל הָאֶחָד׃ עִשָּׂרוֹן עִשָּׂרוֹן לַכֶּבֶשׂ הָאֶחָד לְשִׁבְעַת
יא הַכְּבָשִׂים׃ שְׂעִיר־עִזִּים אֶחָד חַטָּאת מִלְּבַד חַטַּאת הַכִּפֻּרִים
יב וְעֹלַת הַתָּמִיד וּמִנְחָתָהּ וְנִסְכֵּיהֶם׃ וּבַחֲמִשָּׁה שביעי
עָשָׂר יוֹם לַחֹדֶשׁ הַשְּׁבִיעִי מִקְרָא־קֹדֶשׁ יִהְיֶה לָכֶם כָּל־מְלֶאכֶת
יג עֲבֹדָה לֹא תַעֲשׂוּ וְחַגֹּתֶם חַג לַיהוָה שִׁבְעַת יָמִים׃ וְהִקְרַבְתֶּם
עֹלָה אִשֵּׁה רֵיחַ נִיחֹחַ לַיהוָה פָּרִים בְּנֵי־בָקָר שְׁלֹשָׁה עָשָׂר אֵילִם
יד שְׁנָיִם כְּבָשִׂים בְּנֵי־שָׁנָה אַרְבָּעָה עָשָׂר תְּמִימִם יִהְיוּ׃ וּמִנְחָתָם
סֹלֶת בְּלוּלָה בַשָּׁמֶן שְׁלֹשָׁה עֶשְׂרֹנִים לַפָּר הָאֶחָד לִשְׁלֹשָׁה עָשָׂר
טו פָּרִים שְׁנֵי עֶשְׂרֹנִים לָאַיִל הָאֶחָד לִשְׁנֵי הָאֵילִם׃ וְעִשָּׂרוֹן עִשָּׂרוֹן
טז לַכֶּבֶשׂ הָאֶחָד לְאַרְבָּעָה עָשָׂר כְּבָשִׂים׃ וּשְׂעִיר־עִזִּים אֶחָד חַטָּאת
יז מִלְּבַד עֹלַת הַתָּמִיד מִנְחָתָהּ וְנִסְכָּהּ׃ וּבַיּוֹם
הַשֵּׁנִי פָּרִים בְּנֵי־בָקָר שְׁנֵים עָשָׂר אֵילִם שְׁנָיִם כְּבָשִׂים בְּנֵי־שָׁנָה
יח אַרְבָּעָה עָשָׂר תְּמִימִם׃ וּמִנְחָתָם וְנִסְכֵּיהֶם לַפָּרִים לָאֵילִם
יט וְלַכְּבָשִׂים בְּמִסְפָּרָם כַּמִּשְׁפָּט׃ וּשְׂעִיר־עִזִּים אֶחָד חַטָּאת מִלְּבַד
כ עֹלַת הַתָּמִיד וּמִנְחָתָהּ וְנִסְכֵּיהֶם׃ וּבַיּוֹם הַשְּׁלִישִׁי
פָּרִים עַשְׁתֵּי־עָשָׂר אֵילִם שְׁנָיִם כְּבָשִׂים בְּנֵי־שָׁנָה אַרְבָּעָה
כא עָשָׂר תְּמִימִם׃ וּמִנְחָתָם וְנִסְכֵּיהֶם לַפָּרִים לָאֵילִם וְלַכְּבָשִׂים
כב בְּמִסְפָּרָם כַּמִּשְׁפָּט׃ וּשְׂעִיר חַטָּאת אֶחָד מִלְּבַד עֹלַת הַתָּמִיד
כג וּמִנְחָתָהּ וְנִסְכָּהּ׃ וּבַיּוֹם הָרְבִיעִי פָּרִים עֲשָׂרָה
כד אֵילִם שְׁנָיִם כְּבָשִׂים בְּנֵי־שָׁנָה אַרְבָּעָה עָשָׂר תְּמִימִם׃ מִנְחָתָם
וְנִסְכֵּיהֶם לַפָּרִים לָאֵילִם וְלַכְּבָשִׂים בְּמִסְפָּרָם כַּמִּשְׁפָּט׃
כה וּשְׂעִיר־עִזִּים אֶחָד חַטָּאת מִלְּבַד עֹלַת הַתָּמִיד מִנְחָתָהּ
כו וְנִסְכָּהּ׃ וּבַיּוֹם הַחֲמִישִׁי פָּרִים תִּשְׁעָה אֵילִם שְׁנָיִם
כז כְּבָשִׂים בְּנֵי־שָׁנָה אַרְבָּעָה עָשָׂר תְּמִימִם׃ וּמִנְחָתָם וְנִסְכֵּיהֶם
כח לַפָּרִים לָאֵילִם וְלַכְּבָשִׂים בְּמִסְפָּרָם כַּמִּשְׁפָּט׃ וּשְׂעִיר חַטָּאת
כט אֶחָד מִלְּבַד עֹלַת הַתָּמִיד וּמִנְחָתָהּ וְנִסְכָּהּ׃ וּבַיּוֹם
הַשִּׁשִּׁי פָּרִים שְׁמֹנָה אֵילִם שְׁנָיִם כְּבָשִׂים בְּנֵי־שָׁנָה אַרְבָּעָה

ל עֶשֶׂר תְּמִימִם׃ וּמִנְחָתָם וְנִסְכֵּיהֶם לַפָּרִים לָאֵילִם וְלַכְּבָשִׂים
לא בְּמִסְפָּרָם כְּמִשְׁפָּט׃ וּשְׂעִיר חַטָּאת אֶחָד מִלְּבַד עֹלַת הַתָּמִיד
לב מִנְחָתָהּ וּנְסָכֶיהָ׃ וּבַיּוֹם הַשְּׁבִיעִי פָּרִים שִׁבְעָה
לג אֵילִם שְׁנָיִם כְּבָשִׂים בְּנֵי־שָׁנָה אַרְבָּעָה עָשָׂר תְּמִימִם׃ וּמִנְחָתָם
לד וְנִסְכֵּהֶם לַפָּרִים לָאֵילִם וְלַכְּבָשִׂים בְּמִסְפָּרָם כְּמִשְׁפָּטָם׃ וּשְׂעִיר
לה חַטָּאת אֶחָד מִלְּבַד עֹלַת הַתָּמִיד מִנְחָתָהּ וְנִסְכָּהּ׃ בַּיּוֹם מפטיר
הַשְּׁמִינִי עֲצֶרֶת תִּהְיֶה לָכֶם כָּל־מְלֶאכֶת עֲבֹדָה לֹא תַעֲשׂוּ׃
לו וְהִקְרַבְתֶּם עֹלָה אִשֵּׁה רֵיחַ נִיחֹחַ לַיהוָה פַּר אֶחָד אַיִל אֶחָד
לז כְּבָשִׂים בְּנֵי־שָׁנָה שִׁבְעָה תְּמִימִם׃ מִנְחָתָם וְנִסְכֵּיהֶם לַפָּר
לח לָאַיִל וְלַכְּבָשִׂים בְּמִסְפָּרָם כַּמִּשְׁפָּט׃ וּשְׂעִיר חַטָּאת אֶחָד
לט מִלְּבַד עֹלַת הַתָּמִיד וּמִנְחָתָהּ וְנִסְכָּהּ׃ אֵלֶּה תַּעֲשׂוּ לַיהוָה
בְּמוֹעֲדֵיכֶם לְבַד מִנִּדְרֵיכֶם וְנִדְבֹתֵיכֶם לְעֹלֹתֵיכֶם וּלְמִנְחֹתֵיכֶם
ל א וּלְנִסְכֵּיכֶם וּלְשַׁלְמֵיכֶם׃ וַיֹּאמֶר מֹשֶׁה אֶל־בְּנֵי יִשְׂרָאֵל כְּכֹל
אֲשֶׁר־צִוָּה יְהוָה אֶת־מֹשֶׁה׃
ב וַיְדַבֵּר מֹשֶׁה אֶל־רָאשֵׁי הַמַּטּוֹת לִבְנֵי יִשְׂרָאֵל לֵאמֹר זֶה הַדָּבָר כו מטות
ג אֲשֶׁר צִוָּה יְהוָה׃ אִישׁ כִּי־יִדֹּר נֶדֶר לַיהוָה אוֹ־הִשָּׁבַע שְׁבֻעָה
לֶאְסֹר אִסָּר עַל־נַפְשׁוֹ לֹא יַחֵל דְּבָרוֹ כְּכָל־הַיֹּצֵא מִפִּיו יַעֲשֶׂה׃
ד וְאִשָּׁה כִּי־תִדֹּר נֶדֶר לַיהוָה וְאָסְרָה אִסָּר בְּבֵית אָבִיהָ בִּנְעֻרֶיהָ׃
ה וְשָׁמַע אָבִיהָ אֶת־נִדְרָהּ וֶאֱסָרָהּ אֲשֶׁר אָסְרָה עַל־נַפְשָׁהּ וְהֶחֱרִישׁ
לָהּ אָבִיהָ וְקָמוּ כָּל־נְדָרֶיהָ וְכָל־אִסָּר אֲשֶׁר־אָסְרָה עַל־נַפְשָׁהּ
ו יָקוּם׃ וְאִם־הֵנִיא אָבִיהָ אֹתָהּ בְּיוֹם שָׁמְעוֹ כָּל־נְדָרֶיהָ וֶאֱסָרֶיהָ
אֲשֶׁר־אָסְרָה עַל־נַפְשָׁהּ לֹא יָקוּם וַיהוָה יִסְלַח־לָהּ כִּי־הֵנִיא
ז אָבִיהָ אֹתָהּ׃ וְאִם־הָיוֹ תִהְיֶה לְאִישׁ וּנְדָרֶיהָ עָלֶיהָ אוֹ מִבְטָא
ח שְׂפָתֶיהָ אֲשֶׁר אָסְרָה עַל־נַפְשָׁהּ׃ וְשָׁמַע אִישָׁהּ בְּיוֹם שָׁמְעוֹ
וְהֶחֱרִישׁ לָהּ וְקָמוּ נְדָרֶיהָ וֶאֱסָרֶהָ אֲשֶׁר־אָסְרָה עַל־נַפְשָׁהּ
ט יָקֻמוּ׃ וְאִם בְּיוֹם שְׁמֹעַ אִישָׁהּ יָנִיא אוֹתָהּ וְהֵפֵר אֶת־נִדְרָהּ
אֲשֶׁר עָלֶיהָ וְאֵת מִבְטָא שְׂפָתֶיהָ אֲשֶׁר אָסְרָה עַל־נַפְשָׁהּ וַיהוָה

במדבר
ל

י יִסְלַח־לָהּ: וְנֵ֣דֶר אַלְמָנָ֖ה וּגְרוּשָׁ֑ה כֹּ֛ל אֲשֶׁר־אָסְרָ֥ה עַל־נַפְשָׁ֖הּ

יא יָק֥וּם עָלֶֽיהָ: וְאִם־בֵּ֣ית אִישָׁ֣הּ נָדָ֑רָה אֽוֹ־אָסְרָ֥ה אִסָּ֛ר עַל־נַפְשָׁ֖הּ

בִּשְׁבֻעָֽה: וְשָׁמַ֤ע אִישָׁהּ֙ וְהֶחֱרִ֣שׁ לָ֔הּ לֹ֥א הֵנִ֖יא אֹתָ֑הּ וְקָ֙מוּ֙ כָּל־ יב

נְדָרֶ֔יהָ וְכָל־אִסָּ֛ר אֲשֶׁר־אָסְרָ֥ה עַל־נַפְשָׁ֖הּ יָקֽוּם: וְאִם־הָפֵר֩ יג

יָפֵ֨ר אֹתָ֥ם ׀ אִישָׁהּ֮ בְּי֣וֹם שָׁמְעוֹ֒ כָּל־מוֹצָ֨א שְׂפָתֶ֥יהָ לִנְדָרֶ֛יהָ

וּלְאִסַּ֥ר נַפְשָׁ֖הּ לֹ֣א יָק֑וּם אִישָׁ֣הּ הֲפֵרָ֔ם וַֽיהֹוָ֖ה יִֽסְלַח־לָֽהּ: כָּל־ יד

נֵ֥דֶר וְכָל־שְׁבֻעַ֖ת אִסָּ֑ר לְעַנֹּ֣ת נָ֑פֶשׁ אִישָׁ֥הּ יְקִימֶ֖נּוּ וְאִישָׁ֥הּ יְפֵרֶֽנּוּ:

וְאִם־הַחֲרֵשׁ֩ יַחֲרִ֨ישׁ לָ֤הּ אִישָׁהּ֙ מִיּ֣וֹם אֶל־י֔וֹם וְהֵקִים֙ אֶת־כָּל־ טו

נְדָרֶ֔יהָ א֥וֹ אֶת־כָּל־אֱסָרֶ֖יהָ אֲשֶׁ֣ר עָלֶ֑יהָ הֵקִ֣ים אֹתָ֔ם כִּי־הֶחֱרִ֥שׁ

לָ֖הּ בְּי֥וֹם שָׁמְעֽוֹ: וְאִם־הָפֵ֥ר יָפֵ֛ר אֹתָ֖ם אַחֲרֵ֣י שָׁמְע֑וֹ וְנָשָׂ֖א אֶת־ טז

עֲוֺנָֽהּ: אֵ֣לֶּה הַֽחֻקִּ֗ים אֲשֶׁ֨ר צִוָּ֤ה יְהֹוָה֙ אֶת־מֹשֶׁ֔ה בֵּ֥ין אִ֖ישׁ יז

לְאִשְׁתּ֑וֹ בֵּֽין־אָ֣ב לְבִתּ֔וֹ בִּנְעֻרֶ֖יהָ בֵּ֥ית אָבִֽיהָ:

שני כז וַיְדַבֵּ֥ר יְהֹוָ֖ה אֶל־מֹשֶׁ֥ה לֵּאמֹֽר: נְקֹ֗ם נִקְמַת֙ בְּנֵ֣י יִשְׂרָאֵ֔ל מֵאֵ֖ת **לא**

הַמִּדְיָנִ֑ים אַחַ֖ר תֵּאָסֵ֥ף אֶל־עַמֶּֽיךָ: וַיְדַבֵּ֤ר מֹשֶׁה֙ אֶל־הָעָ֣ם לֵאמֹ֔ר ג

הֵחָלְצ֧וּ מֵאִתְּכֶ֛ם אֲנָשִׁ֖ים לַצָּבָ֑א וְיִֽהְיוּ֙ עַל־מִדְיָ֔ן לָתֵ֥ת נִקְמַת־

יְהֹוָ֖ה בְּמִדְיָֽן: אֶ֚לֶף לַמַּטֶּ֔ה אֶ֖לֶף לַמַּטֶּ֑ה לְכֹל֙ מַטּ֣וֹת יִשְׂרָאֵ֔ל ד

תִּשְׁלְח֖וּ לַצָּבָֽא: וַיִּמָּֽסְרוּ֙ מֵאַלְפֵ֣י יִשְׂרָאֵ֔ל אֶ֖לֶף לַמַּטֶּ֑ה שְׁנֵים־ ה

עָשָׂ֥ר אֶ֖לֶף חֲלוּצֵ֥י צָבָֽא: וַיִּשְׁלַ֨ח אֹתָ֥ם מֹשֶׁ֛ה אֶ֥לֶף לַמַּטֶּ֖ה לַצָּבָ֑א ו

אֹ֠תָ֠ם וְאֶת־פִּ֨ינְחָ֜ס בֶּן־אֶלְעָזָ֤ר הַכֹּהֵן֙ לַצָּבָ֔א וּכְלֵ֥י הַקֹּ֛דֶשׁ וַחֲצֹצְר֥וֹת

הַתְּרוּעָ֖ה בְּיָדֽוֹ: וַֽיִּצְבְּאוּ֙ עַל־מִדְיָ֔ן כַּאֲשֶׁ֛ר צִוָּ֥ה יְהֹוָ֖ה אֶת־מֹשֶׁ֑ה ז

וַיַּֽהַרְג֖וּ כָּל־זָכָֽר: וְאֶת־מַלְכֵ֣י מִדְיָ֗ן הָרְג֣וּ עַל־חַלְלֵיהֶ֔ם אֶת־אֱוִ֤י ח

וְאֶת־רֶ֙קֶם֙ וְאֶת־צ֣וּר וְאֶת־ח֗וּר וְאֶת־רֶ֔בַע חֲמֵ֖שֶׁת מַלְכֵ֣י מִדְיָ֑ן

וְאֵת֙ בִּלְעָ֣ם בֶּן־בְּע֔וֹר הָרְג֖וּ בֶּחָֽרֶב: וַיִּשְׁבּ֧וּ בְנֵֽי־יִשְׂרָאֵ֛ל אֶת־ ט

נְשֵׁ֥י מִדְיָ֖ן וְאֶת־טַפָּ֑ם וְאֵ֨ת כָּל־בְּהֶמְתָּ֧ם וְאֶת־כָּל־מִקְנֵהֶ֛ם וְאֶת־

כָּל־חֵילָ֖ם בָּזָֽזוּ: וְאֵ֤ת כָּל־עָרֵיהֶם֙ בְּמ֣וֹשְׁבֹתָ֔ם וְאֵ֖ת כָּל־טִֽירֹתָ֑ם י

שָׂרְפ֖וּ בָּאֵֽשׁ: וַיִּקְחוּ֙ אֶת־כָּל־הַשָּׁלָ֔ל וְאֵ֖ת כָּל־הַמַּלְק֑וֹחַ בָּאָדָ֖ם יא

וּבַבְּהֵמָֽה: וַיָּבִ֡אוּ אֶל־מֹשֶׁה֩ וְאֶל־אֶלְעָזָ֨ר הַכֹּהֵ֜ן וְאֶל־עֲדַ֣ת בְּנֵֽי־ יב

לא   מטות

יִשְׂרָאֵל אֶת־הַשְּׁבִי וְאֶת־הַמַּלְק֖וֹחַ וְאֶת־הַשָּׁלָ֑ל אֶל־הַֽמַּחֲנֶ֕ה

שלישי
/שני/

יב אֶל־עַֽרְבֹ֣ת מוֹאָ֔ב אֲשֶׁ֖ר עַל־יַרְדֵּ֥ן יְרֵחֽוֹ׃ **וַיֵּ֨צְא֜וּ**

מֹשֶׁ֨ה וְאֶלְעָזָ֤ר הַכֹּהֵן֙ וְכׇל־נְשִׂיאֵ֣י הָעֵדָ֔ה לִקְרָאתָ֖ם אֶל־מִח֥וּץ

יד לַֽמַּחֲנֶֽה׃ וַיִּקְצֹ֣ף מֹשֶׁ֔ה עַ֖ל פְּקוּדֵ֣י הֶחָ֑יִל שָׂרֵ֤י הָֽאֲלָפִים֙ וְשָׂרֵ֣י

טו הַמֵּא֔וֹת הַבָּאִ֖ים מִצְּבָ֥א הַמִּלְחָמָֽה׃ וַיֹּ֥אמֶר אֲלֵיהֶ֖ם מֹשֶׁ֑ה

טז הַֽחִיִּיתֶ֖ם כׇּל־נְקֵבָֽה׃ הֵ֣ן הֵ֜נָּה הָי֨וּ לִבְנֵ֤י יִשְׂרָאֵל֙ בִּדְבַ֣ר בִּלְעָ֔ם

לִמְסׇר־מַ֥עַל בַּֽיהֹוָ֖ה עַל־דְּבַר־פְּע֑וֹר וַתְּהִ֥י הַמַּגֵּפָ֖ה בַּעֲדַ֥ת יְהֹוָֽה׃

יז וְעַתָּ֕ה הִרְג֥וּ כׇל־זָכָ֖ר בַּטָּ֑ף וְכׇל־אִשָּׁ֗ה יֹדַ֥עַת אִ֛ישׁ לְמִשְׁכַּ֥ב

יח זָכָ֖ר הֲרֹֽגוּ׃ וְכֹל֙ הַטַּ֣ף בַּנָּשִׁ֔ים אֲשֶׁ֥ר לֹא־יָדְע֖וּ מִשְׁכַּ֣ב זָכָ֑ר הַחֲי֖וּ

יט לָכֶֽם׃ וְאַתֶּ֗ם חֲנ֛וּ מִח֥וּץ לַֽמַּחֲנֶ֖ה שִׁבְעַ֣ת יָמִ֑ים כֹּל֩ הֹרֵ֨ג נֶ֜פֶשׁ

וְכֹ֣ל ׀ נֹגֵ֣עַ בֶּֽחָלָ֗ל תִּֽתְחַטְּא֞וּ בַּיּ֤וֹם הַשְּׁלִישִׁי֙ וּבַיּ֣וֹם הַשְּׁבִיעִ֔י אַתֶּ֖ם

כ וּשְׁבִֽיכֶֽם׃ וְכׇל־בֶּ֧גֶד וְכׇל־כְּלִי־ע֛וֹר וְכׇל־מַעֲשֵׂ֥ה עִזִּ֖ים וְכׇל־כְּלִי־

כא עֵ֑ץ תִּתְחַטָּֽאוּ׃   וַיֹּ֨אמֶר אֶלְעָזָ֤ר הַכֹּהֵן֙ אֶל־אַנְשֵׁ֣י

הַצָּבָ֔א הַבָּאִ֖ים לַמִּלְחָמָ֑ה זֹ֚את חֻקַּ֣ת הַתּוֹרָ֔ה אֲשֶׁר־צִוָּ֥ה יְהֹוָ֖ה

כב אֶת־מֹשֶֽׁה׃ אַ֥ךְ אֶת־הַזָּהָ֖ב וְאֶת־הַכָּ֑סֶף אֶֽת־הַנְּחֹ֨שֶׁת֙ אֶת־הַבַּרְזֶ֔ל

כג אֶֽת־הַבְּדִ֖יל וְאֶת־הָֽעֹפָֽרֶת׃ כׇּל־דָּבָ֞ר אֲשֶׁר־יָבֹ֣א בָאֵ֗שׁ תַּעֲבִ֤ירוּ

בָאֵשׁ֙ וְטָהֵ֔ר אַ֕ךְ בְּמֵ֥י נִדָּ֖ה יִתְחַטָּ֑א וְכֹ֨ל אֲשֶׁ֧ר לֹֽא־יָבֹ֛א בָּאֵ֖שׁ

כד תַּעֲבִ֥ירוּ בַמָּֽיִם׃ וְכִבַּסְתֶּ֧ם בִּגְדֵיכֶ֛ם בַּיּ֥וֹם הַשְּׁבִיעִ֖י וּטְהַרְתֶּ֑ם

כה וְאַחַ֖ר תָּבֹ֥אוּ אֶל־הַֽמַּחֲנֶֽה׃   וַיֹּ֥אמֶר יְהֹוָ֖ה אֶל־ כח רביעי

כו מֹשֶׁ֥ה לֵּאמֹֽר׃ שָׂ֗א אֵ֣ת רֹ֤אשׁ מַלְק֨וֹחַ֙ הַשְּׁבִ֔י בָּאָדָ֖ם וּבַבְּהֵמָ֑ה

כז אַתָּה֙ וְאֶלְעָזָ֣ר הַכֹּהֵ֔ן וְרָאשֵׁ֖י אֲב֥וֹת הָעֵדָֽה׃ וְחָצִ֙יתָ֙ אֶת־הַמַּלְק֔וֹחַ

כח בֵּ֚ין תֹּפְשֵׂ֣י הַמִּלְחָמָ֔ה הַיֹּצְאִ֖ים לַצָּבָ֑א וּבֵ֖ין כׇּל־הָעֵדָֽה׃ וַהֲרֵמֹתָ֨

מֶ֜כֶס לַֽיהֹוָ֗ה מֵאֵ֞ת אַנְשֵׁ֤י הַמִּלְחָמָה֙ הַיֹּצְאִ֣ים לַצָּבָ֔א אֶחָ֣ד נֶ֔פֶשׁ

מֵחֲמֵ֖שׁ הַמֵּא֑וֹת מִן־הָֽאָדָם֙ וּמִן־הַבָּקָ֔ר וּמִן־הַחֲמֹרִ֖ים וּמִן־הַצֹּֽאן׃

כט מִמַּֽחֲצִיתָ֖ם תִּקָּ֑חוּ וְנָתַתָּ֛ה לְאֶלְעָזָ֥ר הַכֹּהֵ֖ן תְּרוּמַ֥ת יְהֹוָֽה׃

ל וּמִמַּֽחֲצִ֨ת בְּנֵֽי־יִשְׂרָאֵ֜ל תִּקַּ֣ח ׀ אֶחָ֣ד ׀ אָחֻ֣ז מִן־הַחֲמִשִּׁ֗ים מִן־הָאָדָ֧ם

מִן־הַבָּקָ֛ר מִן־הַחֲמֹרִ֥ים וּמִן־הַצֹּ֖אן מִכׇּל־הַבְּהֵמָ֑ה וְנָתַתָּ֤ה אֹתָם֙

לֹא

לַלְוִיִּם שֹׁמְרֵי מִשְׁמֶ֫רֶת מִשְׁכַּ֣ן יְהֹוָ֑ה וַיַּ֤עַשׂ מֹשֶׁה֙ וְאֶלְעָזָ֣ר הַכֹּהֵ֔ן לא
כַּאֲשֶׁ֛ר צִוָּ֥ה יְהֹוָ֖ה אֶת־מֹשֶֽׁה: וַיְהִי֙ הַמַּלְק֔וֹחַ יֶ֖תֶר הַבָּ֑ז אֲשֶׁ֥ר בָּזְז֖וּ לב
עַ֣ם הַצָּבָ֑א צֹ֗אן שֵׁשׁ־מֵא֥וֹת אֶ֙לֶף֙ וְשִׁבְעִ֣ים אֶ֔לֶף וַחֲמֵ֖שֶׁת אֲלָפִֽים:
וּבָקָ֕ר שְׁנַ֥יִם וְשִׁבְעִ֖ים אָֽלֶף: וַחֲמֹרִ֕ים אֶחָ֥ד וְשִׁשִּׁ֖ים אָ֑לֶף: וְנֶ֣פֶשׁ לג לד
אָדָ֗ם מִן־הַנָּשִׁים֙ אֲשֶׁ֣ר לֹא־יָֽדְע֖וּ מִשְׁכַּ֣ב זָכָ֑ר כׇּל־נֶ֕פֶשׁ שְׁנַ֥יִם
וּשְׁלֹשִׁ֖ים אָֽלֶף: וַתְּהִי֙ הַֽמֶּחֱצָ֔ה חֵ֖לֶק הַיֹּצְאִ֣ים בַּצָּבָ֑א מִסְפַּ֣ר לה לו
הַצֹּ֗אן שְׁלֹשׁ־מֵא֥וֹת אֶ֙לֶף֙ וּשְׁלֹשִׁ֣ים אֶ֔לֶף וְשִׁבְעַ֥ת אֲלָפִ֖ים וַחֲמֵ֥שׁ
מֵאֽוֹת: וַיְהִ֛י הַמֶּ֖כֶס לַיהֹוָ֑ה מִן־הַצֹּ֕אן שֵׁ֥שׁ מֵא֖וֹת חָמֵ֥שׁ וְשִׁבְעִֽים: לז
וְהַ֨בָּקָ֔ר שִׁשָּׁ֥ה וּשְׁלֹשִׁ֖ים אָ֑לֶף וּמִכְסָ֣ם לַֽיהֹוָ֔ה שְׁנַ֖יִם וְשִׁבְעִֽים: לח
וַחֲמֹרִ֕ים שְׁלֹשִׁ֥ים אֶ֖לֶף וַחֲמֵ֣שׁ מֵא֑וֹת וּמִכְסָ֣ם לַֽיהֹוָ֔ה אֶחָ֥ד וְשִׁשִּֽׁים: לט
וְנֶ֣פֶשׁ אָדָ֗ם שִׁשָּׁ֥ה עָשָׂ֖ר אָ֑לֶף וּמִכְסָם֙ לַֽיהֹוָ֔ה שְׁנַ֥יִם וּשְׁלֹשִׁ֖ים נָֽפֶשׁ: מ
וַיִּתֵּ֣ן מֹשֶׁ֗ה אֶת־מֶ֙כֶס֙ תְּרוּמַ֣ת יְהֹוָ֔ה לְאֶלְעָזָ֖ר הַכֹּהֵ֑ן כַּאֲשֶׁ֛ר צִוָּ֥ה מא
יְהֹוָ֖ה אֶת־מֹשֶֽׁה: וּמִֽמַּחֲצִ֖ית בְּנֵ֣י יִשְׂרָאֵ֑ל אֲשֶׁר֙ חָצָ֣ה מֹשֶׁ֔ה מִן־ חמישי מב
הָאֲנָשִׁ֖ים הַצֹּבְאִֽים: וַתְּהִ֛י מֶחֱצַ֥ת הָעֵדָ֖ה מִן־הַצֹּ֑אן שְׁלֹשׁ־מֵא֥וֹת מג
אֶ֙לֶף֙ וּשְׁלֹשִׁ֣ים אֶ֔לֶף שִׁבְעַ֥ת אֲלָפִ֖ים וַחֲמֵ֥שׁ מֵאֽוֹת: וּבָקָ֕ר שִׁשָּׁ֥ה מד
וּשְׁלֹשִׁ֖ים אָֽלֶף: וַחֲמֹרִ֕ים שְׁלֹשִׁ֥ים אֶ֖לֶף וַחֲמֵ֥שׁ מֵאֽוֹת: וְנֶ֣פֶשׁ אָדָ֔ם מה מו
שִׁשָּׁ֥ה עָשָׂ֖ר אָֽלֶף: וַיִּקַּ֨ח מֹשֶׁ֜ה מִמַּחֲצִ֣ת בְּנֵֽי־יִשְׂרָאֵ֗ל אֶת־הָֽאָחֻז֙ מז
אֶחָ֣ד מִן־הַחֲמִשִּׁ֔ים מִן־הָֽאָדָ֖ם וּמִן־הַבְּהֵמָ֑ה וַיִּתֵּ֨ן אֹתָ֜ם לַלְוִיִּ֗ם
שֹׁמְרֵי֙ מִשְׁמֶ֙רֶת֙ מִשְׁכַּ֣ן יְהֹוָ֔ה כַּאֲשֶׁ֛ר צִוָּ֥ה יְהֹוָ֖ה אֶת־מֹשֶֽׁה:
וַֽיִּקְרְבוּ֙ אֶל־מֹשֶׁ֔ה הַפְּקֻדִ֕ים אֲשֶׁ֖ר לְאַלְפֵ֣י הַצָּבָ֑א שָׂרֵ֥י הָאֲלָפִ֖ים מח
וְשָׂרֵ֥י הַמֵּאֽוֹת: וַיֹּֽאמְרוּ֙ אֶל־מֹשֶׁ֔ה עֲבָדֶ֣יךָ נָֽשְׂא֔וּ אֶת־רֹ֖אשׁ מט
אַנְשֵׁ֣י הַמִּלְחָמָ֖ה אֲשֶׁ֣ר בְּיָדֵ֑נוּ וְלֹא־נִפְקַ֥ד מִמֶּ֖נּוּ אִֽישׁ: וַנַּקְרֵ֞ב נ
אֶת־קׇרְבַּ֣ן יְהֹוָ֗ה אִישׁ֩ אֲשֶׁ֨ר מָצָ֤א כְלִֽי־זָהָב֙ אֶצְעָדָ֣ה וְצָמִ֔יד
טַבַּ֙עַת֙ עָגִ֣יל וְכוּמָ֔ז לְכַפֵּ֥ר עַל־נַפְשֹׁתֵ֖ינוּ לִפְנֵ֥י יְהֹוָֽה: וַיִּקַּ֨ח מֹשֶׁ֜ה נא
וְאֶלְעָזָ֧ר הַכֹּהֵ֛ן אֶת־הַזָּהָ֖ב מֵֽאִתָּ֑ם כֹּ֖ל כְּלִ֥י מַעֲשֶֽׂה: וַיְהִ֣י ׀ כׇּל־ נב
זְהַ֣ב הַתְּרוּמָ֗ה אֲשֶׁ֤ר הֵרִ֙ימוּ֙ לַֽיהֹוָ֔ה שִׁשָּׁ֥ה עָשָׂ֛ר אֶ֖לֶף שְׁבַֽע־
מֵא֥וֹת וַחֲמִשִּׁ֖ים שָׁ֑קֶל מֵאֵת֙ שָׂרֵ֣י הָֽאֲלָפִ֔ים וּמֵאֵ֖ת שָׂרֵ֥י הַמֵּאֽוֹת:

נג נד אַנְשֵׁי הַצָּבָא בָּזְזוּ אִישׁ לוֹ: וַיִּקַּח מֹשֶׁה וְאֶלְעָזָר הַכֹּהֵן אֶת־הַזָּהָב
מֵאֵת שָׂרֵי הָאֲלָפִים וְהַמֵּאוֹת וַיָּבִאוּ אֹתוֹ אֶל־אֹהֶל מוֹעֵד זִכָּרוֹן
לִבְנֵי־יִשְׂרָאֵל לִפְנֵי יהוה:
לב א וּמִקְנֶה ׀ רַב הָיָה לִבְנֵי רְאוּבֵן וְלִבְנֵי־גָד עָצוּם מְאֹד וַיִּרְאוּ אֶת־ כט ששי /שלישי/
ב אֶרֶץ יַעְזֵר וְאֶת־אֶרֶץ גִּלְעָד וְהִנֵּה הַמָּקוֹם מְקוֹם מִקְנֶה: וַיָּבֹאוּ
בְנֵי־גָד וּבְנֵי רְאוּבֵן וַיֹּאמְרוּ אֶל־מֹשֶׁה וְאֶל־אֶלְעָזָר הַכֹּהֵן וְאֶל־
ג נְשִׂיאֵי הָעֵדָה לֵאמֹר: עֲטָרוֹת וְדִיבֹן וְיַעְזֵר וְנִמְרָה וְחֶשְׁבּוֹן
ד וְאֶלְעָלֵה וּשְׂבָם וּנְבוֹ וּבְעֹן: הָאָרֶץ אֲשֶׁר הִכָּה יהוה לִפְנֵי עֲדַת
ה יִשְׂרָאֵל אֶרֶץ מִקְנֶה הִוא וְלַעֲבָדֶיךָ מִקְנֶה: וַיֹּאמְרוּ
אִם־מָצָאנוּ חֵן בְּעֵינֶיךָ יֻתַּן אֶת־הָאָרֶץ הַזֹּאת לַעֲבָדֶיךָ לַאֲחֻזָּה
ו אַל־תַּעֲבִרֵנוּ אֶת־הַיַּרְדֵּן: וַיֹּאמֶר מֹשֶׁה לִבְנֵי־גָד וְלִבְנֵי רְאוּבֵן
ז הַאַחֵיכֶם יָבֹאוּ לַמִּלְחָמָה וְאַתֶּם תֵּשְׁבוּ פֹה: וְלָמָּה תנואון אֶת־ תְנִיאוּן
ח לֵב בְּנֵי יִשְׂרָאֵל מֵעֲבֹר אֶל־הָאָרֶץ אֲשֶׁר־נָתַן לָהֶם יהוה: כֹּה
עָשׂוּ אֲבֹתֵיכֶם בְּשָׁלְחִי אֹתָם מִקָּדֵשׁ בַּרְנֵעַ לִרְאוֹת אֶת־הָאָרֶץ:
ט וַיַּעֲלוּ עַד־נַחַל אֶשְׁכּוֹל וַיִּרְאוּ אֶת־הָאָרֶץ וַיָּנִיאוּ אֶת־לֵב בְּנֵי
י יִשְׂרָאֵל לְבִלְתִּי־בֹא אֶל־הָאָרֶץ אֲשֶׁר־נָתַן לָהֶם יהוה: וַיִּחַר־אַף
יא יהוה בַּיּוֹם הַהוּא וַיִּשָּׁבַע לֵאמֹר: אִם־יִרְאוּ הָאֲנָשִׁים הָעֹלִים
מִמִּצְרַיִם מִבֶּן עֶשְׂרִים שָׁנָה וָמַעְלָה אֵת הָאֲדָמָה אֲשֶׁר נִשְׁבַּעְתִּי
יב לְאַבְרָהָם לְיִצְחָק וּלְיַעֲקֹב כִּי לֹא־מִלְאוּ אַחֲרָי: בִּלְתִּי כָּלֵב
יג בֶּן־יְפֻנֶּה הַקְּנִזִּי וִיהוֹשֻׁעַ בִּן־נוּן כִּי מִלְאוּ אַחֲרֵי יהוה: וַיִּחַר־
אַף יהוה בְּיִשְׂרָאֵל וַיְנִעֵם בַּמִּדְבָּר אַרְבָּעִים שָׁנָה עַד־תֹּם כָּל־
יד הַדּוֹר הָעֹשֶׂה הָרַע בְּעֵינֵי יהוה: וְהִנֵּה קַמְתֶּם תַּחַת אֲבֹתֵיכֶם
תַּרְבּוּת אֲנָשִׁים חַטָּאִים לִסְפּוֹת עוֹד עַל חֲרוֹן אַף־יהוה אֶל־
טו יִשְׂרָאֵל: כִּי תְשׁוּבֻן מֵאַחֲרָיו וְיָסַף עוֹד לְהַנִּיחוֹ בַּמִּדְבָּר וְשִׁחַתֶּם
טז לְכָל־הָעָם הַזֶּה: וַיִּגְּשׁוּ אֵלָיו וַיֹּאמְרוּ גִּדְרֹת צֹאן
יז נִבְנֶה לְמִקְנֵנוּ פֹּה וְעָרִים לְטַפֵּנוּ: וַאֲנַחְנוּ נֵחָלֵץ חֻשִׁים לִפְנֵי בְּנֵי
יִשְׂרָאֵל עַד אֲשֶׁר אִם־הֲבִיאֹנֻם אֶל־מְקוֹמָם וְיָשַׁב טַפֵּנוּ בְּעָרֵי

יח הַמִּבְצָר מִפְּנֵי יֹשְׁבֵי הָאָרֶץ: לֹא נָשׁוּב אֶל־בָּתֵּינוּ עַד הִתְנַחֵל בְּנֵי
יט יִשְׂרָאֵל אִישׁ נַחֲלָתוֹ: כִּי לֹא נִנְחַל אִתָּם מֵעֵבֶר לַיַּרְדֵּן וָהָלְאָה
כִּי בָאָה נַחֲלָתֵנוּ אֵלֵינוּ מֵעֵבֶר הַיַּרְדֵּן מִזְרָחָה:
שביעי /רביעי/ כ וַיֹּאמֶר אֲלֵיהֶם מֹשֶׁה אִם־תַּעֲשׂוּן אֶת־הַדָּבָר הַזֶּה אִם־תֵּחָלְצוּ
כא לִפְנֵי יְהוָה לַמִּלְחָמָה: וְעָבַר לָכֶם כָּל־חָלוּץ אֶת־הַיַּרְדֵּן לִפְנֵי
כב יְהוָה עַד הוֹרִישׁוֹ אֶת־אֹיְבָיו מִפָּנָיו: וְנִכְבְּשָׁה הָאָרֶץ לִפְנֵי יְהוָה
וְאַחַר תָּשֻׁבוּ וִהְיִיתֶם נְקִיִּם מֵיְהוָה וּמִיִּשְׂרָאֵל וְהָיְתָה הָאָרֶץ
כג הַזֹּאת לָכֶם לַאֲחֻזָּה לִפְנֵי יְהוָה: וְאִם־לֹא תַעֲשׂוּן כֵּן הִנֵּה חֲטָאתֶם
כד לַיהוָה וּדְעוּ חַטַּאתְכֶם אֲשֶׁר תִּמְצָא אֶתְכֶם: בְּנוּ־לָכֶם עָרִים
כה לְטַפְּכֶם וּגְדֵרֹת לְצֹנַאֲכֶם וְהַיֹּצֵא מִפִּיכֶם תַּעֲשׂוּ: וַיֹּאמֶר בְּנֵי־
גָד וּבְנֵי רְאוּבֵן אֶל־מֹשֶׁה לֵאמֹר עֲבָדֶיךָ יַעֲשׂוּ כַּאֲשֶׁר אֲדֹנִי
כו מְצַוֶּה: טַפֵּנוּ נָשֵׁינוּ מִקְנֵנוּ וְכָל־בְּהֶמְתֵּנוּ יִהְיוּ־שָׁם בְּעָרֵי הַגִּלְעָד:
כז וַעֲבָדֶיךָ יַעַבְרוּ כָּל־חֲלוּץ צָבָא לִפְנֵי יְהוָה לַמִּלְחָמָה כַּאֲשֶׁר
כח אֲדֹנִי דֹּבֵר: וַיְצַו לָהֶם מֹשֶׁה אֵת אֶלְעָזָר הַכֹּהֵן וְאֵת יְהוֹשֻׁעַ
כט בִּן־נוּן וְאֶת־רָאשֵׁי אֲבוֹת הַמַּטּוֹת לִבְנֵי יִשְׂרָאֵל: וַיֹּאמֶר מֹשֶׁה
אֲלֵהֶם אִם־יַעַבְרוּ בְנֵי־גָד וּבְנֵי־רְאוּבֵן ׀ אִתְּכֶם אֶת־הַיַּרְדֵּן כָּל־
חָלוּץ לַמִּלְחָמָה לִפְנֵי יְהוָה וְנִכְבְּשָׁה הָאָרֶץ לִפְנֵיכֶם וּנְתַתֶּם
ל לָהֶם אֶת־אֶרֶץ הַגִּלְעָד לַאֲחֻזָּה: וְאִם־לֹא יַעַבְרוּ חֲלוּצִים אִתְּכֶם
לא וְנֹאחֲזוּ בְתֹכְכֶם בְּאֶרֶץ כְּנָעַן: וַיַּעֲנוּ בְנֵי־גָד וּבְנֵי רְאוּבֵן לֵאמֹר
לב אֵת אֲשֶׁר דִּבֶּר יְהוָה אֶל־עֲבָדֶיךָ כֵּן נַעֲשֶׂה: נַחְנוּ נַעֲבֹר חֲלוּצִים
לִפְנֵי יְהוָה אֶרֶץ כְּנָעַן וְאִתָּנוּ אֲחֻזַּת נַחֲלָתֵנוּ מֵעֵבֶר לַיַּרְדֵּן:
לג וַיִּתֵּן לָהֶם ׀ מֹשֶׁה לִבְנֵי־גָד וְלִבְנֵי רְאוּבֵן וְלַחֲצִי ׀ שֵׁבֶט ׀ מְנַשֶּׁה
בֶן־יוֹסֵף אֶת־מַמְלֶכֶת סִיחֹן מֶלֶךְ הָאֱמֹרִי וְאֶת־מַמְלֶכֶת עוֹג
לד מֶלֶךְ הַבָּשָׁן הָאָרֶץ לְעָרֶיהָ בִּגְבֻלֹת עָרֵי הָאָרֶץ סָבִיב: וַיִּבְנוּ
לה בְנֵי־גָד אֶת־דִּיבֹן וְאֶת־עֲטָרֹת וְאֵת עֲרֹעֵר: וְאֶת־עַטְרֹת שׁוֹפָן
לו וְאֶת־יַעְזֵר וְיָגְבְּהָה: וְאֶת־בֵּית נִמְרָה וְאֶת־בֵּית הָרָן עָרֵי מִבְצָר
לז וְגִדְרֹת צֹאן: וּבְנֵי רְאוּבֵן בָּנוּ אֶת־חֶשְׁבּוֹן וְאֶת־אֶלְעָלֵא וְאֵת

לח קִרְיָתָיִם: וְאֶת־נְבוֹ וְאֶת־בַּעַל מְעוֹן מוּסַבֹּת שֵׁם וְאֶת־שִׂבְמָה
לט וַיִּקְרְאוּ בְשֵׁמֹת אֶת־שְׁמוֹת הֶעָרִים אֲשֶׁר בָּנוּ: וַיֵּלְכוּ בְּנֵי
מָכִיר בֶּן־מְנַשֶּׁה גִּלְעָדָה וַיִּלְכְּדֻהָ וַיּוֹרֶשׁ אֶת־הָאֱמֹרִי אֲשֶׁר־
מ בָּהּ: וַיִּתֵּן מֹשֶׁה אֶת־הַגִּלְעָד לְמָכִיר בֶּן־מְנַשֶּׁה וַיֵּשֶׁב בָּהּ: מפטיר
מא וְיָאִיר בֶּן־מְנַשֶּׁה הָלַךְ וַיִּלְכֹּד אֶת־חַוֹּתֵיהֶם וַיִּקְרָא אֶתְהֶן חַוֹּת
מב יָאִיר: וְנֹבַח הָלַךְ וַיִּלְכֹּד אֶת־קְנָת וְאֶת־בְּנֹתֶיהָ וַיִּקְרָא לָה
נֹבַח בִּשְׁמוֹ:

לג א אֵלֶּה מַסְעֵי בְנֵי־יִשְׂרָאֵל אֲשֶׁר יָצְאוּ מֵאֶרֶץ מִצְרַיִם לְצִבְאֹתָם ל מסעי
ב בְּיַד־מֹשֶׁה וְאַהֲרֹן: וַיִּכְתֹּב מֹשֶׁה אֶת־מוֹצָאֵיהֶם לְמַסְעֵיהֶם
ג עַל־פִּי יְהוָה וְאֵלֶּה מַסְעֵיהֶם לְמוֹצָאֵיהֶם: וַיִּסְעוּ מֵרַעְמְסֵס
בַּחֹדֶשׁ הָרִאשׁוֹן בַּחֲמִשָּׁה עָשָׂר יוֹם לַחֹדֶשׁ הָרִאשׁוֹן מִמָּחֳרַת
ד הַפֶּסַח יָצְאוּ בְנֵי־יִשְׂרָאֵל בְּיָד רָמָה לְעֵינֵי כָּל־מִצְרָיִם: וּמִצְרַיִם
מְקַבְּרִים אֵת אֲשֶׁר הִכָּה יְהוָה בָּהֶם כָּל־בְּכוֹר וּבֵאלֹהֵיהֶם
ה עָשָׂה יְהוָה שְׁפָטִים: וַיִּסְעוּ בְנֵי־יִשְׂרָאֵל מֵרַעְמְסֵס וַיַּחֲנוּ בְּסֻכֹּת:
ו ז וַיִּסְעוּ מִסֻּכֹּת וַיַּחֲנוּ בְאֵתָם אֲשֶׁר בִּקְצֵה הַמִּדְבָּר: וַיִּסְעוּ מֵאֵתָם
וַיָּשָׁב עַל־פִּי הַחִירֹת אֲשֶׁר עַל־פְּנֵי בַּעַל צְפוֹן וַיַּחֲנוּ לִפְנֵי מִגְדֹּל:
ח וַיִּסְעוּ מִפְּנֵי הַחִירֹת וַיַּעַבְרוּ בְתוֹךְ־הַיָּם הַמִּדְבָּרָה וַיֵּלְכוּ דֶּרֶךְ
ט שְׁלֹשֶׁת יָמִים בְּמִדְבַּר אֵתָם וַיַּחֲנוּ בְּמָרָה: וַיִּסְעוּ מִמָּרָה וַיָּבֹאוּ
אֵילִמָה וּבְאֵילִם שְׁתֵּים עֶשְׂרֵה עֵינֹת מַיִם וְשִׁבְעִים תְּמָרִים
י יא וַיַּחֲנוּ־שָׁם: וַיִּסְעוּ מֵאֵילִם וַיַּחֲנוּ עַל־יַם־סוּף: וַיִּסְעוּ מִיַּם־סוּף שני
יב יג וַיַּחֲנוּ בְּמִדְבַּר־סִין: וַיִּסְעוּ מִמִּדְבַּר־סִין וַיַּחֲנוּ בְּדָפְקָה: וַיִּסְעוּ
יד מִדָּפְקָה וַיַּחֲנוּ בְּאָלוּשׁ: וַיִּסְעוּ מֵאָלוּשׁ וַיַּחֲנוּ בִּרְפִידִם וְלֹא־
טו הָיָה שָׁם מַיִם לָעָם לִשְׁתּוֹת: וַיִּסְעוּ מֵרְפִידִם וַיַּחֲנוּ בְּמִדְבַּר
טז יז סִינָי: וַיִּסְעוּ מִמִּדְבַּר סִינָי וַיַּחֲנוּ בְּקִבְרֹת הַתַּאֲוָה: וַיִּסְעוּ מִקִּבְרֹת
יח יט הַתַּאֲוָה וַיַּחֲנוּ בַּחֲצֵרֹת: וַיִּסְעוּ מֵחֲצֵרֹת וַיַּחֲנוּ בְּרִתְמָה: וַיִּסְעוּ
כ מֵרִתְמָה וַיַּחֲנוּ בְּרִמֹּן פָּרֶץ: וַיִּסְעוּ מֵרִמֹּן פָּרֶץ וַיַּחֲנוּ בְּלִבְנָה:
כא כב וַיִּסְעוּ מִלִּבְנָה וַיַּחֲנוּ בְּרִסָּה: וַיִּסְעוּ מֵרִסָּה וַיַּחֲנוּ בִּקְהֵלָתָה:

כג כד וַיִּסְעוּ מִקְּהֵלָתָה וַיַּחֲנוּ בְּהַר־שָׁפֶר׃ וַיִּסְעוּ מֵהַר־שָׁפֶר וַיַּחֲנוּ
כה כו בַּחֲרָדָה׃ וַיִּסְעוּ מֵחֲרָדָה וַיַּחֲנוּ בְּמַקְהֵלֹת׃ וַיִּסְעוּ מִמַּקְהֵלֹת
כז כח וַיַּחֲנוּ בְּתָחַת׃ וַיִּסְעוּ מִתָּחַת וַיַּחֲנוּ בְּתָרַח׃ וַיִּסְעוּ מִתָּרַח וַיַּחֲנוּ
כט ל בְּמִתְקָה׃ וַיִּסְעוּ מִמִּתְקָה וַיַּחֲנוּ בְּחַשְׁמֹנָה׃ וַיִּסְעוּ מֵחַשְׁמֹנָה
לא לב וַיַּחֲנוּ בְּמֹסֵרוֹת׃ וַיִּסְעוּ מִמֹּסֵרוֹת וַיַּחֲנוּ בִּבְנֵי יַעֲקָן׃ וַיִּסְעוּ מִבְּנֵי
לג יַעֲקָן וַיַּחֲנוּ בְּחֹר הַגִּדְגָּד׃ וַיִּסְעוּ מֵחֹר הַגִּדְגָּד וַיַּחֲנוּ בְּיָטְבָתָה׃
לד לה וַיִּסְעוּ מִיָּטְבָתָה וַיַּחֲנוּ בְּעַבְרֹנָה׃ וַיִּסְעוּ מֵעַבְרֹנָה וַיַּחֲנוּ בְּעֶצְיֹן
לו לז גָּבֶר׃ וַיִּסְעוּ מֵעֶצְיֹן גָּבֶר וַיַּחֲנוּ בְמִדְבַּר־צִן הִוא קָדֵשׁ׃ וַיִּסְעוּ
לח מִקָּדֵשׁ וַיַּחֲנוּ בְּהֹר הָהָר בִּקְצֵה אֶרֶץ אֱדוֹם׃ וַיַּעַל אַהֲרֹן
הַכֹּהֵן אֶל־הֹר הָהָר עַל־פִּי יְהוָה וַיָּמָת שָׁם בִּשְׁנַת הָאַרְבָּעִים
לְצֵאת בְּנֵי־יִשְׂרָאֵל מֵאֶרֶץ מִצְרַיִם בַּחֹדֶשׁ הַחֲמִישִׁי בְּאֶחָד
לט לַחֹדֶשׁ׃ וְאַהֲרֹן בֶּן־שָׁלֹשׁ וְעֶשְׂרִים וּמְאַת שָׁנָה בְּמֹתוֹ בְּהֹר
מ הָהָר׃ וַיִּשְׁמַע הַכְּנַעֲנִי מֶלֶךְ עֲרָד וְהוּא־יֹשֵׁב
מא בַּנֶּגֶב בְּאֶרֶץ כְּנָעַן בְּבֹא בְּנֵי יִשְׂרָאֵל׃ וַיִּסְעוּ מֵהֹר הָהָר וַיַּחֲנוּ
מב מג בְּצַלְמֹנָה׃ וַיִּסְעוּ מִצַּלְמֹנָה וַיַּחֲנוּ בְּפוּנֹן׃ וַיִּסְעוּ מִפּוּנֹן וַיַּחֲנוּ
מד בְּאֹבֹת׃ וַיִּסְעוּ מֵאֹבֹת וַיַּחֲנוּ בְּעִיֵּי הָעֲבָרִים בִּגְבוּל מוֹאָב׃
מה מו וַיִּסְעוּ מֵעִיִּים וַיַּחֲנוּ בְּדִיבֹן גָּד׃ וַיִּסְעוּ מִדִּיבֹן גָּד וַיַּחֲנוּ בְּעַלְמֹן
מז דִּבְלָתָיְמָה׃ וַיִּסְעוּ מֵעַלְמֹן דִּבְלָתָיְמָה וַיַּחֲנוּ בְּהָרֵי הָעֲבָרִים
מח לִפְנֵי נְבוֹ׃ וַיִּסְעוּ מֵהָרֵי הָעֲבָרִים וַיַּחֲנוּ בְּעַרְבֹת מוֹאָב עַל יַרְדֵּן
מט יְרֵחוֹ׃ וַיַּחֲנוּ עַל־הַיַּרְדֵּן מִבֵּית הַיְשִׁמֹת עַד אָבֵל הַשִּׁטִּים בְּעַרְבֹת
נ מוֹאָב׃ וַיְדַבֵּר יְהוָה אֶל־מֹשֶׁה בְּעַרְבֹת מוֹאָב שלישי /חמישי/
נא עַל־יַרְדֵּן יְרֵחוֹ לֵאמֹר׃ דַּבֵּר אֶל־בְּנֵי יִשְׂרָאֵל וְאָמַרְתָּ אֲלֵהֶם
נב כִּי אַתֶּם עֹבְרִים אֶת־הַיַּרְדֵּן אֶל־אֶרֶץ כְּנָעַן׃ וְהוֹרַשְׁתֶּם אֶת־
כָּל־יֹשְׁבֵי הָאָרֶץ מִפְּנֵיכֶם וְאִבַּדְתֶּם אֵת כָּל־מַשְׂכִּיֹּתָם וְאֵת
נג כָּל־צַלְמֵי מַסֵּכֹתָם תְּאַבֵּדוּ וְאֵת כָּל־בָּמוֹתָם תַּשְׁמִידוּ׃ וְהוֹרַשְׁתֶּם
אֶת־הָאָרֶץ וִישַׁבְתֶּם־בָּהּ כִּי לָכֶם נָתַתִּי אֶת־הָאָרֶץ לָרֶשֶׁת
נד אֹתָהּ׃ וְהִתְנַחַלְתֶּם אֶת־הָאָרֶץ בְּגוֹרָל לְמִשְׁפְּחֹתֵיכֶם לָרַב

תַּרְבּוּ אֶת־נַחֲלָתוֹ וְלַמְעַט תַּמְעִיט אֶת־נַחֲלָתוֹ אֶל אֲשֶׁר־יֵצֵא
נה לוֹ שָׁמָּה הַגּוֹרָל לוֹ יִהְיֶה לְמַטּוֹת אֲבֹתֵיכֶם תִּתְנֶחָלוּ: וְאִם־
לֹא תוֹרִישׁוּ אֶת־יֹשְׁבֵי הָאָרֶץ מִפְּנֵיכֶם וְהָיָה אֲשֶׁר תּוֹתִירוּ
מֵהֶם לְשִׂכִּים בְּעֵינֵיכֶם וְלִצְנִינִם בְּצִדֵּיכֶם וְצָרְרוּ אֶתְכֶם עַל־
נו הָאָרֶץ אֲשֶׁר אַתֶּם יֹשְׁבִים בָּהּ: וְהָיָה כַּאֲשֶׁר דִּמִּיתִי לַעֲשׂוֹת
לָהֶם אֶעֱשֶׂה לָכֶם:

לד א ב וַיְדַבֵּר יְהוָה אֶל־מֹשֶׁה לֵּאמֹר: צַו אֶת־בְּנֵי יִשְׂרָאֵל וְאָמַרְתָּ לא
אֲלֵהֶם כִּי־אַתֶּם בָּאִים אֶל־הָאָרֶץ כְּנָעַן זֹאת הָאָרֶץ אֲשֶׁר
ג תִּפֹּל לָכֶם בְּנַחֲלָה אֶרֶץ כְּנַעַן לִגְבֻלֹתֶיהָ: וְהָיָה לָכֶם פְּאַת־
נֶגֶב מִמִּדְבַּר־צִן עַל־יְדֵי אֱדוֹם וְהָיָה לָכֶם גְּבוּל נֶגֶב מִקְצֵה יָם־
ד הַמֶּלַח קֵדְמָה: וְנָסַב לָכֶם הַגְּבוּל מִנֶּגֶב לְמַעֲלֵה עַקְרַבִּים וְעָבַר
צִנָה והיה תּוֹצְאֹתָיו מִנֶּגֶב לְקָדֵשׁ בַּרְנֵעַ וְיָצָא חֲצַר־אַדָּר וְעָבַר וְהָיוּ
ה עַצְמֹנָה: וְנָסַב הַגְּבוּל מֵעַצְמוֹן נַחְלָה מִצְרָיִם וְהָיוּ תוֹצְאֹתָיו
ו הַיָּמָּה: וּגְבוּל יָם וְהָיָה לָכֶם הַיָּם הַגָּדוֹל וּגְבוּל זֶה־יִהְיֶה לָכֶם
ז גְּבוּל יָם: וְזֶה־יִהְיֶה לָכֶם גְּבוּל צָפוֹן מִן־הַיָּם הַגָּדֹל תְּתָאוּ לָכֶם
ח הֹר הָהָר: מֵהֹר הָהָר תְּתָאוּ לְבֹא חֲמָת וְהָיוּ תּוֹצְאֹת הַגְּבֻל
ט צְדָדָה: וְיָצָא הַגְּבֻל זִפְרֹנָה וְהָיוּ תוֹצְאֹתָיו חֲצַר עֵינָן זֶה־יִהְיֶה
י לָכֶם גְּבוּל צָפוֹן: וְהִתְאַוִּיתֶם לָכֶם לִגְבוּל קֵדְמָה מֵחֲצַר עֵינָן
יא שְׁפָמָה: וְיָרַד הַגְּבֻל מִשְּׁפָם הָרִבְלָה מִקֶּדֶם לָעָיִן וְיָרַד הַגְּבֻל וּמָחָה
יב עַל־כֶּתֶף יָם־כִּנֶּרֶת קֵדְמָה: וְיָרַד הַגְּבוּל הַיַּרְדֵּנָה וְהָיוּ תוֹצְאֹתָיו
יג יָם הַמֶּלַח זֹאת תִּהְיֶה לָכֶם הָאָרֶץ לִגְבֻלֹתֶיהָ סָבִיב: וַיְצַו מֹשֶׁה
אֶת־בְּנֵי יִשְׂרָאֵל לֵאמֹר זֹאת הָאָרֶץ אֲשֶׁר תִּתְנַחֲלוּ אֹתָהּ בְּגוֹרָל
יד אֲשֶׁר צִוָּה יְהוָה לָתֵת לְתִשְׁעַת הַמַּטּוֹת וַחֲצִי הַמַּטֶּה: כִּי לָקְחוּ
מַטֵּה בְנֵי הָראוּבֵנִי לְבֵית אֲבֹתָם וּמַטֵּה בְנֵי־הַגָּדִי לְבֵית אֲבֹתָם
טו וַחֲצִי מַטֵּה מְנַשֶּׁה לָקְחוּ נַחֲלָתָם: שְׁנֵי הַמַּטּוֹת וַחֲצִי הַמַּטֶּה לָקְחוּ
נַחֲלָתָם מֵעֵבֶר לְיַרְדֵּן יְרֵחוֹ קֵדְמָה מִזְרָחָה:
טז יז וַיְדַבֵּר יְהוָה אֶל־מֹשֶׁה לֵּאמֹר: אֵלֶּה שְׁמוֹת הָאֲנָשִׁים אֲשֶׁר־ רביעי /ששי/

יח יִנְחֲל֣וּ לָכֶ֖ם אֶת־הָאָ֑רֶץ אֶלְעָזָר֙ הַכֹּהֵ֔ן וִיהוֹשֻׁ֖עַ בִּן־נֽוּן: וְנָשִׂ֣יא

יט אֶחָ֠ד נָשִׂ֨יא אֶחָ֤ד מִמַּטֶּה֙ תִּקְח֔וּ לִנְחֹ֖ל אֶת־הָאָֽרֶץ: וְאֵ֖לֶּה שְׁמ֣וֹת

כ הָאֲנָשִׁ֑ים לְמַטֵּ֣ה יְהוּדָ֔ה כָּלֵ֖ב בֶּן־יְפֻנֶּֽה: וּלְמַטֵּה֙ בְּנֵ֣י שִׁמְע֔וֹן

כא שְׁמוּאֵ֖ל בֶּן־עַמִּיה֑וּד: לְמַטֵּ֣ה בִנְיָמִ֔ן אֱלִידָ֖ד בֶּן־כִּסְלֽוֹן: וּלְמַטֵּ֣ה

כב בְנֵי־דָ֖ן נָשִׂ֑יא בֻּקִּ֖י בֶּן־יָגְלִֽי: לִבְנֵ֣י יוֹסֵ֗ף לְמַטֵּ֤ה בְנֵֽי־מְנַשֶּׁה֙ נָשִׂ֔יא

כג חַנִּיאֵ֖ל בֶּן־אֵפֹ֑ד: וּלְמַטֵּ֣ה בְנֵֽי־אֶפְרַ֔יִם נָשִׂ֖יא קְמוּאֵ֥ל בֶּן־שִׁפְטָֽן:

כד וּלְמַטֵּ֣ה בְנֵֽי־זְבוּלֻ֖ן נָשִׂ֑יא אֱלִיצָפָ֖ן בֶּן־פַּרְנָֽךְ: וּלְמַטֵּ֥ה בְנֵֽי־יִשָּׂשכָ֖ר

כה נָשִׂ֑יא פַּלְטִיאֵ֖ל בֶּן־עַזָּֽן: וּלְמַטֵּ֣ה בְנֵֽי־אָשֵׁ֗ר נָשִׂ֛יא אֲחִיה֖וּד בֶּן־שְׁלֹמִֽי:

כו וּלְמַטֵּ֥ה בְנֵֽי־נַפְתָּלִ֖י נָשִׂ֑יא פְּדַהְאֵ֖ל בֶּן־עַמִּיהֽוּד: אֵ֚לֶּה אֲשֶׁ֣ר צִוָּ֣ה

יְהוָ֑ה לְנַחֵ֥ל אֶת־בְּנֵֽי־יִשְׂרָאֵ֖ל בְּאֶ֥רֶץ כְּנָֽעַן:

חמישי

לה א וַיְדַבֵּ֧ר יְהוָ֛ה אֶל־מֹשֶׁ֖ה בְּעַֽרְבֹ֣ת מוֹאָ֑ב עַל־יַרְדֵּ֥ן יְרֵח֖וֹ לֵאמֹֽר:

ב צַו֮ אֶת־בְּנֵ֣י יִשְׂרָאֵל֒ וְנָתְנ֣וּ לַלְוִיִּ֗ם מִֽנַּחֲלַ֛ת אֲחֻזָּתָ֖ם עָרִ֣ים לָשָׁ֑בֶת

ג וּמִגְרָ֗שׁ לֶֽעָרִים֙ סְבִיבֹ֣תֵיהֶ֔ם תִּתְּנ֖וּ לַלְוִיִּֽם: וְהָי֧וּ הֶֽעָרִ֛ים לָהֶ֖ם

לָשָׁ֑בֶת וּמִגְרְשֵׁיהֶ֗ם יִֽהְי֤וּ לִבְהֶמְתָּם֙ וְלִרְכֻשָׁ֔ם וּלְכֹ֖ל חַיָּתָֽם:

ד וּמִגְרְשֵׁי֙ הֶֽעָרִ֔ים אֲשֶׁ֥ר תִּתְּנ֖וּ לַלְוִיִּ֑ם מִקִּ֤יר הָעִיר֙ וָח֔וּצָה אֶ֥לֶף אַמָּ֖ה

ה סָבִֽיב: וּמַדֹּתֶ֞ם מִח֣וּץ לָעִ֗יר אֶת־פְּאַת־קֵ֣דְמָה אַלְפַּ֪יִם בָּֽאַמָּ֟ה

וְאֶת־פְּאַת־נֶגֶב֩ אַלְפַּ֨יִם בָּאַמָּ֜ה וְאֶת־פְּאַת־יָ֣ם ׀ אַלְפַּ֣יִם בָּֽאַמָּ֗ה

וְאֵ֨ת פְּאַ֥ת צָפ֛וֹן אַלְפַּ֥יִם בָּאַמָּ֖ה וְהָעִ֣יר בַּתָּ֑וֶךְ זֶ֚ה יִהְיֶ֣ה לָהֶ֔ם

ו מִגְרְשֵׁ֖י הֶֽעָרִֽים: וְאֵ֣ת הֶֽעָרִ֗ים אֲשֶׁ֤ר תִּתְּנוּ֙ לַלְוִיִּ֔ם אֵ֚ת שֵׁשׁ־עָרֵ֣י

הַמִּקְלָ֔ט אֲשֶׁ֣ר תִּתְּנ֔וּ לָנֻ֥ס שָׁ֖מָּה הָרֹצֵ֑חַ וַעֲלֵיהֶ֣ם תִּתְּנ֔וּ אַרְבָּעִ֥ים

ז וּשְׁתַּ֖יִם עִֽיר: כָּל־הֶֽעָרִ֗ים אֲשֶׁ֤ר תִּתְּנוּ֙ לַלְוִיִּ֔ם אַרְבָּעִ֥ים וּשְׁמֹנֶ֖ה עִ֑יר

ח אֶתְהֶ֖ן וְאֶת־מִגְרְשֵׁיהֶֽן: וְהֶֽעָרִ֗ים אֲשֶׁ֤ר תִּתְּנוּ֙ מֵאֲחֻזַּ֣ת בְּנֵֽי־יִשְׂרָאֵ֔ל

מֵאֵ֤ת הָרַב֙ תַּרְבּ֔וּ וּמֵאֵ֥ת הַמְעַ֖ט תַּמְעִ֑יטוּ אִ֗ישׁ כְּפִ֤י נַֽחֲלָתוֹ֙ אֲשֶׁ֣ר

יִנְחָ֔לוּ יִתֵּ֥ן מֵעָרָ֖יו לַלְוִיִּֽם:

ששי לב
/שביעי/

ט וַיְדַבֵּ֥ר יְהוָ֖ה אֶל־מֹשֶׁ֥ה לֵּאמֹֽר: דַּבֵּר֙ אֶל־בְּנֵ֣י יִשְׂרָאֵ֔ל וְאָמַרְתָּ֖

יא אֲלֵהֶ֑ם כִּ֥י אַתֶּ֛ם עֹֽבְרִ֥ים אֶת־הַיַּרְדֵּ֖ן אַ֣רְצָה כְּנָֽעַן: וְהִקְרִיתֶ֤ם

לָכֶם֙ עָרִ֔ים עָרֵ֥י מִקְלָ֖ט תִּהְיֶ֣ינָה לָכֶ֑ם וְנָ֥ס שָׁ֛מָּה רֹצֵ֖חַ מַכֵּה־

יב נֶפֶשׁ בִּשְׁגָגָה: וְהָיוּ לָכֶם הֶעָרִים לְמִקְלָט מִגֹּאֵל וְלֹא יָמוּת הָרֹצֵחַ
יג עַד־עָמְדוֹ לִפְנֵי הָעֵדָה לַמִּשְׁפָּט: וְהֶעָרִים אֲשֶׁר תִּתֵּנוּ שֵׁשׁ־
יד עָרֵי מִקְלָט תִּהְיֶינָה לָכֶם: אֵת ׀ שְׁלֹשׁ הֶעָרִים תִּתְּנוּ מֵעֵבֶר
לַיַּרְדֵּן וְאֵת שְׁלֹשׁ הֶעָרִים תִּתְּנוּ בְּאֶרֶץ כְּנָעַן עָרֵי מִקְלָט תִּהְיֶינָה:
טו לִבְנֵי יִשְׂרָאֵל וְלַגֵּר וְלַתּוֹשָׁב בְּתוֹכָם תִּהְיֶינָה שֵׁשׁ־הֶעָרִים הָאֵלֶּה
טז לְמִקְלָט לָנוּס שָׁמָּה כָּל־מַכֵּה־נֶפֶשׁ בִּשְׁגָגָה: וְאִם־בִּכְלִי בַרְזֶל ׀
יז הִכָּהוּ וַיָּמֹת רֹצֵחַ הוּא מוֹת יוּמַת הָרֹצֵחַ: וְאִם בְּאֶבֶן יָד אֲשֶׁר־
יח יָמוּת בָּהּ הִכָּהוּ וַיָּמֹת רֹצֵחַ הוּא מוֹת יוּמַת הָרֹצֵחַ: אוֹ בִּכְלִי
עֵץ־יָד אֲשֶׁר־יָמוּת בּוֹ הִכָּהוּ וַיָּמֹת רֹצֵחַ הוּא מוֹת יוּמַת הָרֹצֵחַ:
יט כ גֹּאֵל הַדָּם הוּא יָמִית אֶת־הָרֹצֵחַ בְּפִגְעוֹ־בוֹ הוּא יְמִתֶנּוּ: וְאִם־
כא בְּשִׂנְאָה יֶהְדֳּפֶנּוּ אוֹ־הִשְׁלִיךְ עָלָיו בִּצְדִיָּה וַיָּמֹת: אוֹ בְאֵיבָה
הִכָּהוּ בְיָדוֹ וַיָּמֹת מוֹת־יוּמַת הַמַּכֶּה רֹצֵחַ הוּא גֹּאֵל הַדָּם יָמִית
כב אֶת־הָרֹצֵחַ בְּפִגְעוֹ־בוֹ: וְאִם־בְּפֶתַע בְּלֹא־אֵיבָה הֲדָפוֹ אוֹ־
כג הִשְׁלִיךְ עָלָיו כָּל־כְּלִי בְּלֹא צְדִיָּה: אוֹ בְכָל־אֶבֶן אֲשֶׁר־יָמוּת
בָּהּ בְּלֹא רְאוֹת וַיַּפֵּל עָלָיו וַיָּמֹת וְהוּא לֹא־אוֹיֵב לוֹ וְלֹא מְבַקֵּשׁ
כד רָעָתוֹ: וְשָׁפְטוּ הָעֵדָה בֵּין הַמַּכֶּה וּבֵין גֹּאֵל הַדָּם עַל הַמִּשְׁפָּטִים
כה הָאֵלֶּה: וְהִצִּילוּ הָעֵדָה אֶת־הָרֹצֵחַ מִיַּד גֹּאֵל הַדָּם וְהֵשִׁיבוּ אֹתוֹ
הָעֵדָה אֶל־עִיר מִקְלָטוֹ אֲשֶׁר־נָס שָׁמָּה וְיָשַׁב בָּהּ עַד־מוֹת
כו הַכֹּהֵן הַגָּדֹל אֲשֶׁר־מָשַׁח אֹתוֹ בְּשֶׁמֶן הַקֹּדֶשׁ: וְאִם־יָצֹא יֵצֵא
כז הָרֹצֵחַ אֶת־גְּבוּל עִיר מִקְלָטוֹ אֲשֶׁר יָנוּס שָׁמָּה: וּמָצָא אֹתוֹ
גֹּאֵל הַדָּם מִחוּץ לִגְבוּל עִיר מִקְלָטוֹ וְרָצַח גֹּאֵל הַדָּם אֶת־הָרֹצֵחַ
כח אֵין לוֹ דָּם: כִּי בְעִיר מִקְלָטוֹ יֵשֵׁב עַד־מוֹת הַכֹּהֵן הַגָּדֹל וְאַחֲרֵי־
כט מוֹת הַכֹּהֵן הַגָּדֹל יָשׁוּב הָרֹצֵחַ אֶל־אֶרֶץ אֲחֻזָּתוֹ: וְהָיוּ אֵלֶּה
ל לָכֶם לְחֻקַּת מִשְׁפָּט לְדֹרֹתֵיכֶם בְּכֹל מוֹשְׁבֹתֵיכֶם: כָּל־מַכֵּה־
נֶפֶשׁ לְפִי עֵדִים יִרְצַח אֶת־הָרֹצֵחַ וְעֵד אֶחָד לֹא־יַעֲנֶה בְנֶפֶשׁ
לא לָמוּת: וְלֹא־תִקְחוּ כֹפֶר לְנֶפֶשׁ רֹצֵחַ אֲשֶׁר־הוּא רָשָׁע לָמוּת
לב כִּי־מוֹת יוּמָת: וְלֹא־תִקְחוּ כֹפֶר לָנוּס אֶל־עִיר מִקְלָטוֹ לָשׁוּב

לָשֶׁ֤בֶת בָּאָ֙רֶץ֙ עַד־מ֣וֹת הַכֹּהֵ֔ן וְלֹֽא־תַחֲנִ֙יפוּ֙ אֶת־הָאָ֔רֶץ אֲשֶׁ֖ר

לג אַתֶּ֣ם בָּ֑הּ כִּ֣י הַדָּ֗ם ה֚וּא יַחֲנִ֣יף אֶת־הָאָ֔רֶץ וְלָאָ֙רֶץ֙ לֹֽא־יְכֻפַּ֗ר

לַדָּ֛ם אֲשֶׁ֥ר שֻׁפַּךְ־בָּ֖הּ כִּי־אִ֥ם בְּדַ֥ם שֹׁפְכֽוֹ׃ וְלֹ֧א תְטַמֵּ֣א אֶת־

לד הָאָ֗רֶץ אֲשֶׁ֤ר אַתֶּם֙ יֹשְׁבִ֣ים בָּ֔הּ אֲשֶׁ֥ר אֲנִ֖י שֹׁכֵ֣ן בְּתוֹכָ֑הּ כִּ֚י אֲנִ֣י

יְהוָ֔ה שֹׁכֵ֕ן בְּת֖וֹךְ בְּנֵ֥י יִשְׂרָאֵֽל׃

שביעי וַיִּקְרְב֞וּ רָאשֵׁ֣י הָֽאָב֗וֹת לְמִשְׁפַּ֤חַת בְּנֵֽי־גִלְעָד֙ בֶּן־מָכִ֣יר בֶּן־מְנַשֶּׁ֔ה לו א

מִֽמִּשְׁפְּחֹ֖ת בְּנֵ֣י יוֹסֵ֑ף וַֽיְדַבְּר֞וּ לִפְנֵ֤י מֹשֶׁה֙ וְלִפְנֵ֣י הַנְּשִׂאִ֔ים רָאשֵׁ֥י

אָב֖וֹת לִבְנֵ֥י יִשְׂרָאֵֽל׃ וַיֹּאמְר֗וּ אֶת־אֲדֹנִי֙ צִוָּ֣ה יְהוָ֔ה לָתֵ֧ת אֶת־הָאָ֛רֶץ ב

בְּנַחֲלָ֖ה בְּגוֹרָ֑ל לִבְנֵ֣י יִשְׂרָאֵ֑ל וַֽאדֹנִי֙ צֻוָּ֣ה בַֽיהוָ֔ה לָתֵ֗ת אֶֽת־נַחֲלַ֛ת

צְלָפְחָ֥ד אָחִ֖ינוּ לִבְנֹתָֽיו׃ וְ֠הָי֠וּ לְאֶחָ֞ד מִבְּנֵ֣י שִׁבְטֵ֣י בְנֵֽי־יִשְׂרָאֵל֮ ג

לְנָשִׁים֒ וְנִגְרְעָ֤ה נַחֲלָתָן֙ מִנַּחֲלַ֣ת אֲבֹתֵ֔ינוּ וְנוֹסַ֕ף עַ֚ל נַחֲלַ֣ת הַמַּטֶּ֔ה

אֲשֶׁ֥ר תִּהְיֶ֖ינָה לָהֶ֑ם וּמִגֹּרַ֥ל נַחֲלָתֵ֖נוּ יִגָּרֵֽעַ׃ וְאִם־יִהְיֶ֣ה הַיֹּבֵל֮ לִבְנֵ֣י ד

יִשְׂרָאֵל֒ וְנֽוֹסְפָה֙ נַחֲלָתָ֔ן עַ֚ל נַחֲלַ֣ת הַמַּטֶּ֔ה אֲשֶׁ֥ר תִּהְיֶ֖ינָה לָהֶ֑ם

וּמִנַּחֲלַת֙ מַטֵּ֣ה אֲבֹתֵ֔ינוּ יִגָּרַ֖ע נַחֲלָתָֽן׃ וַיְצַ֤ו מֹשֶׁה֙ אֶת־בְּנֵ֣י יִשְׂרָאֵ֔ל ה

עַל־פִּ֥י יְהוָ֖ה לֵאמֹ֑ר כֵּ֛ן מַטֵּ֥ה בְנֵֽי־יוֹסֵ֖ף דֹּבְרִֽים׃ זֶ֣ה הַדָּבָ֞ר אֲשֶׁר־צִוָּ֣ה ו

יְהוָ֗ה לִבְנ֤וֹת צְלָפְחָד֙ לֵאמֹ֔ר לַטּ֥וֹב בְּעֵינֵיהֶ֖ם תִּהְיֶ֣ינָה לְנָשִׁ֑ים

אַ֗ךְ לְמִשְׁפַּ֛חַת מַטֵּ֥ה אֲבִיהֶ֖ם תִּהְיֶ֥ינָה לְנָשִֽׁים׃ וְלֹֽא־תִסֹּ֤ב נַחֲלָה֙ ז

לִבְנֵ֣י יִשְׂרָאֵ֔ל מִמַּטֶּ֖ה אֶל־מַטֶּ֑ה כִּ֣י אִ֗ישׁ בְּנַחֲלַת֙ מַטֵּ֣ה אֲבֹתָ֔יו

יִדְבְּק֖וּ בְּנֵ֥י יִשְׂרָאֵֽל׃ וְכָל־בַּ֞ת יֹרֶ֣שֶׁת נַחֲלָ֗ה מִמַּטּוֹת֙ בְּנֵ֣י יִשְׂרָאֵ֔ל ח

לְאֶחָ֗ד מִמִּשְׁפַּ֛חַת מַטֵּ֥ה אָבִ֖יהָ תִּהְיֶ֣ה לְאִשָּׁ֑ה לְמַ֗עַן יִֽירְשׁוּ֙

בְּנֵ֣י יִשְׂרָאֵ֔ל אִ֖ישׁ נַחֲלַ֥ת אֲבֹתָֽיו׃ וְלֹֽא־תִסֹּ֤ב נַחֲלָה֙ מִמַּטֶּ֖ה ט

לְמַטֶּ֣ה אַחֵ֑ר כִּי־אִישׁ֙ בְּנַ֣חֲלָת֔וֹ יִדְבְּק֖וּ מַטּ֥וֹת בְּנֵ֥י יִשְׂרָאֵֽל׃ כַּאֲשֶׁ֨ר י

מפטיר צִוָּ֤ה יְהוָה֙ אֶת־מֹשֶׁ֔ה כֵּ֥ן עָשׂ֖וּ בְּנ֣וֹת צְלָפְחָ֑ד וַתִּהְיֶ֜ינָה מַחְלָ֣ה יא

תִרְצָ֗ה וְחָגְלָ֧ה וּמִלְכָּ֛ה וְנֹעָ֖ה בְּנ֣וֹת צְלָפְחָ֑ד לִבְנֵ֥י דֹֽדֵיהֶ֖ן לְנָשִֽׁים׃

מִֽמִּשְׁפְּחֹ֛ת בְּנֵֽי־מְנַשֶּׁ֥ה בֶן־יוֹסֵ֖ף הָי֣וּ לְנָשִׁ֑ים וַתְּהִי֙ נַחֲלָתָ֔ן עַל־ יב

מַטֵּ֖ה מִשְׁפַּ֥חַת אֲבִיהֶֽן׃ אֵ֣לֶּה הַמִּצְוֺ֞ת וְהַמִּשְׁפָּטִ֗ים אֲשֶׁ֨ר צִוָּ֧ה יג

יְהוָ֛ה בְּיַד־מֹשֶׁ֖ה אֶל־בְּנֵ֣י יִשְׂרָאֵ֑ל בְּעַֽרְבֹ֣ת מוֹאָ֔ב עַ֖ל יַרְדֵּ֥ן יְרֵחֽוֹ׃

דברים

א אֵלֶּה הַדְּבָרִים אֲשֶׁר דִּבֶּר מֹשֶׁה אֶל־כָּל־יִשְׂרָאֵל בְּעֵבֶר הַיַּרְדֵּן א
בַּמִּדְבָּר בָּעֲרָבָה מוֹל סוּף בֵּין־פָּארָן וּבֵין־תֹּפֶל וְלָבָן וַחֲצֵרֹת
ב וְדִי זָהָב: אַחַד עָשָׂר יוֹם מֵחֹרֵב דֶּרֶךְ הַר־שֵׂעִיר עַד קָדֵשׁ בַּרְנֵעַ:
ג וַיְהִי בְּאַרְבָּעִים שָׁנָה בְּעַשְׁתֵּי־עָשָׂר חֹדֶשׁ בְּאֶחָד לַחֹדֶשׁ דִּבֶּר
ד מֹשֶׁה אֶל־בְּנֵי יִשְׂרָאֵל כְּכֹל אֲשֶׁר צִוָּה יְהוָה אֹתוֹ אֲלֵהֶם: אַחֲרֵי
הַכֹּתוֹ אֵת סִיחֹן מֶלֶךְ הָאֱמֹרִי אֲשֶׁר יוֹשֵׁב בְּחֶשְׁבּוֹן וְאֵת עוֹג
ה מֶלֶךְ הַבָּשָׁן אֲשֶׁר־יוֹשֵׁב בְּעַשְׁתָּרֹת בְּאֶדְרֶעִי: בְּעֵבֶר הַיַּרְדֵּן
בְּאֶרֶץ מוֹאָב הוֹאִיל מֹשֶׁה בֵּאֵר אֶת־הַתּוֹרָה הַזֹּאת לֵאמֹר:
ו יְהוָה אֱלֹהֵינוּ דִּבֶּר אֵלֵינוּ בְּחֹרֵב לֵאמֹר רַב־לָכֶם שֶׁבֶת בָּהָר
ז הַזֶּה: פְּנוּ ׀ וּסְעוּ לָכֶם וּבֹאוּ הַר הָאֱמֹרִי וְאֶל־כָּל־שְׁכֵנָיו בָּעֲרָבָה
בָהָר וּבַשְּׁפֵלָה וּבַנֶּגֶב וּבְחוֹף הַיָּם אֶרֶץ הַכְּנַעֲנִי וְהַלְּבָנוֹן עַד־
ח הַנָּהָר הַגָּדֹל נְהַר־פְּרָת: רְאֵה נָתַתִּי לִפְנֵיכֶם אֶת־הָאָרֶץ בֹּאוּ
וּרְשׁוּ אֶת־הָאָרֶץ אֲשֶׁר נִשְׁבַּע יְהוָה לַאֲבֹתֵיכֶם לְאַבְרָהָם לְיִצְחָק
ט וּלְיַעֲקֹב לָתֵת לָהֶם וּלְזַרְעָם אַחֲרֵיהֶם: וָאֹמַר אֲלֵכֶם בָּעֵת הַהִוא
י לֵאמֹר לֹא־אוּכַל לְבַדִּי שְׂאֵת אֶתְכֶם: יְהוָה אֱלֹהֵיכֶם הִרְבָּה
יא אֶתְכֶם וְהִנְּכֶם הַיּוֹם כְּכוֹכְבֵי הַשָּׁמַיִם לָרֹב: יְהוָה אֱלֹהֵי אֲבוֹתֵכֶם שני
יֹסֵף עֲלֵיכֶם כָּכֶם אֶלֶף פְּעָמִים וִיבָרֵךְ אֶתְכֶם כַּאֲשֶׁר דִּבֶּר לָכֶם:
יב יג אֵיכָה אֶשָּׂא לְבַדִּי טָרְחֲכֶם וּמַשַּׂאֲכֶם וְרִיבְכֶם: הָבוּ לָכֶם אֲנָשִׁים
יד חֲכָמִים וּנְבֹנִים וִידֻעִים לְשִׁבְטֵיכֶם וַאֲשִׂימֵם בְּרָאשֵׁיכֶם: וַתַּעֲנוּ
טו אֹתִי וַתֹּאמְרוּ טוֹב־הַדָּבָר אֲשֶׁר־דִּבַּרְתָּ לַעֲשׂוֹת: וָאֶקַּח אֶת־
רָאשֵׁי שִׁבְטֵיכֶם אֲנָשִׁים חֲכָמִים וִידֻעִים וָאֶתֵּן אֹתָם רָאשִׁים
עֲלֵיכֶם שָׂרֵי אֲלָפִים וְשָׂרֵי מֵאוֹת וְשָׂרֵי חֲמִשִּׁים וְשָׂרֵי עֲשָׂרֹת
טז וְשֹׁטְרִים לְשִׁבְטֵיכֶם: וָאֲצַוֶּה אֶת־שֹׁפְטֵיכֶם בָּעֵת הַהִוא לֵאמֹר
שָׁמֹעַ בֵּין־אֲחֵיכֶם וּשְׁפַטְתֶּם צֶדֶק בֵּין־אִישׁ וּבֵין־אָחִיו וּבֵין גֵּרוֹ:
יז לֹא־תַכִּירוּ פָנִים בַּמִּשְׁפָּט כַּקָּטֹן כַּגָּדֹל תִּשְׁמָעוּן לֹא תָגוּרוּ
מִפְּנֵי־אִישׁ כִּי הַמִּשְׁפָּט לֵאלֹהִים הוּא וְהַדָּבָר אֲשֶׁר יִקְשֶׁה מִכֶּם
יח תַּקְרִבוּן אֵלַי וּשְׁמַעְתִּיו: וָאֲצַוֶּה אֶתְכֶם בָּעֵת הַהִוא אֵת כָּל־

יט הַדְּבָרִים אֲשֶׁר תַּעֲשׂוּן: וַנִּסַּע מֵחֹרֵב וַנֵּלֶךְ אֵת כָּל־הַמִּדְבָּר
הַגָּדוֹל וְהַנּוֹרָא הַהוּא אֲשֶׁר רְאִיתֶם דֶּרֶךְ הַר הָאֱמֹרִי כַּאֲשֶׁר
כ צִוָּה יְהוָה אֱלֹהֵינוּ אֹתָנוּ וַנָּבֹא עַד קָדֵשׁ בַּרְנֵעַ: וָאֹמַר אֲלֵכֶם
כא בָּאתֶם עַד־הַר הָאֱמֹרִי אֲשֶׁר־יְהוָה אֱלֹהֵינוּ נֹתֵן לָנוּ: רְאֵה נָתַן
יְהוָה אֱלֹהֶיךָ לְפָנֶיךָ אֶת־הָאָרֶץ עֲלֵה רֵשׁ כַּאֲשֶׁר דִּבֶּר יְהוָה
כב שלישי אֱלֹהֵי אֲבֹתֶיךָ לָךְ אַל־תִּירָא וְאַל־תֵּחָת: וַתִּקְרְבוּן אֵלַי כֻּלְּכֶם
וַתֹּאמְרוּ נִשְׁלְחָה אֲנָשִׁים לְפָנֵינוּ וְיַחְפְּרוּ־לָנוּ אֶת־הָאָרֶץ וְיָשִׁבוּ
אֹתָנוּ דָּבָר אֶת־הַדֶּרֶךְ אֲשֶׁר נַעֲלֶה־בָּהּ וְאֵת הֶעָרִים אֲשֶׁר נָבֹא
כג אֲלֵיהֶן: וַיִּיטַב בְּעֵינַי הַדָּבָר וָאֶקַּח מִכֶּם שְׁנֵים עָשָׂר אֲנָשִׁים אִישׁ
כד אֶחָד לַשָּׁבֶט: וַיִּפְנוּ וַיַּעֲלוּ הָהָרָה וַיָּבֹאוּ עַד־נַחַל אֶשְׁכֹּל וַיְרַגְּלוּ
כה אֹתָהּ: וַיִּקְחוּ בְיָדָם מִפְּרִי הָאָרֶץ וַיּוֹרִדוּ אֵלֵינוּ וַיָּשִׁבוּ אֹתָנוּ
כו דָבָר וַיֹּאמְרוּ טוֹבָה הָאָרֶץ אֲשֶׁר־יְהוָה אֱלֹהֵינוּ נֹתֵן לָנוּ: וְלֹא
כז אֲבִיתֶם לַעֲלֹת וַתַּמְרוּ אֶת־פִּי יְהוָה אֱלֹהֵיכֶם: וַתֵּרָגְנוּ בְאָהֳלֵיכֶם
וַתֹּאמְרוּ בְּשִׂנְאַת יְהוָה אֹתָנוּ הוֹצִיאָנוּ מֵאֶרֶץ מִצְרָיִם לָתֵת
כח אֹתָנוּ בְּיַד הָאֱמֹרִי לְהַשְׁמִידֵנוּ: אָנָה ׀ אֲנַחְנוּ עֹלִים אַחֵינוּ הֵמַסּוּ
אֶת־לְבָבֵנוּ לֵאמֹר עַם גָּדוֹל וָרָם מִמֶּנּוּ עָרִים גְּדֹלֹת וּבְצוּרֹת
כט בַּשָּׁמָיִם וְגַם־בְּנֵי עֲנָקִים רָאִינוּ שָׁם: וָאֹמַר אֲלֵכֶם לֹא־תַעַרְצוּן
ל וְלֹא־תִירְאוּן מֵהֶם: יְהוָה אֱלֹהֵיכֶם הַהֹלֵךְ לִפְנֵיכֶם הוּא יִלָּחֵם
לא לָכֶם כְּכֹל אֲשֶׁר עָשָׂה אִתְּכֶם בְּמִצְרַיִם לְעֵינֵיכֶם: וּבַמִּדְבָּר
אֲשֶׁר רָאִיתָ אֲשֶׁר נְשָׂאֲךָ יְהוָה אֱלֹהֶיךָ כַּאֲשֶׁר יִשָּׂא־אִישׁ אֶת־
בְּנוֹ בְּכָל־הַדֶּרֶךְ אֲשֶׁר הֲלַכְתֶּם עַד־בֹּאֲכֶם עַד־הַמָּקוֹם הַזֶּה:
לב לג וּבַדָּבָר הַזֶּה אֵינְכֶם מַאֲמִינִם בַּיהוָה אֱלֹהֵיכֶם: הַהֹלֵךְ לִפְנֵיכֶם
בַּדֶּרֶךְ לָתוּר לָכֶם מָקוֹם לַחֲנֹתְכֶם בָּאֵשׁ ׀ לַיְלָה לַרְאֹתְכֶם בַּדֶּרֶךְ
לד אֲשֶׁר תֵּלְכוּ־בָהּ וּבֶעָנָן יוֹמָם: וַיִּשְׁמַע יְהוָה אֶת־קוֹל דִּבְרֵיכֶם
לה וַיִּקְצֹף וַיִּשָּׁבַע לֵאמֹר: אִם־יִרְאֶה אִישׁ בָּאֲנָשִׁים הָאֵלֶּה הַדּוֹר
הָרָע הַזֶּה אֵת הָאָרֶץ הַטּוֹבָה אֲשֶׁר נִשְׁבַּעְתִּי לָתֵת לַאֲבֹתֵיכֶם:
לו זוּלָתִי כָּלֵב בֶּן־יְפֻנֶּה הוּא יִרְאֶנָּה וְלוֹ־אֶתֵּן אֶת־הָאָרֶץ אֲשֶׁר

לז דָּרַךְ־בָּ֖הּ וּלְבָנָ֑יו יַ֕עַן אֲשֶׁ֥ר מִלֵּ֖א אַחֲרֵ֥י יְהוָֽה׃ גַּם־בִּי֙ הִתְאַנַּ֣ף
לח יְהוָ֔ה בִּגְלַלְכֶ֖ם לֵאמֹ֑ר גַּם־אַתָּ֖ה לֹא־תָבֹ֥א שָֽׁם׃ יְהוֹשֻׁ֤עַ בִּן־נוּן֙
הָעֹמֵ֣ד לְפָנֶ֔יךָ ה֖וּא יָ֣בֹא שָׁ֑מָּה אֹת֣וֹ חַזֵּ֔ק כִּי־ה֖וּא יַנְחִלֶ֥נָּה אֶת־
לט יִשְׂרָאֵֽל׃ וְטַפְּכֶם֙ אֲשֶׁ֨ר אֲמַרְתֶּ֜ם לָבַ֣ז יִהְיֶ֗ה וּ֠בְנֵיכֶם אֲשֶׁ֨ר לֹא־ רביעי
יָדְע֤וּ הַיּוֹם֙ ט֣וֹב וָרָ֔ע הֵ֖מָּה יָבֹ֣אוּ שָׁ֑מָּה וְלָהֶ֣ם אֶתְּנֶ֔נָּה וְהֵ֖ם
מ מא יִירָשֽׁוּהָ׃ וְאַתֶּ֖ם פְּנ֣וּ לָכֶ֑ם וּסְע֥וּ הַמִּדְבָּ֖רָה דֶּ֥רֶךְ יַם־סֽוּף׃ וַתַּעֲנ֣וּ ׀
וַתֹּאמְר֣וּ אֵלַי֮ חָטָ֣אנוּ לַיהוָה֒ אֲנַ֤חְנוּ נַעֲלֶה֙ וְנִלְחַ֔מְנוּ כְּכֹ֥ל אֲשֶׁר־
צִוָּ֖נוּ יְהוָ֣ה אֱלֹהֵ֑ינוּ וַֽתַּחְגְּר֗וּ אִ֚ישׁ אֶת־כְּלֵ֣י מִלְחַמְתּ֔וֹ וַתָּהִ֖ינוּ
מב לַעֲלֹ֥ת הָהָֽרָה׃ וַיֹּ֨אמֶר יְהוָ֜ה אֵלַ֗י אֱמֹ֤ר לָהֶם֙ לֹ֣א תַֽעֲלוּ֙ וְלֹֽא
מג תִלָּ֣חֲמ֔וּ כִּ֥י אֵינֶ֖נִּי בְּקִרְבְּכֶ֑ם וְלֹא֙ תִּנָּֽגְפ֔וּ לִפְנֵ֖י אֹיְבֵיכֶֽם׃ וָאֲדַבֵּ֥ר
אֲלֵיכֶ֖ם וְלֹ֣א שְׁמַעְתֶּ֑ם וַתַּמְרוּ֙ אֶת־פִּ֣י יְהוָ֔ה וַתָּזִ֖דוּ וַתַּעֲל֥וּ הָהָֽרָה׃
מד וַיֵּצֵ֨א הָאֱמֹרִ֜י הַיֹּשֵׁ֨ב בָּהָ֤ר הַהוּא֙ לִקְרַאתְכֶ֔ם וַֽיִּרְדְּפ֣וּ אֶתְכֶ֔ם
כַּאֲשֶׁ֥ר תַּעֲשֶׂ֖ינָה הַדְּבֹרִ֑ים וַֽיַּכְּת֥וּ אֶתְכֶ֛ם בְּשֵׂעִ֖יר עַד־חָרְמָֽה׃
מה וַתָּשֻׁ֥בוּ וַתִּבְכּ֖וּ לִפְנֵ֣י יְהוָ֑ה וְלֹֽא־שָׁמַ֤ע יְהוָה֙ בְּקֹ֣לְכֶ֔ם וְלֹ֥א הֶאֱזִ֖ין
מו אֲלֵיכֶֽם׃ וַתֵּשְׁב֥וּ בְקָדֵ֖שׁ יָמִ֣ים רַבִּ֑ים כַּיָּמִ֖ים אֲשֶׁ֥ר יְשַׁבְתֶּֽם׃
ב א וַנֵּ֜פֶן וַנִּסַּ֤ע הַמִּדְבָּ֙רָה֙ דֶּ֣רֶךְ יַם־ס֔וּף כַּאֲשֶׁ֛ר דִּבֶּ֥ר יְהוָ֖ה אֵלָ֑י וַנָּ֥סָב
ב אֶת־הַר־שֵׂעִ֖יר יָמִ֥ים רַבִּֽים׃ וַיֹּ֥אמֶר יְהוָ֖ה אֵלַ֥י ב חמישי
ג ד לֵאמֹֽר׃ רַב־לָכֶ֕ם סֹ֖ב אֶת־הָהָ֣ר הַזֶּ֑ה פְּנ֥וּ לָכֶ֖ם צָפֹֽנָה׃ וְאֶת־הָעָם֮
צַ֣ו לֵאמֹר֒ אַתֶּ֣ם עֹֽבְרִ֗ים בִּגְבוּל֙ אֲחֵיכֶ֣ם בְּנֵֽי־עֵשָׂ֔ו הַיֹּשְׁבִ֖ים
ה בְּשֵׂעִ֑יר וְיִֽירְא֣וּ מִכֶּ֔ם וְנִשְׁמַרְתֶּ֖ם מְאֹֽד׃ אַל־תִּתְגָּר֣וּ בָ֔ם כִּ֠י לֹֽא־
אֶתֵּ֤ן לָכֶם֙ מֵֽאַרְצָ֔ם עַ֖ד מִדְרַ֣ךְ כַּף־רָ֑גֶל כִּֽי־יְרֻשָּׁ֣ה לְעֵשָׂ֔ו נָתַ֖תִּי
ו אֶת־הַ֥ר שֵׂעִֽיר׃ אֹ֣כֶל תִּשְׁבְּר֧וּ מֵאִתָּ֛ם בַּכֶּ֖סֶף וַאֲכַלְתֶּ֑ם וְגַם־
ז מַ֗יִם תִּכְר֧וּ מֵאִתָּ֛ם בַּכֶּ֖סֶף וּשְׁתִיתֶֽם׃ כִּי֩ יְהוָ֨ה אֱלֹהֶ֜יךָ בֵּרַכְךָ֗
בְּכֹל֙ מַעֲשֵׂ֣ה יָדֶ֔ךָ יָדַ֣ע לֶכְתְּךָ֔ אֶת־הַמִּדְבָּ֥ר הַגָּדֹ֖ל הַזֶּ֑ה זֶ֣ה ׀ אַרְבָּעִ֣ים
ח שָׁנָ֗ה יְהוָ֤ה אֱלֹהֶ֙יךָ֙ עִמָּ֔ךְ לֹ֥א חָסַ֖רְתָּ דָּבָֽר׃ וַנַּעֲבֹ֞ר מֵאֵ֧ת אַחֵ֣ינוּ
בְנֵֽי־עֵשָׂ֗ו הַיֹּֽשְׁבִים֙ בְּשֵׂעִ֔יר מִדֶּ֙רֶךְ֙ הָֽעֲרָבָ֔ה מֵאֵילַ֖ת וּמֵעֶצְיֹ֣ן
ט גָּ֑בֶר וַנֵּ֙פֶן֙ וַֽנַּעֲבֹ֔ר דֶּ֖רֶךְ מִדְבַּ֥ר מוֹאָֽב׃ וַיֹּ֨אמֶר

יְהוָה אֵלַי אַל־תָּצַר אֶת־מוֹאָב וְאַל־תִּתְגָּר בָּם מִלְחָמָה כִּי
לֹא־אֶתֵּן לְךָ מֵאַרְצוֹ יְרֻשָּׁה כִּי לִבְנֵי־לוֹט נָתַתִּי אֶת־עָר יְרֻשָּׁה׃
הָאֵמִים לְפָנִים יָשְׁבוּ בָהּ עַם גָּדוֹל וְרַב וָרָם כָּעֲנָקִים׃ רְפָאִים יא
יֵחָשְׁבוּ אַף־הֵם כָּעֲנָקִים וְהַמֹּאָבִים יִקְרְאוּ לָהֶם אֵמִים׃ וּבְשֵׂעִיר יב
יָשְׁבוּ הַחֹרִים לְפָנִים וּבְנֵי עֵשָׂו יִירָשׁוּם וַיַּשְׁמִידוּם מִפְּנֵיהֶם וַיֵּשְׁבוּ
תַּחְתָּם כַּאֲשֶׁר עָשָׂה יִשְׂרָאֵל לְאֶרֶץ יְרֻשָּׁתוֹ אֲשֶׁר־נָתַן יְהוָה
לָהֶם׃ עַתָּה קֻמוּ וְעִבְרוּ לָכֶם אֶת־נַחַל זָרֶד וַנַּעֲבֹר אֶת־נַחַל זָרֶד׃ יג
וְהַיָּמִים אֲשֶׁר־הָלַכְנוּ ׀ מִקָּדֵשׁ בַּרְנֵעַ עַד אֲשֶׁר־עָבַרְנוּ אֶת־נַחַל יד
זֶרֶד שְׁלֹשִׁים וּשְׁמֹנֶה שָׁנָה עַד־תֹּם כָּל־הַדּוֹר אַנְשֵׁי הַמִּלְחָמָה
מִקֶּרֶב הַמַּחֲנֶה כַּאֲשֶׁר נִשְׁבַּע יְהוָה לָהֶם׃ וְגַם יַד־יְהוָה הָיְתָה בָּם טו
לְהֻמָּם מִקֶּרֶב הַמַּחֲנֶה עַד תֻּמָּם׃ וַיְהִי כַאֲשֶׁר־תַּמּוּ כָּל־אַנְשֵׁי טז
הַמִּלְחָמָה לָמוּת מִקֶּרֶב הָעָם׃ וַיְדַבֵּר יְהוָה אֵלַי יז
לֵאמֹר׃ אַתָּה עֹבֵר הַיּוֹם אֶת־גְּבוּל מוֹאָב אֶת־עָר׃ וְקָרַבְתָּ יח יט
מוּל בְּנֵי עַמּוֹן אַל־תְּצֻרֵם וְאַל־תִּתְגָּר בָּם כִּי לֹא־אֶתֵּן מֵאֶרֶץ
בְּנֵי־עַמּוֹן לְךָ יְרֻשָּׁה כִּי לִבְנֵי־לוֹט נְתַתִּיהָ יְרֻשָּׁה׃ אֶרֶץ־רְפָאִים כ
תֵּחָשֵׁב אַף־הִוא רְפָאִים יָשְׁבוּ־בָהּ לְפָנִים וְהָעַמֹּנִים יִקְרְאוּ לָהֶם
זַמְזֻמִּים׃ עַם גָּדוֹל וְרַב וָרָם כָּעֲנָקִים וַיַּשְׁמִידֵם יְהוָה מִפְּנֵיהֶם כא
וַיִּירָשֻׁם וַיֵּשְׁבוּ תַחְתָּם׃ כַּאֲשֶׁר עָשָׂה לִבְנֵי עֵשָׂו הַיֹּשְׁבִים בְּשֵׂעִיר כב
אֲשֶׁר הִשְׁמִיד אֶת־הַחֹרִי מִפְּנֵיהֶם וַיִּירָשֻׁם וַיֵּשְׁבוּ תַחְתָּם עַד הַיּוֹם
הַזֶּה׃ וְהָעַוִּים הַיֹּשְׁבִים בַּחֲצֵרִים עַד־עַזָּה כַּפְתֹּרִים הַיֹּצְאִים כג
מִכַּפְתֹּר הִשְׁמִידֻם וַיֵּשְׁבוּ תַחְתָּם׃ קוּמוּ סְּעוּ וְעִבְרוּ אֶת־נַחַל כד
אַרְנֹן רְאֵה נָתַתִּי בְיָדְךָ אֶת־סִיחֹן מֶלֶךְ־חֶשְׁבּוֹן הָאֱמֹרִי וְאֶת־
אַרְצוֹ הָחֵל רָשׁ וְהִתְגָּר בּוֹ מִלְחָמָה׃ הַיּוֹם הַזֶּה אָחֵל תֵּת פַּחְדְּךָ כה
וְיִרְאָתְךָ עַל־פְּנֵי הָעַמִּים תַּחַת כָּל־הַשָּׁמָיִם אֲשֶׁר יִשְׁמְעוּן שִׁמְעֲךָ
וְרָגְזוּ וְחָלוּ מִפָּנֶיךָ׃ וָאֶשְׁלַח מַלְאָכִים מִמִּדְבַּר קְדֵמוֹת אֶל־ כו
סִיחוֹן מֶלֶךְ חֶשְׁבּוֹן דִּבְרֵי שָׁלוֹם לֵאמֹר׃ אֶעְבְּרָה בְאַרְצֶךָ בַּדֶּרֶךְ כז
בַּדֶּרֶךְ אֵלֵךְ לֹא אָסוּר יָמִין וּשְׂמֹאול׃ אֹכֶל בַּכֶּסֶף תַּשְׁבִּרֵנִי כח

וְאָכַלְתִּי וּמַיִם בַּכֶּסֶף תִּתֶּן־לִי וְשָׁתִיתִי רַק אֶעְבְּרָה בְרַגְלָי׃
כט כַּאֲשֶׁר עָשׂוּ־לִי בְּנֵי עֵשָׂו הַיֹּשְׁבִים בְּשֵׂעִיר וְהַמּוֹאָבִים הַיֹּשְׁבִים
בְּעָר עַד אֲשֶׁר־אֶעֱבֹר אֶת־הַיַּרְדֵּן אֶל־הָאָרֶץ אֲשֶׁר־יְהוָה
ל אֱלֹהֵינוּ נֹתֵן לָנוּ׃ וְלֹא אָבָה סִיחֹן מֶלֶךְ חֶשְׁבּוֹן הַעֲבִרֵנוּ בּוֹ
כִּי־הִקְשָׁה יְהוָה אֱלֹהֶיךָ אֶת־רוּחוֹ וְאִמֵּץ אֶת־לְבָבוֹ לְמַעַן תִּתּוֹ
לא בְיָדְךָ כַּיּוֹם הַזֶּה׃ וַיֹּאמֶר יְהוָה אֵלַי רְאֵה הַחִלֹּתִי ג ששי
תֵּת לְפָנֶיךָ אֶת־סִיחֹן וְאֶת־אַרְצוֹ הָחֵל רָשׁ לָרֶשֶׁת אֶת־אַרְצוֹ׃
לב לג וַיֵּצֵא סִיחֹן לִקְרָאתֵנוּ הוּא וְכָל־עַמּוֹ לַמִּלְחָמָה יָהְצָה׃ וַיִּתְּנֵהוּ
לד יְהוָה אֱלֹהֵינוּ לְפָנֵינוּ וַנַּךְ אֹתוֹ וְאֶת־בָּנָו וְאֶת־כָּל־עַמּוֹ׃ וַנִּלְכֹּד
אֶת־כָּל־עָרָיו בָּעֵת הַהִוא וַנַּחֲרֵם אֶת־כָּל־עִיר מְתִם וְהַנָּשִׁים
לה וְהַטָּף לֹא הִשְׁאַרְנוּ שָׂרִיד׃ רַק הַבְּהֵמָה בָּזַזְנוּ לָנוּ וּשְׁלַל הֶעָרִים
לו אֲשֶׁר לָכָדְנוּ׃ מֵעֲרֹעֵר אֲשֶׁר עַל־שְׂפַת־נַחַל אַרְנֹן וְהָעִיר אֲשֶׁר
בַּנַּחַל וְעַד־הַגִּלְעָד לֹא הָיְתָה קִרְיָה אֲשֶׁר שָׂגְבָה מִמֶּנּוּ אֶת־
לז הַכֹּל נָתַן יְהוָה אֱלֹהֵינוּ לְפָנֵינוּ׃ רַק אֶל־אֶרֶץ בְּנֵי־עַמּוֹן לֹא
קָרָבְתָּ כָּל־יַד נַחַל יַבֹּק וְעָרֵי הָהָר וְכֹל אֲשֶׁר־צִוָּה יְהוָה אֱלֹהֵינוּ׃
ג א וַנֵּפֶן וַנַּעַל דֶּרֶךְ הַבָּשָׁן וַיֵּצֵא עוֹג מֶלֶךְ־הַבָּשָׁן לִקְרָאתֵנוּ הוּא
ב וְכָל־עַמּוֹ לַמִּלְחָמָה אֶדְרֶעִי׃ וַיֹּאמֶר יְהוָה אֵלַי אַל־תִּירָא אֹתוֹ
כִּי בְיָדְךָ נָתַתִּי אֹתוֹ וְאֶת־כָּל־עַמּוֹ וְאֶת־אַרְצוֹ וְעָשִׂיתָ לּוֹ כַּאֲשֶׁר
ג עָשִׂיתָ לְסִיחֹן מֶלֶךְ הָאֱמֹרִי אֲשֶׁר יוֹשֵׁב בְּחֶשְׁבּוֹן׃ וַיִּתֵּן יְהוָה
אֱלֹהֵינוּ בְּיָדֵנוּ גַּם אֶת־עוֹג מֶלֶךְ־הַבָּשָׁן וְאֶת־כָּל־עַמּוֹ וַנַּכֵּהוּ
ד עַד־בִּלְתִּי הִשְׁאִיר־לוֹ שָׂרִיד׃ וַנִּלְכֹּד אֶת־כָּל־עָרָיו בָּעֵת הַהִוא
לֹא הָיְתָה קִרְיָה אֲשֶׁר לֹא־לָקַחְנוּ מֵאִתָּם שִׁשִּׁים עִיר כָּל־חֶבֶל
ה אַרְגֹּב מַמְלֶכֶת עוֹג בַּבָּשָׁן׃ כָּל־אֵלֶּה עָרִים בְּצֻרֹת חוֹמָה גְבֹהָה
ו דְּלָתַיִם וּבְרִיחַ לְבַד מֵעָרֵי הַפְּרָזִי הַרְבֵּה מְאֹד׃ וַנַּחֲרֵם אוֹתָם
כַּאֲשֶׁר עָשִׂינוּ לְסִיחֹן מֶלֶךְ חֶשְׁבּוֹן הַחֲרֵם כָּל־עִיר מְתִם הַנָּשִׁים
ז ח וְהַטָּף׃ וְכָל־הַבְּהֵמָה וּשְׁלַל הֶעָרִים בַּזּוֹנוּ לָנוּ׃ וַנִּקַּח בָּעֵת הַהִוא
אֶת־הָאָרֶץ מִיַּד שְׁנֵי מַלְכֵי הָאֱמֹרִי אֲשֶׁר בְּעֵבֶר הַיַּרְדֵּן מִנַּחַל

ט אַרְנֹן עַד־הַר חֶרְמוֹן׃ צִידֹנִים יִקְרְאוּ לְחֶרְמוֹן שִׂרְיֹן וְהָאֱמֹרִי
י יִקְרְאוּ־לוֹ שְׂנִיר׃ כֹּל ׀ עָרֵי הַמִּישֹׁר וְכָל־הַגִּלְעָד וְכָל־הַבָּשָׁן עַד־
יא סַלְכָה וְאֶדְרֶעִי עָרֵי מַמְלֶכֶת עוֹג בַּבָּשָׁן׃ כִּי רַק־עוֹג מֶלֶךְ הַבָּשָׁן
נִשְׁאַר מִיֶּתֶר הָרְפָאִים הִנֵּה עַרְשׂוֹ עֶרֶשׂ בַּרְזֶל הֲלֹה הִוא בְּרַבַּת
בְּנֵי עַמּוֹן תֵּשַׁע אַמּוֹת אָרְכָּהּ וְאַרְבַּע אַמּוֹת רָחְבָּהּ בְּאַמַּת־
יב אִישׁ׃ וְאֶת־הָאָרֶץ הַזֹּאת יָרַשְׁנוּ בָּעֵת הַהִוא מֵעֲרֹעֵר אֲשֶׁר־עַל־
יג נַחַל אַרְנֹן וַחֲצִי הַר־הַגִּלְעָד וְעָרָיו נָתַתִּי לָראוּבֵנִי וְלַגָּדִי׃ וְיֶתֶר
הַגִּלְעָד וְכָל־הַבָּשָׁן מַמְלֶכֶת עוֹג נָתַתִּי לַחֲצִי שֵׁבֶט הַמְנַשֶּׁה
יד כֹּל חֶבֶל הָאַרְגֹּב לְכָל־הַבָּשָׁן הַהוּא יִקָּרֵא אֶרֶץ רְפָאִים׃ יָאִיר
בֶּן־מְנַשֶּׁה לָקַח אֶת־כָּל־חֶבֶל אַרְגֹּב עַד־גְּבוּל הַגְּשׁוּרִי וְהַמַּעֲכָתִי
וַיִּקְרָא אֹתָם עַל־שְׁמוֹ אֶת־הַבָּשָׁן חַוֺּת יָאִיר עַד הַיּוֹם הַזֶּה׃
טו טז וּלְמָכִיר נָתַתִּי אֶת־הַגִּלְעָד׃ וְלָראוּבֵנִי וְלַגָּדִי נָתַתִּי מִן־הַגִּלְעָד שביעי
וְעַד־נַחַל אַרְנֹן תּוֹךְ הַנַּחַל וּגְבֻל וְעַד יַבֹּק הַנַּחַל גְּבוּל בְּנֵי עַמּוֹן׃
יז וְהָעֲרָבָה וְהַיַּרְדֵּן וּגְבֻל מִכִּנֶּרֶת וְעַד יָם הָעֲרָבָה יָם הַמֶּלַח תַּחַת
יח אַשְׁדֹּת הַפִּסְגָּה מִזְרָחָה׃ וָאֲצַו אֶתְכֶם בָּעֵת הַהִוא לֵאמֹר יְהוָה
אֱלֹהֵיכֶם נָתַן לָכֶם אֶת־הָאָרֶץ הַזֹּאת לְרִשְׁתָּהּ חֲלוּצִים תַּעַבְרוּ
יט לִפְנֵי אֲחֵיכֶם בְּנֵי־יִשְׂרָאֵל כָּל־בְּנֵי־חָיִל׃ רַק נְשֵׁיכֶם וְטַפְּכֶם
וּמִקְנֵכֶם יָדַעְתִּי כִּי־מִקְנֶה רַב לָכֶם יֵשְׁבוּ בְּעָרֵיכֶם אֲשֶׁר נָתַתִּי
כ לָכֶם׃ עַד אֲשֶׁר־יָנִיחַ יְהוָה ׀ לַאֲחֵיכֶם כָּכֶם וְיָרְשׁוּ גַם־הֵם אֶת־ מפטיר
הָאָרֶץ אֲשֶׁר יְהוָה אֱלֹהֵיכֶם נֹתֵן לָהֶם בְּעֵבֶר הַיַּרְדֵּן וְשַׁבְתֶּם
כא אִישׁ לִירֻשָּׁתוֹ אֲשֶׁר נָתַתִּי לָכֶם׃ וְאֶת־יְהוֹשׁוּעַ צִוֵּיתִי בָּעֵת
הַהִוא לֵאמֹר עֵינֶיךָ הָרֹאֹת אֵת כָּל־אֲשֶׁר עָשָׂה יְהוָה אֱלֹהֵיכֶם
לִשְׁנֵי הַמְּלָכִים הָאֵלֶּה כֵּן־יַעֲשֶׂה יְהוָה לְכָל־הַמַּמְלָכוֹת אֲשֶׁר
כב אַתָּה עֹבֵר שָׁמָּה׃ לֹא תִּירָאוּם כִּי יְהוָה אֱלֹהֵיכֶם הוּא הַנִּלְחָם
כג לָכֶם׃ וָאֶתְחַנַּן אֶל־יְהוָה בָּעֵת הַהִוא לֵאמֹר׃ ואתחנן ד
כד אֲדֹנָי יֱהוִה אַתָּה הַחִלּוֹתָ לְהַרְאוֹת אֶת־עַבְדְּךָ אֶת־גָּדְלְךָ וְאֶת־
יָדְךָ הַחֲזָקָה אֲשֶׁר מִי־אֵל בַּשָּׁמַיִם וּבָאָרֶץ אֲשֶׁר־יַעֲשֶׂה כְמַעֲשֶׂיךָ

ואתחנן ‎ג

כה וְכִגְבֻרֹתֶ֑ךָ אֶעְבְּרָה־נָּ֗א וְאֶרְאֶה֙ אֶת־הָאָ֣רֶץ הַטּוֹבָ֔ה אֲשֶׁ֖ר בְּעֵ֣בֶר
כו הַיַּרְדֵּ֑ן הָהָ֥ר הַטּ֛וֹב הַזֶּ֖ה וְהַלְּבָנֹֽן׃ וַיִּתְעַבֵּ֨ר יְהֹוָ֥ה בִּי֙ לְמַ֣עַנְכֶ֔ם
וְלֹ֥א שָׁמַ֖ע אֵלָ֑י וַיֹּ֨אמֶר יְהֹוָ֤ה אֵלַי֙ רַב־לָ֔ךְ אַל־תּ֗וֹסֶף דַּבֵּ֥ר אֵלַ֛י
כז ע֖וֹד בַּדָּבָ֥ר הַזֶּֽה׃ עֲלֵ֣ה ׀ רֹ֣אשׁ הַפִּסְגָּ֗ה וְשָׂ֥א עֵינֶ֛יךָ יָ֧מָּה וְצָפֹ֛נָה
וְתֵימָ֥נָה וּמִזְרָ֖חָה וּרְאֵ֣ה בְעֵינֶ֑יךָ כִּי־לֹ֥א תַעֲבֹ֖ר אֶת־הַיַּרְדֵּ֥ן הַזֶּֽה׃
כח וְצַ֥ו אֶת־יְהוֹשֻׁ֖עַ וְחַזְּקֵ֣הוּ וְאַמְּצֵ֑הוּ כִּי־ה֣וּא יַעֲבֹ֗ר לִפְנֵי֙ הָעָ֣ם הַזֶּ֔ה
כט וְהוּא֙ יַנְחִ֣יל אוֹתָ֔ם אֶת־הָאָ֖רֶץ אֲשֶׁ֣ר תִּרְאֶֽה׃ וַנֵּ֣שֶׁב בַּגָּ֔יְא מ֖וּל
בֵּ֥ית פְּעֽוֹר׃

ד א וְעַתָּ֣ה יִשְׂרָאֵ֗ל שְׁמַ֤ע אֶל־הַֽחֻקִּים֙ וְאֶל־הַמִּשְׁפָּטִ֔ים אֲשֶׁ֧ר אָֽנֹכִ֛י
מְלַמֵּ֥ד אֶתְכֶ֖ם לַעֲשׂ֑וֹת לְמַ֣עַן תִּֽחְי֗וּ וּבָאתֶם֙ וִֽירִשְׁתֶּ֣ם אֶת־הָאָ֔רֶץ
ב אֲשֶׁ֧ר יְהֹוָ֛ה אֱלֹהֵ֥י אֲבֹתֵיכֶ֖ם נֹתֵ֣ן לָכֶֽם׃ לֹ֣א תֹסִ֗פוּ עַל־הַדָּבָר֙
אֲשֶׁ֤ר אָֽנֹכִי֙ מְצַוֶּ֣ה אֶתְכֶ֔ם וְלֹ֥א תִגְרְע֖וּ מִמֶּ֑נּוּ לִשְׁמֹ֕ר אֶת־מִצְוֺת֙
ג יְהֹוָ֣ה אֱלֹֽהֵיכֶ֔ם אֲשֶׁ֥ר אָנֹכִ֖י מְצַוֶּ֣ה אֶתְכֶֽם׃ עֵֽינֵיכֶם֙ הָֽרֹא֔וֹת אֵ֧ת
אֲשֶׁר־עָשָׂ֥ה יְהֹוָ֖ה בְּבַ֣עַל פְּע֑וֹר כִּ֣י כׇל־הָאִ֗ישׁ אֲשֶׁ֤ר הָלַךְ֙ אַחֲרֵ֣י
ד בַֽעַל־פְּע֔וֹר הִשְׁמִיד֛וֹ יְהֹוָ֥ה אֱלֹהֶ֖יךָ מִקִּרְבֶּֽךָ׃ וְאַתֶּ֣ם הַדְּבֵקִ֔ים
שני ה בַּֽיהֹוָ֖ה אֱלֹֽהֵיכֶ֑ם חַיִּ֥ים כֻּלְּכֶ֖ם הַיּֽוֹם׃ רְאֵ֣ה ׀ לִמַּ֣דְתִּי אֶתְכֶ֗ם חֻקִּים֙
וּמִשְׁפָּטִ֔ים כַּאֲשֶׁ֥ר צִוַּ֖נִי יְהֹוָ֣ה אֱלֹהָ֑י לַעֲשׂ֣וֹת כֵּ֔ן בְּקֶ֣רֶב הָאָ֔רֶץ
ו אֲשֶׁ֥ר אַתֶּ֛ם בָּאִ֥ים שָׁ֖מָּה לְרִשְׁתָּֽהּ׃ וּשְׁמַרְתֶּם֮ וַעֲשִׂיתֶם֒ כִּ֣י הִ֤וא
חׇכְמַתְכֶם֙ וּבִ֣ינַתְכֶ֔ם לְעֵינֵ֖י הָעַמִּ֑ים אֲשֶׁ֣ר יִשְׁמְע֗וּן אֵ֚ת כׇּל־הַֽחֻקִּ֣ים
ז הָאֵ֔לֶּה וְאָמְר֗וּ רַ֚ק עַם־חָכָ֣ם וְנָב֔וֹן הַגּ֥וֹי הַגָּד֖וֹל הַזֶּֽה׃ כִּ֚י מִי־
ג֣וֹי גָּד֔וֹל אֲשֶׁר־ל֥וֹ אֱלֹהִ֖ים קְרֹבִ֣ים אֵלָ֑יו כַּיהֹוָ֣ה אֱלֹהֵ֔ינוּ בְּכׇל־
ח קׇרְאֵ֖נוּ אֵלָֽיו׃ וּמִי֙ גּ֣וֹי גָּד֔וֹל אֲשֶׁר־ל֛וֹ חֻקִּ֥ים וּמִשְׁפָּטִ֖ים צַדִּיקִ֑ם
ט כְּכֹל֙ הַתּוֹרָ֣ה הַזֹּ֔את אֲשֶׁ֧ר אָנֹכִ֛י נֹתֵ֥ן לִפְנֵיכֶ֖ם הַיּֽוֹם׃ רַ֡ק הִשָּׁ֣מֶר
לְךָ֩ וּשְׁמֹ֨ר נַפְשְׁךָ֜ מְאֹ֗ד פֶּן־תִּשְׁכַּ֨ח אֶת־הַדְּבָרִ֜ים אֲשֶׁר־רָא֣וּ
עֵינֶ֗יךָ וּפֶן־יָס֙וּרוּ֙ מִלְּבָ֣בְךָ֔ כֹּ֖ל יְמֵ֣י חַיֶּ֑יךָ וְהוֹדַעְתָּ֥ם לְבָנֶ֖יךָ וְלִבְנֵ֥י
בָנֶֽיךָ׃ י֗וֹם אֲשֶׁ֨ר עָמַ֜דְתָּ לִפְנֵ֨י יְהֹוָ֥ה אֱלֹהֶ֘יךָ֘ בְּחֹרֵב֒ בֶּאֱמֹ֨ר יְהֹוָ֜ה
אֵלַ֗י הַקְהֶל־לִי֙ אֶת־הָעָ֔ם וְאַשְׁמִעֵ֖ם אֶת־דְּבָרָ֑י אֲשֶׁ֨ר יִלְמְד֜וּן

לְיִרְאָ֣ה אֹתִ֗י כָּל־הַיָּמִים֙ אֲשֶׁ֨ר הֵ֤ם חַיִּים֙ עַל־הָ֣אֲדָמָ֔ה וְאֶת־
בְּנֵיהֶ֖ם יְלַמֵּדֽוּן׃ וַתִּקְרְב֥וּן וַתַּֽעַמְד֖וּן תַּ֣חַת הָהָ֑ר וְהָהָ֞ר בֹּעֵ֤ר
בָּאֵשׁ֙ עַד־לֵ֣ב הַשָּׁמַ֔יִם חֹ֖שֶׁךְ עָנָ֥ן וַעֲרָפֶֽל׃ וַיְדַבֵּ֧ר יְהוָ֛ה אֲלֵיכֶ֖ם
מִתּ֣וֹךְ הָאֵ֑שׁ ק֤וֹל דְּבָרִים֙ אַתֶּ֣ם שֹֽׁמְעִ֔ים וּתְמוּנָ֛ה אֵינְכֶ֥ם רֹאִ֖ים
זֽוּלָתִ֥י קֽוֹל׃ וַיַּגֵּ֨ד לָכֶ֜ם אֶת־בְּרִית֗וֹ אֲשֶׁ֨ר צִוָּ֤ה אֶתְכֶם֙ לַעֲשׂ֔וֹת
עֲשֶׂ֖רֶת הַדְּבָרִ֑ים וַֽיִּכְתְּבֵ֔ם עַל־שְׁנֵ֖י לֻח֥וֹת אֲבָנִֽים׃ וְאֹתִ֞י צִוָּ֤ה
יְהוָה֙ בָּעֵ֣ת הַהִ֔וא לְלַמֵּ֣ד אֶתְכֶ֔ם חֻקִּ֖ים וּמִשְׁפָּטִ֑ים לַעֲשֹׂתְכֶ֣ם
אֹתָ֔ם בָּאָ֕רֶץ אֲשֶׁ֥ר אַתֶּ֛ם עֹבְרִ֥ים שָׁ֖מָּה לְרִשְׁתָּֽהּ׃ וְנִשְׁמַרְתֶּ֥ם
מְאֹ֖ד לְנַפְשֹׁתֵיכֶ֑ם כִּ֣י לֹ֤א רְאִיתֶם֙ כָּל־תְּמוּנָ֔ה בְּי֗וֹם דִּבֶּ֨ר יְהוָ֧ה
אֲלֵיכֶ֛ם בְּחֹרֵ֖ב מִתּ֥וֹךְ הָאֵֽשׁ׃ פֶּ֨ן־תַּשְׁחִת֔וּן וַעֲשִׂיתֶ֥ם לָכֶ֛ם פֶּ֖סֶל
תְּמוּנַ֣ת כָּל־סָ֑מֶל תַּבְנִ֥ית זָכָ֖ר א֥וֹ נְקֵבָֽה׃ תַּבְנִ֕ית כָּל־בְּהֵמָ֖ה אֲשֶׁ֣ר
בָּאָ֑רֶץ תַּבְנִית֙ כָּל־צִפּ֣וֹר כָּנָ֔ף אֲשֶׁ֥ר תָּע֖וּף בַּשָּׁמָֽיִם׃ תַּבְנִ֕ית כָּל־
רֹמֵ֖שׂ בָּאֲדָמָ֑ה תַּבְנִ֛ית כָּל־דָּגָ֥ה אֲשֶׁר־בַּמַּ֖יִם מִתַּ֥חַת לָאָֽרֶץ׃
וּפֶן־תִּשָּׂ֨א עֵינֶ֜יךָ הַשָּׁמַ֗יְמָה וְֽ֠רָאִ֠יתָ אֶת־הַשֶּׁ֨מֶשׁ וְאֶת־הַיָּרֵ֜חַ
וְאֶת־הַכּֽוֹכָבִ֗ים כֹּ֚ל צְבָ֣א הַשָּׁמַ֔יִם וְנִדַּחְתָּ֛ וְהִשְׁתַּחֲוִ֥יתָ לָהֶ֖ם
וַעֲבַדְתָּ֑ם אֲשֶׁ֨ר חָלַ֜ק יְהוָ֤ה אֱלֹהֶ֨יךָ֙ אֹתָ֔ם לְכֹל֙ הָֽעַמִּ֔ים תַּ֖חַת
כָּל־הַשָּׁמָֽיִם׃ וְאֶתְכֶם֙ לָקַ֣ח יְהוָ֔ה וַיּוֹצִ֥א אֶתְכֶ֛ם מִכּ֥וּר הַבַּרְזֶ֖ל
מִמִּצְרָ֑יִם לִהְי֥וֹת ל֛וֹ לְעַ֥ם נַחֲלָ֖ה כַּיּ֥וֹם הַזֶּֽה׃ וַֽיהוָ֥ה הִתְאַנַּף־
בִּ֖י עַל־דִּבְרֵיכֶ֑ם וַיִּשָּׁבַ֗ע לְבִלְתִּ֤י עָבְרִי֙ אֶת־הַיַּרְדֵּ֔ן וּלְבִלְתִּי־בֹא֙
אֶל־הָאָ֣רֶץ הַטּוֹבָ֔ה אֲשֶׁר֙ יְהוָ֣ה אֱלֹהֶ֔יךָ נֹתֵ֥ן לְךָ֖ נַחֲלָֽה׃ כִּ֣י אָנֹכִ֥י
מֵת֙ בָּאָ֣רֶץ הַזֹּ֔את אֵינֶ֥נִּי עֹבֵ֖ר אֶת־הַיַּרְדֵּ֑ן וְאַתֶּם֙ עֹֽבְרִ֔ים וִֽירִשְׁתֶּ֕ם
אֶת־הָאָ֥רֶץ הַטּוֹבָ֖ה הַזֹּֽאת׃ הִשָּׁמְר֣וּ לָכֶ֗ם פֶּֽן־תִּשְׁכְּחוּ֙ אֶת־בְּרִ֤ית
יְהוָ֣ה אֱלֹֽהֵיכֶ֔ם אֲשֶׁ֥ר כָּרַ֖ת עִמָּכֶ֑ם וַעֲשִׂיתֶ֨ם לָכֶ֥ם פֶּ֨סֶל֙ תְּמ֣וּנַת
כֹּ֔ל אֲשֶׁ֥ר צִוְּךָ֖ יְהוָ֣ה אֱלֹהֶֽיךָ׃ כִּ֚י יְהוָ֣ה אֱלֹהֶ֔יךָ אֵ֥שׁ אֹכְלָ֖ה ה֑וּא
אֵ֖ל קַנָּֽא׃
כִּֽי־תוֹלִ֤יד בָּנִים֙ וּבְנֵ֣י בָנִ֔ים וְנֽוֹשַׁנְתֶּ֖ם בָּאָ֑רֶץ וְהִשְׁחַתֶּ֗ם וַעֲשִׂ֤יתֶם
פֶּ֨סֶל֙ תְּמ֣וּנַת כֹּ֔ל וַעֲשִׂיתֶ֥ם הָרַ֛ע בְּעֵינֵ֥י יְהוָֽה־אֱלֹהֶ֖יךָ לְהַכְעִיסֽוֹ׃

כו הַעִידֹ֩תִי בָכֶ֨ם הַיּ֜וֹם אֶת־הַשָּׁמַ֣יִם וְאֶת־הָאָ֗רֶץ כִּֽי־אָבֹ֣ד תֹּאבֵדוּן֮
מַהֵר֒ מֵעַ֣ל הָאָ֔רֶץ אֲשֶׁ֨ר אַתֶּ֜ם עֹבְרִ֧ים אֶת־הַיַּרְדֵּ֛ן שָׁ֖מָּה לְרִשְׁתָּ֑הּ
כז לֹֽא־תַאֲרִיכֻ֤ן יָמִים֙ עָלֶ֔יהָ כִּ֥י הִשָּׁמֵ֖ד תִּשָּׁמֵדֽוּן: וְהֵפִ֤יץ יְהוָה֙ אֶתְכֶ֔ם
בָּֽעַמִּ֑ים וְנִשְׁאַרְתֶּם֙ מְתֵ֣י מִסְפָּ֔ר בַּגּוֹיִ֕ם אֲשֶׁ֨ר יְנַהֵ֧ג יְהוָ֛ה אֶתְכֶ֖ם
כח שָֽׁמָּה: וַעֲבַדְתֶּם־שָׁ֣ם אֱלֹהִ֔ים מַעֲשֵׂ֖ה יְדֵ֣י אָדָ֑ם עֵ֤ץ וָאֶ֙בֶן֙ אֲשֶׁ֣ר
כט לֹֽא־יִרְאוּן֙ וְלֹ֣א יִשְׁמְע֔וּן וְלֹ֥א יֹֽאכְל֖וּן וְלֹ֥א יְרִיחֻֽן: וּבִקַּשְׁתֶּ֥ם מִשָּׁ֛ם
אֶת־יְהוָ֥ה אֱלֹהֶ֖יךָ וּמָצָ֑אתָ כִּ֤י תִדְרְשֶׁ֙נּוּ֙ בְּכָל־לְבָבְךָ֖ וּבְכָל־
ל נַפְשֶֽׁךָ: בַּצַּ֣ר לְךָ֔ וּמְצָא֕וּךָ כֹּ֖ל הַדְּבָרִ֣ים הָאֵ֑לֶּה בְּאַחֲרִית֙ הַיָּמִ֔ים
לא וְשַׁבְתָּ֙ עַד־יְהוָ֣ה אֱלֹהֶ֔יךָ וְשָׁמַעְתָּ֖ בְּקֹלֽוֹ: כִּ֣י אֵ֤ל רַחוּם֙ יְהוָ֣ה
אֱלֹהֶ֔יךָ לֹ֥א יַרְפְּךָ֖ וְלֹ֣א יַשְׁחִיתֶ֑ךָ וְלֹ֤א יִשְׁכַּח֙ אֶת־בְּרִ֣ית אֲבֹתֶ֔יךָ
לב אֲשֶׁ֥ר נִשְׁבַּ֖ע לָהֶֽם: כִּ֣י שְׁאַל־נָא֩ לְיָמִ֨ים רִֽאשֹׁנִ֜ים אֲשֶׁר־הָי֣וּ לְפָנֶ֗יךָ
לְמִן־הַיּוֹם֙ אֲשֶׁר֩ בָּרָ֨א אֱלֹהִ֤ים ׀ אָדָם֙ עַל־הָאָ֔רֶץ וּלְמִקְצֵ֥ה הַשָּׁמַ֖יִם
וְעַד־קְצֵ֣ה הַשָּׁמָ֑יִם הֲנִֽהְיָ֗ה כַּדָּבָ֤ר הַגָּדוֹל֙ הַזֶּ֔ה א֖וֹ הֲנִשְׁמַ֥ע כָּמֹֽהוּ:
לג הֲשָׁ֣מַֽע עָם֩ ק֨וֹל אֱלֹהִ֜ים מְדַבֵּ֧ר מִתּוֹךְ־הָאֵ֛שׁ כַּאֲשֶׁר־שָׁמַ֥עְתָּ
לד אַתָּ֖ה וַיֶּֽחִי: א֣וֹ ׀ הֲנִסָּ֣ה אֱלֹהִ֗ים לָ֠בוֹא לָקַ֨חַת ל֣וֹ גוֹי֮ מִקֶּ֣רֶב גּוֹי֒
בְּמַסֹּת֩ בְּאֹתֹ֨ת וּבְמוֹפְתִ֜ים וּבְמִלְחָמָ֗ה וּבְיָ֤ד חֲזָקָה֙ וּבִזְר֣וֹעַ נְטוּיָ֔ה
וּבְמוֹרָאִ֖ים גְּדֹלִ֑ים כְּ֠כֹל אֲשֶׁר־עָשָׂ֨ה לָכֶ֜ם יְהוָ֧ה אֱלֹהֵיכֶ֛ם בְּמִצְרַ֖יִם
לה לְעֵינֶֽיךָ: אַתָּה֙ הָרְאֵ֣תָ לָדַ֔עַת כִּ֥י יְהוָ֖ה ה֣וּא הָאֱלֹהִ֑ים אֵ֥ין ע֖וֹד
לו מִלְּבַדּֽוֹ: מִן־הַשָּׁמַ֛יִם הִשְׁמִֽיעֲךָ֥ אֶת־קֹל֖וֹ לְיַסְּרֶ֑ךָּ וְעַל־הָאָ֗רֶץ
לז הֶרְאֲךָ֙ אֶת־אִשּׁ֣וֹ הַגְּדוֹלָ֔ה וּדְבָרָ֥יו שָׁמַ֖עְתָּ מִתּ֥וֹךְ הָאֵֽשׁ: וְתַ֗חַת
כִּ֤י אָהַב֙ אֶת־אֲבֹתֶ֔יךָ וַיִּבְחַ֥ר בְּזַרְע֖וֹ אַחֲרָ֑יו וַיּוֹצִֽאֲךָ֧ בְּפָנָ֛יו בְּכֹח֥וֹ
לח הַגָּדֹ֖ל מִמִּצְרָֽיִם: לְהוֹרִ֗ישׁ גּוֹיִ֛ם גְּדֹלִ֥ים וַעֲצֻמִ֖ים מִמְּךָ֑ מִפָּנֶ֑יךָ
לט לַהֲבִֽיאֲךָ֗ לָֽתֶת־לְךָ֧ אֶת־אַרְצָ֛ם נַחֲלָ֖ה כַּיּ֥וֹם הַזֶּֽה: וְיָדַעְתָּ֣ הַיּ֗וֹם
וַהֲשֵׁבֹתָ֘ אֶל־לְבָבֶךָ֒ כִּ֤י יְהוָה֙ ה֣וּא הָֽאֱלֹהִ֔ים בַּשָּׁמַ֣יִם מִמַּ֔עַל וְעַל־
מ הָאָ֖רֶץ מִתָּ֑חַת אֵ֥ין עֽוֹד: וְשָׁמַרְתָּ֞ אֶת־חֻקָּ֣יו וְאֶת־מִצְוֺתָ֗יו אֲשֶׁ֨ר אָֽנֹכִ֤י
מְצַוְּךָ֙ הַיּ֔וֹם אֲשֶׁ֤ר יִֽיטַב֙ לְךָ֔ וּלְבָנֶ֖יךָ אַחֲרֶ֑יךָ וּלְמַ֨עַן תַּאֲרִ֤יךְ יָמִים֙ עַל־
הָ֣אֲדָמָ֔ה אֲשֶׁ֨ר יְהוָ֧ה אֱלֹהֶ֛יךָ נֹתֵ֥ן לְךָ֖ כָּל־הַיָּמִֽים:

שלישי ה אָז יַבְדִּיל מֹשֶׁה שָׁלֹשׁ עָרִים בְּעֵבֶר הַיַּרְדֵּן מִזְרְחָה שָׁמֶשׁ׃ לָנֻס מא מב
שָׁמָּה רוֹצֵחַ אֲשֶׁר יִרְצַח אֶת־רֵעֵהוּ בִּבְלִי־דַעַת וְהוּא לֹא־שֹׂנֵא
לוֹ מִתְּמֹל שִׁלְשֹׁם וְנָס אֶל־אַחַת מִן־הֶעָרִים הָאֵל וָחָי׃ אֶת־בֶּצֶר מג
בַּמִּדְבָּר בְּאֶרֶץ הַמִּישֹׁר לָראוּבֵנִי וְאֶת־רָאמֹת בַּגִּלְעָד לַגָּדִי
וְאֶת־גּוֹלָן בַּבָּשָׁן לַמְנַשִּׁי׃ וְזֹאת הַתּוֹרָה אֲשֶׁר־שָׂם מֹשֶׁה לִפְנֵי מד
בְּנֵי יִשְׂרָאֵל׃ אֵלֶּה הָעֵדֹת וְהַחֻקִּים וְהַמִּשְׁפָּטִים אֲשֶׁר דִּבֶּר מֹשֶׁה מה
אֶל־בְּנֵי יִשְׂרָאֵל בְּצֵאתָם מִמִּצְרָיִם׃ בְּעֵבֶר הַיַּרְדֵּן בַּגַּיְא מוּל מו
בֵּית פְּעוֹר בְּאֶרֶץ סִיחֹן מֶלֶךְ הָאֱמֹרִי אֲשֶׁר יוֹשֵׁב בְּחֶשְׁבּוֹן אֲשֶׁר
הִכָּה מֹשֶׁה וּבְנֵי יִשְׂרָאֵל בְּצֵאתָם מִמִּצְרָיִם׃ וַיִּירְשׁוּ אֶת־אַרְצוֹ מז
וְאֶת־אֶרֶץ ׀ עוֹג מֶלֶךְ־הַבָּשָׁן שְׁנֵי מַלְכֵי הָאֱמֹרִי אֲשֶׁר בְּעֵבֶר
הַיַּרְדֵּן מִזְרַח שָׁמֶשׁ׃ מֵעֲרֹעֵר אֲשֶׁר עַל־שְׂפַת־נַחַל אַרְנֹן וְעַד־הַר מח
שִׂיאֹן הוּא חֶרְמוֹן׃ וְכָל־הָעֲרָבָה עֵבֶר הַיַּרְדֵּן מִזְרָחָה וְעַד יָם מט
הָעֲרָבָה תַּחַת אַשְׁדֹּת הַפִּסְגָּה׃

רביעי וַיִּקְרָא מֹשֶׁה אֶל־כָּל־יִשְׂרָאֵל וַיֹּאמֶר אֲלֵהֶם שְׁמַע יִשְׂרָאֵל א ה
אֶת־הַחֻקִּים וְאֶת־הַמִּשְׁפָּטִים אֲשֶׁר אָנֹכִי דֹּבֵר בְּאָזְנֵיכֶם הַיּוֹם
וּלְמַדְתֶּם אֹתָם וּשְׁמַרְתֶּם לַעֲשֹׂתָם׃ יְהוָה אֱלֹהֵינוּ כָּרַת עִמָּנוּ ב
בְּרִית בְּחֹרֵב׃ לֹא אֶת־אֲבֹתֵינוּ כָּרַת יְהוָה אֶת־הַבְּרִית הַזֹּאת ג
כִּי אִתָּנוּ אֲנַחְנוּ אֵלֶּה פֹה הַיּוֹם כֻּלָּנוּ חַיִּים׃ פָּנִים ׀ בְּפָנִים דִּבֶּר ד
יְהוָה עִמָּכֶם בָּהָר מִתּוֹךְ הָאֵשׁ׃ אָנֹכִי עֹמֵד בֵּין־יְהוָה וּבֵינֵיכֶם ה
בָּעֵת הַהִוא לְהַגִּיד לָכֶם אֶת־דְּבַר יְהוָה כִּי יְרֵאתֶם מִפְּנֵי הָאֵשׁ
וְלֹא־עֲלִיתֶם בָּהָר לֵאמֹר׃ אָנֹכִי יְהוָה אֱלֹהֶיךָ ו
אֲשֶׁר הוֹצֵאתִיךָ מֵאֶרֶץ מִצְרַיִם מִבֵּית עֲבָדִים׃ לֹא־יִהְיֶה לְךָ ז
אֱלֹהִים אֲחֵרִים עַל־פָּנָי׃ לֹא־תַעֲשֶׂה לְךָ פֶסֶל כָּל־תְּמוּנָה ח
אֲשֶׁר בַּשָּׁמַיִם מִמַּעַל וַאֲשֶׁר בָּאָרֶץ מִתָּחַת וַאֲשֶׁר בַּמַּיִם
מִתַּחַת לָאָרֶץ׃ לֹא־תִשְׁתַּחֲוֶה לָהֶם וְלֹא תָעָבְדֵם כִּי אָנֹכִי יְהוָה ט
אֱלֹהֶיךָ אֵל קַנָּא פֹּקֵד עֲוֺן אָבוֹת עַל־בָּנִים וְעַל־שִׁלֵּשִׁים
וְעַל־רִבֵּעִים לְשֹׂנְאָי׃ וְעֹשֶׂה חֶסֶד לַאֲלָפִים לְאֹהֲבַי וּלְשֹׁמְרֵי י

יא מִצְוֺתָו: לֹא תִשָּׂא אֶת־שֵׁם־יְהוָה אֱלֹהֶיךָ לַשָּׁוְא כִּי לֹא מִצְוֺתָי
יב יְנַקֶּה יְהוָה אֵת אֲשֶׁר־יִשָּׂא אֶת־שְׁמוֹ לַשָּׁוְא: שָׁמוֹר
יג אֶת־יוֹם הַשַּׁבָּת לְקַדְּשׁוֹ כַּאֲשֶׁר צִוְּךָ יְהוָה אֱלֹהֶיךָ: שֵׁשֶׁת יָמִים
יד תַּעֲבֹד וְעָשִׂיתָ כָּל־מְלַאכְתֶּךָ: וְיוֹם הַשְּׁבִיעִי שַׁבָּת לַיהוָה
אֱלֹהֶיךָ לֹא־תַעֲשֶׂה כָל־מְלָאכָה אַתָּה ׀ וּבִנְךָ־וּבִתֶּךָ וְעַבְדְּךָ־
וַאֲמָתֶךָ וְשׁוֹרְךָ וַחֲמֹרְךָ וְכָל־בְּהֶמְתֶּךָ וְגֵרְךָ אֲשֶׁר בִּשְׁעָרֶיךָ לְמַעַן
טו יָנוּחַ עַבְדְּךָ וַאֲמָתְךָ כָּמוֹךָ: וְזָכַרְתָּ כִּי עֶבֶד הָיִיתָ בְּאֶרֶץ מִצְרַיִם
וַיֹּצִאֲךָ יְהוָה אֱלֹהֶיךָ מִשָּׁם בְּיָד חֲזָקָה וּבִזְרֹעַ נְטוּיָה עַל־כֵּן צִוְּךָ
טז יְהוָה אֱלֹהֶיךָ לַעֲשׂוֹת אֶת־יוֹם הַשַּׁבָּת: כַּבֵּד
אֶת־אָבִיךָ וְאֶת־אִמֶּךָ כַּאֲשֶׁר צִוְּךָ יְהוָה אֱלֹהֶיךָ לְמַעַן ׀ יַאֲרִיכֻן
יָמֶיךָ וּלְמַעַן יִיטַב לָךְ עַל הָאֲדָמָה אֲשֶׁר־יְהוָה אֱלֹהֶיךָ נֹתֵן
יז לָךְ: לֹא תִרְצָח וְלֹא
תִנְאָף וְלֹא תִגְנֹב וְלֹא־
יח תַעֲנֶה בְרֵעֲךָ עֵד שָׁוְא: וְלֹא
תַחְמֹד אֵשֶׁת רֵעֶךָ וְלֹא
תִתְאַוֶּה בֵּית רֵעֶךָ שָׂדֵהוּ וְעַבְדּוֹ וַאֲמָתוֹ שׁוֹרוֹ וַחֲמֹרוֹ וְכֹל אֲשֶׁר
יט לְרֵעֶךָ: אֶת־הַדְּבָרִים הָאֵלֶּה דִּבֶּר יְהוָה אֶל־כָּל־ חמישי
קְהַלְכֶם בָּהָר מִתּוֹךְ הָאֵשׁ הֶעָנָן וְהָעֲרָפֶל קוֹל גָּדוֹל וְלֹא יָסָף
כ וַיִּכְתְּבֵם עַל־שְׁנֵי לֻחֹת אֲבָנִים וַיִּתְּנֵם אֵלָי: וַיְהִי כְּשָׁמְעֲכֶם אֶת־
הַקּוֹל מִתּוֹךְ הַחֹשֶׁךְ וְהָהָר בֹּעֵר בָּאֵשׁ וַתִּקְרְבוּן אֵלַי כָּל־רָאשֵׁי
כא שִׁבְטֵיכֶם וְזִקְנֵיכֶם: וַתֹּאמְרוּ הֵן הֶרְאָנוּ יְהוָה אֱלֹהֵינוּ אֶת־כְּבֹדוֹ
וְאֶת־גָּדְלוֹ וְאֶת־קֹלוֹ שָׁמַעְנוּ מִתּוֹךְ הָאֵשׁ הַיּוֹם הַזֶּה רָאִינוּ כִּי־
כב יְדַבֵּר אֱלֹהִים אֶת־הָאָדָם וָחָי: וְעַתָּה לָמָּה נָמוּת כִּי תֹאכְלֵנוּ
הָאֵשׁ הַגְּדֹלָה הַזֹּאת אִם־יֹסְפִים ׀ אֲנַחְנוּ לִשְׁמֹעַ אֶת־קוֹל יְהוָה
כג אֱלֹהֵינוּ עוֹד וָמָתְנוּ: כִּי מִי כָל־בָּשָׂר אֲשֶׁר שָׁמַע קוֹל אֱלֹהִים
כד חַיִּים מְדַבֵּר מִתּוֹךְ־הָאֵשׁ כָּמֹנוּ וַיֶּחִי: קְרַב אַתָּה וּשְׁמָע אֵת כָּל־
אֲשֶׁר יֹאמַר יְהוָה אֱלֹהֵינוּ וְאַתְּ ׀ תְּדַבֵּר אֵלֵינוּ אֵת כָּל־אֲשֶׁר

כה יְדַבֵּר יְהוָה אֱלֹהֵינוּ אֵלֶיךָ וְשָׁמַעְנוּ וְעָשִׂינוּ׃ וַיִּשְׁמַע יְהוָה אֶת־
קוֹל דִּבְרֵיכֶם בְּדַבֶּרְכֶם אֵלָי וַיֹּאמֶר יְהוָה אֵלַי שָׁמַעְתִּי אֶת־קוֹל
כו דִּבְרֵי הָעָם הַזֶּה אֲשֶׁר דִּבְּרוּ אֵלֶיךָ הֵיטִיבוּ כָּל־אֲשֶׁר דִּבֵּרוּ׃ מִי־
יִתֵּן וְהָיָה לְבָבָם זֶה לָהֶם לְיִרְאָה אֹתִי וְלִשְׁמֹר אֶת־כָּל־מִצְוֺתַי
כז כָּל־הַיָּמִים לְמַעַן יִיטַב לָהֶם וְלִבְנֵיהֶם לְעֹלָם׃ לֵךְ אֱמֹר לָהֶם שׁוּבוּ
כח לָכֶם לְאָהֳלֵיכֶם׃ וְאַתָּה פֹּה עֲמֹד עִמָּדִי וַאֲדַבְּרָה אֵלֶיךָ אֵת כָּל־
הַמִּצְוָה וְהַחֻקִּים וְהַמִּשְׁפָּטִים אֲשֶׁר תְּלַמְּדֵם וְעָשׂוּ בָאָרֶץ אֲשֶׁר
כט אָנֹכִי נֹתֵן לָהֶם לְרִשְׁתָּהּ׃ וּשְׁמַרְתֶּם לַעֲשׂוֹת כַּאֲשֶׁר צִוָּה יְהוָה
ל אֱלֹהֵיכֶם אֶתְכֶם לֹא תָסֻרוּ יָמִין וּשְׂמֹאל׃ בְּכָל־הַדֶּרֶךְ אֲשֶׁר צִוָּה
יְהוָה אֱלֹהֵיכֶם אֶתְכֶם תֵּלֵכוּ לְמַעַן תִּחְיוּן וְטוֹב לָכֶם וְהַאֲרַכְתֶּם
ו א יָמִים בָּאָרֶץ אֲשֶׁר תִּירָשׁוּן׃ וְזֹאת הַמִּצְוָה הַחֻקִּים וְהַמִּשְׁפָּטִים
אֲשֶׁר צִוָּה יְהוָה אֱלֹהֵיכֶם לְלַמֵּד אֶתְכֶם לַעֲשׂוֹת בָּאָרֶץ אֲשֶׁר
ב אַתֶּם עֹבְרִים שָׁמָּה לְרִשְׁתָּהּ׃ לְמַעַן תִּירָא אֶת־יְהוָה אֱלֹהֶיךָ
לִשְׁמֹר אֶת־כָּל־חֻקֹּתָיו וּמִצְוֺתָיו אֲשֶׁר אָנֹכִי מְצַוֶּךָ אַתָּה וּבִנְךָ
ג וּבֶן־בִּנְךָ כֹּל יְמֵי חַיֶּיךָ וּלְמַעַן יַאֲרִכֻן יָמֶיךָ׃ וְשָׁמַעְתָּ יִשְׂרָאֵל
וְשָׁמַרְתָּ לַעֲשׂוֹת אֲשֶׁר יִיטַב לְךָ וַאֲשֶׁר תִּרְבּוּן מְאֹד כַּאֲשֶׁר דִּבֶּר
יְהוָה אֱלֹהֵי אֲבֹתֶיךָ לָךְ אֶרֶץ זָבַת חָלָב וּדְבָשׁ׃
ד ה שְׁמַע יִשְׂרָאֵל יְהוָה אֱלֹהֵינוּ יְהוָה ׀ אֶחָד׃ וְאָהַבְתָּ אֵת יְהוָה ששי ו
ו אֱלֹהֶיךָ בְּכָל־לְבָבְךָ וּבְכָל־נַפְשְׁךָ וּבְכָל־מְאֹדֶךָ׃ וְהָיוּ הַדְּבָרִים
ז הָאֵלֶּה אֲשֶׁר אָנֹכִי מְצַוְּךָ הַיּוֹם עַל־לְבָבֶךָ׃ וְשִׁנַּנְתָּם לְבָנֶיךָ
וְדִבַּרְתָּ בָּם בְּשִׁבְתְּךָ בְּבֵיתֶךָ וּבְלֶכְתְּךָ בַדֶּרֶךְ וּבְשָׁכְבְּךָ וּבְקוּמֶךָ׃
ח ט וּקְשַׁרְתָּם לְאוֹת עַל־יָדֶךָ וְהָיוּ לְטֹטָפֹת בֵּין עֵינֶיךָ׃ וּכְתַבְתָּם
י עַל־מְזֻזוֹת בֵּיתֶךָ וּבִשְׁעָרֶיךָ׃ וְהָיָה כִּי־יְבִיאֲךָ ׀ יְהוָה
אֱלֹהֶיךָ אֶל־הָאָרֶץ אֲשֶׁר נִשְׁבַּע לַאֲבֹתֶיךָ לְאַבְרָהָם לְיִצְחָק
יא וּלְיַעֲקֹב לָתֶת לָךְ עָרִים גְּדֹלֹת וְטֹבֹת אֲשֶׁר לֹא־בָנִיתָ׃ וּבָתִּים
מְלֵאִים כָּל־טוּב אֲשֶׁר לֹא־מִלֵּאתָ וּבֹרֹת חֲצוּבִים אֲשֶׁר לֹא־
יב חָצַבְתָּ כְּרָמִים וְזֵיתִים אֲשֶׁר לֹא־נָטָעְתָּ וְאָכַלְתָּ וְשָׂבָעְתָּ׃ הִשָּׁמֶר

לְךָ פֶּן־תִּשְׁכַּח אֶת־יְהוָה אֲשֶׁר הוֹצִיאֲךָ מֵאֶרֶץ מִצְרַיִם מִבֵּית
יג יד עֲבָדִים׃ אֶת־יְהוָה אֱלֹהֶיךָ תִּירָא וְאֹתוֹ תַעֲבֹד וּבִשְׁמוֹ תִּשָּׁבֵעַ׃ לֹא
תֵלְכוּן אַחֲרֵי אֱלֹהִים אֲחֵרִים מֵאֱלֹהֵי הָעַמִּים אֲשֶׁר סְבִיבוֹתֵיכֶם׃
טו כִּי אֵל קַנָּא יְהוָה אֱלֹהֶיךָ בְּקִרְבֶּךָ פֶּן־יֶחֱרֶה אַף־יְהוָה אֱלֹהֶיךָ
טז בָּךְ וְהִשְׁמִידְךָ מֵעַל פְּנֵי הָאֲדָמָה׃ לֹא תְנַסּוּ אֶת־
יז יְהוָה אֱלֹהֵיכֶם כַּאֲשֶׁר נִסִּיתֶם בַּמַּסָּה׃ שָׁמוֹר תִּשְׁמְרוּן אֶת־
יח מִצְוֹת יְהוָה אֱלֹהֵיכֶם וְעֵדֹתָיו וְחֻקָּיו אֲשֶׁר צִוָּךְ׃ וְעָשִׂיתָ הַיָּשָׁר
וְהַטּוֹב בְּעֵינֵי יְהוָה לְמַעַן יִיטַב לָךְ וּבָאתָ וְיָרַשְׁתָּ אֶת־הָאָרֶץ
יט הַטֹּבָה אֲשֶׁר־נִשְׁבַּע יְהוָה לַאֲבֹתֶיךָ׃ לַהֲדֹף אֶת־כָּל־אֹיְבֶיךָ
כ מִפָּנֶיךָ כַּאֲשֶׁר דִּבֶּר יְהוָה׃ כִּי־יִשְׁאָלְךָ בִנְךָ מָחָר
לֵאמֹר מָה הָעֵדֹת וְהַחֻקִּים וְהַמִּשְׁפָּטִים אֲשֶׁר צִוָּה יְהוָה אֱלֹהֵינוּ
כא אֶתְכֶם׃ וְאָמַרְתָּ לְבִנְךָ עֲבָדִים הָיִינוּ לְפַרְעֹה בְּמִצְרָיִם וַיֹּצִיאֵנוּ
כב יְהוָה מִמִּצְרַיִם בְּיָד חֲזָקָה׃ וַיִּתֵּן יְהוָה אוֹתֹת וּמֹפְתִים גְּדֹלִים
כג וְרָעִים ׀ בְּמִצְרַיִם בְּפַרְעֹה וּבְכָל־בֵּיתוֹ לְעֵינֵינוּ׃ וְאוֹתָנוּ הוֹצִיא
מִשָּׁם לְמַעַן הָבִיא אֹתָנוּ לָתֶת לָנוּ אֶת־הָאָרֶץ אֲשֶׁר נִשְׁבַּע
כד לַאֲבֹתֵינוּ׃ וַיְצַוֵּנוּ יְהוָה לַעֲשׂוֹת אֶת־כָּל־הַחֻקִּים הָאֵלֶּה לְיִרְאָה
אֶת־יְהוָה אֱלֹהֵינוּ לְטוֹב לָנוּ כָּל־הַיָּמִים לְחַיֹּתֵנוּ כְּהַיּוֹם הַזֶּה׃
כה וּצְדָקָה תִּהְיֶה־לָּנוּ כִּי־נִשְׁמֹר לַעֲשׂוֹת אֶת־כָּל־הַמִּצְוָה הַזֹּאת
ז א לִפְנֵי יְהוָה אֱלֹהֵינוּ כַּאֲשֶׁר צִוָּנוּ׃ כִּי יְבִיאֲךָ יְהוָה שביעי
אֱלֹהֶיךָ אֶל־הָאָרֶץ אֲשֶׁר־אַתָּה בָא־שָׁמָּה לְרִשְׁתָּהּ וְנָשַׁל גּוֹיִם־
רַבִּים ׀ מִפָּנֶיךָ הַחִתִּי וְהַגִּרְגָּשִׁי וְהָאֱמֹרִי וְהַכְּנַעֲנִי וְהַפְּרִזִּי וְהַחִוִּי
ב וְהַיְבוּסִי שִׁבְעָה גוֹיִם רַבִּים וַעֲצוּמִים מִמֶּךָּ׃ וּנְתָנָם יְהוָה אֱלֹהֶיךָ
לְפָנֶיךָ וְהִכִּיתָם הַחֲרֵם תַּחֲרִים אֹתָם לֹא־תִכְרֹת לָהֶם בְּרִית
ג וְלֹא תְחָנֵּם׃ וְלֹא תִתְחַתֵּן בָּם בִּתְּךָ לֹא־תִתֵּן לִבְנוֹ וּבִתּוֹ לֹא־
ד תִקַּח לִבְנֶךָ׃ כִּי־יָסִיר אֶת־בִּנְךָ מֵאַחֲרַי וְעָבְדוּ אֱלֹהִים אֲחֵרִים
ה וְחָרָה אַף־יְהוָה בָּכֶם וְהִשְׁמִידְךָ מַהֵר׃ כִּי אִם־כֹּה תַעֲשׂוּ
לָהֶם מִזְבְּחֹתֵיהֶם תִּתֹּצוּ וּמַצֵּבֹתָם תְּשַׁבֵּרוּ וַאֲשֵׁירֵהֶם תְּגַדֵּעוּן

ו וּפְסִילֵיהֶם תִּשְׂרְפוּן בָּאֵשׁ: כִּי עַם קָדוֹשׁ אַתָּה לַיהוָה אֱלֹהֶיךָ
בְּךָ בָּחַר ׀ יְהוָה אֱלֹהֶיךָ לִהְיוֹת לוֹ לְעַם סְגֻלָּה מִכֹּל הָעַמִּים
ז אֲשֶׁר עַל־פְּנֵי הָאֲדָמָה: לֹא מֵרֻבְּכֶם מִכָּל־הָעַמִּים חָשַׁק יְהוָה
ח בָּכֶם וַיִּבְחַר בָּכֶם כִּי־אַתֶּם הַמְעַט מִכָּל־הָעַמִּים: כִּי מֵאַהֲבַת
יְהוָה אֶתְכֶם וּמִשָּׁמְרוֹ אֶת־הַשְּׁבֻעָה אֲשֶׁר נִשְׁבַּע לַאֲבֹתֵיכֶם
הוֹצִיא יְהוָה אֶתְכֶם בְּיָד חֲזָקָה וַיִּפְדְּךָ מִבֵּית עֲבָדִים מִיַּד פַּרְעֹה
מפטיר ט מֶלֶךְ־מִצְרָיִם: וְיָדַעְתָּ כִּי־יְהוָה אֱלֹהֶיךָ הוּא הָאֱלֹהִים הָאֵל
הַנֶּאֱמָן שֹׁמֵר הַבְּרִית וְהַחֶסֶד לְאֹהֲבָיו וּלְשֹׁמְרֵי מִצְוֺתָו לְאֶלֶף
י דּוֹר: וּמְשַׁלֵּם לְשֹׂנְאָיו אֶל־פָּנָיו לְהַאֲבִידוֹ לֹא יְאַחֵר לְשֹׂנְאוֹ אֶל־
יא פָּנָיו יְשַׁלֶּם־לוֹ: וְשָׁמַרְתָּ אֶת־הַמִּצְוָה וְאֶת־הַחֻקִּים וְאֶת־הַמִּשְׁפָּטִים
אֲשֶׁר אָנֹכִי מְצַוְּךָ הַיּוֹם לַעֲשׂוֹתָם:

עקב ז
יב וְהָיָה ׀ עֵקֶב תִּשְׁמְעוּן אֵת הַמִּשְׁפָּטִים הָאֵלֶּה וּשְׁמַרְתֶּם וַעֲשִׂיתֶם
אֹתָם וְשָׁמַר יְהוָה אֱלֹהֶיךָ לְךָ אֶת־הַבְּרִית וְאֶת־הַחֶסֶד אֲשֶׁר
יג נִשְׁבַּע לַאֲבֹתֶיךָ: וַאֲהֵבְךָ וּבֵרַכְךָ וְהִרְבֶּךָ וּבֵרַךְ פְּרִי־בִטְנְךָ וּפְרִי־
אַדְמָתֶךָ דְּגָנְךָ וְתִירֹשְׁךָ וְיִצְהָרֶךָ שְׁגַר־אֲלָפֶיךָ וְעַשְׁתְּרֹת צֹאנֶךָ
יד עַל הָאֲדָמָה אֲשֶׁר־נִשְׁבַּע לַאֲבֹתֶיךָ לָתֶת לָךְ: בָּרוּךְ תִּהְיֶה מִכָּל־
טו הָעַמִּים לֹא־יִהְיֶה בְךָ עָקָר וַעֲקָרָה וּבִבְהֶמְתֶּךָ: וְהֵסִיר יְהוָה
מִמְּךָ כָּל־חֹלִי וְכָל־מַדְוֵי מִצְרַיִם הָרָעִים אֲשֶׁר יָדַעְתָּ לֹא יְשִׂימָם
טז בָּךְ וּנְתָנָם בְּכָל־שֹׂנְאֶיךָ: וְאָכַלְתָּ אֶת־כָּל־הָעַמִּים אֲשֶׁר יְהוָה
אֱלֹהֶיךָ נֹתֵן לָךְ לֹא־תָחוֹס עֵינְךָ עֲלֵיהֶם וְלֹא תַעֲבֹד אֶת־אֱלֹהֵיהֶם
יז כִּי־מוֹקֵשׁ הוּא לָךְ: כִּי תֹאמַר בִּלְבָבְךָ רַבִּים
יח הַגּוֹיִם הָאֵלֶּה מִמֶּנִּי אֵיכָה אוּכַל לְהוֹרִישָׁם: לֹא תִירָא מֵהֶם זָכֹר
תִּזְכֹּר אֵת אֲשֶׁר־עָשָׂה יְהוָה אֱלֹהֶיךָ לְפַרְעֹה וּלְכָל־מִצְרָיִם:
יט הַמַּסֹּת הַגְּדֹלֹת אֲשֶׁר־רָאוּ עֵינֶיךָ וְהָאֹתֹת וְהַמֹּפְתִים וְהַיָּד הַחֲזָקָה
וְהַזְּרֹעַ הַנְּטוּיָה אֲשֶׁר הוֹצִאֲךָ יְהוָה אֱלֹהֶיךָ כֵּן־יַעֲשֶׂה יְהוָה אֱלֹהֶיךָ
כ לְכָל־הָעַמִּים אֲשֶׁר־אַתָּה יָרֵא מִפְּנֵיהֶם: וְגַם אֶת־הַצִּרְעָה
יְשַׁלַּח יְהוָה אֱלֹהֶיךָ בָּם עַד־אֲבֹד הַנִּשְׁאָרִים וְהַנִּסְתָּרִים מִפָּנֶיךָ:

כא לֹא תַעֲרֹץ מִפְּנֵיהֶם כִּי־יְהוָה אֱלֹהֶיךָ בְּקִרְבֶּךָ אֵל גָּדוֹל וְנוֹרָא׃
כב וְנָשַׁל יְהוָה אֱלֹהֶיךָ אֶת־הַגּוֹיִם הָאֵל מִפָּנֶיךָ מְעַט מְעָט לֹא
כג תוּכַל כַּלֹּתָם מַהֵר פֶּן־תִּרְבֶּה עָלֶיךָ חַיַּת הַשָּׂדֶה׃ וּנְתָנָם יְהוָה
כד אֱלֹהֶיךָ לְפָנֶיךָ וְהָמָם מְהוּמָה גְדֹלָה עַד הִשָּׁמְדָם׃ וְנָתַן מַלְכֵיהֶם
בְּיָדֶךָ וְהַאֲבַדְתָּ אֶת־שְׁמָם מִתַּחַת הַשָּׁמָיִם לֹא־יִתְיַצֵּב אִישׁ בְּפָנֶיךָ
כה עַד הִשְׁמִדְךָ אֹתָם׃ פְּסִילֵי אֱלֹהֵיהֶם תִּשְׂרְפוּן בָּאֵשׁ לֹא־תַחְמֹד
כֶּסֶף וְזָהָב עֲלֵיהֶם וְלָקַחְתָּ לָךְ פֶּן תִּוָּקֵשׁ בּוֹ כִּי תוֹעֲבַת יְהוָה
כו אֱלֹהֶיךָ הוּא׃ וְלֹא־תָבִיא תוֹעֵבָה אֶל־בֵּיתֶךָ וְהָיִיתָ חֵרֶם כָּמֹהוּ
שַׁקֵּץ ׀ תְּשַׁקְּצֶנּוּ וְתַעֵב ׀ תְּתַעֲבֶנּוּ כִּי־חֵרֶם הוּא׃
ח א כָּל־הַמִּצְוָה אֲשֶׁר אָנֹכִי מְצַוְּךָ הַיּוֹם תִּשְׁמְרוּן לַעֲשׂוֹת לְמַעַן
תִּחְיוּן וּרְבִיתֶם וּבָאתֶם וִירִשְׁתֶּם אֶת־הָאָרֶץ אֲשֶׁר־נִשְׁבַּע יְהוָה
ב לַאֲבֹתֵיכֶם׃ וְזָכַרְתָּ אֶת־כָּל־הַדֶּרֶךְ אֲשֶׁר הוֹלִיכֲךָ יְהוָה אֱלֹהֶיךָ
זֶה אַרְבָּעִים שָׁנָה בַּמִּדְבָּר לְמַעַן עַנֹּתְךָ לְנַסֹּתְךָ לָדַעַת אֶת־
ג אֲשֶׁר בִּלְבָבְךָ הֲתִשְׁמֹר מִצְוֺתָו אִם־לֹא׃ וַיְעַנְּךָ וַיַּרְעִבֶךָ וַיַּאֲכִלְךָ
אֶת־הַמָּן אֲשֶׁר לֹא־יָדַעְתָּ וְלֹא יָדְעוּן אֲבֹתֶיךָ לְמַעַן הוֹדִיעֲךָ
כִּי לֹא עַל־הַלֶּחֶם לְבַדּוֹ יִחְיֶה הָאָדָם כִּי עַל־כָּל־מוֹצָא פִי־
ד יְהוָה יִחְיֶה הָאָדָם׃ שִׂמְלָתְךָ לֹא בָלְתָה מֵעָלֶיךָ וְרַגְלְךָ לֹא
ה בָצֵקָה זֶה אַרְבָּעִים שָׁנָה׃ וְיָדַעְתָּ עִם־לְבָבֶךָ כִּי כַּאֲשֶׁר יְיַסֵּר
ו אִישׁ אֶת־בְּנוֹ יְהוָה אֱלֹהֶיךָ מְיַסְּרֶךָּ׃ וְשָׁמַרְתָּ אֶת־מִצְוֺת יְהוָה
ז אֱלֹהֶיךָ לָלֶכֶת בִּדְרָכָיו וּלְיִרְאָה אֹתוֹ׃ כִּי יְהוָה אֱלֹהֶיךָ מְבִיאֲךָ
אֶל־אֶרֶץ טוֹבָה אֶרֶץ נַחֲלֵי מָיִם עֲיָנֹת וּתְהֹמֹת יֹצְאִים בַּבִּקְעָה
ח וּבָהָר׃ אֶרֶץ חִטָּה וּשְׂעֹרָה וְגֶפֶן וּתְאֵנָה וְרִמּוֹן אֶרֶץ־זֵית שֶׁמֶן
ט וּדְבָשׁ׃ אֶרֶץ אֲשֶׁר לֹא בְמִסְכֵּנֻת תֹּאכַל־בָּהּ לֶחֶם לֹא־תֶחְסַר
כֹּל בָּהּ אֶרֶץ אֲשֶׁר אֲבָנֶיהָ בַרְזֶל וּמֵהֲרָרֶיהָ תַּחְצֹב נְחֹשֶׁת׃
י וְאָכַלְתָּ וְשָׂבָעְתָּ וּבֵרַכְתָּ אֶת־יְהוָה אֱלֹהֶיךָ עַל־הָאָרֶץ הַטֹּבָה
יא אֲשֶׁר נָתַן־לָךְ׃ הִשָּׁמֶר לְךָ פֶּן־תִּשְׁכַּח אֶת־יְהוָה אֱלֹהֶיךָ לְבִלְתִּי שני
יב שְׁמֹר מִצְוֺתָיו וּמִשְׁפָּטָיו וְחֻקֹּתָיו אֲשֶׁר אָנֹכִי מְצַוְּךָ הַיּוֹם׃ פֶּן־

תֹּאכַל וְשָׂבָעְתָּ וּבָתִּים טֹבִים תִּבְנֶה וְיָשָׁבְתָּ׃ וּבְקָרְךָ וְצֹאנְךָ יג
יִרְבְּיֻן וְכֶסֶף וְזָהָב יִרְבֶּה־לָּךְ וְכֹל אֲשֶׁר־לְךָ יִרְבֶּה׃ וְרָם לְבָבֶךָ יד
וְשָׁכַחְתָּ אֶת־יְהוָה אֱלֹהֶיךָ הַמּוֹצִיאֲךָ מֵאֶרֶץ מִצְרַיִם מִבֵּית
עֲבָדִים׃ הַמּוֹלִיכְךָ בַּמִּדְבָּר ׀ הַגָּדֹל וְהַנּוֹרָא נָחָשׁ ׀ שָׂרָף וְעַקְרָב טו
וְצִמָּאוֹן אֲשֶׁר אֵין־מָיִם הַמּוֹצִיא לְךָ מַיִם מִצּוּר הַחַלָּמִישׁ׃
הַמַּאֲכִלְךָ מָן בַּמִּדְבָּר אֲשֶׁר לֹא־יָדְעוּן אֲבֹתֶיךָ לְמַעַן עַנֹּתְךָ טז
וּלְמַעַן נַסֹּתֶךָ לְהֵיטִבְךָ בְּאַחֲרִיתֶךָ׃ וְאָמַרְתָּ בִּלְבָבֶךָ כֹּחִי וְעֹצֶם יז
יָדִי עָשָׂה לִי אֶת־הַחַיִל הַזֶּה׃ וְזָכַרְתָּ אֶת־יְהוָה אֱלֹהֶיךָ כִּי הוּא יח
הַנֹּתֵן לְךָ כֹּחַ לַעֲשׂוֹת חָיִל לְמַעַן הָקִים אֶת־בְּרִיתוֹ אֲשֶׁר־נִשְׁבַּע
לַאֲבֹתֶיךָ כַּיּוֹם הַזֶּה׃
וְהָיָה אִם־שָׁכֹחַ תִּשְׁכַּח אֶת־יְהוָה אֱלֹהֶיךָ וְהָלַכְתָּ אַחֲרֵי אֱלֹהִים יט
אֲחֵרִים וַעֲבַדְתָּם וְהִשְׁתַּחֲוִיתָ לָהֶם הַעִדֹתִי בָכֶם הַיּוֹם כִּי אָבֹד
תֹּאבֵדוּן׃ כַּגּוֹיִם אֲשֶׁר יְהוָה מַאֲבִיד מִפְּנֵיכֶם כֵּן תֹּאבֵדוּן עֵקֶב כ
לֹא תִשְׁמְעוּן בְּקוֹל יְהוָה אֱלֹהֵיכֶם׃
ח שְׁמַע יִשְׂרָאֵל אַתָּה עֹבֵר הַיּוֹם אֶת־הַיַּרְדֵּן לָבֹא לָרֶשֶׁת גּוֹיִם א ט
גְּדֹלִים וַעֲצֻמִים מִמֶּךָּ עָרִים גְּדֹלֹת וּבְצֻרֹת בַּשָּׁמָיִם׃ עַם־גָּדוֹל ב
וָרָם בְּנֵי עֲנָקִים אֲשֶׁר אַתָּה יָדַעְתָּ וְאַתָּה שָׁמַעְתָּ מִי יִתְיַצֵּב לִפְנֵי
בְּנֵי עֲנָק׃ וְיָדַעְתָּ הַיּוֹם כִּי יְהוָה אֱלֹהֶיךָ הוּא־הָעֹבֵר לְפָנֶיךָ אֵשׁ ג
אֹכְלָה הוּא יַשְׁמִידֵם וְהוּא יַכְנִיעֵם לְפָנֶיךָ וְהוֹרַשְׁתָּם וְהַאֲבַדְתָּם
שלישי מַהֵר כַּאֲשֶׁר דִּבֶּר יְהוָה לָךְ׃ אַל־תֹּאמַר בִּלְבָבְךָ בַּהֲדֹף יְהוָה ד
אֱלֹהֶיךָ אֹתָם ׀ מִלְּפָנֶיךָ לֵאמֹר בְּצִדְקָתִי הֱבִיאַנִי יְהוָה לָרֶשֶׁת
אֶת־הָאָרֶץ הַזֹּאת וּבְרִשְׁעַת הַגּוֹיִם הָאֵלֶּה יְהוָה מוֹרִישָׁם מִפָּנֶיךָ׃
לֹא בְצִדְקָתְךָ וּבְיֹשֶׁר לְבָבְךָ אַתָּה בָא לָרֶשֶׁת אֶת־אַרְצָם כִּי ה
בְּרִשְׁעַת ׀ הַגּוֹיִם הָאֵלֶּה יְהוָה אֱלֹהֶיךָ מוֹרִישָׁם מִפָּנֶיךָ וּלְמַעַן
הָקִים אֶת־הַדָּבָר אֲשֶׁר נִשְׁבַּע יְהוָה לַאֲבֹתֶיךָ לְאַבְרָהָם לְיִצְחָק
וּלְיַעֲקֹב׃ וְיָדַעְתָּ כִּי לֹא בְצִדְקָתְךָ יְהוָה אֱלֹהֶיךָ נֹתֵן לְךָ אֶת־ ו
הָאָרֶץ הַטּוֹבָה הַזֹּאת לְרִשְׁתָּהּ כִּי עַם־קְשֵׁה־עֹרֶף אָתָּה׃ זְכֹר ז

אַל־תִּשְׁכַּ֗ח אֵ֧ת אֲשֶׁר־הִקְצַ֛פְתָּ אֶת־יְהוָ֥ה אֱלֹהֶ֖יךָ בַּמִּדְבָּ֑ר לְמִן־
הַיּ֞וֹם אֲשֶׁר־יָצָ֣אתָ ׀ מֵאֶ֣רֶץ מִצְרַ֗יִם עַד־בֹּֽאֲכֶם֙ עַד־הַמָּק֣וֹם הַזֶּ֔ה

ח מַמְרִ֥ים הֱיִיתֶ֖ם עִם־יְהוָֽה: וּבְחֹרֵ֥ב הִקְצַפְתֶּ֖ם אֶת־יְהוָ֑ה וַיִּתְאַנַּ֧ף

ט יְהוָ֛ה בָּכֶ֖ם לְהַשְׁמִ֥יד אֶתְכֶֽם: בַּעֲלֹתִ֣י הָהָ֗רָה לָקַ֜חַת לוּחֹ֤ת
הָֽאֲבָנִים֙ לוּחֹ֣ת הַבְּרִ֔ית אֲשֶׁר־כָּרַ֥ת יְהוָ֖ה עִמָּכֶ֑ם וָאֵשֵׁ֣ב בָּהָ֗ר
אַרְבָּעִ֥ים יוֹם֙ וְאַרְבָּעִ֣ים לַ֔יְלָה לֶ֚חֶם לֹ֣א אָכַ֔לְתִּי וּמַ֖יִם לֹ֥א שָׁתִֽיתִי:

י וַיִּתֵּ֨ן יְהוָ֜ה אֵלַ֗י אֶת־שְׁנֵי֙ לוּחֹ֣ת הָֽאֲבָנִ֔ים כְּתֻבִ֖ים בְּאֶצְבַּ֣ע אֱלֹהִ֑ים
וַעֲלֵיהֶ֗ם כְּֽכָל־הַדְּבָרִ֡ים אֲשֶׁ֣ר דִּבֶּר֩ יְהוָ֨ה עִמָּכֶ֥ם בָּהָ֛ר מִתּ֥וֹךְ הָאֵ֖שׁ

יא בְּי֣וֹם הַקָּהָֽל: וַיְהִ֗י מִקֵּץ֙ אַרְבָּעִ֣ים י֔וֹם וְאַרְבָּעִ֖ים לָ֑יְלָה נָתַ֨ן יְהוָ֜ה

יב אֵלַ֗י אֶת־שְׁנֵ֛י לֻחֹ֥ת הָאֲבָנִ֖ים לֻח֥וֹת הַבְּרִֽית: וַיֹּ֨אמֶר יְהוָ֜ה אֵלַ֗י ק֣וּם
רֵ֤ד מַהֵר֙ מִזֶּ֔ה כִּ֚י שִׁחֵ֣ת עַמְּךָ֔ אֲשֶׁ֥ר הוֹצֵ֖אתָ מִמִּצְרָ֑יִם סָ֣רוּ מַהֵ֗ר

יג מִן־הַדֶּ֙רֶךְ֙ אֲשֶׁ֣ר צִוִּיתִ֔ם עָשׂ֥וּ לָהֶ֖ם מַסֵּכָֽה: וַיֹּ֥אמֶר יְהוָ֖ה אֵלַ֣י

יד לֵאמֹ֑ר רָאִ֙יתִי֙ אֶת־הָעָ֣ם הַזֶּ֔ה וְהִנֵּ֥ה עַם־קְשֵׁה־עֹ֖רֶף הֽוּא: הֶ֣רֶף
מִמֶּ֗נִּי וְאַשְׁמִידֵ֔ם וְאֶמְחֶ֣ה אֶת־שְׁמָ֔ם מִתַּ֖חַת הַשָּׁמָ֑יִם וְאֶֽעֱשֶׂה֙

טו אֽוֹתְךָ֙ לְגוֹי־עָצ֣וּם וָרָ֔ב מִמֶּֽנּוּ: וָאֵ֗פֶן וָֽאֵרֵד֙ מִן־הָהָ֔ר וְהָהָ֖ר בֹּעֵ֣ר

טז בָּאֵ֑שׁ וּשְׁנֵי֙ לוּחֹ֣ת הַבְּרִ֔ית עַ֖ל שְׁתֵּ֥י יָדָֽי: וָאֵ֗רֶא וְהִנֵּ֤ה חֲטָאתֶם֙
לַיהוָ֣ה אֱלֹֽהֵיכֶ֔ם עֲשִׂיתֶ֣ם לָכֶ֔ם עֵ֖גֶל מַסֵּכָ֑ה סַרְתֶּ֣ם מַהֵ֔ר מִן־

יז הַדֶּ֕רֶךְ אֲשֶׁר־צִוָּ֥ה יְהוָ֖ה אֶתְכֶֽם: וָאֶתְפֹּשׂ֙ בִּשְׁנֵ֣י הַלֻּחֹ֔ת וָֽאַשְׁלִכֵ֔ם

יח מֵעַ֖ל שְׁתֵּ֣י יָדָ֑י וָאֲשַׁבְּרֵ֖ם לְעֵינֵיכֶֽם: וָֽאֶתְנַפַּל֩ לִפְנֵ֨י יְהוָ֜ה כָּרִאשֹׁנָ֗ה
אַרְבָּעִ֥ים יוֹם֙ וְאַרְבָּעִ֣ים לַ֔יְלָה לֶ֚חֶם לֹ֣א אָכַ֔לְתִּי וּמַ֖יִם לֹ֣א שָׁתִ֑יתִי
עַ֣ל כָּל־חַטַּאתְכֶם֙ אֲשֶׁ֣ר חֲטָאתֶ֔ם לַעֲשׂ֥וֹת הָרַ֖ע בְּעֵינֵ֥י יְהוָ֖ה

יט לְהַכְעִיסֽוֹ: כִּ֣י יָגֹ֗רְתִּי מִפְּנֵ֤י הָאַף֙ וְהַ֣חֵמָ֔ה אֲשֶׁ֨ר קָצַ֧ף יְהוָ֛ה עֲלֵיכֶ֖ם

כ לְהַשְׁמִ֣יד אֶתְכֶ֑ם וַיִּשְׁמַ֤ע יְהוָה֙ אֵלַ֔י גַּ֖ם בַּפַּ֥עַם הַהִֽוא: וּבְאַהֲרֹ֗ן
הִתְאַנַּ֧ף יְהוָ֛ה מְאֹ֖ד לְהַשְׁמִיד֑וֹ וָֽאֶתְפַּלֵּ֛ל גַּם־בְּעַ֥ד אַהֲרֹ֖ן בָּעֵ֥ת

כא הַהִֽוא: וְֽאֶת־חַטַּאתְכֶ֡ם אֲשֶׁר־עֲשִׂיתֶם֩ אֶת־הָעֵ֨גֶל לָקַ֜חְתִּי וָאֶשְׂרֹ֣ף
אֹת֣וֹ ׀ בָּאֵ֗שׁ וָאֶכֹּ֨ת אֹת֤וֹ טָחוֹן֙ הֵיטֵ֔ב עַ֥ד אֲשֶׁר־דַּ֖ק לְעָפָ֑ר וָאַשְׁלִךְ֙

כב אֶת־עֲפָר֔וֹ אֶל־הַנַּ֖חַל הַיֹּרֵ֥ד מִן־הָהָֽר: וּבְתַבְעֵרָה֙ וּבְמַסָּ֔ה

וּבְקִבְרֹת הַתַּאֲוָה מַקְצִפִים הֱיִיתֶם אֶת־יְהוָה׃ וּבִשְׁלֹחַ יְהוָה כג
אֶתְכֶם מִקָּדֵשׁ בַּרְנֵעַ לֵאמֹר עֲלוּ וּרְשׁוּ אֶת־הָאָרֶץ אֲשֶׁר נָתַתִּי
לָכֶם וַתַּמְרוּ אֶת־פִּי יְהוָה אֱלֹהֵיכֶם וְלֹא הֶאֱמַנְתֶּם לוֹ וְלֹא
שְׁמַעְתֶּם בְּקֹלוֹ׃ מַמְרִים הֱיִיתֶם עִם־יְהוָה מִיּוֹם דַּעְתִּי אֶתְכֶם׃ כד
וָאֶתְנַפַּל לִפְנֵי יְהוָה אֶת־אַרְבָּעִים הַיּוֹם וְאֶת־אַרְבָּעִים הַלַּיְלָה כה
אֲשֶׁר הִתְנַפָּלְתִּי כִּי־אָמַר יְהוָה לְהַשְׁמִיד אֶתְכֶם׃ וָאֶתְפַּלֵּל כו
אֶל־יְהוָה וָאֹמַר אֲדֹנָי יֱהוִה אַל־תַּשְׁחֵת עַמְּךָ וְנַחֲלָתְךָ אֲשֶׁר
פָּדִיתָ בְּגָדְלֶךָ אֲשֶׁר־הוֹצֵאתָ מִמִּצְרַיִם בְּיָד חֲזָקָה׃ זְכֹר לַעֲבָדֶיךָ כז
לְאַבְרָהָם לְיִצְחָק וּלְיַעֲקֹב אַל־תֵּפֶן אֶל־קְשִׁי הָעָם הַזֶּה וְאֶל־
רִשְׁעוֹ וְאֶל־חַטָּאתוֹ׃ פֶּן־יֹאמְרוּ הָאָרֶץ אֲשֶׁר הוֹצֵאתָנוּ מִשָּׁם כח
מִבְּלִי יְכֹלֶת יְהוָה לַהֲבִיאָם אֶל־הָאָרֶץ אֲשֶׁר־דִּבֶּר לָהֶם וּמִשִּׂנְאָתוֹ
אוֹתָם הוֹצִיאָם לַהֲמִתָם בַּמִּדְבָּר׃ וְהֵם עַמְּךָ וְנַחֲלָתֶךָ אֲשֶׁר כט
הוֹצֵאתָ בְּכֹחֲךָ הַגָּדֹל וּבִזְרֹעֲךָ הַנְּטוּיָה׃

רביעי ט בָּעֵת הַהִוא אָמַר יְהוָה אֵלַי פְּסָל־לְךָ שְׁנֵי־לוּחֹת אֲבָנִים כָּרִאשֹׁנִים א י
וַעֲלֵה אֵלַי הָהָרָה וְעָשִׂיתָ לְּךָ אֲרוֹן עֵץ׃ וְאֶכְתֹּב עַל־הַלֻּחֹת אֶת־ ב
הַדְּבָרִים אֲשֶׁר הָיוּ עַל־הַלֻּחֹת הָרִאשֹׁנִים אֲשֶׁר שִׁבַּרְתָּ וְשַׂמְתָּם
בָּאָרוֹן׃ וָאַעַשׂ אֲרוֹן עֲצֵי שִׁטִּים וָאֶפְסֹל שְׁנֵי־לֻחֹת אֲבָנִים ג
כָּרִאשֹׁנִים וָאַעַל הָהָרָה וּשְׁנֵי הַלֻּחֹת בְּיָדִי׃ וַיִּכְתֹּב עַל־הַלֻּחֹת ד
כַּמִּכְתָּב הָרִאשׁוֹן אֵת עֲשֶׂרֶת הַדְּבָרִים אֲשֶׁר דִּבֶּר יְהוָה אֲלֵיכֶם
בָּהָר מִתּוֹךְ הָאֵשׁ בְּיוֹם הַקָּהָל וַיִּתְּנֵם יְהוָה אֵלָי׃ וָאֵפֶן וָאֵרֵד ה
מִן־הָהָר וָאָשִׂם אֶת־הַלֻּחֹת בָּאָרוֹן אֲשֶׁר עָשִׂיתִי וַיִּהְיוּ שָׁם
כַּאֲשֶׁר צִוַּנִי יְהוָה׃ וּבְנֵי יִשְׂרָאֵל נָסְעוּ מִבְּאֵרֹת בְּנֵי־יַעֲקָן מוֹסֵרָה ו
שָׁם מֵת אַהֲרֹן וַיִּקָּבֵר שָׁם וַיְכַהֵן אֶלְעָזָר בְּנוֹ תַּחְתָּיו׃ מִשָּׁם נָסְעוּ ז
הַגֻּדְגֹּדָה וּמִן־הַגֻּדְגֹּדָה יָטְבָתָה אֶרֶץ נַחֲלֵי־מָיִם׃ בָּעֵת הַהִוא ח
הִבְדִּיל יְהוָה אֶת־שֵׁבֶט הַלֵּוִי לָשֵׂאת אֶת־אֲרוֹן בְּרִית־יְהוָה
לַעֲמֹד לִפְנֵי יְהוָה לְשָׁרְתוֹ וּלְבָרֵךְ בִּשְׁמוֹ עַד הַיּוֹם הַזֶּה׃ עַל־ ט
כֵּן לֹא־הָיָה לְלֵוִי חֵלֶק וְנַחֲלָה עִם־אֶחָיו יְהוָה הוּא נַחֲלָתוֹ

י

י כַּאֲשֶׁר דִּבֶּר יְהוָה אֱלֹהֶיךָ לוֹ׃ וְאָנֹכִי עָמַדְתִּי בָהָר כַּיָּמִים
הָרִאשֹׁנִים אַרְבָּעִים יוֹם וְאַרְבָּעִים לָיְלָה וַיִּשְׁמַע יְהוָה אֵלַי גַּם
יא בַּפַּעַם הַהִוא לֹא־אָבָה יְהוָה הַשְׁחִיתֶךָ׃ וַיֹּאמֶר יְהוָה אֵלַי קוּם
לֵךְ לְמַסַּע לִפְנֵי הָעָם וְיָבֹאוּ וְיִירְשׁוּ אֶת־הָאָרֶץ אֲשֶׁר־נִשְׁבַּעְתִּי
לַאֲבֹתָם לָתֵת לָהֶם׃
יב וְעַתָּה יִשְׂרָאֵל מָה יְהוָה אֱלֹהֶיךָ שֹׁאֵל מֵעִמָּךְ כִּי אִם־לְיִרְאָה חמישי
אֶת־יְהוָה אֱלֹהֶיךָ לָלֶכֶת בְּכָל־דְּרָכָיו וּלְאַהֲבָה אֹתוֹ וְלַעֲבֹד
יג אֶת־יְהוָה אֱלֹהֶיךָ בְּכָל־לְבָבְךָ וּבְכָל־נַפְשֶׁךָ׃ לִשְׁמֹר אֶת־מִצְוֺת
יד יְהוָה וְאֶת־חֻקֹּתָיו אֲשֶׁר אָנֹכִי מְצַוְּךָ הַיּוֹם לְטוֹב לָךְ׃ הֵן לַיהוָה
טו אֱלֹהֶיךָ הַשָּׁמַיִם וּשְׁמֵי הַשָּׁמָיִם הָאָרֶץ וְכָל־אֲשֶׁר־בָּהּ׃ רַק
בַּאֲבֹתֶיךָ חָשַׁק יְהוָה לְאַהֲבָה אוֹתָם וַיִּבְחַר בְּזַרְעָם אַחֲרֵיהֶם
טז בָּכֶם מִכָּל־הָעַמִּים כַּיּוֹם הַזֶּה׃ וּמַלְתֶּם אֵת עָרְלַת לְבַבְכֶם
יז וְעָרְפְּכֶם לֹא תַקְשׁוּ עוֹד׃ כִּי יְהוָה אֱלֹהֵיכֶם הוּא אֱלֹהֵי הָאֱלֹהִים
וַאֲדֹנֵי הָאֲדֹנִים הָאֵל הַגָּדֹל הַגִּבֹּר וְהַנּוֹרָא אֲשֶׁר לֹא־יִשָּׂא פָנִים
יח וְלֹא יִקַּח שֹׁחַד׃ עֹשֶׂה מִשְׁפַּט יָתוֹם וְאַלְמָנָה וְאֹהֵב גֵּר לָתֶת לוֹ
יט לֶחֶם וְשִׂמְלָה׃ וַאֲהַבְתֶּם אֶת־הַגֵּר כִּי־גֵרִים הֱיִיתֶם בְּאֶרֶץ מִצְרָיִם׃
כ אֶת־יְהוָה אֱלֹהֶיךָ תִּירָא אֹתוֹ תַעֲבֹד וּבוֹ תִדְבָּק וּבִשְׁמוֹ תִּשָּׁבֵעַ׃
כא הוּא תְהִלָּתְךָ וְהוּא אֱלֹהֶיךָ אֲשֶׁר־עָשָׂה אִתְּךָ אֶת־הַגְּדֹלֹת
כב וְאֶת־הַנּוֹרָאֹת הָאֵלֶּה אֲשֶׁר רָאוּ עֵינֶיךָ׃ בְּשִׁבְעִים נֶפֶשׁ יָרְדוּ
אֲבֹתֶיךָ מִצְרָיְמָה וְעַתָּה שָׂמְךָ יְהוָה אֱלֹהֶיךָ כְּכוֹכְבֵי הַשָּׁמַיִם
יא א לָרֹב׃ וְאָהַבְתָּ אֵת יְהוָה אֱלֹהֶיךָ וְשָׁמַרְתָּ מִשְׁמַרְתּוֹ וְחֻקֹּתָיו
ב וּמִשְׁפָּטָיו וּמִצְוֺתָיו כָּל־הַיָּמִים׃ וִידַעְתֶּם הַיּוֹם כִּי ׀ לֹא אֶת־בְּנֵיכֶם
אֲשֶׁר לֹא־יָדְעוּ וַאֲשֶׁר לֹא־רָאוּ אֶת־מוּסַר יְהוָה אֱלֹהֵיכֶם אֶת־
ג גָּדְלוֹ אֶת־יָדוֹ הַחֲזָקָה וּזְרֹעוֹ הַנְּטוּיָה׃ וְאֶת־אֹתֹתָיו וְאֶת־מַעֲשָׂיו
אֲשֶׁר עָשָׂה בְּתוֹךְ מִצְרָיִם לְפַרְעֹה מֶלֶךְ־מִצְרַיִם וּלְכָל־אַרְצוֹ׃
ד וַאֲשֶׁר עָשָׂה לְחֵיל מִצְרַיִם לְסוּסָיו וּלְרִכְבּוֹ אֲשֶׁר הֵצִיף אֶת־מֵי
יַם־סוּף עַל־פְּנֵיהֶם בְּרָדְפָם אַחֲרֵיכֶם וַיְאַבְּדֵם יְהוָה עַד הַיּוֹם

ה הַזֶּה׃ וַאֲשֶׁ֨ר עָשָׂ֤ה לָכֶם֙ בַּמִּדְבָּ֔ר עַד־בֹּאֲכֶ֖ם עַד־הַמָּק֥וֹם הַזֶּֽה׃
ו וַאֲשֶׁ֨ר עָשָׂ֜ה לְדָתָ֣ן וְלַאֲבִירָ֗ם בְּנֵ֣י אֱלִיאָב֮ בֶּן־רְאוּבֵן֒ אֲשֶׁ֨ר פָּצְתָ֤ה
הָאָ֙רֶץ֙ אֶת־פִּ֔יהָ וַתִּבְלָעֵ֥ם וְאֶת־בָּתֵּיהֶ֖ם וְאֶת־אָהֳלֵיהֶ֑ם וְאֵ֤ת כָּל־
הַיְקוּם֙ אֲשֶׁ֣ר בְּרַגְלֵיהֶ֔ם בְּקֶ֖רֶב כָּל־יִשְׂרָאֵֽל׃ כִּ֤י עֵֽינֵיכֶם֙ הָֽרֹאֹ֔ת
ז אֵ֥ת כָּל־מַעֲשֵׂ֖ה יְהוָ֣ה הַגָּדֹ֑ל אֲשֶׁ֖ר עָשָֽׂה׃ וּשְׁמַרְתֶּם֙ אֶת־כָּל־
ח הַמִּצְוָ֔ה אֲשֶׁ֛ר אָנֹכִ֥י מְצַוְּךָ֖ הַיּ֑וֹם לְמַ֣עַן תֶּחֶזְק֗וּ וּבָאתֶם֙ וִֽירִשְׁתֶּ֣ם
ט אֶת־הָאָ֔רֶץ אֲשֶׁ֥ר אַתֶּ֛ם עֹבְרִ֥ים שָׁ֖מָּה לְרִשְׁתָּֽהּ׃ וּלְמַ֙עַן֙ תַּאֲרִ֣יכוּ
יָמִים֙ עַל־הָ֣אֲדָמָ֔ה אֲשֶׁר֩ נִשְׁבַּ֨ע יְהוָ֧ה לַאֲבֹתֵיכֶ֛ם לָתֵ֥ת לָהֶ֖ם
י וּלְזַרְעָ֑ם אֶ֛רֶץ זָבַ֥ת חָלָ֖ב וּדְבָֽשׁ׃ כִּ֣י הָאָ֗רֶץ אֲשֶׁ֨ר ששי
אַתָּ֤ה בָא־שָׁ֙מָּה֙ לְרִשְׁתָּ֔הּ לֹ֣א כְאֶ֤רֶץ מִצְרַ֙יִם֙ הִ֔וא אֲשֶׁ֥ר יְצָאתֶ֖ם
יא מִשָּׁ֑ם אֲשֶׁ֤ר תִּזְרַע֙ אֶֽת־זַרְעֲךָ֔ וְהִשְׁקִ֥יתָ בְרַגְלְךָ֖ כְּגַ֥ן הַיָּרָֽק׃ וְהָאָ֗רֶץ
אֲשֶׁ֨ר אַתֶּ֜ם עֹבְרִ֥ים שָׁ֙מָּה֙ לְרִשְׁתָּ֔הּ אֶ֥רֶץ הָרִ֖ים וּבְקָעֹ֑ת לִמְטַ֥ר
יב הַשָּׁמַ֖יִם תִּשְׁתֶּה־מָּֽיִם׃ אֶ֕רֶץ אֲשֶׁר־יְהוָ֥ה אֱלֹהֶ֖יךָ דֹּרֵ֣שׁ אֹתָ֑הּ
תָּמִ֗יד עֵינֵ֨י יְהוָ֤ה אֱלֹהֶ֙יךָ֙ בָּ֔הּ מֵֽרֵשִׁית֙ הַשָּׁנָ֔ה וְעַ֖ד אַחֲרִ֥ית
יג שָׁנָֽה׃ וְהָיָ֗ה אִם־שָׁמֹ֤עַ תִּשְׁמְעוּ֙ אֶל־מִצְוֺתַ֔י אֲשֶׁ֧ר
אָנֹכִ֛י מְצַוֶּ֥ה אֶתְכֶ֖ם הַיּ֑וֹם לְאַהֲבָ֞ה אֶת־יְהוָ֤ה אֱלֹֽהֵיכֶם֙ וּלְעָבְד֔וֹ
יד בְּכָל־לְבַבְכֶ֖ם וּבְכָל־נַפְשְׁכֶֽם׃ וְנָתַתִּ֧י מְטַֽר־אַרְצְכֶ֛ם בְּעִתּ֖וֹ יוֹרֶ֣ה
טו וּמַלְק֑וֹשׁ וְאָסַפְתָּ֣ דְגָנֶ֔ךָ וְתִירֹשְׁךָ֖ וְיִצְהָרֶֽךָ׃ וְנָתַתִּ֛י עֵ֥שֶׂב בְּשָׂדְךָ֖
טז לִבְהֶמְתֶּ֑ךָ וְאָכַלְתָּ֖ וְשָׂבָֽעְתָּ׃ הִשָּׁמְר֣וּ לָכֶ֔ם פֶּ֥ן יִפְתֶּ֖ה לְבַבְכֶ֑ם
יז וְסַרְתֶּ֗ם וַעֲבַדְתֶּם֙ אֱלֹהִ֣ים אֲחֵרִ֔ים וְהִשְׁתַּחֲוִיתֶ֖ם לָהֶֽם׃ וְחָרָה֩
אַף־יְהוָ֨ה בָּכֶ֜ם וְעָצַ֤ר אֶת־הַשָּׁמַ֙יִם֙ וְלֹֽא־יִהְיֶ֣ה מָטָ֔ר וְהָ֣אֲדָמָ֔ה
לֹ֥א תִתֵּ֖ן אֶת־יְבוּלָ֑הּ וַאֲבַדְתֶּ֣ם מְהֵרָ֗ה מֵעַל֙ הָאָ֣רֶץ הַטֹּבָ֔ה אֲשֶׁ֥ר
יח יְהוָ֖ה נֹתֵ֥ן לָכֶֽם׃ וְשַׂמְתֶּם֙ אֶת־דְּבָרַ֣י אֵ֔לֶּה עַל־לְבַבְכֶ֖ם וְעַֽל־
נַפְשְׁכֶ֑ם וּקְשַׁרְתֶּ֨ם אֹתָ֤ם לְאוֹת֙ עַל־יֶדְכֶ֔ם וְהָי֥וּ לְטוֹטָפֹ֖ת בֵּ֥ין
יט עֵינֵיכֶֽם׃ וְלִמַּדְתֶּ֥ם אֹתָ֛ם אֶת־בְּנֵיכֶ֖ם לְדַבֵּ֣ר בָּ֑ם בְּשִׁבְתְּךָ֤ בְּבֵיתֶ֙ךָ֙
כ וּבְלֶכְתְּךָ֣ בַדֶּ֔רֶךְ וּֽבְשָׁכְבְּךָ֖ וּבְקוּמֶֽךָ׃ וּכְתַבְתָּ֛ם עַל־מְזוּז֥וֹת
כא בֵּיתֶ֖ךָ וּבִשְׁעָרֶֽיךָ׃ לְמַ֨עַן יִרְבּ֤וּ יְמֵיכֶם֙ וִימֵ֣י בְנֵיכֶ֔ם עַ֚ל הָאֲדָמָ֔ה

אֲשֶׁ֨ר נִשְׁבַּ֧ע יְהוָ֛ה לַאֲבֹתֵיכֶ֖ם לָתֵ֣ת לָהֶ֑ם כִּימֵ֥י הַשָּׁמַ֖יִם עַל־

שביעי ומפטיר
כב הָאָֽרֶץ: כִּי֩ אִם־שָׁמֹ֨ר תִּשְׁמְר֜וּן אֶת־כָּל־
הַמִּצְוָ֣ה הַזֹּ֗את אֲשֶׁ֧ר אָנֹכִ֛י מְצַוֶּ֥ה אֶתְכֶ֖ם לַעֲשֹׂתָ֑הּ לְאַהֲבָ֞ה

כג אֶת־יְהוָ֤ה אֱלֹֽהֵיכֶם֙ לָלֶ֣כֶת בְּכָל־דְּרָכָ֔יו וּלְדָבְקָה־בֽוֹ: וְהוֹרִ֧ישׁ
יְהוָ֛ה אֶת־כָּל־הַגּוֹיִ֥ם הָאֵ֖לֶּה מִלִּפְנֵיכֶ֑ם וִֽירִשְׁתֶּ֣ם גּוֹיִ֔ם גְּדֹלִ֥ים

כד וַעֲצֻמִ֖ים מִכֶּֽם: כָּל־הַמָּק֗וֹם אֲשֶׁ֨ר תִּדְרֹ֧ךְ כַּֽף־רַגְלְכֶ֛ם בּ֖וֹ לָכֶ֣ם
יִהְיֶ֑ה מִן־הַמִּדְבָּ֨ר וְהַלְּבָנ֜וֹן מִן־הַנָּהָ֣ר נְהַר־פְּרָ֗ת וְעַד֙ הַיָּ֣ם הָאַֽחֲר֔וֹן

כה יִהְיֶ֖ה גְּבֻלְכֶֽם: לֹא־יִתְיַצֵּ֥ב אִ֖ישׁ בִּפְנֵיכֶ֑ם פַּחְדְּכֶ֨ם וּמֽוֹרַאֲכֶ֜ם יִתֵּ֣ן ׀
יְהוָ֣ה אֱלֹֽהֵיכֶ֗ם עַל־פְּנֵ֤י כָל־הָאָ֙רֶץ֙ אֲשֶׁ֣ר תִּדְרְכוּ־בָ֔הּ כַּאֲשֶׁ֖ר דִּבֶּ֥ר

ראה
כו לָכֶֽם: רְאֵ֗ה אָנֹכִ֛י נֹתֵ֥ן לִפְנֵיכֶ֖ם הַיּ֑וֹם בְּרָכָ֖ה

כז וּקְלָלָֽה: אֶֽת־הַבְּרָכָ֑ה אֲשֶׁ֣ר תִּשְׁמְע֔וּ אֶל־מִצְוֺת֙ יְהוָ֣ה אֱלֹֽהֵיכֶ֔ם

כח אֲשֶׁ֧ר אָנֹכִ֛י מְצַוֶּ֥ה אֶתְכֶ֖ם הַיּֽוֹם: וְהַקְּלָלָ֗ה אִם־לֹ֤א תִשְׁמְעוּ֙
אֶל־מִצְוֺת֙ יְהוָ֣ה אֱלֹֽהֵיכֶ֔ם וְסַרְתֶּ֣ם מִן־הַדֶּ֔רֶךְ אֲשֶׁ֧ר אָנֹכִ֛י
מְצַוֶּ֥ה אֶתְכֶ֖ם הַיּ֑וֹם לָלֶ֗כֶת אַחֲרֵ֛י אֱלֹהִ֥ים אֲחֵרִ֖ים אֲשֶׁ֥ר לֹֽא־

כט יְדַעְתֶּֽם: וְהָיָ֗ה כִּ֤י יְבִֽיאֲךָ֙ יְהוָ֣ה אֱלֹהֶ֔יךָ אֶל־
הָאָ֕רֶץ אֲשֶׁר־אַתָּ֥ה בָא־שָׁ֖מָּה לְרִשְׁתָּ֑הּ וְנָתַתָּ֤ה אֶת־הַבְּרָכָה֙

ל עַל־הַ֣ר גְּרִזִ֔ים וְאֶת־הַקְּלָלָ֖ה עַל־הַ֥ר עֵיבָֽל: הֲלֹא־הֵ֜מָּה בְּעֵ֣בֶר
הַיַּרְדֵּ֗ן אַֽחֲרֵי֙ דֶּ֚רֶךְ מְב֣וֹא הַשֶּׁ֔מֶשׁ בְּאֶ֙רֶץ֙ הַֽכְּנַעֲנִ֔י הַיֹּשֵׁ֖ב בָּעֲרָבָ֑ה

לא מ֚וּל הַגִּלְגָּ֔ל אֵ֖צֶל אֵֽלוֹנֵ֥י מֹרֶֽה: כִּ֤י אַתֶּם֙ עֹבְרִ֣ים אֶת־הַיַּרְדֵּ֔ן
לָבֹא֙ לָרֶ֣שֶׁת אֶת־הָאָ֔רֶץ אֲשֶׁר־יְהוָ֥ה אֱלֹֽהֵיכֶ֖ם נֹתֵ֣ן לָכֶ֑ם וִֽירִשְׁתֶּ֣ם

לב אֹתָ֔הּ וִֽישַׁבְתֶּם־בָּֽהּ: וּשְׁמַרְתֶּ֣ם לַעֲשׂ֔וֹת אֵ֥ת כָּל־הַֽחֻקִּ֖ים וְאֶת־

יב א הַמִּשְׁפָּטִ֑ים אֲשֶׁ֧ר אָנֹכִ֛י נֹתֵ֥ן לִפְנֵיכֶ֖ם הַיּֽוֹם: אֵ֠לֶּה הַֽחֻקִּ֣ים
וְהַמִּשְׁפָּטִים֮ אֲשֶׁ֣ר תִּשְׁמְרוּן֮ לַעֲשׂוֹת֒ בָּאָ֕רֶץ אֲשֶׁר֩ נָתַ֨ן יְהוָ֜ה
אֱלֹהֵ֧י אֲבֹתֶ֛יךָ לְךָ֖ לְרִשְׁתָּ֑הּ כָּל־הַ֨יָּמִ֔ים אֲשֶׁר־אַתֶּ֥ם חַיִּ֖ים עַל־

ב הָאֲדָמָֽה: אַבֵּ֣ד תְּ֠אַבְּדוּן אֶֽת־כָּל־הַמְּקֹמ֞וֹת אֲשֶׁ֧ר עָֽבְדוּ־שָׁ֣ם
הַגּוֹיִ֗ם אֲשֶׁ֥ר אַתֶּ֛ם יֹרְשִׁ֥ים אֹתָ֖ם אֶת־אֱלֹֽהֵיהֶ֑ם עַל־הֶהָרִ֤ים

ג הָֽרָמִים֙ וְעַל־הַגְּבָע֔וֹת וְתַ֖חַת כָּל־עֵ֥ץ רַעֲנָֽן: וְנִתַּצְתֶּ֣ם אֶת־

מִזְבְּחֹתָם וְשִׁבַּרְתֶּם אֶת־מַצֵּבֹתָם וַאֲשֵׁרֵיהֶם תִּשְׂרְפוּן בָּאֵשׁ
וּפְסִילֵי אֱלֹהֵיהֶם תְּגַדֵּעוּן וְאִבַּדְתֶּם אֶת־שְׁמָם מִן־הַמָּקוֹם הַהוּא׃
ד ה לֹא־תַעֲשׂוּן כֵּן לַיהוָה אֱלֹהֵיכֶם׃ כִּי אִם־אֶל־הַמָּקוֹם אֲשֶׁר־יִבְחַר
יְהוָה אֱלֹהֵיכֶם מִכָּל־שִׁבְטֵיכֶם לָשׂוּם אֶת־שְׁמוֹ שָׁם לְשִׁכְנוֹ
ו תִדְרְשׁוּ וּבָאתָ שָׁמָּה׃ וַהֲבֵאתֶם שָׁמָּה עֹלֹתֵיכֶם וְזִבְחֵיכֶם וְאֵת
מַעְשְׂרֹתֵיכֶם וְאֵת תְּרוּמַת יֶדְכֶם וְנִדְרֵיכֶם וְנִדְבֹתֵיכֶם וּבְכֹרֹת
ז בְּקַרְכֶם וְצֹאנְכֶם׃ וַאֲכַלְתֶּם־שָׁם לִפְנֵי יְהוָה אֱלֹהֵיכֶם וּשְׂמַחְתֶּם
בְּכֹל מִשְׁלַח יֶדְכֶם אַתֶּם וּבָתֵּיכֶם אֲשֶׁר בֵּרַכְךָ יְהוָה אֱלֹהֶיךָ׃
ח לֹא תַעֲשׂוּן כְּכֹל אֲשֶׁר אֲנַחְנוּ עֹשִׂים פֹּה הַיּוֹם אִישׁ כָּל־הַיָּשָׁר
ט בְּעֵינָיו׃ כִּי לֹא־בָאתֶם עַד־עָתָּה אֶל־הַמְּנוּחָה וְאֶל־הַנַּחֲלָה
י אֲשֶׁר־יְהוָה אֱלֹהֶיךָ נֹתֵן לָךְ׃ וַעֲבַרְתֶּם אֶת־הַיַּרְדֵּן וִישַׁבְתֶּם
בָּאָרֶץ אֲשֶׁר־יְהוָה אֱלֹהֵיכֶם מַנְחִיל אֶתְכֶם וְהֵנִיחַ לָכֶם מִכָּל־
יא אֹיְבֵיכֶם מִסָּבִיב וִישַׁבְתֶּם־בֶּטַח׃ וְהָיָה הַמָּקוֹם אֲשֶׁר־יִבְחַר יְהוָה שני
אֱלֹהֵיכֶם בּוֹ לְשַׁכֵּן שְׁמוֹ שָׁם שָׁמָּה תָבִיאוּ אֵת כָּל־אֲשֶׁר אָנֹכִי
מְצַוֶּה אֶתְכֶם עוֹלֹתֵיכֶם וְזִבְחֵיכֶם מַעְשְׂרֹתֵיכֶם וּתְרֻמַת יֶדְכֶם
יב וְכֹל מִבְחַר נִדְרֵיכֶם אֲשֶׁר תִּדְּרוּ לַיהוָה׃ וּשְׂמַחְתֶּם לִפְנֵי יְהוָה
אֱלֹהֵיכֶם אַתֶּם וּבְנֵיכֶם וּבְנֹתֵיכֶם וְעַבְדֵיכֶם וְאַמְהֹתֵיכֶם וְהַלֵּוִי
יג אֲשֶׁר בְּשַׁעֲרֵיכֶם כִּי אֵין לוֹ חֵלֶק וְנַחֲלָה אִתְּכֶם׃ הִשָּׁמֶר לְךָ פֶּן־
יד תַּעֲלֶה עֹלֹתֶיךָ בְּכָל־מָקוֹם אֲשֶׁר תִּרְאֶה׃ כִּי אִם־בַּמָּקוֹם אֲשֶׁר־
יִבְחַר יְהוָה בְּאַחַד שְׁבָטֶיךָ שָׁם תַּעֲלֶה עֹלֹתֶיךָ וְשָׁם תַּעֲשֶׂה כֹּל
טו אֲשֶׁר אָנֹכִי מְצַוֶּךָּ׃ רַק בְּכָל־אַוַּת נַפְשְׁךָ תִּזְבַּח ׀ וְאָכַלְתָּ בָשָׂר
כְּבִרְכַּת יְהוָה אֱלֹהֶיךָ אֲשֶׁר נָתַן־לְךָ בְּכָל־שְׁעָרֶיךָ הַטָּמֵא וְהַטָּהוֹר
טז יֹאכְלֶנּוּ כַּצְּבִי וְכָאַיָּל׃ רַק הַדָּם לֹא תֹאכֵלוּ עַל־הָאָרֶץ תִּשְׁפְּכֶנּוּ
יז כַּמָּיִם׃ לֹא־תוּכַל לֶאֱכֹל בִּשְׁעָרֶיךָ מַעְשַׂר דְּגָנְךָ וְתִירֹשְׁךָ וְיִצְהָרֶךָ
וּבְכֹרֹת בְּקָרְךָ וְצֹאנֶךָ וְכָל־נְדָרֶיךָ אֲשֶׁר תִּדֹּר וְנִדְבֹתֶיךָ וּתְרוּמַת
יח יָדֶךָ׃ כִּי אִם־לִפְנֵי יְהוָה אֱלֹהֶיךָ תֹּאכְלֶנּוּ בַּמָּקוֹם אֲשֶׁר יִבְחַר
יְהוָה אֱלֹהֶיךָ בּוֹ אַתָּה וּבִנְךָ וּבִתֶּךָ וְעַבְדְּךָ וַאֲמָתֶךָ וְהַלֵּוִי אֲשֶׁר

יט בִּשְׁעָרֶיךָ וְשָׂמַחְתָּ לִפְנֵי יְהוָה אֱלֹהֶיךָ בְּכֹל מִשְׁלַח יָדֶךָ: הִשָּׁמֶר
כ לְךָ פֶּן־תַּעֲזֹב אֶת־הַלֵּוִי כָּל־יָמֶיךָ עַל־אַדְמָתֶךָ: כִּי־ יא
יַרְחִיב יְהוָה אֱלֹהֶיךָ אֶת־גְּבֻלְךָ כַּאֲשֶׁר דִּבֶּר־לָךְ וְאָמַרְתָּ אֹכְלָה
בָשָׂר כִּי־תְאַוֶּה נַפְשְׁךָ לֶאֱכֹל בָּשָׂר בְּכָל־אַוַּת נַפְשְׁךָ תֹּאכַל
כא בָּשָׂר: כִּי־יִרְחַק מִמְּךָ הַמָּקוֹם אֲשֶׁר יִבְחַר יְהוָה אֱלֹהֶיךָ לָשׂוּם
שְׁמוֹ שָׁם וְזָבַחְתָּ מִבְּקָרְךָ וּמִצֹּאנְךָ אֲשֶׁר נָתַן יְהוָה לְךָ כַּאֲשֶׁר
כב צִוִּיתִךָ וְאָכַלְתָּ בִּשְׁעָרֶיךָ בְּכֹל אַוַּת נַפְשֶׁךָ: אַךְ כַּאֲשֶׁר יֵאָכֵל
אֶת־הַצְּבִי וְאֶת־הָאַיָּל כֵּן תֹּאכְלֶנּוּ הַטָּמֵא וְהַטָּהוֹר יַחְדָּו
כג יֹאכְלֶנּוּ: רַק חֲזַק לְבִלְתִּי אֲכֹל הַדָּם כִּי הַדָּם הוּא הַנָּפֶשׁ וְלֹא־
כד תֹאכַל הַנֶּפֶשׁ עִם־הַבָּשָׂר: לֹא תֹּאכְלֶנּוּ עַל־הָאָרֶץ תִּשְׁפְּכֶנּוּ
כה כַּמָּיִם: לֹא תֹּאכְלֶנּוּ לְמַעַן יִיטַב לְךָ וּלְבָנֶיךָ אַחֲרֶיךָ כִּי־תַעֲשֶׂה
כו הַיָּשָׁר בְּעֵינֵי יְהוָה: רַק קָדָשֶׁיךָ אֲשֶׁר־יִהְיוּ לְךָ וּנְדָרֶיךָ תִּשָּׂא וּבָאתָ
כז אֶל־הַמָּקוֹם אֲשֶׁר־יִבְחַר יְהוָה: וְעָשִׂיתָ עֹלֹתֶיךָ הַבָּשָׂר וְהַדָּם עַל־
מִזְבַּח יְהוָה אֱלֹהֶיךָ וְדַם־זְבָחֶיךָ יִשָּׁפֵךְ עַל־מִזְבַּח יְהוָה אֱלֹהֶיךָ
כח וְהַבָּשָׂר תֹּאכֵל: שְׁמֹר וְשָׁמַעְתָּ אֵת כָּל־הַדְּבָרִים הָאֵלֶּה אֲשֶׁר
אָנֹכִי מְצַוֶּךָּ לְמַעַן יִיטַב לְךָ וּלְבָנֶיךָ אַחֲרֶיךָ עַד־עוֹלָם כִּי תַעֲשֶׂה
כט הַטּוֹב וְהַיָּשָׁר בְּעֵינֵי יְהוָה אֱלֹהֶיךָ: כִּי־יַכְרִית שלישי
יְהוָה אֱלֹהֶיךָ אֶת־הַגּוֹיִם אֲשֶׁר אַתָּה בָא־שָׁמָּה לָרֶשֶׁת אוֹתָם
ל מִפָּנֶיךָ וְיָרַשְׁתָּ אֹתָם וְיָשַׁבְתָּ בְּאַרְצָם: הִשָּׁמֶר לְךָ פֶּן־תִּנָּקֵשׁ
אַחֲרֵיהֶם אַחֲרֵי הִשָּׁמְדָם מִפָּנֶיךָ וּפֶן־תִּדְרֹשׁ לֵאלֹהֵיהֶם לֵאמֹר
אֵיכָה יַעַבְדוּ הַגּוֹיִם הָאֵלֶּה אֶת־אֱלֹהֵיהֶם וְאֶעֱשֶׂה־כֵּן גַּם־אָנִי:
לא לֹא־תַעֲשֶׂה כֵן לַיהוָה אֱלֹהֶיךָ כִּי כָל־תּוֹעֲבַת יְהוָה אֲשֶׁר שָׂנֵא
עָשׂוּ לֵאלֹהֵיהֶם כִּי גַם אֶת־בְּנֵיהֶם וְאֶת־בְּנֹתֵיהֶם יִשְׂרְפוּ בָאֵשׁ
יג א לֵאלֹהֵיהֶם: אֵת כָּל־הַדָּבָר אֲשֶׁר אָנֹכִי מְצַוֶּה אֶתְכֶם אֹתוֹ תִשְׁמְרוּ
לַעֲשׂוֹת לֹא־תֹסֵף עָלָיו וְלֹא תִגְרַע מִמֶּנּוּ:
ב כִּי־יָקוּם בְּקִרְבְּךָ נָבִיא אוֹ חֹלֵם חֲלוֹם וְנָתַן אֵלֶיךָ אוֹת אוֹ
ג מוֹפֵת: וּבָא הָאוֹת וְהַמּוֹפֵת אֲשֶׁר־דִּבֶּר אֵלֶיךָ לֵאמֹר נֵלְכָה

ד אַחֲרֵי אֱלֹהִים אֲחֵרִים אֲשֶׁר לֹא־יְדַעְתָּם וְנָעָבְדֵם: לֹא תִשְׁמַע
אֶל־דִּבְרֵי הַנָּבִיא הַהוּא אוֹ אֶל־חוֹלֵם הַחֲלוֹם הַהוּא כִּי מְנַסֶּה
יְהוָה אֱלֹהֵיכֶם אֶתְכֶם לָדַעַת הֲיִשְׁכֶם אֹהֲבִים אֶת־יְהוָה
ה אֱלֹהֵיכֶם בְּכָל־לְבַבְכֶם וּבְכָל־נַפְשְׁכֶם: אַחֲרֵי יְהוָה אֱלֹהֵיכֶם
תֵּלֵכוּ וְאֹתוֹ תִירָאוּ וְאֶת־מִצְוֹתָיו תִּשְׁמֹרוּ וּבְקֹלוֹ תִשְׁמָעוּ וְאֹתוֹ
ו תַעֲבֹדוּ וּבוֹ תִדְבָּקוּן: וְהַנָּבִיא הַהוּא אוֹ חֹלֵם הַחֲלוֹם הַהוּא
יוּמָת כִּי דִבֶּר־סָרָה עַל־יְהוָה אֱלֹהֵיכֶם הַמּוֹצִיא אֶתְכֶם ׀ מֵאֶרֶץ
מִצְרַיִם וְהַפֹּדְךָ מִבֵּית עֲבָדִים לְהַדִּיחֲךָ מִן־הַדֶּרֶךְ אֲשֶׁר צִוְּךָ יְהוָה
ז אֱלֹהֶיךָ לָלֶכֶת בָּהּ וּבִעַרְתָּ הָרָע מִקִּרְבֶּךָ: כִּי
יְסִיתְךָ אָחִיךָ בֶן־אִמֶּךָ אוֹ־בִנְךָ אוֹ־בִתְּךָ אוֹ ׀ אֵשֶׁת חֵיקֶךָ אוֹ
רֵעֲךָ אֲשֶׁר כְּנַפְשְׁךָ בַּסֵּתֶר לֵאמֹר נֵלְכָה וְנַעַבְדָה אֱלֹהִים אֲחֵרִים
ח אֲשֶׁר לֹא יָדַעְתָּ אַתָּה וַאֲבֹתֶיךָ: מֵאֱלֹהֵי הָעַמִּים אֲשֶׁר סְבִיבֹתֵיכֶם
הַקְּרֹבִים אֵלֶיךָ אוֹ הָרְחֹקִים מִמֶּךָּ מִקְצֵה הָאָרֶץ וְעַד־קְצֵה
ט הָאָרֶץ: לֹא־תֹאבֶה לוֹ וְלֹא תִשְׁמַע אֵלָיו וְלֹא־תָחוֹס עֵינְךָ עָלָיו
י וְלֹא־תַחְמֹל וְלֹא־תְכַסֶּה עָלָיו: כִּי הָרֹג תַּהַרְגֶנּוּ יָדְךָ תִּהְיֶה־בּוֹ
יא בָרִאשׁוֹנָה לַהֲמִיתוֹ וְיַד כָּל־הָעָם בָּאַחֲרֹנָה: וּסְקַלְתּוֹ בָאֲבָנִים
וָמֵת כִּי בִקֵּשׁ לְהַדִּיחֲךָ מֵעַל יְהוָה אֱלֹהֶיךָ הַמּוֹצִיאֲךָ מֵאֶרֶץ
יב מִצְרַיִם מִבֵּית עֲבָדִים: וְכָל־יִשְׂרָאֵל יִשְׁמְעוּ וְיִרָאוּן וְלֹא־יוֹסִפוּ
יג לַעֲשׂוֹת כַּדָּבָר הָרָע הַזֶּה בְּקִרְבֶּךָ: כִּי־תִשְׁמַע
בְּאַחַת עָרֶיךָ אֲשֶׁר יְהוָה אֱלֹהֶיךָ נֹתֵן לְךָ לָשֶׁבֶת שָׁם לֵאמֹר:
יד יָצְאוּ אֲנָשִׁים בְּנֵי־בְלִיַּעַל מִקִּרְבֶּךָ וַיַּדִּיחוּ אֶת־יֹשְׁבֵי עִירָם לֵאמֹר
טו נֵלְכָה וְנַעַבְדָה אֱלֹהִים אֲחֵרִים אֲשֶׁר לֹא־יְדַעְתֶּם: וְדָרַשְׁתָּ
וְחָקַרְתָּ וְשָׁאַלְתָּ הֵיטֵב וְהִנֵּה אֱמֶת נָכוֹן הַדָּבָר נֶעֶשְׂתָה הַתּוֹעֵבָה
טז הַזֹּאת בְּקִרְבֶּךָ: הַכֵּה תַכֶּה אֶת־יֹשְׁבֵי הָעִיר הַהִוא לְפִי־חָרֶב
הַחֲרֵם אֹתָהּ וְאֶת־כָּל־אֲשֶׁר־בָּהּ וְאֶת־בְּהֶמְתָּהּ לְפִי־חָרֶב:
יז וְאֶת־כָּל־שְׁלָלָהּ תִּקְבֹּץ אֶל־תּוֹךְ רְחֹבָהּ וְשָׂרַפְתָּ בָאֵשׁ אֶת־
הָעִיר וְאֶת־כָּל־שְׁלָלָהּ כָּלִיל לַיהוָה אֱלֹהֶיךָ וְהָיְתָה תֵּל עוֹלָם

יג

יח לֹא תִבָּנֶה עוֹד׃ וְלֹא־יִדְבַּק בְּיָדְךָ מְאוּמָה מִן־הַחֵרֶם לְמַעַן יָשׁוּב
יְהוָה מֵחֲרוֹן אַפּוֹ וְנָתַן־לְךָ רַחֲמִים וְרִחַמְךָ וְהִרְבֶּךָ כַּאֲשֶׁר
יט נִשְׁבַּע לַאֲבֹתֶיךָ׃ כִּי תִשְׁמַע בְּקוֹל יְהוָה אֱלֹהֶיךָ לִשְׁמֹר אֶת־
כָּל־מִצְוֹתָיו אֲשֶׁר אָנֹכִי מְצַוְּךָ הַיּוֹם לַעֲשׂוֹת הַיָּשָׁר בְּעֵינֵי יְהוָה
יד א אֱלֹהֶיךָ׃ בָּנִים אַתֶּם לַיהוָה אֱלֹהֵיכֶם לֹא תִתְגֹּדְדוּ יב רביעי
ב וְלֹא־תָשִׂימוּ קָרְחָה בֵּין עֵינֵיכֶם לָמֵת׃ כִּי עַם קָדוֹשׁ אַתָּה
לַיהוָה אֱלֹהֶיךָ וּבְךָ בָּחַר יְהוָה לִהְיוֹת לוֹ לְעַם סְגֻלָּה מִכֹּל
ג הָעַמִּים אֲשֶׁר עַל־פְּנֵי הָאֲדָמָה׃ לֹא תֹאכַל כָּל־
ד תּוֹעֵבָה׃ זֹאת הַבְּהֵמָה אֲשֶׁר תֹּאכֵלוּ שׁוֹר שֵׂה כְשָׂבִים וְשֵׂה
ה ו עִזִּים׃ אַיָּל וּצְבִי וְיַחְמוּר וְאַקּוֹ וְדִישֹׁן וּתְאוֹ וָזָמֶר׃ וְכָל־בְּהֵמָה
מַפְרֶסֶת פַּרְסָה וְשֹׁסַעַת שֶׁסַע שְׁתֵּי פְרָסוֹת מַעֲלַת גֵּרָה בַּבְּהֵמָה
ז אֹתָהּ תֹּאכֵלוּ׃ אַךְ אֶת־זֶה לֹא תֹאכְלוּ מִמַּעֲלֵי הַגֵּרָה וּמִמַּפְרִיסֵי
הַפַּרְסָה הַשְּׁסוּעָה אֶת־הַגָּמָל וְאֶת־הָאַרְנֶבֶת וְאֶת־הַשָּׁפָן כִּי־
ח מַעֲלֵה גֵרָה הֵמָּה וּפַרְסָה לֹא הִפְרִיסוּ טְמֵאִים הֵם לָכֶם׃ וְאֶת־
הַחֲזִיר כִּי־מַפְרִיס פַּרְסָה הוּא וְלֹא גֵרָה טָמֵא הוּא לָכֶם מִבְּשָׂרָם
ט לֹא תֹאכֵלוּ וּבְנִבְלָתָם לֹא תִגָּעוּ׃ אֶת־זֶה
תֹּאכְלוּ מִכֹּל אֲשֶׁר בַּמָּיִם כֹּל אֲשֶׁר־לוֹ סְנַפִּיר וְקַשְׂקֶשֶׂת תֹּאכֵלוּ׃
י וְכֹל אֲשֶׁר אֵין־לוֹ סְנַפִּיר וְקַשְׂקֶשֶׂת לֹא תֹאכֵלוּ טָמֵא הוּא
יא יב לָכֶם׃ כָּל־צִפּוֹר טְהֹרָה תֹּאכֵלוּ׃ וְזֶה אֲשֶׁר לֹא־
יג תֹאכְלוּ מֵהֶם הַנֶּשֶׁר וְהַפֶּרֶס וְהָעָזְנִיָּה׃ וְהָרָאָה וְאֶת־הָאַיָּה וְהַדַּיָּה
יד טו לְמִינָהּ׃ וְאֵת כָּל־עֹרֵב לְמִינוֹ׃ וְאֵת בַּת הַיַּעֲנָה וְאֶת־הַתַּחְמָס וְאֶת־
טז הַשָּׁחַף וְאֶת־הַנֵּץ לְמִינֵהוּ׃ אֶת־הַכּוֹס וְאֶת־הַיַּנְשׁוּף וְהַתִּנְשָׁמֶת׃
יז יח וְהַקָּאָת וְאֶת־הָרָחָמָה וְאֶת־הַשָּׁלָךְ׃ וְהַחֲסִידָה וְהָאֲנָפָה לְמִינָהּ
יט וְהַדּוּכִיפַת וְהָעֲטַלֵּף׃ וְכֹל שֶׁרֶץ הָעוֹף טָמֵא הוּא לָכֶם לֹא יֵאָכֵלוּ׃
כ כא כָּל־עוֹף טָהוֹר תֹּאכֵלוּ׃ לֹא תֹאכְלוּ כָל־נְבֵלָה לַגֵּר אֲשֶׁר־בִּשְׁעָרֶיךָ
תִּתְּנֶנָּה וַאֲכָלָהּ אוֹ מָכֹר לְנָכְרִי כִּי עַם קָדוֹשׁ אַתָּה לַיהוָה אֱלֹהֶיךָ
לֹא־תְבַשֵּׁל גְּדִי בַּחֲלֵב אִמּוֹ׃

כב עַשֵּׂר תְּעַשֵּׂר אֵת כָּל־תְּבוּאַת זַרְעֶךָ הַיֹּצֵא הַשָּׂדֶה שָׁנָה שָׁנָה׃ חמישי
כג וְאָכַלְתָּ לִפְנֵי ׀ יְהוָה אֱלֹהֶיךָ בַּמָּקוֹם אֲשֶׁר־יִבְחַר לְשַׁכֵּן שְׁמוֹ
שָׁם מַעְשַׂר דְּגָנְךָ תִּירֹשְׁךָ וְיִצְהָרֶךָ וּבְכֹרֹת בְּקָרְךָ וְצֹאנֶךָ
כד לְמַעַן תִּלְמַד לְיִרְאָה אֶת־יְהוָה אֱלֹהֶיךָ כָּל־הַיָּמִים׃ וְכִי־יִרְבֶּה
מִמְּךָ הַדֶּרֶךְ כִּי לֹא תוּכַל שְׂאֵתוֹ כִּי־יִרְחַק מִמְּךָ הַמָּקוֹם אֲשֶׁר
יִבְחַר יְהוָה אֱלֹהֶיךָ לָשׂוּם שְׁמוֹ שָׁם כִּי יְבָרֶכְךָ יְהוָה אֱלֹהֶיךָ׃
כה וְנָתַתָּה בַּכָּסֶף וְצַרְתָּ הַכֶּסֶף בְּיָדְךָ וְהָלַכְתָּ אֶל־הַמָּקוֹם אֲשֶׁר
כו יִבְחַר יְהוָה אֱלֹהֶיךָ בּוֹ׃ וְנָתַתָּה הַכֶּסֶף בְּכֹל אֲשֶׁר־תְּאַוֶּה
נַפְשְׁךָ בַּבָּקָר וּבַצֹּאן וּבַיַּיִן וּבַשֵּׁכָר וּבְכֹל אֲשֶׁר תִּשְׁאָלְךָ
נַפְשֶׁךָ וְאָכַלְתָּ שָּׁם לִפְנֵי יְהוָה אֱלֹהֶיךָ וְשָׂמַחְתָּ אַתָּה וּבֵיתֶךָ׃
כז וְהַלֵּוִי אֲשֶׁר־בִּשְׁעָרֶיךָ לֹא תַעַזְבֶנּוּ כִּי אֵין לוֹ חֵלֶק וְנַחֲלָה
כח עִמָּךְ׃ מִקְצֵה ׀ שָׁלֹשׁ שָׁנִים תּוֹצִיא אֶת־כָּל־מַעְשַׂר
כט תְּבוּאָתְךָ בַּשָּׁנָה הַהִוא וְהִנַּחְתָּ בִּשְׁעָרֶיךָ׃ וּבָא הַלֵּוִי כִּי אֵין־
לוֹ חֵלֶק וְנַחֲלָה עִמָּךְ וְהַגֵּר וְהַיָּתוֹם וְהָאַלְמָנָה אֲשֶׁר בִּשְׁעָרֶיךָ
וְאָכְלוּ וְשָׂבֵעוּ לְמַעַן יְבָרֶכְךָ יְהוָה אֱלֹהֶיךָ בְּכָל־מַעֲשֵׂה יָדְךָ
טו א אֲשֶׁר תַּעֲשֶׂה׃ מִקֵּץ שֶׁבַע־שָׁנִים תַּעֲשֶׂה שְׁמִטָּה׃ ששי
ב וְזֶה דְּבַר הַשְּׁמִטָּה שָׁמוֹט כָּל־בַּעַל מַשֵּׁה יָדוֹ אֲשֶׁר יַשֶּׁה בְּרֵעֵהוּ
ג לֹא־יִגֹּשׂ אֶת־רֵעֵהוּ וְאֶת־אָחִיו כִּי־קָרָא שְׁמִטָּה לַיהוָה׃ אֶת־
ד הַנָּכְרִי תִּגֹּשׂ וַאֲשֶׁר יִהְיֶה לְךָ אֶת־אָחִיךָ תַּשְׁמֵט יָדֶךָ׃ אֶפֶס
כִּי לֹא יִהְיֶה־בְּךָ אֶבְיוֹן כִּי־בָרֵךְ יְבָרֶכְךָ יְהוָה בָּאָרֶץ אֲשֶׁר יְהוָה
ה אֱלֹהֶיךָ נֹתֵן־לְךָ נַחֲלָה לְרִשְׁתָּהּ׃ רַק אִם־שָׁמוֹעַ תִּשְׁמַע בְּקוֹל
יְהוָה אֱלֹהֶיךָ לִשְׁמֹר לַעֲשׂוֹת אֶת־כָּל־הַמִּצְוָה הַזֹּאת אֲשֶׁר
ו אָנֹכִי מְצַוְּךָ הַיּוֹם׃ כִּי־יְהוָה אֱלֹהֶיךָ בֵּרַכְךָ כַּאֲשֶׁר דִּבֶּר־לָךְ
וְהַעֲבַטְתָּ גּוֹיִם רַבִּים וְאַתָּה לֹא תַעֲבֹט וּמָשַׁלְתָּ בְּגוֹיִם רַבִּים
ז וּבְךָ לֹא יִמְשֹׁלוּ׃ כִּי־יִהְיֶה בְךָ אֶבְיוֹן מֵאַחַד יג
אַחֶיךָ בְּאַחַד שְׁעָרֶיךָ בְּאַרְצְךָ אֲשֶׁר־יְהוָה אֱלֹהֶיךָ נֹתֵן לָךְ לֹא
ח תְאַמֵּץ אֶת־לְבָבְךָ וְלֹא תִקְפֹּץ אֶת־יָדְךָ מֵאָחִיךָ הָאֶבְיוֹן׃ כִּי־

פָּתֹ֧חַ תִּפְתַּ֛ח אֶת־יָדְךָ֖ ל֑וֹ וְהַעֲבֵט֙ תַּעֲבִיטֶ֔נּוּ דֵּ֚י מַחְסֹר֔וֹ אֲשֶׁ֥ר
ט יֶחְסַ֖ר לֽוֹ׃ הִשָּׁ֣מֶר לְךָ֡ פֶּן־יִהְיֶ֣ה דָבָר֩ עִם־לְבָבְךָ֨ בְלִיַּ֜עַל לֵאמֹ֗ר
קָֽרְבָ֣ה שְׁנַֽת־הַשֶּׁבַע֮ שְׁנַ֣ת הַשְּׁמִטָּה֒ וְרָעָ֣ה עֵֽינְךָ֗ בְּאָחִ֙יךָ֙ הָֽאֶבְי֔וֹן
י וְלֹ֥א תִתֵּ֖ן ל֑וֹ וְקָרָ֤א עָלֶ֙יךָ֙ אֶל־יְהוָ֔ה וְהָיָ֥ה בְךָ֖ חֵֽטְא׃ נָת֤וֹן תִּתֵּן֙
ל֔וֹ וְלֹא־יֵרַ֥ע לְבָבְךָ֖ בְּתִתְּךָ֣ ל֑וֹ כִּ֞י בִּגְלַ֣ל ׀ הַדָּבָ֣ר הַזֶּ֗ה יְבָרֶכְךָ֙ יְהוָ֣ה
יא אֱלֹהֶ֔יךָ בְּכָֽל־מַעֲשֶׂ֔ךָ וּבְכֹ֖ל מִשְׁלַ֥ח יָדֶֽךָ׃ כִּ֛י לֹא־יֶחְדַּ֥ל אֶבְי֖וֹן
מִקֶּ֣רֶב הָאָ֑רֶץ עַל־כֵּ֞ן אָנֹכִ֤י מְצַוְּךָ֙ לֵאמֹ֔ר פָּ֠תֹחַ תִּפְתַּ֨ח אֶת־
יב יָדְךָ֜ לְאָחִ֧יךָ לַעֲנִיֶּ֛ךָ וּלְאֶבְיֹנְךָ֖ בְּאַרְצֶֽךָ׃ כִּֽי־יִמָּכֵ֨ר
לְךָ֜ אָחִ֣יךָ הָֽעִבְרִ֗י א֚וֹ הָֽעִבְרִיָּ֔ה וַעֲבָֽדְךָ֖ שֵׁ֣שׁ שָׁנִ֑ים וּבַשָּׁנָה֙ הַשְּׁבִיעִ֔ת
יג תְּשַׁלְּחֶ֥נּוּ חָפְשִׁ֖י מֵעִמָּֽךְ׃ וְכִֽי־תְשַׁלְּחֶ֥נּוּ חָפְשִׁ֖י מֵעִמָּ֑ךְ לֹ֥א תְשַׁלְּחֶ֖נּוּ
יד רֵיקָֽם׃ הַעֲנֵ֤יק תַּעֲנִיק֙ ל֔וֹ מִצֹּ֣אנְךָ֔ וּמִגָּרְנְךָ֖ וּמִיִּקְבֶ֑ךָ אֲשֶׁ֧ר בֵּרַכְךָ֛
טו יְהוָ֥ה אֱלֹהֶ֖יךָ תִּתֶּן־לֽוֹ׃ וְזָכַרְתָּ֗ כִּ֣י עֶ֤בֶד הָיִ֙יתָ֙ בְּאֶ֣רֶץ מִצְרַ֔יִם
וַֽיִּפְדְּךָ֖ יְהוָ֣ה אֱלֹהֶ֑יךָ עַל־כֵּ֞ן אָנֹכִ֧י מְצַוְּךָ֛ אֶת־הַדָּבָ֥ר הַזֶּ֖ה הַיּֽוֹם׃
טז וְהָיָה֙ כִּֽי־יֹאמַ֣ר אֵלֶ֔יךָ לֹ֥א אֵצֵ֖א מֵעִמָּ֑ךְ כִּ֤י אֲהֵֽבְךָ֙ וְאֶת־בֵּיתֶ֔ךָ
יז כִּי־ט֥וֹב ל֖וֹ עִמָּֽךְ׃ וְלָקַחְתָּ֣ אֶת־הַמַּרְצֵ֗עַ וְנָתַתָּ֤ה בְאָזְנוֹ֙ וּבַדֶּ֔לֶת
יח וְהָיָ֥ה לְךָ֖ עֶ֣בֶד עוֹלָ֑ם וְאַ֥ף לַאֲמָתְךָ֖ תַּעֲשֶׂה־כֵּֽן׃ לֹא־יִקְשֶׁ֣ה בְעֵינֶ֗ךָ
בְּשַׁלֵּֽחֲךָ֩ אֹת֨וֹ חָפְשִׁ֜י מֵֽעִמָּ֗ךְ כִּ֚י מִשְׁנֶה֙ שְׂכַ֣ר שָׂכִ֔יר עֲבָֽדְךָ֖ שֵׁ֣שׁ
שָׁנִ֑ים וּבֵֽרַכְךָ֙ יְהוָ֣ה אֱלֹהֶ֔יךָ בְּכֹ֖ל אֲשֶׁ֥ר תַּעֲשֶֽׂה׃
יט כָּֽל־הַבְּכ֡וֹר אֲשֶׁר֩ יִוָּלֵ֨ד בִּבְקָרְךָ֤ וּבְצֹֽאנְךָ֙ הַזָּכָ֔ר תַּקְדִּ֖ישׁ לַיהוָ֣ה שביעי
כ אֱלֹהֶ֑יךָ לֹ֤א תַעֲבֹד֙ בִּבְכֹ֣ר שׁוֹרֶ֔ךָ וְלֹ֥א תָגֹ֖ז בְּכ֥וֹר צֹאנֶֽךָ׃ לִפְנֵ֨י
יְהוָ֤ה אֱלֹהֶ֙יךָ֙ תֹֽאכְלֶ֣נּוּ שָׁנָ֣ה בְשָׁנָ֔ה בַּמָּק֖וֹם אֲשֶׁר־יִבְחַ֣ר יְהוָ֑ה
כא אַתָּ֖ה וּבֵיתֶֽךָ׃ וְכִֽי־יִהְיֶ֨ה ב֜וֹ מ֗וּם פִּסֵּ֙חַ֙ א֣וֹ עִוֵּ֔ר כֹּ֖ל מ֣וּם רָ֑ע
כב לֹ֣א תִזְבָּחֶ֔נּוּ לַיהוָ֖ה אֱלֹהֶֽיךָ׃ בִּשְׁעָרֶ֖יךָ תֹּאכְלֶ֑נּוּ הַטָּמֵ֤א וְהַטָּהוֹר֙
כג יַחְדָּ֔ו כַּצְּבִ֖י וְכָאַיָּֽל׃ רַ֥ק אֶת־דָּמ֖וֹ לֹ֣א תֹאכֵ֑ל עַל־הָאָ֥רֶץ תִּשְׁפְּכֶ֖נּוּ
כַּמָּֽיִם׃
טז א שָׁמוֹר֙ אֶת־חֹ֣דֶשׁ הָֽאָבִ֔יב וְעָשִׂ֣יתָ פֶּ֔סַח לַיהוָ֖ה אֱלֹהֶ֑יךָ כִּ֞י בְּחֹ֣דֶשׁ
ב הָֽאָבִ֗יב הוֹצִ֨יאֲךָ֜ יְהוָ֧ה אֱלֹהֶ֛יךָ מִמִּצְרַ֖יִם לָֽיְלָה׃ וְזָבַ֥חְתָּ פֶּ֛סַח

לַיהוָה אֱלֹהֶיךָ צֹאן וּבָקָר בַּמָּקוֹם אֲשֶׁר יִבְחַר יְהוָה לְשַׁכֵּן
ג שְׁמוֹ שָׁם׃ לֹא־תֹאכַל עָלָיו חָמֵץ שִׁבְעַת יָמִים תֹּאכַל־עָלָיו מַצּוֹת
לֶחֶם עֹנִי כִּי בְחִפָּזוֹן יָצָאתָ מֵאֶרֶץ מִצְרַיִם לְמַעַן תִּזְכֹּר אֶת־יוֹם
ד צֵאתְךָ מֵאֶרֶץ מִצְרַיִם כֹּל יְמֵי חַיֶּיךָ׃ וְלֹא־יֵרָאֶה לְךָ שְׂאֹר בְּכָל־
גְּבֻלְךָ שִׁבְעַת יָמִים וְלֹא־יָלִין מִן־הַבָּשָׂר אֲשֶׁר תִּזְבַּח בָּעֶרֶב
ה בַּיּוֹם הָרִאשׁוֹן לַבֹּקֶר׃ לֹא תוּכַל לִזְבֹּחַ אֶת־הַפָּסַח בְּאַחַד
ו שְׁעָרֶיךָ אֲשֶׁר־יְהוָה אֱלֹהֶיךָ נֹתֵן לָךְ׃ כִּי אִם־אֶל־הַמָּקוֹם אֲשֶׁר־
יִבְחַר יְהוָה אֱלֹהֶיךָ לְשַׁכֵּן שְׁמוֹ שָׁם תִּזְבַּח אֶת־הַפֶּסַח בָּעָרֶב
ז כְּבוֹא הַשֶּׁמֶשׁ מוֹעֵד צֵאתְךָ מִמִּצְרָיִם׃ וּבִשַּׁלְתָּ וְאָכַלְתָּ בַּמָּקוֹם
אֲשֶׁר יִבְחַר יְהוָה אֱלֹהֶיךָ בּוֹ וּפָנִיתָ בַבֹּקֶר וְהָלַכְתָּ לְאֹהָלֶיךָ׃
ח שֵׁשֶׁת יָמִים תֹּאכַל מַצּוֹת וּבַיּוֹם הַשְּׁבִיעִי עֲצֶרֶת לַיהוָה אֱלֹהֶיךָ
ט לֹא תַעֲשֶׂה מְלָאכָה׃ שִׁבְעָה שָׁבֻעֹת תִּסְפָּר־לָךְ
י מֵהָחֵל חֶרְמֵשׁ בַּקָּמָה תָּחֵל לִסְפֹּר שִׁבְעָה שָׁבֻעוֹת׃ וְעָשִׂיתָ חַג
שָׁבֻעוֹת לַיהוָה אֱלֹהֶיךָ מִסַּת נִדְבַת יָדְךָ אֲשֶׁר תִּתֵּן כַּאֲשֶׁר
יא יְבָרֶכְךָ יְהוָה אֱלֹהֶיךָ׃ וְשָׂמַחְתָּ לִפְנֵי ׀ יְהוָה אֱלֹהֶיךָ אַתָּה וּבִנְךָ
וּבִתֶּךָ וְעַבְדְּךָ וַאֲמָתֶךָ וְהַלֵּוִי אֲשֶׁר בִּשְׁעָרֶיךָ וְהַגֵּר וְהַיָּתוֹם
וְהָאַלְמָנָה אֲשֶׁר בְּקִרְבֶּךָ בַּמָּקוֹם אֲשֶׁר יִבְחַר יְהוָה אֱלֹהֶיךָ
יב לְשַׁכֵּן שְׁמוֹ שָׁם׃ וְזָכַרְתָּ כִּי־עֶבֶד הָיִיתָ בְּמִצְרָיִם וְשָׁמַרְתָּ וְעָשִׂיתָ
אֶת־הַחֻקִּים הָאֵלֶּה׃

מפטיר
יג חַג הַסֻּכֹּת תַּעֲשֶׂה לְךָ שִׁבְעַת יָמִים בְּאָסְפְּךָ מִגָּרְנְךָ וּמִיִּקְבֶךָ׃
יד וְשָׂמַחְתָּ בְּחַגֶּךָ אַתָּה וּבִנְךָ וּבִתֶּךָ וְעַבְדְּךָ וַאֲמָתֶךָ וְהַלֵּוִי וְהַגֵּר
טו וְהַיָּתוֹם וְהָאַלְמָנָה אֲשֶׁר בִּשְׁעָרֶיךָ׃ שִׁבְעַת יָמִים תָּחֹג לַיהוָה
אֱלֹהֶיךָ בַּמָּקוֹם אֲשֶׁר־יִבְחַר יְהוָה כִּי יְבָרֶכְךָ יְהוָה אֱלֹהֶיךָ בְּכֹל־
טז תְּבוּאָתְךָ וּבְכֹל מַעֲשֵׂה יָדֶיךָ וְהָיִיתָ אַךְ שָׂמֵחַ׃ שָׁלוֹשׁ פְּעָמִים ׀
בַּשָּׁנָה יֵרָאֶה כָל־זְכוּרְךָ אֶת־פְּנֵי ׀ יְהוָה אֱלֹהֶיךָ בַּמָּקוֹם אֲשֶׁר
יִבְחָר בְּחַג הַמַּצּוֹת וּבְחַג הַשָּׁבֻעוֹת וּבְחַג הַסֻּכּוֹת וְלֹא יֵרָאֶה
יז אֶת־פְּנֵי יְהוָה רֵיקָם׃ אִישׁ כְּמַתְּנַת יָדוֹ כְּבִרְכַּת יְהוָה אֱלֹהֶיךָ

יח אֲשֶׁר נָתַן־לָךְ׃ שֹׁפְטִים וְשֹׁטְרִים תִּתֶּן־לְךָ בְּכָל־ יד
שְׁעָרֶיךָ אֲשֶׁר יְהוָה אֱלֹהֶיךָ נֹתֵן לְךָ לִשְׁבָטֶיךָ וְשָׁפְטוּ אֶת־הָעָם
יט מִשְׁפַּט־צֶדֶק׃ לֹא־תַטֶּה מִשְׁפָּט לֹא תַכִּיר פָּנִים וְלֹא־תִקַּח
כ שֹׁחַד כִּי הַשֹּׁחַד יְעַוֵּר עֵינֵי חֲכָמִים וִיסַלֵּף דִּבְרֵי צַדִּיקִם׃ צֶדֶק
צֶדֶק תִּרְדֹּף לְמַעַן תִּחְיֶה וְיָרַשְׁתָּ אֶת־הָאָרֶץ אֲשֶׁר־יְהוָה אֱלֹהֶיךָ
כא נֹתֵן לָךְ׃ לֹא־תִטַּע לְךָ אֲשֵׁרָה כָּל־עֵץ אֵצֶל
כב מִזְבַּח יְהוָה אֱלֹהֶיךָ אֲשֶׁר תַּעֲשֶׂה־לָּךְ׃ וְלֹא־תָקִים לְךָ מַצֵּבָה
יז א אֲשֶׁר שָׂנֵא יְהוָה אֱלֹהֶיךָ׃ לֹא־תִזְבַּח לַיהוָה
אֱלֹהֶיךָ שׁוֹר וָשֶׂה אֲשֶׁר יִהְיֶה בוֹ מוּם כֹּל דָּבָר רָע כִּי תוֹעֲבַת
ב יְהוָה אֱלֹהֶיךָ הוּא׃ כִּי־יִמָּצֵא בְקִרְבְּךָ בְּאַחַד
שְׁעָרֶיךָ אֲשֶׁר־יְהוָה אֱלֹהֶיךָ נֹתֵן לָךְ אִישׁ אוֹ־אִשָּׁה אֲשֶׁר יַעֲשֶׂה
ג אֶת־הָרַע בְּעֵינֵי יְהוָה־אֱלֹהֶיךָ לַעֲבֹר בְּרִיתוֹ׃ וַיֵּלֶךְ וַיַּעֲבֹד אֱלֹהִים
אֲחֵרִים וַיִּשְׁתַּחוּ לָהֶם וְלַשֶּׁמֶשׁ ׀ אוֹ לַיָּרֵחַ אוֹ לְכָל־צְבָא הַשָּׁמַיִם
ד אֲשֶׁר לֹא־צִוִּיתִי׃ וְהֻגַּד־לְךָ וְשָׁמָעְתָּ וְדָרַשְׁתָּ הֵיטֵב וְהִנֵּה אֱמֶת
ה נָכוֹן הַדָּבָר נֶעֶשְׂתָה הַתּוֹעֵבָה הַזֹּאת בְּיִשְׂרָאֵל׃ וְהוֹצֵאתָ אֶת־
הָאִישׁ הַהוּא אוֹ אֶת־הָאִשָּׁה הַהִוא אֲשֶׁר עָשׂוּ אֶת־הַדָּבָר הָרָע
הַזֶּה אֶל־שְׁעָרֶיךָ אֶת־הָאִישׁ אוֹ אֶת־הָאִשָּׁה וּסְקַלְתָּם בָּאֲבָנִים
ו וָמֵתוּ׃ עַל־פִּי ׀ שְׁנַיִם עֵדִים אוֹ שְׁלֹשָׁה עֵדִים יוּמַת הַמֵּת לֹא יוּמַת
ז עַל־פִּי עֵד אֶחָד׃ יַד הָעֵדִים תִּהְיֶה־בּוֹ בָרִאשֹׁנָה לַהֲמִיתוֹ וְיַד כָּל־
הָעָם בָּאַחֲרֹנָה וּבִעַרְתָּ הָרָע מִקִּרְבֶּךָ׃
ח כִּי יִפָּלֵא מִמְּךָ דָבָר לַמִּשְׁפָּט בֵּין־דָּם ׀ לְדָם בֵּין־דִּין לְדִין וּבֵין
נֶגַע לָנֶגַע דִּבְרֵי רִיבֹת בִּשְׁעָרֶיךָ וְקַמְתָּ וְעָלִיתָ אֶל־הַמָּקוֹם
ט אֲשֶׁר יִבְחַר יְהוָה אֱלֹהֶיךָ בּוֹ׃ וּבָאתָ אֶל־הַכֹּהֲנִים הַלְוִיִּם וְאֶל־
הַשֹּׁפֵט אֲשֶׁר יִהְיֶה בַּיָּמִים הָהֵם וְדָרַשְׁתָּ וְהִגִּידוּ לְךָ אֵת דְּבַר
י הַמִּשְׁפָּט׃ וְעָשִׂיתָ עַל־פִּי הַדָּבָר אֲשֶׁר יַגִּידוּ לְךָ מִן־הַמָּקוֹם
הַהוּא אֲשֶׁר יִבְחַר יְהוָה וְשָׁמַרְתָּ לַעֲשׂוֹת כְּכֹל אֲשֶׁר יוֹרוּךָ׃
יא עַל־פִּי הַתּוֹרָה אֲשֶׁר יוֹרוּךָ וְעַל־הַמִּשְׁפָּט אֲשֶׁר־יֹאמְרוּ לְךָ

תַּעֲשֶׂה לֹא תָסוּר מִן־הַדָּבָר אֲשֶׁר־יַגִּידוּ לְךָ יָמִין וּשְׂמֹאל׃
יב וְהָאִישׁ אֲשֶׁר־יַעֲשֶׂה בְזָדוֹן לְבִלְתִּי שְׁמֹעַ אֶל־הַכֹּהֵן הָעֹמֵד
לְשָׁרֶת שָׁם אֶת־יְהוָה אֱלֹהֶיךָ אוֹ אֶל־הַשֹּׁפֵט וּמֵת הָאִישׁ הַהוּא
יג וּבִעַרְתָּ הָרָע מִיִּשְׂרָאֵל׃ וְכָל־הָעָם יִשְׁמְעוּ וְיִרָאוּ וְלֹא יְזִידוּן
יד עוֹד׃ כִּי־תָבֹא אֶל־הָאָרֶץ אֲשֶׁר יְהוָה אֱלֹהֶיךָ טו שני
נֹתֵן לָךְ וִירִשְׁתָּהּ וְיָשַׁבְתָּה בָּהּ וְאָמַרְתָּ אָשִׂימָה עָלַי מֶלֶךְ כְּכָל־
טו הַגּוֹיִם אֲשֶׁר סְבִיבֹתָי׃ שׂוֹם תָּשִׂים עָלֶיךָ מֶלֶךְ אֲשֶׁר יִבְחַר יְהוָה
אֱלֹהֶיךָ בּוֹ מִקֶּרֶב אַחֶיךָ תָּשִׂים עָלֶיךָ מֶלֶךְ לֹא תוּכַל לָתֵת
טז עָלֶיךָ אִישׁ נָכְרִי אֲשֶׁר לֹא־אָחִיךָ הוּא׃ רַק לֹא־יַרְבֶּה־לּוֹ סוּסִים
וְלֹא־יָשִׁיב אֶת־הָעָם מִצְרַיְמָה לְמַעַן הַרְבּוֹת סוּס וַיהוָה אָמַר
יז לָכֶם לֹא תֹסִפוּן לָשׁוּב בַּדֶּרֶךְ הַזֶּה עוֹד׃ וְלֹא יַרְבֶּה־לּוֹ נָשִׁים
יח וְלֹא יָסוּר לְבָבוֹ וְכֶסֶף וְזָהָב לֹא יַרְבֶּה־לּוֹ מְאֹד׃ וְהָיָה כְשִׁבְתּוֹ
עַל כִּסֵּא מַמְלַכְתּוֹ וְכָתַב לוֹ אֶת־מִשְׁנֵה הַתּוֹרָה הַזֹּאת עַל־
יט סֵפֶר מִלִּפְנֵי הַכֹּהֲנִים הַלְוִיִּם׃ וְהָיְתָה עִמּוֹ וְקָרָא בוֹ כָּל־יְמֵי
חַיָּיו לְמַעַן יִלְמַד לְיִרְאָה אֶת־יְהוָה אֱלֹהָיו לִשְׁמֹר אֶת־כָּל־דִּבְרֵי
כ הַתּוֹרָה הַזֹּאת וְאֶת־הַחֻקִּים הָאֵלֶּה לַעֲשֹׂתָם׃ לְבִלְתִּי רוּם־לְבָבוֹ
מֵאֶחָיו וּלְבִלְתִּי סוּר מִן־הַמִּצְוָה יָמִין וּשְׂמֹאול לְמַעַן יַאֲרִיךְ
יח א יָמִים עַל־מַמְלַכְתּוֹ הוּא וּבָנָיו בְּקֶרֶב יִשְׂרָאֵל׃ לֹא־ שלישי
יִהְיֶה לַכֹּהֲנִים הַלְוִיִּם כָּל־שֵׁבֶט לֵוִי חֵלֶק וְנַחֲלָה עִם־יִשְׂרָאֵל
ב אִשֵּׁי יְהוָה וְנַחֲלָתוֹ יֹאכֵלוּן׃ וְנַחֲלָה לֹא־יִהְיֶה־לּוֹ בְּקֶרֶב אֶחָיו
ג יְהוָה הוּא נַחֲלָתוֹ כַּאֲשֶׁר דִּבֶּר־לוֹ׃ וְזֶה יִהְיֶה
מִשְׁפַּט הַכֹּהֲנִים מֵאֵת הָעָם מֵאֵת זֹבְחֵי הַזֶּבַח אִם־שׁוֹר אִם־
ד שֶׂה וְנָתַן לַכֹּהֵן הַזְּרֹעַ וְהַלְּחָיַיִם וְהַקֵּבָה׃ רֵאשִׁית דְּגָנְךָ תִּירֹשְׁךָ
ה וְיִצְהָרֶךָ וְרֵאשִׁית גֵּז צֹאנְךָ תִּתֶּן־לוֹ׃ כִּי בוֹ בָּחַר יְהוָה אֱלֹהֶיךָ
מִכָּל־שְׁבָטֶיךָ לַעֲמֹד לְשָׁרֵת בְּשֵׁם־יְהוָה הוּא וּבָנָיו כָּל־
ו הַיָּמִים׃ וְכִי־יָבֹא הַלֵּוִי מֵאַחַד שְׁעָרֶיךָ מִכָּל־ רביעי
יִשְׂרָאֵל אֲשֶׁר־הוּא גָּר שָׁם וּבָא בְּכָל־אַוַּת נַפְשׁוֹ אֶל־הַמָּקוֹם

ז אֲשֶׁר־יִבְחַר יְהוָה׃ וְשֵׁרֵת בְּשֵׁם יְהוָה אֱלֹהָיו כְּכָל־אֶחָיו הַלְוִיִּם
ח הָעֹמְדִים שָׁם לִפְנֵי יְהוָה׃ חֵלֶק כְּחֵלֶק יֹאכֵלוּ לְבַד מִמְכָּרָיו
ט עַל־הָאָבוֹת׃ כִּי אַתָּה בָּא אֶל־הָאָרֶץ אֲשֶׁר־
יְהוָה אֱלֹהֶיךָ נֹתֵן לָךְ לֹא־תִלְמַד לַעֲשׂוֹת כְּתוֹעֲבֹת הַגּוֹיִם הָהֵם׃
י לֹא־יִמָּצֵא בְךָ מַעֲבִיר בְּנוֹ־וּבִתּוֹ בָּאֵשׁ קֹסֵם קְסָמִים מְעוֹנֵן
יא וּמְנַחֵשׁ וּמְכַשֵּׁף׃ וְחֹבֵר חָבֶר וְשֹׁאֵל אוֹב וְיִדְּעֹנִי וְדֹרֵשׁ אֶל־
יב הַמֵּתִים׃ כִּי־תוֹעֲבַת יְהוָה כָּל־עֹשֵׂה אֵלֶּה וּבִגְלַל הַתּוֹעֵבֹת
יג הָאֵלֶּה יְהוָה אֱלֹהֶיךָ מוֹרִישׁ אוֹתָם מִפָּנֶיךָ׃ תָּמִים תִּהְיֶה עִם
יד יְהוָה אֱלֹהֶיךָ׃ כִּי ׀ הַגּוֹיִם הָאֵלֶּה אֲשֶׁר אַתָּה יוֹרֵשׁ אוֹתָם אֶל־ חמישי
מְעֹנְנִים וְאֶל־קֹסְמִים יִשְׁמָעוּ וְאַתָּה לֹא כֵן נָתַן לְךָ יְהוָה אֱלֹהֶיךָ׃
טו נָבִיא מִקִּרְבְּךָ מֵאַחֶיךָ כָּמֹנִי יָקִים לְךָ יְהוָה אֱלֹהֶיךָ אֵלָיו תִּשְׁמָעוּן׃
טז כְּכֹל אֲשֶׁר־שָׁאַלְתָּ מֵעִם יְהוָה אֱלֹהֶיךָ בְּחֹרֵב בְּיוֹם הַקָּהָל לֵאמֹר
לֹא אֹסֵף לִשְׁמֹעַ אֶת־קוֹל יְהוָה אֱלֹהָי וְאֶת־הָאֵשׁ הַגְּדֹלָה הַזֹּאת
יז לֹא־אֶרְאֶה עוֹד וְלֹא אָמוּת׃ וַיֹּאמֶר יְהוָה אֵלָי הֵיטִיבוּ אֲשֶׁר
יח דִּבֵּרוּ׃ נָבִיא אָקִים לָהֶם מִקֶּרֶב אֲחֵיהֶם כָּמוֹךָ וְנָתַתִּי דְבָרַי
יט בְּפִיו וְדִבֶּר אֲלֵיהֶם אֵת כָּל־אֲשֶׁר אֲצַוֶּנּוּ׃ וְהָיָה הָאִישׁ אֲשֶׁר
לֹא־יִשְׁמַע אֶל־דְּבָרַי אֲשֶׁר יְדַבֵּר בִּשְׁמִי אָנֹכִי אֶדְרֹשׁ מֵעִמּוֹ׃
כ אַךְ הַנָּבִיא אֲשֶׁר יָזִיד לְדַבֵּר דָּבָר בִּשְׁמִי אֵת אֲשֶׁר לֹא־צִוִּיתִיו
לְדַבֵּר וַאֲשֶׁר יְדַבֵּר בְּשֵׁם אֱלֹהִים אֲחֵרִים וּמֵת הַנָּבִיא הַהוּא׃
כא וְכִי תֹאמַר בִּלְבָבֶךָ אֵיכָה נֵדַע אֶת־הַדָּבָר אֲשֶׁר לֹא־דִבְּרוֹ
כב יְהוָה׃ אֲשֶׁר יְדַבֵּר הַנָּבִיא בְּשֵׁם יְהוָה וְלֹא־יִהְיֶה הַדָּבָר וְלֹא
יָבֹא הוּא הַדָּבָר אֲשֶׁר לֹא־דִבְּרוֹ יְהוָה בְּזָדוֹן דִּבְּרוֹ הַנָּבִיא לֹא
יט א תָּגוּר מִמֶּנּוּ׃ כִּי־יַכְרִית יְהוָה אֱלֹהֶיךָ אֶת־הַגּוֹיִם
אֲשֶׁר יְהוָה אֱלֹהֶיךָ נֹתֵן לְךָ אֶת־אַרְצָם וִירִשְׁתָּם וְיָשַׁבְתָּ בְעָרֵיהֶם
ב וּבְבָתֵּיהֶם׃ שָׁלוֹשׁ עָרִים תַּבְדִּיל לָךְ בְּתוֹךְ אַרְצְךָ אֲשֶׁר יְהוָה
ג אֱלֹהֶיךָ נֹתֵן לְךָ לְרִשְׁתָּהּ׃ תָּכִין לְךָ הַדֶּרֶךְ וְשִׁלַּשְׁתָּ אֶת־גְּבוּל
אַרְצְךָ אֲשֶׁר יַנְחִילְךָ יְהוָה אֱלֹהֶיךָ וְהָיָה לָנוּס שָׁמָּה כָּל־רֹצֵחַ׃

ד וְזֶה דְּבַר הָרֹצֵחַ אֲשֶׁר־יָנוּס שָׁמָּה וָחָי אֲשֶׁר יַכֶּה אֶת־רֵעֵהוּ
ה בִּבְלִי־דַעַת וְהוּא לֹא־שֹׂנֵא לוֹ מִתְּמֹל שִׁלְשֹׁם: וַאֲשֶׁר יָבֹא אֶת־
רֵעֵהוּ בַיַּעַר לַחְטֹב עֵצִים וְנִדְּחָה יָדוֹ בַגַּרְזֶן לִכְרֹת הָעֵץ וְנָשַׁל
הַבַּרְזֶל מִן־הָעֵץ וּמָצָא אֶת־רֵעֵהוּ וָמֵת הוּא יָנוּס אֶל־אַחַת
ו הֶעָרִים־הָאֵלֶּה וָחָי: פֶּן־יִרְדֹּף גֹּאֵל הַדָּם אַחֲרֵי הָרֹצֵחַ כִּי יֵחַם
לְבָבוֹ וְהִשִּׂיגוֹ כִּי־יִרְבֶּה הַדֶּרֶךְ וְהִכָּהוּ נָפֶשׁ וְלוֹ אֵין מִשְׁפַּט־
ז מָוֶת כִּי לֹא־שֹׂנֵא הוּא לוֹ מִתְּמוֹל שִׁלְשׁוֹם: עַל־כֵּן אָנֹכִי מְצַוְּךָ
ח לֵאמֹר שָׁלֹשׁ עָרִים תַּבְדִּיל לָךְ: וְאִם־יַרְחִיב יְהוָה אֱלֹהֶיךָ אֶת־
גְּבֻלְךָ כַּאֲשֶׁר נִשְׁבַּע לַאֲבֹתֶיךָ וְנָתַן לְךָ אֶת־כָּל־הָאָרֶץ אֲשֶׁר
ט דִּבֶּר לָתֵת לַאֲבֹתֶיךָ: כִּי־תִשְׁמֹר אֶת־כָּל־הַמִּצְוָה הַזֹּאת לַעֲשֹׂתָהּ
אֲשֶׁר אָנֹכִי מְצַוְּךָ הַיּוֹם לְאַהֲבָה אֶת־יְהוָה אֱלֹהֶיךָ וְלָלֶכֶת בִּדְרָכָיו
י כָּל־הַיָּמִים וְיָסַפְתָּ לְךָ עוֹד שָׁלֹשׁ עָרִים עַל הַשָּׁלֹשׁ הָאֵלֶּה: וְלֹא
יִשָּׁפֵךְ דָּם נָקִי בְּקֶרֶב אַרְצְךָ אֲשֶׁר יְהוָה אֱלֹהֶיךָ נֹתֵן לְךָ נַחֲלָה
וְהָיָה עָלֶיךָ דָּמִים:
יא וְכִי־יִהְיֶה אִישׁ שֹׂנֵא לְרֵעֵהוּ וְאָרַב לוֹ וְקָם עָלָיו וְהִכָּהוּ נֶפֶשׁ וָמֵת
יב וְנָס אֶל־אַחַת הֶעָרִים הָאֵל: וְשָׁלְחוּ זִקְנֵי עִירוֹ וְלָקְחוּ אֹתוֹ מִשָּׁם
יג וְנָתְנוּ אֹתוֹ בְּיַד גֹּאֵל הַדָּם וָמֵת: לֹא־תָחוֹס עֵינְךָ עָלָיו וּבִעַרְתָּ דַם־
יד הַנָּקִי מִיִּשְׂרָאֵל וְטוֹב לָךְ: לֹא תַסִּיג גְּבוּל רֵעֲךָ ששי
אֲשֶׁר גָּבְלוּ רִאשֹׁנִים בְּנַחֲלָתְךָ אֲשֶׁר תִּנְחַל בָּאָרֶץ אֲשֶׁר יְהוָה
טו אֱלֹהֶיךָ נֹתֵן לְךָ לְרִשְׁתָּהּ: לֹא־יָקוּם עֵד אֶחָד
בְּאִישׁ לְכָל־עָוֺן וּלְכָל־חַטָּאת בְּכָל־חֵטְא אֲשֶׁר יֶחֱטָא עַל־
טז פִּי ׀ שְׁנֵי עֵדִים אוֹ עַל־פִּי שְׁלֹשָׁה־עֵדִים יָקוּם דָּבָר: כִּי־יָקוּם עֵד־
יז חָמָס בְּאִישׁ לַעֲנוֹת בּוֹ סָרָה: וְעָמְדוּ שְׁנֵי־הָאֲנָשִׁים אֲשֶׁר־לָהֶם
הָרִיב לִפְנֵי יְהוָה לִפְנֵי הַכֹּהֲנִים וְהַשֹּׁפְטִים אֲשֶׁר יִהְיוּ בַּיָּמִים
יח הָהֵם: וְדָרְשׁוּ הַשֹּׁפְטִים הֵיטֵב וְהִנֵּה עֵד־שֶׁקֶר הָעֵד שֶׁקֶר עָנָה
יט בְאָחִיו: וַעֲשִׂיתֶם לוֹ כַּאֲשֶׁר זָמַם לַעֲשׂוֹת לְאָחִיו וּבִעַרְתָּ הָרָע
כ מִקִּרְבֶּךָ: וְהַנִּשְׁאָרִים יִשְׁמְעוּ וְיִרָאוּ וְלֹא־יֹסִפוּ לַעֲשׂוֹת עוֹד כַּדָּבָר

כא הָרָע הַזֶּה בְּקִרְבֶּךָ: וְלֹא תָחוֹס עֵינֶךָ נֶפֶשׁ בְּנֶפֶשׁ עַיִן בְּעַיִן שֵׁן
כ א בְּשֵׁן יָד בְּיָד רֶגֶל בְּרָגֶל: כִּי־תֵצֵא לַמִּלְחָמָה עַל־
אֹיְבֶךָ וְרָאִיתָ סוּס וָרֶכֶב עַם רַב מִמְּךָ לֹא תִירָא מֵהֶם כִּי־יְהוָה
ב אֱלֹהֶיךָ עִמָּךְ הַמַּעַלְךָ מֵאֶרֶץ מִצְרָיִם: וְהָיָה כְּקָרָבְכֶם אֶל־
ג הַמִּלְחָמָה וְנִגַּשׁ הַכֹּהֵן וְדִבֶּר אֶל־הָעָם: וְאָמַר אֲלֵהֶם שְׁמַע
יִשְׂרָאֵל אַתֶּם קְרֵבִים הַיּוֹם לַמִּלְחָמָה עַל־אֹיְבֵיכֶם אַל־יֵרַךְ
ד לְבַבְכֶם אַל־תִּירְאוּ וְאַל־תַּחְפְּזוּ וְאַל־תַּעַרְצוּ מִפְּנֵיהֶם: כִּי יְהוָה
אֱלֹהֵיכֶם הַהֹלֵךְ עִמָּכֶם לְהִלָּחֵם לָכֶם עִם־אֹיְבֵיכֶם לְהוֹשִׁיעַ
ה אֶתְכֶם: וְדִבְּרוּ הַשֹּׁטְרִים אֶל־הָעָם לֵאמֹר מִי־הָאִישׁ אֲשֶׁר בָּנָה
בַיִת־חָדָשׁ וְלֹא חֲנָכוֹ יֵלֵךְ וְיָשֹׁב לְבֵיתוֹ פֶּן־יָמוּת בַּמִּלְחָמָה
ו וְאִישׁ אַחֵר יַחְנְכֶנּוּ: וּמִי־הָאִישׁ אֲשֶׁר נָטַע כֶּרֶם וְלֹא חִלְּלוֹ יֵלֵךְ
ז וְיָשֹׁב לְבֵיתוֹ פֶּן־יָמוּת בַּמִּלְחָמָה וְאִישׁ אַחֵר יְחַלְּלֶנּוּ: וּמִי־
הָאִישׁ אֲשֶׁר אֵרַשׂ אִשָּׁה וְלֹא לְקָחָהּ יֵלֵךְ וְיָשֹׁב לְבֵיתוֹ פֶּן־יָמוּת
ח בַּמִּלְחָמָה וְאִישׁ אַחֵר יִקָּחֶנָּה: וְיָסְפוּ הַשֹּׁטְרִים לְדַבֵּר אֶל־הָעָם
וְאָמְרוּ מִי־הָאִישׁ הַיָּרֵא וְרַךְ הַלֵּבָב יֵלֵךְ וְיָשֹׁב לְבֵיתוֹ וְלֹא יִמַּס
ט אֶת־לְבַב אֶחָיו כִּלְבָבוֹ: וְהָיָה כְּכַלֹּת הַשֹּׁטְרִים לְדַבֵּר אֶל־הָעָם
י וּפָקְדוּ שָׂרֵי צְבָאוֹת בְּרֹאשׁ הָעָם: כִּי־תִקְרַב אֶל־ טז שביעי
יא עִיר לְהִלָּחֵם עָלֶיהָ וְקָרָאתָ אֵלֶיהָ לְשָׁלוֹם: וְהָיָה אִם־שָׁלוֹם
תַּעַנְךָ וּפָתְחָה לָךְ וְהָיָה כָּל־הָעָם הַנִּמְצָא־בָהּ יִהְיוּ לְךָ לָמַס
יב וַעֲבָדוּךָ: וְאִם־לֹא תַשְׁלִים עִמָּךְ וְעָשְׂתָה עִמְּךָ מִלְחָמָה וְצַרְתָּ
יג עָלֶיהָ: וּנְתָנָהּ יְהוָה אֱלֹהֶיךָ בְּיָדֶךָ וְהִכִּיתָ אֶת־כָּל־זְכוּרָהּ לְפִי־
יד חָרֶב: רַק הַנָּשִׁים וְהַטַּף וְהַבְּהֵמָה וְכֹל אֲשֶׁר יִהְיֶה בָעִיר כָּל־
שְׁלָלָהּ תָּבֹז לָךְ וְאָכַלְתָּ אֶת־שְׁלַל אֹיְבֶיךָ אֲשֶׁר נָתַן יְהוָה אֱלֹהֶיךָ
טו לָךְ: כֵּן תַּעֲשֶׂה לְכָל־הֶעָרִים הָרְחֹקֹת מִמְּךָ מְאֹד אֲשֶׁר לֹא־מֵעָרֵי
טז הַגּוֹיִם־הָאֵלֶּה הֵנָּה: רַק מֵעָרֵי הָעַמִּים הָאֵלֶּה אֲשֶׁר יְהוָה אֱלֹהֶיךָ
יז נֹתֵן לְךָ נַחֲלָה לֹא תְחַיֶּה כָּל־נְשָׁמָה: כִּי־הַחֲרֵם תַּחֲרִימֵם הַחִתִּי
וְהָאֱמֹרִי הַכְּנַעֲנִי וְהַפְּרִזִּי הַחִוִּי וְהַיְבוּסִי כַּאֲשֶׁר צִוְּךָ יְהוָה אֱלֹהֶיךָ:

יח לְמַ֗עַן אֲשֶׁ֤ר לֹֽא־יְלַמְּד֤וּ אֶתְכֶם֙ לַעֲשׂ֔וֹת כְּכֹל֙ תּֽוֹעֲבֹתָ֔ם אֲשֶׁ֥ר
יט עָשׂ֖וּ לֵֽאלֹהֵיהֶ֑ם וַחֲטָאתֶ֖ם לַיהוָ֥ה אֱלֹהֵיכֶֽם: כִּֽי־
תָצ֣וּר אֶל־עִיר֩ יָמִ֨ים רַבִּ֜ים לְֽהִלָּחֵ֧ם עָלֶ֣יהָ לְתָפְשָׂ֗הּ לֹֽא־תַשְׁחִ֤ית
אֶת־עֵצָהּ֙ לִנְדֹּ֤חַ עָלָיו֙ גַּרְזֶ֔ן כִּ֚י מִמֶּ֣נּוּ תֹאכֵ֔ל וְאֹת֖וֹ לֹ֣א תִכְרֹ֑ת כִּ֤י
כ הָֽאָדָם֙ עֵ֣ץ הַשָּׂדֶ֔ה לָבֹ֥א מִפָּנֶ֖יךָ בַּמָּצֽוֹר: רַ֞ק עֵ֣ץ אֲשֶׁר־תֵּדַ֗ע כִּֽי־לֹא־
עֵ֤ץ מַאֲכָל֙ ה֔וּא אֹת֥וֹ תַשְׁחִ֖ית וְכָרָ֑תָּ וּבָנִ֣יתָ מָצ֗וֹר עַל־הָעִיר֙
אֲשֶׁר־הִ֨וא עֹשָׂ֧ה עִמְּךָ֛ מִלְחָמָ֖ה עַ֥ד רִדְתָּֽהּ:

כא א כִּי־יִמָּצֵ֣א חָלָ֗ל בָּאֲדָמָה֙ אֲשֶׁר֩ יְהוָ֨ה אֱלֹהֶ֜יךָ נֹתֵ֤ן לְךָ֙ לְרִשְׁתָּ֔הּ נֹפֵ֖ל
ב בַּשָּׂדֶ֑ה לֹ֥א נוֹדַ֖ע מִ֥י הִכָּֽהוּ: וְיָצְא֥וּ זְקֵנֶ֖יךָ וְשֹׁפְטֶ֑יךָ וּמָדְד֕וּ אֶל־
ג הֶ֣עָרִ֔ים אֲשֶׁ֖ר סְבִיבֹ֥ת הֶחָלָֽל: וְהָיָ֣ה הָעִ֔יר הַקְּרֹבָ֖ה אֶל־הֶחָלָ֑ל
וְלָֽקְח֡וּ זִקְנֵי֩ הָעִ֨יר הַהִ֜וא עֶגְלַ֣ת בָּקָ֗ר אֲשֶׁ֤ר לֹֽא־עֻבַּד֙ בָּ֔הּ אֲשֶׁ֥ר
ד לֹא־מָשְׁכָ֖ה בְּעֹֽל: וְהוֹרִ֡דוּ זִקְנֵי֩ הָעִ֨יר הַהִ֤וא אֶת־הָעֶגְלָה֙ אֶל־
נַ֣חַל אֵיתָ֔ן אֲשֶׁ֧ר לֹא־יֵעָבֵ֛ד בּ֖וֹ וְלֹ֣א יִזָּרֵ֑עַ וְעָֽרְפוּ־שָׁ֥ם אֶת־הָעֶגְלָ֖ה
ה בַּנָּֽחַל: וְנִגְּשׁ֣וּ הַכֹּהֲנִים֮ בְּנֵ֣י לֵוִי֒ כִּ֣י בָ֗ם בָּחַ֞ר יְהוָ֤ה אֱלֹהֶ֨יךָ֙ לְשָׁ֣רְת֔וֹ
ו וּלְבָרֵ֖ךְ בְּשֵׁ֣ם יְהוָ֑ה וְעַל־פִּיהֶ֥ם יִהְיֶ֖ה כָּל־רִ֥יב וְכָל־נָֽגַע: וְכֹ֗ל
זִקְנֵי֙ הָעִ֣יר הַהִ֔וא הַקְּרֹבִ֖ים אֶל־הֶחָלָ֑ל יִרְחֲצוּ֙ אֶת־יְדֵיהֶ֔ם עַל־
מפטיר
שָׁפְכֻ֖ ז הָעֶגְלָ֥ה הָעֲרוּפָ֖ה בַנָּֽחַל: וְעָנ֖וּ וְאָמְר֑וּ יָדֵ֗ינוּ לֹ֤א שפכה אֶת־
ח הַדָּ֣ם הַזֶּ֔ה וְעֵינֵ֖ינוּ לֹ֥א רָאֽוּ: כַּפֵּר֩ לְעַמְּךָ֨ יִשְׂרָאֵ֤ל אֲשֶׁר־פָּדִ֨יתָ֙
יְהוָ֔ה וְאַל־תִּתֵּן֙ דָּ֣ם נָקִ֔י בְּקֶ֖רֶב עַמְּךָ֣ יִשְׂרָאֵ֑ל וְנִכַּפֵּ֥ר לָהֶ֖ם
ט הַדָּֽם: וְאַתָּ֗ה תְּבַעֵ֛ר הַדָּ֥ם הַנָּקִ֖י מִקִּרְבֶּ֑ךָ כִּֽי־תַעֲשֶׂ֥ה הַיָּשָׁ֖ר
י בְּעֵינֵ֥י יְהוָֽה: כִּֽי־תֵצֵ֥א לַמִּלְחָמָ֖ה עַל־אֹיְבֶ֑יךָ

כי תצא

יא וּנְתָנ֞וֹ יְהוָ֧ה אֱלֹהֶ֛יךָ בְּיָדֶ֖ךָ וְשָׁבִ֥יתָ שִׁבְיֽוֹ: וְרָאִ֨יתָ֙ בַּשִּׁבְיָ֔ה אֵ֖שֶׁת
יב יְפַת־תֹּ֑אַר וְחָשַׁקְתָּ֣ בָ֔הּ וְלָקַחְתָּ֥ לְךָ֖ לְאִשָּֽׁה: וַהֲבֵאתָ֖הּ אֶל־
יג תּ֣וֹךְ בֵּיתֶ֑ךָ וְגִלְּחָה֙ אֶת־רֹאשָׁ֔הּ וְעָשְׂתָ֖ה אֶת־צִפָּרְנֶֽיהָ: וְהֵסִ֩ירָה֩
אֶת־שִׂמְלַ֨ת שִׁבְיָ֜הּ מֵעָלֶ֗יהָ וְיָֽשְׁבָה֙ בְּבֵיתֶ֔ךָ וּבָֽכְתָ֛ה אֶת־אָבִ֥יהָ
וְאֶת־אִמָּ֖הּ יֶ֣רַח יָמִ֑ים וְאַ֨חַר כֵּ֜ן תָּב֤וֹא אֵלֶ֨יהָ֙ וּבְעַלְתָּ֔הּ וְהָיְתָ֥ה
יד לְךָ֖ לְאִשָּֽׁה: וְהָיָ֞ה אִם־לֹ֧א חָפַ֣צְתָּ בָּ֗הּ וְשִׁלַּחְתָּהּ֙ לְנַפְשָׁ֔הּ

וּמָכֹר לֹא־תִמְכְּרֶנָּה בַּכָּסֶף לֹא־תִתְעַמֵּר בָּהּ תַּחַת אֲשֶׁר
טו עִנִּיתָהּ׃ כִּי־תִהְיֶיןָ לְאִישׁ שְׁתֵּי נָשִׁים הָאַחַת
אֲהוּבָה וְהָאַחַת שְׂנוּאָה וְיָלְדוּ־לוֹ בָנִים הָאֲהוּבָה וְהַשְּׂנוּאָה
טז וְהָיָה הַבֵּן הַבְּכֹר לַשְּׂנִיאָה׃ וְהָיָה בְּיוֹם הַנְחִילוֹ אֶת־בָּנָיו אֵת
אֲשֶׁר־יִהְיֶה לוֹ לֹא יוּכַל לְבַכֵּר אֶת־בֶּן־הָאֲהוּבָה עַל־פְּנֵי בֶן־
יז הַשְּׂנוּאָה הַבְּכֹר׃ כִּי אֶת־הַבְּכֹר בֶּן־הַשְּׂנוּאָה יַכִּיר לָתֶת לוֹ
פִּי שְׁנַיִם בְּכֹל אֲשֶׁר־יִמָּצֵא לוֹ כִּי־הוּא רֵאשִׁית אֹנוֹ לוֹ מִשְׁפַּט
יח הַבְּכֹרָה׃ כִּי־יִהְיֶה לְאִישׁ בֵּן סוֹרֵר וּמוֹרֶה אֵינֶנּוּ
שֹׁמֵעַ בְּקוֹל אָבִיו וּבְקוֹל אִמּוֹ וְיִסְּרוּ אֹתוֹ וְלֹא יִשְׁמַע אֲלֵיהֶם׃
יט וְתָפְשׂוּ בוֹ אָבִיו וְאִמּוֹ וְהוֹצִיאוּ אֹתוֹ אֶל־זִקְנֵי עִירוֹ וְאֶל־שַׁעַר
כ מְקֹמוֹ׃ וְאָמְרוּ אֶל־זִקְנֵי עִירוֹ בְּנֵנוּ זֶה סוֹרֵר וּמֹרֶה אֵינֶנּוּ שֹׁמֵעַ
כא בְּקֹלֵנוּ זוֹלֵל וְסֹבֵא׃ וּרְגָמֻהוּ כָּל־אַנְשֵׁי עִירוֹ בָאֲבָנִים וָמֵת וּבִעַרְתָּ
כב הָרָע מִקִּרְבֶּךָ וְכָל־יִשְׂרָאֵל יִשְׁמְעוּ וְיִרָאוּ׃ וְכִי־ שני
יִהְיֶה בְאִישׁ חֵטְא מִשְׁפַּט־מָוֶת וְהוּמָת וְתָלִיתָ אֹתוֹ עַל־עֵץ׃
כג לֹא־תָלִין נִבְלָתוֹ עַל־הָעֵץ כִּי־קָבוֹר תִּקְבְּרֶנּוּ בַּיּוֹם הַהוּא כִּי־
קִלְלַת אֱלֹהִים תָּלוּי וְלֹא תְטַמֵּא אֶת־אַדְמָתְךָ אֲשֶׁר יְהוָה אֱלֹהֶיךָ
כב א נֹתֵן לְךָ נַחֲלָה׃ לֹא־תִרְאֶה אֶת־שׁוֹר אָחִיךָ אוֹ
ב אֶת־שֵׂיוֹ נִדָּחִים וְהִתְעַלַּמְתָּ מֵהֶם הָשֵׁב תְּשִׁיבֵם לְאָחִיךָ׃ וְאִם־
לֹא קָרוֹב אָחִיךָ אֵלֶיךָ וְלֹא יְדַעְתּוֹ וַאֲסַפְתּוֹ אֶל־תּוֹךְ בֵּיתֶךָ וְהָיָה
ג עִמְּךָ עַד דְּרֹשׁ אָחִיךָ אֹתוֹ וַהֲשֵׁבֹתוֹ לוֹ׃ וְכֵן תַּעֲשֶׂה לַחֲמֹרוֹ וְכֵן
תַּעֲשֶׂה לְשִׂמְלָתוֹ וְכֵן תַּעֲשֶׂה לְכָל־אֲבֵדַת אָחִיךָ אֲשֶׁר־תֹּאבַד
ד מִמֶּנּוּ וּמְצָאתָהּ לֹא תוּכַל לְהִתְעַלֵּם׃ לֹא־תִרְאֶה
אֶת־חֲמוֹר אָחִיךָ אוֹ שׁוֹרוֹ נֹפְלִים בַּדֶּרֶךְ וְהִתְעַלַּמְתָּ מֵהֶם הָקֵם
ה תָּקִים עִמּוֹ׃ לֹא־יִהְיֶה כְלִי־גֶבֶר עַל־אִשָּׁה וְלֹא־
יִלְבַּשׁ גֶּבֶר שִׂמְלַת אִשָּׁה כִּי תוֹעֲבַת יְהוָה אֱלֹהֶיךָ כָּל־עֹשֵׂה
אֵלֶּה׃
ו כִּי יִקָּרֵא קַן־צִפּוֹר ׀ לְפָנֶיךָ בַּדֶּרֶךְ בְּכָל־עֵץ ׀ אוֹ עַל־הָאָרֶץ יז

אֶפְרֹחִים֙ א֣וֹ בֵיצִ֔ים וְהָאֵ֤ם רֹבֶ֙צֶת֙ עַל־הָֽאֶפְרֹחִ֔ים א֖וֹ עַל־הַבֵּיצִ֑ים
לֹא־תִקַּ֥ח הָאֵ֖ם עַל־הַבָּנִֽים: שַׁלֵּ֤חַ תְּשַׁלַּח֙ אֶת־הָאֵ֔ם וְאֶת־הַבָּנִ֖ים ז

שלישי תִּקַּֽח־לָ֔ךְ לְמַ֙עַן֙ יִ֣יטַב לָ֔ךְ וְהַאֲרַכְתָּ֖ יָמִֽים: כִּ֤י ח
תִבְנֶה֙ בַּ֣יִת חָדָ֔שׁ וְעָשִׂ֥יתָ מַעֲקֶ֖ה לְגַגֶּ֑ךָ וְלֹֽא־תָשִׂ֤ים דָּמִים֙ בְּבֵיתֶ֔ךָ
כִּֽי־יִפֹּ֥ל הַנֹּפֵ֖ל מִמֶּֽנּוּ: לֹא־תִזְרַ֥ע כַּרְמְךָ֖ כִּלְאָ֑יִם פֶּן־תִּקְדַּ֗שׁ ט
הַֽמְלֵאָ֤ה הַזֶּ֙רַע֙ אֲשֶׁ֣ר תִּזְרָ֔ע וּתְבוּאַ֖ת הַכָּֽרֶם: לֹֽא־ י
תַחֲרֹ֥שׁ בְּשֽׁוֹר־וּבַחֲמֹ֖ר יַחְדָּֽו: לֹ֤א תִלְבַּשׁ֙ שַֽׁעַטְנֵ֔ז צֶ֥מֶר וּפִשְׁתִּ֖ים יא
יַחְדָּֽו: גְּדִלִ֖ים תַּעֲשֶׂה־לָּ֑ךְ עַל־אַרְבַּ֛ע כַּנְפ֥וֹת יב
כְּסֽוּתְךָ֖ אֲשֶׁ֥ר תְּכַסֶּה־בָּֽהּ: כִּֽי־יִקַּ֥ח אִ֖ישׁ אִשָּׁ֑ה יג
וּבָ֥א אֵלֶ֖יהָ וּשְׂנֵאָֽהּ: וְשָׂ֥ם לָהּ֙ עֲלִילֹ֣ת דְּבָרִ֔ים וְהוֹצִ֥א עָלֶ֖יהָ יד
שֵׁ֣ם רָ֑ע וְאָמַ֗ר אֶת־הָאִשָּׁ֤ה הַזֹּאת֙ לָקַ֔חְתִּי וָאֶקְרַ֣ב אֵלֶ֔יהָ וְלֹא־
מָצָ֥אתִי לָ֖הּ בְּתוּלִֽים: וְלָקַ֛ח אֲבִ֥י הַנַּֽעֲרָ֖ וְאִמָּ֑הּ וְהוֹצִ֜יאוּ אֶת־ טו
בְּתוּלֵ֧י הַֽנַּעֲרָ֛ אֶל־זִקְנֵ֥י הָעִ֖יר הַשָּֽׁעְרָה: וְאָמַ֛ר אֲבִ֥י הַֽנַּעֲרָ֖ אֶל־ טז
הַזְּקֵנִ֑ים אֶת־בִּתִּ֗י נָתַ֜תִּי לָאִ֥ישׁ הַזֶּ֛ה לְאִשָּׁ֖ה וַיִּשְׂנָאֶֽהָ: וְהִנֵּה־ה֡וּא יז
שָׂם֩ עֲלִילֹ֨ת דְּבָרִ֜ים לֵאמֹ֗ר לֹֽא־מָצָ֤אתִי לְבִתְּךָ֙ בְּתוּלִ֔ים וְאֵ֖לֶּה
בְּתוּלֵ֣י בִתִּ֑י וּפָֽרְשׂ֙וּ הַשִּׂמְלָ֔ה לִפְנֵ֖י זִקְנֵ֥י הָעִֽיר: וְלָ֥קְח֛וּ זִקְנֵ֥י הָעִיר־ יח
הַהִ֖וא אֶת־הָאִ֑ישׁ וְיִסְּר֖וּ אֹתֽוֹ: וְעָנְשׁ֨וּ אֹת֜וֹ מֵ֣אָה כֶ֗סֶף וְנָתְנוּ֙ יט
לַֽאֲבִ֣י הַֽנַּעֲרָ֗ כִּ֤י הוֹצִיא֙ שֵׁ֣ם רָ֔ע עַ֖ל בְּתוּלַ֣ת יִשְׂרָאֵ֑ל וְלֽוֹ־תִֽהְיֶ֣ה
לְאִשָּׁ֔ה לֹֽא־יוּכַ֥ל לְשַׁלְּחָ֖הּ כָּל־יָמָֽיו: וְאִם־אֱמֶ֤ת הָיָ֙ה כ
הַדָּבָ֣ר הַזֶּ֑ה לֹא־נִמְצְא֥וּ בְתוּלִ֖ים לַֽנַּעֲרָֽ: וְהוֹצִ֨יאוּ אֶת־הַֽנַּעֲרָ֜ כא
אֶל־פֶּ֣תַח בֵּית־אָבִ֗יהָ וּסְקָל֩וּהָ֙ אַנְשֵׁ֨י עִירָ֤הּ בָּֽאֲבָנִים֙ וָמֵ֔תָה
כִּֽי־עָשְׂתָ֤ה נְבָלָה֙ בְּיִשְׂרָאֵ֔ל לִזְנ֖וֹת בֵּ֣ית אָבִ֑יהָ וּבִֽעַרְתָּ֥ הָרָ֖ע
מִקִּרְבֶּֽךָ: כִּֽי־יִמָּצֵ֨א אִ֜ישׁ שֹׁכֵ֣ב ׀ עִם־אִשָּׁ֣ה בְעֻֽלַת־ כב
בַּ֗עַל וּמֵ֙תוּ֙ גַּם־שְׁנֵיהֶ֔ם הָאִ֛ישׁ הַשֹּׁכֵ֥ב עִם־הָֽאִשָּׁ֖ה וְהָֽאִשָּׁ֑ה וּבִֽעַרְתָּ֥
הָרָ֖ע מִיִּשְׂרָאֵֽל: כִּ֤י יִהְיֶה֙ נַעֲרָ֣ בְתוּלָ֔ה מְאֹרָשָׂ֖ה כג
לְאִ֑ישׁ וּמְצָאָ֥הּ אִ֛ישׁ בָּעִ֖יר וְשָׁכַ֥ב עִמָּֽהּ: וְהֽוֹצֵאתֶ֣ם אֶת־שְׁנֵיהֶ֗ם אֶל־ כד
שַׁ֣עַר ׀ הָעִ֣יר הַהִ֗וא וּסְקַלְתֶּ֨ם אֹתָ֤ם בָּֽאֲבָנִים֙ וָמֵ֔תוּ אֶת־הַֽנַּעֲרָ֖ עַל־

דְּבַר אֲשֶׁר לֹא־צָעֲקָה בָעִיר וְאֶת־הָאִישׁ עַל־דְּבַר אֲשֶׁר־עִנָּה אֶת־
כה אֵשֶׁת רֵעֵהוּ וּבִעַרְתָּ הָרָע מִקִּרְבֶּךָ׃ וְאִם־בַּשָּׂדֶה
יִמְצָא הָאִישׁ אֶת־הַנַּעֲרָ הַמְאֹרָשָׂה וְהֶחֱזִיק־בָּהּ הָאִישׁ וְשָׁכַב
כו עִמָּהּ וּמֵת הָאִישׁ אֲשֶׁר־שָׁכַב עִמָּהּ לְבַדּוֹ׃ וְלַנַּעֲרָ לֹא־תַעֲשֶׂה
דָבָר אֵין לַנַּעֲרָ חֵטְא מָוֶת כִּי כַּאֲשֶׁר יָקוּם אִישׁ עַל־רֵעֵהוּ וּרְצָחוֹ
כז נֶפֶשׁ כֵּן הַדָּבָר הַזֶּה׃ כִּי בַשָּׂדֶה מְצָאָהּ צָעֲקָה הַנַּעֲרָ הַמְאֹרָשָׂה
כח וְאֵין מוֹשִׁיעַ לָהּ׃ כִּי־יִמְצָא אִישׁ נַעֲרָ בְתוּלָה
כט אֲשֶׁר לֹא־אֹרָשָׂה וּתְפָשָׂהּ וְשָׁכַב עִמָּהּ וְנִמְצָאוּ׃ וְנָתַן הָאִישׁ
הַשֹּׁכֵב עִמָּהּ לַאֲבִי הַנַּעֲרָ חֲמִשִּׁים כָּסֶף וְלוֹ־תִהְיֶה לְאִשָּׁה תַּחַת
כג א אֲשֶׁר עִנָּהּ לֹא־יוּכַל שַׁלְּחָהּ כָּל־יָמָיו׃ לֹא־יִקַּח
ב אִישׁ אֶת־אֵשֶׁת אָבִיו וְלֹא יְגַלֶּה כְּנַף אָבִיו׃ לֹא־
ג יָבֹא פְצוּעַ־דַּכָּא וּכְרוּת שָׁפְכָה בִּקְהַל יְהוָה׃ לֹא־
יָבֹא מַמְזֵר בִּקְהַל יְהוָה גַּם דּוֹר עֲשִׂירִי לֹא־יָבֹא לוֹ בִּקְהַל
ד יְהוָה׃ לֹא־יָבֹא עַמּוֹנִי וּמוֹאָבִי בִּקְהַל יְהוָה גַּם
ה דּוֹר עֲשִׂירִי לֹא־יָבֹא לָהֶם בִּקְהַל יְהוָה עַד־עוֹלָם׃ עַל־דְּבַר אֲשֶׁר
לֹא־קִדְּמוּ אֶתְכֶם בַּלֶּחֶם וּבַמַּיִם בַּדֶּרֶךְ בְּצֵאתְכֶם מִמִּצְרָיִם
וַאֲשֶׁר שָׂכַר עָלֶיךָ אֶת־בִּלְעָם בֶּן־בְּעוֹר מִפְּתוֹר אֲרַם נַהֲרַיִם
ו לְקַלְלֶךָּ׃ וְלֹא־אָבָה יְהוָה אֱלֹהֶיךָ לִשְׁמֹעַ אֶל־בִּלְעָם וַיַּהֲפֹךְ יְהוָה
ז אֱלֹהֶיךָ לְּךָ אֶת־הַקְּלָלָה לִבְרָכָה כִּי אֲהֵבְךָ יְהוָה אֱלֹהֶיךָ׃ לֹא־
ח תִדְרֹשׁ שְׁלֹמָם וְטֹבָתָם כָּל־יָמֶיךָ לְעוֹלָם׃ לֹא־ רביעי
תְתַעֵב אֲדֹמִי כִּי אָחִיךָ הוּא לֹא־תְתַעֵב מִצְרִי כִּי־גֵר הָיִיתָ
ט בְאַרְצוֹ׃ בָּנִים אֲשֶׁר־יִוָּלְדוּ לָהֶם דּוֹר שְׁלִישִׁי יָבֹא לָהֶם בִּקְהַל
י יְהוָה׃ כִּי־תֵצֵא מַחֲנֶה עַל־אֹיְבֶיךָ וְנִשְׁמַרְתָּ יח
יא מִכֹּל דָּבָר רָע׃ כִּי־יִהְיֶה בְךָ אִישׁ אֲשֶׁר לֹא־יִהְיֶה טָהוֹר מִקְּרֵה־
יב לָיְלָה וְיָצָא אֶל־מִחוּץ לַמַּחֲנֶה לֹא יָבֹא אֶל־תּוֹךְ הַמַּחֲנֶה׃ וְהָיָה
לִפְנוֹת־עֶרֶב יִרְחַץ בַּמָּיִם וּכְבֹא הַשֶּׁמֶשׁ יָבֹא אֶל־תּוֹךְ הַמַּחֲנֶה׃
יג יד וְיָד תִּהְיֶה לְךָ מִחוּץ לַמַּחֲנֶה וְיָצָאתָ שָּׁמָּה חוּץ׃ וְיָתֵד תִּהְיֶה לְךָ

עַל־אֲזֵנֶךָ וְהָיָה בְּשִׁבְתְּךָ חוּץ וְחָפַרְתָּה בָהּ וְשַׁבְתָּ וְכִסִּיתָ אֶת־
צֵאָתֶךָ׃ כִּי יְהוָה אֱלֹהֶיךָ מִתְהַלֵּךְ ׀ בְּקֶרֶב מַחֲנֶךָ לְהַצִּילְךָ וְלָתֵת טו
אֹיְבֶיךָ לְפָנֶיךָ וְהָיָה מַחֲנֶיךָ קָדוֹשׁ וְלֹא־יִרְאֶה בְךָ עֶרְוַת דָּבָר
וְשָׁב מֵאַחֲרֶיךָ׃ לֹא־תַסְגִּיר עֶבֶד אֶל־אֲדֹנָיו אֲשֶׁר־ טז
יִנָּצֵל אֵלֶיךָ מֵעִם אֲדֹנָיו׃ עִמְּךָ יֵשֵׁב בְּקִרְבְּךָ בַּמָּקוֹם אֲשֶׁר־יִבְחַר יז
בְּאַחַד שְׁעָרֶיךָ בַּטּוֹב לוֹ לֹא תּוֹנֶנּוּ׃ לֹא־תִהְיֶה יח
קְדֵשָׁה מִבְּנוֹת יִשְׂרָאֵל וְלֹא־יִהְיֶה קָדֵשׁ מִבְּנֵי יִשְׂרָאֵל׃ לֹא־תָבִיא יט
אֶתְנַן זוֹנָה וּמְחִיר כֶּלֶב בֵּית יְהוָה אֱלֹהֶיךָ לְכָל־נֶדֶר כִּי תוֹעֲבַת
יְהוָה אֱלֹהֶיךָ גַּם־שְׁנֵיהֶם׃ לֹא־תַשִּׁיךְ לְאָחִיךָ נֶשֶׁךְ כ
כֶּסֶף נֶשֶׁךְ אֹכֶל נֶשֶׁךְ כָּל־דָּבָר אֲשֶׁר יִשָּׁךְ׃ לַנָּכְרִי תַשִּׁיךְ וּלְאָחִיךָ כא
לֹא תַשִּׁיךְ לְמַעַן יְבָרֶכְךָ יְהוָה אֱלֹהֶיךָ בְּכֹל מִשְׁלַח יָדֶךָ עַל־הָאָרֶץ
יט אֲשֶׁר־אַתָּה בָא־שָׁמָּה לְרִשְׁתָּהּ׃ כִּי־תִדֹּר נֶדֶר כב
לַיהוָה אֱלֹהֶיךָ לֹא תְאַחֵר לְשַׁלְּמוֹ כִּי־דָרֹשׁ יִדְרְשֶׁנּוּ יְהוָה אֱלֹהֶיךָ
מֵעִמָּךְ וְהָיָה בְךָ חֵטְא׃ וְכִי תֶחְדַּל לִנְדֹּר לֹא־יִהְיֶה בְךָ חֵטְא׃ כג
מוֹצָא שְׂפָתֶיךָ תִּשְׁמֹר וְעָשִׂיתָ כַּאֲשֶׁר נָדַרְתָּ לַיהוָה אֱלֹהֶיךָ נְדָבָה כד
חמישי אֲשֶׁר דִּבַּרְתָּ בְּפִיךָ׃ כִּי תָבֹא בְּכֶרֶם רֵעֶךָ וְאָכַלְתָּ כה
עֲנָבִים כְּנַפְשְׁךָ שָׂבְעֶךָ וְאֶל־כֶּלְיְךָ לֹא תִתֵּן׃ כִּי כו
תָבֹא בְּקָמַת רֵעֶךָ וְקָטַפְתָּ מְלִילֹת בְּיָדֶךָ וְחֶרְמֵשׁ לֹא תָנִיף עַל
קָמַת רֵעֶךָ׃ כִּי־יִקַּח אִישׁ אִשָּׁה וּבְעָלָהּ וְהָיָה אִם־לֹא א כד
תִמְצָא־חֵן בְּעֵינָיו כִּי־מָצָא בָהּ עֶרְוַת דָּבָר וְכָתַב לָהּ סֵפֶר כְּרִיתֻת
וְנָתַן בְּיָדָהּ וְשִׁלְּחָהּ מִבֵּיתוֹ׃ וְיָצְאָה מִבֵּיתוֹ וְהָלְכָה וְהָיְתָה ב
לְאִישׁ־אַחֵר׃ וּשְׂנֵאָהּ הָאִישׁ הָאַחֲרוֹן וְכָתַב לָהּ סֵפֶר כְּרִיתֻת ג
וְנָתַן בְּיָדָהּ וְשִׁלְּחָהּ מִבֵּיתוֹ אוֹ כִי יָמוּת הָאִישׁ הָאַחֲרוֹן אֲשֶׁר־
לְקָחָהּ לוֹ לְאִשָּׁה׃ לֹא־יוּכַל בַּעְלָהּ הָרִאשׁוֹן אֲשֶׁר־שִׁלְּחָהּ לָשׁוּב ד
לְקַחְתָּהּ לִהְיוֹת לוֹ לְאִשָּׁה אַחֲרֵי אֲשֶׁר הֻטַּמָּאָה כִּי־תוֹעֵבָה
הִוא לִפְנֵי יְהוָה וְלֹא תַחֲטִיא אֶת־הָאָרֶץ אֲשֶׁר יְהוָה אֱלֹהֶיךָ נֹתֵן
ששי לְךָ נַחֲלָה׃ כִּי־יִקַּח אִישׁ אִשָּׁה חֲדָשָׁה לֹא יֵצֵא ה

בַּצָּבָ֔א וְלֹא־יַעֲבֹ֥ר עָלָ֖יו לְכָל־דָּבָ֑ר נָקִ֞י יִהְיֶ֤ה לְבֵיתוֹ֙ שָׁנָ֣ה אֶחָ֔ת

ו וְשִׂמַּ֖ח אֶת־אִשְׁתּ֥וֹ אֲשֶׁר־לָקָֽח׃ לֹא־יַחֲבֹ֥ל רֵחַ֖יִם וָרָ֑כֶב כִּי־נֶ֖פֶשׁ

ז ה֥וּא חֹבֵֽל׃ כִּֽי־יִמָּצֵ֣א אִ֗ישׁ גֹּנֵ֨ב נֶ֤פֶשׁ מֵאֶחָיו֙ מִבְּנֵ֣י

יִשְׂרָאֵ֔ל וְהִתְעַמֶּר־בּ֖וֹ וּמְכָר֑וֹ וּמֵת֙ הַגַּנָּ֣ב הַה֔וּא וּבִֽעַרְתָּ֥ הָרָ֖ע

ח מִקִּרְבֶּֽךָ׃ הִשָּׁ֧מֶר בְּנֶֽגַע־הַצָּרַ֛עַת לִשְׁמֹ֥ר מְאֹ֖ד

וְלַעֲשׂ֑וֹת כְּכֹל֩ אֲשֶׁר־יוֹר֨וּ אֶתְכֶ֜ם הַכֹּהֲנִ֤ים הַלְוִיִּם֙ כַּאֲשֶׁ֣ר צִוִּיתִ֖ם

ט תִּשְׁמְר֥וּ לַעֲשֽׂוֹת׃ זָכ֕וֹר אֵ֛ת אֲשֶׁר־עָשָׂ֥ה יְהֹוָ֖ה אֱלֹהֶ֑יךָ לְמִרְיָ֑ם

י בַּדֶּ֖רֶךְ בְּצֵאתְכֶ֥ם מִמִּצְרָֽיִם׃ כִּֽי־תַשֶּׁ֥ה בְרֵֽעֲךָ֖

יא מַשַּׁ֣את מְא֑וּמָה לֹא־תָבֹ֥א אֶל־בֵּית֖וֹ לַעֲבֹ֥ט עֲבֹטֽוֹ׃ בַּח֖וּץ

תַּעֲמֹ֑ד וְהָאִ֗ישׁ אֲשֶׁ֤ר אַתָּה֙ נֹשֶׁ֣ה ב֔וֹ יוֹצִ֥יא אֵלֶ֛יךָ אֶֽת־הָעֲב֖וֹט

יב יג הַח֑וּצָה׃ וְאִם־אִ֥ישׁ עָנִ֖י ה֑וּא לֹ֥א תִשְׁכַּ֖ב בַּעֲבֹטֽוֹ׃ הָשֵׁב֩ תָּשִׁ֨יב

ל֤וֹ אֶֽת־הָעֲבוֹט֙ כְּב֣וֹא הַשֶּׁ֔מֶשׁ וְשָׁכַ֥ב בְּשַׂלְמָת֖וֹ וּבֵרֲכֶ֑ךָּ וּלְךָ֣

יד תִּהְיֶ֣ה צְדָקָ֔ה לִפְנֵ֖י יְהֹוָ֥ה אֱלֹהֶֽיךָ׃ שביעי לֹֽא־תַעֲשֹׁ֥ק

שָׂכִ֖יר עָנִ֣י וְאֶבְי֑וֹן מֵאַחֶ֕יךָ א֧וֹ מִגֵּרְךָ֛ אֲשֶׁ֥ר בְּאַרְצְךָ֖ בִּשְׁעָרֶֽיךָ׃

טו בְּיוֹמוֹ֩ תִתֵּ֨ן שְׂכָר֜וֹ וְֽלֹא־תָב֧וֹא עָלָ֣יו הַשֶּׁ֗מֶשׁ כִּ֤י עָנִי֙ ה֔וּא וְאֵלָ֕יו

ה֤וּא נֹשֵׂא֙ אֶת־נַפְשׁ֔וֹ וְלֹֽא־יִקְרָ֤א עָלֶ֙יךָ֙ אֶל־יְהֹוָ֔ה וְהָיָ֥ה בְךָ֖

טז חֵֽטְא׃ לֹֽא־יוּמְת֤וּ אָבוֹת֙ עַל־בָּנִ֔ים וּבָנִ֖ים לֹא־

יז יוּמְת֣וּ עַל־אָב֑וֹת אִ֥ישׁ בְּחֶטְא֖וֹ יוּמָֽתוּ׃ לֹ֣א תַטֶּ֔ה

יח מִשְׁפַּ֖ט גֵּ֣ר יָת֑וֹם וְלֹ֣א תַחֲבֹ֔ל בֶּ֖גֶד אַלְמָנָֽה׃ וְזָכַרְתָּ֗ כִּ֣י עֶ֤בֶד הָיִ֙יתָ֙

בְּמִצְרַ֔יִם וַֽיִּפְדְּךָ֛ יְהֹוָ֥ה אֱלֹהֶ֖יךָ מִשָּׁ֑ם עַל־כֵּ֞ן אָנֹכִ֤י מְצַוְּךָ֙ לַעֲשׂ֔וֹת

יט אֶת־הַדָּבָ֥ר הַזֶּֽה׃ כ כִּ֣י תִקְצֹר֩ קְצִֽירְךָ֨ בְשָׂדֶ֜ךָ וְשָֽׁכַחְתָּ֧

עֹ֣מֶר בַּשָּׂדֶ֗ה לֹ֤א תָשׁוּב֙ לְקַחְתּ֔וֹ לַגֵּ֛ר לַיָּת֥וֹם וְלָאַלְמָנָ֖ה יִהְיֶ֑ה

כ לְמַ֤עַן יְבָרֶכְךָ֙ יְהֹוָ֣ה אֱלֹהֶ֔יךָ בְּכֹ֖ל מַעֲשֵׂ֥ה יָדֶֽךָ׃ כִּ֤י

תַחְבֹּט֙ זֵֽיתְךָ֔ לֹ֥א תְפַאֵ֖ר אַחֲרֶ֑יךָ לַגֵּ֛ר לַיָּת֥וֹם וְלָאַלְמָנָ֖ה יִהְיֶֽה׃

כא כִּ֤י תִבְצֹר֙ כַּרְמְךָ֔ לֹ֥א תְעוֹלֵ֖ל אַחֲרֶ֑יךָ לַגֵּ֛ר לַיָּת֥וֹם וְלָאַלְמָנָ֖ה יִהְיֶֽה׃

כב וְזָ֣כַרְתָּ֔ כִּי־עֶ֥בֶד הָיִ֖יתָ בְּאֶ֣רֶץ מִצְרָ֑יִם עַל־כֵּ֞ן אָנֹכִ֤י מְצַוְּךָ֙ לַעֲשׂ֔וֹת

כה א אֶת־הַדָּבָ֥ר הַזֶּֽה׃ כִּֽי־יִהְיֶ֥ה רִיב֙ בֵּ֣ין אֲנָשִׁ֔ים וְנִגְּשׁ֣וּ

אֶל־הַמִּשְׁפָּט וּשְׁפָטוּם וְהִצְדִּיקוּ אֶת־הַצַּדִּיק וְהִרְשִׁיעוּ אֶת־
ב הָרָשָׁע׃ וְהָיָה אִם־בִּן הַכּוֹת הָרָשָׁע וְהִפִּילוֹ הַשֹּׁפֵט וְהִכָּהוּ
ג לְפָנָיו כְּדֵי רִשְׁעָתוֹ בְּמִסְפָּר׃ אַרְבָּעִים יַכֶּנּוּ לֹא יֹסִיף פֶּן־יֹסִיף
ד לְהַכֹּתוֹ עַל־אֵלֶּה מַכָּה רַבָּה וְנִקְלָה אָחִיךָ לְעֵינֶיךָ׃ לֹא־תַחְסֹם
ה שׁוֹר בְּדִישׁוֹ׃ כִּי־יֵשְׁבוּ אַחִים יַחְדָּו וּמֵת אַחַד
מֵהֶם וּבֵן אֵין־לוֹ לֹא־תִהְיֶה אֵשֶׁת־הַמֵּת הַחוּצָה לְאִישׁ זָר יְבָמָהּ
ו יָבֹא עָלֶיהָ וּלְקָחָהּ לוֹ לְאִשָּׁה וְיִבְּמָהּ׃ וְהָיָה הַבְּכוֹר אֲשֶׁר תֵּלֵד
ז יָקוּם עַל־שֵׁם אָחִיו הַמֵּת וְלֹא־יִמָּחֶה שְׁמוֹ מִיִּשְׂרָאֵל׃ וְאִם־
לֹא יַחְפֹּץ הָאִישׁ לָקַחַת אֶת־יְבִמְתּוֹ וְעָלְתָה יְבִמְתּוֹ הַשַּׁעְרָה
אֶל־הַזְּקֵנִים וְאָמְרָה מֵאֵן יְבָמִי לְהָקִים לְאָחִיו שֵׁם בְּיִשְׂרָאֵל
ח לֹא אָבָה יַבְּמִי׃ וְקָרְאוּ־לוֹ זִקְנֵי־עִירוֹ וְדִבְּרוּ אֵלָיו וְעָמַד וְאָמַר
ט לֹא חָפַצְתִּי לְקַחְתָּהּ׃ וְנִגְּשָׁה יְבִמְתּוֹ אֵלָיו לְעֵינֵי הַזְּקֵנִים וְחָלְצָה
נַעֲלוֹ מֵעַל רַגְלוֹ וְיָרְקָה בְּפָנָיו וְעָנְתָה וְאָמְרָה כָּכָה יֵעָשֶׂה לָאִישׁ
י אֲשֶׁר לֹא־יִבְנֶה אֶת־בֵּית אָחִיו׃ וְנִקְרָא שְׁמוֹ בְּיִשְׂרָאֵל בֵּית חֲלוּץ
יא הַנָּעַל׃ כִּי־יִנָּצוּ אֲנָשִׁים יַחְדָּו אִישׁ וְאָחִיו וְקָרְבָה
אֵשֶׁת הָאֶחָד לְהַצִּיל אֶת־אִישָׁהּ מִיַּד מַכֵּהוּ וְשָׁלְחָה יָדָהּ וְהֶחֱזִיקָה
יב יג בִּמְבֻשָׁיו׃ וְקַצֹּתָה אֶת־כַּפָּהּ לֹא תָחוֹס עֵינֶךָ׃ לֹא־
יד יִהְיֶה לְךָ בְּכִיסְךָ אֶבֶן וָאָבֶן גְּדוֹלָה וּקְטַנָּה׃ לֹא־יִהְיֶה לְךָ בְּבֵיתְךָ
טו אֵיפָה וְאֵיפָה גְּדוֹלָה וּקְטַנָּה׃ אֶבֶן שְׁלֵמָה וָצֶדֶק יִהְיֶה־לָּךְ אֵיפָה
שְׁלֵמָה וָצֶדֶק יִהְיֶה־לָּךְ לְמַעַן יַאֲרִיכוּ יָמֶיךָ עַל הָאֲדָמָה אֲשֶׁר־
טז יְהוָה אֱלֹהֶיךָ נֹתֵן לָךְ׃ כִּי תוֹעֲבַת יְהוָה אֱלֹהֶיךָ כָּל־עֹשֵׂה אֵלֶּה
כֹּל עֹשֵׂה עָוֶל׃
מפטיר יז יח זָכוֹר אֵת אֲשֶׁר־עָשָׂה לְךָ עֲמָלֵק בַּדֶּרֶךְ בְּצֵאתְכֶם מִמִּצְרָיִם׃ אֲשֶׁר
קָרְךָ בַּדֶּרֶךְ וַיְזַנֵּב בְּךָ כָּל־הַנֶּחֱשָׁלִים אַחֲרֶיךָ וְאַתָּה עָיֵף וְיָגֵעַ וְלֹא
יט יָרֵא אֱלֹהִים׃ וְהָיָה בְּהָנִיחַ יְהוָה אֱלֹהֶיךָ ׀ לְךָ מִכָּל־אֹיְבֶיךָ מִסָּבִיב
בָּאָרֶץ אֲשֶׁר־יְהוָה אֱלֹהֶיךָ נֹתֵן לְךָ נַחֲלָה לְרִשְׁתָּהּ תִּמְחֶה אֶת־
זֵכֶר עֲמָלֵק מִתַּחַת הַשָּׁמָיִם לֹא תִּשְׁכָּח׃

כא
א וְהָיָה כִּי־תָבוֹא אֶל־הָאָרֶץ אֲשֶׁר יְהוָה אֱלֹהֶיךָ נֹתֵן לְךָ נַחֲלָה
ב וִירִשְׁתָּהּ וְיָשַׁבְתָּ בָּהּ׃ וְלָקַחְתָּ מֵרֵאשִׁית ׀ כָּל־פְּרִי הָאֲדָמָה אֲשֶׁר
תָּבִיא מֵאַרְצְךָ אֲשֶׁר יְהוָה אֱלֹהֶיךָ נֹתֵן לָךְ וְשַׂמְתָּ בַטֶּנֶא וְהָלַכְתָּ
ג אֶל־הַמָּקוֹם אֲשֶׁר יִבְחַר יְהוָה אֱלֹהֶיךָ לְשַׁכֵּן שְׁמוֹ שָׁם׃ וּבָאתָ
אֶל־הַכֹּהֵן אֲשֶׁר יִהְיֶה בַּיָּמִים הָהֵם וְאָמַרְתָּ אֵלָיו הִגַּדְתִּי הַיּוֹם
לַיהוָה אֱלֹהֶיךָ כִּי־בָאתִי אֶל־הָאָרֶץ אֲשֶׁר נִשְׁבַּע יְהוָה לַאֲבֹתֵינוּ
ד לָתֶת לָנוּ׃ וְלָקַח הַכֹּהֵן הַטֶּנֶא מִיָּדֶךָ וְהִנִּיחוֹ לִפְנֵי מִזְבַּח יְהוָה
ה אֱלֹהֶיךָ׃ וְעָנִיתָ וְאָמַרְתָּ לִפְנֵי ׀ יְהוָה אֱלֹהֶיךָ אֲרַמִּי אֹבֵד אָבִי וַיֵּרֶד
מִצְרַיְמָה וַיָּגָר שָׁם בִּמְתֵי מְעָט וַיְהִי־שָׁם לְגוֹי גָּדוֹל עָצוּם וָרָב׃
ו ז וַיָּרֵעוּ אֹתָנוּ הַמִּצְרִים וַיְעַנּוּנוּ וַיִּתְּנוּ עָלֵינוּ עֲבֹדָה קָשָׁה׃ וַנִּצְעַק
אֶל־יְהוָה אֱלֹהֵי אֲבֹתֵינוּ וַיִּשְׁמַע יְהוָה אֶת־קֹלֵנוּ וַיַּרְא אֶת־
ח עָנְיֵנוּ וְאֶת־עֲמָלֵנוּ וְאֶת־לַחֲצֵנוּ׃ וַיּוֹצִאֵנוּ יְהוָה מִמִּצְרַיִם בְּיָד חֲזָקָה
ט וּבִזְרֹעַ נְטוּיָה וּבְמֹרָא גָּדֹל וּבְאֹתוֹת וּבְמֹפְתִים׃ וַיְבִאֵנוּ אֶל־
הַמָּקוֹם הַזֶּה וַיִּתֶּן־לָנוּ אֶת־הָאָרֶץ הַזֹּאת אֶרֶץ זָבַת חָלָב וּדְבָשׁ׃
י וְעַתָּה הִנֵּה הֵבֵאתִי אֶת־רֵאשִׁית פְּרִי הָאֲדָמָה אֲשֶׁר־נָתַתָּה לִּי
יְהוָה וְהִנַּחְתּוֹ לִפְנֵי יְהוָה אֱלֹהֶיךָ וְהִשְׁתַּחֲוִיתָ לִפְנֵי יְהוָה אֱלֹהֶיךָ׃
יא וְשָׂמַחְתָּ בְכָל־הַטּוֹב אֲשֶׁר נָתַן־לְךָ יְהוָה אֱלֹהֶיךָ וּלְבֵיתֶךָ אַתָּה
יב וְהַלֵּוִי וְהַגֵּר אֲשֶׁר בְּקִרְבֶּךָ׃ כִּי תְכַלֶּה לַעְשֵׂר אֶת־ שני
כָּל־מַעְשַׂר תְּבוּאָתְךָ בַּשָּׁנָה הַשְּׁלִישִׁת שְׁנַת הַמַּעֲשֵׂר וְנָתַתָּה
יג לַלֵּוִי לַגֵּר לַיָּתוֹם וְלָאַלְמָנָה וְאָכְלוּ בִשְׁעָרֶיךָ וְשָׂבֵעוּ׃ וְאָמַרְתָּ
לִפְנֵי יְהוָה אֱלֹהֶיךָ בִּעַרְתִּי הַקֹּדֶשׁ מִן־הַבַּיִת וְגַם נְתַתִּיו לַלֵּוִי
וְלַגֵּר לַיָּתוֹם וְלָאַלְמָנָה כְּכָל־מִצְוָתְךָ אֲשֶׁר צִוִּיתָנִי לֹא־עָבַרְתִּי
יד מִמִּצְוֺתֶיךָ וְלֹא שָׁכָחְתִּי׃ לֹא־אָכַלְתִּי בְאֹנִי מִמֶּנּוּ וְלֹא־בִעַרְתִּי
מִמֶּנּוּ בְּטָמֵא וְלֹא־נָתַתִּי מִמֶּנּוּ לְמֵת שָׁמַעְתִּי בְּקוֹל יְהוָה אֱלֹהָי
טו עָשִׂיתִי כְּכֹל אֲשֶׁר צִוִּיתָנִי׃ הַשְׁקִיפָה מִמְּעוֹן קָדְשְׁךָ מִן־הַשָּׁמַיִם
וּבָרֵךְ אֶת־עַמְּךָ אֶת־יִשְׂרָאֵל וְאֵת הָאֲדָמָה אֲשֶׁר נָתַתָּה לָנוּ כַּאֲשֶׁר
טז נִשְׁבַּעְתָּ לַאֲבֹתֵינוּ אֶרֶץ זָבַת חָלָב וּדְבָשׁ׃ הַיּוֹם שלישי

הַזֶּ֛ה יְהֹוָ֥ה אֱלֹהֶ֖יךָ מְצַוְּךָ֣ לַעֲשׂ֗וֹת אֶת־הַחֻקִּ֥ים הָאֵ֖לֶּה וְאֶת־
הַמִּשְׁפָּטִ֑ים וְשָׁמַרְתָּ֤ וְעָשִׂ֙יתָ֙ אוֹתָ֔ם בְּכׇל־לְבָבְךָ֖ וּבְכׇל־נַפְשֶֽׁךָ׃

יז אֶת־יְהֹוָ֥ה הֶאֱמַ֖רְתָּ הַיּ֑וֹם לִהְי֩וֹת֩ לְךָ֨ לֵֽאלֹהִ֜ים וְלָלֶ֣כֶת בִּדְרָכָ֗יו
וְלִשְׁמֹ֨ר חֻקָּ֧יו וּמִצְוֺתָ֛יו וּמִשְׁפָּטָ֖יו וְלִשְׁמֹ֥עַ בְּקֹלֽוֹ׃ וַיהֹוָ֞ה הֶאֱמִֽירְךָ֣
יח הַיּ֗וֹם לִהְי֥וֹת לוֹ֙ לְעַ֣ם סְגֻלָּ֔ה כַּאֲשֶׁ֖ר דִּבֶּר־לָ֑ךְ וְלִשְׁמֹ֖ר כׇּל־מִצְוֺתָֽיו׃
יט וּֽלְתִתְּךָ֣ עֶלְי֗וֹן עַ֤ל כׇּל־הַגּוֹיִם֙ אֲשֶׁ֣ר עָשָׂ֔ה לִתְהִלָּ֖ה וּלְשֵׁ֣ם וּלְתִפְאָ֑רֶת
וְלִֽהְיֹתְךָ֧ עַם־קָדֹ֛שׁ לַיהֹוָ֥ה אֱלֹהֶ֖יךָ כַּאֲשֶׁ֥ר דִּבֵּֽר׃

רביעי כז א וַיְצַ֤ו מֹשֶׁה֙ וְזִקְנֵ֣י יִשְׂרָאֵ֔ל אֶת־הָעָ֖ם לֵאמֹ֑ר שָׁמֹר֙ אֶת־כׇּל־הַמִּצְוָ֔ה
ב אֲשֶׁ֧ר אָנֹכִ֛י מְצַוֶּ֥ה אֶתְכֶ֖ם הַיּֽוֹם׃ וְהָיָ֗ה בַּיּוֹם֮ אֲשֶׁ֣ר תַּעַבְר֣וּ אֶת־
הַיַּרְדֵּן֒ אֶל־הָאָ֕רֶץ אֲשֶׁר־יְהֹוָ֥ה אֱלֹהֶ֖יךָ נֹתֵ֣ן לָ֑ךְ וַהֲקֵמֹתָ֤ לְךָ֙ אֲבָנִ֣ים
ג גְּדֹל֔וֹת וְשַׂדְתָּ֥ אֹתָ֖ם בַּשִּֽׂיד׃ וְכָתַבְתָּ֣ עֲלֵיהֶ֗ן אֶֽת־כׇּל־דִּבְרֵ֛י הַתּוֹרָ֥ה
הַזֹּ֖את בְּעׇבְרֶ֑ךָ לְמַ֙עַן֙ אֲשֶׁ֣ר תָּבֹ֗א אֶל־הָאָ֜רֶץ אֲשֶׁר־יְהֹוָ֥ה אֱלֹהֶ֣יךָ ׀
נֹתֵ֣ן לְךָ֗ אֶ֣רֶץ זָבַ֤ת חָלָב֙ וּדְבַ֔שׁ כַּאֲשֶׁ֥ר דִּבֶּ֛ר יְהֹוָ֥ה אֱלֹהֵֽי־אֲבֹתֶ֖יךָ
ד לָֽךְ׃ וְהָיָה֮ בְּעׇבְרְכֶ֣ם אֶת־הַיַּרְדֵּן֒ תָּקִ֜ימוּ אֶת־הָאֲבָנִ֣ים הָאֵ֗לֶּה
אֲשֶׁ֨ר אָנֹכִ֜י מְצַוֶּ֥ה אֶתְכֶ֛ם הַיּ֖וֹם בְּהַ֣ר עֵיבָ֑ל וְשַׂדְתָּ֥ אוֹתָ֖ם בַּשִּֽׂיד׃
ה וּבָנִ֤יתָ שָּׁם֙ מִזְבֵּ֔חַ לַיהֹוָ֖ה אֱלֹהֶ֑יךָ מִזְבַּ֣ח אֲבָנִ֔ים לֹא־תָנִ֥יף עֲלֵיהֶ֖ם
ו בַּרְזֶֽל׃ אֲבָנִ֤ים שְׁלֵמוֹת֙ תִּבְנֶ֔ה אֶת־מִזְבַּ֖ח יְהֹוָ֣ה אֱלֹהֶ֑יךָ וְהַעֲלִ֤יתָ
ז עָלָיו֙ עוֹלֹ֔ת לַיהֹוָ֖ה אֱלֹהֶֽיךָ׃ וְזָבַחְתָּ֥ שְׁלָמִ֖ים וְאָכַ֣לְתָּ שָּׁ֑ם וְשָׂ֣מַחְתָּ֔
ח לִפְנֵ֖י יְהֹוָ֥ה אֱלֹהֶֽיךָ׃ וְכָתַבְתָּ֣ עַל־הָאֲבָנִ֗ים אֶֽת־כׇּל־דִּבְרֵ֛י הַתּוֹרָ֥ה
ט הַזֹּ֖את בַּאֵ֥ר הֵיטֵֽב׃ וַיְדַבֵּ֤ר מֹשֶׁה֙ וְהַכֹּהֲנִ֣ים הַלְוִיִּ֔ם
אֶֽל־כׇּל־יִשְׂרָאֵ֖ל לֵאמֹ֑ר הַסְכֵּ֤ת ׀ וּשְׁמַ֣ע יִשְׂרָאֵ֔ל הַיּ֤וֹם הַזֶּה֙ נִהְיֵ֣יתָֽ
י לְעָ֔ם לַיהֹוָ֖ה אֱלֹהֶֽיךָ׃ וְשָׁמַעְתָּ֔ בְּק֖וֹל יְהֹוָ֣ה אֱלֹהֶ֑יךָ וְעָשִׂ֤יתָ אֶת־
חמישי יא מִצְוֺתָו֙ וְאֶת־חֻקָּ֔יו אֲשֶׁ֛ר אָנֹכִ֥י מְצַוְּךָ֖ הַיּֽוֹם׃ וַיְצַ֤ו
יב מֹשֶׁה֙ אֶת־הָעָ֔ם בַּיּ֥וֹם הַה֖וּא לֵאמֹֽר׃ אֵ֠לֶּה יַֽעַמְד֞וּ לְבָרֵ֤ךְ אֶת־
הָעָם֙ עַל־הַ֣ר גְּרִזִ֔ים בְּעׇבְרְכֶ֖ם אֶת־הַיַּרְדֵּ֑ן שִׁמְעוֹן֙ וְלֵוִ֣י וִֽיהוּדָ֔ה
יג וְיִשָּׂשכָ֖ר וְיוֹסֵ֣ף וּבִנְיָמִֽן׃ וְאֵ֛לֶּה יַֽעַמְד֥וּ עַל־הַקְּלָלָ֖ה בְּהַ֣ר עֵיבָ֑ל
יד רְאוּבֵן֙ גָּ֣ד וְאָשֵׁ֔ר וּזְבוּלֻ֖ן דָּ֥ן וְנַפְתָּלִֽי׃ וְעָנ֣וּ הַלְוִיִּ֔ם וְאָֽמְר֛וּ אֶל־כׇּל־

טו אִישׁ יִשְׂרָאֵל קוֹל רָם: אָרוּר הָאִישׁ אֲשֶׁר יַעֲשֶׂה
פֶסֶל וּמַסֵּכָה תּוֹעֲבַת יְהוָה מַעֲשֵׂה יְדֵי חָרָשׁ וְשָׂם בַּסָּתֶר וְעָנוּ
טז כָל־הָעָם וְאָמְרוּ אָמֵן: אָרוּר מַקְלֶה אָבִיו וְאִמּוֹ
יז וְאָמַר כָּל־הָעָם אָמֵן: אָרוּר מַסִּיג גְּבוּל רֵעֵהוּ
יח וְאָמַר כָּל־הָעָם אָמֵן: אָרוּר מַשְׁגֶּה עִוֵּר בַּדָּרֶךְ
יט וְאָמַר כָּל־הָעָם אָמֵן: אָרוּר מַטֶּה מִשְׁפַּט גֵּר־
כ יָתוֹם וְאַלְמָנָה וְאָמַר כָּל־הָעָם אָמֵן: אָרוּר שֹׁכֵב עִם־אֵשֶׁת
כא אָבִיו כִּי גִלָּה כְּנַף אָבִיו וְאָמַר כָּל־הָעָם אָמֵן: אָרוּר
כב שֹׁכֵב עִם־כָּל־בְּהֵמָה וְאָמַר כָּל־הָעָם אָמֵן: אָרוּר
שֹׁכֵב עִם־אֲחֹתוֹ בַּת־אָבִיו אוֹ בַת־אִמּוֹ וְאָמַר כָּל־הָעָם
כג אָמֵן: אָרוּר שֹׁכֵב עִם־חֹתַנְתּוֹ וְאָמַר כָּל־הָעָם
כד אָמֵן: אָרוּר מַכֵּה רֵעֵהוּ בַּסָּתֶר וְאָמַר כָּל־הָעָם
כה אָמֵן: אָרוּר לֹקֵחַ שֹׁחַד לְהַכּוֹת נֶפֶשׁ דַּם נָקִי
כו וְאָמַר כָּל־הָעָם אָמֵן: אָרוּר אֲשֶׁר לֹא־יָקִים
אֶת־דִּבְרֵי הַתּוֹרָה־הַזֹּאת לַעֲשׂוֹת אוֹתָם וְאָמַר כָּל־הָעָם
אָמֵן:

כח א וְהָיָה אִם־שָׁמוֹעַ תִּשְׁמַע בְּקוֹל יְהוָה אֱלֹהֶיךָ לִשְׁמֹר לַעֲשׂוֹת אֶת־ כב
כָּל־מִצְוֹתָיו אֲשֶׁר אָנֹכִי מְצַוְּךָ הַיּוֹם וּנְתָנְךָ יְהוָה אֱלֹהֶיךָ עֶלְיוֹן
ב עַל כָּל־גּוֹיֵי הָאָרֶץ: וּבָאוּ עָלֶיךָ כָּל־הַבְּרָכוֹת הָאֵלֶּה וְהִשִּׂיגֻךָ
ג כִּי תִשְׁמַע בְּקוֹל יְהוָה אֱלֹהֶיךָ: בָּרוּךְ אַתָּה בָּעִיר וּבָרוּךְ אַתָּה
ד בַּשָּׂדֶה: בָּרוּךְ פְּרִי־בִטְנְךָ וּפְרִי אַדְמָתְךָ וּפְרִי בְהֶמְתֶּךָ שְׁגַר
ה אֲלָפֶיךָ וְעַשְׁתְּרוֹת צֹאנֶךָ: בָּרוּךְ טַנְאֲךָ וּמִשְׁאַרְתֶּךָ: בָּרוּךְ אַתָּה
ו בְּבֹאֶךָ וּבָרוּךְ אַתָּה בְּצֵאתֶךָ: יִתֵּן יְהוָה אֶת־אֹיְבֶיךָ הַקָּמִים ששי
ז עָלֶיךָ נִגָּפִים לְפָנֶיךָ בְּדֶרֶךְ אֶחָד יֵצְאוּ אֵלֶיךָ וּבְשִׁבְעָה דְרָכִים
ח יָנוּסוּ לְפָנֶיךָ: יְצַו יְהוָה אִתְּךָ אֶת־הַבְּרָכָה בַּאֲסָמֶיךָ וּבְכֹל
ט מִשְׁלַח יָדֶךָ וּבֵרַכְךָ בָּאָרֶץ אֲשֶׁר־יְהוָה אֱלֹהֶיךָ נֹתֵן לָךְ: יְקִימְךָ
יְהוָה לוֹ לְעַם קָדוֹשׁ כַּאֲשֶׁר נִשְׁבַּע־לָךְ כִּי תִשְׁמֹר אֶת־מִצְוֹת

י יְהוָה אֱלֹהֶיךָ וְהָלַכְתָּ בִּדְרָכָיו׃ וְרָאוּ כָּל־עַמֵּי הָאָרֶץ כִּי שֵׁם
יא יְהוָה נִקְרָא עָלֶיךָ וְיָרְאוּ מִמֶּךָּ׃ וְהוֹתִרְךָ יְהוָה לְטוֹבָה בִּפְרִי
בִטְנְךָ וּבִפְרִי בְהֶמְתְּךָ וּבִפְרִי אַדְמָתֶךָ עַל הָאֲדָמָה אֲשֶׁר נִשְׁבַּע
יב יְהוָה לַאֲבֹתֶיךָ לָתֶת לָךְ׃ יִפְתַּח יְהוָה ׀ לְךָ אֶת־אוֹצָרוֹ הַטּוֹב
אֶת־הַשָּׁמַיִם לָתֵת מְטַר־אַרְצְךָ בְּעִתּוֹ וּלְבָרֵךְ אֵת כָּל־מַעֲשֵׂה
יג יָדֶךָ וְהִלְוִיתָ גּוֹיִם רַבִּים וְאַתָּה לֹא תִלְוֶה׃ וּנְתָנְךָ יְהוָה לְרֹאשׁ
וְלֹא לְזָנָב וְהָיִיתָ רַק לְמַעְלָה וְלֹא תִהְיֶה לְמָטָּה כִּי־תִשְׁמַע אֶל־
מִצְוֺת ׀ יְהוָה אֱלֹהֶיךָ אֲשֶׁר אָנֹכִי מְצַוְּךָ הַיּוֹם לִשְׁמֹר וְלַעֲשׂוֹת׃
יד וְלֹא תָסוּר מִכָּל־הַדְּבָרִים אֲשֶׁר אָנֹכִי מְצַוֶּה אֶתְכֶם הַיּוֹם יָמִין
וּשְׂמֹאול לָלֶכֶת אַחֲרֵי אֱלֹהִים אֲחֵרִים לְעָבְדָם׃
טו וְהָיָה אִם־לֹא תִשְׁמַע בְּקוֹל יְהוָה אֱלֹהֶיךָ לִשְׁמֹר לַעֲשׂוֹת אֶת־כָּל־
מִצְוֺתָיו וְחֻקֹּתָיו אֲשֶׁר אָנֹכִי מְצַוְּךָ הַיּוֹם וּבָאוּ עָלֶיךָ כָּל־הַקְּלָלוֹת
טז יז הָאֵלֶּה וְהִשִּׂיגוּךָ׃ אָרוּר אַתָּה בָּעִיר וְאָרוּר אַתָּה בַּשָּׂדֶה׃ אָרוּר
יח טַנְאֲךָ וּמִשְׁאַרְתֶּךָ׃ אָרוּר פְּרִי־בִטְנְךָ וּפְרִי אַדְמָתֶךָ שְׁגַר אֲלָפֶיךָ
יט וְעַשְׁתְּרֹת צֹאנֶךָ׃ אָרוּר אַתָּה בְּבֹאֶךָ וְאָרוּר אַתָּה בְּצֵאתֶךָ׃
כ יְשַׁלַּח יְהוָה ׀ בְּךָ אֶת־הַמְּאֵרָה אֶת־הַמְּהוּמָה וְאֶת־הַמִּגְעֶרֶת
בְּכָל־מִשְׁלַח יָדְךָ אֲשֶׁר תַּעֲשֶׂה עַד הִשָּׁמֶדְךָ וְעַד־אֲבָדְךָ מַהֵר
כא מִפְּנֵי רֹעַ מַעֲלָלֶיךָ אֲשֶׁר עֲזַבְתָּנִי׃ יַדְבֵּק יְהוָה בְּךָ אֶת־הַדָּבֶר עַד
כַּלֹּתוֹ אֹתְךָ מֵעַל הָאֲדָמָה אֲשֶׁר־אַתָּה בָא־שָׁמָּה לְרִשְׁתָּהּ׃
כב יַכְּכָה יְהוָה בַּשַּׁחֶפֶת וּבַקַּדַּחַת וּבַדַּלֶּקֶת וּבַחַרְחֻר וּבַחֶרֶב
כג וּבַשִּׁדָּפוֹן וּבַיֵּרָקוֹן וּרְדָפוּךָ עַד אָבְדֶךָ׃ וְהָיוּ שָׁמֶיךָ אֲשֶׁר עַל־
כד רֹאשְׁךָ נְחֹשֶׁת וְהָאָרֶץ אֲשֶׁר־תַּחְתֶּיךָ בַּרְזֶל׃ יִתֵּן יְהוָה אֶת־
מְטַר אַרְצְךָ אָבָק וְעָפָר מִן־הַשָּׁמַיִם יֵרֵד עָלֶיךָ עַד הִשָּׁמְדָךְ׃
כה יִתֶּנְךָ יְהוָה ׀ נִגָּף לִפְנֵי אֹיְבֶיךָ בְּדֶרֶךְ אֶחָד תֵּצֵא אֵלָיו וּבְשִׁבְעָה
כו דְרָכִים תָּנוּס לְפָנָיו וְהָיִיתָ לְזַעֲוָה לְכֹל מַמְלְכוֹת הָאָרֶץ׃ וְהָיְתָה
נִבְלָתְךָ לְמַאֲכָל לְכָל־עוֹף הַשָּׁמַיִם וּלְבֶהֱמַת הָאָרֶץ וְאֵין מַחֲרִיד׃
כז יַכְּכָה יְהוָה בִּשְׁחִין מִצְרַיִם ובעפלים וּבַגָּרָב וּבֶחָרֶס אֲשֶׁר לֹא־ וּבַטְּחֹרִים

כח תּוּכַ֖ל לְהֵרָפֵֽא׃ יַכְּכָ֣ה יְהוָ֔ה בְּשִׁגָּע֖וֹן וּבְעִוָּר֑וֹן וּבְתִמְה֖וֹן לֵבָֽב׃
כט וְהָיִ֜יתָ מְמַשֵּׁ֣שׁ בַּֽצָּהֳרַ֗יִם כַּאֲשֶׁ֨ר יְמַשֵּׁ֤שׁ הָֽעִוֵּר֙ בָּאֲפֵלָ֔ה וְלֹ֥א תַצְלִ֖יחַ
אֶת־דְּרָכֶ֑יךָ וְהָיִ֜יתָ אַ֣ךְ עָשׁ֧וּק וְגָז֛וּל כָּל־הַיָּמִ֖ים וְאֵ֥ין מוֹשִֽׁיעַ׃
ל אִשָּׁ֣ה תְאָרֵ֗שׂ וְאִ֤ישׁ אַחֵר֙ ישגלנה בַּ֥יִת תִּבְנֶ֖ה וְלֹא־תֵשֵׁ֣ב בּ֑וֹ יִשְׁכָּבֶ֔נָּה
לא כֶּ֥רֶם תִּטַּ֖ע וְלֹ֥א תְחַלְּלֶֽנּוּ׃ שֽׁוֹרְךָ֞ טָב֣וּחַ לְעֵינֶ֗יךָ וְלֹ֣א תֹאכַל֮ מִמֶּ֒נּוּ֒
חֲמֹֽרְךָ֙ גָּז֣וּל מִלְּפָנֶ֔יךָ וְלֹ֥א יָשׁ֖וּב לָ֑ךְ צֹֽאנְךָ֙ נְתֻנ֣וֹת לְאֹיְבֶ֔יךָ וְאֵ֥ין לְךָ֖
לב מוֹשִֽׁיעַ׃ בָּנֶ֨יךָ וּבְנֹתֶ֜יךָ נְתֻנִ֨ים לְעַ֤ם אַחֵר֙ וְעֵינֶ֣יךָ רֹא֔וֹת וְכָל֥וֹת
לג אֲלֵיהֶ֖ם כָּל־הַיּ֑וֹם וְאֵ֥ין לְאֵ֖ל יָדֶֽךָ׃ פְּרִ֤י אַדְמָֽתְךָ֙ וְכָל־יְגִ֣יעֲךָ֔ יֹאכַ֥ל
לד עַ֖ם אֲשֶׁ֣ר לֹא־יָדָ֑עְתָּ וְהָיִ֗יתָ רַ֛ק עָשׁ֥וּק וְרָצ֖וּץ כָּל־הַיָּמִֽים׃ וְהָיִ֖יתָ
לה מְשֻׁגָּ֑ע מִמַּרְאֵ֥ה עֵינֶ֖יךָ אֲשֶׁ֥ר תִּרְאֶֽה׃ יַכְּכָ֨ה יְהוָ֜ה בִּשְׁחִ֣ין רָ֗ע
עַל־הַבִּרְכַּ֙יִם֙ וְעַל־הַשֹּׁקַ֔יִם אֲשֶׁ֥ר לֹא־תוּכַ֖ל לְהֵרָפֵ֑א מִכַּ֥ף רַגְלְךָ֖
לו וְעַ֥ד קָדְקֳדֶֽךָ׃ יוֹלֵ֨ךְ יְהוָ֜ה אֹֽתְךָ֗ וְאֶֽת־מַלְכְּךָ֙ אֲשֶׁ֣ר תָּקִ֣ים עָלֶ֔יךָ
אֶל־גּ֕וֹי אֲשֶׁ֥ר לֹא־יָדַ֖עְתָּ אַתָּ֣ה וַאֲבֹתֶ֑יךָ וְעָבַ֥דְתָּ שָּׁ֛ם אֱלֹהִ֥ים
לז אֲחֵרִ֖ים עֵ֥ץ וָאָֽבֶן׃ וְהָיִ֣יתָ לְשַׁמָּ֔ה לְמָשָׁ֖ל וְלִשְׁנִינָ֑ה בְּכֹל֙ הָֽעַמִּ֔ים
לח אֲשֶׁר־יְנַהֶגְךָ֥ יְהוָ֖ה שָֽׁמָּה׃ זֶ֥רַע רַ֖ב תּוֹצִ֣יא הַשָּׂדֶ֑ה וּמְעַ֣ט תֶּאֱסֹ֔ף
לט כִּ֥י יַחְסְלֶ֖נּוּ הָאַרְבֶּֽה׃ כְּרָמִ֥ים תִּטַּ֖ע וְעָבָ֑דְתָּ וְיַ֤יִן לֹֽא־תִשְׁתֶּה֙ וְלֹ֣א
מ תֶֽאֱגֹ֔ר כִּ֥י תֹאכְלֶ֖נּוּ הַתֹּלָֽעַת׃ זֵיתִ֛ים יִהְי֥וּ לְךָ֖ בְּכָל־גְּבוּלֶ֑ךָ וְשֶׁ֙מֶן֙
מא לֹ֣א תָס֔וּךְ כִּ֥י יִשַּׁ֖ל זֵיתֶֽךָ׃ בָּנִ֥ים וּבָנ֖וֹת תּוֹלִ֑יד וְלֹא־יִהְי֣וּ לָ֔ךְ כִּ֥י
מב מג יֵלְכ֖וּ בַּשֶּֽׁבִי׃ כָּל־עֵצְךָ֖ וּפְרִ֣י אַדְמָתֶ֑ךָ יְיָרֵ֖שׁ הַצְּלָצַֽל׃ הַגֵּר֙ אֲשֶׁ֣ר
בְּקִרְבְּךָ֔ יַעֲלֶ֥ה עָלֶ֖יךָ מַ֣עְלָה מָּ֑עְלָה וְאַתָּ֥ה תֵרֵ֖ד מַ֥טָּה מָּֽטָּה׃
מד ה֣וּא יַלְוְךָ֔ וְאַתָּ֖ה לֹ֣א תַלְוֶ֑נּוּ ה֚וּא יִהְיֶ֣ה לְרֹ֔אשׁ וְאַתָּ֖ה תִּהְיֶ֥ה לְזָנָֽב׃
מה וּבָ֨אוּ עָלֶ֜יךָ כָּל־הַקְּלָל֣וֹת הָאֵ֗לֶּה וּרְדָפ֙וּךָ֙ וְהִשִּׂיג֔וּךָ עַ֖ד הִשָּֽׁמְדָ֑ךְ
כִּי־לֹ֣א שָׁמַ֗עְתָּ בְּקוֹל֙ יְהוָ֣ה אֱלֹהֶ֔יךָ לִשְׁמֹ֛ר מִצְוֺתָ֥יו וְחֻקֹּתָ֖יו אֲשֶׁ֥ר
מו מז צִוָּֽךְ׃ וְהָ֣יוּ בְךָ֔ לְא֖וֹת וּלְמוֹפֵ֑ת וּֽבְזַרְעֲךָ֖ עַד־עוֹלָֽם׃ תַּ֗חַת אֲשֶׁ֤ר
לֹא־עָבַ֙דְתָּ֙ אֶת־יְהוָ֣ה אֱלֹהֶ֔יךָ בְּשִׂמְחָ֖ה וּבְט֣וּב לֵבָ֑ב מֵרֹ֖ב כֹּֽל׃
מח וְעָבַדְתָּ֣ אֶת־אֹיְבֶ֗יךָ אֲשֶׁ֨ר יְשַׁלְּחֶ֤נּוּ יְהוָה֙ בָּ֔ךְ בְּרָעָ֧ב וּבְצָמָ֛א
וּבְעֵירֹ֖ם וּבְחֹ֣סֶר כֹּ֑ל וְנָתַ֞ן עֹ֤ל בַּרְזֶל֙ עַל־צַוָּארֶ֔ךָ עַ֖ד הִשְׁמִיד֥וֹ

מט אֹתָךְ: יִשָּׂא יְהוָה עָלֶיךָ גּוֹי מֵרָחֹק מִקְצֵה הָאָרֶץ כַּאֲשֶׁר יִדְאֶה
נ הַנָּשֶׁר גּוֹי אֲשֶׁר לֹא־תִשְׁמַע לְשֹׁנוֹ: גּוֹי עַז פָּנִים אֲשֶׁר לֹא־יִשָּׂא
נא פָנִים לְזָקֵן וְנַעַר לֹא יָחֹן: וְאָכַל פְּרִי בְהֶמְתְּךָ וּפְרִי־אַדְמָתְךָ
עַד הִשָּׁמְדָךְ אֲשֶׁר לֹא־יַשְׁאִיר לְךָ דָּגָן תִּירוֹשׁ וְיִצְהָר שְׁגַר אֲלָפֶיךָ
נב וְעַשְׁתְּרֹת צֹאנֶךָ עַד הַאֲבִידוֹ אֹתָךְ: וְהֵצַר לְךָ בְּכָל־שְׁעָרֶיךָ עַד
רֶדֶת חֹמֹתֶיךָ הַגְּבֹהֹת וְהַבְּצֻרוֹת אֲשֶׁר אַתָּה בֹּטֵחַ בָּהֵן בְּכָל־
אַרְצֶךָ וְהֵצַר לְךָ בְּכָל־שְׁעָרֶיךָ בְּכָל־אַרְצְךָ אֲשֶׁר נָתַן יְהוָה
נג אֱלֹהֶיךָ לָךְ: וְאָכַלְתָּ פְרִי־בִטְנְךָ בְּשַׂר בָּנֶיךָ וּבְנֹתֶיךָ אֲשֶׁר נָתַן־
נד לְךָ יְהוָה אֱלֹהֶיךָ בְּמָצוֹר וּבְמָצוֹק אֲשֶׁר־יָצִיק לְךָ אֹיְבֶךָ: הָאִישׁ
הָרַךְ בְּךָ וְהֶעָנֹג מְאֹד תֵּרַע עֵינוֹ בְאָחִיו וּבְאֵשֶׁת חֵיקוֹ וּבְיֶתֶר
נה בָּנָיו אֲשֶׁר יוֹתִיר: מִתֵּת ׀ לְאַחַד מֵהֶם מִבְּשַׂר בָּנָיו אֲשֶׁר יֹאכֵל
מִבְּלִי הִשְׁאִיר־לוֹ כֹּל בְּמָצוֹר וּבְמָצוֹק אֲשֶׁר יָצִיק לְךָ אֹיִבְךָ
נו בְּכָל־שְׁעָרֶיךָ: הָרַכָּה בְךָ וְהָעֲנֻגָּה אֲשֶׁר לֹא־נִסְּתָה כַף־רַגְלָהּ
הַצֵּג עַל־הָאָרֶץ מֵהִתְעַנֵּג וּמֵרֹךְ תֵּרַע עֵינָהּ בְּאִישׁ חֵיקָהּ וּבִבְנָהּ
נז וּבְבִתָּהּ: וּבְשִׁלְיָתָהּ הַיּוֹצֵת ׀ מִבֵּין רַגְלֶיהָ וּבְבָנֶיהָ אֲשֶׁר תֵּלֵד
כִּי־תֹאכְלֵם בְּחֹסֶר־כֹּל בַּסָּתֶר בְּמָצוֹר וּבְמָצוֹק אֲשֶׁר יָצִיק לְךָ
נח אֹיִבְךָ בִּשְׁעָרֶיךָ: אִם־לֹא תִשְׁמֹר לַעֲשׂוֹת אֶת־כָּל־דִּבְרֵי הַתּוֹרָה
הַזֹּאת הַכְּתֻבִים בַּסֵּפֶר הַזֶּה לְיִרְאָה אֶת־הַשֵּׁם הַנִּכְבָּד וְהַנּוֹרָא
נט הַזֶּה אֵת יְהוָה אֱלֹהֶיךָ: וְהִפְלָא יְהוָה אֶת־מַכֹּתְךָ וְאֵת מַכּוֹת
ס זַרְעֶךָ מַכּוֹת גְּדֹלֹת וְנֶאֱמָנוֹת וָחֳלָיִם רָעִים וְנֶאֱמָנִים: וְהֵשִׁיב
בְּךָ אֵת כָּל־מַדְוֵה מִצְרַיִם אֲשֶׁר יָגֹרְתָּ מִפְּנֵיהֶם וְדָבְקוּ בָּךְ:
סא גַּם כָּל־חֳלִי וְכָל־מַכָּה אֲשֶׁר לֹא כָתוּב בְּסֵפֶר הַתּוֹרָה הַזֹּאת יַעְלֵם
סב יְהוָה עָלֶיךָ עַד הִשָּׁמְדָךְ: וְנִשְׁאַרְתֶּם בִּמְתֵי מְעָט תַּחַת אֲשֶׁר
הֱיִיתֶם כְּכוֹכְבֵי הַשָּׁמַיִם לָרֹב כִּי־לֹא שָׁמַעְתָּ בְּקוֹל יְהוָה אֱלֹהֶיךָ:
סג וְהָיָה כַּאֲשֶׁר־שָׂשׂ יְהוָה עֲלֵיכֶם לְהֵיטִיב אֶתְכֶם וּלְהַרְבּוֹת אֶתְכֶם
כֵּן יָשִׂישׂ יְהוָה עֲלֵיכֶם לְהַאֲבִיד אֶתְכֶם וּלְהַשְׁמִיד אֶתְכֶם
סד וְנִסַּחְתֶּם מֵעַל הָאֲדָמָה אֲשֶׁר־אַתָּה בָא־שָׁמָּה לְרִשְׁתָּהּ: וֶהֱפִיצְךָ

יְהוָה בְּכָל־הָעַמִּים מִקְצֵה הָאָרֶץ וְעַד־קְצֵה הָאָרֶץ וְעָבַדְתָּ שָּׁם
סה אֱלֹהִים אֲחֵרִים אֲשֶׁר לֹא־יָדַעְתָּ אַתָּה וַאֲבֹתֶיךָ עֵץ וָאָבֶן׃ וּבַגּוֹיִם
הָהֵם לֹא תַרְגִּיעַ וְלֹא־יִהְיֶה מָנוֹחַ לְכַף־רַגְלֶךָ וְנָתַן יְהוָה לְךָ
סו שָׁם לֵב רַגָּז וְכִלְיוֹן עֵינַיִם וְדַאֲבוֹן נָפֶשׁ׃ וְהָיוּ חַיֶּיךָ תְּלֻאִים לְךָ
סז מִנֶּגֶד וּפָחַדְתָּ לַיְלָה וְיוֹמָם וְלֹא תַאֲמִין בְּחַיֶּיךָ׃ בַּבֹּקֶר תֹּאמַר מִי־
יִתֵּן עֶרֶב וּבָעֶרֶב תֹּאמַר מִי־יִתֵּן בֹּקֶר מִפַּחַד לְבָבְךָ אֲשֶׁר תִּפְחָד
סח וּמִמַּרְאֵה עֵינֶיךָ אֲשֶׁר תִּרְאֶה׃ וֶהֱשִׁיבְךָ יְהוָה ׀ מִצְרַיִם בָּאֳנִיּוֹת
בַּדֶּרֶךְ אֲשֶׁר אָמַרְתִּי לְךָ לֹא־תֹסִיף עוֹד לִרְאֹתָהּ וְהִתְמַכַּרְתֶּם
סט שָׁם לְאֹיְבֶיךָ לַעֲבָדִים וְלִשְׁפָחוֹת וְאֵין קֹנֶה׃ אֵלֶּה
דִבְרֵי הַבְּרִית אֲשֶׁר־צִוָּה יְהוָה אֶת־מֹשֶׁה לִכְרֹת אֶת־בְּנֵי יִשְׂרָאֵל
בְּאֶרֶץ מוֹאָב מִלְּבַד הַבְּרִית אֲשֶׁר־כָּרַת אִתָּם בְּחֹרֵב׃
כט א וַיִּקְרָא מֹשֶׁה אֶל־כָּל־יִשְׂרָאֵל וַיֹּאמֶר אֲלֵהֶם אַתֶּם רְאִיתֶם אֵת שביעי
כָּל־אֲשֶׁר עָשָׂה יְהוָה לְעֵינֵיכֶם בְּאֶרֶץ מִצְרַיִם לְפַרְעֹה וּלְכָל־
ב עֲבָדָיו וּלְכָל־אַרְצוֹ׃ הַמַּסּוֹת הַגְּדֹלֹת אֲשֶׁר רָאוּ עֵינֶיךָ הָאֹתֹת
ג וְהַמֹּפְתִים הַגְּדֹלִים הָהֵם׃ וְלֹא־נָתַן יְהוָה לָכֶם לֵב לָדַעַת
ד וְעֵינַיִם לִרְאוֹת וְאָזְנַיִם לִשְׁמֹעַ עַד הַיּוֹם הַזֶּה׃ וָאוֹלֵךְ אֶתְכֶם
אַרְבָּעִים שָׁנָה בַּמִּדְבָּר לֹא־בָלוּ שַׂלְמֹתֵיכֶם מֵעֲלֵיכֶם וְנַעַלְךָ לֹא־
ה בָלְתָה מֵעַל רַגְלֶךָ׃ לֶחֶם לֹא אֲכַלְתֶּם וְיַיִן וְשֵׁכָר לֹא שְׁתִיתֶם
ו לְמַעַן תֵּדְעוּ כִּי אֲנִי יְהוָה אֱלֹהֵיכֶם׃ וַתָּבֹאוּ אֶל־הַמָּקוֹם הַזֶּה מפטיר
וַיֵּצֵא סִיחֹן מֶלֶךְ־חֶשְׁבּוֹן וְעוֹג מֶלֶךְ־הַבָּשָׁן לִקְרָאתֵנוּ לַמִּלְחָמָה
ז וַנַּכֵּם׃ וַנִּקַּח אֶת־אַרְצָם וַנִּתְּנָהּ לְנַחֲלָה לָראוּבֵנִי וְלַגָּדִי וְלַחֲצִי
ח שֵׁבֶט הַמְנַשִּׁי׃ וּשְׁמַרְתֶּם אֶת־דִּבְרֵי הַבְּרִית הַזֹּאת וַעֲשִׂיתֶם
אֹתָם לְמַעַן תַּשְׂכִּילוּ אֵת כָּל־אֲשֶׁר תַּעֲשׂוּן׃
ט אַתֶּם נִצָּבִים הַיּוֹם כֻּלְּכֶם לִפְנֵי יְהוָה אֱלֹהֵיכֶם רָאשֵׁיכֶם שִׁבְטֵיכֶם כג נצבים
י זִקְנֵיכֶם וְשֹׁטְרֵיכֶם כֹּל אִישׁ יִשְׂרָאֵל׃ טַפְּכֶם נְשֵׁיכֶם וְגֵרְךָ אֲשֶׁר
יא בְּקֶרֶב מַחֲנֶיךָ מֵחֹטֵב עֵצֶיךָ עַד שֹׁאֵב מֵימֶיךָ׃ לְעָבְרְךָ בִּבְרִית
יְהוָה אֱלֹהֶיךָ וּבְאָלָתוֹ אֲשֶׁר יְהוָה אֱלֹהֶיךָ כֹּרֵת עִמְּךָ הַיּוֹם׃

דברים

כט

שני
יב לְמַ֣עַן הָקִֽים־אֹתְךָ֩ הַיּ֨וֹם ׀ ל֜וֹ לְעָ֗ם וְה֤וּא יִֽהְיֶה־לְּךָ֙ לֵֽאלֹהִ֔ים כַּאֲשֶׁ֖ר
דִּבֶּר־לָ֑ךְ וְכַאֲשֶׁ֤ר נִשְׁבַּע֙ לַאֲבֹתֶ֔יךָ לְאַבְרָהָ֥ם לְיִצְחָ֖ק וּֽלְיַעֲקֹֽב׃
יג וְלֹ֥א אִתְּכֶ֖ם לְבַדְּכֶ֑ם אָנֹכִ֗י כֹּרֵת֙ אֶת־הַבְּרִ֣ית הַזֹּ֔את וְאֶת־הָאָלָ֖ה
יד הַזֹּֽאת׃ כִּי֩ אֶת־אֲשֶׁ֨ר יֶשְׁנ֜וֹ פֹּ֗ה עִמָּ֨נוּ֙ עֹמֵ֣ד הַיּ֔וֹם לִפְנֵ֖י יְהוָ֣ה אֱלֹהֵ֑ינוּ

שלישי
טו וְאֵ֨ת אֲשֶׁ֥ר אֵינֶ֛נּוּ פֹּ֖ה עִמָּ֥נוּ הַיּֽוֹם׃ כִּֽי־אַתֶּ֣ם יְדַעְתֶּ֔ם אֵ֥ת אֲשֶׁר־
יָשַׁ֖בְנוּ בְּאֶ֣רֶץ מִצְרָ֑יִם וְאֵ֧ת אֲשֶׁר־עָבַ֛רְנוּ בְּקֶ֥רֶב הַגּוֹיִ֖ם אֲשֶׁ֥ר
טז עֲבַרְתֶּֽם׃ וַתִּרְאוּ֙ אֶת־שִׁקּ֣וּצֵיהֶ֔ם וְאֵ֖ת גִּלֻּלֵיהֶ֑ם עֵ֣ץ וָאֶ֔בֶן כֶּ֥סֶף
יז וְזָהָ֖ב אֲשֶׁ֥ר עִמָּהֶֽם׃ פֶּן־יֵ֣שׁ בָּ֠כֶם אִ֣ישׁ אֽוֹ־אִשָּׁ֞ה א֧וֹ מִשְׁפָּחָ֣ה אֽוֹ־
שֵׁ֗בֶט אֲשֶׁר֩ לְבָב֨וֹ פֹנֶ֤ה הַיּוֹם֙ מֵעִם֙ יְהוָ֣ה אֱלֹהֵ֔ינוּ לָלֶ֣כֶת לַעֲבֹ֔ד
אֶת־אֱלֹהֵ֖י הַגּוֹיִ֣ם הָהֵ֑ם פֶּן־יֵ֣שׁ בָּכֶ֗ם שֹׁ֛רֶשׁ פֹּרֶ֥ה רֹ֖אשׁ וְלַעֲנָֽה׃
יח וְהָיָ֡ה בְּשָׁמְעוֹ֩ אֶת־דִּבְרֵ֨י הָאָלָ֜ה הַזֹּ֗את וְהִתְבָּרֵ֤ךְ בִּלְבָבוֹ֙ לֵאמֹ֔ר
שָׁל֥וֹם יִֽהְיֶה־לִּ֖י כִּ֚י בִּשְׁרִר֣וּת לִבִּ֣י אֵלֵ֑ךְ לְמַ֛עַן סְפ֥וֹת הָרָוָ֖ה אֶת־
יט הַצְּמֵאָֽה׃ לֹא־יֹאבֶ֣ה יְהוָה֮ סְלֹ֣חַֽ לוֹ֒ כִּ֣י אָ֠ז יֶעְשַׁ֨ן אַף־יְהוָ֤ה וְקִנְאָתוֹ֙
בָּאִ֣ישׁ הַה֔וּא וְרָ֤בְצָה בּוֹ֙ כָּל־הָ֣אָלָ֔ה הַכְּתוּבָ֖ה בַּסֵּ֣פֶר הַזֶּ֑ה וּמָחָ֤ה
כ יְהוָה֙ אֶת־שְׁמ֔וֹ מִתַּ֖חַת הַשָּׁמָֽיִם׃ וְהִבְדִּיל֤וֹ יְהוָה֙ לְרָעָ֔ה מִכֹּ֖ל
שִׁבְטֵ֣י יִשְׂרָאֵ֑ל כְּכֹל֙ אָל֣וֹת הַבְּרִ֔ית הַכְּתוּבָ֕ה בְּסֵ֖פֶר הַתּוֹרָ֥ה
כא הַזֶּֽה׃ וְאָמַ֞ר הַדּ֣וֹר הָאַחֲר֗וֹן בְּנֵיכֶם֙ אֲשֶׁ֣ר יָק֣וּמוּ מֵאַחֲרֵיכֶ֔ם
וְהַ֨נָּכְרִ֔י אֲשֶׁ֥ר יָבֹ֖א מֵאֶ֣רֶץ רְחוֹקָ֑ה וְ֠רָאוּ אֶת־מַכּ֞וֹת הָאָ֤רֶץ הַהִוא֙
כב וְאֶת־תַּ֣חֲלֻאֶ֔יהָ אֲשֶׁר־חִלָּ֥ה יְהוָ֖ה בָּֽהּ׃ גָּפְרִ֣ית וָמֶלַח֮ שְׂרֵפָ֣ה
כָל־אַרְצָהּ֒ לֹ֤א תִזָּרַע֙ וְלֹ֣א תַצְמִ֔חַ וְלֹֽא־יַעֲלֶ֥ה בָ֖הּ כָּל־עֵ֑שֶׂב

וצבוים
כְּֽמַהְפֵּכַ֞ת סְדֹ֤ם וַעֲמֹרָה֙ אַדְמָ֣ה וּצְבֹיִ֔ם אֲשֶׁר֙ הָפַ֣ךְ יְהוָ֔ה בְּאַפּ֖וֹ
כג וּבַחֲמָתֽוֹ׃ וְאָֽמְרוּ֙ כָּל־הַגּוֹיִ֔ם עַל־מֶ֨ה עָשָׂ֧ה יְהוָ֛ה כָּ֖כָה לָאָ֣רֶץ
כד הַזֹּ֑את מֶ֥ה חֳרִ֛י הָאַ֥ף הַגָּד֖וֹל הַזֶּֽה׃ וְאָ֣מְר֔וּ עַ֚ל אֲשֶׁ֣ר עָֽזְב֔וּ אֶת־
בְּרִ֥ית יְהוָ֖ה אֱלֹהֵ֣י אֲבֹתָ֑ם אֲשֶׁר֙ כָּרַ֣ת עִמָּ֔ם בְּהוֹצִיא֥וֹ אֹתָ֖ם
כה מֵאֶ֣רֶץ מִצְרָֽיִם׃ וַיֵּלְכ֗וּ וַיַּֽעַבְדוּ֙ אֱלֹהִ֣ים אֲחֵרִ֔ים וַיִּֽשְׁתַּחֲוּ֖וּ לָהֶ֑ם
אֱלֹהִים֙ אֲשֶׁ֣ר לֹֽא־יְדָע֔וּם וְלֹ֥א חָלַ֖ק לָהֶֽם׃ וַיִּֽחַר־אַ֥ף יְהוָ֖ה
כו בָּאָ֣רֶץ הַהִ֑וא לְהָבִ֤יא עָלֶ֙יהָ֙ אֶת־כָּל־הַקְּלָלָ֔ה הַכְּתוּבָ֖ה בַּסֵּֽפֶר

כז הַזֶּֽה׃ וַיִּתְּשֵׁ֤ם יהוה֙ מֵעַ֣ל אַדְמָתָ֔ם בְּאַ֥ף וּבְחֵמָ֖ה וּבְקֶ֣צֶף גָּד֑וֹל
כח וַיַּשְׁלִכֵ֛ם אֶל־אֶ֥רֶץ אַחֶ֖רֶת כַּיּ֥וֹם הַזֶּֽה׃ הַנִּ֨סְתָּרֹ֔ת לַיהוה֖ אֱלֹהֵ֑ינוּ
וְהַנִּגְלֹ֞ת לָ֤נוּ וּלְבָנֵ֙ינוּ֙ עַד־עוֹלָ֔ם לַעֲשׂ֕וֹת אֶת־כָּל־דִּבְרֵ֖י הַתּוֹרָ֥ה
ל א הַזֹּֽאת׃ וְהָיָה֩ כִֽי־יָבֹ֨אוּ עָלֶ֜יךָ כָּל־הַדְּבָרִ֣ים הָאֵ֗לֶּה רביעי /שני/
הַבְּרָכָה֙ וְהַקְּלָלָ֔ה אֲשֶׁ֥ר נָתַ֖תִּי לְפָנֶ֑יךָ וַהֲשֵֽׁבֹתָ֙ אֶל־לְבָבֶ֔ךָ בְּכָל־
ב הַגּוֹיִ֕ם אֲשֶׁ֧ר הִדִּיחֲךָ֛ יהוה֥ אֱלֹהֶ֖יךָ שָֽׁמָּה׃ וְשַׁבְתָּ֞ עַד־יהוה֤
אֱלֹהֶ֙יךָ֙ וְשָׁמַעְתָּ֣ בְקֹל֔וֹ כְּכֹ֛ל אֲשֶׁר־אָנֹכִ֥י מְצַוְּךָ֖ הַיּ֑וֹם אַתָּ֣ה
ג וּבָנֶ֔יךָ בְּכָל־לְבָבְךָ֖ וּבְכָל־נַפְשֶֽׁךָ׃ וְשָׁ֨ב יהוה֧ אֱלֹהֶ֛יךָ אֶת־שְׁבֽוּתְךָ֖
וְרִחֲמֶ֑ךָ וְשָׁ֗ב וְקִבֶּצְךָ֙ מִכָּל־הָ֣עַמִּ֔ים אֲשֶׁ֧ר הֱפִֽיצְךָ֛ יהוה֥ אֱלֹהֶ֖יךָ
ד שָֽׁמָּה׃ אִם־יִהְיֶ֥ה נִֽדַּחֲךָ֖ בִּקְצֵ֣ה הַשָּׁמָ֑יִם מִשָּׁ֗ם יְקַבֶּצְךָ֙ יהוה֣
ה אֱלֹהֶ֔יךָ וּמִשָּׁ֖ם יִקָּחֶֽךָ׃ וֶהֱבִֽיאֲךָ֞ יהוה֣ אֱלֹהֶ֗יךָ אֶל־הָאָ֛רֶץ אֲשֶׁר־
ו יָרְשׁ֥וּ אֲבֹתֶ֖יךָ וִֽירִשְׁתָּ֑הּ וְהֵיטִֽבְךָ֥ וְהִרְבְּךָ֖ מֵאֲבֹתֶֽיךָ׃ וּמָ֨ל יהוה֧
אֱלֹהֶ֛יךָ אֶת־לְבָבְךָ֖ וְאֶת־לְבַ֣ב זַרְעֶ֑ךָ לְאַהֲבָ֞ה אֶת־יהוה֧ אֱלֹהֶ֛יךָ
ז בְּכָל־לְבָבְךָ֥ וּבְכָל־נַפְשְׁךָ֖ לְמַ֥עַן חַיֶּֽיךָ׃ וְנָתַן֙ יהוה֣ אֱלֹהֶ֔יךָ אֵ֥ת חמישי /שלישי/
ח כָּל־הָאָל֖וֹת הָאֵ֑לֶּה עַל־אֹיְבֶ֥יךָ וְעַל־שֹׂנְאֶ֖יךָ אֲשֶׁ֥ר רְדָפֽוּךָ׃ וְאַתָּ֣ה
תָשׁ֔וּב וְשָׁמַעְתָּ֖ בְּק֣וֹל יהוה֑ וְעָשִׂ֙יתָ֙ אֶת־כָּל־מִצְוֺתָ֔יו אֲשֶׁ֛ר אָנֹכִ֥י
ט מְצַוְּךָ֖ הַיּֽוֹם׃ וְהוֹתִֽירְךָ֩ יהוה֨ אֱלֹהֶ֜יךָ בְּכֹ֣ל ׀ מַעֲשֵׂ֣ה יָדֶ֗ךָ בִּפְרִ֨י
בִטְנְךָ֜ וּבִפְרִ֧י בְהֶמְתְּךָ֛ וּבִפְרִ֥י אַדְמָתְךָ֖ לְטֹבָ֑ה כִּ֣י ׀ יָשׁ֣וּב יהוה֗
י לָשׂ֤וּשׂ עָלֶ֙יךָ֙ לְט֔וֹב כַּאֲשֶׁר־שָׂ֖שׂ עַל־אֲבֹתֶֽיךָ׃ כִּ֣י תִשְׁמַ֗ע
בְּקוֹל֙ יהוה֣ אֱלֹהֶ֔יךָ לִשְׁמֹ֤ר מִצְוֺתָיו֙ וְחֻקֹּתָ֔יו הַכְּתוּבָ֕ה בְּסֵ֖פֶר
הַתּוֹרָ֣ה הַזֶּ֑ה כִּ֤י תָשׁוּב֙ אֶל־יהוה֣ אֱלֹהֶ֔יךָ בְּכָל־לְבָבְךָ֖ וּבְכָל־
יא נַפְשֶֽׁךָ׃ כִּ֚י הַמִּצְוָ֣ה הַזֹּ֔את אֲשֶׁ֛ר אָנֹכִ֥י מְצַוְּךָ֖ הַיּ֑וֹם כד ששי
יב לֹֽא־נִפְלֵ֥את הִוא֙ מִמְּךָ֔ וְלֹ֥א רְחֹקָ֖ה הִֽוא׃ לֹ֥א בַשָּׁמַ֖יִם הִ֑וא
לֵאמֹ֗ר מִ֣י יַעֲלֶה־לָּ֤נוּ הַשָּׁמַ֙יְמָה֙ וְיִקָּחֶ֣הָ לָּ֔נוּ וְיַשְׁמִעֵ֥נוּ אֹתָ֖הּ
יג וְנַעֲשֶֽׂנָּה׃ וְלֹֽא־מֵעֵ֥בֶר לַיָּ֖ם הִ֑וא לֵאמֹ֗ר מִ֣י יַעֲבָר־לָ֜נוּ אֶל־עֵ֤בֶר
יד הַיָּם֙ וְיִקָּחֶ֣הָ לָּ֔נוּ וְיַשְׁמִעֵ֥נוּ אֹתָ֖הּ וְנַעֲשֶֽׂנָּה׃ כִּֽי־קָר֥וֹב אֵלֶ֛יךָ הַדָּבָ֖ר
טו מְאֹ֑ד בְּפִ֥יךָ וּבִלְבָבְךָ֖ לַעֲשֹׂתֽוֹ׃ רְאֵ֨ה נָתַ֤תִּי לְפָנֶ֙יךָ֙ שביעי ומפטיר /רביעי/

טו הַיּוֹם אֶת־הַחַיִּים וְאֶת־הַטּוֹב וְאֶת־הַמָּוֶת וְאֶת־הָרָע׃ אֲשֶׁר
אָנֹכִי מְצַוְּךָ הַיּוֹם לְאַהֲבָה אֶת־יהוה אֱלֹהֶיךָ לָלֶכֶת בִּדְרָכָיו
וְלִשְׁמֹר מִצְוֺתָיו וְחֻקֹּתָיו וּמִשְׁפָּטָיו וְחָיִיתָ וְרָבִיתָ וּבֵרַכְךָ יהוה
יז אֱלֹהֶיךָ בָּאָרֶץ אֲשֶׁר־אַתָּה בָא־שָׁמָּה לְרִשְׁתָּהּ׃ וְאִם־יִפְנֶה
לְבָבְךָ וְלֹא תִשְׁמָע וְנִדַּחְתָּ וְהִשְׁתַּחֲוִיתָ לֵאלֹהִים אֲחֵרִים
יח וַעֲבַדְתָּם׃ הִגַּדְתִּי לָכֶם הַיּוֹם כִּי אָבֹד תֹּאבֵדוּן לֹא־תַאֲרִיכֻן
יָמִים עַל־הָאֲדָמָה אֲשֶׁר אַתָּה עֹבֵר אֶת־הַיַּרְדֵּן לָבוֹא שָׁמָּה
יט לְרִשְׁתָּהּ׃ הַעִדֹתִי בָכֶם הַיּוֹם אֶת־הַשָּׁמַיִם וְאֶת־הָאָרֶץ הַחַיִּים
וְהַמָּוֶת נָתַתִּי לְפָנֶיךָ הַבְּרָכָה וְהַקְּלָלָה וּבָחַרְתָּ בַּחַיִּים לְמַעַן
כ תִּחְיֶה אַתָּה וְזַרְעֶךָ׃ לְאַהֲבָה אֶת־יהוה אֱלֹהֶיךָ לִשְׁמֹעַ בְּקֹלוֹ
וּלְדָבְקָה־בוֹ כִּי הוּא חַיֶּיךָ וְאֹרֶךְ יָמֶיךָ לָשֶׁבֶת עַל־הָאֲדָמָה
אֲשֶׁר נִשְׁבַּע יהוה לַאֲבֹתֶיךָ לְאַבְרָהָם לְיִצְחָק וּלְיַעֲקֹב לָתֵת
לָהֶם׃

לא א ב וילך וַיֵּלֶךְ מֹשֶׁה וַיְדַבֵּר אֶת־הַדְּבָרִים הָאֵלֶּה אֶל־כָּל־יִשְׂרָאֵל׃ וַיֹּאמֶר
אֲלֵהֶם בֶּן־מֵאָה וְעֶשְׂרִים שָׁנָה אָנֹכִי הַיּוֹם לֹא־אוּכַל עוֹד
לָצֵאת וְלָבוֹא וַיהוה אָמַר אֵלַי לֹא תַעֲבֹר אֶת־הַיַּרְדֵּן הַזֶּה׃
ג יהוה אֱלֹהֶיךָ הוּא ׀ עֹבֵר לְפָנֶיךָ הוּא־יַשְׁמִיד אֶת־הַגּוֹיִם הָאֵלֶּה
מִלְּפָנֶיךָ וִירִשְׁתָּם יְהוֹשֻׁעַ הוּא עֹבֵר לְפָנֶיךָ כַּאֲשֶׁר דִּבֶּר יהוה׃
ד שני וְעָשָׂה יהוה לָהֶם כַּאֲשֶׁר עָשָׂה לְסִיחוֹן וּלְעוֹג מַלְכֵי הָאֱמֹרִי
ה וּלְאַרְצָם אֲשֶׁר הִשְׁמִיד אֹתָם׃ וּנְתָנָם יהוה לִפְנֵיכֶם וַעֲשִׂיתֶם
ו לָהֶם כְּכָל־הַמִּצְוָה אֲשֶׁר צִוִּיתִי אֶתְכֶם׃ חִזְקוּ וְאִמְצוּ אַל־תִּירְאוּ
וְאַל־תַּעַרְצוּ מִפְּנֵיהֶם כִּי ׀ יהוה אֱלֹהֶיךָ הוּא הַהֹלֵךְ עִמָּךְ לֹא
ז שלישי/חמישי/ יַרְפְּךָ וְלֹא יַעַזְבֶךָּ׃ וַיִּקְרָא מֹשֶׁה לִיהוֹשֻׁעַ וַיֹּאמֶר
אֵלָיו לְעֵינֵי כָל־יִשְׂרָאֵל חֲזַק וֶאֱמָץ כִּי אַתָּה תָּבוֹא אֶת־הָעָם
הַזֶּה אֶל־הָאָרֶץ אֲשֶׁר נִשְׁבַּע יהוה לַאֲבֹתָם לָתֵת לָהֶם וְאַתָּה
ח תַּנְחִילֶנָּה אוֹתָם׃ וַיהוה הוּא ׀ הַהֹלֵךְ לְפָנֶיךָ הוּא יִהְיֶה עִמָּךְ
ט לֹא יַרְפְּךָ וְלֹא יַעַזְבֶךָּ לֹא תִירָא וְלֹא תֵחָת׃ וַיִּכְתֹּב מֹשֶׁה אֶת־

הַתּוֹרָה הַזֹּאת וַיִּתְּנָהּ אֶל־הַכֹּהֲנִים בְּנֵי לֵוִי הַנֹּשְׂאִים אֶת־אֲרוֹן
י בְּרִית יְהוָה וְאֶל־כָּל־זִקְנֵי יִשְׂרָאֵל׃ וַיְצַו מֹשֶׁה אוֹתָם לֵאמֹר רביעי
יא מִקֵּץ ׀ שֶׁבַע שָׁנִים בְּמֹעֵד שְׁנַת הַשְּׁמִטָּה בְּחַג הַסֻּכּוֹת׃ בְּבוֹא
כָל־יִשְׂרָאֵל לֵרָאוֹת אֶת־פְּנֵי יְהוָה אֱלֹהֶיךָ בַּמָּקוֹם אֲשֶׁר יִבְחָר
יב תִּקְרָא אֶת־הַתּוֹרָה הַזֹּאת נֶגֶד כָּל־יִשְׂרָאֵל בְּאָזְנֵיהֶם׃ הַקְהֵל
אֶת־הָעָם הָאֲנָשִׁים וְהַנָּשִׁים וְהַטַּף וְגֵרְךָ אֲשֶׁר בִּשְׁעָרֶיךָ לְמַעַן
יִשְׁמְעוּ וּלְמַעַן יִלְמְדוּ וְיָרְאוּ אֶת־יְהוָה אֱלֹהֵיכֶם וְשָׁמְרוּ לַעֲשׂוֹת
יג אֶת־כָּל־דִּבְרֵי הַתּוֹרָה הַזֹּאת׃ וּבְנֵיהֶם אֲשֶׁר לֹא־יָדְעוּ יִשְׁמְעוּ
וְלָמְדוּ לְיִרְאָה אֶת־יְהוָה אֱלֹהֵיכֶם כָּל־הַיָּמִים אֲשֶׁר אַתֶּם
חַיִּים עַל־הָאֲדָמָה אֲשֶׁר אַתֶּם עֹבְרִים אֶת־הַיַּרְדֵּן שָׁמָּה
לְרִשְׁתָּהּ׃
יד וַיֹּאמֶר יְהוָה אֶל־מֹשֶׁה הֵן קָרְבוּ יָמֶיךָ לָמוּת קְרָא אֶת־יְהוֹשֻׁעַ כה חמישי /ששי/
וְהִתְיַצְּבוּ בְּאֹהֶל מוֹעֵד וַאֲצַוֶּנּוּ וַיֵּלֶךְ מֹשֶׁה וִיהוֹשֻׁעַ וַיִּתְיַצְּבוּ בְּאֹהֶל
טו מוֹעֵד׃ וַיֵּרָא יְהוָה בָּאֹהֶל בְּעַמּוּד עָנָן וַיַּעֲמֹד עַמּוּד הֶעָנָן עַל־
טז פֶּתַח הָאֹהֶל׃ וַיֹּאמֶר יְהוָה אֶל־מֹשֶׁה הִנְּךָ שֹׁכֵב עִם־אֲבֹתֶיךָ
וְקָם הָעָם הַזֶּה וְזָנָה ׀ אַחֲרֵי ׀ אֱלֹהֵי נֵכַר־הָאָרֶץ אֲשֶׁר הוּא בָא־
יז שָׁמָּה בְּקִרְבּוֹ וַעֲזָבַנִי וְהֵפֵר אֶת־בְּרִיתִי אֲשֶׁר כָּרַתִּי אִתּוֹ׃ וְחָרָה
אַפִּי בוֹ בַיּוֹם־הַהוּא וַעֲזַבְתִּים וְהִסְתַּרְתִּי פָנַי מֵהֶם וְהָיָה לֶאֱכֹל
וּמְצָאֻהוּ רָעוֹת רַבּוֹת וְצָרוֹת וְאָמַר בַּיּוֹם הַהוּא הֲלֹא עַל כִּי־
יח אֵין אֱלֹהַי בְּקִרְבִּי מְצָאוּנִי הָרָעוֹת הָאֵלֶּה׃ וְאָנֹכִי הַסְתֵּר אַסְתִּיר
פָּנַי בַּיּוֹם הַהוּא עַל כָּל־הָרָעָה אֲשֶׁר עָשָׂה כִּי פָנָה אֶל־אֱלֹהִים
יט אֲחֵרִים׃ וְעַתָּה כִּתְבוּ לָכֶם אֶת־הַשִּׁירָה הַזֹּאת וְלַמְּדָהּ אֶת־בְּנֵי־
יִשְׂרָאֵל שִׂימָהּ בְּפִיהֶם לְמַעַן תִּהְיֶה־לִּי הַשִּׁירָה הַזֹּאת לְעֵד בִּבְנֵי
כ יִשְׂרָאֵל׃ כִּי־אֲבִיאֶנּוּ אֶל־הָאֲדָמָה ׀ אֲשֶׁר־נִשְׁבַּעְתִּי לַאֲבֹתָיו זָבַת ששי /שביעי/
חָלָב וּדְבַשׁ וְאָכַל וְשָׂבַע וְדָשֵׁן וּפָנָה אֶל־אֱלֹהִים אֲחֵרִים וַעֲבָדוּם
כא וְנִאֲצוּנִי וְהֵפֵר אֶת־בְּרִיתִי׃ וְהָיָה כִּי־תִמְצֶאןָ אֹתוֹ רָעוֹת רַבּוֹת
וְצָרוֹת וְעָנְתָה הַשִּׁירָה הַזֹּאת לְפָנָיו לְעֵד כִּי לֹא תִשָּׁכַח מִפִּי

זַרְעוֹ כִּי יָדַעְתִּי אֶת־יִצְרוֹ אֲשֶׁר הוּא עֹשֶׂה הַיּוֹם בְּטֶרֶם אֲבִיאֶנּוּ
אֶל־הָאָרֶץ אֲשֶׁר נִשְׁבָּעְתִּי: וַיִּכְתֹּב מֹשֶׁה אֶת־הַשִּׁירָה הַזֹּאת כב
בַּיּוֹם הַהוּא וַיְלַמְּדָהּ אֶת־בְּנֵי יִשְׂרָאֵל: וַיְצַו אֶת־יְהוֹשֻׁעַ בִּן־ כג
נוּן וַיֹּאמֶר חֲזַק וֶאֱמָץ כִּי אַתָּה תָּבִיא אֶת־בְּנֵי יִשְׂרָאֵל אֶל־
הָאָרֶץ אֲשֶׁר־נִשְׁבַּעְתִּי לָהֶם וְאָנֹכִי אֶהְיֶה עִמָּךְ: וַיְהִי ׀ כְּכַלּוֹת כד
מֹשֶׁה לִכְתֹּב אֶת־דִּבְרֵי הַתּוֹרָה־הַזֹּאת עַל־סֵפֶר עַד תֻּמָּם:
שביעי וַיְצַו מֹשֶׁה אֶת־הַלְוִיִּם נֹשְׂאֵי אֲרוֹן בְּרִית־יְהוָה לֵאמֹר: לָקֹחַ כה כו
אֵת סֵפֶר הַתּוֹרָה הַזֶּה וְשַׂמְתֶּם אֹתוֹ מִצַּד אֲרוֹן בְּרִית־יְהוָה
אֱלֹהֵיכֶם וְהָיָה־שָׁם בְּךָ לְעֵד: כִּי אָנֹכִי יָדַעְתִּי אֶת־מֶרְיְךָ כז
וְאֶת־עָרְפְּךָ הַקָּשֶׁה הֵן בְּעוֹדֶנִּי חַי עִמָּכֶם הַיּוֹם מַמְרִים הֱיִתֶם
מפטיר עִם־יְהוָה וְאַף כִּי־אַחֲרֵי מוֹתִי: הַקְהִילוּ אֵלַי אֶת־כָּל־זִקְנֵי כח
שִׁבְטֵיכֶם וְשֹׁטְרֵיכֶם וַאֲדַבְּרָה בְאָזְנֵיהֶם אֵת הַדְּבָרִים הָאֵלֶּה
וְאָעִידָה בָּם אֶת־הַשָּׁמַיִם וְאֶת־הָאָרֶץ: כִּי יָדַעְתִּי אַחֲרֵי מוֹתִי כט
כִּי־הַשְׁחֵת תַּשְׁחִתוּן וְסַרְתֶּם מִן־הַדֶּרֶךְ אֲשֶׁר צִוִּיתִי אֶתְכֶם וְקָרָאת
אֶתְכֶם הָרָעָה בְּאַחֲרִית הַיָּמִים כִּי־תַעֲשׂוּ אֶת־הָרַע בְּעֵינֵי יְהוָה
לְהַכְעִיסוֹ בְּמַעֲשֵׂה יְדֵיכֶם: וַיְדַבֵּר מֹשֶׁה בְּאָזְנֵי כָּל־קְהַל יִשְׂרָאֵל ל
אֶת־דִּבְרֵי הַשִּׁירָה הַזֹּאת עַד תֻּמָּם:

האזינו כו הַאֲזִינוּ הַשָּׁמַיִם וַאֲדַבֵּרָה   וְתִשְׁמַע הָאָרֶץ אִמְרֵי־פִי: א לב
יַעֲרֹף כַּמָּטָר לִקְחִי   תִּזַּל כַּטַּל אִמְרָתִי ב
כִּשְׂעִירִם עֲלֵי־דֶשֶׁא   וְכִרְבִיבִים עֲלֵי־עֵשֶׂב:
כִּי שֵׁם יְהוָה אֶקְרָא   הָבוּ גֹדֶל לֵאלֹהֵינוּ: ג
הַצּוּר תָּמִים פָּעֳלוֹ   כִּי כָל־דְּרָכָיו מִשְׁפָּט ד
אֵל אֱמוּנָה וְאֵין עָוֶל   צַדִּיק וְיָשָׁר הוּא:
שִׁחֵת לוֹ לֹא בָּנָיו מוּמָם   דּוֹר עִקֵּשׁ וּפְתַלְתֹּל: ה
הַ לַיהוָה תִּגְמְלוּ־זֹאת   עַם נָבָל וְלֹא חָכָם ו
הֲלוֹא־הוּא אָבִיךָ קָּנֶךָ   הוּא עָשְׂךָ וַיְכֹנְנֶךָ:

ז זְכֹר יְמוֹת עוֹלָם   בִּינוּ שְׁנוֹת דֹּר־וָדֹר   שני
שְׁאַל אָבִיךָ וְיַגֵּדְךָ   זְקֵנֶיךָ וְיֹאמְרוּ לָךְ׃
ח בְּהַנְחֵל עֶלְיוֹן גּוֹיִם   בְּהַפְרִידוֹ בְּנֵי אָדָם
יַצֵּב גְּבֻלֹת עַמִּים   לְמִסְפַּר בְּנֵי יִשְׂרָאֵל׃
ט כִּי חֵלֶק יְהוָה עַמּוֹ   יַעֲקֹב חֶבֶל נַחֲלָתוֹ׃
י יִמְצָאֵהוּ בְּאֶרֶץ מִדְבָּר   וּבְתֹהוּ יְלֵל יְשִׁמֹן
יְסֹבְבֶנְהוּ יְבוֹנְנֵהוּ   יִצְּרֶנְהוּ כְּאִישׁוֹן עֵינוֹ׃
יא כְּנֶשֶׁר יָעִיר קִנּוֹ   עַל־גּוֹזָלָיו יְרַחֵף
יִפְרֹשׂ כְּנָפָיו יִקָּחֵהוּ   יִשָּׂאֵהוּ עַל־אֶבְרָתוֹ׃
יב יְהוָה בָּדָד יַנְחֶנּוּ   וְאֵין עִמּוֹ אֵל נֵכָר׃   שלישי
יג יַרְכִּבֵהוּ עַל־בָּמוֹתֵי אָרֶץ   וַיֹּאכַל תְּנוּבֹת שָׂדָי   בָּמֳתֵי
וַיֵּנִקֵהוּ דְבַשׁ מִסֶּלַע   וְשֶׁמֶן מֵחַלְמִישׁ צוּר׃
יד חֶמְאַת בָּקָר וַחֲלֵב צֹאן   עִם־חֵלֶב כָּרִים
וְאֵילִים בְּנֵי־בָשָׁן וְעַתּוּדִים   עִם־חֵלֶב כִּלְיוֹת חִטָּה
טו וְדַם־עֵנָב תִּשְׁתֶּה־חָמֶר׃   וַיִּשְׁמַן יְשֻׁרוּן וַיִּבְעָט
שָׁמַנְתָּ עָבִיתָ כָּשִׂיתָ   וַיִּטֹּשׁ אֱלוֹהַ עָשָׂהוּ
טז וַיְנַבֵּל צוּר יְשֻׁעָתוֹ׃   יַקְנִאֻהוּ בְּזָרִים
יז בְּתוֹעֵבֹת יַכְעִיסֻהוּ׃   יִזְבְּחוּ לַשֵּׁדִים לֹא אֱלֹהַ
אֱלֹהִים לֹא יְדָעוּם   חֲדָשִׁים מִקָּרֹב בָּאוּ
יח לֹא שְׂעָרוּם אֲבֹתֵיכֶם׃   צוּר יְלָדְךָ תֶּשִׁי
יט וַתִּשְׁכַּח אֵל מְחֹלְלֶךָ׃   וַיַּרְא יְהוָה וַיִּנְאָץ   רביעי
כ מִכַּעַס בָּנָיו וּבְנֹתָיו׃   וַיֹּאמֶר אַסְתִּירָה פָנַי מֵהֶם
אֶרְאֶה מָה אַחֲרִיתָם   כִּי דוֹר תַּהְפֻּכֹת הֵמָּה
כא בָּנִים לֹא־אֵמֻן בָּם׃   הֵם קִנְאוּנִי בְלֹא־אֵל
כִּעֲסוּנִי בְּהַבְלֵיהֶם   וַאֲנִי אַקְנִיאֵם בְּלֹא־עָם
כב בְּגוֹי נָבָל אַכְעִיסֵם׃   כִּי־אֵשׁ קָדְחָה בְאַפִּי
וַתִּיקַד עַד־שְׁאוֹל תַּחְתִּית   וַתֹּאכַל אֶרֶץ וִיבֻלָהּ

וְתִלְהַט מוֹסְדֵי הָרִים:
כג אַסְפֶּה עָלֵימוֹ רָעוֹת
חִצַּי אֲכַלֶּה־בָּם:
כד מְזֵי רָעָב וּלְחֻמֵי רֶשֶׁף
וְקֶטֶב מְרִירִי
וְשֶׁן־בְּהֵמֹת אֲשַׁלַּח־בָּם
עִם־חֲמַת זֹחֲלֵי עָפָר:
כה מִחוּץ תְּשַׁכֶּל־חֶרֶב
וּמֵחֲדָרִים אֵימָה
גַּם־בָּחוּר גַּם־בְּתוּלָה
יוֹנֵק עִם־אִישׁ שֵׂיבָה:
כו אָמַרְתִּי אַפְאֵיהֶם
אַשְׁבִּיתָה מֵאֱנוֹשׁ זִכְרָם:
כז לוּלֵי כַּעַס אוֹיֵב אָגוּר
פֶּן־יְנַכְּרוּ צָרֵימוֹ
פֶּן־יֹאמְרוּ יָדֵנוּ רָמָה
וְלֹא יהוה פָּעַל כָּל־זֹאת:
כח כִּי־גוֹי אֹבַד עֵצוֹת הֵמָּה
חמישי וְאֵין בָּהֶם תְּבוּנָה:
כט לוּ חָכְמוּ יַשְׂכִּילוּ זֹאת
יָבִינוּ לְאַחֲרִיתָם:
ל אֵיכָה יִרְדֹּף אֶחָד אֶלֶף
וּשְׁנַיִם יָנִיסוּ רְבָבָה
אִם־לֹא כִּי־צוּרָם מְכָרָם
וַיהוה הִסְגִּירָם:
לא כִּי לֹא כְצוּרֵנוּ צוּרָם
וְאֹיְבֵינוּ פְּלִילִים:
לב כִּי־מִגֶּפֶן סְדֹם גַּפְנָם
וּמִשַּׁדְמֹת עֲמֹרָה
עֲנָבֵמוֹ עִנְּבֵי־רוֹשׁ
אַשְׁכְּלֹת מְרֹרֹת לָמוֹ:
לג חֲמַת תַּנִּינִם יֵינָם
וְרֹאשׁ פְּתָנִים אַכְזָר:
לד הֲלֹא־הוּא כָּמֻס עִמָּדִי
חָתוּם בְּאוֹצְרֹתָי:
לה לִי נָקָם וְשִׁלֵּם
לְעֵת תָּמוּט רַגְלָם
כִּי קָרוֹב יוֹם אֵידָם
וְחָשׁ עֲתִדֹת לָמוֹ:
לו כִּי־יָדִין יהוה עַמּוֹ
וְעַל־עֲבָדָיו יִתְנֶחָם
כִּי יִרְאֶה כִּי־אָזְלַת יָד
וְאֶפֶס עָצוּר וְעָזוּב:
לז וְאָמַר אֵי אֱלֹהֵימוֹ
צוּר חָסָיוּ בוֹ:
לח אֲשֶׁר חֵלֶב זְבָחֵימוֹ יֹאכֵלוּ
יִשְׁתּוּ יֵין נְסִיכָם
יָקוּמוּ וְיַעְזְרֻכֶם
יְהִי עֲלֵיכֶם סִתְרָה:
לט רְאוּ ׀ עַתָּה כִּי אֲנִי אֲנִי הוּא
וְאֵין אֱלֹהִים עִמָּדִי
אֲנִי אָמִית וַאֲחַיֶּה
מָחַצְתִּי וַאֲנִי אֶרְפָּא
וְאֵין מִיָּדִי מַצִּיל:

מ כִּי־אֶשָּׂא אֶל־שָׁמַיִם יָדִי   וְאָמַרְתִּי חַי אָנֹכִי לְעֹלָם׃ ששי
מא אִם־שַׁנּוֹתִי בְּרַק חַרְבִּי   וְתֹאחֵז בְּמִשְׁפָּט יָדִי
אָשִׁיב נָקָם לְצָרָי   וְלִמְשַׂנְאַי אֲשַׁלֵּם׃
מב אַשְׁכִּיר חִצַּי מִדָּם   וְחַרְבִּי תֹּאכַל בָּשָׂר
מִדַּם חָלָל וְשִׁבְיָה   מֵרֹאשׁ פַּרְעוֹת אוֹיֵב׃
מג הַרְנִינוּ גוֹיִם עַמּוֹ   כִּי דַם־עֲבָדָיו יִקּוֹם
וְנָקָם יָשִׁיב לְצָרָיו   וְכִפֶּר אַדְמָתוֹ עַמּוֹ׃

מד וַיָּבֹא מֹשֶׁה וַיְדַבֵּר אֶת־כָּל־דִּבְרֵי הַשִּׁירָה־הַזֹּאת בְּאָזְנֵי הָעָם הוּא שביעי
מה וְהוֹשֵׁעַ בִּן־נוּן׃ וַיְכַל מֹשֶׁה לְדַבֵּר אֶת־כָּל־הַדְּבָרִים הָאֵלֶּה אֶל־
מו כָּל־יִשְׂרָאֵל׃ וַיֹּאמֶר אֲלֵהֶם שִׂימוּ לְבַבְכֶם לְכָל־הַדְּבָרִים אֲשֶׁר
אָנֹכִי מֵעִיד בָּכֶם הַיּוֹם אֲשֶׁר תְּצַוֻּם אֶת־בְּנֵיכֶם לִשְׁמֹר לַעֲשׂוֹת
מז אֶת־כָּל־דִּבְרֵי הַתּוֹרָה הַזֹּאת׃ כִּי לֹא־דָבָר רֵק הוּא מִכֶּם כִּי־הוּא
חַיֵּיכֶם וּבַדָּבָר הַזֶּה תַּאֲרִיכוּ יָמִים עַל־הָאֲדָמָה אֲשֶׁר אַתֶּם עֹבְרִים
אֶת־הַיַּרְדֵּן שָׁמָּה לְרִשְׁתָּהּ׃
מח מט וַיְדַבֵּר יהוה אֶל־מֹשֶׁה בְּעֶצֶם הַיּוֹם הַזֶּה לֵאמֹר׃ עֲלֵה אֶל־ מפטיר
הַר הָעֲבָרִים הַזֶּה הַר־נְבוֹ אֲשֶׁר בְּאֶרֶץ מוֹאָב אֲשֶׁר עַל־פְּנֵי
יְרֵחוֹ וּרְאֵה אֶת־אֶרֶץ כְּנַעַן אֲשֶׁר אֲנִי נֹתֵן לִבְנֵי יִשְׂרָאֵל
נ לַאֲחֻזָּה׃ וּמֻת בָּהָר אֲשֶׁר אַתָּה עֹלֶה שָׁמָּה וְהֵאָסֵף אֶל־עַמֶּיךָ
נא כַּאֲשֶׁר־מֵת אַהֲרֹן אָחִיךָ בְּהֹר הָהָר וַיֵּאָסֶף אֶל־עַמָּיו׃ עַל אֲשֶׁר
מְעַלְתֶּם בִּי בְּתוֹךְ בְּנֵי יִשְׂרָאֵל בְּמֵי־מְרִיבַת קָדֵשׁ מִדְבַּר־צִן
נב עַל אֲשֶׁר לֹא־קִדַּשְׁתֶּם אוֹתִי בְּתוֹךְ בְּנֵי יִשְׂרָאֵל׃ כִּי מִנֶּגֶד תִּרְאֶה
אֶת־הָאָרֶץ וְשָׁמָּה לֹא תָבוֹא אֶל־הָאָרֶץ אֲשֶׁר־אֲנִי נֹתֵן לִבְנֵי
יִשְׂרָאֵל׃

לג א וְזֹאת הַבְּרָכָה אֲשֶׁר בֵּרַךְ מֹשֶׁה אִישׁ הָאֱלֹהִים אֶת־בְּנֵי יִשְׂרָאֵל כז וזאת הברכה
ב לִפְנֵי מוֹתוֹ׃ וַיֹּאמַר יהוה מִסִּינַי בָּא וְזָרַח מִשֵּׂעִיר לָמוֹ הוֹפִיעַ
ג מֵהַר פָּארָן וְאָתָה מֵרִבְבֹת קֹדֶשׁ מִימִינוֹ אשדת לָמוֹ׃ אַף חֹבֵב אֵשׁ דָּת
שכה

עַמִּים כָּל־קְדֹשָׁיו בְּיָדֶךָ וְהֵם תֻּכּוּ לְרַגְלֶךָ יִשָּׂא מִדַּבְּרֹתֶיךָ:
תּוֹרָה צִוָּה־לָנוּ מֹשֶׁה מוֹרָשָׁה קְהִלַּת יַעֲקֹב: וַיְהִי בִישֻׁרוּן מֶלֶךְ ה
בְּהִתְאַסֵּף רָאשֵׁי עָם יַחַד שִׁבְטֵי יִשְׂרָאֵל: יְחִי רְאוּבֵן וְאַל־יָמֹת ו
וִיהִי מְתָיו מִסְפָּר: וְזֹאת לִיהוּדָה וַיֹּאמַר שְׁמַע ז
יְהוָה קוֹל יְהוּדָה וְאֶל־עַמּוֹ תְּבִיאֶנּוּ יָדָיו רָב לוֹ וְעֵזֶר מִצָּרָיו
תִּהְיֶה:
שני וּלְלֵוִי אָמַר תֻּמֶּיךָ וְאוּרֶיךָ לְאִישׁ חֲסִידֶךָ אֲשֶׁר נִסִּיתוֹ בְּמַסָּה ח
תְּרִיבֵהוּ עַל־מֵי מְרִיבָה: הָאֹמֵר לְאָבִיו וּלְאִמּוֹ לֹא רְאִיתִיו וְאֶת־ ט
אֶחָיו לֹא הִכִּיר וְאֶת־בָּנָו לֹא יָדָע כִּי שָׁמְרוּ אִמְרָתֶךָ וּבְרִיתְךָ
יִנְצֹרוּ: יוֹרוּ מִשְׁפָּטֶיךָ לְיַעֲקֹב וְתוֹרָתְךָ לְיִשְׂרָאֵל יָשִׂימוּ קְטוֹרָה י
בְּאַפֶּךָ וְכָלִיל עַל־מִזְבְּחֶךָ: בָּרֵךְ יְהוָה חֵילוֹ וּפֹעַל יָדָיו תִּרְצֶה יא
מְחַץ מָתְנַיִם קָמָיו וּמְשַׂנְאָיו מִן־יְקוּמוּן: לְבִנְיָמִן יב
אָמַר יְדִיד יְהוָה יִשְׁכֹּן לָבֶטַח עָלָיו חֹפֵף עָלָיו כָּל־הַיּוֹם וּבֵין
שלישי כְּתֵפָיו שָׁכֵן: וּלְיוֹסֵף אָמַר מְבֹרֶכֶת יְהוָה אַרְצוֹ יג
מִמֶּגֶד שָׁמַיִם מִטָּל וּמִתְּהוֹם רֹבֶצֶת תָּחַת: וּמִמֶּגֶד תְּבוּאֹת שָׁמֶשׁ יד
וּמִמֶּגֶד גֶּרֶשׁ יְרָחִים: וּמֵרֹאשׁ הַרְרֵי־קֶדֶם וּמִמֶּגֶד גִּבְעוֹת עוֹלָם: טו
וּמִמֶּגֶד אֶרֶץ וּמְלֹאָהּ וּרְצוֹן שֹׁכְנִי סְנֶה תָּבוֹאתָה לְרֹאשׁ יוֹסֵף טז
וּלְקָדְקֹד נְזִיר אֶחָיו: בְּכוֹר שׁוֹרוֹ הָדָר לוֹ וְקַרְנֵי רְאֵם קַרְנָיו בָּהֶם יז
עַמִּים יְנַגַּח יַחְדָּו אַפְסֵי־אָרֶץ וְהֵם רִבְבוֹת אֶפְרַיִם וְהֵם אַלְפֵי
רביעי מְנַשֶּׁה: וְלִזְבוּלֻן אָמַר שְׂמַח זְבוּלֻן בְּצֵאתֶךָ יח
וְיִשָּׂשכָר בְּאֹהָלֶיךָ: עַמִּים הַר־יִקְרָאוּ שָׁם יִזְבְּחוּ זִבְחֵי־צֶדֶק כִּי יט
שֶׁפַע יַמִּים יִינָקוּ וּשְׂפֻנֵי טְמוּנֵי חוֹל: וּלְגָד אָמַר כ
בָּרוּךְ מַרְחִיב גָּד כְּלָבִיא שָׁכֵן וְטָרַף זְרוֹעַ אַף־קָדְקֹד: וַיַּרְא כא
רֵאשִׁית לוֹ כִּי־שָׁם חֶלְקַת מְחֹקֵק סָפוּן וַיֵּתֵא רָאשֵׁי עָם צִדְקַת
חמישי יְהוָה עָשָׂה וּמִשְׁפָּטָיו עִם־יִשְׂרָאֵל: וּלְדָן אָמַר כב
דָּן גּוּר אַרְיֵה יְזַנֵּק מִן־הַבָּשָׁן: וּלְנַפְתָּלִי אָמַר נַפְתָּלִי שְׂבַע רָצוֹן כג
וּמָלֵא בִּרְכַּת יְהוָה יָם וְדָרוֹם יְרָשָׁה: וּלְאָשֵׁר כד

שכו

אָמַר בָּרוּךְ מִבָּנִים אָשֵׁר יְהִי רְצוּי אֶחָיו וְטֹבֵל בַּשֶּׁמֶן רַגְלוֹ׃
כה כו בַּרְזֶל וּנְחֹשֶׁת מִנְעָלֶךָ וּכְיָמֶיךָ דָּבְאֶךָ׃ אֵין כָּאֵל יְשֻׁרוּן רֹכֵב
כז שָׁמַיִם בְּעֶזְרֶךָ וּבְגַאֲוָתוֹ שְׁחָקִים׃ מְעֹנָה אֱלֹהֵי קֶדֶם וּמִתַּחַת חתן התורה
כח זְרֹעֹת עוֹלָם וַיְגָרֶשׁ מִפָּנֶיךָ אוֹיֵב וַיֹּאמֶר הַשְׁמֵד׃ וַיִּשְׁכֹּן יִשְׂרָאֵל
בֶּטַח בָּדָד עֵין יַעֲקֹב אֶל־אֶרֶץ דָּגָן וְתִירוֹשׁ אַף־שָׁמָיו יַעַרְפוּ־
כט טָל׃ אַשְׁרֶיךָ יִשְׂרָאֵל מִי כָמוֹךָ עַם נוֹשַׁע בַּיהוָה מָגֵן עֶזְרֶךָ
וַאֲשֶׁר־חֶרֶב גַּאֲוָתֶךָ וְיִכָּחֲשׁוּ אֹיְבֶיךָ לָךְ וְאַתָּה עַל־בָּמוֹתֵימוֹ
ד א תִדְרֹךְ׃ וַיַּעַל מֹשֶׁה מֵעַרְבֹת מוֹאָב אֶל־הַר נְבוֹ
רֹאשׁ הַפִּסְגָּה אֲשֶׁר עַל־פְּנֵי יְרֵחוֹ וַיַּרְאֵהוּ יְהוָה אֶת־כָּל־הָאָרֶץ
ב אֶת־הַגִּלְעָד עַד־דָּן׃ וְאֵת כָּל־נַפְתָּלִי וְאֶת־אֶרֶץ אֶפְרַיִם וּמְנַשֶּׁה
ג וְאֵת כָּל־אֶרֶץ יְהוּדָה עַד הַיָּם הָאַחֲרוֹן׃ וְאֶת־הַנֶּגֶב וְאֶת־הַכִּכָּר
ד בִּקְעַת יְרֵחוֹ עִיר הַתְּמָרִים עַד־צֹעַר׃ וַיֹּאמֶר יְהוָה אֵלָיו זֹאת
הָאָרֶץ אֲשֶׁר נִשְׁבַּעְתִּי לְאַבְרָהָם לְיִצְחָק וּלְיַעֲקֹב לֵאמֹר לְזַרְעֲךָ
ה אֶתְּנֶנָּה הֶרְאִיתִיךָ בְעֵינֶיךָ וְשָׁמָּה לֹא תַעֲבֹר׃ וַיָּמָת שָׁם מֹשֶׁה
ו עֶבֶד־יְהוָה בְּאֶרֶץ מוֹאָב עַל־פִּי יְהוָה׃ וַיִּקְבֹּר אֹתוֹ בַגַּי בְּאֶרֶץ
מוֹאָב מוּל בֵּית פְּעוֹר וְלֹא־יָדַע אִישׁ אֶת־קְבֻרָתוֹ עַד הַיּוֹם הַזֶּה׃
ז וּמֹשֶׁה בֶּן־מֵאָה וְעֶשְׂרִים שָׁנָה בְּמֹתוֹ לֹא־כָהֲתָה עֵינוֹ וְלֹא־
ח נָס לֵחֹה׃ וַיִּבְכּוּ בְנֵי יִשְׂרָאֵל אֶת־מֹשֶׁה בְּעַרְבֹת מוֹאָב שְׁלֹשִׁים
ט יוֹם וַיִּתְּמוּ יְמֵי בְכִי אֵבֶל מֹשֶׁה׃ וִיהוֹשֻׁעַ בִּן־נוּן מָלֵא רוּחַ חָכְמָה
כִּי־סָמַךְ מֹשֶׁה אֶת־יָדָיו עָלָיו וַיִּשְׁמְעוּ אֵלָיו בְּנֵי־יִשְׂרָאֵל וַיַּעֲשׂוּ
י כַּאֲשֶׁר צִוָּה יְהוָה אֶת־מֹשֶׁה׃ וְלֹא־קָם נָבִיא עוֹד בְּיִשְׂרָאֵל
יא כְּמֹשֶׁה אֲשֶׁר יְדָעוֹ יְהוָה פָּנִים אֶל־פָּנִים׃ לְכָל־הָאֹתֹת וְהַמּוֹפְתִים
אֲשֶׁר שְׁלָחוֹ יְהוָה לַעֲשׂוֹת בְּאֶרֶץ מִצְרָיִם לְפַרְעֹה וּלְכָל־עֲבָדָיו
יב וּלְכָל־אַרְצוֹ׃ וּלְכֹל הַיָּד הַחֲזָקָה וּלְכֹל הַמּוֹרָא הַגָּדוֹל אֲשֶׁר
עָשָׂה מֹשֶׁה לְעֵינֵי כָּל־יִשְׂרָאֵל׃

נביאים

יהושע
שופטים
שמואל
מלכים
ישעיה
ירמיה
יחזקאל
שנים עשר
הושע
יואל
עמוס
עובדיה
יונה
מיכה
נחום
חבקוק
צפניה
חגי
זכריה
מלאכי

יהושע

א

א וַיְהִ֗י אַחֲרֵ֛י מ֥וֹת מֹשֶׁ֖ה עֶ֣בֶד יְהוָ֑ה וַיֹּ֤אמֶר יְהוָה֙ אֶל־יְהוֹשֻׁ֣עַ בִּן־

ב נ֗וּן מְשָׁרֵ֥ת מֹשֶׁ֖ה לֵאמֹֽר: מֹשֶׁ֥ה עַבְדִּ֖י מֵ֑ת וְעַתָּה֩ ק֨וּם עֲבֹ֜ר אֶת־

הַיַּרְדֵּ֣ן הַזֶּ֗ה אַתָּה֙ וְכָל־הָעָ֣ם הַזֶּ֔ה אֶל־הָאָ֕רֶץ אֲשֶׁ֥ר אָנֹכִ֖י נֹתֵ֥ן

ג לָהֶ֖ם לִבְנֵ֣י יִשְׂרָאֵֽל: כָּל־מָק֗וֹם אֲשֶׁ֥ר תִּדְרֹ֛ךְ כַּף־רַגְלְכֶ֖ם בּ֑וֹ

ד לָכֶ֣ם נְתַתִּ֑יו כַּאֲשֶׁ֖ר דִּבַּ֥רְתִּי אֶל־מֹשֶֽׁה: מֵהַמִּדְבָּר֩ וְהַלְּבָנ֨וֹן הַזֶּ֜ה

וְֽעַד־הַנָּהָ֧ר הַגָּד֣וֹל נְהַר־פְּרָ֗ת כֹּ֚ל אֶ֣רֶץ הַֽחִתִּ֔ים וְעַד־הַיָּ֥ם

ה הַגָּד֖וֹל מְב֣וֹא הַשָּׁ֑מֶשׁ יִהְיֶ֖ה גְּבוּלְכֶֽם: לֹֽא־יִתְיַצֵּ֥ב אִישׁ֙ לְפָנֶ֔יךָ

כֹּ֖ל יְמֵ֣י חַיֶּ֑יךָ כַּאֲשֶׁ֨ר הָיִ֤יתִי עִם־מֹשֶׁה֙ אֶהְיֶ֣ה עִמָּ֔ךְ לֹ֥א אַרְפְּךָ֖

ו וְלֹ֥א אֶֽעֶזְבֶֽךָּ: חֲזַ֖ק וֶאֱמָ֑ץ כִּ֣י אַתָּ֗ה תַּנְחִיל֙ אֶת־הָעָ֣ם הַזֶּ֔ה אֶת־

הָאָ֕רֶץ אֲשֶׁר־נִשְׁבַּ֥עְתִּי לַאֲבוֹתָ֖ם לָתֵ֥ת לָהֶֽם: רַ֩ק חֲזַ֨ק וֶֽאֱמַ֜ץ

ז מְאֹ֗ד לִשְׁמֹ֤ר לַעֲשׂוֹת֙ כְּכָל־הַתּוֹרָ֗ה אֲשֶׁ֤ר צִוְּךָ֙ מֹשֶׁ֣ה עַבְדִּ֔י אַל־

תָּס֥וּר מִמֶּ֖נּוּ יָמִ֣ין וּשְׂמֹ֑אול לְמַ֣עַן תַּשְׂכִּ֔יל בְּכֹ֖ל אֲשֶׁ֥ר תֵּלֵֽךְ:

ח לֹֽא־יָמ֡וּשׁ סֵפֶר֩ הַתּוֹרָ֨ה הַזֶּ֜ה מִפִּ֗יךָ וְהָגִ֤יתָ בּוֹ֙ יוֹמָ֣ם וָלַ֔יְלָה לְמַ֙עַן֙

תִּשְׁמֹ֣ר לַעֲשׂ֔וֹת כְּכָל־הַכָּת֣וּב בּ֑וֹ כִּי־אָ֛ז תַּצְלִ֥יחַ אֶת־דְּרָכֶ֖ךָ וְאָ֥ז

ט תַּשְׂכִּֽיל: הֲל֤וֹא צִוִּיתִ֙יךָ֙ חֲזַ֣ק וֶאֱמָ֔ץ אַֽל־תַּעֲרֹ֖ץ וְאַל־תֵּחָ֑ת כִּ֤י

י עִמְּךָ֙ יְהוָ֣ה אֱלֹהֶ֔יךָ בְּכֹ֖ל אֲשֶׁ֥ר תֵּלֵֽךְ: וַיְצַ֣ו יְהוֹשֻׁ֔עַ

יא אֶת־שֹׁטְרֵ֥י הָעָ֖ם לֵאמֹֽר: עִבְר֣וּ ׀ בְּקֶ֣רֶב הַֽמַּחֲנֶ֗ה וְצַוּ֤וּ אֶת־

הָעָם֙ לֵאמֹ֔ר הָכִ֥ינוּ לָכֶ֖ם צֵדָ֑ה כִּ֞י בְּע֣וֹד ׀ שְׁלֹ֣שֶׁת יָמִ֗ים אַתֶּם֙

עֹֽבְרִים֙ אֶת־הַיַּרְדֵּ֣ן הַזֶּ֔ה לָבוֹא֙ לָרֶ֣שֶׁת אֶת־הָאָ֔רֶץ אֲשֶׁר֙ יְהוָ֣ה

יב אֱלֹֽהֵיכֶ֔ם נֹתֵ֥ן לָכֶ֖ם לְרִשְׁתָּֽהּ: וְלָרֽאוּבֵנִי֙ וְלַגָּדִ֔י

יג וְלַחֲצִ֖י שֵׁ֣בֶט הַֽמְנַשֶּׁ֑ה אָמַ֥ר יְהוֹשֻׁ֖עַ לֵאמֹֽר: זָכוֹר֙ אֶת־הַדָּבָ֔ר

אֲשֶׁ֨ר צִוָּ֥ה אֶתְכֶ֛ם מֹשֶׁ֥ה עֶֽבֶד־יְהוָ֖ה לֵאמֹ֑ר יְהוָ֧ה אֱלֹהֵיכֶ֛ם

יד מֵנִ֥יחַ לָכֶ֖ם וְנָתַ֣ן לָכֶ֥ם אֶת־הָאָ֣רֶץ הַזֹּֽאת: נְשֵׁיכֶ֣ם טַפְּכֶם֮ וּמִקְנֵיכֶם֒

יֵשְׁבוּ֙ בָּאָ֔רֶץ אֲשֶׁ֨ר נָתַ֥ן לָכֶ֛ם מֹשֶׁ֖ה בְּעֵ֣בֶר הַיַּרְדֵּ֑ן וְאַתֶּם֩ תַּעַבְר֨וּ

טו חֲמֻשִׁ֜ים לִפְנֵ֣י אֲחֵיכֶ֗ם כֹּ֚ל גִּבּוֹרֵ֣י הַחַ֔יִל וַעֲזַרְתֶּ֖ם אוֹתָֽם: עַ֠ד

אֲשֶׁר־יָנִ֨יחַ יְהוָ֥ה ׀ לַֽאֲחֵיכֶם֮ כָּכֶם֒ וְיָרְשׁ֣וּ גַם־הֵ֔מָּה אֶת־הָאָ֕רֶץ

אֲשֶׁר־יְהוָ֥ה אֱלֹהֵיכֶ֖ם נֹתֵ֣ן לָהֶ֑ם וְשַׁבְתֶּ֞ם לְאֶ֤רֶץ יְרֻשַּׁתְכֶם֙

וִֽירִשְׁתֶּם אוֹתָהּ אֲשֶׁר ׀ נָתַן לָכֶם מֹשֶׁה עֶבֶד יְהוָה בְּעֵבֶר הַיַּרְדֵּן
טז מִזְרַח הַשָּׁמֶשׁ׃ וַיַּעֲנוּ אֶת־יְהוֹשֻׁעַ לֵאמֹר כֹּל אֲשֶׁר־צִוִּיתָנוּ
יז נַעֲשֶׂה וְאֶל־כָּל־אֲשֶׁר תִּשְׁלָחֵנוּ נֵלֵךְ׃ כְּכֹל אֲשֶׁר־שָׁמַעְנוּ אֶל־
מֹשֶׁה כֵּן נִשְׁמַע אֵלֶיךָ רַק יִהְיֶה יְהוָה אֱלֹהֶיךָ עִמָּךְ כַּאֲשֶׁר הָיָה
יח עִם־מֹשֶׁה׃ כָּל־אִישׁ אֲשֶׁר־יַמְרֶה אֶת־פִּיךָ וְלֹא־יִשְׁמַע אֶת־
דְּבָרֶיךָ לְכֹל אֲשֶׁר־תְּצַוֶּנּוּ יוּמָת רַק חֲזַק וֶאֱמָץ׃
ב א וַיִּשְׁלַח יְהוֹשֻׁעַ בִּן־נוּן מִן־הַשִּׁטִּים שְׁנַיִם אֲנָשִׁים מְרַגְּלִים חֶרֶשׁ
לֵאמֹר לְכוּ רְאוּ אֶת־הָאָרֶץ וְאֶת־יְרִיחוֹ וַיֵּלְכוּ וַיָּבֹאוּ בֵּית אִשָּׁה
ב זוֹנָה וּשְׁמָהּ רָחָב וַיִּשְׁכְּבוּ־שָׁמָּה׃ וַיֵּאָמַר לְמֶלֶךְ יְרִיחוֹ לֵאמֹר
הִנֵּה אֲנָשִׁים בָּאוּ הֵנָּה הַלַּיְלָה מִבְּנֵי יִשְׂרָאֵל לַחְפֹּר אֶת־הָאָרֶץ׃
ג וַיִּשְׁלַח מֶלֶךְ יְרִיחוֹ אֶל־רָחָב לֵאמֹר הוֹצִיאִי הָאֲנָשִׁים הַבָּאִים
ד אֵלַיִךְ אֲשֶׁר־בָּאוּ לְבֵיתֵךְ כִּי לַחְפֹּר אֶת־כָּל־הָאָרֶץ בָּאוּ׃ וַתִּקַּח
הָאִשָּׁה אֶת־שְׁנֵי הָאֲנָשִׁים וַתִּצְפְּנוֹ וַתֹּאמֶר כֵּן בָּאוּ אֵלַי
ה הָאֲנָשִׁים וְלֹא יָדַעְתִּי מֵאַיִן הֵמָּה׃ וַיְהִי הַשַּׁעַר לִסְגּוֹר בַּחֹשֶׁךְ
וְהָאֲנָשִׁים יָצָאוּ לֹא יָדַעְתִּי אָנָה הָלְכוּ הָאֲנָשִׁים רִדְפוּ מַהֵר
ו אַחֲרֵיהֶם כִּי תַשִּׂיגוּם׃ וְהִיא הֶעֱלָתַם הַגָּגָה וַתִּטְמְנֵם בְּפִשְׁתֵּי
ז הָעֵץ הָעֲרֻכוֹת לָהּ עַל־הַגָּג׃ וְהָאֲנָשִׁים רָדְפוּ אַחֲרֵיהֶם דֶּרֶךְ
הַיַּרְדֵּן עַל הַמַּעְבְּרוֹת וְהַשַּׁעַר סָגָרוּ אַחֲרֵי כַּאֲשֶׁר יָצְאוּ
ח הָרֹדְפִים אַחֲרֵיהֶם׃ וְהֵמָּה טֶרֶם יִשְׁכָּבוּן וְהִיא עָלְתָה עֲלֵיהֶם
ט עַל־הַגָּג׃ וַתֹּאמֶר אֶל־הָאֲנָשִׁים יָדַעְתִּי כִּי־נָתַן יְהוָה לָכֶם
אֶת־הָאָרֶץ וְכִי־נָפְלָה אֵימַתְכֶם עָלֵינוּ וְכִי נָמֹגוּ כָּל־יֹשְׁבֵי
י הָאָרֶץ מִפְּנֵיכֶם׃ כִּי שָׁמַעְנוּ אֵת אֲשֶׁר־הוֹבִישׁ יְהוָה אֶת־מֵי
יַם־סוּף מִפְּנֵיכֶם בְּצֵאתְכֶם מִמִּצְרָיִם וַאֲשֶׁר עֲשִׂיתֶם לִשְׁנֵי מַלְכֵי
הָאֱמֹרִי אֲשֶׁר בְּעֵבֶר הַיַּרְדֵּן לְסִיחֹן וּלְעוֹג אֲשֶׁר הֶחֱרַמְתֶּם
יא אוֹתָם׃ וַנִּשְׁמַע וַיִּמַּס לְבָבֵנוּ וְלֹא־קָמָה עוֹד רוּחַ בְּאִישׁ
מִפְּנֵיכֶם כִּי יְהוָה אֱלֹהֵיכֶם הוּא אֱלֹהִים בַּשָּׁמַיִם מִמַּעַל וְעַל־
יב הָאָרֶץ מִתָּחַת׃ וְעַתָּה הִשָּׁבְעוּ־נָא לִי בַּיהוָה כִּי־עָשִׂיתִי עִמָּכֶם

חֶסֶד וַעֲשִׂיתֶם גַּם־אַתֶּם עִם־בֵּית אָבִי חֶסֶד וּנְתַתֶּם לִי אוֹת
יג אֱמֶת׃ וְהַחֲיִתֶם אֶת־אָבִי וְאֶת־אִמִּי וְאֶת־אַחַי וְאֶת־אחותי אַחְיוֹתַי
יד וְאֵת כָּל־אֲשֶׁר לָהֶם וְהִצַּלְתֶּם אֶת־נַפְשֹׁתֵינוּ מִמָּוֶת׃ וַיֹּאמְרוּ
לָהּ הָאֲנָשִׁים נַפְשֵׁנוּ תַחְתֵּיכֶם לָמוּת אִם לֹא תַגִּידוּ אֶת־
דְּבָרֵנוּ זֶה וְהָיָה בְּתֵת־יְהוָה לָנוּ אֶת־הָאָרֶץ וְעָשִׂינוּ עִמָּךְ חֶסֶד
טו וֶאֱמֶת׃ וַתּוֹרִדֵם בַּחֶבֶל בְּעַד הַחַלּוֹן כִּי בֵיתָהּ בְּקִיר הַחוֹמָה
טז וּבַחוֹמָה הִיא יוֹשָׁבֶת׃ וַתֹּאמֶר לָהֶם הָהָרָה לֵּכוּ פֶּן־יִפְגְּעוּ
בָכֶם הָרֹדְפִים וְנַחְבֵּתֶם שָׁמָּה שְׁלֹשֶׁת יָמִים עַד שׁוֹב הָרֹדְפִים
יז וְאַחַר תֵּלְכוּ לְדַרְכְּכֶם׃ וַיֹּאמְרוּ אֵלֶיהָ הָאֲנָשִׁים נְקִיִּם אֲנַחְנוּ
יח מִשְּׁבֻעָתֵךְ הַזֶּה אֲשֶׁר הִשְׁבַּעְתָּנוּ׃ הִנֵּה אֲנַחְנוּ בָאִים בָּאָרֶץ
אֶת־תִּקְוַת חוּט הַשָּׁנִי הַזֶּה תִּקְשְׁרִי בַּחַלּוֹן אֲשֶׁר הוֹרַדְתֵּנוּ
בוֹ וְאֶת־אָבִיךְ וְאֶת־אִמֵּךְ וְאֶת־אַחַיִךְ וְאֵת כָּל־בֵּית אָבִיךְ
יט תַּאַסְפִי אֵלַיִךְ הַבָּיְתָה׃ וְהָיָה כֹּל אֲשֶׁר־יֵצֵא מִדַּלְתֵי בֵיתֵךְ ׀
הַחוּצָה דָּמוֹ בְרֹאשׁוֹ וַאֲנַחְנוּ נְקִיִּם וְכֹל אֲשֶׁר יִהְיֶה אִתָּךְ בַּבַּיִת
כ דָּמוֹ בְרֹאשֵׁנוּ אִם־יָד תִּהְיֶה־בּוֹ׃ וְאִם־תַּגִּידִי אֶת־דְּבָרֵנוּ זֶה
כא וְהָיִינוּ נְקִיִּם מִשְּׁבֻעָתֵךְ אֲשֶׁר הִשְׁבַּעְתָּנוּ׃ וַתֹּאמֶר כְּדִבְרֵיכֶם
כֶּן־הוּא וַתְּשַׁלְּחֵם וַיֵּלֵכוּ וַתִּקְשֹׁר אֶת־תִּקְוַת הַשָּׁנִי בַּחַלּוֹן׃
כב וַיֵּלְכוּ וַיָּבֹאוּ הָהָרָה וַיֵּשְׁבוּ שָׁם שְׁלֹשֶׁת יָמִים עַד־שָׁבוּ הָרֹדְפִים
כג וַיְבַקְשׁוּ הָרֹדְפִים בְּכָל־הַדֶּרֶךְ וְלֹא מָצָאוּ׃ וַיָּשֻׁבוּ שְׁנֵי הָאֲנָשִׁים
וַיֵּרְדוּ מֵהָהָר וַיַּעַבְרוּ וַיָּבֹאוּ אֶל־יְהוֹשֻׁעַ בִּן־נוּן וַיְסַפְּרוּ־
כד לוֹ אֵת כָּל־הַמֹּצְאוֹת אוֹתָם׃ וַיֹּאמְרוּ אֶל־יְהוֹשֻׁעַ כִּי־נָתַן
יְהוָה בְּיָדֵנוּ אֶת־כָּל־הָאָרֶץ וְגַם־נָמֹגוּ כָּל־יֹשְׁבֵי הָאָרֶץ
ג א מִפָּנֵינוּ׃ וַיַּשְׁכֵּם יְהוֹשֻׁעַ בַּבֹּקֶר וַיִּסְעוּ מֵהַשִּׁטִּים
וַיָּבֹאוּ עַד־הַיַּרְדֵּן הוּא וְכָל־בְּנֵי יִשְׂרָאֵל וַיָּלִנוּ שָׁם טֶרֶם יַעֲבֹרוּ׃
ב וַיְהִי מִקְצֵה שְׁלֹשֶׁת יָמִים וַיַּעַבְרוּ הַשֹּׁטְרִים בְּקֶרֶב הַמַּחֲנֶה׃
ג וַיְצַוּוּ אֶת־הָעָם לֵאמֹר כִּרְאֹתְכֶם אֵת אֲרוֹן בְּרִית־יְהוָה
אֱלֹהֵיכֶם וְהַכֹּהֲנִים הַלְוִיִּם נֹשְׂאִים אֹתוֹ וְאַתֶּם תִּסְעוּ מִמְּקוֹמְכֶם

ד וַהֲלַכְתֶּם אַחֲרָיו׃ אַךְ ׀ רָחוֹק יִהְיֶה בֵּינֵיכֶם וּבֵינָו כְּאַלְפַּיִם אַמָּה
בְּמִדָּה אַל־תִּקְרְבוּ אֵלָיו לְמַעַן אֲשֶׁר־תֵּדְעוּ אֶת־הַדֶּרֶךְ אֲשֶׁר תֵּלְכוּ־
ה בָהּ כִּי לֹא עֲבַרְתֶּם בַּדֶּרֶךְ מִתְּמוֹל שִׁלְשׁוֹם׃ וַיֹּאמֶר
יְהוֹשֻׁעַ אֶל־הָעָם הִתְקַדָּשׁוּ כִּי מָחָר יַעֲשֶׂה יְהוָה בְּקִרְבְּכֶם
ו נִפְלָאוֹת׃ וַיֹּאמֶר יְהוֹשֻׁעַ אֶל־הַכֹּהֲנִים לֵאמֹר שְׂאוּ אֶת־אֲרוֹן
הַבְּרִית וְעִבְרוּ לִפְנֵי הָעָם וַיִּשְׂאוּ אֶת־אֲרוֹן הַבְּרִית וַיֵּלְכוּ
ז לִפְנֵי הָעָם׃ וַיֹּאמֶר יְהוָה אֶל־יְהוֹשֻׁעַ הַיּוֹם הַזֶּה ב
אָחֵל גַּדֶּלְךָ בְּעֵינֵי כָּל־יִשְׂרָאֵל אֲשֶׁר יֵדְעוּן כִּי כַּאֲשֶׁר הָיִיתִי
ח עִם־מֹשֶׁה אֶהְיֶה עִמָּךְ׃ וְאַתָּה תְּצַוֶּה אֶת־הַכֹּהֲנִים נֹשְׂאֵי
אֲרוֹן־הַבְּרִית לֵאמֹר כְּבֹאֲכֶם עַד־קְצֵה מֵי הַיַּרְדֵּן בַּיַּרְדֵּן
ט תַּעֲמֹדוּ׃ וַיֹּאמֶר יְהוֹשֻׁעַ אֶל־בְּנֵי יִשְׂרָאֵל גֹּשׁוּ הֵנָּה
י וְשִׁמְעוּ אֶת־דִּבְרֵי יְהוָה אֱלֹהֵיכֶם׃ וַיֹּאמֶר יְהוֹשֻׁעַ בְּזֹאת
תֵּדְעוּן כִּי אֵל חַי בְּקִרְבְּכֶם וְהוֹרֵשׁ יוֹרִישׁ מִפְּנֵיכֶם אֶת־הַכְּנַעֲנִי
וְאֶת־הַחִתִּי וְאֶת־הַחִוִּי וְאֶת־הַפְּרִזִּי וְאֶת־הַגִּרְגָּשִׁי וְהָאֱמֹרִי
יא וְהַיְבוּסִי׃ הִנֵּה אֲרוֹן הַבְּרִית אֲדוֹן כָּל־הָאָרֶץ עֹבֵר לִפְנֵיכֶם
יב בַּיַּרְדֵּן׃ וְעַתָּה קְחוּ לָכֶם שְׁנֵי עָשָׂר אִישׁ מִשִּׁבְטֵי יִשְׂרָאֵל אִישׁ־
יג אֶחָד אִישׁ־אֶחָד לַשָּׁבֶט׃ וְהָיָה כְּנוֹחַ כַּפּוֹת רַגְלֵי הַכֹּהֲנִים נֹשְׂאֵי
אֲרוֹן יְהוָה אֲדוֹן כָּל־הָאָרֶץ בְּמֵי הַיַּרְדֵּן מֵי הַיַּרְדֵּן יִכָּרֵתוּן
יד הַמַּיִם הַיֹּרְדִים מִלְמָעְלָה וְיַעַמְדוּ נֵד אֶחָד׃ וַיְהִי בִּנְסֹעַ הָעָם
מֵאָהֳלֵיהֶם לַעֲבֹר אֶת־הַיַּרְדֵּן וְהַכֹּהֲנִים נֹשְׂאֵי הָאָרוֹן הַבְּרִית
טו לִפְנֵי הָעָם׃ וּכְבוֹא נֹשְׂאֵי הָאָרוֹן עַד־הַיַּרְדֵּן וְרַגְלֵי הַכֹּהֲנִים
נֹשְׂאֵי הָאָרוֹן נִטְבְּלוּ בִּקְצֵה הַמָּיִם וְהַיַּרְדֵּן מָלֵא עַל־כָּל־גְּדוֹתָיו
טז כֹּל יְמֵי קָצִיר׃ וַיַּעַמְדוּ הַמַּיִם הַיֹּרְדִים מִלְמַעְלָה קָמוּ נֵד־אֶחָד
הַרְחֵק מְאֹד באדם הָעִיר אֲשֶׁר מִצַּד צָרְתָן וְהַיֹּרְדִים עַל יָם מֵאָדָם
יז הָעֲרָבָה יָם־הַמֶּלַח תַּמּוּ נִכְרָתוּ וְהָעָם עָבְרוּ נֶגֶד יְרִיחוֹ׃ וַיַּעַמְדוּ
הַכֹּהֲנִים נֹשְׂאֵי הָאָרוֹן בְּרִית־יְהוָה בֶּחָרָבָה בְּתוֹךְ הַיַּרְדֵּן
הָכֵן וְכָל־יִשְׂרָאֵל עֹבְרִים בֶּחָרָבָה עַד אֲשֶׁר־תַּמּוּ כָּל־הַגּוֹי

א לַעֲב֖וֹר אֶת־הַיַּרְדֵּֽן׃ וַיְהִי֙ כַּאֲשֶׁר־תַּ֣מּוּ כָל־הַגּ֔וֹי לַעֲב֖וֹר אֶת־
ב הַיַּרְדֵּ֑ן   וַיֹּ֣אמֶר יְהוָ֔ה אֶל־יְהוֹשֻׁ֖עַ לֵאמֹֽר׃ קְח֤וּ
לָכֶם֙ מִן־הָעָ֔ם שְׁנֵ֥ים עָשָׂ֖ר אֲנָשִׁ֑ים אִישׁ־אֶחָ֥ד אִישׁ־אֶחָ֖ד
ג מִשָּֽׁבֶט׃ וְצַוּ֣וּ אוֹתָם֮ לֵאמֹר֒ שְׂאוּ־לָכֶ֨ם מִזֶּ֜ה מִתּ֣וֹךְ הַיַּרְדֵּ֗ן
מִמַּצַּב֙ רַגְלֵ֣י הַכֹּהֲנִ֔ים הָכִ֖ין שְׁתֵּים־עֶשְׂרֵ֣ה אֲבָנִ֑ים וְהַעֲבַרְתֶּ֤ם
אוֹתָם֙ עִמָּכֶ֔ם וְהִנַּחְתֶּ֣ם אוֹתָ֔ם בַּמָּל֕וֹן אֲשֶׁר־תָּלִ֥ינוּ ב֖וֹ
ד הַלָּֽיְלָה׃   וַיִּקְרָ֣א יְהוֹשֻׁ֔עַ אֶל־שְׁנֵ֥ים הֶעָשָׂ֖ר אִ֑ישׁ
ה אֲשֶׁ֤ר הֵכִין֙ מִבְּנֵ֣י יִשְׂרָאֵ֔ל אִישׁ־אֶחָ֥ד אִישׁ־אֶחָ֖ד מִשָּֽׁבֶט׃ וַיֹּ֤אמֶר
לָהֶם֙ יְהוֹשֻׁ֔עַ עִבְר֗וּ לִפְנֵ֛י אֲר֥וֹן יְהוָ֛ה אֱלֹהֵיכֶ֖ם אֶל־תּ֣וֹךְ הַיַּרְדֵּ֑ן
וְהָרִ֨ימוּ לָכֶ֜ם אִ֣ישׁ אֶ֤בֶן אַחַת֙ עַל־שִׁכְמ֔וֹ לְמִסְפַּ֖ר שִׁבְטֵ֥י בְנֵֽי־
ו יִשְׂרָאֵֽל׃ לְמַ֗עַן תִּהְיֶ֥ה זֹ֛את א֖וֹת בְּקִרְבְּכֶ֑ם כִּֽי־יִשְׁאָל֨וּן בְּנֵיכֶ֤ם
ז מָחָר֙ לֵאמֹ֔ר מָ֛ה הָאֲבָנִ֥ים הָאֵ֖לֶּה לָכֶֽם׃ וַאֲמַרְתֶּ֣ם לָהֶ֗ם אֲשֶׁ֨ר
נִכְרְת֜וּ מֵימֵ֣י הַיַּרְדֵּ֗ן מִפְּנֵי֙ אֲר֣וֹן בְּרִית־יְהוָ֔ה בְּעָבְרוֹ֙ בַּיַּרְדֵּ֔ן
נִכְרְת֖וּ מֵ֣י הַיַּרְדֵּ֑ן וְהָ֨יוּ הָאֲבָנִ֥ים הָאֵ֛לֶּה לְזִכָּר֖וֹן לִבְנֵ֥י יִשְׂרָאֵ֖ל
ח עַד־עוֹלָֽם׃ וַיַּעֲשׂוּ־כֵ֣ן בְּנֵֽי־יִשְׂרָאֵל֮ כַּאֲשֶׁ֣ר צִוָּ֣ה יְהוֹשֻׁעַ֒ וַיִּשְׂא֡וּ
שְׁתֵּֽי־עֶשְׂרֵ֨ה אֲבָנִ֜ים מִתּ֣וֹךְ הַיַּרְדֵּ֗ן כַּאֲשֶׁ֨ר דִּבֶּ֤ר יְהוָה֙ אֶל־יְהוֹשֻׁ֔עַ
לְמִסְפַּ֖ר שִׁבְטֵ֣י בְנֵֽי־יִשְׂרָאֵ֑ל וַיַּעֲבִר֤וּם עִמָּם֙ אֶל־הַמָּל֔וֹן וַיַּנִּח֖וּם
ט שָֽׁם׃ וּשְׁתֵּ֨ים עֶשְׂרֵ֜ה אֲבָנִ֗ים הֵקִ֤ים יְהוֹשֻׁ֙עַ֙ בְּת֣וֹךְ הַיַּרְדֵּ֔ן תַּ֗חַת
מַצַּב֙ רַגְלֵ֣י הַכֹּהֲנִ֔ים נֹשְׂאֵ֖י אֲר֣וֹן הַבְּרִ֑ית וַיִּ֣הְיוּ שָׁ֔ם עַ֖ד הַיּ֥וֹם
י הַזֶּֽה׃ וְהַכֹּהֲנִ֞ים נֹשְׂאֵ֣י הָאָר֗וֹן עֹֽמְדִים֮ בְּת֣וֹךְ הַיַּרְדֵּן֒ עַ֣ד־תֹּ֣ם
כָּל־הַ֠דָּבָר אֲשֶׁר־צִוָּ֨ה יְהוָ֤ה אֶת־יְהוֹשֻׁ֙עַ֙ לְדַבֵּ֣ר אֶל־הָעָ֔ם כְּכֹ֛ל
יא אֲשֶׁר־צִוָּ֥ה מֹשֶׁ֖ה אֶת־יְהוֹשֻׁ֑עַ וַיְמַהֲר֥וּ הָעָ֖ם וַיַּעֲבֹֽרוּ׃ וַיְהִ֛י
כַּאֲשֶׁר־תַּ֥ם כָּל־הָעָ֖ם לַעֲב֑וֹר וַיַּעֲבֹ֧ר אֲרוֹן־יְהוָ֛ה וְהַכֹּהֲנִ֖ים לִפְנֵ֥י
יב הָעָֽם׃ וַיַּעַבְר֡וּ בְּנֵֽי־רְאוּבֵ֨ן וּבְנֵי־גָ֜ד וַחֲצִ֨י שֵׁ֤בֶט הַֽמְנַשֶּׁה֙ חֲמֻשִׁ֔ים
יג לִפְנֵ֖י בְּנֵ֣י יִשְׂרָאֵ֑ל כַּאֲשֶׁ֛ר דִּבֶּ֥ר אֲלֵיהֶ֖ם מֹשֶֽׁה׃ כְּאַרְבָּעִ֥ים
אֶ֖לֶף חֲלוּצֵ֣י הַצָּבָ֑א עָבְר֞וּ לִפְנֵ֤י יְהוָה֙ לַמִּלְחָמָ֔ה אֶ֖ל עַֽרְב֥וֹת
יד יְרִיחֽוֹ׃   בַּיּ֣וֹם הַה֗וּא גִּדַּ֨ל יְהוָ֤ה אֶת־יְהוֹשֻׁ֙עַ֙ בְּעֵינֵ֖י

כָּל־יִשְׂרָאֵל וַיִּֽרְאוּ אֹתוֹ כַּאֲשֶׁר יָֽרְאוּ אֶת־מֹשֶׁה כָּל־יְמֵי
חַיָּֽיו: וַיֹּאמֶר יְהוָה אֶל־יְהוֹשֻׁעַ לֵאמֹֽר: צַוֵּה ‍טֵ‍

אֶת־הַכֹּֽהֲנִים נֹֽשְׂאֵי אֲרוֹן הָעֵדוּת וְיַעֲלוּ מִן־הַיַּרְדֵּֽן: וַיְצַו יְהוֹשֻׁעַ ‍יז‍
אֶת־הַכֹּהֲנִים לֵאמֹר עֲלוּ מִן־הַיַּרְדֵּֽן: וַיְהִי בַּעֲלוֹת הַכֹּֽהֲנִים ‍כְּעֲלוֹת‍
נֹֽשְׂאֵי אֲרוֹן בְּרִית־יְהוָה מִתּוֹךְ הַיַּרְדֵּן נִתְּקוּ כַּפּוֹת רַגְלֵי
הַכֹּֽהֲנִים אֶל הֶחָֽרָבָה וַיָּשֻׁבוּ מֵֽי־הַיַּרְדֵּן לִמְקוֹמָם וַיֵּלְכוּ כִתְמוֹל־
שִׁלְשׁוֹם עַל־כָּל־גְּדוֹתָֽיו: וְהָעָם עָלוּ מִן־הַיַּרְדֵּן בֶּעָשׂוֹר לַחֹדֶשׁ ‍יט‍
הָֽרִאשׁוֹן וַֽיַּחֲנוּ בַּגִּלְגָּל בִּקְצֵה מִזְרַח יְרִיחֽוֹ: וְאֵת שְׁתֵּים עֶשְׂרֵה ‍כ‍
הָֽאֲבָנִים הָאֵלֶּה אֲשֶׁר לָקְחוּ מִן־הַיַּרְדֵּן הֵקִים יְהוֹשֻׁעַ בַּגִּלְגָּֽל:
וַיֹּאמֶר אֶל־בְּנֵי יִשְׂרָאֵל לֵאמֹר אֲשֶׁר יִשְׁאָלוּן בְּנֵיכֶם מָחָר אֶת־ ‍כא‍
אֲבוֹתָם לֵאמֹר מָה הָאֲבָנִים הָאֵֽלֶּה: וְהוֹדַעְתֶּם אֶת־בְּנֵיכֶם ‍כב‍
לֵאמֹר בַּיַּבָּשָׁה עָבַר יִשְׂרָאֵל אֶת־הַיַּרְדֵּן הַזֶּֽה: אֲשֶׁר־הוֹבִישׁ ‍כג‍
יְהוָה אֱלֹֽהֵיכֶם אֶת־מֵי הַיַּרְדֵּן מִפְּנֵיכֶם עַד־עָבְרְכֶם כַּאֲשֶׁר עָשָׂה
יְהוָה אֱלֹֽהֵיכֶם לְיַם־סוּף אֲשֶׁר־הוֹבִישׁ מִפָּנֵינוּ עַד־עָבְרֵֽנוּ:
לְמַעַן דַּעַת כָּל־עַמֵּי הָאָרֶץ אֶת־יַד יְהוָה כִּי חֲזָקָה הִיא לְמַעַן ‍כד‍ ‍ג‍
יְרֵאתֶם אֶת־יְהוָה אֱלֹהֵיכֶם כָּל־הַיָּמִֽים: וַיְהִי ‍ה‍ ‍א‍
כִשְׁמֹעַ כָּל־מַלְכֵי הָֽאֱמֹרִי אֲשֶׁר בְּעֵבֶר הַיַּרְדֵּן יָמָּה וְכָל־מַלְכֵי
הַֽכְּנַעֲנִי אֲשֶׁר עַל־הַיָּם אֵת אֲשֶׁר־הוֹבִישׁ יְהוָה אֶת־מֵי הַיַּרְדֵּן
מִפְּנֵי בְנֵֽי־יִשְׂרָאֵל עַד־עָבְרֵנוּ וַיִּמַּס לְבָבָם וְלֹא־הָיָה בָם עוֹד ‍עָבְרֵם‍
רוּחַ מִפְּנֵי בְּנֵֽי־יִשְׂרָאֵֽל: בָּעֵת הַהִיא אָמַר יְהוָה
אֶל־יְהוֹשֻׁעַ עֲשֵׂה לְךָ חַרְבוֹת צֻרִים וְשׁוּב מֹל אֶת־בְּנֵֽי־יִשְׂרָאֵל
שֵׁנִֽית: וַיַּֽעַשׂ־לוֹ יְהוֹשֻׁעַ חַֽרְבוֹת צֻרִים וַיָּמָל אֶת־בְּנֵי יִשְׂרָאֵל ‍ג‍
אֶל־גִּבְעַת הָֽעֲרָלֽוֹת: וְזֶה הַדָּבָר אֲשֶׁר־מָל יְהוֹשֻׁעַ כָּל־הָעָם ‍ד‍
הַיֹּצֵא מִמִּצְרַיִם הַזְּכָרִים כֹּל ׀ אַנְשֵׁי הַמִּלְחָמָה מֵתוּ בַמִּדְבָּר
בַּדֶּרֶךְ בְּצֵאתָם מִמִּצְרָֽיִם: כִּֽי־מֻלִים הָיוּ כָּל־הָעָם הַיֹּצְאִים ‍ה‍
וְכָל־הָעָם הַיִּלֹּדִים בַּמִּדְבָּר בַּדֶּרֶךְ בְּצֵאתָם מִמִּצְרַיִם לֹא־מָֽלוּ:
כִּי ׀ אַרְבָּעִים שָׁנָה הָֽלְכוּ בְנֵֽי־יִשְׂרָאֵל בַּמִּדְבָּר עַד־תֹּם כָּל־ ‍ו‍

הַגּוֹי אַנְשֵׁי הַמִּלְחָמָה הַיֹּצְאִים מִמִּצְרַיִם אֲשֶׁר לֹא־שָׁמְעוּ בְּקוֹל
יְהוָה אֲשֶׁר נִשְׁבַּע יְהוָה לָהֶם לְבִלְתִּי הַרְאוֹתָם אֶת־הָאָרֶץ
אֲשֶׁר נִשְׁבַּע יְהוָה לַאֲבוֹתָם לָתֶת לָנוּ אֶרֶץ זָבַת חָלָב וּדְבָשׁ׃
ז וְאֶת־בְּנֵיהֶם הֵקִים תַּחְתָּם אֹתָם מָל יְהוֹשֻׁעַ כִּי־עֲרֵלִים הָיוּ כִּי
ח לֹא־מָלוּ אוֹתָם בַּדָּרֶךְ׃ וַיְהִי כַּאֲשֶׁר־תַּמּוּ כָל־הַגּוֹי לְהִמּוֹל
ט וַיֵּשְׁבוּ תַחְתָּם בַּמַּחֲנֶה עַד חֲיוֹתָם׃ וַיֹּאמֶר יְהוָה
אֶל־יְהוֹשֻׁעַ הַיּוֹם גַּלּוֹתִי אֶת־חֶרְפַּת מִצְרַיִם מֵעֲלֵיכֶם וַיִּקְרָא
י שֵׁם הַמָּקוֹם הַהוּא גִּלְגָּל עַד הַיּוֹם הַזֶּה׃ וַיַּחֲנוּ בְנֵי־יִשְׂרָאֵל
בַּגִּלְגָּל וַיַּעֲשׂוּ אֶת־הַפֶּסַח בְּאַרְבָּעָה עָשָׂר יוֹם לַחֹדֶשׁ בָּעֶרֶב
יא בְּעַרְבוֹת יְרִיחוֹ׃ וַיֹּאכְלוּ מֵעֲבוּר הָאָרֶץ מִמָּחֳרַת הַפֶּסַח מַצּוֹת
יב וְקָלוּי בְּעֶצֶם הַיּוֹם הַזֶּה׃ וַיִּשְׁבֹּת הַמָּן מִמָּחֳרָת בְּאָכְלָם מֵעֲבוּר
הָאָרֶץ וְלֹא־הָיָה עוֹד לִבְנֵי יִשְׂרָאֵל מָן וַיֹּאכְלוּ מִתְּבוּאַת אֶרֶץ
יג כְּנַעַן בַּשָּׁנָה הַהִיא׃ וַיְהִי בִּהְיוֹת יְהוֹשֻׁעַ בִּירִיחוֹ
וַיִּשָּׂא עֵינָיו וַיַּרְא וְהִנֵּה־אִישׁ עֹמֵד לְנֶגְדּוֹ וְחַרְבּוֹ שְׁלוּפָה בְּיָדוֹ
יד וַיֵּלֶךְ יְהוֹשֻׁעַ אֵלָיו וַיֹּאמֶר לוֹ הֲלָנוּ אַתָּה אִם־לְצָרֵינוּ׃ וַיֹּאמֶר ׀
לֹא כִּי אֲנִי שַׂר־צְבָא־יְהוָה עַתָּה בָאתִי וַיִּפֹּל יְהוֹשֻׁעַ אֶל־
פָּנָיו אַרְצָה וַיִּשְׁתָּחוּ וַיֹּאמֶר לוֹ מָה אֲדֹנִי מְדַבֵּר אֶל־עַבְדּוֹ׃
טו וַיֹּאמֶר שַׂר־צְבָא יְהוָה אֶל־יְהוֹשֻׁעַ שַׁל־נַעַלְךָ מֵעַל רַגְלֶךָ כִּי
הַמָּקוֹם אֲשֶׁר אַתָּה עֹמֵד עָלָיו קֹדֶשׁ הוּא וַיַּעַשׂ יְהוֹשֻׁעַ כֵּן׃
ו א וִירִיחוֹ סֹגֶרֶת וּמְסֻגֶּרֶת מִפְּנֵי בְּנֵי יִשְׂרָאֵל אֵין יוֹצֵא וְאֵין
ב בָּא׃ וַיֹּאמֶר יְהוָה אֶל־יְהוֹשֻׁעַ רְאֵה נָתַתִּי בְיָדְךָ
ג אֶת־יְרִיחוֹ וְאֶת־מַלְכָּהּ גִּבּוֹרֵי הֶחָיִל׃ וְסַבֹּתֶם אֶת־הָעִיר כֹּל
אַנְשֵׁי הַמִּלְחָמָה הַקֵּיף אֶת־הָעִיר פַּעַם אֶחָת כֹּה תַעֲשֶׂה שֵׁשֶׁת
ד יָמִים׃ וְשִׁבְעָה כֹהֲנִים יִשְׂאוּ שִׁבְעָה שׁוֹפְרוֹת הַיּוֹבְלִים לִפְנֵי
הָאָרוֹן וּבַיּוֹם הַשְּׁבִיעִי תָּסֹבּוּ אֶת־הָעִיר שֶׁבַע פְּעָמִים וְהַכֹּהֲנִים
ה יִתְקְעוּ בַּשּׁוֹפָרוֹת׃ וְהָיָה בִּמְשֹׁךְ ׀ בְּקֶרֶן הַיּוֹבֵל בשמעכם אֶת־ כְּשָׁמְעֲכֶם
קוֹל הַשּׁוֹפָר יָרִיעוּ כָל־הָעָם תְּרוּעָה גְדוֹלָה וְנָפְלָה חוֹמַת הָעִיר

ו תַּחְתֶּיהָ וְעָלוּ הָעָם אִישׁ נֶגְדּוֹ: וַיִּקְרָא יְהוֹשֻׁעַ בִּן־נוּן אֶל־
הַכֹּהֲנִים וַיֹּאמֶר אֲלֵהֶם שְׂאוּ אֶת־אֲרוֹן הַבְּרִית וְשִׁבְעָה כֹהֲנִים
ז יִשְׂאוּ שִׁבְעָה שׁוֹפְרוֹת יוֹבְלִים לִפְנֵי אֲרוֹן יְהוָה: ויאמרו אֶל־ וַיֹּאמֶר
הָעָם עִבְרוּ וְסֹבּוּ אֶת־הָעִיר וְהֶחָלוּץ יַעֲבֹר לִפְנֵי אֲרוֹן יְהוָה:
ח וַיְהִי כֶּאֱמֹר יְהוֹשֻׁעַ אֶל־הָעָם וְשִׁבְעָה הַכֹּהֲנִים נֹשְׂאִים שִׁבְעָה
שׁוֹפְרוֹת הַיּוֹבְלִים לִפְנֵי יְהוָה עָבְרוּ וְתָקְעוּ בַּשּׁוֹפָרוֹת וַאֲרוֹן
ט בְּרִית יְהוָה הֹלֵךְ אַחֲרֵיהֶם: וְהֶחָלוּץ הֹלֵךְ לִפְנֵי הַכֹּהֲנִים תקעו תֹּקְעֵי
הַשּׁוֹפָרוֹת וְהַמְאַסֵּף הֹלֵךְ אַחֲרֵי הָאָרוֹן הָלוֹךְ וְתָקוֹעַ בַּשּׁוֹפָרוֹת:
י וְאֶת־הָעָם צִוָּה יְהוֹשֻׁעַ לֵאמֹר לֹא תָרִיעוּ וְלֹא־תַשְׁמִיעוּ אֶת־
קוֹלְכֶם וְלֹא־יֵצֵא מִפִּיכֶם דָּבָר עַד יוֹם אָמְרִי אֲלֵיכֶם הָרִיעוּ
יא וַהֲרֵיעֹתֶם: וַיַּסֵּב אֲרוֹן־יְהוָה אֶת־הָעִיר הַקֵּף פַּעַם אֶחָת וַיָּבֹאוּ
יב הַמַּחֲנֶה וַיָּלִינוּ בַּמַּחֲנֶה: וַיַּשְׁכֵּם יְהוֹשֻׁעַ בַּבֹּקֶר
יג וַיִּשְׂאוּ הַכֹּהֲנִים אֶת־אֲרוֹן יְהוָה: וְשִׁבְעָה הַכֹּהֲנִים נֹשְׂאִים
שִׁבְעָה שׁוֹפְרוֹת הַיֹּבְלִים לִפְנֵי אֲרוֹן יְהוָה הֹלְכִים הָלוֹךְ וְתָקְעוּ
בַּשּׁוֹפָרוֹת וְהֶחָלוּץ הֹלֵךְ לִפְנֵיהֶם וְהַמְאַסֵּף הֹלֵךְ אַחֲרֵי אֲרוֹן
יד יְהוָה הולך וְתָקוֹעַ בַּשּׁוֹפָרוֹת: וַיָּסֹבּוּ אֶת־הָעִיר בַּיּוֹם הַשֵּׁנִי הָלוֹךְ
טו פַּעַם אַחַת וַיָּשֻׁבוּ הַמַּחֲנֶה כֹּה עָשׂוּ שֵׁשֶׁת יָמִים: וַיְהִי ׀ בַּיּוֹם
הַשְּׁבִיעִי וַיַּשְׁכִּמוּ כַּעֲלוֹת הַשַּׁחַר וַיָּסֹבּוּ אֶת־הָעִיר כַּמִּשְׁפָּט הַזֶּה
שֶׁבַע פְּעָמִים רַק בַּיּוֹם הַהוּא סָבְבוּ אֶת־הָעִיר שֶׁבַע פְּעָמִים:
טז וַיְהִי בַּפַּעַם הַשְּׁבִיעִית תָּקְעוּ הַכֹּהֲנִים בַּשּׁוֹפָרוֹת וַיֹּאמֶר יְהוֹשֻׁעַ
יז אֶל־הָעָם הָרִיעוּ כִּי־נָתַן יְהוָה לָכֶם אֶת־הָעִיר: וְהָיְתָה הָעִיר
חֵרֶם הִיא וְכָל־אֲשֶׁר־בָּהּ לַיהוָה רַק רָחָב הַזּוֹנָה תִּחְיֶה הִיא
וְכָל־אֲשֶׁר אִתָּהּ בַּבַּיִת כִּי הֶחְבְּאַתָה אֶת־הַמַּלְאָכִים אֲשֶׁר
יח שָׁלָחְנוּ: וְרַק־אַתֶּם שִׁמְרוּ מִן־הַחֵרֶם פֶּן־תַּחֲרִימוּ וּלְקַחְתֶּם מִן־
יט הַחֵרֶם וְשַׂמְתֶּם אֶת־מַחֲנֵה יִשְׂרָאֵל לְחֵרֶם וַעֲכַרְתֶּם אוֹתוֹ: וְכֹל ׀
כֶּסֶף וְזָהָב וּכְלֵי נְחֹשֶׁת וּבַרְזֶל קֹדֶשׁ הוּא לַיהוָה אוֹצַר יְהוָה
כ יָבוֹא: וַיָּרַע הָעָם וַיִּתְקְעוּ בַּשֹּׁפָרוֹת וַיְהִי כִשְׁמֹעַ הָעָם אֶת־

קוֹל הַשּׁוֹפָר וַיָּרִיעוּ הָעָם תְּרוּעָה גְדוֹלָה וַתִּפֹּל הַחוֹמָה תַּחְתֶּיהָ
כא וַיַּעַל הָעָם הָעִירָה אִישׁ נֶגְדּוֹ וַיִּלְכְּדוּ אֶת־הָעִיר׃ וַיַּחֲרִימוּ אֶת־
כָּל־אֲשֶׁר בָּעִיר מֵאִישׁ וְעַד־אִשָּׁה מִנַּעַר וְעַד־זָקֵן וְעַד שׁוֹר
כב וָשֶׂה וַחֲמוֹר לְפִי־חָרֶב׃ וְלִשְׁנַיִם הָאֲנָשִׁים הַמְרַגְּלִים אֶת־הָאָרֶץ
אָמַר יְהוֹשֻׁעַ בֹּאוּ בֵּית־הָאִשָּׁה הַזּוֹנָה וְהוֹצִיאוּ מִשָּׁם אֶת־
כג הָאִשָּׁה וְאֶת־כָּל־אֲשֶׁר־לָהּ כַּאֲשֶׁר נִשְׁבַּעְתֶּם לָהּ׃ וַיָּבֹאוּ
הַנְּעָרִים הַמְרַגְּלִים וַיֹּצִיאוּ אֶת־רָחָב וְאֶת־אָבִיהָ וְאֶת־אִמָּהּ
וְאֶת־אַחֶיהָ וְאֶת־כָּל־אֲשֶׁר־לָהּ וְאֵת כָּל־מִשְׁפְּחוֹתֶיהָ הוֹצִיאוּ
כד וַיַּנִּיחוּם מִחוּץ לְמַחֲנֵה יִשְׂרָאֵל׃ וְהָעִיר שָׂרְפוּ בָאֵשׁ וְכָל־אֲשֶׁר־
בָּהּ רַק ׀ הַכֶּסֶף וְהַזָּהָב וּכְלֵי הַנְּחֹשֶׁת וְהַבַּרְזֶל נָתְנוּ אוֹצַר
כה בֵּית־יהוה׃ וְאֶת־רָחָב הַזּוֹנָה וְאֶת־בֵּית אָבִיהָ וְאֶת־כָּל־
אֲשֶׁר־לָהּ הֶחֱיָה יְהוֹשֻׁעַ וַתֵּשֶׁב בְּקֶרֶב יִשְׂרָאֵל עַד הַיּוֹם הַזֶּה
כִּי הֶחְבִּיאָה אֶת־הַמַּלְאָכִים אֲשֶׁר־שָׁלַח יְהוֹשֻׁעַ לְרַגֵּל אֶת־
כו יְרִיחוֹ׃ וַיַּשְׁבַּע יְהוֹשֻׁעַ בָּעֵת הַהִיא לֵאמֹר אָרוּר
הָאִישׁ לִפְנֵי יהוה אֲשֶׁר יָקוּם וּבָנָה אֶת־הָעִיר הַזֹּאת אֶת־יְרִיחוֹ
כז בִּבְכֹרוֹ יְיַסְּדֶנָּה וּבִצְעִירוֹ יַצִּיב דְּלָתֶיהָ׃ וַיְהִי ד
ז א יהוה אֶת־יְהוֹשֻׁעַ וַיְהִי שָׁמְעוֹ בְּכָל־הָאָרֶץ׃ וַיִּמְעֲלוּ בְנֵי־יִשְׂרָאֵל
מַעַל בַּחֵרֶם וַיִּקַּח עָכָן בֶּן־כַּרְמִי בֶן־זַבְדִּי בֶן־זֶרַח לְמַטֵּה יְהוּדָה
ב מִן־הַחֵרֶם וַיִּחַר־אַף יהוה בִּבְנֵי יִשְׂרָאֵל׃ וַיִּשְׁלַח
יְהוֹשֻׁעַ אֲנָשִׁים מִירִיחוֹ הָעַי אֲשֶׁר עִם־בֵּית אָוֶן מִקֶּדֶם לְבֵית־
אֵל וַיֹּאמֶר אֲלֵיהֶם לֵאמֹר עֲלוּ וְרַגְּלוּ אֶת־הָאָרֶץ וַיַּעֲלוּ
ג הָאֲנָשִׁים וַיְרַגְּלוּ אֶת־הָעָי׃ וַיָּשֻׁבוּ אֶל־יְהוֹשֻׁעַ וַיֹּאמְרוּ אֵלָיו
אַל־יַעַל כָּל־הָעָם כְּאַלְפַּיִם אִישׁ אוֹ כִּשְׁלֹשֶׁת אֲלָפִים אִישׁ
יַעֲלוּ וְיַכּוּ אֶת־הָעָי אַל־תְּיַגַּע שָׁמָּה אֶת־כָּל־הָעָם כִּי מְעַט
ד הֵמָּה׃ וַיַּעֲלוּ מִן־הָעָם שָׁמָּה כִּשְׁלֹשֶׁת אֲלָפִים אִישׁ וַיָּנֻסוּ לִפְנֵי
ה אַנְשֵׁי הָעָי׃ וַיַּכּוּ מֵהֶם אַנְשֵׁי הָעַי כִּשְׁלֹשִׁים וְשִׁשָּׁה אִישׁ
וַיִּרְדְּפוּם לִפְנֵי הַשַּׁעַר עַד־הַשְּׁבָרִים וַיַּכּוּם בַּמּוֹרָד וַיִּמַּס לְבַב־

יהושע

ז

הָעָם וַיְהִי לְמָיִם: וַיִּקְרַע יְהוֹשֻׁעַ שִׂמְלֹתָיו וַיִּפֹּל עַל־פָּנָיו אַרְצָה ו
לִפְנֵי אֲרוֹן יְהוָה עַד־הָעֶרֶב הוּא וְזִקְנֵי יִשְׂרָאֵל וַיַּעֲלוּ עָפָר עַל־
רֹאשָׁם: וַיֹּאמֶר יְהוֹשֻׁעַ אֲהָהּ ׀ אֲדֹנָי יְהוִֹה לָמָה הֵעֲבַרְתָּ ז
הַעֲבִיר אֶת־הָעָם הַזֶּה אֶת־הַיַּרְדֵּן לָתֵת אֹתָנוּ בְּיַד הָאֱמֹרִי
לְהַאֲבִידֵנוּ וְלוּ הוֹאַלְנוּ וַנֵּשֶׁב בְּעֵבֶר הַיַּרְדֵּן: בִּי אֲדֹנָי מָה אֹמַר ח
אַחֲרֵי אֲשֶׁר הָפַךְ יִשְׂרָאֵל עֹרֶף לִפְנֵי אֹיְבָיו: וְיִשְׁמְעוּ הַכְּנַעֲנִי ט
וְכֹל יֹשְׁבֵי הָאָרֶץ וְנָסַבּוּ עָלֵינוּ וְהִכְרִיתוּ אֶת־שְׁמֵנוּ מִן־הָאָרֶץ
וּמַה־תַּעֲשֵׂה לְשִׁמְךָ הַגָּדוֹל: וַיֹּאמֶר יְהוָה אֶל־ י
יְהוֹשֻׁעַ קֻם לָךְ לָמָּה זֶּה אַתָּה נֹפֵל עַל־פָּנֶיךָ: חָטָא יִשְׂרָאֵל יא
וְגַם עָבְרוּ אֶת־בְּרִיתִי אֲשֶׁר צִוִּיתִי אוֹתָם וְגַם לָקְחוּ מִן־הַחֵרֶם
וְגַם גָּנְבוּ וְגַם כִּחֲשׁוּ וְגַם שָׂמוּ בִכְלֵיהֶם: וְלֹא יֻכְלוּ בְּנֵי יִשְׂרָאֵל יב
לָקוּם לִפְנֵי אֹיְבֵיהֶם עֹרֶף יִפְנוּ לִפְנֵי אֹיְבֵיהֶם כִּי הָיוּ לְחֵרֶם לֹא
אוֹסִיף לִהְיוֹת עִמָּכֶם אִם־לֹא תַשְׁמִידוּ הַחֵרֶם מִקִּרְבְּכֶם: קֻם יג
קַדֵּשׁ אֶת־הָעָם וְאָמַרְתָּ הִתְקַדְּשׁוּ לְמָחָר כִּי כֹה אָמַר יְהוָה
אֱלֹהֵי יִשְׂרָאֵל חֵרֶם בְּקִרְבְּךָ יִשְׂרָאֵל לֹא תוּכַל לָקוּם לִפְנֵי
אֹיְבֶיךָ עַד־הֲסִירְכֶם הַחֵרֶם מִקִּרְבְּכֶם: וְנִקְרַבְתֶּם בַּבֹּקֶר יד
לְשִׁבְטֵיכֶם וְהָיָה הַשֵּׁבֶט אֲשֶׁר־יִלְכְּדֶנּוּ יְהוָה יִקְרַב לַמִּשְׁפָּחוֹת
וְהַמִּשְׁפָּחָה אֲשֶׁר־יִלְכְּדֶנָּה יְהוָה תִּקְרַב לַבָּתִּים וְהַבַּיִת אֲשֶׁר
יִלְכְּדֶנּוּ יְהוָה יִקְרַב לַגְּבָרִים: וְהָיָה הַנִּלְכָּד בַּחֵרֶם יִשָּׂרֵף בָּאֵשׁ טו
אֹתוֹ וְאֶת־כָּל־אֲשֶׁר־לוֹ כִּי עָבַר אֶת־בְּרִית יְהוָה וְכִי־עָשָׂה
נְבָלָה בְּיִשְׂרָאֵל: וַיַּשְׁכֵּם יְהוֹשֻׁעַ בַּבֹּקֶר וַיַּקְרֵב אֶת־יִשְׂרָאֵל טז
לִשְׁבָטָיו וַיִּלָּכֵד שֵׁבֶט יְהוּדָה: וַיַּקְרֵב אֶת־מִשְׁפַּחַת יְהוּדָה יז
וַיִּלְכֹּד אֵת מִשְׁפַּחַת הַזַּרְחִי וַיַּקְרֵב אֶת־מִשְׁפַּחַת הַזַּרְחִי
לַגְּבָרִים וַיִּלָּכֵד זַבְדִּי: וַיַּקְרֵב אֶת־בֵּיתוֹ לַגְּבָרִים וַיִּלָּכֵד עָכָן יח
בֶּן־כַּרְמִי בֶן־זַבְדִּי בֶּן־זֶרַח לְמַטֵּה יְהוּדָה: וַיֹּאמֶר יְהוֹשֻׁעַ אֶל־ יט
עָכָן בְּנִי שִׂים־נָא כָבוֹד לַיהוָה אֱלֹהֵי יִשְׂרָאֵל וְתֶן־לוֹ תוֹדָה
וְהַגֶּד־נָא לִי מֶה עָשִׂיתָ אַל־תְּכַחֵד מִמֶּנִּי: וַיַּעַן עָכָן אֶת־יְהוֹשֻׁעַ כ

וַיֹּ֣אמֶר אָמְנָ֗ה אָנֹכִ֤י חָטָ֨אתִי֙ לַֽיהוָה֙ אֱלֹהֵ֣י יִשְׂרָאֵ֔ל וְכָזֹ֥את

כא וְכָזֹ֖את עָשִׂ֑יתִי: וָאֵ֣רְאה בַשָּׁלָ֡ל אַדֶּ֣רֶת שִׁנְעָר֩ אַחַ֨ת טוֹבָ֜ה

וּמָאתַ֧יִם שְׁקָלִ֣ים כֶּ֗סֶף וּלְשׁ֨וֹן זָהָ֤ב אֶחָד֙ חֲמִשִּׁ֣ים שְׁקָלִים֙

מִשְׁקָל֔וֹ וָאֶחְמְדֵ֖ם וָֽאֶקָּחֵ֑ם וְהִנָּ֨ם טְמוּנִ֥ים בָּאָ֛רֶץ בְּת֥וֹךְ הָאָהֳלִ֖י

כב וְהַכֶּ֥סֶף תַּחְתֶּֽיהָ: וַיִּשְׁלַ֤ח יְהוֹשֻׁ֨עַ֙ מַלְאָכִ֔ים וַיָּרֻ֖צוּ הָאֹ֑הֱלָה וְהִנֵּ֧ה

כג טְמוּנָ֛ה בְּאָהֳל֖וֹ וְהַכֶּ֥סֶף תַּחְתֶּֽיהָ: וַיִּקָּח֨וּם֙ מִתּ֣וֹךְ הָאֹ֔הֶל וַיְבִאוּם֙

כד אֶל־יְהוֹשֻׁ֗עַ וְאֶ֖ל כָּל־בְּנֵ֣י יִשְׂרָאֵ֑ל וַיַּצִּקֻ֖ם לִפְנֵ֥י יְהוָֽה: וַיִּקַּ֣ח

יְהוֹשֻׁ֣עַ אֶת־עָכָ֣ן בֶּן־זֶ֡רַח וְאֶת־הַכֶּ֣סֶף וְאֶת־הָאַדֶּ֣רֶת וְֽאֶת־

לְשׁ֣וֹן הַזָּהָ֡ב וְֽאֶת־בָּנָ֡יו וְֽאֶת־בְּנֹתָ֡יו וְאֶת־שׁוֹר֩וֹ וְאֶת־חֲמֹר֨וֹ

וְאֶת־צֹאנ֜וֹ וְאֶת־אָהֳל֣וֹ וְאֶת־כָּל־אֲשֶׁר־ל֗וֹ וְכָל־יִשְׂרָאֵ֖ל עִמּ֑וֹ

כה וַיַּעֲל֥וּ אֹתָ֖ם עֵ֥מֶק עָכֽוֹר: וַיֹּ֣אמֶר יְהוֹשֻׁ֗עַ מֶ֤ה עֲכַרְתָּ֨נוּ֙ יַעְכָּרְךָ֣

יְהוָ֔ה בַּיּ֖וֹם הַזֶּ֑ה וַיִּרְגְּמ֨וּ אֹת֤וֹ כָל־יִשְׂרָאֵל֙ אֶ֔בֶן וַיִּשְׂרְפ֤וּ אֹתָם֙

כו בָּאֵ֔שׁ וַיִּסְקְל֥וּ אֹתָ֖ם בָּאֲבָנִֽים: וַיָּקִ֨ימוּ עָלָ֜יו גַּל־אֲבָנִ֣ים גָּד֗וֹל עַ֚ד

הַיּ֣וֹם הַזֶּ֔ה וַיָּ֥שָׁב יְהוָ֖ה מֵחֲר֣וֹן אַפּ֑וֹ עַל־כֵּ֠ן קָרָ֞א שֵׁ֤ם הַמָּקוֹם֙

הַהוּא עֵ֣מֶק עָכ֔וֹר עַ֖ד הַיּ֥וֹם הַזֶּֽה:

ח א וַיֹּ֨אמֶר יְהוָ֜ה אֶל־יְהוֹשֻׁ֗עַ אַל־תִּירָ֣א וְאַל־תֵּחָת֒ קַ֣ח עִמְּךָ֗ אֵ֚ת

כָּל־עַ֣ם הַמִּלְחָמָ֔ה וְק֖וּם עֲלֵ֣ה הָעָ֑י רְאֵ֣ה ׀ נָתַ֣תִּי בְיָדְךָ֗ אֶת־

ב מֶ֤לֶךְ הָעַי֙ וְאֶת־עַמּ֔וֹ וְאֶת־עִיר֖וֹ וְאֶת־אַרְצֽוֹ: וְעָשִׂ֨יתָ לָעַ֜י

וּלְמַלְכָּ֗הּ כַּאֲשֶׁ֨ר עָשִׂ֤יתָ לִֽירִיחוֹ֙ וּלְמַלְכָּ֔הּ רַק־שְׁלָלָ֥הּ וּבְהֶמְתָּ֖הּ

ג תָּבֹ֣זּוּ לָכֶ֑ם שִׂים־לְךָ֥ אֹרֵ֛ב לָעִ֖יר מֵאַחֲרֶֽיהָ: וַיָּ֧קָם יְהוֹשֻׁ֛עַ וְכָל־

עַ֥ם הַמִּלְחָמָ֖ה לַעֲל֣וֹת הָעָ֑י וַיִּבְחַ֣ר יְ֠הוֹשֻׁעַ שְׁלֹשִׁ֥ים אֶ֨לֶף֙ אִ֔ישׁ

ד גִּבּוֹרֵ֣י הַחַ֔יִל וַיִּשְׁלָחֵ֖ם לָֽיְלָה: וַיְצַ֨ו אֹתָ֜ם לֵאמֹ֗ר רְ֠אוּ אַתֶּ֞ם

אֹרְבִ֤ים לָעִיר֙ מֵאַחֲרֵ֣י הָעִ֔יר אַל־תַּרְחִ֥יקוּ מִן־הָעִ֖יר מְאֹ֑ד

ה וִהְיִיתֶ֖ם כֻּלְּכֶ֥ם נְכֹנִֽים: וַאֲנִ֗י וְכָל־הָעָם֙ אֲשֶׁ֣ר אִתִּ֔י נִקְרַ֖ב אֶל־

הָעִ֑יר וְהָיָ֗ה כִּֽי־יֵצְא֤וּ לִקְרָאתֵ֨נוּ֙ כַּאֲשֶׁ֣ר בָּרִֽאשֹׁנָ֔ה וְנַ֖סְנוּ

ו לִפְנֵיהֶֽם: וְיָצְא֣וּ אַחֲרֵ֗ינוּ עַ֣ד הַתִּיקֵ֤נוּ אוֹתָם֙ מִן־הָעִ֔יר כִּ֣י יֹֽאמְר֔וּ

ז נָסִ֣ים לְפָנֵ֔ינוּ כַּאֲשֶׁ֖ר בָּרִֽאשֹׁנָ֑ה וְנַ֖סְנוּ לִפְנֵיהֶֽם: וְאַתֶּ֗ם תָּקֻ֨מוּ֙

מֵהָאוֹרֵב וְהוֹרַשְׁתֶּם אֶת־הָעִיר וּנְתָנָהּ יְהוָה אֱלֹהֵיכֶם בְּיֶדְכֶם׃
ח וְהָיָה כְּתָפְשְׂכֶם אֶת־הָעִיר תַּצִּיתוּ אֶת־הָעִיר בָּאֵשׁ כִּדְבַר יְהוָה
ט תַּעֲשׂוּ רְאוּ צִוִּיתִי אֶתְכֶם׃ וַיִּשְׁלָחֵם יְהוֹשֻׁעַ וַיֵּלְכוּ אֶל־הַמַּאְרָב
וַיֵּשְׁבוּ בֵּין בֵּית־אֵל וּבֵין הָעַי מִיָּם לָעָי וַיָּלֶן יְהוֹשֻׁעַ בַּלַּיְלָה
י הַהוּא בְּתוֹךְ הָעָם׃ וַיַּשְׁכֵּם יְהוֹשֻׁעַ בַּבֹּקֶר וַיִּפְקֹד אֶת־הָעָם
יא וַיַּעַל הוּא וְזִקְנֵי יִשְׂרָאֵל לִפְנֵי הָעָם הָעָי׃ וְכָל־הָעָם הַמִּלְחָמָה
אֲשֶׁר אִתּוֹ עָלוּ וַיִּגְּשׁוּ וַיָּבֹאוּ נֶגֶד הָעִיר וַיַּחֲנוּ מִצְּפוֹן לָעַי וְהַגַּי
יב בֵּינָו וּבֵין הָעָי׃ וַיִּקַּח כַּחֲמֵשֶׁת אֲלָפִים אִישׁ וַיָּשֶׂם אוֹתָם אֹרֵב
יג בֵּין בֵּית־אֵל וּבֵין הָעַי מִיָּם לעיר׃ וַיָּשִׂימוּ הָעָם אֶת־כָּל־ לָעָי
הַמַּחֲנֶה אֲשֶׁר מִצְּפוֹן לָעִיר וְאֶת־עֲקֵבוֹ מִיָּם לָעִיר וַיֵּלֶךְ יְהוֹשֻׁעַ
יד בַּלַּיְלָה הַהוּא בְּתוֹךְ הָעֵמֶק׃ וַיְהִי כִּרְאוֹת מֶלֶךְ־הָעַי וַיְמַהֲרוּ
וַיַּשְׁכִּימוּ וַיֵּצְאוּ אַנְשֵׁי־הָעִיר לִקְרַאת־יִשְׂרָאֵל לַמִּלְחָמָה הוּא
וְכָל־עַמּוֹ לַמּוֹעֵד לִפְנֵי הָעֲרָבָה וְהוּא לֹא יָדַע כִּי־אֹרֵב לוֹ
טו מֵאַחֲרֵי הָעִיר׃ וַיִּנָּגְעוּ יְהוֹשֻׁעַ וְכָל־יִשְׂרָאֵל לִפְנֵיהֶם וַיָּנֻסוּ דֶּרֶךְ
טז הַמִּדְבָּר׃ וַיִּזָּעֲקוּ כָּל־הָעָם אֲשֶׁר בעיר לִרְדֹּף אַחֲרֵיהֶם וַיִּרְדְּפוּ בָּעָי
יז אַחֲרֵי יְהוֹשֻׁעַ וַיִּנָּתְקוּ מִן־הָעִיר׃ וְלֹא־נִשְׁאַר אִישׁ בָּעַי וּבֵית
אֵל אֲשֶׁר לֹא־יָצְאוּ אַחֲרֵי יִשְׂרָאֵל וַיַּעַזְבוּ אֶת־הָעִיר פְּתוּחָה
יח וַיִּרְדְּפוּ אַחֲרֵי יִשְׂרָאֵל׃ וַיֹּאמֶר יְהוָה אֶל־יְהוֹשֻׁעַ
נְטֵה בַּכִּידוֹן אֲשֶׁר־בְּיָדְךָ אֶל־הָעַי כִּי בְיָדְךָ אֶתְּנֶנָּה וַיֵּט יְהוֹשֻׁעַ
יט בַּכִּידוֹן אֲשֶׁר־בְּיָדוֹ אֶל־הָעִיר׃ וְהָאוֹרֵב קָם מְהֵרָה מִמְּקוֹמוֹ
וַיָּרוּצוּ כִּנְטוֹת יָדוֹ וַיָּבֹאוּ הָעִיר וַיִּלְכְּדוּהָ וַיְמַהֲרוּ וַיַּצִּיתוּ אֶת־
כ הָעִיר בָּאֵשׁ׃ וַיִּפְנוּ אַנְשֵׁי הָעַי אַחֲרֵיהֶם וַיִּרְאוּ וְהִנֵּה עָלָה עֲשַׁן
הָעִיר הַשָּׁמַיְמָה וְלֹא־הָיָה בָהֶם יָדַיִם לָנוּס הֵנָּה וָהֵנָּה וְהָעָם
כא הַנָּס הַמִּדְבָּר נֶהְפַּךְ אֶל־הָרוֹדֵף׃ וִיהוֹשֻׁעַ וְכָל־יִשְׂרָאֵל רָאוּ כִּי־
לָכַד הָאֹרֵב אֶת־הָעִיר וְכִי עָלָה עֲשַׁן הָעִיר וַיָּשֻׁבוּ וַיַּכּוּ אֶת־
כב אַנְשֵׁי הָעָי׃ וְאֵלֶּה יָצְאוּ מִן־הָעִיר לִקְרָאתָם וַיִּהְיוּ לְיִשְׂרָאֵל
בַּתָּוֶךְ אֵלֶּה מִזֶּה וְאֵלֶּה מִזֶּה וַיַּכּוּ אוֹתָם עַד־בִּלְתִּי הִשְׁאִיר־

כג לֽוֹ־שָׂרִ֥יד וּפָלִ֑יט וְאֶת־מֶ֤לֶךְ הָעַי֙ תָּ֣פְשׂוּ חָ֔י וַיַּקְרִ֥בוּ אֹת֖וֹ

כד אֶל־יְהוֹשֻֽׁעַ: וַיְהִ֣י כְּכַלּ֣וֹת יִשְׂרָאֵ֡ל לַהֲרֹג֩ אֶת־כָּל־יֹשְׁבֵ֨י הָעַ֜י בַּשָּׂדֶ֗ה בַּמִּדְבָּר֙ אֲשֶׁ֣ר רְדָפ֣וּם בּ֔וֹ וַֽיִּפְּל֥וּ כֻלָּ֛ם לְפִי־חֶ֖רֶב עַד־תֻּמָּ֑ם וַיָּשֻׁ֤בוּ כָל־יִשְׂרָאֵל֙ הָעַ֔י וַיַּכּ֥וּ אֹתָ֖הּ לְפִי־

כה חָֽרֶב: וַיְהִי֩ כָל־הַנֹּפְלִ֨ים בַּיּ֤וֹם הַהוּא֙ מֵאִ֣ישׁ וְעַד־אִשָּׁ֔ה שְׁנֵ֥ים

כו עָשָׂ֖ר אָ֑לֶף כֹּ֖ל אַנְשֵׁ֥י הָעָֽי: וִיהוֹשֻׁ֙עַ֙ לֹֽא־הֵשִׁ֣יב יָד֔וֹ אֲשֶׁ֥ר נָטָ֖ה

כז בַּכִּיד֑וֹן עַ֚ד אֲשֶׁ֣ר הֶחֱרִ֔ים אֵ֖ת כָּל־יֹשְׁבֵ֥י הָעָֽי: רַ֣ק הַבְּהֵמָ֗ה וּשְׁלַל֙ הָעִ֣יר הַהִ֔יא בָּזְז֥וּ לָהֶ֖ם יִשְׂרָאֵ֑ל כִּדְבַ֣ר יְהוָ֔ה אֲשֶׁ֥ר צִוָּ֖ה

כח אֶת־יְהוֹשֻֽׁעַ: וַיִּשְׂרֹ֥ף יְהוֹשֻׁ֖עַ אֶת־הָעָ֑י וַיְשִׂימֶ֥הָ תֵּל־עוֹלָ֖ם

כט שְׁמָמָ֔ה עַ֖ד הַיּ֥וֹם הַזֶּֽה: וְאֶת־מֶ֤לֶךְ הָעַי֙ תָּלָ֣ה עַל־הָעֵ֔ץ עַד־עֵ֣ת הָעָ֑רֶב וּכְב֣וֹא הַשֶּׁ֗מֶשׁ צִוָּ֤ה יְהוֹשֻׁ֙עַ֙ וַיֹּרִ֤ידוּ אֶת־נִבְלָתוֹ֙ מִן־הָעֵ֔ץ וַיַּשְׁלִ֜יכוּ אוֹתָ֗הּ אֶל־פֶּ֙תַח֙ שַׁ֣עַר הָעִ֔יר וַיָּקִ֧ימוּ עָלָ֛יו גַּל־אֲבָנִ֥ים גָּד֖וֹל עַ֥ד הַיּ֥וֹם הַזֶּֽה:

ל אָ֣ז יִבְנֶ֤ה יְהוֹשֻׁ֙עַ֙ מִזְבֵּ֔חַ לַֽיהוָ֖ה אֱלֹהֵ֣י יִשְׂרָאֵ֑ל בְּהַ֖ר עֵיבָֽל:

לא כַּאֲשֶׁ֣ר צִוָּה֩ מֹשֶׁ֨ה עֶֽבֶד־יְהוָ֜ה אֶת־בְּנֵ֣י יִשְׂרָאֵ֗ל כַּכָּתוּב֙ בְּסֵ֙פֶר֙ תּוֹרַ֣ת מֹשֶׁ֔ה מִזְבַּח֙ אֲבָנִ֣ים שְׁלֵמ֔וֹת אֲשֶׁ֥ר לֹֽא־הֵנִ֖יף עֲלֵיהֶ֣ן

לב בַּרְזֶ֑ל וַיַּעֲל֤וּ עָלָיו֙ עֹל֣וֹת לַֽיהוָ֔ה וַֽיִּזְבְּח֖וּ שְׁלָמִֽים: וַיִּכְתָּב־שָׁ֖ם עַל־הָאֲבָנִ֑ים אֵ֗ת מִשְׁנֵה֙ תּוֹרַ֣ת מֹשֶׁ֔ה אֲשֶׁ֣ר כָּתַ֔ב לִפְנֵ֖י בְּנֵ֥י יִשְׂרָאֵֽל:

לג וְכָל־יִשְׂרָאֵ֡ל וּזְקֵנָ֡יו וְשֹׁטְרִ֣ים ׀ וְשֹׁפְטָ֡יו עֹמְדִ֣ים מִזֶּ֣ה ׀ וּמִזֶּ֣ה ׀ לָאָר֡וֹן נֶגֶד֩ הַכֹּהֲנִ֨ים הַלְוִיִּ֜ם נֹשְׂאֵ֣י ׀ אֲר֣וֹן בְּרִית־יְהוָ֗ה כַּגֵּר֙ כָּֽאֶזְרָ֔ח חֶצְיוֹ֙ אֶל־מ֣וּל הַר־גְּרִזִ֔ים וְהַחֶצְי֖וֹ אֶל־מ֣וּל הַר־עֵיבָ֑ל כַּאֲשֶׁ֙ר צִוָּ֜ה מֹשֶׁ֣ה עֶֽבֶד־יְהוָ֗ה לְבָרֵ֛ךְ אֶת־הָעָ֥ם יִשְׂרָאֵ֖ל

לד בָּרִֽאשֹׁנָֽה: וְאַֽחֲרֵי־כֵ֗ן קָרָא֙ אֶת־כָּל־דִּבְרֵ֣י הַתּוֹרָ֔ה הַבְּרָכָ֖ה

לה וְהַקְּלָלָ֑ה כְּכָל־הַכָּת֖וּב בְּסֵ֥פֶר הַתּוֹרָֽה: לֹֽא־הָיָ֣ה דָבָ֗ר מִכֹּ֛ל אֲשֶׁר־צִוָּ֥ה מֹשֶׁ֖ה אֲשֶׁ֣ר לֹֽא־קָרָ֣א יְהוֹשֻׁ֑עַ נֶ֣גֶד כָּל־קְהַ֤ל יִשְׂרָאֵל֙ וְהַנָּשִׁ֣ים וְהַטַּ֔ף וְהַגֵּ֖ר הַהֹלֵ֥ךְ בְּקִרְבָּֽם:

ט א וַיְהִ֣י כִשְׁמֹ֣עַ כָּֽל־הַמְּלָכִ֡ים אֲשֶׁר֩ בְּעֵ֨בֶר הַיַּרְדֵּ֜ן בָּהָ֣ר וּבַשְּׁפֵלָ֗ה וּבְכֹל֙ ח֣וֹף הַיָּ֔ם

הַגָּדוֹל אֶל־מוּל הַלְּבָנוֹן הַחִתִּי וְהָאֱמֹרִי הַכְּנַעֲנִי הַפְּרִזִּי הַחִוִּי
ב וְהַיְבוּסִי׃ וַיִּתְקַבְּצוּ יַחְדָּו לְהִלָּחֵם עִם־יְהוֹשֻׁעַ וְעִם־יִשְׂרָאֵל פֶּה
ג אֶחָד׃ וְיֹשְׁבֵי גִבְעוֹן שָׁמְעוּ אֵת אֲשֶׁר עָשָׂה
ד יְהוֹשֻׁעַ לִירִיחוֹ וְלָעָי׃ וַיַּעֲשׂוּ גַם־הֵמָּה בְּעָרְמָה וַיֵּלְכוּ וַיִּצְטַיָּרוּ
וַיִּקְחוּ שַׂקִּים בָּלִים לַחֲמוֹרֵיהֶם וְנֹאדוֹת יַיִן בָּלִים וּמְבֻקָּעִים
ה וּמְצֹרָרִים׃ וּנְעָלוֹת בָּלוֹת וּמְטֻלָּאוֹת בְּרַגְלֵיהֶם וּשְׂלָמוֹת בָּלוֹת
ו עֲלֵיהֶם וְכֹל לֶחֶם צֵידָם יָבֵשׁ הָיָה נִקֻּדִים׃ וַיֵּלְכוּ אֶל־יְהוֹשֻׁעַ
אֶל־הַמַּחֲנֶה הַגִּלְגָּל וַיֹּאמְרוּ אֵלָיו וְאֶל־אִישׁ יִשְׂרָאֵל מֵאֶרֶץ
ז רְחוֹקָה בָּאנוּ וְעַתָּה כִּרְתוּ־לָנוּ בְרִית׃ ויאמרו אִישׁ־יִשְׂרָאֵל וַיֹּאמֶר
אֶל־הַחִוִּי אוּלַי בְּקִרְבִּי אַתָּה יוֹשֵׁב וְאֵיךְ אכרות־לְךָ בְרִית׃ אֶכְרָת־
ח וַיֹּאמְרוּ אֶל־יְהוֹשֻׁעַ עֲבָדֶיךָ אֲנָחְנוּ וַיֹּאמֶר אֲלֵיהֶם יְהוֹשֻׁעַ מִי
ט אַתֶּם וּמֵאַיִן תָּבֹאוּ׃ וַיֹּאמְרוּ אֵלָיו מֵאֶרֶץ רְחוֹקָה מְאֹד בָּאוּ
עֲבָדֶיךָ לְשֵׁם יְהוָה אֱלֹהֶיךָ כִּי־שָׁמַעְנוּ שָׁמְעוֹ וְאֵת כָּל־אֲשֶׁר
י עָשָׂה בְּמִצְרָיִם׃ וְאֵת ׀ כָּל־אֲשֶׁר עָשָׂה לִשְׁנֵי מַלְכֵי הָאֱמֹרִי
אֲשֶׁר בְּעֵבֶר הַיַּרְדֵּן לְסִיחוֹן מֶלֶךְ חֶשְׁבּוֹן וּלְעוֹג מֶלֶךְ־הַבָּשָׁן
יא אֲשֶׁר בְּעַשְׁתָּרוֹת׃ וַיֹּאמְרוּ אֵלֵינוּ זְקֵינֵינוּ וְכָל־יֹשְׁבֵי אַרְצֵנוּ
לֵאמֹר קְחוּ בְיֶדְכֶם צֵידָה לַדֶּרֶךְ וּלְכוּ לִקְרָאתָם וַאֲמַרְתֶּם
יב אֲלֵיהֶם עַבְדֵיכֶם אֲנַחְנוּ וְעַתָּה כִּרְתוּ־לָנוּ בְרִית׃ זֶה ׀ לַחְמֵנוּ
חָם הִצְטַיַּדְנוּ אֹתוֹ מִבָּתֵּינוּ בְּיוֹם צֵאתֵנוּ לָלֶכֶת אֲלֵיכֶם וְעַתָּה
יג הִנֵּה יָבֵשׁ וְהָיָה נִקֻּדִים׃ וְאֵלֶּה נֹאדוֹת הַיַּיִן אֲשֶׁר מִלֵּאנוּ
חֲדָשִׁים וְהִנֵּה הִתְבַּקָּעוּ וְאֵלֶּה שַׂלְמוֹתֵינוּ וּנְעָלֵינוּ בָּלוּ מֵרֹב
יד הַדֶּרֶךְ מְאֹד׃ וַיִּקְחוּ הָאֲנָשִׁים מִצֵּידָם וְאֶת־פִּי יְהוָה לֹא שָׁאָלוּ׃
טו וַיַּעַשׂ לָהֶם יְהוֹשֻׁעַ שָׁלוֹם וַיִּכְרֹת לָהֶם בְּרִית לְחַיּוֹתָם וַיִּשָּׁבְעוּ
טז לָהֶם נְשִׂיאֵי הָעֵדָה׃ וַיְהִי מִקְצֵה שְׁלֹשֶׁת יָמִים אַחֲרֵי אֲשֶׁר־
כָּרְתוּ לָהֶם בְּרִית וַיִּשְׁמְעוּ כִּי־קְרֹבִים הֵם אֵלָיו וּבְקִרְבּוֹ הֵם
יז יֹשְׁבִים׃ וַיִּסְעוּ בְנֵי־יִשְׂרָאֵל וַיָּבֹאוּ אֶל־עָרֵיהֶם בַּיּוֹם הַשְּׁלִישִׁי
יח וְעָרֵיהֶם גִּבְעוֹן וְהַכְּפִירָה וּבְאֵרוֹת וְקִרְיַת יְעָרִים׃ וְלֹא הִכּוּם

בְּנֵי יִשְׂרָאֵל כִּי־נִשְׁבְּעוּ לָהֶם נְשִׂיאֵי הָעֵדָה בַּיהוָה אֱלֹהֵי
יט יִשְׂרָאֵל וַיִּלֹּנוּ כָל־הָעֵדָה עַל־הַנְּשִׂיאִים׃ וַיֹּאמְרוּ כָל־הַנְּשִׂיאִים
אֶל־כָּל־הָעֵדָה אֲנַחְנוּ נִשְׁבַּעְנוּ לָהֶם בַּיהוָה אֱלֹהֵי יִשְׂרָאֵל
כ וְעַתָּה לֹא נוּכַל לִנְגֹּעַ בָּהֶם׃ זֹאת נַעֲשֶׂה לָהֶם וְהַחֲיֵה אוֹתָם
וְלֹא־יִהְיֶה עָלֵינוּ קֶצֶף עַל־הַשְּׁבוּעָה אֲשֶׁר־נִשְׁבַּעְנוּ לָהֶם׃
כא וַיֹּאמְרוּ אֲלֵיהֶם הַנְּשִׂיאִים יִחְיוּ וַיִּהְיוּ חֹטְבֵי עֵצִים וְשֹׁאֲבֵי־
כב מַיִם לְכָל־הָעֵדָה כַּאֲשֶׁר דִּבְּרוּ לָהֶם הַנְּשִׂיאִים׃ וַיִּקְרָא לָהֶם
יְהוֹשֻׁעַ וַיְדַבֵּר אֲלֵיהֶם לֵאמֹר לָמָּה רִמִּיתֶם אֹתָנוּ לֵאמֹר
כג רְחוֹקִים אֲנַחְנוּ מִכֶּם מְאֹד וְאַתֶּם בְּקִרְבֵּנוּ יֹשְׁבִים׃ וְעַתָּה
אֲרוּרִים אַתֶּם וְלֹא־יִכָּרֵת מִכֶּם עֶבֶד וְחֹטְבֵי עֵצִים וְשֹׁאֲבֵי מַיִם
כד לְבֵית אֱלֹהָי׃ וַיַּעֲנוּ אֶת־יְהוֹשֻׁעַ וַיֹּאמְרוּ כִּי הֻגֵּד הֻגַּד לַעֲבָדֶיךָ
אֵת אֲשֶׁר צִוָּה יְהוָה אֱלֹהֶיךָ אֶת־מֹשֶׁה עַבְדּוֹ לָתֵת לָכֶם אֶת־
כָּל־הָאָרֶץ וּלְהַשְׁמִיד אֶת־כָּל־יֹשְׁבֵי הָאָרֶץ מִפְּנֵיכֶם וַנִּירָא
כה מְאֹד לְנַפְשֹׁתֵינוּ מִפְּנֵיכֶם וַנַּעֲשֵׂה אֶת־הַדָּבָר הַזֶּה׃ וְעַתָּה הִנְנוּ
כו בְיָדֶךָ כַּטּוֹב וְכַיָּשָׁר בְּעֵינֶיךָ לַעֲשׂוֹת לָנוּ עֲשֵׂה׃ וַיַּעַשׂ לָהֶם כֵּן
כז וַיַּצֵּל אוֹתָם מִיַּד בְּנֵי־יִשְׂרָאֵל וְלֹא הֲרָגוּם׃ וַיִּתְּנֵם יְהוֹשֻׁעַ בַּיּוֹם
הַהוּא חֹטְבֵי עֵצִים וְשֹׁאֲבֵי מַיִם לָעֵדָה וּלְמִזְבַּח יְהוָה עַד־
י א הַיּוֹם הַזֶּה אֶל־הַמָּקוֹם אֲשֶׁר יִבְחָר׃ וַיְהִי כִשְׁמֹעַ
אֲדֹנִי־צֶדֶק מֶלֶךְ יְרוּשָׁלִַם כִּי־לָכַד יְהוֹשֻׁעַ אֶת־הָעַי וַיַּחֲרִימָהּ
כַּאֲשֶׁר עָשָׂה לִירִיחוֹ וּלְמַלְכָּהּ כֵּן־עָשָׂה לָעַי וּלְמַלְכָּהּ וְכִי
ב הִשְׁלִימוּ יֹשְׁבֵי גִבְעוֹן אֶת־יִשְׂרָאֵל וַיִּהְיוּ בְּקִרְבָּם׃ וַיִּירְאוּ מְאֹד
כִּי עִיר גְּדוֹלָה גִּבְעוֹן כְּאַחַת עָרֵי הַמַּמְלָכָה וְכִי הִיא גְדוֹלָה
ג מִן־הָעַי וְכָל־אֲנָשֶׁיהָ גִּבֹּרִים׃ וַיִּשְׁלַח אֲדֹנִי־צֶדֶק מֶלֶךְ יְרוּשָׁלִַם
אֶל־הוֹהָם מֶלֶךְ־חֶבְרוֹן וְאֶל־פִּרְאָם מֶלֶךְ־יַרְמוּת וְאֶל־יָפִיעַ
ד מֶלֶךְ־לָכִישׁ וְאֶל־דְּבִיר מֶלֶךְ־עֶגְלוֹן לֵאמֹר׃ עֲלוּ־אֵלַי וְעִזְרֻנִי
וְנַכֶּה אֶת־גִּבְעוֹן כִּי־הִשְׁלִימָה אֶת־יְהוֹשֻׁעַ וְאֶת־בְּנֵי יִשְׂרָאֵל׃
ה וַיֵּאָסְפוּ וַיַּעֲלוּ חֲמֵשֶׁת ׀ מַלְכֵי הָאֱמֹרִי מֶלֶךְ יְרוּשָׁלִַם מֶלֶךְ־

חֶבְרוֹן מֶלֶךְ־יַרְמוּת מֶלֶךְ־לָכִישׁ מֶלֶךְ־עֶגְלוֹן הֵם וְכָל־מַחֲנֵיהֶם
ו וַיַּחֲנוּ עַל־גִּבְעוֹן וַיִּלָּחֲמוּ עָלֶיהָ׃ וַיִּשְׁלְחוּ אַנְשֵׁי גִבְעוֹן אֶל־
יְהוֹשֻׁעַ אֶל־הַמַּחֲנֶה הַגִּלְגָּלָה לֵאמֹר אַל־תֶּרֶף יָדֶיךָ מֵעֲבָדֶיךָ
עֲלֵה אֵלֵינוּ מְהֵרָה וְהוֹשִׁיעָה לָּנוּ וְעָזְרֵנוּ כִּי נִקְבְּצוּ אֵלֵינוּ כָּל־
ז מַלְכֵי הָאֱמֹרִי יֹשְׁבֵי הָהָר׃ וַיַּעַל יְהוֹשֻׁעַ מִן־הַגִּלְגָּל הוּא וְכָל־
ח עַם הַמִּלְחָמָה עִמּוֹ וְכֹל גִּבּוֹרֵי הֶחָיִל׃ וַיֹּאמֶר ו
יְהוָה אֶל־יְהוֹשֻׁעַ אַל־תִּירָא מֵהֶם כִּי בְיָדְךָ נְתַתִּים לֹא־יַעֲמֹד
ט אִישׁ מֵהֶם בְּפָנֶיךָ׃ וַיָּבֹא אֲלֵיהֶם יְהוֹשֻׁעַ פִּתְאֹם כָּל־הַלַּיְלָה
י עָלָה מִן־הַגִּלְגָּל׃ וַיְהֻמֵּם יְהוָה לִפְנֵי יִשְׂרָאֵל וַיַּכֵּם מַכָּה־גְדוֹלָה
בְּגִבְעוֹן וַיִּרְדְּפֵם דֶּרֶךְ מַעֲלֵה בֵית־חוֹרֹן וַיַּכֵּם עַד־עֲזֵקָה וְעַד־
יא מַקֵּדָה׃ וַיְהִי בְּנֻסָם ׀ מִפְּנֵי יִשְׂרָאֵל הֵם בְּמוֹרַד בֵּית־חוֹרֹן וַיהוָה
הִשְׁלִיךְ עֲלֵיהֶם אֲבָנִים גְּדֹלוֹת מִן־הַשָּׁמַיִם עַד־עֲזֵקָה וַיָּמֻתוּ
רַבִּים אֲשֶׁר־מֵתוּ בְּאַבְנֵי הַבָּרָד מֵאֲשֶׁר הָרְגוּ בְּנֵי יִשְׂרָאֵל
יב בֶּחָרֶב׃ אָז יְדַבֵּר יְהוֹשֻׁעַ לַיהוָה בְּיוֹם תֵּת יְהוָה
אֶת־הָאֱמֹרִי לִפְנֵי בְּנֵי יִשְׂרָאֵל וַיֹּאמֶר ׀ לְעֵינֵי יִשְׂרָאֵל שֶׁמֶשׁ
יג בְּגִבְעוֹן דּוֹם וְיָרֵחַ בְּעֵמֶק אַיָּלוֹן׃ וַיִּדֹּם הַשֶּׁמֶשׁ וְיָרֵחַ עָמָד עַד־
יִקֹּם גּוֹי אֹיְבָיו הֲלֹא־הִיא כְתוּבָה עַל־סֵפֶר הַיָּשָׁר וַיַּעֲמֹד
יד הַשֶּׁמֶשׁ בַּחֲצִי הַשָּׁמַיִם וְלֹא־אָץ לָבוֹא כְּיוֹם תָּמִים׃ וְלֹא הָיָה
כַּיּוֹם הַהוּא לְפָנָיו וְאַחֲרָיו לִשְׁמֹעַ יְהוָה בְּקוֹל אִישׁ כִּי יְהוָה
טו נִלְחָם לְיִשְׂרָאֵל׃ וַיָּשָׁב יְהוֹשֻׁעַ וְכָל־יִשְׂרָאֵל עִמּוֹ
טז אֶל־הַמַּחֲנֶה הַגִּלְגָּלָה׃ וַיָּנֻסוּ חֲמֵשֶׁת הַמְּלָכִים הָאֵלֶּה וַיֵּחָבְאוּ
יז בַמְּעָרָה בְּמַקֵּדָה׃ וַיֻּגַּד לִיהוֹשֻׁעַ לֵאמֹר נִמְצְאוּ חֲמֵשֶׁת
יח הַמְּלָכִים נֶחְבְּאִים בַּמְּעָרָה בְּמַקֵּדָה׃ וַיֹּאמֶר יְהוֹשֻׁעַ גֹּלּוּ אֲבָנִים
יט גְּדֹלוֹת אֶל־פִּי הַמְּעָרָה וְהַפְקִידוּ עָלֶיהָ אֲנָשִׁים לְשָׁמְרָם׃ וְאַתֶּם
אַל־תַּעֲמֹדוּ רִדְפוּ אַחֲרֵי אֹיְבֵיכֶם וְזִנַּבְתֶּם אוֹתָם אַל־תִּתְּנוּם
כ לָבוֹא אֶל־עָרֵיהֶם כִּי נְתָנָם יְהוָה אֱלֹהֵיכֶם בְּיֶדְכֶם׃ וַיְהִי
כְּכַלּוֹת יְהוֹשֻׁעַ וּבְנֵי יִשְׂרָאֵל לְהַכּוֹתָם מַכָּה גְדֹלָה־מְאֹד עַד־

כא תֻּמָּ֑ם וְהַשְּׂרִידִים֙ שָׂרְד֣וּ מֵהֶ֔ם וַיָּבֹ֖אוּ אֶל־עָרֵ֥י הַמִּבְצָֽר׃ וַיָּשֻׁ֨בוּ
כָל־הָעָ֧ם אֶל־הַֽמַּחֲנֶ֛ה אֶל־יְהוֹשֻׁ֥עַ מַקֵּדָ֖ה בְּשָׁל֑וֹם לֹֽא־חָרַ֞ץ
כב לִבְנֵ֧י יִשְׂרָאֵ֛ל לְאִ֖ישׁ אֶת־לְשֹׁנֽוֹ׃ וַיֹּ֣אמֶר יְהוֹשֻׁ֔עַ פִּתְח֖וּ אֶת־פִּ֣י
הַמְּעָרָ֑ה וְהוֹצִ֣יאוּ אֵלַ֗י אֶת־חֲמֵ֛שֶׁת הַמְּלָכִ֥ים הָאֵ֖לֶּה מִן־
כג הַמְּעָרָֽה׃ וַיַּ֣עֲשׂוּ כֵ֔ן וַיֹּצִ֨יאוּ אֵלָ֜יו אֶת־חֲמֵ֨שֶׁת הַמְּלָכִ֥ים הָאֵ֛לֶּה
מִן־הַמְּעָרָ֑ה אֵ֣ת ׀ מֶ֣לֶךְ יְרוּשָׁלִַ֗ם אֶת־מֶ֤לֶךְ חֶבְרוֹן֙ אֶת־מֶ֣לֶךְ
כד יַרְמ֔וּת אֶת־מֶ֥לֶךְ לָכִ֖ישׁ אֶת־מֶ֥לֶךְ עֶגְלֽוֹן׃ וַ֠יְהִי כְּֽהוֹצִיאָ֞ם אֶת־
הַמְּלָכִ֣ים הָאֵ֘לֶּה֮ אֶל־יְהוֹשֻׁעַ֒ וַיִּקְרָ֨א יְהוֹשֻׁ֜עַ אֶל־כָּל־אִ֣ישׁ
יִשְׂרָאֵ֗ל וַ֠יֹּאמֶר אֶל־קְצִינֵ֞י אַנְשֵׁ֤י הַמִּלְחָמָה֙ הֶהָלְכ֣וּא אִתּ֔וֹ
קִרְב֣וּ שִׂ֚ימוּ אֶת־רַגְלֵיכֶ֔ם עַֽל־צַוְּארֵ֖י הַמְּלָכִ֣ים הָאֵ֑לֶּה וַֽיִּקְרְב֔וּ
כה וַיָּשִׂ֥ימוּ אֶת־רַגְלֵיהֶ֖ם עַל־צַוְּארֵיהֶֽם׃ וַיֹּ֤אמֶר אֲלֵיהֶם֙ יְהוֹשֻׁ֔עַ אַל־
תִּֽירְא֖וּ וְאַל־תֵּחָ֑תּוּ חִזְק֣וּ וְאִמְצ֔וּ כִּ֣י כָ֗כָה יַעֲשֶׂ֤ה יְהוָה֙ לְכָל־
כו אֹ֣יְבֵיכֶ֔ם אֲשֶׁ֥ר אַתֶּ֖ם נִלְחָמִ֥ים אוֹתָֽם׃ וַיַּכֵּ֨ם יְהוֹשֻׁ֤עַ אַֽחֲרֵי־כֵן֙
וַיְמִיתֵ֔ם וַיִּתְלֵ֕ם עַ֖ל חֲמִשָּׁ֣ה עֵצִ֑ים וַיִּהְי֛וּ תְּלוּיִ֥ם עַל־הָעֵצִ֖ים
כז עַד־הָעָֽרֶב׃ וַיְהִ֞י לְעֵ֣ת ׀ בּ֣וֹא הַשֶּׁ֗מֶשׁ צִוָּ֤ה יְהוֹשֻׁ֙עַ֙ וַיֹּֽרִידוּם֙ מֵעַ֣ל
הָעֵצִ֔ים וַיַּ֨שְׁלִכֻ֔ם אֶל־הַמְּעָרָ֖ה אֲשֶׁ֣ר נֶחְבְּאוּ־שָׁ֑ם וַיָּשִׂ֜מוּ אֲבָנִ֤ים
כח גְּדֹלוֹת֙ עַל־פִּ֣י הַמְּעָרָ֔ה עַד־עֶ֖צֶם הַיּ֥וֹם הַזֶּֽה׃ וְאֶת־
מַקֵּדָ֞ה לָכַ֨ד יְהוֹשֻׁ֜עַ בַּיּ֣וֹם הַה֗וּא וַיַּכֶּ֣הָ לְפִי־חֶ֘רֶב֮ וְאֶת־מַלְכָּהּ֒
הֶחֱרִ֣ם אוֹתָ֗ם וְאֶת־כָּל־הַנֶּ֙פֶשׁ֙ אֲשֶׁר־בָּ֔הּ לֹ֥א הִשְׁאִ֖יר שָׂרִ֑יד וַיַּ֙עַשׂ֙
כט לְמֶ֣לֶךְ מַקֵּדָ֔ה כַּאֲשֶׁ֥ר עָשָׂ֖ה לְמֶ֥לֶךְ יְרִיחֽוֹ׃ וַיַּעֲבֹ֨ר
יְהוֹשֻׁ֜עַ וְכָל־יִשְׂרָאֵ֥ל עִמּ֛וֹ מִמַּקֵּדָ֖ה לִבְנָ֑ה וַיִּלָּ֖חֶם עִם־לִבְנָֽה׃
ל וַיִּתֵּן֩ יְהוָ֨ה גַּם־אוֹתָ֜הּ בְּיַ֣ד יִשְׂרָאֵל֮ וְאֶת־מַלְכָּהּ֒ וַיַּכֶּ֣הָ לְפִי־חֶ֗רֶב
וְאֶת־כָּל־הַנֶּ֙פֶשׁ֙ אֲשֶׁר־בָּ֔הּ לֹא־הִשְׁאִ֥יר בָּ֖הּ שָׂרִ֑יד וַיַּ֣עַשׂ
לא לְמַלְכָּ֔הּ כַּאֲשֶׁ֥ר עָשָׂ֖ה לְמֶ֥לֶךְ יְרִיחֽוֹ׃ וַיַּעֲבֹ֣ר יְהוֹשֻׁ֗עַ
וְכָל־יִשְׂרָאֵ֥ל עִמּ֛וֹ מִלִּבְנָ֖ה לָכִ֑ישָׁה וַיִּ֣חַן עָלֶ֔יהָ וַיִּלָּ֖חֶם בָּֽהּ׃
לב וַיִּתֵּ֨ן יְהוָ֜ה אֶת־לָכִ֗ישׁ בְּיַ֣ד יִשְׂרָאֵ֔ל וַֽיִּלְכְּדָהּ֙ בַּיּ֣וֹם הַשֵּׁנִ֔י
וַיַּכֶּ֤הָ לְפִי־חֶ֙רֶב֙ וְאֶת־כָּל־הַנֶּ֣פֶשׁ אֲשֶׁר־בָּ֔הּ כְּכֹ֥ל אֲשֶׁר־עָשָׂ֖ה

לִלְבְנָה׃ אָז עָלָה הֹרָם מֶלֶךְ גֶּזֶר לַעְזֹר לג
אֶת־לָכִישׁ וַיַּכֵּהוּ יְהוֹשֻׁעַ וְאֶת־עַמּוֹ עַד־בִּלְתִּי הִשְׁאִיר־לוֹ
שָׂרִיד׃ וַיַּעֲבֹר יְהוֹשֻׁעַ וְכָל־יִשְׂרָאֵל עִמּוֹ לד
מִלָּכִישׁ עֶגְלֹנָה וַיַּחֲנוּ עָלֶיהָ וַיִּלָּחֲמוּ עָלֶיהָ׃ וַיִּלְכְּדוּהָ בַּיּוֹם הַהוּא לה
וַיַּכּוּהָ לְפִי־חֶרֶב וְאֵת כָּל־הַנֶּפֶשׁ אֲשֶׁר־בָּהּ בַּיּוֹם הַהוּא הֶחֱרִים
כְּכֹל אֲשֶׁר־עָשָׂה לְלָכִישׁ׃ וַיַּעַל יְהוֹשֻׁעַ וְכָל־ לו
יִשְׂרָאֵל עִמּוֹ מֵעֶגְלוֹנָה חֶבְרוֹנָה וַיִּלָּחֲמוּ עָלֶיהָ׃ וַיִּלְכְּדוּהָ וַיַּכּוּהָ־ לז
לְפִי־חֶרֶב וְאֶת־מַלְכָּהּ וְאֶת־כָּל־עָרֶיהָ וְאֶת־כָּל־הַנֶּפֶשׁ אֲשֶׁר־
בָּהּ לֹא־הִשְׁאִיר שָׂרִיד כְּכֹל אֲשֶׁר־עָשָׂה לְעֶגְלוֹן וַיַּחֲרֵם אוֹתָהּ
וְאֶת־כָּל־הַנֶּפֶשׁ אֲשֶׁר־בָּהּ׃ וַיָּשָׁב יְהוֹשֻׁעַ לח
וְכָל־יִשְׂרָאֵל עִמּוֹ דְּבִרָה וַיִּלָּחֶם עָלֶיהָ׃ וַיִּלְכְּדָהּ וְאֶת־מַלְכָּהּ לט
וְאֶת־כָּל־עָרֶיהָ וַיַּכּוּם לְפִי־חֶרֶב וַיַּחֲרִימוּ אֶת־כָּל־נֶפֶשׁ אֲשֶׁר־
בָּהּ לֹא הִשְׁאִיר שָׂרִיד כַּאֲשֶׁר עָשָׂה לְחֶבְרוֹן כֵּן־עָשָׂה לִדְבִרָה
וּלְמַלְכָּהּ וְכַאֲשֶׁר עָשָׂה לְלִבְנָה וּלְמַלְכָּהּ׃ וַיַּכֶּה יְהוֹשֻׁעַ אֶת־ מ
כָּל־הָאָרֶץ הָהָר וְהַנֶּגֶב וְהַשְּׁפֵלָה וְהָאֲשֵׁדוֹת וְאֵת כָּל־מַלְכֵיהֶם
לֹא הִשְׁאִיר שָׂרִיד וְאֵת כָּל־הַנְּשָׁמָה הֶחֱרִים כַּאֲשֶׁר צִוָּה יְהוָה
אֱלֹהֵי יִשְׂרָאֵל׃ וַיַּכֵּם יְהוֹשֻׁעַ מִקָּדֵשׁ בַּרְנֵעַ וְעַד־עַזָּה וְאֵת כָּל־ מא
ז אֶרֶץ גֹּשֶׁן וְעַד־גִּבְעוֹן׃ וְאֵת כָּל־הַמְּלָכִים הָאֵלֶּה וְאֶת־אַרְצָם מב
לָכַד יְהוֹשֻׁעַ פַּעַם אֶחָת כִּי יְהוָה אֱלֹהֵי יִשְׂרָאֵל נִלְחָם
לְיִשְׂרָאֵל׃ וַיָּשָׁב יְהוֹשֻׁעַ וְכָל־יִשְׂרָאֵל עִמּוֹ אֶל־הַמַּחֲנֶה מג
הַגִּלְגָּלָה׃ וַיְהִי כִּשְׁמֹעַ יָבִין מֶלֶךְ־חָצוֹר וַיִּשְׁלַח א יא
אֶל־יוֹבָב מֶלֶךְ מָדוֹן וְאֶל־מֶלֶךְ שִׁמְרוֹן וְאֶל־מֶלֶךְ אַכְשָׁף׃
וְאֶל־הַמְּלָכִים אֲשֶׁר מִצְּפוֹן בָּהָר וּבָעֲרָבָה נֶגֶב כִּנְרוֹת וּבַשְּׁפֵלָה ב
וּבְנָפוֹת דּוֹר מִיָּם׃ הַכְּנַעֲנִי מִמִּזְרָח וּמִיָּם וְהָאֱמֹרִי וְהַחִתִּי וְהַפְּרִזִּי ג
וְהַיְבוּסִי בָּהָר וְהַחִוִּי תַּחַת חֶרְמוֹן בְּאֶרֶץ הַמִּצְפָּה׃ וַיֵּצְאוּ הֵם ד
וְכָל־מַחֲנֵיהֶם עִמָּם עַם־רָב כַּחוֹל אֲשֶׁר עַל־שְׂפַת־הַיָּם לָרֹב
וְסוּס וָרֶכֶב רַב־מְאֹד׃ וַיִּוָּעֲדוּ כֹּל הַמְּלָכִים הָאֵלֶּה וַיָּבֹאוּ וַיַּחֲנוּ ה

ו יַחְדָּו אֶל־מֵי מֵרוֹם לְהִלָּחֵם עִם־יִשְׂרָאֵל׃ וַיֹּאמֶר
יְהוָה אֶל־יְהוֹשֻׁעַ אַל־תִּירָא מִפְּנֵיהֶם כִּי מָחָר כָּעֵת הַזֹּאת
אָנֹכִי נֹתֵן אֶת־כֻּלָּם חֲלָלִים לִפְנֵי יִשְׂרָאֵל אֶת־סוּסֵיהֶם תְּעַקֵּר
ז וְאֶת־מַרְכְּבֹתֵיהֶם תִּשְׂרֹף בָּאֵשׁ׃ וַיָּבֹא יְהוֹשֻׁעַ וְכָל־עַם הַמִּלְחָמָה
ח עִמּוֹ עֲלֵיהֶם עַל־מֵי מֵרוֹם פִּתְאֹם וַיִּפְּלוּ בָּהֶם׃ וַיִּתְּנֵם יְהוָה
בְּיַד־יִשְׂרָאֵל וַיַּכּוּם וַיִּרְדְּפוּם עַד־צִידוֹן רַבָּה וְעַד מִשְׂרְפוֹת מַיִם
וְעַד־בִּקְעַת מִצְפֶּה מִזְרָחָה וַיַּכֻּם עַד־בִּלְתִּי הִשְׁאִיר־לָהֶם
ט שָׂרִיד׃ וַיַּעַשׂ לָהֶם יְהוֹשֻׁעַ כַּאֲשֶׁר אָמַר־לוֹ יְהוָה אֶת־סוּסֵיהֶם
י עִקֵּר וְאֶת־מַרְכְּבֹתֵיהֶם שָׂרַף בָּאֵשׁ׃ וַיָּשָׁב יְהוֹשֻׁעַ
בָּעֵת הַהִיא וַיִּלְכֹּד אֶת־חָצוֹר וְאֶת־מַלְכָּהּ הִכָּה בֶחָרֶב כִּי־
יא חָצוֹר לְפָנִים הִיא רֹאשׁ כָּל־הַמַּמְלָכוֹת הָאֵלֶּה׃ וַיַּכּוּ אֶת־כָּל־
הַנֶּפֶשׁ אֲשֶׁר־בָּהּ לְפִי־חֶרֶב הַחֲרֵם לֹא נוֹתַר כָּל־נְשָׁמָה וְאֶת־
יב חָצוֹר שָׂרַף בָּאֵשׁ׃ וְאֶת־כָּל־עָרֵי הַמְּלָכִים־הָאֵלֶּה וְאֶת־כָּל־
מַלְכֵיהֶם לָכַד יְהוֹשֻׁעַ וַיַּכֵּם לְפִי־חֶרֶב הֶחֱרִים אוֹתָם כַּאֲשֶׁר
יג צִוָּה מֹשֶׁה עֶבֶד יְהוָה׃ רַק כָּל־הֶעָרִים הָעֹמְדוֹת עַל־תִּלָּם
יד לֹא־שְׂרָפָם יִשְׂרָאֵל זוּלָתִי אֶת־חָצוֹר לְבַדָּהּ שָׂרַף יְהוֹשֻׁעַ׃ וְכֹל
שְׁלַל הֶעָרִים הָאֵלֶּה וְהַבְּהֵמָה בָּזְזוּ לָהֶם בְּנֵי יִשְׂרָאֵל רַק אֶת־
כָּל־הָאָדָם הִכּוּ לְפִי־חֶרֶב עַד־הִשְׁמִדָם אוֹתָם לֹא הִשְׁאִירוּ
טו כָּל־נְשָׁמָה׃ כַּאֲשֶׁר צִוָּה יְהוָה אֶת־מֹשֶׁה עַבְדּוֹ כֵּן־צִוָּה מֹשֶׁה
אֶת־יְהוֹשֻׁעַ וְכֵן עָשָׂה יְהוֹשֻׁעַ לֹא־הֵסִיר דָּבָר מִכֹּל אֲשֶׁר־צִוָּה
טז יְהוָה אֶת־מֹשֶׁה׃ וַיִּקַּח יְהוֹשֻׁעַ אֶת־כָּל־הָאָרֶץ הַזֹּאת הָהָר
וְאֶת־כָּל־הַנֶּגֶב וְאֵת כָּל־אֶרֶץ הַגֹּשֶׁן וְאֶת־הַשְּׁפֵלָה וְאֶת־
יז הָעֲרָבָה וְאֶת־הַר יִשְׂרָאֵל וּשְׁפֵלָתֹה׃ מִן־הָהָר הֶחָלָק הָעֹלֶה
שֵׂעִיר וְעַד־בַּעַל גָּד בְּבִקְעַת הַלְּבָנוֹן תַּחַת הַר־חֶרְמוֹן וְאֵת
יח כָּל־מַלְכֵיהֶם לָכַד וַיַּכֵּם וַיְמִיתֵם׃ יָמִים רַבִּים עָשָׂה יְהוֹשֻׁעַ
יט אֶת־כָּל־הַמְּלָכִים הָאֵלֶּה מִלְחָמָה׃ לֹא־הָיְתָה עִיר אֲשֶׁר
הִשְׁלִימָה אֶל־בְּנֵי יִשְׂרָאֵל בִּלְתִּי הַחִוִּי יֹשְׁבֵי גִבְעוֹן אֶת־הַכֹּל

כ לָקְח֣וּ בַמִּלְחָמָ֑ה׃ כִּֽי־מֵאֵ֣ת יְהוָ֣ה ׀ הָיְתָ֡ה לְחַזֵּ֨ק אֶת־לִבָּ֜ם
לִקְרַ֨את הַמִּלְחָמָ֤ה אֶת־יִשְׂרָאֵל֙ לְמַ֣עַן הַחֲרִימָ֔ם לְבִלְתִּ֥י הֱיוֹת־
לָהֶ֖ם תְּחִנָּ֑ה כִּ֚י לְמַ֣עַן הַשְׁמִידָ֔ם כַּאֲשֶׁ֛ר צִוָּ֥ה יְהוָ֖ה אֶת־
כא מֹשֶֽׁה׃ וַיָּבֹ֨א יְהוֹשֻׁ֜עַ בָּעֵ֣ת הַהִ֗יא וַיַּכְרֵ֤ת אֶת־
הָֽעֲנָקִים֙ מִן־הָהָ֣ר מִן־חֶבְר֞וֹן מִן־דְּבִ֣ר מִן־עֲנָ֗ב וּמִכֹּל֙ הַ֣ר
כב יְהוּדָ֔ה וּמִכֹּ֖ל הַ֣ר יִשְׂרָאֵ֑ל עִם־עָרֵיהֶ֖ם הֶחֱרִימָ֥ם יְהוֹשֻֽׁעַ׃ לֹֽא־
נוֹתַ֣ר עֲנָקִ֔ים בְּאֶ֖רֶץ בְּנֵ֣י יִשְׂרָאֵ֑ל רַ֗ק בְּעַזָּ֛ה בְּגַ֥ת וּבְאַשְׁדּ֖וֹד
כג נִשְׁאָֽרוּ׃ וַיִּקַּ֨ח יְהוֹשֻׁ֜עַ אֶת־כָּל־הָאָ֗רֶץ כְּ֠כֹל אֲשֶׁ֨ר דִּבֶּ֣ר יְהוָה֮ אֶל־
מֹשֶׁה֒ וַיִּתְּנָ֨הּ יְהוֹשֻׁ֧עַ לְנַחֲלָ֛ה לְיִשְׂרָאֵ֛ל כְּמַחְלְקֹתָ֖ם לְשִׁבְטֵיהֶ֑ם
יב א וְהָאָ֥רֶץ שָׁקְטָ֖ה מִמִּלְחָמָֽה׃ וְאֵ֣לֶּה ׀ מַלְכֵ֣י הָאָ֗רֶץ
אֲשֶׁ֨ר הִכּ֤וּ בְנֵֽי־יִשְׂרָאֵל֙ וַיִּרְשׁ֣וּ אֶת־אַרְצָ֔ם בְּעֵ֥בֶר הַיַּרְדֵּ֖ן מִזְרְחָ֣ה
הַשָּׁ֑מֶשׁ מִנַּ֤חַל אַרְנוֹן֙ עַד־הַ֣ר חֶרְמ֔וֹן וְכָל־הָעֲרָבָ֖ה מִזְרָֽחָה׃
ב סִיח֗וֹן מֶ֚לֶךְ הָֽאֱמֹרִ֔י הַיּוֹשֵׁ֖ב בְּחֶשְׁבּ֑וֹן מֹשֵׁ֞ל מֵעֲרֹעֵ֗ר אֲשֶׁר֙
עַל־שְׂפַת־נַ֣חַל אַרְנ֔וֹן וְת֤וֹךְ הַנַּ֙חַל֙ וַחֲצִ֣י הַגִּלְעָ֔ד וְעַד֙ יַבֹּ֣ק
ג הַנַּ֔חַל גְּב֖וּל בְּנֵ֥י עַמּֽוֹן׃ וְהָעֲרָבָ֞ה עַד־יָ֣ם כִּנְר֣וֹת מִזְרָ֗חָה
וְעַ֨ד יָ֤ם הָעֲרָבָה֙ יָם־הַמֶּ֣לַח מִזְרָ֔חָה דֶּ֖רֶךְ בֵּ֣ית הַיְשִׁמ֑וֹת
ד וּמִתֵּימָ֕ן תַּ֖חַת אַשְׁד֥וֹת הַפִּסְגָּֽה׃ וּגְב֗וּל ע֚וֹג מֶ֣לֶךְ הַבָּשָׁ֔ן מִיֶּ֖תֶר
ה הָרְפָאִ֑ים הַיּוֹשֵׁ֥ב בְּעַשְׁתָּר֖וֹת וּבְאֶדְרֶֽעִי׃ וּ֠מֹשֵׁל בְּהַ֨ר חֶרְמ֤וֹן
וּבְסַלְכָה֙ וּבְכָל־הַבָּשָׁ֔ן עַד־גְּב֥וּל הַגְּשׁוּרִ֖י וְהַמַּעֲכָתִ֑י וַחֲצִי֙
ו הַגִּלְעָ֔ד גְּב֖וּל סִיח֥וֹן מֶֽלֶךְ־חֶשְׁבּֽוֹן׃ מֹשֶׁ֧ה עֶֽבֶד־יְהוָ֛ה וּבְנֵ֥י
יִשְׂרָאֵ֖ל הִכּ֑וּם וַֽיִּתְּנָ֡הּ מֹשֶׁ֣ה עֶֽבֶד־יְהוָ֩ה יְרֻשָּׁ֜ה לָראוּבֵנִ֣י וְלַגָּדִ֔י
ז וְלַחֲצִ֖י שֵׁ֥בֶט הַֽמְנַשֶּֽׁה׃ וְאֵ֨לֶּה מַלְכֵ֜י הָאָ֗רֶץ
אֲשֶׁ֨ר הִכָּ֤ה יְהוֹשֻׁ֙עַ֙ וּבְנֵ֣י יִשְׂרָאֵ֔ל בְּעֵ֣בֶר הַיַּרְדֵּן֮ יָ֒מָּה֒ מִבַּ֤עַל גָּד֙
בְּבִקְעַ֣ת הַלְּבָנ֔וֹן וְעַד־הָהָ֥ר הֶחָלָ֖ק הָעֹלֶ֣ה שֵׂעִ֑ירָה וַיִּתְּנָ֨הּ
ח יְהוֹשֻׁ֜עַ לְשִׁבְטֵ֧י יִשְׂרָאֵ֛ל יְרֻשָּׁ֖ה כְּמַחְלְקֹתָֽם׃ בָּהָ֣ר וּבַשְּׁפֵלָ֗ה
וּבָעֲרָבָה֙ וּבָ֣אֲשֵׁד֔וֹת וּבַמִּדְבָּ֖ר וּבַנֶּ֑גֶב הַֽחִתִּי֙ הָאֱמֹרִ֔י וְהַֽכְּנַעֲנִ֔י
הַפְּרִזִּ֕י הַחִוִּ֖י וְהַיְבוּסִֽי׃

ט מֶלֶךְ יְרִיחוֹ אֶחָד
מֶלֶךְ הָעַי אֲשֶׁר־מִצַּד בֵּית־אֵל אֶחָד׃
י מֶלֶךְ יְרוּשָׁלִַם אֶחָד
מֶלֶךְ חֶבְרוֹן אֶחָד׃
יא מֶלֶךְ יַרְמוּת אֶחָד
מֶלֶךְ לָכִישׁ אֶחָד׃
יב מֶלֶךְ עֶגְלוֹן אֶחָד
מֶלֶךְ גֶּזֶר אֶחָד׃
יג מֶלֶךְ דְּבִר אֶחָד
מֶלֶךְ גֶּדֶר אֶחָד׃
יד מֶלֶךְ חָרְמָה אֶחָד
מֶלֶךְ עֲרָד אֶחָד׃
טו מֶלֶךְ לִבְנָה אֶחָד
מֶלֶךְ עֲדֻלָּם אֶחָד׃
טז מֶלֶךְ מַקֵּדָה אֶחָד
מֶלֶךְ בֵּית־אֵל אֶחָד׃
יז מֶלֶךְ תַּפּוּחַ אֶחָד
מֶלֶךְ חֵפֶר אֶחָד׃
יח מֶלֶךְ אֲפֵק אֶחָד
מֶלֶךְ לַשָּׁרוֹן אֶחָד׃
יט מֶלֶךְ מָדוֹן אֶחָד
מֶלֶךְ חָצוֹר אֶחָד׃
כ מֶלֶךְ שִׁמְרוֹן מְראוֹן אֶחָד
מֶלֶךְ אַכְשָׁף אֶחָד׃
כא מֶלֶךְ תַּעְנַךְ אֶחָד
מֶלֶךְ מְגִדּוֹ אֶחָד׃
כב מֶלֶךְ קֶדֶשׁ אֶחָד

מֶ֥לֶךְ־יָקְנְעָ֖ם לַכַּרְמֶ֑ל אֶחָֽד׃
מֶ֣לֶךְ דּ֔וֹר לְנָפַ֖ת דּ֑וֹר אֶחָ֗ד כג
מֶֽלֶךְ־גּוֹיִ֥ם לְגִלְגָּ֖ל אֶחָֽד׃
מֶ֥לֶךְ תִּרְצָ֖ה אֶחָ֑ד כד
כָּל־מְלָכִ֖ים שְׁלֹשִׁ֥ים וְאֶחָֽד׃

ח וִיהוֹשֻׁ֣עַ זָקֵ֔ן בָּ֖א בַּיָּמִ֑ים וַיֹּ֩אמֶר֩ יְהוָ֨ה אֵלָ֜יו אַתָּ֤ה זָקַ֙נְתָּה֙ בָּ֣אתָ א יג
בַיָּמִ֔ים וְהָאָ֛רֶץ נִשְׁאֲרָ֥ה הַרְבֵּֽה־מְאֹ֖ד לְרִשְׁתָּֽהּ׃ זֹ֖את הָאָ֣רֶץ ב
הַנִּשְׁאָ֑רֶת כָּל־גְּלִיל֥וֹת הַפְּלִשְׁתִּ֖ים וְכָל־הַגְּשׁוּרִֽי׃ מִן־הַשִּׁיח֞וֹר ג
אֲשֶׁ֣ר ׀ עַל־פְּנֵ֣י מִצְרַ֗יִם וְעַ֨ד גְּב֤וּל עֶקְרוֹן֙ צָפ֔וֹנָה לַֽכְּנַעֲנִ֖י תֵּחָשֵׁ֑ב
חֲמֵ֣שֶׁת ׀ סַרְנֵ֣י פְלִשְׁתִּ֗ים הָֽעַזָּתִ֤י וְהָֽאַשְׁדּוֹדִי֙ הָֽאֶשְׁקְלוֹנִ֣י הַגִּתִּ֔י
וְהָעֶקְרוֹנִ֖י וְהָעַוִּֽים׃ מִתֵּימָ֞ן כָּל־אֶ֣רֶץ הַֽכְּנַעֲנִ֗י וּמְעָרָה֙ אֲשֶׁ֣ר ד
לַצִּֽידֹנִ֔ים עַד־אֲפֵ֖קָה עַ֥ד גְּב֖וּל הָאֱמֹרִֽי׃ וְהָאָ֣רֶץ הַגִּבְלִ֗י וְכָל־ ה
הַלְּבָנוֹן֙ מִזְרַ֣ח הַשֶּׁ֔מֶשׁ מִבַּ֣עַל גָּ֔ד תַּ֖חַת הַר־חֶרְמ֑וֹן עַ֖ד לְב֥וֹא
חֲמָֽת׃ כָּל־יֹשְׁבֵ֨י הָהָ֜ר מִן־הַלְּבָנוֹן֙ עַד־מִשְׂרְפֹ֣ת מַ֔יִם כָּל־ ו
צִידֹנִ֕ים אָנֹכִ֥י אוֹרִישֵׁ֖ם מִפְּנֵ֣י בְּנֵ֣י יִשְׂרָאֵ֑ל רַ֗ק הַפִּלֶ֤הָ לְיִשְׂרָאֵל֙
בְּנַחֲלָ֔ה כַּאֲשֶׁ֖ר צִוִּיתִֽיךָ׃ וְעַתָּ֗ה חַלֵּ֞ק אֶת־הָאָ֤רֶץ הַזֹּאת֙ בְּנַחֲלָ֔ה ז
לְתִשְׁעַ֖ת הַשְּׁבָטִ֑ים וַחֲצִ֖י הַשֵּׁ֥בֶט הַֽמְנַשֶּֽׁה׃ עִמּ֗וֹ הָרֽאוּבֵנִי֙ וְהַגָּדִ֔י ח
לָקְח֖וּ נַחֲלָתָ֑ם אֲשֶׁר֩ נָתַ֨ן לָהֶ֜ם מֹשֶׁ֗ה בְּעֵ֤בֶר הַיַּרְדֵּן֙ מִזְרָ֔חָה
כַּאֲשֶׁר֙ נָתַ֣ן לָהֶ֔ם מֹשֶׁ֖ה עֶ֥בֶד יְהוָֽה׃ מֵעֲרוֹעֵ֞ר אֲשֶׁ֨ר עַל־שְׂפַֽת־ ט
נַ֤חַל אַרְנוֹן֙ וְהָעִ֙יר אֲשֶׁ֣ר בְּתוֹךְ־הַנַּ֔חַל וְכָל־הַמִּישֹׁ֥ר מֵידְבָ֖א
עַד־דִּיבֽוֹן׃ וְכֹ֗ל עָרֵי֙ סִיח֣וֹן מֶ֣לֶךְ הָאֱמֹרִ֔י אֲשֶׁ֥ר מָלַ֖ךְ בְּחֶשְׁבּ֑וֹן י
עַד־גְּב֖וּל בְּנֵ֥י עַמּֽוֹן׃ וְהַגִּלְעָ֗ד וּגְב֤וּל הַגְּשׁוּרִי֙ וְהַמַּ֣עֲכָתִ֔י וְכֹ֖ל הַ֣ר יא
חֶרְמ֑וֹן וְכָל־הַבָּשָׁ֖ן עַד־סַלְכָֽה׃ כָּל־מַמְלְכ֥וּת עוֹג֙ בַּבָּשָׁ֔ן אֲשֶׁר־ יב
מָלַ֥ךְ בְּעַשְׁתָּר֖וֹת וּבְאֶדְרֶ֑עִי ה֚וּא נִשְׁאַר֙ מִיֶּ֣תֶר הָרְפָאִ֔ים וַיַּכֵּ֥ם
מֹשֶׁ֖ה וַיֹּרִשֵֽׁם׃ וְלֹ֣א הוֹרִ֗ישׁוּ בְּנֵ֤י יִשְׂרָאֵל֙ אֶת־הַגְּשׁוּרִ֔י וְאֶת־ יג
הַמַּעֲכָתִ֑י וַיֵּ֨שֶׁב גְּשׁ֤וּר וּמַעֲכָת֙ בְּקֶ֣רֶב יִשְׂרָאֵ֔ל עַ֖ד הַיּ֥וֹם הַזֶּֽה׃
רַ֚ק לְשֵׁ֣בֶט הַלֵּוִ֔י לֹ֥א נָתַ֖ן נַחֲלָ֑ה אִשֵּׁ֞י יְהוָ֨ה אֱלֹהֵ֤י יִשְׂרָאֵל֙ ה֣וּא יד

טו נַחֲלָתוֹ כַּאֲשֶׁר דִּבֶּר־לוֹ׃ וַיִּתֵּן מֹשֶׁה לְמַטֵּה בְנֵי־
טז רְאוּבֵן לְמִשְׁפְּחֹתָם׃ וַיְהִי לָהֶם הַגְּבוּל מֵעֲרוֹעֵר אֲשֶׁר עַל־
שְׂפַת־נַחַל אַרְנוֹן וְהָעִיר אֲשֶׁר בְּתוֹךְ־הַנַּחַל וְכָל־הַמִּישֹׁר עַל־
יז מֵידְבָא׃ חֶשְׁבּוֹן וְכָל־עָרֶיהָ אֲשֶׁר בַּמִּישֹׁר דִּיבוֹן וּבָמוֹת בַּעַל
יח יט וּבֵית בַּעַל מְעוֹן׃ וְיַהְצָה וּקְדֵמֹת וּמֵפָעַת׃ וְקִרְיָתַיִם וְשִׂבְמָה
כ וְצֶרֶת הַשַּׁחַר בְּהַר הָעֵמֶק׃ וּבֵית פְּעוֹר וְאַשְׁדּוֹת הַפִּסְגָּה וּבֵית
כא הַיְשִׁמוֹת׃ וְכֹל עָרֵי הַמִּישֹׁר וְכָל־מַמְלְכוּת סִיחוֹן מֶלֶךְ הָאֱמֹרִי
אֲשֶׁר מָלַךְ בְּחֶשְׁבּוֹן אֲשֶׁר הִכָּה מֹשֶׁה אֹתוֹ ׀ וְאֶת־נְשִׂיאֵי
מִדְיָן אֶת־אֱוִי וְאֶת־רֶקֶם וְאֶת־צוּר וְאֶת־חוּר וְאֶת־רֶבַע
כב נְסִיכֵי סִיחוֹן יֹשְׁבֵי הָאָרֶץ׃ וְאֶת־בִּלְעָם בֶּן־בְּעוֹר הַקּוֹסֵם
כג הָרְגוּ בְנֵי־יִשְׂרָאֵל בַּחֶרֶב אֶל־חַלְלֵיהֶם׃ וַיְהִי גְּבוּל בְּנֵי רְאוּבֵן
הַיַּרְדֵּן וּגְבוּל זֹאת נַחֲלַת בְּנֵי־רְאוּבֵן לְמִשְׁפְּחֹתָם הֶעָרִים
כד וְחַצְרֵיהֶן׃ וַיִּתֵּן מֹשֶׁה לְמַטֵּה גָד לִבְנֵי גָד
כה לְמִשְׁפְּחֹתָם׃ וַיְהִי לָהֶם הַגְּבוּל יַעְזֵר וְכָל־עָרֵי הַגִּלְעָד וַחֲצִי אֶרֶץ
כו בְּנֵי עַמּוֹן עַד־עֲרוֹעֵר אֲשֶׁר עַל־פְּנֵי רַבָּה׃ וּמֵחֶשְׁבּוֹן
עַד־רָמַת הַמִּצְפֶּה וּבְטֹנִים וּמִמַּחֲנַיִם עַד־גְּבוּל לִדְבִר׃
כז וּבָעֵמֶק בֵּית הָרָם וּבֵית נִמְרָה וְסֻכּוֹת וְצָפוֹן יֶתֶר מַמְלְכוּת
סִיחוֹן מֶלֶךְ חֶשְׁבּוֹן הַיַּרְדֵּן וּגְבֻל עַד־קְצֵה יָם־כִּנֶּרֶת עֵבֶר
כח הַיַּרְדֵּן מִזְרָחָה׃ זֹאת נַחֲלַת בְּנֵי־גָד לְמִשְׁפְּחֹתָם הֶעָרִים
כט וְחַצְרֵיהֶם׃ וַיִּתֵּן מֹשֶׁה לַחֲצִי שֵׁבֶט מְנַשֶּׁה וַיְהִי
ל לַחֲצִי מַטֵּה בְנֵי־מְנַשֶּׁה לְמִשְׁפְּחוֹתָם׃ וַיְהִי גְבוּלָם מִמַּחֲנַיִם
כָּל־הַבָּשָׁן כָּל־מַמְלְכוּת ׀ עוֹג מֶלֶךְ־הַבָּשָׁן וְכָל־חַוֹּת יָאִיר
לא אֲשֶׁר בַּבָּשָׁן שִׁשִּׁים עִיר׃ וַחֲצִי הַגִּלְעָד וְעַשְׁתָּרוֹת וְאֶדְרֶעִי עָרֵי
מַמְלְכוּת עוֹג בַּבָּשָׁן לִבְנֵי מָכִיר בֶּן־מְנַשֶּׁה לַחֲצִי בְנֵי־מָכִיר
לב לְמִשְׁפְּחוֹתָם׃ אֵלֶּה אֲשֶׁר־נִחַל מֹשֶׁה בְּעַרְבוֹת מוֹאָב מֵעֵבֶר
לג לְיַרְדֵּן יְרִיחוֹ מִזְרָחָה׃ וּלְשֵׁבֶט הַלֵּוִי לֹא־נָתַן מֹשֶׁה נַחֲלָה יְהוָה
יד א אֱלֹהֵי יִשְׂרָאֵל הוּא נַחֲלָתָם כַּאֲשֶׁר דִּבֶּר לָהֶם׃ וְאֵלֶּה אֲשֶׁר־

נָחֲלוּ בְנֵי־יִשְׂרָאֵל בְּאֶרֶץ כְּנָעַן אֲשֶׁר נִחֲלוּ אוֹתָם אֶלְעָזָר הַכֹּהֵן
וִיהוֹשֻׁעַ בִּן־נוּן וְרָאשֵׁי אֲבוֹת הַמַּטּוֹת לִבְנֵי יִשְׂרָאֵל׃ בְּגוֹרַל ב
נַחֲלָתָם כַּאֲשֶׁר צִוָּה יְהוָה בְּיַד־מֹשֶׁה לְתִשְׁעַת הַמַּטּוֹת וַחֲצִי
הַמַּטֶּה׃ כִּי־נָתַן מֹשֶׁה נַחֲלַת שְׁנֵי הַמַּטּוֹת וַחֲצִי הַמַּטֶּה מֵעֵבֶר ג
לַיַּרְדֵּן וְלַלְוִיִּם לֹא־נָתַן נַחֲלָה בְּתוֹכָם׃ כִּי־הָיוּ בְנֵי־יוֹסֵף שְׁנֵי ד
מַטּוֹת מְנַשֶּׁה וְאֶפְרָיִם וְלֹא־נָתְנוּ חֵלֶק לַלְוִיִּם בָּאָרֶץ כִּי
אִם־עָרִים לָשֶׁבֶת וּמִגְרְשֵׁיהֶם לְמִקְנֵיהֶם וּלְקִנְיָנָם׃ כַּאֲשֶׁר ה
צִוָּה יְהוָה אֶת־מֹשֶׁה כֵּן עָשׂוּ בְּנֵי יִשְׂרָאֵל וַיַּחְלְקוּ אֶת־
הָאָרֶץ׃ וַיִּגְּשׁוּ בְנֵי־יְהוּדָה אֶל־יְהוֹשֻׁעַ בַּגִּלְגָּל ו
וַיֹּאמֶר אֵלָיו כָּלֵב בֶּן־יְפֻנֶּה הַקְּנִזִּי אַתָּה יָדַעְתָּ אֶת־הַדָּבָר
אֲשֶׁר־דִּבֶּר יְהוָה אֶל־מֹשֶׁה אִישׁ־הָאֱלֹהִים עַל אֹדוֹתַי וְעַל
אֹדוֹתֶיךָ בְּקָדֵשׁ בַּרְנֵעַ׃ בֶּן־אַרְבָּעִים שָׁנָה אָנֹכִי בִּשְׁלֹחַ מֹשֶׁה ז
עֶבֶד־יְהוָה אֹתִי מִקָּדֵשׁ בַּרְנֵעַ לְרַגֵּל אֶת־הָאָרֶץ וָאָשֵׁב אֹתוֹ
דָּבָר כַּאֲשֶׁר עִם־לְבָבִי׃ וְאַחַי אֲשֶׁר עָלוּ עִמִּי הִמְסִיו אֶת־לֵב ח
הָעָם וְאָנֹכִי מִלֵּאתִי אַחֲרֵי יְהוָה אֱלֹהָי׃ וַיִּשָּׁבַע מֹשֶׁה בַּיּוֹם ט
הַהוּא לֵאמֹר אִם־לֹא הָאָרֶץ אֲשֶׁר דָּרְכָה רַגְלְךָ בָּהּ לְךָ תִהְיֶה
לְנַחֲלָה וּלְבָנֶיךָ עַד־עוֹלָם כִּי מִלֵּאתָ אַחֲרֵי יְהוָה אֱלֹהָי׃ וְעַתָּה י
הִנֵּה הֶחֱיָה יְהוָה ׀ אוֹתִי כַּאֲשֶׁר דִּבֵּר זֶה אַרְבָּעִים וְחָמֵשׁ שָׁנָה
מֵאָז דִּבֶּר יְהוָה אֶת־הַדָּבָר הַזֶּה אֶל־מֹשֶׁה אֲשֶׁר־הָלַךְ יִשְׂרָאֵל
בַּמִּדְבָּר וְעַתָּה הִנֵּה אָנֹכִי הַיּוֹם בֶּן־חָמֵשׁ וּשְׁמוֹנִים שָׁנָה׃ עוֹדֶנִּי יא
הַיּוֹם חָזָק כַּאֲשֶׁר בְּיוֹם שְׁלֹחַ אוֹתִי מֹשֶׁה כְּכֹחִי אָז וּכְכֹחִי עָתָּה
לַמִּלְחָמָה וְלָצֵאת וְלָבוֹא׃ וְעַתָּה תְּנָה־לִּי אֶת־הָהָר הַזֶּה יב
אֲשֶׁר־דִּבֶּר יְהוָה בַּיּוֹם הַהוּא כִּי־אַתָּה שָׁמַעְתָּ בַיּוֹם הַהוּא כִּי־
עֲנָקִים שָׁם וְעָרִים גְּדֹלוֹת בְּצֻרוֹת אוּלַי יְהוָה אוֹתִי וְהוֹרַשְׁתִּים
כַּאֲשֶׁר דִּבֶּר יְהוָה׃ וַיְבָרְכֵהוּ יְהוֹשֻׁעַ וַיִּתֵּן אֶת־חֶבְרוֹן לְכָלֵב יג
בֶּן־יְפֻנֶּה לְנַחֲלָה׃ עַל־כֵּן הָיְתָה־חֶבְרוֹן לְכָלֵב בֶּן־יְפֻנֶּה הַקְּנִזִּי יד
לְנַחֲלָה עַד הַיּוֹם הַזֶּה יַעַן אֲשֶׁר מִלֵּא אַחֲרֵי יְהוָה אֱלֹהֵי

טו יִשְׂרָאֵל: וְשֵׁם חֶבְרוֹן לְפָנִים קִרְיַת אַרְבַּע הָאָדָם הַגָּדוֹל ט
טו א בָּעֲנָקִים הוּא וְהָאָרֶץ שָׁקְטָה מִמִּלְחָמָה: וַיְהִי
הַגּוֹרָל לְמַטֵּה בְּנֵי יְהוּדָה לְמִשְׁפְּחֹתָם אֶל־גְּבוּל אֱדוֹם מִדְבַּר־
ב צִן נֶגְבָּה מִקְצֵה תֵימָן: וַיְהִי לָהֶם גְּבוּל נֶגֶב מִקְצֵה יָם הַמֶּלַח
ג מִן־הַלָּשֹׁן הַפֹּנֶה נֶגְבָּה: וְיָצָא אֶל־מִנֶּגֶב לְמַעֲלֵה עַקְרַבִּים
וְעָבַר צִנָה וְעָלָה מִנֶּגֶב לְקָדֵשׁ בַּרְנֵעַ וְעָבַר חֶצְרוֹן וְעָלָה
ד אַדָּרָה וְנָסַב הַקַּרְקָעָה: וְעָבַר עַצְמוֹנָה וְיָצָא נַחַל מִצְרַיִם והיה וְהָיוּ
ה תֹּצְאוֹת הַגְּבוּל יָמָּה זֶה־יִהְיֶה לָכֶם גְּבוּל נֶגֶב: וּגְבוּל קֵדְמָה
יָם הַמֶּלַח עַד־קְצֵה הַיַּרְדֵּן וּגְבוּל לִפְאַת צָפוֹנָה מִלְּשׁוֹן הַיָּם
ו מִקְצֵה הַיַּרְדֵּן: וְעָלָה הַגְּבוּל בֵּית חָגְלָה וְעָבַר מִצְּפוֹן לְבֵית
ז הָעֲרָבָה וְעָלָה הַגְּבוּל אֶבֶן בֹּהַן בֶּן־רְאוּבֵן: וְעָלָה הַגְּבוּל ׀
דְּבִרָה מֵעֵמֶק עָכוֹר וְצָפוֹנָה פֹּנֶה אֶל־הַגִּלְגָּל אֲשֶׁר־נֹכַח
לְמַעֲלֵה אֲדֻמִּים אֲשֶׁר מִנֶּגֶב לַנָּחַל וְעָבַר הַגְּבוּל אֶל־מֵי עֵין־
ח שֶׁמֶשׁ וְהָיוּ תֹצְאֹתָיו אֶל־עֵין רֹגֵל: וְעָלָה הַגְּבוּל גֵּי בֶן־הִנֹּם
אֶל־כֶּתֶף הַיְבוּסִי מִנֶּגֶב הִיא יְרוּשָׁלִָם וְעָלָה הַגְּבוּל אֶל־רֹאשׁ
הָהָר אֲשֶׁר עַל־פְּנֵי גֵי־הִנֹּם יָמָּה אֲשֶׁר בִּקְצֵה עֵמֶק־רְפָאִים
ט צָפֹנָה: וְתָאַר הַגְּבוּל מֵרֹאשׁ הָהָר אֶל־מַעְיַן מֵי נֶפְתּוֹחַ וְיָצָא
אֶל־עָרֵי הַר־עֶפְרוֹן וְתָאַר הַגְּבוּל בַּעֲלָה הִיא קִרְיַת יְעָרִים:
י וְנָסַב הַגְּבוּל מִבַּעֲלָה יָמָּה אֶל־הַר שֵׂעִיר וְעָבַר אֶל־כֶּתֶף הַר־
יְעָרִים מִצָּפוֹנָה הִיא כְסָלוֹן וְיָרַד בֵּית־שֶׁמֶשׁ וְעָבַר תִּמְנָה:
יא וְיָצָא הַגְּבוּל אֶל־כֶּתֶף עֶקְרוֹן צָפוֹנָה וְתָאַר הַגְּבוּל שִׁכְּרוֹנָה
וְעָבַר הַר־הַבַּעֲלָה וְיָצָא יַבְנְאֵל וְהָיוּ תֹּצְאוֹת הַגְּבוּל יָמָּה:
יב וּגְבוּל יָם הַיָּמָּה הַגָּדוֹל וּגְבוּל זֶה גְּבוּל בְּנֵי־יְהוּדָה סָבִיב
יג לְמִשְׁפְּחֹתָם: וּלְכָלֵב בֶּן־יְפֻנֶּה נָתַן חֵלֶק בְּתוֹךְ בְּנֵי־יְהוּדָה אֶל־
פִּי יְהוָה לִיהוֹשֻׁעַ אֶת־קִרְיַת אַרְבַּע אֲבִי הָעֲנָק הִיא חֶבְרוֹן:
יד וַיֹּרֶשׁ מִשָּׁם כָּלֵב אֶת־שְׁלוֹשָׁה בְּנֵי הָעֲנָק אֶת־שֵׁשַׁי וְאֶת־אֲחִימַן
טו וְאֶת־תַּלְמַי יְלִידֵי הָעֲנָק: וַיַּעַל מִשָּׁם אֶל־יֹשְׁבֵי דְּבִר וְשֵׁם־

טז דְּבִר לְפָנִים קִרְיַת־סֵפֶר׃ וַיֹּאמֶר כָּלֵב אֲשֶׁר־יַכֶּה אֶת־קִרְיַת־
יז סֵפֶר וּלְכָדָהּ וְנָתַתִּי לוֹ אֶת־עַכְסָה בִתִּי לְאִשָּׁה׃ וַיִּלְכְּדָהּ
עָתְנִיאֵל בֶּן־קְנַז אֲחִי כָלֵב וַיִּתֶּן־לוֹ אֶת־עַכְסָה בִתּוֹ לְאִשָּׁה׃
יח וַיְהִי בְּבוֹאָהּ וַתְּסִיתֵהוּ לִשְׁאוֹל מֵאֵת־אָבִיהָ שָׂדֶה וַתִּצְנַח מֵעַל
יט הַחֲמוֹר וַיֹּאמֶר־לָהּ כָּלֵב מַה־לָּךְ׃ וַתֹּאמֶר תְּנָה־לִּי בְרָכָה כִּי
אֶרֶץ הַנֶּגֶב נְתַתָּנִי וְנָתַתָּה לִי גֻּלֹּת מָיִם וַיִּתֶּן־לָהּ אֵת גֻּלֹּת
כ עִלִּיּוֹת וְאֵת גֻּלֹּת תַּחְתִּיּוֹת׃ זֹאת נַחֲלַת מַטֵּה
כא בְנֵי־יְהוּדָה לְמִשְׁפְּחֹתָם׃ וַיִּהְיוּ הֶעָרִים מִקְצֵה לְמַטֵּה בְנֵי־
כב יְהוּדָה אֶל־גְּבוּל אֱדוֹם בַּנֶּגְבָּה קַבְצְאֵל וְעֵדֶר וְיָגוּר׃ וְקִינָה
כג כד וְדִימוֹנָה וְעַדְעָדָה׃ וְקֶדֶשׁ וְחָצוֹר וְיִתְנָן׃ זִיף וָטֶלֶם וּבְעָלוֹת׃
כה כו וְחָצוֹר ׀ חֲדַתָּה וּקְרִיּוֹת חֶצְרוֹן הִיא חָצוֹר׃ אֲמָם וּשְׁמַע וּמוֹלָדָה׃
כז כח וַחֲצַר גַּדָּה וְחֶשְׁמוֹן וּבֵית פָּלֶט׃ וַחֲצַר שׁוּעָל וּבְאֵר שֶׁבַע
כט ל לא וּבִזְיוֹתְיָה׃ בַּעֲלָה וְעִיִּים וָעָצֶם׃ וְאֶלְתּוֹלַד וּכְסִיל וְחָרְמָה׃ וְצִקְלַג
לב וּמַדְמַנָּה וְסַנְסַנָּה׃ וּלְבָאוֹת וְשִׁלְחִים וְעַיִן וְרִמּוֹן כָּל־עָרִים
לג עֶשְׂרִים וָתֵשַׁע וְחַצְרֵיהֶן׃ בַּשְּׁפֵלָה אֶשְׁתָּאוֹל
לד לה וְצָרְעָה וְאַשְׁנָה׃ וְזָנוֹחַ וְעֵין גַּנִּים תַּפּוּחַ וְהָעֵינָם׃ יַרְמוּת
לו וַעֲדֻלָּם שׂוֹכֹה וַעֲזֵקָה׃ וְשַׁעֲרַיִם וַעֲדִיתַיִם וְהַגְּדֵרָה וּגְדֵרֹתָיִם
לז עָרִים אַרְבַּע־עֶשְׂרֵה וְחַצְרֵיהֶן׃ צְנָן וַחֲדָשָׁה
לח לט וּמִגְדַּל־גָּד׃ וְדִלְעָן וְהַמִּצְפֶּה וְיָקְתְאֵל׃ לָכִישׁ וּבָצְקַת וְעֶגְלוֹן׃
מ מא וְכַבּוֹן וְלַחְמָס וְכִתְלִישׁ׃ וּגְדֵרוֹת בֵּית־דָּגוֹן וְנַעֲמָה וּמַקֵּדָה
מב עָרִים שֵׁשׁ־עֶשְׂרֵה וְחַצְרֵיהֶן׃ לִבְנָה וָעֶתֶר וְעָשָׁן׃
מג מד וְיִפְתָּח וְאַשְׁנָה וּנְצִיב׃ וּקְעִילָה וְאַכְזִיב וּמָרֵאשָׁה עָרִים תֵּשַׁע
מה מו וְחַצְרֵיהֶן׃ עֶקְרוֹן וּבְנֹתֶיהָ וַחֲצֵרֶיהָ׃ מֵעֶקְרוֹן
מז וָיָמָּה כֹּל אֲשֶׁר־עַל־יַד אַשְׁדּוֹד וְחַצְרֵיהֶן׃ אַשְׁדּוֹד
בְּנוֹתֶיהָ וַחֲצֵרֶיהָ עַזָּה בְּנוֹתֶיהָ וַחֲצֵרֶיהָ עַד־נַחַל מִצְרָיִם וְהַיָּם
מח מט הגבול וּגְבוּל׃ וּבָהָר שָׁמִיר וְיַתִּיר וְשׂוֹכֹה׃ וְדַנָּה וְקִרְיַת־סַנָּה הַגָּדוֹל
נ נא הִיא דְבִר׃ וַעֲנָב וְאֶשְׁתְּמֹה וְעָנִים׃ וְגֹשֶׁן וְחֹלֹן וְגִלֹה עָרִים

נב אֲחַת־עֶשְׂרֵה וְחַצְרֵיהֶן׃ אֲרַב וְדוּמָה וְאֶשְׁעָן׃
נג נד וינים וּבֵית־תַּפּוּחַ וַאֲפֵקָה׃ וְחֻמְטָה וְקִרְיַת אַרְבַּע הִיא ויָנוּם
נה חֶבְרוֹן וְצִיעֹר עָרִים תֵּשַׁע וְחַצְרֵיהֶן׃ מָעוֹן ׀
נו נז כַּרְמֶל וָזִיף וְיוּטָּה׃ וְיִזְרְעֶאל וְיָקְדְעָם וְזָנוֹחַ׃ הַקַּיִן גִּבְעָה
נח וְתִמְנָה עָרִים עֶשֶׂר וְחַצְרֵיהֶן׃ חַלְחוּל
נט בֵּית־צוּר וּגְדוֹר׃ וּמַעֲרָת וּבֵית־עֲנוֹת וְאֶלְתְּקֹן עָרִים שֵׁשׁ
ס וְחַצְרֵיהֶן׃ קִרְיַת־בַּעַל הִיא קִרְיַת יְעָרִים
סא וְהָרַבָּה עָרִים שְׁתַּיִם וְחַצְרֵיהֶן׃ בַּמִּדְבָּר
סב בֵּית הָעֲרָבָה מִדִּין וּסְכָכָה׃ וְהַנִּבְשָׁן וְעִיר־הַמֶּלַח וְעֵין
סג גֶּדִי עָרִים שֵׁשׁ וְחַצְרֵיהֶן׃ וְאֶת־הַיְבוּסִי יוֹשְׁבֵי
יְרוּשָׁלִַם לֹא־יוכלו בְנֵי־יְהוּדָה לְהוֹרִישָׁם וַיֵּשֶׁב הַיְבוּסִי אֶת־ יָכְלוּ
טז א בְּנֵי יְהוּדָה בִּירוּשָׁלִַם עַד הַיּוֹם הַזֶּה׃ וַיֵּצֵא הַגּוֹרָל
לִבְנֵי יוֹסֵף מִיַּרְדֵּן יְרִיחוֹ לְמֵי יְרִיחוֹ מִזְרָחָה הַמִּדְבָּר עֹלֶה
ב מִירִיחוֹ בָּהָר בֵּית־אֵל׃ וְיָצָא מִבֵּית־אֵל לוּזָה וְעָבַר אֶל־גְּבוּל
ג הָאַרְכִּי עֲטָרוֹת׃ וְיָרַד יָמָּה אֶל־גְּבוּל הַיַּפְלֵטִי עַד־גְּבוּל בֵּית־
ד חוֹרֹן תַּחְתּוֹן וְעַד־גָּזֶר וְהָיוּ תֹצְאֹתָו יָמָּה׃ וַיִּנְחֲלוּ בְנֵי־יוֹסֵף
ה מְנַשֶּׁה וְאֶפְרָיִם׃ וַיְהִי גְּבוּל בְּנֵי־אֶפְרַיִם לְמִשְׁפְּחֹתָם וַיְהִי גְּבוּל
ו נַחֲלָתָם מִזְרָחָה עַטְרוֹת אַדָּר עַד־בֵּית חוֹרֹן עֶלְיוֹן׃ וְיָצָא
הַגְּבוּל הַיָּמָּה הַמִּכְמְתָת מִצָּפוֹן וְנָסַב הַגְּבוּל מִזְרָחָה תַּאֲנַת
ז שִׁלֹה וְעָבַר אוֹתוֹ מִמִּזְרַח יָנוֹחָה׃ וְיָרַד מִיָּנוֹחָה עֲטָרוֹת
ח וְנַעֲרָתָה וּפָגַע בִּירִיחוֹ וְיָצָא הַיַּרְדֵּן׃ מִתַּפּוּחַ יֵלֵךְ הַגְּבוּל יָמָּה
נַחַל קָנָה וְהָיוּ תֹצְאֹתָיו הַיָּמָּה זֹאת נַחֲלַת מַטֵּה בְנֵי־אֶפְרַיִם
ט לְמִשְׁפְּחֹתָם׃ וְהֶעָרִים הַמִּבְדָּלוֹת לִבְנֵי אֶפְרַיִם בְּתוֹךְ נַחֲלַת
י בְּנֵי־מְנַשֶּׁה כָּל־הֶעָרִים וְחַצְרֵיהֶן׃ וְלֹא הוֹרִישׁוּ אֶת־הַכְּנַעֲנִי
הַיּוֹשֵׁב בְּגָזֶר וַיֵּשֶׁב הַכְּנַעֲנִי בְּקֶרֶב אֶפְרַיִם עַד־הַיּוֹם הַזֶּה וַיְהִי
יז א לְמַס־עֹבֵד׃ וַיְהִי הַגּוֹרָל לְמַטֵּה מְנַשֶּׁה כִּי־הוּא
בְּכוֹר יוֹסֵף לְמָכִיר בְּכוֹר מְנַשֶּׁה אֲבִי הַגִּלְעָד כִּי הוּא הָיָה אִישׁ

יהושע

מִלְחָמָ֑ה וַיְהִי־ל֥וֹ הַגִּלְעָ֖ד וְהַבָּשָֽׁן׃ וַיְהִ֡י לִבְנֵי֩ מְנַשֶּׁ֨ה הַנּֽוֹתָרִ֜ים ב
לְמִשְׁפְּחֹתָ֗ם לִבְנֵ֤י אֲבִיעֶ֙זֶר֙ וְלִבְנֵי־חֵ֔לֶק וְלִבְנֵ֖י אַשְׂרִיאֵ֑ל וְלִבְנֵי־
שֶׁ֗כֶם וְלִבְנֵי־חֵ֙פֶר֙ וְלִבְנֵ֣י שְׁמִידָ֔ע אֵ֛לֶּה בְּנֵ֥י מְנַשֶּׁ֖ה בֶּן־יוֹסֵ֑ף
הַזְּכָרִ֖ים לְמִשְׁפְּחֹתָֽם׃ וְלִצְלָפְחָד֩ בֶּן־חֵ֨פֶר בֶּן־גִּלְעָ֜ד בֶּן־מָכִ֣יר ג
בֶּן־מְנַשֶּׁ֗ה לֹא־הָ֥יוּ ל֛וֹ בָּנִ֖ים כִּ֣י אִם־בָּנ֑וֹת וְאֵ֙לֶּה֙ שְׁמ֣וֹת בְּנֹתָ֔יו
מַחְלָ֣ה וְנֹעָ֔ה חָגְלָ֥ה מִלְכָּ֖ה וְתִרְצָֽה׃ וַתִּקְרַ֡בְנָה לִפְנֵי֩ אֶלְעָזָ֨ר י
הַכֹּהֵ֜ן וְלִפְנֵ֣י ׀ יְהוֹשֻׁ֣עַ בִּן־נ֗וּן וְלִפְנֵ֤י הַנְּשִׂיאִים֙ לֵאמֹ֔ר יְהוָה֙ צִוָּ֣ה
אֶת־מֹשֶׁ֗ה לָֽתֶת־לָ֥נוּ נַחֲלָ֖ה בְּת֣וֹךְ אַחֵ֑ינוּ וַיִּתֵּ֨ן לָהֶ֜ם אֶל־פִּ֤י
יְהוָה֙ נַֽחֲלָ֔ה בְּת֖וֹךְ אֲחֵ֥י אֲבִיהֶֽן׃ וַיִּפְּל֥וּ חַבְלֵֽי־מְנַשֶּׁ֖ה עֲשָׂרָ֑ה ה
לְבַ֞ד מֵאֶ֤רֶץ הַגִּלְעָד֙ וְהַבָּשָׁ֔ן אֲשֶׁ֖ר מֵעֵ֥בֶר לַיַּרְדֵּֽן׃ כִּ֣י בְּנ֤וֹת ו
מְנַשֶּׁה֙ נָחֲל֣וּ נַחֲלָ֔ה בְּת֖וֹךְ בָּנָ֑יו וְאֶ֙רֶץ֙ הַגִּלְעָ֔ד הָיְתָ֥ה לִבְנֵֽי־
מְנַשֶּׁ֖ה הַנּֽוֹתָרִֽים׃ וַיְהִ֤י גְבוּל־מְנַשֶּׁה֙ מֵֽאָשֵׁ֔ר הַֽמִּכְמְתָ֔ת אֲשֶׁ֖ר ז
עַל־פְּנֵ֣י שְׁכֶ֑ם וְהָלַ֤ךְ הַגְּבוּל֙ אֶל־הַיָּמִ֔ין אֶל־יֹשְׁבֵ֖י עֵ֥ין תַּפּֽוּחַ׃
לִמְנַשֶּׁ֕ה הָיְתָ֖ה אֶ֣רֶץ תַּפּ֑וּחַ וְתַפּ֛וּחַ אֶל־גְּב֥וּל מְנַשֶּׁ֖ה לִבְנֵ֥י ח
אֶפְרָֽיִם׃ וְיָרַ֣ד הַגְּבוּל֩ נַ֨חַל קָנָ֜ה נֶ֣גְבָּה לַנַּ֗חַל עָרִ֤ים הָאֵ֙לֶּה֙ ט
לְאֶפְרַ֔יִם בְּת֖וֹךְ עָרֵ֣י מְנַשֶּׁ֑ה וּגְב֤וּל מְנַשֶּׁה֙ מִצְּפ֣וֹן לַנַּ֔חַל וַיְהִ֥י
תֹצְאֹתָ֖יו הַיָּֽמָּה׃ נֶ֣גְבָּה לְאֶפְרַ֗יִם וְצָפ֙וֹנָה֙ לִמְנַשֶּׁ֔ה וַיְהִ֥י הַיָּ֖ם י
גְּבוּל֑וֹ וּבְאָשֵׁ֞ר יִפְגְּעוּן֙ מִצָּפ֔וֹן וּבְיִשָּׂשכָ֖ר מִמִּזְרָֽח׃ וַיְהִ֨י לִמְנַשֶּׁ֜ה יא
בְּיִשָּׂשכָ֣ר וּבְאָשֵׁ֗ר בֵּֽית־שְׁאָ֣ן וּ֠בְנוֹתֶיהָ וְיִבְלְעָ֥ם וּבְנוֹתֶ֖יהָ וְאֶת־
יֹשְׁבֵ֨י דֹ֜אר וּבְנוֹתֶ֗יהָ וְיֹשְׁבֵ֤י עֵֽין־דֹּר֙ וּבְנֹתֶ֔יהָ וְיֹשְׁבֵ֥י תַעְנַ֙ךְ֙
וּבְנֹתֶ֔יהָ וְיֹשְׁבֵ֥י מְגִדּ֖וֹ וּבְנוֹתֶ֑יהָ שְׁלֹ֖שֶׁת הַנָּֽפֶת׃ וְלֹ֤א יָכְלוּ֙ בְּנֵ֣י יב
מְנַשֶּׁ֔ה לְהוֹרִ֖ישׁ אֶת־הֶעָרִ֣ים הָאֵ֑לֶּה וַיּ֙וֹאֶל֙ הַֽכְּנַעֲנִ֔י לָשֶׁ֖בֶת
בָּאָ֥רֶץ הַזֹּֽאת׃ וַֽיְהִ֗י כִּ֤י חָֽזְקוּ֙ בְּנֵ֣י יִשְׂרָאֵ֔ל וַיִּתְּנ֥וּ אֶת־הַֽכְּנַעֲנִ֖י יג
לָמַ֑ס וְהוֹרֵ֖שׁ לֹ֥א הוֹרִישֽׁוֹ׃   וַֽיְדַבְּרוּ֙ בְּנֵ֣י יוֹסֵ֔ף אֶת־ יד
יְהוֹשֻׁ֖עַ לֵאמֹ֑ר מַדּוּעַ֩ נָתַ֨תָּה לִּ֜י נַחֲלָ֗ה גּוֹרָ֤ל אֶחָד֙ וְחֶ֣בֶל אֶחָ֔ד
וַֽאֲנִ֣י עַם־רָ֔ב עַ֥ד אֲשֶׁר־עַד־כֹּ֖ה בֵּֽרְכַ֥נִי יְהוָֽה׃ וַיֹּ֤אמֶר אֲלֵיהֶם֙ טו
יְהוֹשֻׁ֔עַ אִם־עַם־רַ֤ב אַתָּה֙ עֲלֵ֣ה לְךָ֣ הַיַּ֔עְרָה וּבֵרֵאתָ֤ לְךָ֙ שָׁם

טו בְּאֶ֥רֶץ הַפְּרִזִּ֖י וְהָרְפָאִ֑ים כִּֽי־אָ֥ץ לְךָ֖ הַר־אֶפְרָֽיִם׃ וַיֹּֽאמְרוּ֙ בְּנֵ֣י
יוֹסֵ֔ף לֹֽא־יִמָּ֥צֵא לָ֖נוּ הָהָ֑ר וְרֶ֣כֶב בַּרְזֶ֗ל בְּכָל־הַֽכְּנַעֲנִי֙ הַיֹּשֵׁ֣ב
בְּאֶֽרֶץ־הָעֵ֔מֶק לַאֲשֶׁ֤ר בְּבֵית־שְׁאָן֙ וּבְנוֹתֶ֔יהָ וְלַאֲשֶׁ֖ר בְּעֵ֥מֶק
יז יִזְרְעֶֽאל׃ וַיֹּ֤אמֶר יְהוֹשֻׁ֙עַ֙ אֶל־בֵּ֣ית יוֹסֵ֔ף לְאֶפְרַ֥יִם וְלִמְנַשֶּׁ֖ה
לֵאמֹ֑ר עַם־רַ֣ב אַתָּ֗ה וְכֹ֤חַ גָּדוֹל֙ לָ֔ךְ לֹא־יִהְיֶ֥ה לְךָ֖ גּוֹרָ֥ל
יח אֶחָֽד׃ כִּ֣י הַ֞ר יִהְיֶה־לָּ֗ךְ כִּֽי־יַ֣עַר ה֔וּא וּבֵֽרֵאת֔וֹ וְהָיָ֥ה לְךָ֖
תֹּצְאֹתָ֑יו כִּֽי־תוֹרִ֣ישׁ אֶת־הַֽכְּנַעֲנִ֗י כִּ֣י רֶ֤כֶב בַּרְזֶל֙ ל֔וֹ כִּ֥י
ח א חָזָ֖ק הֽוּא׃ וַיִּקָּ֙הֲל֜וּ כָּל־עֲדַ֤ת בְּנֵֽי־יִשְׂרָאֵל֙ שִׁלֹ֔ה
ב וַיַּשְׁכִּ֥ינוּ שָׁ֖ם אֶת־אֹ֣הֶל מוֹעֵ֑ד וְהָאָ֥רֶץ נִכְבְּשָׁ֖ה לִפְנֵיהֶֽם׃ וַיִּוָּֽתְרוּ֙
בִּבְנֵ֣י יִשְׂרָאֵ֔ל אֲשֶׁ֥ר לֹא־חָלְק֖וּ אֶת־נַחֲלָתָ֑ם שִׁבְעָ֖ה שְׁבָטִֽים׃
ג וַיֹּ֥אמֶר יְהוֹשֻׁ֖עַ אֶל־בְּנֵ֣י יִשְׂרָאֵ֑ל עַד־אָ֙נָה֙ אַתֶּ֣ם מִתְרַפִּ֔ים לָבוֹא֙
ד לָרֶ֣שֶׁת אֶת־הָאָ֔רֶץ אֲשֶׁר֙ נָתַ֣ן לָכֶ֔ם יְהוָ֖ה אֱלֹהֵ֥י אֲבוֹתֵיכֶֽם׃ הָב֥וּ
לָכֶ֛ם שְׁלֹשָׁ֥ה אֲנָשִׁ֖ים לַשָּׁ֑בֶט וְאֶשְׁלָחֵ֗ם וְיָקֻ֜מוּ וְיִתְהַלְּכ֤וּ בָאָ֙רֶץ֙
ה וְיִכְתְּב֥וּ אוֹתָ֛הּ לְפִ֥י נַחֲלָתָ֖ם וְיָבֹ֥אוּ אֵלָֽי׃ וְהִֽתְחַלְּק֥וּ אֹתָ֖הּ
לְשִׁבְעָ֣ה חֲלָקִ֑ים יְהוּדָ֞ה יַעֲמֹ֤ד עַל־גְּבוּלוֹ֙ מִנֶּ֔גֶב וּבֵ֥ית יוֹסֵ֛ף
ו יַעַמְד֥וּ עַל־גְּבוּלָ֖ם מִצָּפֽוֹן׃ וְאַתֶּ֞ם תִּכְתְּב֤וּ אֶת־הָאָ֙רֶץ֙ שִׁבְעָ֣ה
חֲלָקִ֔ים וַהֲבֵאתֶ֥ם אֵלַ֖י הֵ֑נָּה וְיָרִ֨יתִי לָכֶ֤ם גּוֹרָל֙ פֹּ֔ה לִפְנֵ֖י יְהוָ֥ה
ז אֱלֹהֵֽינוּ׃ כִּ֠י אֵין־חֵ֤לֶק לַלְוִיִּם֙ בְּקִרְבְּכֶ֔ם כִּֽי־כְהֻנַּ֥ת יְהוָ֖ה
נַחֲלָת֑וֹ וְגָ֡ד וּרְאוּבֵ֡ן וַחֲצִי֩ שֵׁ֨בֶט הַֽמְנַשֶּׁ֜ה לָקְח֣וּ נַחֲלָתָ֗ם מֵעֵ֤בֶר
ח לַיַּרְדֵּן֙ מִזְרָ֔חָה אֲשֶׁר֙ נָתַ֣ן לָהֶ֔ם מֹשֶׁ֖ה עֶ֥בֶד יְהוָֽה׃ וַיָּקֻ֥מוּ
הָאֲנָשִׁ֖ים וַיֵּלֵ֑כוּ וַיְצַ֣ו יְהוֹשֻׁ֡עַ אֶת־הַהֹלְכִים֩ לִכְתֹּ֨ב אֶת־הָאָ֜רֶץ
לֵאמֹ֗ר לְכ֡וּ וְהִתְהַלְּכ֨וּ בָאָ֜רֶץ וְכִתְב֤וּ אוֹתָהּ֙ וְשׁ֣וּבוּ אֵלַ֔י וּ֠פֹה
ט אַשְׁלִ֨יךְ לָכֶ֥ם גּוֹרָ֛ל לִפְנֵ֥י יְהוָ֖ה בְּשִׁלֹֽה׃ וַיֵּלְכ֤וּ הָאֲנָשִׁים֙ וַיַּעַבְר֣וּ
בָאָ֔רֶץ וַיִּכְתְּב֤וּהָ לֶֽעָרִים֙ לְשִׁבְעָ֥ה חֲלָקִ֖ים עַל־סֵ֑פֶר וַיָּבֹ֧אוּ
י אֶל־יְהוֹשֻׁ֛עַ אֶל־הַֽמַּחֲנֶ֖ה שִׁלֹֽה׃ וַיַּשְׁלֵ֨ךְ לָהֶ֤ם יְהוֹשֻׁ֙עַ֙ גּוֹרָ֔ל
בְּשִׁלֹ֖ה לִפְנֵ֣י יְהוָ֑ה וַיְחַלֶּק־שָׁ֨ם יְהוֹשֻׁ֧עַ אֶת־הָאָ֛רֶץ לִבְנֵ֥י
יא יִשְׂרָאֵ֖ל כְּמַחְלְקֹתָֽם׃ וַיַּ֗עַל גּוֹרַ֛ל מַטֵּ֥ה בְנֵֽי־בִנְיָמִ֖ן

לְמִשְׁפְּחֹתָם וַיֵּצֵא גְּבוּל גּוֹרָלָם בֵּין בְּנֵי יְהוּדָה וּבֵין בְּנֵי יוֹסֵף׃
וַיְהִי לָהֶם הַגְּבוּל לִפְאַת צָפוֹנָה מִן־הַיַּרְדֵּן וְעָלָה הַגְּבוּל אֶל־ יב
וְהָיוּ כֶּתֶף יְרִיחוֹ מִצָּפוֹן וְעָלָה בָהָר יָמָּה והיה תֹּצְאֹתָיו מִדְבַּרָה
בֵּית אָוֶן׃ וְעָבַר מִשָּׁם הַגְּבוּל לוּזָה אֶל־כֶּתֶף לוּזָה נֶגְבָּה הִיא יג
בֵּית־אֵל וְיָרַד הַגְּבוּל עַטְרוֹת אַדָּר עַל־הָהָר אֲשֶׁר מִנֶּגֶב
לְבֵית־חֹרוֹן תַּחְתּוֹן׃ וְתָאַר הַגְּבֻל וְנָסַב לִפְאַת־יָם נֶגְבָּה מִן־ יד
וְהָיוּ הָהָר אֲשֶׁר עַל־פְּנֵי בֵית־חֹרוֹן נֶגְבָּה והיה תֹּצְאֹתָיו אֶל־קִרְיַת־
בַּעַל הִיא קִרְיַת יְעָרִים עִיר בְּנֵי יְהוּדָה זֹאת פְּאַת־יָם׃ וּפְאַת־ טו
נֶגְבָּה מִקְצֵה קִרְיַת יְעָרִים וְיָצָא הַגְּבוּל יָמָּה וְיָצָא אֶל־מַעְיַן
מֵי נֶפְתּוֹחַ׃ וְיָרַד הַגְּבוּל אֶל־קְצֵה הָהָר אֲשֶׁר עַל־פְּנֵי גֵּי בֶן־ טז
הִנֹּם אֲשֶׁר בְּעֵמֶק רְפָאִים צָפוֹנָה וְיָרַד גֵּי הִנֹּם אֶל־כֶּתֶף
הַיְבוּסִי נֶגְבָּה וְיָרַד עֵין רֹגֵל׃ וְתָאַר מִצָּפוֹן וְיָצָא עֵין שֶׁמֶשׁ יז
וְיָצָא אֶל־גְּלִילוֹת אֲשֶׁר־נֹכַח מַעֲלֵה אֲדֻמִּים וְיָרַד אֶבֶן
בֹּהַן בֶּן־רְאוּבֵן׃ וְעָבַר אֶל־כֶּתֶף מוּל־הָעֲרָבָה צָפוֹנָה וְיָרַד יח
וְהָיוּ הָעֲרָבָתָה׃ וְעָבַר הַגְּבוּל אֶל־כֶּתֶף בֵּית־חָגְלָה צָפוֹנָה והיה יט
תּוֹצְאוֹת תוצאותיו הַגְּבוּל אֶל־לְשׁוֹן יָם־הַמֶּלַח צָפוֹנָה אֶל־קְצֵה הַיַּרְדֵּן
נֶגְבָּה זֶה גְּבוּל נֶגֶב׃ וְהַיַּרְדֵּן יִגְבֹּל־אֹתוֹ לִפְאַת־קֵדְמָה זֹאת כ
נַחֲלַת בְּנֵי בִנְיָמִן לִגְבוּלֹתֶיהָ סָבִיב לְמִשְׁפְּחֹתָם׃ וְהָיוּ הֶעָרִים כא
לְמַטֵּה בְּנֵי בִנְיָמִן לְמִשְׁפְּחוֹתֵיהֶם יְרִיחוֹ וּבֵית־חָגְלָה וְעֵמֶק
קְצִיץ׃ וּבֵית הָעֲרָבָה וּצְמָרַיִם וּבֵית־אֵל׃ וְהָעַוִּים וְהַפָּרָה כב כג
הָעַמֹּנָה וְעָפְרָה׃ וּכְפַר העמוני וְהָעָפְנִי וָגָבַע עָרִים שְׁתֵּים־עֶשְׂרֵה כד
וְחַצְרֵיהֶן׃ גִּבְעוֹן וְהָרָמָה וּבְאֵרוֹת׃ וְהַמִּצְפֶּה וְהַכְּפִירָה וְהַמֹּצָה׃ כה כו
יא וְרֶקֶם וְיִרְפְּאֵל וְתַרְאֲלָה׃ וְצֵלַע הָאֶלֶף וְהַיְבוּסִי הִיא יְרוּשָׁלִַם כז כח
גִּבְעַת קִרְיַת עָרִים אַרְבַּע־עֶשְׂרֵה וְחַצְרֵיהֶן זֹאת נַחֲלַת בְּנֵי־
בִנְיָמִן לְמִשְׁפְּחֹתָם׃ וַיֵּצֵא הַגּוֹרָל הַשֵּׁנִי לְשִׁמְעוֹן א יט
לְמַטֵּה בְנֵי־שִׁמְעוֹן לְמִשְׁפְּחוֹתָם וַיְהִי נַחֲלָתָם בְּתוֹךְ נַחֲלַת
בְּנֵי־יְהוּדָה׃ וַיְהִי לָהֶם בְּנַחֲלָתָם בְּאֵר־שֶׁבַע וְשֶׁבַע וּמוֹלָדָה׃ ב

ג ד ה וַחֲצַ֥ר שׁוּעָ֛ל וּבָלָ֖ה וָעָֽצֶם׃ וְאֶלְתּוֹלַ֥ד וּבְת֖וּל וְחָרְמָֽה׃ וְצִֽקְלַ֥ג
ו וּבֵית־הַמַּרְכָּב֖וֹת וַחֲצַ֥ר סוּסָֽה׃ וּבֵ֥ית לְבָא֖וֹת וְשָׁרוּחֶ֑ן עָרִ֛ים
ז שְׁלֹשׁ־עֶשְׂרֵ֖ה וְחַצְרֵיהֶֽן׃ עַ֥יִן רִמּ֖וֹן וָעֶ֣תֶר וְעָשָׁ֑ן עָרִ֥ים אַרְבַּ֖ע
ח וְחַצְרֵיהֶֽן׃ וְכָל־הַחֲצֵרִ֗ים אֲשֶׁר֙ סְבִיב֜וֹת הֶעָרִ֣ים הָאֵ֔לֶּה עַד־
בַּעֲלַ֥ת בְּאֵ֖ר רָאמַ֣ת נֶ֑גֶב זֹ֗את נַחֲלַ֛ת מַטֵּ֥ה בְנֵֽי־שִׁמְע֖וֹן
ט לְמִשְׁפְּחֹתָֽם׃ מֵחֶ֙בֶל֙ בְּנֵ֣י יְהוּדָ֔ה נַחֲלַ֖ת בְּנֵ֣י שִׁמְע֑וֹן כִּֽי־
הָיָ֞ה חֵ֤לֶק בְּנֵֽי־יְהוּדָה֙ רַ֣ב מֵהֶ֔ם וַיִּנְחֲל֥וּ בְנֵֽי־שִׁמְע֖וֹן בְּת֥וֹךְ
י נַחֲלָתָֽם׃ וַיַּ֙עַל֙ הַגּוֹרָ֣ל הַשְּׁלִישִׁ֔י לִבְנֵ֥י זְבוּלֻ֖ן
יא לְמִשְׁפְּחֹתָ֑ם וַיְהִ֛י גְּב֥וּל נַחֲלָתָ֖ם עַד־שָׂרִֽיד׃ וְעָלָ֨ה גְבוּלָ֧ם ׀ לַיָּ֛מָּה
וּמַרְעֲלָ֖ה וּפָגַ֣ע בְּדַבָּ֑שֶׁת וּפָגַע֙ אֶל־הַנַּ֔חַל אֲשֶׁ֖ר עַל־פְּנֵ֥י יָקְנְעָֽם׃
יב וְשָׁ֣ב מִשָּׂרִ֗יד קֵ֚דְמָה מִזְרַ֣ח הַשֶּׁ֔מֶשׁ עַל־גְּב֖וּל כִּסְלֹ֣ת תָּבֹ֑ר
יג וְיָצָ֥א אֶל־הַדָּֽבְרַ֖ת וְעָלָ֥ה יָפִֽיעַ׃ וּמִשָּׁם֙ עָבַ֣ר קֵ֣דְמָה מִזְרָ֔חָה
יד גִּתָּ֥ה חֵ֖פֶר עִתָּ֣ה קָצִ֑ין וְיָצָ֛א רִמּ֥וֹן הַמְּתֹאָ֖ר הַנֵּעָֽה׃ וְנָסַ֥ב אֹת֛וֹ
טו הַגְּב֖וּל מִצְּפ֣וֹן חַנָּתֹ֑ן וְהָיוּ֙ תֹּֽצְאֹתָ֔יו גֵּ֖י יִפְתַּח־אֵֽל׃ וְקַטָּ֤ת
וְנַהֲלָל֙ וְשִׁמְר֔וֹן וְיִדְאֲלָ֖ה וּבֵ֣ית לָ֑חֶם עָרִ֥ים שְׁתֵּים־עֶשְׂרֵ֖ה
טז וְחַצְרֵיהֶֽן׃ זֹ֛את נַחֲלַ֥ת בְּנֵֽי־זְבוּלֻ֖ן לְמִשְׁפְּחוֹתָ֑ם הֶעָרִ֥ים הָאֵ֖לֶּה
יז וְחַצְרֵיהֶֽן׃ לְיִשָׂשכָ֕ר יָצָ֖א הַגּוֹרָ֣ל הָרְבִיעִ֑י לִבְנֵ֥י
יח יִשָׂשכָ֖ר לְמִשְׁפְּחוֹתָֽם׃ וַיְהִ֖י גְּבוּלָ֑ם יִזְרְעֶ֖אלָה וְהַכְּסוּלֹ֥ת וְשׁוּנֵֽם׃
יט כ כא וַחֲפָרַ֥יִם וְשִׁיאֹ֖ן וַאֲנָחֲרַֽת׃ וְהָֽרַבִּ֥ית וְקִשְׁי֖וֹן וָאָֽבֶץ׃ וְרֶ֥מֶת וְעֵין־
כב גַּנִּ֛ים וְעֵ֥ין חַדָּ֖ה וּבֵ֥ית פַּצֵּֽץ׃ וּפָגַ֨ע הַגְּב֜וּל בְּתָב֤וֹר ושחצומה וְשַׁחֲצִ֫ימָה
וּבֵ֣ית שֶׁ֔מֶשׁ וְהָי֛וּ תֹּצְא֥וֹת גְּבוּלָ֖ם הַיַּרְדֵּ֑ן עָרִ֖ים שֵׁשׁ־עֶשְׂרֵ֥ה
כג וְחַצְרֵיהֶֽן׃ זֹ֗את נַחֲלַ֛ת מַטֵּ֥ה בְנֵֽי־יִשָׂשכָ֖ר לְמִשְׁפְּחֹתָ֑ם הֶעָרִ֖ים
כד וְחַצְרֵיהֶֽן׃ וַיֵּצֵא֙ הַגּוֹרָ֣ל הַחֲמִישִׁ֔י לְמַטֵּ֥ה בְנֵֽי־
כה אָשֵׁ֖ר לְמִשְׁפְּחוֹתָֽם׃ וַיְהִ֖י גְּבוּלָ֑ם חֶלְקַ֥ת וַחֲלִ֖י וָבֶ֥טֶן וְאַכְשָֽׁף׃
כו וְאַלַמֶּ֥לֶךְ וְעַמְעָ֖ד וּמִשְׁאָ֑ל וּפָגַ֧ע בְּכַרְמֶ֛ל הַיָּ֖מָּה וּבְשִׁיח֥וֹר לִבְנָֽת׃
כז וְשָׁ֞ב מִזְרַ֣ח הַשֶּׁ֗מֶשׁ בֵּ֚ית דָּגֹן֒ וּפָגַ֣ע בִּזְבֻל֡וּן וּבְגֵ֣י יִפְתַּח־אֵ֩ל
כח צָפ֛וֹנָה בֵּ֥ית הָעֵ֖מֶק וּנְעִיאֵ֑ל וְיָצָ֥א אֶל־כָּב֖וּל מִשְּׂמֹֽאל׃ וְעֶבְרֹ֥ן

כט וְרֶחֹב וְחַמּוֹן וְקָנָה עַד צִידוֹן רַבָּה׃ וְשָׁב הַגְּבוּל הָרָמָה וְעַד־
עִיר מִבְצַר־צֹר וְשָׁב הַגְּבוּל חֹסָה ויהיו תֹצְאֹתָיו הַיָּמָּה מֵחֶבֶל וְהָיוּ
ל אַכְזִיבָה׃ וְעֻמָה וַאֲפֵק וּרְחֹב עָרִים עֶשְׂרִים וּשְׁתַּיִם וְחַצְרֵיהֶן׃
לא זֹאת נַחֲלַת מַטֵּה בְנֵי־אָשֵׁר לְמִשְׁפְּחֹתָם הֶעָרִים הָאֵלֶּה
לב וְחַצְרֵיהֶן׃ לִבְנֵי נַפְתָּלִי יָצָא הַגּוֹרָל הַשִּׁשִּׁי לִבְנֵי
לג נַפְתָּלִי לְמִשְׁפְּחֹתָם׃ וַיְהִי גְבוּלָם מֵחֵלֶף מֵאֵלוֹן בְּצַעֲנַנִּים וַאֲדָמִי
לד הַנֶּקֶב וְיַבְנְאֵל עַד־לַקּוּם וַיְהִי תֹצְאֹתָיו הַיַּרְדֵּן׃ וְשָׁב הַגְּבוּל
יָמָּה אַזְנוֹת תָּבוֹר וְיָצָא מִשָּׁם חוּקֹקָה וּפָגַע בִּזְבֻלוּן מִנֶּגֶב
לה וּבְאָשֵׁר פָּגַע מִיָּם וּבִיהוּדָה הַיַּרְדֵּן מִזְרַח הַשָּׁמֶשׁ׃ וְעָרֵי מִבְצָר
לו לז הַצִּדִּים צֵר וְחַמַּת רַקַּת וְכִנָּרֶת׃ וַאֲדָמָה וְהָרָמָה וְחָצוֹר׃ וְקֶדֶשׁ
לח וְאֶדְרֶעִי וְעֵין חָצוֹר׃ וְיִרְאוֹן וּמִגְדַּל־אֵל חֳרֵם וּבֵית־עֲנָת וּבֵית
לט שָׁמֶשׁ עָרִים תְּשַׁע־עֶשְׂרֵה וְחַצְרֵיהֶן׃ זֹאת נַחֲלַת מַטֵּה בְנֵי־
מ נַפְתָּלִי לְמִשְׁפְּחֹתָם הֶעָרִים וְחַצְרֵיהֶן׃ לְמַטֵּה
מא בְנֵי־דָן לְמִשְׁפְּחֹתָם יָצָא הַגּוֹרָל הַשְּׁבִיעִי׃ וַיְהִי גְּבוּל נַחֲלָתָם
מב מג צָרְעָה וְאֶשְׁתָּאוֹל וְעִיר שָׁמֶשׁ׃ וְשַׁעֲלַבִּין וְאַיָּלוֹן וְיִתְלָה׃ וְאֵילוֹן
מד מה וְתִמְנָתָה וְעֶקְרוֹן׃ וְאֶלְתְּקֵה וְגִבְּתוֹן וּבַעֲלָת׃ וִיהֻד וּבְנֵי־בְרַק
מו מז וְגַת־רִמּוֹן׃ וּמֵי הַיַּרְקוֹן וְהָרַקּוֹן עִם־הַגְּבוּל מוּל יָפוֹ׃ וַיֵּצֵא
גְּבוּל בְּנֵי־דָן מֵהֶם וַיַּעֲלוּ בְנֵי־דָן וַיִּלָּחֲמוּ עִם־לֶשֶׁם וַיִּלְכְּדוּ
אוֹתָהּ ׀ וַיַּכּוּ אוֹתָהּ לְפִי־חֶרֶב וַיִּרְשׁוּ אוֹתָהּ וַיֵּשְׁבוּ בָהּ וַיִּקְרְאוּ
מח לְלֶשֶׁם דָּן כְּשֵׁם דָּן אֲבִיהֶם׃ זֹאת נַחֲלַת מַטֵּה בְנֵי־דָן
מט לְמִשְׁפְּחֹתָם הֶעָרִים הָאֵלֶּה וְחַצְרֵיהֶן׃ וַיְכַלּוּ
לִנְחֹל אֶת־הָאָרֶץ לִגְבוּלֹתֶיהָ וַיִּתְּנוּ בְנֵי־יִשְׂרָאֵל נַחֲלָה
נ לִיהוֹשֻׁעַ בִּן־נוּן בְּתוֹכָם׃ עַל־פִּי יְהוָה נָתְנוּ לוֹ אֶת־הָעִיר
אֲשֶׁר שָׁאָל אֶת־תִּמְנַת־סֶרַח בְּהַר אֶפְרָיִם וַיִּבְנֶה אֶת־
נא הָעִיר וַיֵּשֶׁב בָּהּ׃ אֵלֶּה הַנְּחָלֹת אֲשֶׁר־נִחֲלוּ יב
אֶלְעָזָר הַכֹּהֵן ׀ וִיהוֹשֻׁעַ בִּן־נוּן וְרָאשֵׁי הָאָבוֹת לְמַטּוֹת בְּנֵי־
יִשְׂרָאֵל ׀ בְּגוֹרָל ׀ בְּשִׁלֹה לִפְנֵי יְהוָה פֶּתַח אֹהֶל מוֹעֵד וַיְכַלּוּ

מְחַלֵּק אֶת־הָאָרֶץ׃

א ב וַיְדַבֵּר יְהוָה אֶל־יְהוֹשֻׁעַ לֵאמֹר׃ דַּבֵּר אֶל־בְּנֵי יִשְׂרָאֵל לֵאמֹר

תְּנוּ לָכֶם אֶת־עָרֵי הַמִּקְלָט אֲשֶׁר־דִּבַּרְתִּי אֲלֵיכֶם בְּיַד־מֹשֶׁה׃

ג לָנוּס שָׁמָּה רוֹצֵחַ מַכֵּה־נֶפֶשׁ בִּשְׁגָגָה בִּבְלִי־דָעַת וְהָיוּ לָכֶם

ד לְמִקְלָט מִגֹּאֵל הַדָּם׃ וְנָס אֶל־אַחַת ׀ מֵהֶעָרִים הָאֵלֶּה וְעָמַד

פֶּתַח שַׁעַר הָעִיר וְדִבֶּר בְּאָזְנֵי זִקְנֵי הָעִיר־הַהִיא אֶת־דְּבָרָיו

ה וְאָסְפוּ אֹתוֹ הָעִירָה אֲלֵיהֶם וְנָתְנוּ־לוֹ מָקוֹם וְיָשַׁב עִמָּם׃ וְכִי

יִרְדֹּף גֹּאֵל הַדָּם אַחֲרָיו וְלֹא־יַסְגִּרוּ אֶת־הָרֹצֵחַ בְּיָדוֹ כִּי בִבְלִי־

דַעַת הִכָּה אֶת־רֵעֵהוּ וְלֹא־שֹׂנֵא הוּא לוֹ מִתְּמוֹל שִׁלְשׁוֹם׃

ו וְיָשַׁב ׀ בָּעִיר הַהִיא עַד־עָמְדוֹ לִפְנֵי הָעֵדָה לַמִּשְׁפָּט עַד־מוֹת

הַכֹּהֵן הַגָּדוֹל אֲשֶׁר יִהְיֶה בַּיָּמִים הָהֵם אָז ׀ יָשׁוּב הָרוֹצֵחַ וּבָא

ז אֶל־עִירוֹ וְאֶל־בֵּיתוֹ אֶל־הָעִיר אֲשֶׁר־נָס מִשָּׁם׃ וַיַּקְדִּשׁוּ אֶת־

קֶדֶשׁ בַּגָּלִיל בְּהַר נַפְתָּלִי וְאֶת־שְׁכֶם בְּהַר אֶפְרָיִם וְאֶת־קִרְיַת

ח אַרְבַּע הִיא חֶבְרוֹן בְּהַר יְהוּדָה׃ וּמֵעֵבֶר לְיַרְדֵּן יְרִיחוֹ מִזְרָחָה

נָתְנוּ אֶת־בֶּצֶר בַּמִּדְבָּר בַּמִּישֹׁר מִמַּטֵּה רְאוּבֵן וְאֶת־רָאמוֹת

ט בַּגִּלְעָד מִמַּטֵּה גָד וְאֶת־גָּלוֹן בַּבָּשָׁן מִמַּטֵּה מְנַשֶּׁה׃ אֵלֶּה הָיוּ גּוֹלָן

עָרֵי הַמּוּעָדָה לְכֹל ׀ בְּנֵי יִשְׂרָאֵל וְלַגֵּר הַגָּר בְּתוֹכָם לָנוּס שָׁמָּה

כָּל־מַכֵּה־נֶפֶשׁ בִּשְׁגָגָה וְלֹא יָמוּת בְּיַד גֹּאֵל הַדָּם עַד־עָמְדוֹ לִפְנֵי

א א הָעֵדָה׃ וַיִּגְּשׁוּ רָאשֵׁי אֲבוֹת הַלְוִיִּם אֶל־אֶלְעָזָר

הַכֹּהֵן וְאֶל־יְהוֹשֻׁעַ בִּן־נוּן וְאֶל־רָאשֵׁי אֲבוֹת הַמַּטּוֹת לִבְנֵי

ב יִשְׂרָאֵל׃ וַיְדַבְּרוּ אֲלֵיהֶם בְּשִׁלֹה בְּאֶרֶץ כְּנַעַן לֵאמֹר יְהוָה צִוָּה בְיַד־

ג מֹשֶׁה לָתֶת־לָנוּ עָרִים לָשָׁבֶת וּמִגְרְשֵׁיהֶן לִבְהֶמְתֵּנוּ׃ וַיִּתְּנוּ בְנֵי־

יִשְׂרָאֵל לַלְוִיִּם מִנַּחֲלָתָם אֶל־פִּי יְהוָה אֶת־הֶעָרִים הָאֵלֶּה וְאֶת־

ד מִגְרְשֵׁיהֶן׃ וַיֵּצֵא הַגּוֹרָל לְמִשְׁפְּחֹת הַקְּהָתִי וַיְהִי

לִבְנֵי אַהֲרֹן הַכֹּהֵן מִן־הַלְוִיִּם מִמַּטֵּה יְהוּדָה וּמִמַּטֵּה הַשִּׁמְעֹנִי

ה וּמִמַּטֵּה בִנְיָמִן בַּגּוֹרָל עָרִים שְׁלֹשׁ עֶשְׂרֵה׃ וְלִבְנֵי

קְהָת הַנּוֹתָרִים מִמִּשְׁפְּחֹת מַטֵּה־אֶפְרַיִם וּמִמַּטֵּה־דָן וּמֵחֲצִי

ו מַטֵּה מְנַשֶּׁה בַּגּוֹרָל עָרִים עֶשֶׂר׃ וְלִבְנֵי
גֵרְשׁוֹן מִמִּשְׁפְּחוֹת מַטֵּה־יִשָּׂשכָר וּמִמַּטֵּה־אָשֵׁר וּמִמַּטֵּה
נַפְתָּלִי וּמֵחֲצִי מַטֵּה מְנַשֶּׁה בַבָּשָׁן בַּגּוֹרָל עָרִים שְׁלֹשׁ
ז עֶשְׂרֵה׃ לִבְנֵי מְרָרִי לְמִשְׁפְּחֹתָם מִמַּטֵּה רְאוּבֵן וּמִמַּטֵּה־
ח גָד וּמִמַּטֵּה זְבוּלֻן עָרִים שְׁתֵּים עֶשְׂרֵה׃ וַיִּתְּנוּ בְנֵי־
יִשְׂרָאֵל לַלְוִיִּם אֶת־הֶעָרִים הָאֵלֶּה וְאֶת־מִגְרְשֵׁיהֶן כַּאֲשֶׁר
ט צִוָּה יְהוָה בְּיַד־מֹשֶׁה בַּגּוֹרָל׃ וַיִּתְּנוּ מִמַּטֵּה בְּנֵי
יְהוּדָה וּמִמַּטֵּה בְּנֵי שִׁמְעוֹן אֵת הֶעָרִים הָאֵלֶּה אֲשֶׁר־יִקְרָא
י אֶתְהֶן בְּשֵׁם׃ וַיְהִי לִבְנֵי אַהֲרֹן מִמִּשְׁפְּחוֹת הַקְּהָתִי מִבְּנֵי
יא לֵוִי כִּי לָהֶם הָיָה הַגּוֹרָל רִאישֹׁנָה׃ וַיִּתְּנוּ לָהֶם אֶת־קִרְיַת
אַרְבַּע אֲבִי הָעֲנוֹק הִיא חֶבְרוֹן בְּהַר יְהוּדָה וְאֶת־מִגְרָשֶׁהָ
יב סְבִיבֹתֶיהָ׃ וְאֶת־שְׂדֵה הָעִיר וְאֶת־חֲצֵרֶיהָ נָתְנוּ לְכָלֵב בֶּן־יְפֻנֶּה
יג בַּאֲחֻזָּתוֹ׃ וְלִבְנֵי ׀ אַהֲרֹן הַכֹּהֵן נָתְנוּ אֶת־עִיר מִקְלַט
הָרֹצֵחַ אֶת־חֶבְרוֹן וְאֶת־מִגְרָשֶׁהָ וְאֶת־לִבְנָה וְאֶת־מִגְרָשֶׁהָ׃
יד טו וְאֶת־יַתִּר וְאֶת־מִגְרָשֶׁהָ וְאֶת־אֶשְׁתְּמֹעַ וְאֶת־מִגְרָשֶׁהָ׃ וְאֶת־
טז חֹלֹן וְאֶת־מִגְרָשֶׁהָ וְאֶת־דְּבִר וְאֶת־מִגְרָשֶׁהָ׃ וְאֶת־עַיִן וְאֶת־
מִגְרָשֶׁהָ וְאֶת־יֻטָּה וְאֶת־מִגְרָשֶׁהָ אֶת־בֵּית שֶׁמֶשׁ וְאֶת־מִגְרָשֶׁהָ
יז עָרִים תֵּשַׁע מֵאֵת שְׁנֵי הַשְּׁבָטִים הָאֵלֶּה׃ וּמִמַּטֵּה
בִנְיָמִין אֶת־גִּבְעוֹן וְאֶת־מִגְרָשֶׁהָ אֶת־גֶּבַע וְאֶת־מִגְרָשֶׁהָ׃
יח אֶת־עֲנָתוֹת וְאֶת־מִגְרָשֶׁהָ וְאֶת־עַלְמוֹן וְאֶת־מִגְרָשֶׁהָ עָרִים
יט אַרְבַּע׃ כָּל־עָרֵי בְנֵי־אַהֲרֹן הַכֹּהֲנִים שְׁלֹשׁ־עֶשְׂרֵה עָרִים
כ וּמִגְרְשֵׁיהֶן׃ וּלְמִשְׁפְּחוֹת בְּנֵי־קְהָת הַלְוִיִּם הַנּוֹתָרִים
כא מִבְּנֵי קְהָת וַיְהִי עָרֵי גוֹרָלָם מִמַּטֵּה אֶפְרָיִם׃ וַיִּתְּנוּ לָהֶם אֶת־
עִיר מִקְלַט הָרֹצֵחַ אֶת־שְׁכֶם וְאֶת־מִגְרָשֶׁהָ בְּהַר אֶפְרָיִם וְאֶת־
כב גֶּזֶר וְאֶת־מִגְרָשֶׁהָ׃ וְאֶת־קִבְצַיִם וְאֶת־מִגְרָשֶׁהָ וְאֶת־בֵּית חוֹרֹן
כג וְאֶת־מִגְרָשֶׁהָ עָרִים אַרְבַּע׃ וּמִמַּטֵּה־דָן אֶת־אֶלְתְּקֵא
כד וְאֶת־מִגְרָשֶׁהָ אֶת־גִּבְּתוֹן וְאֶת־מִגְרָשֶׁהָ׃ אֶת־אַיָּלוֹן וְאֶת־מִגְרָשֶׁהָ

כה אֶת־גַּת־רִמּוֹן וְאֶת־מִגְרָשֶׁהָ עָרִים אַרְבַּע׃ וּמִמַּחֲצִית
מַטֵּה מְנַשֶּׁה אֶת־תַּעְנַךְ וְאֶת־מִגְרָשֶׁהָ וְאֶת־גַּת רִמּוֹן וְאֶת־
כו מִגְרָשֶׁהָ עָרִים שְׁתָּיִם׃ כָּל־עָרִים עֶשֶׂר וּמִגְרְשֵׁיהֶן לְמִשְׁפְּחוֹת
כז בְּנֵי־קְהָת הַנּוֹתָרִים׃ וְלִבְנֵי גֵרְשׁוֹן מִמִּשְׁפְּחֹת
הַלְוִיִּם מֵחֲצִי מַטֵּה מְנַשֶּׁה אֶת־עִיר מִקְלַט הָרֹצֵחַ אֶת־גלון גּוֹלָן
בַּבָּשָׁן וְאֶת־מִגְרָשֶׁהָ וְאֶת־בְּעֶשְׁתְּרָה וְאֶת־מִגְרָשֶׁהָ עָרִים
כח שְׁתָּיִם׃ וּמִמַּטֵּה יִשָּׂשכָר אֶת־קִשְׁיוֹן וְאֶת־
כט מִגְרָשֶׁהָ אֶת־דָּבְרַת וְאֶת־מִגְרָשֶׁהָ׃ אֶת־יַרְמוּת וְאֶת־מִגְרָשֶׁהָ
ל אֶת־עֵין גַּנִּים וְאֶת־מִגְרָשֶׁהָ עָרִים אַרְבַּע׃ וּמִמַּטֵּה
אָשֵׁר אֶת־מִשְׁאָל וְאֶת־מִגְרָשֶׁהָ אֶת־עַבְדּוֹן וְאֶת־מִגְרָשֶׁהָ׃
לא אֶת־חֶלְקָת וְאֶת־מִגְרָשֶׁהָ וְאֶת־רְחֹב וְאֶת־מִגְרָשֶׁהָ עָרִים
לב אַרְבַּע׃ וּמִמַּטֵּה נַפְתָּלִי אֶת־עִיר ׀ מִקְלַט הָרֹצֵחַ
אֶת־קֶדֶשׁ בַּגָּלִיל וְאֶת־מִגְרָשֶׁהָ וְאֶת־חַמֹּת דֹּאר וְאֶת־מִגְרָשֶׁהָ
לג וְאֶת־קַרְתָּן וְאֶת־מִגְרָשֶׁהָ עָרִים שָׁלֹשׁ׃ כָּל־עָרֵי הַגֵּרְשֻׁנִּי
לד לְמִשְׁפְּחֹתָם שְׁלֹשׁ־עֶשְׂרֵה עִיר וּמִגְרְשֵׁיהֶן׃ וּלְמִשְׁפְּחוֹת
בְּנֵי־מְרָרִי הַלְוִיִּם הַנּוֹתָרִים מֵאֵת מַטֵּה זְבוּלֻן אֶת־יָקְנְעָם וְאֶת־
לה מִגְרָשֶׁהָ אֶת־קַרְתָּה וְאֶת־מִגְרָשֶׁהָ׃ אֶת־דִּמְנָה וְאֶת־מִגְרָשֶׁהָ
לו אֶת־נַהֲלָל וְאֶת־מִגְרָשֶׁהָ עָרִים אַרְבַּע׃ וּמִמַּטֵּה־
גָד אֶת־עִיר מִקְלַט הָרֹצֵחַ אֶת־רָמֹת בַּגִּלְעָד וְאֶת־מִגְרָשֶׁהָ
לז וְאֶת־מַחֲנַיִם וְאֶת־מִגְרָשֶׁהָ׃ אֶת־חֶשְׁבּוֹן וְאֶת־מִגְרָשֶׁהָ אֶת־
לח יַעְזֵר וְאֶת־מִגְרָשֶׁהָ כָּל־עָרִים אַרְבַּע׃ כָּל־
הֶעָרִים לִבְנֵי מְרָרִי לְמִשְׁפְּחֹתָם הַנּוֹתָרִים מִמִּשְׁפְּחוֹת הַלְוִיִּם
לט וַיְהִי גּוֹרָלָם עָרִים שְׁתֵּים עֶשְׂרֵה׃ כֹּל עָרֵי הַלְוִיִּם בְּתוֹךְ אֲחֻזַּת
מ בְּנֵי־יִשְׂרָאֵל עָרִים אַרְבָּעִים וּשְׁמֹנֶה וּמִגְרְשֵׁיהֶן׃ תִּהְיֶינָה

בקצת ספרים אחר פסוק לה

וּמִמַּטֵּה רְאוּבֵן אֶת־בֶּצֶר וְאֶת־מִגְרָשֶׁהָ וְאֶת־יַהְצָה וְאֶת־מִגְרָשֶׁהָ׃
אֶת־קְדֵמוֹת וְאֶת־מִגְרָשֶׁהָ וְאֶת־מֵיפַעַת וְאֶת־מִגְרָשֶׁהָ עָרִים אַרְבַּע׃

הֶעָרִים הָאֵלֶּה עִיר עִיר וּמִגְרָשֶׁיהָ סְבִיבֹתֶיהָ כֵּן לְכָל־הֶעָרִים
יג מא הָאֵלֶּה׃ וַיִּתֵּן יְהוָה לְיִשְׂרָאֵל אֶת־כָּל־הָאָרֶץ
מב אֲשֶׁר נִשְׁבַּע לָתֵת לַאֲבוֹתָם וַיִּרָשׁוּהָ וַיֵּשְׁבוּ בָהּ׃ וַיָּנַח יְהוָה
לָהֶם מִסָּבִיב כְּכֹל אֲשֶׁר־נִשְׁבַּע לַאֲבוֹתָם וְלֹא־עָמַד אִישׁ
בִּפְנֵיהֶם מִכָּל־אֹיְבֵיהֶם אֵת כָּל־אֹיְבֵיהֶם נָתַן יְהוָה בְּיָדָם׃
מג לֹא־נָפַל דָּבָר מִכֹּל הַדָּבָר הַטּוֹב אֲשֶׁר־דִּבֶּר יְהוָה אֶל־בֵּית
כב א יִשְׂרָאֵל הַכֹּל בָּא׃ אָז יִקְרָא יְהוֹשֻׁעַ לָרְאוּבֵנִי
ב וְלַגָּדִי וְלַחֲצִי מַטֵּה מְנַשֶּׁה׃ וַיֹּאמֶר אֲלֵיהֶם אַתֶּם שְׁמַרְתֶּם אֵת
כָּל־אֲשֶׁר צִוָּה אֶתְכֶם מֹשֶׁה עֶבֶד יְהוָה וַתִּשְׁמְעוּ בְקוֹלִי לְכֹל
ג אֲשֶׁר־צִוִּיתִי אֶתְכֶם׃ לֹא־עֲזַבְתֶּם אֶת־אֲחֵיכֶם זֶה יָמִים רַבִּים עַד
הַיּוֹם הַזֶּה וּשְׁמַרְתֶּם אֶת־מִשְׁמֶרֶת מִצְוַת יְהוָה אֱלֹהֵיכֶם׃
ד וְעַתָּה הֵנִיחַ יְהוָה אֱלֹהֵיכֶם לַאֲחֵיכֶם כַּאֲשֶׁר דִּבֶּר לָהֶם וְעַתָּה
פְּנוּ וּלְכוּ לָכֶם לְאָהֳלֵיכֶם אֶל־אֶרֶץ אֲחֻזַּתְכֶם אֲשֶׁר ׀ נָתַן לָכֶם
ה מֹשֶׁה עֶבֶד יְהוָה בְּעֵבֶר הַיַּרְדֵּן׃ רַק ׀ שִׁמְרוּ מְאֹד לַעֲשׂוֹת אֶת־
הַמִּצְוָה וְאֶת־הַתּוֹרָה אֲשֶׁר צִוָּה אֶתְכֶם מֹשֶׁה עֶבֶד־יְהוָה
לְאַהֲבָה אֶת־יְהוָה אֱלֹהֵיכֶם וְלָלֶכֶת בְּכָל־דְּרָכָיו וְלִשְׁמֹר מִצְוֹתָיו
ו וּלְדָבְקָה־בוֹ וּלְעָבְדוֹ בְּכָל־לְבַבְכֶם וּבְכָל־נַפְשְׁכֶם׃ וַיְבָרְכֵם
ז יְהוֹשֻׁעַ וַיְשַׁלְּחֵם וַיֵּלְכוּ אֶל־אָהֳלֵיהֶם׃ וְלַחֲצִי ׀
שֵׁבֶט הַמְנַשֶּׁה נָתַן מֹשֶׁה בַּבָּשָׁן וּלְחֶצְיוֹ נָתַן יְהוֹשֻׁעַ עִם־
בְּעֵבֶר אֲחֵיהֶם מעבר הַיַּרְדֵּן יָמָּה וְגַם כִּי שִׁלְּחָם יְהוֹשֻׁעַ אֶל־
ח אָהֳלֵיהֶם וַיְבָרְכֵם׃ וַיֹּאמֶר אֲלֵיהֶם לֵאמֹר בִּנְכָסִים רַבִּים שׁוּבוּ
אֶל־אָהֳלֵיכֶם וּבְמִקְנֶה רַב־מְאֹד בְּכֶסֶף וּבְזָהָב וּבִנְחֹשֶׁת
וּבְבַרְזֶל וּבִשְׂלָמוֹת הַרְבֵּה מְאֹד חִלְקוּ שְׁלַל־אֹיְבֵיכֶם עִם־
ט אֲחֵיכֶם׃ וַיָּשֻׁבוּ וַיֵּלְכוּ בְּנֵי־רְאוּבֵן וּבְנֵי־גָד וַחֲצִי ׀
שֵׁבֶט הַמְנַשֶּׁה מֵאֵת בְּנֵי יִשְׂרָאֵל מִשִּׁלֹה אֲשֶׁר־בְּאֶרֶץ־כְּנָעַן
לָלֶכֶת אֶל־אֶרֶץ הַגִּלְעָד אֶל־אֶרֶץ אֲחֻזָּתָם אֲשֶׁר נֹאחֲזוּ־בָהּ
י עַל־פִּי יְהוָה בְּיַד־מֹשֶׁה׃ וַיָּבֹאוּ אֶל־גְּלִילוֹת הַיַּרְדֵּן אֲשֶׁר בְּאֶרֶץ

כב   יהושע

כְּנַ֔עַן וַיִּבְנ֣וּ בְנֵֽי־רְאוּבֵ֣ן וּבְנֵי־גָ֗ד וַחֲצִ֛י שֵׁ֥בֶט הַֽמְנַשֶּׁ֖ה שָׁ֣ם מִזְבֵּ֑חַ

יא עַל־הַיַּרְדֵּ֔ן מִזְבֵּ֥חַ גָּד֖וֹל לְמַרְאֶֽה: וַיִּשְׁמְע֥וּ בְנֵֽי־יִשְׂרָאֵ֖ל לֵאמֹ֑ר הִנֵּ֣ה בָנ֣וּ בְנֵֽי־רְאוּבֵ֣ן וּבְנֵי־גָ֡ד וַחֲצִי֩ שֵׁ֨בֶט הַֽמְנַשֶּׁ֜ה אֶת־הַמִּזְבֵּ֗חַ אֶל־מוּל֙ אֶ֣רֶץ כְּנַ֔עַן אֶל־גְּלִילוֹת֙ הַיַּרְדֵּ֔ן אֶל־עֵ֖בֶר בְּנֵ֥י יִשְׂרָאֵֽל:

יב וַֽיִּשְׁמְע֖וּ בְּנֵ֣י יִשְׂרָאֵ֑ל וַיִּקָּ֨הֲל֜וּ כָּל־עֲדַ֤ת בְּנֵֽי־יִשְׂרָאֵל֙ שִׁלֹ֔ה לַעֲל֥וֹת עֲלֵיהֶ֖ם לַצָּבָֽא:

יג וַיִּשְׁלְח֣וּ בְנֵֽי־יִשְׂרָאֵ֡ל אֶל־בְּנֵי־רְאוּבֵ֨ן וְאֶל־בְּנֵי־גָ֜ד וְאֶל־חֲצִ֧י שֵֽׁבֶט־מְנַשֶּׁ֛ה אֶל־אֶ֥רֶץ הַגִּלְעָ֖ד אֶת־פִּֽינְחָ֥ס בֶּן־אֶלְעָזָ֖ר הַכֹּהֵֽן:

יד וַעֲשָׂרָ֤ה נְשִׂאִים֙ עִמּ֔וֹ נָשִׂ֨יא אֶחָ֜ד נָשִׂ֤יא אֶחָד֙ לְבֵ֣ית אָ֔ב לְכֹ֖ל מַטּ֣וֹת יִשְׂרָאֵ֑ל וְאִ֨ישׁ רֹ֧אשׁ בֵּית־אֲבוֹתָ֛ם הֵ֖מָּה לְאַלְפֵ֥י יִשְׂרָאֵֽל:

טו וַיָּבֹ֜אוּ אֶל־בְּנֵֽי־רְאוּבֵ֗ן וְאֶל־בְּנֵי־גָ֛ד וְאֶל־חֲצִ֥י שֵֽׁבֶט־מְנַשֶּׁ֖ה אֶל־אֶ֣רֶץ הַגִּלְעָ֑ד וַיְדַבְּר֥וּ אִתָּ֖ם לֵאמֹֽר:

טז כֹּ֣ה אָמְר֞וּ כֹּ֣ל ׀ עֲדַ֣ת יְהֹוָ֗ה מָֽה־הַמַּ֤עַל הַזֶּה֙ אֲשֶׁ֣ר מְעַלְתֶּ֔ם בֵּאלֹהֵ֖י יִשְׂרָאֵ֑ל לָשׁ֣וּב הַיּ֔וֹם מֵאַחֲרֵ֖י יְהֹוָ֑ה בִּבְנֽוֹתְכֶ֤ם לָכֶם֙ מִזְבֵּ֔חַ לִמְרָדְכֶ֥ם הַיּ֖וֹם בַּיהֹוָֽה:

יז הַמְעַט־לָ֜נוּ אֶת־עֲוֺ֣ן פְּע֗וֹר אֲשֶׁ֤ר לֹֽא־הִטַּהַ֨רְנוּ֙ מִמֶּ֔נּוּ עַ֖ד הַיּ֣וֹם הַזֶּ֑ה וַיְהִ֥י הַנֶּ֖גֶף בַּעֲדַ֥ת יְהֹוָֽה:

יח וְאַתֶּם֙ תָּשֻׁ֣בוּ הַיּ֔וֹם מֵאַחֲרֵ֖י יְהֹוָ֑ה וְהָיָ֗ה אַתֶּ֞ם תִּמְרְד֤וּ הַיּוֹם֙ בַּֽיהֹוָ֔ה וּמָחָ֕ר אֶל־כָּל־עֲדַ֥ת יִשְׂרָאֵ֖ל יִקְצֹֽף:

יט וְאַ֨ךְ אִם־טְמֵאָ֜ה אֶ֣רֶץ אֲחֻזַּתְכֶ֗ם עִבְר֨וּ לָכֶ֜ם אֶל־אֶ֨רֶץ אֲחֻזַּ֤ת יְהֹוָה֙ אֲשֶׁ֤ר שָֽׁכַן־שָׁם֙ מִשְׁכַּ֣ן יְהֹוָ֔ה וְהֵאָחֲז֖וּ בְּתוֹכֵ֑נוּ וּבַֽיהֹוָ֣ה אַל־תִּמְרֹ֗דוּ וְאֹתָ֨נוּ֙ אַל־תִּמְרֹ֔דוּ בִּבְנֹֽתְכֶ֤ם לָכֶם֙ מִזְבֵּ֔חַ מִֽבַּלְעֲדֵ֔י מִזְבַּ֖ח יְהֹוָ֥ה אֱלֹהֵֽינוּ:

כ הֲל֣וֹא ׀ עָכָ֣ן בֶּן־זֶ֗רַח מָ֤עַל מַ֨עַל֙ בַּחֵ֔רֶם וְעַֽל־כָּל־עֲדַ֥ת יִשְׂרָאֵ֖ל הָ֣יָה קָ֑צֶף וְהוּא֙ אִ֣ישׁ אֶחָ֔ד לֹ֥א גָוַ֖ע בַּעֲוֺנֽוֹ:

כא וַֽיַּעֲנוּ֙ בְּנֵֽי־רְאוּבֵ֣ן וּבְנֵי־גָ֔ד וַחֲצִ֖י שֵׁ֣בֶט הַֽמְנַשֶּׁ֑ה וַֽיְדַבְּר֔וּ אֶת־רָאשֵׁ֖י אַלְפֵ֥י יִשְׂרָאֵֽל:

כב אֵל֩ ׀ אֱלֹהִ֨ים ׀ יְהֹוָ֜ה אֵ֣ל ׀ אֱלֹהִ֤ים ׀ יְהֹוָה֙ ה֣וּא יֹדֵ֔עַ וְיִשְׂרָאֵ֖ל ה֣וּא יֵדָ֑ע אִם־בְּמֶ֤רֶד וְאִם־בְּמַ֨עַל֙ בַּֽיהֹוָ֔ה אַל־תּוֹשִׁיעֵ֖נוּ הַיּ֥וֹם הַזֶּֽה:

כג לִבְנ֥וֹת לָ֨נוּ֙ מִזְבֵּ֔חַ לָשׁ֖וּב מֵאַחֲרֵ֣י יְהֹוָ֑ה וְאִם־לְהַעֲל֨וֹת עָלָ֜יו עוֹלָ֤ה וּמִנְחָה֙ וְאִם־

לַעֲשׂוֹת עָלָיו זִבְחֵי שְׁלָמִים יהוה הוּא יְבַקֵּשׁ׃ וְאִם־לֹא מִדְּאָגָה כד
מִדָּבָר עָשִׂינוּ אֶת־זֹאת לֵאמֹר מָחָר יֹאמְרוּ בְנֵיכֶם לְבָנֵינוּ
לֵאמֹר מַה־לָּכֶם וְלַיהוה אֱלֹהֵי יִשְׂרָאֵל׃ וּגְבוּל נָתַן־יהוה בֵּינֵנוּ כה
וּבֵינֵיכֶם בְּנֵי־רְאוּבֵן וּבְנֵי־גָד אֶת־הַיַּרְדֵּן אֵין־לָכֶם חֵלֶק בַּיהוה
וְהִשְׁבִּיתוּ בְנֵיכֶם אֶת־בָּנֵינוּ לְבִלְתִּי יְרֹא אֶת־יהוה׃ וַנֹּאמֶר כו
נַעֲשֶׂה־נָּא לָנוּ לִבְנוֹת אֶת־הַמִּזְבֵּחַ לֹא לְעוֹלָה וְלֹא לְזָבַח׃ כִּי כז
עֵד הוּא בֵּינֵינוּ וּבֵינֵיכֶם וּבֵין דֹּרוֹתֵינוּ אַחֲרֵינוּ לַעֲבֹד אֶת־
עֲבֹדַת יהוה לְפָנָיו בְּעֹלוֹתֵינוּ וּבִזְבָחֵינוּ וּבִשְׁלָמֵינוּ וְלֹא־יֹאמְרוּ
בְנֵיכֶם מָחָר לְבָנֵינוּ אֵין־לָכֶם חֵלֶק בַּיהוה׃ וַנֹּאמֶר וְהָיָה כִּי־ כח
יֹאמְרוּ אֵלֵינוּ וְאֶל־דֹּרֹתֵינוּ מָחָר וְאָמַרְנוּ רְאוּ אֶת־תַּבְנִית
מִזְבַּח יהוה אֲשֶׁר־עָשׂוּ אֲבוֹתֵינוּ לֹא לְעוֹלָה וְלֹא לְזֶבַח כִּי־
עֵד הוּא בֵּינֵינוּ וּבֵינֵיכֶם׃ חָלִילָה לָּנוּ מִמֶּנּוּ לִמְרֹד בַּיהוה וְלָשׁוּב כט
הַיּוֹם מֵאַחֲרֵי יהוה לִבְנוֹת מִזְבֵּחַ לְעֹלָה לְמִנְחָה וּלְזָבַח מִלְּבַד
מִזְבַּח יהוה אֱלֹהֵינוּ אֲשֶׁר לִפְנֵי מִשְׁכָּנוֹ׃ וַיִּשְׁמַע ל
פִּינְחָס הַכֹּהֵן וּנְשִׂיאֵי הָעֵדָה וְרָאשֵׁי אַלְפֵי יִשְׂרָאֵל אֲשֶׁר אִתּוֹ
אֶת־הַדְּבָרִים אֲשֶׁר דִּבְּרוּ בְּנֵי־רְאוּבֵן וּבְנֵי־גָד וּבְנֵי מְנַשֶּׁה וַיִּיטַב
בְּעֵינֵיהֶם׃ וַיֹּאמֶר פִּינְחָס בֶּן־אֶלְעָזָר הַכֹּהֵן אֶל־בְּנֵי־רְאוּבֵן לא
וְאֶל־בְּנֵי־גָד וְאֶל־בְּנֵי מְנַשֶּׁה הַיּוֹם יָדַעְנוּ כִּי־בְתוֹכֵנוּ יהוה
אֲשֶׁר לֹא־מְעַלְתֶּם בַּיהוה הַמַּעַל הַזֶּה אָז הִצַּלְתֶּם אֶת־בְּנֵי
יִשְׂרָאֵל מִיַּד יהוה׃ וַיָּשָׁב פִּינְחָס בֶּן־אֶלְעָזָר הַכֹּהֵן ׀ וְהַנְּשִׂיאִים לב
מֵאֵת בְּנֵי־רְאוּבֵן וּמֵאֵת בְּנֵי־גָד מֵאֶרֶץ הַגִּלְעָד אֶל־אֶרֶץ כְּנַעַן
אֶל־בְּנֵי יִשְׂרָאֵל וַיָּשִׁבוּ אוֹתָם דָּבָר׃ וַיִּיטַב הַדָּבָר בְּעֵינֵי בְּנֵי לג
יִשְׂרָאֵל וַיְבָרְכוּ אֱלֹהִים בְּנֵי יִשְׂרָאֵל וְלֹא אָמְרוּ לַעֲלוֹת עֲלֵיהֶם
לַצָּבָא לְשַׁחֵת אֶת־הָאָרֶץ אֲשֶׁר בְּנֵי־רְאוּבֵן וּבְנֵי־גָד יֹשְׁבִים
יד בָּהּ׃ וַיִּקְרְאוּ בְּנֵי־רְאוּבֵן וּבְנֵי־גָד לַמִּזְבֵּחַ כִּי־עֵד הוּא בֵּינֹתֵינוּ לד
כִּי יהוה הָאֱלֹהִים׃
וַיְהִי מִיָּמִים רַבִּים אַחֲרֵי אֲשֶׁר־הֵנִיחַ יהוה לְיִשְׂרָאֵל מִכָּל־ א כג

ב אֹיְבֵיהֶם מִסָּבִיב וִיהוֹשֻׁעַ זָקֵן בָּא בַּיָּמִים: וַיִּקְרָא יְהוֹשֻׁעַ לְכָל־
יִשְׂרָאֵל לִזְקֵנָיו וּלְרָאשָׁיו וּלְשֹׁפְטָיו וּלְשֹׁטְרָיו וַיֹּאמֶר אֲלֵהֶם
ג אֲנִי זָקַנְתִּי בָּאתִי בַּיָּמִים: וְאַתֶּם רְאִיתֶם אֵת כָּל־אֲשֶׁר עָשָׂה
יְהוָה אֱלֹהֵיכֶם לְכָל־הַגּוֹיִם הָאֵלֶּה מִפְּנֵיכֶם כִּי יְהוָה אֱלֹהֵיכֶם
ד הוּא הַנִּלְחָם לָכֶם: רְאוּ הִפַּלְתִּי לָכֶם אֶת־הַגּוֹיִם הַנִּשְׁאָרִים
הָאֵלֶּה בְּנַחֲלָה לְשִׁבְטֵיכֶם מִן־הַיַּרְדֵּן וְכָל־הַגּוֹיִם אֲשֶׁר הִכְרַתִּי
ה וְהַיָּם הַגָּדוֹל מְבוֹא הַשָּׁמֶשׁ: וַיהוָה אֱלֹהֵיכֶם הוּא יֶהְדֳּפֵם
מִפְּנֵיכֶם וְהוֹרִישׁ אֹתָם מִלִּפְנֵיכֶם וִירִשְׁתֶּם אֶת־אַרְצָם כַּאֲשֶׁר
ו דִּבֶּר יְהוָה אֱלֹהֵיכֶם לָכֶם: וַחֲזַקְתֶּם מְאֹד לִשְׁמֹר וְלַעֲשׂוֹת
אֵת כָּל־הַכָּתוּב בְּסֵפֶר תּוֹרַת מֹשֶׁה לְבִלְתִּי סוּר־מִמֶּנּוּ יָמִין
ז וּשְׂמֹאול: לְבִלְתִּי־בוֹא בַּגּוֹיִם הָאֵלֶּה הַנִּשְׁאָרִים הָאֵלֶּה אִתְּכֶם
וּבְשֵׁם אֱלֹהֵיהֶם לֹא־תַזְכִּירוּ וְלֹא תַשְׁבִּיעוּ וְלֹא תַעַבְדוּם וְלֹא
ח תִשְׁתַּחֲווּ לָהֶם: כִּי אִם־בַּיהוָה אֱלֹהֵיכֶם תִּדְבָּקוּ כַּאֲשֶׁר עֲשִׂיתֶם
ט עַד הַיּוֹם הַזֶּה: וַיּוֹרֶשׁ יְהוָה מִפְּנֵיכֶם גּוֹיִם גְּדֹלִים וַעֲצוּמִים
י וְאַתֶּם לֹא־עָמַד אִישׁ בִּפְנֵיכֶם עַד הַיּוֹם הַזֶּה: אִישׁ־אֶחָד מִכֶּם
יִרְדָּף־אָלֶף כִּי ׀ יְהוָה אֱלֹהֵיכֶם הוּא הַנִּלְחָם לָכֶם כַּאֲשֶׁר דִּבֶּר
יא לָכֶם: וְנִשְׁמַרְתֶּם מְאֹד לְנַפְשֹׁתֵיכֶם לְאַהֲבָה אֶת־יְהוָה אֱלֹהֵיכֶם:
יב כִּי ׀ אִם־שׁוֹב תָּשׁוּבוּ וּדְבַקְתֶּם בְּיֶתֶר הַגּוֹיִם הָאֵלֶּה הַנִּשְׁאָרִים
יג הָאֵלֶּה אִתְּכֶם וְהִתְחַתַּנְתֶּם בָּהֶם וּבָאתֶם בָּהֶם וְהֵם בָּכֶם: יָדוֹעַ
תֵּדְעוּ כִּי לֹא יוֹסִיף יְהוָה אֱלֹהֵיכֶם לְהוֹרִישׁ אֶת־הַגּוֹיִם הָאֵלֶּה
מִלִּפְנֵיכֶם וְהָיוּ לָכֶם לְפַח וּלְמוֹקֵשׁ וּלְשֹׁטֵט בְּצִדֵּיכֶם וְלִצְנִנִים
בְּעֵינֵיכֶם עַד אֲבָדְכֶם מֵעַל הָאֲדָמָה הַטּוֹבָה הַזֹּאת אֲשֶׁר נָתַן
יד לָכֶם יְהוָה אֱלֹהֵיכֶם: וְהִנֵּה אָנֹכִי הוֹלֵךְ הַיּוֹם בְּדֶרֶךְ כָּל־הָאָרֶץ
וִידַעְתֶּם בְּכָל־לְבַבְכֶם וּבְכָל־נַפְשְׁכֶם כִּי לֹא־נָפַל דָּבָר אֶחָד
מִכֹּל ׀ הַדְּבָרִים הַטּוֹבִים אֲשֶׁר דִּבֶּר יְהוָה אֱלֹהֵיכֶם עֲלֵיכֶם הַכֹּל
טו בָּאוּ לָכֶם לֹא־נָפַל מִמֶּנּוּ דָּבָר אֶחָד: וְהָיָה כַּאֲשֶׁר־בָּא עֲלֵיכֶם
כָּל־הַדָּבָר הַטּוֹב אֲשֶׁר דִּבֶּר יְהוָה אֱלֹהֵיכֶם אֲלֵיכֶם כֵּן יָבִיא

יְהוָה עֲלֵיכֶם אֵת כָּל־הַדָּבָר הָרָע עַד־הַשְׁמִידוֹ אוֹתְכֶם מֵעַל
הָאֲדָמָה הַטּוֹבָה הַזֹּאת אֲשֶׁר נָתַן לָכֶם יְהוָה אֱלֹהֵיכֶם׃
טז בְּעָבְרְכֶם אֶת־בְּרִית יְהוָה אֱלֹהֵיכֶם אֲשֶׁר צִוָּה אֶתְכֶם וַהֲלַכְתֶּם
וַעֲבַדְתֶּם אֱלֹהִים אֲחֵרִים וְהִשְׁתַּחֲוִיתֶם לָהֶם וְחָרָה אַף־
יְהוָה בָּכֶם וַאֲבַדְתֶּם מְהֵרָה מֵעַל הָאָרֶץ הַטּוֹבָה אֲשֶׁר נָתַן
כד א לָכֶם׃ וַיֶּאֱסֹף יְהוֹשֻׁעַ אֶת־כָּל־שִׁבְטֵי יִשְׂרָאֵל
שְׁכֶמָה וַיִּקְרָא לְזִקְנֵי יִשְׂרָאֵל וּלְרָאשָׁיו וּלְשֹׁפְטָיו וּלְשֹׁטְרָיו
ב וַיִּתְיַצְּבוּ לִפְנֵי הָאֱלֹהִים׃ וַיֹּאמֶר יְהוֹשֻׁעַ אֶל־כָּל־הָעָם כֹּה־אָמַר
יְהוָה אֱלֹהֵי יִשְׂרָאֵל בְּעֵבֶר הַנָּהָר יָשְׁבוּ אֲבוֹתֵיכֶם מֵעוֹלָם תֶּרַח
ג אֲבִי אַבְרָהָם וַאֲבִי נָחוֹר וַיַּעַבְדוּ אֱלֹהִים אֲחֵרִים׃ וָאֶקַּח אֶת־
אֲבִיכֶם אֶת־אַבְרָהָם מֵעֵבֶר הַנָּהָר וָאוֹלֵךְ אוֹתוֹ בְּכָל־אֶרֶץ
ד כְּנָעַן וָאַרְבֶּ אֶת־זַרְעוֹ וָאֶתֶּן־לוֹ אֶת־יִצְחָק׃ וָאֶתֵּן לְיִצְחָק אֶת־
יַעֲקֹב וְאֶת־עֵשָׂו וָאֶתֵּן לְעֵשָׂו אֶת־הַר שֵׂעִיר לָרֶשֶׁת אוֹתוֹ
ה וְיַעֲקֹב וּבָנָיו יָרְדוּ מִצְרָיִם׃ וָאֶשְׁלַח אֶת־מֹשֶׁה וְאֶת־אַהֲרֹן וָאֶגֹּף
אֶת־מִצְרַיִם כַּאֲשֶׁר עָשִׂיתִי בְּקִרְבּוֹ וְאַחַר הוֹצֵאתִי אֶתְכֶם׃
ו וָאוֹצִיא אֶת־אֲבוֹתֵיכֶם מִמִּצְרַיִם וַתָּבֹאוּ הַיָּמָּה וַיִּרְדְּפוּ מִצְרַיִם
ז אַחֲרֵי אֲבוֹתֵיכֶם בְּרֶכֶב וּבְפָרָשִׁים יַם־סוּף׃ וַיִּצְעֲקוּ אֶל־יְהוָה
וַיָּשֶׂם מַאֲפֵל בֵּינֵיכֶם ׀ וּבֵין הַמִּצְרִים וַיָּבֵא עָלָיו אֶת־הַיָּם
וַיְכַסֵּהוּ וַתִּרְאֶינָה עֵינֵיכֶם אֵת אֲשֶׁר־עָשִׂיתִי בְּמִצְרָיִם וַתֵּשְׁבוּ
ח בַמִּדְבָּר יָמִים רַבִּים׃ ואביאה אֶתְכֶם אֶל־אֶרֶץ הָאֱמֹרִי הַיּוֹשֵׁב ואָבִיא
בְּעֵבֶר הַיַּרְדֵּן וַיִּלָּחֲמוּ אִתְּכֶם וָאֶתֵּן אוֹתָם בְּיֶדְכֶם וַתִּירְשׁוּ אֶת־
ט אַרְצָם וָאַשְׁמִידֵם מִפְּנֵיכֶם׃ וַיָּקָם בָּלָק בֶּן־צִפּוֹר מֶלֶךְ מוֹאָב
וַיִּלָּחֶם בְּיִשְׂרָאֵל וַיִּשְׁלַח וַיִּקְרָא לְבִלְעָם בֶּן־בְּעוֹר לְקַלֵּל אֶתְכֶם׃
י וְלֹא אָבִיתִי לִשְׁמֹעַ לְבִלְעָם וַיְבָרֶךְ בָּרוֹךְ אֶתְכֶם וָאַצִּל אֶתְכֶם
יא מִיָּדוֹ׃ וַתַּעַבְרוּ אֶת־הַיַּרְדֵּן וַתָּבֹאוּ אֶל־יְרִיחוֹ וַיִּלָּחֲמוּ בָכֶם
בַּעֲלֵי־יְרִיחוֹ הָאֱמֹרִי וְהַפְּרִזִּי וְהַכְּנַעֲנִי וְהַחִתִּי וְהַגִּרְגָּשִׁי הַחִוִּי
יב וְהַיְבוּסִי וָאֶתֵּן אוֹתָם בְּיֶדְכֶם׃ וָאֶשְׁלַח לִפְנֵיכֶם אֶת־הַצִּרְעָה

יהושע   כד

וַתְּגָרֵ֤שׁ אוֹתָם֙ מִפְּנֵיכֶ֔ם שְׁנֵ֖י מַלְכֵ֣י הָאֱמֹרִ֑י לֹ֥א בְחַרְבְּךָ֖ וְלֹ֥א

בְקַשְׁתֶּֽךָ: וָאֶתֵּ֨ן לָכֶ֜ם אֶ֣רֶץ ׀ אֲשֶׁ֧ר לֹֽא־יָגַ֣עְתָּ בָּ֗הּ וְעָרִים֙ אֲשֶׁ֣ר   יג

לֹֽא־בְנִיתֶ֔ם וַתֵּשְׁב֖וּ בָּהֶ֑ם כְּרָמִ֤ים וְזֵיתִים֙ אֲשֶׁ֣ר לֹֽא־נְטַעְתֶּ֔ם

אַתֶּ֖ם אֹכְלִֽים: וְעַתָּ֞ה יְר֧אוּ אֶת־יְהוָ֛ה וְעִבְד֥וּ אֹת֖וֹ בְּתָמִ֣ים   יד

וּבֶאֱמֶ֑ת וְהָסִ֣ירוּ אֶת־אֱלֹהִ֗ים אֲשֶׁר֩ עָבְד֨וּ אֲבוֹתֵיכֶ֜ם בְּעֵ֤בֶר

הַנָּהָר֙ וּבְמִצְרַ֔יִם וְעִבְד֖וּ אֶת־יְהוָֽה: וְאִם֩ רַ֨ע בְּֽעֵינֵיכֶ֜ם לַעֲבֹ֣ד   טו

אֶת־יְהוָ֗ה בַּחֲר֨וּ לָכֶ֣ם הַיּוֹם֮ אֶת־מִ֣י תַעֲבֹדוּן֒ אִ֣ם אֶת־אֱלֹהִ֞ים

אֲשֶׁר־עָבְד֣וּ אֲבוֹתֵיכֶ֗ם אֲשֶׁר֙ בְּעֵ֣בֶר הַנָּהָ֔ר וְאִם֙ אֶת־אֱלֹהֵ֣י   מֵעֵ֫בֶר

הָאֱמֹרִ֔י אֲשֶׁ֥ר אַתֶּ֖ם יֹשְׁבִ֣ים בְּאַרְצָ֑ם וְאָנֹכִ֣י וּבֵיתִ֔י נַעֲבֹ֖ד אֶת־

יְהוָֽה: וַיַּ֤עַן הָעָם֙ וַיֹּ֔אמֶר חָלִ֣ילָה לָּ֔נוּ מֵעֲזֹ֖ב אֶת־   טז

יְהוָ֑ה לַעֲבֹ֖ד אֱלֹהִ֥ים אֲחֵרִֽים: כִּ֣י יְהוָ֣ה אֱלֹהֵ֗ינוּ הוּא֩ הַמַּעֲלֶ֨ה   יז

אֹתָ֧נוּ וְאֶת־אֲבוֹתֵ֛ינוּ מֵאֶ֥רֶץ מִצְרַ֖יִם מִבֵּ֣ית עֲבָדִ֑ים וַאֲשֶׁ֧ר עָשָׂ֣ה

לְעֵינֵ֗ינוּ אֶת־הָאֹת֤וֹת הַגְּדֹלוֹת֙ הָאֵ֔לֶּה וַֽיִּשְׁמְרֵ֔נוּ בְּכָל־הַדֶּ֙רֶךְ֙

אֲשֶׁ֣ר הָלַ֣כְנוּ בָ֔הּ וּבְכֹל֙ הָֽעַמִּ֔ים אֲשֶׁ֥ר עָבַ֖רְנוּ בְּקִרְבָּֽם: וַיְגָ֨רֶשׁ   יח

יְהוָ֜ה אֶת־כָּל־הָעַמִּ֗ים וְאֶת־הָאֱמֹרִ֛י יֹשֵׁ֥ב הָאָ֖רֶץ מִפָּנֵ֑ינוּ גַּם־

אֲנַ֙חְנוּ֙ נַעֲבֹ֣ד אֶת־יְהוָ֔ה כִּי־ה֖וּא אֱלֹהֵֽינוּ:   וַיֹּ֤אמֶר   יט

יְהוֹשֻׁ֙עַ֙ אֶל־הָעָ֔ם לֹ֤א תֽוּכְלוּ֙ לַעֲבֹ֣ד אֶת־יְהוָ֔ה כִּֽי־אֱלֹהִ֥ים

קְדֹשִׁ֖ים ה֑וּא אֵֽל־קַנּ֣וֹא ה֔וּא לֹֽא־יִשָּׂ֥א לְפִשְׁעֲכֶ֖ם וּלְחַטֹּאותֵיכֶֽם:

כִּ֤י תַֽעַזְבוּ֙ אֶת־יְהוָ֔ה וַעֲבַדְתֶּ֖ם אֱלֹהֵ֣י נֵכָ֑ר וְשָׁ֨ב וְהֵרַ֤ע לָכֶם֙   כ

וְכִלָּ֣ה אֶתְכֶ֔ם אַחֲרֵ֖י אֲשֶׁר־הֵיטִ֥יב לָכֶֽם: וַיֹּ֥אמֶר הָעָ֖ם אֶל־   כא

יְהוֹשֻׁ֑עַ לֹ֕א כִּ֥י אֶת־יְהוָ֖ה נַעֲבֹֽד: וַיֹּ֨אמֶר יְהוֹשֻׁ֜עַ אֶל־הָעָ֗ם עֵדִ֤ים   כב

אַתֶּם֙ בָּכֶ֔ם כִּֽי־אַתֶּ֞ם בְּחַרְתֶּ֥ם לָכֶ֛ם אֶת־יְהוָ֖ה לַעֲבֹ֣ד אוֹת֑וֹ

וַיֹּאמְר֖וּ עֵדִֽים: וְעַתָּ֕ה הָסִ֛ירוּ אֶת־אֱלֹהֵ֥י הַנֵּכָ֖ר אֲשֶׁ֣ר בְּקִרְבְּכֶ֑ם   כג

וְהַטּוּ֙ אֶת־לְבַבְכֶ֔ם אֶל־יְהוָ֖ה אֱלֹהֵ֥י יִשְׂרָאֵֽל: וַיֹּאמְר֤וּ הָעָם֙   כד

אֶל־יְהוֹשֻׁ֔עַ אֶת־יְהוָ֥ה אֱלֹהֵ֖ינוּ נַעֲבֹ֑ד וּבְקוֹל֖וֹ נִשְׁמָֽע: וַיִּכְרֹ֨ת   כה

יְהוֹשֻׁ֧עַ בְּרִ֛ית לָעָ֖ם בַּיּ֣וֹם הַה֑וּא וַיָּ֥שֶׂם ל֛וֹ חֹ֥ק וּמִשְׁפָּ֖ט בִּשְׁכֶֽם:

וַיִּכְתֹּ֤ב יְהוֹשֻׁ֙עַ֙ אֶת־הַדְּבָרִ֣ים הָאֵ֔לֶּה בְּסֵ֖פֶר תּוֹרַ֣ת אֱלֹהִ֑ים   כו

מא

וַיִּקַּח אֶבֶן גְּדוֹלָה וַיְקִימֶהָ שָּׁם תַּחַת הָאַלָּה אֲשֶׁר בְּמִקְדַּשׁ
כז יהוה: וַיֹּאמֶר יְהוֹשֻׁעַ אֶל־כָּל־הָעָם הִנֵּה הָאֶבֶן
הַזֹּאת תִּהְיֶה־בָּנוּ לְעֵדָה כִּי־הִיא שָׁמְעָה אֵת כָּל־אִמְרֵי יהוה
אֲשֶׁר דִּבֶּר עִמָּנוּ וְהָיְתָה בָכֶם לְעֵדָה פֶּן־תְּכַחֲשׁוּן בֵּאלֹהֵיכֶם:
כח כט וַיְשַׁלַּח יְהוֹשֻׁעַ אֶת־הָעָם אִישׁ לְנַחֲלָתוֹ: וַיְהִי
אַחֲרֵי הַדְּבָרִים הָאֵלֶּה וַיָּמָת יְהוֹשֻׁעַ בִּן־נוּן עֶבֶד יהוה בֶּן־
ל מֵאָה וָעֶשֶׂר שָׁנִים: וַיִּקְבְּרוּ אוֹתוֹ בִּגְבוּל נַחֲלָתוֹ בְּתִמְנַת־סֶרַח
לא אֲשֶׁר בְּהַר־אֶפְרָיִם מִצְּפוֹן לְהַר־גָּעַשׁ: וַיַּעֲבֹד יִשְׂרָאֵל אֶת־
יהוה כֹּל יְמֵי יְהוֹשֻׁעַ וְכֹל ׀ יְמֵי הַזְּקֵנִים אֲשֶׁר הֶאֱרִיכוּ יָמִים
אַחֲרֵי יְהוֹשֻׁעַ וַאֲשֶׁר יָדְעוּ אֵת כָּל־מַעֲשֵׂה יהוה אֲשֶׁר עָשָׂה
לב לְיִשְׂרָאֵל: וְאֶת־עַצְמוֹת יוֹסֵף אֲשֶׁר־הֶעֱלוּ בְנֵי־יִשְׂרָאֵל ׀
מִמִּצְרַיִם קָבְרוּ בִשְׁכֶם בְּחֶלְקַת הַשָּׂדֶה אֲשֶׁר קָנָה יַעֲקֹב מֵאֵת
בְּנֵי־חֲמוֹר אֲבִי־שְׁכֶם בְּמֵאָה קְשִׂיטָה וַיִּהְיוּ לִבְנֵי־יוֹסֵף לְנַחֲלָה:
לג וְאֶלְעָזָר בֶּן־אַהֲרֹן מֵת וַיִּקְבְּרוּ אֹתוֹ בְּגִבְעַת פִּינְחָס בְּנוֹ אֲשֶׁר
נִתַּן־לוֹ בְּהַר אֶפְרָיִם:

שופטים

א

א וַיְהִ֗י אַחֲרֵי֙ מ֣וֹת יְהוֹשֻׁ֔עַ וַֽיִּשְׁאֲלוּ֙ בְּנֵ֣י יִשְׂרָאֵ֔ל בַּיהֹוָ֖ה לֵאמֹ֑ר

ב מִ֣י יַעֲלֶה־לָּ֧נוּ אֶל־הַֽכְּנַעֲנִ֛י בַּתְּחִלָּ֖ה לְהִלָּ֣חֶם בּֽוֹ׃ וַיֹּ֣אמֶר יְהֹוָ֔ה

ג יְהוּדָ֣ה יַעֲלֶ֑ה הִנֵּ֛ה נָתַ֥תִּי אֶת־הָאָ֖רֶץ בְּיָדֽוֹ׃ וַיֹּ֣אמֶר יְהוּדָה֩ לְשִׁמְע֨וֹן אָחִ֜יו עֲלֵ֧ה אִתִּ֣י בְגֹרָלִ֗י וְנִֽלָּחֲמָה֙ בַּֽכְּנַעֲנִ֔י וְהָלַכְתִּ֥י גַם־

ד אֲנִ֛י אִתְּךָ֖ בְּגוֹרָלֶ֑ךָ וַיֵּ֥לֶךְ אִתּ֖וֹ שִׁמְעֽוֹן׃ וַיַּ֣עַל יְהוּדָ֔ה וַיִּתֵּ֧ן יְהֹוָ֛ה אֶת־

ה הַכְּנַעֲנִ֥י וְהַפְּרִזִּ֖י בְּיָדָ֑ם וַיַּכּ֣וּם בְּבֶ֔זֶק עֲשֶׂ֥רֶת אֲלָפִ֖ים אִֽישׁ׃ וַֽיִּמְצְא֜וּ אֶת־אֲדֹנִ֥י בֶ֙זֶק֙ בְּבֶ֔זֶק וַיִּֽלָּחֲמ֖וּ בּ֑וֹ וַיַּכּ֕וּ אֶת־הַֽכְּנַעֲנִ֖י וְאֶת־הַפְּרִזִּֽי׃

ו וַיָּ֙נָס֙ אֲדֹנִ֣י בֶ֔זֶק וַֽיִּרְדְּפ֖וּ אַחֲרָ֑יו וַיֹּאחֲז֣וּ אֹת֔וֹ וַֽיְקַצְּצ֔וּ אֶת־בְּהֹנ֥וֹת יָדָ֖יו וְרַגְלָֽיו׃

ז וַיֹּ֣אמֶר אֲדֹנִי־בֶ֗זֶק שִׁבְעִ֣ים ׀ מְלָכִ֡ים בְּֽהֹנ֨וֹת יְדֵיהֶ֜ם וְרַגְלֵיהֶ֣ם מְקֻצָּצִ֗ים הָי֤וּ מְלַקְּטִים֙ תַּ֣חַת שֻׁלְחָנִ֔י כַּאֲשֶׁ֣ר עָשִׂ֔יתִי כֵּ֥ן שִׁלַּם־לִ֖י אֱלֹהִ֑ים וַיְבִיאֻ֥הוּ יְרוּשָׁלַ֖͏ִם וַיָּ֥מָת שָֽׁם׃

ח וַיִּלָּחֲמ֤וּ בְנֵֽי־יְהוּדָה֙ בִּיר֣וּשָׁלַ֔͏ִם וַיִּלְכְּד֣וּ אוֹתָ֔הּ וַיַּכּ֖וּהָ לְפִי־חָ֑רֶב

ט וְאֶת־הָעִ֖יר שִׁלְּח֥וּ בָאֵֽשׁ׃ וְאַחַ֗ר יָֽרְדוּ֙ בְּנֵ֣י יְהוּדָ֔ה לְהִלָּחֵ֖ם בַּֽכְּנַעֲנִ֑י יוֹשֵׁ֣ב הָהָ֔ר וְהַנֶּ֖גֶב וְהַשְּׁפֵלָֽה׃ וַיֵּ֣לֶךְ יְהוּדָ֗ה אֶל־הַֽכְּנַעֲנִי֙ הַיּוֹשֵׁ֣ב

י בְּחֶבְר֔וֹן וְשֵׁם־חֶבְר֥וֹן לְפָנִ֖ים קִרְיַ֣ת אַרְבַּ֑ע וַיַּכּ֛וּ אֶת־שֵׁשַׁ֥י וְאֶת־

יא אֲחִימַ֖ן וְאֶת־תַּלְמָֽי׃ וַיֵּ֣לֶךְ מִשָּׁ֔ם אֶל־יוֹשְׁבֵ֖י דְּבִ֑יר וְשֵׁם־דְּבִ֥יר

יב לְפָנִ֖ים קִרְיַת־סֵֽפֶר׃ וַיֹּ֣אמֶר כָּלֵ֔ב אֲשֶׁר־יַכֶּ֥ה אֶת־קִרְיַת־סֵ֖פֶר

יג וּלְכָדָ֑הּ וְנָתַ֥תִּי ל֛וֹ אֶת־עַכְסָ֥ה בִתִּ֖י לְאִשָּֽׁה׃ וַֽיִּלְכְּדָהּ֙ עָתְנִיאֵ֣ל בֶּן־קְנַ֔ז אֲחִ֥י כָלֵ֖ב הַקָּטֹ֣ן מִמֶּ֑נּוּ וַיִּתֶּן־ל֛וֹ אֶת־עַכְסָ֥ה בִתּ֖וֹ לְאִשָּֽׁה׃

יד וַיְהִ֣י בְּבוֹאָ֗הּ וַתְּסִיתֵ֙הוּ֙ לִשְׁא֤וֹל מֵֽאֵת־אָבִ֙יהָ֙ הַשָּׂדֶ֔ה וַתִּצְנַ֖ח מֵעַ֣ל

טו הַחֲמ֑וֹר וַיֹּֽאמֶר־לָ֥הּ כָּלֵ֖ב מַה־לָּֽךְ׃ וַתֹּ֨אמֶר ל֜וֹ הָֽבָה־לִּ֣י בְרָכָ֗ה כִּ֣י אֶ֤רֶץ הַנֶּ֙גֶב֙ נְתַתָּ֔נִי וְנָתַתָּ֥ה לִ֖י גֻּלֹּ֣ת מָ֑יִם וַיִּתֶּן־לָ֣הּ כָּלֵ֔ב אֵ֚ת

טז גֻּלֹּ֣ת עִלִּ֔ית וְאֵ֖ת גֻּלֹּ֥ת תַּחְתִּֽית׃ וּבְנֵ֣י קֵינִי֩ חֹתֵ֨ן מֹשֶׁ֜ה עָל֨וּ מֵעִ֤יר הַתְּמָרִים֙ אֶת־בְּנֵ֣י יְהוּדָ֔ה מִדְבַּ֣ר יְהוּדָ֔ה אֲשֶׁ֖ר

יז בְּנֶ֣גֶב עֲרָ֑ד וַיֵּ֖לֶךְ וַיֵּ֥שֶׁב אֶת־הָעָֽם׃ וַיֵּ֤לֶךְ יְהוּדָה֙ אֶת־שִׁמְע֣וֹן אָחִ֔יו וַיַּכּ֕וּ אֶת־הַֽכְּנַעֲנִ֖י יוֹשֵׁ֣ב צְפַ֑ת וַיַּחֲרִ֣ימוּ אוֹתָ֔הּ וַיִּקְרָ֥א אֶת־

יח שֵׁם־הָעִ֖יר חָרְמָֽה׃ וַיִּלְכֹּ֤ד יְהוּדָה֙ אֶת־עַזָּ֣ה וְאֶת־גְּבוּלָ֔הּ וְאֶת־

א

אַשְׁקְלוֹן וְאֶת־גְּבוּלָהּ וְאֶת־עֶקְרוֹן וְאֶת־גְּבוּלָהּ: יט וַיְהִי יְהוָה
אֶת־יְהוּדָה וַיֹּרֶשׁ אֶת־הָהָר כִּי לֹא לְהוֹרִישׁ אֶת־יֹשְׁבֵי הָעֵמֶק
כ כִּי־רֶכֶב בַּרְזֶל לָהֶם: וַיִּתְּנוּ לְכָלֵב אֶת־חֶבְרוֹן כַּאֲשֶׁר דִּבֶּר
כא מֹשֶׁה וַיּוֹרֶשׁ מִשָּׁם אֶת־שְׁלֹשָׁה בְּנֵי הָעֲנָק: וְאֶת־הַיְבוּסִי יֹשֵׁב
יְרוּשָׁלִַם לֹא הוֹרִישׁוּ בְּנֵי בִנְיָמִן וַיֵּשֶׁב הַיְבוּסִי אֶת־בְּנֵי בִנְיָמִן
כב בִּירוּשָׁלִַם עַד הַיּוֹם הַזֶּה: וַיַּעֲלוּ בֵית־יוֹסֵף גַּם־
כג הֵם בֵּית־אֵל וַיהוָה עִמָּם: וַיָּתִירוּ בֵית־יוֹסֵף בְּבֵית־אֵל וְשֵׁם־הָעִיר
כד לְפָנִים לוּז: וַיִּרְאוּ הַשֹּׁמְרִים אִישׁ יוֹצֵא מִן־הָעִיר וַיֹּאמְרוּ לוֹ
כה הַרְאֵנוּ נָא אֶת־מְבוֹא הָעִיר וְעָשִׂינוּ עִמְּךָ חָסֶד: וַיַּרְאֵם אֶת־
מְבוֹא הָעִיר וַיַּכּוּ אֶת־הָעִיר לְפִי־חָרֶב וְאֶת־הָאִישׁ וְאֶת־כָּל־
כו מִשְׁפַּחְתּוֹ שִׁלֵּחוּ: וַיֵּלֶךְ הָאִישׁ אֶרֶץ הַחִתִּים וַיִּבֶן עִיר וַיִּקְרָא
כז שְׁמָהּ לוּז הוּא שְׁמָהּ עַד הַיּוֹם הַזֶּה: וְלֹא־הוֹרִישׁ
מְנַשֶּׁה אֶת־בֵּית־שְׁאָן וְאֶת־בְּנוֹתֶיהָ וְאֶת־תַּעְנַךְ וְאֶת־בְּנֹתֶיהָ
וְאֶת־יֹשֵׁב דּוֹר וְאֶת־בְּנוֹתֶיהָ וְאֶת־יוֹשְׁבֵי יִבְלְעָם וְאֶת־בְּנֹתֶיהָ
וְאֶת־יוֹשְׁבֵי מְגִדּוֹ וְאֶת־בְּנוֹתֶיהָ וַיּוֹאֶל הַכְּנַעֲנִי לָשֶׁבֶת בָּאָרֶץ
כח הַזֹּאת: וַיְהִי כִּי־חָזַק יִשְׂרָאֵל וַיָּשֶׂם אֶת־הַכְּנַעֲנִי לָמַס וְהוֹרֵישׁ
כט לֹא הוֹרִישׁוֹ: וְאֶפְרַיִם לֹא הוֹרִישׁ אֶת־הַכְּנַעֲנִי
ל הַיּוֹשֵׁב בְּגָזֶר וַיֵּשֶׁב הַכְּנַעֲנִי בְּקִרְבּוֹ בְּגָזֶר: זְבוּלֻן
לֹא הוֹרִישׁ אֶת־יוֹשְׁבֵי קִטְרוֹן וְאֶת־יוֹשְׁבֵי נַהֲלֹל וַיֵּשֶׁב הַכְּנַעֲנִי
לא בְּקִרְבּוֹ וַיִּהְיוּ לָמַס: אָשֵׁר לֹא הוֹרִישׁ אֶת־יֹשְׁבֵי
עַכּוֹ וְאֶת־יוֹשְׁבֵי צִידוֹן וְאֶת־אַחְלָב וְאֶת־אַכְזִיב וְאֶת־חֶלְבָּה
לב וְאֶת־אֲפִיק וְאֶת־רְחֹב: וַיֵּשֶׁב הָאָשֵׁרִי בְּקֶרֶב הַכְּנַעֲנִי יֹשְׁבֵי
לג הָאָרֶץ כִּי לֹא הוֹרִישׁוֹ: נַפְתָּלִי לֹא־הוֹרִישׁ אֶת־
יֹשְׁבֵי בֵית־שֶׁמֶשׁ וְאֶת־יֹשְׁבֵי בֵית־עֲנָת וַיֵּשֶׁב בְּקֶרֶב הַכְּנַעֲנִי
יֹשְׁבֵי הָאָרֶץ וְיֹשְׁבֵי בֵית־שֶׁמֶשׁ וּבֵית עֲנָת הָיוּ לָהֶם לָמַס:
לד וַיִּלְחֲצוּ הָאֱמֹרִי אֶת־בְּנֵי־דָן הָהָרָה כִּי־לֹא נְתָנוֹ לָרֶדֶת לָעֵמֶק:
לה וַיּוֹאֶל הָאֱמֹרִי לָשֶׁבֶת בְּהַר־חֶרֶס בְּאַיָּלוֹן וּבְשַׁעַלְבִים וַתִּכְבַּד

יַ֣ד בֵּית־יוֹסֵ֔ף וַיִּהְי֖וּ לָמַ֑ס׃ וּגְבוּל֙ הָֽאֱמֹרִ֔י מִֽמַּעֲלֵ֖ה עַקְרַבִּ֑ים

מֵהַסֶּ֖לַע וָמָֽעְלָה׃ וַיַּ֧עַל מַלְאַךְ־יְהֹוָ֛ה מִן־הַגִּלְגָּ֖ל

אֶל־הַבֹּכִ֑ים וַיֹּ֙אמֶר֙ אַעֲלֶ֤ה אֶתְכֶם֙ מִמִּצְרַ֔יִם

וָאָבִ֤יא אֶתְכֶם֙ אֶל־הָאָ֔רֶץ אֲשֶׁ֥ר נִשְׁבַּ֖עְתִּי לַאֲבֹֽתֵיכֶ֑ם וָאֹמַ֗ר

לֹֽא־אָפֵ֧ר בְּרִיתִ֛י אִתְּכֶ֖ם לְעוֹלָֽם׃ וְאַתֶּ֗ם לֹֽא־תִכְרְת֤וּ בְרִית֙

לְיֽוֹשְׁבֵי֙ הָאָ֣רֶץ הַזֹּ֔את מִזְבְּחוֹתֵיהֶ֖ם תִּתֹּצ֑וּן וְלֹֽא־שְׁמַעְתֶּ֖ם בְּקֹלִ֑י

מַה־זֹּ֖את עֲשִׂיתֶֽם׃ וְגַ֣ם אָמַ֔רְתִּי לֹֽא־אֲגָרֵ֥שׁ אוֹתָ֖ם מִפְּנֵיכֶ֑ם וְהָי֤וּ

לָכֶם֙ לְצִדִּ֔ים וֵאלֹ֣הֵיהֶ֔ם יִהְי֥וּ לָכֶ֖ם לְמוֹקֵֽשׁ׃ וַיְהִ֗י כְּדַבֵּ֞ר מַלְאַ֤ךְ

יְהֹוָה֙ אֶת־הַדְּבָרִ֣ים הָאֵ֔לֶּה אֶֽל־כׇּל־בְּנֵ֖י יִשְׂרָאֵ֑ל וַיִּשְׂא֥וּ הָעָ֛ם

אֶת־קוֹלָ֖ם וַיִּבְכּֽוּ׃ וַֽיִּקְרְא֛וּ שֵֽׁם־הַמָּק֥וֹם הַה֖וּא בֹּכִ֑ים וַיִּזְבְּחוּ־שָׁ֖ם

לַֽיהֹוָֽה׃ וַיְשַׁלַּ֥ח יְהוֹשֻׁ֖עַ אֶת־הָעָ֑ם וַיֵּלְכ֧וּ בְנֵֽי־

יִשְׂרָאֵ֛ל אִ֥ישׁ לְנַחֲלָת֖וֹ לָרֶ֥שֶׁת אֶת־הָאָֽרֶץ׃ וַיַּעַבְד֤וּ הָעָם֙ אֶת־

יְהֹוָ֔ה כֹּ֖ל יְמֵ֣י יְהוֹשֻׁ֑עַ וְכֹ֣ל ׀ יְמֵ֣י הַזְּקֵנִ֗ים אֲשֶׁ֨ר הֶאֱרִ֤יכוּ יָמִים֙

אַחֲרֵ֣י יְהוֹשׁ֔וּעַ אֲשֶׁ֣ר רָא֗וּ אֵ֣ת כׇּל־מַעֲשֵׂ֤ה יְהֹוָה֙ הַגָּד֔וֹל אֲשֶׁ֥ר

עָשָׂ֖ה לְיִשְׂרָאֵֽל׃ וַיָּ֛מׇת יְהוֹשֻׁ֥עַ בִּן־נ֖וּן עֶ֣בֶד יְהֹוָ֑ה בֶּן־מֵאָ֥ה

וָעֶ֖שֶׂר שָׁנִֽים׃ וַיִּקְבְּר֤וּ אוֹתוֹ֙ בִּגְב֣וּל נַחֲלָת֔וֹ בְּתִמְנַת־חֶ֖רֶס בְּהַ֥ר

אֶפְרַ֖יִם מִצְּפ֥וֹן לְהַר־גָּֽעַשׁ׃ וְגַם֙ כׇּל־הַדּ֣וֹר הַה֔וּא נֶאֶסְפ֖וּ אֶל־

אֲבוֹתָ֑יו וַיָּ֩קׇם֩ דּ֨וֹר אַחֵ֜ר אַחֲרֵיהֶ֗ם אֲשֶׁ֤ר לֹֽא־יָֽדְעוּ֙ אֶת־יְהֹוָ֔ה

וְגַם֙ אֶת־הַֽמַּעֲשֶׂ֔ה אֲשֶׁ֥ר עָשָׂ֖ה לְיִשְׂרָאֵֽל׃ וַיַּעֲשׂ֤וּ

בְנֵֽי־יִשְׂרָאֵל֙ אֶת־הָרַ֖ע בְּעֵינֵ֣י יְהֹוָ֑ה וַיַּעַבְד֖וּ אֶת־הַבְּעָלִֽים׃

וַיַּעַזְב֞וּ אֶת־יְהֹוָ֣ה ׀ אֱלֹהֵ֣י אֲבוֹתָ֗ם הַמּוֹצִ֤יא אוֹתָם֙ מֵאֶ֣רֶץ

מִצְרַ֔יִם וַיֵּלְכ֞וּ אַחֲרֵ֣י ׀ אֱלֹהִ֣ים אֲחֵרִ֗ים מֵֽאֱלֹהֵ֤י הָֽעַמִּים֙ אֲשֶׁר֙

סְבִיבֽוֹתֵיהֶ֔ם וַיִּֽשְׁתַּחֲו֖וּ לָהֶ֑ם וַיַּכְעִ֖סוּ אֶת־יְהֹוָֽה׃ וַיַּעַזְב֣וּ אֶת־

יְהֹוָ֔ה וַיַּעַבְד֥וּ לַבַּ֖עַל וְלָעַשְׁתָּרֹֽת׃ וַיִּֽחַר־אַ֤ף יְהֹוָה֙ בְּיִשְׂרָאֵ֔ל

וַֽיִּתְּנֵם֙ בְּיַד־שֹׁסִ֔ים וַיָּשֹׁ֖סּוּ אוֹתָ֑ם וַֽיִּמְכְּרֵ֞ם בְּיַ֤ד אֽוֹיְבֵיהֶם֙ מִסָּבִ֔יב

וְלֹֽא־יָכְל֣וּ ע֔וֹד לַעֲמֹ֖ד לִפְנֵ֣י אֽוֹיְבֵיהֶֽם׃ בְּכֹ֣ל ׀ אֲשֶׁ֣ר יָצְא֗וּ יַד־

יְהֹוָה֙ הָיְתָה־בָּ֣ם לְרָעָ֔ה כַּֽאֲשֶׁר֙ דִּבֶּ֣ר יְהֹוָ֔ה וְכַאֲשֶׁ֛ר נִשְׁבַּ֥ע יְהֹוָ֖ה

טו לָהֶם וַיֵּצֶר לָהֶם מְאֹד: וַיָּקֶם יְהוָה שֹׁפְטִים וַיּוֹשִׁיעוּם מִיַּד
יז שֹׁסֵיהֶם: וְגַם אֶל־שֹׁפְטֵיהֶם לֹא שָׁמֵעוּ כִּי זָנוּ אַחֲרֵי אֱלֹהִים
אֲחֵרִים וַיִּשְׁתַּחֲווּ לָהֶם סָרוּ מַהֵר מִן־הַדֶּרֶךְ אֲשֶׁר הָלְכוּ אֲבוֹתָם
יח לִשְׁמֹעַ מִצְוֹת־יְהוָה לֹא־עָשׂוּ כֵן: וְכִי־הֵקִים יְהוָה ׀ לָהֶם
שֹׁפְטִים וְהָיָה יְהוָה עִם־הַשֹּׁפֵט וְהוֹשִׁיעָם מִיַּד אֹיְבֵיהֶם כֹּל יְמֵי
יט הַשּׁוֹפֵט כִּי־יִנָּחֵם יְהוָה מִנַּאֲקָתָם מִפְּנֵי לֹחֲצֵיהֶם וְדֹחֲקֵיהֶם: וְהָיָה ׀
בְּמוֹת הַשּׁוֹפֵט יָשֻׁבוּ וְהִשְׁחִיתוּ מֵאֲבוֹתָם לָלֶכֶת אַחֲרֵי אֱלֹהִים
אֲחֵרִים לְעָבְדָם וּלְהִשְׁתַּחֲוֺת לָהֶם לֹא הִפִּילוּ מִמַּעַלְלֵיהֶם
כ וּמִדַּרְכָּם הַקָּשָׁה: וַיִּחַר־אַף יְהוָה בְּיִשְׂרָאֵל וַיֹּאמֶר יַעַן אֲשֶׁר
עָבְרוּ הַגּוֹי הַזֶּה אֶת־בְּרִיתִי אֲשֶׁר צִוִּיתִי אֶת־אֲבוֹתָם וְלֹא
כא שָׁמְעוּ לְקוֹלִי: גַּם־אֲנִי לֹא אוֹסִיף לְהוֹרִישׁ אִישׁ מִפְּנֵיהֶם מִן־
כב הַגּוֹיִם אֲשֶׁר־עָזַב יְהוֹשֻׁעַ וַיָּמֹת: לְמַעַן נַסּוֹת בָּם אֶת־יִשְׂרָאֵל
הֲשֹׁמְרִים הֵם אֶת־דֶּרֶךְ יְהוָה לָלֶכֶת בָּם כַּאֲשֶׁר שָׁמְרוּ אֲבוֹתָם
כג אִם־לֹא: וַיַּנַּח יְהוָה אֶת־הַגּוֹיִם הָאֵלֶּה לְבִלְתִּי הוֹרִישָׁם מַהֵר
ג א וְלֹא נְתָנָם בְּיַד יְהוֹשֻׁעַ: וְאֵלֶּה הַגּוֹיִם אֲשֶׁר הִנִּיחַ
יְהוָה לְנַסּוֹת בָּם אֶת־יִשְׂרָאֵל אֵת כָּל־אֲשֶׁר לֹא־יָדְעוּ אֵת כָּל־
ב מִלְחֲמוֹת כְּנָעַן: רַק לְמַעַן דַּעַת דֹּרוֹת בְּנֵי־יִשְׂרָאֵל לְלַמְּדָם
ג מִלְחָמָה רַק אֲשֶׁר־לְפָנִים לֹא יְדָעוּם: חֲמֵשֶׁת ׀ סַרְנֵי פְלִשְׁתִּים
וְכָל־הַכְּנַעֲנִי וְהַצִּידֹנִי וְהַחִוִּי יֹשֵׁב הַר הַלְּבָנוֹן מֵהַר בַּעַל חֶרְמוֹן
ד עַד לְבוֹא חֲמָת: וַיִּהְיוּ לְנַסּוֹת בָּם אֶת־יִשְׂרָאֵל לָדַעַת הֲיִשְׁמְעוּ
ה אֶת־מִצְוֹת יְהוָה אֲשֶׁר־צִוָּה אֶת־אֲבוֹתָם בְּיַד־מֹשֶׁה: וּבְנֵי
יִשְׂרָאֵל יָשְׁבוּ בְּקֶרֶב הַכְּנַעֲנִי הַחִתִּי וְהָאֱמֹרִי וְהַפְּרִזִּי וְהַחִוִּי
ו וְהַיְבוּסִי: וַיִּקְחוּ אֶת־בְּנוֹתֵיהֶם לָהֶם לְנָשִׁים וְאֶת־בְּנוֹתֵיהֶם
ז נָתְנוּ לִבְנֵיהֶם וַיַּעַבְדוּ אֶת־אֱלֹהֵיהֶם: וַיַּעֲשׂוּ
בְנֵי־יִשְׂרָאֵל אֶת־הָרַע בְּעֵינֵי יְהוָה וַיִּשְׁכְּחוּ אֶת־יְהוָה אֱלֹהֵיהֶם
ח וַיַּעַבְדוּ אֶת־הַבְּעָלִים וְאֶת־הָאֲשֵׁרוֹת: וַיִּחַר־אַף יְהוָה בְּיִשְׂרָאֵל
וַיִּמְכְּרֵם בְּיַד כּוּשַׁן רִשְׁעָתַיִם מֶלֶךְ אֲרַם נַהֲרָיִם וַיַּעַבְדוּ בְנֵי־

ט יִשְׂרָאֵ֔ל אֶת־כּוּשַׁ֥ן רִשְׁעָתַ֖יִם שְׁמֹנֶ֥ה שָׁנִֽים׃ וַיִּזְעֲק֤וּ בְנֵֽי־יִשְׂרָאֵל֙
אֶל־יְהוָ֔ה וַיָּ֨קֶם יְהוָ֥ה מוֹשִׁ֛יעַ לִבְנֵ֥י יִשְׂרָאֵ֖ל וַיּֽוֹשִׁיעֵ֑ם אֵ֚ת עָתְנִיאֵ֣ל
י בֶּן־קְנַ֔ז אֲחִ֥י כָלֵ֖ב הַקָּטֹ֥ן מִמֶּֽנּוּ׃ וַתְּהִ֨י עָלָ֜יו רֽוּחַ־יְהוָ֗ה וַיִּשְׁפֹּ֣ט
אֶת־יִשְׂרָאֵל֮ וַיֵּצֵ֣א לַמִּלְחָמָה֒ וַיִּתֵּ֣ן יְהוָ֗ה בְּיָד֔וֹ אֶת־כּוּשַׁ֥ן רִשְׁעָתַ֖יִם
יא מֶ֣לֶךְ אֲרָ֑ם וַתָּ֣עָז יָד֔וֹ עַ֖ל כּוּשַׁ֥ן רִשְׁעָתָֽיִם׃ וַתִּשְׁקֹ֥ט הָאָ֖רֶץ
יב אַרְבָּעִ֣ים שָׁנָ֑ה וַיָּ֖מָת עָתְנִיאֵ֥ל בֶּן־קְנַֽז׃ וַיֹּסִ֙פוּ֙ בְּנֵ֣י
יִשְׂרָאֵ֔ל לַעֲשׂ֥וֹת הָרַ֖ע בְּעֵינֵ֣י יְהוָ֑ה וַיְחַזֵּ֨ק יְהוָ֜ה אֶת־עֶגְל֣וֹן מֶֽלֶךְ־
יג מוֹאָב֙ עַל־יִשְׂרָאֵ֔ל עַ֛ל כִּֽי־עָשׂ֥וּ אֶת־הָרַ֖ע בְּעֵינֵ֥י יְהוָֽה׃ וַיֶּאֱסֹ֣ף
אֵלָ֔יו אֶת־בְּנֵ֥י עַמּ֖וֹן וַעֲמָלֵ֑ק וַיֵּ֗לֶךְ וַיַּךְ֙ אֶת־יִשְׂרָאֵ֔ל וַיִּֽירְשׁ֖וּ אֶת־
יד עִ֥יר הַתְּמָרִֽים׃ וַיַּעַבְד֧וּ בְנֵֽי־יִשְׂרָאֵ֛ל אֶת־עֶגְל֥וֹן מֶֽלֶךְ־מוֹאָ֖ב
טו שְׁמוֹנֶ֥ה עֶשְׂרֵ֖ה שָׁנָֽה׃ וַיִּזְעֲק֣וּ בְנֵֽי־יִשְׂרָאֵל֮ אֶל־יְהוָה֒ וַיָּקֶם֩ יְהוָ֨ה
לָהֶ֜ם מוֹשִׁ֗יעַ אֶת־אֵה֤וּד בֶּן־גֵּרָא֙ בֶּן־הַיְמִינִ֔י אִ֥ישׁ אִטֵּ֖ר יַד־
יְמִינ֑וֹ וַיִּשְׁלְח֨וּ בְנֵֽי־יִשְׂרָאֵ֤ל בְּיָדוֹ֙ מִנְחָ֔ה לְעֶגְל֖וֹן מֶ֥לֶךְ מוֹאָֽב׃
טז וַיַּ֨עַשׂ ל֜וֹ אֵה֗וּד חֶ֚רֶב וְלָ֛הּ שְׁנֵ֥י פֵי֖וֹת גֹּ֣מֶד אָרְכָּ֑הּ וַיַּחְגֹּ֤ר אוֹתָהּ֙
יז מִתַּ֣חַת לְמַדָּ֔יו עַ֖ל יֶ֥רֶךְ יְמִינֽוֹ׃ וַיַּקְרֵב֙ אֶת־הַמִּנְחָ֔ה לְעֶגְל֖וֹן מֶ֣לֶךְ
יח מוֹאָ֑ב וְעֶגְל֕וֹן אִ֥ישׁ בָּרִ֖יא מְאֹֽד׃ וַיְהִ֕י כַּאֲשֶׁ֣ר כִּלָּ֔ה לְהַקְרִ֖יב
יט אֶת־הַמִּנְחָ֑ה וַיְשַׁלַּח֙ אֶת־הָעָ֔ם נֹשְׂאֵ֖י הַמִּנְחָֽה׃ וְה֣וּא שָׁ֗ב מִן־
הַפְּסִילִים֙ אֲשֶׁ֣ר אֶת־הַגִּלְגָּ֔ל וַיֹּ֕אמֶר דְּבַר־סֵ֥תֶר לִ֛י אֵלֶ֖יךָ הַמֶּ֑לֶךְ
כ וַיֹּ֣אמֶר הָ֔ס וַיֵּצְא֣וּ מֵעָלָ֔יו כָּל־הָעֹמְדִ֖ים עָלָֽיו׃ וְאֵה֣וּד ׀ בָּ֣א אֵלָ֗יו
וְה֨וּא יֹשֵׁ֜ב בַּעֲלִיַּ֧ת הַמְּקֵרָ֛ה אֲשֶׁר־ל֖וֹ לְבַדּ֑וֹ וַיֹּ֣אמֶר אֵה֔וּד דְּבַר־
כא אֱלֹהִ֥ים לִ֖י אֵלֶ֑יךָ וַיָּ֖קָם מֵעַ֥ל הַכִּסֵּֽא׃ וַיִּשְׁלַ֤ח אֵהוּד֙ אֶת־יַ֣ד
שְׂמֹאל֔וֹ וַיִּקַּח֙ אֶת־הַחֶ֔רֶב מֵעַ֖ל יֶ֣רֶךְ יְמִינ֑וֹ וַיִּתְקָעֶ֖הָ בְּבִטְנֽוֹ׃
כב וַיָּבֹ֨א גַֽם־הַנִּצָּ֜ב אַחַ֣ר הַלַּ֗הַב וַיִּסְגֹּ֤ר הַחֵ֙לֶב֙ בְּעַ֣ד הַלַּ֔הַב כִּ֛י לֹ֥א
כג שָׁלַ֥ף הַחֶ֖רֶב מִבִּטְנ֑וֹ וַיֵּצֵ֖א הַֽפַּרְשְׁדֹֽנָה׃ וַיֵּצֵ֥א אֵה֖וּד הַמִּסְדְּר֑וֹנָה
כד וַיִּסְגֹּ֞ר דַּלְת֧וֹת הָעֲלִיָּ֛ה בַּעֲד֖וֹ וְנָעָֽל׃ וְה֣וּא יָצָא֮ וַעֲבָדָ֣יו בָּאוּ֒
וַיִּרְא֕וּ וְהִנֵּ֛ה דַּלְת֥וֹת הָעֲלִיָּ֖ה נְעֻל֑וֹת וַיֹּ֣אמְר֔וּ אַ֣ךְ מֵסִ֥יךְ ה֛וּא
כה אֶת־רַגְלָ֖יו בַּחֲדַ֥ר הַמְּקֵרָֽה׃ וַיָּחִ֣ילוּ עַד־בּ֔וֹשׁ וְהִנֵּ֛ה אֵינֶ֥נּוּ פֹתֵ֖חַ

דַּלְת֤וֹת הָעֲלִיָּה֙ וַיִּנְעֹ֔לוּ אֶת־הַמַּפְתֵּ֖חַ וַיִּפְתָּ֑חוּ וְהִנֵּ֤ה אֲדֹֽנֵיהֶם֙ נֹפֵ֣ל

כו אַ֔רְצָה מֵֽת: וְאֵה֣וּד נִמְלַ֔ט עַ֖ד הִֽתְמַהְמְהָ֑ם וְה֤וּא עָבַר֙ אֶת־

כז הַפְּסִילִ֔ים וַיִּמָּלֵ֖ט הַשְּׂעִירָֽתָה: וַיְהִ֣י בְּבוֹא֔וֹ וַיִּתְקַ֥ע בַּשּׁוֹפָ֖ר

בְּהַ֣ר אֶפְרָ֑יִם וַיֵּרְד֨וּ עִמּ֧וֹ בְנֵֽי־יִשְׂרָאֵ֛ל מִן־הָהָ֖ר וְה֥וּא לִפְנֵיהֶֽם:

כח וַיֹּ֣אמֶר אֲלֵהֶ֗ם רִדְפ֤וּ אַֽחֲרַי֙ כִּֽי־נָתַ֨ן יְהֹוָ֧ה אֶת־אֹֽיְבֵיכֶ֛ם אֶת־

מוֹאָ֖ב בְּיֶדְכֶ֑ם וַיֵּרְד֣וּ אַֽחֲרָ֗יו וַֽיִּלְכְּד֞וּ אֶת־מַעְבְּר֤וֹת הַיַּרְדֵּן֙

כט לְמוֹאָ֔ב וְלֹֽא־נָֽתְנ֥וּ אִ֖ישׁ לַֽעֲבֹֽר: וַיַּכּ֨וּ אֶת־מוֹאָ֜ב בָּעֵ֣ת הַהִ֗יא

כַּֽעֲשֶׂ֤רֶת אֲלָפִים֙ אִ֔ישׁ כׇּל־שָׁמֵ֖ן וְכׇל־אִ֣ישׁ חָ֑יִל וְלֹ֥א נִמְלַ֖ט אִֽישׁ:

ל וַתִּכָּנַ֤ע מוֹאָב֙ בַּיּ֣וֹם הַה֔וּא תַּ֖חַת יַ֣ד יִשְׂרָאֵ֑ל וַתִּשְׁקֹ֥ט הָאָ֖רֶץ

ג שְׁמוֹנִ֥ים שָׁנָֽה: וְאַֽחֲרָ֤יו הָיָה֙ שַׁמְגַּ֣ר בֶּן־עֲנָ֔ת וַיַּ֤ךְ

אֶת־פְּלִשְׁתִּים֙ שֵֽׁשׁ־מֵא֣וֹת אִ֔ישׁ בְּמַלְמַ֖ד הַבָּקָ֑ר וַיֹּ֥שַׁע גַּם־ה֖וּא

ד א אֶת־יִשְׂרָאֵֽל: וַיֹּסִ֨פוּ֙ בְּנֵ֣י יִשְׂרָאֵ֔ל לַֽעֲשׂ֥וֹת הָרַ֖ע

ב בְּעֵינֵ֣י יְהֹוָ֑ה וְאֵה֖וּד מֵֽת: וַיִּמְכְּרֵ֣ם יְהֹוָ֗ה בְּיַד֙ יָבִ֣ין מֶֽלֶךְ־כְּנַ֔עַן אֲשֶׁ֥ר

מָלַ֖ךְ בְּחָצ֑וֹר וְשַׂר־צְבָאוֹ֙ סִֽיסְרָ֔א וְה֥וּא יוֹשֵׁ֖ב בַּֽחֲרֹ֥שֶׁת הַגּוֹיִֽם:

ג וַיִּצְעֲק֥וּ בְנֵֽי־יִשְׂרָאֵ֖ל אֶל־יְהֹוָ֑ה כִּ֠י תְּשַׁ֨ע מֵא֤וֹת רֶֽכֶב־בַּרְזֶל֙ ל֔וֹ

וְה֗וּא לָחַ֞ץ אֶת־בְּנֵ֧י יִשְׂרָאֵ֛ל בְּחׇזְקָ֖ה עֶשְׂרִ֥ים שָׁנָֽה:

ד וּדְבוֹרָה֙ אִשָּׁ֣ה נְבִיאָ֔ה אֵ֖שֶׁת לַפִּיד֑וֹת הִ֛יא שֹׁפְטָ֥ה אֶת־יִשְׂרָאֵ֖ל

ה בָּעֵ֥ת הַהִֽיא: וְ֠הִ֠יא יוֹשֶׁ֨בֶת תַּֽחַת־תֹּ֜מֶר דְּבוֹרָ֗ה בֵּ֧ין הָֽרָמָ֛ה

וּבֵ֥ין בֵּֽית־אֵ֖ל בְּהַ֣ר אֶפְרָ֑יִם וַיַּֽעֲל֥וּ אֵלֶ֛יהָ בְּנֵ֥י יִשְׂרָאֵ֖ל לַמִּשְׁפָּֽט:

ו וַתִּשְׁלַ֗ח וַתִּקְרָא֙ לְבָרָ֣ק בֶּן־אֲבִינֹ֔עַם מִקֶּ֖דֶשׁ נַפְתָּלִ֑י וַתֹּ֨אמֶר

אֵלָ֜יו הֲלֹ֥א צִוָּ֣ה ׀ יְהֹוָ֣ה אֱלֹהֵֽי־יִשְׂרָאֵ֗ל לֵ֤ךְ וּמָֽשַׁכְתָּ֙ בְּהַ֣ר תָּב֔וֹר

וְלָֽקַחְתָּ֣ עִמְּךָ֗ עֲשֶׂ֤רֶת אֲלָפִים֙ אִ֔ישׁ מִבְּנֵ֥י נַפְתָּלִ֖י וּמִבְּנֵ֥י זְבֻלֽוּן:

ז וּמָֽשַׁכְתִּ֨י אֵלֶ֜יךָ אֶל־נַ֣חַל קִישׁ֗וֹן אֶת־סִֽיסְרָא֙ שַׂר־צְבָ֣א יָבִ֔ין

ח וְאֶת־רִכְבּ֖וֹ וְאֶת־הֲמוֹנ֑וֹ וּנְתַתִּ֖יהוּ בְּיָדֶֽךָ: וַיֹּ֤אמֶר אֵלֶ֨יהָ֙ בָּרָ֔ק

ט אִם־תֵּֽלְכִ֥י עִמִּ֖י וְהָלָ֑כְתִּי וְאִם־לֹ֥א תֵֽלְכִ֛י עִמִּ֖י לֹ֥א אֵלֵֽךְ: וַתֹּ֜אמֶר

הָלֹ֧ךְ אֵלֵ֣ךְ עִמָּ֗ךְ אֶ֚פֶס כִּי֩ לֹ֨א תִֽהְיֶ֜ה תִּֽפְאַרְתְּךָ֗ עַל־הַדֶּ֨רֶךְ֙

אֲשֶׁ֣ר אַתָּ֣ה הוֹלֵ֔ךְ כִּ֣י בְֽיַד־אִשָּׁ֔ה יִמְכֹּ֥ר יְהֹוָ֖ה אֶת־סִֽיסְרָ֑א וַתָּ֧קׇם

י דְּבוֹרָה וַתֵּלֶךְ עִם־בָּרָק קֶדְשָׁה׃ וַיַּזְעֵק בָּרָק אֶת־זְבוּלֻן וְאֶת־
נַפְתָּלִי קֶדְשָׁה וַיַּעַל בְּרַגְלָיו עֲשֶׂרֶת אַלְפֵי אִישׁ וַתַּעַל עִמּוֹ
יא דְּבוֹרָה׃ וְחֶבֶר הַקֵּינִי נִפְרָד מִקַּיִן מִבְּנֵי חֹבָב חֹתֵן מֹשֶׁה וַיֵּט
יב אָהֳלוֹ עַד־אֵלוֹן בצעננים אֲשֶׁר אֶת־קֶדֶשׁ׃ וַיַּגִּדוּ לְסִיסְרָא כִּי בְּצַעֲנַנִּים
יג עָלָה בָּרָק בֶּן־אֲבִינֹעַם הַר־תָּבוֹר׃ וַיַּזְעֵק סִיסְרָא אֶת־כָּל־
רִכְבּוֹ תְּשַׁע מֵאוֹת רֶכֶב בַּרְזֶל וְאֶת־כָּל־הָעָם אֲשֶׁר אִתּוֹ
יד מֵחֲרֹשֶׁת הַגּוֹיִם אֶל־נַחַל קִישׁוֹן׃ וַתֹּאמֶר דְּבֹרָה אֶל־בָּרָק קוּם
כִּי זֶה הַיּוֹם אֲשֶׁר נָתַן יְהוָה אֶת־סִיסְרָא בְּיָדֶךָ הֲלֹא יְהוָה יָצָא
לְפָנֶיךָ וַיֵּרֶד בָּרָק מֵהַר תָּבוֹר וַעֲשֶׂרֶת אֲלָפִים אִישׁ אַחֲרָיו׃
טו וַיָּהָם יְהוָה אֶת־סִיסְרָא וְאֶת־כָּל־הָרֶכֶב וְאֶת־כָּל־הַמַּחֲנֶה
לְפִי־חֶרֶב לִפְנֵי בָרָק וַיֵּרֶד סִיסְרָא מֵעַל הַמֶּרְכָּבָה וַיָּנָס בְּרַגְלָיו׃
טז וּבָרָק רָדַף אַחֲרֵי הָרֶכֶב וְאַחֲרֵי הַמַּחֲנֶה עַד חֲרֹשֶׁת הַגּוֹיִם וַיִּפֹּל
יז כָּל־מַחֲנֵה סִיסְרָא לְפִי־חֶרֶב לֹא נִשְׁאַר עַד־אֶחָד׃ וְסִיסְרָא
נָס בְּרַגְלָיו אֶל־אֹהֶל יָעֵל אֵשֶׁת חֶבֶר הַקֵּינִי כִּי שָׁלוֹם בֵּין יָבִין
יח מֶלֶךְ־חָצוֹר וּבֵין בֵּית חֶבֶר הַקֵּינִי׃ וַתֵּצֵא יָעֵל לִקְרַאת סִיסְרָא
וַתֹּאמֶר אֵלָיו סוּרָה אֲדֹנִי סוּרָה אֵלַי אַל־תִּירָא וַיָּסַר אֵלֶיהָ
יט הָאֹהֱלָה וַתְּכַסֵּהוּ בַּשְּׂמִיכָה׃ וַיֹּאמֶר אֵלֶיהָ הַשְׁקִינִי־נָא מְעַט־
מַיִם כִּי צָמֵאתִי וַתִּפְתַּח אֶת־נֹאוד הֶחָלָב וַתַּשְׁקֵהוּ וַתְּכַסֵּהוּ׃
כ וַיֹּאמֶר אֵלֶיהָ עֲמֹד פֶּתַח הָאֹהֶל וְהָיָה אִם־אִישׁ יָבֹא וּשְׁאֵלֵךְ
כא וְאָמַר הֲיֵשׁ־פֹּה אִישׁ וְאָמַרְתְּ אָיִן׃ וַתִּקַּח יָעֵל אֵשֶׁת־חֶבֶר
אֶת־יְתַד הָאֹהֶל וַתָּשֶׂם אֶת־הַמַּקֶּבֶת בְּיָדָהּ וַתָּבוֹא אֵלָיו
בַּלָּאט וַתִּתְקַע אֶת־הַיָּתֵד בְּרַקָּתוֹ וַתִּצְנַח בָּאָרֶץ וְהוּא־
כב נִרְדָּם וַיָּעַף וַיָּמֹת׃ וְהִנֵּה בָרָק רֹדֵף אֶת־סִיסְרָא וַתֵּצֵא
יָעֵל לִקְרָאתוֹ וַתֹּאמֶר לוֹ לֵךְ וְאַרְאֶךָּ אֶת־הָאִישׁ אֲשֶׁר־
אַתָּה מְבַקֵּשׁ וַיָּבֹא אֵלֶיהָ וְהִנֵּה סִיסְרָא נֹפֵל מֵת וְהַיָּתֵד
כג בְּרַקָּתוֹ׃ וַיַּכְנַע אֱלֹהִים בַּיּוֹם הַהוּא אֵת יָבִין מֶלֶךְ־כְּנָעַן
כד לִפְנֵי בְּנֵי יִשְׂרָאֵל׃ וַתֵּלֶךְ יַד בְּנֵי־יִשְׂרָאֵל הָלוֹךְ וְקָשָׁה עַל

יָבִין מֶלֶךְ־כְּנָעַן עַד אֲשֶׁר הִכְרִיתוּ אֵת יָבִין מֶלֶךְ־כְּנָעַן׃

ה א וַתָּשַׁר דְּבוֹרָה וּבָרָק בֶּן־אֲבִינֹעַם בַּיּוֹם הַהוּא
ב לֵאמֹר׃ בִּפְרֹעַ פְּרָעוֹת בְּיִשְׂרָאֵל בְּהִתְנַדֵּב
ג עָם בָּרְכוּ יְהוָה׃ שִׁמְעוּ מְלָכִים הַאֲזִינוּ
רֹזְנִים אָנֹכִי לַיהוָה אָנֹכִי אָשִׁירָה אֲזַמֵּר
ד לַיהוָה אֱלֹהֵי יִשְׂרָאֵל׃ יְהוָה בְּצֵאתְךָ
מִשֵּׂעִיר בְּצַעְדְּךָ מִשְּׂדֵה אֱדוֹם אֶרֶץ
רָעָשָׁה גַּם־שָׁמַיִם נָטָפוּ גַּם־עָבִים נָטְפוּ
ה מָיִם׃ הָרִים נָזְלוּ מִפְּנֵי יְהוָה זֶה
ו סִינַי מִפְּנֵי יְהוָה אֱלֹהֵי יִשְׂרָאֵל׃ בִּימֵי שַׁמְגַּר בֶּן־
עֲנָת בִּימֵי יָעֵל חָדְלוּ אֳרָחוֹת וְהֹלְכֵי
ז נְתִיבוֹת יֵלְכוּ אֳרָחוֹת עֲקַלְקַלּוֹת׃ חָדְלוּ פְרָזוֹן בְּיִשְׂרָאֵל
חָדֵלּוּ עַד שַׁקַּמְתִּי דְּבוֹרָה שַׁקַּמְתִּי
ח אֵם בְּיִשְׂרָאֵל׃ יִבְחַר אֱלֹהִים
חֲדָשִׁים אָז לָחֶם שְׁעָרִים מָגֵן
אִם־יֵרָאֶה וָרֹמַח בְּאַרְבָּעִים אֶלֶף
ט בְּיִשְׂרָאֵל׃ לִבִּי לְחוֹקְקֵי יִשְׂרָאֵל הַמִּתְנַדְּבִים
י בָּעָם בָּרְכוּ יְהוָה׃ רֹכְבֵי אֲתֹנוֹת
צְחֹרוֹת יֹשְׁבֵי עַל־מִדִּין וְהֹלְכֵי
יא עַל־דֶּרֶךְ שִׂיחוּ׃ מִקּוֹל מְחַצְצִים בֵּין
מַשְׁאַבִּים שָׁם יְתַנּוּ צִדְקוֹת יְהוָה צִדְקֹת
פִּרְזוֹנוֹ בְּיִשְׂרָאֵל אָז יָרְדוּ לַשְּׁעָרִים עַם־
יב יְהוָה׃ עוּרִי עוּרִי דְּבוֹרָה עוּרִי
עוּרִי דַּבְּרִי־שִׁיר קוּם בָּרָק וּשְׁבֵה שֶׁבְיְךָ בֶּן־
יג אֲבִינֹעַם׃ אָז יְרַד שָׂרִיד לְאַדִּירִים עָם יְהוָה
יד יְרַד־לִי בַּגִּבּוֹרִים׃ מִנִּי אֶפְרַיִם שָׁרְשָׁם

בַעֲמָלֵק אַחֲרֶיךָ בִנְיָמִין בַּעֲמָמֶיךָ מִנִּי
מָכִיר יָרְדוּ מְחֹקְקִים וּמִזְּבוּלֻן מֹשְׁכִים בְּשֵׁבֶט
טו סֹפֵר: וְשָׂרַי בְּיִשָּׂשכָר עִם־דְּבֹרָה וְיִשָּׂשכָר
כֵּן בָּרָק בָּעֵמֶק שֻׁלַּח
בְּרַגְלָיו בִּפְלַגּוֹת רְאוּבֵן גְּדֹלִים
טז חִקְקֵי־לֵב: לָמָּה יָשַׁבְתָּ בֵּין
הַמִּשְׁפְּתַיִם לִשְׁמֹעַ שְׁרִקוֹת עֲדָרִים לִפְלַגּוֹת
יז רְאוּבֵן גְּדוֹלִים חִקְרֵי־לֵב: גִּלְעָד בְּעֵבֶר הַיַּרְדֵּן
שָׁכֵן וְדָן לָמָּה יָגוּר אֳנִיּוֹת אָשֵׁר
יָשַׁב לְחוֹף יַמִּים וְעַל מִפְרָצָיו
יח יִשְׁכּוֹן: זְבֻלוּן עַם חֵרֵף נַפְשׁוֹ לָמוּת וְנַפְתָּלִי
יט עַל מְרוֹמֵי שָׂדֶה: בָּאוּ מְלָכִים
נִלְחָמוּ אָז נִלְחֲמוּ מַלְכֵי כְנַעַן בְּתַעְנַךְ
עַל־מֵי מְגִדּוֹ בֶּצַע כֶּסֶף לֹא
כ לָקָחוּ: מִן־שָׁמַיִם נִלְחָמוּ הַכּוֹכָבִים
כא מִמְּסִלּוֹתָם נִלְחֲמוּ עִם סִיסְרָא: נַחַל קִישׁוֹן
גְּרָפָם נַחַל קְדוּמִים נַחַל קִישׁוֹן תִּדְרְכִי
כב נַפְשִׁי עֹז: אָז הָלְמוּ עִקְּבֵי־
כג סוּס מִדַּהֲרוֹת דַּהֲרוֹת אַבִּירָיו: אוֹרוּ
מֵרוֹז אָמַר מַלְאַךְ יהוה אֹרוּ אָרוֹר
יֹשְׁבֶיהָ כִּי לֹא־בָאוּ לְעֶזְרַת יהוה לְעֶזְרַת
כד יהוה בַּגִּבּוֹרִים: תְּבֹרַךְ מִנָּשִׁים
יָעֵל אֵשֶׁת חֶבֶר הַקֵּינִי מִנָּשִׁים
כה בָּאֹהֶל תְּבֹרָךְ: מַיִם שָׁאַל חָלָב
כו נָתָנָה בְּסֵפֶל אַדִּירִים הִקְרִיבָה חֶמְאָה: יָדָהּ
לַיָּתֵד תִּשְׁלַחְנָה וִימִינָהּ לְהַלְמוּת
עֲמֵלִים וְהָלְמָה סִיסְרָא מָחֲקָה רֹאשׁוֹ וּמָחֲצָה

וְחָלְפָה רַקָּתוֹ׃ בֵּין רַגְלֶיהָ כָּרַע נָפַל כז
שָׁכָב בֵּין רַגְלֶיהָ כָּרַע נָפָל בַּאֲשֶׁר
כָּרַע שָׁם נָפַל שָׁדוּד׃ בְּעַד הַחַלּוֹן נִשְׁקְפָה כח
וַתְּיַבֵּב אֵם סִיסְרָא בְּעַד הָאֶשְׁנָב מַדּוּעַ
בֹּשֵׁשׁ רִכְבּוֹ לָבוֹא מַדּוּעַ אֶחֱרוּ פַּעֲמֵי
מַרְכְּבוֹתָיו׃ חַכְמוֹת שָׂרוֹתֶיהָ תַּעֲנֶינָּה אַף־ כט
הִיא תָּשִׁיב אֲמָרֶיהָ לָהּ׃ הֲלֹא יִמְצְאוּ יְחַלְּקוּ ל
שָׁלָל רַחַם רַחֲמָתַיִם לְרֹאשׁ גֶּבֶר שְׁלַל
צְבָעִים לְסִיסְרָא שְׁלַל צְבָעִים
ד רִקְמָה צֶבַע רִקְמָתַיִם לְצַוְּארֵי שָׁלָל׃ כֵּן לא
יֹאבְדוּ כָל־אוֹיְבֶיךָ יְהוָה וְאֹהֲבָיו כְּצֵאת הַשֶּׁמֶשׁ
בִּגְבֻרָתוֹ וַתִּשְׁקֹט הָאָרֶץ אַרְבָּעִים שָׁנָה׃

וַיַּעֲשׂוּ בְנֵי־יִשְׂרָאֵל הָרַע בְּעֵינֵי יְהוָה וַיִּתְּנֵם יְהוָה בְּיַד־מִדְיָן א ו
שֶׁבַע שָׁנִים׃ וַתָּעָז יַד־מִדְיָן עַל־יִשְׂרָאֵל מִפְּנֵי מִדְיָן עָשׂוּ לָהֶם ׀ ב
בְּנֵי יִשְׂרָאֵל אֶת־הַמִּנְהָרוֹת אֲשֶׁר בֶּהָרִים וְאֶת־הַמְּעָרוֹת וְאֶת־
הַמְּצָדוֹת׃ וְהָיָה אִם־זָרַע יִשְׂרָאֵל וְעָלָה מִדְיָן וַעֲמָלֵק וּבְנֵי־ ג
קֶדֶם וְעָלוּ עָלָיו׃ וַיַּחֲנוּ עֲלֵיהֶם וַיַּשְׁחִיתוּ אֶת־יְבוּל הָאָרֶץ עַד־ ד
בּוֹאֲךָ עַזָּה וְלֹא־יַשְׁאִירוּ מִחְיָה בְּיִשְׂרָאֵל וְשֶׂה וָשׁוֹר וַחֲמוֹר׃ כִּי ה
וּבָאוּ הֵם וּמִקְנֵיהֶם יַעֲלוּ וְאָהֳלֵיהֶם יבאו כְדֵי־אַרְבֶּה לָרֹב וְלָהֶם
וְלִגְמַלֵּיהֶם אֵין מִסְפָּר וַיָּבֹאוּ בָאָרֶץ לְשַׁחֲתָהּ׃ וַיִּדַּל יִשְׂרָאֵל ו
מְאֹד מִפְּנֵי מִדְיָן וַיִּזְעֲקוּ בְנֵי־יִשְׂרָאֵל אֶל־יְהוָה׃ וַיְהִי כִּי־זָעֲקוּ ז
בְנֵי־יִשְׂרָאֵל אֶל־יְהוָה עַל אֹדוֹת מִדְיָן׃ וַיִּשְׁלַח יְהוָה אִישׁ נָבִיא ח
אֶל־בְּנֵי יִשְׂרָאֵל וַיֹּאמֶר לָהֶם כֹּה־אָמַר יְהוָה ׀ אֱלֹהֵי יִשְׂרָאֵל
אָנֹכִי הֶעֱלֵיתִי אֶתְכֶם מִמִּצְרַיִם וָאֹצִיא אֶתְכֶם מִבֵּית עֲבָדִים׃
וָאַצִּל אֶתְכֶם מִיַּד מִצְרַיִם וּמִיַּד כָּל־לֹחֲצֵיכֶם וָאֲגָרֵשׁ אוֹתָם ט
מִפְּנֵיכֶם וָאֶתְּנָה לָכֶם אֶת־אַרְצָם׃ וָאֹמְרָה לָכֶם אֲנִי יְהוָה י

אֱלֹהֵיכֶם לֹא תִירְאוּ אֶת־אֱלֹהֵי הָאֱמֹרִי אֲשֶׁר אַתֶּם יוֹשְׁבִים
יא בְּאַרְצָם וְלֹא שְׁמַעְתֶּם בְּקוֹלִי׃ וַיָּבֹא מַלְאַךְ יְהוָה
וַיֵּשֶׁב תַּחַת הָאֵלָה אֲשֶׁר בְּעָפְרָה אֲשֶׁר לְיוֹאָשׁ אֲבִי הָעֶזְרִי
יב וְגִדְעוֹן בְּנוֹ חֹבֵט חִטִּים בַּגַּת לְהָנִיס מִפְּנֵי מִדְיָן׃ וַיֵּרָא אֵלָיו
יג מַלְאַךְ יְהוָה וַיֹּאמֶר אֵלָיו יְהוָה עִמְּךָ גִּבּוֹר הֶחָיִל׃ וַיֹּאמֶר אֵלָיו
גִּדְעוֹן בִּי אֲדֹנִי וְיֵשׁ יְהוָה עִמָּנוּ וְלָמָּה מְצָאַתְנוּ כָּל־זֹאת וְאַיֵּה
כָל־נִפְלְאוֹתָיו אֲשֶׁר סִפְּרוּ־לָנוּ אֲבוֹתֵינוּ לֵאמֹר הֲלֹא מִמִּצְרַיִם
יד הֶעֱלָנוּ יְהוָה וְעַתָּה נְטָשָׁנוּ יְהוָה וַיִּתְּנֵנוּ בְּכַף מִדְיָן׃ וַיִּפֶן אֵלָיו
יְהוָה וַיֹּאמֶר לֵךְ בְּכֹחֲךָ זֶה וְהוֹשַׁעְתָּ אֶת־יִשְׂרָאֵל מִכַּף מִדְיָן
טו הֲלֹא שְׁלַחְתִּיךָ׃ וַיֹּאמֶר אֵלָיו בִּי אֲדֹנָי בַּמָּה אוֹשִׁיעַ אֶת־
יִשְׂרָאֵל הִנֵּה אַלְפִּי הַדַּל בִּמְנַשֶּׁה וְאָנֹכִי הַצָּעִיר בְּבֵית אָבִי׃
טז וַיֹּאמֶר אֵלָיו יְהוָה כִּי אֶהְיֶה עִמָּךְ וְהִכִּיתָ אֶת־מִדְיָן כְּאִישׁ
יז אֶחָד׃ וַיֹּאמֶר אֵלָיו אִם־נָא מָצָאתִי חֵן בְּעֵינֶיךָ וְעָשִׂיתָ לִּי אוֹת
יח שָׁאַתָּה מְדַבֵּר עִמִּי׃ אַל־נָא תָמֻשׁ מִזֶּה עַד־בֹּאִי אֵלֶיךָ
וְהֹצֵאתִי אֶת־מִנְחָתִי וְהִנַּחְתִּי לְפָנֶיךָ וַיֹּאמַר אָנֹכִי אֵשֵׁב עַד
יט שׁוּבֶךָ׃ וְגִדְעוֹן בָּא וַיַּעַשׂ גְּדִי־עִזִּים וְאֵיפַת־קֶמַח מַצּוֹת הַבָּשָׂר
שָׂם בַּסַּל וְהַמָּרַק שָׂם בַּפָּרוּר וַיּוֹצֵא אֵלָיו אֶל־תַּחַת הָאֵלָה
כ וַיַּגַּשׁ׃ וַיֹּאמֶר אֵלָיו מַלְאַךְ הָאֱלֹהִים קַח אֶת־
הַבָּשָׂר וְאֶת־הַמַּצּוֹת וְהַנַּח אֶל־הַסֶּלַע הַלָּז וְאֶת־הַמָּרַק שְׁפוֹךְ
כא וַיַּעַשׂ כֵּן׃ וַיִּשְׁלַח מַלְאַךְ יְהוָה אֶת־קְצֵה הַמִּשְׁעֶנֶת אֲשֶׁר בְּיָדוֹ
וַיִּגַּע בַּבָּשָׂר וּבַמַּצּוֹת וַתַּעַל הָאֵשׁ מִן־הַצּוּר וַתֹּאכַל אֶת־
כב הַבָּשָׂר וְאֶת־הַמַּצּוֹת וּמַלְאַךְ יְהוָה הָלַךְ מֵעֵינָיו׃ וַיַּרְא גִּדְעוֹן
כִּי־מַלְאַךְ יְהוָה הוּא וַיֹּאמֶר גִּדְעוֹן אֲהָהּ אֲדֹנָי יֱהוִה כִּי־
כג עַל־כֵּן רָאִיתִי מַלְאַךְ יְהוָה פָּנִים אֶל־פָּנִים׃ וַיֹּאמֶר לוֹ יְהוָה
כד שָׁלוֹם לְךָ אַל־תִּירָא לֹא תָּמוּת׃ וַיִּבֶן שָׁם גִּדְעוֹן מִזְבֵּחַ לַיהוָה
וַיִּקְרָא־לוֹ יְהוָה ׀ שָׁלוֹם עַד הַיּוֹם הַזֶּה עוֹדֶנּוּ בְּעָפְרַת אֲבִי
כה הָעֶזְרִי׃ וַיְהִי בַּלַּיְלָה הַהוּא וַיֹּאמֶר לוֹ יְהוָה קַח

אֶת־פַּר־הַשּׁוֹר֮ אֲשֶׁ֣ר לְאָבִיךָ֒ וּפַ֧ר הַשֵּׁנִ֛י שֶׁ֥בַע שָׁנִ֖ים וְהָרַסְתָּ֗
אֶת־מִזְבַּ֤ח הַבַּ֙עַל֙ אֲשֶׁ֣ר לְאָבִ֔יךָ וְאֶת־הָאֲשֵׁרָ֥ה אֲשֶׁר־עָלָ֖יו
תִּכְרֹֽת: וּבָנִ֡יתָ מִזְבֵּ֩חַ֩ לַיהוָ֨ה אֱלֹהֶ֜יךָ עַ֣ל רֹ֧אשׁ הַמָּע֛וֹז הַזֶּ֖ה כו
בַּמַּֽעֲרָכָ֑ה וְלָֽקַחְתָּ֙ אֶת־הַפָּ֣ר הַשֵּׁנִ֔י וְהַעֲלִ֤יתָ עוֹלָה֙ בַּעֲצֵ֣י
הָאֲשֵׁרָ֖ה אֲשֶׁ֥ר תִּכְרֹֽת: וַיִּקַּ֨ח גִּדְע֜וֹן עֲשָׂרָ֤ה אֲנָשִׁים֙ מֵֽעֲבָדָ֔יו כז
וַיַּ֕עַשׂ כַּאֲשֶׁ֛ר דִּבֶּ֥ר אֵלָ֖יו יְהוָ֑ה וַיְהִ֞י כַּאֲשֶׁ֣ר יָרֵ֗א אֶת־בֵּ֤ית אָבִיו֙
וְאֶת־אַנְשֵׁ֣י הָעִ֔יר מֵעֲשׂ֥וֹת יוֹמָ֖ם וַיַּ֥עַשׂ לָֽיְלָה: וַיַּשְׁכִּ֜ימוּ אַנְשֵׁ֤י כח
הָעִיר֙ בַּבֹּ֔קֶר וְהִנֵּ֤ה נֻתַּץ֙ מִזְבַּ֣ח הַבַּ֔עַל וְהָאֲשֵׁרָ֥ה אֲשֶׁר־עָלָ֖יו
כֹּרָ֑תָה וְאֵת֙ הַפָּ֣ר הַשֵּׁנִ֔י הֹֽעֲלָ֖ה עַל־הַמִּזְבֵּ֥חַ הַבָּנֽוּי: וַיֹּֽאמְרוּ֙ אִ֣ישׁ כט
אֶל־רֵעֵ֔הוּ מִ֥י עָשָׂ֖ה הַדָּבָ֣ר הַזֶּ֑ה וַֽיִּדְרְשׁוּ֙ וַיְבַקְשׁ֔וּ וַיֹּ֣אמְר֔וּ גִּדְעוֹן֙
בֶּן־יוֹאָ֔שׁ עָשָׂ֖ה הַדָּבָ֥ר הַזֶּֽה: וַיֹּ֨אמְר֜וּ אַנְשֵׁ֤י הָעִיר֙ אֶל־יוֹאָ֔שׁ ל
הוֹצֵ֥א אֶת־בִּנְךָ֖ וְיָמֹ֑ת כִּ֤י נָתַץ֙ אֶת־מִזְבַּ֣ח הַבַּ֔עַל וְכִ֥י כָרַ֖ת
הָאֲשֵׁרָ֥ה אֲשֶׁר־עָלָֽיו: וַיֹּ֣אמֶר יוֹאָ֡שׁ לְכֹל֩ אֲשֶׁר־עָמְד֨וּ עָלָ֜יו לא
הַאַתֶּ֣ם ׀ תְּרִיב֣וּן לַבַּ֗עַל אִם־אַתֶּם֙ תּוֹשִׁיע֣וּן אוֹת֔וֹ אֲשֶׁ֤ר יָרִיב֙
ל֣וֹ יוּמַ֖ת עַד־הַבֹּ֑קֶר אִם־אֱלֹהִ֥ים הוּא֙ יָ֣רֶב ל֔וֹ כִּ֥י נָתַ֖ץ אֶת־
מִזְבְּחֽוֹ: וַיִּקְרָא־ל֥וֹ בַיּוֹם־הַה֛וּא יְרֻבַּ֥עַל לֵאמֹ֑ר יָ֤רֶב בּוֹ֙ הַבַּ֔עַל כִּ֥י לב
נָתַ֖ץ אֶת־מִזְבְּחֽוֹ:   וְכָל־מִדְיָ֧ן וַעֲמָלֵ֛ק וּבְנֵי־קֶ֖דֶם לג
נֶאֶסְפ֣וּ יַחְדָּ֑ו וַיַּעַבְר֕וּ וַֽיַּחֲנ֖וּ בְּעֵ֥מֶק יִזְרְעֶֽאל: וְר֣וּחַ יְהוָ֔ה לָבְשָׁ֖ה לד
אֶת־גִּדְע֑וֹן וַיִּתְקַע֙ בַּשּׁוֹפָ֔ר וַיִּזָּעֵ֥ק אֲבִיעֶ֖זֶר אַחֲרָֽיו: וּמַלְאָכִים֙ לה
שָׁלַ֜ח בְּכָל־מְנַשֶּׁ֗ה וַיִּזָּעֵ֥ק גַּם־ה֖וּא אַחֲרָ֑יו וּמַלְאָכִ֣ים שָׁלַ֗ח
בְּאָשֵׁ֤ר וּבִזְבֻלוּן֙ וּבְנַפְתָּלִ֔י וַֽיַּעֲל֖וּ לִקְרָאתָֽם: וַיֹּ֥אמֶר גִּדְע֖וֹן אֶל־ לו
הָאֱלֹהִ֑ים אִם־יֶשְׁךָ֞ מוֹשִׁ֧יעַ בְּיָדִ֛י אֶת־יִשְׂרָאֵ֖ל כַּאֲשֶׁ֥ר דִּבַּֽרְתָּ:
הִנֵּ֣ה אָנֹכִ֗י מַצִּ֛יג אֶת־גִּזַּ֥ת הַצֶּ֖מֶר בַּגֹּ֑רֶן אִ֡ם טַל֩ יִהְיֶ֨ה עַֽל־הַגִּזָּ֜ה לז
לְבַדָּ֗הּ וְעַל־כָּל־הָאָ֙רֶץ֙ חֹ֔רֶב וְיָדַעְתִּ֗י כִּֽי־תוֹשִׁ֧יעַ בְּיָדִ֛י אֶת־
יִשְׂרָאֵ֖ל כַּאֲשֶׁ֥ר דִּבַּֽרְתָּ: וַיְהִי־כֵ֕ן וַיַּשְׁכֵּם֙ מִֽמָּחֳרָ֔ת וַיָּ֣זַר אֶת־ לח
הַגִּזָּ֔ה וַיִּ֤מֶץ טַל֙ מִן־הַגִּזָּ֔ה מְל֥וֹא הַסֵּ֖פֶל מָֽיִם: וַיֹּ֤אמֶר גִּדְעוֹן֙ אֶל־ לט
הָֽאֱלֹהִ֗ים אַל־יִ֤חַר אַפְּךָ֙ בִּ֔י וַאֲדַבְּרָ֖ה אַ֣ךְ הַפָּ֑עַם אֲנַסֶּ֤ה נָּא־רַק

הַפַּעַם בַּגִּזָּה יְהִי־נָא חֹרֶב אֶל־הַגִּזָּה לְבַדָּהּ וְעַל־כָּל־הָאָרֶץ
מ יִהְיֶה־טָּל׃ וַיַּעַשׂ אֱלֹהִים כֵּן בַּלַּיְלָה הַהוּא וַיְהִי־חֹרֶב אֶל־הַגִּזָּה ה
ז א לְבַדָּהּ וְעַל־כָּל־הָאָרֶץ הָיָה טָל׃ וַיַּשְׁכֵּם יְרֻבַּעַל הוּא גִדְעוֹן
וְכָל־הָעָם אֲשֶׁר אִתּוֹ וַיַּחֲנוּ עַל־עֵין חֲרֹד וּמַחֲנֵה מִדְיָן הָיָה־לּוֹ
ב מִצָּפוֹן מִגִּבְעַת הַמּוֹרֶה בָּעֵמֶק׃ וַיֹּאמֶר יהוה
אֶל־גִּדְעוֹן רַב הָעָם אֲשֶׁר אִתָּךְ מִתִּתִּי אֶת־מִדְיָן בְּיָדָם פֶּן־
ג יִתְפָּאֵר עָלַי יִשְׂרָאֵל לֵאמֹר יָדִי הוֹשִׁיעָה לִּי׃ וְעַתָּה קְרָא
נָא בְּאָזְנֵי הָעָם לֵאמֹר מִי־יָרֵא וְחָרֵד יָשֹׁב וְיִצְפֹּר מֵהַר
הַגִּלְעָד וַיָּשָׁב מִן־הָעָם עֶשְׂרִים וּשְׁנַיִם אֶלֶף וַעֲשֶׂרֶת אֲלָפִים
ד נִשְׁאָרוּ׃ וַיֹּאמֶר יהוה אֶל־גִּדְעוֹן עוֹד הָעָם רָב
הוֹרֵד אוֹתָם אֶל־הַמַּיִם וְאֶצְרְפֶנּוּ לְךָ שָׁם וְהָיָה אֲשֶׁר אֹמַר אֵלֶיךָ
זֶה ׀ יֵלֵךְ אִתָּךְ הוּא יֵלֵךְ אִתָּךְ וְכֹל אֲשֶׁר־אֹמַר אֵלֶיךָ זֶה לֹא־
ה יֵלֵךְ עִמָּךְ הוּא לֹא יֵלֵךְ׃ וַיּוֹרֶד אֶת־הָעָם אֶל־הַמָּיִם וַיֹּאמֶר יהוה
אֶל־גִּדְעוֹן כֹּל אֲשֶׁר־יָלֹק בִּלְשׁוֹנוֹ מִן־הַמַּיִם כַּאֲשֶׁר יָלֹק הַכֶּלֶב
ו תַּצִּיג אוֹתוֹ לְבָד וְכֹל אֲשֶׁר־יִכְרַע עַל־בִּרְכָּיו לִשְׁתּוֹת׃ וַיְהִי
מִסְפַּר הַמְלַקְקִים בְּיָדָם אֶל־פִּיהֶם שְׁלֹשׁ מֵאוֹת אִישׁ וְכֹל יֶתֶר
ז הָעָם כָּרְעוּ עַל־בִּרְכֵיהֶם לִשְׁתּוֹת מָיִם׃ וַיֹּאמֶר
יהוה אֶל־גִּדְעוֹן בִּשְׁלֹשׁ מֵאוֹת הָאִישׁ הַמְלַקְקִים אוֹשִׁיעַ אֶתְכֶם
ח וְנָתַתִּי אֶת־מִדְיָן בְּיָדֶךָ וְכָל־הָעָם יֵלְכוּ אִישׁ לִמְקֹמוֹ׃ וַיִּקְחוּ
אֶת־צֵדָה הָעָם בְּיָדָם וְאֵת שׁוֹפְרֹתֵיהֶם וְאֵת כָּל־אִישׁ יִשְׂרָאֵל
שִׁלַּח אִישׁ לְאֹהָלָיו וּבִשְׁלֹשׁ־מֵאוֹת הָאִישׁ הֶחֱזִיק וּמַחֲנֵה מִדְיָן
ט הָיָה לוֹ מִתַּחַת בָּעֵמֶק׃ וַיְהִי בַּלַּיְלָה הַהוּא
י וַיֹּאמֶר אֵלָיו יהוה קוּם רֵד בַּמַּחֲנֶה כִּי נְתַתִּיו בְּיָדֶךָ׃ וְאִם־יָרֵא
יא אַתָּה לָרֶדֶת רֵד אַתָּה וּפֻרָה נַעַרְךָ אֶל־הַמַּחֲנֶה׃ וְשָׁמַעְתָּ מַה־
יְדַבֵּרוּ וְאַחַר תֶּחֱזַקְנָה יָדֶיךָ וְיָרַדְתָּ בַּמַּחֲנֶה וַיֵּרֶד הוּא וּפֻרָה
יב נַעֲרוֹ אֶל־קְצֵה הַחֲמֻשִׁים אֲשֶׁר בַּמַּחֲנֶה׃ וּמִדְיָן וַעֲמָלֵק וְכָל־
בְּנֵי־קֶדֶם נֹפְלִים בָּעֵמֶק כָּאַרְבֶּה לָרֹב וְלִגְמַלֵּיהֶם אֵין מִסְפָּר

יג כַּחוֹל שֶׁעַל־שְׂפַת הַיָּם לָרֹב׃ וַיָּבֹא גִדְעוֹן וְהִנֵּה־אִישׁ מְסַפֵּר
לְרֵעֵהוּ חֲלוֹם וַיֹּאמֶר הִנֵּה חֲלוֹם חָלַמְתִּי וְהִנֵּה צלול לֶחֶם צְלִיל
שְׂעֹרִים מִתְהַפֵּךְ בְּמַחֲנֵה מִדְיָן וַיָּבֹא עַד־הָאֹהֶל וַיַּכֵּהוּ וַיִּפֹּל
יד וַיְהַפְּכֵהוּ לְמַעְלָה וְנָפַל הָאֹהֶל׃ וַיַּעַן רֵעֵהוּ וַיֹּאמֶר אֵין זֹאת
בִּלְתִּי אִם־חֶרֶב גִּדְעוֹן בֶּן־יוֹאָשׁ אִישׁ יִשְׂרָאֵל נָתַן הָאֱלֹהִים
טו בְּיָדוֹ אֶת־מִדְיָן וְאֶת־כָּל־הַמַּחֲנֶה׃ וַיְהִי כִשְׁמֹעַ
גִדְעוֹן אֶת־מִסְפַּר הַחֲלוֹם וְאֶת־שִׁבְרוֹ וַיִּשְׁתָּחוּ וַיָּשָׁב אֶל־
מַחֲנֵה יִשְׂרָאֵל וַיֹּאמֶר קוּמוּ כִּי־נָתַן יְהוָה בְּיֶדְכֶם אֶת־מַחֲנֵה
טז מִדְיָן׃ וַיַּחַץ אֶת־שְׁלֹשׁ־מֵאוֹת הָאִישׁ שְׁלֹשָׁה רָאשִׁים וַיִּתֵּן
יז שׁוֹפָרוֹת בְּיַד־כֻּלָּם וְכַדִּים רֵקִים וְלַפִּדִים בְּתוֹךְ הַכַּדִּים׃ וַיֹּאמֶר
אֲלֵיהֶם מִמֶּנִּי תִרְאוּ וְכֵן תַּעֲשׂוּ וְהִנֵּה אָנֹכִי בָא בִּקְצֵה הַמַּחֲנֶה
יח וְהָיָה כַאֲשֶׁר אֶעֱשֶׂה כֵּן תַּעֲשׂוּן׃ וְתָקַעְתִּי בַּשּׁוֹפָר אָנֹכִי וְכָל־
אֲשֶׁר אִתִּי וּתְקַעְתֶּם בַּשּׁוֹפָרוֹת גַּם־אַתֶּם סְבִיבוֹת כָּל־הַמַּחֲנֶה
יט וַאֲמַרְתֶּם לַיהוָה וּלְגִדְעוֹן׃ וַיָּבֹא גִדְעוֹן וּמֵאָה־
אִישׁ אֲשֶׁר־אִתּוֹ בִּקְצֵה הַמַּחֲנֶה רֹאשׁ הָאַשְׁמֹרֶת הַתִּיכוֹנָה אַךְ
הָקֵם הֵקִימוּ אֶת־הַשֹּׁמְרִים וַיִּתְקְעוּ בַּשּׁוֹפָרוֹת וְנָפוֹץ הַכַּדִּים
כ אֲשֶׁר בְּיָדָם׃ וַיִּתְקְעוּ שְׁלֹשֶׁת הָרָאשִׁים בַּשּׁוֹפָרוֹת וַיִּשְׁבְּרוּ
הַכַּדִּים וַיַּחֲזִיקוּ בְיַד־שְׂמֹאולָם בַּלַּפִּדִים וּבְיַד־יְמִינָם הַשּׁוֹפָרוֹת
כא לִתְקוֹעַ וַיִּקְרְאוּ חֶרֶב לַיהוָה וּלְגִדְעוֹן׃ וַיַּעַמְדוּ אִישׁ תַּחְתָּיו
כב סָבִיב לַמַּחֲנֶה וַיָּרָץ כָּל־הַמַּחֲנֶה וַיָּרִיעוּ וינִיסו׃ וַיִּתְקְעוּ שְׁלֹשׁ־ וַיָּנוּסוּ
מֵאוֹת הַשּׁוֹפָרוֹת וַיָּשֶׂם יְהוָה אֵת חֶרֶב אִישׁ בְּרֵעֵהוּ וּבְכָל־
הַמַּחֲנֶה וַיָּנָס הַמַּחֲנֶה עַד־בֵּית הַשִּׁטָּה צְרֵרָתָה עַד שְׂפַת־אָבֵל
כג מְחוֹלָה עַל־טַבָּת׃ וַיִּצָּעֵק אִישׁ־יִשְׂרָאֵל מִנַּפְתָּלִי וּמִן־אָשֵׁר
כד וּמִן־כָּל־מְנַשֶּׁה וַיִּרְדְּפוּ אַחֲרֵי מִדְיָן׃ וּמַלְאָכִים שָׁלַח גִּדְעוֹן
בְּכָל־הַר אֶפְרַיִם לֵאמֹר רְדוּ לִקְרַאת מִדְיָן וְלִכְדוּ לָהֶם אֶת־
הַמַּיִם עַד בֵּית בָּרָה וְאֶת־הַיַּרְדֵּן וַיִּצָּעֵק כָּל־אִישׁ אֶפְרַיִם
כה וַיִּלְכְּדוּ אֶת־הַמַּיִם עַד בֵּית בָּרָה וְאֶת־הַיַּרְדֵּן׃ וַיִּלְכְּדוּ שְׁנֵי־שָׂרֵי

מִדְיָן אֶת־עֹרֵב וְאֶת־זְאֵב וַיַּהַרְגוּ אֶת־עוֹרֵב בְּצוּר־עוֹרֵב וְאֶת־
זְאֵב הָרְגוּ בְיֶקֶב־זְאֵב וַיִּרְדְּפוּ אֶל־מִדְיָן וְרֹאשׁ־עֹרֵב וּזְאֵב
ח א הֵבִיאוּ אֶל־גִּדְעוֹן מֵעֵבֶר לַיַּרְדֵּן: וַיֹּאמְרוּ אֵלָיו אִישׁ אֶפְרַיִם
מָה־הַדָּבָר הַזֶּה עָשִׂיתָ לָּנוּ לְבִלְתִּי קְרֹאות לָנוּ כִּי הָלַכְתָּ
ב לְהִלָּחֵם בְּמִדְיָן וַיְרִיבוּן אִתּוֹ בְּחָזְקָה: וַיֹּאמֶר אֲלֵיהֶם מֶה־
עָשִׂיתִי עַתָּה כָּכֶם הֲלֹא טוֹב עֹלְלוֹת אֶפְרַיִם מִבְצִיר אֲבִיעֶזֶר:
ג בְּיֶדְכֶם נָתַן אֱלֹהִים אֶת־שָׂרֵי מִדְיָן אֶת־עֹרֵב וְאֶת־זְאֵב וּמַה־ ו
יָּכֹלְתִּי עֲשׂוֹת כָּכֶם אָז רָפְתָה רוּחָם מֵעָלָיו בְּדַבְּרוֹ הַדָּבָר הַזֶּה:
ד וַיָּבֹא גִדְעוֹן הַיַּרְדֵּנָה עֹבֵר הוּא וּשְׁלֹשׁ־מֵאוֹת הָאִישׁ אֲשֶׁר אִתּוֹ
ה עֲיֵפִים וְרֹדְפִים: וַיֹּאמֶר לְאַנְשֵׁי סֻכּוֹת תְּנוּ־נָא כִּכְּרוֹת לֶחֶם לָעָם
אֲשֶׁר בְּרַגְלָי כִּי־עֲיֵפִים הֵם וְאָנֹכִי רֹדֵף אַחֲרֵי זֶבַח וְצַלְמֻנָּע
ו מַלְכֵי מִדְיָן: וַיֹּאמֶר שָׂרֵי סֻכּוֹת הֲכַף זֶבַח וְצַלְמֻנָּע עַתָּה בְּיָדֶךָ
ז כִּי־נִתֵּן לִצְבָאֲךָ לָחֶם: וַיֹּאמֶר גִּדְעוֹן לָכֵן בְּתֵת יְהוָה אֶת־זֶבַח
וְאֶת־צַלְמֻנָּע בְּיָדִי וְדַשְׁתִּי אֶת־בְּשַׂרְכֶם אֶת־קוֹצֵי הַמִּדְבָּר
ח וְאֶת־הַבַּרְקָנִים: וַיַּעַל מִשָּׁם פְּנוּאֵל וַיְדַבֵּר אֲלֵיהֶם כָּזֹאת
ט וַיַּעֲנוּ אוֹתוֹ אַנְשֵׁי פְנוּאֵל כַּאֲשֶׁר עָנוּ אַנְשֵׁי סֻכּוֹת: וַיֹּאמֶר
גַּם־לְאַנְשֵׁי פְנוּאֵל לֵאמֹר בְּשׁוּבִי בְשָׁלוֹם אֶתֹּץ אֶת־הַמִּגְדָּל
י הַזֶּה: וְזֶבַח וְצַלְמֻנָּע בַּקַּרְקֹר וּמַחֲנֵיהֶם עִמָּם
כַּחֲמֵשֶׁת עָשָׂר אֶלֶף כֹּל הַנּוֹתָרִים מִכֹּל מַחֲנֵה בְנֵי־קֶדֶם
יא וְהַנֹּפְלִים מֵאָה וְעֶשְׂרִים אֶלֶף אִישׁ שֹׁלֵף חָרֶב: וַיַּעַל גִּדְעוֹן
דֶּרֶךְ הַשְּׁכוּנֵי בָאֳהָלִים מִקֶּדֶם לְנֹבַח וְיָגְבֳּהָה וַיַּךְ אֶת־הַמַּחֲנֶה
יב וְהַמַּחֲנֶה הָיָה בֶטַח: וַיָּנוּסוּ זֶבַח וְצַלְמֻנָּע וַיִּרְדֹּף אַחֲרֵיהֶם וַיִּלְכֹּד
אֶת־שְׁנֵי ׀ מַלְכֵי מִדְיָן אֶת־זֶבַח וְאֶת־צַלְמֻנָּע וְכָל־הַמַּחֲנֶה
יג הֶחֱרִיד: וַיָּשָׁב גִּדְעוֹן בֶּן־יוֹאָשׁ מִן־הַמִּלְחָמָה מִלְמַעֲלֵה הֶחָרֶס:
יד וַיִּלְכָּד־נַעַר מֵאַנְשֵׁי סֻכּוֹת וַיִּשְׁאָלֵהוּ וַיִּכְתֹּב אֵלָיו אֶת־שָׂרֵי
טו סֻכּוֹת וְאֶת־זְקֵנֶיהָ שִׁבְעִים וְשִׁבְעָה אִישׁ: וַיָּבֹא אֶל־אַנְשֵׁי סֻכּוֹת
וַיֹּאמֶר הִנֵּה זֶבַח וְצַלְמֻנָּע אֲשֶׁר חֵרַפְתֶּם אוֹתִי לֵאמֹר הֲכַף זֶבַח

טו וְצַלְמֻנָּע עַתָּה בְּיָדֶךָ כִּי נִתֵּן לַאֲנָשֶׁיךָ הַיְּעֵפִים לָחֶם: וַיִּקַּח אֶת־
זִקְנֵי הָעִיר וְאֶת־קוֹצֵי הַמִּדְבָּר וְאֶת־הַבַּרְקֳנִים וַיֹּדַע בָּהֶם אֵת
יז אַנְשֵׁי סֻכּוֹת: וְאֶת־מִגְדַּל פְּנוּאֵל נָתָץ וַיַּהֲרֹג אֶת־אַנְשֵׁי הָעִיר:
יח וַיֹּאמֶר אֶל־זֶבַח וְאֶל־צַלְמֻנָּע אֵיפֹה הָאֲנָשִׁים אֲשֶׁר הֲרַגְתֶּם
יט בְּתָבוֹר וַיֹּאמְרוּ כָּמוֹךָ כְמוֹהֶם אֶחָד כְּתֹאַר בְּנֵי הַמֶּלֶךְ: וַיֹּאמַר
אַחַי בְּנֵי־אִמִּי הֵם חַי־יְהוָה לוּ הַחֲיִתֶם אוֹתָם לֹא הָרַגְתִּי
כ אֶתְכֶם: וַיֹּאמֶר לְיֶתֶר בְּכוֹרוֹ קוּם הֲרֹג אוֹתָם וְלֹא־שָׁלַף
כא הַנַּעַר חַרְבּוֹ כִּי יָרֵא כִּי עוֹדֶנּוּ נָעַר: וַיֹּאמֶר זֶבַח וְצַלְמֻנָּע
קוּם אַתָּה וּפְגַע־בָּנוּ כִּי כָאִישׁ גְּבוּרָתוֹ וַיָּקָם גִּדְעוֹן וַיַּהֲרֹג
אֶת־זֶבַח וְאֶת־צַלְמֻנָּע וַיִּקַּח אֶת־הַשַּׂהֲרֹנִים אֲשֶׁר בְּצַוְּארֵי
כב גְּמַלֵּיהֶם: וַיֹּאמְרוּ אִישׁ־יִשְׂרָאֵל אֶל־גִּדְעוֹן
מְשָׁל־בָּנוּ גַּם־אַתָּה גַּם־בִּנְךָ גַּם בֶּן־בְּנֶךָ כִּי הוֹשַׁעְתָּנוּ מִיַּד
כג מִדְיָן: וַיֹּאמֶר אֲלֵהֶם גִּדְעוֹן לֹא־אֶמְשֹׁל אֲנִי בָּכֶם וְלֹא־יִמְשֹׁל
כד בְּנִי בָּכֶם יְהוָה יִמְשֹׁל בָּכֶם: וַיֹּאמֶר אֲלֵהֶם גִּדְעוֹן אֶשְׁאֲלָה
מִכֶּם שְׁאֵלָה וּתְנוּ־לִי אִישׁ נֶזֶם שְׁלָלוֹ כִּי־נִזְמֵי זָהָב לָהֶם כִּי
כה יִשְׁמְעֵאלִים הֵם: וַיֹּאמְרוּ נָתוֹן נִתֵּן וַיִּפְרְשׂוּ אֶת־הַשִּׂמְלָה
כו וַיַּשְׁלִיכוּ שָׁמָּה אִישׁ נֶזֶם שְׁלָלוֹ: וַיְהִי מִשְׁקַל נִזְמֵי הַזָּהָב אֲשֶׁר
שָׁאָל אֶלֶף וּשְׁבַע־מֵאוֹת זָהָב לְבַד מִן־הַשַּׂהֲרֹנִים וְהַנְּטִפוֹת
וּבִגְדֵי הָאַרְגָּמָן שֶׁעַל מַלְכֵי מִדְיָן וּלְבַד מִן־הָעֲנָקוֹת אֲשֶׁר
כז בְּצַוְּארֵי גְּמַלֵּיהֶם: וַיַּעַשׂ אוֹתוֹ גִדְעוֹן לְאֵפוֹד וַיַּצֵּג אוֹתוֹ בְעִירוֹ
בְּעָפְרָה וַיִּזְנוּ כָל־יִשְׂרָאֵל אַחֲרָיו שָׁם וַיְהִי לְגִדְעוֹן וּלְבֵיתוֹ
כח לְמוֹקֵשׁ: וַיִּכָּנַע מִדְיָן לִפְנֵי בְּנֵי יִשְׂרָאֵל וְלֹא יָסְפוּ לָשֵׂאת רֹאשָׁם
כט וַתִּשְׁקֹט הָאָרֶץ אַרְבָּעִים שָׁנָה בִּימֵי גִדְעוֹן: וַיֵּלֶךְ
ל יְרֻבַּעַל בֶּן־יוֹאָשׁ וַיֵּשֶׁב בְּבֵיתוֹ: וּלְגִדְעוֹן הָיוּ שִׁבְעִים בָּנִים יֹצְאֵי
לא יְרֵכוֹ כִּי־נָשִׁים רַבּוֹת הָיוּ לוֹ: וּפִילַגְשׁוֹ אֲשֶׁר בִּשְׁכֶם יָלְדָה־לּוֹ
לב גַם־הִיא בֵּן וַיָּשֶׂם אֶת־שְׁמוֹ אֲבִימֶלֶךְ: וַיָּמָת גִּדְעוֹן בֶּן־
יוֹאָשׁ בְּשֵׂיבָה טוֹבָה וַיִּקָּבֵר בְּקֶבֶר יוֹאָשׁ אָבִיו בְּעָפְרָה אֲבִי

לג הָעֶזְרִי: וַיְהִי כַּאֲשֶׁר מֵת גִּדְעוֹן וַיָּשׁוּבוּ בְּנֵי
יִשְׂרָאֵל וַיִּזְנוּ אַחֲרֵי הַבְּעָלִים וַיָּשִׂימוּ לָהֶם בַּעַל בְּרִית לֵאלֹהִים:
לד וְלֹא זָכְרוּ בְּנֵי יִשְׂרָאֵל אֶת־יְהוָה אֱלֹהֵיהֶם הַמַּצִּיל אוֹתָם מִיַּד
לה כָּל־אֹיְבֵיהֶם מִסָּבִיב: וְלֹא־עָשׂוּ חֶסֶד עִם־בֵּית יְרֻבַּעַל גִּדְעוֹן
ט א כְּכָל־הַטּוֹבָה אֲשֶׁר עָשָׂה עִם־יִשְׂרָאֵל: וַיֵּלֶךְ
אֲבִימֶלֶךְ בֶּן־יְרֻבַּעַל שְׁכֶמָה אֶל־אֲחֵי אִמּוֹ וַיְדַבֵּר אֲלֵיהֶם וְאֶל־
ב כָּל־מִשְׁפַּחַת בֵּית־אֲבִי אִמּוֹ לֵאמֹר: דַּבְּרוּ־נָא בְּאָזְנֵי כָל־בַּעֲלֵי
שְׁכֶם מַה־טּוֹב לָכֶם הֲמְשֹׁל בָּכֶם שִׁבְעִים אִישׁ כֹּל בְּנֵי יְרֻבַּעַל
אִם־מְשֹׁל בָּכֶם אִישׁ אֶחָד וּזְכַרְתֶּם כִּי־עַצְמְכֶם וּבְשַׂרְכֶם אָנִי:
ג וַיְדַבְּרוּ אֲחֵי־אִמּוֹ עָלָיו בְּאָזְנֵי כָּל־בַּעֲלֵי שְׁכֶם אֵת כָּל־הַדְּבָרִים
ד הָאֵלֶּה וַיֵּט לִבָּם אַחֲרֵי אֲבִימֶלֶךְ כִּי אָמְרוּ אָחִינוּ הוּא: וַיִּתְּנוּ־
לוֹ שִׁבְעִים כֶּסֶף מִבֵּית בַּעַל בְּרִית וַיִּשְׂכֹּר בָּהֶם אֲבִימֶלֶךְ
ה אֲנָשִׁים רֵיקִים וּפֹחֲזִים וַיֵּלְכוּ אַחֲרָיו: וַיָּבֹא בֵית־אָבִיו עָפְרָתָה
וַיַּהֲרֹג אֶת־אֶחָיו בְּנֵי־יְרֻבַּעַל שִׁבְעִים אִישׁ עַל־אֶבֶן אֶחָת וַיִּוָּתֵר
ו יוֹתָם בֶּן־יְרֻבַּעַל הַקָּטֹן כִּי נֶחְבָּא: וַיֵּאָסְפוּ כָּל־
בַּעֲלֵי שְׁכֶם וְכָל־בֵּית מִלּוֹא וַיֵּלְכוּ וַיַּמְלִיכוּ אֶת־אֲבִימֶלֶךְ
ז לְמֶלֶךְ עִם־אֵלוֹן מֻצָּב אֲשֶׁר בִּשְׁכֶם: וַיַּגִּדוּ לְיוֹתָם וַיֵּלֶךְ וַיַּעֲמֹד ז
בְּרֹאשׁ הַר־גְּרִזִּים וַיִּשָּׂא קוֹלוֹ וַיִּקְרָא וַיֹּאמֶר לָהֶם שִׁמְעוּ אֵלַי
ח בַּעֲלֵי שְׁכֶם וְיִשְׁמַע אֲלֵיכֶם אֱלֹהִים: הָלוֹךְ הָלְכוּ הָעֵצִים לִמְשֹׁחַ
ט עֲלֵיהֶם מֶלֶךְ וַיֹּאמְרוּ לַזַּיִת מלוכה עָלֵינוּ: וַיֹּאמֶר לָהֶם הַזַּיִת מָלְכָה
הֶחֳדַלְתִּי אֶת־דִּשְׁנִי אֲשֶׁר־בִּי יְכַבְּדוּ אֱלֹהִים וַאֲנָשִׁים וְהָלַכְתִּי
י לָנוּעַ עַל־הָעֵצִים: וַיֹּאמְרוּ הָעֵצִים לַתְּאֵנָה לְכִי־אַתְּ מָלְכִי
יא עָלֵינוּ: וַתֹּאמֶר לָהֶם הַתְּאֵנָה הֶחֳדַלְתִּי אֶת־מָתְקִי וְאֶת־
יב תְּנוּבָתִי הַטּוֹבָה וְהָלַכְתִּי לָנוּעַ עַל־הָעֵצִים: וַיֹּאמְרוּ הָעֵצִים
יג לַגֶּפֶן לְכִי־אַתְּ מלוכי עָלֵינוּ: וַתֹּאמֶר לָהֶם הַגֶּפֶן הֶחֳדַלְתִּי אֶת־ מָלְכִי
תִּירוֹשִׁי הַמְשַׂמֵּחַ אֱלֹהִים וַאֲנָשִׁים וְהָלַכְתִּי לָנוּעַ עַל־הָעֵצִים:
יד טו וַיֹּאמְרוּ כָל־הָעֵצִים אֶל־הָאָטָד לֵךְ אַתָּה מְלָךְ־עָלֵינוּ: וַיֹּאמֶר

הָאָטָד אֶל־הָעֵצִים אִם בֶּאֱמֶת אַתֶּם מֹשְׁחִים אֹתִי לְמֶלֶךְ
עֲלֵיכֶם בֹּאוּ חֲסוּ בְצִלִּי וְאִם־אַיִן תֵּצֵא אֵשׁ מִן־הָאָטָד וְתֹאכַל
אֶת־אַרְזֵי הַלְּבָנוֹן׃ וְעַתָּה אִם־בֶּאֱמֶת וּבְתָמִים עֲשִׂיתֶם טז
וַתַּמְלִיכוּ אֶת־אֲבִימֶלֶךְ וְאִם־טוֹבָה עֲשִׂיתֶם עִם־יְרֻבַּעַל וְעִם־
בֵּיתוֹ וְאִם־כִּגְמוּל יָדָיו עֲשִׂיתֶם לוֹ׃ אֲשֶׁר־נִלְחַם אָבִי עֲלֵיכֶם יז
וַיַּשְׁלֵךְ אֶת־נַפְשׁוֹ מִנֶּגֶד וַיַּצֵּל אֶתְכֶם מִיַּד מִדְיָן׃ וְאַתֶּם קַמְתֶּם יח
עַל־בֵּית אָבִי הַיּוֹם וַתַּהַרְגוּ אֶת־בָּנָיו שִׁבְעִים אִישׁ עַל־אֶבֶן
אֶחָת וַתַּמְלִיכוּ אֶת־אֲבִימֶלֶךְ בֶּן־אֲמָתוֹ עַל־בַּעֲלֵי שְׁכֶם כִּי
אֲחִיכֶם הוּא׃ וְאִם־בֶּאֱמֶת וּבְתָמִים עֲשִׂיתֶם עִם־יְרֻבַּעַל וְעִם־ יט
בֵּיתוֹ הַיּוֹם הַזֶּה שִׂמְחוּ בַּאֲבִימֶלֶךְ וְיִשְׂמַח גַּם־הוּא בָּכֶם׃ וְאִם־ כ
אַיִן תֵּצֵא אֵשׁ מֵאֲבִימֶלֶךְ וְתֹאכַל אֶת־בַּעֲלֵי שְׁכֶם וְאֶת־בֵּית
מִלּוֹא וְתֵצֵא אֵשׁ מִבַּעֲלֵי שְׁכֶם וּמִבֵּית מִלּוֹא וְתֹאכַל אֶת־
אֲבִימֶלֶךְ׃ וַיָּנָס יוֹתָם וַיִּבְרַח וַיֵּלֶךְ בְּאֵרָה וַיֵּשֶׁב שָׁם מִפְּנֵי כא
אֲבִימֶלֶךְ אָחִיו׃ וַיָּשַׂר אֲבִימֶלֶךְ עַל־יִשְׂרָאֵל כב
שָׁלֹשׁ שָׁנִים׃ וַיִּשְׁלַח אֱלֹהִים רוּחַ רָעָה בֵּין אֲבִימֶלֶךְ וּבֵין בַּעֲלֵי כג
שְׁכֶם וַיִּבְגְּדוּ בַעֲלֵי־שְׁכֶם בַּאֲבִימֶלֶךְ׃ לָבוֹא חֲמַס שִׁבְעִים כד
בְּנֵי־יְרֻבָּעַל וְדָמָם לָשׂוּם עַל־אֲבִימֶלֶךְ אֲחִיהֶם אֲשֶׁר הָרַג אוֹתָם
וְעַל בַּעֲלֵי שְׁכֶם אֲשֶׁר־חִזְּקוּ אֶת־יָדָיו לַהֲרֹג אֶת־אֶחָיו׃ וַיָּשִׂימוּ כה
לוֹ בַעֲלֵי שְׁכֶם מְאָרְבִים עַל רָאשֵׁי הֶהָרִים וַיִּגְזְלוּ אֵת כָּל־
אֲשֶׁר־יַעֲבֹר עֲלֵיהֶם בַּדָּרֶךְ וַיֻּגַּד לַאֲבִימֶלֶךְ׃ וַיָּבֹא כו
גַּעַל בֶּן־עֶבֶד וְאֶחָיו וַיַּעַבְרוּ בִּשְׁכֶם וַיִּבְטְחוּ־בוֹ בַּעֲלֵי שְׁכֶם׃
וַיֵּצְאוּ הַשָּׂדֶה וַיִּבְצְרוּ אֶת־כַּרְמֵיהֶם וַיִּדְרְכוּ וַיַּעֲשׂוּ הִלּוּלִים כז
וַיָּבֹאוּ בֵּית אֱלֹהֵיהֶם וַיֹּאכְלוּ וַיִּשְׁתּוּ וַיְקַלְלוּ אֶת־אֲבִימֶלֶךְ׃
וַיֹּאמֶר ׀ גַּעַל בֶּן־עֶבֶד מִי־אֲבִימֶלֶךְ וּמִי־שְׁכֶם כִּי נַעַבְדֶנּוּ הֲלֹא כח
בֶן־יְרֻבַּעַל וּזְבֻל פְּקִידוֹ עִבְדוּ אֶת־אַנְשֵׁי חֲמוֹר אֲבִי שְׁכֶם
וּמַדּוּעַ נַעַבְדֶנּוּ אֲנָחְנוּ׃ וּמִי יִתֵּן אֶת־הָעָם הַזֶּה בְּיָדִי וְאָסִירָה כט
אֶת־אֲבִימֶלֶךְ וַיֹּאמֶר לַאֲבִימֶלֶךְ רַבֶּה צְבָאֲךָ וָצֵאָה׃ וַיִּשְׁמַע ל

לא זְבֻל שַׂר הָעִיר אֶת־דִּבְרֵי גַּעַל בֶּן־עָבֶד וַיִּחַר אַפּוֹ׃ וַיִּשְׁלַח
מַלְאָכִים אֶל־אֲבִימֶלֶךְ בְּתָרְמָה לֵאמֹר הִנֵּה גַעַל בֶּן־עֶבֶד
לב וְאֶחָיו בָּאִים שְׁכֶמָה וְהִנָּם צָרִים אֶת־הָעִיר עָלֶיךָ׃ וְעַתָּה קוּם
לג לַיְלָה אַתָּה וְהָעָם אֲשֶׁר־אִתָּךְ וֶאֱרֹב בַּשָּׂדֶה׃ וְהָיָה בַבֹּקֶר
כִּזְרֹחַ הַשֶּׁמֶשׁ תַּשְׁכִּים וּפָשַׁטְתָּ עַל־הָעִיר וְהִנֵּה־הוּא וְהָעָם
לד אֲשֶׁר־אִתּוֹ יֹצְאִים אֵלֶיךָ וְעָשִׂיתָ לּוֹ כַּאֲשֶׁר תִּמְצָא יָדֶךָ׃ וַיָּקָם
אֲבִימֶלֶךְ וְכָל־הָעָם אֲשֶׁר־עִמּוֹ לָיְלָה וַיֶּאֶרְבוּ עַל־שְׁכֶם
לה אַרְבָּעָה רָאשִׁים׃ וַיֵּצֵא גַּעַל בֶּן־עֶבֶד וַיַּעֲמֹד פֶּתַח שַׁעַר הָעִיר
לו וַיָּקָם אֲבִימֶלֶךְ וְהָעָם אֲשֶׁר־אִתּוֹ מִן־הַמַּאְרָב׃ וַיַּרְא־גַעַל אֶת־
הָעָם וַיֹּאמֶר אֶל־זְבֻל הִנֵּה־עָם יוֹרֵד מֵרָאשֵׁי הֶהָרִים וַיֹּאמֶר
לז אֵלָיו זְבֻל אֵת צֵל הֶהָרִים אַתָּה רֹאֶה כָּאֲנָשִׁים׃ וַיֹּסֶף עוֹד
גַּעַל לְדַבֵּר וַיֹּאמֶר הִנֵּה־עָם יוֹרְדִים מֵעִם טַבּוּר הָאָרֶץ וְרֹאשׁ־
לח אֶחָד בָּא מִדֶּרֶךְ אֵלוֹן מְעוֹנְנִים׃ וַיֹּאמֶר אֵלָיו זְבֻל אַיֵּה אֵפוֹא
פִיךָ אֲשֶׁר תֹּאמַר מִי אֲבִימֶלֶךְ כִּי נַעַבְדֶנּוּ הֲלֹא זֶה הָעָם אֲשֶׁר־
לט מָאַסְתָּה בּוֹ צֵא־נָא עַתָּה וְהִלָּחֶם בּוֹ׃ וַיֵּצֵא גַעַל לִפְנֵי בַּעֲלֵי
מ שְׁכֶם וַיִּלָּחֶם בַּאֲבִימֶלֶךְ׃ וַיִּרְדְּפֵהוּ אֲבִימֶלֶךְ וַיָּנָס מִפָּנָיו וַיִּפְּלוּ
מא חֲלָלִים רַבִּים עַד־פֶּתַח הַשָּׁעַר׃ וַיֵּשֶׁב אֲבִימֶלֶךְ בָּארוּמָה וַיְגָרֶשׁ
מב זְבֻל אֶת־גַּעַל וְאֶת־אֶחָיו מִשֶּׁבֶת בִּשְׁכֶם׃ וַיְהִי
מג מִמָּחֳרָת וַיֵּצֵא הָעָם הַשָּׂדֶה וַיַּגִּדוּ לַאֲבִימֶלֶךְ׃ וַיִּקַּח אֶת־הָעָם
וַיֶּחֱצֵם לִשְׁלֹשָׁה רָאשִׁים וַיֶּאֱרֹב בַּשָּׂדֶה וַיַּרְא וְהִנֵּה הָעָם יֹצֵא
מד מִן־הָעִיר וַיָּקָם עֲלֵיהֶם וַיַּכֵּם׃ וַאֲבִימֶלֶךְ וְהָרָאשִׁים אֲשֶׁר עִמּוֹ
פָּשְׁטוּ וַיַּעַמְדוּ פֶּתַח שַׁעַר הָעִיר וּשְׁנֵי הָרָאשִׁים פָּשְׁטוּ עַל־כָּל־
מה אֲשֶׁר בַּשָּׂדֶה וַיַּכּוּם׃ וַאֲבִימֶלֶךְ נִלְחָם בָּעִיר כֹּל הַיּוֹם הַהוּא
וַיִּלְכֹּד אֶת־הָעִיר וְאֶת־הָעָם אֲשֶׁר־בָּהּ הָרָג וַיִּתֹּץ אֶת־הָעִיר
מו וַיִּזְרָעֶהָ מֶלַח׃ וַיִּשְׁמְעוּ כָּל־בַּעֲלֵי מִגְדַּל־שְׁכֶם
מז וַיָּבֹאוּ אֶל־צְרִיחַ בֵּית אֵל בְּרִית׃ וַיֻּגַּד לַאֲבִימֶלֶךְ כִּי הִתְקַבְּצוּ
מח כָּל־בַּעֲלֵי מִגְדַּל־שְׁכֶם׃ וַיַּעַל אֲבִימֶלֶךְ הַר־צַלְמוֹן הוּא וְכָל־

הָעָם אֲשֶׁר־אִתּוֹ וַיִּקַּח אֲבִימֶלֶךְ אֶת־הַקַּרְדֻּמּוֹת בְּיָדוֹ וַיִּכְרֹת
שׂוֹכַת עֵצִים וַיִּשָּׂאֶהָ וַיָּשֶׂם עַל־שִׁכְמוֹ וַיֹּאמֶר אֶל־הָעָם אֲשֶׁר־
עִמּוֹ מָה רְאִיתֶם עָשִׂיתִי מַהֲרוּ עֲשׂוּ כָמוֹנִי׃ וַיִּכְרְתוּ גַם־כָּל־ מט
הָעָם אִישׁ שׂוֹכֹה וַיֵּלְכוּ אַחֲרֵי אֲבִימֶלֶךְ וַיָּשִׂימוּ עַל־הַצְּרִיחַ
וַיַּצִּיתוּ עֲלֵיהֶם אֶת־הַצְּרִיחַ בָּאֵשׁ וַיָּמֻתוּ גַּם כָּל־אַנְשֵׁי מִגְדַּל־
שְׁכֶם כְּאֶלֶף אִישׁ וְאִשָּׁה׃ וַיֵּלֶךְ אֲבִימֶלֶךְ אֶל־ נ
תֵּבֵץ וַיִּחַן בְּתֵבֵץ וַיִּלְכְּדָהּ׃ וּמִגְדַּל־עֹז הָיָה בְתוֹךְ־הָעִיר וַיָּנֻסוּ נא
שָׁמָּה כָּל־הָאֲנָשִׁים וְהַנָּשִׁים וְכֹל בַּעֲלֵי הָעִיר וַיִּסְגְּרוּ בַּעֲדָם
וַיַּעֲלוּ עַל־גַּג הַמִּגְדָּל׃ וַיָּבֹא אֲבִימֶלֶךְ עַד־הַמִּגְדָּל וַיִּלָּחֶם בּוֹ נב
וַיִּגַּשׁ עַד־פֶּתַח הַמִּגְדָּל לְשָׂרְפוֹ בָאֵשׁ׃ וַתַּשְׁלֵךְ אִשָּׁה אַחַת פֶּלַח נג
רֶכֶב עַל־רֹאשׁ אֲבִימֶלֶךְ וַתָּרִץ אֶת־גֻּלְגָּלְתּוֹ׃ וַיִּקְרָא מְהֵרָה נד
אֶל־הַנַּעַר ׀ נֹשֵׂא כֵלָיו וַיֹּאמֶר לוֹ שְׁלֹף חַרְבְּךָ וּמוֹתְתֵנִי פֶּן־
יֹאמְרוּ לִי אִשָּׁה הֲרָגָתְהוּ וַיִּדְקְרֵהוּ נַעֲרוֹ וַיָּמֹת׃ וַיִּרְאוּ אִישׁ־ נה
יִשְׂרָאֵל כִּי מֵת אֲבִימֶלֶךְ וַיֵּלְכוּ אִישׁ לִמְקֹמוֹ׃ וַיָּשֶׁב אֱלֹהִים אֵת נו
רָעַת אֲבִימֶלֶךְ אֲשֶׁר עָשָׂה לְאָבִיו לַהֲרֹג אֶת־שִׁבְעִים אֶחָיו׃
וְאֵת כָּל־רָעַת אַנְשֵׁי שְׁכֶם הֵשִׁיב אֱלֹהִים בְּרֹאשָׁם וַתָּבֹא נז
ח אֲלֵיהֶם קִלְלַת יוֹתָם בֶּן־יְרֻבָּעַל׃ וַיָּקָם אַחֲרֵי י א
אֲבִימֶלֶךְ לְהוֹשִׁיעַ אֶת־יִשְׂרָאֵל תּוֹלָע בֶּן־פּוּאָה בֶּן־דּוֹדוֹ אִישׁ
יִשָּׂשכָר וְהוּא־יֹשֵׁב בְּשָׁמִיר בְּהַר אֶפְרָיִם׃ וַיִּשְׁפֹּט אֶת־יִשְׂרָאֵל ב
עֶשְׂרִים וְשָׁלֹשׁ שָׁנָה וַיָּמָת וַיִּקָּבֵר בְּשָׁמִיר׃ וַיָּקָם ג
אַחֲרָיו יָאִיר הַגִּלְעָדִי וַיִּשְׁפֹּט אֶת־יִשְׂרָאֵל עֶשְׂרִים וּשְׁתַּיִם
שָׁנָה׃ וַיְהִי־לוֹ שְׁלֹשִׁים בָּנִים רֹכְבִים עַל־שְׁלֹשִׁים עֲיָרִים ד
וּשְׁלֹשִׁים עֲיָרִים לָהֶם לָהֶם יִקְרְאוּ ׀ חַוֺּת יָאִיר עַד הַיּוֹם הַזֶּה
אֲשֶׁר בְּאֶרֶץ הַגִּלְעָד׃ וַיָּמָת יָאִיר וַיִּקָּבֵר בְּקָמוֹן׃ ה
וַיֹּסִפוּ ׀ בְּנֵי יִשְׂרָאֵל לַעֲשׂוֹת הָרַע בְּעֵינֵי יהוה וַיַּעַבְדוּ אֶת־ ו
הַבְּעָלִים וְאֶת־הָעַשְׁתָּרוֹת וְאֶת־אֱלֹהֵי אֲרָם וְאֶת־אֱלֹהֵי צִידוֹן
וְאֵת ׀ אֱלֹהֵי מוֹאָב וְאֵת אֱלֹהֵי בְנֵי־עַמּוֹן וְאֵת אֱלֹהֵי פְלִשְׁתִּים

ז וַיַּעַזְבוּ אֶת־יְהוָה וְלֹא עֲבָדוּהוּ׃ וַיִּחַר־אַף יְהוָה בְּיִשְׂרָאֵל
ח וַיִּמְכְּרֵם בְּיַד־פְּלִשְׁתִּים וּבְיַד בְּנֵי עַמּוֹן׃ וַיִּרְעֲצוּ וַיְרֹצְצוּ אֶת־
בְּנֵי יִשְׂרָאֵל בַּשָּׁנָה הַהִיא שְׁמֹנֶה עֶשְׂרֵה שָׁנָה אֶת־כָּל־בְּנֵי
יִשְׂרָאֵל אֲשֶׁר בְּעֵבֶר הַיַּרְדֵּן בְּאֶרֶץ הָאֱמֹרִי אֲשֶׁר בַּגִּלְעָד׃
ט וַיַּעַבְרוּ בְנֵי־עַמּוֹן אֶת־הַיַּרְדֵּן לְהִלָּחֵם גַּם־בִּיהוּדָה וּבְבִנְיָמִין
י וּבְבֵית אֶפְרָיִם וַתֵּצֶר לְיִשְׂרָאֵל מְאֹד׃ וַיִּזְעֲקוּ בְּנֵי יִשְׂרָאֵל
אֶל־יְהוָה לֵאמֹר חָטָאנוּ לָךְ וְכִי עָזַבְנוּ אֶת־אֱלֹהֵינוּ וַנַּעֲבֹד
יא אֶת־הַבְּעָלִים׃ וַיֹּאמֶר יְהוָה אֶל־בְּנֵי יִשְׂרָאֵל הֲלֹא
יב מִמִּצְרַיִם וּמִן־הָאֱמֹרִי וּמִן־בְּנֵי עַמּוֹן וּמִן־פְּלִשְׁתִּים׃ וְצִידוֹנִים
וַעֲמָלֵק וּמָעוֹן לָחֲצוּ אֶתְכֶם וַתִּצְעֲקוּ אֵלַי וָאוֹשִׁיעָה אֶתְכֶם
יג מִיָּדָם׃ וְאַתֶּם עֲזַבְתֶּם אוֹתִי וַתַּעַבְדוּ אֱלֹהִים אֲחֵרִים לָכֵן לֹא־
יד אוֹסִיף לְהוֹשִׁיעַ אֶתְכֶם׃ לְכוּ וְזַעֲקוּ אֶל־הָאֱלֹהִים אֲשֶׁר בְּחַרְתֶּם
טו בָּם הֵמָּה יוֹשִׁיעוּ לָכֶם בְּעֵת צָרַתְכֶם׃ וַיֹּאמְרוּ בְנֵי־יִשְׂרָאֵל אֶל־
יְהוָה חָטָאנוּ עֲשֵׂה־אַתָּה לָנוּ כְּכָל־הַטּוֹב בְּעֵינֶיךָ אַךְ הַצִּילֵנוּ
טז נָא הַיּוֹם הַזֶּה׃ וַיָּסִירוּ אֶת־אֱלֹהֵי הַנֵּכָר מִקִּרְבָּם וַיַּעַבְדוּ אֶת־
יז יְהוָה וַתִּקְצַר נַפְשׁוֹ בַּעֲמַל יִשְׂרָאֵל׃ וַיִּצָּעֲקוּ בְּנֵי עַמּוֹן
יח וַיַּחֲנוּ בַּגִּלְעָד וַיֵּאָסְפוּ בְּנֵי יִשְׂרָאֵל וַיַּחֲנוּ בַּמִּצְפָּה׃ וַיֹּאמְרוּ
הָעָם שָׂרֵי גִלְעָד אִישׁ אֶל־רֵעֵהוּ מִי הָאִישׁ אֲשֶׁר יָחֵל לְהִלָּחֵם
יא א בִּבְנֵי עַמּוֹן יִהְיֶה לְרֹאשׁ לְכֹל יֹשְׁבֵי גִלְעָד׃ וְיִפְתָּח
הַגִּלְעָדִי הָיָה גִּבּוֹר חַיִל וְהוּא בֶּן־אִשָּׁה זוֹנָה וַיּוֹלֶד גִּלְעָד אֶת־
ב יִפְתָּח׃ וַתֵּלֶד אֵשֶׁת־גִּלְעָד לוֹ בָּנִים וַיִּגְדְּלוּ בְנֵי־הָאִשָּׁה וַיְגָרְשׁוּ
אֶת־יִפְתָּח וַיֹּאמְרוּ לוֹ לֹא־תִנְחַל בְּבֵית־אָבִינוּ כִּי בֶּן־אִשָּׁה
ג אַחֶרֶת אָתָּה׃ וַיִּבְרַח יִפְתָּח מִפְּנֵי אֶחָיו וַיֵּשֶׁב בְּאֶרֶץ טוֹב וַיִּתְלַקְּטוּ
ד אֶל־יִפְתָּח אֲנָשִׁים רֵיקִים וַיֵּצְאוּ עִמּוֹ׃ וַיְהִי
ה מִיָּמִים וַיִּלָּחֲמוּ בְנֵי־עַמּוֹן עִם־יִשְׂרָאֵל׃ וַיְהִי כַּאֲשֶׁר־נִלְחֲמוּ
בְנֵי־עַמּוֹן עִם־יִשְׂרָאֵל וַיֵּלְכוּ זִקְנֵי גִלְעָד לָקַחַת אֶת־יִפְתָּח
ו מֵאֶרֶץ טוֹב׃ וַיֹּאמְרוּ לְיִפְתָּח לְכָה וְהָיִיתָה לָּנוּ לְקָצִין וְנִלָּחֲמָה

ז בִּבְנֵי עַמּוֹן: וַיֹּאמֶר יִפְתָּח לְזִקְנֵי גִלְעָד הֲלֹא אַתֶּם שְׂנֵאתֶם
אוֹתִי וַתְּגָרְשׁוּנִי מִבֵּית אָבִי וּמַדּוּעַ בָּאתֶם אֵלַי עַתָּה כַּאֲשֶׁר
ח צַר לָכֶם: וַיֹּאמְרוּ זִקְנֵי גִלְעָד אֶל־יִפְתָּח לָכֵן עַתָּה שַׁבְנוּ אֵלֶיךָ
וְהָלַכְתָּ עִמָּנוּ וְנִלְחַמְתָּ בִּבְנֵי עַמּוֹן וְהָיִיתָ לָּנוּ לְרֹאשׁ לְכֹל יֹשְׁבֵי
ט גִלְעָד: וַיֹּאמֶר יִפְתָּח אֶל־זִקְנֵי גִלְעָד אִם־מְשִׁיבִים אַתֶּם אוֹתִי
לְהִלָּחֵם בִּבְנֵי עַמּוֹן וְנָתַן יהוה אוֹתָם לְפָנָי אָנֹכִי אֶהְיֶה לָכֶם
י לְרֹאשׁ: וַיֹּאמְרוּ זִקְנֵי־גִלְעָד אֶל־יִפְתָּח יהוה יִהְיֶה שֹׁמֵעַ
יא בֵּינוֹתֵינוּ אִם־לֹא כִדְבָרְךָ כֵּן נַעֲשֶׂה: וַיֵּלֶךְ יִפְתָּח עִם־זִקְנֵי
גִלְעָד וַיָּשִׂימוּ הָעָם אוֹתוֹ עֲלֵיהֶם לְרֹאשׁ וּלְקָצִין וַיְדַבֵּר יִפְתָּח
יב אֶת־כָּל־דְּבָרָיו לִפְנֵי יהוה בַּמִּצְפָּה: וַיִּשְׁלַח
יִפְתָּח מַלְאָכִים אֶל־מֶלֶךְ בְּנֵי־עַמּוֹן לֵאמֹר מַה־לִּי וָלָךְ כִּי־
יג בָאתָ אֵלַי לְהִלָּחֵם בְּאַרְצִי: וַיֹּאמֶר מֶלֶךְ בְּנֵי־עַמּוֹן אֶל־מַלְאֲכֵי
יִפְתָּח כִּי־לָקַח יִשְׂרָאֵל אֶת־אַרְצִי בַּעֲלוֹתוֹ מִמִּצְרַיִם מֵאַרְנוֹן
יד וְעַד־הַיַּבֹּק וְעַד־הַיַּרְדֵּן וְעַתָּה הָשִׁיבָה אֶתְהֶן בְּשָׁלוֹם: וַיּוֹסֶף
טו עוֹד יִפְתָּח וַיִּשְׁלַח מַלְאָכִים אֶל־מֶלֶךְ בְּנֵי עַמּוֹן: וַיֹּאמֶר לוֹ
כֹּה אָמַר יִפְתָּח לֹא־לָקַח יִשְׂרָאֵל אֶת־אֶרֶץ מוֹאָב וְאֶת־אֶרֶץ
טז בְּנֵי עַמּוֹן: כִּי בַּעֲלוֹתָם מִמִּצְרָיִם וַיֵּלֶךְ יִשְׂרָאֵל בַּמִּדְבָּר עַד־
יז יַם־סוּף וַיָּבֹא קָדֵשָׁה: וַיִּשְׁלַח יִשְׂרָאֵל מַלְאָכִים ׀ אֶל־מֶלֶךְ
אֱדוֹם לֵאמֹר אֶעְבְּרָה־נָּא בְאַרְצֶךָ וְלֹא שָׁמַע מֶלֶךְ אֱדוֹם וְגַם
יח אֶל־מֶלֶךְ מוֹאָב שָׁלַח וְלֹא אָבָה וַיֵּשֶׁב יִשְׂרָאֵל בְּקָדֵשׁ: וַיֵּלֶךְ
בַּמִּדְבָּר וַיָּסָב אֶת־אֶרֶץ אֱדוֹם וְאֶת־אֶרֶץ מוֹאָב וַיָּבֹא מִמִּזְרַח־
שֶׁמֶשׁ לְאֶרֶץ מוֹאָב וַיַּחֲנוּן בְּעֵבֶר אַרְנוֹן וְלֹא־בָאוּ בִּגְבוּל מוֹאָב
יט כִּי אַרְנוֹן גְּבוּל מוֹאָב: וַיִּשְׁלַח יִשְׂרָאֵל מַלְאָכִים אֶל־סִיחוֹן
מֶלֶךְ־הָאֱמֹרִי מֶלֶךְ חֶשְׁבּוֹן וַיֹּאמֶר לוֹ יִשְׂרָאֵל נַעְבְּרָה־נָּא
כ בְאַרְצְךָ עַד־מְקוֹמִי: וְלֹא־הֶאֱמִין סִיחוֹן אֶת־יִשְׂרָאֵל עֲבֹר
בִּגְבֻלוֹ וַיֶּאֱסֹף סִיחוֹן אֶת־כָּל־עַמּוֹ וַיַּחֲנוּ בְּיָהְצָה וַיִּלָּחֶם עִם־
כא יִשְׂרָאֵל: וַיִּתֵּן יהוה אֱלֹהֵי־יִשְׂרָאֵל אֶת־סִיחוֹן וְאֶת־כָּל־עַמּוֹ

בְּיַ֣ד יִשְׂרָאֵ֔ל וַיַּכּ֑וּם וַיִּירַ֣שׁ יִשְׂרָאֵ֗ל אֵ֚ת כָּל־אֶ֣רֶץ הָאֱמֹרִ֔י יוֹשֵׁ֖ב
הָאָ֥רֶץ הַהִֽיא: וַיִּ֣ירְשׁ֔וּ אֵ֖ת כָּל־גְּב֣וּל הָאֱמֹרִ֑י מֵאַרְנוֹן֙ וְעַד־הַיַּבֹּ֔ק   כב
וּמִן־הַמִּדְבָּ֖ר וְעַד־הַיַּרְדֵּ֑ן: וְעַתָּ֞ה יְהֹוָ֣ה ׀ אֱלֹהֵ֣י יִשְׂרָאֵ֗ל הוֹרִישׁ֙   כג
אֶת־הָ֣אֱמֹרִ֔י מִפְּנֵ֖י עַמּ֣וֹ יִשְׂרָאֵ֑ל וְאַתָּ֖ה תִּֽירָשֶֽׁנּוּ: הֲלֹ֞א אֵ֣ת אֲשֶׁ֧ר   כד
יֽוֹרִֽישְׁךָ֛ כְּמ֥וֹשׁ אֱלֹהֶ֖יךָ אוֹת֣וֹ תִירָ֑שׁ וְאֵת֩ כָּל־אֲשֶׁ֨ר הוֹרִ֜ישׁ יְהֹוָ֧ה
אֱלֹהֵ֛ינוּ מִפָּנֵ֖ינוּ אוֹת֥וֹ נִירָֽשׁ: וְעַתָּ֗ה הֲט֥וֹב טוֹב֙ אַתָּ֔ה מִבָּלָ֖ק בֶּן־   כה
צִפּ֑וֹר מֶ֣לֶךְ מוֹאָ֑ב הֲר֥וֹב רָב֙ עִם־יִשְׂרָאֵ֔ל אִם־נִלְחֹ֥ם נִלְחַ֖ם בָּֽם:
בְּשֶׁ֣בֶת יִ֠שְׂרָאֵ֠ל בְּחֶשְׁבּ֨וֹן וּבִבְנוֹתֶ֜יהָ וּבְעַרְע֣וֹר וּבִבְנוֹתֶ֗יהָ וּבְכָל־   כו
הֶֽעָרִים֙ אֲשֶׁר֙ עַל־יְדֵ֣י אַרְנ֔וֹן שְׁלֹ֥שׁ מֵא֖וֹת שָׁנָ֑ה וּמַדּ֖וּעַ לֹֽא־
הִצַּלְתֶּ֖ם בָּעֵ֥ת הַהִֽיא: וְאָֽנֹכִי֙ לֹֽא־חָטָ֣אתִי לָ֔ךְ וְאַתָּ֞ה עֹשֶׂ֤ה אִתִּי֙   כז
רָעָ֔ה לְהִלָּ֖חֶם בִּ֑י יִשְׁפֹּ֨ט יְהֹוָ֤ה הַשֹּׁפֵט֙ הַיּ֔וֹם בֵּ֚ין בְּנֵ֣י יִשְׂרָאֵ֔ל וּבֵ֖ין
בְּנֵ֣י עַמּֽוֹן: וְלֹ֣א שָׁמַ֔ע מֶ֖לֶךְ בְּנֵ֣י עַמּ֑וֹן אֶל־דִּבְרֵ֣י יִפְתָּ֔ח אֲשֶׁ֥ר   כח
שָׁלַ֖ח אֵלָֽיו: וַתְּהִ֤י עַל־יִפְתָּח֙ ר֣וּחַ יְהֹוָ֔ה וַיַּעֲבֹ֥ר   כט
אֶת־הַגִּלְעָ֖ד וְאֶת־מְנַשֶּׁ֑ה וַֽיַּעֲבֹר֙ אֶת־מִצְפֵּ֣ה גִלְעָ֔ד וּמִמִּצְפֵּ֣ה
גִלְעָ֔ד עָבַ֖ר בְּנֵ֥י עַמּֽוֹן: וַיִּדַּ֨ר יִפְתָּ֥ח נֶ֛דֶר לַֽיהֹוָ֖ה וַיֹּאמַ֑ר אִם־   ל
נָת֥וֹן תִּתֵּ֛ן אֶת־בְּנֵ֥י עַמּ֖וֹן בְּיָדִֽי: וְהָיָ֣ה הַיּוֹצֵ֗א אֲשֶׁ֨ר יֵצֵ֜א   לא
מִדַּלְתֵ֤י בֵיתִי֙ לִקְרָאתִ֔י בְּשׁוּבִ֥י בְשָׁל֖וֹם מִבְּנֵ֣י עַמּ֑וֹן וְהָיָה֙
לַֽיהֹוָ֔ה וְהַעֲלִיתִ֖הוּ עוֹלָֽה:

וַיַּעֲבֹ֥ר יִפְתָּ֛ח אֶל־בְּנֵ֥י עַמּ֖וֹן לְהִלָּ֣חֶם בָּ֑ם וַיִּתְּנֵ֥ם יְהֹוָ֖ה בְּיָדֽוֹ: ט   לב
וַיַּכֵּ֡ם מֵעֲרוֹעֵר֩ וְעַד־בּוֹאֲךָ֨ מִנִּ֜ית עֶשְׂרִ֣ים עִ֗יר וְעַד֙ אָבֵ֣ל   לג
כְּרָמִ֔ים מַכָּ֖ה גְּדוֹלָ֣ה מְאֹ֑ד וַיִּכָּֽנְעוּ֙ בְּנֵ֣י עַמּ֔וֹן מִפְּנֵ֖י בְּנֵ֥י
יִשְׂרָאֵֽל: וַיָּבֹ֨א יִפְתָּ֤ח הַמִּצְפָּה֙ אֶל־בֵּית֔וֹ וְהִנֵּ֣ה   לד
בִתּ֗וֹ יֹצֵ֤את לִקְרָאתוֹ֙ בְּתֻפִּ֣ים וּבִמְחֹל֑וֹת וְרַק֙ הִ֣יא יְחִידָ֔ה אֵֽין־
ל֥וֹ מִמֶּ֖נּוּ בֵּ֥ן אוֹ־בַֽת: וַיְהִי֩ כִרְאוֹת֨וֹ אוֹתָ֜הּ וַיִּקְרַ֣ע אֶת־בְּגָדָ֗יו   לה
וַיֹּ֡אמֶר אֲהָ֣הּ בִּתִּי֩ הַכְרֵ֨עַ הִכְרַעְתִּ֜נִי וְאַ֖תְּ הָיִ֣ית בְּעֹֽכְרָ֑י וְאָ֣נֹכִ֗י
פָּצִ֤יתִי פִי֙ אֶל־יְהֹוָ֔ה וְלֹ֥א אוּכַ֖ל לָשֽׁוּב: וַתֹּ֣אמֶר אֵלָ֗יו אָבִי֙   לו
פָּצִ֤יתָה אֶת־פִּ֙יךָ֙ אֶל־יְהֹוָ֔ה עֲשֵׂ֣ה לִ֔י כַּֽאֲשֶׁ֖ר יָצָ֣א מִפִּ֑יךָ אַחֲרֵ֡י

לז אֲשֶׁר עָשָׂה לְךָ יְהוָה נְקָמוֹת מֵאֹיְבֶיךָ מִבְּנֵי עַמּוֹן: וַתֹּאמֶר אֶל-
אָבִיהָ יֵעָשֶׂה לִּי הַדָּבָר הַזֶּה הַרְפֵּה מִמֶּנִּי שְׁנַיִם חֳדָשִׁים וְאֵלְכָה
לח וְיָרַדְתִּי עַל-הֶהָרִים וְאֶבְכֶּה עַל-בְּתוּלַי אָנֹכִי ורעיתי: וַיֹּאמֶר (וְרֵעוֹתָי)
לֵכִי וַיִּשְׁלַח אוֹתָהּ שְׁנֵי חֳדָשִׁים וַתֵּלֶךְ הִיא וְרֵעוֹתֶיהָ וַתֵּבְךְּ עַל-
לט בְּתוּלֶיהָ עַל-הֶהָרִים: וַיְהִי מִקֵּץ ׀ שְׁנַיִם חֳדָשִׁים וַתָּשָׁב אֶל-אָבִיהָ
וַיַּעַשׂ לָהּ אֶת-נִדְרוֹ אֲשֶׁר נָדָר וְהִיא לֹא-יָדְעָה אִישׁ וַתְּהִי-חֹק
מ בְּיִשְׂרָאֵל: מִיָּמִים ׀ יָמִימָה תֵּלַכְנָה בְּנוֹת יִשְׂרָאֵל לְתַנּוֹת לְבַת-
יב א יִפְתָּח הַגִּלְעָדִי אַרְבַּעַת יָמִים בַּשָּׁנָה: וַיִּצָּעֵק
אִישׁ אֶפְרַיִם וַיַּעֲבֹר צָפוֹנָה וַיֹּאמְרוּ לְיִפְתָּח מַדּוּעַ ׀ עָבַרְתָּ ׀
לְהִלָּחֵם בִּבְנֵי-עַמּוֹן וְלָנוּ לֹא קָרָאתָ לָלֶכֶת עִמָּךְ בֵּיתְךָ נִשְׂרֹף
ב עָלֶיךָ בָּאֵשׁ: וַיֹּאמֶר יִפְתָּח אֲלֵיהֶם אִישׁ רִיב הָיִיתִי אֲנִי וְעַמִּי
וּבְנֵי-עַמּוֹן מְאֹד וָאֶזְעַק אֶתְכֶם וְלֹא-הוֹשַׁעְתֶּם אוֹתִי מִיָּדָם:
ג וָאֶרְאֶה כִּי-אֵינְךָ מוֹשִׁיעַ וָאָשִׂימָה נַפְשִׁי בְכַפִּי וָאֶעְבְּרָה אֶל-
בְּנֵי עַמּוֹן וַיִּתְּנֵם יְהוָה בְּיָדִי וְלָמָה עֲלִיתֶם אֵלַי הַיּוֹם הַזֶּה
ד לְהִלָּחֶם בִּי: וַיִּקְבֹּץ יִפְתָּח אֶת-כָּל-אַנְשֵׁי גִלְעָד וַיִּלָּחֶם אֶת-
אֶפְרָיִם וַיַּכּוּ אַנְשֵׁי גִלְעָד אֶת-אֶפְרַיִם כִּי אָמְרוּ פְּלִיטֵי אֶפְרַיִם
ה אַתֶּם גִּלְעָד בְּתוֹךְ אֶפְרַיִם בְּתוֹךְ מְנַשֶּׁה: וַיִּלְכֹּד גִּלְעָד אֶת-
מַעְבְּרוֹת הַיַּרְדֵּן לְאֶפְרָיִם וְהָיָה כִּי יֹאמְרוּ פְּלִיטֵי אֶפְרַיִם
אֶעֱבֹרָה וַיֹּאמְרוּ לוֹ אַנְשֵׁי-גִלְעָד הַאֶפְרָתִי אַתָּה וַיֹּאמֶר ׀
ו לֹא: וַיֹּאמְרוּ לוֹ אֱמָר-נָא שִׁבֹּלֶת וַיֹּאמֶר סִבֹּלֶת וְלֹא יָכִין
לְדַבֵּר כֵּן וַיֹּאחֲזוּ אוֹתוֹ וַיִּשְׁחָטוּהוּ אֶל-מַעְבְּרוֹת הַיַּרְדֵּן וַיִּפֹּל
ז בָּעֵת הַהִיא מֵאֶפְרַיִם אַרְבָּעִים וּשְׁנַיִם אָלֶף: וַיִּשְׁפֹּט יִפְתָּח
אֶת-יִשְׂרָאֵל שֵׁשׁ שָׁנִים וַיָּמָת יִפְתָּח הַגִּלְעָדִי וַיִּקָּבֵר בְּעָרֵי
ח גִלְעָד: וַיִּשְׁפֹּט אַחֲרָיו אֶת-יִשְׂרָאֵל אִבְצָן מִבֵּית
ט לָחֶם: וַיְהִי-לוֹ שְׁלֹשִׁים בָּנִים וּשְׁלֹשִׁים בָּנוֹת שִׁלַּח הַחוּצָה
וּשְׁלֹשִׁים בָּנוֹת הֵבִיא לְבָנָיו מִן-הַחוּץ וַיִּשְׁפֹּט אֶת-יִשְׂרָאֵל
י יא שֶׁבַע שָׁנִים: וַיָּמָת אִבְצָן וַיִּקָּבֵר בְּבֵית לָחֶם: וַיִּשְׁפֹּט

אַחֲרָיו אֶת־יִשְׂרָאֵל אֵילוֹן הַזְּבוּלֹנִי וַיִּשְׁפֹּט אֶת־יִשְׂרָאֵל
יב עֶשֶׂר שָׁנִים׃ וַיָּמָת אֵילוֹן הַזְּבוּלֹנִי וַיִּקָּבֵר בְּאַיָּלוֹן בְּאֶרֶץ
יג זְבוּלֻן׃ וַיִּשְׁפֹּט אַחֲרָיו אֶת־יִשְׂרָאֵל עַבְדּוֹן בֶּן־
יד הִלֵּל הַפִּרְעָתוֹנִי׃ וַיְהִי־לוֹ אַרְבָּעִים בָּנִים וּשְׁלֹשִׁים בְּנֵי בָנִים
רֹכְבִים עַל־שִׁבְעִים עֲיָרִם וַיִּשְׁפֹּט אֶת־יִשְׂרָאֵל שְׁמֹנֶה שָׁנִים׃
טו וַיָּמָת עַבְדּוֹן בֶּן־הִלֵּל הַפִּרְעָתוֹנִי וַיִּקָּבֵר בְּפִרְעָתוֹן בְּאֶרֶץ
יג א אֶפְרַיִם בְּהַר הָעֲמָלֵקִי׃ וַיֹּסִפוּ בְּנֵי יִשְׂרָאֵל
לַעֲשׂוֹת הָרַע בְּעֵינֵי יְהוָה וַיִּתְּנֵם יְהוָה בְּיַד־פְּלִשְׁתִּים אַרְבָּעִים
ב שָׁנָה׃ וַיְהִי אִישׁ אֶחָד מִצָּרְעָה מִמִּשְׁפַּחַת הַדָּנִי
ג וּשְׁמוֹ מָנוֹחַ וְאִשְׁתּוֹ עֲקָרָה וְלֹא יָלָדָה׃ וַיֵּרָא מַלְאַךְ־יְהוָה אֶל־
הָאִשָּׁה וַיֹּאמֶר אֵלֶיהָ הִנֵּה־נָא אַתְּ־עֲקָרָה וְלֹא יָלַדְתְּ וְהָרִית
ד וְיָלַדְתְּ בֵּן׃ וְעַתָּה הִשָּׁמְרִי נָא וְאַל־תִּשְׁתִּי יַיִן וְשֵׁכָר וְאַל־
ה תֹּאכְלִי כָּל־טָמֵא׃ כִּי הִנָּךְ הָרָה וְיֹלַדְתְּ בֵּן וּמוֹרָה לֹא־יַעֲלֶה
עַל־רֹאשׁוֹ כִּי־נְזִיר אֱלֹהִים יִהְיֶה הַנַּעַר מִן־הַבָּטֶן וְהוּא יָחֵל
ו לְהוֹשִׁיעַ אֶת־יִשְׂרָאֵל מִיַּד פְּלִשְׁתִּים׃ וַתָּבֹא הָאִשָּׁה וַתֹּאמֶר
לְאִישָׁהּ לֵאמֹר אִישׁ הָאֱלֹהִים בָּא אֵלַי וּמַרְאֵהוּ כְּמַרְאֵה מַלְאַךְ
הָאֱלֹהִים נוֹרָא מְאֹד וְלֹא שְׁאִלְתִּיהוּ אֵי־מִזֶּה הוּא וְאֶת־שְׁמוֹ
ז לֹא־הִגִּיד לִי׃ וַיֹּאמֶר לִי הִנָּךְ הָרָה וְיֹלַדְתְּ בֵּן וְעַתָּה אַל־תִּשְׁתִּי
יַיִן וְשֵׁכָר וְאַל־תֹּאכְלִי כָּל־טֻמְאָה כִּי־נְזִיר אֱלֹהִים יִהְיֶה הַנַּעַר
מִן־הַבֶּטֶן עַד־יוֹם מוֹתוֹ׃
ח וַיֶּעְתַּר מָנוֹחַ אֶל־יְהוָה וַיֹּאמַר בִּי אֲדוֹנָי אִישׁ הָאֱלֹהִים אֲשֶׁר
שָׁלַחְתָּ יָבוֹא־נָא עוֹד אֵלֵינוּ וְיוֹרֵנוּ מַה־נַּעֲשֶׂה לַנַּעַר הַיּוּלָּד׃
ט וַיִּשְׁמַע הָאֱלֹהִים בְּקוֹל מָנוֹחַ וַיָּבֹא מַלְאַךְ הָאֱלֹהִים עוֹד אֶל־
י הָאִשָּׁה וְהִיא יוֹשֶׁבֶת בַּשָּׂדֶה וּמָנוֹחַ אִישָׁהּ אֵין עִמָּהּ׃ וַתְּמַהֵר
הָאִשָּׁה וַתָּרָץ וַתַּגֵּד לְאִישָׁהּ וַתֹּאמֶר אֵלָיו הִנֵּה נִרְאָה אֵלַי
יא הָאִישׁ אֲשֶׁר־בָּא בַיּוֹם אֵלָי׃ וַיָּקָם וַיֵּלֶךְ מָנוֹחַ אַחֲרֵי אִשְׁתּוֹ
וַיָּבֹא אֶל־הָאִישׁ וַיֹּאמֶר לוֹ הַאַתָּה הָאִישׁ אֲשֶׁר־דִּבַּרְתָּ אֶל־

יב הָאִשָּׁה וַיֹּאמֶר אָנִי: וַיֹּאמֶר מָנוֹחַ עַתָּה יָבֹא דְבָרֶיךָ מַה־יִּהְיֶה
יג מִשְׁפַּט־הַנַּעַר וּמַעֲשֵׂהוּ: וַיֹּאמֶר מַלְאַךְ יהוה אֶל־מָנוֹחַ מִכֹּל
יד אֲשֶׁר־אָמַרְתִּי אֶל־הָאִשָּׁה תִּשָּׁמֵר: מִכֹּל אֲשֶׁר־יֵצֵא מִגֶּפֶן הַיַּיִן
לֹא תֹאכַל וְיַיִן וְשֵׁכָר אַל־תֵּשְׁתְּ וְכָל־טֻמְאָה אַל־תֹּאכַל כֹּל
טו אֲשֶׁר־צִוִּיתִיהָ תִּשְׁמֹר: וַיֹּאמֶר מָנוֹחַ אֶל־מַלְאַךְ יהוה נַעְצְרָה־
טז נָּא אוֹתָךְ וְנַעֲשֶׂה לְפָנֶיךָ גְּדִי עִזִּים: וַיֹּאמֶר מַלְאַךְ יהוה אֶל־
מָנוֹחַ אִם־תַּעְצְרֵנִי לֹא־אֹכַל בְּלַחְמֶךָ וְאִם־תַּעֲשֶׂה עֹלָה לַיהוה
יז תַּעֲלֶנָּה כִּי לֹא־יָדַע מָנוֹחַ כִּי־מַלְאַךְ יהוה הוּא: וַיֹּאמֶר מָנוֹחַ
יח אֶל־מַלְאַךְ יהוה מִי שְׁמֶךָ כִּי־יָבֹא דבריך וְכִבַּדְנוּךָ: וַיֹּאמֶר דְּבָרְךָ
יט לוֹ מַלְאַךְ יהוה לָמָּה זֶּה תִּשְׁאַל לִשְׁמִי וְהוּא־פֶלִאי: וַיִּקַּח מָנוֹחַ
אֶת־גְּדִי הָעִזִּים וְאֶת־הַמִּנְחָה וַיַּעַל עַל־הַצּוּר לַיהוה וּמַפְלִא
כ לַעֲשׂוֹת וּמָנוֹחַ וְאִשְׁתּוֹ רֹאִים: וַיְהִי בַעֲלוֹת הַלַּהַב מֵעַל הַמִּזְבֵּחַ
הַשָּׁמַיְמָה וַיַּעַל מַלְאַךְ־יהוה בְּלַהַב הַמִּזְבֵּחַ וּמָנוֹחַ וְאִשְׁתּוֹ
כא רֹאִים וַיִּפְּלוּ עַל־פְּנֵיהֶם אָרְצָה: וְלֹא־יָסַף עוֹד מַלְאַךְ יהוה
לְהֵרָאֹה אֶל־מָנוֹחַ וְאֶל־אִשְׁתּוֹ אָז יָדַע מָנוֹחַ כִּי־מַלְאַךְ יהוה
כב הוּא: וַיֹּאמֶר מָנוֹחַ אֶל־אִשְׁתּוֹ מוֹת נָמוּת כִּי אֱלֹהִים רָאִינוּ:
כג וַתֹּאמֶר לוֹ אִשְׁתּוֹ לוּ חָפֵץ יהוה לַהֲמִיתֵנוּ לֹא־לָקַח מִיָּדֵנוּ
עֹלָה וּמִנְחָה וְלֹא הֶרְאָנוּ אֶת־כָּל־אֵלֶּה וְכָעֵת לֹא הִשְׁמִיעָנוּ
כד כָּזֹאת: וַתֵּלֶד הָאִשָּׁה בֵּן וַתִּקְרָא אֶת־שְׁמוֹ שִׁמְשׁוֹן וַיִּגְדַּל הַנַּעַר י
כה וַיְבָרְכֵהוּ יהוה: וַתָּחֶל רוּחַ יהוה לְפַעֲמוֹ בְּמַחֲנֵה־דָן בֵּין צָרְעָה
יד א וּבֵין אֶשְׁתָּאֹל: וַיֵּרֶד שִׁמְשׁוֹן תִּמְנָתָה וַיַּרְא
ב אִשָּׁה בְּתִמְנָתָה מִבְּנוֹת פְּלִשְׁתִּים: וַיַּעַל וַיַּגֵּד לְאָבִיו וּלְאִמּוֹ
וַיֹּאמֶר אִשָּׁה רָאִיתִי בְתִמְנָתָה מִבְּנוֹת פְּלִשְׁתִּים וְעַתָּה קְחוּ־
ג אוֹתָהּ לִי לְאִשָּׁה: וַיֹּאמֶר לוֹ אָבִיו וְאִמּוֹ הַאֵין בִּבְנוֹת אַחֶיךָ
וּבְכָל־עַמִּי אִשָּׁה כִּי־אַתָּה הוֹלֵךְ לָקַחַת אִשָּׁה מִפְּלִשְׁתִּים
הָעֲרֵלִים וַיֹּאמֶר שִׁמְשׁוֹן אֶל־אָבִיו אוֹתָהּ קַח־לִי כִּי־הִיא יָשְׁרָה
ד בְעֵינָי: וְאָבִיו וְאִמּוֹ לֹא יָדְעוּ כִּי מֵיהוה הִיא כִּי־תֹאֲנָה הוּא־

מְבַקֵּשׁ מִפְּלִשְׁתִּים וּבָעֵת הַהִיא פְּלִשְׁתִּים מֹשְׁלִים בְּיִשְׂרָאֵל׃
ה וַיֵּרֶד שִׁמְשׁוֹן וְאָבִיו וְאִמּוֹ תִּמְנָתָה וַיָּבֹאוּ עַד־כַּרְמֵי תִמְנָתָה
ו וְהִנֵּה כְּפִיר אֲרָיוֹת שֹׁאֵג לִקְרָאתוֹ׃ וַתִּצְלַח עָלָיו רוּחַ יהוה
וַיְשַׁסְּעֵהוּ כְּשַׁסַּע הַגְּדִי וּמְאוּמָה אֵין בְּיָדוֹ וְלֹא הִגִּיד לְאָבִיו
ז וּלְאִמּוֹ אֵת אֲשֶׁר עָשָׂה׃ וַיֵּרֶד וַיְדַבֵּר לָאִשָּׁה וַתִּישַׁר בְּעֵינֵי
ח שִׁמְשׁוֹן׃ וַיָּשָׁב מִיָּמִים לְקַחְתָּהּ וַיָּסַר לִרְאוֹת אֵת מַפֶּלֶת
ט הָאַרְיֵה וְהִנֵּה עֲדַת דְּבֹרִים בִּגְוִיַּת הָאַרְיֵה וּדְבָשׁ׃ וַיִּרְדֵּהוּ אֶל־
כַּפָּיו וַיֵּלֶךְ הָלוֹךְ וְאָכֹל וַיֵּלֶךְ אֶל־אָבִיו וְאֶל־אִמּוֹ וַיִּתֵּן לָהֶם
י וַיֹּאכֵלוּ וְלֹא־הִגִּיד לָהֶם כִּי מִגְּוִיַּת הָאַרְיֵה רָדָה הַדְּבָשׁ׃ וַיֵּרֶד
אָבִיהוּ אֶל־הָאִשָּׁה וַיַּעַשׂ שָׁם שִׁמְשׁוֹן מִשְׁתֶּה כִּי כֵּן יַעֲשׂוּ
יא הַבַּחוּרִים׃ וַיְהִי כִּרְאוֹתָם אוֹתוֹ וַיִּקְחוּ שְׁלֹשִׁים מֵרֵעִים וַיִּהְיוּ
יב אִתּוֹ׃ וַיֹּאמֶר לָהֶם שִׁמְשׁוֹן אָחוּדָה־נָּא לָכֶם חִידָה אִם־הַגֵּד
תַּגִּידוּ אוֹתָהּ לִי שִׁבְעַת יְמֵי הַמִּשְׁתֶּה וּמְצָאתֶם וְנָתַתִּי לָכֶם
יג שְׁלֹשִׁים סְדִינִים וּשְׁלֹשִׁים חֲלִפֹת בְּגָדִים׃ וְאִם־לֹא תוּכְלוּ לְהַגִּיד
לִי וּנְתַתֶּם אַתֶּם לִי שְׁלֹשִׁים סְדִינִים וּשְׁלֹשִׁים חֲלִיפוֹת בְּגָדִים
יד וַיֹּאמְרוּ לוֹ חוּדָה חִידָתְךָ וְנִשְׁמָעֶנָּה׃ וַיֹּאמֶר לָהֶם מֵהָאֹכֵל יָצָא
מַאֲכָל וּמֵעַז יָצָא מָתוֹק וְלֹא יָכְלוּ לְהַגִּיד הַחִידָה שְׁלֹשֶׁת
טו יָמִים׃ וַיְהִי ׀ בַּיּוֹם הַשְּׁבִיעִי וַיֹּאמְרוּ לְאֵשֶׁת־שִׁמְשׁוֹן פַּתִּי אֶת־
אִישֵׁךְ וְיַגֶּד־לָנוּ אֶת־הַחִידָה פֶּן־נִשְׂרֹף אוֹתָךְ וְאֶת־בֵּית אָבִיךְ
טז בָּאֵשׁ הַלְיָרְשֵׁנוּ קְרָאתֶם לָנוּ הֲלֹא׃ וַתֵּבְךְּ אֵשֶׁת שִׁמְשׁוֹן עָלָיו
וַתֹּאמֶר רַק־שְׂנֵאתַנִי וְלֹא אֲהַבְתָּנִי הַחִידָה חַדְתָּ לִבְנֵי עַמִּי
וְלִי לֹא הִגַּדְתָּה וַיֹּאמֶר לָהּ הִנֵּה לְאָבִי וּלְאִמִּי לֹא הִגַּדְתִּי וְלָךְ
יז אַגִּיד׃ וַתֵּבְךְּ עָלָיו שִׁבְעַת הַיָּמִים אֲשֶׁר־הָיָה לָהֶם הַמִּשְׁתֶּה
וַיְהִי ׀ בַּיּוֹם הַשְּׁבִיעִי וַיַּגֶּד־לָהּ כִּי הֱצִיקַתְהוּ וַתַּגֵּד הַחִידָה לִבְנֵי
יח עַמָּהּ׃ וַיֹּאמְרוּ לוֹ אַנְשֵׁי הָעִיר בַּיּוֹם הַשְּׁבִיעִי בְּטֶרֶם יָבֹא
הַחַרְסָה מַה־מָּתוֹק מִדְּבַשׁ וּמֶה עַז מֵאֲרִי וַיֹּאמֶר לָהֶם לוּלֵא
יט חֲרַשְׁתֶּם בְּעֶגְלָתִי לֹא מְצָאתֶם חִידָתִי׃ וַתִּצְלַח עָלָיו רוּחַ יהוה

וַיֵּרֶד אַשְׁקְלוֹן וַיַּךְ מֵהֶם ׀ שְׁלֹשִׁים אִישׁ וַיִּקַּח אֶת־חֲלִיצוֹתָם
וַיִּתֵּן הַחֲלִיפוֹת לְמַגִּידֵי הַחִידָה וַיִּחַר אַפּוֹ וַיַּעַל בֵּית אָבִיהוּ׃
ט א וַתְּהִי אֵשֶׁת שִׁמְשׁוֹן לְמֵרֵעֵהוּ אֲשֶׁר רֵעָה לוֹ׃ וַיְהִי
מִיָּמִים בִּימֵי קְצִיר־חִטִּים וַיִּפְקֹד שִׁמְשׁוֹן אֶת־אִשְׁתּוֹ בִּגְדִי
עִזִּים וַיֹּאמֶר אָבֹאָה אֶל־אִשְׁתִּי הֶחָדְרָה וְלֹא־נְתָנוֹ אָבִיהָ
ב לָבוֹא׃ וַיֹּאמֶר אָבִיהָ אָמֹר אָמַרְתִּי כִּי־שָׂנֹא שְׂנֵאתָהּ וָאֶתְּנֶנָּה
לְמֵרֵעֶךָ הֲלֹא אֲחוֹתָהּ הַקְּטַנָּה טוֹבָה מִמֶּנָּה תְּהִי־נָא לְךָ
ג תַּחְתֶּיהָ׃ וַיֹּאמֶר לָהֶם שִׁמְשׁוֹן נִקֵּיתִי הַפַּעַם מִפְּלִשְׁתִּים כִּי־
ד עֹשֶׂה אֲנִי עִמָּם רָעָה׃ וַיֵּלֶךְ שִׁמְשׁוֹן וַיִּלְכֹּד שְׁלֹשׁ־מֵאוֹת
שׁוּעָלִים וַיִּקַּח לַפִּדִים וַיֶּפֶן זָנָב אֶל־זָנָב וַיָּשֶׂם לַפִּיד אֶחָד בֵּין־
ה שְׁנֵי הַזְּנָבוֹת בַּתָּוֶךְ׃ וַיַּבְעֶר־אֵשׁ בַּלַּפִּידִים וַיְשַׁלַּח בְּקָמוֹת
ו פְּלִשְׁתִּים וַיַּבְעֵר מִגָּדִישׁ וְעַד־קָמָה וְעַד־כֶּרֶם זָיִת׃ וַיֹּאמְרוּ
פְלִשְׁתִּים מִי עָשָׂה זֹאת וַיֹּאמְרוּ שִׁמְשׁוֹן חֲתַן הַתִּמְנִי כִּי לָקַח
אֶת־אִשְׁתּוֹ וַיִּתְּנָהּ לְמֵרֵעֵהוּ וַיַּעֲלוּ פְלִשְׁתִּים וַיִּשְׂרְפוּ אוֹתָהּ
ז וְאֶת־אָבִיהָ בָּאֵשׁ׃ וַיֹּאמֶר לָהֶם שִׁמְשׁוֹן אִם־תַּעֲשׂוּן כָּזֹאת כִּי
ח אִם־נִקַּמְתִּי בָכֶם וְאַחַר אֶחְדָּל׃ וַיַּךְ אוֹתָם שׁוֹק עַל־יָרֵךְ מַכָּה
ט גְדוֹלָה וַיֵּרֶד וַיֵּשֶׁב בִּסְעִיף סֶלַע עֵיטָם׃ וַיַּעֲלוּ
י פְלִשְׁתִּים וַיַּחֲנוּ בִּיהוּדָה וַיִּנָּטְשׁוּ בַּלֶּחִי׃ וַיֹּאמְרוּ אִישׁ יְהוּדָה
לָמָה עֲלִיתֶם עָלֵינוּ וַיֹּאמְרוּ לֶאֱסוֹר אֶת־שִׁמְשׁוֹן עָלִינוּ לַעֲשׂוֹת
יא לוֹ כַּאֲשֶׁר עָשָׂה לָנוּ׃ וַיֵּרְדוּ שְׁלֹשֶׁת אֲלָפִים אִישׁ מִיהוּדָה אֶל־
סְעִיף סֶלַע עֵיטָם וַיֹּאמְרוּ לְשִׁמְשׁוֹן הֲלֹא יָדַעְתָּ כִּי־מֹשְׁלִים בָּנוּ
פְּלִשְׁתִּים וּמַה־זֹּאת עָשִׂיתָ לָּנוּ וַיֹּאמֶר לָהֶם כַּאֲשֶׁר עָשׂוּ לִי כֵּן
יב עָשִׂיתִי לָהֶם׃ וַיֹּאמְרוּ לוֹ לֶאֱסָרְךָ יָרַדְנוּ לְתִתְּךָ בְּיַד־פְּלִשְׁתִּים
יג וַיֹּאמֶר לָהֶם שִׁמְשׁוֹן הִשָּׁבְעוּ לִי פֶּן־תִּפְגְּעוּן בִּי אַתֶּם׃ וַיֹּאמְרוּ
לוֹ לֵאמֹר לֹא כִּי־אָסֹר נֶאֱסָרְךָ וּנְתַנּוּךָ בְיָדָם וְהָמֵת לֹא נְמִיתֶךָ
יד וַיַּאַסְרֻהוּ בִּשְׁנַיִם עֲבֹתִים חֲדָשִׁים וַיַּעֲלוּהוּ מִן־הַסָּלַע׃ הוּא־בָא
עַד־לֶחִי וּפְלִשְׁתִּים הֵרִיעוּ לִקְרָאתוֹ וַתִּצְלַח עָלָיו רוּחַ יְהוָה

וַתִּהְיֶ֙ינָה֙ הָעֲבֹתִ֣ים אֲשֶׁר־עַל־זְרֽוֹעוֹתָ֔יו כַּפִּשְׁתִּים֙ אֲשֶׁ֣ר בָּעֲר֣וּ
בָאֵ֔שׁ וַיִּמַּ֥סּוּ אֱסוּרָ֖יו מֵעַ֣ל יָדָֽיו: וַיִּמְצָ֥א לְחִֽי־חֲמ֖וֹר טְרִיָּ֑ה וַיִּשְׁלַ֤ח יד
יָדוֹ֙ וַיִּקָּחֶ֔הָ וַיַּךְ־בָּ֖הּ אֶ֣לֶף אִֽישׁ: וַיֹּ֣אמֶר שִׁמְשׁ֔וֹן בִּלְחִ֣י הַחֲמ֔וֹר טז
חֲמ֖וֹר חֲמֹֽרָתָ֑יִם בִּלְחִ֣י הַחֲמ֔וֹר הִכֵּ֖יתִי אֶ֥לֶף אִֽישׁ: וַֽיְהִי֙ כְּכַלֹּת֣וֹ יז
לְדַבֵּ֔ר וַיַּשְׁלֵ֥ךְ הַלְּחִ֖י מִיָּד֑וֹ וַיִּקְרָ֛א לַמָּק֥וֹם הַה֖וּא רָ֥מַת לֶֽחִי:
וַיִּצְמָ֣א מְאֹ֗ד וַיִּקְרָ֤א אֶל־יְהוָה֙ וַיֹּאמַ֔ר אַתָּה֙ נָתַ֣תָּ בְיַד־עַבְדְּךָ֔ יח
אֶת־הַתְּשׁוּעָ֥ה הַגְּדֹלָ֖ה הַזֹּ֑את וְעַתָּה֙ אָמ֣וּת בַּצָּמָ֔א וְנָפַלְתִּ֖י בְּיַ֥ד
הָעֲרֵלִֽים: וַיִּבְקַ֨ע אֱלֹהִ֜ים אֶת־הַמַּכְתֵּ֣שׁ אֲשֶׁר־בַּלֶּ֗חִי וַיֵּצְא֨וּ מִמֶּ֤נּוּ יט
מַ֙יִם֙ וַיֵּ֔שְׁתְּ וַתָּ֥שָׁב רוּח֖וֹ וַיֶּ֑חִי עַל־כֵּ֣ן ׀ קָרָ֣א שְׁמָ֗הּ עֵ֤ין הַקּוֹרֵא֙
אֲשֶׁ֣ר בַּלֶּ֔חִי עַ֖ד הַיּ֥וֹם הַזֶּֽה: וַיִּשְׁפֹּ֧ט אֶת־יִשְׂרָאֵ֛ל בִּימֵ֥י פְלִשְׁתִּ֖ים כ
עֶשְׂרִ֥ים שָׁנָֽה: וַיֵּ֥לֶךְ שִׁמְשׁ֖וֹן עַזָּ֑תָה וַיַּרְא־שָׁ֣ם טז א
אִשָּׁ֣ה זוֹנָ֔ה וַיָּבֹ֖א אֵלֶֽיהָ: לַֽעַזָּתִ֣ים ׀ לֵאמֹ֗ר בָּ֤א שִׁמְשׁוֹן֙ הֵ֔נָּה ב
וַיָּסֹ֛בּוּ וַיֶּאֶרְבוּ־ל֥וֹ כָל־הַלַּ֖יְלָה בְּשַׁ֣עַר הָעִ֑יר וַיִּתְחָרְשׁ֤וּ כָל־
הַלַּ֙יְלָה֙ לֵאמֹ֔ר עַד־א֥וֹר הַבֹּ֖קֶר וַהֲרַגְנֻֽהוּ: וַיִּשְׁכַּ֣ב שִׁמְשׁוֹן֮ עַד־ ג יא
חֲצִ֣י הַלַּיְלָה֒ וַיָּ֣קָם ׀ בַּחֲצִ֣י הַלַּ֗יְלָה וַיֶּאֱחֹ֞ז בְּדַלְת֣וֹת שַֽׁעַר־הָעִ֗יר
וּבִשְׁתֵּ֤י הַמְּזוּזוֹת֙ וַיִּסָּעֵם֙ עִֽם־הַבְּרִ֔יחַ וַיָּ֥שֶׂם עַל־כְּתֵפָ֖יו וַֽיַּעֲלֵם֙
אֶל־רֹ֣אשׁ הָהָ֔ר אֲשֶׁ֖ר עַל־פְּנֵ֥י חֶבְרֽוֹן: וַֽיְהִי֙ ד
אַחֲרֵי־כֵ֔ן וַיֶּאֱהַ֥ב אִשָּׁ֖ה בְּנַ֣חַל שֹׂרֵ֑ק וּשְׁמָ֖הּ דְּלִילָֽה: וַיַּעֲל֨וּ ה
אֵלֶ֜יהָ סַרְנֵ֣י פְלִשְׁתִּ֗ים וַיֹּ֨אמְרוּ לָ֜הּ פַּתִּ֣י אוֹת֗וֹ וּרְאִי֙ בַּמֶּ֣ה כֹּח֣וֹ
גָד֔וֹל וּבַמֶּה֙ נ֣וּכַל ל֔וֹ וַאֲסַרְנֻ֖הוּ לְעַנֹּת֑וֹ וַאֲנַ֙חְנוּ֙ נִתַּן־לְךָ֔ אִ֕ישׁ
אֶ֥לֶף וּמֵאָ֖ה כָּֽסֶף: וַתֹּ֤אמֶר דְּלִילָה֙ אֶל־שִׁמְשׁ֔וֹן הַגִּֽידָה־נָּ֣א ו
לִ֔י בַּמֶּ֖ה כֹּחֲךָ֣ גָד֑וֹל וּבַמֶּ֥ה תֵאָסֵ֖ר לְעַנּוֹתֶֽךָ: וַיֹּ֤אמֶר אֵלֶ֙יהָ֙ ז
שִׁמְשׁ֔וֹן אִם־יַאַסְרֻ֗נִי בְּשִׁבְעָ֛ה יְתָרִ֥ים לַחִ֖ים אֲשֶׁ֣ר לֹא־חֹרָ֑בוּ
וְחָלִ֥יתִי וְהָיִ֖יתִי כְּאַחַ֥ד הָאָדָֽם: וַיַּעֲלוּ־לָ֞הּ סַרְנֵ֣י פְלִשְׁתִּ֗ים שִׁבְעָ֛ה ח
יְתָרִ֥ים לַחִ֖ים אֲשֶׁ֣ר לֹא־חֹרָ֑בוּ וַתַּאַסְרֵ֖הוּ בָּהֶֽם: וְהָאֹרֵ֗ב יֹשֵׁ֥ב ט
לָהּ֙ בַּחֶ֔דֶר וַתֹּ֣אמֶר אֵלָ֔יו פְּלִשְׁתִּ֥ים עָלֶ֖יךָ שִׁמְשׁ֑וֹן וַיְנַתֵּק֙ אֶת־
הַיְתָרִ֔ים כַּאֲשֶׁ֨ר יִנָּתֵ֤ק פְּתִֽיל־הַנְּעֹ֙רֶת֙ בַּהֲרִ֣יח֣וֹ אֵ֔שׁ וְלֹ֥א נוֹדַ֖ע

י כֹּחוֹ׃ וַתֹּאמֶר דְּלִילָה אֶל־שִׁמְשׁוֹן הִנֵּה הֵתַלְתָּ בִּי וַתְּדַבֵּר אֵלַי
יא כְּזָבִים עַתָּה הַגִּידָה־נָּא לִי בַּמֶּה תֵּאָסֵר׃ וַיֹּאמֶר אֵלֶיהָ אִם־
אָסוֹר יַאַסְרוּנִי בַּעֲבֹתִים חֲדָשִׁים אֲשֶׁר לֹא־נַעֲשָׂה בָהֶם מְלָאכָה
יב וְחָלִיתִי וְהָיִיתִי כְּאַחַד הָאָדָם׃ וַתִּקַּח דְּלִילָה עֲבֹתִים חֲדָשִׁים
וַתַּאַסְרֵהוּ בָהֶם וַתֹּאמֶר אֵלָיו פְּלִשְׁתִּים עָלֶיךָ שִׁמְשׁוֹן וְהָאֹרֵב
יג יֹשֵׁב בֶּחָדֶר וַיְנַתְּקֵם מֵעַל זְרֹעֹתָיו כַּחוּט׃ וַתֹּאמֶר דְּלִילָה אֶל־
שִׁמְשׁוֹן עַד־הֵנָּה הֵתַלְתָּ בִּי וַתְּדַבֵּר אֵלַי כְּזָבִים הַגִּידָה לִּי בַּמֶּה
תֵּאָסֵר וַיֹּאמֶר אֵלֶיהָ אִם־תַּאַרְגִי אֶת־שֶׁבַע מַחְלְפוֹת רֹאשִׁי
יד עִם־הַמַּסָּכֶת׃ וַתִּתְקַע בַּיָּתֵד וַתֹּאמֶר אֵלָיו פְּלִשְׁתִּים עָלֶיךָ
שִׁמְשׁוֹן וַיִּיקַץ מִשְּׁנָתוֹ וַיִּסַּע אֶת־הַיְתַד הָאֶרֶג וְאֶת־הַמַּסָּכֶת׃
טו וַתֹּאמֶר אֵלָיו אֵיךְ תֹּאמַר אֲהַבְתִּיךְ וְלִבְּךָ אֵין אִתִּי זֶה שָׁלֹשׁ
טז פְּעָמִים הֵתַלְתָּ בִּי וְלֹא־הִגַּדְתָּ לִּי בַּמֶּה כֹּחֲךָ גָדוֹל׃ וַיְהִי כִּי־
הֵצִיקָה לּוֹ בִדְבָרֶיהָ כָּל־הַיָּמִים וַתְּאַלְצֵהוּ וַתִּקְצַר נַפְשׁוֹ לָמוּת׃
יז וַיַּגֶּד־לָהּ אֶת־כָּל־לִבּוֹ וַיֹּאמֶר לָהּ מוֹרָה לֹא־עָלָה עַל־רֹאשִׁי
כִּי־נְזִיר אֱלֹהִים אֲנִי מִבֶּטֶן אִמִּי אִם־גֻּלַּחְתִּי וְסָר מִמֶּנִּי כֹחִי
יח וְחָלִיתִי וְהָיִיתִי כְּכָל־הָאָדָם׃ וַתֵּרֶא דְלִילָה כִּי־הִגִּיד לָהּ אֶת־
כָּל־לִבּוֹ וַתִּשְׁלַח וַתִּקְרָא לְסַרְנֵי פְלִשְׁתִּים לֵאמֹר עֲלוּ הַפַּעַם
כִּי־הִגִּיד לָהּ אֶת־כָּל־לִבּוֹ וְעָלוּ אֵלֶיהָ סַרְנֵי פְלִשְׁתִּים וַיַּעֲלוּ לִי
יט הַכֶּסֶף בְּיָדָם׃ וַתְּיַשְּׁנֵהוּ עַל־בִּרְכֶּיהָ וַתִּקְרָא לָאִישׁ וַתְּגַלַּח אֶת־
כ שֶׁבַע מַחְלְפוֹת רֹאשׁוֹ וַתָּחֶל לְעַנּוֹתוֹ וַיָּסַר כֹּחוֹ מֵעָלָיו׃ וַתֹּאמֶר
פְּלִשְׁתִּים עָלֶיךָ שִׁמְשׁוֹן וַיִּקַץ מִשְּׁנָתוֹ וַיֹּאמֶר אֵצֵא כְּפַעַם
כא בְּפַעַם וְאִנָּעֵר וְהוּא לֹא יָדַע כִּי יְהוָה סָר מֵעָלָיו׃ וַיֹּאחֲזוּהוּ
פְלִשְׁתִּים וַיְנַקְּרוּ אֶת־עֵינָיו וַיּוֹרִידוּ אוֹתוֹ עַזָּתָה וַיַּאַסְרוּהוּ
כב בַּנְחֻשְׁתַּיִם וַיְהִי טוֹחֵן בְּבֵית הָאֲסִירִים׃ וַיָּחֶל שְׂעַר־רֹאשׁוֹ האֲסוּרִים
כג לְצַמֵּחַ כַּאֲשֶׁר גֻּלָּח׃ וְסַרְנֵי פְלִשְׁתִּים נֶאֶסְפוּ לִזְבֹּחַ
זֶבַח־גָּדוֹל לְדָגוֹן אֱלֹהֵיהֶם וּלְשִׂמְחָה וַיֹּאמְרוּ נָתַן אֱלֹהֵינוּ בְּיָדֵנוּ
כד אֵת שִׁמְשׁוֹן אוֹיְבֵנוּ׃ וַיִּרְאוּ אֹתוֹ הָעָם וַיְהַלְלוּ אֶת־אֱלֹהֵיהֶם

כִּי אָמְרוּ נָתַן אֱלֹהֵינוּ בְּיָדֵנוּ אֶת־אוֹיְבֵנוּ וְאֵת מַחֲרִיב אַרְצֵנוּ
כה וַאֲשֶׁר הִרְבָּה אֶת־חֲלָלֵינוּ: וַיְהִי כִּי טוֹב לִבָּם וַיֹּאמְרוּ קִרְאוּ כְּטוֹב
לְשִׁמְשׁוֹן וִישַׂחֶק־לָנוּ וַיִּקְרְאוּ לְשִׁמְשׁוֹן מִבֵּית האסירים וַיְצַחֵק הָאֲסוּרִים
כו לִפְנֵיהֶם וַיַּעֲמִידוּ אוֹתוֹ בֵּין הָעַמּוּדִים: וַיֹּאמֶר שִׁמְשׁוֹן אֶל־
הַנַּעַר הַמַּחֲזִיק בְּיָדוֹ הַנִּיחָה אוֹתִי והימשני אֶת־הָעַמֻּדִים אֲשֶׁר וַהֲמִשֵּׁנִי
כז הַבַּיִת נָכוֹן עֲלֵיהֶם וְאֶשָּׁעֵן עֲלֵיהֶם: וְהַבַּיִת מָלֵא הָאֲנָשִׁים
וְהַנָּשִׁים וְשָׁמָּה כֹּל סַרְנֵי פְלִשְׁתִּים וְעַל־הַגָּג כִּשְׁלֹשֶׁת אֲלָפִים
כח אִישׁ וְאִשָּׁה הָרֹאִים בִּשְׂחוֹק שִׁמְשׁוֹן: וַיִּקְרָא שִׁמְשׁוֹן אֶל־יְהוָה
וַיֹּאמַר אֲדֹנָי יֱהֹוִה זָכְרֵנִי נָא וְחַזְּקֵנִי נָא אַךְ הַפַּעַם הַזֶּה הָאֱלֹהִים
כט וְאִנָּקְמָה נְקַם־אַחַת מִשְּׁתֵי עֵינַי מִפְּלִשְׁתִּים: וַיִּלְפֹּת שִׁמְשׁוֹן
אֶת־שְׁנֵי ׀ עַמּוּדֵי הַתָּוֶךְ אֲשֶׁר הַבַּיִת נָכוֹן עֲלֵיהֶם וַיִּסָּמֵךְ עֲלֵיהֶם
ל אֶחָד בִּימִינוֹ וְאֶחָד בִּשְׂמֹאלוֹ: וַיֹּאמֶר שִׁמְשׁוֹן תָּמוֹת נַפְשִׁי עִם־
פְּלִשְׁתִּים וַיֵּט בְּכֹחַ וַיִּפֹּל הַבַּיִת עַל־הַסְּרָנִים וְעַל־כָּל־הָעָם
אֲשֶׁר־בּוֹ וַיִּהְיוּ הַמֵּתִים אֲשֶׁר הֵמִית בְּמוֹתוֹ רַבִּים מֵאֲשֶׁר
לא הֵמִית בְּחַיָּיו: וַיֵּרְדוּ אֶחָיו וְכָל־בֵּית אָבִיהוּ וַיִּשְׂאוּ אֹתוֹ וַיַּעֲלוּ ׀
וַיִּקְבְּרוּ אוֹתוֹ בֵּין צָרְעָה וּבֵין אֶשְׁתָּאֹל בְּקֶבֶר מָנוֹחַ אָבִיו וְהוּא
יז א שָׁפַט אֶת־יִשְׂרָאֵל עֶשְׂרִים שָׁנָה: וַיְהִי־אִישׁ
ב מֵהַר־אֶפְרָיִם וּשְׁמוֹ מִיכָיְהוּ: וַיֹּאמֶר לְאִמּוֹ אֶלֶף וּמֵאָה הַכֶּסֶף
אֲשֶׁר לֻקַּח־לָךְ ואתי אָלִית וְגַם אָמַרְתְּ בְּאָזְנַי הִנֵּה־הַכֶּסֶף אִתִּי וְאַתְּ
ג אֲנִי לְקַחְתִּיו וַתֹּאמֶר אִמּוֹ בָּרוּךְ בְּנִי לַיהוָה: וַיָּשֶׁב אֶת־אֶלֶף־
וּמֵאָה הַכֶּסֶף לְאִמּוֹ וַתֹּאמֶר אִמּוֹ הַקְדֵּשׁ הִקְדַּשְׁתִּי אֶת־הַכֶּסֶף
לַיהוָה מִיָּדִי לִבְנִי לַעֲשׂוֹת פֶּסֶל וּמַסֵּכָה וְעַתָּה אֲשִׁיבֶנּוּ לָךְ:
ד וַיָּשֶׁב אֶת־הַכֶּסֶף לְאִמּוֹ וַתִּקַּח אִמּוֹ מָאתַיִם כֶּסֶף וַתִּתְּנֵהוּ
ה לַצּוֹרֵף וַיַּעֲשֵׂהוּ פֶּסֶל וּמַסֵּכָה וַיְהִי בְּבֵית מִיכָיְהוּ: וְהָאִישׁ מִיכָה
לוֹ בֵּית אֱלֹהִים וַיַּעַשׂ אֵפוֹד וּתְרָפִים וַיְמַלֵּא אֶת־יַד אַחַד
ו מִבָּנָיו וַיְהִי־לוֹ לְכֹהֵן: בַּיָּמִים הָהֵם אֵין מֶלֶךְ בְּיִשְׂרָאֵל אִישׁ
ז הַיָּשָׁר בְּעֵינָיו יַעֲשֶׂה: וַיְהִי־נַעַר מִבֵּית לֶחֶם

ח יְהוּדָה מִמִּשְׁפַּחַת יְהוּדָה וְהוּא לֵוִי וְהוּא גָר־שָׁם׃ וַיֵּלֶךְ הָאִישׁ
מֵהָעִיר מִבֵּית לֶחֶם יְהוּדָה לָגוּר בַּאֲשֶׁר יִמְצָא וַיָּבֹא הַר־
ט אֶפְרַיִם עַד־בֵּית מִיכָה לַעֲשׂוֹת דַּרְכּוֹ׃ וַיֹּאמֶר־לוֹ מִיכָה מֵאַיִן
תָּבוֹא וַיֹּאמֶר אֵלָיו לֵוִי אָנֹכִי מִבֵּית לֶחֶם יְהוּדָה וְאָנֹכִי הֹלֵךְ
י לָגוּר בַּאֲשֶׁר אֶמְצָא׃ וַיֹּאמֶר לוֹ מִיכָה שְׁבָה עִמָּדִי וֶהְיֵה־לִי
לְאָב וּלְכֹהֵן וְאָנֹכִי אֶתֶּן־לְךָ עֲשֶׂרֶת כֶּסֶף לַיָּמִים וְעֵרֶךְ בְּגָדִים
יא וּמִחְיָתֶךָ וַיֵּלֶךְ הַלֵּוִי׃ וַיּוֹאֶל הַלֵּוִי לָשֶׁבֶת אֶת־הָאִישׁ וַיְהִי הַנַּעַר
יב לוֹ כְּאַחַד מִבָּנָיו׃ וַיְמַלֵּא מִיכָה אֶת־יַד הַלֵּוִי וַיְהִי־לוֹ הַנַּעַר
יג לְכֹהֵן וַיְהִי בְּבֵית מִיכָה׃ וַיֹּאמֶר מִיכָה עַתָּה יָדַעְתִּי כִּי־יֵיטִיב
יח א יְהוָה לִי כִּי הָיָה־לִי הַלֵּוִי לְכֹהֵן׃ בַּיָּמִים הָהֵם אֵין מֶלֶךְ
בְּיִשְׂרָאֵל וּבַיָּמִים הָהֵם שֵׁבֶט הַדָּנִי מְבַקֶּשׁ־לוֹ נַחֲלָה לָשֶׁבֶת
כִּי לֹא־נָפְלָה לּוֹ עַד־הַיּוֹם הַהוּא בְּתוֹךְ־שִׁבְטֵי יִשְׂרָאֵל
ב בְּנַחֲלָה׃ וַיִּשְׁלְחוּ בְנֵי־דָן ׀ מִמִּשְׁפַּחְתָּם חֲמִשָּׁה
אֲנָשִׁים מִקְצוֹתָם אֲנָשִׁים בְּנֵי־חַיִל מִצָּרְעָה וּמֵאֶשְׁתָּאֹל לְרַגֵּל
אֶת־הָאָרֶץ וּלְחָקְרָהּ וַיֹּאמְרוּ אֲלֵהֶם לְכוּ חִקְרוּ אֶת־הָאָרֶץ
ג וַיָּבֹאוּ הַר־אֶפְרַיִם עַד־בֵּית מִיכָה וַיָּלִינוּ שָׁם׃ הֵמָּה עִם־בֵּית
מִיכָה וְהֵמָּה הִכִּירוּ אֶת־קוֹל הַנַּעַר הַלֵּוִי וַיָּסוּרוּ שָׁם וַיֹּאמְרוּ
ד לוֹ מִי־הֱבִיאֲךָ הֲלֹם וּמָה־אַתָּה עֹשֶׂה בָּזֶה וּמַה־לְּךָ פֹה׃ וַיֹּאמֶר
אֲלֵהֶם כָּזֹה וְכָזֶה עָשָׂה לִי מִיכָה וַיִּשְׂכְּרֵנִי וָאֱהִי־לוֹ לְכֹהֵן׃
ה וַיֹּאמְרוּ לוֹ שְׁאַל־נָא בֵאלֹהִים וְנֵדְעָה הֲתַצְלִיחַ דַּרְכֵּנוּ אֲשֶׁר
ו אֲנַחְנוּ הֹלְכִים עָלֶיהָ׃ וַיֹּאמֶר לָהֶם הַכֹּהֵן לְכוּ לְשָׁלוֹם נֹכַח יב
ז יְהוָה דַּרְכְּכֶם אֲשֶׁר תֵּלְכוּ־בָהּ׃ וַיֵּלְכוּ חֲמֵשֶׁת
הָאֲנָשִׁים וַיָּבֹאוּ לָיְשָׁה וַיִּרְאוּ אֶת־הָעָם אֲשֶׁר־בְּקִרְבָּהּ יוֹשֶׁבֶת
לָבֶטַח כְּמִשְׁפַּט צִדֹנִים שֹׁקֵט ׀ וּבֹטֵחַ וְאֵין־מַכְלִים דָּבָר בָּאָרֶץ
יוֹרֵשׁ עֶצֶר וּרְחֹקִים הֵמָּה מִצִּדֹנִים וְדָבָר אֵין־לָהֶם עִם־אָדָם׃
ח וַיָּבֹאוּ אֶל־אֲחֵיהֶם צָרְעָה וְאֶשְׁתָּאֹל וַיֹּאמְרוּ לָהֶם אֲחֵיהֶם מָה
ט אַתֶּם׃ וַיֹּאמְרוּ קוּמָה וְנַעֲלֶה עֲלֵיהֶם כִּי רָאִינוּ אֶת־הָאָרֶץ וְהִנֵּה

טוֹבָה מְאֹד וְאַתֶּם מַחְשִׁים אַל־תֵּעָצְלוּ לָלֶכֶת לָבֹא לָרֶשֶׁת
י אֶת־הָאָרֶץ׃ כְּבֹאֲכֶם תָּבֹאוּ ׀ אֶל־עַם בֹּטֵחַ וְהָאָרֶץ רַחֲבַת
יָדַיִם כִּי־נְתָנָהּ אֱלֹהִים בְּיֶדְכֶם מָקוֹם אֲשֶׁר אֵין־שָׁם מַחְסוֹר
יא כָּל־דָּבָר אֲשֶׁר בָּאָרֶץ׃ וַיִּסְעוּ מִשָּׁם מִמִּשְׁפַּחַת הַדָּנִי מִצָּרְעָה
יב וּמֵאֶשְׁתָּאֹל שֵׁשׁ־מֵאוֹת אִישׁ חָגוּר כְּלֵי מִלְחָמָה׃ וַיַּעֲלוּ וַיַּחֲנוּ
בְּקִרְיַת יְעָרִים בִּיהוּדָה עַל־כֵּן קָרְאוּ לַמָּקוֹם הַהוּא מַחֲנֵה־דָן
יג עַד הַיּוֹם הַזֶּה הִנֵּה אַחֲרֵי קִרְיַת יְעָרִים׃ וַיַּעַבְרוּ מִשָּׁם הַר־
יד אֶפְרָיִם וַיָּבֹאוּ עַד־בֵּית מִיכָה׃ וַיַּעֲנוּ חֲמֵשֶׁת הָאֲנָשִׁים הַהֹלְכִים
לְרַגֵּל אֶת־הָאָרֶץ לַיִשׁ וַיֹּאמְרוּ אֶל־אֲחֵיהֶם הַיְדַעְתֶּם כִּי יֵשׁ
בַּבָּתִּים הָאֵלֶּה אֵפוֹד וּתְרָפִים וּפֶסֶל וּמַסֵּכָה וְעַתָּה דְּעוּ מַה־
טו תַּעֲשׂוּ׃ וַיָּסוּרוּ שָׁמָּה וַיָּבֹאוּ אֶל־בֵּית־הַנַּעַר הַלֵּוִי בֵּית מִיכָה
טז וַיִּשְׁאֲלוּ־לוֹ לְשָׁלוֹם׃ וְשֵׁשׁ־מֵאוֹת אִישׁ חֲגוּרִים כְּלֵי מִלְחַמְתָּם
יז נִצָּבִים פֶּתַח הַשָּׁעַר אֲשֶׁר מִבְּנֵי־דָן׃ וַיַּעֲלוּ חֲמֵשֶׁת הָאֲנָשִׁים
הַהֹלְכִים לְרַגֵּל אֶת־הָאָרֶץ בָּאוּ שָׁמָּה לָקְחוּ אֶת־הַפֶּסֶל וְאֶת־
הָאֵפוֹד וְאֶת־הַתְּרָפִים וְאֶת־הַמַּסֵּכָה וְהַכֹּהֵן נִצָּב פֶּתַח הַשַּׁעַר
יח וְשֵׁשׁ־מֵאוֹת הָאִישׁ הֶחָגוּר כְּלֵי הַמִּלְחָמָה׃ וְאֵלֶּה בָּאוּ בֵּית
מִיכָה וַיִּקְחוּ אֶת־פֶּסֶל הָאֵפוֹד וְאֶת־הַתְּרָפִים וְאֶת־הַמַּסֵּכָה
יט וַיֹּאמֶר אֲלֵיהֶם הַכֹּהֵן מָה אַתֶּם עֹשִׂים׃ וַיֹּאמְרוּ לוֹ הַחֲרֵשׁ שִׂים־
יָדְךָ עַל־פִּיךָ וְלֵךְ עִמָּנוּ וֶהְיֵה־לָנוּ לְאָב וּלְכֹהֵן הֲטוֹב ׀ הֱיוֹתְךָ
כֹהֵן לְבֵית אִישׁ אֶחָד אוֹ הֱיוֹתְךָ כֹהֵן לְשֵׁבֶט וּלְמִשְׁפָּחָה
כ בְּיִשְׂרָאֵל׃ וַיִּיטַב לֵב הַכֹּהֵן וַיִּקַּח אֶת־הָאֵפוֹד וְאֶת־הַתְּרָפִים
כא וְאֶת־הַפָּסֶל וַיָּבֹא בְּקֶרֶב הָעָם׃ וַיִּפְנוּ וַיֵּלֵכוּ וַיָּשִׂימוּ אֶת־הַטַּף
כב וְאֶת־הַמִּקְנֶה וְאֶת־הַכְּבוּדָּה לִפְנֵיהֶם׃ הֵמָּה הִרְחִיקוּ מִבֵּית
מִיכָה וְהָאֲנָשִׁים אֲשֶׁר בַּבָּתִּים אֲשֶׁר עִם־בֵּית מִיכָה נִזְעֲקוּ
כג וַיַּדְבִּיקוּ אֶת־בְּנֵי־דָן׃ וַיִּקְרְאוּ אֶל־בְּנֵי־דָן וַיַּסֵּבּוּ פְּנֵיהֶם וַיֹּאמְרוּ
כד לְמִיכָה מַה־לְּךָ כִּי נִזְעָקְתָּ׃ וַיֹּאמֶר אֶת־אֱלֹהַי אֲשֶׁר־עָשִׂיתִי
לְקַחְתֶּם וְאֶת־הַכֹּהֵן וַתֵּלְכוּ וּמַה־לִּי עוֹד וּמַה־זֶּה תֹּאמְרוּ אֵלַי

מַה־לָּךְ: וַיֹּאמְר֧וּ אֵלָ֣יו בְּנֵי־דָ֗ן אַל־תַּשְׁמַ֤ע קוֹלְךָ֙ עִמָּ֔נוּ פֶּֽן־ כה
יִפְגְּע֣וּ בָכֶ֗ם אֲנָשִׁים֙ מָ֣רֵי נֶ֔פֶשׁ וְאָסַפְתָּ֥ה נַפְשְׁךָ֖ וְנֶ֥פֶשׁ בֵּיתֶֽךָ:
וַיֵּלְכ֥וּ בְנֵי־דָ֖ן לְדַרְכָּ֑ם וַיַּ֣רְא מִיכָ֗ה כִּי־חֲזָקִ֤ים הֵ֨מָּה֙ מִמֶּ֔נּוּ וַיִּ֖פֶן כו
וַיָּ֣שָׁב אֶל־בֵּיתֽוֹ: וְהֵ֗מָּה לָֽקְחוּ֙ אֵ֣ת אֲשֶׁר־עָשָׂ֣ה מִיכָ֔ה וְאֶֽת־ כז
הַכֹּהֵן֙ אֲשֶׁ֣ר הָֽיָה־ל֔וֹ וַיָּבֹ֣אוּ עַל־לַ֗יִשׁ עַל־עַם֙ שֹׁקֵ֣ט וּבֹטֵ֔חַ וַיַּכּ֥וּ
אוֹתָ֖ם לְפִי־חָ֑רֶב וְאֶת־הָעִ֖יר שָׂרְפ֥וּ בָאֵֽשׁ: וְאֵ֤ין מַצִּיל֙ כִּ֣י כח
רְחֽוֹקָה־הִ֜יא מִצִּיד֗וֹן וְדָבָ֤ר אֵֽין־לָהֶם֙ עִם־אָדָ֔ם וְהִ֖יא בָּעֵ֣מֶק
אֲשֶׁ֣ר לְבֵית־רְח֑וֹב וַיִּבְנ֥וּ אֶת־הָעִ֖יר וַיֵּ֥שְׁבוּ בָֽהּ: וַיִּקְרְא֤וּ שֵׁם־ כט
הָעִיר֙ דָּ֔ן בְּשֵׁם֙ דָּ֣ן אֲבִיהֶ֔ם אֲשֶׁ֥ר יוּלַּ֖ד לְיִשְׂרָאֵ֑ל וְאוּלָ֣ם לַ֥יִשׁ
שֵׁם־הָעִ֖יר לָרִֽאשֹׁנָֽה: וַיָּקִ֧ימוּ לָהֶ֛ם בְּנֵי־דָ֖ן אֶת־הַפָּ֑סֶל וִ֠יהוֹנָתָ֠ן ל
בֶּן־גֵּרְשֹׁ֨ם בֶּן־מְנַשֶּׁ֜ה ה֗וּא וּבָנָ֤יו הָיוּ֙ כֹּֽהֲנִ֔ים לְשֵׁ֣בֶט הַדָּנִ֔י עַד־
י֖וֹם גְּל֥וֹת הָאָֽרֶץ: וַיָּשִׂ֣ימוּ לָהֶ֔ם אֶת־פֶּ֖סֶל מִיכָ֣ה אֲשֶׁ֣ר עָשָׂ֑ה לא
כָּל־יְמֵ֛י הֱי֥וֹת בֵּית־הָאֱלֹהִ֖ים בְּשִׁלֹֽה: וַיְהִי֙ א יט
בַּיָּמִ֣ים הָהֵ֔ם וּמֶ֖לֶךְ אֵ֣ין בְּיִשְׂרָאֵ֑ל וַיְהִ֣י ׀ אִ֣ישׁ לֵוִ֗י גָּ֚ר בְּיַרְכְּתֵ֣י
הַר־אֶפְרַ֔יִם וַיִּֽקַּֽח־לוֹ֙ אִשָּׁ֣ה פִילֶ֔גֶשׁ מִבֵּ֥ית לֶ֖חֶם יְהוּדָֽה: וַתִּזְנֶ֤ה ב
עָלָיו֙ פִּֽילַגְשׁ֔וֹ וַתֵּ֤לֶךְ מֵֽאִתּוֹ֙ אֶל־בֵּ֣ית אָבִ֔יהָ אֶל־בֵּ֥ית לֶ֖חֶם
יְהוּדָ֑ה וַתְּהִי־שָׁ֕ם יָמִ֖ים אַרְבָּעָ֥ה חֳדָשִֽׁים: וַיָּ֙קָם אִישָׁ֜הּ וַיֵּ֣לֶךְ ג
אַֽחֲרֶ֗יהָ לְדַבֵּ֤ר עַל־לִבָּהּ֙ להשיבה לַֽהֲשִׁיבָ֔הּ וְנַֽעֲר֥וֹ עִמּ֖וֹ וְצֶ֣מֶד חֲמֹרִ֑ים
וַתְּבִיאֵ֨הוּ֙ בֵּ֣ית אָבִ֔יהָ וַיִּרְאֵ֨הוּ֙ אֲבִ֣י הַֽנַּֽעֲרָ֔ה וַיִּשְׂמַ֖ח לִקְרָאתֽוֹ:
וַיֶּֽחֱזַק־בּ֤וֹ חֹֽתְנוֹ֙ אֲבִ֣י הַֽנַּֽעֲרָ֔ה וַיֵּ֥שֶׁב אִתּ֖וֹ שְׁלֹ֣שֶׁת יָמִ֑ים וַיֹּֽאכְלוּ֙ ד
וַיִּשְׁתּ֔וּ וַיָּלִ֖ינוּ שָֽׁם: וַיְהִ֣י בַּיּ֣וֹם הָֽרְבִיעִ֗י וַיַּשְׁכִּ֤ימוּ בַבֹּ֨קֶר֙ וַיָּ֣קָם ה
לָלֶ֔כֶת וַיֹּ֩אמֶר֩ אֲבִ֨י הַֽנַּֽעֲרָ֜ה אֶל־חֲתָנ֗וֹ סְעָ֧ד לִבְּךָ֛ פַּת־לֶ֖חֶם
וְאַחַ֥ר תֵּלֵֽכוּ: וַיֵּֽשְׁב֗וּ וַיֹּֽאכְל֧וּ שְׁנֵיהֶ֛ם יַחְדָּ֖ו וַיִּשְׁתּ֑וּ וַיֹּ֜אמֶר אֲבִ֤י ו
הַֽנַּֽעֲרָה֙ אֶל־הָאִ֔ישׁ הֽוֹאֶל־נָ֥א וְלִ֖ין וְיִטַ֥ב לִבֶּֽךָ: וַיָּ֥קָם הָאִ֖ישׁ ז
לָלֶ֑כֶת וַיִּפְצַר־בּ֣וֹ חֹֽתְנ֔וֹ וַיָּ֖שָׁב וַיָּ֥לֶן שָֽׁם: וַיַּשְׁכֵּ֨ם בַּבֹּ֜קֶר בַּיּ֣וֹם ח
הַֽחֲמִישִׁי֮ לָלֶכֶת֒ וַיֹּ֣אמֶר ׀ אֲבִ֣י הַֽנַּֽעֲרָ֗ה סְעָד־נָ֤א לְבָבְךָ֙
וְהִֽתְמַהְמְה֣וּ עַד־נְט֣וֹת הַיּ֔וֹם וַיֹּֽאכְל֖וּ שְׁנֵיהֶֽם: וַיָּ֤קָם הָאִישׁ֙ לָלֶ֔כֶת ט

עח

הוּא וּפִילַגְשׁוֹ וְנַעֲרוֹ וַיֹּאמֶר לוֹ חֹתְנוֹ אֲבִי הַנַּעֲרָה הִנֵּה נָא
רָפָה הַיּוֹם לַעֲרֹב לִינוּ־נָא הִנֵּה חֲנוֹת הַיּוֹם לִין פֹּה וְיִיטַב
י לְבָבֶךָ וְהִשְׁכַּמְתֶּם מָחָר לְדַרְכְּכֶם וְהָלַכְתָּ לְאֹהָלֶךָ: וְלֹא־אָבָה
הָאִישׁ לָלוּן וַיָּקָם וַיֵּלֶךְ וַיָּבֹא עַד־נֹכַח יְבוּס הִיא יְרוּשָׁלָ‍ִם וְעִמּוֹ
יא צֶמֶד חֲמוֹרִים חֲבוּשִׁים וּפִילַגְשׁוֹ עִמּוֹ: הֵם עִם־יְבוּס וְהַיּוֹם רַד
מְאֹד וַיֹּאמֶר הַנַּעַר אֶל־אֲדֹנָיו לְכָה־נָּא וְנָסוּרָה אֶל־עִיר־
יב הַיְבוּסִי הַזֹּאת וְנָלִין בָּהּ: וַיֹּאמֶר אֵלָיו אֲדֹנָיו לֹא נָסוּר אֶל־
עִיר נָכְרִי אֲשֶׁר לֹא־מִבְּנֵי יִשְׂרָאֵל הֵנָּה וְעָבַרְנוּ עַד־גִּבְעָה:
יג וַיֹּאמֶר לְנַעֲרוֹ לְךָ וְנִקְרְבָה בְּאַחַד הַמְּקֹמוֹת וְלַנּוּ בַגִּבְעָה אוֹ
יד בָרָמָה: וַיַּעַבְרוּ וַיֵּלֵכוּ וַתָּבֹא לָהֶם הַשֶּׁמֶשׁ אֵצֶל הַגִּבְעָה אֲשֶׁר
טו לְבִנְיָמִן: וַיָּסֻרוּ שָׁם לָבוֹא לָלוּן בַּגִּבְעָה וַיָּבֹא וַיֵּשֶׁב בִּרְחוֹב
טז הָעִיר וְאֵין אִישׁ מְאַסֵּף־אוֹתָם הַבַּיְתָה לָלוּן: וְהִנֵּה ׀ אִישׁ זָקֵן
בָּא מִן־מַעֲשֵׂהוּ מִן־הַשָּׂדֶה בָּעֶרֶב וְהָאִישׁ מֵהַר אֶפְרַיִם וְהוּא־
יז גָר בַּגִּבְעָה וְאַנְשֵׁי הַמָּקוֹם בְּנֵי יְמִינִי: וַיִּשָּׂא עֵינָיו וַיַּרְא אֶת־
הָאִישׁ הָאֹרֵחַ בִּרְחֹב הָעִיר וַיֹּאמֶר הָאִישׁ הַזָּקֵן אָנָה תֵלֵךְ
יח וּמֵאַיִן תָּבוֹא: וַיֹּאמֶר אֵלָיו עֹבְרִים אֲנַחְנוּ מִבֵּית־לֶחֶם יְהוּדָה
עַד־יַרְכְּתֵי הַר־אֶפְרַיִם מִשָּׁם אָנֹכִי וָאֵלֵךְ עַד־בֵּית לֶחֶם
יְהוּדָה וְאֶת־בֵּית יהוה אֲנִי הֹלֵךְ וְאֵין אִישׁ מְאַסֵּף אוֹתִי
יט הַבָּיְתָה: וְגַם־תֶּבֶן גַּם־מִסְפּוֹא יֵשׁ לַחֲמוֹרֵינוּ וְגַם לֶחֶם וָיַיִן יֶשׁ־
כ לִי וְלַאֲמָתֶךָ וְלַנַּעַר עִם־עֲבָדֶיךָ אֵין מַחְסוֹר כָּל־דָּבָר: וַיֹּאמֶר יג
הָאִישׁ הַזָּקֵן שָׁלוֹם לָךְ רַק כָּל־מַחְסוֹרְךָ עָלָי רַק בָּרְחוֹב אַל־
כא תָּלַן: וַיְבִיאֵהוּ לְבֵיתוֹ ויבול לַחֲמוֹרִים וַיִּרְחֲצוּ רַגְלֵיהֶם וַיֹּאכְלוּ וַיָּבָל
כב וַיִּשְׁתּוּ: הֵמָּה מֵיטִיבִים אֶת־לִבָּם וְהִנֵּה אַנְשֵׁי הָעִיר אַנְשֵׁי בְנֵי־
בְלִיַּעַל נָסַבּוּ אֶת־הַבַּיִת מִתְדַּפְּקִים עַל־הַדָּלֶת וַיֹּאמְרוּ אֶל־
הָאִישׁ בַּעַל הַבַּיִת הַזָּקֵן לֵאמֹר הוֹצֵא אֶת־הָאִישׁ אֲשֶׁר־בָּא
כג אֶל־בֵּיתְךָ וְנֵדָעֶנּוּ: וַיֵּצֵא אֲלֵיהֶם הָאִישׁ בַּעַל הַבַּיִת וַיֹּאמֶר
אֲלֵהֶם אַל־אַחַי אַל־תָּרֵעוּ נָא אַחֲרֵי אֲשֶׁר־בָּא הָאִישׁ הַזֶּה

כד אֶל־בֵּיתִ֔י אַֽל־תַּעֲשׂ֖וּ אֶת־הַנְּבָלָ֥ה הַזֹּֽאת׃ הִנֵּה֩ בִתִּ֨י הַבְּתוּלָ֜ה
וּפִֽילַגְשֵׁ֗הוּ אוֹצִֽיאָה־נָּ֤א אוֹתָם֙ וְעַנּ֣וּ אוֹתָ֔ם וַעֲשׂ֣וּ לָהֶ֔ם הַטּ֖וֹב
כה בְּעֵינֵיכֶ֑ם וְלָאִ֤ישׁ הַזֶּה֙ לֹ֣א תַעֲשׂ֔וּ דְּבַ֖ר הַנְּבָלָ֥ה הַזֹּֽאת׃ וְלֹֽא־
אָב֤וּ הָֽאֲנָשִׁים֙ לִשְׁמֹ֣עַ ל֔וֹ וַיַּחֲזֵ֤ק הָאִישׁ֙ בְּפִ֣ילַגְשׁ֔וֹ וַיֹּצֵ֥א אֲלֵיהֶ֖ם
הַח֑וּץ וַיֵּדְע֨וּ אוֹתָ֜הּ וַיִּתְעַלְּלוּ־בָ֤הּ כָּל־הַלַּ֙יְלָה֙ עַד־הַבֹּ֔קֶר
כו וַֽיְשַׁלְּח֔וּהָ בעלות הַשָּֽׁחַר׃ וַתָּבֹ֥א הָאִשָּׁ֖ה לִפְנ֣וֹת הַבֹּ֑קֶר וַתִּפֹּ֞ל כַּעֲלוֹת
כז פֶּ֧תַח בֵּית־הָאִ֛ישׁ אֲשֶׁר־אֲדוֹנֶ֥יהָ שָּׁ֖ם עַד־הָאֽוֹר׃ וַיָּ֨קָם אֲדֹנֶ֜יהָ
בַּבֹּ֗קֶר וַיִּפְתַּח֙ דַּלְת֣וֹת הַבַּ֔יִת וַיֵּצֵ֖א לָלֶ֣כֶת לְדַרְכּ֑וֹ וְהִנֵּ֧ה הָאִשָּׁ֣ה
כח פִֽילַגְשׁ֗וֹ נֹפֶ֙לֶת֙ פֶּ֣תַח הַבַּ֔יִת וְיָדֶ֖יהָ עַל־הַסַּֽף׃ וַיֹּ֧אמֶר אֵלֶ֛יהָ ק֖וּמִי
וְנֵלֵ֑כָה וְאֵ֖ין עֹנֶ֑ה וַיִּקָּחֶ֙הָ֙ עַל־הַחֲמ֔וֹר וַיָּ֣קָם הָאִ֔ישׁ וַיֵּ֖לֶךְ לִמְקֹמֽוֹ׃
כט וַיָּבֹ֣א אֶל־בֵּית֗וֹ וַיִּקַּ֤ח אֶת־הַֽמַּאֲכֶ֙לֶת֙ וַיַּחֲזֵ֣ק בְּפִֽילַגְשׁ֔וֹ וַֽיְנַתְּחֶ֙הָ֙
לַעֲצָמֶ֔יהָ לִשְׁנֵ֥ים עָשָׂ֖ר נְתָחִ֑ים וַֽיְשַׁלְּחֶ֔הָ בְּכֹ֖ל גְּב֥וּל יִשְׂרָאֵֽל׃
ל וְהָיָ֣ה כָל־הָרֹאֶ֗ה וְאָמַר֙ לֹֽא־נִהְיְתָ֤ה וְלֹֽא־נִרְאֲתָה֙ כָּזֹ֔את לְמִיּ֞וֹם
עֲל֤וֹת בְּנֵֽי־יִשְׂרָאֵל֙ מֵאֶ֣רֶץ מִצְרַ֔יִם עַ֖ד הַיּ֣וֹם הַזֶּ֑ה שִֽׂימוּ־לָכֶ֥ם
כ א עָלֶ֖יהָ עֻ֥צוּ וְדַבֵּֽרוּ׃ וַיֵּצְאוּ֮ כָּל־בְּנֵ֣י יִשְׂרָאֵל֒ וַתִּקָּהֵ֨ל
הָעֵדָ֜ה כְּאִ֣ישׁ אֶחָ֗ד לְמִדָּן֙ וְעַד־בְּאֵ֣ר שֶׁ֔בַע וְאֶ֖רֶץ הַגִּלְעָ֑ד אֶל־
ב יְהוָ֖ה הַמִּצְפָּֽה׃ וַיִּֽתְיַצְּב֞וּ פִּנּ֣וֹת כָּל־הָעָ֗ם כֹּ֚ל שִׁבְטֵ֣י יִשְׂרָאֵ֔ל
בִּקְהַ֖ל עַ֣ם הָאֱלֹהִ֑ים אַרְבַּ֨ע מֵא֥וֹת אֶ֛לֶף אִ֥ישׁ רַגְלִ֖י שֹׁ֥לֵֽף
ג חָֽרֶב׃ וַֽיִּשְׁמְעוּ֙ בְּנֵ֣י בִנְיָמִ֔ן כִּֽי־עָל֥וּ בְנֵֽי־יִשְׂרָאֵ֖ל
הַמִּצְפָּ֑ה וַיֹּֽאמְרוּ֙ בְּנֵ֣י יִשְׂרָאֵ֔ל דַּבְּר֕וּ אֵיכָ֥ה נִהְיְתָ֖ה הָרָעָ֥ה הַזֹּֽאת׃
ד וַ֠יַּעַן הָאִ֨ישׁ הַלֵּוִ֜י אִ֣ישׁ הָאִשָּׁ֧ה הַנִּרְצָחָ֛ה וַיֹּאמַ֑ר הַגִּבְעָ֙תָה֙ אֲשֶׁ֣ר
ה לְבִנְיָמִ֔ן בָּ֛אתִי אֲנִ֥י וּפִֽילַגְשִׁ֖י לָלֽוּן׃ וַיָּקֻ֤מוּ עָלַי֙ בַּעֲלֵ֣י הַגִּבְעָ֔ה
וַיָּסֹ֥בּוּ עָלַ֛י אֶת־הַבַּ֖יִת לָ֑יְלָה אוֹתִי֙ דִּמּ֣וּ לַהֲרֹ֔ג וְאֶת־פִּילַגְשִׁ֥י עִנּ֖וּ
ו וַתָּמֹֽת׃ וָֽאֹחֵ֤ז בְּפִֽילַגְשִׁי֙ וָֽאֲנַתְּחֶ֔הָ וָֽאֲשַׁלְּחֶ֔הָ בְּכָל־שְׂדֵ֖ה נַחֲלַ֣ת
ז יִשְׂרָאֵ֑ל כִּ֥י עָשׂ֛וּ זִמָּ֥ה וּנְבָלָ֖ה בְּיִשְׂרָאֵֽל׃ הִנֵּ֥ה כֻלְּכֶ֖ם בְּנֵ֣י יִשְׂרָאֵ֑ל
ח הָב֥וּ לָכֶ֛ם דָּבָ֥ר וְעֵצָ֖ה הֲלֹֽם׃ וַיָּ֙קָם֙ כָּל־הָעָ֔ם כְּאִ֥ישׁ אֶחָ֖ד לֵאמֹ֑ר
ט לֹ֤א נֵלֵךְ֙ אִ֣ישׁ לְאָהֳל֔וֹ וְלֹ֥א נָס֖וּר אִ֥ישׁ לְבֵיתֽוֹ׃ וְעַתָּ֕ה זֶ֚ה הַדָּבָ֔ר

פ

י אֲשֶׁר נַעֲשָׂה לְגִבְעָה עָלֶיהָ בְּגוֹרָל׃ וְלָקַחְנוּ עֲשָׂרָה אֲנָשִׁים
לַמֵּאָה לְכֹל ׀ שִׁבְטֵי יִשְׂרָאֵל וּמֵאָה לָאֶלֶף וְאֶלֶף לָרְבָבָה לָקַחַת
צֵדָה לָעָם לַעֲשׂוֹת לְבוֹאָם לְגֶבַע בִּנְיָמִן כְּכָל־הַנְּבָלָה אֲשֶׁר
יא עָשָׂה בְּיִשְׂרָאֵל׃ וַיֵּאָסֵף כָּל־אִישׁ יִשְׂרָאֵל אֶל־הָעִיר כְּאִישׁ
יב אֶחָד חֲבֵרִים׃ וַיִּשְׁלְחוּ שִׁבְטֵי יִשְׂרָאֵל אֲנָשִׁים
בְּכָל־שִׁבְטֵי בִנְיָמִן לֵאמֹר מָה הָרָעָה הַזֹּאת אֲשֶׁר נִהְיְתָה
יג בָּכֶם׃ וְעַתָּה תְּנוּ אֶת־הָאֲנָשִׁים בְּנֵי־בְלִיַּעַל אֲשֶׁר בַּגִּבְעָה
וּנְמִיתֵם וּנְבַעֲרָה רָעָה מִיִּשְׂרָאֵל וְלֹא אָבוּ בִּנְיָמִן לִשְׁמֹעַ [בְּנֵי]
יד בְּקוֹל אֲחֵיהֶם בְּנֵי־יִשְׂרָאֵל׃ וַיֵּאָסְפוּ בְנֵי־בִנְיָמִן מִן־הֶעָרִים
טו הַגִּבְעָתָה לָצֵאת לַמִּלְחָמָה עִם־בְּנֵי יִשְׂרָאֵל׃ וַיִּתְפָּקְדוּ בְנֵי
בִנְיָמִן בַּיּוֹם הַהוּא מֵהֶעָרִים עֶשְׂרִים וְשִׁשָּׁה אֶלֶף אִישׁ שֹׁלֵף
חָרֶב לְבַד מִיֹּשְׁבֵי הַגִּבְעָה הִתְפָּקְדוּ שְׁבַע מֵאוֹת אִישׁ בָּחוּר׃
טז מִכֹּל ׀ הָעָם הַזֶּה שְׁבַע מֵאוֹת אִישׁ בָּחוּר אִטֵּר יַד־יְמִינוֹ כָּל־זֶה
יז קֹלֵעַ בָּאֶבֶן אֶל־הַשַּׂעֲרָה וְלֹא יַחֲטִא׃ וְאִישׁ
יִשְׂרָאֵל הִתְפָּקְדוּ לְבַד מִבִּנְיָמִן אַרְבַּע מֵאוֹת אֶלֶף אִישׁ שֹׁלֵף
יח חָרֶב כָּל־זֶה אִישׁ מִלְחָמָה׃ וַיָּקֻמוּ וַיַּעֲלוּ בֵית־אֵל וַיִּשְׁאֲלוּ
בֵאלֹהִים וַיֹּאמְרוּ בְּנֵי יִשְׂרָאֵל מִי יַעֲלֶה־לָּנוּ בַתְּחִלָּה לַמִּלְחָמָה
יט עִם־בְּנֵי בִנְיָמִן וַיֹּאמֶר יְהוָה יְהוּדָה בַתְּחִלָּה׃ וַיָּקוּמוּ בְנֵי־
כ יִשְׂרָאֵל בַּבֹּקֶר וַיַּחֲנוּ עַל־הַגִּבְעָה׃ וַיֵּצֵא אִישׁ יִשְׂרָאֵל לַמִּלְחָמָה
עִם־בִּנְיָמִן וַיַּעַרְכוּ אִתָּם אִישׁ־יִשְׂרָאֵל מִלְחָמָה אֶל־הַגִּבְעָה׃
כא וַיֵּצְאוּ בְנֵי־בִנְיָמִן מִן־הַגִּבְעָה וַיַּשְׁחִיתוּ בְיִשְׂרָאֵל בַּיּוֹם הַהוּא
כב שְׁנַיִם וְעֶשְׂרִים אֶלֶף אִישׁ אָרְצָה׃ וַיִּתְחַזֵּק הָעָם אִישׁ יִשְׂרָאֵל
וַיֹּסִפוּ לַעֲרֹךְ מִלְחָמָה בַּמָּקוֹם אֲשֶׁר־עָרְכוּ שָׁם בַּיּוֹם הָרִאשׁוֹן׃
כג וַיַּעֲלוּ בְנֵי־יִשְׂרָאֵל וַיִּבְכּוּ לִפְנֵי־יְהוָה עַד־הָעֶרֶב וַיִּשְׁאֲלוּ בַיהוָה
לֵאמֹר הַאוֹסִיף לָגֶשֶׁת לַמִּלְחָמָה עִם־בְּנֵי בִּנְיָמִן אָחִי וַיֹּאמֶר
כד יְהוָה עֲלוּ אֵלָיו׃ וַיִּקְרְבוּ בְנֵי־יִשְׂרָאֵל אֶל־בְּנֵי
כה בִנְיָמִן בַּיּוֹם הַשֵּׁנִי׃ וַיֵּצֵא בִנְיָמִן ׀ לִקְרָאתָם ׀ מִן־הַגִּבְעָה בַּיּוֹם

הַשֵּׁנִ֗י וַיַּשְׁחִ֨יתוּ בִבְנֵ֤י יִשְׂרָאֵל֙ ע֔וֹד שְׁמֹנַ֨ת עָשָׂ֥ר אֶ֛לֶף אִ֖ישׁ אַ֑רְצָה
כָּל־אֵ֖לֶּה שֹׁ֥לְפֵי חָֽרֶב׃ וַיַּעֲל֣וּ כָל־בְּנֵ֣י יִ֠שְׂרָאֵל וְכָל־הָעָ֞ם וַיָּבֹ֣אוּ כו
בֵֽית־אֵ֗ל וַיִּבְכּוּ֙ וַיֵּ֤שְׁבוּ שָׁם֙ לִפְנֵ֣י יְהוָ֔ה וַיָּצ֥וּמוּ בַיּוֹם־הַה֖וּא עַד־
יד הָעָ֑רֶב וַיַּעֲל֥וּ עֹל֛וֹת וּשְׁלָמִ֖ים לִפְנֵ֥י יְהוָֽה׃ וַיִּשְׁאֲל֥וּ בְנֵֽי־יִשְׂרָאֵ֖ל כז
בַּֽיהוָ֑ה וְשָׁ֗ם אֲרוֹן֙ בְּרִ֣ית הָאֱלֹהִ֔ים בַּיָּמִ֖ים הָהֵֽם׃ וּ֠פִֽינְחָס בֶּן־ כח
אֶלְעָזָ֨ר בֶּֽן־אַהֲרֹ֜ן עֹמֵ֣ד ׀ לְפָנָ֗יו בַּיָּמִ֥ים הָהֵם֮ לֵאמֹר֒ הַאוֹסִ֨ף ע֜וֹד
לָצֵ֧את לַמִּלְחָמָ֛ה עִם־בְּנֵֽי־בִנְיָמִ֥ן אָחִ֖י אִם־אֶחְדָּ֑ל וַיֹּ֤אמֶר יְהוָה֙
עֲל֔וּ כִּ֥י מָחָ֖ר אֶתְּנֶ֥נּוּ בְיָדֶֽךָ׃ וַיָּ֤שֶׂם יִשְׂרָאֵל֙ אֹֽרְבִ֔ים אֶל־הַגִּבְעָ֖ה כט
סָבִֽיב׃ וַיַּעֲל֧וּ בְנֵֽי־יִשְׂרָאֵ֛ל אֶל־בְּנֵ֥י בִנְיָמִ֖ן בַּיּ֣וֹם ל
הַשְּׁלִישִׁ֑י וַיַּעַרְכ֥וּ אֶל־הַגִּבְעָ֖ה כְּפַ֥עַם בְּפָֽעַם׃ וַיֵּצְא֤וּ בְנֵֽי־בִנְיָמִן֙ לא
לִקְרַ֣את הָעָ֔ם הָנְתְּק֖וּ מִן־הָעִ֑יר וַיָּחֵ֡לּוּ לְהַכּוֹת֩ מֵהָעָ֨ם חֲלָלִ֜ים
כְּפַ֣עַם ׀ בְּפַ֗עַם בַּֽמְסִלּוֹת֙ אֲשֶׁ֨ר אַחַ֜ת עֹלָ֣ה בֵֽית־אֵ֗ל וְאַחַ֤ת
גִּבְעָ֙תָה֙ בַּשָּׂדֶ֔ה כִּשְׁלֹשִׁ֥ים אִ֖ישׁ בְּיִשְׂרָאֵֽל׃ וַיֹּֽאמְרוּ֙ בְּנֵ֣י בִנְיָמִ֔ן לב
נִגָּפִ֥ים הֵ֛ם לְפָנֵ֖ינוּ כְּבָרִאשֹׁנָ֑ה וּבְנֵ֧י יִשְׂרָאֵ֣ל אָמְר֗וּ נָנ֙וּסָה֙
וּ֠נְתַקְּנֻהוּ מִן־הָעִ֖יר אֶל־הַֽמְסִלּֽוֹת׃ וְכֹ֣ל ׀ אִ֣ישׁ יִשְׂרָאֵ֗ל קָ֚מוּ לג
מִמְּקוֹמ֔וֹ וַיַּעַרְכ֖וּ בְּבַ֣עַל תָּמָ֑ר וְאֹרֵ֧ב יִשְׂרָאֵ֛ל מֵגִ֥יחַ מִמְּקֹמ֖וֹ
מִמַּֽעֲרֵה־גָֽבַע׃ וַיָּבֹ֡אוּ מִנֶּ֣גֶד לַגִּבְעָה֩ עֲשֶׂרֶת֩ אֲלָפִ֨ים אִ֤ישׁ בָּחוּר֙ לד
מִכָּל־יִשְׂרָאֵ֔ל וְהַמִּלְחָמָ֖ה כָּבֵ֑דָה וְהֵם֙ לֹ֣א יָֽדְע֔וּ כִּֽי־נֹגַ֥עַת
עֲלֵיהֶ֖ם הָרָעָֽה׃ וַיִּגֹּ֣ף יְהוָ֣ה ׀ אֶֽת־בִּנְיָמִן֮ לִפְנֵ֣י לה
יִשְׂרָאֵל֒ וַיַּשְׁחִ֨יתוּ בְנֵ֤י יִשְׂרָאֵל֙ בְּבִנְיָמִן֙ בַּיּ֣וֹם הַה֔וּא עֶשְׂרִ֨ים
וַחֲמִשָּׁ֥ה אֶ֛לֶף וּמֵאָ֖ה אִ֑ישׁ כָּל־אֵ֖לֶּה שֹׁ֥לֵף חָֽרֶב׃ וַיִּרְא֥וּ בְנֵֽי־ לו
בִנְיָמִ֖ן כִּ֣י נִגָּ֑פוּ וַיִּתְּנ֨וּ אִֽישׁ־יִשְׂרָאֵ֤ל מָקוֹם֙ לְבִנְיָמִ֔ן כִּ֤י בָֽטְחוּ֙ אֶל־
הָ֣אֹרֵ֔ב אֲשֶׁ֥ר שָׂ֖מוּ אֶל־הַגִּבְעָֽה׃ וְהָאֹרֵ֣ב הֵחִ֔ישׁוּ וַֽיִּפְשְׁט֖וּ אֶל־ לז
הַגִּבְעָ֑ה וַיִּמְשֹׁךְ֙ הָאֹרֵ֔ב וַיַּ֥ךְ אֶת־כָּל־הָעִ֖יר לְפִי־חָֽרֶב׃ וְהַמּוֹעֵ֗ד לח
הָיָ֛ה לְאִ֥ישׁ יִשְׂרָאֵ֖ל עִם־הָאֹרֵ֑ב הֶ֛רֶב לְהַעֲלוֹתָ֥ם מַשְׂאַ֥ת הֶעָשָׁ֖ן
מִן־הָעִֽיר׃ וַיַּהֲפֹ֥ךְ אִֽישׁ־יִשְׂרָאֵ֖ל בַּמִּלְחָמָ֑ה וּבִנְיָמִ֡ן הֵחֵל֩ לְהַכּ֨וֹת לט
חֲלָלִ֤ים בְּאִֽישׁ־יִשְׂרָאֵל֙ כִּשְׁלֹשִׁ֣ים אִ֔ישׁ כִּ֚י אָמְר֔וּ אַ֠ךְ נִגּ֨וֹף נִגָּ֥ף

מ הוּא לְפָנֵינוּ כַּמִּלְחָמָה הָרִאשֹׁנָה׃ וְהַמַּשְׂאֵת הֵחֵלָּה לַעֲלוֹת מִן־
הָעִיר עַמּוּד עָשָׁן וַיִּפֶן בִּנְיָמִן אַחֲרָיו וְהִנֵּה עָלָה כְלִיל־הָעִיר
מא הַשָּׁמָיְמָה׃ וְאִישׁ יִשְׂרָאֵל הָפַךְ וַיִּבָּהֵל אִישׁ בִּנְיָמִן כִּי רָאָה כִּי־
מב נָגְעָה עָלָיו הָרָעָה׃ וַיִּפְנוּ לִפְנֵי אִישׁ יִשְׂרָאֵל אֶל־דֶּרֶךְ הַמִּדְבָּר
וְהַמִּלְחָמָה הִדְבִּיקָתְהוּ וַאֲשֶׁר מֵהֶעָרִים מַשְׁחִיתִים אוֹתוֹ בְּתוֹכוֹ׃
מג כִּתְּרוּ אֶת־בִּנְיָמִן הִרְדִיפֻהוּ מְנוּחָה הִדְרִיכֻהוּ עַד נֹכַח הַגִּבְעָה
מד מִמִּזְרַח־שָׁמֶשׁ׃ וַיִּפְּלוּ מִבִּנְיָמִן שְׁמֹנָה־עָשָׂר אֶלֶף אִישׁ אֶת־כָּל־
מה אֵלֶּה אַנְשֵׁי־חָיִל׃ וַיִּפְנוּ וַיָּנֻסוּ הַמִּדְבָּרָה אֶל־סֶלַע הָרִמּוֹן
וַיְעֹלְלֻהוּ בַּמְסִלּוֹת חֲמֵשֶׁת אֲלָפִים אִישׁ וַיַּדְבִּיקוּ אַחֲרָיו עַד־
מו גִּדְעֹם וַיַּכּוּ מִמֶּנּוּ אַלְפַּיִם אִישׁ׃ וַיְהִי כָל־הַנֹּפְלִים מִבִּנְיָמִן
עֶשְׂרִים וַחֲמִשָּׁה אֶלֶף אִישׁ שֹׁלֵף חֶרֶב בַּיּוֹם הַהוּא אֶת־כָּל־
מז אֵלֶּה אַנְשֵׁי־חָיִל׃ וַיִּפְנוּ וַיָּנֻסוּ הַמִּדְבָּרָה אֶל־סֶלַע הָרִמּוֹן
מח שֵׁשׁ מֵאוֹת אִישׁ וַיֵּשְׁבוּ בְּסֶלַע רִמּוֹן אַרְבָּעָה חֳדָשִׁים׃ וְאִישׁ
יִשְׂרָאֵל שָׁבוּ אֶל־בְּנֵי בִנְיָמִן וַיַּכּוּם לְפִי־חֶרֶב מֵעִיר מְתֹם עַד־
בְּהֵמָה עַד כָּל־הַנִּמְצָא גַּם כָּל־הֶעָרִים הַנִּמְצָאוֹת שִׁלְּחוּ
כא א בָאֵשׁ׃ וְאִישׁ יִשְׂרָאֵל נִשְׁבַּע בַּמִּצְפָּה לֵאמֹר אִישׁ
ב מִמֶּנּוּ לֹא־יִתֵּן בִּתּוֹ לְבִנְיָמִן לְאִשָּׁה׃ וַיָּבֹא הָעָם בֵּית־אֵל וַיֵּשְׁבוּ
שָׁם עַד־הָעֶרֶב לִפְנֵי הָאֱלֹהִים וַיִּשְׂאוּ קוֹלָם וַיִּבְכּוּ בְּכִי גָדוֹל׃
ג וַיֹּאמְרוּ לָמָה יהוה אֱלֹהֵי יִשְׂרָאֵל הָיְתָה זֹּאת בְּיִשְׂרָאֵל לְהִפָּקֵד
ד הַיּוֹם מִיִּשְׂרָאֵל שֵׁבֶט אֶחָד׃ וַיְהִי מִמָּחֳרָת וַיַּשְׁכִּימוּ הָעָם
ה וַיִּבְנוּ־שָׁם מִזְבֵּחַ וַיַּעֲלוּ עֹלוֹת וּשְׁלָמִים׃ וַיֹּאמְרוּ
בְּנֵי יִשְׂרָאֵל מִי אֲשֶׁר לֹא־עָלָה בַקָּהָל מִכָּל־שִׁבְטֵי יִשְׂרָאֵל
אֶל־יהוה כִּי הַשְּׁבוּעָה הַגְּדוֹלָה הָיְתָה לַאֲשֶׁר לֹא־עָלָה אֶל־
ו יהוה הַמִּצְפָּה לֵאמֹר מוֹת יוּמָת׃ וַיִּנָּחֲמוּ בְּנֵי יִשְׂרָאֵל אֶל־
ז בִּנְיָמִן אָחִיו וַיֹּאמְרוּ נִגְדַּע הַיּוֹם שֵׁבֶט אֶחָד מִיִּשְׂרָאֵל׃ מַה־
נַּעֲשֶׂה לָהֶם לַנּוֹתָרִים לְנָשִׁים וַאֲנַחְנוּ נִשְׁבַּעְנוּ בַיהוה לְבִלְתִּי
ח תֵּת־לָהֶם מִבְּנוֹתֵינוּ לְנָשִׁים׃ וַיֹּאמְרוּ מִי אֶחָד מִשִּׁבְטֵי יִשְׂרָאֵל

אֲשֶׁר לֹא־עָלָה אֶל־יְהוָה הַמִּצְפָּה וְהִנֵּה לֹא בָא־אִישׁ אֶל־
ט הַמַּחֲנֶה מִיָּבֵישׁ גִּלְעָד אֶל־הַקָּהָל׃ וַיִּתְפָּקֵד הָעָם וְהִנֵּה אֵין־
י שָׁם אִישׁ מִיּוֹשְׁבֵי יָבֵשׁ גִּלְעָד׃ וַיִּשְׁלְחוּ־שָׁם הָעֵדָה שְׁנֵים־עָשָׂר
אֶלֶף אִישׁ מִבְּנֵי הֶחָיִל וַיְצַוּוּ אוֹתָם לֵאמֹר לְכוּ וְהִכִּיתֶם אֶת־
יא יוֹשְׁבֵי יָבֵשׁ גִּלְעָד לְפִי־חֶרֶב וְהַנָּשִׁים וְהַטָּף׃ וְזֶה הַדָּבָר אֲשֶׁר
תַּעֲשׂוּ כָּל־זָכָר וְכָל־אִשָּׁה יֹדַעַת מִשְׁכַּב־זָכָר תַּחֲרִימוּ׃
יב וַיִּמְצְאוּ מִיּוֹשְׁבֵי ׀ יָבֵישׁ גִּלְעָד אַרְבַּע מֵאוֹת נַעֲרָה בְתוּלָה אֲשֶׁר
לֹא־יָדְעָה אִישׁ לְמִשְׁכַּב זָכָר וַיָּבִיאוּ אוֹתָם אֶל־הַמַּחֲנֶה שִׁלֹה
יג אֲשֶׁר בְּאֶרֶץ כְּנָעַן׃ וַיִּשְׁלְחוּ כָּל־הָעֵדָה וַיְדַבְּרוּ
אֶל־בְּנֵי בִנְיָמִן אֲשֶׁר בְּסֶלַע רִמּוֹן וַיִּקְרְאוּ לָהֶם שָׁלוֹם׃
יד וַיָּשָׁב בִּנְיָמִן בָּעֵת הַהִיא וַיִּתְּנוּ לָהֶם הַנָּשִׁים אֲשֶׁר חִיּוּ מִנְּשֵׁי
טו יָבֵשׁ גִּלְעָד וְלֹא־מָצְאוּ לָהֶם כֵּן׃ וְהָעָם נִחָם לְבִנְיָמִן כִּי־עָשָׂה
טז יְהוָה פֶּרֶץ בְּשִׁבְטֵי יִשְׂרָאֵל׃ וַיֹּאמְרוּ זִקְנֵי הָעֵדָה מַה־נַּעֲשֶׂה
יז לַנּוֹתָרִים לְנָשִׁים כִּי־נִשְׁמְדָה מִבִּנְיָמִן אִשָּׁה׃ וַיֹּאמְרוּ יְרֻשַּׁת
יח פְּלֵיטָה לְבִנְיָמִן וְלֹא־יִמָּחֶה שֵׁבֶט מִיִּשְׂרָאֵל׃ וַאֲנַחְנוּ לֹא נוּכַל
לָתֵת־לָהֶם נָשִׁים מִבְּנוֹתֵינוּ כִּי־נִשְׁבְּעוּ בְנֵי־יִשְׂרָאֵל לֵאמֹר
יט אָרוּר נֹתֵן אִשָּׁה לְבִנְיָמִן׃ וַיֹּאמְרוּ הִנֵּה חַג־יְהוָה בְּשִׁלוֹ מִיָּמִים ׀
יָמִימָה אֲשֶׁר מִצְּפוֹנָה לְבֵית־אֵל מִזְרְחָה הַשֶּׁמֶשׁ לִמְסִלָּה
כ הָעֹלָה מִבֵּית־אֵל שְׁכֶמָה וּמִנֶּגֶב לִלְבוֹנָה׃ וַיְצַוּ אֶת־בְּנֵי בִנְיָמִן
כא לֵאמֹר לְכוּ וַאֲרַבְתֶּם בַּכְּרָמִים׃ וּרְאִיתֶם וְהִנֵּה אִם־יֵצְאוּ בְנוֹת־
שִׁילוֹ לָחוּל בַּמְּחֹלוֹת וִיצָאתֶם מִן־הַכְּרָמִים וַחֲטַפְתֶּם לָכֶם אִישׁ
כב אִשְׁתּוֹ מִבְּנוֹת שִׁילוֹ וַהֲלַכְתֶּם אֶרֶץ בִּנְיָמִן׃ וְהָיָה כִּי־יָבֹאוּ
אֲבוֹתָם אוֹ אֲחֵיהֶם לרוב ׀ אֵלֵינוּ וְאָמַרְנוּ אֲלֵיהֶם חָנּוּנוּ אוֹתָם לָרִיב
כִּי לֹא לָקַחְנוּ אִישׁ אִשְׁתּוֹ בַּמִּלְחָמָה כִּי לֹא אַתֶּם נְתַתֶּם לָהֶם
כג כָּעֵת תֶּאְשָׁמוּ׃ וַיַּעֲשׂוּ־כֵן בְּנֵי בִנְיָמִן וַיִּשְׂאוּ נָשִׁים לְמִסְפָּרָם מִן־
הַמְּחֹלְלוֹת אֲשֶׁר גָּזָלוּ וַיֵּלְכוּ וַיָּשׁוּבוּ אֶל־נַחֲלָתָם וַיִּבְנוּ אֶת־
כד הֶעָרִים וַיֵּשְׁבוּ בָּהֶם׃ וַיִּתְהַלְּכוּ מִשָּׁם בְּנֵי־יִשְׂרָאֵל בָּעֵת הַהִיא

כה אַ֣ישׁ לְשִׁבְט֣וֹ וּלְמִשְׁפַּחְתּ֔וֹ וַיֵּצְא֣וּ מִשָּׁ֔ם אִ֖ישׁ לְנַחֲלָת֑וֹ׃ בַּיָּמִ֣ים
הָהֵ֔ם אֵ֥ין מֶ֖לֶךְ בְּיִשְׂרָאֵ֑ל אִ֛ישׁ הַיָּשָׁ֥ר בְּעֵינָ֖יו יַעֲשֶֽׂה׃

שמואל

א

וַיְהִי֩ אִ֨ישׁ אֶחָ֜ד מִן־הָרָמָתַ֛יִם צוֹפִ֖ים מֵהַ֣ר אֶפְרָ֑יִם וּשְׁמ֣וֹ אֶ֠לְקָנָה א

בֶּן־יְרֹחָ֧ם בֶּן־אֱלִיה֛וּא בֶּן־תֹּ֥חוּ בֶן־צ֖וּף אֶפְרָתִֽי׃ וְלוֹ֙ שְׁתֵּ֣י נָשִׁ֔ים ב

שֵׁ֤ם אַחַת֙ חַנָּ֔ה וְשֵׁ֥ם הַשֵּׁנִ֖ית פְּנִנָּ֑ה וַיְהִ֤י לִפְנִנָּה֙ יְלָדִ֔ים וּלְחַנָּ֖ה

אֵ֥ין יְלָדִֽים׃ וְעָלָה֩ הָאִ֨ישׁ הַה֤וּא מֵֽעִירוֹ֙ מִיָּמִ֣ים ׀ יָמִ֔ימָה ג

לְהִֽשְׁתַּחֲוֺ֧ת וְלִזְבֹּ֛חַ לַיהֹוָ֥ה צְבָא֖וֹת בְּשִׁלֹ֑ה וְשָׁ֞ם שְׁנֵ֣י בְנֵֽי־עֵלִ֗י

חָפְנִי֙ וּפִ֣נְחָ֔ס כֹּהֲנִ֖ים לַיהֹוָֽה׃ וַיְהִ֣י הַיּ֔וֹם וַיִּזְבַּ֖ח אֶלְקָנָ֑ה וְנָתַ֞ן ד

לִפְנִנָּ֣ה אִשְׁתּ֗וֹ וּֽלְכָל־בָּנֶ֛יהָ וּבְנוֹתֶ֖יהָ מָנֽוֹת׃ וּלְחַנָּ֕ה יִתֵּ֛ן מָנָ֥ה ה

אַחַ֖ת אַפָּ֑יִם כִּ֤י אֶת־חַנָּה֙ אָהֵ֔ב וַֽיהֹוָ֖ה סָגַ֥ר רַחְמָֽהּ׃ וְכִֽעֲסַ֤תָּה ו

צָֽרָתָהּ֙ גַּם־כַּ֔עַס בַּעֲב֖וּר הַרְּעִמָ֑הּ כִּֽי־סָגַ֥ר יְהֹוָ֖ה בְּעַ֥ד רַחְמָֽהּ׃

וְכֵ֨ן יַעֲשֶׂ֜ה שָׁנָ֣ה בְשָׁנָ֗ה מִדֵּ֤י עֲלֹתָהּ֙ בְּבֵ֣ית יְהֹוָ֔ה כֵּ֖ן תַּכְעִסֶ֑נָּה ז

וַתִּבְכֶּ֖ה וְלֹ֥א תֹאכַֽל׃ וַיֹּ֣אמֶר לָהּ֩ אֶלְקָנָ֨ה אִישָׁ֜הּ חַנָּה֙ לָ֣מֶה ח

תִבְכִּ֗י וְלָ֙מֶה֙ לֹ֣א תֹֽאכְלִ֔י וְלָ֖מֶה יֵרַ֣ע לְבָבֵ֑ךְ הֲל֤וֹא אָֽנֹכִי֙ ט֣וֹב

לָ֔ךְ מֵעֲשָׂרָ֖ה בָּנִֽים׃ וַתָּ֣קָם חַנָּ֗ה אַחֲרֵ֛י אׇכְלָ֥ה בְשִׁלֹ֖ה וְאַחֲרֵ֣י ט

שָׁתֹ֑ה וְעֵלִ֣י הַכֹּהֵ֗ן יֹשֵׁב֙ עַל־הַכִּסֵּ֔א עַל־מְזוּזַ֖ת הֵיכַ֥ל יְהֹוָֽה׃ וְהִ֖יא י

מָ֣רַת נָ֑פֶשׁ וַתִּתְפַּלֵּ֥ל עַל־יְהֹוָ֖ה וּבָכֹ֥ה תִבְכֶּֽה׃ וַתִּדֹּ֨ר נֶ֜דֶר וַתֹּאמַ֗ר יא

יְהֹוָ֨ה צְבָא֜וֹת אִם־רָאֹ֥ה תִרְאֶ֣ה ׀ בׇּעֳנִ֣י אֲמָתֶ֗ךָ וּזְכַרְתַּ֙נִי֙ וְלֹֽא־

תִשְׁכַּ֣ח אֶת־אֲמָתֶ֔ךָ וְנָתַתָּ֥ה לַאֲמָתְךָ֖ זֶ֣רַע אֲנָשִׁ֑ים וּנְתַתִּ֤יו

לַֽיהֹוָה֙ כׇּל־יְמֵ֣י חַיָּ֔יו וּמוֹרָ֖ה לֹא־יַעֲלֶ֥ה עַל־רֹאשֽׁוֹ׃ וְהָיָה֙ כִּ֣י יב

הִרְבְּתָ֔ה לְהִתְפַּלֵּ֖ל לִפְנֵ֣י יְהֹוָ֑ה וְעֵלִ֖י שֹׁמֵ֥ר אֶת־פִּֽיהָ׃ וְחַנָּ֗ה הִ֚יא יג

מְדַבֶּ֣רֶת עַל־לִבָּ֔הּ רַ֚ק שְׂפָתֶ֣יהָ נָּע֔וֹת וְקוֹלָ֖הּ לֹ֣א יִשָּׁמֵ֑עַ וַיַּחְשְׁבֶ֥הָ

עֵלִ֖י לְשִׁכֹּרָֽה׃ וַיֹּ֤אמֶר אֵלֶ֙יהָ֙ עֵלִ֔י עַד־מָתַ֖י תִּשְׁתַּכָּרִ֑ין הָסִ֥ירִי יד

אֶת־יֵינֵ֖ךְ מֵעָלָֽיִךְ׃ וַתַּ֨עַן חַנָּ֤ה וַתֹּ֙אמֶר֙ לֹ֣א אֲדֹנִ֔י אִשָּׁ֤ה קְשַׁת־ טו

ר֙וּחַ֙ אָנֹ֔כִי וְיַ֥יִן וְשֵׁכָ֖ר לֹ֣א שָׁתִ֑יתִי וָאֶשְׁפֹּ֥ךְ אֶת־נַפְשִׁ֖י לִפְנֵ֥י יְהֹוָֽה׃

אַל־תִּתֵּן֙ אֶת־אֲמָ֣תְךָ֔ לִפְנֵ֖י בַּת־בְּלִיָּ֑עַל כִּֽי־מֵרֹ֥ב שִׂיחִ֛י וְכַעְסִ֖י טז

דִּבַּ֥רְתִּי עַד־הֵֽנָּה׃ וַיַּ֧עַן עֵלִ֛י וַיֹּ֖אמֶר לְכִ֣י לְשָׁל֑וֹם וֵאלֹהֵ֣י יִשְׂרָאֵ֗ל יז

יִתֵּן֙ אֶת־שֵׁ֣לָתֵ֔ךְ אֲשֶׁ֥ר שָׁאַ֖לְתְּ מֵעִמּֽוֹ׃ וַתֹּ֕אמֶר תִּמְצָ֧א שִׁפְחָתְךָ֛ יח

חֵ֖ן בְּעֵינֶ֑יךָ וַתֵּ֨לֶךְ הָאִשָּׁ֤ה לְדַרְכָּהּ֙ וַתֹּאכַ֔ל וּפָנֶ֥יהָ לֹא־הָֽיוּ־לָ֖הּ

יט עוֹד וַיַּשְׁכִּמוּ בַבֹּקֶר וַיִּשְׁתַּחֲווּ לִפְנֵי יְהוָה וַיָּשֻׁבוּ וַיָּבֹאוּ אֶל־
בֵּיתָם הָרָמָתָה וַיֵּדַע אֶלְקָנָה אֶת־חַנָּה אִשְׁתּוֹ וַיִּזְכְּרֶהָ יְהוָה׃
כ וַיְהִי לִתְקֻפוֹת הַיָּמִים וַתַּהַר חַנָּה וַתֵּלֶד בֵּן וַתִּקְרָא אֶת־שְׁמוֹ
כא שְׁמוּאֵל כִּי מֵיְהוָה שְׁאִלְתִּיו׃ וַיַּעַל הָאִישׁ אֶלְקָנָה וְכָל־בֵּיתוֹ
כב לִזְבֹּחַ לַיהוָה אֶת־זֶבַח הַיָּמִים וְאֶת־נִדְרוֹ׃ וְחַנָּה לֹא עָלָתָה כִּי־
אָמְרָה לְאִישָׁהּ עַד יִגָּמֵל הַנַּעַר וַהֲבִאֹתִיו וְנִרְאָה אֶת־פְּנֵי יְהוָה
כג וְיָשַׁב שָׁם עַד־עוֹלָם׃ וַיֹּאמֶר לָהּ אֶלְקָנָה אִישָׁהּ עֲשִׂי הַטּוֹב
בְּעֵינַיִךְ שְׁבִי עַד־גָּמְלֵךְ אֹתוֹ אַךְ יָקֵם יְהוָה אֶת־דְּבָרוֹ וַתֵּשֶׁב
כד הָאִשָּׁה וַתֵּינֶק אֶת־בְּנָהּ עַד־גָמְלָהּ אֹתוֹ׃ וַתַּעֲלֵהוּ עִמָּהּ כַּאֲשֶׁר
גְּמָלַתּוּ בְּפָרִים שְׁלֹשָׁה וְאֵיפָה אַחַת קֶמַח וְנֵבֶל יַיִן וַתְּבִאֵהוּ
כה בֵּית־יְהוָה שִׁלוֹ וְהַנַּעַר נָעַר׃ וַיִּשְׁחֲטוּ אֶת־הַפָּר וַיָּבִאוּ אֶת־
כו הַנַּעַר אֶל־עֵלִי׃ וַתֹּאמֶר בִּי אֲדֹנִי חֵי נַפְשְׁךָ אֲדֹנִי אֲנִי הָאִשָּׁה
כז הַנִּצֶּבֶת עִמְּכָה בָּזֶה לְהִתְפַּלֵּל אֶל־יְהוָה׃ אֶל־הַנַּעַר הַזֶּה
הִתְפַּלָּלְתִּי וַיִּתֵּן יְהוָה לִי אֶת־שְׁאֵלָתִי אֲשֶׁר שָׁאַלְתִּי מֵעִמּוֹ׃
כח וְגַם אָנֹכִי הִשְׁאִלְתִּהוּ לַיהוָה כָּל־הַיָּמִים אֲשֶׁר הָיָה הוּא
ב א שָׁאוּל לַיהוָה וַיִּשְׁתַּחוּ שָׁם לַיהוָה׃ וַתִּתְפַּלֵּל חַנָּה
וַתֹּאמַר עָלַץ לִבִּי בַּיהוָה רָמָה קַרְנִי בַּיהוָה רָחַב פִּי עַל־אוֹיְבַי
ב כִּי שָׂמַחְתִּי בִּישׁוּעָתֶךָ׃ אֵין־קָדוֹשׁ כַּיהוָה כִּי־אֵין בִּלְתֶּךָ וְאֵין
ג צוּר כֵּאלֹהֵינוּ׃ אַל־תַּרְבּוּ תְדַבְּרוּ גְּבֹהָה גְבֹהָה יֵצֵא עָתָק
ד מִפִּיכֶם כִּי אֵל דֵּעוֹת יְהוָה וְלֹא נִתְכְּנוּ עֲלִלוֹת׃ קֶשֶׁת גִּבֹּרִים וְלוֹ
ה חַתִּים וְנִכְשָׁלִים אָזְרוּ חָיִל׃ שְׂבֵעִים בַּלֶּחֶם נִשְׂכָּרוּ וּרְעֵבִים חָדֵלּוּ
ו עַד־עֲקָרָה יָלְדָה שִׁבְעָה וְרַבַּת בָּנִים אֻמְלָלָה׃ יְהוָה מֵמִית
ז וּמְחַיֶּה מוֹרִיד שְׁאוֹל וַיָּעַל׃ יְהוָה מוֹרִישׁ וּמַעֲשִׁיר מַשְׁפִּיל
ח אַף־מְרוֹמֵם׃ מֵקִים מֵעָפָר דָּל מֵאַשְׁפֹּת יָרִים אֶבְיוֹן לְהוֹשִׁיב
עִם־נְדִיבִים וְכִסֵּא כָבוֹד יַנְחִלֵם כִּי לַיהוָה מְצֻקֵי אֶרֶץ וַיָּשֶׁת
ט עֲלֵיהֶם תֵּבֵל׃ רַגְלֵי חֲסִידָו יִשְׁמֹר וּרְשָׁעִים בַּחֹשֶׁךְ יִדָּמּוּ כִּי־לֹא
י בְכֹחַ יִגְבַּר־אִישׁ׃ יְהוָה יֵחַתּוּ מְרִיבָו עָלָו בַּשָּׁמַיִם יַרְעֵם יְהוָה ב

יָדִין אַפְסֵי־אָ֔רֶץ וְיִתֶּן־עֹ֣ז לְמַלְכּ֔וֹ וְיָרֵ֖ם קֶ֥רֶן מְשִׁיחֽוֹ׃

יא וַיֵּ֧לֶךְ אֶלְקָנָ֛ה הָרָמָ֖תָה עַל־בֵּית֑וֹ וְהַנַּ֗עַר הָיָ֤ה מְשָׁרֵת֙ אֶת־יְהוָ֔ה
אֶת־פְּנֵ֖י עֵלִ֥י הַכֹּהֵֽן׃ יב וּבְנֵ֥י עֵלִ֖י בְּנֵ֣י בְלִיָּ֑עַל לֹ֥א יָדְע֖וּ אֶת־יְהוָֽה׃

יג וּמִשְׁפַּ֣ט הַכֹּהֲנִים֮ אֶת־הָעָם֒ כָּל־אִ֨ישׁ זֹבֵ֜חַ זֶ֗בַח וּבָ֨א נַ֤עַר הַכֹּהֵן֙
כְּבַשֵּׁ֣ל הַבָּשָׂ֔ר וְהַמַּזְלֵ֛ג שְׁלֹ֥שׁ הַשִּׁנַּ֖יִם בְּיָדֽוֹ׃ יד וְהִכָּ֨ה בַכִּיּ֜וֹר א֣וֹ
בַדּ֗וּד א֤וֹ בַקַּלַּ֙חַת֙ א֣וֹ בַפָּר֔וּר כֹּ֚ל אֲשֶׁ֣ר יַעֲלֶ֣ה הַמַּזְלֵ֔ג יִקַּ֥ח הַכֹּהֵ֖ן

טו בּ֑וֹ כָּ֚כָה יַעֲשׂ֣וּ לְכָל־יִשְׂרָאֵ֔ל הַבָּאִ֥ים שָׁ֖ם בְּשִׁלֹֽה׃ גַּם֮ בְּטֶ֣רֶם
יַקְטִר֣וּן אֶת־הַחֵלֶב֒ וּבָ֣א ׀ נַ֣עַר הַכֹּהֵ֗ן וְאָמַר֙ לָאִ֣ישׁ הַזֹּבֵ֔חַ תְּנָ֤ה
בָשָׂר֙ לִצְל֣וֹת לַכֹּהֵ֔ן וְלֹֽא־יִקַּ֧ח מִמְּךָ֛ בָּשָׂ֥ר מְבֻשָּׁ֖ל כִּ֥י אִם־חָֽי׃

טז וַיֹּ֨אמֶר אֵלָ֜יו הָאִ֗ישׁ קַטֵּ֨ר יַקְטִיר֤וּן כַּיּוֹם֙ הַחֵ֔לֶב וְקַ֨ח־לְךָ֔
כַּאֲשֶׁ֖ר תְּאַוֶּ֣ה נַפְשֶׁ֑ךָ וְאָמַ֣ר ׀ ל֗וֹ כִּ֣י עַתָּ֤ה תִתֵּן֙ וְאִם־לֹ֔א לָקַ֖חְתִּי
בְחָזְקָֽה׃ יז וַתְּהִ֨י חַטַּ֧את הַנְּעָרִ֛ים גְּדוֹלָ֥ה מְאֹ֖ד אֶת־פְּנֵ֣י יְהוָ֑ה כִּ֤י

יח נִֽאֲצוּ֙ הָֽאֲנָשִׁ֔ים אֵ֖ת מִנְחַ֥ת יְהוָֽה׃ וּשְׁמוּאֵ֕ל מְשָׁרֵ֖ת אֶת־פְּנֵ֣י
יְהוָ֑ה נַ֕עַר חָג֖וּר אֵפ֥וֹד בָּֽד׃ יט וּמְעִ֤יל קָטֹן֙ תַּעֲשֶׂה־לּ֣וֹ אִמּ֔וֹ
וְהַעַלְתָ֥ה ל֖וֹ מִיָּמִ֣ים ׀ יָמִ֑ימָה בַּעֲלוֹתָהּ֙ אֶת־אִישָׁ֔הּ לִזְבֹּ֖חַ אֶת־

כ זֶ֥בַח הַיָּמִֽים׃ וּבֵרַ֨ךְ עֵלִ֜י אֶת־אֶלְקָנָ֣ה וְאֶת־אִשְׁתּ֗וֹ וְאָמַר֙
יָשֵׂ֣ם יְהוָ֤ה לְךָ֤ זֶ֙רַע֙ מִן־הָאִשָּׁ֣ה הַזֹּ֔את תַּ֚חַת הַשְּׁאֵלָ֔ה אֲשֶׁ֥ר
כא שָׁאַ֖ל לַֽיהוָ֑ה וְהָלְכ֖וּ לִמְקֹמֽוֹ׃ כִּֽי־פָקַ֤ד יְהוָה֙ אֶת־חַנָּ֔ה וַתַּ֛הַר
וַתֵּ֥לֶד שְׁלֹשָׁה־בָנִ֖ים וּשְׁתֵּ֣י בָנ֑וֹת וַיִּגְדַּ֛ל הַנַּ֥עַר שְׁמוּאֵ֖ל עִם־

כב יְהוָֽה׃ וְעֵלִ֖י זָקֵ֣ן מְאֹ֑ד וְשָׁמַ֗ע אֵת֩ כָּל־אֲשֶׁ֨ר
יַעֲשׂ֤וּן בָּנָיו֙ לְכָל־יִשְׂרָאֵ֔ל וְאֵ֤ת אֲשֶֽׁר־יִשְׁכְּבוּן֙ אֶת־הַנָּשִׁ֔ים
כג הַצֹּ֣בְא֔וֹת פֶּ֖תַח אֹ֣הֶל מוֹעֵֽד׃ וַיֹּ֣אמֶר לָהֶ֔ם לָ֥מָּה תַעֲשׂ֖וּן כַּדְּבָרִ֣ים
הָאֵ֑לֶּה אֲשֶׁ֨ר אָנֹכִ֤י שֹׁמֵ֙עַ֙ אֶת־דִּבְרֵיכֶ֣ם רָעִ֔ים מֵאֵ֖ת כָּל־הָעָ֥ם
כד אֵֽלֶּה׃ אַ֖ל בָּנָ֑י כִּ֠י לֽוֹא־טוֹבָ֤ה הַשְּׁמֻעָה֙ אֲשֶׁ֣ר אָנֹכִ֣י שֹׁמֵ֔עַ
כה מַעֲבִרִ֖ים עַם־יְהוָֽה׃ אִם־יֶחֱטָ֨א אִ֤ישׁ לְאִישׁ֙ וּפִֽלְל֣וֹ אֱלֹהִ֔ים
וְאִ֤ם לַֽיהוָה֙ יֶֽחֱטָא־אִ֔ישׁ מִ֖י יִתְפַּלֶּל־ל֑וֹ וְלֹ֤א יִשְׁמְעוּ֙ לְק֣וֹל
כו אֲבִיהֶ֔ם כִּֽי־חָפֵ֥ץ יְהוָ֖ה לַהֲמִיתָֽם׃ וְהַנַּ֣עַר שְׁמוּאֵ֔ל הֹלֵ֥ךְ וְגָדֵ֖ל

וְט֑וֹב גַּ֚ם עִם־יְהוָ֔ה וְגַ֖ם עִם־אֲנָשִֽׁים׃
כז וַיָּבֹ֥א אִישׁ־אֱלֹהִ֖ים אֶל־עֵלִ֑י וַיֹּ֣אמֶר אֵלָ֗יו כֹּ֚ה אָמַ֣ר יְהוָ֔ה הֲנִגְלֹ֤ה
כח נִגְלֵ֙יתִי֙ אֶל־בֵּ֣ית אָבִ֔יךָ בִּֽהְיוֹתָ֥ם בְּמִצְרַ֖יִם לְבֵ֥ית פַּרְעֹֽה׃ וּבָחֹ֣ר
אֹ֠תוֹ מִכָּל־שִׁבְטֵ֨י יִשְׂרָאֵ֥ל לִי֙ לְכֹהֵ֔ן לַעֲל֣וֹת עַֽל־מִזְבְּחִ֗י לְהַקְטִ֥יר
קְטֹ֛רֶת לָשֵׂ֥את אֵפ֖וֹד לְפָנָ֑י וָאֶתְּנָה֙ לְבֵ֣ית אָבִ֔יךָ אֶת־כָּל־אִשֵּׁ֖י
כט בְּנֵ֥י יִשְׂרָאֵֽל׃ לָ֣מָּה תִבְעֲט֗וּ בְּזִבְחִי֙ וּבְמִנְחָתִ֔י אֲשֶׁ֥ר צִוִּ֖יתִי מָע֑וֹן
וַתְּכַבֵּ֤ד אֶת־בָּנֶ֙יךָ֙ מִמֶּ֔נִּי לְהַבְרִֽיאֲכֶ֗ם מֵרֵאשִׁ֛ית כָּל־מִנְחַ֥ת
ל יִשְׂרָאֵ֖ל לְעַמִּֽי׃ לָכֵ֗ן נְאֻם־יְהוָה֮ אֱלֹהֵ֣י יִשְׂרָאֵל֒ אָמ֣וֹר אָמַ֔רְתִּי
בֵּֽיתְךָ֙ וּבֵ֣ית אָבִ֔יךָ יִתְהַלְּכ֥וּ לְפָנַ֖י עַד־עוֹלָ֑ם וְעַתָּ֣ה נְאֻם־יְהוָ֗ה
לא חָלִ֣ילָה לִּ֔י כִּֽי־מְכַבְּדַ֥י אֲכַבֵּ֖ד וּבֹזַ֥י יֵקָֽלּוּ׃ הִנֵּה֙ יָמִ֣ים בָּאִ֔ים
וְגָֽדַעְתִּי֙ אֶת־זְרֹ֣עֲךָ֔ וְאֶת־זְרֹ֖עַ בֵּ֣ית אָבִ֑יךָ מִהְי֥וֹת זָקֵ֖ן בְּבֵיתֶֽךָ׃
לב וְהִבַּטְתָּ֙ צַ֣ר מָע֔וֹן בְּכֹ֥ל אֲשֶׁר־יֵיטִ֖יב אֶת־יִשְׂרָאֵ֑ל וְלֹֽא־יִהְיֶ֥ה
לג זָקֵ֛ן בְּבֵיתְךָ֖ כָּל־הַיָּמִֽים׃ וְאִ֗ישׁ לֹֽא־אַכְרִ֤ית לְךָ֙ מֵעִ֣ם מִזְבְּחִ֔י
לְכַלּ֥וֹת אֶת־עֵינֶ֖יךָ וְלַאֲדִ֣יב אֶת־נַפְשֶׁ֑ךָ וְכָל־מַרְבִּ֥ית בֵּיתְךָ֖
לד יָמ֥וּתוּ אֲנָשִֽׁים׃ וְזֶה־לְּךָ֣ הָא֗וֹת אֲשֶׁ֤ר יָבֹא֙ אֶל־שְׁנֵ֣י בָנֶ֔יךָ אֶל־
לה חָפְנִ֖י וּפִֽינְחָ֑ס בְּי֥וֹם אֶחָ֖ד יָמ֥וּתוּ שְׁנֵיהֶֽם׃ וַהֲקִימֹתִ֣י לִי֮ כֹּהֵ֣ן נֶאֱמָן֒
כַּאֲשֶׁ֛ר בִּלְבָבִ֥י וּבְנַפְשִׁ֖י יַעֲשֶׂ֑ה וּבָנִ֤יתִי לוֹ֙ בַּ֣יִת נֶאֱמָ֔ן וְהִתְהַלֵּ֥ךְ
לו לִפְנֵֽי־מְשִׁיחִ֖י כָּל־הַיָּמִֽים׃ וְהָיָ֗ה כָּל־הַנּוֹתָר֙ בְּבֵ֣יתְךָ֔ יָב֗וֹא
לְהִשְׁתַּחֲוֺ֣ת ל֔וֹ לַאֲג֥וֹרַת כֶּ֖סֶף וְכִכַּר־לָ֑חֶם וְאָמַ֗ר סְפָחֵ֥נִי נָ֛א אֶל־
ג א אַחַ֥ת הַכְּהֻנּ֖וֹת לֶאֱכֹ֥ל פַּת־לָֽחֶם׃ וְהַנַּ֧עַר שְׁמוּאֵ֛ל
מְשָׁרֵ֥ת אֶת־יְהוָ֖ה לִפְנֵ֣י עֵלִ֑י וּדְבַר־יְהוָ֗ה הָיָ֤ה יָקָר֙ בַּיָּמִ֣ים הָהֵ֔ם
ב אֵ֥ין חָז֖וֹן נִפְרָֽץ׃ וַֽיְהִי֙ בַּיּ֣וֹם הַה֔וּא וְעֵלִ֖י שֹׁכֵ֣ב בִּמְקֹמ֑וֹ וְעֵינָו֙ הֵחֵ֣לּוּ
ג כֵה֔וֹת לֹ֥א יוּכַ֖ל לִרְאֽוֹת׃ וְנֵ֤ר אֱלֹהִים֙ טֶ֣רֶם יִכְבֶּ֔ה וּשְׁמוּאֵ֖ל שֹׁכֵ֑ב
ד בְּהֵיכַ֣ל יְהוָ֔ה אֲשֶׁר־שָׁ֖ם אֲר֥וֹן אֱלֹהִֽים׃ וַיִּקְרָ֧א
ה יְהוָ֛ה אֶל־שְׁמוּאֵ֖ל וַיֹּ֥אמֶר הִנֵּֽנִי׃ וַיָּ֣רָץ אֶל־עֵלִ֗י וַיֹּ֙אמֶר֙ הִנְנִ֙י כִּֽי־
ו קָרָ֣אתָ לִּ֔י וַיֹּ֥אמֶר לֹֽא־קָרָ֖אתִי שׁ֣וּב שְׁכָ֑ב וַיֵּ֖לֶךְ וַיִּשְׁכָּֽב׃ וַיֹּ֣סֶף
יְהוָ֗ה קְרֹ֣א עוֹד֮ שְׁמוּאֵל֒ וַיָּ֤קָם שְׁמוּאֵל֙ וַיֵּ֣לֶךְ אֶל־עֵלִ֔י וַיֹּ֖אמֶר

ז הִנְנִי כִּי קָרָאתָ לִי וַיֹּאמֶר לֹא־קָרָאתִי בְנִי שׁוּב שְׁכָב׃ וּשְׁמוּאֵל
ח טֶרֶם יָדַע אֶת־יְהוָה וְטֶרֶם יִגָּלֶה אֵלָיו דְּבַר־יְהוָה׃ וַיֹּסֶף יְהוָה
קְרֹא־שְׁמוּאֵל בַּשְּׁלִשִׁית וַיָּקָם וַיֵּלֶךְ אֶל־עֵלִי וַיֹּאמֶר הִנְנִי כִּי
ט קָרָאתָ לִי וַיָּבֶן עֵלִי כִּי יְהוָה קֹרֵא לַנָּעַר׃ וַיֹּאמֶר עֵלִי לִשְׁמוּאֵל
לֵךְ שְׁכָב וְהָיָה אִם־יִקְרָא אֵלֶיךָ וְאָמַרְתָּ דַּבֵּר יְהוָה כִּי שֹׁמֵעַ
י עַבְדֶּךָ וַיֵּלֶךְ שְׁמוּאֵל וַיִּשְׁכַּב בִּמְקוֹמוֹ׃ וַיָּבֹא יְהוָה וַיִּתְיַצַּב וַיִּקְרָא
כְפַעַם־בְּפַעַם שְׁמוּאֵל ׀ שְׁמוּאֵל וַיֹּאמֶר שְׁמוּאֵל דַּבֵּר כִּי שֹׁמֵעַ
יא עַבְדֶּךָ׃ וַיֹּאמֶר יְהוָה אֶל־שְׁמוּאֵל הִנֵּה אָנֹכִי
יב עֹשֶׂה דָבָר בְּיִשְׂרָאֵל אֲשֶׁר כָּל־שֹׁמְעוֹ תְּצִלֶּינָה שְׁתֵּי אָזְנָיו׃ בַּיּוֹם
הַהוּא אָקִים אֶל־עֵלִי אֵת כָּל־אֲשֶׁר דִּבַּרְתִּי אֶל־בֵּיתוֹ הָחֵל
יג וְכַלֵּה׃ וְהִגַּדְתִּי לוֹ כִּי־שֹׁפֵט אֲנִי אֶת־בֵּיתוֹ עַד־עוֹלָם בַּעֲוֹן
יד אֲשֶׁר־יָדַע כִּי־מְקַלְלִים לָהֶם בָּנָיו וְלֹא כִהָה בָּם׃ וְלָכֵן נִשְׁבַּעְתִּי
לְבֵית עֵלִי אִם־יִתְכַּפֵּר עֲוֹן בֵּית־עֵלִי בְּזֶבַח וּבְמִנְחָה עַד־עוֹלָם׃
טו וַיִּשְׁכַּב שְׁמוּאֵל עַד־הַבֹּקֶר וַיִּפְתַּח אֶת־דַּלְתוֹת בֵּית־יְהוָה
טז וּשְׁמוּאֵל יָרֵא מֵהַגִּיד אֶת־הַמַּרְאָה אֶל־עֵלִי׃ וַיִּקְרָא עֵלִי אֶת־
יז שְׁמוּאֵל וַיֹּאמֶר שְׁמוּאֵל בְּנִי וַיֹּאמֶר הִנֵּנִי׃ וַיֹּאמֶר מָה הַדָּבָר
אֲשֶׁר דִּבֶּר אֵלֶיךָ אַל־נָא תְכַחֵד מִמֶּנִּי כֹּה יַעֲשֶׂה־לְּךָ אֱלֹהִים
וְכֹה יוֹסִיף אִם־תְּכַחֵד מִמֶּנִּי דָּבָר מִכָּל־הַדָּבָר אֲשֶׁר־דִּבֶּר
יח אֵלֶיךָ׃ וַיַּגֶּד־לוֹ שְׁמוּאֵל אֶת־כָּל־הַדְּבָרִים וְלֹא כִחֵד מִמֶּנּוּ
יט וַיֹּאמַר יְהוָה הוּא הַטּוֹב בְּעֵינָו יַעֲשֶׂה׃ וַיִּגְדַּל
כ שְׁמוּאֵל וַיהוָה הָיָה עִמּוֹ וְלֹא־הִפִּיל מִכָּל־דְּבָרָיו אָרְצָה׃ וַיֵּדַע ג
כָּל־יִשְׂרָאֵל מִדָּן וְעַד־בְּאֵר שָׁבַע כִּי נֶאֱמָן שְׁמוּאֵל לְנָבִיא
כא לַיהוָה׃ וַיֹּסֶף יְהוָה לְהֵרָאֹה בְשִׁלֹה כִּי־נִגְלָה
ד א יְהוָה אֶל־שְׁמוּאֵל בְּשִׁלוֹ בִּדְבַר יְהוָה׃ וַיְהִי
דְבַר־שְׁמוּאֵל לְכָל־יִשְׂרָאֵל וַיֵּצֵא יִשְׂרָאֵל
לִקְרַאת פְּלִשְׁתִּים לַמִּלְחָמָה וַיַּחֲנוּ עַל־הָאֶבֶן הָעֵזֶר וּפְלִשְׁתִּים
ב חָנוּ בַאֲפֵק׃ וַיַּעַרְכוּ פְלִשְׁתִּים לִקְרַאת יִשְׂרָאֵל וַתִּטֹּשׁ הַמִּלְחָמָה

ד

וַיִּנָּ֤גֶף יִשְׂרָאֵל֙ לִפְנֵ֣י פְלִשְׁתִּ֔ים וַיִּכּ֤וּ בַמַּֽעֲרָכָה֙ בַּשָּׂדֶ֔ה כְּאַרְבַּ֖עַת
אֲלָפִ֥ים אִֽישׁ׃ וַיָּבֹ֣א הָעָם֮ אֶל־הַֽמַּחֲנֶה֒ וַיֹּֽאמְרוּ֙ זִקְנֵ֣י יִשְׂרָאֵ֔ל ג
לָ֣מָּה נְגָפָ֧נוּ יְהֹוָ֛ה הַיּ֖וֹם לִפְנֵ֣י פְלִשְׁתִּ֑ים נִקְחָ֧ה אֵלֵ֣ינוּ מִשִּׁלֹ֗ה אֶת־
אֲרוֹן֙ בְּרִ֣ית יְהֹוָ֔ה וְיָבֹ֖א בְּקִרְבֵּ֑נוּ וְיֹֽשִׁעֵ֖נוּ מִכַּ֥ף אֹֽיְבֵֽינוּ׃ וַיִּשְׁלַ֤ח ד
הָעָם֙ שִׁלֹ֔ה וַיִּשְׂא֣וּ מִשָּׁ֗ם אֵ֣ת אֲר֧וֹן בְּרִית־יְהֹוָ֛ה צְבָא֖וֹת יֹשֵׁ֣ב
הַכְּרֻבִ֑ים וְשָׁ֞ם שְׁנֵ֣י בְנֵֽי־עֵלִ֗י עִם־אֲרוֹן֙ בְּרִ֣ית הָֽאֱלֹהִ֔ים חָפְנִ֖י
וּפִֽינְחָֽס׃ וַיְהִ֗י כְּב֨וֹא אֲר֤וֹן בְּרִית־יְהֹוָה֙ אֶל־הַֽמַּחֲנֶ֔ה וַיָּרִ֥עוּ כׇל־ ה
יִשְׂרָאֵ֛ל תְּרוּעָ֥ה גְדוֹלָ֖ה וַתֵּהֹ֥ם הָאָֽרֶץ׃ וַיִּשְׁמְע֤וּ פְלִשְׁתִּים֙ אֶת־ ו
ק֣וֹל הַתְּרוּעָ֔ה וַיֹּ֣אמְר֔וּ מֶ֠ה ק֣וֹל הַתְּרוּעָ֧ה הַגְּדוֹלָ֛ה הַזֹּ֖את
בְּמַחֲנֵ֣ה הָֽעִבְרִ֑ים וַיֵּ֣דְע֔וּ כִּ֚י אֲר֣וֹן יְהֹוָ֔ה בָּ֖א אֶל־הַֽמַּחֲנֶֽה׃ וַיִּֽרְאוּ֙ ז
הַפְּלִשְׁתִּ֔ים כִּ֣י אָמְר֔וּ בָּ֥א אֱלֹהִ֖ים אֶל־הַֽמַּחֲנֶ֑ה וַיֹּֽאמְרוּ֙ א֣וֹי לָ֔נוּ
כִּ֣י לֹ֤א הָֽיְתָה֙ כָּזֹ֔את אֶתְמ֖וֹל שִׁלְשֹֽׁם׃ א֣וֹי לָ֔נוּ מִ֣י יַצִּילֵ֔נוּ מִיַּ֛ד
הָֽאֱלֹהִ֥ים הָֽאַדִּירִ֖ים הָאֵ֑לֶּה אֵ֣לֶּה הֵ֧ם הָֽאֱלֹהִ֛ים הַמַּכִּ֥ים אֶת־
מִצְרַ֛יִם בְּכׇל־מַכָּ֖ה בַּמִּדְבָּֽר׃ הִֽתְחַזְּק֞וּ וִֽהְי֤וּ לַֽאֲנָשִׁים֙ פְּלִשְׁתִּ֔ים ט
פֶּ֚ן תַּֽעַבְד֣וּ לָֽעִבְרִ֔ים כַּֽאֲשֶׁ֥ר עָֽבְד֖וּ לָכֶ֑ם וִֽהְיִיתֶ֥ם לַֽאֲנָשִׁ֖ים
וְנִלְחַמְתֶּֽם׃ וַיִּלָּֽחֲמ֣וּ פְלִשְׁתִּ֗ים וַיִּנָּ֤גֶף יִשְׂרָאֵל֙ וַיָּנֻ֨סוּ֙ אִ֣ישׁ לְאֹֽהָלָ֔יו י
וַתְּהִ֥י הַמַּכָּ֖ה גְּדוֹלָ֣ה מְאֹ֑ד וַיִּפֹּל֙ מִיִּשְׂרָאֵ֔ל שְׁלֹשִׁ֥ים אֶ֖לֶף רַגְלִֽי׃
וַֽאֲר֥וֹן אֱלֹהִ֖ים נִלְקָ֑ח וּשְׁנֵ֤י בְנֵֽי־עֵלִי֙ מֵ֔תוּ חׇפְנִ֖י וּפִֽינְחָֽס׃ וַיָּ֤רׇץ אֹֿא
אִישׁ־בִּנְיָמִן֙ מֵֽהַמַּ֣עֲרָכָ֔ה וַיָּבֹ֥א שִׁלֹ֖ה בַּיּ֣וֹם הַה֑וּא וּמַדָּ֣יו קְרֻעִ֔ים
וַֽאֲדָמָ֖ה עַל־רֹאשֽׁוֹ׃ וַיָּב֗וֹא וְהִנֵּ֣ה עֵלִ֗י יֹשֵׁ֤ב עַל־הַכִּסֵּא֙ יַ֣ךְ דֶּ֔רֶךְ יג
מְצַפֶּ֔ה כִּֽי־הָיָ֤ה לִבּוֹ֙ חָרֵ֔ד עַ֖ל אֲר֣וֹן הָֽאֱלֹהִ֑ים וְהָאִ֗ישׁ בָּ֚א לְהַגִּ֣יד
בָּעִ֔יר וַתִּזְעַ֖ק כׇּל־הָעִֽיר׃ וַיִּשְׁמַ֤ע עֵלִי֙ אֶת־ק֣וֹל הַצְּעָקָ֔ה וַיֹּ֕אמֶר יד
מֶ֛ה ק֥וֹל הֶֽהָמ֖וֹן הַזֶּ֑ה וְהָאִ֣ישׁ מִהַ֔ר וַיָּבֹ֖א וַיַּגֵּ֥ד לְעֵלִֽי׃ וְעֵלִ֕י בֶּן־ טו
תִּשְׁעִ֥ים וּשְׁמֹנֶ֖ה שָׁנָ֑ה וְעֵינָ֣יו קָ֔מָה וְלֹ֥א יָכ֖וֹל לִרְאֽוֹת׃ וַיֹּ֨אמֶר טז
הָאִ֜ישׁ אֶל־עֵלִ֗י אָֽנֹכִי֙ הַבָּ֣א מִן־הַמַּֽעֲרָכָ֔ה וַֽאֲנִ֕י מִן־הַמַּֽעֲרָכָ֖ה
נַ֣סְתִּי הַיּ֑וֹם וַיֹּ֛אמֶר מֶֽה־הָיָ֥ה הַדָּבָ֖ר בְּנִֽי׃ וַיַּ֣עַן הַֽמְבַשֵּׂ֣ר וַיֹּ֗אמֶר יז
נָ֤ס יִשְׂרָאֵל֙ לִפְנֵ֣י פְלִשְׁתִּ֔ים וְגַ֛ם מַגֵּפָ֥ה גְדוֹלָ֖ה הָֽיְתָ֣ה בָעָ֑ם וְגַם־

יח שְׁנֵי בָנֶיךָ מֵתוּ חָפְנִי וּפִינְחָס וַאֲרוֹן הָאֱלֹהִים נִלְקָחָה: וַיְהִי
כְּהַזְכִּירוֹ ׀ אֶת־אֲרוֹן הָאֱלֹהִים וַיִּפֹּל מֵעַל־הַכִּסֵּא אֲחֹרַנִּית בְּעַד ׀
יַד הַשַּׁעַר וַתִּשָּׁבֵר מַפְרַקְתּוֹ וַיָּמֹת כִּי־זָקֵן הָאִישׁ וְכָבֵד וְהוּא
יט שָׁפַט אֶת־יִשְׂרָאֵל אַרְבָּעִים שָׁנָה: וְכַלָּתוֹ אֵשֶׁת־פִּינְחָס הָרָה
לָלַת וַתִּשְׁמַע אֶת־הַשְּׁמֻעָה אֶל־הִלָּקַח אֲרוֹן הָאֱלֹהִים וּמֵת
כ חָמִיהָ וְאִישָׁהּ וַתִּכְרַע וַתֵּלֶד כִּי־נֶהֶפְכוּ עָלֶיהָ צִרֶיהָ: וּכְעֵת
מוּתָהּ וַתְּדַבֵּרְנָה הַנִּצָּבוֹת עָלֶיהָ אַל־תִּירְאִי כִּי־בֵן יָלָדְתְּ וְלֹא
כא עָנְתָה וְלֹא־שָׁתָה לִבָּהּ: וַתִּקְרָא לַנַּעַר אִי כָבוֹד לֵאמֹר גָּלָה
כָבוֹד מִיִּשְׂרָאֵל אֶל־הִלָּקַח אֲרוֹן הָאֱלֹהִים וְאֶל־חָמִיהָ וְאִישָׁהּ:
כב וַתֹּאמֶר גָּלָה כָבוֹד מִיִּשְׂרָאֵל כִּי נִלְקַח אֲרוֹן הָאֱלֹהִים:

ה

א וּפְלִשְׁתִּים לָקְחוּ אֵת אֲרוֹן הָאֱלֹהִים וַיְבִאֻהוּ מֵאֶבֶן הָעֵזֶר
ב אַשְׁדּוֹדָה: וַיִּקְחוּ פְלִשְׁתִּים אֶת־אֲרוֹן הָאֱלֹהִים וַיָּבִאוּ אֹתוֹ בֵּית
ג דָּגוֹן וַיַּצִּיגוּ אֹתוֹ אֵצֶל דָּגוֹן: וַיַּשְׁכִּמוּ אַשְׁדּוֹדִים מִמָּחֳרָת וְהִנֵּה
דָגוֹן נֹפֵל לְפָנָיו אַרְצָה לִפְנֵי אֲרוֹן יהוה וַיִּקְחוּ אֶת־דָּגוֹן וַיָּשִׁבוּ
ד אֹתוֹ לִמְקוֹמוֹ: וַיַּשְׁכִּמוּ בַבֹּקֶר מִמָּחֳרָת וְהִנֵּה דָגוֹן נֹפֵל לְפָנָיו
אַרְצָה לִפְנֵי אֲרוֹן יהוה וְרֹאשׁ דָּגוֹן וּשְׁתֵּי ׀ כַּפּוֹת יָדָיו כְּרֻתוֹת
ה אֶל־הַמִּפְתָּן רַק דָּגוֹן נִשְׁאַר עָלָיו: עַל־כֵּן לֹא־יִדְרְכוּ כֹהֲנֵי דָגוֹן
וְכָל־הַבָּאִים בֵּית־דָּגוֹן עַל־מִפְתַּן דָּגוֹן בְּאַשְׁדּוֹד עַד הַיּוֹם
ו הַזֶּה: וַתִּכְבַּד יַד־יהוה אֶל־הָאַשְׁדּוֹדִים וַיְשִׁמֵּם
ז וַיַּךְ אֹתָם בעפלים אֶת־אַשְׁדּוֹד וְאֶת־גְּבוּלֶיהָ: וַיִּרְאוּ אַנְשֵׁי־ בַּטְּחֹרִים
אַשְׁדּוֹד כִּי־כֵן וְאָמְרוּ לֹא־יֵשֵׁב אֲרוֹן אֱלֹהֵי יִשְׂרָאֵל עִמָּנוּ כִּי־
ח קָשְׁתָה יָדוֹ עָלֵינוּ וְעַל דָּגוֹן אֱלֹהֵינוּ: וַיִּשְׁלְחוּ וַיַּאַסְפוּ אֶת־כָּל־
סַרְנֵי פְלִשְׁתִּים אֲלֵיהֶם וַיֹּאמְרוּ מַה־נַּעֲשֶׂה לַאֲרוֹן אֱלֹהֵי
יִשְׂרָאֵל וַיֹּאמְרוּ גַּת יִסֹּב אֲרוֹן אֱלֹהֵי יִשְׂרָאֵל וַיַּסֵּבּוּ אֶת־אֲרוֹן
ט אֱלֹהֵי יִשְׂרָאֵל: וַיְהִי אַחֲרֵי ׀ הֵסַבּוּ אֹתוֹ וַתְּהִי יַד־יהוה בָּעִיר
מְהוּמָה גְּדוֹלָה מְאֹד וַיַּךְ אֶת־אַנְשֵׁי הָעִיר מִקָּטֹן וְעַד־גָּדוֹל
י וַיִּשָּׂתְרוּ לָהֶם עפלים: וַיְשַׁלְּחוּ אֶת־אֲרוֹן הָאֱלֹהִים עֶקְרוֹן וַיְהִי טְחֹרִים

כְּבוֹא אֲרוֹן הָאֱלֹהִים עֶקְרוֹן וַיִּזְעֲקוּ הָעֶקְרֹנִים לֵאמֹר הֵסַבּוּ
אֵלַי אֶת־אֲרוֹן אֱלֹהֵי יִשְׂרָאֵל לַהֲמִיתֵנִי וְאֶת־עַמִּי׃ וַיִּשְׁלְחוּ יא
וַיַּאַסְפוּ אֶת־כָּל־סַרְנֵי פְלִשְׁתִּים וַיֹּאמְרוּ שַׁלְּחוּ אֶת־אֲרוֹן אֱלֹהֵי
יִשְׂרָאֵל וְיָשֹׁב לִמְקֹמוֹ וְלֹא־יָמִית אֹתִי וְאֶת־עַמִּי כִּי־הָיְתָה
מְהוּמַת־מָוֶת בְּכָל־הָעִיר כָּבְדָה מְאֹד יַד הָאֱלֹהִים שָׁם׃
בַּטְּחֹרִים וְהָאֲנָשִׁים אֲשֶׁר לֹא־מֵתוּ הֻכּוּ בעפלים וַתַּעַל שַׁוְעַת הָעִיר יב
הַשָּׁמָיִם׃ וַיְהִי אֲרוֹן־יהוה בִּשְׂדֵה פְלִשְׁתִּים ו א
שִׁבְעָה חֳדָשִׁים׃ וַיִּקְרְאוּ פְלִשְׁתִּים לַכֹּהֲנִים וְלַקֹּסְמִים לֵאמֹר ב
מַה־נַּעֲשֶׂה לַאֲרוֹן יהוה הוֹדִעֻנוּ בַּמֶּה נְשַׁלְּחֶנּוּ לִמְקוֹמוֹ׃
וַיֹּאמְרוּ אִם־מְשַׁלְּחִים אֶת־אֲרוֹן אֱלֹהֵי יִשְׂרָאֵל אַל־תְּשַׁלְּחוּ ג
אֹתוֹ רֵיקָם כִּי־הָשֵׁב תָּשִׁיבוּ לוֹ אָשָׁם אָז תֵּרָפְאוּ וְנוֹדַע לָכֶם
לָמָּה לֹא־תָסוּר יָדוֹ מִכֶּם׃ וַיֹּאמְרוּ מָה הָאָשָׁם אֲשֶׁר נָשִׁיב לוֹ ד
טְחֹרֵי וַיֹּאמְרוּ מִסְפַּר סַרְנֵי פְלִשְׁתִּים חֲמִשָּׁה עפלי זָהָב וַחֲמִשָּׁה
עַכְבְּרֵי זָהָב כִּי־מַגֵּפָה אַחַת לְכֻלָּם וּלְסַרְנֵיכֶם׃ וַעֲשִׂיתֶם צַלְמֵי ה
טְחֹרֵיכֶם עפליכם וְצַלְמֵי עַכְבְּרֵיכֶם הַמַּשְׁחִיתִם אֶת־הָאָרֶץ וּנְתַתֶּם
לֵאלֹהֵי יִשְׂרָאֵל כָּבוֹד אוּלַי יָקֵל אֶת־יָדוֹ מֵעֲלֵיכֶם וּמֵעַל
אֱלֹהֵיכֶם וּמֵעַל אַרְצְכֶם׃ וְלָמָּה תְכַבְּדוּ אֶת־לְבַבְכֶם כַּאֲשֶׁר ו
כִּבְּדוּ מִצְרַיִם וּפַרְעֹה אֶת־לִבָּם הֲלוֹא כַּאֲשֶׁר הִתְעַלֵּל בָּהֶם
וַיְשַׁלְּחוּם וַיֵּלֵכוּ׃ וְעַתָּה קְחוּ וַעֲשׂוּ עֲגָלָה חֲדָשָׁה אֶחָת וּשְׁתֵּי ז
פָרוֹת עָלוֹת אֲשֶׁר לֹא־עָלָה עֲלֵיהֶם עֹל וַאֲסַרְתֶּם אֶת־הַפָּרוֹת
בָּעֲגָלָה וַהֲשֵׁיבֹתֶם בְּנֵיהֶם מֵאַחֲרֵיהֶם הַבָּיְתָה׃ וּלְקַחְתֶּם אֶת־ ח
אֲרוֹן יהוה וּנְתַתֶּם אֹתוֹ אֶל־הָעֲגָלָה וְאֵת ׀ כְּלֵי הַזָּהָב אֲשֶׁר
הֲשֵׁבֹתֶם לוֹ אָשָׁם תָּשִׂימוּ בָאַרְגַּז מִצִּדּוֹ וְשִׁלַּחְתֶּם אֹתוֹ וְהָלָךְ׃
וּרְאִיתֶם אִם־דֶּרֶךְ גְּבוּלוֹ יַעֲלֶה בֵּית שֶׁמֶשׁ הוּא עָשָׂה לָנוּ אֶת־ ט
הָרָעָה הַגְּדוֹלָה הַזֹּאת וְאִם־לֹא וְיָדַעְנוּ כִּי לֹא יָדוֹ נָגְעָה
בָּנוּ מִקְרֶה הוּא הָיָה לָנוּ׃ וַיַּעֲשׂוּ הָאֲנָשִׁים כֵּן וַיִּקְחוּ שְׁתֵּי י
פָרוֹת עָלוֹת וַיַּאַסְרוּם בָּעֲגָלָה וְאֶת־בְּנֵיהֶם כָּלוּ בַבָּיִת׃ וַיָּשִׂמוּ יא

אֶת־אֲרוֹן יְהוָה אֶל־הָעֲגָלָה וְאֵת הָאַרְגַּז וְאֵת עַכְבְּרֵי הַזָּהָב
יב וְאֵת צַלְמֵי טְחֹרֵיהֶם׃ וַיִּשַּׁרְנָה הַפָּרוֹת בַּדֶּרֶךְ עַל־דֶּרֶךְ בֵּית
שֶׁמֶשׁ בִּמְסִלָּה אַחַת הָלְכוּ הָלֹךְ וְגָעוֹ וְלֹא־סָרוּ יָמִין וּשְׂמֹאול
יג וְסַרְנֵי פְלִשְׁתִּים הֹלְכִים אַחֲרֵיהֶם עַד־גְּבוּל בֵּית שָׁמֶשׁ׃ וּבֵית
שֶׁמֶשׁ קֹצְרִים קְצִיר־חִטִּים בָּעֵמֶק וַיִּשְׂאוּ אֶת־עֵינֵיהֶם וַיִּרְאוּ
יד אֶת־הָאָרוֹן וַיִּשְׂמְחוּ לִרְאוֹת׃ וְהָעֲגָלָה בָּאָה אֶל־שְׂדֵה יְהוֹשֻׁעַ ד
בֵּית־הַשִּׁמְשִׁי וַתַּעֲמֹד שָׁם וְשָׁם אֶבֶן גְּדוֹלָה וַיְבַקְּעוּ אֶת־עֲצֵי
טו הָעֲגָלָה וְאֶת־הַפָּרוֹת הֶעֱלוּ עֹלָה לַיהוָה׃ וְהַלְוִיִּם
הוֹרִידוּ ׀ אֶת־אֲרוֹן יְהוָה וְאֶת־הָאַרְגַּז אֲשֶׁר־אִתּוֹ אֲשֶׁר־בּוֹ
כְלֵי־זָהָב וַיָּשִׂמוּ אֶל־הָאֶבֶן הַגְּדוֹלָה וְאַנְשֵׁי בֵית־שֶׁמֶשׁ הֶעֱלוּ
טז עֹלוֹת וַיִּזְבְּחוּ זְבָחִים בַּיּוֹם הַהוּא לַיהוָה׃ וַחֲמִשָּׁה סַרְנֵי־
יז פְלִשְׁתִּים רָאוּ וַיָּשֻׁבוּ עֶקְרוֹן בַּיּוֹם הַהוּא׃ וְאֵלֶּה
טְחֹרֵי הַזָּהָב אֲשֶׁר הֵשִׁיבוּ פְלִשְׁתִּים אָשָׁם לַיהוָה לְאַשְׁדּוֹד
אֶחָד לְעַזָּה אֶחָד לְאַשְׁקְלוֹן אֶחָד לְגַת אֶחָד לְעֶקְרוֹן
יח אֶחָד׃ וְעַכְבְּרֵי הַזָּהָב מִסְפַּר כָּל־עָרֵי פְלִשְׁתִּים
לַחֲמֵשֶׁת הַסְּרָנִים מֵעִיר מִבְצָר וְעַד כֹּפֶר הַפְּרָזִי וְעַד ׀ אָבֵל
הַגְּדוֹלָה אֲשֶׁר הִנִּיחוּ עָלֶיהָ אֵת אֲרוֹן יְהוָה עַד הַיּוֹם הַזֶּה בִּשְׂדֵה
יט יְהוֹשֻׁעַ בֵּית־הַשִּׁמְשִׁי׃ וַיַּךְ בְּאַנְשֵׁי בֵית־שֶׁמֶשׁ כִּי רָאוּ בַּאֲרוֹן
יְהוָה וַיַּךְ בָּעָם שִׁבְעִים אִישׁ חֲמִשִּׁים אֶלֶף אִישׁ וַיִּתְאַבְּלוּ הָעָם
כ כִּי־הִכָּה יְהוָה בָּעָם מַכָּה גְדוֹלָה׃ וַיֹּאמְרוּ אַנְשֵׁי בֵית־שֶׁמֶשׁ
מִי יוּכַל לַעֲמֹד לִפְנֵי יְהוָה הָאֱלֹהִים הַקָּדוֹשׁ הַזֶּה וְאֶל־מִי
כא יַעֲלֶה מֵעָלֵינוּ׃ וַיִּשְׁלְחוּ מַלְאָכִים אֶל־יוֹשְׁבֵי קִרְיַת־יְעָרִים
לֵאמֹר הֵשִׁבוּ פְלִשְׁתִּים אֶת־אֲרוֹן יְהוָה רְדוּ הַעֲלוּ אֹתוֹ
ז א אֲלֵיכֶם׃ וַיָּבֹאוּ אַנְשֵׁי ׀ קִרְיַת יְעָרִים וַיַּעֲלוּ אֶת־אֲרוֹן יְהוָה
וַיָּבִאוּ אֹתוֹ אֶל־בֵּית אֲבִינָדָב בַּגִּבְעָה וְאֶת־אֶלְעָזָר בְּנוֹ קִדְּשׁוּ
ב לִשְׁמֹר אֶת־אֲרוֹן יְהוָה׃ וַיְהִי מִיּוֹם שֶׁבֶת הָאָרוֹן
בְּקִרְיַת יְעָרִים וַיִּרְבּוּ הַיָּמִים וַיִּהְיוּ עֶשְׂרִים שָׁנָה וַיִּנָּהוּ כָּל־בֵּית

ז

ג יִשְׂרָאֵל אַחֲרֵי יְהוָה׃ וַיֹּאמֶר שְׁמוּאֵל אֶל־כָּל־
בֵּית יִשְׂרָאֵל לֵאמֹר אִם־בְּכָל־לְבַבְכֶם אַתֶּם שָׁבִים אֶל־יְהוָה
הָסִירוּ אֶת־אֱלֹהֵי הַנֵּכָר מִתּוֹכְכֶם וְהָעַשְׁתָּרוֹת וְהָכִינוּ לְבַבְכֶם
ד אֶל־יְהוָה וְעִבְדֻהוּ לְבַדּוֹ וְיַצֵּל אֶתְכֶם מִיַּד פְּלִשְׁתִּים׃ וַיָּסִירוּ בְּנֵי
יִשְׂרָאֵל אֶת־הַבְּעָלִים וְאֶת־הָעַשְׁתָּרֹת וַיַּעַבְדוּ אֶת־יְהוָה
ה לְבַדּוֹ׃ וַיֹּאמֶר שְׁמוּאֵל קִבְצוּ אֶת־כָּל־יִשְׂרָאֵל
ו הַמִּצְפָּתָה וְאֶתְפַּלֵּל בַּעַדְכֶם אֶל־יְהוָה׃ וַיִּקָּבְצוּ הַמִּצְפָּתָה
וַיִּשְׁאֲבוּ־מַיִם וַיִּשְׁפְּכוּ ׀ לִפְנֵי יְהוָה וַיָּצוּמוּ בַּיּוֹם הַהוּא וַיֹּאמְרוּ
שָׁם חָטָאנוּ לַיהוָה וַיִּשְׁפֹּט שְׁמוּאֵל אֶת־בְּנֵי יִשְׂרָאֵל בַּמִּצְפָּה׃
ז וַיִּשְׁמְעוּ פְלִשְׁתִּים כִּי־הִתְקַבְּצוּ בְנֵי־יִשְׂרָאֵל הַמִּצְפָּתָה וַיַּעֲלוּ
סַרְנֵי־פְלִשְׁתִּים אֶל־יִשְׂרָאֵל וַיִּשְׁמְעוּ בְּנֵי יִשְׂרָאֵל וַיִּרְאוּ מִפְּנֵי
ח פְלִשְׁתִּים׃ וַיֹּאמְרוּ בְנֵי־יִשְׂרָאֵל אֶל־שְׁמוּאֵל אַל־תַּחֲרֵשׁ מִמֶּנּוּ
ט מִזְּעֹק אֶל־יְהוָה אֱלֹהֵינוּ וְיֹשִׁעֵנוּ מִיַּד פְּלִשְׁתִּים׃ וַיִּקַּח שְׁמוּאֵל
טְלֵה חָלָב אֶחָד וַיַּעֲלֵה עוֹלָה כָּלִיל לַיהוָה וַיִּזְעַק שְׁמוּאֵל אֶל־
י יְהוָה בְּעַד יִשְׂרָאֵל וַיַּעֲנֵהוּ יְהוָה׃ וַיְהִי שְׁמוּאֵל מַעֲלֶה הָעוֹלָה
וּפְלִשְׁתִּים נִגְּשׁוּ לַמִּלְחָמָה בְּיִשְׂרָאֵל וַיַּרְעֵם יְהוָה ׀ בְּקוֹל־גָּדוֹל
יא בַּיּוֹם הַהוּא עַל־פְּלִשְׁתִּים וַיְהֻמֵּם וַיִּנָּגְפוּ לִפְנֵי יִשְׂרָאֵל׃ וַיֵּצְאוּ
אַנְשֵׁי יִשְׂרָאֵל מִן־הַמִּצְפָּה וַיִּרְדְּפוּ אֶת־פְּלִשְׁתִּים וַיַּכּוּם עַד־
יב מִתַּחַת לְבֵית כָּר׃ וַיִּקַּח שְׁמוּאֵל אֶבֶן אַחַת וַיָּשֶׂם בֵּין־הַמִּצְפָּה
וּבֵין הַשֵּׁן וַיִּקְרָא אֶת־שְׁמָהּ אֶבֶן הָעָזֶר וַיֹּאמַר עַד־הֵנָּה עֲזָרָנוּ
יג יְהוָה׃ וַיִּכָּנְעוּ הַפְּלִשְׁתִּים וְלֹא־יָסְפוּ עוֹד לָבוֹא בִּגְבוּל יִשְׂרָאֵל
יד וַתְּהִי יַד־יְהוָה בַּפְּלִשְׁתִּים כֹּל יְמֵי שְׁמוּאֵל׃ וַתָּשֹׁבְנָה הֶעָרִים
אֲשֶׁר לָקְחוּ־פְלִשְׁתִּים מֵאֵת יִשְׂרָאֵל ׀ לְיִשְׂרָאֵל מֵעֶקְרוֹן וְעַד־
גַּת וְאֶת־גְּבוּלָן הִצִּיל יִשְׂרָאֵל מִיַּד פְּלִשְׁתִּים וַיְהִי שָׁלוֹם
טו בֵּין יִשְׂרָאֵל וּבֵין הָאֱמֹרִי׃ וַיִּשְׁפֹּט שְׁמוּאֵל אֶת־יִשְׂרָאֵל כֹּל
טז יְמֵי חַיָּיו׃ וְהָלַךְ מִדֵּי שָׁנָה בְּשָׁנָה וְסָבַב בֵּית־אֵל וְהַגִּלְגָּל
וְהַמִּצְפָּה וְשָׁפַט אֶת־יִשְׂרָאֵל אֵת כָּל־הַמְּקוֹמוֹת הָאֵלֶּה׃

יז וּתְשֻׁבָתוֹ הָרָמָתָה כִּי־שָׁם בֵּיתוֹ וְשָׁם שְׁפָטוֹ אֶת־יִשְׂרָאֵל
וַיִּבֶן־שָׁם מִזְבֵּחַ לַיהוָה׃
ח א וַיְהִי כַּאֲשֶׁר זָקֵן שְׁמוּאֵל וַיָּשֶׂם אֶת־בָּנָיו שֹׁפְטִים לְיִשְׂרָאֵל׃
ב וַיְהִי שֶׁם־בְּנוֹ הַבְּכוֹר יוֹאֵל וְשֵׁם מִשְׁנֵהוּ אֲבִיָּה שֹׁפְטִים בִּבְאֵר
ג שָׁבַע׃ וְלֹא־הָלְכוּ בָנָיו בִּדְרָכָו וַיִּטּוּ אַחֲרֵי הַבָּצַע וַיִּקְחוּ־שֹׁחַד
ד וַיַּטּוּ מִשְׁפָּט׃ וַיִּתְקַבְּצוּ כֹּל זִקְנֵי יִשְׂרָאֵל וַיָּבֹאוּ
ה אֶל־שְׁמוּאֵל הָרָמָתָה׃ וַיֹּאמְרוּ אֵלָיו הִנֵּה אַתָּה זָקַנְתָּ וּבָנֶיךָ לֹא
הָלְכוּ בִּדְרָכֶיךָ עַתָּה שִׂימָה־לָּנוּ מֶלֶךְ לְשָׁפְטֵנוּ כְּכָל־הַגּוֹיִם׃
ו וַיֵּרַע הַדָּבָר בְּעֵינֵי שְׁמוּאֵל כַּאֲשֶׁר אָמְרוּ תְּנָה־לָּנוּ מֶלֶךְ
ז לְשָׁפְטֵנוּ וַיִּתְפַּלֵּל שְׁמוּאֵל אֶל־יְהוָה׃ וַיֹּאמֶר
יְהוָה אֶל־שְׁמוּאֵל שְׁמַע בְּקוֹל הָעָם לְכֹל אֲשֶׁר־יֹאמְרוּ אֵלֶיךָ
ח כִּי לֹא אֹתְךָ מָאָסוּ כִּי־אֹתִי מָאֲסוּ מִמְּלֹךְ עֲלֵיהֶם׃ כְּכָל־
הַמַּעֲשִׂים אֲשֶׁר־עָשׂוּ מִיּוֹם הַעֲלֹתִי אוֹתָם מִמִּצְרַיִם וְעַד־הַיּוֹם
הַזֶּה וַיַּעַזְבֻנִי וַיַּעַבְדוּ אֱלֹהִים אֲחֵרִים כֵּן הֵמָּה עֹשִׂים גַּם־לָךְ׃
ט וְעַתָּה שְׁמַע בְּקוֹלָם אַךְ כִּי־הָעֵד תָּעִיד בָּהֶם וְהִגַּדְתָּ לָהֶם
י מִשְׁפַּט הַמֶּלֶךְ אֲשֶׁר יִמְלֹךְ עֲלֵיהֶם׃ וַיֹּאמֶר
שְׁמוּאֵל אֵת כָּל־דִּבְרֵי יְהוָה אֶל־הָעָם הַשֹּׁאֲלִים מֵאִתּוֹ
יא מֶלֶךְ׃ וַיֹּאמֶר זֶה יִהְיֶה מִשְׁפַּט הַמֶּלֶךְ אֲשֶׁר יִמְלֹךְ
עֲלֵיכֶם אֶת־בְּנֵיכֶם יִקָּח וְשָׂם לוֹ בְּמֶרְכַּבְתּוֹ וּבְפָרָשָׁיו וְרָצוּ לִפְנֵי
יב מֶרְכַּבְתּוֹ׃ וְלָשׂוּם לוֹ שָׂרֵי אֲלָפִים וְשָׂרֵי חֲמִשִּׁים וְלַחֲרֹשׁ חֲרִישׁוֹ
יג וְלִקְצֹר קְצִירוֹ וְלַעֲשׂוֹת כְּלֵי־מִלְחַמְתּוֹ וּכְלֵי רִכְבּוֹ׃ וְאֶת־
יד בְּנוֹתֵיכֶם יִקָּח לְרַקָּחוֹת וּלְטַבָּחוֹת וּלְאֹפוֹת׃ וְאֶת־שְׂדוֹתֵיכֶם
טו וְאֶת־כַּרְמֵיכֶם וְזֵיתֵיכֶם הַטּוֹבִים יִקָּח וְנָתַן לַעֲבָדָיו׃ וְזַרְעֵיכֶם
טז וְכַרְמֵיכֶם יַעְשֹׂר וְנָתַן לְסָרִיסָיו וְלַעֲבָדָיו׃ וְאֶת־עַבְדֵיכֶם וְאֶת־
שִׁפְחוֹתֵיכֶם וְאֶת־בַּחוּרֵיכֶם הַטּוֹבִים וְאֶת־חֲמוֹרֵיכֶם יִקָּח
יז וְעָשָׂה לִמְלַאכְתּוֹ׃ צֹאנְכֶם יַעְשֹׂר וְאַתֶּם תִּהְיוּ־לוֹ לַעֲבָדִים׃
יח וּזְעַקְתֶּם בַּיּוֹם הַהוּא מִלִּפְנֵי מַלְכְּכֶם אֲשֶׁר בְּחַרְתֶּם לָכֶם וְלֹא־

ח
יט יַעֲנֶה יְהוָה אֶתְכֶם בַּיּוֹם הַהוּא׃ וַיְמָאֲנוּ הָעָם לִשְׁמֹעַ בְּקוֹל
כ שְׁמוּאֵל וַיֹּאמְרוּ לֹּא כִּי אִם־מֶלֶךְ יִהְיֶה עָלֵינוּ׃ וְהָיִינוּ גַם־
אֲנַחְנוּ כְּכָל־הַגּוֹיִם וּשְׁפָטָנוּ מַלְכֵּנוּ וְיָצָא לְפָנֵינוּ וְנִלְחַם אֶת־
כא מִלְחֲמֹתֵנוּ׃ וַיִּשְׁמַע שְׁמוּאֵל אֵת כָּל־דִּבְרֵי הָעָם וַיְדַבְּרֵם בְּאָזְנֵי
כב יְהוָה׃ וַיֹּאמֶר יְהוָה אֶל־שְׁמוּאֵל שְׁמַע בְּקוֹלָם
וְהִמְלַכְתָּ לָהֶם מֶלֶךְ וַיֹּאמֶר שְׁמוּאֵל אֶל־אַנְשֵׁי יִשְׂרָאֵל לְכוּ
ט א אִישׁ לְעִירוֹ׃ וַיְהִי־אִישׁ מבן ימין וּשְׁמוֹ קִישׁ בֶּן־ מִבִּנְיָמִין
אֲבִיאֵל בֶּן־צְרוֹר בֶּן־בְּכוֹרַת בֶּן־אֲפִיחַ בֶּן־אִישׁ יְמִינִי גִּבּוֹר
ב חָיִל׃ וְלוֹ־הָיָה בֵן וּשְׁמוֹ שָׁאוּל בָּחוּר וָטוֹב וְאֵין אִישׁ מִבְּנֵי ה
ג יִשְׂרָאֵל טוֹב מִמֶּנּוּ מִשִּׁכְמוֹ וָמַעְלָה גָּבֹהַּ מִכָּל־הָעָם׃ וַתֹּאבַדְנָה
הָאֲתֹנוֹת לְקִישׁ אֲבִי שָׁאוּל וַיֹּאמֶר קִישׁ אֶל־שָׁאוּל בְּנוֹ קַח־נָא
ד אִתְּךָ אֶת־אַחַד מֵהַנְּעָרִים וְקוּם לֵךְ בַּקֵּשׁ אֶת־הָאֲתֹנֹת׃ וַיַּעֲבֹר
בְּהַר־אֶפְרַיִם וַיַּעֲבֹר בְּאֶרֶץ־שָׁלִשָׁה וְלֹא מָצָאוּ וַיַּעַבְרוּ בְאֶרֶץ־
ה שַׁעֲלִים וָאַיִן וַיַּעֲבֹר בְּאֶרֶץ־יְמִינִי וְלֹא מָצָאוּ׃ הֵמָּה בָּאוּ בְּאֶרֶץ
צוּף וְשָׁאוּל אָמַר לְנַעֲרוֹ אֲשֶׁר־עִמּוֹ לְכָה וְנָשׁוּבָה פֶּן־יֶחְדַּל אָבִי
ו מִן־הָאֲתֹנוֹת וְדָאַג לָנוּ׃ וַיֹּאמֶר לוֹ הִנֵּה־נָא אִישׁ־אֱלֹהִים בָּעִיר
הַזֹּאת וְהָאִישׁ נִכְבָּד כֹּל אֲשֶׁר־יְדַבֵּר בּוֹא יָבוֹא עַתָּה נֵלְכָה שָּׁם
ז אוּלַי יַגִּיד לָנוּ אֶת־דַּרְכֵּנוּ אֲשֶׁר־הָלַכְנוּ עָלֶיהָ׃ וַיֹּאמֶר שָׁאוּל
לְנַעֲרוֹ וְהִנֵּה נֵלֵךְ וּמַה־נָּבִיא לָאִישׁ כִּי הַלֶּחֶם אָזַל מִכֵּלֵינוּ
ח וּתְשׁוּרָה אֵין־לְהָבִיא לְאִישׁ הָאֱלֹהִים מָה אִתָּנוּ׃ וַיֹּסֶף הַנַּעַר
לַעֲנוֹת אֶת־שָׁאוּל וַיֹּאמֶר הִנֵּה נִמְצָא בְיָדִי רֶבַע שֶׁקֶל כָּסֶף
ט וְנָתַתִּי לְאִישׁ הָאֱלֹהִים וְהִגִּיד לָנוּ אֶת־דַּרְכֵּנוּ׃ לְפָנִים׀ בְּיִשְׂרָאֵל
כֹּה־אָמַר הָאִישׁ בְּלֶכְתּוֹ לִדְרוֹשׁ אֱלֹהִים לְכוּ וְנֵלְכָה עַד־הָרֹאֶה
י כִּי לַנָּבִיא הַיּוֹם יִקָּרֵא לְפָנִים הָרֹאֶה׃ וַיֹּאמֶר שָׁאוּל לְנַעֲרוֹ טוֹב
דְּבָרְךָ לְכָה׀ נֵלֵכָה וַיֵּלְכוּ אֶל־הָעִיר אֲשֶׁר־שָׁם אִישׁ הָאֱלֹהִים׃
יא הֵמָּה עֹלִים בְּמַעֲלֵה הָעִיר וְהֵמָּה מָצְאוּ נְעָרוֹת יֹצְאוֹת לִשְׁאֹב
יב מָיִם וַיֹּאמְרוּ לָהֶן הֲיֵשׁ בָּזֶה הָרֹאֶה׃ וַתַּעֲנֶינָה אוֹתָם וַתֹּאמַרְנָה

יֵשׁ הִנֵּה לְפָנֶיךָ מַהֵר ׀ עַתָּה כִּי הַיּוֹם בָּא לָעִיר כִּי זֶבַח הַיּוֹם
יג לָעָם בַּבָּמָה׃ כְּבֹאֲכֶם הָעִיר כֵּן תִּמְצְאוּן אֹתוֹ בְּטֶרֶם יַעֲלֶה
הַבָּמָתָה לֶאֱכֹל כִּי לֹא־יֹאכַל הָעָם עַד־בֹּאוֹ כִּי־הוּא יְבָרֵךְ
הַזֶּבַח אַחֲרֵי־כֵן יֹאכְלוּ הַקְּרֻאִים וְעַתָּה עֲלוּ כִּי־אֹתוֹ כְהַיּוֹם
יד תִּמְצְאוּן אֹתוֹ׃ וַיַּעֲלוּ הָעִיר הֵמָּה בָּאִים בְּתוֹךְ הָעִיר וְהִנֵּה
טו שְׁמוּאֵל יֹצֵא לִקְרָאתָם לַעֲלוֹת הַבָּמָה׃ וַיהוָה
טז גָּלָה אֶת־אֹזֶן שְׁמוּאֵל יוֹם אֶחָד לִפְנֵי בוֹא־שָׁאוּל לֵאמֹר׃ כָּעֵת ׀
מָחָר אֶשְׁלַח אֵלֶיךָ אִישׁ מֵאֶרֶץ בִּנְיָמִן וּמְשַׁחְתּוֹ לְנָגִיד עַל־עַמִּי
יִשְׂרָאֵל וְהוֹשִׁיעַ אֶת־עַמִּי מִיַּד פְּלִשְׁתִּים כִּי רָאִיתִי אֶת־עַמִּי
יז כִּי בָּאָה צַעֲקָתוֹ אֵלָי׃ וּשְׁמוּאֵל רָאָה אֶת־שָׁאוּל וַיהוָה עָנָהוּ
יח הִנֵּה הָאִישׁ אֲשֶׁר אָמַרְתִּי אֵלֶיךָ זֶה יַעְצֹר בְּעַמִּי׃ וַיִּגַּשׁ שָׁאוּל
אֶת־שְׁמוּאֵל בְּתוֹךְ הַשָּׁעַר וַיֹּאמֶר הַגִּידָה־נָּא לִי אֵי־זֶה בֵּית
יט הָרֹאֶה׃ וַיַּעַן שְׁמוּאֵל אֶת־שָׁאוּל וַיֹּאמֶר אָנֹכִי הָרֹאֶה עֲלֵה
לְפָנַי הַבָּמָה וַאֲכַלְתֶּם עִמִּי הַיּוֹם וְשִׁלַּחְתִּיךָ בַבֹּקֶר וְכֹל אֲשֶׁר
כ בִּלְבָבְךָ אַגִּיד לָךְ׃ וְלָאֲתֹנוֹת הָאֹבְדוֹת לְךָ הַיּוֹם שְׁלֹשֶׁת הַיָּמִים
אַל־תָּשֶׂם אֶת־לִבְּךָ לָהֶם כִּי נִמְצָאוּ וּלְמִי כָּל־חֶמְדַּת יִשְׂרָאֵל
כא הֲלוֹא לְךָ וּלְכֹל בֵּית אָבִיךָ׃ וַיַּעַן שָׁאוּל וַיֹּאמֶר
הֲלוֹא בֶן־יְמִינִי אָנֹכִי מִקְּטַנֵּי שִׁבְטֵי יִשְׂרָאֵל וּמִשְׁפַּחְתִּי הַצְּעִרָה
מִכָּל־מִשְׁפְּחוֹת שִׁבְטֵי בִנְיָמִן וְלָמָּה דִּבַּרְתָּ אֵלַי כַּדָּבָר
כב הַזֶּה׃ וַיִּקַּח שְׁמוּאֵל אֶת־שָׁאוּל וְאֶת־נַעֲרוֹ
וַיְבִיאֵם לִשְׁכָּתָה וַיִּתֵּן לָהֶם מָקוֹם בְּרֹאשׁ הַקְּרוּאִים וְהֵמָּה
כג כִּשְׁלֹשִׁים אִישׁ׃ וַיֹּאמֶר שְׁמוּאֵל לַטַּבָּח תְּנָה אֶת־הַמָּנָה אֲשֶׁר
כד נָתַתִּי לָךְ אֲשֶׁר אָמַרְתִּי אֵלֶיךָ שִׂים אֹתָהּ עִמָּךְ׃ וַיָּרֶם הַטַּבָּח
אֶת־הַשּׁוֹק וְהֶעָלֶיהָ וַיָּשֶׂם ׀ לִפְנֵי שָׁאוּל וַיֹּאמֶר הִנֵּה הַנִּשְׁאָר
שִׂים־לְפָנֶיךָ אֱכֹל כִּי לַמּוֹעֵד שָׁמוּר־לְךָ לֵאמֹר הָעָם קָרָאתִי
כה וַיֹּאכַל שָׁאוּל עִם־שְׁמוּאֵל בַּיּוֹם הַהוּא׃ וַיֵּרְדוּ מֵהַבָּמָה הָעִיר
כו וַיְדַבֵּר עִם־שָׁאוּל עַל־הַגָּג׃ וַיַּשְׁכִּמוּ וַיְהִי כַּעֲלוֹת הַשַּׁחַר וַיִּקְרָא

שמואל א
ט

שְׁמוּאֵל אֶל־שָׁא֖וּל הַגַּ֣ג לֵאמֹ֑ר ק֚וּמָה וַאֲשַׁלְּחֶ֔ךָ וַיָּ֖קָם שָׁא֑וּל
וַיֵּצְא֧וּ שְׁנֵיהֶ֛ם ה֥וּא וּשְׁמוּאֵ֖ל הַחֽוּצָה: כז
וּשְׁמוּאֵ֞ל אָמַ֣ר אֶל־שָׁא֗וּל אֱמֹ֥ר לַנַּ֛עַר וְיַעֲבֹ֥ר לְפָנֵ֖ינוּ וַֽיַּעֲבֹ֑ר וְאַתָּ֣ה
עֲמֹ֣ד כַּיּ֔וֹם וְאַשְׁמִיעֲךָ֖ אֶת־דְּבַ֥ר אֱלֹהִֽים: וַיִּקַּ֨ח א י
שְׁמוּאֵ֜ל אֶת־פַּ֤ךְ הַשֶּׁ֙מֶן֙ וַיִּצֹ֣ק עַל־רֹאשׁ֔וֹ וַיִּשָּׁקֵ֑הוּ וַיֹּ֕אמֶר הֲל֗וֹא
כִּֽי־מְשָׁחֲךָ֧ יְהוָ֛ה עַל־נַחֲלָת֖וֹ לְנָגִֽיד: בְּלֶכְתְּךָ֤ הַיּוֹם֙ מֵעִמָּדִ֔י ב
וּמָצָאתָ֩ שְׁנֵ֨י אֲנָשִׁ֜ים עִם־קְבֻרַ֥ת רָחֵ֛ל בִּגְב֥וּל בִּנְיָמִ֖ן בְּצֶלְצַ֑ח
וְאָמְר֣וּ אֵלֶ֗יךָ נִמְצְא֤וּ הָאֲתֹנוֹת֙ אֲשֶׁ֣ר הָלַ֣כְתָּ לְבַקֵּ֔שׁ וְהִנֵּ֨ה נָטַ֤שׁ
אָבִ֙יךָ֙ אֶת־דִּבְרֵ֣י הָאֲתֹנ֔וֹת וְדָאַ֥ג לָכֶ֖ם לֵאמֹ֑ר מָ֥ה אֶעֱשֶׂ֖ה לִבְנִֽי:
וְחָלַפְתָּ֨ מִשָּׁ֜ם וָהָ֗לְאָה וּבָ֙אתָ֙ עַד־אֵל֣וֹן תָּב֔וֹר וּמְצָא֥וּךָ שָּׁ֖ם ג
שְׁלֹשָׁ֣ה אֲנָשִׁ֗ים עֹלִ֛ים אֶל־הָאֱלֹהִ֖ים בֵּֽית־אֵ֑ל אֶחָ֞ד נֹשֵׂ֣א ׀
שְׁלֹשָׁ֣ה גְדָיִ֗ים וְאֶחָד֙ נֹשֵׂ֗א שְׁלֹ֣שֶׁת כִּכְּר֣וֹת לֶ֔חֶם וְאֶחָ֖ד נֹשֵׂ֥א
נֵֽבֶל־יָֽיִן: וְשָׁאֲל֥וּ לְךָ֖ לְשָׁל֑וֹם וְנָתְנ֤וּ לְךָ֙ שְׁתֵּי־לֶ֔חֶם וְלָקַחְתָּ֖ ד
מִיָּדָֽם: אַחַ֣ר כֵּ֗ן תָּבוֹא֙ גִּבְעַ֣ת הָאֱלֹהִ֔ים אֲשֶׁר־שָׁ֖ם נְצִבֵ֣י ה
פְלִשְׁתִּ֑ים וִיהִי֩ כְבֹאֲךָ֨ שָׁ֜ם הָעִ֗יר וּפָגַעְתָּ֞ חֶ֤בֶל נְבִיאִים֙ יֹרְדִ֣ים
מֵהַבָּמָ֔ה וְלִפְנֵיהֶ֞ם נֵ֤בֶל וְתֹף֙ וְחָלִ֣יל וְכִנּ֔וֹר וְהֵ֖מָּה מִתְנַבְּאִֽים:
וְצָלְחָ֤ה עָלֶ֙יךָ֙ ר֣וּחַ יְהוָ֔ה וְהִתְנַבִּ֖יתָ עִמָּ֑ם וְנֶהְפַּכְתָּ֖ לְאִ֥ישׁ אַחֵֽר: ו
וְהָיָ֗ה כִּ֥י תָבֹ֛אינָה הָאֹת֥וֹת הָאֵ֖לֶּה לָ֑ךְ עֲשֵׂ֤ה לְךָ֙ אֲשֶׁ֣ר תִּמְצָ֣א תָבֹ֣אנָה ז
יָדֶ֔ךָ כִּ֥י הָאֱלֹהִ֖ים עִמָּֽךְ: וְיָרַדְתָּ֣ לְפָנַי֮ הַגִּלְגָּל֒ וְהִנֵּ֤ה אָֽנֹכִי֙ יֹרֵ֣ד ח
אֵלֶ֔יךָ לְהַעֲל֣וֹת עֹל֔וֹת לִזְבֹּ֖חַ זִבְחֵ֣י שְׁלָמִ֑ים שִׁבְעַ֤ת יָמִים֙ תּוֹחֵ֔ל
עַד־בּוֹאִ֣י אֵלֶ֔יךָ וְהוֹדַעְתִּ֣י לְךָ֔ אֵ֖ת אֲשֶׁ֥ר תַּעֲשֶֽׂה: וְהָיָ֗ה כְּהַפְנֹת֤וֹ ט
שִׁכְמוֹ֙ לָלֶ֙כֶת֙ מֵעִ֣ם שְׁמוּאֵ֔ל וַיַּהֲפָךְ־ל֥וֹ אֱלֹהִ֖ים לֵ֣ב אַחֵ֑ר וַיָּבֹ֛אוּ
כָּל־הָאֹת֥וֹת הָאֵ֖לֶּה בַּיּ֥וֹם הַהֽוּא: וַיָּבֹ֤אוּ שָׁם֙ י
הַגִּבְעָ֔תָה וְהִנֵּ֥ה חֶֽבֶל־נְבִאִ֖ים לִקְרָאת֑וֹ וַתִּצְלַ֤ח עָלָיו֙ ר֣וּחַ אֱלֹהִ֔ים
וַיִּתְנַבֵּ֖א בְּתוֹכָֽם: וַיְהִ֗י כָּל־יֽוֹדְעוֹ֙ מֵֽאִתְּמ֣וֹל שִׁלְשֹׁ֔ם וַיִּרְא֕וּ יא
וְהִנֵּ֥ה עִם־נְבִאִ֖ים נִבָּ֑א וַיֹּ֨אמֶר הָעָ֜ם אִ֣ישׁ אֶל־
רֵעֵ֗הוּ מַה־זֶּה֙ הָיָ֣ה לְבֶן־קִ֔ישׁ הֲגַ֥ם שָׁא֖וּל בַּנְּבִיאִֽים: וַיַּ֨עַן אִ֤ישׁ יב

קב

מִשָּׁם וַיֹּאמֶר וּמִי אֲבִיהֶם עַל־כֵּן הָיְתָה לְמָשָׁל הֲגַם שָׁא֖וּל

יג בַּנְּבִאִים: וַיְכַל֙ מֵֽהִתְנַבֹּ֔ות וַיָּבֹ֖א הַבָּמָֽה: וַיֹּ֨אמֶר֙ דּ֣וֹד שָׁא֔וּל
אֵלָ֖יו וְאֶֽל־נַעֲר֑וֹ אָ֖ן הֲלַכְתֶּ֑ם וַיֹּ֕אמֶר לְבַקֵּשׁ֙ אֶת־הָ֣אֲתֹנ֔וֹת

יד וַנִּרְאֶ֣ה כִי־אַ֔יִן וַנָּב֖וֹא אֶל־שְׁמוּאֵֽל: וַיֹּ֖אמֶר דּ֣וֹד שָׁא֑וּל הַגִּֽידָה־

טו נָּ֣א לִ֔י מָֽה־אָמַ֥ר לָכֶ֖ם שְׁמוּאֵֽל: וַיֹּ֥אמֶר שָׁא֖וּל אֶל־דּוֹד֑וֹ הַגֵּ֤ד
הִגִּיד֙ לָ֔נוּ כִּ֥י נִמְצְא֖וּ הָאֲתֹנ֑וֹת וְאֶת־דְּבַ֤ר הַמְּלוּכָה֙ לֹֽא־הִגִּ֣יד ל֔וֹ

יז אֲשֶׁ֖ר אָמַ֥ר שְׁמוּאֵֽל: וַיַּצְעֵ֧ק שְׁמוּאֵ֛ל אֶת־הָעָ֖ם

יח אֶל־יְהוָ֖ה הַמִּצְפָּֽה: וַיֹּ֣אמֶר ׀ אֶל־בְּנֵ֣י יִשְׂרָאֵ֗ל כֹּֽה־אָמַ֤ר יְהוָה֙
אֱלֹהֵ֣י יִשְׂרָאֵ֔ל אָנֹכִ֛י הֶעֱלֵ֥יתִי אֶת־יִשְׂרָאֵ֖ל מִמִּצְרָ֑יִם וָאַצִּ֤יל
אֶתְכֶם֙ מִיַּ֣ד מִצְרַ֔יִם וּמִיַּד֙ כָּל־הַמַּמְלָכ֔וֹת הַלֹּחֲצִ֖ים אֶתְכֶֽם:

יט וְאַתֶּ֨ם הַיּ֜וֹם מְאַסְתֶּ֣ם אֶת־אֱלֹֽהֵיכֶ֗ם אֲשֶׁר־ה֨וּא מוֹשִׁ֤יעַ לָכֶם֙
מִכָּל־רָעֽוֹתֵיכֶ֣ם וְצָרֹֽתֵיכֶ֔ם וַתֹּ֣אמְרוּ ל֔וֹ כִּי־מֶ֖לֶךְ תָּשִׂ֣ים עָלֵ֑ינוּ

כ וְעַתָּ֗ה הִֽתְיַצְּבוּ֙ לִפְנֵ֣י יְהוָ֔ה לְשִׁבְטֵיכֶ֖ם וּלְאַלְפֵיכֶֽם: וַיַּקְרֵ֤ב

כא שְׁמוּאֵל֙ אֵ֚ת כָּל־שִׁבְטֵ֣י יִשְׂרָאֵ֔ל וַיִּלָּכֵ֖ד שֵׁ֣בֶט בִּנְיָמִֽן: וַיַּקְרֵ֞ב
אֶת־שֵׁ֤בֶט בִּנְיָמִן֙ לְמִשְׁפְּחֹתָ֔ו וַתִּלָּכֵ֖ד מִשְׁפַּ֣חַת הַמַּטְרִ֑י וַיִּלָּכֵד֙

כב שָׁא֣וּל בֶּן־קִ֔ישׁ וַיְבַקְשֻׁ֖הוּ וְלֹ֣א נִמְצָֽא: וַיִּשְׁאֲלוּ־עוֹד֙ בַּֽיהוָ֔ה
הֲבָ֥א ע֖וֹד הֲלֹ֣ם אִ֑ישׁ   וַיֹּ֣אמֶר יְהוָ֔ה הִנֵּה־ה֥וּא

כג נֶחְבָּ֖א אֶל־הַכֵּלִֽים: וַיָּרֻ֙צוּ֙ וַיִּקָּחֻ֣הוּ מִשָּׁ֔ם וַיִּתְיַצֵּ֖ב בְּת֣וֹךְ הָעָ֑ם

כד וַיִּגְבַּהּ֙ מִכָּל־הָעָ֔ם מִשִּׁכְמ֖וֹ וָמָֽעְלָה: וַיֹּ֨אמֶר שְׁמוּאֵ֜ל אֶל־כָּל־
הָעָ֗ם הַרְּאִיתֶם֙ אֲשֶׁ֣ר בָּֽחַר־בּ֣וֹ יְהוָ֔ה כִּ֛י אֵ֥ין כָּמֹ֖הוּ בְּכָל־הָעָ֑ם

כה וַיָּרִ֧עוּ כָל־הָעָ֛ם וַיֹּאמְר֖וּ יְחִ֥י הַמֶּֽלֶךְ:   וַיְדַבֵּ֣ר שְׁמוּאֵ֗ל
אֶל־הָעָם֙ אֵ֚ת מִשְׁפַּ֣ט הַמְּלֻכָ֔ה וַיִּכְתֹּ֣ב בַּסֵּ֔פֶר וַיַּנַּ֖ח לִפְנֵ֣י

כו יְהוָ֑ה וַיְשַׁלַּ֧ח שְׁמוּאֵ֛ל אֶת־כָּל־הָעָ֖ם אִ֣ישׁ לְבֵית֑וֹ: וְגַם־שָׁא֗וּל
הָלַ֤ךְ לְבֵית֙וֹ גִּבְעָ֔תָה וַיֵּלְכ֣וּ עִמּ֔וֹ הַחַ֕יִל אֲשֶׁר־נָגַ֥ע אֱלֹהִ֖ים

כז בְּלִבָּֽם: וּבְנֵ֧י בְלִיַּ֣עַל אָמְר֗וּ מַה־יֹּשִׁעֵ֙נוּ֙ זֶ֔ה וַיִּבְזֻ֕הוּ וְלֹֽא־הֵבִ֣יאוּ

יא א ל֣וֹ מִנְחָ֔ה וַיְהִ֖י כְּמַחֲרִֽישׁ:   וַיַּ֗עַל נָחָשׁ֙ הָֽעַמּוֹנִ֔י וַיִּ֖חַן
עַל־יָבֵ֣שׁ גִּלְעָ֑ד וַיֹּ֨אמְר֜וּ כָּל־אַנְשֵׁ֤י יָבֵישׁ֙ אֶל־נָחָ֔שׁ כְּרָת־לָ֖נוּ

ב בְּרִית וְנַעַבְדֶךָּ׃ וַיֹּאמֶר אֲלֵיהֶם נָחָשׁ הָעַמּוֹנִי בְּזֹאת אֶכְרֹת
לָכֶם בִּנְקוֹר לָכֶם כָּל־עֵין יָמִין וְשַׂמְתִּיהָ חֶרְפָּה עַל־כָּל־
ג יִשְׂרָאֵל׃ וַיֹּאמְרוּ אֵלָיו זִקְנֵי יָבֵישׁ הֶרֶף לָנוּ שִׁבְעַת יָמִים
וְנִשְׁלְחָה מַלְאָכִים בְּכֹל גְּבוּל יִשְׂרָאֵל וְאִם־אֵין מוֹשִׁיעַ אֹתָנוּ
ד וְיָצָאנוּ אֵלֶיךָ׃ וַיָּבֹאוּ הַמַּלְאָכִים גִּבְעַת שָׁאוּל וַיְדַבְּרוּ הַדְּבָרִים
ה בְּאָזְנֵי הָעָם וַיִּשְׂאוּ כָל־הָעָם אֶת־קוֹלָם וַיִּבְכּוּ׃ וְהִנֵּה שָׁאוּל בָּא
אַחֲרֵי הַבָּקָר מִן־הַשָּׂדֶה וַיֹּאמֶר שָׁאוּל מַה־לָּעָם כִּי יִבְכּוּ
ו וַיְסַפְּרוּ־לוֹ אֶת־דִּבְרֵי אַנְשֵׁי יָבֵישׁ׃ וַתִּצְלַח רוּחַ־אֱלֹהִים עַל־
ז שָׁאוּל בשמעו אֶת־הַדְּבָרִים הָאֵלֶּה וַיִּחַר אַפּוֹ מְאֹד׃ וַיִּקַּח   כְּשָׁמְעוֹ
צֶמֶד בָּקָר וַיְנַתְּחֵהוּ וַיְשַׁלַּח בְּכָל־גְּבוּל יִשְׂרָאֵל בְּיַד הַמַּלְאָכִים ׀
לֵאמֹר אֲשֶׁר אֵינֶנּוּ יֹצֵא אַחֲרֵי שָׁאוּל וְאַחַר שְׁמוּאֵל כֹּה יֵעָשֶׂה
ח לִבְקָרוֹ וַיִּפֹּל פַּחַד־יהוה עַל־הָעָם וַיֵּצְאוּ כְּאִישׁ אֶחָד׃ וַיִּפְקְדֵם
בְּבָזֶק וַיִּהְיוּ בְנֵי־יִשְׂרָאֵל שְׁלֹשׁ מֵאוֹת אֶלֶף וְאִישׁ יְהוּדָה שְׁלֹשִׁים
ט אָלֶף׃ וַיֹּאמְרוּ לַמַּלְאָכִים הַבָּאִים כֹּה תֹאמְרוּן לְאִישׁ יָבֵישׁ
גִּלְעָד מָחָר תִּהְיֶה־לָכֶם תְּשׁוּעָה בחם הַשָּׁמֶשׁ וַיָּבֹאוּ הַמַּלְאָכִים   כְּחֹם
י וַיַּגִּידוּ לְאַנְשֵׁי יָבֵישׁ וַיִּשְׂמָחוּ׃ וַיֹּאמְרוּ אַנְשֵׁי יָבֵישׁ מָחָר נֵצֵא
יא אֲלֵיכֶם וַעֲשִׂיתֶם לָּנוּ כְּכָל־הַטּוֹב בְּעֵינֵיכֶם׃   וַיְהִי
מִמָּחֳרָת וַיָּשֶׂם שָׁאוּל אֶת־הָעָם שְׁלֹשָׁה רָאשִׁים וַיָּבֹאוּ בְתוֹךְ־
הַמַּחֲנֶה בְּאַשְׁמֹרֶת הַבֹּקֶר וַיַּכּוּ אֶת־עַמּוֹן עַד־חֹם הַיּוֹם וַיְהִי
יב הַנִּשְׁאָרִים וַיָּפֻצוּ וְלֹא נִשְׁאֲרוּ־בָם שְׁנַיִם יָחַד׃ וַיֹּאמֶר הָעָם אֶל־
שְׁמוּאֵל מִי הָאֹמֵר שָׁאוּל יִמְלֹךְ עָלֵינוּ תְּנוּ הָאֲנָשִׁים וּנְמִיתֵם׃
יג וַיֹּאמֶר שָׁאוּל לֹא־יוּמַת אִישׁ בַּיּוֹם הַזֶּה כִּי הַיּוֹם עָשָׂה־יהוה
יד תְּשׁוּעָה בְּיִשְׂרָאֵל׃   וַיֹּאמֶר שְׁמוּאֵל אֶל־הָעָם
טו לְכוּ וְנֵלְכָה הַגִּלְגָּל וּנְחַדֵּשׁ שָׁם הַמְּלוּכָה׃ וַיֵּלְכוּ כָל־הָעָם
הַגִּלְגָּל וַיַּמְלִכוּ שָׁם אֶת־שָׁאוּל לִפְנֵי יהוה בַּגִּלְגָּל וַיִּזְבְּחוּ־שָׁם
זְבָחִים שְׁלָמִים לִפְנֵי יהוה וַיִּשְׂמַח שָׁם שָׁאוּל וְכָל־אַנְשֵׁי
יב א יִשְׂרָאֵל עַד־מְאֹד׃   וַיֹּאמֶר שְׁמוּאֵל אֶל־כָּל־

יִשְׂרָאֵל הִנֵּה שָׁמַעְתִּי בְקֹלְכֶם לְכֹל אֲשֶׁר־אֲמַרְתֶּם לִי וָאַמְלִיךְ
ב עֲלֵיכֶם מֶלֶךְ׃ וְעַתָּה הִנֵּה הַמֶּלֶךְ ׀ מִתְהַלֵּךְ לִפְנֵיכֶם וַאֲנִי זָקַנְתִּי
וָשַׂבְתִּי וּבָנַי הִנָּם אִתְּכֶם וַאֲנִי הִתְהַלַּכְתִּי לִפְנֵיכֶם מִנְּעֻרַי עַד־
ג הַיּוֹם הַזֶּה׃ הִנְנִי עֲנוּ בִי נֶגֶד יְהוָה וְנֶגֶד מְשִׁיחוֹ אֶת־שׁוֹר ׀ מִי
לָקַחְתִּי וַחֲמוֹר מִי לָקַחְתִּי וְאֶת־מִי עָשַׁקְתִּי אֶת־מִי רַצּוֹתִי
ד וּמִיַּד־מִי לָקַחְתִּי כֹפֶר וְאַעְלִים עֵינַי בּוֹ וְאָשִׁיב לָכֶם׃ וַיֹּאמְרוּ
לֹא עֲשַׁקְתָּנוּ וְלֹא רַצּוֹתָנוּ וְלֹא־לָקַחְתָּ מִיַּד־אִישׁ מְאוּמָה׃
ה וַיֹּאמֶר אֲלֵיהֶם עֵד יְהוָה בָּכֶם וְעֵד מְשִׁיחוֹ הַיּוֹם הַזֶּה כִּי לֹא
ו מְצָאתֶם בְּיָדִי מְאוּמָה וַיֹּאמֶר עֵד׃ וַיֹּאמֶר
שְׁמוּאֵל אֶל־הָעָם יְהוָה אֲשֶׁר עָשָׂה אֶת־מֹשֶׁה וְאֶת־אַהֲרֹן
ז וַאֲשֶׁר הֶעֱלָה אֶת־אֲבוֹתֵיכֶם מֵאֶרֶץ מִצְרָיִם׃ וְעַתָּה הִתְיַצְּבוּ
וְאִשָּׁפְטָה אִתְּכֶם לִפְנֵי יְהוָה אֵת כָּל־צִדְקוֹת יְהוָה אֲשֶׁר־עָשָׂה
ח אִתְּכֶם וְאֶת־אֲבוֹתֵיכֶם׃ כַּאֲשֶׁר־בָּא יַעֲקֹב מִצְרָיִם וַיִּזְעֲקוּ
אֲבֹתֵיכֶם אֶל־יְהוָה וַיִּשְׁלַח יְהוָה אֶת־מֹשֶׁה וְאֶת־אַהֲרֹן
ט וַיּוֹצִיאוּ אֶת־אֲבוֹתֵיכֶם מִמִּצְרַיִם וַיֹּשִׁבוּם בַּמָּקוֹם הַזֶּה׃ וַיִּשְׁכְּחוּ
אֶת־יְהוָה אֱלֹהֵיהֶם וַיִּמְכֹּר אֹתָם בְּיַד סִיסְרָא שַׂר־צְבָא חָצוֹר
י וּבְיַד־פְּלִשְׁתִּים וּבְיַד מֶלֶךְ מוֹאָב וַיִּלָּחֲמוּ בָּם׃ וַיִּזְעֲקוּ אֶל־יְהוָה
וַיֹּאמְרֻ חָטָאנוּ כִּי עָזַבְנוּ אֶת־יְהוָה וַנַּעֲבֹד אֶת־הַבְּעָלִים וְאֶת־
יא הָעַשְׁתָּרוֹת וְעַתָּה הַצִּילֵנוּ מִיַּד אֹיְבֵינוּ וְנַעַבְדֶךָּ׃ וַיִּשְׁלַח יְהוָה
אֶת־יְרֻבַּעַל וְאֶת־בְּדָן וְאֶת־יִפְתָּח וְאֶת־שְׁמוּאֵל וַיַּצֵּל אֶתְכֶם
יב מִיַּד אֹיְבֵיכֶם מִסָּבִיב וַתֵּשְׁבוּ בֶּטַח׃ וַתִּרְאוּ כִּי נָחָשׁ מֶלֶךְ בְּנֵי־
עַמּוֹן בָּא עֲלֵיכֶם וַתֹּאמְרוּ לִי לֹא כִּי־מֶלֶךְ יִמְלֹךְ עָלֵינוּ וַיהוָה
יג אֱלֹהֵיכֶם מַלְכְּכֶם׃ וְעַתָּה הִנֵּה הַמֶּלֶךְ אֲשֶׁר בְּחַרְתֶּם אֲשֶׁר
יד שְׁאֶלְתֶּם וְהִנֵּה נָתַן יְהוָה עֲלֵיכֶם מֶלֶךְ׃ אִם־תִּירְאוּ אֶת־יְהוָה
וַעֲבַדְתֶּם אֹתוֹ וּשְׁמַעְתֶּם בְּקוֹלוֹ וְלֹא תַמְרוּ אֶת־פִּי יְהוָה וִהְיִתֶם
גַּם־אַתֶּם וְגַם־הַמֶּלֶךְ אֲשֶׁר מָלַךְ עֲלֵיכֶם אַחַר יְהוָה אֱלֹהֵיכֶם׃
טו וְאִם־לֹא תִשְׁמְעוּ בְּקוֹל יְהוָה וּמְרִיתֶם אֶת־פִּי יְהוָה וְהָיְתָה

טז יַד־יְהוָה בָּכֶם וּבַאֲבוֹתֵיכֶם׃ גַּם־עַתָּה הִתְיַצְּבוּ וּרְאוּ אֶת־
יז הַדָּבָר הַגָּדוֹל הַזֶּה אֲשֶׁר יְהוָה עֹשֶׂה לְעֵינֵיכֶם׃ הֲלוֹא קְצִיר־
חִטִּים הַיּוֹם אֶקְרָא אֶל־יְהוָה וְיִתֵּן קֹלוֹת וּמָטָר וּדְעוּ וּרְאוּ
כִּי־רָעַתְכֶם רַבָּה אֲשֶׁר עֲשִׂיתֶם בְּעֵינֵי יְהוָה לִשְׁאוֹל לָכֶם
יח מֶלֶךְ׃ וַיִּקְרָא שְׁמוּאֵל אֶל־יְהוָה וַיִּתֵּן יְהוָה קֹלֹת
וּמָטָר בַּיּוֹם הַהוּא וַיִּירָא כָל־הָעָם מְאֹד אֶת־יְהוָה וְאֶת־
יט שְׁמוּאֵל׃ וַיֹּאמְרוּ כָל־הָעָם אֶל־שְׁמוּאֵל הִתְפַּלֵּל בְּעַד־עֲבָדֶיךָ
אֶל־יְהוָה אֱלֹהֶיךָ וְאַל־נָמוּת כִּי־יָסַפְנוּ עַל־כָּל־חַטֹּאתֵינוּ
כ רָעָה לִשְׁאֹל לָנוּ מֶלֶךְ׃ וַיֹּאמֶר שְׁמוּאֵל אֶל־הָעָם
אַל־תִּירָאוּ אַתֶּם עֲשִׂיתֶם אֵת כָּל־הָרָעָה הַזֹּאת אַךְ אַל־
כא תָּסוּרוּ מֵאַחֲרֵי יְהוָה וַעֲבַדְתֶּם אֶת־יְהוָה בְּכָל־לְבַבְכֶם׃ וְלֹא
תָּסוּרוּ כִּי | אַחֲרֵי הַתֹּהוּ אֲשֶׁר לֹא־יוֹעִילוּ וְלֹא יַצִּילוּ כִּי־תֹהוּ
כב הֵמָּה׃ כִּי לֹא־יִטֹּשׁ יְהוָה אֶת־עַמּוֹ בַּעֲבוּר שְׁמוֹ הַגָּדוֹל כִּי ז
כג הוֹאִיל יְהוָה לַעֲשׂוֹת אֶתְכֶם לוֹ לְעָם׃ גַּם אָנֹכִי חָלִילָה לִּי
מֵחֲטֹא לַיהוָה מֵחֲדֹל לְהִתְפַּלֵּל בַּעַדְכֶם וְהוֹרֵיתִי אֶתְכֶם בְּדֶרֶךְ
כד הַטּוֹבָה וְהַיְשָׁרָה׃ אַךְ | יְראוּ אֶת־יְהוָה וַעֲבַדְתֶּם אֹתוֹ בֶּאֱמֶת
כה בְּכָל־לְבַבְכֶם כִּי רְאוּ אֵת אֲשֶׁר־הִגְדִּל עִמָּכֶם׃ וְאִם־הָרֵעַ
תָּרֵעוּ גַּם־אַתֶּם גַּם־מַלְכְּכֶם תִּסָּפוּ׃

יג א ב בֶּן־שָׁנָה שָׁאוּל בְּמָלְכוֹ וּשְׁתֵּי שָׁנִים מָלַךְ עַל־יִשְׂרָאֵל׃ וַיִּבְחַר־
לוֹ שָׁאוּל שְׁלֹשֶׁת אֲלָפִים מִיִּשְׂרָאֵל וַיִּהְיוּ עִם־שָׁאוּל אַלְפַּיִם
בְּמִכְמָשׂ וּבְהַר בֵּית־אֵל וְאֶלֶף הָיוּ עִם־יוֹנָתָן בְּגִבְעַת בִּנְיָמִין
ג וְיֶתֶר הָעָם שִׁלַּח אִישׁ לְאֹהָלָיו׃ וַיַּךְ יוֹנָתָן אֵת נְצִיב פְּלִשְׁתִּים
אֲשֶׁר בְּגֶבַע וַיִּשְׁמְעוּ פְּלִשְׁתִּים וְשָׁאוּל תָּקַע בַּשּׁוֹפָר בְּכָל־
ד הָאָרֶץ לֵאמֹר יִשְׁמְעוּ הָעִבְרִים׃ וְכָל־יִשְׂרָאֵל שָׁמְעוּ לֵאמֹר
הִכָּה שָׁאוּל אֶת־נְצִיב פְּלִשְׁתִּים וְגַם־נִבְאַשׁ יִשְׂרָאֵל בַּפְּלִשְׁתִּים
ה וַיִּצָּעֲקוּ הָעָם אַחֲרֵי שָׁאוּל הַגִּלְגָּל׃ וּפְלִשְׁתִּים נֶאֶסְפוּ | לְהִלָּחֵם
עִם־יִשְׂרָאֵל שְׁלֹשִׁים אֶלֶף רֶכֶב וְשֵׁשֶׁת אֲלָפִים פָּרָשִׁים וְעָם

כַּחוֹל אֲשֶׁר עַל־שְׂפַת־הַיָּם לָרֹב וַיַּעֲלוּ וַיַּחֲנוּ בְמִכְמָשׂ קִדְמַת
ו בֵּית אָוֶן׃ וְאִישׁ יִשְׂרָאֵל רָאוּ כִּי צַר־לוֹ כִּי נִגַּשׂ הָעָם וַיִּתְחַבְּאוּ
ז הָעָם בַּמְּעָרוֹת וּבַחֲוָחִים וּבַסְּלָעִים וּבַצְּרִחִים וּבַבֹּרוֹת׃ וְעִבְרִים
עָבְרוּ אֶת־הַיַּרְדֵּן אֶרֶץ גָּד וְגִלְעָד וְשָׁאוּל עוֹדֶנּוּ בַגִּלְגָּל וְכָל־
ח הָעָם חָרְדוּ אַחֲרָיו׃ וייחל ׀ שִׁבְעַת יָמִים לַמּוֹעֵד אֲשֶׁר שְׁמוּאֵל וַיּוֹחֶל
ט וְלֹא־בָא שְׁמוּאֵל הַגִּלְגָּל וַיָּפֶץ הָעָם מֵעָלָיו׃ וַיֹּאמֶר שָׁאוּל הַגִּשׁוּ
י אֵלַי הָעֹלָה וְהַשְּׁלָמִים וַיַּעַל הָעֹלָה׃ וַיְהִי כְּכַלֹּתוֹ לְהַעֲלוֹת
יא הָעֹלָה וְהִנֵּה שְׁמוּאֵל בָּא וַיֵּצֵא שָׁאוּל לִקְרָאתוֹ לְבָרְכוֹ׃ וַיֹּאמֶר
שְׁמוּאֵל מֶה עָשִׂיתָ וַיֹּאמֶר שָׁאוּל כִּי־רָאִיתִי כִי־נָפַץ הָעָם
מֵעָלַי וְאַתָּה לֹא־בָאתָ לְמוֹעֵד הַיָּמִים וּפְלִשְׁתִּים נֶאֱסָפִים
יב מִכְמָשׂ׃ וָאֹמַר עַתָּה יֵרְדוּ פְלִשְׁתִּים אֵלַי הַגִּלְגָּל וּפְנֵי יְהוָה לֹא
יג חִלִּיתִי וָאֶתְאַפַּק וָאַעֲלֶה הָעֹלָה׃ וַיֹּאמֶר שְׁמוּאֵל
אֶל־שָׁאוּל נִסְכָּלְתָּ לֹא שָׁמַרְתָּ אֶת־מִצְוַת יְהוָה אֱלֹהֶיךָ אֲשֶׁר
צִוָּךְ כִּי עַתָּה הֵכִין יְהוָה אֶת־מַמְלַכְתְּךָ אֶל־יִשְׂרָאֵל עַד־
יד עוֹלָם׃ וְעַתָּה מַמְלַכְתְּךָ לֹא־תָקוּם בִּקֵּשׁ יְהוָה לוֹ אִישׁ כִּלְבָבוֹ
וַיְצַוֵּהוּ יְהוָה לְנָגִיד עַל־עַמּוֹ כִּי לֹא שָׁמַרְתָּ אֵת אֲשֶׁר־צִוְּךָ
טו יְהוָה׃ וַיָּקָם שְׁמוּאֵל וַיַּעַל מִן־הַגִּלְגָּל גִּבְעַת
בִּנְיָמִן וַיִּפְקֹד שָׁאוּל אֶת־הָעָם הַנִּמְצְאִים עִמּוֹ כְּשֵׁשׁ מֵאוֹת
טז אִישׁ׃ וְשָׁאוּל וְיוֹנָתָן בְּנוֹ וְהָעָם הַנִּמְצָא עִמָּם יֹשְׁבִים בְּגֶבַע
יז בִּנְיָמִן וּפְלִשְׁתִּים חָנוּ בְמִכְמָשׂ׃ וַיֵּצֵא הַמַּשְׁחִית מִמַּחֲנֵה
פְלִשְׁתִּים שְׁלֹשָׁה רָאשִׁים הָרֹאשׁ אֶחָד יִפְנֶה אֶל־דֶּרֶךְ
יח עָפְרָה אֶל־אֶרֶץ שׁוּעָל׃ וְהָרֹאשׁ אֶחָד יִפְנֶה דֶּרֶךְ בֵּית חֹרוֹן
וְהָרֹאשׁ אֶחָד יִפְנֶה דֶּרֶךְ הַגְּבוּל הַנִּשְׁקָף עַל־גֵּי הַצְּבֹעִים
יט הַמִּדְבָּרָה׃ וְחָרָשׁ לֹא יִמָּצֵא בְּכֹל אֶרֶץ יִשְׂרָאֵל
כ כִּי־אָמַר פְּלִשְׁתִּים פֶּן יַעֲשׂוּ הָעִבְרִים חֶרֶב אוֹ חֲנִית׃ וַיֵּרְדוּ
כָל־יִשְׂרָאֵל הַפְּלִשְׁתִּים לִלְטוֹשׁ אִישׁ אֶת־מַחֲרַשְׁתּוֹ וְאֶת־אֵתוֹ
כא וְאֶת־קַרְדֻּמּוֹ וְאֵת מַחֲרֵשָׁתוֹ׃ וְהָיְתָה הַפְּצִירָה פִים לַמַּחֲרֵשֹׁת

כב וְלַאֵתִים וְלִשְׁלֹשׁ קִלְּשׁוֹן וּלְהַקַּרְדֻּמִּים וּלְהַצִּיב הַדָּרְבָן׃ וְהָיָה
בְּיוֹם מִלְחֶמֶת וְלֹא נִמְצָא חֶרֶב וַחֲנִית בְּיַד כָּל־הָעָם אֲשֶׁר
כג אֶת־שָׁאוּל וְאֶת־יוֹנָתָן וַתִּמָּצֵא לְשָׁאוּל וּלְיוֹנָתָן בְּנוֹ׃ וַיֵּצֵא
יד א מַצַּב פְּלִשְׁתִּים אֶל־מַעֲבַר מִכְמָשׂ׃ וַיְהִי הַיּוֹם
וַיֹּאמֶר יוֹנָתָן בֶּן־שָׁאוּל אֶל־הַנַּעַר נֹשֵׂא כֵלָיו לְכָה וְנַעְבְּרָה
ב אֶל־מַצַּב פְּלִשְׁתִּים אֲשֶׁר מֵעֵבֶר הַלָּז וּלְאָבִיו לֹא הִגִּיד׃ וְשָׁאוּל
יוֹשֵׁב בִּקְצֵה הַגִּבְעָה תַּחַת הָרִמּוֹן אֲשֶׁר בְּמִגְרוֹן וְהָעָם אֲשֶׁר
ג עִמּוֹ כְּשֵׁשׁ מֵאוֹת אִישׁ׃ וַאֲחִיָּה בֶן־אֲחִטוּב אֲחִי אִיכָבוֹד ׀ בֶּן־
פִּינְחָס בֶּן־עֵלִי כֹּהֵן יְהוָה בְּשִׁלוֹ נֹשֵׂא אֵפוֹד וְהָעָם לֹא יָדַע כִּי
ד הָלַךְ יוֹנָתָן׃ וּבֵין הַמַּעְבְּרוֹת אֲשֶׁר בִּקֵּשׁ יוֹנָתָן לַעֲבֹר עַל־מַצַּב
פְּלִשְׁתִּים שֵׁן־הַסֶּלַע מֵהָעֵבֶר מִזֶּה וְשֵׁן־הַסֶּלַע מֵהָעֵבֶר מִזֶּה
ה וְשֵׁם הָאֶחָד בּוֹצֵץ וְשֵׁם הָאֶחָד סֶנֶּה׃ הַשֵּׁן הָאֶחָד מָצוּק מִצָּפוֹן
ו מוּל מִכְמָשׂ וְהָאֶחָד מִנֶּגֶב מוּל גָּבַע׃ וַיֹּאמֶר
יְהוֹנָתָן אֶל־הַנַּעַר ׀ נֹשֵׂא כֵלָיו לְכָה וְנַעְבְּרָה אֶל־מַצַּב הָעֲרֵלִים
הָאֵלֶּה אוּלַי יַעֲשֶׂה יְהוָה לָנוּ כִּי אֵין לַיהוָה מַעְצוֹר לְהוֹשִׁיעַ
ז בְּרַב אוֹ בִמְעָט׃ וַיֹּאמֶר לוֹ נֹשֵׂא כֵלָיו עֲשֵׂה כָּל־אֲשֶׁר בִּלְבָבֶךָ
ח נְטֵה לָךְ הִנְנִי עִמְּךָ כִּלְבָבֶךָ׃ וַיֹּאמֶר יְהוֹנָתָן הִנֵּה
ט אֲנַחְנוּ עֹבְרִים אֶל־הָאֲנָשִׁים וְנִגְלֵינוּ אֲלֵיהֶם׃ אִם־כֹּה יֹאמְרוּ
אֵלֵינוּ דֹּמּוּ עַד־הַגִּיעֵנוּ אֲלֵיכֶם וְעָמַדְנוּ תַחְתֵּינוּ וְלֹא נַעֲלֶה
י אֲלֵיהֶם׃ וְאִם־כֹּה יֹאמְרוּ עֲלוּ עָלֵינוּ וְעָלִינוּ כִּי־נְתָנָם יְהוָה
יא בְּיָדֵנוּ וְזֶה־לָּנוּ הָאוֹת׃ וַיִּגָּלוּ שְׁנֵיהֶם אֶל־מַצַּב פְּלִשְׁתִּים וַיֹּאמְרוּ
פְלִשְׁתִּים הִנֵּה עִבְרִים יֹצְאִים מִן־הַחֹרִים אֲשֶׁר הִתְחַבְּאוּ־שָׁם׃
יב וַיַּעֲנוּ אַנְשֵׁי הַמַּצָּבָה אֶת־יוֹנָתָן ׀ וְאֶת־נֹשֵׂא כֵלָיו וַיֹּאמְרוּ עֲלוּ
אֵלֵינוּ וְנוֹדִיעָה אֶתְכֶם דָּבָר וַיֹּאמֶר יוֹנָתָן אֶל־
יג נֹשֵׂא כֵלָיו עֲלֵה אַחֲרַי כִּי־נְתָנָם יְהוָה בְּיַד יִשְׂרָאֵל׃ וַיַּעַל יוֹנָתָן
עַל־יָדָיו וְעַל־רַגְלָיו וְנֹשֵׂא כֵלָיו אַחֲרָיו וַיִּפְּלוּ לִפְנֵי יוֹנָתָן וְנֹשֵׂא
יד כֵלָיו מְמוֹתֵת אַחֲרָיו׃ וַתְּהִי הַמַּכָּה הָרִאשֹׁנָה אֲשֶׁר הִכָּה יוֹנָתָן

וְנֹשֵׂא כֵלָיו כְּבַעֲשְׂרִים אִישׁ כְּבַחֲצִי מַעֲנָה צֶמֶד שָׂדֶה׃
טו וַתְּהִי חֲרָדָה בַמַּחֲנֶה בַשָּׂדֶה וּבְכָל־הָעָם הַמַּצָּב וְהַמַּשְׁחִית
טז חָרְדוּ גַּם־הֵמָּה וַתִּרְגַּז הָאָרֶץ וַתְּהִי לְחֶרְדַּת אֱלֹהִים׃ וַיִּרְאוּ
הַצֹּפִים לְשָׁאוּל בְּגִבְעַת בִּנְיָמִן וְהִנֵּה הֶהָמוֹן נָמוֹג וַיֵּלֶךְ
יז וַהֲלֹם׃ וַיֹּאמֶר שָׁאוּל לָעָם אֲשֶׁר אִתּוֹ פִּקְדוּ־
נָא וּרְאוּ מִי הָלַךְ מֵעִמָּנוּ וַיִּפְקְדוּ וְהִנֵּה אֵין יוֹנָתָן וְנֹשֵׂא
יח כֵלָיו׃ וַיֹּאמֶר שָׁאוּל לַאֲחִיָּה הַגִּישָׁה אֲרוֹן הָאֱלֹהִים כִּי־
יט הָיָה אֲרוֹן הָאֱלֹהִים בַּיּוֹם הַהוּא וּבְנֵי יִשְׂרָאֵל׃ וַיְהִי עַד דִּבֶּר
שָׁאוּל אֶל־הַכֹּהֵן וְהֶהָמוֹן אֲשֶׁר בְּמַחֲנֵה פְלִשְׁתִּים וַיֵּלֶךְ הָלוֹךְ
כ וָרָב וַיֹּאמֶר שָׁאוּל אֶל־הַכֹּהֵן אֱסֹף יָדֶךָ׃ וַיִּזָּעֵק
שָׁאוּל וְכָל־הָעָם אֲשֶׁר אִתּוֹ וַיָּבֹאוּ עַד־הַמִּלְחָמָה וְהִנֵּה הָיְתָה
כא חֶרֶב אִישׁ בְּרֵעֵהוּ מְהוּמָה גְּדוֹלָה מְאֹד׃ וְהָעִבְרִים הָיוּ
לַפְּלִשְׁתִּים כְּאֶתְמוֹל שִׁלְשׁוֹם אֲשֶׁר עָלוּ עִמָּם בַּמַּחֲנֶה סָבִיב
כב וְגַם־הֵמָּה לִהְיוֹת עִם־יִשְׂרָאֵל אֲשֶׁר עִם־שָׁאוּל וְיוֹנָתָן׃ וְכֹל
אִישׁ יִשְׂרָאֵל הַמִּתְחַבְּאִים בְּהַר־אֶפְרַיִם שָׁמְעוּ כִּי־נָסוּ
כג פְּלִשְׁתִּים וַיַּדְבְּקוּ גַם־הֵמָּה אַחֲרֵיהֶם בַּמִּלְחָמָה׃ וַיּוֹשַׁע יְהוָה ח
בַּיּוֹם הַהוּא אֶת־יִשְׂרָאֵל וְהַמִּלְחָמָה עָבְרָה אֶת־בֵּית אָוֶן׃
כד וְאִישׁ־יִשְׂרָאֵל נִגַּשׂ בַּיּוֹם הַהוּא וַיֹּאֶל שָׁאוּל אֶת־הָעָם לֵאמֹר
אָרוּר הָאִישׁ אֲשֶׁר־יֹאכַל לֶחֶם עַד־הָעֶרֶב וְנִקַּמְתִּי מֵאֹיְבַי וְלֹא־
כה טָעַם כָּל־הָעָם לָחֶם׃ וְכָל־הָאָרֶץ בָּאוּ בַיָּעַר וַיְהִי דְבַשׁ עַל־
כו פְּנֵי הַשָּׂדֶה׃ וַיָּבֹא הָעָם אֶל־הַיַּעַר וְהִנֵּה הֵלֶךְ דְּבָשׁ וְאֵין־מַשִּׂיג
כז יָדוֹ אֶל־פִּיו כִּי־יָרֵא הָעָם אֶת־הַשְּׁבֻעָה׃ וְיוֹנָתָן לֹא־שָׁמַע
בְּהַשְׁבִּיעַ אָבִיו אֶת־הָעָם וַיִּשְׁלַח אֶת־קְצֵה הַמַּטֶּה אֲשֶׁר בְּיָדוֹ
וַיִּטְבֹּל אוֹתָהּ בְּיַעְרַת הַדְּבָשׁ וַיָּשֶׁב יָדוֹ אֶל־פִּיו ותראנה עֵינָיו׃ וַתָּאֹרְנָה
כח וַיַּעַן אִישׁ מֵהָעָם וַיֹּאמֶר הַשְׁבֵּעַ הִשְׁבִּיעַ אָבִיךָ אֶת־הָעָם
כט לֵאמֹר אָרוּר הָאִישׁ אֲשֶׁר־יֹאכַל לֶחֶם הַיּוֹם וַיָּעַף הָעָם׃ וַיֹּאמֶר
יוֹנָתָן עָכַר אָבִי אֶת־הָאָרֶץ רְאוּ־נָא כִּי־אֹרוּ עֵינַי כִּי טָעַמְתִּי

ל מְעַט דְּבַשׁ הַזֶּה׃ אַף כִּי לוּא אָכֹל אָכַל הַיּוֹם הָעָם מִשְּׁלַל
לא אֹיְבָיו אֲשֶׁר מָצָא כִּי עַתָּה לֹא־רָבְתָה מַכָּה בַּפְּלִשְׁתִּים׃ וַיַּכּוּ
לב בַּיּוֹם הַהוּא בַּפְּלִשְׁתִּים מִמִּכְמָשׂ אַיָּלֹנָה וַיָּעַף הָעָם מְאֹד׃ ויעש וַיַּעַט
הָעָם אֶל־שלל וַיִּקְחוּ צֹאן וּבָקָר וּבְנֵי בָקָר וַיִּשְׁחֲטוּ אָרְצָה הַשָּׁלָל
וַיֹּאכַל הָעָם עַל־הַדָּם׃ וַיַּגִּידוּ לְשָׁאוּל לֵאמֹר הִנֵּה הָעָם חֹטִאים לג
לַיהוָה לֶאֱכֹל עַל־הַדָּם וַיֹּאמֶר בְּגַדְתֶּם גֹּלּוּ אֵלַי הַיּוֹם אֶבֶן
לד גְּדוֹלָה׃ וַיֹּאמֶר שָׁאוּל פֻּצוּ בָעָם וַאֲמַרְתֶּם לָהֶם הַגִּישׁוּ אֵלַי אִישׁ
שׁוֹרוֹ וְאִישׁ שֵׂיֵהוּ וּשְׁחַטְתֶּם בָּזֶה וַאֲכַלְתֶּם וְלֹא־תֶחֶטְאוּ לַיהוָה
לֶאֱכֹל אֶל־הַדָּם וַיַּגִּשׁוּ כָל־הָעָם אִישׁ שׁוֹרוֹ בְיָדוֹ הַלַּיְלָה
לה וַיִּשְׁחֲטוּ־שָׁם׃ וַיִּבֶן שָׁאוּל מִזְבֵּחַ לַיהוָה אֹתוֹ הֵחֵל לִבְנוֹת מִזְבֵּחַ
לו לַיהוָה׃ וַיֹּאמֶר שָׁאוּל נֵרְדָה אַחֲרֵי פְלִשְׁתִּים
לַיְלָה וְנָבֹזָּה בָהֶם ׀ עַד־אוֹר הַבֹּקֶר וְלֹא־נַשְׁאֵר בָּהֶם אִישׁ
וַיֹּאמְרוּ כָּל־הַטּוֹב בְּעֵינֶיךָ עֲשֵׂה וַיֹּאמֶר הַכֹּהֵן
לז נִקְרְבָה הֲלֹם אֶל־הָאֱלֹהִים׃ וַיִּשְׁאַל שָׁאוּל בֵּאלֹהִים הַאֵרֵד
אַחֲרֵי פְלִשְׁתִּים הֲתִתְּנֵם בְּיַד יִשְׂרָאֵל וְלֹא עָנָהוּ בַּיּוֹם הַהוּא׃
לח וַיֹּאמֶר שָׁאוּל גֹּשׁוּ הֲלֹם כֹּל פִּנּוֹת הָעָם וּדְעוּ וּרְאוּ בַּמָּה הָיְתָה
לט הַחַטָּאת הַזֹּאת הַיּוֹם׃ כִּי חַי־יְהוָה הַמּוֹשִׁיעַ אֶת־יִשְׂרָאֵל כִּי
אִם־יֶשְׁנוֹ בְּיוֹנָתָן בְּנִי כִּי מוֹת יָמוּת וְאֵין עֹנֵהוּ מִכָּל־הָעָם׃
מ וַיֹּאמֶר אֶל־כָּל־יִשְׂרָאֵל אַתֶּם תִּהְיוּ לְעֵבֶר אֶחָד וַאֲנִי וְיוֹנָתָן
בְּנִי נִהְיֶה לְעֵבֶר אֶחָד וַיֹּאמְרוּ הָעָם אֶל־שָׁאוּל הַטּוֹב בְּעֵינֶיךָ
מא עֲשֵׂה׃ וַיֹּאמֶר שָׁאוּל אֶל־יְהוָה אֱלֹהֵי יִשְׂרָאֵל
מב הָבָה תָמִים וַיִּלָּכֵד יוֹנָתָן וְשָׁאוּל וְהָעָם יָצָאוּ׃ וַיֹּאמֶר שָׁאוּל
מג הַפִּילוּ בֵּינִי וּבֵין יוֹנָתָן בְּנִי וַיִּלָּכֵד יוֹנָתָן׃ וַיֹּאמֶר שָׁאוּל אֶל־
יוֹנָתָן הַגִּידָה לִּי מֶה עָשִׂיתָה וַיַּגֶּד־לוֹ יוֹנָתָן וַיֹּאמֶר טָעֹם
טָעַמְתִּי בִּקְצֵה הַמַּטֶּה אֲשֶׁר־בְּיָדִי מְעַט דְּבַשׁ הִנְנִי אָמוּת׃
מד וַיֹּאמֶר שָׁאוּל כֹּה־יַעֲשֶׂה אֱלֹהִים וְכֹה יוֹסִף כִּי־מוֹת תָּמוּת
מה יוֹנָתָן׃ וַיֹּאמֶר הָעָם אֶל־שָׁאוּל הֲיוֹנָתָן יָמוּת אֲשֶׁר עָשָׂה

הַיְשׁוּעָה הַגְּדוֹלָה הַזֹּאת בְּיִשְׂרָאֵל חָלִילָה חַי־יְהוָה אִם־יִפֹּל
מִשַּׂעֲרַת רֹאשׁוֹ אַרְצָה כִּי־עִם־אֱלֹהִים עָשָׂה הַיּוֹם הַזֶּה וַיִּפְדּוּ
מו הָעָם אֶת־יוֹנָתָן וְלֹא־מֵת׃ וַיַּעַל שָׁאוּל מֵאַחֲרֵי
מז פְּלִשְׁתִּים וּפְלִשְׁתִּים הָלְכוּ לִמְקוֹמָם׃ וְשָׁאוּל לָכַד הַמְּלוּכָה
עַל־יִשְׂרָאֵל וַיִּלָּחֶם סָבִיב ׀ בְּכָל־אֹיְבָיו בְּמוֹאָב ׀ וּבִבְנֵי־
עַמּוֹן וּבֶאֱדוֹם וּבְמַלְכֵי צוֹבָה וּבַפְּלִשְׁתִּים וּבְכֹל אֲשֶׁר־יִפְנֶה
מח יַרְשִׁיעַ׃ וַיַּעַשׂ חַיִל וַיַּךְ אֶת־עֲמָלֵק וַיַּצֵּל אֶת־יִשְׂרָאֵל מִיַּד
מט שֹׁסֵהוּ׃ וַיִּהְיוּ בְּנֵי שָׁאוּל יוֹנָתָן וְיִשְׁוִי וּמַלְכִּי־שׁוּעַ
נ וְשֵׁם שְׁתֵּי בְנֹתָיו שֵׁם הַבְּכִירָה מֵרַב וְשֵׁם הַקְּטַנָּה מִיכַל׃ וְשֵׁם
אֵשֶׁת שָׁאוּל אֲחִינֹעַם בַּת־אֲחִימָעַץ וְשֵׁם שַׂר־צְבָאוֹ אֲבִינֵר
נא בֶּן־נֵר דּוֹד שָׁאוּל׃ וְקִישׁ אֲבִי־שָׁאוּל וְנֵר אֲבִי־אַבְנֵר בֶּן־
נב אֲבִיאֵל׃ וַתְּהִי הַמִּלְחָמָה חֲזָקָה עַל־פְּלִשְׁתִּים
כֹּל יְמֵי שָׁאוּל וְרָאָה שָׁאוּל כָּל־אִישׁ גִּבּוֹר וְכָל־בֶּן־חַיִל
טו א וַיַּאַסְפֵהוּ אֵלָיו׃ וַיֹּאמֶר שְׁמוּאֵל אֶל־שָׁאוּל אֹתִי
שָׁלַח יְהוָה לִמְשָׁחֳךָ לְמֶלֶךְ עַל־עַמּוֹ עַל־יִשְׂרָאֵל וְעַתָּה
ב שְׁמַע לְקוֹל דִּבְרֵי יְהוָה׃ כֹּה אָמַר יְהוָה צְבָאוֹת
פָּקַדְתִּי אֵת אֲשֶׁר־עָשָׂה עֲמָלֵק לְיִשְׂרָאֵל אֲשֶׁר־שָׂם לוֹ
ג בַּדֶּרֶךְ בַּעֲלֹתוֹ מִמִּצְרָיִם׃ עַתָּה לֵךְ וְהִכִּיתָה אֶת־עֲמָלֵק
וְהַחֲרַמְתֶּם אֶת־כָּל־אֲשֶׁר־לוֹ וְלֹא תַחְמֹל עָלָיו וְהֵמַתָּה מֵאִישׁ
עַד־אִשָּׁה מֵעֹלֵל וְעַד־יוֹנֵק מִשּׁוֹר וְעַד־שֶׂה מִגָּמָל וְעַד־
ד חֲמוֹר׃ וַיְשַׁמַּע שָׁאוּל אֶת־הָעָם וַיִּפְקְדֵם בַּטְּלָאִים
ה מָאתַיִם אֶלֶף רַגְלִי וַעֲשֶׂרֶת אֲלָפִים אֶת־אִישׁ יְהוּדָה׃ וַיָּבֹא
ו שָׁאוּל עַד־עִיר עֲמָלֵק וַיָּרֶב בַּנָּחַל׃ וַיֹּאמֶר שָׁאוּל אֶל־הַקֵּינִי
לְכוּ סֻּרוּ רְדוּ מִתּוֹךְ עֲמָלֵקִי פֶּן־אֹסִפְךָ עִמּוֹ וְאַתָּה עָשִׂיתָה
חֶסֶד עִם־כָּל־בְּנֵי יִשְׂרָאֵל בַּעֲלוֹתָם מִמִּצְרָיִם וַיָּסַר קֵינִי מִתּוֹךְ
ז עֲמָלֵק׃ וַיַּךְ שָׁאוּל אֶת־עֲמָלֵק מֵחֲוִילָה בּוֹאֲךָ שׁוּר אֲשֶׁר עַל־
ח פְּנֵי מִצְרָיִם׃ וַיִּתְפֹּשׂ אֶת־אֲגַג מֶלֶךְ־עֲמָלֵק חָי וְאֶת־כָּל־הָעָם

ט הַחֲרִים לְפִי־חָרֶב׃ וַיַּחְמֹל שָׁאוּל וְהָעָם עַל־אֲגָג וְעַל־
מֵיטַב הַצֹּאן וְהַבָּקָר וְהַמִּשְׁנִים וְעַל־הַכָּרִים וְעַל־כָּל־הַטּוֹב
וְלֹא אָבוּ הַחֲרִימָם וְכָל־הַמְּלָאכָה נְמִבְזָה וְנָמֵס אֹתָהּ
י הֶחֱרִימוּ׃ וַיְהִי דְּבַר יְהוָה אֶל־שְׁמוּאֵל לֵאמֹר׃
יא נִחַמְתִּי כִּי־הִמְלַכְתִּי אֶת־שָׁאוּל לְמֶלֶךְ כִּי־שָׁב מֵאַחֲרַי
וְאֶת־דְּבָרַי לֹא הֵקִים וַיִּחַר לִשְׁמוּאֵל וַיִּזְעַק אֶל־יְהוָה
יב כָּל־הַלָּיְלָה׃ וַיַּשְׁכֵּם שְׁמוּאֵל לִקְרַאת שָׁאוּל בַּבֹּקֶר וַיֻּגַּד
לִשְׁמוּאֵל לֵאמֹר בָּא־שָׁאוּל הַכַּרְמֶלָה וְהִנֵּה מַצִּיב לוֹ יָד וַיִּסֹּב
יג וַיַּעֲבֹר וַיֵּרֶד הַגִּלְגָּל׃ וַיָּבֹא שְׁמוּאֵל אֶל־שָׁאוּל וַיֹּאמֶר לוֹ
יד שָׁאוּל בָּרוּךְ אַתָּה לַיהוָה הֲקִימֹתִי אֶת־דְּבַר יְהוָה׃ וַיֹּאמֶר
שְׁמוּאֵל וּמֶה קוֹל־הַצֹּאן הַזֶּה בְּאָזְנָי וְקוֹל הַבָּקָר אֲשֶׁר אָנֹכִי
טו שֹׁמֵעַ׃ וַיֹּאמֶר שָׁאוּל מֵעֲמָלֵקִי הֱבִיאוּם אֲשֶׁר חָמַל הָעָם
עַל־מֵיטַב הַצֹּאן וְהַבָּקָר לְמַעַן זְבֹחַ לַיהוָה אֱלֹהֶיךָ וְאֶת־
טז הַיּוֹתֵר הֶחֱרַמְנוּ׃ וַיֹּאמֶר שְׁמוּאֵל אֶל־שָׁאוּל הֶרֶף
וְאַגִּידָה לְּךָ אֵת אֲשֶׁר דִּבֶּר יְהוָה אֵלַי הַלָּיְלָה ויאמרו לוֹ וַיֹּאמֶר
יז דַּבֵּר׃ וַיֹּאמֶר שְׁמוּאֵל הֲלוֹא אִם־קָטֹן אַתָּה ט
בְּעֵינֶיךָ רֹאשׁ שִׁבְטֵי יִשְׂרָאֵל אָתָּה וַיִּמְשָׁחֲךָ יְהוָה לְמֶלֶךְ עַל־
יח יִשְׂרָאֵל׃ וַיִּשְׁלָחֲךָ יְהוָה בְּדָרֶךְ וַיֹּאמֶר לֵךְ וְהַחֲרַמְתָּה אֶת־
יט הַחַטָּאִים אֶת־עֲמָלֵק וְנִלְחַמְתָּ בוֹ עַד־כַּלּוֹתָם אֹתָם׃ וְלָמָּה
לֹא־שָׁמַעְתָּ בְּקוֹל יְהוָה וַתַּעַט אֶל־הַשָּׁלָל וַתַּעַשׂ הָרַע
כ בְּעֵינֵי יְהוָה׃ וַיֹּאמֶר שָׁאוּל אֶל־שְׁמוּאֵל אֲשֶׁר
שָׁמַעְתִּי בְּקוֹל יְהוָה וָאֵלֵךְ בַּדֶּרֶךְ אֲשֶׁר־שְׁלָחַנִי יְהוָה וָאָבִיא
כא אֶת־אֲגַג מֶלֶךְ עֲמָלֵק וְאֶת־עֲמָלֵק הֶחֱרַמְתִּי׃ וַיִּקַּח הָעָם
מֵהַשָּׁלָל צֹאן וּבָקָר רֵאשִׁית הַחֵרֶם לִזְבֹּחַ לַיהוָה אֱלֹהֶיךָ
כב בַּגִּלְגָּל׃ וַיֹּאמֶר שְׁמוּאֵל הַחֵפֶץ לַיהוָה בְּעֹלוֹת
וּזְבָחִים כִּשְׁמֹעַ בְּקוֹל יְהוָה הִנֵּה שְׁמֹעַ מִזֶּבַח טוֹב לְהַקְשִׁיב
כג מֵחֵלֶב אֵילִים׃ כִּי חַטַּאת־קֶסֶם מֶרִי וְאָוֶן וּתְרָפִים הַפְצַר יַעַן

כד מָאַסְתָּ אֶת־דְּבַר יְהוָה וַיִּמְאָסְךָ מִמֶּלֶךְ׃ וַיֹּאמֶר
שָׁאוּל אֶל־שְׁמוּאֵל חָטָאתִי כִּי־עָבַרְתִּי אֶת־פִּי־יְהוָה וְאֶת־
כה דְּבָרֶיךָ כִּי יָרֵאתִי אֶת־הָעָם וָאֶשְׁמַע בְּקוֹלָם׃ וְעַתָּה שָׂא נָא
כו אֶת־חַטָּאתִי וְשׁוּב עִמִּי וְאֶשְׁתַּחֲוֶה לַיהוָה׃ וַיֹּאמֶר שְׁמוּאֵל אֶל־
שָׁאוּל לֹא אָשׁוּב עִמָּךְ כִּי מָאַסְתָּה אֶת־דְּבַר יְהוָה וַיִּמְאָסְךָ
כז יְהוָה מִהְיוֹת מֶלֶךְ עַל־יִשְׂרָאֵל׃ וַיִּסֹּב שְׁמוּאֵל לָלֶכֶת וַיַּחֲזֵק
כח בִּכְנַף־מְעִילוֹ וַיִּקָּרַע׃ וַיֹּאמֶר אֵלָיו שְׁמוּאֵל קָרַע יְהוָה אֶת־
כט מַמְלְכוּת יִשְׂרָאֵל מֵעָלֶיךָ הַיּוֹם וּנְתָנָהּ לְרֵעֲךָ הַטּוֹב מִמֶּךָּ׃ וְגַם
נֵצַח יִשְׂרָאֵל לֹא יְשַׁקֵּר וְלֹא יִנָּחֵם כִּי לֹא אָדָם הוּא לְהִנָּחֵם׃
ל וַיֹּאמֶר חָטָאתִי עַתָּה כַּבְּדֵנִי נָא נֶגֶד זִקְנֵי־עַמִּי וְנֶגֶד יִשְׂרָאֵל
לא וְשׁוּב עִמִּי וְהִשְׁתַּחֲוֵיתִי לַיהוָה אֱלֹהֶיךָ׃ וַיָּשָׁב שְׁמוּאֵל אַחֲרֵי
לב שָׁאוּל וַיִּשְׁתַּחוּ שָׁאוּל לַיהוָה׃ וַיֹּאמֶר שְׁמוּאֵל
הַגִּישׁוּ אֵלַי אֶת־אֲגַג מֶלֶךְ עֲמָלֵק וַיֵּלֶךְ אֵלָיו אֲגַג מַעֲדַנֹּת
לג וַיֹּאמֶר אֲגָג אָכֵן סָר מַר־הַמָּוֶת׃ וַיֹּאמֶר שְׁמוּאֵל כַּאֲשֶׁר שִׁכְּלָה
נָשִׁים חַרְבֶּךָ כֵּן־תִּשְׁכַּל מִנָּשִׁים אִמֶּךָ וַיְשַׁסֵּף שְׁמוּאֵל אֶת־אֲגָג
לד לִפְנֵי יְהוָה בַּגִּלְגָּל׃ וַיֵּלֶךְ שְׁמוּאֵל הָרָמָתָה וְשָׁאוּל
לה עָלָה אֶל־בֵּיתוֹ גִּבְעַת שָׁאוּל׃ וְלֹא־יָסַף שְׁמוּאֵל לִרְאוֹת אֶת־
שָׁאוּל עַד־יוֹם מוֹתוֹ כִּי־הִתְאַבֵּל שְׁמוּאֵל אֶל־שָׁאוּל וַיהוָה נִחָם
טז א כִּי־הִמְלִיךְ אֶת־שָׁאוּל עַל־יִשְׂרָאֵל׃ וַיֹּאמֶר
יְהוָה אֶל־שְׁמוּאֵל עַד־מָתַי אַתָּה מִתְאַבֵּל אֶל־שָׁאוּל וַאֲנִי
מְאַסְתִּיו מִמְּלֹךְ עַל־יִשְׂרָאֵל מַלֵּא קַרְנְךָ שֶׁמֶן וְלֵךְ אֶשְׁלָחֲךָ
ב אֶל־יִשַׁי בֵּית־הַלַּחְמִי כִּי־רָאִיתִי בְּבָנָיו לִי מֶלֶךְ׃ וַיֹּאמֶר
שְׁמוּאֵל אֵיךְ אֵלֵךְ וְשָׁמַע שָׁאוּל וַהֲרָגָנִי וַיֹּאמֶר
יְהוָה עֶגְלַת בָּקָר תִּקַּח בְּיָדֶךָ וְאָמַרְתָּ לִזְבֹּחַ לַיהוָה בָּאתִי׃
ג וְקָרָאתָ לְיִשַׁי בַּזָּבַח וְאָנֹכִי אוֹדִיעֲךָ אֵת אֲשֶׁר־תַּעֲשֶׂה וּמָשַׁחְתָּ
ד לִי אֵת אֲשֶׁר־אֹמַר אֵלֶיךָ׃ וַיַּעַשׂ שְׁמוּאֵל אֵת אֲשֶׁר דִּבֶּר יְהוָה
וַיָּבֹא בֵּית לָחֶם וַיֶּחֶרְדוּ זִקְנֵי הָעִיר לִקְרָאתוֹ וַיֹּאמֶר שָׁלֹם

ה בּוֹאֶךָ: וַיֹּאמֶר ׀ שָׁלוֹם לִזְבֹּחַ לַיהוָה בָּאתִי הִתְקַדְּשׁוּ וּבָאתֶם
אִתִּי בַּזָּבַח וַיְקַדֵּשׁ אֶת־יִשַׁי וְאֶת־בָּנָיו וַיִּקְרָא לָהֶם לַזָּבַח:
ו וַיְהִי בְּבוֹאָם וַיַּרְא אֶת־אֱלִיאָב וַיֹּאמֶר אַךְ נֶגֶד יְהוָה
ז מְשִׁיחוֹ: וַיֹּאמֶר יְהוָה אֶל־שְׁמוּאֵל אַל־תַּבֵּט
אֶל־מַרְאֵהוּ וְאֶל־גְּבֹהַּ קוֹמָתוֹ כִּי מְאַסְתִּיהוּ כִּי ׀ לֹא אֲשֶׁר
יִרְאֶה הָאָדָם כִּי הָאָדָם יִרְאֶה לַעֵינַיִם וַיהוָה יִרְאֶה לַלֵּבָב:
ח וַיִּקְרָא יִשַׁי אֶל־אֲבִינָדָב וַיַּעֲבִרֵהוּ לִפְנֵי שְׁמוּאֵל וַיֹּאמֶר
ט גַּם־בָּזֶה לֹא־בָחַר יְהוָה: וַיַּעֲבֵר יִשַׁי שַׁמָּה וַיֹּאמֶר גַּם־בָּזֶה
י לֹא־בָחַר יְהוָה: וַיַּעֲבֵר יִשַׁי שִׁבְעַת בָּנָיו לִפְנֵי שְׁמוּאֵל
יא וַיֹּאמֶר שְׁמוּאֵל אֶל־יִשַׁי לֹא־בָחַר יְהוָה בָּאֵלֶּה: וַיֹּאמֶר
שְׁמוּאֵל אֶל־יִשַׁי הֲתַמּוּ הַנְּעָרִים וַיֹּאמֶר עוֹד שָׁאַר הַקָּטָן וְהִנֵּה
רֹעֶה בַּצֹּאן וַיֹּאמֶר שְׁמוּאֵל אֶל־יִשַׁי שִׁלְחָה וְקָחֶנּוּ כִּי לֹא־נָסֹב
יב עַד־בֹּאוֹ פֹה: וַיִּשְׁלַח וַיְבִיאֵהוּ וְהוּא אַדְמוֹנִי עִם־יְפֵה עֵינַיִם
וְטוֹב רֹאִי וַיֹּאמֶר יְהוָה קוּם מְשָׁחֵהוּ כִּי־זֶה הוּא:
יג וַיִּקַּח שְׁמוּאֵל אֶת־קֶרֶן הַשֶּׁמֶן וַיִּמְשַׁח אֹתוֹ בְּקֶרֶב אֶחָיו וַתִּצְלַח
רוּחַ־יְהוָה אֶל־דָּוִד מֵהַיּוֹם הַהוּא וָמָעְלָה וַיָּקָם שְׁמוּאֵל וַיֵּלֶךְ
יד הָרָמָתָה: וְרוּחַ יְהוָה סָרָה מֵעִם שָׁאוּל וּבִעֲתַתּוּ רוּחַ־רָעָה מֵאֵת
טו יְהוָה: וַיֹּאמְרוּ עַבְדֵי־שָׁאוּל אֵלָיו הִנֵּה־נָא רוּחַ־אֱלֹהִים רָעָה
טז מְבַעִתֶּךָ: יֹאמַר־נָא אֲדֹנֵנוּ עֲבָדֶיךָ לְפָנֶיךָ יְבַקְשׁוּ אִישׁ יֹדֵעַ
מְנַגֵּן בַּכִּנּוֹר וְהָיָה בִּהְיוֹת עָלֶיךָ רוּחַ־אֱלֹהִים רָעָה וְנִגֵּן בְּיָדוֹ
יז וְטוֹב לָךְ: וַיֹּאמֶר שָׁאוּל אֶל־עֲבָדָיו רְאוּ־נָא לִי אִישׁ מֵיטִיב
יח לְנַגֵּן וַהֲבִיאוֹתֶם אֵלָי: וַיַּעַן אֶחָד מֵהַנְּעָרִים וַיֹּאמֶר הִנֵּה רָאִיתִי י
בֵּן לְיִשַׁי בֵּית הַלַּחְמִי יֹדֵעַ נַגֵּן וְגִבּוֹר חַיִל וְאִישׁ מִלְחָמָה וּנְבוֹן
יט דָּבָר וְאִישׁ תֹּאַר וַיהוָה עִמּוֹ: וַיִּשְׁלַח שָׁאוּל מַלְאָכִים אֶל־יִשָׁי
כ וַיֹּאמֶר שִׁלְחָה אֵלַי אֶת־דָּוִד בִּנְךָ אֲשֶׁר בַּצֹּאן: וַיִּקַּח יִשַׁי חֲמוֹר
לֶחֶם וְנֹאד יַיִן וּגְדִי עִזִּים אֶחָד וַיִּשְׁלַח בְּיַד־דָּוִד בְּנוֹ אֶל־שָׁאוּל:
כא וַיָּבֹא דָוִד אֶל־שָׁאוּל וַיַּעֲמֹד לְפָנָיו וַיֶּאֱהָבֵהוּ מְאֹד וַיְהִי־לוֹ נֹשֵׂא

כב כֵּלִֽים׃ וַיִּשְׁלַ֨ח שָׁא֜וּל אֶל־יִשַׁ֣י לֵאמֹ֔ר יַעֲמָד־נָ֥א דָוִ֖ד לְפָנַ֑י כִּי־
כג מָ֥צָא חֵ֖ן בְּעֵינָֽי׃ וְהָיָ֗ה בִּֽהְי֤וֹת רֽוּחַ־אֱלֹהִים֙ אֶל־שָׁא֔וּל וְלָקַ֥ח
דָּוִ֛ד אֶת־הַכִּנּ֖וֹר וְנִגֵּ֣ן בְּיָד֑וֹ וְרָוַ֤ח לְשָׁאוּל֙ וְט֣וֹב ל֔וֹ וְסָ֥רָה מֵעָלָ֖יו
יז א רֽוּחַ הָרָעָֽה׃   וַיַּאַסְפ֨וּ פְלִשְׁתִּ֤ים אֶת־מַֽחֲנֵיהֶם֙
לַמִּלְחָמָ֔ה וַיֵּאָ֣סְפ֔וּ שֹׂכֹ֖ה אֲשֶׁ֣ר לִֽיהוּדָ֑ה וַיַּֽחֲנ֛וּ בֵּֽין־שׂוֹכֹ֥ה וּבֵ֖ין־
ב עֲזֵקָ֖ה בְּאֶ֥פֶס דַּמִּֽים׃ וְשָׁא֣וּל וְאִֽישׁ־יִשְׂרָאֵ֗ל נֶֽאֶסְפ֛וּ וַיַּֽחֲנ֖וּ בְּעֵ֣מֶק
ג הָאֵלָ֑ה וַיַּֽעַרְכ֥וּ מִלְחָמָ֖ה לִקְרַ֥את פְּלִשְׁתִּֽים׃ וּפְלִשְׁתִּ֞ים עֹֽמְדִ֤ים
אֶל־הָהָר֙ מִזֶּ֔ה וְיִשְׂרָאֵ֛ל עֹֽמְדִ֥ים אֶל־הָהָ֖ר מִזֶּ֑ה וְהַגַּ֖יְא בֵּֽינֵיהֶֽם׃
ד וַיֵּצֵ֤א אִֽישׁ־הַבֵּנַ֙יִם֙ מִמַּֽחֲנ֣וֹת פְּלִשְׁתִּ֔ים גָּלְיָ֥ת שְׁמ֖וֹ מִגַּ֑ת גָּבְה֕וֹ
ה שֵׁ֥שׁ אַמּ֖וֹת וָזָֽרֶת׃ וְכ֤וֹבַע נְחֹ֙שֶׁת֙ עַל־רֹאשׁ֔וֹ וְשִׁרְי֥וֹן קַשְׂקַשִּׂ֖ים
ה֣וּא לָב֑וּשׁ וּמִשְׁקַל֙ הַשִּׁרְי֔וֹן חֲמֵֽשֶׁת־אֲלָפִ֥ים שְׁקָלִ֖ים נְחֹֽשֶׁת׃
ו וּמִצְחַ֥ת נְחֹ֖שֶׁת עַל־רַגְלָ֑יו וְכִיד֥וֹן נְחֹ֖שֶׁת בֵּ֥ין כְּתֵפָֽיו׃ וְחֵ֣ץ חֲנִית֗וֹ   וְעֵ֣ץ
כִּמְנוֹר֙ אֹֽרְגִ֔ים וְלַהֶ֣בֶת חֲנִית֔וֹ שֵֽׁשׁ־מֵא֥וֹת שְׁקָלִ֖ים בַּרְזֶ֑ל וְנֹשֵׂ֥א
ח הַצִּנָּ֖ה הֹלֵ֥ךְ לְפָנָֽיו׃ וַֽיַּעֲמֹ֗ד וַיִּקְרָא֙ אֶל־מַֽעַרְכֹ֣ת יִשְׂרָאֵ֔ל וַיֹּ֣אמֶר
לָהֶ֗ם לָ֤מָּה תֵֽצְאוּ֙ לַֽעֲרֹ֣ךְ מִלְחָמָ֔ה הֲל֤וֹא אָֽנֹכִי֙ הַפְּלִשְׁתִּ֔י וְאַתֶּם֙
ט עֲבָדִ֣ים לְשָׁא֔וּל בְּרֽוּ־לָכֶ֥ם אִ֖ישׁ וְיֵרֵ֥ד אֵלָֽי׃ אִם־יוּכַ֞ל לְהִלָּחֵ֤ם
אִתִּי֙ וְהִכָּ֔נִי וְהָיִ֥ינוּ לָכֶ֖ם לַֽעֲבָדִ֑ים וְאִם־אֲנִ֤י אֽוּכַל־לוֹ֙ וְהִכִּיתִ֔יו
י וִֽהְיִ֥יתֶם לָ֙נוּ֙ לַֽעֲבָדִ֔ים וַֽעֲבַדְתֶּ֖ם אֹתָֽנוּ׃ וַיֹּ֙אמֶר֙ הַפְּלִשְׁתִּ֔י אֲנִ֗י
חֵרַ֛פְתִּי אֶת־מַֽעַרְכ֥וֹת יִשְׂרָאֵ֖ל הַיּ֣וֹם הַזֶּ֑ה תְּנוּ־לִ֣י אִ֔ישׁ וְנִֽלָּחֲמָ֖ה
יא יָֽחַד׃ וַיִּשְׁמַ֤ע שָׁאוּל֙ וְכָל־יִשְׂרָאֵ֔ל אֶת־דִּבְרֵ֥י הַפְּלִשְׁתִּ֖י הָאֵ֑לֶּה
יב וַיֵּחַ֥תּוּ וַיִּֽרְא֖וּ מְאֹֽד׃   וְדָוִד֩ בֶּן־אִ֨ישׁ אֶפְרָתִ֜י הַזֶּ֗ה
מִבֵּ֥ית לֶ֙חֶם֙ יְהוּדָ֔ה וּשְׁמ֣וֹ יִשַׁ֔י וְל֖וֹ שְׁמֹנָ֣ה בָנִ֑ים וְהָאִישׁ֙
יג בִּימֵ֣י שָׁא֔וּל זָקֵ֖ן בָּ֥א בַֽאֲנָשִֽׁים׃ וַיֵּ֨לְכ֜וּ שְׁלֹ֤שֶׁת בְּנֵֽי־יִשַׁי֙ הַגְּדֹלִ֔ים
הָֽלְכ֥וּ אַֽחֲרֵֽי־שָׁא֖וּל לַמִּלְחָמָ֑ה וְשֵׁ֣ם ׀ שְׁלֹ֣שֶׁת בָּנָ֗יו אֲשֶׁ֤ר
הָֽלְכוּ֙ בַּמִּלְחָמָ֔ה אֱלִיאָ֣ב הַבְּכ֔וֹר וּמִשְׁנֵ֙הוּ֙ אֲבִ֣ינָדָ֔ב וְהַשְּׁלִשִׁ֖י
יד שַׁמָּֽה׃ וְדָוִ֖ד ה֣וּא הַקָּטָ֑ן וּשְׁלֹשָׁה֙ הַגְּדֹלִ֔ים הָֽלְכ֖וּ אַֽחֲרֵ֥י
טו שָׁאֽוּל׃ וְדָוִ֛ד הֹלֵ֥ךְ וָשָׁ֖ב מֵעַ֣ל שָׁא֑וּל לִרְע֛וֹת אֶת־צֹ֥אן אָבִ֖יו

טז בֵּית־לָחֶם: וַיִּגַּשׁ הַפְּלִשְׁתִּי הַשְׁכֵּם וְהַעֲרֵב וַיִּתְיַצֵּב אַרְבָּעִים
יז יוֹם: וַיֹּאמֶר יִשַׁי לְדָוִד בְּנוֹ קַח־נָא לְאַחֶיךָ אֵיפַת
יח הַקָּלִיא הַזֶּה וַעֲשָׂרָה לֶחֶם הַזֶּה וְהָרֵץ הַמַּחֲנֶה לְאַחֶיךָ: וְאֵת
עֲשֶׂרֶת חֲרִיצֵי הֶחָלָב הָאֵלֶּה תָּבִיא לְשַׂר הָאָלֶף וְאֶת־אַחֶיךָ תִּפְקֹד
יט לְשָׁלוֹם וְאֶת־עֲרֻבָּתָם תִּקָּח: וְשָׁאוּל וְהֵמָּה וְכָל־אִישׁ יִשְׂרָאֵל
כ בְּעֵמֶק הָאֵלָה נִלְחָמִים עִם־פְּלִשְׁתִּים: וַיַּשְׁכֵּם
דָּוִד בַּבֹּקֶר וַיִּטֹּשׁ אֶת־הַצֹּאן עַל־שֹׁמֵר וַיִּשָּׂא וַיֵּלֶךְ כַּאֲשֶׁר צִוָּהוּ
יִשָׁי וַיָּבֹא הַמַּעְגָּלָה וְהַחַיִל הַיֹּצֵא אֶל־הַמַּעֲרָכָה וְהֵרֵעוּ
כא בַּמִּלְחָמָה: וַתַּעֲרֹךְ יִשְׂרָאֵל וּפְלִשְׁתִּים מַעֲרָכָה לִקְרַאת
כב מַעֲרָכָה: וַיִּטֹּשׁ דָּוִד אֶת־הַכֵּלִים מֵעָלָיו עַל־יַד שׁוֹמֵר הַכֵּלִים
כג וַיָּרָץ הַמַּעֲרָכָה וַיָּבֹא וַיִּשְׁאַל לְאֶחָיו לְשָׁלוֹם: וְהוּא ׀ מְדַבֵּר עִמָּם
וְהִנֵּה אִישׁ הַבֵּנַיִם עוֹלֶה גָּלְיָת הַפְּלִשְׁתִּי שְׁמוֹ מִגַּת ממערות ממַּעַרְכוֹת
כד פְּלִשְׁתִּים וַיְדַבֵּר כַּדְּבָרִים הָאֵלֶּה וַיִּשְׁמַע דָּוִד: וְכֹל אִישׁ
יִשְׂרָאֵל בִּרְאוֹתָם אֶת־הָאִישׁ וַיָּנֻסוּ מִפָּנָיו וַיִּירְאוּ מְאֹד:
כה וַיֹּאמֶר ׀ אִישׁ יִשְׂרָאֵל הַרְּאִיתֶם הָאִישׁ הָעֹלֶה הַזֶּה כִּי לְחָרֵף
אֶת־יִשְׂרָאֵל עֹלֶה וְהָיָה הָאִישׁ אֲשֶׁר־יַכֶּנּוּ יַעְשְׁרֶנּוּ הַמֶּלֶךְ ׀
עֹשֶׁר גָּדוֹל וְאֶת־בִּתּוֹ יִתֶּן־לוֹ וְאֵת בֵּית אָבִיו יַעֲשֶׂה חָפְשִׁי
כו בְּיִשְׂרָאֵל: וַיֹּאמֶר דָּוִד אֶל־הָאֲנָשִׁים הָעֹמְדִים
עִמּוֹ לֵאמֹר מַה־יֵּעָשֶׂה לָאִישׁ אֲשֶׁר יַכֶּה אֶת־הַפְּלִשְׁתִּי הַלָּז
וְהֵסִיר חֶרְפָּה מֵעַל יִשְׂרָאֵל כִּי מִי הַפְּלִשְׁתִּי הֶעָרֵל הַזֶּה כִּי
כז חֵרֵף מַעַרְכוֹת אֱלֹהִים חַיִּים: וַיֹּאמֶר לוֹ הָעָם כַּדָּבָר הַזֶּה לֵאמֹר
כח כֹּה יֵעָשֶׂה לָאִישׁ אֲשֶׁר יַכֶּנּוּ: וַיִּשְׁמַע אֱלִיאָב אָחִיו הַגָּדוֹל
בְּדַבְּרוֹ אֶל־הָאֲנָשִׁים וַיִּחַר־אַף אֱלִיאָב בְּדָוִד וַיֹּאמֶר ׀ לָמָּה־זֶּה
יָרַדְתָּ וְעַל־מִי נָטַשְׁתָּ מְעַט הַצֹּאן הָהֵנָּה בַּמִּדְבָּר אֲנִי יָדַעְתִּי
אֶת־זְדֹנְךָ וְאֵת רֹעַ לְבָבֶךָ כִּי לְמַעַן רְאוֹת הַמִּלְחָמָה יָרָדְתָּ:
כט וַיֹּאמֶר דָּוִד מֶה עָשִׂיתִי עָתָּה הֲלוֹא דָּבָר הוּא: וַיִּסֹּב מֵאֶצְלוֹ
ל אֶל־מוּל אַחֵר וַיֹּאמֶר כַּדָּבָר הַזֶּה וַיְשִׁבֻהוּ הָעָם דָּבָר כַּדָּבָר

לא הָרִאשׁוֹן: וַיִּשָּׁמְעוּ הַדְּבָרִים אֲשֶׁר דִּבֶּר דָּוִד וַיַּגִּדוּ לִפְנֵי־שָׁאוּל
לב וַיִּקָּחֵהוּ: וַיֹּאמֶר דָּוִד אֶל־שָׁאוּל אַל־יִפֹּל לֵב־אָדָם עָלָיו עַבְדְּךָ
לג יֵלֵךְ וְנִלְחַם עִם־הַפְּלִשְׁתִּי הַזֶּה: וַיֹּאמֶר שָׁאוּל אֶל־דָּוִד לֹא
תוּכַל לָלֶכֶת אֶל־הַפְּלִשְׁתִּי הַזֶּה לְהִלָּחֵם עִמּוֹ כִּי־נַעַר אַתָּה
לד וְהוּא אִישׁ מִלְחָמָה מִנְּעֻרָיו: וַיֹּאמֶר דָּוִד אֶל־
שָׁאוּל רֹעֶה הָיָה עַבְדְּךָ לְאָבִיו בַּצֹּאן וּבָא הָאֲרִי וְאֶת־הַדּוֹב
לה וְנָשָׂא שֶׂה מֵהָעֵדֶר: וְיָצָאתִי אַחֲרָיו וְהִכִּתִיו וְהִצַּלְתִּי מִפִּיו וַיָּקָם
לו עָלַי וְהֶחֱזַקְתִּי בִּזְקָנוֹ וְהִכִּתִיו וַהֲמִיתִּיו: גַּם אֶת־הָאֲרִי גַּם־הַדּוֹב
הִכָּה עַבְדֶּךָ וְהָיָה הַפְּלִשְׁתִּי הֶעָרֵל הַזֶּה כְּאַחַד מֵהֶם כִּי חֵרֵף
לז מַעַרְכֹת אֱלֹהִים חַיִּים: וַיֹּאמֶר דָּוִד יהוה אֲשֶׁר יא
הִצִּלַנִי מִיַּד הָאֲרִי וּמִיַּד הַדֹּב הוּא יַצִּילֵנִי מִיַּד הַפְּלִשְׁתִּי
הַזֶּה וַיֹּאמֶר שָׁאוּל אֶל־דָּוִד לֵךְ וַיהוה יִהְיֶה
לח עִמָּךְ: וַיַּלְבֵּשׁ שָׁאוּל אֶת־דָּוִד מַדָּיו וְנָתַן קוֹבַע נְחֹשֶׁת עַל־
לט רֹאשׁוֹ וַיַּלְבֵּשׁ אֹתוֹ שִׁרְיוֹן: וַיַּחְגֹּר דָּוִד אֶת־חַרְבּוֹ מֵעַל לְמַדָּיו
וַיֹּאֶל לָלֶכֶת כִּי לֹא־נִסָּה וַיֹּאמֶר דָּוִד אֶל־שָׁאוּל לֹא אוּכַל
מ לָלֶכֶת בָּאֵלֶּה כִּי לֹא נִסִּיתִי וַיְסִרֵם דָּוִד מֵעָלָיו: וַיִּקַּח מַקְלוֹ
בְּיָדוֹ וַיִּבְחַר־לוֹ חֲמִשָּׁה חַלֻּקֵי אֲבָנִים ׀ מִן־הַנַּחַל וַיָּשֶׂם אֹתָם
בִּכְלִי הָרֹעִים אֲשֶׁר־לוֹ וּבַיַּלְקוּט וְקַלְעוֹ בְיָדוֹ וַיִּגַּשׁ אֶל־
מא הַפְּלִשְׁתִּי: וַיֵּלֶךְ הַפְּלִשְׁתִּי הֹלֵךְ וְקָרֵב אֶל־דָּוִד וְהָאִישׁ נֹשֵׂא
מב הַצִּנָּה לְפָנָיו: וַיַּבֵּט הַפְּלִשְׁתִּי וַיִּרְאֶה אֶת־דָּוִד וַיִּבְזֵהוּ כִּי־הָיָה
מג נַעַר וְאַדְמֹנִי עִם־יְפֵה מַרְאֶה: וַיֹּאמֶר הַפְּלִשְׁתִּי אֶל־דָּוִד הֲכֶלֶב
אָנֹכִי כִּי־אַתָּה בָא־אֵלַי בַּמַּקְלוֹת וַיְקַלֵּל הַפְּלִשְׁתִּי אֶת־דָּוִד
מד בֵּאלֹהָיו: וַיֹּאמֶר הַפְּלִשְׁתִּי אֶל־דָּוִד לְכָה אֵלַי וְאֶתְּנָה אֶת־
מה בְּשָׂרְךָ לְעוֹף הַשָּׁמַיִם וּלְבֶהֱמַת הַשָּׂדֶה: וַיֹּאמֶר
דָּוִד אֶל־הַפְּלִשְׁתִּי אַתָּה בָּא אֵלַי בְּחֶרֶב וּבַחֲנִית וּבְכִידוֹן וְאָנֹכִי
בָא־אֵלֶיךָ בְּשֵׁם יהוה צְבָאוֹת אֱלֹהֵי מַעַרְכוֹת יִשְׂרָאֵל אֲשֶׁר
מו חֵרַפְתָּ: הַיּוֹם הַזֶּה יְסַגֶּרְךָ יהוה בְּיָדִי וְהִכִּתִיךָ וַהֲסִרֹתִי אֶת־

רֹאשְׁךָ מֵעָלֶיךָ וְנָתַתִּי פֶּגֶר מַחֲנֵה פְלִשְׁתִּים הַיּוֹם הַזֶּה לְעוֹף
הַשָּׁמַיִם וּלְחַיַּת הָאָרֶץ וְיֵדְעוּ כָּל־הָאָרֶץ כִּי יֵשׁ אֱלֹהִים
מז לְיִשְׂרָאֵל׃ וְיֵדְעוּ כָּל־הַקָּהָל הַזֶּה כִּי־לֹא בְּחֶרֶב וּבַחֲנִית יְהוֹשִׁיעַ
מח יְהוָה כִּי לַיהוָה הַמִּלְחָמָה וְנָתַן אֶתְכֶם בְּיָדֵנוּ׃ וְהָיָה כִּי־קָם
הַפְּלִשְׁתִּי וַיֵּלֶךְ וַיִּקְרַב לִקְרַאת דָּוִד וַיְמַהֵר דָּוִד וַיָּרָץ הַמַּעֲרָכָה
מט לִקְרַאת הַפְּלִשְׁתִּי׃ וַיִּשְׁלַח דָּוִד אֶת־יָדוֹ אֶל־הַכֶּלִי וַיִּקַּח מִשָּׁם
אֶבֶן וַיְקַלַּע וַיַּךְ אֶת־הַפְּלִשְׁתִּי אֶל־מִצְחוֹ וַתִּטְבַּע הָאֶבֶן בְּמִצְחוֹ
נ וַיִּפֹּל עַל־פָּנָיו אָרְצָה׃ וַיֶּחֱזַק דָּוִד מִן־הַפְּלִשְׁתִּי בַּקֶּלַע וּבָאֶבֶן
נא וַיַּךְ אֶת־הַפְּלִשְׁתִּי וַיְמִיתֵהוּ וְחֶרֶב אֵין בְּיַד־דָּוִד׃ וַיָּרָץ דָּוִד
וַיַּעֲמֹד אֶל־הַפְּלִשְׁתִּי וַיִּקַּח אֶת־חַרְבּוֹ וַיִּשְׁלְפָהּ מִתַּעְרָהּ
וַיְמֹתְתֵהוּ וַיִּכְרָת־בָּהּ אֶת־רֹאשׁוֹ וַיִּרְאוּ הַפְּלִשְׁתִּים כִּי־מֵת
נב גִּבּוֹרָם וַיָּנֻסוּ׃ וַיָּקֻמוּ אַנְשֵׁי יִשְׂרָאֵל וִיהוּדָה וַיָּרִעוּ וַיִּרְדְּפוּ אֶת־
הַפְּלִשְׁתִּים עַד־בּוֹאֲךָ גַיְא וְעַד שַׁעֲרֵי עֶקְרוֹן וַיִּפְּלוּ חַלְלֵי
נג פְלִשְׁתִּים בְּדֶרֶךְ שַׁעֲרַיִם וְעַד־גַּת וְעַד־עֶקְרוֹן׃ וַיָּשֻׁבוּ בְּנֵי
נד יִשְׂרָאֵל מִדְּלֹק אַחֲרֵי פְלִשְׁתִּים וַיָּשֹׁסּוּ אֶת־מַחֲנֵיהֶם׃ וַיִּקַּח
דָּוִד אֶת־רֹאשׁ הַפְּלִשְׁתִּי וַיְבִאֵהוּ יְרוּשָׁלִָם וְאֶת־כֵּלָיו שָׂם
נה בְּאָהֳלוֹ׃ וְכִרְאוֹת שָׁאוּל אֶת־דָּוִד יֹצֵא לִקְרַאת
הַפְּלִשְׁתִּי אָמַר אֶל־אַבְנֵר שַׂר הַצָּבָא בֶּן־מִי־זֶה הַנַּעַר אַבְנֵר
נו וַיֹּאמֶר אַבְנֵר חֵי־נַפְשְׁךָ הַמֶּלֶךְ אִם־יָדָעְתִּי׃ וַיֹּאמֶר הַמֶּלֶךְ שְׁאַל
נז אַתָּה בֶּן־מִי־זֶה הָעָלֶם׃ וּכְשׁוּב דָּוִד מֵהַכּוֹת
אֶת־הַפְּלִשְׁתִּי וַיִּקַּח אֹתוֹ אַבְנֵר וַיְבִאֵהוּ לִפְנֵי שָׁאוּל וְרֹאשׁ
נח הַפְּלִשְׁתִּי בְּיָדוֹ׃ וַיֹּאמֶר אֵלָיו שָׁאוּל בֶּן־מִי אַתָּה הַנָּעַר וַיֹּאמֶר
יח א דָּוִד בֶּן־עַבְדְּךָ יִשַׁי בֵּית הַלַּחְמִי׃ וַיְהִי כְּכַלֹּתוֹ לְדַבֵּר אֶל־שָׁאוּל
וְנֶפֶשׁ יְהוֹנָתָן נִקְשְׁרָה בְּנֶפֶשׁ דָּוִד ויאהבו יְהוֹנָתָן כְּנַפְשׁוֹ׃ וַיֶּאֱהָבֵהוּ
ב ג וַיִּקָּחֵהוּ שָׁאוּל בַּיּוֹם הַהוּא וְלֹא נְתָנוֹ לָשׁוּב בֵּית אָבִיו׃ וַיִּכְרֹת
ד יְהוֹנָתָן וְדָוִד בְּרִית בְּאַהֲבָתוֹ אֹתוֹ כְּנַפְשׁוֹ׃ וַיִּתְפַּשֵּׁט יְהוֹנָתָן
אֶת־הַמְּעִיל אֲשֶׁר עָלָיו וַיִּתְּנֵהוּ לְדָוִד וּמַדָּיו וְעַד־חַרְבּוֹ וְעַד־

ה קַשְׁתּ֖וֹ וְעַד־חֲגֹרֽוֹ׃ וַיֵּצֵ֨א דָוִ֜ד בְּכֹ֨ל אֲשֶׁ֧ר יִשְׁלָחֶ֛נּוּ שָׁא֖וּל יַשְׂכִּ֑יל
וַיְשִׂמֵ֣הוּ שָׁא֔וּל עַ֖ל אַנְשֵׁ֣י הַמִּלְחָמָ֑ה וַיִּיטַב֙ בְּעֵינֵ֣י כָל־הָעָ֔ם וְגַ֖ם
ו בְּעֵינֵ֥י עַבְדֵ֥י שָׁאֽוּל׃ וַיְהִ֣י בְּבוֹאָ֗ם בְּשׁ֤וּב דָּוִד֙
מֵהַכּ֣וֹת אֶת־הַפְּלִשְׁתִּ֔י וַתֵּצֶ֨אנָה הַנָּשִׁ֜ים מִכָּל־עָרֵ֤י יִשְׂרָאֵל֙
לָשׁ֣וּר וְהַמְּחֹל֔וֹת לִקְרַ֖את שָׁא֣וּל הַמֶּ֑לֶךְ בְּתֻפִּ֥ים בְּשִׂמְחָ֖ה לָשִׁ֣יר
ז וּבְשָׁלִשִֽׁים׃ וַֽתַּעֲנֶ֛ינָה הַנָּשִׁ֥ים הַֽמְשַׂחֲק֖וֹת וַתֹּאמַ֑רְןָ הִכָּ֤ה שָׁאוּל֙
ח בַּאֲלָפָ֔ו וְדָוִ֖ד בְּרִבְבֹתָֽיו׃ וַיִּ֨חַר לְשָׁא֜וּל מְאֹ֗ד וַיֵּ֤רַע בְּעֵינָיו֙ הַדָּבָ֣ר
הַזֶּ֔ה וַיֹּ֗אמֶר נָתְנ֤וּ לְדָוִד֙ רְבָב֔וֹת וְלִ֥י נָתְנ֖וּ הָאֲלָפִ֑ים וְע֥וֹד
ט ל֖וֹ אַ֥ךְ הַמְּלוּכָֽה׃ וַיְהִ֥י שָׁא֖וּל עון אֶת־דָּוִ֑ד מֵהַיּ֥וֹם הַה֖וּא עוֹיֵ֣ן
י וָהָֽלְאָה׃ וַיְהִ֣י מִֽמָּחֳרָ֗ת וַתִּצְלַ֣ח רוּחַ֩ אֱלֹהִ֨ים ׀
רָעָ֤ה ׀ אֶל־שָׁאוּל֙ וַיִּתְנַבֵּ֣א בְתוֹךְ־הַבַּ֔יִת וְדָוִ֛ד מְנַגֵּ֥ן בְּיָד֖וֹ כְּי֣וֹם ׀
יא בְּי֑וֹם וְהַחֲנִ֖ית בְּיַד־שָׁאֽוּל׃ וַיָּ֤טֶל שָׁאוּל֙ אֶֽת־הַחֲנִ֔ית וַיֹּ֕אמֶר אַכֶּ֥ה
יב בְדָוִ֖ד וּבַקִּ֑יר וַיִּסֹּ֥ב דָּוִ֛ד מִפָּנָ֖יו פַּעֲמָֽיִם׃ וַיִּרָ֥א שָׁא֖וּל מִלִּפְנֵ֣י דָוִ֑ד
יג כִּֽי־הָיָ֤ה יְהוָה֙ עִמּ֔וֹ וּמֵעִ֥ם שָׁא֖וּל סָֽר׃ וַיְסִרֵ֤הוּ שָׁאוּל֙ מֵעִמּ֔וֹ
יד וַיְשִׂמֵ֥הוּ ל֖וֹ שַׂר־אָ֑לֶף וַיֵּצֵ֥א וַיָּבֹ֖א לִפְנֵ֥י הָעָֽם׃ וַיְהִ֥י יב
טו דָוִ֛ד לְכָל־דְּרָכָ֖ו מַשְׂכִּ֑יל וַיהוָ֖ה עִמּֽוֹ׃ וַיַּ֣רְא שָׁא֔וּל אֲשֶׁר־ה֖וּא
טז מַשְׂכִּ֣יל מְאֹ֑ד וַיָּ֖גָר מִפָּנָֽיו׃ וְכָל־יִשְׂרָאֵל֙ וִֽיהוּדָ֔ה אֹהֵ֖ב אֶת־דָּוִ֑ד
יז כִּֽי־ה֛וּא יוֹצֵ֥א וָבָ֖א לִפְנֵיהֶֽם׃ וַיֹּ֨אמֶר שָׁא֜וּל אֶל־
דָּוִ֗ד הִנֵּה֩ בִתִּ֨י הַגְּדוֹלָ֤ה מֵרַב֙ אֹתָהּ֙ אֶתֶּן־לְךָ֣ לְאִשָּׁ֔ה אַ֚ךְ הֱיֵה־לִּ֣י
לְבֶן־חַ֔יִל וְהִלָּחֵ֖ם מִלְחֲמ֣וֹת יְהוָ֑ה וְשָׁא֣וּל אָמַ֗ר אַל־תְּהִ֤י יָדִי֙ בּ֔וֹ
יח וּתְהִי־ב֖וֹ יַד־פְּלִשְׁתִּֽים׃ וַיֹּ֨אמֶר דָּוִ֜ד אֶל־שָׁא֗וּל
מִ֤י אָנֹכִי֙ וּמִ֣י חַיַּ֔י מִשְׁפַּ֥חַת אָבִ֖י בְּיִשְׂרָאֵ֑ל כִּֽי־אֶהְיֶ֥ה חָתָ֖ן לַמֶּֽלֶךְ׃
יט וַיְהִ֗י בְּעֵ֥ת תֵּ֛ת אֶת־מֵרַ֥ב בַּת־שָׁא֖וּל לְדָוִ֑ד וְהִ֧יא נִתְּנָ֛ה
כ לְעַדְרִיאֵ֥ל הַמְּחֹלָתִ֖י לְאִשָּֽׁה׃ וַתֶּֽאֱהַ֛ב מִיכַ֥ל בַּת־שָׁא֖וּל אֶת־
כא דָּוִ֑ד וַיַּגִּ֣דוּ לְשָׁא֔וּל וַיִּשַׁ֥ר הַדָּבָ֖ר בְּעֵינָֽיו׃ וַיֹּ֨אמֶר שָׁא֜וּל אֶתְּנֶ֤נָּה לּוֹ֙
וּתְהִי־ל֣וֹ לְמוֹקֵ֔שׁ וּתְהִי־ב֖וֹ יַד־פְּלִשְׁתִּ֑ים וַיֹּ֤אמֶר שָׁאוּל֙ אֶל־דָּוִ֔ד
כב בִּשְׁתַּ֛יִם תִּתְחַתֵּ֥ן בִּ֖י הַיּֽוֹם׃ וַיְצַ֨ו שָׁא֜וּל אֶת־עֲבָדָ֗ו דַּבְּר֨וּ אֶל־

דָּוִד בַּלָּט לֵאמֹר הִנֵּה חָפֵץ בְּךָ הַמֶּלֶךְ וְכָל־עֲבָדָיו אֲהֵבוּךָ
כג וְעַתָּה הִתְחַתֵּן בַּמֶּלֶךְ׃ וַיְדַבְּרוּ עַבְדֵי שָׁאוּל בְּאׇזְנֵי דָוִד אֶת־
הַדְּבָרִים הָאֵלֶּה וַיֹּאמֶר דָּוִד הֲנְקַלָּה בְעֵינֵיכֶם הִתְחַתֵּן בַּמֶּלֶךְ
כד וְאָנֹכִי אִישׁ־רָשׁ וְנִקְלֶה׃ וַיַּגִּדוּ עַבְדֵי שָׁאוּל לוֹ לֵאמֹר כַּדְּבָרִים
כה הָאֵלֶּה דִּבֶּר דָּוִד׃ וַיֹּאמֶר שָׁאוּל כֹּה־תֹאמְרוּ
לְדָוִד אֵין־חֵפֶץ לַמֶּלֶךְ בְּמֹהַר כִּי בְּמֵאָה עׇרְלוֹת פְּלִשְׁתִּים
לְהִנָּקֵם בְּאֹיְבֵי הַמֶּלֶךְ וְשָׁאוּל חָשַׁב לְהַפִּיל אֶת־דָּוִד בְּיַד־
כו פְּלִשְׁתִּים׃ וַיַּגִּדוּ עֲבָדָיו לְדָוִד אֶת־הַדְּבָרִים הָאֵלֶּה וַיִּשַׁר הַדָּבָר
כז בְּעֵינֵי דָוִד לְהִתְחַתֵּן בַּמֶּלֶךְ וְלֹא מָלְאוּ הַיָּמִים׃ וַיָּקׇם דָּוִד וַיֵּלֶךְ ׀
הוּא וַאֲנָשָׁיו וַיַּךְ בַּפְּלִשְׁתִּים מָאתַיִם אִישׁ וַיָּבֵא דָוִד אֶת־
עׇרְלֹתֵיהֶם וַיְמַלְאוּם לַמֶּלֶךְ לְהִתְחַתֵּן בַּמֶּלֶךְ וַיִּתֶּן־לוֹ שָׁאוּל
כח אֶת־מִיכַל בִּתּוֹ לְאִשָּׁה׃ וַיַּרְא שָׁאוּל וַיֵּדַע כִּי יְהֹוָה עִם־דָּוִד
כט וּמִיכַל בַּת־שָׁאוּל אֲהֵבַתְהוּ׃ וַיֹּאסֶף שָׁאוּל לֵרֹא מִפְּנֵי דָוִד עוֹד
ל וַיְהִי שָׁאוּל אֹיֵב אֶת־דָּוִד כׇּל־הַיָּמִים׃ וַיֵּצְאוּ
שָׂרֵי פְלִשְׁתִּים וַיְהִי ׀ מִדֵּי צֵאתָם שָׂכַל דָּוִד מִכֹּל עַבְדֵי שָׁאוּל
יט א וַיֵּיקַר שְׁמוֹ מְאֹד׃ וַיְדַבֵּר שָׁאוּל אֶל־יוֹנָתָן בְּנוֹ
וְאֶל־כׇּל־עֲבָדָיו לְהָמִית אֶת־דָּוִד וִיהוֹנָתָן בֶּן־שָׁאוּל חָפֵץ
ב בְּדָוִד מְאֹד׃ וַיַּגֵּד יְהוֹנָתָן לְדָוִד לֵאמֹר מְבַקֵּשׁ שָׁאוּל אָבִי
לַהֲמִיתֶךָ וְעַתָּה הִשָּׁמֶר־נָא בַבֹּקֶר וְיָשַׁבְתָּ בַסֵּתֶר וְנַחְבֵּאתָ׃
ג וַאֲנִי אֵצֵא וְעָמַדְתִּי לְיַד־אָבִי בַּשָּׂדֶה אֲשֶׁר אַתָּה שָׁם וַאֲנִי
ד אֲדַבֵּר בְּךָ אֶל־אָבִי וְרָאִיתִי מָה וְהִגַּדְתִּי לָךְ׃ וַיְדַבֵּר
יְהוֹנָתָן בְּדָוִד טוֹב אֶל־שָׁאוּל אָבִיו וַיֹּאמֶר אֵלָיו אַל־יֶחֱטָא
הַמֶּלֶךְ בְּעַבְדּוֹ בְדָוִד כִּי לוֹא חָטָא לָךְ וְכִי מַעֲשָׂיו טוֹב־לְךָ
ה מְאֹד׃ וַיָּשֶׂם אֶת־נַפְשׁוֹ בְכַפּוֹ וַיַּךְ אֶת־הַפְּלִשְׁתִּי וַיַּעַשׂ יְהֹוָה
תְּשׁוּעָה גְדוֹלָה לְכׇל־יִשְׂרָאֵל רָאִיתָ וַתִּשְׂמָח וְלָמָּה תֶחֱטָא בְּדָם
ו נָקִי לְהָמִית אֶת־דָּוִד חִנָּם׃ וַיִּשְׁמַע שָׁאוּל בְּקוֹל יְהוֹנָתָן וַיִּשָּׁבַע
ז שָׁאוּל חַי־יְהֹוָה אִם־יוּמָת׃ וַיִּקְרָא יְהוֹנָתָן לְדָוִד וַיַּגֶּד־לוֹ יְהוֹנָתָן

אֵת כָּל־הַדְּבָרִים הָאֵלֶּה וַיָּבֵא יְהוֹנָתָן אֶת־דָּוִד אֶל־שָׁאוּל
ח וַיְהִי לְפָנָיו כְּאֶתְמוֹל שִׁלְשׁוֹם׃ וַתּוֹסֶף הַמִּלְחָמָה
לִהְיוֹת וַיֵּצֵא דָוִד וַיִּלָּחֶם בַּפְּלִשְׁתִּים וַיַּךְ בָּהֶם מַכָּה גְדוֹלָה וַיָּנֻסוּ
ט מִפָּנָיו׃ וַתְּהִי רוּחַ יְהוָה ׀ רָעָה אֶל־שָׁאוּל וְהוּא בְּבֵיתוֹ יוֹשֵׁב
י וַחֲנִיתוֹ בְּיָדוֹ וְדָוִד מְנַגֵּן בְּיָד׃ וַיְבַקֵּשׁ שָׁאוּל לְהַכּוֹת בַּחֲנִית בְּדָוִד
וּבַקִּיר וַיִּפְטַר מִפְּנֵי שָׁאוּל וַיַּךְ אֶת־הַחֲנִית בַּקִּיר וְדָוִד נָס וַיִּמָּלֵט
יא בַּלַּיְלָה הוּא׃ וַיִּשְׁלַח שָׁאוּל מַלְאָכִים אֶל־בֵּית
דָּוִד לְשָׁמְרוֹ וְלַהֲמִיתוֹ בַּבֹּקֶר וַתַּגֵּד לְדָוִד מִיכַל אִשְׁתּוֹ לֵאמֹר
יב אִם־אֵינְךָ מְמַלֵּט אֶת־נַפְשְׁךָ הַלַּיְלָה מָחָר אַתָּה מוּמָת׃ וַתֹּרֶד
יג מִיכַל אֶת־דָּוִד בְּעַד הַחַלּוֹן וַיֵּלֶךְ וַיִּבְרַח וַיִּמָּלֵט׃ וַתִּקַּח מִיכַל
אֶת־הַתְּרָפִים וַתָּשֶׂם אֶל־הַמִּטָּה וְאֵת כְּבִיר הָעִזִּים שָׂמָה
יד מְרַאֲשֹׁתָיו וַתְּכַס בַּבָּגֶד׃ וַיִּשְׁלַח שָׁאוּל מַלְאָכִים
טו לָקַחַת אֶת־דָּוִד וַתֹּאמֶר חֹלֶה הוּא׃ וַיִּשְׁלַח
שָׁאוּל אֶת־הַמַּלְאָכִים לִרְאוֹת אֶת־דָּוִד לֵאמֹר הַעֲלוּ אֹתוֹ
טז בַמִּטָּה אֵלַי לַהֲמִתוֹ׃ וַיָּבֹאוּ הַמַּלְאָכִים וְהִנֵּה הַתְּרָפִים אֶל־
יז הַמִּטָּה וּכְבִיר הָעִזִּים מְרַאֲשֹׁתָיו׃ וַיֹּאמֶר שָׁאוּל
אֶל־מִיכַל לָמָּה כָּכָה רִמִּיתִנִי וַתְּשַׁלְּחִי אֶת־אֹיְבִי וַיִּמָּלֵט
וַתֹּאמֶר מִיכַל אֶל־שָׁאוּל הוּא־אָמַר אֵלַי שַׁלְּחִנִי לָמָה אֲמִיתֵךְ׃
יח וְדָוִד בָּרַח וַיִּמָּלֵט וַיָּבֹא אֶל־שְׁמוּאֵל הָרָמָתָה וַיַּגֶּד־לוֹ אֵת כָּל־
יט אֲשֶׁר עָשָׂה־לוֹ שָׁאוּל וַיֵּלֶךְ הוּא וּשְׁמוּאֵל וַיֵּשְׁבוּ בנוית׃ וַיֻּגַּד [בְּנָיוֹת]
כ לְשָׁאוּל לֵאמֹר הִנֵּה דָוִד בנוית בָּרָמָה׃ וַיִּשְׁלַח שָׁאוּל מַלְאָכִים [בְּנָיוֹת]
לָקַחַת אֶת־דָּוִד וַיַּרְא אֶת־לַהֲקַת הַנְּבִיאִים נִבְּאִים וּשְׁמוּאֵל
עֹמֵד נִצָּב עֲלֵיהֶם וַתְּהִי עַל־מַלְאֲכֵי שָׁאוּל רוּחַ אֱלֹהִים
כא וַיִּתְנַבְּאוּ גַּם־הֵמָּה׃ וַיַּגִּדוּ לְשָׁאוּל וַיִּשְׁלַח מַלְאָכִים אֲחֵרִים
וַיִּתְנַבְּאוּ גַּם־הֵמָּה וַיֹּסֶף שָׁאוּל וַיִּשְׁלַח מַלְאָכִים שְׁלִשִׁים
כב וַיִּתְנַבְּאוּ גַּם־הֵמָּה׃ וַיֵּלֶךְ גַּם־הוּא הָרָמָתָה וַיָּבֹא עַד־בּוֹר
הַגָּדוֹל אֲשֶׁר בַּשֶּׂכוּ וַיִּשְׁאַל וַיֹּאמֶר אֵיפֹה שְׁמוּאֵל וְדָוִד וַיֹּאמֶר

כג הִנֵּה בנוית בָּרָמָה: וַיֵּלֶךְ שָׁם אֶל־נוית בָּרָמָה וַתְּהִי עָלָיו גַּם־ בְּנָיוֹת נָיוֹת
הוּא רוּחַ אֱלֹהִים וַיֵּלֶךְ הָלוֹךְ וַיִּתְנַבֵּא עַד־בֹּאוֹ בנוית בָּרָמָה: בְּנָיוֹת
כד וַיִּפְשַׁט גַּם־הוּא בְּגָדָיו וַיִּתְנַבֵּא גַם־הוּא לִפְנֵי שְׁמוּאֵל וַיִּפֹּל
עָרֹם כָּל־הַיּוֹם הַהוּא וְכָל־הַלָּיְלָה עַל־כֵּן יֹאמְרוּ הֲגַם שָׁאוּל
כ א בַּנְּבִיאִם: וַיִּבְרַח דָּוִד מנוית בָּרָמָה וַיָּבֹא וַיֹּאמֶר ׀ מִנָּיוֹת
לִפְנֵי יְהוֹנָתָן מֶה עָשִׂיתִי מֶה־עֲוֺנִי וּמֶה־חַטָּאתִי לִפְנֵי אָבִיךָ כִּי
ב מְבַקֵּשׁ אֶת־נַפְשִׁי: וַיֹּאמֶר לוֹ חָלִילָה לֹא תָמוּת הִנֵּה לו־עשה לֹא־יַעֲשֶׂה
אָבִי דָּבָר גָּדוֹל אוֹ דָּבָר קָטֹן וְלֹא יִגְלֶה אֶת־אָזְנִי וּמַדּוּעַ יַסְתִּיר
ג אָבִי מִמֶּנִּי אֶת־הַדָּבָר הַזֶּה אֵין זֹאת: וַיִּשָּׁבַע עוֹד דָּוִד וַיֹּאמֶר
יָדֹעַ יָדַע אָבִיךָ כִּי־מָצָאתִי חֵן בְּעֵינֶיךָ וַיֹּאמֶר אַל־יֵדַע־זֹאת
יְהוֹנָתָן פֶּן־יֵעָצֵב וְאוּלָם חַי־יְהוָה וְחֵי נַפְשֶׁךָ כִּי כְפֶשַׂע בֵּינִי וּבֵין
ד הַמָּוֶת: וַיֹּאמֶר יְהוֹנָתָן אֶל־דָּוִד מַה־תֹּאמַר נַפְשְׁךָ וְאֶעֱשֶׂה־ יג
ה לָּךְ: וַיֹּאמֶר דָּוִד אֶל־יְהוֹנָתָן הִנֵּה־חֹדֶשׁ מָחָר
וְאָנֹכִי יָשֹׁב־אֵשֵׁב עִם־הַמֶּלֶךְ לֶאֱכוֹל וְשִׁלַּחְתַּנִי וְנִסְתַּרְתִּי בַשָּׂדֶה
ו עַד הָעֶרֶב הַשְּׁלִשִׁית: אִם־פָּקֹד יִפְקְדֵנִי אָבִיךָ וְאָמַרְתָּ נִשְׁאֹל
נִשְׁאַל מִמֶּנִּי דָוִד לָרוּץ בֵּית־לֶחֶם עִירוֹ כִּי זֶבַח הַיָּמִים שָׁם לְכָל־
ז הַמִּשְׁפָּחָה: אִם־כֹּה יֹאמַר טוֹב שָׁלוֹם לְעַבְדֶּךָ וְאִם־חָרֹה יֶחֱרֶה
ח לוֹ דַּע כִּי־כָלְתָה הָרָעָה מֵעִמּוֹ: וְעָשִׂיתָ חֶסֶד עַל־עַבְדֶּךָ כִּי
בִּבְרִית יְהוָה הֵבֵאתָ אֶת־עַבְדְּךָ עִמָּךְ וְאִם־יֶשׁ־בִּי עָוֺן הֲמִיתֵנִי
ט אַתָּה וְעַד־אָבִיךָ לָמָּה־זֶּה תְבִיאֵנִי: וַיֹּאמֶר
יְהוֹנָתָן חָלִילָה לָּךְ כִּי ׀ אִם־יָדֹעַ אֵדַע כִּי־כָלְתָה הָרָעָה מֵעִם
י אָבִי לָבוֹא עָלֶיךָ וְלֹא אֹתָהּ אַגִּיד לָךְ: וַיֹּאמֶר
דָּוִד אֶל־יְהוֹנָתָן מִי יַגִּיד לִי אוֹ מַה־יַּעַנְךָ אָבִיךָ קָשָׁה:
יא וַיֹּאמֶר יְהוֹנָתָן אֶל־דָּוִד לְכָה וְנֵצֵא הַשָּׂדֶה וַיֵּצְאוּ שְׁנֵיהֶם
יב הַשָּׂדֶה: וַיֹּאמֶר יְהוֹנָתָן אֶל־דָּוִד יְהוָה אֱלֹהֵי
יִשְׂרָאֵל כִּי־אֶחְקֹר אֶת־אָבִי כָּעֵת ׀ מָחָר הַשְּׁלִשִׁית וְהִנֵּה־טוֹב
יג אֶל־דָּוִד וְלֹא־אָז אֶשְׁלַח אֵלֶיךָ וְגָלִיתִי אֶת־אָזְנֶךָ: כֹּה־יַעֲשֶׂה

יְהוָה לִיהוֹנָתָן וְכֹה יֹסִיף כִּי־יֵיטִב אֶל־אָבִי אֶת־הָרָעָה עָלֶיךָ
וְגָלִיתִי אֶת־אָזְנֶךָ וְשִׁלַּחְתִּיךָ וְהָלַכְתָּ לְשָׁלוֹם וִיהִי יְהוָה עִמָּךְ
יד כַּאֲשֶׁר הָיָה עִם־אָבִי: וְלֹא אִם־עוֹדֶנִּי חָי וְלֹא־תַעֲשֶׂה עִמָּדִי
טו חֶסֶד יְהוָה וְלֹא אָמוּת: וְלֹא־תַכְרִית אֶת־חַסְדְּךָ מֵעִם בֵּיתִי
עַד־עוֹלָם וְלֹא בְּהַכְרִת יְהוָה אֶת־אֹיְבֵי דָוִד אִישׁ מֵעַל פְּנֵי
טז הָאֲדָמָה: וַיִּכְרֹת יְהוֹנָתָן עִם־בֵּית דָּוִד וּבִקֵּשׁ יְהוָה מִיַּד אֹיְבֵי
יז דָוִד: וַיּוֹסֶף יְהוֹנָתָן לְהַשְׁבִּיעַ אֶת־דָּוִד בְּאַהֲבָתוֹ אֹתוֹ כִּי־
יח אַהֲבַת נַפְשׁוֹ אֲהֵבוֹ: וַיֹּאמֶר־לוֹ יְהוֹנָתָן מָחָר
יט חֹדֶשׁ וְנִפְקַדְתָּ כִּי יִפָּקֵד מוֹשָׁבֶךָ: וְשִׁלַּשְׁתָּ תֵּרֵד מְאֹד וּבָאתָ
אֶל־הַמָּקוֹם אֲשֶׁר־נִסְתַּרְתָּ שָּׁם בְּיוֹם הַמַּעֲשֶׂה וְיָשַׁבְתָּ אֵצֶל
כ הָאֶבֶן הָאָזֶל: וַאֲנִי שְׁלֹשֶׁת הַחִצִּים צִדָּה אוֹרֶה לְשַׁלַּח־לִי
כא לְמַטָּרָה: וְהִנֵּה אֶשְׁלַח אֶת־הַנַּעַר לֵךְ מְצָא אֶת־הַחִצִּים אִם־
אָמֹר אֹמַר לַנַּעַר הִנֵּה הַחִצִּים ׀ מִמְּךָ וָהֵנָּה קָחֶנּוּ וָבֹאָה כִּי־
כב שָׁלוֹם לְךָ וְאֵין דָּבָר חַי־יְהוָה: וְאִם־כֹּה אֹמַר לָעֶלֶם הִנֵּה הַחִצִּים
כג מִמְּךָ וָהָלְאָה לֵךְ כִּי שִׁלַּחֲךָ יְהוָה: וְהַדָּבָר אֲשֶׁר דִּבַּרְנוּ אֲנִי
כד וָאָתָּה הִנֵּה יְהוָה בֵּינִי וּבֵינְךָ עַד־עוֹלָם: וַיִּסָּתֵר
כה דָּוִד בַּשָּׂדֶה וַיְהִי הַחֹדֶשׁ וַיֵּשֶׁב הַמֶּלֶךְ עַל־הַלֶּחֶם לֶאֱכוֹל: וַיֵּשֶׁב אֶל־
הַמֶּלֶךְ עַל־מוֹשָׁבוֹ כְּפַעַם ׀ בְּפַעַם אֶל־מוֹשַׁב הַקִּיר וַיָּקָם יְהוֹנָתָן
כו וַיֵּשֶׁב אַבְנֵר מִצַּד שָׁאוּל וַיִּפָּקֵד מְקוֹם דָּוִד: וְלֹא־דִבֶּר שָׁאוּל
מְאוּמָה בַּיּוֹם הַהוּא כִּי אָמַר מִקְרֶה הוּא בִּלְתִּי טָהוֹר הוּא כִּי־
כז לֹא טָהוֹר: וַיְהִי מִמָּחֳרַת הַחֹדֶשׁ הַשֵּׁנִי וַיִּפָּקֵד
מְקוֹם דָּוִד וַיֹּאמֶר שָׁאוּל אֶל־יְהוֹנָתָן בְּנוֹ מַדּוּעַ לֹא־בָא בֶן־יִשַׁי
כח גַּם־תְּמוֹל גַּם־הַיּוֹם אֶל־הַלָּחֶם: וַיַּעַן יְהוֹנָתָן אֶת־שָׁאוּל נִשְׁאֹל
כט נִשְׁאַל דָּוִד מֵעִמָּדִי עַד־בֵּית לָחֶם: וַיֹּאמֶר שַׁלְּחֵנִי נָא כִּי זֶבַח
מִשְׁפָּחָה לָנוּ בָּעִיר וְהוּא צִוָּה־לִי אָחִי וְעַתָּה אִם־מָצָאתִי חֵן
בְּעֵינֶיךָ אִמָּלְטָה נָּא וְאֶרְאֶה אֶת־אֶחָי עַל־כֵּן לֹא־בָא אֶל־
ל שֻׁלְחַן הַמֶּלֶךְ: וַיִּחַר־אַף שָׁאוּל בִּיהוֹנָתָן וַיֹּאמֶר

לוֹ בֶּן־נַעֲוַת הַמַּרְדּוּת הֲלוֹא יָדַעְתִּי כִּי־בֹחֵר אַתָּה לְבֶן־יִשַׁי
לא לְבָשְׁתְּךָ וּלְבֹשֶׁת עֶרְוַת אִמֶּךָ׃ כִּי כָל־הַיָּמִים אֲשֶׁר בֶּן־יִשַׁי חַי
עַל־הָאֲדָמָה לֹא תִכּוֹן אַתָּה וּמַלְכוּתֶךָ וְעַתָּה שְׁלַח וְקַח אֹתוֹ
לב אֵלַי כִּי בֶן־מָוֶת הוּא׃ וַיַּעַן יְהוֹנָתָן אֶת־שָׁאוּל
לג אָבִיו וַיֹּאמֶר אֵלָיו לָמָּה יוּמַת מֶה עָשָׂה׃ וַיָּטֶל שָׁאוּל אֶת־
הַחֲנִית עָלָיו לְהַכֹּתוֹ וַיֵּדַע יְהוֹנָתָן כִּי־כָלָה הִיא מֵעִם אָבִיו
לד לְהָמִית אֶת־דָּוִד׃ וַיָּקָם יְהוֹנָתָן מֵעִם הַשֻּׁלְחָן
בָּחֳרִי־אָף וְלֹא־אָכַל בְּיוֹם־הַחֹדֶשׁ הַשֵּׁנִי לֶחֶם כִּי נֶעְצַב
לה אֶל־דָּוִד כִּי הִכְלִמוֹ אָבִיו׃ וַיְהִי בַבֹּקֶר וַיֵּצֵא
לו יְהוֹנָתָן הַשָּׂדֶה לְמוֹעֵד דָּוִד וְנַעַר קָטֹן עִמּוֹ׃ וַיֹּאמֶר לְנַעֲרוֹ רֻץ
מְצָא־נָא אֶת־הַחִצִּים אֲשֶׁר אָנֹכִי מוֹרֶה הַנַּעַר רָץ וְהוּא־יָרָה
לז הַחֵצִי לְהַעֲבִרוֹ׃ וַיָּבֹא הַנַּעַר עַד־מְקוֹם הַחֵצִי אֲשֶׁר יָרָה יְהוֹנָתָן
וַיִּקְרָא יְהוֹנָתָן אַחֲרֵי הַנַּעַר וַיֹּאמֶר הֲלוֹא הַחֵצִי מִמְּךָ וָהָלְאָה׃
לח וַיִּקְרָא יְהוֹנָתָן אַחֲרֵי הַנַּעַר מְהֵרָה חוּשָׁה אַל־תַּעֲמֹד וַיְלַקֵּט
לט נַעַר יְהוֹנָתָן אֶת־הַחִצִּי וַיָּבֹא אֶל־אֲדֹנָיו׃ וְהַנַּעַר לֹא־יָדַע הַחִצִּים
מ מְאוּמָה אַךְ יְהוֹנָתָן וְדָוִד יָדְעוּ אֶת־הַדָּבָר׃ וַיִּתֵּן יְהוֹנָתָן אֶת־
מא כֵּלָיו אֶל־הַנַּעַר אֲשֶׁר־לוֹ וַיֹּאמֶר לוֹ לֵךְ הָבֵיא הָעִיר׃ הַנַּעַר
בָּא וְדָוִד קָם מֵאֵצֶל הַנֶּגֶב וַיִּפֹּל לְאַפָּיו אַרְצָה וַיִּשְׁתַּחוּ שָׁלֹשׁ
פְּעָמִים וַיִּשְּׁקוּ ׀ אִישׁ אֶת־רֵעֵהוּ וַיִּבְכּוּ אִישׁ אֶת־רֵעֵהוּ עַד־
מב דָּוִד הִגְדִּיל׃ וַיֹּאמֶר יְהוֹנָתָן לְדָוִד לֵךְ לְשָׁלוֹם אֲשֶׁר נִשְׁבַּעְנוּ יד
שְׁנֵינוּ אֲנַחְנוּ בְּשֵׁם יהוה לֵאמֹר יהוה יִהְיֶה ׀ בֵּינִי וּבֵינֶךָ וּבֵין
כא א זַרְעִי וּבֵין זַרְעֲךָ עַד־עוֹלָם׃ וַיָּקָם וַיֵּלַךְ וִיהוֹנָתָן
ב בָּא הָעִיר׃ וַיָּבֹא דָוִד נֹבֶה אֶל־אֲחִימֶלֶךְ הַכֹּהֵן וַיֶּחֱרַד אֲחִימֶלֶךְ
לִקְרַאת דָּוִד וַיֹּאמֶר לוֹ מַדּוּעַ אַתָּה לְבַדֶּךָ וְאִישׁ אֵין אִתָּךְ׃
ג וַיֹּאמֶר דָּוִד לַאֲחִימֶלֶךְ הַכֹּהֵן הַמֶּלֶךְ צִוַּנִי דָבָר וַיֹּאמֶר אֵלַי אִישׁ
אַל־יֵדַע מְאוּמָה אֶת־הַדָּבָר אֲשֶׁר־אָנֹכִי שֹׁלֵחֲךָ וַאֲשֶׁר צִוִּיתִךָ
ד וְאֶת־הַנְּעָרִים יוֹדַעְתִּי אֶל־מְקוֹם פְּלֹנִי אַלְמוֹנִי׃ וְעַתָּה מַה־יֵּשׁ

ה תַּחַת־יָדְךָ חֲמִשָּׁה־לֶחֶם תְּנָה בְיָדִי אוֹ הַנִּמְצָא: וַיַּעַן הַכֹּהֵן
אֶת־דָּוִד וַיֹּאמֶר אֵין־לֶחֶם חֹל אֶל־תַּחַת יָדִי כִּי־אִם־לֶחֶם קֹדֶשׁ
ו יֵשׁ אִם־נִשְׁמְרוּ הַנְּעָרִים אַךְ מֵאִשָּׁה: וַיַּעַן דָּוִד אֶת־
הַכֹּהֵן וַיֹּאמֶר לוֹ כִּי אִם־אִשָּׁה עֲצֻרָה־לָנוּ כִּתְמוֹל שִׁלְשֹׁם
בְּצֵאתִי וַיִּהְיוּ כְלֵי־הַנְּעָרִים קֹדֶשׁ וְהוּא דֶּרֶךְ חֹל וְאַף כִּי הַיּוֹם
ז יִקְדַּשׁ בַּכֶּלִי: וַיִּתֶּן־לוֹ הַכֹּהֵן קֹדֶשׁ כִּי לֹא־הָיָה שָׁם לֶחֶם כִּי־
אִם־לֶחֶם הַפָּנִים הַמּוּסָרִים מִלִּפְנֵי יְהוָה לָשׂוּם לֶחֶם חֹם בְּיוֹם
ח הִלָּקְחוֹ: וְשָׁם אִישׁ מֵעַבְדֵי שָׁאוּל בַּיּוֹם הַהוּא נֶעְצָר לִפְנֵי יְהוָה
ט וּשְׁמוֹ דֹּאֵג הָאֲדֹמִי אַבִּיר הָרֹעִים אֲשֶׁר לְשָׁאוּל: וַיֹּאמֶר
דָּוִד לַאֲחִימֶלֶךְ וְאִין יֶשׁ־פֹּה תַחַת־יָדְךָ חֲנִית אוֹ־חָרֶב כִּי
גַם־חַרְבִּי וְגַם־כֵּלַי לֹא־לָקַחְתִּי בְיָדִי כִּי־הָיָה דְבַר־הַמֶּלֶךְ
י נָחוּץ: וַיֹּאמֶר הַכֹּהֵן חֶרֶב גָּלְיָת הַפְּלִשְׁתִּי אֲשֶׁר־
הִכִּיתָ ׀ בְּעֵמֶק הָאֵלָה הִנֵּה־הִיא לוּטָה בַשִּׂמְלָה אַחֲרֵי
הָאֵפוֹד אִם־אֹתָהּ תִּקַּח־לְךָ קָח כִּי אֵין אַחֶרֶת זוּלָתָהּ
יא בָּזֶה וַיֹּאמֶר דָּוִד אֵין כָּמוֹהָ תְּנֶנָּה לִּי: וַיָּקָם דָּוִד
וַיִּבְרַח בַּיּוֹם־הַהוּא מִפְּנֵי שָׁאוּל וַיָּבֹא אֶל־אָכִישׁ מֶלֶךְ גַּת:
יב וַיֹּאמְרוּ עַבְדֵי אָכִישׁ אֵלָיו הֲלוֹא־זֶה דָוִד מֶלֶךְ הָאָרֶץ הֲלוֹא לָזֶה
יג יַעֲנוּ בַמְּחֹלוֹת לֵאמֹר הִכָּה שָׁאוּל בַּאֲלָפָו וְדָוִד בְּרִבְבֹתָו: וַיָּשֶׂם
דָּוִד אֶת־הַדְּבָרִים הָאֵלֶּה בִּלְבָבוֹ וַיִּרָא מְאֹד מִפְּנֵי אָכִישׁ מֶלֶךְ־
יד גַּת: וַיְשַׁנּוֹ אֶת־טַעְמוֹ בְּעֵינֵיהֶם וַיִּתְהֹלֵל בְּיָדָם וַיְתָו עַל־דַּלְתוֹת
טו הַשַּׁעַר וַיּוֹרֶד רִירוֹ אֶל־זְקָנוֹ: וַיֹּאמֶר אָכִישׁ אֶל־
טז עֲבָדָיו הִנֵּה תִרְאוּ אִישׁ מִשְׁתַּגֵּעַ לָמָּה תָּבִיאוּ אֹתוֹ אֵלָי: חֲסַר
מְשֻׁגָּעִים אָנִי כִּי־הֲבֵאתֶם אֶת־זֶה לְהִשְׁתַּגֵּעַ עָלָי הֲזֶה יָבוֹא
כב א אֶל־בֵּיתִי: וַיֵּלֶךְ דָּוִד מִשָּׁם וַיִּמָּלֵט אֶל־מְעָרַת
עֲדֻלָּם וַיִּשְׁמְעוּ אֶחָיו וְכָל־בֵּית אָבִיו וַיֵּרְדוּ אֵלָיו שָׁמָּה:
ב וַיִּתְקַבְּצוּ אֵלָיו כָּל־אִישׁ מָצוֹק וְכָל־אִישׁ אֲשֶׁר־לוֹ נֹשֶׁא וְכָל־
אִישׁ מַר־נֶפֶשׁ וַיְהִי עֲלֵיהֶם לְשָׂר וַיִּהְיוּ עִמּוֹ כְּאַרְבַּע מֵאוֹת

אִישׁ׃ וַיֵּלֶךְ דָּוִד מִשָּׁם מִצְפֵּה מוֹאָב וַיֹּאמֶר ׀ אֶל־מֶלֶךְ מוֹאָב ג
יֵצֵא־נָא אָבִי וְאִמִּי אִתְּכֶם עַד אֲשֶׁר אֵדַע מַה־יַּעֲשֶׂה־לִּי
אֱלֹהִים׃ וַיַּנְחֵם אֶת־פְּנֵי מֶלֶךְ מוֹאָב וַיֵּשְׁבוּ עִמּוֹ כָּל־יְמֵי הֱיוֹת־ ד
דָּוִד בַּמְּצוּדָה׃ וַיֹּאמֶר גָּד הַנָּבִיא אֶל־דָּוִד לֹא ה
תֵשֵׁב בַּמְּצוּדָה לֵךְ וּבָאתָ־לְּךָ אֶרֶץ יְהוּדָה וַיֵּלֶךְ דָּוִד וַיָּבֹא יַעַר
חָרֶת׃ וַיִּשְׁמַע שָׁאוּל כִּי נוֹדַע דָּוִד וַאֲנָשִׁים אֲשֶׁר ו
אִתּוֹ וְשָׁאוּל יוֹשֵׁב בַּגִּבְעָה תַּחַת־הָאֶשֶׁל בָּרָמָה וַחֲנִיתוֹ בְיָדוֹ
וְכָל־עֲבָדָיו נִצָּבִים עָלָיו׃ וַיֹּאמֶר שָׁאוּל לַעֲבָדָיו הַנִּצָּבִים עָלָיו ז
שִׁמְעוּ־נָא בְּנֵי יְמִינִי גַּם־לְכֻלְּכֶם יִתֵּן בֶּן־יִשַׁי שָׂדוֹת וּכְרָמִים
לְכֻלְּכֶם יָשִׂים שָׂרֵי אֲלָפִים וְשָׂרֵי מֵאוֹת׃ כִּי קְשַׁרְתֶּם כֻּלְּכֶם ח
עָלַי וְאֵין־גֹּלֶה אֶת־אָזְנִי בִּכְרָת־בְּנִי עִם־בֶּן־יִשַׁי וְאֵין־חֹלֶה
מִכֶּם עָלַי וְגֹלֶה אֶת־אָזְנִי כִּי הֵקִים בְּנִי אֶת־עַבְדִּי עָלַי
לְאֹרֵב כַּיּוֹם הַזֶּה׃ וַיַּעַן דֹּאֵג הָאֲדֹמִי וְהוּא נִצָּב ט
עַל־עַבְדֵי־שָׁאוּל וַיֹּאמַר רָאִיתִי אֶת־בֶּן־יִשַׁי בָּא נֹבֶה אֶל־
אֲחִימֶלֶךְ בֶּן־אֲחִטוּב׃ וַיִּשְׁאַל־לוֹ בַּיהוה וְצֵידָה נָתַן לוֹ וְאֵת י
חֶרֶב גָּלְיָת הַפְּלִשְׁתִּי נָתַן לוֹ׃ וַיִּשְׁלַח הַמֶּלֶךְ לִקְרֹא אֶת־ יא
אֲחִימֶלֶךְ בֶּן־אֲחִיטוּב הַכֹּהֵן וְאֵת כָּל־בֵּית אָבִיו הַכֹּהֲנִים אֲשֶׁר
בְּנֹב וַיָּבֹאוּ כֻלָּם אֶל־הַמֶּלֶךְ׃ וַיֹּאמֶר שָׁאוּל יב
שְׁמַע־נָא בֶּן־אֲחִיטוּב וַיֹּאמֶר הִנְנִי אֲדֹנִי׃ וַיֹּאמֶר אֵלָו שָׁאוּל יג
לָמָּה קְשַׁרְתֶּם עָלַי אַתָּה וּבֶן־יִשָׁי בְּתִתְּךָ לוֹ לֶחֶם וְחֶרֶב וְשָׁאוֹל
לוֹ בֵּאלֹהִים לָקוּם אֵלַי לְאֹרֵב כַּיּוֹם הַזֶּה׃ וַיַּעַן יד
אֲחִימֶלֶךְ אֶת־הַמֶּלֶךְ וַיֹּאמַר וּמִי בְכָל־עֲבָדֶיךָ כְּדָוִד נֶאֱמָן
וַחֲתַן הַמֶּלֶךְ וְסָר אֶל־מִשְׁמַעְתֶּךָ וְנִכְבָּד בְּבֵיתֶךָ׃ הַיּוֹם הַחִלֹּתִי טו
לִשְׁאָל־ לשאול־לוֹ בֵאלֹהִים חָלִילָה לִּי אַל־יָשֵׂם הַמֶּלֶךְ בְּעַבְדּוֹ דָבָר
בְּכָל־בֵּית אָבִי כִּי לֹא־יָדַע עַבְדְּךָ בְּכָל־זֹאת דָּבָר קָטֹן אוֹ גָדוֹל׃
וַיֹּאמֶר הַמֶּלֶךְ מוֹת תָּמוּת אֲחִימֶלֶךְ אַתָּה וְכָל־בֵּית אָבִיךָ׃ טז
וַיֹּאמֶר הַמֶּלֶךְ לָרָצִים הַנִּצָּבִים עָלָיו סֹבּוּ וְהָמִיתוּ ׀ כֹּהֲנֵי יהוה יז

כִּי גַם־יָדָם עִם־דָּוִד וְכִי יָדְעוּ כִּי־בֹרֵחַ הוּא וְלֹא גָלוּ אֶת־
אזנו וְלֹא־אָבוּ עַבְדֵי הַמֶּלֶךְ לִשְׁלֹחַ אֶת־יָדָם לִפְגֹעַ בְּכֹהֲנֵי אָזְנִי
יח יְהוָה: וַיֹּאמֶר הַמֶּלֶךְ לדויג סֹב אַתָּה וּפְגַע לְדוֹאֵג
בַּכֹּהֲנִים וַיִּסֹּב דויג הָאֲדֹמִי וַיִּפְגַּע־הוּא בַּכֹּהֲנִים וַיָּמֶת ׀ בַּיּוֹם דּוֹאֵג
יט הַהוּא שְׁמֹנִים וַחֲמִשָּׁה אִישׁ נֹשֵׂא אֵפוֹד בָּד: וְאֵת נֹב עִיר־
הַכֹּהֲנִים הִכָּה לְפִי־חֶרֶב מֵאִישׁ וְעַד־אִשָּׁה מֵעוֹלֵל וְעַד־יוֹנֵק
כ וְשׁוֹר וַחֲמוֹר וָשֶׂה לְפִי־חָרֶב: וַיִּמָּלֵט בֵּן־אֶחָד לַאֲחִימֶלֶךְ בֶּן־
כא אֲחִטוּב וּשְׁמוֹ אֶבְיָתָר וַיִּבְרַח אַחֲרֵי דָוִד: וַיַּגֵּד אֶבְיָתָר לְדָוִד
כב כִּי הָרַג שָׁאוּל אֵת כֹּהֲנֵי יְהוָה: וַיֹּאמֶר דָּוִד לְאֶבְיָתָר יָדַעְתִּי
בַּיּוֹם הַהוּא כִּי־שָׁם דויג הָאֲדֹמִי כִּי־הַגֵּד יַגִּיד לְשָׁאוּל אָנֹכִי דּוֹאֵג
כג סַבֹּתִי בְּכָל־נֶפֶשׁ בֵּית אָבִיךָ: שְׁבָה אִתִּי אַל־תִּירָא כִּי אֲשֶׁר־
יְבַקֵּשׁ אֶת־נַפְשִׁי יְבַקֵּשׁ אֶת־נַפְשֶׁךָ כִּי־מִשְׁמֶרֶת אַתָּה עִמָּדִי:
כג א וַיַּגִּדוּ לְדָוִד לֵאמֹר הִנֵּה פְלִשְׁתִּים נִלְחָמִים בִּקְעִילָה וְהֵמָּה
ב שֹׁסִים אֶת־הַגְּרָנוֹת: וַיִּשְׁאַל דָּוִד בַּיהוָה לֵאמֹר הַאֵלֵךְ וְהִכֵּיתִי
בַּפְּלִשְׁתִּים הָאֵלֶּה וַיֹּאמֶר יְהוָה אֶל־דָּוִד לֵךְ
ג וְהִכִּיתָ בַפְּלִשְׁתִּים וְהוֹשַׁעְתָּ אֶת־קְעִילָה: וַיֹּאמְרוּ אַנְשֵׁי דָוִד
אֵלָיו הִנֵּה אֲנַחְנוּ פֹה בִּיהוּדָה יְרֵאִים וְאַף כִּי־נֵלֵךְ קְעִלָה אֶל־
ד מַעַרְכוֹת פְּלִשְׁתִּים: וַיּוֹסֶף עוֹד דָּוִד לִשְׁאוֹל טו
בַּיהוָה וַיַּעֲנֵהוּ יְהוָה וַיֹּאמֶר קוּם רֵד קְעִילָה כִּי־
ה אֲנִי נֹתֵן אֶת־פְּלִשְׁתִּים בְּיָדֶךָ: וַיֵּלֶךְ דָּוִד ואנשו קְעִילָה וַיִּלָּחֶם
בַּפְּלִשְׁתִּים וַיִּנְהַג אֶת־מִקְנֵיהֶם וַיַּךְ בָּהֶם מַכָּה גְדוֹלָה וַיֹּשַׁע
ו דָּוִד אֵת יֹשְׁבֵי קְעִילָה: וַיְהִי בִּבְרֹחַ אֶבְיָתָר בֶּן־
ז אֲחִימֶלֶךְ אֶל־דָּוִד קְעִילָה אֵפוֹד יָרַד בְּיָדוֹ: וַיֻּגַּד לְשָׁאוּל כִּי־בָא
דָוִד קְעִילָה וַיֹּאמֶר שָׁאוּל נִכַּר אֹתוֹ אֱלֹהִים בְּיָדִי כִּי נִסְגַּר
ח לָבוֹא בְּעִיר דְּלָתַיִם וּבְרִיחַ: וַיְשַׁמַּע שָׁאוּל אֶת־כָּל־הָעָם
ט לַמִּלְחָמָה לָרֶדֶת קְעִילָה לָצוּר אֶל־דָּוִד וְאֶל־אֲנָשָׁיו: וַיֵּדַע דָּוִד
כִּי עָלָיו שָׁאוּל מַחֲרִישׁ הָרָעָה וַיֹּאמֶר אֶל־אֶבְיָתָר הַכֹּהֵן

הַגִּישָׁה הָאֵפֽוֹד: וַיֹּ֣אמֶר דָּוִ֗ד יְהֹוָה֙ אֱלֹהֵ֣י יִשְׂרָאֵ֔ל
שָׁמֹ֤עַ שָׁמַע֙ עַבְדְּךָ֔ כִּֽי־מְבַקֵּ֥שׁ שָׁא֖וּל לָב֣וֹא אֶל־קְעִילָ֑ה
לְשַׁחֵ֥ת לָעִ֖יר בַּעֲבוּרִֽי: הֲיַסְגִּרֻ֣נִי בַעֲלֵי֩ קְעִילָ֨ה בְיָד֜וֹ הֲיֵרֵ֣ד יא
שָׁא֗וּל כַּאֲשֶׁר֙ שָׁמַ֣ע עַבְדֶּ֔ךָ יְהֹוָה֙ אֱלֹהֵ֣י יִשְׂרָאֵ֔ל הַגֶּד־נָ֖א
לְעַבְדֶּ֑ךָ וַיֹּ֥אמֶר יְהֹוָ֖ה יֵרֵֽד: וַיֹּ֣אמֶר דָּוִ֗ד הֲיַסְגִּ֜רוּ יב
בַּעֲלֵ֧י קְעִילָ֛ה אֹתִ֥י וְאֶת־אֲנָשַׁ֖י בְּיַד־שָׁא֑וּל וַיֹּ֥אמֶר יְהֹוָ֖ה
יַסְגִּֽירוּ: וַיָּ֣קׇם דָּוִ֣ד וַאֲנָשָׁ֗יו כְּשֵׁשׁ־מֵא֣וֹת אִ֗ישׁ יג
וַיֵּצְאוּ֙ מִקְּעִלָ֔ה וַיִּֽתְהַלְּכ֖וּ בַּאֲשֶׁ֣ר יִתְהַלָּ֑כוּ וּלְשָׁא֣וּל הֻגַּ֗ד כִּֽי־נִמְלַ֤ט
דָּוִד֙ מִקְּעִילָ֔ה וַיֶּחְדַּ֖ל לָצֵֽאת: וַיֵּ֨שֶׁב דָּוִ֤ד בַּמִּדְבָּר֙ בַּמְּצָד֔וֹת וַיֵּ֥שֶׁב יד
בָּהָ֖ר בְּמִדְבַּר־זִ֑יף וַיְבַקְשֵׁ֤הוּ שָׁאוּל֙ כׇּל־הַיָּמִ֔ים וְלֹא־נְתָנ֥וֹ אֱלֹהִ֖ים
בְּיָדֽוֹ: וַיַּ֣רְא דָוִ֔ד כִּֽי־יָצָ֥א שָׁא֖וּל לְבַקֵּ֣שׁ אֶת־נַפְשׁ֑וֹ וְדָוִ֥ד בְּמִדְבַּר־ טו
זִ֖יף בַּחֹֽרְשָׁה: וַיָּ֨קׇם֙ יְהוֹנָתָ֣ן בֶּן־שָׁא֔וּל וַיֵּ֥לֶךְ אֶל־ טז
דָּוִ֖ד חֹ֑רְשָׁה וַיְחַזֵּ֥ק אֶת־יָד֖וֹ בֵּאלֹהִֽים: וַיֹּ֨אמֶר אֵלָ֜יו אַל־תִּירָ֗א יז
כִּ֣י לֹ֤א תִֽמְצָֽאֲךָ֙ יַ֚ד שָׁא֣וּל אָבִ֔י וְאַתָּה֙ תִּמְלֹ֣ךְ עַל־יִשְׂרָאֵ֔ל
וְאָנֹכִ֖י אֶֽהְיֶה־לְּךָ֣ לְמִשְׁנֶ֑ה וְגַם־שָׁא֥וּל אָבִ֖י יֹדֵ֥עַ כֵּֽן: וַיִּכְרְת֧וּ יח
שְׁנֵיהֶ֛ם בְּרִ֖ית לִפְנֵ֣י יְהֹוָ֑ה וַיֵּ֤שֶׁב דָּוִד֙ בַּחֹ֔רְשָׁה וִיהוֹנָתָ֖ן הָלַ֥ךְ
לְבֵיתֽוֹ: וַיַּעֲל֤וּ זִפִים֙ אֶל־שָׁא֔וּל הַגִּבְעָ֖תָה לֵאמֹ֑ר יט
הֲל֣וֹא דָ֠וִ֠ד מִסְתַּתֵּ֨ר עִמָּ֤נוּ בַמְּצָדוֹת֙ בַּחֹ֔רְשָׁה בְּגִבְעַת֙ הַֽחֲכִילָ֔ה
אֲשֶׁ֖ר מִימִ֥ין הַיְשִׁימֽוֹן: וְ֠עַתָּ֠ה לְכׇל־אַוַּ֨ת נַפְשְׁךָ֥ הַמֶּ֛לֶךְ לָרֶ֖דֶת כ
רֵ֑ד וְלָ֥נוּ הַסְגִּיר֖וֹ בְּיַ֥ד הַמֶּֽלֶךְ: וַיֹּ֣אמֶר שָׁא֔וּל בְּרוּכִ֥ים אַתֶּ֖ם כא
לַיהֹוָ֑ה כִּ֥י חֲמַלְתֶּ֖ם עָלָֽי: לְכוּ־נָ֞א הָכִ֣ינוּ ע֗וֹד וּדְע֤וּ וּרְאוּ֙ אֶת־ כב
מְקוֹמוֹ֙ אֲשֶׁ֣ר תִּֽהְיֶ֣ה רַגְל֔וֹ מִ֥י רָאָ֖הוּ שָׁ֑ם כִּ֚י אָמַ֣ר אֵלַ֔י עָר֥וֹם
יַעְרִ֖ם הֽוּא: וּרְא֣וּ וּדְע֗וּ מִכֹּ֤ל הַֽמַּחֲבֹאִים֙ אֲשֶׁ֣ר יִתְחַבֵּ֣א שָׁ֔ם כג
וְשַׁבְתֶּ֤ם אֵלַי֙ אֶל־נָכ֔וֹן וְהָלַכְתִּ֖י אִתְּכֶ֑ם וְהָיָה֙ אִם־יֶשְׁנ֣וֹ בָאָ֔רֶץ
וְחִפַּשְׂתִּ֣י אֹת֔וֹ בְּכֹ֖ל אַלְפֵ֥י יְהוּדָֽה: וַיָּק֛וּמוּ וַיֵּלְכ֥וּ זִ֖יפָה לִפְנֵ֣י כד
שָׁא֑וּל וְדָוִ֨ד וַאֲנָשָׁ֤יו בְּמִדְבַּ֣ר מָע֔וֹן בָּעֲרָבָ֖ה אֶ֥ל יְמִ֥ין הַיְשִׁימֽוֹן:
וַיֵּ֣לֶךְ שָׁא֡וּל וַאֲנָשָׁיו֙ לְבַקֵּ֔שׁ וַיַּגִּ֣דוּ לְדָוִ֔ד וַיֵּ֣רֶד הַסֶּ֔לַע וַיֵּ֖שֶׁב כה

בְּמִדְבַּר מָעוֹן וַיִּשְׁמַע שָׁאוּל וַיִּרְדֹּף אַחֲרֵי־דָוִד מִדְבַּר מָעוֹן׃
כו וַיֵּלֶךְ שָׁאוּל מִצַּד הָהָר מִזֶּה וְדָוִד וַאֲנָשָׁיו מִצַּד הָהָר מִזֶּה וַיְהִי
דָוִד נֶחְפָּז לָלֶכֶת מִפְּנֵי שָׁאוּל וְשָׁאוּל וַאֲנָשָׁיו עֹטְרִים אֶל־דָּוִד
כז וְאֶל־אֲנָשָׁיו לְתָפְשָׂם׃ וּמַלְאָךְ בָּא אֶל־שָׁאוּל לֵאמֹר מַהֲרָה
כח וְלֵכָה כִּי־פָשְׁטוּ פְלִשְׁתִּים עַל־הָאָרֶץ׃ וַיָּשָׁב שָׁאוּל מִרְדֹף
אַחֲרֵי דָוִד וַיֵּלֶךְ לִקְרַאת פְּלִשְׁתִּים עַל־כֵּן קָרְאוּ לַמָּקוֹם
כט הַהוּא סֶלַע הַמַּחְלְקוֹת׃ וַיַּעַל דָּוִד מִשָּׁם וַיֵּשֶׁב בִּמְצָדוֹת עֵין־
כד א גֶּדִי׃ וַיְהִי כַּאֲשֶׁר שָׁב שָׁאוּל מֵאַחֲרֵי פְּלִשְׁתִּים
ב וַיַּגִּדוּ לוֹ לֵאמֹר הִנֵּה דָוִד בְּמִדְבַּר עֵין גֶּדִי׃ וַיִּקַּח
שָׁאוּל שְׁלֹשֶׁת אֲלָפִים אִישׁ בָּחוּר מִכָּל־יִשְׂרָאֵל וַיֵּלֶךְ לְבַקֵּשׁ
ג אֶת־דָּוִד וַאֲנָשָׁיו עַל־פְּנֵי צוּרֵי הַיְּעֵלִים׃ וַיָּבֹא אֶל־גִּדְרוֹת הַצֹּאן
עַל־הַדֶּרֶךְ וְשָׁם מְעָרָה וַיָּבֹא שָׁאוּל לְהָסֵךְ אֶת־רַגְלָיו וְדָוִד
ד וַאֲנָשָׁיו בְּיַרְכְּתֵי הַמְּעָרָה יֹשְׁבִים׃ וַיֹּאמְרוּ אַנְשֵׁי דָוִד אֵלָיו הִנֵּה
הַיּוֹם אֲשֶׁר־אָמַר יְהוָה אֵלֶיךָ הִנֵּה אָנֹכִי נֹתֵן אֶת־איביך בְּיָדֶךָ אֹיִבְךָ
וְעָשִׂיתָ לּוֹ כַּאֲשֶׁר יִטַב בְּעֵינֶיךָ וַיָּקָם דָּוִד וַיִּכְרֹת אֶת־כְּנַף־
ה הַמְּעִיל אֲשֶׁר־לְשָׁאוּל בַּלָּט׃ וַיְהִי אַחֲרֵי־כֵן וַיַּךְ לֵב־דָּוִד אֹתוֹ
ו עַל אֲשֶׁר כָּרַת אֶת־כָּנָף אֲשֶׁר לְשָׁאוּל׃ וַיֹּאמֶר לַאֲנָשָׁיו חָלִילָה
לִּי מֵיְהוָה אִם־אֶעֱשֶׂה אֶת־הַדָּבָר הַזֶּה לַאדֹנִי לִמְשִׁיחַ יְהוָה
ז לִשְׁלֹחַ יָדִי בּוֹ כִּי־מְשִׁיחַ יְהוָה הוּא׃ וַיְשַׁסַּע דָּוִד אֶת־אֲנָשָׁיו
בַּדְּבָרִים וְלֹא נְתָנָם לָקוּם אֶל־שָׁאוּל וְשָׁאוּל קָם מֵהַמְּעָרָה
ח וַיֵּלֶךְ בַּדָּרֶךְ׃ וַיָּקָם דָּוִד אַחֲרֵי־כֵן וַיֵּצֵא מן המערה מֵהַמְּעָרָה
וַיִּקְרָא אַחֲרֵי־שָׁאוּל לֵאמֹר אֲדֹנִי הַמֶּלֶךְ וַיַּבֵּט שָׁאוּל אַחֲרָיו
ט וַיִּקֹּד דָּוִד אַפַּיִם אַרְצָה וַיִּשְׁתָּחוּ׃ וַיֹּאמֶר דָּוִד לְשָׁאוּל לָמָּה
י תִשְׁמַע אֶת־דִּבְרֵי אָדָם לֵאמֹר הִנֵּה דָוִד מְבַקֵּשׁ רָעָתֶךָ׃ הִנֵּה
הַיּוֹם הַזֶּה רָאוּ עֵינֶיךָ אֵת אֲשֶׁר־נְתָנְךָ יְהוָה ׀ הַיּוֹם ׀ בְּיָדִי
בַּמְּעָרָה וְאָמַר לַהֲרָגְךָ וַתָּחָס עָלֶיךָ וָאֹמַר לֹא־אֶשְׁלַח יָדִי בַּאדֹנִי
יא כִּי־מְשִׁיחַ יְהוָה הוּא׃ וְאָבִי רְאֵה גַּם רְאֵה אֶת־כְּנַף מְעִילְךָ בְּיָדִי

כִּי בְּכָרְתִי אֶת־כְּנַף מְעִילְךָ וְלֹא הֲרַגְתִּיךָ דַּע וּרְאֵה כִּי אֵין בְּיָדִי
רָעָה וָפֶשַׁע וְלֹא־חָטָאתִי לָךְ וְאַתָּה צֹדֶה אֶת־נַפְשִׁי לְקַחְתָּהּ׃
יב יִשְׁפֹּט יהוה בֵּינִי וּבֵינֶךָ וּנְקָמַנִי יהוה מִמֶּךָּ וְיָדִי לֹא תִהְיֶה־בָּךְ׃
יג כַּאֲשֶׁר יֹאמַר מְשַׁל הַקַּדְמֹנִי מֵרְשָׁעִים יֵצֵא רֶשַׁע וְיָדִי לֹא
יד תִהְיֶה־בָּךְ׃ אַחֲרֵי מִי יָצָא מֶלֶךְ יִשְׂרָאֵל אַחֲרֵי מִי אַתָּה רֹדֵף
טו אַחֲרֵי כֶּלֶב מֵת אַחֲרֵי פַּרְעֹשׁ אֶחָד׃ וְהָיָה יהוה לְדַיָּן וְשָׁפַט בֵּינִי
טז וּבֵינֶךָ וְיֵרֶא וְיָרֵב אֶת־רִיבִי וְיִשְׁפְּטֵנִי מִיָּדֶךָ׃ וַיְהִי ׀
כְּכַלּוֹת דָּוִד לְדַבֵּר אֶת־הַדְּבָרִים הָאֵלֶּה אֶל־שָׁאוּל וַיֹּאמֶר
יז שָׁאוּל הֲקֹלְךָ זֶה בְּנִי דָוִד וַיִּשָּׂא שָׁאוּל קֹלוֹ וַיֵּבְךְּ׃ וַיֹּאמֶר אֶל־
דָּוִד צַדִּיק אַתָּה מִמֶּנִּי כִּי אַתָּה גְּמַלְתַּנִי הַטּוֹבָה וַאֲנִי גְּמַלְתִּיךָ
יח הָרָעָה׃ וְאַתְּ הִגַּדְתָּ הַיּוֹם אֵת אֲשֶׁר־עָשִׂיתָה אִתִּי טוֹבָה אֵת
יט אֲשֶׁר סִגְּרַנִי יהוה בְּיָדְךָ וְלֹא הֲרַגְתָּנִי׃ וְכִי־יִמְצָא אִישׁ אֶת־
אֹיְבוֹ וְשִׁלְּחוֹ בְּדֶרֶךְ טוֹבָה וַיהוה יְשַׁלֶּמְךָ טוֹבָה תַּחַת הַיּוֹם הַזֶּה
כ אֲשֶׁר עָשִׂיתָה לִי׃ וְעַתָּה הִנֵּה יָדַעְתִּי כִּי מָלֹךְ תִּמְלוֹךְ וְקָמָה טז
כא בְּיָדְךָ מַמְלֶכֶת יִשְׂרָאֵל׃ וְעַתָּה הִשָּׁבְעָה לִּי בַּיהוה אִם־תַּכְרִית
כב אֶת־זַרְעִי אַחֲרָי וְאִם־תַּשְׁמִיד אֶת־שְׁמִי מִבֵּית אָבִי׃ וַיִּשָּׁבַע
דָּוִד לְשָׁאוּל וַיֵּלֶךְ שָׁאוּל אֶל־בֵּיתוֹ וְדָוִד וַאֲנָשָׁיו עָלוּ עַל־
כה א הַמְּצוּדָה׃ וַיָּמָת שְׁמוּאֵל וַיִּקָּבְצוּ כָל־יִשְׂרָאֵל
וַיִּסְפְּדוּ־לוֹ וַיִּקְבְּרֻהוּ בְּבֵיתוֹ בָּרָמָה וַיָּקָם דָּוִד וַיֵּרֶד אֶל־מִדְבַּר
ב פָּארָן׃ וְאִישׁ בְּמָעוֹן וּמַעֲשֵׂהוּ בַכַּרְמֶל וְהָאִישׁ
גָּדוֹל מְאֹד וְלוֹ צֹאן שְׁלֹשֶׁת־אֲלָפִים וְאֶלֶף עִזִּים וַיְהִי בִּגְזֹז אֶת־
ג צֹאנוֹ בַּכַּרְמֶל׃ וְשֵׁם הָאִישׁ נָבָל וְשֵׁם אִשְׁתּוֹ אֲבִגָיִל וְהָאִשָּׁה
טוֹבַת־שֶׂכֶל וִיפַת תֹּאַר וְהָאִישׁ קָשֶׁה וְרַע מַעֲלָלִים וְהוּא
ד ה כלבו׃ וַיִּשְׁמַע דָּוִד בַּמִּדְבָּר כִּי־גֹזֵז נָבָל אֶת־צֹאנוֹ׃ וַיִּשְׁלַח דָּוִד כְּלִבִּי
עֲשָׂרָה נְעָרִים וַיֹּאמֶר דָּוִד לַנְּעָרִים עֲלוּ כַרְמֶלָה וּבָאתֶם אֶל־
ו נָבָל וּשְׁאֶלְתֶּם־לוֹ בִשְׁמִי לְשָׁלוֹם׃ וַאֲמַרְתֶּם כֹּה לֶחָי וְאַתָּה
ז שָׁלוֹם וּבֵיתְךָ שָׁלוֹם וְכֹל אֲשֶׁר־לְךָ שָׁלוֹם׃ וְעַתָּה שָׁמַעְתִּי כִּי

גֹזְזִים לָךְ עַתָּה הָרֹעִים אֲשֶׁר־לְךָ הָיוּ עִמָּנוּ לֹא הֶכְלַמְנוּם וְלֹא־
ח נִפְקַד לָהֶם מְאוּמָה כָּל־יְמֵי הֱיוֹתָם בַּכַּרְמֶל: שְׁאַל אֶת־
נְעָרֶיךָ וְיַגִּידוּ לָךְ וְיִמְצְאוּ הַנְּעָרִים חֵן בְּעֵינֶיךָ כִּי־עַל־יוֹם טוֹב
בָּנוּ תְּנָה־נָּא אֵת אֲשֶׁר תִּמְצָא יָדְךָ לַעֲבָדֶיךָ וּלְבִנְךָ לְדָוִד: בָּאנוּ
ט וַיָּבֹאוּ נַעֲרֵי דָוִד וַיְדַבְּרוּ אֶל־נָבָל כְּכָל־הַדְּבָרִים הָאֵלֶּה בְּשֵׁם
י דָּוִד וַיָּנוּחוּ: וַיַּעַן נָבָל אֶת־עַבְדֵי דָוִד וַיֹּאמֶר מִי דָוִד וּמִי בֶן־
יא יִשָׁי הַיּוֹם רַבּוּ עֲבָדִים הַמִּתְפָּרְצִים אִישׁ מִפְּנֵי אֲדֹנָיו: וְלָקַחְתִּי
אֶת־לַחְמִי וְאֶת־מֵימַי וְאֵת טִבְחָתִי אֲשֶׁר טָבַחְתִּי לְגֹזְזָי וְנָתַתִּי
יב לַאֲנָשִׁים אֲשֶׁר לֹא יָדַעְתִּי אֵי מִזֶּה הֵמָּה: וַיַּהַפְכוּ נַעֲרֵי־דָוִד
יג לְדַרְכָּם וַיָּשֻׁבוּ וַיָּבֹאוּ וַיַּגִּדוּ לוֹ כְּכֹל הַדְּבָרִים הָאֵלֶּה: וַיֹּאמֶר
דָּוִד לַאֲנָשָׁיו חִגְרוּ ׀ אִישׁ אֶת־חַרְבּוֹ וַיַּחְגְּרוּ אִישׁ אֶת־חַרְבּוֹ
וַיַּחְגֹּר גַּם־דָּוִד אֶת־חַרְבּוֹ וַיַּעֲלוּ ׀ אַחֲרֵי דָוִד כְּאַרְבַּע מֵאוֹת
יד אִישׁ וּמָאתַיִם יָשְׁבוּ עַל־הַכֵּלִים: וְלַאֲבִיגַיִל אֵשֶׁת נָבָל הִגִּיד
נַעַר־אֶחָד מֵהַנְּעָרִים לֵאמֹר הִנֵּה שָׁלַח דָּוִד מַלְאָכִים ׀
טו מֵהַמִּדְבָּר לְבָרֵךְ אֶת־אֲדֹנֵינוּ וַיָּעַט בָּהֶם: וְהָאֲנָשִׁים טֹבִים לָנוּ
מְאֹד וְלֹא הָכְלַמְנוּ וְלֹא־פָקַדְנוּ מְאוּמָה כָּל־יְמֵי הִתְהַלַּכְנוּ
טז אִתָּם בִּהְיוֹתֵנוּ בַּשָּׂדֶה: חוֹמָה הָיוּ עָלֵינוּ גַּם־לַיְלָה גַּם־יוֹמָם
יז כָּל־יְמֵי הֱיוֹתֵנוּ עִמָּם רֹעִים הַצֹּאן: וְעַתָּה דְּעִי וּרְאִי מַה־תַּעֲשִׂי
כִּי־כָלְתָה הָרָעָה אֶל־אֲדֹנֵינוּ וְעַל־כָּל־בֵּיתוֹ וְהוּא בֶּן־בְּלִיַּעַל
יח מִדַּבֵּר אֵלָיו: וַתְּמַהֵר אבוגיל וַתִּקַּח מָאתַיִם לֶחֶם וּשְׁנַיִם נִבְלֵי־ אֲבִיגַיִל
יַיִן וְחָמֵשׁ צֹאן עשוות וְחָמֵשׁ סְאִים קָלִי וּמֵאָה צִמֻּקִים עֲשׂוּיוֹת
יט וּמָאתַיִם דְּבֵלִים וַתָּשֶׂם עַל־הַחֲמֹרִים: וַתֹּאמֶר לִנְעָרֶיהָ עִבְרוּ
כ לְפָנַי הִנְנִי אַחֲרֵיכֶם בָּאָה וּלְאִישָׁהּ נָבָל לֹא הִגִּידָה: וְהָיָה הִיא ׀
רֹכֶבֶת עַל־הַחֲמוֹר וְיֹרֶדֶת בְּסֵתֶר הָהָר וְהִנֵּה דָוִד וַאֲנָשָׁיו
כא יֹרְדִים לִקְרָאתָהּ וַתִּפְגֹּשׁ אֹתָם: וְדָוִד אָמַר אַךְ לַשֶּׁקֶר שָׁמַרְתִּי
אֶת־כָּל־אֲשֶׁר לָזֶה בַּמִּדְבָּר וְלֹא־נִפְקַד מִכָּל־אֲשֶׁר־לוֹ מְאוּמָה
כב וַיָּשֶׁב־לִי רָעָה תַּחַת טוֹבָה: כֹּה־יַעֲשֶׂה אֱלֹהִים לְאֹיְבֵי דָוִד וְכֹה

יֹסִיף אִם־אַשְׁאִיר מִכָּל־אֲשֶׁר־ל֖וֹ עַד־א֣וֹר הַבֹּ֑קֶר מַשְׁתִּ֖ין
כג בְּקִֽיר׃ וַתֵּ֤רֶא אֲבִיגַ֙יִל֙ אֶת־דָּוִ֔ד וַתְּמַהֵ֕ר וַתֵּ֖רֶד מֵעַ֣ל הַחֲמ֑וֹר
כד וַתִּפֹּ֞ל לְאַפֵּ֤י דָוִד֙ עַל־פָּנֶ֔יהָ וַתִּשְׁתַּ֖חוּ אָֽרֶץ׃ וַתִּפֹּל֙ עַל־רַגְלָ֔יו
וַתֹּ֖אמֶר בִּֽי־אֲנִ֣י אֲדֹנִ֑י הֶעָוֺ֑ן וּֽתְדַבֶּר־נָ֤א אֲמָֽתְךָ֙ בְּאָזְנֶ֔יךָ וּשְׁמַ֕ע
כה אֵ֖ת דִּבְרֵ֥י אֲמָתֶֽךָ׃ אַל־נָ֣א יָשִׂ֣ים אֲדֹנִ֣י ׀ אֶת־לִבּ֡וֹ אֶל־אִישׁ֩
הַבְּלִיַּ֨עַל הַזֶּ֜ה עַל־נָבָ֗ל כִּ֤י כִשְׁמוֹ֙ כֶּן־ה֔וּא נָבָ֣ל שְׁמ֔וֹ וּנְבָלָ֖ה
עִמּ֑וֹ וַאֲנִי֙ אֲמָ֣תְךָ֔ לֹ֥א רָאִ֛יתִי אֶת־נַעֲרֵ֥י אֲדֹנִ֖י אֲשֶׁ֥ר שָׁלָֽחְתָּ׃
כו וְעַתָּ֣ה אֲדֹנִ֗י חַי־יְהוָה֙ וְחֵֽי־נַפְשְׁךָ֔ אֲשֶׁ֨ר מְנָעֲךָ֤ יְהוָה֙ מִבּ֣וֹא
בְדָמִ֔ים וְהוֹשֵׁ֥עַ יָדְךָ֖ לָ֑ךְ וְעַתָּ֗ה יִהְי֤וּ כְנָבָל֙ אֹיְבֶ֔יךָ וְהַֽמְבַקְשִׁ֥ים
כז אֶל־אֲדֹנִ֖י רָעָֽה׃ וְעַתָּה֙ הַבְּרָכָ֣ה הַזֹּ֔את אֲשֶׁר־הֵבִ֥יא שִׁפְחָתְךָ֖
כח לַֽאדֹנִ֑י וְנִתְּנָה֙ לַנְּעָרִ֔ים הַמִּֽתְהַלְּכִ֖ים בְּרַגְלֵ֥י אֲדֹנִֽי׃ שָׂ֥א נָ֖א
לְפֶ֣שַׁע אֲמָתֶ֑ךָ כִּ֣י עָשֹֽׂה־יַעֲשֶׂה֩ יְהוָ֨ה לַאדֹנִ֜י בַּ֣יִת נֶאֱמָ֗ן כִּֽי־
כט מִלְחֲמ֤וֹת יְהוָה֙ אֲדֹנִ֣י נִלְחָ֔ם וְרָעָ֛ה לֹא־תִמָּצֵ֥א בְךָ֖ מִיָּמֶֽיךָ׃ וַיָּ֤קָם
אָדָם֙ לִרְדָפְךָ֔ וּלְבַקֵּ֖שׁ אֶת־נַפְשֶׁ֑ךָ וְהָיְתָה֩ נֶ֨פֶשׁ אֲדֹנִ֜י צְרוּרָ֣ה ׀
בִּצְר֣וֹר הַחַיִּ֗ים אֵ֚ת יְהוָ֣ה אֱלֹהֶ֔יךָ וְאֵ֨ת נֶ֤פֶשׁ אֹיְבֶ֙יךָ֙ יְקַלְּעֶ֔נָּה
ל בְּת֖וֹךְ כַּ֥ף הַקָּֽלַע׃ וְהָיָ֗ה כִּֽי־יַעֲשֶׂ֤ה יְהוָה֙ לַֽאדֹנִ֔י כְּכֹ֛ל אֲשֶׁר־
לא דִּבֶּ֥ר אֶת־הַטּוֹבָ֖ה עָלֶ֑יךָ וְצִוְּךָ֥ לְנָגִ֖יד עַל־יִשְׂרָאֵֽל׃ וְלֹ֣א
תִהְיֶ֣ה זֹ֣את ׀ לְךָ֡ לְפוּקָה֩ וּלְמִכְשׁ֨וֹל לֵ֜ב לַאדֹנִ֗י וְלִשְׁפָּךְ־דָּם֙
חִנָּ֔ם וּלְהוֹשִׁ֥יעַ אֲדֹנִ֖י ל֑וֹ וְהֵיטִ֤ב יְהוָה֙ לַֽאדֹנִ֔י וְזָכַרְתָּ֖ אֶת־
לב אֲמָתֶֽךָ׃ וַיֹּ֥אמֶר דָּוִ֖ד לַאֲבִגַ֑ל בָּר֤וּךְ יְהוָה֙ אֱלֹהֵ֣י
לג יז יִשְׂרָאֵ֔ל אֲשֶׁ֧ר שְׁלָחֵ֛ךְ הַיּ֥וֹם הַזֶּ֖ה לִקְרָאתִֽי׃ וּבָר֥וּךְ טַעְמֵ֖ךְ
וּבְרוּכָ֣ה אָ֑תְּ אֲשֶׁ֨ר כְּלִתִ֜נִי הַיּ֤וֹם הַזֶּה֙ מִבּ֣וֹא בְדָמִ֔ים וְהֹשֵׁ֥עַ יָדִ֖י
לד לִֽי׃ וְאוּלָ֗ם חַי־יְהוָה֙ אֱלֹהֵ֣י יִשְׂרָאֵ֔ל אֲשֶׁ֣ר מְנָעַ֔נִי מֵהָרַ֖ע אֹתָ֑ךְ
כִּ֣י ׀ לוּלֵ֣י מִהַ֗רְתְּ ותבאתי֙ לִקְרָאתִ֔י כִּ֣י אִם־נוֹתַ֧ר לְנָבָ֛ל עַד־ וַתָּבֹ֙את
לה א֥וֹר הַבֹּ֖קֶר מַשְׁתִּ֥ין בְּקִֽיר׃ וַיִּקַּ֤ח דָּוִד֙ מִיָּדָ֔הּ אֵ֖ת אֲשֶׁר־הֵבִ֣יאָה
ל֑וֹ וְלָ֣הּ אָמַ֗ר עֲלִ֤י לְשָׁלוֹם֙ לְבֵיתֵ֔ךְ רְאִי֙ שָׁמַ֣עְתִּי בְקוֹלֵ֔ךְ וָאֶשָּׂ֖א
לו פָּנָֽיִךְ׃ וַתָּבֹ֨א אֲבִיגַ֜יִל ׀ אֶל־נָבָ֗ל וְהִנֵּה־ל֨וֹ מִשְׁתֶּ֤ה בְּבֵיתוֹ֙

כְּמִשְׁתֵּה הַמֶּלֶךְ וְלֵב נָבָל טוֹב עָלָיו וְהוּא שִׁכֹּר עַד־מְאֹד וְלֹא־
לו הִגִּידָה לּוֹ דָּבָר קָטֹן וְגָדוֹל עַד־אוֹר הַבֹּקֶר: וַיְהִי בַבֹּקֶר בְּצֵאת
הַיַּיִן מִנָּבָל וַתַּגֶּד־לוֹ אִשְׁתּוֹ אֶת־הַדְּבָרִים הָאֵלֶּה וַיָּמָת לִבּוֹ
לז בְּקִרְבּוֹ וְהוּא הָיָה לְאָבֶן: וַיְהִי כַּעֲשֶׂרֶת הַיָּמִים וַיִּגֹּף יְהוָה אֶת־
לח נָבָל וַיָּמֹת: וַיִּשְׁמַע דָּוִד כִּי־מֵת נָבָל וַיֹּאמֶר בָּרוּךְ יְהוָה אֲשֶׁר
רָב אֶת־רִיב חֶרְפָּתִי מִיַּד נָבָל וְאֶת־עַבְדּוֹ חָשַׂךְ מֵרָעָה וְאֵת
רָעַת נָבָל הֵשִׁיב יְהוָה בְּרֹאשׁוֹ וַיִּשְׁלַח דָּוִד וַיְדַבֵּר בַּאֲבִיגַיִל
מ לְקַחְתָּהּ לוֹ לְאִשָּׁה: וַיָּבֹאוּ עַבְדֵי דָוִד אֶל־אֲבִיגַיִל הַכַּרְמֶלָה
וַיְדַבְּרוּ אֵלֶיהָ לֵאמֹר דָּוִד שְׁלָחָנוּ אֵלַיִךְ לְקַחְתֵּךְ לוֹ לְאִשָּׁה:
מא וַתָּקָם וַתִּשְׁתַּחוּ אַפַּיִם אָרְצָה וַתֹּאמֶר הִנֵּה אֲמָתְךָ לְשִׁפְחָה
מב לִרְחֹץ רַגְלֵי עַבְדֵי אֲדֹנִי: וַתְּמַהֵר וַתָּקָם אֲבִיגַיִל וַתִּרְכַּב עַל־
הַחֲמוֹר וְחָמֵשׁ נַעֲרֹתֶיהָ הַהֹלְכוֹת לְרַגְלָהּ וַתֵּלֶךְ אַחֲרֵי מַלְאֲכֵי
מג דָוִד וַתְּהִי־לוֹ לְאִשָּׁה: וְאֶת־אֲחִינֹעַם לָקַח דָּוִד מִיִּזְרְעֶאל
מד וַתִּהְיֶיןָ גַּם־שְׁתֵּיהֶן לוֹ לְנָשִׁים: וְשָׁאוּל נָתַן אֶת־
כו א מִיכַל בִּתּוֹ אֵשֶׁת דָּוִד לְפַלְטִי בֶן־לַיִשׁ אֲשֶׁר מִגַּלִּים: וַיָּבֹאוּ
הַזִּפִים אֶל־שָׁאוּל הַגִּבְעָתָה לֵאמֹר הֲלוֹא דָוִד מִסְתַּתֵּר בְּגִבְעַת
ב הַחֲכִילָה עַל פְּנֵי הַיְשִׁימֹן: וַיָּקָם שָׁאוּל וַיֵּרֶד אֶל־מִדְבַּר־זִיף
וְאִתּוֹ שְׁלֹשֶׁת־אֲלָפִים אִישׁ בְּחוּרֵי יִשְׂרָאֵל לְבַקֵּשׁ אֶת־דָּוִד
ג בְּמִדְבַּר־זִיף: וַיִּחַן שָׁאוּל בְּגִבְעַת הַחֲכִילָה אֲשֶׁר עַל־פְּנֵי
הַיְשִׁימֹן עַל־הַדָּרֶךְ וְדָוִד יֹשֵׁב בַּמִּדְבָּר וַיַּרְא כִּי בָא שָׁאוּל
ד אַחֲרָיו הַמִּדְבָּרָה: וַיִּשְׁלַח דָּוִד מְרַגְּלִים וַיֵּדַע כִּי־בָא שָׁאוּל אֶל־
ה נָכוֹן: וַיָּקָם דָּוִד וַיָּבֹא אֶל־הַמָּקוֹם אֲשֶׁר חָנָה־שָׁם שָׁאוּל וַיַּרְא
דָּוִד אֶת־הַמָּקוֹם אֲשֶׁר שָׁכַב־שָׁם שָׁאוּל וְאַבְנֵר בֶּן־נֵר שַׂר־
ו צְבָאוֹ וְשָׁאוּל שֹׁכֵב בַּמַּעְגָּל וְהָעָם חֹנִים סְבִיבֹתָו: וַיַּעַן דָּוִד
וַיֹּאמֶר ׀ אֶל־אֲחִימֶלֶךְ הַחִתִּי וְאֶל־אֲבִישַׁי בֶּן־צְרוּיָה אֲחִי יוֹאָב
לֵאמֹר מִי־יֵרֵד אִתִּי אֶל־שָׁאוּל אֶל־הַמַּחֲנֶה וַיֹּאמֶר אֲבִישַׁי אֲנִי
ז אֵרֵד עִמָּךְ: וַיָּבֹא דָוִד וַאֲבִישַׁי ׀ אֶל־הָעָם לַיְלָה וְהִנֵּה שָׁאוּל

שֹׁכֵב יָשֵׁן בַּמַּעְגָּל וַחֲנִיתוֹ מְעוּכָה־בָאָרֶץ מְרַאֲשֹׁתָו וְאַבְנֵר
ח וְהָעָם שֹׁכְבִים סְבִיבֹתָו׃ וַיֹּאמֶר אֲבִישַׁי אֶל־דָּוִד
סִגַּר אֱלֹהִים הַיּוֹם אֶת־אֹיִבְךָ בְּיָדֶךָ וְעַתָּה אַכֶּנּוּ נָא בַּחֲנִית
ט וּבָאָרֶץ פַּעַם אַחַת וְלֹא אֶשְׁנֶה לוֹ׃ וַיֹּאמֶר דָּוִד אֶל־אֲבִישַׁי אַל־
י תַּשְׁחִיתֵהוּ כִּי מִי שָׁלַח יָדוֹ בִּמְשִׁיחַ יְהוָה וְנִקָּה׃ וַיֹּאמֶר דָּוִד חַי־
יְהוָה כִּי אִם־יְהוָה יִגָּפֶנּוּ אוֹ־יוֹמוֹ יָבוֹא וָמֵת אוֹ בַמִּלְחָמָה יֵרֵד
יא וְנִסְפָּה׃ חָלִילָה לִּי מֵיהוָה מִשְּׁלֹחַ יָדִי בִּמְשִׁיחַ יְהוָה וְעַתָּה קַח־
נָא אֶת־הַחֲנִית אֲשֶׁר מְרַאֲשֹׁתָו וְאֶת־צַפַּחַת הַמַּיִם וְנֵלְכָה־
יב לָּנוּ׃ וַיִּקַּח דָּוִד אֶת־הַחֲנִית וְאֶת־צַפַּחַת הַמַּיִם מֵרַאֲשֹׁתֵי
שָׁאוּל וַיֵּלְכוּ לָהֶם וְאֵין רֹאֶה וְאֵין יוֹדֵעַ וְאֵין מֵקִיץ כִּי כֻלָּם
יג יְשֵׁנִים כִּי תַּרְדֵּמַת יְהוָה נָפְלָה עֲלֵיהֶם׃ וַיַּעֲבֹר דָּוִד הָעֵבֶר
יד וַיַּעֲמֹד עַל־רֹאשׁ־הָהָר מֵרָחֹק רַב הַמָּקוֹם בֵּינֵיהֶם׃ וַיִּקְרָא דָוִד
אֶל־הָעָם וְאֶל־אַבְנֵר בֶּן־נֵר לֵאמֹר הֲלוֹא תַעֲנֶה אַבְנֵר וַיַּעַן
טו אַבְנֵר וַיֹּאמֶר מִי אַתָּה קָרָאתָ אֶל־הַמֶּלֶךְ׃ וַיֹּאמֶר דָּוִד אֶל־
אַבְנֵר הֲלוֹא־אִישׁ אַתָּה וּמִי כָמוֹךָ בְּיִשְׂרָאֵל וְלָמָּה לֹא שָׁמַרְתָּ
אֶל־אֲדֹנֶיךָ הַמֶּלֶךְ כִּי־בָא אַחַד הָעָם לְהַשְׁחִית אֶת־הַמֶּלֶךְ
טז אֲדֹנֶיךָ׃ לֹא־טוֹב הַדָּבָר הַזֶּה אֲשֶׁר עָשִׂיתָ חַי־יְהוָה כִּי בְנֵי־מָוֶת
אַתֶּם אֲשֶׁר לֹא־שְׁמַרְתֶּם עַל־אֲדֹנֵיכֶם עַל־מְשִׁיחַ יְהוָה וְעַתָּה ׀
יז רְאֵה אֵי־חֲנִית הַמֶּלֶךְ וְאֶת־צַפַּחַת הַמַּיִם אֲשֶׁר מְרַאֲשֹׁתָו׃ וַיַּכֵּר
שָׁאוּל אֶת־קוֹל דָּוִד וַיֹּאמֶר הֲקוֹלְךָ זֶה בְּנִי דָוִד וַיֹּאמֶר דָּוִד
יח קוֹלִי אֲדֹנִי הַמֶּלֶךְ׃ וַיֹּאמֶר לָמָּה זֶּה אֲדֹנִי רֹדֵף אַחֲרֵי עַבְדּוֹ כִּי
יט מֶה עָשִׂיתִי וּמַה־בְּיָדִי רָעָה׃ וְעַתָּה יִשְׁמַע־נָא אֲדֹנִי הַמֶּלֶךְ אֵת
דִּבְרֵי עַבְדּוֹ אִם־יְהוָה הֱסִיתְךָ בִי יָרַח מִנְחָה וְאִם ׀ בְּנֵי הָאָדָם
אֲרוּרִים הֵם לִפְנֵי יְהוָה כִּי־גֵרְשׁוּנִי הַיּוֹם מֵהִסְתַּפֵּחַ בְּנַחֲלַת יְהוָה
כ לֵאמֹר לֵךְ עֲבֹד אֱלֹהִים אֲחֵרִים׃ וְעַתָּה אַל־יִפֹּל דָּמִי אַרְצָה
מִנֶּגֶד פְּנֵי יְהוָה כִּי־יָצָא מֶלֶךְ יִשְׂרָאֵל לְבַקֵּשׁ אֶת־פַּרְעֹשׁ אֶחָד
כא כַּאֲשֶׁר יִרְדֹּף הַקֹּרֵא בֶּהָרִים׃ וַיֹּאמֶר שָׁאוּל חָטָאתִי שׁוּב בְּנִי־

דָּוִד כִּי לֹא־אָרַע לְךָ עוֹד תַּחַת אֲשֶׁר יָקְרָה נַפְשִׁי בְּעֵינֶיךָ הַיּוֹם
כב הַזֶּה הִנֵּה הִסְכַּלְתִּי וָאֶשְׁגֶּה הַרְבֵּה מְאֹד: וַיַּעַן דָּוִד וַיֹּאמֶר הִנֵּה
כג הַחֲנִית הַמֶּלֶךְ וְיַעֲבֹר אֶחָד מֵהַנְּעָרִים וְיִקָּחֶהָ: וַיהוָה יָשִׁיב חֲנִית
לָאִישׁ אֶת־צִדְקָתוֹ וְאֶת־אֱמֻנָתוֹ אֲשֶׁר נְתָנְךָ יהוה ׀ הַיּוֹם בְּיָד
כד וְלֹא אָבִיתִי לִשְׁלֹחַ יָדִי בִּמְשִׁיחַ יהוה: וְהִנֵּה כַּאֲשֶׁר גָּדְלָה
נַפְשְׁךָ הַיּוֹם הַזֶּה בְּעֵינָי כֵּן תִּגְדַּל נַפְשִׁי בְּעֵינֵי יהוה וְיַצִּלֵנִי
כה מִכָּל־צָרָה: וַיֹּאמֶר שָׁאוּל אֶל־דָּוִד בָּרוּךְ אַתָּה בְּנִי דָוִד גַּם יח
עָשֹׂה תַעֲשֶׂה וְגַם יָכֹל תּוּכָל וַיֵּלֶךְ דָּוִד לְדַרְכּוֹ וְשָׁאוּל שָׁב
כז א לִמְקוֹמוֹ: וַיֹּאמֶר דָּוִד אֶל־לִבּוֹ עַתָּה אֶסָּפֶה יוֹם־
אֶחָד בְּיַד־שָׁאוּל אֵין־לִי טוֹב כִּי הִמָּלֵט אִמָּלֵט ׀ אֶל־אֶרֶץ
פְּלִשְׁתִּים וְנוֹאַשׁ מִמֶּנִּי שָׁאוּל לְבַקְשֵׁנִי עוֹד בְּכָל־גְּבוּל יִשְׂרָאֵל
ב וְנִמְלַטְתִּי מִיָּדוֹ: וַיָּקָם דָּוִד וַיַּעֲבֹר הוּא וְשֵׁשׁ־מֵאוֹת אִישׁ אֲשֶׁר
ג עִמּוֹ אֶל־אָכִישׁ בֶּן־מָעוֹךְ מֶלֶךְ גַּת: וַיֵּשֶׁב דָּוִד עִם־אָכִישׁ בְּגַת
הוּא וַאֲנָשָׁיו אִישׁ וּבֵיתוֹ דָּוִד וּשְׁתֵּי נָשָׁיו אֲחִינֹעַם הַיִּזְרְעֵאלִת
ד וַאֲבִיגַיִל אֵשֶׁת־נָבָל הַכַּרְמְלִית: וַיֻּגַּד לְשָׁאוּל כִּי־בָרַח דָּוִד גַּת
ה וְלֹא־יוסף עוֹד לְבַקְשׁוֹ: וַיֹּאמֶר דָּוִד אֶל־אָכִישׁ יָסַף
אִם־נָא מָצָאתִי חֵן בְּעֵינֶיךָ יִתְּנוּ־לִי מָקוֹם בְּאַחַת עָרֵי הַשָּׂדֶה
ו וְאֵשְׁבָה שָּׁם וְלָמָּה יֵשֵׁב עַבְדְּךָ בְּעִיר הַמַּמְלָכָה עִמָּךְ: וַיִּתֶּן־לוֹ
אָכִישׁ בַּיּוֹם הַהוּא אֶת־צִקְלָג לָכֵן הָיְתָה צִקְלַג לְמַלְכֵי יְהוּדָה
ז עַד הַיּוֹם הַזֶּה: וַיְהִי מִסְפַּר הַיָּמִים אֲשֶׁר־יָשַׁב
ח דָּוִד בִּשְׂדֵה פְלִשְׁתִּים יָמִים וְאַרְבָּעָה חֳדָשִׁים: וַיַּעַל דָּוִד וַאֲנָשָׁיו
וַיִּפְשְׁטוּ אֶל־הַגְּשׁוּרִי והגרזי וְהָעֲמָלֵקִי כִּי הֵנָּה יֹשְׁבוֹת הָאָרֶץ וְהַגִּזְרִי
ט אֲשֶׁר מֵעוֹלָם בּוֹאֲךָ שׁוּרָה וְעַד־אֶרֶץ מִצְרָיִם: וְהִכָּה דָוִד אֶת־
הָאָרֶץ וְלֹא יְחַיֶּה אִישׁ וְאִשָּׁה וְלָקַח צֹאן וּבָקָר וַחֲמֹרִים וּגְמַלִּים
י וּבְגָדִים וַיָּשָׁב וַיָּבֹא אֶל־אָכִישׁ: וַיֹּאמֶר אָכִישׁ אַל־פְּשַׁטְתֶּם
הַיּוֹם וַיֹּאמֶר דָּוִד עַל־נֶגֶב יְהוּדָה וְעַל־נֶגֶב הַיְּרַחְמְאֵלִי וְאֶל־
יא נֶגֶב הַקֵּינִי: וְאִישׁ וְאִשָּׁה לֹא־יְחַיֶּה דָוִד לְהָבִיא גַת לֵאמֹר פֶּן־

יַגִּדוּ עָלֵינוּ לֵאמֹר כֹּה־עָשָׂה דָוִד וְכֹה מִשְׁפָּטוֹ כָּל־הַיָּמִים אֲשֶׁר
יב יָשַׁב בִּשְׂדֵה פְלִשְׁתִּים: וַיַּאֲמֵן אָכִישׁ בְּדָוִד לֵאמֹר הַבְאֵשׁ
כ א הִבְאִישׁ בְּעַמּוֹ בְיִשְׂרָאֵל וְהָיָה לִי לְעֶבֶד עוֹלָם: וַיְהִי
בַּיָּמִים הָהֵם וַיִּקְבְּצוּ פְלִשְׁתִּים אֶת־מַחֲנֵיהֶם לַצָּבָא לְהִלָּחֵם
בְּיִשְׂרָאֵל וַיֹּאמֶר אָכִישׁ אֶל־דָּוִד יָדֹעַ תֵּדַע כִּי אִתִּי תֵּצֵא
ב בַמַּחֲנֶה אַתָּה וַאֲנָשֶׁיךָ: וַיֹּאמֶר דָּוִד אֶל־אָכִישׁ לָכֵן אַתָּה
תֵדַע אֵת אֲשֶׁר־יַעֲשֶׂה עַבְדֶּךָ וַיֹּאמֶר אָכִישׁ אֶל־דָּוִד לָכֵן
שֹׁמֵר לְרֹאשִׁי אֲשִׂימְךָ כָּל־הַיָּמִים:
ג וּשְׁמוּאֵל מֵת וַיִּסְפְּדוּ־לוֹ כָּל־יִשְׂרָאֵל וַיִּקְבְּרֻהוּ בָרָמָה וּבְעִירוֹ
ד וְשָׁאוּל הֵסִיר הָאֹבוֹת וְאֶת־הַיִּדְּעֹנִים מֵהָאָרֶץ: וַיִּקָּבְצוּ
פְלִשְׁתִּים וַיָּבֹאוּ וַיַּחֲנוּ בְשׁוּנֵם וַיִּקְבֹּץ שָׁאוּל אֶת־כָּל־יִשְׂרָאֵל
ה וַיַּחֲנוּ בַּגִּלְבֹּעַ: וַיַּרְא שָׁאוּל אֶת־מַחֲנֵה פְלִשְׁתִּים וַיִּרָא וַיֶּחֱרַד
ו לִבּוֹ מְאֹד: וַיִּשְׁאַל שָׁאוּל בַּיהוָה וְלֹא עָנָהוּ יְהוָה גַּם בַּחֲלֹמוֹת
ז גַּם בָּאוּרִים גַּם בַּנְּבִיאִם: וַיֹּאמֶר שָׁאוּל לַעֲבָדָיו בַּקְּשׁוּ־לִי אֵשֶׁת
בַּעֲלַת־אוֹב וְאֵלְכָה אֵלֶיהָ וְאֶדְרְשָׁה־בָּהּ וַיֹּאמְרוּ עֲבָדָיו אֵלָיו
ח הִנֵּה אֵשֶׁת בַּעֲלַת־אוֹב בְּעֵין דּוֹר: וַיִּתְחַפֵּשׂ שָׁאוּל וַיִּלְבַּשׁ
בְּגָדִים אֲחֵרִים וַיֵּלֶךְ הוּא וּשְׁנֵי אֲנָשִׁים עִמּוֹ וַיָּבֹאוּ אֶל־הָאִשָּׁה
לָיְלָה וַיֹּאמֶר קסומי־נָא לִי בָּאוֹב וְהַעֲלִי לִי אֵת אֲשֶׁר־אֹמַר קְסָמִי־
ט אֵלָיִךְ: וַתֹּאמֶר הָאִשָּׁה אֵלָיו הִנֵּה אַתָּה יָדַעְתָּ אֵת אֲשֶׁר־עָשָׂה
שָׁאוּל אֲשֶׁר הִכְרִית אֶת־הָאֹבוֹת וְאֶת־הַיִּדְּעֹנִי מִן־הָאָרֶץ
י וְלָמָה אַתָּה מִתְנַקֵּשׁ בְּנַפְשִׁי לַהֲמִיתֵנִי: וַיִּשָּׁבַע לָהּ שָׁאוּל
יא בַּיהוָה לֵאמֹר חַי־יְהוָה אִם־יִקְּרֵךְ עָוֺן בַּדָּבָר הַזֶּה: וַתֹּאמֶר
הָאִשָּׁה אֶת־מִי אַעֲלֶה־לָּךְ וַיֹּאמֶר אֶת־שְׁמוּאֵל הַעֲלִי־לִי:
יב וַתֵּרֶא הָאִשָּׁה אֶת־שְׁמוּאֵל וַתִּזְעַק בְּקוֹל גָּדוֹל וַתֹּאמֶר הָאִשָּׁה
יג אֶל־שָׁאוּל ׀ לֵאמֹר לָמָּה רִמִּיתָנִי וְאַתָּה שָׁאוּל: וַיֹּאמֶר לָהּ
הַמֶּלֶךְ אַל־תִּירְאִי כִּי מָה רָאִית וַתֹּאמֶר הָאִשָּׁה אֶל־שָׁאוּל
יד אֱלֹהִים רָאִיתִי עֹלִים מִן־הָאָרֶץ: וַיֹּאמֶר לָהּ מַה־תָּאֳרוֹ וַתֹּאמַר

אִ֣ישׁ זָקֵן֮ עֹלֶה֒ וְה֨וּא עֹטֶ֣ה מְעִ֔יל וַיֵּ֤דַע שָׁאוּל֙ כִּֽי־שְׁמוּאֵ֣ל ה֔וּא

יד   וַיִּקֹּ֨ד אַפַּ֥יִם אַ֛רְצָה וַיִּשְׁתָּֽחוּ:   וַיֹּ֣אמֶר שְׁמוּאֵל֮
אֶל־שָׁאוּל֒ לָ֥מָּה הִרְגַּזְתַּ֖נִי לְהַעֲל֣וֹת אֹתִ֑י וַיֹּ֣אמֶר שָׁ֠אוּל צַר־לִ֨י
מְאֹ֜ד וּפְלִשְׁתִּ֣ים ׀ נִלְחָמִ֣ים בִּ֗י וֵֽאלֹהִ֞ים סָ֤ר מֵֽעָלַי֙ וְלֹֽא־עָנָ֣נִי ע֗וֹד
גַּ֤ם בְּיַֽד־הַנְּבִיאִם֙ גַּם־בַּ֣חֲלֹמ֔וֹת וָאֶקְרָאֶ֣ה לְךָ֔ לְהוֹדִיעֵ֖נִי מָ֥ה

טו   אֶֽעֱשֶֽׂה: וַיֹּ֣אמֶר שְׁמוּאֵ֔ל וְלָ֖מָּה תִּשְׁאָלֵ֑נִי וַֽיהוָ֛ה סָ֥ר מֵעָלֶ֖יךָ וַיְהִ֥י

יז   עָרֶֽךָ: וַיַּ֤עַשׂ יְהוָה֙ ל֔וֹ כַּאֲשֶׁ֖ר דִּבֶּ֣ר בְּיָדִ֑י וַיִּקְרַ֨ע יְהוָ֤ה אֶת־

יח   הַמַּמְלָכָה֙ מִיָּדֶ֔ךָ וַֽיִּתְּנָ֖הּ לְרֵעֲךָ֥ לְדָוִֽד: כַּאֲשֶׁ֤ר לֹֽא־שָׁמַ֙עְתָּ֙ בְּק֣וֹל
יְהוָ֔ה וְלֹֽא־עָשִׂ֥יתָ חֲרוֹן־אַפּ֖וֹ בַּעֲמָלֵ֑ק עַל־כֵּן֙ הַדָּבָ֣ר הַזֶּ֔ה עָֽשָׂה־

יט   לְךָ֥ יְהוָ֖ה הַיּ֣וֹם הַזֶּֽה: וְיִתֵּ֣ן יְ֠הוָה גַּ֣ם אֶת־יִשְׂרָאֵ֤ל עִמְּךָ֙ בְּיַד־
פְּלִשְׁתִּ֔ים וּמָחָ֕ר אַתָּ֥ה וּבָנֶ֖יךָ עִמִּ֑י גַּ֚ם אֶת־מַחֲנֵ֣ה יִשְׂרָאֵ֔ל יִתֵּ֥ן

כ   יְהוָ֖ה בְּיַד־פְּלִשְׁתִּֽים: וַיְמַהֵ֣ר שָׁא֗וּל וַיִּפֹּ֤ל מְלֹא־קֽוֹמָתוֹ֙ אַ֔רְצָה
וַיִּרָ֥א מְאֹ֖ד מִדִּבְרֵ֣י שְׁמוּאֵ֑ל גַּם־כֹּ֚חַ לֹא־הָ֣יָה ב֔וֹ כִּ֚י לֹ֣א אָ֣כַל

כא   לֶ֔חֶם כָּל־הַיּ֖וֹם וְכָל־הַלָּֽיְלָה: וַתָּב֤וֹא הָֽאִשָּׁה֙ אֶל־שָׁא֔וּל וַתֵּ֖רֶא
כִּֽי־נִבְהַ֣ל מְאֹ֑ד וַתֹּ֣אמֶר אֵלָ֗יו הִנֵּ֨ה שָׁמְעָ֤ה שִׁפְחָֽתְךָ֙ בְּקוֹלֶ֔ךָ
וָאָשִׂ֤ים נַפְשִׁי֙ בְּכַפִּ֔י וָֽאֶשְׁמַע֙ אֶת־דְּבָרֶ֔יךָ אֲשֶׁ֥ר דִּבַּ֖רְתָּ אֵלָֽי:

כב   וְעַתָּ֗ה שְׁמַֽע־נָ֞א גַם־אַתָּ֤ה בְּקוֹל֙ שִׁפְחָתֶ֔ךָ וְאָשִׂ֧מָה לְפָנֶ֛יךָ

כג   פַּת־לֶ֖חֶם וֶאֱכ֑וֹל וִיהִ֤י בְךָ֙ כֹּ֔חַ כִּ֥י תֵלֵ֖ךְ בַּדָּֽרֶךְ: וַיְמָאֵ֗ן
וַיֹּ֙אמֶר֙ לֹ֣א אֹכַ֔ל וַיִּפְרְצוּ־ב֤וֹ עֲבָדָיו֙ וְגַם־הָ֣אִשָּׁ֔ה וַיִּשְׁמַ֖ע

כד   לְקֹלָ֑ם וַיָּ֙קָם֙ מֵֽהָאָ֔רֶץ וַיֵּ֖שֶׁב אֶל־הַמִּטָּֽה: וְלָאִשָּׁ֤ה עֵֽגֶל־מַרְבֵּק֙ יט
בַּבַּ֔יִת וַתְּמַהֵ֖ר וַתִּזְבָּחֵ֑הוּ וַתִּקַּח־קֶ֣מַח וַתָּ֔לָשׁ וַתֹּפֵ֖הוּ מַצּֽוֹת:

כה   וַתַּגֵּ֧שׁ לִפְנֵֽי־שָׁא֛וּל וְלִפְנֵ֥י עֲבָדָ֖יו וַיֹּאכֵ֑לוּ וַיָּקֻ֥מוּ וַיֵּלְכ֖וּ בַּלַּ֥יְלָה

ט א   הַהֽוּא: וַיִּקְבְּצ֧וּ פְלִשְׁתִּ֛ים אֶת־כָּל־מַחֲנֵיהֶם֮

ב   אֲפֵקָה֒ וְיִשְׂרָאֵ֣ל חֹנִ֔ים בַּעַ֖יִן אֲשֶׁ֣ר בְּיִזְרְעֶֽאל: וְסַרְנֵ֤י פְלִשְׁתִּים֙
עֹֽבְרִ֔ים לְמֵא֖וֹת וְלַאֲלָפִ֑ים וְדָוִ֣ד וַאֲנָשָׁ֗יו עֹבְרִ֛ים בָּאַחֲרֹנָ֖ה

ג   עִם־אָכִֽישׁ: וַיֹּֽאמְרוּ֙ שָׂרֵ֣י פְלִשְׁתִּ֔ים מָ֖ה הָעִבְרִ֣ים הָאֵ֑לֶּה וַיֹּ֨אמֶר
אָכִ֜ישׁ אֶל־שָׂרֵ֣י פְלִשְׁתִּ֗ים הֲלֽוֹא־זֶ֨ה דָוִ֜ד עֶ֣בֶד ׀ שָׁא֣וּל מֶֽלֶךְ־

יִשְׂרָאֵל אֲשֶׁר הָיָה אִתִּי זֶה יָמִים אוֹ־זֶה שָׁנִים וְלֹא־מָצָאתִי
ד בוֹ מְאוּמָה מִיּוֹם נָפְלוֹ עַד־הַיּוֹם הַזֶּה׃ וַיִּקְצְפוּ
עָלָיו שָׂרֵי פְלִשְׁתִּים וַיֹּאמְרוּ לוֹ שָׂרֵי פְלִשְׁתִּים הָשֵׁב אֶת־
הָאִישׁ וְיָשֹׁב אֶל־מְקוֹמוֹ אֲשֶׁר הִפְקַדְתּוֹ שָׁם וְלֹא־יֵרֵד עִמָּנוּ
בַּמִּלְחָמָה וְלֹא־יִהְיֶה־לָּנוּ לְשָׂטָן בַּמִּלְחָמָה וּבַמֶּה יִתְרַצֶּה זֶה
ה אֶל־אֲדֹנָיו הֲלוֹא בְּרָאשֵׁי הָאֲנָשִׁים הָהֵם׃ הֲלוֹא־זֶה דָוִד
אֲשֶׁר יַעֲנוּ־לוֹ בַּמְּחֹלוֹת לֵאמֹר הִכָּה שָׁאוּל בַּאֲלָפָיו וְדָוִד
ו בְּרִבְבֹתָו׃ וַיִּקְרָא אָכִישׁ אֶל־דָּוִד וַיֹּאמֶר אֵלָיו
חַי־יְהוָה כִּי־יָשָׁר אַתָּה וְטוֹב בְּעֵינַי צֵאתְךָ וּבֹאֲךָ אִתִּי בַּמַּחֲנֶה
כִּי לֹא־מָצָאתִי בְךָ רָעָה מִיּוֹם בֹּאֲךָ אֵלַי עַד־הַיּוֹם הַזֶּה וּבְעֵינֵי
ז הַסְּרָנִים לֹא־טוֹב אָתָּה׃ וְעַתָּה שׁוּב וְלֵךְ בְּשָׁלוֹם וְלֹא־תַעֲשֶׂה
ח רָע בְּעֵינֵי סַרְנֵי פְלִשְׁתִּים׃ וַיֹּאמֶר דָּוִד אֶל־אָכִישׁ
כִּי מֶה עָשִׂיתִי וּמַה־מָּצָאתָ בְעַבְדְּךָ מִיּוֹם אֲשֶׁר הָיִיתִי לְפָנֶיךָ
עַד הַיּוֹם הַזֶּה כִּי לֹא אָבוֹא וְנִלְחַמְתִּי בְּאֹיְבֵי אֲדֹנִי הַמֶּלֶךְ׃
ט וַיַּעַן אָכִישׁ וַיֹּאמֶר אֶל־דָּוִד יָדַעְתִּי כִּי טוֹב אַתָּה בְּעֵינַי
כְּמַלְאַךְ אֱלֹהִים אַךְ שָׂרֵי פְלִשְׁתִּים אָמְרוּ לֹא־יַעֲלֶה עִמָּנוּ
י בַּמִּלְחָמָה׃ וְעַתָּה הַשְׁכֵּם בַּבֹּקֶר וְעַבְדֵי אֲדֹנֶיךָ אֲשֶׁר־בָּאוּ אִתָּךְ
יא וְהִשְׁכַּמְתֶּם בַּבֹּקֶר וְאוֹר לָכֶם וָלֵכוּ׃ וַיַּשְׁכֵּם דָּוִד הוּא וַאֲנָשָׁיו
לָלֶכֶת בַּבֹּקֶר לָשׁוּב אֶל־אֶרֶץ פְּלִשְׁתִּים וּפְלִשְׁתִּים עָלוּ
ל א יִזְרְעֶאל׃ וַיְהִי בְּבֹא דָוִד וַאֲנָשָׁיו צִקְלַג בַּיּוֹם
הַשְּׁלִישִׁי וַעֲמָלֵקִי פָשְׁטוּ אֶל־נֶגֶב וְאֶל־צִקְלַג וַיַּכּוּ אֶת־צִקְלַג
ב וַיִּשְׂרְפוּ אֹתָהּ בָּאֵשׁ׃ וַיִּשְׁבּוּ אֶת־הַנָּשִׁים אֲשֶׁר־בָּהּ מִקָּטֹן וְעַד־
ג גָּדוֹל לֹא הֵמִיתוּ אִישׁ וַיִּנְהֲגוּ וַיֵּלְכוּ לְדַרְכָּם׃ וַיָּבֹא דָוִד וַאֲנָשָׁיו
אֶל־הָעִיר וְהִנֵּה שְׂרוּפָה בָּאֵשׁ וּנְשֵׁיהֶם וּבְנֵיהֶם וּבְנֹתֵיהֶם נִשְׁבּוּ׃
ד וַיִּשָּׂא דָוִד וְהָעָם אֲשֶׁר־אִתּוֹ אֶת־קוֹלָם וַיִּבְכּוּ עַד אֲשֶׁר אֵין־
ה בָּהֶם כֹּחַ לִבְכּוֹת׃ וּשְׁתֵּי נְשֵׁי־דָוִד נִשְׁבּוּ אֲחִינֹעַם הַיִּזְרְעֵלִית
ו וַאֲבִיגַיִל אֵשֶׁת נָבָל הַכַּרְמְלִי׃ וַתֵּצֶר לְדָוִד מְאֹד כִּי־אָמְרוּ הָעָם

ל

לְסָקְלוֹ כִּי־מָרָה נֶפֶשׁ כָּל־הָעָם אִישׁ עַל־בָּנָו וְעַל־בְּנֹתָיו
ז וַיִּתְחַזֵּק דָּוִד בַּיהוָה אֱלֹהָיו׃ וַיֹּאמֶר דָּוִד אֶל־
אֶבְיָתָר הַכֹּהֵן בֶּן־אֲחִימֶלֶךְ הַגִּישָׁה־נָּא לִי הָאֵפוֹד וַיַּגֵּשׁ אֶבְיָתָר
ח אֶת־הָאֵפוֹד אֶל־דָּוִד׃ וַיִּשְׁאַל דָּוִד בַּיהוָה לֵאמֹר אֶרְדֹּף אַחֲרֵי
הַגְּדוּד־הַזֶּה הַאַשִּׂגֶנּוּ וַיֹּאמֶר לוֹ רְדֹף כִּי־הַשֵּׂג תַּשִּׂיג וְהַצֵּל
ט תַּצִּיל׃ וַיֵּלֶךְ דָּוִד הוּא וְשֵׁשׁ־מֵאוֹת אִישׁ אֲשֶׁר אִתּוֹ וַיָּבֹאוּ עַד־
י נַחַל הַבְּשׂוֹר וְהַנּוֹתָרִים עָמָדוּ׃ וַיִּרְדֹּף דָּוִד הוּא וְאַרְבַּע־מֵאוֹת
אִישׁ וַיַּעַמְדוּ מָאתַיִם אִישׁ אֲשֶׁר פִּגְּרוּ מֵעֲבֹר אֶת־נַחַל הַבְּשׂוֹר׃
יא וַיִּמְצְאוּ אִישׁ־מִצְרִי בַּשָּׂדֶה וַיִּקְחוּ אֹתוֹ אֶל־דָּוִד וַיִּתְּנוּ־לוֹ לֶחֶם
יב וַיֹּאכַל וַיַּשְׁקֻהוּ מָיִם׃ וַיִּתְּנוּ־לוֹ פֶלַח דְּבֵלָה וּשְׁנֵי צִמֻּקִים וַיֹּאכַל
וַתָּשָׁב רוּחוֹ אֵלָיו כִּי לֹא־אָכַל לֶחֶם וְלֹא־שָׁתָה מַיִם שְׁלֹשָׁה
יג יָמִים וּשְׁלֹשָׁה לֵילוֹת׃ וַיֹּאמֶר לוֹ דָוִד לְמִי־אַתָּה
וְאֵי מִזֶּה אָתָּה וַיֹּאמֶר נַעַר מִצְרִי אָנֹכִי עֶבֶד לְאִישׁ עֲמָלֵקִי
יד וַיַּעַזְבֵנִי אֲדֹנִי כִּי חָלִיתִי הַיּוֹם שְׁלֹשָׁה׃ אֲנַחְנוּ פָּשַׁטְנוּ נֶגֶב
הַכְּרֵתִי וְעַל־אֲשֶׁר לִיהוּדָה וְעַל־נֶגֶב כָּלֵב וְאֶת־צִקְלַג שָׂרַפְנוּ
טו בָאֵשׁ׃ וַיֹּאמֶר אֵלָיו דָּוִד הֲתוֹרִדֵנִי אֶל־הַגְּדוּד הַזֶּה וַיֹּאמֶר
הִשָּׁבְעָה לִּי בֵאלֹהִים אִם־תְּמִיתֵנִי וְאִם־תַּסְגִּרֵנִי בְּיַד־אֲדֹנִי
טז וְאוֹרִדְךָ אֶל־הַגְּדוּד הַזֶּה׃ וַיֹּרִדֵהוּ וְהִנֵּה נְטֻשִׁים עַל־פְּנֵי כָל־
הָאָרֶץ אֹכְלִים וְשֹׁתִים וְחֹגְגִים בְּכֹל הַשָּׁלָל הַגָּדוֹל אֲשֶׁר לָקְחוּ
יז מֵאֶרֶץ פְּלִשְׁתִּים וּמֵאֶרֶץ יְהוּדָה׃ וַיַּכֵּם דָּוִד מֵהַנֶּשֶׁף וְעַד־הָעֶרֶב
לְמָחֳרָתָם וְלֹא־נִמְלַט מֵהֶם אִישׁ כִּי אִם־אַרְבַּע מֵאוֹת אִישׁ־
יח נַעַר אֲשֶׁר־רָכְבוּ עַל־הַגְּמַלִּים וַיָּנֻסוּ׃ וַיַּצֵּל דָּוִד אֵת כָּל־אֲשֶׁר
יט לָקְחוּ עֲמָלֵק וְאֶת־שְׁתֵּי נָשָׁיו הִצִּיל דָּוִד׃ וְלֹא נֶעְדַּר־לָהֶם מִן־
הַקָּטֹן וְעַד־הַגָּדוֹל וְעַד־בָּנִים וּבָנוֹת וּמִשָּׁלָל וְעַד כָּל־אֲשֶׁר
כ לָקְחוּ לָהֶם הַכֹּל הֵשִׁיב דָּוִד׃ וַיִּקַּח דָּוִד אֶת־כָּל־הַצֹּאן וְהַבָּקָר
כא נָהֲגוּ לִפְנֵי הַמִּקְנֶה הַהוּא וַיֹּאמְרוּ זֶה שְׁלַל דָּוִד׃ וַיָּבֹא דָוִד אֶל־
מָאתַיִם הָאֲנָשִׁים אֲשֶׁר־פִּגְּרוּ ׀ מִלֶּכֶת ׀ אַחֲרֵי דָוִד וַיֹּשִׁיבֻם בְּנַחַל

הַבְּשׂוֹר וַיֵּצְאוּ לִקְרַאת דָּוִד וְלִקְרַאת הָעָם אֲשֶׁר אִתּוֹ וַיִּגַּשׁ דָּוִד
כב אֶת־הָעָם וַיִּשְׁאַל לָהֶם לְשָׁלוֹם: וַיַּעַן כָּל־אִישׁ ׀
רָע וּבְלִיַּעַל מֵהָאֲנָשִׁים אֲשֶׁר הָלְכוּ עִם־דָּוִד וַיֹּאמְרוּ יַעַן אֲשֶׁר
לֹא־הָלְכוּ עִמִּי לֹא־נִתֵּן לָהֶם מֵהַשָּׁלָל אֲשֶׁר הִצַּלְנוּ כִּי אִם־
כג אִישׁ אֶת־אִשְׁתּוֹ וְאֶת־בָּנָיו וְיִנְהֲגוּ וְיֵלֵכוּ: וַיֹּאמֶר
דָּוִד לֹא־תַעֲשׂוּ כֵן אֶחָי אֵת אֲשֶׁר־נָתַן יְהוָה לָנוּ וַיִּשְׁמֹר אֹתָנוּ
כד וַיִּתֵּן אֶת־הַגְּדוּד הַבָּא עָלֵינוּ בְּיָדֵנוּ: וּמִי יִשְׁמַע לָכֶם לַדָּבָר
הַזֶּה כִּי כְּחֵלֶק ׀ הורד בַּמִּלְחָמָה וּכְחֵלֶק הַיֹּשֵׁב עַל־הַכֵּלִים הַיֹּרֵד
כה יַחְדָּו יַחֲלֹקוּ: וַיְהִי מֵהַיּוֹם הַהוּא וָמָעְלָה וַיְשִׂמֶהָ כ
כו לְחֹק וּלְמִשְׁפָּט לְיִשְׂרָאֵל עַד הַיּוֹם הַזֶּה: וַיָּבֹא
דָּוִד אֶל־צִקְלַג וַיְשַׁלַּח מֵהַשָּׁלָל לְזִקְנֵי יְהוּדָה לְרֵעֵהוּ לֵאמֹר
כז הִנֵּה לָכֶם בְּרָכָה מִשְּׁלַל אֹיְבֵי יְהוָה: לַאֲשֶׁר בְּבֵית־אֵל וְלַאֲשֶׁר
כח בְּרָמוֹת־נֶגֶב וְלַאֲשֶׁר בְּיַתִּר: וְלַאֲשֶׁר בַּעֲרֹעֵר וְלַאֲשֶׁר בְּשִׂפְמוֹת
כט וְלַאֲשֶׁר בְּאֶשְׁתְּמֹעַ: וְלַאֲשֶׁר בְּרָכָל וְלַאֲשֶׁר בְּעָרֵי הַיְּרַחְמְאֵלִי
ל וְלַאֲשֶׁר בְּעָרֵי הַקֵּינִי: וְלַאֲשֶׁר בְּחָרְמָה וְלַאֲשֶׁר בְּבוֹר־עָשָׁן
לא וְלַאֲשֶׁר בַּעֲתָךְ: וְלַאֲשֶׁר בְּחֶבְרוֹן וּלְכָל־הַמְּקֹמוֹת אֲשֶׁר־
הִתְהַלֶּךְ־שָׁם דָּוִד הוּא וַאֲנָשָׁיו:
לא א וּפְלִשְׁתִּים נִלְחָמִים בְּיִשְׂרָאֵל וַיָּנֻסוּ אַנְשֵׁי יִשְׂרָאֵל מִפְּנֵי
ב פְּלִשְׁתִּים וַיִּפְּלוּ חֲלָלִים בְּהַר הַגִּלְבֹּעַ: וַיַּדְבְּקוּ פְלִשְׁתִּים אֶת־
שָׁאוּל וְאֶת־בָּנָיו וַיַּכּוּ פְלִשְׁתִּים אֶת־יְהוֹנָתָן וְאֶת־אֲבִינָדָב
ג וְאֶת־מַלְכִּי־שׁוּעַ בְּנֵי שָׁאוּל: וַתִּכְבַּד הַמִּלְחָמָה אֶל־שָׁאוּל
ד וַיִּמְצָאֻהוּ הַמּוֹרִים אֲנָשִׁים בַּקָּשֶׁת וַיָּחֶל מְאֹד מֵהַמּוֹרִים: וַיֹּאמֶר
שָׁאוּל לְנֹשֵׂא כֵלָיו שְׁלֹף חַרְבְּךָ ׀ וְדָקְרֵנִי בָהּ פֶּן־יָבוֹאוּ הָעֲרֵלִים
הָאֵלֶּה וּדְקָרֻנִי וְהִתְעַלְּלוּ־בִי וְלֹא אָבָה נֹשֵׂא כֵלָיו כִּי יָרֵא מְאֹד
ה וַיִּקַּח שָׁאוּל אֶת־הַחֶרֶב וַיִּפֹּל עָלֶיהָ: וַיַּרְא נֹשֵׂא־כֵלָיו כִּי־מֵת
ו שָׁאוּל וַיִּפֹּל גַּם־הוּא עַל־חַרְבּוֹ וַיָּמָת עִמּוֹ: וַיָּמָת שָׁאוּל וּשְׁלֹשֶׁת
ז בָּנָיו וְנֹשֵׂא כֵלָיו גַּם כָּל־אֲנָשָׁיו בַּיּוֹם הַהוּא יַחְדָּו: וַיִּרְאוּ אַנְשֵׁי־

יִשְׂרָאֵל אֲשֶׁר־בְּעֵבֶר הָעֵמֶק וַאֲשֶׁר ׀ בְּעֵבֶר הַיַּרְדֵּן כִּי־נָסוּ אַנְשֵׁי
יִשְׂרָאֵל וְכִי־מֵתוּ שָׁאוּל וּבָנָיו וַיַּעַזְבוּ אֶת־הֶעָרִים וַיָּנֻסוּ וַיָּבֹאוּ
ח פְלִשְׁתִּים וַיֵּשְׁבוּ בָּהֶן׃ וַיְהִי מִמָּחֳרָת וַיָּבֹאוּ
פְלִשְׁתִּים לְפַשֵּׁט אֶת־הַחֲלָלִים וַיִּמְצְאוּ אֶת־שָׁאוּל וְאֶת־
ט שְׁלֹשֶׁת בָּנָיו נֹפְלִים בְּהַר הַגִּלְבֹּעַ׃ וַיִּכְרְתוּ אֶת־רֹאשׁוֹ וַיַּפְשִׁטוּ
אֶת־כֵּלָיו וַיְשַׁלְּחוּ בְאֶרֶץ־פְּלִשְׁתִּים סָבִיב לְבַשֵּׂר בֵּית עֲצַבֵּיהֶם
י וְאֶת־הָעָם׃ וַיָּשִׂימוּ אֶת־כֵּלָיו בֵּית עַשְׁתָּרוֹת וְאֶת־גְּוִיָּתוֹ תָּקְעוּ
יא בְּחוֹמַת בֵּית שָׁן׃ וַיִּשְׁמְעוּ אֵלָיו יֹשְׁבֵי יָבֵישׁ גִּלְעָד אֵת אֲשֶׁר־
יב עָשׂוּ פְלִשְׁתִּים לְשָׁאוּל׃ וַיָּקוּמוּ כָּל־אִישׁ חַיִל וַיֵּלְכוּ כָל־הַלַּיְלָה
וַיִּקְחוּ אֶת־גְּוִיַּת שָׁאוּל וְאֵת גְּוִיֹּת בָּנָיו מֵחוֹמַת בֵּית שָׁן וַיָּבֹאוּ
יג יָבֵשָׁה וַיִּשְׂרְפוּ אֹתָם שָׁם׃ וַיִּקְחוּ אֶת־עַצְמֹתֵיהֶם וַיִּקְבְּרוּ תַחַת־
א א הָאֶשֶׁל בְּיָבֵשָׁה וַיָּצֻמוּ שִׁבְעַת יָמִים׃ וַיְהִי אַחֲרֵי שמואל ב
מוֹת שָׁאוּל וְדָוִד שָׁב מֵהַכּוֹת אֶת־הָעֲמָלֵק וַיֵּשֶׁב דָּוִד
ב בְּצִקְלָג יָמִים שְׁנָיִם׃ וַיְהִי ׀ בַּיּוֹם הַשְּׁלִישִׁי וְהִנֵּה אִישׁ בָּא מִן־
הַמַּחֲנֶה מֵעִם שָׁאוּל וּבְגָדָיו קְרֻעִים וַאֲדָמָה עַל־רֹאשׁוֹ וַיְהִי
ג בְּבֹאוֹ אֶל־דָּוִד וַיִּפֹּל אַרְצָה וַיִּשְׁתָּחוּ׃ וַיֹּאמֶר לוֹ דָּוִד אֵי מִזֶּה
ד תָּבוֹא וַיֹּאמֶר אֵלָיו מִמַּחֲנֵה יִשְׂרָאֵל נִמְלָטְתִּי׃ וַיֹּאמֶר אֵלָיו
דָּוִד מֶה־הָיָה הַדָּבָר הַגֶּד־נָא לִי וַיֹּאמֶר אֲשֶׁר־נָס הָעָם מִן־
הַמִּלְחָמָה וְגַם־הַרְבֵּה נָפַל מִן־הָעָם וַיָּמֻתוּ וְגַם שָׁאוּל וִיהוֹנָתָן
ה בְּנוֹ מֵתוּ׃ וַיֹּאמֶר דָּוִד אֶל־הַנַּעַר הַמַּגִּיד לוֹ אֵיךְ יָדַעְתָּ כִּי־
ו מֵת שָׁאוּל וִיהוֹנָתָן בְּנוֹ׃ וַיֹּאמֶר הַנַּעַר ׀ הַמַּגִּיד לוֹ נִקְרֹא
נִקְרֵיתִי בְּהַר הַגִּלְבֹּעַ וְהִנֵּה שָׁאוּל נִשְׁעָן עַל־חֲנִיתוֹ וְהִנֵּה
ז הָרֶכֶב וּבַעֲלֵי הַפָּרָשִׁים הִדְבִּקֻהוּ׃ וַיִּפֶן אַחֲרָיו וַיִּרְאֵנִי וַיִּקְרָא
ח אֵלָי וָאֹמַר הִנֵּנִי׃ וַיֹּאמֶר לִי מִי־אָתָּה ויאמר אֵלָיו עֲמָלֵקִי וָאֹמַר
ט אָנֹכִי׃ וַיֹּאמֶר אֵלַי עֲמָד־נָא עָלַי וּמֹתְתֵנִי כִּי אֲחָזַנִי הַשָּׁבָץ כִּי־
י כָל־עוֹד נַפְשִׁי בִּי׃ וָאֶעֱמֹד עָלָיו וַאֲמֹתְתֵהוּ כִּי יָדַעְתִּי כִּי לֹא
יִחְיֶה אַחֲרֵי נִפְלוֹ וָאֶקַּח הַנֵּזֶר ׀ אֲשֶׁר עַל־רֹאשׁוֹ וְאֶצְעָדָה אֲשֶׁר

יא עַל־זְרֹעוֹ וָאֲבִיאֵם אֶל־אֲדֹנִי הֵנָּה׃ וַיַּחֲזֵק דָּוִד בִּבְגָדָו וַיִּקְרָעֵם
יב וְגַם כָּל־הָאֲנָשִׁים אֲשֶׁר אִתּוֹ׃ וַיִּסְפְּדוּ וַיִּבְכּוּ וַיָּצֻמוּ עַד־הָעָרֶב
עַל־שָׁאוּל וְעַל־יְהוֹנָתָן בְּנוֹ וְעַל־עַם יהוה וְעַל־בֵּית יִשְׂרָאֵל
יג כִּי נָפְלוּ בֶּחָרֶב׃ וַיֹּאמֶר דָּוִד אֶל־הַנַּעַר הַמַּגִּיד
יד לוֹ אֵי מִזֶּה אָתָּה וַיֹּאמֶר בֶּן־אִישׁ גֵּר עֲמָלֵקִי אָנֹכִי׃ וַיֹּאמֶר
אֵלָיו דָּוִד אֵיךְ לֹא יָרֵאתָ לִשְׁלֹחַ יָדְךָ לְשַׁחֵת אֶת־מְשִׁיחַ יְהוָה׃
טו וַיִּקְרָא דָוִד לְאַחַד מֵהַנְּעָרִים וַיֹּאמֶר גַּשׁ פְּגַע־בּוֹ וַיַּכֵּהוּ וַיָּמֹת׃
טז וַיֹּאמֶר אֵלָיו דָּוִד דמיך עַל־רֹאשֶׁךָ כִּי פִיךָ עָנָה בְךָ לֵאמֹר דָּמְךָ
יז אָנֹכִי מֹתַתִּי אֶת־מְשִׁיחַ יְהוָה׃ וַיְקֹנֵן דָּוִד אֶת־
יח הַקִּינָה הַזֹּאת עַל־שָׁאוּל וְעַל־יְהוֹנָתָן בְּנוֹ׃ וַיֹּאמֶר לְלַמֵּד בְּנֵי־
יט יְהוּדָה קָשֶׁת הִנֵּה כְתוּבָה עַל־סֵפֶר הַיָּשָׁר׃ הַצְּבִי יִשְׂרָאֵל עַל־
כ בָּמוֹתֶיךָ חָלָל אֵיךְ נָפְלוּ גִבּוֹרִים׃ אַל־תַּגִּידוּ בְגַת אַל־תְּבַשְּׂרוּ
בְּחוּצֹת אַשְׁקְלוֹן פֶּן־תִּשְׂמַחְנָה בְּנוֹת פְּלִשְׁתִּים פֶּן־תַּעֲלֹזְנָה
כא בְּנוֹת הָעֲרֵלִים׃ הָרֵי בַגִּלְבֹּעַ אַל־טַל וְאַל־מָטָר עֲלֵיכֶם וּשְׂדֵי
תְרוּמֹת כִּי שָׁם נִגְעַל מָגֵן גִּבּוֹרִים מָגֵן שָׁאוּל בְּלִי מָשִׁיחַ בַּשָּׁמֶן׃
כב מִדַּם חֲלָלִים מֵחֵלֶב גִּבּוֹרִים קֶשֶׁת יְהוֹנָתָן לֹא נָשׂוֹג אָחוֹר
כג וְחֶרֶב שָׁאוּל לֹא תָשׁוּב רֵיקָם׃ שָׁאוּל וִיהוֹנָתָן הַנֶּאֱהָבִים
וְהַנְּעִימִם בְּחַיֵּיהֶם וּבְמוֹתָם לֹא נִפְרָדוּ מִנְּשָׁרִים קַלּוּ מֵאֲרָיוֹת
כד גָּבֵרוּ׃ בְּנוֹת יִשְׂרָאֵל אֶל־שָׁאוּל בְּכֶינָה הַמַּלְבִּשְׁכֶם שָׁנִי עִם־
כה עֲדָנִים הַמַּעֲלֶה עֲדִי זָהָב עַל לְבוּשְׁכֶן׃ אֵיךְ נָפְלוּ גִבֹּרִים בְּתוֹךְ
כו הַמִּלְחָמָה יְהוֹנָתָן עַל־בָּמוֹתֶיךָ חָלָל׃ צַר־לִי עָלֶיךָ אָחִי יְהוֹנָתָן
כז נָעַמְתָּ לִּי מְאֹד נִפְלְאַתָה אַהֲבָתְךָ לִי מֵאַהֲבַת נָשִׁים׃ אֵיךְ
ב א נָפְלוּ גִבּוֹרִים וַיֹּאבְדוּ כְּלֵי מִלְחָמָה׃ וַיְהִי אַחֲרֵי־
כֵן וַיִּשְׁאַל דָּוִד בַּיהוָה ׀ לֵאמֹר הַאֶעֱלֶה בְּאַחַת עָרֵי יְהוּדָה
וַיֹּאמֶר יְהוָה אֵלָיו עֲלֵה וַיֹּאמֶר דָּוִד אָנָה אֶעֱלֶה וַיֹּאמֶר חֶבְרֹנָה׃
ב וַיַּעַל שָׁם דָּוִד וְגַם שְׁתֵּי נָשָׁיו אֲחִינֹעַם הַיִּזְרְעֵלִית וַאֲבִיגַיִל אֵשֶׁת
ג נָבָל הַכַּרְמְלִי׃ וַאֲנָשָׁיו אֲשֶׁר־עִמּוֹ הֶעֱלָה דָוִד אִישׁ וּבֵיתוֹ וַיֵּשְׁבוּ

ד בְּעָרֵי חֶבְרֽוֹן: וַיָּבֹ֙אוּ֙ אַנְשֵׁ֣י יְהוּדָ֔ה וַיִּמְשְׁחוּ־שָׁ֥ם אֶת־דָּוִ֖ד לְמֶ֑לֶךְ
עַל־בֵּ֖ית יְהוּדָ֑ה וַיַּגִּ֤דוּ לְדָוִד֙ לֵאמֹ֔ר אַנְשֵׁ֖י יָבֵ֣ישׁ גִּלְעָ֑ד אֲשֶׁ֥ר
ה קָבְר֖וּ אֶת־שָׁאֽוּל: וַיִּשְׁלַ֤ח דָּוִד֙ מַלְאָכִ֔ים אֶל־
אַנְשֵׁ֖י יָבֵ֣ישׁ גִּלְעָ֑ד וַיֹּ֣אמֶר אֲלֵיהֶ֗ם בְּרֻכִ֤ים אַתֶּם֙ לַֽיהֹוָ֔ה אֲשֶׁ֨ר
עֲשִׂיתֶ֜ם הַחֶ֣סֶד הַזֶּ֗ה עִם־אֲדֹֽנֵיכֶם֙ עִם־שָׁא֔וּל וַתִּקְבְּר֖וּ אֹתֽוֹ:
ו וְעַתָּ֕ה יַֽעַשׂ־יְהֹוָ֥ה עִמָּכֶ֖ם חֶ֣סֶד וֶאֱמֶ֑ת וְגַ֣ם אָנֹכִ֗י אֶֽעֱשֶׂה֙ אִתְּכֶם֙
ז הַטּוֹבָ֣ה הַזֹּ֔את אֲשֶׁ֥ר עֲשִׂיתֶ֖ם הַדָּבָ֣ר הַזֶּֽה: וְעַתָּ֣ה ׀ תֶּֽחֱזַ֣קְנָה כא
יְדֵיכֶ֗ם וִֽהְי֣וּ לִבְנֵי־חַ֔יִל כִּי־מֵ֖ת אֲדֹֽנֵיכֶ֣ם שָׁא֑וּל וְגַם־אֹתִ֗י מָשְׁח֤וּ
ח בֵֽית־יְהוּדָ֖ה לְמֶ֣לֶךְ עֲלֵיהֶֽם: וְאַבְנֵ֣ר בֶּן־נֵ֔ר שַׂר־
צָבָ֖א אֲשֶׁ֣ר לְשָׁא֑וּל לָקַ֗ח אֶת־אִ֥ישׁ בֹּ֨שֶׁת֙ בֶּן־שָׁא֔וּל וַיַּעֲבִרֵ֖הוּ
ט מַֽחֲנָֽיִם: וַיַּמְלִכֵ֙הוּ֙ אֶל־הַגִּלְעָ֔ד וְאֶל־הָאֲשׁוּרִ֖י וְאֶל־יִזְרְעֶ֑אל
י וְעַל־אֶפְרַ֙יִם֙ וְעַל־בִּנְיָמִ֔ן וְעַל־יִשְׂרָאֵ֖ל כֻּלֹּֽה: בֶּן־
אַרְבָּעִ֤ים שָׁנָה֙ אִֽישׁ־בֹּ֣שֶׁת בֶּן־שָׁא֔וּל בְּמָלְכ֖וֹ עַל־יִשְׂרָאֵ֔ל
יא וּשְׁתַּ֥יִם שָׁנִ֖ים מָלָ֑ךְ אַ֚ךְ בֵּ֣ית יְהוּדָ֔ה הָי֖וּ אַֽחֲרֵ֥י דָוִֽד: וַֽיְהִי֙ מִסְפַּ֣ר
הַיָּמִ֗ים אֲשֶׁר֩ הָיָ֨ה דָוִ֥ד מֶ֛לֶךְ בְּחֶבְר֖וֹן עַל־בֵּ֣ית יְהוּדָ֑ה שֶׁ֥בַע
יב שָׁנִ֖ים וְשִׁשָּׁ֥ה חֳדָשִֽׁים: וַיֵּצֵ֞א אַבְנֵ֣ר בֶּן־נֵ֗ר וְעַבְדֵ֛י אִֽישׁ־
יג בֹּ֥שֶׁת בֶּן־שָׁא֖וּל מִֽמַּחֲנַ֖יִם גִּבְעֽוֹנָה: וְיוֹאָ֙ב בֶּן־צְרוּיָ֜ה
וְעַבְדֵ֤י דָוִד֙ יָֽצְא֔וּ וַֽיִּפְגְּשׁ֛וּם עַל־בְּרֵכַ֥ת גִּבְע֖וֹן יַחְדָּ֑ו וַיֵּ֣שְׁב֗וּ אֵ֚לֶּה
יד עַל־הַבְּרֵכָה֙ מִזֶּ֔ה וְאֵ֥לֶּה עַל־הַבְּרֵכָ֖ה מִזֶּֽה: וַיֹּ֤אמֶר אַבְנֵר֙ אֶל־
יוֹאָ֔ב יָק֤וּמוּ נָא֙ הַנְּעָרִ֔ים וִֽישַׂחֲק֖וּ לְפָנֵ֑ינוּ וַיֹּ֥אמֶר יוֹאָ֖ב יָקֻֽמוּ:
טו וַיָּקֻ֙מוּ֙ וַיַּֽעַבְר֣וּ בְמִסְפָּ֔ר שְׁנֵ֥ים עָשָׂ֖ר לְבִנְיָמִ֑ן וּלְאִ֥ישׁ בֹּ֣שֶׁת בֶּן־
טז שָׁא֔וּל וּשְׁנֵ֥ים עָשָׂ֖ר מֵעַבְדֵ֥י דָוִֽד: וַֽיַּחֲזִ֜קוּ אִ֣ישׁ ׀ בְּרֹ֣אשׁ רֵעֵ֗הוּ
וְחַרְבּוֹ֙ בְּצַ֣ד רֵעֵ֔הוּ וַיִּפְּל֖וּ יַחְדָּ֑ו וַיִּקְרָא֙ לַמָּק֣וֹם הַה֔וּא חֶלְקַ֥ת
יז הַצֻּרִ֖ים אֲשֶׁ֥ר בְּגִבְעֽוֹן: וַתְּהִ֧י הַמִּלְחָמָ֛ה קָשָׁ֥ה עַד־מְאֹ֖ד בַּיּ֣וֹם
יח הַה֑וּא וַיִּנָּ֤גֶף אַבְנֵר֙ וְאַנְשֵׁ֣י יִשְׂרָאֵ֔ל לִפְנֵ֖י עַבְדֵ֥י דָוִֽד: וַיִּֽהְיוּ־שָׁ֗ם
שְׁלֹשָׁה֙ בְּנֵ֣י צְרוּיָ֔ה יוֹאָ֥ב וַֽאֲבִישַׁ֖י וַעֲשָׂהאֵ֑ל וַעֲשָׂהאֵל֙ קַ֣ל
יט בְּרַגְלָ֔יו כְּאַחַ֥ד הַצְּבָיִ֖ם אֲשֶׁ֣ר בַּשָּׂדֶֽה: וַיִּרְדֹּ֥ף עֲשָׂהאֵ֖ל אַחֲרֵ֣י

אַבְנֵר וְלֹא־נָטָה לָלֶכֶת עַל־הַיָּמִין וְעַל־הַשְּׂמֹאול מֵאַחֲרֵי
כ אַבְנֵר: וַיִּפֶן אַבְנֵר אַחֲרָיו וַיֹּאמֶר הַאַתָּה זֶה עֲשָׂהאֵל וַיֹּאמֶר
כא אָנֹכִי: וַיֹּאמֶר לוֹ אַבְנֵר נְטֵה לְךָ עַל־יְמִינְךָ אוֹ עַל־שְׂמֹאלֶךָ
וֶאֱחֹז לְךָ אֶחָד מֵהַנְּעָרִים וְקַח־לְךָ אֶת־חֲלִצָתוֹ וְלֹא־אָבָה
כב עֲשָׂהאֵל לָסוּר מֵאַחֲרָיו: וַיֹּסֶף עוֹד אַבְנֵר לֵאמֹר אֶל־עֲשָׂהאֵל
סוּר לְךָ מֵאַחֲרָי לָמָּה אַכֶּכָּה אַרְצָה וְאֵיךְ אֶשָּׂא פָנַי אֶל־יוֹאָב
כג אָחִיךָ: וַיְמָאֵן לָסוּר וַיַּכֵּהוּ אַבְנֵר בְּאַחֲרֵי הַחֲנִית אֶל־הַחֹמֶשׁ
וַתֵּצֵא הַחֲנִית מֵאַחֲרָיו וַיִּפָּל־שָׁם וַיָּמָת תַּחְתָּו וַיְהִי כָּל־הַבָּא
כד אֶל־הַמָּקוֹם אֲשֶׁר־נָפַל שָׁם עֲשָׂהאֵל וַיָּמֹת וַיַּעֲמֹדוּ: וַיִּרְדְּפוּ
יוֹאָב וַאֲבִישַׁי אַחֲרֵי אַבְנֵר וְהַשֶּׁמֶשׁ בָּאָה וְהֵמָּה בָּאוּ עַד־
כה גִּבְעַת אַמָּה אֲשֶׁר עַל־פְּנֵי־גִיחַ דֶּרֶךְ מִדְבַּר גִּבְעוֹן: וַיִּתְקַבְּצוּ
בְנֵי־בִנְיָמִן אַחֲרֵי אַבְנֵר וַיִּהְיוּ לַאֲגֻדָּה אֶחָת וַיַּעַמְדוּ עַל רֹאשׁ־
כו גִּבְעָה אֶחָת: וַיִּקְרָא אַבְנֵר אֶל־יוֹאָב וַיֹּאמֶר הֲלָנֶצַח תֹּאכַל
חֶרֶב הֲלוֹא יָדַעְתָּה כִּי־מָרָה תִהְיֶה בָּאַחֲרוֹנָה וְעַד־מָתַי לֹא־
כז תֹאמַר לָעָם לָשׁוּב מֵאַחֲרֵי אֲחֵיהֶם: וַיֹּאמֶר יוֹאָב חַי הָאֱלֹהִים
כִּי לוּלֵא דִּבַּרְתָּ כִּי אָז מֵהַבֹּקֶר נַעֲלָה הָעָם אִישׁ מֵאַחֲרֵי אָחִיו:
כח וַיִּתְקַע יוֹאָב בַּשּׁוֹפָר וַיַּעַמְדוּ כָּל־הָעָם וְלֹא־יִרְדְּפוּ עוֹד אַחֲרֵי
כט יִשְׂרָאֵל וְלֹא־יָסְפוּ עוֹד לְהִלָּחֵם: וְאַבְנֵר וַאֲנָשָׁיו הָלְכוּ בָּעֲרָבָה
כֹּל הַלַּיְלָה הַהוּא וַיַּעַבְרוּ אֶת־הַיַּרְדֵּן וַיֵּלְכוּ כָּל־הַבִּתְרוֹן וַיָּבֹאוּ
ל מַחֲנָיִם: וְיוֹאָב שָׁב מֵאַחֲרֵי אַבְנֵר וַיִּקְבֹּץ אֶת־כָּל־הָעָם וַיִּפָּקְדוּ
לא מֵעַבְדֵי דָוִד תִּשְׁעָה־עָשָׂר אִישׁ וַעֲשָׂהאֵל: וְעַבְדֵי דָוִד הִכּוּ
לב מִבִּנְיָמִן וּבְאַנְשֵׁי אַבְנֵר שְׁלֹשׁ־מֵאוֹת וְשִׁשִּׁים אִישׁ מֵתוּ: וַיִּשְׂאוּ
אֶת־עֲשָׂהאֵל וַיִּקְבְּרֻהוּ בְּקֶבֶר אָבִיו אֲשֶׁר בֵּית לָחֶם וַיֵּלְכוּ כָל־
ג א הַלַּיְלָה יוֹאָב וַאֲנָשָׁיו וַיֵּאֹר לָהֶם בְּחֶבְרוֹן: וַתְּהִי הַמִּלְחָמָה
אֲרֻכָּה בֵּין בֵּית שָׁאוּל וּבֵין בֵּית דָּוִד וְדָוִד הֹלֵךְ וְחָזֵק וּבֵית
ב שָׁאוּל הֹלְכִים וְדַלִּים: וילדו לְדָוִד בָּנִים בְּחֶבְרוֹן וַיִּוָּלְדוּ
ג וַיְהִי בְכוֹרוֹ אַמְנוֹן לַאֲחִינֹעַם הַיִּזְרְעֵאלִת: וּמִשְׁנֵהוּ כִלְאָב

ג

לאביגל אֵשֶׁת נָבָל הַכַּרְמְלִי וְהַשְּׁלִשִׁי אַבְשָׁלוֹם בֶּן־מַעֲכָה לַאֲבִיגַיִל
ד בַּת־תַּלְמַי מֶלֶךְ גְּשׁוּר: וְהָרְבִיעִי אֲדֹנִיָּה בֶן־חַגִּית וְהַחֲמִישִׁי
ה שְׁפַטְיָה בֶן־אֲבִיטָל: וְהַשִּׁשִּׁי יִתְרְעָם לְעֶגְלָה אֵשֶׁת דָּוִד אֵלֶּה
ו יֻלְּדוּ לְדָוִד בְּחֶבְרוֹן: וַיְהִי בִּהְיוֹת הַמִּלְחָמָה בֵּין
בֵּית שָׁאוּל וּבֵין בֵּית דָּוִד וְאַבְנֵר הָיָה מִתְחַזֵּק בְּבֵית שָׁאוּל:
ז וּלְשָׁאוּל פִּלֶגֶשׁ וּשְׁמָהּ רִצְפָּה בַת־אַיָּה וַיֹּאמֶר אֶל־אַבְנֵר מַדּוּעַ
ח בָּאתָה אֶל־פִּילֶגֶשׁ אָבִי: וַיִּחַר לְאַבְנֵר מְאֹד עַל־דִּבְרֵי אִישׁ־
בֹּשֶׁת וַיֹּאמֶר הֲרֹאשׁ כֶּלֶב אָנֹכִי אֲשֶׁר לִיהוּדָה הַיּוֹם אֶעֱשֶׂה־
חֶסֶד עִם־בֵּית ׀ שָׁאוּל אָבִיךָ אֶל־אֶחָיו וְאֶל־מֵרֵעֵהוּ וְלֹא
ט הִמְצִיתִךָ בְּיַד דָּוִד וַתִּפְקֹד עָלַי עֲוֹן הָאִשָּׁה הַיּוֹם: כֹּה־יַעֲשֶׂה
אֱלֹהִים לְאַבְנֵר וְכֹה יֹסִיף לוֹ כִּי כַּאֲשֶׁר נִשְׁבַּע יהוה לְדָוִד כִּי־
י כֵן אֶעֱשֶׂה־לּוֹ: לְהַעֲבִיר הַמַּמְלָכָה מִבֵּית שָׁאוּל וּלְהָקִים
אֶת־כִּסֵּא דָוִד עַל־יִשְׂרָאֵל וְעַל־יְהוּדָה מִדָּן וְעַד־בְּאֵר
יא שָׁבַע: וְלֹא־יָכֹל עוֹד לְהָשִׁיב אֶת־אַבְנֵר דָּבָר מִיִּרְאָתוֹ
יב אֹתוֹ: וַיִּשְׁלַח אַבְנֵר מַלְאָכִים ׀ אֶל־דָּוִד תַּחְתָּו
לֵאמֹר לְמִי־אָרֶץ לֵאמֹר כָּרְתָה בְרִיתְךָ אִתִּי וְהִנֵּה יָדִי עִמָּךְ
יג לְהָסֵב אֵלֶיךָ אֶת־כָּל־יִשְׂרָאֵל: וַיֹּאמֶר טוֹב אֲנִי אֶכְרֹת אִתְּךָ
בְּרִית אַךְ דָּבָר אֶחָד אָנֹכִי שֹׁאֵל מֵאִתְּךָ לֵאמֹר לֹא־תִרְאֶה
אֶת־פָּנַי כִּי ׀ אִם־לִפְנֵי הֱבִיאֲךָ אֵת מִיכַל בַּת־שָׁאוּל בְּבֹאֲךָ
יד לִרְאוֹת אֶת־פָּנָי: וַיִּשְׁלַח דָּוִד מַלְאָכִים אֶל־אִישׁ־בֹּשֶׁת
בֶּן־שָׁאוּל לֵאמֹר תְּנָה אֶת־אִשְׁתִּי אֶת־מִיכַל אֲשֶׁר אֵרַשְׂתִּי לִי
טו בְּמֵאָה עָרְלוֹת פְּלִשְׁתִּים: וַיִּשְׁלַח אִישׁ בֹּשֶׁת וַיִּקָּחֶהָ מֵעִם אִישׁ
טז מֵעִם פַּלְטִיאֵל בֶּן־לוש: וַיֵּלֶךְ אִתָּהּ אִישָׁהּ הָלוֹךְ וּבָכֹה אַחֲרֶיהָ לַיִשׁ
יז עַד־בַּחֻרִים וַיֹּאמֶר אֵלָיו אַבְנֵר לֵךְ שׁוּב וַיָּשֹׁב: וּדְבַר־אַבְנֵר
הָיָה עִם־זִקְנֵי יִשְׂרָאֵל לֵאמֹר גַּם־תְּמוֹל גַּם־שִׁלְשֹׁם הֱיִיתֶם
יח מְבַקְשִׁים אֶת־דָּוִד לְמֶלֶךְ עֲלֵיכֶם: וְעַתָּה עֲשׂוּ כִּי יהוה אָמַר
אֶל־דָּוִד לֵאמֹר בְּיַד ׀ דָּוִד עַבְדִּי הוֹשִׁיעַ אֶת־עַמִּי יִשְׂרָאֵל מִיַּד

פְּלִשְׁתִּים וּמִיַּד כָּל־אֹיְבֵיהֶם: וַיְדַבֵּר גַּם־אַבְנֵר בְּאָזְנֵי בִנְיָמִין יט
וַיֵּלֶךְ גַּם־אַבְנֵר לְדַבֵּר בְּאָזְנֵי דָוִד בְּחֶבְרוֹן אֵת כָּל־אֲשֶׁר־טוֹב
כ בְּעֵינֵי יִשְׂרָאֵל וּבְעֵינֵי כָּל־בֵּית בִּנְיָמִן: וַיָּבֹא אַבְנֵר אֶל־דָּוִד
חֶבְרוֹן וְאִתּוֹ עֶשְׂרִים אֲנָשִׁים וַיַּעַשׂ דָּוִד לְאַבְנֵר וְלַאֲנָשִׁים אֲשֶׁר־
כא אִתּוֹ מִשְׁתֶּה: וַיֹּאמֶר אַבְנֵר אֶל־דָּוִד אָקוּמָה ׀ וְאֵלֵכָה וְאֶקְבְּצָה כב
אֶל־אֲדֹנִי הַמֶּלֶךְ אֶת־כָּל־יִשְׂרָאֵל וְיִכְרְתוּ אִתְּךָ בְּרִית וּמָלַכְתָּ
בְּכֹל אֲשֶׁר־תְּאַוֶּה נַפְשֶׁךָ וַיְשַׁלַּח דָּוִד אֶת־אַבְנֵר וַיֵּלֶךְ בְּשָׁלוֹם:
כב וְהִנֵּה עַבְדֵי דָוִד וְיוֹאָב בָּא מֵהַגְּדוּד וְשָׁלָל רָב עִמָּם הֵבִיאוּ
כג וְאַבְנֵר אֵינֶנּוּ עִם־דָּוִד בְּחֶבְרוֹן כִּי שִׁלְּחוֹ וַיֵּלֶךְ בְּשָׁלוֹם: וְיוֹאָב
וְכָל־הַצָּבָא אֲשֶׁר־אִתּוֹ בָּאוּ וַיַּגִּדוּ לְיוֹאָב לֵאמֹר בָּא־אַבְנֵר בֶּן־
כד נֵר אֶל־הַמֶּלֶךְ וַיְשַׁלְּחֵהוּ וַיֵּלֶךְ בְּשָׁלוֹם: וַיָּבֹא יוֹאָב אֶל־הַמֶּלֶךְ
וַיֹּאמֶר מֶה עָשִׂיתָה הִנֵּה־בָא אַבְנֵר אֵלֶיךָ לָמָּה־זֶּה שִׁלַּחְתּוֹ
כה וַיֵּלֶךְ הָלוֹךְ: יָדַעְתָּ אֶת־אַבְנֵר בֶּן־נֵר כִּי לְפַתֹּתְךָ בָּא וְלָדַעַת
אֶת־מוֹצָאֲךָ וְאֶת־מִבוֹאֶךָ וְלָדַעַת אֵת כָּל־אֲשֶׁר אַתָּה עֹשֶׂה: מֻבָאֲךָ
כו וַיֵּצֵא יוֹאָב מֵעִם דָּוִד וַיִּשְׁלַח מַלְאָכִים אַחֲרֵי אַבְנֵר וַיָּשִׁבוּ אֹתוֹ
כז מִבּוֹר הַסִּרָה וְדָוִד לֹא יָדָע: וַיָּשָׁב אַבְנֵר חֶבְרוֹן וַיַּטֵּהוּ יוֹאָב
אֶל־תּוֹךְ הַשַּׁעַר לְדַבֵּר אִתּוֹ בַּשֶּׁלִי וַיַּכֵּהוּ שָׁם הַחֹמֶשׁ וַיָּמָת
כח בְּדַם עֲשָׂהאֵל אָחִיו: וַיִּשְׁמַע דָּוִד מֵאַחֲרֵי כֵן וַיֹּאמֶר נָקִי אָנֹכִי
כט וּמַמְלַכְתִּי מֵעִם יְהוָה עַד־עוֹלָם מִדְּמֵי אַבְנֵר בֶּן־נֵר: יָחֻלוּ עַל־
רֹאשׁ יוֹאָב וְאֶל כָּל־בֵּית אָבִיו וְאַל־יִכָּרֵת מִבֵּית יוֹאָב זָב
ל וּמְצֹרָע וּמַחֲזִיק בַּפֶּלֶךְ וְנֹפֵל בַּחֶרֶב וַחֲסַר־לָחֶם: וְיוֹאָב וַאֲבִישַׁי
אָחִיו הָרְגוּ לְאַבְנֵר עַל אֲשֶׁר הֵמִית אֶת־עֲשָׂהאֵל אֲחִיהֶם
לא בְּגִבְעוֹן בַּמִּלְחָמָה: וַיֹּאמֶר דָּוִד אֶל־יוֹאָב וְאֶל־
כָּל־הָעָם אֲשֶׁר־אִתּוֹ קִרְעוּ בִגְדֵיכֶם וְחִגְרוּ שַׂקִּים וְסִפְדוּ לִפְנֵי
לב אַבְנֵר וְהַמֶּלֶךְ דָּוִד הֹלֵךְ אַחֲרֵי הַמִּטָּה: וַיִּקְבְּרוּ אֶת־אַבְנֵר
בְּחֶבְרוֹן וַיִּשָּׂא הַמֶּלֶךְ אֶת־קוֹלוֹ וַיֵּבְךְּ אֶל־קֶבֶר אַבְנֵר וַיִּבְכּוּ כָּל־
לג הָעָם: וַיְקֹנֵן הַמֶּלֶךְ אֶל־אַבְנֵר וַיֹּאמַר הַכְּמוֹת

לד נָבָל יָמוּת אַבְנֵר׃ יָדֶךָ לֹא־אֲסֻרוֹת וְרַגְלֶיךָ לֹא־לִנְחֻשְׁתַּיִם
הֻגָּשׁוּ כִּנְפוֹל לִפְנֵי בְנֵי־עַוְלָה נָפָלְתָּ וַיֹּסִפוּ כָל־הָעָם לִבְכּוֹת
לה עָלָיו׃ וַיָּבֹא כָל־הָעָם לְהַבְרוֹת אֶת־דָּוִד לֶחֶם בְּעוֹד הַיּוֹם
וַיִּשָּׁבַע דָּוִד לֵאמֹר כֹּה יַעֲשֶׂה־לִּי אֱלֹהִים וְכֹה יֹסִיף כִּי אִם־
לו לִפְנֵי בוֹא־הַשֶּׁמֶשׁ אֶטְעַם־לֶחֶם אוֹ כָל־מְאוּמָה׃ וְכָל־הָעָם
הִכִּירוּ וַיִּיטַב בְּעֵינֵיהֶם כְּכֹל אֲשֶׁר עָשָׂה הַמֶּלֶךְ בְּעֵינֵי כָל־הָעָם
לז טוֹב׃ וַיֵּדְעוּ כָל־הָעָם וְכָל־יִשְׂרָאֵל בַּיּוֹם הַהוּא כִּי לֹא הָיְתָה
לח מֵהַמֶּלֶךְ לְהָמִית אֶת־אַבְנֵר בֶּן־נֵר׃ וַיֹּאמֶר
הַמֶּלֶךְ אֶל־עֲבָדָיו הֲלוֹא תֵדְעוּ כִּי־שַׂר וְגָדוֹל נָפַל הַיּוֹם
לט הַזֶּה בְּיִשְׂרָאֵל׃ וְאָנֹכִי הַיּוֹם רַךְ וּמָשׁוּחַ מֶלֶךְ וְהָאֲנָשִׁים
הָאֵלֶּה בְּנֵי צְרוּיָה קָשִׁים מִמֶּנִּי יְשַׁלֵּם יְהוָה לְעֹשֵׂה הָרָעָה
ד א כְּרָעָתוֹ׃ וַיִּשְׁמַע בֶּן־שָׁאוּל כִּי מֵת אַבְנֵר בְּחֶבְרוֹן
ב וַיִּרְפּוּ יָדָיו וְכָל־יִשְׂרָאֵל נִבְהָלוּ׃ וּשְׁנֵי אֲנָשִׁים שָׂרֵי־גְדוּדִים הָיוּ
בֶן־שָׁאוּל שֵׁם הָאֶחָד בַּעֲנָה וְשֵׁם הַשֵּׁנִי רֵכָב בְּנֵי רִמּוֹן הַבְּאֵרֹתִי
ג מִבְּנֵי בִנְיָמִן כִּי גַּם־בְּאֵרוֹת תֵּחָשֵׁב עַל־בִּנְיָמִן׃ וַיִּבְרְחוּ הַבְּאֵרֹתִים
ד גִּתָּיְמָה וַיִּהְיוּ־שָׁם גָּרִים עַד הַיּוֹם הַזֶּה׃ וְלִיהוֹנָתָן
בֶּן־שָׁאוּל בֵּן נְכֵה רַגְלָיִם בֶּן־חָמֵשׁ שָׁנִים הָיָה בְּבֹא שְׁמֻעַת
שָׁאוּל וִיהוֹנָתָן מִיִּזְרְעֶאל וַתִּשָּׂאֵהוּ אֹמַנְתּוֹ וַתָּנֹס וַיְהִי בְּחָפְזָהּ
ה לָנוּס וַיִּפֹּל וַיִּפָּסֵחַ וּשְׁמוֹ מְפִיבֹשֶׁת׃ וַיֵּלְכוּ בְּנֵי־רִמּוֹן הַבְּאֵרֹתִי
רֵכָב וּבַעֲנָה וַיָּבֹאוּ כְּחֹם הַיּוֹם אֶל־בֵּית אִישׁ בֹּשֶׁת וְהוּא שֹׁכֵב
ו אֵת מִשְׁכַּב הַצָּהֳרָיִם׃ וְהֵנָּה בָּאוּ עַד־תּוֹךְ הַבַּיִת לֹקְחֵי חִטִּים
ז וַיַּכֻּהוּ אֶל־הַחֹמֶשׁ וְרֵכָב וּבַעֲנָה אָחִיו נִמְלָטוּ׃ וַיָּבֹאוּ הַבַּיִת
וְהוּא־שֹׁכֵב עַל־מִטָּתוֹ בַּחֲדַר מִשְׁכָּבוֹ וַיַּכֻּהוּ וַיְמִתֻהוּ וַיָּסִירוּ אֶת־
ח רֹאשׁוֹ וַיִּקְחוּ אֶת־רֹאשׁוֹ וַיֵּלְכוּ דֶּרֶךְ הָעֲרָבָה כָּל־הַלָּיְלָה׃ וַיָּבִאוּ
אֶת־רֹאשׁ אִישׁ־בֹּשֶׁת אֶל־דָּוִד חֶבְרוֹן וַיֹּאמְרוּ אֶל־הַמֶּלֶךְ
הִנֵּה־רֹאשׁ אִישׁ־בֹּשֶׁת בֶּן־שָׁאוּל אֹיִבְךָ אֲשֶׁר בִּקֵּשׁ אֶת־נַפְשֶׁךָ
וַיִּתֵּן יְהוָה לַאדֹנִי הַמֶּלֶךְ נְקָמוֹת הַיּוֹם הַזֶּה מִשָּׁאוּל וּמִזַּרְעוֹ׃

ט וַיַּעַן דָּוִד אֶת־רֵכָב ׀ וְאֶת־בַּעֲנָה אָחִיו בְּנֵי רִמּוֹן הַבְּאֵרֹתִי
י וַיֹּאמֶר לָהֶם חַי־יְהוָה אֲשֶׁר־פָּדָה אֶת־נַפְשִׁי מִכָּל־צָרָה: כִּי
הַמַּגִּיד לִי לֵאמֹר הִנֵּה־מֵת שָׁאוּל וְהוּא־הָיָה כִמְבַשֵּׂר בְּעֵינָיו
יא וָאֹחֲזָה בוֹ וָאֶהְרְגֵהוּ בְּצִקְלָג אֲשֶׁר לְתִתִּי־לוֹ בְּשֹׂרָה: אַף כִּי־
אֲנָשִׁים רְשָׁעִים הָרְגוּ אֶת־אִישׁ־צַדִּיק בְּבֵיתוֹ עַל־מִשְׁכָּבוֹ
וְעַתָּה הֲלוֹא אֲבַקֵּשׁ אֶת־דָּמוֹ מִיֶּדְכֶם וּבִעַרְתִּי אֶתְכֶם מִן־
יב הָאָרֶץ: וַיְצַו דָּוִד אֶת־הַנְּעָרִים וַיַּהַרְגוּם וַיְקַצְּצוּ אֶת־יְדֵיהֶם
וְאֶת־רַגְלֵיהֶם וַיִּתְלוּ עַל־הַבְּרֵכָה בְּחֶבְרוֹן וְאֵת רֹאשׁ אִישׁ־
בֹּשֶׁת לָקָחוּ וַיִּקְבְּרוּ בְקֶבֶר־אַבְנֵר בְּחֶבְרוֹן: ה א וַיָּבֹאוּ
כָּל־שִׁבְטֵי יִשְׂרָאֵל אֶל־דָּוִד חֶבְרוֹנָה וַיֹּאמְרוּ לֵאמֹר הִנְנוּ
ב עַצְמְךָ וּבְשָׂרְךָ אֲנָחְנוּ: גַּם־אֶתְמוֹל גַּם־שִׁלְשׁוֹם בִּהְיוֹת
שָׁאוּל מֶלֶךְ עָלֵינוּ אַתָּה הָיִיתָה מוציא וְהַמֵּבִי אֶת־ הַמּוֹצִיא
יִשְׂרָאֵל וַיֹּאמֶר יְהוָה לְךָ אַתָּה תִרְעֶה אֶת־עַמִּי
ג אֶת־יִשְׂרָאֵל וְאַתָּה תִּהְיֶה לְנָגִיד עַל־יִשְׂרָאֵל: וַיָּבֹאוּ כָּל־
זִקְנֵי יִשְׂרָאֵל אֶל־הַמֶּלֶךְ חֶבְרוֹנָה וַיִּכְרֹת לָהֶם הַמֶּלֶךְ דָּוִד
בְּרִית בְּחֶבְרוֹן לִפְנֵי יְהוָה וַיִּמְשְׁחוּ אֶת־דָּוִד לְמֶלֶךְ עַל־
ד יִשְׂרָאֵל: בֶּן־שְׁלֹשִׁים שָׁנָה דָּוִד בְּמָלְכוֹ אַרְבָּעִים
ה שָׁנָה מָלָךְ: בְּחֶבְרוֹן מָלַךְ עַל־יְהוּדָה שֶׁבַע שָׁנִים וְשִׁשָּׁה חֳדָשִׁים
וּבִירוּשָׁלַםִ מָלַךְ שְׁלֹשִׁים וְשָׁלֹשׁ שָׁנָה עַל כָּל־יִשְׂרָאֵל וִיהוּדָה:
ו וַיֵּלֶךְ הַמֶּלֶךְ וַאֲנָשָׁיו יְרוּשָׁלַםִ אֶל־הַיְבֻסִי יוֹשֵׁב הָאָרֶץ וַיֹּאמֶר
לְדָוִד לֵאמֹר לֹא־תָבוֹא הֵנָּה כִּי אִם־הֱסִירְךָ הַעִוְרִים וְהַפִּסְחִים
ז לֵאמֹר לֹא־יָבוֹא דָוִד הֵנָּה: וַיִּלְכֹּד דָּוִד אֵת מְצֻדַת צִיּוֹן הִיא
ח עִיר דָּוִד: וַיֹּאמֶר דָּוִד בַּיּוֹם הַהוּא כָּל־מַכֵּה יְבֻסִי וְיִגַּע בַּצִּנּוֹר
וְאֶת־הַפִּסְחִים וְאֶת־הַעִוְרִים שנאו נֶפֶשׁ דָּוִד עַל־כֵּן יֹאמְרוּ שְׂנֻאֵי
ט עִוֵּר וּפִסֵּחַ לֹא יָבוֹא אֶל־הַבָּיִת: וַיֵּשֶׁב דָּוִד בַּמְּצֻדָה וַיִּקְרָא־לָהּ
י עִיר דָּוִד וַיִּבֶן דָּוִד סָבִיב מִן־הַמִּלּוֹא וָבָיְתָה: וַיֵּלֶךְ דָּוִד הָלוֹךְ כג
יא וְגָדוֹל וַיהוָה אֱלֹהֵי צְבָאוֹת עִמּוֹ: וַיִּשְׁלַח חִירָם

מֶלֶךְ־צֹר מַלְאָכִים אֶל־דָּוִד וַעֲצֵי אֲרָזִים וְחָרָשֵׁי עֵץ וְחָרָשֵׁי אֶבֶן
יב קִיר וַיִּבְנוּ־בַיִת לְדָוִד׃ וַיֵּדַע דָּוִד כִּי־הֱכִינוֹ יְהוָה לְמֶלֶךְ עַל־יִשְׂרָאֵל
יג וְכִי נִשֵּׂא מַמְלַכְתּוֹ בַּעֲבוּר עַמּוֹ יִשְׂרָאֵל׃ וַיִּקַּח
דָּוִד עוֹד פִּלַגְשִׁים וְנָשִׁים מִירוּשָׁלַ͏ִם אַחֲרֵי בֹּאוֹ מֵחֶבְרוֹן וַיִּוָּלְדוּ
יד עוֹד לְדָוִד בָּנִים וּבָנוֹת׃ וְאֵלֶּה שְׁמוֹת הַיִּלֹּדִים לוֹ בִּירוּשָׁלָ͏ִם
טו שַׁמּוּעַ וְשׁוֹבָב וְנָתָן וּשְׁלֹמֹה׃ וְיִבְחָר וֶאֱלִישׁוּעַ וְנֶפֶג וְיָפִיעַ׃
טז יז וֶאֱלִישָׁמָע וְאֶלְיָדָע וֶאֱלִיפָלֶט׃ וַיִּשְׁמְעוּ פְלִשְׁתִּים
כִּי־מָשְׁחוּ אֶת־דָּוִד לְמֶלֶךְ עַל־יִשְׂרָאֵל וַיַּעֲלוּ כָל־פְּלִשְׁתִּים
יח לְבַקֵּשׁ אֶת־דָּוִד וַיִּשְׁמַע דָּוִד וַיֵּרֶד אֶל־הַמְּצוּדָה׃ וּפְלִשְׁתִּים
יט בָּאוּ וַיִּנָּטְשׁוּ בְּעֵמֶק רְפָאִים׃ וַיִּשְׁאַל דָּוִד בַּיהוָה לֵאמֹר הַאֶעֱלֶה
אֶל־פְּלִשְׁתִּים הֲתִתְּנֵם בְּיָדִי וַיֹּאמֶר יְהוָה אֶל־
כ דָּוִד עֲלֵה כִּי־נָתֹן אֶתֵּן אֶת־הַפְּלִשְׁתִּים בְּיָדֶךָ׃ וַיָּבֹא דָוִד
בְּבַעַל־פְּרָצִים וַיַּכֵּם שָׁם דָּוִד וַיֹּאמֶר פָּרַץ יְהוָה אֶת־אֹיְבַי לְפָנַי
כא כְּפֶרֶץ מָיִם עַל־כֵּן קָרָא שֵׁם־הַמָּקוֹם הַהוּא בַּעַל פְּרָצִים׃ וַיַּעַזְבוּ־
כב שָׁם אֶת־עֲצַבֵּיהֶם וַיִּשָּׂאֵם דָּוִד וַאֲנָשָׁיו׃ וַיֹּסִפוּ
כג עוֹד פְּלִשְׁתִּים לַעֲלוֹת וַיִּנָּטְשׁוּ בְּעֵמֶק רְפָאִים׃ וַיִּשְׁאַל דָּוִד בַּיהוָה
וַיֹּאמֶר לֹא תַעֲלֶה הָסֵב אֶל־אַחֲרֵיהֶם וּבָאתָ לָהֶם מִמּוּל
כד בְּכָאִים׃ וִיהִי בשמעך אֶת־קוֹל צְעָדָה בְּרָאשֵׁי הַבְּכָאִים אָז כְּשָׁמְעֲךָ
כה תֶּחֱרָץ כִּי אָז יָצָא יְהוָה לְפָנֶיךָ לְהַכּוֹת בְּמַחֲנֵה פְלִשְׁתִּים׃ וַיַּעַשׂ
דָּוִד כֵּן כַּאֲשֶׁר צִוָּהוּ יְהוָה וַיַּךְ אֶת־פְּלִשְׁתִּים מִגֶּבַע עַד־בֹּאֲךָ
ו א גָזֶר׃ וַיֹּסֶף עוֹד דָּוִד אֶת־כָּל־בָּחוּר בְּיִשְׂרָאֵל
ב שְׁלֹשִׁים אָלֶף׃ וַיָּקָם ׀ וַיֵּלֶךְ דָּוִד וְכָל־הָעָם אֲשֶׁר אִתּוֹ מִבַּעֲלֵי
יְהוּדָה לְהַעֲלוֹת מִשָּׁם אֵת אֲרוֹן הָאֱלֹהִים אֲשֶׁר־נִקְרָא שֵׁם שֵׁם
ג יְהוָה צְבָאוֹת יֹשֵׁב הַכְּרֻבִים עָלָיו׃ וַיַּרְכִּבוּ אֶת־אֲרוֹן הָאֱלֹהִים
אֶל־עֲגָלָה חֲדָשָׁה וַיִּשָּׂאֻהוּ מִבֵּית אֲבִינָדָב אֲשֶׁר בַּגִּבְעָה וְעֻזָּא
ד וְאַחְיוֹ בְּנֵי אֲבִינָדָב נֹהֲגִים אֶת־הָעֲגָלָה חֲדָשָׁה׃ וַיִּשָּׂאֻהוּ מִבֵּית
אֲבִינָדָב אֲשֶׁר בַּגִּבְעָה עִם אֲרוֹן הָאֱלֹהִים וְאַחְיוֹ הֹלֵךְ לִפְנֵי

ו

ה הָאָרוֹן: וְדָוִד ׀ וְכָל־בֵּית יִשְׂרָאֵל מְשַׂחֲקִים לִפְנֵי יְהוָה בְּכֹל עֲצֵי
בְרוֹשִׁים וּבְכִנֹּרוֹת וּבִנְבָלִים וּבְתֻפִּים וּבִמְנַעַנְעִים וּבְצֶלְצֶלִים:
ו וַיָּבֹאוּ עַד־גֹּרֶן נָכוֹן וַיִּשְׁלַח עֻזָּה אֶל־אֲרוֹן הָאֱלֹהִים וַיֹּאחֶז בּוֹ
ז כִּי שָׁמְטוּ הַבָּקָר: וַיִּחַר־אַף יְהוָה בְּעֻזָּה וַיַּכֵּהוּ שָׁם הָאֱלֹהִים
ח עַל־הַשַּׁל וַיָּמָת שָׁם עִם אֲרוֹן הָאֱלֹהִים: וַיִּחַר לְדָוִד עַל אֲשֶׁר
פָּרַץ יְהוָה פֶּרֶץ בְּעֻזָּה וַיִּקְרָא לַמָּקוֹם הַהוּא פֶּרֶץ עֻזָּה עַד
ט הַיּוֹם הַזֶּה: וַיִּרָא דָוִד אֶת־יְהוָה בַּיּוֹם הַהוּא וַיֹּאמֶר אֵיךְ יָבוֹא
י אֵלַי אֲרוֹן יְהוָה: וְלֹא־אָבָה דָוִד לְהָסִיר אֵלָיו אֶת־אֲרוֹן יְהוָה
יא עַל־עִיר דָּוִד וַיַּטֵּהוּ דָוִד בֵּית עֹבֵד־אֱדֹם הַגִּתִּי: וַיֵּשֶׁב אֲרוֹן
יְהוָה בֵּית עֹבֵד אֱדֹם הַגִּתִּי שְׁלֹשָׁה חֳדָשִׁים וַיְבָרֶךְ יְהוָה אֶת־
יב עֹבֵד אֱדֹם וְאֶת־כָּל־בֵּיתוֹ: וַיֻּגַּד לַמֶּלֶךְ דָּוִד לֵאמֹר בֵּרַךְ יְהוָה
אֶת־בֵּית עֹבֵד אֱדֹם וְאֶת־כָּל־אֲשֶׁר־לוֹ בַּעֲבוּר אֲרוֹן הָאֱלֹהִים
וַיֵּלֶךְ דָּוִד וַיַּעַל אֶת־אֲרוֹן הָאֱלֹהִים מִבֵּית עֹבֵד אֱדֹם עִיר דָּוִד
יג בְּשִׂמְחָה: וַיְהִי כִּי צָעֲדוּ נֹשְׂאֵי אֲרוֹן־יְהוָה שִׁשָּׁה צְעָדִים וַיִּזְבַּח
יד שׁוֹר וּמְרִיא: וְדָוִד מְכַרְכֵּר בְּכָל־עֹז לִפְנֵי יְהוָה וְדָוִד חָגוּר
טו אֵפוֹד בָּד: וְדָוִד וְכָל־בֵּית יִשְׂרָאֵל מַעֲלִים אֶת־אֲרוֹן יְהוָה
טז בִּתְרוּעָה וּבְקוֹל שׁוֹפָר: וְהָיָה אֲרוֹן יְהוָה בָּא עִיר דָּוִד וּמִיכַל
בַּת־שָׁאוּל נִשְׁקְפָה ׀ בְּעַד הַחַלּוֹן וַתֵּרֶא אֶת־הַמֶּלֶךְ דָּוִד מְפַזֵּז
יז וּמְכַרְכֵּר לִפְנֵי יְהוָה וַתִּבֶז לוֹ בְּלִבָּהּ: וַיָּבִאוּ אֶת־אֲרוֹן יְהוָה
וַיַּצִּגוּ אֹתוֹ בִּמְקוֹמוֹ בְּתוֹךְ הָאֹהֶל אֲשֶׁר נָטָה־לוֹ דָּוִד וַיַּעַל דָּוִד
יח עֹלוֹת לִפְנֵי יְהוָה וּשְׁלָמִים: וַיְכַל דָּוִד מֵהַעֲלוֹת הָעוֹלָה
יט וְהַשְּׁלָמִים וַיְבָרֶךְ אֶת־הָעָם בְּשֵׁם יְהוָה צְבָאוֹת: וַיְחַלֵּק לְכָל־
הָעָם לְכָל־הֲמוֹן יִשְׂרָאֵל לְמֵאִישׁ וְעַד־אִשָּׁה לְאִישׁ חַלַּת לֶחֶם
אַחַת וְאֶשְׁפָּר אֶחָד וַאֲשִׁישָׁה אֶחָת וַיֵּלֶךְ כָּל־הָעָם אִישׁ לְבֵיתוֹ:
כ וַיָּשָׁב דָּוִד לְבָרֵךְ אֶת־בֵּיתוֹ וַתֵּצֵא מִיכַל בַּת־שָׁאוּל לִקְרַאת
דָּוִד וַתֹּאמֶר מַה־נִּכְבַּד הַיּוֹם מֶלֶךְ יִשְׂרָאֵל אֲשֶׁר נִגְלָה הַיּוֹם
כא לְעֵינֵי אַמְהוֹת עֲבָדָיו כְּהִגָּלוֹת נִגְלוֹת אַחַד הָרֵקִים: וַיֹּאמֶר דָּוִד

ו
אֶל־מִיכַל לִפְנֵי יְהוָה אֲשֶׁר בָּחַר־בִּי מֵאָבִיךְ וּמִכָּל־בֵּיתוֹ לְצַוֹּת
כב אֹתִי נָגִיד עַל־עַם יְהוָה עַל־יִשְׂרָאֵל וְשִׂחַקְתִּי לִפְנֵי יְהוָה׃ וּנְקַלֹּתִי
עוֹד מִזֹּאת וְהָיִיתִי שָׁפָל בְּעֵינָי וְעִם־הָאֲמָהוֹת אֲשֶׁר אָמַרְתְּ
כג עִמָּם אִכָּבֵדָה׃ וּלְמִיכַל בַּת־שָׁאוּל לֹא־הָיָה לָהּ יָלֶד עַד יוֹם
ז א מוֹתָהּ׃ וַיְהִי כִּי־יָשַׁב הַמֶּלֶךְ בְּבֵיתוֹ וַיהוָה הֵנִיחַ־
ב לוֹ מִסָּבִיב מִכָּל־אֹיְבָיו׃ וַיֹּאמֶר הַמֶּלֶךְ אֶל־נָתָן הַנָּבִיא רְאֵה נָא
אָנֹכִי יוֹשֵׁב בְּבֵית אֲרָזִים וַאֲרוֹן הָאֱלֹהִים יֹשֵׁב בְּתוֹךְ הַיְרִיעָה׃
ג וַיֹּאמֶר נָתָן אֶל־הַמֶּלֶךְ כֹּל אֲשֶׁר בִּלְבָבְךָ לֵךְ עֲשֵׂה כִּי יְהוָה
ד עִמָּךְ׃ וַיְהִי בַּלַּיְלָה הַהוּא וַיְהִי
ה דְּבַר־יְהוָה אֶל־נָתָן לֵאמֹר׃ לֵךְ וְאָמַרְתָּ אֶל־עַבְדִּי אֶל־דָּוִד
ו כֹּה אָמַר יְהוָה הַאַתָּה תִּבְנֶה־לִּי בַיִת לְשִׁבְתִּי׃ כִּי לֹא יָשַׁבְתִּי
בְּבַיִת לְמִיּוֹם הַעֲלֹתִי אֶת־בְּנֵי יִשְׂרָאֵל מִמִּצְרַיִם וְעַד הַיּוֹם הַזֶּה
ז וָאֶהְיֶה מִתְהַלֵּךְ בְּאֹהֶל וּבְמִשְׁכָּן׃ בְּכֹל אֲשֶׁר־הִתְהַלַּכְתִּי בְּכָל־
בְּנֵי יִשְׂרָאֵל הֲדָבָר דִּבַּרְתִּי אֶת־אַחַד שִׁבְטֵי יִשְׂרָאֵל אֲשֶׁר
צִוִּיתִי לִרְעוֹת אֶת־עַמִּי אֶת־יִשְׂרָאֵל לֵאמֹר לָמָּה לֹא־בְנִיתֶם
ח לִי בֵּית אֲרָזִים׃ וְעַתָּה כֹּה־תֹאמַר לְעַבְדִּי לְדָוִד כֹּה אָמַר יְהוָה
צְבָאוֹת אֲנִי לְקַחְתִּיךָ מִן־הַנָּוֶה מֵאַחַר הַצֹּאן לִהְיוֹת נָגִיד עַל־
ט עַמִּי עַל־יִשְׂרָאֵל׃ וָאֶהְיֶה עִמְּךָ בְּכֹל אֲשֶׁר הָלַכְתָּ וָאַכְרִתָה
אֶת־כָּל־אֹיְבֶיךָ מִפָּנֶיךָ וְעָשִׂתִי לְךָ שֵׁם גָּדוֹל כְּשֵׁם הַגְּדֹלִים
י אֲשֶׁר בָּאָרֶץ׃ וְשַׂמְתִּי מָקוֹם לְעַמִּי לְיִשְׂרָאֵל וּנְטַעְתִּיו וְשָׁכַן
תַּחְתָּיו וְלֹא יִרְגַּז עוֹד וְלֹא־יֹסִיפוּ בְנֵי־עַוְלָה לְעַנּוֹתוֹ כַּאֲשֶׁר
יא בָּרִאשׁוֹנָה׃ וּלְמִן־הַיּוֹם אֲשֶׁר צִוִּיתִי שֹׁפְטִים עַל־עַמִּי יִשְׂרָאֵל
וַהֲנִיחֹתִי לְךָ מִכָּל־אֹיְבֶיךָ וְהִגִּיד לְךָ יְהוָה כִּי־בַיִת יַעֲשֶׂה־לְּךָ
יב יְהוָה׃ כִּי ׀ יִמְלְאוּ יָמֶיךָ וְשָׁכַבְתָּ אֶת־אֲבֹתֶיךָ וַהֲקִימֹתִי אֶת־
יג זַרְעֲךָ אַחֲרֶיךָ אֲשֶׁר יֵצֵא מִמֵּעֶיךָ וַהֲכִינֹתִי אֶת־מַמְלַכְתּוֹ׃ הוּא
יד יִבְנֶה־בַּיִת לִשְׁמִי וְכֹנַנְתִּי אֶת־כִּסֵּא מַמְלַכְתּוֹ עַד־עוֹלָם׃ אֲנִי
אֶהְיֶה־לּוֹ לְאָב וְהוּא יִהְיֶה־לִּי לְבֵן אֲשֶׁר בְּהַעֲוֺתוֹ וְהֹכַחְתִּיו

שמואל ב

ז

בְּשֵׁבֶט אֲנָשִׁים וּבְנִגְעֵי בְּנֵי אָדָם: וְחַסְדִּי לֹא־יָסוּר מִמֶּנּוּ כַּאֲשֶׁר טו

הֲסִרֹתִי מֵעִם שָׁאוּל אֲשֶׁר הֲסִרֹתִי מִלְּפָנֶיךָ: וְנֶאְמַן בֵּיתְךָ כד טז

וּמַמְלַכְתְּךָ עַד־עוֹלָם לְפָנֶיךָ כִּסְאֲךָ יִהְיֶה נָכוֹן עַד־עוֹלָם: כְּכֹל יז

הַדְּבָרִים הָאֵלֶּה וּכְכֹל הַחִזָּיוֹן הַזֶּה כֵּן דִּבֶּר נָתָן אֶל־דָּוִד:

וַיָּבֹא הַמֶּלֶךְ דָּוִד וַיֵּשֶׁב לִפְנֵי יְהֹוָה וַיֹּאמֶר מִי אָנֹכִי אֲדֹנָי יֱהֹוִה יח

וּמִי בֵיתִי כִּי הֲבִיאֹתַנִי עַד־הֲלֹם: וַתִּקְטַן עוֹד זֹאת בְּעֵינֶיךָ אֲדֹנָי יט

יֱהֹוִה וַתְּדַבֵּר גַּם אֶל־בֵּית־עַבְדְּךָ לְמֵרָחוֹק וְזֹאת תּוֹרַת הָאָדָם

אֲדֹנָי יֱהֹוִה: וּמַה־יּוֹסִיף דָּוִד עוֹד לְדַבֵּר אֵלֶיךָ וְאַתָּה יָדַעְתָּ כ

אֶת־עַבְדְּךָ אֲדֹנָי יֱהֹוִה: בַּעֲבוּר דְּבָרְךָ וּכְלִבְּךָ עָשִׂיתָ אֵת כָּל־ כא

הַגְּדוּלָּה הַזֹּאת לְהוֹדִיעַ אֶת־עַבְדֶּךָ: עַל־כֵּן גָּדַלְתָּ יְהֹוָה אֱלֹהִים כב

כִּי־אֵין כָּמוֹךָ וְאֵין אֱלֹהִים זוּלָתֶךָ בְּכֹל אֲשֶׁר־שָׁמַעְנוּ בְּאָזְנֵינוּ:

וּמִי כְעַמְּךָ כְּיִשְׂרָאֵל גּוֹי אֶחָד בָּאָרֶץ אֲשֶׁר הָלְכוּ־אֱלֹהִים כג

לִפְדּוֹת־לוֹ לְעָם וְלָשׂוּם לוֹ שֵׁם וְלַעֲשׂוֹת לָכֶם הַגְּדוּלָּה וְנֹרָאוֹת

לְאַרְצֶךָ מִפְּנֵי עַמְּךָ אֲשֶׁר פָּדִיתָ לְּךָ מִמִּצְרַיִם גּוֹיִם וֵאלֹהָיו:

וַתְּכוֹנֵן לְךָ אֶת־עַמְּךָ יִשְׂרָאֵל ׀ לְךָ לְעָם עַד־עוֹלָם וְאַתָּה יְהֹוָה כד

הָיִיתָ לָהֶם לֵאלֹהִים: וְעַתָּה יְהֹוָה אֱלֹהִים הַדָּבָר אֲשֶׁר דִּבַּרְתָּ כה

עַל־עַבְדְּךָ וְעַל־בֵּיתוֹ הָקֵם עַד־עוֹלָם וַעֲשֵׂה כַּאֲשֶׁר דִּבַּרְתָּ:

וְיִגְדַּל שִׁמְךָ עַד־עוֹלָם לֵאמֹר יְהֹוָה צְבָאוֹת אֱלֹהִים עַל־יִשְׂרָאֵל כו

וּבֵית עַבְדְּךָ דָוִד יִהְיֶה נָכוֹן לְפָנֶיךָ: כִּי־אַתָּה יְהֹוָה צְבָאוֹת כז

אֱלֹהֵי יִשְׂרָאֵל גָּלִיתָה אֶת־אֹזֶן עַבְדְּךָ לֵאמֹר בַּיִת אֶבְנֶה־

לָּךְ עַל־כֵּן מָצָא עַבְדְּךָ אֶת־לִבּוֹ לְהִתְפַּלֵּל אֵלֶיךָ אֶת־

הַתְּפִלָּה הַזֹּאת: וְעַתָּה ׀ אֲדֹנָי יֱהֹוִה אַתָּה־הוּא הָאֱלֹהִים כח

וּדְבָרֶיךָ יִהְיוּ אֱמֶת וַתְּדַבֵּר אֶל־עַבְדְּךָ אֶת־הַטּוֹבָה הַזֹּאת:

וְעַתָּה הוֹאֵל וּבָרֵךְ אֶת־בֵּית עַבְדְּךָ לִהְיוֹת לְעוֹלָם לְפָנֶיךָ כט

כִּי־אַתָּה אֲדֹנָי יֱהֹוִה דִּבַּרְתָּ וּמִבִּרְכָתְךָ יְבֹרַךְ בֵּית־עַבְדְּךָ

לְעוֹלָם: וַיְהִי אַחֲרֵי־כֵן וַיַּךְ דָּוִד אֶת־פְּלִשְׁתִּים א ח

וַיַּכְנִיעֵם וַיִּקַּח דָּוִד אֶת־מֶתֶג הָאַמָּה מִיַּד פְּלִשְׁתִּים: וַיַּךְ אֶת־ ב

קנב

ח
מוֹאָב וַיְמַדְּדֵם בַּחֶבֶל הַשְׁכֵּב אוֹתָם אַרְצָה וַיְמַדֵּד שְׁנֵי־חֲבָלִים
לְהָמִית וּמְלֹא הַחֶבֶל לְהַחֲיוֹת וַתְּהִי מוֹאָב לְדָוִד לַעֲבָדִים נֹשְׂאֵי
ג מִנְחָה׃ וַיַּךְ דָּוִד אֶת־הֲדַדְעֶזֶר בֶּן־רְחֹב מֶלֶךְ צוֹבָה בְּלֶכְתּוֹ
ד לְהָשִׁיב יָדוֹ בִּנְהַר־ ׃ וַיִּלְכֹּד דָּוִד מִמֶּנּוּ אֶלֶף וּשְׁבַע־מֵאוֹת פְּרָת
פָּרָשִׁים וְעֶשְׂרִים אֶלֶף אִישׁ רַגְלִי וַיְעַקֵּר דָּוִד אֶת־כָּל־הָרֶכֶב
ה וַיּוֹתֵר מִמֶּנּוּ מֵאָה רָכֶב׃ וַתָּבֹא אֲרַם דַּמֶּשֶׂק לַעְזֹר לַהֲדַדְעֶזֶר
ו מֶלֶךְ צוֹבָה וַיַּךְ דָּוִד בַּאֲרָם עֶשְׂרִים־וּשְׁנַיִם אֶלֶף אִישׁ׃ וַיָּשֶׂם
דָּוִד נְצִבִים בַּאֲרַם דַּמֶּשֶׂק וַתְּהִי אֲרָם לְדָוִד לַעֲבָדִים נוֹשְׂאֵי
ז מִנְחָה וַיֹּשַׁע יהוה אֶת־דָּוִד בְּכֹל אֲשֶׁר הָלָךְ׃ וַיִּקַּח דָּוִד אֵת
שִׁלְטֵי הַזָּהָב אֲשֶׁר הָיוּ אֶל עַבְדֵי הֲדַדְעָזֶר וַיְבִיאֵם יְרוּשָׁלִָם׃
ח וּמִבֶּטַח וּמִבֵּרֹתַי עָרֵי הֲדַדְעָזֶר לָקַח הַמֶּלֶךְ דָּוִד נְחֹשֶׁת הַרְבֵּה
ט מְאֹד׃ וַיִּשְׁמַע תֹּעִי מֶלֶךְ חֲמָת כִּי הִכָּה דָוִד אֵת
י כָּל־חֵיל הֲדַדְעָזֶר׃ וַיִּשְׁלַח תֹּעִי אֶת־יוֹרָם־בְּנוֹ אֶל־הַמֶּלֶךְ דָּוִד
לִשְׁאָל־לוֹ לְשָׁלוֹם וּלְבָרְכוֹ עַל אֲשֶׁר נִלְחַם בַּהֲדַדְעֶזֶר וַיַּכֵּהוּ
כִּי־אִישׁ מִלְחֲמוֹת תֹּעִי הָיָה הֲדַדְעָזֶר וּבְיָדוֹ הָיוּ כְּלֵי־כֶסֶף וּכְלֵי־
יא זָהָב וּכְלֵי נְחֹשֶׁת׃ גַּם־אֹתָם הִקְדִּישׁ הַמֶּלֶךְ דָּוִד לַיהוָה עִם־
יב הַכֶּסֶף וְהַזָּהָב אֲשֶׁר הִקְדִּישׁ מִכָּל־הַגּוֹיִם אֲשֶׁר כִּבֵּשׁ׃ מֵאֲרָם
וּמִמּוֹאָב וּמִבְּנֵי עַמּוֹן וּמִפְּלִשְׁתִּים וּמֵעֲמָלֵק וּמִשְּׁלַל הֲדַדְעֶזֶר
יג בֶּן־רְחֹב מֶלֶךְ צוֹבָה׃ וַיַּעַשׂ דָּוִד שֵׁם בְּשֻׁבוֹ מֵהַכּוֹתוֹ אֶת־אֲרָם
יד בְּגֵיא־מֶלַח שְׁמוֹנָה עָשָׂר אָלֶף׃ וַיָּשֶׂם בֶּאֱדוֹם נְצִבִים בְּכָל־
אֱדוֹם שָׂם נְצִבִים וַיְהִי כָל־אֱדוֹם עֲבָדִים לְדָוִד וַיּוֹשַׁע יהוה אֶת־
טו דָּוִד בְּכֹל אֲשֶׁר הָלָךְ׃ וַיִּמְלֹךְ דָּוִד עַל־כָּל־יִשְׂרָאֵל וַיְהִי דָוִד עֹשֶׂה
טז מִשְׁפָּט וּצְדָקָה לְכָל־עַמּוֹ׃ וְיוֹאָב בֶּן־צְרוּיָה עַל־הַצָּבָא וִיהוֹשָׁפָט
יז בֶּן־אֲחִילוּד מַזְכִּיר׃ וְצָדוֹק בֶּן־אֲחִיטוּב וַאֲחִימֶלֶךְ בֶּן־אֶבְיָתָר
יח כֹּהֲנִים וּשְׂרָיָה סוֹפֵר׃ וּבְנָיָהוּ בֶּן־יְהוֹיָדָע וְהַכְּרֵתִי וְהַפְּלֵתִי וּבְנֵי
ט א דָּוִד כֹּהֲנִים הָיוּ׃ וַיֹּאמֶר דָּוִד הֲכִי יֶשׁ־עוֹד אֲשֶׁר
ב נוֹתַר לְבֵית שָׁאוּל וְאֶעֱשֶׂה עִמּוֹ חֶסֶד בַּעֲבוּר יְהוֹנָתָן׃ וּלְבֵית

שָׁא֖וּל עֶ֑בֶד וּשְׁמ֣וֹ צִיבָ֗א וַיִּקְרְאוּ־ל֣וֹ אֶל־דָּוִ֔ד וַיֹּ֨אמֶר הַמֶּ֤לֶךְ
אֵלָיו֙ הַאַתָּ֣ה צִיבָ֔א וַיֹּ֖אמֶר עַבְדֶּֽךָ: וַיֹּ֣אמֶר הַמֶּ֗לֶךְ הַאֶ֨פֶס ע֥וֹד ג
אִישׁ֙ לְבֵ֣ית שָׁא֔וּל וְאֶעֱשֶׂ֥ה עִמּ֖וֹ חֶ֣סֶד אֱלֹהִ֑ים וַיֹּ֤אמֶר צִיבָא֙ אֶל־
הַמֶּ֔לֶךְ ע֥וֹד בֵּ֛ן לִיהוֹנָתָ֖ן נְכֵ֥ה רַגְלָֽיִם: וַיֹּֽאמֶר־ל֥וֹ הַמֶּ֖לֶךְ אֵיפֹ֣ה ד
ה֑וּא וַיֹּ֤אמֶר צִיבָא֙ אֶל־הַמֶּ֔לֶךְ הִנֵּה־ה֗וּא בֵּ֛ית מָכִ֥יר בֶּן־עַמִּיאֵ֖ל
בְּל֥וֹ דְבָֽר: וַיִּשְׁלַ֖ח הַמֶּ֣לֶךְ דָּוִ֑ד וַיִּקָּחֵ֗הוּ מִבֵּ֛ית מָכִ֥יר בֶּן־עַמִּיאֵ֖ל ה
מִלּ֥וֹ דְבָֽר: וַ֠יָּבֹא מְפִיבֹ֨שֶׁת בֶּן־יְהוֹנָתָ֤ן בֶּן־שָׁאוּל֙ אֶל־דָּוִ֔ד וַיִּפֹּ֥ל ו
עַל־פָּנָ֖יו וַיִּשְׁתָּ֑חוּ וַיֹּ֤אמֶר דָּוִד֙ מְפִיבֹ֔שֶׁת וַיֹּ֖אמֶר הִנֵּ֥ה עַבְדֶּֽךָ:
וַיֹּאמֶר֩ ל֨וֹ דָוִ֜ד אַל־תִּירָ֗א כִּ֣י עָשֹׂ֣ה אֶעֱשֶׂה֩ עִמְּךָ֨ חֶ֜סֶד בַּעֲב֣וּר ז
יְהוֹנָתָ֣ן אָבִ֗יךָ וַהֲשִׁבֹתִ֤י לְךָ֙ אֶֽת־כָּל־שְׂדֵ֖ה שָׁא֣וּל אָבִ֑יךָ
וְאַתָּ֗ה תֹּ֥אכַל לֶ֛חֶם עַל־שֻׁלְחָנִ֖י תָּמִֽיד: וַיִּשְׁתַּ֙חוּ֙ וַיֹּ֔אמֶר מֶ֥ה ח
עַבְדֶּ֔ךָ כִּ֥י פָנִ֖יתָ אֶל־הַכֶּ֥לֶב הַמֵּ֖ת אֲשֶׁ֥ר כָּמֽוֹנִי: וַיִּקְרָ֣א הַמֶּ֗לֶךְ ט
אֶל־צִיבָ֛א נַ֥עַר שָׁא֖וּל וַיֹּ֣אמֶר אֵלָ֑יו כֹּל֩ אֲשֶׁ֨ר הָיָ֤ה לְשָׁאוּל֙
וּלְכָל־בֵּית֔וֹ נָתַ֖תִּי לְבֶן־אֲדֹנֶֽיךָ: וְעָבַ֣דְתָּ לּ֣וֹ אֶֽת־הָאֲדָמָ֡ה אַתָּה֩ י
וּבָנֶ֨יךָ וַעֲבָדֶ֜יךָ וְהֵבֵ֗אתָ וְהָיָ֨ה לְבֶן־אֲדֹנֶ֤יךָ לֶּ֙חֶם֙ וַאֲכָל֔וֹ וּמְפִיבֹ֨שֶׁת
בֶּן־אֲדֹנֶ֔יךָ יֹאכַ֥ל תָּמִ֛יד לֶ֖חֶם עַל־שֻׁלְחָנִ֑י וּלְצִיבָ֗א חֲמִשָּׁ֤ה עָשָׂר֙
בָּנִ֔ים וְעֶשְׂרִ֖ים עֲבָדִֽים: וַיֹּ֤אמֶר צִיבָא֙ אֶל־הַמֶּ֔לֶךְ כְּכֹל֩ אֲשֶׁ֨ר יא
יְצַוֶּ֜ה אֲדֹנִ֤י הַמֶּ֙לֶךְ֙ אֶת־עַבְדּ֔וֹ כֵּ֖ן יַעֲשֶׂ֣ה עַבְדֶּ֑ךָ וּמְפִיבֹ֗שֶׁת אֹכֵל֙
עַל־שֻׁלְחָנִ֔י כְּאַחַ֖ד מִבְּנֵ֥י הַמֶּֽלֶךְ: וְלִמְפִיבֹ֥שֶׁת בֵּן־קָטָ֖ן וּשְׁמ֣וֹ יב
מִיכָ֑א וְכֹל֙ מוֹשַׁ֣ב בֵּית־צִיבָ֔א עֲבָדִ֖ים לִמְפִיבֹֽשֶׁת: וּמְפִיבֹ֗שֶׁת יג
יֹשֵׁב֙ בִּיר֣וּשָׁלַ֔͏ִם כִּ֣י עַל־שֻׁלְחַ֥ן הַמֶּ֖לֶךְ תָּמִ֣יד ה֣וּא אֹכֵ֑ל וְה֥וּא
פִּסֵּ֖חַ שְׁתֵּ֥י רַגְלָֽיו: וַיְהִי֙ אַֽחֲרֵי־כֵ֔ן וַיָּ֕מָת מֶ֖לֶךְ בְּנֵ֥י א י

עַמּ֑וֹן וַיִּמְלֹ֛ךְ חָנ֥וּן בְּנ֖וֹ תַּחְתָּֽיו: וַיֹּ֨אמֶר דָּוִ֜ד אֶעֱשֶׂה־חֶ֣סֶד ׀ עִם־ ב
חָנ֣וּן בֶּן־נָחָ֗שׁ כַּאֲשֶׁר֩ עָשָׂ֨ה אָבִ֤יו עִמָּדִי֙ חֶ֔סֶד וַיִּשְׁלַ֨ח דָּוִ֜ד
לְנַחֲמ֧וֹ בְּיַד־עֲבָדָ֛יו אֶל־אָבִ֑יו וַיָּבֹ֙אוּ֙ עַבְדֵ֣י דָוִ֔ד אֶ֖רֶץ בְּנֵ֥י עַמּֽוֹן:
וַיֹּֽאמְרוּ֩ שָׂרֵ֨י בְנֵֽי־עַמּ֜וֹן אֶל־חָנ֣וּן אֲדֹֽנֵיהֶ֗ם הַֽמְכַבֵּ֨ד דָּוִ֤ד אֶת־ ג
אָבִ֙יךָ֙ בְּעֵינֶ֔יךָ כִּֽי־שָׁלַ֥ח לְךָ֖ מְנַֽחֲמִ֑ים הֲל֡וֹא בַּעֲב֡וּר חֲקֹ֣ר אֶת־

קצד

ד הָעִיר וּלְרַגְּלָהּ וּלְהָפְכָהּ שָׁלַח דָּוִד אֶת־עֲבָדָיו אֵלֶיךָ׃ וַיִּקַּח חָנוּן
אֶת־עַבְדֵי דָוִד וַיְגַלַּח אֶת־חֲצִי זְקָנָם וַיִּכְרֹת אֶת־מַדְוֵיהֶם
ה בַּחֵצִי עַד־שְׁתוֹתֵיהֶם וַיְשַׁלְּחֵם׃ וַיַּגִּדוּ לְדָוִד וַיִּשְׁלַח לִקְרָאתָם
כִּי־הָיוּ הָאֲנָשִׁים נִכְלָמִים מְאֹד וַיֹּאמֶר הַמֶּלֶךְ שְׁבוּ בִירֵחוֹ עַד־
ו יְצַמַּח זְקַנְכֶם וְשַׁבְתֶּם׃ וַיִּרְאוּ בְּנֵי עַמּוֹן כִּי נִבְאֲשׁוּ בְּדָוִד
וַיִּשְׁלְחוּ בְנֵי־עַמּוֹן וַיִּשְׂכְּרוּ אֶת־אֲרַם בֵּית־רְחוֹב וְאֶת־אֲרַם
צוֹבָא עֶשְׂרִים אֶלֶף רַגְלִי וְאֶת־מֶלֶךְ מַעֲכָה אֶלֶף אִישׁ וְאִישׁ
ז טוֹב שְׁנֵים־עָשָׂר אֶלֶף אִישׁ׃ וַיִּשְׁמַע דָּוִד וַיִּשְׁלַח אֶת־יוֹאָב
ח וְאֵת כָּל־הַצָּבָא הַגִּבֹּרִים׃ וַיֵּצְאוּ בְּנֵי עַמּוֹן וַיַּעַרְכוּ מִלְחָמָה
פֶּתַח הַשָּׁעַר וַאֲרַם צוֹבָא וּרְחוֹב וְאִישׁ־טוֹב וּמַעֲכָה לְבַדָּם
ט בַּשָּׂדֶה׃ וַיַּרְא יוֹאָב כִּי־הָיְתָה אֵלָיו פְּנֵי הַמִּלְחָמָה מִפָּנִים
וּמֵאָחוֹר וַיִּבְחַר מִכֹּל בְּחוּרֵי בישראל וַיַּעֲרֹךְ לִקְרַאת אֲרָם׃ יִשְׂרָאֵל
י וְאֵת יֶתֶר הָעָם נָתַן בְּיַד אַבְשַׁי אָחִיו וַיַּעֲרֹךְ לִקְרַאת בְּנֵי עַמּוֹן׃
יא וַיֹּאמֶר אִם־תֶּחֱזַק אֲרָם מִמֶּנִּי וְהָיְתָה לִּי לִישׁוּעָה וְאִם־בְּנֵי עַמּוֹן
יב יֶחֶזְקוּ מִמְּךָ וְהָלַכְתִּי לְהוֹשִׁיעַ לָךְ׃ חֲזַק וְנִתְחַזַּק בְּעַד עַמֵּנוּ
יג וּבְעַד עָרֵי אֱלֹהֵינוּ וַיהוָה יַעֲשֶׂה הַטּוֹב בְּעֵינָיו׃ וַיִּגַּשׁ יוֹאָב כה
יד וְהָעָם אֲשֶׁר עִמּוֹ לַמִּלְחָמָה בַּאֲרָם וַיָּנֻסוּ מִפָּנָיו׃ וּבְנֵי עַמּוֹן | רָאוּ
כִּי־נָס אֲרָם וַיָּנֻסוּ מִפְּנֵי אֲבִישַׁי וַיָּבֹאוּ הָעִיר וַיָּשָׁב יוֹאָב מֵעַל
טו בְּנֵי עַמּוֹן וַיָּבֹא יְרוּשָׁלָם׃ וַיַּרְא אֲרָם כִּי נִגַּף לִפְנֵי יִשְׂרָאֵל
טז וַיֵּאָסְפוּ יָחַד׃ וַיִּשְׁלַח הֲדַדְעֶזֶר וַיֹּצֵא אֶת־אֲרָם אֲשֶׁר מֵעֵבֶר
יז הַנָּהָר וַיָּבֹאוּ חֵילָם וְשׁוֹבַךְ שַׂר־צְבָא הֲדַדְעֶזֶר לִפְנֵיהֶם׃ וַיֻּגַּד
לְדָוִד וַיֶּאֱסֹף אֶת־כָּל־יִשְׂרָאֵל וַיַּעֲבֹר אֶת־הַיַּרְדֵּן וַיָּבֹא
יח חֵלָאמָה וַיַּעַרְכוּ אֲרָם לִקְרַאת דָּוִד וַיִּלָּחֲמוּ עִמּוֹ׃ וַיָּנָס אֲרָם
מִפְּנֵי יִשְׂרָאֵל וַיַּהֲרֹג דָּוִד מֵאֲרָם שְׁבַע מֵאוֹת רֶכֶב וְאַרְבָּעִים
יט אֶלֶף פָּרָשִׁים וְאֵת שׁוֹבַךְ שַׂר־צְבָאוֹ הִכָּה וַיָּמָת שָׁם׃ וַיִּרְאוּ
כָל־הַמְּלָכִים עַבְדֵי הֲדַדְעֶזֶר כִּי נִגְּפוּ לִפְנֵי יִשְׂרָאֵל וַיַּשְׁלִמוּ
אֶת־יִשְׂרָאֵל וַיַּעַבְדוּם וַיִּרְאוּ אֲרָם לְהוֹשִׁיעַ עוֹד אֶת־בְּנֵי

יא

א עַמּוֹן׃ וַיְהִי לִתְשׁוּבַת הַשָּׁנָה לְעֵת ׀ צֵאת
הַמְּלָאכִים וַיִּשְׁלַח דָּוִד אֶת־יוֹאָב וְאֶת־עֲבָדָיו עִמּוֹ וְאֶת־כָּל־
יִשְׂרָאֵל וַיַּשְׁחִתוּ אֶת־בְּנֵי עַמּוֹן וַיָּצֻרוּ עַל־רַבָּה וְדָוִד יוֹשֵׁב
ב בִּירוּשָׁלָם׃ וַיְהִי ׀ לְעֵת הָעֶרֶב וַיָּקָם דָּוִד מֵעַל
מִשְׁכָּבוֹ וַיִּתְהַלֵּךְ עַל־גַּג בֵּית־הַמֶּלֶךְ וַיַּרְא אִשָּׁה רֹחֶצֶת מֵעַל
ג הַגָּג וְהָאִשָּׁה טוֹבַת מַרְאֶה מְאֹד׃ וַיִּשְׁלַח דָּוִד וַיִּדְרֹשׁ לָאִשָּׁה
וַיֹּאמֶר הֲלוֹא־זֹאת בַּת־שֶׁבַע בַּת־אֱלִיעָם אֵשֶׁת אוּרִיָּה הַחִתִּי׃
ד וַיִּשְׁלַח דָּוִד מַלְאָכִים וַיִּקָּחֶהָ וַתָּבוֹא אֵלָיו וַיִּשְׁכַּב עִמָּהּ
ה וְהִיא מִתְקַדֶּשֶׁת מִטֻּמְאָתָהּ וַתָּשָׁב אֶל־בֵּיתָהּ׃ וַתַּהַר הָאִשָּׁה
ו וַתִּשְׁלַח וַתַּגֵּד לְדָוִד וַתֹּאמֶר הָרָה אָנֹכִי׃ וַיִּשְׁלַח דָּוִד אֶל־יוֹאָב
שְׁלַח אֵלַי אֶת־אוּרִיָּה הַחִתִּי וַיִּשְׁלַח יוֹאָב אֶת־אוּרִיָּה אֶל־
ז דָּוִד׃ וַיָּבֹא אוּרִיָּה אֵלָיו וַיִּשְׁאַל דָּוִד לִשְׁלוֹם יוֹאָב וְלִשְׁלוֹם
ח הָעָם וְלִשְׁלוֹם הַמִּלְחָמָה׃ וַיֹּאמֶר דָּוִד לְאוּרִיָּה רֵד לְבֵיתְךָ וּרְחַץ
רַגְלֶיךָ וַיֵּצֵא אוּרִיָּה מִבֵּית הַמֶּלֶךְ וַתֵּצֵא אַחֲרָיו מַשְׂאַת הַמֶּלֶךְ׃
ט וַיִּשְׁכַּב אוּרִיָּה פֶּתַח בֵּית הַמֶּלֶךְ אֵת כָּל־עַבְדֵי אֲדֹנָיו וְלֹא יָרַד
י אֶל־בֵּיתוֹ׃ וַיַּגִּדוּ לְדָוִד לֵאמֹר לֹא־יָרַד אוּרִיָּה אֶל־בֵּיתוֹ וַיֹּאמֶר
דָּוִד אֶל־אוּרִיָּה הֲלוֹא מִדֶּרֶךְ אַתָּה בָא מַדּוּעַ לֹא־יָרַדְתָּ אֶל־
יא בֵּיתֶךָ׃ וַיֹּאמֶר אוּרִיָּה אֶל־דָּוִד הָאָרוֹן וְיִשְׂרָאֵל וִיהוּדָה יֹשְׁבִים
בַּסֻּכּוֹת וַאדֹנִי יוֹאָב וְעַבְדֵי אֲדֹנִי עַל־פְּנֵי הַשָּׂדֶה חֹנִים וַאֲנִי
אָבוֹא אֶל־בֵּיתִי לֶאֱכֹל וְלִשְׁתּוֹת וְלִשְׁכַּב עִם־אִשְׁתִּי חַיֶּךָ וְחֵי
יב נַפְשֶׁךָ אִם־אֶעֱשֶׂה אֶת־הַדָּבָר הַזֶּה׃ וַיֹּאמֶר דָּוִד אֶל־אוּרִיָּה
שֵׁב בָּזֶה גַּם־הַיּוֹם וּמָחָר אֲשַׁלְּחֶךָּ וַיֵּשֶׁב אוּרִיָּה בִירוּשָׁלַם בַּיּוֹם
יג הַהוּא וּמִמָּחֳרָת׃ וַיִּקְרָא־לוֹ דָוִד וַיֹּאכַל לְפָנָיו וַיֵּשְׁתְּ וַיְשַׁכְּרֵהוּ
וַיֵּצֵא בָעֶרֶב לִשְׁכַּב בְּמִשְׁכָּבוֹ עִם־עַבְדֵי אֲדֹנָיו וְאֶל־בֵּיתוֹ לֹא
יד יָרָד׃ וַיְהִי בַבֹּקֶר וַיִּכְתֹּב דָּוִד סֵפֶר אֶל־יוֹאָב וַיִּשְׁלַח בְּיַד אוּרִיָּה׃
טו וַיִּכְתֹּב בַּסֵּפֶר לֵאמֹר הָבוּ אֶת־אוּרִיָּה אֶל־מוּל פְּנֵי הַמִּלְחָמָה
טז הַחֲזָקָה וְשַׁבְתֶּם מֵאַחֲרָיו וְנֻכָּה וָמֵת׃ וַיְהִי

בִּשְׁמ֥וֹר יוֹאָ֖ב אֶל־הָעִ֑יר וַיִּתֵּן֙ אֶת־אֽוּרִיָּ֔ה אֶל־הַמָּקוֹם֙ אֲשֶׁ֣ר
יז יָדַ֔ע כִּ֥י אַנְשֵׁי־חַ֖יִל שָֽׁם׃ וַיֵּצְא֞וּ אַנְשֵׁ֤י הָעִיר֙ וַיִּלָּחֲמ֣וּ אֶת־יוֹאָ֔ב
יח וַיִּפֹּ֥ל מִן־הָעָ֖ם מֵעַבְדֵ֣י דָוִ֑ד וַיָּ֕מָת גַּ֖ם אוּרִיָּ֥ה הַחִתִּֽי׃ וַיִּשְׁלַ֖ח
יט יוֹאָ֑ב וַיַּגֵּ֣ד לְדָוִ֔ד אֶֽת־כָּל־דִּבְרֵ֖י הַמִּלְחָמָֽה׃ וַיְצַ֥ו אֶת־הַמַּלְאָ֖ךְ
לֵאמֹ֑ר כְּכַלּוֹתְךָ֗ אֵ֛ת כָּל־דִּבְרֵ֥י הַמִּלְחָמָ֖ה לְדַבֵּ֥ר אֶל־הַמֶּֽלֶךְ׃
כ וְהָיָ֗ה אִֽם־תַּעֲלֶה֙ חֲמַ֣ת הַמֶּ֔לֶךְ וְאָמַ֣ר לְךָ֔ מַדּ֛וּעַ נִגַּשְׁתֶּ֥ם אֶל־
כא הָעִ֖יר לְהִלָּחֵ֑ם הֲל֣וֹא יְדַעְתֶּ֔ם אֵ֥ת אֲשֶׁר־יֹר֖וּ מֵעַ֥ל הַחוֹמָֽה׃ מִֽי־
הִכָּ֞ה אֶת־אֲבִימֶ֣לֶךְ בֶּן־יְרֻבֶּ֗שֶׁת הֲלֽוֹא אִשָּׁה֙ הִשְׁלִ֨יכָה עָלָ֜יו
פֶּ֣לַח רֶ֗כֶב מֵעַ֤ל הַחוֹמָה֙ וַיָּ֣מָת בְּתֵבֵ֔ץ לָ֥מָּה נִגַּשְׁתֶּ֖ם אֶל־הַֽחוֹמָ֑ה
כב וְאָ֣מַרְתָּ֔ גַּ֗ם עַבְדְּךָ֛ אוּרִיָּ֥ה הַחִתִּ֖י מֵֽת׃ וַיֵּ֖לֶךְ הַמַּלְאָ֑ךְ וַיָּבֹא֙
כג וַיַּגֵּ֣ד לְדָוִ֔ד אֵ֛ת כָּל־אֲשֶׁ֥ר שְׁלָח֖וֹ יוֹאָֽב׃ וַיֹּ֨אמֶר הַמַּלְאָ֜ךְ אֶל־
דָּוִ֗ד כִּֽי־גָבְר֤וּ עָלֵ֙ינוּ֙ הָאֲנָשִׁ֔ים וַיֵּצְא֥וּ אֵלֵ֖ינוּ הַשָּׂדֶ֑ה וַנִּהְיֶ֥ה
כד עֲלֵיהֶ֖ם עַד־פֶּ֥תַח הַשָּֽׁעַר׃ וַיֹּר֨אוּ הַמּוֹרְאִ֜ים אֶל־עֲבָדֶ֙יךָ֙ מֵעַ֣ל
הַֽחוֹמָ֔ה וַיָּמ֖וּתוּ מֵעַבְדֵ֣י הַמֶּ֑לֶךְ וְגַ֗ם עַבְדְּךָ֛ אוּרִיָּ֥ה הַחִתִּ֖י
כה מֵֽת׃ וַיֹּ֨אמֶר דָּוִ֜ד אֶל־הַמַּלְאָ֗ךְ כֹּֽה־תֹאמַ֤ר אֶל־
יוֹאָב֙ אַל־יֵרַ֣ע בְּעֵינֶ֔יךָ אֶת־הַדָּבָ֖ר הַזֶּ֑ה כִּֽי־כָזֹ֥ה וְכָזֶ֖ה תֹּאכַ֣ל
כו הֶחָ֑רֶב הַחֲזֵ֨ק מִלְחַמְתְּךָ֧ אֶל־הָעִ֛יר וְהָרְסָ֖הּ וְחַזְּקֵֽהוּ׃ וַתִּשְׁמַע֙
אֵ֣שֶׁת אֽוּרִיָּ֔ה כִּי־מֵ֖ת אוּרִיָּ֣ה אִישָׁ֑הּ וַתִּסְפֹּ֖ד עַל־בַּעְלָֽהּ׃
כז וַיַּעֲבֹ֣ר הָאֵ֗בֶל וַיִּשְׁלַ֨ח דָּוִ֜ד וַיַּאַסְפָ֤הּ אֶל־בֵּיתוֹ֙ וַתְּהִי־ל֣וֹ
לְאִשָּׁ֔ה וַתֵּ֥לֶד ל֖וֹ בֵּ֑ן וַיֵּ֧רַע הַדָּבָ֛ר אֲשֶׁר־עָשָׂ֥ה דָוִ֖ד בְּעֵינֵ֥י
ב א יְהוָֽה׃ וַיִּשְׁלַ֧ח יְהוָ֛ה אֶת־נָתָ֖ן אֶל־דָּוִ֑ד וַיָּבֹ֣א אֵלָ֗יו
וַיֹּ֤אמֶר לוֹ֙ שְׁנֵ֣י אֲנָשִׁ֗ים הָיוּ֙ בְּעִ֣יר אֶחָ֔ת אֶחָ֥ד עָשִׁ֖יר וְאֶחָ֥ד רָֽאשׁ׃
ב ג לְעָשִׁ֣יר הָיָ֔ה צֹ֥אן וּבָקָ֖ר הַרְבֵּ֥ה מְאֹֽד׃ וְלָרָ֣שׁ אֵֽין־כֹּ֗ל כִּ֣י אִם־
כִּבְשָׂ֨ה אַחַ֤ת קְטַנָּה֙ אֲשֶׁ֣ר קָנָ֔ה וַיְחַיֶּ֕הָ וַתִּגְדַּ֥ל עִמּ֛וֹ וְעִם־בָּנָ֖יו
יַחְדָּ֑ו מִפִּתּ֨וֹ תֹאכַ֜ל וּמִכֹּס֤וֹ תִשְׁתֶּה֙ וּבְחֵיק֣וֹ תִשְׁכָּ֔ב וַתְּהִי־ל֖וֹ כְּבַֽת׃
ד וַיָּ֣בֹא הֵלֶךְ֮ לְאִ֣ישׁ הֶֽעָשִׁיר֒ וַיַּחְמֹ֗ל לָקַ֤חַת מִצֹּאנוֹ֙ וּמִבְּקָר֔וֹ
לַעֲשׂ֕וֹת לָאֹרֵ֖חַ הַבָּא־ל֑וֹ וַיִּקַּ֗ח אֶת־כִּבְשַׂת֙ הָאִ֣ישׁ הָרָ֔אשׁ וַיַּעֲשֶׂ֕הָ

ה לָאִישׁ הַבָּא אֵלָיו׃ וַיִּחַר־אַף דָּוִד בָּאִישׁ מְאֹד וַיֹּאמֶר אֶל־נָתָן
ו חַי־יְהוָה כִּי בֶן־מָוֶת הָאִישׁ הָעֹשֶׂה זֹאת׃ וְאֶת־הַכִּבְשָׂה יְשַׁלֵּם
אַרְבַּעְתָּיִם עֵקֶב אֲשֶׁר עָשָׂה אֶת־הַדָּבָר הַזֶּה וְעַל אֲשֶׁר לֹא־
ז חָמָל׃ וַיֹּאמֶר נָתָן אֶל־דָּוִד אַתָּה הָאִישׁ כֹּה־
אָמַר יְהוָה אֱלֹהֵי יִשְׂרָאֵל אָנֹכִי מְשַׁחְתִּיךָ לְמֶלֶךְ עַל־יִשְׂרָאֵל
ח וְאָנֹכִי הִצַּלְתִּיךָ מִיַּד שָׁאוּל׃ וָאֶתְּנָה לְךָ אֶת־בֵּית אֲדֹנֶיךָ וְאֶת־
נְשֵׁי אֲדֹנֶיךָ בְּחֵיקֶךָ וָאֶתְּנָה לְךָ אֶת־בֵּית יִשְׂרָאֵל וִיהוּדָה וְאִם־
ט מְעָט וְאֹסִפָה לְּךָ כָּהֵנָּה וְכָהֵנָּה׃ מַדּוּעַ בָּזִיתָ ׀ אֶת־דְּבַר יְהוָה
לַעֲשׂוֹת הָרַע בְּעֵינוֹ אֵת אוּרִיָּה הַחִתִּי הִכִּיתָ בַחֶרֶב וְאֶת־ בְּעֵינַי
י אִשְׁתּוֹ לָקַחְתָּ לְּךָ לְאִשָּׁה וְאֹתוֹ הָרַגְתָּ בְּחֶרֶב בְּנֵי עַמּוֹן׃ וְעַתָּה
לֹא־תָסוּר חֶרֶב מִבֵּיתְךָ עַד־עוֹלָם עֵקֶב כִּי בְזִתָנִי וַתִּקַּח אֶת־
יא אֵשֶׁת אוּרִיָּה הַחִתִּי לִהְיוֹת לְךָ לְאִשָּׁה׃ כֹּה ׀
אָמַר יְהוָה הִנְנִי מֵקִים עָלֶיךָ רָעָה מִבֵּיתֶךָ וְלָקַחְתִּי אֶת־נָשֶׁיךָ
לְעֵינֶיךָ וְנָתַתִּי לְרֵעֶיךָ וְשָׁכַב עִם־נָשֶׁיךָ לְעֵינֵי הַשֶּׁמֶשׁ הַזֹּאת׃
יב כִּי אַתָּה עָשִׂיתָ בַסָּתֶר וַאֲנִי אֶעֱשֶׂה אֶת־הַדָּבָר הַזֶּה נֶגֶד כָּל־
יג יִשְׂרָאֵל וְנֶגֶד הַשָּׁמֶשׁ׃ וַיֹּאמֶר דָּוִד אֶל־נָתָן כו
חָטָאתִי לַיהוָה וַיֹּאמֶר נָתָן אֶל־דָּוִד גַּם־יְהוָה
יד הֶעֱבִיר חַטָּאתְךָ לֹא תָמוּת׃ אֶפֶס כִּי־נִאֵץ נִאַצְתָּ אֶת־אֹיְבֵי
טו יְהוָה בַּדָּבָר הַזֶּה גַּם הַבֵּן הַיִּלּוֹד לְךָ מוֹת יָמוּת׃ וַיֵּלֶךְ נָתָן אֶל־
בֵּיתוֹ וַיִּגֹּף יְהוָה אֶת־הַיֶּלֶד אֲשֶׁר יָלְדָה אֵשֶׁת־אוּרִיָּה לְדָוִד
טז וַיֵּאָנַשׁ׃ וַיְבַקֵּשׁ דָּוִד אֶת־הָאֱלֹהִים בְּעַד הַנָּעַר וַיָּצָם דָּוִד צוֹם
יז וּבָא וְלָן וְשָׁכַב אָרְצָה׃ וַיָּקֻמוּ זִקְנֵי בֵיתוֹ עָלָיו לַהֲקִימוֹ מִן־
יח הָאָרֶץ וְלֹא אָבָה וְלֹא־בָרָא אִתָּם לָחֶם׃ וַיְהִי בַּיּוֹם הַשְּׁבִיעִי
וַיָּמָת הַיָּלֶד וַיִּרְאוּ עַבְדֵי דָוִד לְהַגִּיד לוֹ ׀ כִּי־מֵת הַיֶּלֶד כִּי
אָמְרוּ הִנֵּה בִהְיוֹת הַיֶּלֶד חַי דִּבַּרְנוּ אֵלָיו וְלֹא־שָׁמַע בְּקוֹלֵנוּ
יט וְאֵיךְ נֹאמַר אֵלָיו מֵת הַיֶּלֶד וְעָשָׂה רָעָה׃ וַיַּרְא דָּוִד כִּי עֲבָדָיו
מִתְלַחֲשִׁים וַיָּבֶן דָּוִד כִּי מֵת הַיָּלֶד וַיֹּאמֶר דָּוִד אֶל־עֲבָדָיו הֲמֵת

יב

כ הַיֶּלֶד וַיֹּאמְרוּ מֵת: וַיָּקָם דָּוִד מֵהָאָרֶץ וַיִּרְחַץ וַיָּסֶךְ וַיְחַלֵּף
שִׂמְלֹתָו וַיָּבֹא בֵית־יְהוָה וַיִּשְׁתָּחוּ וַיָּבֹא אֶל־בֵּיתוֹ וַיִּשְׁאַל
כא וַיָּשִׂימוּ לוֹ לֶחֶם וַיֹּאכַל: וַיֹּאמְרוּ עֲבָדָיו אֵלָיו מָה־הַדָּבָר הַזֶּה
אֲשֶׁר עָשִׂיתָה בַּעֲבוּר הַיֶּלֶד חַי צַמְתָּ וַתֵּבְךְּ וְכַאֲשֶׁר מֵת הַיֶּלֶד
כב קַמְתָּ וַתֹּאכַל לָחֶם: וַיֹּאמֶר בְּעוֹד הַיֶּלֶד חַי צַמְתִּי וָאֶבְכֶּה כִּי
כג אָמַרְתִּי מִי יוֹדֵעַ יחנני יְהוָה וְחַי הַיָּלֶד: וְעַתָּה ׀ מֵת לָמָּה זֶּה וְחַנַּנִי
אֲנִי צָם הַאוּכַל לַהֲשִׁיבוֹ עוֹד אֲנִי הֹלֵךְ אֵלָיו וְהוּא לֹא־יָשׁוּב
כד אֵלָי: וַיְנַחֵם דָּוִד אֵת בַּת־שֶׁבַע אִשְׁתּוֹ וַיָּבֹא אֵלֶיהָ וַיִּשְׁכַּב
עִמָּהּ וַתֵּלֶד בֵּן ויקרא אֶת־שְׁמוֹ שְׁלֹמֹה וַיהוָה אֲהֵבוֹ: וַתִּקְרָא
כה וַיִּשְׁלַח בְּיַד נָתָן הַנָּבִיא וַיִּקְרָא אֶת־שְׁמוֹ יְדִידְיָהּ בַּעֲבוּר
כו יְהוָה: וַיִּלָּחֶם יוֹאָב בְּרַבַּת בְּנֵי עַמּוֹן וַיִּלְכֹּד אֶת־
כז עִיר הַמְּלוּכָה: וַיִּשְׁלַח יוֹאָב מַלְאָכִים אֶל־דָּוִד וַיֹּאמֶר נִלְחַמְתִּי
כח בְרַבָּה גַּם־לָכַדְתִּי אֶת־עִיר הַמָּיִם: וְעַתָּה אֱסֹף אֶת־יֶתֶר הָעָם
וַחֲנֵה עַל־הָעִיר וְלָכְדָהּ פֶּן־אֶלְכֹּד אֲנִי אֶת־הָעִיר וְנִקְרָא
כט שְׁמִי עָלֶיהָ: וַיֶּאֱסֹף דָּוִד אֶת־כָּל־הָעָם וַיֵּלֶךְ רַבָּתָה וַיִּלָּחֶם בָּהּ
ל וַיִּלְכְּדָהּ: וַיִּקַּח אֶת־עֲטֶרֶת־מַלְכָּם מֵעַל רֹאשׁוֹ וּמִשְׁקָלָהּ כִּכַּר
זָהָב וְאֶבֶן יְקָרָה וַתְּהִי עַל־רֹאשׁ דָּוִד וּשְׁלַל הָעִיר הוֹצִיא הַרְבֵּה
לא מְאֹד: וְאֶת־הָעָם אֲשֶׁר־בָּהּ הוֹצִיא וַיָּשֶׂם בַּמְּגֵרָה וּבַחֲרִצֵי הַבַּרְזֶל
וּבְמַגְזְרֹת הַבַּרְזֶל וְהֶעֱבִיר אוֹתָם במלכן וְכֵן יַעֲשֶׂה לְכֹל עָרֵי בַּמַּלְבֵּן
יג א בְּנֵי־עַמּוֹן וַיָּשָׁב דָּוִד וְכָל־הָעָם יְרוּשָׁלִָם: וַיְהִי
אַחֲרֵי־כֵן וּלְאַבְשָׁלוֹם בֶּן־דָּוִד אָחוֹת יָפָה וּשְׁמָהּ תָּמָר וַיֶּאֱהָבֶהָ
ב אַמְנוֹן בֶּן־דָּוִד: וַיֵּצֶר לְאַמְנוֹן לְהִתְחַלּוֹת בַּעֲבוּר תָּמָר אֲחֹתוֹ
כִּי בְתוּלָה הִיא וַיִּפָּלֵא בְּעֵינֵי אַמְנוֹן לַעֲשׂוֹת לָהּ מְאוּמָה:
ג וּלְאַמְנוֹן רֵעַ וּשְׁמוֹ יוֹנָדָב בֶּן־שִׁמְעָה אֲחִי דָוִד וְיוֹנָדָב אִישׁ
ד חָכָם מְאֹד: וַיֹּאמֶר לוֹ מַדּוּעַ אַתָּה כָּכָה דַּל בֶּן־הַמֶּלֶךְ בַּבֹּקֶר
בַּבֹּקֶר הֲלוֹא תַּגִּיד לִי וַיֹּאמֶר לוֹ אַמְנוֹן אֶת־תָּמָר אֲחוֹת
ה אַבְשָׁלֹם אָחִי אֲנִי אֹהֵב: וַיֹּאמֶר לוֹ יְהוֹנָדָב שְׁכַב עַל־מִשְׁכָּבְךָ

וְהִתְחָל וּבָא אָבִיךָ לִרְאוֹתֶךָ וְאָמַרְתָּ אֵלָיו תָּבֹא נָא תָמָר
אֲחוֹתִי וְתַבְרֵנִי לֶחֶם וְעָשְׂתָה לְעֵינַי אֶת־הַבִּרְיָה לְמַעַן אֲשֶׁר
אֶרְאֶה וְאָכַלְתִּי מִיָּדָהּ׃ וַיִּשְׁכַּב אַמְנוֹן וַיִּתְחָל וַיָּבֹא הַמֶּלֶךְ ו
לִרְאוֹתוֹ וַיֹּאמֶר אַמְנוֹן אֶל־הַמֶּלֶךְ תָּבוֹא־נָא תָּמָר אֲחֹתִי
וּתְלַבֵּב לְעֵינַי שְׁתֵּי לְבִבוֹת וְאֶבְרֶה מִיָּדָהּ׃ וַיִּשְׁלַח דָּוִד אֶל־ ז
תָּמָר הַבַּיְתָה לֵאמֹר לְכִי נָא בֵּית אַמְנוֹן אָחִיךְ וַעֲשִׂי־לוֹ
הַבִּרְיָה׃ וַתֵּלֶךְ תָּמָר בֵּית אַמְנוֹן אָחִיהָ וְהוּא שֹׁכֵב וַתִּקַּח אֶת־ ח
הַבָּצֵק ותלוש וַתְּלַבֵּב לְעֵינָיו וַתְּבַשֵּׁל אֶת־הַלְּבִבוֹת׃ וַתִּקַּח ט וַתָּלָשׁ
אֶת־הַמַּשְׂרֵת וַתִּצֹק לְפָנָיו וַיְמָאֵן לֶאֱכוֹל וַיֹּאמֶר אַמְנוֹן הוֹצִיאוּ
כָל־אִישׁ מֵעָלַי וַיֵּצְאוּ כָל־אִישׁ מֵעָלָיו׃ וַיֹּאמֶר אַמְנוֹן אֶל־תָּמָר י
הָבִיאִי הַבִּרְיָה הַחֶדֶר וְאֶבְרֶה מִיָּדֵךְ וַתִּקַּח תָּמָר אֶת־הַלְּבִבוֹת
אֲשֶׁר עָשָׂתָה וַתָּבֵא לְאַמְנוֹן אָחִיהָ הֶחָדְרָה׃ וַתַּגֵּשׁ אֵלָיו לֶאֱכֹל יא
וַיַּחֲזֶק־בָּהּ וַיֹּאמֶר לָהּ בּוֹאִי שִׁכְבִי עִמִּי אֲחוֹתִי׃ וַתֹּאמֶר לוֹ אַל־ יב
אָחִי אַל־תְּעַנֵּנִי כִּי לֹא־יֵעָשֶׂה כֵן בְּיִשְׂרָאֵל אַל־תַּעֲשֵׂה אֶת־
הַנְּבָלָה הַזֹּאת׃ וַאֲנִי אָנָה אוֹלִיךְ אֶת־חֶרְפָּתִי וְאַתָּה תִּהְיֶה יג
כְּאַחַד הַנְּבָלִים בְּיִשְׂרָאֵל וְעַתָּה דַּבֶּר־נָא אֶל־הַמֶּלֶךְ כִּי לֹא
יִמְנָעֵנִי מִמֶּךָּ׃ וְלֹא אָבָה לִשְׁמֹעַ בְּקוֹלָהּ וַיֶּחֱזַק מִמֶּנָּה וַיְעַנֶּהָ יד
וַיִּשְׁכַּב אֹתָהּ׃ וַיִּשְׂנָאֶהָ אַמְנוֹן שִׂנְאָה גְּדוֹלָה מְאֹד כִּי גְדוֹלָה טו
הַשִּׂנְאָה אֲשֶׁר שְׂנֵאָהּ מֵאַהֲבָה אֲשֶׁר אֲהֵבָהּ וַיֹּאמֶר־לָהּ אַמְנוֹן
קוּמִי לֵכִי׃ וַתֹּאמֶר לוֹ אַל־אוֹדֹת הָרָעָה הַגְּדוֹלָה הַזֹּאת טז
מֵאַחֶרֶת אֲשֶׁר־עָשִׂיתָ עִמִּי לְשַׁלְּחֵנִי וְלֹא אָבָה לִשְׁמֹעַ לָהּ׃
וַיִּקְרָא אֶת־נַעֲרוֹ מְשָׁרְתוֹ וַיֹּאמֶר שִׁלְחוּ־נָא אֶת־זֹאת מֵעָלַי יז
הַחוּצָה וּנְעֹל הַדֶּלֶת אַחֲרֶיהָ׃ וְעָלֶיהָ כְּתֹנֶת פַּסִּים כִּי כֵן יח
תִּלְבַּשְׁןָ בְנוֹת־הַמֶּלֶךְ הַבְּתוּלֹת מְעִילִים וַיֹּצֵא אוֹתָהּ מְשָׁרְתוֹ
הַחוּץ וְנָעַל הַדֶּלֶת אַחֲרֶיהָ׃ וַתִּקַּח תָמָר אֵפֶר עַל־רֹאשָׁהּ יט
וּכְתֹנֶת הַפַּסִּים אֲשֶׁר עָלֶיהָ קָרָעָה וַתָּשֶׂם יָדָהּ עַל־רֹאשָׁהּ
וַתֵּלֶךְ הָלוֹךְ וְזָעָקָה׃ וַיֹּאמֶר אֵלֶיהָ אַבְשָׁלוֹם אָחִיהָ הַאֲמִינוֹן כ

אָחִיךָ הָיָה עִמָּךְ וְעַתָּה אֲחוֹתִי הַחֲרִישִׁי אָחִיךָ הוּא אַל־תָּשִׁיתִי
אֶת־לִבֵּךְ לַדָּבָר הַזֶּה וַתֵּשֶׁב תָּמָר וְשֹׁמֵמָה בֵּית אַבְשָׁלוֹם
כא אָחִיהָ׃ וְהַמֶּלֶךְ דָּוִד שָׁמַע אֵת כָּל־הַדְּבָרִים הָאֵלֶּה וַיִּחַר לוֹ
כב מְאֹד׃ וְלֹא־דִבֶּר אַבְשָׁלוֹם עִם־אַמְנוֹן לְמֵרָע וְעַד־טוֹב כִּי־
שָׂנֵא אַבְשָׁלוֹם אֶת־אַמְנוֹן עַל־דְּבַר אֲשֶׁר עִנָּה אֵת תָּמָר
כג אֲחֹתוֹ׃ וַיְהִי לִשְׁנָתַיִם יָמִים וַיִּהְיוּ גֹזְזִים לְאַבְשָׁלוֹם
בְּבַעַל חָצוֹר אֲשֶׁר עִם־אֶפְרָיִם וַיִּקְרָא אַבְשָׁלוֹם לְכָל־בְּנֵי
כד הַמֶּלֶךְ׃ וַיָּבֹא אַבְשָׁלוֹם אֶל־הַמֶּלֶךְ וַיֹּאמֶר הִנֵּה־נָא גֹזְזִים
כה לְעַבְדֶּךָ יֵלֶךְ־נָא הַמֶּלֶךְ וַעֲבָדָיו עִם־עַבְדֶּךָ׃ וַיֹּאמֶר הַמֶּלֶךְ אֶל־ כז
אַבְשָׁלוֹם אַל־בְּנִי אַל־נָא נֵלֵךְ כֻּלָּנוּ וְלֹא נִכְבַּד עָלֶיךָ וַיִּפְרָץ־
כו בּוֹ וְלֹא־אָבָה לָלֶכֶת וַיְבָרְכֵהוּ׃ וַיֹּאמֶר אַבְשָׁלוֹם וָלֹא יֵלֶךְ־
נָא אִתָּנוּ אַמְנוֹן אָחִי וַיֹּאמֶר לוֹ הַמֶּלֶךְ לָמָּה יֵלֵךְ עִמָּךְ׃
כז וַיִּפְרָץ־בּוֹ אַבְשָׁלוֹם וַיִּשְׁלַח אִתּוֹ אֶת־אַמְנוֹן וְאֵת כָּל־בְּנֵי
כח הַמֶּלֶךְ׃ וַיְצַו אַבְשָׁלוֹם אֶת־נְעָרָיו לֵאמֹר רְאוּ־
נָא כְּטוֹב לֵב־אַמְנוֹן בַּיַּיִן וְאָמַרְתִּי אֲלֵיכֶם הַכּוּ אֶת־אַמְנוֹן
וַהֲמִתֶּם אֹתוֹ אַל־תִּירָאוּ הֲלוֹא כִּי אָנֹכִי צִוִּיתִי אֶתְכֶם
כט חִזְקוּ וִהְיוּ לִבְנֵי־חָיִל׃ וַיַּעֲשׂוּ נַעֲרֵי אַבְשָׁלוֹם לְאַמְנוֹן כַּאֲשֶׁר
צִוָּה אַבְשָׁלוֹם וַיָּקֻמוּ ׀ כָּל־בְּנֵי הַמֶּלֶךְ וַיִּרְכְּבוּ אִישׁ עַל־
ל פִּרְדּוֹ וַיָּנֻסוּ׃ וַיְהִי הֵמָּה בַדֶּרֶךְ וְהַשְּׁמֻעָה בָּאָה אֶל־דָּוִד
לֵאמֹר הִכָּה אַבְשָׁלוֹם אֶת־כָּל־בְּנֵי הַמֶּלֶךְ וְלֹא־נוֹתַר מֵהֶם
לא אֶחָד׃ וַיָּקָם הַמֶּלֶךְ וַיִּקְרַע אֶת־בְּגָדָיו וַיִּשְׁכַּב
לב אָרְצָה וְכָל־עֲבָדָיו נִצָּבִים קְרֻעֵי בְגָדִים׃ וַיַּעַן
יוֹנָדָב ׀ בֶּן־שִׁמְעָה אֲחִי־דָוִד וַיֹּאמֶר אַל־יֹאמַר אֲדֹנִי אֵת כָּל־
הַנְּעָרִים בְּנֵי־הַמֶּלֶךְ הֵמִיתוּ כִּי־אַמְנוֹן לְבַדּוֹ מֵת כִּי־עַל־פִּי
לג אַבְשָׁלוֹם הָיְתָה שימה מִיּוֹם עַנֹּתוֹ אֵת תָּמָר אֲחֹתוֹ׃ וְעַתָּה שׁוּמָה
אַל־יָשֵׂם אֲדֹנִי הַמֶּלֶךְ אֶל־לִבּוֹ דָּבָר לֵאמֹר כָּל־בְּנֵי הַמֶּלֶךְ מֵתוּ
לד כִּי־אִם־אַמְנוֹן לְבַדּוֹ מֵת׃ וַיִּבְרַח אַבְשָׁלוֹם וַיִּשָּׂא

הַנַּעַר הַצֹּפֶה אֶת־עֵינָו וַיַּרְא וְהִנֵּה עַם־רַב הֹלְכִים מִדֶּרֶךְ
אַחֲרָיו מִצַּד הָהָר׃ וַיֹּאמֶר יוֹנָדָב אֶל־הַמֶּלֶךְ הִנֵּה בְנֵי־הַמֶּלֶךְ לה
בָּאוּ כִּדְבַר עַבְדְּךָ כֵּן הָיָה׃ וַיְהִי ׀ כְּכַלֹּתוֹ לְדַבֵּר וְהִנֵּה בְנֵי־ לו
הַמֶּלֶךְ בָּאוּ וַיִּשְׂאוּ קוֹלָם וַיִּבְכּוּ וְגַם־הַמֶּלֶךְ וְכָל־עֲבָדָיו בָּכוּ בְּכִי
עַמִּיהוּד גָּדוֹל מְאֹד׃ וְאַבְשָׁלוֹם בָּרַח וַיֵּלֶךְ אֶל־תַּלְמַי בֶּן־עַמִּיחוּר מֶלֶךְ לז
גְּשׁוּר וַיִּתְאַבֵּל עַל־בְּנוֹ כָּל־הַיָּמִים׃ וְאַבְשָׁלוֹם בָּרַח וַיֵּלֶךְ גְּשׁוּר לח
וַיְהִי־שָׁם שָׁלֹשׁ שָׁנִים׃ וַתְּכַל דָּוִד הַמֶּלֶךְ לָצֵאת אֶל־אַבְשָׁלוֹם לט
כִּי־נִחַם עַל־אַמְנוֹן כִּי־מֵת׃ וַיֵּדַע יוֹאָב בֶּן־ א יד
צְרֻיָה כִּי־לֵב הַמֶּלֶךְ עַל־אַבְשָׁלוֹם׃ וַיִּשְׁלַח יוֹאָב תְּקוֹעָה וַיִּקַּח ב
מִשָּׁם אִשָּׁה חֲכָמָה וַיֹּאמֶר אֵלֶיהָ הִתְאַבְּלִי־נָא וְלִבְשִׁי־נָא
בִגְדֵי־אֵבֶל וְאַל־תָּסוּכִי שֶׁמֶן וְהָיִית כְּאִשָּׁה זֶה יָמִים רַבִּים
מִתְאַבֶּלֶת עַל־מֵת׃ וּבָאת אֶל־הַמֶּלֶךְ וְדִבַּרְתְּ אֵלָיו כַּדָּבָר ג
הַזֶּה וַיָּשֶׂם יוֹאָב אֶת־הַדְּבָרִים בְּפִיהָ׃ וַתֹּאמֶר הָאִשָּׁה הַתְּקֹעִית ד
אֶל־הַמֶּלֶךְ וַתִּפֹּל עַל־אַפֶּיהָ אַרְצָה וַתִּשְׁתָּחוּ וַתֹּאמֶר הוֹשִׁעָה
הַמֶּלֶךְ׃ וַיֹּאמֶר־לָהּ הַמֶּלֶךְ מַה־לָּךְ וַתֹּאמֶר ה
אֲבָל אִשָּׁה־אַלְמָנָה אָנִי וַיָּמָת אִישִׁי׃ וּלְשִׁפְחָתְךָ שְׁנֵי בָנִים ו
וַיִּנָּצוּ שְׁנֵיהֶם בַּשָּׂדֶה וְאֵין מַצִּיל בֵּינֵיהֶם וַיַּכּוּ הָאֶחָד אֶת־הָאֶחָד
וַיָּמֶת אֹתוֹ׃ וְהִנֵּה קָמָה כָל־הַמִּשְׁפָּחָה עַל־שִׁפְחָתֶךָ וַיֹּאמְרוּ ז
תְּנִי ׀ אֶת־מַכֵּה אָחִיו וּנְמִתֵהוּ בְּנֶפֶשׁ אָחִיו אֲשֶׁר הָרָג וְנַשְׁמִידָה
שִׂים־ גַּם אֶת־הַיּוֹרֵשׁ וְכִבּוּ אֶת־גַּחַלְתִּי אֲשֶׁר נִשְׁאָרָה לְבִלְתִּי שׂוֹם־
לְאִישִׁי שֵׁם וּשְׁאֵרִית עַל־פְּנֵי הָאֲדָמָה׃ וַיֹּאמֶר ח
הַמֶּלֶךְ אֶל־הָאִשָּׁה לְכִי לְבֵיתֵךְ וַאֲנִי אֲצַוֶּה עָלָיִךְ׃ וַתֹּאמֶר ט
הָאִשָּׁה הַתְּקוֹעִית אֶל־הַמֶּלֶךְ עָלַי אֲדֹנִי הַמֶּלֶךְ הֶעָוֹן וְעַל־בֵּית
אָבִי וְהַמֶּלֶךְ וְכִסְאוֹ נָקִי׃ וַיֹּאמֶר הַמֶּלֶךְ הַמְדַבֵּר י
אֵלַיִךְ וַהֲבֵאתוֹ אֵלַי וְלֹא־יֹסִיף עוֹד לָגַעַת בָּךְ׃ וַתֹּאמֶר יִזְכָּר־ יא
מֵהַרְבַּת נָא הַמֶּלֶךְ אֶת־יְהוָה אֱלֹהֶיךָ מהרבית גֹּאֵל הַדָּם לְשַׁחֵת וְלֹא
יַשְׁמִידוּ אֶת־בְּנִי וַיֹּאמֶר חַי־יְהוָה אִם־יִפֹּל מִשַּׂעֲרַת בְּנֵךְ

יב אַרְצָה: וַתֹּאמֶר הָאִשָּׁה תְּדַבֶּר־נָא שִׁפְחָתְךָ אֶל־אֲדֹנִי הַמֶּלֶךְ
יג דָּבָר וַיֹּאמֶר דַּבֵּרִי: וַתֹּאמֶר הָאִשָּׁה וְלָמָּה
חָשַׁבְתָּה כָּזֹאת עַל־עַם אֱלֹהִים וּמִדַּבֵּר הַמֶּלֶךְ הַדָּבָר הַזֶּה
יד כְּאָשֵׁם לְבִלְתִּי הָשִׁיב הַמֶּלֶךְ אֶת־נִדְּחוֹ: כִּי־מוֹת נָמוּת וְכַמַּיִם
הַנִּגָּרִים אַרְצָה אֲשֶׁר לֹא יֵאָסֵפוּ וְלֹא־יִשָּׂא אֱלֹהִים נֶפֶשׁ וְחָשַׁב
טו מַחֲשָׁבוֹת לְבִלְתִּי יִדַּח מִמֶּנּוּ נִדָּח: וְעַתָּה אֲשֶׁר־בָּאתִי לְדַבֵּר
אֶל־הַמֶּלֶךְ אֲדֹנִי אֶת־הַדָּבָר הַזֶּה כִּי יֵרְאֻנִי הָעָם וַתֹּאמֶר
שִׁפְחָתְךָ אֲדַבְּרָה־נָּא אֶל־הַמֶּלֶךְ אוּלַי יַעֲשֶׂה הַמֶּלֶךְ אֶת־דְּבַר
טז אֲמָתוֹ: כִּי יִשְׁמַע הַמֶּלֶךְ לְהַצִּיל אֶת־אֲמָתוֹ מִכַּף הָאִישׁ
יז לְהַשְׁמִיד אֹתִי וְאֶת־בְּנִי יַחַד מִנַּחֲלַת אֱלֹהִים: וַתֹּאמֶר שִׁפְחָתְךָ
יִהְיֶה־נָּא דְּבַר־אֲדֹנִי הַמֶּלֶךְ לִמְנוּחָה כִּי ׀ כְּמַלְאַךְ הָאֱלֹהִים
כֵּן אֲדֹנִי הַמֶּלֶךְ לִשְׁמֹעַ הַטּוֹב וְהָרָע וַיהוָה אֱלֹהֶיךָ יְהִי
יח עִמָּךְ: וַיַּעַן הַמֶּלֶךְ וַיֹּאמֶר אֶל־הָאִשָּׁה אַל־נָא
תְכַחֲדִי מִמֶּנִּי דָּבָר אֲשֶׁר אָנֹכִי שֹׁאֵל אֹתָךְ וַתֹּאמֶר הָאִשָּׁה
יט יְדַבֶּר־נָא אֲדֹנִי הַמֶּלֶךְ: וַיֹּאמֶר הַמֶּלֶךְ הֲיַד יוֹאָב אִתָּךְ בְּכָל־
זֹאת וַתַּעַן הָאִשָּׁה וַתֹּאמֶר חֵי־נַפְשְׁךָ אֲדֹנִי הַמֶּלֶךְ אִם־אִשׁ ׀
לְהֵמִין וּלְהַשְׂמִיל מִכֹּל אֲשֶׁר־דִּבֶּר אֲדֹנִי הַמֶּלֶךְ כִּי־עַבְדְּךָ יוֹאָב
הוּא צִוָּנִי וְהוּא שָׂם בְּפִי שִׁפְחָתְךָ אֵת כָּל־הַדְּבָרִים הָאֵלֶּה:
כ לְבַעֲבוּר סַבֵּב אֶת־פְּנֵי הַדָּבָר עָשָׂה עַבְדְּךָ יוֹאָב אֶת־הַדָּבָר
הַזֶּה וַאדֹנִי חָכָם כְּחָכְמַת מַלְאַךְ הָאֱלֹהִים לָדַעַת אֶת־כָּל־
כא אֲשֶׁר בָּאָרֶץ: וַיֹּאמֶר הַמֶּלֶךְ אֶל־יוֹאָב הִנֵּה־נָא
עָשִׂיתִי אֶת־הַדָּבָר הַזֶּה וְלֵךְ הָשֵׁב אֶת־הַנַּעַר אֶת־אַבְשָׁלוֹם:
כב וַיִּפֹּל יוֹאָב אֶל־פָּנָיו אַרְצָה וַיִּשְׁתַּחוּ וַיְבָרֶךְ אֶת־הַמֶּלֶךְ וַיֹּאמֶר
יוֹאָב הַיּוֹם יָדַע עַבְדְּךָ כִּי־מָצָאתִי חֵן בְּעֵינֶיךָ אֲדֹנִי הַמֶּלֶךְ
כג אֲשֶׁר־עָשָׂה הַמֶּלֶךְ אֶת־דְּבַר עבדו: וַיָּקָם יוֹאָב וַיֵּלֶךְ גְּשׁוּרָה עַבְדֶּךָ
כד וַיָּבֵא אֶת־אַבְשָׁלוֹם יְרוּשָׁלִָם: וַיֹּאמֶר הַמֶּלֶךְ
יִסֹּב אֶל־בֵּיתוֹ וּפָנַי לֹא יִרְאֶה וַיִּסֹּב אַבְשָׁלוֹם אֶל־בֵּיתוֹ וּפְנֵי

כה הַמֶּלֶךְ לֹא רָאָה׃ וּכְאַבְשָׁלוֹם לֹא־הָיָה אִישׁ־
יָפֶה בְּכָל־יִשְׂרָאֵל לְהַלֵּל מְאֹד מִכַּף רַגְלוֹ וְעַד קָדְקֳדוֹ לֹא־
כו הָיָה בוֹ מוּם׃ וּבְגַלְּחוֹ אֶת־רֹאשׁוֹ וְהָיָה מִקֵּץ יָמִים ׀ לַיָּמִים
אֲשֶׁר יְגַלֵּחַ כִּי־כָבֵד עָלָיו וְגִלְּחוֹ וְשָׁקַל אֶת־שְׂעַר רֹאשׁוֹ
כז מָאתַיִם שְׁקָלִים בְּאֶבֶן הַמֶּלֶךְ׃ וַיִּוָּלְדוּ לְאַבְשָׁלוֹם שְׁלוֹשָׁה
בָנִים וּבַת אַחַת וּשְׁמָהּ תָּמָר הִיא הָיְתָה אִשָּׁה יְפַת
כח מַרְאֶה׃ וַיֵּשֶׁב אַבְשָׁלוֹם בִּירוּשָׁלַם שְׁנָתַיִם יָמִים
כט וּפְנֵי הַמֶּלֶךְ לֹא רָאָה׃ וַיִּשְׁלַח אַבְשָׁלוֹם אֶל־יוֹאָב לִשְׁלֹחַ אֹתוֹ
אֶל־הַמֶּלֶךְ וְלֹא אָבָה לָבוֹא אֵלָיו וַיִּשְׁלַח עוֹד שֵׁנִית וְלֹא אָבָה
ל לָבוֹא׃ וַיֹּאמֶר אֶל־עֲבָדָיו רְאוּ חֶלְקַת יוֹאָב אֶל־יָדִי וְלוֹ־שָׁם
שְׂעֹרִים לְכוּ והוצתיה בָאֵשׁ וַיַּצִּתוּ עַבְדֵי אַבְשָׁלוֹם אֶת־ וְהַצִּיתוּהָ
לא הַחֶלְקָה בָּאֵשׁ׃ וַיָּקָם יוֹאָב וַיָּבֹא אֶל־אַבְשָׁלוֹם
הַבָּיְתָה וַיֹּאמֶר אֵלָיו לָמָּה הִצִּיתוּ עֲבָדֶיךָ אֶת־הַחֶלְקָה אֲשֶׁר־
לב לִי בָּאֵשׁ׃ וַיֹּאמֶר אַבְשָׁלוֹם אֶל־יוֹאָב הִנֵּה שָׁלַחְתִּי אֵלֶיךָ ׀
לֵאמֹר בֹּא הֵנָּה וְאֶשְׁלְחָה אֹתְךָ אֶל־הַמֶּלֶךְ לֵאמֹר לָמָּה בָּאתִי
מִגְּשׁוּר טוֹב לִי עֹד אֲנִי־שָׁם וְעַתָּה אֶרְאֶה פְּנֵי הַמֶּלֶךְ וְאִם־יֶשׁ־
לג בִּי עָוֺן וֶהֱמִתָנִי׃ וַיָּבֹא יוֹאָב אֶל־הַמֶּלֶךְ וַיַּגֶּד־לוֹ וַיִּקְרָא אֶל־ כח
אַבְשָׁלוֹם וַיָּבֹא אֶל־הַמֶּלֶךְ וַיִּשְׁתַּחוּ לוֹ עַל־אַפָּיו אַרְצָה לִפְנֵי
טו א הַמֶּלֶךְ וַיִּשַּׁק הַמֶּלֶךְ לְאַבְשָׁלוֹם׃ וַיְהִי מֵאַחֲרֵי כֵן
וַיַּעַשׂ לוֹ אַבְשָׁלוֹם מֶרְכָּבָה וְסֻסִים וַחֲמִשִּׁים אִישׁ רָצִים לְפָנָיו׃
ב וְהִשְׁכִּים אַבְשָׁלוֹם וְעָמַד עַל־יַד דֶּרֶךְ הַשָּׁעַר וַיְהִי כָּל־הָאִישׁ
אֲשֶׁר־יִהְיֶה־לּוֹ רִיב לָבוֹא אֶל־הַמֶּלֶךְ לַמִּשְׁפָּט וַיִּקְרָא אַבְשָׁלוֹם
אֵלָיו וַיֹּאמֶר אֵי־מִזֶּה עִיר אַתָּה וַיֹּאמֶר מֵאַחַד שִׁבְטֵי־יִשְׂרָאֵל
ג עַבְדֶּךָ׃ וַיֹּאמֶר אֵלָיו אַבְשָׁלוֹם רְאֵה דְבָרֶךָ טוֹבִים וּנְכֹחִים
ד וְשֹׁמֵעַ אֵין־לְךָ מֵאֵת הַמֶּלֶךְ׃ וַיֹּאמֶר אַבְשָׁלוֹם מִי־יְשִׂמֵנִי שֹׁפֵט
בָּאָרֶץ וְעָלַי יָבוֹא כָּל־אִישׁ אֲשֶׁר־יִהְיֶה־לּוֹ־רִיב וּמִשְׁפָּט
ה וְהִצְדַּקְתִּיו׃ וְהָיָה בִּקְרָב־אִישׁ לְהִשְׁתַּחֲוֺת לוֹ וְשָׁלַח אֶת־יָדוֹ

ו וְהֶחֱזִיק לוֹ וְנָשַׁק לוֹ: וַיַּעַשׂ אַבְשָׁלוֹם כַּדָּבָר הַזֶּה לְכָל־
יִשְׂרָאֵל אֲשֶׁר־יָבֹאוּ לַמִּשְׁפָּט אֶל־הַמֶּלֶךְ וַיְגַנֵּב אַבְשָׁלוֹם אֶת־
ז לֵב אַנְשֵׁי יִשְׂרָאֵל: וַיְהִי מִקֵּץ אַרְבָּעִים שָׁנָה
וַיֹּאמֶר אַבְשָׁלוֹם אֶל־הַמֶּלֶךְ אֵלְכָה נָּא וַאֲשַׁלֵּם אֶת־נִדְרִי
ח אֲשֶׁר־נָדַרְתִּי לַיהוָה בְּחֶבְרוֹן: כִּי־נֵדֶר נָדַר עַבְדְּךָ בְּשִׁבְתִּי
בִגְשׁוּר בַּאֲרָם לֵאמֹר אִם־ישיב יְשִׁיבֵנִי יהוה יְרוּשָׁלִַם יָשׁוּב
ט וְעָבַדְתִּי אֶת־יהוה: וַיֹּאמֶר־לוֹ הַמֶּלֶךְ לֵךְ בְּשָׁלוֹם וַיָּקָם וַיֵּלֶךְ
י חֶבְרוֹנָה: וַיִּשְׁלַח אַבְשָׁלוֹם מְרַגְּלִים בְּכָל־שִׁבְטֵי
יִשְׂרָאֵל לֵאמֹר כְּשָׁמְעֲכֶם אֶת־קוֹל הַשֹּׁפָר וַאֲמַרְתֶּם מָלַךְ
יא אַבְשָׁלוֹם בְּחֶבְרוֹן: וְאֶת־אַבְשָׁלוֹם הָלְכוּ מָאתַיִם אִישׁ
יב מִירוּשָׁלִַם קְרֻאִים וְהֹלְכִים לְתֻמָּם וְלֹא יָדְעוּ כָּל־דָּבָר: וַיִּשְׁלַח
אַבְשָׁלוֹם אֶת־אֲחִיתֹפֶל הַגִּילֹנִי יוֹעֵץ דָּוִד מֵעִירוֹ מִגִּלֹה בְּזָבְחוֹ
אֶת־הַזְּבָחִים וַיְהִי הַקֶּשֶׁר אַמִּץ וְהָעָם הוֹלֵךְ וָרָב אֶת־
יג אַבְשָׁלוֹם: וַיָּבֹא הַמַּגִּיד אֶל־דָּוִד לֵאמֹר הָיָה לֶב־אִישׁ יִשְׂרָאֵל
יד אַחֲרֵי אַבְשָׁלוֹם: וַיֹּאמֶר דָּוִד לְכָל־עֲבָדָיו אֲשֶׁר־אִתּוֹ בִירוּשָׁלִַם
קוּמוּ וְנִבְרָחָה כִּי לֹא־תִהְיֶה־לָּנוּ פְלֵיטָה מִפְּנֵי אַבְשָׁלֹם מַהֲרוּ
לָלֶכֶת פֶּן־יְמַהֵר וְהִשִּׂגֻנוּ וְהִדִּיחַ עָלֵינוּ אֶת־הָרָעָה וְהִכָּה הָעִיר
טו לְפִי־חָרֶב: וַיֹּאמְרוּ עַבְדֵי־הַמֶּלֶךְ אֶל־הַמֶּלֶךְ כְּכֹל אֲשֶׁר־יִבְחַר
טז אֲדֹנִי הַמֶּלֶךְ הִנֵּה עֲבָדֶיךָ: וַיֵּצֵא הַמֶּלֶךְ וְכָל־בֵּיתוֹ בְּרַגְלָיו וַיַּעֲזֹב
יז הַמֶּלֶךְ אֵת עֶשֶׂר נָשִׁים פִּלַגְשִׁים לִשְׁמֹר הַבָּיִת: וַיֵּצֵא הַמֶּלֶךְ וְכָל־
יח הָעָם בְּרַגְלָיו וַיַּעַמְדוּ בֵּית הַמֶּרְחָק: וְכָל־עֲבָדָיו עֹבְרִים עַל־יָדוֹ
וְכָל־הַכְּרֵתִי וְכָל־הַפְּלֵתִי וְכָל־הַגִּתִּים שֵׁשׁ־מֵאוֹת אִישׁ אֲשֶׁר־
יט בָּאוּ בְרַגְלוֹ מִגַּת עֹבְרִים עַל־פְּנֵי הַמֶּלֶךְ: וַיֹּאמֶר
הַמֶּלֶךְ אֶל־אִתַּי הַגִּתִּי לָמָּה תֵלֵךְ גַּם־אַתָּה אִתָּנוּ שׁוּב וְשֵׁב
כ עִם־הַמֶּלֶךְ כִּי־נָכְרִי אַתָּה וְגַם־גֹּלֶה אַתָּה לִמְקוֹמֶךָ: תְּמוֹל ׀
בּוֹאֶךָ וְהַיּוֹם אנועך עִמָּנוּ לָלֶכֶת וַאֲנִי הוֹלֵךְ עַל אֲשֶׁר־אֲנִי הוֹלֵךְ אֲנִיעֲךָ
כא שׁוּב וְהָשֵׁב אֶת־אַחֶיךָ עִמָּךְ חֶסֶד וֶאֱמֶת: וַיַּעַן אִתַּי אֶת־הַמֶּלֶךְ

וַיֹּאמַר חַי־יְהוָה וְחֵי אֲדֹנִי הַמֶּלֶךְ כִּי אִם בִּמְקוֹם אֲשֶׁר יִהְיֶה־
שָּׁם ׀ אֲדֹנִי הַמֶּלֶךְ אִם־לְמָוֶת אִם־לְחַיִּים כִּי־שָׁם יִהְיֶה עַבְדֶּךָ:
כב וַיֹּאמֶר דָּוִד אֶל־אִתַּי לֵךְ וַעֲבֹר וַיַּעֲבֹר אִתַּי הַגִּתִּי וְכָל־אֲנָשָׁיו
כג וְכָל־הַטַּף אֲשֶׁר אִתּוֹ: וְכָל־הָאָרֶץ בּוֹכִים קוֹל גָּדוֹל וְכָל־הָעָם
עֹבְרִים וְהַמֶּלֶךְ עֹבֵר בְּנַחַל קִדְרוֹן וְכָל־הָעָם עֹבְרִים עַל־פְּנֵי־דֶרֶךְ
כד אֶת־הַמִּדְבָּר: וְהִנֵּה גַם־צָדוֹק וְכָל־הַלְוִיִּם אִתּוֹ נֹשְׂאִים אֶת־
אֲרוֹן בְּרִית הָאֱלֹהִים וַיַּצִּקוּ אֶת־אֲרוֹן הָאֱלֹהִים וַיַּעַל אֶבְיָתָר
כה עַד־תֹּם כָּל־הָעָם לַעֲבוֹר מִן־הָעִיר: וַיֹּאמֶר
הַמֶּלֶךְ לְצָדוֹק הָשֵׁב אֶת־אֲרוֹן הָאֱלֹהִים הָעִיר אִם־אֶמְצָא
כו חֵן בְּעֵינֵי יְהוָה וֶהֱשִׁבַנִי וְהִרְאַנִי אֹתוֹ וְאֶת־נָוֵהוּ: וְאִם
כֹּה יֹאמַר לֹא חָפַצְתִּי בָּךְ הִנְנִי יַעֲשֶׂה־לִּי כַּאֲשֶׁר טוֹב
כז בְּעֵינָיו: וַיֹּאמֶר הַמֶּלֶךְ אֶל־צָדוֹק הַכֹּהֵן הֲרוֹאֶה
אַתָּה שֻׁבָה הָעִיר בְּשָׁלוֹם וַאֲחִימַעַץ בִּנְךָ וִיהוֹנָתָן בֶּן־אֶבְיָתָר
כח שְׁנֵי בְנֵיכֶם אִתְּכֶם: רְאוּ אָנֹכִי מִתְמַהְמֵהַּ בעברות הַמִּדְבָּר בְּעַרְבוֹת
כט עַד בּוֹא דָבָר מֵעִמָּכֶם לְהַגִּיד לִי: וַיָּשֶׁב צָדוֹק וְאֶבְיָתָר אֶת־
ל אֲרוֹן הָאֱלֹהִים יְרוּשָׁלִָם וַיֵּשְׁבוּ שָׁם: וְדָוִד עֹלֶה בְמַעֲלֵה הַזֵּיתִים
עֹלֶה ׀ וּבוֹכֶה וְרֹאשׁ לוֹ חָפוּי וְהוּא הֹלֵךְ יָחֵף וְכָל־הָעָם אֲשֶׁר־
לא אִתּוֹ חָפוּ אִישׁ רֹאשׁוֹ וְעָלוּ עָלֹה וּבָכֹה: וְדָוִד הִגִּיד לֵאמֹר
אֲחִיתֹפֶל בַּקֹּשְׁרִים עִם־אַבְשָׁלוֹם וַיֹּאמֶר דָּוִד סַכֶּל־נָא אֶת־
לב עֲצַת אֲחִיתֹפֶל יְהוָה: וַיְהִי דָוִד בָּא עַד־הָרֹאשׁ אֲשֶׁר־יִשְׁתַּחֲוֶה
שָׁם לֵאלֹהִים וְהִנֵּה לִקְרָאתוֹ חוּשַׁי הָאַרְכִּי קָרוּעַ כֻּתָּנְתּוֹ
לג וַאֲדָמָה עַל־רֹאשׁוֹ: וַיֹּאמֶר לוֹ דָּוִד אִם עָבַרְתָּ אִתִּי וְהָיִתָ עָלַי
לד לְמַשָּׂא: וְאִם־הָעִיר תָּשׁוּב וְאָמַרְתָּ לְאַבְשָׁלוֹם עַבְדְּךָ אֲנִי
הַמֶּלֶךְ אֶהְיֶה עֶבֶד אָבִיךָ וַאֲנִי מֵאָז וְעַתָּה וַאֲנִי עַבְדֶּךָ וְהֵפַרְתָּה
לה לִי אֵת עֲצַת אֲחִיתֹפֶל: וַהֲלוֹא עִמְּךָ שָׁם צָדוֹק וְאֶבְיָתָר
הַכֹּהֲנִים וְהָיָה כָּל־הַדָּבָר אֲשֶׁר תִּשְׁמַע מִבֵּית הַמֶּלֶךְ תַּגִּיד
לו לְצָדוֹק וּלְאֶבְיָתָר הַכֹּהֲנִים: הִנֵּה־שָׁם עִמָּם שְׁנֵי בְנֵיהֶם אֲחִימַעַץ

שמואל ב   טו

לְצָדוֹק וְיהוֹנָתָ֖ן לְאֶבְיָתָ֑ר וּשְׁלַחְתֶּ֣ם בְּיָדָ֔ם אֵלַ֖י כָּל־דָּבָ֥ר
אֲשֶׁ֥ר תִּשְׁמָֽעוּ׃ וַיָּבֹ֞א חוּשַׁ֣י רֵעֶ֤ה דָוִד֙ הָעִ֔יר וְאַבְשָׁלֹ֖ם יָבֹ֥א   כט
יְרוּשָׁלָֽ͏ִם׃   וְדָוִ֗ד עָבַ֤ר מְעַט֙ מֵֽהָרֹ֔אשׁ וְהִנֵּ֥ה צִיבָ֛א   טז א
נַ֥עַר מְפִי־בֹ֖שֶׁת לִקְרָאת֑וֹ וְצֶ֤מֶד חֲמֹרִים֙ חֲבֻשִׁ֔ים וַעֲלֵיהֶם֩ מָאתַ֨יִם
לֶ֜חֶם וּמֵאָ֧ה צִמּוּקִ֣ים וּמֵ֣אָה קַ֗יִץ וְנֵ֣בֶל יָ֑יִן׃ וַיֹּ֧אמֶר הַמֶּ֛לֶךְ אֶל־   ב
צִיבָ֖א מָה־אֵ֣לֶּה לָּ֑ךְ וַיֹּ֣אמֶר צִ֠יבָא הַחֲמוֹרִ֨ים לְבֵית־הַמֶּ֜לֶךְ
לִרְכֹּ֗ב וְלַלֶּ֤חֶם וְלַהַקַּ֙יִץ֙ לֶאֱכ֣וֹל הַנְּעָרִ֔ים וְהַיַּ֕יִן לִשְׁתּ֥וֹת הַיָּעֵ֖ף   וְהַלֶּחֶם
בַּמִּדְבָּֽר׃ וַיֹּ֣אמֶר הַמֶּ֔לֶךְ וְאַיֵּ֖ה בֶּן־אֲדֹנֶ֑יךָ וַיֹּ֨אמֶר צִיבָ֜א אֶל־   ג
הַמֶּ֗לֶךְ הִנֵּה֙ יוֹשֵׁ֣ב בִּירֽוּשָׁלַ֔͏ִם כִּ֣י אָמַ֔ר הַיּ֗וֹם יָשִׁ֤יבוּ לִי֙ בֵּ֣ית יִשְׂרָאֵ֔ל
אֵ֖ת מַמְלְכ֥וּת אָבִֽי׃ וַיֹּ֤אמֶר הַמֶּ֙לֶךְ֙ לְצִבָ֔א הִנֵּ֣ה לְךָ֔ כֹּ֖ל אֲשֶׁ֣ר   ד
לִמְפִי־בֹ֑שֶׁת וַיֹּ֤אמֶר צִיבָא֙ הִֽשְׁתַּחֲוֵ֔יתִי אֶמְצָא־חֵ֥ן בְּעֵינֶ֖יךָ אֲדֹנִ֥י
הַמֶּֽלֶךְ׃ וּבָ֛א הַמֶּ֥לֶךְ דָּוִ֖ד עַד־בַּֽחוּרִ֑ים וְהִנֵּ֣ה מִשָּׁם֩ אִ֨ישׁ יוֹצֵ֜א   ה
מִמִּשְׁפַּ֣חַת בֵּית־שָׁא֗וּל וּשְׁמוֹ֙ שִׁמְעִ֣י בֶן־גֵּרָ֔א יֹצֵ֥א יָצ֖וֹא
וּֽמְקַלֵּֽל׃ וַיְסַקֵּ֤ל בָּֽאֲבָנִים֙ אֶת־דָּוִ֔ד וְאֶת־כָּל־עַבְדֵ֖י הַמֶּ֣לֶךְ דָּוִ֑ד   ו
וְכָל־הָעָם֙ וְכָל־הַגִּבֹּרִ֔ים מִימִינ֖וֹ וּמִשְּׂמֹאלֽוֹ׃ וְכֹֽה־אָמַ֥ר שִׁמְעִ֖י   ז
בְּקַֽלְל֑וֹ צֵ֥א צֵ֛א אִ֥ישׁ הַדָּמִ֖ים וְאִ֥ישׁ הַבְּלִיָּֽעַל׃ הֵשִׁיב֩ עָלֶ֨יךָ יְהוָ֜ה   ח
כֹּ֣ל ׀ דְּמֵ֣י בֵית־שָׁא֗וּל אֲשֶׁ֤ר מָלַ֙כְתָּ֙ תַּחְתָּ֔יו וַיִּתֵּ֤ן יְהוָה֙ אֶת־
הַמְּלוּכָ֔ה בְּיַ֖ד אַבְשָׁל֣וֹם בְּנֶ֑ךָ וְהִנְּךָ֙ בְּרָ֣עָתֶ֔ךָ כִּ֛י אִ֥ישׁ דָּמִ֖ים
אָֽתָּה׃ וַיֹּ֨אמֶר אֲבִישַׁ֤י בֶּן־צְרוּיָה֙ אֶל־הַמֶּ֔לֶךְ לָ֣מָּה יְקַלֵּ֞ל   ט
הַכֶּ֤לֶב הַמֵּת֙ הַזֶּ֔ה אֶת־אֲדֹנִ֖י הַמֶּ֑לֶךְ אֶעְבְּרָה־נָּ֖א וְאָסִ֥ירָה אֶת־
רֹאשֽׁוֹ׃   וַיֹּ֣אמֶר הַמֶּ֗לֶךְ מַה־לִּ֤י וְלָכֶם֙ בְּנֵ֣י צְרֻיָ֔ה   י
כִּ֣י יְקַלֵּ֔ל וְכִ֤י יְהוָה֙ אָ֣מַר ל֔וֹ קַלֵּ֖ל אֶת־דָּוִ֑ד וּמִ֣י יֹאמַ֔ר מַדּ֖וּעַ   כֹּה   כִּי
עָשִׂ֥יתָה כֵּֽן׃   וַיֹּ֨אמֶר דָּוִ֤ד אֶל־אֲבִישַׁי֙ וְאֶל־כָּל־   יא
עֲבָדָ֔יו הִנֵּ֣ה בְנִ֔י אֲשֶׁר־יָצָ֥א מִמֵּעַ֖י מְבַקֵּ֣שׁ אֶת־נַפְשִׁ֑י וְאַ֨ף כִּֽי־
עַתָּ֜ה בֶּן־הַיְמִינִ֗י הַנִּ֤חֽוּ לוֹ֙ וִֽיקַלֵּ֔ל כִּ֥י אָֽמַר־ל֖וֹ יְהוָֽה׃ אוּלַ֛י יִרְאֶ֥ה   יב
יְהוָ֖ה בְּעׇנְיִ֑י וְהֵשִׁ֨יב יְהוָ֥ה לִי֙ טוֹבָ֔ה תַּ֥חַת קִלְלָת֖וֹ הַיּ֥וֹם הַזֶּֽה׃   בְּעֵינִי
וַיֵּ֧לֶךְ דָּוִ֛ד וַאֲנָשָׁ֖יו בַּדָּ֑רֶךְ   וְשִׁמְעִ֤י הֹלֵךְ֙ בְּצֵלַ֣ע   יג

קסז

הָהָר לְעֻמָּתוֹ הָלוֹךְ וַיְקַלֵּל וַיְסַקֵּל בָּאֲבָנִים לְעֻמָּתוֹ וְעִפַּר
יד בֶּעָפָר׃ וַיָּבֹא הַמֶּלֶךְ וְכָל־הָעָם אֲשֶׁר־אִתּוֹ
טו עֲיֵפִים וַיִּנָּפֵשׁ שָׁם׃ וְאַבְשָׁלוֹם וְכָל־הָעָם אִישׁ יִשְׂרָאֵל בָּאוּ
טז יְרוּשָׁלָם וַאֲחִיתֹפֶל אִתּוֹ׃ וַיְהִי כַּאֲשֶׁר־בָּא חוּשַׁי הָאַרְכִּי רֵעֶה
דָוִד אֶל־אַבְשָׁלֹם וַיֹּאמֶר חוּשַׁי אֶל־אַבְשָׁלֹם יְחִי הַמֶּלֶךְ יְחִי
יז הַמֶּלֶךְ׃ וַיֹּאמֶר אַבְשָׁלוֹם אֶל־חוּשַׁי זֶה חַסְדְּךָ אֶת־רֵעֶךָ לָמָּה
יח לֹא־הָלַכְתָּ אֶת־רֵעֶךָ׃ וַיֹּאמֶר חוּשַׁי אֶל־אַבְשָׁלֹם לֹא כִּי אֲשֶׁר
בָּחַר יְהוָה וְהָעָם הַזֶּה וְכָל־אִישׁ יִשְׂרָאֵל לֹא אֶהְיֶה וְאִתּוֹ לוֹ
יט אֵשֵׁב׃ וְהַשֵּׁנִית לְמִי אֲנִי אֶעֱבֹד הֲלוֹא לִפְנֵי בְנוֹ כַּאֲשֶׁר עָבַדְתִּי
כ לִפְנֵי אָבִיךָ כֵּן אֶהְיֶה לְפָנֶיךָ׃ וַיֹּאמֶר אַבְשָׁלוֹם
כא אֶל־אֲחִיתֹפֶל הָבוּ לָכֶם עֵצָה מַה־נַּעֲשֶׂה׃ וַיֹּאמֶר אֲחִיתֹפֶל
אֶל־אַבְשָׁלֹם בּוֹא אֶל־פַּלְגְשֵׁי אָבִיךָ אֲשֶׁר הִנִּיחַ לִשְׁמוֹר הַבָּיִת
וְשָׁמַע כָּל־יִשְׂרָאֵל כִּי־נִבְאַשְׁתָּ אֶת־אָבִיךָ וְחָזְקוּ יְדֵי כָּל־אֲשֶׁר
כב אִתָּךְ׃ וַיַּטּוּ לְאַבְשָׁלוֹם הָאֹהֶל עַל־הַגָּג וַיָּבֹא אַבְשָׁלוֹם אֶל־
כג פִּלַגְשֵׁי אָבִיו לְעֵינֵי כָּל־יִשְׂרָאֵל׃ וַעֲצַת אֲחִיתֹפֶל אֲשֶׁר יָעַץ
בַּיָּמִים הָהֵם כַּאֲשֶׁר יִשְׁאַל־ בִּדְבַר הָאֱלֹהִים כֵּן כָּל־עֲצַת אִישׁ
יז א אֲחִיתֹפֶל גַּם־לְדָוִד גַּם־לְאַבְשָׁלֹם׃ וַיֹּאמֶר
אֲחִיתֹפֶל אֶל־אַבְשָׁלֹם אֶבְחֲרָה־נָּא שְׁנֵים־עָשָׂר אֶלֶף אִישׁ
ב וְאָקוּמָה וְאֶרְדְּפָה אַחֲרֵי־דָוִד הַלָּיְלָה׃ וְאָבוֹא עָלָיו וְהוּא יָגֵעַ
וּרְפֵה יָדַיִם וְהַחֲרַדְתִּי אֹתוֹ וְנָס כָּל־הָעָם אֲשֶׁר־אִתּוֹ וְהִכֵּיתִי
ג אֶת־הַמֶּלֶךְ לְבַדּוֹ׃ וְאָשִׁיבָה כָל־הָעָם אֵלֶיךָ כְּשׁוּב הַכֹּל הָאִישׁ
ד אֲשֶׁר אַתָּה מְבַקֵּשׁ כָּל־הָעָם יִהְיֶה שָׁלוֹם׃ וַיִּישַׁר הַדָּבָר בְּעֵינֵי
ה אַבְשָׁלֹם וּבְעֵינֵי כָּל־זִקְנֵי יִשְׂרָאֵל׃ וַיֹּאמֶר
אַבְשָׁלוֹם קְרָא נָא גַּם לְחוּשַׁי הָאַרְכִּי וְנִשְׁמְעָה מַה־בְּפִיו גַּם־
ו הוּא׃ וַיָּבֹא חוּשַׁי אֶל־אַבְשָׁלוֹם וַיֹּאמֶר אַבְשָׁלוֹם אֵלָיו לֵאמֹר
כַּדָּבָר הַזֶּה דִּבֶּר אֲחִיתֹפֶל הֲנַעֲשֶׂה אֶת־דְּבָרוֹ אִם־אַיִן אַתָּה
ז דַבֵּר׃ וַיֹּאמֶר חוּשַׁי אֶל־אַבְשָׁלוֹם לֹא־טוֹבָה

ח הָעֵצָה אֲשֶׁר־יָעַץ אֲחִיתֹפֶל בַּפַּעַם הַזֹּאת׃ וַיֹּאמֶר חוּשַׁי אַתָּה
יָדַעְתָּ אֶת־אָבִיךָ וְאֶת־אֲנָשָׁיו כִּי גִבֹּרִים הֵמָּה וּמָרֵי נֶפֶשׁ הֵמָּה
כְּדֹב שַׁכּוּל בַּשָּׂדֶה וְאָבִיךָ אִישׁ מִלְחָמָה וְלֹא יָלִין אֶת־הָעָם׃
ט הִנֵּה עַתָּה הוּא־נֶחְבָּא בְּאַחַת הַפְּחָתִים אוֹ בְּאַחַד הַמְּקוֹמֹת
וְהָיָה כִּנְפֹל בָּהֶם בַּתְּחִלָּה וְשָׁמַע הַשֹּׁמֵעַ וְאָמַר הָיְתָה מַגֵּפָה
י בָּעָם אֲשֶׁר אַחֲרֵי אַבְשָׁלֹם׃ וְהוּא גַם־בֶּן־חַיִל אֲשֶׁר לִבּוֹ כְּלֵב
הָאַרְיֵה הִמֵּס יִמָּס כִּי־יֹדֵעַ כָּל־יִשְׂרָאֵל כִּי־גִבּוֹר אָבִיךָ וּבְנֵי־
יא חַיִל אֲשֶׁר אִתּוֹ׃ כִּי יָעַצְתִּי הֵאָסֹף יֵאָסֵף עָלֶיךָ כָל־יִשְׂרָאֵל מִדָּן
וְעַד־בְּאֵר שֶׁבַע כַּחוֹל אֲשֶׁר־עַל־הַיָּם לָרֹב וּפָנֶיךָ הֹלְכִים
יב בַּקְרָב׃ וּבָאנוּ אֵלָיו באחת הַמְּקוֹמֹת אֲשֶׁר נִמְצָא שָׁם וְנַחְנוּ בְּאַחַד
עָלָיו כַּאֲשֶׁר יִפֹּל הַטַּל עַל־הָאֲדָמָה וְלֹא־נוֹתַר בּוֹ וּבְכָל־
יג הָאֲנָשִׁים אֲשֶׁר־אִתּוֹ גַּם־אֶחָד׃ וְאִם־אֶל־עִיר יֵאָסֵף וְהִשִּׂיאוּ
כָל־יִשְׂרָאֵל אֶל־הָעִיר הַהִיא חֲבָלִים וְסָחַבְנוּ אֹתוֹ עַד־הַנַּחַל
יד עַד אֲשֶׁר־לֹא־נִמְצָא שָׁם גַּם־צְרוֹר׃ וַיֹּאמֶר
אַבְשָׁלוֹם וְכָל־אִישׁ יִשְׂרָאֵל טוֹבָה עֲצַת חוּשַׁי הָאַרְכִּי
מֵעֲצַת אֲחִיתֹפֶל וַיהוָה צִוָּה לְהָפֵר אֶת־עֲצַת
אֲחִיתֹפֶל הַטּוֹבָה לְבַעֲבוּר הָבִיא יְהוָה אֶל־אַבְשָׁלוֹם אֶת־
טו הָרָעָה׃ וַיֹּאמֶר חוּשַׁי אֶל־צָדוֹק וְאֶל־אֶבְיָתָר
הַכֹּהֲנִים כָּזֹאת וְכָזֹאת יָעַץ אֲחִיתֹפֶל אֶת־אַבְשָׁלֹם וְאֵת זִקְנֵי
טז יִשְׂרָאֵל וְכָזֹאת וְכָזֹאת יָעַצְתִּי אָנִי׃ וְעַתָּה שִׁלְחוּ מְהֵרָה וְהַגִּידוּ
לְדָוִד לֵאמֹר אַל־תָּלֶן הַלַּיְלָה בְּעַרְבוֹת הַמִּדְבָּר וְגַם עָבוֹר
יז תַּעֲבוֹר פֶּן יְבֻלַּע לַמֶּלֶךְ וּלְכָל־הָעָם אֲשֶׁר אִתּוֹ׃ וִיהוֹנָתָן
וַאֲחִימַעַץ עֹמְדִים בְּעֵין־רֹגֵל וְהָלְכָה הַשִּׁפְחָה וְהִגִּידָה לָהֶם וְהֵם
יֵלְכוּ וְהִגִּידוּ לַמֶּלֶךְ דָּוִד כִּי לֹא יוּכְלוּ לְהֵרָאוֹת לָבוֹא הָעִירָה׃
יח וַיַּרְא אֹתָם נַעַר וַיַּגֵּד לְאַבְשָׁלֹם וַיֵּלְכוּ שְׁנֵיהֶם מְהֵרָה וַיָּבֹאוּ ׀
יט אֶל־בֵּית־אִישׁ בְּבַחוּרִים וְלוֹ בְאֵר בַּחֲצֵרוֹ וַיֵּרְדוּ שָׁם׃ וַתִּקַּח
הָאִשָּׁה וַתִּפְרֹשׂ אֶת־הַמָּסָךְ עַל־פְּנֵי הַבְּאֵר וַתִּשְׁטַח עָלָיו

יז

ל

הָרְפוּת וְלֹא נוֹדַע דָּבָר: וַיָּבֹאוּ עַבְדֵי אַבְשָׁלוֹם אֶל־ כ
הָאִשָּׁה הַבַּיְתָה וַיֹּאמְרוּ אַיֵּה אֲחִימַעַץ וִיהוֹנָתָן וַתֹּאמֶר לָהֶם
הָאִשָּׁה עָבְרוּ מִיכַל הַמָּיִם וַיְבַקְשׁוּ וְלֹא מָצָאוּ וַיָּשֻׁבוּ
יְרוּשָׁלִָם: וַיְהִי ׀ אַחֲרֵי לֶכְתָּם וַיַּעֲלוּ מֵהַבְּאֵר כא
וַיֵּלְכוּ וַיַּגִּדוּ לַמֶּלֶךְ דָּוִד וַיֹּאמְרוּ אֶל־דָּוִד קוּמוּ וְעִבְרוּ מְהֵרָה
אֶת־הַמַּיִם כִּי־כָכָה יָעַץ עֲלֵיכֶם אֲחִיתֹפֶל: וַיָּקָם דָּוִד וְכָל־הָעָם כב
אֲשֶׁר אִתּוֹ וַיַּעַבְרוּ אֶת־הַיַּרְדֵּן עַד־אוֹר הַבֹּקֶר עַד־אַחַד
לֹא נֶעְדָּר אֲשֶׁר לֹא־עָבַר אֶת־הַיַּרְדֵּן: וַאֲחִיתֹפֶל רָאָה כִּי כג
לֹא נֶעֶשְׂתָה עֲצָתוֹ וַיַּחֲבֹשׁ אֶת־הַחֲמוֹר וַיָּקָם וַיֵּלֶךְ אֶל־
בֵּיתוֹ אֶל־עִירוֹ וַיְצַו אֶל־בֵּיתוֹ וַיֵּחָנַק וַיָּמָת וַיִּקָּבֵר בְּקֶבֶר
אָבִיו: וְדָוִד בָּא מַחֲנָיְמָה וְאַבְשָׁלֹם עָבַר אֶת־ כד
הַיַּרְדֵּן הוּא וְכָל־אִישׁ יִשְׂרָאֵל עִמּוֹ: וְאֶת־עֲמָשָׂא שָׂם אַבְשָׁלֹם כה
תַּחַת יוֹאָב עַל־הַצָּבָא וַעֲמָשָׂא בֶן־אִישׁ וּשְׁמוֹ יִתְרָא הַיִּשְׂרְאֵלִי
אֲשֶׁר־בָּא אֶל־אֲבִיגַל בַּת־נָחָשׁ אֲחוֹת צְרוּיָה אֵם יוֹאָב: וַיִּחַן כו
יִשְׂרָאֵל וְאַבְשָׁלֹם אֶרֶץ הַגִּלְעָד: וַיְהִי כְּבוֹא דָוִד כז
מַחֲנָיְמָה וְשֹׁבִי בֶן־נָחָשׁ מֵרַבַּת בְּנֵי־עַמּוֹן וּמָכִיר בֶּן־עַמִּיאֵל
מִלֹּא דְבָר וּבַרְזִלַּי הַגִּלְעָדִי מֵרֹגְלִים: מִשְׁכָּב וְסַפּוֹת וּכְלִי יוֹצֵר כח
וְחִטִּים וּשְׂעֹרִים וְקֶמַח וְקָלִי וּפוֹל וַעֲדָשִׁים וְקָלִי: וּדְבַשׁ וְחֶמְאָה כט
וְצֹאן וּשְׁפוֹת בָּקָר הִגִּישׁוּ לְדָוִד וְלָעָם אֲשֶׁר־אִתּוֹ לֶאֱכוֹל כִּי
אָמְרוּ הָעָם רָעֵב וְעָיֵף וְצָמֵא בַּמִּדְבָּר: וַיִּפְקֹד דָּוִד אֶת־הָעָם א יח
אֲשֶׁר אִתּוֹ וַיָּשֶׂם עֲלֵיהֶם שָׂרֵי אֲלָפִים וְשָׂרֵי מֵאוֹת: וַיְשַׁלַּח דָּוִד ב
אֶת־הָעָם הַשְּׁלִשִׁית בְּיַד־יוֹאָב וְהַשְּׁלִשִׁית בְּיַד אֲבִישַׁי בֶּן־צְרוּיָה
אֲחִי יוֹאָב וְהַשְּׁלִשִׁת בְּיַד אִתַּי הַגִּתִּי וַיֹּאמֶר
הַמֶּלֶךְ אֶל־הָעָם יָצֹא אֵצֵא גַּם־אֲנִי עִמָּכֶם: וַיֹּאמֶר הָעָם לֹא ג
תֵצֵא כִּי אִם־נֹס נָנוּס לֹא־יָשִׂימוּ אֵלֵינוּ לֵב וְאִם־יָמֻתוּ חֶצְיֵנוּ
לֹא־יָשִׂימוּ אֵלֵינוּ לֵב כִּי־עַתָּה כָמֹנוּ עֲשָׂרָה אֲלָפִים וְעַתָּה טוֹב
לַעְזוֹר כִּי־תִהְיֶה־לָּנוּ מֵעִיר לַעְזִיר: וַיֹּאמֶר אֲלֵיהֶם ד

הַמֶּלֶךְ אֲשֶׁר־יִיטַב בְּעֵינֵיכֶם אֶעֱשֶׂה וַיַּעֲמֹד הַמֶּלֶךְ אֶל־יַד
ה הַשַּׁעַר וְכָל־הָעָם יָצְאוּ לְמֵאוֹת וְלַאֲלָפִים: וַיְצַו הַמֶּלֶךְ אֶת־
יוֹאָב וְאֶת־אֲבִישַׁי וְאֶת־אִתַּי לֵאמֹר לְאַט־לִי לַנַּעַר לְאַבְשָׁלוֹם
וְכָל־הָעָם שָׁמְעוּ בְּצַוֺּת הַמֶּלֶךְ אֶת־כָּל־הַשָּׂרִים עַל־דְּבַר
ו אַבְשָׁלוֹם: וַיֵּצֵא הָעָם הַשָּׂדֶה לִקְרַאת יִשְׂרָאֵל וַתְּהִי הַמִּלְחָמָה
ז בְּיַעַר אֶפְרָיִם: וַיִּנָּגְפוּ שָׁם עַם יִשְׂרָאֵל לִפְנֵי עַבְדֵי דָוִד וַתְּהִי־
ח שָׁם הַמַּגֵּפָה גְדוֹלָה בַּיּוֹם הַהוּא עֶשְׂרִים אָלֶף: וַתְּהִי־שָׁם
הַמִּלְחָמָה נפוצות עַל־פְּנֵי כָל־הָאָרֶץ וַיֶּרֶב הַיַּעַר לֶאֱכֹל בָּעָם נָפֹוצֶת
ט מֵאֲשֶׁר אָכְלָה הַחֶרֶב בַּיּוֹם הַהוּא: וַיִּקָּרֵא אַבְשָׁלוֹם לִפְנֵי עַבְדֵי
דָוִד וְאַבְשָׁלוֹם רֹכֵב עַל־הַפֶּרֶד וַיָּבֹא הַפֶּרֶד תַּחַת שׂוֹבֶךְ הָאֵלָה
הַגְּדוֹלָה וַיֶּחֱזַק רֹאשׁוֹ בָאֵלָה וַיֻּתַּן בֵּין הַשָּׁמַיִם וּבֵין הָאָרֶץ
י וְהַפֶּרֶד אֲשֶׁר־תַּחְתָּיו עָבָר: וַיַּרְא אִישׁ אֶחָד וַיַּגֵּד לְיוֹאָב וַיֹּאמֶר
יא הִנֵּה רָאִיתִי אֶת־אַבְשָׁלֹם תָּלוּי בָּאֵלָה: וַיֹּאמֶר יוֹאָב לָאִישׁ
הַמַּגִּיד לוֹ וְהִנֵּה רָאִיתָ וּמַדּוּעַ לֹא־הִכִּיתוֹ שָׁם אָרְצָה וְעָלַי
יב לָתֶת לְךָ עֲשָׂרָה כֶסֶף וַחֲגֹרָה אֶחָת: וַיֹּאמֶר הָאִישׁ אֶל־יוֹאָב
ולא אָנֹכִי שֹׁקֵל עַל־כַּפַּי אֶלֶף כֶּסֶף לֹא־אֶשְׁלַח יָדִי אֶל־בֶּן־ וְלוּ
הַמֶּלֶךְ כִּי בְאָזְנֵינוּ צִוָּה הַמֶּלֶךְ אֹתְךָ וְאֶת־אֲבִישַׁי וְאֶת־אִתַּי
יג לֵאמֹר שִׁמְרוּ־מִי בַּנַּעַר בְּאַבְשָׁלוֹם: אוֹ־עָשִׂיתִי בנפשו שֶׁקֶר בְנַפְשִׁי
יד וְכָל־דָּבָר לֹא־יִכָּחֵד מִן־הַמֶּלֶךְ וְאַתָּה תִּתְיַצֵּב מִנֶּגֶד: וַיֹּאמֶר
יוֹאָב לֹא־כֵן אֹחִילָה לְפָנֶיךָ וַיִּקַּח שְׁלֹשָׁה שְׁבָטִים בְּכַפּוֹ
טו וַיִּתְקָעֵם בְּלֵב אַבְשָׁלוֹם עוֹדֶנּוּ חַי בְּלֵב הָאֵלָה: וַיָּסֹבּוּ עֲשָׂרָה
טז נְעָרִים נֹשְׂאֵי כְּלֵי יוֹאָב וַיַּכּוּ אֶת־אַבְשָׁלוֹם וַיְמִתֻהוּ: וַיִּתְקַע
יוֹאָב בַּשֹּׁפָר וַיָּשָׁב הָעָם מִרְדֹף אַחֲרֵי יִשְׂרָאֵל כִּי־חָשַׂךְ יוֹאָב
יז אֶת־הָעָם: וַיִּקְחוּ אֶת־אַבְשָׁלוֹם וַיַּשְׁלִכוּ אֹתוֹ בַיַּעַר אֶל־הַפַּחַת
הַגָּדוֹל וַיַּצִּבוּ עָלָיו גַּל־אֲבָנִים גָּדוֹל מְאֹד וְכָל־יִשְׂרָאֵל נָסוּ אִישׁ
יח לְאֹהָלָו: וְאַבְשָׁלֹם לָקַח וַיַּצֶּב־לוֹ בְחַיָּו אֶת־מַצֶּבֶת אֲשֶׁר
בְּעֵמֶק־הַמֶּלֶךְ כִּי אָמַר אֵין־לִי בֵן בַּעֲבוּר הַזְכִּיר שְׁמִי

וַיִּקְרָא לַמַּצֶּבֶת עַל־שְׁמוֹ וַיִּקָּרֵא לָהּ יַד אַבְשָׁלוֹם עַד הַיּוֹם
הַזֶּה: וַאֲחִימַעַץ בֶּן־צָדוֹק אָמַר אָרוּצָה נָּא יט
וַאֲבַשְּׂרָה אֶת־הַמֶּלֶךְ כִּי־שְׁפָטוֹ יְהוָה מִיַּד אֹיְבָיו: וַיֹּאמֶר לוֹ כ
יוֹאָב לֹא אִישׁ בְּשֹׂרָה אַתָּה הַיּוֹם הַזֶּה וּבִשַּׂרְתָּ בְּיוֹם אַחֵר
וְהַיּוֹם הַזֶּה לֹא תְבַשֵּׂר כִּי עַל־ בֶּן־הַמֶּלֶךְ מֵת: וַיֹּאמֶר יוֹאָב כא כֵּן
לַכּוּשִׁי לֵךְ הַגֵּד לַמֶּלֶךְ אֲשֶׁר רָאִיתָה וַיִּשְׁתַּחוּ כוּשִׁי לְיוֹאָב
וַיָּרֹץ: וַיֹּסֶף עוֹד אֲחִימַעַץ בֶּן־צָדוֹק וַיֹּאמֶר אֶל־יוֹאָב וִיהִי מָה כב
אָרֻצָה־נָּא גַם־אָנִי אַחֲרֵי הַכּוּשִׁי וַיֹּאמֶר יוֹאָב לָמָּה זֶּה אַתָּה
רָץ בְּנִי וּלְכָה אֵין־בְּשׂוֹרָה מֹצֵאת: וִיהִי־מָה אָרוּץ וַיֹּאמֶר לוֹ כג
רוּץ וַיָּרָץ אֲחִימַעַץ דֶּרֶךְ הַכִּכָּר וַיַּעֲבֹר אֶת־הַכּוּשִׁי: וְדָוִד יוֹשֵׁב כד
בֵּין־שְׁנֵי הַשְּׁעָרִים וַיֵּלֶךְ הַצֹּפֶה אֶל־גַּג הַשַּׁעַר אֶל־הַחוֹמָה
וַיִּשָּׂא אֶת־עֵינָיו וַיַּרְא וְהִנֵּה־אִישׁ רָץ לְבַדּוֹ: וַיִּקְרָא הַצֹּפֶה וַיַּגֵּד כה
לַמֶּלֶךְ וַיֹּאמֶר הַמֶּלֶךְ אִם־לְבַדּוֹ בְּשׂוֹרָה בְּפִיו וַיֵּלֶךְ הָלוֹךְ וְקָרֵב:
וַיַּרְא הַצֹּפֶה אִישׁ־אַחֵר רָץ וַיִּקְרָא הַצֹּפֶה אֶל־הַשֹּׁעֵר וַיֹּאמֶר כו
הִנֵּה־אִישׁ רָץ לְבַדּוֹ וַיֹּאמֶר הַמֶּלֶךְ גַּם־זֶה מְבַשֵּׂר: וַיֹּאמֶר כז לא
הַצֹּפֶה אֲנִי רֹאֶה אֶת־מְרוּצַת הָרִאשׁוֹן כִּמְרֻצַת אֲחִימַעַץ בֶּן־
צָדוֹק וַיֹּאמֶר הַמֶּלֶךְ אִישׁ־טוֹב זֶה וְאֶל־בְּשׂוֹרָה טוֹבָה יָבוֹא:
וַיִּקְרָא אֲחִימַעַץ וַיֹּאמֶר אֶל־הַמֶּלֶךְ שָׁלוֹם וַיִּשְׁתַּחוּ לַמֶּלֶךְ לְאַפָּיו כח
אָרְצָה וַיֹּאמֶר בָּרוּךְ יְהוָה אֱלֹהֶיךָ אֲשֶׁר סִגַּר אֶת־הָאֲנָשִׁים
אֲשֶׁר־נָשְׂאוּ אֶת־יָדָם בַּאדֹנִי הַמֶּלֶךְ: וַיֹּאמֶר כט
הַמֶּלֶךְ שָׁלוֹם לַנַּעַר לְאַבְשָׁלוֹם וַיֹּאמֶר אֲחִימַעַץ רָאִיתִי הֶהָמוֹן
הַגָּדוֹל לִשְׁלֹחַ אֶת־עֶבֶד הַמֶּלֶךְ יוֹאָב וְאֶת־עַבְדֶּךָ וְלֹא יָדַעְתִּי
מָה: וַיֹּאמֶר הַמֶּלֶךְ סֹב הִתְיַצֵּב כֹּה וַיִּסֹּב וַיַּעֲמֹד: וְהִנֵּה הַכּוּשִׁי ל לא
בָּא וַיֹּאמֶר הַכּוּשִׁי יִתְבַּשֵּׂר אֲדֹנִי הַמֶּלֶךְ כִּי־שְׁפָטְךָ יְהוָה הַיּוֹם
מִיַּד כָּל־הַקָּמִים עָלֶיךָ: וַיֹּאמֶר הַמֶּלֶךְ אֶל־ לב
הַכּוּשִׁי הֲשָׁלוֹם לַנַּעַר לְאַבְשָׁלוֹם וַיֹּאמֶר הַכּוּשִׁי יִהְיוּ כַנַּעַר אֹיְבֵי
אֲדֹנִי הַמֶּלֶךְ וְכֹל אֲשֶׁר־קָמוּ עָלֶיךָ לְרָעָה: וַיִּרְגַּז א יט

הַמֶּלֶךְ וַיַּעַל עַל־עֲלִיַּת הַשַּׁעַר וַיֵּבְךְּ וְכֹה ׀ אָמַר בְּלֶכְתּוֹ בְּנִי
אַבְשָׁלוֹם בְּנִי בְנִי אַבְשָׁלוֹם מִי־יִתֵּן מוּתִי אֲנִי תַחְתֶּיךָ אַבְשָׁלוֹם
ב בְּנִי בְנִי׃ וַיֻּגַּד לְיוֹאָב הִנֵּה הַמֶּלֶךְ בֹּכֶה וַיִּתְאַבֵּל עַל־אַבְשָׁלֹם׃
ג וַתְּהִי הַתְּשֻׁעָה בַּיּוֹם הַהוּא לְאֵבֶל לְכָל־הָעָם כִּי־שָׁמַע הָעָם
ד בַּיּוֹם הַהוּא לֵאמֹר נֶעֱצַב הַמֶּלֶךְ עַל־בְּנוֹ׃ וַיִּתְגַּנֵּב הָעָם בַּיּוֹם
הַהוּא לָבוֹא הָעִיר כַּאֲשֶׁר יִתְגַּנֵּב הָעָם הַנִּכְלָמִים בְּנוּסָם
ה בַּמִּלְחָמָה׃ וְהַמֶּלֶךְ לָאַט אֶת־פָּנָיו וַיִּזְעַק הַמֶּלֶךְ קוֹל גָּדוֹל בְּנִי
ו אַבְשָׁלוֹם אַבְשָׁלוֹם בְּנִי בְנִי׃ וַיָּבֹא יוֹאָב אֶל־הַמֶּלֶךְ
הַבָּיִת וַיֹּאמֶר הֹבַשְׁתָּ הַיּוֹם אֶת־פְּנֵי כָל־עֲבָדֶיךָ הַמְמַלְּטִים
אֶת־נַפְשְׁךָ הַיּוֹם וְאֵת נֶפֶשׁ בָּנֶיךָ וּבְנֹתֶיךָ וְנֶפֶשׁ נָשֶׁיךָ וְנֶפֶשׁ
ז פִּלַגְשֶׁיךָ׃ לְאַהֲבָה אֶת־שֹׂנְאֶיךָ וְלִשְׂנֹא אֶת־אֹהֲבֶיךָ כִּי ׀ הִגַּדְתָּ
הַיּוֹם כִּי אֵין לְךָ שָׂרִים וַעֲבָדִים כִּי ׀ יָדַעְתִּי הַיּוֹם כִּי לא אַבְשָׁלוֹם לוּ
ח חַי וְכֻלָּנוּ הַיּוֹם מֵתִים כִּי־אָז יָשָׁר בְּעֵינֶיךָ׃ וְעַתָּה קוּם צֵא וְדַבֵּר
עַל־לֵב עֲבָדֶיךָ כִּי בַיהוָה נִשְׁבַּעְתִּי כִּי־אֵינְךָ יוֹצֵא אִם־יָלִין
אִישׁ אִתְּךָ הַלַּיְלָה וְרָעָה לְךָ זֹאת מִכָּל־הָרָעָה אֲשֶׁר־בָּאָה עָלֶיךָ
ט מִנְּעֻרֶיךָ עַד־עָתָּה׃ וַיָּקָם הַמֶּלֶךְ וַיֵּשֶׁב בַּשָּׁעַר
וּלְכָל־הָעָם הִגִּידוּ לֵאמֹר הִנֵּה הַמֶּלֶךְ יוֹשֵׁב בַּשַּׁעַר וַיָּבֹא כָל־
י הָעָם לִפְנֵי הַמֶּלֶךְ וְיִשְׂרָאֵל נָס אִישׁ לְאֹהָלָיו׃ וַיְהִי
כָל־הָעָם נָדוֹן בְּכָל־שִׁבְטֵי יִשְׂרָאֵל לֵאמֹר הַמֶּלֶךְ הִצִּילָנוּ ׀ מִכַּף
אֹיְבֵינוּ וְהוּא מִלְּטָנוּ מִכַּף פְּלִשְׁתִּים וְעַתָּה בָּרַח מִן־הָאָרֶץ מֵעַל
יא אַבְשָׁלוֹם׃ וְאַבְשָׁלוֹם אֲשֶׁר מָשַׁחְנוּ עָלֵינוּ מֵת בַּמִּלְחָמָה וְעַתָּה
יב לָמָה אַתֶּם מַחֲרִשִׁים לְהָשִׁיב אֶת־הַמֶּלֶךְ׃ וְהַמֶּלֶךְ
דָּוִד שָׁלַח אֶל־צָדוֹק וְאֶל־אֶבְיָתָר הַכֹּהֲנִים לֵאמֹר דַּבְּרוּ אֶל־
זִקְנֵי יְהוּדָה לֵאמֹר לָמָּה תִהְיוּ אַחֲרֹנִים לְהָשִׁיב אֶת־הַמֶּלֶךְ אֶל־
יג בֵּיתוֹ וּדְבַר כָּל־יִשְׂרָאֵל בָּא אֶל־הַמֶּלֶךְ אֶל־בֵּיתוֹ׃ אַחַי אַתֶּם
עַצְמִי וּבְשָׂרִי אַתֶּם וְלָמָּה תִהְיוּ אַחֲרֹנִים לְהָשִׁיב אֶת־הַמֶּלֶךְ׃
יד וְלַעֲמָשָׂא תֹּמְרוּ הֲלוֹא עַצְמִי וּבְשָׂרִי אָתָּה כֹּה יַעֲשֶׂה־לִּי

אֱלֹהִים֙ וְכֹ֣ה יוֹסִ֔יף אִס־לֹ֣א שַׂר־צָבָ֗א תִּהְיֶ֧ה לְפָנַ֛י כָּל־הַיָּמִ֖ים
תַּ֥חַת יוֹאָ֑ב: וַיַּ֛ט אֶת־לְבַ֥ב כָּל־אִישׁ־יְהוּדָ֖ה כְּאִ֣ישׁ אֶחָ֑ד טו
וַיִּשְׁלְחוּ֙ אֶל־הַמֶּ֔לֶךְ שׁ֥וּב אַתָּ֖ה וְכָל־עֲבָדֶֽיךָ: וַיָּ֣שָׁב הַמֶּ֔לֶךְ וַיָּבֹ֖א טז
עַד־הַיַּרְדֵּ֑ן וִיהוּדָ֞ה בָּ֣א הַגִּלְגָּ֗לָה לָלֶ֙כֶת֙ לִקְרַ֣את הַמֶּ֔לֶךְ
לְהַעֲבִ֥יר אֶת־הַמֶּ֖לֶךְ אֶת־הַיַּרְדֵּֽן: וַיְמַהֵ֗ר שִׁמְעִ֤י בֶן־גֵּרָא֙ בֶּן־ יז
הַיְמִינִ֔י אֲשֶׁ֖ר מִבַּֽחוּרִ֑ים וַיֵּ֙רֶד֙ עִם־אִ֣ישׁ יְהוּדָ֔ה לִקְרַ֖את הַמֶּ֥לֶךְ
דָּוִֽד: וְאֶ֣לֶף אִ֣ישׁ עִמּוֹ֮ מִבִּנְיָמִן֒ וְצִיבָ֗א נַ֙עַר֙ בֵּ֣ית שָׁא֔וּל וַחֲמֵ֙שֶׁת֙ יח
עָשָׂ֤ר בָּנָיו֙ וְעֶשְׂרִ֣ים עֲבָדָ֔יו אִתּ֑וֹ וְצָלְח֥וּ הַיַּרְדֵּ֖ן לִפְנֵ֥י הַמֶּֽלֶךְ:
וְעָבְרָ֣ה הָעֲבָרָ֗ה לַֽעֲבִיר֙ אֶת־בֵּ֣ית הַמֶּ֔לֶךְ וְלַעֲשׂ֥וֹת הַטּ֖וֹב בְּעֵינָ֑ו יט
וְשִׁמְעִ֣י בֶן־גֵּרָ֗א נָפַל֙ לִפְנֵ֣י הַמֶּ֔לֶךְ בְּעָבְר֖וֹ בַּיַּרְדֵּֽן: וַיֹּ֣אמֶר כ
אֶל־הַמֶּ֗לֶךְ אַל־יַחֲשָׁב־לִ֣י אֲדֹנִי֮ עָוֺן֒ וְאַל־תִּזְכֹּ֗ר אֵ֚ת אֲשֶׁ֣ר
הֶעֱוָ֣ה עַבְדְּךָ֔ בַּיּ֕וֹם אֲשֶׁר־יָצָ֥א אֲדֹנִֽי־הַמֶּ֖לֶךְ מִירֽוּשָׁלָ֑͏ִם לָשׂ֥וּם
הַמֶּ֖לֶךְ אֶל־לִבּֽוֹ: כִּ֣י יָדַ֤ע עַבְדְּךָ֙ כִּ֣י אֲנִ֣י חָטָ֔אתִי וְהִנֵּֽה־ כא
בָ֣אתִי הַיּ֗וֹם רִֽאשׁוֹן֙ לְכָל־בֵּ֣ית יוֹסֵ֔ף לָרֶ֕דֶת לִקְרַ֖את אֲדֹנִ֥י
הַמֶּֽלֶךְ: וַיַּ֙עַן֙ אֲבִישַׁ֣י בֶּן־צְרוּיָ֔ה וַיֹּ֕אמֶר הֲתַ֙חַת֙ זֹ֔את כב
לֹ֤א יוּמַת֙ שִׁמְעִ֔י כִּ֥י קִלֵּ֖ל אֶת־מְשִׁ֥יחַ יְהוָֽה: וַיֹּ֣אמֶר כג
דָּוִ֗ד מַה־לִּ֤י וְלָכֶם֙ בְּנֵ֣י צְרוּיָ֔ה כִּי־תִֽהְיוּ־לִ֥י הַיּ֖וֹם לְשָׂטָ֑ן הַיּ֗וֹם
יוּמַ֥ת אִישׁ֙ בְּיִשְׂרָאֵ֔ל כִּ֚י הֲל֣וֹא יָדַ֔עְתִּי כִּ֣י הַיּ֥וֹם אֲנִי־מֶ֖לֶךְ עַל־
יִשְׂרָאֵֽל: וַיֹּ֧אמֶר הַמֶּ֛לֶךְ אֶל־שִׁמְעִ֖י לֹ֣א תָמ֑וּת וַיִּשָּֽׁבַֽע־ל֖וֹ כד
הַמֶּֽלֶךְ: וּמְפִבֹ֙שֶׁת֙ בֶּן־שָׁא֔וּל יָרַ֖ד לִקְרַ֣את הַמֶּ֑לֶךְ כה
וְלֹא־עָשָׂ֨ה רַגְלָ֜יו וְלֹא־עָשָׂ֣ה שְׂפָמ֗וֹ וְאֶת־בְּגָדָיו֙ לֹ֣א כִבֵּ֔ס לְמִן־
הַיּוֹם֙ לֶ֣כֶת הַמֶּ֔לֶךְ עַד־הַיּ֖וֹם אֲשֶׁר־בָּ֥א בְשָׁלֽוֹם: וַיְהִ֛י כִּי־בָ֥א כו
יְרוּשָׁלַ֖͏ִם לִקְרַ֣את הַמֶּ֑לֶךְ וַיֹּ֤אמֶר לוֹ֙ הַמֶּ֔לֶךְ לָ֛מָּה לֹא־הָלַ֥כְתָּ
עִמִּ֖י מְפִיבֹֽשֶׁת: וַיֹּאמַ֕ר אֲדֹנִ֥י הַמֶּ֖לֶךְ עַבְדִּ֣י רִמָּ֑נִי כִּֽי־אָמַ֙ר עַבְדְּךָ֜ כז
אֶחְבְּשָׁה־לִּ֣י הַחֲמ֗וֹר וְאֶרְכַּ֤ב עָלֶ֙יהָ֙ וְאֵלֵ֣ךְ אֶת־הַמֶּ֔לֶךְ כִּ֥י
פִסֵּ֖חַ עַבְדֶּֽךָ: וַיְרַגֵּ֣ל בְּעַבְדְּךָ֔ אֶל־אֲדֹנִ֖י הַמֶּ֑לֶךְ וַאדֹנִ֤י הַמֶּ֙לֶךְ֙ כח
כְּמַלְאַ֣ךְ הָאֱלֹהִ֔ים וַעֲשֵׂ֥ה הַטּ֖וֹב בְּעֵינֶֽיךָ: כִּי֩ לֹ֙א הָי֜ה כָּל־ כט

קעד

בֵּית אָבִי כִּי אִם־אַנְשֵׁי־מָוֶת לַאדֹנִי הַמֶּלֶךְ וַתָּשֶׁת אֶת־עַבְדְּךָ
בְּאֹכְלֵי שֻׁלְחָנֶךָ וּמַה־יֶּשׁ־לִי עוֹד צְדָקָה וְלִזְעֹק עוֹד אֶל־
הַמֶּלֶךְ׃ וַיֹּאמֶר לוֹ הַמֶּלֶךְ לָמָּה תְּדַבֵּר עוֹד ל
דְּבָרֶיךָ אָמַרְתִּי אַתָּה וְצִיבָא תַּחְלְקוּ אֶת־הַשָּׂדֶה׃ וַיֹּאמֶר לא
מְפִיבֹשֶׁת אֶל־הַמֶּלֶךְ גַּם אֶת־הַכֹּל יִקָּח אַחֲרֵי אֲשֶׁר־בָּא אֲדֹנִי
הַמֶּלֶךְ בְּשָׁלוֹם אֶל־בֵּיתוֹ׃ וּבַרְזִלַּי הַגִּלְעָדִי יָרַד לב
הַיַּרְדֵּן מֵרֹגְלִים וַיַּעֲבֹר אֶת־הַמֶּלֶךְ הַיַּרְדֵּן לְשַׁלְּחוֹ אֶת־בירדן׃ וּבַרְזִלַּי לג
זָקֵן מְאֹד בֶּן־שְׁמֹנִים שָׁנָה וְהוּא־כִלְכַּל אֶת־הַמֶּלֶךְ בְּשִׁיבָתוֹ
בְמַחֲנַיִם כִּי־אִישׁ גָּדוֹל הוּא מְאֹד׃ וַיֹּאמֶר הַמֶּלֶךְ אֶל־בַּרְזִלָּי לד
אַתָּה עֲבֹר אִתִּי וְכִלְכַּלְתִּי אֹתְךָ עִמָּדִי בִּירוּשָׁלִָם׃ וַיֹּאמֶר לה
בַּרְזִלַּי אֶל־הַמֶּלֶךְ כַּמָּה יְמֵי שְׁנֵי חַיַּי כִּי־אֶעֱלֶה אֶת־הַמֶּלֶךְ
יְרוּשָׁלִָם׃ בֶּן־שְׁמֹנִים שָׁנָה אָנֹכִי הַיּוֹם הַאֵדַע ׀ בֵּין־טוֹב לְרָע לו
אִם־יִטְעַם עַבְדְּךָ אֶת־אֲשֶׁר אֹכַל וְאֶת־אֲשֶׁר אֶשְׁתֶּה אִם־
אֶשְׁמַע עוֹד בְּקוֹל שָׁרִים וְשָׁרוֹת וְלָמָּה יִהְיֶה עַבְדְּךָ עוֹד לְמַשָּׂא
אֶל־אֲדֹנִי הַמֶּלֶךְ׃ כִּמְעַט יַעֲבֹר עַבְדְּךָ אֶת־הַיַּרְדֵּן אֶת־הַמֶּלֶךְ לז
וְלָמָּה יִגְמְלֵנִי הַמֶּלֶךְ הַגְּמוּלָה הַזֹּאת׃ יָשָׁב־נָא עַבְדְּךָ וְאָמֻת לח
בְּעִירִי עִם קֶבֶר אָבִי וְאִמִּי וְהִנֵּה ׀ עַבְדְּךָ כִמְהָם יַעֲבֹר עִם־אֲדֹנִי
הַמֶּלֶךְ וַעֲשֵׂה־לוֹ אֵת אֲשֶׁר־טוֹב בְּעֵינֶיךָ׃ וַיֹּאמֶר לט
הַמֶּלֶךְ אִתִּי יַעֲבֹר כִּמְהָם וַאֲנִי אֶעֱשֶׂה־לּוֹ אֶת־הַטּוֹב בְּעֵינֶיךָ
לב וְכֹל אֲשֶׁר־תִּבְחַר עָלַי אֶעֱשֶׂה־לָּךְ׃ וַיַּעֲבֹר כָּל־הָעָם אֶת־ מ
הַיַּרְדֵּן וְהַמֶּלֶךְ עָבָר וַיִּשַּׁק הַמֶּלֶךְ לְבַרְזִלַּי וַיְבָרְכֵהוּ וַיָּשָׁב
לִמְקֹמוֹ׃ וַיַּעֲבֹר הַמֶּלֶךְ הַגִּלְגָּלָה וְכִמְהָן עָבַר עִמּוֹ מא
הֶעֱבִירוּ וְכָל־עַם יְהוּדָה ויעבירו אֶת־הַמֶּלֶךְ וְגַם חֲצִי עַם יִשְׂרָאֵל׃
וְהִנֵּה כָּל־אִישׁ יִשְׂרָאֵל בָּאִים אֶל־הַמֶּלֶךְ וַיֹּאמְרוּ אֶל־הַמֶּלֶךְ מב
מַדּוּעַ גְּנָבוּךָ אַחֵינוּ אִישׁ יְהוּדָה וַיַּעֲבִרוּ אֶת־הַמֶּלֶךְ וְאֶת־בֵּיתוֹ
אֶת־הַיַּרְדֵּן וְכָל־אַנְשֵׁי דָוִד עִמּוֹ׃ וַיַּעַן כָּל־אִישׁ מג
יְהוּדָה עַל־אִישׁ יִשְׂרָאֵל כִּי־קָרוֹב הַמֶּלֶךְ אֵלַי וְלָמָּה זֶּה חָרָה

לָךְ עַל־הַדָּבָר הַזֶּה הֶאָכוֹל אָכַלְנוּ מִן־הַמֶּלֶךְ אִם־נִשֵּׂאת נִשָּׂא
מד לָנוּ׃ וַיַּעַן אִישׁ־יִשְׂרָאֵל אֶת־אִישׁ יְהוּדָה וַיֹּאמֶר
עֶשֶׂר־יָדוֹת לִי בַמֶּלֶךְ וְגַם־בְּדָוִד אֲנִי מִמְּךָ וּמַדּוּעַ הֱקִלֹּתַנִי וְלֹא־
הָיָה דְבָרִי רִאשׁוֹן לִי לְהָשִׁיב אֶת־מַלְכִּי וַיִּקֶשׁ דְּבַר־אִישׁ
כ א יְהוּדָה מִדְּבַר אִישׁ יִשְׂרָאֵל׃ וְשָׁם נִקְרָא אִישׁ בְּלִיַּעַל וּשְׁמוֹ
שֶׁבַע בֶּן־בִּכְרִי אִישׁ יְמִינִי וַיִּתְקַע בַּשֹּׁפָר וַיֹּאמֶר אֵין־לָנוּ חֵלֶק
ב בְּדָוִד וְלֹא נַחֲלָה־לָנוּ בְּבֶן־יִשַׁי אִישׁ לְאֹהָלָיו יִשְׂרָאֵל׃ וַיַּעַל
כָּל־אִישׁ יִשְׂרָאֵל מֵאַחֲרֵי דָוִד אַחֲרֵי שֶׁבַע בֶּן־בִּכְרִי וְאִישׁ
ג יְהוּדָה דָּבְקוּ בְמַלְכָּם מִן־הַיַּרְדֵּן וְעַד־יְרוּשָׁלָםִ׃ וַיָּבֹא דָוִד
אֶל־בֵּיתוֹ יְרוּשָׁלַםִ וַיִּקַּח הַמֶּלֶךְ אֵת עֶשֶׂר־נָשִׁים ׀ פִּלַגְשִׁים
אֲשֶׁר הִנִּיחַ לִשְׁמֹר הַבַּיִת וַיִּתְּנֵם בֵּית־מִשְׁמֶרֶת וַיְכַלְכְּלֵם
וַאֲלֵיהֶם לֹא־בָא וַתִּהְיֶינָה צְרֻרוֹת עַד־יוֹם מֻתָן אַלְמְנוּת
ד חַיּוּת׃ וַיֹּאמֶר הַמֶּלֶךְ אֶל־עֲמָשָׂא הַזְעֶק־לִי אֶת־
ה אִישׁ־יְהוּדָה שְׁלֹשֶׁת יָמִים וְאַתָּה פֹּה עֲמֹד׃ וַיֵּלֶךְ עֲמָשָׂא לְהַזְעִיק
ו אֶת־יְהוּדָה וייחר מִן־הַמּוֹעֵד אֲשֶׁר יְעָדוֹ׃ וַיֹּאמֶר וַיּוֹחֶר
דָּוִד אֶל־אֲבִישַׁי עַתָּה יֵרַע לָנוּ שֶׁבַע בֶּן־בִּכְרִי מִן־אַבְשָׁלוֹם
אַתָּה קַח אֶת־עַבְדֵי אֲדֹנֶיךָ וּרְדֹף אַחֲרָיו פֶּן־מָצָא לוֹ עָרִים
ז בְּצֻרוֹת וְהִצִּיל עֵינֵנוּ׃ וַיֵּצְאוּ אַחֲרָיו אַנְשֵׁי יוֹאָב וְהַכְּרֵתִי
וְהַפְּלֵתִי וְכָל־הַגִּבֹּרִים וַיֵּצְאוּ מִירוּשָׁלַםִ לִרְדֹּף אַחֲרֵי שֶׁבַע בֶּן־
ח בִּכְרִי׃ הֵם עִם־הָאֶבֶן הַגְּדוֹלָה אֲשֶׁר בְּגִבְעוֹן וַעֲמָשָׂא בָּא
לִפְנֵיהֶם וְיוֹאָב חָגוּר ׀ מִדּוֹ לְבֻשׁוֹ וְעָלָו חֲגוֹר חֶרֶב מְצֻמֶּדֶת עַל־
ט מָתְנָיו בְּתַעְרָהּ וְהוּא יָצָא וַתִּפֹּל׃ וַיֹּאמֶר יוֹאָב
לַעֲמָשָׂא הֲשָׁלוֹם אַתָּה אָחִי וַתֹּחֶז יַד־יְמִין יוֹאָב בִּזְקַן עֲמָשָׂא
י לִנְשָׁק־לוֹ׃ וַעֲמָשָׂא לֹא־נִשְׁמַר בַּחֶרֶב ׀ אֲשֶׁר בְּיַד־יוֹאָב
וַיַּכֵּהוּ בָהּ אֶל־הַחֹמֶשׁ וַיִּשְׁפֹּךְ מֵעָיו אַרְצָה וְלֹא־שָׁנָה לוֹ
וַיָּמֹת וְיוֹאָב וַאֲבִישַׁי אָחִיו רָדַף אַחֲרֵי שֶׁבַע בֶּן־
יא בִּכְרִי׃ וְאִישׁ עָמַד עָלָיו מִנַּעֲרֵי יוֹאָב וַיֹּאמֶר מִי אֲשֶׁר חָפֵץ

יב בְּיוֹאָב וּמִי אֲשֶׁר־לְדָוִד אַחֲרֵי יוֹאָב׃ וַעֲמָשָׂא מִתְגֹּלֵל בַּדָּם
בְּתוֹךְ הַמְּסִלָּה וַיַּרְא הָאִישׁ כִּי־עָמַד כָּל־הָעָם וַיַּסֵּב אֶת־
עֲמָשָׂא מִן־הַמְסִלָּה הַשָּׂדֶה וַיַּשְׁלֵךְ עָלָיו בֶּגֶד כַּאֲשֶׁר רָאָה כָּל־
יג הַבָּא עָלָיו וְעָמָד׃ כַּאֲשֶׁר הֹגָה מִן־הַמְסִלָּה עָבַר כָּל־אִישׁ
יד אַחֲרֵי יוֹאָב לִרְדֹּף אַחֲרֵי שֶׁבַע בֶּן־בִּכְרִי׃ וַיַּעֲבֹר בְּכָל־שִׁבְטֵי
יִשְׂרָאֵל אָבֵלָה וּבֵית מַעֲכָה וְכָל־הַבֵּרִים ויקלהו וַיָּבֹאוּ אַף־ וַיִּקָּהֲלוּ
טו אַחֲרָיו׃ וַיָּבֹאוּ וַיָּצֻרוּ עָלָיו בְּאָבֵלָה בֵּית הַמַּעֲכָה וַיִּשְׁפְּכוּ סֹלְלָה
אֶל־הָעִיר וַתַּעֲמֹד בַּחֵל וְכָל־הָעָם אֲשֶׁר אֶת־יוֹאָב מַשְׁחִיתִם
טז לְהַפִּיל הַחוֹמָה׃ וַתִּקְרָא אִשָּׁה חֲכָמָה מִן־הָעִיר שִׁמְעוּ שִׁמְעוּ
יז אִמְרוּ־נָא אֶל־יוֹאָב קְרַב עַד־הֵנָּה וַאֲדַבְּרָה אֵלֶיךָ׃ וַיִּקְרַב
אֵלֶיהָ וַתֹּאמֶר הָאִשָּׁה הַאַתָּה יוֹאָב וַיֹּאמֶר אָנִי וַתֹּאמֶר לוֹ
יח שְׁמַע דִּבְרֵי אֲמָתֶךָ וַיֹּאמֶר שֹׁמֵעַ אָנֹכִי׃ וַתֹּאמֶר לֵאמֹר דַּבֵּר
יט יְדַבְּרוּ בָרִאשֹׁנָה לֵאמֹר שָׁאֹל יְשָׁאֲלוּ בְּאָבֵל וְכֵן הֵתַמּוּ׃ אָנֹכִי
שְׁלֻמֵי אֱמוּנֵי יִשְׂרָאֵל אַתָּה מְבַקֵּשׁ לְהָמִית עִיר וְאֵם בְּיִשְׂרָאֵל
כ לָמָּה תְבַלַּע נַחֲלַת יְהוָה׃ וַיַּעַן יוֹאָב וַיֹּאמַר
כא חָלִילָה חָלִילָה לִי אִם־אֲבַלַּע וְאִם־אַשְׁחִית׃ לֹא־כֵן הַדָּבָר כִּי
אִישׁ מֵהַר אֶפְרַיִם שֶׁבַע בֶּן־בִּכְרִי שְׁמוֹ נָשָׂא יָדוֹ בַּמֶּלֶךְ בְּדָוִד
תְּנוּ־אֹתוֹ לְבַדּוֹ וְאֵלְכָה מֵעַל הָעִיר וַתֹּאמֶר הָאִשָּׁה אֶל־יוֹאָב
כב הִנֵּה רֹאשׁוֹ מֻשְׁלָךְ אֵלֶיךָ בְּעַד הַחוֹמָה׃ וַתָּבוֹא הָאִשָּׁה אֶל־כָּל־
הָעָם בְּחָכְמָתָהּ וַיִּכְרְתוּ אֶת־רֹאשׁ שֶׁבַע בֶּן־בִּכְרִי וַיַּשְׁלִכוּ אֶל־
יוֹאָב וַיִּתְקַע בַּשֹּׁפָר וַיָּפֻצוּ מֵעַל־הָעִיר אִישׁ לְאֹהָלָיו וְיוֹאָב
כג שָׁב יְרוּשָׁלַםִ אֶל־הַמֶּלֶךְ׃ וְיוֹאָב אֶל כָּל־הַצָּבָא
כד יִשְׂרָאֵל וּבְנָיָה בֶּן־יְהוֹיָדָע עַל־הכרי וְעַל־הַפְּלֵתִי׃ וַאֲדֹרָם עַל־ הַכְּרֵתִי
כה הַמַּס וִיהוֹשָׁפָט בֶּן־אֲחִילוּד הַמַּזְכִּיר׃ ושיא סֹפֵר וְצָדוֹק וְאֶבְיָתָר וּשְׁוָא
א כו א כֹּהֲנִים׃ וְגַם עִירָא הַיָּאִרִי הָיָה כֹהֵן לְדָוִד׃ וַיְהִי
רָעָב בִּימֵי דָוִד שָׁלֹשׁ שָׁנִים שָׁנָה אַחֲרֵי שָׁנָה וַיְבַקֵּשׁ דָּוִד אֶת־
פְּנֵי יְהוָה וַיֹּאמֶר יְהוָה אֶל־שָׁאוּל וְאֶל־בֵּית

הַדָּמִים עַל אֲשֶׁר־הֵמִית אֶת־הַגִּבְעֹנִים: וַיִּקְרָא הַמֶּלֶךְ
ב לַגִּבְעֹנִים וַיֹּאמֶר אֲלֵיהֶם וְהַגִּבְעֹנִים לֹא מִבְּנֵי יִשְׂרָאֵל הֵמָּה כִּי
אִם־מִיֶּתֶר הָאֱמֹרִי וּבְנֵי יִשְׂרָאֵל נִשְׁבְּעוּ לָהֶם וַיְבַקֵּשׁ שָׁאוּל
ג לְהַכֹּתָם בְּקַנֹּאתוֹ לִבְנֵי־יִשְׂרָאֵל וִיהוּדָה: וַיֹּאמֶר דָּוִד אֶל־
הַגִּבְעֹנִים מָה אֶעֱשֶׂה לָכֶם וּבַמָּה אֲכַפֵּר וּבָרְכוּ אֶת־נַחֲלַת
ד יהוה: וַיֹּאמְרוּ לוֹ הַגִּבְעֹנִים אֵין־לִי כֶּסֶף וְזָהָב עִם־שָׁאוּל וְעִם־ לָנוּ
בֵּיתוֹ וְאֵין־לָנוּ אִישׁ לְהָמִית בְּיִשְׂרָאֵל וַיֹּאמֶר מָה־אַתֶּם
ה אֹמְרִים אֶעֱשֶׂה לָכֶם: וַיֹּאמְרוּ אֶל־הַמֶּלֶךְ הָאִישׁ אֲשֶׁר כִּלָּנוּ
ו וַאֲשֶׁר דִּמָּה־לָנוּ נִשְׁמַדְנוּ מֵהִתְיַצֵּב בְּכָל־גְּבֻל יִשְׂרָאֵל: ינתן־ יֻתַּן־
לָנוּ שִׁבְעָה אֲנָשִׁים מִבָּנָיו וְהוֹקַעֲנוּם לַיהוה בְּגִבְעַת שָׁאוּל בְּחִיר
ז יהוה וַיֹּאמֶר הַמֶּלֶךְ אֲנִי אֶתֵּן: וַיַּחְמֹל הַמֶּלֶךְ עַל־ לג
מְפִיבֹשֶׁת בֶּן־יְהוֹנָתָן בֶּן־שָׁאוּל עַל־שְׁבֻעַת יהוה אֲשֶׁר בֵּינֹתָם
ח בֵּין דָּוִד וּבֵין יְהוֹנָתָן בֶּן־שָׁאוּל: וַיִּקַּח הַמֶּלֶךְ אֶת־שְׁנֵי בְּנֵי
רִצְפָּה בַת־אַיָּה אֲשֶׁר יָלְדָה לְשָׁאוּל אֶת־אַרְמֹנִי וְאֶת־
מְפִבֹשֶׁת וְאֶת־חֲמֵשֶׁת בְּנֵי מִיכַל בַּת־שָׁאוּל אֲשֶׁר יָלְדָה
ט לְעַדְרִיאֵל בֶּן־בַּרְזִלַּי הַמְּחֹלָתִי: וַיִּתְּנֵם בְּיַד הַגִּבְעֹנִים וַיֹּקִיעֻם
בָּהָר לִפְנֵי יהוה וַיִּפְּלוּ שבעתים יָחַד והם הֻמְתוּ בִּימֵי קָצִיר שִׁבְעָתָם וְהֵמָּה
י בָּרִאשֹׁנִים תחלת קְצִיר שְׂעֹרִים: וַתִּקַּח רִצְפָּה בַת־אַיָּה אֶת־ בִּתְחִלַּת
הַשַּׂק וַתַּטֵּהוּ לָהּ אֶל־הַצּוּר מִתְּחִלַּת קָצִיר עַד נִתַּךְ־מַיִם
עֲלֵיהֶם מִן־הַשָּׁמָיִם וְלֹא־נָתְנָה עוֹף הַשָּׁמַיִם לָנוּחַ עֲלֵיהֶם יוֹמָם
יא וְאֶת־חַיַּת הַשָּׂדֶה לָיְלָה: וַיֻּגַּד לְדָוִד אֵת אֲשֶׁר־עָשְׂתָה רִצְפָּה
יב בַת־אַיָּה פִּלֶגֶשׁ שָׁאוּל: וַיֵּלֶךְ דָּוִד וַיִּקַּח אֶת־עַצְמוֹת שָׁאוּל
וְאֶת־עַצְמוֹת יְהוֹנָתָן בְּנוֹ מֵאֵת בַּעֲלֵי יָבֵישׁ גִּלְעָד אֲשֶׁר
גָּנְבוּ אֹתָם מֵרְחֹב בֵּית־שַׁן אֲשֶׁר תלום שם הפלשתים תְּלָאוּם שָׁמָּה פְּלִשְׁתִּים
יג בְּיוֹם הַכּוֹת פְּלִשְׁתִּים אֶת־שָׁאוּל בַּגִּלְבֹּעַ: וַיַּעַל מִשָּׁם אֶת־
עַצְמוֹת שָׁאוּל וְאֶת־עַצְמוֹת יְהוֹנָתָן בְּנוֹ וַיַּאַסְפוּ אֶת־עַצְמוֹת
יד הַמּוּקָעִים: וַיִּקְבְּרוּ אֶת־עַצְמוֹת־שָׁאוּל וִיהוֹנָתָן־בְּנוֹ בְּאֶרֶץ

בִּנְיָמִן בְּצֵלָע בְּקֶבֶר קִישׁ אָבִיו וַיַּעֲשׂוּ כֹּל אֲשֶׁר־צִוָּה הַמֶּלֶךְ
טו וַיֵּעָתֵר אֱלֹהִים לָאָרֶץ אַחֲרֵי־כֵן׃ וַתְּהִי־עוֹד
מִלְחָמָה לַפְּלִשְׁתִּים אֶת־יִשְׂרָאֵל וַיֵּרֶד דָּוִד וַעֲבָדָיו עִמּוֹ
טז וַיִּלָּחֲמוּ אֶת־פְּלִשְׁתִּים וַיָּעַף דָּוִד׃ וישבו בְּנֹב אֲשֶׁר ׀ בִּילִידֵי   וְיִשְׁבִּי
הָרָפָה וּמִשְׁקַל קֵינוֹ שְׁלֹשׁ מֵאוֹת מִשְׁקַל נְחֹשֶׁת וְהוּא
יז חָגוּר חֲדָשָׁה וַיֹּאמֶר לְהַכּוֹת אֶת־דָּוִד׃ וַיַּעֲזָר־לוֹ אֲבִישַׁי בֶּן־
צְרוּיָה וַיַּךְ אֶת־הַפְּלִשְׁתִּי וַיְמִיתֵהוּ אָז נִשְׁבְּעוּ אַנְשֵׁי־דָוִד לוֹ
לֵאמֹר לֹא־תֵצֵא עוֹד אִתָּנוּ לַמִּלְחָמָה וְלֹא תְכַבֶּה אֶת־נֵר
יח יִשְׂרָאֵל׃ וַיְהִי אַחֲרֵי־כֵן וַתְּהִי־עוֹד הַמִּלְחָמָה
בְּגוֹב עִם־פְּלִשְׁתִּים אָז הִכָּה סִבְּכַי הַחֻשָׁתִי אֶת־סַף אֲשֶׁר בִּילִדֵי
יט הָרָפָה׃ וַתְּהִי־עוֹד הַמִּלְחָמָה בְּגוֹב עִם־פְּלִשְׁתִּים
וַיַּךְ אֶלְחָנָן בֶּן־יַעְרֵי אֹרְגִים בֵּית הַלַּחְמִי אֵת גָּלְיָת הַגִּתִּי
כ וְעֵץ חֲנִיתוֹ כִּמְנוֹר אֹרְגִים׃ וַתְּהִי־עוֹד מִלְחָמָה
בְּגַת וַיְהִי ׀ אִישׁ מדין וְאֶצְבְּעֹת יָדָיו וְאֶצְבְּעוֹת רַגְלָיו שֵׁשׁ וָשֵׁשׁ   מָדוֹן
כא עֶשְׂרִים וְאַרְבַּע מִסְפָּר וְגַם־הוּא יֻלַּד לְהָרָפָה׃ וַיְחָרֵף אֶת־
כב יִשְׂרָאֵל וַיַּכֵּהוּ יְהוֹנָתָן בֶּן־שמעי אֲחִי דָוִד׃ אֶת־אַרְבַּעַת   שִׁמְעָה
אֵלֶּה יֻלְּדוּ לְהָרָפָה בְּגַת וַיִּפְּלוּ בְיַד־דָּוִד וּבְיַד עֲבָדָיו׃

כב א וַיְדַבֵּר דָּוִד לַיהוָה אֶת־דִּבְרֵי הַשִּׁירָה הַזֹּאת בְּיוֹם
הִצִּיל יְהוָה אֹתוֹ מִכַּף כָּל־אֹיְבָיו וּמִכַּף שָׁאוּל׃
ב ג וַיֹּאמַר   יְהוָה סַלְעִי וּמְצֻדָתִי וּמְפַלְטִי־לִי׃   אֱלֹהֵי
צוּרִי אֶחֱסֶה־בּוֹ   מָגִנִּי וְקֶרֶן יִשְׁעִי מִשְׂגַּבִּי
ד וּמְנוּסִי   מֹשִׁעִי מֵחָמָס תֹּשִׁעֵנִי׃   מְהֻלָּל
ה אֶקְרָא יְהוָה וּמֵאֹיְבַי אִוָּשֵׁעַ׃   כִּי אֲפָפֻנִי מִשְׁבְּרֵי־
ו מָוֶת   נַחֲלֵי בְלִיַּעַל יְבַעֲתֻנִי׃   חֶבְלֵי
שְׁאוֹל סַבֻּנִי   קִדְּמֻנִי מֹקְשֵׁי־
ז מָוֶת׃   בַּצַּר־לִי אֶקְרָא יְהוָה   וְאֶל־

אֱלֹהַי אֶקְרָא   וַיִּשְׁמַע מֵהֵיכָלוֹ
וַיִּתְגָּעַשׁ   קוֹלִי   וְשַׁוְעָתִי בְּאָזְנָיו׃   ותגעש ח
וַתִּרְעַשׁ הָאָרֶץ   מוֹסְדוֹת הַשָּׁמַיִם
יִרְגָּזוּ   וַיִּתְגָּעֲשׁוּ כִּי־חָרָה לוֹ׃   עָלָה ט
עָשָׁן בְּאַפּוֹ   וְאֵשׁ מִפִּיו
תֹּאכֵל   גֶּחָלִים בָּעֲרוּ מִמֶּנּוּ׃   וַיֵּט י
שָׁמַיִם וַיֵּרַד   וַעֲרָפֶל תַּחַת
רַגְלָיו׃   וַיִּרְכַּב עַל־כְּרוּב וַיָּעֹף   וַיֵּרָא יא
עַל־כַּנְפֵי־רוּחַ׃   וַיָּשֶׁת חֹשֶׁךְ סְבִיבֹתָיו יב
סֻכּוֹת   חַשְׁרַת־מַיִם עָבֵי שְׁחָקִים׃   מִנֹּגַהּ יג
נֶגְדּוֹ בָּעֲרוּ גַּחֲלֵי־אֵשׁ׃   יַרְעֵם מִן־שָׁמַיִם יד
יְהוָה   וְעֶלְיוֹן יִתֵּן קוֹלוֹ׃   וַיִּשְׁלַח טו
וַיָּהֹם   חִצִּים וַיְפִיצֵם בָּרָק ויהמם׃   וַיֵּרָאוּ אֲפִקֵי טז
יָם   יִגָּלוּ מֹסְדוֹת תֵּבֵל   בְּגַעֲרַת
יְהוָה מִנִּשְׁמַת רוּחַ אַפּוֹ׃   יִשְׁלַח מִמָּרוֹם יז
יִקָּחֵנִי   יַמְשֵׁנִי מִמַּיִם רַבִּים׃   יַצִּילֵנִי יח
מֵאֹיְבִי עָז   מִשֹּׂנְאַי כִּי אָמְצוּ
מִמֶּנִּי׃   יְקַדְּמֻנִי בְּיוֹם אֵידִי   וַיְהִי יט
יְהוָה מִשְׁעָן לִי׃   וַיֹּצֵא לַמֶּרְחָב כ
אֹתִי   יְחַלְּצֵנִי כִּי־חָפֵץ בִּי׃   יִגְמְלֵנִי כא
יְהוָה כְּצִדְקָתִי   כְּבֹר יָדַי יָשִׁיב
לִי׃   כִּי שָׁמַרְתִּי דַּרְכֵי יְהוָה   וְלֹא כב
רָשַׁעְתִּי מֵאֱלֹהָי׃   כִּי כָל־מִשְׁפָּטָו כג
לְנֶגְדִּי   וְחֻקֹּתָיו לֹא־אָסוּר מִמֶּנָּה׃   וָאֶהְיֶה כד
תָמִים לוֹ   וָאֶשְׁתַּמְּרָה מֵעֲוֺנִי׃   וַיָּשֶׁב יְהוָה לִי כה
כְּצִדְקָתִי   כְּבֹרִי לְנֶגֶד עֵינָיו׃   עִם־ כו
חָסִיד תִּתְחַסָּד   עִם־גְּבוֹר תָּמִים

כז תִּתַּמָּם׃ עִם־נָבָר תִּתָּבָר וְעִם־
כח עִקֵּשׁ תִּתַּפָּל׃ וְאֶת־עַם עָנִי
כט תּוֹשִׁיעַ וְעֵינֶיךָ עַל־רָמִים תַּשְׁפִּיל׃ כִּי־
אַתָּה נֵירִי יְהוָה וַיהוָה יַגִּיהַּ
ל חָשְׁכִּי׃ כִּי בְכָה אָרוּץ גְּדוּד בֵּאלֹהַי
לא אֲדַלֶּג־שׁוּר׃ הָאֵל תָּמִים
דַּרְכּוֹ אִמְרַת יְהוָה צְרוּפָה מָגֵן
לב הוּא לְכֹל הַחֹסִים בּוֹ׃ כִּי מִי־אֵל מִבַּלְעֲדֵי
לג יְהוָה וּמִי צוּר מִבַּלְעֲדֵי אֱלֹהֵינוּ׃ הָאֵל
מָעוּזִּי חָיִל וַיַּתֵּר תָּמִים
לד דרכו׃ מְשַׁוֶּה רגליו כָּאַיָּלוֹת וְעַל־ דַּרְכִּי רַגְלַי
לה בָּמוֹתַי יַעֲמִדֵנִי׃ מְלַמֵּד יָדַי
לו לַמִּלְחָמָה וְנִחַת קֶשֶׁת־נְחוּשָׁה זְרֹעֹתָי׃ וַתִּתֶּן־
לז לִי מָגֵן יִשְׁעֶךָ וַעֲנֹתְךָ תַּרְבֵּנִי׃ תַּרְחִיב צַעֲדִי
לח תַּחְתֵּנִי וְלֹא מָעֲדוּ קַרְסֻלָּי׃ אֶרְדְּפָה
אֹיְבַי וָאַשְׁמִידֵם וְלֹא אָשׁוּב עַד־
לט כַּלּוֹתָם׃ וָאֲכַלֵּם וָאֶמְחָצֵם וְלֹא יְקוּמוּן וַיִּפְּלוּ
מ תַּחַת רַגְלָי׃ וַתַּזְרֵנִי חַיִל
מא לַמִּלְחָמָה תַּכְרִיעַ קָמַי תַּחְתֵּנִי׃ וְאֹיְבַי
מב תַּתָּה לִּי עֹרֶף מְשַׂנְאַי וָאַצְמִיתֵם׃ יִשְׁעוּ וְאֵין
מג מֹשִׁיעַ אֶל־יְהוָה וְלֹא עָנָם׃ וְאֶשְׁחָקֵם
כַּעֲפַר־אָרֶץ כְּטִיט־חוּצוֹת אֲדִקֵּם
מד אֶרְקָעֵם׃ וַתְּפַלְּטֵנִי מֵרִיבֵי עַמִּי תִּשְׁמְרֵנִי
לְרֹאשׁ גּוֹיִם עַם לֹא־יָדַעְתִּי
מה יַעַבְדֻנִי׃ בְּנֵי נֵכָר יִתְכַּחֲשׁוּ־לִי לִשְׁמוֹעַ
מו אֹזֶן יִשָּׁמְעוּ לִי׃ בְּנֵי נֵכָר יִבֹּלוּ וְיַחְגְּרוּ
מז מִמִּסְגְּרוֹתָם׃ חַי־יְהוָה וּבָרוּךְ צוּרִי וְיָרֻם

אֱלֹהֵי צוּר יִשְׁעִי׃ הָאֵל הַנֹּתֵן נְקָמֹת מח
לִי וּמוֹרִיד עַמִּים תַּחְתֵּנִי׃ וּמוֹצִיאִי מט
מֵאֹיְבָי וּמִקָּמַי תְּרוֹמְמֵנִי מֵאִישׁ חֲמָסִים
תַּצִּילֵנִי׃ עַל־כֵּן אוֹדְךָ יְהוָה בַּגּוֹיִם וּלְשִׁמְךָ נ
מִגְדּוֹל לד אֲזַמֵּר׃ מגדיל יְשׁוּעוֹת נא
מַלְכּוֹ וְעֹשֶׂה־חֶסֶד לִמְשִׁיחוֹ
לְדָוִד וּלְזַרְעוֹ עַד־עוֹלָם׃

וְאֵלֶּה דִּבְרֵי דָוִד הָאַחֲרֹנִים נְאֻם דָּוִד בֶּן־יִשַׁי וּנְאֻם הַגֶּבֶר הֻקַם א כג
עַל מְשִׁיחַ אֱלֹהֵי יַעֲקֹב וּנְעִים זְמִרוֹת יִשְׂרָאֵל׃ רוּחַ יְהוָה דִּבֶּר־ ב
בִּי וּמִלָּתוֹ עַל־לְשׁוֹנִי׃ אָמַר אֱלֹהֵי יִשְׂרָאֵל לִי דִבֶּר צוּר יִשְׂרָאֵל ג
מוֹשֵׁל בָּאָדָם צַדִּיק מוֹשֵׁל יִרְאַת אֱלֹהִים׃ וּכְאוֹר בֹּקֶר יִזְרַח־ ד
שָׁמֶשׁ בֹּקֶר לֹא עָבוֹת מִנֹּגַהּ מִמָּטָר דֶּשֶׁא מֵאָרֶץ׃ כִּי־לֹא־כֵן ה
בֵּיתִי עִם־אֵל כִּי בְרִית עוֹלָם שָׂם לִי עֲרוּכָה בַכֹּל וּשְׁמֻרָה כִּי־
כָל־יִשְׁעִי וְכָל־חֵפֶץ כִּי־לֹא יַצְמִיחַ׃ וּבְלִיַּעַל כְּקוֹץ מֻנָד כֻּלָּהַם ו
כִּי־לֹא בְיָד יִקָּחוּ׃ וְאִישׁ יִגַּע בָּהֶם יִמָּלֵא בַרְזֶל וְעֵץ חֲנִית ז
וּבָאֵשׁ שָׂרוֹף יִשָּׂרְפוּ בַּשָּׁבֶת׃
אֵלֶּה שְׁמוֹת הַגִּבֹּרִים אֲשֶׁר לְדָוִד יֹשֵׁב בַּשֶּׁבֶת תַּחְכְּמֹנִי ׀ רֹאשׁ ח
הָעֶצְנִי הַשָּׁלִשִׁי הוּא עֲדִינוֹ העצנו עַל־שְׁמֹנֶה מֵאוֹת חָלָל בְּפַעַם
אֶחָת דֹּדוֹ אחד׃ וְאַחֲרוֹ אֶלְעָזָר בֶּן־דדי בֶּן־אֲחֹחִי בִּשְׁלֹשָׁה גברים ט
הַגִּבֹּרִים עִם־דָּוִד בְּחָרְפָם בַּפְּלִשְׁתִּים נֶאֶסְפוּ־שָׁם לַמִּלְחָמָה וַיַּעֲלוּ אִישׁ
יִשְׂרָאֵל׃ הוּא קָם וַיַּךְ בַּפְּלִשְׁתִּים עַד ׀ כִּי־יָגְעָה יָדוֹ וַתִּדְבַּק יָדוֹ י
אֶל־הַחֶרֶב וַיַּעַשׂ יְהוָה תְּשׁוּעָה גְדוֹלָה בַּיּוֹם הַהוּא וְהָעָם יָשֻׁבוּ
אַחֲרָיו אַךְ לְפַשֵּׁט׃ וְאַחֲרָיו שַׁמָּא בֶן־אָגֵא הָרָרִי וַיֵּאָסְפוּ יא
פְלִשְׁתִּים לַחַיָּה וַתְּהִי־שָׁם חֶלְקַת הַשָּׂדֶה מְלֵאָה עֲדָשִׁים וְהָעָם
נָס מִפְּנֵי פְלִשְׁתִּים׃ וַיִּתְיַצֵּב בְּתוֹךְ־הַחֶלְקָה וַיַּצִּילֶהָ וַיַּךְ אֶת־ יב
שְׁלֹשָׁה פְּלִשְׁתִּים וַיַּעַשׂ יְהוָה תְּשׁוּעָה גְדוֹלָה׃ וַיֵּרְדוּ שלשים יג

מֵהַשְּׁלֹשִׁים רֹאשׁ וַיָּבֹאוּ אֶל־קָצִיר אֶל־דָּוִד אֶל־מְעָרַת עֲדֻלָּם
יד וְחַיַּת פְּלִשְׁתִּים חֹנָה בְּעֵמֶק רְפָאִים׃ וְדָוִד אָז בַּמְּצוּדָה וּמַצַּב
טו פְּלִשְׁתִּים אָז בֵּית לָחֶם׃ וַיִּתְאַוֶּה דָוִד וַיֹּאמַר מִי יַשְׁקֵנִי מַיִם
טז מִבֹּאר בֵּית־לֶחֶם אֲשֶׁר בַּשָּׁעַר׃ וַיִּבְקְעוּ שְׁלֹשֶׁת הַגִּבֹּרִים
בְּמַחֲנֵה פְלִשְׁתִּים וַיִּשְׁאֲבוּ־מַיִם מִבֹּאר בֵּית־לֶחֶם אֲשֶׁר בַּשַּׁעַר
וַיִּשְׂאוּ וַיָּבִאוּ אֶל־דָּוִד וְלֹא אָבָה לִשְׁתּוֹתָם וַיַּסֵּךְ אֹתָם
יז לַיהוָה׃ וַיֹּאמֶר חָלִילָה לִּי יְהוָה מֵעֲשֹׂתִי זֹאת הֲדַם הָאֲנָשִׁים
הַהֹלְכִים בְּנַפְשׁוֹתָם וְלֹא אָבָה לִשְׁתּוֹתָם אֵלֶּה עָשׂוּ שְׁלֹשֶׁת
יח הַגִּבֹּרִים׃ וַאֲבִישַׁי אֲחִי ׀ יוֹאָב בֶּן־צְרוּיָה הוּא רֹאשׁ
השלשי וְהוּא עוֹרֵר אֶת־חֲנִיתוֹ עַל־שְׁלֹשׁ מֵאוֹת חָלָל וְלוֹ־שֵׁם הַשְּׁלֹשָׁה
יט בַּשְּׁלֹשָׁה׃ מִן־הַשְּׁלֹשָׁה הֲכִי נִכְבָּד וַיְהִי לָהֶם לְשָׂר וְעַד־
כ הַשְּׁלֹשָׁה לֹא־בָא׃ וּבְנָיָהוּ בֶן־יְהוֹיָדָע בֶּן־אִישׁ־חַי רַב־ חַיִל
פְּעָלִים מִקַּבְצְאֵל הוּא הִכָּה אֵת שְׁנֵי אֲרִאֵל מוֹאָב וְהוּא יָרַד
כא וְהִכָּה אֶת־הארִיה בְּתוֹךְ הַבֹּאר בְּיוֹם הַשָּׁלֶג׃ וְהוּא הִכָּה הָאֲרִי
אֶת־איש מִצְרִי אֲשֶׁר מַרְאֶה וּבְיַד הַמִּצְרִי חֲנִית וַיֵּרֶד אֵלָיו אִישׁ
בַּשָּׁבֶט וַיִּגְזֹל אֶת־הַחֲנִית מִיַּד הַמִּצְרִי וַיַּהַרְגֵהוּ בַּחֲנִיתוֹ׃
כב אֵלֶּה עָשָׂה בְּנָיָהוּ בֶּן־יְהוֹיָדָע וְלוֹ־שֵׁם בִּשְׁלֹשָׁה הַגִּבֹּרִים׃
כג מִן־הַשְּׁלֹשִׁים נִכְבָּד וְאֶל־הַשְּׁלֹשָׁה לֹא־בָא וַיְשִׂמֵהוּ דָוִד
כד אֶל־מִשְׁמַעְתּוֹ׃ עֲשָׂהאֵל אֲחִי־יוֹאָב בַּשְּׁלֹשִׁים אֶלְחָנָן
כה כו בֶּן־דדו בֵּית לָחֶם׃ שַׁמָּה הַחֲרֹדִי אֱלִיקָא הַחֲרֹדִי׃ חֶלֶץ דּוֹדוֹ
כז הַפַּלְטִי עִירָא בֶן־עִקֵּשׁ הַתְּקוֹעִי׃ אֲבִיעֶזֶר הָעַנְּתֹתִי מְבֻנַּי
כח כט הַחֻשָׁתִי׃ צַלְמוֹן הָאֲחֹחִי מַהְרַי הַנְּטֹפָתִי׃ חֵלֶב בֶּן־
ל בַּעֲנָה הַנְּטֹפָתִי אִתַּי בֶּן־רִיבַי מִגִּבְעַת בְּנֵי בִנְיָמִן׃ בְּנָיָהוּ
לא פִּרְעָתֹנִי הִדַּי מִנַּחֲלֵי גָעַשׁ׃ אֲבִי־עַלְבוֹן הָעַרְבָתִי עַזְמָוֶת
לב לג הַבַּרְחֻמִי׃ אֶלְיַחְבָּא הַשַּׁעַלְבֹנִי בְּנֵי יָשֵׁן יְהוֹנָתָן׃ שַׁמָּה
לד הַהֲרָרִי אֲחִיאָם בֶּן־שָׁרָר הָארָרִי׃ אֱלִיפֶלֶט בֶּן־אֲחַסְבַּי
לה בֶּן־הַמַּעֲכָתִי אֱלִיעָם בֶּן־אֲחִיתֹפֶל הַגִּלֹנִי׃ חצרו הַכַּרְמְלִי חֶצְרַי

לו לז פַּעֲרַי הָאַרְבִּי׃ יִגְאָל בֶּן־נָתָן מִצֹּבָה בָּנִי הַגָּדִי׃ צֶלֶק
לח הָעַמֹּנִי נַחְרַי הַבְּאֵרֹתִי נשאי כְּלֵי יוֹאָב בֶּן־צְרֻיָה׃ עִירָא נֹשֵׂא
לט הַיִּתְרִי גָּרֵב הַיִּתְרִי׃ אוּרִיָּה הַחִתִּי כֹּל שְׁלֹשִׁים
כד א וְשִׁבְעָה׃ וַיֹּסֶף אַף־יהוה לַחֲרוֹת בְּיִשְׂרָאֵל וַיָּסֶת
אֶת־דָּוִד בָּהֶם לֵאמֹר לֵךְ מְנֵה אֶת־יִשְׂרָאֵל וְאֶת־יְהוּדָה׃
ב וַיֹּאמֶר הַמֶּלֶךְ אֶל־יוֹאָב ׀ שַׂר־הַחַיִל אֲשֶׁר־אִתּוֹ שׁוּט־נָא בְּכָל־
שִׁבְטֵי יִשְׂרָאֵל מִדָּן וְעַד־בְּאֵר שֶׁבַע וּפִקְדוּ אֶת־הָעָם וְיָדַעְתִּי
ג אֵת מִסְפַּר הָעָם׃ וַיֹּאמֶר יוֹאָב אֶל־הַמֶּלֶךְ וְיוֹסֵף
יהוה אֱלֹהֶיךָ אֶל־הָעָם כָּהֵם ׀ וְכָהֵם מֵאָה פְעָמִים וְעֵינֵי אֲדֹנִי־
ד הַמֶּלֶךְ רֹאוֹת וַאדֹנִי הַמֶּלֶךְ לָמָּה חָפֵץ בַּדָּבָר הַזֶּה׃ וַיֶּחֱזַק דְּבַר־
הַמֶּלֶךְ אֶל־יוֹאָב וְעַל שָׂרֵי הֶחָיִל וַיֵּצֵא יוֹאָב וְשָׂרֵי הַחַיִל לִפְנֵי
ה הַמֶּלֶךְ לִפְקֹד אֶת־הָעָם אֶת־יִשְׂרָאֵל׃ וַיַּעַבְרוּ אֶת־הַיַּרְדֵּן
וַיַּחֲנוּ בַעֲרוֹעֵר יְמִין הָעִיר אֲשֶׁר בְּתוֹךְ־הַנַּחַל הַגָּד וְאֶל־יַעְזֵר׃
ו וַיָּבֹאוּ הַגִּלְעָדָה וְאֶל־אֶרֶץ תַּחְתִּים חָדְשִׁי וַיָּבֹאוּ דָּנָה יַּעַן
ז וְסָבִיב אֶל־צִידוֹן׃ וַיָּבֹאוּ מִבְצַר־צֹר וְכָל־עָרֵי הַחִוִּי וְהַכְּנַעֲנִי
ח וַיֵּצְאוּ אֶל־נֶגֶב יְהוּדָה בְּאֵר שָׁבַע׃ וַיָּשֻׁטוּ בְּכָל־הָאָרֶץ
ט וַיָּבֹאוּ מִקְצֵה תִשְׁעָה חֳדָשִׁים וְעֶשְׂרִים יוֹם יְרוּשָׁלִָם׃ וַיִּתֵּן
יוֹאָב אֶת־מִסְפַּר מִפְקַד־הָעָם אֶל־הַמֶּלֶךְ וַתְּהִי יִשְׂרָאֵל
שְׁמֹנֶה מֵאוֹת אֶלֶף אִישׁ־חַיִל שֹׁלֵף חֶרֶב וְאִישׁ יְהוּדָה חֲמֵשׁ־
י מֵאוֹת אֶלֶף אִישׁ׃ וַיַּךְ לֵב־דָּוִד אֹתוֹ אַחֲרֵי־כֵן סָפַר אֶת־
הָעָם וַיֹּאמֶר דָּוִד אֶל־יהוה חָטָאתִי מְאֹד אֲשֶׁר
עָשִׂיתִי וְעַתָּה יהוה הַעֲבֶר־נָא אֶת־עֲוֺן עַבְדְּךָ כִּי נִסְכַּלְתִּי
יא מְאֹד׃ וַיָּקָם דָּוִד בַּבֹּקֶר וּדְבַר־יהוה הָיָה אֶל־גָּד
יב הַנָּבִיא חֹזֵה דָוִד לֵאמֹר׃ הָלוֹךְ וְדִבַּרְתָּ אֶל־דָּוִד כֹּה אָמַר יהוה
שָׁלֹשׁ אָנֹכִי נוֹטֵל עָלֶיךָ בְּחַר־לְךָ אַחַת־מֵהֶם וְאֶעֱשֶׂה־לָּךְ׃
יג וַיָּבֹא־גָד אֶל־דָּוִד וַיַּגֶּד־לוֹ וַיֹּאמֶר לוֹ הֲתָבוֹא לְךָ שֶׁבַע־שָׁנִים ׀
רָעָב ׀ בְּאַרְצֶךָ וְאִם־שְׁלֹשָׁה חֳדָשִׁים נֻסְךָ לִפְנֵי־צָרֶיךָ וְהוּא

רׇדְפֶ֗ךָ וְאִם־הֱי֞וֹת שְׁלֹ֣שֶׁת יָמִ֥ים דֶּ֛בֶר בְּאַרְצֶ֖ךָ עַתָּ֣ה דַּ֣ע וּרְאֵ֔ה
יד מָה־אָשִׁ֥יב שֹׁלְחִ֖י דָּבָֽר׃ וַיֹּ֧אמֶר דָּוִ֛ד אֶל־גָּ֖ד צַר־
לִ֣י מְאֹ֑ד נִפְּלָה־נָּ֣א בְיַד־יְהֹוָה֙ כִּֽי־רַבִּ֣ים רַחֲמָ֔ו וּבְיַד־אָדָ֖ם אַל־
טו אֶפֹּֽלָה׃ וַיִּתֵּ֨ן יְהֹוָ֥ה דֶּ֙בֶר֙ בְּיִשְׂרָאֵ֔ל מֵהַבֹּ֖קֶר וְעַד־עֵ֣ת מוֹעֵ֑ד וַיָּ֣מׇת
טז מִן־הָעָ֗ם מִדָּן֙ וְעַד־בְּאֵ֣ר שֶׁ֔בַע שִׁבְעִ֥ים אֶ֖לֶף אִֽישׁ׃ וַיִּשְׁלַח֩ יָד֨וֹ
הַמַּלְאָ֤ךְ ׀ יְרֽוּשָׁלַ֙͏ִם֙ לְשַֽׁחֲתָ֔הּ וַיִּנָּ֤חֶם יְהֹוָה֙ אֶל־הָ֣רָעָ֔ה וַיֹּ֡אמֶר
לַמַּלְאָךְ֩ הַמַּשְׁחִ֨ית בָּעָ֜ם רַ֗ב עַתָּה֙ הֶ֣רֶף יָדֶ֔ךָ וּמַלְאַ֤ךְ יְהֹוָה֙ הָיָ֔ה
יז עִם־גֹּ֖רֶן הָאוֹרַ֥נָה הַיְבֻסִֽי׃ וַיֹּ֩אמֶר֩ דָּוִ֨ד אֶל־יְהֹוָ֜ה הָאֲרַ֙וְנָ֙ה
בִּרְאֹת֣וֹ ׀ אֶת־הַמַּלְאָ֣ךְ ׀ הַמַּכֶּ֣ה בָעָ֗ם וַיֹּ֙אמֶר֙ הִנֵּ֨ה אָנֹכִ֤י חָטָ֙אתִי֙
וְאָנֹכִ֣י הֶעֱוֵ֔יתִי וְאֵ֥לֶּה הַצֹּ֖אן מֶ֣ה עָשׂ֑וּ תְּהִ֙י נָ֤א יָֽדְךָ֙ בִּ֔י וּבְבֵ֥ית
יח אָבִֽי׃ וַיָּבֹא־גָ֥ד אֶל־דָּוִ֖ד בַּיּ֣וֹם הַה֑וּא וַיֹּ֣אמֶר ל֗וֹ
יט עֲלֵה֙ הָקֵ֤ם לַֽיהֹוָה֙ מִזְבֵּ֔חַ בְּגֹ֖רֶן אֲרַ֣נְיָה הַיְבֻסִֽי׃ וַיַּ֤עַל דָּוִד֙ כִּדְבַר־ אֲרַ֣וְנָה
כ גָ֔ד כַּאֲשֶׁ֖ר צִוָּ֥ה יְהֹוָֽה׃ וַיַּשְׁקֵ֣ף אֲרַ֗וְנָה וַיַּ֤רְא אֶת־הַמֶּ֙לֶךְ֙ וְאֶת־
עֲבָדָ֔יו עֹבְרִ֖ים עָלָ֑יו וַיֵּצֵ֣א אֲרַ֔וְנָה וַיִּשְׁתַּ֧חוּ לַמֶּ֛לֶךְ אַפָּ֖יו אָֽרְצָה׃
כא וַיֹּ֣אמֶר אֲרַ֔וְנָה מַדּ֛וּעַ בָּ֥א אֲדֹנִֽי־הַמֶּ֖לֶךְ אֶל־עַבְדּ֑וֹ וַיֹּ֨אמֶר דָּוִ֜ד
לִקְנ֧וֹת מֵעִמְּךָ֣ אֶת־הַגֹּ֗רֶן לִבְנ֤וֹת מִזְבֵּ֙חַ֙ לַֽיהֹוָ֔ה וְתֵעָצַ֥ר הַמַּגֵּפָ֖ה
כב מֵעַ֣ל הָעָֽם׃ וַיֹּ֤אמֶר אֲרַ֙וְנָה֙ אֶל־דָּוִ֔ד יִקַּ֥ח וְיַ֛עַל אֲדֹנִ֥י הַמֶּ֖לֶךְ
הַטּ֣וֹב בְּעֵינָ֑ו רְאֵה֙ הַבָּקָ֣ר לָֽעֹלָ֔ה וְהַמֹּרִגִּ֛ים וּכְלֵ֥י הַבָּקָ֖ר לָעֵצִֽים׃
כג הַכֹּ֗ל נָתַ֛ן אֲרַ֥וְנָה הַמֶּ֖לֶךְ לַמֶּ֑לֶךְ וַיֹּ֤אמֶר אֲרַ֙וְנָה֙
כד אֶל־הַמֶּ֔לֶךְ יְהֹוָ֥ה אֱלֹהֶ֖יךָ יִרְצֶֽךָ׃ וַיֹּ֨אמֶר הַמֶּ֜לֶךְ אֶל־אֲרַ֗וְנָה לֹ֤א
כִּֽי־קָנ֨וֹ אֶקְנֶ֤ה מֵאֽוֹתְךָ֙ בִּמְחִ֔יר וְלֹ֧א אַעֲלֶ֛ה לַֽיהֹוָ֥ה אֱלֹהַ֖י עֹל֣וֹת
חִנָּ֑ם וַיִּ֩קֶן֩ דָּוִ֨ד אֶת־הַגֹּ֤רֶן וְאֶת־הַבָּקָר֙ בְּכֶ֔סֶף שְׁקָלִ֖ים חֲמִשִּֽׁים׃
כה וַיִּ֩בֶן֩ שָׁ֨ם דָּוִ֤ד מִזְבֵּ֙חַ֙ לַֽיהֹוָ֔ה וַיַּ֥עַל עֹל֖וֹת וּשְׁלָמִ֑ים וַיֵּעָתֵ֤ר יְהֹוָה֙
לָאָ֔רֶץ וַתֵּעָצַ֥ר הַמַּגֵּפָ֖ה מֵעַ֥ל יִשְׂרָאֵֽל׃

מלכים

מלכים

א וְהַמֶּ֣לֶךְ דָּוִד֙ זָקֵ֔ן בָּ֖א בַּיָּמִ֑ים וַיְכַסֻּ֙הוּ֙ בַּבְּגָדִ֔ים וְלֹ֥א יִחַ֖ם לֽוֹ׃ א
ב וַיֹּ֧אמְרוּ ל֣וֹ עֲבָדָ֗יו יְבַקְשׁ֞וּ לַאדֹנִ֤י הַמֶּ֙לֶךְ֙ נַעֲרָ֣ה בְתוּלָ֔ה וְעָֽמְדָה֙
לִפְנֵ֣י הַמֶּ֔לֶךְ וּתְהִי־ל֖וֹ סֹכֶ֑נֶת וְשָׁכְבָ֣ה בְחֵיקֶ֔ךָ וְחַ֖ם לַאדֹנִ֥י הַמֶּֽלֶךְ׃
ג וַיְבַקְשׁוּ֙ נַעֲרָ֣ה יָפָ֔ה בְּכֹ֖ל גְּב֣וּל יִשְׂרָאֵ֑ל וַֽיִּמְצְא֗וּ אֶת־אֲבִישַׁג֙
ד הַשּׁ֣וּנַמִּ֔ית וַיָּבִ֥אוּ אֹתָ֖הּ לַמֶּֽלֶךְ׃ וְהַנַּעֲרָ֖ה יָפָ֣ה עַד־מְאֹ֑ד וַתְּהִ֨י
ה לַמֶּ֤לֶךְ סֹכֶ֙נֶת֙ וַתְּשָׁ֣רְתֵ֔הוּ וְהַמֶּ֖לֶךְ לֹ֥א יְדָעָֽהּ׃ וַאֲדֹנִיָּ֧ה בֶן־חַגֵּ֛ית
מִתְנַשֵּׂ֥א לֵאמֹ֖ר אֲנִ֣י אֶמְלֹ֑ךְ וַיַּ֣עַשׂ ל֗וֹ רֶ֚כֶב וּפָ֣רָשִׁ֔ים וַחֲמִשִּׁ֥ים
ו אִ֖ישׁ רָצִ֥ים לְפָנָֽיו׃ וְלֹֽא־עֲצָב֨וֹ אָבִ֤יו מִיָּמָיו֙ לֵאמֹ֔ר מַדּ֖וּעַ כָּ֣כָה
עָשִׂ֑יתָ וְגַם־ה֤וּא טֽוֹב־תֹּ֙אַר֙ מְאֹ֔ד וְאֹת֥וֹ יָלְדָ֖ה אַחֲרֵ֥י אַבְשָׁלֽוֹם׃
ז וַיִּהְי֣וּ דְבָרָ֔יו עִ֖ם יוֹאָ֣ב בֶּן־צְרוּיָ֑ה וְעִם֙ אֶבְיָתָ֣ר הַכֹּהֵ֔ן וַֽיַּעְזְר֔וּ
ח אַחֲרֵ֖י אֲדֹנִיָּֽה׃ וְצָד֣וֹק הַכֹּהֵ֡ן וּבְנָיָ֣הוּ בֶן־יְהוֹיָדָע֩ וְנָתָ֨ן הַנָּבִ֜יא
ט וְשִׁמְעִ֣י וְרֵעִ֔י וְהַגִּבּוֹרִ֖ים אֲשֶׁ֣ר לְדָוִ֑ד לֹ֥א הָי֖וּ עִם־אֲדֹנִיָּֽהוּ׃ וַיִּזְבַּ֣ח
אֲדֹנִיָּ֗הוּ צֹ֤אן וּבָקָר֙ וּמְרִ֔יא עִ֚ם אֶ֣בֶן הַזֹּחֶ֔לֶת אֲשֶׁר־אֵ֖צֶל עֵ֣ין
רֹגֵ֑ל וַיִּקְרָ֗א אֶת־כָּל־אֶחָיו֙ בְּנֵ֣י הַמֶּ֔לֶךְ וּֽלְכָל־אַנְשֵׁ֥י יְהוּדָ֖ה עַבְדֵ֥י
י הַמֶּֽלֶךְ׃ וְאֶת־נָתָ֨ן הַנָּבִ֜יא וּבְנָיָ֧הוּ וְאֶת־הַגִּבּוֹרִ֛ים וְאֶת־שְׁלֹמֹ֥ה
יא אָחִ֖יו לֹ֥א קָרָֽא׃ וַיֹּ֣אמֶר נָתָ֗ן אֶל־בַּת־שֶׁ֤בַע אֵם־שְׁלֹמֹה֙ לֵאמֹ֔ר
הֲל֣וֹא שָׁמַ֔עַתְּ כִּ֥י מָלַ֖ךְ אֲדֹנִיָּ֣הוּ בֶן־חַגִּ֑ית וַאֲדֹנֵ֥ינוּ דָוִ֖ד לֹ֥א יָדָֽע׃
יב וְעַתָּ֕ה לְכִ֛י אִיעָצֵ֥ךְ נָ֖א עֵצָ֑ה וּמַלְּטִי֙ אֶת־נַפְשֵׁ֔ךְ וְאֶת־נֶ֖פֶשׁ בְּנֵ֥ךְ
יג שְׁלֹמֹֽה׃ לְכִ֞י וּבֹ֣אִי ׀ אֶל־הַמֶּ֣לֶךְ דָּוִ֗ד וְאָמַ֤רְתְּ אֵלָיו֙ הֲלֹֽא־אַתָּ֞ה
אֲדֹנִ֣י הַמֶּ֗לֶךְ נִשְׁבַּ֤עְתָּ לַאֲמָֽתְךָ֙ לֵאמֹ֔ר כִּֽי־שְׁלֹמֹ֤ה בְנֵךְ֙ יִמְלֹ֣ךְ
יד אַחֲרַ֔י וְה֖וּא יֵשֵׁ֣ב עַל־כִּסְאִ֑י וּמַדּ֖וּעַ מָלַ֥ךְ אֲדֹנִיָּֽהוּ׃ הִנֵּ֗ה עוֹדָ֛ךְ
מְדַבֶּ֥רֶת שָׁ֖ם עִם־הַמֶּ֑לֶךְ וַאֲנִי֙ אָב֣וֹא אַחֲרַ֔יִךְ וּמִלֵּאתִ֖י אֶת־
טו דְּבָרָֽיִךְ׃ וַתָּבֹ֨א בַת־שֶׁ֤בַע אֶל־הַמֶּ֙לֶךְ֙ הַחַ֔דְרָה וְהַמֶּ֖לֶךְ זָקֵ֣ן מְאֹ֑ד
טז וַֽאֲבִישַׁג֙ הַשּׁ֣וּנַמִּ֔ית מְשָׁרַ֖ת אֶת־הַמֶּֽלֶךְ׃ וַתִּקֹּ֣ד בַּת־שֶׁ֔בַע
יז וַתִּשְׁתַּ֖חוּ לַמֶּ֑לֶךְ וַיֹּ֥אמֶר הַמֶּ֖לֶךְ מַה־לָּֽךְ׃ וַתֹּ֣אמֶר ל֗וֹ אֲדֹנִי֙ אַתָּ֞ה
נִשְׁבַּ֜עְתָּ בַּיהוָ֤ה אֱלֹהֶ֙יךָ֙ לַאֲמָתֶ֔ךָ כִּֽי־שְׁלֹמֹ֥ה בְנֵ֖ךְ יִמְלֹ֣ךְ אַחֲרָ֑י
יח וְה֖וּא יֵשֵׁ֥ב עַל־כִּסְאִֽי׃ וְעַתָּ֕ה הִנֵּ֥ה אֲדֹנִיָּ֖ה מָלָ֑ךְ וְעַתָּ֛ה אֲדֹנִ֥י

יט הַמֶּלֶךְ לֹא יָדָעְתָּ׃ וַיִּזְבַּח שׁוֹר וּמְרִיא־וְצֹאן לָרֹב וַיִּקְרָא לְכָל־
בְּנֵי הַמֶּלֶךְ וּלְאֶבְיָתָר הַכֹּהֵן וּלְיֹאָב שַׂר הַצָּבָא וְלִשְׁלֹמֹה עַבְדְּךָ
כ לֹא קָרָא׃ וְאַתָּה אֲדֹנִי הַמֶּלֶךְ עֵינֵי כָל־יִשְׂרָאֵל עָלֶיךָ לְהַגִּיד
כא לָהֶם מִי יֵשֵׁב עַל־כִּסֵּא אֲדֹנִי־הַמֶּלֶךְ אַחֲרָיו׃ וְהָיָה כִּשְׁכַּב
כב אֲדֹנִי־הַמֶּלֶךְ עִם־אֲבֹתָיו וְהָיִיתִי אֲנִי וּבְנִי שְׁלֹמֹה חַטָּאִים׃ וְהִנֵּה
כג עוֹדֶנָּה מְדַבֶּרֶת עִם־הַמֶּלֶךְ וְנָתָן הַנָּבִיא בָּא׃ וַיַּגִּידוּ לַמֶּלֶךְ
לֵאמֹר הִנֵּה נָתָן הַנָּבִיא וַיָּבֹא לִפְנֵי הַמֶּלֶךְ וַיִּשְׁתַּחוּ לַמֶּלֶךְ עַל־
כד אַפָּיו אָרְצָה׃ וַיֹּאמֶר נָתָן אֲדֹנִי הַמֶּלֶךְ אַתָּה אָמַרְתָּ אֲדֹנִיָּהוּ
כה יִמְלֹךְ אַחֲרָי וְהוּא יֵשֵׁב עַל־כִּסְאִי׃ כִּי ׀ יָרַד הַיּוֹם וַיִּזְבַּח שׁוֹר
וּמְרִיא־וְצֹאן לָרֹב וַיִּקְרָא לְכָל־בְּנֵי הַמֶּלֶךְ וּלְשָׂרֵי הַצָּבָא
וּלְאֶבְיָתָר הַכֹּהֵן וְהִנָּם אֹכְלִים וְשֹׁתִים לְפָנָיו וַיֹּאמְרוּ יְחִי הַמֶּלֶךְ
כו אֲדֹנִיָּהוּ׃ וְלִי אֲנִי־עַבְדֶּךָ וּלְצָדֹק הַכֹּהֵן וְלִבְנָיָהוּ בֶן־יְהוֹיָדָע
כז וְלִשְׁלֹמֹה עַבְדְּךָ לֹא קָרָא׃ אִם מֵאֵת אֲדֹנִי הַמֶּלֶךְ נִהְיָה הַדָּבָר
הַזֶּה וְלֹא הוֹדַעְתָּ אֶת־עבדיך מִי יֵשֵׁב עַל־כִּסֵּא אֲדֹנִי־הַמֶּלֶךְ עַבְדְּךָ
כח אַחֲרָיו׃ וַיַּעַן הַמֶּלֶךְ דָּוִד וַיֹּאמֶר קִרְאוּ־לִי לְבַת־שֶׁבַע וַתָּבֹא
כט לִפְנֵי הַמֶּלֶךְ וַתַּעֲמֹד לִפְנֵי הַמֶּלֶךְ׃ וַיִּשָּׁבַע הַמֶּלֶךְ וַיֹּאמַר חַי־
ל יְהוָה אֲשֶׁר־פָּדָה אֶת־נַפְשִׁי מִכָּל־צָרָה׃ כִּי כַּאֲשֶׁר נִשְׁבַּעְתִּי
לְךָ בַּיהוָה אֱלֹהֵי יִשְׂרָאֵל לֵאמֹר כִּי־שְׁלֹמֹה בְנֵךְ יִמְלֹךְ אַחֲרַי
לא וְהוּא יֵשֵׁב עַל־כִּסְאִי תַּחְתָּי כִּי כֵּן אֶעֱשֶׂה הַיּוֹם הַזֶּה׃ וַתִּקֹּד
בַּת־שֶׁבַע אַפַּיִם אֶרֶץ וַתִּשְׁתַּחוּ לַמֶּלֶךְ וַתֹּאמֶר יְחִי אֲדֹנִי הַמֶּלֶךְ
לב דָּוִד לְעֹלָם׃ וַיֹּאמֶר ׀ הַמֶּלֶךְ דָּוִד קִרְאוּ־לִי לְצָדוֹק
הַכֹּהֵן וּלְנָתָן הַנָּבִיא וְלִבְנָיָהוּ בֶּן־יְהוֹיָדָע וַיָּבֹאוּ לִפְנֵי הַמֶּלֶךְ׃
לג וַיֹּאמֶר הַמֶּלֶךְ לָהֶם קְחוּ עִמָּכֶם אֶת־עַבְדֵי אֲדֹנֵיכֶם וְהִרְכַּבְתֶּם
אֶת־שְׁלֹמֹה בְנִי עַל־הַפִּרְדָּה אֲשֶׁר־לִי וְהוֹרַדְתֶּם אֹתוֹ אֶל־
לד גִּחוֹן׃ וּמָשַׁח אֹתוֹ שָׁם צָדוֹק הַכֹּהֵן וְנָתָן הַנָּבִיא לְמֶלֶךְ עַל־
לה יִשְׂרָאֵל וּתְקַעְתֶּם בַּשּׁוֹפָר וַאֲמַרְתֶּם יְחִי הַמֶּלֶךְ שְׁלֹמֹה׃ וַעֲלִיתֶם
אַחֲרָיו וּבָא וְיָשַׁב עַל־כִּסְאִי וְהוּא יִמְלֹךְ תַּחְתָּי וְאֹתוֹ צִוִּיתִי

א

לו לִהְיוֹת נָגִיד עַל־יִשְׂרָאֵל וְעַל־יְהוּדָה׃ וַיַּעַן בְּנָיָהוּ בֶן־יְהוֹיָדָע
אֶת־הַמֶּלֶךְ וַיֹּאמֶר ׀ אָמֵן כֵּן יֹאמַר יהוה אֱלֹהֵי אֲדֹנִי הַמֶּלֶךְ׃
לז כַּאֲשֶׁר הָיָה יהוה עִם־אֲדֹנִי הַמֶּלֶךְ כֵּן יְהִי עִם־שְׁלֹמֹה וִיגַדֵּל
לח אֶת־כִּסְאוֹ מִכִּסֵּא אֲדֹנִי הַמֶּלֶךְ דָּוִד׃ וַיֵּרֶד צָדוֹק הַכֹּהֵן וְנָתָן
הַנָּבִיא וּבְנָיָהוּ בֶן־יְהוֹיָדָע וְהַכְּרֵתִי וְהַפְּלֵתִי וַיַּרְכִּבוּ אֶת־
לט שְׁלֹמֹה עַל־פִּרְדַּת הַמֶּלֶךְ דָּוִד וַיֹּלִכוּ אֹתוֹ עַל־גִּחוֹן׃ וַיִּקַּח צָדוֹק
הַכֹּהֵן אֶת־קֶרֶן הַשֶּׁמֶן מִן־הָאֹהֶל וַיִּמְשַׁח אֶת־שְׁלֹמֹה וַיִּתְקְעוּ
מ בַּשּׁוֹפָר וַיֹּאמְרוּ כָּל־הָעָם יְחִי הַמֶּלֶךְ שְׁלֹמֹה׃ וַיַּעֲלוּ כָל־הָעָם
אַחֲרָיו וְהָעָם מְחַלְּלִים בַּחֲלִלִים וּשְׂמֵחִים שִׂמְחָה גְדוֹלָה וַתִּבָּקַע
מא הָאָרֶץ בְּקוֹלָם׃ וַיִּשְׁמַע אֲדֹנִיָּהוּ וְכָל־הַקְּרֻאִים אֲשֶׁר אִתּוֹ וְהֵם
כִּלּוּ לֶאֱכֹל וַיִּשְׁמַע יוֹאָב אֶת־קוֹל הַשּׁוֹפָר וַיֹּאמֶר מַדּוּעַ קוֹל־
מב הַקִּרְיָה הוֹמָה׃ עוֹדֶנּוּ מְדַבֵּר וְהִנֵּה יוֹנָתָן בֶּן־אֶבְיָתָר הַכֹּהֵן בָּא
מג וַיֹּאמֶר אֲדֹנִיָּהוּ בֹּא כִּי אִישׁ חַיִל אַתָּה וְטוֹב תְּבַשֵּׂר׃ וַיַּעַן יוֹנָתָן
וַיֹּאמֶר לַאֲדֹנִיָּהוּ אֲבָל אֲדֹנֵינוּ הַמֶּלֶךְ־דָּוִד הִמְלִיךְ אֶת־שְׁלֹמֹה׃
מד וַיִּשְׁלַח אִתּוֹ הַמֶּלֶךְ אֶת־צָדוֹק הַכֹּהֵן וְאֶת־נָתָן הַנָּבִיא וּבְנָיָהוּ
בֶּן־יְהוֹיָדָע וְהַכְּרֵתִי וְהַפְּלֵתִי וַיַּרְכִּבוּ אֹתוֹ עַל פִּרְדַּת הַמֶּלֶךְ׃
מה וַיִּמְשְׁחוּ אֹתוֹ צָדוֹק הַכֹּהֵן וְנָתָן הַנָּבִיא ׀ לְמֶלֶךְ בְּגִחוֹן וַיַּעֲלוּ
מו מִשָּׁם שְׂמֵחִים וַתֵּהֹם הַקִּרְיָה הוּא הַקּוֹל אֲשֶׁר שְׁמַעְתֶּם׃ וְגַם
מז יָשַׁב שְׁלֹמֹה עַל כִּסֵּא הַמְּלוּכָה׃ וְגַם־בָּאוּ עַבְדֵי הַמֶּלֶךְ לְבָרֵךְ
אֶת־אֲדֹנֵינוּ הַמֶּלֶךְ דָּוִד לֵאמֹר יֵיטֵב אלהיך אֶת־שֵׁם שְׁלֹמֹה אֱלֹהִים
מִשְּׁמֶךָ וִיגַדֵּל אֶת־כִּסְאוֹ מִכִּסְאֶךָ וַיִּשְׁתַּחוּ הַמֶּלֶךְ עַל־
מח הַמִּשְׁכָּב׃ וְגַם־כָּכָה אָמַר הַמֶּלֶךְ בָּרוּךְ יהוה אֱלֹהֵי יִשְׂרָאֵל ב
מט אֲשֶׁר נָתַן הַיּוֹם יֹשֵׁב עַל־כִּסְאִי וְעֵינַי רֹאוֹת׃ וַיֶּחֶרְדוּ וַיָּקֻמוּ כָּל־
נ הַקְּרֻאִים אֲשֶׁר לַאֲדֹנִיָּהוּ וַיֵּלְכוּ אִישׁ לְדַרְכּוֹ׃ וַאֲדֹנִיָּהוּ יָרֵא מִפְּנֵי
נא שְׁלֹמֹה וַיָּקָם וַיֵּלֶךְ וַיַּחֲזֵק בְּקַרְנוֹת הַמִּזְבֵּחַ׃ וַיֻּגַּד לִשְׁלֹמֹה לֵאמֹר
הִנֵּה אֲדֹנִיָּהוּ יָרֵא אֶת־הַמֶּלֶךְ שְׁלֹמֹה וְהִנֵּה אָחַז בְּקַרְנוֹת
הַמִּזְבֵּחַ לֵאמֹר יִשָּׁבַע־לִי כַיּוֹם הַמֶּלֶךְ שְׁלֹמֹה אִם־יָמִית אֶת־

עַבְדּוֹ בֶּחָרֶב׃ וַיֹּאמֶר שְׁלֹמֹה אִם יִהְיֶה לְבֶן־חַיִל לֹא־יִפֹּל נב
מִשַּׂעֲרָתוֹ אָרְצָה וְאִם־רָעָה תִמָּצֵא־בוֹ וָמֵת׃ וַיִּשְׁלַח הַמֶּלֶךְ נג
שְׁלֹמֹה וַיֹּרִדֻהוּ מֵעַל הַמִּזְבֵּחַ וַיָּבֹא וַיִּשְׁתַּחוּ לַמֶּלֶךְ שְׁלֹמֹה
וַיֹּאמֶר־לוֹ שְׁלֹמֹה לֵךְ לְבֵיתֶךָ׃ וַיִּקְרְבוּ יְמֵי־דָוִד א **ב**
לָמוּת וַיְצַו אֶת־שְׁלֹמֹה בְנוֹ לֵאמֹר׃ אָנֹכִי הֹלֵךְ בְּדֶרֶךְ כָּל־ ב
הָאָרֶץ וְחָזַקְתָּ וְהָיִיתָ לְאִישׁ׃ וְשָׁמַרְתָּ אֶת־מִשְׁמֶרֶת ׀ יְהוָה ג
אֱלֹהֶיךָ לָלֶכֶת בִּדְרָכָיו לִשְׁמֹר חֻקֹּתָיו מִצְוֺתָיו וּמִשְׁפָּטָיו
וְעֵדְוֺתָיו כַּכָּתוּב בְּתוֹרַת מֹשֶׁה לְמַעַן תַּשְׂכִּיל אֵת כָּל־אֲשֶׁר
תַּעֲשֶׂה וְאֵת כָּל־אֲשֶׁר תִּפְנֶה שָׁם׃ לְמַעַן יָקִים יְהוָה אֶת־דְּבָרוֹ ד
אֲשֶׁר דִּבֶּר עָלַי לֵאמֹר אִם־יִשְׁמְרוּ בָנֶיךָ אֶת־דַּרְכָּם לָלֶכֶת
לְפָנַי בֶּאֱמֶת בְּכָל־לְבָבָם וּבְכָל־נַפְשָׁם לֵאמֹר לֹא־יִכָּרֵת לְךָ
אִישׁ מֵעַל כִּסֵּא יִשְׂרָאֵל׃ וְגַם אַתָּה יָדַעְתָּ אֵת אֲשֶׁר־עָשָׂה לִי ה
יוֹאָב בֶּן־צְרוּיָה אֲשֶׁר עָשָׂה לִשְׁנֵי־שָׂרֵי צִבְאוֹת יִשְׂרָאֵל
לְאַבְנֵר בֶּן־נֵר וְלַעֲמָשָׂא בֶן־יֶתֶר וַיַּהַרְגֵם וַיָּשֶׂם דְּמֵי־מִלְחָמָה
בְּשָׁלֹם וַיִּתֵּן דְּמֵי מִלְחָמָה בַּחֲגֹרָתוֹ אֲשֶׁר בְּמָתְנָיו וּבְנַעֲלוֹ
אֲשֶׁר בְּרַגְלָיו׃ וְעָשִׂיתָ כְּחָכְמָתֶךָ וְלֹא־תוֹרֵד שֵׂיבָתוֹ בְּשָׁלֹם ו
שְׁאֹל׃ וְלִבְנֵי בַרְזִלַּי הַגִּלְעָדִי תַּעֲשֶׂה־חֶסֶד וְהָיוּ ז
בְּאֹכְלֵי שֻׁלְחָנֶךָ כִּי־כֵן קָרְבוּ אֵלַי בְּבָרְחִי מִפְּנֵי אַבְשָׁלוֹם אָחִיךָ׃
וְהִנֵּה עִמְּךָ שִׁמְעִי בֶן־גֵּרָא בֶן־הַיְמִינִי מִבַּחֻרִים וְהוּא קִלְלַנִי ח
קְלָלָה נִמְרֶצֶת בְּיוֹם לֶכְתִּי מַחֲנָיִם וְהוּא־יָרַד לִקְרָאתִי הַיַּרְדֵּן
וָאֶשָּׁבַע לוֹ בַיהוָה לֵאמֹר אִם־אֲמִיתְךָ בֶּחָרֶב׃ וְעַתָּה אַל־ ט
תְּנַקֵּהוּ כִּי אִישׁ חָכָם אָתָּה וְיָדַעְתָּ אֵת אֲשֶׁר תַּעֲשֶׂה־לּוֹ
וְהוֹרַדְתָּ אֶת־שֵׂיבָתוֹ בְּדָם שְׁאוֹל׃ וַיִּשְׁכַּב דָּוִד עִם־אֲבֹתָיו י
וַיִּקָּבֵר בְּעִיר דָּוִד׃ וְהַיָּמִים אֲשֶׁר מָלַךְ דָּוִד עַל־ יא
יִשְׂרָאֵל אַרְבָּעִים שָׁנָה בְּחֶבְרוֹן מָלַךְ שֶׁבַע שָׁנִים וּבִירוּשָׁלַם
מָלַךְ שְׁלֹשִׁים וְשָׁלֹשׁ שָׁנִים׃ וּשְׁלֹמֹה יָשַׁב עַל־כִּסֵּא דָּוִד אָבִיו יב
וַתִּכֹּן מַלְכֻתוֹ מְאֹד׃ וַיָּבֹא אֲדֹנִיָּהוּ בֶן־חַגִּית יג

אֶל־בַּת־שֶׁ֫בַע אֵם־שְׁלֹמֹה וַתֹּ֫אמֶר הֲשָׁל֣וֹם בֹּאֶ֑ךָ וַיֹּ֖אמֶר שָׁלֽוֹם:

יד וַיֹּ֕אמֶר דָּבָ֥ר לִ֖י אֵלָ֑יִךְ וַתֹּ֖אמֶר דַּבֵּֽר: וַיֹּ֗אמֶר אַ֤תְּ יָדַ֙עַתְּ֙ כִּֽי־לִ֞י
הָיְתָ֣ה הַמְּלוּכָ֗ה וְעָלַ֞י שָׂ֤מוּ כָל־יִשְׂרָאֵל֙ פְּנֵיהֶ֣ם לִמְלֹ֔ךְ וַתִּסֹּ֣ב

טו הַמְּלוּכָ֔ה וַתְּהִ֖י לְאָחִ֑י כִּ֥י מֵיְהוָ֖ה הָ֥יְתָה לּֽוֹ: וְעַתָּ֗ה שְׁאֵלָ֤ה אַחַת֙
אָֽנֹכִי֙ שֹׁאֵ֣ל מֵֽאִתָּ֔ךְ אַל־תָּשִׁ֖בִי אֶת־פָּנָ֑י וַתֹּ֥אמֶר אֵלָ֖יו דַּבֵּֽר:

יז וַיֹּ֗אמֶר אִמְרִי־נָא֙ לִשְׁלֹמֹ֣ה הַמֶּ֔לֶךְ כִּ֥י לֹֽא־יָשִׁ֖יב אֶת־פָּנָ֑יִךְ
וְיִתֶּן־לִ֛י אֶת־אֲבִישַׁ֥ג הַשֻּׁנַמִּ֖ית לְאִשָּׁ֑ה: וַתֹּ֖אמֶר בַּת־שֶׁ֑בַע

יח ט֕וֹב אָנֹכִ֕י אֲדַבֵּ֥ר עָלֶ֖יךָ אֶל־הַמֶּֽלֶךְ: וַתָּבֹ֤א בַת־שֶׁ֙בַע֙ אֶל־

יט הַמֶּ֣לֶךְ שְׁלֹמֹ֔ה לְדַבֶּר־ל֖וֹ עַל־אֲדֹנִיָּ֑הוּ וַיָּ֩קָם֩ הַמֶּ֨לֶךְ לִקְרָאתָ֜הּ
וַיִּשְׁתַּ֣חוּ לָ֗הּ וַיֵּ֙שֶׁב֙ עַל־כִּסְא֔וֹ וַיָּ֥שֶׂם כִּסֵּא֙ לְאֵ֣ם הַמֶּ֔לֶךְ וַתֵּ֖שֶׁב

כ לִֽימִינֽוֹ: וַתֹּ֗אמֶר שְׁאֵלָ֨ה אַחַ֤ת קְטַנָּה֙ אָֽנֹכִי֙ שֹׁאֶ֣לֶת מֵֽאִתָּ֔ךְ אַל־
תָּ֖שֶׁב אֶת־פָּנָ֑י וַיֹּֽאמֶר־לָ֤הּ הַמֶּ֙לֶךְ֙ שַׁאֲלִ֣י אִמִּ֔י כִּ֥י לֹֽא־אָשִׁ֖יב

כא אֶת־פָּנָֽיִךְ: וַתֹּ֕אמֶר יֻתַּ֖ן אֶת־אֲבִישַׁ֣ג הַשֻּׁנַמִּ֑ית לַאֲדֹנִיָּ֥הוּ אָחִ֖יךָ

כב לְאִשָּֽׁה: וַיַּ֩עַן֩ הַמֶּ֨לֶךְ שְׁלֹמֹ֜ה וַיֹּ֣אמֶר לְאִמּ֗וֹ וְלָמָה֩ אַ֨תְּ שֹׁאֶ֜לֶת
אֶת־אֲבִישַׁ֣ג הַשֻּׁנַמִּית֮ לַאֲדֹנִיָּהוּ֒ וְשַֽׁאֲלִי־לוֹ֙ אֶת־הַמְּלוּכָ֔ה כִּ֛י
ה֥וּא אָחִ֖י הַגָּד֣וֹל מִמֶּ֑נִּי וְלוֹ֙ וּלְאֶבְיָתָ֣ר הַכֹּהֵ֔ן וּלְיוֹאָ֖ב בֶּן־

כג צְרוּיָֽה: וַיִּשָּׁבַע֙ הַמֶּ֣לֶךְ שְׁלֹמֹ֔ה בַּֽיהוָ֖ה לֵאמֹ֑ר כֹּ֣ה
יַֽעֲשֶׂה־לִּ֤י אֱלֹהִים֙ וְכֹ֣ה יוֹסִ֔יף כִּ֣י בְנַפְשׁ֔וֹ דִּבֶּר֙ אֲדֹנִיָּ֔הוּ אֶת־

כד הַדָּבָ֖ר הַזֶּֽה: וְעַתָּ֗ה חַי־יְהוָה֮ אֲשֶׁ֣ר הֱכִינַ֗נִי וַיּֽוֹשִׁיבַ֙נִי֙ עַל־כִּסֵּא֙ וַיּֽוֹשִׁיבַ֙נִי֙
דָּוִ֣ד אָבִ֔י וַאֲשֶׁ֧ר עָֽשָׂה־לִ֛י בַּ֖יִת כַּאֲשֶׁ֣ר דִּבֵּ֑ר כִּ֣י הַיּ֔וֹם יוּמַ֖ת

כה אֲדֹנִיָּֽהוּ: וַיִּשְׁלַ֞ח הַמֶּ֣לֶךְ שְׁלֹמֹ֗ה בְּיַ֛ד בְּנָיָ֥הוּ בֶן־יְהוֹיָדָ֖ע וַיִּפְגַּע־

כו בּ֥וֹ וַיָּמֹֽת: וּלְאֶבְיָתָ֨ר הַכֹּהֵ֜ן אָמַ֣ר הַמֶּ֗לֶךְ עֲנָתֹת֙
לֵ֣ךְ עַל־שָׂדֶ֔יךָ כִּ֛י אִ֥ישׁ מָ֖וֶת אָ֑תָּה וּבַיּ֨וֹם הַזֶּ֜ה לֹ֣א אֲמִיתֶ֗ךָ כִּֽי־
נָשָׂ֜אתָ אֶת־אֲר֨וֹן אֲדֹנָ֤י יְהוִֹה֙ לִפְנֵי֙ דָּוִ֣ד אָבִ֔י וְכִ֣י הִתְעַנִּ֔יתָ בְּכֹ֥ל

כז אֲשֶֽׁר־הִתְעַנָּ֖ה אָבִֽי: וַיְגָ֤רֶשׁ שְׁלֹמֹה֙ אֶת־אֶבְיָתָ֔ר מִהְי֥וֹת כֹּהֵ֖ן
לַֽיהוָ֑ה לְמַלֵּא֙ אֶת־דְּבַ֣ר יְהוָ֔ה אֲשֶׁ֥ר דִּבֶּ֖ר עַל־בֵּ֥ית עֵלִ֖י

כח בְּשִׁלֹֽה: וְהַשְּׁמֻעָה֙ בָּ֣אָה עַד־יוֹאָ֔ב כִּ֣י יוֹאָ֗ב נָטָ֞ה

אַחֲרֵי אֲדֹנִיָּה וְאַחֲרֵי אַבְשָׁלוֹם לֹא נָטָה וַיָּנָס יוֹאָב אֶל־אֹהֶל
כט יְהוָה וַיַּחֲזֵק בְּקַרְנוֹת הַמִּזְבֵּחַ׃ וַיֻּגַּד לַמֶּלֶךְ שְׁלֹמֹה כִּי נָס יוֹאָב
אֶל־אֹהֶל יְהוָה וְהִנֵּה אֵצֶל הַמִּזְבֵּחַ וַיִּשְׁלַח שְׁלֹמֹה אֶת־בְּנָיָהוּ
ל בֶן־יְהוֹיָדָע לֵאמֹר לֵךְ פְּגַע־בּוֹ׃ וַיָּבֹא בְנָיָהוּ אֶל־אֹהֶל יְהוָה
וַיֹּאמֶר אֵלָיו כֹּה־אָמַר הַמֶּלֶךְ צֵא וַיֹּאמֶר ׀ לֹא כִּי פֹה אָמוּת
וַיָּשֶׁב בְּנָיָהוּ אֶת־הַמֶּלֶךְ דָּבָר לֵאמֹר כֹּה־דִבֶּר יוֹאָב וְכֹה עָנָנִי׃
לא וַיֹּאמֶר לוֹ הַמֶּלֶךְ עֲשֵׂה כַּאֲשֶׁר דִּבֶּר וּפְגַע־בּוֹ וּקְבַרְתּוֹ וַהֲסִירֹתָ ׀
לב דְּמֵי חִנָּם אֲשֶׁר שָׁפַךְ יוֹאָב מֵעָלַי וּמֵעַל בֵּית אָבִי׃ וְהֵשִׁיב יְהוָה
אֶת־דָּמוֹ עַל־רֹאשׁוֹ אֲשֶׁר פָּגַע בִּשְׁנֵי־אֲנָשִׁים צַדִּקִים וְטֹבִים
מִמֶּנּוּ וַיַּהַרְגֵם בַּחֶרֶב וְאָבִי דָוִד לֹא יָדָע אֶת־אַבְנֵר בֶּן־נֵר שַׂר־
לג צְבָא יִשְׂרָאֵל וְאֶת־עֲמָשָׂא בֶן־יֶתֶר שַׂר־צְבָא יְהוּדָה׃ וְשָׁבוּ
דְמֵיהֶם בְּרֹאשׁ יוֹאָב וּבְרֹאשׁ זַרְעוֹ לְעֹלָם וּלְדָוִד וּלְזַרְעוֹ וּלְבֵיתוֹ
לד וּלְכִסְאוֹ יִהְיֶה שָׁלוֹם עַד־עוֹלָם מֵעִם יְהוָה׃ וַיַּעַל בְּנָיָהוּ בֶּן־
לה יְהוֹיָדָע וַיִּפְגַּע־בּוֹ וַיְמִתֵהוּ וַיִּקָּבֵר בְּבֵיתוֹ בַּמִּדְבָּר׃ וַיִּתֵּן הַמֶּלֶךְ
אֶת־בְּנָיָהוּ בֶן־יְהוֹיָדָע תַּחְתָּיו עַל־הַצָּבָא וְאֶת־צָדוֹק הַכֹּהֵן
לו נָתַן הַמֶּלֶךְ תַּחַת אֶבְיָתָר׃ וַיִּשְׁלַח הַמֶּלֶךְ וַיִּקְרָא לְשִׁמְעִי וַיֹּאמֶר
לוֹ בְּנֵה־לְךָ בַיִת בִּירוּשָׁלַםִ וְיָשַׁבְתָּ שָׁם וְלֹא־תֵצֵא מִשָּׁם אָנֶה
לז וָאָנָה׃ וְהָיָה ׀ בְּיוֹם צֵאתְךָ וְעָבַרְתָּ אֶת־נַחַל קִדְרוֹן יָדֹעַ תֵּדַע
לח כִּי מוֹת תָּמוּת דָּמְךָ יִהְיֶה בְרֹאשֶׁךָ׃ וַיֹּאמֶר שִׁמְעִי לַמֶּלֶךְ טוֹב
הַדָּבָר כַּאֲשֶׁר דִּבֶּר אֲדֹנִי הַמֶּלֶךְ כֵּן יַעֲשֶׂה עַבְדֶּךָ וַיֵּשֶׁב שִׁמְעִי
לט בִּירוּשָׁלַםִ יָמִים רַבִּים׃ וַיְהִי מִקֵּץ שָׁלֹשׁ שָׁנִים
וַיִּבְרְחוּ שְׁנֵי־עֲבָדִים לְשִׁמְעִי אֶל־אָכִישׁ בֶּן־מַעֲכָה מֶלֶךְ גַּת
מ וַיַּגִּידוּ לְשִׁמְעִי לֵאמֹר הִנֵּה עֲבָדֶיךָ בְּגַת׃ וַיָּקָם שִׁמְעִי וַיַּחֲבֹשׁ
אֶת־חֲמֹרוֹ וַיֵּלֶךְ גַּתָה אֶל־אָכִישׁ לְבַקֵּשׁ אֶת־עֲבָדָיו וַיֵּלֶךְ
מא שִׁמְעִי וַיָּבֵא אֶת־עֲבָדָיו מִגַּת׃ וַיֻּגַּד לִשְׁלֹמֹה
מב כִּי־הָלַךְ שִׁמְעִי מִירוּשָׁלַםִ גַּת וַיָּשֹׁב׃ וַיִּשְׁלַח הַמֶּלֶךְ וַיִּקְרָא
לְשִׁמְעִי וַיֹּאמֶר אֵלָיו הֲלוֹא הִשְׁבַּעְתִּיךָ בַיהוָה וָאָעִד בְּךָ לֵאמֹר

בְּיוֹם צֵאתְךָ וְהָלַכְתָּ אָנֶה וָאָנָה יָדֹעַ תֵּדַע כִּי מוֹת תָּמוּת
מג וַתֹּאמֶר אֵלַי טוֹב הַדָּבָר שָׁמָעְתִּי׃ וּמַדּוּעַ לֹא שָׁמַרְתָּ אֵת
מד שְׁבֻעַת יְהוָה וְאֶת־הַמִּצְוָה אֲשֶׁר־צִוִּיתִי עָלֶיךָ׃ וַיֹּאמֶר הַמֶּלֶךְ
אֶל־שִׁמְעִי אַתָּה יָדַעְתָּ אֵת כָּל־הָרָעָה אֲשֶׁר יָדַע לְבָבְךָ אֲשֶׁר
מה עָשִׂיתָ לְדָוִד אָבִי וְהֵשִׁיב יְהוָה אֶת־רָעָתְךָ בְּרֹאשֶׁךָ׃ וְהַמֶּלֶךְ ג
מו שְׁלֹמֹה בָּרוּךְ וְכִסֵּא דָוִד יִהְיֶה נָכוֹן לִפְנֵי יְהוָה עַד־עוֹלָם׃ וַיְצַו
הַמֶּלֶךְ אֶת־בְּנָיָהוּ בֶּן־יְהוֹיָדָע וַיֵּצֵא וַיִּפְגַּע־בּוֹ וַיָּמֹת וְהַמַּמְלָכָה
ג א נָכוֹנָה בְּיַד־שְׁלֹמֹה׃ וַיִּתְחַתֵּן שְׁלֹמֹה אֶת־פַּרְעֹה
מֶלֶךְ מִצְרָיִם וַיִּקַּח אֶת־בַּת־פַּרְעֹה וַיְבִיאֶהָ אֶל־עִיר דָּוִד עַד
כַּלֹּתוֹ לִבְנוֹת אֶת־בֵּיתוֹ וְאֶת־בֵּית יְהוָה וְאֶת־חוֹמַת יְרוּשָׁלִַם
ב סָבִיב׃ רַק הָעָם מְזַבְּחִים בַּבָּמוֹת כִּי לֹא־נִבְנָה בַיִת לְשֵׁם יְהוָה
ג עַד הַיָּמִים הָהֵם׃ וַיֶּאֱהַב שְׁלֹמֹה אֶת־יְהוָה
לָלֶכֶת בְּחֻקּוֹת דָּוִד אָבִיו רַק בַּבָּמוֹת הוּא מְזַבֵּחַ וּמַקְטִיר׃
ד וַיֵּלֶךְ הַמֶּלֶךְ גִּבְעֹנָה לִזְבֹּחַ שָׁם כִּי־הִיא הַבָּמָה הַגְּדוֹלָה אֶלֶף
ה עֹלוֹת יַעֲלֶה שְׁלֹמֹה עַל הַמִּזְבֵּחַ הַהוּא׃ בְּגִבְעוֹן
נִרְאָה יְהוָה אֶל־שְׁלֹמֹה בַּחֲלוֹם הַלָּיְלָה וַיֹּאמֶר אֱלֹהִים שְׁאַל
ו מָה אֶתֶּן־לָךְ׃ וַיֹּאמֶר שְׁלֹמֹה אַתָּה עָשִׂיתָ עִם־עַבְדְּךָ דָוִד אָבִי
חֶסֶד גָּדוֹל כַּאֲשֶׁר הָלַךְ לְפָנֶיךָ בֶּאֱמֶת וּבִצְדָקָה וּבְיִשְׁרַת לֵבָב
עִמָּךְ וַתִּשְׁמָר־לוֹ אֶת־הַחֶסֶד הַגָּדוֹל הַזֶּה וַתִּתֶּן־לוֹ בֵן יֹשֵׁב
ז עַל־כִּסְאוֹ כַּיּוֹם הַזֶּה׃ וְעַתָּה יְהוָה אֱלֹהָי אַתָּה הִמְלַכְתָּ אֶת־
עַבְדְּךָ תַּחַת דָּוִד אָבִי וְאָנֹכִי נַעַר קָטֹן לֹא אֵדַע צֵאת וָבֹא׃
ח וְעַבְדְּךָ בְּתוֹךְ עַמְּךָ אֲשֶׁר בָּחָרְתָּ עַם־רָב אֲשֶׁר לֹא־יִמָּנֶה וְלֹא
ט יִסָּפֵר מֵרֹב׃ וְנָתַתָּ לְעַבְדְּךָ לֵב שֹׁמֵעַ לִשְׁפֹּט אֶת־עַמְּךָ לְהָבִין
י בֵּין־טוֹב לְרָע כִּי מִי יוּכַל לִשְׁפֹּט אֶת־עַמְּךָ הַכָּבֵד הַזֶּה׃ וַיִּיטַב
יא הַדָּבָר בְּעֵינֵי אֲדֹנָי כִּי שָׁאַל שְׁלֹמֹה אֶת־הַדָּבָר הַזֶּה׃ וַיֹּאמֶר
אֱלֹהִים אֵלָיו יַעַן אֲשֶׁר שָׁאַלְתָּ אֶת־הַדָּבָר הַזֶּה וְלֹא־שָׁאַלְתָּ
לְּךָ יָמִים רַבִּים וְלֹא־שָׁאַלְתָּ לְּךָ עֹשֶׁר וְלֹא שָׁאַלְתָּ נֶפֶשׁ אֹיְבֶיךָ

יב וְשָׁאַ֧לְתָּ לְּךָ֛ הָבִ֖ין לִשְׁמֹ֣עַ מִשְׁפָּֽט: הִנֵּ֥ה עָשִׂ֖יתִי כִּדְבָרֶ֑יךָ הִנֵּ֣ה ׀
נָתַ֣תִּי לְךָ֗ לֵ֚ב חָכָ֣ם וְנָב֔וֹן אֲשֶׁ֤ר כָּמ֙וֹךָ֙ לֹא־הָיָ֣ה לְפָנֶ֔יךָ וְאַחֲרֶ֖יךָ
יג לֹא־יָק֥וּם כָּמֽוֹךָ: וְגַ֨ם אֲשֶׁ֤ר לֹֽא־שָׁאַ֙לְתָּ֙ נָתַ֣תִּי לָ֔ךְ גַּם־עֹ֖שֶׁר גַּם־
יד כָּב֑וֹד אֲשֶׁ֨ר לֹא־הָיָ֥ה כָמ֛וֹךָ אִ֖ישׁ בַּמְּלָכִ֖ים כָּל־יָמֶֽיךָ: וְאִ֣ם ׀
תֵּלֵ֣ךְ בִּדְרָכַ֗י לִשְׁמֹ֤ר חֻקַּי֙ וּמִצְוֺתַ֔י כַּאֲשֶׁ֥ר הָלַ֖ךְ דָּוִ֣יד אָבִ֑יךָ
טו וְהַאֲרַכְתִּ֖י אֶת־יָמֶֽיךָ:   וַיִּקַ֣ץ שְׁלֹמֹ֔ה וְהִנֵּ֖ה חֲל֑וֹם
וַיָּב֣וֹא יְרוּשָׁלַ֗͏ִם וַֽיַּעֲמֹ֞ד ׀ לִפְנֵ֣י ׀ אֲר֣וֹן בְּרִית־אֲדֹנָ֗י וַיַּ֤עַל עֹלוֹת֙ וַיַּ֣עַשׂ
טז שְׁלָמִ֔ים וַיַּ֥עַשׂ מִשְׁתֶּ֖ה לְכָל־עֲבָדָֽיו: אָ֣ז תָּבֹ֗אנָה
יז שְׁתַּ֛יִם נָשִׁ֥ים זֹנ֖וֹת אֶל־הַמֶּ֑לֶךְ וַֽתַּעֲמֹ֖דְנָה לְפָנָֽיו: וַתֹּ֜אמֶר הָאִשָּׁ֤ה
הָֽאַחַת֙ בִּ֣י אֲדֹנִ֔י אֲנִי֙ וְהָאִשָּׁ֣ה הַזֹּ֔את יֹשְׁבֹ֖ת בְּבַ֣יִת אֶחָ֑ד וָאֵלֵ֥ד
יח עִמָּ֖הּ בַּבָּֽיִת: וַיְהִ֞י בַּיּ֤וֹם הַשְּׁלִישִׁי֙ לְלִדְתִּ֔י וַתֵּ֖לֶד גַּם־הָאִשָּׁ֣ה
הַזֹּ֑את וַאֲנַ֣חְנוּ יַחְדָּ֗ו אֵֽין־זָ֤ר אִתָּ֙נוּ֙ בַּבַּ֔יִת זוּלָתִ֥י שְׁתַּֽיִם־אֲנַ֖חְנוּ
יט בַּבָּֽיִת: וַיָּ֛מׇת בֶּן־הָאִשָּׁ֥ה הַזֹּ֖את לָ֑יְלָה אֲשֶׁ֥ר שָׁכְבָ֖ה עָלָֽיו: וַתָּ֨קׇם
בְּת֣וֹךְ הַלַּ֗יְלָה וַתִּקַּ֤ח אֶת־בְּנִי֙ מֵֽאֶצְלִ֔י וַאֲמָתְךָ֣ יְשֵׁנָ֔ה וַתַּשְׁכִּיבֵ֖הוּ
כא בְּחֵיקָ֑הּ וְאֶת־בְּנָ֥הּ הַמֵּ֖ת הִשְׁכִּ֥יבָה בְחֵיקִֽי: וָאָקֻ֥ם בַּבֹּ֛קֶר
לְהֵינִ֥יק אֶת־בְּנִ֖י וְהִנֵּה־מֵ֑ת וָאֶתְבּוֹנֵ֤ן אֵלָיו֙ בַּבֹּ֔קֶר וְהִנֵּ֛ה לֹא־
כב הָיָ֥ה בְנִ֖י אֲשֶׁ֥ר יָלָֽדְתִּי: וַתֹּ֩אמֶר֩ הָאִשָּׁ֨ה הָאַחֶ֜רֶת לֹ֣א כִ֤י בְּנִ֣י הַחַי֙
וּבְנֵ֣ךְ הַמֵּ֔ת וְזֹ֤את אֹמֶ֙רֶת֙ לֹ֣א כִ֔י בְּנֵ֥ךְ הַמֵּ֖ת וּבְנִ֣י הֶחָ֑י וַתְּדַבֵּ֖רְנָה
כג לִפְנֵ֥י הַמֶּֽלֶךְ: וַיֹּ֣אמֶר הַמֶּ֔לֶךְ זֹ֣את אֹמֶ֔רֶת זֶה־בְּנִ֥י הַחַ֖י וּבְנֵ֣ךְ הַמֵּ֑ת
כד וְזֹ֤את אֹמֶ֙רֶת֙ לֹ֣א כִ֔י בְּנֵ֥ךְ הַמֵּ֖ת וּבְנִ֥י הֶחָֽי: וַיֹּ֣אמֶר
כה הַמֶּ֔לֶךְ קְח֥וּ לִי־חָ֑רֶב וַיָּבִ֥אוּ הַחֶ֖רֶב לִפְנֵ֥י הַמֶּֽלֶךְ: וַיֹּ֣אמֶר הַמֶּ֔לֶךְ
גִּזְר֛וּ אֶת־הַיֶּ֥לֶד הַחַ֖י לִשְׁנָ֑יִם וּתְנ֤וּ אֶת־הַֽחֲצִי֙ לְאַחַ֔ת וְאֶת־
כו הַחֲצִ֖י לְאֶחָֽת: וַתֹּ֣אמֶר הָאִשָּׁה֩ אֲשֶׁר־בְּנָ֨הּ הַחַ֜י אֶל־הַמֶּ֗לֶךְ כִּֽי־
נִכְמְר֣וּ רַחֲמֶ֘יהָ֘ עַל־בְּנָהּ֒ וַתֹּ֣אמֶר ׀ בִּ֣י אֲדֹנִ֗י תְּנוּ־לָהּ֙ אֶת־הַיָּל֣וּד
הַחַ֔י וְהָמֵ֖ת אַל־תְּמִיתֻ֑הוּ וְזֹ֣את אֹמֶ֗רֶת גַּם־לִ֥י גַם־לָ֛ךְ לֹ֥א יִהְיֶ֖ה
כז גְּזֹֽרוּ: וַיַּ֨עַן הַמֶּ֜לֶךְ וַיֹּ֗אמֶר תְּנוּ־לָהּ֙ אֶת־הַיָּל֣וּד הַחַ֔י וְהָמֵ֖ת לֹ֣א
כח תְמִיתֻ֑הוּ הִ֖יא אִמּֽוֹ: וַיִּשְׁמְע֣וּ כָל־יִשְׂרָאֵ֗ל אֶת־הַמִּשְׁפָּט֙ אֲשֶׁ֣ר

שְׁפַט הַמֶּלֶךְ וַיִּרְאוּ מִפְּנֵי הַמֶּלֶךְ כִּי רָאוּ כִּי־חָכְמַת אֱלֹהִים
ד א בְּקִרְבּוֹ לַעֲשׂוֹת מִשְׁפָּט: וַיְהִי הַמֶּלֶךְ שְׁלֹמֹה מֶלֶךְ עַל־כָּל־
ב יִשְׂרָאֵל: וְאֵלֶּה הַשָּׂרִים אֲשֶׁר־לוֹ עֲזַרְיָהוּ בֶן־צָדוֹק
ג הַכֹּהֵן: אֱלִיחֹרֶף וַאֲחִיָּה בְּנֵי שִׁישָׁא סֹפְרִים יְהוֹשָׁפָט בֶּן־
ד אֲחִילוּד הַמַּזְכִּיר: וּבְנָיָהוּ בֶן־יְהוֹיָדָע עַל־הַצָּבָא וְצָדוֹק
ה וְאֶבְיָתָר כֹּהֲנִים: וַעֲזַרְיָהוּ בֶן־נָתָן עַל־הַנִּצָּבִים וְזָבוּד בֶּן־נָתָן
ו כֹּהֵן רֵעֶה הַמֶּלֶךְ: וַאֲחִישָׁר עַל־הַבָּיִת וַאֲדֹנִירָם בֶּן־עַבְדָּא
ז עַל־הַמַּס: וְלִשְׁלֹמֹה שְׁנֵים־עָשָׂר נִצָּבִים עַל־כָּל־
יִשְׂרָאֵל וְכִלְכְּלוּ אֶת־הַמֶּלֶךְ וְאֶת־בֵּיתוֹ חֹדֶשׁ בַּשָּׁנָה יִהְיֶה עַל־
ח ט אֶחָד לְכַלְכֵּל: וְאֵלֶּה שְׁמוֹתָם בֶּן־חוּר בְּהַר אֶפְרָיִם: בֶּן־דֶּקֶר הָאֶחָד
י בְּמָקַץ וּבְשַׁעַלְבִים וּבֵית שָׁמֶשׁ וְאֵילוֹן בֵּית חָנָן: בֶּן־חֶסֶד
יא בָּאֲרֻבּוֹת לוֹ שֹׂכֹה וְכָל־אֶרֶץ חֵפֶר: בֶּן־אֲבִינָדָב כָּל־נָפַת דֹּאר
יב טָפַת בַּת־שְׁלֹמֹה הָיְתָה לּוֹ לְאִשָּׁה: בַּעֲנָא בֶּן־
אֲחִילוּד תַּעְנַךְ וּמְגִדּוֹ וְכָל־בֵּית שְׁאָן אֲשֶׁר אֵצֶל צָרְתַנָה
מִתַּחַת לְיִזְרְעֶאל מִבֵּית שְׁאָן עַד אָבֵל מְחוֹלָה עַד מֵעֵבֶר
יג לְיָקְמְעָם: בֶּן־גֶּבֶר בְּרָמֹת גִּלְעָד לוֹ חַוֹּת יָאִיר
בֶּן־מְנַשֶּׁה אֲשֶׁר בַּגִּלְעָד לוֹ חֶבֶל אַרְגֹּב אֲשֶׁר בַּבָּשָׁן שִׁשִּׁים
יד עָרִים גְּדֹלוֹת חוֹמָה וּבְרִיחַ נְחֹשֶׁת: אֲחִינָדָב
טו בֶּן־עִדֹּא מַחֲנָיְמָה: אֲחִימַעַץ בְּנַפְתָּלִי גַּם־הוּא
טז לָקַח אֶת־בָּשְׂמַת בַּת־שְׁלֹמֹה לְאִשָּׁה: בַּעֲנָא
יז בֶּן־חוּשַׁי בְּאָשֵׁר וּבְעָלוֹת: יְהוֹשָׁפָט בֶּן־פָּרוּחַ
יח יט בְּיִשָּׂשכָר: שִׁמְעִי בֶן־אֵלָא בְּבִנְיָמִן: גֶּבֶר
בֶּן־אֻרִי בְּאֶרֶץ גִּלְעָד אֶרֶץ סִיחוֹן ׀ מֶלֶךְ הָאֱמֹרִי וְעֹג מֶלֶךְ
כ הַבָּשָׁן וּנְצִיב אֶחָד אֲשֶׁר בָּאָרֶץ: יְהוּדָה וְיִשְׂרָאֵל רַבִּים ד
ה א כַּחוֹל אֲשֶׁר־עַל־הַיָּם לָרֹב אֹכְלִים וְשֹׁתִים וּשְׂמֵחִים: וּשְׁלֹמֹה
הָיָה מוֹשֵׁל בְּכָל־הַמַּמְלָכוֹת מִן־הַנָּהָר אֶרֶץ פְּלִשְׁתִּים וְעַד
גְּבוּל מִצְרָיִם מַגִּשִׁים מִנְחָה וְעֹבְדִים אֶת־שְׁלֹמֹה כָּל־יְמֵי

ב חַיָּיו: וַיְהִי לֶחֶם־שְׁלֹמֹה לְיוֹם אֶחָד שְׁלֹשִׁים כֹּר
ג סֹלֶת וְשִׁשִּׁים כֹּר קָמַח: עֲשָׂרָה בָקָר בְּרִאִים וְעֶשְׂרִים בָּקָר
רְעִי וּמֵאָה צֹאן לְבַד מֵאַיָּל וּצְבִי וְיַחְמוּר וּבַרְבֻּרִים אֲבוּסִים:
ד כִּי־הוּא רֹדֶה | בְּכָל־עֵבֶר הַנָּהָר מִתִּפְסַח וְעַד־עַזָּה בְּכָל־מַלְכֵי
ה עֵבֶר הַנָּהָר וְשָׁלוֹם הָיָה לוֹ מִכָּל־עֲבָרָיו מִסָּבִיב: וַיֵּשֶׁב יְהוּדָה
וְיִשְׂרָאֵל לָבֶטַח אִישׁ תַּחַת גַּפְנוֹ וְתַחַת תְּאֵנָתוֹ מִדָּן וְעַד־בְּאֵר
ו שָׁבַע כֹּל יְמֵי שְׁלֹמֹה: וַיְהִי לִשְׁלֹמֹה אַרְבָּעִים
ז אֶלֶף אֻרְוֺת סוּסִים לְמֶרְכָּבוֹ וּשְׁנֵים־עָשָׂר אֶלֶף פָּרָשִׁים: וְכִלְכְּלוּ
הַנִּצָּבִים הָאֵלֶּה אֶת־הַמֶּלֶךְ שְׁלֹמֹה וְאֵת כָּל־הַקָּרֵב אֶל־שֻׁלְחַן
ח הַמֶּלֶךְ־שְׁלֹמֹה אִישׁ חָדְשׁוֹ לֹא יְעַדְּרוּ דָּבָר: וְהַשְּׂעֹרִים וְהַתֶּבֶן
לַסּוּסִים וְלָרֶכֶשׁ יָבִאוּ אֶל־הַמָּקוֹם אֲשֶׁר יִהְיֶה־שָּׁם אִישׁ
ט כְּמִשְׁפָּטוֹ: וַיִּתֵּן אֱלֹהִים חָכְמָה לִשְׁלֹמֹה וּתְבוּנָה
י הַרְבֵּה מְאֹד וְרֹחַב לֵב כַּחוֹל אֲשֶׁר עַל־שְׂפַת הַיָּם: וַתֵּרֶב
חָכְמַת שְׁלֹמֹה מֵחָכְמַת כָּל־בְּנֵי־קֶדֶם וּמִכֹּל חָכְמַת מִצְרָיִם:
יא וַיֶּחְכַּם מִכָּל־הָאָדָם מֵאֵיתָן הָאֶזְרָחִי וְהֵימָן וְכַלְכֹּל וְדַרְדַּע בְּנֵי
יב מָחוֹל וַיְהִי־שְׁמוֹ בְכָל־הַגּוֹיִם סָבִיב: וַיְדַבֵּר שְׁלֹשֶׁת אֲלָפִים
יג מָשָׁל וַיְהִי שִׁירוֹ חֲמִשָּׁה וָאָלֶף: וַיְדַבֵּר עַל־הָעֵצִים מִן־הָאֶרֶז
אֲשֶׁר בַּלְּבָנוֹן וְעַד הָאֵזוֹב אֲשֶׁר יֹצֵא בַּקִּיר וַיְדַבֵּר עַל־הַבְּהֵמָה
יד וְעַל־הָעוֹף וְעַל־הָרֶמֶשׂ וְעַל־הַדָּגִים: וַיָּבֹאוּ מִכָּל־הָעַמִּים
לִשְׁמֹעַ אֵת חָכְמַת שְׁלֹמֹה מֵאֵת כָּל־מַלְכֵי הָאָרֶץ אֲשֶׁר שָׁמְעוּ
טו אֶת־חָכְמָתוֹ: וַיִּשְׁלַח חִירָם מֶלֶךְ־צוֹר אֶת־עֲבָדָיו
אֶל־שְׁלֹמֹה כִּי שָׁמַע כִּי אֹתוֹ מָשְׁחוּ לְמֶלֶךְ תַּחַת אָבִיהוּ
טז כִּי אֹהֵב הָיָה חִירָם לְדָוִד כָּל־הַיָּמִים: וַיִּשְׁלַח
יז שְׁלֹמֹה אֶל־חִירָם לֵאמֹר: אַתָּה יָדַעְתָּ אֶת־דָּוִד אָבִי כִּי לֹא
יָכֹל לִבְנוֹת בַּיִת לְשֵׁם יְהוָה אֱלֹהָיו מִפְּנֵי הַמִּלְחָמָה אֲשֶׁר
יח סְבָבֻהוּ עַד תֵּת־יְהוָה אֹתָם תַּחַת כַּפּוֹת רגלו: וְעַתָּה הֵנִיחַ רַגְלָי
יט יְהוָה אֱלֹהַי לִי מִסָּבִיב אֵין שָׂטָן וְאֵין פֶּגַע רָע: וְהִנְנִי אֹמֵר

לִבְנ֣וֹת בַּ֔יִת לְשֵׁ֖ם יְהֹוָ֣ה אֱלֹהָ֑י כַּאֲשֶׁ֣ר ׀ דִּבֶּ֣ר יְהֹוָ֗ה אֶל־דָּוִ֣ד אָבִי֮
לֵאמֹר֒ בִּנְךָ֗ אֲשֶׁ֨ר אֶתֵּ֤ן תַּחְתֶּ֙יךָ֙ עַל־כִּסְאֶ֔ךָ הֽוּא־יִבְנֶ֥ה הַבַּ֖יִת
כ לִשְׁמִֽי׃ וְעַתָּ֨ה צַוֵּ֜ה וְיִכְרְתוּ־לִ֣י אֲרָזִים֮ מִן־הַלְּבָנוֹן֒ וַעֲבָדַ֗י
יִֽהְי֣וּ עִם־עֲבָדֶ֔יךָ וּשְׂכַר֙ עֲבָדֶ֔יךָ אֶתֵּ֣ן לְךָ֔ כְּכֹ֖ל אֲשֶׁ֣ר תֹּאמֵ֑ר
כִּ֣י ׀ אַתָּ֣ה יָדַ֗עְתָּ כִּ֣י אֵ֥ין בָּ֙נוּ֙ אִ֣ישׁ יֹדֵ֥עַ לִכְרָת־עֵצִ֖ים
כא כַּצִּדֹנִֽים׃ וַיְהִ֞י כִּשְׁמֹ֧עַ חִירָ֛ם אֶת־דִּבְרֵ֥י שְׁלֹמֹ֖ה
וַיִּשְׂמַ֣ח מְאֹ֑ד וַיֹּ֗אמֶר בָּר֤וּךְ יְהֹוָה֙ הַיּ֔וֹם אֲשֶׁ֨ר נָתַ֤ן לְדָוִד֙ בֵּ֣ן
כב חָכָ֔ם עַל־הָעָ֥ם הָרָ֖ב הַזֶּֽה׃ וַיִּשְׁלַ֤ח חִירָם֙ אֶל־שְׁלֹמֹ֣ה לֵאמֹ֔ר
שָׁמַ֕עְתִּי אֵ֥ת אֲשֶׁר־שָׁלַ֖חְתָּ אֵלָ֑י אֲנִ֤י אֶֽעֱשֶׂה֙ אֶת־כָּל־חֶפְצְךָ֔
כג בַּעֲצֵ֥י אֲרָזִ֖ים וּבַעֲצֵ֥י בְרוֹשִֽׁים׃ עֲבָדַ֞י יֹרִ֧דוּ מִן־הַלְּבָנ֣וֹן יָ֗מָּה
וַאֲנִ֡י אֲשִׂימֵ֣ם דֹּבְר֩וֹת בַּיָּ֨ם עַד־הַמָּק֜וֹם אֲשֶׁר־תִּשְׁלַ֥ח אֵלַ֛י
וְנִפַּצְתִּ֥ים שָׁ֖ם וְאַתָּ֣ה תִשָּׂ֑א וְאַתָּה֙ תַּעֲשֶׂ֣ה אֶת־חֶפְצִ֔י לָתֵ֖ת
כד לֶ֥חֶם בֵּיתִֽי׃ וַיְהִ֣י חִיר֗וֹם נֹתֵ֧ן לִשְׁלֹמֹ֛ה עֲצֵ֥י אֲרָזִ֖ים וַעֲצֵ֥י
כה בְרוֹשִׁ֖ים כָּל־חֶפְצֽוֹ׃ וּשְׁלֹמֹ֡ה נָתַ֨ן לְחִירָ֜ם עֶשְׂרִ֨ים אֶ֤לֶף כֹּר֙
חִטִּים֙ מַכֹּ֣לֶת לְבֵית֔וֹ וְעֶשְׂרִ֥ים כֹּ֖ר שֶׁ֣מֶן כָּתִ֑ית כֹּֽה־יִתֵּ֧ן שְׁלֹמֹ֛ה
לְחִירָ֖ם שָׁנָ֥ה בְשָׁנָֽה׃

כו וַֽיהֹוָ֗ה נָתַ֤ן חָכְמָה֙ לִשְׁלֹמֹ֔ה כַּאֲשֶׁ֖ר דִּבֶּר־ל֑וֹ וַיְהִ֣י שָׁלֹ֗ם בֵּ֤ין
כז חִירָם֙ וּבֵ֣ין שְׁלֹמֹ֔ה וַיִּכְרְת֥וּ בְרִ֖ית שְׁנֵיהֶֽם׃ וַיַּ֨עַל הַמֶּ֧לֶךְ שְׁלֹמֹ֛ה
כח מַ֖ס מִכָּל־יִשְׂרָאֵ֑ל וַיְהִ֣י הַמַּ֔ס שְׁלֹשִׁ֥ים אֶ֖לֶף אִֽישׁ׃ וַיִּשְׁלָחֵ֣ם
לְבָנ֗וֹנָה עֲשֶׂ֨רֶת אֲלָפִ֤ים בַּחֹ֙דֶשׁ֙ חֲלִיפ֔וֹת חֹ֚דֶשׁ יִהְי֣וּ בַלְּבָנ֔וֹן
כט שְׁנַ֥יִם חֳדָשִׁ֖ים בְּבֵית֑וֹ וַאֲדֹנִירָ֖ם עַל־הַמַּֽס׃ וַיְהִ֧י
לִשְׁלֹמֹ֛ה שִׁבְעִ֥ים אֶ֖לֶף נֹשֵׂ֣א סַבָּ֑ל וּשְׁמֹנִ֥ים אֶ֛לֶף חֹצֵ֖ב בָּהָֽר׃
ל לְ֠בַד מִשָּׂרֵ֨י הַנִּצָּבִ֤ים לִשְׁלֹמֹה֙ אֲשֶׁ֣ר עַל־הַמְּלָאכָ֔ה שְׁלֹ֥שֶׁת
לא אֲלָפִ֖ים וּשְׁלֹ֣שׁ מֵא֑וֹת הָרֹדִ֣ים בָּעָ֔ם הָעֹשִׂ֖ים בַּמְּלָאכָֽה׃ וַיְצַ֣ו
הַמֶּ֡לֶךְ וַיַּסִּ֩עוּ֩ אֲבָנִ֨ים גְּדֹל֜וֹת אֲבָנִ֧ים יְקָר֛וֹת לְיַסֵּ֥ד הַבָּ֖יִת אַבְנֵ֥י
לב גָזִֽית׃ וַֽיִּפְסְל֞וּ בֹּנֵ֧י שְׁלֹמֹ֛ה וּבֹנֵ֥י חִיר֖וֹם וְהַגִּבְלִ֑ים וַיָּכִ֛ינוּ הָעֵצִ֥ים
ו א וְהָאֲבָנִ֖ים לִבְנ֥וֹת הַבָּֽיִת׃ וַיְהִ֣י בִשְׁמוֹנִ֣ים שָׁנָ֣ה

וְאַרְבַּ֣ע מֵא֣וֹת שָׁנָ֡ה לְצֵ֣את בְּנֵֽי־יִשְׂרָאֵ֣ל מֵאֶֽרֶץ־מִצְרַיִם֩ בַּשָּׁנָ֨ה
הָרְבִיעִ֜ית בְּחֹ֣דֶשׁ זִ֗ו ה֚וּא הַחֹ֣דֶשׁ הַשֵּׁנִ֔י לִמְלֹ֥ךְ שְׁלֹמֹ֖ה עַל־
ב יִשְׂרָאֵ֑ל וַיִּ֥בֶן הַבַּ֖יִת לַיהוָֽה׃ וְהַבַּ֗יִת אֲשֶׁ֨ר בָּנָ֜ה הַמֶּ֤לֶךְ שְׁלֹמֹה֙
לַֽיהוָ֔ה שִׁשִּֽׁים־אַמָּ֥ה אָרְכּ֖וֹ וְעֶשְׂרִ֣ים רָחְבּ֑וֹ וּשְׁלֹשִׁ֥ים אַמָּ֖ה
ג קוֹמָתֽוֹ׃ וְהָאוּלָ֗ם עַל־פְּנֵי֙ הֵיכַ֣ל הַבַּ֔יִת עֶשְׂרִ֤ים אַמָּה֙ אָרְכּ֔וֹ עַל־
ד פְּנֵ֖י רֹ֣חַב הַבָּ֑יִת עֶ֧שֶׂר בָּאַמָּ֛ה רָחְבּ֖וֹ עַל־פְּנֵ֥י הַבָּֽיִת׃ וַיַּ֣עַשׂ לַבָּ֔יִת
ה חַלּוֹנֵ֖י שְׁקֻפִ֥ים אֲטֻמִֽים׃ וַיִּ֨בֶן עַל־קִ֤יר הַבַּ֙יִת יצוע֙ סָבִ֔יב אֶת־ יָצִ֙יעַ֙
ו קִיר֤וֹת הַבַּ֙יִת֙ סָבִ֔יב לַֽהֵיכָ֖ל וְלַדְּבִ֑יר וַיַּ֥עַשׂ צְלָע֖וֹת סָבִֽיב׃ היצוע הַיָּצִ֣יעַ
הַתַּחְתֹּנָ֞ה חָמֵ֧שׁ בָּאַמָּ֣ה רָחְבָּ֗הּ וְהַתִּֽיכֹנָה֙ שֵׁ֤שׁ בָּֽאַמָּה֙ רָחְבָּ֔הּ
וְהַ֨שְּׁלִישִׁ֔ית שֶׁ֥בַע בָּאַמָּ֖ה רָחְבָּ֑הּ כִּ֣י מִגְרָעוֹת֩ נָתַ֨ן לַבַּ֤יִת סָבִיב֙
ז ח֔וּצָה לְבִלְתִּ֖י אֲחֹ֥ז בְּקִיר֥וֹת הַבָּֽיִת׃ וְהַבַּ֙יִת֙ בְּהִבָּ֣נֹת֔וֹ אֶֽבֶן־
שְׁלֵמָ֥ה מַסָּ֖ע נִבְנָ֑ה וּמַקָּב֤וֹת וְהַגַּרְזֶן֙ כָּל־כְּלִ֣י בַרְזֶ֔ל לֹֽא־נִשְׁמַ֥ע
ח בַּבַּ֖יִת בְּהִבָּנֹתֽוֹ׃ פֶּ֗תַח הַצֵּלָע֙ הַתִּ֣יכֹנָ֔ה אֶל־כֶּ֥תֶף הַבַּ֖יִת הַיְמָנִ֑ית
וּבְלוּלִּ֣ים יַעֲל֗וּ עַל־הַתִּ֣יכֹנָ֔ה וּמִן־הַתִּיכֹנָ֖ה אֶל־הַשְּׁלִשִֽׁים׃
ט וַיִּ֥בֶן אֶת־הַבַּ֖יִת וַיְכַלֵּ֑הוּ וַיִּסְפֹּ֤ן אֶת־הַבַּ֙יִת֙ גֵּבִ֔ים וּשְׂדֵרֹ֖ת
י בָּאֲרָזִֽים׃ וַיִּ֤בֶן אֶת־היצוע֙ עַל־כָּל־הַבַּ֔יִת חָמֵ֥שׁ אַמּ֖וֹת קֽוֹמָת֑וֹ הַיָּצִ֙יעַ֙
יא וַיֶּאֱחֹ֥ז אֶת־הַבַּ֖יִת בַּעֲצֵ֥י אֲרָזִֽים׃ וַֽיְהִי֙ דְּבַר־
יב יְהוָ֔ה אֶל־שְׁלֹמֹ֖ה לֵאמֹֽר׃ הַבַּ֨יִת הַזֶּ֜ה אֲשֶׁר־אַתָּ֣ה בֹנֶ֗ה אִם־
תֵּלֵ֤ךְ בְּחֻקֹּתַי֙ וְאֶת־מִשְׁפָּטַ֣י תַּעֲשֶׂ֔ה וְשָׁמַרְתָּ֥ אֶת־כָּל־מִצְוֺתַ֖י
לָלֶ֣כֶת בָּהֶ֑ם וַהֲקִמֹתִ֤י אֶת־דְּבָרִי֙ אִתָּ֔ךְ אֲשֶׁ֥ר דִּבַּ֖רְתִּי אֶל־דָּוִ֥ד
יג אָבִֽיךָ׃ וְשָׁ֣כַנְתִּ֔י בְּת֖וֹךְ בְּנֵ֣י יִשְׂרָאֵ֑ל וְלֹ֥א אֶעֱזֹ֖ב אֶת־עַמִּ֥י ה
יד טו יִשְׂרָאֵֽל׃ וַיִּ֧בֶן שְׁלֹמֹ֛ה אֶת־הַבַּ֖יִת וַיְכַלֵּֽהוּ׃ וַיִּ֞בֶן
אֶת־קִיר֤וֹת הַבַּ֙יִת֙ מִבַּ֙יְתָה֙ בְּצַלְע֣וֹת אֲרָזִ֔ים מִקַּרְקַ֤ע הַבַּ֙יִת֙ עַד־
קִיר֣וֹת הַסִּפֻּ֔ן צִפָּ֥ה עֵ֖ץ מִבָּ֑יִת וַיְצַ֛ף אֶת־קַרְקַ֥ע הַבַּ֖יִת בְּצַלְע֥וֹת
טז בְּרוֹשִֽׁים׃ וַיִּ֩בֶן֩ אֶת־עֶשְׂרִ֨ים אַמָּ֜ה מירכותי הַבַּ֗יִת בְּצַלְע֣וֹת אֲרָזִ֔ים מִיַּרְכְּתֵ֣י
מִן־הַקַּרְקַ֖ע עַד־הַקִּיר֑וֹת וַיִּ֤בֶן לוֹ֙ מִבַּ֔יִת לִדְבִ֖יר לְקֹ֥דֶשׁ
יז הַקֳּדָשִֽׁים׃ וְאַרְבָּעִ֣ים בָּאַמָּ֔ה הָיָ֖ה הַבָּ֑יִת ה֥וּא הַהֵיכָ֖ל לִפְנָֽי׃

ו

יח וְאֶ֤רֶז אֶל־הַבַּ֙יִת֙ פְּנִ֔ימָה מִקְלַ֣עַת פְּקָעִ֔ים וּפְטוּרֵ֖י צִצִּ֑ים הַכֹּ֣ל אֶ֔רֶז

יט אֵ֥ין אֶ֖בֶן נִרְאָֽה: וּדְבִ֧יר בְּתוֹךְ־הַבַּ֛יִת מִפְּנִ֖ימָה הֵכִ֑ין לְתִתֵּ֣ן שָׁ֔ם

כ אֶת־אֲר֖וֹן בְּרִ֥ית יְהוָֽה: וְלִפְנֵ֣י הַדְּבִ֡יר עֶשְׂרִים֩ אַמָּ֨ה אֹ֜רֶךְ וְעֶשְׂרִ֧ים אַמָּ֣ה רֹ֗חַב וְעֶשְׂרִ֤ים אַמָּה֙ קוֹמָת֔וֹ וַיְצַפֵּ֖הוּ זָהָ֣ב סָג֑וּר

כא וַיְצַ֥ף מִזְבֵּ֖חַ אָֽרֶז: וַיְצַ֨ף שְׁלֹמֹ֧ה אֶת־הַבַּ֛יִת מִפְּנִ֖ימָה זָהָ֣ב סָג֑וּר

כב וַיְעַבֵּ֞ר בְּרַתִּיק֤וֹת זָהָב֙ לִפְנֵ֣י הַדְּבִ֔יר וַיְצַפֵּ֖הוּ זָהָֽב: וְאֶת־כָּל־הַבַּ֜יִת צִפָּ֤ה זָהָב֙ עַד־תֹּ֣ם כָּל־הַבַּ֔יִת וְכָל־הַמִּזְבֵּ֥חַ אֲשֶׁר־לַדְּבִ֖יר צִפָּ֥ה

כג זָהָֽב: וַיַּ֣עַשׂ בַּדְּבִ֔יר שְׁנֵ֥י כְרוּבִ֖ים עֲצֵי־שָׁ֑מֶן עֶ֥שֶׂר אַמּ֖וֹת קוֹמָתֽוֹ:

כד וְחָמֵ֣שׁ אַמּ֗וֹת כְּנַ֤ף הַכְּרוּב֙ הָֽאֶחָ֔ת וְחָמֵ֣שׁ אַמּ֔וֹת כְּנַ֖ף הַכְּר֑וּב

כה הַשֵּׁנִ֔ית עֶ֣שֶׂר אַמּ֔וֹת מִקְצ֥וֹת כְּנָפָ֖יו וְעַד־קְצ֥וֹת כְּנָפָֽיו: וְעֶ֙שֶׂר֙ בָּ֣אַמָּ֔ה הַכְּר֖וּב הַשֵּׁנִ֑י מִדָּ֥ה אַחַ֛ת וְקֶ֥צֶב אֶחָ֖ד לִשְׁנֵ֥י הַכְּרֻבִֽים:

כו קוֹמַת֙ הַכְּר֣וּב הָֽאֶחָ֔ד עֶ֖שֶׂר בָּֽאַמָּ֑ה וְכֵ֖ן הַכְּר֥וּב הַשֵּׁנִֽי:

כז וַיִּתֵּ֨ן אֶת־הַכְּרוּבִ֜ים בְּת֣וֹךְ ׀ הַבַּ֣יִת הַפְּנִימִ֗י וַֽיִּפְרְשׂוּ֙ אֶת־כַּנְפֵ֣י הַכְּרֻבִ֔ים וַתִּגַּ֤ע כְּנַף־הָֽאֶחָד֙ בַּקִּ֔יר וּכְנַף֙ הַכְּר֣וּב הַשֵּׁנִ֔י נֹגַ֖עַת בַּקִּ֣יר הַשֵּׁנִ֑י

כח וְכַנְפֵיהֶ֗ם אֶל־תּ֤וֹךְ הַבַּ֙יִת֙ נֹגְעֹ֣ת כָּנָ֖ף אֶל־כָּנָֽף: וַיְצַ֥ף אֶת־הַכְּרוּבִ֖ים זָהָֽב:

כט וְאֵת֩ כָּל־קִיר֨וֹת הַבַּ֜יִת מֵסַ֣ב ׀ קָלַ֗ע פִּתּוּחֵי֙ מִקְלְעוֹת֙ כְּרוּבִ֣ים וְתִֽמֹרֹ֔ת וּפְטוּרֵ֖י צִצִּ֑ים מִלִּפְנִ֖ים וְלַחִיצֽוֹן:

ל וְאֶת־קַרְקַ֧ע הַבַּ֛יִת צִפָּ֥ה זָהָ֖ב לִפְנִ֥ימָה וְלַחִיצֽוֹן:

לא וְאֵ֣ת ׀ פֶּ֣תַח הַדְּבִ֗יר עָשָׂה֙ דַּלְת֣וֹת עֲצֵי־שֶׁ֔מֶן הָאַ֥יִל מְזוּז֖וֹת חֲמִשִֽׁית:

לב וּשְׁתֵּ֣י דַּלְת֣וֹת עֲצֵי־שֶׁ֗מֶן וְקָלַ֣ע עֲלֵיהֶ֡ם מִקְלְעוֹת֩ כְּרוּבִ֨ים וְתִמֹרֹ֜ת וּפְטוּרֵ֣י צִצִּ֗ים וְצִפָּ֣ה זָהָ֔ב וַיָּ֛רֶד עַל־הַכְּרוּבִ֥ים וְעַל־הַתִּֽמֹר֖וֹת אֶת־הַזָּהָֽב:

לג וְכֵ֥ן עָשָׂה֙ לְפֶ֣תַח הַֽהֵיכָ֔ל מְזוּז֥וֹת עֲצֵי־שֶׁ֖מֶן מֵאֵ֥ת רְבִעִֽית:

לד וּשְׁתֵּ֥י דַלְת֖וֹת עֲצֵ֣י בְרוֹשִׁ֑ים שְׁנֵ֣י צְלָעִ֞ים הַדֶּ֤לֶת הָֽאַחַת֙ גְּלִילִ֔ים וּשְׁנֵ֥י קְלָעִ֛ים הַדֶּ֥לֶת הַשֵּׁנִ֖ית גְּלִילִֽים:

לה וְקָלַ֤ע כְּרוּבִים֙ וְתִ֣מֹר֔וֹת וּפְטֻרֵ֖י צִצִּ֑ים וְצִפָּ֣ה זָהָ֔ב מְיֻשָּׁ֖ר עַל־הַמְּחֻקֶּֽה:

לו וַיִּ֙בֶן֙ אֶת־הֶחָצֵ֣ר הַפְּנִימִ֔ית שְׁלֹשָׁ֖ה טוּרֵ֣י גָזִ֑ית וְט֖וּר כְּרֻתֹ֥ת אֲרָזִֽים:

לז בַּשָּׁנָה֙ הָֽרְבִיעִ֔ית יֻסַּ֖ד בֵּ֣ית יְהוָ֑ה בְּיֶ֖רַח זִֽו:

לח וּבַשָּׁנָ֣ה הָֽאַחַ֣ת עֶשְׂרֵ֡ה בְּיֶרַח֩ בּ֨וּל ה֜וּא הַחֹ֣דֶשׁ

הַשְּׁמִינִ֔י כָּלָ֣ה הַבַּ֔יִת לְכָל־דְּבָרָ֖יו וּלְכָל־מִשְׁפָּטָ֑יו וַיִּבְנֵ֖הוּ שֶׁ֥בַע

שָׁנִֽים: וְאֶת־בֵּיתוֹ֩ בָּנָ֨ה שְׁלֹמֹ֜ה שְׁלֹ֧שׁ עֶשְׂרֵ֛ה שָׁנָ֖ה וַיְכַ֥ל אֶת־כָּל־ א ז

בֵּיתֽוֹ: וַיִּ֜בֶן אֶת־בֵּ֣ית ׀ יַ֣עַר הַלְּבָנ֗וֹן מֵאָ֨ה אַמָּ֤ה אָרְכּוֹ֙ וַֽחֲמִשִּׁ֤ים ב

אַמָּה֙ רָחְבּ֔וֹ וּשְׁלֹשִׁ֥ים אַמָּ֖ה קֽוֹמָת֑וֹ עַ֗ל אַרְבָּעָה֙ טוּרֵ֣י עַמּוּדֵ֣י

אֲרָזִ֔ים וּכְרֻת֥וֹת אֲרָזִ֖ים עַל־הָעַמּוּדִֽים: וְסָפֻ֣ן בָּאֶ֗רֶז מִמַּ֙עַל֙ עַל־ ג

הַצְּלָעֹת֙ אֲשֶׁ֣ר עַל־הָעַמּוּדִ֔ים אַרְבָּעִ֖ים וַחֲמִשָּׁ֑ה חֲמִשָּׁ֥ה עָשָׂ֖ר

הַטּֽוּר: וּשְׁקֻפִ֥ים שְׁלֹשָׁ֖ה טוּרִ֑ים וּמֶחֱזָ֥ה אֶל־מֶחֱזָ֖ה שָׁלֹ֥שׁ פְּעָמִֽים: ד

וְכָל־הַפְּתָחִ֥ים וְהַמְּזוּז֖וֹת רְבֻעִ֣ים שָׁ֑קֶף וּמ֣וּל מֶחֱזָ֔ה אֶל־מֶחֱזָ֖ה ה

שָׁלֹ֥שׁ פְּעָמִֽים: וְאֵ֣ת אוּלָ֣ם הָֽעַמּוּדִים֮ עָשָׂה֒ חֲמִשִּׁ֤ים אַמָּה֙ אָרְכּ֔וֹ ו

וּשְׁלֹשִׁ֥ים אַמָּ֖ה רָחְבּ֑וֹ וְאוּלָם֙ עַל־פְּנֵיהֶ֔ם וְעַמֻּדִ֥ים וְעָ֖ב עַל־פְּנֵיהֶֽם:

וְאוּלָ֤ם הַכִּסֵּא֙ אֲשֶׁ֣ר יִשְׁפָּט־שָׁ֔ם אֻלָ֥ם הַמִּשְׁפָּ֖ט עָשָׂ֑ה וְסָפ֣וּן בָּאֶ֔רֶז ז

מֵהַקַּרְקַ֖ע עַד־הַקַּרְקָֽע: וּבֵיתוֹ֩ אֲשֶׁר־יֵ֨שֶׁב שָׁ֜ם חָצֵ֤ר הָאַחֶ֙רֶת֙ ח

מִבֵּ֣ית לָֽאוּלָ֔ם כַּמַּעֲשֶׂ֥ה הַזֶּ֖ה הָיָ֑ה וּבַ֜יִת יַעֲשֶׂ֤ה לְבַת־פַּרְעֹה֙

אֲשֶׁ֣ר לָקַ֣ח שְׁלֹמֹ֔ה כָּאוּלָ֖ם הַזֶּֽה: כָּל־אֵ֜לֶּה אֲבָנִ֤ים יְקָרֹת֙ כְּמִדֹּ֣ת ט

גָּזִ֔ית מְגֹרָ֥רוֹת בַּמְּגֵרָ֖ה מִבַּ֣יִת וּמִח֑וּץ וּמִמַּסָּ֖ד עַד־הַטְּפָח֑וֹת

וּמִח֖וּץ עַד־הֶחָצֵ֥ר הַגְּדוֹלָֽה: וּמְיֻסָּ֕ד אֲבָנִ֥ים יְקָר֖וֹת אֲבָנִ֣ים גְּדֹל֑וֹת י

אַבְנֵ֛י עֶ֥שֶׂר אַמּ֖וֹת וְאַבְנֵ֥י שְׁמֹנֶ֥ה אַמּֽוֹת: וּמִלְמַ֗עְלָה אֲבָנִ֤ים יא

יְקָרוֹת֙ כְּמִדּ֣וֹת גָּזִ֔ית וָאָֽרֶז: וְחָצֵ֨ר הַגְּדוֹלָ֜ה סָבִ֗יב שְׁלֹשָׁה֙ טוּרִ֣ים יב

גָּזִ֔ית וְט֖וּר כְּרֻתֹ֣ת אֲרָזִ֑ים וְלַחֲצַ֧ר בֵּית־יְהוָ֛ה הַפְּנִימִ֖ית וּלְאֻלָ֥ם

הַבָּֽיִת: וַיִּשְׁלַח֙ הַמֶּ֣לֶךְ שְׁלֹמֹ֔ה וַיִּקַּ֖ח אֶת־חִירָ֥ם יג

מִצֹּֽר: בֶּן־אִשָּׁה֩ אַלְמָנָ֨ה ה֜וּא מִמַּטֵּ֣ה נַפְתָּלִ֗י וְאָבִ֣יו אִישׁ־צֹרִי֙ יד

חֹרֵ֣שׁ נְחֹ֔שֶׁת וַיִּמָּלֵ֨א אֶת־הַֽחָכְמָ֤ה וְאֶת־הַתְּבוּנָה֙ וְאֶת־הַדַּ֔עַת

לַעֲשׂ֥וֹת כָּל־מְלָאכָ֖ה בַּנְּחֹ֑שֶׁת וַיָּב֙וֹא֙ אֶל־הַמֶּ֣לֶךְ שְׁלֹמֹ֔ה וַיַּ֖עַשׂ

אֶת־כָּל־מְלַאכְתּֽוֹ: וַיָּ֛צַר אֶת־שְׁנֵ֥י הָעַמּוּדִ֖ים נְחֹ֑שֶׁת שְׁמֹנֶ֤ה טו

עֶשְׂרֵה֙ אַמָּ֔ה קוֹמַת֙ הָעַמּ֣וּד הָאֶחָ֔ד וְח֗וּט שְׁתֵּים־עֶשְׂרֵ֥ה אַמָּ֖ה

יָסֹ֖ב אֶת־הָעַמּ֥וּד הַשֵּׁנִֽי: וּשְׁתֵּ֨י כֹתָרֹ֜ת עָשָׂ֗ה לָתֵ֛ת עַל־רָאשֵׁ֥י טז

הָעַמּוּדִ֖ים מֻצַ֣ק נְחֹ֑שֶׁת חָמֵ֤שׁ אַמּוֹת֙ קוֹמַת֙ הַכֹּתֶ֣רֶת הָאֶחָ֔ת

יז וְחָמֵשׁ אַמּוֹת קוֹמַת הַכֹּתֶרֶת הַשֵּׁנִית: שְׂבָכִים מַעֲשֵׂה שְׂבָכָה
גְּדִלִים מַעֲשֵׂה שַׁרְשְׁרוֹת לַכֹּתָרֹת אֲשֶׁר עַל־רֹאשׁ הָעַמּוּדִים
יח שִׁבְעָה לַכֹּתֶרֶת הָאֶחָת וְשִׁבְעָה לַכֹּתֶרֶת הַשֵּׁנִית: וַיַּעַשׂ אֶת־
הָעַמּוּדִים וּשְׁנֵי טוּרִים סָבִיב עַל־הַשְּׂבָכָה הָאֶחָת לְכַסּוֹת אֶת־
הַכֹּתָרֹת אֲשֶׁר עַל־רֹאשׁ הָרִמֹּנִים וְכֵן עָשָׂה לַכֹּתֶרֶת הַשֵּׁנִית:
יט וְכֹתָרֹת אֲשֶׁר עַל־רֹאשׁ הָעַמּוּדִים מַעֲשֵׂה שׁוּשַׁן בָּאוּלָם
כ אַרְבַּע אַמּוֹת: וְכֹתָרֹת עַל־שְׁנֵי הָעַמּוּדִים גַּם־מִמַּעַל מִלְּעֻמַּת
הַבֶּטֶן אֲשֶׁר לְעֵבֶר שבכה וְהָרִמּוֹנִים מָאתַיִם טֻרִים סָבִיב עַל הַשְּׂבָכָה
כא הַכֹּתֶרֶת הַשֵּׁנִית: וַיָּקֶם אֶת־הָעַמֻּדִים לְאֻלָם הַהֵיכָל וַיָּקֶם ו
אֶת־הָעַמּוּד הַיְמָנִי וַיִּקְרָא אֶת־שְׁמוֹ יָכִין וַיָּקֶם אֶת־הָעַמּוּד
כב הַשְּׂמָאלִי וַיִּקְרָא אֶת־שְׁמוֹ בֹּעַז: וְעַל רֹאשׁ הָעַמּוּדִים מַעֲשֵׂה
כג שׁוֹשָׁן וַתִּתֹּם מְלֶאכֶת הָעַמּוּדִים: וַיַּעַשׂ אֶת־
הַיָּם מוּצָק עֶשֶׂר בָּאַמָּה מִשְּׂפָתוֹ עַד־שְׂפָתוֹ עָגֹל ׀ סָבִיב וְחָמֵשׁ
כד בָּאַמָּה קוֹמָתוֹ וקוה שְׁלֹשִׁים בָּאַמָּה יָסֹב אֹתוֹ סָבִיב: וּפְקָעִים וְקָו
מִתַּחַת לִשְׂפָתוֹ ׀ סָבִיב סֹבְבִים אֹתוֹ עֶשֶׂר בָּאַמָּה מַקִּפִים אֶת־
כה הַיָּם סָבִיב שְׁנֵי טוּרִים הַפְּקָעִים יְצֻקִים בִּיצֻקָתוֹ: עֹמֵד עַל־שְׁנֵי
עָשָׂר בָּקָר שְׁלֹשָׁה פֹנִים ׀ צָפוֹנָה וּשְׁלֹשָׁה פֹנִים ׀ יָמָּה וּשְׁלֹשָׁה ׀
פֹּנִים נֶגְבָּה וּשְׁלֹשָׁה פֹּנִים מִזְרָחָה וְהַיָּם עֲלֵיהֶם מִלְמָעְלָה וְכָל־
כו אֲחֹרֵיהֶם בָּיְתָה: וְעָבְיוֹ טֶפַח וּשְׂפָתוֹ כְּמַעֲשֵׂה שְׂפַת־כּוֹס פֶּרַח
כז שׁוֹשָׁן אַלְפַּיִם בַּת יָכִיל: וַיַּעַשׂ אֶת־הַמְּכֹנוֹת
עֶשֶׂר נְחֹשֶׁת אַרְבַּע בָּאַמָּה אֹרֶךְ הַמְּכוֹנָה הָאֶחָת וְאַרְבַּע
כח בָּאַמָּה רָחְבָּהּ וְשָׁלֹשׁ בָּאַמָּה קוֹמָתָהּ: וְזֶה מַעֲשֵׂה הַמְּכוֹנָה
כט מִסְגְּרֹת לָהֶם וּמִסְגְּרֹת בֵּין הַשְׁלַבִּים: וְעַל־הַמִּסְגְּרוֹת אֲשֶׁר ׀
בֵּין הַשְׁלַבִּים אֲרָיוֹת ׀ בָּקָר וּכְרוּבִים וְעַל־הַשְׁלַבִּים כֵּן מִמָּעַל
ל וּמִתַּחַת לַאֲרָיוֹת וְלַבָּקָר לֹיוֹת מַעֲשֵׂה מוֹרָד: וְאַרְבָּעָה אוֹפַנֵּי
נְחֹשֶׁת לַמְּכוֹנָה הָאַחַת וְסַרְנֵי נְחֹשֶׁת וְאַרְבָּעָה פַעֲמֹתָיו כְּתֵפֹת
לא לָהֶם מִתַּחַת לַכִּיֹּר הַכְּתֵפֹת יְצֻקוֹת מֵעֵבֶר אִישׁ לֹיוֹת: וּפִיהוּ

מִבֵּית לַכֹּתֶרֶת וָמַעְלָה בָּאַמָּה וּפִיהָ עָגֹל מַעֲשֵׂה־כֵן אַמָּה וַחֲצִי
הָאַמָּה וְגַם־עַל־פִּיהָ מִקְלָעוֹת וּמִסְגְּרֹתֵיהֶם מְרֻבָּעוֹת לֹא
עֲגֻלּוֹת׃ וְאַרְבַּעַת הָאוֹפַנִּים לְמִתַּחַת לַמִּסְגְּרוֹת וִידוֹת הָאוֹפַנִּים לב
בַּמְּכוֹנָה וְקוֹמַת הָאוֹפַן הָאֶחָד אַמָּה וַחֲצִי הָאַמָּה׃ וּמַעֲשֵׂה לג
הָאוֹפַנִּים כְּמַעֲשֵׂה אוֹפַן הַמֶּרְכָּבָה יְדוֹתָם וְגַבֵּיהֶם וְחִשֻּׁקֵיהֶם
וְחִשֻּׁרֵיהֶם הַכֹּל מוּצָק׃ וְאַרְבַּע כְּתֵפוֹת אֶל אַרְבַּע פִּנּוֹת לד
הַמְּכֹנָה הָאֶחָת מִן־הַמְּכֹנָה כְּתֵפֶיהָ׃ וּבְרֹאשׁ הַמְּכוֹנָה חֲצִי לה
הָאַמָּה קוֹמָה עָגֹל ׀ סָבִיב וְעַל רֹאשׁ הַמְּכֹנָה יְדֹתֶיהָ וּמִסְגְּרֹתֶיהָ
מִסְגְּרֹתֶיהָ מִמֶּנָּה׃ וַיְפַתַּח עַל־הַלֻּחֹת יְדֹתֶיהָ וְעַל ומסגרתיה כְּרוּבִים לו
אֲרָיוֹת וְתִמֹרֹת כְּמַעַר־אִישׁ וְלֹיוֹת סָבִיב׃ כָּזֹאת עָשָׂה לז
אֵת עֶשֶׂר הַמְּכֹנוֹת מוּצָק אֶחָד מִדָּה אַחַת קֶצֶב אֶחָד
לְכֻלָּהְנָה׃ וַיַּעַשׂ עֲשָׂרָה כִיֹּרוֹת נְחֹשֶׁת אַרְבָּעִים לח
בַּת יָכִיל ׀ הַכִּיּוֹר הָאֶחָד אַרְבַּע בָּאַמָּה הַכִּיּוֹר הָאֶחָד כִּיּוֹר
אֶחָד עַל־הַמְּכוֹנָה הָאַחַת לְעֶשֶׂר הַמְּכֹנוֹת׃ וַיִּתֵּן אֶת־ לט
הַמְּכֹנוֹת חָמֵשׁ עַל־כֶּתֶף הַבַּיִת מִיָּמִין וְחָמֵשׁ עַל־כֶּתֶף הַבַּיִת
מִשְּׂמֹאלוֹ וְאֶת־הַיָּם נָתַן מִכֶּתֶף הַבַּיִת הַיְמָנִית קֵדְמָה מִמּוּל
נֶגֶב׃ וַיַּעַשׂ חִירוֹם אֶת־הַכִּיֹּרוֹת וְאֶת־הַיָּעִים מ
וְאֶת־הַמִּזְרָקוֹת וַיְכַל חִירָם לַעֲשׂוֹת אֶת־כָּל־הַמְּלָאכָה אֲשֶׁר
עָשָׂה לַמֶּלֶךְ שְׁלֹמֹה בֵּית יְהוָה׃ עַמֻּדִים שְׁנַיִם וְגֻלֹּת הַכֹּתָרֹת מא
אֲשֶׁר־עַל־רֹאשׁ הָעַמֻּדִים שְׁתָּיִם וְהַשְּׂבָכוֹת שְׁתַּיִם לְכַסּוֹת
אֶת־שְׁתֵּי גֻּלּוֹת הַכֹּתָרֹת אֲשֶׁר עַל־רֹאשׁ הָעַמּוּדִים׃ וְאֶת־ מב
הָרִמֹּנִים אַרְבַּע מֵאוֹת לִשְׁתֵּי הַשְּׂבָכוֹת שְׁנֵי־טוּרִים רִמֹּנִים
לַשְּׂבָכָה הָאֶחָת לְכַסּוֹת אֶת־שְׁתֵּי גֻּלֹּת הַכֹּתָרֹת אֲשֶׁר עַל־
פְּנֵי הָעַמּוּדִים׃ וְאֶת־הַמְּכֹנוֹת עָשֶׂר וְאֶת־הַכִּיֹּרֹת עֲשָׂרָה עַל־ מג
הַמְּכֹנוֹת׃ וְאֶת־הַיָּם הָאֶחָד וְאֶת־הַבָּקָר שְׁנֵים־עָשָׂר תַּחַת מד
הַיָּם׃ וְאֶת־הַסִּירוֹת וְאֶת־הַיָּעִים וְאֶת־הַמִּזְרָקוֹת וְאֵת כָּל־ מה
הָאֵלֶּה הַכֵּלִים האהל אֲשֶׁר עָשָׂה חִירָם לַמֶּלֶךְ שְׁלֹמֹה בֵּית יְהוָה

מו נְחֹשֶׁת מְמֹרָט׃ בְּכִכַּר הַיַּרְדֵּן יְצָקָם הַמֶּלֶךְ בְּמַעֲבֵה הָאֲדָמָה
מז בֵּין סֻכּוֹת וּבֵין צָרְתָן׃ וַיַּנַּח שְׁלֹמֹה אֶת־כָּל־הַכֵּלִים מֵרֹב מְאֹד
מח מְאֹד לֹא נֶחְקַר מִשְׁקַל הַנְּחֹשֶׁת׃ וַיַּעַשׂ שְׁלֹמֹה אֵת כָּל־
הַכֵּלִים אֲשֶׁר בֵּית יְהוָה אֵת מִזְבַּח הַזָּהָב וְאֶת־הַשֻּׁלְחָן אֲשֶׁר
מט עָלָיו לֶחֶם הַפָּנִים זָהָב׃ וְאֶת־הַמְּנֹרוֹת חָמֵשׁ מִיָּמִין וְחָמֵשׁ
מִשְּׂמֹאל לִפְנֵי הַדְּבִיר זָהָב סָגוּר וְהַפֶּרַח וְהַנֵּרֹת וְהַמֶּלְקַחַיִם
נ זָהָב׃ וְהַסִּפּוֹת וְהַמְזַמְּרוֹת וְהַמִּזְרָקוֹת וְהַכַּפּוֹת וְהַמַּחְתּוֹת זָהָב
סָגוּר וְהַפֹּתוֹת לְדַלְתוֹת הַבַּיִת הַפְּנִימִי לְקֹדֶשׁ הַקֳּדָשִׁים לְדַלְתֵי
נא הַבַּיִת לְהֵיכָל זָהָב׃ וַתִּשְׁלַם כָּל־הַמְּלָאכָה אֲשֶׁר
עָשָׂה הַמֶּלֶךְ שְׁלֹמֹה בֵּית יְהוָה וַיָּבֵא שְׁלֹמֹה אֶת־קָדְשֵׁי ׀ דָּוִד
אָבִיו אֶת־הַכֶּסֶף וְאֶת־הַזָּהָב וְאֶת־הַכֵּלִים נָתַן בְּאֹצְרוֹת בֵּית
ח א יְהוָה׃ אָז יַקְהֵל שְׁלֹמֹה אֶת־זִקְנֵי יִשְׂרָאֵל אֶת־
כָּל־רָאשֵׁי הַמַּטּוֹת נְשִׂיאֵי הָאָבוֹת לִבְנֵי יִשְׂרָאֵל אֶל־הַמֶּלֶךְ
שְׁלֹמֹה יְרוּשָׁלָםִ לְהַעֲלוֹת אֶת־אֲרוֹן בְּרִית־יְהוָה מֵעִיר דָּוִד הִיא
ב צִיּוֹן׃ וַיִּקָּהֲלוּ אֶל־הַמֶּלֶךְ שְׁלֹמֹה כָּל־אִישׁ יִשְׂרָאֵל בְּיֶרַח הָאֵתָנִים
ג בֶּחָג הוּא הַחֹדֶשׁ הַשְּׁבִיעִי׃ וַיָּבֹאוּ כֹּל זִקְנֵי יִשְׂרָאֵל וַיִּשְׂאוּ הַכֹּהֲנִים
ד אֶת־הָאָרוֹן׃ וַיַּעֲלוּ אֶת־אֲרוֹן יְהוָה וְאֶת־אֹהֶל מוֹעֵד וְאֶת־כָּל־
ה כְּלֵי הַקֹּדֶשׁ אֲשֶׁר בָּאֹהֶל וַיַּעֲלוּ אֹתָם הַכֹּהֲנִים וְהַלְוִיִּם׃ וְהַמֶּלֶךְ
שְׁלֹמֹה וְכָל־עֲדַת יִשְׂרָאֵל הַנּוֹעָדִים עָלָיו אִתּוֹ לִפְנֵי הָאָרוֹן
ו מְזַבְּחִים צֹאן וּבָקָר אֲשֶׁר לֹא־יִסָּפְרוּ וְלֹא יִמָּנוּ מֵרֹב׃ וַיָּבִאוּ
הַכֹּהֲנִים אֶת־אֲרוֹן בְּרִית־יְהוָה אֶל־מְקוֹמוֹ אֶל־דְּבִיר הַבַּיִת אֶל־
ז קֹדֶשׁ הַקֳּדָשִׁים אֶל־תַּחַת כַּנְפֵי הַכְּרוּבִים׃ כִּי הַכְּרוּבִים פֹּרְשִׂים
כְּנָפַיִם אֶל־מְקוֹם הָאָרוֹן וַיָּסֹכּוּ הַכְּרֻבִים עַל־הָאָרוֹן וְעַל־בַּדָּיו
ח מִלְמָעְלָה׃ וַיַּאֲרִכוּ הַבַּדִּים וַיֵּרָאוּ רָאשֵׁי הַבַּדִּים מִן־הַקֹּדֶשׁ עַל־
ט פְּנֵי הַדְּבִיר וְלֹא יֵרָאוּ הַחוּצָה וַיִּהְיוּ שָׁם עַד הַיּוֹם הַזֶּה׃ אֵין בָּאָרוֹן
רַק שְׁנֵי לֻחוֹת הָאֲבָנִים אֲשֶׁר הִנִּחַ שָׁם מֹשֶׁה בְּחֹרֵב אֲשֶׁר
י כָּרַת יְהוָה עִם־בְּנֵי יִשְׂרָאֵל בְּצֵאתָם מֵאֶרֶץ מִצְרָיִם׃ וַיְהִי

ז בְּצֵאת הַכֹּהֲנִים מִן־הַקֹּדֶשׁ וְהֶעָנָן מָלֵא אֶת־בֵּית יְהוָה׃ וְלֹא־ יא
יָכְלוּ הַכֹּהֲנִים לַעֲמֹד לְשָׁרֵת מִפְּנֵי הֶעָנָן כִּי־מָלֵא כְבוֹד־יְהוָה
אֶת־בֵּית יְהוָה׃ אָז אָמַר שְׁלֹמֹה יְהוָה אָמַר יב
לִשְׁכֹּן בָּעֲרָפֶל׃ בָּנֹה בָנִיתִי בֵּית זְבֻל לָךְ מָכוֹן לְשִׁבְתְּךָ עוֹלָמִים׃ יג
וַיַּסֵּב הַמֶּלֶךְ אֶת־פָּנָיו וַיְבָרֶךְ אֵת כָּל־קְהַל יִשְׂרָאֵל וְכָל־קְהַל יד
יִשְׂרָאֵל עֹמֵד׃ וַיֹּאמֶר בָּרוּךְ יְהוָה אֱלֹהֵי יִשְׂרָאֵל אֲשֶׁר דִּבֶּר טו
בְּפִיו אֵת דָּוִד אָבִי וּבְיָדוֹ מִלֵּא לֵאמֹר׃ מִן־הַיּוֹם אֲשֶׁר הוֹצֵאתִי טז
אֶת־עַמִּי אֶת־יִשְׂרָאֵל מִמִּצְרַיִם לֹא־בָחַרְתִּי בְעִיר מִכֹּל שִׁבְטֵי
יִשְׂרָאֵל לִבְנוֹת בַּיִת לִהְיוֹת שְׁמִי שָׁם וָאֶבְחַר בְּדָוִד לִהְיוֹת עַל־
עַמִּי יִשְׂרָאֵל׃ וַיְהִי עִם־לְבַב דָּוִד אָבִי לִבְנוֹת בַּיִת לְשֵׁם יְהוָה יז
אֱלֹהֵי יִשְׂרָאֵל׃ וַיֹּאמֶר יְהוָה אֶל־דָּוִד אָבִי יַעַן אֲשֶׁר הָיָה עִם־ יח
לְבָבְךָ לִבְנוֹת בַּיִת לִשְׁמִי הֱטִיבֹתָ כִּי הָיָה עִם־לְבָבֶךָ׃ רַק אַתָּה יט
לֹא תִבְנֶה הַבָּיִת כִּי אִם־בִּנְךָ הַיֹּצֵא מֵחֲלָצֶיךָ הוּא־יִבְנֶה הַבַּיִת
לִשְׁמִי׃ וַיָּקֶם יְהוָה אֶת־דְּבָרוֹ אֲשֶׁר דִּבֵּר וָאָקֻם תַּחַת דָּוִד אָבִי כ
וָאֵשֵׁב ׀ עַל־כִּסֵּא יִשְׂרָאֵל כַּאֲשֶׁר דִּבֶּר יְהוָה וָאֶבְנֶה הַבַּיִת לְשֵׁם
יְהוָה אֱלֹהֵי יִשְׂרָאֵל׃ וָאָשִׂם שָׁם מָקוֹם לָאָרוֹן אֲשֶׁר־שָׁם כא
בְּרִית יְהוָה אֲשֶׁר כָּרַת עִם־אֲבֹתֵינוּ בְּהוֹצִיאוֹ אֹתָם מֵאֶרֶץ
מִצְרָיִם׃ וַיַּעֲמֹד שְׁלֹמֹה לִפְנֵי מִזְבַּח יְהוָה נֶגֶד כב
כָּל־קְהַל יִשְׂרָאֵל וַיִּפְרֹשׂ כַּפָּיו הַשָּׁמָיִם׃ וַיֹּאמַר יְהוָה אֱלֹהֵי כג
יִשְׂרָאֵל אֵין־כָּמוֹךָ אֱלֹהִים בַּשָּׁמַיִם מִמַּעַל וְעַל־הָאָרֶץ מִתָּחַת
שֹׁמֵר הַבְּרִית וְהַחֶסֶד לַעֲבָדֶיךָ הַהֹלְכִים לְפָנֶיךָ בְּכָל־לִבָּם׃
אֲשֶׁר שָׁמַרְתָּ לְעַבְדְּךָ דָּוִד אָבִי אֵת אֲשֶׁר־דִּבַּרְתָּ לוֹ וַתְּדַבֵּר כד
בְּפִיךָ וּבְיָדְךָ מִלֵּאתָ כַּיּוֹם הַזֶּה׃ וְעַתָּה יְהוָה ׀ אֱלֹהֵי יִשְׂרָאֵל כה
שְׁמֹר לְעַבְדְּךָ דָוִד אָבִי אֵת אֲשֶׁר דִּבַּרְתָּ לּוֹ לֵאמֹר לֹא־יִכָּרֵת
לְךָ אִישׁ מִלְּפָנַי יֹשֵׁב עַל־כִּסֵּא יִשְׂרָאֵל רַק אִם־יִשְׁמְרוּ בָנֶיךָ
אֶת־דַּרְכָּם לָלֶכֶת לְפָנַי כַּאֲשֶׁר הָלַכְתָּ לְפָנָי׃ וְעַתָּה אֱלֹהֵי כו
דְּבָרְךָ יִשְׂרָאֵל יֵאָמֶן נָא דבריך אֲשֶׁר דִּבַּרְתָּ לְעַבְדְּךָ דָּוִד אָבִי׃ כִּי כז

הַאֻמְנָ֗ם יֵשֵׁ֤ב אֱלֹהִים֙ עַל־הָאָ֔רֶץ הִנֵּ֤ה הַשָּׁמַ֙יִם֙ וּשְׁמֵ֣י הַשָּׁמַ֔יִם

כח לֹ֣א יְכַלְכְּל֔וּךָ אַ֕ף כִּֽי־הַבַּ֥יִת הַזֶּ֖ה אֲשֶׁ֥ר בָּנִֽיתִי: וּפָנִ֜יתָ אֶל־תְּפִלַּ֤ת
עַבְדְּךָ֙ וְאֶל־תְּחִנָּת֔וֹ יְהוָ֖ה אֱלֹהָ֑י לִשְׁמֹ֤עַ אֶל־הָֽרִנָּה֙ וְאֶל־

כט הַתְּפִלָּ֔ה אֲשֶׁ֧ר עַבְדְּךָ֛ מִתְפַּלֵּ֥ל לְפָנֶ֖יךָ הַיּֽוֹם: לִֽהְי֨וֹת עֵינֶ֤ךָ פְתֻחֹת֙
אֶל־הַבַּ֤יִת הַזֶּה֙ לַ֣יְלָה וָי֔וֹם אֶל־הַ֨מָּק֔וֹם אֲשֶׁ֣ר אָמַ֔רְתָּ יִהְיֶ֥ה שְׁמִ֖י
שָׁ֑ם לִשְׁמֹ֨עַ֙ אֶל־הַתְּפִלָּ֔ה אֲשֶׁ֤ר יִתְפַּלֵּל֙ עַבְדְּךָ֔ אֶל־הַמָּק֖וֹם הַזֶּֽה:

ל וְשָׁ֨מַעְתָּ֜ אֶל־תְּחִנַּ֤ת עַבְדְּךָ֙ וְעַמְּךָ֣ יִשְׂרָאֵ֔ל אֲשֶׁ֥ר יִֽתְפַּֽלְל֖וּ
אֶל־הַמָּק֣וֹם הַזֶּ֑ה וְ֠אַתָּה תִּשְׁמַ֞ע אֶל־מְק֤וֹם שִׁבְתְּךָ֙ אֶל־

לא הַשָּׁמַ֔יִם וְשָׁמַעְתָּ֖ וְסָלָֽחְתָּ: אֵת֩ אֲשֶׁ֨ר יֶחֱטָ֥א אִישׁ֙ לְרֵעֵ֔הוּ
וְנָֽשָׁא־ב֥וֹ אָלָ֖ה לְהַֽאֲלֹת֑וֹ וּבָ֗א אָלָ֛ה לִפְנֵ֥י מִֽזְבַּחֲךָ֖ בַּבַּ֥יִת

לב הַזֶּֽה: וְאַתָּ֣ה ׀ תִּשְׁמַ֣ע הַשָּׁמַ֗יִם וְעָשִׂ֙יתָ֙ וְשָׁפַטְתָּ֣ אֶת־עֲבָדֶ֔יךָ
לְהַרְשִׁ֣יעַ רָשָׁ֔ע לָתֵ֥ת דַּרְכּ֖וֹ בְּרֹאשׁ֑וֹ וּלְהַצְדִּ֣יק צַדִּ֔יק לָ֥תֶת

לג ל֖וֹ כְּצִדְקָתֽוֹ: בְּהִנָּגֵ֞ף עַמְּךָ֧ יִשְׂרָאֵ֛ל לִפְנֵ֥י אוֹיֵ֖ב
אֲשֶׁ֣ר יֶחֶטְאוּ־לָ֑ךְ וְשָׁ֤בוּ אֵלֶ֙יךָ֙ וְהוֹד֣וּ אֶת־שְׁמֶ֔ךָ וְהִֽתְפַּֽלְל֥וּ

לד וְהִֽתְחַנְּנ֛וּ אֵלֶ֖יךָ בַּבַּ֥יִת הַזֶּֽה: וְאַתָּה֙ תִּשְׁמַ֣ע הַשָּׁמַ֔יִם וְסָ֣לַחְתָּ֔
לְחַטַּ֖את עַמְּךָ֣ יִשְׂרָאֵ֑ל וַהֲשֵֽׁבֹתָם֙ אֶל־הָ֣אֲדָמָ֔ה אֲשֶׁ֥ר נָתַ֖תָּ

לה לַאֲבוֹתָֽם: בְּהֵעָצֵ֥ר שָׁמַ֛יִם וְלֹא־יִהְיֶ֥ה מָטָ֖ר כִּ֣י
יֶחֶטְאוּ־לָ֑ךְ וְהִֽתְפַּֽלְל֞וּ אֶל־הַמָּק֤וֹם הַזֶּה֙ וְהוֹד֣וּ אֶת־שְׁמֶ֔ךָ

לו וּמֵחַטָּאתָ֖ם יְשׁוּב֑וּן כִּ֥י תַעֲנֵֽם: וְאַתָּ֣ה ׀ תִּשְׁמַ֣ע הַשָּׁמַ֗יִם וְסָ֣לַחְתָּ֡
לְחַטַּאת֩ עֲבָדֶ֨יךָ וְעַמְּךָ֜ יִשְׂרָאֵ֗ל כִּ֣י תוֹרֵ֔ם אֶת־הַדֶּ֥רֶךְ הַטּוֹבָ֖ה
אֲשֶׁ֣ר יֵֽלְכוּ־בָ֑הּ וְנָתַתָּ֤ה מָטָר֙ עַל־אַרְצְךָ֔ אֲשֶׁר־נָתַ֥תָּה לְעַמְּךָ֖

לז לְנַחֲלָֽה: רָעָ֞ב כִּֽי־יִהְיֶ֣ה בָאָ֗רֶץ דֶּ֣בֶר כִּֽי־יִ֠הְיֶה
שִׁדָּפ֨וֹן יֵרָק֜וֹן אַרְבֶּ֤ה חָסִיל֙ כִּ֣י יִהְיֶ֔ה כִּ֧י יָֽצַר־ל֛וֹ אֹיְב֖וֹ בְּאֶ֣רֶץ

לח שְׁעָרָ֑יו כָּל־נֶ֖גַע כָּֽל־מַחֲלָֽה: כָּל־תְּפִלָּ֣ה כָל־תְּחִנָּ֗ה אֲשֶׁ֤ר תִּֽהְיֶה֙
לְכָל־הָ֣אָדָ֔ם לְכֹ֖ל עַמְּךָ֣ יִשְׂרָאֵ֑ל אֲשֶׁ֣ר יֵדְע֗וּן אִ֚ישׁ נֶ֣גַע לְבָב֔וֹ

לט וּפָרַ֥שׂ כַּפָּ֖יו אֶל־הַבַּ֥יִת הַזֶּֽה: וְ֠אַתָּה תִּשְׁמַ֨ע הַשָּׁמַ֜יִם מְכ֤וֹן
שִׁבְתֶּ֙ךָ֙ וְסָ֣לַחְתָּ֣ וְעָשִׂ֔יתָ וְנָתַתָּ֤ לָאִישׁ֙ כְּכָל־דְּרָכָ֔יו אֲשֶׁ֖ר תֵּדַ֣ע

אֶת־לְבָבוֹ כִּֽי־אַתָּה יָדַעְתָּ לְבַדְּךָ אֶת־לְבַב כָּל־בְּנֵי הָאָדָם׃
מ לְמַעַן יִרָאוּךָ כָּל־הַיָּמִים אֲשֶׁר־הֵם חַיִּים עַל־פְּנֵי הָאֲדָמָה אֲשֶׁר
מא נָתַתָּה לַאֲבֹתֵינוּ׃ וְגַם אֶל־הַנָּכְרִי אֲשֶׁר לֹא־
מב מֵעַמְּךָ יִשְׂרָאֵל הוּא וּבָא מֵאֶרֶץ רְחוֹקָה לְמַעַן שְׁמֶךָ׃ כִּי
יִשְׁמְעוּן אֶת־שִׁמְךָ הַגָּדוֹל וְאֶת־יָדְךָ הַחֲזָקָה וּזְרֹעֲךָ הַנְּטוּיָה
מג וּבָא וְהִתְפַּלֵּל אֶל־הַבַּיִת הַזֶּה׃ אַתָּה תִּשְׁמַע הַשָּׁמַיִם מְכוֹן
שִׁבְתֶּךָ וְעָשִׂיתָ כְּכֹל אֲשֶׁר־יִקְרָא אֵלֶיךָ הַנָּכְרִי לְמַעַן יֵדְעוּן כָּל־
עַמֵּי הָאָרֶץ אֶת־שְׁמֶךָ לְיִרְאָה אֹתְךָ כְּעַמְּךָ יִשְׂרָאֵל וְלָדַעַת כִּי־
שִׁמְךָ נִקְרָא עַל־הַבַּיִת הַזֶּה אֲשֶׁר בָּנִיתִי׃
מד כִּֽי־
יֵצֵא עַמְּךָ לַמִּלְחָמָה עַל־אֹיְבוֹ בַּדֶּרֶךְ אֲשֶׁר תִּשְׁלָחֵם וְהִתְפַּלְלוּ
אֶל־יְהוָה דֶּרֶךְ הָעִיר אֲשֶׁר בָּחַרְתָּ בָּהּ וְהַבַּיִת אֲשֶׁר־בָּנִתִי
מה לִשְׁמֶךָ׃ וְשָׁמַעְתָּ הַשָּׁמַיִם אֶת־תְּפִלָּתָם וְאֶת־תְּחִנָּתָם וְעָשִׂיתָ
מו מִשְׁפָּטָם׃ כִּי יֶחֶטְאוּ־לָךְ כִּי אֵין אָדָם אֲשֶׁר לֹא־יֶחֱטָא וְאָנַפְתָּ
בָם וּנְתַתָּם לִפְנֵי אוֹיֵב וְשָׁבוּם שֹׁבֵיהֶם אֶל־אֶרֶץ הָאוֹיֵב
מז רְחוֹקָה אוֹ קְרוֹבָה׃ וְהֵשִׁיבוּ אֶל־לִבָּם בָּאָרֶץ אֲשֶׁר נִשְׁבּוּ־שָׁם
וְשָׁבוּ ׀ וְהִתְחַנְּנוּ אֵלֶיךָ בְּאֶרֶץ שֹׁבֵיהֶם לֵאמֹר חָטָאנוּ וְהֶעֱוִינוּ
מח רָשָׁעְנוּ׃ וְשָׁבוּ אֵלֶיךָ בְּכָל־לְבָבָם וּבְכָל־נַפְשָׁם בְּאֶרֶץ אֹיְבֵיהֶם
אֲשֶׁר־שָׁבוּ אֹתָם וְהִתְפַּלְלוּ אֵלֶיךָ דֶּרֶךְ אַרְצָם אֲשֶׁר נָתַתָּה
לַאֲבוֹתָם הָעִיר אֲשֶׁר בָּחַרְתָּ וְהַבַּיִת אֲשֶׁר־בָּנִית לִשְׁמֶךָ׃
מט וְשָׁמַעְתָּ הַשָּׁמַיִם מְכוֹן שִׁבְתְּךָ אֶת־תְּפִלָּתָם וְאֶת־תְּחִנָּתָם
נ וְעָשִׂיתָ מִשְׁפָּטָם׃ וְסָלַחְתָּ לְעַמְּךָ אֲשֶׁר חָטְאוּ־לָךְ וּלְכָל־
פִּשְׁעֵיהֶם אֲשֶׁר פָּשְׁעוּ־בָךְ וּנְתַתָּם לְרַחֲמִים לִפְנֵי שֹׁבֵיהֶם
נא וְרִחֲמוּם׃ כִּי־עַמְּךָ וְנַחֲלָתְךָ הֵם אֲשֶׁר הוֹצֵאתָ מִמִּצְרַיִם מִתּוֹךְ
נב כּוּר הַבַּרְזֶל׃ לִהְיוֹת עֵינֶיךָ פְתֻחוֹת אֶל־תְּחִנַּת עַבְדְּךָ וְאֶל־תְּחִנַּת
נג עַמְּךָ יִשְׂרָאֵל לִשְׁמֹעַ אֲלֵיהֶם בְּכֹל קָרְאָם אֵלֶיךָ׃ כִּי־
אַתָּה הִבְדַּלְתָּם לְךָ לְנַחֲלָה מִכֹּל עַמֵּי הָאָרֶץ כַּאֲשֶׁר דִּבַּרְתָּ
בְּיַד ׀ מֹשֶׁה עַבְדֶּךָ בְּהוֹצִיאֲךָ אֶת־אֲבֹתֵינוּ מִמִּצְרַיִם אֲדֹנָי

נד יְהוָה׃ וַיְהִי ׀ כְּכַלּוֹת שְׁלֹמֹה לְהִתְפַּלֵּל אֶל־יְהוָה
אֵת כָּל־הַתְּפִלָּה וְהַתְּחִנָּה הַזֹּאת קָם מִלִּפְנֵי מִזְבַּח יְהוָה מִכְּרֹעַ
נה עַל־בִּרְכָּיו וְכַפָּיו פְּרֻשׂוֹת הַשָּׁמָיִם׃ וַיַּעֲמֹד וַיְבָרֶךְ אֵת כָּל־קְהַל
נו יִשְׂרָאֵל קוֹל גָּדוֹל לֵאמֹר׃ בָּרוּךְ יְהוָה אֲשֶׁר נָתַן מְנוּחָה לְעַמּוֹ
יִשְׂרָאֵל כְּכֹל אֲשֶׁר דִּבֵּר לֹא־נָפַל דָּבָר אֶחָד מִכֹּל דְּבָרוֹ הַטּוֹב
נז אֲשֶׁר דִּבֶּר בְּיַד מֹשֶׁה עַבְדּוֹ׃ יְהִי יְהוָה אֱלֹהֵינוּ עִמָּנוּ כַּאֲשֶׁר
נח הָיָה עִם־אֲבֹתֵינוּ אַל־יַעַזְבֵנוּ וְאַל־יִטְּשֵׁנוּ׃ לְהַטּוֹת לְבָבֵנוּ אֵלָיו ח
לָלֶכֶת בְּכָל־דְּרָכָיו וְלִשְׁמֹר מִצְוֺתָיו וְחֻקָּיו וּמִשְׁפָּטָיו אֲשֶׁר צִוָּה
נט אֶת־אֲבֹתֵינוּ׃ וְיִהְיוּ דְבָרַי אֵלֶּה אֲשֶׁר הִתְחַנַּנְתִּי לִפְנֵי יְהוָה
קְרֹבִים אֶל־יְהוָה אֱלֹהֵינוּ יוֹמָם וָלָיְלָה לַעֲשׂוֹת ׀ מִשְׁפַּט עַבְדּוֹ
ס וּמִשְׁפַּט עַמּוֹ יִשְׂרָאֵל דְּבַר־יוֹם בְּיוֹמוֹ׃ לְמַעַן דַּעַת כָּל־עַמֵּי
סא הָאָרֶץ כִּי יְהוָה הוּא הָאֱלֹהִים אֵין עוֹד׃ וְהָיָה לְבַבְכֶם שָׁלֵם
עִם יְהוָה אֱלֹהֵינוּ לָלֶכֶת בְּחֻקָּיו וְלִשְׁמֹר מִצְוֺתָיו כַּיּוֹם הַזֶּה׃
סב סג וְהַמֶּלֶךְ וְכָל־יִשְׂרָאֵל עִמּוֹ זֹבְחִים זֶבַח לִפְנֵי יְהוָה׃ וַיִּזְבַּח שְׁלֹמֹה
אֵת זֶבַח הַשְּׁלָמִים אֲשֶׁר זָבַח לַיהוָה בָּקָר עֶשְׂרִים וּשְׁנַיִם אֶלֶף
וְצֹאן מֵאָה וְעֶשְׂרִים אָלֶף וַיַּחְנְכוּ אֶת־בֵּית יְהוָה הַמֶּלֶךְ וְכָל־
סד בְּנֵי יִשְׂרָאֵל׃ בַּיּוֹם הַהוּא קִדַּשׁ הַמֶּלֶךְ אֶת־תּוֹךְ הֶחָצֵר אֲשֶׁר
לִפְנֵי בֵית־יְהוָה כִּי־עָשָׂה שָׁם אֶת־הָעֹלָה וְאֶת־הַמִּנְחָה וְאֵת
חֶלְבֵי הַשְּׁלָמִים כִּי־מִזְבַּח הַנְּחֹשֶׁת אֲשֶׁר לִפְנֵי יְהוָה קָטֹן
סה מֵהָכִיל אֶת־הָעֹלָה וְאֶת־הַמִּנְחָה וְאֵת חֶלְבֵי הַשְּׁלָמִים׃ וַיַּעַשׂ
שְׁלֹמֹה בָעֵת־הַהִיא ׀ אֶת־הֶחָג וְכָל־יִשְׂרָאֵל עִמּוֹ קָהָל גָּדוֹל
מִלְּבוֹא חֲמָת ׀ עַד־נַחַל מִצְרַיִם לִפְנֵי יְהוָה אֱלֹהֵינוּ שִׁבְעַת
סו יָמִים וְשִׁבְעַת יָמִים אַרְבָּעָה עָשָׂר יוֹם׃ בַּיּוֹם הַשְּׁמִינִי שִׁלַּח
אֶת־הָעָם וַיְבָרֲכוּ אֶת־הַמֶּלֶךְ וַיֵּלְכוּ לְאָהֳלֵיהֶם שְׂמֵחִים וְטוֹבֵי
לֵב עַל כָּל־הַטּוֹבָה אֲשֶׁר עָשָׂה יְהוָה לְדָוִד עַבְדּוֹ וּלְיִשְׂרָאֵל
ט א עַמּוֹ׃ וַיְהִי כְּכַלּוֹת שְׁלֹמֹה לִבְנוֹת אֶת־בֵּית־
יְהוָה וְאֶת־בֵּית הַמֶּלֶךְ וְאֵת כָּל־חֵשֶׁק שְׁלֹמֹה אֲשֶׁר חָפֵץ

ב לַעֲשׂוֹת׃ וַיֵּרָא יְהוָה אֶל־שְׁלֹמֹה שֵׁנִית כַּאֲשֶׁר
ג נִרְאָה אֵלָיו בְּגִבְעוֹן׃ וַיֹּאמֶר יְהוָה אֵלָיו שָׁמַעְתִּי אֶת־תְּפִלָּתְךָ
וְאֶת־תְּחִנָּתְךָ אֲשֶׁר הִתְחַנַּנְתָּה לְפָנַי הִקְדַּשְׁתִּי אֶת־הַבַּיִת הַזֶּה
אֲשֶׁר בָּנִתָה לָשׂוּם־שְׁמִי שָׁם עַד־עוֹלָם וְהָיוּ עֵינַי וְלִבִּי שָׁם כָּל־
ד הַיָּמִים׃ וְאַתָּה אִם־תֵּלֵךְ לְפָנַי כַּאֲשֶׁר הָלַךְ דָּוִד אָבִיךָ בְּתָם־
לֵבָב וּבְיֹשֶׁר לַעֲשׂוֹת כְּכֹל אֲשֶׁר צִוִּיתִיךָ חֻקַּי וּמִשְׁפָּטַי תִּשְׁמֹר׃
ה וַהֲקִמֹתִי אֶת־כִּסֵּא מַמְלַכְתְּךָ עַל־יִשְׂרָאֵל לְעֹלָם כַּאֲשֶׁר
דִּבַּרְתִּי עַל־דָּוִד אָבִיךָ לֵאמֹר לֹא־יִכָּרֵת לְךָ אִישׁ מֵעַל כִּסֵּא
ו יִשְׂרָאֵל׃ אִם־שׁוֹב תְּשֻׁבוּן אַתֶּם וּבְנֵיכֶם מֵאַחֲרַי וְלֹא תִשְׁמְרוּ
מִצְוֹתַי חֻקֹּתַי אֲשֶׁר נָתַתִּי לִפְנֵיכֶם וַהֲלַכְתֶּם וַעֲבַדְתֶּם אֱלֹהִים
ז אֲחֵרִים וְהִשְׁתַּחֲוִיתֶם לָהֶם׃ וְהִכְרַתִּי אֶת־יִשְׂרָאֵל מֵעַל פְּנֵי
הָאֲדָמָה אֲשֶׁר נָתַתִּי לָהֶם וְאֶת־הַבַּיִת אֲשֶׁר הִקְדַּשְׁתִּי לִשְׁמִי
אֲשַׁלַּח מֵעַל פָּנָי וְהָיָה יִשְׂרָאֵל לְמָשָׁל וְלִשְׁנִינָה בְּכָל־הָעַמִּים׃
ח וְהַבַּיִת הַזֶּה יִהְיֶה עֶלְיוֹן כָּל־עֹבֵר עָלָיו יִשֹּׁם וְשָׁרָק וְאָמְרוּ עַל־
ט מֶה עָשָׂה יְהוָה כָּכָה לָאָרֶץ הַזֹּאת וְלַבַּיִת הַזֶּה׃ וְאָמְרוּ עַל אֲשֶׁר
עָזְבוּ אֶת־יְהוָה אֱלֹהֵיהֶם אֲשֶׁר הוֹצִיא אֶת־אֲבֹתָם מֵאֶרֶץ
מִצְרַיִם וַיַּחֲזִקוּ בֵּאלֹהִים אֲחֵרִים וַיִּשְׁתַּחֲוֻ לָהֶם וַיַּעַבְדֻם עַל־כֵּן
י הֵבִיא יְהוָה עֲלֵיהֶם אֵת כָּל־הָרָעָה הַזֹּאת׃ וַיְהִי
מִקְצֵה עֶשְׂרִים שָׁנָה אֲשֶׁר־בָּנָה שְׁלֹמֹה אֶת־שְׁנֵי הַבָּתִּים אֶת־
יא בֵּית יְהוָה וְאֶת־בֵּית הַמֶּלֶךְ׃ חִירָם מֶלֶךְ־צֹר נִשָּׂא אֶת־שְׁלֹמֹה
בַּעֲצֵי אֲרָזִים וּבַעֲצֵי בְרוֹשִׁים וּבַזָּהָב לְכָל־חֶפְצוֹ אָז יִתֵּן הַמֶּלֶךְ
יב שְׁלֹמֹה לְחִירָם עֶשְׂרִים עִיר בְּאֶרֶץ הַגָּלִיל׃ וַיֵּצֵא חִירָם מִצֹּר
לִרְאוֹת אֶת־הֶעָרִים אֲשֶׁר נָתַן־לוֹ שְׁלֹמֹה וְלֹא יָשְׁרוּ בְּעֵינָיו׃
יג וַיֹּאמֶר מָה הֶעָרִים הָאֵלֶּה אֲשֶׁר־נָתַתָּה לִּי אָחִי וַיִּקְרָא לָהֶם
יד אֶרֶץ כָּבוּל עַד הַיּוֹם הַזֶּה׃ וַיִּשְׁלַח חִירָם לַמֶּלֶךְ
טו מֵאָה וְעֶשְׂרִים כִּכַּר זָהָב׃ וְזֶה דְבַר־הַמַּס אֲשֶׁר־הֶעֱלָה ׀ הַמֶּלֶךְ
שְׁלֹמֹה לִבְנוֹת אֶת־בֵּית יְהוָה וְאֶת־בֵּיתוֹ וְאֶת־הַמִּלּוֹא וְאֵת

טז חוֹמַת יְרוּשָׁלָ͏ִם וְאֶת־חָצֹר וְאֶת־מְגִדּוֹ וְאֶת־גָּזֶר׃ פַּרְעֹה מֶלֶךְ־
מִצְרַיִם עָלָה וַיִּלְכֹּד אֶת־גֶּזֶר וַיִּשְׂרְפָהּ בָּאֵשׁ וְאֶת־הַכְּנַעֲנִי
יז הַיֹּשֵׁב בָּעִיר הָרָג וַיִּתְּנָהּ שִׁלֻּחִים לְבִתּוֹ אֵשֶׁת שְׁלֹמֹה׃ וַיִּבֶן
יח שְׁלֹמֹה אֶת־גֶּזֶר וְאֶת־בֵּית חֹרֹן תַּחְתּוֹן׃ וְאֶת־בַּעֲלָת וְאֶת־
יט תמר בַּמִּדְבָּר בָּאָרֶץ׃ וְאֵת כָּל־עָרֵי הַמִּסְכְּנוֹת אֲשֶׁר הָיוּ תַּדְמֹר
לִשְׁלֹמֹה וְאֵת עָרֵי הָרֶכֶב וְאֵת עָרֵי הַפָּרָשִׁים וְאֵת ׀ חֵשֶׁק
שְׁלֹמֹה אֲשֶׁר חָשַׁק לִבְנוֹת בִּירוּשָׁלַ͏ִם וּבַלְּבָנוֹן וּבְכֹל אֶרֶץ
כ מֶמְשַׁלְתּוֹ׃ כָּל־הָעָם הַנּוֹתָר מִן־הָאֱמֹרִי הַחִתִּי הַפְּרִזִּי הַחִוִּי
כא וְהַיְבוּסִי אֲשֶׁר לֹא־מִבְּנֵי יִשְׂרָאֵל הֵמָּה׃ בְּנֵיהֶם אֲשֶׁר נֹתְרוּ
אַחֲרֵיהֶם בָּאָרֶץ אֲשֶׁר לֹא־יָכְלוּ בְּנֵי יִשְׂרָאֵל לְהַחֲרִימָם וַיַּעֲלֵם
כב שְׁלֹמֹה לְמַס־עֹבֵד עַד הַיּוֹם הַזֶּה׃ וּמִבְּנֵי יִשְׂרָאֵל לֹא־נָתַן
שְׁלֹמֹה עָבֶד כִּי־הֵם אַנְשֵׁי הַמִּלְחָמָה וַעֲבָדָיו וְשָׂרָיו וְשָׁלִשָׁיו
כג וְשָׂרֵי רִכְבּוֹ וּפָרָשָׁיו׃ אֵלֶּה ׀ שָׂרֵי הַנִּצָּבִים אֲשֶׁר
עַל־הַמְּלָאכָה לִשְׁלֹמֹה חֲמִשִּׁים וַחֲמֵשׁ מֵאוֹת הָרֹדִים בָּעָם
כד הָעֹשִׂים בַּמְּלָאכָה׃ אַךְ בַּת־פַּרְעֹה עָלְתָה מֵעִיר דָּוִד אֶל־
כה בֵּיתָהּ אֲשֶׁר בָּנָה־לָהּ אָז בָּנָה אֶת־הַמִּלּוֹא׃ וְהֶעֱלָה שְׁלֹמֹה
שָׁלֹשׁ פְּעָמִים בַּשָּׁנָה עֹלוֹת וּשְׁלָמִים עַל־הַמִּזְבֵּחַ אֲשֶׁר בָּנָה
כו לַיהוה וְהַקְטֵיר אִתּוֹ אֲשֶׁר לִפְנֵי יהוה וְשִׁלַּם אֶת־הַבָּיִת׃ וָאֳנִי
עָשָׂה הַמֶּלֶךְ שְׁלֹמֹה בְּעֶצְיוֹן־גֶּבֶר אֲשֶׁר אֶת־אֵלוֹת עַל־שְׂפַת
כז יַם־סוּף בְּאֶרֶץ אֱדוֹם׃ וַיִּשְׁלַח חִירָם בָּאֳנִי אֶת־עֲבָדָיו אַנְשֵׁי
כח אֳנִיּוֹת יֹדְעֵי הַיָּם עִם עַבְדֵי שְׁלֹמֹה׃ וַיָּבֹאוּ אוֹפִירָה וַיִּקְחוּ
מִשָּׁם זָהָב אַרְבַּע־מֵאוֹת וְעֶשְׂרִים כִּכָּר וַיָּבִאוּ אֶל־הַמֶּלֶךְ
י א שְׁלֹמֹה׃ וּמַלְכַּת־שְׁבָא שֹׁמַעַת אֶת־שֵׁמַע שְׁלֹמֹה
ב לְשֵׁם יהוה וַתָּבֹא לְנַסֹּתוֹ בְּחִידוֹת׃ וַתָּבֹא יְרוּשָׁלְַמָה בְּחַיִל
כָּבֵד מְאֹד גְּמַלִּים נֹשְׂאִים בְּשָׂמִים וְזָהָב רַב־מְאֹד וְאֶבֶן יְקָרָה
וַתָּבֹא אֶל־שְׁלֹמֹה וַתְּדַבֵּר אֵלָיו אֵת כָּל־אֲשֶׁר הָיָה עִם־לְבָבָהּ׃
ג וַיַּגֶּד־לָהּ שְׁלֹמֹה אֶת־כָּל־דְּבָרֶיהָ לֹא־הָיָה דָּבָר נֶעְלָם מִן־

הַמֶּ֗לֶךְ אֲשֶׁ֛ר לֹ֥א הִגִּ֖יד לָֽהּ׃ וַתֵּ֨רֶא֙ מַלְכַּת־שְׁבָ֔א אֵ֖ת כָּל־חָכְמַ֥ת ד

שְׁלֹמֹ֑ה וְהַבַּ֖יִת אֲשֶׁ֥ר בָּנָֽה׃ וּמַאֲכַ֣ל שֻׁלְחָנ֡וֹ וּמוֹשַׁ֣ב עֲבָדָיו֩ וּמַעֲמַ֨ד ה

מְשָׁרְתָ֜ו וּמַלְבֻּֽשֵׁיהֶם֙ וּמַשְׁקָ֔יו וְעֹ֣לָת֔וֹ אֲשֶׁ֥ר יַעֲלֶ֖ה בֵּ֣ית יְהֹוָ֑ה

וְלֹא־הָ֥יָה בָ֛הּ ע֖וֹד רֽוּחַ׃ וַתֹּ֙אמֶר֙ אֶל־הַמֶּ֔לֶךְ אֱמֶת֙ הָיָ֣ה הַדָּבָ֔ר ו

אֲשֶׁ֥ר שָׁמַ֖עְתִּי בְּאַרְצִ֑י עַל־דְּבָרֶ֖יךָ וְעַל־חָכְמָתֶֽךָ׃ וְלֹֽא־הֶאֱמַ֣נְתִּי ז

לַדְּבָרִ֗ים עַ֤ד אֲשֶׁר־בָּ֙אתִי֙ וַתִּרְאֶ֣ינָה עֵינַ֔י וְהִנֵּ֥ה לֹֽא־הֻגַּד־לִ֖י

הַחֵ֑צִי הוֹסַ֤פְתְּ חָכְמָה֙ וָט֔וֹב אֶל־הַשְּׁמוּעָ֖ה אֲשֶׁ֥ר שָׁמָֽעְתִּי׃ אַשְׁרֵ֣י ח

אֲנָשֶׁ֔יךָ אַשְׁרֵ֖י עֲבָדֶ֣יךָ אֵ֑לֶּה הָעֹמְדִ֤ים לְפָנֶ֙יךָ֙ תָּמִ֔יד הַשֹּׁמְעִ֖ים

אֶת־חָכְמָתֶֽךָ׃ יְהִ֨י יְהֹוָ֤ה אֱלֹהֶ֙יךָ֙ בָּר֔וּךְ אֲשֶׁר֙ חָפֵ֣ץ בְּךָ֔ לְתִתְּךָ֖ ט

עַל־כִּסֵּ֣א יִשְׂרָאֵ֑ל בְּאַהֲבַ֨ת יְהֹוָ֤ה אֶת־יִשְׂרָאֵל֙ לְעֹלָ֔ם וַיְשִֽׂימְךָ֣

לְמֶ֔לֶךְ לַעֲשׂ֥וֹת מִשְׁפָּ֖ט וּצְדָקָֽה׃ וַתִּתֵּ֨ן לַמֶּ֜לֶךְ מֵאָ֥ה וְעֶשְׂרִ֣ים ׀ י

כִּכַּ֣ר זָהָ֗ב וּבְשָׂמִ֞ים הַרְבֵּ֥ה מְאֹ֛ד וְאֶ֣בֶן יְקָרָ֑ה לֹא־בָ֩א כַבֹּ֨שֶׂם

הַה֥וּא עוֹד֙ לָרֹ֔ב אֲשֶׁר־נָתְנָ֥ה מַלְכַּת־שְׁבָ֖א לַמֶּ֥לֶךְ שְׁלֹמֹֽה׃ וְגַ֣ם יא

אֳנִ֣י חִירָ֗ם אֲשֶׁר־נָשָׂ֤א זָהָב֙ מֵאוֹפִ֔יר הֵבִ֨יא מֵאֹפִ֜יר עֲצֵ֧י אַלְמֻגִּ֛ים

הַרְבֵּ֥ה מְאֹ֖ד וְאֶ֣בֶן יְקָרָֽה׃ וַיַּ֣עַשׂ הַ֠מֶּ֠לֶךְ אֶת־עֲצֵ֨י הָאַלְמֻגִּ֜ים יב

מִסְעָ֤ד לְבֵית־יְהֹוָה֙ וּלְבֵ֣ית הַמֶּ֔לֶךְ וְכִנֹּר֥וֹת וּנְבָלִ֖ים לַשָּׁרִ֑ים לֹ֣א

בָֽא־כֵ֞ן עֲצֵ֤י אַלְמֻגִּים֙ וְלֹ֣א נִרְאָ֔ה עַ֖ד הַיּ֥וֹם הַזֶּֽה׃ וְהַמֶּ֨לֶךְ שְׁלֹמֹ֜ה יג

נָתַ֣ן לְמַלְכַּת־שְׁבָ֗א אֶת־כָּל־חֶפְצָהּ֙ אֲשֶׁ֣ר שָׁאָ֔לָה מִלְּבַד֙ אֲשֶׁ֣ר

נָֽתַן־לָ֔הּ כְּיַ֖ד הַמֶּ֣לֶךְ שְׁלֹמֹ֑ה וַתֵּ֛פֶן וַתֵּ֥לֶךְ לְאַרְצָ֖הּ הִ֥יא

וַעֲבָדֶֽיהָ׃   וַֽיְהִי֙ מִשְׁקַ֣ל הַזָּהָ֔ב אֲשֶׁר־בָּ֥א לִשְׁלֹמֹ֖ה יד

בְּשָׁנָ֣ה אֶחָ֑ת שֵׁ֥שׁ מֵא֛וֹת שִׁשִּׁ֥ים וָשֵׁ֖שׁ כִּכַּ֥ר זָהָֽב׃ לְבַ֞ד מֵאַנְשֵׁ֣י טו

הַתָּרִ֗ים וּמִסְחַ֤ר הָרֹֽכְלִים֙ וְכָל־מַלְכֵ֣י הָעֶ֔רֶב וּפַח֖וֹת הָאָֽרֶץ׃

וַיַּ֨עַשׂ הַמֶּ֜לֶךְ שְׁלֹמֹ֗ה מָאתַ֙יִם֙ צִנָּ֣ה זָהָ֣ב שָׁח֔וּט שֵׁשׁ־מֵא֥וֹת זָהָ֖ב טז

יַעֲלֶ֖ה עַל־הַצִּנָּ֣ה הָאֶחָֽת׃ וּשְׁלֹשׁ־מֵא֤וֹת מָֽגִנִּים֙ זָהָ֣ב שָׁח֔וּט יז

שְׁלֹ֤שֶׁת מָנִים֙ זָהָ֔ב יַעֲלֶ֖ה עַל־הַמָּגֵ֣ן הָאֶחָ֑ת וַיִּתְּנֵ֣ם הַמֶּ֔לֶךְ בֵּ֖ית

יַ֥עַר הַלְּבָנֽוֹן׃   וַיַּ֧עַשׂ הַמֶּ֛לֶךְ כִּסֵּא־שֵׁ֖ן גָּד֑וֹל וַיְצַפֵּ֖הוּ יח

זָהָ֥ב מוּפָֽז׃ שֵׁ֧שׁ מַעֲל֣וֹת לַכִּסֵּ֗ה וְרֹ֨אשׁ עָגֹ֤ל לַכִּסֵּה֙ מֵאַחֲרָ֔יו יט

ריב

וְיָדֹת מִזֶּה וּמִזֶּה אֶל־מְקוֹם הַשָּׁבֶת וּשְׁנַיִם אֲרָיוֹת עֹמְדִים אֵצֶל
כ הַיָּדוֹת׃ וּשְׁנֵים עָשָׂר אֲרָיִים עֹמְדִים שָׁם עַל־שֵׁשׁ הַמַּעֲלוֹת מִזֶּה
כא וּמִזֶּה לֹא־נַעֲשָׂה כֵן לְכָל־מַמְלָכוֹת׃ וְכֹל כְּלֵי מַשְׁקֵה הַמֶּלֶךְ
שְׁלֹמֹה זָהָב וְכֹל כְּלֵי בֵּית־יַעַר הַלְּבָנוֹן זָהָב סָגוּר אֵין כֶּסֶף לֹא
כב נֶחְשָׁב בִּימֵי שְׁלֹמֹה לִמְאוּמָה׃ כִּי אֳנִי תַרְשִׁישׁ לַמֶּלֶךְ בַּיָּם עִם
אֳנִי חִירָם אַחַת לְשָׁלֹשׁ שָׁנִים תָּבוֹא ׀ אֳנִי תַרְשִׁישׁ נֹשְׂאֵת זָהָב
כג וָכֶסֶף שֶׁנְהַבִּים וְקֹפִים וְתֻכִּיִּים׃ וַיִּגְדַּל הַמֶּלֶךְ שְׁלֹמֹה מִכֹּל מַלְכֵי
כד הָאָרֶץ לְעֹשֶׁר וּלְחָכְמָה׃ וְכָל־הָאָרֶץ מְבַקְשִׁים אֶת־פְּנֵי שְׁלֹמֹה
כה לִשְׁמֹעַ אֶת־חָכְמָתוֹ אֲשֶׁר־נָתַן אֱלֹהִים בְּלִבּוֹ׃ וְהֵמָּה מְבִאִים
אִישׁ מִנְחָתוֹ כְּלֵי כֶסֶף וּכְלֵי זָהָב וּשְׂלָמוֹת וְנֶשֶׁק וּבְשָׂמִים סוּסִים
כו וּפְרָדִים דְּבַר־שָׁנָה בְּשָׁנָה׃ וַיֶּאֱסֹף שְׁלֹמֹה רֶכֶב
וּפָרָשִׁים וַיְהִי־לוֹ אֶלֶף וְאַרְבַּע־מֵאוֹת רֶכֶב וּשְׁנֵים־עָשָׂר אֶלֶף
כז פָּרָשִׁים וַיַּנְחֵם בְּעָרֵי הָרֶכֶב וְעִם־הַמֶּלֶךְ בִּירוּשָׁלִָם׃ וַיִּתֵּן הַמֶּלֶךְ
אֶת־הַכֶּסֶף בִּירוּשָׁלִַם כָּאֲבָנִים וְאֵת הָאֲרָזִים נָתַן כַּשִּׁקְמִים
כח אֲשֶׁר־בַּשְּׁפֵלָה לָרֹב׃ וּמוֹצָא הַסּוּסִים אֲשֶׁר לִשְׁלֹמֹה מִמִּצְרָיִם
כט וּמִקְוֵה סֹחֲרֵי הַמֶּלֶךְ יִקְחוּ מִקְוֵה בִּמְחִיר׃ וַתַּעֲלֶה וַתֵּצֵא מֶרְכָּבָה
מִמִּצְרַיִם בְּשֵׁשׁ מֵאוֹת כֶּסֶף וְסוּס בַּחֲמִשִּׁים וּמֵאָה וְכֵן לְכָל־
יא א מַלְכֵי הַחִתִּים וּלְמַלְכֵי אֲרָם בְּיָדָם יֵצֵאוּ׃ וְהַמֶּלֶךְ
שְׁלֹמֹה אָהַב נָשִׁים נָכְרִיּוֹת רַבּוֹת וְאֶת־בַּת־פַּרְעֹה מוֹאֲבִיּוֹת
ב עַמֳּנִיּוֹת אֲדֹמִיֹּת צֵדְנִיֹּת חִתִּיֹּת׃ מִן־הַגּוֹיִם אֲשֶׁר אָמַר־יְהוָה
אֶל־בְּנֵי יִשְׂרָאֵל לֹא־תָבֹאוּ בָהֶם וְהֵם לֹא־יָבֹאוּ בָכֶם אָכֵן יַטּוּ
ג אֶת־לְבַבְכֶם אַחֲרֵי אֱלֹהֵיהֶם בָּהֶם דָּבַק שְׁלֹמֹה לְאַהֲבָה׃ וַיְהִי־
לוֹ נָשִׁים שָׂרוֹת שְׁבַע מֵאוֹת וּפִלַגְשִׁים שְׁלֹשׁ מֵאוֹת וַיַּטּוּ נָשָׁיו
ד אֶת־לִבּוֹ׃ וַיְהִי לְעֵת זִקְנַת שְׁלֹמֹה נָשָׁיו הִטּוּ אֶת־לְבָבוֹ אַחֲרֵי
אֱלֹהִים אֲחֵרִים וְלֹא־הָיָה לְבָבוֹ שָׁלֵם עִם־יְהוָה אֱלֹהָיו כִּלְבַב
ה דָּוִיד אָבִיו׃ וַיֵּלֶךְ שְׁלֹמֹה אַחֲרֵי עַשְׁתֹּרֶת אֱלֹהֵי צִדֹנִים וְאַחֲרֵי
ו מִלְכֹּם שִׁקֻּץ עַמֹּנִים׃ וַיַּעַשׂ שְׁלֹמֹה הָרַע בְּעֵינֵי יְהוָה וְלֹא מִלֵּא

אַחֲרֵי יְהוָה כְּדָוִד אָבִיו׃ אָז יִבְנֶה שְׁלֹמֹה בָּמָה ז
לִכְמוֹשׁ שִׁקֻּץ מוֹאָב בָּהָר אֲשֶׁר עַל־פְּנֵי יְרוּשָׁלִָם וּלְמֹלֶךְ שִׁקֻּץ
בְּנֵי עַמּוֹן׃ וְכֵן עָשָׂה לְכָל־נָשָׁיו הַנָּכְרִיּוֹת מַקְטִירוֹת וּמְזַבְּחוֹת ח
לֵאלֹהֵיהֶן׃ וַיִּתְאַנַּף יְהוָה בִּשְׁלֹמֹה כִּי־נָטָה לְבָבוֹ מֵעִם יְהוָה ט
אֱלֹהֵי יִשְׂרָאֵל הַנִּרְאָה אֵלָיו פַּעֲמָיִם׃ וְצִוָּה אֵלָיו עַל־הַדָּבָר הַזֶּה י
לְבִלְתִּי־לֶכֶת אַחֲרֵי אֱלֹהִים אֲחֵרִים וְלֹא שָׁמַר אֵת אֲשֶׁר־צִוָּה
יְהוָה׃ וַיֹּאמֶר יְהוָה לִשְׁלֹמֹה יַעַן אֲשֶׁר הָיְתָה־ יא
זֹּאת עִמָּךְ וְלֹא שָׁמַרְתָּ בְּרִיתִי וְחֻקֹּתַי אֲשֶׁר צִוִּיתִי עָלֶיךָ קָרֹעַ
אֶקְרַע אֶת־הַמַּמְלָכָה מֵעָלֶיךָ וּנְתַתִּיהָ לְעַבְדֶּךָ׃ אַךְ־בְּיָמֶיךָ יב
לֹא אֶעֱשֶׂנָּה לְמַעַן דָּוִד אָבִיךָ מִיַּד בִּנְךָ אֶקְרָעֶנָּה׃ רַק אֶת־ יג
כָּל־הַמַּמְלָכָה לֹא אֶקְרָע שֵׁבֶט אֶחָד אֶתֵּן לִבְנֶךָ לְמַעַן דָּוִד
עַבְדִּי וּלְמַעַן יְרוּשָׁלִַם אֲשֶׁר בָּחָרְתִּי׃ וַיָּקֶם יְהוָה ׀ יד
שָׂטָן לִשְׁלֹמֹה אֵת הֲדַד הָאֲדֹמִי מִזֶּרַע הַמֶּלֶךְ הוּא בֶּאֱדוֹם׃
וַיְהִי בִּהְיוֹת דָּוִד אֶת־אֱדוֹם בַּעֲלוֹת יוֹאָב שַׂר הַצָּבָא לְקַבֵּר טו
אֶת־הַחֲלָלִים וַיַּךְ כָּל־זָכָר בֶּאֱדוֹם׃ כִּי שֵׁשֶׁת חֳדָשִׁים יָשַׁב־שָׁם טז
יוֹאָב וְכָל־יִשְׂרָאֵל עַד־הִכְרִית כָּל־זָכָר בֶּאֱדוֹם׃ וַיִּבְרַח אֲדַד יז
הוּא וַאֲנָשִׁים אֲדֹמִיִּים מֵעַבְדֵי אָבִיו אִתּוֹ לָבוֹא מִצְרָיִם וַהֲדַד
נַעַר קָטָן׃ וַיָּקֻמוּ מִמִּדְיָן וַיָּבֹאוּ פָּארָן וַיִּקְחוּ אֲנָשִׁים עִמָּם יח
מִפָּארָן וַיָּבֹאוּ מִצְרַיִם אֶל־פַּרְעֹה מֶלֶךְ־מִצְרַיִם וַיִּתֶּן־לוֹ בַיִת
וְלֶחֶם אָמַר לוֹ וְאֶרֶץ נָתַן לוֹ׃ וַיִּמְצָא הֲדַד חֵן בְּעֵינֵי פַרְעֹה יט
מְאֹד וַיִּתֶּן־לוֹ אִשָּׁה אֶת־אֲחוֹת אִשְׁתּוֹ אֲחוֹת תַּחְפְּנֵיס הַגְּבִירָה׃
וַתֵּלֶד לוֹ אֲחוֹת תַּחְפְּנֵיס אֵת גְּנֻבַת בְּנוֹ וַתִּגְמְלֵהוּ תַחְפְּנֵס בְּתוֹךְ כ
בֵּית פַּרְעֹה וַיְהִי גְנֻבַת בֵּית פַּרְעֹה בְּתוֹךְ בְּנֵי פַרְעֹה׃ וַהֲדַד כא
שָׁמַע בְּמִצְרַיִם כִּי־שָׁכַב דָּוִד עִם־אֲבֹתָיו וְכִי־מֵת יוֹאָב שַׂר־
הַצָּבָא וַיֹּאמֶר הֲדַד אֶל־פַּרְעֹה שַׁלְּחֵנִי וְאֵלֵךְ אֶל־אַרְצִי׃ וַיֹּאמֶר כב
לוֹ פַרְעֹה כִּי מָה־אַתָּה חָסֵר עִמִּי וְהִנְּךָ מְבַקֵּשׁ לָלֶכֶת אֶל־
אַרְצֶךָ וַיֹּאמֶר ׀ לֹא כִּי שַׁלֵּחַ תְּשַׁלְּחֵנִי׃ וַיָּקֶם אֱלֹהִים לוֹ שָׂטָן כג

אֶת־רְזוֹן בֶּן־אֶלְיָדָע אֲשֶׁר בָּרַח מֵאֵת הֲדַדְעֶזֶר מֶלֶךְ־צוֹבָה
כד אֲדֹנָיו׃ וַיִּקְבֹּץ עָלָיו אֲנָשִׁים וַיְהִי שַׂר־גְּדוּד בַּהֲרֹג דָּוִד אֹתָם
כה וַיֵּלְכוּ דַמֶּשֶׂק וַיֵּשְׁבוּ בָהּ וַיִּמְלְכוּ בְּדַמֶּשֶׂק׃ וַיְהִי שָׂטָן לְיִשְׂרָאֵל
כָּל־יְמֵי שְׁלֹמֹה וְאֶת־הָרָעָה אֲשֶׁר הֲדָד וַיָּקָץ בְּיִשְׂרָאֵל וַיִּמְלֹךְ
כו עַל־אֲרָם׃ וְיָרָבְעָם בֶּן־נְבָט אֶפְרָתִי מִן־הַצְּרֵדָה
וְשֵׁם אִמּוֹ צְרוּעָה אִשָּׁה אַלְמָנָה עֶבֶד לִשְׁלֹמֹה וַיָּרֶם יָד בַּמֶּלֶךְ׃
כז וְזֶה הַדָּבָר אֲשֶׁר־הֵרִים יָד בַּמֶּלֶךְ שְׁלֹמֹה בָּנָה אֶת־הַמִּלּוֹא
כח סָגַר אֶת־פֶּרֶץ עִיר דָּוִד אָבִיו׃ וְהָאִישׁ יָרָבְעָם גִּבּוֹר חָיִל וַיַּרְא י
שְׁלֹמֹה אֶת־הַנַּעַר כִּי־עֹשֵׂה מְלָאכָה הוּא וַיַּפְקֵד אֹתוֹ לְכָל־
כט סֵבֶל בֵּית יוֹסֵף׃ וַיְהִי בָּעֵת הַהִיא וְיָרָבְעָם יָצָא
מִירוּשָׁלִָם וַיִּמְצָא אֹתוֹ אֲחִיָּה הַשִּׁילֹנִי הַנָּבִיא בַּדֶּרֶךְ וְהוּא
ל מִתְכַּסֶּה בְּשַׂלְמָה חֲדָשָׁה וּשְׁנֵיהֶם לְבַדָּם בַּשָּׂדֶה׃ וַיִּתְפֹּשׂ אֲחִיָּה
בַּשַּׂלְמָה הַחֲדָשָׁה אֲשֶׁר עָלָיו וַיִּקְרָעֶהָ שְׁנֵים עָשָׂר קְרָעִים׃
לא וַיֹּאמֶר לְיָרָבְעָם קַח־לְךָ עֲשָׂרָה קְרָעִים כִּי כֹה אָמַר יְהוָה
אֱלֹהֵי יִשְׂרָאֵל הִנְנִי קֹרֵעַ אֶת־הַמַּמְלָכָה מִיַּד שְׁלֹמֹה וְנָתַתִּי לְךָ
לב אֵת עֲשָׂרָה הַשְּׁבָטִים׃ וְהַשֵּׁבֶט הָאֶחָד יִהְיֶה־לּוֹ לְמַעַן ׀ עַבְדִּי
דָוִד וּלְמַעַן יְרוּשָׁלִַם הָעִיר אֲשֶׁר בָּחַרְתִּי בָהּ מִכֹּל שִׁבְטֵי
לג יִשְׂרָאֵל׃ יַעַן ׀ אֲשֶׁר עֲזָבוּנִי וַיִּשְׁתַּחֲווּ לְעַשְׁתֹּרֶת אֱלֹהֵי צִדֹנִין
לִכְמוֹשׁ אֱלֹהֵי מוֹאָב וּלְמִלְכֹּם אֱלֹהֵי בְנֵי־עַמּוֹן וְלֹא־הָלְכוּ
לד בִדְרָכַי לַעֲשׂוֹת הַיָּשָׁר בְּעֵינַי וְחֻקֹּתַי וּמִשְׁפָּטַי כְּדָוִד אָבִיו׃ וְלֹא־
אֶקַּח אֶת־כָּל־הַמַּמְלָכָה מִיָּדוֹ כִּי ׀ נָשִׂיא אֲשִׁתֶנּוּ כֹּל יְמֵי חַיָּיו
לְמַעַן דָּוִד עַבְדִּי אֲשֶׁר בָּחַרְתִּי אֹתוֹ אֲשֶׁר שָׁמַר מִצְוֹתַי וְחֻקֹּתָי׃
לה וְלָקַחְתִּי הַמְּלוּכָה מִיַּד בְּנוֹ וּנְתַתִּיהָ לְּךָ אֵת עֲשֶׂרֶת הַשְּׁבָטִים׃
לו וְלִבְנוֹ אֶתֵּן שֵׁבֶט־אֶחָד לְמַעַן הֱיוֹת־נִיר לְדָוִיד־עַבְדִּי כָּל־
הַיָּמִים ׀ לְפָנַי בִּירוּשָׁלִַם הָעִיר אֲשֶׁר בָּחַרְתִּי לִי לָשׂוּם שְׁמִי שָׁם׃
לז וְאֹתְךָ אֶקַּח וּמָלַכְתָּ בְּכֹל אֲשֶׁר־תְּאַוֶּה נַפְשֶׁךָ וְהָיִיתָ מֶּלֶךְ
לח עַל־יִשְׂרָאֵל׃ וְהָיָה אִם־תִּשְׁמַע אֶת־כָּל־אֲשֶׁר אֲצַוֶּךָ וְהָלַכְתָּ

בִּדְרָכַי וְעָשִׂיתָ הַיָּשָׁר בְּעֵינַי לִשְׁמוֹר חֻקּוֹתַי וּמִצְוֺתַי כַּאֲשֶׁר עָשָׂה
דָּוִד עַבְדִּי וְהָיִיתִי עִמָּךְ וּבָנִיתִי לְךָ בַיִת־נֶאֱמָן כַּאֲשֶׁר בָּנִיתִי
לט לְדָוִד וְנָתַתִּי לְךָ אֶת־יִשְׂרָאֵל: וַאְעַנֶּה אֶת־זֶרַע דָּוִד לְמַעַן
מ זֹאת אַךְ לֹא כָל־הַיָּמִים: וַיְבַקֵּשׁ שְׁלֹמֹה לְהָמִית אֶת־יָרָבְעָם
וַיָּקָם יָרָבְעָם וַיִּבְרַח מִצְרַיִם אֶל־שִׁישַׁק מֶלֶךְ־מִצְרַיִם וַיְהִי
מא בְמִצְרַיִם עַד־מוֹת שְׁלֹמֹה: וְיֶתֶר דִּבְרֵי שְׁלֹמֹה וְכָל־אֲשֶׁר עָשָׂה
מב וְחָכְמָתוֹ הֲלוֹא־הֵם כְּתֻבִים עַל־סֵפֶר דִּבְרֵי שְׁלֹמֹה: וְהַיָּמִים
אֲשֶׁר מָלַךְ שְׁלֹמֹה בִירוּשָׁלִַם עַל־כָּל־יִשְׂרָאֵל אַרְבָּעִים שָׁנָה:
מג וַיִּשְׁכַּב שְׁלֹמֹה עִם־אֲבֹתָיו וַיִּקָּבֵר בְּעִיר דָּוִד אָבִיו וַיִּמְלֹךְ
יב א רְחַבְעָם בְּנוֹ תַּחְתָּיו: וַיֵּלֶךְ רְחַבְעָם שְׁכֶם כִּי שְׁכֶם
ב בָּא כָל־יִשְׂרָאֵל לְהַמְלִיךְ אֹתוֹ: וַיְהִי כִּשְׁמֹעַ ׀ יָרָבְעָם בֶּן־נְבָט
וְהוּא עוֹדֶנּוּ בְמִצְרַיִם אֲשֶׁר בָּרַח מִפְּנֵי הַמֶּלֶךְ שְׁלֹמֹה וַיֵּשֶׁב
ג יָרָבְעָם בְּמִצְרָיִם: וַיִּשְׁלְחוּ וַיִּקְרְאוּ־לוֹ ויבאו יָרָבְעָם וְכָל־קְהַל וַיָּבֹא
ד יִשְׂרָאֵל וַיְדַבְּרוּ אֶל־רְחַבְעָם לֵאמֹר: אָבִיךָ הִקְשָׁה אֶת־עֻלֵּנוּ
וְאַתָּה עַתָּה הָקֵל מֵעֲבֹדַת אָבִיךָ הַקָּשָׁה וּמֵעֻלּוֹ הַכָּבֵד אֲשֶׁר־
ה נָתַן עָלֵינוּ וְנַעַבְדֶךָּ: וַיֹּאמֶר אֲלֵיהֶם לְכוּ־עֹד שְׁלֹשָׁה יָמִים וְשׁוּבוּ
ו אֵלָי וַיֵּלְכוּ הָעָם: וַיִּוָּעַץ הַמֶּלֶךְ רְחַבְעָם אֶת־הַזְּקֵנִים אֲשֶׁר־הָיוּ
עֹמְדִים אֶת־פְּנֵי שְׁלֹמֹה אָבִיו בִּהְיֹתוֹ חַי לֵאמֹר אֵיךְ אַתֶּם
ז נוֹעָצִים לְהָשִׁיב אֶת־הָעָם־הַזֶּה דָּבָר: וַיְדַבֵּר אֵלָיו לֵאמֹר אִם־
הַיּוֹם תִּהְיֶה־עֶבֶד לָעָם הַזֶּה וַעֲבַדְתָּם וַעֲנִיתָם וְדִבַּרְתָּ אֲלֵיהֶם
ח דְּבָרִים טוֹבִים וְהָיוּ לְךָ עֲבָדִים כָּל־הַיָּמִים: וַיַּעֲזֹב אֶת־עֲצַת
הַזְּקֵנִים אֲשֶׁר יְעָצֻהוּ וַיִּוָּעַץ אֶת־הַיְלָדִים אֲשֶׁר גָּדְלוּ אִתּוֹ אֲשֶׁר
ט הָעֹמְדִים לְפָנָיו: וַיֹּאמֶר אֲלֵיהֶם מָה אַתֶּם נוֹעָצִים וְנָשִׁיב דָּבָר
אֶת־הָעָם הַזֶּה אֲשֶׁר דִּבְּרוּ אֵלַי לֵאמֹר הָקֵל מִן־הָעֹל אֲשֶׁר־
י נָתַן אָבִיךָ עָלֵינוּ: וַיְדַבְּרוּ אֵלָיו הַיְלָדִים אֲשֶׁר גָּדְלוּ אִתּוֹ לֵאמֹר
כֹּה־תֹאמַר לָעָם הַזֶּה אֲשֶׁר דִּבְּרוּ אֵלֶיךָ לֵאמֹר אָבִיךָ הִכְבִּיד
אֶת־עֻלֵּנוּ וְאַתָּה הָקֵל מֵעָלֵינוּ כֹּה תְּדַבֵּר אֲלֵיהֶם קָטָנִּי עָבָה

יא מְיַסֵּר אֶתְכֶם בַּשּׁוֹטִים וַאֲנִי אֲיַסֵּר אֶתְכֶם
יב בָּעַקְרַבִּים׃ וַיָּבוֹ יָרָבְעָם וְכָל־הָעָם אֶל־רְחַבְעָם בַּיּוֹם הַשְּׁלִישִׁי
יג כַּאֲשֶׁר דִּבֶּר הַמֶּלֶךְ לֵאמֹר שׁוּבוּ אֵלַי בַּיּוֹם הַשְּׁלִישִׁי׃ וַיַּעַן
הַמֶּלֶךְ אֶת־הָעָם קָשָׁה וַיַּעֲזֹב אֶת־עֲצַת הַזְּקֵנִים אֲשֶׁר יְעָצֻהוּ׃
יד וַיְדַבֵּר אֲלֵיהֶם כַּעֲצַת הַיְלָדִים לֵאמֹר אָבִי הִכְבִּיד אֶת־עֻלְּכֶם
וַאֲנִי אֹסִיף עַל־עֻלְּכֶם אָבִי יִסַּר אֶתְכֶם בַּשּׁוֹטִים וַאֲנִי אֲיַסֵּר
טו אֶתְכֶם בָּעַקְרַבִּים׃ וְלֹא־שָׁמַע הַמֶּלֶךְ אֶל־הָעָם כִּי־הָיְתָה סִבָּה
מֵעִם יהוה לְמַעַן הָקִים אֶת־דְּבָרוֹ אֲשֶׁר דִּבֶּר יהוה בְּיַד אֲחִיָּה
טז הַשִּׁילֹנִי אֶל־יָרָבְעָם בֶּן־נְבָט׃ וַיַּרְא כָּל־יִשְׂרָאֵל כִּי לֹא־שָׁמַע
הַמֶּלֶךְ אֲלֵהֶם וַיָּשִׁבוּ הָעָם אֶת־הַמֶּלֶךְ ׀ דָּבָר ׀ לֵאמֹר מַה־לָּנוּ
חֵלֶק בְּדָוִד וְלֹא־נַחֲלָה בְּבֶן־יִשַׁי לְאֹהָלֶיךָ יִשְׂרָאֵל עַתָּה רְאֵה
יז בֵיתְךָ דָּוִד וַיֵּלֶךְ יִשְׂרָאֵל לְאֹהָלָיו׃ וּבְנֵי יִשְׂרָאֵל הַיֹּשְׁבִים בְּעָרֵי
יְהוּדָה וַיִּמְלֹךְ עֲלֵיהֶם רְחַבְעָם׃
יח וַיִּשְׁלַח הַמֶּלֶךְ רְחַבְעָם אֶת־אֲדֹרָם אֲשֶׁר עַל־הַמַּס וַיִּרְגְּמוּ כָל־
יִשְׂרָאֵל בּוֹ אֶבֶן וַיָּמֹת וְהַמֶּלֶךְ רְחַבְעָם הִתְאַמֵּץ לַעֲלוֹת
יט בַּמֶּרְכָּבָה לָנוּס יְרוּשָׁלִָם׃ וַיִּפְשְׁעוּ יִשְׂרָאֵל בְּבֵית דָּוִד עַד הַיּוֹם
כ הַזֶּה׃ וַיְהִי כִּשְׁמֹעַ כָּל־יִשְׂרָאֵל כִּי־שָׁב יָרָבְעָם
וַיִּשְׁלְחוּ וַיִּקְרְאוּ אֹתוֹ אֶל־הָעֵדָה וַיַּמְלִיכוּ אֹתוֹ עַל־כָּל־
יִשְׂרָאֵל לֹא הָיָה אַחֲרֵי בֵית־דָּוִד זוּלָתִי שֵׁבֶט־יְהוּדָה לְבַדּוֹ׃
כא ויבאו רְחַבְעָם יְרוּשָׁלִַם וַיַּקְהֵל אֶת־כָּל־בֵּית יְהוּדָה וְאֶת־ וַיָּבֹא
שֵׁבֶט בִּנְיָמִן מֵאָה וּשְׁמֹנִים אֶלֶף בָּחוּר עֹשֵׂה מִלְחָמָה
לְהִלָּחֵם עִם־בֵּית יִשְׂרָאֵל לְהָשִׁיב אֶת־הַמְּלוּכָה לִרְחַבְעָם
כב בֶּן־שְׁלֹמֹה׃ וַיְהִי דְּבַר הָאֱלֹהִים אֶל־שְׁמַעְיָה
כג אִישׁ־הָאֱלֹהִים לֵאמֹר׃ אֱמֹר אֶל־רְחַבְעָם בֶּן־שְׁלֹמֹה מֶלֶךְ
כד יְהוּדָה וְאֶל־כָּל־בֵּית יְהוּדָה וּבִנְיָמִין וְיֶתֶר הָעָם לֵאמֹר׃ כֹּה יא
אָמַר יהוה לֹא־תַעֲלוּ וְלֹא־תִלָּחֲמוּן עִם־אֲחֵיכֶם בְּנֵי־יִשְׂרָאֵל

שֻׁבוּ אִישׁ לְבֵיתוֹ כִּי מֵאִתִּי נִהְיָה הַדָּבָר הַזֶּה וַיִּשְׁמְעוּ אֶת־
דְּבַר יְהוָה וַיָּשֻׁבוּ לָלֶכֶת כִּדְבַר יְהוָה׃ וַיִּבֶן כה
יָרָבְעָם אֶת־שְׁכֶם בְּהַר אֶפְרַיִם וַיֵּשֶׁב בָּהּ וַיֵּצֵא מִשָּׁם וַיִּבֶן אֶת־
פְּנוּאֵל׃ וַיֹּאמֶר יָרָבְעָם בְּלִבּוֹ עַתָּה תָּשׁוּב הַמַּמְלָכָה לְבֵית־ כו
דָּוִד׃ אִם־יַעֲלֶה ׀ הָעָם הַזֶּה לַעֲשׂוֹת זְבָחִים בְּבֵית־יְהוָה כז
בִּירוּשָׁלַםִ וְשָׁב לֵב הָעָם הַזֶּה אֶל־אֲדֹנֵיהֶם אֶל־רְחַבְעָם מֶלֶךְ
יְהוּדָה וַהֲרָגֻנִי וְשָׁבוּ אֶל־רְחַבְעָם מֶלֶךְ־יְהוּדָה׃ וַיִּוָּעַץ הַמֶּלֶךְ כח
וַיַּעַשׂ שְׁנֵי עֶגְלֵי זָהָב וַיֹּאמֶר אֲלֵהֶם רַב־לָכֶם מֵעֲלוֹת יְרוּשָׁלַםִ
הִנֵּה אֱלֹהֶיךָ יִשְׂרָאֵל אֲשֶׁר הֶעֱלוּךָ מֵאֶרֶץ מִצְרָיִם׃ וַיָּשֶׂם אֶת־ כט
הָאֶחָד בְּבֵית־אֵל וְאֶת־הָאֶחָד נָתַן בְּדָן׃ וַיְהִי הַדָּבָר הַזֶּה ל
לְחַטָּאת וַיֵּלְכוּ הָעָם לִפְנֵי הָאֶחָד עַד־דָּן׃ וַיַּעַשׂ אֶת־בֵּית בָּמוֹת לא
וַיַּעַשׂ כֹּהֲנִים מִקְצוֹת הָעָם אֲשֶׁר לֹא־הָיוּ מִבְּנֵי לֵוִי׃ וַיַּעַשׂ לב
יָרָבְעָם ׀ חָג בַּחֹדֶשׁ הַשְּׁמִינִי בַּחֲמִשָּׁה־עָשָׂר יוֹם ׀ לַחֹדֶשׁ כֶּחָג ׀
אֲשֶׁר בִּיהוּדָה וַיַּעַל עַל־הַמִּזְבֵּחַ כֵּן עָשָׂה בְּבֵית־אֵל לְזַבֵּחַ
לָעֲגָלִים אֲשֶׁר־עָשָׂה וְהֶעֱמִיד בְּבֵית אֵל אֶת־כֹּהֲנֵי הַבָּמוֹת
אֲשֶׁר עָשָׂה׃ וַיַּעַל עַל־הַמִּזְבֵּחַ ׀ אֲשֶׁר־עָשָׂה בְּבֵית־אֵל בַּחֲמִשָּׁה לג
עָשָׂר יוֹם בַּחֹדֶשׁ הַשְּׁמִינִי בַּחֹדֶשׁ אֲשֶׁר־בָּדָא מלבד וַיַּעַשׂ חָג מִלִּבּוֹ
לִבְנֵי יִשְׂרָאֵל וַיַּעַל עַל־הַמִּזְבֵּחַ לְהַקְטִיר׃ וְהִנֵּה ׀ א יג
אִישׁ אֱלֹהִים בָּא מִיהוּדָה בִּדְבַר יְהוָה אֶל־בֵּית־אֵל וְיָרָבְעָם
עֹמֵד עַל־הַמִּזְבֵּחַ לְהַקְטִיר׃ וַיִּקְרָא עַל־הַמִּזְבֵּחַ בִּדְבַר יְהוָה ב
וַיֹּאמֶר מִזְבֵּחַ מִזְבֵּחַ כֹּה אָמַר יְהוָה הִנֵּה־בֵן נוֹלָד לְבֵית־דָּוִד
יֹאשִׁיָּהוּ שְׁמוֹ וְזָבַח עָלֶיךָ אֶת־כֹּהֲנֵי הַבָּמוֹת הַמַּקְטִרִים עָלֶיךָ
וְעַצְמוֹת אָדָם יִשְׂרְפוּ עָלֶיךָ׃ וְנָתַן בַּיּוֹם הַהוּא מוֹפֵת לֵאמֹר זֶה ג
הַמּוֹפֵת אֲשֶׁר דִּבֶּר יְהוָה הִנֵּה הַמִּזְבֵּחַ נִקְרָע וְנִשְׁפַּךְ הַדֶּשֶׁן
אֲשֶׁר־עָלָיו׃ וַיְהִי כִשְׁמֹעַ הַמֶּלֶךְ אֶת־דְּבַר אִישׁ־הָאֱלֹהִים אֲשֶׁר ד
קָרָא עַל־הַמִּזְבֵּחַ בְּבֵית־אֵל וַיִּשְׁלַח יָרָבְעָם אֶת־יָדוֹ מֵעַל
הַמִּזְבֵּחַ לֵאמֹר ׀ תִּפְשֻׂהוּ וַתִּיבַשׁ יָדוֹ אֲשֶׁר שָׁלַח עָלָיו וְלֹא יָכֹל

ה לַהֲשִׁיבָהּ אֵלָיו: וְהַמִּזְבֵּחַ נִקְרָע וַיִּשָּׁפֵךְ הַדֶּשֶׁן מִן־הַמִּזְבֵּחַ
ו כַּמּוֹפֵת אֲשֶׁר נָתַן אִישׁ הָאֱלֹהִים בִּדְבַר יְהוָה: וַיַּעַן הַמֶּלֶךְ
וַיֹּאמֶר ׀ אֶל־אִישׁ הָאֱלֹהִים חַל־נָא אֶת־פְּנֵי יְהוָה אֱלֹהֶיךָ
וְהִתְפַּלֵּל בַּעֲדִי וְתָשֹׁב יָדִי אֵלָי וַיְחַל אִישׁ־הָאֱלֹהִים אֶת־פְּנֵי
ז יְהוָה וַתָּשָׁב יַד־הַמֶּלֶךְ אֵלָיו וַתְּהִי כְּבָרִאשֹׁנָה: וַיְדַבֵּר הַמֶּלֶךְ
אֶל־אִישׁ הָאֱלֹהִים בֹּאָה־אִתִּי הַבַּיְתָה וּסְעָדָה וְאֶתְּנָה לְךָ
ח מַתָּת: וַיֹּאמֶר אִישׁ־הָאֱלֹהִים אֶל־הַמֶּלֶךְ אִם־תִּתֶּן־לִי אֶת־
חֲצִי בֵיתֶךָ לֹא אָבֹא עִמָּךְ וְלֹא־אֹכַל לֶחֶם וְלֹא אֶשְׁתֶּה־מַּיִם
ט בַּמָּקוֹם הַזֶּה: כִּי־כֵן ׀ צִוָּה אֹתִי בִּדְבַר יְהוָה לֵאמֹר לֹא־תֹאכַל
לֶחֶם וְלֹא תִשְׁתֶּה־מָּיִם וְלֹא תָשׁוּב בַּדֶּרֶךְ אֲשֶׁר הָלָכְתָּ:
י וַיֵּלֶךְ בְּדֶרֶךְ אַחֵר וְלֹא־שָׁב בַּדֶּרֶךְ אֲשֶׁר בָּא בָהּ אֶל־בֵּית־
יא אֵל: וְנָבִיא אֶחָד זָקֵן יֹשֵׁב בְּבֵית־אֵל וַיָּבוֹא בְנוֹ
וַיְסַפֶּר־לוֹ אֶת־כָּל־הַמַּעֲשֶׂה אֲשֶׁר־עָשָׂה אִישׁ־הָאֱלֹהִים ׀ הַיּוֹם
בְּבֵית־אֵל אֶת־הַדְּבָרִים אֲשֶׁר דִּבֶּר אֶל־הַמֶּלֶךְ וַיְסַפְּרוּם
יב לַאֲבִיהֶם: וַיְדַבֵּר אֲלֵהֶם אֲבִיהֶם אֵי־זֶה הַדֶּרֶךְ הָלָךְ וַיִּרְאוּ בָנָיו
אֶת־הַדֶּרֶךְ אֲשֶׁר הָלַךְ אִישׁ הָאֱלֹהִים אֲשֶׁר־בָּא מִיהוּדָה:
יג וַיֹּאמֶר אֶל־בָּנָיו חִבְשׁוּ־לִי הַחֲמוֹר וַיַּחְבְּשׁוּ־לוֹ הַחֲמוֹר וַיִּרְכַּב
יד עָלָיו: וַיֵּלֶךְ אַחֲרֵי אִישׁ הָאֱלֹהִים וַיִּמְצָאֵהוּ יֹשֵׁב תַּחַת הָאֵלָה
וַיֹּאמֶר אֵלָיו הַאַתָּה אִישׁ־הָאֱלֹהִים אֲשֶׁר־בָּאתָ מִיהוּדָה
טו טז וַיֹּאמֶר אָנִי: וַיֹּאמֶר אֵלָיו לֵךְ אִתִּי הַבָּיְתָה וֶאֱכֹל לָחֶם: וַיֹּאמֶר
לֹא אוּכַל לָשׁוּב אִתָּךְ וְלָבוֹא אִתָּךְ וְלֹא־אֹכַל לֶחֶם וְלֹא־אֶשְׁתֶּה
יז אִתְּךָ מַיִם בַּמָּקוֹם הַזֶּה: כִּי־דָבָר אֵלַי בִּדְבַר יְהוָה לֹא־תֹאכַל
לֶחֶם וְלֹא־תִשְׁתֶּה שָׁם מָיִם לֹא־תָשׁוּב לָלֶכֶת בַּדֶּרֶךְ אֲשֶׁר־
יח הָלַכְתָּ בָּהּ: וַיֹּאמֶר לוֹ גַּם־אֲנִי נָבִיא כָּמוֹךָ וּמַלְאָךְ דִּבֶּר אֵלַי
בִּדְבַר יְהוָה לֵאמֹר הֲשִׁבֵהוּ אִתְּךָ אֶל־בֵּיתֶךָ וְיֹאכַל לֶחֶם וְיֵשְׁתְּ
יט כ מָיִם כִּחֵשׁ לוֹ: וַיָּשָׁב אִתּוֹ וַיֹּאכַל לֶחֶם בְּבֵיתוֹ וַיֵּשְׁתְּ מָיִם: וַיְהִי
הֵם יֹשְׁבִים אֶל־הַשֻּׁלְחָן   וַיְהִי דְּבַר־יְהוָה אֶל־הַנָּבִיא אֲשֶׁר

הֱשִׁיבֽוֹ: וַיִּקְרָ֞א אֶל־אִ֣ישׁ הָאֱלֹהִ֗ים אֲשֶׁר־בָּ֤א מִֽיהוּדָה֙ לֵאמֹ֔ר כא
כֹּ֖ה אָמַ֣ר יְהוָ֑ה יַ֗עַן כִּ֤י מָרִ֙יתָ֙ פִּ֣י יְהוָ֔ה וְלֹ֤א שָׁמַ֙רְתָּ֙ אֶת־הַמִּצְוָ֔ה
אֲשֶׁ֥ר צִוְּךָ֖ יְהוָ֥ה אֱלֹהֶֽיךָ: וַתָּ֗שָׁב וַתֹּ֤אכַל לֶ֙חֶם֙ וַתֵּ֣שְׁתְּ מַ֔יִם כב
בַּמָּקוֹם֙ אֲשֶׁ֣ר דִּבֶּ֣ר אֵלֶ֔יךָ אַל־תֹּ֥אכַל לֶ֖חֶם וְאַל־תֵּ֣שְׁתְּ מָ֑יִם לֹֽא־
תָב֥וֹא נִבְלָתְךָ֖ אֶל־קֶ֥בֶר אֲבֹתֶֽיךָ: וַיְהִ֗י אַחֲרֵ֛י אָכְל֥וֹ לֶ֖חֶם וְאַחֲרֵ֣י כג
שְׁתוֹת֑וֹ וַיַּחֲבָשׁ־ל֣וֹ הַחֲמ֔וֹר לַנָּבִ֖יא אֲשֶׁ֥ר הֱשִׁיבֽוֹ: וַיֵּ֕לֶךְ וַיִּמְצָאֵ֧הוּ כד
אַרְיֵ֣ה בַּדֶּ֗רֶךְ וַיְמִיתֵ֑הוּ וַתְּהִ֤י נִבְלָתוֹ֙ מֻשְׁלֶ֣כֶת בַּדֶּ֔רֶךְ וְהַחֲמוֹר֙
עֹמֵ֣ד אֶצְלָ֔הּ וְהָ֣אַרְיֵ֔ה עֹמֵ֖ד אֵ֣צֶל הַנְּבֵלָֽה: וְהִנֵּ֧ה אֲנָשִׁ֣ים עֹבְרִ֗ים כה
וַיִּרְא֤וּ אֶת־הַנְּבֵלָה֙ מֻשְׁלֶ֣כֶת בַּדֶּ֔רֶךְ וְאֶת־הָ֣אַרְיֵ֔ה עֹמֵ֖ד אֵ֣צֶל
הַנְּבֵלָ֑ה וַיָּבֹ֣אוּ וַיְדַבְּר֣וּ בָעִ֔יר אֲשֶׁ֛ר הַנָּבִ֥יא הַזָּקֵ֖ן יֹשֵׁ֥ב בָּֽהּ:
וַיִּשְׁמַ֣ע הַנָּבִיא֮ אֲשֶׁ֣ר הֱשִׁיב֣וֹ מִן־הַדֶּרֶךְ֒ וַיֹּ֙אמֶר֙ אִ֣ישׁ הָאֱלֹהִ֣ים כו
ה֔וּא אֲשֶׁ֥ר מָרָ֖ה אֶת־פִּ֣י יְהוָ֑ה וַיִּתְּנֵ֨הוּ יְהוָ֜ה לָאַרְיֵ֗ה וַֽיִּשְׁבְּרֵ֙הוּ֙
וַיְמִתֵ֔הוּ כִּדְבַ֥ר יְהוָ֖ה אֲשֶׁ֣ר דִּבֶּר־לֽוֹ: וַיְדַבֵּ֥ר אֶל־בָּנָ֖יו לֵאמֹ֑ר כז
חִבְשׁוּ־לִי֙ אֶֽת־הַחֲמ֔וֹר וַֽיַּחֲבֹֽשׁוּ: וַיֵּ֗לֶךְ וַיִּמְצָ֤א אֶת־נִבְלָתוֹ֙ כח
מֻשְׁלֶ֣כֶת בַּדֶּ֔רֶךְ וַֽחֲמוֹר֙ וְהָ֣אַרְיֵ֔ה עֹמְדִ֖ים אֵ֣צֶל הַנְּבֵלָ֑ה לֹֽא־אָכַ֤ל
הָֽאַרְיֵה֙ אֶת־הַנְּבֵלָ֔ה וְלֹ֥א שָׁבַ֖ר אֶת־הַחֲמֽוֹר: וַיִּשָּׂ֣א הַנָּבִ֗יא כט
אֶת־נִבְלַ֤ת אִישׁ־הָאֱלֹהִים֙ וַיַּנִּחֵ֣הוּ אֶֽל־הַחֲמ֔וֹר וַיְשִׁיבֵ֑הוּ וַיָּבֹ֗א
אֶל־עִיר֙ הַנָּבִ֣יא הַזָּקֵ֔ן לִסְפֹּ֖ד וּלְקָבְרֽוֹ: וַיַּנַּ֥ח אֶת־נִבְלָת֖וֹ בְּקִבְר֑וֹ ל
וַיִּסְפְּד֥וּ עָלָ֖יו ה֥וֹי אָחִֽי: וַיְהִ֞י אַחֲרֵ֣י קָבְר֣וֹ אֹת֗וֹ וַיֹּ֤אמֶר אֶל־בָּנָיו֙ לא
לֵאמֹ֔ר בְּמוֹתִי֙ וּקְבַרְתֶּ֣ם אֹתִ֔י בַּקֶּ֕בֶר אֲשֶׁ֛ר אִ֥ישׁ הָאֱלֹהִ֖ים קָב֣וּר
בּ֑וֹ אֵ֚צֶל עַצְמֹתָ֔יו הַנִּ֖יחוּ אֶת־עַצְמֹתָֽי: כִּי֩ הָיֹ֨ה יִהְיֶ֜ה הַדָּבָ֗ר אֲשֶׁ֤ר לב
קָרָא֙ בִּדְבַ֣ר יְהוָ֔ה עַל־הַמִּזְבֵּ֖חַ אֲשֶׁ֣ר בְּבֵֽית־אֵ֑ל וְעַל֙ כָּל־
בָּתֵּ֣י הַבָּמ֔וֹת אֲשֶׁ֖ר בְּעָרֵ֥י שֹׁמְרֽוֹן: אַחַ֖ר הַדָּבָ֣ר לג
הַזֶּ֗ה לֹֽא־שָׁ֤ב יָרָבְעָם֙ מִדַּרְכּ֣וֹ הָרָעָ֔ה וַ֠יָּשָׁב וַ֠יַּעַשׂ מִקְצ֤וֹת הָעָם֙
כֹּהֲנֵ֣י בָמ֔וֹת הֶחָפֵץ֙ יְמַלֵּ֣א אֶת־יָד֔וֹ וִיהִ֖י כֹּהֲנֵ֥י בָמֽוֹת: וַיְהִי֙ לד
בַּדָּבָ֣ר הַזֶּ֔ה לְחַטַּ֖את בֵּ֣ית יָרָבְעָ֑ם וּֽלְהַכְחִיד֙ וּלְהַשְׁמִ֔יד מֵעַ֖ל פְּנֵ֥י
הָאֲדָמָֽה: בָּעֵ֣ת הַהִ֔יא חָלָ֖ה אֲבִיָּ֥ה בֶן־יָרָבְעָֽם: יד א

מלכים א   יד

את וַיֹּ֣אמֶר יָרָבְעָ֣ם לְאִשְׁתּ֗וֹ ק֤וּמִי נָא֙ וְהִשְׁתַּנִּ֔ית וְלֹ֣א יֵֽדְע֔וּ כִּי־אתי (אַ֖תְּ) אֵ֣שֶׁת יָרָבְעָ֑ם וְהָלַ֣כְתְּ שִׁלֹ֗ה הִנֵּה־שָׁם֙ אֲחִיָּ֣ה הַנָּבִ֔יא הֽוּא־דִבֶּ֥ר

עָלַ֛י לְמֶ֖לֶךְ עַל־הָעָ֥ם הַזֶּֽה: וְלָקַ֣חַתְּ בְּ֠יָדֵךְ עֲשָׂרָ֨ה לֶ֧חֶם וְנִקֻּדִ֛ים

וּבַקְבֻּ֥ק דְּבַ֖שׁ וּבָ֣את אֵלָ֑יו ה֥וּא יַגִּ֛יד לָ֖ךְ מַה־יִּֽהְיֶ֥ה לַנָּֽעַר: וַתַּ֤עַשׂ

כֵּן֙ אֵ֣שֶׁת יָרָבְעָ֔ם וַתָּ֙קָם֙ וַתֵּ֣לֶךְ שִׁלֹ֔ה וַתָּבֹ֖א בֵּ֣ית אֲחִיָּ֑ה וַאֲחִיָּ֙הוּ֙

לֹֽא־יָכֹ֣ל לִרְא֔וֹת כִּ֛י קָ֥מוּ עֵינָ֖יו מִשֵּׂיבֽוֹ: וַֽיהֹוָ֞ה

אָמַ֣ר אֶל־אֲחִיָּ֗הוּ הִנֵּ֣ה אֵ֣שֶׁת יָרָבְעָ֗ם בָּאָ֤ה לִדְרֹשׁ֙ דָּבָ֤ר מֵֽעִמְּךָ֙

אֶל־בְּנָ֔הּ כִּֽי־חֹלֶ֖ה ה֑וּא כָּזֹ֥ה וְכָזֶ֖ה תְּדַבֵּ֣ר אֵלֶ֑יהָ וִיהִ֣י כְבֹאָ֔הּ

וְהִ֖יא מִתְנַכֵּרָֽה: וַיְהִי֩ כִשְׁמֹ֨עַ אֲחִיָּ֜הוּ אֶת־ק֤וֹל רַגְלֶ֙יהָ֙ בָּאָ֣ה

בַפֶּ֔תַח וַיֹּ֕אמֶר בֹּ֖אִי אֵ֣שֶׁת יָרָבְעָ֑ם לָ֣מָּה זֶּ֗ה אַ֚תְּ מִתְנַכֵּרָ֔ה וְאָ֣נֹכִ֔י

שָׁל֥וּחַ אֵלַ֖יִךְ קָשָֽׁה: לְכִ֞י אִמְרִ֣י לְיָרָבְעָ֗ם כֹּֽה־אָמַ֤ר יְהֹוָה֙ אֱלֹהֵ֣י

יִשְׂרָאֵ֔ל יַ֛עַן אֲשֶׁ֥ר הֲרִימֹתִ֖יךָ מִתּ֣וֹךְ הָעָ֑ם וָאֶתֶּנְךָ֣ נָגִ֔יד עַ֖ל עַמִּ֥י

יִשְׂרָאֵֽל: וָאֶקְרַ֤ע אֶת־הַמַּמְלָכָה֙ מִבֵּ֣ית דָּוִ֔ד וָאֶתְּנֶ֖הָ לָ֑ךְ וְלֹֽא־

הָיִ֜יתָ כְּעַבְדִּ֣י דָוִ֗ד אֲשֶׁר֩ שָׁמַ֨ר מִצְוֺתַ֜י וַאֲשֶׁר־הָלַ֤ךְ אַחֲרַי֙ בְּכָל־

לְבָב֔וֹ לַעֲשׂ֕וֹת רַ֖ק הַיָּשָׁ֥ר בְּעֵינָֽי: וַתָּ֣רַע לַעֲשׂ֔וֹת מִכֹּ֖ל אֲשֶׁר־הָי֣וּ

לְפָנֶ֑יךָ וַתֵּ֡לֶךְ וַתַּעֲשֶׂה־לְּךָ֩ אֱלֹהִ֨ים אֲחֵרִ֤ים וּמַסֵּכוֹת֙ לְהַכְעִיסֵ֔נִי

וְאֹתִ֥י הִשְׁלַ֖כְתָּ אַחֲרֵ֣י גַוֶּֽךָ: לָכֵ֗ן הִנְנִ֨י מֵבִ֤יא רָעָה֙ אֶל־בֵּ֣ית יָרָבְעָ֔ם

וְהִכְרַתִּ֤י לְיָרָבְעָם֙ מַשְׁתִּ֣ין בְּקִ֔יר עָצ֥וּר וְעָז֖וּב בְּיִשְׂרָאֵ֑ל

וּבִֽעַרְתִּי֙ אַחֲרֵ֣י בֵית־יָרָבְעָ֔ם כַּאֲשֶׁ֛ר יְבַעֵ֥ר הַגָּלָ֖ל עַד־תֻּמּֽוֹ:

הַמֵּ֨ת לְיָרָבְעָ֤ם בָּעִיר֙ יֹאכְל֣וּ הַכְּלָבִ֔ים וְהַמֵּת֙ בַּשָּׂדֶ֔ה יֹאכְל֖וּ ע֣וֹף

הַשָּׁמָ֑יִם כִּ֥י יְהֹוָ֖ה דִּבֵּֽר: וְאַ֣תְּ ק֤וּמִי לְכִ֣י לְבֵיתֵ֔ךְ בְּבֹאָ֥ה רַגְלַ֛יִךְ

הָעִ֖ירָה וּמֵ֥ת הַיָּֽלֶד: וְסָֽפְדוּ־ל֤וֹ כָל־יִשְׂרָאֵל֙ וְקָבְר֣וּ אֹת֔וֹ כִּֽי־זֶ֣ה

לְבַדּ֗וֹ יָבֹ֤א לְיָרָבְעָם֙ אֶל־קָ֔בֶר יַ֗עַן נִמְצָא־ב֤וֹ דָּבָ֣ר טוֹב֙ אֶל־יְהֹוָ֣ה

אֱלֹהֵ֣י יִשְׂרָאֵ֔ל בְּבֵ֖ית יָרָבְעָֽם: וְהֵקִים֩ יְהֹוָ֨ה ל֥וֹ מֶ֙לֶךְ֙ עַל־יִשְׂרָאֵ֔ל

אֲשֶׁ֥ר יַכְרִ֛ית אֶת־בֵּ֥ית יָרָבְעָ֖ם זֶ֣ה הַיּ֑וֹם וּמֶ֖ה גַּם־עָֽתָּה: וְהִכָּ֨ה

יְהֹוָ֜ה אֶת־יִשְׂרָאֵ֗ל כַּאֲשֶׁ֨ר יָנ֣וּד הַקָּנֶה֮ בַּמַּיִם֒ וְנָתַ֣שׁ אֶת־יִשְׂרָאֵ֗ל

מֵ֠עַל הָאֲדָמָ֨ה הַטּוֹבָ֤ה הַזֹּאת֙ אֲשֶׁ֣ר נָתַ֣ן לַאֲבוֹתֵיהֶ֔ם וְזֵרָ֖ם

מֵעֵבֶר לַנָּהָר יַעַן אֲשֶׁר עָשׂוּ אֶת־אֲשֵׁרֵיהֶם מַכְעִיסִים אֶת־
טז יְהוָה: וְיִתֵּן אֶת־יִשְׂרָאֵל בִּגְלַל חַטֹּאות יָרָבְעָם אֲשֶׁר חָטָא
יז וַאֲשֶׁר הֶחֱטִיא אֶת־יִשְׂרָאֵל: וַתָּקָם אֵשֶׁת יָרָבְעָם וַתֵּלֶךְ וַתָּבֹא
יח תִרְצָתָה הִיא בָּאָה בְסַף־הַבַּיִת וְהַנַּעַר מֵת: וַיִּקְבְּרוּ אֹתוֹ
וַיִּסְפְּדוּ־לוֹ כָּל־יִשְׂרָאֵל כִּדְבַר יְהוָה אֲשֶׁר דִּבֶּר בְּיַד־עַבְדּוֹ
יט אֲחִיָּהוּ הַנָּבִיא: וְיֶתֶר דִּבְרֵי יָרָבְעָם אֲשֶׁר נִלְחַם וַאֲשֶׁר מָלָךְ
כ הִנָּם כְּתוּבִים עַל־סֵפֶר דִּבְרֵי הַיָּמִים לְמַלְכֵי יִשְׂרָאֵל: וְהַיָּמִים
אֲשֶׁר מָלַךְ יָרָבְעָם עֶשְׂרִים וּשְׁתַּיִם שָׁנָה וַיִּשְׁכַּב עִם־אֲבֹתָיו
כא וַיִּמְלֹךְ נָדָב בְּנוֹ תַּחְתָּיו: וּרְחַבְעָם בֶּן־שְׁלֹמֹה
מָלַךְ בִּיהוּדָה בֶּן־אַרְבָּעִים וְאַחַת שָׁנָה רְחַבְעָם בְּמָלְכוֹ וְשֶׁבַע
עֶשְׂרֵה שָׁנָה ׀ מָלַךְ בִּירוּשָׁלִַם הָעִיר אֲשֶׁר־בָּחַר יְהוָה לָשׂוּם
אֶת־שְׁמוֹ שָׁם מִכֹּל שִׁבְטֵי יִשְׂרָאֵל וְשֵׁם אִמּוֹ נַעֲמָה הָעַמֹּנִית:
כב וַיַּעַשׂ יְהוּדָה הָרַע בְּעֵינֵי יְהוָה וַיְקַנְאוּ אֹתוֹ מִכֹּל אֲשֶׁר עָשׂוּ
כג אֲבֹתָם בְּחַטֹּאתָם אֲשֶׁר חָטָאוּ: וַיִּבְנוּ גַם־הֵמָּה לָהֶם בָּמוֹת
וּמַצֵּבוֹת וַאֲשֵׁרִים עַל כָּל־גִּבְעָה גְבֹהָה וְתַחַת כָּל־עֵץ רַעֲנָן:
כד וְגַם־קָדֵשׁ הָיָה בָאָרֶץ עָשׂוּ כְּכֹל הַתּוֹעֲבֹת הַגּוֹיִם אֲשֶׁר הוֹרִישׁ
כה יְהוָה מִפְּנֵי בְּנֵי יִשְׂרָאֵל: וַיְהִי בַּשָּׁנָה הַחֲמִישִׁית
כו לַמֶּלֶךְ רְחַבְעָם עָלָה שׁוּשַׁק מֶלֶךְ־מִצְרַיִם עַל־יְרוּשָׁלִָם: וַיִּקַּח שִׁישַׁק
אֶת־אֹצְרוֹת בֵּית־יְהוָה וְאֶת־אוֹצְרוֹת בֵּית הַמֶּלֶךְ וְאֶת־הַכֹּל
כז לָקָח וַיִּקַּח אֶת־כָּל־מָגִנֵּי הַזָּהָב אֲשֶׁר עָשָׂה שְׁלֹמֹה: וַיַּעַשׂ
הַמֶּלֶךְ רְחַבְעָם תַּחְתָּם מָגִנֵּי נְחֹשֶׁת וְהִפְקִיד עַל־יַד שָׂרֵי
כח הָרָצִים הַשֹּׁמְרִים פֶּתַח בֵּית הַמֶּלֶךְ: וַיְהִי מִדֵּי־בֹא הַמֶּלֶךְ בֵּית
כט יְהוָה יִשָּׂאוּם הָרָצִים וֶהֱשִׁיבוּם אֶל־תָּא הָרָצִים: וְיֶתֶר דִּבְרֵי
רְחַבְעָם וְכָל־אֲשֶׁר עָשָׂה הֲלֹא־הֵמָּה כְתוּבִים עַל־סֵפֶר דִּבְרֵי
ל הַיָּמִים לְמַלְכֵי יְהוּדָה: וּמִלְחָמָה הָיְתָה בֵין־רְחַבְעָם וּבֵין
לא יָרָבְעָם כָּל־הַיָּמִים: וַיִּשְׁכַּב רְחַבְעָם עִם־אֲבֹתָיו וַיִּקָּבֵר עִם־
אֲבֹתָיו בְּעִיר דָּוִד וְשֵׁם אִמּוֹ נַעֲמָה הָעַמֹּנִית וַיִּמְלֹךְ אֲבִיָּם בְּנוֹ

א תַּחְתָּיו׃ וּבִשְׁנַת שְׁמֹנֶה עֶשְׂרֵה לַמֶּלֶךְ יָרָבְעָם
ב בֶּן־נְבָט מָלַךְ אֲבִיָּם עַל־יְהוּדָה׃ שָׁלֹשׁ שָׁנִים מָלַךְ בִּירוּשָׁלָםִ
ג וְשֵׁם אִמּוֹ מַעֲכָה בַּת־אֲבִישָׁלוֹם׃ וַיֵּלֶךְ בְּכָל־חַטֹּאות אָבִיו
אֲשֶׁר־עָשָׂה לְפָנָיו וְלֹא־הָיָה לְבָבוֹ שָׁלֵם עִם־יְהוָה אֱלֹהָיו
ד כִּלְבַב דָּוִד אָבִיו׃ כִּי לְמַעַן דָּוִד נָתַן יְהוָה אֱלֹהָיו לוֹ נִיר
בִּירוּשָׁלָםִ לְהָקִים אֶת־בְּנוֹ אַחֲרָיו וּלְהַעֲמִיד אֶת־יְרוּשָׁלָםִ׃
ה אֲשֶׁר עָשָׂה דָוִד אֶת־הַיָּשָׁר בְּעֵינֵי יְהוָה וְלֹא־סָר מִכֹּל ׀ אֲשֶׁר
ו צִוָּהוּ כֹּל יְמֵי חַיָּיו רַק בִּדְבַר אוּרִיָּה הַחִתִּי׃ וּמִלְחָמָה הָיְתָה
ז בֵין־רְחַבְעָם וּבֵין יָרָבְעָם כָּל־יְמֵי חַיָּיו׃ וְיֶתֶר דִּבְרֵי אֲבִיָּם וְכָל־
אֲשֶׁר עָשָׂה הֲלוֹא־הֵם כְּתוּבִים עַל־סֵפֶר דִּבְרֵי הַיָּמִים לְמַלְכֵי
ח יְהוּדָה וּמִלְחָמָה הָיְתָה בֵּין אֲבִיָּם וּבֵין יָרָבְעָם׃ וַיִּשְׁכַּב יג
אֲבִיָּם עִם־אֲבֹתָיו וַיִּקְבְּרוּ אֹתוֹ בְּעִיר דָּוִד וַיִּמְלֹךְ אָסָא בְנוֹ
ט תַּחְתָּיו׃ וּבִשְׁנַת עֶשְׂרִים לְיָרָבְעָם מֶלֶךְ יִשְׂרָאֵל
י מָלַךְ אָסָא עַל־יְהוּדָה׃ וְאַרְבָּעִים וְאַחַת שָׁנָה מָלַךְ בִּירוּשָׁלָםִ
יא וְשֵׁם אִמּוֹ מַעֲכָה בַּת־אֲבִישָׁלוֹם׃ וַיַּעַשׂ אָסָא הַיָּשָׁר בְּעֵינֵי
יב יְהוָה כְּדָוִד אָבִיו׃ וַיַּעֲבֵר הַקְּדֵשִׁים מִן־הָאָרֶץ וַיָּסַר אֶת־כָּל־
יג הַגִּלֻּלִים אֲשֶׁר עָשׂוּ אֲבֹתָיו׃ וְגַם ׀ אֶת־מַעֲכָה אִמּוֹ וַיְסִרֶהָ
מִגְּבִירָה אֲשֶׁר־עָשְׂתָה מִפְלֶצֶת לָאֲשֵׁרָה וַיִּכְרֹת אָסָא אֶת־
יד מִפְלַצְתָּהּ וַיִּשְׂרֹף בְּנַחַל קִדְרוֹן׃ וְהַבָּמוֹת לֹא־סָרוּ רַק לְבַב־
טו אָסָא הָיָה שָׁלֵם עִם־יְהוָה כָּל־יָמָיו׃ וַיָּבֵא אֶת־קָדְשֵׁי אָבִיו
טז וקדשו בֵּית יְהוָה כֶּסֶף וְזָהָב וְכֵלִים׃ וּמִלְחָמָה הָיְתָה בֵּין אָסָא וְקָדָשַׁי
יז וּבֵין בַּעְשָׁא מֶלֶךְ־יִשְׂרָאֵל כָּל־יְמֵיהֶם׃ וַיַּעַל בַּעְשָׁא מֶלֶךְ־
יִשְׂרָאֵל עַל־יְהוּדָה וַיִּבֶן אֶת־הָרָמָה לְבִלְתִּי תֵּת יֹצֵא וָבָא
יח לְאָסָא מֶלֶךְ יְהוּדָה׃ וַיִּקַּח אָסָא אֶת־כָּל־הַכֶּסֶף וְהַזָּהָב
הַנּוֹתָרִים ׀ בְּאוֹצְרוֹת בֵּית־יְהוָה וְאֶת־אוֹצְרוֹת בית מלך וַיִּתְּנֵם הַמֶּלֶךְ
בְּיַד עֲבָדָיו וַיִּשְׁלָחֵם הַמֶּלֶךְ אָסָא אֶל־בֶּן־הֲדַד בֶּן־טַבְרִמֹּן בֶּן־
יט חֶזְיוֹן מֶלֶךְ אֲרָם הַיֹּשֵׁב בְּדַמֶּשֶׂק לֵאמֹר׃ בְּרִית בֵּינִי וּבֵינֶךָ בֵּין

אָבִי וּבֵין אָבִיךָ הִנֵּה שָׁלַחְתִּי לְךָ שֹׁחַד כֶּסֶף וְזָהָב לֵךְ הָפֵרָה
כ אֶת־בְּרִיתְךָ אֶת־בַּעְשָׁא מֶלֶךְ־יִשְׂרָאֵל וְיַעֲלֶה מֵעָלָי׃ וַיִּשְׁמַע
בֶּן־הֲדַד אֶל־הַמֶּלֶךְ אָסָא וַיִּשְׁלַח אֶת־שָׂרֵי הַחֲיָלִים אֲשֶׁר־לוֹ
עַל־עָרֵי יִשְׂרָאֵל וַיַּךְ אֶת־עִיּוֹן וְאֶת־דָּן וְאֵת אָבֵל בֵּית־מַעֲכָה
כא וְאֵת כָּל־כִּנְרוֹת עַל כָּל־אֶרֶץ נַפְתָּלִי׃ וַיְהִי כִּשְׁמֹעַ בַּעְשָׁא
כב וַיֶּחְדַּל מִבְּנוֹת אֶת־הָרָמָה וַיֵּשֶׁב בְּתִרְצָה׃ וְהַמֶּלֶךְ אָסָא
הִשְׁמִיעַ אֶת־כָּל־יְהוּדָה אֵין נָקִי וַיִּשְׂאוּ אֶת־אַבְנֵי הָרָמָה וְאֶת־
עֵצֶיהָ אֲשֶׁר בָּנָה בַּעְשָׁא וַיִּבֶן בָּם הַמֶּלֶךְ אָסָא אֶת־גֶּבַע בִּנְיָמִן
כג וְאֶת־הַמִּצְפָּה׃ וְיֶתֶר כָּל־דִּבְרֵי אָסָא וְכָל־גְּבוּרָתוֹ וְכָל־אֲשֶׁר
עָשָׂה וְהֶעָרִים אֲשֶׁר בָּנָה הֲלֹא־הֵמָּה כְתוּבִים עַל־סֵפֶר דִּבְרֵי
כד הַיָּמִים לְמַלְכֵי יְהוּדָה רַק לְעֵת זִקְנָתוֹ חָלָה אֶת־רַגְלָיו׃ וַיִּשְׁכַּב
אָסָא עִם־אֲבֹתָיו וַיִּקָּבֵר עִם־אֲבֹתָיו בְּעִיר דָּוִד אָבִיו וַיִּמְלֹךְ
כה יְהוֹשָׁפָט בְּנוֹ תַּחְתָּיו׃ וְנָדָב בֶּן־יָרָבְעָם מָלַךְ עַל־
יִשְׂרָאֵל בִּשְׁנַת שְׁתַּיִם לְאָסָא מֶלֶךְ יְהוּדָה וַיִּמְלֹךְ עַל־יִשְׂרָאֵל
כו שְׁנָתָיִם׃ וַיַּעַשׂ הָרַע בְּעֵינֵי יְהוָה וַיֵּלֶךְ בְּדֶרֶךְ אָבִיו וּבְחַטָּאתוֹ
כז אֲשֶׁר הֶחֱטִיא אֶת־יִשְׂרָאֵל׃ וַיִּקְשֹׁר עָלָיו בַּעְשָׁא בֶן־אֲחִיָּה לְבֵית
יִשָּׂשכָר וַיַּכֵּהוּ בַעְשָׁא בְּגִבְּתוֹן אֲשֶׁר לַפְּלִשְׁתִּים וְנָדָב וְכָל־
כח יִשְׂרָאֵל צָרִים עַל־גִּבְּתוֹן׃ וַיְמִתֵהוּ בַעְשָׁא בִּשְׁנַת שָׁלֹשׁ לְאָסָא
כט מֶלֶךְ יְהוּדָה וַיִּמְלֹךְ תַּחְתָּיו׃ וַיְהִי כְמָלְכוֹ הִכָּה אֶת־כָּל־בֵּית
יָרָבְעָם לֹא־הִשְׁאִיר כָּל־נְשָׁמָה לְיָרָבְעָם עַד־הִשְׁמִדוֹ כִּדְבַר
ל יְהוָה אֲשֶׁר דִּבֶּר בְּיַד־עַבְדּוֹ אֲחִיָּה הַשִּׁילֹנִי׃ עַל־חַטֹּאות יָרָבְעָם
אֲשֶׁר חָטָא וַאֲשֶׁר הֶחֱטִיא אֶת־יִשְׂרָאֵל בְּכַעְסוֹ אֲשֶׁר הִכְעִיס
לא אֶת־יְהוָה אֱלֹהֵי יִשְׂרָאֵל׃ וְיֶתֶר דִּבְרֵי נָדָב וְכָל־אֲשֶׁר עָשָׂה
הֲלֹא־הֵם כְּתוּבִים עַל־סֵפֶר דִּבְרֵי הַיָּמִים לְמַלְכֵי יִשְׂרָאֵל׃
לב וּמִלְחָמָה הָיְתָה בֵּין אָסָא וּבֵין בַּעְשָׁא מֶלֶךְ־יִשְׂרָאֵל כָּל־
לג יְמֵיהֶם׃ בִּשְׁנַת שָׁלֹשׁ לְאָסָא מֶלֶךְ יְהוּדָה מָלַךְ
בַּעְשָׁא בֶן־אֲחִיָּה עַל־כָּל־יִשְׂרָאֵל בְּתִרְצָה עֶשְׂרִים וְאַרְבַּע

לד שָׁנָה׃ וַיַּעַשׂ הָרַע בְּעֵינֵי יְהוָה וַיֵּלֶךְ בְּדֶרֶךְ יָרָבְעָם וּבְחַטָּאתוֹ
טז א אֲשֶׁר הֶחֱטִיא אֶת־יִשְׂרָאֵל׃ וַיְהִי דְבַר־יְהוָה
ב אֶל־יֵהוּא בֶן־חֲנָנִי עַל־בַּעְשָׁא לֵאמֹר׃ יַעַן אֲשֶׁר הֲרִימֹתִיךָ מִן־
הֶעָפָר וָאֶתֶּנְךָ נָגִיד עַל עַמִּי יִשְׂרָאֵל וַתֵּלֶךְ ׀ בְּדֶרֶךְ יָרָבְעָם
ג וַתַּחֲטִא אֶת־עַמִּי יִשְׂרָאֵל לְהַכְעִיסֵנִי בְּחַטֹּאתָם׃ הִנְנִי מַבְעִיר
אַחֲרֵי בַעְשָׁא וְאַחֲרֵי בֵיתוֹ וְנָתַתִּי אֶת־בֵּיתְךָ כְּבֵית יָרָבְעָם בֶּן־
ד נְבָט׃ הַמֵּת לְבַעְשָׁא בָּעִיר יֹאכְלוּ הַכְּלָבִים וְהַמֵּת לוֹ בַּשָּׂדֶה
ה יֹאכְלוּ עוֹף הַשָּׁמָיִם׃ וְיֶתֶר דִּבְרֵי בַעְשָׁא וַאֲשֶׁר עָשָׂה וּגְבוּרָתוֹ
הֲלֹא־הֵם כְּתוּבִים עַל־סֵפֶר דִּבְרֵי הַיָּמִים לְמַלְכֵי יִשְׂרָאֵל׃
ו וַיִּשְׁכַּב בַּעְשָׁא עִם־אֲבֹתָיו וַיִּקָּבֵר בְּתִרְצָה וַיִּמְלֹךְ אֵלָה בְנוֹ
ז תַּחְתָּיו׃ וְגַם בְּיַד יֵהוּא בֶן־חֲנָנִי הַנָּבִיא דְּבַר־יְהוָה הָיָה אֶל־
בַּעְשָׁא וְאֶל־בֵּיתוֹ וְעַל כָּל־הָרָעָה ׀ אֲשֶׁר־עָשָׂה ׀ בְּעֵינֵי יְהוָה
לְהַכְעִיסוֹ בְּמַעֲשֵׂה יָדָיו לִהְיוֹת כְּבֵית יָרָבְעָם וְעַל אֲשֶׁר־הִכָּה
ח אֹתוֹ׃ בִּשְׁנַת עֶשְׂרִים וָשֵׁשׁ שָׁנָה לְאָסָא מֶלֶךְ
יְהוּדָה מָלַךְ אֵלָה בֶן־בַּעְשָׁא עַל־יִשְׂרָאֵל בְּתִרְצָה שְׁנָתָיִם׃
ט וַיִּקְשֹׁר עָלָיו עַבְדּוֹ זִמְרִי שַׂר מַחֲצִית הָרָכֶב וְהוּא בְתִרְצָה
י שֹׁתֶה שִׁכּוֹר בֵּית אַרְצָא אֲשֶׁר עַל־הַבַּיִת בְּתִרְצָה׃ וַיָּבֹא זִמְרִי
וַיַּכֵּהוּ וַיְמִיתֵהוּ בִּשְׁנַת עֶשְׂרִים וָשֶׁבַע לְאָסָא מֶלֶךְ יְהוּדָה וַיִּמְלֹךְ
יא תַּחְתָּיו׃ וַיְהִי בְמָלְכוֹ כְּשִׁבְתּוֹ עַל־כִּסְאוֹ הִכָּה אֶת־כָּל־בֵּית
יב בַּעְשָׁא לֹא־הִשְׁאִיר לוֹ מַשְׁתִּין בְּקִיר וְגֹאֲלָיו וְרֵעֵהוּ׃ וַיַּשְׁמֵד
זִמְרִי אֵת כָּל־בֵּית בַּעְשָׁא כִּדְבַר יְהוָה אֲשֶׁר דִּבֶּר אֶל־בַּעְשָׁא
יג בְּיַד יֵהוּא הַנָּבִיא׃ אֶל כָּל־חַטֹּאות בַּעְשָׁא וְחַטֹּאות אֵלָה בְנוֹ
אֲשֶׁר חָטְאוּ וַאֲשֶׁר הֶחֱטִיאוּ אֶת־יִשְׂרָאֵל לְהַכְעִיס אֶת־יְהוָה
יד אֱלֹהֵי יִשְׂרָאֵל בְּהַבְלֵיהֶם׃ וְיֶתֶר דִּבְרֵי אֵלָה וְכָל־אֲשֶׁר
עָשָׂה הֲלוֹא־הֵם כְּתוּבִים עַל־סֵפֶר דִּבְרֵי הַיָּמִים לְמַלְכֵי
טו יִשְׂרָאֵל׃ בִּשְׁנַת עֶשְׂרִים וָשֶׁבַע שָׁנָה לְאָסָא מֶלֶךְ יד
יְהוּדָה מָלַךְ זִמְרִי שִׁבְעַת יָמִים בְּתִרְצָה וְהָעָם חֹנִים עַל־גִּבְּתוֹן

טו אֲשֶׁר לַפְּלִשְׁתִּים: וַיִּשְׁמַע הָעָם הַחֹנִים לֵאמֹר קָשַׁר זִמְרִי וְגַם
הִכָּה אֶת־הַמֶּלֶךְ וַיַּמְלִכוּ כָל־יִשְׂרָאֵל אֶת־עָמְרִי שַׂר־צָבָא
טז עַל־יִשְׂרָאֵל בַּיּוֹם הַהוּא בַּמַּחֲנֶה: וַיַּעֲלֶה עָמְרִי וְכָל־יִשְׂרָאֵל
יז עִמּוֹ מִגִּבְּתוֹן וַיָּצֻרוּ עַל־תִּרְצָה: וַיְהִי כִּרְאוֹת זִמְרִי כִּי־נִלְכְּדָה
יח הָעִיר וַיָּבֹא אֶל־אַרְמוֹן בֵּית־הַמֶּלֶךְ וַיִּשְׂרֹף עָלָיו אֶת־בֵּית־
יט מֶלֶךְ בָּאֵשׁ וַיָּמֹת: עַל־חַטֹּאתָיו אֲשֶׁר חָטָא לַעֲשׂוֹת הָרַע בְּעֵינֵי
יְהוָה לָלֶכֶת בְּדֶרֶךְ יָרָבְעָם וּבְחַטָּאתוֹ אֲשֶׁר עָשָׂה לְהַחֲטִיא
כ אֶת־יִשְׂרָאֵל: וְיֶתֶר דִּבְרֵי זִמְרִי וְקִשְׁרוֹ אֲשֶׁר קָשָׁר הֲלֹא־הֵם
כא כְּתוּבִים עַל־סֵפֶר דִּבְרֵי הַיָּמִים לְמַלְכֵי יִשְׂרָאֵל: אָז
יֵחָלֵק הָעָם יִשְׂרָאֵל לַחֵצִי חֲצִי הָעָם הָיָה אַחֲרֵי תִבְנִי
כב בֶן־גִּינַת לְהַמְלִיכוֹ וְהַחֲצִי אַחֲרֵי עָמְרִי: וַיֶּחֱזַק הָעָם אֲשֶׁר
אַחֲרֵי עָמְרִי אֶת־הָעָם אֲשֶׁר אַחֲרֵי תִּבְנִי בֶן־גִּינַת וַיָּמָת
תִּבְנִי וַיִּמְלֹךְ עָמְרִי:
כג בִּשְׁנַת שְׁלֹשִׁים וְאַחַת שָׁנָה לְאָסָא מֶלֶךְ יְהוּדָה מָלַךְ עָמְרִי
כד עַל־יִשְׂרָאֵל שְׁתֵּים עֶשְׂרֵה שָׁנָה בְּתִרְצָה מָלַךְ שֵׁשׁ־שָׁנִים: וַיִּקֶן
אֶת־הָהָר שֹׁמְרוֹן מֵאֶת שֶׁמֶר בְּכִכְּרַיִם כָּסֶף וַיִּבֶן אֶת־הָהָר
וַיִּקְרָא אֶת־שֵׁם הָעִיר אֲשֶׁר בָּנָה עַל שֶׁם־שֶׁמֶר אֲדֹנֵי
כה הָהָר שֹׁמְרוֹן: וַיַּעֲשֶׂה עָמְרִי הָרַע בְּעֵינֵי יְהוָה וַיָּרַע מִכֹּל
כו אֲשֶׁר לְפָנָיו: וַיֵּלֶךְ בְּכָל־דֶּרֶךְ יָרָבְעָם בֶּן־נְבָט ובחטאתיו וּבְחַטָּאתוֹ
אֲשֶׁר הֶחֱטִיא אֶת־יִשְׂרָאֵל לְהַכְעִיס אֶת־יְהוָה אֱלֹהֵי יִשְׂרָאֵל
כז בְּהַבְלֵיהֶם: וְיֶתֶר דִּבְרֵי עָמְרִי אֲשֶׁר עָשָׂה וּגְבוּרָתוֹ אֲשֶׁר עָשָׂה
הֲלֹא־הֵם כְּתוּבִים עַל־סֵפֶר דִּבְרֵי הַיָּמִים לְמַלְכֵי יִשְׂרָאֵל:
כח וַיִּשְׁכַּב עָמְרִי עִם־אֲבֹתָיו וַיִּקָּבֵר בְּשֹׁמְרוֹן וַיִּמְלֹךְ אַחְאָב בְּנוֹ
כט תַּחְתָּיו: וְאַחְאָב בֶּן־עָמְרִי מָלַךְ עַל־יִשְׂרָאֵל בִּשְׁנַת
שְׁלֹשִׁים וּשְׁמֹנֶה שָׁנָה לְאָסָא מֶלֶךְ יְהוּדָה וַיִּמְלֹךְ אַחְאָב
ל בֶּן־עָמְרִי עַל־יִשְׂרָאֵל בְּשֹׁמְרוֹן עֶשְׂרִים וּשְׁתַּיִם שָׁנָה: וַיַּעַשׂ
לא אַחְאָב בֶּן־עָמְרִי הָרַע בְּעֵינֵי יְהוָה מִכֹּל אֲשֶׁר לְפָנָיו: וַיְהִי

הֲנָקֵל לֶכְתּוֹ בְּחַטֹּאות יָרָבְעָם בֶּן־נְבָט וַיִּקַּח אִשָּׁה אֶת־אִיזֶבֶל
בַּת־אֶתְבַּעַל מֶלֶךְ צִידֹנִים וַיֵּלֶךְ וַיַּעֲבֹד אֶת־הַבַּעַל וַיִּשְׁתַּחוּ לוֹ׃
לב לג וַיָּקֶם מִזְבֵּחַ לַבָּעַל בֵּית הַבַּעַל אֲשֶׁר בָּנָה בְּשֹׁמְרוֹן׃ וַיַּעַשׂ
אַחְאָב אֶת־הָאֲשֵׁרָה וַיּוֹסֶף אַחְאָב לַעֲשׂוֹת לְהַכְעִיס אֶת־יְהוָה
לד אֱלֹהֵי יִשְׂרָאֵל מִכֹּל מַלְכֵי יִשְׂרָאֵל אֲשֶׁר הָיוּ לְפָנָיו׃ בְּיָמָיו בָּנָה
חִיאֵל בֵּית הָאֱלִי אֶת־יְרִיחֹה בַּאֲבִירָם בְּכֹרוֹ יִסְּדָהּ ובשגיב וּבִשְׂגוּב
צְעִירוֹ הִצִּיב דְּלָתֶיהָ כִּדְבַר יְהוָה אֲשֶׁר דִּבֶּר בְּיַד יְהוֹשֻׁעַ בִּן־
יז א נוּן׃ וַיֹּאמֶר אֵלִיָּהוּ הַתִּשְׁבִּי מִתֹּשָׁבֵי גִלְעָד אֶל־
אַחְאָב חַי־יְהוָה אֱלֹהֵי יִשְׂרָאֵל אֲשֶׁר עָמַדְתִּי לְפָנָיו אִם־יִהְיֶה
ב הַשָּׁנִים הָאֵלֶּה טַל וּמָטָר כִּי אִם־לְפִי דְבָרִי׃ וַיְהִי
ג דְבַר־יְהוָה אֵלָיו לֵאמֹר׃ לֵךְ מִזֶּה וּפָנִיתָ לְּךָ קֵדְמָה וְנִסְתַּרְתָּ
ד בְּנַחַל כְּרִית אֲשֶׁר עַל־פְּנֵי הַיַּרְדֵּן׃ וְהָיָה מֵהַנַּחַל תִּשְׁתֶּה וְאֶת־
ה הָעֹרְבִים צִוִּיתִי לְכַלְכֶּלְךָ שָׁם׃ וַיֵּלֶךְ וַיַּעַשׂ כִּדְבַר יְהוָה וַיֵּלֶךְ וַיֵּשֶׁב
ו בְּנַחַל כְּרִית אֲשֶׁר עַל־פְּנֵי הַיַּרְדֵּן׃ וְהָעֹרְבִים מְבִיאִים לוֹ לֶחֶם
ז וּבָשָׂר בַּבֹּקֶר וְלֶחֶם וּבָשָׂר בָּעָרֶב וּמִן־הַנַּחַל יִשְׁתֶּה׃ וַיְהִי מִקֵּץ
ח יָמִים וַיִּיבַשׁ הַנָּחַל כִּי לֹא־הָיָה גֶשֶׁם בָּאָרֶץ׃ וַיְהִי
ט דְבַר־יְהוָה אֵלָיו לֵאמֹר׃ קוּם לֵךְ צָרְפַתָה אֲשֶׁר לְצִידוֹן וְיָשַׁבְתָּ
י שָׁם הִנֵּה צִוִּיתִי שָׁם אִשָּׁה אַלְמָנָה לְכַלְכְּלֶךָ׃ וַיָּקָם ׀ וַיֵּלֶךְ צָרְפַתָה
וַיָּבֹא אֶל־פֶּתַח הָעִיר וְהִנֵּה־שָׁם אִשָּׁה אַלְמָנָה מְקֹשֶׁשֶׁת עֵצִים
וַיִּקְרָא אֵלֶיהָ וַיֹּאמַר קְחִי־נָא לִי מְעַט־מַיִם בַּכְּלִי וְאֶשְׁתֶּה׃
יא וַתֵּלֶךְ לָקַחַת וַיִּקְרָא אֵלֶיהָ וַיֹּאמַר לִקְחִי־נָא לִי פַּת־לֶחֶם בְּיָדֵךְ׃
יב וַתֹּאמֶר חַי־יְהוָה אֱלֹהֶיךָ אִם־יֶשׁ־לִי מָעוֹג כִּי אִם־מְלֹא
כַף־קֶמַח בַּכַּד וּמְעַט־שֶׁמֶן בַּצַּפָּחַת וְהִנְנִי מְקֹשֶׁשֶׁת שְׁנַיִם
יג עֵצִים וּבָאתִי וַעֲשִׂיתִיהוּ לִי וְלִבְנִי וַאֲכַלְנֻהוּ וָמָתְנוּ׃ וַיֹּאמֶר
אֵלֶיהָ אֵלִיָּהוּ אַל־תִּירְאִי בֹּאִי עֲשִׂי כִדְבָרֵךְ אַךְ עֲשִׂי־לִי
מִשָּׁם עֻגָה קְטַנָּה בָרִאשֹׁנָה וְהוֹצֵאת לִי וְלָךְ וְלִבְנֵךְ תַּעֲשִׂי
יד בָּאַחֲרֹנָה׃ כִּי כֹה אָמַר יְהוָה אֱלֹהֵי יִשְׂרָאֵל כַּד

הַקֶּמַח לֹא תִכְלָה וְצַפַּחַת הַשֶּׁמֶן לֹא תֶחְסָר עַד יוֹם תתן־יְהוָה תִּתֵּן־
טו גֶּשֶׁם עַל־פְּנֵי הָאֲדָמָה: וַתֵּלֶךְ וַתַּעֲשֶׂה כִּדְבַר אֵלִיָּהוּ וַתֹּאכַל
טז הוא־והיא וּבֵיתָהּ יָמִים: כַּד הַקֶּמַח לֹא כָלָתָה וְצַפַּחַת הַשֶּׁמֶן הִיא־וָהוּא
יז לֹא חָסֵר כִּדְבַר יְהוָה אֲשֶׁר דִּבֶּר בְּיַד אֵלִיָּהוּ: וַיְהִי
אַחַר הַדְּבָרִים הָאֵלֶּה חָלָה בֶּן־הָאִשָּׁה בַּעֲלַת הַבָּיִת וַיְהִי חָלְיוֹ
יח חָזָק מְאֹד עַד אֲשֶׁר לֹא־נוֹתְרָה־בּוֹ נְשָׁמָה: וַתֹּאמֶר אֶל־אֵלִיָּהוּ
מַה־לִּי וָלָךְ אִישׁ הָאֱלֹהִים בָּאתָ אֵלַי לְהַזְכִּיר אֶת־עֲוֹנִי
יט וּלְהָמִית אֶת־בְּנִי: וַיֹּאמֶר אֵלֶיהָ תְּנִי־לִי אֶת־בְּנֵךְ וַיִּקָּחֵהוּ
מֵחֵיקָהּ וַיַּעֲלֵהוּ אֶל־הָעֲלִיָּה אֲשֶׁר־הוּא יֹשֵׁב שָׁם וַיַּשְׁכִּבֵהוּ עַל־
כ מִטָּתוֹ: וַיִּקְרָא אֶל־יְהוָה וַיֹּאמַר יְהוָה אֱלֹהָי הֲגַם עַל־הָאַלְמָנָה
כא אֲשֶׁר־אֲנִי מִתְגּוֹרֵר עִמָּהּ הֲרֵעוֹתָ לְהָמִית אֶת־בְּנָהּ: וַיִּתְמֹדֵד
עַל־הַיֶּלֶד שָׁלֹשׁ פְּעָמִים וַיִּקְרָא אֶל־יְהוָה וַיֹּאמַר יְהוָה אֱלֹהָי
כב תָּשָׁב־נָא נֶפֶשׁ־הַיֶּלֶד הַזֶּה עַל־קִרְבּוֹ: וַיִּשְׁמַע יְהוָה בְּקוֹל
כג אֵלִיָּהוּ וַתָּשָׁב נֶפֶשׁ־הַיֶּלֶד עַל־קִרְבּוֹ וַיֶּחִי: וַיִּקַּח אֵלִיָּהוּ אֶת־
הַיֶּלֶד וַיֹּרִדֵהוּ מִן־הָעֲלִיָּה הַבַּיְתָה וַיִּתְּנֵהוּ לְאִמּוֹ וַיֹּאמֶר אֵלִיָּהוּ
כד רְאִי חַי בְּנֵךְ: וַתֹּאמֶר הָאִשָּׁה אֶל־אֵלִיָּהוּ עַתָּה זֶה יָדַעְתִּי כִּי טו
יח א אִישׁ אֱלֹהִים אָתָּה וּדְבַר־יְהוָה בְּפִיךָ אֱמֶת: וַיְהִי
יָמִים רַבִּים וּדְבַר־יְהוָה הָיָה אֶל־אֵלִיָּהוּ בַּשָּׁנָה הַשְּׁלִישִׁית
לֵאמֹר לֵךְ הֵרָאֵה אֶל־אַחְאָב וְאֶתְּנָה מָטָר עַל־פְּנֵי הָאֲדָמָה:
ב ג וַיֵּלֶךְ אֵלִיָּהוּ לְהֵרָאוֹת אֶל־אַחְאָב וְהָרָעָב חָזָק בְּשֹׁמְרוֹן: וַיִּקְרָא
אַחְאָב אֶל־עֹבַדְיָהוּ אֲשֶׁר עַל־הַבָּיִת וְעֹבַדְיָהוּ הָיָה יָרֵא אֶת־
ד יְהוָה מְאֹד: וַיְהִי בְּהַכְרִית אִיזֶבֶל אֵת נְבִיאֵי יְהוָה וַיִּקַּח
עֹבַדְיָהוּ מֵאָה נְבִיאִים וַיַּחְבִּיאֵם חֲמִשִּׁים אִישׁ בַּמְּעָרָה וְכִלְכְּלָם
ה לֶחֶם וָמָיִם: וַיֹּאמֶר אַחְאָב אֶל־עֹבַדְיָהוּ לֵךְ בָּאָרֶץ אֶל־כָּל־
מַעְיְנֵי הַמַּיִם וְאֶל כָּל־הַנְּחָלִים אוּלַי ׀ נִמְצָא חָצִיר וּנְחַיֶּה סוּס
ו וָפֶרֶד וְלוֹא נַכְרִית מֵהַבְּהֵמָה: וַיְחַלְּקוּ לָהֶם אֶת־הָאָרֶץ לַעֲבָר־
בָּהּ אַחְאָב הָלַךְ בְּדֶרֶךְ אֶחָד לְבַדּוֹ וְעֹבַדְיָהוּ הָלַךְ בְּדֶרֶךְ־אֶחָד

ז לְבַדּֽוֹ: וַיְהִ֤י עֹבַדְיָ֙הוּ֙ בַּדֶּ֔רֶךְ וְהִנֵּ֥ה אֵלִיָּ֖הוּ לִקְרָאת֑וֹ וַיַּכִּרֵ֙הוּ֙ וַיִּפֹּ֣ל

ח עַל־פָּנָ֔יו וַיֹּ֕אמֶר הַאַתָּ֥ה זֶ֖ה אֲדֹנִ֥י אֵלִיָּֽהוּ: וַיֹּ֥אמֶר ל֖וֹ אָ֑נִי לֵ֥ךְ

ט אֱמֹ֥ר לַאדֹנֶ֖יךָ הִנֵּ֥ה אֵלִיָּֽהוּ: וַיֹּ֙אמֶר֙ מֶ֣ה חָטָ֔אתִי כִּֽי־אַתָּ֥ה נֹתֵ֛ן

י אֶֽת־עַבְדְּךָ֥ בְּיַד־אַחְאָ֖ב לַהֲמִיתֵֽנִי: חַ֣י ׀ יְהוָ֣ה אֱלֹהֶ֗יךָ אִם־יֶשׁ־

גּ֤וֹי וּמַמְלָכָה֙ אֲשֶׁ֙ר לֹֽא־שָׁלַ֜ח אֲדֹנִ֥י שָׁם֙ לְבַקֶּשְׁךָ֔ וְאָמְר֖וּ אָ֑יִן

יא וְהִשְׁבִּ֤יעַ אֶת־הַמַּמְלָכָה֙ וְאֶת־הַגּ֔וֹי כִּ֖י לֹ֣א יִמְצָאֶֽכָּה: וְעַתָּ֖ה

יב אַתָּ֣ה אֹמֵ֔ר לֵ֛ךְ אֱמֹ֥ר לַאדֹנֶ֖יךָ הִנֵּ֣ה אֵלִיָּֽהוּ: וְהָיָ֞ה אֲנִ֣י ׀ אֵלֵ֗ךְ

מֵאִתָּ֒ךְ֒ וְר֣וּחַ יְהוָ֣ה ׀ יִֽשָּׂאֲךָ֗ עַ֤ל אֲשֶׁ֙ר לֹֽא־אֵדָ֔ע וּבָ֥אתִי לְהַגִּ֣יד

לְאַחְאָ֖ב וְלֹ֣א יִמְצָאֲךָ֑ וַהֲרָגָ֑נִי וְעַבְדְּךָ֛ יָרֵ֥א אֶת־יְהוָ֖ה מִנְּעֻרָֽי:

יג הֲלֹֽא־הֻגַּ֣ד לַֽאדֹנִ֔י אֵ֥ת אֲשֶׁר־עָשִׂ֖יתִי בַּהֲרֹ֣ג אִיזֶ֔בֶל אֵ֖ת נְבִיאֵ֣י

יְהוָ֑ה וָאַחְבִּא֩ מִנְּבִיאֵ֙י יְהוָ֜ה מֵ֣אָה אִ֗ישׁ חֲמִשִּׁ֣ים חֲמִשִּׁ֤ים אִישׁ֙

יד בַּמְּעָרָ֔ה וָאֲכַלְכְּלֵ֖ם לֶ֣חֶם וָמָ֑יִם: וְעַתָּה֙ אַתָּ֣ה אֹמֵ֔ר לֵ֥ךְ אֱמֹ֥ר

טו לַֽאדֹנֶ֖יךָ הִנֵּ֣ה אֵלִיָּ֑הוּ וַהֲרָגָֽנִי: וַיֹּ֙אמֶר֙ אֵֽלִיָּ֔הוּ חַ֚י יְהוָ֣ה צְבָא֔וֹת

טז אֲשֶׁ֥ר עָמַ֖דְתִּי לְפָנָ֑יו כִּ֥י הַיּ֖וֹם אֵרָאֶ֥ה אֵלָֽיו: וַיֵּ֣לֶךְ עֹבַדְיָ֗הוּ

יז לִקְרַ֤את אַחְאָב֙ וַיַּגֶּד־ל֔וֹ וַיֵּ֥לֶךְ אַחְאָ֖ב לִקְרַ֥את אֵלִיָּֽהוּ: וַיְהִ֛י

כִּרְא֥וֹת אַחְאָ֖ב אֶת־אֵלִיָּ֑הוּ וַיֹּ֤אמֶר אַחְאָב֙ אֵלָ֔יו הַאַתָּ֥ה זֶ֖ה עֹכֵ֥ר

יח יִשְׂרָאֵֽל: וַיֹּ֗אמֶר לֹ֤א עָכַ֙רְתִּי֙ אֶת־יִשְׂרָאֵ֔ל כִּ֥י אִם־אַתָּ֖ה וּבֵ֣ית

יט אָבִ֑יךָ בַּעֲזׇבְכֶם֙ אֶת־מִצְוֺ֣ת יְהוָ֔ה וַתֵּ֖לֶךְ אַחֲרֵ֥י הַבְּעָלִֽים: וְעַתָּ֗ה

שְׁלַ֙ח קְבֹ֥ץ אֵלַ֛י אֶת־כׇּל־יִשְׂרָאֵ֖ל אֶל־הַ֣ר הַכַּרְמֶ֑ל וְאֶת־נְבִיאֵ֙י

הַבַּ֜עַל אַרְבַּ֧ע מֵא֣וֹת וַחֲמִשִּׁ֗ים וּנְבִיאֵ֤י הָאֲשֵׁרָה֙ אַרְבַּ֣ע מֵא֔וֹת

כ אֹכְלֵ֖י שֻׁלְחַ֥ן אִיזָֽבֶל: וַיִּשְׁלַ֥ח אַחְאָ֖ב בְּכׇל־בְּנֵ֣י יִשְׂרָאֵ֑ל וַיִּקְבֹּ֥ץ

כא אֶת־הַנְּבִיאִ֖ים אֶל־הַ֥ר הַכַּרְמֶֽל: וַיִּגַּ֙שׁ אֵלִיָּ֜הוּ אֶל־כׇּל־הָעָ֗ם

וַיֹּ֙אמֶר֙ עַד־מָתַ֞י אַתֶּ֣ם פֹּסְחִים֮ עַל־שְׁתֵּ֣י הַסְּעִפִּים֒ אִם־יְהוָ֤ה

הָאֱלֹהִים֙ לְכ֣וּ אַחֲרָ֔יו וְאִם־הַבַּ֖עַל לְכ֣וּ אַחֲרָ֑יו וְלֹֽא־עָנ֥וּ הָעָ֛ם

כב אֹת֖וֹ דָּבָֽר: וַיֹּ֤אמֶר אֵלִיָּ֙הוּ֙ אֶל־הָעָ֔ם אֲנִ֙י נוֹתַ֧רְתִּי נָבִ֛יא לַיהוָ֖ה

כג לְבַדִּ֑י וּנְבִיאֵ֣י הַבַּ֔עַל אַרְבַּע־מֵא֥וֹת וַחֲמִשִּׁ֖ים אִֽישׁ: וְיִתְּנוּ־לָ֜נוּ

שְׁנַ֣יִם פָּרִ֗ים וְיִבְחֲר֙וּ לָהֶ֜ם הַפָּ֤ר הָֽאֶחָד֙ וִֽינַתְּחֻ֔הוּ וְיָשִׂ֙ימוּ֙ עַל־

הָעֵצִים וְאֵשׁ לֹא יָשִׂימוּ וַאֲנִי אֶעֱשֶׂה | אֶת־הַפָּר הָאֶחָד וְנָתַתִּי
כד עַל־הָעֵצִים וְאֵשׁ לֹא אָשִׂים: וּקְרָאתֶם בְּשֵׁם אֱלֹהֵיכֶם וַאֲנִי
אֶקְרָא בְשֵׁם־יהוה וְהָיָה הָאֱלֹהִים אֲשֶׁר־יַעֲנֶה בָאֵשׁ הוּא
כה הָאֱלֹהִים וַיַּעַן כָּל־הָעָם וַיֹּאמְרוּ טוֹב הַדָּבָר: וַיֹּאמֶר אֵלִיָּהוּ
לִנְבִיאֵי הַבַּעַל בַּחֲרוּ לָכֶם הַפָּר הָאֶחָד וַעֲשׂוּ רִאשֹׁנָה כִּי אַתֶּם
כו הָרַבִּים וְקִרְאוּ בְּשֵׁם אֱלֹהֵיכֶם וְאֵשׁ לֹא תָשִׂימוּ: וַיִּקְחוּ אֶת־
הַפָּר אֲשֶׁר־נָתַן לָהֶם וַיַּעֲשׂוּ וַיִּקְרְאוּ בְשֵׁם־הַבַּעַל מֵהַבֹּקֶר
וְעַד־הַצָּהֳרַיִם לֵאמֹר הַבַּעַל עֲנֵנוּ וְאֵין קוֹל וְאֵין עֹנֶה וַיְפַסְּחוּ
כז עַל־הַמִּזְבֵּחַ אֲשֶׁר עָשָׂה: וַיְהִי בַצָּהֳרַיִם וַיְהַתֵּל בָּהֶם אֵלִיָּהוּ
וַיֹּאמֶר קִרְאוּ בְקוֹל־גָּדוֹל כִּי־אֱלֹהִים הוּא כִּי־שִׂיחַ וְכִי־שִׂיג לוֹ
כח וְכִי־דֶרֶךְ לוֹ אוּלַי יָשֵׁן הוּא וְיִקָץ: וַיִּקְרְאוּ בְּקוֹל גָּדוֹל וַיִּתְגֹּדְדוּ
כט כְּמִשְׁפָּטָם בַּחֲרָבוֹת וּבָרְמָחִים עַד־שְׁפָךְ־דָּם עֲלֵיהֶם: וַיְהִי
כַּעֲבֹר הַצָּהֳרַיִם וַיִּתְנַבְּאוּ עַד לַעֲלוֹת הַמִּנְחָה וְאֵין־קוֹל וְאֵין־
ל עֹנֶה וְאֵין קָשֶׁב: וַיֹּאמֶר אֵלִיָּהוּ לְכָל־הָעָם גְּשׁוּ אֵלַי וַיִּגְּשׁוּ כָל־
לא הָעָם אֵלָיו וַיְרַפֵּא אֶת־מִזְבַּח יהוה הֶהָרוּס: וַיִּקַּח אֵלִיָּהוּ שְׁתֵּים
עֶשְׂרֵה אֲבָנִים כְּמִסְפַּר שִׁבְטֵי בְנֵי־יַעֲקֹב אֲשֶׁר הָיָה דְבַר־יהוה
לב אֵלָיו לֵאמֹר יִשְׂרָאֵל יִהְיֶה שְׁמֶךָ: וַיִּבְנֶה אֶת־הָאֲבָנִים מִזְבֵּחַ
בְּשֵׁם יהוה וַיַּעַשׂ תְּעָלָה כְּבֵית סָאתַיִם זֶרַע סָבִיב לַמִּזְבֵּחַ:
לג לד וַיַּעֲרֹךְ אֶת־הָעֵצִים וַיְנַתַּח אֶת־הַפָּר וַיָּשֶׂם עַל־הָעֵצִים: וַיֹּאמֶר
מִלְאוּ אַרְבָּעָה כַדִּים מַיִם וְיִצְקוּ עַל־הָעֹלָה וְעַל־הָעֵצִים וַיֹּאמֶר
לה שְׁנוּ וַיִּשְׁנוּ וַיֹּאמֶר שַׁלֵּשׁוּ וַיְשַׁלֵּשׁוּ: וַיֵּלְכוּ הַמַּיִם סָבִיב לַמִּזְבֵּחַ
לו וְגַם אֶת־הַתְּעָלָה מִלֵּא־מָיִם: וַיְהִי | בַּעֲלוֹת הַמִּנְחָה וַיִּגַּשׁ
אֵלִיָּהוּ הַנָּבִיא וַיֹּאמַר יהוה אֱלֹהֵי אַבְרָהָם יִצְחָק וְיִשְׂרָאֵל הַיּוֹם
יִוָּדַע כִּי־אַתָּה אֱלֹהִים בְּיִשְׂרָאֵל וַאֲנִי עַבְדֶּךָ ובדבריך עָשִׂיתִי וּבִדְבָרְךָ
לז אֵת כָּל־הַדְּבָרִים הָאֵלֶּה: עֲנֵנִי יהוה עֲנֵנִי וְיֵדְעוּ הָעָם הַזֶּה כִּי־
לח אַתָּה יהוה הָאֱלֹהִים וְאַתָּה הֲסִבֹּתָ אֶת־לִבָּם אֲחֹרַנִּית: וַתִּפֹּל
אֵשׁ־יהוה וַתֹּאכַל אֶת־הָעֹלָה וְאֶת־הָעֵצִים וְאֶת־הָאֲבָנִים

לט וְאֶת־הֶעָפָר וְאֶת־הַמַּיִם אֲשֶׁר־בַּתְּעָלָה לִחֵכָה: וַיַּרְא כָּל־
הָעָם וַיִּפְּלוּ עַל־פְּנֵיהֶם וַיֹּאמְרוּ יְהוָה הוּא הָאֱלֹהִים יְהוָה הוּא
הָאֱלֹהִים: מ וַיֹּאמֶר אֵלִיָּהוּ לָהֶם תִּפְשׂוּ אֶת־נְבִיאֵי הַבַּעַל אִישׁ
אַל־יִמָּלֵט מֵהֶם וַיִּתְפְּשׂוּם וַיּוֹרִדֵם אֵלִיָּהוּ אֶל־נַחַל קִישׁוֹן
מא וַיִּשְׁחָטֵם שָׁם: וַיֹּאמֶר אֵלִיָּהוּ לְאַחְאָב עֲלֵה אֱכֹל וּשְׁתֵה כִּי־
מב קוֹל הֲמוֹן הַגָּשֶׁם: וַיַּעֲלֶה אַחְאָב לֶאֱכֹל וְלִשְׁתּוֹת וְאֵלִיָּהוּ עָלָה
מג אֶל־רֹאשׁ הַכַּרְמֶל וַיִּגְהַר אַרְצָה וַיָּשֶׂם פָּנָיו בֵּין בִּרְכָּו: וַיֹּאמֶר
אֶל־נַעֲרוֹ עֲלֵה־נָא הַבֵּט דֶּרֶךְ־יָם וַיַּעַל וַיַּבֵּט וַיֹּאמֶר אֵין
מד מְאוּמָה וַיֹּאמֶר שֻׁב שֶׁבַע פְּעָמִים: וַיְהִי בַּשְּׁבִעִית וַיֹּאמֶר הִנֵּה־
עָב קְטַנָּה כְּכַף־אִישׁ עֹלָה מִיָּם וַיֹּאמֶר עֲלֵה אֱמֹר אֶל־אַחְאָב
מה אֱסֹר וָרֵד וְלֹא יַעַצָרְכָה הַגָּשֶׁם: וַיְהִי עַד־כֹּה וְעַד־כֹּה וְהַשָּׁמַיִם
הִתְקַדְּרוּ עָבִים וְרוּחַ וַיְהִי גֶּשֶׁם גָּדוֹל וַיִּרְכַּב אַחְאָב וַיֵּלֶךְ
מו יִזְרְעֶאלָה: וְיַד־יְהוָה הָיְתָה אֶל־אֵלִיָּהוּ וַיְשַׁנֵּס
יט א מָתְנָיו וַיָּרָץ לִפְנֵי אַחְאָב עַד־בֹּאֲכָה יִזְרְעֶאלָה: וַיַּגֵּד אַחְאָב
לְאִיזֶבֶל אֵת כָּל־אֲשֶׁר עָשָׂה אֵלִיָּהוּ וְאֵת כָּל־אֲשֶׁר הָרַג אֶת־
ב כָּל־הַנְּבִיאִים בֶּחָרֶב: וַתִּשְׁלַח אִיזֶבֶל מַלְאָךְ אֶל־אֵלִיָּהוּ לֵאמֹר
כֹּה־יַעֲשׂוּן אֱלֹהִים וְכֹה יוֹסִפוּן כִּי־כָעֵת מָחָר אָשִׂים אֶת־נַפְשְׁךָ
ג כְּנֶפֶשׁ אַחַד מֵהֶם: וַיַּרְא וַיָּקָם וַיֵּלֶךְ אֶל־נַפְשׁוֹ וַיָּבֹא בְּאֵר שֶׁבַע
ד אֲשֶׁר לִיהוּדָה וַיַּנַּח אֶת־נַעֲרוֹ שָׁם: וְהוּא־הָלַךְ בַּמִּדְבָּר דֶּרֶךְ יוֹם
וַיָּבֹא וַיֵּשֶׁב תַּחַת רֹתֶם אֶחָת וַיִּשְׁאַל אֶת־נַפְשׁוֹ לָמוּת וַיֹּאמֶר ׀   אֶחָד
ה רַב עַתָּה יְהוָה קַח נַפְשִׁי כִּי־לֹא־טוֹב אָנֹכִי מֵאֲבֹתָי: וַיִּשְׁכַּב
וַיִּישַׁן תַּחַת רֹתֶם אֶחָד וְהִנֵּה־זֶה מַלְאָךְ נֹגֵעַ בּוֹ וַיֹּאמֶר לוֹ קוּם
ו אֱכוֹל: וַיַּבֵּט וְהִנֵּה מְרַאֲשֹׁתָיו עֻגַת רְצָפִים וְצַפַּחַת מָיִם וַיֹּאכַל
ז וַיֵּשְׁתְּ וַיָּשָׁב וַיִּשְׁכָּב: וַיָּשָׁב מַלְאַךְ יְהוָה ׀ שֵׁנִית וַיִּגַּע־בּוֹ וַיֹּאמֶר
ח קוּם אֱכֹל כִּי רַב מִמְּךָ הַדָּרֶךְ: וַיָּקָם וַיֹּאכַל וַיִּשְׁתֶּה וַיֵּלֶךְ
בְּכֹחַ ׀ הָאֲכִילָה הַהִיא אַרְבָּעִים יוֹם וְאַרְבָּעִים לַיְלָה עַד הַר
ט הָאֱלֹהִים חֹרֵב: וַיָּבֹא־שָׁם אֶל־הַמְּעָרָה וַיָּלֶן שָׁם וְהִנֵּה דְבַר־

י יְהוָה אֵלָיו וַיֹּאמֶר לוֹ מַה־לְּךָ פֹה אֵלִיָּהוּ׃ וַיֹּאמֶר קַנֹּא קִנֵּאתִי
לַיהוָה ׀ אֱלֹהֵי צְבָאוֹת כִּי־עָזְבוּ בְרִיתְךָ בְּנֵי יִשְׂרָאֵל אֶת־
מִזְבְּחֹתֶיךָ הָרָסוּ וְאֶת־נְבִיאֶיךָ הָרְגוּ בֶחָרֶב וָאִוָּתֵר אֲנִי לְבַדִּי
יא וַיְבַקְשׁוּ אֶת־נַפְשִׁי לְקַחְתָּהּ׃ וַיֹּאמֶר צֵא וְעָמַדְתָּ בָהָר לִפְנֵי יְהוָה
וְהִנֵּה יְהוָה עֹבֵר וְרוּחַ גְּדוֹלָה וְחָזָק מְפָרֵק הָרִים וּמְשַׁבֵּר
סְלָעִים לִפְנֵי יְהוָה לֹא בָרוּחַ יְהוָה וְאַחַר הָרוּחַ רַעַשׁ לֹא בָרַעַשׁ
יב יְהוָה׃ וְאַחַר הָרַעַשׁ אֵשׁ לֹא בָאֵשׁ יְהוָה וְאַחַר הָאֵשׁ קוֹל
יג דְּמָמָה דַקָּה׃ וַיְהִי ׀ כִּשְׁמֹעַ אֵלִיָּהוּ וַיָּלֶט פָּנָיו בְּאַדַּרְתּוֹ
וַיֵּצֵא וַיַּעֲמֹד פֶּתַח הַמְּעָרָה וְהִנֵּה אֵלָיו קוֹל וַיֹּאמֶר מַה־לְּךָ
יד פֹה אֵלִיָּהוּ׃ וַיֹּאמֶר קַנֹּא קִנֵּאתִי לַיהוָה ׀ אֱלֹהֵי צְבָאוֹת
כִּי־עָזְבוּ בְרִיתְךָ בְּנֵי יִשְׂרָאֵל אֶת־מִזְבְּחֹתֶיךָ הָרָסוּ וְאֶת־
נְבִיאֶיךָ הָרְגוּ בֶחָרֶב וָאִוָּתֵר אֲנִי לְבַדִּי וַיְבַקְשׁוּ אֶת־נַפְשִׁי
טו לְקַחְתָּהּ׃ וַיֹּאמֶר יְהוָה אֵלָיו לֵךְ שׁוּב לְדַרְכְּךָ
מִדְבַּרָה דַמָּשֶׂק וּבָאתָ וּמָשַׁחְתָּ אֶת־חֲזָאֵל לְמֶלֶךְ עַל־אֲרָם׃
טז וְאֵת יֵהוּא בֶן־נִמְשִׁי תִּמְשַׁח לְמֶלֶךְ עַל־יִשְׂרָאֵל וְאֶת־אֱלִישָׁע
יז בֶּן־שָׁפָט מֵאָבֵל מְחוֹלָה תִּמְשַׁח לְנָבִיא תַּחְתֶּיךָ׃ וְהָיָה הַנִּמְלָט
מֵחֶרֶב חֲזָאֵל יָמִית יֵהוּא וְהַנִּמְלָט מֵחֶרֶב יֵהוּא יָמִית אֱלִישָׁע׃
יח וְהִשְׁאַרְתִּי בְיִשְׂרָאֵל שִׁבְעַת אֲלָפִים כָּל־הַבִּרְכַּיִם אֲשֶׁר לֹא־
יט כָרְעוּ לַבַּעַל וְכָל־הַפֶּה אֲשֶׁר לֹא־נָשַׁק לוֹ׃ וַיֵּלֶךְ מִשָּׁם וַיִּמְצָא
אֶת־אֱלִישָׁע בֶּן־שָׁפָט וְהוּא חֹרֵשׁ שְׁנֵים־עָשָׂר צְמָדִים לְפָנָיו
וְהוּא בִּשְׁנֵים הֶעָשָׂר וַיַּעֲבֹר אֵלִיָּהוּ אֵלָיו וַיַּשְׁלֵךְ אַדַּרְתּוֹ אֵלָיו׃
כ וַיַּעֲזֹב אֶת־הַבָּקָר וַיָּרָץ אַחֲרֵי אֵלִיָּהוּ וַיֹּאמֶר אֶשְּׁקָה־נָּא לְאָבִי
וּלְאִמִּי וְאֵלְכָה אַחֲרֶיךָ וַיֹּאמֶר לוֹ לֵךְ שׁוּב כִּי מֶה־עָשִׂיתִי לָךְ׃
כא וַיָּשָׁב מֵאַחֲרָיו וַיִּקַּח אֶת־צֶמֶד הַבָּקָר וַיִּזְבָּחֵהוּ וּבִכְלִי הַבָּקָר
בִּשְּׁלָם הַבָּשָׂר וַיִּתֵּן לָעָם וַיֹּאכֵלוּ וַיָּקָם וַיֵּלֶךְ אַחֲרֵי אֵלִיָּהוּ
כ א וַיְשָׁרְתֵהוּ׃ וּבֶן־הֲדַד מֶלֶךְ־אֲרָם קָבַץ אֶת־כָּל־
חֵילוֹ וּשְׁלֹשִׁים וּשְׁנַיִם מֶלֶךְ אִתּוֹ וְסוּס וָרָכֶב וַיַּעַל וַיָּצַר עַל־

מלכים א

כ

שֹׁמְר֖וֹן וַיִּלָּ֣חֶם בָּ֑הּ: וַיִּשְׁלַ֣ח מַלְאָכִ֗ים אֶל־אַחְאָ֛ב מֶֽלֶךְ־יִשְׂרָאֵ֖ל הָעִֽירָה:

וַיֹּ֣אמֶר ל֗וֹ כֹּ֚ה אָמַ֣ר בֶּן־הֲדַ֔ד כַּסְפְּךָ֥ וּֽזְהָבְךָ֖ לִֽי־ה֑וּא וְנָשֶׁ֧יךָ וּבָנֶ֛יךָ הַטּוֹבִ֖ים לִי־הֵֽם:

וַיַּ֤עַן מֶֽלֶךְ־יִשְׂרָאֵל֙ וַיֹּ֔אמֶר כִּדְבָרְךָ֖ אֲדֹנִ֣י הַמֶּ֑לֶךְ לְךָ֥ אֲנִ֖י וְכָל־אֲשֶׁר־לִֽי:

וַיָּשֻׁ֙בוּ֙ הַמַּלְאָכִ֔ים וַיֹּֽאמְר֔וּ כֹּֽה־אָמַ֥ר בֶּן־הֲדַ֖ד לֵאמֹ֑ר כִּֽי־שָׁלַ֤חְתִּי אֵלֶ֙יךָ֙ לֵאמֹ֔ר כַּסְפְּךָ֧ וּזְהָבְךָ֛ וְנָשֶׁ֥יךָ וּבָנֶ֖יךָ לִ֥י תִתֵּֽן:

כִּ֣י ׀ אִם־כָּעֵ֣ת מָחָ֗ר אֶשְׁלַ֤ח אֶת־עֲבָדַי֙ אֵלֶ֔יךָ וְחִפְּשׂוּ֙ אֶת־בֵּ֣יתְךָ֔ וְאֵ֖ת בָּתֵּ֣י עֲבָדֶ֑יךָ וְהָיָה֙ כָּל־מַחְמַ֣ד עֵינֶ֔יךָ יָשִׂ֥ימוּ בְיָדָ֖ם וְלָקָֽחוּ:

וַיִּקְרָ֣א מֶֽלֶךְ־יִשְׂרָאֵ֗ל לְכָל־זִקְנֵ֤י הָאָ֙רֶץ֙ וַיֹּ֔אמֶר דְּעֽוּ־נָ֣א וּרְא֔וּ כִּ֥י רָעָ֖ה זֶ֣ה מְבַקֵּ֑שׁ כִּֽי־שָׁלַ֨ח אֵלַ֜י לְנָשַׁ֤י וּלְבָנַי֙ וּלְכַסְפִּ֣י וְלִזְהָבִ֔י וְלֹ֥א מָנַ֖עְתִּי מִמֶּֽנּוּ:

וַיֹּֽאמְר֨וּ אֵלָ֜יו כָּל־הַזְּקֵנִ֛ים וְכָל־הָעָ֖ם אַל־תִּשְׁמַ֥ע וְל֥וֹא תֹאבֶֽה:

וַיֹּ֜אמֶר לְמַלְאֲכֵ֣י בֶן־הֲדַ֗ד אִמְר֞וּ לַֽאדֹנִ֤י הַמֶּ֙לֶךְ֙ כֹּל֩ אֲשֶׁר־שָׁלַ֨חְתָּ אֶל־עַבְדְּךָ֤ בָרִֽאשֹׁנָה֙ אֶֽעֱשֶׂ֔ה וְהַדָּבָ֣ר הַזֶּ֔ה לֹ֥א אוּכַ֖ל לַעֲשׂ֑וֹת וַיֵּֽלְכוּ֙ הַמַּלְאָכִ֔ים וַיְשִׁבֻ֖הוּ דָּבָֽר:

וַיִּשְׁלַ֤ח אֵלָיו֙ בֶּן־הֲדַ֔ד וַיֹּ֕אמֶר כֹּֽה־יַעֲשֻׂ֥ן לִ֛י אֱלֹהִ֖ים וְכֹ֣ה יוֹסִ֑פוּ אִם־יִשְׂפֹּק֙ עֲפַ֣ר שֹׁמְר֔וֹן לִשְׁעָלִ֕ים לְכָל־הָעָ֖ם אֲשֶׁ֥ר בְּרַגְלָֽי:

וַיַּ֤עַן מֶֽלֶךְ־יִשְׂרָאֵל֙ וַיֹּ֣אמֶר דַּבְּר֔וּ אַל־יִתְהַלֵּ֥ל חֹגֵ֖ר כִּמְפַתֵּֽחַ:

וַיְהִ֗י כִּשְׁמֹ֙עַ֙ אֶת־הַדָּבָ֣ר הַזֶּ֔ה וְה֥וּא שֹׁתֶ֛ה ה֥וּא וְהַמְּלָכִ֖ים בַּסֻּכּ֑וֹת וַיֹּ֤אמֶר אֶל־עֲבָדָיו֙ שִׂ֔ימוּ וַיָּשִׂ֖ימוּ עַל־הָעִֽיר:

וְהִנֵּ֣ה ׀ נָבִ֣יא אֶחָ֗ד נִגַּשׁ֙ אֶל־אַחְאָ֣ב מֶֽלֶךְ־יִשְׂרָאֵ֔ל וַיֹּ֗אמֶר כֹּ֚ה אָמַ֣ר יְהוָ֔ה הֲֽרָאִ֔יתָ אֵ֛ת כָּל־הֶהָמ֥וֹן הַגָּד֖וֹל הַזֶּ֑ה הִנְנִ֨י נֹתְנ֤וֹ בְיָֽדְךָ֙ הַיּ֔וֹם וְיָדַעְתָּ֖ כִּֽי־אֲנִ֥י יְהוָֽה:

וַיֹּ֣אמֶר אַחְאָ֔ב בְּמִ֑י וַיֹּ֗אמֶר כֹּֽה־אָמַ֤ר יְהוָה֙ בְּנַעֲרֵ֖י שָׂרֵ֣י הַמְּדִינ֑וֹת וַיֹּ֛אמֶר מִֽי־יֶאְסֹ֥ר הַמִּלְחָמָ֖ה וַיֹּ֥אמֶר אָֽתָּה:

וַיִּפְקֹ֗ד אֶֽת־נַעֲרֵי֙ שָׂרֵ֣י הַמְּדִינ֔וֹת וַיִּהְי֕וּ מָאתַ֖יִם שְׁנַ֣יִם וּשְׁלֹשִׁ֑ים וְאַחֲרֵיהֶ֛ם פָּקַ֥ד אֶת־כָּל־הָעָ֖ם כָּל־בְּנֵ֥י יִשְׂרָאֵ֖ל שִׁבְעַ֥ת אֲלָפִֽים:

וַיֵּצְא֖וּ בַּֽצָּהֳרָ֑יִם וּבֶן־הֲדַד֩ שֹׁתֶ֨ה שִׁכּ֜וֹר בַּסֻּכּ֗וֹת ה֧וּא וְהַמְּלָכִ֛ים שְׁלֹשִֽׁים־וּשְׁנַ֥יִם מֶ֖לֶךְ עֹזֵ֥ר אֹתֽוֹ:

וַיֵּצְא֗וּ נַעֲרֵ֛י שָׂרֵ֥י הַמְּדִינ֖וֹת בָּרִֽאשֹׁנָ֑ה וַיִּשְׁלַ֣ח בֶּן־הֲדַ֗ד

כ

יח וַיַּגִּידוּ לוֹ לֵאמֹר אֲנָשִׁים יָצְאוּ מִשֹּׁמְרוֹן׃ וַיֹּאמֶר אִם־לְשָׁלוֹם
יט יָצְאוּ תִּפְשׂוּם חַיִּים וְאִם לְמִלְחָמָה יָצְאוּ חַיִּים תִּפְשׂוּם׃ וְאֵלֶּה
יָצְאוּ מִן־הָעִיר נַעֲרֵי שָׂרֵי הַמְּדִינוֹת וְהַחַיִל אֲשֶׁר אַחֲרֵיהֶם׃
כ וַיַּכּוּ אִישׁ אִישׁוֹ וַיָּנֻסוּ אֲרָם וַיִּרְדְּפֵם יִשְׂרָאֵל וַיִּמָּלֵט בֶּן־הֲדַד
כא מֶלֶךְ אֲרָם עַל־סוּס וּפָרָשִׁים׃ וַיֵּצֵא מֶלֶךְ יִשְׂרָאֵל וַיַּךְ אֶת־
כב הַסּוּס וְאֶת־הָרֶכֶב וְהִכָּה בַאֲרָם מַכָּה גְדוֹלָה׃ וַיִּגַּשׁ הַנָּבִיא אֶל־
מֶלֶךְ יִשְׂרָאֵל וַיֹּאמֶר לוֹ לֵךְ הִתְחַזַּק וְדַע וּרְאֵה אֵת אֲשֶׁר־
תַּעֲשֶׂה כִּי לִתְשׁוּבַת הַשָּׁנָה מֶלֶךְ אֲרָם עֹלֶה עָלֶיךָ׃
כג וְעַבְדֵי מֶלֶךְ־אֲרָם אָמְרוּ אֵלָיו אֱלֹהֵי הָרִים אֱלֹהֵיהֶם עַל־כֵּן
חָזְקוּ מִמֶּנּוּ וְאוּלָם נִלָּחֵם אִתָּם בַּמִּישׁוֹר אִם־לֹא נֶחֱזַק מֵהֶם׃
כד וְאֶת־הַדָּבָר הַזֶּה עֲשֵׂה הָסֵר הַמְּלָכִים אִישׁ מִמְּקֹמוֹ וְשִׂים
כה פַּחוֹת תַּחְתֵּיהֶם׃ וְאַתָּה תִמְנֶה־לְךָ ׀ חַיִל כַּחַיִל הַנֹּפֵל מֵאוֹתָךְ
וְסוּס כַּסּוּס ׀ וְרֶכֶב כָּרֶכֶב וְנִלָּחֲמָה אוֹתָם בַּמִּישׁוֹר אִם־לֹא נֶחֱזַק
כו מֵהֶם וַיִּשְׁמַע לְקֹלָם וַיַּעַשׂ כֵּן׃ וַיְהִי לִתְשׁוּבַת
הַשָּׁנָה וַיִּפְקֹד בֶּן־הֲדַד אֶת־אֲרָם וַיַּעַל אֲפֵקָה לַמִּלְחָמָה עִם־
כז יִשְׂרָאֵל׃ וּבְנֵי יִשְׂרָאֵל הָתְפָּקְדוּ וְכָלְכְּלוּ וַיֵּלְכוּ לִקְרָאתָם וַיַּחֲנוּ
בְנֵי־יִשְׂרָאֵל נֶגְדָּם כִּשְׁנֵי חֲשִׂפֵי עִזִּים וַאֲרָם מִלְאוּ אֶת־הָאָרֶץ׃
כח וַיִּגַּשׁ אִישׁ הָאֱלֹהִים וַיֹּאמֶר אֶל־מֶלֶךְ יִשְׂרָאֵל וַיֹּאמֶר כֹּה־אָמַר
יהוה יַעַן אֲשֶׁר אָמְרוּ אֲרָם אֱלֹהֵי הָרִים יהוה וְלֹא־אֱלֹהֵי
עֲמָקִים הוּא וְנָתַתִּי אֶת־כָּל־הֶהָמוֹן הַגָּדוֹל הַזֶּה בְּיָדֶךָ וִידַעְתֶּם
כט כִּי־אֲנִי יהוה׃ וַיַּחֲנוּ אֵלֶּה נֹכַח־אֵלֶּה שִׁבְעַת יָמִים וַיְהִי ׀ בַּיּוֹם
הַשְּׁבִיעִי וַתִּקְרַב הַמִּלְחָמָה וַיַּכּוּ בְנֵי־יִשְׂרָאֵל אֶת־אֲרָם מֵאָה־
ל אֶלֶף רַגְלִי בְּיוֹם אֶחָד׃ וַיָּנֻסוּ הַנּוֹתָרִים ׀ אֲפֵקָה אֶל־הָעִיר וַתִּפֹּל
הַחוֹמָה עַל־עֶשְׂרִים וְשִׁבְעָה אֶלֶף אִישׁ הַנּוֹתָרִים וּבֶן־הֲדַד נָס
לא וַיָּבֹא אֶל־הָעִיר חֶדֶר בְּחָדֶר׃ וַיֹּאמְרוּ אֵלָיו עֲבָדָיו הִנֵּה־נָא
שָׁמַעְנוּ כִּי מַלְכֵי בֵּית יִשְׂרָאֵל כִּי־מַלְכֵי חֶסֶד הֵם נָשִׂימָה נָּא
שַׂקִּים בְּמָתְנֵינוּ וַחֲבָלִים בְּרֹאשֵׁנוּ וְנֵצֵא אֶל־מֶלֶךְ יִשְׂרָאֵל אוּלַי

לב יְחַיֶּה אֶת־נַפְשֶׁךָ: וַיַּחְגְּרוּ שַׂקִּים בְּמָתְנֵיהֶם וַחֲבָלִים בְּרָאשֵׁיהֶם
וַיָּבֹאוּ אֶל־מֶלֶךְ יִשְׂרָאֵל וַיֹּאמְרוּ עַבְדְּךָ בֶן־הֲדַד אָמַר תְּחִי־נָא
לג נַפְשִׁי וַיֹּאמֶר הַעוֹדֶנּוּ חַי אָחִי הוּא: וְהָאֲנָשִׁים יְנַחֲשׁוּ וַיְמַהֲרוּ
וַיַּחְלְטוּ הֲמִמֶּנּוּ וַיֹּאמְרוּ אָחִיךָ בֶן־הֲדַד וַיֹּאמֶר בֹּאוּ קָחֻהוּ וַיֵּצֵא
לד אֵלָיו בֶּן־הֲדַד וַיַּעֲלֵהוּ עַל־הַמֶּרְכָּבָה: וַיֹּאמֶר אֵלָיו הֶעָרִים
אֲשֶׁר־לָקַח־אָבִי מֵאֵת אָבִיךָ אָשִׁיב וְחוּצוֹת תָּשִׂים לְךָ בְדַמֶּשֶׂק
כַּאֲשֶׁר־שָׂם אָבִי בְּשֹׁמְרוֹן וַאֲנִי בַּבְּרִית אֲשַׁלְּחֶךָּ וַיִּכְרָת־לוֹ
לה בְּרִית וַיְשַׁלְּחֵהוּ: וְאִישׁ אֶחָד מִבְּנֵי הַנְּבִיאִים
אָמַר אֶל־רֵעֵהוּ בִּדְבַר יהוה הַכֵּינִי נָא וַיְמָאֵן הָאִישׁ לְהַכֹּתוֹ:
לו וַיֹּאמֶר לוֹ יַעַן אֲשֶׁר לֹא־שָׁמַעְתָּ בְּקוֹל יהוה הִנְּךָ הוֹלֵךְ מֵאִתִּי
לז וְהִכְּךָ הָאַרְיֵה וַיֵּלֶךְ מֵאֶצְלוֹ וַיִּמְצָאֵהוּ הָאַרְיֵה וַיַּכֵּהוּ: וַיִּמְצָא
לח אִישׁ אַחֵר וַיֹּאמֶר הַכֵּינִי נָא וַיַּכֵּהוּ הָאִישׁ הַכֵּה וּפָצֹעַ: וַיֵּלֶךְ
הַנָּבִיא וַיַּעֲמֹד לַמֶּלֶךְ עַל־הַדָּרֶךְ וַיִּתְחַפֵּשׂ בָּאֲפֵר עַל־עֵינָיו:
לט וַיְהִי הַמֶּלֶךְ עֹבֵר וְהוּא צָעַק אֶל־הַמֶּלֶךְ וַיֹּאמֶר עַבְדְּךָ ׀ יָצָא
בְקֶרֶב־הַמִּלְחָמָה וְהִנֵּה־אִישׁ סָר וַיָּבֵא אֵלַי אִישׁ וַיֹּאמֶר שְׁמֹר
אֶת־הָאִישׁ הַזֶּה אִם־הִפָּקֵד יִפָּקֵד וְהָיְתָה נַפְשְׁךָ תַּחַת נַפְשׁוֹ אוֹ
מ כִכַּר־כֶּסֶף תִּשְׁקוֹל: וַיְהִי עַבְדְּךָ עֹשֶׂה הֵנָּה וָהֵנָּה וְהוּא אֵינֶנּוּ
מא וַיֹּאמֶר אֵלָיו מֶלֶךְ־יִשְׂרָאֵל כֵּן מִשְׁפָּטֶךָ אַתָּה חָרָצְתָּ: וַיְמַהֵר
וַיָּסַר אֶת־הָאֲפֵר מֵעַל עֵינָיו וַיַּכֵּר אֹתוֹ מֶלֶךְ יִשְׂרָאֵל כִּי
מב מֵהַנְּבִאִים הוּא: וַיֹּאמֶר אֵלָיו כֹּה אָמַר יהוה יַעַן שִׁלַּחְתָּ
אֶת־אִישׁ־חֶרְמִי מִיָּד וְהָיְתָה נַפְשְׁךָ תַּחַת נַפְשׁוֹ וְעַמְּךָ
מג תַּחַת עַמּוֹ: וַיֵּלֶךְ מֶלֶךְ־יִשְׂרָאֵל עַל־בֵּיתוֹ סַר וְזָעֵף וַיָּבֹא
א א שֹׁמְרוֹנָה: וַיְהִי אַחַר הַדְּבָרִים הָאֵלֶּה כֶּרֶם הָיָה
לְנָבוֹת הַיִּזְרְעֵאלִי אֲשֶׁר בְּיִזְרְעֶאל אֵצֶל הֵיכַל אַחְאָב מֶלֶךְ
ב שֹׁמְרוֹן: וַיְדַבֵּר אַחְאָב אֶל־נָבוֹת ׀ לֵאמֹר ׀ תְּנָה־לִּי אֶת־כַּרְמְךָ
וִיהִי־לִי לְגַן־יָרָק כִּי הוּא קָרוֹב אֵצֶל בֵּיתִי וְאֶתְּנָה לְךָ תַּחְתָּיו
כֶּרֶם טוֹב מִמֶּנּוּ אִם טוֹב בְּעֵינֶיךָ אֶתְּנָה־לְךָ כֶסֶף מְחִיר זֶה:

ג וַיֹּאמֶר נָבוֹת אֶל־אַחְאָב חָלִילָה לִּי מֵיהוָה מִתִּתִּי אֶת־נַחֲלַת
ד אֲבֹתַי לָךְ: וַיָּבֹא אַחְאָב אֶל־בֵּיתוֹ סַר וְזָעֵף עַל־הַדָּבָר אֲשֶׁר־
דִּבֶּר אֵלָיו נָבוֹת הַיִּזְרְעֵאלִי וַיֹּאמֶר לֹא־אֶתֵּן לְךָ אֶת־נַחֲלַת
אֲבוֹתָי וַיִּשְׁכַּב עַל־מִטָּתוֹ וַיַּסֵּב אֶת־פָּנָיו וְלֹא־אָכַל לָחֶם:
ה וַתָּבֹא אֵלָיו אִיזֶבֶל אִשְׁתּוֹ וַתְּדַבֵּר אֵלָיו מַה־זֶּה רוּחֲךָ סָרָה
ו וְאֵינְךָ אֹכֵל לָחֶם: וַיְדַבֵּר אֵלֶיהָ כִּי־אֲדַבֵּר אֶל־נָבוֹת הַיִּזְרְעֵאלִי
וָאֹמַר לוֹ תְּנָה־לִּי אֶת־כַּרְמְךָ בְּכֶסֶף אוֹ אִם־חָפֵץ אַתָּה אֶתְּנָה־
ז לְךָ כֶרֶם תַּחְתָּיו וַיֹּאמֶר לֹא־אֶתֵּן לְךָ אֶת־כַּרְמִי: וַתֹּאמֶר אֵלָיו
אִיזֶבֶל אִשְׁתּוֹ אַתָּה עַתָּה תַּעֲשֶׂה מְלוּכָה עַל־יִשְׂרָאֵל קוּם
אֱכָל־לֶחֶם וְיִטַב לִבֶּךָ אֲנִי אֶתֵּן לְךָ אֶת־כֶּרֶם נָבוֹת הַיִּזְרְעֵאלִי:
ח וַתִּכְתֹּב סְפָרִים בְּשֵׁם אַחְאָב וַתַּחְתֹּם בְּחֹתָמוֹ וַתִּשְׁלַח הספרים סְפָרִים
אֶל־הַזְּקֵנִים וְאֶל־הַחֹרִים אֲשֶׁר בְּעִירוֹ הַיֹּשְׁבִים אֶת־נָבוֹת:
ט וַתִּכְתֹּב בַּסְּפָרִים לֵאמֹר קִרְאוּ־צוֹם וְהֹשִׁיבוּ אֶת־נָבוֹת בְּרֹאשׁ
י הָעָם: וְהוֹשִׁיבוּ שְׁנַיִם אֲנָשִׁים בְּנֵי־בְלִיַּעַל נֶגְדּוֹ וִיעִדֻהוּ לֵאמֹר
יא בֵּרַכְתָּ אֱלֹהִים וָמֶלֶךְ וְהוֹצִיאֻהוּ וְסִקְלֻהוּ וְיָמֹת: וַיַּעֲשׂוּ אַנְשֵׁי
עִירוֹ הַזְּקֵנִים וְהַחֹרִים אֲשֶׁר הַיֹּשְׁבִים בְּעִירוֹ כַּאֲשֶׁר שָׁלְחָה
אֲלֵיהֶם אִיזָבֶל כַּאֲשֶׁר כָּתוּב בַּסְּפָרִים אֲשֶׁר שָׁלְחָה אֲלֵיהֶם:
יב יג קָרְאוּ צוֹם וְהֹשִׁיבוּ אֶת־נָבוֹת בְּרֹאשׁ הָעָם: וַיָּבֹאוּ שְׁנֵי הָאֲנָשִׁים
בְּנֵי־בְלִיַּעַל וַיֵּשְׁבוּ נֶגְדּוֹ וַיְעִדֻהוּ אַנְשֵׁי הַבְּלִיַּעַל אֶת־נָבוֹת נֶגֶד
הָעָם לֵאמֹר בֵּרַךְ נָבוֹת אֱלֹהִים וָמֶלֶךְ וַיֹּצִאֻהוּ מִחוּץ לָעִיר
יד וַיִּסְקְלֻהוּ בָאֲבָנִים וַיָּמֹת: וַיִּשְׁלְחוּ אֶל־אִיזֶבֶל לֵאמֹר סֻקַּל נָבוֹת
טו וַיָּמֹת: וַיְהִי כִּשְׁמֹעַ אִיזֶבֶל כִּי־סֻקַּל נָבוֹת וַיָּמֹת וַתֹּאמֶר אִיזֶבֶל
אֶל־אַחְאָב קוּם רֵשׁ אֶת־כֶּרֶם ׀ נָבוֹת הַיִּזְרְעֵאלִי אֲשֶׁר מֵאֵן
טז לָתֶת־לְךָ בְכֶסֶף כִּי אֵין נָבוֹת חַי כִּי־מֵת: וַיְהִי כִשְׁמֹעַ אַחְאָב
כִּי מֵת נָבוֹת וַיָּקָם אַחְאָב לָרֶדֶת אֶל־כֶּרֶם נָבוֹת הַיִּזְרְעֵאלִי
יז לְרִשְׁתּוֹ: וַיְהִי דְּבַר־יְהוָה אֶל־אֵלִיָּהוּ הַתִּשְׁבִּי
יח לֵאמֹר: קוּם רֵד לִקְרַאת אַחְאָב מֶלֶךְ־יִשְׂרָאֵל אֲשֶׁר בְּשֹׁמְרוֹן יח

כא יט הִנֵּה בְּכֶרֶם נָבוֹת אֲשֶׁר־יָרַד שָׁם לְרִשְׁתּוֹ: וְדִבַּרְתָּ אֵלָיו לֵאמֹר
כֹּה אָמַר יהוה הֲרָצַחְתָּ וְגַם־יָרָשְׁתָּ וְדִבַּרְתָּ אֵלָיו לֵאמֹר כֹּה
אָמַר יהוה בִּמְקוֹם אֲשֶׁר לָקְקוּ הַכְּלָבִים אֶת־דַּם נָבוֹת יָלֹקּוּ
כ הַכְּלָבִים אֶת־דָּמְךָ גַּם־אָתָּה: וַיֹּאמֶר אַחְאָב אֶל־אֵלִיָּהוּ
הַמְצָאתַנִי אֹיְבִי וַיֹּאמֶר מָצָאתִי יַעַן הִתְמַכֶּרְךָ לַעֲשׂוֹת הָרַע
כא בְּעֵינֵי יהוה: הִנְנִי מֵבִי אֵלֶיךָ רָעָה וּבִעַרְתִּי אַחֲרֶיךָ וְהִכְרַתִּי
כב לְאַחְאָב מַשְׁתִּין בְּקִיר וְעָצוּר וְעָזוּב בְּיִשְׂרָאֵל: וְנָתַתִּי אֶת־
בֵּיתְךָ כְּבֵית יָרָבְעָם בֶּן־נְבָט וּכְבֵית בַּעְשָׁא בֶן־אֲחִיָּה אֶל־
כג הַכַּעַס אֲשֶׁר הִכְעַסְתָּ וַתַּחֲטִא אֶת־יִשְׂרָאֵל: וְגַם־לְאִיזֶבֶל דִּבֶּר
כד יהוה לֵאמֹר הַכְּלָבִים יֹאכְלוּ אֶת־אִיזֶבֶל בְּחֵל יִזְרְעֶאל: הַמֵּת
לְאַחְאָב בָּעִיר יֹאכְלוּ הַכְּלָבִים וְהַמֵּת בַּשָּׂדֶה יֹאכְלוּ עוֹף
כה הַשָּׁמָיִם: רַק לֹא־הָיָה כְאַחְאָב אֲשֶׁר הִתְמַכֵּר לַעֲשׂוֹת הָרַע
כו בְּעֵינֵי יהוה אֲשֶׁר־הֵסַתָּה אֹתוֹ אִיזֶבֶל אִשְׁתּוֹ: וַיַּתְעֵב מְאֹד
לָלֶכֶת אַחֲרֵי הַגִּלֻּלִים כְּכֹל אֲשֶׁר עָשׂוּ הָאֱמֹרִי אֲשֶׁר הוֹרִישׁ
כז יהוה מִפְּנֵי בְּנֵי יִשְׂרָאֵל: וַיְהִי כִשְׁמֹעַ אַחְאָב אֶת־הַדְּבָרִים
הָאֵלֶּה וַיִּקְרַע בְּגָדָיו וַיָּשֶׂם־שַׂק עַל־בְּשָׂרוֹ וַיָּצוֹם וַיִּשְׁכַּב בַּשָּׂק
כח וַיְהַלֵּךְ אַט: וַיְהִי דְּבַר־יהוה אֶל־אֵלִיָּהוּ הַתִּשְׁבִּי
כט לֵאמֹר: הֲרָאִיתָ כִּי־נִכְנַע אַחְאָב מִלְּפָנָי יַעַן כִּי־נִכְנַע מִפָּנַי לֹא־
כב א אָבִי הָרָעָה בְּיָמָיו בִּימֵי בְנוֹ אָבִיא הָרָעָה עַל־בֵּיתוֹ: וַיֵּשְׁבוּ אָבִיא
שְׁלֹשׁ שָׁנִים אֵין מִלְחָמָה בֵּין אֲרָם וּבֵין יִשְׂרָאֵל:
ב וַיְהִי בַּשָּׁנָה הַשְּׁלִישִׁית וַיֵּרֶד יְהוֹשָׁפָט מֶלֶךְ־יְהוּדָה אֶל־מֶלֶךְ
ג יִשְׂרָאֵל: וַיֹּאמֶר מֶלֶךְ־יִשְׂרָאֵל אֶל־עֲבָדָיו הַיְדַעְתֶּם כִּי־לָנוּ רָמֹת
ד גִּלְעָד וַאֲנַחְנוּ מַחְשִׁים מִקַּחַת אֹתָהּ מִיַּד מֶלֶךְ אֲרָם: וַיֹּאמֶר
אֶל־יְהוֹשָׁפָט הֲתֵלֵךְ אִתִּי לַמִּלְחָמָה רָמֹת גִּלְעָד וַיֹּאמֶר יְהוֹשָׁפָט
אֶל־מֶלֶךְ יִשְׂרָאֵל כָּמוֹנִי כָמוֹךָ כְּעַמִּי כְעַמֶּךָ כְּסוּסַי כְּסוּסֶיךָ:
ה וַיֹּאמֶר יְהוֹשָׁפָט אֶל־מֶלֶךְ יִשְׂרָאֵל דְּרָשׁ־נָא כַיּוֹם אֶת־דְּבַר
ו יהוה: וַיִּקְבֹּץ מֶלֶךְ־יִשְׂרָאֵל אֶת־הַנְּבִיאִים כְּאַרְבַּע מֵאוֹת אִישׁ

וַיֹּאמֶר אֲלֵהֶם הַאֵלֵךְ עַל־רָמֹת גִּלְעָד לַמִּלְחָמָה אִם־אֶחְדָּל
ז וַיֹּאמְרוּ עֲלֵה וְיִתֵּן אֲדֹנָי בְּיַד הַמֶּלֶךְ׃ וַיֹּאמֶר יְהוֹשָׁפָט הַאֵין פֹּה
ח נָבִיא לַיהוָה עוֹד וְנִדְרְשָׁה מֵאוֹתוֹ׃ וַיֹּאמֶר מֶלֶךְ־יִשְׂרָאֵל ׀ אֶל־
יְהוֹשָׁפָט עוֹד אִישׁ־אֶחָד לִדְרֹשׁ אֶת־יְהוָה מֵאֹתוֹ וַאֲנִי שְׂנֵאתִיו
כִּי לֹא־יִתְנַבֵּא עָלַי טוֹב כִּי אִם־רָע מִיכָיְהוּ בֶּן־יִמְלָה וַיֹּאמֶר
ט יְהוֹשָׁפָט אַל־יֹאמַר הַמֶּלֶךְ כֵּן׃ וַיִּקְרָא מֶלֶךְ יִשְׂרָאֵל אֶל־סָרִיס
י אֶחָד וַיֹּאמֶר מַהֲרָה מִיכָיְהוּ בֶן־יִמְלָה׃ וּמֶלֶךְ יִשְׂרָאֵל וִיהוֹשָׁפָט
מֶלֶךְ־יְהוּדָה יֹשְׁבִים אִישׁ עַל־כִּסְאוֹ מְלֻבָּשִׁים בְּגָדִים בְּגֹרֶן
יא פֶּתַח שַׁעַר שֹׁמְרוֹן וְכָל־הַנְּבִיאִים מִתְנַבְּאִים לִפְנֵיהֶם׃ וַיַּעַשׂ לוֹ
צִדְקִיָּה בֶן־כְּנַעֲנָה קַרְנֵי בַרְזֶל וַיֹּאמֶר כֹּה־אָמַר יְהוָה בְּאֵלֶּה
יב תְּנַגַּח אֶת־אֲרָם עַד־כַּלֹּתָם׃ וְכָל־הַנְּבִאִים נִבְּאִים כֵּן לֵאמֹר
יג עֲלֵה רָמֹת גִּלְעָד וְהַצְלַח וְנָתַן יְהוָה בְּיַד הַמֶּלֶךְ׃ וְהַמַּלְאָךְ
אֲשֶׁר־הָלַךְ ׀ לִקְרֹא מִיכָיְהוּ דִּבֶּר אֵלָיו לֵאמֹר הִנֵּה־נָא דִּבְרֵי
הַנְּבִיאִים פֶּה־אֶחָד טוֹב אֶל־הַמֶּלֶךְ יְהִי־נָא דבריך כִּדְבַר אַחַד — דְּבָרְךָ
יד מֵהֶם וְדִבַּרְתָּ טּוֹב׃ וַיֹּאמֶר מִיכָיְהוּ חַי־יְהוָה כִּי אֶת־אֲשֶׁר יֹאמַר
טו יְהוָה אֵלַי אֹתוֹ אֲדַבֵּר׃ וַיָּבוֹא אֶל־הַמֶּלֶךְ וַיֹּאמֶר הַמֶּלֶךְ אֵלָיו
מִיכָיְהוּ הֲנֵלֵךְ אֶל־רָמֹת גִּלְעָד לַמִּלְחָמָה אִם־נֶחְדָּל וַיֹּאמֶר
טז אֵלָיו עֲלֵה וְהַצְלַח וְנָתַן יְהוָה בְּיַד הַמֶּלֶךְ׃ וַיֹּאמֶר אֵלָיו הַמֶּלֶךְ
עַד־כַּמֶּה פְעָמִים אֲנִי מַשְׁבִּעֶךָ אֲשֶׁר לֹא־תְדַבֵּר אֵלַי רַק־
יז אֱמֶת בְּשֵׁם יְהוָה׃ וַיֹּאמֶר רָאִיתִי אֶת־כָּל־יִשְׂרָאֵל נְפֹצִים אֶל־
הֶהָרִים כַּצֹּאן אֲשֶׁר אֵין־לָהֶם רֹעֶה וַיֹּאמֶר יְהוָה לֹא־אֲדֹנִים
יח לָאֵלֶּה יָשׁוּבוּ אִישׁ־לְבֵיתוֹ בְּשָׁלוֹם׃ וַיֹּאמֶר מֶלֶךְ־יִשְׂרָאֵל אֶל־
יְהוֹשָׁפָט הֲלוֹא אָמַרְתִּי אֵלֶיךָ לוֹא־יִתְנַבֵּא עָלַי טוֹב כִּי אִם־רָע׃
יט וַיֹּאמֶר לָכֵן שְׁמַע דְּבַר־יְהוָה רָאִיתִי אֶת־יְהוָה יֹשֵׁב עַל־כִּסְאוֹ
כ וְכָל־צְבָא הַשָּׁמַיִם עֹמֵד עָלָיו מִימִינוֹ וּמִשְּׂמֹאלוֹ׃ וַיֹּאמֶר יְהוָה
מִי יְפַתֶּה אֶת־אַחְאָב וְיַעַל וְיִפֹּל בְּרָמֹת גִּלְעָד וַיֹּאמֶר זֶה בְּכֹה
כא וְזֶה אֹמֵר בְּכֹה׃ וַיֵּצֵא הָרוּחַ וַיַּעֲמֹד לִפְנֵי יְהוָה וַיֹּאמֶר אֲנִי

כב אֲפַתֶּנּוּ וַיֹּאמֶר יהוה אֵלָיו בַּמָּה: וַיֹּאמֶר אֵצֵא וְהָיִיתִי רוּחַ שֶׁקֶר
כג בְּפִי כָּל־נְבִיאָיו וַיֹּאמֶר תְּפַתֶּה וְגַם־תּוּכָל צֵא וַעֲשֵׂה־כֵן: וְעַתָּה
הִנֵּה נָתַן יהוה רוּחַ שֶׁקֶר בְּפִי כָּל־נְבִיאֶיךָ אֵלֶּה וַיהוה דִּבֶּר
כד עָלֶיךָ רָעָה: וַיִּגַּשׁ צִדְקִיָּהוּ בֶן־כְּנַעֲנָה וַיַּכֶּה אֶת־מִיכָיְהוּ עַל־
הַלֶּחִי וַיֹּאמֶר אֵי־זֶה עָבַר רוּחַ־יהוה מֵאִתִּי לְדַבֵּר אוֹתָךְ:
כה וַיֹּאמֶר מִיכָיְהוּ הִנְּךָ רֹאֶה בַּיּוֹם הַהוּא אֲשֶׁר תָּבֹא חֶדֶר בְּחֶדֶר
כו לְהֵחָבֵה: וַיֹּאמֶר מֶלֶךְ יִשְׂרָאֵל קַח אֶת־מִיכָיְהוּ וַהֲשִׁיבֵהוּ אֶל־
כז אָמֹן שַׂר־הָעִיר וְאֶל־יוֹאָשׁ בֶּן־הַמֶּלֶךְ: וְאָמַרְתָּ כֹּה אָמַר
הַמֶּלֶךְ שִׂימוּ אֶת־זֶה בֵּית הַכֶּלֶא וְהַאֲכִלֻהוּ לֶחֶם לַחַץ וּמַיִם
כח לַחַץ עַד בֹּאִי בְשָׁלוֹם: וַיֹּאמֶר מִיכָיְהוּ אִם־שׁוֹב תָּשׁוּב בְּשָׁלוֹם
כט לֹא־דִבֶּר יהוה בִּי וַיֹּאמֶר שִׁמְעוּ עַמִּים כֻּלָּם: וַיַּעַל מֶלֶךְ־
ל יִשְׂרָאֵל וִיהוֹשָׁפָט מֶלֶךְ־יְהוּדָה רָמֹת גִּלְעָד: וַיֹּאמֶר מֶלֶךְ
יִשְׂרָאֵל אֶל־יְהוֹשָׁפָט הִתְחַפֵּשׂ וָבֹא בַמִּלְחָמָה וְאַתָּה לְבַשׁ
לא בְּגָדֶיךָ וַיִּתְחַפֵּשׂ מֶלֶךְ יִשְׂרָאֵל וַיָּבוֹא בַּמִּלְחָמָה: וּמֶלֶךְ אֲרָם
צִוָּה אֶת־שָׂרֵי הָרֶכֶב אֲשֶׁר־לוֹ שְׁלֹשִׁים וּשְׁנַיִם לֵאמֹר לֹא
תִּלָּחֲמוּ אֶת־קָטֹן וְאֶת־גָּדוֹל כִּי אִם־אֶת־מֶלֶךְ יִשְׂרָאֵל לְבַדּוֹ:
לב וַיְהִי כִּרְאוֹת שָׂרֵי הָרֶכֶב אֶת־יְהוֹשָׁפָט וְהֵמָּה אָמְרוּ אַךְ מֶלֶךְ־
לג יִשְׂרָאֵל הוּא וַיָּסֻרוּ עָלָיו לְהִלָּחֵם וַיִּזְעַק יְהוֹשָׁפָט: וַיְהִי כִּרְאוֹת
לד שָׂרֵי הָרֶכֶב כִּי־לֹא־מֶלֶךְ יִשְׂרָאֵל הוּא וַיָּשׁוּבוּ מֵאַחֲרָיו: וְאִישׁ
מָשַׁךְ בַּקֶּשֶׁת לְתֻמּוֹ וַיַּכֶּה אֶת־מֶלֶךְ יִשְׂרָאֵל בֵּין הַדְּבָקִים וּבֵין
הַשִּׁרְיָן וַיֹּאמֶר לְרַכָּבוֹ הֲפֹךְ יָדְךָ וְהוֹצִיאֵנִי מִן־הַמַּחֲנֶה כִּי
לה הָחֳלֵיתִי: וַתַּעֲלֶה הַמִּלְחָמָה בַּיּוֹם הַהוּא וְהַמֶּלֶךְ הָיָה מָעֳמָד
בַּמֶּרְכָּבָה נֹכַח אֲרָם וַיָּמָת בָּעֶרֶב וַיִּצֶק דַּם־הַמַּכָּה אֶל־חֵיק
לו הָרָכֶב: וַיַּעֲבֹר הָרִנָּה בַּמַּחֲנֶה כְּבֹא הַשֶּׁמֶשׁ לֵאמֹר אִישׁ אֶל־עִירוֹ
לז וְאִישׁ אֶל־אַרְצוֹ: וַיָּמָת הַמֶּלֶךְ וַיָּבוֹא שֹׁמְרוֹן וַיִּקְבְּרוּ אֶת־הַמֶּלֶךְ
לח בְּשֹׁמְרוֹן: וַיִּשְׁטֹף אֶת־הָרֶכֶב עַל ׀ בְּרֵכַת שֹׁמְרוֹן וַיָּלֹקּוּ הַכְּלָבִים
לט אֶת־דָּמוֹ וְהַזֹּנוֹת רָחָצוּ כִּדְבַר יהוה אֲשֶׁר דִּבֵּר: וְיֶתֶר דִּבְרֵי

אַחְאָב וְכָל־אֲשֶׁר עָשָׂה וּבֵית הַשֵּׁן אֲשֶׁר בָּנָה וְכָל־הֶעָרִים
אֲשֶׁר בָּנָה הֲלוֹא־הֵם כְּתוּבִים עַל־סֵפֶר דִּבְרֵי הַיָּמִים לְמַלְכֵי
מ יִשְׂרָאֵל׃ וַיִּשְׁכַּב אַחְאָב עִם־אֲבֹתָיו וַיִּמְלֹךְ אֲחַזְיָהוּ בְנוֹ
מא תַּחְתָּיו׃ וִיהוֹשָׁפָט בֶּן־אָסָא מָלַךְ עַל־יְהוּדָה
מב בִּשְׁנַת אַרְבַּע לְאַחְאָב מֶלֶךְ יִשְׂרָאֵל׃ יְהוֹשָׁפָט בֶּן־שְׁלֹשִׁים
וְחָמֵשׁ שָׁנָה בְּמָלְכוֹ וְעֶשְׂרִים וְחָמֵשׁ שָׁנָה מָלַךְ בִּירוּשָׁלִָם וְשֵׁם
מג אִמּוֹ עֲזוּבָה בַּת־שִׁלְחִי׃ וַיֵּלֶךְ בְּכָל־דֶּרֶךְ אָסָא אָבִיו לֹא־סָר יט
מד מִמֶּנּוּ לַעֲשׂוֹת הַיָּשָׁר בְּעֵינֵי יהוה׃ אַךְ הַבָּמוֹת לֹא־סָרוּ עוֹד
מה הָעָם מְזַבְּחִים וּמְקַטְּרִים בַּבָּמוֹת׃ וַיַּשְׁלֵם יְהוֹשָׁפָט עִם־מֶלֶךְ
מו יִשְׂרָאֵל׃ וְיֶתֶר דִּבְרֵי יְהוֹשָׁפָט וּגְבוּרָתוֹ אֲשֶׁר־עָשָׂה וַאֲשֶׁר
נִלְחָם הֲלֹא־הֵם כְּתוּבִים עַל־סֵפֶר דִּבְרֵי הַיָּמִים לְמַלְכֵי יְהוּדָה׃
מז וְיֶתֶר הַקָּדֵשׁ אֲשֶׁר נִשְׁאַר בִּימֵי אָסָא אָבִיו בִּעֵר מִן־הָאָרֶץ׃
מח מט וּמֶלֶךְ אֵין בֶּאֱדוֹם נִצָּב מֶלֶךְ׃ יְהוֹשָׁפָט עשר אֳנִיּוֹת תַּרְשִׁישׁ עָשָׂה
לָלֶכֶת אוֹפִירָה לַזָּהָב וְלֹא הָלָךְ כִּי־נשברה אֳנִיּוֹת בְּעֶצְיוֹן נִשְׁבְּרוּ
נ גָּבֶר׃ אָז אָמַר אֲחַזְיָהוּ בֶן־אַחְאָב אֶל־יְהוֹשָׁפָט יֵלְכוּ עֲבָדַי
נא עִם־עֲבָדֶיךָ בָּאֳנִיּוֹת וְלֹא אָבָה יְהוֹשָׁפָט׃ וַיִּשְׁכַּב יְהוֹשָׁפָט עִם־
אֲבֹתָיו וַיִּקָּבֵר עִם־אֲבֹתָיו בְּעִיר דָּוִד אָבִיו וַיִּמְלֹךְ יְהוֹרָם בְּנוֹ
נב תַּחְתָּיו׃ אֲחַזְיָהוּ בֶן־אַחְאָב מָלַךְ עַל־יִשְׂרָאֵל
בְּשֹׁמְרוֹן בִּשְׁנַת שְׁבַע עֶשְׂרֵה לִיהוֹשָׁפָט מֶלֶךְ יְהוּדָה וַיִּמְלֹךְ
נג עַל־יִשְׂרָאֵל שְׁנָתָיִם׃ וַיַּעַשׂ הָרַע בְּעֵינֵי יהוה וַיֵּלֶךְ בְּדֶרֶךְ אָבִיו
וּבְדֶרֶךְ אִמּוֹ וּבְדֶרֶךְ יָרָבְעָם בֶּן־נְבָט אֲשֶׁר הֶחֱטִיא אֶת־
נד יִשְׂרָאֵל׃ וַיַּעֲבֹד אֶת־הַבַּעַל וַיִּשְׁתַּחֲוֶה לוֹ וַיַּכְעֵס אֶת־יהוה

א א אֱלֹהֵי יִשְׂרָאֵל כְּכֹל אֲשֶׁר־עָשָׂה אָבִיו׃ וַיִּפְשַׁע מוֹאָב בְּיִשְׂרָאֵל
ב אַחֲרֵי מוֹת אַחְאָב׃ וַיִּפֹּל אֲחַזְיָה בְּעַד הַשְּׂבָכָה בַּעֲלִיָּתוֹ אֲשֶׁר
בְּשֹׁמְרוֹן וַיָּחַל וַיִּשְׁלַח מַלְאָכִים וַיֹּאמֶר אֲלֵהֶם לְכוּ דִרְשׁוּ בְּבַעַל
ג זְבוּב אֱלֹהֵי עֶקְרוֹן אִם־אֶחְיֶה מֵחֳלִי זֶה׃ וּמַלְאַךְ
יהוה דִּבֶּר אֶל־אֵלִיָּה הַתִּשְׁבִּי קוּם עֲלֵה לִקְרַאת מַלְאֲכֵי

מֶלֶךְ־שֹׁמְרוֹן וְדַבֵּר אֲלֵהֶם הֲמִבְּלִי אֵין־אֱלֹהִים בְּיִשְׂרָאֵל
ד אַתֶּם הֹלְכִים לִדְרֹשׁ בְּבַעַל זְבוּב אֱלֹהֵי עֶקְרוֹן: וְלָכֵן כֹּה־
אָמַר יְהוָה הַמִּטָּה אֲשֶׁר־עָלִיתָ שָּׁם לֹא־תֵרֵד מִמֶּנָּה כִּי מוֹת
ה תָּמוּת וַיֵּלֶךְ אֵלִיָּה: וַיָּשׁוּבוּ הַמַּלְאָכִים אֵלָיו וַיֹּאמֶר אֲלֵיהֶם מַה־
ו זֶּה שַׁבְתֶּם: וַיֹּאמְרוּ אֵלָיו אִישׁ ׀ עָלָה לִקְרָאתֵנוּ וַיֹּאמֶר אֵלֵינוּ
לְכוּ שׁוּבוּ אֶל־הַמֶּלֶךְ אֲשֶׁר־שָׁלַח אֶתְכֶם וְדִבַּרְתֶּם אֵלָיו כֹּה
אָמַר יְהוָה הֲמִבְּלִי אֵין־אֱלֹהִים בְּיִשְׂרָאֵל אַתָּה שֹׁלֵחַ לִדְרֹשׁ
בְּבַעַל זְבוּב אֱלֹהֵי עֶקְרוֹן לָכֵן הַמִּטָּה אֲשֶׁר־עָלִיתָ שָּׁם לֹא־
ז תֵרֵד מִמֶּנָּה כִּי־מוֹת תָּמוּת: וַיְדַבֵּר אֲלֵהֶם מֶה מִשְׁפַּט הָאִישׁ
אֲשֶׁר עָלָה לִקְרַאתְכֶם וַיְדַבֵּר אֲלֵיכֶם אֶת־הַדְּבָרִים הָאֵלֶּה:
ח וַיֹּאמְרוּ אֵלָיו אִישׁ בַּעַל שֵׂעָר וְאֵזוֹר עוֹר אָזוּר בְּמָתְנָיו וַיֹּאמַר
ט אֵלִיָּה הַתִּשְׁבִּי הוּא: וַיִּשְׁלַח אֵלָיו שַׂר־חֲמִשִּׁים וַחֲמִשָּׁיו וַיַּעַל
אֵלָיו וְהִנֵּה יֹשֵׁב עַל־רֹאשׁ הָהָר וַיְדַבֵּר אֵלָיו אִישׁ הָאֱלֹהִים
י הַמֶּלֶךְ דִּבֶּר רֵדָה: וַיַּעֲנֶה אֵלִיָּהוּ וַיְדַבֵּר אֶל־שַׂר הַחֲמִשִּׁים וְאִם־
אִישׁ אֱלֹהִים אָנִי תֵּרֶד אֵשׁ מִן־הַשָּׁמַיִם וְתֹאכַל אֹתְךָ וְאֶת־
חֲמִשֶּׁיךָ וַתֵּרֶד אֵשׁ מִן־הַשָּׁמַיִם וַתֹּאכַל אֹתוֹ וְאֶת־חֲמִשָּׁיו:
יא וַיָּשָׁב וַיִּשְׁלַח אֵלָיו שַׂר־חֲמִשִּׁים אַחֵר וַחֲמִשָּׁיו וַיַּעַן וַיְדַבֵּר אֵלָיו
יב אִישׁ הָאֱלֹהִים כֹּה־אָמַר הַמֶּלֶךְ מְהֵרָה רֵדָה: וַיַּעַן אֵלִיָּה וַיְדַבֵּר
אֲלֵיהֶם אִם־אִישׁ הָאֱלֹהִים אָנִי תֵּרֶד אֵשׁ מִן־הַשָּׁמַיִם וְתֹאכַל
אֹתְךָ וְאֶת־חֲמִשֶּׁיךָ וַתֵּרֶד אֵשׁ־אֱלֹהִים מִן־הַשָּׁמַיִם וַתֹּאכַל
יג אֹתוֹ וְאֶת־חֲמִשָּׁיו: וַיָּשָׁב וַיִּשְׁלַח שַׂר־חֲמִשִּׁים שְׁלִשִׁים וַחֲמִשָּׁיו
וַיַּעַל וַיָּבֹא שַׂר־הַחֲמִשִּׁים הַשְּׁלִישִׁי וַיִּכְרַע עַל־בִּרְכָּיו ׀ לְנֶגֶד
אֵלִיָּהוּ וַיִּתְחַנֵּן אֵלָיו וַיְדַבֵּר אֵלָיו אִישׁ הָאֱלֹהִים תִּיקַר־נָא נַפְשִׁי
יד וְנֶפֶשׁ עֲבָדֶיךָ אֵלֶּה חֲמִשִּׁים בְּעֵינֶיךָ: הִנֵּה יָרְדָה אֵשׁ מִן־הַשָּׁמַיִם
וַתֹּאכַל אֶת־שְׁנֵי שָׂרֵי הַחֲמִשִּׁים הָרִאשֹׁנִים וְאֶת־חֲמִשֵּׁיהֶם
טו וְעַתָּה תֵּיקַר נַפְשִׁי בְּעֵינֶיךָ: וַיְדַבֵּר מַלְאַךְ יְהוָה
אֶל־אֵלִיָּהוּ רֵד אוֹתוֹ אַל־תִּירָא מִפָּנָיו וַיָּקָם וַיֵּרֶד אוֹתוֹ אֶל־

טז הַמֶּלֶךְ: וַיְדַבֵּר אֵלָיו כֹּה־אָמַר יהוה יַעַן אֲשֶׁר־שָׁלַחְתָּ מַלְאָכִים
לִדְרֹשׁ בְּבַעַל זְבוּב אֱלֹהֵי עֶקְרוֹן הֲמִבְּלִי אֵין־אֱלֹהִים בְּיִשְׂרָאֵל
לִדְרֹשׁ בִּדְבָרוֹ לָכֵן הַמִּטָּה אֲשֶׁר־עָלִיתָ שָּׁם לֹא־תֵרֵד מִמֶּנָּה
יז כִּי־מוֹת תָּמוּת: וַיָּמָת כִּדְבַר־יהוה ׀ אֲשֶׁר־דִּבֶּר אֵלִיָּהוּ וַיִּמְלֹךְ
יְהוֹרָם תַּחְתָּיו בִּשְׁנַת שְׁתַּיִם לִיהוֹרָם בֶּן־יְהוֹשָׁפָט
יח מֶלֶךְ יְהוּדָה כִּי לֹא־הָיָה לוֹ בֵּן: וְיֶתֶר דִּבְרֵי אֲחַזְיָהוּ אֲשֶׁר
עָשָׂה הֲלוֹא־הֵמָּה כְתוּבִים עַל־סֵפֶר דִּבְרֵי הַיָּמִים לְמַלְכֵי
ב א יִשְׂרָאֵל: וַיְהִי בְּהַעֲלוֹת יהוה אֶת־אֵלִיָּהוּ בִּסְעָרָה
ב הַשָּׁמָיִם וַיֵּלֶךְ אֵלִיָּהוּ וֶאֱלִישָׁע מִן־הַגִּלְגָּל: וַיֹּאמֶר אֵלִיָּהוּ אֶל־
אֱלִישָׁע שֵׁב־נָא פֹה כִּי יהוה שְׁלָחַנִי עַד־בֵּית־אֵל וַיֹּאמֶר
אֱלִישָׁע חַי־יהוה וְחֵי־נַפְשְׁךָ אִם־אֶעֶזְבֶךָּ וַיֵּרְדוּ בֵּית־אֵל:
ג וַיֵּצְאוּ בְנֵי־הַנְּבִיאִים אֲשֶׁר־בֵּית־אֵל אֶל־אֱלִישָׁע וַיֹּאמְרוּ אֵלָיו
הֲיָדַעְתָּ כִּי הַיּוֹם יהוה לֹקֵחַ אֶת־אֲדֹנֶיךָ מֵעַל רֹאשֶׁךָ וַיֹּאמֶר
ד גַּם־אֲנִי יָדַעְתִּי הֶחֱשׁוּ: וַיֹּאמֶר לוֹ אֵלִיָּהוּ אֱלִישָׁע ׀ שֵׁב־נָא פֹה
כִּי יהוה שְׁלָחַנִי יְרִיחוֹ וַיֹּאמֶר חַי־יהוה וְחֵי־נַפְשְׁךָ אִם־אֶעֶזְבֶךָּ
ה וַיָּבֹאוּ יְרִיחוֹ: וַיִּגְּשׁוּ בְנֵי־הַנְּבִיאִים ׀ אֲשֶׁר־בִּירִיחוֹ אֶל־אֱלִישָׁע
וַיֹּאמְרוּ אֵלָיו הֲיָדַעְתָּ כִּי הַיּוֹם יהוה לֹקֵחַ אֶת־אֲדֹנֶיךָ מֵעַל
ו רֹאשֶׁךָ וַיֹּאמֶר גַּם־אֲנִי יָדַעְתִּי הֶחֱשׁוּ: וַיֹּאמֶר לוֹ אֵלִיָּהוּ שֵׁב־
נָא פֹה כִּי יהוה שְׁלָחַנִי הַיַּרְדֵּנָה וַיֹּאמֶר חַי־יהוה וְחֵי־נַפְשְׁךָ
ז אִם־אֶעֶזְבֶךָּ וַיֵּלְכוּ שְׁנֵיהֶם: וַחֲמִשִּׁים אִישׁ מִבְּנֵי הַנְּבִיאִים הָלְכוּ
ח וַיַּעַמְדוּ מִנֶּגֶד מֵרָחוֹק וּשְׁנֵיהֶם עָמְדוּ עַל־הַיַּרְדֵּן: וַיִּקַּח אֵלִיָּהוּ
אֶת־אַדַּרְתּוֹ וַיִּגְלֹם וַיַּכֶּה אֶת־הַמַּיִם וַיֵּחָצוּ הֵנָּה וָהֵנָּה וַיַּעַבְרוּ
ט שְׁנֵיהֶם בֶּחָרָבָה: וַיְהִי כְעָבְרָם וְאֵלִיָּהוּ אָמַר אֶל־אֱלִישָׁע שְׁאַל
מָה אֶעֱשֶׂה־לָּךְ בְּטֶרֶם אֶלָּקַח מֵעִמָּךְ וַיֹּאמֶר אֱלִישָׁע וִיהִי־נָא
י פִּי־שְׁנַיִם בְּרוּחֲךָ אֵלָי: וַיֹּאמֶר הִקְשִׁיתָ לִשְׁאוֹל אִם־תִּרְאֶה
יא אֹתִי לֻקָּח מֵאִתָּךְ יְהִי־לְךָ כֵן וְאִם־אַיִן לֹא יִהְיֶה: וַיְהִי הֵמָּה
הֹלְכִים הָלוֹךְ וְדַבֵּר וְהִנֵּה רֶכֶב־אֵשׁ וְסוּסֵי אֵשׁ וַיַּפְרִדוּ בֵּין

יב שְׁנֵיהֶם וַיַּעַל אֵלִיָּהוּ בַּסְעָרָה הַשָּׁמָיִם: וֶאֱלִישָׁע רֹאֶה וְהוּא
מְצַעֵק אָבִי ׀ אָבִי רֶכֶב יִשְׂרָאֵל וּפָרָשָׁיו וְלֹא רָאָהוּ עוֹד וַיַּחֲזֵק
יג בִּבְגָדָיו וַיִּקְרָעֵם לִשְׁנַיִם קְרָעִים: וַיָּרֶם אֶת־אַדֶּרֶת אֵלִיָּהוּ אֲשֶׁר
יד נָפְלָה מֵעָלָיו וַיָּשָׁב וַיַּעֲמֹד עַל־שְׂפַת הַיַּרְדֵּן: וַיִּקַּח אֶת־אַדֶּרֶת
אֵלִיָּהוּ אֲשֶׁר־נָפְלָה מֵעָלָיו וַיַּכֶּה אֶת־הַמַּיִם וַיֹּאמַר אַיֵּה יְהוָה
אֱלֹהֵי אֵלִיָּהוּ אַף־הוּא ׀ וַיַּכֶּה אֶת־הַמַּיִם וַיֵּחָצוּ הֵנָּה וָהֵנָּה
טו וַיַּעֲבֹר אֱלִישָׁע: וַיִּרְאֻהוּ בְנֵי־הַנְּבִיאִים אֲשֶׁר־בִּירִיחוֹ מִנֶּגֶד כ
וַיֹּאמְרוּ נָחָה רוּחַ אֵלִיָּהוּ עַל־אֱלִישָׁע וַיָּבֹאוּ לִקְרָאתוֹ וַיִּשְׁתַּחֲווּ־
טז לוֹ אָרְצָה: וַיֹּאמְרוּ אֵלָיו הִנֵּה־נָא יֵשׁ־אֶת־עֲבָדֶיךָ חֲמִשִּׁים
אֲנָשִׁים בְּנֵי־חַיִל יֵלְכוּ־נָא וִיבַקְשׁוּ אֶת־אֲדֹנֶיךָ פֶּן־נְשָׂאוֹ רוּחַ
יְהוָה וַיַּשְׁלִכֵהוּ בְּאַחַד הֶהָרִים אוֹ בְּאַחַת הגיאות וַיֹּאמֶר לֹא הַגֵּאָיוֹת
יז תִשְׁלָחוּ: וַיִּפְצְרוּ־בוֹ עַד־בֹּשׁ וַיֹּאמֶר שְׁלָחוּ וַיִּשְׁלְחוּ חֲמִשִּׁים
יח אִישׁ וַיְבַקְשׁוּ שְׁלֹשָׁה־יָמִים וְלֹא מְצָאֻהוּ: וַיָּשֻׁבוּ אֵלָיו וְהוּא
יֹשֵׁב בִּירִיחוֹ וַיֹּאמֶר אֲלֵהֶם הֲלוֹא־אָמַרְתִּי אֲלֵיכֶם אַל־תֵּלֵכוּ:
יט וַיֹּאמְרוּ אַנְשֵׁי הָעִיר אֶל־אֱלִישָׁע הִנֵּה־נָא מוֹשַׁב הָעִיר טוֹב
כ כַּאֲשֶׁר אֲדֹנִי רֹאֶה וְהַמַּיִם רָעִים וְהָאָרֶץ מְשַׁכָּלֶת: וַיֹּאמֶר קְחוּ־
כא לִי צְלֹחִית חֲדָשָׁה וְשִׂימוּ שָׁם מֶלַח וַיִּקְחוּ אֵלָיו: וַיֵּצֵא אֶל־
מוֹצָא הַמַּיִם וַיַּשְׁלֶךְ־שָׁם מֶלַח וַיֹּאמֶר כֹּה־אָמַר יְהוָה רִפִּאתִי
כב לַמַּיִם הָאֵלֶּה לֹא־יִהְיֶה מִשָּׁם עוֹד מָוֶת וּמְשַׁכָּלֶת: וַיֵּרָפוּ הַמַּיִם
כג עַד הַיּוֹם הַזֶּה כִּדְבַר אֱלִישָׁע אֲשֶׁר דִּבֵּר: וַיַּעַל
מִשָּׁם בֵּית־אֵל וְהוּא ׀ עֹלֶה בַדֶּרֶךְ וּנְעָרִים קְטַנִּים יָצְאוּ מִן־
כד הָעִיר וַיִּתְקַלְּסוּ־בוֹ וַיֹּאמְרוּ לוֹ עֲלֵה קֵרֵחַ עֲלֵה קֵרֵחַ: וַיִּפֶן
אַחֲרָיו וַיִּרְאֵם וַיְקַלְלֵם בְּשֵׁם יְהוָה וַתֵּצֶאנָה שְׁתַּיִם דֻּבִּים מִן־
כה הַיַּעַר וַתְּבַקַּעְנָה מֵהֶם אַרְבָּעִים וּשְׁנֵי יְלָדִים: וַיֵּלֶךְ מִשָּׁם אֶל־
ג א הַר הַכַּרְמֶל וּמִשָּׁם שָׁב שֹׁמְרוֹן: וִיהוֹרָם בֶּן־
אַחְאָב מָלַךְ עַל־יִשְׂרָאֵל בְּשֹׁמְרוֹן בִּשְׁנַת שְׁמֹנֶה עֶשְׂרֵה
ב לִיהוֹשָׁפָט מֶלֶךְ יְהוּדָה וַיִּמְלֹךְ שְׁתֵּים־עֶשְׂרֵה שָׁנָה: וַיַּעֲשֶׂה

הָרַע בְּעֵינֵי יְהוָה רַק לֹא כְאָבִיו וּכְאִמּוֹ וַיָּסַר אֶת־מַצְּבַת הַבַּעַל
ג אֲשֶׁר עָשָׂה אָבִיו׃ רַק בְּחַטֹּאות יָרָבְעָם בֶּן־נְבָט אֲשֶׁר־הֶחֱטִיא
ד אֶת־יִשְׂרָאֵל דָּבֵק לֹא־סָר מִמֶּנָּה׃ וּמֵישַׁע מֶלֶךְ־
מוֹאָב הָיָה נֹקֵד וְהֵשִׁיב לְמֶלֶךְ־יִשְׂרָאֵל מֵאָה־אֶלֶף כָּרִים
ה וּמֵאָה אֶלֶף אֵילִים צָמֶר׃ וַיְהִי כְּמוֹת אַחְאָב וַיִּפְשַׁע מֶלֶךְ־
ו מוֹאָב בְּמֶלֶךְ יִשְׂרָאֵל׃ וַיֵּצֵא הַמֶּלֶךְ יְהוֹרָם בַּיּוֹם הַהוּא מִשֹּׁמְרוֹן
ז וַיִּפְקֹד אֶת־כָּל־יִשְׂרָאֵל׃ וַיֵּלֶךְ וַיִּשְׁלַח אֶל־יְהוֹשָׁפָט מֶלֶךְ־
יְהוּדָה לֵאמֹר מֶלֶךְ מוֹאָב פָּשַׁע בִּי הֲתֵלֵךְ אִתִּי אֶל־מוֹאָב
לַמִּלְחָמָה וַיֹּאמֶר אֶעֱלֶה כָּמוֹנִי כָמוֹךָ כְּעַמִּי כְעַמֶּךָ כְּסוּסַי
ח כְּסוּסֶיךָ׃ וַיֹּאמֶר אֵי־זֶה הַדֶּרֶךְ נַעֲלֶה וַיֹּאמֶר דֶּרֶךְ מִדְבַּר אֱדוֹם׃
ט וַיֵּלֶךְ מֶלֶךְ יִשְׂרָאֵל וּמֶלֶךְ יְהוּדָה וּמֶלֶךְ אֱדוֹם וַיָּסֹבּוּ דֶּרֶךְ שִׁבְעַת
י יָמִים וְלֹא־הָיָה מַיִם לַמַּחֲנֶה וְלַבְּהֵמָה אֲשֶׁר בְּרַגְלֵיהֶם׃ וַיֹּאמֶר
מֶלֶךְ יִשְׂרָאֵל אֲהָהּ כִּי־קָרָא יְהוָה לִשְׁלֹשֶׁת הַמְּלָכִים הָאֵלֶּה
יא לָתֵת אוֹתָם בְּיַד־מוֹאָב׃ וַיֹּאמֶר יְהוֹשָׁפָט הַאֵין פֹּה נָבִיא לַיהוָה
וְנִדְרְשָׁה אֶת־יְהוָה מֵאוֹתוֹ וַיַּעַן אֶחָד מֵעַבְדֵי מֶלֶךְ־יִשְׂרָאֵל
וַיֹּאמֶר פֹּה אֱלִישָׁע בֶּן־שָׁפָט אֲשֶׁר־יָצַק מַיִם עַל־יְדֵי אֵלִיָּהוּ׃
יב וַיֹּאמֶר יְהוֹשָׁפָט יֵשׁ אוֹתוֹ דְּבַר־יְהוָה וַיֵּרְדוּ אֵלָיו מֶלֶךְ יִשְׂרָאֵל
יג וִיהוֹשָׁפָט וּמֶלֶךְ אֱדוֹם׃ וַיֹּאמֶר אֱלִישָׁע אֶל־מֶלֶךְ יִשְׂרָאֵל מַה־לִּי
וָלָךְ לֵךְ אֶל־נְבִיאֵי אָבִיךָ וְאֶל־נְבִיאֵי אִמֶּךָ וַיֹּאמֶר לוֹ מֶלֶךְ
יִשְׂרָאֵל אַל כִּי־קָרָא יְהוָה לִשְׁלֹשֶׁת הַמְּלָכִים הָאֵלֶּה לָתֵת
יד אוֹתָם בְּיַד מוֹאָב׃ וַיֹּאמֶר אֱלִישָׁע חַי־יְהוָה צְבָאוֹת אֲשֶׁר
עָמַדְתִּי לְפָנָיו כִּי לוּלֵי פְּנֵי־יְהוֹשָׁפָט מֶלֶךְ־יְהוּדָה אֲנִי נֹשֵׂא אִם־
טו אַבִּיט אֵלֶיךָ וְאִם־אֶרְאֶךָּ׃ וְעַתָּה קְחוּ־לִי מְנַגֵּן וְהָיָה כְּנַגֵּן
טז הַמְנַגֵּן וַתְּהִי עָלָיו יַד יְהוָה׃ וַיֹּאמֶר כֹּה אָמַר יְהוָה עָשֹׂה הַנַּחַל
יז הַזֶּה גֵּבִים ׀ גֵּבִים׃ כִּי־כֹה ׀ אָמַר יְהוָה לֹא־תִרְאוּ רוּחַ וְלֹא־
תִרְאוּ גֶשֶׁם וְהַנַּחַל הַהוּא יִמָּלֵא מָיִם וּשְׁתִיתֶם אַתֶּם וּמִקְנֵיכֶם
יח וּבְהֶמְתְּכֶם׃ וְנָקַל זֹאת בְּעֵינֵי יְהוָה וְנָתַן אֶת־מוֹאָב בְּיֶדְכֶם׃

יט וְהִכִּיתֶם כָּל־עִיר מִבְצָר וְכָל־עִיר מִבְחוֹר וְכָל־עֵץ טוֹב תַּפִּילוּ
וְכָל־מַעְיְנֵי־מַיִם תִּסְתֹּמוּ וְכֹל הַחֶלְקָה הַטּוֹבָה תַּכְאִבוּ
כ בָּאֲבָנִים: וַיְהִי בַבֹּקֶר כַּעֲלוֹת הַמִּנְחָה וְהִנֵּה־מַיִם בָּאִים מִדֶּרֶךְ
כא אֱדוֹם וַתִּמָּלֵא הָאָרֶץ אֶת־הַמָּיִם: וְכָל־מוֹאָב שָׁמְעוּ כִּי־עָלוּ
הַמְּלָכִים לְהִלָּחֶם בָּם וַיִּצָּעֲקוּ מִכֹּל חֹגֵר חֲגֹרָה וָמָעְלָה וַיַּעַמְדוּ
כב עַל־הַגְּבוּל: וַיַּשְׁכִּימוּ בַבֹּקֶר וְהַשֶּׁמֶשׁ זָרְחָה עַל־הַמָּיִם וַיִּרְאוּ
כג מוֹאָב מִנֶּגֶד אֶת־הַמַּיִם אֲדֻמִּים כַּדָּם: וַיֹּאמְרוּ דָּם זֶה הָחֳרֵב
נֶחֶרְבוּ הַמְּלָכִים וַיַּכּוּ אִישׁ אֶת־רֵעֵהוּ וְעַתָּה לַשָּׁלָל מוֹאָב:
כד וַיָּבֹאוּ אֶל־מַחֲנֵה יִשְׂרָאֵל וַיָּקֻמוּ יִשְׂרָאֵל וַיַּכּוּ אֶת־מוֹאָב וַיָּנֻסוּ
כה מִפְּנֵיהֶם ויבו־בָהּ וְהַכּוֹת אֶת־מוֹאָב: וְהֶעָרִים יַהֲרֹסוּ וְכָל־ וַיַּכּוּ־
חֶלְקָה טוֹבָה יַשְׁלִיכוּ אִישׁ־אַבְנוֹ וּמִלְאוּהָ וְכָל־מַעְיַן־מַיִם
יִסְתְּמוּ וְכָל־עֵץ־טוֹב יַפִּילוּ עַד־הִשְׁאִיר אֲבָנֶיהָ בַּקִּיר חֲרָשֶׂת
כו וַיָּסֹבּוּ הַקַּלָּעִים וַיַּכּוּהָ: וַיַּרְא מֶלֶךְ מוֹאָב כִּי־חָזַק מִמֶּנּוּ
הַמִּלְחָמָה וַיִּקַּח אוֹתוֹ שְׁבַע־מֵאוֹת אִישׁ שֹׁלֵף חֶרֶב לְהַבְקִיעַ
כז אֶל־מֶלֶךְ אֱדוֹם וְלֹא יָכֹלוּ: וַיִּקַּח אֶת־בְּנוֹ הַבְּכוֹר אֲשֶׁר־יִמְלֹךְ
תַּחְתָּיו וַיַּעֲלֵהוּ עֹלָה עַל־הַחֹמָה וַיְהִי קֶצֶף־גָּדוֹל עַל־יִשְׂרָאֵל
ד א וַיִּסְעוּ מֵעָלָיו וַיָּשֻׁבוּ לָאָרֶץ: וְאִשָּׁה אַחַת מִנְּשֵׁי
בְנֵי־הַנְּבִיאִים צָעֲקָה אֶל־אֱלִישָׁע לֵאמֹר עַבְדְּךָ אִישִׁי מֵת
וְאַתָּה יָדַעְתָּ כִּי עַבְדְּךָ הָיָה יָרֵא אֶת־יְהוָה וְהַנֹּשֶׁה בָּא לָקַחַת
ב אֶת־שְׁנֵי יְלָדַי לוֹ לַעֲבָדִים: וַיֹּאמֶר אֵלֶיהָ אֱלִישָׁע מָה אֶעֱשֶׂה־
לָּךְ הַגִּידִי לִי מַה־יֶּשׁ־לכי בַּבָּיִת וַתֹּאמֶר אֵין לְשִׁפְחָתְךָ כֹל לָךְ
ג בַּבַּיִת כִּי אִם־אָסוּךְ שָׁמֶן: וַיֹּאמֶר לְכִי שַׁאֲלִי־לָךְ כֵּלִים מִן־
ד הַחוּץ מֵאֵת כָּל־שכנכי כֵּלִים רֵקִים אַל־תַּמְעִיטִי: וּבָאת שְׁכֵנָיִךְ
וְסָגַרְתְּ הַדֶּלֶת בַּעֲדֵךְ וּבְעַד־בָּנַיִךְ וְיָצַקְתְּ עַל כָּל־הַכֵּלִים הָאֵלֶּה
ה וְהַמָּלֵא תַּסִּיעִי: וַתֵּלֶךְ מֵאִתּוֹ וַתִּסְגֹּר הַדֶּלֶת בַּעֲדָהּ וּבְעַד בָּנֶיהָ
ו הֵם מַגִּשִׁים אֵלֶיהָ וְהִיא מיצקת: וַיְהִי ׀ כִּמְלֹאת הַכֵּלִים מוֹצָקֶת
וַתֹּאמֶר אֶל־בְּנָהּ הַגִּישָׁה אֵלַי עוֹד כֶּלִי וַיֹּאמֶר אֵלֶיהָ אֵין עוֹד

ז כְּלִי וַיַּעֲמֹד הַשָּׁמֶן׃ וַתָּבֹא וַתַּגֵּד לְאִישׁ הָאֱלֹהִים וַיֹּאמֶר
לְכִי מִכְרִי אֶת־הַשֶּׁמֶן וְשַׁלְּמִי אֶת־נשיכי וְאַתְּ בניכי תִּחְיִי נִשְׁיֵךְ | וּבָנַיִךְ
בַּנּוֹתָר׃ ח וַיְהִי הַיּוֹם וַיַּעֲבֹר אֱלִישָׁע אֶל־שׁוּנֵם
וְשָׁם אִשָּׁה גְדוֹלָה וַתַּחֲזֶק־בּוֹ לֶאֱכָל־לָחֶם וַיְהִי מִדֵּי עָבְרוֹ יָסֻר
ט שָׁמָּה לֶאֱכָל־לָחֶם׃ וַתֹּאמֶר אֶל־אִישָׁהּ הִנֵּה־נָא יָדַעְתִּי כִּי
י אִישׁ אֱלֹהִים קָדוֹשׁ הוּא עֹבֵר עָלֵינוּ תָּמִיד׃ נַעֲשֶׂה־נָּא עֲלִיַּת־
קִיר קְטַנָּה וְנָשִׂים לוֹ שָׁם מִטָּה וְשֻׁלְחָן וְכִסֵּא וּמְנוֹרָה וְהָיָה
יא בְּבֹאוֹ אֵלֵינוּ יָסוּר שָׁמָּה׃ וַיְהִי הַיּוֹם וַיָּבֹא שָׁמָּה וַיָּסַר אֶל־
יב הָעֲלִיָּה וַיִּשְׁכַּב־שָׁמָּה׃ וַיֹּאמֶר אֶל־גֵּיחֲזִי נַעֲרוֹ קְרָא לַשּׁוּנַמִּית
יג הַזֹּאת וַיִּקְרָא־לָהּ וַתַּעֲמֹד לְפָנָיו׃ וַיֹּאמֶר לוֹ אֱמָר־נָא אֵלֶיהָ
הִנֵּה חָרַדְתְּ ׀ אֵלֵינוּ אֶת־כָּל־הַחֲרָדָה הַזֹּאת מֶה לַעֲשׂוֹת לָךְ
הֲיֵשׁ לְדַבֶּר־לָךְ אֶל־הַמֶּלֶךְ אוֹ אֶל־שַׂר הַצָּבָא וַתֹּאמֶר בְּתוֹךְ
יד עַמִּי אָנֹכִי יֹשָׁבֶת׃ וַיֹּאמֶר וּמֶה לַעֲשׂוֹת לָהּ וַיֹּאמֶר גֵּיחֲזִי אֲבָל
טו בֵּן אֵין־לָהּ וְאִישָׁהּ זָקֵן׃ וַיֹּאמֶר קְרָא־לָהּ וַיִּקְרָא־לָהּ וַתַּעֲמֹד
טז בַּפָּתַח׃ וַיֹּאמֶר לַמּוֹעֵד הַזֶּה כָּעֵת חַיָּה אתי חֹבֶקֶת בֵּן וַתֹּאמֶר אַתְּ
יז אַל־אֲדֹנִי אִישׁ הָאֱלֹהִים אַל־תְּכַזֵּב בְּשִׁפְחָתֶךָ׃ וַתַּהַר הָאִשָּׁה
וַתֵּלֶד בֵּן לַמּוֹעֵד הַזֶּה כָּעֵת חַיָּה אֲשֶׁר־דִּבֶּר אֵלֶיהָ אֱלִישָׁע׃
יח יט וַיִּגְדַּל הַיָּלֶד וַיְהִי הַיּוֹם וַיֵּצֵא אֶל־אָבִיו אֶל־הַקֹּצְרִים׃ וַיֹּאמֶר
אֶל־אָבִיו רֹאשִׁי ׀ רֹאשִׁי וַיֹּאמֶר אֶל־הַנַּעַר שָׂאֵהוּ אֶל־אִמּוֹ׃
כ וַיִּשָּׂאֵהוּ וַיְבִיאֵהוּ אֶל־אִמּוֹ וַיֵּשֶׁב עַל־בִּרְכֶּיהָ עַד־הַצָּהֳרַיִם
כא וַיָּמֹת׃ וַתַּעַל וַתַּשְׁכִּבֵהוּ עַל־מִטַּת אִישׁ הָאֱלֹהִים וַתִּסְגֹּר בַּעֲדוֹ
כב וַתֵּצֵא׃ וַתִּקְרָא אֶל־אִישָׁהּ וַתֹּאמֶר שִׁלְחָה נָא לִי אֶחָד מִן־
הַנְּעָרִים וְאַחַת הָאֲתֹנוֹת וְאָרוּצָה עַד־אִישׁ הָאֱלֹהִים וְאָשׁוּבָה׃
כג וַיֹּאמֶר מַדּוּעַ אתי הלכתי אֵלָיו הַיּוֹם לֹא־חֹדֶשׁ וְלֹא שַׁבָּת אַתְּ הֹלֶכֶת
כד וַתֹּאמֶר שָׁלוֹם׃ וַתַּחֲבֹשׁ הָאָתוֹן וַתֹּאמֶר אֶל־נַעֲרָהּ נְהַג וָלֵךְ
כה אַל־תַּעֲצָר־לִי לִרְכֹּב כִּי אִם־אָמַרְתִּי לָךְ׃ וַתֵּלֶךְ וַתָּבוֹא אֶל־
אִישׁ הָאֱלֹהִים אֶל־הַר הַכַּרְמֶל וַיְהִי כִּרְאוֹת אִישׁ־הָאֱלֹהִים

כו אֹתָהּ מִנֶּגֶד וַיֹּאמֶר אֶל־גֵּיחֲזִי נַעֲרוֹ הִנֵּה הַשּׁוּנַמִּית הַלָּז׃ עַתָּה
רוּץ־נָא לִקְרָאתָהּ וֶאֱמָר־לָהּ הֲשָׁלוֹם לָךְ הֲשָׁלוֹם לְאִישֵׁךְ
כז הֲשָׁלוֹם לַיָּלֶד וַתֹּאמֶר שָׁלוֹם׃ וַתָּבֹא אֶל־אִישׁ הָאֱלֹהִים אֶל־
הָהָר וַתַּחֲזֵק בְּרַגְלָיו וַיִּגַּשׁ גֵּיחֲזִי לְהָדְפָהּ וַיֹּאמֶר אִישׁ הָאֱלֹהִים
הַרְפֵּה־לָהּ כִּי־נַפְשָׁהּ מָרָה־לָהּ וַיהוָה הֶעְלִים מִמֶּנִּי וְלֹא הִגִּיד
כח לִי׃ וַתֹּאמֶר הֲשָׁאַלְתִּי בֵן מֵאֵת אֲדֹנִי הֲלֹא אָמַרְתִּי לֹא תַשְׁלֶה
כט אֹתִי׃ וַיֹּאמֶר לְגֵיחֲזִי חֲגֹר מָתְנֶיךָ וְקַח מִשְׁעַנְתִּי בְיָדְךָ וָלֵךְ כִּי־
תִמְצָא אִישׁ לֹא תְבָרְכֶנּוּ וְכִי־יְבָרֶכְךָ אִישׁ לֹא תַעֲנֶנּוּ וְשַׂמְתָּ
ל מִשְׁעַנְתִּי עַל־פְּנֵי הַנָּעַר׃ וַתֹּאמֶר אֵם הַנַּעַר חַי־יְהוָה וְחֵי־נַפְשְׁךָ
לא אִם־אֶעֶזְבֶךָּ וַיָּקָם וַיֵּלֶךְ אַחֲרֶיהָ׃ וְגֵחֲזִי עָבַר לִפְנֵיהֶם וַיָּשֶׂם אֶת־
הַמִּשְׁעֶנֶת עַל־פְּנֵי הַנַּעַר וְאֵין קוֹל וְאֵין קָשֶׁב וַיָּשָׁב לִקְרָאתוֹ
לב וַיַּגֶּד־לוֹ לֵאמֹר לֹא הֵקִיץ הַנָּעַר׃ וַיָּבֹא אֱלִישָׁע הַבָּיְתָה וְהִנֵּה
לג הַנַּעַר מֵת מֻשְׁכָּב עַל־מִטָּתוֹ׃ וַיָּבֹא וַיִּסְגֹּר הַדֶּלֶת בְּעַד שְׁנֵיהֶם
לד וַיִּתְפַּלֵּל אֶל־יְהוָה׃ וַיַּעַל וַיִּשְׁכַּב עַל־הַיֶּלֶד וַיָּשֶׂם פִּיו עַל־פִּיו
וְעֵינָיו עַל־עֵינָיו וְכַפָּיו עַל־כַּפָּו וַיִּגְהַר עָלָיו וַיָּחָם בְּשַׂר הַיָּלֶד׃
לה וַיָּשָׁב וַיֵּלֶךְ בַּבַּיִת אַחַת הֵנָּה וְאַחַת הֵנָּה וַיַּעַל וַיִּגְהַר עָלָיו וַיְזוֹרֵר
לו הַנַּעַר עַד־שֶׁבַע פְּעָמִים וַיִּפְקַח הַנַּעַר אֶת־עֵינָיו׃ וַיִּקְרָא אֶל־
גֵּיחֲזִי וַיֹּאמֶר קְרָא אֶל־הַשֻּׁנַמִּית הַזֹּאת וַיִּקְרָאֶהָ וַתָּבוֹא אֵלָיו
לז וַיֹּאמֶר שְׂאִי בְנֵךְ׃ וַתָּבֹא וַתִּפֹּל עַל־רַגְלָיו וַתִּשְׁתַּחוּ אָרְצָה
לח וַתִּשָּׂא אֶת־בְּנָהּ וַתֵּצֵא׃ וֶאֱלִישָׁע שָׁב הַגִּלְגָּלָה
וְהָרָעָב בָּאָרֶץ וּבְנֵי הַנְּבִיאִים יֹשְׁבִים לְפָנָיו וַיֹּאמֶר לְנַעֲרוֹ שְׁפֹת
לט הַסִּיר הַגְּדוֹלָה וּבַשֵּׁל נָזִיד לִבְנֵי הַנְּבִיאִים׃ וַיֵּצֵא אֶחָד אֶל־
הַשָּׂדֶה לְלַקֵּט אֹרֹת וַיִּמְצָא גֶּפֶן שָׂדֶה וַיְלַקֵּט מִמֶּנּוּ פַּקֻּעֹת שָׂדֶה
מ מְלֹא בִגְדוֹ וַיָּבֹא וַיְפַלַּח אֶל־סִיר הַנָּזִיד כִּי־לֹא יָדָעוּ׃ וַיִּצְקוּ
לַאֲנָשִׁים לֶאֱכוֹל וַיְהִי כְּאָכְלָם מֵהַנָּזִיד וְהֵמָּה צָעָקוּ וַיֹּאמְרוּ מָוֶת
מא בַּסִּיר אִישׁ הָאֱלֹהִים וְלֹא יָכְלוּ לֶאֱכֹל׃ וַיֹּאמֶר וּקְחוּ־קֶמַח
וַיַּשְׁלֵךְ אֶל־הַסִּיר וַיֹּאמֶר צַק לָעָם וְיֹאכֵלוּ וְלֹא הָיָה דָּבָר רָע

מלכים ב ד

בַּסִּקְלֹנ֑וֹ וְאִ֗ישׁ בָּ֣א מִבַּ֣עַל שָׁלִ֜שָׁה וַיָּבֵ֣א לְאִ֣ישׁ מב
הָאֱלֹהִ֞ים לֶ֣חֶם בִּכּוּרִ֗ים עֶשְׂרִֽים־לֶ֙חֶם֙ שְׂעֹרִ֔ים וְכַרְמֶ֖ל בְּצִקְלֹנ֑וֹ
וַיֹּ֕אמֶר תֵּ֥ן לָעָ֖ם וְיֹאכֵֽלוּ׃ וַיֹּ֙אמֶר֙ מְשָׁ֣רְת֔וֹ מָ֚ה אֶתֵּ֣ן זֶ֔ה לִפְנֵ֖י מֵאָ֣ה מג
אִ֑ישׁ וַיֹּ֗אמֶר תֵּ֤ן לָעָם֙ וְיֹאכֵ֔לוּ כִּ֣י כֹ֥ה אָמַ֛ר יְהוָ֖ה אָכֹ֥ל וְהוֹתֵֽר׃
וַיִּתֵּ֧ן לִפְנֵיהֶ֛ם וַיֹּאכְל֥וּ וַיּוֹתִ֖רוּ כִּדְבַ֥ר יְהוָֽה׃   וְנַֽעֲמָן֩ ה מד
שַׂר־צְבָ֨א מֶֽלֶךְ־אֲרָ֜ם הָיָ֣ה אִישׁ֩ גָּד֨וֹל לִפְנֵ֤י אֲדֹנָיו֙ וּנְשֻׂ֣א פָנִ֔ים
כִּֽי־ב֛וֹ נָֽתַן־יְהוָ֥ה תְּשׁוּעָ֖ה לַֽאֲרָ֑ם וְהָאִ֗ישׁ הָיָ֛ה גִּבּ֥וֹר חַ֖יִל מְצֹרָֽע׃
וַֽאֲרָ֞ם יָֽצְא֣וּ גְדוּדִ֗ים וַיִּשְׁבּ֧וּ מֵאֶ֣רֶץ יִשְׂרָאֵ֛ל נַֽעֲרָ֥ה קְטַנָּ֖ה וַתְּהִ֕י ב
לִפְנֵ֖י אֵ֥שֶׁת נַֽעֲמָֽן׃ וַתֹּ֙אמֶר֙ אֶל־גְּבִרְתָּ֔הּ אַֽחֲלֵ֣י אֲדֹנִ֔י לִפְנֵ֥י ג
הַנָּבִ֖יא אֲשֶׁ֣ר בְּשֹֽׁמְר֑וֹן אָ֛ז יֶֽאֱסֹ֥ף אֹת֖וֹ מִצָּֽרַעְתּֽוֹ׃ וַיָּבֹ֕א וַיַּגֵּ֖ד ד
לַֽאדֹנָ֣יו לֵאמֹ֑ר כָּזֹ֤את וְכָזֹאת֙ דִּבְּרָ֣ה הַנַּֽעֲרָ֔ה אֲשֶׁ֖ר מֵאֶ֥רֶץ
יִשְׂרָאֵֽל׃ וַיֹּ֤אמֶר מֶֽלֶךְ־אֲרָם֙ לֶךְ־בֹּ֔א וְאֶשְׁלְחָ֥ה סֵ֖פֶר אֶל־מֶ֣לֶךְ ה
יִשְׂרָאֵ֑ל וַיֵּ֡לֶךְ וַיִּקַּ֣ח בְּיָד֡וֹ עֶ֣שֶׂר כִּכְּרֵי־כֶ֠סֶף וְשֵׁ֣שֶׁת אֲלָפִ֤ים זָהָב֙
וְעֶ֖שֶׂר חֲלִיפ֥וֹת בְּגָדִֽים׃ וַיָּבֵ֣א הַסֵּ֔פֶר אֶל־מֶ֥לֶךְ יִשְׂרָאֵ֖ל לֵאמֹ֑ר ו
וְעַתָּ֗ה כְּב֨וֹא הַסֵּ֤פֶר הַזֶּה֙ אֵלֶ֔יךָ הִנֵּ֨ה שָׁלַ֤חְתִּי אֵלֶ֙יךָ֙ אֶת־נַֽעֲמָ֣ן
עַבְדִּ֔י וַֽאֲסַפְתּ֖וֹ מִצָּֽרַעְתּֽוֹ׃ וַיְהִ֡י כִּקְרֹא֩ מֶֽלֶךְ־יִשְׂרָאֵ֨ל אֶת־ ז
הַסֵּ֜פֶר וַיִּקְרַ֣ע בְּגָדָ֗יו וַיֹּ֙אמֶר֙ הַֽאֱלֹהִ֣ים אָ֗נִי לְהָמִ֣ית וּֽלְהַֽחֲי֔וֹת כִּֽי־
זֶ֤ה שֹׁלֵ֙חַ֙ אֵלַ֔י לֶֽאֱסֹ֥ף אִ֖ישׁ מִצָּֽרַעְתּ֑וֹ כִּ֤י אַךְ־דְּעֽוּ־נָא֙ וּרְא֔וּ כִּֽי־
מִתְאַנֶּ֥ה ה֖וּא לִֽי׃ וַיְהִ֞י כִּשְׁמֹ֣עַ ׀ אֱלִישָׁ֣ע אִֽישׁ־הָֽאֱלֹהִ֗ים כִּֽי־ ח
קָרַ֤ע מֶֽלֶךְ־יִשְׂרָאֵל֙ אֶת־בְּגָדָ֔יו וַיִּשְׁלַח֙ אֶל־הַמֶּ֣לֶךְ לֵאמֹ֔ר לָ֥מָּה
קָרַ֖עְתָּ בְּגָדֶ֑יךָ יָֽבֹא־נָ֣א אֵלַ֔י וְיֵדַ֕ע כִּ֛י יֵ֥שׁ נָבִ֖יא בְּיִשְׂרָאֵֽל׃ וַיָּבֹ֥א ט
נַֽעֲמָ֖ן בְּסוּס֣וֹ וּבְרִכְבּ֑וֹ וַיַּֽעֲמֹ֥ד פֶּֽתַח־הַבַּ֖יִת לֶאֱלִישָֽׁע׃ וַיִּשְׁלַ֥ח י
אֵלָ֛יו אֱלִישָׁ֖ע מַלְאָ֣ךְ לֵאמֹ֑ר הָל֗וֹךְ וְרָֽחַצְתָּ֤ שֶֽׁבַע־פְּעָמִים֙ בַּיַּרְדֵּ֔ן
וְיָשֹׁ֧ב בְּשָֽׂרְךָ֛ לְךָ֖ וּטְהָֽר׃ וַיִּקְצֹ֥ף נַֽעֲמָ֖ן וַיֵּלַ֑ךְ וַיֹּ֨אמֶר֙ הִנֵּ֤ה אָמַ֙רְתִּי֙ יא
אֵלַ֣י ׀ יֵצֵ֣א יָצ֗וֹא וְעָמַד֙ וְקָרָא֙ בְּשֵׁם־יְהוָ֣ה אֱלֹהָ֔יו וְהֵנִ֥יף יָד֛וֹ אֶל־
הַמָּק֖וֹם וְאָסַ֥ף הַמְּצֹרָֽע׃ הֲלֹ֡א טוֹב֩ אֲבָנָ֨ה וּפַרְפַּ֜ר נַֽהֲר֣וֹת דַּמֶּ֗שֶׂק אֲמָנָ֨ה יב
מִכֹּל֙ מֵימֵ֣י יִשְׂרָאֵ֔ל הֲלֹֽא־אֶרְחַ֥ץ בָּהֶ֖ם וְטָהָ֑רְתִּי וַיִּ֖פֶן וַיֵּ֥לֶךְ

יג בְּחֵמָה׃ וַיִּגְּשׁוּ עֲבָדָיו וַיְדַבְּרוּ אֵלָיו וַיֹּאמְרוּ אָבִי דָּבָר גָּדוֹל
הַנָּבִיא דִּבֶּר אֵלֶיךָ הֲלוֹא תַעֲשֶׂה וְאַף כִּי־אָמַר אֵלֶיךָ רְחַץ
יד וּטְהָר׃ וַיֵּרֶד וַיִּטְבֹּל בַּיַּרְדֵּן שֶׁבַע פְּעָמִים כִּדְבַר אִישׁ הָאֱלֹהִים
טו וַיָּשָׁב בְּשָׂרוֹ כִּבְשַׂר נַעַר קָטֹן וַיִּטְהָר׃ וַיָּשָׁב אֶל־אִישׁ הָאֱלֹהִים
הוּא וְכָל־מַחֲנֵהוּ וַיָּבֹא וַיַּעֲמֹד לְפָנָיו וַיֹּאמֶר הִנֵּה־נָא יָדַעְתִּי כִּי
אֵין אֱלֹהִים בְּכָל־הָאָרֶץ כִּי אִם־בְּיִשְׂרָאֵל וְעַתָּה קַח־נָא
טז בְרָכָה מֵאֵת עַבְדֶּךָ׃ וַיֹּאמֶר חַי־יְהוָה אֲשֶׁר־עָמַדְתִּי לְפָנָיו אִם־
יז אֶקָּח וַיִּפְצַר־בּוֹ לָקַחַת וַיְמָאֵן׃ וַיֹּאמֶר נַעֲמָן וָלֹא יֻתַּן־נָא
לְעַבְדְּךָ מַשָּׂא צֶמֶד־פְּרָדִים אֲדָמָה כִּי לוֹא־יַעֲשֶׂה עוֹד עַבְדְּךָ
יח עֹלָה וָזֶבַח לֵאלֹהִים אֲחֵרִים כִּי אִם־לַיהוָה׃ לַדָּבָר הַזֶּה יִסְלַח
יְהוָה לְעַבְדֶּךָ בְּבוֹא אֲדֹנִי בֵית־רִמּוֹן לְהִשְׁתַּחֲוֺת שָׁמָּה וְהוּא ׀
נִשְׁעָן עַל־יָדִי וְהִשְׁתַּחֲוֵיתִי בֵּית רִמֹּן בְּהִשְׁתַּחֲוָיָתִי בֵּית רִמֹּן
יט יִסְלַח־נָא יְהוָה לְעַבְדְּךָ בַּדָּבָר הַזֶּה׃ וַיֹּאמֶר לוֹ לֵךְ לְשָׁלוֹם
כ וַיֵּלֶךְ מֵאִתּוֹ כִּבְרַת אָרֶץ׃ וַיֹּאמֶר גֵּיחֲזִי נַעַר
אֱלִישָׁע אִישׁ־הָאֱלֹהִים הִנֵּה ׀ חָשַׂךְ אֲדֹנִי אֶת־נַעֲמָן הָאֲרַמִּי
הַזֶּה מִקַּחַת מִיָּדוֹ אֵת אֲשֶׁר־הֵבִיא חַי־יְהוָה כִּי־אִם־רַצְתִּי
כא אַחֲרָיו וְלָקַחְתִּי מֵאִתּוֹ מְאוּמָה׃ וַיִּרְדֹּף גֵּיחֲזִי אַחֲרֵי נַעֲמָן
וַיִּרְאֶה נַעֲמָן רָץ אַחֲרָיו וַיִּפֹּל מֵעַל הַמֶּרְכָּבָה לִקְרָאתוֹ וַיֹּאמֶר
כב הֲשָׁלוֹם׃ וַיֹּאמֶר ׀ שָׁלוֹם אֲדֹנִי שְׁלָחַנִי לֵאמֹר הִנֵּה עַתָּה זֶה בָּאוּ
אֵלַי שְׁנֵי־נְעָרִים מֵהַר אֶפְרַיִם מִבְּנֵי הַנְּבִיאִים תְּנָה־נָּא לָהֶם
כג כִּכַּר־כֶּסֶף וּשְׁתֵּי חֲלִפוֹת בְּגָדִים׃ וַיֹּאמֶר נַעֲמָן הוֹאֵל קַח
כִּכָּרָיִם וַיִּפְרָץ־בּוֹ וַיָּצַר כִּכְּרַיִם כֶּסֶף בִּשְׁנֵי חֲרִטִים וּשְׁתֵּי חֲלִפוֹת
כד בְּגָדִים וַיִּתֵּן אֶל־שְׁנֵי נְעָרָיו וַיִּשְׂאוּ לְפָנָיו׃ וַיָּבֹא אֶל־הָעֹפֶל וַיִּקַּח
כה מִיָּדָם וַיִּפְקֹד בַּבָּיִת וַיְשַׁלַּח אֶת־הָאֲנָשִׁים וַיֵּלֵכוּ׃ וְהוּא־בָא
וַיַּעֲמֹד אֶל־אֲדֹנָיו וַיֹּאמֶר אֵלָיו אֱלִישָׁע מאן גֵּחֲזִי וַיֹּאמֶר לֹא־ מֵאַיִן
כו הָלַךְ עַבְדְּךָ אָנֶה וָאָנָה׃ וַיֹּאמֶר אֵלָיו לֹא־לִבִּי הָלַךְ כַּאֲשֶׁר
הָפַךְ־אִישׁ מֵעַל מֶרְכַּבְתּוֹ לִקְרָאתֶךָ הַעֵת לָקַחַת אֶת־הַכֶּסֶף

וְלָקַחַת בְּגָדִים וְזֵיתִים וּכְרָמִים וְצֹאן וּבָקָר וַעֲבָדִים וּשְׁפָחוֹת׃
כז וְצָרַעַת נַעֲמָן תִּדְבַּק־בְּךָ וּבְזַרְעֲךָ לְעוֹלָם וַיֵּצֵא מִלְּפָנָיו מְצֹרָע
ו א כַּשָּׁלֶג׃ וַיֹּאמְרוּ בְנֵי־הַנְּבִיאִים אֶל־אֱלִישָׁע הִנֵּה־
ב נָא הַמָּקוֹם אֲשֶׁר אֲנַחְנוּ יֹשְׁבִים שָׁם לְפָנֶיךָ צַר מִמֶּנּוּ׃ נֵלְכָה־
נָּא עַד־הַיַּרְדֵּן וְנִקְחָה מִשָּׁם אִישׁ קוֹרָה אֶחָת וְנַעֲשֶׂה־לָּנוּ שָׁם
ג מָקוֹם לָשֶׁבֶת שָׁם וַיֹּאמֶר לֵכוּ׃ וַיֹּאמֶר הָאֶחָד הוֹאֶל נָא וְלֵךְ
ד אֶת־עֲבָדֶיךָ וַיֹּאמֶר אֲנִי אֵלֵךְ׃ וַיֵּלֶךְ אִתָּם וַיָּבֹאוּ הַיַּרְדֵּנָה
ה וַיִּגְזְרוּ הָעֵצִים׃ וַיְהִי הָאֶחָד מַפִּיל הַקּוֹרָה וְאֶת־הַבַּרְזֶל נָפַל
ו אֶל־הַמָּיִם וַיִּצְעַק וַיֹּאמֶר אֲהָהּ אֲדֹנִי וְהוּא שָׁאוּל׃ וַיֹּאמֶר
אִישׁ־הָאֱלֹהִים אָנָה נָפָל וַיַּרְאֵהוּ אֶת־הַמָּקוֹם וַיִּקְצָב־עֵץ
ז וַיַּשְׁלֶךְ־שָׁמָּה וַיָּצֶף הַבַּרְזֶל׃ וַיֹּאמֶר הָרֶם לָךְ וַיִּשְׁלַח יָדוֹ
ח וַיִּקָּחֵהוּ׃ וּמֶלֶךְ אֲרָם הָיָה נִלְחָם בְּיִשְׂרָאֵל וַיִּוָּעַץ
ט אֶל־עֲבָדָיו לֵאמֹר אֶל־מְקוֹם פְּלֹנִי אַלְמֹנִי תַּחֲנֹתִי׃ וַיִּשְׁלַח אִישׁ
הָאֱלֹהִים אֶל־מֶלֶךְ יִשְׂרָאֵל לֵאמֹר הִשָּׁמֶר מֵעֲבֹר הַמָּקוֹם הַזֶּה
י כִּי־שָׁם אֲרָם נְחִתִּים׃ וַיִּשְׁלַח מֶלֶךְ יִשְׂרָאֵל אֶל־הַמָּקוֹם אֲשֶׁר
אָמַר־לוֹ אִישׁ־הָאֱלֹהִים וְהִזְהִירֹה וְנִשְׁמַר־שָׁם לֹא־אַחַת וְלֹא
יא שְׁתָּיִם׃ וַיִּסָּעֵר לֵב מֶלֶךְ־אֲרָם עַל־הַדָּבָר הַזֶּה וַיִּקְרָא אֶל־
עֲבָדָיו וַיֹּאמֶר אֲלֵיהֶם הֲלוֹא תַּגִּידוּ לִי מִי מִשֶּׁלָּנוּ אֶל־מֶלֶךְ
יב יִשְׂרָאֵל׃ וַיֹּאמֶר אַחַד מֵעֲבָדָיו לוֹא אֲדֹנִי הַמֶּלֶךְ כִּי־אֱלִישָׁע
הַנָּבִיא אֲשֶׁר בְּיִשְׂרָאֵל יַגִּיד לְמֶלֶךְ יִשְׂרָאֵל אֶת־הַדְּבָרִים אֲשֶׁר
יג תְּדַבֵּר בַּחֲדַר מִשְׁכָּבֶךָ׃ וַיֹּאמֶר לְכוּ וּרְאוּ אֵיכֹה הוּא וְאֶשְׁלַח
יד וְאֶקָּחֵהוּ וַיֻּגַּד־לוֹ לֵאמֹר הִנֵּה בְדֹתָן׃ וַיִּשְׁלַח שָׁמָּה סוּסִים וְרֶכֶב
טו וְחַיִל כָּבֵד וַיָּבֹאוּ לַיְלָה וַיַּקִּפוּ עַל־הָעִיר׃ וַיַּשְׁכֵּם מְשָׁרֵת אִישׁ
הָאֱלֹהִים לָקוּם וַיֵּצֵא וְהִנֵּה־חַיִל סוֹבֵב אֶת־הָעִיר וְסוּס וָרָכֶב
טז וַיֹּאמֶר נַעֲרוֹ אֵלָיו אֲהָהּ אֲדֹנִי אֵיכָה נַעֲשֶׂה׃ וַיֹּאמֶר אַל־תִּירָא
יז כִּי רַבִּים אֲשֶׁר אִתָּנוּ מֵאֲשֶׁר אוֹתָם׃ וַיִּתְפַּלֵּל אֱלִישָׁע וַיֹּאמַר
יְהוָה פְּקַח־נָא אֶת־עֵינָיו וְיִרְאֶה וַיִּפְקַח יְהוָה אֶת־עֵינֵי הַנַּעַר

ו וַיַּרְא וְהִנֵּה הָהָר מָלֵא סוּסִים וְרֶכֶב אֵשׁ סְבִיבֹת אֱלִישָׁע׃
יח וַיֵּרְדוּ אֵלָיו וַיִּתְפַּלֵּל אֱלִישָׁע אֶל־יהוה וַיֹּאמַר הַךְ־נָא אֶת־
יט הַגּוֹי־הַזֶּה בַּסַּנְוֵרִים וַיַּכֵּם בַּסַּנְוֵרִים כִּדְבַר אֱלִישָׁע׃ וַיֹּאמֶר
אֲלֵהֶם אֱלִישָׁע לֹא־זֶה הַדֶּרֶךְ וְלֹא־זֹה הָעִיר לְכוּ אַחֲרַי
וְאוֹלִיכָה אֶתְכֶם אֶל־הָאִישׁ אֲשֶׁר תְּבַקֵּשׁוּן וַיֹּלֶךְ אוֹתָם
כ שֹׁמְרוֹנָה׃ וַיְהִי כְּבֹאָם שֹׁמְרוֹן וַיֹּאמֶר אֱלִישָׁע יהוה פְּקַח אֶת־
עֵינֵי־אֵלֶּה וְיִרְאוּ וַיִּפְקַח יהוה אֶת־עֵינֵיהֶם וַיִּרְאוּ וְהִנֵּה בְּתוֹךְ
כא שֹׁמְרוֹן׃ וַיֹּאמֶר מֶלֶךְ־יִשְׂרָאֵל אֶל־אֱלִישָׁע כִּרְאֹתוֹ אוֹתָם
כב הַאַכֶּה אַכֶּה אָבִי׃ וַיֹּאמֶר לֹא תַכֶּה הַאֲשֶׁר שָׁבִיתָ בְּחַרְבְּךָ
וּבְקַשְׁתְּךָ אַתָּה מַכֶּה שִׂים לֶחֶם וָמַיִם לִפְנֵיהֶם וְיֹאכְלוּ וְיִשְׁתּוּ
כג וְיֵלְכוּ אֶל־אֲדֹנֵיהֶם׃ וַיִּכְרֶה לָהֶם כֵּרָה גְדוֹלָה וַיֹּאכְלוּ וַיִּשְׁתּוּ כב
וַיְשַׁלְּחֵם וַיֵּלְכוּ אֶל־אֲדֹנֵיהֶם וְלֹא־יָסְפוּ עוֹד גְּדוּדֵי אֲרָם לָבוֹא
כד בְּאֶרֶץ יִשְׂרָאֵל׃ וַיְהִי אַחֲרֵי־כֵן וַיִּקְבֹּץ בֶּן־הֲדַד
כה מֶלֶךְ־אֲרָם אֶת־כָּל־מַחֲנֵהוּ וַיַּעַל וַיָּצַר עַל־שֹׁמְרוֹן׃ וַיְהִי רָעָב
גָּדוֹל בְּשֹׁמְרוֹן וְהִנֵּה צָרִים עָלֶיהָ עַד הֱיוֹת רֹאשׁ־חֲמוֹר בִּשְׁמֹנִים
כו כֶּסֶף וְרֹבַע הַקַּב חריונים בַּחֲמִשָּׁה כָסֶף׃ וַיְהִי מֶלֶךְ יִשְׂרָאֵל דִּבְיוֹנִים
עֹבֵר עַל־הַחֹמָה וְאִשָּׁה צָעֲקָה אֵלָיו לֵאמֹר הוֹשִׁיעָה אֲדֹנִי
כז הַמֶּלֶךְ׃ וַיֹּאמֶר אַל־יוֹשִׁעֵךְ יהוה מֵאַיִן אוֹשִׁיעֵךְ הֲמִן־הַגֹּרֶן
כח אוֹ מִן־הַיָּקֶב׃ וַיֹּאמֶר־לָהּ הַמֶּלֶךְ מַה־לָּךְ וַתֹּאמֶר הָאִשָּׁה הַזֹּאת
אָמְרָה אֵלַי תְּנִי אֶת־בְּנֵךְ וְנֹאכְלֶנּוּ הַיּוֹם וְאֶת־בְּנִי נֹאכַל מָחָר׃
כט וַנְּבַשֵּׁל אֶת־בְּנִי וַנֹּאכְלֵהוּ וָאֹמַר אֵלֶיהָ בַּיּוֹם הָאַחֵר תְּנִי אֶת־
ל בְּנֵךְ וְנֹאכְלֶנּוּ וַתַּחְבִּא אֶת־בְּנָהּ׃ וַיְהִי כִשְׁמֹעַ הַמֶּלֶךְ אֶת־דִּבְרֵי
הָאִשָּׁה וַיִּקְרַע אֶת־בְּגָדָיו וְהוּא עֹבֵר עַל־הַחֹמָה וַיַּרְא הָעָם
לא וְהִנֵּה הַשַּׂק עַל־בְּשָׂרוֹ מִבָּיִת׃ וַיֹּאמֶר כֹּה־יַעֲשֶׂה־לִּי אֱלֹהִים
וְכֹה יוֹסִף אִם־יַעֲמֹד רֹאשׁ אֱלִישָׁע בֶּן־שָׁפָט עָלָיו הַיּוֹם׃
לב וֶאֱלִישָׁע יֹשֵׁב בְּבֵיתוֹ וְהַזְּקֵנִים יֹשְׁבִים אִתּוֹ וַיִּשְׁלַח אִישׁ מִלְּפָנָיו
בְּטֶרֶם יָבֹא הַמַּלְאָךְ אֵלָיו וְהוּא ׀ אָמַר אֶל־הַזְּקֵנִים הַרְאִיתֶם

כִּי־שִׁלַּח בֶּן־הַמְרַצֵּחַ הַזֶּה לְהָסִיר אֶת־רֹאשִׁי רְאוּ ׀ כְּבֹא
הַמַּלְאָךְ סִגְרוּ הַדֶּלֶת וּלְחַצְתֶּם אֹתוֹ בַּדֶּלֶת הֲלוֹא קוֹל רַגְלֵי
לג אֲדֹנָיו אַחֲרָיו׃ עוֹדֶנּוּ מְדַבֵּר עִמָּם וְהִנֵּה הַמַּלְאָךְ יֹרֵד אֵלָיו
וַיֹּאמֶר הִנֵּה־זֹאת הָרָעָה מֵאֵת יְהוָה מָה־אוֹחִיל לַיהוָה
ז א עוֹד׃ וַיֹּאמֶר אֱלִישָׁע שִׁמְעוּ דְּבַר־יְהוָה כֹּה ׀
אָמַר יְהוָה כָּעֵת ׀ מָחָר סְאָה־סֹלֶת בְּשֶׁקֶל וְסָאתַיִם שְׂעֹרִים
ב בְּשֶׁקֶל בְּשַׁעַר שֹׁמְרוֹן׃ וַיַּעַן הַשָּׁלִישׁ אֲשֶׁר לַמֶּלֶךְ נִשְׁעָן עַל־
יָדוֹ אֶת־אִישׁ הָאֱלֹהִים וַיֹּאמַר הִנֵּה יְהוָה עֹשֶׂה אֲרֻבּוֹת בַּשָּׁמַיִם
הֲיִהְיֶה הַדָּבָר הַזֶּה וַיֹּאמֶר הִנְּכָה רֹאֶה בְּעֵינֶיךָ וּמִשָּׁם לֹא
ג תֹאכֵל׃ וְאַרְבָּעָה אֲנָשִׁים הָיוּ מְצֹרָעִים פֶּתַח
הַשָּׁעַר וַיֹּאמְרוּ אִישׁ אֶל־רֵעֵהוּ מָה אֲנַחְנוּ יֹשְׁבִים פֹּה עַד־
ד מָתְנוּ׃ אִם־אָמַרְנוּ נָבוֹא הָעִיר וְהָרָעָב בָּעִיר וָמַתְנוּ שָׁם וְאִם־
יָשַׁבְנוּ פֹה וָמָתְנוּ וְעַתָּה לְכוּ וְנִפְּלָה אֶל־מַחֲנֵה אֲרָם אִם־יְחַיֻּנוּ
ה נִחְיֶה וְאִם־יְמִיתֻנוּ וָמָתְנוּ׃ וַיָּקֻמוּ בַנֶּשֶׁף לָבוֹא אֶל־מַחֲנֵה אֲרָם
ו וַיָּבֹאוּ עַד־קְצֵה מַחֲנֵה אֲרָם וְהִנֵּה אֵין־שָׁם אִישׁ׃ וַאדֹנָי
הִשְׁמִיעַ ׀ אֶת־מַחֲנֵה אֲרָם קוֹל רֶכֶב קוֹל סוּס קוֹל חַיִל גָּדוֹל
וַיֹּאמְרוּ אִישׁ אֶל־אָחִיו הִנֵּה שָׂכַר־עָלֵינוּ מֶלֶךְ יִשְׂרָאֵל אֶת־
ז מַלְכֵי הַחִתִּים וְאֶת־מַלְכֵי מִצְרַיִם לָבוֹא עָלֵינוּ׃ וַיָּקוּמוּ וַיָּנוּסוּ
בַנֶּשֶׁף וַיַּעַזְבוּ אֶת־אָהֳלֵיהֶם וְאֶת־סוּסֵיהֶם וְאֶת־חֲמֹרֵיהֶם
ח הַמַּחֲנֶה כַּאֲשֶׁר הִיא וַיָּנֻסוּ אֶל־נַפְשָׁם׃ וַיָּבֹאוּ הַמְצֹרָעִים הָאֵלֶּה
עַד־קְצֵה הַמַּחֲנֶה וַיָּבֹאוּ אֶל־אֹהֶל אֶחָד וַיֹּאכְלוּ וַיִּשְׁתּוּ וַיִּשְׂאוּ
מִשָּׁם כֶּסֶף וְזָהָב וּבְגָדִים וַיֵּלְכוּ וַיַּטְמִנוּ וַיָּשֻׁבוּ וַיָּבֹאוּ אֶל־אֹהֶל
ט אַחֵר וַיִּשְׂאוּ מִשָּׁם וַיֵּלְכוּ וַיַּטְמִנוּ׃ וַיֹּאמְרוּ אִישׁ אֶל־רֵעֵהוּ לֹא־
כֵן ׀ אֲנַחְנוּ עֹשִׂים הַיּוֹם הַזֶּה יוֹם־בְּשֹׂרָה הוּא וַאֲנַחְנוּ מַחְשִׁים
וְחִכִּינוּ עַד־אוֹר הַבֹּקֶר וּמְצָאָנוּ עָווֹן וְעַתָּה לְכוּ וְנָבֹאָה וְנַגִּידָה
י בֵּית הַמֶּלֶךְ׃ וַיָּבֹאוּ וַיִּקְרְאוּ אֶל־שֹׁעֵר הָעִיר וַיַּגִּידוּ לָהֶם לֵאמֹר
בָּאנוּ אֶל־מַחֲנֵה אֲרָם וְהִנֵּה אֵין־שָׁם אִישׁ וְקוֹל אָדָם כִּי אִם־

יא הַסּוּס אָסוּר וְהַחֲמוֹר אָסוּר וְאֹהָלִים כַּאֲשֶׁר הֵמָּה׃ וַיִּקְרָא
יב הַשֹּׁעֲרִים וַיַּגִּידוּ בֵּית הַמֶּלֶךְ פְּנִימָה׃ וַיָּקָם הַמֶּלֶךְ לַיְלָה וַיֹּאמֶר
אֶל־עֲבָדָיו אַגִּידָה־נָּא לָכֶם אֵת אֲשֶׁר־עָשׂוּ לָנוּ אֲרָם יָדְעוּ
כִּי־רְעֵבִים אֲנַחְנוּ וַיֵּצְאוּ מִן־הַמַּחֲנֶה לְהֵחָבֵה בהשדה לֵאמֹר בַשָּׂדֶה
יג כִּי־יֵצְאוּ מִן־הָעִיר וְנִתְפְּשֵׂם חַיִּים וְאֶל־הָעִיר נָבֹא׃ וַיַּעַן אֶחָד
מֵעֲבָדָיו וַיֹּאמֶר וְיִקְחוּ־נָא חֲמִשָּׁה מִן־הַסּוּסִים הַנִּשְׁאָרִים
אֲשֶׁר נִשְׁאֲרוּ־בָהּ הִנָּם כְּכָל־ההמון יִשְׂרָאֵל אֲשֶׁר נִשְׁאֲרוּ־בָהּ הֲמוֹן
יד הִנָּם כְּכָל־הֲמוֹן יִשְׂרָאֵל אֲשֶׁר־תָּמּוּ וְנִשְׁלְחָה וְנִרְאֶה׃ וַיִּקְחוּ
שְׁנֵי רֶכֶב סוּסִים וַיִּשְׁלַח הַמֶּלֶךְ אַחֲרֵי מַחֲנֵה־אֲרָם לֵאמֹר לְכוּ
טו וּרְאוּ׃ וַיֵּלְכוּ אַחֲרֵיהֶם עַד־הַיַּרְדֵּן וְהִנֵּה כָל־הַדֶּרֶךְ מְלֵאָה
בְגָדִים וְכֵלִים אֲשֶׁר־הִשְׁלִיכוּ אֲרָם בהחפזם וַיָּשֻׁבוּ הַמַּלְאָכִים בְּחָפְזָם
טז וַיַּגִּדוּ לַמֶּלֶךְ׃ וַיֵּצֵא הָעָם וַיָּבֹזּוּ אֵת מַחֲנֵה אֲרָם וַיְהִי סְאָה־סֹלֶת כג
יז בְּשֶׁקֶל וְסָאתַיִם שְׂעֹרִים בְּשֶׁקֶל כִּדְבַר יְהוָה׃ וְהַמֶּלֶךְ הִפְקִיד
אֶת־הַשָּׁלִישׁ אֲשֶׁר־נִשְׁעָן עַל־יָדוֹ עַל־הַשַּׁעַר וַיִּרְמְסֻהוּ הָעָם
בַּשַּׁעַר וַיָּמֹת כַּאֲשֶׁר דִּבֶּר אִישׁ הָאֱלֹהִים אֲשֶׁר דִּבֶּר בְּרֶדֶת
יח הַמֶּלֶךְ אֵלָיו׃ וַיְהִי כְּדַבֵּר אִישׁ הָאֱלֹהִים אֶל־הַמֶּלֶךְ לֵאמֹר
סָאתַיִם שְׂעֹרִים בְּשֶׁקֶל וּסְאָה־סֹלֶת בְּשֶׁקֶל יִהְיֶה כָּעֵת מָחָר
יט בְּשַׁעַר שֹׁמְרוֹן׃ וַיַּעַן הַשָּׁלִישׁ אֶת־אִישׁ הָאֱלֹהִים וַיֹּאמַר וְהִנֵּה
יְהוָה עֹשֶׂה אֲרֻבּוֹת בַּשָּׁמַיִם הֲיִהְיֶה כַּדָּבָר הַזֶּה וַיֹּאמֶר הִנְּכָה
כ רֹאֶה בְּעֵינֶיךָ וּמִשָּׁם לֹא תֹאכֵל׃ וַיְהִי־לוֹ כֵּן וַיִּרְמְסוּ אֹתוֹ הָעָם
ח א בַּשַּׁעַר וַיָּמֹת׃ וֶאֱלִישָׁע דִּבֶּר אֶל־הָאִשָּׁה אֲשֶׁר־
הֶחֱיָה אֶת־בְּנָהּ לֵאמֹר קוּמִי וּלְכִי אתי וּבֵיתֵךְ וְגוּרִי בַּאֲשֶׁר אַתְּ
תָּגוּרִי כִּי־קָרָא יְהוָה לָרָעָב וְגַם־בָּא אֶל־הָאָרֶץ שֶׁבַע שָׁנִים׃
ב וַתָּקָם הָאִשָּׁה וַתַּעַשׂ כִּדְבַר אִישׁ הָאֱלֹהִים וַתֵּלֶךְ הִיא וּבֵיתָהּ
ג וַתָּגָר בְּאֶרֶץ־פְּלִשְׁתִּים שֶׁבַע שָׁנִים׃ וַיְהִי מִקְצֵה שֶׁבַע שָׁנִים
וַתָּשָׁב הָאִשָּׁה מֵאֶרֶץ פְּלִשְׁתִּים וַתֵּצֵא לִצְעֹק אֶל־הַמֶּלֶךְ אֶל־
ד בֵּיתָהּ וְאֶל־שָׂדָהּ׃ וְהַמֶּלֶךְ מְדַבֵּר אֶל־גֵּחֲזִי נַעַר אִישׁ־הָאֱלֹהִים

לֵאמֹר סַפְּרָה־נָּא לִי אֵת כָּל־הַגְּדֹלוֹת אֲשֶׁר־עָשָׂה אֱלִישָׁע׃
ה וַיְהִי הוּא מְסַפֵּר לַמֶּלֶךְ אֵת אֲשֶׁר־הֶחֱיָה אֶת־הַמֵּת וְהִנֵּה
הָאִשָּׁה אֲשֶׁר־הֶחֱיָה אֶת־בְּנָהּ צֹעֶקֶת אֶל־הַמֶּלֶךְ עַל־בֵּיתָהּ
וְעַל־שָׂדָהּ וַיֹּאמֶר גֵּחֲזִי אֲדֹנִי הַמֶּלֶךְ זֹאת הָאִשָּׁה וְזֶה־בְּנָהּ
ו אֲשֶׁר־הֶחֱיָה אֱלִישָׁע׃ וַיִּשְׁאַל הַמֶּלֶךְ לָאִשָּׁה וַתְּסַפֶּר־
לוֹ וַיִּתֶּן־לָהּ הַמֶּלֶךְ סָרִיס אֶחָד לֵאמֹר הָשֵׁיב אֶת־כָּל־
אֲשֶׁר־לָהּ וְאֵת כָּל־תְּבוּאֹת הַשָּׂדֶה מִיּוֹם עָזְבָה אֶת־הָאָרֶץ
וְעַד־עָתָּה׃
ז וַיָּבֹא אֱלִישָׁע דַּמֶּשֶׂק וּבֶן־הֲדַד מֶלֶךְ־אֲרָם חֹלֶה וַיֻּגַּד־לוֹ לֵאמֹר
ח בָּא אִישׁ הָאֱלֹהִים עַד־הֵנָּה׃ וַיֹּאמֶר הַמֶּלֶךְ אֶל־חֲזָהאֵל קַח
בְּיָדְךָ מִנְחָה וְלֵךְ לִקְרַאת אִישׁ הָאֱלֹהִים וְדָרַשְׁתָּ אֶת־יְהוָה
ט מֵאוֹתוֹ לֵאמֹר הַאֶחְיֶה מֵחֳלִי זֶה׃ וַיֵּלֶךְ חֲזָאֵל לִקְרָאתוֹ וַיִּקַּח
מִנְחָה בְיָדוֹ וְכָל־טוּב דַּמֶּשֶׂק מַשָּׂא אַרְבָּעִים גָּמָל וַיָּבֹא וַיַּעֲמֹד
לְפָנָיו וַיֹּאמֶר בִּנְךָ בֶן־הֲדַד מֶלֶךְ־אֲרָם שְׁלָחַנִי אֵלֶיךָ לֵאמֹר
י הַאֶחְיֶה מֵחֳלִי זֶה׃ וַיֹּאמֶר אֵלָיו אֱלִישָׁע לֵךְ אֱמָר־לא חָיֹה לוֹ
יא תִחְיֶה וְהִרְאַנִי יְהוָה כִּי־מוֹת יָמוּת׃ וַיַּעֲמֵד אֶת־פָּנָיו וַיָּשֶׂם עַד־
יב בֹּשׁ וַיֵּבְךְּ אִישׁ הָאֱלֹהִים׃ וַיֹּאמֶר חֲזָאֵל מַדּוּעַ אֲדֹנִי בֹכֶה וַיֹּאמֶר
כִּי יָדַעְתִּי אֵת אֲשֶׁר־תַּעֲשֶׂה לִבְנֵי יִשְׂרָאֵל רָעָה מִבְצְרֵיהֶם
תְּשַׁלַּח בָּאֵשׁ וּבַחֻרֵיהֶם בַּחֶרֶב תַּהֲרֹג וְעֹלְלֵיהֶם תְּרַטֵּשׁ
יג וְהָרֹתֵיהֶם תְּבַקֵּעַ׃ וַיֹּאמֶר חֲזָהאֵל כִּי מָה עַבְדְּךָ הַכֶּלֶב כִּי
יַעֲשֶׂה הַדָּבָר הַגָּדוֹל הַזֶּה וַיֹּאמֶר אֱלִישָׁע הִרְאַנִי יְהוָה אֹתְךָ
יד מֶלֶךְ עַל־אֲרָם׃ וַיֵּלֶךְ ׀ מֵאֵת אֱלִישָׁע וַיָּבֹא אֶל־אֲדֹנָיו וַיֹּאמֶר
טו לוֹ מָה־אָמַר לְךָ אֱלִישָׁע וַיֹּאמֶר אָמַר לִי חָיֹה תִחְיֶה׃ וַיְהִי
מִמָּחֳרָת וַיִּקַּח הַמַּכְבֵּר וַיִּטְבֹּל בַּמַּיִם וַיִּפְרֹשׂ עַל־פָּנָיו וַיָּמֹת
טז וַיִּמְלֹךְ חֲזָהאֵל תַּחְתָּיו׃ וּבִשְׁנַת חָמֵשׁ לְיוֹרָם בֶּן־
אַחְאָב מֶלֶךְ יִשְׂרָאֵל וִיהוֹשָׁפָט מֶלֶךְ יְהוּדָה מָלַךְ יְהוֹרָם בֶּן־
יז יְהוֹשָׁפָט מֶלֶךְ יְהוּדָה׃ בֶּן־שְׁלֹשִׁים וּשְׁתַּיִם שָׁנָה הָיָה בְמָלְכוֹ

יח וּשְׁמֹנֶה שָׁנָה מָלַךְ בִּירוּשָׁלִָם: וַיֵּלֶךְ בְּדֶרֶךְ ׀ מַלְכֵי יִשְׂרָאֵל שָׁנִים
כַּאֲשֶׁר עָשׂוּ בֵּית אַחְאָב כִּי בַּת־אַחְאָב הָיְתָה־לּוֹ לְאִשָּׁה וַיַּעַשׂ
יט הָרַע בְּעֵינֵי יְהוָה: וְלֹא־אָבָה יְהוָה לְהַשְׁחִית אֶת־יְהוּדָה לְמַעַן
דָּוִד עַבְדּוֹ כַּאֲשֶׁר אָמַר־לוֹ לָתֵת לוֹ נִיר וּלְבָנָיו כָּל־הַיָּמִים:
כ בְּיָמָיו פָּשַׁע אֱדוֹם מִתַּחַת יַד־יְהוּדָה וַיַּמְלִכוּ עֲלֵיהֶם מֶלֶךְ:
כא וַיַּעֲבֹר יוֹרָם צָעִירָה וְכָל־הָרֶכֶב עִמּוֹ וַיְהִי־הוּא קָם לַיְלָה וַיַּכֶּה
אֶת־אֱדוֹם הַסֹּבֵיב אֵלָיו וְאֵת שָׂרֵי הָרֶכֶב וַיָּנָס הָעָם לְאֹהָלָיו:
כב וַיִּפְשַׁע אֱדוֹם מִתַּחַת יַד־יְהוּדָה עַד הַיּוֹם הַזֶּה אָז תִּפְשַׁע לִבְנָה
כג בָּעֵת הַהִיא: וְיֶתֶר דִּבְרֵי יוֹרָם וְכָל־אֲשֶׁר עָשָׂה הֲלֹא־הֵם
כד כְּתוּבִים עַל־סֵפֶר דִּבְרֵי הַיָּמִים לְמַלְכֵי יְהוּדָה: וַיִּשְׁכַּב יוֹרָם
עִם־אֲבֹתָיו וַיִּקָּבֵר עִם־אֲבֹתָיו בְּעִיר דָּוִד וַיִּמְלֹךְ אֲחַזְיָהוּ בְנוֹ
כה תַּחְתָּיו: בִּשְׁנַת שְׁתֵּים־עֶשְׂרֵה שָׁנָה לְיוֹרָם בֶּן־
כו אַחְאָב מֶלֶךְ יִשְׂרָאֵל מָלַךְ אֲחַזְיָהוּ בֶן־יְהוֹרָם מֶלֶךְ יְהוּדָה: בֶּן־
עֶשְׂרִים וּשְׁתַּיִם שָׁנָה אֲחַזְיָהוּ בְמָלְכוֹ וְשָׁנָה אַחַת מָלַךְ
כז בִּירוּשָׁלִָם וְשֵׁם אִמּוֹ עֲתַלְיָהוּ בַּת־עָמְרִי מֶלֶךְ יִשְׂרָאֵל: וַיֵּלֶךְ
בְּדֶרֶךְ בֵּית אַחְאָב וַיַּעַשׂ הָרַע בְּעֵינֵי יְהוָה כְּבֵית אַחְאָב כִּי
כח חֲתַן בֵּית־אַחְאָב הוּא: וַיֵּלֶךְ אֶת־יוֹרָם בֶּן־אַחְאָב לַמִּלְחָמָה
עִם־חֲזָאֵל מֶלֶךְ־אֲרָם בְּרָמֹת גִּלְעָד וַיַּכּוּ אֲרַמִּים אֶת־יוֹרָם:
כט וַיָּשָׁב יוֹרָם הַמֶּלֶךְ לְהִתְרַפֵּא בְיִזְרְעֶאל מִן־הַמַּכִּים אֲשֶׁר יַכֻּהוּ
אֲרַמִּים בָּרָמָה בְּהִלָּחֲמוֹ אֶת־חֲזָהאֵל מֶלֶךְ אֲרָם וַאֲחַזְיָהוּ בֶן־
יְהוֹרָם מֶלֶךְ יְהוּדָה יָרַד לִרְאוֹת אֶת־יוֹרָם בֶּן־אַחְאָב בְּיִזְרְעֶאל
ט א כִּי־חֹלֶה הוּא: וֶאֱלִישָׁע הַנָּבִיא קָרָא לְאַחַד מִבְּנֵי
הַנְּבִיאִים וַיֹּאמֶר לוֹ חֲגֹר מָתְנֶיךָ וְקַח פַּךְ הַשֶּׁמֶן הַזֶּה
ב בְּיָדֶךָ וְלֵךְ רָמֹת גִּלְעָד: וּבָאתָ שָׁמָּה וּרְאֵה־שָׁם יֵהוּא בֶן־
יְהוֹשָׁפָט בֶּן־נִמְשִׁי וּבָאתָ וַהֲקֵמֹתוֹ מִתּוֹךְ אֶחָיו וְהֵבֵיאתָ אֹתוֹ
ג חֶדֶר בְּחָדֶר: וְלָקַחְתָּ פַךְ־הַשֶּׁמֶן וְיָצַקְתָּ עַל־רֹאשׁוֹ וְאָמַרְתָּ
כֹּה־אָמַר יְהוָה מְשַׁחְתִּיךָ לְמֶלֶךְ אֶל־יִשְׂרָאֵל וּפָתַחְתָּ הַדֶּלֶת

ד וְנַסְתָּה וְלֹא תְחַכֶּה׃ וַיֵּלֶךְ הַנַּעַר הַנַּעַר הַנָּבִיא רָמֹת גִּלְעָד׃
ה וַיָּבֹא וְהִנֵּה שָׂרֵי הַחַיִל יֹשְׁבִים וַיֹּאמֶר דָּבָר לִי אֵלֶיךָ הַשָּׂר
ו וַיֹּאמֶר יֵהוּא אֶל־מִי מִכֻּלָּנוּ וַיֹּאמֶר אֵלֶיךָ הַשָּׂר׃ וַיָּקָם וַיָּבֹא
הַבַּיְתָה וַיִּצֹק הַשֶּׁמֶן אֶל־רֹאשׁוֹ וַיֹּאמֶר לוֹ כֹּה־אָמַר יְהוָה
אֱלֹהֵי יִשְׂרָאֵל מְשַׁחְתִּיךָ לְמֶלֶךְ אֶל־עַם יְהוָה אֶל־יִשְׂרָאֵל׃
ז וְהִכִּיתָה אֶת־בֵּית אַחְאָב אֲדֹנֶיךָ וְנִקַּמְתִּי דְּמֵי ׀ עֲבָדַי הַנְּבִיאִים
ח וּדְמֵי כָּל־עַבְדֵי יְהוָה מִיַּד אִיזָבֶל׃ וְאָבַד כָּל־בֵּית אַחְאָב
ט וְהִכְרַתִּי לְאַחְאָב מַשְׁתִּין בְּקִיר וְעָצוּר וְעָזוּב בְּיִשְׂרָאֵל׃ וְנָתַתִּי
אֶת־בֵּית אַחְאָב כְּבֵית יָרָבְעָם בֶּן־נְבָט וּכְבֵית בַּעְשָׁא בֶן־
י אֲחִיָּה׃ וְאֶת־אִיזֶבֶל יֹאכְלוּ הַכְּלָבִים בְּחֵלֶק יִזְרְעֶאל וְאֵין קֹבֵר
יא וַיִּפְתַּח הַדֶּלֶת וַיָּנֹס׃ וְיֵהוּא יָצָא אֶל־עַבְדֵי אֲדֹנָיו וַיֹּאמֶר לוֹ
הֲשָׁלוֹם מַדּוּעַ בָּא־הַמְשֻׁגָּע הַזֶּה אֵלֶיךָ וַיֹּאמֶר אֲלֵיהֶם אַתֶּם
יב יְדַעְתֶּם אֶת־הָאִישׁ וְאֶת־שִׂיחוֹ׃ וַיֹּאמְרוּ שֶׁקֶר הַגֶּד־נָא לָנוּ
וַיֹּאמֶר כָּזֹאת וְכָזֹאת אָמַר אֵלַי לֵאמֹר כֹּה אָמַר יְהוָה מְשַׁחְתִּיךָ
יג לְמֶלֶךְ אֶל־יִשְׂרָאֵל׃ וַיְמַהֲרוּ וַיִּקְחוּ אִישׁ בִּגְדוֹ וַיָּשִׂימוּ תַחְתָּיו כד
אֶל־גֶּרֶם הַמַּעֲלוֹת וַיִּתְקְעוּ בַּשּׁוֹפָר וַיֹּאמְרוּ מָלַךְ יֵהוּא׃
יד וַיִּתְקַשֵּׁר יֵהוּא בֶּן־יְהוֹשָׁפָט בֶּן־נִמְשִׁי אֶל־יוֹרָם וְיוֹרָם הָיָה
שֹׁמֵר בְּרָמֹת גִּלְעָד הוּא וְכָל־יִשְׂרָאֵל מִפְּנֵי חֲזָאֵל מֶלֶךְ אֲרָם׃
טו וַיָּשָׁב יְהוֹרָם הַמֶּלֶךְ לְהִתְרַפֵּא בְיִזְרְעֶאל מִן־הַמַּכִּים אֲשֶׁר יַכֻּהוּ
אֲרַמִּים בְּהִלָּחֲמוֹ אֶת־חֲזָאֵל מֶלֶךְ אֲרָם וַיֹּאמֶר יֵהוּא אִם־יֵשׁ
נַפְשְׁכֶם אַל־יֵצֵא פָלִיט מִן־הָעִיר לָלֶכֶת לגיד בְּיִזְרְעֶאל׃ לְהַגִּיד
טז וַיִּרְכַּב יֵהוּא וַיֵּלֶךְ יִזְרְעֶאלָה כִּי יוֹרָם שֹׁכֵב שָׁמָּה וַאֲחַזְיָה מֶלֶךְ
יז יְהוּדָה יָרַד לִרְאוֹת אֶת־יוֹרָם׃ וְהַצֹּפֶה עֹמֵד עַל־הַמִּגְדָּל
בְּיִזְרְעֶאל וַיַּרְא אֶת־שִׁפְעַת יֵהוּא בְּבֹאוֹ וַיֹּאמֶר שִׁפְעַת אֲנִי רֹאֶה
וַיֹּאמֶר יְהוֹרָם קַח רַכָּב וְשַׁלַּח לִקְרָאתָם וְיֹאמַר הֲשָׁלוֹם׃
יח וַיֵּלֶךְ רֹכֵב הַסּוּס לִקְרָאתוֹ וַיֹּאמֶר כֹּה־אָמַר הַמֶּלֶךְ הֲשָׁלוֹם
וַיֹּאמֶר יֵהוּא מַה־לְּךָ וּלְשָׁלוֹם סֹב אֶל־אַחֲרָי וַיַּגֵּד הַצֹּפֶה לֵאמֹר

יט בָּא־הַמַּלְאָךְ עַד־הֵם וְלֹא־שָׁב׃ וַיִּשְׁלַח רֹכֵב סוּס שֵׁנִי וַיָּבֹא
אֲלֵהֶם וַיֹּאמֶר כֹּה־אָמַר הַמֶּלֶךְ שָׁלוֹם וַיֹּאמֶר יֵהוּא מַה־לְּךָ
כ וּלְשָׁלוֹם סֹב אֶל־אַחֲרָי׃ וַיַּגֵּד הַצֹּפֶה לֵאמֹר בָּא עַד־אֲלֵיהֶם
וְלֹא־שָׁב וְהַמִּנְהָג כְּמִנְהַג יֵהוּא בֶן־נִמְשִׁי כִּי בְשִׁגָּעוֹן יִנְהָג׃
כא וַיֹּאמֶר יְהוֹרָם אֱסֹר וַיֶּאְסֹר רִכְבּוֹ וַיֵּצֵא יְהוֹרָם מֶלֶךְ־יִשְׂרָאֵל
וַאֲחַזְיָהוּ מֶלֶךְ־יְהוּדָה אִישׁ בְּרִכְבּוֹ וַיֵּצְאוּ לִקְרַאת יֵהוּא
כב וַיִּמְצָאֻהוּ בְּחֶלְקַת נָבוֹת הַיִּזְרְעֵאלִי׃ וַיְהִי כִּרְאוֹת יְהוֹרָם אֶת־
יֵהוּא וַיֹּאמֶר הֲשָׁלוֹם יֵהוּא וַיֹּאמֶר מָה הַשָּׁלוֹם עַד־זְנוּנֵי אִיזֶבֶל
כג אִמְּךָ וּכְשָׁפֶיהָ הָרַבִּים׃ וַיַּהֲפֹךְ יְהוֹרָם יָדָיו וַיָּנֹס וַיֹּאמֶר אֶל־
כד אֲחַזְיָהוּ מִרְמָה אֲחַזְיָה׃ וְיֵהוּא מִלֵּא יָדוֹ בַקֶּשֶׁת וַיַּךְ אֶת־יְהוֹרָם
כה בֵּין זְרֹעָיו וַיֵּצֵא הַחֵצִי מִלִּבּוֹ וַיִּכְרַע בְּרִכְבּוֹ׃ וַיֹּאמֶר אֶל־בִּדְקַר
שָׁלִשֹׁה שָׂא הַשְׁלִכֵהוּ בְּחֶלְקַת שְׂדֵה נָבוֹת הַיִּזְרְעֵאלִי כִּי־זְכֹר
אֲנִי וָאַתָּה אֵת רֹכְבִים צְמָדִים אַחֲרֵי אַחְאָב אָבִיו וַיהוָה נָשָׂא
כו עָלָיו אֶת־הַמַּשָּׂא הַזֶּה׃ אִם־לֹא אֶת־דְּמֵי נָבוֹת וְאֶת־דְּמֵי בָנָיו
רָאִיתִי אֶמֶשׁ נְאֻם־יְהוָה וְשִׁלַּמְתִּי לְךָ בַּחֶלְקָה הַזֹּאת נְאֻם־
כז יְהוָה וְעַתָּה שָׂא הַשְׁלִכֵהוּ בַּחֶלְקָה כִּדְבַר יְהוָה׃ וַאֲחַזְיָה מֶלֶךְ־
יְהוּדָה רָאָה וַיָּנָס דֶּרֶךְ בֵּית הַגָּן וַיִּרְדֹּף אַחֲרָיו יֵהוּא וַיֹּאמֶר
גַּם־אֹתוֹ הַכֻּהוּ אֶל־הַמֶּרְכָּבָה בְּמַעֲלֵה־גוּר אֲשֶׁר אֶת־יִבְלְעָם
כח וַיָּנָס מְגִדּוֹ וַיָּמָת שָׁם׃ וַיַּרְכִּבוּ אֹתוֹ עֲבָדָיו יְרוּשָׁלָמָה וַיִּקְבְּרוּ
כט אֹתוֹ בִקְבֻרָתוֹ עִם־אֲבֹתָיו בְּעִיר דָּוִד׃ וּבִשְׁנַת
אַחַת־עֶשְׂרֵה שָׁנָה לְיוֹרָם בֶּן־אַחְאָב מָלַךְ אֲחַזְיָה עַל־יְהוּדָה׃
ל וַיָּבוֹא יֵהוּא יִזְרְעֶאלָה וְאִיזֶבֶל שָׁמְעָה וַתָּשֶׂם בַּפּוּךְ עֵינֶיהָ
לא וַתֵּיטֶב אֶת־רֹאשָׁהּ וַתַּשְׁקֵף בְּעַד הַחַלּוֹן׃ וְיֵהוּא בָּא בַשָּׁעַר
לב וַתֹּאמֶר הֲשָׁלוֹם זִמְרִי הֹרֵג אֲדֹנָיו׃ וַיִּשָּׂא פָנָיו אֶל־הַחַלּוֹן וַיֹּאמֶר
לג מִי אִתִּי מִי וַיַּשְׁקִיפוּ אֵלָיו שְׁנַיִם שְׁלֹשָׁה סָרִיסִים׃ וַיֹּאמֶר
שמטהו וַיִּשְׁמְטוּהָ וַיִּז מִדָּמָהּ אֶל־הַקִּיר וְאֶל־הַסּוּסִים שִׁמְטֻהָ
לד וַיִּרְמְסֶנָּה׃ וַיָּבֹא וַיֹּאכַל וַיֵּשְׁתְּ וַיֹּאמֶר פִּקְדוּ־נָא אֶת־הָאֲרוּרָה

הַזֹּאת וְקִבְרוּהָ כִּי בַת־מֶלֶךְ הִיא׃ וַיֵּלְכוּ לְקָבְרָהּ וְלֹא־מָצְאוּ לה
בָהּ כִּי אִם־הַגֻּלְגֹּלֶת וְהָרַגְלַיִם וְכַפּוֹת הַיָּדָיִם׃ וַיָּשֻׁבוּ וַיַּגִּידוּ לוֹ לו
וַיֹּאמֶר דְּבַר־יְהוָה הוּא אֲשֶׁר דִּבֶּר בְּיַד־עַבְדּוֹ אֵלִיָּהוּ הַתִּשְׁבִּי
לֵאמֹר בְּחֵלֶק יִזְרְעֶאל יֹאכְלוּ הַכְּלָבִים אֶת־בְּשַׂר אִיזָבֶל׃ וְהָיְתָ לז
נִבְלַת אִיזֶבֶל כְּדֹמֶן עַל־פְּנֵי הַשָּׂדֶה בְּחֵלֶק יִזְרְעֶאל אֲשֶׁר לֹא־
יֹאמְרוּ זֹאת אִיזָבֶל׃ וּלְאַחְאָב שִׁבְעִים בָּנִים א י
בְּשֹׁמְרוֹן וַיִּכְתֹּב יֵהוּא סְפָרִים וַיִּשְׁלַח שֹׁמְרוֹן אֶל־שָׂרֵי יִזְרְעֶאל
הַזְּקֵנִים וְאֶל־הָאֹמְנִים אַחְאָב לֵאמֹר׃ וְעַתָּה כְּבֹא הַסֵּפֶר הַזֶּה ב
אֲלֵיכֶם וְאִתְּכֶם בְּנֵי אֲדֹנֵיכֶם וְאִתְּכֶם הָרֶכֶב וְהַסּוּסִים וְעִיר
מִבְצָר וְהַנָּשֶׁק׃ וּרְאִיתֶם הַטּוֹב וְהַיָּשָׁר מִבְּנֵי אֲדֹנֵיכֶם וְשַׂמְתֶּם ג
עַל־כִּסֵּא אָבִיו וְהִלָּחֲמוּ עַל־בֵּית אֲדֹנֵיכֶם׃ וַיִּרְאוּ מְאֹד מְאֹד ד
וַיֹּאמְרוּ הִנֵּה שְׁנֵי הַמְּלָכִים לֹא עָמְדוּ לְפָנָיו וְאֵיךְ נַעֲמֹד אֲנָחְנוּ׃
וַיִּשְׁלַח אֲשֶׁר־עַל־הַבַּיִת וַאֲשֶׁר עַל־הָעִיר וְהַזְּקֵנִים וְהָאֹמְנִים ה
אֶל־יֵהוּא ׀ לֵאמֹר עֲבָדֶיךָ אֲנַחְנוּ וְכֹל אֲשֶׁר־תֹּאמַר אֵלֵינוּ
נַעֲשֶׂה לֹא־נַמְלִיךְ אִישׁ הַטּוֹב בְּעֵינֶיךָ עֲשֵׂה׃ וַיִּכְתֹּב אֲלֵיהֶם ו
סֵפֶר ׀ שֵׁנִית לֵאמֹר אִם־לִי אַתֶּם וּלְקֹלִי ׀ אַתֶּם שֹׁמְעִים קְחוּ
אֶת־רָאשֵׁי אַנְשֵׁי בְנֵי־אֲדֹנֵיכֶם וּבֹאוּ אֵלַי כָּעֵת מָחָר יִזְרְעֶאלָה
וּבְנֵי הַמֶּלֶךְ שִׁבְעִים אִישׁ אֶת־גְּדֹלֵי הָעִיר מְגַדְּלִים אוֹתָם׃ וַיְהִי ז
כְּבֹא הַסֵּפֶר אֲלֵיהֶם וַיִּקְחוּ אֶת־בְּנֵי הַמֶּלֶךְ וַיִּשְׁחֲטוּ שִׁבְעִים
אִישׁ וַיָּשִׂימוּ אֶת־רָאשֵׁיהֶם בַּדּוּדִים וַיִּשְׁלְחוּ אֵלָיו יִזְרְעֶאלָה׃
וַיָּבֹא הַמַּלְאָךְ וַיַּגֶּד־לוֹ לֵאמֹר הֵבִיאוּ רָאשֵׁי בְנֵי־הַמֶּלֶךְ וַיֹּאמֶר ח
שִׂימוּ אֹתָם שְׁנֵי צִבֻּרִים פֶּתַח הַשַּׁעַר עַד־הַבֹּקֶר׃ וַיְהִי בַבֹּקֶר ט
וַיֵּצֵא וַיַּעֲמֹד וַיֹּאמֶר אֶל־כָּל־הָעָם צַדִּקִים אַתֶּם הִנֵּה אֲנִי
קָשַׁרְתִּי עַל־אֲדֹנִי וָאֶהַרְגֵהוּ וּמִי הִכָּה אֶת־כָּל־אֵלֶּה׃ דְּעוּ י
אֵפוֹא כִּי לֹא יִפֹּל מִדְּבַר יְהוָה אַרְצָה אֲשֶׁר־דִּבֶּר יְהוָה עַל־
בֵּית אַחְאָב וַיהוָה עָשָׂה אֵת אֲשֶׁר דִּבֶּר בְּיַד עַבְדּוֹ אֵלִיָּהוּ׃ וַיַּךְ יא
יֵהוּא אֵת כָּל־הַנִּשְׁאָרִים לְבֵית־אַחְאָב בְּיִזְרְעֶאל וְכָל־גְּדֹלָיו

יב וּמְיֻדָּעָיו וְכֹהֲנָיו עַד־בִּלְתִּי הִשְׁאִיר־לוֹ שָׂרִיד׃ וַיָּקָם וַיָּבֹא וַיֵּלֶךְ
יג שֹׁמְרוֹן הוּא בֵּית־עֵקֶד הָרֹעִים בַּדָּרֶךְ׃ וְיֵהוּא מָצָא אֶת־אֲחֵי
אֲחַזְיָהוּ מֶלֶךְ־יְהוּדָה וַיֹּאמֶר מִי אַתֶּם וַיֹּאמְרוּ אֲחֵי אֲחַזְיָהוּ
יד אֲנַחְנוּ וַנֵּרֶד לִשְׁלוֹם בְּנֵי־הַמֶּלֶךְ וּבְנֵי הַגְּבִירָה׃ וַיֹּאמֶר תִּפְשׂוּם
חַיִּים וַיִּתְפְּשׂוּם חַיִּים וַיִּשְׁחָטוּם אֶל־בּוֹר בֵּית־עֵקֶד אַרְבָּעִים
טו וּשְׁנַיִם אִישׁ וְלֹא־הִשְׁאִיר אִישׁ מֵהֶם׃ וַיֵּלֶךְ כה
מִשָּׁם וַיִּמְצָא אֶת־יְהוֹנָדָב בֶּן־רֵכָב לִקְרָאתוֹ וַיְבָרְכֵהוּ וַיֹּאמֶר
אֵלָיו הֲיֵשׁ אֶת־לְבָבְךָ יָשָׁר כַּאֲשֶׁר לְבָבִי עִם־לְבָבֶךָ וַיֹּאמֶר
יְהוֹנָדָב יֵשׁ וָיֵשׁ תְּנָה אֶת־יָדֶךָ וַיִּתֵּן יָדוֹ וַיַּעֲלֵהוּ אֵלָיו
טז אֶל־הַמֶּרְכָּבָה׃ וַיֹּאמֶר לְכָה אִתִּי וּרְאֵה בְּקִנְאָתִי לַיהוָה
יז וַיַּרְכִּבוּ אֹתוֹ בְּרִכְבּוֹ׃ וַיָּבֹא שֹׁמְרוֹן וַיַּךְ אֶת־כָּל־הַנִּשְׁאָרִים
לְאַחְאָב בְּשֹׁמְרוֹן עַד־הִשְׁמִדוֹ כִּדְבַר יְהוָה אֲשֶׁר דִּבֶּר אֶל־
יח אֵלִיָּהוּ׃ וַיִּקְבֹּץ יֵהוּא אֶת־כָּל־הָעָם וַיֹּאמֶר
אֲלֵהֶם אַחְאָב עָבַד אֶת־הַבַּעַל מְעָט יֵהוּא יַעַבְדֶנּוּ הַרְבֵּה׃
יט וְעַתָּה כָל־נְבִיאֵי הַבַּעַל כָּל־עֹבְדָיו וְכָל־כֹּהֲנָיו קִרְאוּ אֵלַי אִישׁ
אַל־יִפָּקֵד כִּי זֶבַח גָּדוֹל לִי לַבַּעַל כֹּל אֲשֶׁר־יִפָּקֵד לֹא יִחְיֶה וְיֵהוּא
כ עָשָׂה בְעָקְבָּה לְמַעַן הַאֲבִיד אֶת־עֹבְדֵי הַבָּעַל׃ וַיֹּאמֶר יֵהוּא
כא קַדְּשׁוּ עֲצָרָה לַבַּעַל וַיִּקְרָאוּ׃ וַיִּשְׁלַח יֵהוּא בְּכָל־יִשְׂרָאֵל וַיָּבֹאוּ
כָּל־עֹבְדֵי הַבַּעַל וְלֹא־נִשְׁאַר אִישׁ אֲשֶׁר לֹא־בָא וַיָּבֹאוּ בֵּית
כב הַבַּעַל וַיִּמָּלֵא בֵית־הַבַּעַל פֶּה לָפֶה׃ וַיֹּאמֶר לַאֲשֶׁר עַל־
הַמֶּלְתָּחָה הוֹצֵא לְבוּשׁ לְכֹל עֹבְדֵי הַבָּעַל וַיֹּצֵא לָהֶם הַמַּלְבּוּשׁ׃
כג וַיָּבֹא יֵהוּא וִיהוֹנָדָב בֶּן־רֵכָב בֵּית הַבָּעַל וַיֹּאמֶר לְעֹבְדֵי הַבַּעַל
חַפְּשׂוּ וּרְאוּ פֶּן־יֶשׁ־פֹּה עִמָּכֶם מֵעַבְדֵי יְהוָה כִּי אִם־עֹבְדֵי
כד הַבַּעַל לְבַדָּם׃ וַיָּבֹאוּ לַעֲשׂוֹת זְבָחִים וְעֹלוֹת וְיֵהוּא שָׂם־לוֹ בַחוּץ
שְׁמֹנִים אִישׁ וַיֹּאמֶר הָאִישׁ אֲשֶׁר־יִמָּלֵט מִן־הָאֲנָשִׁים אֲשֶׁר אֲנִי
כה מֵבִיא עַל־יְדֵיכֶם נַפְשׁוֹ תַּחַת נַפְשׁוֹ׃ וַיְהִי כְּכַלֹּתוֹ ׀ לַעֲשׂוֹת
הָעֹלָה וַיֹּאמֶר יֵהוּא לָרָצִים וְלַשָּׁלִשִׁים בֹּאוּ הַכּוּם אִישׁ אַל־יֵצֵא

וַיַּכּוּם לְפִי־חָרֶב וַיַּשְׁלִכוּ הָרָצִים וְהַשָּׁלִשִׁים וַיֵּלְכוּ עַד־עִיר
בֵּית־הַבָּעַל׃ וַיֹּצִאוּ אֶת־מַצְּבוֹת בֵּית־הַבַּעַל וַיִּשְׂרְפוּהָ׃ כו
וַיִּתְּצוּ אֵת מַצְּבַת הַבָּעַל וַיִּתְּצוּ אֶת־בֵּית הַבַּעַל וַיְשִׂמֻהוּ כז
לְמוֹצָאוֹת למחראות עַד־הַיּוֹם׃ וַיַּשְׁמֵד יֵהוּא אֶת־הַבַּעַל מִיִּשְׂרָאֵל׃ רַק כח כט
חֲטָאֵי יָרָבְעָם בֶּן־נְבָט אֲשֶׁר הֶחֱטִיא אֶת־יִשְׂרָאֵל לֹא־
סָר יֵהוּא מֵאַחֲרֵיהֶם עֶגְלֵי הַזָּהָב אֲשֶׁר בֵּית־אֵל וַאֲשֶׁר
בְּדָן׃ וַיֹּאמֶר יְהוָה אֶל־יֵהוּא יַעַן אֲשֶׁר־הֱטִיבֹתָ ל
לַעֲשׂוֹת הַיָּשָׁר בְּעֵינַי כְּכֹל אֲשֶׁר בִּלְבָבִי עָשִׂיתָ לְבֵית אַחְאָב
בְּנֵי רְבִעִים יֵשְׁבוּ לְךָ עַל־כִּסֵּא יִשְׂרָאֵל׃ וְיֵהוּא לֹא שָׁמַר לָלֶכֶת לא
בְּתוֹרַת־יְהוָה אֱלֹהֵי־יִשְׂרָאֵל בְּכָל־לְבָבוֹ לֹא סָר מֵעַל חַטֹּאות
יָרָבְעָם אֲשֶׁר הֶחֱטִיא אֶת־יִשְׂרָאֵל׃ בַּיָּמִים הָהֵם הֵחֵל יְהוָה לב
לְקַצּוֹת בְּיִשְׂרָאֵל וַיַּכֵּם חֲזָאֵל בְּכָל־גְּבוּל יִשְׂרָאֵל׃ מִן־הַיַּרְדֵּן לג
מִזְרַח הַשֶּׁמֶשׁ אֵת כָּל־אֶרֶץ הַגִּלְעָד הַגָּדִי וְהָראוּבֵנִי וְהַמְנַשִּׁי
מֵעֲרֹעֵר אֲשֶׁר עַל־נַחַל אַרְנֹן וְהַגִּלְעָד וְהַבָּשָׁן׃ וְיֶתֶר דִּבְרֵי לד
יֵהוּא וְכָל־אֲשֶׁר עָשָׂה וְכָל־גְּבוּרָתוֹ הֲלוֹא־הֵם כְּתוּבִים
עַל־סֵפֶר דִּבְרֵי הַיָּמִים לְמַלְכֵי יִשְׂרָאֵל׃ וַיִּשְׁכַּב יֵהוּא עִם־ לה
אֲבֹתָיו וַיִּקְבְּרוּ אֹתוֹ בְּשֹׁמְרוֹן וַיִּמְלֹךְ יְהוֹאָחָז בְּנוֹ תַּחְתָּיו׃
וְהַיָּמִים אֲשֶׁר מָלַךְ יֵהוּא עַל־יִשְׂרָאֵל עֶשְׂרִים־וּשְׁמֹנֶה שָׁנָה לו
רָאֲתָה בְּשֹׁמְרוֹן׃ וַעֲתַלְיָה אֵם אֲחַזְיָהוּ וראתה כִּי מֵת יא א
בְּנָהּ וַתָּקָם וַתְּאַבֵּד אֵת כָּל־זֶרַע הַמַּמְלָכָה׃ וַתִּקַּח יְהוֹשֶׁבַע ב
בַּת־הַמֶּלֶךְ־יוֹרָם אֲחוֹת אֲחַזְיָהוּ אֶת־יוֹאָשׁ בֶּן־אֲחַזְיָה וַתִּגְנֹב
הַמּוּמָתִים אֹתוֹ מִתּוֹךְ בְּנֵי־הַמֶּלֶךְ הממותתים אֹתוֹ וְאֶת־מֵינִקְתּוֹ בַּחֲדַר
הַמִּטּוֹת וַיַּסְתִּרוּ אֹתוֹ מִפְּנֵי עֲתַלְיָהוּ וְלֹא הוּמָת׃ וַיְהִי ג
אִתָּהּ בֵּית יְהוָה מִתְחַבֵּא שֵׁשׁ שָׁנִים וַעֲתַלְיָה מֹלֶכֶת עַל־
הָאָרֶץ׃ וּבַשָּׁנָה הַשְּׁבִיעִית שָׁלַח יְהוֹיָדָע וַיִּקַּח ד
הַמֵּאוֹת אֶת־שָׂרֵי המאיות לַכָּרִי וְלָרָצִים וַיָּבֵא אֹתָם אֵלָיו בֵּית יְהוָה
וַיִּכְרֹת לָהֶם בְּרִית וַיַּשְׁבַּע אֹתָם בְּבֵית יְהוָה וַיַּרְא אֹתָם אֶת־

ה בֶּן־הַמֶּלֶךְ: וַיְצַוֵּם לֵאמֹר זֶה הַדָּבָר אֲשֶׁר תַּעֲשׂוּן הַשְּׁלִשִׁית
ו מִכֶּם בָּאֵי הַשַּׁבָּת וְשֹׁמְרֵי מִשְׁמֶרֶת בֵּית הַמֶּלֶךְ: וְהַשְּׁלִשִׁית
בְּשַׁעַר סוּר וְהַשְּׁלִשִׁית בַּשַּׁעַר אַחַר הָרָצִים וּשְׁמַרְתֶּם אֶת־
ז מִשְׁמֶרֶת הַבַּיִת מַסָּח: וּשְׁתֵּי הַיָּדוֹת בָּכֶם כֹּל יֹצְאֵי הַשַּׁבָּת
ח וְשָׁמְרוּ אֶת־מִשְׁמֶרֶת בֵּית־יְהוָה אֶל־הַמֶּלֶךְ: וְהִקַּפְתֶּם עַל־
הַמֶּלֶךְ סָבִיב אִישׁ וְכֵלָיו בְּיָדוֹ וְהַבָּא אֶל־הַשְּׂדֵרוֹת יוּמָת וִהְיוּ
ט אֶת־הַמֶּלֶךְ בְּצֵאתוֹ וּבְבֹאוֹ: וַיַּעֲשׂוּ שָׂרֵי המאיות כְּכֹל אֲשֶׁר־ הַמֵּאוֹת
צִוָּה יְהוֹיָדָע הַכֹּהֵן וַיִּקְחוּ אִישׁ אֶת־אֲנָשָׁיו בָּאֵי הַשַּׁבָּת עִם
י יֹצְאֵי הַשַּׁבָּת וַיָּבֹאוּ אֶל־יְהוֹיָדָע הַכֹּהֵן: וַיִּתֵּן הַכֹּהֵן לְשָׂרֵי
המאיות אֶת־הַחֲנִית וְאֶת־הַשְּׁלָטִים אֲשֶׁר לַמֶּלֶךְ דָּוִד אֲשֶׁר הַמֵּאוֹת
יא בְּבֵית יְהוָה: וַיַּעַמְדוּ הָרָצִים אִישׁ ׀ וְכֵלָיו בְּיָדוֹ מִכֶּתֶף הַבַּיִת
הַיְמָנִית עַד־כֶּתֶף הַבַּיִת הַשְּׂמָאלִית לַמִּזְבֵּחַ וְלַבָּיִת עַל־
יב הַמֶּלֶךְ סָבִיב: וַיּוֹצִא אֶת־בֶּן־הַמֶּלֶךְ וַיִּתֵּן עָלָיו אֶת־הַנֵּזֶר
וְאֶת־הָעֵדוּת וַיַּמְלִכוּ אֹתוֹ וַיִּמְשָׁחֻהוּ וַיַּכּוּ־כָף וַיֹּאמְרוּ יְחִי
יג הַמֶּלֶךְ: וַתִּשְׁמַע עֲתַלְיָה אֶת־קוֹל הָרָצִין הָעָם
יד וַתָּבֹא אֶל־הָעָם בֵּית יְהוָה: וַתֵּרֶא וְהִנֵּה הַמֶּלֶךְ עֹמֵד עַל־
הָעַמּוּד כַּמִּשְׁפָּט וְהַשָּׂרִים וְהַחֲצֹצְרוֹת אֶל־הַמֶּלֶךְ וְכָל־עַם
הָאָרֶץ שָׂמֵחַ וְתֹקֵעַ בַּחֲצֹצְרוֹת וַתִּקְרַע עֲתַלְיָה אֶת־בְּגָדֶיהָ
טו וַתִּקְרָא קֶשֶׁר קָשֶׁר: וַיְצַו יְהוֹיָדָע הַכֹּהֵן אֶת־שָׂרֵי המאיות ׀ הַמֵּאוֹת ׀
פְּקֻדֵי הַחַיִל וַיֹּאמֶר אֲלֵיהֶם הוֹצִיאוּ אֹתָהּ אֶל־מִבֵּית לַשְּׂדֵרֹת
וְהַבָּא אַחֲרֶיהָ הָמֵת בֶּחָרֶב כִּי אָמַר הַכֹּהֵן אַל־תּוּמַת בֵּית
טז יְהוָה: וַיָּשִׂמוּ לָהּ יָדַיִם וַתָּבוֹא דֶּרֶךְ־מְבוֹא הַסּוּסִים בֵּית הַמֶּלֶךְ
יז וַתּוּמַת שָׁם: וַיִּכְרֹת יְהוֹיָדָע אֶת־הַבְּרִית בֵּין
יְהוָה וּבֵין הַמֶּלֶךְ וּבֵין הָעָם לִהְיוֹת לְעָם לַיהוָה וּבֵין הַמֶּלֶךְ וּבֵין
יח הָעָם: וַיָּבֹאוּ כָל־עַם הָאָרֶץ בֵּית־הַבַּעַל וַיִּתְּצֻהוּ אֶת־מִזְבְּחֹתָו
וְאֶת־צְלָמָיו שִׁבְּרוּ הֵיטֵב וְאֵת מַתָּן כֹּהֵן הַבַּעַל הָרְגוּ לִפְנֵי
יט הַמִּזְבְּחוֹת וַיָּשֶׂם הַכֹּהֵן פְּקֻדֹּת עַל־בֵּית יְהוָה: וַיִּקַּח אֶת־שָׂרֵי

הַמֵּאוֹת וְאֶת־הַכָּרִי וְאֶת־הָרָצִים וְאֵת ׀ כָּל־עַם הָאָרֶץ
וַיֹּרִידוּ אֶת־הַמֶּלֶךְ מִבֵּית יְהוָה וַיָּבוֹאוּ דֶּרֶךְ־שַׁעַר הָרָצִים
בֵּית הַמֶּלֶךְ וַיֵּשֶׁב עַל־כִּסֵּא הַמְּלָכִים׃ וַיִּשְׂמַח כָּל־עַם־ כ
הָאָרֶץ וְהָעִיר שָׁקָטָה וְאֶת־עֲתַלְיָהוּ הֵמִיתוּ בַחֶרֶב בֵּית
הַמֶּלֶךְ מלך׃ בֶּן־שֶׁבַע שָׁנִים יְהוֹאָשׁ בְּמָלְכוֹ׃ בִּשְׁנַת־ א ב יב
שֶׁבַע לְיֵהוּא מָלַךְ יְהוֹאָשׁ וְאַרְבָּעִים שָׁנָה מָלַךְ בִּירוּשָׁלָםִ וְשֵׁם
כו אִמּוֹ צִבְיָה מִבְּאֵר שָׁבַע׃ וַיַּעַשׂ יְהוֹאָשׁ הַיָּשָׁר בְּעֵינֵי יְהוָה כָּל־ ג
יָמָיו אֲשֶׁר הוֹרָהוּ יְהוֹיָדָע הַכֹּהֵן׃ רַק הַבָּמוֹת לֹא־סָרוּ עוֹד הָעָם ד
מְזַבְּחִים וּמְקַטְּרִים בַּבָּמוֹת׃ וַיֹּאמֶר יְהוֹאָשׁ אֶל־הַכֹּהֲנִים כֹּל ה
כֶּסֶף הַקֳּדָשִׁים אֲשֶׁר יוּבָא בֵית־יְהוָה כֶּסֶף עוֹבֵר אִישׁ כֶּסֶף
נַפְשׁוֹת עֶרְכּוֹ כָּל־כֶּסֶף אֲשֶׁר יַעֲלֶה עַל לֶב־אִישׁ לְהָבִיא בֵּית
יְהוָה׃ יִקְחוּ לָהֶם הַכֹּהֲנִים אִישׁ מֵאֵת מַכָּרוֹ וְהֵם יְחַזְּקוּ אֶת־ ו
בֶּדֶק הַבַּיִת לְכֹל אֲשֶׁר־יִמָּצֵא שָׁם בָּדֶק׃ וַיְהִי ז
בִּשְׁנַת עֶשְׂרִים וְשָׁלֹשׁ שָׁנָה לַמֶּלֶךְ יְהוֹאָשׁ לֹא־חִזְּקוּ הַכֹּהֲנִים
אֶת־בֶּדֶק הַבָּיִת׃ וַיִּקְרָא הַמֶּלֶךְ יְהוֹאָשׁ לִיהוֹיָדָע הַכֹּהֵן ח
וְלַכֹּהֲנִים וַיֹּאמֶר אֲלֵהֶם מַדּוּעַ אֵינְכֶם מְחַזְּקִים אֶת־בֶּדֶק הַבָּיִת
וְעַתָּה אַל־תִּקְחוּ־כֶסֶף מֵאֵת מַכָּרֵיכֶם כִּי־לְבֶדֶק הַבַּיִת
תִּתְּנֻהוּ׃ וַיֵּאֹתוּ הַכֹּהֲנִים לְבִלְתִּי קְחַת־כֶּסֶף מֵאֵת הָעָם וּלְבִלְתִּי ט
חַזֵּק אֶת־בֶּדֶק הַבָּיִת׃ וַיִּקַּח יְהוֹיָדָע הַכֹּהֵן אֲרוֹן אֶחָד וַיִּקֹּב י
מִיָּמִין חֹר בְּדַלְתּוֹ וַיִּתֵּן אֹתוֹ אֵצֶל הַמִּזְבֵּחַ בימין בְּבוֹא־אִישׁ בֵּית
יְהוָה וְנָתְנוּ־שָׁמָּה הַכֹּהֲנִים שֹׁמְרֵי הַסַּף אֶת־כָּל־הַכֶּסֶף הַמּוּבָא
בֵית־יְהוָה׃ וַיְהִי כִּרְאוֹתָם כִּי־רַב הַכֶּסֶף בָּאָרוֹן וַיַּעַל סֹפֵר יא
הַמֶּלֶךְ וְהַכֹּהֵן הַגָּדוֹל וַיָּצֻרוּ וַיִּמְנוּ אֶת־הַכֶּסֶף הַנִּמְצָא בֵית־
יְהוָה׃ וְנָתְנוּ אֶת־הַכֶּסֶף הַמְתֻכָּן עַל־יַד עֹשֵׂי הַמְּלָאכָה יב
הַמֻּפְקָדִים הפקדים בֵּית יְהוָה וַיּוֹצִיאֻהוּ לְחָרָשֵׁי הָעֵץ וְלַבֹּנִים הָעֹשִׂים
בֵּית יְהוָה׃ וְלַגֹּדְרִים וּלְחֹצְבֵי הָאֶבֶן וְלִקְנוֹת עֵצִים וְאַבְנֵי מַחְצֵב יג
לְחַזֵּק אֶת־בֶּדֶק בֵּית־יְהוָה וּלְכֹל אֲשֶׁר־יֵצֵא עַל־הַבַּיִת

יד לְחִזְקָה: אַךְ לֹא יֵעָשֶׂה בֵּית יְהוָה סִפּוֹת כֶּסֶף מְזַמְּרוֹת מִזְרָקוֹת
חֲצֹצְרוֹת כָּל־כְּלִי זָהָב וּכְלִי־כָסֶף מִן־הַכֶּסֶף הַמּוּבָא בֵית־
טו יְהוָה: כִּי־לְעֹשֵׂי הַמְּלָאכָה יִתְּנֻהוּ וְחִזְּקוּ־בוֹ אֶת־בֵּית יְהוָה:
טז וְלֹא יְחַשְּׁבוּ אֶת־הָאֲנָשִׁים אֲשֶׁר יִתְּנוּ אֶת־הַכֶּסֶף עַל־יָדָם
יז לָתֵת לְעֹשֵׂי הַמְּלָאכָה כִּי בֶאֱמֻנָה הֵם עֹשִׂים: כֶּסֶף אָשָׁם וְכֶסֶף
יח חַטָּאוֹת לֹא יוּבָא בֵּית יְהוָה לַכֹּהֲנִים יִהְיוּ: אָז
יַעֲלֶה חֲזָאֵל מֶלֶךְ אֲרָם וַיִּלָּחֶם עַל־גַּת וַיִּלְכְּדָהּ וַיָּשֶׂם חֲזָאֵל
יט פָּנָיו לַעֲלוֹת עַל־יְרוּשָׁלִָם: וַיִּקַּח יְהוֹאָשׁ מֶלֶךְ־יְהוּדָה אֵת כָּל־
הַקֳּדָשִׁים אֲשֶׁר־הִקְדִּישׁוּ יְהוֹשָׁפָט וִיהוֹרָם וַאֲחַזְיָהוּ אֲבֹתָיו
מַלְכֵי יְהוּדָה וְאֶת־קֳדָשָׁיו וְאֵת כָּל־הַזָּהָב הַנִּמְצָא בְּאֹצְרוֹת
בֵּית־יְהוָה וּבֵית הַמֶּלֶךְ וַיִּשְׁלַח לַחֲזָאֵל מֶלֶךְ אֲרָם וַיַּעַל מֵעַל
כ יְרוּשָׁלִָם: וְיֶתֶר דִּבְרֵי יוֹאָשׁ וְכָל־אֲשֶׁר עָשָׂה הֲלוֹא־הֵם כְּתוּבִים
כא עַל־סֵפֶר דִּבְרֵי הַיָּמִים לְמַלְכֵי יְהוּדָה: וַיָּקֻמוּ עֲבָדָיו וַיִּקְשְׁרוּ־
כב קָשֶׁר וַיַּכּוּ אֶת־יוֹאָשׁ בֵּית מִלֹּא הַיֹּרֵד סִלָּא: וְיוֹזָכָר בֶּן־שִׁמְעָת
וִיהוֹזָבָד בֶּן־שֹׁמֵר ׀ עֲבָדָיו הִכֻּהוּ וַיָּמֹת וַיִּקְבְּרוּ אֹתוֹ עִם־אֲבֹתָיו
יג א בְּעִיר דָּוִד וַיִּמְלֹךְ אֲמַצְיָה בְנוֹ תַּחְתָּיו: בִּשְׁנַת
עֶשְׂרִים וְשָׁלֹשׁ שָׁנָה לְיוֹאָשׁ בֶּן־אֲחַזְיָהוּ מֶלֶךְ יְהוּדָה מָלַךְ
יְהוֹאָחָז בֶּן־יֵהוּא עַל־יִשְׂרָאֵל בְּשֹׁמְרוֹן שְׁבַע עֶשְׂרֵה שָׁנָה:
ב וַיַּעַשׂ הָרַע בְּעֵינֵי יְהוָה וַיֵּלֶךְ אַחַר חַטֹּאת יָרָבְעָם בֶּן־נְבָט
ג אֲשֶׁר־הֶחֱטִיא אֶת־יִשְׂרָאֵל לֹא־סָר מִמֶּנָּה: וַיִּחַר־אַף יְהוָה
בְּיִשְׂרָאֵל וַיִּתְּנֵם בְּיַד ׀ חֲזָאֵל מֶלֶךְ־אֲרָם וּבְיַד בֶּן־הֲדַד בֶּן־
ד חֲזָאֵל כָּל־הַיָּמִים: וַיְחַל יְהוֹאָחָז אֶת־פְּנֵי יְהוָה וַיִּשְׁמַע אֵלָיו
יְהוָה כִּי רָאָה אֶת־לַחַץ יִשְׂרָאֵל כִּי־לָחַץ אֹתָם מֶלֶךְ אֲרָם:
ה וַיִּתֵּן יְהוָה לְיִשְׂרָאֵל מוֹשִׁיעַ וַיֵּצְאוּ מִתַּחַת יַד־אֲרָם וַיֵּשְׁבוּ בְנֵי־
ו יִשְׂרָאֵל בְּאָהֳלֵיהֶם כִּתְמוֹל שִׁלְשׁוֹם: אַךְ לֹא־סָרוּ מֵחַטֹּאת
בֵּית־יָרָבְעָם אֲשֶׁר־הֶחֱטִי אֶת־יִשְׂרָאֵל בָּהּ הָלָךְ וְגַם הָאֲשֵׁרָה
ז עָמְדָה בְּשֹׁמְרוֹן: כִּי לֹא הִשְׁאִיר לִיהוֹאָחָז עָם כִּי אִם־חֲמִשִּׁים

פָּרָשִׁים וַעֲשָׂרָה רֶכֶב וַעֲשֶׂרֶת אֲלָפִים רַגְלִי כִּי אִבְּדָם מֶלֶךְ
ח אֲרָם וַיְשִׂמֵם כֶּעָפָר לָדֻשׁ׃ וְיֶתֶר דִּבְרֵי יְהוֹאָחָז וְכָל־אֲשֶׁר עָשָׂה
וּגְבוּרָתוֹ הֲלוֹא־הֵם כְּתוּבִים עַל־סֵפֶר דִּבְרֵי הַיָּמִים לְמַלְכֵי
ט יִשְׂרָאֵל׃ וַיִּשְׁכַּב יְהוֹאָחָז עִם־אֲבֹתָיו וַיִּקְבְּרֻהוּ בְּשֹׁמְרוֹן וַיִּמְלֹךְ
יוֹאָשׁ בְּנוֹ תַּחְתָּיו׃
י בִּשְׁנַת שְׁלֹשִׁים וָשֶׁבַע שָׁנָה לְיוֹאָשׁ מֶלֶךְ יְהוּדָה מָלַךְ יְהוֹאָשׁ
יא בֶּן־יְהוֹאָחָז עַל־יִשְׂרָאֵל בְּשֹׁמְרוֹן שֵׁשׁ עֶשְׂרֵה שָׁנָה׃ וַיַּעֲשֶׂה
הָרַע בְּעֵינֵי יְהוָה לֹא סָר מִכָּל־חַטֹּאות יָרָבְעָם בֶּן־נְבָט אֲשֶׁר־
יב הֶחֱטִיא אֶת־יִשְׂרָאֵל בָּהּ הָלָךְ׃ וְיֶתֶר דִּבְרֵי יוֹאָשׁ וְכָל־אֲשֶׁר
עָשָׂה וּגְבוּרָתוֹ אֲשֶׁר נִלְחַם עִם אֲמַצְיָה מֶלֶךְ־יְהוּדָה הֲלֹא־הֵם
יג כְּתוּבִים עַל־סֵפֶר דִּבְרֵי הַיָּמִים לְמַלְכֵי יִשְׂרָאֵל׃ וַיִּשְׁכַּב יוֹאָשׁ
עִם־אֲבֹתָיו וְיָרָבְעָם יָשַׁב עַל־כִּסְאוֹ וַיִּקָּבֵר יוֹאָשׁ בְּשֹׁמְרוֹן עִם
יד מַלְכֵי יִשְׂרָאֵל׃ וֶאֱלִישָׁע חָלָה אֶת־חָלְיוֹ אֲשֶׁר
יָמוּת בּוֹ וַיֵּרֶד אֵלָיו יוֹאָשׁ מֶלֶךְ־יִשְׂרָאֵל וַיֵּבְךְּ עַל־פָּנָיו וַיֹּאמַר
טו אָבִי ׀ אָבִי רֶכֶב יִשְׂרָאֵל וּפָרָשָׁיו׃ וַיֹּאמֶר לוֹ אֱלִישָׁע קַח קֶשֶׁת
טז וְחִצִּים וַיִּקַּח אֵלָיו קֶשֶׁת וְחִצִּים׃ וַיֹּאמֶר ׀ לְמֶלֶךְ יִשְׂרָאֵל הַרְכֵּב
יָדְךָ עַל־הַקֶּשֶׁת וַיַּרְכֵּב יָדוֹ וַיָּשֶׂם אֱלִישָׁע יָדָיו עַל־יְדֵי הַמֶּלֶךְ׃
יז וַיֹּאמֶר פְּתַח הַחַלּוֹן קֵדְמָה וַיִּפְתָּח וַיֹּאמֶר אֱלִישָׁע יְרֵה וַיּוֹר
וַיֹּאמֶר חֵץ־תְּשׁוּעָה לַיהוָה וְחֵץ־תְּשׁוּעָה בַאֲרָם וְהִכִּיתָ אֶת־
יח אֲרָם בַּאֲפֵק עַד־כַּלֵּה׃ וַיֹּאמֶר קַח הַחִצִּים וַיִּקָּח וַיֹּאמֶר לְמֶלֶךְ־
יט יִשְׂרָאֵל הַךְ אַרְצָה וַיַּךְ שָׁלֹשׁ־פְּעָמִים וַיַּעֲמֹד׃ וַיִּקְצֹף עָלָיו
אִישׁ הָאֱלֹהִים וַיֹּאמֶר לְהַכּוֹת חָמֵשׁ אוֹ־שֵׁשׁ פְּעָמִים אָז
הִכִּיתָ אֶת־אֲרָם עַד־כַּלֵּה וְעַתָּה שָׁלֹשׁ פְּעָמִים תַּכֶּה אֶת־
כ אֲרָם׃ וַיָּמָת אֱלִישָׁע וַיִּקְבְּרֻהוּ וּגְדוּדֵי מוֹאָב
כא יָבֹאוּ בָאָרֶץ בָּא שָׁנָה׃ וַיְהִי הֵם ׀ קֹבְרִים אִישׁ וְהִנֵּה רָאוּ אֶת־
הַגְּדוּד וַיַּשְׁלִיכוּ אֶת־הָאִישׁ בְּקֶבֶר אֱלִישָׁע וַיֵּלֶךְ וַיִּגַּע הָאִישׁ
כב בְּעַצְמוֹת אֱלִישָׁע וַיְחִי וַיָּקָם עַל־רַגְלָיו׃ וַחֲזָאֵל מֶלֶךְ אֲרָם לָחַץ

מלכים ב   יג

כז אֶת־יִשְׂרָאֵל כֹּל יְמֵי יְהוֹאָחָז: וַיָּ֤חָן יְהוָה אֹתָם וַיְרַחֲמֵם וַיִּ֣פֶן
אֲלֵיהֶם לְמַ֣עַן בְּרִיתוֹ אֶת־אַבְרָהָם יִצְחָק וְיַעֲקֹב וְלֹא אָבָה
כד הַשְׁחִיתָם וְלֹא־הִשְׁלִיכָם מֵעַל־פָּנָיו עַד־עָֽתָּה: וַיָּמָת חֲזָאֵל
כה מֶֽלֶךְ־אֲרָם וַיִּמְלֹךְ בֶּן־הֲדַ֥ד בְּנוֹ תַּחְתָּיו: וַיָּשָׁב יְהוֹאָשׁ בֶּן־
יְהוֹאָחָז וַיִּקַּח אֶת־הֶעָרִים מִיַּד בֶּן־הֲדַ֥ד בֶּן־חֲזָאֵל אֲשֶׁר לָקַח
מִיַּד יְהוֹאָחָז אָבִיו בַּמִּלְחָמָה שָׁלֹשׁ פְּעָמִים הִכָּהוּ יוֹאָשׁ וַיָּשֶׁב
ד א אֶת־עָרֵי יִשְׂרָאֵל: בִּשְׁנַת שְׁתַּיִם לְיוֹאָשׁ בֶּן־
ב יוֹאָחָז מֶ֣לֶךְ יִשְׂרָאֵל מָלַךְ אֲמַצְיָ֥הוּ בֶן־יוֹאָשׁ מֶ֣לֶךְ יְהוּדָֽה: בֶּן־
עֶשְׂרִים וְחָמֵ֣שׁ שָׁנָה הָיָה בְמָלְכוֹ וְעֶשְׂרִים וָתֵ֣שַׁע שָׁנָה מָלַךְ
ג בִּירוּשָׁלִָ֑ם וְשֵׁ֣ם אִמּוֹ יְהוֹעַדִּין מִן־יְרוּשָׁלִָ֑ם: וַיַּ֤עַשׂ הַיָּשָׁ֣ר בְּעֵינֵ֣י   יְהוֹעַדָּן
יְהוָה רַ֚ק לֹא כְּדָוִד אָבִיו כְּכֹל אֲשֶׁר־עָשָׂה יוֹאָשׁ אָבִיו עָשָֽׂה:
ד רַק הַבָּמוֹת לֹא־סָ֑רוּ ע֣וֹד הָעָ֤ם מְזַבְּחִים וּֽמְקַטְּרִים בַּבָּמֽוֹת:
ה וַיְהִ֕י כַּאֲשֶׁ֛ר חָזְקָ֥ה הַמַּמְלָכָ֖ה בְּיָד֑וֹ וַיַּ֣ךְ אֶת־עֲבָדָ֔יו הַמַּכִּים אֶת־
ו הַמֶּ֥לֶךְ אָבִֽיו: וְאֶת־בְּנֵ֥י הַמַּכִּ֖ים לֹ֣א הֵמִ֑ית כַּכָּת֣וּב בְּסֵ֣פֶר תּֽוֹרַת־
מֹשֶׁ֡ה אֲשֶׁר־צִוָּ֣ה יְהוָה֩ לֵאמֹ֨ר לֹא־יוּמְת֣וּ אָב֣וֹת עַל־בָּנִ֗ים
וּבָנִים֮ לֹא־יוּמְת֣וּ עַל־אָבוֹת֒ כִּ֥י אִם־אִ֖ישׁ בְּחֶטְא֥וֹ יָמֽוּת: יוּמַת
ז הֽוּא־הִכָּ֤ה אֶת־אֱדוֹם֙ בְּגֵ֣י־הַמֶּ֔לַח עֲשֶׂ֖רֶת אֲלָפִ֑ים וְתָפַ֤שׂ   מֵ֫לָה
אֶת־הַסֶּ֨לַע֙ בַּמִּלְחָמָ֔ה וַיִּקְרָ֤א אֶת־שְׁמָהּ֙ יָקְתְאֵ֔ל עַ֖ד הַיּ֥וֹם
ח הַזֶּֽה: אָ֣ז שָׁלַ֤ח אֲמַצְיָה֙ מַלְאָכִ֔ים אֶל־יְהוֹאָ֡שׁ
בֶּן־יְהוֹאָחָ֨ז בֶּן־יֵה֛וּא מֶ֥לֶךְ יִשְׂרָאֵ֖ל לֵאמֹ֑ר לְכָ֖ה נִתְרָאֶ֥ה פָנִֽים:
ט וַיִּשְׁלַ֞ח יְהוֹאָ֣שׁ מֶֽלֶךְ־יִשְׂרָאֵ֗ל אֶל־אֲמַצְיָ֣הוּ מֶֽלֶךְ־יְהוּדָה֮ לֵאמֹר֒
הַח֜וֹחַ אֲשֶׁ֣ר בַּלְּבָנ֗וֹן שָׁ֠לַח אֶל־הָאֶ֜רֶז אֲשֶׁ֤ר בַּלְּבָנוֹן֙ לֵאמֹ֔ר תְּנָֽה
אֶת־בִּתְּךָ֥ לִבְנִ֖י לְאִשָּׁ֑ה וַֽתַּעֲבֹ֞ר חַיַּ֤ת הַשָּׂדֶה֙ אֲשֶׁ֣ר בַּלְּבָנ֔וֹן
י וַתִּרְמֹ֖ס אֶת־הַחֽוֹחַ: הַכֵּ֤ה הִכִּ֨יתָ֙ אֶת־אֱד֔וֹם וּֽנְשָׂאֲךָ֖ לִבֶּ֑ךָ הִכָּבֵד֙
וְשֵׁ֣ב בְּבֵיתֶ֔ךָ וְלָ֤מָּה תִתְגָּרֶה֙ בְּרָעָ֔ה וְנָ֣פַלְתָּ֔ה אַתָּ֖ה וִיהוּדָ֥ה
יא עִמָּֽךְ: וְלֹא־שָׁמַ֣ע אֲמַצְיָ֔הוּ וַיַּ֨עַל֙ יְהוֹאָ֤שׁ מֶֽלֶךְ־יִשְׂרָאֵל֙ וַיִּתְרָא֣וּ
פָנִ֔ים ה֖וּא וַאֲמַצְיָ֣הוּ מֶֽלֶךְ־יְהוּדָ֑ה בְּבֵ֥ית שֶׁ֖מֶשׁ אֲשֶׁ֥ר לִיהוּדָֽה:

יב וַיִּנָּגֶף יְהוּדָה לִפְנֵי יִשְׂרָאֵל וַיָּנֻסוּ אִישׁ לְאֹהָלָו׃ יג וְאֵת אֲמַצְיָהוּ
מֶלֶךְ־יְהוּדָה בֶּן־יְהוֹאָשׁ בֶּן־אֲחַזְיָהוּ תָּפַשׂ יְהוֹאָשׁ מֶלֶךְ־
יִשְׂרָאֵל בְּבֵית שָׁמֶשׁ ויבאו יְרוּשָׁלִַם וַיִּפְרֹץ בְּחוֹמַת יְרוּשָׁלִַם וַיָּבֹא
יד בְּשַׁעַר אֶפְרַיִם עַד־שַׁעַר הַפִּנָּה אַרְבַּע מֵאוֹת אַמָּה׃ וְלָקַח אֶת־
כָּל־הַזָּהָב וְהַכֶּסֶף וְאֵת כָּל־הַכֵּלִים הַנִּמְצְאִים בֵּית־יהוה
וּבְאוֹצְרוֹת בֵּית הַמֶּלֶךְ וְאֵת בְּנֵי הַתַּעֲרֻבוֹת וַיָּשָׁב שֹׁמְרוֹנָה׃
טו וְיֶתֶר דִּבְרֵי יְהוֹאָשׁ אֲשֶׁר עָשָׂה וּגְבוּרָתוֹ וַאֲשֶׁר נִלְחַם עִם
אֲמַצְיָהוּ מֶלֶךְ־יְהוּדָה הֲלֹא־הֵם כְּתוּבִים עַל־סֵפֶר דִּבְרֵי הַיָּמִים
טז לְמַלְכֵי יִשְׂרָאֵל׃ וַיִּשְׁכַּב יְהוֹאָשׁ עִם־אֲבֹתָיו וַיִּקָּבֵר בְּשֹׁמְרוֹן עִם
יז מַלְכֵי יִשְׂרָאֵל וַיִּמְלֹךְ יָרָבְעָם בְּנוֹ תַּחְתָּיו׃ וַיְחִי
אֲמַצְיָהוּ בֶן־יוֹאָשׁ מֶלֶךְ יְהוּדָה אַחֲרֵי מוֹת יְהוֹאָשׁ בֶּן־יְהוֹאָחָז
יח מֶלֶךְ יִשְׂרָאֵל חֲמֵשׁ עֶשְׂרֵה שָׁנָה׃ וְיֶתֶר דִּבְרֵי אֲמַצְיָהוּ הֲלֹא־הֵם
יט כְּתֻבִים עַל־סֵפֶר דִּבְרֵי הַיָּמִים לְמַלְכֵי יְהוּדָה׃ וַיִּקְשְׁרוּ עָלָיו
קֶשֶׁר בִּירוּשָׁלִַם וַיָּנָס לָכִישָׁה וַיִּשְׁלְחוּ אַחֲרָיו לָכִישָׁה וַיְמִתֻהוּ
כ שָׁם׃ וַיִּשְׂאוּ אֹתוֹ עַל־הַסּוּסִים וַיִּקָּבֵר בִּירוּשָׁלִַם עִם־אֲבֹתָיו
כא בְּעִיר דָּוִד׃ וַיִּקְחוּ כָּל־עַם יְהוּדָה אֶת־עֲזַרְיָה וְהוּא בֶּן־
כב שֵׁשׁ עֶשְׂרֵה שָׁנָה וַיַּמְלִכוּ אֹתוֹ תַּחַת אָבִיו אֲמַצְיָהוּ׃ הוּא
בָּנָה אֶת־אֵילַת וַיְשִׁבֶהָ לִיהוּדָה אַחֲרֵי שְׁכַב־הַמֶּלֶךְ עִם־
כג אֲבֹתָיו׃ בִּשְׁנַת חֲמֵשׁ־עֶשְׂרֵה שָׁנָה לַאֲמַצְיָהוּ
בֶן־יוֹאָשׁ מֶלֶךְ יְהוּדָה מָלַךְ יָרָבְעָם בֶּן־יוֹאָשׁ מֶלֶךְ־יִשְׂרָאֵל
כד בְּשֹׁמְרוֹן אַרְבָּעִים וְאַחַת שָׁנָה׃ וַיַּעַשׂ הָרַע בְּעֵינֵי יהוה לֹא סָר
מִכָּל־חַטֹּאות יָרָבְעָם בֶּן־נְבָט אֲשֶׁר הֶחֱטִיא אֶת־יִשְׂרָאֵל׃
כה הוּא הֵשִׁיב אֶת־גְּבוּל יִשְׂרָאֵל מִלְּבוֹא חֲמָת עַד־יָם הָעֲרָבָה
כִּדְבַר יהוה אֱלֹהֵי יִשְׂרָאֵל אֲשֶׁר דִּבֶּר בְּיַד־עַבְדּוֹ יוֹנָה בֶן־
כו אֲמִתַּי הַנָּבִיא אֲשֶׁר מִגַּת הַחֵפֶר׃ כִּי־רָאָה יהוה אֶת־עֳנִי
יִשְׂרָאֵל מֹרֶה מְאֹד וְאֶפֶס עָצוּר וְאֶפֶס עָזוּב וְאֵין עֹזֵר לְיִשְׂרָאֵל׃
כז וְלֹא־דִבֶּר יהוה לִמְחוֹת אֶת־שֵׁם יִשְׂרָאֵל מִתַּחַת הַשָּׁמָיִם

כח וַיּוֹשִׁיעֵם בְּיַד יָרָבְעָם בֶּן־יוֹאָשׁ: וְיֶתֶר דִּבְרֵי יָרָבְעָם וְכָל־אֲשֶׁר
עָשָׂה וּגְבוּרָתוֹ אֲשֶׁר־נִלְחָם וַאֲשֶׁר הֵשִׁיב אֶת־דַּמֶּשֶׂק וְאֶת־
חֲמָת לִיהוּדָה בְּיִשְׂרָאֵל הֲלֹא־הֵם כְּתוּבִים עַל־סֵפֶר דִּבְרֵי
כט הַיָּמִים לְמַלְכֵי יִשְׂרָאֵל: וַיִּשְׁכַּב יָרָבְעָם עִם־אֲבֹתָיו עִם מַלְכֵי
טו א יִשְׂרָאֵל וַיִּמְלֹךְ זְכַרְיָה בְנוֹ תַּחְתָּיו: בִּשְׁנַת
עֶשְׂרִים וָשֶׁבַע שָׁנָה לְיָרָבְעָם מֶלֶךְ יִשְׂרָאֵל מָלַךְ עֲזַרְיָה בֶן־
ב אֲמַצְיָה מֶלֶךְ יְהוּדָה: בֶּן־שֵׁשׁ עֶשְׂרֵה שָׁנָה הָיָה בְמָלְכוֹ
וַחֲמִשִּׁים וּשְׁתַּיִם שָׁנָה מָלַךְ בִּירוּשָׁלִָם וְשֵׁם אִמּוֹ יְכָלְיָהוּ
ג מִירוּשָׁלִָם: וַיַּעַשׂ הַיָּשָׁר בְּעֵינֵי יהוה כְּכֹל אֲשֶׁר־עָשָׂה אֲמַצְיָהוּ
ד אָבִיו: רַק הַבָּמוֹת לֹא־סָרוּ עוֹד הָעָם מְזַבְּחִים וּמְקַטְּרִים
ה בַּבָּמוֹת: וַיְנַגַּע יהוה אֶת־הַמֶּלֶךְ וַיְהִי מְצֹרָע עַד־יוֹם מֹתוֹ
וַיֵּשֶׁב בְּבֵית הַחָפְשִׁית וְיוֹתָם בֶּן־הַמֶּלֶךְ עַל־הַבַּיִת שֹׁפֵט אֶת־
ו עַם הָאָרֶץ: וְיֶתֶר דִּבְרֵי עֲזַרְיָהוּ וְכָל־אֲשֶׁר עָשָׂה הֲלֹא־הֵם
ז כְּתוּבִים עַל־סֵפֶר דִּבְרֵי הַיָּמִים לְמַלְכֵי יְהוּדָה: וַיִּשְׁכַּב עֲזַרְיָה כח
עִם־אֲבֹתָיו וַיִּקְבְּרוּ אֹתוֹ עִם־אֲבֹתָיו בְּעִיר דָּוִד וַיִּמְלֹךְ יוֹתָם בְּנוֹ
ח תַּחְתָּיו: בִּשְׁנַת שְׁלֹשִׁים וּשְׁמֹנֶה שָׁנָה לַעֲזַרְיָהוּ
מֶלֶךְ יְהוּדָה מָלַךְ זְכַרְיָהוּ בֶן־יָרָבְעָם עַל־יִשְׂרָאֵל בְּשֹׁמְרוֹן
ט שִׁשָּׁה חֳדָשִׁים: וַיַּעַשׂ הָרַע בְּעֵינֵי יהוה כַּאֲשֶׁר עָשׂוּ אֲבֹתָיו לֹא
סָר מֵחַטֹּאות יָרָבְעָם בֶּן־נְבָט אֲשֶׁר הֶחֱטִיא אֶת־יִשְׂרָאֵל:
י וַיִּקְשֹׁר עָלָיו שַׁלֻּם בֶּן־יָבֵשׁ וַיַּכֵּהוּ קָבָל־עָם וַיְמִיתֵהוּ וַיִּמְלֹךְ
יא תַּחְתָּיו: וְיֶתֶר דִּבְרֵי זְכַרְיָה הִנָּם כְּתוּבִים עַל־סֵפֶר דִּבְרֵי הַיָּמִים
יב לְמַלְכֵי יִשְׂרָאֵל: הוּא דְבַר־יהוה אֲשֶׁר דִּבֶּר אֶל־יֵהוּא
לֵאמֹר בְּנֵי רְבִיעִים יֵשְׁבוּ לְךָ עַל־כִּסֵּא יִשְׂרָאֵל וַיְהִי־
יג כֵן: שַׁלּוּם בֶּן־יָבֵישׁ מָלַךְ בִּשְׁנַת שְׁלֹשִׁים וָתֵשַׁע
יד שָׁנָה לְעֻזִּיָּה מֶלֶךְ יְהוּדָה וַיִּמְלֹךְ יֶרַח־יָמִים בְּשֹׁמְרוֹן: וַיַּעַל
מְנַחֵם בֶּן־גָּדִי מִתִּרְצָה וַיָּבֹא שֹׁמְרוֹן וַיַּךְ אֶת־שַׁלּוּם בֶּן־יָבֵישׁ
טו בְּשֹׁמְרוֹן וַיְמִיתֵהוּ וַיִּמְלֹךְ תַּחְתָּיו: וְיֶתֶר דִּבְרֵי שַׁלּוּם וְקִשְׁרוֹ

אֲשֶׁר קָשָׁר הִנָּם כְּתוּבִים עַל־סֵפֶר דִּבְרֵי הַיָּמִים לְמַלְכֵי
טז יִשְׂרָאֵל׃ אָז יַכֶּה־מְנַחֵם אֶת־תִּפְסַח וְאֶת־כָּל־אֲשֶׁר־בָּהּ
וְאֶת־גְּבוּלֶיהָ מִתִּרְצָה כִּי לֹא פָתַח וַיַּךְ אֵת כָּל־הֶהָרוֹתֶיהָ
יז בִּקֵּעַ׃ בִּשְׁנַת שְׁלֹשִׁים וָתֵשַׁע שָׁנָה לַעֲזַרְיָה מֶלֶךְ
יְהוּדָה מָלַךְ מְנַחֵם בֶּן־גָּדִי עַל־יִשְׂרָאֵל עֶשֶׂר שָׁנִים בְּשֹׁמְרוֹן׃
יח וַיַּעַשׂ הָרַע בְּעֵינֵי יְהוָה לֹא סָר מֵעַל חַטֹּאות יָרָבְעָם בֶּן־נְבָט
יט אֲשֶׁר־הֶחֱטִיא אֶת־יִשְׂרָאֵל כָּל־יָמָיו׃ בָּא פוּל מֶלֶךְ־אַשּׁוּר עַל־
הָאָרֶץ וַיִּתֵּן מְנַחֵם לְפוּל אֶלֶף כִּכַּר־כָּסֶף לִהְיוֹת יָדָיו אִתּוֹ
כ לְהַחֲזִיק הַמַּמְלָכָה בְּיָדוֹ׃ וַיֹּצֵא מְנַחֵם אֶת־הַכֶּסֶף עַל־יִשְׂרָאֵל
עַל כָּל־גִּבּוֹרֵי הַחַיִל לָתֵת לְמֶלֶךְ אַשּׁוּר חֲמִשִּׁים שְׁקָלִים כֶּסֶף
כא לְאִישׁ אֶחָד וַיָּשָׁב מֶלֶךְ אַשּׁוּר וְלֹא־עָמַד שָׁם בָּאָרֶץ׃ וְיֶתֶר
דִּבְרֵי מְנַחֵם וְכָל־אֲשֶׁר עָשָׂה הֲלוֹא־הֵם כְּתוּבִים עַל־סֵפֶר
כב דִּבְרֵי הַיָּמִים לְמַלְכֵי יִשְׂרָאֵל׃ וַיִּשְׁכַּב מְנַחֵם עִם־אֲבֹתָיו וַיִּמְלֹךְ
כג פְּקַחְיָה בְנוֹ תַּחְתָּיו׃ בִּשְׁנַת חֲמִשִּׁים שָׁנָה לַעֲזַרְיָה
מֶלֶךְ יְהוּדָה מָלַךְ פְּקַחְיָה בֶן־מְנַחֵם עַל־יִשְׂרָאֵל בְּשֹׁמְרוֹן
כד שְׁנָתָיִם׃ וַיַּעַשׂ הָרַע בְּעֵינֵי יְהוָה לֹא סָר מֵחַטֹּאות יָרָבְעָם בֶּן־
כה נְבָט אֲשֶׁר הֶחֱטִיא אֶת־יִשְׂרָאֵל׃ וַיִּקְשֹׁר עָלָיו פֶּקַח בֶּן־רְמַלְיָהוּ
שָׁלִישׁוֹ וַיַּכֵּהוּ בְשֹׁמְרוֹן בְּאַרְמוֹן בֵּית־מֶלֶךְ אֶת־אַרְגֹּב וְאֶת־ הַמֶּלֶךְ
הָאַרְיֵה וְעִמּוֹ חֲמִשִּׁים אִישׁ מִבְּנֵי גִלְעָדִים וַיְמִתֵהוּ וַיִּמְלֹךְ
כו תַּחְתָּיו׃ וְיֶתֶר דִּבְרֵי פְקַחְיָה וְכָל־אֲשֶׁר עָשָׂה הִנָּם כְּתוּבִים
כז עַל־סֵפֶר דִּבְרֵי הַיָּמִים לְמַלְכֵי יִשְׂרָאֵל׃ בִּשְׁנַת
חֲמִשִּׁים וּשְׁתַּיִם שָׁנָה לַעֲזַרְיָה מֶלֶךְ יְהוּדָה מָלַךְ פֶּקַח בֶּן־
כח רְמַלְיָהוּ עַל־יִשְׂרָאֵל בְּשֹׁמְרוֹן עֶשְׂרִים שָׁנָה׃ וַיַּעַשׂ הָרַע בְּעֵינֵי
יְהוָה לֹא סָר מִן־חַטֹּאות יָרָבְעָם בֶּן־נְבָט אֲשֶׁר הֶחֱטִיא אֶת־
כט יִשְׂרָאֵל׃ בִּימֵי פֶּקַח מֶלֶךְ־יִשְׂרָאֵל בָּא תִּגְלַת פִּלְאֶסֶר מֶלֶךְ
אַשּׁוּר וַיִּקַּח אֶת־עִיּוֹן וְאֶת־אָבֵל בֵּית־מַעֲכָה וְאֶת־יָנוֹחַ וְאֶת־
קֶדֶשׁ וְאֶת־חָצוֹר וְאֶת־הַגִּלְעָד וְאֶת־הַגָּלִילָה כֹּל אֶרֶץ נַפְתָּלִי

ל וַיַּגְלֵם אַשּׁוּרָה׃ וַיִּקְשָׁר־קֶשֶׁר הוֹשֵׁעַ בֶּן־אֵלָה עַל־פֶּקַח בֶּן־
רְמַלְיָהוּ וַיַּכֵּהוּ וַיְמִיתֵהוּ וַיִּמְלֹךְ תַּחְתָּיו בִּשְׁנַת עֶשְׂרִים לְיוֹתָם
לא בֶּן־עֻזִּיָּה׃ וְיֶתֶר דִּבְרֵי־פֶקַח וְכָל־אֲשֶׁר עָשָׂה הִנָּם כְּתוּבִים
לב עַל־סֵפֶר דִּבְרֵי הַיָּמִים לְמַלְכֵי יִשְׂרָאֵל׃ בִּשְׁנַת
שְׁתַּיִם לְפֶקַח בֶּן־רְמַלְיָהוּ מֶלֶךְ יִשְׂרָאֵל מָלַךְ יוֹתָם בֶּן־עֻזִּיָּהוּ
לג מֶלֶךְ יְהוּדָה׃ בֶּן־עֶשְׂרִים וְחָמֵשׁ שָׁנָה הָיָה בְמָלְכוֹ וְשֵׁשׁ־עֶשְׂרֵה
לד שָׁנָה מָלַךְ בִּירוּשָׁלִָם וְשֵׁם אִמּוֹ יְרוּשָׁא בַּת־צָדוֹק׃ וַיַּעַשׂ הַיָּשָׁר
לה בְּעֵינֵי יְהוָה כְּכֹל אֲשֶׁר־עָשָׂה עֻזִּיָּהוּ אָבִיו עָשָׂה׃ רַק הַבָּמוֹת
לֹא סָרוּ עוֹד הָעָם מְזַבְּחִים וּמְקַטְּרִים בַּבָּמוֹת הוּא בָּנָה אֶת־
לו שַׁעַר בֵּית־יְהוָה הָעֶלְיוֹן׃ וְיֶתֶר דִּבְרֵי יוֹתָם וְכָל־אֲשֶׁר עָשָׂה
לז הֲלֹא־הֵם כְּתוּבִים עַל־סֵפֶר דִּבְרֵי הַיָּמִים לְמַלְכֵי יְהוּדָה׃ בַּיָּמִים
הָהֵם הֵחֵל יְהוָה לְהַשְׁלִיחַ בִּיהוּדָה רְצִין מֶלֶךְ אֲרָם וְאֵת פֶּקַח
לח בֶּן־רְמַלְיָהוּ׃ וַיִּשְׁכַּב יוֹתָם עִם־אֲבֹתָיו וַיִּקָּבֵר עִם־אֲבֹתָיו בְּעִיר
טז א דָּוִד אָבִיו וַיִּמְלֹךְ אָחָז בְּנוֹ תַּחְתָּיו׃ בִּשְׁנַת שְׁבַע־
עֶשְׂרֵה שָׁנָה לְפֶקַח בֶּן־רְמַלְיָהוּ מָלַךְ אָחָז בֶּן־יוֹתָם מֶלֶךְ
ב יְהוּדָה׃ בֶּן־עֶשְׂרִים שָׁנָה אָחָז בְּמָלְכוֹ וְשֵׁשׁ־עֶשְׂרֵה שָׁנָה מָלַךְ
בִּירוּשָׁלִָם וְלֹא־עָשָׂה הַיָּשָׁר בְּעֵינֵי יְהוָה אֱלֹהָיו כְּדָוִד אָבִיו׃
ג וַיֵּלֶךְ בְּדֶרֶךְ מַלְכֵי יִשְׂרָאֵל וְגַם אֶת־בְּנוֹ הֶעֱבִיר בָּאֵשׁ כְּתֹעֲבוֹת
ד הַגּוֹיִם אֲשֶׁר הוֹרִישׁ יְהוָה אֹתָם מִפְּנֵי בְּנֵי יִשְׂרָאֵל׃ וַיְזַבֵּחַ וַיְקַטֵּר
ה בַּבָּמוֹת וְעַל־הַגְּבָעוֹת וְתַחַת כָּל־עֵץ רַעֲנָן׃ אָז יַעֲלֶה רְצִין
מֶלֶךְ־אֲרָם וּפֶקַח בֶּן־רְמַלְיָהוּ מֶלֶךְ־יִשְׂרָאֵל יְרוּשָׁלִַם לַמִּלְחָמָה
ו וַיָּצֻרוּ עַל־אָחָז וְלֹא יָכְלוּ לְהִלָּחֵם׃ בָּעֵת הַהִיא הֵשִׁיב רְצִין
מֶלֶךְ־אֲרָם אֶת־אֵילַת לַאֲרָם וַיְנַשֵּׁל אֶת־הַיְהוּדִים מֵאֵילוֹת
ז וארומים בָּאוּ אֵילַת וַיֵּשְׁבוּ שָׁם עַד הַיּוֹם הַזֶּה׃ וַיִּשְׁלַח אָחָז וַאֲדוֹמִים
מַלְאָכִים אֶל־תִּגְלַת פְּלֶסֶר מֶלֶךְ־אַשּׁוּר לֵאמֹר עַבְדְּךָ וּבִנְךָ אָנִי
עֲלֵה וְהוֹשִׁעֵנִי מִכַּף מֶלֶךְ־אֲרָם וּמִכַּף מֶלֶךְ יִשְׂרָאֵל הַקּוֹמִים
ח עָלָי׃ וַיִּקַּח אָחָז אֶת־הַכֶּסֶף וְאֶת־הַזָּהָב הַנִּמְצָא בֵּית יְהוָה

ט וּבְאֹֽצְרוֹת בֵּית הַמֶּלֶךְ וַיִּשְׁלַח לְמֶלֶךְ אַשּׁוּר שֹֽׁחַד׃ וַיִּשְׁמַע אֵלָיו
מֶלֶךְ אַשּׁוּר וַיַּעַל מֶלֶךְ אַשּׁוּר אֶל־דַּמֶּשֶׂק וַֽיִּתְפְּשֶׂהָ וַיַּגְלֶהָ קִירָה
י וְאֶת־רְצִין הֵמִֽית׃ וַיֵּלֶךְ הַמֶּלֶךְ אָחָז לִקְרַאת תִּגְלַת פִּלְאֶסֶר
מֶֽלֶךְ־אַשּׁוּר דּוּמֶּשֶׂק וַיַּרְא אֶת־הַמִּזְבֵּחַ אֲשֶׁר בְּדַמָּשֶׂק וַיִּשְׁלַח
הַמֶּלֶךְ אָחָז אֶל־אוּרִיָּה הַכֹּהֵן אֶת־דְּמוּת הַמִּזְבֵּחַ וְאֶת־תַּבְנִיתוֹ
יא לְכָל־מַעֲשֵֽׂהוּ׃ וַיִּבֶן אוּרִיָּה הַכֹּהֵן אֶת־הַמִּזְבֵּחַ כְּכֹל אֲשֶׁר־שָׁלַח
הַמֶּלֶךְ אָחָז מִדַּמֶּשֶׂק כֵּן עָשָׂה אוּרִיָּה הַכֹּהֵן עַד־בּוֹא הַמֶּֽלֶךְ־
יב אָחָז מִדַּמָּֽשֶׂק׃ וַיָּבֹא הַמֶּלֶךְ מִדַּמֶּשֶׂק וַיַּרְא הַמֶּלֶךְ אֶת־הַמִּזְבֵּחַ
יג וַיִּקְרַב הַמֶּלֶךְ עַל־הַמִּזְבֵּחַ וַיַּעַל עָלָֽיו׃ וַיַּקְטֵר אֶת־עֹלָתוֹ וְאֶת־
מִנְחָתוֹ וַיַּסֵּךְ אֶת־נִסְכּוֹ וַיִּזְרֹק אֶת־דַּם־הַשְּׁלָמִים אֲשֶׁר־לוֹ
יד עַל־הַמִּזְבֵּֽחַ׃ וְאֵת הַמִּזְבַּח הַנְּחֹשֶׁת אֲשֶׁר לִפְנֵי יְהוָה וַיַּקְרֵב
מֵאֵת פְּנֵי הַבַּיִת מִבֵּין הַמִּזְבֵּחַ וּמִבֵּין בֵּית יְהוָה וַיִּתֵּן אֹתוֹ עַל־
טו יֶרֶךְ הַמִּזְבֵּחַ צָפֽוֹנָה׃ ויצוהו הַמֶּלֶךְ אָחָז אֶת־אוּרִיָּה הַכֹּהֵן וַיְצַוֶּה
לֵאמֹר עַל הַמִּזְבֵּחַ הַגָּדוֹל הַקְטֵר אֶת־עֹלַת־הַבֹּקֶר וְאֶת־
מִנְחַת הָעֶרֶב וְאֶת־עֹלַת הַמֶּלֶךְ וְאֶת־מִנְחָתוֹ וְאֵת עֹלַת כָּל־
עַם הָאָרֶץ וּמִנְחָתָם וְנִסְכֵּיהֶם וְכָל־דַּם עֹלָה וְכָל־דַּם־זֶבַח עָלָיו
טז תִּזְרֹק וּמִזְבַּח הַנְּחֹשֶׁת יִהְיֶה־לִּי לְבַקֵּֽר׃ וַיַּעַשׂ אוּרִיָּה הַכֹּהֵן
יז כְּכֹל אֲשֶׁר־צִוָּה הַמֶּלֶךְ אָחָֽז׃ וַיְקַצֵּץ הַמֶּלֶךְ אָחָז אֶת־הַמִּסְגְּרוֹת
הַמְּכֹנוֹת וַיָּסַר מֵעֲלֵיהֶם ואת־הַכִּיֹּר וְאֶת־הַיָּם הוֹרִד מֵעַל אֶת־
הַבָּקָר הַנְּחֹשֶׁת אֲשֶׁר תַּחְתֶּיהָ וַיִּתֵּן אֹתוֹ עַל מַרְצֶפֶת אֲבָנִֽים׃
יח וְאֶת־מיסך הַשַּׁבָּת אֲשֶׁר־בָּנוּ בַבַּיִת וְאֶת־מְבוֹא הַמֶּלֶךְ מוּסַךְ
יט הַחִיצוֹנָה הֵסֵב בֵּית יְהוָה מִפְּנֵי מֶלֶךְ אַשּֽׁוּר׃ וְיֶתֶר דִּבְרֵי אָחָז
אֲשֶׁר עָשָׂה הֲלֹא־הֵם כְּתוּבִים עַל־סֵפֶר דִּבְרֵי הַיָּמִים לְמַלְכֵי
כ יְהוּדָֽה׃ וַיִּשְׁכַּב אָחָז עִם־אֲבֹתָיו וַיִּקָּבֵר עִם־אֲבֹתָיו בְּעִיר דָּוִד כט
יז א וַיִּמְלֹךְ חִזְקִיָּהוּ בְנוֹ תַּחְתָּֽיו׃ בִּשְׁנַת שְׁתֵּים עֶשְׂרֵה
לְאָחָז מֶלֶךְ יְהוּדָה מָלַךְ הוֹשֵׁעַ בֶּן־אֵלָה בְשֹׁמְרוֹן עַל־יִשְׂרָאֵל
ב תֵּשַׁע שָׁנִֽים׃ וַיַּעַשׂ הָרַע בְּעֵינֵי יְהוָה רַק לֹא כְּמַלְכֵי יִשְׂרָאֵל

ג אֲשֶׁר הָיוּ לְפָנָיו׃ עָלָיו עָלָה שַׁלְמַנְאֶסֶר מֶלֶךְ אַשּׁוּר וַיְהִי־לוֹ
ד הוֹשֵׁעַ עֶבֶד וַיָּשֶׁב לוֹ מִנְחָה׃ וַיִּמְצָא מֶלֶךְ־אַשּׁוּר בְּהוֹשֵׁעַ קֶשֶׁר
אֲשֶׁר שָׁלַח מַלְאָכִים אֶל־סוֹא מֶלֶךְ־מִצְרַיִם וְלֹא־הֶעֱלָה מִנְחָה
לְמֶלֶךְ אַשּׁוּר כְּשָׁנָה בְשָׁנָה וַיַּעַצְרֵהוּ מֶלֶךְ אַשּׁוּר וַיַּאַסְרֵהוּ בֵּית
ה כֶּלֶא׃ וַיַּעַל מֶלֶךְ־אַשּׁוּר בְּכָל־הָאָרֶץ וַיַּעַל שֹׁמְרוֹן וַיָּצַר עָלֶיהָ
ו שָׁלֹשׁ שָׁנִים׃ בִּשְׁנַת הַתְּשִׁיעִית לְהוֹשֵׁעַ לָכַד מֶלֶךְ־אַשּׁוּר אֶת־
שֹׁמְרוֹן וַיֶּגֶל אֶת־יִשְׂרָאֵל אַשּׁוּרָה וַיֹּשֶׁב אֹתָם בַּחְלַח וּבְחָבוֹר
ז נְהַר גּוֹזָן וְעָרֵי מָדָי׃ וַיְהִי כִּי־חָטְאוּ בְנֵי־יִשְׂרָאֵל
לַיהוָה אֱלֹהֵיהֶם הַמַּעֲלֶה אֹתָם מֵאֶרֶץ מִצְרַיִם מִתַּחַת יַד
ח פַּרְעֹה מֶלֶךְ־מִצְרָיִם וַיִּירְאוּ אֱלֹהִים אֲחֵרִים׃ וַיֵּלְכוּ בְּחֻקּוֹת
הַגּוֹיִם אֲשֶׁר הוֹרִישׁ יְהוָה מִפְּנֵי בְּנֵי יִשְׂרָאֵל וּמַלְכֵי יִשְׂרָאֵל אֲשֶׁר
ט עָשׂוּ׃ וַיְחַפְּאוּ בְנֵי־יִשְׂרָאֵל דְּבָרִים אֲשֶׁר לֹא־כֵן עַל־יְהוָה
אֱלֹהֵיהֶם וַיִּבְנוּ לָהֶם בָּמוֹת בְּכָל־עָרֵיהֶם מִמִּגְדַּל נוֹצְרִים עַד־
י עִיר מִבְצָר׃ וַיַּצִּבוּ לָהֶם מַצֵּבוֹת וַאֲשֵׁרִים עַל כָּל־גִּבְעָה גְבֹהָה
יא וְתַחַת כָּל־עֵץ רַעֲנָן׃ וַיְקַטְּרוּ־שָׁם בְּכָל־בָּמוֹת כַּגּוֹיִם אֲשֶׁר־
הֶגְלָה יְהוָה מִפְּנֵיהֶם וַיַּעֲשׂוּ דְּבָרִים רָעִים לְהַכְעִיס אֶת־יְהוָה׃
יב וַיַּעַבְדוּ הַגִּלֻּלִים אֲשֶׁר אָמַר יְהוָה לָהֶם לֹא תַעֲשׂוּ אֶת־הַדָּבָר
יג הַזֶּה׃ וַיָּעַד יְהוָה בְּיִשְׂרָאֵל וּבִיהוּדָה בְּיַד כָּל־נביאו כָּל־חֹזֶה נְבִיאֵי
לֵאמֹר שֻׁבוּ מִדַּרְכֵיכֶם הָרָעִים וְשִׁמְרוּ מִצְוֹתַי חֻקּוֹתַי כְּכָל־
הַתּוֹרָה אֲשֶׁר צִוִּיתִי אֶת־אֲבֹתֵיכֶם וַאֲשֶׁר שָׁלַחְתִּי אֲלֵיכֶם בְּיַד
יד עֲבָדַי הַנְּבִיאִים׃ וְלֹא שָׁמֵעוּ וַיַּקְשׁוּ אֶת־עָרְפָּם כְּעֹרֶף אֲבוֹתָם
טו אֲשֶׁר לֹא הֶאֱמִינוּ בַּיהוָה אֱלֹהֵיהֶם׃ וַיִּמְאֲסוּ אֶת־חֻקָּיו וְאֶת־
בְּרִיתוֹ אֲשֶׁר כָּרַת אֶת־אֲבוֹתָם וְאֵת עֵדְוֹתָיו אֲשֶׁר הֵעִיד בָּם
וַיֵּלְכוּ אַחֲרֵי הַהֶבֶל וַיֶּהְבָּלוּ וְאַחֲרֵי הַגּוֹיִם אֲשֶׁר סְבִיבֹתָם אֲשֶׁר
טז צִוָּה יְהוָה אֹתָם לְבִלְתִּי עֲשׂוֹת כָּהֶם׃ וַיַּעַזְבוּ אֶת־כָּל־מִצְוֹת
יְהוָה אֱלֹהֵיהֶם וַיַּעֲשׂוּ לָהֶם מַסֵּכָה שנים עֲגָלִים וַיַּעֲשׂוּ אֲשֵׁירָה שְׁנֵי
יז וַיִּשְׁתַּחֲווּ לְכָל־צְבָא הַשָּׁמַיִם וַיַּעַבְדוּ אֶת־הַבָּעַל׃ וַיַּעֲבִירוּ אֶת־

יז

בְּנֵיהֶם וְאֶת־בְּנוֹתֵיהֶם בָּאֵשׁ וַיִּקְסְמוּ קְסָמִים וַיְנַחֵשׁוּ וַיִּתְמַכְּרוּ
יח לַעֲשׂוֹת הָרַע בְּעֵינֵי יְהוָה לְהַכְעִיסוֹ: וַיִּתְאַנַּף יְהוָה מְאֹד
בְּיִשְׂרָאֵל וַיְסִרֵם מֵעַל פָּנָיו לֹא נִשְׁאַר רַק שֵׁבֶט יְהוּדָה לְבַדּוֹ:
יט גַּם־יְהוּדָה לֹא שָׁמַר אֶת־מִצְוֺת יְהוָה אֱלֹהֵיהֶם וַיֵּלְכוּ בְּחֻקּוֹת
כ יִשְׂרָאֵל אֲשֶׁר עָשׂוּ: וַיִּמְאַס יְהוָה בְּכָל־זֶרַע יִשְׂרָאֵל וַיְעַנֵּם
כא וַיִּתְּנֵם בְּיַד־שֹׁסִים עַד אֲשֶׁר הִשְׁלִיכָם מִפָּנָיו: כִּי־קָרַע יִשְׂרָאֵל
מֵעַל בֵּית דָּוִד וַיַּמְלִיכוּ אֶת־יָרָבְעָם בֶּן־נְבָט וידא יָרָבְעָם אֶת־ וַיַּדַּח
כב יִשְׂרָאֵל מֵאַחֲרֵי יְהוָה וְהֶחֱטִיאָם חֲטָאָה גְדוֹלָה: וַיֵּלְכוּ בְּנֵי
כג יִשְׂרָאֵל בְּכָל־חַטֹּאות יָרָבְעָם אֲשֶׁר עָשָׂה לֹא־סָרוּ מִמֶּנָּה: עַד
אֲשֶׁר־הֵסִיר יְהוָה אֶת־יִשְׂרָאֵל מֵעַל פָּנָיו כַּאֲשֶׁר דִּבֶּר בְּיַד כָּל־
עֲבָדָיו הַנְּבִיאִים וַיִּגֶל יִשְׂרָאֵל מֵעַל אַדְמָתוֹ אַשּׁוּרָה עַד הַיּוֹם
כד הַזֶּה: וַיָּבֵא מֶלֶךְ־אַשּׁוּר מִבָּבֶל וּמִכּוּתָה וּמֵעַוָּא
וּמֵחֲמָת וספרוים וַיֹּשֶׁב בְּעָרֵי שֹׁמְרוֹן תַּחַת בְּנֵי יִשְׂרָאֵל וַיִּרְשׁוּ וּמִסְפַרְוַיִם
כה אֶת־שֹׁמְרוֹן וַיֵּשְׁבוּ בְּעָרֶיהָ: וַיְהִי בִּתְחִלַּת שִׁבְתָּם שָׁם לֹא יָרְאוּ
אֶת־יְהוָה וַיְשַׁלַּח יְהוָה בָּהֶם אֶת־הָאֲרָיוֹת וַיִּהְיוּ הֹרְגִים בָּהֶם:
כו וַיֹּאמְרוּ לְמֶלֶךְ אַשּׁוּר לֵאמֹר הַגּוֹיִם אֲשֶׁר הִגְלִיתָ וַתּוֹשֶׁב בְּעָרֵי
שֹׁמְרוֹן לֹא יָדְעוּ אֶת־מִשְׁפַּט אֱלֹהֵי הָאָרֶץ וַיְשַׁלַּח־בָּם אֶת־
הָאֲרָיוֹת וְהִנָּם מְמִיתִים אוֹתָם כַּאֲשֶׁר אֵינָם יֹדְעִים אֶת־מִשְׁפַּט
כז אֱלֹהֵי הָאָרֶץ: וַיְצַו מֶלֶךְ־אַשּׁוּר לֵאמֹר הֹלִיכוּ שָׁמָּה אֶחָד
מֵהַכֹּהֲנִים אֲשֶׁר הִגְלִיתֶם מִשָּׁם וְיֵלְכוּ וְיֵשְׁבוּ שָׁם וְיֹרֵם אֶת־
כח מִשְׁפַּט אֱלֹהֵי הָאָרֶץ: וַיָּבֹא אֶחָד מֵהַכֹּהֲנִים אֲשֶׁר הִגְלוּ
מִשֹּׁמְרוֹן וַיֵּשֶׁב בְּבֵית־אֵל וַיְהִי מוֹרֶה אֹתָם אֵיךְ יִירְאוּ אֶת־
כט יְהוָה: וַיִּהְיוּ עֹשִׂים גּוֹי גּוֹי אֱלֹהָיו וַיַּנִּיחוּ ׀ בְּבֵית הַבָּמוֹת אֲשֶׁר
ל עָשׂוּ הַשֹּׁמְרֹנִים גּוֹי גּוֹי בְּעָרֵיהֶם אֲשֶׁר הֵם יֹשְׁבִים שָׁם: וְאַנְשֵׁי
בָבֶל עָשׂוּ אֶת־סֻכּוֹת בְּנוֹת וְאַנְשֵׁי־כוּת עָשׂוּ אֶת־נֵרְגַל וְאַנְשֵׁי
לא חֲמָת עָשׂוּ אֶת־אֲשִׁימָא: וְהָעַוִּים עָשׂוּ נִבְחַז וְאֶת־תַּרְתָּק
וְהַסְפַרְוִים שֹׂרְפִים אֶת־בְּנֵיהֶם בָּאֵשׁ לְאַדְרַמֶּלֶךְ וַעֲנַמֶּלֶךְ אֱלֹה

לב ספרים: וַיִּהְיוּ יְרֵאִים אֶת־יְהוָה וַיַּעֲשׂוּ לָהֶם מִקְצוֹתָם כֹּהֲנֵי ספרוים
לג בָמוֹת וַיִּהְיוּ עֹשִׂים לָהֶם בְּבֵית הַבָּמוֹת: אֶת־יְהוָה הָיוּ יְרֵאִים
וְאֶת־אֱלֹהֵיהֶם הָיוּ עֹבְדִים כְּמִשְׁפַּט הַגּוֹיִם אֲשֶׁר־הִגְלוּ אֹתָם
לד מִשָּׁם: עַד הַיּוֹם הַזֶּה הֵם עֹשִׂים כַּמִּשְׁפָּטִים הָרִאשֹׁנִים אֵינָם
יְרֵאִים אֶת־יְהוָה וְאֵינָם עֹשִׂים כְּחֻקֹּתָם וּכְמִשְׁפָּטָם וְכַתּוֹרָה
וְכַמִּצְוָה אֲשֶׁר צִוָּה יְהוָה אֶת־בְּנֵי יַעֲקֹב אֲשֶׁר־שָׂם שְׁמוֹ
לה יִשְׂרָאֵל: וַיִּכְרֹת יְהוָה אִתָּם בְּרִית וַיְצַוֵּם לֵאמֹר לֹא תִירְאוּ
אֱלֹהִים אֲחֵרִים וְלֹא־תִשְׁתַּחֲווּ לָהֶם וְלֹא תַעַבְדוּם וְלֹא תִזְבְּחוּ
לו לָהֶם: כִּי ׀ אִם־אֶת־יְהוָה אֲשֶׁר הֶעֱלָה אֶתְכֶם מֵאֶרֶץ מִצְרַיִם
בְּכֹחַ גָּדוֹל וּבִזְרוֹעַ נְטוּיָה אֹתוֹ תִירָאוּ וְלוֹ תִשְׁתַּחֲווּ וְלוֹ תִזְבָּחוּ:
לז וְאֶת־הַחֻקִּים וְאֶת־הַמִּשְׁפָּטִים וְהַתּוֹרָה וְהַמִּצְוָה אֲשֶׁר כָּתַב
לָכֶם תִּשְׁמְרוּן לַעֲשׂוֹת כָּל־הַיָּמִים וְלֹא תִירְאוּ אֱלֹהִים אֲחֵרִים:
לח וְהַבְּרִית אֲשֶׁר־כָּרַתִּי אִתְּכֶם לֹא תִשְׁכָּחוּ וְלֹא תִירְאוּ אֱלֹהִים
לט אֲחֵרִים: כִּי אִם־אֶת־יְהוָה אֱלֹהֵיכֶם תִּירָאוּ וְהוּא יַצִּיל אֶתְכֶם
מ מִיַּד כָּל־אֹיְבֵיכֶם: וְלֹא שָׁמֵעוּ כִּי אִם־כְּמִשְׁפָּטָם הָרִאשׁוֹן הֵם
מא עֹשִׂים: וַיִּהְיוּ ׀ הַגּוֹיִם הָאֵלֶּה יְרֵאִים אֶת־יְהוָה וְאֶת־פְּסִילֵיהֶם
הָיוּ עֹבְדִים גַּם־בְּנֵיהֶם ׀ וּבְנֵי בְנֵיהֶם כַּאֲשֶׁר עָשׂוּ אֲבֹתָם הֵם
ח א עֹשִׂים עַד הַיּוֹם הַזֶּה: וַיְהִי בִּשְׁנַת שָׁלֹשׁ לְהוֹשֵׁעַ
ב בֶּן־אֵלָה מֶלֶךְ יִשְׂרָאֵל מָלַךְ חִזְקִיָּה בֶן־אָחָז מֶלֶךְ יְהוּדָה: בֶּן־
עֶשְׂרִים וְחָמֵשׁ שָׁנָה הָיָה בְמָלְכוֹ וְעֶשְׂרִים וָתֵשַׁע שָׁנָה מָלַךְ
ג בִּירוּשָׁלָם וְשֵׁם אִמּוֹ אֲבִי בַּת־זְכַרְיָה: וַיַּעַשׂ הַיָּשָׁר בְּעֵינֵי יְהוָה
ד כְּכֹל אֲשֶׁר־עָשָׂה דָּוִד אָבִיו: הוּא ׀ הֵסִיר אֶת־הַבָּמוֹת וְשִׁבַּר
אֶת־הַמַּצֵּבֹת וְכָרַת אֶת־הָאֲשֵׁרָה וְכִתַּת נְחַשׁ הַנְּחֹשֶׁת אֲשֶׁר־
עָשָׂה מֹשֶׁה כִּי עַד־הַיָּמִים הָהֵמָּה הָיוּ בְנֵי־יִשְׂרָאֵל מְקַטְּרִים
ה לוֹ וַיִּקְרָא־לוֹ נְחֻשְׁתָּן: בַּיהוָה אֱלֹהֵי־יִשְׂרָאֵל בָּטָח וְאַחֲרָיו לֹא־
ו הָיָה כָמֹהוּ בְּכֹל מַלְכֵי יְהוּדָה וַאֲשֶׁר הָיוּ לְפָנָיו: וַיִּדְבַּק בַּיהוָה ל
לֹא־סָר מֵאַחֲרָיו וַיִּשְׁמֹר מִצְוֹתָיו אֲשֶׁר־צִוָּה יְהוָה אֶת־מֹשֶׁה:

ז וְהָיָה יְהוָה עִמּוֹ בְּכֹל אֲשֶׁר־יֵצֵא יַשְׂכִּיל וַיִּמְרֹד בְּמֶלֶךְ־אַשּׁוּר
ח וְלֹא עֲבָדוֹ׃ הוּא־הִכָּה אֶת־פְּלִשְׁתִּים עַד־עַזָּה וְאֶת־גְּבוּלֶיהָ
ט מִמִּגְדַּל נוֹצְרִים עַד־עִיר מִבְצָר׃ וַיְהִי בַּשָּׁנָה
הָרְבִיעִית לַמֶּלֶךְ חִזְקִיָּהוּ הִיא הַשָּׁנָה הַשְּׁבִיעִית לְהוֹשֵׁעַ בֶּן־
אֵלָה מֶלֶךְ יִשְׂרָאֵל עָלָה שַׁלְמַנְאֶסֶר מֶלֶךְ־אַשּׁוּר עַל־שֹׁמְרוֹן
י וַיָּצַר עָלֶיהָ׃ וַיִּלְכְּדֻהָ מִקְצֵה שָׁלֹשׁ שָׁנִים בִּשְׁנַת־שֵׁשׁ לְחִזְקִיָּה
יא הִיא שְׁנַת־תֵּשַׁע לְהוֹשֵׁעַ מֶלֶךְ יִשְׂרָאֵל נִלְכְּדָה שֹׁמְרוֹן׃ וַיֶּגֶל
מֶלֶךְ־אַשּׁוּר אֶת־יִשְׂרָאֵל אַשּׁוּרָה וַיַּנְחֵם בַּחְלַח וּבְחָבוֹר נְהַר
יב גּוֹזָן וְעָרֵי מָדָי׃ עַל ׀ אֲשֶׁר לֹא־שָׁמְעוּ בְּקוֹל יְהוָה אֱלֹהֵיהֶם
וַיַּעַבְרוּ אֶת־בְּרִיתוֹ אֵת כָּל־אֲשֶׁר צִוָּה מֹשֶׁה עֶבֶד יְהוָה
וְלֹא שָׁמְעוּ וְלֹא עָשׂוּ׃
יג וּבְאַרְבַּע עֶשְׂרֵה שָׁנָה לַמֶּלֶךְ חִזְקִיָּה עָלָה סַנְחֵרִיב מֶלֶךְ־אַשּׁוּר
יד עַל כָּל־עָרֵי יְהוּדָה הַבְּצֻרוֹת וַיִּתְפְּשֵׂם׃ וַיִּשְׁלַח חִזְקִיָּה מֶלֶךְ־
יְהוּדָה אֶל־מֶלֶךְ־אַשּׁוּר ׀ לָכִישָׁה ׀ לֵאמֹר ׀ חָטָאתִי שׁוּב מֵעָלַי
אֵת אֲשֶׁר־תִּתֵּן עָלַי אֶשָּׂא וַיָּשֶׂם מֶלֶךְ־אַשּׁוּר עַל־חִזְקִיָּה מֶלֶךְ־
טו יְהוּדָה שְׁלֹשׁ מֵאוֹת כִּכַּר־כֶּסֶף וּשְׁלֹשִׁים כִּכַּר זָהָב׃ וַיִּתֵּן חִזְקִיָּה
אֶת־כָּל־הַכֶּסֶף הַנִּמְצָא בֵית־יְהוָה וּבְאֹצְרוֹת בֵּית הַמֶּלֶךְ׃
טז בָּעֵת הַהִיא קִצַּץ חִזְקִיָּה אֶת־דַּלְתוֹת הֵיכַל יְהוָה וְאֶת־
הָאֹמְנוֹת אֲשֶׁר צִפָּה חִזְקִיָּה מֶלֶךְ יְהוּדָה וַיִּתְּנֵם לְמֶלֶךְ
יז אַשּׁוּר׃ וַיִּשְׁלַח מֶלֶךְ־אַשּׁוּר אֶת־תַּרְתָּן וְאֶת־
רַב־סָרִיס ׀ וְאֶת־רַבְשָׁקֵה מִן־לָכִישׁ אֶל־הַמֶּלֶךְ חִזְקִיָּהוּ בְּחֵיל
כָּבֵד יְרוּשָׁלִָם וַיַּעֲלוּ וַיָּבֹאוּ יְרוּשָׁלִַם וַיַּעֲלוּ וַיָּבֹאוּ וַיַּעַמְדוּ
יח בִּתְעָלַת הַבְּרֵכָה הָעֶלְיוֹנָה אֲשֶׁר בִּמְסִלַּת שְׂדֵה כוֹבֵס׃ וַיִּקְרְאוּ
אֶל־הַמֶּלֶךְ וַיֵּצֵא אֲלֵהֶם אֶלְיָקִים בֶּן־חִלְקִיָּהוּ אֲשֶׁר עַל־הַבָּיִת
יט וְשֶׁבְנָה הַסֹּפֵר וְיוֹאָח בֶּן־אָסָף הַמַּזְכִּיר׃ וַיֹּאמֶר אֲלֵיהֶם רַבְשָׁקֵה
אִמְרוּ־נָא אֶל־חִזְקִיָּהוּ כֹּה־אָמַר הַמֶּלֶךְ הַגָּדוֹל מֶלֶךְ אַשּׁוּר מָה
כ הַבִּטָּחוֹן הַזֶּה אֲשֶׁר בָּטָחְתָּ׃ אָמַרְתָּ אַךְ־דְּבַר־שְׂפָתַיִם עֵצָה

כא וּגְבוּרָ֖ה לַמִּלְחָמָ֑ה עַתָּ֛ה עַל־מִ֥י בָטַ֖חְתָּ כִּ֥י מָרַ֥דְתָּ בִּֽי: עַתָּ֡ה
הִנֵּ֣ה בָטַ֣חְתָּ לְּךָ֡ עַל־מִשְׁעֶנֶת֩ הַקָּנֶ֨ה הָרָצ֜וּץ הַזֶּ֗ה עַל־מִצְרַ֙יִם֙
אֲשֶׁ֨ר יִסָּמֵ֥ךְ אִישׁ֙ עָלָ֔יו וּבָ֥א בְכַפּ֖וֹ וּנְקָבָ֑הּ כֵּ֚ן פַּרְעֹ֣ה מֶֽלֶךְ־
כב מִצְרַ֔יִם לְכָֽל־הַבֹּטְחִ֖ים עָלָֽיו: וְכִֽי־תֹאמְר֣וּן אֵלַ֔י אֶל־יְהוָ֥ה
אֱלֹהֵ֖ינוּ בָּטָ֑חְנוּ הֲלוֹא־ה֗וּא אֲשֶׁ֨ר הֵסִ֤יר חִזְקִיָּ֙הוּ֙ אֶת־בָּמֹתָ֣יו
וְאֶת־מִזְבְּחֹתָ֔יו וַיֹּ֤אמֶר לִֽיהוּדָה֙ וְלִיר֣וּשָׁלִַ֔ם לִפְנֵי֙ הַמִּזְבֵּ֣חַ הַזֶּ֔ה
כג תִּֽשְׁתַּחֲו֖וּ בִּירוּשָׁלָֽ͏ִם: וְעַתָּה֙ הִתְעָ֣רֶב נָ֔א אֶת־אֲדֹנִ֖י אֶת־מֶ֣לֶךְ
אַשּׁ֑וּר וְאֶתְּנָ֤ה לְךָ֙ אַלְפַּ֣יִם סוּסִ֔ים אִם־תּוּכַ֕ל לָ֥תֶת לְךָ֖ רֹכְבִ֥ים
כד עֲלֵיהֶֽם: וְאֵ֣יךְ תָּשִׁ֗יב אֵ֠ת פְּנֵ֨י פַחַ֥ת אַחַ֛ד עַבְדֵ֥י אֲדֹנִ֖י הַקְּטַנִּ֑ים
כה וַתִּבְטַ֤ח לְךָ֙ עַל־מִצְרַ֔יִם לְרֶ֖כֶב וּלְפָרָשִֽׁים: עַתָּה֙ הֲמִבַּלְעֲדֵ֣י
יְהוָ֔ה עָלִ֛יתִי עַל־הַמָּק֥וֹם הַזֶּ֖ה לְהַשְׁחִת֑וֹ יְהוָה֙ אָמַ֣ר אֵלַ֔י עֲלֵ֛ה
כו עַל־הָאָ֥רֶץ הַזֹּ֖את וְהַשְׁחִיתָֽהּ: וַיֹּ֣אמֶר אֶלְיָקִ֣ים בֶּן־חִלְקִיָּ֡הוּ
וְשֶׁבְנָ֣ה וְיוֹאָ֣ח אֶל־רַבְשָׁקֵ֗ה דַּבֶּר־נָ֤א אֶל־עֲבָדֶ֙יךָ֙ אֲרָמִ֔ית כִּ֥י
שֹׁמְעִ֖ים אֲנָ֑חְנוּ וְאַל־תְּדַבֵּ֤ר עִמָּ֙נוּ֙ יְהוּדִ֔ית בְּאָזְנֵ֣י הָעָ֔ם אֲשֶׁ֖ר
כז עַל־הַחֹמָֽה: וַיֹּ֧אמֶר אֲלֵיהֶ֣ם רַבְשָׁקֵ֗ה הַעַ֨ל אֲדֹנֶ֤יךָ וְאֵלֶ֙יךָ֙ שְׁלָחַ֣נִי
אֲדֹנִ֗י לְדַבֵּ֖ר אֶת־הַדְּבָרִ֣ים הָאֵ֑לֶּה הֲלֹ֣א עַל־הָאֲנָשִׁ֗ים הַיֹּֽשְׁבִים֙
צוֹאָתָ֔ם
מֵימֵ֖י רַגְלֵיהֶֽם
עַל־הַ֣חֹמָ֔ה לֶאֱכֹ֣ל אֶת־חריהם וְלִשְׁתּ֛וֹת אֶת־שֵׁינֵיהֶ֖ם עִמָּכֶֽם:
כח וַֽיַּעֲמֹד֙ רַבְשָׁקֵ֔ה וַיִּקְרָ֥א בְקוֹל־גָּד֖וֹל יְהוּדִ֑ית וַיְדַבֵּ֣ר וַיֹּ֔אמֶר
כט שִׁמְע֛וּ דְּבַר־הַמֶּ֥לֶךְ הַגָּד֖וֹל מֶ֣לֶךְ אַשּֽׁוּר: כֹּ֚ה אָמַ֣ר הַמֶּ֔לֶךְ אַל־
ל יַשִּׁ֥א לָכֶ֖ם חִזְקִיָּ֑הוּ כִּי־לֹ֣א יוּכַ֔ל לְהַצִּ֥יל אֶתְכֶ֖ם מִיָּדֽוֹ: וְאַל־
יַבְטַ֨ח אֶתְכֶ֤ם חִזְקִיָּ֙הוּ֙ אֶל־יְהוָ֣ה לֵאמֹ֔ר הַצֵּ֤ל יַצִּילֵ֙נוּ֙ יְהוָ֔ה וְלֹ֤א
לא תִנָּתֵן֙ אֶת־הָעִ֣יר הַזֹּ֔את בְּיַ֖ד מֶ֥לֶךְ אַשּֽׁוּר: אַל־תִּשְׁמְע֖וּ אֶל־
חִזְקִיָּ֑הוּ כִּי֩ כֹ֨ה אָמַ֜ר מֶ֣לֶךְ אַשּׁ֗וּר עֲשֽׂוּ־אִתִּ֤י בְרָכָה֙ וּצְא֣וּ אֵלַ֔י
לב וְאִכְל֤וּ אִישׁ־גַּפְנוֹ֙ וְאִ֣ישׁ תְּאֵֽנָת֔וֹ וּשְׁת֖וּ אִ֣ישׁ מֵֽי־בוֹר֑וֹ עַד־בֹּאִ֡י
וְלָקַחְתִּ֣י אֶתְכֶם֮ אֶל־אֶ֣רֶץ כְּאַרְצְכֶם֒ אֶ֩רֶץ֩ דָּגָ֨ן וְתִיר֜וֹשׁ אֶ֧רֶץ
לֶ֣חֶם וּכְרָמִ֗ים אֶ֤רֶץ זֵ֤ית יִצְהָר֙ וּדְבַ֔שׁ וִֽחְי֖וּ וְלֹ֣א תָמֻ֑תוּ וְאַֽל־
תִּשְׁמְעוּ֙ אֶל־חִזְקִיָּ֔הוּ כִּֽי־יַסִּ֤ית אֶתְכֶם֙ לֵאמֹ֔ר יְהוָ֖ה יַצִּילֵֽנוּ:

לג הַהַצֵּל הִצִּילוּ אֱלֹהֵי הַגּוֹיִם אִישׁ אֶת־אַרְצוֹ מִיַּד מֶלֶךְ אַשּׁוּר׃
לד אַיֵּה אֱלֹהֵי חֲמָת וְאַרְפָּד אַיֵּה אֱלֹהֵי סְפַרְוַיִם הֵנַע וְעִוָּה כִּי־
לה הִצִּילוּ אֶת־שֹׁמְרוֹן מִיָּדִי׃ מִי בְּכָל־אֱלֹהֵי הָאֲרָצוֹת אֲשֶׁר־
הִצִּילוּ אֶת־אַרְצָם מִיָּדִי כִּי־יַצִּיל יְהוָה אֶת־יְרוּשָׁלִַם מִיָּדִי׃
לו וְהֶחֱרִישׁוּ הָעָם וְלֹא־עָנוּ אֹתוֹ דָּבָר כִּי־מִצְוַת הַמֶּלֶךְ הִיא
לז לֵאמֹר לֹא תַעֲנֻהוּ׃ וַיָּבֹא אֶלְיָקִים בֶּן־חִלְקִיָּה אֲשֶׁר־עַל־הַבַּיִת
וְשֶׁבְנָא הַסֹּפֵר וְיוֹאָח בֶּן־אָסָף הַמַּזְכִּיר אֶל־חִזְקִיָּהוּ קְרוּעֵי
יט א בְגָדִים וַיַּגִּדוּ לוֹ דִּבְרֵי רַבְשָׁקֵה׃ וַיְהִי כִּשְׁמֹעַ הַמֶּלֶךְ חִזְקִיָּהוּ
ב וַיִּקְרַע אֶת־בְּגָדָיו וַיִּתְכַּס בַּשָּׂק וַיָּבֹא בֵּית יְהוָה׃ וַיִּשְׁלַח אֶת־
אֶלְיָקִים אֲשֶׁר־עַל־הַבַּיִת וְשֶׁבְנָא הַסֹּפֵר וְאֵת זִקְנֵי הַכֹּהֲנִים
ג מִתְכַּסִּים בַּשַּׂקִּים אֶל־יְשַׁעְיָהוּ הַנָּבִיא בֶּן־אָמוֹץ׃ וַיֹּאמְרוּ אֵלָיו
כֹּה אָמַר חִזְקִיָּהוּ יוֹם־צָרָה וְתוֹכֵחָה וּנְאָצָה הַיּוֹם הַזֶּה כִּי־בָאוּ
ד בָנִים עַד־מַשְׁבֵּר וְכֹחַ אַיִן לְלֵדָה׃ אוּלַי יִשְׁמַע יְהוָה אֱלֹהֶיךָ
אֵת ׀ כָּל־דִּבְרֵי רַבְשָׁקֵה אֲשֶׁר שְׁלָחוֹ מֶלֶךְ־אַשּׁוּר ׀ אֲדֹנָיו לְחָרֵף
אֱלֹהִים חַי וְהוֹכִיחַ בַּדְּבָרִים אֲשֶׁר שָׁמַע יְהוָה אֱלֹהֶיךָ וְנָשָׂאתָ
ה תְפִלָּה בְּעַד הַשְּׁאֵרִית הַנִּמְצָאָה׃ וַיָּבֹאוּ עַבְדֵי הַמֶּלֶךְ חִזְקִיָּהוּ
ו אֶל־יְשַׁעְיָהוּ׃ וַיֹּאמֶר לָהֶם יְשַׁעְיָהוּ כֹּה תֹאמְרוּן אֶל־אֲדֹנֵיכֶם
כֹּה ׀ אָמַר יְהוָה אַל־תִּירָא מִפְּנֵי הַדְּבָרִים אֲשֶׁר שָׁמַעְתָּ אֲשֶׁר
ז גִּדְּפוּ נַעֲרֵי מֶלֶךְ־אַשּׁוּר אֹתִי׃ הִנְנִי נֹתֵן בּוֹ רוּחַ וְשָׁמַע שְׁמוּעָה
ח וְשָׁב לְאַרְצוֹ וְהִפַּלְתִּיו בַּחֶרֶב בְּאַרְצוֹ׃ וַיָּשָׁב רַבְשָׁקֵה וַיִּמְצָא
אֶת־מֶלֶךְ אַשּׁוּר נִלְחָם עַל־לִבְנָה כִּי שָׁמַע כִּי נָסַע מִלָּכִישׁ׃
ט וַיִּשְׁמַע אֶל־תִּרְהָקָה מֶלֶךְ־כּוּשׁ לֵאמֹר הִנֵּה יָצָא לְהִלָּחֵם אִתָּךְ
י וַיָּשָׁב וַיִּשְׁלַח מַלְאָכִים אֶל־חִזְקִיָּהוּ לֵאמֹר׃ כֹּה תֹאמְרוּן אֶל־
חִזְקִיָּהוּ מֶלֶךְ־יְהוּדָה לֵאמֹר אַל־יַשִּׁאֲךָ אֱלֹהֶיךָ אֲשֶׁר אַתָּה
יא בֹּטֵחַ בּוֹ לֵאמֹר לֹא תִנָּתֵן יְרוּשָׁלִַם בְּיַד מֶלֶךְ אַשּׁוּר׃ הִנֵּה ׀ אַתָּה
שָׁמַעְתָּ אֵת אֲשֶׁר עָשׂוּ מַלְכֵי אַשּׁוּר לְכָל־הָאֲרָצוֹת לְהַחֲרִימָם
יב וְאַתָּה תִּנָּצֵל׃ הַהִצִּילוּ אֹתָם אֱלֹהֵי הַגּוֹיִם אֲשֶׁר שִׁחֲתוּ אֲבוֹתַי

יג אֶת־גּוֹזָן וְאֶת־חָרָן וְרֶצֶף וּבְנֵי־עֶדֶן אֲשֶׁר בִּתְלַאשָּׂר׃ אַיּוֹ מֶלֶךְ־
יד חֲמָת וּמֶלֶךְ אַרְפָּד וּמֶלֶךְ לָעִיר סְפַרְוָיִם הֵנַע וְעִוָּה׃ וַיִּקַּח
חִזְקִיָּהוּ אֶת־הַסְּפָרִים מִיַּד הַמַּלְאָכִים וַיִּקְרָאֵם וַיַּעַל בֵּית יְהוָה
וַיִּפְרְשֵׂהוּ חִזְקִיָּהוּ לִפְנֵי יְהוָה׃
טו וַיִּתְפַּלֵּל חִזְקִיָּהוּ לִפְנֵי יְהוָה וַיֹּאמַר יְהוָה אֱלֹהֵי יִשְׂרָאֵל יֹשֵׁב
הַכְּרֻבִים אַתָּה־הוּא הָאֱלֹהִים לְבַדְּךָ לְכֹל מַמְלְכוֹת הָאָרֶץ
טז אַתָּה עָשִׂיתָ אֶת־הַשָּׁמַיִם וְאֶת־הָאָרֶץ׃ הַטֵּה יְהוָה ׀ אָזְנְךָ
וּשְׁמָע פְּקַח יְהוָה עֵינֶיךָ וּרְאֵה וּשְׁמַע אֵת דִּבְרֵי סַנְחֵרִיב אֲשֶׁר
יז שְׁלָחוֹ לְחָרֵף אֱלֹהִים חָי׃ אָמְנָם יְהוָה הֶחֱרִיבוּ מַלְכֵי אַשּׁוּר אֶת־
יח הַגּוֹיִם וְאֶת־אַרְצָם׃ וְנָתְנוּ אֶת־אֱלֹהֵיהֶם בָּאֵשׁ כִּי לֹא אֱלֹהִים
יט הֵמָּה כִּי אִם־מַעֲשֵׂה יְדֵי־אָדָם עֵץ וָאֶבֶן וַיְאַבְּדוּם׃ וְעַתָּה יְהוָה לא
אֱלֹהֵינוּ הוֹשִׁיעֵנוּ נָא מִיָּדוֹ וְיֵדְעוּ כָּל־מַמְלְכוֹת הָאָרֶץ כִּי אַתָּה
כ יְהוָה אֱלֹהִים לְבַדֶּךָ׃ וַיִּשְׁלַח יְשַׁעְיָהוּ בֶן־אָמוֹץ
אֶל־חִזְקִיָּהוּ לֵאמֹר כֹּה־אָמַר יְהוָה אֱלֹהֵי יִשְׂרָאֵל אֲשֶׁר
כא הִתְפַּלַּלְתָּ אֵלַי אֶל־סַנְחֵרִב מֶלֶךְ־אַשּׁוּר שָׁמָעְתִּי׃ זֶה הַדָּבָר
אֲשֶׁר־דִּבֶּר יְהוָה עָלָיו בָּזָה לְךָ לָעֲגָה לְךָ בְּתוּלַת בַּת־צִיּוֹן
כב אַחֲרֶיךָ רֹאשׁ הֵנִיעָה בַּת יְרוּשָׁלִָם׃ אֶת־מִי חֵרַפְתָּ וְגִדַּפְתָּ וְעַל־
כג מִי הֲרִימוֹתָ קּוֹל וַתִּשָּׂא מָרוֹם עֵינֶיךָ עַל־קְדוֹשׁ יִשְׂרָאֵל׃ בְּיַד
מַלְאָכֶיךָ חֵרַפְתָּ ׀ אֲדֹנָי וַתֹּאמֶר ברכב רִכְבִּי אֲנִי עָלִיתִי מְרוֹם בְּרֹב
הָרִים יַרְכְּתֵי לְבָנוֹן וְאֶכְרֹת קוֹמַת אֲרָזָיו מִבְחוֹר בְּרֹשָׁיו
כד וְאָבוֹאָה מְלוֹן קִצֹּה יַעַר כַּרְמִלּוֹ׃ אֲנִי קַרְתִּי וְשָׁתִיתִי מַיִם זָרִים
כה וְאַחְרִב בְּכַף־פְּעָמַי כֹּל יְאֹרֵי מָצוֹר׃ הֲלֹא־שָׁמַעְתָּ לְמֵרָחוֹק
אֹתָהּ עָשִׂיתִי לְמִימֵי קֶדֶם וִיצַרְתִּיהָ עַתָּה הֲבֵאתִיהָ וּתְהִי
כו לְהַשְׁוֹת גַּלִּים נִצִּים עָרִים בְּצֻרוֹת׃ וְיֹשְׁבֵיהֶן קִצְרֵי־יָד חַתּוּ
וַיֵּבֹשׁוּ הָיוּ עֵשֶׂב שָׂדֶה וִירַק דֶּשֶׁא חֲצִיר גַּגּוֹת וּשְׁדֵפָה לִפְנֵי
כז כח קָמָה׃ וְשִׁבְתְּךָ וְצֵאתְךָ וּבֹאֲךָ יָדָעְתִּי וְאֵת הִתְרַגֶּזְךָ אֵלָי׃ יַעַן
הִתְרַגֶּזְךָ אֵלַי וְשַׁאֲנַנְךָ עָלָה בְאָזְנָי וְשַׂמְתִּי חַחִי בְּאַפֶּךָ וּמִתְגִּי

בִּשְׂפָתֶיךָ וַהֲשִׁבֹתִיךָ בַּדֶּרֶךְ אֲשֶׁר־בָּאתָ בָּהּ: וְזֶה־לְּךָ הָאוֹת כט
אָכוֹל הַשָּׁנָה סָפִיחַ וּבַשָּׁנָה הַשֵּׁנִית סָחִישׁ וּבַשָּׁנָה הַשְּׁלִישִׁית
זִרְעוּ וְקִצְרוּ וְנִטְעוּ כְרָמִים וְאִכְלוּ פִרְיָם: וְיָסְפָה פְּלֵיטַת בֵּית־ ל
יְהוּדָה הַנִּשְׁאָרָה שֹׁרֶשׁ לְמָטָּה וְעָשָׂה פְרִי לְמָעְלָה: כִּי לא
צְבָאוֹת מִירוּשָׁלַםִ תֵּצֵא שְׁאֵרִית וּפְלֵיטָה מֵהַר צִיּוֹן קִנְאַת יְהוָה
תַּעֲשֶׂה־זֹּאת: לָכֵן כֹּה־אָמַר יְהוָה אֶל־מֶלֶךְ לב
אַשּׁוּר לֹא יָבֹא אֶל־הָעִיר הַזֹּאת וְלֹא־יוֹרֶה שָׁם חֵץ וְלֹא־
יְקַדְּמֶנָּה מָגֵן וְלֹא־יִשְׁפֹּךְ עָלֶיהָ סֹלְלָה: בַּדֶּרֶךְ אֲשֶׁר־יָבֹא בָּהּ לג
יָשׁוּב וְאֶל־הָעִיר הַזֹּאת לֹא יָבֹא נְאֻם־יְהוָה: וְגַנּוֹתִי אֶל־הָעִיר לד
הַזֹּאת לְהוֹשִׁיעָהּ לְמַעֲנִי וּלְמַעַן דָּוִד עַבְדִּי: וַיְהִי לה
בַּלַּיְלָה הַהוּא וַיֵּצֵא | מַלְאַךְ יְהוָה וַיַּךְ בְּמַחֲנֵה אַשּׁוּר מֵאָה
שְׁמוֹנִים וַחֲמִשָּׁה אָלֶף וַיַּשְׁכִּימוּ בַבֹּקֶר וְהִנֵּה כֻלָּם פְּגָרִים מֵתִים:
וַיִּסַּע וַיֵּלֶךְ וַיָּשָׁב סַנְחֵרִיב מֶלֶךְ־אַשּׁוּר וַיֵּשֶׁב בְּנִינְוֵה: וַיְהִי לו לז
בָּנָיו הוּא מִשְׁתַּחֲוֶה בֵּית | נִסְרֹךְ אֱלֹהָיו וְאַדְרַמֶּלֶךְ וְשַׂרְאֶצֶר
הִכֻּהוּ בַחֶרֶב וְהֵמָּה נִמְלְטוּ אֶרֶץ אֲרָרָט וַיִּמְלֹךְ אֵסַר־חַדֹּן
בְּנוֹ תַּחְתָּיו: בַּיָּמִים הָהֵם חָלָה חִזְקִיָּהוּ לָמוּת וַיָּבֹא כ א
אֵלָיו יְשַׁעְיָהוּ בֶן־אָמוֹץ הַנָּבִיא וַיֹּאמֶר אֵלָיו כֹּה־אָמַר יְהוָה
צַו לְבֵיתֶךָ כִּי מֵת אַתָּה וְלֹא תִחְיֶה: וַיַּסֵּב אֶת־פָּנָיו אֶל־הַקִּיר ב
וַיִּתְפַּלֵּל אֶל־יְהוָה לֵאמֹר: אָנָּה יְהוָה זְכָר־נָא אֵת אֲשֶׁר ג
הִתְהַלַּכְתִּי לְפָנֶיךָ בֶּאֱמֶת וּבְלֵבָב שָׁלֵם וְהַטּוֹב בְּעֵינֶיךָ עָשִׂיתִי
וַיֵּבְךְּ חִזְקִיָּהוּ בְּכִי גָדוֹל: וַיְהִי יְשַׁעְיָהוּ לֹא יָצָא ד
חָצֵר הָעִיר הַתִּיכֹנָה וּדְבַר־יְהוָה הָיָה אֵלָיו לֵאמֹר: שׁוּב וְאָמַרְתָּ ה
אֶל־חִזְקִיָּהוּ נְגִיד־עַמִּי כֹּה־אָמַר יְהוָה אֱלֹהֵי דָּוִד אָבִיךָ
שָׁמַעְתִּי אֶת־תְּפִלָּתֶךָ רָאִיתִי אֶת־דִּמְעָתֶךָ הִנְנִי רֹפֶא לָךְ בַּיּוֹם
הַשְּׁלִישִׁי תַּעֲלֶה בֵּית יְהוָה: וְהֹסַפְתִּי עַל־יָמֶיךָ חֲמֵשׁ עֶשְׂרֵה ו
שָׁנָה וּמִכַּף מֶלֶךְ־אַשּׁוּר אַצִּילְךָ וְאֵת הָעִיר הַזֹּאת וְגַנּוֹתִי עַל־
הָעִיר הַזֹּאת לְמַעֲנִי וּלְמַעַן דָּוִד עַבְדִּי: וַיֹּאמֶר יְשַׁעְיָהוּ קְחוּ ז

ח דְּבֶלֶת תְּאֵנִים וַיִּקְחוּ וַיָּשִׂימוּ עַל־הַשְּׁחִין וַיֶּחִי׃ וַיֹּאמֶר חִזְקִיָּהוּ
אֶל־יְשַׁעְיָהוּ מָה אוֹת כִּי־יִרְפָּא יְהוָה לִי וְעָלִיתִי בַּיּוֹם הַשְּׁלִישִׁי
ט בֵּית יְהוָה׃ וַיֹּאמֶר יְשַׁעְיָהוּ זֶה־לְּךָ הָאוֹת מֵאֵת יְהוָה כִּי יַעֲשֶׂה
יְהוָה אֶת־הַדָּבָר אֲשֶׁר דִּבֵּר הָלַךְ הַצֵּל עֶשֶׂר מַעֲלוֹת אִם־יָשׁוּב
י עֶשֶׂר מַעֲלוֹת׃ וַיֹּאמֶר יְחִזְקִיָּהוּ נָקֵל לַצֵּל לִנְטוֹת עֶשֶׂר מַעֲלוֹת
יא לֹא כִּי יָשׁוּב הַצֵּל אֲחֹרַנִּית עֶשֶׂר מַעֲלוֹת׃ וַיִּקְרָא יְשַׁעְיָהוּ
הַנָּבִיא אֶל־יְהוָה וַיָּשֶׁב אֶת־הַצֵּל בַּמַּעֲלוֹת אֲשֶׁר יָרְדָה
יב בְּמַעֲלוֹת אָחָז אֲחֹרַנִּית עֶשֶׂר מַעֲלוֹת׃ בָּעֵת
הַהִיא שָׁלַח בְּרֹאדַךְ בַּלְאֲדָן בֶּן־בַּלְאֲדָן מֶלֶךְ־בָּבֶל סְפָרִים
יג וּמִנְחָה אֶל־חִזְקִיָּהוּ כִּי שָׁמַע כִּי חָלָה חִזְקִיָּהוּ׃ וַיִּשְׁמַע עֲלֵיהֶם
חִזְקִיָּהוּ וַיַּרְאֵם אֶת־כָּל־בֵּית נְכֹתֹה אֶת־הַכֶּסֶף וְאֶת־הַזָּהָב
וְאֶת־הַבְּשָׂמִים וְאֵת ׀ שֶׁמֶן הַטּוֹב וְאֵת בֵּית כֵּלָיו וְאֵת כָּל־אֲשֶׁר
נִמְצָא בְּאוֹצְרֹתָיו לֹא־הָיָה דָבָר אֲשֶׁר לֹא־הֶרְאָם חִזְקִיָּהוּ
יד בְּבֵיתוֹ וּבְכָל־מֶמְשַׁלְתּוֹ׃ וַיָּבֹא יְשַׁעְיָהוּ הַנָּבִיא אֶל־הַמֶּלֶךְ
חִזְקִיָּהוּ וַיֹּאמֶר אֵלָיו מָה־אָמְרוּ ׀ הָאֲנָשִׁים הָאֵלֶּה וּמֵאַיִן יָבֹאוּ
טו אֵלֶיךָ וַיֹּאמֶר חִזְקִיָּהוּ מֵאֶרֶץ רְחוֹקָה בָּאוּ מִבָּבֶל׃ וַיֹּאמֶר מָה
רָאוּ בְּבֵיתֶךָ וַיֹּאמֶר חִזְקִיָּהוּ אֵת כָּל־אֲשֶׁר בְּבֵיתִי רָאוּ לֹא־
טז הָיָה דָבָר אֲשֶׁר לֹא־הִרְאִיתִם בְּאֹצְרֹתָי׃ וַיֹּאמֶר יְשַׁעְיָהוּ אֶל־
יז חִזְקִיָּהוּ שְׁמַע דְּבַר־יְהוָה׃ הִנֵּה יָמִים בָּאִים וְנִשָּׂא ׀ כָּל־אֲשֶׁר
בְּבֵיתֶךָ וַאֲשֶׁר אָצְרוּ אֲבֹתֶיךָ עַד־הַיּוֹם הַזֶּה בָּבֶלָה לֹא־יִוָּתֵר
יח דָּבָר אָמַר יְהוָה׃ וּמִבָּנֶיךָ אֲשֶׁר יֵצְאוּ מִמְּךָ אֲשֶׁר תּוֹלִיד יִקָּח וְהָיוּ
יט סָרִיסִים בְּהֵיכַל מֶלֶךְ בָּבֶל׃ וַיֹּאמֶר חִזְקִיָּהוּ אֶל־יְשַׁעְיָהוּ טוֹב
דְּבַר־יְהוָה אֲשֶׁר דִּבַּרְתָּ וַיֹּאמֶר הֲלוֹא אִם־שָׁלוֹם וֶאֱמֶת יִהְיֶה
כ בְיָמָי׃ וְיֶתֶר דִּבְרֵי חִזְקִיָּהוּ וְכָל־גְּבוּרָתוֹ וַאֲשֶׁר עָשָׂה אֶת־
הַבְּרֵכָה וְאֶת־הַתְּעָלָה וַיָּבֵא אֶת־הַמַּיִם הָעִירָה הֲלֹא־הֵם
כא כְּתוּבִים עַל־סֵפֶר דִּבְרֵי הַיָּמִים לְמַלְכֵי יְהוּדָה׃ וַיִּשְׁכַּב חִזְקִיָּהוּ
א א עִם־אֲבֹתָיו וַיִּמְלֹךְ מְנַשֶּׁה בְנוֹ תַּחְתָּיו׃ בֶּן־

שְׁתֵּים עֶשְׂרֵה שָׁנָה מְנַשֶּׁה בְמָלְכוֹ וַחֲמִשִּׁים וְחָמֵשׁ שָׁנָה מָלַךְ
בִּירוּשָׁלָ͏ִם וְשֵׁם אִמּוֹ חֶפְצִי־בָהּ: וַיַּעַשׂ הָרַע בְּעֵינֵי יְהֹוָה ב
כְּתוֹעֲבֹת הַגּוֹיִם אֲשֶׁר הוֹרִישׁ יְהֹוָה מִפְּנֵי בְּנֵי יִשְׂרָאֵל: וַיָּשָׁב ג
וַיִּבֶן אֶת־הַבָּמוֹת אֲשֶׁר אִבַּד חִזְקִיָּהוּ אָבִיו וַיָּקֶם מִזְבְּחֹת
לַבַּעַל וַיַּעַשׂ אֲשֵׁרָה כַּאֲשֶׁר עָשָׂה אַחְאָב מֶלֶךְ יִשְׂרָאֵל וַיִּשְׁתַּחוּ
לְכָל־צְבָא הַשָּׁמַיִם וַיַּעֲבֹד אֹתָם: וּבָנָה מִזְבְּחֹת בְּבֵית יְהֹוָה ד
אֲשֶׁר אָמַר יְהֹוָה בִּירוּשָׁלַ͏ִם אָשִׂים אֶת־שְׁמִי: וַיִּבֶן מִזְבְּחוֹת ה
לְכָל־צְבָא הַשָּׁמָיִם בִּשְׁתֵּי חַצְרוֹת בֵּית־יְהֹוָה: וְהֶעֱבִיר אֶת־ ו
בְּנוֹ בָּאֵשׁ וְעוֹנֵן וְנִחֵשׁ וְעָשָׂה אוֹב וְיִדְּעֹנִים הִרְבָּה לַעֲשׂוֹת הָרַע
בְּעֵינֵי יְהֹוָה לְהַכְעִיס: וַיָּשֶׂם אֶת־פֶּסֶל הָאֲשֵׁרָה אֲשֶׁר עָשָׂה ז
בַּבַּיִת אֲשֶׁר אָמַר יְהֹוָה אֶל־דָּוִד וְאֶל־שְׁלֹמֹה בְנוֹ בַּבַּיִת הַזֶּה
וּבִירוּשָׁלַ͏ִם אֲשֶׁר בָּחַרְתִּי מִכֹּל שִׁבְטֵי יִשְׂרָאֵל אָשִׂים אֶת־שְׁמִי
לְעוֹלָם: וְלֹא אֹסִיף לְהָנִיד רֶגֶל יִשְׂרָאֵל מִן־הָאֲדָמָה אֲשֶׁר ח
נָתַתִּי לַאֲבוֹתָם רַק ׀ אִם־יִשְׁמְרוּ לַעֲשׂוֹת כְּכֹל אֲשֶׁר צִוִּיתִים
וּלְכָל־הַתּוֹרָה אֲשֶׁר־צִוָּה אֹתָם עַבְדִּי מֹשֶׁה: וְלֹא שָׁמֵעוּ וַיַּתְעֵם ט
מְנַשֶּׁה לַעֲשׂוֹת אֶת־הָרַע מִן־הַגּוֹיִם אֲשֶׁר הִשְׁמִיד יְהֹוָה מִפְּנֵי
בְּנֵי יִשְׂרָאֵל: וַיְדַבֵּר יְהֹוָה בְּיַד־עֲבָדָיו הַנְּבִיאִים לֵאמֹר: יַעַן י יא
אֲשֶׁר עָשָׂה מְנַשֶּׁה מֶלֶךְ־יְהוּדָה הַתֹּעֵבוֹת הָאֵלֶּה הֵרַע מִכֹּל
אֲשֶׁר־עָשׂוּ הָאֱמֹרִי אֲשֶׁר לְפָנָיו וַיַּחֲטִא גַם־אֶת־יְהוּדָה
בְּגִלּוּלָיו: לָכֵן כֹּה־אָמַר יְהֹוָה אֱלֹהֵי יִשְׂרָאֵל יב

שָׁמְעָהּ

הִנְנִי מֵבִיא רָעָה עַל־יְרוּשָׁלַ͏ִם וִיהוּדָה אֲשֶׁר כָּל־שֹׁמְעָיו
תִּצַּלְנָה שְׁתֵּי אָזְנָיו: וְנָטִיתִי עַל־יְרוּשָׁלַ͏ִם אֵת קָו שֹׁמְרוֹן וְאֶת־ יג
מִשְׁקֹלֶת בֵּית אַחְאָב וּמָחִיתִי אֶת־יְרוּשָׁלַ͏ִם כַּאֲשֶׁר־יִמְחֶה
אֶת־הַצַּלַּחַת מָחָה וְהָפַךְ עַל־פָּנֶיהָ: וְנָטַשְׁתִּי אֵת שְׁאֵרִית יד
נַחֲלָתִי וּנְתַתִּים בְּיַד אֹיְבֵיהֶם וְהָיוּ לְבַז וְלִמְשִׁסָּה לְכָל־
אֹיְבֵיהֶם: יַעַן אֲשֶׁר עָשׂוּ אֶת־הָרַע בְּעֵינַי וַיִּהְיוּ מַכְעִסִים אֹתִי טו
מִן־הַיּוֹם אֲשֶׁר יָצְאוּ אֲבוֹתָם מִמִּצְרַיִם וְעַד הַיּוֹם הַזֶּה: וְגַם טז

דָּם נָקִי שָׁפַךְ מְנַשֶּׁה הַרְבֵּה מְאֹד עַד אֲשֶׁר־מִלֵּא אֶת־יְרוּשָׁלִַם
פֶּה לָפֶה לְבַד מֵחַטָּאתוֹ אֲשֶׁר הֶחֱטִיא אֶת־יְהוּדָה לַעֲשׂוֹת
יז הָרַע בְּעֵינֵי יְהוָה: וְיֶתֶר דִּבְרֵי מְנַשֶּׁה וְכָל־אֲשֶׁר עָשָׂה וְחַטָּאתוֹ
אֲשֶׁר חָטָא הֲלֹא־הֵם כְּתוּבִים עַל־סֵפֶר דִּבְרֵי הַיָּמִים לְמַלְכֵי
יח יְהוּדָה: וַיִּשְׁכַּב מְנַשֶּׁה עִם־אֲבֹתָיו וַיִּקָּבֵר בְּגַן־בֵּיתוֹ בְּגַן־עֻזָּא
יט וַיִּמְלֹךְ אָמוֹן בְּנוֹ תַּחְתָּיו: בֶּן־עֶשְׂרִים וּשְׁתַּיִם
שָׁנָה אָמוֹן בְּמָלְכוֹ וּשְׁתַּיִם שָׁנִים מָלַךְ בִּירוּשָׁלִָם וְשֵׁם אִמּוֹ
כ מְשֻׁלֶּמֶת בַּת־חָרוּץ מִן־יָטְבָה: וַיַּעַשׂ הָרַע בְּעֵינֵי יְהוָה כַּאֲשֶׁר
כא עָשָׂה מְנַשֶּׁה אָבִיו: וַיֵּלֶךְ בְּכָל־הַדֶּרֶךְ אֲשֶׁר־הָלַךְ אָבִיו וַיַּעֲבֹד
כב אֶת־הַגִּלֻּלִים אֲשֶׁר עָבַד אָבִיו וַיִּשְׁתַּחוּ לָהֶם: וַיַּעֲזֹב אֶת־יְהוָה
כג אֱלֹהֵי אֲבֹתָיו וְלֹא־הָלַךְ בְּדֶרֶךְ יְהוָה: וַיִּקְשְׁרוּ עַבְדֵי־אָמוֹן עָלָיו
כד וַיָּמִיתוּ אֶת־הַמֶּלֶךְ בְּבֵיתוֹ: וַיַּךְ עַם־הָאָרֶץ אֵת כָּל־הַקֹּשְׁרִים
עַל־הַמֶּלֶךְ אָמוֹן וַיַּמְלִיכוּ עַם־הָאָרֶץ אֶת־יֹאשִׁיָּהוּ בְנוֹ תַּחְתָּיו:
כה וְיֶתֶר דִּבְרֵי אָמוֹן אֲשֶׁר עָשָׂה הֲלֹא־הֵם כְּתוּבִים עַל־סֵפֶר דִּבְרֵי
כו הַיָּמִים לְמַלְכֵי יְהוּדָה: וַיִּקְבֹּר אֹתוֹ בִּקְבֻרָתוֹ בְּגַן־עֻזָּא וַיִּמְלֹךְ
כב א יֹאשִׁיָּהוּ בְנוֹ תַּחְתָּיו: בֶּן־שְׁמֹנֶה שָׁנָה יֹאשִׁיָּהוּ
בְמָלְכוֹ וּשְׁלֹשִׁים וְאַחַת שָׁנָה מָלַךְ בִּירוּשָׁלִָם וְשֵׁם אִמּוֹ יְדִידָה
ב בַת־עֲדָיָה מִבָּצְקַת: וַיַּעַשׂ הַיָּשָׁר בְּעֵינֵי יְהוָה וַיֵּלֶךְ בְּכָל־דֶּרֶךְ לג
ג דָּוִד אָבִיו וְלֹא־סָר יָמִין וּשְׂמֹאול: וַיְהִי בִּשְׁמֹנֶה עֶשְׂרֵה שָׁנָה
לַמֶּלֶךְ יֹאשִׁיָּהוּ שָׁלַח הַמֶּלֶךְ אֶת־שָׁפָן בֶּן־אֲצַלְיָהוּ בֶן־מְשֻׁלָּם
ד הַסֹּפֵר בֵּית יְהוָה לֵאמֹר: עֲלֵה אֶל־חִלְקִיָּהוּ הַכֹּהֵן הַגָּדוֹל וְיַתֵּם
אֶת־הַכֶּסֶף הַמּוּבָא בֵּית יְהוָה אֲשֶׁר אָסְפוּ שֹׁמְרֵי הַסַּף מֵאֵת
ה הָעָם: וְיִתְּנָה עַל־יַד עֹשֵׂי הַמְּלָאכָה הַמֻּפְקָדִים בבית יְהוָה בֵּית
וְיִתְּנוּ אֹתוֹ לְעֹשֵׂי הַמְּלָאכָה אֲשֶׁר בְּבֵית יְהוָה לְחַזֵּק בֶּדֶק
ו הַבָּיִת: לֶחָרָשִׁים וְלַבֹּנִים וְלַגֹּדְרִים וְלִקְנוֹת עֵצִים וְאַבְנֵי מַחְצֵב
ז לְחַזֵּק אֶת־הַבָּיִת: אַךְ לֹא־יֵחָשֵׁב אִתָּם הַכֶּסֶף הַנִּתָּן עַל־יָדָם
ח כִּי בֶאֱמוּנָה הֵם עֹשִׂים: וַיֹּאמֶר חִלְקִיָּהוּ הַכֹּהֵן הַגָּדוֹל עַל־שָׁפָן

הַסֵּפֶר סֵפֶר הַתּוֹרָה מָצָאתִי בְּבֵית יְהוָה וַיִּתֵּן חִלְקִיָּה אֶת־
ט הַסֵּפֶר אֶל־שָׁפָן וַיִּקְרָאֵהוּ׃ וַיָּבֹא שָׁפָן הַסֹּפֵר אֶל־הַמֶּלֶךְ וַיָּשֶׁב
אֶת־הַמֶּלֶךְ דָּבָר וַיֹּאמֶר הִתִּיכוּ עֲבָדֶיךָ אֶת־הַכֶּסֶף הַנִּמְצָא
בַבַּיִת וַיִּתְּנֻהוּ עַל־יַד עֹשֵׂי הַמְּלָאכָה הַמֻּפְקָדִים בֵּית יְהוָה׃
י וַיַּגֵּד שָׁפָן הַסֹּפֵר לַמֶּלֶךְ לֵאמֹר סֵפֶר נָתַן לִי חִלְקִיָּה הַכֹּהֵן
יא וַיִּקְרָאֵהוּ שָׁפָן לִפְנֵי הַמֶּלֶךְ׃ וַיְהִי כִּשְׁמֹעַ הַמֶּלֶךְ אֶת־דִּבְרֵי
יב סֵפֶר הַתּוֹרָה וַיִּקְרַע אֶת־בְּגָדָיו׃ וַיְצַו הַמֶּלֶךְ אֶת־חִלְקִיָּה הַכֹּהֵן
וְאֶת־אֲחִיקָם בֶּן־שָׁפָן וְאֶת־עַכְבּוֹר בֶּן־מִיכָיָה וְאֵת ׀ שָׁפָן הַסֹּפֵר
יג וְאֵת עֲשָׂיָה עֶבֶד־הַמֶּלֶךְ לֵאמֹר׃ לְכוּ דִרְשׁוּ אֶת־יְהוָה בַּעֲדִי
וּבְעַד־הָעָם וּבְעַד כָּל־יְהוּדָה עַל־דִּבְרֵי הַסֵּפֶר הַנִּמְצָא הַזֶּה
כִּי־גְדוֹלָה חֲמַת יְהוָה אֲשֶׁר־הִיא נִצְּתָה בָנוּ עַל אֲשֶׁר לֹא־
שָׁמְעוּ אֲבֹתֵינוּ עַל־דִּבְרֵי הַסֵּפֶר הַזֶּה לַעֲשׂוֹת כְּכָל־הַכָּתוּב
יד עָלֵינוּ׃ וַיֵּלֶךְ חִלְקִיָּהוּ הַכֹּהֵן וַאֲחִיקָם וְעַכְבּוֹר וְשָׁפָן וַעֲשָׂיָה אֶל־
חֻלְדָּה הַנְּבִיאָה אֵשֶׁת ׀ שַׁלֻּם בֶּן־תִּקְוָה בֶּן־חַרְחַס שֹׁמֵר הַבְּגָדִים
טו וְהִיא יֹשֶׁבֶת בִּירוּשָׁלִַם בַּמִּשְׁנֶה וַיְדַבְּרוּ אֵלֶיהָ׃ וַתֹּאמֶר אֲלֵיהֶם
כֹּה־אָמַר יְהוָה אֱלֹהֵי יִשְׂרָאֵל אִמְרוּ לָאִישׁ אֲשֶׁר־שָׁלַח אֶתְכֶם
טז אֵלָי׃ כֹּה אָמַר יְהוָה הִנְנִי מֵבִיא רָעָה אֶל־הַמָּקוֹם הַזֶּה וְעַל־
יז יֹשְׁבָיו אֵת כָּל־דִּבְרֵי הַסֵּפֶר אֲשֶׁר קָרָא מֶלֶךְ יְהוּדָה׃ תַּחַת ׀
אֲשֶׁר עֲזָבוּנִי וַיְקַטְּרוּ לֵאלֹהִים אֲחֵרִים לְמַעַן הַכְעִיסֵנִי בְּכֹל
יח מַעֲשֵׂה יְדֵיהֶם וְנִצְּתָה חֲמָתִי בַּמָּקוֹם הַזֶּה וְלֹא תִכְבֶּה׃ וְאֶל־
מֶלֶךְ יְהוּדָה הַשֹּׁלֵחַ אֶתְכֶם לִדְרֹשׁ אֶת־יְהוָה כֹּה תֹאמְרוּ אֵלָיו
יט כֹּה־אָמַר יְהוָה אֱלֹהֵי יִשְׂרָאֵל הַדְּבָרִים אֲשֶׁר שָׁמָעְתָּ׃ יַעַן רַךְ־
לְבָבְךָ וַתִּכָּנַע ׀ מִפְּנֵי יְהוָה בְּשָׁמְעֲךָ אֲשֶׁר דִּבַּרְתִּי עַל־הַמָּקוֹם
הַזֶּה וְעַל־יֹשְׁבָיו לִהְיוֹת לְשַׁמָּה וְלִקְלָלָה וַתִּקְרַע אֶת־בְּגָדֶיךָ
כ וַתֵּבְךְּ לְפָנָי וְגַם אָנֹכִי שָׁמַעְתִּי נְאֻם־יְהוָה׃ לָכֵן הִנְנִי אֹסִפְךָ
עַל־אֲבֹתֶיךָ וְנֶאֱסַפְתָּ אֶל־קִבְרֹתֶיךָ בְּשָׁלוֹם וְלֹא־תִרְאֶינָה
עֵינֶיךָ בְּכֹל הָרָעָה אֲשֶׁר־אֲנִי מֵבִיא עַל־הַמָּקוֹם הַזֶּה וַיָּשִׁבוּ

א אֶת־הַמֶּלֶךְ דָּבָר׃ וַיִּשְׁלַח הַמֶּלֶךְ וַיַּאַסְפוּ אֵלָיו כָּל־זִקְנֵי יְהוּדָה
ב וִירוּשָׁלִָם׃ וַיַּעַל הַמֶּלֶךְ בֵּית־יְהוָה וְכָל־אִישׁ יְהוּדָה וְכָל־יֹשְׁבֵי
יְרוּשָׁלִַם אִתּוֹ וְהַכֹּהֲנִים וְהַנְּבִיאִים וְכָל־הָעָם לְמִקָּטֹן וְעַד־גָּדוֹל
וַיִּקְרָא בְאָזְנֵיהֶם אֶת־כָּל־דִּבְרֵי סֵפֶר הַבְּרִית הַנִּמְצָא בְּבֵית
ג יְהוָה׃ וַיַּעֲמֹד הַמֶּלֶךְ עַל־הָעַמּוּד וַיִּכְרֹת אֶת־הַבְּרִית ׀ לִפְנֵי
יְהוָה לָלֶכֶת אַחַר יְהוָה וְלִשְׁמֹר מִצְוֺתָיו וְאֶת־עֵדְוֺתָיו וְאֶת־
חֻקֹּתָיו בְּכָל־לֵב וּבְכָל־נֶפֶשׁ לְהָקִים אֶת־דִּבְרֵי הַבְּרִית הַזֹּאת
ד הַכְּתֻבִים עַל־הַסֵּפֶר הַזֶּה וַיַּעֲמֹד כָּל־הָעָם בַּבְּרִית׃ וַיְצַו
הַמֶּלֶךְ אֶת־חִלְקִיָּהוּ הַכֹּהֵן הַגָּדוֹל וְאֶת־כֹּהֲנֵי הַמִּשְׁנֶה וְאֶת־
שֹׁמְרֵי הַסַּף לְהוֹצִיא מֵהֵיכַל יְהוָה אֵת כָּל־הַכֵּלִים הָעֲשׂוּיִם
לַבַּעַל וְלָאֲשֵׁרָה וּלְכֹל צְבָא הַשָּׁמָיִם וַיִּשְׂרְפֵם מִחוּץ לִירוּשָׁלִַם
ה בְּשַׁדְמוֹת קִדְרוֹן וְנָשָׂא אֶת עֲפָרָם בֵּית־אֵל׃ וְהִשְׁבִּית אֶת־
הַכְּמָרִים אֲשֶׁר נָתְנוּ מַלְכֵי יְהוּדָה וַיְקַטֵּר בַּבָּמוֹת בְּעָרֵי
יְהוּדָה וּמְסִבֵּי יְרוּשָׁלִָם וְאֶת־הַמְקַטְּרִים לַבַּעַל לַשֶּׁמֶשׁ וְלַיָּרֵחַ
ו וְלַמַּזָּלוֹת וּלְכֹל צְבָא הַשָּׁמָיִם׃ וַיֹּצֵא אֶת־הָאֲשֵׁרָה מִבֵּית יְהוָה
מִחוּץ לִירוּשָׁלִַם אֶל־נַחַל קִדְרוֹן וַיִּשְׂרֹף אֹתָהּ בְּנַחַל קִדְרוֹן
ז וַיָּדֶק לְעָפָר וַיַּשְׁלֵךְ אֶת־עֲפָרָהּ עַל־קֶבֶר בְּנֵי הָעָם׃ וַיִּתֹּץ אֶת־
בָּתֵּי הַקְּדֵשִׁים אֲשֶׁר בְּבֵית יְהוָה אֲשֶׁר הַנָּשִׁים אֹרְגוֹת שָׁם
ח בָּתִּים לָאֲשֵׁרָה׃ וַיָּבֵא אֶת־כָּל־הַכֹּהֲנִים מֵעָרֵי יְהוּדָה וַיְטַמֵּא
אֶת־הַבָּמוֹת אֲשֶׁר קִטְּרוּ־שָׁמָּה הַכֹּהֲנִים מִגֶּבַע עַד־בְּאֵר שָׁבַע
וְנָתַץ אֶת־בָּמוֹת הַשְּׁעָרִים אֲשֶׁר־פֶּתַח שַׁעַר יְהוֹשֻׁעַ שַׂר־הָעִיר
ט אֲשֶׁר־עַל־שְׂמֹאול אִישׁ בְּשַׁעַר הָעִיר׃ אַךְ לֹא יַעֲלוּ כֹּהֲנֵי
הַבָּמוֹת אֶל־מִזְבַּח יְהוָה בִּירוּשָׁלִָם כִּי אִם־אָכְלוּ מַצּוֹת בְּתוֹךְ
י אֲחֵיהֶם׃ וְטִמֵּא אֶת־הַתֹּפֶת אֲשֶׁר בְּגֵי בני־הִנֹּם לְבִלְתִּי בֶּן־
יא לְהַעֲבִיר אִישׁ אֶת־בְּנוֹ וְאֶת־בִּתּוֹ בָּאֵשׁ לַמֹּלֶךְ׃ וַיַּשְׁבֵּת אֶת־
הַסּוּסִים אֲשֶׁר נָתְנוּ מַלְכֵי יְהוּדָה לַשֶּׁמֶשׁ מִבֹּא בֵית־יְהוָה אֶל־
לִשְׁכַּת נְתַן־מֶלֶךְ הַסָּרִיס אֲשֶׁר בַּפַּרְוָרִים וְאֶת־מַרְכְּבוֹת

יב הַשֶּׁמֶשׁ שָׂרַף בָּאֵשׁ׃ וְאֶת־הַמִּזְבְּחוֹת אֲשֶׁר עַל־הַגָּג עֲלִיַּת אָחָז
אֲשֶׁר־עָשׂוּ ׀ מַלְכֵי יְהוּדָה וְאֶת־הַמִּזְבְּחוֹת אֲשֶׁר עָשָׂה מְנַשֶּׁה
בִּשְׁתֵּי חַצְרוֹת בֵּית־יְהוָה נָתַץ הַמֶּלֶךְ וַיָּרָץ מִשָּׁם וְהִשְׁלִיךְ
יג אֶת־עֲפָרָם אֶל־נַחַל קִדְרוֹן׃ וְאֶת־הַבָּמוֹת אֲשֶׁר ׀ עַל־פְּנֵי
יְרוּשָׁלַםִ אֲשֶׁר מִימִין לְהַר־הַמַּשְׁחִית אֲשֶׁר בָּנָה שְׁלֹמֹה מֶלֶךְ־
יִשְׂרָאֵל לְעַשְׁתֹּרֶת ׀ שִׁקֻּץ צִידֹנִים וְלִכְמוֹשׁ שִׁקֻּץ מוֹאָב
יד וּלְמִלְכֹּם תּוֹעֲבַת בְּנֵי־עַמּוֹן טִמֵּא הַמֶּלֶךְ׃ וְשִׁבַּר אֶת־הַמַּצֵּבוֹת
טו וַיִּכְרֹת אֶת־הָאֲשֵׁרִים וַיְמַלֵּא אֶת־מְקוֹמָם עַצְמוֹת אָדָם׃ וְגַם
אֶת־הַמִּזְבֵּחַ אֲשֶׁר בְּבֵית־אֵל הַבָּמָה אֲשֶׁר עָשָׂה יָרָבְעָם בֶּן־
נְבָט אֲשֶׁר הֶחֱטִיא אֶת־יִשְׂרָאֵל גַּם אֶת־הַמִּזְבֵּחַ הַהוּא וְאֶת־
טז הַבָּמָה נָתָץ וַיִּשְׂרֹף אֶת־הַבָּמָה הֵדַק לְעָפָר וְשָׂרַף אֲשֵׁרָה׃ וַיִּפֶן
יֹאשִׁיָּהוּ וַיַּרְא אֶת־הַקְּבָרִים אֲשֶׁר־שָׁם בָּהָר וַיִּשְׁלַח וַיִּקַּח אֶת־
הָעֲצָמוֹת מִן־הַקְּבָרִים וַיִּשְׂרֹף עַל־הַמִּזְבֵּחַ וַיְטַמְּאֵהוּ כִּדְבַר
יְהוָה אֲשֶׁר קָרָא אִישׁ הָאֱלֹהִים אֲשֶׁר קָרָא אֶת־הַדְּבָרִים
יז הָאֵלֶּה׃ וַיֹּאמֶר מָה הַצִּיּוּן הַלָּז אֲשֶׁר אֲנִי רֹאֶה וַיֹּאמְרוּ אֵלָיו
אַנְשֵׁי הָעִיר הַקֶּבֶר אִישׁ־הָאֱלֹהִים אֲשֶׁר־בָּא מִיהוּדָה וַיִּקְרָא
יח אֶת־הַדְּבָרִים הָאֵלֶּה אֲשֶׁר עָשִׂיתָ עַל הַמִּזְבַּח בֵּית־אֵל׃ וַיֹּאמֶר
הַנִּיחוּ לוֹ אִישׁ אַל־יָנַע עַצְמֹתָיו וַיְמַלְּטוּ עַצְמֹתָיו אֵת עַצְמוֹת
יט הַנָּבִיא אֲשֶׁר־בָּא מִשֹּׁמְרוֹן׃ וְגַם אֶת־כָּל־בָּתֵּי הַבָּמוֹת אֲשֶׁר ׀
בְּעָרֵי שֹׁמְרוֹן אֲשֶׁר עָשׂוּ מַלְכֵי יִשְׂרָאֵל לְהַכְעִיס הֵסִיר יֹאשִׁיָּהוּ
כ וַיַּעַשׂ לָהֶם כְּכָל־הַמַּעֲשִׂים אֲשֶׁר עָשָׂה בְּבֵית־אֵל׃ וַיִּזְבַּח
אֶת־כָּל־כֹּהֲנֵי הַבָּמוֹת אֲשֶׁר־שָׁם עַל־הַמִּזְבְּחוֹת וַיִּשְׂרֹף אֶת־
כא עַצְמוֹת אָדָם עֲלֵיהֶם וַיָּשָׁב יְרוּשָׁלָםִ׃ וַיְצַו הַמֶּלֶךְ אֶת־כָּל־הָעָם
לֵאמֹר עֲשׂוּ פֶסַח לַיהוָה אֱלֹהֵיכֶם כַּכָּתוּב עַל סֵפֶר הַבְּרִית
כב הַזֶּה׃ כִּי לֹא נַעֲשָׂה כַּפֶּסַח הַזֶּה מִימֵי הַשֹּׁפְטִים אֲשֶׁר שָׁפְטוּ
כג אֶת־יִשְׂרָאֵל וְכֹל יְמֵי מַלְכֵי יִשְׂרָאֵל וּמַלְכֵי יְהוּדָה׃ כִּי אִם־
בִּשְׁמֹנֶה עֶשְׂרֵה שָׁנָה לַמֶּלֶךְ יֹאשִׁיָּהוּ נַעֲשָׂה הַפֶּסַח הַזֶּה לַיהוָה

כד בִּירוּשָׁלִָם: וְגַם אֶת־הָאֹבוֹת וְאֶת־הַיִּדְּעֹנִים וְאֶת־הַתְּרָפִים
וְאֶת־הַגִּלֻּלִים וְאֵת כָּל־הַשִּׁקֻּצִים אֲשֶׁר נִרְאוּ בְּאֶרֶץ יְהוּדָה
וּבִירוּשָׁלִַם בִּעֵר יֹאשִׁיָּהוּ לְמַעַן הָקִים אֶת־דִּבְרֵי הַתּוֹרָה
הַכְּתֻבִים עַל־הַסֵּפֶר אֲשֶׁר מָצָא חִלְקִיָּהוּ הַכֹּהֵן בֵּית יְהוָה:
כה וְכָמֹהוּ לֹא־הָיָה לְפָנָיו מֶלֶךְ אֲשֶׁר־שָׁב אֶל־יְהוָה בְּכָל־לְבָבוֹ לד
וּבְכָל־נַפְשׁוֹ וּבְכָל־מְאֹדוֹ כְּכֹל תּוֹרַת מֹשֶׁה וְאַחֲרָיו לֹא־קָם
כו כָּמֹהוּ: אַךְ ׀ לֹא־שָׁב יְהוָה מֵחֲרוֹן אַפּוֹ הַגָּדוֹל אֲשֶׁר־חָרָה אַפּוֹ
כז בִּיהוּדָה עַל כָּל־הַכְּעָסִים אֲשֶׁר הִכְעִיסוֹ מְנַשֶּׁה: וַיֹּאמֶר יְהוָה גַּם
אֶת־יְהוּדָה אָסִיר מֵעַל פָּנַי כַּאֲשֶׁר הֲסִרֹתִי אֶת־יִשְׂרָאֵל וּמָאַסְתִּי
אֶת־הָעִיר הַזֹּאת אֲשֶׁר־בָּחַרְתִּי אֶת־יְרוּשָׁלִַם וְאֶת־הַבַּיִת
כח אֲשֶׁר אָמַרְתִּי יִהְיֶה שְׁמִי שָׁם: וְיֶתֶר דִּבְרֵי יֹאשִׁיָּהוּ וְכָל־אֲשֶׁר
עָשָׂה הֲלֹא־הֵם כְּתוּבִים עַל־סֵפֶר דִּבְרֵי הַיָּמִים לְמַלְכֵי יְהוּדָה:
כט בְּיָמָיו עָלָה פַרְעֹה נְכֹה מֶלֶךְ־מִצְרַיִם עַל־מֶלֶךְ אַשּׁוּר עַל־נְהַר
פְּרָת וַיֵּלֶךְ הַמֶּלֶךְ יֹאשִׁיָּהוּ לִקְרָאתוֹ וַיְמִיתֵהוּ בִּמְגִדּוֹ כִּרְאֹתוֹ
ל אֹתוֹ: וַיַּרְכִּבֻהוּ עֲבָדָיו מֵת מִמְּגִדּוֹ וַיְבִאֻהוּ יְרוּשָׁלִַם וַיִּקְבְּרֻהוּ
בִּקְבֻרָתוֹ וַיִּקַּח עַם־הָאָרֶץ אֶת־יְהוֹאָחָז בֶּן־יֹאשִׁיָּהוּ וַיִּמְשְׁחוּ
לא אֹתוֹ וַיַּמְלִיכוּ אֹתוֹ תַּחַת אָבִיו: בֶּן־עֶשְׂרִים
וְשָׁלֹשׁ שָׁנָה יְהוֹאָחָז בְּמָלְכוֹ וּשְׁלֹשָׁה חֳדָשִׁים מָלַךְ בִּירוּשָׁלִָם
לב וְשֵׁם אִמּוֹ חֲמוּטַל בַּת־יִרְמְיָהוּ מִלִּבְנָה: וַיַּעַשׂ הָרַע בְּעֵינֵי יְהוָה
לג כְּכֹל אֲשֶׁר־עָשׂוּ אֲבֹתָיו: וַיַּאַסְרֵהוּ פַרְעֹה נְכֹה בְרִבְלָה בְּאֶרֶץ
חֲמָת במלך בִּירוּשָׁלִָם וַיִּתֶּן־עֹנֶשׁ עַל־הָאָרֶץ מֵאָה כִכַּר־ מִמְּלֹךְ
לד כֶּסֶף וְכִכַּר זָהָב: וַיַּמְלֵךְ פַּרְעֹה נְכֹה אֶת־אֶלְיָקִים בֶּן־יֹאשִׁיָּהוּ
תַּחַת יֹאשִׁיָּהוּ אָבִיו וַיַּסֵּב אֶת־שְׁמוֹ יְהוֹיָקִים וְאֶת־יְהוֹאָחָז לָקַח
לה וַיָּבֹא מִצְרַיִם וַיָּמָת שָׁם: וְהַכֶּסֶף וְהַזָּהָב נָתַן יְהוֹיָקִים לְפַרְעֹה
אַךְ הֶעֱרִיךְ אֶת־הָאָרֶץ לָתֵת אֶת־הַכֶּסֶף עַל־פִּי פַרְעֹה אִישׁ
כְּעֶרְכּוֹ נָגַשׂ אֶת־הַכֶּסֶף וְאֶת־הַזָּהָב אֶת־עַם הָאָרֶץ לָתֵת
לו לְפַרְעֹה נְכֹה: בֶּן־עֶשְׂרִים וְחָמֵשׁ שָׁנָה יְהוֹיָקִים

בְּמָלְכוֹ וְאַחַת עֶשְׂרֵה שָׁנָה מָלַךְ בִּירוּשָׁלִָם וְשֵׁם אִמּוֹ זבידה זְבוּדָּה
לז בַּת־פְּדָיָה מִן־רוּמָה׃ וַיַּעַשׂ הָרַע בְּעֵינֵי יְהוָה כְּכֹל אֲשֶׁר־עָשׂוּ
כד א אֲבֹתָיו׃ בְּיָמָיו עָלָה נְבֻכַדְנֶאצַּר מֶלֶךְ בָּבֶל וַיְהִי־לוֹ יְהוֹיָקִים
ב עֶבֶד שָׁלֹשׁ שָׁנִים וַיָּשָׁב וַיִּמְרָד־בּוֹ׃ וַיְשַׁלַּח יְהוָה ׀ בּוֹ אֶת־גְּדוּדֵי
כַשְׂדִּים וְאֶת־גְּדוּדֵי אֲרָם וְאֵת ׀ גְּדוּדֵי מוֹאָב וְאֵת גְּדוּדֵי בְנֵי־
עַמּוֹן וַיְשַׁלְּחֵם בִּיהוּדָה לְהַאֲבִידוֹ כִּדְבַר יְהוָה אֲשֶׁר דִּבֶּר בְּיַד
ג עֲבָדָיו הַנְּבִיאִים׃ אַךְ ׀ עַל־פִּי יְהוָה הָיְתָה בִּיהוּדָה לְהָסִיר
ד מֵעַל פָּנָיו בְּחַטֹּאת מְנַשֶּׁה כְּכֹל אֲשֶׁר עָשָׂה׃ וְגַם דַּם־הַנָּקִי
אֲשֶׁר שָׁפָךְ וַיְמַלֵּא אֶת־יְרוּשָׁלִַם דָּם נָקִי וְלֹא־אָבָה יְהוָה
ה לִסְלֹחַ׃ וְיֶתֶר דִּבְרֵי יְהוֹיָקִים וְכָל־אֲשֶׁר עָשָׂה הֲלֹא־הֵם כְּתוּבִים
ו עַל־סֵפֶר דִּבְרֵי הַיָּמִים לְמַלְכֵי יְהוּדָה׃ וַיִּשְׁכַּב יְהוֹיָקִים עִם־
ז אֲבֹתָיו וַיִּמְלֹךְ יְהוֹיָכִין בְּנוֹ תַּחְתָּיו׃ וְלֹא־הֹסִיף עוֹד מֶלֶךְ
מִצְרַיִם לָצֵאת מֵאַרְצוֹ כִּי־לָקַח מֶלֶךְ בָּבֶל מִנַּחַל מִצְרַיִם עַד־
ח נְהַר פְּרָת כֹּל אֲשֶׁר הָיְתָה לְמֶלֶךְ מִצְרָיִם׃ בֶּן־
שְׁמֹנֶה עֶשְׂרֵה שָׁנָה יְהוֹיָכִין בְּמָלְכוֹ וּשְׁלֹשָׁה חֳדָשִׁים מָלַךְ
ט בִּירוּשָׁלִָם וְשֵׁם אִמּוֹ נְחֻשְׁתָּא בַת־אֶלְנָתָן מִירוּשָׁלִָם׃ וַיַּעַשׂ
י הָרַע בְּעֵינֵי יְהוָה כְּכֹל אֲשֶׁר־עָשָׂה אָבִיו׃ בָּעֵת הַהִיא עלה עָלוּ
עַבְדֵי נְבֻכַדְנֶאצַּר מֶלֶךְ־בָּבֶל יְרוּשָׁלִָם וַתָּבֹא הָעִיר בַּמָּצוֹר׃
יא וַיָּבֹא נְבוּכַדְנֶאצַּר מֶלֶךְ־בָּבֶל עַל־הָעִיר וַעֲבָדָיו צָרִים עָלֶיהָ׃
יב וַיֵּצֵא יְהוֹיָכִין מֶלֶךְ־יְהוּדָה עַל־מֶלֶךְ בָּבֶל הוּא וְאִמּוֹ וַעֲבָדָיו
וְשָׂרָיו וְסָרִיסָיו וַיִּקַּח אֹתוֹ מֶלֶךְ בָּבֶל בִּשְׁנַת שְׁמֹנֶה לְמָלְכוֹ׃
יג וַיּוֹצֵא מִשָּׁם אֶת־כָּל־אוֹצְרוֹת בֵּית יְהוָה וְאוֹצְרוֹת בֵּית הַמֶּלֶךְ
וַיְקַצֵּץ אֶת־כָּל־כְּלֵי הַזָּהָב אֲשֶׁר עָשָׂה שְׁלֹמֹה מֶלֶךְ־יִשְׂרָאֵל
יד בְּהֵיכַל יְהוָה כַּאֲשֶׁר דִּבֶּר יְהוָה׃ וְהִגְלָה אֶת־כָּל־יְרוּשָׁלִַם וְאֶת־
כָּל־הַשָּׂרִים וְאֵת ׀ כָּל־גִּבּוֹרֵי הַחַיִל עשרה אֲלָפִים גּוֹלֶה וְכָל־ עֲשֶׂרֶת
טו הֶחָרָשׁ וְהַמַּסְגֵּר לֹא נִשְׁאַר זוּלַת דַּלַּת עַם־הָאָרֶץ׃ וַיֶּגֶל אֶת־
יְהוֹיָכִין בָּבֶלָה וְאֶת־אֵם הַמֶּלֶךְ וְאֶת־נְשֵׁי הַמֶּלֶךְ וְאֶת־סָרִיסָיו

טז וְאֵת אוּלֵי הָאָרֶץ הוֹלִיךְ גּוֹלָה מִירוּשָׁלַ͏ִם בָּבֶלָה׃ וְאֵת כָּל־ אֵילֵי
אַנְשֵׁי הַחַיִל שִׁבְעַת אֲלָפִים וְהֶחָרָשׁ וְהַמַּסְגֵּר אֶלֶף הַכֹּל
גִּבּוֹרִים עֹשֵׂי מִלְחָמָה וַיְבִיאֵם מֶלֶךְ־בָּבֶל גּוֹלָה בָּבֶלָה׃
יז וַיַּמְלֵךְ מֶלֶךְ־בָּבֶל אֶת־מַתַּנְיָה דֹדוֹ תַּחְתָּיו וַיַּסֵּב אֶת־
יח שְׁמוֹ צִדְקִיָּהוּ׃ בֶּן־עֶשְׂרִים וְאַחַת שָׁנָה צִדְקִיָּהוּ לה
בְמָלְכוֹ וְאַחַת עֶשְׂרֵה שָׁנָה מָלַךְ בִּירוּשָׁלָ͏ִם וְשֵׁם אִמּוֹ
יט חמיטל בַּת־יִרְמְיָהוּ מִלִּבְנָה׃ וַיַּעַשׂ הָרַע בְּעֵינֵי יְהוָה כְּכֹל חֲמוּטַל
כ אֲשֶׁר־עָשָׂה יְהוֹיָקִים׃ כִּי ׀ עַל־אַף יְהוָה הָיְתָה בִירוּשָׁלַ͏ִם
וּבִיהוּדָה עַד־הִשְׁלִכוֹ אֹתָם מֵעַל פָּנָיו וַיִּמְרֹד צִדְקִיָּהוּ בְּמֶלֶךְ
ה א בָּבֶל׃ וַיְהִי בִשְׁנַת הַתְּשִׁיעִית לְמָלְכוֹ בַּחֹדֶשׁ
הָעֲשִׂירִי בֶּעָשׂוֹר לַחֹדֶשׁ בָּא נְבֻכַדְנֶאצַּר מֶלֶךְ־בָּבֶל הוּא וְכָל־
ב חֵילוֹ עַל־יְרוּשָׁלַ͏ִם וַיִּחַן עָלֶיהָ וַיִּבְנוּ עָלֶיהָ דָּיֵק סָבִיב׃ וַתָּבֹא
ג הָעִיר בַּמָּצוֹר עַד עַשְׁתֵּי עֶשְׂרֵה שָׁנָה לַמֶּלֶךְ צִדְקִיָּהוּ׃ בְּתִשְׁעָה
ד לַחֹדֶשׁ וַיֶּחֱזַק הָרָעָב בָּעִיר וְלֹא־הָיָה לֶחֶם לְעַם הָאָרֶץ׃ וַתִּבָּקַע
הָעִיר וְכָל־אַנְשֵׁי הַמִּלְחָמָה ׀ הַלַּיְלָה דֶּרֶךְ שַׁעַר ׀ בֵּין הַחֹמֹתַיִם
אֲשֶׁר עַל־גַּן הַמֶּלֶךְ וְכַשְׂדִּים עַל־הָעִיר סָבִיב וַיֵּלֶךְ דֶּרֶךְ
ה הָעֲרָבָה׃ וַיִּרְדְּפוּ חֵיל־כַּשְׂדִּים אַחַר הַמֶּלֶךְ וַיַּשִּׂגוּ אֹתוֹ בְּעַרְבוֹת
ו יְרֵחוֹ וְכָל־חֵילוֹ נָפֹצוּ מֵעָלָיו׃ וַיִּתְפְּשׂוּ אֶת־הַמֶּלֶךְ וַיַּעֲלוּ אֹתוֹ
ז אֶל־מֶלֶךְ בָּבֶל רִבְלָתָה וַיְדַבְּרוּ אִתּוֹ מִשְׁפָּט׃ וְאֶת־בְּנֵי צִדְקִיָּהוּ
שָׁחֲטוּ לְעֵינָיו וְאֶת־עֵינֵי צִדְקִיָּהוּ עִוֵּר וַיַּאַסְרֵהוּ בַנְחֻשְׁתַּיִם
ח וַיְבִאֵהוּ בָּבֶל׃ וּבַחֹדֶשׁ הַחֲמִישִׁי בְּשִׁבְעָה לַחֹדֶשׁ
הִיא שְׁנַת תְּשַׁע־עֶשְׂרֵה שָׁנָה לַמֶּלֶךְ נְבֻכַדְנֶאצַּר מֶלֶךְ־בָּבֶל
ט בָּא נְבוּזַרְאֲדָן רַב־טַבָּחִים עֶבֶד מֶלֶךְ־בָּבֶל יְרוּשָׁלָ͏ִם׃ וַיִּשְׂרֹף
אֶת־בֵּית יְהוָה וְאֶת־בֵּית הַמֶּלֶךְ וְאֵת כָּל־בָּתֵּי יְרוּשָׁלַ͏ִם וְאֶת־
י כָּל־בֵּית גָּדוֹל שָׂרַף בָּאֵשׁ׃ וְאֶת־חוֹמֹת יְרוּשָׁלַ͏ִם סָבִיב נָתְצוּ
יא כָּל־חֵיל כַּשְׂדִּים אֲשֶׁר רַב־טַבָּחִים׃ וְאֵת יֶתֶר הָעָם הַנִּשְׁאָרִים
בָּעִיר וְאֶת־הַנֹּפְלִים אֲשֶׁר נָפְלוּ עַל־הַמֶּלֶךְ בָּבֶל וְאֵת יֶתֶר

הֶהָמוֹן הֶגְלָה נְבוּזַרְאֲדָן רַב־טַבָּחִים׃ וּמִדַּלַּת הָאָרֶץ הִשְׁאִיר יב
וְלְיֹגְבִים רַב־טַבָּחִים לְכֹרְמִים ולגבים׃ וְאֶת־עַמּוּדֵי הַנְּחֹשֶׁת אֲשֶׁר יג
בֵּית־יְהוָה וְאֶת־הַמְּכֹנוֹת וְאֶת־יָם הַנְּחֹשֶׁת אֲשֶׁר בְּבֵית־יְהוָה
שִׁבְּרוּ כַשְׂדִּים וַיִּשְׂאוּ אֶת־נְחֻשְׁתָּם בָּבֶלָה׃ וְאֶת־הַסִּירֹת יד
וְאֶת־הַיָּעִים וְאֶת־הַמְזַמְּרוֹת וְאֶת־הַכַּפּוֹת וְאֵת כָּל־כְּלֵי
הַנְּחֹשֶׁת אֲשֶׁר יְשָׁרְתוּ־בָם לָקָחוּ׃ וְאֶת־הַמַּחְתּוֹת וְאֶת־ טו
הַמִּזְרָקוֹת אֲשֶׁר זָהָב זָהָב וַאֲשֶׁר־כֶּסֶף כָּסֶף לָקַח רַב־טַבָּחִים׃
הָעַמּוּדִים ׀ שְׁנַיִם הַיָּם הָאֶחָד וְהַמְּכֹנוֹת אֲשֶׁר־עָשָׂה שְׁלֹמֹה טז
לְבֵית יְהוָה לֹא־הָיָה מִשְׁקָל לִנְחֹשֶׁת כָּל־הַכֵּלִים הָאֵלֶּה׃
שְׁמֹנֶה עֶשְׂרֵה אַמָּה קוֹמַת ׀ הָעַמּוּד הָאֶחָד וְכֹתֶרֶת עָלָיו ׀ יז
אַמּוֹת נְחֹשֶׁת וְקוֹמַת הַכֹּתֶרֶת שָׁלֹשׁ אמה וּשְׂבָכָה וְרִמֹּנִים עַל־
הַכֹּתֶרֶת סָבִיב הַכֹּל נְחֹשֶׁת וְכָאֵלֶּה לַעַמּוּד הַשֵּׁנִי עַל־הַשְּׂבָכָה׃
וַיִּקַּח רַב־טַבָּחִים אֶת־שְׂרָיָה כֹּהֵן הָרֹאשׁ וְאֶת־צְפַנְיָהוּ כֹּהֵן יח
מִשְׁנֶה וְאֶת־שְׁלֹשֶׁת שֹׁמְרֵי הַסַּף׃ וּמִן־הָעִיר לָקַח סָרִיס אֶחָד יט
אֲשֶׁר־הוּא פָקִיד ׀ עַל־אַנְשֵׁי הַמִּלְחָמָה וַחֲמִשָּׁה אֲנָשִׁים מֵרֹאֵי
פְנֵי־הַמֶּלֶךְ אֲשֶׁר נִמְצְאוּ בָעִיר וְאֵת הַסֹּפֵר שַׂר הַצָּבָא הַמַּצְבִּא
אֶת־עַם הָאָרֶץ וְשִׁשִּׁים אִישׁ מֵעַם הָאָרֶץ הַנִּמְצְאִים בָּעִיר׃
וַיִּקַּח אֹתָם נְבוּזַרְאֲדָן רַב־טַבָּחִים וַיֹּלֶךְ אֹתָם עַל־מֶלֶךְ בָּבֶל כ
רִבְלָתָה׃ וַיַּךְ אֹתָם מֶלֶךְ בָּבֶל וַיְמִיתֵם בְּרִבְלָה בְּאֶרֶץ חֲמָת כא
וַיִּגֶל יְהוּדָה מֵעַל אַדְמָתוֹ׃ וְהָעָם הַנִּשְׁאָר בְּאֶרֶץ יְהוּדָה אֲשֶׁר כב
הִשְׁאִיר נְבוּכַדְנֶאצַּר מֶלֶךְ בָּבֶל וַיַּפְקֵד עֲלֵיהֶם אֶת־גְּדַלְיָהוּ
בֶּן־אֲחִיקָם בֶּן־שָׁפָן׃ וַיִּשְׁמְעוּ כָל־שָׂרֵי הַחֲיָלִים הֵמָּה וְהָאֲנָשִׁים כג
כִּי־הִפְקִיד מֶלֶךְ־בָּבֶל אֶת־גְּדַלְיָהוּ וַיָּבֹאוּ אֶל־גְּדַלְיָהוּ הַמִּצְפָּה
וְיִשְׁמָעֵאל בֶּן־נְתַנְיָה וְיוֹחָנָן בֶּן־קָרֵחַ וּשְׂרָיָה בֶן־תַּנְחֻמֶת
הַנְּטֹפָתִי וְיַאֲזַנְיָהוּ בֶּן־הַמַּעֲכָתִי הֵמָּה וְאַנְשֵׁיהֶם׃ וַיִּשָּׁבַע לָהֶם כד
גְּדַלְיָהוּ וּלְאַנְשֵׁיהֶם וַיֹּאמֶר לָהֶם אַל־תִּירְאוּ מֵעַבְדֵי הַכַּשְׂדִּים
שְׁבוּ בָאָרֶץ וְעִבְדוּ אֶת־מֶלֶךְ בָּבֶל וְיִטַב לָכֶם׃ וַיְהִי ׀ כה

בַּחֹדֶשׁ הַשְּׁבִיעִי בָּא יִשְׁמָעֵאל בֶּן־נְתַנְיָה בֶּן־אֱלִישָׁמָע מִזֶּרַע
הַמְּלוּכָה וַעֲשָׂרָה אֲנָשִׁים אִתּוֹ וַיַּכּוּ אֶת־גְּדַלְיָהוּ וַיָּמֹת וְאֶת־
כו הַיְּהוּדִים וְאֶת־הַכַּשְׂדִּים אֲשֶׁר־הָיוּ אִתּוֹ בַּמִּצְפָּה׃ וַיָּקֻמוּ כָל־
הָעָם מִקָּטֹן וְעַד־גָּדוֹל וְשָׂרֵי הַחֲיָלִים וַיָּבֹאוּ מִצְרָיִם כִּי יָרְאוּ
כז מִפְּנֵי כַשְׂדִּים׃ וַיְהִי בִשְׁלֹשִׁים וָשֶׁבַע שָׁנָה לְגָלוּת
יְהוֹיָכִין מֶלֶךְ־יְהוּדָה בִּשְׁנֵים עָשָׂר חֹדֶשׁ בְּעֶשְׂרִים וְשִׁבְעָה
לַחֹדֶשׁ נָשָׂא אֱוִיל מְרֹדַךְ מֶלֶךְ בָּבֶל בִּשְׁנַת מָלְכוֹ אֶת־רֹאשׁ
כח יְהוֹיָכִין מֶלֶךְ־יְהוּדָה מִבֵּית כֶּלֶא׃ וַיְדַבֵּר אִתּוֹ טֹבוֹת וַיִּתֵּן אֶת־
כט כִּסְאוֹ מֵעַל כִּסֵּא הַמְּלָכִים אֲשֶׁר אִתּוֹ בְּבָבֶל׃ וְשִׁנָּא אֵת בִּגְדֵי
ל כִלְאוֹ וְאָכַל לֶחֶם תָּמִיד לְפָנָיו כָּל־יְמֵי חַיָּיו׃ וַאֲרֻחָתוֹ אֲרֻחַת
תָּמִיד נִתְּנָה־לּוֹ מֵאֵת הַמֶּלֶךְ דְּבַר־יוֹם בְּיוֹמוֹ כֹּל יְמֵי חַיָּו׃

ישעיה

א חֲזוֹן יְשַׁעְיָהוּ בֶן־אָמוֹץ אֲשֶׁר חָזָה עַל־יְהוּדָה וִירוּשָׁלָ͏ִם בִּימֵי א
ב עֻזִּיָּהוּ יוֹתָם אָחָז יְחִזְקִיָּהוּ מַלְכֵי יְהוּדָה׃ שִׁמְעוּ שָׁמַיִם וְהַאֲזִינִי
ג אֶרֶץ כִּי יְהוָה דִּבֵּר בָּנִים גִּדַּלְתִּי וְרוֹמַמְתִּי וְהֵם פָּשְׁעוּ בִי׃ יָדַע
שׁוֹר קֹנֵהוּ וַחֲמוֹר אֵבוּס בְּעָלָיו יִשְׂרָאֵל לֹא יָדַע עַמִּי לֹא
ד הִתְבּוֹנָן׃ הוֹי ׀ גּוֹי חֹטֵא עַם כֶּבֶד עָוֺן זֶרַע מְרֵעִים בָּנִים מַשְׁחִיתִים
ה עָזְבוּ אֶת־יְהוָה נִאֲצוּ אֶת־קְדוֹשׁ יִשְׂרָאֵל נָזֹרוּ אָחוֹר׃ עַל מֶה
ו תֻכּוּ עוֹד תּוֹסִיפוּ סָרָה כָּל־רֹאשׁ לָחֳלִי וְכָל־לֵבָב דַּוָּי׃ מִכַּף־רֶגֶל
וְעַד־רֹאשׁ אֵין־בּוֹ מְתֹם פֶּצַע וְחַבּוּרָה וּמַכָּה טְרִיָּה לֹא־זֹרוּ
ז וְלֹא חֻבָּשׁוּ וְלֹא רֻכְּכָה בַּשָּׁמֶן׃ אַרְצְכֶם שְׁמָמָה עָרֵיכֶם שְׂרֻפוֹת
אֵשׁ אַדְמַתְכֶם לְנֶגְדְּכֶם זָרִים אֹכְלִים אֹתָהּ וּשְׁמָמָה כְּמַהְפֵּכַת
ח זָרִים׃ וְנוֹתְרָה בַת־צִיּוֹן כְּסֻכָּה בְכָרֶם כִּמְלוּנָה בְמִקְשָׁה כְּעִיר
ט נְצוּרָה׃ לוּלֵי יְהוָה צְבָאוֹת הוֹתִיר לָנוּ שָׂרִיד כִּמְעָט כִּסְדֹם
י הָיִינוּ לַעֲמֹרָה דָּמִינוּ׃ שִׁמְעוּ דְבַר־יְהוָה קְצִינֵי
יא סְדֹם הַאֲזִינוּ תּוֹרַת אֱלֹהֵינוּ עַם עֲמֹרָה׃ לָמָּה לִּי רֹב־זִבְחֵיכֶם
יֹאמַר יְהוָה שָׂבַעְתִּי עֹלוֹת אֵילִים וְחֵלֶב מְרִיאִים וְדַם פָּרִים
יב וּכְבָשִׂים וְעַתּוּדִים לֹא חָפָצְתִּי׃ כִּי תָבֹאוּ לֵרָאוֹת פָּנָי מִי־בִקֵּשׁ
יג זֹאת מִיֶּדְכֶם רְמֹס חֲצֵרָי׃ לֹא תוֹסִיפוּ הָבִיא מִנְחַת־שָׁוְא
קְטֹרֶת תּוֹעֵבָה הִיא לִי חֹדֶשׁ וְשַׁבָּת קְרֹא מִקְרָא לֹא־אוּכַל
יד אָוֶן וַעֲצָרָה׃ חָדְשֵׁיכֶם וּמוֹעֲדֵיכֶם שָׂנְאָה נַפְשִׁי הָיוּ עָלַי
טו לָטֹרַח נִלְאֵיתִי נְשֹׂא׃ וּבְפָרִשְׂכֶם כַּפֵּיכֶם אַעְלִים עֵינַי מִכֶּם
גַּם כִּי־תַרְבּוּ תְפִלָּה אֵינֶנִּי שֹׁמֵעַ יְדֵיכֶם דָּמִים מָלֵאוּ׃
טז רַחֲצוּ הִזַּכּוּ הָסִירוּ רֹעַ מַעַלְלֵיכֶם מִנֶּגֶד עֵינָי חִדְלוּ הָרֵעַ׃
יז לִמְדוּ הֵיטֵב דִּרְשׁוּ מִשְׁפָּט אַשְּׁרוּ חָמוֹץ שִׁפְטוּ יָתוֹם רִיבוּ
יח אַלְמָנָה׃ לְכוּ־נָא וְנִוָּכְחָה יֹאמַר יְהוָה אִם־יִהְיוּ
חֲטָאֵיכֶם כַּשָּׁנִים כַּשֶּׁלֶג יַלְבִּינוּ אִם־יַאְדִּימוּ כַתּוֹלָע כַּצֶּמֶר יִהְיוּ׃
יט כ אִם־תֹּאבוּ וּשְׁמַעְתֶּם טוּב הָאָרֶץ תֹּאכֵלוּ׃ וְאִם־תְּמָאֲנוּ
כא וּמְרִיתֶם חֶרֶב תְּאֻכְּלוּ כִּי פִּי יְהוָה דִּבֵּר׃ אֵיכָה

הָיְתָה לְזוֹנָה קִרְיָה נֶאֱמָנָה מְלֵאֲתִי מִשְׁפָּט צֶדֶק יָלִין בָּהּ וְעַתָּה
מְרַצְּחִים: כַּסְפֵּךְ הָיָה לְסִיגִים סָבְאֵךְ מָהוּל בַּמָּיִם: שָׂרַיִךְ כב כג
סוֹרְרִים וְחַבְרֵי גַּנָּבִים כֻּלּוֹ אֹהֵב שֹׁחַד וְרֹדֵף שַׁלְמֹנִים יָתוֹם לֹא
יִשְׁפֹּטוּ וְרִיב אַלְמָנָה לֹא־יָבוֹא אֲלֵיהֶם: לָכֵן כד
נְאֻם הָאָדוֹן יהוה צְבָאוֹת אֲבִיר יִשְׂרָאֵל הוֹי אֶנָּחֵם מִצָּרַי
וְאִנָּקְמָה מֵאוֹיְבָי: וְאָשִׁיבָה יָדִי עָלַיִךְ וְאֶצְרֹף כַּבֹּר סִיגָיִךְ כה
וְאָסִירָה כָּל־בְּדִילָיִךְ: וְאָשִׁיבָה שֹׁפְטַיִךְ כְּבָרִאשֹׁנָה וְיֹעֲצַיִךְ כו
כְּבַתְּחִלָּה אַחֲרֵי־כֵן יִקָּרֵא לָךְ עִיר הַצֶּדֶק קִרְיָה נֶאֱמָנָה: צִיּוֹן כז
בְּמִשְׁפָּט תִּפָּדֶה וְשָׁבֶיהָ בִּצְדָקָה: וְשֶׁבֶר פֹּשְׁעִים וְחַטָּאִים יַחְדָּו כח
וְעֹזְבֵי יהוה יִכְלוּ: כִּי יֵבֹשׁוּ מֵאֵילִים אֲשֶׁר חֲמַדְתֶּם וְתַחְפְּרוּ כט
מֵהַגַּנּוֹת אֲשֶׁר בְּחַרְתֶּם: כִּי תִהְיוּ כְּאֵלָה נֹבֶלֶת עָלֶהָ וּכְגַנָּה ל
אֲשֶׁר־מַיִם אֵין לָהּ: וְהָיָה הֶחָסֹן לִנְעֹרֶת וּפֹעֲלוֹ לְנִיצוֹץ וּבָעֲרוּ לא
שְׁנֵיהֶם יַחְדָּו וְאֵין מְכַבֶּה: הַדָּבָר אֲשֶׁר חָזָה ב א
יְשַׁעְיָהוּ בֶּן־אָמוֹץ עַל־יְהוּדָה וִירוּשָׁלָם: וְהָיָה ׀ בְּאַחֲרִית ב
הַיָּמִים נָכוֹן יִהְיֶה הַר בֵּית־יהוה בְּרֹאשׁ הֶהָרִים וְנִשָּׂא מִגְּבָעוֹת
וְנָהֲרוּ אֵלָיו כָּל־הַגּוֹיִם: וְהָלְכוּ עַמִּים רַבִּים וְאָמְרוּ לְכוּ ׀ וְנַעֲלֶה ג
אֶל־הַר־יהוה אֶל־בֵּית אֱלֹהֵי יַעֲקֹב וְיֹרֵנוּ מִדְּרָכָיו וְנֵלְכָה
בְּאֹרְחֹתָיו כִּי מִצִּיּוֹן תֵּצֵא תוֹרָה וּדְבַר־יהוה מִירוּשָׁלָם: וְשָׁפַט ד
בֵּין הַגּוֹיִם וְהוֹכִיחַ לְעַמִּים רַבִּים וְכִתְּתוּ חַרְבוֹתָם לְאִתִּים
וַחֲנִיתוֹתֵיהֶם לְמַזְמֵרוֹת לֹא־יִשָּׂא גוֹי אֶל־גּוֹי חֶרֶב וְלֹא־יִלְמְדוּ
עוֹד מִלְחָמָה: בֵּית יַעֲקֹב לְכוּ וְנֵלְכָה בְּאוֹר ה
יהוה: כִּי נָטַשְׁתָּה עַמְּךָ בֵּית יַעֲקֹב כִּי מָלְאוּ מִקֶּדֶם וְעֹנְנִים ו
כַּפְּלִשְׁתִּים וּבְיַלְדֵי נָכְרִים יַשְׂפִּיקוּ: וַתִּמָּלֵא אַרְצוֹ כֶּסֶף ז
וְזָהָב וְאֵין קֵצֶה לְאֹצְרֹתָיו וַתִּמָּלֵא אַרְצוֹ סוּסִים וְאֵין קֵצֶה
לְמַרְכְּבֹתָיו: וַתִּמָּלֵא אַרְצוֹ אֱלִילִים לְמַעֲשֵׂה יָדָיו יִשְׁתַּחֲווּ ח
לַאֲשֶׁר עָשׂוּ אֶצְבְּעֹתָיו: וַיִּשַּׁח אָדָם וַיִּשְׁפַּל־אִישׁ וְאַל־תִּשָּׂא ט
לָהֶם: בֹּא בַצּוּר וְהִטָּמֵן בֶּעָפָר מִפְּנֵי פַּחַד יהוה וּמֵהֲדַר גְּאֹנוֹ: י

יא עֵינֵי גַּבְהוּת אָדָם שָׁפֵל וְשַׁח רוּם אֲנָשִׁים וְנִשְׂגַּב יְהוָה לְבַדּוֹ
יב בַּיּוֹם הַהוּא: כִּי יוֹם לַיהוָה צְבָאוֹת עַל כָּל־גֵּאֶה
יג וָרָם וְעַל כָּל־נִשָּׂא וְשָׁפֵל: וְעַל כָּל־אַרְזֵי הַלְּבָנוֹן הָרָמִים
יד וְהַנִּשָּׂאִים וְעַל כָּל־אַלּוֹנֵי הַבָּשָׁן: וְעַל כָּל־הֶהָרִים הָרָמִים וְעַל
טו כָּל־הַגְּבָעוֹת הַנִּשָּׂאוֹת: וְעַל כָּל־מִגְדָּל גָּבֹהַּ וְעַל כָּל־חוֹמָה
טז בְצוּרָה: וְעַל כָּל־אֳנִיּוֹת תַּרְשִׁישׁ וְעַל כָּל־שְׂכִיּוֹת הַחֶמְדָּה:
יז וְשַׁח גַּבְהוּת הָאָדָם וְשָׁפֵל רוּם אֲנָשִׁים וְנִשְׂגַּב יְהוָה לְבַדּוֹ בַּיּוֹם
יח יט הַהוּא: וְהָאֱלִילִים כָּלִיל יַחֲלֹף: וּבָאוּ בִּמְעָרוֹת צֻרִים וּבִמְחִלּוֹת
כ עָפָר מִפְּנֵי פַּחַד יְהוָה וּמֵהֲדַר גְּאוֹנוֹ בְּקוּמוֹ לַעֲרֹץ הָאָרֶץ: בַּיּוֹם
הַהוּא יַשְׁלִיךְ הָאָדָם אֵת אֱלִילֵי כַסְפּוֹ וְאֵת אֱלִילֵי זְהָבוֹ אֲשֶׁר
כא עָשׂוּ־לוֹ לְהִשְׁתַּחֲוֺת לַחְפֹּר פֵּרוֹת וְלָעֲטַלֵּפִים: לָבוֹא בְּנִקְרוֹת
הַצֻּרִים וּבִסְעִפֵי הַסְּלָעִים מִפְּנֵי פַּחַד יְהוָה וּמֵהֲדַר גְּאוֹנוֹ בְּקוּמוֹ
כב לַעֲרֹץ הָאָרֶץ: חִדְלוּ לָכֶם מִן־הָאָדָם אֲשֶׁר נְשָׁמָה בְּאַפּוֹ כִּי
ג א בַמֶּה נֶחְשָׁב הוּא: כִּי הִנֵּה הָאָדוֹן יְהוָה צְבָאוֹת
מֵסִיר מִירוּשָׁלַםִ וּמִיהוּדָה מַשְׁעֵן וּמַשְׁעֵנָה כֹּל מִשְׁעַן־לֶחֶם
ב וְכֹל מִשְׁעַן־מָיִם: גִּבּוֹר וְאִישׁ מִלְחָמָה שׁוֹפֵט וְנָבִיא וְקֹסֵם וְזָקֵן:
ג שַׂר־חֲמִשִּׁים וּנְשׂוּא פָנִים וְיוֹעֵץ וַחֲכַם חֲרָשִׁים וּנְבוֹן לָחַשׁ:
ד ה וְנָתַתִּי נְעָרִים שָׂרֵיהֶם וְתַעֲלוּלִים יִמְשְׁלוּ־בָם: וְנִגַּשׂ הָעָם אִישׁ
ו בְּאִישׁ וְאִישׁ בְּרֵעֵהוּ יִרְהֲבוּ הַנַּעַר בַּזָּקֵן וְהַנִּקְלֶה בַּנִּכְבָּד: כִּי־
יִתְפֹּשׂ אִישׁ בְּאָחִיו בֵּית אָבִיו שִׂמְלָה לְכָה קָצִין תִּהְיֶה־לָּנוּ
ז וְהַמַּכְשֵׁלָה הַזֹּאת תַּחַת יָדֶךָ: יִשָּׂא בַיּוֹם הַהוּא ׀ לֵאמֹר לֹא־
אֶהְיֶה חֹבֵשׁ וּבְבֵיתִי אֵין לֶחֶם וְאֵין שִׂמְלָה לֹא תְשִׂימֻנִי קְצִין
ח עָם: כִּי כָשְׁלָה יְרוּשָׁלַםִ וִיהוּדָה נָפָל כִּי־לְשׁוֹנָם וּמַעַלְלֵיהֶם
ט אֶל־יְהוָה לַמְרוֹת עֵנֵי כְבוֹדוֹ: הַכָּרַת פְּנֵיהֶם עָנְתָה בָּם וְחַטָּאתָם
כִּסְדֹם הִגִּידוּ לֹא כִחֵדוּ אוֹי לְנַפְשָׁם כִּי־גָמְלוּ לָהֶם רָעָה:
י יא אִמְרוּ צַדִּיק כִּי־טוֹב כִּי־פְרִי מַעַלְלֵיהֶם יֹאכֵלוּ: אוֹי לְרָשָׁע רָע
יב כִּי־גְמוּל יָדָיו יֵעָשֶׂה לּוֹ: עַמִּי נֹגְשָׂיו מְעוֹלֵל וְנָשִׁים מָשְׁלוּ בוֹ עַמִּי

מְאַשְּׁרֶיךָ מַתְעִים וְדֶרֶךְ אֹרְחֹתֶיךָ בִּלֵּעוּ׃ נִצָּב יג
לָרִיב יהוה וְעֹמֵד לָדִין עַמִּים׃ יהוה בְּמִשְׁפָּט יָבוֹא עִם־זִקְנֵי יד
עַמּוֹ וְשָׂרָיו וְאַתֶּם בִּעַרְתֶּם הַכֶּרֶם גְּזֵלַת הֶעָנִי בְּבָתֵּיכֶם׃
מַה־לָּכֶם מלכם תְּדַכְּאוּ עַמִּי וּפְנֵי עֲנִיִּים תִּטְחָנוּ נְאֻם־אֲדֹנָי יֱהֹוִה טו
צְבָאוֹת׃ וַיֹּאמֶר יהוה יַעַן כִּי גָבְהוּ בְּנוֹת צִיּוֹן טז
נְטוּיוֹת וַתֵּלַכְנָה נטוות גָּרוֹן וּמְשַׂקְּרוֹת עֵינָיִם הָלוֹךְ וְטָפֹף תֵּלַכְנָה
וּבְרַגְלֵיהֶם תְּעַכַּסְנָה׃ וְשִׂפַּח אֲדֹנָי קָדְקֹד בְּנוֹת צִיּוֹן וַיהוה פָּתְהֵן יז
יְעָרֶה׃ בַּיּוֹם הַהוּא יָסִיר אֲדֹנָי אֵת תִּפְאֶרֶת יח
הָעֲכָסִים וְהַשְּׁבִיסִים וְהַשַּׂהֲרֹנִים׃ הַנְּטִפוֹת וְהַשֵּׁירוֹת וְהָרְעָלוֹת׃ יט
הַפְּאֵרִים וְהַצְּעָדוֹת וְהַקִּשֻּׁרִים וּבָתֵּי הַנֶּפֶשׁ וְהַלְּחָשִׁים׃ הַטַּבָּעוֹת כ כא
וְנִזְמֵי הָאָף׃ הַמַּחֲלָצוֹת וְהַמַּעֲטָפוֹת וְהַמִּטְפָּחוֹת וְהָחֲרִיטִים׃ כב
הַגִּלְיֹנִים וְהַסְּדִינִים וְהַצְּנִיפוֹת וְהָרְדִידִים׃ וְהָיָה תַחַת בֹּשֶׂם מַק כג כד
יִהְיֶה וְתַחַת חֲגוֹרָה נִקְפָּה וְתַחַת מַעֲשֶׂה מִקְשֶׁה קָרְחָה
וְתַחַת פְּתִיגִיל מַחֲגֹרֶת שָׂק כִּי־תַחַת יֹפִי׃ מְתַיִךְ בַּחֶרֶב יִפֹּלוּ כה
וּגְבוּרָתֵךְ בַּמִּלְחָמָה׃ וְאָנוּ וְאָבְלוּ פְּתָחֶיהָ וְנִקָּתָה לָאָרֶץ כו
תֵּשֵׁב׃ וְהֶחֱזִיקוּ שֶׁבַע נָשִׁים בְּאִישׁ אֶחָד בַּיּוֹם הַהוּא לֵאמֹר א ד
לַחְמֵנוּ נֹאכֵל וְשִׂמְלָתֵנוּ נִלְבָּשׁ רַק יִקָּרֵא שִׁמְךָ עָלֵינוּ אֱסֹף
חֶרְפָּתֵנוּ׃ בַּיּוֹם הַהוּא יִהְיֶה צֶמַח יהוה לִצְבִי ב
ב וּלְכָבוֹד וּפְרִי הָאָרֶץ לְגָאוֹן וּלְתִפְאֶרֶת לִפְלֵיטַת יִשְׂרָאֵל׃ וְהָיָה ׀ ג
הַנִּשְׁאָר בְּצִיּוֹן וְהַנּוֹתָר בִּירוּשָׁלִַם קָדוֹשׁ יֵאָמֶר לוֹ כָּל־הַכָּתוּב
לַחַיִּים בִּירוּשָׁלִָם׃ אִם ׀ רָחַץ אֲדֹנָי אֵת צֹאַת בְּנוֹת־צִיּוֹן וְאֶת־ ד
דְּמֵי יְרוּשָׁלִַם יָדִיחַ מִקִּרְבָּהּ בְּרוּחַ מִשְׁפָּט וּבְרוּחַ בָּעֵר׃ וּבָרָא ה
יהוה עַל כָּל־מְכוֹן הַר־צִיּוֹן וְעַל־מִקְרָאֶהָ עָנָן ׀ יוֹמָם
וְעָשָׁן וְנֹגַהּ אֵשׁ לֶהָבָה לָיְלָה כִּי עַל־כָּל־כָּבוֹד חֻפָּה׃
וְסֻכָּה תִּהְיֶה לְצֵל־יוֹמָם מֵחֹרֶב וּלְמַחְסֶה וּלְמִסְתּוֹר מִזֶּרֶם ו
וּמִמָּטָר׃ אָשִׁירָה נָּא לִידִידִי שִׁירַת דּוֹדִי לְכַרְמוֹ א ה
כֶּרֶם הָיָה לִידִידִי בְּקֶרֶן בֶּן־שָׁמֶן׃ וַיְעַזְּקֵהוּ וַיְסַקְּלֵהוּ וַיִּטָּעֵהוּ ב

שֹׂרֵק וַיִּ֤בֶן מִגְדָּל֙ בְּתוֹכ֔וֹ וְגַם־יֶ֖קֶב חָצֵ֣ב בּ֑וֹ וַיְקַ֛ו לַעֲשׂ֥וֹת עֲנָבִ֖ים

ג וַיַּ֖עַשׂ בְּאֻשִֽׁים: וְעַתָּ֛ה יוֹשֵׁ֥ב יְרוּשָׁלִַ֖ם וְאִ֣ישׁ יְהוּדָ֑ה שִׁפְטוּ־נָ֕א

ד בֵּינִ֖י וּבֵ֥ין כַּרְמִֽי: מַה־לַּעֲשׂ֥וֹת עוֹד֙ לְכַרְמִ֔י וְלֹ֥א עָשִׂ֖יתִי בּ֑וֹ

ה מַדּ֧וּעַ קִוֵּ֛יתִי לַעֲשׂ֥וֹת עֲנָבִ֖ים וַיַּ֥עַשׂ בְּאֻשִֽׁים: וְעַתָּה֙ אוֹדִֽיעָה־נָּ֣א

אֶתְכֶ֔ם אֵ֛ת אֲשֶׁר־אֲנִ֥י עֹשֶׂ֖ה לְכַרְמִ֑י הָסֵ֤ר מְשׂוּכָּתוֹ֙ וְהָיָ֣ה לְבָעֵ֔ר

ו פָּרֹ֥ץ גְּדֵר֖וֹ וְהָיָ֣ה לְמִרְמָ֑ס: וַאֲשִׁיתֵ֣הוּ בָתָ֗ה לֹ֤א יִזָּמֵר֙ וְלֹ֣א

יֵעָדֵ֔ר וְעָלָ֥ה שָׁמִ֖יר וָשָׁ֑יִת וְעַ֤ל הֶעָבִים֙ אֲצַוֶּ֔ה מֵהַמְטִ֥יר עָלָ֖יו

ז מָטָֽר: כִּ֣י כֶ֜רֶם יְהוָ֤ה צְבָאוֹת֙ בֵּ֣ית יִשְׂרָאֵ֔ל וְאִ֥ישׁ יְהוּדָ֖ה

נְטַ֣ע שַׁעֲשׁוּעָ֑יו וַיְקַ֤ו לְמִשְׁפָּט֙ וְהִנֵּ֣ה מִשְׂפָּ֔ח לִצְדָקָ֖ה וְהִנֵּ֥ה

ח צְעָקָֽה: הוֹי מַגִּיעֵ֥י בַ֨יִת֙ בְּבַ֔יִת שָׂדֶ֥ה בְשָׂדֶ֖ה

יַקְרִ֑יבוּ עַ֚ד אֶ֣פֶס מָק֔וֹם וְהֽוּשַׁבְתֶּ֥ם לְבַדְּכֶ֖ם בְּקֶ֥רֶב הָאָֽרֶץ:

ט בְּאָזְנָ֖י יְהוָ֣ה צְבָא֑וֹת אִם־לֹ֞א בָּתִּ֤ים רַבִּים֙ לְשַׁמָּ֣ה יִֽהְי֔וּ גְּדֹלִ֥ים

י וְטוֹבִ֖ים מֵאֵ֥ין יוֹשֵֽׁב: כִּ֗י עֲשֶׂ֨רֶת֙ צִמְדֵּי־כֶ֔רֶם יַעֲשׂ֖וּ בַּ֣ת אֶחָ֑ת

יא וְזֶ֥רַע חֹ֖מֶר יַעֲשֶׂ֥ה אֵיפָֽה: ה֛וֹי מַשְׁכִּימֵ֥י בַבֹּ֖קֶר

שֵׁכָ֣ר יִרְדֹּ֑פוּ מְאַחֲרֵ֣י בַנֶּ֔שֶׁף יַ֖יִן יַדְלִיקֵֽם: וְהָיָ֣ה כִנּ֨וֹר וָנֶ֜בֶל תֹּ֣ף

וְחָלִ֤יל וָיַ֨יִן֙ מִשְׁתֵּיהֶ֔ם וְאֵ֨ת פֹּ֤עַל יְהוָה֙ לֹ֣א יַבִּ֔יטוּ וּמַעֲשֵׂ֥ה יָדָ֖יו

יג לֹ֥א רָאֽוּ: לָכֵ֛ן גָּלָ֥ה עַמִּ֖י מִבְּלִי־דָ֑עַת וּכְבוֹד֣וֹ מְתֵ֣י רָעָ֔ב וַהֲמוֹנ֖וֹ

יד צִחֵ֥ה צָמָֽא: לָכֵ֗ן הִרְחִ֤יבָה שְּׁאוֹל֙ נַפְשָׁ֔הּ וּפָעֲרָ֥ה פִ֖יהָ לִבְלִי־

טו חֹ֑ק וְיָרַ֨ד הֲדָרָ֤הּ וַהֲמוֹנָהּ֙ וּשְׁאוֹנָ֔הּ וְעָלֵ֖ז בָּֽהּ: וַיִּשַּׁ֥ח אָדָ֖ם

טז וַיִּשְׁפַּל־אִ֑ישׁ וְעֵינֵ֥י גְבֹהִ֖ים תִּשְׁפַּֽלְנָה: וַיִּגְבַּ֛הּ יְהוָ֥ה צְבָא֖וֹת

יז בַּמִּשְׁפָּ֑ט וְהָאֵל֙ הַקָּד֔וֹשׁ נִקְדָּ֖שׁ בִּצְדָקָֽה: וְרָע֥וּ כְבָשִׂ֖ים כְּדָבְרָ֑ם

יח וְחָרְב֥וֹת מֵחִ֖ים גָּרִ֥ים יֹאכֵֽלוּ:   ה֛וֹי מֹשְׁכֵ֥י הֶֽעָוֺ֖ן

בְּחַבְלֵ֣י הַשָּׁ֑וְא וְכַעֲב֥וֹת הָעֲגָלָ֖ה חַטָּאָֽה: הָאֹמְרִ֞ים יְמַהֵ֣ר ׀

יט יָחִ֨ישָׁה מַעֲשֵׂ֛הוּ לְמַ֖עַן נִרְאֶ֑ה וְתִקְרַ֣ב וְתָב֔וֹאָה עֲצַ֛ת קְד֥וֹשׁ

כ יִשְׂרָאֵ֖ל וְנֵדָֽעָה: ה֛וֹי הָאֹמְרִ֥ים לָרַ֛ע ט֖וֹב וְלַטּ֣וֹב

רָ֑ע שָׂמִ֨ים חֹ֤שֶׁךְ לְאוֹר֙ וְא֣וֹר לְחֹ֔שֶׁךְ שָׂמִ֥ים מַ֛ר לְמָת֖וֹק

כא וּמָת֥וֹק לְמָֽר: ה֛וֹי חֲכָמִ֖ים בְּעֵֽינֵיהֶ֑ם וְנֶ֥גֶד פְּנֵיהֶ֖ם

כב נְבֹנִים: הוֹי גִּבּוֹרִים לִשְׁתּוֹת יָיִן וְאַנְשֵׁי־חַיִל
כג לִמְסֹךְ שֵׁכָר: מַצְדִּיקֵי רָשָׁע עֵקֶב שֹׁחַד וְצִדְקַת צַדִּיקִים יָסִירוּ
כד מִמֶּנּוּ: לָכֵן כֶּאֱכֹל קַשׁ לְשׁוֹן אֵשׁ וַחֲשַׁשׁ לֶהָבָה
יִרְפֶּה שָׁרְשָׁם כַּמָּק יִהְיֶה וּפִרְחָם כָּאָבָק יַעֲלֶה כִּי מָאֲסוּ אֵת
כה תּוֹרַת יְהוָה צְבָאוֹת וְאֵת אִמְרַת קְדוֹשׁ־יִשְׂרָאֵל נִאֵצוּ: עַל־כֵּן
חָרָה אַף־יְהוָה בְּעַמּוֹ וַיֵּט יָדוֹ עָלָיו וַיַּכֵּהוּ וַיִּרְגְּזוּ הֶהָרִים וַתְּהִי
נִבְלָתָם כַּסּוּחָה בְּקֶרֶב חוּצוֹת בְּכָל־זֹאת לֹא־שָׁב אַפּוֹ וְעוֹד
כו יָדוֹ נְטוּיָה: וְנָשָׂא־נֵס לַגּוֹיִם מֵרָחוֹק וְשָׁרַק לוֹ מִקְצֵה הָאָרֶץ
כז וְהִנֵּה מְהֵרָה קַל יָבוֹא: אֵין־עָיֵף וְאֵין־כּוֹשֵׁל בּוֹ לֹא יָנוּם וְלֹא
כח יִישָׁן וְלֹא נִפְתַּח אֵזוֹר חֲלָצָיו וְלֹא נִתַּק שְׂרוֹךְ נְעָלָיו: אֲשֶׁר
חִצָּיו שְׁנוּנִים וְכָל־קַשְּׁתֹתָיו דְּרֻכוֹת פַּרְסוֹת סוּסָיו כַּצַּר
כט נֶחְשָׁבוּ וְגַלְגִּלָּיו כַּסּוּפָה: שְׁאָגָה לוֹ כַּלָּבִיא ושאג כַּכְּפִירִים יִשְׁאַג
ל וְיִנְהֹם וְיֹאחֵז טֶרֶף וְיַפְלִיט וְאֵין מַצִּיל: וְיִנְהֹם עָלָיו בַּיּוֹם
הַהוּא כְּנַהֲמַת־יָם וְנִבַּט לָאָרֶץ וְהִנֵּה־חֹשֶׁךְ צַר וָאוֹר חָשַׁךְ
ו א בַּעֲרִיפֶיהָ: בִּשְׁנַת־מוֹת הַמֶּלֶךְ עֻזִּיָּהוּ וָאֶרְאֶה
אֶת־אֲדֹנָי יֹשֵׁב עַל־כִּסֵּא רָם וְנִשָּׂא וְשׁוּלָיו מְלֵאִים אֶת־
ב הַהֵיכָל: שְׂרָפִים עֹמְדִים ׀ מִמַּעַל לוֹ שֵׁשׁ כְּנָפַיִם שֵׁשׁ כְּנָפַיִם
לְאֶחָד בִּשְׁתַּיִם ׀ יְכַסֶּה פָנָיו וּבִשְׁתַּיִם יְכַסֶּה רַגְלָיו וּבִשְׁתַּיִם
ג יְעוֹפֵף: וְקָרָא זֶה אֶל־זֶה וְאָמַר קָדוֹשׁ ׀ קָדוֹשׁ קָדוֹשׁ יְהוָה ג
ד צְבָאוֹת מְלֹא כָל־הָאָרֶץ כְּבוֹדוֹ: וַיָּנֻעוּ אַמּוֹת הַסִּפִּים מִקּוֹל
ה הַקּוֹרֵא וְהַבַּיִת יִמָּלֵא עָשָׁן: וָאֹמַר אוֹי־לִי כִי־נִדְמֵיתִי כִּי אִישׁ
טְמֵא־שְׂפָתַיִם אָנֹכִי וּבְתוֹךְ עַם־טְמֵא שְׂפָתַיִם אָנֹכִי יֹשֵׁב כִּי
ו אֶת־הַמֶּלֶךְ יְהוָה צְבָאוֹת רָאוּ עֵינָי: וַיָּעָף אֵלַי אֶחָד מִן־
ז הַשְּׂרָפִים וּבְיָדוֹ רִצְפָּה בְּמֶלְקַחַיִם לָקַח מֵעַל הַמִּזְבֵּחַ: וַיַּגַּע עַל־
פִּי וַיֹּאמֶר הִנֵּה נָגַע זֶה עַל־שְׂפָתֶיךָ וְסָר עֲוֺנֶךָ וְחַטָּאתְךָ
ח תְּכֻפָּר: וָאֶשְׁמַע אֶת־קוֹל אֲדֹנָי אֹמֵר אֶת־מִי אֶשְׁלַח וּמִי יֵלֶךְ־
ט לָנוּ וָאֹמַר הִנְנִי שְׁלָחֵנִי: וַיֹּאמֶר לֵךְ וְאָמַרְתָּ לָעָם הַזֶּה שִׁמְעוּ

י שְׁמוֹעַ וְאַל־תָּבִינוּ וּרְאוּ רָאוֹ וְאַל־תֵּדָעוּ: הַשְׁמֵן לֵב־הָעָם הַזֶּה
וְאׇזְנָיו הַכְבֵּד וְעֵינָיו הָשַׁע פֶּן־יִרְאֶה בְעֵינָיו וּבְאׇזְנָיו יִשְׁמָע וּלְבָבוֹ
יא יָבִין וָשָׁב וְרָפָא לוֹ: וָאֹמַר עַד־מָתַי אֲדֹנָי וַיֹּאמֶר עַד אֲשֶׁר
אִם־שָׁאוּ עָרִים מֵאֵין יוֹשֵׁב וּבָתִּים מֵאֵין אָדָם וְהָאֲדָמָה תִּשָּׁאֶה
יב שְׁמָמָה: וְרִחַק יְהוָה אֶת־הָאָדָם וְרַבָּה הָעֲזוּבָה בְּקֶרֶב הָאָרֶץ:
יג וְעוֹד בָּהּ עֲשִׂירִיָּה וְשָׁבָה וְהָיְתָה לְבָעֵר כָּאֵלָה וְכָאַלּוֹן אֲשֶׁר
ז א בְּשַׁלֶּכֶת מַצֶּבֶת בָּם זֶרַע קֹדֶשׁ מַצַּבְתָּהּ: וַיְהִי
בִּימֵי אָחָז בֶּן־יוֹתָם בֶּן־עֻזִּיָּהוּ מֶלֶךְ יְהוּדָה עָלָה רְצִין מֶלֶךְ־
אֲרָם וּפֶקַח בֶּן־רְמַלְיָהוּ מֶלֶךְ־יִשְׂרָאֵל יְרוּשָׁלַםִ לַמִּלְחָמָה עָלֶיהָ
ב וְלֹא יָכֹל לְהִלָּחֵם עָלֶיהָ: וַיֻּגַּד לְבֵית דָּוִד לֵאמֹר נָחָה אֲרָם
עַל־אֶפְרָיִם וַיָּנַע לְבָבוֹ וּלְבַב עַמּוֹ כְּנוֹעַ עֲצֵי־יַעַר מִפְּנֵי־
ג רוּחַ: וַיֹּאמֶר יְהוָה אֶל־יְשַׁעְיָהוּ צֵא־נָא לִקְרַאת
אָחָז אַתָּה וּשְׁאָר יָשׁוּב בְּנֶךָ אֶל־קְצֵה תְּעָלַת הַבְּרֵכָה הָעֶלְיוֹנָה
ד אֶל־מְסִלַּת שְׂדֵה כוֹבֵס: וְאָמַרְתָּ אֵלָיו הִשָּׁמֵר וְהַשְׁקֵט אַל־
תִּירָא וּלְבָבְךָ אַל־יֵרַךְ מִשְּׁנֵי זַנְבוֹת הָאוּדִים הָעֲשֵׁנִים הָאֵלֶּה
ה בׇּחֳרִי־אַף רְצִין וַאֲרָם וּבֶן־רְמַלְיָהוּ: יַעַן כִּי־יָעַץ עָלֶיךָ
ו אֲרָם רָעָה אֶפְרַיִם וּבֶן־רְמַלְיָהוּ לֵאמֹר: נַעֲלֶה בִיהוּדָה
וּנְקִיצֶנָּה וְנַבְקִעֶנָּה אֵלֵינוּ וְנַמְלִיךְ מֶלֶךְ בְּתוֹכָהּ אֵת בֶּן־
ז טָבְאַל: כֹּה אָמַר אֲדֹנָי יֱהוִה לֹא תָקוּם וְלֹא
ח תִהְיֶה: כִּי רֹאשׁ אֲרָם דַּמֶּשֶׂק וְרֹאשׁ דַּמֶּשֶׂק רְצִין וּבְעוֹד
ט שִׁשִּׁים וְחָמֵשׁ שָׁנָה יֵחַת אֶפְרַיִם מֵעָם: וְרֹאשׁ אֶפְרַיִם
שֹׁמְרוֹן וְרֹאשׁ שֹׁמְרוֹן בֶּן־רְמַלְיָהוּ אִם לֹא תַאֲמִינוּ כִּי לֹא
י תֵאָמֵנוּ: וַיּוֹסֶף יְהוָה דַּבֵּר אֶל־אָחָז לֵאמֹר:
יא שְׁאַל־לְךָ אוֹת מֵעִם יְהוָה אֱלֹהֶיךָ הַעְמֵק שְׁאָלָה אוֹ הַגְבֵּהַּ
יב לְמָעְלָה: וַיֹּאמֶר אָחָז לֹא־אֶשְׁאַל וְלֹא־אֲנַסֶּה אֶת־יְהוָה:
יג וַיֹּאמֶר שִׁמְעוּ־נָא בֵּית דָּוִד הַמְעַט מִכֶּם הַלְאוֹת אֲנָשִׁים כִּי
יד תַלְאוּ גַּם אֶת־אֱלֹהָי: לָכֵן יִתֵּן אֲדֹנָי הוּא לָכֶם אוֹת הִנֵּה

טו הָעַלְמָ֗ה הָרָה֙ וְיֹלֶ֣דֶת בֵּ֔ן וְקָרָ֥את שְׁמ֖וֹ עִמָּנוּאֵֽל׃ חֶמְאָ֥ה וּדְבַ֖שׁ
טז יֹאכֵ֑ל לְדַעְתּ֛וֹ מָא֥וֹס בָּרָ֖ע וּבָח֥וֹר בַּטּֽוֹב׃ כִּ֠י בְּטֶ֨רֶם יֵדַ֥ע הַנַּ֛עַר
מָאֹ֥ס בָּרָ֖ע וּבָחֹ֣ר בַּטּ֑וֹב תֵּעָזֵ֤ב הָֽאֲדָמָה֙ אֲשֶׁר־אַתָּ֣ה קָ֔ץ מִפְּנֵ֖י
יז שְׁנֵ֥י מְלָכֶֽיהָ׃ יָבִ֨יא יהוה עָלֶ֗יךָ וְעַֽל־עַמְּךָ֮ וְעַל־בֵּ֣ית אָבִיךָ֒ יָמִ֗ים
אֲשֶׁ֣ר לֹא־בָ֔אוּ לְמִיּ֥וֹם סוּר־אֶפְרַ֖יִם מֵעַ֣ל יְהוּדָ֑ה אֵ֖ת מֶ֥לֶךְ
יח אַשּֽׁוּר׃ וְהָיָ֣ה ׀ בַּיּ֣וֹם הַה֗וּא יִשְׁרֹ֤ק יהוה֙ לַזְּב֔וּב
יט אֲשֶׁ֥ר בִּקְצֵ֖ה יְאֹרֵ֣י מִצְרָ֑יִם וְלַ֨דְּבוֹרָ֔ה אֲשֶׁ֖ר בְּאֶ֥רֶץ אַשּֽׁוּר׃ וּבָ֨אוּ
וְנָח֤וּ כֻלָּם֙ בְּנַחֲלֵ֣י הַבַּתּ֔וֹת וּבִנְקִיקֵ֖י הַסְּלָעִ֑ים וּבְכֹל֙ הַנַּ֣עֲצוּצִ֔ים
כ וּבְכֹ֖ל הַנַּהֲלֹלִֽים׃ בַּיּ֣וֹם הַה֡וּא יְגַלַּ֣ח אֲדֹנָ֡י בְּתַעַר֩ הַשְּׂכִירָ֨ה
בְּעֶבְרֵ֥י נָהָר֙ בְּמֶ֣לֶךְ אַשּׁ֔וּר אֶת־הָרֹ֖אשׁ וְשַׂ֣עַר הָרַגְלָ֑יִם וְגַ֥ם אֶת־
כא הַזָּקָ֖ן תִּסְפֶּֽה׃ וְהָיָ֖ה בַּיּ֣וֹם הַה֑וּא יְחַיֶּה־אִ֛ישׁ
כב עֶגְלַ֥ת בָּקָ֖ר וּשְׁתֵּי־צֹֽאן׃ וְהָיָ֗ה מֵרֹ֛ב עֲשׂ֥וֹת חָלָ֖ב יֹאכַ֣ל חֶמְאָ֑ה
כג כִּי־חֶמְאָ֤ה וּדְבַשׁ֙ יֹאכֵ֔ל כָּל־הַנּוֹתָ֖ר בְּקֶ֥רֶב הָאָֽרֶץ׃ וְהָיָה֙ בַּיּ֣וֹם
הַה֔וּא יִהְיֶ֣ה כָל־מָק֗וֹם אֲשֶׁ֤ר יִֽהְיֶה־שָּׁם֙ אֶ֣לֶף גֶּ֔פֶן בְּאֶ֖לֶף כָּ֑סֶף
כד לַשָּׁמִ֥יר וְלַשַּׁ֖יִת יִהְיֶֽה׃ בַּחִצִּ֥ים וּבַקֶּ֖שֶׁת יָ֣בוֹא שָׁ֑מָּה כִּֽי־שָׁמִ֥יר
כה וָשַׁ֖יִת תִּהְיֶ֥ה כָל־הָאָֽרֶץ׃ וְכֹ֣ל הֶהָרִ֗ים אֲשֶׁ֤ר בַּמַּעְדֵּר֙ יֵעָ֣דֵר֔וּן
לֹֽא־תָב֣וֹא שָׁ֔מָּה יִרְאַ֥ת שָׁמִ֖יר וָשָׁ֑יִת וְהָיָה֙ לְמִשְׁלַ֣ח שׁ֔וֹר
ח א וּלְמִרְמַ֖ס שֶֽׂה׃ וַיֹּ֤אמֶר יהוה֙ אֵלַ֔י קַח־לְךָ֖ גִּלָּי֣וֹן
ב גָּד֑וֹל וּכְתֹ֤ב עָלָיו֙ בְּחֶ֣רֶט אֱנ֔וֹשׁ לְמַהֵ֥ר שָׁלָ֖ל חָ֥שׁ בַּֽז׃ וְאָעִ֣ידָה
לִּ֔י עֵדִ֖ים נֶאֱמָנִ֑ים אֵ֚ת אוּרִיָּ֣ה הַכֹּהֵ֔ן וְאֶת־זְכַרְיָ֖הוּ בֶּ֥ן יְבֶרֶכְיָֽהוּ׃
ג וָאֶקְרַב֙ אֶל־הַנְּבִיאָ֔ה וַתַּ֖הַר וַתֵּ֣לֶד בֵּ֑ן וַיֹּ֤אמֶר יהוה֙ אֵלַ֔י קְרָ֣א
ד שְׁמ֔וֹ מַהֵ֥ר שָׁלָ֖ל חָ֥שׁ בַּֽז׃ כִּ֗י בְּטֶ֙רֶם֙ יֵדַ֣ע הַנַּ֔עַר קְרֹ֖א אָבִ֣י
וְאִמִּ֑י יִשָּׂ֣א ׀ אֶת־חֵ֣יל דַּמֶּ֗שֶׂק וְאֵת֙ שְׁלַ֣ל שֹׁמְר֔וֹן לִפְנֵ֖י מֶ֥לֶךְ
ו אַשּֽׁוּר׃ וַיֹּ֙סֶף֙ יהוה דַּבֵּ֥ר אֵלַ֛י ע֖וֹד לֵאמֹֽר׃ יַ֗עַן
כִּ֤י מָאַס֙ הָעָ֣ם הַזֶּ֔ה אֵ֚ת מֵ֣י הַשִּׁלֹ֔חַ הַהֹלְכִ֖ים לְאַ֑ט וּמְשׂ֥וֹשׂ אֶת־
ז רְצִ֖ין וּבֶן־רְמַלְיָֽהוּ׃ וְלָכֵ֡ן הִנֵּה֩ אֲדֹנָ֨י מַעֲלֶ֜ה עֲלֵיהֶ֗ם אֶת־מֵ֤י
הַנָּהָר֙ הָעֲצוּמִ֣ים וְהָֽרַבִּ֔ים אֶת־מֶ֥לֶךְ אַשּׁ֖וּר וְאֶת־כָּל־כְּבוֹד֑וֹ

ח וְעָלָה עַל־כָּל־אֲפִיקָיו וְהָלַךְ עַל־כָּל־גְּדוֹתָיו׃ וְחָלַף בִּיהוּדָה
שָׁטַף וְעָבַר עַד־צַוָּאר יַגִּיעַ וְהָיָה מֻטּוֹת כְּנָפָיו מְלֹא רֹחַב־
ט אַרְצְךָ עִמָּנוּ אֵל׃ רֹעוּ עַמִּים וָחֹתּוּ וְהַאֲזִינוּ כֹּל
י מֶרְחַקֵּי־אָרֶץ הִתְאַזְּרוּ וָחֹתּוּ הִתְאַזְּרוּ וָחֹתּוּ׃ עֻצוּ עֵצָה וְתֻפָר
יא דַּבְּרוּ דָבָר וְלֹא יָקוּם כִּי עִמָּנוּ אֵל׃ כִּי כֹה אָמַר
יְהוָה אֵלַי כְּחֶזְקַת הַיָּד וְיִסְּרֵנִי מִלֶּכֶת בְּדֶרֶךְ הָעָם־הַזֶּה לֵאמֹר׃
יב לֹא־תֹאמְרוּן קֶשֶׁר לְכֹל אֲשֶׁר־יֹאמַר הָעָם הַזֶּה קָשֶׁר וְאֶת־
יג מוֹרָאוֹ לֹא־תִירְאוּ וְלֹא תַעֲרִיצוּ׃ אֶת־יְהוָה צְבָאוֹת אֹתוֹ
יד תַקְדִּישׁוּ וְהוּא מוֹרַאֲכֶם וְהוּא מַעֲרִצְכֶם׃ וְהָיָה לְמִקְדָּשׁ
וּלְאֶבֶן נֶגֶף וּלְצוּר מִכְשׁוֹל לִשְׁנֵי בָתֵּי יִשְׂרָאֵל לְפַח וּלְמוֹקֵשׁ
טו לְיוֹשֵׁב יְרוּשָׁלִָם׃ וְכָשְׁלוּ בָם רַבִּים וְנָפְלוּ וְנִשְׁבָּרוּ וְנוֹקְשׁוּ
טז וְנִלְכָּדוּ׃ צוֹר תְּעוּדָה חֲתוֹם תּוֹרָה בְּלִמֻּדָי׃
יז יח וְחִכִּיתִי לַיהוָה הַמַּסְתִּיר פָּנָיו מִבֵּית יַעֲקֹב וְקִוֵּיתִי־לוֹ׃ הִנֵּה
אָנֹכִי וְהַיְלָדִים אֲשֶׁר נָתַן־לִי יְהוָה לְאֹתוֹת וּלְמוֹפְתִים בְּיִשְׂרָאֵל
יט מֵעִם יְהוָה צְבָאוֹת הַשֹּׁכֵן בְּהַר צִיּוֹן׃ וְכִי־
יֹאמְרוּ אֲלֵיכֶם דִּרְשׁוּ אֶל־הָאֹבוֹת וְאֶל־הַיִּדְּעֹנִים הַמְצַפְצְפִים
וְהַמַּהְגִּים הֲלוֹא־עַם אֶל־אֱלֹהָיו יִדְרֹשׁ בְּעַד הַחַיִּים אֶל־
כ הַמֵּתִים׃ לְתוֹרָה וְלִתְעוּדָה אִם־לֹא יֹאמְרוּ כַּדָּבָר הַזֶּה אֲשֶׁר
כא אֵין־לוֹ שָׁחַר׃ וְעָבַר בָּהּ נִקְשֶׁה וְרָעֵב וְהָיָה כִי־יִרְעַב וְהִתְקַצַּף
כב וְקִלֵּל בְּמַלְכּוֹ וּבֵאלֹהָיו וּפָנָה לְמָעְלָה׃ וְאֶל־אֶרֶץ יַבִּיט וְהִנֵּה
כג צָרָה וַחֲשֵׁכָה מְעוּף צוּקָה וַאֲפֵלָה מְנֻדָּח׃ כִּי לֹא מוּעָף לַאֲשֶׁר
מוּצָק לָהּ כָּעֵת הָרִאשׁוֹן הֵקַל אַרְצָה זְבֻלוּן וְאַרְצָה נַפְתָּלִי
ט א וְהָאַחֲרוֹן הִכְבִּיד דֶּרֶךְ הַיָּם עֵבֶר הַיַּרְדֵּן גְּלִיל הַגּוֹיִם׃ הָעָם
הַהֹלְכִים בַּחֹשֶׁךְ רָאוּ אוֹר גָּדוֹל יֹשְׁבֵי בְּאֶרֶץ צַלְמָוֶת אוֹר נָגַהּ
ב עֲלֵיהֶם׃ הִרְבִּיתָ הַגּוֹי לֹא הִגְדַּלְתָּ הַשִּׂמְחָה שָׂמְחוּ לְפָנֶיךָ לוֹ
ג כְּשִׂמְחַת בַּקָּצִיר כַּאֲשֶׁר יָגִילוּ בְּחַלְּקָם שָׁלָל׃ כִּי ׀ אֶת־עֹל
סֻבֳּלוֹ וְאֵת מַטֵּה שִׁכְמוֹ שֵׁבֶט הַנֹּגֵשׂ בּוֹ הַחִתֹּתָ כְּיוֹם מִדְיָן׃

ד כִּי כָל־סְאוֹן סֹאֵן בְּרַעַשׁ וְשִׂמְלָה מְגוֹלָלָה בְדָמִים וְהָיְתָה
ה לִשְׂרֵפָה מַאֲכֹלֶת אֵשׁ: כִּי־יֶלֶד יֻלַּד־לָנוּ בֵּן נִתַּן־לָנוּ וַתְּהִי
הַמִּשְׂרָה עַל־שִׁכְמוֹ וַיִּקְרָא שְׁמוֹ פֶּלֶא יוֹעֵץ אֵל גִּבּוֹר אֲבִי־
ו עַד שַׂר־שָׁלוֹם: לְםַרְבֵּה הַמִּשְׂרָה וּלְשָׁלוֹם אֵין־קֵץ עַל־ לְמַרְבֵּה ד
כִּסֵּא דָוִד וְעַל־מַמְלַכְתּוֹ לְהָכִין אֹתָהּ וּלְסַעֲדָהּ בְּמִשְׁפָּט
וּבִצְדָקָה מֵעַתָּה וְעַד־עוֹלָם קִנְאַת יְהוָה צְבָאוֹת תַּעֲשֶׂה־
ז זֹּאת: דָּבָר שָׁלַח אֲדֹנָי בְּיַעֲקֹב וְנָפַל בְּיִשְׂרָאֵל:
ח וְיָדְעוּ הָעָם כֻּלּוֹ אֶפְרַיִם וְיוֹשֵׁב שֹׁמְרוֹן בְּגַאֲוָה וּבְגֹדֶל לֵבָב
ט לֵאמֹר: לְבֵנִים נָפָלוּ וְגָזִית נִבְנֶה שִׁקְמִים גֻּדָּעוּ וַאֲרָזִים נַחֲלִיף:
י יא וַיְשַׂגֵּב יְהוָה אֶת־צָרֵי רְצִין עָלָיו וְאֶת־אֹיְבָיו יְסַכְסֵךְ: אֲרָם
מִקֶּדֶם וּפְלִשְׁתִּים מֵאָחוֹר וַיֹּאכְלוּ אֶת־יִשְׂרָאֵל בְּכָל־פֶּה בְּכָל־
יב זֹאת לֹא־שָׁב אַפּוֹ וְעוֹד יָדוֹ נְטוּיָה: וְהָעָם לֹא־שָׁב עַד־הַמַּכֵּהוּ
יג וְאֶת־יְהוָה צְבָאוֹת לֹא דָרָשׁוּ: וַיַּכְרֵת יְהוָה
יד מִיִּשְׂרָאֵל רֹאשׁ וְזָנָב כִּפָּה וְאַגְמוֹן יוֹם אֶחָד: זָקֵן וּנְשׂוּא־פָנִים
טו הוּא הָרֹאשׁ וְנָבִיא מוֹרֶה־שֶּׁקֶר הוּא הַזָּנָב: וַיִּהְיוּ מְאַשְּׁרֵי
טז הָעָם־הַזֶּה מַתְעִים וּמְאֻשָּׁרָיו מְבֻלָּעִים: עַל־כֵּן עַל־בַּחוּרָיו
לֹא־יִשְׂמַח ׀ אֲדֹנָי וְאֶת־יְתֹמָיו וְאֶת־אַלְמְנֹתָיו לֹא יְרַחֵם כִּי
כֻלּוֹ חָנֵף וּמֵרַע וְכָל־פֶּה דֹּבֵר נְבָלָה בְּכָל־זֹאת לֹא־שָׁב אַפּוֹ
יז וְעוֹד יָדוֹ נְטוּיָה: כִּי־בָעֲרָה כָאֵשׁ רִשְׁעָה שָׁמִיר וָשַׁיִת תֹּאכֵל
יח וַתִּצַּת בְּסִבְכֵי הַיַּעַר וַיִּתְאַבְּכוּ גֵּאוּת עָשָׁן: בְּעֶבְרַת יְהוָה
צְבָאוֹת נֶעְתַּם אָרֶץ וַיְהִי הָעָם כְּמַאֲכֹלֶת אֵשׁ אִישׁ אֶל־אָחִיו
יט לֹא יַחְמֹלוּ: וַיִּגְזֹר עַל־יָמִין וְרָעֵב וַיֹּאכַל עַל־שְׂמֹאול וְלֹא שָׂבֵעוּ
כ אִישׁ בְּשַׂר־זְרֹעוֹ יֹאכֵלוּ: מְנַשֶּׁה אֶת־אֶפְרַיִם וְאֶפְרַיִם אֶת־
מְנַשֶּׁה יַחְדָּו הֵמָּה עַל־יְהוּדָה בְּכָל־זֹאת לֹא־שָׁב אַפּוֹ וְעוֹד יָדוֹ
י א נְטוּיָה: הוֹי הַחֹקְקִים חִקְקֵי־אָוֶן וּמְכַתְּבִים עָמָל
ב כִּתֵּבוּ: לְהַטּוֹת מִדִּין דַּלִּים וְלִגְזֹל מִשְׁפַּט עֲנִיֵּי עַמִּי לִהְיוֹת
ג אַלְמָנוֹת שְׁלָלָם וְאֶת־יְתוֹמִים יָבֹזּוּ: וּמַה־תַּעֲשׂוּ לְיוֹם פְּקֻדָּה

י
וּלְשׁוֹאָה מִמֶּרְחָק תָּבוֹא עַל־מִי תָנוּסוּ לְעֶזְרָה וְאָנָה תַעַזְבוּ
ד כְּבוֹדְכֶם׃ בִּלְתִּי כָרַע תַּחַת אַסִּיר וְתַחַת הֲרוּגִים יִפֹּלוּ בְּכָל־
ה זֹאת לֹא־שָׁב אַפּוֹ וְעוֹד יָדוֹ נְטוּיָה׃ הוֹי אַשּׁוּר
ו שֵׁבֶט אַפִּי וּמַטֶּה־הוּא בְיָדָם זַעְמִי׃ בְּגוֹי חָנֵף אֲשַׁלְּחֶנּוּ וְעַל־עַם
עֶבְרָתִי אֲצַוֶּנּוּ לִשְׁלֹל שָׁלָל וְלָבֹז בַּז ולשימו מִרְמָס כְּחֹמֶר וּלְשׂוּמוֹ
ז חוּצוֹת׃ וְהוּא לֹא־כֵן יְדַמֶּה וּלְבָבוֹ לֹא־כֵן יַחְשֹׁב כִּי לְהַשְׁמִיד
ח בִּלְבָבוֹ וּלְהַכְרִית גּוֹיִם לֹא מְעָט׃ כִּי יֹאמַר הֲלֹא שָׂרַי יַחְדָּו
ט מְלָכִים׃ הֲלֹא כְּכַרְכְּמִישׁ כַּלְנוֹ אִם־לֹא כְאַרְפַּד חֲמָת אִם־
י לֹא כְדַמֶּשֶׂק שֹׁמְרוֹן׃ כַּאֲשֶׁר מָצְאָה יָדִי לְמַמְלְכֹת הָאֱלִיל
יא וּפְסִילֵיהֶם מִירוּשָׁלִַם וּמִשֹּׁמְרוֹן׃ הֲלֹא כַּאֲשֶׁר עָשִׂיתִי לְשֹׁמְרוֹן
יב וְלֶאֱלִילֶיהָ כֵּן אֶעֱשֶׂה לִירוּשָׁלִַם וְלַעֲצַבֶּיהָ׃ וְהָיָה
כִּי־יְבַצַּע אֲדֹנָי אֶת־כָּל־מַעֲשֵׂהוּ בְּהַר צִיּוֹן וּבִירוּשָׁלִָם אֶפְקֹד
יג עַל־פְּרִי־גֹדֶל לְבַב מֶלֶךְ־אַשּׁוּר וְעַל־תִּפְאֶרֶת רוּם עֵינָיו׃ כִּי
אָמַר בְּכֹחַ יָדִי עָשִׂיתִי וּבְחָכְמָתִי כִּי נְבֻנוֹתִי וְאָסִיר ׀ גְּבוּלֹת
יד עַמִּים ועתידתיהם שׁוֹשֵׂתִי וְאוֹרִיד כַּאבִּיר יוֹשְׁבִים׃ וַתִּמְצָא וַעֲתוּדֹתֵיהֶם
כַקֵּן ׀ יָדִי לְחֵיל הָעַמִּים וְכֶאֱסֹף בֵּיצִים עֲזֻבוֹת כָּל־הָאָרֶץ אֲנִי
טו אָסָפְתִּי וְלֹא הָיָה נֹדֵד כָּנָף וּפֹצֶה פֶה וּמְצַפְצֵף׃ הֲיִתְפָּאֵר הַגַּרְזֶן
עַל הַחֹצֵב בּוֹ אִם־יִתְגַּדֵּל הַמַּשּׂוֹר עַל־מְנִיפוֹ כְּהָנִיף שֵׁבֶט
טז וְאֶת־מְרִימָיו כְּהָרִים מַטֶּה לֹא־עֵץ׃ לָכֵן יְשַׁלַּח
הָאָדוֹן יְהוָה צְבָאוֹת בְּמִשְׁמַנָּיו רָזוֹן וְתַחַת כְּבֹדוֹ יֵקַד יְקֹד
יז כִּיקוֹד אֵשׁ׃ וְהָיָה אוֹר־יִשְׂרָאֵל לְאֵשׁ וּקְדוֹשׁוֹ לְלֶהָבָה וּבָעֲרָה
יח וְאָכְלָה שִׁיתוֹ וּשְׁמִירוֹ בְּיוֹם אֶחָד׃ וּכְבוֹד יַעְרוֹ וְכַרְמִלּוֹ מִנֶּפֶשׁ
יט וְעַד־בָּשָׂר יְכַלֶּה וְהָיָה כִּמְסֹס נֹסֵס׃ וּשְׁאָר עֵץ יַעְרוֹ מִסְפָּר יִהְיוּ
כ וְנַעַר יִכְתְּבֵם׃ וְהָיָה ׀ בַּיּוֹם הַהוּא לֹא־יוֹסִיף עוֹד
שְׁאָר יִשְׂרָאֵל וּפְלֵיטַת בֵּית־יַעֲקֹב לְהִשָּׁעֵן עַל־מַכֵּהוּ וְנִשְׁעַן
כא עַל־יְהוָה קְדוֹשׁ יִשְׂרָאֵל בֶּאֱמֶת׃ שְׁאָר יָשׁוּב שְׁאָר יַעֲקֹב אֶל־
כב אֵל גִּבּוֹר׃ כִּי אִם־יִהְיֶה עַמְּךָ יִשְׂרָאֵל כְּחוֹל הַיָּם שְׁאָר יָשׁוּב

כג בּוֹ כִּלָּיוֹן חָרוּץ שׁוֹטֵף צְדָקָה׃ כִּי כָלָה וְנֶחֱרָצָה אֲדֹנָי יֱהֹוִה
כד צְבָאוֹת עֹשֶׂה בְּקֶרֶב כָּל־הָאָרֶץ׃ לָכֵן כֹּה־אָמַר
אֲדֹנָי יֱהֹוִה צְבָאוֹת אַל־תִּירָא עַמִּי יֹשֵׁב צִיּוֹן מֵאַשּׁוּר בַּשֵּׁבֶט
כה יַכֶּכָּה וּמַטֵּהוּ יִשָּׂא־עָלֶיךָ בְּדֶרֶךְ מִצְרָיִם׃ כִּי־עוֹד מְעַט מִזְעָר
כו וְכָלָה זַעַם וְאַפִּי עַל־תַּבְלִיתָם׃ וְעוֹרֵר עָלָיו יְהוָה צְבָאוֹת שׁוֹט
כְּמַכַּת מִדְיָן בְּצוּר עוֹרֵב וּמַטֵּהוּ עַל־הַיָּם וּנְשָׂאוֹ בְּדֶרֶךְ
כז מִצְרָיִם׃ וְהָיָה ׀ בַּיּוֹם הַהוּא יָסוּר סֻבֳּלוֹ מֵעַל שִׁכְמֶךָ וְעֻלּוֹ מֵעַל
כח צַוָּארֶךָ וְחֻבַּל עֹל מִפְּנֵי־שָׁמֶן׃ בָּא עַל־עַיַּת עָבַר בְּמִגְרוֹן
כט לְמִכְמָשׂ יַפְקִיד כֵּלָיו׃ עָבְרוּ מַעְבָּרָה גֶּבַע מָלוֹן לָנוּ חָרְדָה
ל הָרָמָה גִּבְעַת שָׁאוּל נָסָה׃ צַהֲלִי קוֹלֵךְ בַּת־גַּלִּים הַקְשִׁיבִי
לא לַיְשָׁה עֲנִיָּה עֲנָתוֹת׃ נָדְדָה מַדְמֵנָה יֹשְׁבֵי הַגֵּבִים הֵעִיזוּ׃
לב עוֹד הַיּוֹם בְּנֹב לַעֲמֹד יְנֹפֵף יָדוֹ הַר בית־צִיּוֹן גִּבְעַת בַּת־
לג יְרוּשָׁלָםִ׃ הִנֵּה הָאָדוֹן יְהוָה צְבָאוֹת מְסָעֵף
לד פֻּארָה בְּמַעֲרָצָה וְרָמֵי הַקּוֹמָה גְּדֻעִים וְהַגְּבֹהִים יִשְׁפָּלוּ׃ וְנִקַּף
יא א סִבְכֵי הַיַּעַר בַּבַּרְזֶל וְהַלְּבָנוֹן בְּאַדִּיר יִפּוֹל׃ וְיָצָא
ב חֹטֶר מִגֵּזַע יִשָׁי וְנֵצֶר מִשָּׁרָשָׁיו יִפְרֶה׃ וְנָחָה עָלָיו רוּחַ יְהוָה ה
רוּחַ חָכְמָה וּבִינָה רוּחַ עֵצָה וּגְבוּרָה רוּחַ דַּעַת וְיִרְאַת יְהוָה׃
ג וַהֲרִיחוֹ בְּיִרְאַת יְהוָה וְלֹא־לְמַרְאֵה עֵינָיו יִשְׁפּוֹט וְלֹא־לְמִשְׁמַע
ד אָזְנָיו יוֹכִיחַ׃ וְשָׁפַט בְּצֶדֶק דַּלִּים וְהוֹכִיחַ בְּמִישׁוֹר לְעַנְוֵי־אָרֶץ
ה וְהִכָּה־אֶרֶץ בְּשֵׁבֶט פִּיו וּבְרוּחַ שְׂפָתָיו יָמִית רָשָׁע׃ וְהָיָה
ו צֶדֶק אֵזוֹר מָתְנָיו וְהָאֱמוּנָה אֵזוֹר חֲלָצָיו׃ וְגָר זְאֵב עִם־
כֶּבֶשׂ וְנָמֵר עִם־גְּדִי יִרְבָּץ וְעֵגֶל וּכְפִיר וּמְרִיא יַחְדָּו וְנַעַר
ז קָטֹן נֹהֵג בָּם׃ וּפָרָה וָדֹב תִּרְעֶינָה יַחְדָּו יִרְבְּצוּ יַלְדֵיהֶן
ח וְאַרְיֵה כַּבָּקָר יֹאכַל־תֶּבֶן׃ וְשִׁעֲשַׁע יוֹנֵק עַל־חֻר פָּתֶן וְעַל
ט מְאוּרַת צִפְעוֹנִי גָּמוּל יָדוֹ הָדָה׃ לֹא־יָרֵעוּ וְלֹא־יַשְׁחִיתוּ
בְּכָל־הַר קָדְשִׁי כִּי־מָלְאָה הָאָרֶץ דֵּעָה אֶת־יְהוָה כַּמַּיִם
י לַיָּם מְכַסִּים׃ וְהָיָה בַּיּוֹם הַהוּא שֹׁרֶשׁ יִשַׁי

אֲשֶׁ֣ר עֹמֵד֮ לְנֵ֣ס עַמִּים֒ אֵלָ֛יו גּוֹיִ֥ם יִדְרֹ֖שׁוּ וְהָיְתָ֥ה מְנֻחָת֖וֹ

כָּבֽוֹד: וְהָיָ֣ה ׀ בַּיּ֣וֹם הַה֗וּא יוֹסִ֨יף אֲדֹנָ֤י ׀ שֵׁנִית֙

יָד֔וֹ לִקְנ֖וֹת אֶת־שְׁאָ֣ר עַמּ֑וֹ אֲשֶׁ֣ר יִשָּׁאֵר֩ מֵאַשּׁ֨וּר וּמִמִּצְרַ֜יִם

וּמִפַּתְר֣וֹס וּמִכּ֗וּשׁ וּמֵעֵילָ֤ם וּמִשִּׁנְעָר֙ וּמֵ֣חֲמָ֔ת וּמֵאִיֵּ֖י הַיָּֽם: וְנָשָׂ֨א

נֵ֣ס לַגּוֹיִ֔ם וְאָסַ֖ף נִדְחֵ֣י יִשְׂרָאֵ֑ל וּנְפֻצ֤וֹת יְהוּדָה֙ יְקַבֵּ֔ץ מֵאַרְבַּ֖ע

כַּנְפ֥וֹת הָאָֽרֶץ: וְסָ֙רָה֙ קִנְאַ֣ת אֶפְרַ֔יִם וְצֹרְרֵ֥י יְהוּדָ֖ה יִכָּרֵ֑תוּ

אֶפְרַ֙יִם֙ לֹֽא־יְקַנֵּ֣א אֶת־יְהוּדָ֔ה וִֽיהוּדָ֖ה לֹֽא־יָצֹ֥ר אֶת־אֶפְרָֽיִם:

וְעָפ֨וּ בְכָתֵ֤ף פְּלִשְׁתִּים֙ יָ֔מָּה יַחְדָּ֖ו יָבֹ֣זּוּ אֶת־בְּנֵי־קֶ֑דֶם אֱד֤וֹם

וּמוֹאָב֙ מִשְׁל֣וֹחַ יָדָ֔ם וּבְנֵ֥י עַמּ֖וֹן מִשְׁמַעְתָּֽם: וְהֶחֱרִ֣ים יְהֹוָ֗ה אֵ֣ת

לְשׁ֣וֹן יָם־מִצְרַ֔יִם וְהֵנִ֥יף יָד֛וֹ עַל־הַנָּהָ֖ר בַּעְיָ֣ם רוּח֑וֹ וְהִכָּ֙הוּ֙

לְשִׁבְעָ֣ה נְחָלִ֔ים וְהִדְרִ֖יךְ בַּנְּעָלִֽים: וְהָיְתָ֣ה מְסִלָּ֔ה לִשְׁאָ֣ר עַמּ֔וֹ

אֲשֶׁ֥ר יִשָּׁאֵ֖ר מֵאַשּׁ֑וּר כַּאֲשֶׁ֤ר הָֽיְתָה֙ לְיִשְׂרָאֵ֔ל בְּי֥וֹם עֲלֹת֖וֹ מֵאֶ֥רֶץ

יב מִצְרָֽיִם: וְאָֽמַרְתָּ֙ בַּיּ֣וֹם הַה֔וּא אוֹדְךָ֣ יְהֹוָ֔ה כִּ֥י אָנַ֖פְתָּ בִּ֑י יָשֹׁ֥ב אַפְּךָ֖

וּֽתְנַחֲמֵֽנִי: הִנֵּ֨ה אֵ֧ל יְשׁוּעָתִ֛י אֶבְטַ֖ח וְלֹ֣א אֶפְחָ֑ד כִּֽי־עָזִּ֤י וְזִמְרָת֙

יָ֣הּ יְהֹוָ֔ה וַֽיְהִי־לִ֖י לִֽישׁוּעָֽה: וּשְׁאַבְתֶּם־מַ֖יִם בְּשָׂשׂ֑וֹן מִמַּעַיְנֵ֖י

הַיְשׁוּעָֽה: וַאֲמַרְתֶּ֞ם בַּיּ֣וֹם הַה֗וּא הוֹד֤וּ לַֽיהֹוָה֙ קִרְא֣וּ בִשְׁמ֔וֹ

הוֹדִ֥יעוּ בָֽעַמִּ֖ים עֲלִילֹתָ֑יו הַזְכִּ֕ירוּ כִּ֥י נִשְׂגָּ֖ב שְׁמֽוֹ: זַמְּר֣וּ יְהֹוָ֗ה

מוֹדַ֖עַת   כִּ֤י גֵאוּת֙ עָשָׂ֔ה מֵידַ֥עַת זֹ֖את בְּכָל־הָאָ֑רֶץ: צַהֲלִ֤י וָרֹ֙נִּי֙ יוֹשֶׁ֣בֶת

יג צִיּ֔וֹן כִּֽי־גָד֥וֹל בְּקִרְבֵּ֖ךְ קְד֥וֹשׁ יִשְׂרָאֵֽל: מַשָּׂ֖א

בָּבֶ֑ל אֲשֶׁ֣ר חָזָ֔ה יְשַֽׁעְיָ֖הוּ בֶּן־אָמֽוֹץ: עַ֤ל הַר־נִשְׁפֶּה֙ שְׂאוּ־נֵ֔ס

הָרִ֥ימוּ ק֖וֹל לָהֶ֑ם הָנִ֣יפוּ יָ֔ד וְיָבֹ֖אוּ פִּתְחֵ֥י נְדִיבִֽים: אֲנִ֥י צִוֵּ֖יתִי

לִמְקֻדָּשָׁ֑י גַּ֣ם קָרָ֤אתִי גִבּוֹרַי֙ לְאַפִּ֔י עַלִּיזֵ֖י גַּאֲוָתִֽי: ק֥וֹל הָמ֛וֹן

בֶּֽהָרִ֖ים דְּמ֣וּת עַם־רָ֑ב ק֠וֹל שְׁא֨וֹן מַמְלְכ֤וֹת גּוֹיִם֙ נֶֽאֱסָפִ֔ים יְהֹוָ֣ה

צְבָא֔וֹת מְפַקֵּ֖ד צְבָ֥א מִלְחָמָֽה: בָּאִ֛ים מֵאֶ֥רֶץ מֶרְחָ֖ק מִקְצֵ֣ה

הַשָּׁמָ֑יִם יְהֹוָה֙ וּכְלֵ֣י זַעְמ֔וֹ לְחַבֵּ֖ל כָּל־הָאָֽרֶץ: הֵילִ֕ילוּ כִּ֥י קָר֖וֹב

י֣וֹם יְהֹוָ֑ה כְּשֹׁ֖ד מִשַּׁדַּ֥י יָבֽוֹא: עַל־כֵּ֖ן כָּל־יָדַ֣יִם תִּרְפֶּ֑ינָה וְכָל־

לְבַ֥ב אֱנ֖וֹשׁ יִמָּֽס: וְנִבְהָ֓לוּ ׀ צִירִ֤ים וַֽחֲבָלִים֙ יֹֽאחֵז֔וּן כַּיּוֹלֵדָ֖ה

ט יְחִילוּן אִישׁ אֶל־רֵעֵהוּ יִתְמָהוּ פְּנֵי לְהָבִים פְּנֵיהֶם׃ הִנֵּה יוֹם־
יְהוָה בָּא אַכְזָרִי וְעֶבְרָה וַחֲרוֹן אָף לָשׂוּם הָאָרֶץ לְשַׁמָּה
י וְחַטָּאֶיהָ יַשְׁמִיד מִמֶּנָּה׃ כִּי־כוֹכְבֵי הַשָּׁמַיִם וּכְסִילֵיהֶם לֹא יָהֵלּוּ
יא אוֹרָם חָשַׁךְ הַשֶּׁמֶשׁ בְּצֵאתוֹ וְיָרֵחַ לֹא־יַגִּיהַּ אוֹרוֹ׃ וּפָקַדְתִּי עַל־
תֵּבֵל רָעָה וְעַל־רְשָׁעִים עֲוֺנָם וְהִשְׁבַּתִּי גְּאוֹן זֵדִים וְגַאֲוַת
יב יג עָרִיצִים אַשְׁפִּיל׃ אוֹקִיר אֱנוֹשׁ מִפָּז וְאָדָם מִכֶּתֶם אוֹפִיר׃ עַל־
כֵּן שָׁמַיִם אַרְגִּיז וְתִרְעַשׁ הָאָרֶץ מִמְּקוֹמָהּ בְּעֶבְרַת יְהוָה
יד צְבָאוֹת וּבְיוֹם חֲרוֹן אַפּוֹ׃ וְהָיָה כִּצְבִי מֻדָּח וּכְצֹאן וְאֵין מְקַבֵּץ
טו אִישׁ אֶל־עַמּוֹ יִפְנוּ וְאִישׁ אֶל־אַרְצוֹ יָנוּסוּ׃ כָּל־הַנִּמְצָא יִדָּקֵר
טז וְכָל־הַנִּסְפֶּה יִפּוֹל בֶּחָרֶב׃ וְעֹלְלֵיהֶם יְרֻטְּשׁוּ לְעֵינֵיהֶם יִשַּׁסּוּ
יז בָּתֵּיהֶם וּנְשֵׁיהֶם תשגלנה׃ הִנְנִי מֵעִיר עֲלֵיהֶם אֶת־מָדָי אֲשֶׁר־ תִּשָּׁכַבְנָה
יח כֶּסֶף לֹא יַחְשֹׁבוּ וְזָהָב לֹא יַחְפְּצוּ־בוֹ׃ וּקְשָׁתוֹת נְעָרִים תְּרַטַּשְׁנָה
יט וּפְרִי־בֶטֶן לֹא יְרַחֵמוּ עַל־בָּנִים לֹא־תָחוּס עֵינָם׃ וְהָיְתָה בָבֶל
צְבִי מַמְלָכוֹת תִּפְאֶרֶת גְּאוֹן כַּשְׂדִּים כְּמַהְפֵּכַת אֱלֹהִים אֶת־
כ סְדֹם וְאֶת־עֲמֹרָה׃ לֹא־תֵשֵׁב לָנֶצַח וְלֹא תִשְׁכֹּן עַד־דּוֹר וָדוֹר
כא וְלֹא־יַהֵל שָׁם עֲרָבִי וְרֹעִים לֹא־יַרְבִּצוּ שָׁם׃ וְרָבְצוּ־שָׁם צִיִּים
וּמָלְאוּ בָתֵּיהֶם אֹחִים וְשָׁכְנוּ שָׁם בְּנוֹת יַעֲנָה וּשְׂעִירִים יְרַקְּדוּ־
כב שָׁם׃ וְעָנָה אִיִּים בְּאַלְמְנוֹתָיו וְתַנִּים בְּהֵיכְלֵי עֹנֶג וְקָרוֹב לָבוֹא
יד א עִתָּהּ וְיָמֶיהָ לֹא יִמָּשֵׁכוּ׃ כִּי יְרַחֵם יְהוָה אֶת־יַעֲקֹב וּבָחַר עוֹד
בְּיִשְׂרָאֵל וְהִנִּיחָם עַל־אַדְמָתָם וְנִלְוָה הַגֵּר עֲלֵיהֶם וְנִסְפְּחוּ עַל־
ב בֵּית יַעֲקֹב׃ וּלְקָחוּם עַמִּים וֶהֱבִיאוּם אֶל־מְקוֹמָם וְהִתְנַחֲלוּם ו
בֵּית־יִשְׂרָאֵל עַל אַדְמַת יְהוָה לַעֲבָדִים וְלִשְׁפָחוֹת וְהָיוּ שֹׁבִים
ג לְשֹׁבֵיהֶם וְרָדוּ בְּנֹגְשֵׂיהֶם׃ וְהָיָה בְּיוֹם הָנִיחַ יְהוָה
לְךָ מֵעָצְבְּךָ וּמֵרָגְזֶךָ וּמִן־הָעֲבֹדָה הַקָּשָׁה אֲשֶׁר עֻבַּד־בָּךְ׃
ד וְנָשָׂאתָ הַמָּשָׁל הַזֶּה עַל־מֶלֶךְ בָּבֶל וְאָמָרְתָּ אֵיךְ שָׁבַת נֹגֵשׂ
ה ו שָׁבְתָה מדהבה׃ שָׁבַר יְהוָה מַטֵּה רְשָׁעִים שֵׁבֶט מֹשְׁלִים׃ מַכֶּה
עַמִּים בְּעֶבְרָה מַכַּת בִּלְתִּי סָרָה רֹדֶה בָאַף גּוֹיִם מֻרְדָּף בְּלִי

ח חָשָׁךְ: נָחָה שָׁקְטָה כָּל־הָאָרֶץ פָּצְחוּ רִנָּה: גַּם־בְּרוֹשִׁים שָׂמְחוּ
ט לְךָ אַרְזֵי לְבָנוֹן מֵאָז שָׁכַבְתָּ לֹא־יַעֲלֶה הַכֹּרֵת עָלֵינוּ: שְׁאוֹל
מִתַּחַת רָגְזָה לְךָ לִקְרַאת בּוֹאֶךָ עוֹרֵר לְךָ רְפָאִים כָּל־עַתּוּדֵי
י אָרֶץ הֵקִים מִכִּסְאוֹתָם כֹּל מַלְכֵי גוֹיִם: כֻּלָּם יַעֲנוּ וְיֹאמְרוּ
יא אֵלֶיךָ גַּם־אַתָּה חֻלֵּיתָ כָמוֹנוּ אֵלֵינוּ נִמְשָׁלְתָּ: הוּרַד שְׁאוֹל
יב גְּאוֹנֶךָ הֶמְיַת נְבָלֶיךָ תַּחְתֶּיךָ יֻצַּע רִמָּה וּמְכַסֶּיךָ תּוֹלֵעָה: אֵיךְ
נָפַלְתָּ מִשָּׁמַיִם הֵילֵל בֶּן־שָׁחַר נִגְדַּעְתָּ לָאָרֶץ חוֹלֵשׁ עַל־גּוֹיִם:
יג וְאַתָּה אָמַרְתָּ בִלְבָבְךָ הַשָּׁמַיִם אֶעֱלֶה מִמַּעַל לְכוֹכְבֵי־אֵל
יד אָרִים כִּסְאִי וְאֵשֵׁב בְּהַר־מוֹעֵד בְּיַרְכְּתֵי צָפוֹן: אֶעֱלֶה עַל־
טו בָּמֳתֵי עָב אֶדַּמֶּה לְעֶלְיוֹן: אַךְ אֶל־שְׁאוֹל תּוּרָד אֶל־יַרְכְּתֵי־
טז בוֹר: רֹאֶיךָ אֵלֶיךָ יַשְׁגִּיחוּ אֵלֶיךָ יִתְבּוֹנָנוּ הֲזֶה הָאִישׁ מַרְגִּיז
יז הָאָרֶץ מַרְעִישׁ מַמְלָכוֹת: שָׂם תֵּבֵל כַּמִּדְבָּר וְעָרָיו הָרָס
יח אֲסִירָיו לֹא־פָתַח בָּיְתָה: כָּל־מַלְכֵי גוֹיִם כֻּלָּם שָׁכְבוּ בְכָבוֹד
יט אִישׁ בְּבֵיתוֹ: וְאַתָּה הָשְׁלַכְתָּ מִקִּבְרְךָ כְּנֵצֶר נִתְעָב לְבוּשׁ הֲרֻגִים
כ מְטֹעֲנֵי חָרֶב יוֹרְדֵי אֶל־אַבְנֵי־בוֹר כְּפֶגֶר מוּבָס: לֹא־תֵחַד אִתָּם
בִּקְבוּרָה כִּי־אַרְצְךָ שִׁחַתָּ עַמְּךָ הָרָגְתָּ לֹא־יִקָּרֵא לְעוֹלָם זֶרַע
כא מְרֵעִים: הָכִינוּ לְבָנָיו מַטְבֵּחַ בַּעֲוֺן אֲבוֹתָם בַּל־יָקֻמוּ וְיָרְשׁוּ
כב אָרֶץ וּמָלְאוּ פְנֵי־תֵבֵל עָרִים: וְקַמְתִּי עֲלֵיהֶם נְאֻם יְהוָה צְבָאוֹת
כג וְהִכְרַתִּי לְבָבֶל שֵׁם וּשְׁאָר וְנִין וָנֶכֶד נְאֻם־יְהוָה: וְשַׂמְתִּיהָ
לְמוֹרַשׁ קִפֹּד וְאַגְמֵי־מָיִם וְטֵאטֵאתִיהָ בְּמַטְאֲטֵא הַשְׁמֵד נְאֻם
כד יְהוָה צְבָאוֹת: נִשְׁבַּע יְהוָה צְבָאוֹת לֵאמֹר אִם־
כה לֹא כַּאֲשֶׁר דִּמִּיתִי כֵּן הָיָתָה וְכַאֲשֶׁר יָעַצְתִּי הִיא תָקוּם: לִשְׁבֹּר
אַשּׁוּר בְּאַרְצִי וְעַל־הָרַי אֲבוּסֶנּוּ וְסָר מֵעֲלֵיהֶם עֻלּוֹ וְסֻבֳּלוֹ מֵעַל
כו שִׁכְמוֹ יָסוּר: זֹאת הָעֵצָה הַיְּעוּצָה עַל־כָּל־הָאָרֶץ וְזֹאת הַיָּד
כז הַנְּטוּיָה עַל־כָּל־הַגּוֹיִם: כִּי־יְהוָה צְבָאוֹת יָעָץ וּמִי יָפֵר וְיָדוֹ
כח הַנְּטוּיָה וּמִי יְשִׁיבֶנָּה: בִּשְׁנַת־מוֹת הַמֶּלֶךְ אָחָז
כט הָיָה הַמַּשָּׂא הַזֶּה: אַל־תִּשְׂמְחִי פְלֶשֶׁת כֻּלֵּךְ כִּי נִשְׁבַּר שֵׁבֶט

ל מִכֵּךְ כִּי־מִשֹּׁרֶשׁ נָחָשׁ יֵצֵא צֶפַע וּפִרְיוֹ שָׂרָף מְעוֹפֵף׃ וְרָעוּ
בְּכוֹרֵי דַלִּים וְאֶבְיוֹנִים לָבֶטַח יִרְבָּצוּ וְהֵמַתִּי בָרָעָב שָׁרְשֵׁךְ
לא וּשְׁאֵרִיתֵךְ יַהֲרֹג׃ הֵילִילִי שַׁעַר זַעֲקִי־עִיר נָמוֹג פְּלֶשֶׁת כֻּלֵּךְ כִּי
לב מִצָּפוֹן עָשָׁן בָּא וְאֵין בּוֹדֵד בְּמוֹעָדָיו׃ וּמַה־יַּעֲנֶה מַלְאֲכֵי־גוֹי כִּי
טו א יְהוָה יִסַּד צִיּוֹן וּבָהּ יֶחֱסוּ עֲנִיֵּי עַמּוֹ׃ מַשָּׂא מוֹאָב
כִּי בְּלֵיל שֻׁדַּד עָר מוֹאָב נִדְמָה כִּי בְּלֵיל שֻׁדַּד קִיר־מוֹאָב
ב נִדְמָה׃ עָלָה הַבַּיִת וְדִיבֹן הַבָּמוֹת לְבֶכִי עַל־נְבוֹ וְעַל מֵידְבָא
ג מוֹאָב יְיֵלִיל בְּכָל־רֹאשָׁיו קָרְחָה כָּל־זָקָן גְּרוּעָה׃ בְּחוּצֹתָיו
חָגְרוּ שָׂק עַל גַּגּוֹתֶיהָ וּבִרְחֹבֹתֶיהָ כֻּלֹּה יְיֵלִיל יֹרֵד בַּבֶּכִי׃
ד וַתִּזְעַק חֶשְׁבּוֹן וְאֶלְעָלֵה עַד־יַהַץ נִשְׁמַע קוֹלָם עַל־כֵּן חֲלֻצֵי
ה מוֹאָב יָרִיעוּ נַפְשׁוֹ יָרְעָה לּוֹ׃ לִבִּי לְמוֹאָב יִזְעָק בְּרִיחֶהָ עַד־
צֹעַר עֶגְלַת שְׁלִשִׁיָּה כִּי ׀ מַעֲלֵה הַלּוּחִית בִּבְכִי יַעֲלֶה־בּוֹ כִּי
ו דֶּרֶךְ חוֹרֹנַיִם זַעֲקַת־שֶׁבֶר יְעֹעֵרוּ׃ כִּי־מֵי נִמְרִים מְשַׁמּוֹת יִהְיוּ
ז כִּי־יָבֵשׁ חָצִיר כָּלָה דֶשֶׁא יֶרֶק לֹא הָיָה׃ עַל־כֵּן יִתְרָה עָשָׂה
ח וּפְקֻדָּתָם עַל נַחַל הָעֲרָבִים יִשָּׂאוּם׃ כִּי־הִקִּיפָה הַזְּעָקָה אֶת־
ט גְּבוּל מוֹאָב עַד־אֶגְלַיִם יִלְלָתָהּ וּבְאֵר אֵילִים יִלְלָתָהּ׃ כִּי מֵי
דִימוֹן מָלְאוּ דָם כִּי־אָשִׁית עַל־דִּימוֹן נוֹסָפוֹת לִפְלֵיטַת מוֹאָב
טז א אַרְיֵה וְלִשְׁאֵרִית אֲדָמָה׃ שִׁלְחוּ־כַר מֹשֵׁל־אֶרֶץ מִסֶּלַע
ב מִדְבָּרָה אֶל־הַר בַּת־צִיּוֹן׃ וְהָיָה כְעוֹף־נוֹדֵד קֵן מְשֻׁלָּח תִּהְיֶינָה
ג בְּנוֹת מוֹאָב מַעְבָּרֹת לְאַרְנוֹן׃ הביאו עֵצָה עשי פְלִילָה שִׁיתִי הָבִיאִי | עֲשׂוּ
ד כַלַּיִל צִלֵּךְ בְּתוֹךְ צָהֳרָיִם סַתְּרִי נִדָּחִים נֹדֵד אַל־תְּגַלִּי׃ יָגוּרוּ
בָךְ נִדָּחַי מוֹאָב הֱוִי־סֵתֶר לָמוֹ מִפְּנֵי שׁוֹדֵד כִּי־אָפֵס הַמֵּץ כָּלָה
ה שֹׁד תַּמּוּ רֹמֵס מִן־הָאָרֶץ׃ וְהוּכַן בַּחֶסֶד כִּסֵּא ז
וְיָשַׁב עָלָיו בֶּאֱמֶת בְּאֹהֶל דָּוִד שֹׁפֵט וְדֹרֵשׁ מִשְׁפָּט וּמְהִר צֶדֶק׃
ו שָׁמַעְנוּ גְאוֹן־מוֹאָב גֵּא מְאֹד גַּאֲוָתוֹ וּגְאוֹנוֹ וְעֶבְרָתוֹ לֹא־כֵן
ז בַּדָּיו׃ לָכֵן יְיֵלִיל מוֹאָב לְמוֹאָב כֻּלֹּה יְיֵלִיל לַאֲשִׁישֵׁי קִיר־
ח חֲרֶשֶׂת תֶּהְגּוּ אַךְ־נְכָאִים׃ כִּי שַׁדְמוֹת חֶשְׁבּוֹן אֻמְלָל גֶּפֶן

שְׁבַמָה בַּעֲלֵי גוֹיִם הָלְמוּ שְׂרוּקֶּיהָ עַד־יַעְזֵר נָגָעוּ תָּעוּ מִדְבָּר
ט שְׁלֻחוֹתֶיהָ נִטְּשׁוּ עָבְרוּ יָם׃ עַל־כֵּן אֶבְכֶּה בִּבְכִי יַעְזֵר גֶּפֶן
שִׂבְמָה אֲרַיָּוֶךְ דִּמְעָתִי חֶשְׁבּוֹן וְאֶלְעָלֵה כִּי עַל־קֵיצֵךְ וְעַל־
י קְצִירֵךְ הֵידָד נָפָל׃ וְנֶאֱסַף שִׂמְחָה וָגִיל מִן־הַכַּרְמֶל וּבַכְּרָמִים
לֹא־יְרֻנָּן לֹא יְרֹעָע יַיִן בַּיְקָבִים לֹא־יִדְרֹךְ הַדֹּרֵךְ הֵידָד
יא הִשְׁבַּתִּי׃ עַל־כֵּן מֵעַי לְמוֹאָב כַּכִּנּוֹר יֶהֱמוּ וְקִרְבִּי לְקִיר חָרֶשׂ׃
יב וְהָיָה כִי־נִרְאָה כִּי־נִלְאָה מוֹאָב עַל־הַבָּמָה וּבָא אֶל־מִקְדָּשׁוֹ
יג לְהִתְפַּלֵּל וְלֹא יוּכָל׃ זֶה הַדָּבָר אֲשֶׁר דִּבֶּר יְהוָה
יד אֶל־מוֹאָב מֵאָז׃ וְעַתָּה דִּבֶּר יְהוָה לֵאמֹר בְּשָׁלֹשׁ שָׁנִים כִּשְׁנֵי
שָׂכִיר וְנִקְלָה כְּבוֹד מוֹאָב בְּכֹל הֶהָמוֹן הָרָב וּשְׁאָר מְעַט מִזְעָר
יז א לוֹא כַבִּיר׃ מַשָּׂא דַּמָּשֶׂק הִנֵּה דַמֶּשֶׂק מוּסָר
ב מֵעִיר וְהָיְתָה מְעִי מַפָּלָה׃ עֲזֻבוֹת עָרֵי עֲרֹעֵר לַעֲדָרִים תִּהְיֶינָה
ג וְרָבְצוּ וְאֵין מַחֲרִיד׃ וְנִשְׁבַּת מִבְצָר מֵאֶפְרַיִם וּמַמְלָכָה
מִדַּמֶּשֶׂק וּשְׁאָר אֲרָם כִּכְבוֹד בְּנֵי־יִשְׂרָאֵל יִהְיוּ נְאֻם יְהוָה
ד צְבָאוֹת׃ וְהָיָה בַּיּוֹם הַהוּא יִדַּל כְּבוֹד יַעֲקֹב
ה וּמִשְׁמַן בְּשָׂרוֹ יֵרָזֶה׃ וְהָיָה כֶּאֱסֹף קָצִיר קָמָה וּזְרֹעוֹ שִׁבֳּלִים
ו יִקְצוֹר וְהָיָה כִּמְלַקֵּט שִׁבֳּלִים בְּעֵמֶק רְפָאִים׃ וְנִשְׁאַר־בּוֹ עוֹלֵלֹת
כְּנֹקֶף זַיִת שְׁנַיִם שְׁלֹשָׁה גַּרְגְּרִים בְּרֹאשׁ אָמִיר אַרְבָּעָה חֲמִשָּׁה
ז בִּסְעִפֶיהָ פֹּרִיָּה נְאֻם־יְהוָה אֱלֹהֵי יִשְׂרָאֵל׃ בַּיּוֹם
הַהוּא יִשְׁעֶה הָאָדָם עַל־עֹשֵׂהוּ וְעֵינָיו אֶל־קְדוֹשׁ יִשְׂרָאֵל
ח תִּרְאֶינָה׃ וְלֹא יִשְׁעֶה אֶל־הַמִּזְבְּחוֹת מַעֲשֵׂה יָדָיו וַאֲשֶׁר עָשׂוּ
ט אֶצְבְּעֹתָיו לֹא יִרְאֶה וְהָאֲשֵׁרִים וְהַחַמָּנִים׃ בַּיּוֹם
הַהוּא יִהְיוּ ׀ עָרֵי מָעֻזּוֹ כַּעֲזוּבַת הַחֹרֶשׁ וְהָאָמִיר אֲשֶׁר עָזְבוּ
י מִפְּנֵי בְּנֵי יִשְׂרָאֵל וְהָיְתָה שְׁמָמָה׃ כִּי שָׁכַחַתְּ אֱלֹהֵי יִשְׁעֵךְ וְצוּר
מָעֻזֵּךְ לֹא זָכָרְתְּ עַל־כֵּן תִּטְּעִי נִטְעֵי נַעֲמָנִים וּזְמֹרַת זָר
יא תִּזְרָעֶנּוּ׃ בְּיוֹם נִטְעֵךְ תְּשַׂגְשֵׂגִי וּבַבֹּקֶר זַרְעֵךְ תַּפְרִיחִי נֵד קָצִיר
יב בְּיוֹם נַחֲלָה וּכְאֵב אָנוּשׁ׃ הוֹי הֲמוֹן עַמִּים רַבִּים

כַּהֲמוֹת יַמִּים יֶהֱמָיוּן וּשְׁאוֹן לְאֻמִּים כִּשְׁאוֹן מַיִם כַּבִּירִים
יג יִשָּׁאוּן׃ לְאֻמִּים כִּשְׁאוֹן מַיִם רַבִּים יִשָּׁאוּן וְגָעַר בּוֹ וְנָס מִמֶּרְחָק
יד וְרֻדַּף כְּמֹץ הָרִים לִפְנֵי־רוּחַ וּכְגַלְגַּל לִפְנֵי סוּפָה׃ לְעֵת עֶרֶב
וְהִנֵּה בַלָּהָה בְּטֶרֶם בֹּקֶר אֵינֶנּוּ זֶה חֵלֶק שׁוֹסֵינוּ וְגוֹרָל
יח א לְבֹזְזֵינוּ׃ הוֹי אֶרֶץ צִלְצַל כְּנָפָיִם אֲשֶׁר מֵעֵבֶר
ב לְנַהֲרֵי־כוּשׁ׃ הַשֹּׁלֵחַ בַּיָּם צִירִים וּבִכְלֵי־גֹמֶא עַל־פְּנֵי־מַיִם לְכוּ ׀
מַלְאָכִים קַלִּים אֶל־גּוֹי מְמֻשָּׁךְ וּמוֹרָט אֶל־עַם נוֹרָא מִן־הוּא
ג וָהָלְאָה גּוֹי קַו־קָו וּמְבוּסָה אֲשֶׁר־בָּזְאוּ נְהָרִים אַרְצוֹ׃ כָּל־
יֹשְׁבֵי תֵבֵל וְשֹׁכְנֵי אָרֶץ כִּנְשֹׂא־נֵס הָרִים תִּרְאוּ וְכִתְקֹעַ שׁוֹפָר
ד תִּשְׁמָעוּ׃ כִּי כֹה אָמַר יהוה אֵלַי אשקוטה — אֶשְׁקֳטָה
ה וְאַבִּיטָה בִמְכוֹנִי כְּחֹם צַח עֲלֵי־אוֹר כְּעָב טַל בְּחֹם קָצִיר׃ כִּי־
לִפְנֵי קָצִיר כְּתָם־פֶּרַח וּבֹסֶר גֹּמֵל יִהְיֶה נִצָּה וְכָרַת הַזַּלְזַלִּים
ו בַּמַּזְמֵרוֹת וְאֶת־הַנְּטִישׁוֹת הֵסִיר הֵתַז׃ יֵעָזְבוּ יַחְדָּו לְעֵיט הָרִים
וּלְבֶהֱמַת הָאָרֶץ וְקָץ עָלָיו הָעַיִט וְכָל־בֶּהֱמַת הָאָרֶץ עָלָיו
ז תֶּחֱרָף׃ בָּעֵת הַהִיא יוּבַל־שַׁי לַיהוָה צְבָאוֹת עַם
מְמֻשָּׁךְ וּמוֹרָט וּמֵעַם נוֹרָא מִן־הוּא וָהָלְאָה גּוֹי ׀ קַו־קָו וּמְבוּסָה
אֲשֶׁר בָּזְאוּ נְהָרִים אַרְצוֹ אֶל־מְקוֹם שֵׁם־יְהוָה צְבָאוֹת הַר־
יט א צִיּוֹן׃ מַשָּׂא מִצְרָיִם הִנֵּה יְהוָה רֹכֵב עַל־עָב קַל
וּבָא מִצְרַיִם וְנָעוּ אֱלִילֵי מִצְרַיִם מִפָּנָיו וּלְבַב מִצְרַיִם יִמַּס
ב בְּקִרְבּוֹ׃ וְסִכְסַכְתִּי מִצְרַיִם בְּמִצְרַיִם וְנִלְחֲמוּ אִישׁ בְּאָחִיו וְאִישׁ
ג בְּרֵעֵהוּ עִיר בְּעִיר מַמְלָכָה בְּמַמְלָכָה׃ וְנָבְקָה רוּחַ־מִצְרַיִם
בְּקִרְבּוֹ וַעֲצָתוֹ אֲבַלֵּעַ וְדָרְשׁוּ אֶל־הָאֱלִילִים וְאֶל־הָאִטִּים וְאֶל־
ד הָאֹבוֹת וְאֶל־הַיִּדְּעֹנִים׃ וְסִכַּרְתִּי אֶת־מִצְרַיִם בְּיַד אֲדֹנִים קָשֶׁה
ה וּמֶלֶךְ עַז יִמְשָׁל־בָּם נְאֻם הָאָדוֹן יְהוָה צְבָאוֹת׃ וְנִשְּׁתוּ־מַיִם
ו מֵהַיָּם וְנָהָר יֶחֱרַב וְיָבֵשׁ׃ וְהֶאֶזְנִיחוּ נְהָרוֹת דָּלְלוּ וְחָרְבוּ יְאֹרֵי
ז מָצוֹר קָנֶה וָסוּף קָמֵלוּ׃ עָרוֹת עַל־יְאוֹר עַל־פִּי יְאוֹר וְכֹל
ח מִזְרַע יְאוֹר יִיבַשׁ נִדַּף וְאֵינֶנּוּ׃ וְאָנוּ הַדַּיָּגִים וְאָבְלוּ כָּל־מַשְׁלִיכֵי

ט בַיְאוֹר חַכָּה וּפֹרְשֵׂי מִכְמֹרֶת עַל־פְּנֵי־מַיִם אֻמְלָלוּ׃ וּבֹשׁוּ עֹבְדֵי
י פִּשְׁתִּים שְׂרִיקוֹת וְאֹרְגִים חוֹרָי׃ וְהָיוּ שָׁתֹתֶיהָ מְדֻכָּאִים כָּל־
יא עֹשֵׂי שֶׂכֶר אַגְמֵי־נָפֶשׁ׃ אַךְ־אֱוִלִים שָׂרֵי צֹעַן חַכְמֵי יֹעֲצֵי פַרְעֹה
עֵצָה נִבְעָרָה אֵיךְ תֹּאמְרוּ אֶל־פַּרְעֹה בֶּן־חֲכָמִים אֲנִי בֶּן־
יב מַלְכֵי־קֶדֶם׃ אַיָּם אֵפוֹא חֲכָמֶיךָ וְיַגִּידוּ נָא לָךְ וְיֵדְעוּ מַה־יָּעַץ
יג יְהוָה צְבָאוֹת עַל־מִצְרָיִם׃ נוֹאֲלוּ שָׂרֵי צֹעַן נִשְּׁאוּ שָׂרֵי נֹף
יד הִתְעוּ אֶת־מִצְרַיִם פִּנַּת שְׁבָטֶיהָ׃ יְהוָה מָסַךְ בְּקִרְבָּהּ רוּחַ
עִוְעִים וְהִתְעוּ אֶת־מִצְרַיִם בְּכָל־מַעֲשֵׂהוּ כְּהִתָּעוֹת שִׁכּוֹר
טו בְּקִיאוֹ׃ וְלֹא־יִהְיֶה לְמִצְרַיִם מַעֲשֶׂה אֲשֶׁר יַעֲשֶׂה רֹאשׁ וְזָנָב
טז כִּפָּה וְאַגְמוֹן׃ בַּיּוֹם הַהוּא יִהְיֶה מִצְרַיִם כַּנָּשִׁים
וְחָרַד ׀ וּפָחַד מִפְּנֵי תְּנוּפַת יַד־יְהוָה צְבָאוֹת אֲשֶׁר־הוּא מֵנִיף
יז עָלָיו׃ וְהָיְתָה אַדְמַת יְהוּדָה לְמִצְרַיִם לְחָגָּא כֹּל אֲשֶׁר יַזְכִּיר
אֹתָהּ אֵלָיו יִפְחָד מִפְּנֵי עֲצַת יְהוָה צְבָאוֹת אֲשֶׁר־הוּא יוֹעֵץ
יח עָלָיו׃ בַּיּוֹם הַהוּא יִהְיוּ חָמֵשׁ עָרִים בְּאֶרֶץ
מִצְרַיִם מְדַבְּרוֹת שְׂפַת כְּנַעַן וְנִשְׁבָּעוֹת לַיהוָה צְבָאוֹת עִיר
יט הַהֶרֶס יֵאָמֵר לְאֶחָת׃ בַּיּוֹם הַהוּא יִהְיֶה מִזְבֵּחַ
כ לַיהוָה בְּתוֹךְ אֶרֶץ מִצְרָיִם וּמַצֵּבָה אֵצֶל־גְּבוּלָהּ לַיהוָה׃ וְהָיָה
לְאוֹת וּלְעֵד לַיהוָה צְבָאוֹת בְּאֶרֶץ מִצְרָיִם כִּי־יִצְעֲקוּ אֶל־יְהוָה
כא מִפְּנֵי לֹחֲצִים וְיִשְׁלַח לָהֶם מוֹשִׁיעַ וָרָב וְהִצִּילָם׃ וְנוֹדַע יְהוָה
לְמִצְרַיִם וְיָדְעוּ מִצְרַיִם אֶת־יְהוָה בַּיּוֹם הַהוּא וְעָבְדוּ זֶבַח וּמִנְחָה
כב וְנָדְרוּ־נֵדֶר לַיהוָה וְשִׁלֵּמוּ׃ וְנָגַף יְהוָה אֶת־מִצְרַיִם נָגֹף וְרָפוֹא
כג וְשָׁבוּ עַד־יְהוָה וְנֶעְתַּר לָהֶם וּרְפָאָם׃ בַּיּוֹם הַהוּא
תִּהְיֶה מְסִלָּה מִמִּצְרַיִם אַשּׁוּרָה וּבָא־אַשּׁוּר בְּמִצְרַיִם וּמִצְרַיִם
כד בְּאַשּׁוּר וְעָבְדוּ מִצְרַיִם אֶת־אַשּׁוּר׃ בַּיּוֹם הַהוּא
יִהְיֶה יִשְׂרָאֵל שְׁלִישִׁיָּה לְמִצְרַיִם וּלְאַשּׁוּר בְּרָכָה בְּקֶרֶב הָאָרֶץ׃
כה אֲשֶׁר בֵּרְכוֹ יְהוָה צְבָאוֹת לֵאמֹר בָּרוּךְ עַמִּי מִצְרַיִם וּמַעֲשֵׂה ח
כ א יְדַי אַשּׁוּר וְנַחֲלָתִי יִשְׂרָאֵל׃ בִּשְׁנַת בֹּא תַרְתָּן

אַשְׁדּוֹדָה בִּשְׁלֹחַ אֹתוֹ סַרְגוֹן מֶלֶךְ אַשּׁוּר וַיִּלָּחֶם בְּאַשְׁדּוֹד
וַיִּלְכְּדָהּ׃ בָּעֵת הַהִיא דִּבֶּר יהוה בְּיַד יְשַׁעְיָהוּ בֶן־אָמוֹץ לֵאמֹר ב
לֵךְ וּפִתַּחְתָּ הַשַּׂק מֵעַל מָתְנֶיךָ וְנַעַלְךָ תַחֲלֹץ מֵעַל רַגְלֶךָ וַיַּעַשׂ
כֵּן הָלֹךְ עָרוֹם וְיָחֵף׃ וַיֹּאמֶר יהוה כַּאֲשֶׁר הָלַךְ ג
עַבְדִּי יְשַׁעְיָהוּ עָרוֹם וְיָחֵף שָׁלֹשׁ שָׁנִים אוֹת וּמוֹפֵת עַל־מִצְרַיִם
וְעַל־כּוּשׁ׃ כֵּן יִנְהַג מֶלֶךְ־אַשּׁוּר אֶת־שְׁבִי מִצְרַיִם וְאֶת־גָּלוּת ד
כּוּשׁ נְעָרִים וּזְקֵנִים עָרוֹם וְיָחֵף וַחֲשׂוּפַי שֵׁת עֶרְוַת מִצְרָיִם׃ וְחַתּוּ ה
וָבֹשׁוּ מִכּוּשׁ מַבָּטָם וּמִן־מִצְרַיִם תִּפְאַרְתָּם׃ וְאָמַר יֹשֵׁב הָאִי ו
הַזֶּה בַּיּוֹם הַהוּא הִנֵּה־כֹה מַבָּטֵנוּ אֲשֶׁר נַסְנוּ שָׁם לְעֶזְרָה לְהִנָּצֵל
מִפְּנֵי מֶלֶךְ אַשּׁוּר וְאֵיךְ נִמָּלֵט אֲנָחְנוּ׃ מַשָּׂא א כא
מִדְבַּר־יָם כְּסוּפוֹת בַּנֶּגֶב לַחֲלֹף מִמִּדְבָּר בָּא מֵאֶרֶץ נוֹרָאָה׃
חָזוּת קָשָׁה הֻגַּד־לִי הַבּוֹגֵד ׀ בּוֹגֵד וְהַשּׁוֹדֵד ׀ שׁוֹדֵד עֲלִי עֵילָם ב
צוּרִי מָדַי כָּל־אַנְחָתָה הִשְׁבַּתִּי׃ עַל־כֵּן מָלְאוּ מָתְנַי חַלְחָלָה ג
צִירִים אֲחָזוּנִי כְּצִירֵי יוֹלֵדָה נַעֲוֵיתִי מִשְּׁמֹעַ נִבְהַלְתִּי מֵרְאוֹת׃
תָּעָה לְבָבִי פַּלָּצוּת בִּעֲתָתְנִי אֵת נֶשֶׁף חִשְׁקִי שָׂם לִי לַחֲרָדָה׃ ד
עָרֹךְ הַשֻּׁלְחָן צָפֹה הַצָּפִית אָכוֹל שָׁתֹה קוּמוּ הַשָּׂרִים מִשְׁחוּ ה
מָגֵן׃ כִּי כֹה אָמַר אֵלַי אֲדֹנָי לֵךְ הַעֲמֵד הַמְצַפֶּה ו
אֲשֶׁר יִרְאֶה יַגִּיד׃ וְרָאָה רֶכֶב צֶמֶד פָּרָשִׁים רֶכֶב חֲמוֹר רֶכֶב ז
גָּמָל וְהִקְשִׁיב קֶשֶׁב רַב־קָשֶׁב׃ וַיִּקְרָא אַרְיֵה עַל־מִצְפֶּה ׀ אֲדֹנָי ח
אָנֹכִי עֹמֵד תָּמִיד יוֹמָם וְעַל־מִשְׁמַרְתִּי אָנֹכִי נִצָּב כָּל־הַלֵּילוֹת׃
וְהִנֵּה־זֶה בָא רֶכֶב אִישׁ צֶמֶד פָּרָשִׁים וַיַּעַן וַיֹּאמֶר נָפְלָה נָפְלָה ט
בָּבֶל וְכָל־פְּסִילֵי אֱלֹהֶיהָ שִׁבַּר לָאָרֶץ׃ מְדֻשָׁתִי וּבֶן־גָּרְנִי י
אֲשֶׁר שָׁמַעְתִּי מֵאֵת יהוה צְבָאוֹת אֱלֹהֵי יִשְׂרָאֵל הִגַּדְתִּי
לָכֶם׃ מַשָּׂא דּוּמָה אֵלַי קֹרֵא מִשֵּׂעִיר שֹׁמֵר מַה־ יא
מִלַּיְלָה שֹׁמֵר מַה־מִּלֵּיל׃ אָמַר שֹׁמֵר אָתָא בֹקֶר וְגַם־לָיְלָה יב
אִם־תִּבְעָיוּן בְּעָיוּ שֻׁבוּ אֵתָיוּ׃ מַשָּׂא בַּעְרָב יג
בַּיַּעַר בַּעְרַב תָּלִינוּ אֹרְחוֹת דְּדָנִים׃ לִקְרַאת צָמֵא הֵתָיוּ יד

מַ֔יִם יֹשְׁבֵי֙ אֶ֣רֶץ תֵּימָ֔א בְּלַחְמ֖וֹ קִדְּמ֥וּ נֹדֵֽד׃ כִּֽי־מִפְּנֵ֥י חֲרָב֖וֹת טו

נָדָ֑דוּ מִפְּנֵ֣י ׀ חֶ֣רֶב נְטוּשָׁ֗ה וּמִפְּנֵי֙ קֶ֣שֶׁת דְּרוּכָ֔ה וּמִפְּנֵ֖י כֹּ֥בֶד

מִלְחָמָֽה׃   כִּי־כֹ֛ה אָמַ֥ר אֲדֹנָ֖י אֵלָ֑י בְּע֤וֹד שָׁנָה֙ כִּשְׁנֵ֣י טז

שָׂכִ֔יר וְכָלָ֖ה כָּל־כְּב֥וֹד קֵדָֽר׃ וּשְׁאָ֧ר מִסְפַּר־קֶ֛שֶׁת גִּבּוֹרֵ֥י בְנֵֽי־ יז

קֵדָ֖ר יִמְעָ֑טוּ כִּ֛י יְהוָ֥ה אֱלֹהֵֽי־יִשְׂרָאֵ֖ל דִּבֵּֽר׃   מַשָּׂ֖א כב א

גֵּ֣יא חִזָּי֑וֹן מַה־לָּ֣ךְ אֵפ֔וֹא כִּֽי־עָלִ֥ית כֻּלָּ֖ךְ לַגַּגּֽוֹת׃ תְּשֻׁא֣וֹת ׀ ב

מְלֵאָ֞ה עִ֣יר הֽוֹמִיָּ֗ה קִרְיָ֖ה עַלִּיזָ֑ה חֲלָלַ֨יִךְ֙ לֹ֣א חַלְלֵי־חֶ֔רֶב וְלֹ֖א

מֵתֵ֥י מִלְחָמָֽה׃ כָּל־קְצִינַ֤יִךְ נָֽדְדוּ־יַ֔חַד מִקֶּ֖שֶׁת אֻסָּ֑רוּ כָּל־ ג

נִמְצָאַ֨יִךְ֙ אֻסְּר֣וּ יַחְדָּ֔ו מֵרָח֖וֹק בָּרָֽחוּ׃ עַל־כֵּ֥ן אָמַ֛רְתִּי שְׁע֥וּ מִנִּ֖י ד

אֲמָרֵ֣ר בַּבֶּ֑כִי אַל־תָּאִ֣יצוּ לְנַֽחֲמֵ֔נִי עַל־שֹׁ֖ד בַּת־עַמִּֽי׃ כִּ֣י י֥וֹם ה

מְהוּמָ֧ה וּמְבוּסָ֛ה וּמְבוּכָ֖ה לַֽאדֹנָ֣י יְהוִ֣ה צְבָא֑וֹת בְּגֵ֣יא חִזָּי֔וֹן

מְקַרְקַ֥ר קִ֖ר וְשׁ֥וֹעַ אֶל־הָהָֽר׃ וְעֵילָם֙ נָשָׂ֣א אַשְׁפָּ֔ה בְּרֶ֥כֶב אָדָ֖ם ו

פָּֽרָשִׁ֑ים וְקִ֥יר עֵרָ֖ה מָגֵֽן׃ וַיְהִ֥י מִבְחַר־עֲמָקַ֖יִךְ מָ֣לְאוּ רָ֑כֶב ז

וְהַפָּ֣רָשִׁ֔ים שֹׁ֥ת שָׁ֖תוּ הַשָּֽׁעְרָה׃ וַיְגַ֕ל אֵ֖ת מָסַ֣ךְ יְהוּדָ֑ה וַתַּבֵּט֙ ח

בַּיּ֣וֹם הַה֔וּא אֶל־נֶ֖שֶׁק בֵּ֥ית הַיָּֽעַר׃ וְאֵ֨ת בְּקִיעֵ֧י עִיר־דָּוִ֛ד רְאִיתֶ֖ם ט

כִּי־רָ֑בּוּ וַֽתְּקַבְּצ֔וּ אֶת־מֵ֥י הַבְּרֵכָ֖ה הַתַּחְתּוֹנָֽה׃ וְאֶת־בָּתֵּ֤י י

יְרֽוּשָׁלִַ֨ם֙ סְפַרְתֶּ֔ם וַתִּתְצוּ֙ הַבָּ֣תִּ֔ים לְבַצֵּ֖ר הַֽחוֹמָֽה׃ וּמִקְוָ֣ה ׀ יא

עֲשִׂיתֶ֗ם בֵּ֚ין הַחֹ֣מֹתַ֔יִם לְמֵ֖י הַבְּרֵכָ֣ה הַיְשָׁנָ֑ה וְלֹ֤א הִבַּטְתֶּם֙ אֶל־

עֹשֶׂ֔יהָ וְיֹצְרָ֥הּ מֵֽרָח֖וֹק לֹ֥א רְאִיתֶֽם׃ וַיִּקְרָ֗א אֲדֹנָ֧י יְהוִ֛ה צְבָא֖וֹת יב

בַּיּ֣וֹם הַה֑וּא לִבְכִי֙ וּלְמִסְפֵּ֔ד וּלְקָרְחָ֖ה וְלַֽחֲגֹ֥ר שָֽׂק׃ וְהִנֵּ֣ה ׀ שָׂשׂ֣וֹן יג

וְשִׂמְחָ֗ה הָרֹ֤ג ׀ בָּקָר֙ וְשָׁחֹ֣ט צֹ֔אן אָכֹ֥ל בָּשָׂ֖ר וְשָׁת֣וֹת יָ֑יִן

אָכ֣וֹל וְשָׁת֔וֹ כִּ֥י מָחָ֖ר נָמֽוּת׃ וְנִגְלָ֥ה בְאָזְנָ֖י יְהוָ֣ה צְבָא֑וֹת יד

אִם־יְכֻפַּ֞ר הֶעָוֺ֤ן הַזֶּה֙ לָכֶ֔ם עַד־תְּמֻת֔וּן אָמַ֛ר אֲדֹנָ֥י יְהוִ֖ה

צְבָאֽוֹת׃   כֹּ֥ה אָמַ֛ר אֲדֹנָ֥י יְהוִ֖ה צְבָא֑וֹת לֶךְ־בֹּא֙ טו

אֶל־הַסֹּכֵ֣ן הַזֶּ֔ה עַל־שֶׁבְנָ֖א אֲשֶׁ֣ר עַל־הַבָּֽיִת׃ מַה־לְּךָ֥ פֹה֙ וּמִ֣י טז

לְךָ֣ פֹ֔ה כִּֽי־חָצַ֧בְתָּ לְּךָ֛ פֹּ֖ה קָ֑בֶר חֹֽצְבִ֤י מָרוֹם֙ קִבְר֔וֹ חֹקְקִ֥י בַסֶּ֖לַע

מִשְׁכָּ֥ן לֽוֹ׃ הִנֵּ֤ה יְהוָה֙ מְטַלְטֶלְךָ֔ טַלְטֵלָ֖ה גָּ֑בֶר וְעֹטְךָ֖ עָטֹֽה׃ יז

                               שיג

צָנוֹף יִצְנָפְךָ צְנֵפָה כַּדּוּר אֶל־אֶרֶץ רַחֲבַת יָדָיִם שָׁמָּה תָמוּת יח
וְשָׁמָּה מַרְכְּבוֹת כְּבוֹדֶךָ קְלוֹן בֵּית אֲדֹנֶיךָ׃ וַהֲדַפְתִּיךָ מִמַּצָּבֶךָ יט
וּמִמַּעֲמָדְךָ יֶהֶרְסֶךָ׃ וְהָיָה בַּיּוֹם הַהוּא וְקָרָאתִי לְעַבְדִּי לְאֶלְיָקִים כ
בֶּן־חִלְקִיָּהוּ׃ וְהִלְבַּשְׁתִּיו כֻּתָּנְתֶּךָ וְאַבְנֵטְךָ אֲחַזְּקֶנּוּ וּמֶמְשַׁלְתְּךָ כא
אֶתֵּן בְּיָדוֹ וְהָיָה לְאָב לְיוֹשֵׁב יְרוּשָׁלִַם וּלְבֵית יְהוּדָה׃ וְנָתַתִּי כב
מַפְתֵּחַ בֵּית־דָּוִד עַל־שִׁכְמוֹ וּפָתַח וְאֵין סֹגֵר וְסָגַר וְאֵין פֹּתֵחַ׃
ט וּתְקַעְתִּיו יָתֵד בְּמָקוֹם נֶאֱמָן וְהָיָה לְכִסֵּא כָבוֹד לְבֵית אָבִיו׃ כג
וְתָלוּ עָלָיו כֹּל ׀ כְּבוֹד בֵּית־אָבִיו הַצֶּאֱצָאִים וְהַצְּפִעוֹת כֹּל כד
כְּלֵי הַקָּטָן מִכְּלֵי הָאַגָּנוֹת וְעַד כָּל־כְּלֵי הַנְּבָלִים׃ בַּיּוֹם כה
הַהוּא נְאֻם יהוה צְבָאוֹת תָּמוּשׁ הַיָּתֵד הַתְּקוּעָה בְּמָקוֹם
נֶאֱמָן וְנִגְדְּעָה וְנָפְלָה וְנִכְרַת הַמַּשָּׂא אֲשֶׁר־עָלֶיהָ כִּי יהוה
דִּבֵּר׃ מַשָּׂא צֹר הֵילִילוּ ׀ אֳנִיּוֹת תַּרְשִׁישׁ כִּי־שֻׁדַּד א כג
מִבַּיִת מִבּוֹא מֵאֶרֶץ כִּתִּים נִגְלָה־לָמוֹ׃ דֹּמּוּ יֹשְׁבֵי אִי סֹחֵר ב
צִידוֹן עֹבֵר יָם מִלְאוּךְ׃ וּבְמַיִם רַבִּים זֶרַע שִׁחֹר קְצִיר יְאוֹר ג
תְּבוּאָתָהּ וַתְּהִי סְחַר גּוֹיִם׃ בּוֹשִׁי צִידוֹן כִּי־אָמַר יָם מָעוֹז הַיָּם ד
לֵאמֹר לֹא־חַלְתִּי וְלֹא־יָלַדְתִּי וְלֹא גִדַּלְתִּי בַחוּרִים רוֹמַמְתִּי
בְתוּלוֹת׃ כַּאֲשֶׁר־שֵׁמַע לְמִצְרָיִם יָחִילוּ כְּשֵׁמַע צֹר׃ עִבְרוּ ה ו
תַּרְשִׁישָׁה הֵילִילוּ יֹשְׁבֵי אִי׃ הֲזֹאת לָכֶם עַלִּיזָה מִימֵי־קֶדֶם ז
קַדְמָתָהּ יֹבִלוּהָ רַגְלֶיהָ מֵרָחוֹק לָגוּר׃ מִי יָעַץ זֹאת עַל־צֹר ח
הַמַּעֲטִירָה אֲשֶׁר סֹחֲרֶיהָ שָׂרִים כִּנְעָנֶיהָ נִכְבַּדֵּי־אָרֶץ׃ יהוה ט
צְבָאוֹת יְעָצָהּ לְחַלֵּל גְּאוֹן כָּל־צְבִי לְהָקֵל כָּל־נִכְבַּדֵּי־אָרֶץ׃
עִבְרִי אַרְצֵךְ כַּיְאֹר בַּת־תַּרְשִׁישׁ אֵין מֵזַח עוֹד׃ יָדוֹ נָטָה עַל־ י יא
הַיָּם הִרְגִּיז מַמְלָכוֹת יהוה צִוָּה אֶל־כְּנַעַן לַשְׁמִד מָעֻזְנֶיהָ׃
וַיֹּאמֶר לֹא־תוֹסִיפִי עוֹד לַעֲלוֹז הַמְעֻשָּׁקָה בְּתוּלַת בַּת־צִידוֹן יב
כִּתִּים כתיים קוּמִי עֲבֹרִי גַּם־שָׁם לֹא־יָנוּחַ לָךְ׃ הֵן ׀ אֶרֶץ כַּשְׂדִּים זֶה יג
בַּחוּנָיו הָעָם לֹא הָיָה אַשּׁוּר יְסָדָהּ לְצִיִּים הֵקִימוּ בחיניו עֹרְרוּ
אַרְמְנוֹתֶיהָ שָׂמָהּ לְמַפֵּלָה׃ הֵילִילוּ אֳנִיּוֹת תַּרְשִׁישׁ כִּי שֻׁדַּד יד

טו מָעֻזְּכֶֽן׃ וְהָיָה בַּיּוֹם הַהוּא וְנִשְׁכַּחַת צֹר שִׁבְעִים
שָׁנָה כִּימֵי מֶלֶךְ אֶחָד מִקֵּץ שִׁבְעִים שָׁנָה יִהְיֶה לְצֹר כְּשִׁירַת
טז הַזּוֹנָה׃ קְחִי כִנּוֹר סֹבִּי עִיר זוֹנָה נִשְׁכָּחָה הֵיטִיבִי נַגֵּן הַרְבִּי־
יז שִׁיר לְמַעַן תִּזָּכֵֽרִי׃ וְהָיָה מִקֵּץ ׀ שִׁבְעִים שָׁנָה יִפְקֹד יהוה אֶת־
צֹר וְשָׁבָה לְאֶתְנַנָּה וְזָנְתָה אֶת־כָּל־מַמְלְכוֹת הָאָרֶץ עַל־פְּנֵי
יח הָאֲדָמָֽה׃ וְהָיָה סַחְרָהּ וְאֶתְנַנָּהּ קֹדֶשׁ לַיהוה לֹא יֵאָצֵר וְלֹא יֵחָסֵן
כִּי לַיֹּשְׁבִים לִפְנֵי יהוה יִהְיֶה סַחְרָהּ לֶאֱכֹל לְשָׂבְעָה וְלִמְכַסֶּה
כד א עָתִֽיק׃ הִנֵּה יהוה בּוֹקֵק הָאָרֶץ וּבוֹלְקָהּ וְעִוָּה
ב פָנֶיהָ וְהֵפִיץ יֹשְׁבֶֽיהָ׃ וְהָיָה כָעָם כַּכֹּהֵן כַּעֶבֶד כַּאדֹנָיו כַּשִּׁפְחָה
כַּגְּבִרְתָּהּ כַּקּוֹנֶה כַּמּוֹכֵר כַּמַּלְוֶה כַּלֹּוֶה כַּנֹּשֶׁה כַּאֲשֶׁר נֹשֵׁא בֽוֹ׃
ג הִבּוֹק ׀ תִּבּוֹק הָאָרֶץ וְהִבּוֹז ׀ תִּבּוֹז כִּי יהוה דִּבֶּר אֶת־הַדָּבָר
ד הַזֶּֽה׃ אָבְלָה נָבְלָה הָאָרֶץ אֻמְלְלָה נָבְלָה תֵּבֵל אֻמְלָלוּ מְרוֹם
ה עַם־הָאָֽרֶץ׃ וְהָאָרֶץ חָנְפָה תַּחַת יֹשְׁבֶיהָ כִּי־עָבְרוּ תוֹרֹת חָלְפוּ
ו חֹק הֵפֵרוּ בְּרִית עוֹלָֽם׃ עַל־כֵּן אָלָה אָכְלָה אֶרֶץ וַיֶּאְשְׁמוּ יֹשְׁבֵי
ז בָהּ עַל־כֵּן חָרוּ יֹשְׁבֵי אֶרֶץ וְנִשְׁאַר אֱנוֹשׁ מִזְעָֽר׃ אָבַל תִּירוֹשׁ
ח אֻמְלְלָה־גָפֶן נֶאֶנְחוּ כָּל־שִׂמְחֵי־לֵֽב׃ שָׁבַת מְשׂוֹשׂ תֻּפִּים חָדַל
ט שְׁאוֹן עַלִּיזִים שָׁבַת מְשׂוֹשׂ כִּנּֽוֹר׃ בַּשִּׁיר לֹא יִשְׁתּוּ־יָיִן יֵמַר
י יא שֵׁכָר לְשֹׁתָֽיו׃ נִשְׁבְּרָה קִרְיַת־תֹּהוּ סֻגַּר כָּל־בַּיִת מִבּֽוֹא׃ צְוָחָה
יב עַל־הַיַּיִן בַּחוּצוֹת עָרְבָה כָּל־שִׂמְחָה גָּלָה מְשׂוֹשׂ הָאָֽרֶץ׃ נִשְׁאַר
יג בָּעִיר שַׁמָּה וּשְׁאִיָּה יֻכַּת־שָֽׁעַר׃ כִּי כֹה יִהְיֶה בְּקֶרֶב הָאָרֶץ
יד בְּתוֹךְ הָעַמִּים כְּנֹקֶף זַיִת כְּעוֹלֵלֹת אִם־כָּלָה בָצִֽיר׃ הֵמָּה יִשְׂאוּ
טו קוֹלָם יָרֹנּוּ בִּגְאוֹן יהוה צָהֲלוּ מִיָּֽם׃ עַל־כֵּן בָּאֻרִים כַּבְּדוּ יהוה
טז בְּאִיֵּי הַיָּם שֵׁם יהוה אֱלֹהֵי יִשְׂרָאֵֽל׃ מִכְּנַף
הָאָרֶץ זְמִרֹת שָׁמַעְנוּ צְבִי לַצַּדִּיק וָאֹמַר רָזִי־לִי רָזִי־לִי אוֹי לִי
יז בֹּגְדִים בָּגָדוּ וּבֶגֶד בּוֹגְדִים בָּגָֽדוּ׃ פַּחַד וָפַחַת וָפָח עָלֶיךָ יוֹשֵׁב
יח הָאָֽרֶץ׃ וְהָיָה הַנָּס מִקּוֹל הַפַּחַד יִפֹּל אֶל־הַפַּחַת וְהָעוֹלֶה מִתּוֹךְ
הַפַּחַת יִלָּכֵד בַּפָּח כִּי־אֲרֻבּוֹת מִמָּרוֹם נִפְתָּחוּ וַיִּרְעֲשׁוּ מוֹסְדֵי

יט אָרֶץ׃ רֹעָה הִתְרֹעֲעָה הָאָרֶץ פּוֹר הִתְפּוֹרְרָה אֶרֶץ מוֹט
כ הִתְמוֹטְטָה אָרֶץ׃ נוֹעַ תָּנוּעַ אֶרֶץ כַּשִּׁכּוֹר וְהִתְנוֹדְדָה כַּמְּלוּנָה
כא וְכָבַד עָלֶיהָ פִּשְׁעָהּ וְנָפְלָה וְלֹא־תֹסִיף קוּם׃ וְהָיָה
בַּיּוֹם הַהוּא יִפְקֹד יְהוָה עַל־צְבָא הַמָּרוֹם בַּמָּרוֹם וְעַל־מַלְכֵי
כב הָאֲדָמָה עַל־הָאֲדָמָה׃ וְאֻסְּפוּ אֲסֵפָה אַסִּיר עַל־בּוֹר וְסֻגְּרוּ עַל־
כג מַסְגֵּר וּמֵרֹב יָמִים יִפָּקֵדוּ׃ וְחָפְרָה הַלְּבָנָה וּבוֹשָׁה הַחַמָּה י
כִּי־מָלַךְ יְהוָה צְבָאוֹת בְּהַר צִיּוֹן וּבִירוּשָׁלִַם וְנֶגֶד זְקֵנָיו
כה א כָּבוֹד׃ יְהוָה אֱלֹהַי אַתָּה אֲרוֹמִמְךָ אוֹדֶה שִׁמְךָ
ב כִּי עָשִׂיתָ פֶּלֶא עֵצוֹת מֵרָחוֹק אֱמוּנָה אֹמֶן׃ כִּי שַׂמְתָּ מֵעִיר לַגָּל
קִרְיָה בְצוּרָה לְמַפֵּלָה אַרְמוֹן זָרִים מֵעִיר לְעוֹלָם לֹא יִבָּנֶה׃
ג ד עַל־כֵּן יְכַבְּדוּךָ עַם־עָז קִרְיַת גּוֹיִם עָרִיצִים יִירָאוּךָ׃ כִּי־הָיִיתָ
מָעוֹז לַדָּל מָעוֹז לָאֶבְיוֹן בַּצַּר־לוֹ מַחְסֶה מִזֶּרֶם צֵל מֵחֹרֶב כִּי
ה רוּחַ עָרִיצִים כְּזֶרֶם קִיר׃ כְּחֹרֶב בְּצָיוֹן שְׁאוֹן זָרִים תַּכְנִיעַ חֹרֶב
ו בְּצֵל עָב זְמִיר עָרִיצִים יַעֲנֶה׃ וְעָשָׂה יְהוָה
צְבָאוֹת לְכָל־הָעַמִּים בָּהָר הַזֶּה מִשְׁתֵּה שְׁמָנִים מִשְׁתֵּה שְׁמָרִים
ז שְׁמָנִים מְמֻחָיִם שְׁמָרִים מְזֻקָּקִים׃ וּבִלַּע בָּהָר הַזֶּה פְּנֵי־הַלּוֹט
ח הַלּוֹט עַל־כָּל־הָעַמִּים וְהַמַּסֵּכָה הַנְּסוּכָה עַל־כָּל־הַגּוֹיִם׃ בִּלַּע
הַמָּוֶת לָנֶצַח וּמָחָה אֲדֹנָי יְהוִה דִּמְעָה מֵעַל כָּל־פָּנִים וְחֶרְפַּת
ט עַמּוֹ יָסִיר מֵעַל כָּל־הָאָרֶץ כִּי יְהוָה דִּבֵּר׃ וְאָמַר
בַּיּוֹם הַהוּא הִנֵּה אֱלֹהֵינוּ זֶה קִוִּינוּ לוֹ וְיוֹשִׁיעֵנוּ זֶה יְהוָה קִוִּינוּ
י לוֹ נָגִילָה וְנִשְׂמְחָה בִּישׁוּעָתוֹ׃ כִּי־תָנוּחַ יַד־יְהוָה בָּהָר הַזֶּה
יא וְנָדוֹשׁ מוֹאָב תַּחְתָּיו כְּהִדּוֹשׁ מַתְבֵּן בְּמֵי מַדְמֵנָה׃ וּפֵרַשׂ יָדָיו בְּמוֹ
בְּקִרְבּוֹ כַּאֲשֶׁר יְפָרֵשׂ הַשֹּׂחֶה לִשְׂחוֹת וְהִשְׁפִּיל גַּאֲוָתוֹ עִם
יב אָרְבּוֹת יָדָיו׃ וּמִבְצַר מִשְׂגַּב חוֹמֹתֶיךָ הֵשַׁח הִשְׁפִּיל הִגִּיעַ
כו א לָאָרֶץ עַד־עָפָר׃ בַּיּוֹם הַהוּא יוּשַׁר הַשִּׁיר־הַזֶּה
ב בְּאֶרֶץ יְהוּדָה עִיר עָז־לָנוּ יְשׁוּעָה יָשִׁית חוֹמוֹת וָחֵל׃ פִּתְחוּ
ג שְׁעָרִים וְיָבֹא גוֹי־צַדִּיק שֹׁמֵר אֱמֻנִים׃ יֵצֶר סָמוּךְ תִּצֹּר שָׁלוֹם

ד שָׁלוֹם כִּי בְךָ בָּטוּחַ: בִּטְחוּ בַיהוָה עֲדֵי־עַד כִּי בְּיָהּ יְהוָה צוּר
ה עוֹלָמִים: כִּי הֵשַׁח יֹשְׁבֵי מָרוֹם קִרְיָה נִשְׂגָּבָה יַשְׁפִּילֶנָּה יַשְׁפִּילָהּ
ו עַד־אֶרֶץ יַגִּיעֶנָּה עַד־עָפָר: תִּרְמְסֶנָּה רָגֶל רַגְלֵי עָנִי פַּעֲמֵי
ז ח דַלִּים: אֹרַח לַצַּדִּיק מֵישָׁרִים יָשָׁר מַעְגַּל צַדִּיק תְּפַלֵּס: אַף
ט אֹרַח מִשְׁפָּטֶיךָ יְהוָה קִוִּינוּךָ לְשִׁמְךָ וּלְזִכְרְךָ תַּאֲוַת־נָפֶשׁ: נַפְשִׁי
אִוִּיתִךָ בַּלַּיְלָה אַף־רוּחִי בְקִרְבִּי אֲשַׁחֲרֶךָּ כִּי כַּאֲשֶׁר מִשְׁפָּטֶיךָ
י לָאָרֶץ צֶדֶק לָמְדוּ יֹשְׁבֵי תֵבֵל: יֻחַן רָשָׁע בַּל־לָמַד צֶדֶק בְּאֶרֶץ
יא נְכֹחוֹת יְעַוֵּל וּבַל־יִרְאֶה גֵּאוּת יְהוָה: יְהוָה רָמָה
יָדְךָ בַּל־יֶחֱזָיוּן יֶחֱזוּ וְיֵבֹשׁוּ קִנְאַת־עָם אַף־אֵשׁ צָרֶיךָ תֹאכְלֵם:
יב יג יְהוָה תִּשְׁפֹּת שָׁלוֹם לָנוּ כִּי גַּם כָּל־מַעֲשֵׂינוּ פָּעַלְתָּ לָּנוּ: יְהוָה
יד אֱלֹהֵינוּ בְּעָלוּנוּ אֲדֹנִים זוּלָתֶךָ לְבַד־בְּךָ נַזְכִּיר שְׁמֶךָ: מֵתִים
בַּל־יִחְיוּ רְפָאִים בַּל־יָקֻמוּ לָכֵן פָּקַדְתָּ וַתַּשְׁמִידֵם וַתְּאַבֵּד כָּל־
טו זֵכֶר לָמוֹ: יָסַפְתָּ לַגּוֹי יְהוָה יָסַפְתָּ לַגּוֹי נִכְבָּדְתָּ רִחַקְתָּ כָּל־
טז קַצְוֵי־אָרֶץ: יְהוָה בַּצַּר פְּקָדוּךָ צָקוּן לַחַשׁ
יז מוּסָרְךָ לָמוֹ: כְּמוֹ הָרָה תַּקְרִיב לָלֶדֶת תָּחִיל תִּזְעַק בַּחֲבָלֶיהָ
יח כֵּן הָיִינוּ מִפָּנֶיךָ יְהוָה: הָרִינוּ חַלְנוּ כְּמוֹ יָלַדְנוּ רוּחַ יְשׁוּעֹת בַּל־
יט נַעֲשֶׂה אֶרֶץ וּבַל־יִפְּלוּ יֹשְׁבֵי תֵבֵל: יִחְיוּ מֵתֶיךָ נְבֵלָתִי יְקוּמוּן
הָקִיצוּ וְרַנְּנוּ שֹׁכְנֵי עָפָר כִּי טַל אוֹרֹת טַלֶּךָ וָאָרֶץ רְפָאִים
כ תַּפִּיל: לֵךְ עַמִּי בֹּא בַחֲדָרֶיךָ וּסְגֹר דלתיך בַּעֲדֶךָ דְּלָתְךָ
כא חֲבִי כִמְעַט־רֶגַע עַד־יעבור־זָעַם: כִּי־הִנֵּה יְהוָה יֹצֵא מִמְּקוֹמוֹ יַעֲבָר־
לִפְקֹד עֲוֹן יֹשֵׁב־הָאָרֶץ עָלָיו וְגִלְּתָה הָאָרֶץ אֶת־דָּמֶיהָ
כז א וְלֹא־תְכַסֶּה עוֹד עַל־הֲרוּגֶיהָ: בַּיּוֹם הַהוּא יִפְקֹד
יְהוָה בְּחַרְבּוֹ הַקָּשָׁה וְהַגְּדוֹלָה וְהַחֲזָקָה עַל לִוְיָתָן נָחָשׁ
בָּרִחַ וְעַל לִוְיָתָן נָחָשׁ עֲקַלָּתוֹן וְהָרַג אֶת־הַתַּנִּין אֲשֶׁר
ב ג בַּיָּם: בַּיּוֹם הַהוּא כֶּרֶם חֶמֶר עַנּוּ־לָהּ: אֲנִי יְהוָה
נֹצְרָהּ לִרְגָעִים אַשְׁקֶנָּה פֶּן יִפְקֹד עָלֶיהָ לַיְלָה וָיוֹם אֶצֳּרֶנָּה:
ד חֵמָה אֵין לִי מִי־יִתְּנֵנִי שָׁמִיר שַׁיִת בַּמִּלְחָמָה אֶפְשְׂעָה בָהּ

ה אֲצִיתֶנָּה יָּחַד: אוֹ יַחֲזֵק בְּמָעוּזִּי יַעֲשֶׂה שָׁלוֹם לִי שָׁלוֹם יַעֲשֶׂה־
ו לִּי: הַבָּאִים יַשְׁרֵשׁ יַעֲקֹב יָצִיץ וּפָרַח יִשְׂרָאֵל וּמָלְאוּ פְנֵי־תֵבֵל
ז תְּנוּבָה: הַכְּמַכַּת מַכֵּהוּ הִכָּהוּ אִם־כְּהֶרֶג הֲרֻגָיו
ח הֹרָג: בְּסַאסְּאָה בְּשַׁלְחָהּ תְּרִיבֶנָּה הָגָה בְּרוּחוֹ הַקָּשָׁה בְּיוֹם
ט קָדִים: לָכֵן בְּזֹאת יְכֻפַּר עֲוֺן־יַעֲקֹב וְזֶה כָּל־פְּרִי הָסִר חַטָּאתוֹ
בְּשׂוּמוֹ ׀ כָּל־אַבְנֵי מִזְבֵּחַ כְּאַבְנֵי־גִר מְנֻפָּצוֹת לֹא־יָקֻמוּ אֲשֵׁרִים
י וְחַמָּנִים: כִּי עִיר בְּצוּרָה בָּדָד נָוֶה מְשֻׁלָּח וְנֶעֱזָב כַּמִּדְבָּר שָׁם
יא יִרְעֶה עֵגֶל וְשָׁם יִרְבָּץ וְכִלָּה סְעִפֶיהָ: בִּיבֹשׁ קְצִירָהּ תִּשָּׁבַרְנָה
נָשִׁים בָּאוֹת מְאִירוֹת אוֹתָהּ כִּי לֹא עַם־בִּינוֹת הוּא עַל־כֵּן
יב לֹא־יְרַחֲמֶנּוּ עֹשֵׂהוּ וְיֹצְרוֹ לֹא יְחֻנֶּנּוּ: וְהָיָה בַּיּוֹם יא
הַהוּא יַחְבֹּט יְהוָה מִשִּׁבֹּלֶת הַנָּהָר עַד־נַחַל מִצְרָיִם וְאַתֶּם
יג תְּלֻקְּטוּ לְאַחַד אֶחָד בְּנֵי יִשְׂרָאֵל: וְהָיָה ׀ בַּיּוֹם
הַהוּא יִתָּקַע בְּשׁוֹפָר גָּדוֹל וּבָאוּ הָאֹבְדִים בְּאֶרֶץ אַשּׁוּר
וְהַנִּדָּחִים בְּאֶרֶץ מִצְרָיִם וְהִשְׁתַּחֲווּ לַיהוָה בְּהַר הַקֹּדֶשׁ
כח א בִּירוּשָׁלִָם: הוֹי עֲטֶרֶת גֵּאוּת שִׁכֹּרֵי אֶפְרַיִם וְצִיץ
ב נֹבֵל צְבִי תִפְאַרְתּוֹ אֲשֶׁר עַל־רֹאשׁ גֵּיא־שְׁמָנִים הֲלוּמֵי יָיִן: הִנֵּה
חָזָק וְאַמִּץ לַאדֹנָי כְּזֶרֶם בָּרָד שַׂעַר קָטֶב כְּזֶרֶם מַיִם כַּבִּירִים
ג שֹׁטְפִים הִנִּיחַ לָאָרֶץ בְּיָד: בְּרַגְלַיִם תֵּרָמַסְנָה עֲטֶרֶת גֵּאוּת
ד שִׁכּוֹרֵי אֶפְרָיִם: וְהָיְתָה צִיצַת נֹבֵל צְבִי תִפְאַרְתּוֹ אֲשֶׁר עַל־
רֹאשׁ גֵּיא שְׁמָנִים כְּבִכּוּרָהּ בְּטֶרֶם קַיִץ אֲשֶׁר יִרְאֶה הָרֹאֶה
ה אוֹתָהּ בְּעוֹדָהּ בְּכַפּוֹ יִבְלָעֶנָּה: בַּיּוֹם הַהוּא יִהְיֶה
יְהוָה צְבָאוֹת לַעֲטֶרֶת צְבִי וְלִצְפִירַת תִּפְאָרָה לִשְׁאָר עַמּוֹ:
ו וּלְרוּחַ מִשְׁפָּט לַיּוֹשֵׁב עַל־הַמִּשְׁפָּט וְלִגְבוּרָה מְשִׁיבֵי מִלְחָמָה
ז שָׁעְרָה: וְגַם־אֵלֶּה בַּיַּיִן שָׁגוּ וּבַשֵּׁכָר תָּעוּ כֹּהֵן וְנָבִיא שָׁגוּ בַשֵּׁכָר
ח נִבְלְעוּ מִן־הַיַּיִן תָּעוּ מִן־הַשֵּׁכָר שָׁגוּ בָּרֹאֶה פָּקוּ פְּלִילִיָּה: כִּי
ט כָּל־שֻׁלְחָנוֹת מָלְאוּ קִיא צֹאָה בְּלִי מָקוֹם: אֶת־
מִי יוֹרֶה דֵעָה וְאֶת־מִי יָבִין שְׁמוּעָה גְּמוּלֵי מֵחָלָב עַתִּיקֵי

י מִשָּׁדָיִם: כִּי צַו לָצָו צַו לָצָו קַו לָקָו קַו לָקָו זְעֵיר שָׁם זְעֵיר שָׁם:
יא יב כִּי בְּלַעֲגֵי שָׂפָה וּבְלָשׁוֹן אַחֶרֶת יְדַבֵּר אֶל־הָעָם הַזֶּה: אֲשֶׁר ׀
אָמַר אֲלֵיהֶם זֹאת הַמְּנוּחָה הָנִיחוּ לֶעָיֵף וְזֹאת הַמַּרְגֵּעָה וְלֹא
יג אָבוּא שְׁמוֹעַ: וְהָיָה לָהֶם דְּבַר־יְהוָה צַו לָצָו צַו לָצָו קַו לָקָו קַו
לָקָו זְעֵיר שָׁם זְעֵיר שָׁם לְמַעַן יֵלְכוּ וְכָשְׁלוּ אָחוֹר וְנִשְׁבָּרוּ וְנוֹקְשׁוּ
יד וְנִלְכָּדוּ: לָכֵן שִׁמְעוּ דְבַר־יְהוָה אַנְשֵׁי לָצוֹן
טו מֹשְׁלֵי הָעָם הַזֶּה אֲשֶׁר בִּירוּשָׁלִָם: כִּי אֲמַרְתֶּם כָּרַתְנוּ בְרִית
אֶת־מָוֶת וְעִם־שְׁאוֹל עָשִׂינוּ חֹזֶה שִׁיט שׁוֹטֵף כִּי־עבר לֹא יְבוֹאֵנוּ שׁוֹט | יַעֲבוֹר
טז כִּי שַׂמְנוּ כָזָב מַחְסֵנוּ וּבַשֶּׁקֶר נִסְתָּרְנוּ: לָכֵן כֹּה
אָמַר אֲדֹנָי יֱהוִה הִנְנִי יִסַּד בְּצִיּוֹן אָבֶן אֶבֶן בֹּחַן פִּנַּת יִקְרַת
יז מוּסָד מוּסָּד הַמַּאֲמִין לֹא יָחִישׁ: וְשַׂמְתִּי מִשְׁפָּט לְקָו וּצְדָקָה
יח לְמִשְׁקָלֶת וְיָעָה בָרָד מַחְסֵה כָזָב וְסֵתֶר מַיִם יִשְׁטֹפוּ: וְכֻפַּר
בְּרִיתְכֶם אֶת־מָוֶת וְחָזוּתְכֶם אֶת־שְׁאוֹל לֹא תָקוּם שׁוֹט שׁוֹטֵף
יט כִּי יַעֲבֹר וִהְיִיתֶם לוֹ לְמִרְמָס: מִדֵּי עָבְרוֹ יִקַּח אֶתְכֶם כִּי־בַבֹּקֶר
כ בַּבֹּקֶר יַעֲבֹר בַּיּוֹם וּבַלָּיְלָה וְהָיָה רַק־זְוָעָה הָבִין שְׁמוּעָה: כִּי־
כא קָצַר הַמַּצָּע מֵהִשְׂתָּרֵעַ וְהַמַּסֵּכָה צָרָה כְּהִתְכַּנֵּס: כִּי כְהַר־
פְּרָצִים יָקוּם יְהוָה כְּעֵמֶק בְּגִבְעוֹן יִרְגָּז לַעֲשׂוֹת מַעֲשֵׂהוּ זָר
כב מַעֲשֵׂהוּ וְלַעֲבֹד עֲבֹדָתוֹ נָכְרִיָּה עֲבֹדָתוֹ: וְעַתָּה אַל־תִּתְלוֹצָצוּ
פֶּן־יֶחְזְקוּ מוֹסְרֵיכֶם כִּי־כָלָה וְנֶחֱרָצָה שָׁמַעְתִּי מֵאֵת אֲדֹנָי יֱהוִה
כג צְבָאוֹת עַל־כָּל־הָאָרֶץ: הַאֲזִינוּ וְשִׁמְעוּ קוֹלִי
כד הַקְשִׁיבוּ וְשִׁמְעוּ אִמְרָתִי: הֲכֹל הַיּוֹם יַחֲרֹשׁ הַחֹרֵשׁ לִזְרֹעַ יְפַתַּח
כה וִישַׂדֵּד אַדְמָתוֹ: הֲלוֹא אִם־שִׁוָּה פָנֶיהָ וְהֵפִיץ קֶצַח וְכַמֹּן יִזְרֹק
כו וְשָׂם חִטָּה שׂוֹרָה וּשְׂעֹרָה נִסְמָן וְכֻסֶּמֶת גְּבֻלָתוֹ: וְיִסְּרוֹ לַמִּשְׁפָּט
כז אֱלֹהָיו יוֹרֶנּוּ: כִּי לֹא בֶחָרוּץ יוּדַשׁ קֶצַח וְאוֹפַן עֲגָלָה עַל־כַּמֹּן
כח יוּסָּב כִּי בַמַּטֶּה יֵחָבֶט קֶצַח וְכַמֹּן בַּשָּׁבֶט: לֶחֶם יוּדָק כִּי
לֹא לָנֶצַח אָדוֹשׁ יְדוּשֶׁנּוּ וְהָמַם גִּלְגַּל עֶגְלָתוֹ וּפָרָשָׁיו לֹא
כט יְדֻקֶּנּוּ: גַּם־זֹאת מֵעִם יְהוָה צְבָאוֹת יָצָאָה הִפְלִא עֵצָה הִגְדִּיל

תּוּשִׁיָּה׃ הוֹי אֲרִיאֵל אֲרִיאֵל קִרְיַת חָנָה דָוִד סְפוּ א
שָׁנָה עַל־שָׁנָה חַגִּים יִנְקֹפוּ׃ וַהֲצִיקוֹתִי לַאֲרִיאֵל וְהָיְתָה תַאֲנִיָּה ב
וַאֲנִיָּה וְהָיְתָה לִּי כַּאֲרִיאֵל׃ וְחָנִיתִי כַדּוּר עָלָיִךְ וְצַרְתִּי עָלַיִךְ מֻצָּב ג
וַהֲקִימֹתִי עָלַיִךְ מְצֻרֹת׃ וְשָׁפַלְתְּ מֵאֶרֶץ תְּדַבֵּרִי וּמֵעָפָר ד
תִּשַּׁח אִמְרָתֵךְ וְהָיָה כְּאוֹב מֵאֶרֶץ קוֹלֵךְ וּמֵעָפָר אִמְרָתֵךְ
תְּצַפְצֵף׃ וְהָיָה כְּאָבָק דַּק הֲמוֹן זָרָיִךְ וּכְמֹץ עֹבֵר הֲמוֹן עָרִיצִים ה
וְהָיָה לְפֶתַע פִּתְאֹם׃ מֵעִם יְהוָה צְבָאוֹת תִּפָּקֵד בְּרַעַם וּבְרַעַשׁ ו
וְקוֹל גָּדוֹל סוּפָה וּסְעָרָה וְלַהַב אֵשׁ אוֹכֵלָה׃ וְהָיָה כַּחֲלוֹם חֲזוֹן ז
לַיְלָה הֲמוֹן כָּל־הַגּוֹיִם הַצֹּבְאִים עַל־אֲרִיאֵל וְכָל־צֹבֶיהָ
וּמְצֹדָתָהּ וְהַמְּצִיקִים לָהּ׃ וְהָיָה כַּאֲשֶׁר יַחֲלֹם הָרָעֵב וְהִנֵּה אוֹכֵל ח
וְהֵקִיץ וְרֵקָה נַפְשׁוֹ וְכַאֲשֶׁר יַחֲלֹם הַצָּמֵא וְהִנֵּה שֹׁתֶה וְהֵקִיץ
וְהִנֵּה עָיֵף וְנַפְשׁוֹ שׁוֹקֵקָה כֵּן יִהְיֶה הֲמוֹן כָּל־הַגּוֹיִם הַצֹּבְאִים
עַל־הַר צִיּוֹן׃ הִתְמַהְמְהוּ וּתְמָהוּ הִשְׁתַּעַשְׁעוּ ט
וָשֹׁעוּ שָׁכְרוּ וְלֹא־יַיִן נָעוּ וְלֹא שֵׁכָר׃ כִּי־נָסַךְ עֲלֵיכֶם יְהוָה רוּחַ י
תַּרְדֵּמָה וַיְעַצֵּם אֶת־עֵינֵיכֶם אֶת־הַנְּבִיאִים וְאֶת־רָאשֵׁיכֶם
הַחֹזִים כִּסָּה׃ וַתְּהִי לָכֶם חָזוּת הַכֹּל כְּדִבְרֵי הַסֵּפֶר הֶחָתוּם יא
סֵפֶר אֲשֶׁר־יִתְּנוּ אֹתוֹ אֶל־יוֹדֵעַ הספר לֵאמֹר קְרָא נָא־זֶה וְאָמַר לֹא
אוּכַל כִּי חָתוּם הוּא׃ וְנִתַּן הַסֵּפֶר עַל אֲשֶׁר לֹא־יָדַע סֵפֶר לֵאמֹר יב
קְרָא נָא־זֶה וְאָמַר לֹא יָדַעְתִּי סֵפֶר׃ וַיֹּאמֶר יג
אֲדֹנָי יַעַן כִּי נִגַּשׁ הָעָם הַזֶּה בְּפִיו וּבִשְׂפָתָיו כִּבְּדוּנִי וְלִבּוֹ רִחַק
מִמֶּנִּי וַתְּהִי יִרְאָתָם אֹתִי מִצְוַת אֲנָשִׁים מְלֻמָּדָה׃ לָכֵן הִנְנִי יד
יוֹסִף לְהַפְלִיא אֶת־הָעָם־הַזֶּה הַפְלֵא וָפֶלֶא וְאָבְדָה חָכְמַת
חֲכָמָיו וּבִינַת נְבֹנָיו תִּסְתַּתָּר׃ הוֹי הַמַּעֲמִיקִים טו
מֵיהוָה לַסְתִּר עֵצָה וְהָיָה בְמַחְשָׁךְ מַעֲשֵׂיהֶם וַיֹּאמְרוּ מִי רֹאֵנוּ
וּמִי יֹדְעֵנוּ׃ הַפְכְּכֶם אִם־כְּחֹמֶר הַיֹּצֵר יֵחָשֵׁב כִּי־יֹאמַר מַעֲשֶׂה טז
לְעֹשֵׂהוּ לֹא עָשָׂנִי וְיֵצֶר אָמַר לְיוֹצְרוֹ לֹא הֵבִין׃ הֲלוֹא־עוֹד מְעַט יז
מִזְעָר וְשָׁב לְבָנוֹן לַכַּרְמֶל וְהַכַּרְמֶל לַיַּעַר יֵחָשֵׁב׃ וְשָׁמְעוּ בַיּוֹם־ יח

הַהוּא הַחֵרְשִׁים דִּבְרֵי־סֵפֶר וּמֵאֹפֶל וּמֵחֹשֶׁךְ עֵינֵי עִוְרִים
יט תִּרְאֶינָה׃ וְיָסְפוּ עֲנָוִים בַּיהוָה שִׂמְחָה וְאֶבְיוֹנֵי אָדָם בִּקְדוֹשׁ
כ יִשְׂרָאֵל יָגִילוּ׃ כִּי־אָפֵס עָרִיץ וְכָלָה לֵץ וְנִכְרְתוּ כָּל־שֹׁקְדֵי
כא אָוֶן׃ מַחֲטִיאֵי אָדָם בְּדָבָר וְלַמּוֹכִיחַ בַּשַּׁעַר יְקֹשׁוּן וַיַּטּוּ בַתֹּהוּ
כב צַדִּיק׃ לָכֵן כֹּה־אָמַר יהוה אֶל־בֵּית יַעֲקֹב אֲשֶׁר
פָּדָה אֶת־אַבְרָהָם לֹא־עַתָּה יֵבוֹשׁ יַעֲקֹב וְלֹא עַתָּה פָּנָיו יֶחֱוָרוּ׃
כג כִּי בִרְאֹתוֹ יְלָדָיו מַעֲשֵׂה יָדַי בְּקִרְבּוֹ יַקְדִּישׁוּ שְׁמִי וְהִקְדִּישׁוּ יב
כד אֶת־קְדוֹשׁ יַעֲקֹב וְאֶת־אֱלֹהֵי יִשְׂרָאֵל יַעֲרִיצוּ׃ וְיָדְעוּ תֹעֵי־רוּחַ
א בִּינָה וְרוֹגְנִים יִלְמְדוּ־לֶקַח׃ הוֹי בָּנִים סוֹרְרִים ל
נְאֻם־יהוה לַעֲשׂוֹת עֵצָה וְלֹא מִנִּי וְלִנְסֹךְ מַסֵּכָה וְלֹא רוּחִי
ב לְמַעַן סְפוֹת חַטָּאת עַל־חַטָּאת׃ הַהֹלְכִים לָרֶדֶת מִצְרַיִם וּפִי
ג לֹא שָׁאָלוּ לָעוֹז בְּמָעוֹז פַּרְעֹה וְלַחְסוֹת בְּצֵל מִצְרָיִם׃ וְהָיָה
ד לָכֶם מָעוֹז פַּרְעֹה לְבֹשֶׁת וְהֶחָסוּת בְּצֵל־מִצְרַיִם לִכְלִמָּה׃ כִּי־
ה הָיוּ בְצֹעַן שָׂרָיו וּמַלְאָכָיו חָנֵס יַגִּיעוּ׃ כֹּל הִבְאִישׁ עַל־עַם
לֹא־יוֹעִילוּ לָמוֹ לֹא לְעֵזֶר וְלֹא לְהוֹעִיל כִּי לְבֹשֶׁת וְגַם־
ו לְחֶרְפָּה׃ מַשָּׂא בַּהֲמוֹת נֶגֶב בְּאֶרֶץ צָרָה וְצוּקָה
לָבִיא וָלַיִשׁ מֵהֶם אֶפְעֶה וְשָׂרָף מְעוֹפֵף יִשְׂאוּ עַל־כֶּתֶף עוֹרִים עְיָרִים
חֵילֵיהֶם וְעַל־דַּבֶּשֶׁת גְּמַלִּים אוֹצְרֹתָם עַל־עַם לֹא יוֹעִילוּ׃
ז וּמִצְרַיִם הֶבֶל וָרִיק יַעְזֹרוּ לָכֵן קָרָאתִי לָזֹאת רַהַב הֵם שָׁבֶת׃
ח עַתָּה בּוֹא כָתְבָהּ עַל־לוּחַ אִתָּם וְעַל־סֵפֶר חֻקָּהּ וּתְהִי לְיוֹם
ט אַחֲרוֹן לָעַד עַד־עוֹלָם׃ כִּי עַם מְרִי הוּא בָּנִים כֶּחָשִׁים בָּנִים
י לֹא־אָבוּ שְׁמוֹעַ תּוֹרַת יהוה׃ אֲשֶׁר אָמְרוּ לָרֹאִים לֹא תִרְאוּ
וְלַחֹזִים לֹא־תֶחֱזוּ־לָנוּ נְכֹחוֹת דַּבְּרוּ־לָנוּ חֲלָקוֹת חֲזוּ מַהֲתַלּוֹת׃
יא סוּרוּ מִנֵּי־דֶרֶךְ הַטּוּ מִנֵּי־אֹרַח הַשְׁבִּיתוּ מִפָּנֵינוּ אֶת־קְדוֹשׁ
יב יִשְׂרָאֵל׃ לָכֵן כֹּה אָמַר קְדוֹשׁ יִשְׂרָאֵל יַעַן
יג מָאָסְכֶם בַּדָּבָר הַזֶּה וַתִּבְטְחוּ בְּעֹשֶׁק וְנָלוֹז וַתִּשָּׁעֲנוּ עָלָיו׃ לָכֵן
יִהְיֶה לָכֶם הֶעָוֹן הַזֶּה כְּפֶרֶץ נֹפֵל נִבְעֶה בְּחוֹמָה נִשְׂגָּבָה אֲשֶׁר־

פִּתְאֹם לְפֶתַע יָבוֹא שִׁבְרָהּ׃ וּשְׁבָרָהּ כְּשֵׁבֶר נֵבֶל יוֹצְרִים כָּתוּת יד
לֹא יַחְמֹל וְלֹא־יִמָּצֵא בִמְכִתָּתוֹ חֶרֶשׂ לַחְתּוֹת אֵשׁ מִיָּקוּד
וְלַחְשֹׂף מַיִם מִגֶּבֶא׃ כִּי כֹה־אָמַר אֲדֹנָי יֱהֹוִה טו
קְדוֹשׁ יִשְׂרָאֵל בְּשׁוּבָה וָנַחַת תִּוָּשֵׁעוּן בְּהַשְׁקֵט וּבְבִטְחָה תִּהְיֶה
גְּבוּרַתְכֶם וְלֹא אֲבִיתֶם׃ וַתֹּאמְרוּ לֹא־כִי עַל־סוּס נָנוּס עַל־כֵּן טז
תְּנוּסוּן וְעַל־קַל נִרְכָּב עַל־כֵּן יִקַּלּוּ רֹדְפֵיכֶם׃ אֶלֶף אֶחָד מִפְּנֵי יז
גַּעֲרַת אֶחָד מִפְּנֵי גַּעֲרַת חֲמִשָּׁה תָּנֻסוּ עַד אִם־נוֹתַרְתֶּם כַּתֹּרֶן
עַל־רֹאשׁ הָהָר וְכַנֵּס עַל־הַגִּבְעָה׃ וְלָכֵן יְחַכֶּה יהוה לַחֲנַנְכֶם יח
וְלָכֵן יָרוּם לְרַחֶמְכֶם כִּי־אֱלֹהֵי מִשְׁפָּט יהוה אַשְׁרֵי כָּל־חוֹכֵי
לוֹ׃ כִּי־עַם בְּצִיּוֹן יֵשֵׁב בִּירוּשָׁלִָם בָּכוֹ לֹא־ יט
תִבְכֶּה חָנוֹן יָחְנְךָ לְקוֹל זַעֲקֶךָ כְּשָׁמְעָתוֹ עָנָךְ׃ וְנָתַן לָכֶם אֲדֹנָי כ
לֶחֶם צָר וּמַיִם לָחַץ וְלֹא־יִכָּנֵף עוֹד מוֹרֶיךָ וְהָיוּ עֵינֶיךָ רֹאוֹת
אֶת־מוֹרֶיךָ׃ וְאָזְנֶיךָ תִּשְׁמַעְנָה דָבָר מֵאַחֲרֶיךָ לֵאמֹר זֶה הַדֶּרֶךְ כא
לְכוּ בוֹ כִּי תַאֲמִינוּ וְכִי תַשְׂמְאִילוּ׃ וְטִמֵּאתֶם אֶת־צִפּוּי פְּסִילֵי כב
כַסְפֶּךָ וְאֶת־אֲפֻדַּת מַסֵּכַת זְהָבֶךָ תִּזְרֵם כְּמוֹ דָוָה צֵא תֹּאמַר
לוֹ׃ וְנָתַן מְטַר זַרְעֲךָ אֲשֶׁר־תִּזְרַע אֶת־הָאֲדָמָה וְלֶחֶם תְּבוּאַת כג
הָאֲדָמָה וְהָיָה דָשֵׁן וְשָׁמֵן יִרְעֶה מִקְנֶיךָ בַּיּוֹם הַהוּא כַּר נִרְחָב׃
וְהָאֲלָפִים וְהָעֲיָרִים עֹבְדֵי הָאֲדָמָה בְּלִיל חָמִיץ יֹאכֵלוּ אֲשֶׁר־ כד
זֹרֶה בָרַחַת וּבַמִּזְרֶה׃ וְהָיָה ׀ עַל־כָּל־הַר גָּבֹהַּ וְעַל כָּל־גִּבְעָה כה
נִשָּׂאָה פְּלָגִים יִבְלֵי־מָיִם בְּיוֹם הֶרֶג רָב בִּנְפֹל מִגְדָּלִים׃ וְהָיָה כו
אוֹר־הַלְּבָנָה כְּאוֹר הַחַמָּה וְאוֹר הַחַמָּה יִהְיֶה שִׁבְעָתַיִם כְּאוֹר
שִׁבְעַת הַיָּמִים בְּיוֹם חֲבֹשׁ יהוה אֶת־שֶׁבֶר עַמּוֹ וּמַחַץ מַכָּתוֹ
יִרְפָּא׃ הִנֵּה שֵׁם־יהוה בָּא מִמֶּרְחָק בֹּעֵר אַפּוֹ כז
וְכֹבֶד מַשָּׂאָה שְׂפָתָיו מָלְאוּ זַעַם וּלְשׁוֹנוֹ כְּאֵשׁ אֹכָלֶת׃ וְרוּחוֹ כח
כְּנַחַל שׁוֹטֵף עַד־צַוָּאר יֶחֱצֶה לַהֲנָפָה גוֹיִם בְּנָפַת שָׁוְא וְרֶסֶן
מַתְעֶה עַל לְחָיֵי עַמִּים׃ הַשִּׁיר יִהְיֶה לָכֶם כְּלֵיל הִתְקַדֶּשׁ־חָג כט
וְשִׂמְחַת לֵבָב כַּהוֹלֵךְ בֶּחָלִיל לָבוֹא בְהַר־יהוה אֶל־צוּר

ל

ל יִשְׂרָאֵל׃ וְהִשְׁמִיעַ יְהוָה אֶת־הוֹד קוֹלוֹ וְנַחַת זְרוֹעוֹ יַרְאֶה
לא בְּזַעַף אַף וְלַהַב אֵשׁ אוֹכֵלָה נֶפֶץ וָזֶרֶם וְאֶבֶן בָּרָד׃ כִּי־מִקּוֹל
לב יְהוָה יֵחַת אַשּׁוּר בַּשֵּׁבֶט יַכֶּה׃ וְהָיָה כֹּל מַעֲבַר מַטֵּה מוּסָדָה
אֲשֶׁר יָנִיחַ יְהוָה עָלָיו בְּתֻפִּים וּבְכִנֹּרוֹת וּבְמִלְחֲמוֹת תְּנוּפָה
לג נִלְחַם־בָּהּ׃ כִּי־עָרוּךְ מֵאֶתְמוּל תָּפְתֶּה גַּם־הִוא לַמֶּלֶךְ הוּכָן בָּם הִיא
הֶעְמִיק הִרְחִב מְדֻרָתָהּ אֵשׁ וְעֵצִים הַרְבֵּה נִשְׁמַת יְהוָה כְּנַחַל
לא א גָּפְרִית בֹּעֲרָה בָּהּ׃ הוֹי הַיֹּרְדִים מִצְרַיִם לְעֶזְרָה
עַל־סוּסִים יִשָּׁעֵנוּ וַיִּבְטְחוּ עַל־רֶכֶב כִּי רָב וְעַל פָּרָשִׁים כִּי־
עָצְמוּ מְאֹד וְלֹא שָׁעוּ עַל־קְדוֹשׁ יִשְׂרָאֵל וְאֶת־יְהוָה לֹא דָרָשׁוּ׃
ב וְגַם־הוּא חָכָם וַיָּבֵא רָע וְאֶת־דְּבָרָיו לֹא הֵסִיר וְקָם עַל־בֵּית
ג מְרֵעִים וְעַל־עֶזְרַת פֹּעֲלֵי אָוֶן׃ וּמִצְרַיִם אָדָם וְלֹא־אֵל וְסוּסֵיהֶם
בָּשָׂר וְלֹא־רוּחַ וַיהוָה יַטֶּה יָדוֹ וְכָשַׁל עוֹזֵר וְנָפַל עָזֻר וְיַחְדָּו
ד כֻּלָּם יִכְלָיוּן׃ כִּי כֹה אָמַר־יְהוָה ׀ אֵלַי כַּאֲשֶׁר
יֶהְגֶּה הָאַרְיֵה וְהַכְּפִיר עַל־טַרְפּוֹ אֲשֶׁר יִקָּרֵא עָלָיו מְלֹא רֹעִים
מִקּוֹלָם לֹא יֵחָת וּמֵהֲמוֹנָם לֹא יַעֲנֶה כֵּן יֵרֵד יְהוָה צְבָאוֹת
ה לִצְבֹּא עַל־הַר־צִיּוֹן וְעַל־גִּבְעָתָהּ׃ כְּצִפֳּרִים עָפוֹת כֵּן יָגֵן יְהוָה
ו צְבָאוֹת עַל־יְרוּשָׁלִָם גָּנוֹן וְהִצִּיל פָּסֹחַ וְהִמְלִיט׃ שׁוּבוּ לַאֲשֶׁר
ז הֶעְמִיקוּ סָרָה בְּנֵי יִשְׂרָאֵל׃ כִּי בַּיּוֹם הַהוּא יִמְאָסוּן אִישׁ אֱלִילֵי
ח כַסְפּוֹ וֶאֱלִילֵי זְהָבוֹ אֲשֶׁר עָשׂוּ לָכֶם יְדֵיכֶם חֵטְא׃ וְנָפַל אַשּׁוּר
בְּחֶרֶב לֹא־אִישׁ וְחֶרֶב לֹא־אָדָם תֹּאכְלֶנּוּ וְנָס לוֹ מִפְּנֵי־חֶרֶב
ט וּבַחוּרָיו לָמַס יִהְיוּ׃ וְסַלְעוֹ מִמָּגוֹר יַעֲבוֹר וְחַתּוּ מִנֵּס שָׂרָיו נְאֻם־
לב א יְהוָה אֲשֶׁר־אוּר לוֹ בְּצִיּוֹן וְתַנּוּר לוֹ בִּירוּשָׁלִָם׃ הֵן
ב לְצֶדֶק יִמְלָךְ־מֶלֶךְ וּלְשָׂרִים לְמִשְׁפָּט יָשֹׂרוּ׃ וְהָיָה־אִישׁ
כְּמַחֲבֵא־רוּחַ וְסֵתֶר זָרֶם כְּפַלְגֵי־מַיִם בְּצָיוֹן כְּצֵל סֶלַע־כָּבֵד
ג בְּאֶרֶץ עֲיֵפָה׃ וְלֹא תִשְׁעֶינָה עֵינֵי רֹאִים וְאָזְנֵי שֹׁמְעִים
ד תִּקְשַׁבְנָה׃ וּלְבַב נִמְהָרִים יָבִין לָדָעַת וּלְשׁוֹן עִלְּגִים תְּמַהֵר
ה לְדַבֵּר צָחוֹת׃ לֹא־יִקָּרֵא עוֹד לְנָבָל נָדִיב וּלְכִילַי לֹא יֵאָמֵר

ו שׁוֹעַ: כִּי נָבָל נְבָלָה יְדַבֵּר וְלִבּוֹ יַעֲשֶׂה־אָוֶן לַעֲשׂוֹת חֹנֶף
וּלְדַבֵּר אֶל־יְהוָה תּוֹעָה לְהָרִיק נֶפֶשׁ רָעֵב וּמַשְׁקֶה צָמֵא
ז יַחְסִיר: וְכֵלַי כֵּלָיו רָעִים הוּא זִמּוֹת יָעָץ לְחַבֵּל ענוים בְּאִמְרֵי־ עֲנִיִּים
ח שֶׁקֶר וּבְדַבֵּר אֶבְיוֹן מִשְׁפָּט: וְנָדִיב נְדִיבוֹת יָעָץ וְהוּא עַל־
ט נְדִיבוֹת יָקוּם: נָשִׁים שַׁאֲנַנּוֹת קֹמְנָה שְׁמַעְנָה
י קוֹלִי בָּנוֹת בֹּטְחוֹת הַאְזֵנָּה אִמְרָתִי: יָמִים עַל־שָׁנָה תִּרְגַּזְנָה
יא בֹּטְחוֹת כִּי כָּלָה בָצִיר אֹסֶף בְּלִי יָבוֹא: חִרְדוּ שַׁאֲנַנּוֹת רְגָזָה
יב בֹּטְחוֹת פְּשֹׁטָה וְעֹרָה וַחֲגוֹרָה עַל־חֲלָצָיִם: עַל־שָׁדַיִם סֹפְדִים
יג עַל־שְׂדֵי־חֶמֶד עַל־גֶּפֶן פֹּרִיָּה: עַל אַדְמַת עַמִּי קוֹץ שָׁמִיר
יד תַּעֲלֶה כִּי עַל־כָּל־בָּתֵּי מָשׂוֹשׂ קִרְיָה עַלִּיזָה: כִּי־אַרְמוֹן נֻטָּשׁ
הֲמוֹן עִיר עֻזָּב עֹפֶל וָבַחַן הָיָה בְעַד מְעָרוֹת עַד־עוֹלָם מְשׂוֹשׂ
טו פְּרָאִים מִרְעֵה עֲדָרִים: עַד־יֵעָרֶה עָלֵינוּ רוּחַ מִמָּרוֹם וְהָיָה
טז מִדְבָּר לַכַּרְמֶל וכרמל לַיַּעַר יֵחָשֵׁב: וְשָׁכַן בַּמִּדְבָּר מִשְׁפָּט וְהַכַּרְמֶל
יז וּצְדָקָה בַּכַּרְמֶל תֵּשֵׁב: וְהָיָה מַעֲשֵׂה הַצְּדָקָה שָׁלוֹם וַעֲבֹדַת
יח הַצְּדָקָה הַשְׁקֵט וָבֶטַח עַד־עוֹלָם: וְיָשַׁב עַמִּי בִּנְוֵה שָׁלוֹם יג
יט וּבְמִשְׁכְּנוֹת מִבְטַחִים וּבִמְנוּחֹת שַׁאֲנַנּוֹת: וּבָרַד בְּרֶדֶת הַיָּעַר
כ וּבַשִּׁפְלָה תִּשְׁפַּל הָעִיר: אַשְׁרֵיכֶם זֹרְעֵי עַל־כָּל־מָיִם מְשַׁלְּחֵי
לג א רֶגֶל־הַשּׁוֹר וְהַחֲמוֹר: הוֹי שׁוֹדֵד וְאַתָּה לֹא שָׁדוּד
וּבוֹגֵד וְלֹא־בָגְדוּ בוֹ כַּהֲתִמְךָ שׁוֹדֵד תּוּשַּׁד כַּנְּלֹתְךָ לִבְגֹּד
ב יִבְגְּדוּ־בָךְ: יְהוָה חָנֵּנוּ לְךָ קִוִּינוּ הֱיֵה זְרֹעָם
ג לַבְּקָרִים אַף־יְשׁוּעָתֵנוּ בְּעֵת צָרָה: מִקּוֹל הָמוֹן נָדְדוּ עַמִּים
ד מֵרוֹמְמֻתֶךָ נָפְצוּ גּוֹיִם: וְאֻסַּף שְׁלַלְכֶם אֹסֶף הֶחָסִיל כְּמַשַּׁק גֵּבִים
ה שֹׁקֵק בּוֹ: נִשְׂגָּב יְהוָה כִּי שֹׁכֵן מָרוֹם מִלֵּא צִיּוֹן מִשְׁפָּט
ו וּצְדָקָה: וְהָיָה אֱמוּנַת עִתֶּיךָ חֹסֶן יְשׁוּעֹת חָכְמַת וָדָעַת יִרְאַת
ז יְהוָה הִיא אוֹצָרוֹ: הֵן אֶרְאֶלָּם צָעֲקוּ חֻצָה
ח מַלְאֲכֵי שָׁלוֹם מַר יִבְכָּיוּן: נָשַׁמּוּ מְסִלּוֹת שָׁבַת עֹבֵר אֹרַח הֵפֵר
ט בְּרִית מָאַס עָרִים לֹא חָשַׁב אֱנוֹשׁ: אָבַל אֻמְלְלָה אָרֶץ הֶחְפִּיר

י לְבָנוֹן קָמֵל הָיָה הַשָּׁרוֹן כָּעֲרָבָה וְנֹעֵר בָּשָׁן וְכַרְמֶל: עַתָּה

יא אָקוּם יֹאמַר יְהוָה עַתָּה אֵרוֹמָם עַתָּה אֶנָּשֵׂא: תַּהֲרוּ חֲשַׁשׁ

יב תֵּלְדוּ קַשׁ רוּחֲכֶם אֵשׁ תֹּאכַלְכֶם: וְהָיוּ עַמִּים מִשְׂרְפוֹת שִׂיד

יג קוֹצִים כְּסוּחִים בָּאֵשׁ יִצַּתּוּ: שִׁמְעוּ רְחוֹקִים

יד אֲשֶׁר עָשִׂיתִי וּדְעוּ קְרוֹבִים גְּבֻרָתִי: פָּחֲדוּ בְצִיּוֹן חַטָּאִים אָחֲזָה

רְעָדָה חֲנֵפִים מִי ׀ יָגוּר לָנוּ אֵשׁ אוֹכֵלָה מִי־יָגוּר לָנוּ מוֹקְדֵי

טו עוֹלָם: הֹלֵךְ צְדָקוֹת וְדֹבֵר מֵישָׁרִים מֹאֵס בְּבֶצַע מַעֲשַׁקּוֹת נֹעֵר

כַּפָּיו מִתְּמֹךְ בַּשֹּׁחַד אֹטֵם אָזְנוֹ מִשְּׁמֹעַ דָּמִים וְעֹצֵם עֵינָיו

טז מֵרְאוֹת בְּרָע: הוּא מְרוֹמִים יִשְׁכֹּן מְצָדוֹת סְלָעִים מִשְׂגַּבּוֹ

יז לַחְמוֹ נִתָּן מֵימָיו נֶאֱמָנִים: מֶלֶךְ בְּיָפְיוֹ תֶּחֱזֶינָה עֵינֶיךָ תִּרְאֶינָה

יח אֶרֶץ מַרְחַקִּים: לִבְּךָ יֶהְגֶּה אֵימָה אַיֵּה סֹפֵר אַיֵּה שֹׁקֵל אַיֵּה

יט סֹפֵר אֶת־הַמִּגְדָּלִים: אֶת־עַם נוֹעָז לֹא תִרְאֶה עַם עִמְקֵי שָׂפָה

כ מִשְּׁמוֹעַ נִלְעַג לָשׁוֹן אֵין בִּינָה: חֲזֵה צִיּוֹן קִרְיַת מוֹעֲדֵנוּ עֵינֶיךָ

תִרְאֶינָה יְרוּשָׁלַ͏ִם נָוֶה שַׁאֲנָן אֹהֶל בַּל־יִצְעָן בַּל־יִסַּע יְתֵדֹתָיו

כא לָנֶצַח וְכָל־חֲבָלָיו בַּל־יִנָּתֵקוּ: כִּי אִם־שָׁם אַדִּיר יְהוָה לָנוּ

מְקוֹם־נְהָרִים יְאֹרִים רַחֲבֵי יָדָיִם בַּל־תֵּלֶךְ בּוֹ אֳנִי־שַׁיִט וְצִי

כב אַדִּיר לֹא יַעַבְרֶנּוּ: כִּי יְהוָה שֹׁפְטֵנוּ יְהוָה מְחֹקְקֵנוּ יְהוָה מַלְכֵּנוּ

כג הוּא יוֹשִׁיעֵנוּ: נִטְּשׁוּ חֲבָלָיִךְ בַּל־יְחַזְּקוּ כֵן־תָּרְנָם בַּל־פָּרְשׂוּ

כד נֵס אָז חֻלַּק עַד־שָׁלָל מַרְבֶּה פִּסְחִים בָּזְזוּ בַז: וּבַל־יֹאמַר שָׁכֵן

לד א חָלִיתִי הָעָם הַיֹּשֵׁב בָּהּ נְשֻׂא עָוֹן: קִרְבוּ גוֹיִם

לִשְׁמֹעַ וּלְאֻמִּים הַקְשִׁיבוּ תִּשְׁמַע הָאָרֶץ וּמְלֹאָהּ תֵּבֵל וְכָל־

ב צֶאֱצָאֶיהָ: כִּי קֶצֶף לַיהוָה עַל־כָּל־הַגּוֹיִם וְחֵמָה עַל־כָּל־צְבָאָם

ג הֶחֱרִימָם נְתָנָם לַטָּבַח: וְחַלְלֵיהֶם יֻשְׁלָכוּ וּפִגְרֵיהֶם יַעֲלֶה בָאְשָׁם

ד וְנָמַסּוּ הָרִים מִדָּמָם: וְנָמַקּוּ כָּל־צְבָא הַשָּׁמַיִם וְנָגֹלּוּ כַסֵּפֶר

הַשָּׁמָיִם וְכָל־צְבָאָם יִבּוֹל כִּנְבֹל עָלֶה מִגֶּפֶן וּכְנֹבֶלֶת מִתְּאֵנָה:

ה כִּי־רִוְּתָה בַשָּׁמַיִם חַרְבִּי הִנֵּה עַל־אֱדוֹם תֵּרֵד וְעַל־עַם חֶרְמִי

ו לְמִשְׁפָּט: חֶרֶב לַיהוָה מָלְאָה דָם הֻדַּשְׁנָה מֵחֵלֶב מִדַּם כָּרִים

וְעַתּוּדִים מֵחֵלֶב כִּלְיוֹת אֵילִים כִּי זֶבַח לַיהוָה בְּבָצְרָה וְטֶבַח
ז גָּדוֹל בְּאֶרֶץ אֱדוֹם׃ וְיָרְדוּ רְאֵמִים עִמָּם וּפָרִים עִם־אַבִּירִים
ח וְרִוְּתָה אַרְצָם מִדָּם וַעֲפָרָם מֵחֵלֶב יְדֻשָּׁן׃ כִּי יוֹם נָקָם לַיהוָה
ט שְׁנַת שִׁלּוּמִים לְרִיב צִיּוֹן׃ וְנֶהֶפְכוּ נְחָלֶיהָ לְזֶפֶת וַעֲפָרָהּ
י לְגָפְרִית וְהָיְתָה אַרְצָהּ לְזֶפֶת בֹּעֵרָה׃ לַיְלָה וְיוֹמָם לֹא תִכְבֶּה
לְעוֹלָם יַעֲלֶה עֲשָׁנָהּ מִדּוֹר לָדוֹר תֶּחֱרָב לְנֵצַח נְצָחִים אֵין עֹבֵר
יא בָּהּ׃ וִירֵשׁוּהָ קָאַת וְקִפּוֹד וְיַנְשׁוֹף וְעֹרֵב יִשְׁכְּנוּ־בָהּ וְנָטָה עָלֶיהָ
יב קַו־תֹהוּ וְאַבְנֵי־בֹהוּ׃ חֹרֶיהָ וְאֵין־שָׁם מְלוּכָה יִקְרָאוּ וְכָל־
יג שָׂרֶיהָ יִהְיוּ אָפֶס׃ וְעָלְתָה אַרְמְנֹתֶיהָ סִירִים קִמּוֹשׂ וָחוֹחַ
יד בְּמִבְצָרֶיהָ וְהָיְתָה נְוֵה תַנִּים חָצִיר לִבְנוֹת יַעֲנָה׃ וּפָגְשׁוּ צִיִּים
אֶת־אִיִּים וְשָׂעִיר עַל־רֵעֵהוּ יִקְרָא אַךְ־שָׁם הִרְגִּיעָה לִּילִית
טו וּמָצְאָה לָהּ מָנוֹחַ׃ שָׁמָּה קִנְּנָה קִפּוֹז וַתְּמַלֵּט וּבָקְעָה וְדָגְרָה
טז בְצִלָּהּ אַךְ־שָׁם נִקְבְּצוּ דַיּוֹת אִשָּׁה רְעוּתָהּ׃ דִּרְשׁוּ מֵעַל־סֵפֶר
יְהוָה וּקְרָאוּ אַחַת מֵהֵנָּה לֹא נֶעְדָּרָה אִשָּׁה רְעוּתָהּ לֹא פָקָדוּ
יז כִּי־פִי הוּא צִוָּה וְרוּחוֹ הוּא קִבְּצָן׃ וְהוּא־הִפִּיל לָהֶן גּוֹרָל וְיָדוֹ
חִלְּקַתָּה לָהֶם בַּקָּו עַד־עוֹלָם יִירָשׁוּהָ לְדוֹר וָדוֹר יִשְׁכְּנוּ־
לה א בָהּ׃ יְשֻׂשׂוּם מִדְבָּר וְצִיָּה וְתָגֵל עֲרָבָה וְתִפְרַח
ב כַּחֲבַצָּלֶת׃ פָּרֹחַ תִּפְרַח וְתָגֵל אַף גִּילַת וְרַנֵּן כְּבוֹד הַלְּבָנוֹן
נִתַּן־לָהּ הֲדַר הַכַּרְמֶל וְהַשָּׁרוֹן הֵמָּה יִרְאוּ כְבוֹד־יְהוָה הֲדַר
ג אֱלֹהֵינוּ׃ חַזְּקוּ יָדַיִם רָפוֹת וּבִרְכַּיִם כֹּשְׁלוֹת
ד אַמֵּצוּ׃ אִמְרוּ לְנִמְהֲרֵי־לֵב חִזְקוּ אַל־תִּירָאוּ הִנֵּה אֱלֹהֵיכֶם
ה נָקָם יָבוֹא גְּמוּל אֱלֹהִים הוּא יָבוֹא וְיֹשַׁעֲכֶם׃ אָז תִּפָּקַחְנָה עֵינֵי
ו עִוְרִים וְאָזְנֵי חֵרְשִׁים תִּפָּתַחְנָה׃ אָז יְדַלֵּג כָּאַיָּל פִּסֵּחַ וְתָרֹן לְשׁוֹן
ז אִלֵּם כִּי־נִבְקְעוּ בַמִּדְבָּר מַיִם וּנְחָלִים בָּעֲרָבָה׃ וְהָיָה הַשָּׁרָב
לַאֲגַם וְצִמָּאוֹן לְמַבּוּעֵי מָיִם בִּנְוֵה תַנִּים רִבְצָהּ חָצִיר לְקָנֶה
ח וָגֹמֶא׃ וְהָיָה־שָׁם מַסְלוּל וָדֶרֶךְ וְדֶרֶךְ הַקֹּדֶשׁ יִקָּרֵא לָהּ לֹא־
ט יַעַבְרֶנּוּ טָמֵא וְהוּא־לָמוֹ הֹלֵךְ דֶּרֶךְ וֶאֱוִילִים לֹא יִתְעוּ׃ לֹא־

יִהְיֶה שָׁם אַרְיֵה וּפְרִיץ חַיּוֹת בַּל־יַעֲלֶנָּה לֹא תִמָּצֵא שָׁם וְהָלְכוּ
י גְּאוּלִים׃ וּפְדוּיֵי יְהוָה יְשֻׁבוּן וּבָאוּ צִיּוֹן בְּרִנָּה וְשִׂמְחַת עוֹלָם יד
עַל־רֹאשָׁם שָׂשׂוֹן וְשִׂמְחָה יַשִּׂיגוּ וְנָסוּ יָגוֹן וַאֲנָחָה׃
לו א וַיְהִי בְּאַרְבַּע עֶשְׂרֵה שָׁנָה לַמֶּלֶךְ חִזְקִיָּהוּ עָלָה סַנְחֵרִיב מֶלֶךְ־
ב אַשּׁוּר עַל כָּל־עָרֵי יְהוּדָה הַבְּצֻרוֹת וַיִּתְפְּשֵׂם׃ וַיִּשְׁלַח מֶלֶךְ־
אַשּׁוּר ׀ אֶת־רַבְשָׁקֵה מִלָּכִישׁ יְרוּשָׁלַיְמָה אֶל־הַמֶּלֶךְ חִזְקִיָּהוּ
בְּחֵיל כָּבֵד וַיַּעֲמֹד בִּתְעָלַת הַבְּרֵכָה הָעֶלְיוֹנָה בִּמְסִלַּת שְׂדֵה
ג כוֹבֵס׃ וַיֵּצֵא אֵלָיו אֶלְיָקִים בֶּן־חִלְקִיָּהוּ אֲשֶׁר עַל־הַבָּיִת וְשֶׁבְנָא
ד הַסֹּפֵר וְיוֹאָח בֶּן־אָסָף הַמַּזְכִּיר׃ וַיֹּאמֶר אֲלֵיהֶם רַבְשָׁקֵה אִמְרוּ־
נָא אֶל־חִזְקִיָּהוּ כֹּה־אָמַר הַמֶּלֶךְ הַגָּדוֹל מֶלֶךְ אַשּׁוּר מָה
ה הַבִּטָּחוֹן הַזֶּה אֲשֶׁר בָּטָחְתָּ׃ אָמַרְתִּי אַךְ־דְּבַר־שְׂפָתַיִם עֵצָה
ו וּגְבוּרָה לַמִּלְחָמָה עַתָּה עַל־מִי בָטַחְתָּ כִּי מָרַדְתָּ בִּי׃ הִנֵּה
בָטַחְתָּ עַל־מִשְׁעֶנֶת הַקָּנֶה הָרָצוּץ הַזֶּה עַל־מִצְרַיִם אֲשֶׁר
יִסָּמֵךְ אִישׁ עָלָיו וּבָא בְכַפּוֹ וּנְקָבָהּ כֵּן פַּרְעֹה מֶלֶךְ־מִצְרַיִם
ז לְכָל־הַבֹּטְחִים עָלָיו׃ וְכִי־תֹאמַר אֵלַי אֶל־יְהוָה אֱלֹהֵינוּ
בָּטָחְנוּ הֲלוֹא הוּא אֲשֶׁר הֵסִיר חִזְקִיָּהוּ אֶת־בָּמֹתָיו וְאֶת־
מִזְבְּחֹתָיו וַיֹּאמֶר לִיהוּדָה וְלִירוּשָׁלִַם לִפְנֵי הַמִּזְבֵּחַ הַזֶּה
ח תִּשְׁתַּחֲווּ׃ וְעַתָּה הִתְעָרֶב נָא אֶת־אֲדֹנִי הַמֶּלֶךְ אַשּׁוּר וְאֶתְּנָה
ט לְךָ אַלְפַּיִם סוּסִים אִם־תּוּכַל לָתֶת לְךָ רֹכְבִים עֲלֵיהֶם׃ וְאֵיךְ
תָּשִׁיב אֵת פְּנֵי פַחַת אַחַד עַבְדֵי אֲדֹנִי הַקְּטַנִּים וַתִּבְטַח לְךָ
י עַל־מִצְרַיִם לְרֶכֶב וּלְפָרָשִׁים׃ וְעַתָּה הֲמִבַּלְעֲדֵי יְהוָה עָלִיתִי
עַל־הָאָרֶץ הַזֹּאת לְהַשְׁחִיתָהּ יְהוָה אָמַר אֵלַי עֲלֵה אֶל־הָאָרֶץ
יא הַזֹּאת וְהַשְׁחִיתָהּ׃ וַיֹּאמֶר אֶלְיָקִים וְשֶׁבְנָא וְיוֹאָח אֶל־רַבְשָׁקֵה
דַּבֶּר־נָא אֶל־עֲבָדֶיךָ אֲרָמִית כִּי שֹׁמְעִים אֲנָחְנוּ וְאַל־תְּדַבֵּר
יב אֵלֵינוּ יְהוּדִית בְּאָזְנֵי הָעָם אֲשֶׁר עַל־הַחוֹמָה׃ וַיֹּאמֶר רַבְשָׁקֵה
הַאֶל אֲדֹנֶיךָ וְאֵלֶיךָ שְׁלָחַנִי אֲדֹנִי לְדַבֵּר אֶת־הַדְּבָרִים הָאֵלֶּה
הֲלֹא עַל־הָאֲנָשִׁים הַיֹּשְׁבִים עַל־הַחוֹמָה לֶאֱכֹל אֶת־חראיהם צוֹאָתָם

וְלִשְׁתּוֹת אֶת־שֵׁינֵיהֶם עִמָּכֶם׃ יג וַיַּעֲמֹד רַבְשָׁקֵה וַיִּקְרָא בְקוֹל־
גָּדוֹל יְהוּדִית וַיֹּאמֶר שִׁמְעוּ אֶת־דִּבְרֵי הַמֶּלֶךְ הַגָּדוֹל מֶלֶךְ
יד אַשּׁוּר׃ כֹּה אָמַר הַמֶּלֶךְ אַל־יַשִּׁא לָכֶם חִזְקִיָּהוּ כִּי לֹא־יוּכַל
טו לְהַצִּיל אֶתְכֶם׃ וְאַל־יַבְטַח אֶתְכֶם חִזְקִיָּהוּ אֶל־יְהוָה לֵאמֹר
הַצֵּל יַצִּילֵנוּ יְהוָה לֹא תִנָּתֵן הָעִיר הַזֹּאת בְּיַד מֶלֶךְ אַשּׁוּר׃
טז אַל־תִּשְׁמְעוּ אֶל־חִזְקִיָּהוּ כִּי כֹה אָמַר הַמֶּלֶךְ אַשּׁוּר עֲשׂוּ אִתִּי
בְרָכָה וּצְאוּ אֵלַי וְאִכְלוּ אִישׁ־גַּפְנוֹ וְאִישׁ תְּאֵנָתוֹ וּשְׁתוּ אִישׁ
יז מֵי־בוֹרוֹ׃ עַד־בֹּאִי וְלָקַחְתִּי אֶתְכֶם אֶל־אֶרֶץ כְּאַרְצְכֶם אֶרֶץ
יח דָּגָן וְתִירוֹשׁ אֶרֶץ לֶחֶם וּכְרָמִים׃ פֶּן־יַסִּית אֶתְכֶם חִזְקִיָּהוּ
לֵאמֹר יְהוָה יַצִּילֵנוּ הַהִצִּילוּ אֱלֹהֵי הַגּוֹיִם אִישׁ אֶת־אַרְצוֹ מִיַּד
יט מֶלֶךְ אַשּׁוּר׃ אַיֵּה אֱלֹהֵי חֲמָת וְאַרְפָּד אַיֵּה אֱלֹהֵי סְפַרְוָיִם וְכִי־
כ הִצִּילוּ אֶת־שֹׁמְרוֹן מִיָּדִי׃ מִי בְּכָל־אֱלֹהֵי הָאֲרָצוֹת הָאֵלֶּה
אֲשֶׁר־הִצִּילוּ אֶת־אַרְצָם מִיָּדִי כִּי־יַצִּיל יְהוָה אֶת־יְרוּשָׁלַםִ
כא מִיָּדִי׃ וַיַּחֲרִישׁוּ וְלֹא־עָנוּ אֹתוֹ דָּבָר כִּי־מִצְוַת הַמֶּלֶךְ הִיא
כב לֵאמֹר לֹא תַעֲנֻהוּ׃ וַיָּבֹא אֶלְיָקִים בֶּן־חִלְקִיָּהוּ אֲשֶׁר־עַל־הַבַּיִת
וְשֶׁבְנָא הַסּוֹפֵר וְיוֹאָח בֶּן־אָסָף הַמַּזְכִּיר אֶל־חִזְקִיָּהוּ קְרוּעֵי
לז א בְגָדִים וַיַּגִּידוּ לוֹ אֵת דִּבְרֵי רַבְשָׁקֵה׃ וַיְהִי כִּשְׁמֹעַ
הַמֶּלֶךְ חִזְקִיָּהוּ וַיִּקְרַע אֶת־בְּגָדָיו וַיִּתְכַּס בַּשָּׂק וַיָּבֹא בֵּית יְהוָה׃
ב וַיִּשְׁלַח אֶת־אֶלְיָקִים אֲשֶׁר־עַל־הַבַּיִת וְאֵת ׀ שֶׁבְנָא הַסּוֹפֵר
וְאֵת זִקְנֵי הַכֹּהֲנִים מִתְכַּסִּים בַּשַּׂקִּים אֶל־יְשַׁעְיָהוּ בֶן־אָמוֹץ
ג הַנָּבִיא׃ וַיֹּאמְרוּ אֵלָיו כֹּה אָמַר חִזְקִיָּהוּ יוֹם־צָרָה וְתוֹכֵחָה
וּנְאָצָה הַיּוֹם הַזֶּה כִּי בָאוּ בָנִים עַד־מַשְׁבֵּר וְכֹחַ אַיִן לְלֵדָה׃
ד אוּלַי יִשְׁמַע יְהוָה אֱלֹהֶיךָ אֵת ׀ דִּבְרֵי רַבְשָׁקֵה אֲשֶׁר שְׁלָחוֹ
מֶלֶךְ־אַשּׁוּר ׀ אֲדֹנָיו לְחָרֵף אֱלֹהִים חַי וְהוֹכִיחַ בַּדְּבָרִים אֲשֶׁר
שָׁמַע יְהוָה אֱלֹהֶיךָ וְנָשָׂאתָ תְפִלָּה בְּעַד הַשְּׁאֵרִית הַנִּמְצָאָה׃
ה ו וַיָּבֹאוּ עַבְדֵי הַמֶּלֶךְ חִזְקִיָּהוּ אֶל־יְשַׁעְיָהוּ׃ וַיֹּאמֶר אֲלֵיהֶם
יְשַׁעְיָהוּ כֹּה תֹאמְרוּן אֶל־אֲדֹנֵיכֶם כֹּה ׀ אָמַר יְהוָה אַל־תִּירָא

מִפְּנֵי הַדְּבָרִים אֲשֶׁר שָׁמַעְתָּ אֲשֶׁר גִּדְּפוּ נַעֲרֵי מֶלֶךְ־אַשּׁוּר
ז אוֹתִי׃ הִנְנִי נוֹתֵן בּוֹ רוּחַ וְשָׁמַע שְׁמוּעָה וְשָׁב אֶל־אַרְצוֹ
ח וְהִפַּלְתִּיו בַּחֶרֶב בְּאַרְצוֹ׃ וַיָּשָׁב רַבְשָׁקֵה וַיִּמְצָא אֶת־מֶלֶךְ
ט אַשּׁוּר נִלְחָם עַל־לִבְנָה כִּי שָׁמַע כִּי נָסַע מִלָּכִישׁ׃ וַיִּשְׁמַע עַל־
תִּרְהָקָה מֶלֶךְ־כּוּשׁ לֵאמֹר יָצָא לְהִלָּחֵם אִתָּךְ וַיִּשְׁמַע וַיִּשְׁלַח
י מַלְאָכִים אֶל־חִזְקִיָּהוּ לֵאמֹר׃ כֹּה תֹאמְרוּן אֶל־חִזְקִיָּהוּ מֶלֶךְ־
יְהוּדָה לֵאמֹר אַל־יַשִּׁאֲךָ אֱלֹהֶיךָ אֲשֶׁר אַתָּה בּוֹטֵחַ בּוֹ לֵאמֹר
יא לֹא תִנָּתֵן יְרוּשָׁלַםִ בְּיַד מֶלֶךְ אַשּׁוּר׃ הִנֵּה ׀ אַתָּה שָׁמַעְתָּ אֲשֶׁר
עָשׂוּ מַלְכֵי אַשּׁוּר לְכָל־הָאֲרָצוֹת לְהַחֲרִימָם וְאַתָּה תִּנָּצֵל׃
יב הַהִצִּילוּ אוֹתָם אֱלֹהֵי הַגּוֹיִם אֲשֶׁר הִשְׁחִיתוּ אֲבוֹתַי אֶת־גּוֹזָן
יג וְאֶת־חָרָן וְרֶצֶף וּבְנֵי־עֶדֶן אֲשֶׁר בִּתְלַשָּׂר׃ אַיֵּה מֶלֶךְ־חֲמָת
יד וּמֶלֶךְ אַרְפָּד וּמֶלֶךְ לָעִיר סְפַרְוָיִם הֵנַע וְעִוָּה׃ וַיִּקַּח חִזְקִיָּהוּ
אֶת־הַסְּפָרִים מִיַּד הַמַּלְאָכִים וַיִּקְרָאֵהוּ וַיַּעַל בֵּית יְהוָה
טו וַיִּפְרְשֵׂהוּ חִזְקִיָּהוּ לִפְנֵי יְהוָה׃ וַיִּתְפַּלֵּל חִזְקִיָּהוּ אֶל־יְהוָה לֵאמֹר׃
טז יְהוָה צְבָאוֹת אֱלֹהֵי יִשְׂרָאֵל יֹשֵׁב הַכְּרֻבִים אַתָּה־הוּא הָאֱלֹהִים
לְבַדְּךָ לְכֹל מַמְלְכוֹת הָאָרֶץ אַתָּה עָשִׂיתָ אֶת־הַשָּׁמַיִם וְאֶת־
יז הָאָרֶץ׃ הַטֵּה יְהוָה ׀ אָזְנְךָ וּשְׁמָע פְּקַח יְהוָה עֵינֶךָ וּרְאֵה וּשְׁמַע
יח אֵת כָּל־דִּבְרֵי סַנְחֵרִיב אֲשֶׁר שָׁלַח לְחָרֵף אֱלֹהִים חָי׃ אָמְנָם
יְהוָה הֶחֱרִיבוּ מַלְכֵי אַשּׁוּר אֶת־כָּל־הָאֲרָצוֹת וְאֶת־אַרְצָם׃
יט וְנָתֹן אֶת־אֱלֹהֵיהֶם בָּאֵשׁ כִּי לֹא אֱלֹהִים הֵמָּה כִּי אִם־מַעֲשֵׂה
כ יְדֵי־אָדָם עֵץ וָאֶבֶן וַיְאַבְּדוּם׃ וְעַתָּה יְהוָה אֱלֹהֵינוּ הוֹשִׁיעֵנוּ טו
כא מִיָּדוֹ וְיֵדְעוּ כָּל־מַמְלְכוֹת הָאָרֶץ כִּי־אַתָּה יְהוָה לְבַדֶּךָ׃ וַיִּשְׁלַח
יְשַׁעְיָהוּ בֶן־אָמוֹץ אֶל־חִזְקִיָּהוּ לֵאמֹר כֹּה־אָמַר יְהוָה אֱלֹהֵי
כב יִשְׂרָאֵל אֲשֶׁר הִתְפַּלַּלְתָּ אֵלַי אֶל־סַנְחֵרִיב מֶלֶךְ אַשּׁוּר׃ זֶה
הַדָּבָר אֲשֶׁר־דִּבֶּר יְהוָה עָלָיו בָּזָה לְךָ לָעֲגָה לְךָ בְּתוּלַת בַּת־
כג צִיּוֹן אַחֲרֶיךָ רֹאשׁ הֵנִיעָה בַּת יְרוּשָׁלָםִ׃ אֶת־מִי חֵרַפְתָּ וְגִדַּפְתָּ
וְעַל־מִי הֲרִימוֹתָה קּוֹל וַתִּשָּׂא מָרוֹם עֵינֶיךָ אֶל־קְדוֹשׁ יִשְׂרָאֵל׃

כד בְּיַד עֲבָדֶיךָ חֵרַפְתָּ ׀ אֲדֹנָי וַתֹּאמֶר בְּרֹב רִכְבִּי אֲנִי עָלִיתִי מְרוֹם
הָרִים יַרְכְּתֵי לְבָנוֹן וְאֶכְרֹת קוֹמַת אֲרָזָיו מִבְחַר בְּרֹשָׁיו וְאָבוֹא
כה מְרוֹם קִצּוֹ יַעַר כַּרְמִלּוֹ׃ אֲנִי קַרְתִּי וְשָׁתִיתִי מָיִם וְאַחְרִב בְּכַף־
כו פְּעָמַי כֹּל יְאֹרֵי מָצוֹר׃ הֲלוֹא־שָׁמַעְתָּ לְמֵרָחוֹק אוֹתָהּ עָשִׂיתִי
מִימֵי קֶדֶם וִיצַרְתִּיהָ עַתָּה הֲבֵאתִיהָ וּתְהִי לְהַשְׁאוֹת גַּלִּים נִצִּים
כז עָרִים בְּצֻרוֹת׃ וְיֹשְׁבֵיהֶן קִצְרֵי־יָד חַתּוּ וָבֹשׁוּ הָיוּ עֵשֶׂב שָׂדֶה
כח וִירַק דֶּשֶׁא חֲצִיר גַּגּוֹת וּשְׁדֵמָה לִפְנֵי קָמָה׃ וְשִׁבְתְּךָ וְצֵאתְךָ
כט וּבוֹאֲךָ יָדָעְתִּי וְאֵת הִתְרַגֶּזְךָ אֵלָי׃ יַעַן הִתְרַגֶּזְךָ אֵלַי וְשַׁאֲנַנְךָ
עָלָה בְאָזְנָי וְשַׂמְתִּי חַחִי בְּאַפֶּךָ וּמִתְגִּי בִּשְׂפָתֶיךָ וַהֲשִׁיבֹתִיךָ
ל בַּדֶּרֶךְ אֲשֶׁר־בָּאתָ בָּהּ׃ וְזֶה־לְּךָ הָאוֹת אָכוֹל הַשָּׁנָה סָפִיחַ
וּבַשָּׁנָה הַשֵּׁנִית שָׁחִיס וּבַשָּׁנָה הַשְּׁלִישִׁית זִרְעוּ וְקִצְרוּ וְנִטְעוּ
לא כְרָמִים ואכול פִּרְיָם׃ וְיָסְפָה פְּלֵיטַת בֵּית־יְהוּדָה הַנִּשְׁאָרָה וְאִכְלוּ
לב שֹׁרֶשׁ לְמָטָּה וְעָשָׂה פְרִי לְמָעְלָה׃ כִּי מִירוּשָׁלַ͏ִם תֵּצֵא
שְׁאֵרִית וּפְלֵיטָה מֵהַר צִיּוֹן קִנְאַת יהוה צְבָאוֹת תַּעֲשֶׂה־
לג זֹּאת׃ לָכֵן כֹּה־אָמַר יהוה אֶל־מֶלֶךְ אַשּׁוּר לֹא
יָבוֹא אֶל־הָעִיר הַזֹּאת וְלֹא־יוֹרֶה שָׁם חֵץ וְלֹא־יְקַדְּמֶנָּה מָגֵן
לד וְלֹא־יִשְׁפֹּךְ עָלֶיהָ סֹלְלָה׃ בַּדֶּרֶךְ אֲשֶׁר־בָּא בָּהּ יָשׁוּב וְאֶל־
לה הָעִיר הַזֹּאת לֹא יָבוֹא נְאֻם־יהוה׃ וְגַנּוֹתִי עַל־הָעִיר הַזֹּאת
לו לְהוֹשִׁיעָהּ לְמַעֲנִי וּלְמַעַן דָּוִד עַבְדִּי׃ וַיֵּצֵא ׀
מַלְאַךְ יהוה וַיַּכֶּה בְּמַחֲנֵה אַשּׁוּר מֵאָה וּשְׁמֹנִים וַחֲמִשָּׁה
לז אָלֶף וַיַּשְׁכִּימוּ בַבֹּקֶר וְהִנֵּה כֻלָּם פְּגָרִים מֵתִים׃ וַיִּסַּע
לח וַיֵּלֶךְ וַיָּשָׁב סַנְחֵרִיב מֶלֶךְ־אַשּׁוּר וַיֵּשֶׁב בְּנִינְוֵה׃ וַיְהִי הוּא
מִשְׁתַּחֲוֶה בֵּית ׀ נִסְרֹךְ אֱלֹהָיו וְאַדְרַמֶּלֶךְ וְשַׂרְאֶצֶר בָּנָיו הִכֻּהוּ
בַחֶרֶב וְהֵמָּה נִמְלְטוּ אֶרֶץ אֲרָרָט וַיִּמְלֹךְ אֵסַר־חַדֹּן בְּנוֹ
ל א תַּחְתָּיו׃ בַּיָּמִים הָהֵם חָלָה חִזְקִיָּהוּ לָמוּת וַיָּבוֹא
אֵלָיו יְשַׁעְיָהוּ בֶן־אָמוֹץ הַנָּבִיא וַיֹּאמֶר אֵלָיו כֹּה־אָמַר יהוה צַו
ב לְבֵיתֶךָ כִּי מֵת אַתָּה וְלֹא תִחְיֶה׃ וַיַּסֵּב חִזְקִיָּהוּ פָּנָיו אֶל־הַקִּיר

ג וַיִּתְפַּלֵּל אֶל־יְהוָה: וַיֹּאמַר אָנָּה יְהוָה זְכָר־נָא אֵת אֲשֶׁר
הִתְהַלַּכְתִּי לְפָנֶיךָ בֶּאֱמֶת וּבְלֵב שָׁלֵם וְהַטּוֹב בְּעֵינֶיךָ עָשִׂיתִי
ד וַיֵּבְךְּ חִזְקִיָּהוּ בְּכִי גָדוֹל: וַיְהִי דְּבַר־יְהוָה אֶל־
ה יְשַׁעְיָהוּ לֵאמֹר: הָלוֹךְ וְאָמַרְתָּ אֶל־חִזְקִיָּהוּ כֹּה־אָמַר יְהוָה
אֱלֹהֵי דָּוִד אָבִיךָ שָׁמַעְתִּי אֶת־תְּפִלָּתֶךָ רָאִיתִי אֶת־דִּמְעָתֶךָ
ו הִנְנִי יוֹסִף עַל־יָמֶיךָ חֲמֵשׁ עֶשְׂרֵה שָׁנָה: וּמִכַּף מֶלֶךְ־אַשּׁוּר
ז אַצִּילְךָ וְאֵת הָעִיר הַזֹּאת וְגַנּוֹתִי עַל־הָעִיר הַזֹּאת: וְזֶה־לְּךָ
הָאוֹת מֵאֵת יְהוָה אֲשֶׁר יַעֲשֶׂה יְהוָה אֶת־הַדָּבָר הַזֶּה אֲשֶׁר
ח דִּבֵּר: הִנְנִי מֵשִׁיב אֶת־צֵל הַמַּעֲלוֹת אֲשֶׁר יָרְדָה בְמַעֲלוֹת אָחָז
בַּשֶּׁמֶשׁ אֲחֹרַנִּית עֶשֶׂר מַעֲלוֹת וַתָּשָׁב הַשֶּׁמֶשׁ עֶשֶׂר מַעֲלוֹת
ט בַּמַּעֲלוֹת אֲשֶׁר יָרָדָה: מִכְתָּב לְחִזְקִיָּהוּ מֶלֶךְ־
י יְהוּדָה בַּחֲלֹתוֹ וַיְחִי מֵחָלְיוֹ: אֲנִי אָמַרְתִּי בִּדְמִי יָמַי אֵלֵכָה
יא בְּשַׁעֲרֵי שְׁאוֹל פֻּקַּדְתִּי יֶתֶר שְׁנוֹתָי: אָמַרְתִּי לֹא־אֶרְאֶה יָהּ יָהּ
יב בְּאֶרֶץ הַחַיִּים לֹא־אַבִּיט אָדָם עוֹד עִם־יוֹשְׁבֵי חָדֶל: דּוֹרִי נִסַּע
וְנִגְלָה מִנִּי כְּאֹהֶל רֹעִי קִפַּדְתִּי כָאֹרֵג חַיַּי מִדַּלָּה יְבַצְּעֵנִי מִיּוֹם
יג עַד־לַיְלָה תַּשְׁלִימֵנִי: שִׁוִּיתִי עַד־בֹּקֶר כָּאֲרִי כֵּן יְשַׁבֵּר כָּל־
יד עַצְמוֹתָי מִיּוֹם עַד־לַיְלָה תַּשְׁלִימֵנִי: כְּסוּס עָגוּר כֵּן אֲצַפְצֵף
טו אֶהְגֶּה כַּיּוֹנָה דַּלּוּ עֵינַי לַמָּרוֹם אֲדֹנָי עָשְׁקָה־לִּי עָרְבֵנִי: מָה־
אֲדַבֵּר וְאָמַר־לִי וְהוּא עָשָׂה אֶדַּדֶּה כָל־שְׁנוֹתַי עַל־מַר נַפְשִׁי:
טז יז אֲדֹנָי עֲלֵיהֶם יִחְיוּ וּלְכָל־בָּהֶן חַיֵּי רוּחִי וְתַחֲלִימֵנִי וְהַחֲיֵנִי: הִנֵּה
לְשָׁלוֹם מַר־לִי מָר וְאַתָּה חָשַׁקְתָּ נַפְשִׁי מִשַּׁחַת בְּלִי כִּי
יח הִשְׁלַכְתָּ אַחֲרֵי גֵוְךָ כָּל־חֲטָאָי: כִּי לֹא שְׁאוֹל תּוֹדֶךָּ מָוֶת
יט יְהַלְלֶךָּ לֹא־יְשַׂבְּרוּ יוֹרְדֵי־בוֹר אֶל־אֲמִתֶּךָ: חַי חַי הוּא יוֹדֶךָ
כ כָּמוֹנִי הַיּוֹם אָב לְבָנִים יוֹדִיעַ אֶל־אֲמִתֶּךָ: יְהוָה לְהוֹשִׁיעֵנִי
כא וּנְגִינוֹתַי נְנַגֵּן כָּל־יְמֵי חַיֵּינוּ עַל־בֵּית יְהוָה: וַיֹּאמֶר יְשַׁעְיָהוּ
כב יִשְׂאוּ דְּבֶלֶת תְּאֵנִים וְיִמְרְחוּ עַל־הַשְּׁחִין וְיֶחִי: וַיֹּאמֶר חִזְקִיָּהוּ
לט א מָה אוֹת כִּי אֶעֱלֶה בֵּית יְהוָה: בָּעֵת הַהִוא שָׁלַח

מְרֹאדַךְ בַּלְאֲדָן בֶּן־בַּלְאֲדָן מֶלֶךְ־בָּבֶל סְפָרִים וּמִנְחָה אֶל־
ב חִזְקִיָּהוּ וַיִּשְׁמַע כִּי חָלָה וַיֶּחֱזָק׃ וַיִּשְׂמַח עֲלֵיהֶם חִזְקִיָּהוּ וַיַּרְאֵם
אֶת־בֵּית נְכֹתֹה אֶת־הַכֶּסֶף וְאֶת־הַזָּהָב וְאֶת־הַבְּשָׂמִים וְאֵת ׀
הַשֶּׁמֶן הַטּוֹב וְאֵת כָּל־בֵּית כֵּלָיו וְאֵת כָּל־אֲשֶׁר נִמְצָא
בְּאוֹצְרֹתָיו לֹא־הָיָה דָבָר אֲשֶׁר לֹא־הֶרְאָם חִזְקִיָּהוּ בְּבֵיתוֹ
ג וּבְכָל־מֶמְשַׁלְתּוֹ׃ וַיָּבֹא יְשַׁעְיָהוּ הַנָּבִיא אֶל־הַמֶּלֶךְ חִזְקִיָּהוּ
וַיֹּאמֶר אֵלָיו מָה אָמְרוּ ׀ הָאֲנָשִׁים הָאֵלֶּה וּמֵאַיִן יָבֹאוּ אֵלֶיךָ
ד וַיֹּאמֶר חִזְקִיָּהוּ מֵאֶרֶץ רְחוֹקָה בָּאוּ אֵלַי מִבָּבֶל׃ וַיֹּאמֶר מָה
רָאוּ בְּבֵיתֶךָ וַיֹּאמֶר חִזְקִיָּהוּ אֵת כָּל־אֲשֶׁר בְּבֵיתִי רָאוּ לֹא־הָיָה
ה דָבָר אֲשֶׁר לֹא־הִרְאִיתִים בְּאוֹצְרֹתָי׃ וַיֹּאמֶר יְשַׁעְיָהוּ אֶל־
ו חִזְקִיָּהוּ שְׁמַע דְּבַר־יְהוָה צְבָאוֹת׃ הִנֵּה יָמִים בָּאִים וְנִשָּׂא ׀
כָּל־אֲשֶׁר בְּבֵיתֶךָ וַאֲשֶׁר אָצְרוּ אֲבֹתֶיךָ עַד־הַיּוֹם הַזֶּה בָּבֶל
ז לֹא־יִוָּתֵר דָּבָר אָמַר יְהוָה׃ וּמִבָּנֶיךָ אֲשֶׁר יֵצְאוּ מִמְּךָ אֲשֶׁר
ח תּוֹלִיד יִקָּחוּ וְהָיוּ סָרִיסִים בְּהֵיכַל מֶלֶךְ בָּבֶל׃ וַיֹּאמֶר חִזְקִיָּהוּ
אֶל־יְשַׁעְיָהוּ טוֹב דְּבַר־יְהוָה אֲשֶׁר דִּבַּרְתָּ וַיֹּאמֶר כִּי יִהְיֶה
מ א שָׁלוֹם וֶאֱמֶת בְּיָמָי׃ נַחֲמוּ נַחֲמוּ עַמִּי יֹאמַר טז
ב אֱלֹהֵיכֶם׃ דַּבְּרוּ עַל־לֵב יְרוּשָׁלַםִ וְקִרְאוּ אֵלֶיהָ כִּי מָלְאָה
צְבָאָהּ כִּי נִרְצָה עֲוֺנָהּ כִּי לָקְחָה מִיַּד יְהוָה כִּפְלַיִם בְּכָל־
ג חַטֹּאתֶיהָ׃ קוֹל קוֹרֵא בַּמִּדְבָּר פַּנּוּ דֶּרֶךְ יְהוָה
ד יַשְּׁרוּ בָּעֲרָבָה מְסִלָּה לֵאלֹהֵינוּ׃ כָּל־גֶּיא יִנָּשֵׂא וְכָל־הַר וְגִבְעָה
ה יִשְׁפָּלוּ וְהָיָה הֶעָקֹב לְמִישׁוֹר וְהָרְכָסִים לְבִקְעָה׃ וְנִגְלָה כְּבוֹד
ו יְהוָה וְרָאוּ כָל־בָּשָׂר יַחְדָּו כִּי פִּי יְהוָה דִּבֵּר׃ קוֹל
אֹמֵר קְרָא וְאָמַר מָה אֶקְרָא כָּל־הַבָּשָׂר חָצִיר וְכָל־חַסְדּוֹ
ז כְּצִיץ הַשָּׂדֶה׃ יָבֵשׁ חָצִיר נָבֵל צִיץ כִּי רוּחַ יְהוָה נָשְׁבָה בּוֹ
ח אָכֵן חָצִיר הָעָם׃ יָבֵשׁ חָצִיר נָבֵל צִיץ וּדְבַר אֱלֹהֵינוּ יָקוּם
ט לְעוֹלָם׃ עַל הַר־גָּבֹהַּ עֲלִי־לָךְ מְבַשֶּׂרֶת צִיּוֹן
הָרִימִי בַכֹּחַ קוֹלֵךְ מְבַשֶּׂרֶת יְרוּשָׁלָםִ הָרִימִי אַל־תִּירָאִי

י אִמְרִ֗י לְעָרֵ֣י יְהוּדָ֔ה הִנֵּ֖ה אֱלֹהֵיכֶ֑ם׃ הִנֵּ֨ה אֲדֹנָ֤י יֱהֹוִה֙ בְּחָזָ֣ק יָב֔וֹא וּזְרֹע֖וֹ מֹ֣שְׁלָה ל֑וֹ הִנֵּ֤ה שְׂכָרוֹ֙ אִתּ֔וֹ וּפְעֻלָּת֖וֹ לְפָנָֽיו׃

יא כְּרֹעֶה֙ עֶדְר֣וֹ יִרְעֶ֔ה בִּזְרֹעוֹ֙ יְקַבֵּ֣ץ טְלָאִ֔ים וּבְחֵיק֖וֹ יִשָּׂ֑א עָל֖וֹת יְנַהֵֽל׃

יב מִֽי־מָדַ֨ד בְּשׇׁעֳל֜וֹ מַ֗יִם וְשָׁמַ֙יִם֙ בַּזֶּ֣רֶת תִּכֵּ֔ן וְכָ֥ל בַּשָּׁלִ֖שׁ עֲפַ֣ר הָאָ֑רֶץ וְשָׁקַ֤ל בַּפֶּ֙לֶס֙ הָרִ֔ים וּגְבָע֖וֹת בְּמֹאזְנָֽיִם׃

יג מִֽי־תִכֵּ֥ן אֶת־ר֖וּחַ יְהֹוָ֑ה וְאִ֥ישׁ עֲצָת֖וֹ יוֹדִיעֶֽנּוּ׃ אֶת־מִ֤י נוֹעַץ֙ וַיְבִינֵ֔הוּ וַֽיְלַמְּדֵ֖הוּ בְּאֹ֣רַח מִשְׁפָּ֑ט וַֽיְלַמְּדֵ֣הוּ דַ֔עַת וְדֶ֥רֶךְ תְּבוּנ֖וֹת

טו יוֹדִיעֶֽנּוּ׃ הֵ֤ן גּוֹיִם֙ כְּמַ֣ר מִדְּלִ֔י וּכְשַׁ֥חַק מֹאזְנַ֖יִם נֶחְשָׁ֑בוּ

טז הֵ֥ן אִיִּ֖ים כַּדַּ֣ק יִטּֽוֹל׃ וּלְבָנ֕וֹן אֵ֥ין דֵּ֖י בָּעֵ֑ר וְחַ֨יָּת֔וֹ אֵ֥ין דֵּ֖י

יז עוֹלָֽה׃ כׇּל־הַגּוֹיִ֖ם כְּאַ֣יִן נֶגְדּ֑וֹ מֵאֶ֥פֶס וָתֹ֖הוּ

יח נֶחְשְׁבוּ־לֽוֹ׃ וְאֶל־מִ֖י תְּדַמְּי֣וּן אֵ֑ל וּמַה־דְּמ֖וּת תַּעַרְכוּ־לֽוֹ׃

יט הַפֶּ֙סֶל֙ נָסַ֣ךְ חָרָ֔שׁ וְצֹרֵ֖ף בַּזָּהָ֣ב יְרַקְּעֶ֑נּוּ וּרְתֻק֥וֹת כֶּ֖סֶף צוֹרֵֽף׃

כ הַֽמְסֻכָּ֣ן תְּרוּמָ֗ה עֵ֤ץ לֹֽא־יִרְקַב֙ יִבְחָ֔ר חָרָ֤שׁ חָכָם֙ יְבַקֶּשׁ־ל֔וֹ לְהָכִ֥ין פֶּ֖סֶל לֹ֥א יִמּֽוֹט׃

כא הֲל֤וֹא תֵֽדְעוּ֙ הֲל֣וֹא תִשְׁמָ֔עוּ הֲל֛וֹא הֻגַּ֥ד מֵרֹ֖אשׁ לָכֶ֑ם הֲלוֹא֙ הֲבִ֣ינֹתֶ֔ם מוֹסְד֖וֹת הָאָֽרֶץ׃

כב הַיֹּשֵׁב֙ עַל־ח֣וּג הָאָ֔רֶץ וְיֹשְׁבֶ֖יהָ כַּחֲגָבִ֑ים הַנּוֹטֶ֤ה כַדֹּק֙ שָׁמַ֔יִם וַיִּמְתָּחֵ֥ם כָּאֹ֖הֶל לָשָֽׁבֶת׃

כג הַנּוֹתֵ֥ן רוֹזְנִ֖ים לְאָ֑יִן שֹׁ֥פְטֵי אֶ֖רֶץ כַּתֹּ֥הוּ עָשָֽׂה׃ אַ֣ף בַּל־נִטָּ֗עוּ אַ֚ף בַּל־זֹרָ֔עוּ אַ֛ף בַּל־שֹׁרֵ֥שׁ בָּאָ֖רֶץ גִּזְעָ֑ם וְגַם־נָשַׁ֤ף בָּהֶם֙

כה וַיִּבָ֔שׁוּ וּסְעָרָ֖ה כַּקַּ֣שׁ תִּשָּׂאֵֽם׃ וְאֶל־מִ֥י תְדַמְּי֖וּנִי

כו וְאֶשְׁוֶ֖ה יֹאמַ֣ר קָד֑וֹשׁ שְׂאוּ־מָר֨וֹם עֵינֵיכֶ֤ם וּרְאוּ֙ מִי־בָרָ֣א אֵ֔לֶּה הַמּוֹצִ֥יא בְמִסְפָּ֖ר צְבָאָ֑ם לְכֻלָּם֙ בְּשֵׁ֣ם יִקְרָ֔א מֵרֹ֤ב אוֹנִים֙ וְאַמִּ֣יץ כֹּ֔חַ אִ֖ישׁ לֹ֥א נֶעְדָּֽר׃

כז לָ֤מָּה תֹאמַר֙ יַעֲקֹ֔ב וּתְדַבֵּ֖ר יִשְׂרָאֵ֑ל נִסְתְּרָ֤ה דַרְכִּי֙ מֵֽיהֹוָ֔ה וּמֵאֱלֹהַ֖י מִשְׁפָּטִ֥י יַעֲבֽוֹר׃

כח הֲל֨וֹא יָדַ֜עְתָּ אִם־לֹ֣א שָׁמַ֗עְתָּ אֱלֹהֵ֨י עוֹלָ֤ם ׀ יְהֹוָה֙ בּוֹרֵא֙ קְצ֣וֹת הָאָ֔רֶץ לֹ֥א יִיעַ֖ף וְלֹ֣א יִיגָ֑ע אֵ֥ין חֵ֖קֶר לִתְבוּנָתֽוֹ׃

כט נֹתֵ֥ן לַיָּעֵ֖ף כֹּ֑חַ וּלְאֵ֥ין אוֹנִ֖ים עׇצְמָ֥ה יַרְבֶּֽה׃

ל וְיִעֲפ֥וּ נְעָרִ֖ים וְיִגָ֑עוּ וּבַחוּרִ֖ים כָּשׁ֥וֹל יִכָּשֵֽׁלוּ׃

לא וְקוֹיֵ֤ יְהֹוָה֙ יַחֲלִ֣יפוּ כֹ֔חַ יַעֲל֥וּ אֵ֖בֶר כַּנְּשָׁרִ֑ים יָר֙וּצוּ֙ וְלֹ֣א יִיגָ֔עוּ

א יֵלְכוּ וְלֹא יִיעָפוּ: הַחֲרִישׁוּ אֵלַי אִיִּים וּלְאֻמִּים
ב יַחֲלִיפוּ כֹחַ יִגְּשׁוּ אָז יְדַבֵּרוּ יַחְדָּו לַמִּשְׁפָּט נִקְרָבָה: מִי הֵעִיר
מִמִּזְרָח צֶדֶק יִקְרָאֵהוּ לְרַגְלוֹ יִתֵּן לְפָנָיו גּוֹיִם וּמְלָכִים יַרְדְּ יִתֵּן
ג כֶּעָפָר חַרְבּוֹ כְּקַשׁ נִדָּף קַשְׁתּוֹ: יִרְדְּפֵם יַעֲבוֹר שָׁלוֹם אֹרַח
ד בְּרַגְלָיו לֹא יָבוֹא: מִי־פָעַל וְעָשָׂה קֹרֵא הַדֹּרוֹת מֵרֹאשׁ אֲנִי
ה יְהוָה רִאשׁוֹן וְאֶת־אַחֲרֹנִים אֲנִי־הוּא: רָאוּ אִיִּים וְיִירָאוּ קְצוֹת
ו הָאָרֶץ יֶחֱרָדוּ קָרְבוּ וַיֶּאֱתָיוּן: אִישׁ אֶת־רֵעֵהוּ יַעְזֹרוּ וּלְאָחִיו
ז יֹאמַר חֲזָק: וַיְחַזֵּק חָרָשׁ אֶת־צֹרֵף מַחֲלִיק פַּטִּישׁ אֶת־
הוֹלֶם פָּעַם אֹמֵר לַדֶּבֶק טוֹב הוּא וַיְחַזְּקֵהוּ בְמַסְמְרִים לֹא
ח יִמּוֹט: וְאַתָּה יִשְׂרָאֵל עַבְדִּי יַעֲקֹב אֲשֶׁר בְּחַרְתִּיךָ
ט זֶרַע אַבְרָהָם אֹהֲבִי: אֲשֶׁר הֶחֱזַקְתִּיךָ מִקְצוֹת הָאָרֶץ וּמֵאֲצִילֶיהָ
י קְרָאתִיךָ וָאֹמַר לְךָ עַבְדִּי־אַתָּה בְּחַרְתִּיךָ וְלֹא מְאַסְתִּיךָ: אַל־
תִּירָא כִּי עִמְּךָ־אָנִי אַל־תִּשְׁתָּע כִּי־אֲנִי אֱלֹהֶיךָ אִמַּצְתִּיךָ אַף־
יא עֲזַרְתִּיךָ אַף־תְּמַכְתִּיךָ בִּימִין צִדְקִי: הֵן יֵבֹשׁוּ וְיִכָּלְמוּ כֹּל
יב הַנֶּחֱרִים בָּךְ יִהְיוּ כְאַיִן וְיֹאבְדוּ אַנְשֵׁי רִיבֶךָ: תְּבַקְשֵׁם וְלֹא
יג תִמְצָאֵם אַנְשֵׁי מַצֻּתֶךָ יִהְיוּ כְאַיִן וּכְאֶפֶס אַנְשֵׁי מִלְחַמְתֶּךָ: כִּי
אֲנִי יְהוָה אֱלֹהֶיךָ מַחֲזִיק יְמִינֶךָ הָאֹמֵר לְךָ אַל־תִּירָא אֲנִי
יד עֲזַרְתִּיךָ: אַל־תִּירְאִי תּוֹלַעַת יַעֲקֹב מְתֵי יִשְׂרָאֵל
טו אֲנִי עֲזַרְתִּיךְ נְאֻם־יְהוָה וְגֹאֲלֵךְ קְדוֹשׁ יִשְׂרָאֵל: הִנֵּה שַׂמְתִּיךְ
לְמוֹרַג חָרוּץ חָדָשׁ בַּעַל פִּיפִיּוֹת תָּדוּשׁ הָרִים וְתָדֹק וּגְבָעוֹת
טז כַּמֹּץ תָּשִׂים: תִּזְרֵם וְרוּחַ תִּשָּׂאֵם וּסְעָרָה תָּפִיץ אֹתָם וְאַתָּה
יז תָּגִיל בַּיהוָה בִּקְדוֹשׁ יִשְׂרָאֵל תִּתְהַלָּל: הָעֲנִיִּים
וְהָאֶבְיוֹנִים מְבַקְשִׁים מַיִם וָאַיִן לְשׁוֹנָם בַּצָּמָא נָשָׁתָּה אֲנִי יְהוָה
יח אֶעֱנֵם אֱלֹהֵי יִשְׂרָאֵל לֹא אֶעֶזְבֵם: אֶפְתַּח עַל־שְׁפָיִים נְהָרוֹת
וּבְתוֹךְ בְּקָעוֹת מַעְיָנוֹת אָשִׂים מִדְבָּר לַאֲגַם־מַיִם וְאֶרֶץ צִיָּה
יט לְמוֹצָאֵי מָיִם: אֶתֵּן בַּמִּדְבָּר אֶרֶז שִׁטָּה וַהֲדַס וְעֵץ שָׁמֶן אָשִׂים
כ בָּעֲרָבָה בְּרוֹשׁ תִּדְהָר וּתְאַשּׁוּר יַחְדָּו: לְמַעַן יִרְאוּ וְיֵדְעוּ וְיָשִׂימוּ

וְיִשְׂכִּ֣ילוּ יַחְדָּ֑ו כִּ֣י יַד־יְהֹוָה֙ עָ֣שְׂתָה זֹּ֔את וּקְד֥וֹשׁ יִשְׂרָאֵ֖ל

כא בְּרָאָֽהּ: קָרְב֥וּ רִֽיבְכֶ֖ם יֹאמַ֣ר יְהֹוָ֑ה הַגִּ֙ישׁוּ֙

כב עֲצֻמֽוֹתֵיכֶ֔ם יֹאמַ֖ר מֶ֣לֶךְ יַֽעֲקֹֽב: יַגִּ֙ישׁוּ֙ וְיַגִּ֣ידוּ לָ֔נוּ אֵ֖ת אֲשֶׁ֣ר

תִּקְרֶ֑ינָה הָרִֽאשֹׁנ֣וֹת ׀ מָ֣ה הֵ֗נָּה הַגִּ֙ידוּ֙ וְנָשִׂ֣ימָה לִבֵּ֔נוּ וְנֵֽדְעָה֙

כג אַֽחֲרִיתָ֔ן א֥וֹ הַבָּא֖וֹת הַשְׁמִיעֻֽנוּ: הַגִּ֙ידוּ֙ הָאֹ֣תִיּ֔וֹת לְאָח֔וֹר

וְנֵ֣דְעָ֔ה כִּ֥י אֱלֹהִ֖ים אַתֶּ֑ם אַף־תֵּיטִ֣יבוּ וְתָרֵ֔עוּ וְנִשְׁתָּ֖עָה

כד וְנִ֣רֶא יַחְדָּֽו: הֵן־אַתֶּ֣ם מֵאַ֔יִן וּפָֽעָלְכֶ֖ם מֵאָ֑פַע תּֽוֹעֵבָ֖ה יִבְחַ֥ר

כה בָּכֶֽם: הַעִיר֤וֹתִי מִצָּפוֹן֙ וַיַּ֔את מִמִּזְרַח־שֶׁ֖מֶשׁ

יִקְרָ֣א בִשְׁמִ֑י וְיָבֹ֤א סְגָנִים֙ כְּמוֹ־חֹ֔מֶר וּכְמ֥וֹ יוֹצֵ֖ר יִרְמָס־טִֽיט:

כו מִֽי־הִגִּ֤יד מֵרֹאשׁ֙ וְנֵדָ֔עָה וּמִלְּפָנִ֖ים וְנֹאמַ֣ר צַדִּ֑יק אַ֣ף אֵֽין־מַגִּ֗יד

כז אַ֚ף אֵ֣ין מַשְׁמִ֔יעַ אַ֥ף אֵֽין־שֹׁמֵ֖עַ אִמְרֵיכֶֽם: רִאשׁ֥וֹן לְצִיּ֖וֹן הִנֵּ֣ה יז

כח הִנָּ֑ם וְלִירֽוּשָׁלַ֖͏ִם מְבַשֵּׂ֥ר אֶתֵּֽן: וְאֵ֙רֶא֙ וְאֵ֣ין אִ֔ישׁ וּמֵאֵ֖לֶּה וְאֵ֣ין

כט יוֹעֵ֑ץ וְאֶשְׁאָלֵ֖ם וְיָשִׁ֥יבוּ דָבָֽר: הֵ֣ן כֻּלָּ֗ם אָ֚וֶן אֶ֣פֶס מַעֲשֵׂיהֶ֔ם ר֥וּחַ

ב א וָתֹ֖הוּ נִסְכֵּיהֶֽם: הֵ֤ן עַבְדִּי֙ אֶתְמָךְ־בּ֔וֹ בְּחִירִ֖י

ב רָֽצְתָ֣ה נַפְשִׁ֑י נָתַ֤תִּי רוּחִי֙ עָלָ֔יו מִשְׁפָּ֖ט לַגּוֹיִ֥ם יוֹצִֽיא: לֹ֤א

ג יִצְעַק֙ וְלֹ֣א יִשָּׂ֔א וְלֹֽא־יַשְׁמִ֥יעַ בַּח֖וּץ קוֹל֑וֹ: קָנֶ֤ה רָצוּץ֙ לֹ֣א

ד יִשְׁבּ֔וֹר וּפִשְׁתָּ֥ה כֵהָ֖ה לֹ֣א יְכַבֶּ֑נָּה לֶֽאֱמֶ֖ת יוֹצִ֥יא מִשְׁפָּֽט: לֹ֤א

יִכְהֶה֙ וְלֹ֣א יָר֔וּץ עַד־יָשִׂ֥ים בָּאָ֖רֶץ מִשְׁפָּ֑ט וּלְתֽוֹרָת֖וֹ אִיִּ֥ים

ה יְיַחֵֽלוּ: כֹּֽה־אָמַ֞ר הָאֵ֣ל ׀ יְהֹוָ֗ה בּוֹרֵ֤א הַשָּׁמַ֙יִם֙

וְנ֣וֹטֵיהֶ֔ם רֹקַ֥ע הָאָ֖רֶץ וְצֶֽאֱצָאֶ֑יהָ נֹתֵ֤ן נְשָׁמָה֙ לָעָ֣ם עָלֶ֔יהָ וְר֖וּחַ

ו לַהֹֽלְכִ֥ים בָּֽהּ: אֲנִ֧י יְהֹוָ֛ה קְרָאתִ֥יךָֽ בְצֶ֖דֶק וְאַחְזֵ֣ק בְּיָדֶ֑ךָ וְאֶצָּרְךָ֗

ז וְאֶתֶּנְךָ֛ לִבְרִ֥ית עָ֖ם לְא֣וֹר גּוֹיִֽם: לִפְקֹ֖חַ עֵינַ֣יִם עִוְר֑וֹת לְהוֹצִ֤יא

ח מִמַּסְגֵּר֙ אַסִּ֔יר מִבֵּ֥ית כֶּ֖לֶא יֹ֥שְׁבֵי חֹֽשֶׁךְ: אֲנִ֥י יְהֹוָ֖ה ה֣וּא

ט שְׁמִ֑י וּכְבוֹדִי֙ לְאַחֵ֣ר לֹֽא־אֶתֵּ֔ן וּתְהִלָּתִ֖י לַפְּסִילִֽים: הָרִֽאשֹׁנ֖וֹת

הִנֵּה־בָ֑אוּ וַֽחֲדָשׁוֹת֙ אֲנִ֣י מַגִּ֔יד בְּטֶ֥רֶם תִּצְמַ֖חְנָה אַשְׁמִ֥יע

י אֶתְכֶֽם: שִׁ֤ירוּ לַֽיהֹוָה֙ שִׁ֣יר חָדָ֔שׁ תְּהִלָּת֖וֹ

יא מִקְצֵ֣ה הָאָ֑רֶץ יֽוֹרְדֵ֤י הַיָּם֙ וּמְלֹא֔וֹ אִיִּ֖ים וְיֹֽשְׁבֵיהֶֽם: יִשְׂא֤וּ מִדְבָּר֙

מב

וְעָרָיו חֲצֵרִים תֵּשֵׁב קֵדָר יָרֹנּוּ יֹשְׁבֵי סֶלַע מֵרֹאשׁ הָרִים יִצְוָחוּ׃
יָשִׂימוּ לַיהוָה כָּבוֹד וּתְהִלָּתוֹ בָּאִיִּים יַגִּידוּ׃ יְהוָה כַּגִּבּוֹר יֵצֵא יב יג
כְּאִישׁ מִלְחָמוֹת יָעִיר קִנְאָה יָרִיעַ אַף־יַצְרִיחַ עַל־אֹיְבָיו
יִתְגַּבָּר׃ הֶחֱשֵׁיתִי מֵעוֹלָם אַחֲרִישׁ אֶתְאַפָּק כַּיּוֹלֵדָה יד
אֶפְעֶה אֶשֹּׁם וְאֶשְׁאַף יָחַד׃ אַחֲרִיב הָרִים וּגְבָעוֹת וְכָל־עֶשְׂבָּם טו
אוֹבִישׁ וְשַׂמְתִּי נְהָרוֹת לָאִיִּים וַאֲגַמִּים אוֹבִישׁ׃ וְהוֹלַכְתִּי עִוְרִים טז
בְּדֶרֶךְ לֹא יָדָעוּ בִּנְתִיבוֹת לֹא־יָדְעוּ אַדְרִיכֵם אָשִׂים מַחְשָׁךְ
לִפְנֵיהֶם לָאוֹר וּמַעֲקַשִּׁים לְמִישׁוֹר אֵלֶּה הַדְּבָרִים עֲשִׂיתִם וְלֹא
עֲזַבְתִּים׃ נָסֹגוּ אָחוֹר יֵבֹשׁוּ בֹשֶׁת הַבֹּטְחִים בַּפָּסֶל הָאֹמְרִים יז
לְמַסֵּכָה אַתֶּם אֱלֹהֵינוּ׃ הַחֵרְשִׁים שְׁמָעוּ וְהַעִוְרִים יח
הַבִּיטוּ לִרְאוֹת׃ מִי עִוֵּר כִּי אִם־עַבְדִּי וְחֵרֵשׁ כְּמַלְאָכִי אֶשְׁלָח יט
רָאוֹת מִי עִוֵּר כִּמְשֻׁלָּם וְעִוֵּר כְּעֶבֶד יְהוָה׃ רָאִית רַבּוֹת וְלֹא תִשְׁמֹר כ
פָּקוֹחַ אָזְנַיִם וְלֹא יִשְׁמָע׃ יְהוָה חָפֵץ לְמַעַן צִדְקוֹ יַגְדִּיל תּוֹרָה כא
וְיַאְדִּיר׃ וְהוּא עַם־בָּזוּז וְשָׁסוּי הָפֵחַ בַּחוּרִים כֻּלָּם וּבְבָתֵּי כב
כְלָאִים הָחְבָּאוּ הָיוּ לָבַז וְאֵין מַצִּיל מְשִׁסָּה וְאֵין־אֹמֵר הָשַׁב׃
לִמְשִׁסָּה מִי בָכֶם יַאֲזִין זֹאת יַקְשִׁב וְיִשְׁמַע לְאָחוֹר׃ מִי־נָתַן לִמְשׁוֹסָה כג כד
יַעֲקֹב וְיִשְׂרָאֵל לְבֹזְזִים הֲלוֹא יְהוָה זוּ חָטָאנוּ לוֹ וְלֹא־אָבוּ
בִדְרָכָיו הָלוֹךְ וְלֹא שָׁמְעוּ בְּתוֹרָתוֹ׃ וַיִּשְׁפֹּךְ עָלָיו חֵמָה אַפּוֹ כה
וֶעֱזוּז מִלְחָמָה וַתְּלַהֲטֵהוּ מִסָּבִיב וְלֹא יָדָע וַתִּבְעַר־בּוֹ וְלֹא־
יָשִׂים עַל־לֵב׃ וְעַתָּה כֹּה־אָמַר יְהוָה בֹּרַאֲךָ א מג
יַעֲקֹב וְיֹצֶרְךָ יִשְׂרָאֵל אַל־תִּירָא כִּי גְאַלְתִּיךָ קָרָאתִי בְשִׁמְךָ
לִי־אָתָּה׃ כִּי־תַעֲבֹר בַּמַּיִם אִתְּךָ אָנִי וּבַנְּהָרוֹת לֹא יִשְׁטְפוּךָ ב
כִּי־תֵלֵךְ בְּמוֹ־אֵשׁ לֹא תִכָּוֶה וְלֶהָבָה לֹא תִבְעַר־בָּךְ׃ כִּי אֲנִי ג
יְהוָה אֱלֹהֶיךָ קְדוֹשׁ יִשְׂרָאֵל מוֹשִׁיעֶךָ נָתַתִּי כָפְרְךָ מִצְרַיִם כּוּשׁ
וּסְבָא תַּחְתֶּיךָ׃ מֵאֲשֶׁר יָקַרְתָּ בְעֵינַי נִכְבַּדְתָּ וַאֲנִי אֲהַבְתִּיךָ ד
וְאֶתֵּן אָדָם תַּחְתֶּיךָ וּלְאֻמִּים תַּחַת נַפְשֶׁךָ׃ אַל־תִּירָא כִּי אִתְּךָ־ ה
אָנִי מִמִּזְרָח אָבִיא זַרְעֶךָ וּמִמַּעֲרָב אֲקַבְּצֶךָּ׃ אֹמַר לַצָּפוֹן תֵּנִי ו

וְלַתֵּימָן אַל־תִּכְלָאִי הָבִיאִי בָנַי מֵרָחוֹק וּבְנוֹתַי מִקְצֵה הָאָרֶץ׃
ז כֹּל הַנִּקְרָא בִשְׁמִי וְלִכְבוֹדִי בְּרָאתִיו יְצַרְתִּיו אַף־עֲשִׂיתִיו׃
ח ט הוֹצִיא עַם־עִוֵּר וְעֵינַיִם יֵשׁ וְחֵרְשִׁים וְאָזְנַיִם לָמוֹ׃ כָּל־הַגּוֹיִם
נִקְבְּצוּ יַחְדָּו וְיֵאָסְפוּ לְאֻמִּים מִי בָהֶם יַגִּיד זֹאת וְרִאשֹׁנוֹת
י יַשְׁמִיעֻנוּ יִתְּנוּ עֵדֵיהֶם וְיִצְדָּקוּ וְיִשְׁמְעוּ וְיֹאמְרוּ אֱמֶת׃ אַתֶּם
עֵדַי נְאֻם־יְהוָה וְעַבְדִּי אֲשֶׁר בָּחָרְתִּי לְמַעַן תֵּדְעוּ וְתַאֲמִינוּ
לִי וְתָבִינוּ כִּי־אֲנִי הוּא לְפָנַי לֹא־נוֹצַר אֵל וְאַחֲרַי לֹא
יא יִהְיֶה׃ אָנֹכִי אָנֹכִי יְהוָה וְאֵין מִבַּלְעָדַי מוֹשִׁיעַ׃
יב אָנֹכִי הִגַּדְתִּי וְהוֹשַׁעְתִּי וְהִשְׁמַעְתִּי וְאֵין בָּכֶם זָר וְאַתֶּם עֵדַי
יג נְאֻם־יְהוָה וַאֲנִי־אֵל׃ גַּם־מִיּוֹם אֲנִי הוּא וְאֵין מִיָּדִי מַצִּיל אֶפְעַל
יד וּמִי יְשִׁיבֶנָּה׃ כֹּה־אָמַר יְהוָה גֹּאַלְכֶם קְדוֹשׁ
יִשְׂרָאֵל לְמַעַנְכֶם שִׁלַּחְתִּי בָבֶלָה וְהוֹרַדְתִּי בָרִיחִים כֻּלָּם
טו וְכַשְׂדִּים בָּאֳנִיּוֹת רִנָּתָם׃ אֲנִי יְהוָה קְדוֹשְׁכֶם בּוֹרֵא יִשְׂרָאֵל
טז מַלְכְּכֶם׃ כֹּה אָמַר יְהוָה הַנּוֹתֵן בַּיָּם דָּרֶךְ וּבְמַיִם
יז עַזִּים נְתִיבָה׃ הַמּוֹצִיא רֶכֶב־וָסוּס חַיִל וְעִזּוּז יַחְדָּו יִשְׁכְּבוּ בַּל־
יח יָקוּמוּ דָּעֲכוּ כַּפִּשְׁתָּה כָבוּ׃ אַל־תִּזְכְּרוּ רִאשֹׁנוֹת וְקַדְמֹנִיּוֹת
יט אַל־תִּתְבֹּנָנוּ׃ הִנְנִי עֹשֶׂה חֲדָשָׁה עַתָּה תִצְמָח הֲלוֹא תֵדָעוּהָ
כ אַף אָשִׂים בַּמִּדְבָּר דֶּרֶךְ בִּישִׁמוֹן נְהָרוֹת׃ תְּכַבְּדֵנִי חַיַּת הַשָּׂדֶה
תַּנִּים וּבְנוֹת יַעֲנָה כִּי־נָתַתִּי בַמִּדְבָּר מַיִם נְהָרוֹת בִּישִׁימֹן
כא כב לְהַשְׁקוֹת עַמִּי בְחִירִי׃ עַם־זוּ יָצַרְתִּי לִי תְּהִלָּתִי יְסַפֵּרוּ׃ וְלֹא־
כג אֹתִי קָרָאתָ יַעֲקֹב כִּי־יָגַעְתָּ בִּי יִשְׂרָאֵל׃ לֹא־הֵבֵיאתָ לִּי שֵׂה
עֹלֹתֶיךָ וּזְבָחֶיךָ לֹא כִבַּדְתָּנִי לֹא הֶעֱבַדְתִּיךָ בְּמִנְחָה וְלֹא
כד הוֹגַעְתִּיךָ בִּלְבוֹנָה׃ לֹא־קָנִיתָ לִּי בַכֶּסֶף קָנֶה וְחֵלֶב זְבָחֶיךָ לֹא
כה הִרְוִיתָנִי אַךְ הֶעֱבַדְתַּנִי בְּחַטֹּאותֶיךָ הוֹגַעְתַּנִי בַּעֲוֺנֹתֶיךָ׃ אָנֹכִי
כו אָנֹכִי הוּא מֹחֶה פְשָׁעֶיךָ לְמַעֲנִי וְחַטֹּאתֶיךָ לֹא אֶזְכֹּר׃ הַזְכִּירֵנִי
כז נִשָּׁפְטָה יָחַד סַפֵּר אַתָּה לְמַעַן תִּצְדָּק׃ אָבִיךָ הָרִאשׁוֹן חָטָא
כח וּמְלִיצֶיךָ פָּשְׁעוּ בִי׃ וַאֲחַלֵּל שָׂרֵי קֹדֶשׁ וְאֶתְּנָה לַחֵרֶם יַעֲקֹב

א וְיִשְׂרָאֵל לְגִדּוּפִים׃ וְעַתָּה שְׁמַע יַעֲקֹב עַבְדִּי
ב וְיִשְׂרָאֵל בָּחַרְתִּי בוֹ׃ כֹּה־אָמַר יְהוָה עֹשֶׂךָ וְיֹצֶרְךָ מִבֶּטֶן יַעְזְרֶךָּ
ג אַל־תִּירָא עַבְדִּי יַעֲקֹב וִישֻׁרוּן בָּחַרְתִּי בוֹ׃ כִּי אֶצָּק־מַיִם עַל־
צָמֵא וְנֹזְלִים עַל־יַבָּשָׁה אֶצֹּק רוּחִי עַל־זַרְעֶךָ וּבִרְכָתִי עַל־
ד ה צֶאֱצָאֶיךָ׃ וְצָמְחוּ בְּבֵין חָצִיר כַּעֲרָבִים עַל־יִבְלֵי־מָיִם׃ זֶה
יֹאמַר לַיהוָה אָנִי וְזֶה יִקְרָא בְשֵׁם־יַעֲקֹב וְזֶה יִכְתֹּב יָדוֹ לַיהוָה
ו וּבְשֵׁם יִשְׂרָאֵל יְכַנֶּה׃ כֹּה־אָמַר יְהוָה מֶלֶךְ־ יח
יִשְׂרָאֵל וְגֹאֲלוֹ יְהוָה צְבָאוֹת אֲנִי רִאשׁוֹן וַאֲנִי אַחֲרוֹן וּמִבַּלְעָדַי
ז אֵין אֱלֹהִים׃ וּמִי־כָמוֹנִי יִקְרָא וְיַגִּידֶהָ וְיַעְרְכֶהָ לִי מִשּׂוּמִי עַם־
ח עוֹלָם וְאֹתִיּוֹת וַאֲשֶׁר תָּבֹאנָה יַגִּידוּ לָמוֹ׃ אַל־תִּפְחֲדוּ וְאַל־
תִּרְהוּ הֲלֹא מֵאָז הִשְׁמַעְתִּיךָ וְהִגַּדְתִּי וְאַתֶּם עֵדָי הֲיֵשׁ אֱלוֹהַּ
ט מִבַּלְעָדַי וְאֵין צוּר בַּל־יָדָעְתִּי׃ יֹצְרֵי־פֶסֶל כֻּלָּם תֹּהוּ וַחֲמוּדֵיהֶם
י בַּל־יוֹעִילוּ וְעֵדֵיהֶם הֵמָּה בַּל־יִרְאוּ וּבַל־יֵדְעוּ לְמַעַן יֵבֹשׁוּ׃ מִי־
יא יָצַר אֵל וּפֶסֶל נָסָךְ לְבִלְתִּי הוֹעִיל׃ הֵן כָּל־חֲבֵרָיו יֵבֹשׁוּ וְחָרָשִׁים
יב הֵמָּה מֵאָדָם יִתְקַבְּצוּ כֻלָּם יַעֲמֹדוּ יִפְחֲדוּ יֵבֹשׁוּ יָחַד׃ חָרַשׁ
בַּרְזֶל מַעֲצָד וּפָעַל בַּפֶּחָם וּבַמַּקָּבוֹת יִצְּרֵהוּ וַיִּפְעָלֵהוּ בִּזְרוֹעַ
יג כֹּחוֹ גַּם־רָעֵב וְאֵין כֹּחַ לֹא־שָׁתָה מַיִם וַיִּיעָף׃ חָרַשׁ עֵצִים נָטָה
קָו יְתָאֳרֵהוּ בַשֶּׂרֶד יַעֲשֵׂהוּ בַּמַּקְצֻעוֹת וּבַמְּחוּגָה יְתָאֳרֵהוּ
יד וַיַּעֲשֵׂהוּ כְּתַבְנִית אִישׁ כְּתִפְאֶרֶת אָדָם לָשֶׁבֶת בָּיִת׃ לִכְרָת־לוֹ
אֲרָזִים וַיִּקַּח תִּרְזָה וְאַלּוֹן וַיְאַמֶּץ־לוֹ בַּעֲצֵי־יָעַר נָטַע אֹרֶן וְגֶשֶׁם
טו יְגַדֵּל׃ וְהָיָה לְאָדָם לְבָעֵר וַיִּקַּח מֵהֶם וַיָּחָם אַף־יַשִּׂיק וְאָפָה
טז לָחֶם אַף־יִפְעַל־אֵל וַיִּשְׁתָּחוּ עָשָׂהוּ פֶסֶל וַיִּסְגָּד־לָמוֹ׃ חֶצְיוֹ
שָׂרַף בְּמוֹ־אֵשׁ עַל־חֶצְיוֹ בָּשָׂר יֹאכֵל יִצְלֶה צָלִי וְיִשְׂבָּע אַף־יָחֹם
יז וְיֹאמַר הֶאָח חַמּוֹתִי רָאִיתִי אוּר׃ וּשְׁאֵרִיתוֹ לְאֵל עָשָׂה לְפִסְלוֹ
יסגוד־לוֹ וְיִשְׁתַּחוּ וְיִתְפַּלֵּל אֵלָיו וְיֹאמַר הַצִּילֵנִי כִּי אֵלִי אָתָּה׃ יִסְגָּד־
יח לֹא יָדְעוּ וְלֹא יָבִינוּ כִּי טַח מֵרְאוֹת עֵינֵיהֶם מֵהַשְׂכִּיל לִבֹּתָם׃
יט וְלֹא־יָשִׁיב אֶל־לִבּוֹ וְלֹא דַעַת וְלֹא־תְבוּנָה לֵאמֹר חֶצְיוֹ

שָׂרַפְתִּי בְמוֹ־אֵשׁ וְאַף אָפִיתִי עַל־גֶּחָלָיו לֶחֶם אֶצְלֶה בָשָׂר
כ וְאֹכֵל וְיִתְרוֹ לְתוֹעֵבָה אֶעֱשֶׂה לְבוּל עֵץ אֶסְגּוֹד׃ רֹעֶה אֵפֶר לֵב
הוּתַל הִטָּהוּ וְלֹא־יַצִּיל אֶת־נַפְשׁוֹ וְלֹא יֹאמַר הֲלוֹא שֶׁקֶר
כא בִּימִינִי׃ זְכָר־אֵלֶּה יַעֲקֹב וְיִשְׂרָאֵל כִּי עַבְדִּי־
כב אָתָּה יְצַרְתִּיךָ עֶבֶד־לִי אַתָּה יִשְׂרָאֵל לֹא תִנָּשֵׁנִי׃ מָחִיתִי כָעָב
כג פְּשָׁעֶיךָ וְכֶעָנָן חַטֹּאותֶיךָ שׁוּבָה אֵלַי כִּי גְאַלְתִּיךָ׃ רָנּוּ שָׁמַיִם כִּי־
עָשָׂה יְהוָה הָרִיעוּ תַּחְתִּיּוֹת אָרֶץ פִּצְחוּ הָרִים רִנָּה יַעַר וְכָל־עֵץ
כד בּוֹ כִּי־גָאַל יְהוָה יַעֲקֹב וּבְיִשְׂרָאֵל יִתְפָּאָר׃ כֹּה־
אָמַר יְהוָה גֹּאַלֶךָ וְיֹצֶרְךָ מִבָּטֶן אָנֹכִי יְהוָה עֹשֶׂה כֹּל נֹטֶה
כה שָׁמַיִם לְבַדִּי רֹקַע הָאָרֶץ מִי אתי׃ מֵפֵר אֹתוֹת בַּדִּים וְקֹסְמִים מֵאִתִּי
כו יְהוֹלֵל מֵשִׁיב חֲכָמִים אָחוֹר וְדַעְתָּם יְסַכֵּל׃ מֵקִים דְּבַר עַבְדּוֹ
וַעֲצַת מַלְאָכָיו יַשְׁלִים הָאֹמֵר לִירוּשָׁלִַם תּוּשָׁב וּלְעָרֵי יְהוּדָה
כז תִּבָּנֶינָה וְחָרְבוֹתֶיהָ אֲקוֹמֵם׃ הָאֹמֵר לַצּוּלָה חֳרָבִי וְנַהֲרֹתַיִךְ
כח אוֹבִישׁ׃ הָאֹמֵר לְכוֹרֶשׁ רֹעִי וְכָל־חֶפְצִי יַשְׁלִם וְלֵאמֹר לִירוּשָׁלִַם
ה א תִּבָּנֶה וְהֵיכָל תִּוָּסֵד׃ כֹּה־אָמַר יְהוָה לִמְשִׁיחוֹ
לְכוֹרֶשׁ ׀ אֲשֶׁר־הֶחֱזַקְתִּי בִימִינוֹ לְרַד לְפָנָיו גּוֹיִם וּמָתְנֵי מְלָכִים
ב אֲפַתֵּחַ לִפְתֹּחַ לְפָנָיו דְּלָתַיִם וּשְׁעָרִים לֹא יִסָּגֵרוּ׃ אֲנִי לְפָנֶיךָ
אֵלֵךְ וַהֲדוּרִים אושר דַּלְתוֹת נְחוּשָׁה אֲשַׁבֵּר וּבְרִיחֵי בַרְזֶל אֲיַשֵּׁר
ג אֲגַדֵּעַ׃ וְנָתַתִּי לְךָ אוֹצְרוֹת חֹשֶׁךְ וּמַטְמֻנֵי מִסְתָּרִים לְמַעַן תֵּדַע
ד כִּי אֲנִי יְהוָה הַקּוֹרֵא בְשִׁמְךָ אֱלֹהֵי יִשְׂרָאֵל׃ לְמַעַן עַבְדִּי יַעֲקֹב
ה וְיִשְׂרָאֵל בְּחִירִי וָאֶקְרָא לְךָ בִּשְׁמֶךָ אֲכַנְּךָ וְלֹא יְדַעְתָּנִי׃ אֲנִי
ו יְהוָה וְאֵין עוֹד זוּלָתִי אֵין אֱלֹהִים אֲאַזֶּרְךָ וְלֹא יְדַעְתָּנִי׃ לְמַעַן
יֵדְעוּ מִמִּזְרַח־שֶׁמֶשׁ וּמִמַּעֲרָבָה כִּי־אֶפֶס בִּלְעָדָי אֲנִי יְהוָה וְאֵין
ז עוֹד׃ יוֹצֵר אוֹר וּבוֹרֵא חֹשֶׁךְ עֹשֶׂה שָׁלוֹם וּבוֹרֵא רָע אֲנִי יְהוָה
ח עֹשֶׂה כָל־אֵלֶּה׃ הַרְעִיפוּ שָׁמַיִם מִמַּעַל וּשְׁחָקִים
יִזְּלוּ־צֶדֶק תִּפְתַּח־אֶרֶץ וְיִפְרוּ־יֶשַׁע וּצְדָקָה תַצְמִיחַ יַחַד אֲנִי
ט יְהוָה בְּרָאתִיו׃ הוֹי רָב אֶת־יֹצְרוֹ חֶרֶשׂ אֶת־

חַרְשֵׂי אֲדָמָה הֲיֹאמַר חֹמֶר לְיֹצְרוֹ מַה־תַּעֲשֶׂה וּפָעָלְךָ אֵין־
י יָדַיִם לוֹ: הוֹי אֹמֵר לְאָב מַה־תּוֹלִיד וּלְאִשָּׁה
יא מַה־תְּחִילִין: כֹּה־אָמַר יְהוָה קְדוֹשׁ יִשְׂרָאֵל
יב וְיֹצְרוֹ הָאֹתִיּוֹת שְׁאָלוּנִי עַל־בָּנַי וְעַל־פֹּעַל יָדַי תְּצַוֻּנִי: אָנֹכִי
עָשִׂיתִי אֶרֶץ וְאָדָם עָלֶיהָ בָרָאתִי אֲנִי יָדַי נָטוּ שָׁמַיִם וְכָל־
יג צְבָאָם צִוֵּיתִי: אָנֹכִי הַעִירֹתִהוּ בְצֶדֶק וְכָל־דְּרָכָיו אֲיַשֵּׁר הוּא־
יִבְנֶה עִירִי וְגָלוּתִי יְשַׁלֵּחַ לֹא בִמְחִיר וְלֹא בְשֹׁחַד אָמַר יְהוָה
יד צְבָאוֹת: כֹּה ׀ אָמַר יְהוָה יְגִיעַ מִצְרַיִם וּסְחַר־
כּוּשׁ וּסְבָאִים אַנְשֵׁי מִדָּה עָלַיִךְ יַעֲבֹרוּ וְלָךְ יִהְיוּ אַחֲרַיִךְ יֵלֵכוּ
בַּזִּקִּים יַעֲבֹרוּ וְאֵלַיִךְ יִשְׁתַּחֲווּ אֵלַיִךְ יִתְפַּלָּלוּ אַךְ בָּךְ אֵל וְאֵין
טו עוֹד אֶפֶס אֱלֹהִים: אָכֵן אַתָּה אֵל מִסְתַּתֵּר אֱלֹהֵי יִשְׂרָאֵל
טז מוֹשִׁיעַ: בּוֹשׁוּ וְגַם־נִכְלְמוּ כֻּלָּם יַחְדָּו הָלְכוּ בַכְּלִמָּה חָרָשֵׁי
יז צִירִים: יִשְׂרָאֵל נוֹשַׁע בַּיהוָה תְּשׁוּעַת עוֹלָמִים לֹא־תֵבֹשׁוּ יט
יח וְלֹא־תִכָּלְמוּ עַד־עוֹלְמֵי עַד: כִּי כֹה אָמַר־
יְהוָה בּוֹרֵא הַשָּׁמַיִם הוּא הָאֱלֹהִים יֹצֵר הָאָרֶץ וְעֹשָׂהּ הוּא
יט כוֹנְנָהּ לֹא־תֹהוּ בְרָאָהּ לָשֶׁבֶת יְצָרָהּ אֲנִי יְהוָה וְאֵין עוֹד: לֹא
בַסֵּתֶר דִּבַּרְתִּי בִּמְקוֹם אֶרֶץ חֹשֶׁךְ לֹא אָמַרְתִּי לְזֶרַע יַעֲקֹב תֹּהוּ
כ בַקְּשׁוּנִי אֲנִי יְהוָה דֹּבֵר צֶדֶק מַגִּיד מֵישָׁרִים: הִקָּבְצוּ וָבֹאוּ
הִתְנַגְּשׁוּ יַחְדָּו פְּלִיטֵי הַגּוֹיִם לֹא יָדְעוּ הַנֹּשְׂאִים אֶת־עֵץ פִּסְלָם
כא וּמִתְפַּלְלִים אֶל־אֵל לֹא יוֹשִׁיעַ: הַגִּידוּ וְהַגִּישׁוּ אַף יִוָּעֲצוּ יַחְדָּו
מִי הִשְׁמִיעַ זֹאת מִקֶּדֶם מֵאָז הִגִּידָהּ הֲלוֹא אֲנִי יְהוָה וְאֵין־עוֹד
כב אֱלֹהִים מִבַּלְעָדַי אֵל־צַדִּיק וּמוֹשִׁיעַ אַיִן זוּלָתִי: פְּנוּ־אֵלַי
כג וְהִוָּשְׁעוּ כָּל־אַפְסֵי־אָרֶץ כִּי אֲנִי־אֵל וְאֵין עוֹד: בִּי נִשְׁבַּעְתִּי
יָצָא מִפִּי צְדָקָה דָּבָר וְלֹא יָשׁוּב כִּי־לִי תִּכְרַע כָּל־בֶּרֶךְ תִּשָּׁבַע
כד כָּל־לָשׁוֹן: אַךְ בַּיהוָה לִי אָמַר צְדָקוֹת וָעֹז עָדָיו יָבוֹא וְיֵבֹשׁוּ
מו כה א כֹּל הַנֶּחֱרִים בּוֹ: בַּיהוָה יִצְדְּקוּ וְיִתְהַלְלוּ כָּל־זֶרַע יִשְׂרָאֵל: כָּרַע
בֵּל קֹרֵס נְבוֹ הָיוּ עֲצַבֵּיהֶם לַחַיָּה וְלַבְּהֵמָה נְשֻׂאֹתֵיכֶם עֲמוּסוֹת

ב מַשָּׂא לַעֲיֵפָה: קָרְסוּ כָרְעוּ יַחְדָּו לֹא יָכְלוּ מַלֵּט מַשָּׂא וְנַפְשָׁם
ג בַּשְּׁבִי הָלָכָה: שִׁמְעוּ אֵלַי בֵּית יַעֲקֹב וְכָל־
שְׁאֵרִית בֵּית יִשְׂרָאֵל הָעֲמֻסִים מִנִּי־בֶטֶן הַנְּשֻׂאִים מִנִּי־רָחַם:
ד וְעַד־זִקְנָה אֲנִי הוּא וְעַד־שֵׂיבָה אֲנִי אֶסְבֹּל אֲנִי עָשִׂיתִי וַאֲנִי
ה אֶשָּׂא וַאֲנִי אֶסְבֹּל וַאֲמַלֵּט: לְמִי תְדַמְּיוּנִי וְתַשְׁווּ
ו וְתַמְשִׁלוּנִי וְנִדְמֶה: הַזָּלִים זָהָב מִכִּיס וְכֶסֶף בַּקָּנֶה יִשְׁקֹלוּ
ז יִשְׂכְּרוּ צוֹרֵף וְיַעֲשֵׂהוּ אֵל יִסְגְּדוּ אַף־יִשְׁתַּחֲווּ: יִשָּׂאֻהוּ עַל־כָּתֵף
יִסְבְּלֻהוּ וְיַנִּיחֻהוּ תַחְתָּיו וְיַעֲמֹד מִמְּקוֹמוֹ לֹא יָמִישׁ אַף־יִצְעַק
ח אֵלָיו וְלֹא יַעֲנֶה מִצָּרָתוֹ לֹא יוֹשִׁיעֶנּוּ: זִכְרוּ־זֹאת
ט וְהִתְאֹשָׁשׁוּ הָשִׁיבוּ פוֹשְׁעִים עַל־לֵב: זִכְרוּ רִאשֹׁנוֹת מֵעוֹלָם כִּי
י אָנֹכִי אֵל וְאֵין עוֹד אֱלֹהִים וְאֶפֶס כָּמוֹנִי: מַגִּיד מֵרֵאשִׁית
אַחֲרִית וּמִקֶּדֶם אֲשֶׁר לֹא־נַעֲשׂוּ אֹמֵר עֲצָתִי תָקוּם וְכָל־חֶפְצִי
יא אֶעֱשֶׂה: קֹרֵא מִמִּזְרָח עַיִט מֵאֶרֶץ מֶרְחָק אִישׁ עצתו אַף־ עֲצָתִי
יב דִּבַּרְתִּי אַף־אֲבִיאֶנָּה יָצַרְתִּי אַף־אֶעֱשֶׂנָּה: שִׁמְעוּ
יג אֵלַי אַבִּירֵי לֵב הָרְחוֹקִים מִצְּדָקָה: קֵרַבְתִּי צִדְקָתִי לֹא
תִרְחָק וּתְשׁוּעָתִי לֹא תְאַחֵר וְנָתַתִּי בְצִיּוֹן תְּשׁוּעָה לְיִשְׂרָאֵל
מז א תִּפְאַרְתִּי: רְדִי ׀ וּשְׁבִי עַל־עָפָר בְּתוּלַת בַּת־
בָּבֶל שְׁבִי־לָאָרֶץ אֵין־כִּסֵּא בַּת־כַּשְׂדִּים כִּי לֹא תוֹסִיפִי
ב יִקְרְאוּ־לָךְ רַכָּה וַעֲנֻגָּה: קְחִי רֵחַיִם וְטַחֲנִי קָמַח גַּלִּי צַמָּתֵךְ
ג חֶשְׂפִּי־שֹׁבֶל גַּלִּי־שׁוֹק עִבְרִי נְהָרוֹת: תִּגָּל עֶרְוָתֵךְ גַּם תֵּרָאֶה
ד חֶרְפָּתֵךְ נָקָם אֶקָּח וְלֹא אֶפְגַּע אָדָם: גֹּאֲלֵנוּ יְהוָה
ה צְבָאוֹת שְׁמוֹ קְדוֹשׁ יִשְׂרָאֵל: שְׁבִי דוּמָם וּבֹאִי בַחֹשֶׁךְ בַּת־
ו כַּשְׂדִּים כִּי לֹא תוֹסִיפִי יִקְרְאוּ־לָךְ גְּבֶרֶת מַמְלָכוֹת: קָצַפְתִּי עַל־
עַמִּי חִלַּלְתִּי נַחֲלָתִי וָאֶתְּנֵם בְּיָדֵךְ לֹא־שַׂמְתְּ לָהֶם רַחֲמִים עַל־
ז זָקֵן הִכְבַּדְתְּ עֻלֵּךְ מְאֹד: וַתֹּאמְרִי לְעוֹלָם אֶהְיֶה גְבָרֶת עַד לֹא־
ח שַׂמְתְּ אֵלֶּה עַל־לִבֵּךְ לֹא זָכַרְתְּ אַחֲרִיתָהּ: וְעַתָּה
שִׁמְעִי־זֹאת עֲדִינָה הַיּוֹשֶׁבֶת לָבֶטַח הָאֹמְרָה בִּלְבָבָהּ אֲנִי

וְאַפְסִי עוֹד לֹא אֵשֵׁב אַלְמָנָה וְלֹא אֵדַע שְׁכוֹל: וְתָבֹאנָה לָּךְ ט
שְׁתֵּי־אֵלֶּה רֶגַע בְּיוֹם אֶחָד שְׁכוֹל וְאַלְמֹן כְּתֻמָּם בָּאוּ עָלַיִךְ
בְּרֹב כְּשָׁפַיִךְ בְּעָצְמַת חֲבָרַיִךְ מְאֹד: וַתִּבְטְחִי בְרָעָתֵךְ אָמַרְתְּ י
אֵין רֹאָנִי חָכְמָתֵךְ וְדַעְתֵּךְ הִיא שׁוֹבְבָתֶךְ וַתֹּאמְרִי בְלִבֵּךְ אֲנִי
וְאַפְסִי עוֹד: וּבָא עָלַיִךְ רָעָה לֹא תֵדְעִי שַׁחְרָהּ וְתִפֹּל עָלַיִךְ הֹוָה יא
לֹא תוּכְלִי כַּפְּרָהּ וְתָבֹא עָלַיִךְ פִּתְאֹם שׁוֹאָה לֹא תֵדָעִי: עִמְדִי־ יב
נָא בַחֲבָרַיִךְ וּבְרֹב כְּשָׁפַיִךְ בַּאֲשֶׁר יָגַעַתְּ מִנְּעוּרָיִךְ אוּלַי תּוּכְלִי
הוֹעִיל אוּלַי תַּעֲרוֹצִי: נִלְאֵית בְּרֹב עֲצָתָיִךְ יַעַמְדוּ־נָא וְיוֹשִׁיעֻךְ יג
הֹבְרֵי הברו שָׁמַיִם הַחֹזִים בַּכּוֹכָבִים מוֹדִיעִים לֶחֳדָשִׁים מֵאֲשֶׁר יָבֹאוּ
עָלָיִךְ: הִנֵּה הָיוּ כְקַשׁ אֵשׁ שְׂרָפָתַם לֹא־יַצִּילוּ אֶת־נַפְשָׁם יד
מִיַּד לֶהָבָה אֵין־גַּחֶלֶת לַחְמָם אוּר לָשֶׁבֶת נֶגְדּוֹ: כֵּן הָיוּ־ טו
לָךְ אֲשֶׁר יָגָעַתְּ סֹחֲרַיִךְ מִנְּעוּרַיִךְ אִישׁ לְעֶבְרוֹ תָּעוּ אֵין
מוֹשִׁיעֵךְ: שִׁמְעוּ־זֹאת בֵּית־יַעֲקֹב הַנִּקְרָאִים א מ
בְּשֵׁם יִשְׂרָאֵל וּמִמֵּי יְהוּדָה יָצָאוּ הַנִּשְׁבָּעִים ׀ בְּשֵׁם יְהוָה
כ וּבֵאלֹהֵי יִשְׂרָאֵל יַזְכִּירוּ לֹא בֶאֱמֶת וְלֹא בִצְדָקָה: כִּי־מֵעִיר ב
הַקֹּדֶשׁ נִקְרָאוּ וְעַל־אֱלֹהֵי יִשְׂרָאֵל נִסְמָכוּ יְהוָה צְבָאוֹת
שְׁמוֹ: הָרִאשֹׁנוֹת מֵאָז הִגַּדְתִּי וּמִפִּי יָצְאוּ ג
וְאַשְׁמִיעֵם פִּתְאֹם עָשִׂיתִי וַתָּבֹאנָה: מִדַּעְתִּי כִּי קָשֶׁה אָתָּה ד
וְגִיד בַּרְזֶל עָרְפֶּךָ וּמִצְחֲךָ נְחוּשָׁה: וָאַגִּיד לְךָ מֵאָז בְּטֶרֶם תָּבוֹא ה
הִשְׁמַעְתִּיךָ פֶּן־תֹּאמַר עָצְבִּי עָשָׂם וּפִסְלִי וְנִסְכִּי צִוָּם: שָׁמַעְתָּ ו
חֲזֵה כֻּלָּהּ וְאַתֶּם הֲלוֹא תַגִּידוּ הִשְׁמַעְתִּיךָ חֲדָשׁוֹת מֵעַתָּה
וּנְצֻרוֹת וְלֹא יְדַעְתָּם: עַתָּה נִבְרְאוּ וְלֹא מֵאָז וְלִפְנֵי־יוֹם וְלֹא ז
שְׁמַעְתָּם פֶּן־תֹּאמַר הִנֵּה יְדַעְתִּין: גַּם לֹא־שָׁמַעְתָּ גַּם לֹא ח
יָדַעְתָּ גַּם מֵאָז לֹא־פִתְּחָה אָזְנֶךָ כִּי יָדַעְתִּי בָּגוֹד תִּבְגּוֹד וּפֹשֵׁעַ
מִבֶּטֶן קֹרָא לָךְ: לְמַעַן שְׁמִי אַאֲרִיךְ אַפִּי וּתְהִלָּתִי אֶחֱטָם־לָךְ ט
לְבִלְתִּי הַכְרִיתֶךָ: הִנֵּה צְרַפְתִּיךָ וְלֹא בְכָסֶף בְּחַרְתִּיךָ בְּכוּר י
עֹנִי: לְמַעֲנִי לְמַעֲנִי אֶעֱשֶׂה כִּי אֵיךְ יֵחָל וּכְבוֹדִי לְאַחֵר לֹא־ יא

יב אֶתֵּן׃ שְׁמַע אֵלַי יַעֲקֹב וְיִשְׂרָאֵל מְקֹרָאִי אֲנִי־
יג הוּא אֲנִי רִאשׁוֹן אַף אֲנִי אַחֲרוֹן׃ אַף־יָדִי יָסְדָה אֶרֶץ וִימִינִי
יד טִפְּחָה שָׁמָיִם קֹרֵא אֲנִי אֲלֵיהֶם יַעַמְדוּ יַחְדָּו׃ הִקָּבְצוּ כֻלְּכֶם
וּשֲׁמָעוּ מִי בָהֶם הִגִּיד אֶת־אֵלֶּה יְהוָה אֲהֵבוֹ יַעֲשֶׂה חֶפְצוֹ
טו בְּבָבֶל וּזְרֹעוֹ כַּשְׂדִּים׃ אֲנִי אֲנִי דִּבַּרְתִּי אַף־קְרָאתִיו הֲבִאֹתִיו
טז וְהִצְלִיחַ דַּרְכּוֹ׃ קִרְבוּ אֵלַי שִׁמְעוּ־זֹאת לֹא מֵרֹאשׁ בַּסֵּתֶר
דִּבַּרְתִּי מֵעֵת הֱיוֹתָהּ שָׁם אָנִי וְעַתָּה אֲדֹנָי יֱהוִה שְׁלָחַנִי
יז וְרוּחוֹ׃ כֹּה־אָמַר יְהוָה גֹּאַלְךָ קְדוֹשׁ יִשְׂרָאֵל אֲנִי
יח יְהוָה אֱלֹהֶיךָ מְלַמֶּדְךָ לְהוֹעִיל מַדְרִיכֲךָ בְּדֶרֶךְ תֵּלֵךְ׃ לוּא
יט הִקְשַׁבְתָּ לְמִצְוֺתָי וַיְהִי כַנָּהָר שְׁלוֹמֶךָ וְצִדְקָתְךָ כְּגַלֵּי הַיָּם׃ וַיְהִי
כַחוֹל זַרְעֶךָ וְצֶאֱצָאֵי מֵעֶיךָ כִּמְעֹתָיו לֹא־יִכָּרֵת וְלֹא־יִשָּׁמֵד
כ שְׁמוֹ מִלְּפָנָי׃ צְאוּ מִבָּבֶל בִּרְחוּ מִכַּשְׂדִּים בְּקוֹל
רִנָּה הַגִּידוּ הַשְׁמִיעוּ זֹאת הוֹצִיאוּהָ עַד־קְצֵה הָאָרֶץ אִמְרוּ
כא גָּאַל יְהוָה עַבְדּוֹ יַעֲקֹב׃ וְלֹא צָמְאוּ בָּחֳרָבוֹת הוֹלִיכָם מַיִם
כב מִצּוּר הִזִּיל לָמוֹ וַיִּבְקַע־צוּר וַיָּזֻבוּ מָיִם׃ אֵין שָׁלוֹם אָמַר יְהוָה
ט א לָרְשָׁעִים׃ שִׁמְעוּ אִיִּים אֵלַי וְהַקְשִׁיבוּ לְאֻמִּים
ב מֵרָחוֹק יְהוָה מִבֶּטֶן קְרָאָנִי מִמְּעֵי אִמִּי הִזְכִּיר שְׁמִי׃ וַיָּשֶׂם פִּי
כְּחֶרֶב חַדָּה בְּצֵל יָדוֹ הֶחְבִּיאָנִי וַיְשִׂימֵנִי לְחֵץ בָּרוּר בְּאַשְׁפָּתוֹ
ג הִסְתִּירָנִי׃ וַיֹּאמֶר לִי עַבְדִּי־אָתָּה יִשְׂרָאֵל אֲשֶׁר־בְּךָ אֶתְפָּאָר׃
ד וַאֲנִי אָמַרְתִּי לְרִיק יָגַעְתִּי לְתֹהוּ וְהֶבֶל כֹּחִי כִלֵּיתִי אָכֵן מִשְׁפָּטִי
ה אֶת־יְהוָה וּפְעֻלָּתִי אֶת־אֱלֹהָי׃ וְעַתָּה ׀ אָמַר
יְהוָה יֹצְרִי מִבֶּטֶן לְעֶבֶד לוֹ לְשׁוֹבֵב יַעֲקֹב אֵלָיו וְיִשְׂרָאֵל לֹא לוֹ
ו יֵאָסֵף וְאֶכָּבֵד בְּעֵינֵי יְהוָה וֵאלֹהַי הָיָה עֻזִּי׃ וַיֹּאמֶר נָקֵל
מִהְיוֹתְךָ לִי עֶבֶד לְהָקִים אֶת־שִׁבְטֵי יַעֲקֹב ונצירי יִשְׂרָאֵל וּנְצוּרֵי
לְהָשִׁיב וּנְתַתִּיךָ לְאוֹר גּוֹיִם לִהְיוֹת יְשׁוּעָתִי עַד־קְצֵה
ז הָאָרֶץ׃ כֹּה אָמַר־יְהוָה גֹּאֵל יִשְׂרָאֵל קְדוֹשׁוֹ
לִבְזֹה־נֶפֶשׁ לִמְתָעֵב גּוֹי לְעֶבֶד מֹשְׁלִים מְלָכִים יִרְאוּ וָקָמוּ

שָׂרִים וְיִשְׁתַּחֲווּ לְמַעַן יהוה אֲשֶׁר נֶאֱמָן קְדֹשׁ יִשְׂרָאֵל
ח וַיִּבְחָרֶךָּ׃ כֹּה ׀ אָמַר יהוה בְּעֵת רָצוֹן עֲנִיתִיךָ
וּבְיוֹם יְשׁוּעָה עֲזַרְתִּיךָ וְאֶצָּרְךָ וְאֶתֶּנְךָ לִבְרִית עָם לְהָקִים אֶרֶץ
ט לְהַנְחִיל נְחָלוֹת שֹׁמֵמוֹת׃ לֵאמֹר לַאֲסוּרִים צֵאוּ לַאֲשֶׁר בַּחֹשֶׁךְ
י הִגָּלוּ עַל־דְּרָכִים יִרְעוּ וּבְכָל־שְׁפָיִים מַרְעִיתָם׃ לֹא יִרְעָבוּ וְלֹא
יִצְמָאוּ וְלֹא־יַכֵּם שָׁרָב וָשָׁמֶשׁ כִּי־מְרַחֲמָם יְנַהֲגֵם וְעַל־
יא מַבּוּעֵי מַיִם יְנַהֲלֵם׃ וְשַׂמְתִּי כָל־הָרַי לַדָּרֶךְ וּמְסִלֹּתַי יְרֻמוּן׃
יב הִנֵּה־אֵלֶּה מֵרָחוֹק יָבֹאוּ וְהִנֵּה־אֵלֶּה מִצָּפוֹן וּמִיָּם וְאֵלֶּה מֵאֶרֶץ
יג סִינִים׃ רָנּוּ שָׁמַיִם וְגִילִי אָרֶץ יפצחו הָרִים רִנָּה כִּי־נִחַם יהוה ופִצְחוּ
יד עַמּוֹ וַעֲנִיָּו יְרַחֵם׃ וַתֹּאמֶר צִיּוֹן עֲזָבַנִי יהוה וַאדֹנָי
טו שְׁכֵחָנִי׃ הֲתִשְׁכַּח אִשָּׁה עוּלָהּ מֵרַחֵם בֶּן־בִּטְנָהּ גַּם־אֵלֶּה
טז תִשְׁכַּחְנָה וְאָנֹכִי לֹא אֶשְׁכָּחֵךְ׃ הֵן עַל־כַּפַּיִם חַקֹּתִיךְ חוֹמֹתַיִךְ
יז יח נֶגְדִּי תָּמִיד׃ מִהֲרוּ בָּנָיִךְ מְהָרְסַיִךְ וּמַחֲרִיבַיִךְ מִמֵּךְ יֵצֵאוּ׃ שְׂאִי־
סָבִיב עֵינַיִךְ וּרְאִי כֻּלָּם נִקְבְּצוּ בָאוּ־לָךְ חַי־אָנִי נְאֻם־יהוה כִּי
יט כֻלָּם כָּעֲדִי תִלְבָּשִׁי וּתְקַשְּׁרִים כַּכַּלָּה׃ כִּי חָרְבֹתַיִךְ וְשֹׁמְמֹתַיִךְ
כ וְאֶרֶץ הֲרִסֻתֵךְ כִּי עַתָּה תֵּצְרִי מִיּוֹשֵׁב וְרָחֲקוּ מְבַלְּעָיִךְ׃ עוֹד
יֹאמְרוּ בְאָזְנַיִךְ בְּנֵי שִׁכֻּלָיִךְ צַר־לִי הַמָּקוֹם גְּשָׁה־לִּי וְאֵשֵׁבָה׃
כא וְאָמַרְתְּ בִּלְבָבֵךְ מִי יָלַד־לִי אֶת־אֵלֶּה וַאֲנִי שְׁכוּלָה וְגַלְמוּדָה
גֹּלָה ׀ וְסוּרָה וְאֵלֶּה מִי גִדֵּל הֵן אֲנִי נִשְׁאַרְתִּי לְבַדִּי אֵלֶּה אֵיפֹה
כב הֵם׃ כֹּה־אָמַר אֲדֹנָי יֱהוִה הִנֵּה אֶשָּׂא אֶל־גּוֹיִם
יָדִי וְאֶל־עַמִּים אָרִים נִסִּי וְהֵבִיאוּ בָנַיִךְ בְּחֹצֶן וּבְנֹתַיִךְ עַל־
כג כָּתֵף תִּנָּשֶׂאנָה׃ וְהָיוּ מְלָכִים אֹמְנַיִךְ וְשָׂרוֹתֵיהֶם מֵינִיקֹתַיִךְ
אַפַּיִם אֶרֶץ יִשְׁתַּחֲווּ לָךְ וַעֲפַר רַגְלַיִךְ יְלַחֵכוּ וְיָדַעַתְּ כִּי־אֲנִי
כד יהוה אֲשֶׁר לֹא־יֵבֹשׁוּ קֹוָי׃ הֲיֻקַּח מִגִּבּוֹר מַלְקוֹחַ
כה וְאִם־שְׁבִי צַדִּיק יִמָּלֵט׃ כִּי־כֹה ׀ אָמַר יהוה גַּם־שְׁבִי גִבּוֹר יֻקָּח
וּמַלְקוֹחַ עָרִיץ יִמָּלֵט וְאֶת־יְרִיבֵךְ אָנֹכִי אָרִיב וְאֶת־בָּנַיִךְ אָנֹכִי
כו אוֹשִׁיעַ׃ וְהַאֲכַלְתִּי אֶת־מוֹנַיִךְ אֶת־בְּשָׂרָם וְכֶעָסִיס דָּמָם כא

יִשְׁכָּרוּן וְיָדְעוּ כָל־בָּשָׂר כִּי אֲנִי יְהוָה מוֹשִׁיעֵךְ וְגֹאֲלֵךְ אֲבִיר
נ א יַעֲקֹב׃ כֹּה ׀ אָמַר יְהוָה אֵי זֶה סֵפֶר כְּרִיתוּת
אִמְּכֶם אֲשֶׁר שִׁלַּחְתִּיהָ אוֹ מִי מִנּוֹשַׁי אֲשֶׁר־מָכַרְתִּי אֶתְכֶם לוֹ
ב הֵן בַּעֲוֺנֹתֵיכֶם נִמְכַּרְתֶּם וּבְפִשְׁעֵיכֶם שֻׁלְּחָה אִמְּכֶם׃ מַדּוּעַ
בָּאתִי וְאֵין אִישׁ קָרָאתִי וְאֵין עוֹנֶה הֲקָצוֹר קָצְרָה יָדִי מִפְּדוּת
וְאִם־אֵין־בִּי כֹחַ לְהַצִּיל הֵן בְּגַעֲרָתִי אַחֲרִיב יָם אָשִׂים נְהָרוֹת
ג מִדְבָּר תִּבְאַשׁ דְּגָתָם מֵאֵין מַיִם וְתָמֹת בַּצָּמָא׃ אַלְבִּישׁ שָׁמַיִם
ד קַדְרוּת וְשַׂק אָשִׂים כְּסוּתָם׃ אֲדֹנָי יֱהֹוִה נָתַן לִי לְשׁוֹן
לִמּוּדִים לָדַעַת לָעוּת אֶת־יָעֵף דָּבָר יָעִיר ׀ בַּבֹּקֶר בַּבֹּקֶר יָעִיר
ה לִי אֹזֶן לִשְׁמֹעַ כַּלִּמּוּדִים׃ אֲדֹנָי יֱהֹוִה פָּתַח־לִי אֹזֶן וְאָנֹכִי לֹא
ו מָרִיתִי אָחוֹר לֹא נְסוּגֹתִי׃ גֵּוִי נָתַתִּי לְמַכִּים וּלְחָיַי לְמֹרְטִים פָּנַי
ז לֹא הִסְתַּרְתִּי מִכְּלִמּוֹת וָרֹק׃ וַאדֹנָי יֱהֹוִה יַעֲזָר־לִי עַל־כֵּן
לֹא נִכְלָמְתִּי עַל־כֵּן שַׂמְתִּי פָנַי כַּחַלָּמִישׁ וָאֵדַע כִּי־לֹא אֵבוֹשׁ׃
ח קָרוֹב מַצְדִּיקִי מִי־יָרִיב אִתִּי נַעַמְדָה יָּחַד מִי־בַעַל מִשְׁפָּטִי יִגַּשׁ
ט אֵלָי׃ הֵן אֲדֹנָי יֱהֹוִה יַעֲזָר־לִי מִי־הוּא יַרְשִׁיעֵנִי הֵן כֻּלָּם כַּבֶּגֶד
י יִבְלוּ עָשׁ יֹאכְלֵם׃ מִי בָכֶם יְרֵא יְהוָה שֹׁמֵעַ בְּקוֹל
עַבְדּוֹ אֲשֶׁר ׀ הָלַךְ חֲשֵׁכִים וְאֵין נֹגַהּ לוֹ יִבְטַח בְּשֵׁם יְהוָה וְיִשָּׁעֵן
יא בֵּאלֹהָיו׃ הֵן כֻּלְּכֶם קֹדְחֵי אֵשׁ מְאַזְּרֵי זִיקוֹת לְכוּ ׀ בְּאוּר
אֶשְׁכֶם וּבְזִיקוֹת בִּעַרְתֶּם מִיָּדִי הָיְתָה־זֹּאת לָכֶם לְמַעֲצֵבָה
א א תִּשְׁכָּבוּן׃ שִׁמְעוּ אֵלַי רֹדְפֵי צֶדֶק מְבַקְשֵׁי יְהוָה
ב הַבִּיטוּ אֶל־צוּר חֻצַּבְתֶּם וְאֶל־מַקֶּבֶת בּוֹר נֻקַּרְתֶּם׃ הַבִּיטוּ אֶל־
אַבְרָהָם אֲבִיכֶם וְאֶל־שָׂרָה תְּחוֹלֶלְכֶם כִּי־אֶחָד קְרָאתִיו
ג וַאֲבָרְכֵהוּ וְאַרְבֵּהוּ׃ כִּי־נִחַם יְהוָה צִיּוֹן נִחַם כָּל־חָרְבֹתֶיהָ וַיָּשֶׂם
מִדְבָּרָהּ כְּעֵדֶן וְעַרְבָתָהּ כְּגַן־יְהוָה שָׂשׂוֹן וְשִׂמְחָה יִמָּצֵא בָהּ
ד תּוֹדָה וְקוֹל זִמְרָה׃ הַקְשִׁיבוּ אֵלַי עַמִּי וּלְאוּמִּי
אֵלַי הַאֲזִינוּ כִּי תוֹרָה מֵאִתִּי תֵצֵא וּמִשְׁפָּטִי לְאוֹר עַמִּים אַרְגִּיעַ׃
ה קָרוֹב צִדְקִי יָצָא יִשְׁעִי וּזְרֹעַי עַמִּים יִשְׁפֹּטוּ אֵלַי אִיִּים יְקַוּוּ

ו וְאֶל־זְרֹעִי יְיַחֵלוּן׃ שְׂאוּ לַשָּׁמַיִם עֵינֵיכֶם וְהַבִּיטוּ אֶל־הָאָרֶץ
מִתַּחַת כִּי־שָׁמַיִם כֶּעָשָׁן נִמְלָחוּ וְהָאָרֶץ כַּבֶּגֶד תִּבְלֶה
וְיֹשְׁבֶיהָ כְּמוֹ־כֵן יְמוּתוּן וִישׁוּעָתִי לְעוֹלָם תִּהְיֶה וְצִדְקָתִי לֹא
ז תֵחָת׃ שִׁמְעוּ אֵלַי יֹדְעֵי צֶדֶק עַם תּוֹרָתִי בְלִבָּם
ח אַל־תִּירְאוּ חֶרְפַּת אֱנוֹשׁ וּמִגִּדֻּפֹתָם אַל־תֵּחָתּוּ׃ כִּי כַבֶּגֶד
יֹאכְלֵם עָשׁ וְכַצֶּמֶר יֹאכְלֵם סָס וְצִדְקָתִי לְעוֹלָם תִּהְיֶה וִישׁוּעָתִי
ט לְדוֹר דּוֹרִים׃ עוּרִי עוּרִי לִבְשִׁי־עֹז זְרוֹעַ יְהוָה
עוּרִי כִּימֵי קֶדֶם דֹּרוֹת עוֹלָמִים הֲלוֹא אַתְּ־הִיא הַמַּחְצֶבֶת
י רַהַב מְחוֹלֶלֶת תַּנִּין׃ הֲלוֹא אַתְּ־הִיא הַמַּחֲרֶבֶת יָם מֵי תְּהוֹם
יא רַבָּה הַשָּׂמָה מַעֲמַקֵּי־יָם דֶּרֶךְ לַעֲבֹר גְּאוּלִים׃ וּפְדוּיֵי יְהוָה
יְשׁוּבוּן וּבָאוּ צִיּוֹן בְּרִנָּה וְשִׂמְחַת עוֹלָם עַל־רֹאשָׁם שָׂשׂוֹן
יב וְשִׂמְחָה יַשִּׂיגוּן נָסוּ יָגוֹן וַאֲנָחָה׃ אָנֹכִי אָנֹכִי הוּא
מְנַחֶמְכֶם מִי־אַתְּ וַתִּירְאִי מֵאֱנוֹשׁ יָמוּת וּמִבֶּן־אָדָם חָצִיר
יג יִנָּתֵן׃ וַתִּשְׁכַּח יְהוָה עֹשֶׂךָ נוֹטֶה שָׁמַיִם וְיֹסֵד אָרֶץ וַתְּפַחֵד
תָּמִיד כָּל־הַיּוֹם מִפְּנֵי חֲמַת הַמֵּצִיק כַּאֲשֶׁר כּוֹנֵן לְהַשְׁחִית
יד וְאַיֵּה חֲמַת הַמֵּצִיק׃ מִהַר צֹעֶה לְהִפָּתֵחַ וְלֹא־יָמוּת לַשַּׁחַת וְלֹא
טו יֶחְסַר לַחְמוֹ׃ וְאָנֹכִי יְהוָה אֱלֹהֶיךָ רֹגַע הַיָּם וַיֶּהֱמוּ גַּלָּיו יְהוָה
טז צְבָאוֹת שְׁמוֹ׃ וָאָשִׂם דְּבָרַי בְּפִיךָ וּבְצֵל יָדִי כִּסִּיתִיךָ לִנְטֹעַ שָׁמַיִם
יז וְלִיסֹד אָרֶץ וְלֵאמֹר לְצִיּוֹן עַמִּי־אָתָּה׃ הִתְעוֹרְרִי
הִתְעוֹרְרִי קוּמִי יְרוּשָׁלִַם אֲשֶׁר שָׁתִית מִיַּד יְהוָה אֶת־כּוֹס חֲמָתוֹ
יח אֶת־קֻבַּעַת כּוֹס הַתַּרְעֵלָה שָׁתִית מָצִית׃ אֵין־מְנַהֵל לָהּ מִכָּל־
יט בָּנִים יָלָדָה וְאֵין מַחֲזִיק בְּיָדָהּ מִכָּל־בָּנִים גִּדֵּלָה׃ שְׁתַּיִם הֵנָּה
קֹרְאֹתַיִךְ מִי יָנוּד לָךְ הַשֹּׁד וְהַשֶּׁבֶר וְהָרָעָב וְהַחֶרֶב מִי אֲנַחֲמֵךְ׃
כ בָּנַיִךְ עֻלְּפוּ שָׁכְבוּ בְּרֹאשׁ כָּל־חוּצוֹת כְּתוֹא מִכְמָר הַמְלֵאִים
כא חֲמַת־יְהוָה גַּעֲרַת אֱלֹהָיִךְ׃ לָכֵן שִׁמְעִי־נָא זֹאת עֲנִיָּה וּשְׁכֻרַת
כב וְלֹא מִיָּיִן׃ כֹּה־אָמַר אֲדֹנַיִךְ יְהוָה וֵאלֹהַיִךְ יָרִיב
עַמּוֹ הִנֵּה לָקַחְתִּי מִיָּדֵךְ אֶת־כּוֹס הַתַּרְעֵלָה אֶת־קֻבַּעַת

כג כּוֹס חֲמָתִי לֹא־תוֹסִיפִי לִשְׁתּוֹתָהּ עוֹד׃ וְשַׂמְתִּיהָ בְּיַד־מוֹגַיִךְ
אֲשֶׁר־אָמְרוּ לְנַפְשֵׁךְ שְׁחִי וְנַעֲבֹרָה וַתָּשִׂימִי כָאָרֶץ גֵּוֵךְ וְכַחוּץ
ב א לַעֹבְרִים׃ עוּרִי עוּרִי לִבְשִׁי עֻזֵּךְ צִיּוֹן לִבְשִׁי ׀ בִּגְדֵי
תִפְאַרְתֵּךְ יְרוּשָׁלַםִ עִיר הַקֹּדֶשׁ כִּי לֹא יוֹסִיף יָבֹא־בָךְ עוֹד עָרֵל
ב וְטָמֵא׃ הִתְנַעֲרִי מֵעָפָר קוּמִי שְּׁבִי יְרוּשָׁלָםִ התפתחו מוֹסְרֵי הִתְפַּתְּחִי
ג צַוָּארֵךְ שְׁבִיָּה בַּת־צִיּוֹן׃ כִּי־כֹה אָמַר יְהוָה חִנָּם
ד נִמְכַּרְתֶּם וְלֹא בְכֶסֶף תִּגָּאֵלוּ׃ כִּי כֹה אָמַר אֲדֹנָי
יְהוִה מִצְרַיִם יָרַד־עַמִּי בָרִאשֹׁנָה לָגוּר שָׁם וְאַשּׁוּר בְּאֶפֶס
ה עֲשָׁקוֹ׃ וְעַתָּה מַה־לִּי־פֹה נְאֻם־יְהוָה כִּי־לֻקַּח עַמִּי חִנָּם מֹשְׁלָו
ו יְהֵילִילוּ נְאֻם־יְהוָה וְתָמִיד כָּל־הַיּוֹם שְׁמִי מִנֹּאָץ׃ לָכֵן
יֵדַע עַמִּי שְׁמִי לָכֵן בַּיּוֹם הַהוּא כִּי־אֲנִי־הוּא הַמְדַבֵּר
ז הִנֵּנִי׃ מַה־נָּאווּ עַל־הֶהָרִים רַגְלֵי מְבַשֵּׂר מַשְׁמִיעַ כב
שָׁלוֹם מְבַשֵּׂר טוֹב מַשְׁמִיעַ יְשׁוּעָה אֹמֵר לְצִיּוֹן מָלַךְ אֱלֹהָיִךְ׃
ח קוֹל צֹפַיִךְ נָשְׂאוּ קוֹל יַחְדָּו יְרַנֵּנוּ כִּי עַיִן בְּעַיִן יִרְאוּ בְּשׁוּב יְהוָה
ט צִיּוֹן׃ פִּצְחוּ רַנְּנוּ יַחְדָּו חָרְבוֹת יְרוּשָׁלָםִ כִּי־נִחַם יְהוָה עַמּוֹ גָּאַל
י יְרוּשָׁלָםִ׃ חָשַׂף יְהוָה אֶת־זְרוֹעַ קָדְשׁוֹ לְעֵינֵי כָּל־הַגּוֹיִם וְרָאוּ
יא כָּל־אַפְסֵי־אָרֶץ אֵת יְשׁוּעַת אֱלֹהֵינוּ׃ סוּרוּ סוּרוּ
צְאוּ מִשָּׁם טָמֵא אַל־תִּגָּעוּ צְאוּ מִתּוֹכָהּ הִבָּרוּ נֹשְׂאֵי כְּלֵי יְהוָה׃
יב כִּי לֹא בְחִפָּזוֹן תֵּצֵאוּ וּבִמְנוּסָה לֹא תֵלֵכוּן כִּי־הֹלֵךְ לִפְנֵיכֶם
יג יְהוָה וּמְאַסִּפְכֶם אֱלֹהֵי יִשְׂרָאֵל׃ הִנֵּה יַשְׂכִּיל
יד עַבְדִּי יָרוּם וְנִשָּׂא וְגָבַהּ מְאֹד׃ כַּאֲשֶׁר שָׁמְמוּ עָלֶיךָ רַבִּים כֵּן־
טו מִשְׁחַת מֵאִישׁ מַרְאֵהוּ וְתֹאֳרוֹ מִבְּנֵי אָדָם׃ כֵּן יַזֶּה גּוֹיִם רַבִּים
עָלָיו יִקְפְּצוּ מְלָכִים פִּיהֶם כִּי אֲשֶׁר לֹא־סֻפַּר לָהֶם רָאוּ וַאֲשֶׁר
נג א לֹא־שָׁמְעוּ הִתְבּוֹנָנוּ׃ מִי הֶאֱמִין לִשְׁמֻעָתֵנוּ וּזְרוֹעַ יְהוָה עַל־מִי
ב נִגְלָתָה׃ וַיַּעַל כַּיּוֹנֵק לְפָנָיו וְכַשֹּׁרֶשׁ מֵאֶרֶץ צִיָּה לֹא־תֹאַר לוֹ
ג וְלֹא הָדָר וְנִרְאֵהוּ וְלֹא־מַרְאֶה וְנֶחְמְדֵהוּ׃ נִבְזֶה וַחֲדַל אִישִׁים
אִישׁ מַכְאֹבוֹת וִידוּעַ חֹלִי וּכְמַסְתֵּר פָּנִים מִמֶּנּוּ נִבְזֶה וְלֹא

ד חֲשַׁבְנֻהוּ: אָכֵן חֳלָיֵנוּ הוּא נָשָׂא וּמַכְאֹבֵינוּ סְבָלָם וַאֲנַחְנוּ
ה חֲשַׁבְנֻהוּ נָגוּעַ מֻכֵּה אֱלֹהִים וּמְעֻנֶּה: וְהוּא מְחֹלָל מִפְּשָׁעֵנוּ
מְדֻכָּא מֵעֲוֺנֹתֵינוּ מוּסַר שְׁלוֹמֵנוּ עָלָיו וּבַחֲבֻרָתוֹ נִרְפָּא־לָנוּ:
ו כֻּלָּנוּ כַּצֹּאן תָּעִינוּ אִישׁ לְדַרְכּוֹ פָּנִינוּ וַיהוָה הִפְגִּיעַ בּוֹ אֵת עֲוֺן
ז כֻּלָּנוּ: נִגַּשׂ וְהוּא נַעֲנֶה וְלֹא יִפְתַּח־פִּיו כַּשֶּׂה לַטֶּבַח יוּבָל
ח וּכְרָחֵל לִפְנֵי גֹזְזֶיהָ נֶאֱלָמָה וְלֹא יִפְתַּח פִּיו: מֵעֹצֶר וּמִמִּשְׁפָּט
לֻקָּח וְאֶת־דּוֹרוֹ מִי יְשׂוֹחֵחַ כִּי נִגְזַר מֵאֶרֶץ חַיִּים מִפֶּשַׁע עַמִּי
ט נֶגַע לָמוֹ: וַיִּתֵּן אֶת־רְשָׁעִים קִבְרוֹ וְאֶת־עָשִׁיר בְּמֹתָיו עַל לֹא־
י חָמָס עָשָׂה וְלֹא מִרְמָה בְּפִיו: וַיהוָה חָפֵץ דַּכְּאוֹ הֶחֱלִי אִם־
תָּשִׂים אָשָׁם נַפְשׁוֹ יִרְאֶה זֶרַע יַאֲרִיךְ יָמִים וְחֵפֶץ יְהוָה
יא בְּיָדוֹ יִצְלָח: מֵעֲמַל נַפְשׁוֹ יִרְאֶה יִשְׂבָּע בְּדַעְתּוֹ יַצְדִּיק
יב צַדִּיק עַבְדִּי לָרַבִּים וַעֲוֺנֹתָם הוּא יִסְבֹּל: לָכֵן אֲחַלֶּק־לוֹ
בָרַבִּים וְאֶת־עֲצוּמִים יְחַלֵּק שָׁלָל תַּחַת אֲשֶׁר הֶעֱרָה לַמָּוֶת
נַפְשׁוֹ וְאֶת־פֹּשְׁעִים נִמְנָה וְהוּא חֵטְא־רַבִּים נָשָׂא וְלַפֹּשְׁעִים
נד א יַפְגִּיעַ: רָנִּי עֲקָרָה לֹא יָלָדָה פִּצְחִי רִנָּה וְצַהֲלִי
לֹא־חָלָה כִּי־רַבִּים בְּנֵי־שׁוֹמֵמָה מִבְּנֵי בְעוּלָה אָמַר יְהוָה:
ב הַרְחִיבִי ׀ מְקוֹם אָהֳלֵךְ וִירִיעוֹת מִשְׁכְּנוֹתַיִךְ יַטּוּ אַל־תַּחְשֹׂכִי
ג הַאֲרִיכִי מֵיתָרַיִךְ וִיתֵדֹתַיִךְ חַזֵּקִי: כִּי־יָמִין וּשְׂמֹאול תִּפְרֹצִי
ד וְזַרְעֵךְ גּוֹיִם יִירָשׁ וְעָרִים נְשַׁמּוֹת יוֹשִׁיבוּ: אַל־תִּירְאִי כִּי־לֹא
תֵבוֹשִׁי וְאַל־תִּכָּלְמִי כִּי לֹא תַחְפִּירִי כִּי בֹשֶׁת עֲלוּמַיִךְ תִּשְׁכָּחִי
ה וְחֶרְפַּת אַלְמְנוּתַיִךְ לֹא תִזְכְּרִי־עוֹד: כִּי בֹעֲלַיִךְ עֹשַׂיִךְ יְהוָה
צְבָאוֹת שְׁמוֹ וְגֹאֲלֵךְ קְדוֹשׁ יִשְׂרָאֵל אֱלֹהֵי כָל־הָאָרֶץ יִקָּרֵא:
ו כִּי־כְאִשָּׁה עֲזוּבָה וַעֲצוּבַת רוּחַ קְרָאָךְ יְהוָה וְאֵשֶׁת נְעוּרִים כִּי
ז תִמָּאֵס אָמַר אֱלֹהָיִךְ: בְּרֶגַע קָטֹן עֲזַבְתִּיךְ וּבְרַחֲמִים גְּדֹלִים
ח אֲקַבְּצֵךְ: בְּשֶׁצֶף קֶצֶף הִסְתַּרְתִּי פָנַי רֶגַע מִמֵּךְ וּבְחֶסֶד עוֹלָם
ט רִחַמְתִּיךְ אָמַר גֹּאֲלֵךְ יְהוָה: כִּי־מֵי נֹחַ זֹאת לִי
אֲשֶׁר נִשְׁבַּעְתִּי מֵעֲבֹר מֵי־נֹחַ עוֹד עַל־הָאָרֶץ כֵּן נִשְׁבַּעְתִּי

י מִקְּצֹף עָלַיִךְ וּמִגְּעָר־בָּךְ׃ כִּי הֶהָרִים יָמוּשׁוּ וְהַגְּבָעוֹת תְּמוּטֶינָה
וְחַסְדִּי מֵאִתֵּךְ לֹא־יָמוּשׁ וּבְרִית שְׁלוֹמִי לֹא תָמוּט אָמַר
יא מְרַחֲמֵךְ יְהוָה׃ עֲנִיָּה סֹעֲרָה לֹא נֻחָמָה הִנֵּה
יב אָנֹכִי מַרְבִּיץ בַּפּוּךְ אֲבָנַיִךְ וִיסַדְתִּיךְ בַּסַּפִּירִים׃ וְשַׂמְתִּי כַּדְכֹד
שִׁמְשֹׁתַיִךְ וּשְׁעָרַיִךְ לְאַבְנֵי אֶקְדָּח וְכָל־גְּבוּלֵךְ לְאַבְנֵי־חֵפֶץ׃
יג יד וְכָל־בָּנַיִךְ לִמּוּדֵי יְהוָה וְרַב שְׁלוֹם בָּנָיִךְ׃ בִּצְדָקָה תִּכּוֹנָנִי רַחֲקִי
טו מֵעֹשֶׁק כִּי־לֹא תִירָאִי וּמִמְּחִתָּה כִּי לֹא־תִקְרַב אֵלָיִךְ׃ הֵן גּוֹר
טז יָגוּר אֶפֶס מֵאוֹתִי מִי־גָר אִתָּךְ עָלַיִךְ יִפּוֹל׃ הֵן אָנֹכִי בָּרָאתִי הִנֵּה
חָרָשׁ נֹפֵחַ בְּאֵשׁ פֶּחָם וּמוֹצִיא כְלִי לְמַעֲשֵׂהוּ וְאָנֹכִי בָּרָאתִי
יז מַשְׁחִית לְחַבֵּל׃ כָּל־כְּלִי יוּצַר עָלַיִךְ לֹא יִצְלָח וְכָל־לָשׁוֹן
תָּקוּם־אִתָּךְ לַמִּשְׁפָּט תַּרְשִׁיעִי זֹאת נַחֲלַת עַבְדֵי יְהוָה וְצִדְקָתָם
נה א מֵאִתִּי נְאֻם־יְהוָה׃ הוֹי כָּל־צָמֵא לְכוּ לַמַּיִם
וַאֲשֶׁר אֵין־לוֹ כָּסֶף לְכוּ שִׁבְרוּ וֶאֱכֹלוּ וּלְכוּ שִׁבְרוּ בְּלוֹא־כֶסֶף
ב וּבְלוֹא מְחִיר יַיִן וְחָלָב׃ לָמָּה תִשְׁקְלוּ־כֶסֶף בְּלוֹא־לֶחֶם
וִיגִיעֲכֶם בְּלוֹא לְשָׂבְעָה שִׁמְעוּ שָׁמוֹעַ אֵלַי וְאִכְלוּ־טוֹב וְתִתְעַנַּג
ג בַּדֶּשֶׁן נַפְשְׁכֶם׃ הַטּוּ אָזְנְכֶם וּלְכוּ אֵלַי שִׁמְעוּ וּתְחִי נַפְשְׁכֶם
ד וְאֶכְרְתָה לָכֶם בְּרִית עוֹלָם חַסְדֵי דָוִד הַנֶּאֱמָנִים׃ הֵן עֵד
ה לְאוּמִּים נְתַתִּיו נָגִיד וּמְצַוֵּה לְאֻמִּים׃ הֵן גּוֹי לֹא־תֵדַע תִּקְרָא
וְגוֹי לֹא־יְדָעוּךָ אֵלֶיךָ יָרוּצוּ לְמַעַן יְהוָה אֱלֹהֶיךָ וְלִקְדוֹשׁ
ו יִשְׂרָאֵל כִּי פֵאֲרָךְ׃ דִּרְשׁוּ יְהוָה בְּהִמָּצְאוֹ קְרָאֻהוּ
בִּהְיוֹתוֹ קָרוֹב׃ יַעֲזֹב רָשָׁע דַּרְכּוֹ וְאִישׁ אָוֶן מַחְשְׁבֹתָיו וְיָשֹׁב
אֶל־יְהוָה וִירַחֲמֵהוּ וְאֶל־אֱלֹהֵינוּ כִּי־יַרְבֶּה לִסְלוֹחַ׃ כִּי לֹא
ט מַחְשְׁבוֹתַי מַחְשְׁבוֹתֵיכֶם וְלֹא דַרְכֵיכֶם דְּרָכָי נְאֻם יְהוָה׃ כִּי־
גָבְהוּ שָׁמַיִם מֵאָרֶץ כֵּן גָּבְהוּ דְרָכַי מִדַּרְכֵיכֶם וּמַחְשְׁבֹתַי
י מִמַּחְשְׁבֹתֵיכֶם׃ כִּי כַּאֲשֶׁר יֵרֵד הַגֶּשֶׁם וְהַשֶּׁלֶג מִן־הַשָּׁמַיִם
וְשָׁמָּה לֹא יָשׁוּב כִּי אִם־הִרְוָה אֶת־הָאָרֶץ וְהוֹלִידָהּ וְהִצְמִיחָהּ
יא וְנָתַן זֶרַע לַזֹּרֵעַ וְלֶחֶם לָאֹכֵל׃ כֵּן יִהְיֶה דְבָרִי אֲשֶׁר יֵצֵא מִפִּי

לֹא־יָשׁוּב אֵלַי רֵיקָם כִּי אִם־עָשָׂה אֶת־אֲשֶׁר חָפַצְתִּי וְהִצְלִיחַ
אֲשֶׁר שְׁלַחְתִּיו: כִּי־בְשִׂמְחָה תֵצֵאוּ וּבְשָׁלוֹם תּוּבָלוּן הֶהָרִים יב
וְהַגְּבָעוֹת יִפְצְחוּ לִפְנֵיכֶם רִנָּה וְכָל־עֲצֵי הַשָּׂדֶה יִמְחֲאוּ־כָף:
תַּחַת הַנַּעֲצוּץ יַעֲלֶה בְרוֹשׁ תַּחַת הַסִּרְפַּד יַעֲלֶה הֲדַס וְהָיָה וְתַחַת כג
לַיהוָה לְשֵׁם לְאוֹת עוֹלָם לֹא יִכָּרֵת: כֹּה אָמַר נו א
יְהוָה שִׁמְרוּ מִשְׁפָּט וַעֲשׂוּ צְדָקָה כִּי־קְרוֹבָה יְשׁוּעָתִי לָבוֹא
וְצִדְקָתִי לְהִגָּלוֹת: אַשְׁרֵי אֱנוֹשׁ יַעֲשֶׂה־זֹּאת וּבֶן־אָדָם יַחֲזִיק ב
בָּהּ שֹׁמֵר שַׁבָּת מֵחַלְּלוֹ וְשֹׁמֵר יָדוֹ מֵעֲשׂוֹת כָּל־רָע: וְאַל־יֹאמַר ג
בֶּן־הַנֵּכָר הַנִּלְוָה אֶל־יְהוָה לֵאמֹר הַבְדֵּל יַבְדִּילַנִי יְהוָה מֵעַל
עַמּוֹ וְאַל־יֹאמַר הַסָּרִיס הֵן אֲנִי עֵץ יָבֵשׁ:   כִּי־ ד
כֹה אָמַר יְהוָה לַסָּרִיסִים אֲשֶׁר יִשְׁמְרוּ אֶת־שַׁבְּתוֹתַי וּבָחֲרוּ
בַּאֲשֶׁר חָפָצְתִּי וּמַחֲזִיקִים בִּבְרִיתִי: וְנָתַתִּי לָהֶם בְּבֵיתִי ה
וּבְחוֹמֹתַי יָד וָשֵׁם טוֹב מִבָּנִים וּמִבָּנוֹת שֵׁם עוֹלָם אֶתֶּן־לוֹ אֲשֶׁר
לֹא יִכָּרֵת: וּבְנֵי הַנֵּכָר הַנִּלְוִים עַל־יְהוָה לְשָׁרְתוֹ ו
וּלְאַהֲבָה אֶת־שֵׁם יְהוָה לִהְיוֹת לוֹ לַעֲבָדִים כָּל־שֹׁמֵר שַׁבָּת
מֵחַלְּלוֹ וּמַחֲזִיקִים בִּבְרִיתִי: וַהֲבִיאוֹתִים אֶל־הַר קָדְשִׁי ז
וְשִׂמַּחְתִּים בְּבֵית תְּפִלָּתִי עוֹלֹתֵיהֶם וְזִבְחֵיהֶם לְרָצוֹן עַל־
מִזְבְּחִי כִּי בֵיתִי בֵּית־תְּפִלָּה יִקָּרֵא לְכָל־הָעַמִּים: נְאֻם אֲדֹנָי ח
יְהוִה מְקַבֵּץ נִדְחֵי יִשְׂרָאֵל עוֹד אֲקַבֵּץ עָלָיו לְנִקְבָּצָיו: כֹּל חַיְתוֹ ט
שָׂדַי אֵתָיוּ לֶאֱכֹל כָּל־חַיְתוֹ בַּיָּעַר: צֹפָו עִוְרִים י
כֻּלָּם לֹא יָדָעוּ כֻּלָּם כְּלָבִים אִלְּמִים לֹא יוּכְלוּ לִנְבֹּחַ הֹזִים
שֹׁכְבִים אֹהֲבֵי לָנוּם: וְהַכְּלָבִים עַזֵּי־נֶפֶשׁ לֹא יָדְעוּ שָׂבְעָה וְהֵמָּה יא
רֹעִים לֹא יָדְעוּ הָבִין כֻּלָּם לְדַרְכָּם פָּנוּ אִישׁ לְבִצְעוֹ מִקָּצֵהוּ:
אֵתָיוּ אֶקְחָה־יַיִן וְנִסְבְּאָה שֵׁכָר וְהָיָה כָזֶה יוֹם מָחָר גָּדוֹל יֶתֶר יב
מְאֹד: הַצַּדִּיק אָבָד וְאֵין אִישׁ שָׂם עַל־לֵב וְאַנְשֵׁי־חֶסֶד נז א
נֶאֱסָפִים בְּאֵין מֵבִין כִּי־מִפְּנֵי הָרָעָה נֶאֱסַף הַצַּדִּיק: יָבוֹא שָׁלוֹם ב
יָנוּחוּ עַל־מִשְׁכְּבוֹתָם הֹלֵךְ נְכֹחוֹ:   וְאַתֶּם קִרְבוּ־ ג

ד הֵנָּה בְּנֵי עֹנְנָה זֶרַע מְנָאֵף וַתִּזְנֶה: עַל־מִי תִּתְעַנָּגוּ עַל־מִי
תַּרְחִיבוּ פֶה תַּאֲרִיכוּ לָשׁוֹן הֲלוֹא־אַתֶּם יִלְדֵי־פֶשַׁע זֶרַע שָׁקֶר:
ה הַנֵּחָמִים בָּאֵלִים תַּחַת כָּל־עֵץ רַעֲנָן שֹׁחֲטֵי הַיְלָדִים בַּנְּחָלִים
ו תַּחַת סְעִפֵי הַסְּלָעִים: בְּחַלְּקֵי־נַחַל חֶלְקֵךְ הֵם הֵם גּוֹרָלֵךְ גַּם־
ז לָהֶם שָׁפַכְתְּ נֶסֶךְ הֶעֱלִית מִנְחָה הַעַל אֵלֶּה אֶנָּחֵם: עַל הַר־גָּבֹהַּ
ח וְנִשָּׂא שַׂמְתְּ מִשְׁכָּבֵךְ גַּם־שָׁם עָלִית לִזְבֹּחַ זָבַח: וְאַחַר הַדֶּלֶת
וְהַמְּזוּזָה שַׂמְתְּ זִכְרוֹנֵךְ כִּי מֵאִתִּי גִּלִּית וַתַּעֲלִי הִרְחַבְתְּ מִשְׁכָּבֵךְ
ט וַתִּכְרָת־לָךְ מֵהֶם אָהַבְתְּ מִשְׁכָּבָם יָד חָזִית: וַתָּשֻׁרִי לַמֶּלֶךְ
בַּשֶּׁמֶן וַתַּרְבִּי רִקֻּחָיִךְ וַתְּשַׁלְּחִי צִרַיִךְ עַד־מֵרָחֹק וַתַּשְׁפִּילִי עַד־
י שְׁאוֹל: בְּרֹב דַּרְכֵּךְ יָגַעַתְּ לֹא אָמַרְתְּ נוֹאָשׁ חַיַּת יָדֵךְ מָצָאת
יא עַל־כֵּן לֹא חָלִית: וְאֶת־מִי דָּאַגְתְּ וַתִּירְאִי כִּי תְכַזֵּבִי וְאוֹתִי לֹא
זָכַרְתְּ לֹא־שַׂמְתְּ עַל־לִבֵּךְ הֲלֹא אֲנִי מַחְשֶׁה וּמֵעֹלָם וְאוֹתִי לֹא
יב יג תִירָאִי: אֲנִי אַגִּיד צִדְקָתֵךְ וְאֶת־מַעֲשַׂיִךְ וְלֹא יוֹעִילוּךְ: בְּזַעֲקֵךְ
יַצִּילֻךְ קִבּוּצַיִךְ וְאֶת־כֻּלָּם יִשָּׂא־רוּחַ יִקַּח־הָבֶל וְהַחוֹסֶה בִי
יד יִנְחַל־אֶרֶץ וְיִירַשׁ הַר־קָדְשִׁי: וְאָמַר סֹלּוּ־סֹלּוּ פַּנּוּ־דָרֶךְ הָרִימוּ
טו מִכְשׁוֹל מִדֶּרֶךְ עַמִּי: כִּי כֹה אָמַר רָם וְנִשָּׂא שֹׁכֵן
עַד וְקָדוֹשׁ שְׁמוֹ מָרוֹם וְקָדוֹשׁ אֶשְׁכּוֹן וְאֶת־דַּכָּא וּשְׁפַל־רוּחַ
טז לְהַחֲיוֹת רוּחַ שְׁפָלִים וּלְהַחֲיוֹת לֵב נִדְכָּאִים: כִּי לֹא לְעוֹלָם
אָרִיב וְלֹא לָנֶצַח אֶקְּצוֹף כִּי־רוּחַ מִלְּפָנַי יַעֲטוֹף וּנְשָׁמוֹת אֲנִי
יז עָשִׂיתִי: בַּעֲוֹן בִּצְעוֹ קָצַפְתִּי וְאַכֵּהוּ הַסְתֵּר וְאֶקְצֹף וַיֵּלֶךְ שׁוֹבָב
יח בְּדֶרֶךְ לִבּוֹ: דְּרָכָיו רָאִיתִי וְאֶרְפָּאֵהוּ וְאַנְחֵהוּ וַאֲשַׁלֵּם נִחֻמִים
יט לוֹ וְלַאֲבֵלָיו: בּוֹרֵא נוּב שְׂפָתָיִם שָׁלוֹם ׀ שָׁלוֹם לָרָחוֹק וְלַקָּרוֹב נִיב
כ אָמַר יְהוָה וּרְפָאתִיו: וְהָרְשָׁעִים כַּיָּם נִגְרָשׁ כִּי הַשְׁקֵט לֹא
כא יוּכָל וַיִּגְרְשׁוּ מֵימָיו רֶפֶשׁ וָטִיט: אֵין שָׁלוֹם אָמַר אֱלֹהַי
ח א לָרְשָׁעִים: קְרָא בְגָרוֹן אַל־תַּחְשֹׂךְ כַּשּׁוֹפָר הָרֵם
ב קוֹלֶךָ וְהַגֵּד לְעַמִּי פִּשְׁעָם וּלְבֵית יַעֲקֹב חַטֹּאתָם: וְאוֹתִי יוֹם יוֹם
יִדְרֹשׁוּן וְדַעַת דְּרָכַי יֶחְפָּצוּן כְּגוֹי אֲשֶׁר־צְדָקָה עָשָׂה וּמִשְׁפַּט

אֱלֹהָיו לֹא עָזָב יִשְׁאָלוּנִי מִשְׁפְּטֵי־צֶדֶק קִרְבַת אֱלֹהִים יֶחְפָּצוּן:
ג לָמָּה צַּמְנוּ וְלֹא רָאִיתָ עִנִּינוּ נַפְשֵׁנוּ וְלֹא תֵדָע הֵן בְּיוֹם צֹמְכֶם
ד תִּמְצְאוּ־חֵפֶץ וְכָל־עַצְּבֵיכֶם תִּנְגֹּשׂוּ: הֵן לְרִיב וּמַצָּה תָּצוּמוּ
וּלְהַכּוֹת בְּאֶגְרֹף רֶשַׁע לֹא־תָצוּמוּ כַיּוֹם לְהַשְׁמִיעַ בַּמָּרוֹם
ה קוֹלְכֶם: הֲכָזֶה יִהְיֶה צוֹם אֶבְחָרֵהוּ יוֹם עַנּוֹת אָדָם נַפְשׁוֹ הֲלָכֹף
כְּאַגְמֹן רֹאשׁוֹ וְשַׂק וָאֵפֶר יַצִּיעַ הֲלָזֶה תִּקְרָא־צוֹם וְיוֹם רָצוֹן
ו לַיהוָה: הֲלוֹא זֶה צוֹם אֶבְחָרֵהוּ פַּתֵּחַ חַרְצֻבּוֹת רֶשַׁע הַתֵּר
ז אֲגֻדּוֹת מוֹטָה וְשַׁלַּח רְצוּצִים חָפְשִׁים וְכָל־מוֹטָה תְּנַתֵּקוּ: הֲלוֹא
פָרֹס לָרָעֵב לַחְמֶךָ וַעֲנִיִּים מְרוּדִים תָּבִיא בָיִת כִּי־תִרְאֶה עָרֹם
ח וְכִסִּיתוֹ וּמִבְּשָׂרְךָ לֹא תִתְעַלָּם: אָז יִבָּקַע כַּשַּׁחַר אוֹרֶךָ וַאֲרֻכָתְךָ
ט מְהֵרָה תִצְמָח וְהָלַךְ לְפָנֶיךָ צִדְקֶךָ כְּבוֹד יְהוָה יַאַסְפֶךָ: אָז
תִּקְרָא וַיהוָה יַעֲנֶה תְּשַׁוַּע וְיֹאמַר הִנֵּנִי אִם־תָּסִיר מִתּוֹכְךָ
י מוֹטָה שְׁלַח אֶצְבַּע וְדַבֶּר־אָוֶן: וְתָפֵק לָרָעֵב נַפְשֶׁךָ וְנֶפֶשׁ נַעֲנָה
יא תַּשְׂבִּיעַ וְזָרַח בַּחֹשֶׁךְ אוֹרֶךָ וַאֲפֵלָתְךָ כַּצָּהֳרָיִם: וְנָחֲךָ יְהוָה
תָּמִיד וְהִשְׂבִּיעַ בְּצַחְצָחוֹת נַפְשֶׁךָ וְעַצְמֹתֶיךָ יַחֲלִיץ וְהָיִיתָ כְּגַן
יב רָוֶה וּכְמוֹצָא מַיִם אֲשֶׁר לֹא־יְכַזְּבוּ מֵימָיו: וּבָנוּ מִמְּךָ חָרְבוֹת
עוֹלָם מוֹסְדֵי דוֹר־וָדוֹר תְּקוֹמֵם וְקֹרָא לְךָ גֹּדֵר פֶּרֶץ מְשֹׁבֵב
יג נְתִיבוֹת לָשָׁבֶת: אִם־תָּשִׁיב מִשַּׁבָּת רַגְלֶךָ עֲשׂוֹת חֲפָצֶךָ בְּיוֹם
קָדְשִׁי וְקָרָאתָ לַשַּׁבָּת עֹנֶג לִקְדוֹשׁ יְהוָה מְכֻבָּד וְכִבַּדְתּוֹ
יד מֵעֲשׂוֹת דְּרָכֶיךָ מִמְּצוֹא חֶפְצְךָ וְדַבֵּר דָּבָר: אָז תִּתְעַנַּג עַל־ כד
יְהוָה וְהִרְכַּבְתִּיךָ עַל־בָּמוֹתֵי אָרֶץ וְהַאֲכַלְתִּיךָ נַחֲלַת יַעֲקֹב בָּמֳתֵי
נט א אָבִיךָ כִּי פִּי יְהוָה דִּבֵּר: הֵן לֹא־קָצְרָה יַד־יְהוָה
ב מֵהוֹשִׁיעַ וְלֹא־כָבְדָה אָזְנוֹ מִשְּׁמוֹעַ: כִּי אִם־עֲוֺנֹתֵיכֶם הָיוּ
מַבְדִּלִים בֵּינֵכֶם לְבֵין אֱלֹהֵיכֶם וְחַטֹּאותֵיכֶם הִסְתִּירוּ פָנִים מִכֶּם
ג מִשְּׁמוֹעַ: כִּי כַפֵּיכֶם נְגֹאֲלוּ בַדָּם וְאֶצְבְּעוֹתֵיכֶם בֶּעָוֺן שִׂפְתוֹתֵיכֶם
ד דִּבְּרוּ־שֶׁקֶר לְשׁוֹנְכֶם עַוְלָה תֶהְגֶּה: אֵין־קֹרֵא בְצֶדֶק וְאֵין נִשְׁפָּט
בֶּאֱמוּנָה בָּטוֹחַ עַל־תֹּהוּ וְדַבֶּר־שָׁוְא הָרוֹ עָמָל וְהוֹלֵיד אָוֶן:

ה בֵּיצֵי צִפְעוֹנִי בִּקֵּעוּ וְקוּרֵי עַכָּבִישׁ יֶאֱרֹגוּ הָאֹכֵל מִבֵּיצֵיהֶם יָמוּת
ו וְהַזּוּרֶה תִּבָּקַע אֶפְעֶה׃ קוּרֵיהֶם לֹא־יִהְיוּ לְבֶגֶד וְלֹא יִתְכַּסּוּ
ז בְּמַעֲשֵׂיהֶם מַעֲשֵׂיהֶם מַעֲשֵׂי־אָוֶן וּפֹעַל חָמָס בְּכַפֵּיהֶם׃ רַגְלֵיהֶם
לָרַע יָרֻצוּ וִימַהֲרוּ לִשְׁפֹּךְ דָּם נָקִי מַחְשְׁבוֹתֵיהֶם מַחְשְׁבוֹת אָוֶן
ח שֹׁד וָשֶׁבֶר בִּמְסִלּוֹתָם׃ דֶּרֶךְ שָׁלוֹם לֹא יָדָעוּ וְאֵין מִשְׁפָּט
בְּמַעְגְּלוֹתָם נְתִיבוֹתֵיהֶם עִקְּשׁוּ לָהֶם כֹּל דֹּרֵךְ בָּהּ לֹא יָדַע
ט שָׁלוֹם׃ עַל־כֵּן רָחַק מִשְׁפָּט מִמֶּנּוּ וְלֹא תַשִּׂיגֵנוּ צְדָקָה נְקַוֶּה
י לָאוֹר וְהִנֵּה־חֹשֶׁךְ לִנְגֹהוֹת בָּאֲפֵלוֹת נְהַלֵּךְ׃ נְגַשְׁשָׁה כַעִוְרִים
קִיר וּכְאֵין עֵינַיִם נְגַשֵּׁשָׁה כָּשַׁלְנוּ בַצָּהֳרַיִם כַּנֶּשֶׁף בָּאַשְׁמַנִּים
יא כַּמֵּתִים׃ נֶהֱמֶה כַדֻּבִּים כֻּלָּנוּ וְכַיּוֹנִים הָגֹה נֶהְגֶּה נְקַוֶּה לַמִּשְׁפָּט
יב וָאַיִן לִישׁוּעָה רָחֲקָה מִמֶּנּוּ׃ כִּי־רַבּוּ פְשָׁעֵינוּ נֶגְדֶּךָ וְחַטֹּאותֵינוּ
יג עָנְתָה בָּנוּ כִּי־פְשָׁעֵינוּ אִתָּנוּ וַעֲוֺנֹתֵינוּ יְדַעֲנוּם׃ פָּשֹׁעַ וְכַחֵשׁ
בַּיהוָה וְנָסוֹג מֵאַחַר אֱלֹהֵינוּ דַּבֶּר־עֹשֶׁק וְסָרָה הֹרוֹ וְהֹגוֹ מִלֵּב
יד דִּבְרֵי־שָׁקֶר׃ וְהֻסַּג אָחוֹר מִשְׁפָּט וּצְדָקָה מֵרָחוֹק תַּעֲמֹד כִּי־
טו כָשְׁלָה בָרְחוֹב אֱמֶת וּנְכֹחָה לֹא־תוּכַל לָבוֹא׃ וַתְּהִי הָאֱמֶת
נֶעְדֶּרֶת וְסָר מֵרָע מִשְׁתּוֹלֵל וַיַּרְא יְהוָה וַיֵּרַע בְּעֵינָיו כִּי־אֵין
טז מִשְׁפָּט׃ וַיַּרְא כִּי־אֵין אִישׁ וַיִּשְׁתּוֹמֵם כִּי אֵין מַפְגִּיעַ וַתּוֹשַׁע
יז לוֹ זְרֹעוֹ וְצִדְקָתוֹ הִיא סְמָכָתְהוּ׃ וַיִּלְבַּשׁ צְדָקָה כַּשִּׁרְיָן וְכוֹבַע
יְשׁוּעָה בְּרֹאשׁוֹ וַיִּלְבַּשׁ בִּגְדֵי נָקָם תִּלְבֹּשֶׁת וַיַּעַט כַּמְעִיל קִנְאָה׃
יח כְּעַל גְּמֻלוֹת כְּעַל יְשַׁלֵּם חֵמָה לְצָרָיו גְּמוּל לְאֹיְבָיו לָאִיִּים גְּמוּל
יט יְשַׁלֵּם׃ וְיִירְאוּ מִמַּעֲרָב אֶת־שֵׁם יְהוָה וּמִמִּזְרַח־שֶׁמֶשׁ אֶת־
כ כְּבוֹדוֹ כִּי־יָבוֹא כַנָּהָר צָר רוּחַ יְהוָה נֹסְסָה בוֹ׃ וּבָא לְצִיּוֹן גּוֹאֵל
כא וּלְשָׁבֵי פֶשַׁע בְּיַעֲקֹב נְאֻם יְהוָה׃ וַאֲנִי זֹאת בְּרִיתִי אוֹתָם אָמַר
יְהוָה רוּחִי אֲשֶׁר עָלֶיךָ וּדְבָרַי אֲשֶׁר־שַׂמְתִּי בְּפִיךָ לֹא־יָמוּשׁוּ
מִפִּיךָ וּמִפִּי זַרְעֲךָ וּמִפִּי זֶרַע זַרְעֲךָ אָמַר יְהוָה מֵעַתָּה וְעַד־
ס א עוֹלָם׃ קוּמִי אוֹרִי כִּי בָא אוֹרֵךְ וּכְבוֹד יְהוָה
ב עָלַיִךְ זָרָח׃ כִּי־הִנֵּה הַחֹשֶׁךְ יְכַסֶּה־אֶרֶץ וַעֲרָפֶל לְאֻמִּים וְעָלַיִךְ

ישעיה

ס

יִזְרַ֣ח יְהוָ֔ה וּכְבוֹד֖וֹ עָלַ֣יִךְ יֵרָאֶֽה: וְהָלְכ֤וּ גוֹיִם֙ לְאוֹרֵ֔ךְ וּמְלָכִ֖ים ג

לְנֹ֣גַהּ זַרְחֵֽךְ: שְׂאִֽי־סָבִ֤יב עֵינַ֙יִךְ֙ וּרְאִ֔י כֻּלָּ֖ם נִקְבְּצ֣וּ בָֽאוּ־ ד

לָ֑ךְ בָּנַ֙יִךְ֙ מֵרָח֣וֹק יָבֹ֔אוּ וּבְנֹתַ֖יִךְ עַל־צַ֥ד תֵּאָמַֽנָה: אָ֤ז תִּרְאִי֙ ה

וְנָהַ֔רְתְּ וּפָחַ֥ד וְרָחַ֖ב לְבָבֵ֑ךְ כִּֽי־יֵהָפֵ֤ךְ עָלַ֙יִךְ֙ הֲמ֣וֹן יָ֔ם חֵ֥יל גּוֹיִ֖ם

יָבֹ֣אוּ לָֽךְ: שִֽׁפְעַ֤ת גְּמַלִּים֙ תְּכַסֵּ֔ךְ בִּכְרֵ֥י מִדְיָ֖ן וְעֵיפָ֑ה כֻּלָּם֙ ו

מִשְּׁבָ֣א יָבֹ֔אוּ זָהָ֥ב וּלְבוֹנָ֖ה יִשָּׂ֑אוּ וּתְהִלֹּ֥ת יְהוָ֖ה יְבַשֵּֽׂרוּ: כָּל־ ז

צֹ֤אן קֵדָר֙ יִקָּ֣בְצוּ לָ֔ךְ אֵילֵ֥י נְבָי֖וֹת יְשָׁרְת֑וּנֶךְ יַעֲל֤וּ עַל־רָצוֹן֙

מִזְבְּחִ֔י וּבֵ֥ית תִּפְאַרְתִּ֖י אֲפָאֵֽר: מִי־אֵ֖לֶּה כָּעָ֣ב תְּעוּפֶ֑ינָה וְכַיּוֹנִ֖ים ח

אֶל־אֲרֻבֹּתֵיהֶֽם: כִּֽי־לִ֣י ׀ אִיִּ֣ים יְקַוּ֗וּ וָאֳנִיּ֤וֹת תַּרְשִׁישׁ֙ בָּרִ֣אשֹׁנָ֔ה ט

לְהָבִ֤יא בָנַ֙יִךְ֙ מֵֽרָח֔וֹק כַּסְפָּ֥ם וּזְהָבָ֖ם אִתָּ֑ם לְשֵׁם֙ יְהוָ֣ה אֱלֹהַ֔יִךְ

וְלִקְד֥וֹשׁ יִשְׂרָאֵ֖ל כִּ֥י פֵאֲרָֽךְ: וּבָנ֤וּ בְנֵֽי־נֵכָר֙ חֹמֹתַ֔יִךְ וּמַלְכֵיהֶ֖ם י

יְשָׁרְת֑וּנֶךְ כִּ֤י בְקִצְפִּי֙ הִכִּיתִ֔יךְ וּבִרְצוֹנִ֖י רִֽחַמְתִּֽיךְ: וּפִתְּח֨וּ שְׁעָרַ֜יִךְ יא

תָּמִ֗יד יוֹמָ֧ם וָלַ֛יְלָה לֹ֥א יִסָּגֵ֑רוּ לְהָבִ֤יא אֵלַ֙יִךְ֙ חֵ֣יל גּוֹיִ֔ם וּמַלְכֵיהֶ֖ם

נְהוּגִֽים: כִּֽי־הַגּ֧וֹי וְהַמַּמְלָכָ֛ה אֲשֶׁ֥ר לֹא־יַעַבְד֖וּךְ יֹאבֵ֑דוּ וְהַגּוֹיִ֖ם יב

חָרֹ֥ב יֶחֱרָֽבוּ: כְּב֤וֹד הַלְּבָנוֹן֙ אֵלַ֣יִךְ יָב֔וֹא בְּר֛וֹשׁ תִּדְהָ֥ר וּתְאַשּׁ֖וּר יג

יַחְדָּ֑ו לְפָאֵר֙ מְק֣וֹם מִקְדָּשִׁ֔י וּמְק֥וֹם רַגְלַ֖י אֲכַבֵּֽד: וְהָלְכ֨וּ אֵלַ֜יִךְ יד

שְׁח֗וֹחַ בְּנֵ֣י מְעַנַּ֔יִךְ וְהִֽשְׁתַּחֲו֛וּ עַל־כַּפּ֥וֹת רַגְלַ֖יִךְ כָּל־מְנַֽאֲצָ֑יִךְ

וְקָ֤רְאוּ לָךְ֙ עִ֣יר יְהוָ֔ה צִיּ֖וֹן קְד֥וֹשׁ יִשְׂרָאֵֽל: תַּ֧חַת הֱיוֹתֵ֛ךְ עֲזוּבָ֥ה טו

וּשְׂנוּאָ֖ה וְאֵ֣ין עוֹבֵ֑ר וְשַׂמְתִּיךְ֙ לִגְא֣וֹן עוֹלָ֔ם מְשׂ֖וֹשׂ דּ֥וֹר וָדֽוֹר:

וְיָנַקְתְּ֙ חֲלֵ֣ב גּוֹיִ֔ם וְשֹׁ֥ד מְלָכִ֖ים תִּינָ֑קִי וְיָדַ֗עַתְּ כִּ֣י אֲנִ֤י יְהוָה֙ טז

מֽוֹשִׁיעֵ֔ךְ וְגֹאֲלֵ֖ךְ אֲבִ֥יר יַעֲקֹֽב: תַּ֣חַת הַנְּחֹ֜שֶׁת אָבִ֣יא זָהָ֗ב וְתַ֤חַת יז

הַבַּרְזֶל֙ אָבִ֣יא כֶ֔סֶף וְתַ֤חַת הָֽעֵצִים֙ נְחֹ֔שֶׁת וְתַ֥חַת הָאֲבָנִ֖ים בַּרְזֶ֑ל

וְשַׂמְתִּ֤י פְקֻדָּתֵךְ֙ שָׁל֔וֹם וְנֹגְשַׂ֖יִךְ צְדָקָֽה: לֹא־יִשָּׁמַ֨ע ע֤וֹד חָמָס֙ יח

בְּאַרְצֵ֔ךְ שֹׁ֥ד וָשֶׁ֖בֶר בִּגְבוּלָ֑יִךְ וְקָרָ֤את יְשׁוּעָה֙ חֽוֹמֹתַ֔יִךְ וּשְׁעָרַ֖יִךְ

תְּהִלָּֽה: לֹא־יִֽהְיֶה־לָּ֣ךְ ע֤וֹד הַשֶּׁ֙מֶשׁ֙ לְא֣וֹר יוֹמָ֔ם וּלְנֹ֕גַהּ הַיָּרֵ֖חַ יט

לֹא־יָאִ֣יר לָ֑ךְ וְהָיָה־לָ֤ךְ יְהוָה֙ לְא֣וֹר עוֹלָ֔ם וֵאלֹהַ֖יִךְ לְתִפְאַרְתֵּֽךְ:

לֹא־יָב֥וֹא עוֹד֙ שִׁמְשֵׁ֔ךְ וִירֵחֵ֖ךְ לֹ֣א יֵאָסֵ֑ף כִּ֣י יְהוָ֗ה יִֽהְיֶה־לָּךְ֙ כ

ס
כא לְאוֹר עוֹלָם וְשָׁלְמוּ יְמֵי אֶבְלֵךְ׃ וְעַמֵּךְ כֻּלָּם צַדִּיקִים לְעוֹלָם
כב יִירְשׁוּ אָרֶץ נֵצֶר מטעו מַעֲשֵׂה יָדַי לְהִתְפָּאֵר׃ הַקָּטֹן יִהְיֶה לָאֶלֶף מַטָּעַי
סא א וְהַצָּעִיר לְגוֹי עָצוּם אֲנִי יְהוָה בְּעִתָּהּ אֲחִישֶׁנָּה׃ רוּחַ
אֲדֹנָי יֱהוִה עָלָי יַעַן מָשַׁח יְהוָה אֹתִי לְבַשֵּׂר עֲנָוִים שְׁלָחַנִי לַחֲבֹשׁ
לְנִשְׁבְּרֵי־לֵב לִקְרֹא לִשְׁבוּיִם דְּרוֹר וְלַאֲסוּרִים פְּקַח־קוֹחַ׃
ב לִקְרֹא שְׁנַת־רָצוֹן לַיהוָה וְיוֹם נָקָם לֵאלֹהֵינוּ לְנַחֵם כָּל־
ג אֲבֵלִים׃ לָשׂוּם ׀ לַאֲבֵלֵי צִיּוֹן לָתֵת לָהֶם פְּאֵר תַּחַת אֵפֶר שֶׁמֶן
שָׂשׂוֹן תַּחַת אֵבֶל מַעֲטֵה תְהִלָּה תַּחַת רוּחַ כֵּהָה וְקֹרָא לָהֶם
ד אֵילֵי הַצֶּדֶק מַטַּע יְהוָה לְהִתְפָּאֵר׃ וּבָנוּ חָרְבוֹת עוֹלָם שֹׁמְמוֹת
ה רִאשֹׁנִים יְקוֹמֵמוּ וְחִדְּשׁוּ עָרֵי חֹרֶב שֹׁמְמוֹת דּוֹר וָדוֹר׃ וְעָמְדוּ
ו זָרִים וְרָעוּ צֹאנְכֶם וּבְנֵי נֵכָר אִכָּרֵיכֶם וְכֹרְמֵיכֶם׃ וְאַתֶּם כֹּהֲנֵי
יְהוָה תִּקָּרֵאוּ מְשָׁרְתֵי אֱלֹהֵינוּ יֵאָמֵר לָכֶם חֵיל גּוֹיִם תֹּאכֵלוּ
ז וּבִכְבוֹדָם תִּתְיַמָּרוּ׃ תַּחַת בָּשְׁתְּכֶם מִשְׁנֶה וּכְלִמָּה יָרֹנּוּ חֶלְקָם
ח לָכֵן בְּאַרְצָם מִשְׁנֶה יִירָשׁוּ שִׂמְחַת עוֹלָם תִּהְיֶה לָהֶם׃ כִּי
אֲנִי יְהוָה אֹהֵב מִשְׁפָּט שֹׂנֵא גָזֵל בְּעוֹלָה וְנָתַתִּי פְעֻלָּתָם
ט בֶּאֱמֶת וּבְרִית עוֹלָם אֶכְרוֹת לָהֶם׃ וְנוֹדַע בַּגּוֹיִם זַרְעָם וְצֶאֱצָאֵיהֶם כה
בְּתוֹךְ הָעַמִּים כָּל־רֹאֵיהֶם יַכִּירוּם כִּי הֵם זֶרַע בֵּרַךְ
י יְהוָה׃ שׂוֹשׂ אָשִׂישׂ בַּיהוָה תָּגֵל נַפְשִׁי בֵּאלֹהַי כִּי
הִלְבִּישַׁנִי בִּגְדֵי־יֶשַׁע מְעִיל צְדָקָה יְעָטָנִי כֶּחָתָן יְכַהֵן פְּאֵר
יא וְכַכַּלָּה תַּעְדֶּה כֵלֶיהָ׃ כִּי כָאָרֶץ תּוֹצִיא צִמְחָהּ וּכְגַנָּה זֵרוּעֶיהָ
תַצְמִיחַ כֵּן ׀ אֲדֹנָי יֱהוִה יַצְמִיחַ צְדָקָה וּתְהִלָּה נֶגֶד כָּל־הַגּוֹיִם׃
סב א לְמַעַן צִיּוֹן לֹא אֶחֱשֶׁה וּלְמַעַן יְרוּשָׁלִַם לֹא אֶשְׁקוֹט עַד־יֵצֵא
ב כַנֹּגַהּ צִדְקָהּ וִישׁוּעָתָהּ כְּלַפִּיד יִבְעָר׃ וְרָאוּ גוֹיִם צִדְקֵךְ וְכָל־
מְלָכִים כְּבוֹדֵךְ וְקֹרָא לָךְ שֵׁם חָדָשׁ אֲשֶׁר פִּי יְהוָה יִקֳּבֶנּוּ׃
ג וְהָיִית עֲטֶרֶת תִּפְאֶרֶת בְּיַד־יְהוָה וצנוף מְלוּכָה בְּכַף־אֱלֹהָיִךְ׃ וּצְנִיף
ד לֹא־יֵאָמֵר לָךְ עוֹד עֲזוּבָה וּלְאַרְצֵךְ לֹא־יֵאָמֵר עוֹד שְׁמָמָה כִּי
לָךְ יִקָּרֵא חֶפְצִי־בָהּ וּלְאַרְצֵךְ בְּעוּלָה כִּי־חָפֵץ יְהוָה בָּךְ וְאַרְצֵךְ

ה תִּבָּעֵל׃ כִּי־יִבְעַל בָּחוּר בְּתוּלָה יִבְעָלוּךְ בָּנָיִךְ וּמְשׂוֹשׂ חָתָן עַל־
ו כַּלָּה יָשִׂישׂ עָלַיִךְ אֱלֹהָיִךְ׃ עַל־חוֹמֹתַיִךְ יְרוּשָׁלִַם הִפְקַדְתִּי
שֹׁמְרִים כָּל־הַיּוֹם וְכָל־הַלַּיְלָה תָּמִיד לֹא יֶחֱשׁוּ הַמַּזְכִּרִים אֶת־
ז יְהוָה אַל־דֳּמִי לָכֶם׃ וְאַל־תִּתְּנוּ דֳמִי לוֹ עַד־יְכוֹנֵן וְעַד־יָשִׂים
ח אֶת־יְרוּשָׁלִַם תְּהִלָּה בָּאָרֶץ׃ נִשְׁבַּע יְהוָה בִּימִינוֹ וּבִזְרוֹעַ עֻזּוֹ
אִם־אֶתֵּן אֶת־דְּגָנֵךְ עוֹד מַאֲכָל לְאֹיְבַיִךְ וְאִם־יִשְׁתּוּ בְנֵי־נֵכָר
ט תִּירוֹשֵׁךְ אֲשֶׁר יָגַעַתְּ בּוֹ׃ כִּי מְאַסְפָיו יֹאכְלֻהוּ וְהִלְלוּ אֶת־יְהוָה
י וּמְקַבְּצָיו יִשְׁתֻּהוּ בְּחַצְרוֹת קָדְשִׁי׃ עִבְרוּ עִבְרוּ
בַּשְּׁעָרִים פַּנּוּ דֶּרֶךְ הָעָם סֹלּוּ סֹלּוּ הַמְסִלָּה סַקְּלוּ מֵאֶבֶן הָרִימוּ
יא נֵס עַל־הָעַמִּים׃ הִנֵּה יְהוָה הִשְׁמִיעַ אֶל־קְצֵה הָאָרֶץ אִמְרוּ
לְבַת־צִיּוֹן הִנֵּה יִשְׁעֵךְ בָּא הִנֵּה שְׂכָרוֹ אִתּוֹ וּפְעֻלָּתוֹ לְפָנָיו׃
יב וְקָרְאוּ לָהֶם עַם־הַקֹּדֶשׁ גְּאוּלֵי יְהוָה וְלָךְ יִקָּרֵא דְרוּשָׁה עִיר לֹא
סג א נֶעֱזָבָה׃ מִי־זֶה ׀ בָּא מֵאֱדוֹם חֲמוּץ בְּגָדִים
מִבָּצְרָה זֶה הָדוּר בִּלְבוּשׁוֹ צֹעֶה בְּרֹב כֹּחוֹ אֲנִי מְדַבֵּר בִּצְדָקָה
ב ג רַב לְהוֹשִׁיעַ׃ מַדּוּעַ אָדֹם לִלְבוּשֶׁךָ וּבְגָדֶיךָ כְּדֹרֵךְ בְּגַת׃ פּוּרָה ׀
דָּרַכְתִּי לְבַדִּי וּמֵעַמִּים אֵין־אִישׁ אִתִּי וְאֶדְרְכֵם בְּאַפִּי וְאֶרְמְסֵם
ד בַּחֲמָתִי וְיֵז נִצְחָם עַל־בְּגָדַי וְכָל־מַלְבּוּשַׁי אֶגְאָלְתִּי׃ כִּי יוֹם נָקָם
ה בְּלִבִּי וּשְׁנַת גְּאוּלַי בָּאָה׃ וְאַבִּיט וְאֵין עֹזֵר וְאֶשְׁתּוֹמֵם וְאֵין
ו סוֹמֵךְ וַתּוֹשַׁע לִי זְרֹעִי וַחֲמָתִי הִיא סְמָכָתְנִי׃ וְאָבוּס עַמִּים בְּאַפִּי
ז וַאֲשַׁכְּרֵם בַּחֲמָתִי וְאוֹרִיד לָאָרֶץ נִצְחָם׃ חַסְדֵי
יְהוָה ׀ אַזְכִּיר תְּהִלֹּת יְהוָה כְּעַל כֹּל אֲשֶׁר־גְּמָלָנוּ יְהוָה וְרַב־
ח טוּב לְבֵית יִשְׂרָאֵל אֲשֶׁר־גְּמָלָם כְּרַחֲמָיו וּכְרֹב חֲסָדָיו׃ וַיֹּאמֶר
ט אַךְ־עַמִּי הֵמָּה בָּנִים לֹא יְשַׁקֵּרוּ וַיְהִי לָהֶם לְמוֹשִׁיעַ׃ בְּכָל־
צָרָתָם ׀ לֹא צָר וּמַלְאַךְ פָּנָיו הוֹשִׁיעָם בְּאַהֲבָתוֹ וּבְחֶמְלָתוֹ הוּא לוֹ
י גְאָלָם וַיְנַטְּלֵם וַיְנַשְּׂאֵם כָּל־יְמֵי עוֹלָם׃ וְהֵמָּה מָרוּ וְעִצְּבוּ אֶת־
יא רוּחַ קָדְשׁוֹ וַיֵּהָפֵךְ לָהֶם לְאוֹיֵב הוּא נִלְחַם־בָּם׃ וַיִּזְכֹּר יְמֵי־עוֹלָם
מֹשֶׁה עַמּוֹ אַיֵּה ׀ הַמַּעֲלֵם מִיָּם אֵת רֹעֵי צֹאנוֹ אַיֵּה הַשָּׂם בְּקִרְבּוֹ

יב אֶת־ר֖וּחַ קָדְשֽׁוֹ׃ מוֹלִיךְ֙ לִימִ֣ין מֹשֶׁ֔ה זְר֖וֹעַ תִּפְאַרְתּ֑וֹ בּ֤וֹקֵֽעַ מַ֙יִם֙
יג מִפְּנֵיהֶ֔ם לַעֲשׂ֥וֹת ל֖וֹ שֵׁ֥ם עוֹלָֽם׃ מוֹלִיכָ֖ם בַּתְּהֹמ֑וֹת כַּסּ֥וּס
יד בַּמִּדְבָּ֖ר לֹ֥א יִכָּשֵֽׁלוּ׃ כַּבְּהֵמָה֙ בַּבִּקְעָ֣ה תֵרֵ֔ד ר֥וּחַ יהוה תְּנִיחֶ֑נּוּ
טו כֵּ֚ן נִהַ֣גְתָּ עַמְּךָ֔ לַעֲשׂ֥וֹת לְךָ֖ שֵׁ֥ם תִּפְאָֽרֶת׃ הַבֵּ֤ט מִשָּׁמַ֙יִם֙ וּרְאֵ֔ה
מִזְּבֻ֥ל קָדְשְׁךָ֖ וְתִפְאַרְתֶּ֑ךָ אַיֵּ֤ה קִנְאָֽתְךָ֙ וּגְב֣וּרֹתֶ֔יךָ הֲמ֥וֹן מֵעֶ֛יךָ
טז וְֽרַחֲמֶ֖יךָ אֵלַ֥י הִתְאַפָּֽקוּ׃ כִּֽי־אַתָּ֣ה אָבִ֔ינוּ כִּ֤י אַבְרָהָם֙ לֹ֣א יְדָעָ֔נוּ
וְיִשְׂרָאֵ֖ל לֹ֣א יַכִּירָ֑נוּ אַתָּ֤ה יהוה֙ אָבִ֔ינוּ גֹּאֲלֵ֥נוּ מֵעוֹלָ֖ם שְׁמֶֽךָ׃
יז לָ֣מָּה תַתְעֵ֤נוּ יהוה֙ מִדְּרָכֶ֔יךָ תַּקְשִׁ֥יחַ לִבֵּ֖נוּ מִיִּרְאָתֶ֑ךָ שׁ֚וּב לְמַ֣עַן
יח עֲבָדֶ֔יךָ שִׁבְטֵ֖י נַחֲלָתֶֽךָ׃ לַמִּצְעָ֕ר יָרְשׁ֖וּ עַם־קָדְשֶׁ֑ךָ צָרֵ֕ינוּ בּוֹסְס֖וּ
יט מִקְדָּשֶֽׁךָ׃ הָיִ֗ינוּ מֵֽעוֹלָם֙ לֹֽא־מָשַׁ֣לְתָּ בָּ֔ם לֹֽא־נִקְרָ֥א שִׁמְךָ֖
סד א עֲלֵיהֶ֑ם ל֤וּא־קָרַ֙עְתָּ֙ שָׁמַ֙יִם֙ יָרַ֔דְתָּ מִפָּנֶ֖יךָ הָרִ֥ים נָזֹֽלּוּ׃ כִּקְדֹ֨חַ
אֵ֤שׁ הֲמָסִים֙ מַ֚יִם תִּבְעֶה־אֵ֔שׁ לְהוֹדִ֥יעַ שִׁמְךָ֖ לְצָרֶ֑יךָ מִפָּנֶ֖יךָ גּוֹיִ֥ם
ב יִרְגָּֽזוּ׃ בַּעֲשׂוֹתְךָ֥ נוֹרָא֖וֹת לֹ֣א נְקַוֶּ֑ה יָרַ֕דְתָּ מִפָּנֶ֖יךָ הָרִ֥ים נָזֹֽלּוּ׃
ג וּמֵעוֹלָ֥ם לֹא־שָׁמְע֖וּ לֹ֣א הֶאֱזִ֑ינוּ עַ֣יִן לֹא־רָאָ֗תָה אֱלֹהִים֙ זֽוּלָתְךָ֔
ד יַעֲשֶׂ֖ה לִמְחַכֵּה־לֽוֹ׃ פָּגַ֤עְתָּ אֶת־שָׂשׂ֙ וְעֹ֣שֵׂה צֶ֔דֶק בִּדְרָכֶ֖יךָ
ה יִזְכְּר֑וּךָ הֵן־אַתָּ֤ה קָצַ֙פְתָּ֙ וַנֶּחֱטָ֔א בָּהֶ֥ם עוֹלָ֖ם וְנִוָּשֵֽׁעַ׃ וַנְּהִ֤י כַטָּמֵא֙
כֻּלָּ֔נוּ וּכְבֶ֥גֶד עִדִּ֖ים כָּל־צִדְקֹתֵ֑ינוּ וַנָּ֤בֶל כֶּֽעָלֶה֙ כֻּלָּ֔נוּ וַעֲוֺנֵ֖נוּ כָּר֥וּחַ
ו יִשָּׂאֻֽנוּ׃ וְאֵין־קוֹרֵ֣א בְשִׁמְךָ֔ מִתְעוֹרֵ֖ר לְהַחֲזִ֣יק בָּ֑ךְ כִּֽי־הִסְתַּ֤רְתָּ
ז פָנֶ֙יךָ֙ מִמֶּ֔נּוּ וַתְּמוּגֵ֖נוּ בְּיַד־עֲוֺנֵֽנוּ׃ וְעַתָּ֥ה יהוה אָבִ֣ינוּ אָ֑תָּה אֲנַ֤חְנוּ
ח הַחֹ֙מֶר֙ וְאַתָּ֣ה יֹצְרֵ֔נוּ וּמַעֲשֵׂ֥ה יָדְךָ֖ כֻּלָּֽנוּ׃ אַל־תִּקְצֹ֤ף יהוה֙ עַד־
ט מְאֹ֔ד וְאַל־לָעַ֖ד תִּזְכֹּ֣ר עָוֺ֑ן הֵ֥ן הַבֶּט־נָ֖א עַמְּךָ֥ כֻלָּֽנוּ׃ עָרֵ֥י קָדְשְׁךָ֖
י הָי֣וּ מִדְבָּ֑ר צִיּוֹן֙ מִדְבָּ֣ר הָיָ֔תָה יְרוּשָׁלִַ֖ם שְׁמָמָֽה׃ בֵּ֤ית קָדְשֵׁ֙נוּ֙
וְתִפְאַרְתֵּ֔נוּ אֲשֶׁ֤ר הִֽלְל֙וּךָ֙ אֲבֹתֵ֔ינוּ הָיָ֖ה לִשְׂרֵ֣פַת אֵ֑שׁ וְכָל־
יא מַחֲמַדֵּ֖ינוּ הָיָ֥ה לְחָרְבָּֽה׃ הַעַל־אֵ֥לֶּה תִתְאַפַּ֖ק יהוה תֶּֽחֱשֶׁ֥ה
סה א וּֽתְעַנֵּ֖נוּ עַד־מְאֹֽד׃ נִדְרַ֙שְׁתִּי֙ לְל֣וֹא שָׁאָ֔לוּ נִמְצֵ֖אתִי
לְלֹ֣א בִקְשֻׁ֑נִי אָמַ֗רְתִּי הִנֵּ֤נִי הִנֵּ֙נִי֙ אֶל־גּ֖וֹי לֹֽא־קֹרָ֥א בִשְׁמִֽי׃
ב פֵּרַ֧שְׂתִּי יָדַ֛י כָּל־הַיּ֖וֹם אֶל־עַ֣ם סוֹרֵ֑ר הַהֹלְכִים֙ הַדֶּ֣רֶךְ לֹא־ט֔וֹב

ג אַחַר מַחְשְׁבֹתֵיהֶם׃ הָעָם הַמַּכְעִיסִים אוֹתִי עַל־פָּנַי תָּמִיד
ד זֹבְחִים בַּגַּנּוֹת וּמְקַטְּרִים עַל־הַלְּבֵנִים׃ הַיֹּשְׁבִים בַּקְּבָרִים
וּבַנְּצוּרִים יָלִינוּ הָאֹכְלִים בְּשַׂר הַחֲזִיר ופרק פִּגֻּלִים כְּלֵיהֶם׃ וּמְרַק
ה הָאֹמְרִים קְרַב אֵלֶיךָ אַל־תִּגַּשׁ־בִּי כִּי קְדַשְׁתִּיךָ אֵלֶּה עָשָׁן
ו בְּאַפִּי אֵשׁ יֹקֶדֶת כָּל־הַיּוֹם׃ הִנֵּה כְתוּבָה לְפָנָי לֹא אֶחֱשֶׂה כִּי
ז אִם־שִׁלַּמְתִּי וְשִׁלַּמְתִּי עַל־חֵיקָם׃ עֲוֺנֹתֵיכֶם וַעֲוֺנֹת אֲבוֹתֵיכֶם
יַחְדָּו אָמַר יהוה אֲשֶׁר קִטְּרוּ עַל־הֶהָרִים וְעַל־הַגְּבָעוֹת חֵרְפוּנִי
ח וּמַדֹּתִי פְעֻלָּתָם רִאשֹׁנָה עַל־חֵיקָם׃ כֹּה ׀ אָמַר אֶל־
יהוה כַּאֲשֶׁר יִמָּצֵא הַתִּירוֹשׁ בָּאֶשְׁכּוֹל וְאָמַר אַל־תַּשְׁחִיתֵהוּ כִּי
בְרָכָה בּוֹ כֵּן אֶעֱשֶׂה לְמַעַן עֲבָדַי לְבִלְתִּי הַשְׁחִית הַכֹּל׃
ט וְהוֹצֵאתִי מִיַּעֲקֹב זֶרַע וּמִיהוּדָה יוֹרֵשׁ הָרָי וִירֵשׁוּהָ בְחִירַי כו
י וַעֲבָדַי יִשְׁכְּנוּ־שָׁמָּה׃ וְהָיָה הַשָּׁרוֹן לִנְוֵה־צֹאן וְעֵמֶק עָכוֹר
יא לְרֵבֶץ בָּקָר לְעַמִּי אֲשֶׁר דְּרָשׁוּנִי׃ וְאַתֶּם עֹזְבֵי יהוה הַשְּׁכֵחִים
אֶת־הַר קָדְשִׁי הַעֹרְכִים לַגַּד שֻׁלְחָן וְהַמְמַלְאִים לַמְנִי מִמְסָךְ׃
יב וּמָנִיתִי אֶתְכֶם לַחֶרֶב וְכֻלְּכֶם לַטֶּבַח תִּכְרָעוּ יַעַן קָרָאתִי וְלֹא
עֲנִיתֶם דִּבַּרְתִּי וְלֹא שְׁמַעְתֶּם וַתַּעֲשׂוּ הָרַע בְּעֵינַי וּבַאֲשֶׁר לֹא־
יג חָפַצְתִּי בְּחַרְתֶּם׃ לָכֵן כֹּה־אָמַר ׀ אֲדֹנָי יֱהֹוִה הִנֵּה
עֲבָדַי ׀ יֹאכֵלוּ וְאַתֶּם תִּרְעָבוּ הִנֵּה עֲבָדַי יִשְׁתּוּ וְאַתֶּם תִּצְמָאוּ
יד הִנֵּה עֲבָדַי יִשְׂמָחוּ וְאַתֶּם תֵּבֹשׁוּ׃ הִנֵּה עֲבָדַי יָרֹנּוּ מִטּוּב לֵב
טו וְאַתֶּם תִּצְעֲקוּ מִכְּאֵב לֵב וּמִשֵּׁבֶר רוּחַ תְּיֵלִילוּ׃ וְהִנַּחְתֶּם שִׁמְכֶם
לִשְׁבוּעָה לִבְחִירַי וֶהֱמִיתְךָ אֲדֹנָי יֱהֹוִה וְלַעֲבָדָיו יִקְרָא שֵׁם
טז אַחֵר׃ אֲשֶׁר הַמִּתְבָּרֵךְ בָּאָרֶץ יִתְבָּרֵךְ בֵּאלֹהֵי אָמֵן וְהַנִּשְׁבָּע
בָּאָרֶץ יִשָּׁבַע בֵּאלֹהֵי אָמֵן כִּי נִשְׁכְּחוּ הַצָּרוֹת הָרִאשֹׁנוֹת וְכִי
יז נִסְתְּרוּ מֵעֵינָי׃ כִּי־הִנְנִי בוֹרֵא שָׁמַיִם חֲדָשִׁים וָאָרֶץ חֲדָשָׁה וְלֹא
יח תִזָּכַרְנָה הָרִאשֹׁנוֹת וְלֹא תַעֲלֶינָה עַל־לֵב׃ כִּי־אִם־שִׂישׂוּ וְגִילוּ
עֲדֵי־עַד אֲשֶׁר אֲנִי בוֹרֵא כִּי הִנְנִי בוֹרֵא אֶת־יְרוּשָׁלַםִ גִּילָה
יט וְעַמָּהּ מָשׂוֹשׂ׃ וְגַלְתִּי בִירוּשָׁלַםִ וְשַׂשְׂתִּי בְעַמִּי וְלֹא־יִשָּׁמַע בָּהּ

כ עוֹד קוֹל בְּכִי וְקוֹל זְעָקָה: לֹא־יִהְיֶה מִשָּׁם עוֹד עוּל יָמִים וְזָקֵן
אֲשֶׁר לֹא־יְמַלֵּא אֶת־יָמָיו כִּי הַנַּעַר בֶּן־מֵאָה שָׁנָה יָמוּת
כא וְהַחוֹטֶא בֶּן־מֵאָה שָׁנָה יְקֻלָּל: וּבָנוּ בָתִּים וְיָשָׁבוּ וְנָטְעוּ כְרָמִים
כב וְאָכְלוּ פִּרְיָם: לֹא יִבְנוּ וְאַחֵר יֵשֵׁב לֹא יִטְּעוּ וְאַחֵר יֹאכֵל כִּי־
כג כִימֵי הָעֵץ יְמֵי עַמִּי וּמַעֲשֵׂה יְדֵיהֶם יְבַלּוּ בְחִירָי: לֹא יִיגְעוּ
לָרִיק וְלֹא יֵלְדוּ לַבֶּהָלָה כִּי זֶרַע בְּרוּכֵי יהוה הֵמָּה וְצֶאֱצָאֵיהֶם
כד אִתָּם: וְהָיָה טֶרֶם יִקְרָאוּ וַאֲנִי אֶעֱנֶה עוֹד הֵם מְדַבְּרִים וַאֲנִי
כה אֶשְׁמָע: זְאֵב וְטָלֶה יִרְעוּ כְאֶחָד וְאַרְיֵה כַּבָּקָר יֹאכַל־תֶּבֶן וְנָחָשׁ
עָפָר לַחְמוֹ לֹא־יָרֵעוּ וְלֹא־יַשְׁחִיתוּ בְּכָל־הַר קָדְשִׁי אָמַר
סו א יְהוָה: כֹּה אָמַר יְהוָה הַשָּׁמַיִם כִּסְאִי וְהָאָרֶץ
הֲדֹם רַגְלָי אֵי־זֶה בַיִת אֲשֶׁר תִּבְנוּ־לִי וְאֵי־זֶה מָקוֹם מְנוּחָתִי:
ב וְאֶת־כָּל־אֵלֶּה יָדִי עָשָׂתָה וַיִּהְיוּ כָל־אֵלֶּה נְאֻם־יְהוָה וְאֶל־זֶה
ג אַבִּיט אֶל־עָנִי וּנְכֵה־רוּחַ וְחָרֵד עַל־דְּבָרִי: שׁוֹחֵט הַשּׁוֹר מַכֵּה־
אִישׁ זוֹבֵחַ הַשֶּׂה עֹרֵף כֶּלֶב מַעֲלֵה מִנְחָה דַּם־חֲזִיר מַזְכִּיר
לְבֹנָה מְבָרֵךְ אָוֶן גַּם־הֵמָּה בָּחֲרוּ בְּדַרְכֵיהֶם וּבְשִׁקּוּצֵיהֶם נַפְשָׁם
ד חָפֵצָה: גַּם־אֲנִי אֶבְחַר בְּתַעֲלֻלֵיהֶם וּמְגוּרֹתָם אָבִיא לָהֶם יַעַן
קָרָאתִי וְאֵין עוֹנֶה דִּבַּרְתִּי וְלֹא שָׁמֵעוּ וַיַּעֲשׂוּ הָרַע בְּעֵינַי
ה וּבַאֲשֶׁר לֹא־חָפַצְתִּי בָּחָרוּ: שִׁמְעוּ דְּבַר־יְהוָה
הַחֲרֵדִים אֶל־דְּבָרוֹ אָמְרוּ אֲחֵיכֶם שֹׂנְאֵיכֶם מְנַדֵּיכֶם לְמַעַן שְׁמִי
ו יִכְבַּד יְהוָה וְנִרְאֶה בְשִׂמְחַתְכֶם וְהֵם יֵבֹשׁוּ: קוֹל שָׁאוֹן מֵעִיר
ז קוֹל מֵהֵיכָל קוֹל יְהוָה מְשַׁלֵּם גְּמוּל לְאֹיְבָיו: בְּטֶרֶם תָּחִיל
ח יָלָדָה בְּטֶרֶם יָבוֹא חֵבֶל לָהּ וְהִמְלִיטָה זָכָר: מִי־שָׁמַע כָּזֹאת
מִי רָאָה כָּאֵלֶּה הֲיוּחַל אֶרֶץ בְּיוֹם אֶחָד אִם־יִוָּלֵד גּוֹי פַּעַם
ט אֶחָת כִּי־חָלָה גַּם־יָלְדָה צִיּוֹן אֶת־בָּנֶיהָ: הַאֲנִי אַשְׁבִּיר
וְלֹא אוֹלִיד יֹאמַר יְהוָה אִם־אֲנִי הַמּוֹלִיד וְעָצַרְתִּי אָמַר
י אֱלֹהָיִךְ: שִׂמְחוּ אֶת־יְרוּשָׁלִַם וְגִילוּ בָהּ כָּל־
יא אֹהֲבֶיהָ שִׂישׂוּ אִתָּהּ מָשׂוֹשׂ כָּל־הַמִּתְאַבְּלִים עָלֶיהָ: לְמַעַן

תִּֽינְקוּ֙ וּשְׂבַעְתֶּ֔ם מִשֹּׁ֖ד תַּנְחֻמֶ֑יהָ לְמַ֧עַן תָּמֹ֛צּוּ וְהִתְעַנַּגְתֶּ֖ם מִזִּ֥יז
כְּבוֹדָֽהּ:

יב כִּי־כֹ֣ה ׀ אָמַ֣ר יְהֹוָ֗ה הִנְנִ֣י נֹטֶֽה־אֵ֠לֶ֠יהָ
כְּנָהָ֨ר שָׁל֜וֹם וּכְנַ֧חַל שׁוֹטֵ֛ף כְּב֥וֹד גּוֹיִ֖ם וִינַקְתֶּ֑ם עַל־צַד֙ תִּנָּשֵׂ֔אוּ
וְעַל־בִּרְכַּ֖יִם תְּשָׁעֳשָֽׁעוּ: יג כְּאִ֕ישׁ אֲשֶׁ֥ר אִמּ֖וֹ תְּנַחֲמֶ֑נּוּ כֵּ֤ן אָֽנֹכִי֙
אֲנַ֣חֶמְכֶ֔ם וּבִירֽוּשָׁלַ֖͏ִם תְּנֻחָֽמוּ: וּרְאִיתֶם֙ וְשָׂ֣שׂ לִבְּכֶ֔ם וְעַצְמֽוֹתֵיכֶ֖ם
כַּדֶּ֣שֶׁא תִפְרַ֑חְנָה וְנוֹדְעָ֤ה יַד־יְהֹוָה֙ אֶת־עֲבָדָ֔יו וְזָעַ֖ם אֶת־
אֹֽיְבָֽיו: טו כִּֽי־הִנֵּ֤ה יְהֹוָה֙ בָּאֵ֣שׁ יָב֔וֹא וְכַסּוּפָ֖ה מַרְכְּבֹתָ֑יו לְהָשִׁ֤יב
בְּחֵמָה֙ אַפּ֔וֹ וְגַעֲרָת֖וֹ בְּלַהֲבֵי־אֵֽשׁ: טז כִּ֤י בָאֵשׁ֙ יְהֹוָ֣ה נִשְׁפָּ֔ט וּבְחַרְבּ֖וֹ
אֶת־כָּל־בָּשָׂ֑ר וְרַבּ֖וּ חַֽלְלֵ֥י יְהֹוָֽה: יז הַמִּתְקַדְּשִׁ֨ים וְהַמִּֽטַּהֲרִ֜ים אֶל־
הַגַּנּ֗וֹת אַחַ֤ר אַחַד֙ בַּתָּ֔וֶךְ אֹֽכְלֵי֙ בְּשַׂ֣ר הַחֲזִ֔יר וְהַשֶּׁ֖קֶץ וְהָֽעַכְבָּ֑ר אַחַ֣ת
יַחְדָּ֥ו יָסֻ֖פוּ נְאֻם־יְהֹוָֽה: יח וְאָנֹכִ֗י מַעֲשֵׂיהֶם֙ וּמַחְשְׁבֹ֣תֵיהֶ֔ם בָּאָ֕ה
לְקַבֵּ֖ץ אֶת־כָּל־הַגּוֹיִ֣ם וְהַלְּשֹׁנ֑וֹת וּבָ֖אוּ וְרָא֥וּ אֶת־כְּבוֹדִֽי:
יט וְשַׂמְתִּ֨י בָהֶ֜ם א֗וֹת וְשִׁלַּחְתִּ֣י מֵהֶ֣ם ׀ פְּלֵיטִ֣ים אֶל־הַגּוֹיִ֣ם תַּרְשִׁ֣ישׁ
פּ֣וּל וְל֤וּד מֹ֣שְׁכֵי קֶ֔שֶׁת תֻּבַ֣ל וְיָוָ֑ן הָאִיִּ֣ים הָרְחֹקִ֗ים אֲשֶׁ֤ר לֹא־
שָֽׁמְעוּ֙ אֶת־שִׁמְעִ֔י וְלֹא־רָאוּ֙ אֶת־כְּבוֹדִ֔י וְהִגִּ֥ידוּ אֶת־כְּבוֹדִ֖י
בַּגּוֹיִֽם: כ וְהֵבִ֣יאוּ אֶת־כָּל־אֲחֵיכֶ֣ם מִכָּל־הַגּוֹיִ֣ם ׀ מִנְחָ֣ה ׀ לַיהֹוָ֡ה
בַּסּוּסִ֡ים וּ֠בָרֶ֠כֶב וּבַצַּבִּ֨ים וּבַפְּרָדִ֜ים וּבַכִּרְכָּר֗וֹת עַ֣ל הַ֥ר קָדְשִׁ֛י
יְרֽוּשָׁלַ֖͏ִם אָמַ֣ר יְהֹוָ֑ה כַּאֲשֶׁ֣ר יָבִ֩יאוּ֩ בְנֵ֨י יִשְׂרָאֵ֧ל אֶת־הַמִּנְחָ֛ה
בִּכְלִ֥י טָה֖וֹר בֵּ֥ית יְהֹוָֽה: כא וְגַם־מֵהֶ֥ם אֶקַּ֛ח לַכֹּהֲנִ֥ים לַלְוִיִּ֖ם אָמַ֥ר
יְהֹוָֽה: כב כִּ֣י כַאֲשֶׁ֣ר הַשָּׁמַ֣יִם הַ֠חֳדָשִׁ֠ים וְהָאָ֨רֶץ הַחֲדָשָׁ֜ה אֲשֶׁ֨ר אֲנִ֥י
עֹשֶׂ֛ה עֹמְדִ֥ים לְפָנַ֖י נְאֻם־יְהֹוָ֑ה כֵּ֛ן יַעֲמֹ֥ד זַרְעֲכֶ֖ם וְשִׁמְכֶֽם:
כג וְהָיָ֗ה מִֽדֵּי־חֹ֙דֶשׁ֙ בְּחָדְשׁ֔וֹ וּמִדֵּ֥י שַׁבָּ֖ת בְּשַׁבַּתּ֑וֹ יָב֧וֹא כָל־בָּשָׂ֛ר
לְהִשְׁתַּחֲוֺ֥ת לְפָנַ֖י אָמַ֥ר יְהֹוָֽה: כד וְיָצְא֣וּ וְרָא֔וּ בְּפִגְרֵי֙ הָֽאֲנָשִׁ֔ים
הַפֹּשְׁעִ֖ים בִּ֑י כִּ֣י תוֹלַעְתָּ֞ם לֹ֤א תָמוּת֙ וְאִשָּׁם֙ לֹ֣א תִכְבֶּ֔ה
וְהָי֥וּ דֵרָא֖וֹן לְכָל־בָּשָֽׂר:

והיה מדי חדש בחדשו ומדי שבת בשבתו
יבוא כל בשר להשתחות לפני
אמר יהוה

ירמיה

א דִּבְרֵי יִרְמְיָהוּ בֶּן־חִלְקִיָּהוּ מִן־הַכֹּהֲנִים אֲשֶׁר בַּעֲנָתוֹת בְּאֶרֶץ א
ב בִּנְיָמִן׃ אֲשֶׁר הָיָה דְבַר־יהוה אֵלָיו בִּימֵי יֹאשִׁיָּהוּ בֶן־אָמוֹן
ג מֶלֶךְ יְהוּדָה בִּשְׁלֹשׁ־עֶשְׂרֵה שָׁנָה לְמָלְכוֹ׃ וַיְהִי בִּימֵי יְהוֹיָקִים
בֶּן־יֹאשִׁיָּהוּ מֶלֶךְ יְהוּדָה עַד־תֹּם עַשְׁתֵּי־עֶשְׂרֵה שָׁנָה
לְצִדְקִיָּהוּ בֶן־יֹאשִׁיָּהוּ מֶלֶךְ יְהוּדָה עַד־גְּלוֹת יְרוּשָׁלַםִ בַּחֹדֶשׁ
ד ה הַחֲמִישִׁי׃ וַיְהִי דְבַר־יהוה אֵלַי לֵאמֹר׃ בְּטֶרֶם
אצורך בַבֶּטֶן יְדַעְתִּיךָ וּבְטֶרֶם תֵּצֵא מֵרֶחֶם הִקְדַּשְׁתִּיךָ נָבִיא [אֶצָּרְךָ]
ו לַגּוֹיִם נְתַתִּיךָ׃ וָאֹמַר אֲהָהּ אֲדֹנָי יֱהֹוִה הִנֵּה לֹא־יָדַעְתִּי דַּבֵּר
ז כִּי־נַעַר אָנֹכִי׃ וַיֹּאמֶר יהוה אֵלַי אַל־תֹּאמַר נַעַר אָנֹכִי כִּי עַל־
ח כָּל־אֲשֶׁר אֶשְׁלָחֲךָ תֵּלֵךְ וְאֵת כָּל־אֲשֶׁר אֲצַוְּךָ תְּדַבֵּר׃ אַל־
ט תִּירָא מִפְּנֵיהֶם כִּי־אִתְּךָ אֲנִי לְהַצִּלֶךָ נְאֻם־יהוה׃ וַיִּשְׁלַח יהוה
אֶת־יָדוֹ וַיַּגַּע עַל־פִּי וַיֹּאמֶר יהוה אֵלַי הִנֵּה נָתַתִּי דְבָרַי בְּפִיךָ׃
י רְאֵה הִפְקַדְתִּיךָ ׀ הַיּוֹם הַזֶּה עַל־הַגּוֹיִם וְעַל־הַמַּמְלָכוֹת לִנְתוֹשׁ
יא וְלִנְתוֹץ וּלְהַאֲבִיד וְלַהֲרוֹס לִבְנוֹת וְלִנְטוֹעַ׃ וַיְהִי
דְבַר־יהוה אֵלַי לֵאמֹר מָה־אַתָּה רֹאֶה יִרְמְיָהוּ וָאֹמַר מַקֵּל
יב שָׁקֵד אֲנִי רֹאֶה׃ וַיֹּאמֶר יהוה אֵלַי הֵיטַבְתָּ לִרְאוֹת כִּי־שֹׁקֵד
יג אֲנִי עַל־דְּבָרִי לַעֲשֹׂתוֹ׃ וַיְהִי דְבַר־יהוה ׀ אֵלַי
שֵׁנִית לֵאמֹר מָה אַתָּה רֹאֶה וָאֹמַר סִיר נָפוּחַ אֲנִי רֹאֶה וּפָנָיו
יד מִפְּנֵי צָפוֹנָה׃ וַיֹּאמֶר יהוה אֵלָי מִצָּפוֹן תִּפָּתַח הָרָעָה עַל כָּל־
טו יֹשְׁבֵי הָאָרֶץ׃ כִּי ׀ הִנְנִי קֹרֵא לְכָל־מִשְׁפְּחוֹת מַמְלְכוֹת צָפוֹנָה
נְאֻם־יהוה וּבָאוּ וְנָתְנוּ אִישׁ כִּסְאוֹ פֶּתַח ׀ שַׁעֲרֵי יְרוּשָׁלַםִ וְעַל
טז כָּל־חוֹמֹתֶיהָ סָבִיב וְעַל כָּל־עָרֵי יְהוּדָה׃ וְדִבַּרְתִּי מִשְׁפָּטַי
אוֹתָם עַל כָּל־רָעָתָם אֲשֶׁר עֲזָבוּנִי וַיְקַטְּרוּ לֵאלֹהִים אֲחֵרִים
יז וַיִּשְׁתַּחֲווּ לְמַעֲשֵׂי יְדֵיהֶם׃ וְאַתָּה תֶּאְזֹר מָתְנֶיךָ וְקַמְתָּ וְדִבַּרְתָּ
אֲלֵיהֶם אֵת כָּל־אֲשֶׁר אָנֹכִי אֲצַוֶּךָּ אַל־תֵּחַת מִפְּנֵיהֶם פֶּן־
יח אֲחִתְּךָ לִפְנֵיהֶם׃ וַאֲנִי הִנֵּה נְתַתִּיךָ הַיּוֹם לְעִיר מִבְצָר וּלְעַמּוּד
בַּרְזֶל וּלְחֹמוֹת נְחֹשֶׁת עַל־כָּל־הָאָרֶץ לְמַלְכֵי יְהוּדָה לְשָׂרֶיהָ

יט לְכֹהֲנֶיהָ וּלְעַם הָאָרֶץ׃ וְנִלְחֲמוּ אֵלֶיךָ וְלֹא־יוּכְלוּ לָךְ כִּֽי־אִתְּךָ
ב א אֲנִי נְאֻם־יהוה לְהַצִּילֶךָ׃ וַיְהִי דְבַר־יהוה אֵלַי
ב לֵאמֹר׃ הָלֹךְ וְקָרָאתָ בְאָזְנֵי יְרוּשָׁלִַם לֵאמֹר כֹּה אָמַר יהוה
זָכַרְתִּי לָךְ חֶסֶד נְעוּרַיִךְ אַהֲבַת כְּלוּלֹתָיִךְ לֶכְתֵּךְ אַחֲרַי
ג בַּמִּדְבָּר בְּאֶרֶץ לֹא זְרוּעָה׃ קֹדֶשׁ יִשְׂרָאֵל לַיהוה רֵאשִׁית
תְּבוּאָתֹה כָּל־אֹכְלָיו יֶאְשָׁמוּ רָעָה תָּבֹא אֲלֵיהֶם נְאֻם־
ד יהוה׃ שִׁמְעוּ דְבַר־יהוה בֵּית יַעֲקֹב וְכָל־
ה מִשְׁפְּחוֹת בֵּית יִשְׂרָאֵל׃ כֹּה ׀ אָמַר יהוה מַה־מָּצְאוּ אֲבוֹתֵיכֶם
בִי עָוֶל כִּי רָחֲקוּ מֵעָלָי וַיֵּלְכוּ אַחֲרֵי הַהֶבֶל וַיֶּהְבָּלוּ׃ וְלֹא אָמְרוּ ו
אַיֵּה יהוה הַמַּעֲלֶה אֹתָנוּ מֵאֶרֶץ מִצְרָיִם הַמּוֹלִיךְ אֹתָנוּ
בַּמִּדְבָּר בְּאֶרֶץ עֲרָבָה וְשׁוּחָה בְּאֶרֶץ צִיָּה וְצַלְמָוֶת בְּאֶרֶץ לֹא־
ז עָבַר בָּהּ אִישׁ וְלֹא־יָשַׁב אָדָם שָׁם׃ וָאָבִיא אֶתְכֶם אֶל־אֶרֶץ
הַכַּרְמֶל לֶאֱכֹל פִּרְיָהּ וְטוּבָהּ וַתָּבֹאוּ וַתְּטַמְּאוּ אֶת־אַרְצִי
ח וְנַחֲלָתִי שַׂמְתֶּם לְתוֹעֵבָה׃ הַכֹּהֲנִים לֹא אָמְרוּ אַיֵּה יהוה וְתֹפְשֵׂי
הַתּוֹרָה לֹא יְדָעוּנִי וְהָרֹעִים פָּשְׁעוּ בִי וְהַנְּבִאִים נִבְּאוּ בַבַּעַל
ט וְאַחֲרֵי לֹא־יוֹעִלוּ הָלָכוּ׃ לָכֵן עֹד אָרִיב אִתְּכֶם נְאֻם־יהוה
י וְאֶת־בְּנֵי בְנֵיכֶם אָרִיב׃ כִּי עִבְרוּ אִיֵּי כִתִּיִּים וּרְאוּ וְקֵדָר שִׁלְחוּ
יא וְהִתְבּוֹנְנוּ מְאֹד וּרְאוּ הֵן הָיְתָה כָּזֹאת׃ הַהֵימִיר גּוֹי אֱלֹהִים
יב וְהֵמָּה לֹא אֱלֹהִים וְעַמִּי הֵמִיר כְּבוֹדוֹ בְּלוֹא יוֹעִיל׃ שֹׁמּוּ שָׁמַיִם
יג עַל־זֹאת וְשַׂעֲרוּ חָרְבוּ מְאֹד נְאֻם־יהוה׃ כִּי־שְׁתַּיִם רָעוֹת עָשָׂה
עַמִּי אֹתִי עָזְבוּ מְקוֹר ׀ מַיִם חַיִּים לַחְצֹב לָהֶם בֹּארוֹת בֹּארֹת
יד נִשְׁבָּרִים אֲשֶׁר לֹא־יָכִלוּ הַמָּיִם׃ הַעֶבֶד יִשְׂרָאֵל אִם־יְלִיד בַּיִת
טו הוּא מַדּוּעַ הָיָה לָבַז׃ עָלָיו יִשְׁאֲגוּ כְפִרִים נָתְנוּ קוֹלָם וַיָּשִׁיתוּ
טז אַרְצוֹ לְשַׁמָּה עָרָיו נצתה מִבְּלִי יֹשֵׁב׃ גַּם־בְּנֵי־נֹף ותחפנס נִצְּתוּ | וְתַחְפַּנְחֵס
יז יִרְעוּךְ קָדְקֹד׃ הֲלוֹא־זֹאת תַּעֲשֶׂה־לָּךְ עָזְבֵךְ אֶת־יהוה אֱלֹהַיִךְ
יח בְּעֵת מוֹלִכֵךְ בַּדָּרֶךְ׃ וְעַתָּה מַה־לָּךְ לְדֶרֶךְ מִצְרַיִם לִשְׁתּוֹת מֵי
יט שִׁחוֹר וּמַה־לָּךְ לְדֶרֶךְ אַשּׁוּר לִשְׁתּוֹת מֵי נָהָר׃ תְּיַסְּרֵךְ רָעָתֵךְ

וּמְשֻׁבוֹתַיִךְ תּוֹכִחֻךְ וּדְעִי וּרְאִי כִּי־רַע וָמָר עָזְבֵךְ אֶת־יְהוָה
כ אֱלֹהָיִךְ וְלֹא פַחְדָּתִי אֵלַיִךְ נְאֻם־אֲדֹנָי יֱהוִה צְבָאוֹת: כִּי מֵעוֹלָם
שָׁבַרְתִּי עֻלֵּךְ נִתַּקְתִּי מוֹסְרוֹתַיִךְ וַתֹּאמְרִי לֹא אעבוד כִּי עַל־ אֶעֱבוֹר
כא כָּל־גִּבְעָה גְּבֹהָה וְתַחַת כָּל־עֵץ רַעֲנָן אַתְּ צֹעָה זֹנָה: וְאָנֹכִי
נְטַעְתִּיךְ שֹׂרֵק כֻּלֹּה זֶרַע אֱמֶת וְאֵיךְ נֶהְפַּכְתְּ לִי סוּרֵי הַגֶּפֶן
כב נָכְרִיָּה: כִּי אִם־תְּכַבְּסִי בַּנֶּתֶר וְתַרְבִּי־לָךְ בֹּרִית נִכְתָּם עֲוֹנֵךְ
כג לְפָנַי נְאֻם אֲדֹנָי יֱהוִה: אֵיךְ תֹּאמְרִי לֹא נִטְמֵאתִי אַחֲרֵי
הַבְּעָלִים לֹא הָלַכְתִּי רְאִי דַרְכֵּךְ בַּגַּיְא דְּעִי מֶה עָשִׂית בִּכְרָה
כד קַלָּה מְשָׂרֶכֶת דְּרָכֶיהָ: פֶּרֶה ׀ לִמֻּד מִדְבָּר בְּאַוַּת נפשו שָׁאֲפָה נַפְשָׁהּ
רוּחַ תַּאֲנָתָהּ מִי יְשִׁיבֶנָּה כָּל־מְבַקְשֶׁיהָ לֹא יִיעָפוּ בְּחָדְשָׁהּ
כה יִמְצָאוּנְהָ: מִנְעִי רַגְלֵךְ מִיָּחֵף וגורנך מִצִּמְאָה וַתֹּאמְרִי נוֹאָשׁ וּגְרוֹנֵךְ
כו לוֹא כִּי־אָהַבְתִּי זָרִים וְאַחֲרֵיהֶם אֵלֵךְ: כְּבֹשֶׁת גַּנָּב כִּי יִמָּצֵא
כֵּן הֹבִישׁוּ בֵּית יִשְׂרָאֵל הֵמָּה מַלְכֵיהֶם שָׂרֵיהֶם וְכֹהֲנֵיהֶם
כז וּנְבִיאֵיהֶם: אֹמְרִים לָעֵץ אָבִי אַתָּה וְלָאֶבֶן אַתְּ ילדתני כִּי־פָנוּ יְלִדְתָּנוּ
אֵלַי עֹרֶף וְלֹא פָנִים וּבְעֵת רָעָתָם יֹאמְרוּ קוּמָה וְהוֹשִׁיעֵנוּ:
כח וְאַיֵּה אֱלֹהֶיךָ אֲשֶׁר עָשִׂיתָ לָּךְ יָקוּמוּ אִם־יוֹשִׁיעוּךָ בְּעֵת רָעָתֶךָ
כט כִּי מִסְפַּר עָרֶיךָ הָיוּ אֱלֹהֶיךָ יְהוּדָה: לָמָּה תָרִיבוּ
ל אֵלָי כֻּלְּכֶם פְּשַׁעְתֶּם בִּי נְאֻם־יְהוָה: לַשָּׁוְא הִכֵּיתִי אֶת־בְּנֵיכֶם
מוּסָר לֹא לָקָחוּ אָכְלָה חַרְבְּכֶם נְבִיאֵיכֶם כְּאַרְיֵה מַשְׁחִית:
לא הַדּוֹר אַתֶּם רְאוּ דְבַר־יְהוָה הֲמִדְבָּר הָיִיתִי לְיִשְׂרָאֵל אִם אֶרֶץ
מַאְפֵּלְיָה מַדּוּעַ אָמְרוּ עַמִּי רַדְנוּ לוֹא־נָבוֹא עוֹד אֵלֶיךָ:
לב הֲתִשְׁכַּח בְּתוּלָה עֶדְיָהּ כַּלָּה קִשֻּׁרֶיהָ וְעַמִּי שְׁכֵחוּנִי יָמִים אֵין
לג מִסְפָּר: מַה־תֵּיטִבִי דַּרְכֵּךְ לְבַקֵּשׁ אַהֲבָה לָכֵן גַּם אֶת־הָרָעוֹת
לד למדתי אֶת־דְּרָכָיִךְ: גַּם בִּכְנָפַיִךְ נִמְצְאוּ דַּם נַפְשׁוֹת אֶבְיוֹנִים לִמַּדְתְּ
לה נְקִיִּים לֹא־בַמַּחְתֶּרֶת מְצָאתִים כִּי עַל־כָּל־אֵלֶּה: וַתֹּאמְרִי כִּי
נִקֵּיתִי אַךְ שָׁב אַפּוֹ מִמֶּנִּי הִנְנִי נִשְׁפָּט אוֹתָךְ עַל־אָמְרֵךְ לֹא
לו חָטָאתִי: מַה־תֵּזְלִי מְאֹד לְשַׁנּוֹת אֶת־דַּרְכֵּךְ גַּם מִמִּצְרַיִם

לז תֵּֽבֹשִׁי כַּאֲשֶׁר־בֹּשְׁתְּ מֵאַשּׁוּר׃ גַּם מֵאֵת זֶה תֵּֽצְאִי וְיָדַיִךְ עַל־
א ג רֹאשֵׁךְ כִּֽי־מָאַס יְהוָה בְּמִבְטַחַיִךְ וְלֹא תַצְלִיחִי לָהֶם׃ לֵאמֹר הֵן
יְשַׁלַּח אִישׁ אֶת־אִשְׁתּוֹ וְהָלְכָה מֵאִתּוֹ וְהָיְתָה לְאִישׁ־אַחֵר
הֲיָשׁוּב אֵלֶיהָ עוֹד הֲלוֹא חָנוֹף תֶּחֱנַף הָאָרֶץ הַהִיא וְאַתְּ זָנִית
ב רֵעִים רַבִּים וְשׁוֹב אֵלַי נְאֻם־יְהוָה׃ שְׂאִֽי־עֵינַיִךְ עַל־שְׁפָיִם וּרְאִי
אֵיפֹה לֹא שֻׁגַּלְתְּ עַל־דְּרָכִים יָשַׁבְתְּ לָהֶם כַּעֲרָבִי בַּמִּדְבָּר וַתַּחֲנִיפִי שֻׁכַּבְתְּ
ג אֶרֶץ בִּזְנוּתַיִךְ וּבְרָעָתֵךְ׃ וַיִּמָּנְעוּ רְבִבִים וּמַלְקוֹשׁ לוֹא הָיָה
ד וּמֵצַח אִשָּׁה זוֹנָה הָיָה לָךְ מֵאַנְתְּ הִכָּלֵם׃ הֲלוֹא מֵעַתָּה קראתי קָרָאת ב
ה לִי אָבִי אַלּוּף נְעֻרַי אָתָּה׃ הֲיִנְטֹר לְעוֹלָם אִם־יִשְׁמֹר לָנֶצַח
ו הִנֵּה דִבַּרְתְּ וַתַּעֲשִׂי הָרָעוֹת וַתּוּכָל׃ וַיֹּאמֶר יְהוָה
אֵלַי בִּימֵי יֹאשִׁיָּהוּ הַמֶּלֶךְ הֲרָאִיתָ אֲשֶׁר עָשְׂתָה מְשֻׁבָה יִשְׂרָאֵל
הֹלְכָה הִיא עַל־כָּל־הַר גָּבֹהַּ וְאֶל־תַּחַת כָּל־עֵץ רַעֲנָן וַתִּזְנִי־
ז שָׁם׃ וָאֹמַר אַחֲרֵי עֲשׂוֹתָהּ אֶת־כָּל־אֵלֶּה אֵלַי תָּשׁוּב וְלֹא־שָׁבָה
ח ותראה בָּגוֹדָה אֲחוֹתָהּ יְהוּדָה׃ וָאֵרֶא כִּי עַל־כָּל־אֹדוֹת אֲשֶׁר וַתֵּרֶא
נִאֲפָה מְשֻׁבָה יִשְׂרָאֵל שִׁלַּחְתִּיהָ וָאֶתֵּן אֶת־סֵפֶר כְּרִיתֻתֶיהָ
אֵלֶיהָ וְלֹא יָרְאָה בֹּגֵדָה יְהוּדָה אֲחוֹתָהּ וַתֵּלֶךְ וַתִּזֶן גַּם־הִיא׃
ט וְהָיָה מִקֹּל זְנוּתָהּ וַתֶּחֱנַף אֶת־הָאָרֶץ וַתִּנְאַף אֶת־הָאֶבֶן וְאֶת־
י הָעֵץ׃ וְגַם־בְּכָל־זֹאת לֹא־שָׁבָה אֵלַי בָּגוֹדָה אֲחוֹתָהּ יְהוּדָה
יא בְּכָל־לִבָּהּ כִּי אִם־בְּשֶׁקֶר נְאֻם־יְהוָה׃ וַיֹּאמֶר
יב יְהוָה אֵלַי צִדְּקָה נַפְשָׁהּ מְשֻׁבָה יִשְׂרָאֵל מִבֹּגֵדָה יְהוּדָה׃ הָלֹךְ
וְקָרָאתָ אֶת־הַדְּבָרִים הָאֵלֶּה צָפֹנָה וְאָמַרְתָּ שׁוּבָה מְשֻׁבָה
יִשְׂרָאֵל נְאֻם־יְהוָה לוֹא־אַפִּיל פָּנַי בָּכֶם כִּי־חָסִיד אֲנִי נְאֻם־
יג יְהוָה לֹא אֶטּוֹר לְעוֹלָם׃ אַךְ דְּעִי עֲוֹנֵךְ כִּי בַּיהוָה אֱלֹהַיִךְ
פָּשָׁעַתְּ וַתְּפַזְּרִי אֶת־דְּרָכַיִךְ לַזָּרִים תַּחַת כָּל־עֵץ רַעֲנָן וּבְקוֹלִי
יד לֹא־שְׁמַעְתֶּם נְאֻם־יְהוָה׃ שׁוּבוּ בָנִים שׁוֹבָבִים נְאֻם־יְהוָה כִּי
אָנֹכִי בָּעַלְתִּי בָכֶם וְלָקַחְתִּי אֶתְכֶם אֶחָד מֵעִיר וּשְׁנַיִם
טו מִמִּשְׁפָּחָה וְהֵבֵאתִי אֶתְכֶם צִיּוֹן׃ וְנָתַתִּי לָכֶם רֹעִים כְּלִבִּי וְרָעוּ

טז אֶתְכֶם דֵּעָה וְהַשְׂכֵּיל: וְהָיָה כִּי תִרְבּוּ וּפְרִיתֶם בָּאָרֶץ בַּיָּמִים
הָהֵמָּה נְאֻם־יְהוָה לֹא־יֹאמְרוּ עוֹד אֲרוֹן בְּרִית־יְהוָה וְלֹא יַעֲלֶה
יז עַל־לֵב וְלֹא יִזְכְּרוּ־בוֹ וְלֹא יִפְקֹדוּ וְלֹא יֵעָשֶׂה עוֹד: בָּעֵת
הַהִיא יִקְרְאוּ לִירוּשָׁלִַם כִּסֵּא יְהוָה וְנִקְווּ אֵלֶיהָ כָל־הַגּוֹיִם
לְשֵׁם יְהוָה לִירוּשָׁלִָם וְלֹא־יֵלְכוּ עוֹד אַחֲרֵי שְׁרִרוּת לִבָּם
יח הָרָע: בַּיָּמִים הָהֵמָּה יֵלְכוּ בֵית־יְהוּדָה עַל־בֵּית
יִשְׂרָאֵל וְיָבֹאוּ יַחְדָּו מֵאֶרֶץ צָפוֹן עַל־הָאָרֶץ אֲשֶׁר הִנְחַלְתִּי
יט אֶת־אֲבוֹתֵיכֶם: וְאָנֹכִי אָמַרְתִּי אֵיךְ אֲשִׁיתֵךְ בַּבָּנִים וְאֶתֶּן־לָךְ
אֶרֶץ חֶמְדָּה נַחֲלַת צְבִי צִבְאוֹת גּוֹיִם וָאֹמַר אָבִי תקראו־לי תִּקְרְאִי־
כ ומאחרי לֹא תשובו: אָכֵן בָּגְדָה אִשָּׁה מֵרֵעָהּ כֵּן בְּגַדְתֶּם בִּי תָשׁוּבִי
כא בֵּית יִשְׂרָאֵל נְאֻם־יְהוָה: קוֹל עַל־שְׁפָיִים נִשְׁמָע בְּכִי תַחֲנוּנֵי
בְּנֵי יִשְׂרָאֵל כִּי הֶעֱווּ אֶת־דַּרְכָּם שָׁכְחוּ אֶת־יְהוָה אֱלֹהֵיהֶם:
כב שׁוּבוּ בָּנִים שׁוֹבָבִים אֶרְפָּה מְשׁוּבֹתֵיכֶם הִנְנוּ אָתָנוּ לָךְ כִּי אַתָּה
כג יְהוָה אֱלֹהֵינוּ: אָכֵן לַשֶּׁקֶר מִגְּבָעוֹת הָמוֹן הָרִים אָכֵן בַּיהוָה
כד אֱלֹהֵינוּ תְּשׁוּעַת יִשְׂרָאֵל: וְהַבֹּשֶׁת אָכְלָה אֶת־יְגִיעַ אֲבוֹתֵינוּ
מִנְּעוּרֵינוּ אֶת־צֹאנָם וְאֶת־בְּקָרָם אֶת־בְּנֵיהֶם וְאֶת־בְּנוֹתֵיהֶם:
כה נִשְׁכְּבָה בְּבָשְׁתֵּנוּ וּתְכַסֵּנוּ כְּלִמָּתֵנוּ כִּי לַיהוָה אֱלֹהֵינוּ חָטָאנוּ
אֲנַחְנוּ וַאֲבוֹתֵינוּ מִנְּעוּרֵינוּ וְעַד־הַיּוֹם הַזֶּה וְלֹא שָׁמַעְנוּ
ד א בְּקוֹל יְהוָה אֱלֹהֵינוּ: אִם־תָּשׁוּב יִשְׂרָאֵל ׀ נְאֻם־יְהוָה אֵלַי
ב תָּשׁוּב וְאִם־תָּסִיר שִׁקּוּצֶיךָ מִפָּנַי וְלֹא תָנוּד: וְנִשְׁבַּעְתָּ
חַי־יְהוָה בֶּאֱמֶת בְּמִשְׁפָּט וּבִצְדָקָה וְהִתְבָּרְכוּ בוֹ גּוֹיִם וּבוֹ
ג יִתְהַלָּלוּ: כִּי־כֹה ׀ אָמַר יְהוָה לְאִישׁ יְהוּדָה
ד וְלִירוּשָׁלִַם נִירוּ לָכֶם נִיר וְאַל־תִּזְרְעוּ אֶל־קֹצִים: הִמֹּלוּ לַיהוָה
וְהָסִרוּ עָרְלוֹת לְבַבְכֶם אִישׁ יְהוּדָה וְיֹשְׁבֵי יְרוּשָׁלִָם פֶּן־תֵּצֵא
ה כָאֵשׁ חֲמָתִי וּבָעֲרָה וְאֵין מְכַבֶּה מִפְּנֵי רֹעַ מַעַלְלֵיכֶם: הַגִּידוּ
בִיהוּדָה וּבִירוּשָׁלִַם הַשְׁמִיעוּ וְאִמְרוּ ותקעו שׁוֹפָר בָּאָרֶץ קִרְאוּ תִּקְעוּ
ו מַלְאוּ וְאִמְרוּ הֵאָסְפוּ וְנָבוֹאָה אֶל־עָרֵי הַמִּבְצָר: שְׂאוּ־נֵס

צִיּוֹנָה הָעִיזוּ אַל־תַּעֲמֹדוּ כִּי רָעָה אָנֹכִי מֵבִיא מִצָּפוֹן וְשֶׁבֶר
ז גָּדוֹל׃ עָלָה אַרְיֵה מִסֻּבְּכוֹ וּמַשְׁחִית גּוֹיִם נָסַע יָצָא מִמְּקֹמוֹ
ח לָשׂוּם אַרְצֵךְ לְשַׁמָּה עָרַיִךְ תִּצֶּינָה מֵאֵין יוֹשֵׁב׃ עַל־זֹאת
חִגְרוּ שַׂקִּים סִפְדוּ וְהֵילִילוּ כִּי לֹא־שָׁב חֲרוֹן אַף־יְהוָה
ט מִמֶּנּוּ׃ וְהָיָה בַיּוֹם־הַהוּא נְאֻם־יְהוָה יֹאבַד לֵב־
י הַמֶּלֶךְ וְלֵב הַשָּׂרִים וְנָשַׁמּוּ הַכֹּהֲנִים וְהַנְּבִאִים יִתְמָהוּ׃ וָאֹמַר
אֲהָהּ ׀ אֲדֹנָי יְהוִה אָכֵן הַשֵּׁא הִשֵּׁאתָ לָעָם הַזֶּה וְלִירוּשָׁלִַם
יא לֵאמֹר שָׁלוֹם יִהְיֶה לָכֶם וְנָגְעָה חֶרֶב עַד־הַנָּפֶשׁ׃ בָּעֵת הַהִיא
יֵאָמֵר לָעָם־הַזֶּה וְלִירוּשָׁלִַם רוּחַ צַח שְׁפָיִים בַּמִּדְבָּר דֶּרֶךְ בַּת־
יב עַמִּי לוֹא לִזְרוֹת וְלוֹא לְהָבַר׃ רוּחַ מָלֵא מֵאֵלֶּה יָבוֹא לִי עַתָּה
יג גַּם־אֲנִי אֲדַבֵּר מִשְׁפָּטִים אוֹתָם׃ הִנֵּה ׀ כַּעֲנָנִים יַעֲלֶה וְכַסּוּפָה
יד מַרְכְּבוֹתָיו קַלּוּ מִנְּשָׁרִים סוּסָיו אוֹי לָנוּ כִּי שֻׁדָּדְנוּ׃ כַּבְּסִי
מֵרָעָה לִבֵּךְ יְרוּשָׁלִַם לְמַעַן תִּוָּשֵׁעִי עַד־מָתַי תָּלִין בְּקִרְבֵּךְ
טו מַחְשְׁבוֹת אוֹנֵךְ׃ כִּי קוֹל מַגִּיד מִדָּן וּמַשְׁמִיעַ אָוֶן מֵהַר אֶפְרָיִם׃
טז הַזְכִּירוּ לַגּוֹיִם הִנֵּה הַשְׁמִיעוּ עַל־יְרוּשָׁלִַם נֹצְרִים בָּאִים מֵאֶרֶץ
יז הַמֶּרְחָק וַיִּתְּנוּ עַל־עָרֵי יְהוּדָה קוֹלָם׃ כְּשֹׁמְרֵי שָׂדַי הָיוּ עָלֶיהָ
יח מִסָּבִיב כִּי־אֹתִי מָרָתָה נְאֻם יְהוָה׃ דַּרְכֵּךְ וּמַעֲלָלַיִךְ עָשׂוֹ אֵלֶּה
יט לָךְ זֹאת רָעָתֵךְ כִּי מָר כִּי נָגַע עַד־לִבֵּךְ׃ מֵעַי ׀
מֵעַי ׀ אחולה קִירוֹת לִבִּי הֹמֶה־לִּי לִבִּי לֹא אַחֲרִישׁ כִּי קוֹל אוֹחִילָה
כ שׁוֹפָר שמעתי נַפְשִׁי תְּרוּעַת מִלְחָמָה׃ שֶׁבֶר עַל־שֶׁבֶר נִקְרָא שָׁמַעַתְּ
כא כִּי־שֻׁדְּדָה כָּל־הָאָרֶץ פִּתְאֹם שֻׁדְּדוּ אֹהָלַי רֶגַע יְרִיעֹתָי׃ עַד־
כב מָתַי אֶרְאֶה־נֵּס אֶשְׁמְעָה קוֹל שׁוֹפָר׃ כִּי ׀ אֱוִיל
עַמִּי אוֹתִי לֹא יָדָעוּ בָּנִים סְכָלִים הֵמָּה וְלֹא נְבוֹנִים הֵמָּה
כג חֲכָמִים הֵמָּה לְהָרַע וּלְהֵיטִיב לֹא יָדָעוּ׃ רָאִיתִי אֶת־הָאָרֶץ
כד וְהִנֵּה־תֹהוּ וָבֹהוּ וְאֶל־הַשָּׁמַיִם וְאֵין אוֹרָם׃ רָאִיתִי הֶהָרִים וְהִנֵּה
כה רֹעֲשִׁים וְכָל־הַגְּבָעוֹת הִתְקַלְקָלוּ׃ רָאִיתִי וְהִנֵּה אֵין הָאָדָם
כו וְכָל־עוֹף הַשָּׁמַיִם נָדָדוּ׃ רָאִיתִי וְהִנֵּה הַכַּרְמֶל הַמִּדְבָּר וְכָל־

ד
כז עָלָיו נִתְּצוּ מִפְּנֵי יְהוָה מִפְּנֵי חֲרוֹן אַפּוֹ׃ כִּי־כֹה
כח אָמַר יְהוָה שְׁמָמָה תִהְיֶה כָּל־הָאָרֶץ וְכָלָה לֹא אֶעֱשֶׂה׃ עַל־
זֹאת תֶּאֱבַל הָאָרֶץ וְקָדְרוּ הַשָּׁמַיִם מִמָּעַל עַל כִּי־דִבַּרְתִּי זַמֹּתִי
כט וְלֹא נִחַמְתִּי וְלֹא־אָשׁוּב מִמֶּנָּה׃ מִקּוֹל פָּרָשׁ וְרֹמֵה קֶשֶׁת
בֹּרַחַת כָּל־הָעִיר בָּאוּ בֶּעָבִים וּבַכֵּפִים עָלוּ כָּל־הָעִיר עֲזוּבָה
ל וְאֵין־יוֹשֵׁב בָּהֵן אִישׁ׃ ואתי שָׁדוּד מַה־תַּעֲשִׂי כִּי־תִלְבְּשִׁי שָׁנִי וְאַתְּ
כִּי־תַעְדִּי עֲדִי־זָהָב כִּי־תִקְרְעִי בַפּוּךְ עֵינַיִךְ לַשָּׁוְא תִּתְיַפִּי
לא מָאֲסוּ־בָךְ עֹגְבִים נַפְשֵׁךְ יְבַקֵּשׁוּ׃ כִּי קוֹל כְּחוֹלָה שָׁמַעְתִּי צָרָה
כְּמַבְכִּירָה קוֹל בַּת־צִיּוֹן תִּתְיַפֵּחַ תְּפָרֵשׂ כַּפֶּיהָ אוֹי־נָא לִי כִּי־
ה א עָיְפָה נַפְשִׁי לְהֹרְגִים׃ שׁוֹטְטוּ בְּחוּצוֹת יְרוּשָׁלַםִ ג
וּרְאוּ־נָא וּדְעוּ וּבַקְשׁוּ בִרְחוֹבוֹתֶיהָ אִם־תִּמְצְאוּ אִישׁ אִם־יֵשׁ
ב עֹשֶׂה מִשְׁפָּט מְבַקֵּשׁ אֱמוּנָה וְאֶסְלַח לָהּ׃ וְאִם חַי־יְהוָה יֹאמֵרוּ
ג לָכֵן לַשֶּׁקֶר יִשָּׁבֵעוּ׃ יְהוָה עֵינֶיךָ הֲלוֹא לֶאֱמוּנָה הִכִּיתָה אֹתָם
וְלֹא־חָלוּ כִּלִּיתָם מֵאֲנוּ קַחַת מוּסָר חִזְּקוּ פְנֵיהֶם מִסֶּלַע מֵאֲנוּ
ד לָשׁוּב׃ וַאֲנִי אָמַרְתִּי אַךְ־דַּלִּים הֵם נוֹאֲלוּ כִּי לֹא יָדְעוּ דֶּרֶךְ
ה יְהוָה מִשְׁפַּט אֱלֹהֵיהֶם׃ אֵלְכָה־לִּי אֶל־הַגְּדֹלִים וַאֲדַבְּרָה אוֹתָם
כִּי הֵמָּה יָדְעוּ דֶּרֶךְ יְהוָה מִשְׁפַּט אֱלֹהֵיהֶם אַךְ הֵמָּה יַחְדָּו שָׁבְרוּ
ו עֹל נִתְּקוּ מוֹסֵרוֹת׃ עַל־כֵּן הִכָּם אַרְיֵה מִיַּעַר זְאֵב עֲרָבוֹת
יְשָׁדְדֵם נָמֵר שֹׁקֵד עַל־עָרֵיהֶם כָּל־הַיּוֹצֵא מֵהֵנָּה יִטָּרֵף כִּי רַבּוּ
ז פִּשְׁעֵיהֶם עָצְמוּ מְשֻׁבוֹתֵיהֶם׃ אֵי לָזֹאת אסלוח־לָךְ בָּנַיִךְ אֶסְלַח־
עֲזָבוּנִי וַיִּשָּׁבְעוּ בְּלֹא אֱלֹהִים וָאַשְׂבִּעַ אוֹתָם וַיִּנְאָפוּ וּבֵית זוֹנָה
ח יִתְגֹּדָדוּ׃ סוּסִים מוזנים מַשְׁכִּים הָיוּ אִישׁ אֶל־אֵשֶׁת רֵעֵהוּ מְיֻזָּנִים
ט יִצְהָלוּ׃ הַעַל־אֵלֶּה לוֹא־אֶפְקֹד נְאֻם־יְהוָה וְאִם בְּגוֹי אֲשֶׁר־
י כָּזֶה לֹא תִתְנַקֵּם נַפְשִׁי׃ עֲלוּ בְשָׁרוֹתֶיהָ וְשַׁחֵתוּ
יא וְכָלָה אַל־תַּעֲשׂוּ הָסִירוּ נְטִישׁוֹתֶיהָ כִּי לוֹא לַיהוָה הֵמָּה׃ כִּי
יב בָגוֹד בָּגְדוּ בִּי בֵּית יִשְׂרָאֵל וּבֵית יְהוּדָה נְאֻם־יְהוָה׃ כִּחֲשׁוּ
בַּיהוָה וַיֹּאמְרוּ לוֹא־הוּא וְלֹא־תָבוֹא עָלֵינוּ רָעָה וְחֶרֶב וְרָעָב

יג לֹא נִרְאֶה: וְהַנְּבִיאִים יִהְיוּ לְרוּחַ וְהַדִּבֵּר אֵין בָּהֶם כֹּה יֵעָשֶׂה
יד לָהֶם: לָכֵן כֹּה־אָמַר יהוה אֱלֹהֵי צְבָאוֹת יַעַן
דַּבֶּרְכֶם אֶת־הַדָּבָר הַזֶּה הִנְנִי נֹתֵן דְּבָרַי בְּפִיךָ לְאֵשׁ וְהָעָם הַזֶּה
טו עֵצִים וַאֲכָלָתַם: הִנְנִי מֵבִיא עֲלֵיכֶם גּוֹי מִמֶּרְחָק בֵּית יִשְׂרָאֵל
נְאֻם־יהוה גּוֹי ׀ אֵיתָן הוּא גּוֹי מֵעוֹלָם הוּא גּוֹי לֹא־תֵדַע לְשֹׁנוֹ
טז וְלֹא תִשְׁמַע מַה־יְדַבֵּר: אַשְׁפָּתוֹ כְּקֶבֶר פָּתוּחַ כֻּלָּם גִּבּוֹרִים:
יז וְאָכַל קְצִירְךָ וְלַחְמֶךָ יֹאכְלוּ בָּנֶיךָ וּבְנוֹתֶיךָ יֹאכַל צֹאנְךָ וּבְקָרֶךָ
יֹאכַל גַּפְנְךָ וּתְאֵנָתֶךָ יְרֹשֵׁשׁ עָרֵי מִבְצָרֶיךָ אֲשֶׁר אַתָּה בּוֹטֵחַ
יח בָּהֵנָּה בֶּחָרֶב: וְגַם בַּיָּמִים הָהֵמָּה נְאֻם־יהוה לֹא־אֶעֱשֶׂה אִתְּכֶם
יט כָּלָה: וְהָיָה כִּי תֹאמְרוּ תַּחַת מֶה עָשָׂה יהוה אֱלֹהֵינוּ
לָנוּ אֶת־כָּל־אֵלֶּה וְאָמַרְתָּ אֲלֵיהֶם כַּאֲשֶׁר עֲזַבְתֶּם אוֹתִי
וַתַּעַבְדוּ אֱלֹהֵי נֵכָר בְּאַרְצְכֶם כֵּן תַּעַבְדוּ זָרִים בְּאֶרֶץ לֹא
כ לָכֶם: הַגִּידוּ זֹאת בְּבֵית יַעֲקֹב וְהַשְׁמִיעוּהָ
כא בִיהוּדָה לֵאמֹר: שִׁמְעוּ־נָא זֹאת עַם סָכָל וְאֵין לֵב עֵינַיִם
כב לָהֶם וְלֹא יִרְאוּ אָזְנַיִם לָהֶם וְלֹא יִשְׁמָעוּ: הַאוֹתִי לֹא־תִירָאוּ
נְאֻם־יהוה אִם מִפָּנַי לֹא תָחִילוּ אֲשֶׁר־שַׂמְתִּי חוֹל גְּבוּל לַיָּם
חָק־עוֹלָם וְלֹא יַעַבְרֶנְהוּ וַיִּתְגָּעֲשׁוּ וְלֹא יוּכָלוּ וְהָמוּ גַלָּיו וְלֹא־
כג כד יַעַבְרֻנְהוּ: וְלָעָם הַזֶּה הָיָה לֵב סוֹרֵר וּמוֹרֶה סָרוּ וַיֵּלֵכוּ: וְלוֹא־
אָמְרוּ בִלְבָבָם נִירָא נָא אֶת־יהוה אֱלֹהֵינוּ הַנֹּתֵן גֶּשֶׁם וירה יוֹרֶה
כה וּמַלְקוֹשׁ בְּעִתּוֹ שְׁבֻעֹת חֻקּוֹת קָצִיר יִשְׁמָר־לָנוּ: עֲוֺנוֹתֵיכֶם
כו הִטּוּ־אֵלֶּה וְחַטֹּאותֵיכֶם מָנְעוּ הַטּוֹב מִכֶּם: כִּי־נִמְצְאוּ בְעַמִּי
רְשָׁעִים יָשׁוּר כְּשַׁךְ יְקוּשִׁים הִצִּיבוּ מַשְׁחִית אֲנָשִׁים יִלְכֹּדוּ:
כז כִּכְלוּב מָלֵא עוֹף כֵּן בָּתֵּיהֶם מְלֵאִים מִרְמָה עַל־כֵּן גָּדְלוּ
כח וַיַּעֲשִׁירוּ: שָׁמְנוּ עָשְׁתוּ גַּם עָבְרוּ דִבְרֵי־רָע דִּין לֹא־דָנוּ
כט דִּין יָתוֹם וְיַצְלִיחוּ וּמִשְׁפַּט אֶבְיוֹנִים לֹא שָׁפָטוּ: הַעַל־אֵלֶּה
לֹא־אֶפְקֹד נְאֻם־יהוה אִם בְּגוֹי אֲשֶׁר־כָּזֶה לֹא תִתְנַקֵּם
ל לא נַפְשִׁי: שַׁמָּה וְשַׁעֲרוּרָה נִהְיְתָה בָּאָרֶץ: הַנְּבִאִים

נִבְּאוּ בַשֶּׁקֶר וְהַכֹּהֲנִים יִרְדּוּ עַל־יְדֵיהֶם וְעַמִּי אָהֲבוּ כֵן וּמַה־
ו א תַּעֲשׂוּ לְאַחֲרִיתָהּ: הָעִזוּ ׀ בְּנֵי בִנְיָמִן מִקֶּרֶב יְרוּשָׁלַםִ וּבִתְקוֹעַ
תִּקְעוּ שׁוֹפָר וְעַל־בֵּית הַכֶּרֶם שְׂאוּ מַשְׂאֵת כִּי רָעָה נִשְׁקְפָה
ב ג מִצָּפוֹן וְשֶׁבֶר גָּדוֹל: הַנָּוָה וְהַמְּעֻנָּגָה דָּמִיתִי בַּת־צִיּוֹן: אֵלֶיהָ ד
יָבֹאוּ רֹעִים וְעֶדְרֵיהֶם תָּקְעוּ עָלֶיהָ אֹהָלִים סָבִיב רָעוּ אִישׁ אֶת־
ד יָדוֹ: קַדְּשׁוּ עָלֶיהָ מִלְחָמָה קוּמוּ וְנַעֲלֶה בַצָּהֳרָיִם אוֹי לָנוּ כִּי־
ה פָנָה הַיּוֹם כִּי־יִנָּטוּ צִלְלֵי־עָרֶב: קוּמוּ וְנַעֲלֶה בַלַּיְלָה וְנַשְׁחִיתָה
ו אַרְמְנוֹתֶיהָ: כִּי כֹה אָמַר יְהוָה צְבָאוֹת כִּרְתוּ
עֵצָה וְשִׁפְכוּ עַל־יְרוּשָׁלַםִ סֹלְלָה הִיא הָעִיר הָפְקַד כֻּלָּהּ עֹשֶׁק
ז בְּקִרְבָּהּ: כְּהָקִיר בור מֵימֶיהָ כֵּן הֵקֵרָה רָעָתָהּ חָמָס וָשֹׁד יִשָּׁמַע בַּיִר
ח בָּהּ עַל־פָּנַי תָּמִיד חֳלִי וּמַכָּה: הִוָּסְרִי יְרוּשָׁלַםִ פֶּן־תֵּקַע נַפְשִׁי
ט מִמֵּךְ פֶּן־אֲשִׂימֵךְ שְׁמָמָה אֶרֶץ לוֹא נוֹשָׁבָה: כֹּה
אָמַר יְהוָה צְבָאוֹת עוֹלֵל יְעוֹלְלוּ כַגֶּפֶן שְׁאֵרִית יִשְׂרָאֵל הָשֵׁב
י יָדְךָ כְּבוֹצֵר עַל־סַלְסִלּוֹת: עַל־מִי אֲדַבְּרָה וְאָעִידָה וְיִשְׁמָעוּ
הִנֵּה עֲרֵלָה אָזְנָם וְלֹא יוּכְלוּ לְהַקְשִׁיב הִנֵּה דְבַר־יְהוָה הָיָה
יא לָהֶם לְחֶרְפָּה לֹא יַחְפְּצוּ־בוֹ: וְאֵת חֲמַת יְהוָה ׀ מָלֵאתִי נִלְאֵיתִי
הָכִיל שְׁפֹךְ עַל־עוֹלָל בַּחוּץ וְעַל סוֹד בַּחוּרִים יַחְדָּו כִּי־גַם־אִישׁ
יב עִם־אִשָּׁה יִלָּכֵדוּ זָקֵן עִם־מְלֵא יָמִים: וְנָסַבּוּ בָתֵּיהֶם לַאֲחֵרִים
שָׂדוֹת וְנָשִׁים יַחְדָּו כִּי־אַטֶּה אֶת־יָדִי עַל־יֹשְׁבֵי הָאָרֶץ נְאֻם־
יג יְהוָה: כִּי מִקְּטַנָּם וְעַד־גְּדוֹלָם כֻּלּוֹ בּוֹצֵעַ בָּצַע וּמִנָּבִיא וְעַד־
יד כֹּהֵן כֻּלּוֹ עֹשֶׂה שָּׁקֶר: וַיְרַפְּאוּ אֶת־שֶׁבֶר עַמִּי עַל־נְקַלָּה לֵאמֹר
טו שָׁלוֹם ׀ שָׁלוֹם וְאֵין שָׁלוֹם: הֹבִשׁוּ כִּי־תוֹעֵבָה עָשׂוּ גַּם־בּוֹשׁ
לֹא־יֵבוֹשׁוּ גַּם־הַכְלִים לֹא יָדָעוּ לָכֵן יִפְּלוּ בַנֹּפְלִים בְּעֵת־
טז פְּקַדְתִּים יִכָּשְׁלוּ אָמַר יְהוָה: כֹּה אָמַר יְהוָה
עִמְדוּ עַל־דְּרָכִים וּרְאוּ וְשַׁאֲלוּ ׀ לִנְתִבוֹת עוֹלָם אֵי־זֶה דֶרֶךְ
הַטּוֹב וּלְכוּ־בָהּ וּמִצְאוּ מַרְגּוֹעַ לְנַפְשְׁכֶם וַיֹּאמְרוּ לֹא נֵלֵךְ:
יז וַהֲקִמֹתִי עֲלֵיכֶם צֹפִים הַקְשִׁיבוּ לְקוֹל שׁוֹפָר וַיֹּאמְרוּ לֹא

יח יט נַקְשִׁיב׃ לָכֵן שִׁמְעוּ הַגּוֹיִם וּדְעִי עֵדָה אֶת־אֲשֶׁר־בָּם׃ שִׁמְעִי
הָאָרֶץ הִנֵּה אָנֹכִי מֵבִיא רָעָה אֶל־הָעָם הַזֶּה פְּרִי מַחְשְׁבוֹתָם
כ כִּי עַל־דְּבָרַי לֹא הִקְשִׁיבוּ וְתוֹרָתִי וַיִּמְאֲסוּ־בָהּ׃ לָמָּה־זֶּה לִי
לְבוֹנָה מִשְּׁבָא תָבוֹא וְקָנֶה הַטּוֹב מֵאֶרֶץ מֶרְחָק עֹלוֹתֵיכֶם לֹא
כא לְרָצוֹן וְזִבְחֵיכֶם לֹא־עָרְבוּ לִי׃ לָכֵן כֹּה אָמַר
יְהוָה הִנְנִי נֹתֵן אֶל־הָעָם הַזֶּה מִכְשֹׁלִים וְכָשְׁלוּ בָם אָבוֹת וּבָנִים
כב יַחְדָּו שָׁכֵן וְרֵעוֹ יֹאבֵדוּ׃ כֹּה אָמַר יְהוָה הִנֵּה עַם ואָבָדוּ
כג בָּא מֵאֶרֶץ צָפוֹן וְגוֹי גָּדוֹל יֵעוֹר מִיַּרְכְּתֵי־אָרֶץ׃ קֶשֶׁת וְכִידוֹן
יַחֲזִיקוּ אַכְזָרִי הוּא וְלֹא יְרַחֵמוּ קוֹלָם כַּיָּם יֶהֱמֶה וְעַל־סוּסִים
כד יִרְכָּבוּ עָרוּךְ כְּאִישׁ לַמִּלְחָמָה עָלַיִךְ בַּת־צִיּוֹן׃ שָׁמַעְנוּ אֶת־
כה שָׁמְעוֹ רָפוּ יָדֵינוּ צָרָה הֶחֱזִקַתְנוּ חִיל כַּיּוֹלֵדָה׃ אַל־תצאי תֵּצְאוּ
כו הַשָּׂדֶה וּבַדֶּרֶךְ אַל־תלכי כִּי חֶרֶב לְאֹיֵב מָגוֹר מִסָּבִיב׃ בַּת־ תֵּלֵכוּ
עַמִּי חִגְרִי־שָׂק וְהִתְפַּלְּשִׁי בָאֵפֶר אֵבֶל יָחִיד עֲשִׂי־לָךְ מִסְפַּד
כז תַּמְרוּרִים כִּי פִתְאֹם יָבֹא הַשֹּׁדֵד עָלֵינוּ׃ בָּחוֹן נְתַתִּיךָ בְעַמִּי
כח מִבְצָר וְתֵדַע וּבָחַנְתָּ אֶת־דַּרְכָּם׃ כֻּלָּם סָרֵי סוֹרְרִים הֹלְכֵי רָכִיל
כט נְחֹשֶׁת וּבַרְזֶל כֻּלָּם מַשְׁחִיתִם הֵמָּה׃ נָחַר מַפֻּחַ מאשתם מֵאֵשׁ תַּם
ל עֹפָרֶת לַשָּׁוְא צָרַף צָרוֹף וְרָעִים לֹא נִתָּקוּ׃ כֶּסֶף נִמְאָס קָרְאוּ
א ז לָהֶם כִּי־מָאַס יְהוָה בָּהֶם׃ הַדָּבָר אֲשֶׁר־הָיָה
ב אֶל־יִרְמְיָהוּ מֵאֵת יְהוָה לֵאמֹר׃ עֲמֹד בְּשַׁעַר בֵּית יְהוָה וְקָרָאתָ
שָּׁם אֶת־הַדָּבָר הַזֶּה וְאָמַרְתָּ שִׁמְעוּ דְבַר־יְהוָה כָּל־יְהוּדָה
ג הַבָּאִים בַּשְּׁעָרִים הָאֵלֶּה לְהִשְׁתַּחֲוֹת לַיהוָה׃ כֹּה־
אָמַר יְהוָה צְבָאוֹת אֱלֹהֵי יִשְׂרָאֵל הֵיטִיבוּ דַרְכֵיכֶם וּמַעַלְלֵיכֶם
ד וַאֲשַׁכְּנָה אֶתְכֶם בַּמָּקוֹם הַזֶּה׃ אַל־תִּבְטְחוּ לָכֶם אֶל־דִּבְרֵי
ה הַשֶּׁקֶר לֵאמֹר הֵיכַל יְהוָה הֵיכַל יְהוָה הֵיכַל יְהוָה הֵמָּה׃ כִּי אִם־
הֵיטֵיב תֵּיטִיבוּ אֶת־דַּרְכֵיכֶם וְאֶת־מַעַלְלֵיכֶם אִם־עָשׂוֹ תַעֲשׂוּ
ו מִשְׁפָּט בֵּין אִישׁ וּבֵין רֵעֵהוּ׃ גֵּר יָתוֹם וְאַלְמָנָה לֹא תַעֲשֹׁקוּ וְדָם
נָקִי אַל־תִּשְׁפְּכוּ בַּמָּקוֹם הַזֶּה וְאַחֲרֵי אֱלֹהִים אֲחֵרִים לֹא תֵלְכוּ

ז לָרַע לָכֶם: וְשִׁכַּנְתִּי אֶתְכֶם בַּמָּקוֹם הַזֶּה בָּאָרֶץ אֲשֶׁר נָתַתִּי
ח לַאֲבוֹתֵיכֶם לְמִן־עוֹלָם וְעַד־עוֹלָם: הִנֵּה אַתֶּם בֹּטְחִים לָכֶם
ט עַל־דִּבְרֵי הַשָּׁקֶר לְבִלְתִּי הוֹעִיל: הֲגָנֹב ׀ רָצֹחַ וְנָאֹף וְהִשָּׁבֵעַ
לַשֶּׁקֶר וְקַטֵּר לַבָּעַל וְהָלֹךְ אַחֲרֵי אֱלֹהִים אֲחֵרִים אֲשֶׁר לֹא־
י יְדַעְתֶּם: וּבָאתֶם וַעֲמַדְתֶּם לְפָנַי בַּבַּיִת הַזֶּה אֲשֶׁר נִקְרָא־שְׁמִי
עָלָיו וַאֲמַרְתֶּם נִצַּלְנוּ לְמַעַן עֲשׂוֹת אֵת כָּל־הַתּוֹעֵבוֹת הָאֵלֶּה:
יא הַמְעָרַת פָּרִצִים הָיָה הַבַּיִת הַזֶּה אֲשֶׁר־נִקְרָא־שְׁמִי עָלָיו
יב בְּעֵינֵיכֶם גַּם אָנֹכִי הִנֵּה רָאִיתִי נְאֻם־יְהוָה: כִּי לְכוּ־נָא אֶל־
מְקוֹמִי אֲשֶׁר בְּשִׁילוֹ אֲשֶׁר שִׁכַּנְתִּי שְׁמִי שָׁם בָּרִאשׁוֹנָה וּרְאוּ
יג אֵת אֲשֶׁר־עָשִׂיתִי לוֹ מִפְּנֵי רָעַת עַמִּי יִשְׂרָאֵל: וְעַתָּה יַעַן
עֲשׂוֹתְכֶם אֶת־כָּל־הַמַּעֲשִׂים הָאֵלֶּה נְאֻם־יְהוָה וָאֲדַבֵּר אֲלֵיכֶם
הַשְׁכֵּם וְדַבֵּר וְלֹא שְׁמַעְתֶּם וָאֶקְרָא אֶתְכֶם וְלֹא עֲנִיתֶם:
יד וְעָשִׂיתִי לַבַּיִת ׀ אֲשֶׁר נִקְרָא־שְׁמִי עָלָיו אֲשֶׁר אַתֶּם בֹּטְחִים בּוֹ
וְלַמָּקוֹם אֲשֶׁר־נָתַתִּי לָכֶם וְלַאֲבוֹתֵיכֶם כַּאֲשֶׁר עָשִׂיתִי לְשִׁלוֹ:
טו וְהִשְׁלַכְתִּי אֶתְכֶם מֵעַל פָּנָי כַּאֲשֶׁר הִשְׁלַכְתִּי אֶת־כָּל־אֲחֵיכֶם
טז אֵת כָּל־זֶרַע אֶפְרָיִם: וְאַתָּה אַל־תִּתְפַּלֵּל ׀ בְּעַד־
הָעָם הַזֶּה וְאַל־תִּשָּׂא בַעֲדָם רִנָּה וּתְפִלָּה וְאַל־תִּפְגַּע־בִּי
יז כִּי־אֵינֶנִּי שֹׁמֵעַ אֹתָךְ: הַאֵינְךָ רֹאֶה מָה הֵמָּה עֹשִׂים בְּעָרֵי
יח יְהוּדָה וּבְחֻצוֹת יְרוּשָׁלָם: הַבָּנִים מְלַקְּטִים עֵצִים וְהָאָבוֹת
מְבַעֲרִים אֶת־הָאֵשׁ וְהַנָּשִׁים לָשׁוֹת בָּצֵק לַעֲשׂוֹת כַּוָּנִים
לִמְלֶכֶת הַשָּׁמַיִם וְהַסֵּךְ נְסָכִים לֵאלֹהִים אֲחֵרִים לְמַעַן הַכְעִסֵנִי:
יט הַאֹתִי הֵם מַכְעִסִים נְאֻם־יְהוָה הֲלוֹא אֹתָם לְמַעַן בֹּשֶׁת
כ פְּנֵיהֶם: לָכֵן כֹּה־אָמַר ׀ אֲדֹנָי יֱהוִה הִנֵּה אַפִּי וַחֲמָתִי
נִתֶּכֶת אֶל־הַמָּקוֹם הַזֶּה עַל־הָאָדָם וְעַל־הַבְּהֵמָה וְעַל־עֵץ
כא הַשָּׂדֶה וְעַל־פְּרִי הָאֲדָמָה וּבָעֲרָה וְלֹא תִכְבֶּה: כֹּה
אָמַר יְהוָה צְבָאוֹת אֱלֹהֵי יִשְׂרָאֵל עֹלוֹתֵיכֶם סְפוּ עַל־זִבְחֵיכֶם
כב וְאִכְלוּ בָשָׂר: כִּי לֹא־דִבַּרְתִּי אֶת־אֲבוֹתֵיכֶם וְלֹא צִוִּיתִים בְּיוֹם

כג הוֹצִיאִ אוֹתָם מֵאֶרֶץ מִצְרָיִם עַל־דִּבְרֵי עוֹלָה וָזָבַח׃ כִּי אִם־ ה
אֶת־הַדָּבָר הַזֶּה צִוִּיתִי אוֹתָם לֵאמֹר שִׁמְעוּ בְקוֹלִי וְהָיִיתִי לָכֶם
לֵאלֹהִים וְאַתֶּם תִּהְיוּ־לִי לְעָם וַהֲלַכְתֶּם בְּכָל־הַדֶּרֶךְ אֲשֶׁר
כד אֲצַוֶּה אֶתְכֶם לְמַעַן יִיטַב לָכֶם׃ וְלֹא שָׁמְעוּ וְלֹא־הִטּוּ אֶת־
אָזְנָם וַיֵּלְכוּ בְּמֹעֵצוֹת בִּשְׁרִרוּת לִבָּם הָרָע וַיִּהְיוּ לְאָחוֹר וְלֹא
כה לְפָנִים׃ לְמִן־הַיּוֹם אֲשֶׁר יָצְאוּ אֲבוֹתֵיכֶם מֵאֶרֶץ מִצְרַיִם עַד
הַיּוֹם הַזֶּה וָאֶשְׁלַח אֲלֵיכֶם אֶת־כָּל־עֲבָדַי הַנְּבִיאִים יוֹם הַשְׁכֵּם
כו וְשָׁלֹחַ׃ וְלוֹא שָׁמְעוּ אֵלַי וְלֹא הִטּוּ אֶת־אָזְנָם וַיַּקְשׁוּ אֶת־עָרְפָּם
כז הֵרֵעוּ מֵאֲבוֹתָם׃ וְדִבַּרְתָּ אֲלֵיהֶם אֶת־כָּל־הַדְּבָרִים הָאֵלֶּה וְלֹא
כח יִשְׁמְעוּ אֵלֶיךָ וְקָרָאתָ אֲלֵיהֶם וְלֹא יַעֲנוּכָה׃ וְאָמַרְתָּ אֲלֵיהֶם זֶה
הַגּוֹי אֲשֶׁר לוֹא־שָׁמְעוּ בְּקוֹל יְהוָה אֱלֹהָיו וְלֹא לָקְחוּ מוּסָר
כט אָבְדָה הָאֱמוּנָה וְנִכְרְתָה מִפִּיהֶם׃ גָּזִּי נִזְרֵךְ
וְהַשְׁלִיכִי וּשְׂאִי עַל־שְׁפָיִם קִינָה כִּי מָאַס יְהוָה וַיִּטֹּשׁ אֶת־דּוֹר
ל עֶבְרָתוֹ׃ כִּי־עָשׂוּ בְנֵי־יְהוּדָה הָרַע בְּעֵינַי נְאֻם־יְהוָה שָׂמוּ
לא שִׁקּוּצֵיהֶם בַּבַּיִת אֲשֶׁר־נִקְרָא־שְׁמִי עָלָיו לְטַמְּאוֹ׃ וּבָנוּ בָּמוֹת
הַתֹּפֶת אֲשֶׁר בְּגֵיא בֶן־הִנֹּם לִשְׂרֹף אֶת־בְּנֵיהֶם וְאֶת־בְּנֹתֵיהֶם
לב בָּאֵשׁ אֲשֶׁר לֹא צִוִּיתִי וְלֹא עָלְתָה עַל־לִבִּי׃ לָכֵן
הִנֵּה יָמִים בָּאִים נְאֻם־יְהוָה וְלֹא־יֵאָמֵר עוֹד הַתֹּפֶת וְגֵיא בֶן־
לג הִנֹּם כִּי אִם־גֵּיא הַהֲרֵגָה וְקָבְרוּ בְתֹפֶת מֵאֵין מָקוֹם׃ וְהָיְתָה
נִבְלַת הָעָם הַזֶּה לְמַאֲכָל לְעוֹף הַשָּׁמַיִם וּלְבֶהֱמַת הָאָרֶץ וְאֵין
לד מַחֲרִיד׃ וְהִשְׁבַּתִּי ׀ מֵעָרֵי יְהוּדָה וּמֵחֻצוֹת יְרוּשָׁלִַם קוֹל שָׂשׂוֹן
וְקוֹל שִׂמְחָה קוֹל חָתָן וְקוֹל כַּלָּה כִּי לְחָרְבָּה תִּהְיֶה הָאָרֶץ׃
ח א בָּעֵת הַהִיא נְאֻם־יְהוָה ויוציאו אֶת־עַצְמוֹת מַלְכֵי־יְהוּדָה יוֹצִיאוּ
וְאֶת־עַצְמוֹת שָׂרָיו וְאֶת־עַצְמוֹת הַכֹּהֲנִים וְאֵת ׀ עַצְמוֹת
ב הַנְּבִיאִים וְאֵת עַצְמוֹת יוֹשְׁבֵי־יְרוּשָׁלִָם מִקִּבְרֵיהֶם׃ וּשְׁטָחוּם
לַשֶּׁמֶשׁ וְלַיָּרֵחַ וּלְכֹל ׀ צְבָא הַשָּׁמַיִם אֲשֶׁר אֲהֵבוּם וַאֲשֶׁר עֲבָדוּם
וַאֲשֶׁר הָלְכוּ אַחֲרֵיהֶם וַאֲשֶׁר דְּרָשׁוּם וַאֲשֶׁר הִשְׁתַּחֲווּ לָהֶם לֹא

ג יֵאָסְפוּ וְלֹא יִקָּבֵרוּ לְדֹמֶן עַל־פְּנֵי הָאֲדָמָה יִהְיוּ׃ וְנִבְחַר מָוֶת
מֵחַיִּים לְכֹל הַשְּׁאֵרִית הַנִּשְׁאָרִים מִן־הַמִּשְׁפָּחָה הָרָעָה הַזֹּאת
בְּכָל־הַמְּקֹמוֹת הַנִּשְׁאָרִים אֲשֶׁר הִדַּחְתִּים שָׁם נְאֻם יְהוָה
ד צְבָאוֹת׃ וְאָמַרְתָּ אֲלֵיהֶם כֹּה אָמַר יְהוָה הֲיִפְּלוּ
ה וְלֹא יָקוּמוּ אִם־יָשׁוּב וְלֹא יָשׁוּב׃ מַדּוּעַ שׁוֹבְבָה הָעָם הַזֶּה
יְרוּשָׁלִַם מְשֻׁבָה נִצַּחַת הֶחֱזִיקוּ בַּתַּרְמִת מֵאֲנוּ לָשׁוּב׃
ו הִקְשַׁבְתִּי וָאֶשְׁמָע לוֹא־כֵן יְדַבֵּרוּ אֵין אִישׁ נִחָם עַל־רָעָתוֹ
לֵאמֹר מֶה עָשִׂיתִי כֻּלֹּה שָׁב במרצותם כְּסוּס שׁוֹטֵף בַּמִּלְחָמָה׃ בִּמְרוּצָתָם
ז גַּם־חֲסִידָה בַשָּׁמַיִם יָדְעָה מוֹעֲדֶיהָ וְתֹר וסוס וְעָגוּר שָׁמְרוּ אֶת־ וְסִיס
ח עֵת בֹּאָנָה וְעַמִּי לֹא יָדְעוּ אֵת מִשְׁפַּט יְהוָה׃ אֵיכָה תֹאמְרוּ
חֲכָמִים אֲנַחְנוּ וְתוֹרַת יְהוָה אִתָּנוּ אָכֵן הִנֵּה לַשֶּׁקֶר עָשָׂה עֵט
ט שֶׁקֶר סֹפְרִים׃ הֹבִשׁוּ חֲכָמִים חַתּוּ וַיִּלָּכֵדוּ הִנֵּה בִדְבַר־יְהוָה
י מָאָסוּ וְחָכְמַת־מֶה לָהֶם׃ לָכֵן אֶתֵּן אֶת־נְשֵׁיהֶם לַאֲחֵרִים
שְׂדוֹתֵיהֶם לְיוֹרְשִׁים כִּי מִקָּטֹן וְעַד־גָּדוֹל כֻּלֹּה בֹּצֵעַ בָּצַע מִנָּבִיא
יא וְעַד־כֹּהֵן כֻּלֹּה עֹשֶׂה שָּׁקֶר׃ וַיְרַפּוּ אֶת־שֶׁבֶר בַּת־עַמִּי עַל־
יב נְקַלָּה לֵאמֹר שָׁלוֹם ׀ שָׁלוֹם וְאֵין שָׁלוֹם׃ הֹבִשׁוּ כִּי תוֹעֵבָה עָשׂוּ
גַּם־בּוֹשׁ לֹא־יֵבֹשׁוּ וְהִכָּלֵם לֹא יָדָעוּ לָכֵן יִפְּלוּ בַנֹּפְלִים בְּעֵת
יג פְּקֻדָּתָם יִכָּשְׁלוּ אָמַר יְהוָה׃ אָסֹף אֲסִיפֵם נְאֻם־יְהוָה
אֵין עֲנָבִים בַּגֶּפֶן וְאֵין תְּאֵנִים בַּתְּאֵנָה וְהֶעָלֶה נָבֵל וָאֶתֵּן לָהֶם
יד יַעַבְרוּם׃ עַל־מָה אֲנַחְנוּ יֹשְׁבִים הֵאָסְפוּ וְנָבוֹא אֶל־עָרֵי
הַמִּבְצָר וְנִדְּמָה־שָּׁם כִּי יְהוָה אֱלֹהֵינוּ הֲדִמָּנוּ וַיַּשְׁקֵנוּ מֵי־רֹאשׁ
טו כִּי חָטָאנוּ לַיהוָה׃ קַוֵּה לְשָׁלוֹם וְאֵין טוֹב לְעֵת מַרְפֵּה וְהִנֵּה
טז בְעָתָה׃ מִדָּן נִשְׁמַע נַחְרַת סוּסָיו מִקּוֹל מִצְהֲלוֹת אַבִּירָיו
רָעֲשָׁה כָּל־הָאָרֶץ וַיָּבוֹאוּ וַיֹּאכְלוּ אֶרֶץ וּמְלוֹאָהּ עִיר וְיֹשְׁבֵי
יז בָהּ׃ כִּי הִנְנִי מְשַׁלֵּחַ בָּכֶם נְחָשִׁים צִפְעֹנִים אֲשֶׁר אֵין־לָהֶם לָחַשׁ
יח וְנִשְּׁכוּ אֶתְכֶם נְאֻם־יְהוָה׃ מַבְלִיגִיתִי עֲלֵי יָגוֹן
יט עָלַי לִבִּי דַוָּי׃ הִנֵּה־קוֹל שַׁוְעַת בַּת־עַמִּי מֵאֶרֶץ מַרְחַקִּים

הַיהוָה֙ אֵ֣ין בְּצִיּ֔וֹן אִם־מַלְכָּ֖הּ אֵ֣ין בָּ֑הּ מַדּ֗וּעַ הִכְעִס֙וּנִי֙ בִּפְסִלֵיהֶ֔ם
בְּהַבְלֵ֖י נֵכָֽר: עָבַ֥ר קָצִ֖יר כָּ֣לָה קָ֑יִץ וַאֲנַ֖חְנוּ ל֥וֹא נוֹשָֽׁעְנוּ: עַל־   כא

שֶׁ֥בֶר בַּת־עַמִּ֖י הָשְׁבָּ֑רְתִּי קָדַ֕רְתִּי שַׁמָּ֖ה הֶחֱזִקָֽתְנִי: הַצֳרִי֙ אֵ֣ין   כב

בְּגִלְעָ֔ד אִם־רֹפֵ֖א אֵ֣ין שָׁ֑ם כִּ֗י מַדּ֙וּעַ֙ לֹ֣א עָֽלְתָ֔ה אֲרֻכַ֖ת בַּת־

עַמִּֽי: מִֽי־יִתֵּ֤ן רֹאשִׁי֙ מַ֔יִם וְעֵינִ֖י מְק֣וֹר דִּמְעָ֑ה   כג

וְאֶבְכֶּה֙ יוֹמָ֣ם וָלַ֔יְלָה אֵ֖ת חַֽלְלֵ֥י בַת־עַמִּֽי: מִֽי־יִתְּנֵ֣נִי בַמִּדְבָּ֗ר   ט   א

מְלוֹן֙ אֹֽרְחִ֔ים וְאֶֽעֶזְבָה֙ אֶת־עַמִּ֔י וְאֵלְכָ֖ה מֵֽאִתָּ֑ם כִּ֤י כֻלָּם֙

מְנָ֣אֲפִ֔ים עֲצֶ֖רֶת בֹּגְדִֽים: וַֽיַּדְרְכ֤וּ אֶת־לְשׁוֹנָם֙ קַשְׁתָּ֣ם שֶׁ֔קֶר וְלֹ֥א   ב

לֶאֱמוּנָ֖ה גָּבְר֣וּ בָאָ֑רֶץ כִּי֩ מֵרָעָ֨ה אֶל־רָעָ֤ה ׀ יָצָ֙אוּ֙ וְאֹתִ֣י לֹֽא־

יָדָ֖עוּ נְאֻם־יְהוָֽה: אִ֤ישׁ מֵרֵעֵ֙הוּ֙ הִשָּׁמֵ֔רוּ וְעַל־כָּל־אָ֖ח אַל־   ג

תִּבְטָ֑חוּ כִּ֤י כָל־אָח֙ עָק֣וֹב יַעְקֹ֔ב וְכָל־רֵ֖עַ רָכִ֥יל יַהֲלֹֽךְ: וְאִ֤ישׁ   ד

בְּרֵעֵ֙הוּ֙ יְהָתֵ֔לּוּ וֶאֱמֶ֖ת לֹ֣א יְדַבֵּ֑רוּ לִמְּד֧וּ לְשׁוֹנָ֛ם דַּבֶּר־שֶׁ֖קֶר הַעֲוֵ֥ה

נִלְאֽוּ: שִׁבְתְּךָ֖ בְּת֣וֹךְ מִרְמָ֑ה בְּמִרְמָ֛ה מֵאֲנ֥וּ דַֽעַת־אוֹתִ֖י נְאֻם־   ה

יְהוָֽה: לָכֵ֗ן כֹּ֤ה אָמַר֙ יְהוָ֣ה צְבָא֔וֹת הִנְנִ֥י צוֹרְפָ֖ם   ו

וּבְחַנְתִּ֑ים כִּֽי־אֵ֣יךְ אֶעֱשֶׂ֔ה מִפְּנֵ֖י בַּת־עַמִּֽי: חֵ֥ץ שׁוֹחֵ֖ט לְשׁוֹנָ֑ם   שָׁחוּט   ז

מִרְמָ֣ה דִבֵּ֑ר בְּפִ֗יו שָׁל֤וֹם אֶת־רֵעֵ֙הוּ֙ יְדַבֵּ֔ר וּבְקִרְבּ֖וֹ יָשִׂ֥ים אָרְבּֽוֹ:

הַֽעַל־אֵ֥לֶּה לֹֽא־אֶפְקָד־בָּ֖ם נְאֻם־יְהוָ֑ה אִ֣ם בְּג֞וֹי אֲשֶׁר־כָּזֶ֗ה לֹ֥א   ח

תִתְנַקֵּ֖ם נַפְשִֽׁי: עַל־הֶֽהָרִ֗ים אֶשָּׂ֤א בְכִי֙ וָנֶ֔הִי   ט

וְעַל־נְא֤וֹת מִדְבָּר֙ קִינָ֔ה כִּ֤י נִצְּתוּ֙ מִבְּלִי־אִ֣ישׁ עֹבֵ֔ר וְלֹ֥א שָׁמְע֖וּ

ק֣וֹל מִקְנֶ֑ה מֵע֤וֹף הַשָּׁמַ֙יִם֙ וְעַד־בְּהֵמָ֔ה נָדְד֖וּ הָלָֽכוּ: וְנָתַתִּ֧י אֶת־   י

יְרוּשָׁלִַ֛ם לְגַלִּ֖ים מְע֣וֹן תַּנִּ֑ים וְאֶת־עָרֵ֧י יְהוּדָ֛ה אֶתֵּ֥ן שְׁמָמָ֖ה מִבְּלִ֥י

יוֹשֵֽׁב: מִֽי־הָאִ֤ישׁ הֶֽחָכָם֙ וְיָבֵ֣ן אֶת־זֹ֔את וַאֲשֶׁ֨ר   יא

דִּבֶּ֧ר פִּֽי־יְהוָ֛ה אֵלָ֖יו וְיַגִּדָ֑הּ עַל־מָ֤ה אָבְדָה֙ הָאָ֔רֶץ נִצְּתָ֥ה

כַמִּדְבָּ֖ר מִבְּלִ֥י עֹבֵֽר: וַיֹּ֣אמֶר יְהוָ֔ה עַל־עָזְבָם֙   יב

אֶת־תּ֣וֹרָתִ֔י אֲשֶׁ֥ר נָתַ֖תִּי לִפְנֵיהֶ֑ם וְלֹא־שָׁמְע֥וּ בְקוֹלִ֖י וְלֹא־הָ֥לְכוּ

בָֽהּ: וַיֵּ֣לְכ֔וּ אַחֲרֵ֖י שְׁרִר֣וּת לִבָּ֑ם וְאַחֲרֵי֙ הַבְּעָלִ֔ים אֲשֶׁ֥ר לִמְּד֖וּם   יג

אֲבוֹתָֽם: לָכֵ֗ן כֹּֽה־אָמַ֞ר יְהוָ֤ה צְבָאוֹת֙ אֱלֹהֵ֣י   יד

שעו

יִשְׂרָאֵל הִנְנִי מַאֲכִילָם אֶת־הָעָם הַזֶּה לַעֲנָה וְהִשְׁקִיתִים מֵי־
טו רֹאשׁ׃ וַהֲפִצוֹתִים בַּגּוֹיִם אֲשֶׁר לֹא יָדְעוּ הֵמָּה וַאֲבוֹתָם וְשִׁלַּחְתִּי
טז אַחֲרֵיהֶם אֶת־הַחֶרֶב עַד כַּלּוֹתִי אוֹתָם׃ כֹּה
אָמַר יְהוָה צְבָאוֹת הִתְבּוֹנְנוּ וְקִרְאוּ לַמְקוֹנְנוֹת וּתְבוֹאֶינָה וְאֶל־
יז הַחֲכָמוֹת שִׁלְחוּ וְתָבוֹאנָה׃ וּתְמַהֵרְנָה וְתִשֶּׂנָה עָלֵינוּ נֶהִי
יח וְתֵרַדְנָה עֵינֵינוּ דִּמְעָה וְעַפְעַפֵּינוּ יִזְּלוּ־מָיִם׃ כִּי קוֹל נְהִי נִשְׁמַע
מִצִּיּוֹן אֵיךְ שֻׁדָּדְנוּ בֹּשְׁנוּ מְאֹד כִּי־עָזַבְנוּ אָרֶץ כִּי הִשְׁלִיכוּ
יט מִשְׁכְּנוֹתֵינוּ׃ כִּי־שְׁמַעְנָה נָשִׁים דְּבַר־יְהוָה וְתִקַּח
אָזְנְכֶם דְּבַר־פִּיו וְלַמֵּדְנָה בְנוֹתֵיכֶם נֶהִי וְאִשָּׁה רְעוּתָהּ קִינָה׃
כ כִּי־עָלָה מָוֶת בְּחַלּוֹנֵינוּ בָּא בְּאַרְמְנוֹתֵינוּ לְהַכְרִית עוֹלָל
כא מִחוּץ בַּחוּרִים מֵרְחֹבוֹת׃ דַּבֵּר כֹּה נְאֻם־יְהוָה וְנָפְלָה נִבְלַת
הָאָדָם כְּדֹמֶן עַל־פְּנֵי הַשָּׂדֶה וּכְעָמִיר מֵאַחֲרֵי הַקֹּצֵר וְאֵין
כב מְאַסֵּף׃ כֹּה ׀ אָמַר יְהוָה אַל־יִתְהַלֵּל חָכָם
בְּחָכְמָתוֹ וְאַל־יִתְהַלֵּל הַגִּבּוֹר בִּגְבוּרָתוֹ אַל־יִתְהַלֵּל עָשִׁיר
כג בְּעָשְׁרוֹ׃ כִּי אִם־בְּזֹאת יִתְהַלֵּל הַמִּתְהַלֵּל הַשְׂכֵּל וְיָדֹעַ אוֹתִי ו
כִּי אֲנִי יְהוָה עֹשֶׂה חֶסֶד מִשְׁפָּט וּצְדָקָה בָּאָרֶץ כִּי־בְאֵלֶּה
כד חָפַצְתִּי נְאֻם־יְהוָה׃ הִנֵּה יָמִים בָּאִים נְאֻם־יְהוָה
כה וּפָקַדְתִּי עַל־כָּל־מוּל בְּעָרְלָה׃ עַל־מִצְרַיִם וְעַל־יְהוּדָה וְעַל־
אֱדוֹם וְעַל־בְּנֵי עַמּוֹן וְעַל־מוֹאָב וְעַל כָּל־קְצוּצֵי פֵאָה הַיֹּשְׁבִים
בַּמִּדְבָּר כִּי כָל־הַגּוֹיִם עֲרֵלִים וְכָל־בֵּית יִשְׂרָאֵל עַרְלֵי־
י א לֵב׃ שִׁמְעוּ אֶת־הַדָּבָר אֲשֶׁר דִּבֶּר יְהוָה עֲלֵיכֶם
ב בֵּית יִשְׂרָאֵל׃ כֹּה ׀ אָמַר יְהוָה אֶל־דֶּרֶךְ הַגּוֹיִם אַל־תִּלְמָדוּ
ג וּמֵאֹתוֹת הַשָּׁמַיִם אַל־תֵּחָתּוּ כִּי־יֵחַתּוּ הַגּוֹיִם מֵהֵמָּה׃ כִּי־
חֻקּוֹת הָעַמִּים הֶבֶל הוּא כִּי־עֵץ מִיַּעַר כְּרָתוֹ מַעֲשֵׂה יְדֵי־חָרָשׁ
ד בַּמַּעֲצָד׃ בְּכֶסֶף וּבְזָהָב יְיַפֵּהוּ בְּמַסְמְרוֹת וּבְמַקָּבוֹת יְחַזְּקוּם
ה וְלוֹא יָפִיק׃ כְּתֹמֶר מִקְשָׁה הֵמָּה וְלֹא יְדַבֵּרוּ נָשׂוֹא יִנָּשׂוּא
כִּי לֹא יִצְעָדוּ אַל־תִּירְאוּ מֵהֶם כִּי־לֹא יָרֵעוּ וְגַם־הֵיטֵיב אֵין

מֵאֵין כָּמֹוךָ יְהוָה גָּדֹול אַתָּה וְגָדֹול שִׁמְךָ ו אֹותָם:

בִּגְבוּרָה: מִי לֹא יִרָאֲךָ מֶלֶךְ הַגֹּויִם כִּי לְךָ יָאָתָה כִּי בְכָל־חַכְמֵי ז

הַגֹּויִם וּבְכָל־מַלְכוּתָם מֵאֵין כָּמֹוךָ: וּבְאַחַת יִבְעֲרוּ וְיִכְסָלוּ ח

מוּסַר הֲבָלִים עֵץ הוּא: כֶּסֶף מְרֻקָּע מִתַּרְשִׁישׁ יוּבָא וְזָהָב מֵאוּפָז ט

מַעֲשֵׂה חָרָשׁ וִידֵי צֹורֵף תְּכֵלֶת וְאַרְגָּמָן לְבוּשָׁם מַעֲשֵׂה חֲכָמִים

כֻּלָּם: וַיהוָה אֱלֹהִים אֱמֶת הוּא־אֱלֹהִים חַיִּים וּמֶלֶךְ עֹולָם מִקִּצְפֹּו י

תִּרְעַשׁ הָאָרֶץ וְלֹא־יָכִלוּ גֹויִם זַעְמֹו: כִּדְנָה יא

תֵּאמְרוּן לְהֹום אֱלָהַיָּא דִּי־שְׁמַיָּא וְאַרְקָא לָא עֲבַדוּ יֵאבַדוּ

מֵאַרְעָא וּמִן־תְּחֹות שְׁמַיָּא אֵלֶּה: עֹשֵׂה אֶרֶץ יב

בְּכֹחֹו מֵכִין תֵּבֵל בְּחָכְמָתֹו וּבִתְבוּנָתֹו נָטָה שָׁמָיִם: לְקֹול יג

הָאָרֶץ תִּתֹּו הֲמֹון מַיִם בַּשָּׁמַיִם וַיַּעֲלֶה נְשִׂאִים מִקְצֵה אָרֶץ בְּרָקִים

לַמָּטָר עָשָׂה וַיֹּוצֵא רוּחַ מֵאֹצְרֹתָיו: נִבְעַר כָּל־אָדָם מִדַּעַת יד

הֹבִישׁ כָּל־צֹורֵף מִפָּסֶל כִּי שֶׁקֶר נִסְכֹּו וְלֹא־רוּחַ בָּם: הֶבֶל טו

הֵמָּה מַעֲשֵׂה תַּעְתֻּעִים בְּעֵת פְּקֻדָּתָם יֹאבֵדוּ: לֹא־כְאֵלֶּה טז

חֵלֶק יַעֲקֹב כִּי־יֹוצֵר הַכֹּל הוּא וְיִשְׂרָאֵל שֵׁבֶט נַחֲלָתֹו

יְהוָה צְבָאֹות שְׁמֹו: אִסְפִּי מֵאֶרֶץ כִּנְעָתֵךְ יז

יֹושֶׁבֶת יֹושַׁבְתִּי בַּמָּצֹור: כִּי־כֹה אָמַר יְהוָה הִנְנִי יח

קֹולֵעַ אֶת־יֹושְׁבֵי הָאָרֶץ בַּפַּעַם הַזֹּאת וַהֲצֵרֹתִי לָהֶם לְמַעַן

יִמְצָאוּ: אֹוי לִי עַל־שִׁבְרִי נַחְלָה מַכָּתִי וַאֲנִי יט

אָמַרְתִּי אַךְ זֶה חֳלִי וְאֶשָּׂאֶנּוּ: אֹהָלִי שֻׁדָּד וְכָל־מֵיתָרַי נִתָּקוּ כ

בָּנַי יְצָאֻנִי וְאֵינָם אֵין־נֹטֶה עֹוד אָהֳלִי וּמֵקִים יְרִיעֹותָי: כִּי כא

נִבְעֲרוּ הָרֹעִים וְאֶת־יְהוָה לֹא דָרָשׁוּ עַל־כֵּן לֹא הִשְׂכִּילוּ וְכָל־

מַרְעִיתָם נָפֹוצָה: קֹול שְׁמוּעָה הִנֵּה בָאָה וְרַעַשׁ כב

גָּדֹול מֵאֶרֶץ צָפֹון לָשׂוּם אֶת־עָרֵי יְהוּדָה שְׁמָמָה מְעֹון תַּנִּים:

יָדַעְתִּי יְהוָה כִּי לֹא לָאָדָם דַּרְכֹּו לֹא־לְאִישׁ הֹלֵךְ וְהָכִין אֶת־ כג

צַעֲדֹו: יַסְּרֵנִי יְהוָה אַךְ בְּמִשְׁפָּט אַל־בְּאַפְּךָ פֶּן־תַּמְעִטֵנִי: שְׁפֹךְ כד
כה

חֲמָתְךָ עַל־הַגֹּויִם אֲשֶׁר לֹא־יְדָעוּךָ וְעַל מִשְׁפָּחֹות אֲשֶׁר בְּשִׁמְךָ

לֹא קָרָאוּ כִּי־אָכְלוּ אֶת־יַעֲקֹב וַאֲכָלֻהוּ וַיְכַלֻּהוּ וְאֶת־נָוֵהוּ
א א הֵשַׁמּוּ׃ הַדָּבָר אֲשֶׁר הָיָה אֶל־יִרְמְיָהוּ מֵאֵת
ב יְהוָה לֵאמֹר׃ שִׁמְעוּ אֶת־דִּבְרֵי הַבְּרִית הַזֹּאת וְדִבַּרְתָּם אֶל־
ג אִישׁ יְהוּדָה וְעַל־יֹשְׁבֵי יְרוּשָׁלִָם׃ וְאָמַרְתָּ אֲלֵיהֶם כֹּה־אָמַר
יְהוָה אֱלֹהֵי יִשְׂרָאֵל אָרוּר הָאִישׁ אֲשֶׁר לֹא יִשְׁמַע אֶת־דִּבְרֵי
ד הַבְּרִית הַזֹּאת׃ אֲשֶׁר צִוִּיתִי אֶת־אֲבוֹתֵיכֶם בְּיוֹם הוֹצִיאִי־
אוֹתָם מֵאֶרֶץ־מִצְרַיִם מִכּוּר הַבַּרְזֶל לֵאמֹר שִׁמְעוּ בְקוֹלִי
וַעֲשִׂיתֶם אוֹתָם כְּכֹל אֲשֶׁר־אֲצַוֶּה אֶתְכֶם וִהְיִיתֶם לִי לְעָם
ה וְאָנֹכִי אֶהְיֶה לָכֶם לֵאלֹהִים׃ לְמַעַן הָקִים אֶת־הַשְּׁבוּעָה אֲשֶׁר־
נִשְׁבַּעְתִּי לַאֲבוֹתֵיכֶם לָתֵת לָהֶם אֶרֶץ זָבַת חָלָב וּדְבַשׁ כַּיּוֹם
ו הַזֶּה וָאַעַן וָאֹמַר אָמֵן ׀ יְהוָה׃ וַיֹּאמֶר יְהוָה אֵלַי
קְרָא אֶת־כָּל־הַדְּבָרִים הָאֵלֶּה בְּעָרֵי יְהוּדָה וּבְחֻצוֹת יְרוּשָׁלִַם
ז לֵאמֹר שִׁמְעוּ אֶת־דִּבְרֵי הַבְּרִית הַזֹּאת וַעֲשִׂיתֶם אוֹתָם׃ כִּי
הָעֵד הַעִדֹתִי בַּאֲבוֹתֵיכֶם בְּיוֹם הַעֲלוֹתִי אוֹתָם מֵאֶרֶץ מִצְרַיִם
ח עַד־הַיּוֹם הַזֶּה הַשְׁכֵּם וְהָעֵד לֵאמֹר שִׁמְעוּ בְּקוֹלִי׃ וְלֹא שָׁמְעוּ
וְלֹא־הִטּוּ אֶת־אָזְנָם וַיֵּלְכוּ אִישׁ בִּשְׁרִירוּת לִבָּם הָרָע וָאָבִיא
עֲלֵיהֶם אֶת־כָּל־דִּבְרֵי הַבְּרִית־הַזֹּאת אֲשֶׁר־צִוִּיתִי לַעֲשׂוֹת
ט וְלֹא עָשׂוּ׃ וַיֹּאמֶר יְהוָה אֵלָי נִמְצָא־קֶשֶׁר בְּאִישׁ
י יְהוּדָה וּבְיֹשְׁבֵי יְרוּשָׁלִָם׃ שָׁבוּ עַל־עֲוֹנֹת אֲבוֹתָם הָרִאשֹׁנִים
אֲשֶׁר מֵאֲנוּ לִשְׁמוֹעַ אֶת־דְּבָרַי וְהֵמָּה הָלְכוּ אַחֲרֵי אֱלֹהִים
אֲחֵרִים לְעָבְדָם הֵפֵרוּ בֵית־יִשְׂרָאֵל וּבֵית יְהוּדָה אֶת־בְּרִיתִי
יא אֲשֶׁר כָּרַתִּי אֶת־אֲבוֹתָם׃ לָכֵן כֹּה אָמַר יְהוָה
הִנְנִי מֵבִיא אֲלֵיהֶם רָעָה אֲשֶׁר לֹא־יוּכְלוּ לָצֵאת מִמֶּנָּה וְזָעֲקוּ
יב אֵלַי וְלֹא אֶשְׁמַע אֲלֵיהֶם׃ וְהָלְכוּ עָרֵי יְהוּדָה וְיֹשְׁבֵי יְרוּשָׁלִַם
וְזָעֲקוּ אֶל־הָאֱלֹהִים אֲשֶׁר הֵם מְקַטְּרִים לָהֶם וְהוֹשֵׁעַ לֹא־
יג יוֹשִׁיעוּ לָהֶם בְּעֵת רָעָתָם׃ כִּי מִסְפַּר עָרֶיךָ הָיוּ אֱלֹהֶיךָ יְהוּדָה
וּמִסְפַּר חֻצוֹת יְרוּשָׁלִַם שַׂמְתֶּם מִזְבְּחוֹת לַבֹּשֶׁת מִזְבְּחוֹת

יד לְקַטֵּר לַבָּעַל: וְאַתָּה אַל־תִּתְפַּלֵּל בְּעַד־הָעָם הַזֶּה
וְאַל־תִּשָּׂא בַעֲדָם רִנָּה וּתְפִלָּה כִּי ׀ אֵינֶנִּי שֹׁמֵעַ בְּעֵת קָרְאָם
טו אֵלַי בְּעַד רָעָתָם: מֶה לִידִידִי בְּבֵיתִי עֲשׂוֹתָהּ
הַמְזִמָּתָה הָרַבִּים וּבְשַׂר־קֹדֶשׁ יַעַבְרוּ מֵעָלָיִךְ כִּי רָעָתֵכִי אָז
טז תַּעֲלֹזִי: זַיִת רַעֲנָן יְפֵה פְרִי־תֹאַר קָרָא יהוה שְׁמֵךְ לְקוֹל ׀ הֲמוּלָּה
יז גְדֹלָה הִצִּית אֵשׁ עָלֶיהָ וְרָעוּ דָּלִיּוֹתָיו: וַיהוה צְבָאוֹת הַנּוֹטֵעַ
אוֹתָךְ דִּבֶּר עָלַיִךְ רָעָה בִּגְלַל רָעַת בֵּית־יִשְׂרָאֵל וּבֵית יְהוּדָה
יח אֲשֶׁר עָשׂוּ לָהֶם לְהַכְעִסֵנִי לְקַטֵּר לַבָּעַל: וַיהוה
יט הוֹדִיעַנִי וָאֵדָעָה אָז הִרְאִיתַנִי מַעַלְלֵיהֶם: וַאֲנִי כְּכֶבֶשׂ
אַלּוּף יוּבַל לִטְבוֹחַ וְלֹא־יָדַעְתִּי כִּי־עָלַי ׀ חָשְׁבוּ מַחֲשָׁבוֹת
נַשְׁחִיתָה עֵץ בְּלַחְמוֹ וְנִכְרְתֶנּוּ מֵאֶרֶץ חַיִּים וּשְׁמוֹ לֹא־
כ יִזָּכֵר עוֹד: וַיהוה צְבָאוֹת שֹׁפֵט צֶדֶק בֹּחֵן
כְּלָיוֹת וָלֵב אֶרְאֶה נִקְמָתְךָ מֵהֶם כִּי אֵלֶיךָ גִּלִּיתִי אֶת־
כא רִיבִי: לָכֵן כֹּה־אָמַר יהוה עַל־אַנְשֵׁי עֲנָתוֹת
הַמְבַקְשִׁים אֶת־נַפְשְׁךָ לֵאמֹר לֹא תִנָּבֵא בְּשֵׁם יהוה וְלֹא
כב תָמוּת בְּיָדֵנוּ: לָכֵן כֹּה אָמַר יהוה צְבָאוֹת הִנְנִי
פֹקֵד עֲלֵיהֶם הַבַּחוּרִים יָמֻתוּ בַחֶרֶב בְּנֵיהֶם וּבְנוֹתֵיהֶם יָמֻתוּ
כג בָּרָעָב: וּשְׁאֵרִית לֹא תִהְיֶה לָהֶם כִּי־אָבִיא רָעָה אֶל־אַנְשֵׁי
יב א עֲנָתוֹת שְׁנַת פְּקֻדָּתָם: צַדִּיק אַתָּה יהוה כִּי
אָרִיב אֵלֶיךָ אַךְ מִשְׁפָּטִים אֲדַבֵּר אוֹתָךְ מַדּוּעַ דֶּרֶךְ רְשָׁעִים
ב צָלֵחָה שָׁלוּ כָּל־בֹּגְדֵי בָגֶד: נְטַעְתָּם גַּם־שֹׁרָשׁוּ יֵלְכוּ גַּם־עָשׂוּ
ג פֶרִי קָרוֹב אַתָּה בְּפִיהֶם וְרָחוֹק מִכִּלְיוֹתֵיהֶם: וְאַתָּה יהוה
יְדַעְתָּנִי תִּרְאֵנִי וּבָחַנְתָּ לִבִּי אִתָּךְ הַתִּקֵם כְּצֹאן לְטִבְחָה
ד וְהַקְדִּשֵׁם לְיוֹם הֲרֵגָה: עַד־מָתַי תֶּאֱבַל הָאָרֶץ
וְעֵשֶׂב כָּל־הַשָּׂדֶה יִיבָשׁ מֵרָעַת יֹשְׁבֵי־בָהּ סָפְתָה בְהֵמוֹת וָעוֹף
ה כִּי אָמְרוּ לֹא יִרְאֶה אֶת־אַחֲרִיתֵנוּ: כִּי אֶת־רַגְלִים ׀ רַצְתָּה וַיַּלְאוּךָ
וְאֵיךְ תְּתַחֲרֶה אֶת־הַסּוּסִים וּבְאֶרֶץ שָׁלוֹם אַתָּה בוֹטֵחַ וְאֵיךְ

ו תַּעֲשֶׂה בִּגְאוֹן הַיַּרְדֵּן: כִּי גַם־אַחֶיךָ וּבֵית־אָבִיךָ גַּם־הֵמָּה בָּגְדוּ
בָךְ גַּם־הֵמָּה קָרְאוּ אַחֲרֶיךָ מָלֵא אַל־תַּאֲמֵן בָּם כִּי־יְדַבְּרוּ
ז אֵלֶיךָ טוֹבוֹת: עָזַבְתִּי אֶת־בֵּיתִי נָטַשְׁתִּי אֶת־
ח נַחֲלָתִי נָתַתִּי אֶת־יְדִדוּת נַפְשִׁי בְּכַף אֹיְבֶיהָ: הָיְתָה־לִּי נַחֲלָתִי
ט כְּאַרְיֵה בַיָּעַר נָתְנָה עָלַי בְּקוֹלָהּ עַל־כֵּן שְׂנֵאתִיהָ: הַעַיִט צָבוּעַ
נַחֲלָתִי לִי הַעַיִט סָבִיב עָלֶיהָ לְכוּ אִסְפוּ כָּל־חַיַּת הַשָּׂדֶה הֵתָיוּ
י לְאָכְלָה: רֹעִים רַבִּים שִׁחֲתוּ כַרְמִי בֹּסְסוּ אֶת־חֶלְקָתִי נָתְנוּ
יא אֶת־חֶלְקַת חֶמְדָּתִי לְמִדְבַּר שְׁמָמָה: שָׂמָהּ לִשְׁמָמָה אָבְלָה
יב עָלַי שְׁמֵמָה נָשַׁמָּה כָּל־הָאָרֶץ כִּי אֵין אִישׁ שָׂם עַל־לֵב: עַל־
כָּל־שְׁפָיִם בַּמִּדְבָּר בָּאוּ שֹׁדְדִים כִּי חֶרֶב לַיהוה אֹכְלָה מִקְצֵה
יג אֶרֶץ וְעַד־קְצֵה הָאָרֶץ אֵין שָׁלוֹם לְכָל־בָּשָׂר: זָרְעוּ חִטִּים
וְקֹצִים קָצָרוּ נֶחְלוּ לֹא יוֹעִלוּ וּבֹשׁוּ מִתְּבוּאֹתֵיכֶם מֵחֲרוֹן אַף־
יד יהוה: כֹּה ׀ אָמַר יהוה עַל־כָּל־שְׁכֵנַי הָרָעִים
הַנֹּגְעִים בַּנַּחֲלָה אֲשֶׁר־הִנְחַלְתִּי אֶת־עַמִּי אֶת־יִשְׂרָאֵל הִנְנִי
טו נֹתְשָׁם מֵעַל אַדְמָתָם וְאֶת־בֵּית יְהוּדָה אֶתּוֹשׁ מִתּוֹכָם: וְהָיָה ז
אַחֲרֵי נָתְשִׁי אוֹתָם אָשׁוּב וְרִחַמְתִּים וַהֲשִׁבֹתִים אִישׁ לְנַחֲלָתוֹ
טז וְאִישׁ לְאַרְצוֹ: וְהָיָה אִם־לָמֹד יִלְמְדוּ אֶת־דַּרְכֵי עַמִּי לְהִשָּׁבֵעַ
בִּשְׁמִי חַי־יהוה כַּאֲשֶׁר לִמְּדוּ אֶת־עַמִּי לְהִשָּׁבֵעַ בַּבָּעַל וְנִבְנוּ
יז בְּתוֹךְ עַמִּי: וְאִם לֹא יִשְׁמָעוּ וְנָתַשְׁתִּי אֶת־הַגּוֹי הַהוּא
יג א נָתוֹשׁ וְאַבֵּד נְאֻם־יהוה: כֹּה־אָמַר יהוה אֵלַי
הָלוֹךְ וְקָנִיתָ לְּךָ אֵזוֹר פִּשְׁתִּים וְשַׂמְתּוֹ עַל־מָתְנֶיךָ וּבַמַּיִם
ב לֹא תְבִאֵהוּ: וָאֶקְנֶה אֶת־הָאֵזוֹר כִּדְבַר יהוה וָאָשִׂם עַל־
ג ד מָתְנָי: וַיְהִי דְבַר־יהוה אֵלַי שֵׁנִית לֵאמֹר: קַח
אֶת־הָאֵזוֹר אֲשֶׁר קָנִיתָ אֲשֶׁר עַל־מָתְנֶיךָ וְקוּם לֵךְ פְּרָתָה
ה וְטָמְנֵהוּ שָׁם בִּנְקִיק הַסָּלַע: וָאֵלֵךְ וָאֶטְמְנֵהוּ בִּפְרָת כַּאֲשֶׁר צִוָּה
ו יהוה אוֹתִי: וַיְהִי מִקֵּץ יָמִים רַבִּים וַיֹּאמֶר יהוה אֵלַי קוּם לֵךְ
ז פְּרָתָה וְקַח מִשָּׁם אֶת־הָאֵזוֹר אֲשֶׁר צִוִּיתִיךָ לְטָמְנוֹ־שָׁם: וָאֵלֵךְ

פְּרָ֑תָה וָאֶחְפֹּ֗ר וָאֶקַּ֤ח אֶת־הָֽאֵזוֹר֙ מִן־הַמָּק֔וֹם אֲשֶׁר־טְמַנְתִּ֖יו
שָׁ֑מָּה וְהִנֵּ֤ה נִשְׁחַת֙ הָֽאֵז֔וֹר לֹ֥א יִצְלַ֖ח לַכֹּֽל׃   וַיְהִ֥י דְבַר־   ח

יְהֹוָ֖ה אֵלַ֥י לֵאמֹֽר׃ כֹּ֚ה אָמַ֣ר יְהֹוָ֔ה כָּ֕כָה אַשְׁחִ֖ית אֶת־גְּא֥וֹן   ט

יְהוּדָ֑ה וְאֶת־גְּא֖וֹן יְרוּשָׁלַ֥͏ִם הָרָֽב׃ הָעָם֩ הַזֶּ֨ה הָרָ֜ע הַמֵּאֲנִ֣ים ׀   י
לִשְׁמ֣וֹעַ אֶת־דְּבָרַ֗י הַהֹֽלְכִים֙ בִּשְׁרִר֣וּת לִבָּ֔ם וַיֵּלְכ֗וּ אַֽחֲרֵי֙ אֱלֹהִ֣ים
אֲחֵרִ֔ים לְעׇבְדָ֖ם וּלְהִשְׁתַּחֲוֺ֣ת לָהֶ֑ם וִיהִי֙ כָּאֵז֣וֹר הַזֶּ֔ה אֲשֶׁ֥ר לֹא־

יִצְלַ֖ח לַכֹּֽל׃ כִּ֡י כַּאֲשֶׁר֩ יִדְבַּ֨ק הָאֵז֜וֹר אֶל־מׇתְנֵי־אִ֗ישׁ כֵּ֣ן הִדְבַּ֣קְתִּי   יא
אֵ֠לַ֠י אֶת־כׇּל־בֵּ֨ית יִשְׂרָאֵ֜ל וְאֶת־כׇּל־בֵּ֤ית יְהוּדָה֙ נְאֻם־יְהֹוָ֔ה
לִהְי֥וֹת לִי֙ לְעָ֔ם וּלְשֵׁ֥ם וְלִתְהִלָּ֖ה וּלְתִפְאָ֑רֶת וְלֹ֖א שָׁמֵֽעוּ׃ וְאָמַרְתָּ֙   יב
אֲלֵיהֶ֜ם אֶת־הַדָּבָ֣ר הַזֶּ֗ה כֹּֽה־אָמַ֤ר יְהֹוָה֙ אֱלֹהֵ֣י יִשְׂרָאֵ֔ל כׇּל־
נֵ֖בֶל יִמָּ֣לֵא יָ֑יִן   וְאָמְר֣וּ אֵלֶ֔יךָ הֲיָדֹ֙עַ֙ לֹ֣א נֵדַ֔ע כִּ֥י

כׇּל־נֵ֖בֶל יִמָּ֥לֵא יָֽיִן׃ וְאָמַרְתָּ֙ אֲלֵיהֶ֜ם כֹּֽה־אָמַ֣ר יְהֹוָ֗ה הִנְנִ֣י מְמַלֵּ֣א   יג
אֶת־כׇּל־יֹשְׁבֵ֣י הָאָ֣רֶץ הַזֹּ֡את וְאֶת־הַמְּלָכִ֣ים הַיֹּשְׁבִים֩ לְדָוִ֨ד
עַל־כִּסְא֜וֹ וְאֶת־הַכֹּהֲנִ֣ים וְאֶת־הַנְּבִיאִ֗ים וְאֵ֖ת כׇּל־יֹשְׁבֵ֥י
יְרוּשָׁלָ֑͏ִם שִׁכָּרֽוֹן׃ וְנִפַּצְתִּים֩ אִ֨ישׁ אֶל־אָחִ֜יו וְהָאָב֧וֹת וְהַבָּנִ֛ים   יד
יַחְדָּ֖ו נְאֻם־יְהֹוָ֑ה לֹֽא־אֶחְמ֧וֹל וְלֹֽא־אָח֛וּס וְלֹ֥א אֲרַחֵ֖ם
מֵהַשְׁחִיתָֽם׃   שִׁמְע֤וּ וְהַאֲזִ֙ינוּ֙ אַל־תִּגְבָּ֔הוּ כִּ֥י   טו

יְהֹוָ֖ה דִּבֵּֽר׃ תְּנוּ֩ לַיהֹוָ֨ה אֱלֹהֵיכֶ֤ם כָּבוֹד֙ בְּטֶ֣רֶם יַחְשִׁ֔ךְ וּבְטֶ֛רֶם   טז
יִֽתְנַגְּפ֥וּ רַגְלֵיכֶ֖ם עַל־הָ֣רֵי נָ֑שֶׁף וְקִוִּיתֶ֤ם לְאוֹר֙ וְשָׂמָ֣הּ לְצַלְמָ֔וֶת

יָשִׁ֖ית לַעֲרָפֶֽל׃ וְאִם֙ לֹ֣א תִשְׁמָע֔וּהָ בְּמִסְתָּרִ֥ים תִּבְכֶּֽה־נַפְשִׁ֖י   יז   וְשִׂ֤ית
מִפְּנֵ֣י גֵוָ֑ה וְדָמֹ֨עַ תִּדְמַ֜ע וְתֵרַ֤ד עֵינִי֙ דִּמְעָ֔ה כִּ֥י נִשְׁבָּ֖ה עֵ֥דֶר
יְהֹוָֽה׃   אֱמֹ֥ר לַמֶּ֛לֶךְ וְלַגְּבִירָ֖ה הַשְׁפִּ֣ילוּ שֵׁ֑בוּ כִּ֤י   יח

יָרַד֙ מַרְאֲשֽׁוֹתֵיכֶ֔ם עֲטֶ֖רֶת תִּֽפְאַרְתְּכֶֽם׃ עָרֵ֥י הַנֶּ֛גֶב סֻגְּר֖וּ וְאֵ֣ין   יט
פֹּתֵ֑חַ הׇגְלָ֤ת יְהוּדָה֙ כֻּלָּ֔הּ הׇגְלָ֖ת שְׁלוֹמִֽים׃   שְׂא֤וּ   כ
עֵֽינֵיכֶם֙ וּרְא֔וּ הַבָּאִ֖ים מִצָּפ֑וֹן אַיֵּ֗ה הָעֵ֙דֶר֙ נִתַּן־לָ֔ךְ צֹ֖אן   וּרְא֔וּ
תִּפְאַרְתֵּֽךְ׃ מַה־תֹּֽאמְרִי֙ כִּֽי־יִפְקֹ֣ד עָלַ֔יִךְ וְ֠אַ֠תְּ לִמַּ֨דְתְּ אֹתָ֥ם   כא
עָלַ֛יִךְ אַלֻּפִ֖ים לְרֹ֑אשׁ הֲל֤וֹא חֲבָלִים֙ יֹאחֱז֔וּךְ כְּמ֖וֹ אֵ֥שֶׁת לֵדָֽה׃

כב וְכִי תֹאמְרִי בִּלְבָבֵךְ מַדּוּעַ קְרָאֻנִי אֵלֶּה בְּרֹב עֲוֺנֵךְ נִגְלוּ שׁוּלַיִךְ
כג נֶחְמְסוּ עֲקֵבָיִךְ: הֲיַהֲפֹךְ כּוּשִׁי עוֹרוֹ וְנָמֵר חֲבַרְבֻּרֹתָיו גַּם־אַתֶּם
כד תּוּכְלוּ לְהֵיטִיב לִמֻּדֵי הָרֵעַ: וַאֲפִיצֵם כְּקַשׁ עוֹבֵר לְרוּחַ מִדְבָּר:
כה זֶה גוֹרָלֵךְ מְנָת־מִדַּיִךְ מֵאִתִּי נְאֻם־יהוה אֲשֶׁר שָׁכַחַתְּ אוֹתִי
כו וַתִּבְטְחִי בַּשָּׁקֶר: וְגַם־אֲנִי חָשַׂפְתִּי שׁוּלַיִךְ עַל־פָּנָיִךְ וְנִרְאָה
כז קְלוֹנֵךְ: נִאֻפַיִךְ וּמִצְהֲלוֹתַיִךְ זִמַּת זְנוּתֵךְ עַל־גְּבָעוֹת בַּשָּׂדֶה
רָאִיתִי שִׁקּוּצָיִךְ אוֹי לָךְ יְרוּשָׁלִַם לֹא תִטְהֲרִי אַחֲרֵי מָתַי
יד א עֹד: אֲשֶׁר הָיָה דְבַר־יהוה אֶל־יִרְמְיָהוּ עַל־
ב דִּבְרֵי הַבַּצָּרוֹת: אָבְלָה יְהוּדָה וּשְׁעָרֶיהָ אֻמְלְלוּ קָדְרוּ לָאָרֶץ
ג וְצִוְחַת יְרוּשָׁלִַם עָלָתָה: וְאַדִּרֵיהֶם שָׁלְחוּ צעוריהם לַמָּיִם בָּאוּ צְעִירֵיהֶם
עַל־גֵּבִים לֹא־מָצְאוּ מַיִם שָׁבוּ כְלֵיהֶם רֵיקָם בֹּשׁוּ וְהָכְלְמוּ וְחָפוּ
ד רֹאשָׁם: בַּעֲבוּר הָאֲדָמָה חַתָּה כִּי לֹא־הָיָה גֶשֶׁם בָּאָרֶץ בֹּשׁוּ
ה אִכָּרִים חָפוּ רֹאשָׁם: כִּי גַם־אַיֶּלֶת בַּשָּׂדֶה יָלְדָה וְעָזוֹב כִּי לֹא־
ו הָיָה דֶּשֶׁא: וּפְרָאִים עָמְדוּ עַל־שְׁפָיִם שָׁאֲפוּ רוּחַ כַּתַּנִּים כָּלוּ
ז עֵינֵיהֶם כִּי־אֵין עֵשֶׂב: אִם־עֲוֺנֵינוּ עָנוּ בָנוּ יהוה עֲשֵׂה לְמַעַן
ח שְׁמֶךָ כִּי־רַבּוּ מְשׁוּבֹתֵינוּ לְךָ חָטָאנוּ: מִקְוֵה יִשְׂרָאֵל מוֹשִׁיעוֹ
ט בְּעֵת צָרָה לָמָּה תִהְיֶה כְּגֵר בָּאָרֶץ וּכְאֹרֵחַ נָטָה לָלוּן: לָמָּה
תִהְיֶה כְּאִישׁ נִדְהָם כְּגִבּוֹר לֹא־יוּכַל לְהוֹשִׁיעַ וְאַתָּה בְקִרְבֵּנוּ
י יהוה וְשִׁמְךָ עָלֵינוּ נִקְרָא אַל־תַּנִּחֵנוּ: כֹּה־אָמַר
יהוה לָעָם הַזֶּה כֵּן אָהֲבוּ לָנוּעַ רַגְלֵיהֶם לֹא חָשָׂכוּ וַיהוה לֹא
יא רָצָם עַתָּה יִזְכֹּר עֲוֺנָם וְיִפְקֹד חַטֹּאתָם: וַיֹּאמֶר
יב יהוה אֵלָי אַל־תִּתְפַּלֵּל בְּעַד־הָעָם הַזֶּה לְטוֹבָה: כִּי יָצֻמוּ אֵינֶנִּי
שֹׁמֵעַ אֶל־רִנָּתָם וְכִי יַעֲלוּ עֹלָה וּמִנְחָה אֵינֶנִּי רֹצָם כִּי בַּחֶרֶב
יג וּבָרָעָב וּבַדֶּבֶר אָנֹכִי מְכַלֶּה אוֹתָם: וָאֹמַר אֲהָהּ ׀ אֲדֹנָי יֱהוִה הִנֵּה
הַנְּבִאִים אֹמְרִים לָהֶם לֹא־תִרְאוּ חֶרֶב וְרָעָב לֹא־יִהְיֶה לָכֶם
יד כִּי־שְׁלוֹם אֱמֶת אֶתֵּן לָכֶם בַּמָּקוֹם הַזֶּה: וַיֹּאמֶר
יהוה אֵלַי שֶׁקֶר הַנְּבִאִים נִבְּאִים בִּשְׁמִי לֹא שְׁלַחְתִּים וְלֹא

וֶאֱלִיל וְתַרְמִית צִוִּיתִים וְלֹא דִבַּרְתִּי אֲלֵיהֶם חֲזוֹן שֶׁקֶר וְקֶסֶם ואלול ותרמות
לִבָּם הֵמָּה מִתְנַבְּאִים לָכֶם׃ לָכֵן כֹּה־אָמַר יְהוָה טו
עַל־הַנְּבִאִים הַנִּבְּאִים בִּשְׁמִי וַאֲנִי לֹא־שְׁלַחְתִּים וְהֵמָּה אֹמְרִים
חֶרֶב וְרָעָב לֹא יִהְיֶה בָּאָרֶץ הַזֹּאת בַּחֶרֶב וּבָרָעָב יִתַּמּוּ הַנְּבִאִים
הָהֵמָּה׃ וְהָעָם אֲשֶׁר־הֵמָּה נִבְּאִים לָהֶם יִהְיוּ מֻשְׁלָכִים בְּחֻצוֹת טז
יְרוּשָׁלַםִ מִפְּנֵי ׀ הָרָעָב וְהַחֶרֶב וְאֵין מְקַבֵּר לָהֵמָּה הֵמָּה נְשֵׁיהֶם
וּבְנֵיהֶם וּבְנֹתֵיהֶם וְשָׁפַכְתִּי עֲלֵיהֶם אֶת־רָעָתָם׃ וְאָמַרְתָּ אֲלֵיהֶם יז
אֶת־הַדָּבָר הַזֶּה תֵּרַדְנָה עֵינַי דִּמְעָה לַיְלָה וְיוֹמָם וְאַל־תִּדְמֶינָה
כִּי שֶׁבֶר גָּדוֹל נִשְׁבְּרָה בְּתוּלַת בַּת־עַמִּי מַכָּה נַחְלָה מְאֹד׃
אִם־יָצָאתִי הַשָּׂדֶה וְהִנֵּה חַלְלֵי־חֶרֶב וְאִם בָּאתִי הָעִיר וְהִנֵּה יח
תַּחֲלוּאֵי רָעָב כִּי גַם־נָבִיא גַם־כֹּהֵן סָחֲרוּ אֶל־אֶרֶץ וְלֹא
יָדָעוּ׃ הֲמָאֹס מָאַסְתָּ אֶת־יְהוּדָה אִם־בְּצִיּוֹן יט
גָּעֲלָה נַפְשֶׁךָ מַדּוּעַ הִכִּיתָנוּ וְאֵין לָנוּ מַרְפֵּא קַוֵּה לְשָׁלוֹם וְאֵין
טוֹב וּלְעֵת מַרְפֵּא וְהִנֵּה בְעָתָה׃ יָדַעְנוּ יְהוָה רִשְׁעֵנוּ עֲוֹן כ
אֲבוֹתֵינוּ כִּי חָטָאנוּ לָךְ׃ אַל־תִּנְאַץ לְמַעַן שִׁמְךָ אַל־תְּנַבֵּל כא
ח כִּסֵּא כְבוֹדֶךָ זְכֹר אַל־תָּפֵר בְּרִיתְךָ אִתָּנוּ׃ הֲיֵשׁ בְּהַבְלֵי כב
הַגּוֹיִם מַגְשִׁמִים וְאִם־הַשָּׁמַיִם יִתְּנוּ רְבִבִים הֲלֹא אַתָּה־
הוּא יְהוָה אֱלֹהֵינוּ וּנְקַוֶּה־לָּךְ כִּי־אַתָּה עָשִׂיתָ אֶת־כָּל־
אֵלֶּה׃ וַיֹּאמֶר יְהוָה אֵלַי אִם־יַעֲמֹד מֹשֶׁה א טו
וּשְׁמוּאֵל לְפָנַי אֵין נַפְשִׁי אֶל־הָעָם הַזֶּה שַׁלַּח מֵעַל־פָּנַי וְיֵצֵאוּ׃
וְהָיָה כִּי־יֹאמְרוּ אֵלֶיךָ אָנָה נֵצֵא וְאָמַרְתָּ אֲלֵיהֶם כֹּה־אָמַר ב
יְהוָה אֲשֶׁר לַמָּוֶת לַמָּוֶת וַאֲשֶׁר לַחֶרֶב לַחֶרֶב וַאֲשֶׁר לָרָעָב לָרָעָב
וַאֲשֶׁר לַשְּׁבִי לַשֶּׁבִי׃ וּפָקַדְתִּי עֲלֵיהֶם אַרְבַּע מִשְׁפָּחוֹת ג
נְאֻם־יְהוָה אֶת־הַחֶרֶב לַהֲרֹג וְאֶת־הַכְּלָבִים לִסְחֹב וְאֶת־עוֹף
לְזַעֲוָה הַשָּׁמַיִם וְאֶת־בֶּהֱמַת הָאָרֶץ לֶאֱכֹל וּלְהַשְׁחִית׃ וּנְתַתִּים לזועה ד
לְכֹל מַמְלְכוֹת הָאָרֶץ בִּגְלַל מְנַשֶּׁה בֶן־יְחִזְקִיָּהוּ מֶלֶךְ יְהוּדָה
עַל אֲשֶׁר־עָשָׂה בִּירוּשָׁלָםִ׃ כִּי מִי־יַחְמֹל עָלַיִךְ יְרוּשָׁלַםִ וּמִי ה

ו יָנוּד לָךְ וּמִי יָסוּר לִשְׁאֹל לְשָׁלֹם לָךְ: אַתְּ נָטַשְׁתְּ אֹתִי נְאֻם־
יְהוָה אָחוֹר תֵּלֵכִי וָאַט אֶת־יָדִי עָלַיִךְ וָאַשְׁחִיתֵךְ נִלְאֵיתִי
ז הִנָּחֵם: וָאֶזְרֵם בְּמִזְרֶה בְּשַׁעֲרֵי הָאָרֶץ שִׁכַּלְתִּי אִבַּדְתִּי אֶת־עַמִּי
ח מִדַּרְכֵיהֶם לוֹא שָׁבוּ: עָצְמוּ־לִי אַלְמְנוֹתָו מֵחוֹל יַמִּים הֵבֵאתִי
לָהֶם עַל־אֵם בָּחוּר שֹׁדֵד בַּצָּהֳרָיִם הִפַּלְתִּי עָלֶיהָ פִּתְאֹם עִיר
ט וּבֶהָלוֹת: אֻמְלְלָה יֹלֶדֶת הַשִּׁבְעָה נָפְחָה נַפְשָׁהּ באה שִׁמְשָׁהּ בָּא
בְּעֹד יוֹמָם בּוֹשָׁה וְחָפֵרָה וּשְׁאֵרִיתָם לַחֶרֶב אֶתֵּן לִפְנֵי אֹיְבֵיהֶם
י נְאֻם־יְהוָה: אוֹי־לִי אִמִּי כִּי יְלִדְתִּנִי אִישׁ רִיב
וְאִישׁ מָדוֹן לְכָל־הָאָרֶץ לֹא־נָשִׁיתִי וְלֹא־נָשׁוּ־בִי כֻּלֹּה
יא מְקַלְלַונִי: אָמַר יְהוָה אִם־לֹא שרותך לְטוֹב אִם־לוֹא | הִפְגַּעְתִּי שֵׁרִיתִךָ
יב בְךָ בְּעֵת־רָעָה וּבְעֵת צָרָה אֶת־הָאֹיֵב: הֲיָרֹעַ בַּרְזֶל | בַּרְזֶל
יג מִצָּפוֹן וּנְחֹשֶׁת: חֵילְךָ וְאוֹצְרוֹתֶיךָ לָבַז אֶתֵּן לֹא בִמְחִיר וּבְכָל־
יד חַטֹּאותֶיךָ וּבְכָל־גְּבוּלֶיךָ: וְהַעֲבַרְתִּי אֶת־אֹיְבֶיךָ בְּאֶרֶץ לֹא
טו יָדָעְתָּ כִּי־אֵשׁ קָדְחָה בְאַפִּי עֲלֵיכֶם תּוּקָד: אַתָּה
יָדַעְתָּ יְהוָה זָכְרֵנִי וּפָקְדֵנִי וְהִנָּקֶם לִי מֵרֹדְפַי אַל־לְאֶרֶךְ אַפְּךָ
טז תִּקָּחֵנִי דַּע שְׂאֵתִי עָלֶיךָ חֶרְפָּה: נִמְצְאוּ דְבָרֶיךָ וָאֹכְלֵם וַיְהִי
דבריך לִי לְשָׂשׂוֹן וּלְשִׂמְחַת לְבָבִי כִּי־נִקְרָא שִׁמְךָ עָלַי יְהוָה דְּבָרְךָ
יז אֱלֹהֵי צְבָאוֹת: לֹא־יָשַׁבְתִּי בְסוֹד־מְשַׂחֲקִים וָאֶעְלֹז מִפְּנֵי
יח יָדְךָ בָּדָד יָשַׁבְתִּי כִּי־זַעַם מִלֵּאתָנִי: לָמָּה הָיָה כְאֵבִי נֶצַח
וּמַכָּתִי אֲנוּשָׁה מֵאֲנָה הֵרָפֵא הָיוֹ תִהְיֶה לִי כְּמוֹ אַכְזָב מַיִם לֹא
יט נֶאֱמָנוּ: לָכֵן כֹּה־אָמַר יְהוָה אִם־תָּשׁוּב וַאֲשִׁיבְךָ
לְפָנַי תַּעֲמֹד וְאִם־תּוֹצִיא יָקָר מִזּוֹלֵל כְּפִי תִהְיֶה יָשֻׁבוּ הֵמָּה
כ אֵלֶיךָ וְאַתָּה לֹא־תָשׁוּב אֲלֵיהֶם: וּנְתַתִּיךָ לָעָם הַזֶּה לְחוֹמַת
נְחֹשֶׁת בְּצוּרָה וְנִלְחֲמוּ אֵלֶיךָ וְלֹא־יוּכְלוּ לָךְ כִּי־אִתְּךָ אֲנִי
כא לְהוֹשִׁיעֲךָ וּלְהַצִּילֶךָ נְאֻם־יְהוָה: וְהִצַּלְתִּיךָ מִיַּד רָעִים וּפְדִתִיךָ
טז א מִכַּף עָרִצִים: וַיְהִי דְבַר־יְהוָה אֵלַי לֵאמֹר:
ב לֹא־תִקַּח לְךָ אִשָּׁה וְלֹא־יִהְיוּ לְךָ בָּנִים וּבָנוֹת בַּמָּקוֹם

הַזֶּה׃ כִּי־כֹה ׀ אָמַר יְהוָה עַל־הַבָּנִים וְעַל־ ג
הַבָּנוֹת הַיִּלּוֹדִים בַּמָּקוֹם הַזֶּה וְעַל־אִמֹּתָם הַיֹּלְדוֹת אוֹתָם וְעַל־
אֲבוֹתָם הַמּוֹלִדִים אוֹתָם בָּאָרֶץ הַזֹּאת׃ מְמוֹתֵי תַחֲלֻאִים יָמֻתוּ ד
לֹא יִסָּפְדוּ וְלֹא יִקָּבֵרוּ לְדֹמֶן עַל־פְּנֵי הָאֲדָמָה יִהְיוּ וּבַחֶרֶב
וּבָרָעָב יִכְלוּ וְהָיְתָה נִבְלָתָם לְמַאֲכָל לְעוֹף הַשָּׁמַיִם וּלְבֶהֱמַת
הָאָרֶץ׃ כִּי־כֹה ׀ אָמַר יְהוָה אַל־תָּבוֹא בֵּית ה
מַרְזֵחַ וְאַל־תֵּלֵךְ לִסְפּוֹד וְאַל־תָּנֹד לָהֶם כִּי־אָסַפְתִּי אֶת־
שְׁלוֹמִי מֵאֵת הָעָם הַזֶּה נְאֻם־יְהוָה אֶת־הַחֶסֶד וְאֶת־הָרַחֲמִים׃
וּמֵתוּ גְדֹלִים וּקְטַנִּים בָּאָרֶץ הַזֹּאת לֹא יִקָּבֵרוּ וְלֹא־יִסְפְּדוּ לָהֶם ו
וְלֹא יִתְגֹּדַד וְלֹא יִקָּרֵחַ לָהֶם׃ וְלֹא־יִפְרְסוּ לָהֶם עַל־אֵבֶל ז
לְנַחֲמוֹ עַל־מֵת וְלֹא־יַשְׁקוּ אוֹתָם כּוֹס תַּנְחוּמִים עַל־אָבִיו
וְעַל־אִמּוֹ׃ וּבֵית־מִשְׁתֶּה לֹא־תָבוֹא לָשֶׁבֶת אוֹתָם לֶאֱכֹל ח
וְלִשְׁתּוֹת׃ כִּי כֹה אָמַר יְהוָה צְבָאוֹת אֱלֹהֵי ט
יִשְׂרָאֵל הִנְנִי מַשְׁבִּית מִן־הַמָּקוֹם הַזֶּה לְעֵינֵיכֶם וּבִימֵיכֶם קוֹל
שָׂשׂוֹן וְקוֹל שִׂמְחָה קוֹל חָתָן וְקוֹל כַּלָּה׃ וְהָיָה כִּי תַגִּיד לָעָם י
הַזֶּה אֵת כָּל־הַדְּבָרִים הָאֵלֶּה וְאָמְרוּ אֵלֶיךָ עַל־מֶה דִבֶּר יְהוָה
עָלֵינוּ אֵת כָּל־הָרָעָה הַגְּדוֹלָה הַזֹּאת וּמֶה עֲוֹנֵנוּ וּמֶה חַטָּאתֵנוּ
אֲשֶׁר חָטָאנוּ לַיהוָה אֱלֹהֵינוּ׃ וְאָמַרְתָּ אֲלֵיהֶם עַל אֲשֶׁר־עָזְבוּ יא
אֲבוֹתֵיכֶם אוֹתִי נְאֻם־יְהוָה וַיֵּלְכוּ אַחֲרֵי אֱלֹהִים אֲחֵרִים
וַיַּעַבְדוּם וַיִּשְׁתַּחֲווּ לָהֶם וְאֹתִי עָזָבוּ וְאֶת־תּוֹרָתִי לֹא שָׁמָרוּ׃
וְאַתֶּם הֲרֵעֹתֶם לַעֲשׂוֹת מֵאֲבוֹתֵיכֶם וְהִנְּכֶם הֹלְכִים אִישׁ אַחֲרֵי יב
שְׁרִרוּת לִבּוֹ־הָרָע לְבִלְתִּי שְׁמֹעַ אֵלָי׃ וְהֵטַלְתִּי אֶתְכֶם מֵעַל יג
הָאָרֶץ הַזֹּאת עַל־הָאָרֶץ אֲשֶׁר לֹא יְדַעְתֶּם אַתֶּם וַאֲבוֹתֵיכֶם
וַעֲבַדְתֶּם־שָׁם אֶת־אֱלֹהִים אֲחֵרִים יוֹמָם וָלַיְלָה אֲשֶׁר לֹא־אֶתֵּן
לָכֶם חֲנִינָה׃ לָכֵן הִנֵּה־יָמִים בָּאִים נְאֻם־יְהוָה יד
וְלֹא־יֵאָמֵר עוֹד חַי־יְהוָה אֲשֶׁר הֶעֱלָה אֶת־בְּנֵי יִשְׂרָאֵל מֵאֶרֶץ
מִצְרָיִם׃ כִּי אִם־חַי־יְהוָה אֲשֶׁר הֶעֱלָה אֶת־בְּנֵי יִשְׂרָאֵל מֵאֶרֶץ טו

צָפוֹן וּמִכֹּל הָאֲרָצוֹת אֲשֶׁר הִדִּיחָם שָׁמָּה וַהֲשִׁבֹתִים֙ עַל־

אַדְמָתָ֔ם אֲשֶׁ֥ר נָתַ֖תִּי לַאֲבוֹתָֽם: הִנְנִ֨י שֹׁלֵ֜חַ   טז

לְדַיָּגִ֥ים רַבִּ֛ים נְאֻם־יְהוָ֖ה וְדִיג֑וּם וְאַחֲרֵי־כֵ֗ן אֶשְׁלַח֙ לְרַבִּ֣ים   לְדַיָּגִ֥ים

צַיָּדִ֔ים וְצָד֞וּם מֵעַ֤ל כָּל־הַר֙ וּמֵעַ֣ל כָּל־גִּבְעָ֔ה וּמִנְּקִיקֵ֖י הַסְּלָעִֽים:

כִּ֤י עֵינַי֙ עַל־כָּל־דַּרְכֵיהֶ֔ם לֹ֥א נִסְתְּר֖וּ מִלְּפָנָ֑י וְלֹֽא־נִצְפַּ֥ן עֲוֹנָ֖ם   יז

מִנֶּ֥גֶד עֵינָֽי: וְשִׁלַּמְתִּ֣י רִֽאשׁוֹנָ֗ה מִשְׁנֵ֛ה עֲוֹנָ֖ם וְחַטָּאתָ֑ם עַ֣ל   יח

חַלְּלָ֤ם אֶת־אַרְצִי֙ בְּנִבְלַ֣ת שִׁקּוּצֵיהֶ֔ם וְתוֹעֲבוֹתֵיהֶ֖ם מָלְא֥וּ אֶת־

נַחֲלָתִֽי: יְהוָ֞ה עֻזִּ֧י וּמָֽעֻזִּ֛י וּמְנוּסִ֖י בְּי֣וֹם צָרָ֑ה אֵלֶ֗יךָ   יט

גּוֹיִ֤ם יָבֹ֙אוּ֙ מֵֽאַפְסֵי־אָ֔רֶץ וְיֹאמְר֗וּ אַךְ־שֶׁ֙קֶר֙ נָחֲל֣וּ אֲבוֹתֵ֔ינוּ הֶ֖בֶל

וְאֵֽין־בָּ֥ם מוֹעִֽיל: הֲיַעֲשֶׂה־לּ֥וֹ אָדָ֖ם אֱלֹהִ֑ים וְהֵ֖מָּה לֹ֥א אֱלֹהִֽים: כ

לָכֵן֙ הִנְנִ֣י מֽוֹדִיעָ֔ם בַּפַּ֣עַם הַזֹּ֔את אוֹדִיעֵ֥ם אֶת־יָדִ֖י וְאֶת־גְּבֽוּרָתִ֑י   כא

וְיָדְע֖וּ כִּֽי־שְׁמִ֥י יְהוָֽה: חַטַּ֣את יְהוּדָ֗ה כְּתוּבָ֛ה   יז א

בְּעֵ֥ט בַּרְזֶ֖ל בְּצִפֹּ֣רֶן שָׁמִ֑יר חֲרוּשָׁה֙ עַל־ל֣וּחַ לִבָּ֔ם וּלְקַרְנ֖וֹת

מִזְבְּחוֹתֵיכֶֽם: כִּזְכֹּ֤ר בְּנֵיהֶם֙ מִזְבְּחוֹתָ֔ם וַאֲשֵׁרֵיהֶ֖ם עַל־עֵ֥ץ רַעֲנָ֖ן   ב

עַ֖ל גְּבָע֥וֹת הַגְּבֹהֽוֹת: הֲרָרִי֙ בַּשָּׂדֶ֔ה חֵילְךָ֥ כָל־אוֹצְרוֹתֶ֖יךָ לָבַ֑ז   ג

אֶתֵּ֕ן בָּמֹתֶ֖יךָ בְּחַטָּ֑את בְּכָל־גְּבוּלֶֽיךָ: וְשָׁמַטְתָּ֗ה וּבְךָ֙ מִנַּחֲלָֽתְךָ֙   ד

אֲשֶׁ֣ר נָתַ֣תִּי לָ֔ךְ וְהַעֲבַדְתִּ֙יךָ֙ אֶת־אֹ֣יְבֶ֔יךָ בָּאָ֖רֶץ אֲשֶׁ֣ר לֹֽא־יָדָ֑עְתָּ

כִּי־אֵ֛שׁ קְדַחְתֶּ֥ם בְּאַפִּ֖י עַד־עוֹלָ֥ם תּוּקָֽד: כֹּ֣ה ׀   ה

אָמַ֣ר יְהוָ֗ה אָר֤וּר הַגֶּ֙בֶר֙ אֲשֶׁ֣ר יִבְטַ֣ח בָּֽאָדָ֔ם וְשָׂ֥ם בָּשָׂ֖ר זְרֹע֑וֹ

וּמִן־יְהוָ֖ה יָס֥וּר לִבּֽוֹ: וְהָיָה֙ כְּעַרְעָ֣ר בָּֽעֲרָבָ֔ה וְלֹ֥א יִרְאֶ֖ה   ו

כִּי־יָב֣וֹא ט֑וֹב וְשָׁכַ֤ן חֲרֵרִים֙ בַּמִּדְבָּ֔ר אֶ֥רֶץ מְלֵחָ֖ה וְלֹ֥א

תֵשֵֽׁב: בָּר֣וּךְ הַגֶּ֔בֶר אֲשֶׁ֥ר יִבְטַ֖ח בַּֽיהוָ֑ה וְהָיָ֥ה   ז

יְהוָ֖ה מִבְטַחֽוֹ: וְהָיָ֞ה כְּעֵ֣ץ ׀ שָׁת֣וּל עַל־מַ֗יִם וְעַל־יוּבַל֙ יְשַׁלַּ֣ח   ח

שָֽׁרָשָׁ֔יו וְלֹ֤א יִרְאֶ֙ה כִּֽי־יָבֹ֣א חֹ֔ם וְהָיָ֥ה עָלֵ֖הוּ רַעֲנָ֑ן וּבִשְׁנַ֤ת בַּצֹּ֙רֶת֙

לֹ֣א יִדְאָ֔ג וְלֹ֥א יָמִ֖ישׁ מֵעֲשׂ֥וֹת פֶּֽרִי: עָקֹ֥ב הַלֵּ֛ב מִכֹּ֖ל וְאָנֻ֣שׁ ה֑וּא   ט

מִ֖י יֵדָעֶֽנּוּ: אֲנִ֧י יְהוָ֛ה חֹקֵ֥ר לֵ֖ב בֹּחֵ֣ן כְּלָי֑וֹת וְלָתֵ֤ת לְאִישׁ֙ כִּדְרָכָ֔יו   י

כִּפְרִ֖י מַעֲלָלָֽיו: קֹרֵ֤א דָגַר֙ וְלֹ֣א יָלָ֔ד עֹ֥שֶׂה עֹ֖שֶׁר   יא

וְלֹא בְמִשְׁפָּט בַּחֲצִי יָמָו יַעַזְבֶנּוּ וּבְאַחֲרִיתוֹ יִהְיֶה נָבָל: כִּסֵּא יב
כְּבוֹד מָרוֹם מֵרִאשׁוֹן מְקוֹם מִקְדָּשֵׁנוּ: מִקְוֵה יִשְׂרָאֵל יהוה כָּל־ יג
וְסוּרַי עֹזְבֶיךָ יֵבֹשׁוּ יסורי בָּאָרֶץ יִכָּתֵבוּ כִּי עָזְבוּ מְקוֹר מַיִם־חַיִּים אֶת־
יהוה: רְפָאֵנִי יהוה וְאֵרָפֵא הוֹשִׁיעֵנִי וְאִוָּשֵׁעָה כִּי יד
תְהִלָּתִי אָתָּה: הִנֵּה־הֵמָּה אֹמְרִים אֵלָי אַיֵּה דְבַר־יהוה יָבוֹא־ טו
נָא: וַאֲנִי לֹא־אַצְתִּי ׀ מֵרֹעֶה אַחֲרֶיךָ וְיוֹם אָנוּשׁ לֹא הִתְאַוֵּיתִי טז
אַתָּה יָדָעְתָּ מוֹצָא שְׂפָתַי נֹכַח פָּנֶיךָ הָיָה: אַל־תִּהְיֵה־לִי יז
לִמְחִתָּה מַחֲסִי־אַתָּה בְּיוֹם רָעָה: יֵבֹשׁוּ רֹדְפַי וְאַל־אֵבֹשָׁה אָנִי יח
יֵחַתּוּ הֵמָּה וְאַל־אֵחַתָּה אָנִי הָבִיא עֲלֵיהֶם יוֹם רָעָה וּמִשְׁנֶה
שִׁבָּרוֹן שָׁבְרֵם: כֹּה־אָמַר יהוה אֵלַי הָלֹךְ יט
הָעָם וְעָמַדְתָּ בְּשַׁעַר בְּנֵי־עָם אֲשֶׁר יָבֹאוּ בוֹ מַלְכֵי יְהוּדָה וַאֲשֶׁר
יֵצְאוּ בוֹ וּבְכֹל שַׁעֲרֵי יְרוּשָׁלָםִ: וְאָמַרְתָּ אֲלֵיהֶם שִׁמְעוּ דְבַר־ כ
יהוה מַלְכֵי יְהוּדָה וְכָל־יְהוּדָה וְכֹל יֹשְׁבֵי יְרוּשָׁלָםִ הַבָּאִים
בַּשְּׁעָרִים הָאֵלֶּה: כֹּה אָמַר יהוה הִשָּׁמְרוּ בְּנַפְשׁוֹתֵיכֶם וְאַל־ כא
תִּשְׂאוּ מַשָּׂא בְּיוֹם הַשַּׁבָּת וַהֲבֵאתֶם בְּשַׁעֲרֵי יְרוּשָׁלָםִ: וְלֹא־ כב
תוֹצִיאוּ מַשָּׂא מִבָּתֵּיכֶם בְּיוֹם הַשַּׁבָּת וְכָל־מְלָאכָה לֹא תַעֲשׂוּ
וְקִדַּשְׁתֶּם אֶת־יוֹם הַשַּׁבָּת כַּאֲשֶׁר צִוִּיתִי אֶת־אֲבוֹתֵיכֶם: וְלֹא כג
שְׁמוֹעַ שָׁמְעוּ וְלֹא הִטּוּ אֶת־אָזְנָם וַיַּקְשׁוּ אֶת־עָרְפָּם לְבִלְתִּי שׁומע
וּלְבִלְתִּי קַחַת מוּסָר: וְהָיָה אִם־שָׁמֹעַ תִּשְׁמְעוּן אֵלַי נְאֻם־יהוה כד
לְבִלְתִּי ׀ הָבִיא מַשָּׂא בְּשַׁעֲרֵי הָעִיר הַזֹּאת בְּיוֹם הַשַּׁבָּת וּלְקַדֵּשׁ
אֶת־יוֹם הַשַּׁבָּת לְבִלְתִּי עֲשׂוֹת־בּה כָּל־מְלָאכָה: וּבָאוּ בְשַׁעֲרֵי כה
הָעִיר הַזֹּאת מְלָכִים ׀ וְשָׂרִים יֹשְׁבִים עַל־כִּסֵּא דָוִד רֹכְבִים ׀
בָּרֶכֶב וּבַסּוּסִים הֵמָּה וְשָׂרֵיהֶם אִישׁ יְהוּדָה וְיֹשְׁבֵי יְרוּשָׁלָםִ
וְיָשְׁבָה הָעִיר הַזֹּאת לְעוֹלָם: וּבָאוּ מֵעָרֵי־יְהוּדָה וּמִסְּבִיבוֹת כו
יְרוּשָׁלַםִ וּמֵאֶרֶץ בִּנְיָמִן וּמִן־הַשְּׁפֵלָה וּמִן־הָהָר וּמִן־הַנֶּגֶב
מְבִאִים עֹלָה וְזֶבַח וּמִנְחָה וּלְבוֹנָה וּמְבִאֵי תוֹדָה בֵּית יהוה:
וְאִם־לֹא תִשְׁמְעוּ אֵלַי לְקַדֵּשׁ אֶת־יוֹם הַשַּׁבָּת וּלְבִלְתִּי ׀ שְׂאֵת כז

מַשָּׂא וּבָא בְּשַׁעֲרֵי יְרוּשָׁלִָם בְּיוֹם הַשַּׁבָּת וְהִצַּתִּי אֵשׁ בִּשְׁעָרֶיהָ
יח א וְאָכְלָה אַרְמְנוֹת יְרוּשָׁלִָם וְלֹא תִכְבֶּה: הַדָּבָר
ב אֲשֶׁר הָיָה אֶל־יִרְמְיָהוּ מֵאֵת יְהוָה לֵאמֹר: קוּם וְיָרַדְתָּ בֵּית
ג הַיּוֹצֵר וְשָׁמָּה אַשְׁמִיעֲךָ אֶת־דְּבָרָי: וָאֵרֵד בֵּית הַיּוֹצֵר והנהו וְהִנֵּה־הוּא
ד עֹשֶׂה מְלָאכָה עַל־הָאָבְנָיִם: וְנִשְׁחַת הַכְּלִי אֲשֶׁר הוּא עֹשֶׂה
בַּחֹמֶר בְּיַד הַיּוֹצֵר וְשָׁב וַיַּעֲשֵׂהוּ כְּלִי אַחֵר כַּאֲשֶׁר יָשַׁר
ה בְּעֵינֵי הַיּוֹצֵר לַעֲשׂוֹת: וַיְהִי דְבַר־יְהוָה אֵלַי
ו לֵאמוֹר: הֲכַיּוֹצֵר הַזֶּה לֹא־אוּכַל לַעֲשׂוֹת לָכֶם בֵּית יִשְׂרָאֵל
נְאֻם־יְהוָה הִנֵּה כַחֹמֶר בְּיַד הַיּוֹצֵר כֵּן־אַתֶּם בְּיָדִי בֵּית
ז יִשְׂרָאֵל: רֶגַע אֲדַבֵּר עַל־גּוֹי וְעַל־מַמְלָכָה
ח לִנְתוֹשׁ וְלִנְתוֹץ וּלְהַאֲבִיד: וְשָׁב הַגּוֹי הַהוּא מֵרָעָתוֹ אֲשֶׁר
דִּבַּרְתִּי עָלָיו וְנִחַמְתִּי עַל־הָרָעָה אֲשֶׁר חָשַׁבְתִּי לַעֲשׂוֹת
ט לוֹ: וְרֶגַע אֲדַבֵּר עַל־גּוֹי וְעַל־מַמְלָכָה לִבְנֹת
י וְלִנְטֹעַ: וְעָשָׂה הרעה בְּעֵינַי לְבִלְתִּי שְׁמֹעַ בְּקוֹלִי וְנִחַמְתִּי עַל־ הָרַע
יא הַטּוֹבָה אֲשֶׁר אָמַרְתִּי לְהֵיטִיב אוֹתוֹ: וְעַתָּה אֱמָר־נָא אֶל־
אִישׁ יְהוּדָה וְעַל־יוֹשְׁבֵי יְרוּשָׁלִַם לֵאמֹר כֹּה אָמַר יְהוָה הִנֵּה
אָנֹכִי יוֹצֵר עֲלֵיכֶם רָעָה וְחֹשֵׁב עֲלֵיכֶם מַחֲשָׁבָה שׁוּבוּ נָא
יב אִישׁ מִדַּרְכּוֹ הָרָעָה וְהֵיטִיבוּ דַרְכֵיכֶם וּמַעַלְלֵיכֶם: וְאָמְרוּ
נוֹאָשׁ כִּי־אַחֲרֵי מַחְשְׁבוֹתֵינוּ נֵלֵךְ וְאִישׁ שְׁרִרוּת לִבּוֹ־הָרָע
יג נַעֲשֶׂה: לָכֵן כֹּה אָמַר יְהוָה שַׁאֲלוּ־נָא בַּגּוֹיִם מִי
יד שָׁמַע כָּאֵלֶּה שַׁעֲרֻרִת עָשְׂתָה מְאֹד בְּתוּלַת יִשְׂרָאֵל: הֲיַעֲזֹב
טו מִצּוּר שָׂדַי שֶׁלֶג לְבָנוֹן אִם־יִנָּתְשׁוּ מַיִם זָרִים קָרִים נוֹזְלִים: כִּי־
שְׁכֵחֻנִי עַמִּי לַשָּׁוְא יְקַטֵּרוּ וַיַּכְשִׁלוּם בְּדַרְכֵיהֶם שבולי עוֹלָם שְׁבִילֵי
טז לָלֶכֶת נְתִיבוֹת דֶּרֶךְ לֹא סְלוּלָה: לָשׂוּם אַרְצָם לְשַׁמָּה
יז שרוקת עוֹלָם כֹּל עוֹבֵר עָלֶיהָ יִשֹּׁם וְיָנִיד בְּרֹאשׁוֹ: כְּרוּחַ־ שְׁרִיקוֹת
קָדִים אֲפִיצֵם לִפְנֵי אוֹיֵב עֹרֶף וְלֹא־פָנִים אַרְאֵם בְּיוֹם
יח אֵידָם: וַיֹּאמְרוּ לְכוּ וְנַחְשְׁבָה עַל־יִרְמְיָהוּ

מַחֲשָׁבוֹת כִּי לֹא־תֹאבַד תּוֹרָה מִכֹּהֵן וְעֵצָה מֵחָכָם וְדָבָר
מִנָּבִיא לְכוּ וְנַכֵּהוּ בַלָּשׁוֹן וְאַל־נַקְשִׁיבָה אֶל־כָּל־דְּבָרָיו׃
יט כ הַקְשִׁיבָה יְהוָה אֵלָי וּשְׁמַע לְקוֹל יְרִיבָי׃ הַיְשֻׁלַּם תַּחַת־טוֹבָה
רָעָה כִּי־כָרוּ שׁוּחָה לְנַפְשִׁי זְכֹר ׀ עָמְדִי לְפָנֶיךָ לְדַבֵּר עֲלֵיהֶם
כא טוֹבָה לְהָשִׁיב אֶת־חֲמָתְךָ מֵהֶם׃ לָכֵן תֵּן אֶת־בְּנֵיהֶם לָרָעָב
וְהַגִּרֵם עַל־יְדֵי־חֶרֶב וְתִהְיֶנָה נְשֵׁיהֶם שַׁכֻּלוֹת וְאַלְמָנוֹת
וְאַנְשֵׁיהֶם יִהְיוּ הֲרֻגֵי מָוֶת בַּחוּרֵיהֶם מֻכֵּי־חֶרֶב בַּמִּלְחָמָה׃
כב תִּשָּׁמַע זְעָקָה מִבָּתֵּיהֶם כִּי־תָבִיא עֲלֵיהֶם גְּדוּד פִּתְאֹם כִּי־כָרוּ
כג שיחה לְלָכְדֵנִי וּפַחִים טָמְנוּ לְרַגְלָי׃ וְאַתָּה יְהוָה יָדַעְתָּ אֶת־כָּל־ שׁוּחָה
עֲצָתָם עָלַי לַמָּוֶת אַל־תְּכַפֵּר עַל־עֲוֺנָם וְחַטָּאתָם מִלְּפָנֶיךָ אַל־
יט א תֶּמְחִי והיו מֻכְשָׁלִים לְפָנֶיךָ בְּעֵת אַפְּךָ עֲשֵׂה בָהֶם׃ כֹּה וְיִהְיוּ
אָמַר יְהוָה הָלֹךְ וְקָנִיתָ בַקְבֻּק יוֹצֵר חָרֶשׂ וּמִזִּקְנֵי הָעָם
ב וּמִזִּקְנֵי הַכֹּהֲנִים׃ וְיָצָאתָ אֶל־גֵּיא בֶן־הִנֹּם אֲשֶׁר פֶּתַח שַׁעַר
החרסות וְקָרָאתָ שָּׁם אֶת־הַדְּבָרִים אֲשֶׁר־אֲדַבֵּר אֵלֶיךָ׃ הַחַרְסִית
ג וְאָמַרְתָּ שִׁמְעוּ דְבַר־יְהוָה מַלְכֵי יְהוּדָה וְיֹשְׁבֵי יְרוּשָׁלִָם כֹּה־
אָמַר יְהוָה צְבָאוֹת אֱלֹהֵי יִשְׂרָאֵל הִנְנִי מֵבִיא רָעָה עַל־הַמָּקוֹם
ד הַזֶּה אֲשֶׁר כָּל־שֹׁמְעָהּ תִּצַּלְנָה אָזְנָיו׃ יַעַן ׀ אֲשֶׁר עֲזָבֻנִי וַיְנַכְּרוּ
אֶת־הַמָּקוֹם הַזֶּה וַיְקַטְּרוּ־בוֹ לֵאלֹהִים אֲחֵרִים אֲשֶׁר לֹא־
יְדָעוּם הֵמָּה וַאֲבוֹתֵיהֶם וּמַלְכֵי יְהוּדָה וּמָלְאוּ אֶת־הַמָּקוֹם הַזֶּה
ה דַּם נְקִיִּם׃ וּבָנוּ אֶת־בָּמוֹת הַבַּעַל לִשְׂרֹף אֶת־בְּנֵיהֶם בָּאֵשׁ
עֹלוֹת לַבָּעַל אֲשֶׁר לֹא־צִוִּיתִי וְלֹא דִבַּרְתִּי וְלֹא עָלְתָה
ו עַל־לִבִּי׃ לָכֵן הִנֵּה־יָמִים בָּאִים נְאֻם־יְהוָה וְלֹא־
יִקָּרֵא לַמָּקוֹם הַזֶּה עוֹד הַתֹּפֶת וְגֵיא בֶן־הִנֹּם כִּי אִם־גֵּיא
ז הַהֲרֵגָה׃ וּבַקֹּתִי אֶת־עֲצַת יְהוּדָה וִירוּשָׁלִַם בַּמָּקוֹם הַזֶּה
וְהִפַּלְתִּים בַּחֶרֶב לִפְנֵי אֹיְבֵיהֶם וּבְיַד מְבַקְשֵׁי נַפְשָׁם וְנָתַתִּי אֶת־
ח נִבְלָתָם לְמַאֲכָל לְעוֹף הַשָּׁמַיִם וּלְבֶהֱמַת הָאָרֶץ׃ וְשַׂמְתִּי אֶת־
הָעִיר הַזֹּאת לְשַׁמָּה וְלִשְׁרֵקָה כֹּל עֹבֵר עָלֶיהָ יִשֹּׁם וְיִשְׁרֹק עַל־

ט כָּל־מַכֹּתֶהָ׃ וְהַאֲכַלְתִּים אֶת־בְּשַׂר בְּנֵיהֶם וְאֵת בְּשַׂר בְּנֹתֵיהֶם
וְאִישׁ בְּשַׂר־רֵעֵהוּ יֹאכֵלוּ בְּמָצוֹר וּבְמָצוֹק אֲשֶׁר יָצִיקוּ לָהֶם
י אֹיְבֵיהֶם וּמְבַקְשֵׁי נַפְשָׁם׃ וְשָׁבַרְתָּ הַבַּקְבֻּק לְעֵינֵי הָאֲנָשִׁים
יא הַהֹלְכִים אוֹתָךְ׃ וְאָמַרְתָּ אֲלֵיהֶם כֹּה־אָמַר ׀ יְהוָה צְבָאוֹת כָּכָה
אֶשְׁבֹּר אֶת־הָעָם הַזֶּה וְאֶת־הָעִיר הַזֹּאת כַּאֲשֶׁר יִשְׁבֹּר אֶת־
כְּלִי הַיּוֹצֵר אֲשֶׁר לֹא־יוּכַל לְהֵרָפֵה עוֹד וּבְתֹפֶת יִקְבְּרוּ מֵאֵין
יב מָקוֹם לִקְבּוֹר׃ כֵּן־אֶעֱשֶׂה לַמָּקוֹם הַזֶּה נְאֻם־יְהוָה וּלְיוֹשְׁבָיו
יג וְלָתֵת אֶת־הָעִיר הַזֹּאת כְּתֹפֶת׃ וְהָיוּ בָּתֵּי יְרוּשָׁלִַם וּבָתֵּי
מַלְכֵי יְהוּדָה כִּמְקוֹם הַתֹּפֶת הַטְּמֵאִים לְכֹל הַבָּתִּים אֲשֶׁר
קִטְּרוּ עַל־גַּגֹּתֵיהֶם לְכֹל צְבָא הַשָּׁמַיִם וְהַסֵּךְ נְסָכִים לֵאלֹהִים
יד אֲחֵרִים׃ וַיָּבֹא יִרְמְיָהוּ מֵהַתֹּפֶת אֲשֶׁר שְׁלָחוֹ
יְהוָה שָׁם לְהִנָּבֵא וַיַּעֲמֹד בַּחֲצַר בֵּית־יְהוָה וַיֹּאמֶר אֶל־כָּל־
טו הָעָם׃ כֹּה־אָמַר יְהוָה צְבָאוֹת אֱלֹהֵי יִשְׂרָאֵל
הִנְנִי מֵבִי אֶל־הָעִיר הַזֹּאת וְעַל־כָּל־עָרֶיהָ אֵת כָּל־הָרָעָה
אֲשֶׁר דִּבַּרְתִּי עָלֶיהָ כִּי הִקְשׁוּ אֶת־עָרְפָּם לְבִלְתִּי שְׁמוֹעַ אֶת־
כ א דְּבָרָי׃ וַיִּשְׁמַע פַּשְׁחוּר בֶּן־אִמֵּר הַכֹּהֵן וְהוּא־פָקִיד נָגִיד בְּבֵית
ב יְהוָה אֶת־יִרְמְיָהוּ נִבָּא אֶת־הַדְּבָרִים הָאֵלֶּה׃ וַיַּכֶּה פַשְׁחוּר אֵת
יִרְמְיָהוּ הַנָּבִיא וַיִּתֵּן אֹתוֹ עַל־הַמַּהְפֶּכֶת אֲשֶׁר בְּשַׁעַר בִּנְיָמִן
ג הָעֶלְיוֹן אֲשֶׁר בְּבֵית יְהוָה׃ וַיְהִי מִמָּחֳרָת וַיֹּצֵא פַשְׁחוּר אֶת־
יִרְמְיָהוּ מִן־הַמַּהְפָּכֶת וַיֹּאמֶר אֵלָיו יִרְמְיָהוּ לֹא פַשְׁחוּר קָרָא
ד יְהוָה שְׁמֶךָ כִּי אִם־מָגוֹר מִסָּבִיב׃ כִּי כֹה
אָמַר יְהוָה הִנְנִי נֹתֶנְךָ לְמָגוֹר לְךָ וּלְכָל־אֹהֲבֶיךָ וְנָפְלוּ בְּחֶרֶב
אֹיְבֵיהֶם וְעֵינֶיךָ רֹאוֹת וְאֶת־כָּל־יְהוּדָה אֶתֵּן בְּיַד מֶלֶךְ־בָּבֶל
ה וְהִגְלָם בָּבֶלָה וְהִכָּם בֶּחָרֶב׃ וְנָתַתִּי אֶת־כָּל־חֹסֶן הָעִיר
הַזֹּאת וְאֶת־כָּל־יְגִיעָהּ וְאֶת־כָּל־יְקָרָהּ וְאֵת כָּל־אוֹצְרוֹת
מַלְכֵי יְהוּדָה אֶתֵּן בְּיַד אֹיְבֵיהֶם וּבְזָזוּם וּלְקָחוּם וֶהֱבִיאוּם
ו בָּבֶלָה׃ וְאַתָּה פַשְׁחוּר וְכֹל יֹשְׁבֵי בֵיתֶךָ תֵּלְכוּ בַּשֶּׁבִי וּבָבֶל

תָּבוֹא וְשָׁם תָּמוּת וְשָׁם תִּקָּבֵר אַתָּה וְכָל־אֹהֲבֶיךָ אֲשֶׁר־נִבֵּאתָ
לָהֶם בַּשָּׁקֶר: פִּתִּיתַנִי יְהוָה וָאֶפָּת חֲזַקְתַּנִי וַתּוּכָל ז
הָיִיתִי לִשְׂחוֹק כָּל־הַיּוֹם כֻּלֹּה לֹעֵג לִי: כִּי־מִדֵּי אֲדַבֵּר אֶזְעָק ח
חָמָס וָשֹׁד אֶקְרָא כִּי־הָיָה דְבַר־יְהוָה לִי לְחֶרְפָּה וּלְקֶלֶס כָּל־
הַיּוֹם: וְאָמַרְתִּי לֹא־אֶזְכְּרֶנּוּ וְלֹא־אֲדַבֵּר עוֹד בִּשְׁמוֹ וְהָיָה בְלִבִּי ט
כְּאֵשׁ בֹּעֶרֶת עָצֻר בְּעַצְמֹתָי וְנִלְאֵיתִי כַּלְכֵל וְלֹא אוּכָל: כִּי י
שָׁמַעְתִּי דִּבַּת רַבִּים מָגוֹר מִסָּבִיב הַגִּידוּ וְנַגִּידֶנּוּ כֹּל אֱנוֹשׁ
שְׁלֹמִי שֹׁמְרֵי צַלְעִי אוּלַי יְפֻתֶּה וְנוּכְלָה לוֹ וְנִקְחָה נִקְמָתֵנוּ
מִמֶּנּוּ: וַיהוָה אוֹתִי כְּגִבּוֹר עָרִיץ עַל־כֵּן רֹדְפַי יִכָּשְׁלוּ יא
וְלֹא יֻכָלוּ בֹּשׁוּ מְאֹד כִּי־לֹא הִשְׂכִּילוּ כְּלִמַּת עוֹלָם לֹא
תִשָּׁכֵחַ: וַיהוָה צְבָאוֹת בֹּחֵן צַדִּיק רֹאֶה כְלָיוֹת וָלֵב אֶרְאֶה יב
נִקְמָתְךָ מֵהֶם כִּי אֵלֶיךָ גִּלִּיתִי אֶת־רִיבִי: שִׁירוּ יג
לַיהוָה הַלְלוּ אֶת־יְהוָה כִּי הִצִּיל אֶת־נֶפֶשׁ אֶבְיוֹן מִיַּד
מְרֵעִים: אָרוּר הַיּוֹם אֲשֶׁר יֻלַּדְתִּי בּוֹ יוֹם אֲשֶׁר־ יד
יְלָדַתְנִי אִמִּי אַל־יְהִי בָרוּךְ: אָרוּר הָאִישׁ אֲשֶׁר בִּשַּׂר אֶת־אָבִי טו
לֵאמֹר יֻלַּד־לְךָ בֵּן זָכָר שַׂמֵּחַ שִׂמֳּחָהוּ: וְהָיָה הָאִישׁ הַהוּא טז
כֶּעָרִים אֲשֶׁר־הָפַךְ יְהוָה וְלֹא נִחָם וְשָׁמַע זְעָקָה בַּבֹּקֶר וּתְרוּעָה
בְּעֵת צָהֳרָיִם: אֲשֶׁר לֹא־מוֹתְתַנִי מֵרָחֶם וַתְּהִי־לִי אִמִּי קִבְרִי יז
וְרַחְמָה הֲרַת עוֹלָם: לָמָּה זֶּה מֵרֶחֶם יָצָאתִי לִרְאוֹת עָמָל יח
וְיָגוֹן וַיִּכְלוּ בְּבֹשֶׁת יָמָי: הַדָּבָר אֲשֶׁר־הָיָה כא א
אֶל־יִרְמְיָהוּ מֵאֵת יְהוָה בִּשְׁלֹחַ אֵלָיו הַמֶּלֶךְ צִדְקִיָּהוּ אֶת־
פַּשְׁחוּר בֶּן־מַלְכִּיָּה וְאֶת־צְפַנְיָה בֶן־מַעֲשֵׂיָה הַכֹּהֵן לֵאמֹר:
דְּרָשׁ־נָא בַעֲדֵנוּ אֶת־יְהוָה כִּי נְבוּכַדְרֶאצַּר מֶלֶךְ־בָּבֶל ב
נִלְחָם עָלֵינוּ אוּלַי יַעֲשֶׂה יְהוָה אוֹתָנוּ כְּכָל־נִפְלְאֹתָיו וְיַעֲלֶה
מֵעָלֵינוּ: וַיֹּאמֶר יִרְמְיָהוּ אֲלֵיהֶם כֹּה תֹאמְרֻן ג
אֶל־צִדְקִיָּהוּ: כֹּה־אָמַר יְהוָה אֱלֹהֵי יִשְׂרָאֵל הִנְנִי מֵסֵב אֶת־ ד
כְּלֵי הַמִּלְחָמָה אֲשֶׁר בְּיֶדְכֶם אֲשֶׁר אַתֶּם נִלְחָמִים בָּם אֶת־מֶלֶךְ

בָּבֶל וְאֶת־הַכַּשְׂדִּים הַצָּרִים עֲלֵיכֶם מִחוּץ לַחוֹמָה וְאָסַפְתִּי
ה אוֹתָם אֶל־תּוֹךְ הָעִיר הַזֹּאת: וְנִלְחַמְתִּי אֲנִי אִתְּכֶם בְּיָד נְטוּיָה
ו וּבִזְרוֹעַ חֲזָקָה וּבְאַף וּבְחֵמָה וּבְקֶצֶף גָּדוֹל: וְהִכֵּיתִי אֶת־יוֹשְׁבֵי
הָעִיר הַזֹּאת וְאֶת־הָאָדָם וְאֶת־הַבְּהֵמָה בְּדֶבֶר גָּדוֹל יָמֻתוּ:
ז וְאַחֲרֵי־כֵן נְאֻם־יְהוָה אֶתֵּן אֶת־צִדְקִיָּהוּ מֶלֶךְ־יְהוּדָה ׀ וְאֶת־
עֲבָדָיו ׀ וְאֶת־הָעָם וְאֶת־הַנִּשְׁאָרִים בָּעִיר הַזֹּאת מִן־הַדֶּבֶר ׀
מִן־הַחֶרֶב וּמִן־הָרָעָב בְּיַד נְבוּכַדְרֶאצַּר מֶלֶךְ־בָּבֶל וּבְיַד
אֹיְבֵיהֶם וּבְיַד מְבַקְשֵׁי נַפְשָׁם וְהִכָּם לְפִי־חֶרֶב לֹא־יָחוּס עֲלֵיהֶם
ח וְלֹא יַחְמֹל וְלֹא יְרַחֵם: וְאֶל־הָעָם הַזֶּה תֹּאמַר כֹּה אָמַר יְהוָה
ט הִנְנִי נֹתֵן לִפְנֵיכֶם אֶת־דֶּרֶךְ הַחַיִּים וְאֶת־דֶּרֶךְ הַמָּוֶת: הַיֹּשֵׁב בָּעִיר
הַזֹּאת יָמוּת בַּחֶרֶב וּבָרָעָב וּבַדָּבֶר וְהַיּוֹצֵא וְנָפַל עַל־הַכַּשְׂדִּים
י הַצָּרִים עֲלֵיכֶם יחיה וְהָיְתָה־לּוֹ נַפְשׁוֹ לְשָׁלָל: כִּי־שַׂמְתִּי פָנַי וְחָיָה
בָּעִיר הַזֹּאת לְרָעָה וְלֹא לְטוֹבָה נְאֻם־יְהוָה בְּיַד מֶלֶךְ־בָּבֶל
יא תִּנָּתֵן וּשְׂרָפָהּ בָּאֵשׁ: וּלְבֵית מֶלֶךְ יְהוּדָה שִׁמְעוּ
יב דְּבַר־יְהוָה: בֵּית דָּוִד כֹּה אָמַר יְהוָה דִּינוּ לַבֹּקֶר מִשְׁפָּט
וְהַצִּילוּ גָזוּל מִיַּד עוֹשֵׁק פֶּן־תֵּצֵא כָאֵשׁ חֲמָתִי וּבָעֲרָה וְאֵין
יג מְכַבֶּה מִפְּנֵי רֹעַ מעלליהם: הִנְנִי אֵלַיִךְ יֹשֶׁבֶת הָעֵמֶק צוּר מַעַלְלֵיכֶם
הַמִּישֹׁר נְאֻם־יְהוָה הָאֹמְרִים מִי־יֵחַת עָלֵינוּ וּמִי יָבוֹא
יד בִּמְעוֹנוֹתֵינוּ: וּפָקַדְתִּי עֲלֵיכֶם כִּפְרִי מַעַלְלֵיכֶם נְאֻם־יְהוָה
כב א וְהִצַּתִּי אֵשׁ בְּיַעְרָהּ וְאָכְלָה כָּל־סְבִיבֶיהָ: כֹּה
אָמַר יְהוָה רֵד בֵּית־מֶלֶךְ יְהוּדָה וְדִבַּרְתָּ שָּׁם אֶת־הַדָּבָר הַזֶּה:
ב וְאָמַרְתָּ שְׁמַע דְּבַר־יְהוָה מֶלֶךְ יְהוּדָה הַיֹּשֵׁב עַל־כִּסֵּא דָוִד
ג אַתָּה וַעֲבָדֶיךָ וְעַמְּךָ הַבָּאִים בַּשְּׁעָרִים הָאֵלֶּה: כֹּה ׀ אָמַר יְהוָה
עֲשׂוּ מִשְׁפָּט וּצְדָקָה וְהַצִּילוּ גָזוּל מִיַּד עָשׁוֹק וְגֵר יָתוֹם וְאַלְמָנָה
ד אַל־תֹּנוּ אַל־תַּחְמֹסוּ וְדָם נָקִי אַל־תִּשְׁפְּכוּ בַּמָּקוֹם הַזֶּה: כִּי אִם־
עָשׂוֹ תַּעֲשׂוּ אֶת־הַדָּבָר הַזֶּה וּבָאוּ בְשַׁעֲרֵי הַבַּיִת הַזֶּה מְלָכִים
יֹשְׁבִים לְדָוִד עַל־כִּסְאוֹ רֹכְבִים בָּרֶכֶב וּבַסּוּסִים הוּא וַעֲבָדָו

ה וְעַמּוֹ׃ וְאִם לֹא תִשְׁמְעוּ אֶת־הַדְּבָרִים הָאֵלֶּה בִּי נִשְׁבַּעְתִּי
ו נְאֻם־יְהוָה כִּי־לְחָרְבָּה יִהְיֶה הַבַּיִת הַזֶּה׃ כִּי־
כֹה ׀ אָמַר יְהוָה עַל־בֵּית מֶלֶךְ יְהוּדָה גִּלְעָד אַתָּה לִי רֹאשׁ
ז הַלְּבָנוֹן אִם־לֹא אֲשִׁיתְךָ מִדְבָּר עָרִים לֹא נושבה׃ וְקִדַּשְׁתִּי נוֹשָׁבוּ
עָלֶיךָ מַשְׁחִתִים אִישׁ וְכֵלָיו וְכָרְתוּ מִבְחַר אֲרָזֶיךָ וְהִפִּילוּ עַל־
ח הָאֵשׁ׃ וְעָבְרוּ גּוֹיִם רַבִּים עַל הָעִיר הַזֹּאת וְאָמְרוּ אִישׁ אֶל־
ט רֵעֵהוּ עַל־מֶה עָשָׂה יְהוָה כָּכָה לָעִיר הַגְּדוֹלָה הַזֹּאת׃ וְאָמְרוּ
עַל אֲשֶׁר עָזְבוּ אֶת־בְּרִית יְהוָה אֱלֹהֵיהֶם וַיִּשְׁתַּחֲווּ לֵאלֹהִים
י אֲחֵרִים וַיַּעַבְדוּם׃ אַל־תִּבְכּוּ לְמֵת וְאַל־תָּנֻדוּ
לוֹ בְּכוּ בָכוֹ לַהֹלֵךְ כִּי לֹא יָשׁוּב עוֹד וְרָאָה אֶת־אֶרֶץ
יא מוֹלַדְתּוֹ׃ כִּי־כֹה אָמַר־יְהוָה אֶל־שַׁלֻּם בֶּן־
יֹאשִׁיָּהוּ מֶלֶךְ יְהוּדָה הַמֹּלֵךְ תַּחַת יֹאשִׁיָּהוּ אָבִיו אֲשֶׁר יָצָא מִן־
יב הַמָּקוֹם הַזֶּה לֹא־יָשׁוּב שָׁם עוֹד׃ כִּי בִּמְקוֹם אֲשֶׁר־הִגְלוּ אֹתוֹ
יג שָׁם יָמוּת וְאֶת־הָאָרֶץ הַזֹּאת לֹא־יִרְאֶה עוֹד׃ הוֹי
בֹּנֶה בֵיתוֹ בְּלֹא־צֶדֶק וַעֲלִיּוֹתָיו בְּלֹא מִשְׁפָּט בְּרֵעֵהוּ יַעֲבֹד חִנָּם
יד וּפֹעֲלוֹ לֹא יִתֶּן־לוֹ׃ הָאֹמֵר אֶבְנֶה־לִּי בֵּית מִדּוֹת וַעֲלִיּוֹת
טו מְרֻוָּחִים וְקָרַע לוֹ חַלּוֹנָי וְסָפוּן בָּאָרֶז וּמָשׁוֹחַ בַּשָּׁשַׁר׃ הֲתִמְלֹךְ
כִּי אַתָּה מְתַחֲרֶה בָאָרֶז אָבִיךָ הֲלוֹא אָכַל וְשָׁתָה וְעָשָׂה
טז מִשְׁפָּט וּצְדָקָה אָז טוֹב לוֹ׃ דָּן דִּין־עָנִי וְאֶבְיוֹן אָז טוֹב הֲלוֹא־
יז הִיא הַדַּעַת אֹתִי נְאֻם־יְהוָה׃ כִּי אֵין עֵינֶיךָ וְלִבְּךָ כִּי אִם־
עַל־בִּצְעֶךָ וְעַל דַּם־הַנָּקִי לִשְׁפּוֹךְ וְעַל־הָעֹשֶׁק וְעַל־הַמְּרוּצָה
יח לַעֲשׂוֹת׃ לָכֵן כֹּה־אָמַר יְהוָה אֶל־יְהוֹיָקִים בֶּן־
יֹאשִׁיָּהוּ מֶלֶךְ יְהוּדָה לֹא־יִסְפְּדוּ לוֹ הוֹי אָחִי וְהוֹי אָחוֹת לֹא־
יט יִסְפְּדוּ לוֹ הוֹי אָדוֹן וְהוֹי הֹדֹה׃ קְבוּרַת חֲמוֹר יִקָּבֵר סָחוֹב
כ וְהַשְׁלֵךְ מֵהָלְאָה לְשַׁעֲרֵי יְרוּשָׁלִָם׃ עֲלִי הַלְּבָנוֹן
וּצְעָקִי וּבַבָּשָׁן תְּנִי קוֹלֵךְ וְצַעֲקִי מֵעֲבָרִים כִּי נִשְׁבְּרוּ כָּל־
כא מְאַהֲבָיִךְ׃ דִּבַּרְתִּי אֵלַיִךְ בְּשַׁלְוֹתַיִךְ אָמַרְתְּ לֹא אֶשְׁמָע זֶה

ירמיה   כב

כב דַרְכֵּ֣ךְ וּמַעֲלָלַ֔יִךְ כִּ֥י לֹא־שָׁמַ֖עַתְּ בְּקוֹלִ֑י: כָּל־רֹעַ֙יִךְ֙ תִּרְעֶה־ר֔וּחַ
וּֽמְאַהֲבַ֖יִךְ בַּשְּׁבִ֣י יֵלֵ֑כוּ כִּ֣י אָ֤ז תֵּבֹ֙שִׁי֙ וְנִכְלַ֔מְתְּ מִכֹּ֖ל רָעָתֵֽךְ:

כג יֹשַׁבְתִּ בַּלְּבָנ֗וֹן מְקֻנַּ֣נְתְּ בָּֽאֲרָזִ֑ים מַה־נֵּחַנְתְּ֙ בְּבֹא־לָ֣ךְ חֲבָלִ֔ים   יֹשַׁבְתְּ | מְקֻנַּנְתְּ
חִ֖יל כַּיֹּלֵדָֽה: חַי־אָ֘נִי֮ נְאֻם־יְהוָה֒ כִּ֣י אִם־יִהְיֶ֩ה כָּנְיָ֨הוּ בֶן־
יְהוֹיָקִ֜ים מֶ֣לֶךְ יְהוּדָ֗ה חוֹתָם֙ עַל־יַ֣ד יְמִינִ֔י כִּ֥י מִשָּׁ֖ם אֶתְּקֶֽנְךָּ:

כה וּנְתַתִּ֗יךָ בְּיַד֙ מְבַקְשֵׁ֣י נַפְשֶׁ֔ךָ וּבְיַ֖ד אֲשֶׁר־אַתָּ֣ה יָג֣וֹר מִפְּנֵיהֶ֑ם
כו וּבְיַ֛ד נְבוּכַדְרֶאצַּ֥ר מֶֽלֶךְ־בָּבֶ֖ל וּבְיַ֥ד הַכַּשְׂדִּֽים: וְהֵטַלְתִּ֣י אֹתְךָ֗
וְאֶֽת־אִמְּךָ֙ אֲשֶׁ֣ר יְלָדַ֔תְךָ עַ֚ל הָאָ֣רֶץ אַחֶ֔רֶת אֲשֶׁ֥ר לֹֽא־יֻלַּדְתֶּ֖ם
כז שָׁ֑ם וְשָׁ֖ם תָּמֽוּתוּ: וְעַל־הָאָ֗רֶץ אֲשֶׁר־הֵ֛ם מְנַשְּׂאִ֥ים אֶת־נַפְשָׁ֖ם
כח לָשׁ֣וּב שָׁ֑ם שָׁ֖מָּה לֹ֥א יָשֽׁוּבוּ:   הַעֶ֨צֶב נִבְזֶ֤ה נָפוּץ֙
הָאִ֣ישׁ הַזֶּ֣ה כָּנְיָ֔הוּ אִם־כְּלִ֕י אֵ֥ין חֵ֖פֶץ בּ֑וֹ מַדּ֤וּעַ הֽוּטְלוּ֙ ה֣וּא
כט וְזַרְע֔וֹ וְהֻ֨שְׁלְכ֔וּ עַל־הָאָ֖רֶץ אֲשֶׁ֥ר לֹֽא־יָדָֽעוּ: אֶ֥רֶץ אֶ֖רֶץ אָ֑רֶץ
ל שִׁמְעִ֖י דְּבַר־יְהוָֽה: כֹּ֣ה ׀ אָמַ֣ר יְהוָ֗ה כִּתְב֞וּ אֶת־הָאִ֤ישׁ הַזֶּה֙
עֲרִירִ֔י גֶּ֖בֶר לֹא־יִצְלַ֣ח בְּיָמָ֑יו כִּי֩ לֹ֨א יִצְלַ֜ח מִזַּרְע֗וֹ אִ֚ישׁ יֹשֵׁב֙

כג א עַל־כִּסֵּ֣א דָוִ֔ד וּמֹשֵׁ֥ל ע֖וֹד בִּיהוּדָֽה: ה֣וֹי רֹעִ֗ים
ב מְאַבְּדִ֤ים וּמְפִצִים֙ אֶת־צֹ֣אן מַרְעִיתִ֔י נְאֻם־יְהוָֽה: לָ֠כֵן כֹּֽה־
אָמַ֨ר יְהוָ֜ה אֱלֹהֵ֣י יִשְׂרָאֵ֗ל עַל־הָֽרֹעִים֮ הָרֹעִ֣ים אֶת־עַמִּי֒ אַתֶּ֞ם
הֲפִצֹתֶ֤ם אֶת־צֹאנִי֙ וַתַּדִּח֔וּם וְלֹ֥א פְקַדְתֶּ֖ם אֹתָ֑ם הִנְנִ֨י פֹקֵ֧ד
ג עֲלֵיכֶ֛ם אֶת־רֹ֥עַ מַעַלְלֵיכֶ֖ם נְאֻם־יְהוָֽה: וַאֲנִ֗י אֲקַבֵּץ֙ אֶת־
שְׁאֵרִ֣ית צֹאנִ֔י מִכֹּל֙ הָאֲרָצ֔וֹת אֲשֶׁר־הִדַּ֥חְתִּי אֹתָ֖ם שָׁ֑ם וַהֲשִׁבֹתִ֣י
ד אֶתְהֶ֛ן עַל־נְוֵהֶ֖ן וּפָר֥וּ וְרָבֽוּ: וַהֲקִמֹתִ֧י עֲלֵיהֶ֛ם רֹעִ֖ים וְרָע֑וּם וְלֹא־
ה יִֽירְא֨וּ ע֤וֹד וְלֹא־יֵחַ֙תּוּ֙ וְלֹ֣א יִפָּקֵ֔דוּ נְאֻם־יְהוָֽה: הִנֵּ֨ה
יָמִ֤ים בָּאִים֙ נְאֻם־יְהוָ֔ה וַהֲקִמֹתִ֥י לְדָוִ֖ד צֶ֣מַח צַדִּ֑יק וּמָ֤לַךְ
ו מֶ֙לֶךְ֙ וְהִשְׂכִּ֔יל וְעָשָׂ֛ה מִשְׁפָּ֥ט וּצְדָקָ֖ה בָּאָֽרֶץ: בְּיָמָיו֙ תִּוָּשַׁ֣ע יב
יְהוּדָ֔ה וְיִשְׂרָאֵ֖ל יִשְׁכֹּ֣ן לָבֶ֑טַח וְזֶה־שְּׁמ֥וֹ אֲֽשֶׁר־יִקְרְא֖וֹ יְהוָ֥ה ׀
ז צִדְקֵֽנוּ:   לָכֵ֛ן הִנֵּֽה־יָמִ֥ים בָּאִ֖ים נְאֻם־יְהוָ֑ה וְלֹא־
יֹאמְרוּ עוֹד֙ חַי־יְהוָ֔ה אֲשֶׁ֧ר הֶעֱלָ֛ה אֶת־בְּנֵ֥י יִשְׂרָאֵ֖ל מֵאֶ֥רֶץ

ח מִצְרָיִם: כִּי אִם־חַי־יְהוָה אֲשֶׁר הֶעֱלָה וַאֲשֶׁר הֵבִיא אֶת־זֶרַע
בֵּית יִשְׂרָאֵל מֵאֶרֶץ צָפוֹנָה וּמִכֹּל הָאֲרָצוֹת אֲשֶׁר הִדַּחְתִּים שָׁם
ט וְיָשְׁבוּ עַל־אַדְמָתָם: לַנְּבִאִים נִשְׁבַּר לִבִּי בְקִרְבִּי
רָחֲפוּ כָּל־עַצְמוֹתַי הָיִיתִי כְּאִישׁ שִׁכּוֹר וּכְגֶבֶר עֲבָרוֹ יָיִן מִפְּנֵי
י יְהוָה וּמִפְּנֵי דִּבְרֵי קָדְשׁוֹ: כִּי מְנָאֲפִים מָלְאָה הָאָרֶץ כִּי־מִפְּנֵי
אָלָה אָבְלָה הָאָרֶץ יָבְשׁוּ נְאוֹת מִדְבָּר וַתְּהִי מְרוּצָתָם רָעָה
יא וּגְבוּרָתָם לֹא־כֵן: כִּי־גַם־נָבִיא גַם־כֹּהֵן חָנֵפוּ גַּם־בְּבֵיתִי
יב מָצָאתִי רָעָתָם נְאֻם־יְהוָה: לָכֵן יִהְיֶה דַרְכָּם לָהֶם כַּחֲלַקְלַקּוֹת
בָּאֲפֵלָה יִדַּחוּ וְנָפְלוּ בָהּ כִּי־אָבִיא עֲלֵיהֶם רָעָה שְׁנַת פְּקֻדָּתָם
יג נְאֻם־יְהוָה: וּבִנְבִיאֵי שֹׁמְרוֹן רָאִיתִי תִפְלָה
יד הִנַּבְּאוּ בַבַּעַל וַיַּתְעוּ אֶת־עַמִּי אֶת־יִשְׂרָאֵל: וּבִנְבִאֵי יְרוּשָׁלַםִ
רָאִיתִי שַׁעֲרוּרָה נָאוֹף וְהָלֹךְ בַּשֶּׁקֶר וְחִזְּקוּ יְדֵי מְרֵעִים
לְבִלְתִּי־שָׁבוּ אִישׁ מֵרָעָתוֹ הָיוּ־לִי כֻלָּם כִּסְדֹם וְיֹשְׁבֶיהָ
טו כַּעֲמֹרָה: לָכֵן כֹּה־אָמַר יְהוָה צְבָאוֹת עַל־
הַנְּבִאִים הִנְנִי מַאֲכִיל אוֹתָם לַעֲנָה וְהִשְׁקִתִים מֵי־רֹאשׁ כִּי מֵאֵת
טז נְבִיאֵי יְרוּשָׁלַםִ יָצְאָה חֲנֻפָּה לְכָל־הָאָרֶץ: כֹּה־
אָמַר יְהוָה צְבָאוֹת אַל־תִּשְׁמְעוּ עַל־דִּבְרֵי הַנְּבִאִים הַנִּבְּאִים
לָכֶם מַהְבִּלִים הֵמָּה אֶתְכֶם חֲזוֹן לִבָּם יְדַבֵּרוּ לֹא מִפִּי יְהוָה:
יז אֹמְרִים אָמוֹר לִמְנַאֲצַי דִּבֶּר יְהוָה שָׁלוֹם יִהְיֶה לָכֶם וְכֹל
יח הֹלֵךְ בִּשְׁרִרוּת לִבּוֹ אָמְרוּ לֹא־תָבוֹא עֲלֵיכֶם רָעָה: כִּי מִי
עָמַד בְּסוֹד יְהוָה וְיֵרֶא וְיִשְׁמַע אֶת־דְּבָרוֹ מִי־הִקְשִׁיב דברי דְּבָרוֹ
יט וַיִּשְׁמָע: הִנֵּה ׀ סַעֲרַת יְהוָה חֵמָה יָצְאָה וְסַעַר
כ מִתְחוֹלֵל עַל רֹאשׁ רְשָׁעִים יָחוּל: לֹא יָשׁוּב אַף־יְהוָה עַד־
עֲשֹׂתוֹ וְעַד־הֲקִימוֹ מְזִמּוֹת לִבּוֹ בְּאַחֲרִית הַיָּמִים תִּתְבּוֹנְנוּ בָהּ
כא בִּינָה: לֹא־שָׁלַחְתִּי אֶת־הַנְּבִאִים וְהֵם רָצוּ לֹא־דִבַּרְתִּי אֲלֵיהֶם
כב וְהֵם נִבָּאוּ: וְאִם־עָמְדוּ בְּסוֹדִי וְיַשְׁמִעוּ דְבָרַי אֶת־עַמִּי וִישִׁבוּם
כג מִדַּרְכָּם הָרָע וּמֵרֹעַ מַעַלְלֵיהֶם: הַאֱלֹהֵי מִקָּרֹב

כד אָנִי נְאֻם־יְהוָה וְלֹא אֱלֹהֵי מֵרָחֹק: אִם־יִסָּתֵר אִישׁ בַּמִּסְתָּרִים
וַאֲנִי לֹא־אֶרְאֶנּוּ נְאֻם־יְהוָה הֲלוֹא אֶת־הַשָּׁמַיִם וְאֶת־הָאָרֶץ
כה אֲנִי מָלֵא נְאֻם־יְהוָה: שָׁמַעְתִּי אֵת אֲשֶׁר־אָמְרוּ הַנְּבִאִים
כו הַנִּבְּאִים בִּשְׁמִי שֶׁקֶר לֵאמֹר חָלַמְתִּי חָלָמְתִּי: עַד־מָתַי הֲיֵשׁ
כז בְּלֵב הַנְּבִאִים נִבְּאֵי הַשָּׁקֶר וּנְבִיאֵי תַּרְמִת לִבָּם: הַחֹשְׁבִים
לְהַשְׁכִּיחַ אֶת־עַמִּי שְׁמִי בַּחֲלוֹמֹתָם אֲשֶׁר יְסַפְּרוּ אִישׁ לְרֵעֵהוּ
כח כַּאֲשֶׁר שָׁכְחוּ אֲבוֹתָם אֶת־שְׁמִי בַּבָּעַל: הַנָּבִיא אֲשֶׁר־אִתּוֹ
חֲלוֹם יְסַפֵּר חֲלוֹם וַאֲשֶׁר דְּבָרִי אִתּוֹ יְדַבֵּר דְּבָרִי אֱמֶת מַה־
כט לַתֶּבֶן אֶת־הַבָּר נְאֻם־יְהוָה: הֲלוֹא כֹה דְבָרִי כָּאֵשׁ נְאֻם־יְהוָה
ל וּכְפַטִּישׁ יְפֹצֵץ סָלַע: לָכֵן הִנְנִי עַל־הַנְּבִאִים נְאֻם־יְהוָה מְגַנְּבֵי
לא דְּבָרַי אִישׁ מֵאֵת רֵעֵהוּ: הִנְנִי עַל־הַנְּבִיאִם נְאֻם־יְהוָה הַלֹּקְחִים
לב לְשׁוֹנָם וַיִּנְאֲמוּ נְאֻם: הִנְנִי עַל־נִבְּאֵי חֲלֹמוֹת שֶׁקֶר נְאֻם־יְהוָה
וַיְסַפְּרוּם וַיַּתְעוּ אֶת־עַמִּי בְּשִׁקְרֵיהֶם וּבְפַחֲזוּתָם וְאָנֹכִי לֹא־
שְׁלַחְתִּים וְלֹא צִוִּיתִים וְהוֹעֵיל לֹא־יוֹעִילוּ לָעָם־הַזֶּה נְאֻם־יְהוָה:
לג וְכִי־יִשְׁאָלְךָ הָעָם הַזֶּה אוֹ־הַנָּבִיא אוֹ־כֹהֵן לֵאמֹר מַה־מַּשָּׂא
יְהוָה וְאָמַרְתָּ אֲלֵיהֶם אֶת־מַה־מַּשָּׂא וְנָטַשְׁתִּי אֶתְכֶם נְאֻם־
לד יְהוָה: וְהַנָּבִיא וְהַכֹּהֵן וְהָעָם אֲשֶׁר יֹאמַר מַשָּׂא יְהוָה וּפָקַדְתִּי
לה עַל־הָאִישׁ הַהוּא וְעַל־בֵּיתוֹ: כֹּה תֹאמְרוּ אִישׁ עַל־רֵעֵהוּ וְאִישׁ
לו אֶל־אָחִיו מֶה־עָנָה יְהוָה וּמַה־דִּבֶּר יְהוָה: וּמַשָּׂא יְהוָה לֹא
תִזְכְּרוּ־עוֹד כִּי הַמַּשָּׂא יִהְיֶה לְאִישׁ דְּבָרוֹ וַהֲפַכְתֶּם אֶת־דִּבְרֵי
לז אֱלֹהִים חַיִּים יְהוָה צְבָאוֹת אֱלֹהֵינוּ: כֹּה תֹאמַר אֶל־הַנָּבִיא
לח מֶה־עָנָךְ יְהוָה וּמַה־דִּבֶּר יְהוָה: וְאִם־מַשָּׂא יְהוָה תֹּאמֵרוּ לָכֵן
כֹּה אָמַר יְהוָה יַעַן אֲמָרְכֶם אֶת־הַדָּבָר הַזֶּה מַשָּׂא יְהוָה
לט וָאֶשְׁלַח אֲלֵיכֶם לֵאמֹר לֹא תֹאמְרוּ מַשָּׂא יְהוָה: לָכֵן הִנְנִי
וְנָשִׁיתִי אֶתְכֶם נָשֹׁא וְנָטַשְׁתִּי אֶתְכֶם וְאֶת־הָעִיר אֲשֶׁר נָתַתִּי
מ לָכֶם וְלַאֲבוֹתֵיכֶם מֵעַל פָּנָי: וְנָתַתִּי עֲלֵיכֶם חֶרְפַּת עוֹלָם וּכְלִמּוּת
כד א עוֹלָם אֲשֶׁר לֹא תִשָּׁכֵחַ: הִרְאַנִי יְהוָה וְהִנֵּה שְׁנֵי

דּוּדָאֵי תְאֵנִים מוּעָדִים לִפְנֵי הֵיכַל יְהוָה אַחֲרֵי הַגְלוֹת
נְבוּכַדְרֶאצַּר מֶלֶךְ־בָּבֶל אֶת־יְכָנְיָהוּ בֶן־יְהוֹיָקִים מֶלֶךְ־יְהוּדָה
וְאֶת־שָׂרֵי יְהוּדָה וְאֶת־הֶחָרָשׁ וְאֶת־הַמַּסְגֵּר מִירוּשָׁלִַם
ב וַיְבִאֵם בָּבֶל: הַדּוּד אֶחָד תְּאֵנִים טֹבוֹת מְאֹד כִּתְאֵנֵי
הַבַּכֻּרוֹת וְהַדּוּד אֶחָד תְּאֵנִים רָעוֹת מְאֹד אֲשֶׁר לֹא־תֵאָכַלְנָה
ג מֵרֹעַ: וַיֹּאמֶר יְהוָה אֵלַי מָה־אַתָּה רֹאֶה יִרְמְיָהוּ
וָאֹמַר תְּאֵנִים הַתְּאֵנִים הַטֹּבוֹת טֹבוֹת מְאֹד וְהָרָעוֹת רָעוֹת
ד מְאֹד אֲשֶׁר לֹא־תֵאָכַלְנָה מֵרֹעַ: וַיְהִי דְבַר־
ה יְהוָה אֵלַי לֵאמֹר: כֹּה־אָמַר יְהוָה אֱלֹהֵי יִשְׂרָאֵל כַּתְּאֵנִים
הַטֹּבוֹת הָאֵלֶּה כֵּן אַכִּיר אֶת־גָּלוּת יְהוּדָה אֲשֶׁר שִׁלַּחְתִּי מִן־
ו הַמָּקוֹם הַזֶּה אֶרֶץ כַּשְׂדִּים לְטוֹבָה: וְשַׂמְתִּי עֵינִי עֲלֵיהֶם לְטוֹבָה
וַהֲשִׁבֹתִים עַל־הָאָרֶץ הַזֹּאת וּבְנִיתִים וְלֹא אֶהֱרֹס וּנְטַעְתִּים
ז וְלֹא אֶתּוֹשׁ: וְנָתַתִּי לָהֶם לֵב לָדַעַת אֹתִי כִּי אֲנִי יְהוָה וְהָיוּ־ יג
לִי לְעָם וְאָנֹכִי אֶהְיֶה לָהֶם לֵאלֹהִים כִּי־יָשֻׁבוּ אֵלַי בְּכָל־
ח לִבָּם: וְכַתְּאֵנִים הָרָעוֹת אֲשֶׁר לֹא־תֵאָכַלְנָה
מֵרֹעַ כִּי־כֹה ׀ אָמַר יְהוָה כֵּן אֶתֵּן אֶת־צִדְקִיָּהוּ מֶלֶךְ־יְהוּדָה
וְאֶת־שָׂרָיו וְאֵת ׀ שְׁאֵרִית יְרוּשָׁלִַם הַנִּשְׁאָרִים בָּאָרֶץ הַזֹּאת
ט וְהַיֹּשְׁבִים בְּאֶרֶץ מִצְרָיִם: וּנְתַתִּים לזועה לְרָעָה לְכֹל לְזַעֲוָה
מַמְלְכוֹת הָאָרֶץ לְחֶרְפָּה וּלְמָשָׁל לִשְׁנִינָה וְלִקְלָלָה בְּכָל־
י הַמְּקֹמוֹת אֲשֶׁר־אַדִּיחֵם שָׁם: וְשִׁלַּחְתִּי בָם אֶת־הַחֶרֶב אֶת־
הָרָעָב וְאֶת־הַדָּבֶר עַד־תֻּמָּם מֵעַל הָאֲדָמָה אֲשֶׁר־נָתַתִּי לָהֶם
א וְלַאֲבוֹתֵיהֶם: הַדָּבָר אֲשֶׁר־הָיָה עַל־יִרְמְיָהוּ כה
עַל־כָּל־עַם יְהוּדָה בַּשָּׁנָה הָרְבִעִית לִיהוֹיָקִים בֶּן־יֹאשִׁיָּהוּ
מֶלֶךְ יְהוּדָה הִיא הַשָּׁנָה הָרִאשֹׁנִית לִנְבוּכַדְרֶאצַּר מֶלֶךְ בָּבֶל:
ב אֲשֶׁר דִּבֶּר יִרְמְיָהוּ הַנָּבִיא עַל־כָּל־עַם יְהוּדָה וְאֶל כָּל־יֹשְׁבֵי
ג יְרוּשָׁלִַם לֵאמֹר: מִן־שְׁלֹשׁ עֶשְׂרֵה שָׁנָה לְיֹאשִׁיָּהוּ בֶן־אָמוֹן
מֶלֶךְ יְהוּדָה וְעַד ׀ הַיּוֹם הַזֶּה זֶה שָׁלֹשׁ וְעֶשְׂרִים שָׁנָה הָיָה

דַּבַּר־יְהוָה אֵלַי וָאֲדַבֵּר אֲלֵיכֶם אַשְׁכֵּים וְדַבֵּר וְלֹא שְׁמַעְתֶּם׃
ד וְשָׁלַח יְהוָה אֲלֵיכֶם אֶת־כׇּל־עֲבָדָיו הַנְּבִאִים הַשְׁכֵּם וְשָׁלֹחַ וְלֹא
ה שְׁמַעְתֶּם וְלֹא־הִטִּיתֶם אֶת־אׇזְנְכֶם לִשְׁמֹעַ׃ לֵאמֹר שֽׁוּבוּ־נָא
אִישׁ מִדַּרְכּוֹ הָרָעָה וּמֵרֹעַ מַעַלְלֵיכֶם וּשְׁבוּ עַל־הָאֲדָמָה אֲשֶׁר
ו נָתַן יְהוָה לָכֶם וְלַאֲבוֹתֵיכֶם לְמִן־עוֹלָם וְעַד־עוֹלָם׃ וְאַל־
תֵּלְכוּ אַחֲרֵי אֱלֹהִים אֲחֵרִים לְעׇבְדָם וּלְהִשְׁתַּחֲוֺת לָהֶם
ז וְלֹא־תַכְעִיסוּ אוֹתִי בְּמַעֲשֵׂה יְדֵיכֶם וְלֹא אָרַע לָכֶם׃ וְלֹא־
שְׁמַעְתֶּם אֵלַי נְאֻם־יְהוָה לְמַעַן הכעסוני בְּמַעֲשֵׂה יְדֵיכֶם לְרַע הַכְעִיסֵנִי
ח לָכֶם׃ לָכֵן כֹּה אָמַר יְהוָה צְבָאוֹת יַעַן אֲשֶׁר לֹא־
ט שְׁמַעְתֶּם אֶת־דְּבָרָי׃ הִנְנִי שֹׁלֵחַ וְלָקַחְתִּי אֶת־כׇּל־מִשְׁפְּחוֹת
צָפוֹן נְאֻם־יְהוָה וְאֶל־נְבוּכַדְרֶאצַּר מֶלֶךְ־בָּבֶל עַבְדִּי וַהֲבִאֹתִים
עַל־הָאָרֶץ הַזֹּאת וְעַל־יֹשְׁבֶיהָ וְעַל כׇּל־הַגּוֹיִם הָאֵלֶּה סָבִיב
וְהַחֲרַמְתִּים וְשַׂמְתִּים לְשַׁמָּה וְלִשְׁרֵקָה וּלְחׇרְבוֹת עוֹלָם׃
י וְהַאֲבַדְתִּי מֵהֶם קוֹל שָׂשׂוֹן וְקוֹל שִׂמְחָה קוֹל חָתָן וְקוֹל כַּלָּה
יא קוֹל רֵחַיִם וְאוֹר נֵר׃ וְהָיְתָה כׇּל־הָאָרֶץ הַזֹּאת לְחׇרְבָּה לְשַׁמָּה
יב וְעָבְדוּ הַגּוֹיִם הָאֵלֶּה אֶת־מֶלֶךְ בָּבֶל שִׁבְעִים שָׁנָה׃ וְהָיָה
כִמְלֹאות שִׁבְעִים שָׁנָה אֶפְקֹד עַל־מֶלֶךְ־בָּבֶל וְעַל־הַגּוֹי הַהוּא
נְאֻם־יְהוָה אֶת־עֲוֺנָם וְעַל־אֶרֶץ כַּשְׂדִּים וְשַׂמְתִּי אֹתוֹ
יג לְשִׁמְמוֹת עוֹלָם׃ והבאותי עַל־הָאָרֶץ הַהִיא אֶת־כׇּל־דְּבָרַי וְהֵבֵאתִי
אֲשֶׁר־דִּבַּרְתִּי עָלֶיהָ אֵת כׇּל־הַכָּתוּב בַּסֵּפֶר הַזֶּה אֲשֶׁר־
יד נִבָּא יִרְמְיָהוּ עַל־כׇּל־הַגּוֹיִם׃ כִּי עָבְדוּ־בָם גַּם־הֵמָּה גּוֹיִם
רַבִּים וּמְלָכִים גְּדוֹלִים וְשִׁלַּמְתִּי לָהֶם כְּפׇעֳלָם וּכְמַעֲשֵׂה
טו יְדֵיהֶם׃ כִּי כֹה אָמַר יְהוָה אֱלֹהֵי יִשְׂרָאֵל אֵלַי
קַח אֶת־כּוֹס הַיַּיִן הַחֵמָה הַזֹּאת מִיָּדִי וְהִשְׁקִיתָה אֹתוֹ אֶת־
טז כׇּל־הַגּוֹיִם אֲשֶׁר אָנֹכִי שֹׁלֵחַ אוֹתְךָ אֲלֵיהֶם׃ וְשָׁתוּ וְהִתְגֹּעֲשׁוּ
יז וְהִתְהֹלָלוּ מִפְּנֵי הַחֶרֶב אֲשֶׁר אָנֹכִי שֹׁלֵחַ בֵּינֹתָם׃ וָאֶקַּח אֶת־
הַכּוֹס מִיַּד יְהוָה וָאַשְׁקֶה אֶת־כׇּל־הַגּוֹיִם אֲשֶׁר־שְׁלָחַנִי יְהוָה

יח אֲלֵיהֶם׃ אֶת־יְרוּשָׁלִַם וְאֶת־עָרֵי יְהוּדָה וְאֶת־מְלָכֶיהָ אֶת־
שָׂרֶיהָ לָתֵת אֹתָם לְחָרְבָּה לְשַׁמָּה לִשְׁרֵקָה וְלִקְלָלָה כַּיּוֹם הַזֶּה׃
יט אֶת־פַּרְעֹה מֶלֶךְ־מִצְרַיִם וְאֶת־עֲבָדָיו וְאֶת־שָׂרָיו וְאֶת־כָּל־
כ עַמּוֹ׃ וְאֵת כָּל־הָעֶרֶב וְאֵת כָּל־מַלְכֵי אֶרֶץ הָעוּץ וְאֵת כָּל־
מַלְכֵי אֶרֶץ פְּלִשְׁתִּים וְאֶת־אַשְׁקְלוֹן וְאֶת־עַזָּה וְאֶת־עֶקְרוֹן
כא וְאֵת שְׁאֵרִית אַשְׁדּוֹד׃ אֶת־אֱדוֹם וְאֶת־מוֹאָב וְאֶת־בְּנֵי עַמּוֹן׃
כב וְאֵת כָּל־מַלְכֵי צֹר וְאֵת כָּל־מַלְכֵי צִידוֹן וְאֵת מַלְכֵי הָאִי אֲשֶׁר
כג בְּעֵבֶר הַיָּם׃ אֶת־דְּדָן וְאֶת־תֵּימָא וְאֶת־בּוּז וְאֵת כָּל־קְצוּצֵי
כד פֵאָה׃ וְאֵת כָּל־מַלְכֵי עֲרָב וְאֵת כָּל־מַלְכֵי הָעֶרֶב הַשֹּׁכְנִים
כה בַּמִּדְבָּר׃ וְאֵת ׀ כָּל־מַלְכֵי זִמְרִי וְאֵת כָּל־מַלְכֵי עֵילָם וְאֵת כָּל־
כו מַלְכֵי מָדָי׃ וְאֵת ׀ כָּל־מַלְכֵי הַצָּפוֹן הַקְּרֹבִים וְהָרְחֹקִים אִישׁ
אֶל־אָחִיו וְאֵת כָּל־הַמַּמְלְכוֹת הָאָרֶץ אֲשֶׁר עַל־פְּנֵי הָאֲדָמָה
כז וּמֶלֶךְ שֵׁשַׁךְ יִשְׁתֶּה אַחֲרֵיהֶם׃ וְאָמַרְתָּ אֲלֵיהֶם כֹּה־אָמַר יְהוָה
צְבָאוֹת אֱלֹהֵי יִשְׂרָאֵל שְׁתוּ וְשִׁכְרוּ וּקְיוּ וְנִפְלוּ וְלֹא תָקוּמוּ מִפְּנֵי
כח הַחֶרֶב אֲשֶׁר אָנֹכִי שֹׁלֵחַ בֵּינֵיכֶם׃ וְהָיָה כִּי יְמָאֲנוּ לָקַחַת־הַכּוֹס
מִיָּדְךָ לִשְׁתּוֹת וְאָמַרְתָּ אֲלֵיהֶם כֹּה אָמַר יְהוָה צְבָאוֹת שָׁתוֹ
כט תִשְׁתּוּ׃ כִּי הִנֵּה בָעִיר אֲשֶׁר־נִקְרָא שְׁמִי עָלֶיהָ אָנֹכִי מֵחֵל
לְהָרַע וְאַתֶּם הִנָּקֵה תִנָּקוּ לֹא תִנָּקוּ כִּי חֶרֶב אֲנִי קֹרֵא עַל־
ל כָּל־יֹשְׁבֵי הָאָרֶץ נְאֻם יְהוָה צְבָאוֹת׃ וְאַתָּה תִּנָּבֵא אֲלֵיהֶם אֵת
כָּל־הַדְּבָרִים הָאֵלֶּה וְאָמַרְתָּ אֲלֵיהֶם יְהוָה מִמָּרוֹם יִשְׁאָג
וּמִמְּעוֹן קָדְשׁוֹ יִתֵּן קוֹלוֹ שָׁאֹג יִשְׁאַג עַל־נָוֵהוּ הֵידָד כְּדֹרְכִים
לא יַעֲנֶה אֶל כָּל־יֹשְׁבֵי הָאָרֶץ׃ בָּא שָׁאוֹן עַד־קְצֵה הָאָרֶץ כִּי רִיב
לַיהוָה בַּגּוֹיִם נִשְׁפָּט הוּא לְכָל־בָּשָׂר הָרְשָׁעִים נְתָנָם לַחֶרֶב
לב נְאֻם־יְהוָה׃ כֹּה אָמַר יְהוָה צְבָאוֹת הִנֵּה רָעָה
לג יֹצֵאת מִגּוֹי אֶל־גּוֹי וְסַעַר גָּדוֹל יֵעוֹר מִיַּרְכְּתֵי־אָרֶץ׃ וְהָיוּ חַלְלֵי
יְהוָה בַּיּוֹם הַהוּא מִקְצֵה הָאָרֶץ וְעַד־קְצֵה הָאָרֶץ לֹא יִסָּפְדוּ
לד וְלֹא יֵאָסְפוּ וְלֹא יִקָּבֵרוּ לְדֹמֶן עַל־פְּנֵי הָאֲדָמָה יִהְיוּ׃ הֵילִילוּ

הָרֹעִים וְזַעֲקוּ וְהִתְפַּלְּשׁוּ אַדִּירֵי הַצֹּאן כִּי־מָלְאוּ יְמֵיכֶם לִטְבוֹחַ
לה וּתְפוֹצוֹתִיכֶם וּנְפַלְתֶּם כִּכְלִי חֶמְדָּה׃ וְאָבַד מָנוֹס מִן־הָרֹעִים
לו וּפְלֵיטָה מֵאַדִּירֵי הַצֹּאן׃ קוֹל צַעֲקַת הָרֹעִים וִילְלַת אַדִּירֵי
לז הַצֹּאן כִּי־שֹׁדֵד יְהוָה אֶת־מַרְעִיתָם׃ וְנָדַמּוּ נְאוֹת הַשָּׁלוֹם מִפְּנֵי
לח חֲרוֹן אַף־יְהוָה׃ עָזַב כַּכְּפִיר סֻכּוֹ כִּי־הָיְתָה אַרְצָם לְשַׁמָּה מִפְּנֵי
כו א חֲרוֹן הַיּוֹנָה וּמִפְּנֵי חֲרוֹן אַפּוֹ׃ בְּרֵאשִׁית מַמְלְכוּת יד
יְהוֹיָקִים בֶּן־יֹאשִׁיָּהוּ מֶלֶךְ יְהוּדָה הָיָה הַדָּבָר הַזֶּה מֵאֵת יְהוָה
ב לֵאמֹר׃ כֹּה ׀ אָמַר יְהוָה עֲמֹד בַּחֲצַר בֵּית־יְהוָה וְדִבַּרְתָּ עַל־
כָּל־עָרֵי יְהוּדָה הַבָּאִים לְהִשְׁתַּחֲוֺת בֵּית־יְהוָה אֵת כָּל־
ג הַדְּבָרִים אֲשֶׁר צִוִּיתִיךָ לְדַבֵּר אֲלֵיהֶם אַל־תִּגְרַע דָּבָר׃ אוּלַי
יִשְׁמְעוּ וְיָשֻׁבוּ אִישׁ מִדַּרְכּוֹ הָרָעָה וְנִחַמְתִּי אֶל־הָרָעָה אֲשֶׁר
ד אָנֹכִי חֹשֵׁב לַעֲשׂוֹת לָהֶם מִפְּנֵי רֹעַ מַעַלְלֵיהֶם׃ וְאָמַרְתָּ אֲלֵיהֶם
כֹּה אָמַר יְהוָה אִם־לֹא תִשְׁמְעוּ אֵלַי לָלֶכֶת בְּתוֹרָתִי אֲשֶׁר
ה נָתַתִּי לִפְנֵיכֶם׃ לִשְׁמֹעַ עַל־דִּבְרֵי עֲבָדַי הַנְּבִאִים אֲשֶׁר אָנֹכִי
ו שֹׁלֵחַ אֲלֵיכֶם וְהַשְׁכֵּם וְשָׁלֹחַ וְלֹא שְׁמַעְתֶּם׃ וְנָתַתִּי אֶת־
הַבַּיִת הַזֶּה כְּשִׁלֹה וְאֶת־הָעִיר הזאתה אֶתֵּן לִקְלָלָה לְכֹל גּוֹיֵ הַזֹּאת
ז הָאָרֶץ׃ וַיִּשְׁמְעוּ הַכֹּהֲנִים וְהַנְּבִאִים וְכָל־הָעָם
ח אֶת־יִרְמְיָהוּ מְדַבֵּר אֶת־הַדְּבָרִים הָאֵלֶּה בְּבֵית יְהוָה׃ וַיְהִי ׀
כְּכַלּוֹת יִרְמְיָהוּ לְדַבֵּר אֵת כָּל־אֲשֶׁר־צִוָּה יְהוָה לְדַבֵּר אֶל־כָּל־
הָעָם וַיִּתְפְּשׂוּ אֹתוֹ הַכֹּהֲנִים וְהַנְּבִיאִים וְכָל־הָעָם לֵאמֹר מוֹת
ט תָּמוּת׃ מַדּוּעַ נִבֵּיתָ בְשֵׁם־יְהוָה לֵאמֹר כְּשִׁלוֹ יִהְיֶה הַבַּיִת הַזֶּה
וְהָעִיר הַזֹּאת תֶּחֱרַב מֵאֵין יוֹשֵׁב וַיִּקָּהֵל כָּל־הָעָם אֶל־יִרְמְיָהוּ
י בְּבֵית יְהוָה׃ וַיִּשְׁמְעוּ ׀ שָׂרֵי יְהוּדָה אֵת הַדְּבָרִים הָאֵלֶּה וַיַּעֲלוּ
מִבֵּית־הַמֶּלֶךְ בֵּית יְהוָה וַיֵּשְׁבוּ בְּפֶתַח שַׁעַר־יְהוָה הֶחָדָשׁ׃
יא וַיֹּאמְרוּ הַכֹּהֲנִים וְהַנְּבִאִים אֶל־הַשָּׂרִים וְאֶל־כָּל־הָעָם לֵאמֹר
מִשְׁפַּט־מָוֶת לָאִישׁ הַזֶּה כִּי נִבָּא אֶל־הָעִיר הַזֹּאת כַּאֲשֶׁר
יב שְׁמַעְתֶּם בְּאָזְנֵיכֶם׃ וַיֹּאמֶר יִרְמְיָהוּ אֶל־כָּל־הַשָּׂרִים וְאֶל־כָּל־

הָעָם לֵאמֹר יְהוָה שְׁלָחַנִי לְהִנָּבֵא אֶל־הַבַּיִת הַזֶּה וְאֶל־הָעִיר
הַזֹּאת אֵת כָּל־הַדְּבָרִים אֲשֶׁר שְׁמַעְתֶּם: וְעַתָּה הֵיטִיבוּ יג
דַרְכֵיכֶם וּמַעַלְלֵיכֶם וְשִׁמְעוּ בְּקוֹל יְהוָה אֱלֹהֵיכֶם וְיִנָּחֵם יְהוָה
אֶל־הָרָעָה אֲשֶׁר דִּבֶּר עֲלֵיכֶם: וַאֲנִי הִנְנִי בְיֶדְכֶם עֲשׂוּ־לִי כַּטּוֹב יד
וְכַיָּשָׁר בְּעֵינֵיכֶם: אַךְ ׀ יָדֹעַ תֵּדְעוּ כִּי אִם־מְמִתִים אַתֶּם אֹתִי טו
כִּי־דָם נָקִי אַתֶּם נֹתְנִים עֲלֵיכֶם וְאֶל־הָעִיר הַזֹּאת וְאֶל־יֹשְׁבֶיהָ
כִּי בֶאֱמֶת שְׁלָחַנִי יְהוָה עֲלֵיכֶם לְדַבֵּר בְּאָזְנֵיכֶם אֵת כָּל־
הַדְּבָרִים הָאֵלֶּה: וַיֹּאמְרוּ הַשָּׂרִים וְכָל־הָעָם טז
אֶל־הַכֹּהֲנִים וְאֶל־הַנְּבִיאִים אֵין־לָאִישׁ הַזֶּה מִשְׁפַּט־מָוֶת כִּי
בְּשֵׁם יְהוָה אֱלֹהֵינוּ דִּבֶּר אֵלֵינוּ: וַיָּקֻמוּ אֲנָשִׁים מִזִּקְנֵי הָאָרֶץ יז
מִיכָה וַיֹּאמְרוּ אֶל־כָּל־קְהַל הָעָם לֵאמֹר: מִיכָיה הַמּוֹרַשְׁתִּי הָיָה נִבָּא יח
בִּימֵי חִזְקִיָּהוּ מֶלֶךְ־יְהוּדָה וַיֹּאמֶר אֶל־כָּל־עַם יְהוּדָה לֵאמֹר
כֹּה־אָמַר ׀ יְהוָה צְבָאוֹת צִיּוֹן שָׂדֶה תֵחָרֵשׁ וִירוּשָׁלַיִם עִיִּים
תִּהְיֶה וְהַר הַבַּיִת לְבָמוֹת יָעַר: הֶהָמֵת הֱמִתֻהוּ חִזְקִיָּהוּ מֶלֶךְ־ יט
יְהוּדָה וְכָל־יְהוּדָה הֲלֹא יָרֵא אֶת־יְהוָה וַיְחַל אֶת־פְּנֵי יְהוָה
וַיִּנָּחֶם יְהוָה אֶל־הָרָעָה אֲשֶׁר־דִּבֶּר עֲלֵיהֶם וַאֲנַחְנוּ עֹשִׂים רָעָה
גְדוֹלָה עַל־נַפְשׁוֹתֵינוּ: וְגַם־אִישׁ הָיָה מִתְנַבֵּא בְּשֵׁם יְהוָה כ
אוּרִיָּהוּ בֶּן־שְׁמַעְיָהוּ מִקִּרְיַת הַיְּעָרִים וַיִּנָּבֵא עַל־הָעִיר הַזֹּאת
וְעַל־הָאָרֶץ הַזֹּאת כְּכֹל דִּבְרֵי יִרְמְיָהוּ: וַיִּשְׁמַע הַמֶּלֶךְ יְהוֹיָקִים כא
וְכָל־גִּבּוֹרָיו וְכָל־הַשָּׂרִים אֶת־דְּבָרָיו וַיְבַקֵּשׁ הַמֶּלֶךְ הֲמִיתוֹ
וַיִּשְׁמַע אוּרִיָּהוּ וַיִּרָא וַיִּבְרַח וַיָּבֹא מִצְרָיִם: וַיִּשְׁלַח הַמֶּלֶךְ כב
יְהוֹיָקִים אֲנָשִׁים מִצְרָיִם אֵת אֶלְנָתָן בֶּן־עַכְבּוֹר וַאֲנָשִׁים אִתּוֹ
אֶל־מִצְרָיִם: וַיּוֹצִיאוּ אֶת־אוּרִיָּהוּ מִמִּצְרַיִם וַיְבִאֻהוּ אֶל־הַמֶּלֶךְ כג
יְהוֹיָקִים וַיַּכֵּהוּ בֶּחָרֶב וַיַּשְׁלֵךְ אֶת־נִבְלָתוֹ אֶל־קִבְרֵי בְּנֵי הָעָם:
אַךְ יַד אֲחִיקָם בֶּן־שָׁפָן הָיְתָה אֶת־יִרְמְיָהוּ לְבִלְתִּי תֶּת־אֹתוֹ כד
בְיַד־הָעָם לַהֲמִיתוֹ: בְּרֵאשִׁית מַמְלֶכֶת יְהוֹיָקִם א כז
בֶּן־יֹאושִׁיָּהוּ מֶלֶךְ יְהוּדָה הָיָה הַדָּבָר הַזֶּה אֶל־יִרְמְיָה מֵאֵת

ב יְהוָה לֵאמֹר: כֹּה־אָמַר יְהוָה אֵלַי עֲשֵׂה לְךָ מוֹסֵרוֹת וּמֹטוֹת
ג וּנְתַתָּם עַל־צַוָּארֶךָ: וְשִׁלַּחְתָּם אֶל־מֶלֶךְ אֱדוֹם וְאֶל־מֶלֶךְ
מוֹאָב וְאֶל־מֶלֶךְ בְּנֵי עַמּוֹן וְאֶל־מֶלֶךְ צֹר וְאֶל־מֶלֶךְ צִידוֹן בְּיַד
ד מַלְאָכִים הַבָּאִים יְרוּשָׁלִַם אֶל־צִדְקִיָּהוּ מֶלֶךְ יְהוּדָה: וְצִוִּיתָ
אֹתָם אֶל־אֲדֹנֵיהֶם לֵאמֹר כֹּה־אָמַר יְהוָה צְבָאוֹת אֱלֹהֵי
ה יִשְׂרָאֵל כֹּה תֹאמְרוּ אֶל־אֲדֹנֵיכֶם: אָנֹכִי עָשִׂיתִי אֶת־הָאָרֶץ טו
אֶת־הָאָדָם וְאֶת־הַבְּהֵמָה אֲשֶׁר עַל־פְּנֵי הָאָרֶץ בְּכֹחִי הַגָּדוֹל
ו וּבִזְרוֹעִי הַנְּטוּיָה וּנְתַתִּיהָ לַאֲשֶׁר יָשַׁר בְּעֵינָי: וְעַתָּה אָנֹכִי נָתַתִּי
אֶת־כָּל־הָאֲרָצוֹת הָאֵלֶּה בְּיַד נְבוּכַדְנֶאצַּר מֶלֶךְ־בָּבֶל עַבְדִּי
ז וְגַם אֶת־חַיַּת הַשָּׂדֶה נָתַתִּי לוֹ לְעָבְדוֹ: וְעָבְדוּ אֹתוֹ כָּל־הַגּוֹיִם
וְאֶת־בְּנוֹ וְאֶת־בֶּן־בְּנוֹ עַד בֹּא־עֵת אַרְצוֹ גַּם־הוּא וְעָבְדוּ בוֹ
ח גּוֹיִם רַבִּים וּמְלָכִים גְּדֹלִים: וְהָיָה הַגּוֹי וְהַמַּמְלָכָה אֲשֶׁר לֹא־
יַעַבְדוּ אֹתוֹ אֶת־נְבוּכַדְנֶאצַּר מֶלֶךְ־בָּבֶל וְאֵת אֲשֶׁר לֹא־יִתֵּן
אֶת־צַוָּארוֹ בְּעֹל מֶלֶךְ בָּבֶל בַּחֶרֶב וּבָרָעָב וּבַדֶּבֶר אֶפְקֹד עַל־
ט הַגּוֹי הַהוּא נְאֻם־יְהוָה עַד־תֻּמִּי אֹתָם בְּיָדוֹ: וְאַתֶּם אַל־
תִּשְׁמְעוּ אֶל־נְבִיאֵיכֶם וְאֶל־קֹסְמֵיכֶם וְאֶל חֲלֹמֹתֵיכֶם וְאֶל־
עֹנְנֵיכֶם וְאֶל־כַּשָּׁפֵיכֶם אֲשֶׁר־הֵם אֹמְרִים אֲלֵיכֶם לֵאמֹר לֹא
י תַעַבְדוּ אֶת־מֶלֶךְ בָּבֶל: כִּי שֶׁקֶר הֵם נִבְּאִים לָכֶם לְמַעַן
יא הַרְחִיק אֶתְכֶם מֵעַל אַדְמַתְכֶם וְהִדַּחְתִּי אֶתְכֶם וַאֲבַדְתֶּם: וְהַגּוֹי
אֲשֶׁר יָבִיא אֶת־צַוָּארוֹ בְּעֹל מֶלֶךְ־בָּבֶל וַעֲבָדוֹ וְהִנַּחְתִּיו עַל־
יב אַדְמָתוֹ נְאֻם־יְהוָה וַעֲבָדָהּ וְיָשַׁב בָּהּ: וְאֶל־צִדְקִיָּה מֶלֶךְ־
יְהוּדָה דִּבַּרְתִּי כְּכָל־הַדְּבָרִים הָאֵלֶּה לֵאמֹר הָבִיאוּ אֶת־
יג צַוְּארֵיכֶם בְּעֹל ׀ מֶלֶךְ־בָּבֶל וְעִבְדוּ אֹתוֹ וְעַמּוֹ וִחְיוּ: לָמָּה תָמוּתוּ
אַתָּה וְעַמֶּךָ בַּחֶרֶב בָּרָעָב וּבַדֶּבֶר כַּאֲשֶׁר דִּבֶּר יְהוָה אֶל־הַגּוֹי
יד אֲשֶׁר לֹא־יַעֲבֹד אֶת־מֶלֶךְ בָּבֶל: וְאַל־תִּשְׁמְעוּ אֶל־דִּבְרֵי
הַנְּבִאִים הָאֹמְרִים אֲלֵיכֶם לֵאמֹר לֹא תַעַבְדוּ אֶת־מֶלֶךְ בָּבֶל
טו כִּי שֶׁקֶר הֵם נִבְּאִים לָכֶם: כִּי לֹא שְׁלַחְתִּים נְאֻם־יְהוָה וְהֵם

נִבְּאִים בִּשְׁמִי לַשֶּׁקֶר לְמַעַן הַדִּיחִי אֶתְכֶם וַאֲבַדְתֶּם אַתֶּם
וְהַנְּבִאִים הַנִּבְּאִים לָכֶם: וְאֶל־הַכֹּהֲנִים֙ וְאֶל־כָּל־הָעָם הַזֶּה דִּבַּרְתִּי טז
לֵאמֹר כֹּה אָמַר יְהוָה אַל־תִּשְׁמְעוּ אֶל־דִּבְרֵי נְבִיאֵיכֶם
הַנִּבְּאִים לָכֶם לֵאמֹר הִנֵּה כְלֵי בֵית־יְהוָה מוּשָׁבִים מִבָּבֶלָה
עַתָּה מְהֵרָה כִּי שֶׁקֶר הֵמָּה נִבְּאִים לָכֶם: אַל־תִּשְׁמְעוּ אֲלֵיהֶם יז
עִבְדוּ אֶת־מֶלֶךְ־בָּבֶל וִחְיוּ לָמָּה תִהְיֶה הָעִיר הַזֹּאת חָרְבָּה:
וְאִם־נְבִאִים הֵם וְאִם־יֵשׁ דְּבַר־יְהוָה אִתָּם יִפְגְּעוּ־נָא בַּיהוָה יח
צְבָאוֹת לְבִלְתִּי־בֹאוּ הַכֵּלִים ׀ הַנּוֹתָרִים בְּבֵית־יְהוָה וּבֵית מֶלֶךְ
יְהוּדָה וּבִירוּשָׁלַ͏ִם בָּבֶלָה: כִּי כֹה אָמַר יְהוָה יט
צְבָאוֹת אֶל־הָעַמֻּדִים וְעַל־הַיָּם וְעַל־הַמְּכֹנוֹת וְעַל יֶתֶר הַכֵּלִים
הַנּוֹתָרִים בָּעִיר הַזֹּאת: אֲשֶׁר לֹא־לְקָחָם נְבוּכַדְנֶאצַּר מֶלֶךְ כ
בָּבֶל בַּגְלוֹתוֹ אֶת־יכוניה בֶּן־יְהוֹיָקִים מֶלֶךְ־יְהוּדָה מִירוּשָׁלַ͏ִם

יְכָנְיָה

בָּבֶלָה וְאֵת כָּל־חֹרֵי יְהוּדָה וִירוּשָׁלָ͏ִם: כִּי כֹה כא
אָמַר יְהוָה צְבָאוֹת אֱלֹהֵי יִשְׂרָאֵל עַל־הַכֵּלִים הַנּוֹתָרִים בֵּית
יְהוָה וּבֵית מֶלֶךְ־יְהוּדָה וִירוּשָׁלָ͏ִם: בָּבֶלָה יוּבָאוּ וְשָׁמָּה יִהְיוּ עַד כב
יוֹם פָּקְדִי אֹתָם נְאֻם־יְהוָה וְהַעֲלִיתִים וַהֲשִׁיבֹתִים אֶל־הַמָּקוֹם
הַזֶּה: וַיְהִי ׀ בַּשָּׁנָה הַהִיא בְּרֵאשִׁית מַמְלֶכֶת כח א

בַּשָּׁנָה

צִדְקִיָּה מֶלֶךְ־יְהוּדָה בַּשָּׁנָת הָרְבִעִית בַּחֹדֶשׁ הַחֲמִישִׁי אָמַר
אֵלַי חֲנַנְיָה בֶן־עַזּוּר הַנָּבִיא אֲשֶׁר מִגִּבְעוֹן בְּבֵית יְהוָה לְעֵינֵי
הַכֹּהֲנִים וְכָל־הָעָם לֵאמֹר: כֹּה־אָמַר יְהוָה צְבָאוֹת אֱלֹהֵי ב
יִשְׂרָאֵל לֵאמֹר שָׁבַרְתִּי אֶת־עֹל מֶלֶךְ בָּבֶל: בְּעוֹד ׀ שְׁנָתַיִם ג
יָמִים אֲנִי מֵשִׁיב אֶל־הַמָּקוֹם הַזֶּה אֶת־כָּל־כְּלֵי בֵּית יְהוָה
אֲשֶׁר לָקַח נְבוּכַדְנֶאצַּר מֶלֶךְ־בָּבֶל מִן־הַמָּקוֹם הַזֶּה וַיְבִיאֵם
בָּבֶל: וְאֶת־יְכָנְיָה בֶן־יְהוֹיָקִים מֶלֶךְ־יְהוּדָה וְאֶת־כָּל־גָּלוּת ד
יְהוּדָה הַבָּאִים בָּבֶלָה אֲנִי מֵשִׁיב אֶל־הַמָּקוֹם הַזֶּה נְאֻם־יְהוָה
כִּי אֶשְׁבֹּר אֶת־עֹל מֶלֶךְ בָּבֶל: וַיֹּאמֶר יִרְמְיָה הַנָּבִיא אֶל־ ה
חֲנַנְיָה הַנָּבִיא לְעֵינֵי הַכֹּהֲנִים וּלְעֵינֵי כָל־הָעָם הָעֹמְדִים בְּבֵית

ו יְהוָה׃ וַיֹּאמֶר יִרְמְיָה הַנָּבִיא אָמֵן כֵּן יַעֲשֶׂה יְהוָה יָקֵם יְהוָה
אֶת־דְּבָרֶיךָ אֲשֶׁר נִבֵּאתָ לְהָשִׁיב כְּלֵי בֵית־יְהוָה וְכָל־הַגּוֹלָה
ז מִבָּבֶל אֶל־הַמָּקוֹם הַזֶּה׃ אַךְ שְׁמַע־נָא הַדָּבָר הַזֶּה אֲשֶׁר אָנֹכִי
ח דֹּבֵר בְּאָזְנֶיךָ וּבְאָזְנֵי כָּל־הָעָם׃ הַנְּבִיאִים אֲשֶׁר הָיוּ לְפָנַי וּלְפָנֶיךָ
מִן־הָעוֹלָם וַיִּנָּבְאוּ אֶל־אֲרָצוֹת רַבּוֹת וְעַל־מַמְלָכוֹת גְּדֹלוֹת
ט לְמִלְחָמָה וּלְרָעָה וּלְדָבֶר׃ הַנָּבִיא אֲשֶׁר יִנָּבֵא לְשָׁלוֹם בְּבֹא
י דְּבַר הַנָּבִיא יִוָּדַע הַנָּבִיא אֲשֶׁר־שְׁלָחוֹ יְהוָה בֶּאֱמֶת׃ וַיִּקַּח
חֲנַנְיָה הַנָּבִיא אֶת־הַמּוֹטָה מֵעַל צַוַּאר יִרְמְיָה הַנָּבִיא
יא וַיִּשְׁבְּרֵהוּ׃ וַיֹּאמֶר חֲנַנְיָה לְעֵינֵי כָל־הָעָם לֵאמֹר כֹּה אָמַר
יְהוָה כָּכָה אֶשְׁבֹּר אֶת־עֹל ׀ נְבֻכַדְנֶאצַּר מֶלֶךְ־בָּבֶל בְּעוֹד
שְׁנָתַיִם יָמִים מֵעַל צַוַּאר כָּל־הַגּוֹיִם וַיֵּלֶךְ יִרְמְיָה הַנָּבִיא
יב לְדַרְכּוֹ׃ וַיְהִי דְבַר־יְהוָה אֶל־יִרְמְיָה אַחֲרֵי
שְׁבוֹר חֲנַנְיָה הַנָּבִיא אֶת־הַמּוֹטָה מֵעַל צַוַּאר יִרְמְיָה הַנָּבִיא
יג לֵאמֹר׃ הָלוֹךְ וְאָמַרְתָּ אֶל־חֲנַנְיָה לֵאמֹר כֹּה אָמַר יְהוָה מוֹטֹת
יד עֵץ שָׁבָרְתָּ וְעָשִׂיתָ תַחְתֵּיהֶן מֹטוֹת בַּרְזֶל׃ כִּי כֹה־אָמַר יְהוָה
צְבָאוֹת אֱלֹהֵי יִשְׂרָאֵל עֹל בַּרְזֶל נָתַתִּי עַל־צַוַּאר ׀ כָּל־
הַגּוֹיִם הָאֵלֶּה לַעֲבֹד אֶת־נְבֻכַדְנֶאצַּר מֶלֶךְ־בָּבֶל וַעֲבָדֻהוּ
טו וְגַם אֶת־חַיַּת הַשָּׂדֶה נָתַתִּי לוֹ׃ וַיֹּאמֶר יִרְמְיָה הַנָּבִיא אֶל־
חֲנַנְיָה הַנָּבִיא שְׁמַע־נָא חֲנַנְיָה לֹא־שְׁלָחֲךָ יְהוָה וְאַתָּה
טז הִבְטַחְתָּ אֶת־הָעָם הַזֶּה עַל־שָׁקֶר׃ לָכֵן כֹּה אָמַר יְהוָה הִנְנִי
מְשַׁלֵּחֲךָ מֵעַל פְּנֵי הָאֲדָמָה הַשָּׁנָה אַתָּה מֵת כִּי־סָרָה
יז דִבַּרְתָּ אֶל־יְהוָה׃ וַיָּמָת חֲנַנְיָה הַנָּבִיא בַּשָּׁנָה הַהִיא בַּחֹדֶשׁ
כט א הַשְּׁבִיעִי׃ וְאֵלֶּה דִּבְרֵי הַסֵּפֶר אֲשֶׁר שָׁלַח יִרְמְיָה
הַנָּבִיא מִירוּשָׁלָ͏ִם אֶל־יֶתֶר זִקְנֵי הַגּוֹלָה וְאֶל־הַכֹּהֲנִים וְאֶל־
הַנְּבִיאִים וְאֶל־כָּל־הָעָם אֲשֶׁר הֶגְלָה נְבוּכַדְנֶאצַּר מִירוּשָׁלַ͏ִם
ב בָּבֶלָה׃ אַחֲרֵי צֵאת יְכָנְיָה־הַמֶּלֶךְ וְהַגְּבִירָה וְהַסָּרִיסִים שָׂרֵי
ג יְהוּדָה וִירוּשָׁלַ͏ִם וְהֶחָרָשׁ וְהַמַּסְגֵּר מִירוּשָׁלָ͏ִם׃ בְּיַד אֶלְעָשָׂה

בֶּן־שָׁפָ֣ן וּגְמַרְיָ֣ה בֶן־חִלְקִיָּ֑ה אֲשֶׁר֩ שָׁלַ֨ח צִדְקִיָּ֧ה מֶֽלֶךְ־יְהוּדָ֛ה

אֶל־נְבוּכַדְנֶאצַּ֥ר מֶֽלֶךְ־בָּבֶ֖ל בָּבֶ֣לָה לֵאמֹֽר׃ כֹּֽה אָמַ֞ר יְהוָ֤ה ד

צְבָאוֹת֙ אֱלֹהֵ֣י יִשְׂרָאֵ֔ל לְכָל־הַגּוֹלָ֑ה אֲשֶׁר־הִגְלֵ֥יתִי מִירוּשָׁלִַ֖ם

בָּבֶֽלָה׃ בְּנ֤וּ בָתִּים֙ וְשֵׁ֔בוּ וְנִטְע֥וּ גַנּ֖וֹת וְאִכְל֣וּ אֶת־פִּרְיָֽן׃ קְח֣וּ נָשִׁ֗ים ה

וְהוֹלִ֣ידוּ בָּנִ֣ים וּבָנ֡וֹת וּקְח֣וּ לִבְנֵיכֶם֩ נָשִׁ֨ים וְאֶת־בְּנֽוֹתֵיכֶ֜ם תְּנ֣וּ

לַֽאֲנָשִׁ֗ים וְתֵלַ֨דְנָה֙ בָּנִ֣ים וּבָנ֔וֹת וּרְבוּ־שָׁ֖ם וְאַל־תִּמְעָֽטוּ׃ וְדִרְשׁ֞וּ טז ז

אֶת־שְׁל֣וֹם הָעִ֗יר אֲשֶׁ֨ר הִגְלֵ֤יתִי אֶתְכֶם֙ שָׁ֔מָּה וְהִתְפַּֽלְל֥וּ בַעֲדָ֖הּ

אֶל־יְהוָ֑ה כִּ֣י בִשְׁלוֹמָ֔הּ יִהְיֶ֥ה לָכֶ֖ם שָׁלֽוֹם׃ כִּ֣י כֹה֩ ח

אָמַ֨ר יְהוָ֤ה צְבָאוֹת֙ אֱלֹהֵ֣י יִשְׂרָאֵ֔ל אַל־יַשִּׁ֧יאוּ לָכֶ֛ם נְבִֽיאֵיכֶ֥ם

אֲשֶׁר־בְּקִרְבְּכֶ֖ם וְקֹֽסְמֵיכֶ֑ם וְאַֽל־תִּשְׁמְעוּ֙ אֶל־חֲלֹמֹ֣תֵיכֶ֔ם אֲשֶׁ֖ר

אַתֶּ֥ם מַחְלְמִֽים׃ כִּ֣י בְשֶׁ֗קֶר הֵ֛ם נִבְּאִ֥ים לָכֶ֖ם בִּשְׁמִ֑י לֹ֥א ט

שְׁלַחְתִּ֖ים נְאֻם־יְהוָֽה׃ כִּי־כֹה֙ אָמַ֣ר יְהוָ֔ה כִּ֞י לְפִ֣י י

מְלֹ֧את לְבָבֶ֛ל שִׁבְעִ֥ים שָׁנָ֖ה אֶפְקֹ֣ד אֶתְכֶ֑ם וַהֲקִמֹתִ֤י עֲלֵיכֶם֙

אֶת־דְּבָרִ֣י הַטּ֔וֹב לְהָשִׁ֣יב אֶתְכֶ֔ם אֶל־הַמָּק֖וֹם הַזֶּֽה׃ כִּ֣י אָֽנֹכִ֡י יא

יָדַ֣עְתִּי֩ אֶת־הַמַּחֲשָׁבֹ֨ת אֲשֶׁ֧ר אָֽנֹכִ֛י חֹשֵׁ֥ב עֲלֵיכֶ֖ם נְאֻם־יְהוָ֑ה

מַחְשְׁב֤וֹת שָׁלוֹם֙ וְלֹ֣א לְרָעָ֔ה לָתֵ֥ת לָכֶ֖ם אַחֲרִ֥ית וְתִקְוָֽה׃

וּקְרָאתֶ֤ם אֹתִי֙ וַהֲלַכְתֶּ֔ם וְהִתְפַּלַּלְתֶּ֖ם אֵלָ֑י וְשָׁמַעְתִּ֖י אֲלֵיכֶֽם׃ יב

וּבִקַּשְׁתֶּ֥ם אֹתִ֖י וּמְצָאתֶ֑ם כִּ֥י תִדְרְשֻׁ֖נִי בְּכָל־לְבַבְכֶֽם׃ וְנִמְצֵ֨אתִ֜י יג

לָכֶם֮ נְאֻם־יְהוָה֒ וְשַׁבְתִּ֣י אֶת־שְׁבוּתְכֶ֗ם וְקִבַּצְתִּ֣י אֶ֠תְכֶם מִֽכָּל־ שבותכם

הַגּוֹיִ֞ם וּמִכָּל־הַמְּקוֹמ֗וֹת אֲשֶׁ֨ר הִדַּ֧חְתִּי אֶתְכֶ֛ם שָׁ֖ם נְאֻם־יְהוָ֑ה

וַהֲשִׁבֹתִ֣י אֶתְכֶ֔ם אֶל־הַ֨מָּק֔וֹם אֲשֶׁר־הִגְלֵ֥יתִי אֶתְכֶ֖ם מִשָּֽׁם׃ כִּ֣י יד

אֲמַרְתֶּ֑ם הֵקִ֥ים לָ֛נוּ יְהוָ֖ה נְבִאִ֥ים בָּבֶֽלָה׃ כִּ֣י־ טו

כֹ֣ה ׀ אָמַ֣ר יְהוָ֗ה אֶל־הַמֶּ֨לֶךְ֙ הַיּוֹשֵׁב֙ אֶל־כִּסֵּ֣א דָוִ֔ד וְאֶֽל־כָּל־

הָעָם֙ הַיּוֹשֵׁ֣ב בָּעִ֣יר הַזֹּ֔את אֲחֵיכֶ֕ם אֲשֶׁ֥ר לֹֽא־יָצְא֖וּ אִתְּכֶ֥ם

בַּגּוֹלָֽה׃ כֹּ֤ה אָמַר֙ יְהוָ֣ה צְבָא֔וֹת הִנְנִי֙ מְשַׁלֵּ֣חַ בָּ֔ם טז

אֶת־הַחֶ֖רֶב אֶת־הָרָעָ֣ב וְאֶת־הַדָּ֑בֶר וְנָתַתִּ֣י אוֹתָ֗ם כַּתְּאֵנִים֙

הַשֹּׁ֣עָרִ֔ים אֲשֶׁ֥ר לֹא־תֵאָכַ֖לְנָה מֵרֹֽעַ׃ וְרָֽדַפְתִּי֙ אַֽחֲרֵיהֶ֔ם בַּחֶ֖רֶב יז

תו

בָּרָעָב וּבַדָּבֶר וּנְתַתִּים לזועה לְכֹל ׀ מַמְלְכוֹת הָאָרֶץ לְאָלָה לְזַעֲוָה
וּלְשַׁמָּה וְלִשְׁרֵקָה וּלְחֶרְפָּה בְּכָל־הַגּוֹיִם אֲשֶׁר־הִדַּחְתִּים שָׁם׃
יט תַּחַת אֲשֶׁר־לֹא־שָׁמְעוּ אֶל־דְּבָרַי נְאֻם־יְהוָה אֲשֶׁר שָׁלַחְתִּי
אֲלֵיהֶם אֶת־עֲבָדַי הַנְּבִאִים הַשְׁכֵּם וְשָׁלֹחַ וְלֹא שְׁמַעְתֶּם נְאֻם־
כ יְהוָה׃ וְאַתֶּם שִׁמְעוּ דְבַר־יְהוָה כָּל־הַגּוֹלָה אֲשֶׁר־שִׁלַּחְתִּי
כא מִירוּשָׁלַםִ בָּבֶלָה׃ כֹּה־אָמַר יְהוָה צְבָאוֹת אֱלֹהֵי
יִשְׂרָאֵל אֶל־אַחְאָב בֶּן־קוֹלָיָה וְאֶל־צִדְקִיָּהוּ בֶן־מַעֲשֵׂיָה
הַנִּבְּאִים לָכֶם בִּשְׁמִי שָׁקֶר הִנְנִי ׀ נֹתֵן אֹתָם בְּיַד נְבוּכַדְרֶאצַּר
כב מֶלֶךְ־בָּבֶל וְהִכָּם לְעֵינֵיכֶם׃ וְלֻקַּח מֵהֶם קְלָלָה לְכֹל גָּלוּת
יְהוּדָה אֲשֶׁר בְּבָבֶל לֵאמֹר יְשִׂמְךָ יְהוָה כְּצִדְקִיָּהוּ וּכְאֶחָב אֲשֶׁר־
כג קָלָם מֶלֶךְ־בָּבֶל בָּאֵשׁ׃ יַעַן אֲשֶׁר עָשׂוּ נְבָלָה בְּיִשְׂרָאֵל וַיְנַאֲפוּ
אֶת־נְשֵׁי רֵעֵיהֶם וַיְדַבְּרוּ דָבָר בִּשְׁמִי שֶׁקֶר אֲשֶׁר לוֹא צִוִּיתִם
כד וְאָנֹכִי הוידע וָעֵד נְאֻם־יְהוָה׃ וְאֶל־שְׁמַעְיָהוּ הַיּוֹדֵעַ
כה הַנֶּחֱלָמִי תֹּאמַר לֵאמֹר׃ כֹּה־אָמַר יְהוָה צְבָאוֹת אֱלֹהֵי יִשְׂרָאֵל
לֵאמֹר יַעַן אֲשֶׁר אַתָּה שָׁלַחְתָּ בְשִׁמְכָה סְפָרִים אֶל־כָּל־הָעָם
אֲשֶׁר בִּירוּשָׁלַםִ וְאֶל־צְפַנְיָה בֶן־מַעֲשֵׂיָה הַכֹּהֵן וְאֶל־כָּל־
כו הַכֹּהֲנִים לֵאמֹר׃ יְהוָה נְתָנְךָ כֹהֵן תַּחַת יְהוֹיָדָע הַכֹּהֵן לִהְיוֹת
פְקִדִים בֵּית יְהוָה לְכָל־אִישׁ מְשֻׁגָּע וּמִתְנַבֵּא וְנָתַתָּה אֹתוֹ אֶל־
כז הַמַּהְפֶּכֶת וְאֶל־הַצִּינֹק׃ וְעַתָּה לָמָּה לֹא גָעַרְתָּ בְּיִרְמְיָהוּ
כח הָעֲנְּתֹתִי הַמִּתְנַבֵּא לָכֶם׃ כִּי עַל־כֵּן שָׁלַח אֵלֵינוּ בָּבֶל לֵאמֹר
אֲרֻכָּה הִיא בְּנוּ בָתִּים וְשֵׁבוּ וְנִטְעוּ גַנּוֹת וְאִכְלוּ אֶת־
כט פְּרִיהֶן׃ וַיִּקְרָא צְפַנְיָה הַכֹּהֵן אֶת־הַסֵּפֶר הַזֶּה בְּאָזְנֵי יִרְמְיָהוּ
ל הַנָּבִיא׃ וַיְהִי דְּבַר־יְהוָה אֶל־יִרְמְיָהוּ לֵאמֹר׃
לא שְׁלַח עַל־כָּל־הַגּוֹלָה לֵאמֹר כֹּה אָמַר יְהוָה אֶל־שְׁמַעְיָה
הַנֶּחֱלָמִי יַעַן אֲשֶׁר נִבָּא לָכֶם שְׁמַעְיָה וַאֲנִי לֹא שְׁלַחְתִּיו וַיַּבְטַח
לב אֶתְכֶם עַל־שָׁקֶר׃ לָכֵן כֹּה־אָמַר יְהוָה הִנְנִי פֹקֵד עַל־שְׁמַעְיָה
הַנֶּחֱלָמִי וְעַל־זַרְעוֹ לֹא־יִהְיֶה לוֹ אִישׁ ׀ יוֹשֵׁב ׀ בְּתוֹךְ־הָעָם הַזֶּה

וְלֹא־יִרְאֶה בַטּוֹב אֲשֶׁר־אֲנִי עֹשֶׂה־לְעַמִּי נְאֻם־יְהוָה כִּי־סָרָה
ל א דִבֶּר עַל־יְהוָה׃ הַדָּבָר אֲשֶׁר הָיָה אֶל־יִרְמְיָהוּ
ב מֵאֵת יְהוָה לֵאמֹר׃ כֹּה־אָמַר יְהוָה אֱלֹהֵי יִשְׂרָאֵל לֵאמֹר
ג כְּתָב־לְךָ אֵת כָּל־הַדְּבָרִים אֲשֶׁר־דִּבַּרְתִּי אֵלֶיךָ אֶל־סֵפֶר׃ כִּי
הִנֵּה יָמִים בָּאִים נְאֻם־יְהוָה וְשַׁבְתִּי אֶת־שְׁבוּת עַמִּי יִשְׂרָאֵל
וִיהוּדָה אָמַר יְהוָה וַהֲשִׁבֹתִים אֶל־הָאָרֶץ אֲשֶׁר־נָתַתִּי לַאֲבוֹתָם
ד וִירֵשׁוּהָ׃ וְאֵלֶּה הַדְּבָרִים אֲשֶׁר דִּבֶּר יְהוָה אֶל־
ה יִשְׂרָאֵל וְאֶל־יְהוּדָה׃ כִּי־כֹה אָמַר יְהוָה קוֹל חֲרָדָה שָׁמָעְנוּ
ו פַּחַד וְאֵין שָׁלוֹם׃ שַׁאֲלוּ־נָא וּרְאוּ אִם־יֹלֵד זָכָר מַדּוּעַ רָאִיתִי
ז כָל־גֶּבֶר יָדָיו עַל־חֲלָצָיו כַּיּוֹלֵדָה וְנֶהֶפְכוּ כָל־פָּנִים לְיֵרָקוֹן׃ הוֹי
כִּי גָדוֹל הַיּוֹם הַהוּא מֵאַיִן כָּמֹהוּ וְעֵת־צָרָה הִיא לְיַעֲקֹב וּמִמֶּנָּה
ח יִוָּשֵׁעַ׃ וְהָיָה בַיּוֹם הַהוּא נְאֻם ׀ יְהוָה צְבָאוֹת אֶשְׁבֹּר עֻלּוֹ
מֵעַל צַוָּארֶךָ וּמוֹסְרוֹתֶיךָ אֲנַתֵּק וְלֹא־יַעַבְדוּ־בוֹ עוֹד זָרִים׃
ט וְעָבְדוּ אֵת יְהוָה אֱלֹהֵיהֶם וְאֵת דָּוִד מַלְכָּם אֲשֶׁר אָקִים יז
י לָהֶם׃ וְאַתָּה אַל־תִּירָא עַבְדִּי יַעֲקֹב נְאֻם־יְהוָה
וְאַל־תֵּחַת יִשְׂרָאֵל כִּי הִנְנִי מוֹשִׁיעֲךָ מֵרָחוֹק וְאֶת־זַרְעֲךָ מֵאֶרֶץ
יא שִׁבְיָם וְשָׁב יַעֲקֹב וְשָׁקַט וְשַׁאֲנַן וְאֵין מַחֲרִיד׃ כִּי־אִתְּךָ אֲנִי
נְאֻם־יְהוָה לְהוֹשִׁיעֶךָ כִּי אֶעֱשֶׂה כָלָה בְּכָל־הַגּוֹיִם ׀ אֲשֶׁר
הֲפִצוֹתִיךָ שָּׁם אַךְ אֹתְךָ לֹא־אֶעֱשֶׂה כָלָה וְיִסַּרְתִּיךָ לַמִּשְׁפָּט
יב וְנַקֵּה לֹא אֲנַקֶּךָּ׃ כִּי כֹה אָמַר יְהוָה אָנוּשׁ
יג לְשִׁבְרֵךְ נַחְלָה מַכָּתֵךְ׃ אֵין־דָּן דִּינֵךְ לְמָזוֹר רְפֻאוֹת תְּעָלָה אֵין
יד לָךְ׃ כָּל־מְאַהֲבַיִךְ שְׁכֵחוּךְ אוֹתָךְ לֹא יִדְרֹשׁוּ כִּי מַכַּת אוֹיֵב
טו הִכִּיתִיךְ מוּסַר אַכְזָרִי עַל רֹב עֲוֺנֵךְ עָצְמוּ חַטֹּאתָיִךְ׃ מַה־
תִּזְעַק עַל־שִׁבְרֵךְ אָנוּשׁ מַכְאֹבֵךְ עַל ׀ רֹב עֲוֺנֵךְ עָצְמוּ חַטֹּאתַיִךְ
טז עָשִׂיתִי אֵלֶּה לָךְ׃ לָכֵן כָּל־אֹכְלַיִךְ יֵאָכֵלוּ וְכָל־צָרַיִךְ כֻּלָּם
יז בַּשְּׁבִי יֵלֵכוּ וְהָיוּ שֹׁאסַיִךְ לִמְשִׁסָּה וְכָל־בֹּזְזַיִךְ אֶתֵּן לָבַז׃ כִּי
אַעֲלֶה אֲרֻכָה לָךְ וּמִמַּכּוֹתַיִךְ אֶרְפָּאֵךְ נְאֻם־יְהוָה כִּי נִדָּחָה

יח קָרְאוּ לָךְ צִיּוֹן הִיא דֹּרֵשׁ אֵין לָהּ׃ כֹּה ׀ אָמַר
יְהוָה הִנְנִי־שָׁב שְׁבוּת אָהֳלֵי יַעֲקוֹב וּמִשְׁכְּנֹתָיו אֲרַחֵם וְנִבְנְתָה
יט עִיר עַל־תִּלָּהּ וְאַרְמוֹן עַל־מִשְׁפָּטוֹ יֵשֵׁב׃ וְיָצָא מֵהֶם תּוֹדָה וְקוֹל
כ מְשַׂחֲקִים וְהִרְבִּתִים וְלֹא יִמְעָטוּ וְהִכְבַּדְתִּים וְלֹא יִצְעָרוּ׃ וְהָיוּ
כא בָנָיו כְּקֶדֶם וַעֲדָתוֹ לְפָנַי תִּכּוֹן וּפָקַדְתִּי עַל כָּל־לֹחֲצָיו׃ וְהָיָה
אַדִּירוֹ מִמֶּנּוּ וּמֹשְׁלוֹ מִקִּרְבּוֹ יֵצֵא וְהִקְרַבְתִּיו וְנִגַּשׁ אֵלָי כִּי מִי
כב הוּא־זֶה עָרַב אֶת־לִבּוֹ לָגֶשֶׁת אֵלַי נְאֻם־יְהוָה׃ וִהְיִיתֶם
כג לִי לְעָם וְאָנֹכִי אֶהְיֶה לָכֶם לֵאלֹהִים׃ הִנֵּה ׀
סַעֲרַת יְהוָה חֵמָה יָצְאָה סַעַר מִתְגּוֹרֵר עַל רֹאשׁ רְשָׁעִים
כד יָחוּל׃ לֹא יָשׁוּב חֲרוֹן אַף־יְהוָה עַד־עֲשֹׂתוֹ וְעַד־הֲקִימוֹ
כה מְזִמּוֹת לִבּוֹ בְּאַחֲרִית הַיָּמִים תִּתְבּוֹנְנוּ בָהּ׃ בָּעֵת הַהִיא נְאֻם־
יְהוָה אֶהְיֶה לֵאלֹהִים לְכֹל מִשְׁפְּחוֹת יִשְׂרָאֵל וְהֵמָּה יִהְיוּ־לִי
לא א לְעָם׃ כֹּה אָמַר יְהוָה מָצָא חֵן בַּמִּדְבָּר עַם
ב שְׂרִידֵי חָרֶב הָלוֹךְ לְהַרְגִּיעוֹ יִשְׂרָאֵל׃ מֵרָחוֹק יְהוָה נִרְאָה לִי
ג וְאַהֲבַת עוֹלָם אֲהַבְתִּיךְ עַל־כֵּן מְשַׁכְתִּיךְ חָסֶד׃ עוֹד אֶבְנֵךְ
וְנִבְנֵית בְּתוּלַת יִשְׂרָאֵל עוֹד תַּעְדִּי תֻפַּיִךְ וְיָצָאת בִּמְחוֹל
ד מְשַׂחֲקִים׃ עוֹד תִּטְּעִי כְרָמִים בְּהָרֵי שֹׁמְרוֹן נָטְעוּ נֹטְעִים
ה וְחִלֵּלוּ׃ כִּי יֶשׁ־יוֹם קָרְאוּ נֹצְרִים בְּהַר אֶפְרָיִם קוּמוּ וְנַעֲלֶה צִיּוֹן
ו אֶל־יְהוָה אֱלֹהֵינוּ׃ כִּי־כֹה ׀ אָמַר יְהוָה רָנּוּ
לְיַעֲקֹב שִׂמְחָה וְצַהֲלוּ בְּרֹאשׁ הַגּוֹיִם הַשְׁמִיעוּ הַלְלוּ וְאִמְרוּ
ז הוֹשַׁע יְהוָה אֶת־עַמְּךָ אֵת שְׁאֵרִית יִשְׂרָאֵל׃ הִנְנִי מֵבִיא אוֹתָם
מֵאֶרֶץ צָפוֹן וְקִבַּצְתִּים מִיַּרְכְּתֵי־אָרֶץ בָּם עִוֵּר וּפִסֵּחַ הָרָה
ח וְיֹלֶדֶת יַחְדָּו קָהָל גָּדוֹל יָשׁוּבוּ הֵנָּה׃ בִּבְכִי יָבֹאוּ וּבְתַחֲנוּנִים
אוֹבִילֵם אוֹלִיכֵם אֶל־נַחֲלֵי מַיִם בְּדֶרֶךְ יָשָׁר לֹא יִכָּשְׁלוּ בָּהּ כִּי־
ט הָיִיתִי לְיִשְׂרָאֵל לְאָב וְאֶפְרַיִם בְּכֹרִי הוּא׃ שִׁמְעוּ
דְבַר־יְהוָה גּוֹיִם וְהַגִּידוּ בָאִיִּים מִמֶּרְחָק וְאִמְרוּ מְזָרֵה יִשְׂרָאֵל
י יְקַבְּצֶנּוּ וּשְׁמָרוֹ כְּרֹעֶה עֶדְרוֹ׃ כִּי־פָדָה יְהוָה אֶת־יַעֲקֹב וּגְאָלוֹ

יא מִיַּד חָזָק מִמֶּנּוּ: וּבָאוּ וְרִנְּנוּ בִמְרוֹם־צִיּוֹן וְנָהֲרוּ אֶל־טוּב יְהוָה
עַל־דָּגָן וְעַל־תִּירֹשׁ וְעַל־יִצְהָר וְעַל־בְּנֵי־צֹאן וּבָקָר וְהָיְתָה
יב נַפְשָׁם כְּגַן רָוֶה וְלֹא־יוֹסִיפוּ לְדַאֲבָה עוֹד: אָז תִּשְׂמַח בְּתוּלָה
בְּמָחוֹל וּבַחֻרִים וּזְקֵנִים יַחְדָּו וְהָפַכְתִּי אֶבְלָם לְשָׂשׂוֹן וְנִחַמְתִּים
יג וְשִׂמַּחְתִּים מִיגוֹנָם: וְרִוֵּיתִי נֶפֶשׁ הַכֹּהֲנִים דָּשֶׁן וְעַמִּי אֶת־טוּבִי
יד יִשְׂבָּעוּ נְאֻם־יְהוָה: כֹּה | אָמַר יְהוָה קוֹל בְּרָמָה
נִשְׁמָע נְהִי בְּכִי תַמְרוּרִים רָחֵל מְבַכָּה עַל־בָּנֶיהָ מֵאֲנָה לְהִנָּחֵם
טו עַל־בָּנֶיהָ כִּי אֵינֶנּוּ: כֹּה | אָמַר יְהוָה מִנְעִי קוֹלֵךְ
מִבֶּכִי וְעֵינַיִךְ מִדִּמְעָה כִּי יֵשׁ שָׂכָר לִפְעֻלָּתֵךְ נְאֻם־יְהוָה וְשָׁבוּ
טז מֵאֶרֶץ אוֹיֵב: וְיֵשׁ־תִּקְוָה לְאַחֲרִיתֵךְ נְאֻם־יְהוָה וְשָׁבוּ בָנִים
יז לִגְבוּלָם: שָׁמוֹעַ שָׁמַעְתִּי אֶפְרַיִם מִתְנוֹדֵד יִסַּרְתַּנִי וָאִוָּסֵר כְּעֵגֶל
יח לֹא לֻמָּד הֲשִׁבֵנִי וְאָשׁוּבָה כִּי אַתָּה יְהוָה אֱלֹהָי: כִּי־אַחֲרֵי שׁוּבִי
נִחַמְתִּי וְאַחֲרֵי הִוָּדְעִי סָפַקְתִּי עַל־יָרֵךְ בֹּשְׁתִּי וְגַם־נִכְלַמְתִּי כִּי
יט נָשָׂאתִי חֶרְפַּת נְעוּרָי: הֲבֵן יַקִּיר לִי אֶפְרַיִם אִם יֶלֶד שַׁעֲשֻׁעִים
כִּי־מִדֵּי דַבְּרִי בּוֹ זָכֹר אֶזְכְּרֶנּוּ עוֹד עַל־כֵּן הָמוּ מֵעַי לוֹ רַחֵם
כ אֲרַחֲמֶנּוּ נְאֻם־יְהוָה: הַצִּיבִי לָךְ צִיֻּנִים שִׂמִי לָךְ
תַּמְרוּרִים שִׁתִי לִבֵּךְ לַמְסִלָּה דֶּרֶךְ הלכתי שׁוּבִי בְּתוּלַת הָלָכְתְּ
כא יִשְׂרָאֵל שֻׁבִי אֶל־עָרַיִךְ אֵלֶּה: עַד־מָתַי תִּתְחַמָּקִין הַבַּת
הַשּׁוֹבֵבָה כִּי־בָרָא יְהוָה חֲדָשָׁה בָּאָרֶץ נְקֵבָה תְּסוֹבֵב
כב גָּבֶר: כֹּה־אָמַר יְהוָה צְבָאוֹת אֱלֹהֵי יִשְׂרָאֵל עוֹד
יֹאמְרוּ אֶת־הַדָּבָר הַזֶּה בְּאֶרֶץ יְהוּדָה וּבְעָרָיו בְּשׁוּבִי אֶת־
כג שְׁבוּתָם יְבָרֶכְךָ יְהוָה נְוֵה־צֶדֶק הַר הַקֹּדֶשׁ: וְיָשְׁבוּ בָהּ יְהוּדָה
כד וְכָל־עָרָיו יַחְדָּו אִכָּרִים וְנָסְעוּ בַּעֵדֶר: כִּי הִרְוֵיתִי נֶפֶשׁ עֲיֵפָה
כה וְכָל־נֶפֶשׁ דָּאֲבָה מִלֵּאתִי: עַל־זֹאת הֱקִיצֹתִי וָאֶרְאֶה וּשְׁנָתִי
כו עָרְבָה לִּי: הִנֵּה יָמִים בָּאִים נְאֻם־יְהוָה וְזָרַעְתִּי
אֶת־בֵּית יִשְׂרָאֵל וְאֶת־בֵּית יְהוּדָה זֶרַע אָדָם וְזֶרַע בְּהֵמָה:
כז וְהָיָה כַּאֲשֶׁר שָׁקַדְתִּי עֲלֵיהֶם לִנְתוֹשׁ וְלִנְתוֹץ וְלַהֲרֹס וּלְהַאֲבִיד

כח וּלְהָרַע כֵּן אֶשְׁקֹד עֲלֵיהֶם לִבְנוֹת וְלִנְטוֹעַ נְאֻם־יְהוָה׃ בַּיָּמִים
הָהֵם לֹא־יֹאמְרוּ עוֹד אָבוֹת אָכְלוּ בֹסֶר וְשִׁנֵּי בָנִים תִּקְהֶינָה׃
כט כִּי אִם־אִישׁ בַּעֲוֺנוֹ יָמוּת כָּל־הָאָדָם הָאֹכֵל הַבֹּסֶר תִּקְהֶינָה
ל שִׁנָּיו׃ הִנֵּה יָמִים בָּאִים נְאֻם־יְהוָה וְכָרַתִּי אֶת־
לא בֵּית יִשְׂרָאֵל וְאֶת־בֵּית יְהוּדָה בְּרִית חֲדָשָׁה׃ לֹא כַבְּרִית אֲשֶׁר
כָּרַתִּי אֶת־אֲבוֹתָם בְּיוֹם הֶחֱזִיקִי בְיָדָם לְהוֹצִיאָם מֵאֶרֶץ
מִצְרָיִם אֲשֶׁר־הֵמָּה הֵפֵרוּ אֶת־בְּרִיתִי וְאָנֹכִי בָּעַלְתִּי בָם נְאֻם־
לב יְהוָה׃ כִּי זֹאת הַבְּרִית אֲשֶׁר אֶכְרֹת אֶת־בֵּית יִשְׂרָאֵל אַחֲרֵי יח
הַיָּמִים הָהֵם נְאֻם־יְהוָה נָתַתִּי אֶת־תּוֹרָתִי בְּקִרְבָּם וְעַל־לִבָּם
לג אֶכְתֲּבֶנָּה וְהָיִיתִי לָהֶם לֵאלֹהִים וְהֵמָּה יִהְיוּ־לִי לְעָם׃ וְלֹא
יְלַמְּדוּ עוֹד אִישׁ אֶת־רֵעֵהוּ וְאִישׁ אֶת־אָחִיו לֵאמֹר דְּעוּ אֶת־
יְהוָה כִּי כוּלָּם יֵדְעוּ אוֹתִי לְמִקְּטַנָּם וְעַד־גְּדוֹלָם נְאֻם־יְהוָה כִּי
לד אֶסְלַח לַעֲוֺנָם וּלְחַטָּאתָם לֹא אֶזְכָּר־עוֹד׃ כֹּה ׀
אָמַר יְהוָה נֹתֵן שֶׁמֶשׁ לְאוֹר יוֹמָם חֻקֹּת יָרֵחַ וְכוֹכָבִים לְאוֹר
לה לָיְלָה רֹגַע הַיָּם וַיֶּהֱמוּ גַלָּיו יְהוָה צְבָאוֹת שְׁמוֹ׃ אִם־יָמֻשׁוּ
הַחֻקִּים הָאֵלֶּה מִלְּפָנַי נְאֻם־יְהוָה גַּם זֶרַע יִשְׂרָאֵל יִשְׁבְּתוּ
לו מִהְיוֹת גּוֹי לְפָנַי כָּל־הַיָּמִים׃ כֹּה ׀ אָמַר יְהוָה
אִם־יִמַּדּוּ שָׁמַיִם מִלְמַעְלָה וְיֵחָקְרוּ מוֹסְדֵי־אֶרֶץ לְמָטָּה גַּם־
אֲנִי אֶמְאַס בְּכָל־זֶרַע יִשְׂרָאֵל עַל־כָּל־אֲשֶׁר עָשׂוּ נְאֻם־
לז יְהוָה׃ הִנֵּה יָמִים נְאֻם־יְהוָה וְנִבְנְתָה הָעִיר בָּאִים
לח לַיהוָה מִמִּגְדַּל חֲנַנְאֵל עַד־שַׁעַר הַפִּנָּה׃ וְיָצָא עוֹד קוה הַמִּדָּה קָו
לט נֶגְדּוֹ עַל גִּבְעַת גָּרֵב וְנָסַב גֹּעָתָה׃ וְכָל־הָעֵמֶק הַפְּגָרִים ׀
וְהַדֶּשֶׁן וְכָל־השרמות עַד־נַחַל קִדְרוֹן עַד־פִּנַּת שַׁעַר הַשְּׁדֵמוֹת
הַסּוּסִים מִזְרָחָה קֹדֶשׁ לַיהוָה לֹא־יִנָּתֵשׁ וְלֹא־יֵהָרֵס עוֹד
לב א לְעוֹלָם׃ הַדָּבָר אֲשֶׁר הָיָה אֶל־יִרְמְיָהוּ מֵאֵת
יְהוָה בשנת הָעֲשִׂרִית לְצִדְקִיָּהוּ מֶלֶךְ יְהוּדָה הִיא הַשָּׁנָה בַּשָּׁנָה
ב שְׁמֹנֶה־עֶשְׂרֵה שָׁנָה לִנְבוּכַדְרֶאצַּר׃ וְאָז חֵיל מֶלֶךְ בָּבֶל צָרִים

עַל־יְרוּשָׁלַ͏ִם וְיִרְמְיָ֙הוּ֙ הַנָּבִ֔יא הָיָ֣ה כָל֔וּא בַּחֲצַ֥ר הַמַּטָּרָ֖ה אֲשֶׁ֑ר
בֵּית־מֶ֣לֶךְ יְהוּדָֽה׃ אֲשֶׁ֣ר כְּלָא֔וֹ צִדְקִיָּ֥הוּ מֶֽלֶךְ־יְהוּדָ֖ה לֵאמֹ֑ר ג
מַדּ֩וּעַ֩ אַתָּ֙ה נִבָּ֜א לֵאמֹ֗ר כֹּ֚ה אָמַ֣ר יְהוָ֔ה הִנְנִ֙י נֹתֵ֧ן אֶת־הָעִ֣יר
הַזֹּ֛את בְּיַ֥ד מֶֽלֶךְ־בָּבֶ֖ל וּלְכָדָֽהּ׃ וְצִדְקִיָּ֙הוּ֙ מֶ֣לֶךְ יְהוּדָ֔ה לֹ֥א יִמָּלֵ֖ט ד
מִיַּ֣ד הַכַּשְׂדִּ֑ים כִּ֣י הִנָּתֹ֤ן יִנָּתֵן֙ בְּיַ֣ד מֶֽלֶךְ־בָּבֶ֔ל וְדִבֶּר־פִּ֖יו עִם־
פִּ֔יו וְעֵינָ֖יו אֶת־עֵינָ֥יו תִּרְאֶֽינָה׃ וּבָבֶ֞ל יוֹלִ֤ךְ אֶת־צִדְקִיָּ֙הוּ֙ וְשָׁ֣ם ה
יִֽהְיֶ֔ה עַד־פָּקְדִ֥י אֹת֖וֹ נְאֻם־יְהוָ֑ה כִּ֧י תִֽלָּחֲמ֛וּ אֶת־הַכַּשְׂדִּ֖ים לֹ֥א
תַצְלִֽיחוּ׃   וַיֹּ֖אמֶר יִרְמְיָ֑הוּ הָיָ֥ה דְבַר־יְהוָ֖ה אֵלַ֥י ו
לֵאמֹֽר׃ הִנֵּ֣ה חֲנַמְאֵ֗ל בֶּן־שַׁלֻּם֙ דֹּֽדְךָ֔ בָּ֥א אֵלֶ֖יךָ לֵאמֹ֑ר קְנֵ֣ה לְךָ֗ ז
אֶת־שָׂדִי֙ אֲשֶׁ֣ר בַּעֲנָת֔וֹת כִּ֥י לְךָ֛ מִשְׁפַּ֥ט הַגְּאֻלָּ֖ה לִקְנֽוֹת׃ וַיָּבֹ֣א ח
אֵלַ֣י חֲנַמְאֵ֣ל בֶּן־דֹּדִ֡י כִּדְבַ֣ר יְהוָה֮ אֶל־חֲצַ֣ר הַמַּטָּרָה֒ וַיֹּ֣אמֶר
אֵלַ֗י קְנֵ֙ה נָ֤א אֶת־שָׂדִי֙ אֲשֶׁר־בַּעֲנָת֗וֹת אֲשֶׁ֣ר ׀ בְּאֶ֣רֶץ בִּנְיָמִ֗ין כִּֽי־
לְךָ֞ מִשְׁפַּ֧ט הַיְרֻשָּׁ֛ה וּלְךָ֥ הַגְּאֻלָּ֖ה קְנֵה־לָ֑ךְ וָאֵדַ֕ע כִּ֥י דְבַר־יְהוָ֖ה
הֽוּא׃ וָֽאֶקְנֶה֙ אֶת־הַשָּׂדֶ֔ה מֵאֵ֛ת חֲנַמְאֵ֥ל בֶּן־דֹּדִ֖י אֲשֶׁ֣ר בַּעֲנָת֑וֹת ט
וָֽאֶשְׁקֲלָה־לּוֹ֙ אֶת־הַכֶּ֔סֶף שִׁבְעָ֥ה שְׁקָלִ֖ים וַעֲשָׂרָ֥ה הַכָּֽסֶף׃
וָאֶכְתֹּ֤ב בַּסֵּ֙פֶר֙ וָֽאֶחְתֹּ֔ם וָאָעֵ֖ד עֵדִ֑ים וָאֶשְׁקֹ֥ל הַכֶּ֖סֶף בְּמֹאזְנָֽיִם׃ י
וָאֶקַּ֖ח אֶת־סֵ֣פֶר הַמִּקְנָ֑ה אֶת־הֶֽחָת֛וּם הַמִּצְוָ֥ה וְהַחֻקִּ֖ים וְאֶת־ יא
הַגָּלֽוּי׃ וָאֶתֵּ֞ן אֶת־הַסֵּ֣פֶר הַמִּקְנָ֗ה אֶל־בָּר֣וּךְ בֶּן־נֵרִיָּה֮ בֶּן־ יב
מַחְסֵיָה֒ לְעֵינֵ֖י חֲנַמְאֵ֣ל דֹּדִ֑י וּלְעֵינֵי֙ הָֽעֵדִ֔ים הַכֹּתְבִ֖ים בְּסֵ֣פֶר
הַמִּקְנָ֑ה לְעֵינֵי֙ כָּל־הַיְּהוּדִ֔ים הַיֹּשְׁבִ֖ים בַּחֲצַ֥ר הַמַּטָּרָֽה׃ וָֽאֲצַוֶּה֙ יג
אֶת־בָּר֔וּךְ לְעֵינֵיהֶ֖ם לֵאמֹֽר׃ כֹּֽה־אָמַר֩ יְהוָ֙ה צְבָא֜וֹת אֱלֹהֵ֣י יד
יִשְׂרָאֵ֗ל לָק֣וֹחַ אֶת־הַסְּפָרִ֣ים הָאֵ֡לֶּה אֵ֣ת סֵ֩פֶר֩ הַמִּקְנָ֙ה הַזֶּ֜ה וְאֵ֣ת
הֶחָת֗וּם וְאֵ֙ת סֵ֤פֶר הַגָּלוּי֙ הַזֶּ֔ה וּנְתַתָּ֖ם בִּכְלִי־חָ֑רֶשׂ לְמַ֥עַן
יַעַמְד֖וּ יָמִ֥ים רַבִּֽים׃   כִּ֣י כֹ֥ה אָמַ֛ר יְהוָ֥ה צְבָא֖וֹת טו
אֱלֹהֵ֣י יִשְׂרָאֵ֑ל ע֣וֹד יִקָּנ֥וּ בָתִּ֛ים וְשָׂד֥וֹת וּכְרָמִ֖ים בָּאָ֥רֶץ
הַזֹּֽאת׃   וָאֶתְפַּלֵּ֖ל אֶל־יְהוָ֑ה אַחֲרֵ֙י תִתִּ֜י אֶת־ טז
סֵ֤פֶר הַמִּקְנָה֙ אֶל־בָּר֣וּךְ בֶּן־נֵֽרִיָּ֔ה לֵאמֹֽר׃ אֲהָהּ֮ אֲדֹנָ֣י יְהוִה֒ יז

תיב

הִנֵּה ׀ אַתָּה עָשִׂיתָ אֶת־הַשָּׁמַיִם וְאֶת־הָאָרֶץ בְּכֹחֲךָ הַגָּדוֹל
יח וּבִזְרֹעֲךָ הַנְּטוּיָה לֹא־יִפָּלֵא מִמְּךָ כָּל־דָּבָר׃ עֹשֶׂה חֶסֶד
לַאֲלָפִים וּמְשַׁלֵּם עֲוֺן אָבוֹת אֶל־חֵיק בְּנֵיהֶם אַחֲרֵיהֶם הָאֵל
יט הַגָּדוֹל הַגִּבּוֹר יְהוָה צְבָאוֹת שְׁמוֹ׃ גְּדֹל הָעֵצָה וְרַב הָעֲלִילִיָּה
אֲשֶׁר־עֵינֶיךָ פְקֻחוֹת עַל־כָּל־דַּרְכֵי בְּנֵי אָדָם לָתֵת לְאִישׁ
כ כִּדְרָכָיו וְכִפְרִי מַעֲלָלָיו׃ אֲשֶׁר שַׂמְתָּ אֹתוֹת וּמֹפְתִים בְּאֶרֶץ
מִצְרַיִם עַד־הַיּוֹם הַזֶּה וּבְיִשְׂרָאֵל וּבָאָדָם וַתַּעֲשֶׂה־לְּךָ שֵׁם כַּיּוֹם
כא הַזֶּה׃ וַתֹּצֵא אֶת־עַמְּךָ אֶת־יִשְׂרָאֵל מֵאֶרֶץ מִצְרָיִם בְּאֹתוֹת
כב וּבְמוֹפְתִים וּבְיָד חֲזָקָה וּבְאֶזְרוֹעַ נְטוּיָה וּבְמוֹרָא גָּדוֹל׃ וַתִּתֵּן יט
לָהֶם אֶת־הָאָרֶץ הַזֹּאת אֲשֶׁר־נִשְׁבַּעְתָּ לַאֲבוֹתָם לָתֵת לָהֶם
כג אֶרֶץ זָבַת חָלָב וּדְבָשׁ׃ וַיָּבֹאוּ וַיִּרְשׁוּ אֹתָהּ וְלֹא־שָׁמְעוּ בְקוֹלֶךָ
ובתרותך לֹא־הָלָכוּ אֵת כָּל־אֲשֶׁר צִוִּיתָה לָהֶם לַעֲשׂוֹת לֹא וּבְתוֹרָתְךָ
כד עָשׂוּ וַתַּקְרֵא אֹתָם אֵת כָּל־הָרָעָה הַזֹּאת׃ הִנֵּה הַסֹּלְלוֹת בָּאוּ
הָעִיר לְלָכְדָהּ וְהָעִיר נִתְּנָה בְּיַד הַכַּשְׂדִּים הַנִּלְחָמִים עָלֶיהָ
מִפְּנֵי הַחֶרֶב וְהָרָעָב וְהַדָּבֶר וַאֲשֶׁר דִּבַּרְתָּ הָיָה וְהִנְּךָ רֹאֶה׃
כה וְאַתָּה אָמַרְתָּ אֵלַי אֲדֹנָי יֱהֹוִה קְנֵה־לְךָ הַשָּׂדֶה בַּכֶּסֶף וְהָעֵד
כו עֵדִים וְהָעִיר נִתְּנָה בְּיַד הַכַּשְׂדִּים׃ וַיְהִי דְּבַר־
כז יְהוָה אֶל־יִרְמְיָהוּ לֵאמֹר׃ הִנֵּה אֲנִי יְהוָה אֱלֹהֵי כָּל־בָּשָׂר
כח הֲמִמֶּנִּי יִפָּלֵא כָּל־דָּבָר׃ לָכֵן כֹּה אָמַר יְהוָה הִנְנִי נֹתֵן אֶת־הָעִיר
הַזֹּאת בְּיַד הַכַּשְׂדִּים וּבְיַד נְבוּכַדְרֶאצַּר מֶלֶךְ־בָּבֶל וּלְכָדָהּ׃
כט וּבָאוּ הַכַּשְׂדִּים הַנִּלְחָמִים עַל־הָעִיר הַזֹּאת וְהִצִּיתוּ אֶת־הָעִיר
הַזֹּאת בָּאֵשׁ וּשְׂרָפוּהָ וְאֵת הַבָּתִּים אֲשֶׁר קִטְּרוּ עַל־גַּגּוֹתֵיהֶם
ל לַבַּעַל וְהִסִּכוּ נְסָכִים לֵאלֹהִים אֲחֵרִים לְמַעַן הַכְעִסֵנִי׃ כִּי־הָיוּ
בְנֵי־יִשְׂרָאֵל וּבְנֵי יְהוּדָה אַךְ עֹשִׂים הָרַע בְּעֵינַי מִנְּעֻרֹתֵיהֶם כִּי
לא בְנֵי־יִשְׂרָאֵל אַךְ מַכְעִסִים אֹתִי בְּמַעֲשֵׂה יְדֵיהֶם נְאֻם־יְהוָה׃ כִּי
עַל־אַפִּי וְעַל־חֲמָתִי הָיְתָה לִּי הָעִיר הַזֹּאת לְמִן־הַיּוֹם אֲשֶׁר
לב בָּנוּ אוֹתָהּ וְעַד הַיּוֹם הַזֶּה לַהֲסִירָהּ מֵעַל פָּנָי׃ עַל כָּל־רָעַת

בְּנֵי־יִשְׂרָאֵל וּבְנֵי יְהוּדָה אֲשֶׁר עָשׂוּ לְהַכְעִסֵנִי הֵמָּה מַלְכֵיהֶם
לג שָׂרֵיהֶם כֹּהֲנֵיהֶם וּנְבִיאֵיהֶם וְאִישׁ יְהוּדָה וְיֹשְׁבֵי יְרוּשָׁלִָם׃ וַיִּפְנוּ
אֵלַי עֹרֶף וְלֹא פָנִים וְלַמֵּד אֹתָם הַשְׁכֵּם וְלַמֵּד וְאֵינָם שֹׁמְעִים
לד לָקַחַת מוּסָר׃ וַיָּשִׂימוּ שִׁקּוּצֵיהֶם בַּבַּיִת אֲשֶׁר־נִקְרָא־שְׁמִי עָלָיו
לה לְטַמְּאוֹ׃ וַיִּבְנוּ אֶת־בָּמוֹת הַבַּעַל אֲשֶׁר ׀ בְּגֵיא בֶן־הִנֹּם לְהַעֲבִיר
אֶת־בְּנֵיהֶם וְאֶת־בְּנוֹתֵיהֶם לַמֹּלֶךְ אֲשֶׁר לֹא־צִוִּיתִים וְלֹא
עָלְתָה עַל־לִבִּי לַעֲשׂוֹת הַתּוֹעֵבָה הַזֹּאת לְמַעַן הַחֲטִי אֶת־
לו יְהוּדָה׃ וְעַתָּה לָכֵן כֹּה־אָמַר יְהוָה אֱלֹהֵי
יִשְׂרָאֵל אֶל־הָעִיר הַזֹּאת אֲשֶׁר ׀ אַתֶּם אֹמְרִים נִתְּנָה בְּיַד
לז מֶלֶךְ־בָּבֶל בַּחֶרֶב וּבָרָעָב וּבַדָּבֶר׃ הִנְנִי מְקַבְּצָם מִכָּל־הָאֲרָצוֹת
אֲשֶׁר הִדַּחְתִּים שָׁם בְּאַפִּי וּבַחֲמָתִי וּבְקֶצֶף גָּדוֹל וַהֲשִׁבֹתִים אֶל־
לח הַמָּקוֹם הַזֶּה וְהֹשַׁבְתִּים לָבֶטַח׃ וְהָיוּ לִי לְעָם וַאֲנִי אֶהְיֶה לָהֶם
לט לֵאלֹהִים׃ וְנָתַתִּי לָהֶם לֵב אֶחָד וְדֶרֶךְ אֶחָד לְיִרְאָה אוֹתִי כָּל־
מ הַיָּמִים לְטוֹב לָהֶם וְלִבְנֵיהֶם אַחֲרֵיהֶם׃ וְכָרַתִּי לָהֶם בְּרִית עוֹלָם
אֲשֶׁר לֹא־אָשׁוּב מֵאַחֲרֵיהֶם לְהֵיטִיבִי אוֹתָם וְאֶת־יִרְאָתִי
מא אֶתֵּן בִּלְבָבָם לְבִלְתִּי סוּר מֵעָלָי׃ וְשַׂשְׂתִּי עֲלֵיהֶם לְהֵטִיב
אוֹתָם וּנְטַעְתִּים בָּאָרֶץ הַזֹּאת בֶּאֱמֶת בְּכָל־לִבִּי וּבְכָל־
מב נַפְשִׁי׃ כִּי־כֹה אָמַר יְהוָה כַּאֲשֶׁר הֵבֵאתִי אֶל־
הָעָם הַזֶּה אֵת כָּל־הָרָעָה הַגְּדוֹלָה הַזֹּאת כֵּן אָנֹכִי מֵבִיא
מג עֲלֵיהֶם אֶת־כָּל־הַטּוֹבָה אֲשֶׁר אָנֹכִי דֹּבֵר עֲלֵיהֶם׃ וְנִקְנָה
הַשָּׂדֶה בָּאָרֶץ הַזֹּאת אֲשֶׁר ׀ אַתֶּם אֹמְרִים שְׁמָמָה הִיא מֵאֵין
מד אָדָם וּבְהֵמָה נִתְּנָה בְּיַד הַכַּשְׂדִּים׃ שָׂדוֹת בַּכֶּסֶף יִקְנוּ וְכָתוֹב
בַּסֵּפֶר ׀ וְחָתוֹם וְהָעֵד עֵדִים בְּאֶרֶץ בִּנְיָמִן וּבִסְבִיבֵי יְרוּשָׁלִַם
וּבְעָרֵי יְהוּדָה וּבְעָרֵי הָהָר וּבְעָרֵי הַשְּׁפֵלָה וּבְעָרֵי הַנֶּגֶב כִּי־
לג א אָשִׁיב אֶת־שְׁבוּתָם נְאֻם־יְהוָה׃ וַיְהִי דְבַר־
יְהוָה אֶל־יִרְמְיָהוּ שֵׁנִית וְהוּא עוֹדֶנּוּ עָצוּר בַּחֲצַר הַמַּטָּרָה
ב לֵאמֹר׃ כֹּה־אָמַר יְהוָה עֹשָׂהּ יְהוָה יוֹצֵר אוֹתָהּ לַהֲכִינָהּ יְהוָה

ג שְׁמוֹ: קְרָא אֵלַי וְאֶעֱנֶךָּ וְאַגִּידָה לְּךָ גְּדֹלוֹת וּבְצֻרוֹת לֹא
ד יְדַעְתָּם: כִּי כֹה אָמַר יהוה אֱלֹהֵי יִשְׂרָאֵל עַל־
בָּתֵּי הָעִיר הַזֹּאת וְעַל־בָּתֵּי מַלְכֵי יְהוּדָה הַנְּתֻצִים אֶל־
ה הַסֹּלְלוֹת וְאֶל־הֶחָרֶב: בָּאִים לְהִלָּחֵם אֶת־הַכַּשְׂדִּים וּלְמַלְאָם
אֶת־פִּגְרֵי הָאָדָם אֲשֶׁר־הִכֵּיתִי בְאַפִּי וּבַחֲמָתִי וַאֲשֶׁר הִסְתַּרְתִּי
ו פָנַי מֵהָעִיר הַזֹּאת עַל כָּל־רָעָתָם: הִנְנִי מַעֲלֶה־לָּהּ אֲרֻכָה
ז וּמַרְפֵּא וּרְפָאתִים וְגִלֵּיתִי לָהֶם עֲתֶרֶת שָׁלוֹם וֶאֱמֶת: וַהֲשִׁבֹתִי
אֶת־שְׁבוּת יְהוּדָה וְאֵת שְׁבוּת יִשְׂרָאֵל וּבְנִתִים כְּבָרִאשֹׁנָה:
ח וְטִהַרְתִּים מִכָּל־עֲוֺנָם אֲשֶׁר חָטְאוּ־לִי וְסָלַחְתִּי לכול־ לְכָל־
ט עֲוֺנוֹתֵיהֶם אֲשֶׁר חָטְאוּ־לִי וַאֲשֶׁר פָּשְׁעוּ בִי: וְהָיְתָה לִּי לְשֵׁם
שָׂשׂוֹן לִתְהִלָּה וּלְתִפְאֶרֶת לְכֹל גּוֹיֵי הָאָרֶץ אֲשֶׁר יִשְׁמְעוּ אֶת־
כָּל־הַטּוֹבָה אֲשֶׁר אָנֹכִי עֹשֶׂה אוֹתָם וּפָחֲדוּ וְרָגְזוּ עַל כָּל־הַטּוֹבָה
י וְעַל כָּל־הַשָּׁלוֹם אֲשֶׁר אָנֹכִי עֹשֶׂה לָּהּ: כֹּה ׀
אָמַר יהוה עוֹד יִשָּׁמַע בַּמָּקוֹם־הַזֶּה אֲשֶׁר אַתֶּם אֹמְרִים חָרֵב
הוּא מֵאֵין אָדָם וּמֵאֵין בְּהֵמָה בְּעָרֵי יְהוּדָה וּבְחֻצוֹת יְרוּשָׁלִַם
יא הַנְשַׁמּוֹת מֵאֵין אָדָם וּמֵאֵין יוֹשֵׁב וּמֵאֵין בְּהֵמָה: קוֹל שָׂשׂוֹן
וְקוֹל שִׂמְחָה קוֹל חָתָן וְקוֹל כַּלָּה קוֹל אֹמְרִים הוֹדוּ אֶת־
יהוה צְבָאוֹת כִּי־טוֹב יהוה כִּי־לְעוֹלָם חַסְדּוֹ מְבִאִים תּוֹדָה
בֵּית יהוה כִּי־אָשִׁיב אֶת־שְׁבוּת־הָאָרֶץ כְּבָרִאשֹׁנָה אָמַר
יב יהוה: כֹּה אָמַר יהוה צְבָאוֹת עוֹד יִהְיֶה ׀ בַּמָּקוֹם
הַזֶּה הֶחָרֵב מֵאֵין־אָדָם וְעַד־בְּהֵמָה וּבְכָל־עָרָיו נְוֵה רֹעִים
יג מַרְבִּצִים צֹאן: בְּעָרֵי הָהָר בְּעָרֵי הַשְּׁפֵלָה וּבְעָרֵי הַנֶּגֶב וּבְאֶרֶץ
בִּנְיָמִן וּבִסְבִיבֵי יְרוּשָׁלִַם וּבְעָרֵי יְהוּדָה עֹד תַּעֲבֹרְנָה הַצֹּאן עַל־
יד יְדֵי מוֹנֶה אָמַר יהוה: הִנֵּה יָמִים בָּאִים נְאֻם־
יהוה וַהֲקִמֹתִי אֶת־הַדָּבָר הַטּוֹב אֲשֶׁר דִּבַּרְתִּי אֶל־בֵּית
טו יִשְׂרָאֵל וְעַל־בֵּית יְהוּדָה: בַּיָּמִים הָהֵם וּבָעֵת הַהִיא אַצְמִיחַ
טז לְדָוִד צֶמַח צְדָקָה וְעָשָׂה מִשְׁפָּט וּצְדָקָה בָּאָרֶץ: בַּיָּמִים הָהֵם כ

תִּוָּשַׁע יְהוּדָה וִירוּשָׁלִַם תִּשְׁכּוֹן לָבֶטַח וְזֶה אֲשֶׁר־יִקְרָא־לָהּ
יְהוָה ׀ צִדְקֵנוּ׃ כִּי־כֹה אָמַר יְהוָה לֹא־יִכָּרֵת יז
לְדָוִד אִישׁ יֹשֵׁב עַל־כִּסֵּא בֵית־יִשְׂרָאֵל׃ וְלַכֹּהֲנִים הַלְוִיִּם לֹא־ יח
יִכָּרֵת אִישׁ מִלְּפָנָי מַעֲלֶה עוֹלָה וּמַקְטִיר מִנְחָה וְעֹשֶׂה זֶּבַח
כָּל־הַיָּמִים׃ וַיְהִי דְּבַר־יְהוָה אֶל־יִרְמְיָהוּ לֵאמוֹר׃ יט
כֹּה אָמַר יְהוָה אִם־תָּפֵרוּ אֶת־בְּרִיתִי הַיּוֹם וְאֶת־בְּרִיתִי כ
הַלָּיְלָה וּלְבִלְתִּי הֱיוֹת יוֹמָם־וָלַיְלָה בְּעִתָּם׃ גַּם־בְּרִיתִי תֻפַר כא
אֶת־דָּוִד עַבְדִּי מִהְיוֹת־לוֹ בֵן מֹלֵךְ עַל־כִּסְאוֹ וְאֶת־הַלְוִיִּם
הַכֹּהֲנִים מְשָׁרְתָי׃ אֲשֶׁר לֹא־יִסָּפֵר צְבָא הַשָּׁמַיִם וְלֹא יִמַּד כב
חוֹל הַיָּם כֵּן אַרְבֶּה אֶת־זֶרַע דָּוִד עַבְדִּי וְאֶת־הַלְוִיִּם מְשָׁרְתֵי
אֹתִי׃ וַיְהִי דְּבַר־יְהוָה אֶל־יִרְמְיָהוּ לֵאמֹר׃ כג
הֲלוֹא רָאִיתָ מָה־הָעָם הַזֶּה דִּבְּרוּ לֵאמֹר שְׁתֵּי הַמִּשְׁפָּחוֹת כד
אֲשֶׁר בָּחַר יְהוָה בָּהֶם וַיִּמְאָסֵם וְאֶת־עַמִּי יִנְאָצוּן מִהְיוֹת עוֹד
גּוֹי לִפְנֵיהֶם׃ כֹּה אָמַר יְהוָה אִם־לֹא בְרִיתִי יוֹמָם כה
וָלָיְלָה חֻקּוֹת שָׁמַיִם וָאָרֶץ לֹא־שָׂמְתִּי׃ גַּם־זֶרַע יַעֲקוֹב וְדָוִד כו
עַבְדִּי אֶמְאַס מִקַּחַת מִזַּרְעוֹ מֹשְׁלִים אֶל־זֶרַע אַבְרָהָם יִשְׂחָק
אָשִׁיב וְיַעֲקֹב כִּי־אָשׁוּב אֶת־שְׁבוּתָם וְרִחַמְתִּים׃ הַדָּבָר א לד
אֲשֶׁר־הָיָה אֶל־יִרְמְיָהוּ מֵאֵת יְהוָה וּנְבוּכַדְרֶאצַּר מֶלֶךְ־בָּבֶל ׀
וְכָל־חֵילוֹ וְכָל־מַמְלְכוֹת אֶרֶץ מֶמְשֶׁלֶת יָדוֹ וְכָל־הָעַמִּים
נִלְחָמִים עַל־יְרוּשָׁלִַם וְעַל־כָּל־עָרֶיהָ לֵאמֹר׃ כֹּה־אָמַר יְהוָה ב
אֱלֹהֵי יִשְׂרָאֵל הָלֹךְ וְאָמַרְתָּ אֶל־צִדְקִיָּהוּ מֶלֶךְ יְהוּדָה וְאָמַרְתָּ
אֵלָיו כֹּה אָמַר יְהוָה הִנְנִי נֹתֵן אֶת־הָעִיר הַזֹּאת בְּיַד מֶלֶךְ־בָּבֶל
וּשְׂרָפָהּ בָּאֵשׁ׃ וְאַתָּה לֹא תִמָּלֵט מִיָּדוֹ כִּי תָּפֹשׂ תִּתָּפֵשׂ וּבְיָדוֹ ג
תִּנָּתֵן וְעֵינֶיךָ אֶת־עֵינֵי מֶלֶךְ־בָּבֶל תִּרְאֶינָה וּפִיהוּ אֶת־פִּיךָ
יְדַבֵּר וּבָבֶל תָּבוֹא׃ אַךְ שְׁמַע דְּבַר־יְהוָה צִדְקִיָּהוּ מֶלֶךְ יְהוּדָה ד
כֹּה־אָמַר יְהוָה עָלֶיךָ לֹא תָמוּת בֶּחָרֶב׃ בְּשָׁלוֹם תָּמוּת ה
וּבְמִשְׂרְפוֹת אֲבוֹתֶיךָ הַמְּלָכִים הָרִאשֹׁנִים אֲשֶׁר־הָיוּ לְפָנֶיךָ כֵּן

יִשְׂרְפוּ־לָךְ וְהוֹי אָדוֹן יִסְפְּדוּ־לָךְ כִּי־דָבָר אֲנִי־דִבַּרְתִּי נְאֻם־
ו יהוה׃ וַיְדַבֵּר יִרְמְיָהוּ הַנָּבִיא אֶל־צִדְקִיָּהוּ מֶלֶךְ
ז יְהוּדָה אֵת כָּל־הַדְּבָרִים הָאֵלֶּה בִּירוּשָׁלִָם׃ וְחֵיל מֶלֶךְ־
בָּבֶל נִלְחָמִים עַל־יְרוּשָׁלִַם וְעַל כָּל־עָרֵי יְהוּדָה הַנּוֹתָרוֹת
אֶל־לָכִישׁ וְאֶל־עֲזֵקָה כִּי הֵנָּה נִשְׁאֲרוּ בְּעָרֵי יְהוּדָה עָרֵי
ח מִבְצָר׃ הַדָּבָר אֲשֶׁר־הָיָה אֶל־יִרְמְיָהוּ מֵאֵת
יהוה אַחֲרֵי כְּרֹת הַמֶּלֶךְ צִדְקִיָּהוּ בְּרִית אֶת־כָּל־הָעָם אֲשֶׁר
ט בִּירוּשָׁלִַם לִקְרֹא לָהֶם דְּרוֹר׃ לְשַׁלַּח אִישׁ אֶת־עַבְדּוֹ וְאִישׁ
אֶת־שִׁפְחָתוֹ הָעִבְרִי וְהָעִבְרִיָּה חָפְשִׁים לְבִלְתִּי עֲבָד־בָּם
י בִּיהוּדִי אָחִיהוּ אִישׁ׃ וַיִּשְׁמְעוּ כָּל־הַשָּׂרִים וְכָל־הָעָם אֲשֶׁר־
בָּאוּ בַבְּרִית לְשַׁלַּח אִישׁ אֶת־עַבְדּוֹ וְאִישׁ אֶת־שִׁפְחָתוֹ חָפְשִׁים
יא לְבִלְתִּי עֲבָד־בָּם עוֹד וַיִּשְׁמְעוּ וַיְשַׁלֵּחוּ׃ וַיָּשׁוּבוּ אַחֲרֵי־כֵן וַיָּשִׁבוּ
אֶת־הָעֲבָדִים וְאֶת־הַשְּׁפָחוֹת אֲשֶׁר שִׁלְּחוּ חָפְשִׁים ויכבישום וַיִּכְבְּשׁוּם
יב לַעֲבָדִים וְלִשְׁפָחוֹת׃ וַיְהִי דְבַר־יהוה אֶל־
יג יִרְמְיָהוּ מֵאֵת יהוה לֵאמֹר׃ כֹּה־אָמַר יהוה אֱלֹהֵי יִשְׂרָאֵל אָנֹכִי
כָּרַתִּי בְרִית אֶת־אֲבוֹתֵיכֶם בְּיוֹם הוֹצִאִי אוֹתָם מֵאֶרֶץ מִצְרַיִם
יד מִבֵּית עֲבָדִים לֵאמֹר׃ מִקֵּץ שֶׁבַע שָׁנִים תְּשַׁלְּחוּ אִישׁ אֶת־
אָחִיו הָעִבְרִי אֲשֶׁר־יִמָּכֵר לְךָ וַעֲבָדְךָ שֵׁשׁ שָׁנִים וְשִׁלַּחְתּוֹ חָפְשִׁי
טו מֵעִמָּךְ וְלֹא־שָׁמְעוּ אֲבוֹתֵיכֶם אֵלַי וְלֹא הִטּוּ אֶת־אָזְנָם׃ וַתָּשֻׁבוּ
אַתֶּם הַיּוֹם וַתַּעֲשׂוּ אֶת־הַיָּשָׁר בְּעֵינַי לִקְרֹא דְרוֹר אִישׁ לְרֵעֵהוּ
טז וַתִּכְרְתוּ בְרִית לְפָנַי בַּבַּיִת אֲשֶׁר־נִקְרָא שְׁמִי עָלָיו׃ וַתָּשֻׁבוּ
וַתְּחַלְּלוּ אֶת־שְׁמִי וַתָּשִׁבוּ אִישׁ אֶת־עַבְדּוֹ וְאִישׁ אֶת־שִׁפְחָתוֹ
אֲשֶׁר־שִׁלַּחְתֶּם חָפְשִׁים לְנַפְשָׁם וַתִּכְבְּשׁוּ אֹתָם לִהְיוֹת לָכֶם
יז לַעֲבָדִים וְלִשְׁפָחוֹת׃ לָכֵן כֹּה־אָמַר יהוה אַתֶּם
לֹא־שְׁמַעְתֶּם אֵלַי לִקְרֹא דְרוֹר אִישׁ לְאָחִיו וְאִישׁ לְרֵעֵהוּ הִנְנִי
קֹרֵא לָכֶם דְּרוֹר נְאֻם־יהוה אֶל־הַחֶרֶב אֶל־הַדֶּבֶר וְאֶל־הָרָעָב
יח וְנָתַתִּי אֶתְכֶם לזועה לְכֹל מַמְלְכוֹת הָאָרֶץ׃ וְנָתַתִּי אֶת־ לִזַעֲוָה

הָאֲנָשִׁים הָעֹבְרִים אֶת־בְּרִתִי אֲשֶׁר לֹא־הֵקִימוּ אֶת־דִּבְרֵי
הַבְּרִית אֲשֶׁר כָּרְתוּ לְפָנָי הָעֵגֶל אֲשֶׁר כָּרְתוּ לִשְׁנַיִם וַיַּעַבְרוּ
בֵּין בְּתָרָיו׃ שָׂרֵי יְהוּדָה וְשָׂרֵי יְרוּשָׁלִַם הַסָּרִסִים וְהַכֹּהֲנִים וְכֹל יט
עַם הָאָרֶץ הָעֹבְרִים בֵּין בִּתְרֵי הָעֵגֶל׃ וְנָתַתִּי אוֹתָם בְּיַד כ
אֹיְבֵיהֶם וּבְיַד מְבַקְשֵׁי נַפְשָׁם וְהָיְתָה נִבְלָתָם לְמַאֲכָל לְעוֹף
הַשָּׁמַיִם וּלְבֶהֱמַת הָאָרֶץ׃ וְאֶת־צִדְקִיָּהוּ מֶלֶךְ־יְהוּדָה וְאֶת־ כא
שָׂרָיו אֶתֵּן בְּיַד אֹיְבֵיהֶם וּבְיַד מְבַקְשֵׁי נַפְשָׁם וּבְיַד חֵיל מֶלֶךְ
בָּבֶל הָעֹלִים מֵעֲלֵיכֶם׃ הִנְנִי מְצַוֶּה נְאֻם־יְהוָה וַהֲשִׁבֹתִים אֶל־ כב
הָעִיר הַזֹּאת וְנִלְחֲמוּ עָלֶיהָ וּלְכָדוּהָ וּשְׂרָפֻהָ בָאֵשׁ וְאֶת־עָרֵי
יְהוּדָה אֶתֵּן שְׁמָמָה מֵאֵין יֹשֵׁב׃ הַדָּבָר אֲשֶׁר־ א לה
הָיָה אֶל־יִרְמְיָהוּ מֵאֵת יְהוָה בִּימֵי יְהוֹיָקִים בֶּן־יֹאשִׁיָּהוּ מֶלֶךְ
יְהוּדָה לֵאמֹר׃ הָלוֹךְ אֶל־בֵּית הָרֵכָבִים וְדִבַּרְתָּ אוֹתָם ב
וַהֲבִאוֹתָם בֵּית יְהוָה אֶל־אַחַת הַלְּשָׁכוֹת וְהִשְׁקִיתָ אוֹתָם יָיִן׃
וָאֶקַּח אֶת־יַאֲזַנְיָה בֶן־יִרְמְיָהוּ בֶּן־חֲבַצִּנְיָה וְאֶת־אֶחָיו וְאֶת־ ג
כָּל־בָּנָיו וְאֵת כָּל־בֵּית הָרֵכָבִים׃ וָאָבִא אֹתָם בֵּית יְהוָה אֶל־ ד
לִשְׁכַּת בְּנֵי חָנָן בֶּן־יִגְדַּלְיָהוּ אִישׁ הָאֱלֹהִים אֲשֶׁר־אֵצֶל לִשְׁכַּת
הַשָּׂרִים אֲשֶׁר מִמַּעַל לְלִשְׁכַּת מַעֲשֵׂיָהוּ בֶן־שַׁלֻּם שֹׁמֵר הַסַּף׃
וָאֶתֵּן לִפְנֵי ׀ בְּנֵי בֵית־הָרֵכָבִים גְּבִעִים מְלֵאִים יַיִן וְכֹסוֹת וָאֹמַר ה
אֲלֵיהֶם שְׁתוּ־יָיִן׃ וַיֹּאמְרוּ לֹא נִשְׁתֶּה־יָּיִן כִּי יוֹנָדָב בֶּן־רֵכָב ו
אָבִינוּ צִוָּה עָלֵינוּ לֵאמֹר לֹא תִשְׁתּוּ־יַיִן אַתֶּם וּבְנֵיכֶם עַד־עוֹלָם׃
וּבַיִת לֹא־תִבְנוּ וְזֶרַע לֹא־תִזְרָעוּ וְכֶרֶם לֹא־תִטָּעוּ וְלֹא יִהְיֶה ז
לָכֶם כִּי בָּאֳהָלִים תֵּשְׁבוּ כָּל־יְמֵיכֶם לְמַעַן תִּחְיוּ יָמִים רַבִּים
עַל־פְּנֵי הָאֲדָמָה אֲשֶׁר אַתֶּם גָּרִים שָׁם׃ וַנִּשְׁמַע בְּקוֹל יְהוֹנָדָב ח
בֶּן־רֵכָב אָבִינוּ לְכֹל אֲשֶׁר צִוָּנוּ לְבִלְתִּי שְׁתוֹת־יַיִן כָּל־יָמֵינוּ
אֲנַחְנוּ נָשֵׁינוּ בָּנֵינוּ וּבְנֹתֵינוּ׃ וּלְבִלְתִּי בְּנוֹת בָּתִּים לְשִׁבְתֵּנוּ ט
כא וְכֶרֶם וְשָׂדֶה וָזֶרַע לֹא יִהְיֶה־לָּנוּ׃ וַנֵּשֶׁב בָּאֳהָלִים וַנִּשְׁמַע וַנַּעַשׂ י
כְּכֹל אֲשֶׁר־צִוָּנוּ יוֹנָדָב אָבִינוּ׃ וַיְהִי בַּעֲלוֹת נְבוּכַדְרֶאצַּר מֶלֶךְ־ יא

ירמיה   לה

בָּבֶל אֶל־הָאָרֶץ וַנֹּאמַר בֹּאוּ וְנָבוֹא יְרוּשָׁלַ͏ִם מִפְּנֵי חֵיל הַכַּשְׂדִּים

יב וּמִפְּנֵי חֵיל אֲרָם וַנֵּשֶׁב בִּירוּשָׁלָ͏ִם: וַיְהִי דְּבַר־

יג יְהֹוָה אֶל־יִרְמְיָהוּ לֵאמֹר: כֹּה־אָמַר יְהֹוָה צְבָאוֹת אֱלֹהֵי
יִשְׂרָאֵל הָלֹךְ וְאָמַרְתָּ לְאִישׁ יְהוּדָה וּלְיוֹשְׁבֵי יְרוּשָׁלָ͏ִם הֲלוֹא

יד תִּקְחוּ מוּסָר לִשְׁמֹעַ אֶל־דְּבָרַי נְאֻם־יְהֹוָה: הוּקַם אֶת־דִּבְרֵי
יְהוֹנָדָב בֶּן־רֵכָב אֲשֶׁר־צִוָּה אֶת־בָּנָיו לְבִלְתִּי שְׁתוֹת־יַיִן וְלֹא
שָׁתוּ עַד־הַיּוֹם הַזֶּה כִּי שָׁמְעוּ אֵת מִצְוַת אֲבִיהֶם וְאָנֹכִי דִּבַּרְתִּי

טו אֲלֵיכֶם הַשְׁכֵּם וְדַבֵּר וְלֹא שְׁמַעְתֶּם אֵלָי: וָאֶשְׁלַח אֲלֵיכֶם
אֶת־כָּל־עֲבָדַי הַנְּבִאִים ׀ הַשְׁכֵּם וְשָׁלֹחַ ׀ לֵאמֹר שֻׁבוּ־נָא
אִישׁ מִדַּרְכּוֹ הָרָעָה וְהֵיטִיבוּ מַעַלְלֵיכֶם וְאַל־תֵּלְכוּ אַחֲרֵי
אֱלֹהִים אֲחֵרִים לְעָבְדָם וּשְׁבוּ אֶל־הָאֲדָמָה אֲשֶׁר־נָתַתִּי לָכֶם

טז וְלַאֲבֹתֵיכֶם וְלֹא הִטִּיתֶם אֶת־אָזְנְכֶם וְלֹא שְׁמַעְתֶּם אֵלָי: כִּי
הֵקִימוּ בְּנֵי יְהוֹנָדָב בֶּן־רֵכָב אֶת־מִצְוַת אֲבִיהֶם אֲשֶׁר צִוָּם

יז וְהָעָם הַזֶּה לֹא שָׁמְעוּ אֵלָי: לָכֵן כֹּה־אָמַר יְהֹוָה
אֱלֹהֵי צְבָאוֹת אֱלֹהֵי יִשְׂרָאֵל הִנְנִי מֵבִיא אֶל־יְהוּדָה וְאֶל כָּל־
יוֹשְׁבֵי יְרוּשָׁלַ͏ִם אֵת כָּל־הָרָעָה אֲשֶׁר דִּבַּרְתִּי עֲלֵיהֶם יַעַן דִּבַּרְתִּי

יח אֲלֵיהֶם וְלֹא שָׁמֵעוּ וָאֶקְרָא לָהֶם וְלֹא עָנוּ: וּלְבֵית הָרֵכָבִים
אָמַר יִרְמְיָהוּ כֹּה־אָמַר יְהֹוָה צְבָאוֹת אֱלֹהֵי יִשְׂרָאֵל יַעַן אֲשֶׁר
שְׁמַעְתֶּם עַל־מִצְוַת יְהוֹנָדָב אֲבִיכֶם וַתִּשְׁמְרוּ אֶת־כָּל־מִצְוֺתָיו

יט וַתַּעֲשׂוּ כְּכֹל אֲשֶׁר־צִוָּה אֶתְכֶם: לָכֵן כֹּה אָמַר יְהֹוָה צְבָאוֹת
אֱלֹהֵי יִשְׂרָאֵל לֹא־יִכָּרֵת אִישׁ לְיוֹנָדָב בֶּן־רֵכָב עֹמֵד לְפָנַי כָּל־

לו א הַיָּמִים: וַיְהִי בַּשָּׁנָה הָרְבִיעִת לִיהוֹיָקִים בֶּן־
יֹאשִׁיָּהוּ מֶלֶךְ יְהוּדָה הָיָה הַדָּבָר הַזֶּה אֶל־יִרְמְיָהוּ מֵאֵת יְהֹוָה

ב לֵאמֹר: קַח־לְךָ מְגִלַּת־סֵפֶר וְכָתַבְתָּ אֵלֶיהָ אֵת כָּל־הַדְּבָרִים
אֲשֶׁר דִּבַּרְתִּי אֵלֶיךָ עַל־יִשְׂרָאֵל וְעַל־יְהוּדָה וְעַל־כָּל־הַגּוֹיִם

ג מִיּוֹם דִּבַּרְתִּי אֵלֶיךָ מִימֵי יֹאשִׁיָּהוּ וְעַד הַיּוֹם הַזֶּה: אוּלַי
יִשְׁמְעוּ בֵּית יְהוּדָה אֵת כָּל־הָרָעָה אֲשֶׁר אָנֹכִי חֹשֵׁב לַעֲשׂוֹת

לָהֶם לְמַעַן יָשׁוּבוּ אִישׁ מִדַּרְכּוֹ הָרָעָה וְסָלַחְתִּי לַעֲוֺנָם
ד וּלְחַטָּאתָם׃ וַיִּקְרָא יִרְמְיָהוּ אֶת־בָּרוּךְ בֶּן־נֵרִיָּה
וַיִּכְתֹּב בָּרוּךְ מִפִּי יִרְמְיָהוּ אֵת כָּל־דִּבְרֵי יְהוָה אֲשֶׁר־דִּבֶּר אֵלָיו
ה עַל־מְגִלַּת־סֵפֶר׃ וַיְצַוֶּה יִרְמְיָהוּ אֶת־בָּרוּךְ לֵאמֹר אֲנִי עָצוּר לֹא
ו אוּכַל לָבוֹא בֵּית יְהוָה׃ וּבָאתָ אַתָּה וְקָרָאתָ בַמְּגִלָּה אֲשֶׁר־
כָּתַבְתָּ מִפִּי אֶת־דִּבְרֵי יְהוָה בְּאָזְנֵי הָעָם בֵּית יְהוָה בְּיוֹם צוֹם
ז וְגַם בְּאָזְנֵי כָל־יְהוּדָה הַבָּאִים מֵעָרֵיהֶם תִּקְרָאֵם׃ אוּלַי תִּפֹּל
תְּחִנָּתָם לִפְנֵי יְהוָה וְיָשֻׁבוּ אִישׁ מִדַּרְכּוֹ הָרָעָה כִּי־גָדוֹל הָאַף
ח וְהַחֵמָה אֲשֶׁר־דִּבֶּר יְהוָה אֶל־הָעָם הַזֶּה׃ וַיַּעַשׂ בָּרוּךְ בֶּן־נֵרִיָּה
כְּכֹל אֲשֶׁר־צִוָּהוּ יִרְמְיָהוּ הַנָּבִיא לִקְרֹא בַסֵּפֶר דִּבְרֵי יְהוָה בֵּית
ט יְהוָה׃ וַיְהִי בַשָּׁנָה הַחֲמִשִׁית לִיהוֹיָקִים בֶּן־
יֹאשִׁיָּהוּ מֶלֶךְ־יְהוּדָה בַּחֹדֶשׁ הַתְּשִׁעִי קָרְאוּ צוֹם לִפְנֵי יְהוָה
כָּל־הָעָם בִּירוּשָׁלָ͏ִם וְכָל־הָעָם הַבָּאִים מֵעָרֵי יְהוּדָה בִּירוּשָׁלָ͏ִם׃
י וַיִּקְרָא בָרוּךְ בַּסֵּפֶר אֶת־דִּבְרֵי יִרְמְיָהוּ בֵּית יְהוָה בְּלִשְׁכַּת
גְּמַרְיָהוּ בֶן־שָׁפָן הַסֹּפֵר בֶּחָצֵר הָעֶלְיוֹן פֶּתַח שַׁעַר בֵּית־יְהוָה
יא הֶחָדָשׁ בְּאָזְנֵי כָּל־הָעָם׃ וַיִּשְׁמַע מִכָיְהוּ בֶן־גְּמַרְיָהוּ בֶן־שָׁפָן
יב אֶת־כָּל־דִּבְרֵי יְהוָה מֵעַל הַסֵּפֶר׃ וַיֵּרֶד בֵּית־הַמֶּלֶךְ עַל־
לִשְׁכַּת הַסֹּפֵר וְהִנֵּה־שָׁם כָּל־הַשָּׂרִים יוֹשְׁבִים אֱלִישָׁמָע הַסֹּפֵר
וּדְלָיָהוּ בֶן־שְׁמַעְיָהוּ וְאֶלְנָתָן בֶּן־עַכְבּוֹר וּגְמַרְיָהוּ בֶן־שָׁפָן
יג וְצִדְקִיָּהוּ בֶן־חֲנַנְיָהוּ וְכָל־הַשָּׂרִים׃ וַיַּגֵּד לָהֶם מִכָיְהוּ אֵת כָּל־
יד הַדְּבָרִים אֲשֶׁר שָׁמֵעַ בִּקְרֹא בָרוּךְ בַּסֵּפֶר בְּאָזְנֵי הָעָם׃ וַיִּשְׁלְחוּ
כָל־הַשָּׂרִים אֶל־בָּרוּךְ אֶת־יְהוּדִי בֶּן־נְתַנְיָהוּ בֶּן־שֶׁלֶמְיָהוּ בֶן־
כּוּשִׁי לֵאמֹר הַמְּגִלָּה אֲשֶׁר קָרָאתָ בָּהּ בְּאָזְנֵי הָעָם קָחֶנָּה בְיָדְךָ
וָלֵךְ וַיִּקַּח בָּרוּךְ בֶּן־נֵרִיָּהוּ אֶת־הַמְּגִלָּה בְּיָדוֹ וַיָּבֹא אֲלֵיהֶם׃
טו וַיֹּאמְרוּ אֵלָיו שֵׁב נָא וּקְרָאֶנָּה בְּאָזְנֵינוּ וַיִּקְרָא בָרוּךְ בְּאָזְנֵיהֶם׃
טז וַיְהִי כְּשָׁמְעָם אֶת־כָּל־הַדְּבָרִים פָּחֲדוּ אִישׁ אֶל־רֵעֵהוּ וַיֹּאמְרוּ
יז אֶל־בָּרוּךְ הַגֵּיד נַגִּיד לַמֶּלֶךְ אֵת כָּל־הַדְּבָרִים הָאֵלֶּה׃ וְאֶת־

בָּרוּךְ שָׁאֲלוּ לֵאמֹר הַגֶּד־נָא לָנוּ אֵיךְ כָּתַבְתָּ אֶת־כָּל־הַדְּבָרִים
יח הָאֵלֶּה מִפִּיו׃ וַיֹּאמֶר לָהֶם בָּרוּךְ מִפִּיו יִקְרָא אֵלַי אֵת כָּל־
יט הַדְּבָרִים הָאֵלֶּה וַאֲנִי כֹּתֵב עַל־הַסֵּפֶר בַּדְּיוֹ׃ וַיֹּאמְרוּ
הַשָּׂרִים אֶל־בָּרוּךְ לֵךְ הִסָּתֵר אַתָּה וְיִרְמְיָהוּ וְאִישׁ אַל־יֵדַע
כ אֵיפֹה אַתֶּם׃ וַיָּבֹאוּ אֶל־הַמֶּלֶךְ חָצֵרָה וְאֶת־הַמְּגִלָּה הִפְקִדוּ
בְּלִשְׁכַּת אֱלִישָׁמָע הַסֹּפֵר וַיַּגִּידוּ בְּאָזְנֵי הַמֶּלֶךְ אֵת כָּל־
כא הַדְּבָרִים׃ וַיִּשְׁלַח הַמֶּלֶךְ אֶת־יְהוּדִי לָקַחַת אֶת־הַמְּגִלָּה
וַיִּקָּחֶהָ מִלִּשְׁכַּת אֱלִישָׁמָע הַסֹּפֵר וַיִּקְרָאֶהָ יְהוּדִי בְּאָזְנֵי הַמֶּלֶךְ
כב וּבְאָזְנֵי כָּל־הַשָּׂרִים הָעֹמְדִים מֵעַל הַמֶּלֶךְ׃ וְהַמֶּלֶךְ יוֹשֵׁב בֵּית
כג הַחֹרֶף בַּחֹדֶשׁ הַתְּשִׁיעִי וְאֶת־הָאָח לְפָנָיו מְבֹעָרֶת׃ וַיְהִי ׀
כִּקְרוֹא יְהוּדִי שָׁלֹשׁ דְּלָתוֹת וְאַרְבָּעָה יִקְרָעֶהָ בְּתַעַר הַסֹּפֵר
וְהַשְׁלֵךְ אֶל־הָאֵשׁ אֲשֶׁר אֶל־הָאָח עַד־תֹּם כָּל־הַמְּגִלָּה עַל־
כד הָאֵשׁ אֲשֶׁר עַל־הָאָח׃ וְלֹא פָחֲדוּ וְלֹא קָרְעוּ אֶת־בִּגְדֵיהֶם
כה הַמֶּלֶךְ וְכָל־עֲבָדָיו הַשֹּׁמְעִים אֵת כָּל־הַדְּבָרִים הָאֵלֶּה׃ וְגַם
אֶלְנָתָן וּדְלָיָהוּ וּגְמַרְיָהוּ הִפְגִּעוּ בַמֶּלֶךְ לְבִלְתִּי שְׂרֹף אֶת־
כו הַמְּגִלָּה וְלֹא שָׁמַע אֲלֵיהֶם׃ וַיְצַוֶּה הַמֶּלֶךְ אֶת־יְרַחְמְאֵל בֶּן־ כב
הַמֶּלֶךְ וְאֶת־שְׂרָיָהוּ בֶן־עַזְרִיאֵל וְאֶת־שֶׁלֶמְיָהוּ בֶּן־עַבְדְּאֵל
לָקַחַת אֶת־בָּרוּךְ הַסֹּפֵר וְאֵת יִרְמְיָהוּ הַנָּבִיא וַיַּסְתִּרֵם
כז יְהוָה׃ וַיְהִי דְבַר־יְהוָה אֶל־יִרְמְיָהוּ אַחֲרֵי ׀ שְׂרֹף
הַמֶּלֶךְ אֶת־הַמְּגִלָּה וְאֶת־הַדְּבָרִים אֲשֶׁר כָּתַב בָּרוּךְ מִפִּי
כח יִרְמְיָהוּ לֵאמֹר׃ שׁוּב קַח־לְךָ מְגִלָּה אַחֶרֶת וּכְתֹב עָלֶיהָ אֵת
כָּל־הַדְּבָרִים הָרִאשֹׁנִים אֲשֶׁר הָיוּ עַל־הַמְּגִלָּה הָרִאשֹׁנָה אֲשֶׁר
כט שָׂרַף יְהוֹיָקִים מֶלֶךְ־יְהוּדָה׃ וְעַל־יְהוֹיָקִים מֶלֶךְ־יְהוּדָה תֹּאמַר
כֹּה אָמַר יְהוָה אַתָּה שָׂרַפְתָּ אֶת־הַמְּגִלָּה הַזֹּאת לֵאמֹר מַדּוּעַ
כָּתַבְתָּ עָלֶיהָ לֵאמֹר בֹּא־יָבוֹא מֶלֶךְ־בָּבֶל וְהִשְׁחִית אֶת־
ל הָאָרֶץ הַזֹּאת וְהִשְׁבִּית מִמֶּנָּה אָדָם וּבְהֵמָה׃ לָכֵן
כֹּה־אָמַר יְהוָה עַל־יְהוֹיָקִים מֶלֶךְ יְהוּדָה לֹא־יִהְיֶה־לּוֹ יוֹשֵׁב

עַל־כִּסֵּא דָוִד וְנִבְלָתוֹ תִּהְיֶה מֻשְׁלֶכֶת לַחֹרֶב בַּיּוֹם וְלַקֶּרַח
בַּלָּיְלָה׃ וּפָקַדְתִּי עָלָיו וְעַל־זַרְעוֹ וְעַל־עֲבָדָיו אֶת־עֲוֺנָם לא
וְהֵבֵאתִי עֲלֵיהֶם וְעַל־יֹשְׁבֵי יְרוּשָׁלַםִ וְאֶל־אִישׁ יְהוּדָה אֵת כָּל־
הָרָעָה אֲשֶׁר־דִּבַּרְתִּי אֲלֵיהֶם וְלֹא שָׁמֵעוּ׃ וְיִרְמְיָהוּ לב
לָקַח ׀ מְגִלָּה אַחֶרֶת וַיִּתְּנָהּ אֶל־בָּרוּךְ בֶּן־נֵרִיָּהוּ הַסֹּפֵר
וַיִּכְתֹּב עָלֶיהָ מִפִּי יִרְמְיָהוּ אֵת כָּל־דִּבְרֵי הַסֵּפֶר אֲשֶׁר שָׂרַף
יְהוֹיָקִים מֶלֶךְ־יְהוּדָה בָּאֵשׁ וְעוֹד נוֹסַף עֲלֵיהֶם דְּבָרִים רַבִּים
כָּהֵמָּה׃ וַיִּמְלָךְ־מֶלֶךְ צִדְקִיָּהוּ בֶּן־יֹאשִׁיָּהוּ תַּחַת א לז
כָּנְיָהוּ בֶּן־יְהוֹיָקִים אֲשֶׁר הִמְלִיךְ נְבוּכַדְרֶאצַּר מֶלֶךְ־בָּבֶל
בְּאֶרֶץ יְהוּדָה׃ וְלֹא שָׁמַע הוּא וַעֲבָדָיו וְעַם הָאָרֶץ אֶל־דִּבְרֵי ב
יְהוָה אֲשֶׁר דִּבֶּר בְּיַד יִרְמְיָהוּ הַנָּבִיא׃ וַיִּשְׁלַח הַמֶּלֶךְ צִדְקִיָּהוּ ג
אֶת־יְהוּכַל בֶּן־שֶׁלֶמְיָה וְאֶת־צְפַנְיָהוּ בֶן־מַעֲשֵׂיָה הַכֹּהֵן אֶל־
יִרְמְיָהוּ הַנָּבִיא לֵאמֹר הִתְפַּלֶּל־נָא בַעֲדֵנוּ אֶל־יְהוָה אֱלֹהֵינוּ׃
הַכְּלוּא וְיִרְמְיָהוּ בָּא וְיֹצֵא בְּתוֹךְ הָעָם וְלֹא־נָתְנוּ אֹתוֹ בֵּית הַכְּלִיא׃ ד
וְחֵיל פַּרְעֹה יָצָא מִמִּצְרָיִם וַיִּשְׁמְעוּ הַכַּשְׂדִּים הַצָּרִים עַל־ ה
יְרוּשָׁלַםִ אֶת־שִׁמְעָם וַיֵּעָלוּ מֵעַל יְרוּשָׁלָםִ׃ וַיְהִי ו
דְּבַר־יְהוָה אֶל־יִרְמְיָהוּ הַנָּבִיא לֵאמֹר׃ כֹּה־אָמַר יְהוָה אֱלֹהֵי ז
יִשְׂרָאֵל כֹּה תֹאמְרוּ אֶל־מֶלֶךְ יְהוּדָה הַשֹּׁלֵחַ אֶתְכֶם אֵלַי
לְדָרְשֵׁנִי הִנֵּה ׀ חֵיל פַּרְעֹה הַיֹּצֵא לָכֶם לְעֶזְרָה שָׁב לְאַרְצוֹ
מִצְרָיִם׃ וְשָׁבוּ הַכַּשְׂדִּים וְנִלְחֲמוּ עַל־הָעִיר הַזֹּאת וּלְכָדֻהָ ח
וּשְׂרָפֻהָ בָאֵשׁ׃ כֹּה ׀ אָמַר יְהוָה אַל־תַּשִּׁאוּ נַפְשֹׁתֵיכֶם ט
לֵאמֹר הָלֹךְ יֵלְכוּ מֵעָלֵינוּ הַכַּשְׂדִּים כִּי־לֹא יֵלֵכוּ׃ כִּי אִם־ י
הִכִּיתֶם כָּל־חֵיל כַּשְׂדִּים הַנִּלְחָמִים אִתְּכֶם וְנִשְׁאֲרוּ־בָם
אֲנָשִׁים מְדֻקָּרִים אִישׁ בְּאָהֳלוֹ יָקוּמוּ וְשָׂרְפוּ אֶת־הָעִיר הַזֹּאת
בָּאֵשׁ׃ וְהָיָה בְּהֵעָלוֹת חֵיל הַכַּשְׂדִּים מֵעַל יְרוּשָׁלָםִ מִפְּנֵי חֵיל יא
פַּרְעֹה׃ וַיֵּצֵא יִרְמְיָהוּ מִירוּשָׁלַםִ לָלֶכֶת אֶרֶץ בִּנְיָמִן יב
לַחֲלִק מִשָּׁם בְּתוֹךְ הָעָם׃ וַיְהִי־הוּא בְּשַׁעַר בִּנְיָמִן וְשָׁם בַּעַל יג

פְּקֻדַת וּשְׁמֹ֣ו יִרְאִיָּ֔ה בֶּן־שֶׁלֶמְיָ֖ה בֶּן־חֲנַנְיָ֑ה וַיִּתְפֹּ֥שׂ אֶת־
יד יִרְמְיָ֙הוּ֙ הַנָּבִ֣יא לֵאמֹ֔ר אֶל־הַכַּשְׂדִּ֖ים אַתָּ֣ה נֹפֵ֑ל וַיֹּ֣אמֶר
יִרְמְיָ֗הוּ שֶׁ֙קֶר֙ אֵינֶ֣נִּי נֹפֵ֣ל עַל־הַכַּשְׂדִּ֔ים וְלֹ֥א שָׁמַ֖ע אֵלָ֑יו וַיִּתְפֹּ֣שׂ
טו יִרְאִיָּ֙ה֙ בְּיִרְמְיָ֔הוּ וַיְבִאֵ֖הוּ אֶל־הַשָּׂרִֽים׃ וַיִּקְצְפ֤וּ הַשָּׂרִים֙ עַל־
יִרְמְיָ֔הוּ וְהִכּ֖וּ אֹתֹ֑ו וְנָתְנ֣וּ אֹותֹ֗ו בֵּ֤ית הָאֵסוּר֙ בֵּ֚ית יְהֹונָתָ֣ן הַסֹּפֵ֔ר
טז כִּֽי־אֹתֹ֥ו עָשׂ֖וּ לְבֵ֥ית הַכֶּֽלֶא׃ כִּ֣י בָ֤א יִרְמְיָ֙הוּ֙ אֶל־בֵּ֣ית הַבֹּ֔ור
יז וְאֶל־הַֽחֲנֻיֹ֑ות וַיֵּֽשֶׁב־שָׁ֥ם יִרְמְיָ֖הוּ יָמִ֥ים רַבִּֽים׃ וַיִּשְׁלַח֩ הַמֶּ֙לֶךְ
צִדְקִיָּ֜הוּ וַיִּקָּחֵ֗הוּ וַיִּשְׁאָלֵ֙הוּ הַמֶּ֤לֶךְ בְּבֵיתֹו֙ בַּסֵּ֔תֶר וַיֹּ֕אמֶר הֲיֵ֥שׁ
דָּבָ֖ר מֵאֵ֣ת יְהוָ֑ה וַיֹּ֤אמֶר יִרְמְיָ֙הוּ֙ יֵ֔שׁ וַיֹּ֕אמֶר בְּיַ֥ד מֶֽלֶךְ־בָּבֶ֖ל
יח תִּנָּתֵֽן׃ וַיֹּ֣אמֶר יִרְמְיָ֔הוּ אֶל־הַמֶּ֖לֶךְ צִדְקִיָּ֑הוּ מֶ֣ה חָטָ֙אתִי֙ לְךָ֤   וְאַיֵּ֔ה
יט וְלַֽעֲבָדֶ֙יךָ֙ וְלָעָ֣ם הַזֶּ֔ה כִּֽי־נְתַתֶּ֥ם אֹותִ֖י אֶל־בֵּ֣ית הַכֶּֽלֶא׃ וְאַיֵּ֞ה
נְבִֽיאֵיכֶ֗ם אֲשֶׁ֤ר־נִבְּא֣וּ לָכֶ֔ם לֵאמֹ֕ר לֹֽא־יָבֹ֥א מֶֽלֶךְ־בָּבֶ֖ל עֲלֵיכֶ֑ם
כ וְעַ֖ל הָאָ֣רֶץ הַזֹּֽאת׃ וְעַתָּ֕ה שְֽׁמַֽע־נָ֖א אֲדֹנִ֣י הַמֶּ֑לֶךְ תִּפָּל־נָ֤א
תְחִנָּתִי֙ לְפָנֶ֔יךָ וְאַל־תְּשִׁבֵ֙נִי֙ בֵּ֚ית יְהֹונָתָ֣ן הַסֹּפֵ֔ר וְלֹ֥א אָמ֖וּת שָֽׁם׃
כא וַיְצַוֶּ֞ה הַמֶּ֣לֶךְ צִדְקִיָּ֗הוּ וַיַּפְקִ֣דוּ אֶת־יִרְמְיָהוּ֮ בַּחֲצַ֣ר הַמַּטָּרָה֒ וְנָתֹ֙ן
לֹ֩ו כִכַּר־לֶ֙חֶם לַיֹּ֤ום מִחוּץ֙ הָֽאֹפִ֔ים עַד־תֹּ֥ם כָּל־הַלֶּ֖חֶם מִן־הָעִ֑יר
ח א וַיֵּ֣שֶׁב יִרְמְיָ֔הוּ בַּחֲצַ֖ר הַמַּטָּרָֽה׃ וַיִּשְׁמַ֞ע שְׁפַטְיָ֣ה בֶן־מַתָּ֗ן וּגְדַלְיָ֙הוּ֙
בֶּן־פַּשְׁח֔וּר וְיוּכַל֙ בֶּן־שֶׁ֣לֶמְיָ֔הוּ וּפַשְׁח֖וּר בֶּן־מַלְכִּיָּ֑ה אֶת־
ב הַ֨דְּבָרִ֔ים אֲשֶׁ֧ר יִרְמְיָ֛הוּ מְדַבֵּ֥ר אֶל־כָּל־הָעָ֖ם לֵאמֹֽר׃ כֹּה֮ אָמַ֣ר
יְהוָה֒ הַיֹּשֵׁב֙ בָּעִ֣יר הַזֹּ֔את יָמ֕וּת בַּחֶ֖רֶב בָּרָעָ֣ב וּבַדָּ֑בֶר וְהַיֹּצֵ֤א
ג אֶל־הַכַּשְׂדִּים֙ [יִחְיֶ֔ה] וְהָֽיְתָה־לֹּ֥ו נַפְשֹׁ֛ו לְשָׁלָ֖ל וָחָֽי׃   כֹּ֖ה   וְחָֽיָה
אָמַ֣ר יְהוָ֑ה הִנָּתֹ֤ן תִּנָּתֵן֙ הָעִ֣יר הַזֹּ֔את בְּיַ֛ד חֵ֥יל מֶֽלֶךְ־בָּבֶ֖ל
ד וּלְכָדָֽהּ׃ וַיֹּאמְר֙וּ הַשָּׂרִ֜ים אֶל־הַמֶּ֗לֶךְ י֣וּמַת נָא֮ אֶת־הָאִ֣ישׁ הַזֶּה֒
כִּֽי־עַל־כֵּ֡ן הֽוּא־מְרַפֵּ֡א אֶת־יְדֵי֩ אַנְשֵׁ֙י הַמִּלְחָמָ֜ה הַֽנִּשְׁאָרִ֣ים ׀
בָּעִ֣יר הַזֹּ֗את וְאֵת֙ יְדֵ֣י כָל־הָעָ֔ם לְדַבֵּ֣ר אֲלֵיהֶ֔ם כַּדְּבָרִ֖ים הָאֵ֑לֶּה
כִּ֣י ׀ הָאִ֣ישׁ הַזֶּ֗ה אֵינֶ֙נּוּ֙ דֹרֵ֤שׁ לְשָׁלֹום֙ לָעָ֣ם הַזֶּ֔ה כִּ֖י אִם־לְרָעָֽה׃
ה וַיֹּ֙אמֶר֙ הַמֶּ֣לֶךְ צִדְקִיָּ֔הוּ הִנֵּה־ה֖וּא בְּיֶדְכֶ֑ם כִּֽי־אֵ֣ין הַמֶּ֔לֶךְ יוּכַ֥ל

ו אֶתְכֶם דָּבָר׃ וַיִּקְחוּ אֶת־יִרְמְיָהוּ וַיַּשְׁלִכוּ אֹתוֹ אֶל־הַבּוֹר ׀
מַלְכִּיָּהוּ בֶן־הַמֶּלֶךְ אֲשֶׁר בַּחֲצַר הַמַּטָּרָה וַיְשַׁלְּחוּ אֶת־יִרְמְיָהוּ
בַּחֲבָלִים וּבַבּוֹר אֵין־מַיִם כִּי אִם־טִיט וַיִּטְבַּע יִרְמְיָהוּ בַּטִּיט׃
ז וַיִּשְׁמַע עֶבֶד־מֶלֶךְ הַכּוּשִׁי אִישׁ סָרִיס וְהוּא בְּבֵית הַמֶּלֶךְ כִּי־
ח נָתְנוּ אֶת־יִרְמְיָהוּ אֶל־הַבּוֹר וְהַמֶּלֶךְ יוֹשֵׁב בְּשַׁעַר בִּנְיָמִן׃ וַיֵּצֵא כג
ט עֶבֶד־מֶלֶךְ מִבֵּית הַמֶּלֶךְ וַיְדַבֵּר אֶל־הַמֶּלֶךְ לֵאמֹר׃ אֲדֹנִי הַמֶּלֶךְ
הֵרֵעוּ הָאֲנָשִׁים הָאֵלֶּה אֵת כָּל־אֲשֶׁר עָשׂוּ לְיִרְמְיָהוּ הַנָּבִיא אֵת
אֲשֶׁר־הִשְׁלִיכוּ אֶל־הַבּוֹר וַיָּמָת תַּחְתָּיו מִפְּנֵי הָרָעָב כִּי אֵין
י הַלֶּחֶם עוֹד בָּעִיר׃ וַיְצַוֶּה הַמֶּלֶךְ אֵת עֶבֶד־מֶלֶךְ הַכּוּשִׁי לֵאמֹר
קַח בְּיָדְךָ מִזֶּה שְׁלֹשִׁים אֲנָשִׁים וְהַעֲלִיתָ אֶת־יִרְמְיָהוּ הַנָּבִיא
יא מִן־הַבּוֹר בְּטֶרֶם יָמוּת׃ וַיִּקַּח ׀ עֶבֶד־מֶלֶךְ אֶת־הָאֲנָשִׁים בְּיָדוֹ
וַיָּבֹא בֵית־הַמֶּלֶךְ אֶל־תַּחַת הָאוֹצָר וַיִּקַּח מִשָּׁם בְּלוֹיֵ הסחבות סְחָבוֹת
יב וּבְלוֹיֵ מְלָחִים וַיְשַׁלְּחֵם אֶל־יִרְמְיָהוּ אֶל־הַבּוֹר בַּחֲבָלִים׃ וַיֹּאמֶר
עֶבֶד־מֶלֶךְ הַכּוּשִׁי אֶל־יִרְמְיָהוּ שִׂים נָא בְּלוֹאֵי הַסְּחָבוֹת
וְהַמְּלָחִים תַּחַת אַצִּלוֹת יָדֶיךָ מִתַּחַת לַחֲבָלִים וַיַּעַשׂ יִרְמְיָהוּ
יג כֵּן׃ וַיִּמְשְׁכוּ אֶת־יִרְמְיָהוּ בַּחֲבָלִים וַיַּעֲלוּ אֹתוֹ מִן־הַבּוֹר וַיֵּשֶׁב
יד יִרְמְיָהוּ בַּחֲצַר הַמַּטָּרָה׃ וַיִּשְׁלַח הַמֶּלֶךְ צִדְקִיָּהוּ
וַיִּקַּח אֶת־יִרְמְיָהוּ הַנָּבִיא אֵלָיו אֶל־מָבוֹא הַשְּׁלִישִׁי אֲשֶׁר
בְּבֵית יְהוָה וַיֹּאמֶר הַמֶּלֶךְ אֶל־יִרְמְיָהוּ שֹׁאֵל אֲנִי אֹתְךָ דָּבָר
טו אַל־תְּכַחֵד מִמֶּנִּי דָּבָר׃ וַיֹּאמֶר יִרְמְיָהוּ אֶל־צִדְקִיָּהוּ כִּי אַגִּיד לְךָ
טז הֲלוֹא הָמֵת תְּמִיתֵנִי וְכִי אִיעָצְךָ לֹא תִשְׁמַע אֵלָי׃ וַיִּשָּׁבַע הַמֶּלֶךְ
צִדְקִיָּהוּ אֶל־יִרְמְיָהוּ בַּסֵּתֶר לֵאמֹר חַי־יְהוָה את אֲשֶׁר עָשָׂה־
לָנוּ אֶת־הַנֶּפֶשׁ הַזֹּאת אִם־אֲמִיתֶךָ וְאִם־אֶתֶּנְךָ בְּיַד הָאֲנָשִׁים
יז הָאֵלֶּה אֲשֶׁר מְבַקְשִׁים אֶת־נַפְשֶׁךָ׃ וַיֹּאמֶר
יִרְמְיָהוּ אֶל־צִדְקִיָּהוּ כֹּה־אָמַר יְהוָה אֱלֹהֵי צְבָאוֹת אֱלֹהֵי
יִשְׂרָאֵל אִם־יָצֹא תֵצֵא אֶל־שָׂרֵי מֶלֶךְ־בָּבֶל וְחָיְתָה נַפְשֶׁךָ
יח וְהָעִיר הַזֹּאת לֹא תִשָּׂרֵף בָּאֵשׁ וְחָיִתָה אַתָּה וּבֵיתֶךָ׃ וְאִם לֹא־

תֵצֵא אֶל־שָׂרֵי מֶלֶךְ בָּבֶל וְנִתְּנָה הָעִיר הַזֹּאת בְּיַד הַכַּשְׂדִּים
יט וּשְׂרָפוּהָ בָּאֵשׁ וְאַתָּה לֹא־תִמָּלֵט מִיָּדָם׃ וַיֹּאמֶר
הַמֶּלֶךְ צִדְקִיָּהוּ אֶל־יִרְמְיָהוּ אֲנִי דֹאֵג אֶת־הַיְּהוּדִים אֲשֶׁר נָפְלוּ
כ אֶל־הַכַּשְׂדִּים פֶּן־יִתְּנוּ אֹתִי בְּיָדָם וְהִתְעַלְּלוּ־בִי׃ וַיֹּאמֶר
יִרְמְיָהוּ לֹא יִתֵּנוּ שְׁמַע־נָא ׀ בְּקוֹל יהוה לַאֲשֶׁר אֲנִי דֹּבֵר אֵלֶיךָ
כא וְיִיטַב לְךָ וּתְחִי נַפְשֶׁךָ׃ וְאִם־מָאֵן אַתָּה לָצֵאת זֶה הַדָּבָר אֲשֶׁר
כב הִרְאַנִי יהוה׃ וְהִנֵּה כָל־הַנָּשִׁים אֲשֶׁר נִשְׁאֲרוּ בְּבֵית מֶלֶךְ־
יְהוּדָה מוּצָאוֹת אֶל־שָׂרֵי מֶלֶךְ בָּבֶל וְהֵנָּה אֹמְרוֹת הִסִּיתוּךָ
כג וְיָכְלוּ לְךָ אַנְשֵׁי שְׁלֹמֶךָ הָטְבְּעוּ בַבֹּץ רַגְלֶךָ נָסֹגוּ אָחוֹר׃ וְאֶת־
כָּל־נָשֶׁיךָ וְאֶת־בָּנֶיךָ מוֹצִאִים אֶל־הַכַּשְׂדִּים וְאַתָּה לֹא־תִמָּלֵט
מִיָּדָם כִּי בְיַד מֶלֶךְ־בָּבֶל תִּתָּפֵשׂ וְאֶת־הָעִיר הַזֹּאת תִּשְׂרֹף
כד בָּאֵשׁ׃ וַיֹּאמֶר צִדְקִיָּהוּ אֶל־יִרְמְיָהוּ אִישׁ אַל־יֵדַע
כה בַּדְּבָרִים־הָאֵלֶּה וְלֹא תָמוּת׃ וְכִי־יִשְׁמְעוּ הַשָּׂרִים כִּי־דִבַּרְתִּי
אִתָּךְ וּבָאוּ אֵלֶיךָ וְאָמְרוּ אֵלֶיךָ הַגִּידָה־נָּא לָנוּ מַה־דִּבַּרְתָּ
אֶל־הַמֶּלֶךְ אַל־תְּכַחֵד מִמֶּנּוּ וְלֹא נְמִיתֶךָ וּמַה־דִּבֶּר אֵלֶיךָ
כו הַמֶּלֶךְ׃ וְאָמַרְתָּ אֲלֵיהֶם מַפִּיל־אֲנִי תְחִנָּתִי לִפְנֵי הַמֶּלֶךְ
כז לְבִלְתִּי הֲשִׁיבֵנִי בֵּית יְהוֹנָתָן לָמוּת שָׁם׃ וַיָּבֹאוּ כָל־
הַשָּׂרִים אֶל־יִרְמְיָהוּ וַיִּשְׁאֲלוּ אֹתוֹ וַיַּגֵּד לָהֶם כְּכָל־הַדְּבָרִים
הָאֵלֶּה אֲשֶׁר צִוָּה הַמֶּלֶךְ וַיַּחֲרִשׁוּ מִמֶּנּוּ כִּי לֹא־נִשְׁמַע
כח הַדָּבָר׃ וַיֵּשֶׁב יִרְמְיָהוּ בַּחֲצַר הַמַּטָּרָה עַד־יוֹם אֲשֶׁר־
נִלְכְּדָה יְרוּשָׁלָםִ וְהָיָה כַּאֲשֶׁר נִלְכְּדָה יְרוּשָׁלָםִ׃
ט א בַּשָּׁנָה הַתְּשִׁעִית לְצִדְקִיָּהוּ מֶלֶךְ־יְהוּדָה בַּחֹדֶשׁ הָעֲשִׂרִי בָּא
נְבוּכַדְרֶאצַּר מֶלֶךְ־בָּבֶל וְכָל־חֵילוֹ אֶל־יְרוּשָׁלַםִ וַיָּצֻרוּ עָלֶיהָ׃
ב בְּעַשְׁתֵּי־עֶשְׂרֵה שָׁנָה לְצִדְקִיָּהוּ בַּחֹדֶשׁ הָרְבִיעִי בְּתִשְׁעָה
ג לַחֹדֶשׁ הָבְקְעָה הָעִיר׃ וַיָּבֹאוּ כֹּל שָׂרֵי מֶלֶךְ־בָּבֶל וַיֵּשְׁבוּ בְּשַׁעַר
הַתָּוֶךְ נֵרְגַל שַׂרְאֶצֶר סַמְגַּר־נְבוּ שַׂרְסְכִים רַב־סָרִיס נֵרְגַל
ד שַׂרְאֶצֶר רַב־מָג וְכָל־שְׁאֵרִית שָׂרֵי מֶלֶךְ־בָּבֶל׃ וַיְהִי כַּאֲשֶׁר

רְאָם צִדְקִיָּהוּ מֶלֶךְ־יְהוּדָה וְכֹל | אַנְשֵׁי הַמִּלְחָמָה וַיִּבְרְחוּ וַיֵּצְאוּ
לַיְלָה מִן־הָעִיר דֶּרֶךְ גַּן הַמֶּלֶךְ בְּשַׁעַר בֵּין הַחֹמֹתָיִם וַיֵּצֵא דֶּרֶךְ
ה הָעֲרָבָה׃ וַיִּרְדְּפוּ חֵיל־כַּשְׂדִּים אַחֲרֵיהֶם וַיַּשִּׂגוּ אֶת־צִדְקִיָּהוּ
בְּעַרְבוֹת יְרֵחוֹ וַיִּקְחוּ אֹתוֹ וַיַּעֲלֻהוּ אֶל־נְבוּכַדְרֶאצַּר מֶלֶךְ־בָּבֶל
ו רִבְלָתָה בְּאֶרֶץ חֲמָת וַיְדַבֵּר אִתּוֹ מִשְׁפָּטִים׃ וַיִּשְׁחַט מֶלֶךְ בָּבֶל
אֶת־בְּנֵי צִדְקִיָּהוּ בְּרִבְלָה לְעֵינָיו וְאֵת כָּל־חֹרֵי יְהוּדָה שָׁחַט
ז מֶלֶךְ בָּבֶל׃ וְאֶת־עֵינֵי צִדְקִיָּהוּ עִוֵּר וַיַּאַסְרֵהוּ בַּנְחֻשְׁתַּיִם לָבִיא
ח אֹתוֹ בָּבֶלָה׃ וְאֶת־בֵּית הַמֶּלֶךְ וְאֶת־בֵּית הָעָם שָׂרְפוּ הַכַּשְׂדִּים
ט בָּאֵשׁ וְאֶת־חֹמוֹת יְרוּשָׁלִַם נָתָצוּ׃ וְאֵת יֶתֶר הָעָם הַנִּשְׁאָרִים
בָּעִיר וְאֶת־הַנֹּפְלִים אֲשֶׁר נָפְלוּ עָלָיו וְאֵת יֶתֶר הָעָם הַנִּשְׁאָרִים
י הֶגְלָה נְבוּזַרְאֲדָן רַב־טַבָּחִים בָּבֶל׃ וּמִן־הָעָם הַדַּלִּים אֲשֶׁר אֵין־
לָהֶם מְאוּמָה הִשְׁאִיר נְבוּזַרְאֲדָן רַב־טַבָּחִים בְּאֶרֶץ יְהוּדָה וַיִּתֵּן
יא לָהֶם כְּרָמִים וִיגֵבִים בַּיּוֹם הַהוּא׃ וַיְצַו נְבוּכַדְרֶאצַּר מֶלֶךְ־בָּבֶל
יב עַל־יִרְמְיָהוּ בְּיַד נְבוּזַרְאֲדָן רַב־טַבָּחִים לֵאמֹר׃ קָחֶנּוּ וְעֵינֶיךָ
שִׂים עָלָיו וְאַל־תַּעַשׂ לוֹ מְאוּמָה רָּע כִּי אִם כַּאֲשֶׁר יְדַבֵּר
יג אֵלֶיךָ כֵּן עֲשֵׂה עִמּוֹ׃ וַיִּשְׁלַח נְבוּזַרְאֲדָן רַב־טַבָּחִים וּנְבוּשַׁזְבָּן
רַב־סָרִיס וְנֵרְגַל שַׂרְאֶצֶר רַב־מָג וְכֹל רַבֵּי מֶלֶךְ־בָּבֶל׃
יד וַיִּשְׁלְחוּ וַיִּקְחוּ אֶת־יִרְמְיָהוּ מֵחֲצַר הַמַּטָּרָה וַיִּתְּנוּ אֹתוֹ אֶל־
גְּדַלְיָהוּ בֶּן־אֲחִיקָם בֶּן־שָׁפָן לְהוֹצִאֵהוּ אֶל־הַבָּיִת וַיֵּשֶׁב בְּתוֹךְ
טו הָעָם׃ וְאֶל־יִרְמְיָהוּ הָיָה דְבַר־יְהוָה בִּהְיֹתוֹ
טז עָצוּר בַּחֲצַר הַמַּטָּרָה לֵאמֹר׃ הָלוֹךְ וְאָמַרְתָּ לְעֶבֶד־מֶלֶךְ
הַכּוּשִׁי לֵאמֹר כֹּה־אָמַר יְהוָה צְבָאוֹת אֱלֹהֵי יִשְׂרָאֵל הִנְנִי מֵבִי
אֶת־דְּבָרַי אֶל־הָעִיר הַזֹּאת לְרָעָה וְלֹא לְטוֹבָה וְהָיוּ לְפָנֶיךָ
יז בַּיּוֹם הַהוּא׃ וְהִצַּלְתִּיךָ בַיּוֹם־הַהוּא נְאֻם־יְהוָה וְלֹא תִנָּתֵן בְּיַד
יח הָאֲנָשִׁים אֲשֶׁר־אַתָּה יָגוֹר מִפְּנֵיהֶם׃ כִּי מַלֵּט אֲמַלֶּטְךָ וּבַחֶרֶב כד
לֹא תִפֹּל וְהָיְתָה לְךָ נַפְשְׁךָ לְשָׁלָל כִּי־בָטַחְתָּ בִּי נְאֻם־
מ א יְהוָה׃ הַדָּבָר אֲשֶׁר־הָיָה אֶל־יִרְמְיָהוּ מֵאֵת יְהוָה

מ   ירמיה

אַחַ֣ר ׀ שַׁלַּ֣ח אֹת֡וֹ נְבוּזַרְאֲדָ֩ן רַב־טַבָּחִ֨ים מִן־הָֽרָמָ֜ה בְּקַחְתּ֣וֹ
אֹת֗וֹ וְהֽוּא־אָס֤וּר בָּֽאזִקִּים֙ בְּת֣וֹךְ כָּל־גָּל֤וּת יְרוּשָׁלִַ֙ם֙ וִֽיהוּדָ֔ה

ב הַמֻּגְלִ֖ים בָּבֶֽלָה: וַיִּקַּ֥ח רַב־טַבָּחִ֖ים לְיִרְמְיָ֑הוּ וַיֹּ֣אמֶר אֵלָ֔יו יְהוָ֤ה

ג אֱלֹהֶ֙יךָ֙ דִּבֶּ֔ר אֶת־הָֽרָעָ֥ה הַזֹּ֖את אֶל־הַמָּק֣וֹם הַזֶּ֑ה וַיָּבֵ֤א וַיַּ֙עַשׂ֙
יְהוָ֗ה כַּאֲשֶׁ֣ר דִּבֵּ֔ר כִּֽי־חֲטָאתֶ֤ם לַֽיהוָה֙ וְלֹֽא־שְׁמַעְתֶּ֣ם בְּקוֹל֔וֹ

ד וְהָ֤יָה לָכֶם֙ דָּבָ֣ר הַזֶּ֔ה: וְעַתָּ֞ה הִנֵּ֧ה פִתַּחְתִּ֣יךָ הַיּ֗וֹם מִן־הָֽאזִקִּים֮   הַדָּבָר
אֲשֶׁ֣ר עַל־יָדֶ֒ךָ֒ אִם־ט֨וֹב בְּעֵינֶ֜יךָ לָב֧וֹא אִתִּ֣י בָבֶ֗ל בֹּ֚א וְאָשִׂ֤ים
אֶת־עֵינִי֙ עָלֶ֔יךָ וְאִם־רַ֧ע בְּעֵינֶ֛יךָ לָבֽוֹא־אִתִּ֥י בָבֶ֖ל חֲדָ֑ל רְאֵה֙
כָּל־הָאָ֙רֶץ֙ לְפָנֶ֔יךָ אֶל־ט֨וֹב וְאֶל־הַיָּשָׁ֧ר בְּעֵינֶ֛יךָ לָלֶ֥כֶת שָׁ֖מָּה

ה לֵ֑ךְ וְעוֹדֶ֣נּוּ לֹֽא־יָשׁ֗וּב וְשֻׁ֡בָה אֶל־גְּדַלְיָ֣ה בֶן־אֲחִיקָ֣ם בֶּן־שָׁפָ֡ן
אֲשֶׁר֩ הִפְקִ֨יד מֶֽלֶךְ־בָּבֶ֜ל בְּעָרֵ֣י יְהוּדָ֗ה וְשֵׁ֤ב אִתּוֹ֙ בְּת֣וֹךְ
הָעָ֔ם א֗וֹ אֶל־כָּל־הַיָּשָׁ֛ר בְּעֵינֶ֖יךָ לָלֶ֣כֶת לֵ֑ךְ וַיִּתֶּן־ל֧וֹ רַב־

ו טַבָּחִ֛ים אֲרֻחָ֥ה וּמַשְׂאֵ֖ת וַֽיְשַׁלְּחֵֽהוּ: וַיָּבֹ֧א יִרְמְיָ֛הוּ אֶל־גְּדַלְיָ֥ה
בֶן־אֲחִיקָ֖ם הַמִּצְפָּ֑תָה וַיֵּ֤שֶׁב אִתּוֹ֙ בְּת֣וֹךְ הָעָ֔ם הַנִּשְׁאָרִ֖ים

ז בָּאָֽרֶץ: וַיִּשְׁמְעוּ֩ כָל־שָׂרֵ֨י הַחֲיָלִ֜ים אֲשֶׁ֣ר בַּשָּׂדֶ֗ה
הֵ֚מָּה וְאַנְשֵׁיהֶ֔ם כִּֽי־הִפְקִ֤יד מֶֽלֶךְ־בָּבֶל֙ אֶת־גְּדַלְיָ֣הוּ בֶן־
אֲחִיקָ֔ם בָּאָ֑רֶץ וְכִ֣י ׀ הִפְקִ֣יד אִתּ֗וֹ אֲנָשִׁ֤ים וְנָשִׁים֙ וָטָ֔ף וּמִדַּלַּ֣ת

ח הָאָ֔רֶץ מֵאֲשֶׁ֖ר לֹֽא־הָגְל֣וּ בָּבֶֽלָה: וַיָּבֹ֣אוּ אֶל־גְּדַלְיָ֮ה הַמִּצְפָּ֒תָה֒
וְיִשְׁמָעֵ֣אל בֶּן־נְתַנְיָ֡הוּ וְיוֹחָנָ֣ן וְיוֹנָתָ֣ן בְּנֵֽי־קָרֵ֡חַ וּשְׂרָיָ֣ה בֶן־תַּנְחֻ֡מֶת

ט וּבְנֵ֣י ׀ עוֹפַי֩ הַנְּטֹפָתִ֨י וִיזַנְיָ֜הוּ בֶּן־הַמַּֽעֲכָתִ֗י הֵ֖מָּה וְאַנְשֵׁיהֶֽם: עיפי
וַיִּשָּׁבַ֨ע לָהֶ֜ם גְּדַלְיָ֨הוּ בֶן־אֲחִיקָ֤ם בֶּן־שָׁפָן֙ וּלְאַנְשֵׁיהֶ֣ם לֵאמֹ֔ר
אַל־תִּֽירְא֖וּ מֵעֲב֣וֹד הַכַּשְׂדִּ֑ים שְׁב֣וּ בָאָ֗רֶץ וְעִבְד֛וּ אֶת־מֶ֥לֶךְ

י בָּבֶ֖ל וְיִיטַ֥ב לָכֶֽם: וַאֲנִ֗י הִנְנִ֤י יֹשֵׁב֙ בַּמִּצְפָּ֔ה לַֽעֲמֹ֕ד לִפְנֵ֥י הַכַּשְׂדִּ֖ים
אֲשֶׁ֣ר יָבֹ֣אוּ אֵלֵ֑ינוּ וְאַתֶּ֡ם אִסְפוּ֩ יַ֨יִן וְקַ֜יִץ וְשֶׁ֗מֶן וְשִׂ֙מוּ֙ בִּכְלֵיכֶ֔ם

יא וּשְׁב֖וּ בְּעָרֵיכֶ֥ם אֲשֶׁר־תְּפַשְׂתֶּֽם: וְגַ֣ם כָּל־הַיְּהוּדִ֣ים אֲשֶׁר־
בְּמוֹאָ֣ב ׀ וּבִבְנֵֽי־עַמּ֨וֹן וּבֶאֱד֜וֹם וַאֲשֶׁ֣ר בְּכָל־הָֽאֲרָצ֗וֹת שָֽׁמְע֞וּ
כִּֽי־נָתַ֨ן מֶֽלֶךְ־בָּבֶ֤ל שְׁאֵרִית֙ לִֽיהוּדָ֔ה וְכִ֥י הִפְקִ֖יד עֲלֵיהֶ֑ם אֶת־

יב גְּדַלְיָהוּ בֶּן־אֲחִיקָם בֶּן־שָׁפָן׃ וַיָּשֻׁבוּ כָל־הַיְּהוּדִים מִכָּל־
הַמְּקֹמוֹת אֲשֶׁר נִדְּחוּ־שָׁם וַיָּבֹאוּ אֶרֶץ־יְהוּדָה אֶל־גְּדַלְיָהוּ
יג הַמִּצְפָּתָה וַיַּאַסְפוּ יַיִן וָקַיִץ הַרְבֵּה מְאֹד׃ וְיוֹחָנָן
בֶּן־קָרֵחַ וְכָל־שָׂרֵי הַחֲיָלִים אֲשֶׁר בַּשָּׂדֶה בָּאוּ אֶל־גְּדַלְיָהוּ
יד הַמִּצְפָּתָה׃ וַיֹּאמְרוּ אֵלָיו הֲיָדֹעַ תֵּדַע כִּי בַּעֲלִיס ׀ מֶלֶךְ בְּנֵי־עַמּוֹן
שָׁלַח אֶת־יִשְׁמָעֵאל בֶּן־נְתַנְיָה לְהַכֹּתְךָ נָפֶשׁ וְלֹא־הֶאֱמִין לָהֶם
טו גְּדַלְיָהוּ בֶּן־אֲחִיקָם׃ וְיוֹחָנָן בֶּן־קָרֵחַ אָמַר אֶל־גְּדַלְיָהוּ בַסֵּתֶר
בַמִּצְפָּה לֵאמֹר אֵלְכָה נָּא וְאַכֶּה אֶת־יִשְׁמָעֵאל בֶּן־נְתַנְיָה
וְאִישׁ לֹא יֵדָע לָמָּה יַכֶּכָּה נֶּפֶשׁ וְנָפֹצוּ כָּל־יְהוּדָה הַנִּקְבָּצִים
טז אֵלֶיךָ וְאָבְדָה שְׁאֵרִית יְהוּדָה׃ וַיֹּאמֶר גְּדַלְיָהוּ בֶן־אֲחִיקָם אֶל־
יוֹחָנָן בֶּן־קָרֵחַ אַל־תַּעַשׂ אֶת־הַדָּבָר הַזֶּה כִּי־שֶׁקֶר אַתָּה
מא א דֹבֵר אֶל־יִשְׁמָעֵאל׃ וַיְהִי ׀ בַּחֹדֶשׁ הַשְּׁבִיעִי בָּא
יִשְׁמָעֵאל בֶּן־נְתַנְיָה בֶן־אֱלִישָׁמָע מִזֶּרַע הַמְּלוּכָה וְרַבֵּי הַמֶּלֶךְ
וַעֲשָׂרָה אֲנָשִׁים אִתּוֹ אֶל־גְּדַלְיָהוּ בֶן־אֲחִיקָם הַמִּצְפָּתָה וַיֹּאכְלוּ
ב שָׁם לֶחֶם יַחְדָּו בַּמִּצְפָּה׃ וַיָּקָם יִשְׁמָעֵאל בֶּן־נְתַנְיָה וַעֲשֶׂרֶת
הָאֲנָשִׁים ׀ אֲשֶׁר־הָיוּ אִתּוֹ וַיַּכּוּ אֶת־גְּדַלְיָהוּ בֶן־אֲחִיקָם בֶּן־שָׁפָן
ג בַּחֶרֶב וַיָּמֶת אֹתוֹ אֲשֶׁר־הִפְקִיד מֶלֶךְ־בָּבֶל בָּאָרֶץ׃ וְאֵת כָּל־
הַיְּהוּדִים אֲשֶׁר־הָיוּ אִתּוֹ אֶת־גְּדַלְיָהוּ בַּמִּצְפָּה וְאֶת־הַכַּשְׂדִּים
ד אֲשֶׁר נִמְצְאוּ־שָׁם אֵת אַנְשֵׁי הַמִּלְחָמָה הִכָּה יִשְׁמָעֵאל׃ וַיְהִי
ה בַּיּוֹם הַשֵּׁנִי לְהָמִית אֶת־גְּדַלְיָהוּ וְאִישׁ לֹא יָדָע׃ וַיָּבֹאוּ אֲנָשִׁים
מִשְּׁכֶם מִשִּׁלוֹ וּמִשֹּׁמְרוֹן שְׁמֹנִים אִישׁ מְגֻלְּחֵי זָקָן וּקְרֻעֵי בְגָדִים
ו וּמִתְגֹּדְדִים וּמִנְחָה וּלְבוֹנָה בְּיָדָם לְהָבִיא בֵּית יְהוָה׃ וַיֵּצֵא
יִשְׁמָעֵאל בֶּן־נְתַנְיָה לִקְרָאתָם מִן־הַמִּצְפָּה הֹלֵךְ הָלֹךְ וּבֹכֶה
וַיְהִי כִּפְגֹשׁ אֹתָם וַיֹּאמֶר אֲלֵיהֶם בֹּאוּ אֶל־גְּדַלְיָהוּ בֶן־אֲחִיקָם׃
ז וַיְהִי כְּבוֹאָם אֶל־תּוֹךְ הָעִיר וַיִּשְׁחָטֵם יִשְׁמָעֵאל בֶּן־נְתַנְיָה אֶל־
ח תּוֹךְ הַבּוֹר הוּא וְהָאֲנָשִׁים אֲשֶׁר־אִתּוֹ׃ וַעֲשָׂרָה אֲנָשִׁים נִמְצְאוּ־
בָם וַיֹּאמְרוּ אֶל־יִשְׁמָעֵאל אַל־תְּמִתֵנוּ כִּי־יֶשׁ־לָנוּ מַטְמֹנִים

בַּשָּׂדֶה חִטִּים וּשְׂעֹרִים וְשֶׁמֶן וּדְבָשׁ וַיֶּחְדַּל וְלֹא הֱמִיתָם בְּתוֹךְ
ט אֲחֵיהֶם׃ וְהַבּוֹר אֲשֶׁר הִשְׁלִיךְ שָׁם יִשְׁמָעֵאל אֵת ׀ כָּל־פִּגְרֵי
הָאֲנָשִׁים אֲשֶׁר הִכָּה בְּיַד־גְּדַלְיָהוּ הוּא אֲשֶׁר עָשָׂה הַמֶּלֶךְ
אָסָא מִפְּנֵי בַּעְשָׁא מֶלֶךְ־יִשְׂרָאֵל אֹתוֹ מִלֵּא יִשְׁמָעֵאל בֶּן־
י נְתַנְיָהוּ חֲלָלִים׃ וַיִּשְׁבְּ ׀ יִשְׁמָעֵאל אֶת־כָּל־שְׁאֵרִית הָעָם
אֲשֶׁר בַּמִּצְפָּה אֶת־בְּנוֹת הַמֶּלֶךְ וְאֶת־כָּל־הָעָם הַנִּשְׁאָרִים
בַּמִּצְפָּה אֲשֶׁר הִפְקִיד נְבוּזַרְאֲדָן רַב־טַבָּחִים אֶת־גְּדַלְיָהוּ בֶּן־
אֲחִיקָם וַיִּשְׁבֵּם יִשְׁמָעֵאל בֶּן־נְתַנְיָה וַיֵּלֶךְ לַעֲבֹר אֶל־בְּנֵי
יא עַמּוֹן׃ וַיִּשְׁמַע יוֹחָנָן בֶּן־קָרֵחַ וְכָל־שָׂרֵי הַחֲיָלִים
אֲשֶׁר אִתּוֹ אֵת כָּל־הָרָעָה אֲשֶׁר עָשָׂה יִשְׁמָעֵאל בֶּן־נְתַנְיָה׃
יב וַיִּקְחוּ אֶת־כָּל־הָאֲנָשִׁים וַיֵּלְכוּ לְהִלָּחֵם עִם־יִשְׁמָעֵאל בֶּן־
יג נְתַנְיָה וַיִּמְצְאוּ אֹתוֹ אֶל־מַיִם רַבִּים אֲשֶׁר בְּגִבְעוֹן׃ וַיְהִי כִּרְאוֹת
כָּל־הָעָם אֲשֶׁר אֶת־יִשְׁמָעֵאל אֶת־יוֹחָנָן בֶּן־קָרֵחַ וְאֵת כָּל־
יד שָׂרֵי הַחֲיָלִים אֲשֶׁר אִתּוֹ וַיִּשְׂמָחוּ׃ וַיָּסֹבּוּ כָּל־הָעָם אֲשֶׁר־שָׁבָה
יִשְׁמָעֵאל מִן־הַמִּצְפָּה וַיָּשֻׁבוּ וַיֵּלְכוּ אֶל־יוֹחָנָן בֶּן־קָרֵחַ׃
טו וְיִשְׁמָעֵאל בֶּן־נְתַנְיָה נִמְלַט בִּשְׁמֹנָה אֲנָשִׁים מִפְּנֵי יוֹחָנָן וַיֵּלֶךְ
טז אֶל־בְּנֵי עַמּוֹן׃ וַיִּקַּח יוֹחָנָן בֶּן־קָרֵחַ וְכָל־שָׂרֵי
הַחֲיָלִים אֲשֶׁר־אִתּוֹ אֵת כָּל־שְׁאֵרִית הָעָם אֲשֶׁר הֵשִׁיב מֵאֵת
יִשְׁמָעֵאל בֶּן־נְתַנְיָה מִן־הַמִּצְפָּה אַחַר הִכָּה אֶת־גְּדַלְיָה בֶּן־
אֲחִיקָם גְּבָרִים אַנְשֵׁי הַמִּלְחָמָה וְנָשִׁים וְטַף וְסָרִסִים אֲשֶׁר
יז הֵשִׁיב מִגִּבְעוֹן׃ וַיֵּלְכוּ וַיֵּשְׁבוּ בְּגֵרוּת כמוהם אֲשֶׁר־אֵצֶל בֵּית כִּמְהָם
יח לָחֶם לָלֶכֶת לָבוֹא מִצְרָיִם׃ מִפְּנֵי הַכַּשְׂדִּים כִּי יָרְאוּ מִפְּנֵיהֶם
כִּי־הִכָּה יִשְׁמָעֵאל בֶּן־נְתַנְיָה אֶת־גְּדַלְיָהוּ בֶּן־אֲחִיקָם אֲשֶׁר־
מב א הִפְקִיד מֶלֶךְ־בָּבֶל בָּאָרֶץ׃ וַיִּגְּשׁוּ כָּל־שָׂרֵי
הַחֲיָלִים וְיוֹחָנָן בֶּן־קָרֵחַ וִיזַנְיָה בֶּן־הוֹשַׁעְיָה וְכָל־הָעָם מִקָּטֹן
ב וְעַד־גָּדוֹל׃ וַיֹּאמְרוּ אֶל־יִרְמְיָהוּ הַנָּבִיא תִּפָּל־נָא תְחִנָּתֵנוּ
לְפָנֶיךָ וְהִתְפַּלֵּל בַּעֲדֵנוּ אֶל־יְהוָה אֱלֹהֶיךָ בְּעַד כָּל־הַשְּׁאֵרִית

הַזֹּאת כִּי־נִשְׁאַרְנוּ מְעַט מֵהַרְבֵּה כַּאֲשֶׁר עֵינֶיךָ רֹאוֹת אֹתָנוּ׃
וְיַגֶּד־לָנוּ יְהוָה אֱלֹהֶיךָ אֶת־הַדֶּרֶךְ אֲשֶׁר נֵלֶךְ־בָּהּ וְאֶת־הַדָּבָר ג
אֲשֶׁר נַעֲשֶׂה׃ וַיֹּאמֶר אֲלֵיהֶם יִרְמְיָהוּ הַנָּבִיא שָׁמַעְתִּי הִנְנִי ד
מִתְפַּלֵּל אֶל־יְהוָה אֱלֹהֵיכֶם כְּדִבְרֵיכֶם וְהָיָה כָּל־הַדָּבָר אֲשֶׁר־
יַעֲנֶה יְהוָה אֶתְכֶם אַגִּיד לָכֶם לֹא־אֶמְנַע מִכֶּם דָּבָר׃ וְהֵמָּה ה
אָמְרוּ אֶל־יִרְמְיָהוּ יְהִי יְהוָה בָּנוּ לְעֵד אֱמֶת וְנֶאֱמָן אִם־לֹא
כְּכָל־הַדָּבָר אֲשֶׁר יִשְׁלָחֲךָ יְהוָה אֱלֹהֶיךָ אֵלֵינוּ כֵּן נַעֲשֶׂה׃ אִם־ ו
אֲנַחְנוּ טוֹב וְאִם־רָע בְּקוֹל ׀ יְהוָה אֱלֹהֵינוּ אֲשֶׁר אנו שֹׁלְחִים אֹתְךָ
אֵלָיו נִשְׁמָע לְמַעַן אֲשֶׁר יִיטַב־לָנוּ כִּי נִשְׁמַע בְּקוֹל יְהוָה
אֱלֹהֵינוּ׃ וַיְהִי מִקֵּץ עֲשֶׂרֶת יָמִים וַיְהִי דְבַר־ ז
יְהוָה אֶל־יִרְמְיָהוּ׃ וַיִּקְרָא אֶל־יוֹחָנָן בֶּן־קָרֵחַ וְאֵל כָּל־שָׂרֵי ח
הַחֲיָלִים אֲשֶׁר אִתּוֹ וּלְכָל־הָעָם לְמִקָּטֹן וְעַד־גָּדוֹל׃ וַיֹּאמֶר ט
אֲלֵיהֶם כֹּה־אָמַר יְהוָה אֱלֹהֵי יִשְׂרָאֵל אֲשֶׁר שְׁלַחְתֶּם אֹתִי
אֵלָיו לְהַפִּיל תְּחִנַּתְכֶם לְפָנָיו׃ אִם־שׁוֹב תֵּשְׁבוּ בָּאָרֶץ הַזֹּאת י
וּבָנִיתִי אֶתְכֶם וְלֹא אֶהֱרֹס וְנָטַעְתִּי אֶתְכֶם וְלֹא אֶתּוֹשׁ כִּי
נִחַמְתִּי אֶל־הָרָעָה אֲשֶׁר עָשִׂיתִי לָכֶם׃ אַל־תִּירְאוּ מִפְּנֵי יא
מֶלֶךְ בָּבֶל אֲשֶׁר־אַתֶּם יְרֵאִים מִפָּנָיו אַל־תִּירְאוּ מִמֶּנּוּ נְאֻם־
יְהוָה כִּי־אִתְּכֶם אָנִי לְהוֹשִׁיעַ אֶתְכֶם וּלְהַצִּיל אֶתְכֶם מִיָּדוֹ׃
כה וְאֶתֵּן לָכֶם רַחֲמִים וְרִחַם אֶתְכֶם וְהֵשִׁיב אֶתְכֶם אֶל־אַדְמַתְכֶם׃ יב
וְאִם־אֹמְרִים אַתֶּם לֹא נֵשֵׁב בָּאָרֶץ הַזֹּאת לְבִלְתִּי שְׁמֹעַ בְּקוֹל יג
יְהוָה אֱלֹהֵיכֶם׃ לֵאמֹר לֹא כִּי אֶרֶץ מִצְרַיִם נָבוֹא אֲשֶׁר לֹא־ יד
נִרְאֶה מִלְחָמָה וְקוֹל שׁוֹפָר לֹא נִשְׁמָע וְלַלֶּחֶם לֹא־נִרְעָב וְשָׁם
נֵשֵׁב׃ וְעַתָּה לָכֵן שִׁמְעוּ דְבַר־יְהוָה שְׁאֵרִית יְהוּדָה כֹּה־אָמַר טו
יְהוָה צְבָאוֹת אֱלֹהֵי יִשְׂרָאֵל אִם־אַתֶּם שׂוֹם תְּשִׂמוּן פְּנֵיכֶם
לָבֹא מִצְרַיִם וּבָאתֶם לָגוּר שָׁם׃ וְהָיְתָה הַחֶרֶב אֲשֶׁר אַתֶּם טז
יְרֵאִים מִמֶּנָּה שָׁם תַּשִּׂיג אֶתְכֶם בְּאֶרֶץ מִצְרָיִם וְהָרָעָב אֲשֶׁר־
אַתֶּם ׀ דֹּאֲגִים מִמֶּנּוּ שָׁם יִדְבַּק אַחֲרֵיכֶם מִצְרַיִם וְשָׁם תָּמֻתוּ׃

ירמיה   מב

יז וְיִֽהְי֣וּ כָל־הָאֲנָשִׁ֗ים אֲשֶׁר־שָׂ֨מוּ אֶת־פְּנֵיהֶ֜ם לָב֤וֹא מִצְרַ֨יִם֙ לָג֣וּר
שָׁ֔ם יָמ֕וּתוּ בַּחֶ֖רֶב בָּרָעָ֣ב וּבַדָּ֑בֶר וְלֹֽא־יִהְיֶ֤ה לָהֶם֙ שָׂרִ֣יד וּפָלִ֔יט

יח מִפְּנֵי֙ הָֽרָעָ֔ה אֲשֶׁ֥ר אֲנִ֖י מֵבִ֣יא עֲלֵיהֶֽם: כִּי֩ כֹ֨ה אָמַ֜ר יְהֹוָ֣ה צְבָא֗וֹת
אֱלֹהֵ֣י יִשְׂרָאֵ֔ל כַּאֲשֶׁר֩ נִתַּ֨ךְ אַפִּ֜י וַחֲמָתִ֗י עַל־יֹֽשְׁבֵי֙ יְר֣וּשָׁלַ֔͏ִם כֵּ֣ן
תִּתַּ֤ךְ חֲמָתִי֙ עֲלֵיכֶ֔ם בְּבֹאֲכֶ֖ם מִצְרָ֑יִם וִהְיִיתֶ֞ם לְאָלָ֤ה וּלְשַׁמָּה֙

יט וְלִקְלָלָ֣ה וּלְחֶרְפָּ֔ה וְלֹֽא־תִרְא֥וּ ע֖וֹד אֶת־הַמָּק֥וֹם הַזֶּֽה: דִּבֶּ֨ר
יְהֹוָ֤ה עֲלֵיכֶם֙ שְׁאֵרִ֣ית יְהוּדָ֔ה אַל־תָּבֹ֖אוּ מִצְרָ֑יִם יָדֹ֙עַ֙ תֵּֽדְעוּ֙

כ כִּֽי־הַעֵדֹ֥תִי בָכֶ֖ם הַיּֽוֹם: כִּ֣י הִתְעֵתֶם֮ בְּנַפְשֽׁוֹתֵיכֶם֒ כִּֽי־אַתֶּ֞ם   הִתְעֵיתֶם
שְׁלַחְתֶּ֣ם אֹתִ֗י אֶל־יְהֹוָ֤ה אֱלֹֽהֵיכֶם֙ לֵאמֹ֔ר הִתְפַּלֵּ֥ל בַּעֲדֵ֖נוּ אֶל־
יְהֹוָ֣ה אֱלֹהֵ֑ינוּ וּכְכֹל֩ אֲשֶׁ֨ר יֹאמַ֜ר יְהֹוָ֧ה אֱלֹהֵ֛ינוּ כֵּ֥ן הַגֶּד־לָ֖נוּ

כא וְעָשִֽׂינוּ: וָאַגִּ֥ד לָכֶ֖ם הַיּ֑וֹם וְלֹ֣א שְׁמַעְתֶּ֗ם בְּקוֹל֙ יְהֹוָ֣ה אֱלֹהֵיכֶ֔ם

כב וּלְכֹ֖ל אֲשֶׁר־שְׁלָחַ֣נִי אֲלֵיכֶֽם: וְעַתָּה֙ יָדֹ֣עַ תֵּֽדְע֔וּ כִּ֗י בַּחֶ֛רֶב
בָּרָעָ֥ב וּבַדֶּ֖בֶר תָּמ֑וּתוּ בַּמָּקוֹם֙ אֲשֶׁ֣ר חֲפַצְתֶּ֔ם לָב֖וֹא לָג֥וּר

מג א שָֽׁם: וַיְהִי֙ כְּכַלּ֣וֹת יִרְמְיָ֔הוּ לְדַבֵּ֖ר אֶל־כָּל־הָעָ֑ם
אֶת־כָּל־דִּבְרֵי֙ יְהֹוָ֣ה אֱלֹהֵיהֶ֔ם אֲשֶׁ֧ר שְׁלָח֛וֹ יְהֹוָ֥ה אֱלֹהֵיהֶ֖ם

ב אֲלֵיהֶ֑ם אֵ֥ת כָּל־הַדְּבָרִ֖ים הָאֵֽלֶּה: וַיֹּ֨אמֶר עֲזַרְיָ֤ה
בֶן־הֽוֹשַֽׁעְיָה֙ וְיֽוֹחָנָ֣ן בֶּן־קָרֵ֔חַ וְכָל־הָאֲנָשִׁ֖ים הַזֵּדִ֑ים אֹמְרִ֣ים
אֶֽל־יִרְמְיָ֗הוּ שֶׁ֚קֶר אַתָּ֣ה מְדַבֵּ֔ר לֹ֣א שְׁלָחֲךָ֞ יְהֹוָ֤ה אֱלֹהֵ֨ינוּ֙ לֵאמֹ֔ר

ג לֹֽא־תָבֹ֥אוּ מִצְרַ֖יִם לָג֣וּר שָֽׁם: כִּ֗י בָּרוּךְ֙ בֶּן־נֵ֣רִיָּ֔ה מַסִּ֥ית אֹתְךָ֖
בָּ֑נוּ לְמַ֩עַן֩ תֵּ֨ת אֹתָ֤נוּ בְיַֽד־הַכַּשְׂדִּים֙ לְהָמִ֣ית אֹתָ֔נוּ וּלְהַגְל֥וֹת

ד אֹתָ֖נוּ בָּבֶֽל: וְלֹֽא־שָׁמַ֞ע יֽוֹחָנָ֤ן בֶּן־קָרֵ֨חַ֙ וְכָל־שָׂרֵ֣י הַחֲיָלִ֔ים וְכָל־

ה הָעָ֑ם בְּק֣וֹל יְהֹוָ֔ה לָשֶׁ֖בֶת בְּאֶ֥רֶץ יְהוּדָֽה: וַיִּקַּ֞ח יֽוֹחָנָ֤ן בֶּן־קָרֵ֨חַ֙
וְכָל־שָׂרֵ֣י הַחֲיָלִ֔ים אֵ֥ת כָּל־שְׁאֵרִ֖ית יְהוּדָ֑ה אֲשֶׁר־שָׁ֙בוּ֙ מִכָּל־

ו הַגּוֹיִ֔ם אֲשֶׁ֥ר נִדְּחוּ־שָׁ֖ם לָג֣וּר בְּאֶ֣רֶץ יְהוּדָֽה: אֶת־הַגְּבָרִ֣ים וְאֶת־
הַנָּשִׁ֣ים וְאֶת־הַטַּ֡ף וְאֶת־בְּנ֣וֹת הַמֶּלֶךְ֩ וְאֵ֨ת כָּל־הַנֶּ֜פֶשׁ אֲשֶׁ֣ר
הִנִּ֣יחַ נְבֽוּזַרְאֲדָ֣ן רַב־טַבָּחִ֗ים אֶת־גְּדַלְיָ֨הוּ֙ בֶּן־אֲחִיקָ֣ם בֶּן־שָׁפָ֔ן

ז וְאֵת֙ יִרְמְיָ֣הוּ הַנָּבִ֔יא וְאֶת־בָּר֖וּךְ בֶּן־נֵֽרִיָּ֑הוּ: וַיָּבֹ֨אוּ֙ אֶ֣רֶץ מִצְרַ֔יִם

ח כִּי לֹא שָׁמְעוּ בְּקוֹל יְהוָה וַיָּבֹאוּ עַד־תַּחְפַּנְחֵס׃ וַיְהִי
ט דְבַר־יְהוָה אֶל־יִרְמְיָהוּ בְּתַחְפַּנְחֵס לֵאמֹר׃ קַח בְּיָדְךָ אֲבָנִים
גְּדֹלוֹת וּטְמַנְתָּם בַּמֶּלֶט בַּמַּלְבֵּן אֲשֶׁר בְּפֶתַח בֵּית־פַּרְעֹה
י בְּתַחְפַּנְחֵס לְעֵינֵי אֲנָשִׁים יְהוּדִים׃ וְאָמַרְתָּ אֲלֵיהֶם כֹּה־אָמַר
יְהוָה צְבָאוֹת אֱלֹהֵי יִשְׂרָאֵל הִנְנִי שֹׁלֵחַ וְלָקַחְתִּי אֶת־
נְבוּכַדְרֶאצַּר מֶלֶךְ־בָּבֶל עַבְדִּי וְשַׂמְתִּי כִסְאוֹ מִמַּעַל לָאֲבָנִים
יא הָאֵלֶּה אֲשֶׁר טָמָנְתִּי וְנָטָה אֶת־שפרורו עֲלֵיהֶם׃ ובאה וְהִכָּה שַׁפְרִירוֹ | וּבָא
אֶת־אֶרֶץ מִצְרָיִם אֲשֶׁר לַמָּוֶת לַמָּוֶת וַאֲשֶׁר לַשְּׁבִי לַשֶּׁבִי וַאֲשֶׁר
יב לַחֶרֶב לֶחָרֶב׃ וְהִצַּתִּי אֵשׁ בְּבָתֵּי אֱלֹהֵי מִצְרַיִם וּשְׂרָפָם וְשָׁבָם
וְעָטָה אֶת־אֶרֶץ מִצְרַיִם כַּאֲשֶׁר־יַעְטֶה הָרֹעֶה אֶת־בִּגְדוֹ וְיָצָא
יג מִשָּׁם בְּשָׁלוֹם׃ וְשִׁבַּר אֶת־מַצְּבוֹת בֵּית שֶׁמֶשׁ אֲשֶׁר בְּאֶרֶץ
מ א מִצְרָיִם וְאֶת־בָּתֵּי אֱלֹהֵי־מִצְרַיִם יִשְׂרֹף בָּאֵשׁ׃ הַדָּבָר
אֲשֶׁר הָיָה אֶל־יִרְמְיָהוּ אֶל כָּל־הַיְּהוּדִים הַיֹּשְׁבִים בְּאֶרֶץ
מִצְרָיִם הַיֹּשְׁבִים בְּמִגְדֹּל וּבְתַחְפַּנְחֵס וּבְנֹף וּבְאֶרֶץ פַּתְרוֹס
ב לֵאמֹר׃ כֹּה־אָמַר יְהוָה צְבָאוֹת אֱלֹהֵי יִשְׂרָאֵל אַתֶּם רְאִיתֶם
אֵת כָּל־הָרָעָה אֲשֶׁר הֵבֵאתִי עַל־יְרוּשָׁלִַם וְעַל כָּל־עָרֵי יְהוּדָה
ג וְהִנָּם חָרְבָּה הַיּוֹם הַזֶּה וְאֵין בָּהֶם יוֹשֵׁב׃ מִפְּנֵי רָעָתָם אֲשֶׁר עָשׂוּ
לְהַכְעִסֵנִי לָלֶכֶת לְקַטֵּר לַעֲבֹד לֵאלֹהִים אֲחֵרִים אֲשֶׁר לֹא
ד יְדָעוּם הֵמָּה אַתֶּם וַאֲבֹתֵיכֶם׃ וָאֶשְׁלַח אֲלֵיכֶם אֶת־כָּל־עֲבָדַי
הַנְּבִיאִים הַשְׁכֵּים וְשָׁלֹחַ לֵאמֹר אַל־נָא תַעֲשׂוּ אֵת דְּבַר־
ה הַתֹּעֵבָה הַזֹּאת אֲשֶׁר שָׂנֵאתִי׃ וְלֹא שָׁמְעוּ וְלֹא־הִטּוּ אֶת־אָזְנָם
ו לָשׁוּב מֵרָעָתָם לְבִלְתִּי קַטֵּר לֵאלֹהִים אֲחֵרִים׃ וַתִּתַּךְ חֲמָתִי
וְאַפִּי וַתִּבְעַר בְּעָרֵי יְהוּדָה וּבְחֻצוֹת יְרוּשָׁלִַם וַתִּהְיֶינָה לְחָרְבָּה
ז לִשְׁמָמָה כַּיּוֹם הַזֶּה׃ וְעַתָּה כֹּה־אָמַר יְהוָה אֱלֹהֵי
צְבָאוֹת אֱלֹהֵי יִשְׂרָאֵל לָמָה אַתֶּם עֹשִׂים רָעָה גְדוֹלָה אֶל־
נַפְשֹׁתֵכֶם לְהַכְרִית לָכֶם אִישׁ־וְאִשָּׁה עוֹלֵל וְיוֹנֵק מִתּוֹךְ יְהוּדָה
ח לְבִלְתִּי הוֹתִיר לָכֶם שְׁאֵרִית׃ לְהַכְעִסֵנִי בְּמַעֲשֵׂי יְדֵיכֶם לְקַטֵּר

לֵאלֹהִ֣ים אֲחֵרִ֗ים בְּאֶ֙רֶץ֙ מִצְרַ֔יִם אֲשֶׁר־אַתֶּ֥ם בָּאִ֖ים לָג֣וּר שָׁ֑ם
לְמַ֙עַן֙ הַכְרִ֣ית לָכֶ֔ם וּלְמַ֗עַן הֱיֽוֹתְכֶ֤ם לִקְלָלָה֙ וּלְחֶרְפָּ֔ה בְּכֹ֖ל גּוֹיֵ֥י
הָאָֽרֶץ: הַֽשְׁכַחְתֶּ֞ם אֶת־רָע֣וֹת אֲבֽוֹתֵיכֶ֗ם וְאֶת־רָעוֹת ט
יְהוּדָה֙ וְאֵת֙ רָע֣וֹת נָשָׁ֔יו וְאֵת֙ רָעֹ֣תֵיכֶ֔ם וְאֵ֖ת רָעֹ֣ת נְשֵׁיכֶ֑ם אֲשֶׁ֤ר
עָשׂוּ֙ בְּאֶ֣רֶץ יְהוּדָ֔ה וּבְחֻצ֖וֹת יְרֽוּשָׁלָֽ͏ִם: לֹ֣א דֻכְּא֔וּ עַ֖ד הַיּ֣וֹם הַזֶּ֑ה י
וְלֹ֤א יָֽרְאוּ֙ וְלֹֽא־הָלְכ֣וּ בְתֽוֹרָתִ֔י וּבְחֻקֹּתַ֕י אֲשֶׁר־נָתַ֥תִּי לִפְנֵיכֶ֖ם
וְלִפְנֵ֥י אֲבֽוֹתֵיכֶֽם: לָכֵ֞ן כֹּֽה־אָמַ֨ר יְהוָ֤ה צְבָאוֹת֙ יא
אֱלֹהֵ֣י יִשְׂרָאֵ֔ל הִנְנִ֙י שָׂ֥ם פָּנַ֛י בָּכֶ֖ם לְרָעָ֑ה וּלְהַכְרִ֖ית אֶת־כָּל־
יְהוּדָֽה: וְלָקַחְתִּ֞י אֶת־שְׁאֵרִ֣ית יְהוּדָ֗ה אֲשֶׁר־שָׂ֤מוּ פְנֵיהֶם֙ לָב֞וֹא יב
אֶֽרֶץ־מִצְרַ֙יִם֙ לָג֣וּר שָׁ֔ם וְתַ֕מּוּ כֹ֖ל בְּאֶ֣רֶץ מִצְרַ֑יִם יִפֹּ֣לוּ בַּחֶ֗רֶב
בָּֽרָעָב֙ יִתַּ֔מּוּ מִקָּטֹן֙ וְעַד־גָּד֔וֹל בַּחֶ֥רֶב וּבָֽרָעָ֖ב יָמֻ֑תוּ וְהָיוּ֙
לְאָלָ֣ה לְשַׁמָּ֔ה וְלִקְלָלָ֖ה וּלְחֶרְפָּֽה: וּפָקַדְתִּ֗י עַ֤ל הַיּֽוֹשְׁבִים֙ יג
בְּאֶ֣רֶץ מִצְרַ֔יִם כַּאֲשֶׁ֥ר פָּקַ֖דְתִּי עַל־יְרֽוּשָׁלָ֑͏ִם בַּחֶ֥רֶב בָּֽרָעָ֖ב
וּבַדָּֽבֶר: וְלֹ֣א יִֽהְיֶ֗ה פָּלִ֤יט וְשָׂרִיד֙ לִשְׁאֵרִ֣ית יְהוּדָ֔ה הַבָּאִ֥ים יד
לָגֽוּר־שָׁ֖ם בְּאֶ֣רֶץ מִצְרָ֑יִם וְלָשׁ֣וּב ׀ אֶ֣רֶץ יְהוּדָ֗ה אֲשֶׁר־הֵ֜מָּה
מְנַשְּׂאִ֤ים אֶת־נַפְשָׁם֙ לָשׁוּב֙ לָשֶׁ֣בֶת שָׁ֔ם כִּ֥י לֹֽא־יָשׁ֖וּבוּ כִּ֥י
אִם־פְּלֵטִֽים: וַיַּֽעֲנ֣וּ אֶֽת־יִרְמְיָ֗הוּ כָּל־הָאֲנָשִׁ֤ים טו
הַיֹּֽדְעִים֙ כִּֽי־מְקַטְּר֤וֹת נְשֵׁיהֶם֙ לֵאלֹהִ֣ים אֲחֵרִ֔ים וְכָל־הַנָּשִׁ֥ים
הָעֹמְד֖וֹת קָהָ֣ל גָּד֑וֹל וְכָל־הָעָ֛ם הַיֹּשְׁבִ֥ים בְּאֶֽרֶץ־מִצְרַ֖יִם
בְּפַתְר֖וֹס לֵאמֹֽר: הַדָּבָ֛ר אֲשֶׁר־דִּבַּ֥רְתָּ אֵלֵ֖ינוּ בְּשֵׁ֣ם יְהוָ֑ה אֵינֶ֥נּוּ טז
שֹׁמְעִ֖ים אֵלֶֽיךָ: כִּ֩י עָשֹׂ֨ה נַעֲשֶׂ֜ה אֶֽת־כָּל־הַדָּבָ֣ר ׀ אֲשֶׁר־יָצָ֣א יז
מִפִּ֗ינוּ לְקַטֵּ֞ר לִמְלֶ֣כֶת הַשָּׁמַ֗יִם וְהַסֵּֽיךְ־לָ֣הּ נְסָכִ֔ים כַּאֲשֶׁ֨ר עָשִׂ֜ינוּ
אֲנַ֤חְנוּ וַאֲבֹתֵ֙ינוּ֙ מְלָכֵ֣ינוּ וְשָׂרֵ֔ינוּ בְּעָרֵ֣י יְהוּדָ֔ה וּבְחֻצ֖וֹת יְרֽוּשָׁלָ֑͏ִם
וַנִּֽשְׂבַּֽע־לֶ֙חֶם֙ וַנִּֽהְיֶ֣ה טוֹבִ֔ים וְרָעָ֖ה לֹ֥א רָאִֽינוּ: וּמִן־אָ֡ז חָדַ֡לְנוּ יח
לְקַטֵּ֞ר לִמְלֶ֣כֶת הַשָּׁמַ֗יִם וְהַסֵּֽךְ־לָ֣הּ נְסָכִ֔ים חָסַ֥רְנוּ כֹ֖ל וּבַחֶ֥רֶב
וּבָרָעָ֖ב תָּֽמְנוּ: וְכִֽי־אֲנַ֤חְנוּ מְקַטְּרִים֙ לִמְלֶ֣כֶת הַשָּׁמַ֔יִם וּלְהַסֵּ֥ךְ יט
לָ֖הּ נְסָכִ֑ים הֲמִֽבַּלְעֲדֵ֣י אֲנָשֵׁ֗ינוּ עָשִׂ֨ינוּ לָ֤הּ כַּוָּנִים֙ לְהַֽעֲצִבָ֔ה וְהַסֵּ֥ךְ

ירמיה
מד

כ לֶ֖הּ נְסָכִֽים: וַיֹּ֨אמֶר יִרְמְיָ֜הוּ אֶל־כָּל־הָעָ֗ם עַל־
הַגְּבָרִ֤ים וְעַל־הַנָּשִׁים֙ וְעַֽל־כָּל־הָעָ֔ם הָעֹנִ֥ים אֹת֖וֹ דָּבָ֥ר לֵאמֹֽר:
כא הֲל֣וֹא אֶת־הַקִּטֵּ֗ר אֲשֶׁ֨ר קִטַּרְתֶּ֜ם בְּעָרֵ֤י יְהוּדָה֙ וּבְחֻצ֣וֹת יְרוּשָׁלַ֔͏ִם
אַתֶּ֤ם וַאֲבֽוֹתֵיכֶם֙ מַלְכֵיכֶ֣ם וְשָׂרֵיכֶ֔ם וְעַ֖ם הָאָ֑רֶץ אֹתָם֙ זָכַ֣ר יְהֹוָ֔ה
וַתַּעֲלֶ֖ה עַל־לִבּֽוֹ: וְלֹֽא־יוּכַל֩ יְהֹוָ֨ה ע֜וֹד לָשֵׂ֗את מִפְּנֵי֙ רֹ֣עַ
כב מַעַלְלֵיכֶ֔ם מִפְּנֵ֥י הַתּוֹעֵבֹ֖ת אֲשֶׁ֣ר עֲשִׂיתֶ֑ם וַתְּהִ֣י אַרְצְכֶ֠ם לְחָרְבָּ֨ה
וּלְשַׁמָּ֧ה וְלִקְלָלָ֛ה מֵאֵ֥ין יוֹשֵׁ֖ב כְּהַיּ֥וֹם הַזֶּֽה: מִפְּנֵי֩ אֲשֶׁ֨ר קִטַּרְתֶּ֜ם
כג וַאֲשֶׁ֧ר חֲטָאתֶ֣ם לַיהֹוָ֗ה וְלֹ֤א שְׁמַעְתֶּם֙ בְּק֣וֹל יְהֹוָ֔ה וּבְתֹרָת֧וֹ
וּבְחֻקֹּתָ֛יו וּבְעֵדְוֺתָ֖יו לֹ֣א הֲלַכְתֶּ֑ם עַל־כֵּ֞ן קָרָ֥את אֶתְכֶ֛ם הָרָעָ֥ה
הַזֹּ֖את כַּיּ֥וֹם הַזֶּֽה: וַיֹּ֤אמֶר יִרְמְיָ֙הוּ֙ אֶל־כָּל־הָעָ֔ם
כד וְאֶ֖ל כָּל־הַנָּשִׁ֑ים שִׁמְע֖וּ דְּבַר־יְהֹוָ֑ה כָּל־יְהוּדָ֔ה אֲשֶׁ֖ר בְּאֶ֥רֶץ
מִצְרָֽיִם: כֹּֽה־אָמַ֣ר יְהֹוָ֨ה צְבָא֜וֹת אֱלֹהֵ֤י יִשְׂרָאֵל֙ לֵאמֹ֔ר אַתֶּ֣ם
כה וּנְשֵׁיכֶ֗ם וַתְּדַבֵּ֨רְנָה֙ בְּפִיכֶ֔ם וּבִידֵיכֶ֖ם מִלֵּאתֶ֑ם ׀ לֵאמֹ֡ר עָשֹׂ֣ה
נַעֲשֶׂ֡ה אֶת־נְדָרֵ֜ינוּ אֲשֶׁ֣ר נָדַ֗רְנוּ לְקַטֵּר֙ לִמְלֶ֣כֶת הַשָּׁמַ֔יִם וּלְהַסֵּ֥ךְ
לָ֖הּ נְסָכִ֑ים הָקֵ֤ים תָּקִ֙ימְנָה֙ אֶת־נִדְרֵיכֶ֔ם וְעָשֹׂ֥ה תַעֲשֶׂ֖ינָה אֶת־
כו נִדְרֵיכֶֽם: לָכֵן֙ שִׁמְע֣וּ דְבַר־יְהֹוָ֔ה כָּל־יְהוּדָ֕ה הַיֹּשְׁבִ֖ים בְּאֶ֣רֶץ
מִצְרָ֑יִם הִנְנִ֨י נִשְׁבַּ֤עְתִּי בִּשְׁמִי֙ הַגָּד֔וֹל אָמַ֣ר יְהֹוָ֔ה אִם־יִהְיֶה֩ ע֨וֹד
שְׁמִ֜י נִקְרָ֣א ׀ בְּפִ֣י ׀ כָּל־אִ֣ישׁ יְהוּדָ֗ה אֹמֵ֤ר חַי־אֲדֹנָ֤י יְהֹוִה֙ בְּכָל־
כז אֶ֣רֶץ מִצְרָֽיִם: הִנְנִ֨י שֹׁקֵ֧ד עֲלֵיהֶ֛ם לְרָעָ֖ה וְלֹ֣א לְטוֹבָ֑ה וְתַ֩מּוּ֩ כָל־
אִ֨ישׁ יְהוּדָ֜ה אֲשֶׁ֧ר בְּאֶֽרֶץ־מִצְרַ֛יִם בַּחֶ֥רֶב וּבָרָעָ֖ב עַד־כְּלוֹתָֽם:
כח וּפְלִיטֵ֨י חֶ֜רֶב יְשֻׁב֨וּן מִן־אֶ֧רֶץ מִצְרַ֛יִם אֶ֥רֶץ יְהוּדָ֖ה מְתֵ֣י מִסְפָּ֑ר
וְֽיָדְע֞וּ כָּל־שְׁאֵרִ֣ית יְהוּדָ֗ה הַבָּאִ֤ים לְאֶֽרֶץ־מִצְרַ֙יִם֙ לָג֣וּר שָׁ֔ם
דְּבַר־מִ֥י יָק֖וּם מִמֶּ֥נִּי וּמֵהֶֽם: וְזֹאת־לָכֶ֤ם הָאוֹת֙ נְאֻם־יְהֹוָ֔ה כִּֽי־
כט פֹקֵ֥ד אֲנִ֛י עֲלֵיכֶ֖ם בַּמָּק֣וֹם הַזֶּ֑ה לְמַ֙עַן֙ תֵּדְע֔וּ כִּי֩ ק֨וֹם יָק֜וּמוּ דְבָרַ֧י
עֲלֵיכֶ֖ם לְרָעָֽה: כֹּ֣ה ׀ אָמַ֣ר יְהֹוָ֗ה הִנְנִ֨י נֹתֵ֜ן אֶת־
ל פַּרְעֹ֣ה חָפְרַ֨ע מֶֽלֶךְ־מִצְרַ֜יִם בְּיַ֣ד אֹֽיְבָ֗יו וּבְיַ֖ד מְבַקְשֵׁ֣י נַפְשׁ֑וֹ
כַּאֲשֶׁ֨ר נָתַ֜תִּי אֶת־צִדְקִיָּ֣הוּ מֶֽלֶךְ־יְהוּדָ֗ה בְּיַ֛ד נְבֽוּכַדְרֶאצַּ֥ר

מה
א מֶלֶךְ־בָּבֶל אֹיְבוֹ וּמְבַקֵּשׁ נַפְשׁוֹ׃ הַדָּבָר אֲשֶׁר
דִּבֶּר יִרְמְיָהוּ הַנָּבִיא אֶל־בָּרוּךְ בֶּן־נֵרִיָּה בְּכָתְבוֹ אֶת־הַדְּבָרִים
הָאֵלֶּה עַל־סֵפֶר מִפִּי יִרְמְיָהוּ בַּשָּׁנָה הָרְבִעִית לִיהוֹיָקִים בֶּן־
ב יֹאשִׁיָּהוּ מֶלֶךְ יְהוּדָה לֵאמֹר׃ כֹּה־אָמַר יהוה אֱלֹהֵי יִשְׂרָאֵל
ג עָלֶיךָ בָּרוּךְ׃ אָמַרְתָּ אוֹי־נָא לִי כִּי־יָסַף יהוה יָגוֹן עַל־מַכְאֹבִי
ד יָגַעְתִּי בְּאַנְחָתִי וּמְנוּחָה לֹא מָצָאתִי׃ כֹּה ׀ תֹּאמַר אֵלָיו כֹּה
אָמַר יהוה הִנֵּה אֲשֶׁר־בָּנִיתִי אֲנִי הֹרֵס וְאֵת אֲשֶׁר־נָטַעְתִּי
ה אֲנִי נֹתֵשׁ וְאֶת־כָּל־הָאָרֶץ הִיא׃ וְאַתָּה תְּבַקֶּשׁ־לְךָ גְדֹלוֹת
אַל־תְּבַקֵּשׁ כִּי הִנְנִי מֵבִיא רָעָה עַל־כָּל־בָּשָׂר נְאֻם־יהוה
וְנָתַתִּי לְךָ אֶת־נַפְשְׁךָ לְשָׁלָל עַל כָּל־הַמְּקֹמוֹת אֲשֶׁר תֵּלֶךְ־
מו א שָׁם׃ אֲשֶׁר הָיָה דְבַר־יהוה אֶל־יִרְמְיָהוּ הַנָּבִיא
ב עַל־הַגּוֹיִם׃ לְמִצְרַיִם עַל־חֵיל פַּרְעֹה נְכוֹ מֶלֶךְ מִצְרַיִם אֲשֶׁר־
הָיָה עַל־נְהַר־פְּרָת בְּכַרְכְּמִשׁ אֲשֶׁר הִכָּה נְבוּכַדְרֶאצַּר מֶלֶךְ
בָּבֶל בִּשְׁנַת הָרְבִיעִית לִיהוֹיָקִים בֶּן־יֹאשִׁיָּהוּ מֶלֶךְ יְהוּדָה׃
ג ד עִרְכוּ מָגֵן וְצִנָּה וּגְשׁוּ לַמִּלְחָמָה׃ אִסְרוּ הַסּוּסִים וַעֲלוּ הַפָּרָשִׁים
ה וְהִתְיַצְּבוּ בְּכוֹבָעִים מִרְקוּ הָרְמָחִים לִבְשׁוּ הַסִּרְיֹנֹת׃ מַדּוּעַ
רָאִיתִי הֵמָּה חַתִּים נְסֹגִים אָחוֹר וְגִבּוֹרֵיהֶם יֻכַּתּוּ וּמָנוֹס נָסוּ
ו וְלֹא הִפְנוּ מָגוֹר מִסָּבִיב נְאֻם־יהוה׃ אַל־יָנוּס הַקַּל וְאַל־יִמָּלֵט
ז הַגִּבּוֹר צָפוֹנָה עַל־יַד נְהַר־פְּרָת כָּשְׁלוּ וְנָפָלוּ׃ מִי־זֶה כַּיְאֹר
ח יַעֲלֶה כַּנְּהָרוֹת יִתְגָּעֲשׁוּ מֵימָיו׃ מִצְרַיִם כַּיְאֹר יַעֲלֶה וְכַנְּהָרוֹת
יִתְגֹּעֲשׁוּ מָיִם וַיֹּאמֶר אַעֲלֶה אֲכַסֶּה־אֶרֶץ אֹבִידָה עִיר וְיֹשְׁבֵי
ט בָהּ׃ עֲלוּ הַסּוּסִים וְהִתְהֹלְלוּ הָרֶכֶב וְיֵצְאוּ הַגִּבּוֹרִים כּוּשׁ וּפוּט
י תֹּפְשֵׂי מָגֵן וְלוּדִים תֹּפְשֵׂי דֹּרְכֵי קָשֶׁת׃ וְהַיּוֹם הַהוּא לַאדֹנָי יֱהוִה
צְבָאוֹת יוֹם נְקָמָה לְהִנָּקֵם מִצָּרָיו וְאָכְלָה חֶרֶב וְשָׂבְעָה
וְרָוְתָה מִדָּמָם כִּי זֶבַח לַאדֹנָי יֱהוִה צְבָאוֹת בְּאֶרֶץ צָפוֹן
יא אֶל־נְהַר־פְּרָת׃ עֲלִי גִלְעָד וּקְחִי צֳרִי בְּתוּלַת בַּת־מִצְרָיִם
יב לַשָּׁוְא הרביתי רְפֻאוֹת תְּעָלָה אֵין לָךְ׃ שָׁמְעוּ גוֹיִם קְלוֹנֵךְ

הִרְבֵּית

וְצִוְחָתֵךְ מָלְאָה הָאָרֶץ כִּי־גִבּוֹר בְּגִבּוֹר כָּשָׁלוּ יַחְדָּיו נָפְלוּ
יג שְׁנֵיהֶם׃ הַדָּבָר אֲשֶׁר דִּבֶּר יְהוָה אֶל־יִרְמְיָהוּ
הַנָּבִיא לָבוֹא נְבוּכַדְרֶאצַּר מֶלֶךְ בָּבֶל לְהַכּוֹת אֶת־אֶרֶץ
יד מִצְרָיִם׃ הַגִּידוּ בְמִצְרַיִם וְהַשְׁמִיעוּ בְמִגְדּוֹל וְהַשְׁמִיעוּ בְנֹף
וּבְתַחְפַּנְחֵס אִמְרוּ הִתְיַצֵּב וְהָכֵן לָךְ כִּי־אָכְלָה חֶרֶב סְבִיבֶיךָ׃
טו טז מַדּוּעַ נִסְחַף אַבִּירֶיךָ לֹא עָמַד כִּי יְהוָה הֲדָפוֹ׃ הִרְבָּה כּוֹשֵׁל
גַּם־נָפַל אִישׁ אֶל־רֵעֵהוּ וַיֹּאמְרוּ קוּמָה ׀ וְנָשֻׁבָה אֶל־עַמֵּנוּ וְאֶל־
יז אֶרֶץ מוֹלַדְתֵּנוּ מִפְּנֵי חֶרֶב הַיּוֹנָה׃ קָרְאוּ שָׁם פַּרְעֹה מֶלֶךְ־
יח מִצְרַיִם שָׁאוֹן הֶעֱבִיר הַמּוֹעֵד׃ חַי־אָנִי נְאֻם־הַמֶּלֶךְ יְהוָה
יט צְבָאוֹת שְׁמוֹ כִּי כְּתָבוֹר בֶּהָרִים וּכְכַרְמֶל בַּיָּם יָבוֹא׃ כְּלֵי גוֹלָה
עֲשִׂי לָךְ יוֹשֶׁבֶת בַּת־מִצְרָיִם כִּי־נֹף לְשַׁמָּה תִהְיֶה וְנִצְּתָה מֵאֵין
כ יוֹשֵׁב׃ עֶגְלָה יְפֵה־פִיָּה מִצְרָיִם קֶרֶץ מִצָּפוֹן בָּא
כא בָא׃ גַּם־שְׂכִרֶיהָ בְקִרְבָּהּ כְּעֶגְלֵי מַרְבֵּק כִּי־גַם־הֵמָּה הִפְנוּ נָסוּ
כב יַחְדָּיו לֹא עָמָדוּ כִּי יוֹם אֵידָם בָּא עֲלֵיהֶם עֵת פְּקֻדָּתָם׃ קוֹלָהּ
כַּנָּחָשׁ יֵלֵךְ כִּי־בְחַיִל יֵלֵכוּ וּבְקַרְדֻּמּוֹת בָּאוּ לָהּ כְּחֹטְבֵי עֵצִים׃
כג כָּרְתוּ יַעְרָהּ נְאֻם־יְהוָה כִּי לֹא יֵחָקֵר כִּי רַבּוּ מֵאַרְבֶּה וְאֵין
כד כה לָהֶם מִסְפָּר׃ הֹבִישָׁה בַּת־מִצְרָיִם נִתְּנָה בְּיַד עַם־צָפוֹן׃ אָמַר
יְהוָה צְבָאוֹת אֱלֹהֵי יִשְׂרָאֵל הִנְנִי פוֹקֵד אֶל־אָמוֹן מִנֹּא וְעַל־
פַּרְעֹה וְעַל־מִצְרַיִם וְעַל־אֱלֹהֶיהָ וְעַל־מְלָכֶיהָ וְעַל־פַּרְעֹה וְעַל
כו הַבֹּטְחִים בּוֹ׃ וּנְתַתִּים בְּיַד מְבַקְשֵׁי נַפְשָׁם וּבְיַד נְבוּכַדְרֶאצַּר
מֶלֶךְ־בָּבֶל וּבְיַד עֲבָדָיו וְאַחֲרֵי־כֵן תִּשְׁכֹּן כִּימֵי־קֶדֶם נְאֻם־
כז יְהוָה׃ וְאַתָּה אַל־תִּירָא עַבְדִּי יַעֲקֹב וְאַל־תֵּחַת כז
יִשְׂרָאֵל כִּי הִנְנִי מוֹשִׁעֲךָ מֵרָחוֹק וְאֶת־זַרְעֲךָ מֵאֶרֶץ שִׁבְיָם
כח וְשָׁב יַעֲקוֹב וְשָׁקַט וְשַׁאֲנַן וְאֵין מַחֲרִיד׃ אַתָּה אַל־תִּירָא עַבְדִּי
יַעֲקֹב נְאֻם־יְהוָה כִּי אִתְּךָ אָנִי כִּי אֶעֱשֶׂה כָלָה בְּכָל־הַגּוֹיִם ׀
אֲשֶׁר הִדַּחְתִּיךָ שָׁמָּה וְאֹתְךָ לֹא־אֶעֱשֶׂה כָלָה וְיִסַּרְתִּיךָ לַמִּשְׁפָּט
א וְנַקֵּה לֹא אֲנַקֶּךָּ׃ אֲשֶׁר הָיָה דְבַר־יְהוָה אֶל־ מז

יִרְמְיָהוּ הַנָּבִיא אֶל־פְּלִשְׁתִּים בְּטֶרֶם יַכֶּה פַרְעֹה אֶת־עַזָּה׃
ב כֹּה ׀ אָמַר יהוה הִנֵּה־מַיִם עֹלִים מִצָּפוֹן וְהָיוּ לְנַחַל שׁוֹטֵף
וְיִשְׁטְפוּ אֶרֶץ וּמְלוֹאָהּ עִיר וְיֹשְׁבֵי בָהּ וְזָעֲקוּ הָאָדָם וְהֵילִל כֹּל
ג יוֹשֵׁב הָאָרֶץ׃ מִקּוֹל שַׁעֲטַת פַּרְסוֹת אַבִּירָיו מֵרַעַשׁ לְרִכְבּוֹ
ד הֲמוֹן גַּלְגִּלָּיו לֹא־הִפְנוּ אָבוֹת אֶל־בָּנִים מֵרִפְיוֹן יָדָיִם׃ עַל־הַיּוֹם
הַבָּא לִשְׁדוֹד אֶת־כָּל־פְּלִשְׁתִּים לְהַכְרִית לְצֹר וּלְצִידוֹן כֹּל
שָׂרִיד עֹזֵר כִּי־שֹׁדֵד יהוה אֶת־פְּלִשְׁתִּים שְׁאֵרִית אִי כַפְתּוֹר׃
ה בָּאָה קָרְחָה אֶל־עַזָּה נִדְמְתָה אַשְׁקְלוֹן שְׁאֵרִית עִמְקָם עַד־
ו מָתַי תִּתְגּוֹדָדִי׃ הוֹי חֶרֶב לַיהוה עַד־אָנָה לֹא תִשְׁקֹטִי הֵאָסְפִי
ז אֶל־תַּעְרֵךְ הֵרָגְעִי וָדֹמִּי׃ אֵיךְ תִּשְׁקֹטִי וַיהוה צִוָּה־לָהּ אֶל־
מח א אַשְׁקְלוֹן וְאֶל־חוֹף הַיָּם שָׁם יְעָדָהּ׃ לְמוֹאָב כֹּה־
אָמַר יהוה צְבָאוֹת אֱלֹהֵי יִשְׂרָאֵל הוֹי אֶל־נְבוֹ כִּי שֻׁדָּדָה
ב הֹבִישָׁה נִלְכְּדָה קִרְיָתָיִם הֹבִישָׁה הַמִּשְׂגָּב וָחָתָּה׃ אֵין עוֹד
תְּהִלַּת מוֹאָב בְּחֶשְׁבּוֹן חָשְׁבוּ עָלֶיהָ רָעָה לְכוּ וְנַכְרִיתֶנָּה מִגּוֹי
ג גַּם־מַדְמֵן תִּדֹּמִּי אַחֲרַיִךְ תֵּלֶךְ חָרֶב׃ קוֹל צְעָקָה מֵחֹרוֹנָיִם שֹׁד
ד ה וָשֶׁבֶר גָּדוֹל׃ נִשְׁבְּרָה מוֹאָב הִשְׁמִיעוּ זְּעָקָה צעוריה׃ כִּי מַעֲלֵה צְעִירֶיהָ
הלחות בִּבְכִי יַעֲלֶה־בֶּכִי כִּי בְּמוֹרַד חוֹרֹנַיִם צָרֵי צַעֲקַת־שֶׁבֶר הַלּוּחִית
ו ז שָׁמֵעוּ׃ נֻסוּ מַלְּטוּ נַפְשְׁכֶם וְתִהְיֶינָה כַּעֲרוֹעֵר בַּמִּדְבָּר׃ כִּי יַעַן
בִּטְחֵךְ בְּמַעֲשַׂיִךְ וּבְאוֹצְרוֹתַיִךְ גַּם־אַתְּ תִּלָּכֵדִי וְיָצָא כמיש כְּמוֹשׁ
ח בַּגּוֹלָה כֹּהֲנָיו וְשָׂרָיו יחד׃ וְיָבֹא שֹׁדֵד אֶל־כָּל־עִיר וְעִיר לֹא יַחְדָּו
ט תִמָּלֵט וְאָבַד הָעֵמֶק וְנִשְׁמַד הַמִּישֹׁר אֲשֶׁר אָמַר יהוה׃ תְּנוּ־
צִיץ לְמוֹאָב כִּי נָצֹא תֵּצֵא וְעָרֶיהָ לְשַׁמָּה תִהְיֶינָה מֵאֵין יוֹשֵׁב
י בָּהֵן׃ אָרוּר עֹשֶׂה מְלֶאכֶת יהוה רְמִיָּה וְאָרוּר מֹנֵעַ חַרְבּוֹ מִדָּם׃
יא שַׁאֲנַן מוֹאָב מִנְּעוּרָיו וְשֹׁקֵט הוּא אֶל־שְׁמָרָיו וְלֹא־הוּרַק מִכְּלִי
אֶל־כֶּלִי וּבַגּוֹלָה לֹא הָלָךְ עַל־כֵּן עָמַד טַעְמוֹ בּוֹ וְרֵיחוֹ
יב לֹא נָמָר׃ לָכֵן הִנֵּה־יָמִים בָּאִים נְאֻם־יהוה
יג וְשִׁלַּחְתִּי־לוֹ צֹעִים וְצֵעֻהוּ וְכֵלָיו יָרִיקוּ וְנִבְלֵיהֶם יְנַפֵּצוּ׃ וּבֹשׁ

מוֹאָב מִכְּמוֹשׁ כַּאֲשֶׁר־בֹּשׁוּ בֵּית יִשְׂרָאֵל מִבֵּית אֵל מִבְטֶחָם׃
יד טו אֵיךְ תֹּאמְרוּ גִּבּוֹרִים אֲנָחְנוּ וְאַנְשֵׁי־חַיִל לַמִּלְחָמָה׃ שֻׁדַּד מוֹאָב
וְעָרֶיהָ עָלָה וּמִבְחַר בַּחוּרָיו יָרְדוּ לַטָּבַח נְאֻם־הַמֶּלֶךְ יְהוָה
טז צְבָאוֹת שְׁמוֹ׃ קָרוֹב אֵיד־מוֹאָב לָבוֹא וְרָעָתוֹ מִהֲרָה מְאֹד׃
יז נֻדוּ לוֹ כָּל־סְבִיבָיו וְכֹל יֹדְעֵי שְׁמוֹ אִמְרוּ אֵיכָה נִשְׁבַּר מַטֵּה־עֹז
יח מַקֵּל תִּפְאָרָה׃ רְדִי מִכָּבוֹד ישבי בַצָּמָא יֹשֶׁבֶת בַּת־דִּיבוֹן כִּי־ וּשְׁבִי
יט שֹׁדֵד מוֹאָב עָלָה בָךְ שִׁחֵת מִבְצָרָיִךְ׃ אֶל־דֶּרֶךְ עִמְדִי וְצַפִּי
כ יוֹשֶׁבֶת עֲרוֹעֵר שַׁאֲלִי־נָס וְנִמְלָטָה אִמְרִי מַה־נִּהְיָתָה׃ הֹבִישׁ
מוֹאָב כִּי־חַתָּה הילילי ׀ וזעקי הַגִּידוּ בְאַרְנוֹן כִּי שֻׁדַּד מוֹאָב׃ הֵילִילוּ | וּזְעָקוּ
כא וּמִשְׁפָּט בָּא אֶל־אֶרֶץ הַמִּישֹׁר אֶל־חֹלוֹן וְאֶל־יַהְצָה וְעַל־
כב כג מופעת׃ וְעַל־דִּיבוֹן וְעַל־נְבוֹ וְעַל־בֵּית דִּבְלָתָיִם׃ וְעַל קִרְיָתַיִם מֵיפָעַת
כד וְעַל־בֵּית גָּמוּל וְעַל־בֵּית מְעוֹן׃ וְעַל־קְרִיּוֹת וְעַל־בָּצְרָה וְעַל
כה כָּל־עָרֵי אֶרֶץ מוֹאָב הָרְחֹקוֹת וְהַקְּרֹבוֹת׃ נִגְדְּעָה קֶרֶן מוֹאָב
כו וּזְרֹעוֹ נִשְׁבָּרָה נְאֻם יְהוָה׃ הַשְׁכִּירֻהוּ כִּי עַל־יְהוָה הִגְדִּיל וְסָפַק
כז מוֹאָב בְּקִיאוֹ וְהָיָה לִשְׂחֹק גַּם־הוּא׃ וְאִם ׀ לוֹא הַשְּׂחֹק הָיָה
לְךָ יִשְׂרָאֵל אִם־בְּגַנָּבִים נמצאה כִּי־מִדֵּי דְבָרֶיךָ בּוֹ תִּתְנוֹדָד׃ נִמְצָא
כח עִזְבוּ עָרִים וְשִׁכְנוּ בַּסֶּלַע יֹשְׁבֵי מוֹאָב וִהְיוּ כְיוֹנָה תְּקַנֵּן בְּעֶבְרֵי
כט פִי־פָחַת׃ שָׁמַעְנוּ גְאוֹן־מוֹאָב גֵּאֶה מְאֹד גָּבְהוֹ וּגְאוֹנוֹ וְגַאֲוָתוֹ
ל וְרֻם לִבּוֹ׃ אֲנִי יָדַעְתִּי נְאֻם־יְהוָה עֶבְרָתוֹ וְלֹא־כֵן בַּדָּיו לֹא־כֵן
לא עָשׂוּ׃ עַל־כֵּן עַל־מוֹאָב אֲיֵלִיל וּלְמוֹאָב כֻּלֹּה אֶזְעָק אֶל־אַנְשֵׁי
לב קִיר־חֶרֶשׂ יֶהְגֶּה׃ מִבְּכִי יַעְזֵר אֶבְכֶּה־לָּךְ הַגֶּפֶן שִׂבְמָה
נְטִישֹׁתַיִךְ עָבְרוּ יָם עַד יָם יַעְזֵר נָגָעוּ עַל־קֵיצֵךְ וְעַל־בְּצִירֵךְ
לג שֹׁדֵד נָפָל׃ וְנֶאֶסְפָה שִׂמְחָה וָגִיל מִכַּרְמֶל וּמֵאֶרֶץ מוֹאָב וְיַיִן
לד מִיקָבִים הִשְׁבַּתִּי לֹא־יִדְרֹךְ הֵידָד הֵידָד לֹא הֵידָד׃ מִזַּעֲקַת
חֶשְׁבּוֹן עַד־אֶלְעָלֵה עַד־יַהַץ נָתְנוּ קוֹלָם מִצֹּעַר עַד־חֹרֹנַיִם
לה עֶגְלַת שְׁלִשִׁיָּה כִּי גַּם־מֵי נִמְרִים לִמְשַׁמּוֹת יִהְיוּ׃ וְהִשְׁבַּתִּי
לו לְמוֹאָב נְאֻם־יְהוָה מַעֲלֶה בָמָה וּמַקְטִיר לֵאלֹהָיו׃ עַל־כֵּן לִבִּי

לְמוֹאָב כַּחֲלִלִים יֶהֱמֶה וְלִבִּי אֶל־אַנְשֵׁי קִיר־חֶרֶשׂ כַּחֲלִילִים
לז יֶהֱמֶה עַל־כֵּן יִתְרַת עָשָׂה אָבָדוּ׃ כִּי כָל־רֹאשׁ קָרְחָה וְכָל־זָקָן
לח גְּרֻעָה עַל כָּל־יָדַיִם גְּדֻדֹת וְעַל־מָתְנַיִם שָׂק׃ עַל כָּל־גַּגּוֹת
מוֹאָב וּבִרְחֹבֹתֶיהָ כֻּלֹּה מִסְפֵּד כִּי־שָׁבַרְתִּי אֶת־מוֹאָב כִּכְלִי
לט אֵין־חֵפֶץ בּוֹ נְאֻם־יְהוָה׃ אֵיךְ חַתָּה הֵילִילוּ אֵיךְ הִפְנָה־
עֹרֶף מוֹאָב בּוֹשׁ וְהָיָה מוֹאָב לִשְׂחֹק וְלִמְחִתָּה לְכָל־
מ סְבִיבָיו׃ כִּי־כֹה אָמַר יְהוָה הִנֵּה כַנֶּשֶׁר יִדְאֶה
מא וּפָרַשׂ כְּנָפָיו אֶל־מוֹאָב׃ נִלְכְּדָה הַקְּרִיּוֹת וְהַמְּצָדוֹת נִתְפָּשָׂה
מב וְהָיָה לֵב גִּבּוֹרֵי מוֹאָב בַּיּוֹם הַהוּא כְּלֵב אִשָּׁה מְצֵרָה׃ וְנִשְׁמַד
מג מוֹאָב מֵעָם כִּי עַל־יְהוָה הִגְדִּיל׃ פַּחַד וָפַחַת וָפָח עָלֶיךָ יוֹשֵׁב
מד מוֹאָב נְאֻם־יְהוָה׃ הַנִּיס מִפְּנֵי הַפַּחַד יִפֹּל אֶל־הַפַּחַת וְהָעֹלֶה הַנָּס
מִן־הַפַּחַת יִלָּכֵד בַּפָּח כִּי־אָבִיא אֵלֶיהָ אֶל־מוֹאָב שְׁנַת
מה פְּקֻדָּתָם נְאֻם־יְהוָה׃ בְּצֵל חֶשְׁבּוֹן עָמְדוּ מִכֹּחַ נָסִים כִּי־אֵשׁ
יָצָא מֵחֶשְׁבּוֹן וְלֶהָבָה מִבֵּין סִיחוֹן וַתֹּאכַל פְּאַת מוֹאָב וְקָדְקֹד
מו בְּנֵי שָׁאוֹן׃ אוֹי־לְךָ מוֹאָב אָבַד עַם־כְּמוֹשׁ כִּי־לֻקְּחוּ בָנֶיךָ בַּשֶּׁבִי
מז וּבְנֹתֶיךָ בַּשִּׁבְיָה׃ וְשַׁבְתִּי שְׁבוּת־מוֹאָב בְּאַחֲרִית הַיָּמִים נְאֻם־
מט א יְהוָה עַד־הֵנָּה מִשְׁפַּט מוֹאָב׃ לִבְנֵי עַמּוֹן כֹּה
אָמַר יְהוָה הֲבָנִים אֵין לְיִשְׂרָאֵל אִם־יוֹרֵשׁ אֵין לוֹ מַדּוּעַ יָרַשׁ
ב מַלְכָּם אֶת־גָּד וְעַמּוֹ בְּעָרָיו יָשָׁב׃ לָכֵן הִנֵּה יָמִים בָּאִים נְאֻם־ כח
יְהוָה וְהִשְׁמַעְתִּי אֶל־רַבַּת בְּנֵי־עַמּוֹן תְּרוּעַת מִלְחָמָה וְהָיְתָה
לְתֵל שְׁמָמָה וּבְנֹתֶיהָ בָּאֵשׁ תִּצַּתְנָה וְיָרַשׁ יִשְׂרָאֵל אֶת־יֹרְשָׁיו
ג אָמַר יְהוָה׃ הֵילִילִי חֶשְׁבּוֹן כִּי שֻׁדְּדָה־עַי צְעַקְנָה בְּנוֹת רַבָּה
חֲגֹרְנָה שַׂקִּים סְפֹדְנָה וְהִתְשׁוֹטַטְנָה בַּגְּדֵרוֹת כִּי מַלְכָּם בַּגּוֹלָה
ד יֵלֵךְ כֹּהֲנָיו וְשָׂרָיו יַחְדָּיו׃ מַה־תִּתְהַלְלִי בָּעֲמָקִים זָב עִמְקֵךְ
ה הַבַּת הַשּׁוֹבֵבָה הַבֹּטְחָה בְּאֹצְרֹתֶיהָ מִי יָבוֹא אֵלָי׃ הִנְנִי מֵבִיא
עָלַיִךְ פַּחַד נְאֻם־אֲדֹנָי יְהוִה צְבָאוֹת מִכָּל־סְבִיבָיִךְ וְנִדַּחְתֶּם
ו אִישׁ לְפָנָיו וְאֵין מְקַבֵּץ לַנֹּדֵד׃ וְאַחֲרֵי־כֵן אָשִׁיב אֶת־שְׁבוּת

ז בְנֵי־עַמּוֹן נְאֻם־יְהוָה׃ לֶאֱדוֹם כֹּה אָמַר יְהוָה
צְבָאוֹת הַאֵין עוֹד חָכְמָה בְּתֵימָן אָבְדָה עֵצָה מִבָּנִים נִסְרְחָה
ח חָכְמָתָם׃ נֻסוּ הָפְנוּ הֶעְמִיקוּ לָשֶׁבֶת יֹשְׁבֵי דְּדָן כִּי אֵיד עֵשָׂו
ט הֵבֵאתִי עָלָיו עֵת פְּקַדְתִּיו׃ אִם־בֹּצְרִים בָּאוּ לָךְ לֹא יַשְׁאִרוּ
י עוֹלֵלוֹת אִם־גַּנָּבִים בַּלַּיְלָה הִשְׁחִיתוּ דַיָּם׃ כִּי־אֲנִי חָשַׂפְתִּי
אֶת־עֵשָׂו גִּלֵּיתִי אֶת־מִסְתָּרָיו וְנֶחְבָּה לֹא יוּכָל שֻׁדַּד זַרְעוֹ
יא וְאֶחָיו וּשְׁכֵנָיו וְאֵינֶנּוּ׃ עָזְבָה יְתֹמֶיךָ אֲנִי אֲחַיֶּה וְאַלְמְנוֹתֶיךָ עָלַי
יב תִּבְטָחוּ׃ כִּי־כֹה ׀ אָמַר יְהוָה הִנֵּה אֲשֶׁר־אֵין
מִשְׁפָּטָם לִשְׁתּוֹת הַכּוֹס שָׁתוֹ יִשְׁתּוּ וְאַתָּה הוּא נָקֹה תִּנָּקֶה לֹא
יג תִנָּקֶה כִּי שָׁתֹה תִּשְׁתֶּה׃ כִּי בִי נִשְׁבַּעְתִּי נְאֻם־יְהוָה כִּי־לְשַׁמָּה
לְחֶרְפָּה לְחֹרֶב וְלִקְלָלָה תִּהְיֶה בָצְרָה וְכָל־עָרֶיהָ תִהְיֶינָה
יד לְחָרְבוֹת עוֹלָם׃ שְׁמוּעָה שָׁמַעְתִּי מֵאֵת יְהוָה וְצִיר בַּגּוֹיִם שָׁלוּחַ
טו הִתְקַבְּצוּ וּבֹאוּ עָלֶיהָ וְקוּמוּ לַמִּלְחָמָה׃ כִּי־הִנֵּה קָטֹן נְתַתִּיךָ
טז בַּגּוֹיִם בָּזוּי בָּאָדָם׃ תִּפְלַצְתְּךָ הִשִּׁיא אֹתָךְ זְדוֹן לִבֶּךָ שֹׁכְנִי בְּחַגְוֵי
הַסֶּלַע תֹּפְשִׂי מְרוֹם גִּבְעָה כִּי־תַגְבִּיהַּ כַּנֶּשֶׁר קִנֶּךָ מִשָּׁם אוֹרִידְךָ
יז נְאֻם־יְהוָה׃ וְהָיְתָה אֱדוֹם לְשַׁמָּה כֹּל עֹבֵר עָלֶיהָ יִשֹּׁם וְיִשְׁרֹק
יח עַל־כָּל־מַכּוֹתֶהָ׃ כְּמַהְפֵּכַת סְדֹם וַעֲמֹרָה וּשְׁכֵנֶיהָ אָמַר יְהוָה
יט לֹא־יֵשֵׁב שָׁם אִישׁ וְלֹא־יָגוּר בָּהּ בֶּן־אָדָם׃ הִנֵּה כְּאַרְיֵה יַעֲלֶה
מִגְּאוֹן הַיַּרְדֵּן אֶל־נְוֵה אֵיתָן כִּי־אַרְגִּיעָה אֲרִיצֶנּוּ מֵעָלֶיהָ וּמִי
בָחוּר אֵלֶיהָ אֶפְקֹד כִּי מִי כָמוֹנִי וּמִי יוֹעִדֶנִּי וּמִי־זֶה רֹעֶה אֲשֶׁר
כ יַעֲמֹד לְפָנָי׃ לָכֵן שִׁמְעוּ עֲצַת־יְהוָה אֲשֶׁר יָעַץ אֶל־אֱדוֹם
וּמַחְשְׁבוֹתָיו אֲשֶׁר חָשַׁב אֶל־יֹשְׁבֵי תֵימָן אִם־לֹא יִסְחָבוּם
כא צְעִירֵי הַצֹּאן אִם־לֹא יַשִּׁים עֲלֵיהֶם נְוֵהֶם׃ מִקּוֹל נִפְלָם רָעֲשָׁה
כב הָאָרֶץ צְעָקָה בְּיַם־סוּף נִשְׁמַע קוֹלָהּ׃ הִנֵּה כַנֶּשֶׁר יַעֲלֶה וְיִדְאֶה
וְיִפְרֹשׂ כְּנָפָיו עַל־בָּצְרָה וְהָיָה לֵב גִּבּוֹרֵי אֱדוֹם בַּיּוֹם הַהוּא כְּלֵב
כג אִשָּׁה מְצֵרָה׃ לְדַמֶּשֶׂק בֹּשָׁה חֲמָת וְאַרְפָּד כִּי־
כד שְׁמֻעָה רָעָה שָׁמְעוּ נָמֹגוּ בַּיָּם דְּאָגָה הַשְׁקֵט לֹא יוּכָל׃ רָפְתָה

דַּמֶּשֶׂק הִפְנְתָה לָנוּס וְרֶטֶט ׀ הֶחֱזִיקָה צָרָה וַחֲבָלִים אֲחָזַתָּה
כה כו כַּיּוֹלֵדָה: אֵיךְ לֹא־עֻזְּבָה עִיר תהלה קִרְיַת מְשׂוֹשִׂי: לָכֵן יִפְּלוּ תְּהִלָּת
בַחוּרֶיהָ בִּרְחֹבֹתֶיהָ וְכָל־אַנְשֵׁי הַמִּלְחָמָה יִדַּמּוּ בַּיּוֹם הַהוּא
כז נְאֻם יְהוָה צְבָאוֹת: וְהִצַּתִּי אֵשׁ בְּחוֹמַת דַּמָּשֶׂק וְאָכְלָה אַרְמְנוֹת
כח בֶּן־הֲדָד: לְקֵדָר ׀ וּלְמַמְלְכוֹת חָצוֹר אֲשֶׁר הִכָּה
נבוכדראצור מֶלֶךְ־בָּבֶל כֹּה אָמַר יְהוָה קוּמוּ עֲלוּ אֶל־קֵדָר נְבוּכַדְרֶאצַּר
כט וְשָׁדְדוּ אֶת־בְּנֵי־קֶדֶם: אָהֳלֵיהֶם וְצֹאנָם יִקָּחוּ יְרִיעוֹתֵיהֶם וְכָל־
ל כְּלֵיהֶם וּגְמַלֵּיהֶם יִשְׂאוּ לָהֶם וְקָרְאוּ עֲלֵיהֶם מָגוֹר מִסָּבִיב: נֻסוּ
נֻּדוּ מְאֹד הֶעְמִיקוּ לָשֶׁבֶת יֹשְׁבֵי חָצוֹר נְאֻם־יְהוָה כִּי־יָעַץ
עֲלֵיכֶם נְבוּכַדְרֶאצַּר מֶלֶךְ־בָּבֶל עֵצָה וְחָשַׁב עליהם מַחֲשָׁבָה: עֲלֵיכֶם
לא קוּמוּ עֲלוּ אֶל־גּוֹי שְׁלֵיו יוֹשֵׁב לָבֶטַח נְאֻם־יְהוָה לֹא־דְלָתַיִם
לב וְלֹא־בְרִיחַ לוֹ בָּדָד יִשְׁכֹּנוּ: וְהָיוּ גְמַלֵּיהֶם לָבַז וַהֲמוֹן
מִקְנֵיהֶם לְשָׁלָל וְזֵרִתִים לְכָל־רוּחַ קְצוּצֵי פֵאָה וּמִכָּל־עֲבָרָיו
לג אָבִיא אֶת־אֵידָם נְאֻם־יְהוָה: וְהָיְתָה חָצוֹר לִמְעוֹן תַּנִּים
שְׁמָמָה עַד־עוֹלָם לֹא־יֵשֵׁב שָׁם אִישׁ וְלֹא־יָגוּר בָּהּ בֶּן־
לד אָדָם: אֲשֶׁר הָיָה דְבַר־יְהוָה אֶל־יִרְמְיָהוּ הַנָּבִיא
לה אֶל־עֵילָם בְּרֵאשִׁית מַלְכוּת צִדְקִיָּה מֶלֶךְ־יְהוּדָה לֵאמֹר: כֹּה
אָמַר יְהוָה צְבָאוֹת הִנְנִי שֹׁבֵר אֶת־קֶשֶׁת עֵילָם רֵאשִׁית
לו גְּבוּרָתָם: וְהֵבֵאתִי אֶל־עֵילָם אַרְבַּע רוּחוֹת מֵאַרְבַּע קְצוֹת
הַשָּׁמַיִם וְזֵרִתִים לְכֹל הָרֻחוֹת הָאֵלֶּה וְלֹא־יִהְיֶה הַגּוֹי אֲשֶׁר לֹא־
לז יָבוֹא שָׁם נִדְּחֵי עולם: וְהַחְתַּתִּי אֶת־עֵילָם לִפְנֵי אֹיְבֵיהֶם וְלִפְנֵי ׀ עֵילָם
מְבַקְשֵׁי נַפְשָׁם וְהֵבֵאתִי עֲלֵיהֶם ׀ רָעָה אֶת־חֲרוֹן אַפִּי נְאֻם־
לח יְהוָה וְשִׁלַּחְתִּי אַחֲרֵיהֶם אֶת־הַחֶרֶב עַד כַּלּוֹתִי אוֹתָם: וְשַׂמְתִּי
כִסְאִי בְּעֵילָם וְהַאֲבַדְתִּי מִשָּׁם מֶלֶךְ וְשָׂרִים נְאֻם־יְהוָה:
לט וְהָיָה ׀ בְּאַחֲרִית הַיָּמִים אשוב אֶת־שבית עֵילָם נְאֻם־ אָשִׁיב שְׁבוּת
נ א יְהוָה: הַדָּבָר אֲשֶׁר דִּבֶּר יְהוָה אֶל־בָּבֶל אֶל־
ב אֶרֶץ כַּשְׂדִּים בְּיַד יִרְמְיָהוּ הַנָּבִיא: הַגִּידוּ בַגּוֹיִם וְהַשְׁמִיעוּ

וּשְׂאוּ־נֵס הַשְׁמִיעוּ אַל־תְּכַחֵדוּ אִמְרוּ נִלְכְּדָה בָבֶל הֹבִישׁ בֵּל
חַת מְרֹדָךְ הֹבִישׁוּ עֲצַבֶּיהָ חַתּוּ גִּלּוּלֶיהָ׃ כִּי עָלָה עָלֶיהָ גּוֹי ג
מִצָּפוֹן הוּא־יָשִׁית אֶת־אַרְצָהּ לְשַׁמָּה וְלֹא־יִהְיֶה יוֹשֵׁב
בָּהּ מֵאָדָם וְעַד־בְּהֵמָה נָדוּ הָלָכוּ׃ בַּיָּמִים הָהֵמָּה וּבָעֵת ד
הַהִיא נְאֻם־יְהוָה יָבֹאוּ בְנֵי־יִשְׂרָאֵל הֵמָּה וּבְנֵי־יְהוּדָה יַחְדָּו
כט הָלוֹךְ וּבָכוֹ יֵלֵכוּ וְאֶת־יְהוָה אֱלֹהֵיהֶם יְבַקֵּשׁוּ׃ צִיּוֹן יִשְׁאָלוּ ה
דֶּרֶךְ הֵנָּה פְנֵיהֶם בֹּאוּ וְנִלְווּ אֶל־יְהוָה בְּרִית עוֹלָם לֹא
הָיוּ תִשָּׁכֵחַ׃ צֹאן אֹבְדוֹת היה עַמִּי רֹעֵיהֶם הִתְעוּם ו
שׁוֹבְבוּם הָרִים שובבים מֵהַר אֶל־גִּבְעָה הָלָכוּ שָׁכְחוּ רִבְצָם׃ כָּל־ ז
מוֹצְאֵיהֶם אֲכָלוּם וְצָרֵיהֶם אָמְרוּ לֹא נֶאְשָׁם תַּחַת אֲשֶׁר חָטְאוּ
לַיהוָה נְוֵה־צֶדֶק וּמִקְוֵה אֲבוֹתֵיהֶם יְהוָה׃ נֻדוּ ח
צְאוּ מִתּוֹךְ בָּבֶל וּמֵאֶרֶץ כַּשְׂדִּים יצאו וִהְיוּ כְּעַתּוּדִים לִפְנֵי־צֹאן׃
כִּי הִנֵּה אָנֹכִי מֵעִיר וּמַעֲלֶה עַל־בָּבֶל קְהַל־גּוֹיִם גְּדֹלִים מֵאֶרֶץ ט
צָפוֹן וְעָרְכוּ לָהּ מִשָּׁם תִּלָּכֵד חִצָּיו כְּגִבּוֹר מַשְׁכִּיל לֹא יָשׁוּב
רֵיקָם׃ וְהָיְתָה כַשְׂדִּים לְשָׁלָל כָּל־שֹׁלְלֶיהָ יִשְׂבָּעוּ נְאֻם־יְהוָה׃ י
תִשְׂמְחוּ | תַעַלְזוּ כִּי תשמחי כִּי תעלזי שֹׁסֵי נַחֲלָתִי כִּי תפושי כְּעֶגְלָה דָשָׁה יא
תָפוּשׁוּ
וְתִצְהֲלוּ ותצהלי כָּאַבִּרִים׃ בּוֹשָׁה אִמְּכֶם מְאֹד חָפְרָה יוֹלַדְתְּכֶם הִנֵּה יב
אַחֲרִית גּוֹיִם מִדְבָּר צִיָּה וַעֲרָבָה׃ מִקֶּצֶף יְהוָה לֹא תֵשֵׁב וְהָיְתָה יג
שְׁמָמָה כֻּלָּהּ כֹּל עֹבֵר עַל־בָּבֶל יִשֹּׁם וְיִשְׁרֹק עַל־כָּל־מַכּוֹתֶיהָ׃
עִרְכוּ עַל־בָּבֶל ׀ סָבִיב כָּל־דֹּרְכֵי קֶשֶׁת יְדוּ אֵלֶיהָ אַל־תַּחְמְלוּ יד
אֶל־חֵץ כִּי לַיהוָה חָטָאָה׃ הָרִיעוּ עָלֶיהָ סָבִיב נָתְנָה יָדָהּ נָפְלוּ טו
אָשְׁיוֹתֶיהָ אשויתיה נֶהֶרְסוּ חוֹמוֹתֶיהָ כִּי נִקְמַת יְהוָה הִיא הִנָּקְמוּ בָהּ
כַּאֲשֶׁר עָשְׂתָה עֲשׂוּ־לָהּ׃ כִּרְתוּ זוֹרֵעַ מִבָּבֶל וְתֹפֵשׂ מַגָּל טז
בְּעֵת קָצִיר מִפְּנֵי חֶרֶב הַיּוֹנָה אִישׁ אֶל־עַמּוֹ יִפְנוּ וְאִישׁ
לְאַרְצוֹ יָנוּסוּ׃ שֶׂה פְזוּרָה יִשְׂרָאֵל אֲרָיוֹת הִדִּיחוּ יז
הָרִאשׁוֹן אֲכָלוֹ מֶלֶךְ אַשּׁוּר וְזֶה הָאַחֲרוֹן עִצְּמוֹ נְבוּכַדְרֶאצַּר
מֶלֶךְ בָּבֶל׃ לָכֵן כֹּה־אָמַר יְהוָה צְבָאוֹת אֱלֹהֵי יִשְׂרָאֵל הִנְנִי יח

פָּקַ֤ד אֶל־מֶ֙לֶךְ֙ בָּבֶ֔ל וְאֶל־אַרְצ֑וֹ כַּאֲשֶׁ֥ר פָּקַ֖דְתִּי אֶל־מֶ֥לֶךְ

יט אַשּֽׁוּר: וְשֹׁבַבְתִּ֤י אֶת־יִשְׂרָאֵל֙ אֶל־נָוֵ֔הוּ וְרָעָ֥ה הַכַּרְמֶ֖ל וְהַבָּשָׁ֑ן

כ וּבְהַ֥ר אֶפְרַ֛יִם וְהַגִּלְעָ֖ד תִּשְׂבַּ֥ע נַפְשֽׁוֹ: בַּיָּמִ֣ים הָהֵ֩ם וּבָעֵ֨ת הַהִ֜יא

נְאֻם־יְהֹוָ֗ה יְבֻקַּ֞שׁ אֶת־עֲוֹ֤ן יִשְׂרָאֵל֙ וְאֵינֶ֔נּוּ וְאֶת־חַטֹּ֣את יְהוּדָ֔ה

כא וְלֹ֖א תִמָּצֶ֑אינָה כִּ֥י אֶסְלַ֖ח לַאֲשֶׁ֥ר אַשְׁאִֽיר: עַל־

הָאָ֤רֶץ מְרָתַ֙יִם֙ עֲלֵ֣ה עָלֶ֔יהָ וְאֶל־יוֹשְׁבֵ֖י פְּק֑וֹד חֲרֹ֤ב וְהַחֲרֵם֙

כב אַחֲרֵיהֶ֔ם נְאֻם־יְהֹוָ֔ה וַעֲשֵׂ֖ה כְּכֹ֥ל אֲשֶׁ֥ר צִוִּיתִֽיךָ: ק֥וֹל מִלְחָמָ֖ה

כג בָּאָ֣רֶץ וְשֶׁ֣בֶר גָּד֑וֹל: אֵ֤יךְ נִגְדַּע֙ וַיִּשָּׁבֵ֔ר פַּטִּ֖ישׁ כָּל־הָאָ֑רֶץ אֵ֣יךְ

כד הָיְתָ֤ה לְשַׁמָּה֙ בָּבֶ֔ל בַּגּוֹיִֽם: יָקֹ֨שְׁתִּי לָ֤ךְ וְגַם־נִלְכַּדְתְּ֙ בָּבֶ֔ל וְאַ֖תְּ

כה לֹ֣א יָדָ֑עַתְּ נִמְצֵאת֙ וְגַם־נִתְפַּ֔שְׂתְּ כִּ֥י בַֽיהֹוָ֖ה הִתְגָּרִֽית: פָּתַ֤ח יְהֹוָה֙

אֶת־א֣וֹצָר֔וֹ וַיּוֹצֵ֖א אֶת־כְּלֵ֣י זַעְמ֑וֹ כִּי־מְלָאכָ֣ה הִ֔יא לַֽאדֹנָ֥י יֱהֹוִ֖ה

כו צְבָא֖וֹת בְּאֶ֥רֶץ כַּשְׂדִּֽים: בֹּֽאוּ־לָ֤הּ מִקֵּץ֙ פִּתְח֣וּ מַאֲבֻסֶ֔יהָ סָלּ֤וּהָ

כז כְמוֹ־עֲרֵמִ֣ים וְהַחֲרִימ֔וּהָ אַל־תְּהִי־לָ֖הּ שְׁאֵרִֽית: חִרְבוּ֙ כָּל־

כח פָּרֶ֔יהָ יֵרְד֖וּ לַטָּ֑בַח ה֣וֹי עֲלֵיהֶ֔ם כִּי־בָ֥א יוֹמָ֖ם עֵ֥ת פְּקֻדָּתָֽם: ק֣וֹל

נָסִ֤ים וּפְלֵטִים֙ מֵאֶ֣רֶץ בָּבֶ֔ל לְהַגִּ֣יד בְּצִיּ֔וֹן אֶת־נִקְמַ֖ת יְהֹוָ֣ה

כט אֱלֹהֵ֑ינוּ נִקְמַ֖ת הֵיכָלֽוֹ: הַשְׁמִ֣יעוּ אֶל־בָּבֶ֣ל ׀ רַ֠בִּ֠ים כָּל־דֹּ֨רְכֵ֤י

קֶ֙שֶׁת֙ חֲנ֤וּ עָלֶ֙יהָ֙ סָבִ֔יב אַל־יְהִי־   פְּלֵיטָ֑ה שַׁלְּמוּ־לָ֣הּ כְּפָעֳלָ֗הּ לֶ֖ה

כְּכֹ֛ל אֲשֶׁ֥ר עָשְׂתָ֖ה עֲשׂוּ־לָ֑הּ כִּ֧י אֶל־יְהֹוָ֛ה זָ֖דָה אֶל־קְד֥וֹשׁ

ל יִשְׂרָאֵֽל: לָכֵ֛ן יִפְּל֥וּ בַחוּרֶ֖יהָ בִּרְחֹבֹתֶ֑יהָ וְכָל־אַנְשֵׁ֧י מִלְחַמְתָּ֛הּ

לא יִדַּ֥מּוּ בַיּ֥וֹם הַה֖וּא נְאֻם־יְהֹוָֽה: הִנְנִ֤י אֵלֶ֙יךָ֙ זָד֔וֹן

לב נְאֻם־אֲדֹנָ֥י יֱהֹוִ֖ה צְבָא֑וֹת כִּ֛י בָּ֥א יוֹמְךָ֖ עֵ֥ת פְּקַדְתִּֽיךָ: וְכָשַׁ֤ל

זָדוֹן֙ וְנָפַ֔ל וְאֵ֥ין ל֖וֹ מֵקִ֑ים וְהִצַּ֤תִּי אֵשׁ֙ בְּעָרָ֔יו וְאָכְלָ֖ה כָּל־

לג סְבִיבֹתָֽיו: כֹּ֤ה אָמַר֙ יְהֹוָ֣ה צְבָא֔וֹת עֲשׁוּקִ֛ים בְּנֵֽי־

יִשְׂרָאֵ֥ל וּבְנֵֽי־יְהוּדָ֖ה יַחְדָּ֑ו וְכָל־שֹׁבֵיהֶם֙ הֶחֱזִ֣יקוּ בָ֔ם מֵאֲנ֖וּ

לד שַׁלְּחָֽם: גֹּֽאֲלָ֣ם ׀ חָזָ֗ק יְהֹוָ֤ה צְבָאוֹת֙ שְׁמ֔וֹ רִ֥יב יָרִ֖יב אֶת־רִיבָ֑ם

לה לְמַ֙עַן֙ הִרְגִּ֣יעַ אֶת־הָאָ֔רֶץ וְהִרְגִּ֖יז לְיֹשְׁבֵ֣י בָבֶֽל: חֶ֥רֶב עַל־

כַּשְׂדִּ֖ים נְאֻם־יְהֹוָ֑ה וְאֶל־יֹשְׁבֵ֣י בָבֶ֔ל וְאֶל־שָׂרֶ֖יהָ וְאֶל־חֲכָמֶֽיהָ:

חֶ֥רֶב אֶל־הַבַּדִּ֖ים וְנֹאָ֑לוּ חֶ֥רֶב אֶל־גִּבּוֹרֶ֖יהָ וָחָֽתּוּ: חֶ֣רֶב אֶל־

סוּסָ֣יו וְאֶל־רִכְבּ֗וֹ וְאֶל־כָּל־הָעֶ֙רֶב֙ אֲשֶׁ֣ר בְּתוֹכָ֔הּ וְהָי֖וּ לְנָשִׁ֑ים

חֶ֥רֶב אֶל־אוֹצְרֹתֶ֖יהָ וּבֻזָּֽזוּ: חֹ֥רֶב אֶל־מֵימֶ֖יהָ וְיָבֵ֑שׁוּ כִּ֣י אֶ֤רֶץ

פְּסִלִים֙ הִ֔יא וּבָאֵימִ֖ים יִתְהֹלָֽלוּ: לָכֵ֗ן יֵשְׁב֤וּ צִיִּים֙ אֶת־אִיִּ֔ים

וְיָ֥שְׁבוּ בָ֖הּ בְּנ֣וֹת יַעֲנָ֑ה וְלֹֽא־תֵשֵׁ֥ב עוֹד֙ לָנֶ֔צַח וְלֹ֥א תִשְׁכּ֖וֹן עַד־

דּ֥וֹר וָדֽוֹר: כְּמַהְפֵּכַ֨ת אֱלֹהִ֜ים אֶת־סְדֹ֤ם וְאֶת־עֲמֹרָה֙ וְאֶת־

שְׁכֵנֶ֔יהָ נְאֻם־יְהוָ֑ה לֹֽא־יֵשֵׁ֥ב שָׁם֙ אִ֔ישׁ וְלֹֽא־יָג֥וּר בָּ֖הּ בֶּן־אָדָֽם:

הִנֵּ֛ה עַ֥ם בָּ֖א מִצָּפ֑וֹן וְג֤וֹי גָּדוֹל֙ וּמְלָכִ֣ים רַבִּ֔ים יֵעֹ֖רוּ מִיַּרְכְּתֵי־

אָֽרֶץ: קֶ֣שֶׁת וְכִידֹ֞ן יַחֲזִ֗יקוּ אַכְזָרִ֥י הֵ֙מָּה֙ וְלֹ֣א יְרַחֵ֔מוּ קוֹלָם֙ כַּיָּ֣ם

יֶהֱמֶ֔ה וְעַל־סוּסִ֖ים יִרְכָּ֑בוּ עָר֗וּךְ כְּאִישׁ֙ לַמִּלְחָמָ֔ה עָלַ֖יִךְ בַּת־

בָּבֶֽל: שָׁמַ֧ע מֶֽלֶךְ־בָּבֶ֛ל אֶת־שִׁמְעָ֖ם וְרָפ֣וּ יָדָ֑יו צָרָה֙ הֶחֱזִיקַ֔תְהוּ

חִ֖יל כַּיּוֹלֵֽדָה: הִ֠נֵּה כְּאַרְיֵ֞ה יַעֲלֶ֨ה מִגְּא֤וֹן הַיַּרְדֵּן֙ אֶל־נְוֵ֣ה אֵיתָ֔ן

אריצם

כִּֽי־אַרְגִּ֤עָה אֲרִיצֵם֙ מֵֽעָלֶ֔יהָ וּמִ֥י בָח֖וּר אֵלֶ֣יהָ אֶפְקֹ֑ד כִּ֣י מִ֤י כָמ֙וֹנִי֙

וּמִ֣י יוֹעִדֶ֔נִּי וּמִי־זֶ֣ה רֹעֶ֔ה אֲשֶׁ֥ר יַעֲמֹ֖ד לְפָנָֽי: לָכֵ֞ן שִׁמְע֣וּ עֲצַת־

יְהוָ֗ה אֲשֶׁ֤ר יָעַץ֙ אֶל־בָּבֶ֔ל וּמַ֨חְשְׁבוֹתָ֔יו אֲשֶׁ֥ר חָשַׁ֖ב אֶל־אֶ֣רֶץ

כַּשְׂדִּ֑ים אִם־לֹ֤א יִסְחָבוּם֙ צְעִירֵ֣י הַצֹּ֔אן אִם־לֹ֥א יַשִּׁ֛ים עֲלֵיהֶ֖ם

נָוֶֽה: מִקּ֛וֹל נִתְפְּשָׂ֥ה בָבֶ֖ל נִרְעֲשָׁ֣ה הָאָ֑רֶץ וּזְעָקָ֖ה בַּגּוֹיִ֥ם

נִשְׁמָֽע: כֹּ֚ה אָמַ֣ר יְהוָ֔ה הִנְנִ֤י מֵעִיר֙ עַל־בָּבֶ֔ל

וְאֶל־יֹ֙שְׁבֵ֔י לֵ֖ב קָמָ֑י ר֖וּחַ מַשְׁחִֽית: וְשִׁלַּחְתִּ֨י לְבָבֶ֤ל ׀ זָרִים֙ וְזֵר֔וּהָ

וִיבֹקְק֖וּ אֶת־אַרְצָ֑הּ כִּֽי־הָי֥וּ עָלֶ֛יהָ מִסָּבִ֖יב בְּי֥וֹם רָעָֽה: אֶל־יִדְרֹ֣ךְ

יִדְרֹ֤ךְ הַדֹּרֵךְ֙ קַשְׁתּ֔וֹ וְאֶל־יִתְעַ֖ל בְּסִרְיֹנ֑וֹ וְאַל־תַּחְמְלוּ֙ אֶל־

בַּ֣חֻרֶ֔יהָ הַחֲרִ֖ימוּ כָּל־צְבָאָֽהּ: וְנָפְל֤וּ חֲלָלִים֙ בְּאֶ֣רֶץ כַּשְׂדִּ֔ים

וּמְדֻקָּרִ֖ים בְּחוּצוֹתֶֽיהָ: כִּ֠י לֹֽא־אַלְמָ֨ן יִשְׂרָאֵ֤ל וִֽיהוּדָה֙ מֵֽאֱלֹהָ֔יו

מֵֽיְהוָ֖ה צְבָא֑וֹת כִּ֤י אַרְצָם֙ מָלְאָ֣ה אָשָׁ֔ם מִקְּד֖וֹשׁ יִשְׂרָאֵֽל: נֻ֣סוּ ׀

מִתּ֣וֹךְ בָּבֶ֗ל וּמַלְּטוּ֙ אִ֣ישׁ נַפְשׁ֔וֹ אַל־תִּדַּ֖מּוּ בַּעֲוֹנָ֑הּ כִּי֩ עֵ֨ת נְקָמָ֥ה

הִיא֙ לַֽיהוָ֔ה גְּמ֕וּל ה֥וּא מְשַׁלֵּ֖ם לָֽהּ: כּוֹס־זָהָ֤ב בָּבֶל֙ בְּיַד־יְהוָ֔ה

מְשַׁכֶּ֖רֶת כָּל־הָאָ֑רֶץ מִיֵּינָהּ֙ שָׁת֣וּ גוֹיִ֔ם עַל־כֵּ֖ן יִתְהֹלְל֥וּ גוֹיִֽם:

ח פִּתְאֹם נָפְלָה בָבֶל וַתִּשָּׁבֵר הֵילִילוּ עָלֶיהָ קְחוּ צֳרִי לְמַכְאוֹבָהּ
ט אוּלַי תֵּרָפֵא׃ רִפִּאנוּ אֶת־בָּבֶל וְלֹא נִרְפָּתָה עִזְבוּהָ וְנֵלֵךְ אִישׁ
לְאַרְצוֹ כִּי־נָגַע אֶל־הַשָּׁמַיִם מִשְׁפָּטָהּ וְנִשָּׂא עַד־שְׁחָקִים׃
י הוֹצִיא יְהוָה אֶת־צִדְקֹתֵינוּ בֹּאוּ וּנְסַפְּרָה בְצִיּוֹן אֶת־מַעֲשֵׂה ל
יא יְהוָה אֱלֹהֵינוּ׃ הָבֵרוּ הַחִצִּים מִלְאוּ הַשְּׁלָטִים הֵעִיר יְהוָה אֶת־
רוּחַ מַלְכֵי מָדַי כִּי־עַל־בָּבֶל מְזִמָּתוֹ לְהַשְׁחִיתָהּ כִּי־נִקְמַת
יב יְהוָה הִיא נִקְמַת הֵיכָלוֹ׃ אֶל־חוֹמֹת בָּבֶל שְׂאוּ־נֵס הַחֲזִיקוּ
הַמִּשְׁמָר הָקִימוּ שֹׁמְרִים הָכִינוּ הָאֹרְבִים כִּי גַּם־זָמַם יְהוָה
יג גַּם־עָשָׂה אֵת אֲשֶׁר־דִּבֶּר אֶל־יֹשְׁבֵי בָבֶל׃ שֹׁכַנְתִּי עַל־מַיִם שְׁכַנְתְּ
יד רַבִּים רַבַּת אוֹצָרֹת בָּא קִצֵּךְ אַמַּת בִּצְעֵךְ׃ נִשְׁבַּע יְהוָה
צְבָאוֹת בְּנַפְשׁוֹ כִּי אִם־מִלֵּאתִיךְ אָדָם כַּיֶּלֶק וְעָנוּ עָלַיִךְ
טו הֵידָד׃ עֹשֵׂה אֶרֶץ בְּכֹחוֹ מֵכִין תֵּבֵל בְּחָכְמָתוֹ
טז וּבִתְבוּנָתוֹ נָטָה שָׁמָיִם׃ לְקוֹל תִּתּוֹ הֲמוֹן מַיִם בַּשָּׁמַיִם
וַיַּעַל נְשִׂאִים מִקְצֵה־אָרֶץ בְּרָקִים לַמָּטָר עָשָׂה וַיּוֹצֵא רוּחַ
יז מֵאֹצְרֹתָיו׃ נִבְעַר כָּל־אָדָם מִדַּעַת הֹבִישׁ כָּל־צֹרֵף מִפָּסֶל כִּי
יח שֶׁקֶר נִסְכּוֹ וְלֹא־רוּחַ בָּם׃ הֶבֶל הֵמָּה מַעֲשֵׂה תַּעְתֻּעִים בְּעֵת
יט פְּקֻדָּתָם יֹאבֵדוּ׃ לֹא־כְאֵלֶּה חֵלֶק יַעֲקוֹב כִּי־יוֹצֵר הַכֹּל הוּא
כ וְשֵׁבֶט נַחֲלָתוֹ יְהוָה צְבָאוֹת שְׁמוֹ׃ מַפֵּץ־אַתָּה לִי
כא כְּלֵי מִלְחָמָה וְנִפַּצְתִּי בְךָ גּוֹיִם וְהִשְׁחַתִּי בְךָ מַמְלָכוֹת׃ וְנִפַּצְתִּי
כב בְךָ סוּס וְרֹכְבוֹ וְנִפַּצְתִּי בְךָ רֶכֶב וְרֹכְבוֹ׃ וְנִפַּצְתִּי בְךָ אִישׁ וְאִשָּׁה
כג וְנִפַּצְתִּי בְךָ זָקֵן וָנָעַר וְנִפַּצְתִּי בְךָ בָּחוּר וּבְתוּלָה׃ וְנִפַּצְתִּי בְךָ
רֹעֶה וְעֶדְרוֹ וְנִפַּצְתִּי בְךָ אִכָּר וְצִמְדּוֹ וְנִפַּצְתִּי בְךָ פַּחוֹת וּסְגָנִים׃
כד וְשִׁלַּמְתִּי לְבָבֶל וּלְכֹל ׀ יוֹשְׁבֵי כַשְׂדִּים אֵת כָּל־רָעָתָם אֲשֶׁר־
כה עָשׂוּ בְצִיּוֹן לְעֵינֵיכֶם נְאֻם יְהוָה׃ הִנְנִי אֵלֶיךָ הַר
הַמַּשְׁחִית נְאֻם־יְהוָה הַמַּשְׁחִית אֶת־כָּל־הָאָרֶץ וְנָטִיתִי אֶת־
כו יָדִי עָלֶיךָ וְגִלְגַּלְתִּיךָ מִן־הַסְּלָעִים וּנְתַתִּיךָ לְהַר שְׂרֵפָה׃ וְלֹא־
יִקְחוּ מִמְּךָ אֶבֶן לְפִנָּה וְאֶבֶן לְמוֹסָדוֹת כִּי־שִׁמְמוֹת עוֹלָם תִּהְיֶה

נא

כז נְאֻם־יְהוָה׃ שְׂאוּ־נֵס בָּאָרֶץ תִּקְעוּ שׁוֹפָר בַּגּוֹיִם קַדְּשׁוּ עָלֶיהָ
גּוֹיִם הַשְׁמִיעוּ עָלֶיהָ מַמְלְכוֹת אֲרָרַט מִנִּי וְאַשְׁכְּנָז פִּקְדוּ עָלֶיהָ
כח טִפְסָר הַעֲלוּ־סוּס כְּיֶלֶק סָמָר׃ קַדְּשׁוּ עָלֶיהָ גוֹיִם אֶת־מַלְכֵי
מָדַי אֶת־פַּחוֹתֶיהָ וְאֶת־כָּל־סְגָנֶיהָ וְאֵת כָּל־אֶרֶץ מֶמְשַׁלְתּוֹ׃
כט וַתִּרְעַשׁ הָאָרֶץ וַתָּחֹל כִּי קָמָה עַל־בָּבֶל מַחְשְׁבוֹת יְהוָה
ל לָשׂוּם אֶת־אֶרֶץ בָּבֶל לְשַׁמָּה מֵאֵין יוֹשֵׁב׃ חָדְלוּ גִבּוֹרֵי בָבֶל
לְהִלָּחֵם יָשְׁבוּ בַּמְּצָדוֹת נָשְׁתָה גְבוּרָתָם הָיוּ לְנָשִׁים הִצִּיתוּ
לא מִשְׁכְּנֹתֶיהָ נִשְׁבְּרוּ בְרִיחֶיהָ׃ רָץ לִקְרַאת־רָץ יָרוּץ וּמַגִּיד
לִקְרַאת מַגִּיד לְהַגִּיד לְמֶלֶךְ בָּבֶל כִּי־נִלְכְּדָה עִירוֹ מִקָּצֶה׃
לב וְהַמַּעְבָּרוֹת נִתְפָּשׂוּ וְאֶת־הָאֲגַמִּים שָׂרְפוּ בָאֵשׁ וְאַנְשֵׁי הַמִּלְחָמָה
לג נִבְהָלוּ׃ כִּי כֹה אָמַר יְהוָה צְבָאוֹת אֱלֹהֵי יִשְׂרָאֵל
בַּת־בָּבֶל כְּגֹרֶן עֵת הִדְרִיכָהּ עוֹד מְעַט וּבָאָה עֵת־הַקָּצִיר
לד לָהּ׃ אכלנו הממנו נְבוּכַדְרֶאצַּר מֶלֶךְ בָּבֶל הציגנו כְּלִי רִיק
לה בלענו כַּתַּנִּין מִלָּא כְרֵשׂוֹ מֵעֲדָנָי הדיחנו׃ חֲמָסִי וּשְׁאֵרִי
עַל־בָּבֶל תֹּאמַר יֹשֶׁבֶת צִיּוֹן וְדָמִי אֶל־יֹשְׁבֵי כַשְׂדִּים תֹּאמַר
לו יְרוּשָׁלָ͏ִם׃ לָכֵן כֹּה אָמַר יְהוָה הִנְנִי־רָב אֶת־
רִיבֵךְ וְנִקַּמְתִּי אֶת־נִקְמָתֵךְ וְהַחֲרַבְתִּי אֶת־יַמָּהּ וְהוֹבַשְׁתִּי
לז אֶת־מְקוֹרָהּ׃ וְהָיְתָה בָבֶל ׀ לְגַלִּים ׀ מְעוֹן־תַּנִּים שַׁמָּה וּשְׁרֵקָה
לח לט מֵאֵין יוֹשֵׁב׃ יַחְדָּו כַּכְּפִרִים יִשְׁאָגוּ נָעֲרוּ כְּגוֹרֵי אֲרָיוֹת׃ בְּחֻמָּם
אָשִׁית אֶת־מִשְׁתֵּיהֶם וְהִשְׁכַּרְתִּים לְמַעַן יַעֲלֹזוּ וְיָשְׁנוּ שְׁנַת־
מ עוֹלָם וְלֹא יָקִיצוּ נְאֻם יְהוָה׃ אוֹרִידֵם כְּכָרִים לִטְבוֹחַ כְּאֵילִים
מא עִם־עַתּוּדִים׃ אֵיךְ נִלְכְּדָה שֵׁשַׁךְ וַתִּתָּפֵשׂ תְּהִלַּת כָּל־הָאָרֶץ
מב אֵיךְ הָיְתָה לְשַׁמָּה בָּבֶל בַּגּוֹיִם׃ עָלָה עַל־בָּבֶל הַיָּם בַּהֲמוֹן
מג גַּלָּיו נִכְסָתָה׃ הָיוּ עָרֶיהָ לְשַׁמָּה אֶרֶץ צִיָּה וַעֲרָבָה אֶרֶץ לֹא־
מד יֵשֵׁב בָּהֵן כָּל־אִישׁ וְלֹא־יַעֲבֹר בָּהֵן בֶּן־אָדָם׃ וּפָקַדְתִּי עַל־בֵּל
בְּבָבֶל וְהֹצֵאתִי אֶת־בִּלְעוֹ מִפִּיו וְלֹא־יִנְהֲרוּ אֵלָיו עוֹד גּוֹיִם גַּם־
מה חוֹמַת בָּבֶל נָפָלָה׃ צְאוּ מִתּוֹכָהּ עַמִּי וּמַלְּטוּ אִישׁ אֶת־נַפְשׁוֹ

אֲכָלַנִי הֲמָמַנִי
הִצִּיגַנִי
בְּלָעַנִי | הֱדִיחָנִי

מו מֵחֲרוֹן אַף־יְהוָה׃ וּפֶן־יֵרַךְ לְבַבְכֶם וְתִירְאוּ בַּשְּׁמוּעָה
הַנִּשְׁמַעַת בָּאָרֶץ וּבָא בַשָּׁנָה הַשְּׁמוּעָה וְאַחֲרָיו בַּשָּׁנָה
מז הַשְּׁמוּעָה וְחָמָס בָּאָרֶץ מֹשֵׁל עַל־מֹשֵׁל׃ לָכֵן הִנֵּה יָמִים
בָּאִים וּפָקַדְתִּי עַל־פְּסִילֵי בָבֶל וְכָל־אַרְצָהּ תֵּבוֹשׁ וְכָל־חֲלָלֶיהָ
מח יִפְּלוּ בְתוֹכָהּ׃ וְרִנְּנוּ עַל־בָּבֶל שָׁמַיִם וָאָרֶץ וְכֹל אֲשֶׁר בָּהֶם כִּי
מט מִצָּפוֹן יָבוֹא־לָהּ הַשּׁוֹדְדִים נְאֻם־יְהוָה׃ גַּם־בָּבֶל לִנְפֹּל חַלְלֵי
נ יִשְׂרָאֵל גַּם־לְבָבֶל נָפְלוּ חַלְלֵי כָל־הָאָרֶץ׃ פְּלֵטִים מֵחֶרֶב הִלְכוּ
אַל־תַּעֲמֹדוּ זִכְרוּ מֵרָחוֹק אֶת־יְהוָה וִירוּשָׁלַםִ תַּעֲלֶה עַל־
נא לְבַבְכֶם׃ בֹּשְׁנוּ כִּי־שָׁמַעְנוּ חֶרְפָּה כִּסְּתָה כְלִמָּה פָּנֵינוּ כִּי בָּאוּ
נב זָרִים עַל־מִקְדְּשֵׁי בֵּית יְהוָה׃ לָכֵן הִנֵּה־יָמִים
בָּאִים נְאֻם־יְהוָה וּפָקַדְתִּי עַל־פְּסִילֶיהָ וּבְכָל־אַרְצָהּ יֶאֱנֹק
נג חָלָל׃ כִּי־תַעֲלֶה בָבֶל הַשָּׁמַיִם וְכִי תְבַצֵּר מְרוֹם עֻזָּהּ מֵאִתִּי
נד יָבֹאוּ שֹׁדְדִים לָהּ נְאֻם־יְהוָה׃ קוֹל זְעָקָה מִבָּבֶל וְשֶׁבֶר גָּדוֹל
נה מֵאֶרֶץ כַּשְׂדִּים׃ כִּי־שֹׁדֵד יְהוָה אֶת־בָּבֶל וְאִבַּד מִמֶּנָּה קוֹל
נו גָּדוֹל וְהָמוּ גַלֵּיהֶם כְּמַיִם רַבִּים נִתַּן שְׁאוֹן קוֹלָם׃ כִּי בָא
עָלֶיהָ עַל־בָּבֶל שׁוֹדֵד וְנִלְכְּדוּ גִּבּוֹרֶיהָ חִתְּתָה קַשְּׁתוֹתָם כִּי
נז אֵל גְּמֻלוֹת יְהוָה שַׁלֵּם יְשַׁלֵּם׃ וְהִשְׁכַּרְתִּי שָׂרֶיהָ וַחֲכָמֶיהָ
פַּחוֹתֶיהָ וּסְגָנֶיהָ וְגִבּוֹרֶיהָ וְיָשְׁנוּ שְׁנַת־עוֹלָם וְלֹא יָקִיצוּ נְאֻם־
נח הַמֶּלֶךְ יְהוָה צְבָאוֹת שְׁמוֹ׃ כֹּה־אָמַר יְהוָה
צְבָאוֹת חֹמוֹת בָּבֶל הָרְחָבָה עַרְעֵר תִּתְעַרְעָר וּשְׁעָרֶיהָ
הַגְּבֹהִים בָּאֵשׁ יִצַּתּוּ וְיִגְעוּ עַמִּים בְּדֵי־רִיק וּלְאֻמִּים בְּדֵי־אֵשׁ
נט וְיָעֵפוּ׃ הַדָּבָר אֲשֶׁר־צִוָּה ׀ יִרְמְיָהוּ הַנָּבִיא אֶת־ לא
שְׂרָיָה בֶן־נֵרִיָּה בֶּן־מַחְסֵיָה בְּלֶכְתּוֹ אֶת־צִדְקִיָּהוּ מֶלֶךְ־יְהוּדָה
ס בָּבֶל בִּשְׁנַת הָרְבִעִית לְמָלְכוֹ וּשְׂרָיָה שַׂר־מְנוּחָה׃ וַיִּכְתֹּב
יִרְמְיָהוּ אֵת כָּל־הָרָעָה אֲשֶׁר־תָּבוֹא אֶל־בָּבֶל אֶל־סֵפֶר אֶחָד
סא אֵת כָּל־הַדְּבָרִים הָאֵלֶּה הַכְּתֻבִים אֶל־בָּבֶל׃ וַיֹּאמֶר יִרְמְיָהוּ
אֶל־שְׂרָיָה כְּבֹאֲךָ בָבֶל וְרָאִיתָ וְקָרָאתָ אֵת כָּל־הַדְּבָרִים

סב הָאֵלֶּה: וְאָמַרְתָּ יְהוָה אַתָּה דִבַּרְתָּ אֶל־הַמָּקוֹם הַזֶּה לְהַכְרִיתוֹ
לְבִלְתִּי הֱיוֹת־בּוֹ יוֹשֵׁב לְמֵאָדָם וְעַד־בְּהֵמָה כִּי־שִׁמְמוֹת עוֹלָם
סג תִּהְיֶה: וְהָיָה כְּכַלֹּתְךָ לִקְרֹא אֶת־הַסֵּפֶר הַזֶּה תִּקְשֹׁר עָלָיו אֶבֶן
סד וְהִשְׁלַכְתּוֹ אֶל־תּוֹךְ פְּרָת: וְאָמַרְתָּ כָּכָה תִּשְׁקַע בָּבֶל וְלֹא־
תָקוּם מִפְּנֵי הָרָעָה אֲשֶׁר אָנֹכִי מֵבִיא עָלֶיהָ וְיָעֵפוּ עַד־הֵנָּה דִּבְרֵי
נב א יִרְמְיָהוּ: בֶּן־עֶשְׂרִים וְאַחַת שָׁנָה צִדְקִיָּהוּ
בְמָלְכוֹ וְאַחַת עֶשְׂרֵה שָׁנָה מָלַךְ בִּירוּשָׁלָם וְשֵׁם אִמּוֹ
ב חמיטַל בַּת־יִרְמְיָהוּ מִלִּבְנָה: וַיַּעַשׂ הָרַע בְּעֵינֵי יְהוָה כְּכֹל חֲמוּטַל
ג אֲשֶׁר־עָשָׂה יְהוֹיָקִם: כִּי ׀ עַל־אַף יְהוָה הָיְתָה בִּירוּשָׁלִַם
וִיהוּדָה עַד־הִשְׁלִיכוֹ אוֹתָם מֵעַל פָּנָיו וַיִּמְרֹד צִדְקִיָּהוּ בְּמֶלֶךְ
ד בָּבֶל: וַיְהִי בַשָּׁנָה הַתְּשִׁעִית לְמָלְכוֹ בַּחֹדֶשׁ
הָעֲשִׂירִי בֶּעָשׂוֹר לַחֹדֶשׁ בָּא נְבוּכַדְרֶאצַּר מֶלֶךְ־בָּבֶל הוּא
וְכָל־חֵילוֹ עַל־יְרוּשָׁלִַם וַיַּחֲנוּ עָלֶיהָ וַיִּבְנוּ עָלֶיהָ דָּיֵק סָבִיב:
ה וַתָּבֹא הָעִיר בַּמָּצוֹר עַד עַשְׁתֵּי עֶשְׂרֵה שָׁנָה לַמֶּלֶךְ צִדְקִיָּהוּ:
ו בַּחֹדֶשׁ הָרְבִיעִי בְּתִשְׁעָה לַחֹדֶשׁ וַיֶּחֱזַק הָרָעָב בָּעִיר וְלֹא־הָיָה
ז לֶחֶם לְעַם הָאָרֶץ: וַתִּבָּקַע הָעִיר וְכָל־אַנְשֵׁי הַמִּלְחָמָה יִבְרְחוּ
וַיֵּצְאוּ מֵהָעִיר לַיְלָה דֶּרֶךְ שַׁעַר בֵּין־הַחֹמֹתַיִם אֲשֶׁר עַל־גַּן
ח הַמֶּלֶךְ וְכַשְׂדִּים עַל־הָעִיר סָבִיב וַיֵּלְכוּ דֶּרֶךְ הָעֲרָבָה: וַיִּרְדְּפוּ
חֵיל־כַּשְׂדִּים אַחֲרֵי הַמֶּלֶךְ וַיַּשִּׂיגוּ אֶת־צִדְקִיָּהוּ בְּעַרְבֹת יְרֵחוֹ
ט וְכָל־חֵילוֹ נָפֹצוּ מֵעָלָיו: וַיִּתְפְּשׂוּ אֶת־הַמֶּלֶךְ וַיַּעֲלוּ אֹתוֹ אֶל־
י מֶלֶךְ בָּבֶל רִבְלָתָה בְּאֶרֶץ חֲמָת וַיְדַבֵּר אִתּוֹ מִשְׁפָּטִים: וַיִּשְׁחַט
מֶלֶךְ־בָּבֶל אֶת־בְּנֵי צִדְקִיָּהוּ לְעֵינָיו וְגַם אֶת־כָּל־שָׂרֵי יְהוּדָה
יא שָׁחַט בְּרִבְלָתָה: וְאֶת־עֵינֵי צִדְקִיָּהוּ עִוֵּר וַיַּאַסְרֵהוּ בַנְחֻשְׁתַּיִם
וַיְבִאֵהוּ מֶלֶךְ־בָּבֶל בָּבֶלָה וַיִּתְּנֵהוּ בבית־הַפְּקֻדֹּת עַד־יוֹם בֵית־
יב מוֹתוֹ: וּבַחֹדֶשׁ הַחֲמִישִׁי בֶּעָשׂוֹר לַחֹדֶשׁ הִיא
שְׁנַת תְּשַׁע־עֶשְׂרֵה שָׁנָה לַמֶּלֶךְ נְבוּכַדְרֶאצַּר מֶלֶךְ־בָּבֶל בָּא
יג נְבוּזַרְאֲדָן רַב־טַבָּחִים עָמַד לִפְנֵי מֶלֶךְ־בָּבֶל בִּירוּשָׁלִָם: וַיִּשְׂרֹף

אֶת־בֵּית־יְהוָה וְאֶת־בֵּית הַמֶּלֶךְ וְאֵת כָּל־בָּתֵּי יְרוּשָׁלִַם וְאֶת־
יד כָּל־בֵּית הַגָּדוֹל שָׂרַף בָּאֵשׁ׃ וְאֶת־כָּל־חֹמוֹת יְרוּשָׁלִַם סָבִיב
טו נָתְצוּ כָּל־חֵיל כַּשְׂדִּים אֲשֶׁר אֶת־רַב־טַבָּחִים׃ וּמִדַּלּוֹת הָעָם
וְאֶת־יֶתֶר הָעָם ׀ הַנִּשְׁאָרִים בָּעִיר וְאֶת־הַנֹּפְלִים אֲשֶׁר נָפְלוּ
אֶל־מֶלֶךְ בָּבֶל וְאֵת יֶתֶר הָאָמוֹן הֶגְלָה נְבוּזַרְאֲדָן רַב־טַבָּחִים׃
טז וּמִדַּלּוֹת הָאָרֶץ הִשְׁאִיר נְבוּזַרְאֲדָן רַב־טַבָּחִים לְכֹרְמִים
יז וּלְיֹגְבִים׃ וְאֶת־עַמּוּדֵי הַנְּחֹשֶׁת אֲשֶׁר לְבֵית־יְהוָה וְאֶת־
הַמְּכֹנוֹת וְאֶת־יָם הַנְּחֹשֶׁת אֲשֶׁר בְּבֵית־יְהוָה שִׁבְּרוּ כַשְׂדִּים
יח וַיִּשְׂאוּ אֶת־כָּל־נְחֻשְׁתָּם בָּבֶלָה׃ וְאֶת־הַסִּרוֹת וְאֶת־הַיָּעִים וְאֶת־
הַמְזַמְּרוֹת וְאֶת־הַמִּזְרָקֹת וְאֶת־הַכַּפּוֹת וְאֵת כָּל־כְּלֵי הַנְּחֹשֶׁת
יט אֲשֶׁר־יְשָׁרְתוּ בָהֶם לָקָחוּ׃ וְאֶת־הַסִּפִּים וְאֶת־הַמַּחְתּוֹת וְאֶת־
הַמִּזְרָקוֹת וְאֶת־הַסִּירוֹת וְאֶת־הַמְּנֹרוֹת וְאֶת־הַכַּפּוֹת וְאֶת־
הַמְּנַקִּיּוֹת אֲשֶׁר זָהָב זָהָב וַאֲשֶׁר־כֶּסֶף כָּסֶף לָקַח רַב־טַבָּחִים׃
כ הָעַמּוּדִים ׀ שְׁנַיִם הַיָּם אֶחָד וְהַבָּקָר שְׁנֵים־עָשָׂר נְחֹשֶׁת אֲשֶׁר־
תַּחַת הַמְּכֹנוֹת אֲשֶׁר עָשָׂה הַמֶּלֶךְ שְׁלֹמֹה לְבֵית יְהוָה לֹא־הָיָה
כא מִשְׁקָל לִנְחֻשְׁתָּם כָּל־הַכֵּלִים הָאֵלֶּה׃ וְהָעַמּוּדִים שְׁמֹנֶה עֶשְׂרֵה
אַמָּה קומה הָעַמֻּד הָאֶחָד וְחוּט שְׁתֵּים־עֶשְׂרֵה אַמָּה יְסֻבֶּנּוּ קוֹמַת
כב וְעָבְיוֹ אַרְבַּע אֶצְבָּעוֹת נָבוּב׃ וְכֹתֶרֶת עָלָיו נְחֹשֶׁת וְקוֹמַת
הַכֹּתֶרֶת הָאַחַת חָמֵשׁ אַמּוֹת וּשְׂבָכָה וְרִמּוֹנִים עַל־הַכּוֹתֶרֶת
כג סָבִיב הַכֹּל נְחֹשֶׁת וְכָאֵלֶּה לַעַמּוּד הַשֵּׁנִי וְרִמּוֹנִים׃ וַיִּהְיוּ הָרִמֹּנִים
תִּשְׁעִים וְשִׁשָּׁה רוּחָה כָּל־הָרִמּוֹנִים מֵאָה עַל־הַשְּׂבָכָה סָבִיב׃
כד וַיִּקַּח רַב־טַבָּחִים אֶת־שְׂרָיָה כֹּהֵן הָרֹאשׁ וְאֶת־צְפַנְיָה כֹּהֵן
כה הַמִּשְׁנֶה וְאֶת־שְׁלֹשֶׁת שֹׁמְרֵי הַסַּף׃ וּמִן־הָעִיר לָקַח סָרִיס
אֶחָד אֲשֶׁר־הָיָה פָקִיד ׀ עַל־אַנְשֵׁי הַמִּלְחָמָה וְשִׁבְעָה אֲנָשִׁים
מֵרֹאֵי פְנֵי־הַמֶּלֶךְ אֲשֶׁר נִמְצְאוּ בָעִיר וְאֵת סֹפֵר שַׂר הַצָּבָא
הַמַּצְבִּא אֶת־עַם הָאָרֶץ וְשִׁשִּׁים אִישׁ מֵעַם הָאָרֶץ הַנִּמְצְאִים
כו בְּתוֹךְ הָעִיר׃ וַיִּקַּח אוֹתָם נְבוּזַרְאֲדָן רַב־טַבָּחִים וַיֵּלֶךְ אוֹתָם

ירמיה
נב

אֶל־מֶ֤לֶךְ בָּבֶל֙ רִבְלָ֔תָה וַיַּכֶּ֣ה אוֹתָ֡ם מֶ֣לֶךְ בָּבֶ֩ל וַיְמִתֵ֨ם בְּרִבְלָ֜ה   כז
בְּאֶ֣רֶץ חֲמָ֑ת וַיִּ֥גֶל יְהוּדָ֖ה מֵעַ֥ל אַדְמָתֽוֹ׃ זֶ֣ה הָעָ֔ם אֲשֶׁ֥ר הֶגְלָ֖ה
נְבֽוּכַדְרֶאצַּ֑ר בִּשְׁנַת־שֶׁ֔בַע יְהוּדִ֕ים שְׁלֹ֥שֶׁת אֲלָפִ֖ים וְעֶשְׂרִ֥ים
וּשְׁלֹשָֽׁה׃ בִּשְׁנַ֣ת שְׁמוֹנֶ֤ה עֶשְׂרֵה֙ לִנְבֽוּכַדְרֶאצַּ֔ר מִירֽוּשָׁלַ֖ם   כט
נֶ֕פֶשׁ שְׁמֹנֶ֥ה מֵא֖וֹת שְׁלֹשִׁ֥ים וּשְׁנָֽיִם׃ בִּשְׁנַ֨ת שָׁלֹ֣שׁ וְעֶשְׂרִ֗ים   ל
לִנְבֽוּכַדְרֶאצַּ֥ר הֶגְלָ֣ה נְבֽוּזַרְאֲדָ֣ן רַב־טַבָּחִ֗ים יְהוּדִ֕ים נֶ֕פֶשׁ שְׁבַ֥ע
מֵא֖וֹת אַרְבָּעִ֣ים וַחֲמִשָּׁ֑ה כָּל־נֶ֕פֶשׁ אַרְבַּ֥עַת אֲלָפִ֖ים וְשֵׁ֥שׁ
מֵאֽוֹת׃   וַיְהִי֩ בִשְׁלֹשִׁ֨ים וָשֶׁ֜בַע שָׁנָ֗ה לְגָלוּת֙ יְהוֹיָכִ֣ן   לא
מֶֽלֶךְ־יְהוּדָ֔ה בִּשְׁנֵ֤ים עָשָׂר֙ חֹ֔דֶשׁ בְּעֶשְׂרִ֥ים וַחֲמִשָּׁ֖ה לַחֹ֑דֶשׁ נָשָׂ֡א
אֱוִ֣יל מְרֹדַךְ֩ מֶ֨לֶךְ בָּבֶ֜ל בִּשְׁנַ֣ת מַלְכֻת֗וֹ אֶת־רֹאשׁ֙ יְהוֹיָכִ֣ין מֶֽלֶךְ־
יְהוּדָ֔ה וַיֹּצֵ֥א אֹת֖וֹ מִבֵּ֥ית הַכְּלֽוּא׃ וַיְדַבֵּ֥ר אִתּ֖וֹ טֹב֑וֹת וַיִּתֵּן֙ אֶת־   לב
כִּסְא֔וֹ מִמַּ֨עַל֙ לְכִסֵּ֣א מְלָכִ֔ים אֲשֶׁ֥ר אִתּ֖וֹ בְּבָבֶֽל׃ וְשִׁנָּ֖ה אֵ֣ת בִּגְדֵ֣י   לג
כִלְא֑וֹ וְאָכַ֨ל לֶ֧חֶם לְפָנָ֛יו תָּמִ֖יד כָּל־יְמֵ֥י חַיָּֽו׃ וַאֲרֻחָת֗וֹ אֲרֻחַ֨ת   לד
תָּמִ֜יד נִתְּנָה־לּ֨וֹ מֵאֵ֧ת מֶֽלֶךְ־בָּבֶ֛ל דְּבַר־י֥וֹם בְּיוֹמ֖וֹ עַד־י֣וֹם
מוֹת֑וֹ כֹּ֖ל יְמֵ֥י חַיָּֽו׃

הַכְּל֣וּא
הַמְּלָכִ֔ים

יחזקאל

א

א וַיְהִ֣י ׀ בִּשְׁלֹשִׁ֣ים שָׁנָ֗ה בָּֽרְבִיעִי֙ בַּחֲמִשָּׁ֣ה לַחֹ֔דֶשׁ וַאֲנִ֥י בְתוֹךְ־
הַגּוֹלָ֖ה עַל־נְהַר־כְּבָ֑ר נִפְתְּחוּ֙ הַשָּׁמַ֔יִם וָאֶרְאֶ֖ה מַרְא֥וֹת אֱלֹהִֽים׃
ב בַּחֲמִשָּׁ֖ה לַחֹ֑דֶשׁ הִ֚יא הַשָּׁנָ֣ה הַחֲמִישִׁ֔ית לְגָל֖וּת הַמֶּ֥לֶךְ יוֹיָכִֽין׃
ג הָיֹ֣ה הָיָ֣ה דְבַר־יְ֠הוָה אֶל־יְחֶזְקֵ֨אל בֶּן־בּוּזִ֧י הַכֹּהֵ֛ן בְּאֶ֥רֶץ כַּשְׂדִּ֖ים
ד עַל־נְהַר־כְּבָ֑ר וַתְּהִ֥י עָלָ֛יו שָׁ֖ם יַד־יְהוָֽה׃ וָאֵ֡רֶא וְהִנֵּה֩ ר֨וּחַ סְעָרָ֜ה
בָּאָ֣ה מִן־הַצָּפ֗וֹן עָנָ֤ן גָּדוֹל֙ וְאֵ֣שׁ מִתְלַקַּ֔חַת וְנֹ֥גַהּ ל֖וֹ סָבִ֑יב
ה וּמִ֨תּוֹכָ֔הּ כְּעֵ֥ין הַחַשְׁמַ֖ל מִתּ֥וֹךְ הָאֵֽשׁ׃ וּמִ֨תּוֹכָ֔הּ דְּמ֖וּת אַרְבַּ֣ע
ו חַיּ֑וֹת וְזֶה֙ מַרְאֵיהֶ֔ן דְּמ֥וּת אָדָ֖ם לָהֵֽנָּה׃ וְאַרְבָּעָ֥ה פָנִ֖ים לְאֶחָ֑ת
ז וְאַרְבַּ֥ע כְּנָפַ֖יִם לְאַחַ֥ת לָהֶֽם׃ וְרַגְלֵיהֶ֖ם רֶ֣גֶל יְשָׁרָ֑ה וְכַ֣ף רַגְלֵיהֶ֗ם
ח כְּכַף֙ רֶ֣גֶל עֵ֔גֶל וְנֹ֣צְצִ֔ים כְּעֵ֖ין נְחֹ֥שֶׁת קָלָֽל׃ וִידֵו֙ אָדָ֗ם מִתַּ֙חַת֙ וִידֵ֣י
כַּנְפֵיהֶ֔ם עַ֖ל אַרְבַּ֣עַת רִבְעֵיהֶ֑ם וּפְנֵיהֶ֥ם וְכַנְפֵיהֶ֖ם לְאַרְבַּעְתָּֽם׃
ט חֹֽבְרֹ֛ת אִשָּׁ֥ה אֶל־אֲחוֹתָ֖הּ כַּנְפֵיהֶ֑ם לֹֽא־יִסַּ֣בּוּ בְלֶכְתָּ֔ן אִ֛ישׁ אֶל־
י עֵ֥בֶר פָּנָ֖יו יֵלֵֽכוּ׃ וּדְמ֣וּת פְּנֵיהֶם֮ פְּנֵ֣י אָדָם֒ וּפְנֵ֨י אַרְיֵ֤ה אֶל־הַיָּמִין֙
לְאַרְבַּעְתָּ֔ם וּפְנֵי־שׁ֥וֹר מֵהַשְּׂמֹ֖אול לְאַרְבַּעְתָּ֑ן וּפְנֵי־נֶ֖שֶׁר
יא לְאַרְבַּעְתָּֽן׃ וּפְנֵיהֶ֕ם וְכַנְפֵיהֶ֥ם פְּרֻד֖וֹת מִלְמָ֑עְלָה לְאִ֗ישׁ שְׁתַּ֙יִם֙
יב חֹבְר֣וֹת אִ֔ישׁ וּשְׁתַּ֣יִם מְכַסּ֔וֹת אֵ֖ת גְּוִיֹתֵיהֶֽנָה׃ וְאִ֛ישׁ אֶל־עֵ֥בֶר
פָּנָ֖יו יֵלֵ֑כוּ אֶל֩ אֲשֶׁ֨ר יִֽהְיֶה־שָּׁ֤מָּה הָר֙וּחַ֙ לָלֶ֣כֶת יֵלֵ֔כוּ לֹ֥א יִסַּ֖בּוּ
יג בְּלֶכְתָּֽן׃ וּדְמ֨וּת הַחַיּ֜וֹת מַרְאֵיהֶ֣ם כְּגַחֲלֵי־אֵ֗שׁ בֹּֽעֲרוֹת֙ כְּמַרְאֵ֣ה
הַלַּפִּדִ֔ים הִ֕יא מִתְהַלֶּ֖כֶת בֵּ֣ין הַחַיּ֑וֹת וְנֹ֣גַהּ לָאֵ֔שׁ וּמִן־הָאֵ֖שׁ
יד טו יוֹצֵ֥א בָרָֽק׃ וְהַחַיּ֖וֹת רָצ֣וֹא וָשׁ֑וֹב כְּמַרְאֵ֖ה הַבָּזָֽק׃ וָאֵ֖רֶא הַחַיּ֑וֹת
טז וְהִנֵּה֩ אוֹפַ֨ן אֶחָ֥ד בָּאָ֛רֶץ אֵ֥צֶל הַחַיּ֖וֹת לְאַרְבַּ֥עַת פָּנָֽיו׃ מַרְאֵ֨ה
הָאוֹפַנִּ֤ים וּמַעֲשֵׂיהֶם֙ כְּעֵ֣ין תַּרְשִׁ֔ישׁ וּדְמ֥וּת אֶחָ֖ד לְאַרְבַּעְתָּ֑ן
יז וּמַרְאֵיהֶם֙ וּמַ֣עֲשֵׂיהֶ֔ם כַּאֲשֶׁ֛ר יִהְיֶ֥ה הָאוֹפַ֖ן בְּת֥וֹךְ הָאוֹפָֽן׃ עַל־
יח אַרְבַּ֧עַת רִבְעֵיהֶ֛ן בְּלֶכְתָּ֖ם יֵלֵ֑כוּ לֹ֥א יִסַּ֖בּוּ בְּלֶכְתָּֽן׃ וְגַ֨בֵּיהֶ֔ן וְגֹ֥בַהּ
לָהֶ֖ם וְיִרְאָ֣ה לָהֶ֑ם וְגַבֹּתָ֗ם מְלֵאֹ֥ת עֵינַ֛יִם סָבִ֖יב לְאַרְבַּעְתָּֽן׃
יט וּבְלֶ֙כֶת֙ הַחַיּ֔וֹת יֵלְכ֥וּ הָאוֹפַנִּ֖ים אֶצְלָ֑ם וּבְהִנָּשֵׂ֤א הַחַיּוֹת֙ מֵעַ֣ל
כ הָאָ֔רֶץ יִנָּשְׂא֖וּ הָאוֹפַנִּֽים׃ עַ֠ל אֲשֶׁ֨ר יִֽהְיֶה־שָּׁ֤ם הָר֙וּחַ֙ לָלֶ֔כֶת

יֵלֵכוּ שָׁמָּה הָרוּחַ לָלֶכֶת וְהָאוֹפַנִּים יִנָּשְׂאוּ לְעֻמָּתָם כִּי רוּחַ הַחַיָּה
כא בָּאוֹפַנִּים: בְּלֶכְתָּם יֵלֵכוּ וּבְעָמְדָם יַעֲמֹדוּ וּבְהִנָּשְׂאָם מֵעַל הָאָרֶץ
כב יִנָּשְׂאוּ הָאוֹפַנִּים לְעֻמָּתָם כִּי רוּחַ הַחַיָּה בָּאוֹפַנִּים: וּדְמוּת עַל־
רָאשֵׁי הַחַיָּה רָקִיעַ כְּעֵין הַקֶּרַח הַנּוֹרָא נָטוּי עַל־רָאשֵׁיהֶם
כג מִלְמָעְלָה: וְתַחַת הָרָקִיעַ כַּנְפֵיהֶם יְשָׁרוֹת אִשָּׁה אֶל־אֲחוֹתָהּ
לְאִישׁ שְׁתַּיִם מְכַסּוֹת לָהֵנָּה וּלְאִישׁ שְׁתַּיִם מְכַסּוֹת לָהֵנָּה אֵת
כד גְּוִיֹּתֵיהֶם: וָאֶשְׁמַע אֶת־קוֹל כַּנְפֵיהֶם כְּקוֹל מַיִם רַבִּים כְּקוֹל־
שַׁדַּי בְּלֶכְתָּם קוֹל הֲמֻלָּה כְּקוֹל מַחֲנֶה בְּעָמְדָם תְּרַפֶּינָה
כה כַנְפֵיהֶן: וַיְהִי־קוֹל מֵעַל לָרָקִיעַ אֲשֶׁר עַל־רֹאשָׁם בְּעָמְדָם
כו תְּרַפֶּינָה כַנְפֵיהֶן: וּמִמַּעַל לָרָקִיעַ אֲשֶׁר עַל־רֹאשָׁם כְּמַרְאֵה
אֶבֶן־סַפִּיר דְּמוּת כִּסֵּא וְעַל דְּמוּת הַכִּסֵּא דְּמוּת כְּמַרְאֵה אָדָם
כז עָלָיו מִלְמָעְלָה: וָאֵרֶא ׀ כְּעֵין חַשְׁמַל כְּמַרְאֵה־אֵשׁ בֵּית־לָהּ
סָבִיב מִמַּרְאֵה מָתְנָיו וּלְמָעְלָה וּמִמַּרְאֵה מָתְנָיו וּלְמַטָּה
כח רָאִיתִי כְּמַרְאֵה־אֵשׁ וְנֹגַהּ לוֹ סָבִיב: כְּמַרְאֵה הַקֶּשֶׁת אֲשֶׁר
יִהְיֶה בֶעָנָן בְּיוֹם הַגֶּשֶׁם כֵּן מַרְאֵה הַנֹּגַהּ סָבִיב הוּא מַרְאֵה
דְּמוּת כְּבוֹד־יְהוָה וָאֶרְאֶה וָאֶפֹּל עַל־פָּנַי וָאֶשְׁמַע קוֹל
ב א מְדַבֵּר: וַיֹּאמֶר אֵלָי בֶּן־אָדָם עֲמֹד עַל־רַגְלֶיךָ
ב וַאֲדַבֵּר אֹתָךְ: וַתָּבֹא בִי רוּחַ כַּאֲשֶׁר דִּבֶּר אֵלַי וַתַּעֲמִדֵנִי
ג עַל־רַגְלָי וָאֶשְׁמַע אֵת מִדַּבֵּר אֵלָי: וַיֹּאמֶר
אֵלַי בֶּן־אָדָם שׁוֹלֵחַ אֲנִי אוֹתְךָ אֶל־בְּנֵי יִשְׂרָאֵל אֶל־גּוֹיִם
הַמּוֹרְדִים אֲשֶׁר מָרְדוּ־בִי הֵמָּה וַאֲבוֹתָם פָּשְׁעוּ בִי עַד־עֶצֶם
ד הַיּוֹם הַזֶּה: וְהַבָּנִים קְשֵׁי פָנִים וְחִזְקֵי־לֵב אֲנִי שׁוֹלֵחַ אוֹתְךָ
ה אֲלֵיהֶם וְאָמַרְתָּ אֲלֵיהֶם כֹּה אָמַר אֲדֹנָי יְהוִה: וְהֵמָּה אִם־
יִשְׁמְעוּ וְאִם־יֶחְדָּלוּ כִּי בֵּית מְרִי הֵמָּה וְיָדְעוּ כִּי נָבִיא הָיָה
ו בְתוֹכָם: וְאַתָּה בֶן־אָדָם אַל־תִּירָא מֵהֶם
וּמִדִּבְרֵיהֶם אַל־תִּירָא כִּי סָרָבִים וְסַלּוֹנִים אוֹתָךְ וְאֶל־עַקְרַבִּים
אַתָּה יוֹשֵׁב מִדִּבְרֵיהֶם אַל־תִּירָא וּמִפְּנֵיהֶם אַל־תֵּחָת כִּי בֵּית

ז מְרִ֥י הֵֽמָּה׃ וְדִבַּרְתָּ֤ אֶת־דְּבָרַי֙ אֲלֵיהֶ֔ם אִם־יִשְׁמְע֖וּ וְאִם־יֶחְדָּ֑לוּ
ח כִּ֥י מְרִ֖י הֵֽמָּה׃ וְאַתָּ֣ה בֶן־אָדָ֗ם שְׁמַע֙ אֵ֤ת אֲשֶׁר־
אֲנִי֙ מְדַבֵּ֣ר אֵלֶ֔יךָ אַל־תְּהִי־מֶ֖רִי כְּבֵ֣ית הַמֶּ֑רִי פְּצֵ֣ה פִ֔יךָ וֶאֱכֹ֕ל
ט אֵ֥ת אֲשֶׁר־אֲנִ֖י נֹתֵ֥ן אֵלֶֽיךָ׃ וָאֶרְאֶ֕ה וְהִנֵּה־יָ֖ד שְׁלוּחָ֣ה אֵלָ֑י וְהִנֵּה־
י ב֖וֹ מְגִלַּת־סֵֽפֶר׃ וַיִּפְרֹ֤שׂ אוֹתָהּ֙ לְפָנַ֔י וְהִ֥יא כְתוּבָ֖ה פָּנִ֣ים וְאָח֑וֹר
ג א וְכָת֣וּב אֵלֶ֔יהָ קִנִ֥ים וָהֶ֖גֶה וָהִֽי׃ וַיֹּ֣אמֶר אֵלַ֗י בֶּן־
אָדָ֕ם אֵ֥ת אֲשֶׁר־תִּמְצָ֖א אֱכ֑וֹל אֱכוֹל֙ אֶת־הַמְּגִלָּ֣ה הַזֹּ֔את וְלֵ֥ךְ
ב דַּבֵּ֖ר אֶל־בֵּ֥ית יִשְׂרָאֵֽל׃ וָאֶפְתַּ֖ח אֶת־פִּ֑י וַיַּ֣אֲכִלֵ֔נִי אֵ֖ת הַמְּגִלָּ֥ה
ג הַזֹּֽאת׃ וַיֹּ֣אמֶר אֵלַ֗י בֶּן־אָדָם֙ בִּטְנְךָ֤ תַֽאֲכֵל֙ וּמֵעֶ֣יךָ תְמַלֵּ֔א אֵ֚ת
הַמְּגִלָּ֣ה הַזֹּ֔את אֲשֶׁ֖ר אֲנִ֣י נֹתֵ֣ן אֵלֶ֑יךָ וָאֹ֣כְלָ֔ה וַתְּהִ֥י בְּפִ֖י כִּדְבַ֥שׁ
ד לְמָתֽוֹק׃ וַיֹּ֖אמֶר אֵלָ֑י בֶּן־אָדָ֗ם לֶךְ־בֹּא֙ אֶל־בֵּ֣ית
ה יִשְׂרָאֵ֔ל וְדִבַּרְתָּ֥ בִדְבָרַ֖י אֲלֵיהֶֽם׃ כִּ֡י לֹא֩ אֶל־עַ֨ם עִמְקֵ֥י שָׂפָ֛ה
ו וְכִבְדֵ֥י לָשׁ֖וֹן אַתָּ֣ה שָׁל֑וּחַ אֶל־בֵּ֖ית יִשְׂרָאֵֽל׃ לֹ֣א ׀ אֶל־עַמִּ֣ים
רַבִּ֗ים עִמְקֵ֤י שָׂפָה֙ וְכִבְדֵ֣י לָשׁ֔וֹן אֲשֶׁ֥ר לֹא־תִשְׁמַ֖ע דִּבְרֵיהֶ֑ם אִם־
ז לֹ֚א אֲלֵיהֶם֙ שְׁלַחְתִּ֔יךָ הֵ֖מָּה יִשְׁמְע֥וּ אֵלֶֽיךָ׃ וּבֵ֣ית יִשְׂרָאֵ֗ל לֹ֤א
יֹאבוּ֙ לִשְׁמֹ֣עַ אֵלֶ֔יךָ כִּי־אֵינָ֥ם אֹבִ֖ים לִשְׁמֹ֣עַ אֵלָ֑י כִּ֚י כָּל־בֵּ֣ית
ח יִשְׂרָאֵ֔ל חִזְקֵי־מֵ֥צַח וּקְשֵׁי־לֵ֖ב הֵֽמָּה׃ הִנֵּ֨ה נָתַ֧תִּי אֶת־פָּנֶ֛יךָ
ט חֲזָקִ֖ים לְעֻמַּ֣ת פְּנֵיהֶ֑ם וְאֶת־מִצְחֲךָ֥ חָזָ֖ק לְעֻמַּ֥ת מִצְחָֽם׃ כְּשָׁמִ֛יר
חָזָ֥ק מִצֹּ֖ר נָתַ֣תִּי מִצְחֶ֑ךָ לֹֽא־תִירָ֤א אוֹתָם֙ וְלֹא־תֵחַ֣ת מִפְּנֵיהֶ֔ם
י כִּ֛י בֵּ֥ית מְרִ֖י הֵֽמָּה׃ וַיֹּ֖אמֶר אֵלָ֑י בֶּן־אָדָ֗ם אֶת־
יא כָּל־דְּבָרַי֙ אֲשֶׁ֣ר אֲדַבֵּ֣ר אֵלֶ֔יךָ קַ֥ח בִּלְבָבְךָ֖ וּבְאָזְנֶ֥יךָ שְׁמָֽע׃ וְלֵ֨ךְ
בֹּ֤א אֶל־הַגּוֹלָה֙ אֶל־בְּנֵ֣י עַמֶּ֔ךָ וְדִבַּרְתָּ֤ אֲלֵיהֶם֙ וְאָמַרְתָּ֣ אֲלֵיהֶ֔ם
יב כֹּ֥ה אָמַ֖ר אֲדֹנָ֣י יְהוִ֑ה אִם־יִשְׁמְע֖וּ וְאִם־יֶחְדָּֽלוּ׃ וַתִּשָּׂאֵ֣נִי ר֔וּחַ ב
וָאֶשְׁמַ֣ע אַחֲרַ֔י ק֖וֹל רַ֣עַשׁ גָּד֑וֹל בָּר֥וּךְ כְּבוֹד־יְהוָ֖ה מִמְּקוֹמֽוֹ׃
יג וְק֣וֹל ׀ כַּנְפֵ֣י הַחַיּ֗וֹת מַשִּׁיקוֹת֙ אִשָּׁ֣ה אֶל־אֲחוֹתָ֔הּ וְק֥וֹל הָאוֹפַנִּ֖ים
יד לְעֻמָּתָ֑ם וְק֖וֹל רַ֥עַשׁ גָּדֽוֹל׃ וְר֥וּחַ נְשָׂאַ֖תְנִי וַתִּקָּחֵ֑נִי וָאֵלֵ֥ךְ מַר֙
טו בְּחֵ֣מַת רוּחִ֔י וְיַד־יְהוָ֖ה עָלַ֥י חָזָֽקָה׃ וָאָב֨וֹא אֶל־הַגּוֹלָ֜ה תֵּ֣ל אָ֠בִיב

וָאֵשֵׁב

הַיֹּשְׁבִים אֶל־נְהַר־כְּבָר וָאֵשֶׁר הֵמָּה יוֹשְׁבִים שָׁם וָאֵשֵׁב שָׁם
שִׁבְעַת יָמִים מַשְׁמִים בְּתוֹכָם׃ וַיְהִי מִקְצֵה טז
שִׁבְעַת יָמִים וַיְהִי דְבַר־יְהוָה אֵלַי לֵאמֹר׃ בֶּן־ יז
אָדָם צֹפֶה נְתַתִּיךָ לְבֵית יִשְׂרָאֵל וְשָׁמַעְתָּ מִפִּי דָּבָר וְהִזְהַרְתָּ
אוֹתָם מִמֶּנִּי׃ בְּאָמְרִי לָרָשָׁע מוֹת תָּמוּת וְלֹא הִזְהַרְתּוֹ וְלֹא יח
דִבַּרְתָּ לְהַזְהִיר רָשָׁע מִדַּרְכּוֹ הָרְשָׁעָה לְחַיֹּתוֹ הוּא רָשָׁע בַּעֲוֺנוֹ
יָמוּת וְדָמוֹ מִיָּדְךָ אֲבַקֵּשׁ׃ וְאַתָּה כִּי־הִזְהַרְתָּ רָשָׁע וְלֹא־שָׁב יט
מֵרִשְׁעוֹ וּמִדַּרְכּוֹ הָרְשָׁעָה הוּא בַּעֲוֺנוֹ יָמוּת וְאַתָּה אֶת־נַפְשְׁךָ
הִצַּלְתָּ׃ וּבְשׁוּב צַדִּיק מִצִּדְקוֹ וְעָשָׂה עָוֶל וְנָתַתִּי כ
מִכְשׁוֹל לְפָנָיו הוּא יָמוּת כִּי לֹא הִזְהַרְתּוֹ בְּחַטָּאתוֹ יָמוּת וְלֹא
תִזָּכַרְןָ צִדְקֹתָו אֲשֶׁר עָשָׂה וְדָמוֹ מִיָּדְךָ אֲבַקֵּשׁ׃ וְאַתָּה כִּי כא
הִזְהַרְתּוֹ צַדִּיק לְבִלְתִּי חֲטֹא צַדִּיק וְהוּא לֹא־חָטָא חָיוֹ יִחְיֶה
כִּי נִזְהָר וְאַתָּה אֶת־נַפְשְׁךָ הִצַּלְתָּ׃ וַתְּהִי עָלַי כב
שָׁם יַד־יְהוָה וַיֹּאמֶר אֵלַי קוּם צֵא אֶל־הַבִּקְעָה וְשָׁם אֲדַבֵּר
אוֹתָךְ׃ וָאָקוּם וָאֵצֵא אֶל־הַבִּקְעָה וְהִנֵּה־שָׁם כְּבוֹד־יְהוָה עֹמֵד כג
כַּכָּבוֹד אֲשֶׁר רָאִיתִי עַל־נְהַר־כְּבָר וָאֶפֹּל עַל־פָּנָי׃ וַתָּבֹא־בִי כד
רוּחַ וַתַּעֲמִדֵנִי עַל־רַגְלָי וַיְדַבֵּר אֹתִי וַיֹּאמֶר אֵלַי בֹּא הִסָּגֵר
בְּתוֹךְ בֵּיתֶךָ׃ וְאַתָּה בֶן־אָדָם הִנֵּה נָתְנוּ עָלֶיךָ כה
עֲבוֹתִים וַאֲסָרוּךָ בָּהֶם וְלֹא תֵצֵא בְּתוֹכָם׃ וּלְשׁוֹנְךָ אַדְבִּיק אֶל־ כו
חִכֶּךָ וְנֶאֱלַמְתָּ וְלֹא־תִהְיֶה לָהֶם לְאִישׁ מוֹכִיחַ כִּי בֵּית מְרִי
הֵמָּה׃ וּבְדַבְּרִי אוֹתְךָ אֶפְתַּח אֶת־פִּיךָ וְאָמַרְתָּ אֲלֵיהֶם כֹּה כז
אָמַר אֲדֹנָי יְהוִה הַשֹּׁמֵעַ ׀ יִשְׁמָע וְהֶחָדֵל ׀ יֶחְדָּל כִּי בֵּית מְרִי
הֵמָּה׃ וְאַתָּה בֶן־אָדָם קַח־לְךָ לְבֵנָה וְנָתַתָּה א ד
אוֹתָהּ לְפָנֶיךָ וְחַקּוֹתָ עָלֶיהָ עִיר אֶת־יְרוּשָׁלִָם׃ וְנָתַתָּה עָלֶיהָ ב
מָצוֹר וּבָנִיתָ עָלֶיהָ דָּיֵק וְשָׁפַכְתָּ עָלֶיהָ סֹלְלָה וְנָתַתָּה עָלֶיהָ
מַחֲנוֹת וְשִׂים־עָלֶיהָ כָּרִים סָבִיב׃ וְאַתָּה קַח־לְךָ מַחֲבַת בַּרְזֶל ג
וְנָתַתָּה אוֹתָהּ קִיר בַּרְזֶל בֵּינְךָ וּבֵין הָעִיר וַהֲכִינֹתָה אֶת־

ד

פָּנֶיךָ אֵלֶיהָ וְהָיְתָה בַמָּצוֹר וְצַרְתָּ עָלֶיהָ אוֹת הִיא לְבֵית
ד יִשְׂרָאֵל: וְאַתָּה שְׁכַב עַל־צִדְּךָ הַשְּׂמָאלִי וְשַׂמְתָּ
אֶת־עֲוֺן בֵּית־יִשְׂרָאֵל עָלָיו מִסְפַּר הַיָּמִים אֲשֶׁר תִּשְׁכַּב עָלָיו
ה תִּשָּׂא אֶת־עֲוֺנָם: וַאֲנִי נָתַתִּי לְךָ אֶת־שְׁנֵי עֲוֺנָם לְמִסְפַּר יָמִים
ו שְׁלֹשׁ־מֵאוֹת וְתִשְׁעִים יוֹם וְנָשָׂאתָ עֲוֺן בֵּית־יִשְׂרָאֵל: וְכִלִּיתָ
אֶת־אֵלֶּה וְשָׁכַבְתָּ עַל־צִדְּךָ הימיני שֵׁנִית וְנָשָׂאתָ אֶת־עֲוֺן הַיְמָנִי
בֵּית־יְהוּדָה אַרְבָּעִים יוֹם יוֹם לַשָּׁנָה יוֹם לַשָּׁנָה נְתַתִּיו לָךְ:
ז וְאֶל־מְצוֹר יְרוּשָׁלִַם תָּכִין פָּנֶיךָ וּזְרֹעֲךָ חֲשׂוּפָה וְנִבֵּאתָ עָלֶיהָ:
ח וְהִנֵּה נָתַתִּי עָלֶיךָ עֲבוֹתִים וְלֹא־תֵהָפֵךְ מִצִּדְּךָ אֶל־צִדֶּךָ
ט עַד־כַּלּוֹתְךָ יְמֵי מְצוּרֶךָ: וְאַתָּה קַח־לְךָ חִטִּין וּשְׂעֹרִים
וּפוֹל וַעֲדָשִׁים וְדֹחַן וְכֻסְּמִים וְנָתַתָּה אוֹתָם בִּכְלִי אֶחָד
וְעָשִׂיתָ אוֹתָם לְךָ לְלָחֶם מִסְפַּר הַיָּמִים אֲשֶׁר־אַתָּה ׀ שׁוֹכֵב
י עַל־צִדְּךָ שְׁלֹשׁ־מֵאוֹת וְתִשְׁעִים יוֹם תֹּאכְלֶנּוּ: וּמַאֲכָלְךָ
אֲשֶׁר תֹּאכְלֶנּוּ בְּמִשְׁקוֹל עֶשְׂרִים שֶׁקֶל לַיּוֹם מֵעֵת עַד־עֵת
יא תֹּאכְלֶנּוּ: וּמַיִם בִּמְשׂוּרָה תִשְׁתֶּה שִׁשִּׁית הַהִין מֵעֵת עַד־עֵת
יב תִּשְׁתֶּה: וְעֻגַת שְׂעֹרִים תֹּאכְלֶנָּה וְהִיא בְּגֶלְלֵי צֵאַת הָאָדָם
יג תְּעֻגֶנָה לְעֵינֵיהֶם: וַיֹּאמֶר יְהוָה כָּכָה יֹאכְלוּ
בְנֵי־יִשְׂרָאֵל אֶת־לַחְמָם טָמֵא בַּגּוֹיִם אֲשֶׁר אַדִּיחֵם שָׁם:
יד וָאֹמַר אֲהָהּ אֲדֹנָי יֱהוִה הִנֵּה נַפְשִׁי לֹא מְטֻמָּאָה וּנְבֵלָה
וּטְרֵפָה לֹא־אָכַלְתִּי מִנְּעוּרַי וְעַד־עַתָּה וְלֹא־בָא בְּפִי בְּשַׂר
טו פִּגּוּל: וַיֹּאמֶר אֵלַי רְאֵה נָתַתִּי לְךָ
אֶת־צפועי הַבָּקָר תַּחַת גֶּלְלֵי הָאָדָם וְעָשִׂיתָ אֶת־לַחְמְךָ צְפִיעֵי
טז עֲלֵיהֶם: וַיֹּאמֶר אֵלַי בֶּן־אָדָם הִנְנִי שֹׁבֵר מַטֵּה־
לֶחֶם בִּירוּשָׁלִַם וְאָכְלוּ־לֶחֶם בְּמִשְׁקָל וּבִדְאָגָה וּמַיִם בִּמְשׂוּרָה
יז וּבְשִׁמָּמוֹן יִשְׁתּוּ: לְמַעַן יַחְסְרוּ לֶחֶם וָמָיִם וְנָשַׁמּוּ אִישׁ וְאָחִיו
ה א וְנָמַקּוּ בַּעֲוֺנָם: וְאַתָּה בֶן־אָדָם קַח־לְךָ ׀ חֶרֶב
חַדָּה תַּעַר הַגַּלָּבִים תִּקָּחֶנָּה לָּךְ וְהַעֲבַרְתָּ עַל־רֹאשְׁךָ וְעַל־זְקָנֶךָ

ה

ב וְלָקַחְתָּ לְךָ מֹאזְנֵי מִשְׁקָל וְחִלַּקְתָּם: שְׁלִשִׁית בָּאוּר תַּבְעִיר
בְּתוֹךְ הָעִיר כִּמְלֹאת יְמֵי הַמָּצוֹר וְלָקַחְתָּ אֶת־הַשְּׁלִשִׁית
תַּכֶּה בַחֶרֶב סְבִיבוֹתֶיהָ וְהַשְּׁלִשִׁית תִּזְרֶה לָרוּחַ וְחֶרֶב אָרִיק
ג אַחֲרֵיהֶם: וְלָקַחְתָּ מִשָּׁם מְעַט בְּמִסְפָּר וְצַרְתָּ אוֹתָם בִּכְנָפֶיךָ:
ד וּמֵהֶם עוֹד תִּקָּח וְהִשְׁלַכְתָּ אוֹתָם אֶל־תּוֹךְ הָאֵשׁ וְשָׂרַפְתָּ אֹתָם
בָּאֵשׁ מִמֶּנּוּ תֵצֵא־אֵשׁ אֶל־כָּל־בֵּית יִשְׂרָאֵל: כֹּה ה
אָמַר אֲדֹנָי יְהוִֹה זֹאת יְרוּשָׁלַ͏ִם בְּתוֹךְ הַגּוֹיִם שַׂמְתִּיהָ וּסְבִיבוֹתֶיהָ
ו אֲרָצוֹת: וַתֶּמֶר אֶת־מִשְׁפָּטַי לְרִשְׁעָה מִן־הַגּוֹיִם וְאֶת־חֻקּוֹתַי
מִן־הָאֲרָצוֹת אֲשֶׁר סְבִיבוֹתֶיהָ כִּי בְמִשְׁפָּטַי מָאָסוּ וְחֻקּוֹתַי לֹא־
הָלְכוּ בָהֶם: לָכֵן כֹּה־אָמַר ׀ אֲדֹנָי יְהוִֹה יַעַן ז
הֲמָנְכֶם מִן־הַגּוֹיִם אֲשֶׁר סְבִיבוֹתֵיכֶם בְּחֻקּוֹתַי לֹא הֲלַכְתֶּם
וְאֶת־מִשְׁפָּטַי לֹא עֲשִׂיתֶם וּכְמִשְׁפְּטֵי הַגּוֹיִם אֲשֶׁר סְבִיבוֹתֵיכֶם
לֹא עֲשִׂיתֶם: לָכֵן כֹּה אָמַר אֲדֹנָי יְהוִֹה הִנְנִי עָלַיִךְ ח
ט גַּם־אָנִי וְעָשִׂיתִי בְתוֹכֵךְ מִשְׁפָּטִים לְעֵינֵי הַגּוֹיִם: וְעָשִׂיתִי בָךְ
אֵת אֲשֶׁר לֹא־עָשִׂיתִי וְאֵת אֲשֶׁר־לֹא־אֶעֱשֶׂה כָמֹהוּ עוֹד יַעַן
כָּל־תּוֹעֲבֹתָיִךְ: לָכֵן אָבוֹת יֹאכְלוּ בָנִים בְּתוֹכֵךְ י
וּבָנִים יֹאכְלוּ אֲבוֹתָם וְעָשִׂיתִי בָךְ שְׁפָטִים וְזֵרִיתִי אֶת־כָּל־
שְׁאֵרִיתֵךְ לְכָל־רוּחַ: לָכֵן חַי־אָנִי נְאֻם אֲדֹנָי יְהוִֹה אִם־לֹא יַעַן יא
אֶת־מִקְדָּשִׁי טִמֵּאת בְּכָל־שִׁקּוּצַיִךְ וּבְכָל־תּוֹעֲבֹתָיִךְ וְגַם־אָנִי
יב אֶגְרַע וְלֹא־תָחוֹס עֵינִי וְגַם־אָנִי לֹא אֶחְמוֹל: שְׁלִשִׁתֵיךְ בַּדֶּבֶר
יָמוּתוּ וּבָרָעָב יִכְלוּ בְתוֹכֵךְ וְהַשְּׁלִשִׁית בַּחֶרֶב יִפְּלוּ סְבִיבוֹתָיִךְ
יג וְהַשְּׁלִשִׁית לְכָל־רוּחַ אֱזָרֶה וְחֶרֶב אָרִיק אַחֲרֵיהֶם: וְכָלָה אַפִּי
וַהֲנִחֹתִי חֲמָתִי בָּם וְהִנֶּחָמְתִּי וְיָדְעוּ כִּי־אֲנִי יְהוָה דִּבַּרְתִּי
בְּקִנְאָתִי בְּכַלּוֹתִי חֲמָתִי בָּם: וְאֶתְּנֵךְ לְחָרְבָּה וּלְחֶרְפָּה בַּגּוֹיִם יד
טו אֲשֶׁר סְבִיבוֹתָיִךְ לְעֵינֵי כָּל־עוֹבֵר: וְהָיְתָה חֶרְפָּה וּגְדוּפָה מוּסָר
וּמְשַׁמָּה לַגּוֹיִם אֲשֶׁר סְבִיבוֹתָיִךְ בַּעֲשׂוֹתִי בָךְ שְׁפָטִים בְּאַף
טז וּבְחֵמָה וּבְתֹכְחוֹת חֵמָה אֲנִי יְהוָה דִּבַּרְתִּי: בְּשַׁלְּחִי אֶת־חִצֵּי

הָרָעָ֨ב הָרָעִ֜ים בָּהֶ֗ם אֲשֶׁ֤ר הָיוּ֙ לְמַשְׁחִ֔ית אֲשֶׁר־אֲשַׁלַּ֥ח אוֹתָ֖ם
לְשַׁחֶתְכֶ֑ם וְרָעָב֙ אֹסֵ֣ף עֲלֵיכֶ֔ם וְשָׁבַרְתִּ֥י לָכֶ֖ם מַטֵּה־לָֽחֶם׃
יז וְשִׁלַּחְתִּ֣י עֲלֵיכֶ֗ם רָעָ֞ב וְחַיָּ֤ה רָעָה֙ וְשִׁכְּלֻ֔ךְ וְדֶ֥בֶר וָדָ֖ם יַעֲבָר־בָּ֑ךְ
ו א וְחֶ֙רֶב֙ אָבִ֣יא עָלַ֔יִךְ אֲנִ֥י יְהוָ֖ה דִּבַּֽרְתִּי׃ וַיְהִ֥י דְבַר־ ג
ב יְהוָ֖ה אֵלַ֥י לֵאמֹֽר׃ בֶּן־אָדָ֕ם שִׂ֥ים פָּנֶ֖יךָ אֶל־הָרֵ֣י יִשְׂרָאֵ֑ל וְהִנָּבֵ֖א
ג אֲלֵיהֶֽם׃ וְאָמַרְתָּ֙ הָרֵ֣י יִשְׂרָאֵ֔ל שִׁמְע֖וּ דְּבַר־אֲדֹנָ֣י יְהוִ֑ה כֹּֽה־אָמַר֩
אֲדֹנָ֨י יְהוִ֜ה לֶהָרִ֣ים וְלַגְּבָע֗וֹת לָאֲפִיקִים֙ ולגאות הִנְנִ֨י אֲנִ֜י מֵבִ֤יא וְלַגֵּאָיוֹת
ד עֲלֵיכֶם֙ חֶ֔רֶב וְאִבַּדְתִּ֖י בָּמוֹתֵיכֶֽם׃ וְנָשַׁ֙מּוּ֙ מִזְבְּח֣וֹתֵיכֶ֔ם וְנִשְׁבְּר֖וּ
ה חַמָּנֵיכֶ֑ם וְהִפַּלְתִּי֙ חַלְלֵיכֶ֔ם לִפְנֵ֖י גִּלּוּלֵיכֶֽם׃ וְנָתַתִּ֗י אֶת־פִּגְרֵי֙
בְּנֵ֣י יִשְׂרָאֵ֔ל לִפְנֵ֖י גִּלּוּלֵיהֶ֑ם וְזֵרִיתִי֙ אֶת־עַצְמ֣וֹתֵיכֶ֔ם סְבִיב֖וֹת
ו מִזְבְּחוֹתֵיכֶֽם׃ בְּכֹל֙ מוֹשְׁב֣וֹתֵיכֶ֔ם הֶעָרִ֣ים תֶּחֱרַ֔בְנָה וְהַבָּמ֖וֹת
תִּישָׁ֑מְנָה לְמַ֨עַן יֶחֶרְב֜וּ וְיֶאְשְׁמ֣וּ מִזְבְּחֽוֹתֵיכֶ֗ם וְנִשְׁבְּר֤וּ וְנִשְׁבְּתוּ֙
ז גִּלּ֣וּלֵיכֶ֔ם וְנִגְדְּעוּ֙ חַמָּנֵיכֶ֔ם וְנִמְח֖וּ מַעֲשֵׂיכֶֽם׃ וְנָפַ֥ל חָלָ֖ל בְּתוֹכְכֶ֑ם
ח וִֽידַעְתֶּ֖ם כִּֽי־אֲנִ֥י יְהוָֽה׃ וְהוֹתַרְתִּ֗י בִּֽהְי֥וֹת לָכֶ֛ם פְּלִ֥יטֵי חֶ֖רֶב בַּגּוֹיִ֑ם
ט בְּהִזָּרוֹתֵיכֶ֖ם בָּאֲרָצֽוֹת׃ וְזָכְר֨וּ פְלִיטֵיכֶ֜ם אוֹתִ֗י בַּגּוֹיִם֮ אֲשֶׁ֣ר נִשְׁבּוּ־
שָׁם֒ אֲשֶׁ֨ר נִשְׁבַּ֜רְתִּי אֶת־לִבָּ֣ם הַזּוֹנֶ֗ה אֲשֶׁר־סָ֣ר מֵעָלַ֔י וְאֵת֙
עֵֽינֵיהֶ֔ם הַזֹּנ֖וֹת אַחֲרֵ֣י גִּלּוּלֵיהֶ֑ם וְנָקֹ֙טּוּ֙ בִּפְנֵיהֶ֔ם אֶל־הָרָעוֹת֙ אֲשֶׁ֣ר
י עָשׂ֔וּ לְכֹ֖ל תּוֹעֲבֹתֵיהֶֽם׃ וְיָדְע֖וּ כִּֽי־אֲנִ֣י יְהוָ֑ה לֹ֤א אֶל־חִנָּם֙ דִּבַּ֔רְתִּי
יא לַעֲשׂ֥וֹת לָהֶ֖ם הָרָעָ֥ה הַזֹּֽאת׃ כֹּֽה־אָמַר֮ אֲדֹנָ֣י יְהוִה֒
הַכֵּ֨ה בְכַפְּךָ֜ וּרְקַ֤ע בְּרַגְלְךָ֙ וֶֽאֱמָר־אָ֔ח אֶ֛ל כָּל־תּוֹעֲב֥וֹת רָע֖וֹת
יב בֵּ֣ית יִשְׂרָאֵ֑ל אֲשֶׁ֛ר בַּחֶ֥רֶב בָּרָעָ֖ב וּבַדֶּ֥בֶר יִפֹּֽלוּ׃ הָרָח֞וֹק בַּדֶּ֣בֶר
יָמ֗וּת וְהַקָּרוֹב֙ בַּחֶ֣רֶב יִפּ֔וֹל וְהַנִּשְׁאָר֙ וְהַנָּצ֔וּר בָּרָעָ֖ב יָמ֑וּת וְכִלֵּיתִ֥י
יג חֲמָתִ֖י בָּֽם׃ וִידַעְתֶּם֮ כִּֽי־אֲנִ֣י יְהוָה֒ בִּֽהְי֣וֹת חַלְלֵיהֶ֗ם בְּתוֹךְ֙
גִּלּ֣וּלֵיהֶ֔ם סְבִיב֖וֹת מִזְבְּחֽוֹתֵיהֶ֑ם אֶ֣ל כָּל־גִּבְעָ֣ה רָ֠מָה בְּכֹ֣ל ׀ רָאשֵׁ֣י
הֶהָרִ֗ים וְתַ֨חַת כָּל־עֵ֤ץ רַעֲנָן֙ וְתַ֙חַת֙ כָּל־אֵלָ֣ה עֲבֻתָּ֔ה מְק֕וֹם
יד אֲשֶׁ֤ר נָֽתְנוּ־שָׁם֙ רֵ֣יחַ נִיחֹ֔חַ לְכֹ֖ל גִּלּוּלֵיהֶֽם׃ וְנָטִ֤יתִי אֶת־יָדִי֙
עֲלֵיהֶ֔ם וְנָתַתִּ֣י אֶת־הָאָ֗רֶץ שְׁמָמָה֙ וּמְשַׁמָּ֔ה מִמִּדְבַּ֖ר דִּבְלָ֑תָה

ז
א בְּכֹל מוֹשְׁבוֹתֵיהֶם וְיָדְעוּ כִּי־אֲנִי יְהוָה׃ וַיְהִי
ב דְבַר־יְהוָה אֵלַי לֵאמֹר׃ וְאַתָּה בֶן־אָדָם כֹּה־אָמַר אֲדֹנָי יֱהוִה
לְאַדְמַת יִשְׂרָאֵל קֵץ בָּא הַקֵּץ עַל־ארבעת כַּנְפוֹת הָאָרֶץ׃ אַרְבַּע
ג עַתָּה הַקֵּץ עָלַיִךְ וְשִׁלַּחְתִּי אַפִּי בָּךְ וּשְׁפַטְתִּיךְ כִּדְרָכָיִךְ וְנָתַתִּי
ד עָלַיִךְ אֵת כָּל־תּוֹעֲבוֹתָיִךְ׃ וְלֹא־תָחוֹס עֵינִי עָלַיִךְ וְלֹא אֶחְמוֹל
כִּי דְרָכַיִךְ עָלַיִךְ אֶתֵּן וְתוֹעֲבוֹתַיִךְ בְּתוֹכֵךְ תִּהְיֶיןָ וִידַעְתֶּם כִּי־
ה אֲנִי יְהוָה׃ כֹּה אָמַר אֲדֹנָי יֱהוִה רָעָה אַחַת רָעָה
ו ז הִנֵּה בָאָה׃ קֵץ בָּא בָּא הַקֵּץ הֵקִיץ אֵלָיִךְ הִנֵּה בָּאָה׃ בָּאָה
הַצְּפִירָה אֵלֶיךָ יוֹשֵׁב הָאָרֶץ בָּא הָעֵת קָרוֹב הַיּוֹם מְהוּמָה וְלֹא־
ח הֵד הָרִים׃ עַתָּה מִקָּרוֹב אֶשְׁפּוֹךְ חֲמָתִי עָלַיִךְ וְכִלֵּיתִי אַפִּי בָּךְ
ט וּשְׁפַטְתִּיךְ כִּדְרָכָיִךְ וְנָתַתִּי עָלַיִךְ אֵת כָּל־תּוֹעֲבוֹתָיִךְ׃ וְלֹא־
תָחוֹס עֵינִי וְלֹא אֶחְמוֹל כִּדְרָכַיִךְ עָלַיִךְ אֶתֵּן וְתוֹעֲבוֹתַיִךְ בְּתוֹכֵךְ
י תִּהְיֶיןָ וִידַעְתֶּם כִּי אֲנִי יְהוָה מַכֶּה׃ הִנֵּה הַיּוֹם הִנֵּה בָאָה יָצְאָה
יא הַצְּפִרָה צָץ הַמַּטֶּה פָּרַח הַזָּדוֹן׃ הֶחָמָס קָם לְמַטֵּה־רֶשַׁע לֹא־
יב מֵהֶם וְלֹא מֵהֲמוֹנָם וְלֹא מֶהֱמֵהֶם וְלֹא־נֹהַּ בָּהֶם׃ בָּא הָעֵת הִגִּיעַ
הַיּוֹם הַקּוֹנֶה אַל־יִשְׂמָח וְהַמּוֹכֵר אַל־יִתְאַבָּל כִּי חָרוֹן אֶל־כָּל־
יג הֲמוֹנָהּ׃ כִּי הַמּוֹכֵר אֶל־הַמִּמְכָּר לֹא יָשׁוּב וְעוֹד בַּחַיִּים חַיָּתָם
כִּי־חָזוֹן אֶל־כָּל־הֲמוֹנָהּ לֹא יָשׁוּב וְאִישׁ בַּעֲוֺנוֹ חַיָּתוֹ לֹא־
יד יִתְחַזָּקוּ׃ תָּקְעוּ בַתָּקוֹעַ וְהָכִין הַכֹּל וְאֵין הֹלֵךְ לַמִּלְחָמָה כִּי
טו חֲרוֹנִי אֶל־כָּל־הֲמוֹנָהּ׃ הַחֶרֶב בַּחוּץ וְהַדֶּבֶר וְהָרָעָב מִבָּיִת
אֲשֶׁר בַּשָּׂדֶה בַּחֶרֶב יָמוּת וַאֲשֶׁר בָּעִיר רָעָב וָדֶבֶר יֹאכְלֶנּוּ׃
טז וּפָלְטוּ פְּלִיטֵיהֶם וְהָיוּ אֶל־הֶהָרִים כְּיוֹנֵי הַגֵּאָיוֹת כֻּלָּם הֹמוֹת
יז אִישׁ בַּעֲוֺנוֹ׃ כָּל־הַיָּדַיִם תִּרְפֶּינָה וְכָל־בִּרְכַּיִם תֵּלַכְנָה מָּיִם׃
יח וְחָגְרוּ שַׂקִּים וְכִסְּתָה אוֹתָם פַּלָּצוּת וְאֶל כָּל־פָּנִים בּוּשָׁה וּבְכָל־
יט רָאשֵׁיהֶם קָרְחָה׃ כַּסְפָּם בַּחוּצוֹת יַשְׁלִיכוּ וּזְהָבָם לְנִדָּה יִהְיֶה
כַּסְפָּם וּזְהָבָם לֹא־יוּכַל לְהַצִּילָם בְּיוֹם עֶבְרַת יְהוָה נַפְשָׁם לֹא
כ יְשַׂבֵּעוּ וּמֵעֵיהֶם לֹא יְמַלֵּאוּ כִּי־מִכְשׁוֹל עֲוֺנָם הָיָה׃ וּצְבִי עֶדְיוֹ

לִגְאוֹן שָׂמָהוּ וְצַלְמֵי תוֹעֲבֹתָם שִׁקּוּצֵיהֶם עָשׂוּ בוֹ עַל־כֵּן נְתַתִּיו
כא לָהֶם לְנִדָּה׃ וּנְתַתִּיו בְּיַד־הַזָּרִים לָבַז וּלְרִשְׁעֵי הָאָרֶץ לְשָׁלָל
כב וְחִלְּלוּהָ׃ וַהֲסִבּוֹתִי פָנַי מֵהֶם וְחִלְּלוּ אֶת־צְפוּנִי וּבָאוּ־בָהּ פָּרִיצִים
כג וְחִלְּלוּהָ׃ עֲשֵׂה הָרַתּוֹק כִּי הָאָרֶץ מָלְאָה מִשְׁפַּט
כד דָּמִים וְהָעִיר מָלְאָה חָמָס׃ וְהֵבֵאתִי רָעֵי גוֹיִם וְיָרְשׁוּ אֶת־
כה בָּתֵּיהֶם וְהִשְׁבַּתִּי גְּאוֹן עַזִּים וְנִחֲלוּ מְקַדְשֵׁיהֶם׃ קְפָדָה־בָא
כו וּבִקְשׁוּ שָׁלוֹם וָאָיִן׃ הֹוָה עַל־הֹוָה תָּבוֹא וּשְׁמֻעָה אֶל־שְׁמוּעָה
תִּהְיֶה וּבִקְשׁוּ חָזוֹן מִנָּבִיא וְתוֹרָה תֹּאבַד מִכֹּהֵן וְעֵצָה מִזְּקֵנִים׃
כז הַמֶּלֶךְ יִתְאַבָּל וְנָשִׂיא יִלְבַּשׁ שְׁמָמָה וִידֵי עַם־הָאָרֶץ תִּבָּהַלְנָה
מִדַּרְכָּם אֶעֱשֶׂה אוֹתָם וּבְמִשְׁפְּטֵיהֶם אֶשְׁפְּטֵם וְיָדְעוּ כִּי־אֲנִי
ח א יְהוָה׃ וַיְהִי ׀ בַּשָּׁנָה הַשִּׁשִּׁית בַּשִּׁשִּׁי בַּחֲמִשָּׁה ד
לַחֹדֶשׁ אֲנִי יוֹשֵׁב בְּבֵיתִי וְזִקְנֵי יְהוּדָה יוֹשְׁבִים לְפָנָי וַתִּפֹּל
ב עָלַי שָׁם יַד אֲדֹנָי יֱהוִה׃ וָאֶרְאֶה וְהִנֵּה דְמוּת כְּמַרְאֵה־אֵשׁ
מִמַּרְאֵה מָתְנָיו וּלְמַטָּה אֵשׁ וּמִמָּתְנָיו וּלְמַעְלָה כְּמַרְאֵה־זֹהַר
ג כְּעֵין הַחַשְׁמַלָה׃ וַיִּשְׁלַח תַּבְנִית יָד וַיִּקָּחֵנִי בְּצִיצִת רֹאשִׁי
וַתִּשָּׂא אֹתִי רוּחַ ׀ בֵּין־הָאָרֶץ וּבֵין הַשָּׁמַיִם וַתָּבֵא אֹתִי
יְרוּשָׁלַמָה בְּמַרְאוֹת אֱלֹהִים אֶל־פֶּתַח שַׁעַר הַפְּנִימִית הַפּוֹנֶה
ד צָפוֹנָה אֲשֶׁר־שָׁם מוֹשַׁב סֵמֶל הַקִּנְאָה הַמַּקְנֶה׃ וְהִנֵּה־שָׁם
ה כְּבוֹד אֱלֹהֵי יִשְׂרָאֵל כַּמַּרְאֶה אֲשֶׁר רָאִיתִי בַּבִּקְעָה׃ וַיֹּאמֶר אֵלַי
בֶּן־אָדָם שָׂא־נָא עֵינֶיךָ דֶּרֶךְ צָפוֹנָה וָאֶשָּׂא עֵינַי דֶּרֶךְ צָפוֹנָה
ו וְהִנֵּה מִצָּפוֹן לְשַׁעַר הַמִּזְבֵּחַ סֵמֶל הַקִּנְאָה הַזֶּה בַּבִּאָה׃ וַיֹּאמֶר
אֵלַי בֶּן־אָדָם הֲרֹאֶה אַתָּה מֵהֶם עֹשִׂים תּוֹעֵבוֹת גְּדֹלוֹת אֲשֶׁר מָה הֵם
בֵּית־יִשְׂרָאֵל ׀ עֹשִׂים פֹּה לְרָחֳקָה מֵעַל מִקְדָּשִׁי וְעוֹד תָּשׁוּב
ז תִּרְאֶה תּוֹעֵבוֹת גְּדֹלוֹת׃ וַיָּבֵא אֹתִי אֶל־פֶּתַח הֶחָצֵר וָאֶרְאֶה
ח וְהִנֵּה חֹר־אֶחָד בַּקִּיר׃ וַיֹּאמֶר אֵלַי בֶּן־אָדָם חֲתָר־נָא בַקִּיר
ט וָאֶחְתֹּר בַּקִּיר וְהִנֵּה פֶּתַח אֶחָד׃ וַיֹּאמֶר אֵלַי בֹּא וּרְאֵה אֶת־
י הַתּוֹעֵבוֹת הָרָעוֹת אֲשֶׁר הֵם עֹשִׂים פֹּה׃ וָאָבוֹא וָאֶרְאֶה וְהִנֵּה

כָּל־תַּבְנִית רֶמֶשׂ וּבְהֵמָה שֶׁקֶץ וְכָל־גִּלּוּלֵי בֵּית יִשְׂרָאֵל מְחֻקֶּה
עַל־הַקִּיר סָבִיב ׀ סָבִיב: וְשִׁבְעִים אִישׁ מִזִּקְנֵי בֵית־יִשְׂרָאֵל יא
וְיַאֲזַנְיָהוּ בֶן־שָׁפָן עֹמֵד בְּתוֹכָם עֹמְדִים לִפְנֵיהֶם וְאִישׁ מִקְטַרְתּוֹ
בְּיָדוֹ וַעֲתַר עֲנַן־הַקְּטֹרֶת עֹלֶה: וַיֹּאמֶר אֵלַי הֲרָאִיתָ בֶן־אָדָם יב
אֲשֶׁר זִקְנֵי בֵית־יִשְׂרָאֵל עֹשִׂים בַּחֹשֶׁךְ אִישׁ בְּחַדְרֵי מַשְׂכִּיתוֹ כִּי
אֹמְרִים אֵין יְהוָה רֹאֶה אֹתָנוּ עָזַב יְהוָה אֶת־הָאָרֶץ: וַיֹּאמֶר אֵלַי יג
עוֹד תָּשׁוּב תִּרְאֶה תּוֹעֵבוֹת גְּדֹלוֹת אֲשֶׁר־הֵמָּה עֹשִׂים: וַיָּבֵא יד
אֹתִי אֶל־פֶּתַח שַׁעַר בֵּית־יְהוָה אֲשֶׁר אֶל־הַצָּפוֹנָה וְהִנֵּה־שָׁם
הַנָּשִׁים יֹשְׁבוֹת מְבַכּוֹת אֶת־הַתַּמּוּז: וַיֹּאמֶר טו
אֵלַי הֲרָאִיתָ בֶן־אָדָם עוֹד תָּשׁוּב תִּרְאֶה תּוֹעֵבוֹת גְּדֹלוֹת
מֵאֵלֶּה: וַיָּבֵא אֹתִי אֶל־חֲצַר בֵּית־יְהוָה הַפְּנִימִית וְהִנֵּה־פֶתַח טז
הֵיכַל יְהוָה בֵּין הָאוּלָם וּבֵין הַמִּזְבֵּחַ כְּעֶשְׂרִים וַחֲמִשָּׁה אִישׁ
אֲחֹרֵיהֶם אֶל־הֵיכַל יְהוָה וּפְנֵיהֶם קֵדְמָה וְהֵמָּה מִשְׁתַּחֲוִיתֶם
קֵדְמָה לַשָּׁמֶשׁ: וַיֹּאמֶר אֵלַי הֲרָאִיתָ בֶן־אָדָם הֲנָקֵל לְבֵית יז
יְהוּדָה מֵעֲשׂוֹת אֶת־הַתּוֹעֵבוֹת אֲשֶׁר עָשׂוּ־פֹה כִּי־מָלְאוּ אֶת־
הָאָרֶץ חָמָס וַיָּשֻׁבוּ לְהַכְעִיסֵנִי וְהִנָּם שֹׁלְחִים אֶת־הַזְּמוֹרָה אֶל־
אַפָּם: וְגַם־אֲנִי אֶעֱשֶׂה בְחֵמָה לֹא־תָחוֹס עֵינִי וְלֹא אֶחְמֹל יח
וְקָרְאוּ בְאָזְנַי קוֹל גָּדוֹל וְלֹא אֶשְׁמַע אוֹתָם: וַיִּקְרָא בְאָזְנַי קוֹל א ט
גָּדוֹל לֵאמֹר קָרְבוּ פְּקֻדּוֹת הָעִיר וְאִישׁ כְּלִי מַשְׁחֵתוֹ בְּיָדוֹ: וְהִנֵּה ב
שִׁשָּׁה אֲנָשִׁים בָּאִים ׀ מִדֶּרֶךְ־שַׁעַר הָעֶלְיוֹן אֲשֶׁר ׀ מָפְנֶה צָפוֹנָה
וְאִישׁ כְּלִי מַפָּצוֹ בְּיָדוֹ וְאִישׁ־אֶחָד בְּתוֹכָם לָבֻשׁ בַּדִּים וְקֶסֶת
הַסֹּפֵר בְּמָתְנָיו וַיָּבֹאוּ וַיַּעַמְדוּ אֵצֶל מִזְבַּח הַנְּחֹשֶׁת: וּכְבוֹד ׀ ג
אֱלֹהֵי יִשְׂרָאֵל נַעֲלָה מֵעַל הַכְּרוּב אֲשֶׁר הָיָה עָלָיו אֶל מִפְתַּן
הַבָּיִת וַיִּקְרָא אֶל־הָאִישׁ הַלָּבֻשׁ הַבַּדִּים אֲשֶׁר קֶסֶת הַסֹּפֵר
בְּמָתְנָיו: וַיֹּאמֶר יְהוָה אֵלָו עֲבֹר בְּתוֹךְ הָעִיר ד
בְּתוֹךְ יְרוּשָׁלָ͏ִם וְהִתְוִיתָ תָּו עַל־מִצְחוֹת הָאֲנָשִׁים הַנֶּאֱנָחִים
וְהַנֶּאֱנָקִים עַל כָּל־הַתּוֹעֵבוֹת הַנַּעֲשׂוֹת בְּתוֹכָהּ: וּלְאֵלֶּה אָמַר ה

תסב

ט בְּאָזְנַי עִבְרוּ בָעִיר אַחֲרָיו וְהַכּוּ עַל־תָּחֹס עיניכם וְאַל־תַּחְמֹלוּ׃ אַל־ | עֵינְכֶם
ו זָקֵן בָּחוּר וּבְתוּלָה וְטַף וְנָשִׁים תַּהַרְגוּ לְמַשְׁחִית וְעַל־כָּל־אִישׁ
אֲשֶׁר־עָלָיו הַתָּו אַל־תִּגַּשׁוּ וּמִמִּקְדָּשִׁי תָּחֵלּוּ וַיָּחֵלּוּ בָּאֲנָשִׁים
ז הַזְּקֵנִים אֲשֶׁר לִפְנֵי הַבָּיִת׃ וַיֹּאמֶר אֲלֵיהֶם טַמְּאוּ אֶת־הַבַּיִת
ח וּמַלְאוּ אֶת־הַחֲצֵרוֹת חֲלָלִים צֵאוּ וְיָצְאוּ וְהִכּוּ בָעִיר׃ וַיְהִי
כְּהַכּוֹתָם וְנֵאשֲׁאַר אֲנִי וָאֶפְּלָה עַל־פָּנַי וָאֶזְעַק וָאֹמַר אֲהָהּ אֲדֹנָי
יֱהוִה הֲמַשְׁחִית אַתָּה אֵת כָּל־שְׁאֵרִית יִשְׂרָאֵל בְּשָׁפְכְּךָ אֶת־
ט חֲמָתְךָ עַל־יְרוּשָׁלִָם׃ וַיֹּאמֶר אֵלַי עֲוֺן בֵּית־יִשְׂרָאֵל וִיהוּדָה
גָּדוֹל בִּמְאֹד מְאֹד וַתִּמָּלֵא הָאָרֶץ דָּמִים וְהָעִיר מָלְאָה מֻטֶּה
י כִּי אָמְרוּ עָזַב יהוה אֶת־הָאָרֶץ וְאֵין יְהוָה רֹאֶה׃ וְגַם־אֲנִי לֹא־
יא תָחוֹס עֵינִי וְלֹא אֶחְמֹל דַּרְכָּם בְּרֹאשָׁם נָתָתִּי׃ וְהִנֵּה הָאִישׁ ׀
לְבֻשׁ הַבַּדִּים אֲשֶׁר הַקֶּסֶת בְּמָתְנָיו מֵשִׁיב דָּבָר לֵאמֹר עָשִׂיתִי
י א כַּאֲשֶׁר צִוִּיתָנִי׃ וָאֶרְאֶה וְהִנֵּה אֶל־הָרָקִיעַ אֲשֶׁר ה כְּכֹל אֲשֶׁר
עַל־רֹאשׁ הַכְּרֻבִים כְּאֶבֶן סַפִּיר כְּמַרְאֵה דְּמוּת כִּסֵּא נִרְאָה
ב עֲלֵיהֶם׃ וַיֹּאמֶר אֶל־הָאִישׁ ׀ לְבֻשׁ הַבַּדִּים וַיֹּאמֶר בֹּא אֶל־בֵּינוֹת
לַגַּלְגַּל אֶל־תַּחַת לַכְּרוּב וּמַלֵּא חָפְנֶיךָ גַחֲלֵי־אֵשׁ מִבֵּינוֹת
ג לַכְּרֻבִים וּזְרֹק עַל־הָעִיר וַיָּבֹא לְעֵינָי׃ וְהַכְּרֻבִים עֹמְדִים מִימִין
ד לַבַּיִת בְּבֹאוֹ הָאִישׁ וְהֶעָנָן מָלֵא אֶת־הֶחָצֵר הַפְּנִימִית׃ וַיָּרָם
כְּבוֹד־יהוה מֵעַל הַכְּרוּב עַל מִפְתַּן הַבָּיִת וַיִּמָּלֵא הַבַּיִת אֶת־
ה הֶעָנָן וְהֶחָצֵר מָלְאָה אֶת־נֹגַהּ כְּבוֹד יְהוָה׃ וְקוֹל כַּנְפֵי הַכְּרוּבִים
ו נִשְׁמַע עַד־הֶחָצֵר הַחִיצֹנָה כְּקוֹל אֵל־שַׁדַּי בְּדַבְּרוֹ׃ וַיְהִי בְּצַוֺּתוֹ
אֶת־הָאִישׁ לְבֻשׁ־הַבַּדִּים לֵאמֹר קַח אֵשׁ מִבֵּינוֹת לַגַּלְגַּל
ז מִבֵּינוֹת לַכְּרוּבִים וַיָּבֹא וַיַּעֲמֹד אֵצֶל הָאוֹפָן׃ וַיִּשְׁלַח הַכְּרוּב
אֶת־יָדוֹ מִבֵּינוֹת לַכְּרוּבִים אֶל־הָאֵשׁ אֲשֶׁר בֵּינוֹת הַכְּרֻבִים
ח וַיִּשָּׂא וַיִּתֵּן אֶל־חָפְנֵי לְבֻשׁ הַבַּדִּים וַיִּקַּח וַיֵּצֵא׃ וַיֵּרָא לַכְּרֻבִים
ט תַּבְנִית יַד־אָדָם תַּחַת כַּנְפֵיהֶם׃ וָאֶרְאֶה וְהִנֵּה אַרְבָּעָה אוֹפַנִּים
אֵצֶל הַכְּרוּבִים אוֹפַן אֶחָד אֵצֶל הַכְּרוּב אֶחָד וְאוֹפַן אֶחָד אֵצֶל

י הַכְּרוּב אֶחָד וּמַרְאֵה הָאוֹפַנִּים כְּעֵין אֶבֶן תַּרְשִׁישׁ׃ וּמַרְאֵיהֶם
דְּמוּת אֶחָד לְאַרְבַּעְתָּם כַּאֲשֶׁר יִהְיֶה הָאוֹפַן בְּתוֹךְ הָאוֹפָן׃
יא בְּלֶכְתָּם אֶל־אַרְבַּעַת רִבְעֵיהֶם יֵלֵכוּ לֹא יִסַּבּוּ בְּלֶכְתָּם כִּי
הַמָּקוֹם אֲשֶׁר־יִפְנֶה הָרֹאשׁ אַחֲרָיו יֵלֵכוּ לֹא יִסַּבּוּ בְּלֶכְתָּם׃
יב וְכָל־בְּשָׂרָם וְגַבֵּהֶם וִידֵיהֶם וְכַנְפֵיהֶם וְהָאוֹפַנִּים מְלֵאִים עֵינַיִם
יג סָבִיב לְאַרְבַּעְתָּם אוֹפַנֵּיהֶם׃ לָאוֹפַנִּים לָהֶם קוֹרָא הַגַּלְגַּל בְּאָזְנָי׃
יד וְאַרְבָּעָה פָנִים לְאֶחָד פְּנֵי הָאֶחָד פְּנֵי הַכְּרוּב וּפְנֵי הַשֵּׁנִי פְּנֵי אָדָם
טו וְהַשְּׁלִישִׁי פְּנֵי אַרְיֵה וְהָרְבִיעִי פְּנֵי־נָשֶׁר׃ וַיֵּרֹמּוּ הַכְּרוּבִים הִיא
טז הַחַיָּה אֲשֶׁר רָאִיתִי בִּנְהַר־כְּבָר׃ וּבְלֶכֶת הַכְּרוּבִים יֵלְכוּ
הָאוֹפַנִּים אֶצְלָם וּבִשְׂאֵת הַכְּרוּבִים אֶת־כַּנְפֵיהֶם לָרוּם מֵעַל
יז הָאָרֶץ לֹא־יִסַּבּוּ הָאוֹפַנִּים גַּם־הֵם מֵאֶצְלָם׃ בְּעָמְדָם יַעֲמֹדוּ
יח וּבְרוֹמָם יֵרוֹמּוּ אוֹתָם כִּי רוּחַ הַחַיָּה בָּהֶם׃ וַיֵּצֵא כְּבוֹד יְהוָה
יט מֵעַל מִפְתַּן הַבָּיִת וַיַּעֲמֹד עַל־הַכְּרוּבִים׃ וַיִּשְׂאוּ הַכְּרוּבִים אֶת־
כַּנְפֵיהֶם וַיֵּרוֹמּוּ מִן־הָאָרֶץ לְעֵינַי בְּצֵאתָם וְהָאוֹפַנִּים לְעֻמָּתָם
וַיַּעֲמֹד פֶּתַח שַׁעַר בֵּית־יְהוָה הַקַּדְמוֹנִי וּכְבוֹד אֱלֹהֵי־יִשְׂרָאֵל
כ עֲלֵיהֶם מִלְמָעְלָה׃ הִיא הַחַיָּה אֲשֶׁר רָאִיתִי תַּחַת אֱלֹהֵי־
כא יִשְׂרָאֵל בִּנְהַר־כְּבָר וָאֵדַע כִּי כְרוּבִים הֵמָּה׃ אַרְבָּעָה אַרְבָּעָה
פָנִים לְאֶחָד וְאַרְבַּע כְּנָפַיִם לְאֶחָד וּדְמוּת יְדֵי אָדָם תַּחַת
כב כַּנְפֵיהֶם׃ וּדְמוּת פְּנֵיהֶם הֵמָּה הַפָּנִים אֲשֶׁר רָאִיתִי עַל־נְהַר־
יא א כְּבָר מַרְאֵיהֶם וְאוֹתָם אִישׁ אֶל־עֵבֶר פָּנָיו יֵלֵכוּ׃ וַתִּשָּׂא אֹתִי
רוּחַ וַתָּבֵא אֹתִי אֶל־שַׁעַר בֵּית־יְהוָה הַקַּדְמוֹנִי הַפּוֹנֶה
קָדִימָה וְהִנֵּה בְּפֶתַח הַשַּׁעַר עֶשְׂרִים וַחֲמִשָּׁה אִישׁ וָאֶרְאֶה
בְתוֹכָם אֶת־יַאֲזַנְיָה בֶן־עַזֻּר וְאֶת־פְּלַטְיָהוּ בֶן־בְּנָיָהוּ שָׂרֵי
ב הָעָם׃ וַיֹּאמֶר אֵלָי בֶּן־אָדָם אֵלֶּה הָאֲנָשִׁים הַחֹשְׁבִים
ג אָוֶן וְהַיֹּעֲצִים עֲצַת־רָע בָּעִיר הַזֹּאת׃ הָאֹמְרִים לֹא בְקָרוֹב
ד בְּנוֹת בָּתִּים הִיא הַסִּיר וַאֲנַחְנוּ הַבָּשָׂר׃ לָכֵן הִנָּבֵא
ה עֲלֵיהֶם הִנָּבֵא בֶּן־אָדָם׃ וַתִּפֹּל עָלַי רוּחַ יְהוָה וַיֹּאמֶר אֵלַי אֱמֹר

כֹּֽה־אָמַ֣ר יְהוָ֗ה כֵּ֤ן אֲמַרְתֶּם֙ בֵּ֣ית יִשְׂרָאֵ֔ל וּמַעֲל֥וֹת רֽוּחֲכֶ֖ם אֲנִ֥י

ו   יְדַעְתִּֽיהָ: הִרְבֵּיתֶ֣ם חַלְלֵיכֶ֔ם בָּעִ֖יר הַזֹּ֑את וּמִלֵּאתֶ֥ם חֽוּצֹתֶ֖יהָ

ז   חָלָֽל: לָכֵ֗ן כֹּֽה־אָמַר֮ אֲדֹנָ֣י יְהוִה֒ חַלְלֵיכֶ֗ם אֲשֶׁ֤ר

שַׂמְתֶּם֙ בְּתוֹכָ֔הּ הֵ֥מָּה הַבָּשָׂ֖ר וְהִ֣יא הַסִּ֑יר וְאֶתְכֶ֖ם הוֹצִ֥יא

ח   מִתּוֹכָֽהּ: חֶ֖רֶב יְרֵאתֶ֑ם וְחֶ֨רֶב֙ אָבִ֣יא עֲלֵיכֶ֔ם נְאֻ֖ם אֲדֹנָ֥י יְהוִֽה:

ט   וְהוֹצֵאתִ֤י אֶתְכֶם֙ מִתּוֹכָ֔הּ וְנָתַתִּ֥י אֶתְכֶ֖ם בְּיַד־זָרִ֑ים וְעָשִׂ֥יתִי

י   בָכֶ֖ם שְׁפָטִֽים: בַּחֶ֣רֶב תִּפֹּ֔לוּ עַל־גְּב֥וּל יִשְׂרָאֵ֖ל אֶשְׁפּ֣וֹט אֶתְכֶ֑ם

יא   וִֽידַעְתֶּ֖ם כִּֽי־אֲנִ֥י יְהוָֽה: הִ֗יא לֹֽא־תִהְיֶ֤ה לָכֶם֙ לְסִ֔יר וְאַתֶּ֛ם

תִּהְי֥וּ בְתוֹכָ֖הּ לְבָשָׂ֑ר אֶל־גְּב֥וּל יִשְׂרָאֵ֖ל אֶשְׁפֹּ֥ט אֶתְכֶֽם:

יב   וִֽידַעְתֶּ֞ם כִּֽי־אֲנִ֣י יְהוָ֗ה אֲשֶׁ֤ר בְּחֻקַּי֙ לֹ֣א הֲלַכְתֶּ֔ם וּמִשְׁפָּטַ֖י לֹ֣א

יג   עֲשִׂיתֶ֑ם וּֽכְמִשְׁפְּטֵ֧י הַגּוֹיִ֛ם אֲשֶׁ֥ר סְבִיבוֹתֵיכֶ֖ם עֲשִׂיתֶֽם: וַֽיְהִי֙

כְּהִנָּ֣בְאִ֔י וּפְלַטְיָ֥הוּ בֶן־בְּנָיָ֖ה מֵ֑ת וָאֶפֹּ֨ל עַל־פָּנַ֜י וָאֶזְעַ֣ק ׀ ק֣וֹל

גָּד֗וֹל וָאֹמַר֙ אֲהָהּ֙ אֲדֹנָ֣י יְהוִ֔ה כָּלָה֙ אַתָּ֣ה עֹשֶׂ֔ה אֵ֖ת שְׁאֵרִ֥ית

יד   יִשְׂרָאֵֽל: וַיְהִ֥י דְבַר־יְהוָ֖ה אֵלַ֥י לֵאמֹֽר: בֶּן־אָדָ֗ם

טו   אַחֶ֤יךָ אַחֶ֙יךָ֙ אַנְשֵׁ֣י גְאֻלָּתֶ֔ךָ וְכָל־בֵּ֥ית יִשְׂרָאֵ֖ל כֻּלֹּ֑ה אֲשֶׁר֩ אָמְר֨וּ

לָהֶ֜ם יֹשְׁבֵ֣י יְרוּשָׁלִַ֗ם רַֽחֲקוּ֙ מֵעַ֣ל יְהוָ֔ה לָ֥נוּ הִ֛יא נִתְּנָ֥ה הָאָ֖רֶץ

טז   לְמֽוֹרָשָֽׁה: לָכֵ֣ן אֱמֹ֗ר כֹּ֤ה אָמַר֙ אֲדֹנָ֣י יְהוִ֔ה כִּ֚י

הִרְחַקְתִּ֣ים בַּגּוֹיִ֔ם וְכִ֥י הֲפִֽיצוֹתִ֖ים בָּֽאֲרָצ֑וֹת וָאֱהִ֤י לָהֶם֙ לְמִקְדָּ֣שׁ

יז   מְעַ֔ט בָּֽאֲרָצ֖וֹת אֲשֶׁר־בָּ֥אוּ שָֽׁם: לָכֵ֣ן אֱמֹ֗ר כֹּֽה־

אָמַר֮ אֲדֹנָ֣י יְהוִה֒ וְקִבַּצְתִּ֤י אֶתְכֶם֙ מִן־הָ֣עַמִּ֔ים וְאָסַפְתִּ֣י אֶתְכֶ֔ם

מִן־הָ֣אֲרָצ֔וֹת אֲשֶׁ֥ר נְפֹצוֹתֶ֖ם בָּהֶ֑ם וְנָתַתִּ֥י לָכֶ֖ם אֶת־אַדְמַ֥ת

יח   יִשְׂרָאֵֽל: וּבָ֖אוּ־שָׁ֑מָּה וְהֵסִ֛ירוּ אֶת־כָּל־שִׁקּוּצֶ֥יהָ וְאֶת־כָּל־

יט   תּוֹעֲבוֹתֶ֖יהָ מִמֶּֽנָּה: וְנָתַתִּ֤י לָהֶם֙ לֵ֣ב אֶחָ֔ד וְר֥וּחַ חֲדָשָׁ֖ה אֶתֵּ֣ן

בְּקִרְבְּכֶ֑ם וַהֲסִ֨רֹתִ֜י לֵ֤ב הָאֶ֙בֶן֙ מִבְּשָׂרָ֔ם וְנָתַתִּ֥י לָהֶ֖ם לֵ֥ב בָּשָֽׂר:

כ   לְמַ֙עַן֙ בְּחֻקֹּתַ֣י יֵלֵ֔כוּ וְאֶת־מִשְׁפָּטַ֥י יִשְׁמְר֖וּ וְעָשׂ֣וּ אֹתָ֑ם וְהָֽיוּ־ ו

כא   לִ֣י לְעָ֔ם וַֽאֲנִ֕י אֶהְיֶ֥ה לָהֶ֖ם לֵֽאלֹהִֽים: וְאֶל־לֵ֣ב שִׁקּוּצֵיהֶ֗ם

וְתוֹעֲבֽוֹתֵיהֶם֙ לִבָּ֣ם הֹלֵ֔ךְ דַּרְכָּ֗ם בְּרֹאשָׁ֤ם נָתַ֙תִּי֙ נְאֻ֖ם אֲדֹנָ֥י יְהוִֽה:

וַיִּשְׂא֤וּ הַכְּרוּבִים֙ אֶת־כַּנְפֵיהֶ֔ם וְהָאוֹפַנִּ֖ים לְעֻמָּתָ֑ם וּכְב֛וֹד כב
אֱלֹהֵֽי־יִשְׂרָאֵ֖ל עֲלֵיהֶ֥ם מִלְמָֽעְלָה׃ וַיַּ֙עַל֙ כְּב֣וֹד יְהוָ֔ה מֵעַ֖ל ת֣וֹךְ כג
הָעִ֑יר וַֽיַּעֲמֹד֙ עַל־הָהָ֔ר אֲשֶׁ֖ר מִקֶּ֥דֶם לָעִֽיר׃ וְר֣וּחַ נְשָׂאַ֗תְנִי כד
וַתְּבִיאֵ֤נִי כַשְׂדִּ֙ימָה֙ אֶל־הַגּוֹלָ֔ה בַּמַּרְאֶ֖ה בְּר֣וּחַ אֱלֹהִ֑ים וַיַּ֙עַל֙
מֵעָלַ֔י הַמַּרְאֶ֖ה אֲשֶׁ֥ר רָאִֽיתִי׃ וָאֲדַבֵּ֖ר אֶל־הַגּוֹלָ֑ה אֵ֚ת כָּל־דִּבְרֵ֣י כה
יְהוָ֔ה אֲשֶׁ֖ר הֶרְאָֽנִי׃ וַיְהִ֥י דְבַר־יְהוָ֖ה אֵלַ֥י לֵאמֹֽר׃ א יב
בֶּן־אָדָ֕ם בְּת֥וֹךְ בֵּית־הַמֶּ֖רִי אַתָּ֣ה יֹשֵׁ֑ב אֲשֶׁר֩ עֵינַ֨יִם לָהֶ֜ם ב
לִרְא֗וֹת וְלֹ֤א רָאוּ֙ אָזְנַ֨יִם לָהֶ֤ם לִשְׁמֹ֙עַ֙ וְלֹ֣א שָׁמֵ֔עוּ כִּ֛י בֵּ֥ית מְרִ֖י
הֵֽם׃ וְאַתָּ֣ה בֶן־אָדָ֗ם עֲשֵׂ֥ה לְךָ֙ כְּלֵ֣י גוֹלָ֔ה וּגְלֵ֥ה ג
יוֹמָ֖ם לְעֵינֵיהֶ֑ם וְגָלִ֨יתָ מִמְּקוֹמְךָ֜ אֶל־מָק֤וֹם אַחֵר֙ לְעֵ֣ינֵיהֶ֔ם אוּלַ֣י
יִרְא֔וּ כִּ֛י בֵּ֥ית מְרִ֖י הֵֽמָּה׃ וְהוֹצֵאתָ֨ כֵלֶ֜יךָ כִּכְלֵ֥י גוֹלָ֛ה יוֹמָ֖ם ד
לְעֵינֵיהֶ֑ם וְאַתָּ֗ה תֵּצֵ֤א בָעֶ֙רֶב֙ לְעֵ֣ינֵיהֶ֔ם כְּמוֹצָאֵ֖י גּוֹלָֽה׃ לְעֵינֵיהֶ֖ם ה
חֲתָר־לְךָ֣ בַקִּ֑יר וְהוֹצֵאתָ֖ בּֽוֹ׃ לְעֵינֵיהֶ֞ם עַל־כָּתֵ֣ף תִּשָּׂ֗א בָּעֲלָטָ֣ה ו
תוֹצִ֔יא פָּנֶ֣יךָ תְכַסֶּ֔ה וְלֹ֥א תִרְאֶ֖ה אֶת־הָאָ֑רֶץ כִּֽי־מוֹפֵ֛ת נְתַתִּ֖יךָ
לְבֵ֥ית יִשְׂרָאֵֽל׃ וָאַ֣עַשׂ כֵּ֘ן כַּאֲשֶׁ֣ר צֻוֵּ֒יתִי֒ כֵּ֠לַי הוֹצֵ֜אתִי כִּכְלֵ֤י ז
גוֹלָה֙ יוֹמָ֔ם וּבָעֶ֛רֶב חָתַֽרְתִּי־לִ֥י בַקִּ֖יר בְּיָ֑ד בָּעֲלָטָ֥ה הוֹצֵ֛אתִי
עַל־כָּתֵ֥ף נָשָׂ֖אתִי לְעֵינֵיהֶֽם׃ וַיְהִ֧י דְבַר־יְהוָ֛ה ח
אֵלַ֖י בַּבֹּ֥קֶר לֵאמֹֽר׃ בֶּן־אָדָ֕ם הֲלֹ֨א אָמְר֥וּ אֵלֶ֛יךָ בֵּ֥ית יִשְׂרָאֵ֖ל ט
בֵּ֣ית הַמֶּ֑רִי מָ֖ה אַתָּ֥ה עֹשֶֽׂה׃ אֱמֹ֣ר אֲלֵיהֶ֔ם כֹּ֥ה אָמַ֖ר אֲדֹנָ֣י יְהוִ֑ה י
הַנָּשִׂ֞יא הַמַּשָּׂ֤א הַזֶּה֙ בִּיר֣וּשָׁלִַ֔ם וְכָל־בֵּ֥ית יִשְׂרָאֵ֖ל אֲשֶׁר־הֵ֥מָּה
בְתוֹכָֽם׃ אֱמֹ֖ר אֲנִ֣י מֽוֹפֶתְכֶ֑ם כַּאֲשֶׁ֣ר עָשִׂ֔יתִי כֵּ֚ן יֵעָשֶׂ֣ה לָהֶ֔ם יא
בַּגּוֹלָ֥ה בַשְּׁבִ֖י יֵלֵֽכוּ׃ וְהַנָּשִׂ֨יא אֲשֶׁר־בְּתוֹכָ֜ם אֶל־כָּתֵ֤ף יִשָּׂא֙ יב
בָּעֲלָטָה֙ וְיֵצֵ֔א בַּקִּ֥יר יַחְתְּר֖וּ לְה֣וֹצִיא ב֑וֹ פָּנָ֣יו יְכַסֶּ֔ה יַ֗עַן אֲשֶׁ֛ר
לֹֽא־יִרְאֶ֥ה לַעַ֛יִן ה֖וּא אֶת־הָאָֽרֶץ׃ וּפָרַשְׂתִּ֤י אֶת־רִשְׁתִּי֙ עָלָ֔יו יג
וְנִתְפַּ֖שׂ בִּמְצוּדָתִ֑י וְהֵבֵאתִ֨י אֹת֤וֹ בָבֶ֙לָה֙ אֶ֣רֶץ כַּשְׂדִּ֔ים וְאוֹתָ֖הּ
לֹֽא־יִרְאֶ֑ה וְשָׁ֖ם יָמֽוּת׃ וְכֹל֩ אֲשֶׁ֨ר סְבִיבֹתָ֥יו עֶזְרֹ֛ה וְכָל־אֲגַפָּ֖יו יד
אֱזָרֶ֣ה לְכָל־ר֑וּחַ וְחֶ֖רֶב אָרִ֥יק אַחֲרֵיהֶֽם׃ וְיָדְע֖וּ כִּֽי־אֲנִ֣י יְהוָ֑ה טו

טו בַּהֲפִיצִ֤י אוֹתָם֙ בַּגּוֹיִ֔ם וְזֵרִיתִ֥י אוֹתָ֖ם בָּאֲרָצ֑וֹת: וְהוֹתַרְתִּ֤י
מֵהֶם֙ אַנְשֵׁ֣י מִסְפָּ֔ר מֵחֶ֖רֶב מֵרָעָ֣ב וּמִדָּ֑בֶר לְמַ֣עַן יְסַפְּר֗וּ
אֶת־כָּל־תּֽוֹעֲבֽוֹתֵיהֶם֙ בַּגּוֹיִ֣ם אֲשֶׁר־בָּ֣אוּ שָׁ֔ם וְיָֽדְע֖וּ כִּֽי־אֲנִ֥י
יהוה: וַיְהִ֥י דְבַר־יהוה אֵלַ֥י לֵאמֹֽר: בֶּן־אָדָ֗ם יז

יח לַחְמְךָ֙ בְּרַ֣עַשׁ תֹּאכֵ֔ל וּמֵימֶ֕יךָ בְּרָגְזָ֥ה וּבִדְאָגָ֖ה תִּשְׁתֶּֽה: וְאָמַרְתָּ֣
אֶל־עַ֣ם הָאָ֗רֶץ כֹּֽה־אָמַ֞ר אֲדֹנָ֤י יהוה֙ לְיֽוֹשְׁבֵ֤י יְרוּשָׁלַ֙͏ִם֙ אֶל־
אַדְמַ֣ת יִשְׂרָאֵ֔ל לַחְמָם֙ בִּדְאָגָ֣ה יֹאכֵ֔לוּ וּמֵֽימֵיהֶ֖ם בְּשִׁמָּמ֣וֹן יִשְׁתּ֑וּ
כ לְמַ֜עַן תֵּשַׁ֤ם אַרְצָהּ֙ מִמְּלֹאָ֔הּ מֵחֲמַ֖ס כָּל־הַיֹּֽשְׁבִ֣ים בָּ֑הּ: וְהֶעָרִ֤ים
הַנּֽוֹשָׁבוֹת֙ תֶּחֱרַ֔בְנָה וְהָאָ֖רֶץ שְׁמָמָ֣ה תִֽהְיֶ֑ה וִֽידַעְתֶּ֖ם כִּֽי־אֲנִ֥י
יהוה: וַיְהִ֥י דְבַר־יהוה אֵלַ֥י לֵאמֹֽר: בֶּן־אָדָ֗ם כא

מָה־הַמָּשָׁ֤ל הַזֶּה֙ לָכֶ֔ם עַל־אַדְמַ֥ת יִשְׂרָאֵ֖ל לֵאמֹ֑ר יַֽאַרְכוּ֙
כג הַיָּמִ֔ים וְאָבַ֖ד כָּל־חָזֽוֹן: לָכֵ֞ן אֱמֹ֣ר אֲלֵיהֶ֗ם כֹּֽה־אָמַר֮ אֲדֹנָ֣י יהוה֒
הִשְׁבַּ֙תִּי֙ אֶת־הַמָּשָׁ֣ל הַזֶּ֔ה וְלֹֽא־יִמְשְׁל֥וּ אֹת֛וֹ ע֖וֹד בְּיִשְׂרָאֵ֑ל כִּ֣י
כד אִם־דַּבֵּ֤ר אֲלֵיהֶם֙ קָֽרְב֣וּ הַיָּמִ֔ים וּדְבַ֖ר כָּל־חָזֽוֹן: כִּ֣י ׀ לֹ֣א יִֽהְיֶ֗ה
ע֛וֹד כָּל־חֲז֥וֹן שָׁ֖וְא וּמִקְסַ֣ם חָלָ֑ק בְּת֖וֹךְ בֵּ֥ית יִשְׂרָאֵֽל: כִּ֣י ׀ אֲנִ֣י
כה יהוה אֲדַבֵּ֗ר אֵת֩ אֲשֶׁ֨ר אֲדַבֵּ֤ר דָּבָר֙ וְיֵ֣עָשֶׂ֔ה לֹ֥א תִמָּשֵׁ֖ךְ ע֑וֹד
כִּ֣י בִֽימֵיכֶ֞ם בֵּ֣ית הַמֶּ֗רִי אֲדַבֵּ֤ר דָּבָר֙ וַֽעֲשִׂיתִ֔יו נְאֻ֖ם אֲדֹנָ֥י
יהוה: וַיְהִ֥י דְבַר־יהוה אֵלַ֥י לֵאמֹֽר: בֶּן־אָדָ֗ם כו

הִנֵּ֤ה בֵֽית־יִשְׂרָאֵל֙ אֹֽמְרִ֔ים הֶחָז֛וֹן אֲשֶׁר־ה֥וּא חֹזֶ֖ה לְיָמִ֣ים רַבִּ֑ים
כח וּלְעִתִּ֥ים רְחוֹק֖וֹת ה֥וּא נִבָּֽא: לָכֵ֞ן אֱמֹ֣ר אֲלֵיהֶ֗ם
כֹּ֤ה אָמַר֙ אֲדֹנָ֣י יהוה לֹֽא־תִמָּשֵׁ֥ךְ ע֖וֹד כָּל־דְּבָרָ֑י אֲשֶׁ֨ר אֲדַבֵּ֤ר
יג דָּבָר֙ וְיֵ֣עָשֶׂ֔ה נְאֻ֖ם אֲדֹנָ֥י יהוה: וַיְהִ֥י דְבַר־יהוה

א אֵלַ֥י לֵאמֹֽר: בֶּן־אָדָ֗ם הִנָּבֵ֛א אֶל־נְבִיאֵ֥י יִשְׂרָאֵ֖ל הַנִּבָּאִ֑ים
ג וְאָֽמַרְתָּ֙ לִנְבִיאֵ֣י מִלִּבָּ֔ם שִׁמְע֖וּ דְּבַר־יהוה: כֹּ֤ה אָמַר֙ אֲדֹנָ֣י
יהוה ה֚וֹי עַל־הַנְּבִיאִ֣ים הַנְּבָלִ֔ים אֲשֶׁ֥ר הֹֽלְכִ֖ים אַחַ֣ר רוּחָ֑ם
ה וּלְבִלְתִּ֖י רָאֽוּ: כְּשֻֽׁעָלִ֣ים בָּֽחֳרָב֑וֹת נְבִיאֶ֥יךָ יִשְׂרָאֵ֖ל הָיֽוּ: לֹ֧א
עֲלִיתֶ֣ם בַּפְּרָצ֗וֹת וַתִּגְדְּר֤וּ גָדֵר֙ עַל־בֵּ֣ית יִשְׂרָאֵ֔ל לַֽעֲמֹ֥ד

בַּמִּלְחָמָה בְּיוֹם יְהֹוָה: חָזוּ שָׁוְא וְקֶסֶם כָּזָב הָאֹמְרִים נְאֻם־ ו

יְהֹוָה וַיהֹוָה לֹא שְׁלָחָם וְיִחֲלוּ לְקַיֵּם דָּבָר: הֲלוֹא מַחֲזֵה־שָׁוְא ז

חֲזִיתֶם וּמִקְסַם כָּזָב אֲמַרְתֶּם וְאֹמְרִים נְאֻם־יְהֹוָה וַאֲנִי לֹא

דִבַּרְתִּי: לָכֵן כֹּה אָמַר אֲדֹנָי יְהֹוָה יַעַן דַּבֶּרְכֶם ח

שָׁוְא וַחֲזִיתֶם כָּזָב לָכֵן הִנְנִי אֲלֵיכֶם נְאֻם אֲדֹנָי יְהֹוָה: וְהָיְתָה ט

יָדִי אֶל־הַנְּבִיאִים הַחֹזִים שָׁוְא וְהַקֹּסְמִים כָּזָב בְּסוֹד עַמִּי לֹא־

יִהְיוּ וּבִכְתָב בֵּית־יִשְׂרָאֵל לֹא יִכָּתֵבוּ וְאֶל־אַדְמַת יִשְׂרָאֵל

לֹא יָבֹאוּ וִידַעְתֶּם כִּי־אֲנִי אֲדֹנָי יְהֹוָה: יַעַן וּבְיַעַן הִטְעוּ י

אֶת־עַמִּי לֵאמֹר שָׁלוֹם וְאֵין שָׁלוֹם וְהוּא בֹּנֶה חַיִץ וְהִנָּם

טָחִים אֹתוֹ תָּפֵל: אֱמֹר אֶל־טָחֵי תָפֵל וְיִפֹּל הָיָה ׀ גֶּשֶׁם יא

שׁוֹטֵף וְאַתֵּנָה אַבְנֵי אֶלְגָּבִישׁ תִּפֹּלְנָה וְרוּחַ סְעָרוֹת תְּבַקֵּעַ:

וְהִנֵּה נָפַל הַקִּיר הֲלוֹא יֵאָמֵר אֲלֵיכֶם אַיֵּה הַטִּיחַ אֲשֶׁר יב

טַחְתֶּם: לָכֵן כֹּה אָמַר אֲדֹנָי יְהֹוָה וּבִקַּעְתִּי רוּחַ־ יג

סְעָרוֹת בַּחֲמָתִי וְגֶשֶׁם שֹׁטֵף בְּאַפִּי יִהְיֶה וְאַבְנֵי אֶלְגָּבִישׁ בְּחֵמָה

לְכָלָה: וְהָרַסְתִּי אֶת־הַקִּיר אֲשֶׁר־טַחְתֶּם תָּפֵל וְהִגַּעְתִּיהוּ יד

אֶל־הָאָרֶץ וְנִגְלָה יְסֹדוֹ וְנָפְלָה וּכְלִיתֶם בְּתוֹכָהּ וִידַעְתֶּם כִּי־

אֲנִי יְהֹוָה: וְכִלֵּיתִי אֶת־חֲמָתִי בַּקִּיר וּבַטָּחִים אֹתוֹ תָּפֵל וְאֹמַר טו

לָכֶם אֵין הַקִּיר וְאֵין הַטָּחִים אֹתוֹ: נְבִיאֵי יִשְׂרָאֵל הַנִּבְּאִים טז

אֶל־יְרוּשָׁלַ͏ִם וְהַחֹזִים לָהּ חֲזוֹן שָׁלֹם וְאֵין שָׁלֹם נְאֻם אֲדֹנָי

יְהֹוָה: וְאַתָּה בֶן־אָדָם שִׂים פָּנֶיךָ אֶל־בְּנוֹת עַמְּךָ יז

הַמִּתְנַבְּאוֹת מִלִּבְּהֶן וְהִנָּבֵא עֲלֵיהֶן: וְאָמַרְתָּ כֹּה־אָמַר ׀ אֲדֹנָי יח

יְהֹוָה הוֹי לִמְתַפְּרוֹת כְּסָתוֹת עַל ׀ כָּל־אַצִּילֵי יָדַי וְעֹשׂוֹת

הַמִּסְפָּחוֹת עַל־רֹאשׁ כָּל־קוֹמָה לְצוֹדֵד נְפָשׁוֹת הַנְּפָשׁוֹת

תְּצוֹדֵדְנָה לְעַמִּי וּנְפָשׁוֹת לָכֵנָה תְחַיֶּינָה: וַתְּחַלֶּלְנָה אֹתִי אֶל־ יט

עַמִּי בְּשַׁעֲלֵי שְׂעֹרִים וּבִפְתוֹתֵי לֶחֶם לְהָמִית נְפָשׁוֹת אֲשֶׁר לֹא־

תְמוּתֶנָה וּלְחַיּוֹת נְפָשׁוֹת אֲשֶׁר לֹא־תִחְיֶינָה בְּכַזֶּבְכֶם לְעַמִּי

שֹׁמְעֵי כָזָב: לָכֵן כֹּה־אָמַר ׀ אֲדֹנָי יְהֹוָה הִנְנִי כ

אֶל־כִּסְּתוֹתֵיכֶנָה אֲשֶׁר אַתֵּנָה מְצֹדְדוֹת שָׁם אֶת־הַנְּפָשׁוֹת
לְפֹרְחוֹת וְקָרַעְתִּי אֹתָם מֵעַל זְרוֹעֹתֵיכֶם וְשִׁלַּחְתִּי אֶת־
כא הַנְּפָשׁוֹת אֲשֶׁר אַתֶּם מְצֹדְדוֹת אֶת־נְפָשִׁים לְפֹרְחֹת׃ וְקָרַעְתִּי
אֶת־מִסְפְּחֹתֵיכֶם וְהִצַּלְתִּי אֶת־עַמִּי מִיֶּדְכֶן וְלֹא־יִהְיוּ עוֹד
כב בְּיֶדְכֶן לִמְצוּדָה וִידַעְתֶּן כִּי־אֲנִי יְהוָה׃ יַעַן הַכְאוֹת לֵב־צַדִּיק
שֶׁקֶר וַאֲנִי לֹא הִכְאַבְתִּיו וּלְחַזֵּק יְדֵי רָשָׁע לְבִלְתִּי־שׁוּב מִדַּרְכּוֹ
כג הָרָע לְהַחֲיֹתוֹ׃ לָכֵן שָׁוְא לֹא תֶחֱזֶינָה וְקֶסֶם לֹא־תִקְסַמְנָה עוֹד
יד א וְהִצַּלְתִּי אֶת־עַמִּי מִיֶּדְכֶן וִידַעְתֶּן כִּי־אֲנִי יְהוָה׃ וַיָּבוֹא אֵלַי ז
ב אֲנָשִׁים מִזִּקְנֵי יִשְׂרָאֵל וַיֵּשְׁבוּ לְפָנָי׃ וַיְהִי דְבַר־יְהוָה אֵלַי
ג לֵאמֹר׃ בֶּן־אָדָם הָאֲנָשִׁים הָאֵלֶּה הֶעֱלוּ גִלּוּלֵיהֶם עַל־לִבָּם
ד וּמִכְשׁוֹל עֲוֺנָם נָתְנוּ נֹכַח פְּנֵיהֶם הַאִדָּרֹשׁ אִדָּרֵשׁ לָהֶם׃ לָכֵן דַּבֵּר־
אוֹתָם וְאָמַרְתָּ אֲלֵיהֶם כֹּה־אָמַר ׀ אֲדֹנָי יְהֱוִה אִישׁ אִישׁ מִבֵּית
יִשְׂרָאֵל אֲשֶׁר יַעֲלֶה אֶת־גִּלּוּלָיו אֶל־לִבּוֹ וּמִכְשׁוֹל עֲוֺנוֹ יָשִׂים נֹכַח
ה פָּנָיו וּבָא אֶל־הַנָּבִיא אֲנִי יְהוָה נַעֲנֵיתִי לוֹ בָה בְּרֹב גִּלּוּלָיו׃ לְמַעַן בָא
תְּפֹשׂ אֶת־בֵּית־יִשְׂרָאֵל בְּלִבָּם אֲשֶׁר נָזֹרוּ מֵעָלַי בְּגִלּוּלֵיהֶם
ו כֻּלָּם׃ לָכֵן אֱמֹר ׀ אֶל־בֵּית יִשְׂרָאֵל כֹּה אָמַר אֲדֹנָי
יְהֱוִה שׁוּבוּ וְהָשִׁיבוּ מֵעַל גִּלּוּלֵיכֶם וּמֵעַל כָּל־תּוֹעֲבֹתֵיכֶם הָשִׁיבוּ
ז פְנֵיכֶם׃ כִּי אִישׁ אִישׁ מִבֵּית יִשְׂרָאֵל וּמֵהַגֵּר אֲשֶׁר־יָגוּר בְּיִשְׂרָאֵל
וְיִנָּזֵר מֵאַחֲרַי וְיַעַל גִּלּוּלָיו אֶל־לִבּוֹ וּמִכְשׁוֹל עֲוֺנוֹ יָשִׂים נֹכַח פָּנָיו
ח וּבָא אֶל־הַנָּבִיא לִדְרָשׁ־לוֹ בִי אֲנִי יְהוָה נַעֲנֶה־לּוֹ בִּי׃ וְנָתַתִּי
פָנַי בָּאִישׁ הַהוּא וַהֲשִׂמֹתִיהוּ לְאוֹת וְלִמְשָׁלִים וְהִכְרַתִּיו מִתּוֹךְ
ט עַמִּי וִידַעְתֶּם כִּי־אֲנִי יְהוָה׃ וְהַנָּבִיא כִי־יְפֻתֶּה וְדִבֶּר
דָבָר אֲנִי יְהוָה פִּתֵּיתִי אֵת הַנָּבִיא הַהוּא וְנָטִיתִי אֶת־יָדִי
י עָלָיו וְהִשְׁמַדְתִּיו מִתּוֹךְ עַמִּי יִשְׂרָאֵל׃ וְנָשְׂאוּ עֲוֺנָם כַּעֲוֺן הַדֹּרֵשׁ
יא כַּעֲוֺן הַנָּבִיא יִהְיֶה׃ לְמַעַן לֹא־יִתְעוּ עוֹד בֵּית־יִשְׂרָאֵל מֵאַחֲרַי
וְלֹא־יִטַּמְּאוּ עוֹד בְּכָל־פִּשְׁעֵיהֶם וְהָיוּ־לִי לְעָם וַאֲנִי אֶהְיֶה
יב לָהֶם לֵאלֹהִים נְאֻם אֲדֹנָי יְהֱוִה׃ וַיְהִי דְבַר־יְהוָה אֵלַי

יג לֵאמֹ֑ר בֶּן־אָדָ֗ם כִּ֤י תֶחֱטָא־לִי֙ לִמְעָל־מַ֔עַל וְנָטִ֤יתִי יָדִי֙
עָלֶ֔יהָ וְשָׁבַ֥רְתִּי לָ֖הּ מַטֵּה־לָ֑חֶם וְהִשְׁלַחְתִּי־בָ֣הּ רָעָ֔ב וְהִכְרַתִּ֥י
מִמֶּ֖נָּה אָדָ֥ם וּבְהֵמָֽה׃ יד וְ֠הָי֠וּ שְׁלֹ֨שֶׁת הָאֲנָשִׁ֤ים הָאֵ֨לֶּה֙ בְּתוֹכָ֔הּ נֹ֥חַ

דָּֽנִיֵּ֖אל

דָּֽנִיֵּ֣אל וְאִיּ֑וֹב הֵ֤מָּה בְצִדְקָתָם֙ יְנַצְּל֣וּ נַפְשָׁ֔ם נְאֻ֖ם אֲדֹנָ֥י יְהֹוִֽה׃ טו לֽוּ־
חַיָּ֥ה רָעָ֛ה אַעֲבִ֥יר בָּאָ֖רֶץ וְשִׁכְּלָ֑תָּה וְהָיְתָ֤ה שְׁמָמָה֙ מִבְּלִ֣י עוֹבֵ֔ר
מִפְּנֵ֖י הַֽחַיָּֽה׃ טז שְׁלֹ֨שֶׁת הָאֲנָשִׁ֣ים הָאֵ֘לֶּה֮ בְּתוֹכָהּ֒ חַי־אָ֗נִי נְאֻם֙ אֲדֹנָ֣י
יְהֹוִ֔ה אִם־בָּנִ֥ים וְאִם־בָּנ֖וֹת יַצִּ֑ילוּ הֵ֤מָּה לְבַדָּם֙ יִנָּצֵ֔לוּ וְהָאָ֖רֶץ
תִּהְיֶ֥ה שְׁמָמָֽה׃ יז א֛וֹ חֶ֥רֶב אָבִ֖יא עַל־הָאָ֣רֶץ הַהִ֑יא וְאָמַרְתִּ֗י חֶ֚רֶב
תַּעֲבֹ֣ר בָּאָ֔רֶץ וְהִכְרַתִּ֥י מִמֶּ֖נָּה אָדָ֥ם וּבְהֵמָֽה׃ יח וּשְׁלֹ֨שֶׁת הָאֲנָשִׁ֤ים
הָאֵ֨לֶּה֙ בְּתוֹכָ֔הּ חַי־אָ֨נִי֙ נְאֻם֙ אֲדֹנָ֣י יְהֹוִ֔ה לֹ֥א יַצִּ֖ילוּ בָּנִ֣ים וּבָנ֑וֹת כִּ֛י
הֵ֥ם לְבַדָּ֖ם יִנָּצֵֽלוּ׃ יט א֛וֹ דֶּ֥בֶר אֲשַׁלַּ֖ח אֶל־הָאָ֣רֶץ הַהִ֑יא וְשָׁפַכְתִּ֤י
חֲמָתִי֙ עָלֶ֨יהָ֙ בְּדָ֔ם לְהַכְרִ֥ית מִמֶּ֖נָּה אָדָ֥ם וּבְהֵמָֽה׃ כ וְנֹ֨חַ דָּֽנִיֵּ֣אל

דָּֽנִיֵּ֣אל וְאִיּ֣וֹב בְּתוֹכָ֒הּ חַי־אָ֗נִי נְאֻם֙ אֲדֹנָ֣י יְהֹוִ֔ה אִם־בֵּ֥ן אִם־בַּ֖ת יַצִּ֑ילוּ
הֵ֥מָּה בְצִדְקָתָ֖ם יַצִּ֥ילוּ נַפְשָֽׁם׃ כא כִּי֩ כֹ֨ה אָמַ֜ר אֲדֹנָ֣י
יְהֹוִ֗ה אַ֣ף כִּֽי־אַרְבַּ֣עַת שְׁפָטַ֣י ׀ הָרָעִ֡ים חֶ֡רֶב וְ֠רָעָ֠ב וְחַיָּ֤ה רָעָה֙
וָדֶ֔בֶר שִׁלַּ֖חְתִּי אֶל־יְרֽוּשָׁלָ֑͏ִם לְהַכְרִ֥ית מִמֶּ֖נָּה אָדָ֥ם וּבְהֵמָֽה׃
כב וְהִנֵּ֨ה נֽוֹתְרָה־בָּ֜הּ פְּלֵטָ֗ה הַֽמּֽוּצָאִים֮ בָּנִ֣ים וּבָנוֹת֒ הִנָּ֤ם יוֹצְאִים֙
אֲלֵיכֶ֔ם וּרְאִיתֶ֥ם אֶת־דַּרְכָּ֖ם וְאֶת־עֲלִילוֹתָ֑ם וְנִחַמְתֶּ֗ם עַל־
הָ֣רָעָ֔ה אֲשֶׁ֤ר הֵבֵ֨אתִי֙ עַל־יְר֣וּשָׁלַ֔͏ִם אֵ֛ת כָּל־אֲשֶׁ֥ר הֵבֵ֖אתִי עָלֶֽיהָ׃
כג וְנִֽחֲמ֣וּ אֶתְכֶ֗ם כִּֽי־תִרְא֛וּ אֶת־דַּרְכָּ֖ם וְאֶת־עֲלִֽילוֹתָ֑ם וִֽידַעְתֶּ֗ם
כִּי֩ לֹ֨א חִנָּ֜ם עָשִׂ֗יתִי אֵ֤ת כָּל־אֲשֶׁר־עָשִׂ֨יתִי֙ בָ֔הּ נְאֻ֖ם אֲדֹנָ֥י
יְהֹוִֽה׃

טו א וַיְהִ֥י דְבַר־יְהֹוָ֖ה אֵלַ֥י לֵאמֹֽר׃ ב בֶּן־אָדָ֕ם
מַה־יִּֽהְיֶ֥ה עֵץ־הַגֶּ֖פֶן מִכָּל־עֵ֑ץ הַזְּמוֹרָ֕ה אֲשֶׁ֥ר הָיָ֖ה בַּעֲצֵ֥י הַיָּֽעַר׃
ג הֲיֻקַּ֤ח מִמֶּ֨נּוּ֙ עֵ֔ץ לַעֲשׂ֖וֹת לִמְלָאכָ֑ה אִם־יִקְח֤וּ מִמֶּ֨נּוּ֙ יָתֵ֔ד לִתְל֥וֹת
עָלָ֖יו כָּל־כֶּֽלִי׃ ד הִנֵּ֥ה לָאֵ֖שׁ נִתַּ֣ן לְאָכְלָ֑ה אֵת֩ שְׁנֵ֨י קְצוֹתָ֜יו אָכְלָ֣ה
הָאֵ֗שׁ וְתוֹכ֖וֹ נָחָ֑ר הֲיִצְלַ֖ח לִמְלָאכָֽה׃ ה הִנֵּה֙ בִּֽהְיוֹת֣וֹ תָמִ֔ים לֹ֥א
יֵֽעָשֶׂ֖ה לִמְלָאכָ֑ה אַ֣ף כִּֽי־אֵ֤שׁ אֲכָלַ֨תְהוּ֙ וַיֵּחָ֔ר וְנַעֲשָׂ֥ה ע֖וֹד

ו לִמְלָאכָֽה׃ לָכֵן כֹּה אָמַר אֲדֹנָי יֱהֹוִה כַּאֲשֶׁר
עֵץ־הַגֶּפֶן בְּעֵץ הַיַּעַר אֲשֶׁר־נְתַתִּיו לָאֵשׁ לְאָכְלָה כֵּן נָתַתִּי
ז אֶת־יֹשְׁבֵי יְרוּשָׁלָֽםִ׃ וְנָתַתִּי אֶת־פָּנַי בָּהֶם מֵהָאֵשׁ יָצָאוּ
וְהָאֵשׁ תֹּאכְלֵם וִידַעְתֶּם כִּי־אֲנִי יְהוָה בְּשׂוּמִי אֶת־פָּנַי
ח בָּהֶֽם׃ וְנָתַתִּי אֶת־הָאָרֶץ שְׁמָמָה יַעַן מָעֲלוּ מַעַל נְאֻם אֲדֹנָי
טז א ב יֱהֹוִֽה׃ וַיְהִי דְבַר־יְהוָה אֵלַי לֵאמֹֽר׃ בֶּן־אָדָם
ג הוֹדַע אֶת־יְרוּשָׁלַםִ אֶת־תּוֹעֲבֹתֶֽיהָ׃ וְאָמַרְתָּ כֹּה־אָמַר אֲדֹנָי
יֱהֹוִה לִירוּשָׁלַםִ מְכֹרֹתַיִךְ וּמֹלְדֹתַיִךְ מֵאֶרֶץ הַכְּנַעֲנִי אָבִיךְ
ד הָאֱמֹרִי וְאִמֵּךְ חִתִּֽית׃ וּמוֹלְדוֹתַיִךְ בְּיוֹם הוּלֶּדֶת אוֹתָךְ לֹא־
כָרַּת שָׁרֵּךְ וּבְמַיִם לֹא־רֻחַצְתְּ לְמִשְׁעִי וְהָמְלֵחַ לֹא הֻמְלַחַתְּ
ה וְהָחְתֵּל לֹא חֻתָּֽלְתְּ׃ לֹא־חָסָה עָלַיִךְ עַיִן לַעֲשׂוֹת לָךְ אַחַת
מֵאֵלֶּה לְחֻמְלָה עָלָיִךְ וַתֻּשְׁלְכִי אֶל־פְּנֵי הַשָּׂדֶה בְּגֹעַל נַפְשֵׁךְ
ו בְּיוֹם הֻלֶּדֶת אֹתָֽךְ׃ וָאֶעֱבֹר עָלַיִךְ וָאֶרְאֵךְ מִתְבּוֹסֶסֶת בְּדָמָיִךְ
ז וָאֹמַר לָךְ בְּדָמַיִךְ חֲיִי וָאֹמַר לָךְ בְּדָמַיִךְ חֲיִֽי׃ רְבָבָה כְּצֶמַח
הַשָּׂדֶה נְתַתִּיךְ וַתִּרְבִּי וַתִּגְדְּלִי וַתָּבֹאִי בַּעֲדִי עֲדָיִים שָׁדַיִם נָכֹנוּ
ח וּשְׂעָרֵךְ צִמֵּחַ וְאַתְּ עֵרֹם וְעֶרְיָֽה׃ וָאֶעֱבֹר עָלַיִךְ וָאֶרְאֵךְ וְהִנֵּה
עִתֵּךְ עֵת דֹּדִים וָאֶפְרֹשׂ כְּנָפִי עָלַיִךְ וָאֲכַסֶּה עֶרְוָתֵךְ וָאֶשָּׁבַע לָךְ
ט וָאָבוֹא בִבְרִית אֹתָךְ נְאֻם אֲדֹנָי יֱהֹוִה וַתִּהְיִי־לִֽי׃ וָאֶרְחָצֵךְ בַּמַּיִם
י וָאֶשְׁטֹף דָּמַיִךְ מֵעָלָיִךְ וָאֲסֻכֵךְ בַּשָּֽׁמֶן׃ וָאַלְבִּישֵׁךְ רִקְמָה וָאֶנְעֲלֵךְ
יא תָּחַשׁ וָאֶחְבְּשֵׁךְ בַּשֵּׁשׁ וַאֲכַסֵּךְ מֶֽשִׁי׃ וָאֶעְדֵּךְ עֶדִי וָאֶתְּנָה
יב צְמִידִים עַל־יָדַיִךְ וְרָבִיד עַל־גְּרוֹנֵֽךְ׃ וָאֶתֵּן נֶזֶם עַל־אַפֵּךְ
יג וַעֲגִילִים עַל־אָזְנָיִךְ וַעֲטֶרֶת תִּפְאֶרֶת בְּרֹאשֵֽׁךְ׃ וַתַּעְדִּי זָהָב
וָכֶסֶף וּמַלְבּוּשֵׁךְ ששי וָמֶשִׁי וְרִקְמָה סֹלֶת וּדְבַשׁ וָשֶׁמֶן אכלתי שֵׁשׁ | אָכָלְתְּ
יד וַתִּיפִי בִּמְאֹד מְאֹד וַתִּצְלְחִי לִמְלוּכָֽה׃ וַיֵּצֵא לָךְ שֵׁם בַּגּוֹיִם ח
בְּיָפְיֵךְ כִּי ׀ כָּלִיל הוּא בַּהֲדָרִי אֲשֶׁר־שַׂמְתִּי עָלַיִךְ נְאֻם אֲדֹנָי
טו יֱהֹוִֽה׃ וַתִּבְטְחִי בְיָפְיֵךְ וַתִּזְנִי עַל־שְׁמֵךְ וַתִּשְׁפְּכִי אֶת־תַּזְנוּתַיִךְ
טז עַל־כָּל־עוֹבֵר לוֹ־יֶֽהִי׃ וַתִּקְחִי מִבְּגָדַיִךְ וַתַּעֲשִׂי־לָךְ בָּמוֹת

טְלֻאוֹת וַתִּזְנִי עֲלֵיהֶם לֹא בָאוֹת וְלֹא יִהְיֶה׃ וַתִּקְחִי כְּלֵי
יז תִפְאַרְתֵּךְ מִזְּהָבִי וּמִכַּסְפִּי אֲשֶׁר נָתַתִּי לָךְ וַתַּעֲשִׂי־לָךְ צַלְמֵי
יח זָכָר וַתִּזְנִי־בָם׃ וַתִּקְחִי אֶת־בִּגְדֵי רִקְמָתֵךְ וַתְּכַסִּים וְשַׁמְנִי
יט וּקְטָרְתִּי נתתי לִפְנֵיהֶם׃ וְלַחְמִי אֲשֶׁר־נָתַתִּי לָךְ סֹלֶת וָשֶׁמֶן נָתַתְּ
וּדְבַשׁ הֶאֱכַלְתִּיךְ וּנְתַתִּיהוּ לִפְנֵיהֶם לְרֵיחַ נִיחֹחַ וַיֶּהִי נְאֻם אֲדֹנָי
כ יֱהֹוִה׃ וַתִּקְחִי אֶת־בָּנַיִךְ וְאֶת־בְּנוֹתַיִךְ אֲשֶׁר יָלַדְתְּ לִי וַתִּזְבָּחִים
כא לָהֶם לֶאֱכוֹל הַמְעַט מתזנותך׃ וַתִּשְׁחֲטִי אֶת־בָּנָי וַתִּתְּנִים מִתַּזְנוּתָיִךְ
כב בְּהַעֲבִיר אוֹתָם לָהֶם׃ וְאֵת כָּל־תּוֹעֲבֹתַיִךְ וְתַזְנֻתַיִךְ לֹא זכרתי זָכַרְתְּ
אֶת־יְמֵי נְעוּרָיִךְ בִּהְיוֹתֵךְ עֵירֹם וְעֶרְיָה מִתְבּוֹסֶסֶת בְּדָמֵךְ
כג הָיִית׃ וַיְהִי אַחֲרֵי כָּל־רָעָתֵךְ אוֹי אוֹי לָךְ נְאֻם אֲדֹנָי יֱהֹוִה׃
כד כה וַתִּבְנִי־לָךְ גָּב וַתַּעֲשִׂי־לָךְ רָמָה בְּכָל־רְחוֹב׃ אֶל־כָּל־רֹאשׁ
דֶּרֶךְ בָּנִית רָמָתֵךְ וַתְּתַעֲבִי אֶת־יָפְיֵךְ וַתְּפַשְּׂקִי אֶת־רַגְלַיִךְ
כו לְכָל־עוֹבֵר וַתַּרְבִּי אֶת־תזנותך׃ וַתִּזְנִי אֶל־בְּנֵי־מִצְרַיִם שְׁכֵנַיִךְ תַּזְנוּתָיִךְ
כז גִּדְלֵי בָשָׂר וַתַּרְבִּי אֶת־תַּזְנֻתֵךְ לְהַכְעִיסֵנִי׃ וְהִנֵּה נָטִיתִי יָדִי
עָלַיִךְ וָאֶגְרַע חֻקֵּךְ וָאֶתְּנֵךְ בְּנֶפֶשׁ שֹׂנְאוֹתַיִךְ בְּנוֹת פְּלִשְׁתִּים
כח הַנִּכְלָמוֹת מִדַּרְכֵּךְ זִמָּה׃ וַתִּזְנִי אֶל־בְּנֵי אַשּׁוּר מִבִּלְתִּי שָׂבְעָתֵךְ
כט וַתִּזְנִים וְגַם לֹא שָׂבָעַתְּ׃ וַתַּרְבִּי אֶת־תַּזְנוּתֵךְ אֶל־אֶרֶץ כְּנַעַן
ל כַּשְׂדִּימָה וְגַם־בְּזֹאת לֹא שָׂבָעַתְּ׃ מָה אֲמֻלָה לִבָּתֵךְ נְאֻם אֲדֹנָי
יֱהֹוִה בַּעֲשׂוֹתֵךְ אֶת־כָּל־אֵלֶּה מַעֲשֵׂה אִשָּׁה זוֹנָה שַׁלָּטֶת׃
לא בִּבְנוֹתַיִךְ גַּבֵּךְ בְּרֹאשׁ כָּל־דֶּרֶךְ וְרָמָתֵךְ עשיתי בְּכָל־רְחוֹב עָשִׂית
לב וְלֹא־הייתי כַּזּוֹנָה לְקַלֵּס אֶתְנָן׃ הָאִשָּׁה הַמְּנָאָפֶת תַּחַת אִישָׁהּ הָיִית
לג תִּקַּח אֶת־זָרִים׃ לְכָל־זֹנוֹת יִתְּנוּ־נֵדֶה וְאַתְּ נָתַתְּ אֶת־נְדָנַיִךְ
לְכָל־מְאַהֲבַיִךְ וַתִּשְׁחֳדִי אוֹתָם לָבוֹא אֵלַיִךְ מִסָּבִיב בְּתַזְנוּתָיִךְ׃
לד וַיְהִי־בָךְ הֵפֶךְ מִן־הַנָּשִׁים בְּתַזְנוּתַיִךְ וְאַחֲרַיִךְ לֹא זוּנָּה וּבְתִתֵּךְ
לה אֶתְנָן וְאֶתְנַן לֹא נִתַּן־לָךְ וַתְּהִי לְהֶפֶךְ׃ לָכֵן זוֹנָה שִׁמְעִי דְּבַר־
לו יְהוָה׃ כֹּה־אָמַר אֲדֹנָי יֱהֹוִה יַעַן הִשָּׁפֵךְ נְחֻשְׁתֵּךְ
וַתִּגָּלֶה עֶרְוָתֵךְ בְּתַזְנוּתַיִךְ עַל־מְאַהֲבָיִךְ וְעַל כָּל־גִּלּוּלֵי

לו תּוֹעֲבוֹתַיִךְ וְכִדְמֵי בָנַיִךְ אֲשֶׁר נָתַתְּ לָהֶם׃ לָכֵן הִנְנִי מְקַבֵּץ אֶת־
כָּל־מְאַהֲבַיִךְ אֲשֶׁר עָרַבְתְּ עֲלֵיהֶם וְאֵת כָּל־אֲשֶׁר אָהַבְתְּ עַל
כָּל־אֲשֶׁר שָׂנֵאת וְקִבַּצְתִּי אֹתָם עָלַיִךְ מִסָּבִיב וְגִלֵּיתִי עֶרְוָתֵךְ
לח אֲלֵהֶם וְרָאוּ אֶת־כָּל־עֶרְוָתֵךְ׃ וּשְׁפַטְתִּיךְ מִשְׁפְּטֵי נֹאֲפוֹת
לט וְשֹׁפְכֹת דָּם וּנְתַתִּיךְ דַּם חֵמָה וְקִנְאָה׃ וְנָתַתִּי אוֹתָךְ בְּיָדָם
וְהָרְסוּ גַבֵּךְ וְנִתְּצוּ רָמֹתַיִךְ וְהִפְשִׁיטוּ אוֹתָךְ בְּגָדַיִךְ וְלָקְחוּ כְּלֵי
מ תִפְאַרְתֵּךְ וְהִנִּיחוּךְ עֵירֹם וְעֶרְיָה׃ וְהֶעֱלוּ עָלַיִךְ קָהָל וְרָגְמוּ
מא אוֹתָךְ בָּאָבֶן וּבִתְּקוּךְ בְּחַרְבוֹתָם׃ וְשָׂרְפוּ בָתַּיִךְ בָּאֵשׁ וְעָשׂוּ־בָךְ
שְׁפָטִים לְעֵינֵי נָשִׁים רַבּוֹת וְהִשְׁבַּתִּיךְ מִזּוֹנָה וְגַם־אֶתְנַן לֹא
מב תִתְּנִי־עוֹד׃ וַהֲנִחֹתִי חֲמָתִי בָּךְ וְסָרָה קִנְאָתִי מִמֵּךְ וְשָׁקַטְתִּי
מג וְלֹא אֶכְעַס עוֹד׃ יַעַן אֲשֶׁר לֹא־זכרתי אֶת־יְמֵי נְעוּרַיִךְ זָכַרְתְּ
וַתִּרְגְּזִי־לִי בְּכָל־אֵלֶּה וְגַם־אֲנִי הֵא דַּרְכֵּךְ ׀ בְּרֹאשׁ נָתַתִּי נְאֻם
מד אֲדֹנָי יֱהֹוִה וְלֹא עשיתי אֶת־הַזִּמָּה עַל כָּל־תּוֹעֲבֹתָיִךְ׃ הִנֵּה עָשִׂית
מה כָּל־הַמֹּשֵׁל עָלַיִךְ יִמְשֹׁל לֵאמֹר כְּאִמָּה בִּתָּהּ׃ בַּת־אִמֵּךְ אַתְּ
גֹּעֶלֶת אִישָׁהּ וּבָנֶיהָ וַאֲחוֹת אֲחוֹתֵךְ אַתְּ אֲשֶׁר גָּעֲלוּ אַנְשֵׁיהֶן
מו וּבְנֵיהֶן אִמְּכֶן חִתִּית וַאֲבִיכֶן אֱמֹרִי׃ וַאֲחוֹתֵךְ הַגְּדוֹלָה שֹׁמְרוֹן
הִיא וּבְנוֹתֶיהָ הַיּוֹשֶׁבֶת עַל־שְׂמֹאולֵךְ וַאֲחוֹתֵךְ הַקְּטַנָּה מִמֵּךְ
מז הַיּוֹשֶׁבֶת מִימִינֵךְ סְדֹם וּבְנוֹתֶיהָ׃ וְלֹא בְדַרְכֵיהֶן הָלַכְתְּ
וּכְתוֹעֲבוֹתֵיהֶן עשיתי כִּמְעַט קָט וַתַּשְׁחִתִי מֵהֵן בְּכָל־דְּרָכָיִךְ׃ עָשִׂית
מח חַי־אָנִי נְאֻם אֲדֹנָי יֱהֹוִה אִם־עָשְׂתָה סְדֹם אֲחוֹתֵךְ הִיא וּבְנוֹתֶיהָ
מט כַּאֲשֶׁר עָשִׂית אַתְּ וּבְנוֹתָיִךְ׃ הִנֵּה־זֶה הָיָה עֲוֹן סְדֹם אֲחוֹתֵךְ
גָּאוֹן שִׂבְעַת־לֶחֶם וְשַׁלְוַת הַשְׁקֵט הָיָה לָהּ וְלִבְנוֹתֶיהָ וְיַד־עָנִי
נ וְאֶבְיוֹן לֹא הֶחֱזִיקָה׃ וַתִּגְבְּהֶינָה וַתַּעֲשֶׂינָה תוֹעֵבָה לְפָנָי וָאָסִיר
נא אֶתְהֶן כַּאֲשֶׁר רָאִיתִי׃ וְשֹׁמְרוֹן כַּחֲצִי חַטֹּאתַיִךְ
לֹא חָטָאָה וַתַּרְבִּי אֶת־תּוֹעֲבוֹתַיִךְ מֵהֵנָּה וַתְּצַדְּקִי אֶת־אחותך אֲחוֹתַיִךְ
נב בְּכָל־תּוֹעֲבֹתַיִךְ אֲשֶׁר עשיתי׃ גַּם־אַתְּ ׀ שְׂאִי כְלִמָּתֵךְ אֲשֶׁר עָשִׂית
פִּלַּלְתְּ לַאֲחוֹתֵךְ בְּחַטֹּאתַיִךְ אֲשֶׁר־הִתְעַבְתְּ מֵהֵן תִּצְדַּקְנָה

מִמֵּךְ וְגַם־אַתְּ בּוֹשִׁי וּשְׂאִי כְלִמָּתֵךְ בְּצַדֶּקְתֵּךְ אַחְיוֹתֵךְ׃ וְשַׁבְתִּי נג
אֶת־שְׁבִיתְהֶן אֶת־שְׁבִית סְדֹם וּבְנוֹתֶיהָ וְאֶת־שְׁבִית שֹׁמְרוֹן שְׁבוּת שְׁבוּת
וּבְנוֹתֶיהָ וּשְׁבִית שְׁבִיתַיִךְ בְּתוֹכָהְנָה׃ לְמַעַן תִּשְׂאִי כְלִמָּתֵךְ נד וּשְׁבוּת
וְנִכְלַמְתְּ מִכֹּל אֲשֶׁר עָשִׂית בְּנַחֲמֵךְ אֹתָן׃ וַאֲחוֹתַיִךְ סְדֹם נה
וּבְנוֹתֶיהָ תָּשֹׁבְןָ לְקַדְמָתָן וְשֹׁמְרוֹן וּבְנוֹתֶיהָ תָּשֹׁבְןָ לְקַדְמָתָן
וְאַתְּ וּבְנוֹתַיִךְ תְּשֻׁבֶינָה לְקַדְמַתְכֶן׃ וְלוֹא הָיְתָה סְדֹם אֲחוֹתֵךְ נו
לִשְׁמוּעָה בְּפִיךְ בְּיוֹם גְּאוֹנָיִךְ׃ בְּטֶרֶם תִּגָּלֶה רָעָתֵךְ כְּמוֹ עֵת נז
חֶרְפַּת בְּנוֹת־אֲרָם וְכָל־סְבִיבוֹתֶיהָ בְּנוֹת פְּלִשְׁתִּים הַשָּׁאטוֹת
אוֹתָךְ מִסָּבִיב׃ אֶת־זִמָּתֵךְ וְאֶת־תּוֹעֲבוֹתַיִךְ אַתְּ נְשָׂאתִים נח
נְאֻם יְהוָה׃ כִּי כֹה אָמַר אֲדֹנָי יֱהוִה וְעָשִׂית אוֹתָךְ נט
ט כַּאֲשֶׁר עָשִׂית אֲשֶׁר־בָּזִית אָלָה לְהָפֵר בְּרִית׃ וְזָכַרְתִּי אֲנִי אֶת־ ס
בְּרִיתִי אוֹתָךְ בִּימֵי נְעוּרָיִךְ וַהֲקִימוֹתִי לָךְ בְּרִית עוֹלָם׃ וְזָכַרְתְּ סא
אֶת־דְּרָכַיִךְ וְנִכְלַמְתְּ בְּקַחְתֵּךְ אֶת־אֲחוֹתַיִךְ הַגְּדֹלוֹת מִמֵּךְ
אֶל־הַקְּטַנּוֹת מִמֵּךְ וְנָתַתִּי אֶתְהֶן לָךְ לְבָנוֹת וְלֹא מִבְּרִיתֵךְ׃
וַהֲקִימוֹתִי אֲנִי אֶת־בְּרִיתִי אִתָּךְ וְיָדַעַתְּ כִּי־אֲנִי יְהוָה׃ לְמַעַן סב סג
תִּזְכְּרִי וָבֹשְׁתְּ וְלֹא יִהְיֶה־לָּךְ עוֹד פִּתְחוֹן פֶּה מִפְּנֵי כְּלִמָּתֵךְ
בְּכַפְּרִי־לָךְ לְכָל־אֲשֶׁר עָשִׂית נְאֻם אֲדֹנָי יֱהוִה׃ וַיְהִי א יז
דְבַר־יְהוָה אֵלַי לֵאמֹר׃ בֶּן־אָדָם חוּד חִידָה וּמְשֹׁל מָשָׁל אֶל־ ב
בֵּית יִשְׂרָאֵל׃ וְאָמַרְתָּ כֹּה־אָמַר ׀ אֲדֹנָי יֱהוִה הַנֶּשֶׁר הַגָּדוֹל גְּדוֹל ג
הַכְּנָפַיִם אֶרֶךְ הָאֵבֶר מָלֵא הַנּוֹצָה אֲשֶׁר־לוֹ הָרִקְמָה בָּא אֶל־
הַלְּבָנוֹן וַיִּקַּח אֶת־צַמֶּרֶת הָאָרֶז׃ אֵת רֹאשׁ יְנִיקוֹתָיו קָטָף ד
וַיְבִיאֵהוּ אֶל־אֶרֶץ כְּנַעַן בְּעִיר רֹכְלִים שָׂמוֹ׃ וַיִּקַּח מִזֶּרַע הָאָרֶץ ה
וַיִּתְּנֵהוּ בִּשְׂדֵה־זָרַע קָח עַל־מַיִם רַבִּים צַפְצָפָה שָׂמוֹ׃ וַיִּצְמַח ו
וַיְהִי לְגֶפֶן סֹרַחַת שִׁפְלַת קוֹמָה לִפְנוֹת דָּלִיּוֹתָיו אֵלָיו וְשָׁרָשָׁיו
תַּחְתָּיו יִהְיוּ וַתְּהִי לְגֶפֶן וַתַּעַשׂ בַּדִּים וַתְּשַׁלַּח פֹּארוֹת׃ וַיְהִי נֶשֶׁר־ ז
אֶחָד גָּדוֹל גְּדוֹל כְּנָפַיִם וְרַב נוֹצָה וְהִנֵּה הַגֶּפֶן הַזֹּאת כָּפְנָה
שָׁרָשֶׁיהָ עָלָיו וְדָלִיּוֹתָיו שִׁלְחָה־לוֹ לְהַשְׁקוֹת אוֹתָהּ מֵעֲרֻגוֹת

ח מַטָּעָהּ׃ אֶל־שָׂדֶה טּוֹב אֶל־מַיִם רַבִּים הִיא שְׁתוּלָה לַעֲשׂוֹת
ט עָנָף וְלָשֵׂאת פֶּרִי לִהְיוֹת לְגֶפֶן אַדָּרֶת׃ אֱמֹר כֹּה אָמַר
אֲדֹנָי יֱהוִה תִּצְלָח הֲלוֹא אֶת־שָׁרָשֶׁיהָ יְנַתֵּק וְאֶת־פִּרְיָהּ ׀
יְקוֹסֵס וְיָבֵשׁ כָּל־טַרְפֵּי צִמְחָהּ תִּיבָשׁ וְלֹא־בִזְרֹעַ גְּדוֹלָה
י וּבְעַם־רָב לְמַשְׂאוֹת אוֹתָהּ מִשָּׁרָשֶׁיהָ׃ וְהִנֵּה שְׁתוּלָה הֲתִצְלָח
הֲלֹא כְגַעַת בָּהּ רוּחַ הַקָּדִים תִּיבַשׁ יָבֹשׁ עַל־עֲרֻגֹת צִמְחָהּ
יא יב תִּיבָשׁ׃ וַיְהִי דְבַר־יְהוָה אֵלַי לֵאמֹר׃ אֱמָר־נָא
לְבֵית הַמֶּרִי הֲלֹא יְדַעְתֶּם מָה־אֵלֶּה אֱמֹר הִנֵּה־בָא מֶלֶךְ־בָּבֶל
יְרוּשָׁלִַם וַיִּקַּח אֶת־מַלְכָּהּ וְאֶת־שָׂרֶיהָ וַיָּבֵא אוֹתָם אֵלָיו
יג בָּבֶלָה׃ וַיִּקַּח מִזֶּרַע הַמְּלוּכָה וַיִּכְרֹת אִתּוֹ בְּרִית וַיָּבֵא אֹתוֹ
יד בְּאָלָה וְאֶת־אֵילֵי הָאָרֶץ לָקָח׃ לִהְיוֹת מַמְלָכָה שְׁפָלָה לְבִלְתִּי
טו הִתְנַשֵּׂא לִשְׁמֹר אֶת־בְּרִיתוֹ לְעָמְדָהּ׃ וַיִּמְרָד־בּוֹ לִשְׁלֹחַ
מַלְאָכָיו מִצְרַיִם לָתֶת־לוֹ סוּסִים וְעַם־רָב הֲיִצְלָח הֲיִמָּלֵט
טז הָעֹשֵׂה אֵלֶּה וְהֵפֵר בְּרִית וְנִמְלָט׃ חַי־אָנִי נְאֻם אֲדֹנָי יֱהוִה אִם־
לֹא בִּמְקוֹם הַמֶּלֶךְ הַמַּמְלִיךְ אֹתוֹ אֲשֶׁר בָּזָה אֶת־אָלָתוֹ וַאֲשֶׁר
יז הֵפֵר אֶת־בְּרִיתוֹ אִתּוֹ בְתוֹךְ־בָּבֶל יָמוּת׃ וְלֹא בְחַיִל גָּדוֹל
וּבְקָהָל רָב יַעֲשֶׂה אוֹתוֹ פַרְעֹה בַּמִּלְחָמָה בִּשְׁפֹּךְ סֹלְלָה וּבִבְנוֹת
יח דָּיֵק לְהַכְרִית נְפָשׁוֹת רַבּוֹת׃ וּבָזָה אָלָה לְהָפֵר בְּרִית וְהִנֵּה נָתַן
יט יָדוֹ וְכָל־אֵלֶּה עָשָׂה לֹא יִמָּלֵט׃ לָכֵן כֹּה־אָמַר
אֲדֹנָי יֱהוִה חַי־אָנִי אִם־לֹא אָלָתִי אֲשֶׁר בָּזָה וּבְרִיתִי אֲשֶׁר הֵפִיר
כ וּנְתַתִּיו בְּרֹאשׁוֹ׃ וּפָרַשְׂתִּי עָלָיו רִשְׁתִּי וְנִתְפַּשׂ בִּמְצוּדָתִי
וַהֲבִיאוֹתִיהוּ בָבֶלָה וְנִשְׁפַּטְתִּי אִתּוֹ שָׁם מַעֲלוֹ אֲשֶׁר מָעַל־בִּי׃
כא וְאֵת כָּל־מִבְרָחָו בְּכָל־אֲגַפָּיו בַּחֶרֶב יִפֹּלוּ וְהַנִּשְׁאָרִים לְכָל־
כב רוּחַ יִפָּרֵשׂוּ וִידַעְתֶּם כִּי אֲנִי יְהוָה דִּבַּרְתִּי׃ כֹּה
אָמַר אֲדֹנָי יֱהוִה וְלָקַחְתִּי אָנִי מִצַּמֶּרֶת הָאֶרֶז הָרָמָה וְנָתָתִּי
מֵרֹאשׁ יֹנְקוֹתָיו רַךְ אֶקְטֹף וְשָׁתַלְתִּי אָנִי עַל הַר־גָּבֹהַּ וְתָלוּל׃
כג בְּהַר מְרוֹם יִשְׂרָאֵל אֶשְׁתֳּלֶנּוּ וְנָשָׂא עָנָף וְעָשָׂה פֶרִי וְהָיָה לְאֶרֶז

אַדִּיר וְשָׁכְנוּ תַחְתָּיו כֹּל צִפּוֹר כָּל־כָּנָף בְּצֵל דָּלִיּוֹתָיו תִּשְׁכֹּנָּה׃
כד וְיָדְעוּ כָּל־עֲצֵי הַשָּׂדֶה כִּי אֲנִי יְהוָה הִשְׁפַּלְתִּי ׀ עֵץ גָּבֹהַּ הִגְבַּהְתִּי
עֵץ שָׁפָל הוֹבַשְׁתִּי עֵץ לָח וְהִפְרַחְתִּי עֵץ יָבֵשׁ אֲנִי יְהוָה דִּבַּרְתִּי
יח א ב וְעָשִׂיתִי׃ וַיְהִי דְבַר־יְהוָה אֵלַי לֵאמֹר׃ מַה־לָּכֶם
אַתֶּם מֹשְׁלִים אֶת־הַמָּשָׁל הַזֶּה עַל־אַדְמַת יִשְׂרָאֵל לֵאמֹר
ג אָבוֹת יֹאכְלוּ בֹסֶר וְשִׁנֵּי הַבָּנִים תִּקְהֶינָה׃ חַי־אָנִי נְאֻם אֲדֹנָי
ד יֱהוִה אִם־יִהְיֶה לָכֶם עוֹד מְשֹׁל הַמָּשָׁל הַזֶּה בְּיִשְׂרָאֵל׃ הֵן
כָל־הַנְּפָשׁוֹת לִי הֵנָּה כְּנֶפֶשׁ הָאָב וּכְנֶפֶשׁ הַבֵּן לִי־הֵנָּה הַנֶּפֶשׁ
ה הַחֹטֵאת הִיא תָמוּת׃ וְאִישׁ כִּי־יִהְיֶה צַדִּיק
ו וְעָשָׂה מִשְׁפָּט וּצְדָקָה׃ אֶל־הֶהָרִים לֹא אָכָל וְעֵינָיו לֹא נָשָׂא
אֶל־גִּלּוּלֵי בֵּית יִשְׂרָאֵל וְאֶת־אֵשֶׁת רֵעֵהוּ לֹא טִמֵּא וְאֶל־אִשָּׁה
ז נִדָּה לֹא יִקְרָב׃ וְאִישׁ לֹא יוֹנֶה חֲבֹלָתוֹ חוֹב יָשִׁיב גְּזֵלָה לֹא יִגְזֹל
ח לַחְמוֹ לְרָעֵב יִתֵּן וְעֵירֹם יְכַסֶּה־בָּגֶד׃ בַּנֶּשֶׁךְ לֹא־יִתֵּן וְתַרְבִּית
לֹא יִקָּח מֵעָוֶל יָשִׁיב יָדוֹ מִשְׁפַּט אֱמֶת יַעֲשֶׂה בֵּין אִישׁ לְאִישׁ׃
ט בְּחֻקּוֹתַי יְהַלֵּךְ וּמִשְׁפָּטַי שָׁמַר לַעֲשׂוֹת אֱמֶת צַדִּיק הוּא חָיֹה י
י יִחְיֶה נְאֻם אֲדֹנָי יֱהוִה׃ וְהוֹלִיד בֶּן־פָּרִיץ שֹׁפֵךְ דָּם וְעָשָׂה אָח
יא מֵאַחַד מֵאֵלֶּה׃ וְהוּא אֶת־כָּל־אֵלֶּה לֹא עָשָׂה כִּי גַם אֶל־
יב הֶהָרִים אָכַל וְאֶת־אֵשֶׁת רֵעֵהוּ טִמֵּא׃ עָנִי וְאֶבְיוֹן הוֹנָה גְּזֵלוֹת
גָּזָל חֲבֹל לֹא יָשִׁיב וְאֶל־הַגִּלּוּלִים נָשָׂא עֵינָיו תּוֹעֵבָה עָשָׂה׃
יג בַּנֶּשֶׁךְ נָתַן וְתַרְבִּית לָקַח וָחָי לֹא יִחְיֶה אֵת כָּל־הַתּוֹעֵבוֹת
יד הָאֵלֶּה עָשָׂה מוֹת יוּמָת דָּמָיו בּוֹ יִהְיֶה׃ וְהִנֵּה הוֹלִיד בֵּן וַיַּרְא
טו אֶת־כָּל־חַטֹּאת אָבִיו אֲשֶׁר עָשָׂה וַיִּרְאֶה וְלֹא יַעֲשֶׂה כָּהֵן׃ עַל־
הֶהָרִים לֹא אָכָל וְעֵינָיו לֹא נָשָׂא אֶל־גִּלּוּלֵי בֵּית יִשְׂרָאֵל אֶת־
טז אֵשֶׁת רֵעֵהוּ לֹא טִמֵּא׃ וְאִישׁ לֹא הוֹנָה חֲבֹל לֹא חָבָל וּגְזֵלָה
יז לֹא גָזָל לַחְמוֹ לְרָעֵב נָתָן וְעֵרוֹם כִּסָּה־בָגֶד׃ מֵעָנִי הֵשִׁיב יָדוֹ
נֶשֶׁךְ וְתַרְבִּית לֹא לָקָח מִשְׁפָּטַי עָשָׂה בְּחֻקּוֹתַי הָלָךְ הוּא לֹא
יח יָמוּת בַּעֲוֺן אָבִיו חָיֹה יִחְיֶה׃ אָבִיו כִּי־עָשַׁק עֹשֶׁק גָּזַל גֵּזֶל

אָח וַאֲשֶׁר לֹא־טוֹב עָשָׂה בְּתוֹךְ עַמָּיו וְהִנֵּה־מֵת בַּעֲוֺנוֹ:
יט וַאֲמַרְתֶּם מַדֻּעַ לֹא־נָשָׂא הַבֵּן בַּעֲוֺן הָאָב וְהַבֵּן מִשְׁפָּט וּצְדָקָה
כ עָשָׂה אֵת כָּל־חֻקּוֹתַי שָׁמַר וַיַּעֲשֶׂה אֹתָם חָיֹה יִחְיֶה: הַנֶּפֶשׁ
הַחֹטֵאת הִיא תָמוּת בֵּן לֹא־יִשָּׂא ׀ בַּעֲוֺן הָאָב וְאָב לֹא יִשָּׂא
בַּעֲוֺן הַבֵּן צִדְקַת הַצַּדִּיק עָלָיו תִּהְיֶה וְרִשְׁעַת רשע עָלָיו הָרָשָׁע
כא תִּהְיֶה: וְהָרָשָׁע כִּי יָשׁוּב מִכָּל־חַטֹּאתָו אֲשֶׁר
עָשָׂה וְשָׁמַר אֶת־כָּל־חֻקּוֹתַי וְעָשָׂה מִשְׁפָּט וּצְדָקָה חָיֹה יִחְיֶה
כב לֹא יָמוּת: כָּל־פְּשָׁעָיו אֲשֶׁר עָשָׂה לֹא יִזָּכְרוּ לוֹ בְּצִדְקָתוֹ אֲשֶׁר־
כג עָשָׂה יִחְיֶה: הֶחָפֹץ אֶחְפֹּץ מוֹת רָשָׁע נְאֻם אֲדֹנָי יֱהֹוִה הֲלוֹא
כד בְּשׁוּבוֹ מִדְּרָכָיו וְחָיָה: וּבְשׁוּב צַדִּיק מִצִּדְקָתוֹ
וְעָשָׂה עָוֶל כְּכֹל הַתּוֹעֵבוֹת אֲשֶׁר־עָשָׂה הָרָשָׁע יַעֲשֶׂה וָחָי
כָּל־צִדְקֹתָו אֲשֶׁר־עָשָׂה לֹא תִזָּכַרְנָה בְּמַעֲלוֹ אֲשֶׁר־מָעַל
כה וּבְחַטָּאתוֹ אֲשֶׁר־חָטָא בָּם יָמוּת: וַאֲמַרְתֶּם לֹא יִתָּכֵן
דֶּרֶךְ אֲדֹנָי שִׁמְעוּ־נָא בֵּית יִשְׂרָאֵל הֲדַרְכִּי לֹא יִתָּכֵן הֲלֹא
כו דַרְכֵיכֶם לֹא יִתָּכֵנוּ: בְּשׁוּב־צַדִּיק מִצִּדְקָתוֹ וְעָשָׂה עָוֶל וּמֵת
כז עֲלֵיהֶם בְּעַוְלוֹ אֲשֶׁר־עָשָׂה יָמוּת: וּבְשׁוּב רָשָׁע
מֵרִשְׁעָתוֹ אֲשֶׁר עָשָׂה וַיַּעַשׂ מִשְׁפָּט וּצְדָקָה הוּא אֶת־נַפְשׁוֹ
כח יְחַיֶּה: וַיִּרְאֶה וישוב מִכָּל־פְּשָׁעָיו אֲשֶׁר עָשָׂה חָיוֹ יִחְיֶה לֹא וַיָּשָׁב
כט יָמוּת: וְאָמְרוּ בֵּית יִשְׂרָאֵל לֹא יִתָּכֵן דֶּרֶךְ אֲדֹנָי הַדְּרָכַי לֹא
ל יִתָּכְנוּ בֵּית יִשְׂרָאֵל הֲלֹא דַרְכֵיכֶם לֹא יִתָּכֵן: לָכֵן אִישׁ כִּדְרָכָיו
אֶשְׁפֹּט אֶתְכֶם בֵּית יִשְׂרָאֵל נְאֻם אֲדֹנָי יֱהֹוִה שׁוּבוּ וְהָשִׁיבוּ
לא מִכָּל־פִּשְׁעֵיכֶם וְלֹא־יִהְיֶה לָכֶם לְמִכְשׁוֹל עָוֺן: הַשְׁלִיכוּ
מֵעֲלֵיכֶם אֶת־כָּל־פִּשְׁעֵיכֶם אֲשֶׁר פְּשַׁעְתֶּם בָּם וַעֲשׂוּ לָכֶם לֵב
לב חָדָשׁ וְרוּחַ חֲדָשָׁה וְלָמָּה תָמֻתוּ בֵּית יִשְׂרָאֵל: כִּי לֹא אֶחְפֹּץ
יט א בְּמוֹת הַמֵּת נְאֻם אֲדֹנָי יֱהֹוִה וְהָשִׁיבוּ וִחְיוּ: וְאַתָּה
ב שָׂא קִינָה אֶל־נְשִׂיאֵי יִשְׂרָאֵל: וְאָמַרְתָּ מָה אִמְּךָ לְבִיָּא בֵּין
ג אֲרָיוֹת רָבָצָה בְּתוֹךְ כְּפִרִים רִבְּתָה גוּרֶיהָ: וַתַּעַל אֶחָד מִגֻּרֶיהָ

ד כְּפִיר הָיָה וַיִּלְמַד לִטְרָף־טֶרֶף אָדָם אָכָל: וַיִּשְׁמְעוּ אֵלָיו גּוֹיִם
ה בְּשַׁחְתָּם נִתְפָּשׂ וַיְבִאֻהוּ בַחַחִים אֶל־אֶרֶץ מִצְרָיִם: וַתֵּרֶא כִּי
נוֹחֲלָה אָבְדָה תִּקְוָתָהּ וַתִּקַּח אֶחָד מִגֻּרֶיהָ כְּפִיר שָׂמָתְהוּ:
ו וַיִּתְהַלֵּךְ בְּתוֹךְ־אֲרָיוֹת כְּפִיר הָיָה וַיִּלְמַד לִטְרָף־טֶרֶף אָדָם
ז אָכָל: וַיֵּדַע אַלְמְנוֹתָיו וְעָרֵיהֶם הֶחֱרִיב וַתֵּשַׁם אֶרֶץ וּמְלֹאָהּ
ח מִקּוֹל שַׁאֲגָתוֹ: וַיִּתְּנוּ עָלָיו גּוֹיִם סָבִיב מִמְּדִינוֹת וַיִּפְרְשׂוּ עָלָיו
ט רִשְׁתָּם בְּשַׁחְתָּם נִתְפָּשׂ: וַיִּתְּנֻהוּ בַסּוּגַר בַּחַחִים וַיְבִאֻהוּ אֶל־
מֶלֶךְ בָּבֶל יְבִאֻהוּ בַּמְּצֹדוֹת לְמַעַן לֹא־יִשָּׁמַע קוֹלוֹ עוֹד אֶל־
י הָרֵי יִשְׂרָאֵל: אִמְּךָ כַגֶּפֶן בְּדָמְךָ עַל־מַיִם שְׁתוּלָה
יא פֹּרִיָּה וַעֲנֵפָה הָיְתָה מִמַּיִם רַבִּים: וַיִּהְיוּ־לָהּ מַטּוֹת עֹז אֶל־
שִׁבְטֵי מֹשְׁלִים וַתִּגְבַּהּ קוֹמָתוֹ עַל־בֵּין עֲבֹתִים וַיֵּרָא בְגָבְהוֹ
יב בְּרֹב דָּלִיֹּתָיו: וַתֻּתַּשׁ בְּחֵמָה לָאָרֶץ הֻשְׁלָכָה וְרוּחַ הַקָּדִים
הוֹבִישׁ פִּרְיָהּ הִתְפָּרְקוּ וְיָבֵשׁוּ מַטֵּה עֻזָּהּ אֵשׁ אֲכָלָתְהוּ:
יג יד וְעַתָּה שְׁתוּלָה בַמִּדְבָּר בְּאֶרֶץ צִיָּה וְצָמָא: וַתֵּצֵא אֵשׁ מִמַּטֵּה
בַדֶּיהָ פִּרְיָהּ אָכָלָה וְלֹא־הָיָה בָהּ מַטֵּה־עֹז שֵׁבֶט לִמְשׁוֹל
קִינָה הִיא וַתְּהִי לְקִינָה:

יא כ א וַיְהִי ׀ בַּשָּׁנָה הַשְּׁבִיעִית בַּחֲמִשִׁי בֶּעָשׂוֹר לַחֹדֶשׁ בָּאוּ אֲנָשִׁים
ב מִזִּקְנֵי יִשְׂרָאֵל לִדְרֹשׁ אֶת־יְהוָה וַיֵּשְׁבוּ לְפָנָי: וַיְהִי
ג דְבַר־יְהוָה אֵלַי לֵאמֹר: בֶּן־אָדָם דַּבֵּר אֶת־זִקְנֵי יִשְׂרָאֵל
וְאָמַרְתָּ אֲלֵהֶם כֹּה אָמַר אֲדֹנָי יֱהוִה הֲלִדְרֹשׁ אֹתִי אַתֶּם בָּאִים
ד חַי־אָנִי אִם־אִדָּרֵשׁ לָכֶם נְאֻם אֲדֹנָי יֱהוִה: הֲתִשְׁפֹּט אֹתָם
ה הֲתִשְׁפּוֹט בֶּן־אָדָם אֶת־תּוֹעֲבֹת אֲבוֹתָם הוֹדִיעֵם: וְאָמַרְתָּ
אֲלֵיהֶם כֹּה־אָמַר אֲדֹנָי יֱהוִה בְּיוֹם בָּחֳרִי בְיִשְׂרָאֵל וָאֶשָּׂא יָדִי
לְזֶרַע בֵּית יַעֲקֹב וָאִוָּדַע לָהֶם בְּאֶרֶץ מִצְרָיִם וָאֶשָּׂא יָדִי לָהֶם
ו לֵאמֹר אֲנִי יְהוָה אֱלֹהֵיכֶם: בַּיּוֹם הַהוּא נָשָׂאתִי יָדִי לָהֶם
לְהוֹצִיאָם מֵאֶרֶץ מִצְרָיִם אֶל־אֶרֶץ אֲשֶׁר־תַּרְתִּי לָהֶם זָבַת
ז חָלָב וּדְבַשׁ צְבִי הִיא לְכָל־הָאֲרָצוֹת: וָאֹמַר אֲלֵהֶם אִישׁ שִׁקּוּצֵי

עֵינָיו הַשְׁלִיכוּ וּבְגִלּוּלֵי מִצְרַיִם אַל־תִּטַּמָּאוּ אֲנִי יְהוָה אֱלֹהֵיכֶם׃
ח וַיַּמְרוּ־בִי וְלֹא אָבוּ לִשְׁמֹעַ אֵלַי אִישׁ אֶת־שִׁקּוּצֵי עֵינֵיהֶם לֹא
הִשְׁלִיכוּ וְאֶת־גִּלּוּלֵי מִצְרַיִם לֹא עָזָבוּ וָאֹמַר לִשְׁפֹּךְ חֲמָתִי
ט עֲלֵיהֶם לְכַלּוֹת אַפִּי בָּהֶם בְּתוֹךְ אֶרֶץ מִצְרָיִם׃ וָאַעַשׂ לְמַעַן שְׁמִי
לְבִלְתִּי הֵחֵל לְעֵינֵי הַגּוֹיִם אֲשֶׁר־הֵמָּה בְתוֹכָם אֲשֶׁר נוֹדַעְתִּי
י אֲלֵיהֶם לְעֵינֵיהֶם לְהוֹצִיאָם מֵאֶרֶץ מִצְרָיִם׃ וָאוֹצִיאֵם מֵאֶרֶץ
יא מִצְרָיִם וָאֲבִאֵם אֶל־הַמִּדְבָּר׃ וָאֶתֵּן לָהֶם אֶת־חֻקּוֹתַי וְאֶת־
מִשְׁפָּטַי הוֹדַעְתִּי אוֹתָם אֲשֶׁר יַעֲשֶׂה אוֹתָם הָאָדָם וָחַי בָּהֶם׃
יב וְגַם אֶת־שַׁבְּתוֹתַי נָתַתִּי לָהֶם לִהְיוֹת לְאוֹת בֵּינִי וּבֵינֵיהֶם לָדַעַת
יג כִּי אֲנִי יְהוָה מְקַדְּשָׁם׃ וַיַּמְרוּ־בִי בֵית־יִשְׂרָאֵל בַּמִּדְבָּר בְּחֻקּוֹתַי
לֹא־הָלָכוּ וְאֶת־מִשְׁפָּטַי מָאָסוּ אֲשֶׁר יַעֲשֶׂה אֹתָם הָאָדָם וָחַי
בָּהֶם וְאֶת־שַׁבְּתֹתַי חִלְּלוּ מְאֹד וָאֹמַר לִשְׁפֹּךְ חֲמָתִי עֲלֵיהֶם
יד בַּמִּדְבָּר לְכַלּוֹתָם׃ וָאֶעֱשֶׂה לְמַעַן שְׁמִי לְבִלְתִּי הֵחֵל לְעֵינֵי הַגּוֹיִם
טו אֲשֶׁר הוֹצֵאתִים לְעֵינֵיהֶם׃ וְגַם־אֲנִי נָשָׂאתִי יָדִי לָהֶם בַּמִּדְבָּר
לְבִלְתִּי הָבִיא אוֹתָם אֶל־הָאָרֶץ אֲשֶׁר־נָתַתִּי זָבַת חָלָב וּדְבַשׁ
טז צְבִי הִיא לְכָל־הָאֲרָצוֹת׃ יַעַן בְּמִשְׁפָּטַי מָאָסוּ וְאֶת־חֻקּוֹתַי לֹא־
הָלְכוּ בָהֶם וְאֶת־שַׁבְּתוֹתַי חִלֵּלוּ כִּי אַחֲרֵי גִלּוּלֵיהֶם לִבָּם הֹלֵךְ׃
יז וַתָּחָס עֵינִי עֲלֵיהֶם מִשַּׁחֲתָם וְלֹא־עָשִׂיתִי אוֹתָם כָּלָה בַּמִּדְבָּר׃
יח וָאֹמַר אֶל־בְּנֵיהֶם בַּמִּדְבָּר בְּחוּקֵּי אֲבוֹתֵיכֶם אַל־תֵּלֵכוּ וְאֶת־
יט מִשְׁפְּטֵיהֶם אַל־תִּשְׁמֹרוּ וּבְגִלּוּלֵיהֶם אַל־תִּטַּמָּאוּ׃ אֲנִי יְהוָה
כ אֱלֹהֵיכֶם בְּחֻקּוֹתַי לֵכוּ וְאֶת־מִשְׁפָּטַי שִׁמְרוּ וַעֲשׂוּ אוֹתָם׃ וְאֶת־
שַׁבְּתוֹתַי קַדֵּשׁוּ וְהָיוּ לְאוֹת בֵּינִי וּבֵינֵיכֶם לָדַעַת כִּי אֲנִי יְהוָה
כא אֱלֹהֵיכֶם׃ וַיַּמְרוּ־בִי הַבָּנִים בְּחֻקּוֹתַי לֹא־הָלָכוּ וְאֶת־מִשְׁפָּטַי
לֹא־שָׁמְרוּ לַעֲשׂוֹת אוֹתָם אֲשֶׁר יַעֲשֶׂה אוֹתָם הָאָדָם וָחַי בָּהֶם
אֶת־שַׁבְּתוֹתַי חִלֵּלוּ וָאֹמַר לִשְׁפֹּךְ חֲמָתִי עֲלֵיהֶם לְכַלּוֹת אַפִּי בָּם
כב בַּמִּדְבָּר׃ וַהֲשִׁבֹתִי אֶת־יָדִי וָאַעַשׂ לְמַעַן שְׁמִי לְבִלְתִּי הֵחֵל
כג לְעֵינֵי הַגּוֹיִם אֲשֶׁר־הוֹצֵאתִי אוֹתָם לְעֵינֵיהֶם׃ גַּם־אֲנִי נָשָׂאתִי

אֶת־יָדִי לָהֶם בַּמִּדְבָּר לְהָפִיץ אֹתָם בַּגּוֹיִם וּלְזָרוֹת אוֹתָם
בָּאֲרָצוֹת׃ יַעַן מִשְׁפָּטַי לֹא־עָשׂוּ וְחֻקּוֹתַי מָאָסוּ וְאֶת־שַׁבְּתוֹתַי כד
חִלֵּלוּ וְאַחֲרֵי גִּלּוּלֵי אֲבוֹתָם הָיוּ עֵינֵיהֶם׃ וְגַם־אֲנִי נָתַתִּי לָהֶם כה
חֻקִּים לֹא טוֹבִים וּמִשְׁפָּטִים לֹא יִחְיוּ בָּהֶם׃ וָאֲטַמֵּא אוֹתָם כו
בְּמַתְּנוֹתָם בְּהַעֲבִיר כָּל־פֶּטֶר רָחַם לְמַעַן אֲשִׁמֵּם לְמַעַן אֲשֶׁר
יֵדְעוּ אֲשֶׁר אֲנִי יְהוָה׃ לָכֵן דַּבֵּר אֶל־בֵּית יִשְׂרָאֵל כז
בֶּן־אָדָם וְאָמַרְתָּ אֲלֵיהֶם כֹּה אָמַר אֲדֹנָי יְהוִה עוֹד זֹאת גִּדְּפוּ
אוֹתִי אֲבוֹתֵיכֶם בְּמַעֲלָם בִּי מָעַל׃ וָאֲבִיאֵם אֶל־הָאָרֶץ אֲשֶׁר כח
נָשָׂאתִי אֶת־יָדִי לָתֵת אוֹתָהּ לָהֶם וַיִּרְאוּ כָל־גִּבְעָה רָמָה וְכָל־
עֵץ עָבֹת וַיִּזְבְּחוּ־שָׁם אֶת־זִבְחֵיהֶם וַיִּתְּנוּ־שָׁם כַּעַס קָרְבָּנָם
וַיָּשִׂימוּ שָׁם רֵיחַ נִיחוֹחֵיהֶם וַיַּסִּיכוּ שָׁם אֶת־נִסְכֵּיהֶם׃ וָאֹמַר כט
אֲלֵהֶם מָה הַבָּמָה אֲשֶׁר־אַתֶּם הַבָּאִים שָׁם וַיִּקָּרֵא שְׁמָהּ בָּמָה
עַד הַיּוֹם הַזֶּה׃ לָכֵן אֱמֹר ׀ אֶל־בֵּית יִשְׂרָאֵל כֹּה ל
אָמַר אֲדֹנָי יְהוִה הַבְּדֶרֶךְ אֲבוֹתֵיכֶם אַתֶּם נִטְמְאִים וְאַחֲרֵי
שִׁקּוּצֵיהֶם אַתֶּם זֹנִים׃ וּבִשְׂאֵת מַתְּנֹתֵיכֶם בְּהַעֲבִיר בְּנֵיכֶם בָּאֵשׁ לא
אַתֶּם נִטְמְאִים לְכָל־גִּלּוּלֵיכֶם עַד־הַיּוֹם וַאֲנִי אִדָּרֵשׁ לָכֶם בֵּית
יִשְׂרָאֵל חַי־אָנִי נְאֻם אֲדֹנָי יְהוִה אִם־אִדָּרֵשׁ לָכֶם׃ וְהָעֹלָה עַל־ לב
רוּחֲכֶם הָיוֹ לֹא תִהְיֶה אֲשֶׁר ׀ אַתֶּם אֹמְרִים נִהְיֶה כַגּוֹיִם
כְּמִשְׁפְּחוֹת הָאֲרָצוֹת לְשָׁרֵת עֵץ וָאָבֶן׃ חַי־אָנִי נְאֻם אֲדֹנָי יְהוִה לג
אִם־לֹא בְּיָד חֲזָקָה וּבִזְרוֹעַ נְטוּיָה וּבְחֵמָה שְׁפוּכָה אֶמְלוֹךְ
עֲלֵיכֶם׃ וְהוֹצֵאתִי אֶתְכֶם מִן־הָעַמִּים וְקִבַּצְתִּי אֶתְכֶם מִן־ לד
הָאֲרָצוֹת אֲשֶׁר נְפוֹצֹתֶם בָּם בְּיָד חֲזָקָה וּבִזְרוֹעַ נְטוּיָה וּבְחֵמָה
שְׁפוּכָה׃ וְהֵבֵאתִי אֶתְכֶם אֶל־מִדְבַּר הָעַמִּים וְנִשְׁפַּטְתִּי אִתְּכֶם לה
שָׁם פָּנִים אֶל־פָּנִים׃ כַּאֲשֶׁר נִשְׁפַּטְתִּי אֶת־אֲבוֹתֵיכֶם בְּמִדְבַּר לו
אֶרֶץ מִצְרָיִם כֵּן אִשָּׁפֵט אִתְּכֶם נְאֻם אֲדֹנָי יְהוִה׃ וְהַעֲבַרְתִּי לז
אֶתְכֶם תַּחַת הַשָּׁבֶט וְהֵבֵאתִי אֶתְכֶם בְּמָסֹרֶת הַבְּרִית׃ וּבָרוֹתִי לח
מִכֶּם הַמֹּרְדִים וְהַפּוֹשְׁעִים בִּי מֵאֶרֶץ מְגוּרֵיהֶם אוֹצִיא אוֹתָם

לט וְאֶל־אַדְמַת יִשְׂרָאֵל לֹא יָבוֹא וִידַעְתֶּם כִּי־אֲנִי יְהוָה: וְאַתֶּם
בֵּית־יִשְׂרָאֵל כֹּה־אָמַר ׀ אֲדֹנָי יְהוִה אִישׁ גִּלּוּלָיו לְכוּ עֲבֹדוּ
וְאַחַר אִם־אֵינְכֶם שֹׁמְעִים אֵלָי וְאֶת־שֵׁם קָדְשִׁי לֹא תְחַלְּלוּ־
מ עוֹד בְּמַתְּנוֹתֵיכֶם וּבְגִלּוּלֵיכֶם: כִּי בְהַר־קָדְשִׁי בְּהַר ׀ מְרוֹם
יִשְׂרָאֵל נְאֻם אֲדֹנָי יְהוִה שָׁם יַעַבְדֻנִי כָּל־בֵּית יִשְׂרָאֵל כֻּלֹּה
בָּאָרֶץ שָׁם אֶרְצֵם וְשָׁם אֶדְרוֹשׁ אֶת־תְּרוּמֹתֵיכֶם וְאֶת־רֵאשִׁית
מא מַשְׂאוֹתֵיכֶם בְּכָל־קָדְשֵׁיכֶם: בְּרֵיחַ נִיחֹחַ אֶרְצֶה אֶתְכֶם יב
בְּהוֹצִיאִי אֶתְכֶם מִן־הָעַמִּים וְקִבַּצְתִּי אֶתְכֶם מִן־הָאֲרָצוֹת
מב אֲשֶׁר נְפֹצֹתֶם בָּם וְנִקְדַּשְׁתִּי בָכֶם לְעֵינֵי הַגּוֹיִם: וִידַעְתֶּם כִּי־אֲנִי
יְהוָה בַּהֲבִיאִי אֶתְכֶם אֶל־אַדְמַת יִשְׂרָאֵל אֶל־הָאָרֶץ אֲשֶׁר
מג נָשָׂאתִי אֶת־יָדִי לָתֵת אוֹתָהּ לַאֲבוֹתֵיכֶם: וּזְכַרְתֶּם־שָׁם אֶת־
דַּרְכֵיכֶם וְאֵת כָּל־עֲלִילוֹתֵיכֶם אֲשֶׁר נִטְמֵאתֶם בָּם וּנְקֹטֹתֶם
מד בִּפְנֵיכֶם בְּכָל־רָעוֹתֵיכֶם אֲשֶׁר עֲשִׂיתֶם: וִידַעְתֶּם כִּי־אֲנִי יְהוָה
בַּעֲשׂוֹתִי אִתְּכֶם לְמַעַן שְׁמִי לֹא כְדַרְכֵיכֶם הָרָעִים וְכַעֲלִילוֹתֵיכֶם
א א הַנִּשְׁחָתוֹת בֵּית יִשְׂרָאֵל נְאֻם אֲדֹנָי יְהוִה: וַיְהִי
ב דְבַר־יְהוָה אֵלַי לֵאמֹר: בֶּן־אָדָם שִׂים פָּנֶיךָ דֶּרֶךְ תֵּימָנָה וְהַטֵּף
ג אֶל־דָּרוֹם וְהִנָּבֵא אֶל־יַעַר הַשָּׂדֶה נֶגֶב: וְאָמַרְתָּ לְיַעַר הַנֶּגֶב
שְׁמַע דְּבַר־יְהוָה כֹּה־אָמַר אֲדֹנָי יְהוִה הִנְנִי מַצִּית־בְּךָ ׀ אֵשׁ
וְאָכְלָה בְךָ כָל־עֵץ־לַח וְכָל־עֵץ יָבֵשׁ לֹא־תִכְבֶּה לַהֶבֶת
ד שַׁלְהֶבֶת וְנִצְרְבוּ־בָהּ כָּל־פָּנִים מִנֶּגֶב צָפוֹנָה: וְרָאוּ כָּל־בָּשָׂר
ה כִּי אֲנִי יְהוָה בִּעַרְתִּיהָ לֹא תִּכְבֶּה: וָאֹמַר אֲהָהּ אֲדֹנָי יְהוִה הֵמָּה
ו אֹמְרִים לִי הֲלֹא מְמַשֵּׁל מְשָׁלִים הוּא: וַיְהִי דְבַר־
ז יְהוָה אֵלַי לֵאמֹר: בֶּן־אָדָם שִׂים פָּנֶיךָ אֶל־יְרוּשָׁלִַם וְהַטֵּף אֶל־
ח מִקְדָּשִׁים וְהִנָּבֵא אֶל־אַדְמַת יִשְׂרָאֵל: וְאָמַרְתָּ לְאַדְמַת יִשְׂרָאֵל
כֹּה אָמַר יְהוָה הִנְנִי אֵלַיִךְ וְהוֹצֵאתִי חַרְבִּי מִתַּעְרָהּ וְהִכְרַתִּי
ט מִמֵּךְ צַדִּיק וְרָשָׁע: יַעַן אֲשֶׁר־הִכְרַתִּי מִמֵּךְ צַדִּיק וְרָשָׁע לָכֵן
י תֵּצֵא חַרְבִּי מִתַּעְרָהּ אֶל־כָּל־בָּשָׂר מִנֶּגֶב צָפוֹן: וְיָדְעוּ

כָּל־בָּשָׂר כִּי אֲנִי יְהוָה הוֹצֵאתִי חַרְבִּי מִתַּעְרָהּ לֹא תָשׁוּב
יא עוֹד׃ וְאַתָּה בֶן־אָדָם הֵאָנַח בְּשִׁבְרוֹן מָתְנַיִם
יב וּבִמְרִירוּת תֵּאָנַח לְעֵינֵיהֶם׃ וְהָיָה כִּי־יֹאמְרוּ אֵלֶיךָ עַל־מָה
אַתָּה נֶאֱנָח וְאָמַרְתָּ אֶל־שְׁמוּעָה כִי־בָאָה וְנָמֵס כָּל־לֵב וְרָפוּ
כָל־יָדַיִם וְכִהֲתָה כָל־רוּחַ וְכָל־בִּרְכַּיִם תֵּלַכְנָה מַּיִם הִנֵּה בָאָה
יג וְנִהְיָתָה נְאֻם אֲדֹנָי יְהוִה׃ וַיְהִי דְבַר־יְהוָה אֵלַי
יד לֵאמֹר׃ בֶּן־אָדָם הִנָּבֵא וְאָמַרְתָּ כֹּה אָמַר אֲדֹנָי אֱמֹר חֶרֶב חֶרֶב
טו הוּחַדָּה וְגַם־מְרוּטָה׃ לְמַעַן טְבֹחַ טֶבַח הוּחַדָּה לְמַעַן־הֱיֵה־לָהּ
טז בָּרָק מֹרָטָּה אוֹ נָשִׂישׂ שֵׁבֶט בְּנִי מֹאֶסֶת כָּל־עֵץ׃ וַיִּתֵּן אֹתָהּ
לְמָרְטָה לִתְפֹּשׂ בַּכָּף הִיא־הוּחַדָּה חֶרֶב וְהִיא מֹרָטָּה לָתֵת
יז אוֹתָהּ בְּיַד־הוֹרֵג׃ זְעַק וְהֵילֵל בֶּן־אָדָם כִּי־הִיא הָיְתָה בְעַמִּי
הִיא בְּכָל־נְשִׂיאֵי יִשְׂרָאֵל מְגוּרֵי אֶל־חֶרֶב הָיוּ אֶת־עַמִּי לָכֵן
יח סְפֹק אֶל־יָרֵךְ׃ כִּי בֹחַן וּמָה אִם־גַּם־שֵׁבֶט מֹאֶסֶת לֹא יִהְיֶה
יט נְאֻם אֲדֹנָי יְהוִה׃ וְאַתָּה בֶן־אָדָם הִנָּבֵא וְהַךְ כַּף
אֶל־כָּף וְתִכָּפֵל חֶרֶב שְׁלִישִׁתָה חֶרֶב חֲלָלִים הִיא חֶרֶב חָלָל
כ הַגָּדוֹל הַחֹדֶרֶת לָהֶם׃ לְמַעַן ׀ לָמוּג לֵב וְהַרְבֵּה הַמִּכְשֹׁלִים
עַל כָּל־שַׁעֲרֵיהֶם נָתַתִּי אִבְחַת־חָרֶב אָח עֲשׂוּיָה לְבָרָק
כא מְעֻטָּה לְטָבַח׃ הִתְאַחֲדִי הֵימִנִי הָשִׂימִי הַשְׂמִילִי אָנָה פָּנַיִךְ
כב מֻעָדוֹת׃ וְגַם־אֲנִי אַכֶּה כַפִּי אֶל־כַּפִּי וַהֲנִחֹתִי חֲמָתִי אֲנִי יְהוָה
כג כד דִּבַּרְתִּי׃ וַיְהִי דְבַר־יְהוָה אֵלַי לֵאמֹר׃ וְאַתָּה בֶן־
אָדָם שִׂים־לְךָ ׀ שְׁנַיִם דְּרָכִים לָבוֹא חֶרֶב מֶלֶךְ־בָּבֶל מֵאֶרֶץ
כה אֶחָד יֵצְאוּ שְׁנֵיהֶם וְיָד בָּרֵא בְּרֹאשׁ דֶּרֶךְ־עִיר בָּרֵא׃ דֶּרֶךְ תָּשִׂים
לָבוֹא חֶרֶב אֵת רַבַּת בְּנֵי־עַמּוֹן וְאֶת־יְהוּדָה בִירוּשָׁלִַם בְּצוּרָה׃
כו כִּי־עָמַד מֶלֶךְ־בָּבֶל אֶל־אֵם הַדֶּרֶךְ בְּרֹאשׁ שְׁנֵי הַדְּרָכִים לִקְסָם־
כז קָסֶם קִלְקַל בַּחִצִּים שָׁאַל בַּתְּרָפִים רָאָה בַּכָּבֵד׃ בִּימִינוֹ הָיָה ׀
הַקֶּסֶם יְרוּשָׁלִַם לָשׂוּם כָּרִים לִפְתֹּחַ פֶּה בְּרֶצַח לְהָרִים קוֹל
בִּתְרוּעָה לָשׂוּם כָּרִים עַל־שְׁעָרִים לִשְׁפֹּךְ סֹלְלָה לִבְנוֹת דָּיֵק׃

יחזקאל
כא

פקסם־

כח וְהָיָ֨ה לָהֶ֤ם כקסום־שָׁוְא֙ בְּעֵ֣ינֵיהֶ֔ם שְׁבֻעֵ֥י שְׁבֻע֖וֹת לָהֶ֑ם וְהֽוּא־

כט מַזְכִּ֥יר עָוֺ֖ן לְהִתָּפֵֽשׂ׃ לָכֵ֞ן כֹּֽה־אָמַ֣ר אֲדֹנָ֣י יְהֹוִ֗ה יַ֚עַן
הַזְכַּרְכֶ֣ם עֲוֺנְכֶ֔ם בְּהִגָּל֤וֹת פִּשְׁעֵיכֶם֙ לְהֵרָאוֹת֙ חַטֹּ֣אותֵיכֶ֔ם בְּכֹ֖ל

ל עֲלִילֽוֹתֵיכֶ֑ם יַ֚עַן הִזָּ֣כֶרְכֶ֔ם בַּכַּ֖ף תִּתָּפֵֽשׂוּ׃ וְאַתָּה֙ חָלָ֣ל

לא רָשָׁ֔ע נְשִׂ֖יא יִשְׂרָאֵ֑ל אֲשֶׁר־בָּ֣א יוֹמ֔וֹ בְּעֵ֖ת עֲוֺ֥ן קֵֽץ׃ כֹּ֤ה
אָמַר֙ אֲדֹנָ֣י יְהֹוִ֔ה הָסִיר֙ הַמִּצְנֶ֔פֶת וְהָרִ֖ים הָעֲטָרָ֑ה זֹ֣את לֹא־זֹ֔את

לב הַשָּׁפָלָ֣ה הַגְבֵּ֔הַ וְהַגָּבֹ֖הַּ הַשְׁפִּֽיל׃ עַוָּ֥ה עַוָּ֛ה עַוָּ֖ה אֲשִׂימֶ֑נָּה גַּם־זֹאת֙

לג לֹ֣א הָיָ֔ה עַד־בֹּ֛א אֲשֶׁר־ל֥וֹ הַמִּשְׁפָּ֖ט וּנְתַתִּֽיו׃ וְאַתָּ֣ה
בֶן־אָדָ֗ם הִנָּבֵ֤א וְאָֽמַרְתָּ֙ כֹּ֤ה אָמַר֙ אֲדֹנָ֣י יְהֹוִ֔ה אֶל־בְּנֵ֥י עַמּ֖וֹן
וְאֶל־חֶרְפָּתָ֑ם וְאָמַרְתָּ֗ חֶ֣רֶב חֶ֤רֶב פְּתוּחָה֙ לְטֶ֣בַח מְרוּטָ֔ה לְהָכִ֖יל

לד לְמַ֥עַן בָּרָֽק׃ בַּחֲז֥וֹת לָ֛ךְ שָׁ֖וְא בִּקְסׇם־לָ֣ךְ כָּזָ֑ב לָתֵ֣ת אוֹתָ֗ךְ אֶל־
צַוְּארֵי֙ חַלְלֵ֣י רְשָׁעִ֔ים אֲשֶׁר־בָּ֥א יוֹמָ֖ם בְּעֵ֥ת עֲוֺ֥ן קֵֽץ׃ הָשַׁ֖ב אֶל־

לה תַּעְרָ֑הּ בִּמְק֧וֹם אֲשֶׁר־נִבְרֵ֛את בְּאֶ֥רֶץ מְכֻרוֹתַ֖יִךְ אֶשְׁפֹּ֥ט אֹתָֽךְ׃

לו וְשָׁפַכְתִּ֤י עָלַ֙יִךְ֙ זַעְמִ֔י בְּאֵ֥שׁ עֶבְרָתִ֖י אָפִ֣יחַ עָלָ֑יִךְ וּנְתַתִּ֗יךְ בְּיַד֙
אֲנָשִׁ֣ים בֹּֽעֲרִ֔ים חָרָשֵׁ֖י מַשְׁחִֽית׃ לָאֵ֤שׁ תִּֽהְיֶה֙ לְאׇכְלָ֔ה דָּמֵ֖ךְ יִֽהְיֶ֖ה

לז בְּת֣וֹךְ הָאָ֑רֶץ לֹ֣א תִזָּכֵ֔רִי כִּ֛י אֲנִ֥י יְהֹוָ֖ה דִּבַּֽרְתִּי׃ וַיְהִ֥י

כב א דְבַר־יְהֹוָ֖ה אֵלַ֥י לֵאמֹֽר׃ וְאַתָּ֣ה בֶן־אָדָ֔ם הֲתִשְׁפֹּ֥ט הֲתִשְׁפֹּ֖ט

ב אֶת־עִ֣יר הַדָּמִ֑ים וְה֣וֹדַעְתָּ֔הּ אֵ֖ת כׇּל־תּוֹעֲבוֹתֶֽיהָ׃ וְאָמַרְתָּ֗ כֹּ֤ה

ג אָמַר֙ אֲדֹנָ֣י יְהֹוִ֔ה עִ֣יר שֹׁפֶ֥כֶת דָּ֛ם בְּתוֹכָ֖הּ לָב֣וֹא עִתָּ֑הּ וְעָשְׂתָ֧ה

ד גִלּוּלִ֛ים עָלֶ֖יהָ לְטׇמְאָֽה׃ בְּדָמֵ֨ךְ אֲשֶׁר־שָׁפַ֜כְתְּ אָשַׁ֗מְתְּ וּבְגִלּוּלַ֤יִךְ
אֲשֶׁר־עָשִׂית֙ טָמֵ֔את וַתַּקְרִ֣יבִי יָמַ֔יִךְ וַתָּב֖וֹא עַד־שְׁנוֹתָ֑יִךְ עַל־

ה כֵּ֗ן נְתַתִּ֤יךְ חֶרְפָּה֙ לַגּוֹיִ֔ם וְקַלָּסָ֖ה לְכׇל־הָאֲרָצֽוֹת׃ הַקְּרֹב֛וֹת
וְהָרְחֹק֥וֹת מִמֵּ֖ךְ יִתְקַלְּסוּ־בָ֑ךְ טְמֵאַ֥ת הַשֵּׁ֖ם רַבַּ֥ת הַמְּהוּמָֽה׃

ו הִנֵּה֙ נְשִׂיאֵ֣י יִשְׂרָאֵ֔ל אִ֥ישׁ לִזְרֹע֖וֹ הָ֣יוּ בָ֑ךְ לְמַ֖עַן שְׁפׇךְ־דָּֽם׃ אָ֤ב
וָאֵם֙ הֵקַ֣לּוּ בָ֔ךְ לַגֵּ֛ר עָשׂ֥וּ בַעֹ֖שֶׁק בְּתוֹכֵ֑ךְ יָת֥וֹם וְאַלְמָנָ֖ה ה֥וֹנוּ בָֽךְ׃

ח קׇדָשַׁ֣י בָּזִ֔ית וְאֶת־שַׁבְּתֹתַ֖י חִלָּֽלְתְּ׃ אַנְשֵׁ֥י רָכִ֛יל הָ֥יוּ בָ֖ךְ לְמַ֣עַן

י שְׁפׇךְ־דָּ֑ם וְאֶל־הֶֽהָרִים֙ אָ֣כְלוּ בָ֔ךְ זִמָּ֖ה עָשׂ֥וּ בְתוֹכֵֽךְ׃ עֶרְוַת־אָ֣ב

גִּלָּה־בָ֑ךְ טֻמְאַ֥ת הַנִּדָּ֖ה עִנּוּ־בָֽךְ׃ וְאִ֣ישׁ ׀ אֶת־אֵ֤שֶׁת רֵעֵ֙הוּ֙ עָשָׂ֣ה   י

תֽוֹעֵבָ֔ה וְאִ֗ישׁ אֶת־כַּלָּת֛וֹ טִמֵּ֥א בְזִמָּ֖ה וְאִ֕ישׁ אֶת־אֲחֹת֥וֹ בַת־

אָבִ֖יו עִנָּה־בָֽךְ׃ שֹׁ֥חַד לָקְחוּ־בָ֖ךְ לְמַ֣עַן שְׁפָךְ־דָּ֑ם נֶ֧שֶׁךְ וְתַרְבִּ֣ית   יב

לָקַ֗חַתְּ וַתְּבַצְּעִ֤י רֵעַ֙יִךְ֙ בַּעֹ֔שֶׁק וְאֹתִ֣י שָׁכַ֔חַתְּ נְאֻ֖ם אֲדֹנָ֥י יְהֹוִֽה׃

וְהִנֵּה֙ הִכֵּ֣יתִי כַפִּ֔י אֶל־בִּצְעֵ֖ךְ אֲשֶׁ֣ר עָשִׂ֑ית וְעַ֨ל־דָּמֵ֔ךְ אֲשֶׁ֥ר הָי֖וּ   יג

בְּתוֹכֵֽךְ׃ הֲיַעֲמֹ֤ד לִבֵּךְ֙ אִם־תֶּחֱזַ֣קְנָה יָדַ֔יִךְ לַיָּמִ֕ים אֲשֶׁ֥ר אֲנִ֖י עֹשֶׂ֣ה   יד

אוֹתָ֑ךְ אֲנִ֧י יְהֹוָ֛ה דִּבַּ֖רְתִּי וְעָשִֽׂיתִי׃ וַהֲפִיצוֹתִ֤י אוֹתָךְ֙ בַּגּוֹיִ֔ם וְזֵרִיתִ֖יךְ   טו

בָּאֲרָצ֑וֹת וַהֲתִמֹּתִ֥י טֻמְאָתֵ֖ךְ מִמֵּֽךְ׃ וְנִחַ֥לְתְּ בָּ֖ךְ לְעֵינֵ֣י גוֹיִ֑ם וְיָדַ֖עַתְּ   טז

כִּֽי־אֲנִ֥י יְהֹוָֽה׃   וַיְהִ֥י דְבַר־יְהֹוָ֖ה אֵלַ֥י לֵאמֹֽר׃ בֶּן־   יז

לסג   אָדָ֕ם הָיוּ־לִ֥י בֵֽית־יִשְׂרָאֵ֖ל לְסִ֑יג כֻּלָּ֡ם נְ֠חֹ֠שֶׁת וּבְדִ֨יל וּבַרְזֶ֤ל

וְעוֹפֶ֙רֶת֙ בְּת֣וֹךְ כּ֔וּר סִגִ֥ים כֶּ֖סֶף הָיֽוּ׃   לָכֵ֗ן כֹּ֤ה   יח, יט

אָמַר֙ אֲדֹנָ֣י יְהֹוִ֔ה יַ֛עַן הֱי֥וֹת כֻּלְּכֶ֖ם לְסִגִ֑ים לָכֵ֗ן הִנְנִ֤י קֹבֵץ֙ אֶתְכֶ֔ם

אֶל־תּ֖וֹךְ יְרוּשָׁלָֽ͏ִם׃ קְבֻ֣צַת כֶּ֡סֶף וּ֠נְחֹ֠שֶׁת וּבַרְזֶ֨ל וְעוֹפֶ֤רֶת וּבְדִיל֙   כ

אֶל־תּ֣וֹךְ כּ֔וּר לָפַֽחַת־עָלָ֥יו אֵ֖שׁ לְהַנְתִּ֑יךְ כֵּ֣ן אֶקְבֹּ֤ץ בְּאַפִּי֙ וּבַחֲמָתִ֔י

וְהִנַּחְתִּ֥י וְהִתַּכְתִּ֖י אֶתְכֶֽם׃ וְכִנַּסְתִּ֣י אֶתְכֶ֔ם וְנָפַחְתִּ֥י עֲלֵיכֶ֖ם   כא

בְּאֵ֣שׁ עֶבְרָתִ֑י וְנִתַּכְתֶּ֖ם בְּתוֹכָֽהּ׃ כְּהִתּ֥וּךְ כֶּ֙סֶף֙ בְּת֣וֹךְ כּ֔וּר   כב

כֵּ֖ן תֻּתְּכ֣וּ בְתוֹכָ֑הּ וִידַעְתֶּם֙ כִּֽי־אֲנִ֣י יְהֹוָ֔ה שָׁפַ֥כְתִּי חֲמָתִ֖י

עֲלֵיכֶֽם׃   וַיְהִ֥י דְבַר־יְהֹוָ֖ה אֵלַ֥י לֵאמֹֽר׃ בֶּן־אָדָ֕ם   כג

אֱמָר־לָ֕הּ אַ֣תְּ אֶ֔רֶץ לֹ֥א מְטֹהָרָ֖ה הִ֑יא לֹ֥א גֻשְׁמָ֖הּ בְּי֥וֹם זָֽעַם׃

קֶ֤שֶׁר נְבִיאֶ֙יהָ֙ בְּתוֹכָ֔הּ כַּאֲרִ֥י שׁוֹאֵ֖ג טֹ֣רֵֽף טָ֑רֶף נֶ֣פֶשׁ אָכָ֗לוּ חֹ֤סֶן   כה

וִיקָר֙ יִקָּ֔חוּ אַלְמְנוֹתֶ֖יהָ הִרְבּ֥וּ בְתוֹכָֽהּ׃ כֹּהֲנֶ֜יהָ חָמְס֣וּ תוֹרָתִ֗י   כו

וַיְחַלְּלוּ֙ קׇדָשַׁ֔י בֵּֽין־קֹ֤דֶשׁ לְחֹל֙ לֹ֣א הִבְדִּ֔ילוּ וּבֵין־הַטָּמֵ֥א לְטָה֖וֹר

לֹ֣א הוֹדִ֑יעוּ וּמִשַּׁבְּתוֹתַי֙ הֶעְלִ֣ימוּ עֵֽינֵיהֶ֔ם וָאֵחַ֖ל בְּתוֹכָֽם׃ שָׂרֶ֣יהָ   כז

בְקִרְבָּ֔הּ כִּזְאֵבִ֖ים טֹ֣רְפֵי טָ֑רֶף לִשְׁפׇּךְ־דָּם֙ לְאַבֵּ֣ד נְפָשׁ֔וֹת לְמַ֖עַן

בְּצֹ֥עַ בָּֽצַע׃ וּנְבִיאֶ֗יהָ טָח֤וּ לָהֶם֙ תָּפֵ֔ל חֹזִ֣ים שָׁ֔וְא וְקֹסְמִ֥ים לָהֶ֖ם   כח

כָּזָ֑ב אֹֽמְרִ֗ים כֹּ֤ה אָמַר֙ אֲדֹנָ֣י יְהֹוִ֔ה וַֽיהֹוָ֖ה לֹ֥א דִבֵּֽר׃ עַ֤ם הָאָ֙רֶץ֙   כט

עָ֣שְׁקוּ עֹ֔שֶׁק וְגָזְל֖וּ גָּזֵ֑ל וְעָנִ֤י וְאֶבְיוֹן֙ הוֹנ֔וּ וְאֶת־הַגֵּ֥ר עָשְׁק֖וּ

ל בְלֹא מִשְׁפָּט׃ וָאֲבַקֵּשׁ מֵהֶם אִישׁ גֹּדֵר־גָּדֵר וְעֹמֵד בַּפֶּרֶץ
לא לְפָנַי בְּעַד הָאָרֶץ לְבִלְתִּי שַׁחֲתָהּ וְלֹא מָצָאתִי׃ וָאֶשְׁפֹּךְ עֲלֵיהֶם
זַעְמִי בְּאֵשׁ עֶבְרָתִי כִּלִּיתִים דַּרְכָּם בְּרֹאשָׁם נָתַתִּי נְאֻם אֲדֹנָי
כג א ב יֱהוִה׃ וַיְהִי דְבַר־יְהוָה אֵלַי לֵאמֹר׃ בֶּן־אָדָם
ג שְׁתַּיִם נָשִׁים בְּנוֹת אֵם־אַחַת הָיוּ׃ וַתִּזְנֶינָה בְמִצְרַיִם בִּנְעוּרֵיהֶן
ד זָנוּ שָׁמָּה מֹעֲכוּ שְׁדֵיהֶן וְשָׁם עִשּׂוּ דַּדֵּי בְּתוּלֵיהֶן׃ וּשְׁמוֹתָן אָהֳלָה
הַגְּדוֹלָה וְאָהֳלִיבָה אֲחוֹתָהּ וַתִּהְיֶינָה לִי וַתֵּלַדְנָה בָּנִים וּבָנוֹת
ה וּשְׁמוֹתָן שֹׁמְרוֹן אָהֳלָה וִירוּשָׁלִַם אָהֳלִיבָה׃ וַתִּזֶן אָהֳלָה תַּחְתָּי
ו וַתַּעְגַּב עַל־מְאַהֲבֶיהָ אֶל־אַשּׁוּר קְרוֹבִים׃ לְבֻשֵׁי תְכֵלֶת פַּחוֹת
ז וּסְגָנִים בַּחוּרֵי חֶמֶד כֻּלָּם פָּרָשִׁים רֹכְבֵי סוּסִים׃ וַתִּתֵּן תַּזְנוּתֶיהָ
עֲלֵיהֶם מִבְחַר בְּנֵי־אַשּׁוּר כֻּלָּם וּבְכֹל אֲשֶׁר־עָגְבָה בְּכָל־גִּלּוּלֵיהֶם
ח נִטְמָאָה׃ וְאֶת־תַּזְנוּתֶיהָ מִמִּצְרַיִם לֹא עָזָבָה כִּי אוֹתָהּ שָׁכְבוּ
ט בִנְעוּרֶיהָ וְהֵמָּה עִשּׂוּ דַּדֵּי בְתוּלֶיהָ וַיִּשְׁפְּכוּ תַזְנוּתָם עָלֶיהָ׃ לָכֵן
י נְתַתִּיהָ בְּיַד־מְאַהֲבֶיהָ בְּיַד בְּנֵי אַשּׁוּר אֲשֶׁר עָגְבָה עֲלֵיהֶם׃ הֵמָּה
גִּלּוּ עֶרְוָתָהּ בָּנֶיהָ וּבְנוֹתֶיהָ לָקָחוּ וְאוֹתָהּ בַּחֶרֶב הָרָגוּ וַתְּהִי־
יא שֵׁם לַנָּשִׁים וּשְׁפוּטִים עָשׂוּ בָהּ׃ וַתֵּרֶא אֲחוֹתָהּ
אָהֳלִיבָה וַתַּשְׁחֵת עַגְבָתָהּ מִמֶּנָּה וְאֶת־תַּזְנוּתֶיהָ מִזְּנוּנֵי
יב אֲחוֹתָהּ׃ אֶל־בְּנֵי אַשּׁוּר עָגָבָה פַּחוֹת וּסְגָנִים קְרֹבִים לְבֻשֵׁי
יג מִכְלוֹל פָּרָשִׁים רֹכְבֵי סוּסִים בַּחוּרֵי חֶמֶד כֻּלָּם׃ וָאֵרֶא כִּי
יד נִטְמָאָה דֶּרֶךְ אֶחָד לִשְׁתֵּיהֶן׃ וַתּוֹסֶף אֶל־תַּזְנוּתֶיהָ וַתֵּרֶא אַנְשֵׁי
טו מְחֻקֶּה עַל־הַקִּיר צַלְמֵי כשדיים חֲקֻקִים בַּשָּׁשַׁר׃ חֲגוֹרֵי אֵזוֹר כַּשְׂדִּים
בְּמָתְנֵיהֶם סְרוּחֵי טְבוּלִים בְּרָאשֵׁיהֶם מַרְאֵה שָׁלִשִׁים כֻּלָּם
טז דְּמוּת בְּנֵי־בָבֶל כַּשְׂדִּים אֶרֶץ מוֹלַדְתָּם׃ וַתַּעְגַּב עֲלֵיהֶם לְמַרְאֵה
יז עֵינֶיהָ וַתִּשְׁלַח מַלְאָכִים אֲלֵיהֶם כַּשְׂדִּימָה׃ וַיָּבֹאוּ אֵלֶיהָ בְנֵי־
בָבֶל לְמִשְׁכַּב דֹּדִים וַיְטַמְּאוּ אוֹתָהּ בְּתַזְנוּתָם וַתִּטְמָא־בָם
יח וַתֵּקַע נַפְשָׁהּ מֵהֶם׃ וַתְּגַל תַּזְנוּתֶיהָ וַתְּגַל אֶת־עֶרְוָתָהּ וַתֵּקַע
יט נַפְשִׁי מֵעָלֶיהָ כַּאֲשֶׁר נָקְעָה נַפְשִׁי מֵעַל אֲחוֹתָהּ׃ וַתַּרְבֶּה אֶת־

תַּזְנוּתֶ֑יהָ לִזְכֹּר֙ אֶת־יְמֵ֣י נְעוּרֶ֔יהָ אֲשֶׁ֥ר זָנְתָ֖ה בְּאֶ֥רֶץ מִצְרָֽיִם׃
וַֽתַּעְגְּבָ֔ה עַ֖ל פִּלַגְשֵׁיהֶ֑ם אֲשֶׁ֤ר בְּשַׂר־חֲמוֹרִים֙ בְּשָׂרָ֔ם וְזִרְמַ֥ת כ
סוּסִ֖ים זִרְמָתָֽם׃ וַתִּפְקְדִ֕י אֵ֖ת זִמַּ֣ת נְעוּרָ֑יִךְ בַּעְשׂ֤וֹת מִמִּצְרַ֙יִם֙ כא
דַּדַּ֔יִךְ לְמַ֖עַן שְׁדֵ֥י נְעוּרָֽיִךְ׃ לָכֵ֣ן אָהֳלִיבָ֗ה כֹּֽה־ כב
אָמַר֮ אֲדֹנָ֣י יְהֹוִה֒ הִנְנִ֨י מֵעִ֤יר אֶת־מְאַהֲבַ֙יִךְ֙ עָלַ֔יִךְ אֵ֥ת אֲשֶׁר־
נָקְעָ֥ה נַפְשֵׁ֖ךְ מֵהֶ֑ם וַהֲבֵאתִ֥ים עָלַ֖יִךְ מִסָּבִֽיב׃ בְּנֵ֨י בָבֶ֜ל וְכָל־ כג
כַּשְׂדִּ֗ים פְּק֤וֹד וְשׁ֙וֹעַ֙ וְק֔וֹעַ כָּל־בְּנֵ֥י אַשּׁ֖וּר אוֹתָ֑ם בַּח֤וּרֵי חֶ֙מֶד֙
פַּח֤וֹת וּסְגָנִים֙ כֻּלָּ֔ם שָֽׁלִשִׁים֙ וּקְרוּאִ֔ים רֹכְבֵ֥י סוּסִ֖ים כֻּלָּֽם׃ וּבָ֣אוּ כד
עָ֠לַיִךְ הֹ֜צֶן רֶ֣כֶב וְגַלְגַּ֗ל וּבִקְהַל֙ עַמִּ֔ים צִנָּ֤ה וּמָגֵן֙ וְקוֹבַ֔ע יָשִׂ֥ימוּ
עָלַ֖יִךְ סָבִ֑יב וְנָתַתִּ֤י לִפְנֵיהֶם֙ מִשְׁפָּ֔ט וּשְׁפָט֖וּךְ בְּמִשְׁפְּטֵיהֶֽם׃
וְנָתַתִּ֨י קִנְאָתִ֜י בָּ֗ךְ וְעָשׂ֤וּ אוֹתָךְ֙ בְּחֵמָ֔ה אַפֵּ֤ךְ וְאָזְנַ֙יִךְ֙ יָסִ֔ירוּ כה
וְאַחֲרִיתֵ֖ךְ בַּחֶ֣רֶב תִּפּ֑וֹל הֵ֗מָּה בָּנַ֤יִךְ וּבְנוֹתַ֙יִךְ֙ יִקָּ֔חוּ וְאַחֲרִיתֵ֖ךְ
תֵּאָכֵ֥ל בָּאֵֽשׁ׃ וְהִפְשִׁיט֖וּךְ אֶת־בְּגָדָ֑יִךְ וְלָקְח֖וּ כְּלֵ֥י תִפְאַרְתֵּֽךְ׃ כו
יד וְהִשְׁבַּתִּ֤י זִמָּתֵךְ֙ מִמֵּ֔ךְ וְאֶת־זְנוּתֵ֖ךְ מֵאֶ֣רֶץ מִצְרָ֑יִם וְלֹֽא־תִשְׂאִ֤י כז
עֵינַ֙יִךְ֙ אֲלֵיהֶ֔ם וּמִצְרַ֖יִם לֹ֥א תִזְכְּרִי־עֽוֹד׃ כִּ֣י כֹ֤ה כח
אָמַר֙ אֲדֹנָ֣י יְהֹוִ֔ה הִנְנִי֙ נֹֽתְנָ֔ךְ בְּיַ֖ד אֲשֶׁ֣ר שָׂנֵ֑את בְּיַ֛ד אֲשֶׁר־נָקְעָ֥ה
נַפְשֵׁ֖ךְ מֵהֶֽם׃ וְעָשׂ֨וּ אוֹתָ֜ךְ בְּשִׂנְאָ֗ה וְלָקְחוּ֙ כָּל־יְגִיעֵ֔ךְ וַעֲזָב֖וּךְ כט
עֵירֹ֣ם וְעֶרְיָ֑ה וְנִגְלָה֙ עֶרְוַ֣ת זְנוּנַ֔יִךְ וְזִמָּתֵ֖ךְ וְתַזְנוּתָֽיִךְ׃ עָשֹׂ֥ה אֵ֖לֶּה ל
לָ֑ךְ בִּזְנוֹתֵךְ֙ אַחֲרֵ֣י גוֹיִ֔ם עַ֥ל אֲשֶׁר־נִטְמֵ֖את בְּגִלּוּלֵיהֶֽם׃ בְּדֶ֥רֶךְ לא
אֲחוֹתֵ֖ךְ הָלָ֑כְתְּ וְנָתַתִּ֥י כוֹסָ֖הּ בְּיָדֵֽךְ׃ כֹּ֤ה אָמַר֙ לב
אֲדֹנָ֣י יֱהֹוִ֔ה כּ֤וֹס אֲחוֹתֵךְ֙ תִּשְׁתִּ֔י הָעֲמֻקָּ֖ה וְהָרְחָבָ֑ה תִּהְיֶ֧ה לִצְחֹ֛ק
וּלְלַ֖עַג מִרְבָּ֥ה לְהָכִֽיל׃ שִׁכָּר֥וֹן וְיָג֖וֹן תִּמָּלֵ֑אִי כּ֚וֹס שַׁמָּ֣ה לג
וּשְׁמָמָ֔ה כּ֖וֹס אֲחוֹתֵ֥ךְ שֹׁמְרֽוֹן׃ וְשָׁתִ֨ית אוֹתָ֜הּ וּמָצִ֗ית וְאֶת־ לד
חֲרָשֶׂ֙יהָ֙ תְּגָרֵ֔מִי וְשָׁדַ֖יִךְ תְּנַתֵּ֑קִי כִּ֚י אֲנִ֣י דִבַּ֔רְתִּי נְאֻ֖ם אֲדֹנָ֥י
יֱהֹוִֽה׃ לָכֵ֗ן כֹּ֤ה אָמַר֙ אֲדֹנָ֣י יֱהֹוִ֔ה יַ֚עַן שָׁכַ֣חַתְּ לה
אוֹתִ֔י וַתַּשְׁלִ֥יכִי אוֹתִ֖י אַחֲרֵ֣י גַוֵּ֑ךְ וְגַם־אַ֛תְּ שְׂאִ֥י זִמָּתֵ֖ךְ וְאֶת־
תַּזְנוּתָֽיִךְ׃ וַיֹּ֤אמֶר יְהוָה֙ אֵלַ֔י בֶּן־אָדָ֕ם הֲתִשְׁפּ֥וֹט לו

לז אֶת־אָהֳלָה וְאֶת־אָהֳלִיבָה וְהַגֵּד לָהֶן אֵת תּוֹעֲבוֹתֵיהֶן׃ כִּי נִאֵפוּ
וְדָם בִּידֵיהֶן וְאֶת־גִּלּוּלֵיהֶן נִאֵפוּ וְגַם אֶת־בְּנֵיהֶן אֲשֶׁר יָלְדוּ־לִי
לח הֶעֱבִירוּ לָהֶם לְאָכְלָה׃ עוֹד זֹאת עָשׂוּ לִי טִמְּאוּ אֶת־מִקְדָּשִׁי
לט בַּיּוֹם הַהוּא וְאֶת־שַׁבְּתוֹתַי חִלֵּלוּ׃ וּבְשַׁחֲטָם אֶת־בְּנֵיהֶם
לְגִלּוּלֵיהֶם וַיָּבֹאוּ אֶל־מִקְדָּשִׁי בַּיּוֹם הַהוּא לְחַלְּלוֹ וְהִנֵּה־כֹה
מ עָשׂוּ בְּתוֹךְ בֵּיתִי׃ וְאַף כִּי תִשְׁלַחְנָה לַאֲנָשִׁים בָּאִים מִמֶּרְחָק
אֲשֶׁר מַלְאָךְ שָׁלוּחַ אֲלֵיהֶם וְהִנֵּה־בָאוּ לַאֲשֶׁר רָחַצְתְּ כָּחַלְתְּ
מא עֵינַיִךְ וְעָדִית עֶדִי׃ וְיָשַׁבְתְּ עַל־מִטָּה כְבוּדָּה וְשֻׁלְחָן עָרוּךְ
מב לְפָנֶיהָ וּקְטָרְתִּי וְשַׁמְנִי שַׂמְתְּ עָלֶיהָ׃ וְקוֹל הָמוֹן שָׁלֵו בָהּ וְאֶל־
אֲנָשִׁים מֵרֹב אָדָם מוּבָאִים סובאים מִמִּדְבָּר וַיִּתְּנוּ צְמִידִים סְבָאִים
מג אֶל־יְדֵיהֶן וַעֲטֶרֶת תִּפְאֶרֶת עַל־רָאשֵׁיהֶן׃ וָאֹמַר לַבָּלָה נִאוּפִים
מד עַתָּ יזנה תַזְנוּתֶהָ וָהִיא׃ וַיָּבוֹא אֵלֶיהָ כְּבוֹא אֶל־אִשָּׁה זוֹנָה יִזְנוּ
מה כֵּן בָּאוּ אֶל־אָהֳלָה וְאֶל־אָהֳלִיבָה אִשֹּׁת הַזִּמָּה׃ וַאֲנָשִׁים
צַדִּיקִם הֵמָּה יִשְׁפְּטוּ אוֹתְהֶם מִשְׁפַּט נֹאֲפוֹת וּמִשְׁפַּט שֹׁפְכוֹת
מו דָּם כִּי נֹאֲפֹת הֵנָּה וְדָם בִּידֵיהֶן׃ כִּי כֹה אָמַר
מז אֲדֹנָי יֱהֹוִה הַעֲלֵה עֲלֵיהֶם קָהָל וְנָתֹן אֶתְהֶן לְזַעֲוָה וָלָבַז׃ וְרָגְמוּ
עֲלֵיהֶן אֶבֶן קָהָל וּבָרֵא אוֹתְהֶן בְּחַרְבוֹתָם בְּנֵיהֶם וּבְנוֹתֵיהֶם
מח יַהֲרֹגוּ וּבָתֵּיהֶן בָּאֵשׁ יִשְׂרֹפוּ׃ וְהִשְׁבַּתִּי זִמָּה מִן־הָאָרֶץ
מט וְנִוַּסְּרוּ כָּל־הַנָּשִׁים וְלֹא תַעֲשֶׂינָה כְּזִמַּתְכֶנָה׃ וְנָתְנוּ זִמַּתְכֶנָה
עֲלֵיכֶן וַחֲטָאֵי גִלּוּלֵיכֶן תִּשֶּׂאינָה וִידַעְתֶּם כִּי אֲנִי אֲדֹנָי
כד א יֱהֹוִה׃ וַיְהִי דְבַר־יְהֹוָה אֵלַי בַּשָּׁנָה הַתְּשִׁיעִית
ב בַּחֹדֶשׁ הָעֲשִׂירִי בֶּעָשׂוֹר לַחֹדֶשׁ לֵאמֹר׃ בֶּן־אָדָם כתוב־לְךָ אֶת־ כְּתָב־
שֵׁם הַיּוֹם אֶת־עֶצֶם הַיּוֹם הַזֶּה סָמַךְ מֶלֶךְ־בָּבֶל אֶל־יְרוּשָׁלַםִ
ג בְּעֶצֶם הַיּוֹם הַזֶּה׃ וּמְשֹׁל אֶל־בֵּית־הַמֶּרִי מָשָׁל וְאָמַרְתָּ אֲלֵיהֶם
ד כֹּה אָמַר אֲדֹנָי יֱהֹוִה שְׁפֹת הַסִּיר שְׁפֹת וְגַם־יְצֹק בּוֹ מָיִם׃ אֱסֹף
נְתָחֶיהָ אֵלֶיהָ כָּל־נֵתַח טוֹב יָרֵךְ וְכָתֵף מִבְחַר עֲצָמִים מַלֵּא׃
ה מִבְחַר הַצֹּאן לָקוֹחַ וְגַם דּוּר הָעֲצָמִים תַּחְתֶּיהָ רַתַּח רְתָחֶיהָ

ו גַּם־בָּשְׁלוּ עֲצָמֶיהָ בְּתוֹכָהּ׃ לָכֵן כֹּה־אָמַר ׀ אֲדֹנָי
יֱהוִה אוֹי עִיר הַדָּמִים סִיר אֲשֶׁר חֶלְאָתָה בָהּ וְחֶלְאָתָהּ לֹא
יָצְאָה מִמֶּנָּה לִנְתָחֶיהָ לִנְתָחֶיהָ הוֹצִיאָהּ לֹא־נָפַל עָלֶיהָ גּוֹרָל׃
ז כִּי דָמָהּ בְּתוֹכָהּ הָיָה עַל־צְחִיחַ סֶלַע שָׂמָתְהוּ לֹא שְׁפָכַתְהוּ
ח עַל־הָאָרֶץ לְכַסּוֹת עָלָיו עָפָר׃ לְהַעֲלוֹת חֵמָה לִנְקֹם נָקָם נָתַתִּי
ט אֶת־דָּמָהּ עַל־צְחִיחַ סָלַע לְבִלְתִּי הִכָּסוֹת׃ לָכֵן
כֹּה אָמַר אֲדֹנָי יֱהוִה אוֹי עִיר הַדָּמִים גַּם־אֲנִי אַגְדִּיל הַמְּדוּרָה׃
י הַרְבֵּה הָעֵצִים הַדְלֵק הָאֵשׁ הָתֵם הַבָּשָׂר וְהַרְקַח הַמֶּרְקָחָה
יא וְהָעֲצָמוֹת יֵחָרוּ׃ וְהַעֲמִידֶהָ עַל־גֶּחָלֶיהָ רֵקָה לְמַעַן תֵּחַם וְחָרָה
יב נְחֻשְׁתָּהּ וְנִתְּכָה בְתוֹכָהּ טֻמְאָתָהּ תִּתֻּם חֶלְאָתָהּ׃ תְּאֻנִים
הֶלְאָת וְלֹא־תֵצֵא מִמֶּנָּה רַבַּת חֶלְאָתָהּ בְּאֵשׁ חֶלְאָתָהּ׃
יג בְּטֻמְאָתֵךְ זִמָּה יַעַן טִהַרְתִּיךְ וְלֹא טָהַרְתְּ מִטֻּמְאָתֵךְ לֹא
יד תִטְהֲרִי־עוֹד עַד־הֲנִיחִי אֶת־חֲמָתִי בָּךְ׃ אֲנִי יְהוָה דִּבַּרְתִּי
בָּאָה וְעָשִׂיתִי לֹא־אֶפְרַע וְלֹא־אָחוּס וְלֹא אֶנָּחֵם כִּדְרָכַיִךְ
טו וְכַעֲלִילוֹתַיִךְ שְׁפָטוּךְ נְאֻם אֲדֹנָי יֱהוִה׃ וַיְהִי
טז דְבַר־יְהוָה אֵלַי לֵאמֹר׃ בֶּן־אָדָם הִנְנִי לֹקֵחַ מִמְּךָ אֶת־מַחְמַד
עֵינֶיךָ בְּמַגֵּפָה וְלֹא תִסְפֹּד וְלֹא תִבְכֶּה וְלוֹא תָבוֹא דִּמְעָתֶךָ׃
יז הֵאָנֵק ׀ דֹּם מֵתִים אֵבֶל לֹא־תַעֲשֶׂה פְּאֵרְךָ חֲבוֹשׁ עָלֶיךָ וּנְעָלֶיךָ
תָּשִׂים בְּרַגְלֶיךָ וְלֹא תַעְטֶה עַל־שָׂפָם וְלֶחֶם אֲנָשִׁים לֹא תֹאכֵל׃
יח וָאֲדַבֵּר אֶל־הָעָם בַּבֹּקֶר וַתָּמָת אִשְׁתִּי בָּעָרֶב וָאַעַשׂ בַּבֹּקֶר
יט כַּאֲשֶׁר צֻוֵּיתִי׃ וַיֹּאמְרוּ אֵלַי הָעָם הֲלֹא־תַגִּיד לָנוּ מָה־אֵלֶּה לָּנוּ
כ כִּי אַתָּה עֹשֶׂה׃ וָאֹמַר אֲלֵיהֶם דְּבַר־יְהוָה הָיָה אֵלַי לֵאמֹר׃
כא אֱמֹר ׀ לְבֵית יִשְׂרָאֵל כֹּה־אָמַר אֲדֹנָי יֱהוִה הִנְנִי מְחַלֵּל אֶת־
מִקְדָּשִׁי גְּאוֹן עֻזְּכֶם מַחְמַד עֵינֵיכֶם וּמַחְמַל נַפְשְׁכֶם וּבְנֵיכֶם
כב וּבְנוֹתֵיכֶם אֲשֶׁר עֲזַבְתֶּם בַּחֶרֶב יִפֹּלוּ׃ וַעֲשִׂיתֶם כַּאֲשֶׁר עָשִׂיתִי
כג עַל־שָׂפָם לֹא תַעְטוּ וְלֶחֶם אֲנָשִׁים לֹא תֹאכֵלוּ׃ וּפְאֵרֵכֶם עַל־
רָאשֵׁיכֶם וְנַעֲלֵיכֶם בְּרַגְלֵיכֶם לֹא תִסְפְּדוּ וְלֹא תִבְכּוּ וּנְמַקֹּתֶם

כד בַּעֲוֺנֹתֵיכֶם וּנְהַמְתֶּם אִישׁ אֶל־אָחִיו׃ וְהָיָה יְחֶזְקֵאל לָכֶם טו
לְמוֹפֵת כְּכֹל אֲשֶׁר־עָשָׂה תַּעֲשׂוּ בְּבֹאָהּ וִידַעְתֶּם כִּי אֲנִי אֲדֹנָי
כה יֱהֹוִה׃ וְאַתָּה בֶן־אָדָם הֲלוֹא בְּיוֹם קַחְתִּי מֵהֶם
אֶת־מָעוּזָּם מְשׂוֹשׂ תִּפְאַרְתָּם אֶת־מַחְמַד עֵינֵיהֶם וְאֶת־מַשָּׂא
כו נַפְשָׁם בְּנֵיהֶם וּבְנוֹתֵיהֶם׃ בַּיּוֹם הַהוּא יָבוֹא הַפָּלִיט אֵלֶיךָ
כז לְהַשְׁמָעוּת אָזְנָיִם׃ בַּיּוֹם הַהוּא יִפָּתַח פִּיךָ אֶת־הַפָּלִיט
וּתְדַבֵּר וְלֹא תֵאָלֵם עוֹד וְהָיִיתָ לָהֶם לְמוֹפֵת וְיָדְעוּ כִּי־אֲנִי
כה א ב יְהוָה׃ וַיְהִי דְבַר־יְהוָה אֵלַי לֵאמֹר׃ בֶּן־אָדָם שִׂים
ג פָּנֶיךָ אֶל־בְּנֵי עַמּוֹן וְהִנָּבֵא עֲלֵיהֶם׃ וְאָמַרְתָּ לִבְנֵי עַמּוֹן שִׁמְעוּ
דְּבַר־אֲדֹנָי יֱהֹוִה כֹּה־אָמַר אֲדֹנָי יֱהֹוִה יַעַן אָמְרֵךְ הֶאָח אֶל־
מִקְדָּשִׁי כִי־נִחָל וְאֶל־אַדְמַת יִשְׂרָאֵל כִּי נָשַׁמָּה וְאֶל־בֵּית
ד יְהוּדָה כִּי הָלְכוּ בַּגּוֹלָה׃ לָכֵן הִנְנִי נֹתְנָךְ לִבְנֵי־קֶדֶם לְמוֹרָשָׁה
וְיִשְּׁבוּ טִירוֹתֵיהֶם בָּךְ וְנָתְנוּ בָךְ מִשְׁכְּנֵיהֶם הֵמָּה יֹאכְלוּ פִרְיֵךְ
ה וְהֵמָּה יִשְׁתּוּ חֲלָבֵךְ׃ וְנָתַתִּי אֶת־רַבָּה לִנְוֵה גְמַלִּים וְאֶת־בְּנֵי
ו עַמּוֹן לְמִרְבַּץ־צֹאן וִידַעְתֶּם כִּי־אֲנִי יְהוָה׃ כִּי כֹה
אָמַר אֲדֹנָי יֱהֹוִה יַעַן מַחְאֲךָ יָד וְרַקְעֲךָ בְּרָגֶל וַתִּשְׂמַח בְּכָל־
ז שָׁאטְךָ בְּנֶפֶשׁ אֶל־אַדְמַת יִשְׂרָאֵל׃ לָכֵן הִנְנִי נָטִיתִי אֶת־יָדִי
עָלֶיךָ וּנְתַתִּיךָ לבג לַגּוֹיִם וְהִכְרַתִּיךָ מִן־הָעַמִּים וְהַאֲבַדְתִּיךָ מִן־ לְבַז
ח הָאֲרָצוֹת אַשְׁמִידְךָ וְיָדַעְתָּ כִּי־אֲנִי יְהוָה׃ כֹּה
אָמַר אֲדֹנָי יֱהֹוִה יַעַן אָמֹר מוֹאָב וְשֵׂעִיר הִנֵּה כְּכָל־הַגּוֹיִם בֵּית
ט יְהוּדָה׃ לָכֵן הִנְנִי פֹתֵחַ אֶת־כֶּתֶף מוֹאָב מֵהֶעָרִים מֵעָרָיו
י מִקָּצֵהוּ צְבִי אֶרֶץ בֵּית הַיְשִׁימוֹת בַּעַל מְעוֹן וקריתמה׃ לִבְנֵי־ וְקִרְיָתָיְמָה
קֶדֶם עַל־בְּנֵי עַמּוֹן וּנְתַתִּיהָ לְמוֹרָשָׁה לְמַעַן לֹא־תִזָּכֵר
יא בְּנֵי־עַמּוֹן בַּגּוֹיִם׃ וּבְמוֹאָב אֶעֱשֶׂה שְׁפָטִים וְיָדְעוּ כִּי־אֲנִי
יב יְהוָה׃ כֹּה אָמַר אֲדֹנָי יֱהֹוִה יַעַן עֲשׂוֹת אֱדוֹם
יג בִּנְקֹם נָקָם לְבֵית יְהוּדָה וַיֶּאְשְׁמוּ אָשׁוֹם וְנִקְמוּ בָהֶם׃ לָכֵן כֹּה
אָמַר אֲדֹנָי יֱהֹוִה וְנָטִתִי יָדִי עַל־אֱדוֹם וְהִכְרַתִּי מִמֶּנָּה אָדָם

וּבְהֵמָה וּנְתַתִּיהָ חָרְבָּה מִתֵּימָן וּדְדָנֶה בַּחֶרֶב יִפֹּלוּ׃ וְנָתַתִּי אֶת־ יד
נִקְמָתִי בֶּאֱדוֹם בְּיַד עַמִּי יִשְׂרָאֵל וְעָשׂוּ בֶאֱדוֹם כְּאַפִּי וְכַחֲמָתִי
וְיָדְעוּ אֶת־נִקְמָתִי נְאֻם אֲדֹנָי יֱהֹוִה׃ כֹּה אָמַר טו
אֲדֹנָי יֱהֹוִה יַעַן עֲשׂוֹת פְּלִשְׁתִּים בִּנְקָמָה וַיִּנָּקְמוּ נָקָם בִּשְׁאָט
בְּנֶפֶשׁ לְמַשְׁחִית אֵיבַת עוֹלָם׃ לָכֵן כֹּה אָמַר אֲדֹנָי יֱהֹוִה הִנְנִי טז
נוֹטֶה יָדִי עַל־פְּלִשְׁתִּים וְהִכְרַתִּי אֶת־כְּרֵתִים וְהַאֲבַדְתִּי אֶת־
שְׁאֵרִית חוֹף הַיָּם׃ וְעָשִׂיתִי בָם נְקָמוֹת גְּדֹלוֹת בְּתוֹכְחוֹת חֵמָה יז
וְיָדְעוּ כִּי־אֲנִי יהוה בְּתִתִּי אֶת־נִקְמָתִי בָּם׃

וַיְהִי בְּעַשְׁתֵּי־עֶשְׂרֵה שָׁנָה בְּאֶחָד לַחֹדֶשׁ הָיָה דְבַר־יהוה אֵלַי א כו
לֵאמֹר׃ בֶּן־אָדָם יַעַן אֲשֶׁר־אָמְרָה צֹּר עַל־יְרוּשָׁלַםִ הֶאָח ב
נִשְׁבְּרָה דַּלְתוֹת הָעַמִּים נָסֵבָּה אֵלָי אִמָּלְאָה הָחֳרָבָה׃ לָכֵן כֹּה ג
אָמַר אֲדֹנָי יֱהֹוִה הִנְנִי עָלַיִךְ צֹר וְהַעֲלֵיתִי עָלַיִךְ גּוֹיִם רַבִּים
כְּהַעֲלוֹת הַיָּם לְגַלָּיו׃ וְשִׁחֲתוּ חֹמוֹת צֹר וְהָרְסוּ מִגְדָּלֶיהָ וְסִחֵיתִי ד
עֲפָרָהּ מִמֶּנָּה וְנָתַתִּי אוֹתָהּ לִצְחִיחַ סָלַע׃ מִשְׁטַח חֲרָמִים ה
תִּהְיֶה בְּתוֹךְ הַיָּם כִּי אֲנִי דִבַּרְתִּי נְאֻם אֲדֹנָי יֱהֹוִה וְהָיְתָה לְבַז
לַגּוֹיִם׃ וּבְנוֹתֶיהָ אֲשֶׁר בַּשָּׂדֶה בַּחֶרֶב תֵּהָרַגְנָה וְיָדְעוּ כִּי־אֲנִי ו
יהוה׃ כִּי כֹה אָמַר אֲדֹנָי יֱהֹוִה הִנְנִי מֵבִיא אֶל־ ז
צֹר נְבוּכַדְרֶאצַּר מֶלֶךְ־בָּבֶל מִצָּפוֹן מֶלֶךְ מְלָכִים בְּסוּס וּבְרֶכֶב
וּבְפָרָשִׁים וְקָהָל וְעַם־רָב׃ בְּנוֹתַיִךְ בַּשָּׂדֶה בַּחֶרֶב יַהֲרֹג וְנָתַן ח
עָלַיִךְ דָּיֵק וְשָׁפַךְ עָלַיִךְ סֹלְלָה וְהֵקִים עָלַיִךְ צִנָּה׃ וּמְחִי קָבָלּוֹ ט
יִתֵּן בְּחֹמוֹתָיִךְ וּמִגְדְּלֹתַיִךְ יִתֹּץ בְּחַרְבוֹתָיו׃ מִשִּׁפְעַת סוּסָיו י
יְכַסֵּךְ אֲבָקָם מִקּוֹל פָּרַשׁ וְגַלְגַּל וָרֶכֶב תִּרְעַשְׁנָה חוֹמוֹתַיִךְ
בְּבֹאוֹ בִּשְׁעָרַיִךְ כִּמְבוֹאֵי עִיר מְבֻקָּעָה׃ בְּפַרְסוֹת סוּסָיו יִרְמֹס יא
אֶת־כָּל־חוּצוֹתָיִךְ עַמֵּךְ בַּחֶרֶב יַהֲרֹג וּמַצְּבוֹת עֻזֵּךְ לָאָרֶץ תֵּרֵד׃
וְשָׁלְלוּ חֵילֵךְ וּבָזְזוּ רְכֻלָּתֵךְ וְהָרְסוּ חוֹמוֹתַיִךְ וּבָתֵּי חֶמְדָּתֵךְ יִתֹּצוּ יב
וַאֲבָנַיִךְ וְעֵצַיִךְ וַעֲפָרֵךְ בְּתוֹךְ מַיִם יָשִׂימוּ׃ וְהִשְׁבַּתִּי הֲמוֹן שִׁירָיִךְ יג
וְקוֹל כִּנּוֹרַיִךְ לֹא יִשָּׁמַע עוֹד׃ וּנְתַתִּיךְ לִצְחִיחַ סֶלַע מִשְׁטַח יד

חֳרָמִים֙ תִּֽהְיֶ֔ה לֹ֥א תִבָּנֶ֖ה ע֑וֹד כִּ֣י אֲנִ֤י יְהֹוָה֙ דִּבַּ֔רְתִּי נְאֻ֖ם אֲדֹנָ֥י

יֵהֹוִֽה: כֹּ֥ה אָמַ֛ר אֲדֹנָ֥י יֱהֹוִ֖ה לְצ֑וֹר הֲלֹ֣א ׀ מִקּ֣וֹל   טו

מַפַּלְתֵּ֗ךְ בֶּאֱנֹ֤ק חָלָל֙ בֵּהָ֣רֵֽג הֶ֔רֶג בְּתוֹכֵ֑ךְ יִרְעֲשׁ֖וּ הָֽאִיִּֽים: וְיָרְד֣וּ   טז

מֵעַ֣ל כִּסְאוֹתָ֗ם כֹּ֚ל נְשִׂיאֵ֣י הַיָּ֔ם וְהֵסִ֙ירוּ֙ אֶת־מְעִ֣ילֵיהֶ֔ם וְאֶת־

בִּגְדֵ֥י רִקְמָתָ֖ם יִפְשֹׁ֑טוּ חֲרָד֤וֹת ׀ יִלְבָּ֙שׁוּ֙ עַל־הָאָ֣רֶץ יֵשֵׁ֔בוּ

וְחָֽרְדוּ֙ לִרְגָעִ֔ים וְשָֽׁמְמ֖וּ עָלָֽיִךְ: וְנָשְׂא֨וּ עָלַ֤יִךְ קִינָה֙ וְאָ֣מְרוּ לָ֔ךְ   יז

אֵ֣יךְ אָבַ֔דְתְּ נוֹשֶׁ֖בֶת מִיַּמִּ֑ים הָעִ֣יר הַהֻלָּ֗לָה אֲשֶׁר֩ הָיְתָ֨ה

חֲזָקָ֤ה בַיָּם֙ הִ֣יא וְיֹשְׁבֶ֔יהָ אֲשֶׁר־נָֽתְנ֥וּ חִתִּיתָ֖ם לְכׇל־יוֹשְׁבֶֽיהָ:

עַתָּה֙ יֶחְרְד֣וּ הָֽאִיִּ֔ן י֖וֹם מַפַּלְתֵּ֑ךְ וְנִבְהֲל֛וּ הָאִיִּ֥ים אֲשֶׁר־בַּיָּ֖ם   יח

מִצֵּאתֵֽךְ:   כִּ֣י כֹ֤ה אָמַר֙ אֲדֹנָ֣י יֱהֹוִ֔ה בְּתִתִּ֤י אֹתָךְ֙   יט

עִ֣יר נֶחֱרֶ֔בֶת כֶּעָרִ֖ים אֲשֶׁ֣ר לֹא־נוֹשָׁ֑בוּ בְּהַעֲל֤וֹת עָלַ֙יִךְ֙ אֶת־תְּה֔וֹם

וְכִסּ֖וּךְ הַמַּ֣יִם הָרַבִּֽים: וְהוֹרַדְתִּ֣יךְ אֶת־י֣וֹרְדֵי ב֗וֹר אֶל־עַ֣ם עוֹלָ֔ם   כ

וְ֠הוֹשַׁבְתִּ֠יךְ בְּאֶ֨רֶץ תַּחְתִּיּ֜וֹת כׇּחֳרָב֤וֹת מֵֽעוֹלָם֙ אֶת־י֣וֹרְדֵי

ב֔וֹר לְמַ֖עַן לֹ֣א תֵשֵׁ֑בִי וְנָתַתִּ֥י צְבִ֖י בְּאֶ֥רֶץ חַיִּֽים: בַּלָּה֥וֹת   כא

אֶתְּנֵ֖ךְ וְאֵינֵ֑ךְ וּֽתְבֻקְשִׁ֗י וְלֹֽא־תִמָּצְאִ֥י עוֹד֙ לְעוֹלָ֔ם נְאֻ֖ם אֲדֹנָ֥י

יֱהֹוִֽה: וַיְהִ֥י דְבַר־יְהֹוָ֖ה אֵלַ֥י לֵאמֹֽר: וְאַתָּ֣ה בֶן־   **כז** כז

אָדָ֕ם שָֽׂא עַל־צֹ֖ר קִינָֽה: וְאָמַרְתָּ֣ לְצ֗וֹר הַֽיֹּשֶׁ֙בֶת֙ עַל־מְבוֹאֹ֣ת יָ֔ם   הַיֹּשֶׁ֙בֶת   ג

רֹכֶ֙לֶת֙ הָֽעַמִּ֔ים אֶל־אִיִּ֖ים רַבִּ֑ים כֹּ֤ה אָמַר֙ אֲדֹנָ֣י יֱהֹוִ֔ה צ֕וֹר אַ֕תְּ

אָמַ֕רְתְּ אֲנִ֖י כְּלִ֥ילַת יֹֽפִי: בְּלֵ֥ב יַמִּ֖ים גְּבוּלָ֑יִךְ בֹּנַ֕יִךְ כָּלְל֖וּ יׇפְיֵֽךְ:   ד

בְּרוֹשִׁ֤ים מִשְּׂנִיר֙ בָּ֣נוּ לָ֔ךְ אֵ֖ת כׇּל־לֻֽחֹתָ֑יִם אֶ֤רֶז מִלְּבָנוֹן֙ לָקָ֔חוּ   ה

לַעֲשׂ֥וֹת תֹּ֖רֶן עָלָֽיִךְ: אַלּוֹנִים֙ מִבָּ֔שָׁן עָשׂ֖וּ מִשּׁוֹטָ֑יִךְ קַרְשֵׁ֤ךְ עָֽשׂוּ־   ו

שֵׁ֣ן בַּת־אֲשֻׁרִ֔ים מֵאִיֵּ֖י כִּתִּיִּֽם: שֵׁשׁ־בְּרִקְמָ֤ה מִמִּצְרַ֙יִם֙ הָיָ֣ה   ז

מִפְרָשֵׂ֔ךְ לִהְי֥וֹת לָ֖ךְ לְנֵ֑ס תְּכֵ֧לֶת וְאַרְגָּמָ֛ן מֵאִיֵּ֥י אֱלִישָׁ֖ה הָיָ֥ה

מְכַסֵּֽךְ: יֹשְׁבֵ֤י צִידוֹן֙ וְאַרְוַ֔ד הָי֥וּ שָׁטִ֖ים לָ֑ךְ חֲכָמַ֤יִךְ צ֙וֹר֙ הָ֣יוּ בָ֔ךְ   ח

הֵ֖מָּה חֹבְלָֽיִךְ: זִקְנֵ֨י גְבַ֤ל וַחֲכָמֶ֙יהָ֙ הָ֣יוּ בָ֔ךְ מַחֲזִיקֵ֖י בִּדְקֵ֑ךְ כׇּל־   ט

אֳנִיּ֨וֹת הַיָּ֤ם וּמַלָּֽחֵיהֶם֙ הָ֣יוּ בָ֔ךְ לַעֲרֹ֖ב מַעֲרָבֵֽךְ: פָּרַ֨ס וְל֤וּד וּפוּט֙   י

הָי֣וּ בְחֵילֵ֔ךְ אַנְשֵׁ֖י מִלְחַמְתֵּ֑ךְ מָגֵ֤ן וְכוֹבַע֙ תִּלּוּ־בָ֔ךְ הֵ֖מָּה נָתְנ֥וּ

יא הֲדָרֵךְ: בְּנֵי אַרְוַד וְחֵילֵךְ עַל־חוֹמוֹתַיִךְ סָבִיב וְגַמָּדִים
בְּמִגְדְּלוֹתַיִךְ הָיוּ שִׁלְטֵיהֶם תִּלּוּ עַל־חוֹמוֹתַיִךְ סָבִיב הֵמָּה
יב כָּלְלוּ יׇפְיֵךְ: תַּרְשִׁישׁ סֹחַרְתֵּךְ מֵרֹב כׇּל־הוֹן בְּכֶסֶף בַּרְזֶל בְּדִיל
יג וְעוֹפֶרֶת נָתְנוּ עִזְבוֹנָיִךְ: יָוָן תֻּבַל וָמֶשֶׁךְ הֵמָּה רֹכְלָיִךְ בְּנֶפֶשׁ
יד אָדָם וּכְלֵי נְחֹשֶׁת נָתְנוּ מַעֲרָבֵךְ: מִבֵּית תּוֹגַרְמָה סוּסִים וּפָרָשִׁים
טו וּפְרָדִים נָתְנוּ עִזְבוֹנָיִךְ: בְּנֵי דְדָן רֹכְלַיִךְ אִיִּים רַבִּים סְחֹרַת יָדֵךְ
טז קַרְנוֹת שֵׁן והובנים הֵשִׁיבוּ אֶשְׁכָּרֵךְ: אֲרָם סֹחַרְתֵּךְ מֵרֹב וְהָבְנִים
מַעֲשָׂיִךְ בְּנֹפֶךְ אַרְגָּמָן וְרִקְמָה וּבוּץ וְרָאמֹת וְכַדְכֹּד נָתְנוּ
יז בְּעִזְבוֹנָיִךְ: יְהוּדָה וְאֶרֶץ יִשְׂרָאֵל הֵמָּה רֹכְלָיִךְ בְּחִטֵּי מִנִּית וּפַנַּג
יח וּדְבַשׁ וָשֶׁמֶן וָצֹרִי נָתְנוּ מַעֲרָבֵךְ: דַּמֶּשֶׂק סֹחַרְתֵּךְ בְּרֹב מַעֲשַׂיִךְ
יט מֵרֹב כׇּל־הוֹן בְּיֵין חֶלְבּוֹן וְצֶמֶר צָחַר: וְדָן וְיָוָן מְאוּזָּל בְּעִזְבוֹנַיִךְ
כ נָתָנּוּ בַּרְזֶל עָשׁוֹת קִדָּה וְקָנֶה בְּמַעֲרָבֵךְ הָיָה: דְּדָן רֹכַלְתֵּךְ
כא בְּבִגְדֵי־חֹפֶשׁ לְרִכְבָּה: עֲרַב וְכׇל־נְשִׂיאֵי קֵדָר הֵמָּה סֹחֲרֵי יָדֵךְ
כב בְּכָרִים וְאֵילִם וְעַתּוּדִים בָּם סֹחֲרָיִךְ: רֹכְלֵי שְׁבָא וְרַעְמָה הֵמָּה
רֹכְלָיִךְ בְּרֹאשׁ כׇּל־בֹּשֶׂם וּבְכׇל־אֶבֶן יְקָרָה וְזָהָב נָתְנוּ עִזְבוֹנָיִךְ:
כג כד חָרָן וְכַנֵּה וָעֶדֶן רֹכְלֵי שְׁבָא אַשּׁוּר כִּלְמַד רֹכַלְתֵּךְ: הֵמָּה רֹכְלַיִךְ
בְּמַכְלֻלִים בִּגְלוֹמֵי תְּכֵלֶת וְרִקְמָה וּבְגִנְזֵי בְּרֹמִים בַּחֲבָלִים
כה חֲבֻשִׁים וַאֲרֻזִים בְּמַרְכֻלְתֵּךְ: אֳנִיּוֹת תַּרְשִׁישׁ שָׁרוֹתַיִךְ מַעֲרָבֵךְ
כו וַתִּמָּלְאִי וַתִּכְבְּדִי מְאֹד בְּלֵב יַמִּים: בְּמַיִם רַבִּים הֱבִאוּךְ הַשָּׁטִים
כז אֹתָךְ רוּחַ הַקָּדִים שְׁבָרֵךְ בְּלֵב יַמִּים: הוֹנֵךְ וְעִזְבוֹנַיִךְ מַעֲרָבֵךְ
מַלָּחַיִךְ וְחֹבְלָיִךְ מַחֲזִיקֵי בִדְקֵךְ וְעֹרְבֵי מַעֲרָבֵךְ וְכׇל־אַנְשֵׁי
מִלְחַמְתֵּךְ אֲשֶׁר־בָּךְ וּבְכׇל־קְהָלֵךְ אֲשֶׁר בְּתוֹכֵךְ יִפְּלוּ בְּלֵב
כח יַמִּים בְּיוֹם מַפַּלְתֵּךְ: לְקוֹל זַעֲקַת חֹבְלָיִךְ יִרְעֲשׁוּ מִגְרֹשׁוֹת:
כט וְיָרְדוּ מֵאָנִיּוֹתֵיהֶם כֹּל תֹּפְשֵׂי מָשׁוֹט מַלָּחִים כֹּל חֹבְלֵי הַיָּם אֶל־
ל הָאָרֶץ יַעֲמֹדוּ: וְהִשְׁמִיעוּ עָלַיִךְ בְּקוֹלָם וְיִזְעֲקוּ מָרָה וְיַעֲלוּ עָפָר
לא עַל־רָאשֵׁיהֶם בָּאֵפֶר יִתְפַּלָּשׁוּ: וְהִקְרִיחוּ אֵלַיִךְ קׇרְחָה וְחָגְרוּ
לב שַׂקִּים וּבָכוּ אֵלַיִךְ בְּמַר־נֶפֶשׁ מִסְפֵּד מָר: וְנָשְׂאוּ אֵלַיִךְ בְּנִיהֶם

לג קִינָה וְקוֹנְנוּ עָלַיִךְ מִי כְצוֹר כְּדֻמָה בְּתוֹךְ הַיָּם: בְּצֵאת עִזְבוֹנַיִךְ
מִיַּמִּים הִשְׂבַּעַתְּ עַמִּים רַבִּים בְּרֹב הוֹנַיִךְ וּמַעֲרָבַיִךְ הֶעֱשַׁרְתְּ
לד מַלְכֵי־אָרֶץ: עֵת נִשְׁבֶּרֶת מִיַּמִּים בְּמַעֲמַקֵּי־מָיִם מַעֲרָבֵךְ וְכָל־
לה קְהָלֵךְ בְּתוֹכֵךְ נָפָלוּ: כֹּל יֹשְׁבֵי הָאִיִּים שָׁמְמוּ עָלָיִךְ וּמַלְכֵיהֶם
לו שָׂעֲרוּ שַׂעַר רָעֲמוּ פָּנִים: סֹחֲרִים בָּעַמִּים שָׁרְקוּ עָלָיִךְ בַּלָּהוֹת
ח א הָיִית וְאֵינֵךְ עַד־עוֹלָם: וַיְהִי דְבַר־יְהוָה אֵלַי לֵאמֹר:
ב בֶּן־אָדָם אֱמֹר לִנְגִיד צֹר כֹּה־אָמַר ׀ אֲדֹנָי יֱהוִה יַעַן גָּבַהּ
לִבְּךָ וַתֹּאמֶר אֵל אָנִי מוֹשַׁב אֱלֹהִים יָשַׁבְתִּי בְּלֵב יַמִּים וְאַתָּה
ג אָדָם וְלֹא־אֵל וַתִּתֵּן לִבְּךָ כְּלֵב אֱלֹהִים: הִנֵּה חָכָם אַתָּה מִדנאל מִדָּנִיֵּאל
ד כָּל־סָתוּם לֹא עֲמָמוּךָ: בְּחָכְמָתְךָ וּבִתְבוּנָתְךָ עָשִׂיתָ לְּךָ חָיִל
ה וַתַּעַשׂ זָהָב וָכֶסֶף בְּאוֹצְרוֹתֶיךָ: בְּרֹב חָכְמָתְךָ בִּרְכֻלָּתְךָ הִרְבִּיתָ
ו חֵילֶךָ וַיִּגְבַּהּ לְבָבְךָ בְּחֵילֶךָ: לָכֵן כֹּה אָמַר אֲדֹנָי יֱהוִה
ז יַעַן תִּתְּךָ אֶת־לְבָבְךָ כְּלֵב אֱלֹהִים: לָכֵן הִנְנִי מֵבִיא עָלֶיךָ זָרִים
עָרִיצֵי גּוֹיִם וְהֵרִיקוּ חַרְבוֹתָם עַל־יְפִי חָכְמָתֶךָ וְחִלְּלוּ יִפְעָתֶךָ:
ח ט לַשַּׁחַת יוֹרִדוּךָ וָמַתָּה מְמוֹתֵי חָלָל בְּלֵב יַמִּים: הֶאָמֹר תֹּאמַר
אֱלֹהִים אָנִי לִפְנֵי הֹרְגֶךָ וְאַתָּה אָדָם וְלֹא־אֵל בְּיַד מְחַלְלֶיךָ:
י מוֹתֵי עֲרֵלִים תָּמוּת בְּיַד זָרִים כִּי אֲנִי דִבַּרְתִּי נְאֻם אֲדֹנָי
יא יב יֱהוִה: וַיְהִי דְבַר־יְהוָה אֵלַי לֵאמֹר: בֶּן־אָדָם שָׂא
קִינָה עַל־מֶלֶךְ צוֹר וְאָמַרְתָּ לּוֹ כֹּה אָמַר אֲדֹנָי יֱהוִה אַתָּה חוֹתֵם
יג תָּכְנִית מָלֵא חָכְמָה וּכְלִיל יֹפִי: בְּעֵדֶן גַּן־אֱלֹהִים הָיִיתָ כָּל־אֶבֶן יז
יְקָרָה מְסֻכָתֶךָ אֹדֶם פִּטְדָה וְיָהֲלֹם תַּרְשִׁישׁ שֹׁהַם וְיָשְׁפֵה סַפִּיר
נֹפֶךְ וּבָרְקַת וְזָהָב מְלֶאכֶת תֻּפֶּיךָ וּנְקָבֶיךָ בָּךְ בְּיוֹם הִבָּרַאֲךָ
יד כּוֹנָנוּ: אַתְּ־כְּרוּב מִמְשַׁח הַסּוֹכֵךְ וּנְתַתִּיךָ בְּהַר קֹדֶשׁ אֱלֹהִים
טו הָיִיתָ בְּתוֹךְ אַבְנֵי־אֵשׁ הִתְהַלָּכְתָּ: תָּמִים אַתָּה בִּדְרָכֶיךָ מִיּוֹם
טז הִבָּרְאָךְ עַד־נִמְצָא עַוְלָתָה בָּךְ: בְּרֹב רְכֻלָּתְךָ מָלוּ תוֹכְךָ חָמָס
וַתֶּחֱטָא וָאֲחַלֶּלְךָ מֵהַר אֱלֹהִים וָאַבֶּדְךָ כְּרוּב הַסּוֹכֵךְ מִתּוֹךְ
יז אַבְנֵי־אֵשׁ: גָּבַהּ לִבְּךָ בְּיָפְיֶךָ שִׁחַתָּ חָכְמָתְךָ עַל־יִפְעָתֶךָ עַל־

יח אֶרֶץ הִשְׁלַכְתִּיךָ לִפְנֵי מְלָכִים נְתַתִּיךָ לְרַאֲוָה בָךְ׃ מֵרֹב
עֲוֺנֶיךָ בְּעֶוֶל רְכֻלָּתְךָ חִלַּלְתָּ מִקְדָּשֶׁיךָ וָאוֹצִא־אֵשׁ מִתּוֹכְךָ
הִיא אֲכָלַתְךָ וָאֶתֶּנְךָ לְאֵפֶר עַל־הָאָרֶץ לְעֵינֵי כָּל־רֹאֶיךָ׃
יט כָּל־יוֹדְעֶיךָ בָּעַמִּים שָׁמְמוּ עָלֶיךָ בַּלָּהוֹת הָיִיתָ וְאֵינְךָ עַד־
כ כא עוֹלָם׃ וַיְהִי דְבַר־יְהוָה אֵלַי לֵאמֹר׃ בֶּן־אָדָם
כב שִׂים פָּנֶיךָ אֶל־צִידוֹן וְהִנָּבֵא עָלֶיהָ׃ וְאָמַרְתָּ כֹּה אָמַר אֲדֹנָי
יֱהוִה הִנְנִי עָלַיִךְ צִידוֹן וְנִכְבַּדְתִּי בְּתוֹכֵךְ וְיָדְעוּ כִּי־אֲנִי יְהוָה
כג בַּעֲשׂוֹתִי בָהּ שְׁפָטִים וְנִקְדַּשְׁתִּי בָהּ׃ וְשִׁלַּחְתִּי־בָהּ דֶּבֶר וָדָם
בְּחוּצוֹתֶיהָ וְנִפְלַל חָלָל בְּתוֹכָהּ בְּחֶרֶב עָלֶיהָ מִסָּבִיב וְיָדְעוּ
כד כִּי־אֲנִי יְהוָה׃ וְלֹא־יִהְיֶה עוֹד לְבֵית יִשְׂרָאֵל סִלּוֹן מַמְאִיר
וְקוֹץ מַכְאִב מִכֹּל סְבִיבֹתָם הַשָּׁאטִים אוֹתָם וְיָדְעוּ כִּי אֲנִי אֲדֹנָי
כה יֱהוִה׃ כֹּה־אָמַר אֲדֹנָי יֱהוִה בְּקַבְּצִי ׀ אֶת־בֵּית
יִשְׂרָאֵל מִן־הָעַמִּים אֲשֶׁר נָפֹצוּ בָם וְנִקְדַּשְׁתִּי בָם לְעֵינֵי הַגּוֹיִם
כו וְיָשְׁבוּ עַל־אַדְמָתָם אֲשֶׁר נָתַתִּי לְעַבְדִּי לְיַעֲקֹב׃ וְיָשְׁבוּ עָלֶיהָ
לָבֶטַח וּבָנוּ בָתִּים וְנָטְעוּ כְרָמִים וְיָשְׁבוּ לָבֶטַח בַּעֲשׂוֹתִי
שְׁפָטִים בְּכֹל הַשָּׁאטִים אֹתָם מִסְּבִיבוֹתָם וְיָדְעוּ כִּי אֲנִי יְהוָה
כט א אֱלֹהֵיהֶם׃ בַּשָּׁנָה הָעֲשִׂרִית בָּעֲשִׂרִי בִּשְׁנֵים עָשָׂר
ב לַחֹדֶשׁ הָיָה דְבַר־יְהוָה אֵלַי לֵאמֹר׃ בֶּן־אָדָם שִׂים פָּנֶיךָ עַל־
ג פַּרְעֹה מֶלֶךְ מִצְרָיִם וְהִנָּבֵא עָלָיו וְעַל־מִצְרַיִם כֻּלָּהּ׃ דַּבֵּר
וְאָמַרְתָּ כֹּה־אָמַר ׀ אֲדֹנָי יֱהוִה הִנְנִי עָלֶיךָ פַּרְעֹה מֶלֶךְ־מִצְרַיִם
הַתַּנִּים הַגָּדוֹל הָרֹבֵץ בְּתוֹךְ יְאֹרָיו אֲשֶׁר אָמַר לִי יְאֹרִי וַאֲנִי
ד עֲשִׂיתִנִי׃ וְנָתַתִּי חחיים בִּלְחָיֶיךָ וְהִדְבַּקְתִּי דְגַת־יְאֹרֶיךָ חַחִים
בְּקַשְׂקְשֹׂתֶיךָ וְהַעֲלִיתִיךָ מִתּוֹךְ יְאֹרֶיךָ וְאֵת כָּל־דְּגַת יְאֹרֶיךָ
ה בְּקַשְׂקְשֹׂתֶיךָ תִּדְבָּק׃ וּנְטַשְׁתִּיךָ הַמִּדְבָּרָה אוֹתְךָ וְאֵת כָּל־דְּגַת
יְאֹרֶיךָ עַל־פְּנֵי הַשָּׂדֶה תִּפּוֹל לֹא תֵאָסֵף וְלֹא תִקָּבֵץ לְחַיַּת
ו הָאָרֶץ וּלְעוֹף הַשָּׁמַיִם נְתַתִּיךָ לְאָכְלָה׃ וְיָדְעוּ כָּל־יֹשְׁבֵי מִצְרַיִם
ז כִּי אֲנִי יְהוָה יַעַן הֱיוֹתָם מִשְׁעֶנֶת קָנֶה לְבֵית יִשְׂרָאֵל׃ בְּתָפְשָׂם

בְּךָ בככפך תֵּרוֹץ וּבָקַעְתָּ לָהֶם כָּל־כָּתֵף וּבְהִשָּׁעֲנָם עָלֶיךָ תִּשָּׁבֵר בכף
ח וְהַעֲמַדְתָּ לָהֶם כָּל־מָתְנָיִם׃ לָכֵן כֹּה אָמַר אֲדֹנָי
יֱהוִה הִנְנִי מֵבִיא עָלַיִךְ חָרֶב וְהִכְרַתִּי מִמֵּךְ אָדָם וּבְהֵמָה׃
ט וְהָיְתָה אֶרֶץ־מִצְרַיִם לִשְׁמָמָה וְחָרְבָּה וְיָדְעוּ כִּי־אֲנִי יְהוָה יַעַן
י אָמַר יְאֹר לִי וַאֲנִי עָשִׂיתִי׃ לָכֵן הִנְנִי אֵלֶיךָ וְאֶל־יְאֹרֶיךָ וְנָתַתִּי
אֶת־אֶרֶץ מִצְרַיִם לְחָרְבוֹת חֹרֶב שְׁמָמָה מִמִּגְדֹּל סְוֵנֵה וְעַד־
יא גְּבוּל כּוּשׁ׃ לֹא תַעֲבָר־בָּהּ רֶגֶל אָדָם וְרֶגֶל בְּהֵמָה לֹא תַעֲבָר־
יב בָּהּ וְלֹא תֵשֵׁב אַרְבָּעִים שָׁנָה׃ וְנָתַתִּי אֶת־אֶרֶץ מִצְרַיִם שְׁמָמָה
בְּתוֹךְ ׀ אֲרָצוֹת נְשַׁמּוֹת וְעָרֶיהָ בְּתוֹךְ עָרִים מָחֳרָבוֹת תִּהְיֶיןָ
שְׁמָמָה אַרְבָּעִים שָׁנָה וַהֲפִצֹתִי אֶת־מִצְרַיִם בַּגּוֹיִם וְזֵרִיתִים
יג בָּאֲרָצוֹת׃ כִּי כֹּה אָמַר אֲדֹנָי יֱהוִה מִקֵּץ אַרְבָּעִים
יד שָׁנָה אֲקַבֵּץ אֶת־מִצְרַיִם מִן־הָעַמִּים אֲשֶׁר־נָפֹצוּ שָׁמָּה׃ וְשַׁבְתִּי
אֶת־שְׁבוּת מִצְרַיִם וַהֲשִׁבֹתִי אֹתָם אֶרֶץ פַּתְרוֹס עַל־אֶרֶץ
טו מְכוּרָתָם וְהָיוּ שָׁם מַמְלָכָה שְׁפָלָה׃ מִן־הַמַּמְלָכוֹת תִּהְיֶה
שְׁפָלָה וְלֹא־תִתְנַשֵּׂא עוֹד עַל־הַגּוֹיִם וְהִמְעַטְתִּים לְבִלְתִּי רְדוֹת
טז בַּגּוֹיִם׃ וְלֹא יִהְיֶה־עוֹד לְבֵית יִשְׂרָאֵל לְמִבְטָח מַזְכִּיר עָוֺן
יז בִּפְנוֹתָם אַחֲרֵיהֶם וְיָדְעוּ כִּי אֲנִי אֲדֹנָי יֱהוִה׃ וַיְהִי
בְּעֶשְׂרִים וָשֶׁבַע שָׁנָה בָּרִאשׁוֹן בְּאֶחָד לַחֹדֶשׁ הָיָה דְבַר־יְהוָה
יח אֵלַי לֵאמֹר׃ בֶּן־אָדָם נְבוּכַדְרֶאצַּר מֶלֶךְ־בָּבֶל הֶעֱבִיד אֶת־
חֵילוֹ עֲבֹדָה גְדוֹלָה אֶל־צֹר כָּל־רֹאשׁ מֻקְרָח וְכָל־כָּתֵף מְרוּטָה
וְשָׂכָר לֹא־הָיָה לוֹ וּלְחֵילוֹ מִצֹּר עַל־הָעֲבֹדָה אֲשֶׁר־עָבַד
יט עָלֶיהָ׃ לָכֵן כֹּה אָמַר אֲדֹנָי יֱהוִה הִנְנִי נֹתֵן
לִנְבוּכַדְרֶאצַּר מֶלֶךְ־בָּבֶל אֶת־אֶרֶץ מִצְרָיִם וְנָשָׂא הֲמֹנָהּ וְשָׁלַל
כ שְׁלָלָהּ וּבָזַז בִּזָּהּ וְהָיְתָה שָׂכָר לְחֵילוֹ׃ פְּעֻלָּתוֹ אֲשֶׁר־עָבַד בָּהּ
כא נָתַתִּי לוֹ אֶת־אֶרֶץ מִצְרָיִם אֲשֶׁר עָשׂוּ לִי נְאֻם אֲדֹנָי יֱהוִה׃ בַּיּוֹם יח
הַהוּא אַצְמִיחַ קֶרֶן לְבֵית יִשְׂרָאֵל וּלְךָ אֶתֵּן פִּתְחוֹן־פֶּה בְּתוֹכָם
ל א וְיָדְעוּ כִּי־אֲנִי יְהוָה׃ וַיְהִי דְבַר־יְהוָה אֵלַי לֵאמֹר׃

ב בֶּן־אָדָם הִנָּבֵא וְאָמַרְתָּ כֹּה אָמַר אֲדֹנָי יֱהוִה הֵילִילוּ הָהּ לַיּוֹם׃
ג ד כִּי־קָרוֹב יוֹם וְקָרוֹב יוֹם לַיהוָה יוֹם עָנָן עֵת גּוֹיִם יִהְיֶה׃ וּבָאָה
חֶרֶב בְּמִצְרַיִם וְהָיְתָה חַלְחָלָה בְּכוּשׁ בִּנְפֹל חָלָל בְּמִצְרָיִם
ה וְלָקְחוּ הֲמוֹנָהּ וְנֶהֶרְסוּ יְסוֹדוֹתֶיהָ׃ כּוּשׁ וּפוּט וְלוּד וְכָל־הָעֶרֶב
ו וְכוּב וּבְנֵי אֶרֶץ הַבְּרִית אִתָּם בַּחֶרֶב יִפֹּלוּ׃ כֹּה
אָמַר יְהוָה וְנָפְלוּ סֹמְכֵי מִצְרַיִם וְיָרַד גְּאוֹן עֻזָּהּ מִמִּגְדֹּל סְוֵנֵה
ז בַּחֶרֶב יִפְּלוּ־בָהּ נְאֻם אֲדֹנָי יֱהוִה׃ וְנָשַׁמּוּ בְּתוֹךְ אֲרָצוֹת נְשַׁמּוֹת
ח וְעָרָיו בְּתוֹךְ־עָרִים נַחֲרָבוֹת תִּהְיֶינָה׃ וְיָדְעוּ כִּי־אֲנִי יְהוָה בְּתִתִּי־
ט אֵשׁ בְּמִצְרַיִם וְנִשְׁבְּרוּ כָּל־עֹזְרֶיהָ׃ בַּיּוֹם הַהוּא יֵצְאוּ מַלְאָכִים
מִלְּפָנַי בַּצִּים לְהַחֲרִיד אֶת־כּוּשׁ בֶּטַח וְהָיְתָה חַלְחָלָה בָהֶם
י כְּיוֹם מִצְרַיִם כִּי הִנֵּה בָּאָה׃ כֹּה אָמַר אֲדֹנָי יֱהוִה
יא וְהִשְׁבַּתִּי אֶת־הֲמוֹן מִצְרַיִם בְּיַד נְבוּכַדְרֶאצַּר מֶלֶךְ־בָּבֶל׃ הוּא
וְעַמּוֹ אִתּוֹ עָרִיצֵי גוֹיִם מוּבָאִים לְשַׁחֵת הָאָרֶץ וְהֵרִיקוּ חַרְבוֹתָם
יב עַל־מִצְרַיִם וּמָלְאוּ אֶת־הָאָרֶץ חָלָל׃ וְנָתַתִּי יְאֹרִים חָרָבָה
וּמָכַרְתִּי אֶת־הָאָרֶץ בְּיַד־רָעִים וַהֲשִׁמֹּתִי אֶרֶץ וּמְלֹאָהּ בְּיַד־
יג זָרִים אֲנִי יְהוָה דִּבַּרְתִּי׃ כֹּה־אָמַר אֲדֹנָי יֱהוִה
וְהַאֲבַדְתִּי גִלּוּלִים וְהִשְׁבַּתִּי אֱלִילִים מִנֹּף וְנָשִׂיא מֵאֶרֶץ־מִצְרַיִם
יד לֹא יִהְיֶה־עוֹד וְנָתַתִּי יִרְאָה בְּאֶרֶץ מִצְרָיִם׃ וַהֲשִׁמֹּתִי אֶת־
טו פַּתְרוֹס וְנָתַתִּי אֵשׁ בְּצֹעַן וְעָשִׂיתִי שְׁפָטִים בְּנֹא׃ וְשָׁפַכְתִּי חֲמָתִי
טז עַל־סִין מָעוֹז מִצְרָיִם וְהִכְרַתִּי אֶת־הֲמוֹן נֹא׃ וְנָתַתִּי אֵשׁ
בְּמִצְרַיִם חוּל תחיל סִין וְנֹא תִּהְיֶה לְהִבָּקֵעַ וְנֹף צָרֵי יוֹמָם׃ תָּחוּל
יז בַּחוּרֵי אָוֶן וּפִי־בֶסֶת בַּחֶרֶב יִפֹּלוּ וְהֵנָּה בַּשְּׁבִי תֵלַכְנָה׃
יח וּבִתְחַפְנְחֵס חָשַׂךְ הַיּוֹם בְּשִׁבְרִי־שָׁם אֶת־מֹטוֹת מִצְרַיִם
וְנִשְׁבַּת־בָּהּ גְּאוֹן עֻזָּהּ הִיא עָנָן יְכַסֶּנָּה וּבְנוֹתֶיהָ בַּשְּׁבִי תֵלַכְנָה׃
יט כ וְעָשִׂיתִי שְׁפָטִים בְּמִצְרָיִם וְיָדְעוּ כִּי־אֲנִי יְהוָה׃ וַיְהִי
בְּאַחַת עֶשְׂרֵה שָׁנָה בָּרִאשׁוֹן בְּשִׁבְעָה לַחֹדֶשׁ הָיָה דְבַר־
כא יְהוָה אֵלַי לֵאמֹר׃ בֶּן־אָדָם אֶת־זְרוֹעַ פַּרְעֹה מֶלֶךְ־מִצְרַיִם

שִׁבַרְתִּי וְהִנֵּה לֹא־חֻבְּשָׁה לָתֵת רְפֻאוֹת לָשׂוּם חִתּוּל לְחׇבְשָׁהּ
כב לְחׇזְקָהּ לִתְפֹּשׂ בֶּחָרֶב׃ לָכֵן כֹּה־אָמַר ׀ אֲדֹנָי יֱהֹוִה
הִנְנִי אֶל־פַּרְעֹה מֶלֶךְ־מִצְרַיִם וְשִׁבַּרְתִּי אֶת־זְרֹעֹתָיו אֶת־
כג הַחֲזָקָה וְאֶת־הַנִּשְׁבָּרֶת וְהִפַּלְתִּי אֶת־הַחֶרֶב מִיָּדוֹ׃ וַהֲפִצוֹתִי
כד אֶת־מִצְרַיִם בַּגּוֹיִם וְזֵרִיתִם בָּאֲרָצוֹת׃ וְחִזַּקְתִּי אֶת־זְרֹעוֹת מֶלֶךְ
בָּבֶל וְנָתַתִּי אֶת־חַרְבִּי בְּיָדוֹ וְשָׁבַרְתִּי אֶת־זְרֹעוֹת פַּרְעֹה
כה וְנָאַק נַאֲקוֹת חָלָל לְפָנָיו׃ וְהַחֲזַקְתִּי אֶת־זְרֹעוֹת מֶלֶךְ בָּבֶל
וּזְרֹעוֹת פַּרְעֹה תִּפֹּלְנָה וְיָדְעוּ כִּי־אֲנִי יְהֹוָה בְּתִתִּי חַרְבִּי
כו בְּיַד מֶלֶךְ־בָּבֶל וְנָטָה אוֹתָהּ אֶל־אֶרֶץ מִצְרָיִם׃ וַהֲפִצוֹתִי
אֶת־מִצְרַיִם בַּגּוֹיִם וְזֵרִיתִי אוֹתָם בָּאֲרָצוֹת וְיָדְעוּ כִּי־אֲנִי
לא א יְהֹוָה׃ וַיְהִי בְּאַחַת עֶשְׂרֵה שָׁנָה בַּשְּׁלִישִׁי בְּאֶחָד
ב לַחֹדֶשׁ הָיָה דְבַר־יְהֹוָה אֵלַי לֵאמֹר׃ בֶּן־אָדָם אֱמֹר אֶל־פַּרְעֹה
ג מֶלֶךְ־מִצְרַיִם וְאֶל־הֲמוֹנוֹ אֶל־מִי דָּמִיתָ בְגׇדְלֶךָ׃ הִנֵּה אַשּׁוּר
אֶרֶז בַּלְּבָנוֹן יְפֵה עָנָף וְחֹרֶשׁ מֵצַל וּגְבַהּ קוֹמָה וּבֵין עֲבֹתִים
ד הָיְתָה צַמַּרְתּוֹ׃ מַיִם גִּדְּלוּהוּ תְּהוֹם רֹמְמָתְהוּ אֶת־נַהֲרֹתֶיהָ הֹלֵךְ
סְבִיבוֹת מַטָּעָהּ וְאֶת־תְּעָלֹתֶיהָ שִׁלְחָה אֶל כׇּל־עֲצֵי הַשָּׂדֶה׃
ה עַל־כֵּן גָּבְהָא קֹמָתוֹ מִכֹּל עֲצֵי הַשָּׂדֶה וַתִּרְבֶּינָה סַרְעַפֹּתָיו
ו וַתֶּאֱרַכְנָה פֹארֹתָו מִמַּיִם רַבִּים בְּשַׁלְּחוֹ׃ בִּסְעַפֹּתָיו קָנְנוּ כׇּל־
עוֹף הַשָּׁמַיִם וְתַחַת פֹּארֹתָיו יָלְדוּ כֹּל חַיַּת הַשָּׂדֶה וּבְצִלּוֹ יֵשְׁבוּ
ז כֹּל גּוֹיִם רַבִּים׃ וַיְּיִף בְּגׇדְלוֹ בְּאֹרֶךְ דָּלִיּוֹתָיו כִּי־הָיָה שׇׁרְשׁוֹ אֶל־
ח מַיִם רַבִּים׃ אֲרָזִים לֹא־עֲמָמֻהוּ בְּגַן־אֱלֹהִים בְּרוֹשִׁים לֹא דָמוּ
אֶל־סְעַפֹּתָיו וְעַרְמֹנִים לֹא־הָיוּ כְּפֹארֹתָיו כׇּל־עֵץ בְּגַן־אֱלֹהִים
ט לֹא־דָמָה אֵלָיו בְּיׇפְיוֹ׃ יָפֶה עֲשִׂיתִיו בְּרֹב דָּלִיּוֹתָיו וַיְקַנְאֻהוּ כׇּל־
י עֲצֵי־עֵדֶן אֲשֶׁר בְּגַן הָאֱלֹהִים׃ לָכֵן כֹּה אָמַר
אֲדֹנָי יֱהֹוִה יַעַן אֲשֶׁר גָּבַהְתָּ בְּקוֹמָה וַיִּתֵּן צַמַּרְתּוֹ אֶל־בֵּין
יא עֲבוֹתִים וְרָם לְבָבוֹ בְּגׇבְהוֹ׃ וְאֶתְּנֵהוּ בְּיַד אֵיל גּוֹיִם עָשׂוֹ יַעֲשֶׂה
יב לוֹ כְּרִשְׁעוֹ גֵּרַשְׁתִּהוּ׃ וַיִּכְרְתֻהוּ זָרִים עָרִיצֵי גוֹיִם וַיִּטְּשֻׁהוּ אֶל־

הֶהָרִים וּבְכָל־גֵּאָיוֹת נָפְלוּ דָלִיּוֹתָיו וַתִּשָּׁבַרְנָה פֹרֹאתָיו בְּכָל־
יג אֲפִיקֵי הָאָרֶץ וַיֵּרְדוּ מִצִּלּוֹ כָּל־עַמֵּי הָאָרֶץ וַיִּטְּשֻׁהוּ׃ עַל־מַפַּלְתּוֹ
יִשְׁכְּנוּ כָּל־עוֹף הַשָּׁמָיִם וְאֶל־פֹּרֹאתָיו הָיוּ כֹּל חַיַּת הַשָּׂדֶה׃
יד לְמַעַן אֲשֶׁר לֹא־יִגְבְּהוּ בְקוֹמָתָם כָּל־עֲצֵי־מַיִם וְלֹא־יִתְּנוּ אֶת־
צַמַּרְתָּם אֶל־בֵּין עֲבֹתִים וְלֹא־יַעַמְדוּ אֲלֵיהֶם בְּגָבְהָם כָּל־שֹׁתֵי
מָיִם כִּי כֻלָּם נִתְּנוּ לַמָּוֶת אֶל־אֶרֶץ תַּחְתִּית בְּתוֹךְ בְּנֵי אָדָם אֶל־
טו יוֹרְדֵי בוֹר׃ כֹּה־אָמַר אֲדֹנָי יֱהוִה בְּיוֹם רִדְתּוֹ
שְׁאוֹלָה הֶאֱבַלְתִּי כִּסֵּתִי עָלָיו אֶת־תְּהוֹם וָאֶמְנַע נַהֲרוֹתֶיהָ
וַיִּכָּלְאוּ מַיִם רַבִּים וָאַקְדִּר עָלָיו לְבָנוֹן וְכָל־עֲצֵי הַשָּׂדֶה עָלָיו
טז עֻלְפֶּה׃ מִקּוֹל מַפַּלְתּוֹ הִרְעַשְׁתִּי גוֹיִם בְּהוֹרִדִי אֹתוֹ שְׁאוֹלָה אֶת־
יוֹרְדֵי בוֹר וַיִּנָּחֲמוּ בְּאֶרֶץ תַּחְתִּית כָּל־עֲצֵי־עֵדֶן מִבְחַר וְטוֹב־
יז לְבָנוֹן כָּל־שֹׁתֵי מָיִם׃ גַּם־הֵם אִתּוֹ יָרְדוּ שְׁאוֹלָה אֶל־חַלְלֵי־חָרֶב
יח וּזְרֹעוֹ יָשְׁבוּ בְצִלּוֹ בְּתוֹךְ גּוֹיִם׃ אֶל־מִי דָמִיתָ כָּכָה בְּכָבוֹד וּבְגֹדֶל
בַּעֲצֵי־עֵדֶן וְהוּרַדְתָּ אֶת־עֲצֵי־עֵדֶן אֶל־אֶרֶץ תַּחְתִּית בְּתוֹךְ
עֲרֵלִים תִּשְׁכַּב אֶת־חַלְלֵי־חֶרֶב הוּא פַרְעֹה וְכָל־הֲמוֹנֹה נְאֻם
לב א אֲדֹנָי יֱהוִה׃ וַיְהִי בִּשְׁתֵּי עֶשְׂרֵה שָׁנָה בִּשְׁנֵי־עָשָׂר יט
ב חֹדֶשׁ בְּאֶחָד לַחֹדֶשׁ הָיָה דְבַר־יְהוָה אֵלַי לֵאמֹר׃ בֶּן־אָדָם שָׂא
קִינָה עַל־פַּרְעֹה מֶלֶךְ־מִצְרַיִם וְאָמַרְתָּ אֵלָיו כְּפִיר גּוֹיִם נִדְמֵיתָ
וְאַתָּה כַּתַּנִּים בַּיַּמִּים וַתָּגַח בְּנַהֲרוֹתֶיךָ וַתִּדְלַח־מַיִם בְּרַגְלֶיךָ
ג וַתִּרְפֹּס נַהֲרוֹתָם׃ כֹּה אָמַר אֲדֹנָי יֱהוִה וּפָרַשְׂתִּי
עָלֶיךָ אֶת־רִשְׁתִּי בִּקְהַל עַמִּים רַבִּים וְהֶעֱלוּךָ בְּחֶרְמִי׃
ד וּנְטַשְׁתִּיךָ בָאָרֶץ עַל־פְּנֵי הַשָּׂדֶה אֲטִילֶךָ וְהִשְׁכַּנְתִּי עָלֶיךָ כָּל־
ה עוֹף הַשָּׁמַיִם וְהִשְׂבַּעְתִּי מִמְּךָ חַיַּת כָּל־הָאָרֶץ׃ וְנָתַתִּי אֶת־
ו בְּשָׂרְךָ עַל־הֶהָרִים וּמִלֵּאתִי הַגֵּאָיוֹת רָמוּתֶךָ׃ וְהִשְׁקֵיתִי אֶרֶץ
ז צָפָתְךָ מִדָּמְךָ אֶל־הֶהָרִים וַאֲפִקִים יִמָּלְאוּן מִמֶּךָּ׃ וְכִסֵּיתִי
בְכַבּוֹתְךָ שָׁמַיִם וְהִקְדַּרְתִּי אֶת־כֹּכְבֵיהֶם שֶׁמֶשׁ בֶּעָנָן אֲכַסֶּנּוּ
ח וְיָרֵחַ לֹא־יָאִיר אוֹרוֹ׃ כָּל־מְאוֹרֵי אוֹר בַּשָּׁמַיִם אַקְדִּירֵם עָלֶיךָ

ט וְנָתַתִּי חֹשֶׁךְ עַל־אַרְצְךָ נְאֻם אֲדֹנָי יֱהֹוִה׃ וְהִכְעַסְתִּי לֵב עַמִּים
רַבִּים בַּהֲבִיאִי שִׁבְרְךָ בַּגּוֹיִם עַל־אֲרָצוֹת אֲשֶׁר לֹא־יְדַעְתָּם׃
י וַהֲשִׁמּוֹתִי עָלֶיךָ עַמִּים רַבִּים וּמַלְכֵיהֶם יִשְׂעֲרוּ עָלֶיךָ שַׂעַר
בְּעוֹפְפִי חַרְבִּי עַל־פְּנֵיהֶם וְחָרְדוּ לִרְגָעִים אִישׁ לְנַפְשׁוֹ בְּיוֹם
יא מַפַּלְתֶּךָ׃ כִּי כֹּה אָמַר אֲדֹנָי יֱהֹוִה חֶרֶב מֶלֶךְ־בָּבֶל
יב תְּבוֹאֶךָ׃ בְּחַרְבוֹת גִּבּוֹרִים אַפִּיל הֲמוֹנֶךָ עָרִיצֵי גוֹיִם כֻּלָּם
יג וְשָׁדְדוּ אֶת־גְּאוֹן מִצְרַיִם וְנִשְׁמַד כָּל־הֲמוֹנָהּ׃ וְהַאֲבַדְתִּי
אֶת־כָּל־בְּהֶמְתָּהּ מֵעַל מַיִם רַבִּים וְלֹא תִדְלָחֵם רֶגֶל־אָדָם
יד עוֹד וּפַרְסוֹת בְּהֵמָה לֹא תִדְלָחֵם׃ אָז אַשְׁקִיעַ מֵימֵיהֶם
טו וְנַהֲרוֹתָם כַּשֶּׁמֶן אוֹלִיךְ נְאֻם אֲדֹנָי יֱהֹוִה׃ בְּתִתִּי אֶת־אֶרֶץ
מִצְרַיִם שְׁמָמָה וּנְשַׁמָּה אֶרֶץ מִמְּלֹאָהּ בְּהַכּוֹתִי אֶת־כָּל־
טז יוֹשְׁבֵי בָהּ וְיָדְעוּ כִּי־אֲנִי יְהוָה׃ קִינָה הִיא וְקוֹנְנוּהָ בְּנוֹת
הַגּוֹיִם תְּקוֹנֵנָּה אוֹתָהּ עַל־מִצְרַיִם וְעַל־כָּל־הֲמוֹנָהּ תְּקוֹנֵנָּה
אוֹתָהּ נְאֻם אֲדֹנָי יֱהֹוִה׃
יז וַיְהִי בִּשְׁתֵּי עֶשְׂרֵה שָׁנָה בַּחֲמִשָּׁה עָשָׂר לַחֹדֶשׁ הָיָה דְבַר־יְהוָה
יח אֵלַי לֵאמֹר׃ בֶּן־אָדָם נְהֵה עַל־הֲמוֹן מִצְרַיִם וְהוֹרִדֵהוּ אוֹתָהּ
יט וּבְנוֹת גּוֹיִם אַדִּרִם אֶל־אֶרֶץ תַּחְתִּיּוֹת אֶת־יוֹרְדֵי בוֹר׃ מִמִּי
כ נָעָמְתָּ רְדָה וְהָשְׁכְּבָה אֶת־עֲרֵלִים׃ בְּתוֹךְ חַלְלֵי־חֶרֶב יִפֹּלוּ חֶרֶב
כא נִתָּנָה מָשְׁכוּ אוֹתָהּ וְכָל־הֲמוֹנֶיהָ׃ יְדַבְּרוּ־לוֹ אֵלֵי גִבּוֹרִים מִתּוֹךְ
כב שְׁאוֹל אֶת־עֹזְרָיו יָרְדוּ שָׁכְבוּ הָעֲרֵלִים חַלְלֵי חָרֶב׃ שָׁם אַשּׁוּר
וְכָל־קְהָלָהּ סְבִיבוֹתָיו קִבְרֹתָיו כֻּלָּם חֲלָלִים הַנֹּפְלִים בֶּחָרֶב׃
כג אֲשֶׁר נִתְּנוּ קִבְרֹתֶיהָ בְּיַרְכְּתֵי־בוֹר וַיְהִי קְהָלָהּ סְבִיבוֹת קְבֻרָתָהּ
כד כֻּלָּם חֲלָלִים נֹפְלִים בַּחֶרֶב אֲשֶׁר־נָתְנוּ חִתִּית בְּאֶרֶץ חַיִּים׃ שָׁם
עֵילָם וְכָל־הֲמוֹנָהּ סְבִיבוֹת קְבֻרָתָהּ כֻּלָּם חֲלָלִים הַנֹּפְלִים בַּחֶרֶב
אֲשֶׁר־יָרְדוּ עֲרֵלִים ׀ אֶל־אֶרֶץ תַּחְתִּיּוֹת אֲשֶׁר נָתְנוּ חִתִּיתָם
כה בְּאֶרֶץ חַיִּים וַיִּשְׂאוּ כְלִמָּתָם אֶת־יוֹרְדֵי בוֹר׃ בְּתוֹךְ חֲלָלִים נָתְנוּ
מִשְׁכָּב לָהּ בְּכָל־הֲמוֹנָהּ סְבִיבוֹתָיו קִבְרֹתֶהָ כֻּלָּם עֲרֵלִים חַלְלֵי־

חֶרֶב כִּי־נִתַּן חִתִּיתָם בְּאֶרֶץ חַיִּים וַיִּשְׂאוּ כְלִמָּתָם אֶת־יוֹרְדֵי
כו בוֹר בְּתוֹךְ חֲלָלִים נִתָּן׃ שָׁם מֶשֶׁךְ תֻּבַל וְכָל־הֲמוֹנָהּ סְבִיבוֹתָיו
קִבְרוֹתֶיהָ כֻּלָּם עֲרֵלִים מְחֻלְלֵי חֶרֶב כִּי־נָתְנוּ חִתִּיתָם בְּאֶרֶץ
כז חַיִּים׃ וְלֹא יִשְׁכְּבוּ אֶת־גִּבּוֹרִים נֹפְלִים מֵעֲרֵלִים אֲשֶׁר יָרְדוּ־
שְׁאוֹל בִּכְלֵי־מִלְחַמְתָּם וַיִּתְּנוּ אֶת־חַרְבוֹתָם תַּחַת רָאשֵׁיהֶם
וַתְּהִי עֲוֺנֹתָם עַל־עַצְמוֹתָם כִּי־חִתִּית גִּבּוֹרִים בְּאֶרֶץ חַיִּים׃
כח כט וְאַתָּה בְּתוֹךְ עֲרֵלִים תִּשָּׁבַר וְתִשְׁכַּב אֶת־חַלְלֵי־חָרֶב׃ שָׁמָּה
אֱדוֹם מְלָכֶיהָ וְכָל־נְשִׂיאֶיהָ אֲשֶׁר־נִתְּנוּ בִגְבוּרָתָם אֶת־חַלְלֵי־
ל חָרֶב הֵמָּה אֶת־עֲרֵלִים יִשְׁכָּבוּ וְאֶת־יֹרְדֵי בוֹר׃ שָׁמָּה נְסִיכֵי צָפוֹן
כֻּלָּם וְכָל־צִדֹנִי אֲשֶׁר־יָרְדוּ אֶת־חֲלָלִים בְּחִתִּיתָם מִגְּבוּרָתָם
בּוֹשִׁים וַיִּשְׁכְּבוּ עֲרֵלִים אֶת־חַלְלֵי־חֶרֶב וַיִּשְׂאוּ כְלִמָּתָם אֶת־
לא יוֹרְדֵי בוֹר׃ אוֹתָם יִרְאֶה פַרְעֹה וְנִחַם עַל־כָּל־הֲמוֹנֹה חַלְלֵי־חֶרֶב
לב פַּרְעֹה וְכָל־חֵילוֹ נְאֻם אֲדֹנָי יֱהֹוִה׃ כִּי־נָתַתִּי אֶת־חתיתו בְּאֶרֶץ חִתִּיתִי
חַיִּים וְהֻשְׁכַּב בְּתוֹךְ עֲרֵלִים אֶת־חַלְלֵי־חֶרֶב פַּרְעֹה וְכָל־הֲמוֹנֹה
לג א נְאֻם אֲדֹנָי יֱהֹוִה׃ וַיְהִי דְבַר־יְהֹוָה אֵלַי לֵאמֹר׃
ב בֶּן־אָדָם דַּבֵּר אֶל־בְּנֵי־עַמְּךָ וְאָמַרְתָּ אֲלֵיהֶם אֶרֶץ כִּי־אָבִיא
עָלֶיהָ חָרֶב וְלָקְחוּ עַם־הָאָרֶץ אִישׁ אֶחָד מִקְצֵיהֶם וְנָתְנוּ אֹתוֹ
ג לָהֶם לְצֹפֶה׃ וְרָאָה אֶת־הַחֶרֶב בָּאָה עַל־הָאָרֶץ וְתָקַע בַּשּׁוֹפָר
ד וְהִזְהִיר אֶת־הָעָם׃ וְשָׁמַע הַשֹּׁמֵעַ אֶת־קוֹל הַשּׁוֹפָר וְלֹא נִזְהָר
ה וַתָּבוֹא חֶרֶב וַתִּקָּחֵהוּ דָּמוֹ בְרֹאשׁוֹ יִהְיֶה׃ אֵת קוֹל הַשּׁוֹפָר שָׁמַע
ו וְלֹא נִזְהָר דָּמוֹ בּוֹ יִהְיֶה וְהוּא נִזְהָר נַפְשׁוֹ מִלֵּט׃ וְהַצֹּפֶה כִּי־
יִרְאֶה אֶת־הַחֶרֶב בָּאָה וְלֹא־תָקַע בַּשּׁוֹפָר וְהָעָם לֹא־נִזְהָר
וַתָּבוֹא חֶרֶב וַתִּקַּח מֵהֶם נָפֶשׁ הוּא בַּעֲוֺנוֹ נִלְקָח וְדָמוֹ מִיַּד־
ז הַצֹּפֶה אֶדְרֹשׁ׃ וְאַתָּה בֶן־אָדָם צֹפֶה נְתַתִּיךָ לְבֵית
ח יִשְׂרָאֵל וְשָׁמַעְתָּ מִפִּי דָּבָר וְהִזְהַרְתָּ אֹתָם מִמֶּנִּי׃ בְּאָמְרִי
לָרָשָׁע רָשָׁע מוֹת תָּמוּת וְלֹא דִבַּרְתָּ לְהַזְהִיר רָשָׁע מִדַּרְכּוֹ
ט הוּא רָשָׁע בַּעֲוֺנוֹ יָמוּת וְדָמוֹ מִיָּדְךָ אֲבַקֵּשׁ׃ וְאַתָּה כִּי־הִזְהַרְתָּ

רָשָׁע מִדַּרְכּוֹ לָשׁוּב מִמֶּנָּה וְלֹא־שָׁב מִדַּרְכּוֹ הוּא בַּעֲוֺנוֹ יָמוּת
י וְאַתָּה נַפְשְׁךָ הִצַּלְתָּ׃ וְאַתָּה בֶן־אָדָם אֱמֹר אֶל־
בֵּית יִשְׂרָאֵל כֵּן אֲמַרְתֶּם לֵאמֹר כִּי־פְשָׁעֵינוּ וְחַטֹּאתֵינוּ עָלֵינוּ
יא וּבָם אֲנַחְנוּ נְמַקִּים וְאֵיךְ נִחְיֶה׃ אֱמֹר אֲלֵיהֶם חַי־אָנִי ׀ נְאֻם ׀
אֲדֹנָי יֱהֹוִה אִם־אֶחְפֹּץ בְּמוֹת הָרָשָׁע כִּי אִם־בְּשׁוּב רָשָׁע
מִדַּרְכּוֹ וְחָיָה שׁוּבוּ שׁוּבוּ מִדַּרְכֵיכֶם הָרָעִים וְלָמָּה תָמוּתוּ
יב בֵּית יִשְׂרָאֵל׃ וְאַתָּה בֶן־אָדָם אֱמֹר אֶל־בְּנֵי־עַמְּךָ
צִדְקַת הַצַּדִּיק לֹא תַצִּילֶנּוּ בְּיוֹם פִּשְׁעוֹ וְרִשְׁעַת הָרָשָׁע לֹא־
יִכָּשֶׁל בָּהּ בְּיוֹם שׁוּבוֹ מֵרִשְׁעוֹ וְצַדִּיק לֹא יוּכַל לִחְיוֹת בָּהּ בְּיוֹם
יג חֲטֹאתוֹ׃ בְּאָמְרִי לַצַּדִּיק חָיֹה יִחְיֶה וְהוּא־בָטַח עַל־צִדְקָתוֹ
וְעָשָׂה עָוֶל כָּל־צִדְקֹתָו לֹא תִזָּכַרְנָה וּבְעַוְלוֹ אֲשֶׁר־עָשָׂה
יד בּוֹ יָמוּת׃ וּבְאָמְרִי לָרָשָׁע מוֹת תָּמוּת וְשָׁב מֵחַטָּאתוֹ וְעָשָׂה
טו מִשְׁפָּט וּצְדָקָה׃ חֲבֹל יָשִׁיב רָשָׁע גְּזֵלָה יְשַׁלֵּם בְּחֻקּוֹת הַחַיִּים
טז הָלַךְ לְבִלְתִּי עֲשׂוֹת עָוֶל חָיוֹ יִחְיֶה לֹא יָמוּת׃ כָּל־חַטֹּאתָו אֲשֶׁר כ
יז חָטָא לֹא תִזָּכַרְנָה לוֹ מִשְׁפָּט וּצְדָקָה עָשָׂה חָיוֹ יִחְיֶה׃ וְאָמְרוּ
בְּנֵי עַמְּךָ לֹא יִתָּכֵן דֶּרֶךְ אֲדֹנָי וְהֵמָּה דַּרְכָּם לֹא־יִתָּכֵן׃
יח יט בְּשׁוּב־צַדִּיק מִצִּדְקָתוֹ וְעָשָׂה עָוֶל וּמֵת בָּהֶם׃ וּבְשׁוּב רָשָׁע
כ מֵרִשְׁעָתוֹ וְעָשָׂה מִשְׁפָּט וּצְדָקָה עֲלֵיהֶם הוּא יִחְיֶה׃ וַאֲמַרְתֶּם
לֹא יִתָּכֵן דֶּרֶךְ אֲדֹנָי אִישׁ כִּדְרָכָיו אֶשְׁפּוֹט אֶתְכֶם בֵּית
כא יִשְׂרָאֵל׃ וַיְהִי בִּשְׁתֵּי עֶשְׂרֵה שָׁנָה בָּעֲשִׂרִי
בַּחֲמִשָּׁה לַחֹדֶשׁ לְגָלוּתֵנוּ בָּא־אֵלַי הַפָּלִיט מִירוּשָׁלַםִ לֵאמֹר
כב הֻכְּתָה הָעִיר׃ וְיַד־יְהוָה הָיְתָה אֵלַי בָּעֶרֶב לִפְנֵי בּוֹא הַפָּלִיט
וַיִּפְתַּח אֶת־פִּי עַד־בּוֹא אֵלַי בַּבֹּקֶר וַיִּפָּתַח פִּי וְלֹא נֶאֱלַמְתִּי
כג כד עוֹד׃ וַיְהִי דְבַר־יְהוָה אֵלַי לֵאמֹר׃ בֶּן־אָדָם
יֹשְׁבֵי הֶחֳרָבוֹת הָאֵלֶּה עַל־אַדְמַת יִשְׂרָאֵל אֹמְרִים לֵאמֹר אֶחָד
הָיָה אַבְרָהָם וַיִּירַשׁ אֶת־הָאָרֶץ וַאֲנַחְנוּ רַבִּים לָנוּ נִתְּנָה הָאָרֶץ
כה לְמוֹרָשָׁה׃ לָכֵן אֱמֹר אֲלֵיהֶם כֹּה־אָמַר ׀ אֲדֹנָי

יְהוָה עַל־הַדָּם ׀ תֹּאכֵלוּ וְעֵינֵכֶם תִּשְׂאוּ אֶל־גִּלּוּלֵיכֶם וְדָם
כו תִּשְׁפֹּכוּ וְהָאָרֶץ תִּירָשׁוּ׃ עֲמַדְתֶּם עַל־חַרְבְּכֶם עֲשִׂיתֶן תּוֹעֵבָה
כז וְאִישׁ אֶת־אֵשֶׁת רֵעֵהוּ טִמֵּאתֶם וְהָאָרֶץ תִּירָשׁוּ׃ כֹּה־תֹאמַר
אֲלֵהֶם כֹּה־אָמַר אֲדֹנָי יֱהוִה חַי־אָנִי אִם־לֹא אֲשֶׁר בֶּחֳרָבוֹת
בַּחֶרֶב יִפֹּלוּ וַאֲשֶׁר עַל־פְּנֵי הַשָּׂדֶה לַחַיָּה נְתַתִּיו לְאָכְלוֹ וַאֲשֶׁר
כח בַּמְּצָדוֹת וּבַמְּעָרוֹת בַּדֶּבֶר יָמוּתוּ׃ וְנָתַתִּי אֶת־הָאָרֶץ שְׁמָמָה
וּמְשַׁמָּה וְנִשְׁבַּת גְּאוֹן עֻזָּהּ וְשָׁמְמוּ הָרֵי יִשְׂרָאֵל מֵאֵין עוֹבֵר׃
כט וְיָדְעוּ כִּי־אֲנִי יְהוָה בְּתִתִּי אֶת־הָאָרֶץ שְׁמָמָה וּמְשַׁמָּה עַל כָּל־
ל תּוֹעֲבֹתָם אֲשֶׁר עָשׂוּ׃ וְאַתָּה בֶן־אָדָם בְּנֵי עַמְּךָ
הַנִּדְבָּרִים בְּךָ אֵצֶל הַקִּירוֹת וּבְפִתְחֵי הַבָּתִּים וְדִבֶּר־חַד אֶת־
אַחַד אִישׁ אֶת־אָחִיו לֵאמֹר בֹּאוּ־נָא וְשִׁמְעוּ מָה הַדָּבָר הַיּוֹצֵא
לא מֵאֵת יְהוָה׃ וְיָבוֹאוּ אֵלֶיךָ כִּמְבוֹא־עָם וְיֵשְׁבוּ לְפָנֶיךָ עַמִּי וְשָׁמְעוּ
אֶת־דְּבָרֶיךָ וְאוֹתָם לֹא יַעֲשׂוּ כִּי־עֲגָבִים בְּפִיהֶם הֵמָּה עֹשִׂים
לב אַחֲרֵי בִצְעָם לִבָּם הֹלֵךְ׃ וְהִנְּךָ לָהֶם כְּשִׁיר עֲגָבִים יְפֵה קוֹל
לג וּמֵטִב נַגֵּן וְשָׁמְעוּ אֶת־דְּבָרֶיךָ וְעֹשִׂים אֵינָם אוֹתָם׃ וּבְבֹאָהּ הִנֵּה
לד א בָאָה וְיָדְעוּ כִּי נָבִיא הָיָה בְתוֹכָם׃ וַיְהִי דְבַר־
ב יְהוָה אֵלַי לֵאמֹר׃ בֶּן־אָדָם הִנָּבֵא עַל־רוֹעֵי יִשְׂרָאֵל הִנָּבֵא
וְאָמַרְתָּ אֲלֵיהֶם לָרֹעִים כֹּה־אָמַר ׀ אֲדֹנָי יֱהוִה הוֹי רֹעֵי יִשְׂרָאֵל
ג אֲשֶׁר הָיוּ רֹעִים אוֹתָם הֲלוֹא הַצֹּאן יִרְעוּ הָרֹעִים׃ אֶת־הַחֵלֶב
תֹּאכֵלוּ וְאֶת־הַצֶּמֶר תִּלְבָּשׁוּ הַבְּרִיאָה תִּזְבָּחוּ הַצֹּאן לֹא תִרְעוּ׃
ד אֶת־הַנַּחְלוֹת לֹא חִזַּקְתֶּם וְאֶת־הַחוֹלָה לֹא־רִפֵּאתֶם וְלַנִּשְׁבֶּרֶת
לֹא חֲבַשְׁתֶּם וְאֶת־הַנִּדַּחַת לֹא הֲשֵׁבֹתֶם וְאֶת־הָאֹבֶדֶת לֹא
ה בִקַּשְׁתֶּם וּבְחָזְקָה רְדִיתֶם אֹתָם וּבְפָרֶךְ׃ וַתְּפוּצֶינָה מִבְּלִי רֹעֶה
ו וַתִּהְיֶינָה לְאָכְלָה לְכָל־חַיַּת הַשָּׂדֶה וַתְּפוּצֶינָה׃ יִשְׁגּוּ צֹאנִי בְּכָל־
הֶהָרִים וְעַל כָּל־גִּבְעָה רָמָה וְעַל כָּל־פְּנֵי הָאָרֶץ נָפֹצוּ צֹאנִי וְאֵין
ז ח דּוֹרֵשׁ וְאֵין מְבַקֵּשׁ׃ לָכֵן רֹעִים שִׁמְעוּ אֶת־דְּבַר יְהוָה׃ חַי־אָנִי
נְאֻם ׀ אֲדֹנָי יֱהוִה אִם־לֹא יַעַן הֱיוֹת־צֹאנִי ׀ לָבַז וַתִּהְיֶינָה צֹאנִי

לְאָכְלָה לְכָל־חַיַּת הַשָּׂדֶה מֵאֵין רֹעֶה וְלֹא־דָרְשׁוּ רֹעַי אֶת־צֹאנִי
ט וַיִּרְעוּ הָרֹעִים אוֹתָם וְאֶת־צֹאנִי לֹא רָעוּ׃ לָכֵן הָרֹעִים שִׁמְעוּ
י דְּבַר־יְהוָה׃ כֹּה־אָמַר אֲדֹנָי יֱהוִה הִנְנִי אֶל־
הָרֹעִים וְדָרַשְׁתִּי אֶת־צֹאנִי מִיָּדָם וְהִשְׁבַּתִּים מֵרְעוֹת צֹאן וְלֹא־
יִרְעוּ עוֹד הָרֹעִים אוֹתָם וְהִצַּלְתִּי צֹאנִי מִפִּיהֶם וְלֹא־תִהְיֶיןָ לָהֶם
יא לְאָכְלָה׃ כִּי כֹּה אָמַר אֲדֹנָי יֱהוִה הִנְנִי־אָנִי
יב וְדָרַשְׁתִּי אֶת־צֹאנִי וּבִקַּרְתִּים׃ כְּבַקָּרַת רֹעֶה עֶדְרוֹ בְּיוֹם־הֱיוֹתוֹ
בְתוֹךְ־צֹאנוֹ נִפְרָשׁוֹת כֵּן אֲבַקֵּר אֶת־צֹאנִי וְהִצַּלְתִּי אֶתְהֶם
יג מִכָּל־הַמְּקוֹמֹת אֲשֶׁר נָפֹצוּ שָׁם בְּיוֹם עָנָן וַעֲרָפֶל׃ וְהוֹצֵאתִים
מִן־הָעַמִּים וְקִבַּצְתִּים מִן־הָאֲרָצוֹת וַהֲבִיאוֹתִים אֶל־אַדְמָתָם
וּרְעִיתִים אֶל־הָרֵי יִשְׂרָאֵל בָּאֲפִיקִים וּבְכֹל מוֹשְׁבֵי הָאָרֶץ׃
יד בְּמִרְעֶה־טּוֹב אֶרְעֶה אֹתָם וּבְהָרֵי מְרוֹם־יִשְׂרָאֵל יִהְיֶה נְוֵהֶם שָׁם
טו תִּרְבַּצְנָה בְּנָוֶה טּוֹב וּמִרְעֶה שָׁמֵן תִּרְעֶינָה אֶל־הָרֵי יִשְׂרָאֵל׃ אֲנִי
טז אֶרְעֶה צֹאנִי וַאֲנִי אַרְבִּיצֵם נְאֻם אֲדֹנָי יֱהוִה׃ אֶת־הָאֹבֶדֶת
אֲבַקֵּשׁ וְאֶת־הַנִּדַּחַת אָשִׁיב וְלַנִּשְׁבֶּרֶת אֶחֱבֹשׁ וְאֶת־הַחוֹלָה
אֲחַזֵּק וְאֶת־הַשְּׁמֵנָה וְאֶת־הַחֲזָקָה אַשְׁמִיד אֶרְעֶנָּה בְמִשְׁפָּט׃
יז וְאַתֵּנָה צֹאנִי כֹּה אָמַר אֲדֹנָי יֱהוִה הִנְנִי שֹׁפֵט בֵּין־שֶׂה לָשֶׂה
יח לָאֵילִים וְלָעַתּוּדִים׃ הַמְעַט מִכֶּם הַמִּרְעֶה הַטּוֹב תִּרְעוּ וְיֶתֶר
מִרְעֵיכֶם תִּרְמְסוּ בְּרַגְלֵיכֶם וּמִשְׁקַע־מַיִם תִּשְׁתּוּ וְאֵת הַנּוֹתָרִים
יט בְּרַגְלֵיכֶם תִּרְפֹּשׂוּן׃ וְצֹאנִי מִרְמַס רַגְלֵיכֶם תִּרְעֶינָה וּמִרְפַּשׂ
כ רַגְלֵיכֶם תִּשְׁתֶּינָה׃ לָכֵן כֹּה אָמַר אֲדֹנָי יֱהוִה
כא אֲלֵיהֶם הִנְנִי־אָנִי וְשָׁפַטְתִּי בֵּין־שֶׂה בִרְיָה וּבֵין שֶׂה רָזָה׃ יַעַן
בְּצַד וּבְכָתֵף תֶּהְדֹּפוּ וּבְקַרְנֵיכֶם תְּנַגְּחוּ כָּל־הַנַּחְלוֹת עַד אֲשֶׁר
כב הֲפִיצוֹתֶם אוֹתָנָה אֶל־הַחוּצָה׃ וְהוֹשַׁעְתִּי לְצֹאנִי וְלֹא־תִהְיֶינָה
כג עוֹד לָבַז וְשָׁפַטְתִּי בֵּין שֶׂה לָשֶׂה׃ וַהֲקִמֹתִי עֲלֵיהֶם רֹעֶה אֶחָד
וְרָעָה אֶתְהֶן אֵת עַבְדִּי דָוִיד הוּא יִרְעֶה אֹתָם וְהוּא יִהְיֶה לָהֶן
כד לְרֹעֶה׃ וַאֲנִי יְהוָה אֶהְיֶה לָהֶם לֵאלֹהִים וְעַבְדִּי דָוִד נָשִׂיא

בְּתוֹכָם אֲנִי יְהוָה דִּבַּרְתִּי׃ כה וְכָרַתִּי לָהֶם בְּרִית שָׁלוֹם וְהִשְׁבַּתִּי
בַּיְּעָרִים חַיָּה־רָעָה מִן־הָאָרֶץ וְיָשְׁבוּ בַמִּדְבָּר לָבֶטַח וְיָשְׁנוּ ביעורים׃
כו כא וְנָתַתִּי אוֹתָם וּסְבִיבוֹת גִּבְעָתִי בְּרָכָה וְהוֹרַדְתִּי הַגֶּשֶׁם בְּעִתּוֹ
כז גִּשְׁמֵי בְרָכָה יִהְיוּ׃ וְנָתַן עֵץ הַשָּׂדֶה אֶת־פִּרְיוֹ וְהָאָרֶץ תִּתֵּן
יְבוּלָהּ וְהָיוּ עַל־אַדְמָתָם לָבֶטַח וְיָדְעוּ כִּי־אֲנִי יְהוָה בְּשִׁבְרִי אֶת־
כח מֹטוֹת עֻלָּם וְהִצַּלְתִּים מִיַּד הָעֹבְדִים בָּהֶם׃ וְלֹא־יִהְיוּ עוֹד בַּז
לַגּוֹיִם וְחַיַּת הָאָרֶץ לֹא תֹאכְלֵם וְיָשְׁבוּ לָבֶטַח וְאֵין מַחֲרִיד׃
כט וַהֲקִמֹתִי לָהֶם מַטָּע לְשֵׁם וְלֹא־יִהְיוּ עוֹד אֲסֻפֵי רָעָב בָּאָרֶץ
ל וְלֹא־יִשְׂאוּ עוֹד כְּלִמַּת הַגּוֹיִם׃ וְיָדְעוּ כִּי אֲנִי יְהוָה אֱלֹהֵיהֶם
לא אִתָּם וְהֵמָּה עַמִּי בֵּית יִשְׂרָאֵל נְאֻם אֲדֹנָי יְהוִה׃ וְאַתֵּן
צֹאנִי צֹאן מַרְעִיתִי אָדָם אַתֶּם אֲנִי אֱלֹהֵיכֶם נְאֻם אֲדֹנָי
לה א ב יְהוִה׃ וַיְהִי דְבַר־יְהוָה אֵלַי לֵאמֹר׃ בֶּן־אָדָם שִׂים
ג פָּנֶיךָ עַל־הַר שֵׂעִיר וְהִנָּבֵא עָלָיו׃ וְאָמַרְתָּ לּוֹ כֹּה אָמַר אֲדֹנָי
יְהוִה הִנְנִי אֵלֶיךָ הַר־שֵׂעִיר וְנָטִיתִי יָדִי עָלֶיךָ וּנְתַתִּיךָ שְׁמָמָה
ד וּמְשַׁמָּה׃ עָרֶיךָ חָרְבָּה אָשִׂים וְאַתָּה שְׁמָמָה תִהְיֶה וְיָדַעְתָּ כִּי־
ה אֲנִי יְהוָה׃ יַעַן הֱיוֹת לְךָ אֵיבַת עוֹלָם וַתַּגֵּר אֶת־בְּנֵי־יִשְׂרָאֵל
ו עַל־יְדֵי־חָרֶב בְּעֵת אֵידָם בְּעֵת עֲוֺן קֵץ׃ לָכֵן חַי־אָנִי נְאֻם אֲדֹנָי
יְהוִה כִּי־לְדָם אֶעֶשְׂךָ וְדָם יִרְדֲּפֶךָ אִם־לֹא דָם שָׂנֵאתָ וְדָם
ז יִרְדֲּפֶךָ׃ וְנָתַתִּי אֶת־הַר שֵׂעִיר לְשִׁמְמָה וּשְׁמָמָה וְהִכְרַתִּי מִמֶּנּוּ
ח עֹבֵר וָשָׁב׃ וּמִלֵּאתִי אֶת־הָרָיו חֲלָלָיו גִּבְעוֹתֶיךָ וְגֵאוֹתֶיךָ וְכָל־
ט אֲפִיקֶיךָ חַלְלֵי־חֶרֶב יִפְּלוּ בָהֶם׃ שִׁמְמוֹת עוֹלָם אֶתֶּנְךָ וְעָרֶיךָ
י תָּשֹׁבְנָה לֹא תישבנה וִידַעְתֶּם כִּי־אֲנִי יְהוָה׃ יַעַן אֲמָרְךָ אֶת־שְׁנֵי הַגּוֹיִם
יא וְאֶת־שְׁתֵּי הָאֲרָצוֹת לִי תִהְיֶינָה וִירַשְׁנוּהָ וַיהוָה שָׁם הָיָה׃ לָכֵן
חַי־אָנִי נְאֻם אֲדֹנָי יְהוִה וְעָשִׂיתִי כְּאַפְּךָ וּכְקִנְאָתְךָ אֲשֶׁר עָשִׂיתָה
יב מִשִּׂנְאָתֶיךָ בָּם וְנוֹדַעְתִּי בָם כַּאֲשֶׁר אֶשְׁפְּטֶךָ׃ וְיָדַעְתָּ כִּי אֲנִי
יְהוָה שָׁמַעְתִּי ׀ אֶת־כָּל־נֶאָצוֹתֶיךָ אֲשֶׁר אָמַרְתָּ עַל־הָרֵי יִשְׂרָאֵל
יג שָׁמֵמוּ לֵאמֹר ׀ שממה לָנוּ נִתְּנוּ לְאָכְלָה׃ וַתַּגְדִּילוּ עָלַי בְּפִיכֶם

יד וְהַעְתַּרְתֶּם עָלַי דִּבְרֵיכֶם אֲנִי שָׁמָעְתִּי׃ כֹּה
אָמַר אֲדֹנָי יֱהֹוִה כִּשְׂמֹחַ כָּל־הָאָרֶץ שְׁמָמָה אֶעֱשֶׂה־לָּךְ׃
טו כְּשִׂמְחָתְךָ לְנַחֲלַת בֵּית־יִשְׂרָאֵל עַל אֲשֶׁר־שָׁמֵמָה כֵּן אֶעֱשֶׂה־
לָּךְ שְׁמָמָה תִהְיֶה הַר־שֵׂעִיר וְכָל־אֱדוֹם כֻּלָּהּ וְיָדְעוּ כִּי־אֲנִי
לו א יְהוָה׃ וְאַתָּה בֶן־אָדָם הִנָּבֵא אֶל־הָרֵי יִשְׂרָאֵל
ב וְאָמַרְתָּ הָרֵי יִשְׂרָאֵל שִׁמְעוּ דְּבַר־יְהוָה׃ כֹּה אָמַר אֲדֹנָי יֱהֹוִה
יַעַן אָמַר הָאוֹיֵב עֲלֵיכֶם הֶאָח וּבָמוֹת עוֹלָם לְמוֹרָשָׁה הָיְתָה
ג לָּנוּ׃ לָכֵן הִנָּבֵא וְאָמַרְתָּ כֹּה אָמַר אֲדֹנָי יֱהֹוִה יַעַן בְּיַעַן שַׁמּוֹת
וְשָׁאֹף אֶתְכֶם מִסָּבִיב לִהְיוֹתְכֶם מוֹרָשָׁה לִשְׁאֵרִית הַגּוֹיִם וַתַּעֲלוּ
ד עַל־שְׂפַת לָשׁוֹן וְדִבַּת־עָם׃ לָכֵן הָרֵי יִשְׂרָאֵל שִׁמְעוּ דְּבַר־אֲדֹנָי
יֱהֹוִה כֹּה־אָמַר אֲדֹנָי יֱהֹוִה לֶהָרִים וְלַגְּבָעוֹת לָאֲפִיקִים וְלַגֵּאָיוֹת
וְלֶחֳרָבוֹת הַשֹּׁמְמוֹת וְלֶעָרִים הַנֶּעֱזָבוֹת אֲשֶׁר הָיוּ לְבַז וּלְלַעַג
ה לִשְׁאֵרִית הַגּוֹיִם אֲשֶׁר מִסָּבִיב׃ לָכֵן כֹּה־אָמַר
אֲדֹנָי יֱהֹוִה אִם־לֹא בְּאֵשׁ קִנְאָתִי דִבַּרְתִּי עַל־שְׁאֵרִית הַגּוֹיִם
וְעַל־אֱדוֹם כֻּלָּא אֲשֶׁר נָתְנוּ־אֶת־אַרְצִי ׀ לָהֶם לְמוֹרָשָׁה בְּשִׂמְחַת
ו כָּל־לֵבָב בִּשְׁאָט נֶפֶשׁ לְמַעַן מִגְרָשָׁהּ לָבַז׃ לָכֵן הִנָּבֵא עַל־
אַדְמַת יִשְׂרָאֵל וְאָמַרְתָּ לֶהָרִים וְלַגְּבָעוֹת לָאֲפִיקִים וְלַגֵּאָיוֹת
כֹּה־אָמַר ׀ אֲדֹנָי יֱהֹוִה הִנְנִי בְקִנְאָתִי וּבַחֲמָתִי דִּבַּרְתִּי יַעַן כְּלִמַּת
ז גּוֹיִם נְשָׂאתֶם׃ לָכֵן כֹּה אָמַר אֲדֹנָי יֱהֹוִה אֲנִי נָשָׂאתִי אֶת־יָדִי
ח אִם־לֹא הַגּוֹיִם אֲשֶׁר לָכֶם מִסָּבִיב הֵמָּה כְּלִמָּתָם יִשָּׂאוּ׃ וְאַתֶּם
הָרֵי יִשְׂרָאֵל עַנְפְּכֶם תִּתֵּנוּ וּפֶרְיְכֶם תִּשְׂאוּ לְעַמִּי יִשְׂרָאֵל כִּי
ט קֵרְבוּ לָבוֹא׃ כִּי הִנְנִי אֲלֵיכֶם וּפָנִיתִי אֲלֵיכֶם וְנֶעֱבַדְתֶּם
י וְנִזְרַעְתֶּם׃ וְהִרְבֵּיתִי עֲלֵיכֶם אָדָם כָּל־בֵּית יִשְׂרָאֵל כֻּלֹּה
יא וְנֹשְׁבוּ הֶעָרִים וְהֶחֳרָבוֹת תִּבָּנֶינָה׃ וְהִרְבֵּיתִי עֲלֵיכֶם אָדָם
וּבְהֵמָה וְרָבוּ וּפָרוּ וְהוֹשַׁבְתִּי אֶתְכֶם כְּקַדְמוֹתֵיכֶם וְהֵיטִבֹתִי
יב מֵרִאשֹׁתֵיכֶם וִידַעְתֶּם כִּי־אֲנִי יְהוָה׃ וְהוֹלַכְתִּי עֲלֵיכֶם אָדָם
אֶת־עַמִּי יִשְׂרָאֵל וִירֵשׁוּךָ וְהָיִיתָ לָהֶם לְנַחֲלָה וְלֹא־תוֹסִף עוֹד

יג לְשַׁכְּלָם׃ כֹּה אָמַר אֲדֹנָי יֱהֹוִה יַעַן אֹמְרִים לָכֶם
יד אֹכֶלֶת אָדָם אתי וּמְשַׁכֶּלֶת גויך הָיִית׃ לָכֵן אָדָם לֹא־תֹאכְלִי אַתְּ | גּוֹיַיִךְ
טו עוֹד וגויך לֹא תכשלי־עוֹד נְאֻם אֲדֹנָי יֱהֹוִה׃ וְלֹא־אַשְׁמִיעַ אֵלַיִךְ וְגוֹיַיִךְ | תְשַׁכְּלִי־
עוֹד כְּלִמַּת הַגּוֹיִם וְחֶרְפַּת עַמִּים לֹא תִשְׂאִי־עוֹד וגויך לֹא־ וְגוֹיַיִךְ
טז תכשלי עוֹד נְאֻם אֲדֹנָי יֱהֹוִה׃ וַיְהִי דְבַר־יְהֹוָה
יז אֵלַי לֵאמֹר׃ בֶּן־אָדָם בֵּית יִשְׂרָאֵל יֹשְׁבִים עַל־אַדְמָתָם וַיְטַמְּאוּ
אוֹתָהּ בְּדַרְכָּם וּבַעֲלִילוֹתָם כְּטֻמְאַת הַנִּדָּה הָיְתָה דַרְכָּם לְפָנָי׃
יח וָאֶשְׁפֹּךְ חֲמָתִי עֲלֵיהֶם עַל־הַדָּם אֲשֶׁר־שָׁפְכוּ עַל־הָאָרֶץ
יט וּבְגִלּוּלֵיהֶם טִמְּאוּהָ׃ וָאָפִיץ אֹתָם בַּגּוֹיִם וַיִּזָּרוּ בָּאֲרָצוֹת
כ כְּדַרְכָּם וְכַעֲלִילוֹתָם שְׁפַטְתִּים׃ וַיָּבוֹא אֶל־הַגּוֹיִם אֲשֶׁר־בָּאוּ
שָׁם וַיְחַלְּלוּ אֶת־שֵׁם קָדְשִׁי בֶּאֱמֹר לָהֶם עַם־יְהֹוָה אֵלֶּה וּמֵאַרְצוֹ
כא יָצָאוּ׃ וָאֶחְמֹל עַל־שֵׁם קָדְשִׁי אֲשֶׁר חִלְּלֻהוּ בֵּית יִשְׂרָאֵל בַּגּוֹיִם
כב אֲשֶׁר־בָּאוּ שָׁמָּה׃ לָכֵן אֱמֹר לְבֵית־יִשְׂרָאֵל כֹּה
אָמַר אֲדֹנָי יֱהֹוִה לֹא לְמַעַנְכֶם אֲנִי עֹשֶׂה בֵּית יִשְׂרָאֵל כִּי אִם־
כג לְשֵׁם־קָדְשִׁי אֲשֶׁר חִלַּלְתֶּם בַּגּוֹיִם אֲשֶׁר־בָּאתֶם שָׁם׃ וְקִדַּשְׁתִּי
אֶת־שְׁמִי הַגָּדוֹל הַמְחֻלָּל בַּגּוֹיִם אֲשֶׁר חִלַּלְתֶּם בְּתוֹכָם וְיָדְעוּ
הַגּוֹיִם כִּי־אֲנִי יְהֹוָה נְאֻם אֲדֹנָי יֱהֹוִה בְּהִקָּדְשִׁי בָכֶם לְעֵינֵיהֶם׃
כד וְלָקַחְתִּי אֶתְכֶם מִן־הַגּוֹיִם וְקִבַּצְתִּי אֶתְכֶם מִכָּל־הָאֲרָצוֹת
כה וְהֵבֵאתִי אֶתְכֶם אֶל־אַדְמַתְכֶם׃ וְזָרַקְתִּי עֲלֵיכֶם מַיִם טְהוֹרִים כב
וּטְהַרְתֶּם מִכֹּל טֻמְאוֹתֵיכֶם וּמִכָּל־גִּלּוּלֵיכֶם אֲטַהֵר אֶתְכֶם׃
כו וְנָתַתִּי לָכֶם לֵב חָדָשׁ וְרוּחַ חֲדָשָׁה אֶתֵּן בְּקִרְבְּכֶם וַהֲסִרֹתִי אֶת־
כז לֵב הָאֶבֶן מִבְּשַׂרְכֶם וְנָתַתִּי לָכֶם לֵב בָּשָׂר׃ וְאֶת־רוּחִי אֶתֵּן
בְּקִרְבְּכֶם וְעָשִׂיתִי אֵת אֲשֶׁר־בְּחֻקַּי תֵּלֵכוּ וּמִשְׁפָּטַי תִּשְׁמְרוּ
כח וַעֲשִׂיתֶם׃ וִישַׁבְתֶּם בָּאָרֶץ אֲשֶׁר נָתַתִּי לַאֲבֹתֵיכֶם וִהְיִיתֶם לִי
כט לְעָם וְאָנֹכִי אֶהְיֶה לָכֶם לֵאלֹהִים׃ וְהוֹשַׁעְתִּי אֶתְכֶם מִכֹּל
טֻמְאוֹתֵיכֶם וְקָרָאתִי אֶל־הַדָּגָן וְהִרְבֵּיתִי אֹתוֹ וְלֹא־אֶתֵּן עֲלֵיכֶם
ל רָעָב׃ וְהִרְבֵּיתִי אֶת־פְּרִי הָעֵץ וּתְנוּבַת הַשָּׂדֶה לְמַעַן אֲשֶׁר לֹא

לא תִקְחוּ עוֹד חֶרְפַּת רָעָב בַּגּוֹיִם: וּזְכַרְתֶּם אֶת־דַּרְכֵיכֶם הָרָעִים
וּמַעַלְלֵיכֶם אֲשֶׁר לֹא־טוֹבִים וּנְקֹטֹתֶם בִּפְנֵיכֶם עַל עֲוֺנֹתֵיכֶם וְעַל
לב תּוֹעֲבוֹתֵיכֶם: לֹא לְמַעַנְכֶם אֲנִי־עֹשֶׂה נְאֻם אֲדֹנָי יֱהֹוִה יִוָּדַע
לָכֶם בּוֹשׁוּ וְהִכָּלְמוּ מִדַּרְכֵיכֶם בֵּית יִשְׂרָאֵל:
לג כֹּה אָמַר אֲדֹנָי יֱהֹוִה בְּיוֹם טַהֲרִי אֶתְכֶם מִכֹּל עֲוֺנוֹתֵיכֶם
לד וְהוֹשַׁבְתִּי אֶת־הֶעָרִים וְנִבְנוּ הֶחֳרָבוֹת: וְהָאָרֶץ הַנְּשַׁמָּה
לה תֵּעָבֵד תַּחַת אֲשֶׁר הָיְתָה שְׁמָמָה לְעֵינֵי כָּל־עוֹבֵר: וְאָמְרוּ
הָאָרֶץ הַלֵּזוּ הַנְּשַׁמָּה הָיְתָה כְּגַן־עֵדֶן וְהֶעָרִים הֶחֳרֵבוֹת
לו וְהַנְשַׁמּוֹת וְהַנֶּהֱרָסוֹת בְּצוּרוֹת יָשָׁבוּ: וְיָדְעוּ הַגּוֹיִם אֲשֶׁר
יִשָּׁאֲרוּ סְבִיבוֹתֵיכֶם כִּי ׀ אֲנִי יהוה בָּנִיתִי הַנֶּהֱרָסוֹת נָטַעְתִּי
לז הַנְּשַׁמָּה אֲנִי יהוה דִּבַּרְתִּי וְעָשִׂיתִי: כֹּה אָמַר
אֲדֹנָי יֱהֹוִה עוֹד זֹאת אִדָּרֵשׁ לְבֵית־יִשְׂרָאֵל לַעֲשׂוֹת לָהֶם
לח אַרְבֶּה אֹתָם כַּצֹּאן אָדָם: כְּצֹאן קָדָשִׁים כְּצֹאן יְרוּשָׁלַ͏ִם
בְּמוֹעֲדֶיהָ כֵּן תִּהְיֶינָה הֶעָרִים הֶחֳרֵבוֹת מְלֵאוֹת צֹאן אָדָם
וְיָדְעוּ כִּי־אֲנִי יהוה:

לז א הָיְתָה עָלַי יַד־יהוה וַיּוֹצִאֵנִי בְרוּחַ יהוה וַיְנִיחֵנִי בְּתוֹךְ הַבִּקְעָה
ב וְהִיא מְלֵאָה עֲצָמוֹת: וְהֶעֱבִירַנִי עֲלֵיהֶם סָבִיב ׀ סָבִיב וְהִנֵּה
ג רַבּוֹת מְאֹד עַל־פְּנֵי הַבִּקְעָה וְהִנֵּה יְבֵשׁוֹת מְאֹד: וַיֹּאמֶר אֵלַי
בֶּן־אָדָם הֲתִחְיֶינָה הָעֲצָמוֹת הָאֵלֶּה וָאֹמַר אֲדֹנָי יֱהֹוִה אַתָּה
ד יָדָעְתָּ: וַיֹּאמֶר אֵלַי הִנָּבֵא עַל־הָעֲצָמוֹת הָאֵלֶּה וְאָמַרְתָּ אֲלֵיהֶם
ה הָעֲצָמוֹת הַיְבֵשׁוֹת שִׁמְעוּ דְּבַר־יהוה: כֹּה אָמַר אֲדֹנָי יֱהֹוִה
ו לָעֲצָמוֹת הָאֵלֶּה הִנֵּה אֲנִי מֵבִיא בָכֶם רוּחַ וִחְיִיתֶם: וְנָתַתִּי
עֲלֵיכֶם גִּידִים וְהַעֲלֵתִי עֲלֵיכֶם בָּשָׂר וְקָרַמְתִּי עֲלֵיכֶם עוֹר וְנָתַתִּי
ז בָכֶם רוּחַ וִחְיִיתֶם וִידַעְתֶּם כִּי־אֲנִי יהוה: וְנִבֵּאתִי כַּאֲשֶׁר צֻוֵּיתִי
וַיְהִי־קוֹל כְּהִנָּבְאִי וְהִנֵּה־רַעַשׁ וַתִּקְרְבוּ עֲצָמוֹת עֶצֶם אֶל־
ח עַצְמוֹ: וְרָאִיתִי וְהִנֵּה־עֲלֵיהֶם גִּדִים וּבָשָׂר עָלָה וַיִּקְרַם עֲלֵיהֶם
ט עוֹר מִלְמָעְלָה וְרוּחַ אֵין בָּהֶם: וַיֹּאמֶר אֵלַי הִנָּבֵא אֶל־הָרוּחַ

הִנָּבֵא בֶּן־אָדָם וְאָמַרְתָּ אֶל־הָרוּחַ כֹּה־אָמַר ׀ אֲדֹנָי יֱהֹוִה
מֵאַרְבַּע רוּחוֹת בֹּאִי הָרוּחַ וּפְחִי בַּהֲרוּגִים הָאֵלֶּה וְיִחְיוּ׃
י וְהִנַּבֵּאתִי כַּאֲשֶׁר צִוָּנִי וַתָּבוֹא בָהֶם הָרוּחַ וַיִּחְיוּ וַיַּעַמְדוּ עַל־
יא רַגְלֵיהֶם חַיִל גָּדוֹל מְאֹד מְאֹד׃ וַיֹּאמֶר אֵלַי בֶּן־אָדָם הָעֲצָמוֹת
הָאֵלֶּה כָּל־בֵּית יִשְׂרָאֵל הֵמָּה הִנֵּה אֹמְרִים יָבְשׁוּ עַצְמוֹתֵינוּ
יב וְאָבְדָה תִקְוָתֵנוּ נִגְזַרְנוּ לָנוּ׃ לָכֵן הִנָּבֵא וְאָמַרְתָּ אֲלֵיהֶם כֹּה־
אָמַר אֲדֹנָי יֱהֹוִה הִנֵּה אֲנִי פֹתֵחַ אֶת־קִבְרוֹתֵיכֶם וְהַעֲלֵיתִי
אֶתְכֶם מִקִּבְרוֹתֵיכֶם עַמִּי וְהֵבֵאתִי אֶתְכֶם אֶל־אַדְמַת יִשְׂרָאֵל׃
יג וִידַעְתֶּם כִּי־אֲנִי יְהוָה בְּפִתְחִי אֶת־קִבְרוֹתֵיכֶם וּבְהַעֲלוֹתִי אֶתְכֶם
יד מִקִּבְרוֹתֵיכֶם עַמִּי׃ וְנָתַתִּי רוּחִי בָכֶם וִחְיִיתֶם וְהִנַּחְתִּי אֶתְכֶם
עַל־אַדְמַתְכֶם וִידַעְתֶּם כִּי אֲנִי יְהוָה דִּבַּרְתִּי וְעָשִׂיתִי נְאֻם־
טו טז יְהוָה׃ וַיְהִי דְבַר־יְהוָה אֵלַי לֵאמֹר׃ וְאַתָּה בֶן־
אָדָם קַח־לְךָ עֵץ אֶחָד וּכְתֹב עָלָיו לִיהוּדָה וְלִבְנֵי יִשְׂרָאֵל חֲבֵרָו
וּלְקַח עֵץ אֶחָד וּכְתוֹב עָלָיו לְיוֹסֵף עֵץ אֶפְרַיִם וְכָל־בֵּית יִשְׂרָאֵל
יז חֲבֵרָו׃ וְקָרַב אֹתָם אֶחָד אֶל־אֶחָד לְךָ לְעֵץ אֶחָד וְהָיוּ לַאֲחָדִים
יח בְּיָדֶךָ׃ וְכַאֲשֶׁר יֹאמְרוּ אֵלֶיךָ בְּנֵי עַמְּךָ לֵאמֹר הֲלוֹא־תַגִּיד לָנוּ
יט מָה־אֵלֶּה לָּךְ׃ דַּבֵּר אֲלֵהֶם כֹּה־אָמַר אֲדֹנָי יֱהֹוִה הִנֵּה אֲנִי לֹקֵחַ
אֶת־עֵץ יוֹסֵף אֲשֶׁר בְּיַד־אֶפְרַיִם וְשִׁבְטֵי יִשְׂרָאֵל חֲבֵרָו וְנָתַתִּי
אוֹתָם עָלָיו אֶת־עֵץ יְהוּדָה וַעֲשִׂיתִם לְעֵץ אֶחָד וְהָיוּ אֶחָד
כ כא בְּיָדִי׃ וְהָיוּ הָעֵצִים אֲשֶׁר־תִּכְתֹּב עֲלֵיהֶם בְּיָדְךָ לְעֵינֵיהֶם׃ וְדַבֵּר
אֲלֵיהֶם כֹּה־אָמַר אֲדֹנָי יֱהֹוִה הִנֵּה אֲנִי לֹקֵחַ אֶת־בְּנֵי יִשְׂרָאֵל
מִבֵּין הַגּוֹיִם אֲשֶׁר הָלְכוּ־שָׁם וְקִבַּצְתִּי אֹתָם מִסָּבִיב וְהֵבֵאתִי
כב אוֹתָם אֶל־אַדְמָתָם׃ וְעָשִׂיתִי אֹתָם לְגוֹי אֶחָד בָּאָרֶץ בְּהָרֵי
יִשְׂרָאֵל וּמֶלֶךְ אֶחָד יִהְיֶה לְכֻלָּם לְמֶלֶךְ וְלֹא יהיה־עוֹד לִשְׁנֵי יִהְיוּ־
כג גוֹיִם וְלֹא יֵחָצוּ עוֹד לִשְׁתֵּי מַמְלָכוֹת עוֹד׃ וְלֹא יִטַּמְּאוּ עוֹד
בְּגִלּוּלֵיהֶם וּבְשִׁקּוּצֵיהֶם וּבְכֹל פִּשְׁעֵיהֶם וְהוֹשַׁעְתִּי אֹתָם מִכֹּל
מוֹשְׁבֹתֵיהֶם אֲשֶׁר חָטְאוּ בָהֶם וְטִהַרְתִּי אוֹתָם וְהָיוּ־לִי לְעָם וַאֲנִי

כד אֶהְיֶה לָהֶם לֵאלֹהִים׃ וְעַבְדִּי דָוִד מֶלֶךְ עֲלֵיהֶם וְרוֹעֶה אֶחָד
כה יִהְיֶה לְכֻלָּם וּבְמִשְׁפָּטַי יֵלֵכוּ וְחֻקּוֹתַי יִשְׁמְרוּ וְעָשׂוּ אוֹתָם׃ וְיָשְׁבוּ
עַל־הָאָרֶץ אֲשֶׁר נָתַתִּי לְעַבְדִּי לְיַעֲקֹב אֲשֶׁר יָשְׁבוּ־בָהּ אֲבוֹתֵיכֶם
וְיָשְׁבוּ עָלֶיהָ הֵמָּה וּבְנֵיהֶם וּבְנֵי בְנֵיהֶם עַד־עוֹלָם וְדָוִד עַבְדִּי
כו נָשִׂיא לָהֶם לְעוֹלָם׃ וְכָרַתִּי לָהֶם בְּרִית שָׁלוֹם בְּרִית עוֹלָם יִהְיֶה
אוֹתָם וּנְתַתִּים וְהִרְבֵּיתִי אוֹתָם וְנָתַתִּי אֶת־מִקְדָּשִׁי בְּתוֹכָם
כז לְעוֹלָם׃ וְהָיָה מִשְׁכָּנִי עֲלֵיהֶם וְהָיִיתִי לָהֶם לֵאלֹהִים וְהֵמָּה יִהְיוּ־
כח לִי לְעָם׃ וְיָדְעוּ הַגּוֹיִם כִּי אֲנִי יְהוָה מְקַדֵּשׁ אֶת־יִשְׂרָאֵל בִּהְיוֹת כג
לח א מִקְדָּשִׁי בְּתוֹכָם לְעוֹלָם׃ וַיְהִי דְבַר־יְהוָה אֵלַי
ב לֵאמֹר׃ בֶּן־אָדָם שִׂים פָּנֶיךָ אֶל־גּוֹג אֶרֶץ הַמָּגוֹג נְשִׂיא רֹאשׁ
ג מֶשֶׁךְ וְתֻבָל וְהִנָּבֵא עָלָיו׃ וְאָמַרְתָּ כֹּה אָמַר אֲדֹנָי יְהוִה הִנְנִי
ד אֵלֶיךָ גּוֹג נְשִׂיא רֹאשׁ מֶשֶׁךְ וְתֻבָל׃ וְשׁוֹבַבְתִּיךָ וְנָתַתִּי חַחִים
בִּלְחָיֶיךָ וְהוֹצֵאתִי אוֹתְךָ וְאֶת־כָּל־חֵילֶךָ סוּסִים וּפָרָשִׁים לְבֻשֵׁי
ה מִכְלוֹל כֻּלָּם קָהָל רָב צִנָּה וּמָגֵן תֹּפְשֵׂי חֲרָבוֹת כֻּלָּם׃ פָּרַס כּוּשׁ
ו וּפוּט אִתָּם כֻּלָּם מָגֵן וְכוֹבָע׃ גֹּמֶר וְכָל־אֲגַפֶּיהָ בֵּית תּוֹגַרְמָה
ז יַרְכְּתֵי צָפוֹן וְאֶת־כָּל־אֲגַפָּיו עַמִּים רַבִּים אִתָּךְ׃ הִכֹּן וְהָכֵן לְךָ
אַתָּה וְכָל־קְהָלֶךָ הַנִּקְהָלִים עָלֶיךָ וְהָיִיתָ לָהֶם לְמִשְׁמָר׃
ח מִיָּמִים רַבִּים תִּפָּקֵד בְּאַחֲרִית הַשָּׁנִים תָּבוֹא ׀ אֶל־אֶרֶץ ׀
מְשׁוֹבֶבֶת מֵחֶרֶב מְקֻבֶּצֶת מֵעַמִּים רַבִּים עַל הָרֵי יִשְׂרָאֵל
אֲשֶׁר־הָיוּ לְחָרְבָּה תָּמִיד וְהִיא מֵעַמִּים הוּצָאָה וְיָשְׁבוּ לָבֶטַח
ט כֻּלָּם׃ וְעָלִיתָ כַּשֹּׁאָה תָבוֹא כֶּעָנָן לְכַסּוֹת הָאָרֶץ תִּהְיֶה אַתָּה
י וְכָל־אֲגַפֶּיךָ וְעַמִּים רַבִּים אוֹתָךְ׃ כֹּה אָמַר אֲדֹנָי
יְהוִה וְהָיָה ׀ בַּיּוֹם הַהוּא יַעֲלוּ דְבָרִים עַל־לְבָבֶךָ וְחָשַׁבְתָּ
יא מַחֲשֶׁבֶת רָעָה׃ וְאָמַרְתָּ אֶעֱלֶה עַל־אֶרֶץ פְּרָזוֹת אָבוֹא
הַשֹּׁקְטִים יֹשְׁבֵי לָבֶטַח כֻּלָּם יֹשְׁבִים בְּאֵין חוֹמָה וּבְרִיחַ וּדְלָתַיִם
יב אֵין לָהֶם׃ לִשְׁלֹל שָׁלָל וְלָבֹז בַּז לְהָשִׁיב יָדְךָ עַל־חֳרָבוֹת
נוֹשָׁבוֹת וְאֶל־עַם מְאֻסָּף מִגּוֹיִם עֹשֶׂה מִקְנֶה וְקִנְיָן יֹשְׁבֵי

יג עַל־טַבּוּר הָאָרֶץ: שְׁבָא וּדְדָן וְסֹחֲרֵי תַרְשִׁישׁ וְכָל־כְּפִרֶיהָ
יֹאמְרוּ לְךָ הֲלִשְׁלֹל שָׁלָל אַתָּה בָא הֲלָבֹז בַּז הִקְהַלְתָּ
קְהָלֶךָ לָשֵׂאת ׀ כֶּסֶף וְזָהָב לָקַחַת מִקְנֶה וְקִנְיָן לִשְׁלֹל שָׁלָל
יד גָּדוֹל: לָכֵן הִנָּבֵא בֶן־אָדָם וְאָמַרְתָּ לְגוֹג כֹּה אָמַר
אֲדֹנָי יֱהֹוִה הֲלוֹא ׀ בַּיּוֹם הַהוּא בְּשֶׁבֶת עַמִּי יִשְׂרָאֵל לָבֶטַח
טו תֵּדָע: וּבָאתָ מִמְּקוֹמְךָ מִיַּרְכְּתֵי צָפוֹן אַתָּה וְעַמִּים רַבִּים
טז אִתָּךְ רֹכְבֵי סוּסִים כֻּלָּם קָהָל גָּדוֹל וְחַיִל רָב: וְעָלִיתָ עַל־עַמִּי
יִשְׂרָאֵל כֶּעָנָן לְכַסּוֹת הָאָרֶץ בְּאַחֲרִית הַיָּמִים תִּהְיֶה וַהֲבִאוֹתִיךָ
עַל־אַרְצִי לְמַעַן דַּעַת הַגּוֹיִם אֹתִי בְּהִקָּדְשִׁי בְךָ לְעֵינֵיהֶם
יז גּוֹג: כֹּה־אָמַר אֲדֹנָי יֱהֹוִה הַאַתָּה־הוּא אֲשֶׁר־
דִּבַּרְתִּי בְּיָמִים קַדְמוֹנִים בְּיַד עֲבָדַי נְבִיאֵי יִשְׂרָאֵל הַנִּבְּאִים
יח בַּיָּמִים הָהֵם שָׁנִים לְהָבִיא אֹתְךָ עֲלֵיהֶם: וְהָיָה ׀
בַּיּוֹם הַהוּא בְּיוֹם בּוֹא גוֹג עַל־אַדְמַת יִשְׂרָאֵל נְאֻם אֲדֹנָי יֱהֹוִה
יט תַּעֲלֶה חֲמָתִי בְּאַפִּי: וּבְקִנְאָתִי בְאֵשׁ־עֶבְרָתִי דִּבַּרְתִּי אִם־לֹא ׀
כ בַּיּוֹם הַהוּא יִהְיֶה רַעַשׁ גָּדוֹל עַל אַדְמַת יִשְׂרָאֵל: וְרָעֲשׁוּ מִפָּנַי
דְּגֵי הַיָּם וְעוֹף הַשָּׁמַיִם וְחַיַּת הַשָּׂדֶה וְכָל־הָרֶמֶשׂ הָרֹמֵשׂ עַל־
הָאֲדָמָה וְכֹל הָאָדָם אֲשֶׁר עַל־פְּנֵי הָאֲדָמָה וְנֶהֶרְסוּ הֶהָרִים
כא וְנָפְלוּ הַמַּדְרֵגוֹת וְכָל־חוֹמָה לָאָרֶץ תִּפּוֹל: וְקָרָאתִי עָלָיו לְכָל־
כב הָרַי חֶרֶב נְאֻם אֲדֹנָי יֱהֹוִה חֶרֶב אִישׁ בְּאָחִיו תִּהְיֶה: וְנִשְׁפַּטְתִּי
אִתּוֹ בְּדֶבֶר וּבְדָם וְגֶשֶׁם שׁוֹטֵף וְאַבְנֵי אֶלְגָּבִישׁ אֵשׁ וְגָפְרִית
אַמְטִיר עָלָיו וְעַל־אֲגַפָּיו וְעַל־עַמִּים רַבִּים אֲשֶׁר אִתּוֹ:
כג וְהִתְגַּדִּלְתִּי וְהִתְקַדִּשְׁתִּי וְנוֹדַעְתִּי לְעֵינֵי גּוֹיִם רַבִּים וְיָדְעוּ כִּי־
לט א אֲנִי יְהֹוָה: וְאַתָּה בֶן־אָדָם הִנָּבֵא עַל־גּוֹג וְאָמַרְתָּ
כֹּה אָמַר אֲדֹנָי יֱהֹוִה הִנְנִי אֵלֶיךָ גּוֹג נְשִׂיא רֹאשׁ מֶשֶׁךְ וְתֻבָל:
ב וְשֹׁבַבְתִּיךָ וְשִׁשֵּׁאתִיךָ וְהַעֲלִיתִיךָ מִיַּרְכְּתֵי צָפוֹן וַהֲבִאוֹתִךָ עַל־
ג הָרֵי יִשְׂרָאֵל: וְהִכֵּיתִי קַשְׁתְּךָ מִיַּד שְׂמֹאולֶךָ וְחִצֶּיךָ מִיַּד יְמִינְךָ
ד אַפִּיל: עַל־הָרֵי יִשְׂרָאֵל תִּפּוֹל אַתָּה וְכָל־אֲגַפֶּיךָ וְעַמִּים אֲשֶׁר

ה אֶתֵּךְ לְעֵיט צִפּוֹר כָּל־כָּנָף וְחַיַּת הַשָּׂדֶה נְתַתִּיךָ לְאָכְלָה׃ עַל־
ו פְּנֵי הַשָּׂדֶה תִּפּוֹל כִּי אֲנִי דִבַּרְתִּי נְאֻם אֲדֹנָי יֱהֹוִה׃ וְשִׁלַּחְתִּי־אֵשׁ
ז בְּמָגוֹג וּבְיֹשְׁבֵי הָאִיִּים לָבֶטַח וְיָדְעוּ כִּי־אֲנִי יְהֹוָה׃ וְאֶת־שֵׁם
קָדְשִׁי אוֹדִיעַ בְּתוֹךְ עַמִּי יִשְׂרָאֵל וְלֹא־אַחֵל אֶת־שֵׁם־קָדְשִׁי
ח עוֹד וְיָדְעוּ הַגּוֹיִם כִּי־אֲנִי יְהֹוָה קָדוֹשׁ בְּיִשְׂרָאֵל׃ הִנֵּה בָאָה
ט וְנִהְיָתָה נְאֻם אֲדֹנָי יֱהֹוִה הוּא הַיּוֹם אֲשֶׁר דִּבַּרְתִּי׃ וְיָצְאוּ יֹשְׁבֵי ׀
עָרֵי יִשְׂרָאֵל וּבִעֲרוּ וְהִשִּׂיקוּ בְּנֶשֶׁק וּמָגֵן וְצִנָּה בְּקֶשֶׁת וּבְחִצִּים
י וּבְמַקֵּל יָד וּבְרֹמַח וּבִעֲרוּ בָהֶם אֵשׁ שֶׁבַע שָׁנִים׃ וְלֹא־יִשְׂאוּ
עֵצִים מִן־הַשָּׂדֶה וְלֹא יַחְטְבוּ מִן־הַיְּעָרִים כִּי בַנֶּשֶׁק יְבַעֲרוּ־
אֵשׁ וְשָׁלְלוּ אֶת־שֹׁלְלֵיהֶם וּבָזְזוּ אֶת־בֹּזְזֵיהֶם נְאֻם אֲדֹנָי
יא יֱהֹוִה׃ וְהָיָה בַיּוֹם הַהוּא אֶתֵּן לְגוֹג ׀ מְקוֹם־שָׁם
קֶבֶר בְּיִשְׂרָאֵל גֵּי הָעֹבְרִים קִדְמַת הַיָּם וְחֹסֶמֶת הִיא אֶת־
הָעֹבְרִים וְקָבְרוּ שָׁם אֶת־גּוֹג וְאֶת־כָּל־הֲמוֹנֹה וְקָרְאוּ גֵּיא הֲמוֹן
יב גּוֹג׃ וּקְבָרוּם בֵּית יִשְׂרָאֵל לְמַעַן טַהֵר אֶת־הָאָרֶץ שִׁבְעָה
יג חֳדָשִׁים׃ וְקָבְרוּ כָּל־עַם הָאָרֶץ וְהָיָה לָהֶם לְשֵׁם יוֹם הִכָּבְדִי
יד נְאֻם אֲדֹנָי יֱהֹוִה׃ וְאַנְשֵׁי תָמִיד יַבְדִּילוּ עֹבְרִים בָּאָרֶץ מְקַבְּרִים
אֶת־הָעֹבְרִים אֶת־הַנּוֹתָרִים עַל־פְּנֵי הָאָרֶץ לְטַהֲרָהּ מִקְצֵה
טו שִׁבְעָה־חֳדָשִׁים יַחְקֹרוּ׃ וְעָבְרוּ הָעֹבְרִים בָּאָרֶץ וְרָאָה עֶצֶם אָדָם
וּבָנָה אֶצְלוֹ צִיּוּן עַד קָבְרוּ אֹתוֹ הַמְקַבְּרִים אֶל־גֵּיא הֲמוֹן גּוֹג׃
טז יז וְגַם שֶׁם־עִיר הֲמוֹנָה וְטִהֲרוּ הָאָרֶץ׃ וְאַתָּה בֶן־
אָדָם כֹּה־אָמַר ׀ אֲדֹנָי יֱהֹוִה אֱמֹר לְצִפּוֹר כָּל־כָּנָף וּלְכֹל ׀ חַיַּת
הַשָּׂדֶה הִקָּבְצוּ וָבֹאוּ הֵאָסְפוּ מִסָּבִיב עַל־זִבְחִי אֲשֶׁר אֲנִי זֹבֵחַ
לָכֶם זֶבַח גָּדוֹל עַל הָרֵי יִשְׂרָאֵל וַאֲכַלְתֶּם בָּשָׂר וּשְׁתִיתֶם דָּם׃
יח בְּשַׂר גִּבּוֹרִים תֹּאכֵלוּ וְדַם־נְשִׂיאֵי הָאָרֶץ תִּשְׁתּוּ אֵילִים כָּרִים
יט וְעַתּוּדִים פָּרִים מְרִיאֵי בָשָׁן כֻּלָּם׃ וַאֲכַלְתֶּם־חֵלֶב לְשָׂבְעָה
כ וּשְׁתִיתֶם דָּם לְשִׁכָּרוֹן מִזִּבְחִי אֲשֶׁר־זָבַחְתִּי לָכֶם׃ וּשְׂבַעְתֶּם עַל־
שֻׁלְחָנִי סוּס וָרֶכֶב גִּבּוֹר וְכָל־אִישׁ מִלְחָמָה נְאֻם אֲדֹנָי יֱהֹוִה׃

וְנָתַתִּי אֶת־כְּבוֹדִי בַּגּוֹיִם וְרָאוּ כָל־הַגּוֹיִם אֶת־מִשְׁפָּטִי אֲשֶׁר כא
כד עָשִׂיתִי וְאֶת־יָדִי אֲשֶׁר־שַׂמְתִּי בָהֶם׃ וְיָדְעוּ בֵּית יִשְׂרָאֵל כִּי אֲנִי כב
יְהוָה אֱלֹהֵיהֶם מִן־הַיּוֹם הַהוּא וָהָלְאָה׃ וְיָדְעוּ הַגּוֹיִם כִּי בַעֲוֺנָם כג
גָּלוּ בֵית־יִשְׂרָאֵל עַל אֲשֶׁר מָעֲלוּ־בִי וָאַסְתִּר פָּנַי מֵהֶם וָאֶתְּנֵם
בְּיַד צָרֵיהֶם וַיִּפְּלוּ בַחֶרֶב כֻּלָּם׃ כְּטֻמְאָתָם וּכְפִשְׁעֵיהֶם עָשִׂיתִי כד
אֹתָם וָאַסְתִּר פָּנַי מֵהֶם׃ לָכֵן כֹּה אָמַר אֲדֹנָי יֱהוִה כה
שְׁבוּת עַתָּה אָשִׁיב אֶת־שְׁבִית יַעֲקֹב וְרִחַמְתִּי כָּל־בֵּית יִשְׂרָאֵל
וְקִנֵּאתִי לְשֵׁם קָדְשִׁי׃ וְנָשׂוּ אֶת־כְּלִמָּתָם וְאֶת־כָּל־מַעֲלָם אֲשֶׁר כו
מָעֲלוּ־בִי בְּשִׁבְתָּם עַל־אַדְמָתָם לָבֶטַח וְאֵין מַחֲרִיד׃ בְּשׁוֹבְבִי כז
אוֹתָם מִן־הָעַמִּים וְקִבַּצְתִּי אֹתָם מֵאַרְצוֹת אֹיְבֵיהֶם וְנִקְדַּשְׁתִּי
בָם לְעֵינֵי הַגּוֹיִם רַבִּים׃ וְיָדְעוּ כִּי אֲנִי יְהוָה אֱלֹהֵיהֶם בְּהַגְלוֹתִי כח
אֹתָם אֶל־הַגּוֹיִם וְכִנַּסְתִּים אֶל־אַדְמָתָם וְלֹא־אוֹתִיר עוֹד מֵהֶם
שָׁם׃ וְלֹא־אַסְתִּיר עוֹד פָּנַי מֵהֶם אֲשֶׁר שָׁפַכְתִּי אֶת־רוּחִי עַל־ כט
בֵּית יִשְׂרָאֵל נְאֻם אֲדֹנָי יֱהוִה׃ בְּעֶשְׂרִים וְחָמֵשׁ א מ
שָׁנָה לְגָלוּתֵנוּ בְּרֹאשׁ הַשָּׁנָה בֶּעָשׂוֹר לַחֹדֶשׁ בְּאַרְבַּע עֶשְׂרֵה
שָׁנָה אַחַר אֲשֶׁר הֻכְּתָה הָעִיר בְּעֶצֶם ׀ הַיּוֹם הַזֶּה הָיְתָה עָלַי יַד־
יְהוָה וַיָּבֵא אֹתִי שָׁמָּה׃ בְּמַרְאוֹת אֱלֹהִים הֱבִיאַנִי אֶל־אֶרֶץ ב
יִשְׂרָאֵל וַיְנִיחֵנִי אֶל־הַר גָּבֹהַּ מְאֹד וְעָלָיו כְּמִבְנֵה־עִיר מִנֶּגֶב׃
וַיָּבִיא אוֹתִי שָׁמָּה וְהִנֵּה־אִישׁ מַרְאֵהוּ כְּמַרְאֵה נְחֹשֶׁת וּפְתִיל־ ג
פִּשְׁתִּים בְּיָדוֹ וּקְנֵה הַמִּדָּה וְהוּא עֹמֵד בַּשָּׁעַר׃ וַיְדַבֵּר אֵלַי הָאִישׁ ד
בֶּן־אָדָם רְאֵה בְעֵינֶיךָ וּבְאָזְנֶיךָ שְּׁמָע וְשִׂים לִבְּךָ לְכֹל אֲשֶׁר־אֲנִי
מַרְאֶה אוֹתָךְ כִּי לְמַעַן הַרְאוֹתְכָה הֻבָאתָה הֵנָּה הַגֵּד אֶת־כָּל־
אֲשֶׁר־אַתָּה רֹאֶה לְבֵית יִשְׂרָאֵל׃ וְהִנֵּה חוֹמָה מִחוּץ לַבַּיִת ה
סָבִיב ׀ סָבִיב וּבְיַד הָאִישׁ קְנֵה הַמִּדָּה שֵׁשׁ־אַמּוֹת בָּאַמָּה וָטֹפַח
וַיָּמָד אֶת־רֹחַב הַבִּנְיָן קָנֶה אֶחָד וְקוֹמָה קָנֶה אֶחָד׃ וַיָּבוֹא אֶל־ ו
שַׁעַר אֲשֶׁר פָּנָיו דֶּרֶךְ הַקָּדִימָה וַיַּעַל בְּמַעֲלוֹתָו וַיָּמָד ׀ אֶת־סַף
הַשַּׁעַר קָנֶה אֶחָד רֹחַב וְאֵת סַף אֶחָד קָנֶה אֶחָד רֹחַב׃ וְהַתָּא ז

קָנֶה אֶחָד אֹרֶךְ וְקָנֶה אֶחָד רֹחַב וּבֵין הַתָּאִים חָמֵשׁ אַמּוֹת וְסַף
ח הַשַּׁעַר מֵאֵצֶל אֻלָם הַשַּׁעַר מֵהַבַּיִת קָנֶה אֶחָד׃ וַיָּמָד אֶת־אֻלָם
ט הַשַּׁעַר מֵהַבַּיִת קָנֶה אֶחָד׃ וַיָּמָד אֶת־אֻלָם הַשַּׁעַר שְׁמֹנֶה אַמּוֹת
י וְאֵילָו שְׁתַּיִם אַמּוֹת וְאֻלָם הַשַּׁעַר מֵהַבָּיִת׃ וְתָאֵי הַשַּׁעַר דֶּרֶךְ
הַקָּדִים שְׁלֹשָׁה מִפֹּה וּשְׁלֹשָׁה מִפֹּה מִדָּה אַחַת לִשְׁלָשְׁתָּם וּמִדָּה
יא אַחַת לָאֵילִם מִפֹּה וּמִפּוֹ׃ וַיָּמָד אֶת־רֹחַב פֶּתַח־הַשַּׁעַר עֶשֶׂר
יב אַמּוֹת אֹרֶךְ הַשַּׁעַר שְׁלוֹשׁ עֶשְׂרֵה אַמּוֹת׃ וּגְבוּל לִפְנֵי הַתָּאוֹת
אַמָּה אֶחָת וְאַמָּה־אַחַת גְּבוּל מִפֹּה וְהַתָּא שֵׁשׁ־אַמּוֹת מִפּוֹ וְשֵׁשׁ
יג אַמּוֹת מִפּוֹ׃ וַיָּמָד אֶת־הַשַּׁעַר מִגַּג הַתָּא לְגַגּוֹ רֹחַב עֶשְׂרִים
יד וְחָמֵשׁ אַמּוֹת פֶּתַח נֶגֶד פָּתַח׃ וַיַּעַשׂ אֶת־אֵילִים שִׁשִּׁים אַמָּה
טו וְאֶל־אֵיל הֶחָצֵר הַשַּׁעַר סָבִיב ׀ סָבִיב׃ וְעַל־פְּנֵי הַשַּׁעַר היאתון הָאִיתוֹן
טז עַל־לִפְנֵי אֻלָם הַשַּׁעַר הַפְּנִימִי חֲמִשִּׁים אַמָּה׃ וְחַלֹּנוֹת אֲטֻמוֹת
אֶל־הַתָּאִים וְאֶל אֵלֵיהֵמָה לִפְנִימָה לַשַּׁעַר סָבִיב ׀ סָבִיב וְכֵן
לָאֵלַמּוֹת וְחַלּוֹנוֹת סָבִיב ׀ סָבִיב לִפְנִימָה וְאֶל־אַיִל תִּמֹרִים׃
יז וַיְבִיאֵנִי אֶל־הֶחָצֵר הַחִיצוֹנָה וְהִנֵּה לְשָׁכוֹת וְרִצְפָה עָשׂוּי לֶחָצֵר
יח סָבִיב ׀ סָבִיב שְׁלֹשִׁים לְשָׁכוֹת אֶל־הָרִצְפָה׃ וְהָרִצְפָה אֶל־כֶּתֶף
יט הַשְּׁעָרִים לְעֻמַּת אֹרֶךְ הַשְּׁעָרִים הָרִצְפָה הַתַּחְתּוֹנָה׃ וַיָּמָד רֹחַב
מִלִּפְנֵי הַשַּׁעַר הַתַּחְתּוֹנָה לִפְנֵי הֶחָצֵר הַפְּנִימִי מִחוּץ מֵאָה אַמָּה
כ הַקָּדִים וְהַצָּפוֹן׃ וְהַשַּׁעַר אֲשֶׁר פָּנָיו דֶּרֶךְ הַצָּפוֹן לֶחָצֵר הַחִיצוֹנָה
כא מָדַד אָרְכּוֹ וְרָחְבּוֹ׃ וְתָאָו שְׁלוֹשָׁה מִפּוֹ וּשְׁלֹשָׁה מִפּוֹ וְאֵילָו
וְאֵלַמָּו הָיָה כְּמִדַּת הַשַּׁעַר הָרִאשׁוֹן חֲמִשִּׁים אַמָּה אָרְכּוֹ וְרֹחַב
כב חָמֵשׁ וְעֶשְׂרִים בָּאַמָּה׃ וְחַלּוֹנָו וְאֵילַמָּו וְתִמֹרָו כְּמִדַּת הַשַּׁעַר
אֲשֶׁר פָּנָיו דֶּרֶךְ הַקָּדִים וּבְמַעֲלוֹת שֶׁבַע יַעֲלוּ־בוֹ וְאֵילַמָּו
כג לִפְנֵיהֶם׃ וְשַׁעַר לֶחָצֵר הַפְּנִימִי נֶגֶד הַשַּׁעַר לַצָּפוֹן וְלַקָּדִים וַיָּמָד
כד מִשַּׁעַר אֶל־שַׁעַר מֵאָה אַמָּה׃ וַיּוֹלִכֵנִי דֶּרֶךְ הַדָּרוֹם וְהִנֵּה־שַׁעַר
כה דֶּרֶךְ הַדָּרוֹם וּמָדַד אֵילָו וְאֵילַמָּו כַּמִּדּוֹת הָאֵלֶּה׃ וְחַלּוֹנִים לוֹ
וּלְאֵילַמָּו סָבִיב ׀ סָבִיב כְּהַחַלֹּנוֹת הָאֵלֶּה חֲמִשִּׁים אַמָּה אֹרֶךְ

כו וְרֹחַב חָמֵשׁ וְעֶשְׂרִים אַמָּה׃ וּמַעֲלוֹת שִׁבְעָה עֹלוֹתָו וְאֵלַמָּו
כז לִפְנֵיהֶם וְתִמֹּרִים לוֹ אֶחָד מִפּוֹ וְאֶחָד מִפּוֹ אֶל־אֵילָו׃ וְשַׁעַר
לֶחָצֵר הַפְּנִימִי דֶּרֶךְ הַדָּרוֹם וַיָּמָד מִשַּׁעַר אֶל־הַשַּׁעַר דֶּרֶךְ
כח הַדָּרוֹם מֵאָה אַמּוֹת׃ וַיְבִיאֵנִי אֶל־חָצֵר הַפְּנִימִי בְּשַׁעַר הַדָּרוֹם
כט וַיָּמָד אֶת־הַשַּׁעַר הַדָּרוֹם כַּמִּדּוֹת הָאֵלֶּה׃ וְתָאָו וְאֵלָו וְאֵלַמָּו
כַּמִּדּוֹת הָאֵלֶּה וְחַלּוֹנוֹת לוֹ וּלְאֵלַמָּו סָבִיב ׀ סָבִיב חֲמִשִּׁים אַמָּה
ל אֹרֶךְ וְרֹחַב עֶשְׂרִים וְחָמֵשׁ אַמּוֹת׃ וְאֵלַמּוֹת סָבִיב ׀ סָבִיב אֹרֶךְ
לא חָמֵשׁ וְעֶשְׂרִים אַמָּה וְרֹחַב חָמֵשׁ אַמּוֹת׃ וְאֵלַמָּו אֶל־חָצֵר
לב הַחִיצוֹנָה וְתִמֹּרִים אֶל־אֵילָו וּמַעֲלוֹת שְׁמוֹנֶה מַעֲלָו׃ וַיְבִיאֵנִי אֶל־
הֶחָצֵר הַפְּנִימִי דֶּרֶךְ הַקָּדִים וַיָּמָד אֶת־הַשַּׁעַר כַּמִּדּוֹת הָאֵלֶּה׃
לג וְתָאָו וְאֵלָו וְאֵלַמָּו כַּמִּדּוֹת הָאֵלֶּה וְחַלּוֹנוֹת לוֹ וּלְאֵלַמָּו סָבִיב ׀
לד סָבִיב אֹרֶךְ חֲמִשִּׁים אַמָּה וְרֹחַב חָמֵשׁ וְעֶשְׂרִים אַמָּה׃ וְאֵלַמָּו
לֶחָצֵר הַחִיצוֹנָה וְתִמֹּרִים אֶל־אֵילָו מִפּוֹ וּמִפּוֹ וּשְׁמֹנֶה מַעֲלוֹת
לה לו מַעֲלָו׃ וַיְבִיאֵנִי אֶל־שַׁעַר הַצָּפוֹן וּמָדַד כַּמִּדּוֹת הָאֵלֶּה׃ תָּאָו
אֵלָו וְאֵלַמָּו וְחַלּוֹנוֹת לוֹ סָבִיב ׀ סָבִיב אֹרֶךְ חֲמִשִּׁים אַמָּה וְרֹחַב
לז חָמֵשׁ וְעֶשְׂרִים אַמָּה׃ וְאֵילָו לֶחָצֵר הַחִיצוֹנָה וְתִמֹּרִים אֶל־אֵילָו
לח מִפּוֹ וּמִפּוֹ וּשְׁמֹנֶה מַעֲלוֹת מַעֲלָו׃ וְלִשְׁכָּה וּפִתְחָהּ בְּאֵילִים
לט הַשְּׁעָרִים שָׁם יָדִיחוּ אֶת־הָעֹלָה׃ וּבְאֻלָם הַשַּׁעַר שְׁנַיִם שֻׁלְחָנוֹת
מִפּוֹ וּשְׁנַיִם שֻׁלְחָנוֹת מִפֹּה לִשְׁחוֹט אֲלֵיהֶם הָעוֹלָה וְהַחַטָּאת
מ וְהָאָשָׁם׃ וְאֶל־הַכָּתֵף מִחוּצָה לָעוֹלֶה לְפֶתַח הַשַּׁעַר הַצָּפוֹנָה
שְׁנַיִם שֻׁלְחָנוֹת וְאֶל־הַכָּתֵף הָאַחֶרֶת אֲשֶׁר לְאֻלָם הַשַּׁעַר שְׁנַיִם
מא שֻׁלְחָנוֹת׃ אַרְבָּעָה שֻׁלְחָנוֹת מִפֹּה וְאַרְבָּעָה שֻׁלְחָנוֹת מִפֹּה
מב לְכֶתֶף הַשָּׁעַר שְׁמוֹנָה שֻׁלְחָנוֹת אֲלֵיהֶם יִשְׁחָטוּ׃ וְאַרְבָּעָה
שֻׁלְחָנוֹת לָעוֹלָה אַבְנֵי גָזִית אֹרֶךְ אַמָּה אַחַת וָחֵצִי וְרֹחַב אַמָּה
אַחַת וָחֵצִי וְגֹבַהּ אַמָּה אֶחָת אֲלֵיהֶם וְיַנִּיחוּ אֶת־הַכֵּלִים אֲשֶׁר
מג יִשְׁחֲטוּ אֶת־הָעוֹלָה בָּם וְהַזָּבַח׃ וְהַשְׁפַתַּיִם טֹפַח אֶחָד מוּכָנִים
מד בַּבַּיִת סָבִיב ׀ סָבִיב וְאֶל־הַשֻּׁלְחָנוֹת בְּשַׂר הַקָּרְבָּן׃ וּמִחוּצָה

לְשַׁעַר הַפְּנִימִי לְשָׁכוֹת שָׁרִים בְּחָצֵר הַפְּנִימִי אֲשֶׁר אֶל־כֶּתֶף
שַׁעַר הַצָּפוֹן וּפְנֵיהֶם דֶּרֶךְ הַדָּרוֹם אֶחָד אֶל־כֶּתֶף שַׁעַר הַקָּדִים
מה פְּנֵי דֶּרֶךְ הַצָּפֹן׃ וַיְדַבֵּר אֵלַי זֹה הַלִּשְׁכָּה אֲשֶׁר פָּנֶיהָ דֶּרֶךְ הַדָּרוֹם כה
מו לַכֹּהֲנִים שֹׁמְרֵי מִשְׁמֶרֶת הַבָּיִת׃ וְהַלִּשְׁכָּה אֲשֶׁר פָּנֶיהָ דֶּרֶךְ
הַצָּפוֹן לַכֹּהֲנִים שֹׁמְרֵי מִשְׁמֶרֶת הַמִּזְבֵּחַ הֵמָּה בְנֵי־צָדוֹק
מז הַקְּרֵבִים מִבְּנֵי־לֵוִי אֶל־יְהוָה לְשָׁרְתוֹ׃ וַיָּמָד אֶת־הֶחָצֵר אֹרֶךְ ׀
מֵאָה אַמָּה וְרֹחַב מֵאָה אַמָּה מְרֻבָּעַת וְהַמִּזְבֵּחַ לִפְנֵי הַבָּיִת׃
מח וַיְבִאֵנִי אֶל־אֻלָם הַבַּיִת וַיָּמָד אֵל אֻלָם חָמֵשׁ אַמּוֹת מִפֹּה וְחָמֵשׁ
אַמּוֹת מִפֹּה וְרֹחַב הַשַּׁעַר שָׁלֹשׁ אַמּוֹת מִפּוֹ וְשָׁלֹשׁ אַמּוֹת מִפּוֹ׃
מט אֹרֶךְ הָאֻלָם עֶשְׂרִים אַמָּה וְרֹחַב עַשְׁתֵּי עֶשְׂרֵה אַמָּה וּבַמַּעֲלוֹת
אֲשֶׁר יַעֲלוּ אֵלָיו וְעַמֻּדִים אֶל־הָאֵילִים אֶחָד מִפֹּה וְאֶחָד מִפֹּה׃
א א וַיְבִיאֵנִי אֶל־הַהֵיכָל וַיָּמָד אֶת־הָאֵילִים שֵׁשׁ־אַמּוֹת רֹחַב מִפּוֹ
ב וְשֵׁשׁ־אַמּוֹת רֹחַב־מִפּוֹ רֹחַב הָאֹהֶל׃ וְרֹחַב הַפֶּתַח עֶשֶׂר אַמּוֹת
וְכִתְפוֹת הַפֶּתַח חָמֵשׁ אַמּוֹת מִפּוֹ וְחָמֵשׁ אַמּוֹת מִפּוֹ וַיָּמָד אָרְכּוֹ
ג אַרְבָּעִים אַמָּה וְרֹחַב עֶשְׂרִים אַמָּה׃ וּבָא לִפְנִימָה וַיָּמָד אֵיל־
הַפֶּתַח שְׁתַּיִם אַמּוֹת וְהַפֶּתַח שֵׁשׁ אַמּוֹת וְרֹחַב הַפֶּתַח שֶׁבַע
ד אַמּוֹת׃ וַיָּמָד אֶת־אָרְכּוֹ עֶשְׂרִים אַמָּה וְרֹחַב עֶשְׂרִים אַמָּה אֶל־
ה פְּנֵי הַהֵיכָל וַיֹּאמֶר אֵלַי זֶה קֹדֶשׁ הַקֳּדָשִׁים׃ וַיָּמָד קִיר־הַבַּיִת שֵׁשׁ
אַמּוֹת וְרֹחַב הַצֵּלָע אַרְבַּע אַמּוֹת סָבִיב ׀ סָבִיב לַבַּיִת סָבִיב׃
ו וְהַצְּלָעוֹת צֵלָע אֶל־צֵלָע שָׁלוֹשׁ וּשְׁלֹשִׁים פְּעָמִים וּבָאוֹת בַּקִּיר
אֲשֶׁר־לַבַּיִת לַצְּלָעוֹת סָבִיב ׀ סָבִיב לִהְיוֹת אֲחוּזִים וְלֹא־יִהְיוּ
ז אֲחוּזִים בְּקִיר הַבָּיִת׃ וְרָחֲבָה וְנָסְבָה לְמַעְלָה לְמַעְלָה לַצְּלָעוֹת
כִּי מוּסַב־הַבַּיִת לְמַעְלָה לְמַעְלָה סָבִיב ׀ סָבִיב לַבַּיִת עַל־כֵּן
רֹחַב־לַבַּיִת לְמָעְלָה וְכֵן הַתַּחְתּוֹנָה יַעֲלֶה עַל־הָעֶלְיוֹנָה
ח לַתִּיכוֹנָה׃ וְרָאִיתִי לַבַּיִת גֹּבַהּ סָבִיב ׀ סָבִיב מיסדות הַצְּלָעוֹת מוּסְדוֹת
ט מְלוֹ הַקָּנֶה שֵׁשׁ אַמּוֹת אַצִּילָה׃ רֹחַב הַקִּיר אֲשֶׁר־לַצֵּלָע אֶל־
י הַחוּץ חָמֵשׁ אַמּוֹת וַאֲשֶׁר מֻנָּח בֵּית צְלָעוֹת אֲשֶׁר לַבָּיִת׃ וּבֵין

יא הַלִּשְׁכוֹת רֹחַב עֶשְׂרִים אַמָּה סָבִיב לַבַּיִת סָבִיב ׀ סָבִיב: וּפֶתַח
הַצֵּלָע לַמֻּנָּח פֶּתַח אֶחָד דֶּרֶךְ הַצָּפוֹן וּפֶתַח אֶחָד לַדָּרוֹם וְרֹחַב
יב מְקוֹם הַמֻּנָּח חָמֵשׁ אַמּוֹת סָבִיב ׀ סָבִיב: וְהַבִּנְיָן אֲשֶׁר אֶל־פְּנֵי
הַגִּזְרָה פְּאַת דֶּרֶךְ־הַיָּם רֹחַב שִׁבְעִים אַמָּה וְקִיר הַבִּנְיָן חָמֵשׁ־
יג אַמּוֹת רֹחַב סָבִיב ׀ סָבִיב וְאָרְכּוֹ תִּשְׁעִים אַמָּה: וּמָדַד אֶת־
הַבַּיִת אֹרֶךְ מֵאָה אַמָּה וְהַגִּזְרָה וְהַבִּנְיָה וְקִירוֹתֶיהָ אֹרֶךְ מֵאָה
יד טו אַמָּה: וְרֹחַב פְּנֵי הַבַּיִת וְהַגִּזְרָה לַקָּדִים מֵאָה אַמָּה: וּמָדַד אֹרֶךְ־
הַבִּנְיָן אֶל־פְּנֵי הַגִּזְרָה אֲשֶׁר עַל־אַחֲרֶיהָ ואתוקיהא מִפּוֹ וּמִפּוֹ וְאַתִּיקֶיהָ
טז מֵאָה אַמָּה וְהַהֵיכָל הַפְּנִימִי וְאֻלַמֵּי הֶחָצֵר: הַסִּפִּים וְהַחַלּוֹנִים
הָאֲטֻמוֹת וְהָאַתִּיקִים ׀ סָבִיב לִשְׁלָשְׁתָּם נֶגֶד הַסַּף שְׂחִיף עֵץ
יז סָבִיב ׀ סָבִיב וְהָאָרֶץ עַד־הַחַלֹּנוֹת וְהַחַלֹּנוֹת מְכֻסּוֹת: עַל־מֵעַל
הַפֶּתַח וְעַד־הַבַּיִת הַפְּנִימִי וְלַחוּץ וְאֶל־כָּל־הַקִּיר סָבִיב ׀ סָבִיב
יח בַּפְּנִימִי וּבַחִיצוֹן מִדּוֹת: וְעָשׂוּי כְּרוּבִים וְתִמֹרִים וְתִמֹרָה בֵּין־
יט כְּרוּב לִכְרוּב וּשְׁנַיִם פָּנִים לַכְּרוּב: וּפְנֵי אָדָם אֶל־הַתִּמֹרָה מִפּוֹ
וּפְנֵי־כְפִיר אֶל־הַתִּמֹרָה מִפּוֹ עָשׂוּי אֶל־כָּל־הַבַּיִת סָבִיב ׀ סָבִיב:
כ מֵהָאָרֶץ עַד־מֵעַל הַפֶּתַח הַכְּרוּבִים וְהַתִּמֹרִים עֲשׂוּיִם וְקִיר
כא הַהֵיכָל: הַהֵיכָל מְזוּזַת רְבֻעָה וּפְנֵי הַקֹּדֶשׁ הַמַּרְאֶה כַּמַּרְאֶה:
כב הַמִּזְבֵּחַ עֵץ שָׁלוֹשׁ אַמּוֹת גָּבֹהַּ וְאָרְכּוֹ שְׁתַּיִם־אַמּוֹת וּמִקְצֹעוֹתָיו
לוֹ וְאָרְכּוֹ וְקִירֹתָיו עֵץ וַיְדַבֵּר אֵלַי זֶה הַשֻּׁלְחָן אֲשֶׁר לִפְנֵי יְהוָה:
כג כד וּשְׁתַּיִם דְּלָתוֹת לַהֵיכָל וְלַקֹּדֶשׁ: וּשְׁתַּיִם דְּלָתוֹת לַדְּלָתוֹת שְׁתַּיִם
מוּסַבּוֹת דְּלָתוֹת שְׁתַּיִם לְדֶלֶת אֶחָת וּשְׁתֵּי דְלָתוֹת לָאַחֶרֶת:
כה וַעֲשׂוּיָה אֲלֵיהֶן אֶל־דַּלְתוֹת הַהֵיכָל כְּרוּבִים וְתִמֹרִים כַּאֲשֶׁר
כו עֲשׂוּיִם לַקִּירוֹת וְעָב עֵץ אֶל־פְּנֵי הָאוּלָם מֵהַחוּץ: וְחַלּוֹנִים
אֲטֻמוֹת וְתִמֹרִים מִפּוֹ וּמִפּוֹ אֶל־כִּתְפוֹת הָאוּלָם וְצַלְעוֹת הַבַּיִת
מב א וְהָעֻבִּים: וַיּוֹצִאֵנִי אֶל־הֶחָצֵר הַחִיצוֹנָה הַדֶּרֶךְ דֶּרֶךְ הַצָּפוֹן וַיְבִאֵנִי
אֶל־הַלִּשְׁכָּה אֲשֶׁר נֶגֶד הַגִּזְרָה וַאֲשֶׁר־נֶגֶד הַבִּנְיָן אֶל־הַצָּפוֹן:
ב אֶל־פְּנֵי אֹרֶךְ אַמּוֹת הַמֵּאָה פֶּתַח הַצָּפוֹן וְהָרֹחַב חֲמִשִּׁים אַמּוֹת:

ג נֶגֶד הָעֶשְׂרִים אֲשֶׁר לֶחָצֵר הַפְּנִימִי וְנֶגֶד רִצְפָּה אֲשֶׁר לֶחָצֵר
ד הַחִיצוֹנָה אַתִּיק אֶל־פְּנֵי־אַתִּיק בַּשְּׁלִשִׁים: וְלִפְנֵי הַלְּשָׁכוֹת
מַהֲלַךְ עֶשֶׂר אַמּוֹת רֹחַב אֶל־הַפְּנִימִית דֶּרֶךְ אַמָּה אֶחָת
ה וּפִתְחֵיהֶם לַצָּפוֹן: וְהַלְּשָׁכוֹת הָעֶלְיוֹנֹת קְצֻרוֹת כִּי־יוֹכְלוּ
ו אַתִּיקִים מֵהֵנָּה מֵהַתַּחְתֹּנוֹת וּמֵהַתִּיכֹנוֹת בִּנְיָן: כִּי מְשֻׁלָּשׁוֹת
הֵנָּה וְאֵין לָהֶן עַמּוּדִים כְּעַמּוּדֵי הַחֲצֵרוֹת עַל־כֵּן נֶאֱצַל
ז מֵהַתַּחְתּוֹנוֹת וּמֵהַתִּיכֹנוֹת מֵהָאָרֶץ: וְגָדֵר אֲשֶׁר־לַחוּץ לְעֻמַּת
הַלְּשָׁכוֹת דֶּרֶךְ הֶחָצֵר הַחִיצֹנָה אֶל־פְּנֵי הַלְּשָׁכוֹת אָרְכּוֹ חֲמִשִּׁים
ח אַמָּה: כִּי־אֹרֶךְ הַלְּשָׁכוֹת אֲשֶׁר לֶחָצֵר הַחִיצֹנָה חֲמִשִּׁים אַמָּה
ט וְהִנֵּה עַל־פְּנֵי הַהֵיכָל מֵאָה אַמָּה: ומתחתה לשכות הָאֵלֶּה וּמִתַּחַת הַלְּשָׁכוֹת
י המבוא מֵהַקָּדִים בְּבֹאוֹ לָהֵנָּה מֵהֶחָצֵר הַחִצֹנָה: בְּרֹחַב | גֶּדֶר הַמֵּבִיא
יא הֶחָצֵר דֶּרֶךְ הַקָּדִים אֶל־פְּנֵי הַגִּזְרָה וְאֶל־פְּנֵי הַבִּנְיָן לְשָׁכוֹת: וְדֶרֶךְ
לִפְנֵיהֶם כְּמַרְאֵה הַלְּשָׁכוֹת אֲשֶׁר דֶּרֶךְ הַצָּפוֹן כְּאָרְכָּן כֵּן רָחְבָּן
יב וְכֹל מוֹצָאֵיהֶן וּכְמִשְׁפְּטֵיהֶן וּכְפִתְחֵיהֶן: וּכְפִתְחֵי הַלְּשָׁכוֹת אֲשֶׁר
דֶּרֶךְ הַדָּרוֹם פֶּתַח בְּרֹאשׁ דָּרֶךְ דֶּרֶךְ בִּפְנֵי הַגְּדֶרֶת הֲגִינָה דֶּרֶךְ
יג הַקָּדִים בְּבוֹאָן: וַיֹּאמֶר אֵלַי לִשְׁכוֹת הַצָּפוֹן לִשְׁכוֹת הַדָּרוֹם אֲשֶׁר כו
אֶל־פְּנֵי הַגִּזְרָה הֵנָּה | לִשְׁכוֹת הַקֹּדֶשׁ אֲשֶׁר יֹאכְלוּ־שָׁם הַכֹּהֲנִים
אֲשֶׁר־קְרוֹבִים לַיהוָה קָדְשֵׁי הַקֳּדָשִׁים שָׁם יַנִּיחוּ | קָדְשֵׁי
יד הַקֳּדָשִׁים וְהַמִּנְחָה וְהַחַטָּאת וְהָאָשָׁם כִּי הַמָּקוֹם קָדֹשׁ: בְּבֹאָם
הַכֹּהֲנִים וְלֹא־יֵצְאוּ מֵהַקֹּדֶשׁ אֶל־הֶחָצֵר הַחִיצוֹנָה וְשָׁם יַנִּיחוּ
בִּגְדֵיהֶם אֲשֶׁר־יְשָׁרְתוּ בָהֶן כִּי־קֹדֶשׁ הֵנָּה ילבשו בְּגָדִים אֲחֵרִים וְלָבְשׁוּ
טו וְקָרְבוּ אֶל־אֲשֶׁר לָעָם: וְכִלָּה אֶת־מִדּוֹת הַבַּיִת הַפְּנִימִי וְהוֹצִיאַנִי
טז דֶּרֶךְ הַשַּׁעַר אֲשֶׁר פָּנָיו דֶּרֶךְ הַקָּדִים וּמְדָדוֹ סָבִיב | סָבִיב: מָדַד רוּחַ
הַקָּדִים בִּקְנֵה הַמִּדָּה חֲמֵשׁ־אמות קָנִים בִּקְנֵה הַמִּדָּה סָבִיב: מֵאוֹת
יז יח מָדַד רוּחַ הַצָּפוֹן חֲמֵשׁ־מֵאוֹת קָנִים בִּקְנֵה הַמִּדָּה סָבִיב: אֵת
יט רוּחַ הַדָּרוֹם מָדָד חֲמֵשׁ־מֵאוֹת קָנִים בִּקְנֵה הַמִּדָּה: סָבַב אֶל־
כ רוּחַ הַיָּם מָדַד חֲמֵשׁ־מֵאוֹת קָנִים בִּקְנֵה הַמִּדָּה: לְאַרְבַּע רוּחוֹת

מִדְּדוֹ חוֹמָה לוֹ סָבִיב ׀ סָבִיב אֹרֶךְ חֲמֵשׁ מֵאוֹת וְרֹחַב חֲמֵשׁ
מג א מֵאוֹת לְהַבְדִּיל בֵּין הַקֹּדֶשׁ לְחֹל: וַיּוֹלִכֵנִי אֶל־הַשָּׁעַר שַׁעַר אֲשֶׁר
ב פֹּנֶה דֶּרֶךְ הַקָּדִים: וְהִנֵּה כְּבוֹד אֱלֹהֵי יִשְׂרָאֵל בָּא מִדֶּרֶךְ הַקָּדִים
ג וְקוֹלוֹ כְּקוֹל מַיִם רַבִּים וְהָאָרֶץ הֵאִירָה מִכְּבֹדוֹ: וּכְמַרְאֵה
הַמַּרְאֶה אֲשֶׁר רָאִיתִי כַּמַּרְאֶה אֲשֶׁר־רָאִיתִי בְּבֹאִי לְשַׁחֵת אֶת־
הָעִיר וּמַרְאוֹת כַּמַּרְאֶה אֲשֶׁר רָאִיתִי אֶל־נְהַר כְּבָר וָאֶפֹּל אֶל־
ד פָּנָי: וּכְבוֹד יְהוָה בָּא אֶל־הַבָּיִת דֶּרֶךְ שַׁעַר אֲשֶׁר פָּנָיו דֶּרֶךְ
ה הַקָּדִים: וַתִּשָּׂאֵנִי רוּחַ וַתְּבִאֵנִי אֶל־הֶחָצֵר הַפְּנִימִי וְהִנֵּה מָלֵא
ו כְבוֹד־יְהוָה הַבָּיִת: וָאֶשְׁמַע מִדַּבֵּר אֵלַי מֵהַבָּיִת וְאִישׁ הָיָה
ז עֹמֵד אֶצְלִי: וַיֹּאמֶר אֵלַי בֶּן־אָדָם אֶת־מְקוֹם כִּסְאִי וְאֶת־מְקוֹם
כַּפּוֹת רַגְלַי אֲשֶׁר אֶשְׁכָּן־שָׁם בְּתוֹךְ בְּנֵי־יִשְׂרָאֵל לְעוֹלָם וְלֹא
יְטַמְּאוּ עוֹד בֵּית־יִשְׂרָאֵל שֵׁם קָדְשִׁי הֵמָּה וּמַלְכֵיהֶם בִּזְנוּתָם
ח וּבְפִגְרֵי מַלְכֵיהֶם בָּמוֹתָם: בְּתִתָּם סִפָּם אֶת־סִפִּי וּמְזוּזָתָם אֵצֶל
מְזוּזָתִי וְהַקִּיר בֵּינִי וּבֵינֵיהֶם וְטִמְּאוּ ׀ אֶת־שֵׁם קָדְשִׁי בְּתוֹעֲבוֹתָם
ט אֲשֶׁר עָשׂוּ וָאֲכַל אֹתָם בְּאַפִּי: עַתָּה יְרַחֲקוּ אֶת־זְנוּתָם וּפִגְרֵי
י מַלְכֵיהֶם מִמֶּנִּי וְשָׁכַנְתִּי בְתוֹכָם לְעוֹלָם: אַתָּה
בֶן־אָדָם הַגֵּד אֶת־בֵּית־יִשְׂרָאֵל אֶת־הַבַּיִת וְיִכָּלְמוּ מֵעֲוֺנוֹתֵיהֶם
יא וּמָדְדוּ אֶת־תָּכְנִית: וְאִם־נִכְלְמוּ מִכֹּל אֲשֶׁר־עָשׂוּ צוּרַת הַבַּיִת
וּתְכוּנָתוֹ וּמוֹצָאָיו וּמוֹבָאָיו וְכָל־צוּרֹתָו וְאֵת כָּל־חֻקֹּתָיו וְכָל־
צוּרֹתָו וְכָל־תּוֹרֹתָו הוֹדַע אוֹתָם וּכְתֹב לְעֵינֵיהֶם וְיִשְׁמְרוּ אֶת־
יב כָּל־צוּרָתוֹ וְאֶת־כָּל־חֻקֹּתָיו וְעָשׂוּ אוֹתָם: זֹאת תּוֹרַת הַבָּיִת עַל־
רֹאשׁ הָהָר כָּל־גְּבֻלוֹ סָבִיב ׀ סָבִיב קֹדֶשׁ קָדָשִׁים הִנֵּה־זֹאת
יג תּוֹרַת הַבָּיִת: וְאֵלֶּה מִדּוֹת הַמִּזְבֵּחַ בָּאַמּוֹת אַמָּה אַמָּה וָטֹפַח
וְחֵיק הָאַמָּה וְאַמָּה־רֹחַב וּגְבוּלָהּ אֶל־שְׂפָתָהּ סָבִיב זֶרֶת הָאֶחָד
יד וְזֶה גַּב הַמִּזְבֵּחַ: וּמֵחֵיק הָאָרֶץ עַד־הָעֲזָרָה הַתַּחְתּוֹנָה שְׁתַּיִם
אַמּוֹת וְרֹחַב אַמָּה אֶחָת וּמֵהָעֲזָרָה הַקְּטַנָּה עַד־הָעֲזָרָה הַגְּדוֹלָה
טו אַרְבַּע אַמּוֹת וְרֹחַב הָאַמָּה: וְהַהַרְאֵל אַרְבַּע אַמּוֹת וּמֵהָאֲרִאֵיל

מג
טז וְלַמַּעְלָה הַקְּרָנוֹת אַרְבַּע׃ וְהָאֲרִאֵיל שְׁתֵּים עֶשְׂרֵה אֹרֶךְ
יז בִּשְׁתֵּים עֶשְׂרֵה רֹחַב רָבוּעַ אֶל אַרְבַּעַת רְבָעָיו׃ וְהָעֲזָרָה אַרְבַּע
עֶשְׂרֵה אֹרֶךְ בְּאַרְבַּע עֶשְׂרֵה רֹחַב אֶל אַרְבַּעַת רְבָעֶיהָ וְהַגְּבוּל
סָבִיב אוֹתָהּ חֲצִי הָאַמָּה וְהַחֵיק־לָהּ אַמָּה סָבִיב וּמַעֲלֹתֵהוּ פְּנוֹת
יח קָדִים׃ וַיֹּאמֶר אֵלַי בֶּן־אָדָם כֹּה אָמַר אֲדֹנָי יֱהֹוִה אֵלֶּה חֻקּוֹת
הַמִּזְבֵּחַ בְּיוֹם הֵעָשׂוֹתוֹ לְהַעֲלוֹת עָלָיו עוֹלָה וְלִזְרֹק עָלָיו דָּם׃
יט וְנָתַתָּה אֶל־הַכֹּהֲנִים הַלְוִיִּם אֲשֶׁר הֵם מִזֶּרַע צָדוֹק הַקְּרֹבִים אֵלַי
כ נְאֻם אֲדֹנָי יֱהֹוִה לְשָׁרְתֵנִי פַּר בֶּן־בָּקָר לְחַטָּאת׃ וְלָקַחְתָּ מִדָּמוֹ
וְנָתַתָּה עַל־אַרְבַּע קַרְנֹתָיו וְאֶל־אַרְבַּע פִּנּוֹת הָעֲזָרָה וְאֶל־
כא הַגְּבוּל סָבִיב וְחִטֵּאתָ אוֹתוֹ וְכִפַּרְתָּהוּ׃ וְלָקַחְתָּ אֵת הַפָּר
כב הַחַטָּאת וּשְׂרָפוֹ בְּמִפְקַד הַבַּיִת מִחוּץ לַמִּקְדָּשׁ׃ וּבַיּוֹם הַשֵּׁנִי
תַּקְרִיב שְׂעִיר־עִזִּים תָּמִים לְחַטָּאת וְחִטְּאוּ אֶת־הַמִּזְבֵּחַ כַּאֲשֶׁר
כג חִטְּאוּ בַּפָּר׃ בְּכַלּוֹתְךָ מֵחַטֵּא תַּקְרִיב פַּר בֶּן־בָּקָר תָּמִים וְאַיִל
כד מִן־הַצֹּאן תָּמִים׃ וְהִקְרַבְתָּם לִפְנֵי יְהֹוָה וְהִשְׁלִיכוּ הַכֹּהֲנִים
כה עֲלֵיהֶם מֶלַח וְהֶעֱלוּ אוֹתָם עֹלָה לַיהֹוָה׃ שִׁבְעַת יָמִים תַּעֲשֶׂה
שְׂעִיר־חַטָּאת לַיּוֹם וּפַר בֶּן־בָּקָר וְאַיִל מִן־הַצֹּאן תְּמִימִים יַעֲשׂוּ׃
כו כז שִׁבְעַת יָמִים יְכַפְּרוּ אֶת־הַמִּזְבֵּחַ וְטִהֲרוּ אֹתוֹ וּמִלְאוּ יָדָו׃ וִיכַלּוּ כז
אֶת־הַיָּמִים וְהָיָה בַיּוֹם הַשְּׁמִינִי וָהָלְאָה יַעֲשׂוּ הַכֹּהֲנִים עַל־
הַמִּזְבֵּחַ אֶת־עוֹלוֹתֵיכֶם וְאֶת־שַׁלְמֵיכֶם וְרָצָאתִי אֶתְכֶם נְאֻם
ד א אֲדֹנָי יֱהֹוִה׃ וַיָּשֶׁב אֹתִי דֶּרֶךְ שַׁעַר הַמִּקְדָּשׁ
ב הַחִיצוֹן הַפֹּנֶה קָדִים וְהוּא סָגוּר׃ וַיֹּאמֶר אֵלַי יְהֹוָה הַשַּׁעַר הַזֶּה
סָגוּר יִהְיֶה לֹא יִפָּתֵחַ וְאִישׁ לֹא־יָבֹא בוֹ כִּי יְהֹוָה אֱלֹהֵי־יִשְׂרָאֵל
ג בָּא בוֹ וְהָיָה סָגוּר׃ אֶת־הַנָּשִׂיא נָשִׂיא הוּא יֵשֶׁב־בּוֹ לאכול־ לֶאֱכָל־
ד לֶחֶם לִפְנֵי יְהֹוָה מִדֶּרֶךְ אוּלָם הַשַּׁעַר יָבוֹא וּמִדַּרְכּוֹ יֵצֵא׃ וַיְבִיאֵנִי
דֶּרֶךְ־שַׁעַר הַצָּפוֹן אֶל־פְּנֵי הַבַּיִת וָאֵרֶא וְהִנֵּה מָלֵא כְבוֹד־יְהֹוָה
ה אֶת־בֵּית יְהֹוָה וָאֶפֹּל אֶל־פָּנָי׃ וַיֹּאמֶר אֵלַי יְהֹוָה בֶּן־אָדָם שִׂים
לִבְּךָ וּרְאֵה בְעֵינֶיךָ וּבְאָזְנֶיךָ שְּׁמָע אֵת כָּל־אֲשֶׁר אֲנִי מְדַבֵּר אֹתָךְ

לְכָל־חֻקּוֹת בֵּית־יְהוָה וּלְכָל־תּוֹרֹתָו וְשַׂמְתָּ לִבְּךָ לִמְבוֹא הַבַּיִת
ו בְּכֹל מוֹצָאֵי הַמִּקְדָּשׁ׃ וְאָמַרְתָּ אֶל־מֶרִי אֶל־בֵּית יִשְׂרָאֵל כֹּה
אָמַר אֲדֹנָי יֱהוִה רַב־לָכֶם מִכָּל־תּוֹעֲבוֹתֵיכֶם בֵּית יִשְׂרָאֵל׃
ז בַּהֲבִיאֲכֶם בְּנֵי־נֵכָר עַרְלֵי־לֵב וְעַרְלֵי בָשָׂר לִהְיוֹת בְּמִקְדָּשִׁי
לְחַלְּלוֹ אֶת־בֵּיתִי בְּהַקְרִיבְכֶם אֶת־לַחְמִי חֵלֶב וָדָם וַיָּפֵרוּ אֶת־
ח בְּרִיתִי אֶל כָּל־תּוֹעֲבוֹתֵיכֶם׃ וְלֹא שְׁמַרְתֶּם מִשְׁמֶרֶת קָדָשָׁי
ט וַתְּשִׂימוּן לְשֹׁמְרֵי מִשְׁמַרְתִּי בְּמִקְדָּשִׁי לָכֶם׃ כֹּה־
אָמַר אֲדֹנָי יֱהוִה כָּל־בֶּן־נֵכָר עֶרֶל לֵב וְעֶרֶל בָּשָׂר לֹא יָבוֹא אֶל־
י מִקְדָּשִׁי לְכָל־בֶּן־נֵכָר אֲשֶׁר בְּתוֹךְ בְּנֵי יִשְׂרָאֵל׃ כִּי אִם־הַלְוִיִּם
אֲשֶׁר רָחֲקוּ מֵעָלַי בִּתְעוֹת יִשְׂרָאֵל אֲשֶׁר תָּעוּ מֵעָלַי אַחֲרֵי
יא גִּלּוּלֵיהֶם וְנָשְׂאוּ עֲוֺנָם׃ וְהָיוּ בְמִקְדָּשִׁי מְשָׁרְתִים פְּקֻדּוֹת אֶל־
שַׁעֲרֵי הַבַּיִת וּמְשָׁרְתִים אֶת־הַבָּיִת הֵמָּה יִשְׁחֲטוּ אֶת־הָעֹלָה
יב וְאֶת־הַזֶּבַח לָעָם וְהֵמָּה יַעַמְדוּ לִפְנֵיהֶם לְשָׁרְתָם׃ יַעַן אֲשֶׁר
יְשָׁרְתוּ אוֹתָם לִפְנֵי גִלּוּלֵיהֶם וְהָיוּ לְבֵית־יִשְׂרָאֵל לְמִכְשׁוֹל
עָוֺן עַל־כֵּן נָשָׂאתִי יָדִי עֲלֵיהֶם נְאֻם אֲדֹנָי יֱהוִה וְנָשְׂאוּ עֲוֺנָם׃
יג וְלֹא־יִגְּשׁוּ אֵלַי לְכַהֵן לִי וְלָגֶשֶׁת עַל־כָּל־קָדָשַׁי אֶל־קָדְשֵׁי
יד הַקְּדָשִׁים וְנָשְׂאוּ כְּלִמָּתָם וְתוֹעֲבוֹתָם אֲשֶׁר עָשׂוּ׃ וְנָתַתִּי
אוֹתָם שֹׁמְרֵי מִשְׁמֶרֶת הַבָּיִת לְכֹל עֲבֹדָתוֹ וּלְכֹל אֲשֶׁר יֵעָשֶׂה
טו בּוֹ׃ וְהַכֹּהֲנִים הַלְוִיִּם בְּנֵי צָדוֹק אֲשֶׁר שָׁמְרוּ אֶת־
מִשְׁמֶרֶת מִקְדָּשִׁי בִּתְעוֹת בְּנֵי־יִשְׂרָאֵל מֵעָלַי הֵמָּה יִקְרְבוּ אֵלַי
לְשָׁרְתֵנִי וְעָמְדוּ לְפָנַי לְהַקְרִיב לִי חֵלֶב וָדָם נְאֻם אֲדֹנָי יֱהוִה׃
טז הֵמָּה יָבֹאוּ אֶל־מִקְדָּשִׁי וְהֵמָּה יִקְרְבוּ אֶל־שֻׁלְחָנִי לְשָׁרְתֵנִי
יז וְשָׁמְרוּ אֶת־מִשְׁמַרְתִּי׃ וְהָיָה בְּבוֹאָם אֶל־שַׁעֲרֵי הֶחָצֵר
הַפְּנִימִית בִּגְדֵי פִשְׁתִּים יִלְבָּשׁוּ וְלֹא־יַעֲלֶה עֲלֵיהֶם צֶמֶר
יח בְּשָׁרְתָם בְּשַׁעֲרֵי הֶחָצֵר הַפְּנִימִית וָבָיְתָה׃ פַּאֲרֵי פִשְׁתִּים יִהְיוּ
עַל־רֹאשָׁם וּמִכְנְסֵי פִשְׁתִּים יִהְיוּ עַל־מָתְנֵיהֶם לֹא יַחְגְּרוּ בַּיָּזַע׃
יט וּבְצֵאתָם אֶל־הֶחָצֵר הַחִיצוֹנָה אֶל־הֶחָצֵר הַחִיצוֹנָה אֶל־הָעָם

יִפְשְׁטוּ אֶת־בִּגְדֵיהֶם אֲשֶׁר־הֵמָּה מְשָׁרְתִם בָּם וְהִנִּיחוּ אוֹתָם
בְּלִשְׁכֹת הַקֹּדֶשׁ וְלָבְשׁוּ בְּגָדִים אֲחֵרִים וְלֹא־יְקַדְּשׁוּ אֶת־הָעָם
כ בְּבִגְדֵיהֶם׃ וְרֹאשָׁם לֹא יְגַלֵּחוּ וּפֶרַע לֹא יְשַׁלֵּחוּ כָּסוֹם יִכְסְמוּ
כא אֶת־רָאשֵׁיהֶם׃ וְיַיִן לֹא־יִשְׁתּוּ כָּל־כֹּהֵן בְּבוֹאָם אֶל־הֶחָצֵר
כב הַפְּנִימִית׃ וְאַלְמָנָה וּגְרוּשָׁה לֹא־יִקְחוּ לָהֶם לְנָשִׁים כִּי אִם־
בְּתוּלֹת מִזֶּרַע בֵּית יִשְׂרָאֵל וְהָאַלְמָנָה אֲשֶׁר־תִּהְיֶה אַלְמָנָה
כג מִכֹּהֵן יִקָּחוּ׃ וְאֶת־עַמִּי יוֹרוּ בֵּין קֹדֶשׁ לְחֹל וּבֵין־טָמֵא לְטָהוֹר
כד יוֹדִעֻם׃ וְעַל־רִיב הֵמָּה יַעַמְדוּ לִשְׁפֹּט בְּמִשְׁפָּטַי ושפטהו וְאֶת־ לְמִשְׁפָּט | יִשְׁפְּטֻהוּ
תּוֹרֹתַי וְאֶת־חֻקֹּתַי בְּכָל־מוֹעֲדַי יִשְׁמֹרוּ וְאֶת־שַׁבְּתוֹתַי יְקַדֵּשׁוּ׃
כה וְאֶל־מֵת אָדָם לֹא יָבוֹא לְטָמְאָה כִּי אִם־לְאָב וּלְאֵם וּלְבֵן
כו וּלְבַת לְאָח וּלְאָחוֹת אֲשֶׁר־לֹא־הָיְתָה לְאִישׁ יִטַּמָּאוּ׃ וְאַחֲרֵי
כז טָהֳרָתוֹ שִׁבְעַת יָמִים יִסְפְּרוּ־לוֹ׃ וּבְיוֹם בֹּאוֹ אֶל־הַקֹּדֶשׁ אֶל־
הֶחָצֵר הַפְּנִימִית לְשָׁרֵת בַּקֹּדֶשׁ יַקְרִיב חַטָּאתוֹ נְאֻם אֲדֹנָי
כח יְהוִה׃ וְהָיְתָה לָהֶם לְנַחֲלָה אֲנִי נַחֲלָתָם וַאֲחֻזָּה לֹא־תִתְּנוּ
כט לָהֶם בְּיִשְׂרָאֵל אֲנִי אֲחֻזָּתָם׃ הַמִּנְחָה וְהַחַטָּאת וְהָאָשָׁם
ל הֵמָּה יֹאכְלוּם וְכָל־חֵרֶם בְּיִשְׂרָאֵל לָהֶם יִהְיֶה׃ וְרֵאשִׁית
כָּל־בִּכּוּרֵי כֹל וְכָל־תְּרוּמַת כֹּל מִכֹּל תְּרוּמוֹתֵיכֶם לַכֹּהֲנִים
יִהְיֶה וְרֵאשִׁית עֲרִיסוֹתֵיכֶם תִּתְּנוּ לַכֹּהֵן לְהָנִיחַ בְּרָכָה אֶל־
לא בֵּיתֶךָ׃ כָּל־נְבֵלָה וּטְרֵפָה מִן־הָעוֹף וּמִן־הַבְּהֵמָה לֹא יֹאכְלוּ
מה א הַכֹּהֲנִים׃ וּבְהַפִּילְכֶם אֶת־הָאָרֶץ בְּנַחֲלָה תָּרִימוּ
תְרוּמָה לַיהוָה ׀ קֹדֶשׁ מִן־הָאָרֶץ אֹרֶךְ חֲמִשָּׁה וְעֶשְׂרִים אֶלֶף
ב אֹרֶךְ וְרֹחַב עֲשָׂרָה אָלֶף קֹדֶשׁ־הוּא בְכָל־גְּבוּלָהּ סָבִיב׃ יִהְיֶה
מִזֶּה אֶל־הַקֹּדֶשׁ חֲמֵשׁ מֵאוֹת בַּחֲמֵשׁ מֵאוֹת מְרֻבָּע סָבִיב
ג וַחֲמִשִּׁים אַמָּה מִגְרָשׁ לוֹ סָבִיב׃ וּמִן־הַמִּדָּה הַזֹּאת תָּמוֹד אֹרֶךְ
חֲמֵשׁ וְעֶשְׂרִים אֶלֶף וְרֹחַב עֲשֶׂרֶת אֲלָפִים וּבוֹ־יִהְיֶה הַמִּקְדָּשׁ
ד קֹדֶשׁ קָדָשִׁים׃ קֹדֶשׁ מִן־הָאָרֶץ הוּא לַכֹּהֲנִים מְשָׁרְתֵי הַמִּקְדָּשׁ
יִהְיֶה הַקְּרֵבִים לְשָׁרֵת אֶת־יְהוָה וְהָיָה לָהֶם מָקוֹם לְבָתִּים

וּמִקְדָּשׁ לַמִּקְדָּשׁ: וַחֲמִשָּׁה וְעֶשְׂרִים אֶלֶף אֹרֶךְ וַעֲשֶׂרֶת אֲלָפִים ה
וְהָיָה רֹחַב יִהְיֶה לַלְוִיִּם מְשָׁרְתֵי הַבַּיִת לָהֶם לַאֲחֻזָּה עֶשְׂרִים לְשָׁכֹת:
וַאֲחֻזַּת הָעִיר תִּתְּנוּ חֲמֵשֶׁת אֲלָפִים רֹחַב וְאֹרֶךְ חֲמִשָּׁה וְעֶשְׂרִים ו
אֶלֶף לְעֻמַּת תְּרוּמַת הַקֹּדֶשׁ לְכָל־בֵּית יִשְׂרָאֵל יִהְיֶה: וְלַנָּשִׂיא ז
מִזֶּה וּמִזֶּה לִתְרוּמַת הַקֹּדֶשׁ וְלַאֲחֻזַּת הָעִיר אֶל־פְּנֵי תְרוּמַת־
הַקֹּדֶשׁ וְאֶל־פְּנֵי אֲחֻזַּת הָעִיר מִפְּאַת יָם יָמָּה וּמִפְּאַת
קֵדְמָה קָדִימָה וְאֹרֶךְ לְעֻמּוֹת אַחַד הַחֲלָקִים מִגְּבוּל יָם
אֶל־גְּבוּל קָדִימָה: לָאָרֶץ יִהְיֶה־לּוֹ לַאֲחֻזָּה בְּיִשְׂרָאֵל וְלֹא־ ח
יוֹנוּ עוֹד נְשִׂיאַי אֶת־עַמִּי וְהָאָרֶץ יִתְּנוּ לְבֵית־יִשְׂרָאֵל
לְשִׁבְטֵיהֶם: כֹּה־אָמַר אֲדֹנָי יֱהֹוִה רַב־לָכֶם ט
נְשִׂיאֵי יִשְׂרָאֵל חָמָס וָשֹׁד הָסִירוּ וּמִשְׁפָּט וּצְדָקָה עֲשׂוּ הָרִימוּ
גְרֻשֹׁתֵיכֶם מֵעַל עַמִּי נְאֻם אֲדֹנָי יֱהֹוִה: מֹאזְנֵי־צֶדֶק וְאֵיפַת־צֶדֶק י
וּבַת־צֶדֶק יְהִי לָכֶם: הָאֵיפָה וְהַבַּת תֹּכֶן אֶחָד יִהְיֶה לָשֵׂאת יא
מַעְשַׂר הַחֹמֶר הַבָּת וַעֲשִׂירִת הַחֹמֶר הָאֵיפָה אֶל־הַחֹמֶר יִהְיֶה
מַתְכֻּנְתּוֹ: וְהַשֶּׁקֶל עֶשְׂרִים גֵּרָה עֶשְׂרִים שְׁקָלִים חֲמִשָּׁה יב
וְעֶשְׂרִים שְׁקָלִים עֲשָׂרָה וַחֲמִשָּׁה שֶׁקֶל הַמָּנֶה יִהְיֶה לָכֶם: זֹאת יג
הַתְּרוּמָה אֲשֶׁר תָּרִימוּ שִׁשִּׁית הָאֵיפָה מֵחֹמֶר הַחִטִּים וְשִׁשִּׁיתֶם
הָאֵיפָה מֵחֹמֶר הַשְּׂעֹרִים: וְחֹק הַשֶּׁמֶן הַבַּת הַשֶּׁמֶן מַעְשַׂר הַבַּת יד
כח מִן־הַכֹּר עֲשֶׂרֶת הַבַּתִּים חֹמֶר כִּי־עֲשֶׂרֶת הַבַּתִּים חֹמֶר: וְשֶׂה־ טו
אַחַת מִן־הַצֹּאן מִן־הַמָּאתַיִם מִמַּשְׁקֵה יִשְׂרָאֵל לְמִנְחָה וּלְעוֹלָה
וְלִשְׁלָמִים לְכַפֵּר עֲלֵיהֶם נְאֻם אֲדֹנָי יֱהֹוִה: כֹּל טז
הָעָם הָאָרֶץ יִהְיוּ אֶל־הַתְּרוּמָה הַזֹּאת לַנָּשִׂיא בְּיִשְׂרָאֵל: וְעַל־ יז
הַנָּשִׂיא יִהְיֶה הָעוֹלוֹת וְהַמִּנְחָה וְהַנֶּסֶךְ בַּחַגִּים וּבֶחֳדָשִׁים
וּבַשַּׁבָּתוֹת בְּכָל־מוֹעֲדֵי בֵּית יִשְׂרָאֵל הוּא־יַעֲשֶׂה אֶת־הַחַטָּאת
וְאֶת־הַמִּנְחָה וְאֶת־הָעוֹלָה וְאֶת־הַשְּׁלָמִים לְכַפֵּר בְּעַד בֵּית־
יִשְׂרָאֵל: כֹּה־אָמַר אֲדֹנָי יֱהֹוִה בָּרִאשׁוֹן בְּאֶחָד יח
לַחֹדֶשׁ תִּקַּח פַּר־בֶּן־בָּקָר תָּמִים וְחִטֵּאתָ אֶת־הַמִּקְדָּשׁ: וְלָקַח יט

הַכֹּהֵן מִדַּם הַחַטָּאת וְנָתַן אֶל־מְזוּזַת הַבַּיִת וְאֶל־אַרְבַּע פִּנּוֹת
כ הָעֲזָרָה לַמִּזְבֵּחַ וְעַל־מְזוּזַת שַׁעַר הֶחָצֵר הַפְּנִימִית׃ וְכֵן תַּעֲשֶׂה
בְּשִׁבְעָה בַחֹדֶשׁ מֵאִישׁ שֹׁגֶה וּמִפֶּתִי וְכִפַּרְתֶּם אֶת־הַבָּיִת׃
כא בָּרִאשׁוֹן בְּאַרְבָּעָה עָשָׂר יוֹם לַחֹדֶשׁ יִהְיֶה לָכֶם הַפָּסַח חָג
כב שְׁבֻעוֹת יָמִים מַצּוֹת יֵאָכֵל׃ וְעָשָׂה הַנָּשִׂיא בַּיּוֹם הַהוּא בַּעֲדוֹ
כג וּבְעַד כָּל־עַם הָאָרֶץ פַּר חַטָּאת׃ וְשִׁבְעַת יְמֵי־הֶחָג יַעֲשֶׂה
עוֹלָה לַיהוה שִׁבְעַת פָּרִים וְשִׁבְעַת אֵילִים תְּמִימִם לַיּוֹם שִׁבְעַת
כד הַיָּמִים וְחַטָּאת שְׂעִיר עִזִּים לַיּוֹם׃ וּמִנְחָה אֵיפָה לַפָּר וְאֵיפָה
כה לָאַיִל יַעֲשֶׂה וְשֶׁמֶן הִין לָאֵיפָה׃ בַּשְּׁבִיעִי בַּחֲמִשָּׁה עָשָׂר יוֹם
לַחֹדֶשׁ בֶּחָג יַעֲשֶׂה כָאֵלֶּה שִׁבְעַת הַיָּמִים כַּחַטָּאת כָּעֹלָה
מו א וְכַמִּנְחָה וְכַשָּׁמֶן׃ כֹּה־אָמַר אֲדֹנָי יֱהוִה שַׁעַר
הֶחָצֵר הַפְּנִימִית הַפֹּנֶה קָדִים יִהְיֶה סָגוּר שֵׁשֶׁת יְמֵי הַמַּעֲשֶׂה
ב וּבְיוֹם הַשַּׁבָּת יִפָּתֵחַ וּבְיוֹם הַחֹדֶשׁ יִפָּתֵחַ׃ וּבָא הַנָּשִׂיא דֶּרֶךְ
אוּלָם הַשַּׁעַר מִחוּץ וְעָמַד עַל־מְזוּזַת הַשַּׁעַר וְעָשׂוּ הַכֹּהֲנִים אֶת־
עוֹלָתוֹ וְאֶת־שְׁלָמָיו וְהִשְׁתַּחֲוָה עַל־מִפְתַּן הַשַּׁעַר וְיָצָא וְהַשַּׁעַר
ג לֹא־יִסָּגֵר עַד־הָעָרֶב׃ וְהִשְׁתַּחֲווּ עַם־הָאָרֶץ פֶּתַח הַשַּׁעַר הַהוּא
ד בַּשַּׁבָּתוֹת וּבֶחֳדָשִׁים לִפְנֵי יהוה׃ וְהָעֹלָה אֲשֶׁר־יַקְרִב הַנָּשִׂיא
ה לַיהוה בְּיוֹם הַשַּׁבָּת שִׁשָּׁה כְבָשִׂים תְּמִימִם וְאַיִל תָּמִים׃ וּמִנְחָה
ו אֵיפָה לָאַיִל וְלַכְּבָשִׂים מִנְחָה מַתַּת יָדוֹ וְשֶׁמֶן הִין לָאֵיפָה׃ וּבְיוֹם
הַחֹדֶשׁ פַּר בֶּן־בָּקָר תְּמִימִם וְשֵׁשֶׁת כְּבָשִׂם וָאַיִל תְּמִימִם יִהְיוּ׃
ז וְאֵיפָה לַפָּר וְאֵיפָה לָאַיִל יַעֲשֶׂה מִנְחָה וְלַכְּבָשִׂים כַּאֲשֶׁר תַּשִּׂיג
ח יָדוֹ וְשֶׁמֶן הִין לָאֵיפָה׃ וּבְבוֹא הַנָּשִׂיא דֶּרֶךְ אוּלָם הַשַּׁעַר יָבוֹא
ט וּבְדַרְכּוֹ יֵצֵא׃ וּבְבוֹא עַם־הָאָרֶץ לִפְנֵי יהוה בַּמּוֹעֲדִים הַבָּא דֶּרֶךְ
שַׁעַר צָפוֹן לְהִשְׁתַּחֲוֹת יֵצֵא דֶּרֶךְ־שַׁעַר נֶגֶב וְהַבָּא דֶּרֶךְ־שַׁעַר
נֶגֶב יֵצֵא דֶּרֶךְ־שַׁעַר צָפוֹנָה לֹא יָשׁוּב דֶּרֶךְ הַשַּׁעַר אֲשֶׁר־בָּא בוֹ
י כִּי נִכְחוֹ יצאו׃ וְהַנָּשִׂיא בְּתוֹכָם בְּבוֹאָם יָבוֹא וּבְצֵאתָם יֵצֵאוּ׃ יֵצֵא
יא וּבַחַגִּים וּבַמּוֹעֲדִים תִּהְיֶה הַמִּנְחָה אֵיפָה לַפָּר וְאֵיפָה לָאַיִל

יב וְלַכְּבָשִׂים מַתַּת יָדוֹ וְשֶׁמֶן הִין לָאֵיפָה׃ וְכִֽי־
יַעֲשֶׂה הַנָּשִׂיא נְדָבָה עוֹלָה אוֹ־שְׁלָמִים נְדָבָה לַיהוָה וּפָתַח לוֹ
אֶת־הַשַּׁעַר הַפֹּנֶה קָדִים וְעָשָׂה אֶת־עֹלָתוֹ וְאֶת־שְׁלָמָיו כַּאֲשֶׁר
יג יַעֲשֶׂה בְּיוֹם הַשַּׁבָּת וְיָצָא וְסָגַר אֶת־הַשַּׁעַר אַחֲרֵי צֵאתוֹ׃ וְכֶבֶשׂ
בֶּן־שְׁנָתוֹ תָּמִים תַּעֲשֶׂה עוֹלָה לַיּוֹם לַיהוָה בַּבֹּקֶר בַּבֹּקֶר תַּעֲשֶׂה
יד אֹתוֹ׃ וּמִנְחָה תַעֲשֶׂה עָלָיו בַּבֹּקֶר בַּבֹּקֶר שִׁשִּׁית הָאֵיפָה וְשֶׁמֶן
שְׁלִישִׁית הַהִין לָרֹס אֶת־הַסֹּלֶת מִנְחָה לַיהוָה חֻקּוֹת עוֹלָם
טו תָּמִיד׃ ועשו אֶת־הַכֶּבֶשׂ וְאֶת־הַמִּנְחָה וְאֶת־הַשֶּׁמֶן בַּבֹּקֶר יַעֲשׂוּ
טז בַּבֹּקֶר עוֹלַת תָּמִיד׃ כֹּה־אָמַר אֲדֹנָי יֱהוִה כִּֽי־
יִתֵּן הַנָּשִׂיא מַתָּנָה לְאִישׁ מִבָּנָיו נַחֲלָתוֹ הִיא לְבָנָיו תִּהְיֶה
יז אֲחֻזָּתָם הִיא בְּנַחֲלָה׃ וְכִֽי־יִתֵּן מַתָּנָה מִנַּחֲלָתוֹ לְאַחַד מֵעֲבָדָיו
וְהָיְתָה לּוֹ עַד־שְׁנַת הַדְּרוֹר וְשָׁבַת לַנָּשִׂיא אַךְ נַחֲלָתוֹ בָּנָיו לָהֶם
יח תִּהְיֶה׃ וְלֹא־יִקַּח הַנָּשִׂיא מִנַּחֲלַת הָעָם לְהוֹנֹתָם מֵאֲחֻזָּתָם
מֵאֲחֻזָּתוֹ יַנְחִל אֶת־בָּנָיו לְמַעַן אֲשֶׁר לֹא־יָפֻצוּ עַמִּי אִישׁ
יט מֵאֲחֻזָּתוֹ׃ וַיְבִיאֵנִי בַמָּבוֹא אֲשֶׁר עַל־כֶּתֶף הַשַּׁעַר אֶל־הַלְּשָׁכוֹת
הַקֹּדֶשׁ אֶל־הַכֹּהֲנִים הַפֹּנוֹת צָפוֹנָה וְהִנֵּה־שָׁם מָקוֹם בירכתם בַּיַּרְכָתַיִם
כ יָמָּה׃ וַיֹּאמֶר אֵלַי זֶה הַמָּקוֹם אֲשֶׁר יְבַשְּׁלוּ־שָׁם הַכֹּהֲנִים אֶת־
הָאָשָׁם וְאֶת־הַחַטָּאת אֲשֶׁר יֹאפוּ אֶת־הַמִּנְחָה לְבִלְתִּי הוֹצִיא
כא אֶל־הֶחָצֵר הַחִיצוֹנָה לְקַדֵּשׁ אֶת־הָעָם׃ וַיּוֹצִיאֵנִי אֶל־הֶחָצֵר
הַחִיצֹנָה וַיַּעֲבִירֵנִי אֶל־אַרְבַּעַת מִקְצוֹעֵי הֶחָצֵר וְהִנֵּה חָצֵר
כב בְּמִקְצֹעַ הֶחָצֵר חָצֵר בְּמִקְצֹעַ הֶחָצֵר׃ בְּאַרְבַּעַת מִקְצֹעוֹת הֶחָצֵר
חֲצֵרוֹת קְטֻרוֹת אַרְבָּעִים אֹרֶךְ וּשְׁלֹשִׁים רֹחַב מִדָּה אַחַת
כג לְאַרְבַּעְתָּם מְהֻקְצָעוֹת׃ וְטוּר סָבִיב בָּהֶם סָבִיב לְאַרְבַּעְתָּם
כד וּמְבַשְּׁלוֹת עָשׂוּי מִתַּחַת הַטִּירוֹת סָבִיב׃ וַיֹּאמֶר אֵלַי אֵלֶּה בֵּית
הַמְבַשְּׁלִים אֲשֶׁר יְבַשְּׁלוּ־שָׁם מְשָׁרְתֵי הַבַּיִת אֶת־זֶבַח הָעָם׃
מז א וַיְשִׁבֵנִי אֶל־פֶּתַח הַבַּיִת וְהִנֵּה־מַיִם יֹצְאִים מִתַּחַת מִפְתַּן הַבַּיִת
קָדִימָה כִּי־פְנֵי הַבַּיִת קָדִים וְהַמַּיִם יֹרְדִים מִתַּחַת מִכֶּתֶף הַבַּיִת

ב הַיְמָנִית מִנֶּגֶב לַמִּזְבֵּחַ: וַיּוֹצִאֵנִי דֶּרֶךְ־שַׁעַר צָפוֹנָה וַיְסִבֵּנִי דֶּרֶךְ
חוּץ אֶל־שַׁעַר הַחוּץ דֶּרֶךְ הַפּוֹנֶה קָדִים וְהִנֵּה־מַיִם מְפַכִּים מִן־
ג הַכָּתֵף הַיְמָנִית: בְּצֵאת־הָאִישׁ קָדִים וְקָו בְּיָדוֹ וַיָּמָד אֶלֶף בָּאַמָּה
ד וַיַּעֲבִרֵנִי בַמַּיִם מֵי אָפְסָיִם: וַיָּמָד אֶלֶף וַיַּעֲבִרֵנִי בַמַּיִם מַיִם
ה בִּרְכָּיִם וַיָּמָד אֶלֶף וַיַּעֲבִרֵנִי מֵי מָתְנָיִם: וַיָּמָד אֶלֶף נַחַל אֲשֶׁר
לֹא־אוּכַל לַעֲבֹר כִּי־גָאוּ הַמַּיִם מֵי שָׂחוּ נַחַל אֲשֶׁר לֹא־יֵעָבֵר:
ו ז וַיֹּאמֶר אֵלַי הֲרָאִיתָ בֶן־אָדָם וַיּוֹלִכֵנִי וַיְשִׁבֵנִי שְׂפַת הַנָּחַל: בְּשׁוּבֵנִי
ח וְהִנֵּה אֶל־שְׂפַת הַנַּחַל עֵץ רַב מְאֹד מִזֶּה וּמִזֶּה: וַיֹּאמֶר אֵלַי
הַמַּיִם הָאֵלֶּה יוֹצְאִים אֶל־הַגְּלִילָה הַקַּדְמוֹנָה וְיָרְדוּ עַל־הָעֲרָבָה
ט וּבָאוּ הַיָּמָּה אֶל־הַיָּמָּה הַמּוּצָאִים וְנִרְפְּאוּ הַמָּיִם: וְהָיָה כָל־נֶפֶשׁ
חַיָּה ׀ אֲשֶׁר־יִשְׁרֹץ אֶל כָּל־אֲשֶׁר יָבוֹא שָׁם נַחֲלַיִם יִחְיֶה וְהָיָה
הַדָּגָה רַבָּה מְאֹד כִּי בָאוּ שָׁמָּה הַמַּיִם הָאֵלֶּה וְיֵרָפְאוּ וָחָי כֹּל
י אֲשֶׁר־יָבוֹא שָׁמָּה הַנָּחַל: וְהָיָה יעמדו עָלָיו דַּוָּגִים מֵעֵין גֶּדִי וְעַד־ עָמְדוּ
עֵין עֶגְלַיִם מִשְׁטוֹחַ לַחֲרָמִים יִהְיוּ לְמִינָה תִּהְיֶה דְגָתָם כִּדְגַת הַיָּם
יא יב הַגָּדוֹל רַבָּה מְאֹד: בִּצֹּאתָו וּגְבָאָיו וְלֹא יֵרָפְאוּ לְמֶלַח נִתָּנוּ: וְעַל־ כט
הַנַּחַל יַעֲלֶה עַל־שְׂפָתוֹ מִזֶּה ׀ וּמִזֶּה ׀ כָּל־עֵץ־מַאֲכָל לֹא־יִבּוֹל
עָלֵהוּ וְלֹא־יִתֹּם פִּרְיוֹ לָחֳדָשָׁיו יְבַכֵּר כִּי מֵימָיו מִן־הַמִּקְדָּשׁ הֵמָּה
יג יוֹצְאִים והיו פִרְיוֹ לְמַאֲכָל וְעָלֵהוּ לִתְרוּפָה: כֹּה וְהָיָה
אָמַר אֲדֹנָי יֱהוִה גֵּה גְבוּל אֲשֶׁר תִּתְנַחֲלוּ אֶת־הָאָרֶץ לִשְׁנֵי עָשָׂר
יד שִׁבְטֵי יִשְׂרָאֵל יוֹסֵף חֲבָלִים: וּנְחַלְתֶּם אוֹתָהּ אִישׁ כְּאָחִיו אֲשֶׁר
נָשָׂאתִי אֶת־יָדִי לְתִתָּהּ לַאֲבֹתֵיכֶם וְנָפְלָה הָאָרֶץ הַזֹּאת לָכֶם
טו בְּנַחֲלָה: וְזֶה גְּבוּל הָאָרֶץ לִפְאַת צָפוֹנָה מִן־הַיָּם הַגָּדוֹל הַדֶּרֶךְ
טז חֶתְלֹן לְבוֹא צְדָדָה: חֲמָת ׀ בֵּרוֹתָה סִבְרַיִם אֲשֶׁר בֵּין־גְּבוּל
יז דַּמֶּשֶׂק וּבֵין גְּבוּל חֲמָת חָצֵר הַתִּיכוֹן אֲשֶׁר אֶל־גְּבוּל חַוְרָן: וְהָיָה
גְבוּל מִן־הַיָּם חֲצַר עֵינוֹן גְּבוּל דַּמֶּשֶׂק וְצָפוֹן ׀ צָפוֹנָה וּגְבוּל חֲמָת
יח וְאֵת פְּאַת צָפוֹן: וּפְאַת קָדִים מִבֵּין חַוְרָן וּמִבֵּין־דַּמֶּשֶׂק וּמִבֵּין
הַגִּלְעָד וּמִבֵּין אֶרֶץ יִשְׂרָאֵל הַיַּרְדֵּן מִגְּבוּל עַל־הַיָּם הַקַּדְמוֹנִי

מז

יט תָּמֹדּוּ וְאֵת פְּאַת קָדִימָה: וּפְאַת נֶגֶב תֵּימָנָה מִתָּמָר עַד־מֵי
מְרִיבוֹת קָדֵשׁ נַחֲלָה אֶל־הַיָּם הַגָּדוֹל וְאֵת פְּאַת־תֵּימָנָה נֶגְבָּה:
כ וּפְאַת־יָם הַיָּם הַגָּדוֹל מִגְּבוּל עַד־נֹכַח לְבוֹא חֲמָת זֹאת פְּאַת־
כא כב יָם: וְחִלַּקְתֶּם אֶת־הָאָרֶץ הַזֹּאת לָכֶם לְשִׁבְטֵי יִשְׂרָאֵל: וְהָיָה
תַּפִּלוּ אוֹתָהּ בְּנַחֲלָה לָכֶם וּלְהַגֵּרִים הַגָּרִים בְּתוֹכְכֶם אֲשֶׁר־
הוֹלִדוּ בָנִים בְּתוֹכְכֶם וְהָיוּ לָכֶם כְּאֶזְרָח בִּבְנֵי יִשְׂרָאֵל אִתְּכֶם
כג יִפְּלוּ בְנַחֲלָה בְּתוֹךְ שִׁבְטֵי יִשְׂרָאֵל: וְהָיָה בַשֵּׁבֶט אֲשֶׁר־גָּר הַגֵּר
מח א אִתּוֹ שָׁם תִּתְּנוּ נַחֲלָתוֹ נְאֻם אֲדֹנָי יְהוִה: וְאֵלֶּה
שְׁמוֹת הַשְּׁבָטִים מִקְצֵה צָפוֹנָה אֶל־יַד דֶּרֶךְ־חֶתְלֹן ׀ לְבוֹא־חֲמָת
חֲצַר עֵינָן גְּבוּל דַּמֶּשֶׂק צָפוֹנָה אֶל־יַד חֲמָת וְהָיוּ־לוֹ פְאַת־קָדִים
ב הַיָּם דָּן אֶחָד: וְעַל ׀ גְּבוּל דָּן מִפְּאַת קָדִים עַד־פְּאַת־יָמָּה אָשֵׁר
ג אֶחָד: וְעַל ׀ גְּבוּל אָשֵׁר מִפְּאַת קָדִימָה וְעַד־פְּאַת־יָמָּה נַפְתָּלִי
ד אֶחָד: וְעַל ׀ גְּבוּל נַפְתָּלִי מִפְּאַת קָדְמָה עַד־פְּאַת־יָמָּה מְנַשֶּׁה
ה אֶחָד: וְעַל ׀ גְּבוּל מְנַשֶּׁה מִפְּאַת קָדְמָה עַד־פְּאַת יָמָּה אֶפְרַיִם
ו אֶחָד: וְעַל ׀ גְּבוּל אֶפְרַיִם מִפְּאַת קָדִים וְעַד־פְּאַת־יָמָּה רְאוּבֵן
ז אֶחָד: וְעַל ׀ גְּבוּל רְאוּבֵן מִפְּאַת קָדִים עַד־פְּאַת יָמָּה יְהוּדָה
ח אֶחָד: וְעַל גְּבוּל יְהוּדָה מִפְּאַת קָדִים עַד־פְּאַת יָמָּה תִּהְיֶה
הַתְּרוּמָה אֲשֶׁר־תָּרִימוּ חֲמִשָּׁה וְעֶשְׂרִים אֶלֶף רֹחַב וְאֹרֶךְ כְּאַחַד
הַחֲלָקִים מִפְּאַת קָדִימָה עַד־פְּאַת־יָמָּה וְהָיָה הַמִּקְדָּשׁ בְּתוֹכוֹ:
ט הַתְּרוּמָה אֲשֶׁר תָּרִימוּ לַיהוָה אֹרֶךְ חֲמִשָּׁה וְעֶשְׂרִים אֶלֶף וְרֹחַב
י עֲשֶׂרֶת אֲלָפִים: וּלְאֵלֶּה תִּהְיֶה תְרוּמַת־הַקֹּדֶשׁ לַכֹּהֲנִים צָפוֹנָה
חֲמִשָּׁה וְעֶשְׂרִים אֶלֶף וְיָמָּה רֹחַב עֲשֶׂרֶת אֲלָפִים וְקָדִימָה רֹחַב
עֲשֶׂרֶת אֲלָפִים וְנֶגְבָּה אֹרֶךְ חֲמִשָּׁה וְעֶשְׂרִים אָלֶף וְהָיָה מִקְדַּשׁ־
יא יְהוָה בְּתוֹכוֹ: לַכֹּהֲנִים הַמְקֻדָּשׁ מִבְּנֵי צָדוֹק אֲשֶׁר שָׁמְרוּ
מִשְׁמַרְתִּי אֲשֶׁר לֹא־תָעוּ בִּתְעוֹת בְּנֵי יִשְׂרָאֵל כַּאֲשֶׁר תָּעוּ
יב הַלְוִיִּם: וְהָיְתָה לָהֶם תְּרוּמִיָּה מִתְּרוּמַת הָאָרֶץ קֹדֶשׁ קָדָשִׁים
יג אֶל־גְּבוּל הַלְוִיִּם: וְהַלְוִיִּם לְעֻמַּת גְּבוּל הַכֹּהֲנִים חֲמִשָּׁה וְעֶשְׂרִים

אֶ֣לֶף אֹ֗רֶךְ וְרֹ֙חַב֙ עֲשֶׂ֣רֶת אֲלָפִ֔ים כָּל־אֹ֖רֶךְ חֲמִשָּׁ֣ה וְעֶשְׂרִ֥ים אָ֑לֶף

יד וְרֹ֖חַב עֲשֶׂ֣רֶת אֲלָפִֽים׃ וְלֹא־יִמְכְּר֣וּ מִמֶּ֗נּוּ וְלֹ֥א יָמֵ֛ר וְלֹ֥א יַעֲבוֹר

יעבר

רֵאשִׁ֣ית הָאָ֑רֶץ כִּי־קֹ֖דֶשׁ לַיהוָֽה׃ וַחֲמֵ֣שֶׁת אֲלָפִ֗ים הַנּוֹתָר֮ בָּרֹ֒חַב֒

עַל־פְּנֵ֨י חֲמִשָּׁ֤ה וְעֶשְׂרִים֙ אֶ֔לֶף חֹל־ה֣וּא לָעִ֔יר לְמוֹשָׁ֖ב וּלְמִגְרָ֑שׁ

טז וְהָיְתָ֥ה הָעִ֖יר בְּתוֹכֹֽה׃ וְאֵ֖לֶּה מִדּוֹתֶ֑יהָ פְּאַ֤ת צָפוֹן֙ חֲמֵ֣שׁ מֵא֔וֹת

וְאַרְבַּ֣עַת אֲלָפִ֗ים וּפְאַת־נֶ֜גֶב חֲמֵ֤שׁ חֲמֵשׁ֙ מֵא֣וֹת וְאַרְבַּ֣עַת

אֲלָפִ֔ים וּמִפְּאַ֣ת קָדִ֗ים חֲמֵ֤שׁ מֵאוֹת֙ וְאַרְבַּ֣עַת אֲלָפִ֔ים וּפְאַת־יָ֛מָּה

יז חֲמֵ֥שׁ מֵא֖וֹת וְאַרְבַּ֣עַת אֲלָפִֽים׃ וְהָיָ֣ה מִגְרָשׁ֮ לָעִיר֒ צָפ֙וֹנָה֙

חֲמִשִּׁ֣ים וּמָאתַ֔יִם וְנֶ֖גְבָּה חֲמִשִּׁ֣ים וּמָאתָ֑יִם וְקָדִ֙ימָה֙ חֲמִשִּׁ֣ים

יח וּמָאתַ֔יִם וְיָ֖מָּה חֲמִשִּׁ֥ים וּמָאתָֽיִם׃ וְהַנּוֹתָ֨ר בָּאֹ֜רֶךְ לְעֻמַּ֣ת ׀

תְּרֽוּמַ֣ת הַקֹּ֗דֶשׁ עֲשֶׂ֤רֶת אֲלָפִים֙ קָדִ֔ימָה וַעֲשֶׂ֥רֶת אֲלָפִ֖ים יָ֑מָּה

וְהָיָ֗ה לְעֻמַּת֙ תְּרוּמַ֣ת הַקֹּ֔דֶשׁ וְהָיְתָ֤ה תְבֽוּאָתֹה֙ לְלֶ֔חֶם לְעֹבְדֵ֖י

יט הָעִֽיר׃ וְהָעֹבֵ֖ד הָעִ֑יר יַעַבְד֕וּהוּ מִכֹּ֖ל שִׁבְטֵ֥י יִשְׂרָאֵֽל׃ כָּל־

הַתְּרוּמָ֗ה חֲמִשָּׁ֤ה וְעֶשְׂרִים֙ אֶ֔לֶף בַּחֲמִשָּׁ֥ה וְעֶשְׂרִ֖ים אָ֑לֶף רְבִיעִ֗ית

כ תָּרִ֙ימוּ֙ אֶת־תְּרוּמַ֣ת הַקֹּ֔דֶשׁ אֶל־אֲחֻזַּ֖ת הָעִֽיר׃ וְהַנּוֹתָ֣ר לַנָּשִׂ֣יא ׀

מִזֶּ֣ה ׀ וּמִזֶּ֣ה ׀ לִתְרֽוּמַת־הַקֹּ֣דֶשׁ וְלַאֲחֻזַּ֣ת הָעִ֡יר אֶל־פְּנֵ֣י חֲמִשָּׁה֩

וְעֶשְׂרִ֨ים אֶ֜לֶף ׀ תְּרוּמָ֗ה עַד־גְּב֤וּל קָדִ֙ימָה֙ וְיָ֙מָּה֙ עַל־פְּנֵ֣י חֲמִשָּׁ֤ה

וְעֶשְׂרִים֙ אֶ֔לֶף עַל־גְּב֣וּל יָ֔מָּה לְעֻמַּ֥ת חֲלָקִ֖ים לַנָּשִׂ֑יא וְהָיְתָה֙

כב תְּרוּמַ֣ת הַקֹּ֔דֶשׁ וּמִקְדַּ֥שׁ הַבַּ֖יִת בְּתוֹכֹֽה׃ וּמֵאֲחֻזַּ֣ת הַלְוִיִּ֗ם

וּמֵאֲחֻזַּ֣ת הָעִ֔יר בְּת֛וֹךְ אֲשֶׁ֥ר לַנָּשִׂ֖יא יִהְיֶ֑ה בֵּ֣ין ׀ גְּב֣וּל יְהוּדָ֗ה

כג וּבֵין֙ גְּב֣וּל בִּנְיָמִ֔ן לַנָּשִׂ֖יא יִהְיֶֽה׃ וְיֶ֖תֶר הַשְּׁבָטִ֑ים מִפְּאַ֥ת קָדִ֙ימָה֙

כד עַד־פְּאַת־יָ֔מָּה בִּנְיָמִ֖ן אֶחָֽד׃ וְעַ֣ל ׀ גְּב֣וּל בִּנְיָמִ֗ן מִפְּאַ֥ת קָדִ֙ימָה֙

כה עַד־פְּאַת־יָ֔מָּה שִׁמְע֖וֹן אֶחָֽד׃ וְעַ֣ל ׀ גְּב֣וּל שִׁמְע֗וֹן מִפְּאַ֥ת קָדִ֙ימָה֙

כו עַד־פְּאַת־יָ֔מָּה יִשָּׂשכָ֖ר אֶחָֽד׃ וְעַ֣ל ׀ גְּב֣וּל יִשָּׂשכָ֗ר מִפְּאַ֥ת קָדִ֙ימָה֙

כז עַד־פְּאַת־יָ֔מָּה זְבוּלֻ֖ן אֶחָֽד׃ וְעַ֣ל ׀ גְּב֣וּל זְבוּלֻ֗ן מִפְּאַ֥ת קָדְמָה֙

כח עַד־פְּאַת־יָ֔מָּה גָּ֖ד אֶחָֽד׃ וְעַל֙ גְּב֣וּל גָּ֔ד אֶל־פְּאַ֥ת נֶ֖גֶב תֵּימָ֑נָה

וְהָיָ֣ה גְב֗וּל מִתָּמָ֞ר מֵ֤י מְרִיבַת֙ קָדֵ֔שׁ נַחֲלָ֖ה עַל־הַיָּ֥ם הַגָּדֽוֹל׃

זֹ֣את הָאָ֗רֶץ אֲשֶׁר־תַּפִּ֤ילוּ מִֽנַּחֲלָה֙ לְשִׁבְטֵ֣י יִשְׂרָאֵ֔ל וְאֵ֖לֶּה כט
מַחְלְקוֹתָ֑ם נְאֻ֖ם אֲדֹנָ֥י יְהוִֽה׃ וְאֵ֖לֶּה תּוֹצְאֹ֣ת הָעִ֑יר ל
מִפְּאַ֥ת צָפ֛וֹן חֲמֵ֥שׁ מֵא֛וֹת וְאַרְבַּ֥עַת אֲלָפִ֖ים מִדָּֽה׃ וְשַׁעֲרֵ֣י הָעִ֗יר לא
עַל־שְׁמוֹת֙ שִׁבְטֵ֣י יִשְׂרָאֵ֔ל שְׁעָרִ֥ים שְׁלוֹשָׁ֖ה צָפ֑וֹנָה שַׁ֣עַר רְאוּבֵ֞ן
אֶחָ֗ד שַׁ֤עַר יְהוּדָה֙ אֶחָ֔ד שַׁ֥עַר לֵוִ֖י אֶחָֽד׃ וְאֶל־פְּאַ֣ת קָדִ֗ימָה חֲמֵ֤שׁ לב
מֵאוֹת֙ וְאַרְבַּ֣עַת אֲלָפִ֔ים וּשְׁעָרִ֖ים שְׁלֹשָׁ֑ה וְשַׁ֨עַר יוֹסֵ֜ף אֶחָ֗ד שַׁ֤עַר
בִּנְיָמִן֙ אֶחָ֔ד שַׁ֥עַר דָּ֖ן אֶחָֽד׃ וּפְאַת־נֶ֗גְבָּה חֲמֵ֤שׁ מֵאוֹת֙ וְאַרְבַּ֣עַת לג
אֲלָפִ֔ים מִדָּ֑ה וּשְׁעָרִ֣ים שְׁלֹשָׁ֑ה שַׁ֣עַר שִׁמְע֞וֹן אֶחָ֗ד שַׁ֤עַר יִשָּׂשכָר֙
אֶחָ֔ד שַׁ֥עַר זְבוּלֻ֖ן אֶחָֽד׃ פְּאַת־יָ֗מָּה חֲמֵ֤שׁ מֵאוֹת֙ וְאַרְבַּ֣עַת לד
אֲלָפִ֔ים שַׁעֲרֵיהֶ֖ם שְׁלֹשָׁ֑ה שַׁ֣עַר גָּ֤ד אֶחָ֔ד שַׁ֥עַר אָשֵׁר֙ אֶחָ֔ד
שַׁ֥עַר נַפְתָּלִ֖י אֶחָֽד׃ סָבִ֕יב שְׁמֹנָ֥ה עָשָׂ֖ר אָ֑לֶף וְשֵׁם־הָעִ֣יר לה
מִיּ֖וֹם יְהוָ֣ה ׀ שָֽׁמָּה׃

שנים עשר

הושע

יואל

עמוס

עובדיה

יונה

מיכה

נחום

חבקוק

צפניה

חגי

זכריה

מלאכי

א א דְּבַר־יְהוָ֣ה ׀ אֲשֶׁ֣ר הָיָ֗ה אֶל־הוֹשֵׁ֙עַ֙ בֶּן־בְּאֵרִ֔י בִּימֵ֨י עֻזִּיָּ֥ה
יוֹתָ֛ם אָחָ֥ז יְחִזְקִיָּ֖ה מַלְכֵ֣י יְהוּדָ֑ה וּבִימֵ֛י יָרָבְעָ֥ם בֶּן־יוֹאָ֖שׁ
ב מֶ֥לֶךְ יִשְׂרָאֵֽל׃ תְּחִלַּ֥ת דִּבֶּר־יְהוָ֖ה בְּהוֹשֵׁ֑עַ וַיֹּ֨אמֶר יְהוָ֜ה אֶל־
הוֹשֵׁ֗עַ לֵ֣ךְ קַח־לְךָ֞ אֵ֤שֶׁת זְנוּנִים֙ וְיַלְדֵ֣י זְנוּנִ֔ים כִּֽי־זָנֹ֤ה תִזְנֶה֙
ג הָאָ֔רֶץ מֵאַחֲרֵ֖י יְהוָֽה׃ וַיֵּ֗לֶךְ וַיִּקַּח֙ אֶת־גֹּ֣מֶר בַּת־דִּבְלָ֔יִם
ד וַתַּ֥הַר וַתֵּֽלֶד־ל֖וֹ בֵּֽן׃ וַיֹּ֤אמֶר יְהוָה֙ אֵלָ֔יו קְרָ֥א שְׁמ֖וֹ יִזְרְעֶ֑אל
כִּי־ע֣וֹד מְעַ֗ט וּפָקַדְתִּ֞י אֶת־דְּמֵ֤י יִזְרְעֶאל֙ עַל־בֵּ֣ית יֵה֔וּא
ה וְהִ֙שְׁבַּתִּ֔י מַמְלְכ֖וּת בֵּ֥ית יִשְׂרָאֵֽל׃ וְהָיָ֖ה בַּיּ֣וֹם הַה֑וּא וְשָׁבַרְתִּי֙
ו אֶת־קֶ֣שֶׁת יִשְׂרָאֵ֔ל בְּעֵ֖מֶק יִזְרְעֶֽאל׃ וַתַּ֤הַר עוֹד֙ וַתֵּ֣לֶד בַּ֔ת
וַיֹּ֣אמֶר ל֔וֹ קְרָ֥א שְׁמָ֖הּ לֹ֣א רֻחָ֑מָה כִּי֩ לֹ֨א אוֹסִ֜יף ע֗וֹד אֲרַחֵם֙
ז אֶת־בֵּ֣ית יִשְׂרָאֵ֔ל כִּֽי־נָשֹׂ֥א אֶשָּׂ֖א לָהֶֽם׃ וְאֶת־בֵּ֤ית יְהוּדָה֙
אֲרַחֵ֔ם וְהֽוֹשַׁעְתִּ֖ים בַּיהוָ֣ה אֱלֹהֵיהֶ֑ם וְלֹ֣א אוֹשִׁיעֵ֗ם בְּקֶ֤שֶׁת
ח וּבְחֶ֙רֶב֙ וּבְמִלְחָמָ֔ה בְּסוּסִ֖ים וּבְפָרָשִֽׁים׃ וַתִּגְמֹ֖ל אֶת־לֹ֣א
ט רֻחָ֑מָה וַתַּ֖הַר וַתֵּ֥לֶד בֵּֽן׃ וַיֹּ֕אמֶר קְרָ֥א שְׁמ֖וֹ לֹ֣א עַמִּ֑י כִּ֤י אַתֶּם֙
ב א לֹ֣א עַמִּ֔י וְאָנֹכִ֖י לֹא־אֶהְיֶ֥ה לָכֶֽם׃ וְהָיָ֞ה מִסְפַּ֤ר
בְּנֵֽי־יִשְׂרָאֵל֙ כְּח֣וֹל הַיָּ֔ם אֲשֶׁ֥ר לֹֽא־יִמַּ֖ד וְלֹ֣א יִסָּפֵ֑ר וְֽהָיָ֗ה
בִּמְק֞וֹם אֲשֶׁר־יֵאָמֵ֤ר לָהֶם֙ לֹֽא־עַמִּ֣י אַתֶּ֔ם יֵאָמֵ֥ר לָהֶ֖ם בְּנֵ֥י
ב אֵֽל־חָֽי׃ וְנִקְבְּצ֞וּ בְּנֵֽי־יְהוּדָ֤ה וּבְנֵֽי־יִשְׂרָאֵל֙ יַחְדָּ֔ו וְשָׂמ֥וּ לָהֶ֛ם
ג רֹ֥אשׁ אֶחָ֖ד וְעָל֣וּ מִן־הָאָ֑רֶץ כִּ֥י גָד֖וֹל י֥וֹם יִזְרְעֶֽאל׃ אִמְר֥וּ
ד לַאֲחֵיכֶ֖ם עַמִּ֑י וְלַאֲחֽוֹתֵיכֶ֖ם רֻחָֽמָה׃ רִ֤יבוּ בְאִמְּכֶם֙ רִ֔יבוּ
כִּֽי־הִיא֙ לֹ֣א אִשְׁתִּ֔י וְאָנֹכִ֖י לֹ֣א אִישָׁ֑הּ וְתָסֵ֤ר זְנוּנֶ֙יהָ֙ מִפָּנֶ֔יהָ
ה וְנַאֲפוּפֶ֖יהָ מִבֵּ֥ין שָׁדֶֽיהָ׃ פֶּן־אַפְשִׁיטֶ֣נָּה עֲרֻמָּ֔ה וְהִ֙צַּגְתִּ֔יהָ
כְּי֖וֹם הִוָּֽלְדָ֑הּ וְשַׂמְתִּ֣יהָ כַמִּדְבָּ֗ר וְשַׁתִּ֙הָ֙ כְּאֶ֣רֶץ צִיָּ֔ה וַהֲמִתִּ֖יהָ
ו ז בַּצָּמָֽא׃ וְאֶת־בָּנֶ֖יהָ לֹ֣א אֲרַחֵ֑ם כִּֽי־בְנֵ֥י זְנוּנִ֖ים הֵֽמָּה׃ כִּ֤י
זָֽנְתָה֙ אִמָּ֔ם הֹבִ֖ישָׁה הֽוֹרָתָ֑ם כִּ֣י אָמְרָ֗ה אֵלְכָ֞ה אַחֲרֵ֤י מְאַהֲבַי֙
ח נֹתְנֵ֤י לַחְמִי֙ וּמֵימַ֔י צַמְרִ֣י וּפִשְׁתִּ֔י שַׁמְנִ֖י וְשִׁקּוּיָֽי׃ לָכֵ֛ן הִנְנִי־
שָׂ֥ךְ אֶת־דַּרְכֵּ֖ךְ בַּסִּירִ֑ים וְגָֽדַרְתִּי֙ אֶת־גְּדֵרָ֔הּ וּנְתִיבוֹתֶ֖יהָ לֹ֥א

ט תִמְצָא׃ וְרִדְּפָה אֶת־מְאַהֲבֶיהָ וְלֹא־תַשִּׂיג אֹתָם וּבִקְשָׁתַם
וְלֹא תִמְצָא וְאָמְרָה אֵלְכָה וְאָשׁוּבָה אֶל־אִישִׁי הָרִאשׁוֹן
י כִּי טוֹב לִי אָז מֵעָתָּה׃ וְהִיא לֹא יָדְעָה כִּי אָנֹכִי נָתַתִּי
לָהּ הַדָּגָן וְהַתִּירוֹשׁ וְהַיִּצְהָר וְכֶסֶף הִרְבֵּיתִי לָהּ וְזָהָב עָשׂוּ
יא לַבָּעַל׃ לָכֵן אָשׁוּב וְלָקַחְתִּי דְגָנִי בְּעִתּוֹ וְתִירוֹשִׁי בְּמוֹעֲדוֹ
יב וְהִצַּלְתִּי צַמְרִי וּפִשְׁתִּי לְכַסּוֹת אֶת־עֶרְוָתָהּ׃ וְעַתָּה אֲגַלֶּה
אֶת־נַבְלֻתָהּ לְעֵינֵי מְאַהֲבֶיהָ וְאִישׁ לֹא־יַצִּילֶנָּה מִיָּדִי׃
יג וְהִשְׁבַּתִּי כָּל־מְשׂוֹשָׂהּ חַגָּהּ חָדְשָׁהּ וְשַׁבַּתָּהּ וְכֹל מוֹעֲדָהּ׃
יד וַהֲשִׁמֹּתִי גַּפְנָהּ וּתְאֵנָתָהּ אֲשֶׁר אָמְרָה אֶתְנָה הֵמָּה לִי אֲשֶׁר
נָתְנוּ־לִי מְאַהֲבָי וְשַׂמְתִּים לְיַעַר וַאֲכָלָתַם חַיַּת הַשָּׂדֶה׃
טו וּפָקַדְתִּי עָלֶיהָ אֶת־יְמֵי הַבְּעָלִים אֲשֶׁר תַּקְטִיר לָהֶם וַתַּעַד
נִזְמָהּ וְחֶלְיָתָהּ וַתֵּלֶךְ אַחֲרֵי מְאַהֲבֶיהָ וְאֹתִי שָׁכְחָה נְאֻם־
טז יְהוָה׃ לָכֵן הִנֵּה אָנֹכִי מְפַתֶּיהָ וְהֹלַכְתִּיהָ
יז הַמִּדְבָּר וְדִבַּרְתִּי עַל־לִבָּהּ׃ וְנָתַתִּי לָהּ אֶת־כְּרָמֶיהָ מִשָּׁם
וְאֶת־עֵמֶק עָכוֹר לְפֶתַח תִּקְוָה וְעָנְתָה שָּׁמָּה כִּימֵי נְעוּרֶיהָ
יח וּכְיוֹם עֲלוֹתָהּ מֵאֶרֶץ־מִצְרָיִם׃ וְהָיָה בַיּוֹם־
הַהוּא נְאֻם־יְהוָה תִּקְרְאִי אִישִׁי וְלֹא־תִקְרְאִי־לִי עוֹד בַּעְלִי׃
יט וַהֲסִרֹתִי אֶת־שְׁמוֹת הַבְּעָלִים מִפִּיהָ וְלֹא־יִזָּכְרוּ עוֹד בִּשְׁמָם׃
כ וְכָרַתִּי לָהֶם בְּרִית בַּיּוֹם הַהוּא עִם־חַיַּת הַשָּׂדֶה וְעִם־עוֹף
הַשָּׁמַיִם וְרֶמֶשׂ הָאֲדָמָה וְקֶשֶׁת וְחֶרֶב וּמִלְחָמָה אֶשְׁבּוֹר מִן־
כא הָאָרֶץ וְהִשְׁכַּבְתִּים לָבֶטַח׃ וְאֵרַשְׂתִּיךְ לִי לְעוֹלָם וְאֵרַשְׂתִּיךְ
כב לִי בְּצֶדֶק וּבְמִשְׁפָּט וּבְחֶסֶד וּבְרַחֲמִים׃ וְאֵרַשְׂתִּיךְ לִי בֶּאֱמוּנָה
כג וְיָדַעַתְּ אֶת־יְהוָה׃ וְהָיָה ׀ בַּיּוֹם הַהוּא אֶעֱנֶה
נְאֻם־יְהוָה אֶעֱנֶה אֶת־הַשָּׁמָיִם וְהֵם יַעֲנוּ אֶת־הָאָרֶץ׃
כד וְהָאָרֶץ תַּעֲנֶה אֶת־הַדָּגָן וְאֶת־הַתִּירוֹשׁ וְאֶת־הַיִּצְהָר
כה וְהֵם יַעֲנוּ אֶת־יִזְרְעֶאל׃ וּזְרַעְתִּיהָ לִּי בָּאָרֶץ וְרִחַמְתִּי אֶת־
לֹא רֻחָמָה וְאָמַרְתִּי לְלֹא־עַמִּי עַמִּי־אַתָּה וְהוּא יֹאמַר

ג א אֱלֹהָֽי׃ וַיֹּאמֶר יְהוָה אֵלַי עוֹד לֵךְ אֱהַב־אִשָּׁה
אֲהֻבַת רֵעַ וּמְנָאָפֶת כְּאַהֲבַת יְהוָה אֶת־בְּנֵי יִשְׂרָאֵל וְהֵם
ב פֹּנִים אֶל־אֱלֹהִים אֲחֵרִים וְאֹהֲבֵי אֲשִׁישֵׁי עֲנָבִים׃ וָאֶכְּרֶהָ
לִּי בַּחֲמִשָּׁה עָשָׂר כָּסֶף וְחֹמֶר שְׂעֹרִים וְלֶתֶךְ שְׂעֹרִים׃
ג וָאֹמַר אֵלֶיהָ יָמִים רַבִּים תֵּשְׁבִי לִי לֹא תִזְנִי וְלֹא תִהְיִי
ד לְאִישׁ וְגַם־אֲנִי אֵלָיִךְ׃ כִּי ׀ יָמִים רַבִּים יֵשְׁבוּ בְּנֵי יִשְׂרָאֵל
אֵין מֶלֶךְ וְאֵין שָׂר וְאֵין זֶבַח וְאֵין מַצֵּבָה וְאֵין אֵפוֹד
ה וּתְרָפִים׃ אַחַר יָשֻׁבוּ בְּנֵי יִשְׂרָאֵל וּבִקְשׁוּ אֶת־יְהוָה אֱלֹהֵיהֶם
וְאֵת דָּוִיד מַלְכָּם וּפָחֲדוּ אֶל־יְהוָה וְאֶל־טוּבוֹ בְּאַחֲרִית
ד א הַיָּמִים׃ שִׁמְעוּ דְבַר־יְהוָה בְּנֵי יִשְׂרָאֵל כִּי רִיב
לַיהוָה עִם־יוֹשְׁבֵי הָאָרֶץ כִּי אֵין־אֱמֶת וְאֵין־חֶסֶד וְאֵין־דַּעַת
ב אֱלֹהִים בָּאָרֶץ׃ אָלֹה וְכַחֵשׁ וְרָצֹחַ וְגָנֹב וְנָאֹף פָּרָצוּ וְדָמִים
ג בְּדָמִים נָגָעוּ׃ עַל־כֵּן ׀ תֶּאֱבַל הָאָרֶץ וְאֻמְלַל כָּל־יוֹשֵׁב בָּהּ
ד בְּחַיַּת הַשָּׂדֶה וּבְעוֹף הַשָּׁמָיִם וְגַם־דְּגֵי הַיָּם יֵאָסֵפוּ׃ אַךְ
ה אִישׁ אַל־יָרֵב וְאַל־יוֹכַח אִישׁ וְעַמְּךָ כִּמְרִיבֵי כֹהֵן׃ וְכָשַׁלְתָּ
ו הַיּוֹם וְכָשַׁל גַּם־נָבִיא עִמְּךָ לָיְלָה וְדָמִיתִי אִמֶּךָ׃ נִדְמוּ עַמִּי
מִבְּלִי הַדָּעַת כִּי אַתָּה הַדַּעַת מָאַסְתָּ ואמאסאך מִכַּהֵן לִי וְאֶמְאָסְךָ
ז וַתִּשְׁכַּח תּוֹרַת אֱלֹהֶיךָ אֶשְׁכַּח בָּנֶיךָ גַּם־אָנִי׃ כְּרֻבָּם כֵּן
ח חָטְאוּ־לִי כְּבוֹדָם בְּקָלוֹן אָמִיר׃ חַטַּאת עַמִּי יֹאכֵלוּ וְאֶל־
ט עֲוֺנָם יִשְׂאוּ נַפְשׁוֹ׃ וְהָיָה כָעָם כַּכֹּהֵן וּפָקַדְתִּי עָלָיו דְּרָכָיו
י וּמַעֲלָלָיו אָשִׁיב לוֹ׃ וְאָכְלוּ וְלֹא יִשְׂבָּעוּ הִזְנוּ וְלֹא יִפְרֹצוּ
יא כִּי־אֶת־יְהוָה עָזְבוּ לִשְׁמֹר׃ זְנוּת וְיַיִן וְתִירוֹשׁ יִקַּח־לֵב׃
יב עַמִּי בְּעֵצוֹ יִשְׁאָל וּמַקְלוֹ יַגִּיד לוֹ כִּי רוּחַ זְנוּנִים הִתְעָה
יג וַיִּזְנוּ מִתַּחַת אֱלֹהֵיהֶם׃ עַל־רָאשֵׁי הֶהָרִים יְזַבֵּחוּ וְעַל־
הַגְּבָעוֹת יְקַטֵּרוּ תַּחַת אַלּוֹן וְלִבְנֶה וְאֵלָה כִּי טוֹב צִלָּהּ
יד עַל־כֵּן תִּזְנֶינָה בְּנוֹתֵיכֶם וְכַלּוֹתֵיכֶם תְּנָאַפְנָה׃ לֹא־אֶפְקוֹד
עַל־בְּנוֹתֵיכֶם כִּי תִזְנֶינָה וְעַל־כַּלּוֹתֵיכֶם כִּי תְנָאַפְנָה כִּי־הֵם

עִם־הַזֹּנוֹת יְפָרֵדוּ וְעִם־הַקְּדֵשׁוֹת יְזַבֵּחוּ וְעָם לֹא־יָבִין
טו יִלָּבֵט׃ אִם־זֹנֶה אַתָּה יִשְׂרָאֵל אַל־יֶאְשַׁם יְהוּדָה וְאַל־
תָּבֹאוּ הַגִּלְגָּל וְאַל־תַּעֲלוּ בֵּית אָוֶן וְאַל־תִּשָּׁבְעוּ חַי־יְהוָה׃
טז כִּי כְּפָרָה סֹרֵרָה סָרַר יִשְׂרָאֵל עַתָּה יִרְעֵם יְהוָה כְּכֶבֶשׂ
יז יח בַּמֶּרְחָב׃ חֲבוּר עֲצַבִּים אֶפְרָיִם הַנַּח־לוֹ׃ סָר סָבְאָם הַזְנֵה הִזְנוּ
יט אָהֲבוּ הֵבוּ קָלוֹן מָגִנֶּיהָ׃ צָרַר רוּחַ אוֹתָהּ בִּכְנָפֶיהָ וְיֵבֹשׁוּ
ה א מִזִּבְחוֹתָם׃ שִׁמְעוּ־זֹאת הַכֹּהֲנִים וְהַקְשִׁיבוּ
בֵּית יִשְׂרָאֵל וּבֵית הַמֶּלֶךְ הַאֲזִינוּ כִּי לָכֶם הַמִּשְׁפָּט כִּי־פַח
ב הֱיִיתֶם לְמִצְפָּה וְרֶשֶׁת פְּרוּשָׂה עַל־תָּבוֹר׃ וְשַׁחֲטָה שֵׂטִים
ג הֶעְמִיקוּ וַאֲנִי מוּסָר לְכֻלָּם׃ אֲנִי יָדַעְתִּי אֶפְרַיִם וְיִשְׂרָאֵל
לֹא־נִכְחַד מִמֶּנִּי כִּי עַתָּה הִזְנֵיתָ אֶפְרַיִם נִטְמָא יִשְׂרָאֵל׃
ד לֹא יִתְּנוּ מַעַלְלֵיהֶם לָשׁוּב אֶל־אֱלֹהֵיהֶם כִּי רוּחַ זְנוּנִים
ה בְּקִרְבָּם וְאֶת־יְהוָה לֹא יָדָעוּ׃ וְעָנָה גְאוֹן־יִשְׂרָאֵל בְּפָנָיו
וְיִשְׂרָאֵל וְאֶפְרַיִם יִכָּשְׁלוּ בַּעֲוֹנָם כָּשַׁל גַּם־יְהוּדָה עִמָּם׃
ו בְּצֹאנָם וּבִבְקָרָם יֵלְכוּ לְבַקֵּשׁ אֶת־יְהוָה וְלֹא יִמְצָאוּ חָלַץ
ז מֵהֶם׃ בַּיהוָה בָּגָדוּ כִּי־בָנִים זָרִים יָלָדוּ עַתָּה יֹאכְלֵם חֹדֶשׁ
ח אֶת־חֶלְקֵיהֶם׃ תִּקְעוּ שׁוֹפָר בַּגִּבְעָה חֲצֹצְרָה
ט בָּרָמָה הָרִיעוּ בֵּית אָוֶן אַחֲרֶיךָ בִּנְיָמִין׃ אֶפְרַיִם לְשַׁמָּה תִהְיֶה
י בְּיוֹם תּוֹכֵחָה בְּשִׁבְטֵי יִשְׂרָאֵל הוֹדַעְתִּי נֶאֱמָנָה׃ הָיוּ שָׂרֵי
יא יְהוּדָה כְּמַסִּיגֵי גְּבוּל עֲלֵיהֶם אֶשְׁפּוֹךְ כַּמַּיִם עֶבְרָתִי׃ עָשׁוּק
יב אֶפְרַיִם רְצוּץ מִשְׁפָּט כִּי הוֹאִיל הָלַךְ אַחֲרֵי־צָו׃ וַאֲנִי כָעָשׁ
יג לְאֶפְרָיִם וְכָרָקָב לְבֵית יְהוּדָה׃ וַיַּרְא אֶפְרַיִם אֶת־חָלְיוֹ וִיהוּדָה
אֶת־מְזֹרוֹ וַיֵּלֶךְ אֶפְרַיִם אֶל־אַשּׁוּר וַיִּשְׁלַח אֶל־מֶלֶךְ יָרֵב
יד וְהוּא לֹא יוּכַל לִרְפֹּא לָכֶם וְלֹא־יִגְהֶה מִכֶּם מָזוֹר׃ כִּי אָנֹכִי
כַשַּׁחַל לְאֶפְרַיִם וְכַכְּפִיר לְבֵית יְהוּדָה אֲנִי אֲנִי אֶטְרֹף וְאֵלֵךְ
טו אֶשָּׂא וְאֵין מַצִּיל׃ אֵלֵךְ אָשׁוּבָה אֶל־מְקוֹמִי עַד אֲשֶׁר־
ו א יֶאְשְׁמוּ וּבִקְשׁוּ פָנָי בַּצַּר לָהֶם יְשַׁחֲרֻנְנִי׃ לְכוּ וְנָשׁוּבָה אֶל־

ב יְהוָה כִּי הוּא טָרָף וְיִרְפָּאֵנוּ יַךְ וְיַחְבְּשֵׁנוּ׃ יְחַיֵּנוּ מִיֹּמָיִם בַּיּוֹם ב
ג הַשְּׁלִישִׁי יְקִמֵנוּ וְנִחְיֶה לְפָנָיו׃ וְנֵדְעָה נִרְדְּפָה לָדַעַת אֶת־יְהוָה
כְּשַׁחַר נָכוֹן מֹצָאוֹ וְיָבוֹא כַגֶּשֶׁם לָנוּ כְּמַלְקוֹשׁ יוֹרֶה אָרֶץ׃
ד מָה אֶעֱשֶׂה־לְּךָ אֶפְרַיִם מָה אֶעֱשֶׂה־לְּךָ יְהוּדָה וְחַסְדְּכֶם
ה כַּעֲנַן־בֹּקֶר וְכַטַּל מַשְׁכִּים הֹלֵךְ׃ עַל־כֵּן חָצַבְתִּי בַּנְּבִיאִים
ו הֲרַגְתִּים בְּאִמְרֵי־פִי וּמִשְׁפָּטֶיךָ אוֹר יֵצֵא׃ כִּי חֶסֶד חָפַצְתִּי
ז וְלֹא־זָבַח וְדַעַת אֱלֹהִים מֵעֹלוֹת׃ וְהֵמָּה כְּאָדָם עָבְרוּ בְרִית
ח ט שָׁם בָּגְדוּ בִי׃ גִּלְעָד קִרְיַת פֹּעֲלֵי אָוֶן עֲקֻבָּה מִדָּם׃ וּכְחַכֵּי אִישׁ
י גְּדוּדִים חֶבֶר כֹּהֲנִים דֶּרֶךְ יְרַצְּחוּ־שֶׁכְמָה כִּי זִמָּה עָשׂוּ׃ בְּבֵית
יִשְׂרָאֵל רָאִיתִי שעריריה שָׁם זְנוּת לְאֶפְרַיִם נִטְמָא יִשְׂרָאֵל׃ שַׁעֲרוּרִיָּה
ז יא א גַּם־יְהוּדָה שָׁת קָצִיר לָךְ בְּשׁוּבִי שְׁבוּת עַמִּי׃ כְּרָפְאִי
לְיִשְׂרָאֵל וְנִגְלָה עֲוֹן אֶפְרַיִם וְרָעוֹת שֹׁמְרוֹן כִּי פָעֲלוּ שָׁקֶר
ב וְגַנָּב יָבוֹא פָּשַׁט גְּדוּד בַּחוּץ׃ וּבַל־יֹאמְרוּ לִלְבָבָם כָּל־רָעָתָם
ג זָכָרְתִּי עַתָּה סְבָבוּם מַעַלְלֵיהֶם נֶגֶד פָּנַי הָיוּ׃ בְּרָעָתָם
ד יְשַׂמְּחוּ־מֶלֶךְ וּבְכַחֲשֵׁיהֶם שָׂרִים׃ כֻּלָּם מְנָאֲפִים כְּמוֹ תַנּוּר
ה בֹּעֵרָה מֵאֹפֶה יִשְׁבּוֹת מֵעִיר מִלּוּשׁ בָּצֵק עַד־חֻמְצָתוֹ׃ יוֹם
ו מַלְכֵּנוּ הֶחֱלוּ שָׂרִים חֲמַת מִיָּיִן מָשַׁךְ יָדוֹ אֶת־לֹצְצִים׃ כִּי־
קֵרְבוּ כַתַּנּוּר לִבָּם בְּאָרְבָּם כָּל־הַלַּיְלָה יָשֵׁן אֹפֵהֶם בֹּקֶר
ז הוּא בֹעֵר כְּאֵשׁ לֶהָבָה׃ כֻּלָּם יֵחַמּוּ כַּתַּנּוּר וְאָכְלוּ אֶת־
ח שֹׁפְטֵיהֶם כָּל־מַלְכֵיהֶם נָפָלוּ אֵין־קֹרֵא בָהֶם אֵלָי׃ אֶפְרַיִם
ט בָּעַמִּים הוּא יִתְבּוֹלָל אֶפְרַיִם הָיָה עֻגָה בְּלִי הֲפוּכָה׃ אָכְלוּ
זָרִים כֹּחוֹ וְהוּא לֹא יָדָע גַּם־שֵׂיבָה זָרְקָה בּוֹ וְהוּא לֹא יָדָע׃
י וְעָנָה גְאוֹן־יִשְׂרָאֵל בְּפָנָיו וְלֹא־שָׁבוּ אֶל־יְהוָה אֱלֹהֵיהֶם
יא וְלֹא בִקְשֻׁהוּ בְּכָל־זֹאת׃ וַיְהִי אֶפְרַיִם כְּיוֹנָה פוֹתָה אֵין
יב לֵב מִצְרַיִם קָרָאוּ אַשּׁוּר הָלָכוּ׃ כַּאֲשֶׁר יֵלֵכוּ אֶפְרוֹשׂ
עֲלֵיהֶם רִשְׁתִּי כְּעוֹף הַשָּׁמַיִם אוֹרִידֵם אַיְסִרֵם כְּשֵׁמַע
יג לַעֲדָתָם׃ אוֹי לָהֶם כִּי־נָדְדוּ מִמֶּנִּי שֹׁד לָהֶם כִּי־

יד פָּשְׁעוּ בִי וְאָנֹכִי אֶפְדֵּם וְהֵמָּה דִּבְּרוּ עָלַי כְּזָבִים: וְלֹא־זָעֲקוּ
אֵלַי בְּלִבָּם כִּי יְיֵלִילוּ עַל־מִשְׁכְּבוֹתָם עַל־דָּגָן וְתִירוֹשׁ
טו יִתְגּוֹרָרוּ יָסוּרוּ בִי: וַאֲנִי יִסַּרְתִּי חִזַּקְתִּי זְרוֹעֹתָם וְאֵלַי
טז יְחַשְּׁבוּ־רָע: יָשׁוּבוּ ׀ לֹא עָל הָיוּ כְּקֶשֶׁת רְמִיָּה יִפְּלוּ בַחֶרֶב
ח א שָׂרֵיהֶם מִזַּעַם לְשׁוֹנָם זוֹ לַעְגָּם בְּאֶרֶץ מִצְרָיִם: אֶל־חִכְּךָ
שֹׁפָר כַּנֶּשֶׁר עַל־בֵּית יְהוָה יַעַן עָבְרוּ בְרִיתִי וְעַל־תּוֹרָתִי
ב ג פָּשָׁעוּ: לִי יִזְעָקוּ אֱלֹהַי יְדַעֲנוּךָ יִשְׂרָאֵל: זָנַח יִשְׂרָאֵל טוֹב
ד אוֹיֵב יִרְדְּפוֹ: הֵם הִמְלִיכוּ וְלֹא מִמֶּנִּי הֵשִׂירוּ וְלֹא יָדָעְתִּי
ה כַּסְפָּם וּזְהָבָם עָשׂוּ לָהֶם עֲצַבִּים לְמַעַן יִכָּרֵת: זָנַח עֶגְלֵךְ
ו שֹׁמְרוֹן חָרָה אַפִּי בָּם עַד־מָתַי לֹא יוּכְלוּ נִקָּיֹן: כִּי מִיִּשְׂרָאֵל
וְהוּא חָרָשׁ עָשָׂהוּ וְלֹא אֱלֹהִים הוּא כִּי־שְׁבָבִים יִהְיֶה עֵגֶל
ז שֹׁמְרוֹן: כִּי רוּחַ יִזְרָעוּ וְסוּפָתָה יִקְצֹרוּ קָמָה אֵין־לוֹ צֶמַח
ח בְּלִי יַעֲשֶׂה־קֶּמַח אוּלַי יַעֲשֶׂה זָרִים יִבְלָעֻהוּ: נִבְלַע יִשְׂרָאֵל
ט עַתָּה הָיוּ בַגּוֹיִם כִּכְלִי אֵין־חֵפֶץ בּוֹ: כִּי־הֵמָּה עָלוּ אַשּׁוּר
י פֶּרֶא בּוֹדֵד לוֹ אֶפְרַיִם הִתְנוּ אֲהָבִים: גַּם כִּי־יִתְנוּ בַגּוֹיִם
יא עַתָּה אֲקַבְּצֵם וַיָּחֵלּוּ מְּעָט מִמַּשָּׂא מֶלֶךְ שָׂרִים: כִּי־הִרְבָּה
יב אֶפְרַיִם מִזְבְּחֹת לַחֲטֹא הָיוּ־לוֹ מִזְבְּחוֹת לַחֲטֹא: אכתוב־ אֶכְתָּב־
יג לוֹ רבו תּוֹרָתִי כְּמוֹ־זָר נֶחְשָׁבוּ: זִבְחֵי הַבְהָבַי יִזְבְּחוּ בָשָׂר רֻבֵּי
וַיֹּאכֵלוּ יְהוָה לֹא רָצָם עַתָּה יִזְכֹּר עֲוֺנָם וְיִפְקֹד חַטֹּאתָם
יד הֵמָּה מִצְרַיִם יָשׁוּבוּ: וַיִּשְׁכַּח יִשְׂרָאֵל אֶת־עֹשֵׂהוּ וַיִּבֶן הֵיכָלוֹת
וִיהוּדָה הִרְבָּה עָרִים בְּצֻרוֹת וְשִׁלַּחְתִּי־אֵשׁ בְּעָרָיו וְאָכְלָה
ט א אַרְמְנֹתֶיהָ: אַל־תִּשְׂמַח יִשְׂרָאֵל ׀ אֶל־גִּיל
כָּעַמִּים כִּי זָנִיתָ מֵעַל אֱלֹהֶיךָ אָהַבְתָּ אֶתְנָן עַל כָּל־גָּרְנוֹת
ב ג דָּגָן: גֹּרֶן וָיֶקֶב לֹא יִרְעֵם וְתִירוֹשׁ יְכַחֶשׁ בָּהּ: לֹא יֵשְׁבוּ
בְּאֶרֶץ יְהוָה וְשָׁב אֶפְרַיִם מִצְרַיִם וּבְאַשּׁוּר טָמֵא יֹאכֵלוּ:
ד לֹא־יִסְּכוּ לַיהוָה ׀ יַיִן וְלֹא יֶעֶרְבוּ־לוֹ זִבְחֵיהֶם כְּלֶחֶם אוֹנִים
לָהֶם כָּל־אֹכְלָיו יִטַּמָּאוּ כִּי־לַחְמָם לְנַפְשָׁם לֹא יָבוֹא בֵּית

ה ו יְהוָה: מַה־תַּעֲשׂוּ לְיוֹם מוֹעֵד וּלְיוֹם חַג־יְהוָה: כִּי־הִנֵּה
הָלְכוּ מִשֹּׁד מִצְרַיִם תְּקַבְּצֵם מֹף תְּקַבְּרֵם מַחְמַד לְכַסְפָּם
ז קִמּוֹשׂ יִירָשֵׁם חוֹחַ בְּאָהֳלֵיהֶם: בָּאוּ ׀ יְמֵי הַפְּקֻדָּה בָּאוּ יְמֵי
הַשִּׁלֻּם יֵדְעוּ יִשְׂרָאֵל אֱוִיל הַנָּבִיא מְשֻׁגָּע אִישׁ הָרוּחַ עַל רֹב
ח עֲוֹנְךָ וְרַבָּה מַשְׂטֵמָה: צֹפֶה אֶפְרַיִם עִם־אֱלֹהָי נָבִיא פַּח יָקוֹשׁ
ט עַל־כָּל־דְּרָכָיו מַשְׂטֵמָה בְּבֵית אֱלֹהָיו: הֶעְמִיקוּ שִׁחֵתוּ כִּימֵי
י הַגִּבְעָה יִזְכּוֹר עֲוֹנָם יִפְקוֹד חַטֹּאתָם: כַּעֲנָבִים
בַּמִּדְבָּר מָצָאתִי יִשְׂרָאֵל כְּבִכּוּרָה בִתְאֵנָה בְּרֵאשִׁיתָהּ רָאִיתִי
אֲבוֹתֵיכֶם הֵמָּה בָּאוּ בַעַל־פְּעוֹר וַיִּנָּזְרוּ לַבֹּשֶׁת וַיִּהְיוּ שִׁקּוּצִים
יא כְּאָהֳבָם: אֶפְרַיִם כָּעוֹף יִתְעוֹפֵף כְּבוֹדָם מִלֵּדָה וּמִבֶּטֶן
יב וּמֵהֵרָיוֹן: כִּי אִם־יְגַדְּלוּ אֶת־בְּנֵיהֶם וְשִׁכַּלְתִּים מֵאָדָם כִּי־
יג גַם־אוֹי לָהֶם בְּשׂוּרִי מֵהֶם: אֶפְרַיִם כַּאֲשֶׁר־רָאִיתִי לְצוֹר
יד שְׁתוּלָה בְנָוֶה וְאֶפְרַיִם לְהוֹצִיא אֶל־הֹרֵג בָּנָיו: תֵּן־לָהֶם
טו יְהוָה מַה־תִּתֵּן תֵּן־לָהֶם רֶחֶם מַשְׁכִּיל וְשָׁדַיִם צֹמְקִים: כָּל־
רָעָתָם בַּגִּלְגָּל כִּי־שָׁם שְׂנֵאתִים עַל רֹעַ מַעַלְלֵיהֶם מִבֵּיתִי
טז אֲגָרְשֵׁם לֹא אוֹסֵף אַהֲבָתָם כָּל־שָׂרֵיהֶם סֹרְרִים: הֻכָּה
אֶפְרַיִם שָׁרְשָׁם יָבֵשׁ פְּרִי בלי־יַעֲשׂוּן גַּם כִּי יֵלֵדוּן וְהֵמַתִּי בַּל־
יז מַחֲמַדֵּי בִטְנָם: יִמְאָסֵם אֱלֹהַי כִּי לֹא שָׁמְעוּ לוֹ וְיִהְיוּ
י א נֹדְדִים בַּגּוֹיִם: גֶּפֶן בּוֹקֵק יִשְׂרָאֵל פְּרִי יְשַׁוֶּה־לּוֹ
כְּרֹב לְפִרְיוֹ הִרְבָּה לַמִּזְבְּחוֹת כְּטוֹב לְאַרְצוֹ הֵיטִיבוּ מַצֵּבוֹת:
ב חָלַק לִבָּם עַתָּה יֶאְשָׁמוּ הוּא יַעֲרֹף מִזְבְּחוֹתָם יְשֹׁדֵד מַצֵּבוֹתָם:
ג כִּי עַתָּה יֹאמְרוּ אֵין מֶלֶךְ לָנוּ כִּי לֹא יָרֵאנוּ אֶת־יְהוָה
ד וְהַמֶּלֶךְ מַה־יַּעֲשֶׂה־לָּנוּ: דִּבְּרוּ דְבָרִים אָלוֹת שָׁוְא כָּרֹת
ה בְּרִית וּפָרַח כָּרֹאשׁ מִשְׁפָּט עַל תַּלְמֵי שָׂדָי: לְעֶגְלוֹת בֵּית
אָוֶן יָגוּרוּ שְׁכַן שֹׁמְרוֹן כִּי־אָבַל עָלָיו עַמּוֹ וּכְמָרָיו עָלָיו יָגִילוּ
ו עַל־כְּבוֹדוֹ כִּי־גָלָה מִמֶּנּוּ: גַּם־אוֹתוֹ לְאַשּׁוּר יוּבָל מִנְחָה
ז לְמֶלֶךְ יָרֵב בָּשְׁנָה אֶפְרַיִם יִקָּח וְיֵבוֹשׁ יִשְׂרָאֵל מֵעֲצָתוֹ: נִדְמֶה

ח שֹׁמְרוֹן מַלְכָּהּ כְּקֶצֶף עַל־פְּנֵי־מָיִם׃ וְנִשְׁמְדוּ בָּמוֹת אָוֶן
חַטַּאת יִשְׂרָאֵל קוֹץ וְדַרְדַּר יַעֲלֶה עַל־מִזְבְּחוֹתָם וְאָמְרוּ
ט לֶהָרִים כַּסּוּנוּ וְלַגְּבָעוֹת נִפְלוּ עָלֵינוּ׃ מִימֵי
הַגִּבְעָה חָטָאתָ יִשְׂרָאֵל שָׁם עָמָדוּ לֹא־תַשִּׂיגֵם בַּגִּבְעָה
י מִלְחָמָה עַל־בְּנֵי עַלְוָה׃ בְּאַוָּתִי וְאֶסֳּרֵם וְאֻסְּפוּ עֲלֵיהֶם עַמִּים
יא בְּאָסְרָם לִשְׁתֵּי עֵינֹתָם׃ וְאֶפְרַיִם עֶגְלָה מְלֻמָּדָה אֹהַבְתִּי עוֹנוֹתָם
לָדוּשׁ וַאֲנִי עָבַרְתִּי עַל־טוּב צַוָּארָהּ אַרְכִּיב אֶפְרַיִם יַחֲרוֹשׁ
יב יְהוּדָה יְשַׂדֶּד־לוֹ יַעֲקֹב׃ זִרְעוּ לָכֶם לִצְדָקָה קִצְרוּ לְפִי־חֶסֶד ג
נִירוּ לָכֶם נִיר וְעֵת לִדְרוֹשׁ אֶת־יהוה עַד־יָבוֹא וְיֹרֶה צֶדֶק
יג לָכֶם׃ חֲרַשְׁתֶּם־רֶשַׁע עַוְלָתָה קְצַרְתֶּם אֲכַלְתֶּם פְּרִי־כָחַשׁ
יד כִּי־בָטַחְתָּ בְדַרְכְּךָ בְּרֹב גִּבּוֹרֶיךָ׃ וְקָאם שָׁאוֹן בְּעַמֶּךָ וְכָל־
מִבְצָרֶיךָ יוּשַּׁד כְּשֹׁד שַׁלְמַן בֵּית אַרְבֵאל בְּיוֹם מִלְחָמָה אֵם
טו עַל־בָּנִים רֻטָּשָׁה׃ כָּכָה עָשָׂה לָכֶם בֵּית־אֵל מִפְּנֵי רָעַת
א רָעַתְכֶם בַּשַּׁחַר נִדְמֹה נִדְמָה מֶלֶךְ יִשְׂרָאֵל׃ כִּי נַעַר יִשְׂרָאֵל יא
ב וָאֹהֲבֵהוּ וּמִמִּצְרַיִם קָרָאתִי לִבְנִי׃ קָרְאוּ לָהֶם כֵּן הָלְכוּ
ג מִפְּנֵיהֶם לַבְּעָלִים יְזַבֵּחוּ וְלַפְּסִלִים יְקַטֵּרוּן׃ וְאָנֹכִי תִרְגַּלְתִּי
ד לְאֶפְרַיִם קָחָם עַל־זְרוֹעֹתָיו וְלֹא יָדְעוּ כִּי רְפָאתִים׃ בְּחַבְלֵי
אָדָם אֶמְשְׁכֵם בַּעֲבֹתוֹת אַהֲבָה וָאֶהְיֶה לָהֶם כִּמְרִימֵי עֹל
ה עַל לְחֵיהֶם וְאַט אֵלָיו אוֹכִיל׃ לֹא יָשׁוּב אֶל־אֶרֶץ מִצְרַיִם
ו וְאַשּׁוּר הוּא מַלְכּוֹ כִּי מֵאֲנוּ לָשׁוּב׃ וְחָלָה חֶרֶב בְּעָרָיו וְכִלְּתָה
ז בַדָּיו וְאָכָלָה מִמֹּעֲצוֹתֵיהֶם׃ וְעַמִּי תְלוּאִים לִמְשׁוּבָתִי וְאֶל־
ח עַל יִקְרָאֻהוּ יַחַד לֹא יְרוֹמֵם׃ אֵיךְ אֶתֶּנְךָ אֶפְרַיִם אֲמַגֶּנְךָ
יִשְׂרָאֵל אֵיךְ אֶתֶּנְךָ כְאַדְמָה אֲשִׂימְךָ כִּצְבֹאיִם נֶהְפַּךְ עָלַי
ט לִבִּי יַחַד נִכְמְרוּ נִחוּמָי׃ לֹא אֶעֱשֶׂה חֲרוֹן אַפִּי לֹא אָשׁוּב
לְשַׁחֵת אֶפְרָיִם כִּי אֵל אָנֹכִי וְלֹא־אִישׁ בְּקִרְבְּךָ קָדוֹשׁ וְלֹא
י אָבוֹא בְּעִיר׃ אַחֲרֵי יהוה יֵלְכוּ כְּאַרְיֵה יִשְׁאָג כִּי־הוּא יִשְׁאַג
יא וְיֶחֶרְדוּ בָנִים מִיָּם׃ יֶחֶרְדוּ כְצִפּוֹר מִמִּצְרַיִם וּכְיוֹנָה מֵאֶרֶץ

א אַשּׁוּר וְהוֹשַׁבְתִּים עַל־בָּתֵּיהֶם נְאֻם־יְהוָה׃ סְבָבֻנִי
בְכַחַשׁ אֶפְרַיִם וּבְמִרְמָה בֵּית יִשְׂרָאֵל וִיהוּדָה עֹד רָד עִם־אֵל
ב וְעִם־קְדוֹשִׁים נֶאֱמָן׃ אֶפְרַיִם רֹעֶה רוּחַ וְרֹדֵף קָדִים כָּל־הַיּוֹם
כָּזָב וָשֹׁד יַרְבֶּה וּבְרִית עִם־אַשּׁוּר יִכְרֹתוּ וְשֶׁמֶן לְמִצְרַיִם
ג יוּבָל׃ וְרִיב לַיהוָה עִם־יְהוּדָה וְלִפְקֹד עַל־יַעֲקֹב כִּדְרָכָיו
ד כְּמַעֲלָלָיו יָשִׁיב לוֹ׃ בַּבֶּטֶן עָקַב אֶת־אָחִיו וּבְאוֹנוֹ שָׂרָה אֶת־
ה אֱלֹהִים׃ וַיָּשַׂר אֶל־מַלְאָךְ וַיֻּכָל בָּכָה וַיִּתְחַנֶּן־לוֹ בֵּית־אֵל
ו יִמְצָאֶנּוּ וְשָׁם יְדַבֵּר עִמָּנוּ׃ וַיהוָה אֱלֹהֵי הַצְּבָאוֹת יְהוָה זִכְרוֹ׃
ז וְאַתָּה בֵּאלֹהֶיךָ תָשׁוּב חֶסֶד וּמִשְׁפָּט שְׁמֹר וְקַוֵּה אֶל־אֱלֹהֶיךָ
ח ט תָּמִיד׃ כְּנַעַן בְּיָדוֹ מֹאזְנֵי מִרְמָה לַעֲשֹׁק אָהֵב׃ וַיֹּאמֶר אֶפְרַיִם
אַךְ עָשַׁרְתִּי מָצָאתִי אוֹן לִי כָּל־יְגִיעַי לֹא יִמְצְאוּ־לִי עָוֺן אֲשֶׁר־
י חֵטְא׃ וְאָנֹכִי יְהוָה אֱלֹהֶיךָ מֵאֶרֶץ מִצְרָיִם עֹד אוֹשִׁיבְךָ בָאֳהָלִים
יא כִּימֵי מוֹעֵד׃ וְדִבַּרְתִּי עַל־הַנְּבִיאִים וְאָנֹכִי חָזוֹן הִרְבֵּיתִי וּבְיַד
יב הַנְּבִיאִים אֲדַמֶּה׃ אִם־גִּלְעָד אָוֶן אַךְ־שָׁוְא הָיוּ בַּגִּלְגָּל שְׁוָרִים
יג זִבֵּחוּ גַּם מִזְבְּחוֹתָם כְּגַלִּים עַל תַּלְמֵי שָׂדָי׃ וַיִּבְרַח יַעֲקֹב שְׂדֵה
יד אֲרָם וַיַּעֲבֹד יִשְׂרָאֵל בְּאִשָּׁה וּבְאִשָּׁה שָׁמָר׃ וּבְנָבִיא הֶעֱלָה
טו יְהוָה אֶת־יִשְׂרָאֵל מִמִּצְרָיִם וּבְנָבִיא נִשְׁמָר׃ הִכְעִיס אֶפְרַיִם
יג א תַּמְרוּרִים וְדָמָיו עָלָיו יִטּוֹשׁ וְחֶרְפָּתוֹ יָשִׁיב לוֹ אֲדֹנָיו׃ כְּדַבֵּר
ב אֶפְרַיִם רְתֵת נָשָׂא הוּא בְּיִשְׂרָאֵל וַיֶּאְשַׁם בַּבַּעַל וַיָּמֹת׃ וְעַתָּה ׀
יוֹסִפוּ לַחֲטֹא וַיַּעֲשׂוּ לָהֶם מַסֵּכָה מִכַּסְפָּם כִּתְבוּנָם עֲצַבִּים
מַעֲשֵׂה חָרָשִׁים כֻּלֹּה לָהֶם הֵם אֹמְרִים זֹבְחֵי אָדָם עֲגָלִים יִשָּׁקוּן׃
ג לָכֵן יִהְיוּ כַּעֲנַן־בֹּקֶר וְכַטַּל מַשְׁכִּים הֹלֵךְ כְּמֹץ יְסֹעֵר מִגֹּרֶן
ד וּכְעָשָׁן מֵאֲרֻבָּה׃ וְאָנֹכִי יְהוָה אֱלֹהֶיךָ מֵאֶרֶץ מִצְרָיִם וֵאלֹהִים
ה זוּלָתִי לֹא תֵדָע וּמוֹשִׁיעַ אַיִן בִּלְתִּי׃ אֲנִי יְדַעְתִּיךָ בַּמִּדְבָּר בְּאֶרֶץ
ו תַּלְאֻבוֹת׃ כְּמַרְעִיתָם וַיִּשְׂבָּעוּ שָׂבְעוּ וַיָּרָם לִבָּם עַל־כֵּן שְׁכֵחוּנִי׃
ז ח וָאֱהִי לָהֶם כְּמוֹ־שָׁחַל כְּנָמֵר עַל־דֶּרֶךְ אָשׁוּר׃ אֶפְגְּשֵׁם כְּדֹב
שַׁכּוּל וְאֶקְרַע סְגוֹר לִבָּם וְאֹכְלֵם שָׁם כְּלָבִיא חַיַּת הַשָּׂדֶה

ט י תְּבַקֵּעַם׃ שִׁחֶתְךָ יִשְׂרָאֵל כִּי־בִי בְעֶזְרֶךָ׃ אֱהִי מַלְכְּךָ אֵפוֹא
וְיוֹשִׁיעֲךָ בְּכָל־עָרֶיךָ וְשֹׁפְטֶיךָ אֲשֶׁר אָמַרְתָּ תְּנָה־לִּי מֶלֶךְ וְשָׂרִים׃
יא יב אֶתֶּן־לְךָ מֶלֶךְ בְּאַפִּי וְאֶקַּח בְּעֶבְרָתִי׃ צָרוּר עֲוֹן
יג אֶפְרָיִם צְפוּנָה חַטָּאתוֹ׃ חֶבְלֵי יוֹלֵדָה יָבֹאוּ לוֹ הוּא־בֵן לֹא חָכָם
יד כִּי־עֵת לֹא־יַעֲמֹד בְּמִשְׁבַּר בָּנִים׃ מִיַּד שְׁאוֹל אֶפְדֵּם מִמָּוֶת
אֶגְאָלֵם אֱהִי דְבָרֶיךָ מָוֶת אֱהִי קָטָבְךָ שְׁאוֹל נֹחַם יִסָּתֵר מֵעֵינָי׃
טו כִּי הוּא בֵּין אַחִים יַפְרִיא יָבוֹא קָדִים רוּחַ יְהוָה מִמִּדְבָּר עֹלֶה
וְיֵבוֹשׁ מְקוֹרוֹ וְיֶחֱרַב מַעְיָנוֹ הוּא יִשְׁסֶה אוֹצַר כָּל־כְּלִי חֶמְדָּה׃
יד א תֶּאְשַׁם שֹׁמְרוֹן כִּי מָרְתָה בֵּאלֹהֶיהָ בַּחֶרֶב יִפְּלוּ עֹלְלֵיהֶם
ב יְרֻטָּשׁוּ וְהָרִיּוֹתָיו יְבֻקָּעוּ׃ שׁוּבָה יִשְׂרָאֵל עַד יְהוָה
ג אֱלֹהֶיךָ כִּי כָשַׁלְתָּ בַּעֲוֹנֶךָ׃ קְחוּ עִמָּכֶם דְּבָרִים וְשׁוּבוּ אֶל־יְהוָה
אִמְרוּ אֵלָיו כָּל־תִּשָּׂא עָוֹן וְקַח־טוֹב וּנְשַׁלְּמָה פָרִים שְׂפָתֵינוּ׃
ד אַשּׁוּר ׀ לֹא יוֹשִׁיעֵנוּ עַל־סוּס לֹא נִרְכָּב וְלֹא־נֹאמַר עוֹד אֱלֹהֵינוּ
ה לְמַעֲשֵׂה יָדֵינוּ אֲשֶׁר־בְּךָ יְרֻחַם יָתוֹם׃ אֶרְפָּא מְשׁוּבָתָם אֹהֲבֵם
ו נְדָבָה כִּי שָׁב אַפִּי מִמֶּנּוּ׃ אֶהְיֶה כַטַּל לְיִשְׂרָאֵל יִפְרַח כַּשּׁוֹשַׁנָּה ד
ז וְיַךְ שָׁרָשָׁיו כַּלְּבָנוֹן׃ יֵלְכוּ יֹנְקוֹתָיו וִיהִי כַזַּיִת הוֹדוֹ וְרֵיחַ לוֹ
ח כַּלְּבָנוֹן׃ יָשֻׁבוּ יֹשְׁבֵי בְצִלּוֹ יְחַיּוּ דָגָן וְיִפְרְחוּ כַגָּפֶן זִכְרוֹ כְּיֵין
ט לְבָנוֹן׃ אֶפְרַיִם מַה־לִּי עוֹד לָעֲצַבִּים אֲנִי עָנִיתִי וַאֲשׁוּרֶנּוּ אֲנִי
י כִּבְרוֹשׁ רַעֲנָן מִמֶּנִּי פֶּרְיְךָ נִמְצָא׃ מִי חָכָם וְיָבֵן אֵלֶּה נָבוֹן וְיֵדָעֵם
כִּי־יְשָׁרִים דַּרְכֵי יְהוָה וְצַדִּקִים יֵלְכוּ בָם וּפֹשְׁעִים יִכָּשְׁלוּ בָם׃

יואל

א א ב דְּבַר־יְהוָה אֲשֶׁר הָיָה אֶל־יוֹאֵל בֶּן־פְּתוּאֵל׃ שִׁמְעוּ־זֹאת הַזְּקֵנִים
וְהַאֲזִינוּ כֹּל יוֹשְׁבֵי הָאָרֶץ הֶהָיְתָה זֹּאת בִּימֵיכֶם וְאִם בִּימֵי
ג אֲבֹתֵיכֶם׃ עָלֶיהָ לִבְנֵיכֶם סַפֵּרוּ וּבְנֵיכֶם לִבְנֵיהֶם וּבְנֵיהֶם לְדוֹר
ד אַחֵר׃ יֶתֶר הַגָּזָם אָכַל הָאַרְבֶּה וְיֶתֶר הָאַרְבֶּה אָכַל הַיָּלֶק וְיֶתֶר

ה הַיֶּ֖לֶק אָכַ֣ל הֶחָסִ֑יל הָקִ֤יצוּ שִׁכּוֹרִים֙ וּבְכ֔וּ וְהֵילִ֖לוּ כָּל־שֹׁ֥תֵי יָ֑יִן
ו עַל־עָסִ֖יס כִּ֥י נִכְרַ֖ת מִפִּיכֶֽם׃ כִּֽי־גוֹי֙ עָלָ֣ה עַל־אַרְצִ֔י עָצ֖וּם וְאֵ֣ין
ז מִסְפָּ֑ר שִׁנָּיו֙ שִׁנֵּ֣י אַרְיֵ֔ה וּֽמְתַלְּע֥וֹת לָבִ֖יא לֽוֹ׃ שָׂ֤ם גַּפְנִי֙ לְשַׁמָּ֔ה
ח וּתְאֵנָתִ֖י לִקְצָפָ֑ה חָשֹׂ֤ף חֲשָׂפָהּ֙ וְהִשְׁלִ֔יךְ הִלְבִּ֖ינוּ שָׂרִיגֶֽיהָ׃ אֱלִ֕י
ט כִּבְתוּלָ֥ה חֲגֻֽרַת־שַׂ֖ק עַל־בַּ֥עַל נְעוּרֶֽיהָ׃ הָכְרַ֥ת מִנְחָ֣ה וָנֶ֔סֶךְ
י מִבֵּ֖ית יְהוָ֑ה אָֽבְלוּ֙ הַכֹּ֣הֲנִ֔ים מְשָׁרְתֵ֖י יְהוָֽה׃ שֻׁדַּ֣ד שָׂדֶ֔ה אָֽבְלָ֖ה
יא אֲדָמָ֑ה כִּ֤י שֻׁדַּ֣ד דָּגָ֔ן הוֹבִ֥ישׁ תִּיר֖וֹשׁ אֻמְלַ֥ל יִצְהָֽר׃ הֹבִ֣ישׁוּ
אִכָּרִ֗ים הֵילִ֨ילוּ֙ כֹּֽרְמִ֔ים עַל־חִטָּ֖ה וְעַל־שְׂעֹרָ֑ה כִּ֥י אָבַ֖ד
יב קְצִ֥יר שָׂדֶֽה׃ הַגֶּ֣פֶן הוֹבִ֔ישָׁה וְהַתְּאֵנָ֖ה אֻמְלָ֑לָה רִמּ֞וֹן גַּם־
תָּמָ֣ר וְתַפּ֗וּחַ כָּל־עֲצֵ֤י הַשָּׂדֶה֙ יָבֵ֔שׁוּ כִּֽי־הֹבִ֥ישׁ שָׂשׂ֖וֹן מִן־בְּנֵ֥י
יג אָדָֽם׃ חִגְר֨וּ וְסִפְד֜וּ הַכֹּהֲנִ֗ים הֵילִ֨ילוּ֙ מְשָׁרְתֵ֣י
מִזְבֵּ֔חַ בֹּ֚אוּ לִ֣ינוּ בַשַּׂקִּ֔ים מְשָׁרְתֵ֖י אֱלֹהָ֑י כִּ֥י נִמְנַ֛ע מִבֵּ֥ית
יד אֱלֹהֵיכֶ֖ם מִנְחָ֥ה וָנָֽסֶךְ׃ קַדְּשׁוּ־צוֹם֙ קִרְא֣וּ עֲצָרָ֔ה אִסְפ֣וּ זְקֵנִ֗ים
טו כֹּ֚ל יֹשְׁבֵ֣י הָאָ֔רֶץ בֵּ֖ית יְהוָ֣ה אֱלֹהֵיכֶ֑ם וְזַעֲק֖וּ אֶל־יְהוָֽה׃ אֲהָ֖הּ
טז לַיּ֑וֹם כִּ֤י קָרוֹב֙ י֣וֹם יְהוָ֔ה וּכְשֹׁ֖ד מִשַּׁדַּ֥י יָבֽוֹא׃ הֲל֛וֹא נֶ֥גֶד עֵינֵ֖ינוּ
יז אֹ֣כֶל נִכְרָ֑ת מִבֵּ֥ית אֱלֹהֵ֖ינוּ שִׂמְחָ֥ה וָגִֽיל׃ עָבְשׁ֣וּ פְרֻד֗וֹת תַּ֣חַת
יח מֶגְרְפֹ֣תֵיהֶ֔ם נָשַׁ֙מּוּ֙ אֹֽצָר֔וֹת נֶהֶרְס֖וּ מַמְּגֻר֑וֹת כִּ֥י הֹבִ֖ישׁ דָּגָֽן׃ מַה־
נֶּאֶנְחָ֣ה בְהֵמָ֗ה נָבֹ֙כוּ֙ עֶדְרֵ֣י בָקָ֔ר כִּ֣י אֵ֤ין מִרְעֶה֙ לָהֶ֔ם גַּם־עֶדְרֵ֥י
יט הַצֹּ֖אן נֶאְשָֽׁמוּ׃ אֵלֶ֥יךָ יְהוָ֖ה אֶקְרָ֑א כִּ֣י אֵ֗שׁ אָֽכְלָה֙ נְא֣וֹת
כ מִדְבָּ֔ר וְלֶ֣הָבָ֔ה לִהֲטָ֖ה כָּל־עֲצֵ֥י הַשָּׂדֶֽה׃ גַּם־בַּהֲמ֥וֹת שָׂדֶ֖ה
תַּעֲר֣וֹג אֵלֶ֑יךָ כִּ֤י יָֽבְשׁוּ֙ אֲפִ֣יקֵי מָ֔יִם וְאֵ֕שׁ אָכְלָ֖ה נְא֥וֹת
ב א הַמִּדְבָּֽר׃ תִּקְע֨וּ שׁוֹפָ֜ר בְּצִיּ֗וֹן וְהָרִ֙יעוּ֙ בְּהַ֣ר קָדְשִׁ֔י
ב יִרְגְּז֕וּ כֹּ֖ל יֹשְׁבֵ֣י הָאָ֑רֶץ כִּֽי־בָ֧א יוֹם־יְהוָ֛ה כִּ֥י קָר֖וֹב׃ י֧וֹם חֹ֣שֶׁךְ
וַאֲפֵלָ֗ה י֤וֹם עָנָן֙ וַעֲרָפֶ֔ל כְּשַׁ֖חַר פָּרֻ֣שׂ עַל־הֶֽהָרִ֑ים עַ֚ם רַ֣ב וְעָצ֔וּם
כָּמֹ֗הוּ לֹ֤א נִֽהְיָה֙ מִן־הָ֣עוֹלָ֔ם וְאַֽחֲרָיו֙ לֹ֣א יוֹסֵ֔ף עַד־שְׁנֵ֖י דּ֥וֹר וָדֽוֹר׃
ג לְפָנָיו֙ אָ֣כְלָה אֵ֔שׁ וְאַחֲרָ֖יו תְּלַהֵ֣ט לֶהָבָ֑ה כְּגַן־עֵ֨דֶן הָאָ֜רֶץ לְפָנָ֗יו
ד וְאַֽחֲרָיו֙ מִדְבַּ֣ר שְׁמָמָ֔ה וְגַם־פְּלֵיטָ֖ה לֹא־הָ֣יְתָה לּֽוֹ׃ כְּמַרְאֵ֤ה

ב

ה סוּסִים מַרְאֵהוּ וּכְפָרָשִׁים כֵּן יְרוּצוּן׃ כְּקוֹל מַרְכָּבוֹת עַל־רָאשֵׁי
הֶהָרִים יְרַקֵּדוּן כְּקוֹל לַהַב אֵשׁ אֹכְלָה קָשׁ כְּעַם עָצוּם עֱרוּךְ
ו מִלְחָמָה׃ מִפָּנָיו יָחִילוּ עַמִּים כָּל־פָּנִים קִבְּצוּ פָארוּר׃ כְּגִבּוֹרִים
ז יְרֻצוּן כְּאַנְשֵׁי מִלְחָמָה יַעֲלוּ חוֹמָה וְאִישׁ בִּדְרָכָיו יֵלֵכוּן וְלֹא
ח יְעַבְּטוּן אֹרְחוֹתָם׃ וְאִישׁ אָחִיו לֹא יִדְחָקוּן גֶּבֶר בִּמְסִלָּתוֹ יֵלֵכוּן
ט וּבְעַד הַשֶּׁלַח יִפֹּלוּ לֹא יִבְצָעוּ׃ בָּעִיר יָשֹׁקּוּ בַּחוֹמָה יְרֻצוּן בַּבָּתִּים
י יַעֲלוּ בְּעַד הַחַלּוֹנִים יָבֹאוּ כַּגַּנָּב׃ לְפָנָיו רָגְזָה אֶרֶץ רָעֲשׁוּ שָׁמָיִם
יא שֶׁמֶשׁ וְיָרֵחַ קָדָרוּ וְכוֹכָבִים אָסְפוּ נָגְהָם׃ וַיהוָה נָתַן קוֹלוֹ לִפְנֵי
חֵילוֹ כִּי רַב מְאֹד מַחֲנֵהוּ כִּי עָצוּם עֹשֵׂה דְבָרוֹ כִּי־גָדוֹל יוֹם־
יב יְהוָה וְנוֹרָא מְאֹד וּמִי יְכִילֶנּוּ׃ וְגַם־עַתָּה נְאֻם־יְהוָה שֻׁבוּ עָדַי
יג בְּכָל־לְבַבְכֶם וּבְצוֹם וּבִבְכִי וּבְמִסְפֵּד׃ וְקִרְעוּ לְבַבְכֶם וְאַל־
בִּגְדֵיכֶם וְשׁוּבוּ אֶל־יְהוָה אֱלֹהֵיכֶם כִּי־חַנּוּן וְרַחוּם הוּא אֶרֶךְ
יד אַפַּיִם וְרַב־חֶסֶד וְנִחָם עַל־הָרָעָה׃ מִי יוֹדֵעַ יָשׁוּב וְנִחָם וְהִשְׁאִיר
טו אַחֲרָיו בְּרָכָה מִנְחָה וָנֶסֶךְ לַיהוָה אֱלֹהֵיכֶם׃ תִּקְעוּ
טז שׁוֹפָר בְּצִיּוֹן קַדְּשׁוּ־צוֹם קִרְאוּ עֲצָרָה׃ אִסְפוּ־עָם קַדְּשׁוּ קָהָל
קִבְצוּ זְקֵנִים אִסְפוּ עוֹלָלִים וְיֹנְקֵי שָׁדָיִם יֵצֵא חָתָן מֵחֶדְרוֹ וְכַלָּה
יז מֵחֻפָּתָהּ׃ בֵּין הָאוּלָם וְלַמִּזְבֵּחַ יִבְכּוּ הַכֹּהֲנִים מְשָׁרְתֵי יְהוָה
וְיֹאמְרוּ חוּסָה יְהוָה עַל־עַמֶּךָ וְאַל־תִּתֵּן נַחֲלָתְךָ לְחֶרְפָּה לִמְשָׁל־
יח בָּם גּוֹיִם לָמָּה יֹאמְרוּ בָעַמִּים אַיֵּה אֱלֹהֵיהֶם׃ וַיְקַנֵּא יְהוָה
יט לְאַרְצוֹ וַיַּחְמֹל עַל־עַמּוֹ׃ וַיַּעַן יְהוָה וַיֹּאמֶר לְעַמּוֹ הִנְנִי שֹׁלֵחַ
לָכֶם אֶת־הַדָּגָן וְהַתִּירוֹשׁ וְהַיִּצְהָר וּשְׂבַעְתֶּם אֹתוֹ וְלֹא־אֶתֵּן
כ אֶתְכֶם עוֹד חֶרְפָּה בַּגּוֹיִם׃ וְאֶת־הַצְּפוֹנִי אַרְחִיק מֵעֲלֵיכֶם
וְהִדַּחְתִּיו אֶל־אֶרֶץ צִיָּה וּשְׁמָמָה אֶת־פָּנָיו אֶל־הַיָּם הַקַּדְמֹנִי
וְסֹפוֹ אֶל־הַיָּם הָאַחֲרוֹן וְעָלָה בָאְשׁוֹ וְתַעַל צַחֲנָתוֹ כִּי הִגְדִּיל
כא לַעֲשׂוֹת׃ אַל־תִּירְאִי אֲדָמָה גִּילִי וּשְׂמָחִי כִּי־הִגְדִּיל יְהוָה
כב לַעֲשׂוֹת׃ אַל־תִּירְאוּ בַּהֲמוֹת שָׂדַי כִּי דָשְׁאוּ נְאוֹת מִדְבָּר כִּי־
כג עֵץ נָשָׂא פִרְיוֹ תְּאֵנָה וָגֶפֶן נָתְנוּ חֵילָם׃ וּבְנֵי צִיּוֹן גִּילוּ וְשִׂמְחוּ

בַּיהוָה אֱלֹהֵיכֶם כִּי־נָתַן לָכֶם אֶת־הַמּוֹרֶה לִצְדָקָה וַיּוֹרֶד לָכֶם
כד גֶּשֶׁם מוֹרֶה וּמַלְקוֹשׁ בָּרִאשׁוֹן׃ וּמָלְאוּ הַגֳּרָנוֹת בָּר וְהֵשִׁיקוּ
כה הַיְקָבִים תִּירוֹשׁ וְיִצְהָר׃ וְשִׁלַּמְתִּי לָכֶם אֶת־הַשָּׁנִים אֲשֶׁר אָכַל
הָאַרְבֶּה הַיֶּלֶק וְהֶחָסִיל וְהַגָּזָם חֵילִי הַגָּדוֹל אֲשֶׁר שִׁלַּחְתִּי בָּכֶם׃
כו וַאֲכַלְתֶּם אָכוֹל וְשָׂבוֹעַ וְהִלַּלְתֶּם אֶת־שֵׁם יְהוָה אֱלֹהֵיכֶם אֲשֶׁר־
כז עָשָׂה עִמָּכֶם לְהַפְלִיא וְלֹא־יֵבֹשׁוּ עַמִּי לְעוֹלָם׃ וִידַעְתֶּם כִּי ה
בְקֶרֶב יִשְׂרָאֵל אָנִי וַאֲנִי יְהוָה אֱלֹהֵיכֶם וְאֵין עוֹד וְלֹא־יֵבֹשׁוּ עַמִּי
ג א לְעוֹלָם׃ וְהָיָה אַחֲרֵי־כֵן אֶשְׁפּוֹךְ אֶת־רוּחִי עַל־
כָּל־בָּשָׂר וְנִבְּאוּ בְּנֵיכֶם וּבְנוֹתֵיכֶם זִקְנֵיכֶם חֲלֹמוֹת יַחֲלֹמוּן
ב בַּחוּרֵיכֶם חֶזְיֹנוֹת יִרְאוּ׃ וְגַם עַל־הָעֲבָדִים וְעַל־הַשְּׁפָחוֹת בַּיָּמִים
ג הָהֵמָּה אֶשְׁפּוֹךְ אֶת־רוּחִי׃ וְנָתַתִּי מוֹפְתִים בַּשָּׁמַיִם וּבָאָרֶץ דָּם
ד וָאֵשׁ וְתִימְרוֹת עָשָׁן׃ הַשֶּׁמֶשׁ יֵהָפֵךְ לְחֹשֶׁךְ וְהַיָּרֵחַ לְדָם לִפְנֵי בּוֹא
ה יוֹם יְהוָה הַגָּדוֹל וְהַנּוֹרָא׃ וְהָיָה כֹּל אֲשֶׁר־יִקְרָא בְּשֵׁם יְהוָה
יִמָּלֵט כִּי בְּהַר־צִיּוֹן וּבִירוּשָׁלַםִ תִּהְיֶה פְלֵיטָה כַּאֲשֶׁר אָמַר יְהוָה
ד א וּבַשְּׂרִידִים אֲשֶׁר יְהוָה קֹרֵא׃ כִּי הִנֵּה בַּיָּמִים הָהֵמָּה וּבָעֵת הַהִיא
ב אֲשֶׁר אשוב אֶת־שְׁבוּת יְהוּדָה וִירוּשָׁלִָם׃ וְקִבַּצְתִּי אֶת־כָּל־ אָשִׁיב
הַגּוֹיִם וְהוֹרַדְתִּים אֶל־עֵמֶק יְהוֹשָׁפָט וְנִשְׁפַּטְתִּי עִמָּם שָׁם עַל־
ג עַמִּי וְנַחֲלָתִי יִשְׂרָאֵל אֲשֶׁר פִּזְּרוּ בַגּוֹיִם וְאֶת־אַרְצִי חִלֵּקוּ׃ וְאֶל־
ד עַמִּי יַדּוּ גוֹרָל וַיִּתְּנוּ הַיֶּלֶד בַּזּוֹנָה וְהַיַּלְדָּה מָכְרוּ בַיַּיִן וַיִּשְׁתּוּ׃ וְגַם
מָה־אַתֶּם לִי צֹר וְצִידוֹן וְכֹל גְּלִילוֹת פְּלָשֶׁת הַגְּמוּל אַתֶּם
מְשַׁלְּמִים עָלָי וְאִם־גֹּמְלִים אַתֶּם עָלַי קַל מְהֵרָה אָשִׁיב גְּמֻלְכֶם
ה בְּרֹאשְׁכֶם׃ אֲשֶׁר־כַּסְפִּי וּזְהָבִי לְקַחְתֶּם וּמַחֲמַדַּי הַטֹּבִים
ו הֲבֵאתֶם לְהֵיכְלֵיכֶם׃ וּבְנֵי יְהוּדָה וּבְנֵי יְרוּשָׁלִַם מְכַרְתֶּם לִבְנֵי
ז הַיְּוָנִים לְמַעַן הַרְחִיקָם מֵעַל גְּבוּלָם׃ הִנְנִי מְעִירָם מִן־הַמָּקוֹם
אֲשֶׁר־מְכַרְתֶּם אֹתָם שָׁמָּה וַהֲשִׁבֹתִי גְמֻלְכֶם בְּרֹאשְׁכֶם׃
ח וּמָכַרְתִּי אֶת־בְּנֵיכֶם וְאֶת־בְּנוֹתֵיכֶם בְּיַד בְּנֵי יְהוּדָה וּמְכָרוּם
ט לִשְׁבָאיִם אֶל־גּוֹי רָחוֹק כִּי יְהוָה דִּבֵּר׃ קִרְאוּ־

ד

זֹאת בַּגּוֹיִם קַדְּשׁוּ מִלְחָמָה הָעִירוּ הַגִּבּוֹרִים יִגְּשׁוּ יַעֲלוּ כֹּל אַנְשֵׁי
י הַמִּלְחָמָה: כֹּתּוּ אִתֵּיכֶם לַחֲרָבוֹת וּמַזְמְרֹתֵיכֶם לִרְמָחִים הַחַלָּשׁ
יא יֹאמַר גִּבּוֹר אָנִי: עוּשׁוּ וָבֹאוּ כָל־הַגּוֹיִם מִסָּבִיב וְנִקְבָּצוּ שָׁמָּה
יב הַנְחַת יהוה גִּבּוֹרֶיךָ: יֵעוֹרוּ וְיַעֲלוּ הַגּוֹיִם אֶל־עֵמֶק יְהוֹשָׁפָט כִּי
יג שָׁם אֵשֵׁב לִשְׁפֹּט אֶת־כָּל־הַגּוֹיִם מִסָּבִיב: שִׁלְחוּ מַגָּל כִּי בָשַׁל
קָצִיר בֹּאוּ רְדוּ כִּי־מָלְאָה גַּת הֵשִׁיקוּ הַיְקָבִים כִּי רַבָּה רָעָתָם:
יד הֲמוֹנִים הֲמוֹנִים בְּעֵמֶק הֶחָרוּץ כִּי קָרוֹב יוֹם יהוה בְּעֵמֶק
טו טז הֶחָרוּץ: שֶׁמֶשׁ וְיָרֵחַ קָדָרוּ וְכוֹכָבִים אָסְפוּ נָגְהָם: וַיהוה מִצִּיּוֹן
יִשְׁאָג וּמִירוּשָׁלִַם יִתֵּן קוֹלוֹ וְרָעֲשׁוּ שָׁמַיִם וָאָרֶץ וַיהוה מַחֲסֶה
יז לְעַמּוֹ וּמָעוֹז לִבְנֵי יִשְׂרָאֵל: וִידַעְתֶּם כִּי אֲנִי יהוה אֱלֹהֵיכֶם שֹׁכֵן
בְּצִיּוֹן הַר־קָדְשִׁי וְהָיְתָה יְרוּשָׁלִַם קֹדֶשׁ וְזָרִים לֹא־יַעַבְרוּ־בָהּ
יח עוֹד: וְהָיָה בַיּוֹם הַהוּא יִטְּפוּ הֶהָרִים עָסִיס
וְהַגְּבָעוֹת תֵּלַכְנָה חָלָב וְכָל־אֲפִיקֵי יְהוּדָה יֵלְכוּ מָיִם וּמַעְיָן
יט מִבֵּית יהוה יֵצֵא וְהִשְׁקָה אֶת־נַחַל הַשִּׁטִּים: מִצְרַיִם לִשְׁמָמָה
תִהְיֶה וֶאֱדוֹם לְמִדְבַּר שְׁמָמָה תִּהְיֶה מֵחֲמַס בְּנֵי יְהוּדָה אֲשֶׁר־
כ שָׁפְכוּ דָם־נָקִיא בְּאַרְצָם: וִיהוּדָה לְעוֹלָם תֵּשֵׁב וִירוּשָׁלִַם
כא לְדוֹר וָדוֹר: וְנִקֵּיתִי דָּמָם לֹא־נִקֵּיתִי וַיהוה שֹׁכֵן בְּצִיּוֹן:

עמוס

א א דִּבְרֵי עָמוֹס אֲשֶׁר־הָיָה בַנֹּקְדִים מִתְּקוֹעַ אֲשֶׁר חָזָה עַל־
יִשְׂרָאֵל בִּימֵי ׀ עֻזִּיָּה מֶלֶךְ־יְהוּדָה וּבִימֵי יָרָבְעָם בֶּן־יוֹאָשׁ
ב מֶלֶךְ יִשְׂרָאֵל שְׁנָתַיִם לִפְנֵי הָרָעַשׁ: וַיֹּאמַר ׀ יהוה מִצִּיּוֹן
יִשְׁאָג וּמִירוּשָׁלִַם יִתֵּן קוֹלוֹ וְאָבְלוּ נְאוֹת הָרֹעִים וְיָבֵשׁ רֹאשׁ
ג הַכַּרְמֶל: כֹּה אָמַר יהוה עַל־שְׁלֹשָׁה פִּשְׁעֵי
דַמֶּשֶׂק וְעַל־אַרְבָּעָה לֹא אֲשִׁיבֶנּוּ עַל־דּוּשָׁם בַּחֲרֻצוֹת הַבַּרְזֶל
ד אֶת־הַגִּלְעָד: וְשִׁלַּחְתִּי אֵשׁ בְּבֵית חֲזָאֵל וְאָכְלָה אַרְמְנוֹת

ה בֶּן־הֲדָד׃ וְשָׁבַרְתִּי בְּרִיחַ דַּמֶּשֶׂק וְהִכְרַתִּי יוֹשֵׁב מִבִּקְעַת־
אָוֶן וְתוֹמֵךְ שֵׁבֶט מִבֵּית עֶדֶן וְגָלוּ עַם־אֲרָם קִירָה אָמַר
ו יְהוָה׃ כֹּה אָמַר יְהוָה עַל־שְׁלֹשָׁה פִּשְׁעֵי עַזָּה
וְעַל־אַרְבָּעָה לֹא אֲשִׁיבֶנּוּ עַל־הַגְלוֹתָם גָּלוּת שְׁלֵמָה לְהַסְגִּיר
ז ח לֶאֱדוֹם׃ וְשִׁלַּחְתִּי אֵשׁ בְּחוֹמַת עַזָּה וְאָכְלָה אַרְמְנֹתֶיהָ׃ וְהִכְרַתִּי
יוֹשֵׁב מֵאַשְׁדּוֹד וְתוֹמֵךְ שֵׁבֶט מֵאַשְׁקְלוֹן וַהֲשִׁיבוֹתִי יָדִי עַל־עֶקְרוֹן
ט וְאָבְדוּ שְׁאֵרִית פְּלִשְׁתִּים אָמַר אֲדֹנָי יְהוִה׃ כֹּה
אָמַר יְהוָה עַל־שְׁלֹשָׁה פִּשְׁעֵי־צֹר וְעַל־אַרְבָּעָה לֹא אֲשִׁיבֶנּוּ
עַל־הַסְגִּירָם גָּלוּת שְׁלֵמָה לֶאֱדוֹם וְלֹא זָכְרוּ בְּרִית אַחִים׃
יא וְשִׁלַּחְתִּי אֵשׁ בְּחוֹמַת צֹר וְאָכְלָה אַרְמְנוֹתֶיהָ׃ כֹּה
אָמַר יְהוָה עַל־שְׁלֹשָׁה פִּשְׁעֵי אֱדוֹם וְעַל־אַרְבָּעָה לֹא אֲשִׁיבֶנּוּ
עַל־רָדְפוֹ בַחֶרֶב אָחִיו וְשִׁחֵת רַחֲמָיו וַיִּטְרֹף לָעַד אַפּוֹ
יב וְעֶבְרָתוֹ שְׁמָרָה נֶצַח׃ וְשִׁלַּחְתִּי אֵשׁ בְּתֵימָן וְאָכְלָה אַרְמְנוֹת
יג בָּצְרָה׃ כֹּה אָמַר יְהוָה עַל־שְׁלֹשָׁה פִּשְׁעֵי בְנֵי־
עַמּוֹן וְעַל־אַרְבָּעָה לֹא אֲשִׁיבֶנּוּ עַל־בִּקְעָם הָרוֹת הַגִּלְעָד
יד לְמַעַן הַרְחִיב אֶת־גְּבוּלָם׃ וְהִצַּתִּי אֵשׁ בְּחוֹמַת רַבָּה וְאָכְלָה
טו אַרְמְנוֹתֶיהָ בִּתְרוּעָה בְּיוֹם מִלְחָמָה בְּסַעַר בְּיוֹם סוּפָה׃ וְהָלַךְ
ב א מַלְכָּם בַּגּוֹלָה הוּא וְשָׂרָיו יַחְדָּו אָמַר יְהוָה׃ כֹּה
אָמַר יְהוָה עַל־שְׁלֹשָׁה פִּשְׁעֵי מוֹאָב וְעַל־אַרְבָּעָה לֹא אֲשִׁיבֶנּוּ
ב עַל־שָׂרְפוֹ עַצְמוֹת מֶלֶךְ־אֱדוֹם לַשִּׂיד׃ וְשִׁלַּחְתִּי־אֵשׁ בְּמוֹאָב
וְאָכְלָה אַרְמְנוֹת הַקְּרִיּוֹת וּמֵת בְּשָׁאוֹן מוֹאָב בִּתְרוּעָה בְּקוֹל
ג שׁוֹפָר׃ וְהִכְרַתִּי שׁוֹפֵט מִקִּרְבָּהּ וְכָל־שָׂרֶיהָ אֶהֱרוֹג עִמּוֹ אָמַר
ד יְהוָה׃ כֹּה אָמַר יְהוָה עַל־שְׁלֹשָׁה פִּשְׁעֵי יְהוּדָה
וְעַל־אַרְבָּעָה לֹא אֲשִׁיבֶנּוּ עַל־מָאֳסָם אֶת־תּוֹרַת יְהוָה וְחֻקָּיו לֹא
ה שָׁמָרוּ וַיַּתְעוּם כִּזְבֵיהֶם אֲשֶׁר־הָלְכוּ אֲבוֹתָם אַחֲרֵיהֶם׃ וְשִׁלַּחְתִּי
ו אֵשׁ בִּיהוּדָה וְאָכְלָה אַרְמְנוֹת יְרוּשָׁלִָם׃ כֹּה
אָמַר יְהוָה עַל־שְׁלֹשָׁה פִּשְׁעֵי יִשְׂרָאֵל וְעַל־אַרְבָּעָה לֹא אֲשִׁיבֶנּוּ

ז עַל־מִכְרָם בַּכֶּסֶף צַדִּיק וְאֶבְיוֹן בַּעֲבוּר נַעֲלָיִם׃ הַשֹּׁאֲפִים
עַל־עֲפַר־אֶרֶץ בְּרֹאשׁ דַּלִּים וְדֶרֶךְ עֲנָוִים יַטּוּ וְאִישׁ וְאָבִיו
ח יֵלְכוּ אֶל־הַנַּעֲרָה לְמַעַן חַלֵּל אֶת־שֵׁם קָדְשִׁי׃ וְעַל־בְּגָדִים
חֲבֻלִים יַטּוּ אֵצֶל כָּל־מִזְבֵּחַ וְיֵין עֲנוּשִׁים יִשְׁתּוּ בֵּית אֱלֹהֵיהֶם׃
ט וְאָנֹכִי הִשְׁמַדְתִּי אֶת־הָאֱמֹרִי מִפְּנֵיהֶם אֲשֶׁר כְּגֹבַהּ אֲרָזִים
גָּבְהוֹ וְחָסֹן הוּא כָּאַלּוֹנִים וָאַשְׁמִיד פִּרְיוֹ מִמַּעַל וְשָׁרָשָׁיו
י מִתָּחַת׃ וְאָנֹכִי הֶעֱלֵיתִי אֶתְכֶם מֵאֶרֶץ מִצְרָיִם וָאוֹלֵךְ אֶתְכֶם ו
יא בַּמִּדְבָּר אַרְבָּעִים שָׁנָה לָרֶשֶׁת אֶת־אֶרֶץ הָאֱמֹרִי׃ וָאָקִים
מִבְּנֵיכֶם לִנְבִיאִים וּמִבַּחוּרֵיכֶם לִנְזִרִים הַאַף אֵין־זֹאת בְּנֵי
יב יִשְׂרָאֵל נְאֻם־יְהוָה׃ וַתַּשְׁקוּ אֶת־הַנְּזִרִים יָיִן וְעַל־הַנְּבִיאִים
יג צִוִּיתֶם לֵאמֹר לֹא תִּנָּבְאוּ׃ הִנֵּה אָנֹכִי מֵעִיק תַּחְתֵּיכֶם כַּאֲשֶׁר
יד תָּעִיק הָעֲגָלָה הַמְלֵאָה לָהּ עָמִיר׃ וְאָבַד מָנוֹס מִקָּל
טו וְחָזָק לֹא־יְאַמֵּץ כֹּחוֹ וְגִבּוֹר לֹא־יְמַלֵּט נַפְשׁוֹ׃ וְתֹפֵשׂ הַקֶּשֶׁת
לֹא יַעֲמֹד וְקַל בְּרַגְלָיו לֹא יְמַלֵּט וְרֹכֵב הַסּוּס לֹא יְמַלֵּט
טז נַפְשׁוֹ׃ וְאַמִּיץ לִבּוֹ בַּגִּבּוֹרִים עָרוֹם יָנוּס בַּיּוֹם־הַהוּא נְאֻם־
ג א יְהוָה׃ שִׁמְעוּ אֶת־הַדָּבָר הַזֶּה אֲשֶׁר דִּבֶּר יְהוָה
עֲלֵיכֶם בְּנֵי יִשְׂרָאֵל עַל כָּל־הַמִּשְׁפָּחָה אֲשֶׁר הֶעֱלֵיתִי מֵאֶרֶץ
ב מִצְרַיִם לֵאמֹר׃ רַק אֶתְכֶם יָדַעְתִּי מִכֹּל מִשְׁפְּחוֹת הָאֲדָמָה
ג עַל־כֵּן אֶפְקֹד עֲלֵיכֶם אֵת כָּל־עֲוֺנֹתֵיכֶם׃ הֲיֵלְכוּ שְׁנַיִם יַחְדָּו
ד בִּלְתִּי אִם־נוֹעָדוּ׃ הֲיִשְׁאַג אַרְיֵה בַּיַּעַר וְטֶרֶף אֵין לוֹ הֲיִתֵּן
ה כְּפִיר קוֹלוֹ מִמְּעֹנָתוֹ בִּלְתִּי אִם־לָכָד׃ הֲתִפֹּל צִפּוֹר עַל־פַּח
הָאָרֶץ וּמוֹקֵשׁ אֵין לָהּ הֲיַעֲלֶה־פַּח מִן־הָאֲדָמָה וְלָכוֹד לֹא
ו יִלְכּוֹד׃ אִם־יִתָּקַע שׁוֹפָר בְּעִיר וְעָם לֹא יֶחֱרָדוּ אִם־תִּהְיֶה
ז רָעָה בְּעִיר וַיהוָה לֹא עָשָׂה׃ כִּי לֹא יַעֲשֶׂה אֲדֹנָי יְהוִה דָּבָר
ח כִּי אִם־גָּלָה סוֹדוֹ אֶל־עֲבָדָיו הַנְּבִיאִים׃ אַרְיֵה שָׁאָג מִי לֹא
ט יִירָא אֲדֹנָי יְהוִה דִּבֶּר מִי לֹא יִנָּבֵא׃ הַשְׁמִיעוּ עַל־אַרְמְנוֹת
בְּאַשְׁדּוֹד וְעַל־אַרְמְנוֹת בְּאֶרֶץ מִצְרָיִם וְאִמְרוּ הֵאָסְפוּ עַל־

הָרֵי שֹׁמְרוֹן וּרְאוּ מְהוּמֹת רַבּוֹת בְּתוֹכָהּ וַעֲשׁוּקִים בְּקִרְבָּהּ:
י וְלֹא־יָדְעוּ עֲשׂוֹת־נְכֹחָה נְאֻם־יְהוָה הָאוֹצְרִים חָמָס וָשֹׁד
יא בְּאַרְמְנוֹתֵיהֶם: לָכֵן כֹּה אָמַר אֲדֹנָי יֱהוִה צַר
יב וּסְבִיב הָאָרֶץ וְהוֹרִד מִמֵּךְ עֻזֵּךְ וְנָבֹזּוּ אַרְמְנוֹתָיִךְ: כֹּה אָמַר
יְהוָה כַּאֲשֶׁר יַצִּיל הָרֹעֶה מִפִּי הָאֲרִי שְׁתֵּי כְרָעַיִם אוֹ בְדַל־
אֹזֶן כֵּן יִנָּצְלוּ בְּנֵי יִשְׂרָאֵל הַיֹּשְׁבִים בְּשֹׁמְרוֹן בִּפְאַת מִטָּה
יג וּבִדְמֶשֶׁק עָרֶשׂ: שִׁמְעוּ וְהָעִידוּ בְּבֵית יַעֲקֹב נְאֻם־אֲדֹנָי יֱהוִה
יד אֱלֹהֵי הַצְּבָאוֹת: כִּי בְּיוֹם פָּקְדִי פִשְׁעֵי־יִשְׂרָאֵל עָלָיו וּפָקַדְתִּי
עַל־מִזְבְּחוֹת בֵּית־אֵל וְנִגְדְּעוּ קַרְנוֹת הַמִּזְבֵּחַ וְנָפְלוּ לָאָרֶץ:
טו וְהִכֵּיתִי בֵית־הַחֹרֶף עַל־בֵּית הַקָּיִץ וְאָבְדוּ בָּתֵּי הַשֵּׁן וְסָפוּ
ד א בָּתִּים רַבִּים נְאֻם־יְהוָה: שִׁמְעוּ הַדָּבָר הַזֶּה
פָּרוֹת הַבָּשָׁן אֲשֶׁר בְּהַר שֹׁמְרוֹן הָעֹשְׁקוֹת דַּלִּים הָרֹצְצוֹת
ב אֶבְיוֹנִים הָאֹמְרֹת לַאֲדֹנֵיהֶם הָבִיאָה וְנִשְׁתֶּה: נִשְׁבַּע אֲדֹנָי
יֱהוִה בְּקָדְשׁוֹ כִּי הִנֵּה יָמִים בָּאִים עֲלֵיכֶם וְנִשָּׂא אֶתְכֶם
ג בְּצִנּוֹת וְאַחֲרִיתְכֶן בְּסִירוֹת דּוּגָה: וּפְרָצִים תֵּצֶאנָה אִשָּׁה נֶגְדָּהּ
ד וְהִשְׁלַכְתֶּנָה הַהַרְמוֹנָה נְאֻם־יְהוָה: בֹּאוּ בֵית־אֵל וּפִשְׁעוּ
הַגִּלְגָּל הַרְבּוּ לִפְשֹׁעַ וְהָבִיאוּ לַבֹּקֶר זִבְחֵיכֶם לִשְׁלֹשֶׁת יָמִים
ה מַעְשְׂרֹתֵיכֶם: וְקַטֵּר מֵחָמֵץ תּוֹדָה וְקִרְאוּ נְדָבוֹת הַשְׁמִיעוּ כִּי
ו כֵן אֲהַבְתֶּם בְּנֵי יִשְׂרָאֵל נְאֻם אֲדֹנָי יֱהוִה: וְגַם־אֲנִי נָתַתִּי לָכֶם
נִקְיוֹן שִׁנַּיִם בְּכָל־עָרֵיכֶם וְחֹסֶר לֶחֶם בְּכֹל מְקוֹמֹתֵיכֶם וְלֹא־
ז שַׁבְתֶּם עָדַי נְאֻם־יְהוָה: וְגַם אָנֹכִי מָנַעְתִּי מִכֶּם אֶת־הַגֶּשֶׁם
בְּעוֹד שְׁלֹשָׁה חֳדָשִׁים לַקָּצִיר וְהִמְטַרְתִּי עַל־עִיר אֶחָת וְעַל־
עִיר אַחַת לֹא אַמְטִיר חֶלְקָה אַחַת תִּמָּטֵר וְחֶלְקָה אֲשֶׁר־לֹא־
ח תַמְטִיר עָלֶיהָ תִּיבָשׁ: וְנָעוּ שְׁתַּיִם שָׁלֹשׁ עָרִים אֶל־עִיר אַחַת
ט לִשְׁתּוֹת מַיִם וְלֹא יִשְׂבָּעוּ וְלֹא־שַׁבְתֶּם עָדַי נְאֻם־יְהוָה: הִכֵּיתִי
אֶתְכֶם בַּשִּׁדָּפוֹן וּבַיֵּרָקוֹן הַרְבּוֹת גַּנּוֹתֵיכֶם וְכַרְמֵיכֶם וּתְאֵנֵיכֶם
י וְזֵיתֵיכֶם יֹאכַל הַגָּזָם וְלֹא־שַׁבְתֶּם עָדַי נְאֻם־יְהוָה: שִׁלַּחְתִּי

בָּכֶם דֶּבֶר בְּדֶרֶךְ מִצְרַיִם הָרַגְתִּי בַחֶרֶב בַּחוּרֵיכֶם עִם שְׁבִי
סוּסֵיכֶם וָאַעֲלֶה בְּאֹשׁ מַחֲנֵיכֶם וּבְאַפְּכֶם וְלֹא־שַׁבְתֶּם עָדַי
יא נְאֻם־יְהוָה: הָפַכְתִּי בָכֶם כְּמַהְפֵּכַת אֱלֹהִים אֶת־סְדֹם
וְאֶת־עֲמֹרָה וַתִּהְיוּ כְּאוּד מֻצָּל מִשְּׂרֵפָה וְלֹא־שַׁבְתֶּם עָדַי
יב נְאֻם־יְהוָה: לָכֵן כֹּה אֶעֱשֶׂה־לְּךָ יִשְׂרָאֵל עֵקֶב
יג כִּי־זֹאת אֶעֱשֶׂה־לָּךְ הִכּוֹן לִקְרַאת־אֱלֹהֶיךָ יִשְׂרָאֵל: כִּי
הִנֵּה יוֹצֵר הָרִים וּבֹרֵא רוּחַ וּמַגִּיד לְאָדָם מַה־שֵּׂחוֹ עֹשֵׂה
שַׁחַר עֵיפָה וְדֹרֵךְ עַל־בָּמֳתֵי אָרֶץ יְהוָה אֱלֹהֵי־צְבָאוֹת
ה א שְׁמוֹ: שִׁמְעוּ אֶת־הַדָּבָר הַזֶּה אֲשֶׁר אָנֹכִי נֹשֵׂא
ב עֲלֵיכֶם קִינָה בֵּית יִשְׂרָאֵל: נָפְלָה לֹא־תוֹסִיף קוּם בְּתוּלַת
ג יִשְׂרָאֵל נִטְּשָׁה עַל־אַדְמָתָהּ אֵין מְקִימָהּ: כִּי כֹה
אָמַר אֲדֹנָי יְהוִה הָעִיר הַיֹּצֵאת אֶלֶף תַּשְׁאִיר מֵאָה וְהַיּוֹצֵאת
ד מֵאָה תַּשְׁאִיר עֲשָׂרָה לְבֵית יִשְׂרָאֵל: כִּי כֹה
ה אָמַר יְהוָה לְבֵית יִשְׂרָאֵל דִּרְשׁוּנִי וִחְיוּ: וְאַל־תִּדְרְשׁוּ בֵּית־אֵל
וְהַגִּלְגָּל לֹא תָבֹאוּ וּבְאֵר שֶׁבַע לֹא תַעֲבֹרוּ כִּי הַגִּלְגָּל גָּלֹה
ו יִגְלֶה וּבֵית אֵל יִהְיֶה לְאָוֶן: דִּרְשׁוּ אֶת־יְהוָה וִחְיוּ פֶּן־יִצְלַח
ז כָּאֵשׁ בֵּית יוֹסֵף וְאָכְלָה וְאֵין־מְכַבֶּה לְבֵית־אֵל: הַהֹפְכִים
ח לְלַעֲנָה מִשְׁפָּט וּצְדָקָה לָאָרֶץ הִנִּיחוּ: עֹשֵׂה כִימָה וּכְסִיל
וְהֹפֵךְ לַבֹּקֶר צַלְמָוֶת וְיוֹם לַיְלָה הֶחְשִׁיךְ הַקּוֹרֵא לְמֵי־הַיָּם
ט וַיִּשְׁפְּכֵם עַל־פְּנֵי הָאָרֶץ יְהוָה שְׁמוֹ: הַמַּבְלִיג שֹׁד עַל־עָז וְשֹׁד
י עַל־מִבְצָר יָבוֹא: שָׂנְאוּ בַשַּׁעַר מוֹכִיחַ וְדֹבֵר תָּמִים יְתָעֵבוּ:
יא לָכֵן יַעַן בּוֹשַׁסְכֶם עַל־דָּל וּמַשְׂאַת־בַּר תִּקְחוּ מִמֶּנּוּ בָּתֵּי
גָזִית בְּנִיתֶם וְלֹא־תֵשְׁבוּ בָם כַּרְמֵי־חֶמֶד נְטַעְתֶּם וְלֹא תִשְׁתּוּ
יב אֶת־יֵינָם: כִּי יָדַעְתִּי רַבִּים פִּשְׁעֵיכֶם וַעֲצֻמִים חַטֹּאתֵיכֶם
יג צֹרְרֵי צַדִּיק לֹקְחֵי כֹפֶר וְאֶבְיוֹנִים בַּשַּׁעַר הִטּוּ: לָכֵן הַמַּשְׂכִּיל
ז יד בָּעֵת הַהִיא יִדֹּם כִּי עֵת רָעָה הִיא: דִּרְשׁוּ־טוֹב וְאַל־רָע לְמַעַן
תִּחְיוּ וִיהִי־כֵן יְהוָה אֱלֹהֵי־צְבָאוֹת אִתְּכֶם כַּאֲשֶׁר אֲמַרְתֶּם:

טו שִׂנְאוּ־רָע וְאֶהֱבוּ טוֹב וְהַצִּיגוּ בַשַּׁעַר מִשְׁפָּט אוּלַי יֶחֱנַן
טז יְהוָה אֱלֹהֵי־צְבָאוֹת שְׁאֵרִית יוֹסֵף׃ לָכֵן כֹּה־
אָמַר יְהוָה אֱלֹהֵי צְבָאוֹת אֲדֹנָי בְּכָל־רְחֹבוֹת מִסְפֵּד
וּבְכָל־חוּצוֹת יֹאמְרוּ הוֹ־הוֹ וְקָרְאוּ אִכָּר אֶל־אֵבֶל וּמִסְפֵּד
יז אֶל־יוֹדְעֵי נֶהִי׃ וּבְכָל־כְּרָמִים מִסְפֵּד כִּי־אֶעֱבֹר בְּקִרְבְּךָ אָמַר
יח יְהוָה׃ הוֹי הַמִּתְאַוִּים אֶת־יוֹם יְהוָה לָמָּה־זֶּה
יט לָכֶם יוֹם יְהוָה הוּא־חֹשֶׁךְ וְלֹא־אוֹר׃ כַּאֲשֶׁר יָנוּס אִישׁ מִפְּנֵי
הָאֲרִי וּפְגָעוֹ הַדֹּב וּבָא הַבַּיִת וְסָמַךְ יָדוֹ עַל־הַקִּיר וּנְשָׁכוֹ
כ הַנָּחָשׁ׃ הֲלֹא־חֹשֶׁךְ יוֹם יְהוָה וְלֹא־אוֹר וְאָפֵל וְלֹא־נֹגַהּ לוֹ׃
כא כב שָׂנֵאתִי מָאַסְתִּי חַגֵּיכֶם וְלֹא אָרִיחַ בְּעַצְּרֹתֵיכֶם׃ כִּי אִם־תַּעֲלוּ־
לִי עֹלוֹת וּמִנְחֹתֵיכֶם לֹא אֶרְצֶה וְשֶׁלֶם מְרִיאֵיכֶם לֹא אַבִּיט׃
כג כד הָסֵר מֵעָלַי הֲמוֹן שִׁרֶיךָ וְזִמְרַת נְבָלֶיךָ לֹא אֶשְׁמָע׃ וְיִגַּל כַּמַּיִם
כה מִשְׁפָּט וּצְדָקָה כְּנַחַל אֵיתָן׃ הַזְּבָחִים וּמִנְחָה הִגַּשְׁתֶּם־לִי
כו בַמִּדְבָּר אַרְבָּעִים שָׁנָה בֵּית יִשְׂרָאֵל׃ וּנְשָׂאתֶם אֵת סִכּוּת
מַלְכְּכֶם וְאֵת כִּיּוּן צַלְמֵיכֶם כּוֹכַב אֱלֹהֵיכֶם אֲשֶׁר עֲשִׂיתֶם
כז לָכֶם׃ וְהִגְלֵיתִי אֶתְכֶם מֵהָלְאָה לְדַמָּשֶׂק אָמַר יְהוָה אֱלֹהֵי־
ו א צְבָאוֹת שְׁמוֹ׃ הוֹי הַשַּׁאֲנַנִּים בְּצִיּוֹן וְהַבֹּטְחִים
בְּהַר שֹׁמְרוֹן נְקֻבֵי רֵאשִׁית הַגּוֹיִם וּבָאוּ לָהֶם בֵּית יִשְׂרָאֵל׃
ב עִבְרוּ כַלְנֵה וּרְאוּ וּלְכוּ מִשָּׁם חֲמַת רַבָּה וּרְדוּ גַת־פְּלִשְׁתִּים
הֲטוֹבִים מִן־הַמַּמְלָכוֹת הָאֵלֶּה אִם־רַב גְּבוּלָם מִגְּבֻלְכֶם׃
ג ד הַמְנַדִּים לְיוֹם רָע וַתַּגִּישׁוּן שֶׁבֶת חָמָס׃ הַשֹּׁכְבִים עַל־מִטּוֹת
שֵׁן וּסְרֻחִים עַל־עַרְשׂוֹתָם וְאֹכְלִים כָּרִים מִצֹּאן וַעֲגָלִים מִתּוֹךְ
ה מַרְבֵּק׃ הַפֹּרְטִים עַל־פִּי הַנָּבֶל כְּדָוִיד חָשְׁבוּ לָהֶם כְּלֵי־שִׁיר׃
ו הַשֹּׁתִים בְּמִזְרְקֵי יַיִן וְרֵאשִׁית שְׁמָנִים יִמְשָׁחוּ וְלֹא נֶחְלוּ עַל־
ז שֵׁבֶר יוֹסֵף׃ לָכֵן עַתָּה יִגְלוּ בְּרֹאשׁ גֹּלִים וְסָר מִרְזַח סְרוּחִים׃
ח נִשְׁבַּע אֲדֹנָי יְהוִה בְּנַפְשׁוֹ נְאֻם־יְהוָה אֱלֹהֵי צְבָאוֹת מְתָאֵב
אָנֹכִי אֶת־גְּאוֹן יַעֲקֹב וְאַרְמְנֹתָיו שָׂנֵאתִי וְהִסְגַּרְתִּי עִיר

ט וּמְלֹאָֽהּ׃ וְהָיָ֗ה אִם־יִוָּ֨תְר֜וּ עֲשָׂרָ֧ה אֲנָשִׁ֛ים בְּבַ֥יִת אֶחָ֖ד וָמֵֽתוּ׃
י וּנְשָׂא֞וֹ דּוֹד֣וֹ וּמְסָרְפ֗וֹ לְהוֹצִ֣יא עֲצָמִים֮ מִן־הַבַּיִת֒ וְאָמַ֞ר לַאֲשֶׁ֨ר
בְּיַרְכְּתֵ֥י הַבַּ֛יִת הַע֥וֹד עִמָּ֖ךְ וְאָמַ֣ר אָ֑פֶס וְאָמַ֣ר הָ֔ס כִּ֛י לֹ֥א לְהַזְכִּ֖יר
יא בְּשֵׁ֥ם יְהוָֽה׃ כִּֽי־הִנֵּ֤ה יְהוָה֙ מְצַוֶּ֔ה וְהִכָּ֧ה הַבַּ֛יִת
יב הַגָּד֖וֹל רְסִסִ֑ים וְהַבַּ֥יִת הַקָּטֹ֖ן בְּקִעִֽים׃ הַיְרֻצ֤וּן בַּסֶּ֙לַע֙ סוּסִ֔ים
אִם־יַחֲר֖וֹשׁ בַּבְּקָרִ֑ים כִּֽי־הֲפַכְתֶּ֤ם לְרֹאשׁ֙ מִשְׁפָּ֔ט וּפְרִ֥י צְדָקָ֖ה
יג לְלַעֲנָֽה׃ הַשְּׂמֵחִ֖ים לְלֹ֣א דָבָ֑ר הָאֹ֣מְרִ֔ים הֲל֣וֹא בְחָזְקֵ֔נוּ לָקַ֥חְנוּ
יד לָ֖נוּ קַרְנָֽיִם׃ כִּ֡י הִנְנִי֩ מֵקִ֨ים עֲלֵיכֶ֜ם בֵּ֣ית יִשְׂרָאֵ֗ל נְאֻם־יְהוָ֛ה
אֱלֹהֵ֥י הַצְּבָא֖וֹת גּ֑וֹי וְלָחֲצ֥וּ אֶתְכֶ֛ם מִלְּב֥וֹא חֲמָ֖ת עַד־נַ֥חַל
ז א הָעֲרָבָֽה׃ כֹּ֤ה הִרְאַ֙נִי֙ אֲדֹנָ֣י יְהוִ֔ה וְהִנֵּה֙ יוֹצֵ֣ר גֹּבַ֔י
ב בִּתְחִלַּ֖ת עֲל֣וֹת הַלָּ֑קֶשׁ וְהִנֵּה־לֶ֕קֶשׁ אַחַ֖ר גִּזֵּ֥י הַמֶּֽלֶךְ׃ וְהָיָ֗ה אִם־
כִּלָּה֙ לֶֽאֱכוֹל֙ אֶת־עֵ֣שֶׂב הָאָ֔רֶץ וָאֹמַ֗ר אֲדֹנָ֤י יְהוִה֙ סְלַח־נָ֔א
ג מִ֥י יָק֖וּם יַעֲקֹ֑ב כִּ֥י קָטֹ֖ן הֽוּא׃ נִחַ֥ם יְהוָ֖ה עַל־זֹ֑את לֹ֥א תִהְיֶ֖ה
ד אָמַ֥ר יְהוָֽה׃ כֹּ֤ה הִרְאַ֙נִי֙ אֲדֹנָ֣י יְהוִ֔ה וְהִנֵּ֥ה קֹרֵ֛א
לָרִ֥ב בָּאֵ֖שׁ אֲדֹנָ֣י יְהוִ֑ה וַתֹּ֙אכַל֙ אֶת־תְּה֣וֹם רַבָּ֔ה וְאָכְלָ֖ה אֶת־
ה הַחֵֽלֶק׃ וָאֹמַ֗ר אֲדֹנָ֤י יְהוִה֙ חֲדַל־נָ֔א מִ֥י יָק֖וּם יַעֲקֹ֑ב כִּ֥י קָטֹ֖ן
ו הֽוּא׃ נִחַ֥ם יְהוָ֖ה עַל־זֹ֑את גַּם־הִיא֙ לֹ֣א תִֽהְיֶ֔ה אָמַ֖ר אֲדֹנָ֥י
ז יְהוִֽה׃ כֹּ֣ה הִרְאַ֔נִי וְהִנֵּ֧ה אֲדֹנָ֛י נִצָּ֖ב עַל־ח֣וֹמַת אֲנָ֑ךְ
ח וּבְיָד֖וֹ אֲנָֽךְ׃ וַיֹּ֨אמֶר יְהוָ֜ה אֵלַ֗י מָֽה־אַתָּ֤ה רֹאֶה֙ עָמ֔וֹס וָאֹמַ֖ר
אֲנָ֑ךְ וַיֹּ֣אמֶר אֲדֹנָ֗י הִנְנִ֨י שָׂ֥ם אֲנָ֛ךְ בְּקֶ֛רֶב עַמִּ֥י יִשְׂרָאֵ֖ל לֹֽא־אוֹסִ֥יף
ט ע֖וֹד עֲב֥וֹר לֽוֹ׃ וְנָשַׁ֙מּוּ֙ בָּמ֣וֹת יִשְׂחָ֔ק וּמִקְדְּשֵׁ֥י יִשְׂרָאֵ֖ל יֶחֱרָ֑בוּ
י וְקַמְתִּ֛י עַל־בֵּ֥ית יָרָבְעָ֖ם בֶּחָֽרֶב׃ וַיִּשְׁלַ֗ח אֲמַצְיָה֙
כֹּהֵ֣ן בֵּֽית־אֵ֔ל אֶל־יָרָבְעָ֥ם מֶֽלֶךְ־יִשְׂרָאֵ֖ל לֵאמֹ֑ר קָשַׁ֨ר עָלֶ֜יךָ
עָמ֗וֹס בְּקֶ֙רֶב֙ בֵּ֣ית יִשְׂרָאֵ֔ל לֹֽא־תוּכַ֣ל הָאָ֔רֶץ לְהָכִ֖יל אֶת־
יא כָּל־דְּבָרָֽיו׃ כִּי־כֹה֙ אָמַ֣ר עָמ֔וֹס בַּחֶ֖רֶב יָמ֣וּת יָרָבְעָ֑ם וְיִשְׂרָאֵ֕ל
יב גָּלֹ֥ה יִגְלֶ֖ה מֵעַ֥ל אַדְמָתֽוֹ׃ וַיֹּ֤אמֶר אֲמַצְיָה֙ אֶל־
עָמ֔וֹס חֹזֶ֕ה לֵ֥ךְ בְּרַח־לְךָ֖ אֶל־אֶ֣רֶץ יְהוּדָ֑ה וֶֽאֱכָל־שָׁ֣ם לֶ֔חֶם וְשָׁ֖ם

יג תִּנָּבֵא׃ וּבֵית־אֵל לֹא־תוֹסִיף עוֹד לְהִנָּבֵא כִּי מִקְדַּשׁ־מֶלֶךְ הוּא
יד וּבֵית מַמְלָכָה הוּא׃ וַיַּעַן עָמוֹס וַיֹּאמֶר אֶל־אֲמַצְיָה לֹא־נָבִיא
אָנֹכִי וְלֹא בֶן־נָבִיא אָנֹכִי כִּי־בוֹקֵר אָנֹכִי וּבוֹלֵס שִׁקְמִים׃
טו וַיִּקָּחֵנִי יְהוָה מֵאַחֲרֵי הַצֹּאן וַיֹּאמֶר אֵלַי יְהוָה לֵךְ הִנָּבֵא אֶל־עַמִּי ח
טז יִשְׂרָאֵל׃ וְעַתָּה שְׁמַע דְּבַר־יְהוָה אַתָּה אֹמֵר לֹא תִנָּבֵא עַל־
יז יִשְׂרָאֵל וְלֹא תַטִּיף עַל־בֵּית יִשְׂחָק׃ לָכֵן כֹּה־אָמַר יְהוָה
אִשְׁתְּךָ בָּעִיר תִּזְנֶה וּבָנֶיךָ וּבְנֹתֶיךָ בַּחֶרֶב יִפֹּלוּ וְאַדְמָתְךָ בַּחֶבֶל
תְּחֻלָּק וְאַתָּה עַל־אֲדָמָה טְמֵאָה תָּמוּת וְיִשְׂרָאֵל גָּלֹה יִגְלֶה
ח א מֵעַל אַדְמָתוֹ׃ כֹּה הִרְאַנִי אֲדֹנָי יֱהוִה וְהִנֵּה כְּלוּב
ב קָיִץ׃ וַיֹּאמֶר מָה־אַתָּה רֹאֶה עָמוֹס וָאֹמַר כְּלוּב קָיִץ וַיֹּאמֶר
יְהוָה אֵלַי בָּא הַקֵּץ אֶל־עַמִּי יִשְׂרָאֵל לֹא־אוֹסִיף עוֹד עֲבוֹר לוֹ׃
ג וְהֵילִילוּ שִׁירוֹת הֵיכָל בַּיּוֹם הַהוּא נְאֻם אֲדֹנָי יֱהוִה רַב הַפֶּגֶר
ד בְּכָל־מָקוֹם הִשְׁלִיךְ הָס׃ שִׁמְעוּ־זֹאת הַשֹּׁאֲפִים
ה אֶבְיוֹן וְלַשְׁבִּית ענוי־אָרֶץ׃ לֵאמֹר מָתַי יַעֲבֹר הַחֹדֶשׁ וְנַשְׁבִּירָה עֲנִיֵּי־
שֶׁבֶר וְהַשַּׁבָּת וְנִפְתְּחָה־בָּר לְהַקְטִין אֵיפָה וּלְהַגְדִּיל שֶׁקֶל
ו וּלְעַוֵּת מֹאזְנֵי מִרְמָה׃ לִקְנוֹת בַּכֶּסֶף דַּלִּים וְאֶבְיוֹן בַּעֲבוּר
ז נַעֲלָיִם וּמַפַּל בַּר נַשְׁבִּיר׃ נִשְׁבַּע יְהוָה בִּגְאוֹן יַעֲקֹב אִם־אֶשְׁכַּח
ח לָנֶצַח כָּל־מַעֲשֵׂיהֶם׃ הַעַל זֹאת לֹא־תִרְגַּז הָאָרֶץ וְאָבַל
כָּל־יוֹשֵׁב בָּהּ וְעָלְתָה כָאֹר כֻּלָּהּ וְנִגְרְשָׁה ונשקה כִּיאוֹר וְנִשְׁקְעָה
ט מִצְרָיִם׃ וְהָיָה ׀ בַּיּוֹם הַהוּא נְאֻם אֲדֹנָי יֱהוִה
וְהֵבֵאתִי הַשֶּׁמֶשׁ בַּצָּהֳרָיִם וְהַחֲשַׁכְתִּי לָאָרֶץ בְּיוֹם אוֹר׃
י וְהָפַכְתִּי חַגֵּיכֶם לְאֵבֶל וְכָל־שִׁירֵיכֶם לְקִינָה וְהַעֲלֵיתִי עַל־
כָּל־מָתְנַיִם שָׂק וְעַל־כָּל־רֹאשׁ קָרְחָה וְשַׂמְתִּיהָ כְּאֵבֶל יָחִיד
יא וְאַחֲרִיתָהּ כְּיוֹם מָר׃ הִנֵּה ׀ יָמִים בָּאִים נְאֻם
אֲדֹנָי יֱהוִה וְהִשְׁלַחְתִּי רָעָב בָּאָרֶץ לֹא־רָעָב לַלֶּחֶם וְלֹא־
יב צָמָא לַמַּיִם כִּי אִם־לִשְׁמֹעַ אֵת דִּבְרֵי יְהוָה׃ וְנָעוּ מִיָּם
עַד־יָם וּמִצָּפוֹן וְעַד־מִזְרָח יְשׁוֹטְטוּ לְבַקֵּשׁ אֶת־דְּבַר־

יְהוָה וְלֹא יִמְצָאוּ: בַּיּוֹם הַהוּא תִּתְעַלַּפְנָה הַבְּתוּלֹת הַיָּפוֹת יג
וְהַבַּחוּרִים בַּצָּמָא: הַנִּשְׁבָּעִים בְּאַשְׁמַת שֹׁמְרוֹן וְאָמְרוּ יד
חֵי אֱלֹהֶיךָ דָּן וְחֵי דֶּרֶךְ בְּאֵר־שָׁבַע וְנָפְלוּ וְלֹא־יָקוּמוּ
עוֹד: רָאִיתִי אֶת־אֲדֹנָי נִצָּב עַל־הַמִּזְבֵּחַ וַיֹּאמֶר א ט
הַךְ הַכַּפְתּוֹר וְיִרְעֲשׁוּ הַסִּפִּים וּבְצַעַם בְּרֹאשׁ כֻּלָּם וְאַחֲרִיתָם
בַּחֶרֶב אֶהֱרֹג לֹא־יָנוּס לָהֶם נָס וְלֹא־יִמָּלֵט לָהֶם פָּלִיט: אִם־ ב
יַחְתְּרוּ בִשְׁאוֹל מִשָּׁם יָדִי תִקָּחֵם וְאִם־יַעֲלוּ הַשָּׁמַיִם מִשָּׁם
אוֹרִידֵם: וְאִם־יֵחָבְאוּ בְּרֹאשׁ הַכַּרְמֶל מִשָּׁם אֲחַפֵּשׂ וּלְקַחְתִּים ג
וְאִם־יִסָּתְרוּ מִנֶּגֶד עֵינַי בְּקַרְקַע הַיָּם מִשָּׁם אֲצַוֶּה אֶת־הַנָּחָשׁ
וּנְשָׁכָם: וְאִם־יֵלְכוּ בַשְּׁבִי לִפְנֵי אֹיְבֵיהֶם מִשָּׁם אֲצַוֶּה אֶת־ ד
הַחֶרֶב וַהֲרָגָתַם וְשַׂמְתִּי עֵינִי עֲלֵיהֶם לְרָעָה וְלֹא לְטוֹבָה: וַאדֹנָי ה
יֱהוִֹה הַצְּבָאוֹת הַנּוֹגֵעַ בָּאָרֶץ וַתָּמוֹג וְאָבְלוּ כָּל־יוֹשְׁבֵי בָהּ
וְעָלְתָה כַיְאֹר כֻּלָּהּ וְשָׁקְעָה כִּיאֹר מִצְרָיִם: הַבּוֹנֶה בַשָּׁמַיִם ו
מַעֲלוֹתָו וַאֲגֻדָּתוֹ עַל־אֶרֶץ יְסָדָהּ הַקֹּרֵא לְמֵי־הַיָּם וַיִּשְׁפְּכֵם
עַל־פְּנֵי הָאָרֶץ יְהוָה שְׁמוֹ: הֲלוֹא כִבְנֵי כֻשִׁיִּים ז
אַתֶּם לִי בְּנֵי יִשְׂרָאֵל נְאֻם־יְהוָה הֲלוֹא אֶת־יִשְׂרָאֵל הֶעֱלֵיתִי
מֵאֶרֶץ מִצְרַיִם וּפְלִשְׁתִּיִּים מִכַּפְתּוֹר וַאֲרָם מִקִּיר: הִנֵּה עֵינֵי ח
אֲדֹנָי יֱהוִֹה בַּמַּמְלָכָה הַחַטָּאָה וְהִשְׁמַדְתִּי אֹתָהּ מֵעַל פְּנֵי
הָאֲדָמָה אֶפֶס כִּי לֹא הַשְׁמֵיד אַשְׁמִיד אֶת־בֵּית יַעֲקֹב נְאֻם־
יְהוָה: כִּי־הִנֵּה אָנֹכִי מְצַוֶּה וַהֲנִעוֹתִי בְכָל־הַגּוֹיִם אֶת־בֵּית ט
יִשְׂרָאֵל כַּאֲשֶׁר יִנּוֹעַ בַּכְּבָרָה וְלֹא־יִפּוֹל צְרוֹר אָרֶץ: בַּחֶרֶב י
יָמוּתוּ כֹּל חַטָּאֵי עַמִּי הָאֹמְרִים לֹא־תַגִּישׁ וְתַקְדִּים בַּעֲדֵינוּ
הָרָעָה: בַּיּוֹם הַהוּא אָקִים אֶת־סֻכַּת דָּוִיד הַנֹּפֶלֶת וְגָדַרְתִּי אֶת־ יא
פִּרְצֵיהֶן וַהֲרִסֹתָיו אָקִים וּבְנִיתִיהָ כִּימֵי עוֹלָם: לְמַעַן יִירְשׁוּ אֶת־ יב
שְׁאֵרִית אֱדוֹם וְכָל־הַגּוֹיִם אֲשֶׁר־נִקְרָא שְׁמִי עֲלֵיהֶם נְאֻם־יְהוָה
עֹשֶׂה זֹּאת: הִנֵּה יָמִים בָּאִים נְאֻם־יְהוָה וְנִגַּשׁ יג
חוֹרֵשׁ בַּקֹּצֵר וְדֹרֵךְ עֲנָבִים בְּמֹשֵׁךְ הַזָּרַע וְהִטִּיפוּ הֶהָרִים עָסִיס

יד וְכָל־הַגְּבָעוֹת תִּתְמוֹגַגְנָה׃ וְשַׁבְתִּי אֶת־שְׁבוּת עַמִּי יִשְׂרָאֵל
וּבָנוּ עָרִים נְשַׁמּוֹת וְיָשָׁבוּ וְנָטְעוּ כְרָמִים וְשָׁתוּ אֶת־יֵינָם וְעָשׂוּ
טו גַנּוֹת וְאָכְלוּ אֶת־פְּרִיהֶם׃ וּנְטַעְתִּים עַל־אַדְמָתָם וְלֹא יִנָּתְשׁוּ
עוֹד מֵעַל אַדְמָתָם אֲשֶׁר נָתַתִּי לָהֶם אָמַר יְהוָה אֱלֹהֶיךָ׃

עובדיה

א א חֲזוֹן עֹבַדְיָה כֹּה־אָמַר אֲדֹנָי יְהוִה לֶאֱדוֹם שְׁמוּעָה שָׁמַעְנוּ מֵאֵת
ב יְהוָה וְצִיר בַּגּוֹיִם שֻׁלָּח קוּמוּ וְנָקוּמָה עָלֶיהָ לַמִּלְחָמָה׃ הִנֵּה
ג קָטֹן נְתַתִּיךָ בַּגּוֹיִם בָּזוּי אַתָּה מְאֹד׃ זְדוֹן לִבְּךָ הִשִּׁיאֶךָ שֹׁכְנִי
ד בְחַגְוֵי־סֶּלַע מְרוֹם שִׁבְתּוֹ אֹמֵר בְּלִבּוֹ מִי יוֹרִדֵנִי אָרֶץ׃ אִם־
תַּגְבִּיהַּ כַּנֶּשֶׁר וְאִם־בֵּין כּוֹכָבִים שִׂים קִנֶּךָ מִשָּׁם אוֹרִידְךָ נְאֻם־
ה יְהוָה׃ אִם־גַּנָּבִים בָּאוּ־לְךָ אִם־שׁוֹדְדֵי לַיְלָה אֵיךְ נִדְמֵיתָה
הֲלוֹא יִגְנְבוּ דַּיָּם אִם־בֹּצְרִים בָּאוּ לָךְ הֲלוֹא יַשְׁאִירוּ עֹלֵלוֹת׃
ו ז אֵיךְ נֶחְפְּשׂוּ עֵשָׂו נִבְעוּ מַצְפֻּנָיו׃ עַד־הַגְּבוּל שִׁלְּחוּךָ כֹּל אַנְשֵׁי
בְרִיתֶךָ הִשִּׁיאוּךָ יָכְלוּ לְךָ אַנְשֵׁי שְׁלֹמֶךָ לַחְמְךָ יָשִׂימוּ מָזוֹר
ח תַּחְתֶּיךָ אֵין תְּבוּנָה בּוֹ׃ הֲלוֹא בַּיּוֹם הַהוּא נְאֻם־יְהוָה וְהַאֲבַדְתִּי
ט חֲכָמִים מֵאֱדוֹם וּתְבוּנָה מֵהַר עֵשָׂו׃ וְחַתּוּ גִבּוֹרֶיךָ תֵּימָן לְמַעַן
י יִכָּרֶת־אִישׁ מֵהַר עֵשָׂו מִקָּטֶל׃ מֵחֲמַס אָחִיךָ יַעֲקֹב תְּכַסְּךָ
יא בוּשָׁה וְנִכְרַתָּ לְעוֹלָם׃ בְּיוֹם עֲמָדְךָ מִנֶּגֶד בְּיוֹם שְׁבוֹת זָרִים
חֵילוֹ וְנָכְרִים בָּאוּ שְׁעָרָו וְעַל־יְרוּשָׁלִַם יַדּוּ גוֹרָל גַּם־אַתָּה כְּאַחַד
יב מֵהֶם׃ וְאַל־תֵּרֶא בְיוֹם־אָחִיךָ בְּיוֹם נָכְרוֹ וְאַל־תִּשְׂמַח לִבְנֵי־
יג יְהוּדָה בְּיוֹם אָבְדָם וְאַל־תַּגְדֵּל פִּיךָ בְּיוֹם צָרָה׃ אַל־תָּבוֹא
בְשַׁעַר־עַמִּי בְּיוֹם אֵידָם אַל־תֵּרֶא גַם־אַתָּה בְּרָעָתוֹ בְּיוֹם אֵידוֹ
יד וְאַל־תִּשְׁלַחְנָה בְחֵילוֹ בְּיוֹם אֵידוֹ׃ וְאַל־תַּעֲמֹד עַל־הַפֶּרֶק
טו לְהַכְרִית אֶת־פְּלִיטָיו וְאַל־תַּסְגֵּר שְׂרִידָיו בְּיוֹם צָרָה׃ כִּי־קָרוֹב
יוֹם־יְהוָה עַל־כָּל־הַגּוֹיִם כַּאֲשֶׁר עָשִׂיתָ יֵעָשֶׂה לָּךְ גְּמֻלְךָ

א

טז יָשׁוּב בְּרֹאשֶׁךָ׃ כִּי כַּאֲשֶׁר שְׁתִיתֶם עַל־הַר קָדְשִׁי יִשְׁתּוּ כָל־
יז הַגּוֹיִם תָּמִיד וְשָׁתוּ וְלָעוּ וְהָיוּ כְּלוֹא הָיוּ׃ וּבְהַר צִיּוֹן תִּהְיֶה
יח פְלֵיטָה וְהָיָה קֹדֶשׁ וְיָרְשׁוּ בֵּית יַעֲקֹב אֵת מוֹרָשֵׁיהֶם׃ וְהָיָה
בֵית־יַעֲקֹב אֵשׁ וּבֵית יוֹסֵף לֶהָבָה וּבֵית עֵשָׂו לְקַשׁ וְדָלְקוּ
בָהֶם וַאֲכָלוּם וְלֹא־יִהְיֶה שָׂרִיד לְבֵית עֵשָׂו כִּי יְהוָה דִּבֵּר׃
יט וְיָרְשׁוּ הַנֶּגֶב אֶת־הַר עֵשָׂו וְהַשְּׁפֵלָה אֶת־פְּלִשְׁתִּים וְיָרְשׁוּ אֶת־
כ שְׂדֵה אֶפְרַיִם וְאֵת שְׂדֵה שֹׁמְרוֹן וּבִנְיָמִן אֶת־הַגִּלְעָד׃ וְגָלֻת
הַחֵל־הַזֶּה לִבְנֵי יִשְׂרָאֵל אֲשֶׁר־כְּנַעֲנִים עַד־צָרְפַת וְגָלֻת
כא יְרוּשָׁלִַם אֲשֶׁר בִּסְפָרַד יִרְשׁוּ אֵת עָרֵי הַנֶּגֶב׃ וְעָלוּ מוֹשִׁעִים ט
בְּהַר צִיּוֹן לִשְׁפֹּט אֶת־הַר עֵשָׂו וְהָיְתָה לַיהוָה הַמְּלוּכָה׃

יונה

א א ב וַיְהִי דְּבַר־יְהוָה אֶל־יוֹנָה בֶן־אֲמִתַּי לֵאמֹר׃ קוּם לֵךְ אֶל־נִינְוֵה
ג הָעִיר הַגְּדוֹלָה וּקְרָא עָלֶיהָ כִּי־עָלְתָה רָעָתָם לְפָנָי׃ וַיָּקָם יוֹנָה
לִבְרֹחַ תַּרְשִׁישָׁה מִלִּפְנֵי יְהוָה וַיֵּרֶד יָפוֹ וַיִּמְצָא אָנִיָּה ׀ בָּאָה
תַרְשִׁישׁ וַיִּתֵּן שְׂכָרָהּ וַיֵּרֶד בָּהּ לָבוֹא עִמָּהֶם תַּרְשִׁישָׁה מִלִּפְנֵי
ד יְהוָה׃ וַיהוָה הֵטִיל רוּחַ־גְּדוֹלָה אֶל־הַיָּם וַיְהִי סַעַר־גָּדוֹל בַּיָּם
ה וְהָאֳנִיָּה חִשְּׁבָה לְהִשָּׁבֵר׃ וַיִּירְאוּ הַמַּלָּחִים וַיִּזְעֲקוּ אִישׁ אֶל־
אֱלֹהָיו וַיָּטִלוּ אֶת־הַכֵּלִים אֲשֶׁר בָּאֳנִיָּה אֶל־הַיָּם לְהָקֵל
ו מֵעֲלֵיהֶם וְיוֹנָה יָרַד אֶל־יַרְכְּתֵי הַסְּפִינָה וַיִּשְׁכַּב וַיֵּרָדַם׃ וַיִּקְרַב
אֵלָיו רַב הַחֹבֵל וַיֹּאמֶר לוֹ מַה־לְּךָ נִרְדָּם קוּם קְרָא אֶל־אֱלֹהֶיךָ
ז אוּלַי יִתְעַשֵּׁת הָאֱלֹהִים לָנוּ וְלֹא נֹאבֵד׃ וַיֹּאמְרוּ אִישׁ אֶל־רֵעֵהוּ
לְכוּ וְנַפִּילָה גוֹרָלוֹת וְנֵדְעָה בְּשֶׁלְּמִי הָרָעָה הַזֹּאת לָנוּ וַיַּפִּלוּ
ח גּוֹרָלוֹת וַיִּפֹּל הַגּוֹרָל עַל־יוֹנָה׃ וַיֹּאמְרוּ אֵלָיו הַגִּידָה־נָּא לָנוּ
בַּאֲשֶׁר לְמִי־הָרָעָה הַזֹּאת לָנוּ מַה־מְּלַאכְתְּךָ וּמֵאַיִן תָּבוֹא מָה
ט אַרְצֶךָ וְאֵי־מִזֶּה עַם אָתָּה׃ וַיֹּאמֶר אֲלֵיהֶם עִבְרִי אָנֹכִי וְאֶת־

יְהוָה אֱלֹהֵי הַשָּׁמַיִם אֲנִי יָרֵא אֲשֶׁר־עָשָׂה אֶת־הַיָּם וְאֶת־
י הַיַּבָּשָׁה׃ וַיִּירְאוּ הָאֲנָשִׁים יִרְאָה גְדוֹלָה וַיֹּאמְרוּ אֵלָיו מַה־זֹּאת
עָשִׂיתָ כִּי־יָדְעוּ הָאֲנָשִׁים כִּי־מִלִּפְנֵי יְהוָה הוּא בֹרֵחַ כִּי הִגִּיד
יא לָהֶם׃ וַיֹּאמְרוּ אֵלָיו מַה־נַּעֲשֶׂה לָּךְ וְיִשְׁתֹּק הַיָּם מֵעָלֵינוּ כִּי הַיָּם
יב הוֹלֵךְ וְסֹעֵר׃ וַיֹּאמֶר אֲלֵיהֶם שָׂאוּנִי וַהֲטִילֻנִי אֶל־הַיָּם וְיִשְׁתֹּק
הַיָּם מֵעֲלֵיכֶם כִּי יוֹדֵעַ אָנִי כִּי בְשֶׁלִּי הַסַּעַר הַגָּדוֹל הַזֶּה עֲלֵיכֶם׃
יג וַיַּחְתְּרוּ הָאֲנָשִׁים לְהָשִׁיב אֶל־הַיַּבָּשָׁה וְלֹא יָכֹלוּ כִּי הַיָּם הוֹלֵךְ
יד וְסֹעֵר עֲלֵיהֶם׃ וַיִּקְרְאוּ אֶל־יְהוָה וַיֹּאמְרוּ אָנָּה יְהוָה אַל־נָא
נֹאבְדָה בְּנֶפֶשׁ הָאִישׁ הַזֶּה וְאַל־תִּתֵּן עָלֵינוּ דָּם נָקִיא כִּי־אַתָּה
טו יְהוָה כַּאֲשֶׁר חָפַצְתָּ עָשִׂיתָ׃ וַיִּשְׂאוּ אֶת־יוֹנָה וַיְטִלֻהוּ אֶל־הַיָּם
טז וַיַּעֲמֹד הַיָּם מִזַּעְפּוֹ׃ וַיִּירְאוּ הָאֲנָשִׁים יִרְאָה גְדוֹלָה אֶת־יְהוָה
ב א וַיִּזְבְּחוּ־זֶבַח לַיהוָה וַיִּדְּרוּ נְדָרִים׃ וַיְמַן יְהוָה דָּג גָּדוֹל לִבְלֹעַ אֶת־
ב יוֹנָה וַיְהִי יוֹנָה בִּמְעֵי הַדָּג שְׁלֹשָׁה יָמִים וּשְׁלֹשָׁה לֵילוֹת׃ וַיִּתְפַּלֵּל
ג יוֹנָה אֶל־יְהוָה אֱלֹהָיו מִמְּעֵי הַדָּגָה׃ וַיֹּאמֶר קָרָאתִי מִצָּרָה לִי
ד אֶל־יְהוָה וַיַּעֲנֵנִי מִבֶּטֶן שְׁאוֹל שִׁוַּעְתִּי שָׁמַעְתָּ קוֹלִי׃ וַתַּשְׁלִיכֵנִי
מְצוּלָה בִּלְבַב יַמִּים וְנָהָר יְסֹבְבֵנִי כָּל־מִשְׁבָּרֶיךָ וְגַלֶּיךָ עָלַי
ה עָבָרוּ׃ וַאֲנִי אָמַרְתִּי נִגְרַשְׁתִּי מִנֶּגֶד עֵינֶיךָ אַךְ אוֹסִיף לְהַבִּיט אֶל־
ו הֵיכַל קָדְשֶׁךָ׃ אֲפָפוּנִי מַיִם עַד־נֶפֶשׁ תְּהוֹם יְסֹבְבֵנִי סוּף חָבוּשׁ
ז לְרֹאשִׁי׃ לְקִצְבֵי הָרִים יָרַדְתִּי הָאָרֶץ בְּרִחֶיהָ בַעֲדִי לְעוֹלָם
ח וַתַּעַל מִשַּׁחַת חַיַּי יְהוָה אֱלֹהָי׃ בְּהִתְעַטֵּף עָלַי נַפְשִׁי אֶת־יְהוָה
ט זָכָרְתִּי וַתָּבוֹא אֵלֶיךָ תְּפִלָּתִי אֶל־הֵיכַל קָדְשֶׁךָ׃ מְשַׁמְּרִים הַבְלֵי־
י שָׁוְא חַסְדָּם יַעֲזֹבוּ׃ וַאֲנִי בְּקוֹל תּוֹדָה אֶזְבְּחָה־לָּךְ אֲשֶׁר נָדַרְתִּי
יא אֲשַׁלֵּמָה יְשׁוּעָתָה לַיהוָה׃ וַיֹּאמֶר יְהוָה לַדָּג וַיָּקֵא
ג א אֶת־יוֹנָה אֶל־הַיַּבָּשָׁה׃ וַיְהִי דְבַר־יְהוָה אֶל־יוֹנָה
ב שֵׁנִית לֵאמֹר׃ קוּם לֵךְ אֶל־נִינְוֵה הָעִיר הַגְּדוֹלָה וּקְרָא אֵלֶיהָ
ג אֶת־הַקְּרִיאָה אֲשֶׁר אָנֹכִי דֹּבֵר אֵלֶיךָ׃ וַיָּקָם יוֹנָה וַיֵּלֶךְ אֶל־נִינְוֵה
כִּדְבַר יְהוָה וְנִינְוֵה הָיְתָה עִיר־גְּדוֹלָה לֵאלֹהִים מַהֲלַךְ שְׁלֹשֶׁת

יָמִים׃ וַיָּחֶל יוֹנָה לָבוֹא בָעִיר מַהֲלַךְ יוֹם אֶחָד וַיִּקְרָא וַיֹּאמַר ד
עוֹד אַרְבָּעִים יוֹם וְנִינְוֵה נֶהְפָּכֶת׃ וַיַּאֲמִינוּ אַנְשֵׁי נִינְוֵה בֵּאלֹהִים ה
וַיִּקְרְאוּ־צוֹם וַיִּלְבְּשׁוּ שַׂקִּים מִגְּדוֹלָם וְעַד־קְטַנָּם׃ וַיִּגַּע הַדָּבָר ו
אֶל־מֶלֶךְ נִינְוֵה וַיָּקָם מִכִּסְאוֹ וַיַּעֲבֵר אַדַּרְתּוֹ מֵעָלָיו וַיְכַס שַׂק
וַיֵּשֶׁב עַל־הָאֵפֶר׃ וַיַּזְעֵק וַיֹּאמֶר בְּנִינְוֵה מִטַּעַם הַמֶּלֶךְ וּגְדֹלָיו ז
לֵאמֹר הָאָדָם וְהַבְּהֵמָה הַבָּקָר וְהַצֹּאן אַל־יִטְעֲמוּ מְאוּמָה אַל־
יִרְעוּ וּמַיִם אַל־יִשְׁתּוּ׃ וְיִתְכַּסּוּ שַׂקִּים הָאָדָם וְהַבְּהֵמָה וְיִקְרְאוּ ח
אֶל־אֱלֹהִים בְּחָזְקָה וְיָשֻׁבוּ אִישׁ מִדַּרְכּוֹ הָרָעָה וּמִן־הֶחָמָס
אֲשֶׁר בְּכַפֵּיהֶם׃ מִי־יוֹדֵעַ יָשׁוּב וְנִחַם הָאֱלֹהִים וְשָׁב מֵחֲרוֹן ט
אַפּוֹ וְלֹא נֹאבֵד׃ וַיַּרְא הָאֱלֹהִים אֶת־מַעֲשֵׂיהֶם כִּי־שָׁבוּ מִדַּרְכָּם י
הָרָעָה וַיִּנָּחֶם הָאֱלֹהִים עַל־הָרָעָה אֲשֶׁר־דִּבֶּר לַעֲשׂוֹת־לָהֶם וְלֹא
עָשָׂה׃ וַיֵּרַע אֶל־יוֹנָה רָעָה גְדוֹלָה וַיִּחַר לוֹ׃ וַיִּתְפַּלֵּל אֶל־יהוה א ב ד
וַיֹּאמַר אָנָּה יהוה הֲלוֹא־זֶה דְבָרִי עַד־הֱיוֹתִי עַל־אַדְמָתִי עַל־כֵּן
קִדַּמְתִּי לִבְרֹחַ תַּרְשִׁישָׁה כִּי יָדַעְתִּי כִּי אַתָּה אֵל־חַנּוּן וְרַחוּם
אֶרֶךְ אַפַּיִם וְרַב־חֶסֶד וְנִחָם עַל־הָרָעָה׃ וְעַתָּה יהוה קַח־נָא ג
אֶת־נַפְשִׁי מִמֶּנִּי כִּי טוֹב מוֹתִי מֵחַיָּי׃ וַיֹּאמֶר יהוה הַהֵיטֵב חָרָה ד
לָךְ׃ וַיֵּצֵא יוֹנָה מִן־הָעִיר וַיֵּשֶׁב מִקֶּדֶם לָעִיר וַיַּעַשׂ לוֹ שָׁם סֻכָּה ה
וַיֵּשֶׁב תַּחְתֶּיהָ בַּצֵּל עַד אֲשֶׁר יִרְאֶה מַה־יִּהְיֶה בָּעִיר׃ וַיְמַן יהוה־ ו
אֱלֹהִים קִיקָיוֹן וַיַּעַל ׀ מֵעַל לְיוֹנָה לִהְיוֹת צֵל עַל־רֹאשׁוֹ לְהַצִּיל
לוֹ מֵרָעָתוֹ וַיִּשְׂמַח יוֹנָה עַל־הַקִּיקָיוֹן שִׂמְחָה גְדוֹלָה׃ וַיְמַן ז
הָאֱלֹהִים תּוֹלַעַת בַּעֲלוֹת הַשַּׁחַר לַמָּחֳרָת וַתַּךְ אֶת־הַקִּיקָיוֹן
וַיִּבָשׁ׃ וַיְהִי ׀ כִּזְרֹחַ הַשֶּׁמֶשׁ וַיְמַן אֱלֹהִים רוּחַ קָדִים חֲרִישִׁית ח
וַתַּךְ הַשֶּׁמֶשׁ עַל־רֹאשׁ יוֹנָה וַיִּתְעַלָּף וַיִּשְׁאַל אֶת־נַפְשׁוֹ לָמוּת
וַיֹּאמֶר טוֹב מוֹתִי מֵחַיָּי׃ וַיֹּאמֶר אֱלֹהִים אֶל־יוֹנָה הַהֵיטֵב ט
חָרָה־לְךָ עַל־הַקִּיקָיוֹן וַיֹּאמֶר הֵיטֵב חָרָה־לִי עַד־מָוֶת׃ וַיֹּאמֶר י
יהוה אַתָּה חַסְתָּ עַל־הַקִּיקָיוֹן אֲשֶׁר לֹא־עָמַלְתָּ בּוֹ וְלֹא גִדַּלְתּוֹ
שֶׁבִּן־לַיְלָה הָיָה וּבִן־לַיְלָה אָבָד׃ וַאֲנִי לֹא אָחוּס עַל־נִינְוֵה יא

הָעִיר הַגְּדוֹלָה אֲשֶׁר יֶשׁ־בָּהּ הַרְבֵּה מִשְׁתֵּים־עֶשְׂרֵה רִבּוֹ
אָדָם אֲשֶׁר לֹא־יָדַע בֵּין־יְמִינוֹ לִשְׂמֹאלוֹ וּבְהֵמָה רַבָּה:

מיכה

א א דְּבַר־יְהוָה ׀ אֲשֶׁר הָיָה אֶל־מִיכָה הַמֹּרַשְׁתִּי בִּימֵי יוֹתָם אָחָז ׳
ב יְחִזְקִיָּה מַלְכֵי יְהוּדָה אֲשֶׁר־חָזָה עַל־שֹׁמְרוֹן וִירוּשָׁלִָם: שִׁמְעוּ
עַמִּים כֻּלָּם הַקְשִׁיבִי אֶרֶץ וּמְלֹאָהּ וִיהִי אֲדֹנָי יֱהוִה בָּכֶם לְעֵד
ג אֲדֹנָי מֵהֵיכַל קָדְשׁוֹ: כִּי־הִנֵּה יְהוָה יֹצֵא מִמְּקוֹמוֹ וְיָרַד וְדָרַךְ
ד עַל־במותי־אָרֶץ: וְנָמַסּוּ הֶהָרִים תַּחְתָּיו וְהָעֲמָקִים יִתְבַּקָּעוּ בָּמֳתֵי־
ה כַּדּוֹנַג מִפְּנֵי הָאֵשׁ כְּמַיִם מֻגָּרִים בְּמוֹרָד: בְּפֶשַׁע יַעֲקֹב כָּל־זֹאת
וּבְחַטֹּאות בֵּית יִשְׂרָאֵל מִי־פֶשַׁע יַעֲקֹב הֲלוֹא שֹׁמְרוֹן וּמִי בָּמוֹת
ו יְהוּדָה הֲלוֹא יְרוּשָׁלִָם: וְשַׂמְתִּי שֹׁמְרוֹן לְעִי הַשָּׂדֶה לְמַטָּעֵי כָרֶם
ז וְהִגַּרְתִּי לַגַּי אֲבָנֶיהָ וִיסֹדֶיהָ אֲגַלֶּה: וְכָל־פְּסִילֶיהָ יֻכַּתּוּ וְכָל־
אֶתְנַנֶּיהָ יִשָּׂרְפוּ בָאֵשׁ וְכָל־עֲצַבֶּיהָ אָשִׂים שְׁמָמָה כִּי מֵאֶתְנַן
ח זוֹנָה קִבָּצָה וְעַד־אֶתְנַן זוֹנָה יָשׁוּבוּ: עַל־זֹאת אֶסְפְּדָה וְאֵילִילָה
אֵילְכָה שילל וְעָרוֹם אֶעֱשֶׂה מִסְפֵּד כַּתַּנִּים וְאֵבֶל כִּבְנוֹת יַעֲנָה: שׁוֹלָל
ט כִּי אֲנוּשָׁה מַכּוֹתֶיהָ כִּי־בָאָה עַד־יְהוּדָה נָגַע עַד־שַׁעַר עַמִּי
י עַד־יְרוּשָׁלִָם: בְּגַת אַל־תַּגִּידוּ בָּכוֹ אַל־תִּבְכּוּ בְּבֵית לְעַפְרָה
יא עָפָר התפלשתי: עִבְרִי לָכֶם יוֹשֶׁבֶת שָׁפִיר עֶרְיָה־בֹשֶׁת לֹא הִתְפַּלָּשִׁי
יב יָצְאָה יוֹשֶׁבֶת צַאֲנָן מִסְפַּד בֵּית הָאֵצֶל יִקַּח מִכֶּם עֶמְדָּתוֹ: כִּי־
חָלָה לְטוֹב יוֹשֶׁבֶת מָרוֹת כִּי־יָרַד רָע מֵאֵת יְהוָה לְשַׁעַר
יג יְרוּשָׁלִָם: רְתֹם הַמֶּרְכָּבָה לָרֶכֶשׁ יוֹשֶׁבֶת לָכִישׁ רֵאשִׁית חַטָּאת
יד הִיא לְבַת־צִיּוֹן כִּי־בָךְ נִמְצְאוּ פִּשְׁעֵי יִשְׂרָאֵל: לָכֵן תִּתְּנִי
שִׁלּוּחִים עַל מוֹרֶשֶׁת גַּת בָּתֵּי אַכְזִיב לְאַכְזָב לְמַלְכֵי יִשְׂרָאֵל:
טו עֹד הַיֹּרֵשׁ אָבִי לָךְ יוֹשֶׁבֶת מָרֵשָׁה עַד־עֲדֻלָּם יָבוֹא כְּבוֹד אָבִיא
טז יִשְׂרָאֵל: קָרְחִי וָגֹזִּי עַל־בְּנֵי תַּעֲנוּגָיִךְ הַרְחִבִי קָרְחָתֵךְ

ב

א כַּנֶּשֶׁר כִּי־גָלוּ מִמֵּךְ׃ הוֹי חֹשְׁבֵי־אָוֶן וּפֹעֲלֵי רָע
עַל־מִשְׁכְּבוֹתָם בְּאוֹר הַבֹּקֶר יַעֲשׂוּהָ כִּי יֶשׁ־לְאֵל יָדָם׃
ב וְחָמְדוּ שָׂדוֹת וְגָזָלוּ וּבָתִּים וְנָשָׂאוּ וְעָשְׁקוּ גֶּבֶר וּבֵיתוֹ וְאִישׁ
ג וְנַחֲלָתוֹ׃ לָכֵן כֹּה אָמַר יְהוָה הִנְנִי חֹשֵׁב עַל־
הַמִּשְׁפָּחָה הַזֹּאת רָעָה אֲשֶׁר לֹא־תָמִישׁוּ מִשָּׁם צַוְּארֹתֵיכֶם וְלֹא
ד תֵלְכוּ רוֹמָה כִּי עֵת רָעָה הִיא׃ בַּיּוֹם הַהוּא יִשָּׂא עֲלֵיכֶם מָשָׁל
וְנָהָה נְהִי נִהְיָה אָמַר שָׁדוֹד נְשַׁדֻּנוּ חֵלֶק עַמִּי יָמִיר אֵיךְ יָמִישׁ
ה לִי לְשׁוֹבֵב שָׂדֵינוּ יְחַלֵּק׃ לָכֵן לֹא־יִהְיֶה לְךָ מַשְׁלִיךְ חֶבֶל בְּגוֹרָל
ו בִּקְהַל יְהוָה׃ אַל־תַּטִּפוּ יַטִּיפוּן לֹא־יַטִּפוּ לָאֵלֶּה לֹא יִסַּג
ז כְּלִמּוֹת׃ הֶאָמוּר בֵּית־יַעֲקֹב הֲקָצַר רוּחַ יְהוָה אִם־אֵלֶּה מַעֲלָלָיו
ח הֲלוֹא דְבָרַי יֵיטִיבוּ עִם הַיָּשָׁר הוֹלֵךְ׃ וְאֶתְמוּל עַמִּי לְאוֹיֵב
יְקוֹמֵם מִמּוּל שַׂלְמָה אֶדֶר תַּפְשִׁטוּן מֵעֹבְרִים בֶּטַח שׁוּבֵי
ט מִלְחָמָה׃ נְשֵׁי עַמִּי תְּגָרְשׁוּן מִבֵּית תַּעֲנֻגֶיהָ מֵעַל עֹלָלֶיהָ תִּקְחוּ
י הֲדָרִי לְעוֹלָם׃ קוּמוּ וּלְכוּ כִּי לֹא־זֹאת הַמְּנוּחָה בַּעֲבוּר טָמְאָה
יא תְּחַבֵּל וְחֶבֶל נִמְרָץ׃ לוּ־אִישׁ הֹלֵךְ רוּחַ וָשֶׁקֶר כִּזֵּב אַטִּף לְךָ
יב לַיַּיִן וְלַשֵּׁכָר וְהָיָה מַטִּיף הָעָם הַזֶּה׃ אָסֹף אֶאֱסֹף יַעֲקֹב כֻּלָּךְ
קַבֵּץ אֲקַבֵּץ שְׁאֵרִית יִשְׂרָאֵל יַחַד אֲשִׂימֶנּוּ כְּצֹאן בָּצְרָה
יג כְּעֵדֶר בְּתוֹךְ הַדָּבְרוֹ תְּהִימֶנָה מֵאָדָם׃ עָלָה הַפֹּרֵץ לִפְנֵיהֶם
פָּרְצוּ וַיַּעֲבֹרוּ שַׁעַר וַיֵּצְאוּ בוֹ וַיַּעֲבֹר מַלְכָּם לִפְנֵיהֶם וַיהוָה
ג א בְּרֹאשָׁם׃ וָאֹמַר שִׁמְעוּ־נָא רָאשֵׁי יַעֲקֹב וּקְצִינֵי
ב בֵּית יִשְׂרָאֵל הֲלוֹא לָכֶם לָדַעַת אֶת־הַמִּשְׁפָּט׃ שֹׂנְאֵי טוֹב
ג וְאֹהֲבֵי רָעָה גֹּזְלֵי עוֹרָם מֵעֲלֵיהֶם וּשְׁאֵרָם מֵעַל עַצְמוֹתָם׃ וַאֲשֶׁר (רָע)
אָכְלוּ שְׁאֵר עַמִּי וְעוֹרָם מֵעֲלֵיהֶם הִפְשִׁיטוּ וְאֶת־עַצְמֹתֵיהֶם
ד פִּצֵּחוּ וּפָרְשׂוּ כַּאֲשֶׁר בַּסִּיר וּכְבָשָׂר בְּתוֹךְ קַלָּחַת׃ אָז יִזְעֲקוּ אֶל־
יְהוָה וְלֹא יַעֲנֶה אוֹתָם וְיַסְתֵּר פָּנָיו מֵהֶם בָּעֵת הַהִיא כַּאֲשֶׁר
ה הֵרֵעוּ מַעַלְלֵיהֶם׃ כֹּה אָמַר יְהוָה עַל־הַנְּבִיאִים
הַמַּתְעִים אֶת־עַמִּי הַנֹּשְׁכִים בְּשִׁנֵּיהֶם וְקָרְאוּ שָׁלוֹם וַאֲשֶׁר לֹא־

ג

ו יִתֵּן עַל־פִּיהֶם וְקִדְּשׁוּ עָלָיו מִלְחָמָה: לָכֵן לַיְלָה לָכֶם מֵחָזוֹן
וְחָשְׁכָה לָכֶם מִקְּסֹם וּבָאָה הַשֶּׁמֶשׁ עַל־הַנְּבִיאִים וְקָדַר
ז עֲלֵיהֶם הַיּוֹם: וּבֹשׁוּ הַחֹזִים וְחָפְרוּ הַקֹּסְמִים וְעָטוּ עַל־שָׂפָם
ח כֻּלָּם כִּי אֵין מַעֲנֵה אֱלֹהִים: וְאוּלָם אָנֹכִי מָלֵאתִי כֹחַ אֶת־
רוּחַ יהוה וּמִשְׁפָּט וּגְבוּרָה לְהַגִּיד לְיַעֲקֹב פִּשְׁעוֹ וּלְיִשְׂרָאֵל
ט חַטָּאתוֹ: שִׁמְעוּ־נָא זֹאת רָאשֵׁי בֵּית יַעֲקֹב
וּקְצִינֵי בֵּית יִשְׂרָאֵל הַמְתַעֲבִים מִשְׁפָּט וְאֵת כָּל־הַיְשָׁרָה
י יא יְעַקֵּשׁוּ: בֹּנֶה צִיּוֹן בְּדָמִים וִירוּשָׁלִַם בְּעַוְלָה: רָאשֶׁיהָ | בְּשֹׁחַד
יִשְׁפֹּטוּ וְכֹהֲנֶיהָ בִּמְחִיר יוֹרוּ וּנְבִיאֶיהָ בְּכֶסֶף יִקְסֹמוּ וְעַל־יהוה
יב יִשָּׁעֵנוּ לֵאמֹר הֲלוֹא יהוה בְּקִרְבֵּנוּ לֹא־תָבוֹא עָלֵינוּ רָעָה: לָכֵן
בִּגְלַלְכֶם צִיּוֹן שָׂדֶה תֵחָרֵשׁ וִירוּשָׁלִַם עִיִּין תִּהְיֶה וְהַר הַבַּיִת
ד א לְבָמוֹת יָעַר: וְהָיָה | בְּאַחֲרִית הַיָּמִים יִהְיֶה הַר
בֵּית־יהוה נָכוֹן בְּרֹאשׁ הֶהָרִים וְנִשָּׂא הוּא מִגְּבָעוֹת וְנָהֲרוּ עָלָיו
ב עַמִּים: וְהָלְכוּ גּוֹיִם רַבִּים וְאָמְרוּ לְכוּ | וְנַעֲלֶה אֶל־הַר־יהוה
וְאֶל־בֵּית אֱלֹהֵי יַעֲקֹב וְיוֹרֵנוּ מִדְּרָכָיו וְנֵלְכָה בְּאֹרְחֹתָיו כִּי מִצִּיּוֹן
ג תֵּצֵא תוֹרָה וּדְבַר־יהוה מִירוּשָׁלִָם: וְשָׁפַט בֵּין עַמִּים רַבִּים
וְהוֹכִיחַ לְגוֹיִם עֲצֻמִים עַד־רָחוֹק וְכִתְּתוּ חַרְבֹתֵיהֶם לְאִתִּים
וַחֲנִיתֹתֵיהֶם לְמַזְמֵרוֹת לֹא־יִשְׂאוּ גּוֹי אֶל־גּוֹי חֶרֶב וְלֹא־יִלְמְדוּן
ד עוֹד מִלְחָמָה: וְיָשְׁבוּ אִישׁ תַּחַת גַּפְנוֹ וְתַחַת תְּאֵנָתוֹ וְאֵין
ה מַחֲרִיד כִּי־פִי יהוה צְבָאוֹת דִּבֵּר: כִּי כָּל־הָעַמִּים יֵלְכוּ יא
אִישׁ בְּשֵׁם אֱלֹהָיו וַאֲנַחְנוּ נֵלֵךְ בְּשֵׁם־יהוה אֱלֹהֵינוּ לְעוֹלָם
ו וָעֶד: בַּיּוֹם הַהוּא נְאֻם־יהוה אֹסְפָה הַצֹּלֵעָה
ז וְהַנִּדָּחָה אֲקַבֵּצָה וַאֲשֶׁר הֲרֵעֹתִי: וְשַׂמְתִּי אֶת־הַצֹּלֵעָה לִשְׁאֵרִית
וְהַנַּהֲלָאָה לְגוֹי עָצוּם וּמָלַךְ יהוה עֲלֵיהֶם בְּהַר צִיּוֹן מֵעַתָּה וְעַד־
ח עוֹלָם: וְאַתָּה מִגְדַּל־עֵדֶר עֹפֶל בַּת־צִיּוֹן עָדֶיךָ
תֵּאתֶה וּבָאָה הַמֶּמְשָׁלָה הָרִאשֹׁנָה מַמְלֶכֶת לְבַת־יְרוּשָׁלִָם:
ט עַתָּה לָמָּה תָרִיעִי רֵעַ הֲמֶלֶךְ אֵין־בָּךְ אִם־יוֹעֲצֵךְ אָבָד כִּי־

י הֶחֱזִיקֵךְ חִיל כַּיּוֹלֵדָה׃ חוּלִי וָגֹחִי בַּת־צִיּוֹן כַּיּוֹלֵדָה כִּי עַתָּה
תֵצְאִי מִקִּרְיָה וְשָׁכַנְתְּ בַּשָּׂדֶה וּבָאת עַד־בָּבֶל שָׁם תִּנָּצֵלִי שָׁם
יא יִגְאָלֵךְ יְהוָה מִכַּף אֹיְבָיִךְ׃ וְעַתָּה נֶאֶסְפוּ עָלַיִךְ גּוֹיִם רַבִּים
יב הָאֹמְרִים תֶּחֱנָף וְתַחַז בְּצִיּוֹן עֵינֵינוּ׃ וְהֵמָּה לֹא יָדְעוּ מַחְשְׁבוֹת
יג יְהוָה וְלֹא הֵבִינוּ עֲצָתוֹ כִּי קִבְּצָם כֶּעָמִיר גֹּרְנָה׃ קוּמִי וָדוֹשִׁי
בַת־צִיּוֹן כִּי קַרְנֵךְ אָשִׂים בַּרְזֶל וּפַרְסֹתַיִךְ אָשִׂים נְחוּשָׁה
וַהֲדִקּוֹת עַמִּים רַבִּים וְהַחֲרַמְתִּי לַיהוָה בִּצְעָם וְחֵילָם לַאֲדוֹן
יד כָּל־הָאָרֶץ׃ עַתָּה תִּתְגֹּדְדִי בַת־גְּדוּד מָצוֹר שָׂם עָלֵינוּ בַּשֵּׁבֶט
ה א יַכּוּ עַל־הַלְּחִי אֵת שֹׁפֵט יִשְׂרָאֵל׃ וְאַתָּה בֵּית־
לֶחֶם אֶפְרָתָה צָעִיר לִהְיוֹת בְּאַלְפֵי יְהוּדָה מִמְּךָ לִי יֵצֵא לִהְיוֹת
ב מוֹשֵׁל בְּיִשְׂרָאֵל וּמוֹצָאֹתָיו מִקֶּדֶם מִימֵי עוֹלָם׃ לָכֵן יִתְּנֵם עַד־
ג עֵת יוֹלֵדָה יָלָדָה וְיֶתֶר אֶחָיו יְשׁוּבוּן עַל־בְּנֵי יִשְׂרָאֵל׃ וְעָמַד
וְרָעָה בְּעֹז יְהוָה בִּגְאוֹן שֵׁם יְהוָה אֱלֹהָיו וְיָשָׁבוּ כִּי־עַתָּה
ד יִגְדַּל עַד־אַפְסֵי־אָרֶץ׃ וְהָיָה זֶה שָׁלוֹם אַשּׁוּר ׀ כִּי־יָבוֹא
בְאַרְצֵנוּ וְכִי יִדְרֹךְ בְּאַרְמְנֹתֵינוּ וַהֲקֵמֹנוּ עָלָיו שִׁבְעָה רֹעִים
ה וּשְׁמֹנָה נְסִיכֵי אָדָם׃ וְרָעוּ אֶת־אֶרֶץ אַשּׁוּר בַּחֶרֶב וְאֶת־אֶרֶץ
נִמְרֹד בִּפְתָחֶיהָ וְהִצִּיל מֵאַשּׁוּר כִּי־יָבוֹא בְאַרְצֵנוּ וְכִי יִדְרֹךְ
ו בִּגְבוּלֵנוּ׃ וְהָיָה ׀ שְׁאֵרִית יַעֲקֹב בְּקֶרֶב עַמִּים
רַבִּים כְּטַל מֵאֵת יְהוָה כִּרְבִיבִים עֲלֵי־עֵשֶׂב אֲשֶׁר לֹא־יְקַוֶּה
ז לְאִישׁ וְלֹא יְיַחֵל לִבְנֵי אָדָם׃ וְהָיָה שְׁאֵרִית יַעֲקֹב בַּגּוֹיִם בְּקֶרֶב
עַמִּים רַבִּים כְּאַרְיֵה בְּבַהֲמוֹת יַעַר כִּכְפִיר בְּעֶדְרֵי־צֹאן אֲשֶׁר
ח אִם עָבַר וְרָמַס וְטָרַף וְאֵין מַצִּיל׃ תָּרֹם יָדְךָ עַל־צָרֶיךָ
ט וְכָל־אֹיְבֶיךָ יִכָּרֵתוּ׃ וְהָיָה בַיּוֹם־הַהוּא נְאֻם־
י יְהוָה וְהִכְרַתִּי סוּסֶיךָ מִקִּרְבֶּךָ וְהַאֲבַדְתִּי מַרְכְּבֹתֶיךָ׃ וְהִכְרַתִּי
יא עָרֵי אַרְצֶךָ וְהָרַסְתִּי כָּל־מִבְצָרֶיךָ׃ וְהִכְרַתִּי כְשָׁפִים מִיָּדֶךָ
יב וּמְעוֹנְנִים לֹא יִהְיוּ־לָךְ׃ וְהִכְרַתִּי פְסִילֶיךָ וּמַצֵּבוֹתֶיךָ מִקִּרְבֶּךָ
יג וְלֹא־תִשְׁתַּחֲוֶה עוֹד לְמַעֲשֵׂה יָדֶיךָ׃ וְנָתַשְׁתִּי אֲשֵׁירֶיךָ מִקִּרְבֶּךָ

יד וְהִשְׁמַדְתִּי עָרֶיךָ: וְעָשִׂיתִי בְּאַף וּבְחֵמָה נָקָם אֶת־הַגּוֹיִם אֲשֶׁר
ו א לֹא שָׁמֵעוּ: שִׁמְעוּ־נָא אֵת אֲשֶׁר־יְהוָה אֹמֵר קוּם
ב רִיב אֶת־הֶהָרִים וְתִשְׁמַעְנָה הַגְּבָעוֹת קוֹלֶךָ: שִׁמְעוּ הָרִים אֶת־
רִיב יְהוָה וְהָאֵתָנִים מֹסְדֵי אָרֶץ כִּי רִיב לַיהוָה עִם־עַמּוֹ וְעִם־
ג יִשְׂרָאֵל יִתְוַכָּח: עַמִּי מֶה־עָשִׂיתִי לְךָ וּמָה הֶלְאֵתִיךָ עֲנֵה בִי:
ד כִּי הֶעֱלִתִיךָ מֵאֶרֶץ מִצְרַיִם וּמִבֵּית עֲבָדִים פְּדִיתִיךָ וָאֶשְׁלַח
ה לְפָנֶיךָ אֶת־מֹשֶׁה אַהֲרֹן וּמִרְיָם: עַמִּי זְכָר־נָא מַה־יָּעַץ בָּלָק
מֶלֶךְ מוֹאָב וּמֶה־עָנָה אֹתוֹ בִּלְעָם בֶּן־בְּעוֹר מִן־הַשִּׁטִּים עַד־
ו הַגִּלְגָּל לְמַעַן דַּעַת צִדְקוֹת יְהוָה: בַּמָּה אֲקַדֵּם יְהוָה אִכַּף
ז לֵאלֹהֵי מָרוֹם הַאֲקַדְּמֶנּוּ בְעוֹלוֹת בַּעֲגָלִים בְּנֵי שָׁנָה: הֲיִרְצֶה
יְהוָה בְּאַלְפֵי אֵילִים בְּרִבְבוֹת נַחֲלֵי־שָׁמֶן הַאֶתֵּן בְּכוֹרִי פִּשְׁעִי
ח פְּרִי בִטְנִי חַטַּאת נַפְשִׁי: הִגִּיד לְךָ אָדָם מַה־טּוֹב וּמָה־יְהוָה
דּוֹרֵשׁ מִמְּךָ כִּי אִם־עֲשׂוֹת מִשְׁפָּט וְאַהֲבַת חֶסֶד וְהַצְנֵעַ לֶכֶת
ט עִם־אֱלֹהֶיךָ: קוֹל יְהוָה לָעִיר יִקְרָא וְתוּשִׁיָּה יִרְאֶה
י שְׁמֶךָ שִׁמְעוּ מַטֶּה וּמִי יְעָדָהּ: עוֹד הַאִשׁ בֵּית רָשָׁע אֹצְרוֹת
יא רֶשַׁע וְאֵיפַת רָזוֹן זְעוּמָה: הַאֶזְכֶּה בְּמֹאזְנֵי רֶשַׁע וּבְכִיס אַבְנֵי
יב מִרְמָה: אֲשֶׁר עֲשִׁירֶיהָ מָלְאוּ חָמָס וְיֹשְׁבֶיהָ דִּבְּרוּ־שָׁקֶר וּלְשׁוֹנָם
יג רְמִיָּה בְּפִיהֶם: וְגַם־אֲנִי הֶחֱלֵיתִי הַכּוֹתֶךָ הַשְׁמֵם עַל־חַטֹּאתֶךָ:
יד אַתָּה תֹאכַל וְלֹא תִשְׂבָּע וְיֶשְׁחֲךָ בְּקִרְבֶּךָ וְתַסֵּג וְלֹא תַפְלִיט
טו וַאֲשֶׁר תְּפַלֵּט לַחֶרֶב אֶתֵּן: אַתָּה תִזְרַע וְלֹא תִקְצוֹר אַתָּה
טז תִדְרֹךְ־זַיִת וְלֹא־תָסוּךְ שֶׁמֶן וְתִירוֹשׁ וְלֹא תִשְׁתֶּה־יָּיִן: וְיִשְׁתַּמֵּר
חֻקּוֹת עָמְרִי וְכֹל מַעֲשֵׂה בֵית־אַחְאָב וַתֵּלְכוּ בְּמֹעֲצוֹתָם
לְמַעַן תִּתִּי אֹתְךָ לְשַׁמָּה וְיֹשְׁבֶיהָ לִשְׁרֵקָה וְחֶרְפַּת עַמִּי
ז א תִּשָּׂאוּ: אַלְלַי לִי כִּי הָיִיתִי כְּאָסְפֵּי־קַיִץ כְּעֹלְלֹת
ב בָּצִיר אֵין־אֶשְׁכּוֹל לֶאֱכוֹל בִּכּוּרָה אִוְּתָה נַפְשִׁי: אָבַד חָסִיד מִן־
הָאָרֶץ וְיָשָׁר בָּאָדָם אָיִן כֻּלָּם לְדָמִים יֶאֱרֹבוּ אִישׁ אֶת־אָחִיהוּ
ג יָצוּדוּ חֵרֶם: עַל־הָרַע כַּפַּיִם לְהֵיטִיב הַשַּׂר שֹׁאֵל וְהַשֹּׁפֵט

ד בְּשָׁלוֹם וְהַגָּדוֹל דֹּבֵר הַוַּת נַפְשׁוֹ הוּא וַיְעַבְּתוּהָ׃ טוֹבָם כְּחֵדֶק
יָשָׁר מִמְּסוּכָה יוֹם מְצַפֶּיךָ פְּקֻדָּתְךָ בָאָה עַתָּה תִהְיֶה מְבוּכָתָם׃
ה אַל־תַּאֲמִינוּ בְרֵעַ אַל־תִּבְטְחוּ בְּאַלּוּף מִשֹּׁכֶבֶת חֵיקֶךָ שְׁמֹר
ו פִּתְחֵי־פִיךָ׃ כִּי־בֵן מְנַבֵּל אָב בַּת קָמָה בְאִמָּהּ כַּלָּה בַּחֲמֹתָהּ
ז אֹיְבֵי אִישׁ אַנְשֵׁי בֵיתוֹ׃ וַאֲנִי בַּיהוָה אֲצַפֶּה אוֹחִילָה לֵאלֹהֵי
ח יִשְׁעִי יִשְׁמָעֵנִי אֱלֹהָי׃ אַל־תִּשְׂמְחִי אֹיַבְתִּי לִי כִּי נָפַלְתִּי קָמְתִּי
ט כִּי־אֵשֵׁב בַּחֹשֶׁךְ יְהוָה אוֹר לִי׃ זַעַף יְהוָה אֶשָּׂא
כִּי חָטָאתִי לוֹ עַד אֲשֶׁר יָרִיב רִיבִי וְעָשָׂה מִשְׁפָּטִי יוֹצִיאֵנִי לָאוֹר
י אֶרְאֶה בְּצִדְקָתוֹ׃ וְתֵרֶא אֹיַבְתִּי וּתְכַסֶּהָ בוּשָׁה הָאֹמְרָה אֵלַי
אַיּוֹ יְהוָה אֱלֹהָיִךְ עֵינַי תִּרְאֶינָּה בָּהּ עַתָּה תִּהְיֶה לְמִרְמָס כְּטִיט
יא יב חוּצוֹת׃ יוֹם לִבְנוֹת גְּדֵרָיִךְ יוֹם הַהוּא יִרְחַק־חֹק׃ יוֹם הוּא וְעָדֶיךָ
יָבוֹא לְמִנִּי אַשּׁוּר וְעָרֵי מָצוֹר וּלְמִנִּי מָצוֹר וְעַד־נָהָר וְיָם
יג מִיָּם וְהַר הָהָר׃ וְהָיְתָה הָאָרֶץ לִשְׁמָמָה עַל־יֹשְׁבֶיהָ מִפְּרִי
יד מַעַלְלֵיהֶם׃ רְעֵה עַמְּךָ בְשִׁבְטֶךָ צֹאן נַחֲלָתֶךָ
שֹׁכְנִי לְבָדָד יַעַר בְּתוֹךְ כַּרְמֶל יִרְעוּ בָשָׁן וְגִלְעָד כִּימֵי עוֹלָם׃
טו טז כִּימֵי צֵאתְךָ מֵאֶרֶץ מִצְרָיִם אַרְאֶנּוּ נִפְלָאוֹת׃ יִרְאוּ גוֹיִם
וְיֵבֹשׁוּ מִכֹּל גְּבוּרָתָם יָשִׂימוּ יָד עַל־פֶּה אָזְנֵיהֶם תֶּחֱרַשְׁנָה׃
יז יְלַחֲכוּ עָפָר כַּנָּחָשׁ כְּזֹחֲלֵי אֶרֶץ יִרְגְּזוּ מִמִּסְגְּרֹתֵיהֶם אֶל־יְהוָה
יח אֱלֹהֵינוּ יִפְחָדוּ וְיִרְאוּ מִמֶּךָּ׃ מִי־אֵל כָּמוֹךָ נֹשֵׂא עָוֺן וְעֹבֵר עַל־
פֶּשַׁע לִשְׁאֵרִית נַחֲלָתוֹ לֹא־הֶחֱזִיק לָעַד אַפּוֹ כִּי־חָפֵץ חֶסֶד
יט הוּא׃ יָשׁוּב יְרַחֲמֵנוּ יִכְבֹּשׁ עֲוֺנֹתֵינוּ וְתַשְׁלִיךְ בִּמְצֻלוֹת יָם כָּל־
כ חַטֹּאתָם׃ תִּתֵּן אֱמֶת לְיַעֲקֹב חֶסֶד לְאַבְרָהָם אֲשֶׁר־נִשְׁבַּעְתָּ יב
לַאֲבֹתֵינוּ מִימֵי קֶדֶם׃

א

א ב מַשָּׂא נִינְוֵה סֵפֶר חֲזוֹן נַחוּם הָאֶלְקֹשִׁי: אֵל קַנּוֹא וְנֹקֵם יְהוָה
נֹקֵם יְהוָה וּבַעַל חֵמָה נֹקֵם יְהוָה לְצָרָיו וְנוֹטֵר הוּא לְאֹיְבָיו:
ג יְהוָה אֶרֶךְ אַפַּיִם וגדול־כֹּחַ וְנַקֵּה לֹא יְנַקֶּה יְהוָה בְּסוּפָה וּגְדָל־
ד וּבִשְׂעָרָה דַּרְכּוֹ וְעָנָן אֲבַק רַגְלָיו: גּוֹעֵר בַּיָּם וַיַּבְּשֵׁהוּ וְכָל־
ה הַנְּהָרוֹת הֶחֱרִיב אֻמְלַל בָּשָׁן וְכַרְמֶל וּפֶרַח לְבָנוֹן אֻמְלָל: הָרִים
רָעֲשׁוּ מִמֶּנּוּ וְהַגְּבָעוֹת הִתְמֹגָגוּ וַתִּשָּׂא הָאָרֶץ מִפָּנָיו וְתֵבֵל וְכָל־
ו יוֹשְׁבֵי בָהּ: לִפְנֵי זַעְמוֹ מִי יַעֲמוֹד וּמִי יָקוּם בַּחֲרוֹן אַפּוֹ חֲמָתוֹ
ז נִתְּכָה כָאֵשׁ וְהַצֻּרִים נִתְּצוּ מִמֶּנּוּ: טוֹב יְהוָה לְמָעוֹז בְּיוֹם צָרָה
ח וְיֹדֵעַ חֹסֵי בוֹ: וּבְשֶׁטֶף עֹבֵר כָּלָה יַעֲשֶׂה מְקוֹמָהּ וְאֹיְבָיו יְרַדֶּף־
ט חֹשֶׁךְ: מַה־תְּחַשְּׁבוּן אֶל־יְהוָה כָּלָה הוּא עֹשֶׂה לֹא־תָקוּם
י פַּעֲמַיִם צָרָה: כִּי עַד־סִירִים סְבֻכִים וּכְסָבְאָם סְבוּאִים אֻכְּלוּ
יא כְּקַשׁ יָבֵשׁ מָלֵא: מִמֵּךְ יָצָא חֹשֵׁב עַל־יְהוָה רָעָה יֹעֵץ
יב בְּלִיָּעַל: כֹּה ׀ אָמַר יְהוָה אִם־שְׁלֵמִים וְכֵן רַבִּים
יג וְכֵן נָגֹזּוּ וְעָבָר וְעִנִּתִךְ לֹא אֲעַנֵּךְ עוֹד: וְעַתָּה אֶשְׁבֹּר מֹטֵהוּ
יד מֵעָלָיִךְ וּמוֹסְרֹתַיִךְ אֲנַתֵּק: וְצִוָּה עָלֶיךָ יְהוָה לֹא־יִזָּרַע מִשִּׁמְךָ
עוֹד מִבֵּית אֱלֹהֶיךָ אַכְרִית פֶּסֶל וּמַסֵּכָה אָשִׂים קִבְרֶךָ כִּי
ב א קַלּוֹתָ: הִנֵּה עַל־הֶהָרִים רַגְלֵי מְבַשֵּׂר מַשְׁמִיעַ
שָׁלוֹם חָגִּי יְהוּדָה חַגַּיִךְ שַׁלְּמִי נְדָרָיִךְ כִּי לֹא יוֹסִיף עוֹד לעבור־ לַעֲבָר־
ב בָּךְ בְּלִיַּעַל כֻּלֹּה נִכְרָת: עָלָה מֵפִיץ עַל־פָּנַיִךְ נָצוֹר מְצֻרָה
ג צַפֵּה־דֶרֶךְ חַזֵּק מָתְנַיִם אַמֵּץ כֹּחַ מְאֹד: כִּי שָׁב יְהוָה אֶת־גְּאוֹן
ד יַעֲקֹב כִּגְאוֹן יִשְׂרָאֵל כִּי בְקָקוּם בֹּקְקִים וּזְמֹרֵיהֶם שִׁחֵתוּ: מָגֵן
גִּבֹּרֵיהוּ מְאָדָּם אַנְשֵׁי־חַיִל מְתֻלָּעִים בְּאֵשׁ־פְּלָדוֹת הָרֶכֶב בְּיוֹם
ה הֲכִינוֹ וְהַבְּרֹשִׁים הָרְעָלוּ: בַּחוּצוֹת יִתְהוֹלְלוּ הָרֶכֶב יִשְׁתַּקְשְׁקוּן
ו בָּרְחֹבוֹת מַרְאֵיהֶן כַּלַּפִּידִים כַּבְּרָקִים יְרוֹצֵצוּ: יִזְכֹּר אַדִּירָיו
ז יִכָּשְׁלוּ בהלוכתם יְמַהֲרוּ חוֹמָתָהּ וְהֻכַן הַסֹּכֵךְ: שַׁעֲרֵי הַנְּהָרוֹת בַּהֲלִיכָתָם
ח נִפְתָּחוּ וְהַהֵיכָל נָמוֹג: וְהֻצַּב גֻּלְּתָה הֹעֲלָתָה וְאַמְהֹתֶיהָ מְנַהֲגוֹת
ט כְּקוֹל יוֹנִים מְתֹפְפֹת עַל־לִבְבֵהֶן: וְנִינְוֵה כִבְרֵכַת־מַיִם מִימֵי

י הִיא וְהֵמָּה נָסִים עִמְדוּ עֲמֹדוּ וְאֵין מַפְנֶה: בֹּזּוּ כֶסֶף בֹּזּוּ זָהָב
יא וְאֵין קֵצֶה לַתְּכוּנָה כָּבֹד מִכֹּל כְּלִי חֶמְדָּה: בּוּקָה וּמְבוּקָה
וּמְבֻלָּקָה וְלֵב נָמֵס וּפִק בִּרְכַּיִם וְחַלְחָלָה בְּכָל־מָתְנַיִם וּפְנֵי
יב כֻלָּם קִבְּצוּ פָארוּר: אַיֵּה מְעוֹן אֲרָיוֹת וּמִרְעֶה הוּא לַכְּפִרִים
יג אֲשֶׁר הָלַךְ אַרְיֵה לָבִיא שָׁם גּוּר אַרְיֵה וְאֵין מַחֲרִיד: אַרְיֵה
טֹרֵף בְּדֵי גֹרוֹתָיו וּמְחַנֵּק לְלִבְאֹתָיו וַיְמַלֵּא־טֶרֶף חֹרָיו וּמְעֹנֹתָיו
יד טְרֵפָה: הִנְנִי אֵלַיִךְ נְאֻם יְהוָה צְבָאוֹת וְהִבְעַרְתִּי בֶעָשָׁן רִכְבָּהּ
וּכְפִירַיִךְ תֹּאכַל חָרֶב וְהִכְרַתִּי מֵאֶרֶץ טַרְפֵּךְ וְלֹא־יִשָּׁמַע עוֹד
ג א קוֹל מַלְאָכֵכֵה: הוֹי עִיר דָּמִים כֻּלָּהּ כַּחַשׁ פֶּרֶק
ב מְלֵאָה לֹא יָמִישׁ טָרֶף: קוֹל שׁוֹט וְקוֹל רַעַשׁ אוֹפָן וְסוּס דֹּהֵר
ג וּמֶרְכָּבָה מְרַקֵּדָה: פָּרָשׁ מַעֲלֶה וְלַהַב חֶרֶב וּבְרַק חֲנִית וְרֹב
ד חָלָל וְכֹבֶד פָּגֶר וְאֵין קֵצֶה לַגְּוִיָּה יכשלו בִּגְוִיָּתָם: מֵרֹב זְנוּנֵי וְכָשְׁלוּ
זוֹנָה טוֹבַת חֵן בַּעֲלַת כְּשָׁפִים הַמֹּכֶרֶת גּוֹיִם בִּזְנוּנֶיהָ וּמִשְׁפָּחוֹת
ה בִּכְשָׁפֶיהָ: הִנְנִי אֵלַיִךְ נְאֻם יְהוָה צְבָאוֹת וְגִלֵּיתִי שׁוּלַיִךְ עַל־
ו פָּנָיִךְ וְהַרְאֵיתִי גוֹיִם מַעְרֵךְ וּמַמְלָכוֹת קְלוֹנֵךְ: וְהִשְׁלַכְתִּי עָלַיִךְ
ז שִׁקֻּצִים וְנִבַּלְתִּיךְ וְשַׂמְתִּיךְ כְּרֹאִי: וְהָיָה כָל־רֹאַיִךְ יִדּוֹד מִמֵּךְ
וְאָמַר שָׁדְּדָה נִינְוֵה מִי יָנוּד לָהּ מֵאַיִן אֲבַקֵּשׁ מְנַחֲמִים לָךְ:
ח הֲתֵיטְבִי מִנֹּא אָמוֹן הַיֹּשְׁבָה בַּיְאֹרִים מַיִם סָבִיב לָהּ אֲשֶׁר־חֵיל
ט יָם מִיָּם חוֹמָתָהּ: כּוּשׁ עָצְמָה וּמִצְרַיִם וְאֵין קֵצֶה פּוּט וְלוּבִים
י הָיוּ בְּעֶזְרָתֵךְ: גַּם־הִיא לַגֹּלָה הָלְכָה בַשֶּׁבִי גַּם עֹלָלֶיהָ יְרֻטְּשׁוּ
בְּרֹאשׁ כָּל־חוּצוֹת וְעַל־נִכְבַּדֶּיהָ יַדּוּ גוֹרָל וְכָל־גְּדוֹלֶיהָ רֻתְּקוּ
יא בַזִּקִּים: גַּם־אַתְּ תִּשְׁכְּרִי תְּהִי נַעֲלָמָה גַּם־אַתְּ תְּבַקְשִׁי מָעוֹז
יב מֵאוֹיֵב: כָּל־מִבְצָרַיִךְ תְּאֵנִים עִם־בִּכּוּרִים אִם־יִנּוֹעוּ וְנָפְלוּ
יג עַל־פִּי אוֹכֵל: הִנֵּה עַמֵּךְ נָשִׁים בְּקִרְבֵּךְ לְאֹיְבַיִךְ פָּתוֹחַ נִפְתְּחוּ
יד שַׁעֲרֵי אַרְצֵךְ אָכְלָה אֵשׁ בְּרִיחָיִךְ: מֵי מָצוֹר שַׁאֲבִי־לָךְ חַזְּקִי
טו מִבְצָרָיִךְ בֹּאִי בַטִּיט וְרִמְסִי בַחֹמֶר הַחֲזִיקִי מַלְבֵּן: שָׁם תֹּאכְלֵךְ
אֵשׁ תַּכְרִיתֵךְ חֶרֶב תֹּאכְלֵךְ כַּיָּלֶק הִתְכַּבֵּד כַּיֶּלֶק הִתְכַּבְּדִי

טז יז כָּאַרְבֶּה׃ הִרְבֵּית רֹכְלַיִךְ מִכּוֹכְבֵי הַשָּׁמָיִם יֶלֶק פָּשַׁט וַיָּעֹף׃ מִנְּזָרַיִךְ
כָּאַרְבֶּה וְטַפְסְרַיִךְ כְּגוֹב גּוֹבָי הַחוֹנִים בַּגְּדֵרוֹת בְּיוֹם קָרָה
יח שֶׁמֶשׁ זָרְחָה וְנוֹדַד וְלֹא־נוֹדַע מְקוֹמוֹ אַיָּם׃ נָמוּ רֹעֶיךָ
מֶלֶךְ אַשּׁוּר יִשְׁכְּנוּ אַדִּירֶיךָ נָפֹשׁוּ עַמְּךָ עַל־הֶהָרִים וְאֵין
יט מְקַבֵּץ׃ אֵין־כֵּהָה לְשִׁבְרֶךָ נַחְלָה מַכָּתֶךָ כֹּל ׀ שֹׁמְעֵי שִׁמְעֲךָ
תָּקְעוּ כַף עָלֶיךָ כִּי עַל־מִי לֹא־עָבְרָה רָעָתְךָ תָּמִיד׃

חבקוק

יג

א א ב הַמַּשָּׂא אֲשֶׁר חָזָה חֲבַקּוּק הַנָּבִיא׃ עַד־אָנָה יהוה שִׁוַּעְתִּי וְלֹא
ג תִשְׁמָע אֶזְעַק אֵלֶיךָ חָמָס וְלֹא תוֹשִׁיעַ׃ לָמָּה תַרְאֵנִי אָוֶן וְעָמָל
ד תַּבִּיט וְשֹׁד וְחָמָס לְנֶגְדִּי וַיְהִי רִיב וּמָדוֹן יִשָּׂא׃ עַל־כֵּן תָּפוּג
תּוֹרָה וְלֹא־יֵצֵא לָנֶצַח מִשְׁפָּט כִּי רָשָׁע מַכְתִּיר אֶת־הַצַּדִּיק
ה עַל־כֵּן יֵצֵא מִשְׁפָּט מְעֻקָּל׃ רְאוּ בַגּוֹיִם וְהַבִּיטוּ וְהִתַּמְּהוּ תְּמָהוּ
ו כִּי־פֹעַל פֹּעֵל בִּימֵיכֶם לֹא תַאֲמִינוּ כִּי יְסֻפָּר׃ כִּי־הִנְנִי מֵקִים
אֶת־הַכַּשְׂדִּים הַגּוֹי הַמַּר וְהַנִּמְהָר הַהוֹלֵךְ לְמֶרְחֲבֵי־אֶרֶץ לָרֶשֶׁת
ז מִשְׁכָּנוֹת לֹּא־לוֹ׃ אָיֹם וְנוֹרָא הוּא מִמֶּנּוּ מִשְׁפָּטוֹ וּשְׂאֵתוֹ יֵצֵא׃
ח וְקַלּוּ מִנְּמֵרִים סוּסָיו וְחַדּוּ מִזְּאֵבֵי עֶרֶב וּפָשׁוּ פָּרָשָׁיו וּפָרָשָׁיו
ט מֵרָחוֹק יָבֹאוּ יָעֻפוּ כְּנֶשֶׁר חָשׁ לֶאֱכוֹל׃ כֻּלֹּה לְחָמָס יָבוֹא מְגַמַּת
י פְּנֵיהֶם קָדִימָה וַיֶּאֱסֹף כַּחוֹל שֶׁבִי׃ וְהוּא בַּמְּלָכִים יִתְקַלָּס וְרֹזְנִים
יא מִשְׂחָק לוֹ הוּא לְכָל־מִבְצָר יִשְׂחָק וַיִּצְבֹּר עָפָר וַיִּלְכְּדָהּ׃ אָז
יב חָלַף רוּחַ וַיַּעֲבֹר וְאָשֵׁם זוּ כֹחוֹ לֵאלֹהוֹ׃ הֲלוֹא אַתָּה מִקֶּדֶם
יהוה אֱלֹהַי קְדֹשִׁי לֹא נָמוּת יהוה לְמִשְׁפָּט שַׂמְתּוֹ וְצוּר לְהוֹכִיחַ
יג יְסַדְתּוֹ׃ טְהוֹר עֵינַיִם מֵרְאוֹת רָע וְהַבִּיט אֶל־עָמָל לֹא תוּכָל
יד לָמָּה תַבִּיט בּוֹגְדִים תַּחֲרִישׁ בְּבַלַּע רָשָׁע צַדִּיק מִמֶּנּוּ׃ וַתַּעֲשֶׂה
טו אָדָם כִּדְגֵי הַיָּם כְּרֶמֶשׂ לֹא־מֹשֵׁל בּוֹ׃ כֻּלֹּה בְּחַכָּה הֵעֲלָה
טז יְגֹרֵהוּ בְחֶרְמוֹ וְיַאַסְפֵהוּ בְּמִכְמַרְתּוֹ עַל־כֵּן יִשְׂמַח וְיָגִיל׃ עַל־

כֵּן יְזַבֵּחַ לְחֶרְמוֹ וִיקַטֵּר לְמִכְמַרְתּוֹ כִּי בָהֵמָּה שָׁמֵן חֶלְקוֹ
וּמַאֲכָלוֹ בְּרִאָה׃ הַעַל כֵּן יָרִיק חֶרְמוֹ וְתָמִיד לַהֲרֹג גּוֹיִם לֹא יז
יַחְמוֹל׃ עַל־מִשְׁמַרְתִּי אֶעֱמֹדָה וְאֶתְיַצְּבָה עַל־ ב א
מָצוֹר וַאֲצַפֶּה לִרְאוֹת מַה־יְדַבֶּר־בִּי וּמָה אָשִׁיב עַל־תּוֹכַחְתִּי׃
וַיַּעֲנֵנִי יהוה וַיֹּאמֶר כְּתוֹב חָזוֹן וּבָאֵר עַל־הַלֻּחוֹת לְמַעַן יָרוּץ ב
קוֹרֵא בוֹ׃ כִּי עוֹד חָזוֹן לַמּוֹעֵד וְיָפֵחַ לַקֵּץ וְלֹא יְכַזֵּב אִם־ ג
יִתְמַהְמַהּ חַכֵּה־לוֹ כִּי־בֹא יָבֹא לֹא יְאַחֵר׃ הִנֵּה עֻפְּלָה לֹא־ ד
יָשְׁרָה נַפְשׁוֹ בּוֹ וְצַדִּיק בֶּאֱמוּנָתוֹ יִחְיֶה׃ וְאַף כִּי־הַיַּיִן בּוֹגֵד גֶּבֶר ה
יָהִיר וְלֹא יִנְוֶה אֲשֶׁר הִרְחִיב כִּשְׁאוֹל נַפְשׁוֹ וְהוּא כַמָּוֶת וְלֹא
יִשְׂבָּע וַיֶּאֱסֹף אֵלָיו כָּל־הַגּוֹיִם וַיִּקְבֹּץ אֵלָיו כָּל־הָעַמִּים׃ הֲלוֹא־ ו
אֵלֶּה כֻלָּם עָלָיו מָשָׁל יִשָּׂאוּ וּמְלִיצָה חִידוֹת לוֹ וְיֹאמַר הוֹי
הַמַּרְבֶּה לֹּא־לוֹ עַד־מָתַי וּמַכְבִּיד עָלָיו עַבְטִיט׃ הֲלוֹא פֶתַע ז
יָקוּמוּ נֹשְׁכֶיךָ וְיִקְצוּ מְזַעְזְעֶיךָ וְהָיִיתָ לִמְשִׁסּוֹת לָמוֹ׃ כִּי־אַתָּה ח
שַׁלּוֹתָ גּוֹיִם רַבִּים יְשָׁלּוּךָ כָּל־יֶתֶר עַמִּים מִדְּמֵי אָדָם וַחֲמַס־
אֶרֶץ קִרְיָה וְכָל־יֹשְׁבֵי בָהּ׃ הוֹי בֹּצֵעַ בֶּצַע רָע ט
לְבֵיתוֹ לָשׂוּם בַּמָּרוֹם קִנּוֹ לְהִנָּצֵל מִכַּף־רָע׃ יָעַצְתָּ בֹּשֶׁת לְבֵיתֶךָ י
קְצוֹת־עַמִּים רַבִּים וְחוֹטֵא נַפְשֶׁךָ׃ כִּי־אֶבֶן מִקִּיר תִּזְעָק וְכָפִיס יא
מֵעֵץ יַעֲנֶנָּה׃ הוֹי בֹּנֶה עִיר בְּדָמִים וְכוֹנֵן קִרְיָה יב
בְּעַוְלָה׃ הֲלוֹא הִנֵּה מֵאֵת יהוה צְבָאוֹת וְיִיגְעוּ עַמִּים בְּדֵי־ יג
אֵשׁ וּלְאֻמִּים בְּדֵי־רִיק יִעָפוּ׃ כִּי תִּמָּלֵא הָאָרֶץ לָדַעַת אֶת־כְּבוֹד יד
יהוה כַּמַּיִם יְכַסּוּ עַל־יָם׃ הוֹי מַשְׁקֵה רֵעֵהוּ מְסַפֵּחַ טו
חֲמָתְךָ וְאַף שַׁכֵּר לְמַעַן הַבִּיט עַל־מְעוֹרֵיהֶם׃ שָׂבַעְתָּ קָלוֹן טז
מִכָּבוֹד שְׁתֵה גַם־אַתָּה וְהֵעָרֵל תִּסּוֹב עָלֶיךָ כּוֹס יְמִין יהוה
וְקִיקָלוֹן עַל־כְּבוֹדֶךָ׃ כִּי־חֲמַס לְבָנוֹן יְכַסֶּךָּ וְשֹׁד בְּהֵמוֹת יְחִיתַן יז
מִדְּמֵי אָדָם וַחֲמַס־אֶרֶץ קִרְיָה וְכָל־יֹשְׁבֵי בָהּ׃ מָה־ יח
הוֹעִיל פֶּסֶל כִּי פְסָלוֹ יֹצְרוֹ מַסֵּכָה וּמוֹרֶה שָּׁקֶר כִּי בָטַח יֹצֵר
יִצְרוֹ עָלָיו לַעֲשׂוֹת אֱלִילִים אִלְּמִים׃ הוֹי אֹמֵר לָעֵץ יט

ב הֲקִ֙יצָה֙ ע֔וּרִי לְאֶ֖בֶן דּוּמָ֑ם ה֣וּא יוֹרֶ֔ה הִנֵּה־ה֗וּא תָּפ֤וּשׂ זָהָב֙ וָכֶ֔סֶף
כ וְכָל־ר֖וּחַ אֵ֥ין בְּקִרְבּֽוֹ׃ וַיהוה בְּהֵיכַ֣ל קָדְשׁ֑וֹ הַ֥ס מִפָּנָ֖יו כָּל־
ג א הָאָֽרֶץ׃ תְּפִלָּ֖ה לַחֲבַקּ֣וּק הַנָּבִ֑יא עַ֖ל שִׁגְיֹנֽוֹת׃
ב יהוה שָׁמַ֣עְתִּי שִׁמְעֲךָ֮ יָרֵ֒אתִי֒ יהוה פָּֽעָלְךָ֙ בְּקֶ֤רֶב שָׁנִים֙ חַיֵּ֔יהוּ
ג בְּקֶ֥רֶב שָׁנִ֖ים תּוֹדִ֑יעַ בְּרֹ֖גֶז רַחֵ֥ם תִּזְכּֽוֹר׃ אֱל֙וֹהַ֙ מִתֵּימָ֣ן יָב֔וֹא
וְקָד֥וֹשׁ מֵֽהַר־פָּארָ֖ן סֶ֑לָה כִּסָּ֤ה שָׁמַ֙יִם֙ הוֹד֔וֹ וּתְהִלָּת֖וֹ מָלְאָ֥ה
ד הָאָֽרֶץ׃ וְנֹ֙גַהּ֙ כָּא֣וֹר תִּֽהְיֶ֔ה קַרְנַ֥יִם מִיָּד֖וֹ ל֑וֹ וְשָׁ֖ם חֶבְי֥וֹן עֻזֹּֽה׃
ה ו לְפָנָ֖יו יֵ֣לֶךְ דָּ֑בֶר וְיֵצֵ֥א רֶ֖שֶׁף לְרַגְלָֽיו׃ עָמַ֣ד ׀ וַיְמֹ֣דֶד אֶ֗רֶץ רָאָה֙
וַיַּתֵּ֣ר גּוֹיִ֔ם וַיִּתְפֹּֽצְצוּ֙ הַרְרֵי־עַ֔ד שַׁח֖וּ גִּבְע֣וֹת עוֹלָ֑ם הֲלִיכ֥וֹת
ז עוֹלָ֖ם לֽוֹ׃ תַּ֣חַת אָ֔וֶן רָאִ֖יתִי אָהֳלֵ֣י כוּשָׁ֑ן יִרְגְּז֕וּן יְרִיע֖וֹת אֶ֥רֶץ
ח מִדְיָֽן׃ הֲבִנְהָרִים֙ חָרָ֣ה יהוה אִ֤ם בַּנְּהָרִים֙ אַפֶּ֔ךָ
אִם־בַּיָּ֖ם עֶבְרָתֶ֑ךָ כִּ֤י תִרְכַּב֙ עַל־סוּסֶ֔יךָ מַרְכְּבֹתֶ֖יךָ יְשׁוּעָֽה׃
ט עֶרְיָ֤ה תֵעוֹר֙ קַשְׁתֶּ֔ךָ שְׁבֻע֥וֹת מַטּ֖וֹת אֹ֣מֶר סֶ֑לָה נְהָר֖וֹת תְּבַקַּע־
י אָֽרֶץ׃ רָא֤וּךָ יָחִ֙ילוּ֙ הָרִ֔ים זֶ֥רֶם מַ֖יִם עָבָ֑ר נָתַ֤ן תְּהוֹם֙ קוֹל֔וֹ ר֖וֹם
יא יָדֵ֥יהוּ נָשָֽׂא׃ שֶׁ֥מֶשׁ יָרֵ֖חַ עָ֣מַד זְבֻ֑לָה לְא֤וֹר חִצֶּ֙יךָ֙ יְהַלֵּ֔כוּ לְנֹ֖גַהּ
יב יג בְּרַ֥ק חֲנִיתֶֽךָ׃ בְּזַ֖עַם תִּצְעַד־אָ֑רֶץ בְּאַ֖ף תָּד֥וּשׁ גּוֹיִֽם׃ יָצָ֙אתָ֙ לְיֵ֣שַׁע
עַמֶּ֔ךָ לְיֵ֖שַׁע אֶת־מְשִׁיחֶ֑ךָ מָחַ֤צְתָּ רֹּאשׁ֙ מִבֵּ֣ית רָשָׁ֔ע עָר֛וֹת יְס֥וֹד
יד עַד־צַוָּ֖אר סֶֽלָה׃ נָקַ֤בְתָּ בְמַטָּיו֙ רֹ֣אשׁ פְּרָזָ֔ו יִסְעֲר֖וּ
טו לַהֲפִיצֵ֑נִי עֲלִ֣יצֻתָ֔ם כְּמוֹ־לֶאֱכֹ֥ל עָנִ֖י בַּמִּסְתָּֽר׃ דָּרַ֥כְתָּ בַיָּ֖ם סוּסֶ֑יךָ
טז חֹ֖מֶר מַ֥יִם רַבִּֽים׃ שָׁמַ֣עְתִּי ׀ וַתִּרְגַּ֣ז בִּטְנִ֗י לְקוֹל֙ צָלֲל֣וּ שְׂפָתַ֔י יָב֥וֹא
רָקָ֛ב בַּעֲצָמַ֖י וְתַחְתַּ֣י אֶרְגָּ֑ז אֲשֶׁ֤ר אָנ֙וּחַ֙ לְי֣וֹם צָרָ֔ה לַעֲל֖וֹת לְעַ֥ם
יז יְגוּדֶֽנּוּ׃ כִּֽי־תְאֵנָ֣ה לֹֽא־תִפְרָ֗ח וְאֵ֤ין יְבוּל֙ בַּגְּפָנִ֔ים כִּחֵשׁ֙ מַעֲשֵׂה־
זַ֔יִת וּשְׁדֵמ֖וֹת לֹא־עָ֣שָׂה אֹ֑כֶל גָּזַ֤ר מִמִּכְלָה֙ צֹ֔אן וְאֵ֥ין בָּקָ֖ר
יח יט בָּרְפָתִֽים׃ וַאֲנִ֖י בַּיהוה אֶעְל֑וֹזָה אָגִ֖ילָה בֵּאלֹהֵ֥י יִשְׁעִֽי׃ יֱהוִ֤ה אֲדֹנָי֙
חֵילִ֔י וַיָּ֤שֶׂם רַגְלַי֙ כָּֽאַיָּל֔וֹת וְעַ֥ל בָּמוֹתַ֖י יַדְרִכֵ֑נִי לַמְנַצֵּ֖חַ בִּנְגִינוֹתָֽי׃

יד

א דְּבַר־יְהוָה ׀ אֲשֶׁר הָיָה אֶל־צְפַנְיָה בֶּן־כּוּשִׁי בֶן־גְּדַלְיָה בֶּן־
ב אֲמַרְיָה בֶּן־חִזְקִיָּה בִּימֵי יֹאשִׁיָּהוּ בֶן־אָמוֹן מֶלֶךְ יְהוּדָה: אָסֹף
ג אָסֵף כֹּל מֵעַל פְּנֵי הָאֲדָמָה נְאֻם־יְהוָה: אָסֵף אָדָם וּבְהֵמָה
אָסֵף עוֹף־הַשָּׁמַיִם וּדְגֵי הַיָּם וְהַמַּכְשֵׁלוֹת אֶת־הָרְשָׁעִים וְהִכְרַתִּי
ד אֶת־הָאָדָם מֵעַל פְּנֵי הָאֲדָמָה נְאֻם־יְהוָה: וְנָטִיתִי יָדִי עַל־
יְהוּדָה וְעַל כָּל־יוֹשְׁבֵי יְרוּשָׁלָםִ וְהִכְרַתִּי מִן־הַמָּקוֹם הַזֶּה
ה אֶת־שְׁאָר הַבַּעַל אֶת־שֵׁם הַכְּמָרִים עִם־הַכֹּהֲנִים: וְאֶת־
הַמִּשְׁתַּחֲוִים עַל־הַגַּגּוֹת לִצְבָא הַשָּׁמָיִם וְאֶת־הַמִּשְׁתַּחֲוִים
ו הַנִּשְׁבָּעִים לַיהוָה וְהַנִּשְׁבָּעִים בְּמַלְכָּם: וְאֶת־הַנְּסוֹגִים מֵאַחֲרֵי
ז יְהוָה וַאֲשֶׁר לֹא־בִקְשׁוּ אֶת־יְהוָה וְלֹא דְרָשֻׁהוּ: הַס מִפְּנֵי
אֲדֹנָי יֱהוִה כִּי קָרוֹב יוֹם יְהוָה כִּי־הֵכִין יְהוָה זֶבַח הִקְדִּישׁ
ח קְרֻאָיו: וְהָיָה בְּיוֹם זֶבַח יְהוָה וּפָקַדְתִּי עַל־
הַשָּׂרִים וְעַל־בְּנֵי הַמֶּלֶךְ וְעַל כָּל־הַלֹּבְשִׁים מַלְבּוּשׁ נָכְרִי:
ט וּפָקַדְתִּי עַל כָּל־הַדּוֹלֵג עַל־הַמִּפְתָּן בַּיּוֹם הַהוּא הַמְמַלְאִים
י בֵּית אֲדֹנֵיהֶם חָמָס וּמִרְמָה: וְהָיָה בַיּוֹם הַהוּא
נְאֻם־יְהוָה קוֹל צְעָקָה מִשַּׁעַר הַדָּגִים וִילָלָה מִן־הַמִּשְׁנֶה וְשֶׁבֶר
יא גָּדוֹל מֵהַגְּבָעוֹת: הֵילִילוּ יֹשְׁבֵי הַמַּכְתֵּשׁ כִּי נִדְמָה כָּל־עַם כְּנַעַן
יב נִכְרְתוּ כָּל־נְטִילֵי כָסֶף: וְהָיָה בָּעֵת הַהִיא אֲחַפֵּשׂ
אֶת־יְרוּשָׁלַםִ בַּנֵּרוֹת וּפָקַדְתִּי עַל־הָאֲנָשִׁים הַקֹּפְאִים עַל־
יג שִׁמְרֵיהֶם הָאֹמְרִים בִּלְבָבָם לֹא־יֵיטִיב יְהוָה וְלֹא יָרֵעַ: וְהָיָה
חֵילָם לִמְשִׁסָּה וּבָתֵּיהֶם לִשְׁמָמָה וּבָנוּ בָתִּים וְלֹא יֵשֵׁבוּ וְנָטְעוּ
יד כְרָמִים וְלֹא יִשְׁתּוּ אֶת־יֵינָם: קָרוֹב יוֹם־יְהוָה הַגָּדוֹל קָרוֹב
טו וּמַהֵר מְאֹד קוֹל יוֹם יְהוָה מַר צֹרֵחַ שָׁם גִּבּוֹר: יוֹם עֶבְרָה הַיּוֹם
הַהוּא יוֹם צָרָה וּמְצוּקָה יוֹם שֹׁאָה וּמְשׁוֹאָה יוֹם חֹשֶׁךְ וַאֲפֵלָה
טז יוֹם עָנָן וַעֲרָפֶל: יוֹם שׁוֹפָר וּתְרוּעָה עַל הֶעָרִים הַבְּצֻרוֹת וְעַל
יז הַפִּנּוֹת הַגְּבֹהוֹת: וַהֲצֵרֹתִי לָאָדָם וְהָלְכוּ כַּעִוְרִים כִּי לַיהוָה
יח חָטָאוּ וְשֻׁפַּךְ דָּמָם כֶּעָפָר וּלְחֻמָם כַּגְּלָלִים: גַּם־כַּסְפָּם גַּם־

זְהָבָם לֹא־יוּכַל לְהַצִּילָם בְּיוֹם עֶבְרַת יְהוָה וּבְאֵשׁ קִנְאָתוֹ
תֵּאָכֵל כָּל־הָאָרֶץ כִּי־כָלָה אַךְ־נִבְהָלָה יַעֲשֶׂה אֵת כָּל־יֹשְׁבֵי
ב א הָאָרֶץ׃ הִתְקוֹשְׁשׁוּ וָקוֹשּׁוּ הַגּוֹי לֹא נִכְסָף׃
ב בְּטֶרֶם לֶדֶת חֹק כְּמֹץ עָבַר יוֹם בְּטֶרֶם ׀ לֹא־יָבוֹא עֲלֵיכֶם
ג חֲרוֹן אַף־יְהוָה בְּטֶרֶם לֹא־יָבוֹא עֲלֵיכֶם יוֹם אַף־יְהוָה׃ בַּקְּשׁוּ
אֶת־יְהוָה כָּל־עַנְוֵי הָאָרֶץ אֲשֶׁר מִשְׁפָּטוֹ פָּעָלוּ בַּקְּשׁוּ־צֶדֶק
ד בַּקְּשׁוּ עֲנָוָה אוּלַי תִּסָּתְרוּ בְּיוֹם אַף־יְהוָה׃ כִּי עַזָּה עֲזוּבָה
תִהְיֶה וְאַשְׁקְלוֹן לִשְׁמָמָה אַשְׁדּוֹד בַּצָּהֳרַיִם יְגָרְשׁוּהָ וְעֶקְרוֹן
ה תֵּעָקֵר׃ הוֹי יֹשְׁבֵי חֶבֶל הַיָּם גּוֹי כְּרֵתִים דְּבַר־
יְהוָה עֲלֵיכֶם כְּנַעַן אֶרֶץ פְּלִשְׁתִּים וְהַאֲבַדְתִּיךְ מֵאֵין יוֹשֵׁב׃
ו וְהָיְתָה חֶבֶל הַיָּם נְוֺת כְּרֹת רֹעִים וְגִדְרוֹת צֹאן׃ וְהָיָה חֶבֶל
לִשְׁאֵרִית בֵּית יְהוּדָה עֲלֵיהֶם יִרְעוּן בְּבָתֵּי אַשְׁקְלוֹן בָּעֶרֶב
ח יִרְבָּצוּן כִּי יִפְקְדֵם יְהוָה אֱלֹהֵיהֶם וְשָׁב שבותם׃ שָׁמַעְתִּי חֶרְפַּת שְׁבִיתָם
מוֹאָב וְגִדּוּפֵי בְּנֵי עַמּוֹן אֲשֶׁר חֵרְפוּ אֶת־עַמִּי וַיַּגְדִּילוּ עַל־גְּבוּלָם׃
ט לָכֵן חַי־אָנִי נְאֻם יְהוָה צְבָאוֹת אֱלֹהֵי יִשְׂרָאֵל כִּי מוֹאָב כִּסְדֹם
תִּהְיֶה וּבְנֵי עַמּוֹן כַּעֲמֹרָה מִמְשַׁק חָרוּל וּמִכְרֵה־מֶלַח וּשְׁמָמָה
י עַד־עוֹלָם שְׁאֵרִית עַמִּי יְבָזּוּם וְיֶתֶר גּוֹי יִנְחָלוּם׃ זֹאת לָהֶם
יא תַּחַת גְּאוֹנָם כִּי חֵרְפוּ וַיַּגְדִּלוּ עַל־עַם יְהוָה צְבָאוֹת׃ נוֹרָא יְהוָה
עֲלֵיהֶם כִּי רָזָה אֵת כָּל־אֱלֹהֵי הָאָרֶץ וְיִשְׁתַּחֲווּ־לוֹ אִישׁ מִמְּקוֹמוֹ
יב יג כֹּל אִיֵּי הַגּוֹיִם׃ גַּם־אַתֶּם כּוּשִׁים חַלְלֵי חַרְבִּי הֵמָּה׃ וְיֵט יָדוֹ
עַל־צָפוֹן וִיאַבֵּד אֶת־אַשּׁוּר וְיָשֵׂם אֶת־נִינְוֵה לִשְׁמָמָה צִיָּה
יד כַּמִּדְבָּר׃ וְרָבְצוּ בְתוֹכָהּ עֲדָרִים כָּל־חַיְתוֹ־גוֹי גַּם־קָאַת גַּם־
קִפֹּד בְּכַפְתֹּרֶיהָ יָלִינוּ קוֹל יְשׁוֹרֵר בַּחַלּוֹן חֹרֶב בַּסַּף כִּי אַרְזָה
טו עֵרָה׃ זֹאת הָעִיר הָעַלִּיזָה הַיּוֹשֶׁבֶת לָבֶטַח הָאֹמְרָה בִּלְבָבָהּ
אֲנִי וְאַפְסִי עוֹד אֵיךְ ׀ הָיְתָה לְשַׁמָּה מַרְבֵּץ לַחַיָּה כֹּל עוֹבֵר
ג א עָלֶיהָ יִשְׁרֹק יָנִיעַ יָדוֹ׃ הוֹי מֹרְאָה וְנִגְאָלָה הָעִיר
ב הַיּוֹנָה׃ לֹא שָׁמְעָה בְּקוֹל לֹא לָקְחָה מוּסָר בַּיהוָה לֹא בָטָחָה

ג אֶל־אֱלֹהֶיהָ לֹא קָרֵבָה׃ שָׂרֶיהָ בְקִרְבָּהּ אֲרָיוֹת שֹׁאֲגִים שֹׁפְטֶיהָ
ד זְאֵבֵי עֶרֶב לֹא גָרְמוּ לַבֹּקֶר׃ נְבִיאֶיהָ פֹּחֲזִים אַנְשֵׁי בֹּגְדוֹת
ה כֹּהֲנֶיהָ חִלְּלוּ־קֹדֶשׁ חָמְסוּ תּוֹרָה׃ יְהוָה צַדִּיק בְּקִרְבָּהּ לֹא יַעֲשֶׂה
עַוְלָה בַּבֹּקֶר בַּבֹּקֶר מִשְׁפָּטוֹ יִתֵּן לָאוֹר לֹא נֶעְדָּר וְלֹא־יוֹדֵעַ עַוָּל
ו בֹּשֶׁת׃ הִכְרַתִּי גוֹיִם נָשַׁמּוּ פִּנּוֹתָם הֶחֱרַבְתִּי חוּצוֹתָם מִבְּלִי
ז עוֹבֵר נִצְדּוּ עָרֵיהֶם מִבְּלִי־אִישׁ מֵאֵין יוֹשֵׁב׃ אָמַרְתִּי אַךְ־תִּירְאִי
אוֹתִי תִּקְחִי מוּסָר וְלֹא־יִכָּרֵת מְעוֹנָהּ כֹּל אֲשֶׁר־פָּקַדְתִּי עָלֶיהָ
ח אָכֵן הִשְׁכִּימוּ הִשְׁחִיתוּ כֹּל עֲלִילוֹתָם׃ לָכֵן חַכּוּ־לִי נְאֻם־יְהוָה
לְיוֹם קוּמִי לְעַד כִּי מִשְׁפָּטִי לֶאֱסֹף גּוֹיִם לְקָבְצִי מַמְלָכוֹת לִשְׁפֹּךְ
עֲלֵיהֶם זַעְמִי כֹּל חֲרוֹן אַפִּי כִּי בְּאֵשׁ קִנְאָתִי תֵּאָכֵל כָּל־הָאָרֶץ׃
ט כִּי־אָז אֶהְפֹּךְ אֶל־עַמִּים שָׂפָה בְרוּרָה לִקְרֹא כֻלָּם בְּשֵׁם יְהוָה
י לְעָבְדוֹ שְׁכֶם אֶחָד׃ מֵעֵבֶר לְנַהֲרֵי־כוּשׁ עֲתָרַי בַּת־פּוּצַי יוֹבִלוּן
יא מִנְחָתִי׃ בַּיּוֹם הַהוּא לֹא תֵבוֹשִׁי מִכֹּל עֲלִילֹתַיִךְ אֲשֶׁר פָּשַׁעַתְּ
בִּי כִּי־אָז ׀ אָסִיר מִקִּרְבֵּךְ עַלִּיזֵי גַּאֲוָתֵךְ וְלֹא־תוֹסִפִי לְגָבְהָה עוֹד
יב בְּהַר קָדְשִׁי׃ וְהִשְׁאַרְתִּי בְקִרְבֵּךְ עַם עָנִי וָדָל וְחָסוּ בְּשֵׁם
יג יְהוָה׃ שְׁאֵרִית יִשְׂרָאֵל לֹא־יַעֲשׂוּ עַוְלָה וְלֹא־יְדַבְּרוּ כָזָב
וְלֹא־יִמָּצֵא בְּפִיהֶם לְשׁוֹן תַּרְמִית כִּי־הֵמָּה יִרְעוּ וְרָבְצוּ וְאֵין
יד מַחֲרִיד׃ רָנִּי בַּת־צִיּוֹן הָרִיעוּ יִשְׂרָאֵל שִׂמְחִי וְעָלְזִי
טו בְּכָל־לֵב בַּת יְרוּשָׁלָ͏ִם׃ הֵסִיר יְהוָה מִשְׁפָּטַיִךְ פִּנָּה אֹיְבֵךְ מֶלֶךְ
טז יִשְׂרָאֵל ׀ יְהוָה בְּקִרְבֵּךְ לֹא־תִירְאִי רָע עוֹד׃ בַּיּוֹם
יז הַהוּא יֵאָמֵר לִירוּשָׁלַ͏ִם אַל־תִּירָאִי צִיּוֹן אַל־יִרְפּוּ יָדָיִךְ׃ יְהוָה
אֱלֹהַיִךְ בְּקִרְבֵּךְ גִּבּוֹר יוֹשִׁיעַ יָשִׂישׂ עָלַיִךְ בְּשִׂמְחָה יַחֲרִישׁ
יח בְּאַהֲבָתוֹ יָגִיל עָלַיִךְ בְּרִנָּה׃ נוּגֵי מִמּוֹעֵד אָסַפְתִּי מִמֵּךְ הָיוּ
יט מַשְׂאֵת עָלֶיהָ חֶרְפָּה׃ הִנְנִי עֹשֶׂה אֶת־כָּל־מְעַנַּיִךְ בָּעֵת הַהִיא
וְהוֹשַׁעְתִּי אֶת־הַצֹּלֵעָה וְהַנִּדָּחָה אֲקַבֵּץ וְשַׂמְתִּים לִתְהִלָּה
כ טו וּלְשֵׁם בְּכָל־הָאָרֶץ בָּשְׁתָּם׃ בָּעֵת הַהִיא אָבִיא אֶתְכֶם
וּבָעֵת קַבְּצִי אֶתְכֶם כִּי־אֶתֵּן אֶתְכֶם לְשֵׁם וְלִתְהִלָּה בְּכֹל

עַמֵּי הָאָרֶץ בְּשׁוּבִי אֶת־שְׁבוּתֵיכֶם לְעֵינֵיכֶם אָמַר יְהוָה׃

חגי

א א בִּשְׁנַת שְׁתַּיִם לְדָרְיָוֶשׁ הַמֶּלֶךְ בַּחֹדֶשׁ הַשִּׁשִּׁי בְּיוֹם אֶחָד לַחֹדֶשׁ
הָיָה דְבַר־יְהוָה בְּיַד־חַגַּי הַנָּבִיא אֶל־זְרֻבָּבֶל בֶּן־שְׁאַלְתִּיאֵל פַּחַת
ב יְהוּדָה וְאֶל־יְהוֹשֻׁעַ בֶּן־יְהוֹצָדָק הַכֹּהֵן הַגָּדוֹל לֵאמֹר׃ כֹּה אָמַר
יְהוָה צְבָאוֹת לֵאמֹר הָעָם הַזֶּה אָמְרוּ לֹא עֶת־בֹּא עֶת־בֵּית
ג יְהוָה לְהִבָּנוֹת׃ וַיְהִי דְּבַר־יְהוָה בְּיַד־חַגַּי הַנָּבִיא
ד לֵאמֹר׃ הַעֵת לָכֶם אַתֶּם לָשֶׁבֶת בְּבָתֵּיכֶם סְפוּנִים וְהַבַּיִת הַזֶּה
ה חָרֵב׃ וְעַתָּה כֹּה אָמַר יְהוָה צְבָאוֹת שִׂימוּ לְבַבְכֶם עַל־דַּרְכֵיכֶם׃
ו זְרַעְתֶּם הַרְבֵּה וְהָבֵא מְעָט אָכוֹל וְאֵין־לְשָׂבְעָה שָׁתוֹ וְאֵין־
לְשָׁכְרָה לָבוֹשׁ וְאֵין־לְחֹם לוֹ וְהַמִּשְׂתַּכֵּר מִשְׂתַּכֵּר אֶל־צְרוֹר
ז נָקוּב׃ כֹּה אָמַר יְהוָה צְבָאוֹת שִׂימוּ לְבַבְכֶם עַל־
ח דַּרְכֵיכֶם׃ עֲלוּ הָהָר וַהֲבֵאתֶם עֵץ וּבְנוּ הַבָּיִת וְאֶרְצֶה־בּוֹ וְאֶכָּבְדָ
ט אָמַר יְהוָה׃ פָּנֹה אֶל־הַרְבֵּה וְהִנֵּה לִמְעָט וַהֲבֵאתֶם הַבַּיִת
וְנָפַחְתִּי בוֹ יַעַן מֶה נְאֻם יְהוָה צְבָאוֹת יַעַן בֵּיתִי אֲשֶׁר־הוּא
י חָרֵב וְאַתֶּם רָצִים אִישׁ לְבֵיתוֹ׃ עַל־כֵּן עֲלֵיכֶם כָּלְאוּ שָׁמַיִם
יא מִטָּל וְהָאָרֶץ כָּלְאָה יְבוּלָהּ׃ וָאֶקְרָא חֹרֶב עַל־הָאָרֶץ וְעַל־
הֶהָרִים וְעַל־הַדָּגָן וְעַל־הַתִּירוֹשׁ וְעַל־הַיִּצְהָר וְעַל אֲשֶׁר
תּוֹצִיא הָאֲדָמָה וְעַל־הָאָדָם וְעַל־הַבְּהֵמָה וְעַל כָּל־יְגִיעַ
יב כַּפָּיִם׃ וַיִּשְׁמַע זְרֻבָּבֶל ׀ בֶּן־שַׁלְתִּיאֵל וִיהוֹשֻׁעַ
בֶּן־יְהוֹצָדָק הַכֹּהֵן הַגָּדוֹל וְכֹל ׀ שְׁאֵרִית הָעָם בְּקוֹל יְהוָה
אֱלֹהֵיהֶם וְעַל־דִּבְרֵי חַגַּי הַנָּבִיא כַּאֲשֶׁר שְׁלָחוֹ יְהוָה אֱלֹהֵיהֶם
יג וַיִּירְאוּ הָעָם מִפְּנֵי יְהוָה׃ וַיֹּאמֶר חַגַּי מַלְאַךְ
יְהוָה בְּמַלְאֲכוּת יְהוָה לָעָם לֵאמֹר אֲנִי אִתְּכֶם נְאֻם־יְהוָה׃
יד וַיָּעַר יְהוָה אֶת־רוּחַ זְרֻבָּבֶל בֶּן־שַׁלְתִּיאֵל פַּחַת יְהוּדָה

וְאֶת־ר֙וּחַ֙ יְהוֹשֻׁ֣עַ בֶּן־יְהוֹצָדָק֮ הַכֹּהֵ֣ן הַגָּדוֹל֒ וְאֶת־ר֔וּחַ כֹּ֖ל
שְׁאֵרִ֣ית הָעָ֑ם וַיָּבֹ֙אוּ֙ וַיַּעֲשׂ֣וּ מְלָאכָ֔ה בְּבֵית־יְהוָ֥ה צְבָא֖וֹת
אֱלֹהֵיהֶֽם׃ בְּי֨וֹם עֶשְׂרִ֧ים וְאַרְבָּעָ֛ה לַחֹ֖דֶשׁ בַּשִּׁשִּׁ֑י טו
בִּשְׁנַ֥ת שְׁתַּ֖יִם לְדָרְיָ֥וֶשׁ הַמֶּֽלֶךְ׃ בַּשְּׁבִיעִ֕י בְּעֶשְׂרִ֥ים וְאֶחָ֖ד לַחֹ֑דֶשׁ ב א
הָיָה֙ דְּבַר־יְהוָ֔ה בְּיַד־חַגַּ֥י הַנָּבִ֖יא לֵאמֹֽר׃ אֱמָר־נָ֗א אֶל־זְרֻבָּבֶל֙ ב
בֶּן־שַׁלְתִּיאֵל֙ פַּחַ֣ת יְהוּדָ֔ה וְאֶל־יְהוֹשֻׁ֥עַ בֶּן־יְהוֹצָדָ֖ק הַכֹּהֵ֣ן הַגָּד֑וֹל
וְאֶל־שְׁאֵרִ֥ית הָעָ֖ם לֵאמֹֽר׃ מִ֤י בָכֶם֙ הַנִּשְׁאָ֔ר אֲשֶׁ֤ר רָאָה֙ אֶת־ ג
הַבַּ֣יִת הַזֶּ֔ה בִּכְבוֹד֖וֹ הָרִאשׁ֑וֹן וּמָ֨ה אַתֶּ֜ם רֹאִ֥ים אֹתוֹ֙ עַ֔תָּה הֲל֥וֹא
כָמֹ֛הוּ כְּאַ֖יִן בְּעֵינֵיכֶֽם׃ וְעַתָּ֣ה חֲזַ֣ק זְרֻבָּבֶ֣ל ׀ נְאֻם־יְ֠הוָה וַחֲזַ֨ק ד
יְהוֹשֻׁ֤עַ בֶן־יְהוֹצָדָק֙ הַכֹּהֵ֣ן הַגָּד֔וֹל וַחֲזַ֛ק כָּל־עַ֥ם הָאָ֖רֶץ נְאֻם־
יְהוָ֣ה וַעֲשׂ֑וּ כִּֽי־אֲנִ֣י אִתְּכֶ֔ם נְאֻ֖ם יְהוָ֥ה צְבָאֽוֹת׃ אֶֽת־הַדָּבָ֞ר אֲשֶׁר ה
כָּרַ֤תִּי אִתְּכֶם֙ בְּצֵאתְכֶ֣ם מִמִּצְרַ֔יִם וְרוּחִ֖י עֹמֶ֣דֶת בְּתוֹכְכֶ֑ם אַל־
תִּירָֽאוּ׃ כִּ֣י כֹ֤ה אָמַר֙ יְהוָ֣ה צְבָא֔וֹת ע֥וֹד אַחַ֖ת ו
מְעַ֣ט הִ֑יא וַאֲנִ֗י מַרְעִישׁ֙ אֶת־הַשָּׁמַ֣יִם וְאֶת־הָאָ֔רֶץ וְאֶת־הַיָּ֖ם
וְאֶת־הֶחָרָבָֽה׃ וְהִרְעַשְׁתִּי֙ אֶת־כָּל־הַגּוֹיִ֔ם וּבָ֖אוּ חֶמְדַּ֣ת כָּל־ ז
הַגּוֹיִ֑ם וּמִלֵּאתִ֞י אֶת־הַבַּ֤יִת הַזֶּה֙ כָּב֔וֹד אָמַ֖ר יְהוָ֥ה צְבָאֽוֹת׃
לִ֥י הַכֶּ֖סֶף וְלִ֣י הַזָּהָ֑ב נְאֻ֖ם יְהוָ֥ה צְבָאֽוֹת׃ גָּד֣וֹל יִהְיֶ֡ה כְּב֞וֹד ח ט
הַבַּ֨יִת הַזֶּ֤ה הָאַחֲרוֹן֙ מִן־הָ֣רִאשׁ֔וֹן אָמַ֖ר יְהוָ֣ה צְבָא֑וֹת וּבַמָּק֤וֹם
הַזֶּה֙ אֶתֵּ֣ן שָׁל֔וֹם נְאֻ֖ם יְהוָ֥ה צְבָאֽוֹת׃ בְּעֶשְׂרִ֤ים י
וְאַרְבָּעָה֙ לַתְּשִׁיעִ֔י בִּשְׁנַ֥ת שְׁתַּ֖יִם לְדָרְיָ֑וֶשׁ הָיָה֙ דְּבַר־יְהוָ֔ה
בְּיַד־חַגַּ֥י הַנָּבִ֖יא לֵאמֹֽר׃ כֹּ֥ה אָמַ֖ר יְהוָ֣ה צְבָא֑וֹת שְׁאַל־נָ֧א יא
אֶת־הַכֹּהֲנִ֛ים תּוֹרָ֖ה לֵאמֹֽר׃ הֵ֣ן ׀ יִשָּׂא־אִ֨ישׁ בְּשַׂר־קֹ֜דֶשׁ בִּכְנַ֣ף יב
בִּגְד֗וֹ וְנָגַ֣ע בִּ֠כְנָפוֹ אֶל־הַלֶּ֨חֶם וְאֶל־הַנָּזִ֧יד וְאֶל־הַיַּ֛יִן וְאֶל־שֶׁ֥מֶן
וְאֶל־כָּל־מַאֲכָ֖ל הֲיִקְדָּ֑שׁ וַיַּעֲנ֧וּ הַכֹּהֲנִ֛ים וַיֹּאמְר֖וּ לֹֽא׃ וַיֹּ֣אמֶר חַגַּ֔י יג
אִם־יִגַּ֥ע טְמֵא־נֶ֛פֶשׁ בְּכָל־אֵ֖לֶּה הֲיִטְמָ֑א וַיַּעֲנ֧וּ הַכֹּהֲנִ֛ים וַיֹּאמְר֖וּ
יִטְמָֽא׃ וַיַּ֨עַן חַגַּ֜י וַיֹּ֗אמֶר כֵּ֣ן הָֽעָם־הַ֠זֶּה וְכֵן־הַגּ֨וֹי הַזֶּ֤ה לְפָנַי֙ נְאֻם־ יד
יְהוָ֔ה וְכֵ֖ן כָּל־מַעֲשֵׂ֣ה יְדֵיהֶ֑ם וַאֲשֶׁ֥ר יַקְרִ֛יבוּ שָׁ֖ם טָמֵ֥א הֽוּא׃

ב
טו וְעַתָּה שִׂימוּ־נָא לְבַבְכֶם מִן־הַיּוֹם הַזֶּה וָמָעְלָה מִטֶּרֶם שׂוּם־
טז אֶבֶן אֶל־אֶבֶן בְּהֵיכַל יְהוָה׃ מִהְיוֹתָם בָּא אֶל־עֲרֵמַת עֶשְׂרִים
וְהָיְתָה עֲשָׂרָה בָּא אֶל־הַיֶּקֶב לַחְשֹׂף חֲמִשִּׁים פּוּרָה וְהָיְתָה
יז עֶשְׂרִים׃ הִכֵּיתִי אֶתְכֶם בַּשִּׁדָּפוֹן וּבַיֵּרָקוֹן וּבַבָּרָד אֵת כָּל־
יח מַעֲשֵׂה יְדֵיכֶם וְאֵין־אֶתְכֶם אֵלַי נְאֻם־יְהוָה׃ שִׂימוּ־נָא לְבַבְכֶם
מִן־הַיּוֹם הַזֶּה וָמָעְלָה מִיּוֹם עֶשְׂרִים וְאַרְבָּעָה לַתְּשִׁיעִי לְמִן־
יט הַיּוֹם אֲשֶׁר־יֻסַּד הֵיכַל־יְהוָה שִׂימוּ לְבַבְכֶם׃ הַעוֹד הַזֶּרַע
בַּמְּגוּרָה וְעַד־הַגֶּפֶן וְהַתְּאֵנָה וְהָרִמּוֹן וְעֵץ הַזַּיִת לֹא נָשָׂא מִן־
כ הַיּוֹם הַזֶּה אֲבָרֵךְ׃ וַיְהִי דְבַר־יְהוָה ׀ שֵׁנִית אֶל־
כא חַגַּי בְּעֶשְׂרִים וְאַרְבָּעָה לַחֹדֶשׁ לֵאמֹר׃ אֱמֹר אֶל־זְרֻבָּבֶל פַּחַת־
כב יְהוּדָה לֵאמֹר אֲנִי מַרְעִישׁ אֶת־הַשָּׁמַיִם וְאֶת־הָאָרֶץ׃ וְהָפַכְתִּי
כִּסֵּא מַמְלָכוֹת וְהִשְׁמַדְתִּי חֹזֶק מַמְלְכוֹת הַגּוֹיִם וְהָפַכְתִּי
כג מֶרְכָּבָה וְרֹכְבֶיהָ וְיָרְדוּ סוּסִים וְרֹכְבֵיהֶם אִישׁ בְּחֶרֶב אָחִיו׃ בַּיּוֹם טז
הַהוּא נְאֻם־יְהוָה צְבָאוֹת אֶקָּחֲךָ זְרֻבָּבֶל בֶּן־שְׁאַלְתִּיאֵל עַבְדִּי
נְאֻם־יְהוָה וְשַׂמְתִּיךָ כַּחוֹתָם כִּי־בְךָ בָחַרְתִּי נְאֻם יְהוָה צְבָאוֹת׃

זכריה

א א בַּחֹדֶשׁ הַשְּׁמִינִי בִּשְׁנַת שְׁתַּיִם לְדָרְיָוֶשׁ הָיָה דְבַר־יְהוָה אֶל־
ב זְכַרְיָה בֶּן־בֶּרֶכְיָה בֶּן־עִדּוֹ הַנָּבִיא לֵאמֹר׃ קָצַף יְהוָה עַל־
ג אֲבוֹתֵיכֶם קָצֶף׃ וְאָמַרְתָּ אֲלֵהֶם כֹּה אָמַר יְהוָה צְבָאוֹת שׁוּבוּ
ד אֵלַי נְאֻם יְהוָה צְבָאוֹת וְאָשׁוּב אֲלֵיכֶם אָמַר יְהוָה צְבָאוֹת׃ אַל־
תִּהְיוּ כַאֲבֹתֵיכֶם אֲשֶׁר קָרְאוּ־אֲלֵיהֶם הַנְּבִיאִים הָרִאשֹׁנִים
לֵאמֹר כֹּה אָמַר יְהוָה צְבָאוֹת שׁוּבוּ נָא מִדַּרְכֵיכֶם הָרָעִים
ומעליליכם הָרָעִים וְלֹא שָׁמְעוּ וְלֹא־הִקְשִׁיבוּ אֵלַי נְאֻם־יְהוָה׃ וּמַעַלְלֵיכֶם
ה אֲבוֹתֵיכֶם אַיֵּה־הֵם וְהַנְּבִאִים הַלְעוֹלָם יִחְיוּ׃ אַךְ ׀ דְּבָרַי וְחֻקַּי
אֲשֶׁר צִוִּיתִי אֶת־עֲבָדַי הַנְּבִיאִים הֲלוֹא הִשִּׂיגוּ אֲבֹתֵיכֶם וַיָּשׁוּבוּ

זכריה

וַיֹּאמְר֗וּ כַּאֲשֶׁ֤ר זָמַם֙ יְהֹוָ֣ה צְבָא֔וֹת לַעֲשׂ֥וֹת לָ֖נוּ כִּדְרָכֵ֔ינוּ
וּכְמַעֲלָלֵ֖ינוּ כֵּ֥ן עָשָׂ֖ה אִתָּֽנוּ:

בְּי֤וֹם עֶשְׂרִ֣ים ז
וְאַרְבָּעָ֜ה לְעַשְׁתֵּֽי־עָשָׂ֤ר חֹ֙דֶשׁ֙ הוּא־חֹ֣דֶשׁ שְׁבָ֔ט בִּשְׁנַ֖ת שְׁתַּ֑יִם
לְדָרְיָ֑וֶשׁ הָיָ֣ה דְבַר־יְהֹוָ֗ה אֶל־זְכַרְיָה֙ בֶּן־בֶּ֣רֶכְיָ֔הוּ בֶּן־עִדּ֖וֹא
הַנָּבִ֥יא לֵאמֹֽר: רָאִ֣יתִי ׀ הַלַּ֗יְלָה וְהִנֵּה־אִישׁ֙ רֹכֵב֙ עַל־ס֣וּס אָדֹ֔ם ח
וְה֣וּא עֹמֵ֔ד בֵּ֥ין הַהֲדַסִּ֖ים אֲשֶׁ֣ר בַּמְּצֻלָ֑ה וְאַחֲרָיו֙ סוּסִ֣ים אֲדֻמִּ֔ים
שְׂרֻקִּ֖ים וּלְבָנִֽים: וָאֹמַ֖ר מָה־אֵ֣לֶּה אֲדֹנִ֑י וַיֹּ֣אמֶר אֵלַ֗י הַמַּלְאָךְ֙ ט
הַדֹּבֵ֣ר בִּ֔י אֲנִ֥י אַרְאֶ֖ךָּ מָה־הֵ֥מָּה אֵֽלֶּה: וַיַּ֗עַן הָאִ֛ישׁ הָעֹמֵ֥ד בֵּ֥ין י
הַהֲדַסִּ֖ים וַיֹּאמַ֑ר אֵ֚לֶּה אֲשֶׁ֣ר שָׁלַ֣ח יְהֹוָ֔ה לְהִתְהַלֵּ֖ךְ בָּאָ֑רֶץ: וַיַּֽעֲנ֞וּ יא
אֶת־מַלְאַ֣ךְ יְהֹוָ֗ה הָעֹמֵד֙ בֵּ֣ין הַהֲדַסִּ֔ים וַיֹּאמְר֖וּ הִתְהַלַּ֣כְנוּ בָאָ֑רֶץ
וְהִנֵּ֥ה כָל־הָאָ֖רֶץ יֹשֶׁ֥בֶת וְשֹׁקָֽטֶת: וַיַּ֣עַן מַלְאַךְ־יְהֹוָה֮ וַיֹּאמַר֒ יְהֹוָ֣ה יב
צְבָא֔וֹת עַד־מָתַ֗י אַתָּה֙ לֹֽא־תְרַחֵ֣ם אֶת־יְרוּשָׁלַ֔͏ִם וְאֵ֖ת עָרֵ֣י יְהוּדָ֑ה
אֲשֶׁ֣ר זָעַ֔מְתָּה זֶ֖ה שִׁבְעִ֥ים שָׁנָֽה: וַיַּ֣עַן יְהֹוָ֗ה אֶת־הַמַּלְאָ֛ךְ הַדֹּבֵ֥ר יג
בִּ֖י דְּבָרִ֣ים טוֹבִ֑ים דְּבָרִ֖ים נִחֻמִֽים: וַיֹּ֣אמֶר אֵלַ֗י הַמַּלְאָךְ֙ הַדֹּבֵ֣ר יד
בִּ֔י קְרָ֣א לֵאמֹ֔ר כֹּ֤ה אָמַר֙ יְהֹוָ֣ה צְבָא֔וֹת קִנֵּ֧אתִי לִירוּשָׁלַ֛͏ִם וּלְצִיּ֖וֹן
קִנְאָ֥ה גְדוֹלָֽה: וְקֶ֤צֶף גָּדוֹל֙ אֲנִ֣י קֹצֵ֔ף עַל־הַגּוֹיִ֖ם הַשַּֽׁאֲנַנִּ֑ים אֲשֶׁ֤ר טו
אֲנִי֙ קָצַ֣פְתִּי מְּעָ֔ט וְהֵ֖מָּה עָזְר֥וּ לְרָעָֽה:
לָכֵ֞ן כֹּֽה־אָמַ֣ר יְהֹוָ֗ה שַׁ֤בְתִּי לִירֽוּשָׁלַ֙͏ִם֙ בְּֽרַחֲמִ֔ים בֵּיתִי֙ יִבָּ֣נֶה בָּ֔הּ טז
נְאֻ֖ם יְהֹוָ֣ה צְבָא֑וֹת וְקָ֥ו יִנָּטֶ֖ה עַל־יְרֽוּשָׁלָֽ͏ִם: ע֣וֹד ׀ קְרָ֣א לֵאמֹ֗ר יז

וְק֥וֹ
כֹּ֤ה אָמַר֙ יְהֹוָ֣ה צְבָא֔וֹת ע֛וֹד תְּפוּצֶ֥ינָה עָרַ֖י מִטּ֑וֹב וְנִחַ֨ם יְהֹוָ֥ה ע֛וֹד
אֶת־צִיּ֖וֹן וּבָחַ֥ר ע֖וֹד בִּירֽוּשָׁלָֽ͏ִם:

וָאֶשָּׂ֥א אֶת־עֵינַ֖י ב
וָאֵ֑רֶא וְהִנֵּ֖ה אַרְבַּ֥ע קְרָנֽוֹת: וָאֹמַ֗ר אֶל־הַמַּלְאָ֛ךְ הַדֹּבֵ֥ר בִּ֖י ב
מָה־אֵ֑לֶּה וַיֹּ֣אמֶר אֵלַ֔י אֵ֚לֶּה הַקְּרָנ֔וֹת אֲשֶׁ֥ר זֵר֖וּ אֶת־יְהוּדָ֛ה
אֶת־יִשְׂרָאֵ֥ל וִירוּשָׁלָֽ͏ִם:

וַיַּרְאֵ֣נִי יְהֹוָ֔ה אַרְבָּעָ֖ה ג
חָרָשִֽׁים: וָאֹמַ֕ר מָ֛ה אֵ֖לֶּה בָאִ֣ים לַעֲשׂ֑וֹת וַיֹּ֣אמֶר לֵאמֹ֔ר אֵ֣לֶּה ד
הַקְּרָנ֞וֹת אֲשֶׁר־זֵ֣רוּ אֶת־יְהוּדָ֗ה כְּפִי־אִישׁ֙ לֹא־נָשָׂ֣א רֹאשׁ֔וֹ וַיָּבֹ֤אוּ
אֵ֙לֶּה֙ לְהַחֲרִ֣יד אֹתָ֔ם לְיַדּ֗וֹת אֶת־קַרְנ֤וֹת הַגּוֹיִם֙ הַנֹּשְׂאִ֣ים קֶ֔רֶן

ב

ה אֶל־אֶרֶץ יְהוּדָה לְזָרוֹתָהּ׃ וָאֶשָּׂא עֵינַי וָאֵרֶא
ו וְהִנֵּה־אִישׁ וּבְיָדוֹ חֶבֶל מִדָּה׃ וָאֹמַר אָנָה אַתָּה הֹלֵךְ וַיֹּאמֶר אֵלַי
ז לָמֹד אֶת־יְרוּשָׁלַםִ לִרְאוֹת כַּמָּה־רָחְבָּהּ וְכַמָּה אָרְכָּהּ׃ וְהִנֵּה
ח הַמַּלְאָךְ הַדֹּבֵר בִּי יֹצֵא וּמַלְאָךְ אַחֵר יֹצֵא לִקְרָאתוֹ׃ וַיֹּאמֶר אֵלָו
רֻץ דַּבֵּר אֶל־הַנַּעַר הַלָּז לֵאמֹר פְּרָזוֹת תֵּשֵׁב יְרוּשָׁלַםִ מֵרֹב אָדָם
ט וּבְהֵמָה בְּתוֹכָהּ׃ וַאֲנִי אֶהְיֶה־לָּהּ נְאֻם־יְהוָה חוֹמַת אֵשׁ סָבִיב
י וּלְכָבוֹד אֶהְיֶה בְתוֹכָהּ׃ הוֹי הוֹי וְנֻסוּ מֵאֶרֶץ צָפוֹן
נְאֻם־יְהוָה כִּי כְּאַרְבַּע רוּחוֹת הַשָּׁמַיִם פֵּרַשְׂתִּי אֶתְכֶם נְאֻם־יְהוָה׃
יא יב הוֹי צִיּוֹן הִמָּלְטִי יוֹשֶׁבֶת בַּת־בָּבֶל׃ כִּי כֹה
אָמַר יְהוָה צְבָאוֹת אַחַר כָּבוֹד שְׁלָחַנִי אֶל־הַגּוֹיִם הַשֹּׁלְלִים
יג אֶתְכֶם כִּי הַנֹּגֵעַ בָּכֶם נֹגֵעַ בְּבָבַת עֵינוֹ׃ כִּי הִנְנִי מֵנִיף אֶת־
יָדִי עֲלֵיהֶם וְהָיוּ שָׁלָל לְעַבְדֵיהֶם וִידַעְתֶּם כִּי־יְהוָה צְבָאוֹת
יד שְׁלָחָנִי׃ רָנִּי וְשִׂמְחִי בַּת־צִיּוֹן כִּי הִנְנִי־בָא
טו וְשָׁכַנְתִּי בְתוֹכֵךְ נְאֻם־יְהוָה׃ וְנִלְווּ גוֹיִם רַבִּים אֶל־יְהוָה בַּיּוֹם
הַהוּא וְהָיוּ לִי לְעָם וְשָׁכַנְתִּי בְתוֹכֵךְ וְיָדַעַתְּ כִּי־יְהוָה צְבָאוֹת
טז שְׁלָחַנִי אֵלָיִךְ׃ וְנָחַל יְהוָה אֶת־יְהוּדָה חֶלְקוֹ עַל אַדְמַת הַקֹּדֶשׁ
יז וּבָחַר עוֹד בִּירוּשָׁלָםִ׃ הַס כָּל־בָּשָׂר מִפְּנֵי יְהוָה כִּי נֵעוֹר מִמְּעוֹן
ג א קָדְשׁוֹ׃ וַיַּרְאֵנִי אֶת־יְהוֹשֻׁעַ הַכֹּהֵן הַגָּדוֹל עֹמֵד
ב לִפְנֵי מַלְאַךְ יְהוָה וְהַשָּׂטָן עֹמֵד עַל־יְמִינוֹ לְשִׂטְנוֹ׃ וַיֹּאמֶר יְהוָה
אֶל־הַשָּׂטָן יִגְעַר יְהוָה בְּךָ הַשָּׂטָן וְיִגְעַר יְהוָה בְּךָ הַבֹּחֵר
ג בִּירוּשָׁלָםִ הֲלוֹא זֶה אוּד מֻצָּל מֵאֵשׁ׃ וִיהוֹשֻׁעַ הָיָה לָבֻשׁ
ד בְּגָדִים צוֹאִים וְעֹמֵד לִפְנֵי הַמַּלְאָךְ׃ וַיַּעַן וַיֹּאמֶר אֶל־הָעֹמְדִים
לְפָנָיו לֵאמֹר הָסִירוּ הַבְּגָדִים הַצֹּאִים מֵעָלָיו וַיֹּאמֶר אֵלָיו
ה רְאֵה הֶעֱבַרְתִּי מֵעָלֶיךָ עֲוֺנֶךָ וְהַלְבֵּשׁ אֹתְךָ מַחֲלָצוֹת׃ וָאֹמַר
יָשִׂימוּ צָנִיף טָהוֹר עַל־רֹאשׁוֹ וַיָּשִׂימוּ הַצָּנִיף הַטָּהוֹר עַל־רֹאשׁוֹ
ו וַיַּלְבִּשֻׁהוּ בְּגָדִים וּמַלְאַךְ יְהוָה עֹמֵד׃ וַיָּעַד מַלְאַךְ יְהוָה בִּיהוֹשֻׁעַ
ז לֵאמֹר׃ כֹּה־אָמַר יְהוָה צְבָאוֹת אִם־בִּדְרָכַי תֵּלֵךְ וְאִם אֶת־

מִשְׁמַרְתִּי תִשְׁמֹר וְגַם־אַתָּה תָּדִין אֶת־בֵּיתִי וְגַם תִּשְׁמֹר אֶת־
חֲצֵרָי וְנָתַתִּי לְךָ מַהְלְכִים בֵּין הָעֹמְדִים הָאֵלֶּה׃ שְׁמַע־נָא ח
יְהוֹשֻׁעַ ׀ הַכֹּהֵן הַגָּדוֹל אַתָּה וְרֵעֶיךָ הַיֹּשְׁבִים לְפָנֶיךָ כִּי־אַנְשֵׁי
מוֹפֵת הֵמָּה כִּי־הִנְנִי מֵבִיא אֶת־עַבְדִּי צֶמַח׃ כִּי ׀ הִנֵּה הָאֶבֶן ט
אֲשֶׁר נָתַתִּי לִפְנֵי יְהוֹשֻׁעַ עַל־אֶבֶן אַחַת שִׁבְעָה עֵינָיִם הִנְנִי
מְפַתֵּחַ פִּתֻּחָהּ נְאֻם יְהוָה צְבָאוֹת וּמַשְׁתִּי אֶת־עֲוֺן הָאָרֶץ־הַהִיא
בְּיוֹם אֶחָד׃ בַּיּוֹם הַהוּא נְאֻם יְהוָה צְבָאוֹת תִּקְרְאוּ אִישׁ לְרֵעֵהוּ י
אֶל־תַּחַת גֶּפֶן וְאֶל־תַּחַת תְּאֵנָה׃ וַיָּשָׁב הַמַּלְאָךְ א ד
יז הַדֹּבֵר בִּי וַיְעִירֵנִי כְּאִישׁ אֲשֶׁר־יֵעוֹר מִשְּׁנָתוֹ׃ וַיֹּאמֶר אֵלַי מָה ב
וָאֹמַר אַתָּה רֹאֶה ויאמר רָאִיתִי וְהִנֵּה מְנוֹרַת זָהָב כֻּלָּהּ וְגֻלָּהּ עַל־
רֹאשָׁהּ וְשִׁבְעָה נֵרֹתֶיהָ עָלֶיהָ שִׁבְעָה וְשִׁבְעָה מוּצָקוֹת לַנֵּרוֹת
אֲשֶׁר עַל־רֹאשָׁהּ׃ וּשְׁנַיִם זֵיתִים עָלֶיהָ אֶחָד מִימִין הַגֻּלָּה וְאֶחָד ג
עַל־שְׂמֹאלָהּ׃ וָאַעַן וָאֹמַר אֶל־הַמַּלְאָךְ הַדֹּבֵר בִּי לֵאמֹר מָה־ ד
אֵלֶּה אֲדֹנִי׃ וַיַּעַן הַמַּלְאָךְ הַדֹּבֵר בִּי וַיֹּאמֶר אֵלַי הֲלוֹא יָדַעְתָּ ה
מָה־הֵמָּה אֵלֶּה וָאֹמַר לֹא אֲדֹנִי׃ וַיַּעַן וַיֹּאמֶר אֵלַי לֵאמֹר ו
זֶה דְּבַר־יְהוָה אֶל־זְרֻבָּבֶל לֵאמֹר לֹא בְחַיִל וְלֹא בְכֹחַ כִּי
אִם־בְּרוּחִי אָמַר יְהוָה צְבָאוֹת׃ מִי־אַתָּה הַר־הַגָּדוֹל לִפְנֵי ז
זְרֻבָּבֶל לְמִישֹׁר וְהוֹצִיא אֶת־הָאֶבֶן הָרֹאשָׁה תְּשֻׁאוֹת חֵן ׀ חֵן
לָהּ׃ וַיְהִי דְבַר־יְהוָה אֵלַי לֵאמֹר׃ יְדֵי זְרֻבָּבֶל ח ט
יִסְּדוּ הַבַּיִת הַזֶּה וְיָדָיו תְּבַצַּעְנָה וְיָדַעְתָּ כִּי־יְהוָה צְבָאוֹת שְׁלָחַנִי
אֲלֵיכֶם׃ כִּי מִי בַז לְיוֹם קְטַנּוֹת וְשָׂמְחוּ וְרָאוּ אֶת־הָאֶבֶן הַבְּדִיל י
בְּיַד זְרֻבָּבֶל שִׁבְעָה־אֵלֶּה עֵינֵי יְהוָה הֵמָּה מְשׁוֹטְטִים בְּכָל־
הָאָרֶץ׃ וָאַעַן וָאֹמַר אֵלָיו מַה־שְּׁנֵי הַזֵּיתִים הָאֵלֶּה עַל־יְמִין יא
הַמְּנוֹרָה וְעַל־שְׂמֹאולָהּ׃ וָאַעַן שֵׁנִית וָאֹמַר אֵלָיו מַה־שְׁתֵּי יב
שִׁבֲּלֵי הַזֵּיתִים אֲשֶׁר בְּיַד שְׁנֵי צַנְתְּרוֹת הַזָּהָב הַמְרִיקִים
מֵעֲלֵיהֶם הַזָּהָב׃ וַיֹּאמֶר אֵלַי לֵאמֹר הֲלוֹא יָדַעְתָּ מָה־אֵלֶּה יג
וָאֹמַר לֹא אֲדֹנִי׃ וַיֹּאמֶר אֵלֶּה שְׁנֵי בְנֵי־הַיִּצְהָר הָעֹמְדִים עַל־ יד

א אֲדוֹן כָּל־הָאָרֶץ׃ וָאָשׁוּב וָאֶשָּׂא עֵינַי וָאֶרְאֶה וְהִנֵּה
ב מְגִלָּה עָפָה׃ וַיֹּאמֶר אֵלַי מָה אַתָּה רֹאֶה וָאֹמַר אֲנִי רֹאֶה מְגִלָּה
ג עָפָה אָרְכָּהּ עֶשְׂרִים בָּאַמָּה וְרָחְבָּהּ עֶשֶׂר בָּאַמָּה׃ וַיֹּאמֶר אֵלַי
זֹאת הָאָלָה הַיּוֹצֵאת עַל־פְּנֵי כָל־הָאָרֶץ כִּי כָל־הַגֹּנֵב מִזֶּה
ד כָּמוֹהָ נִקָּה וְכָל־הַנִּשְׁבָּע מִזֶּה כָּמוֹהָ נִקָּה׃ הוֹצֵאתִיהָ נְאֻם יְהוָה
צְבָאוֹת וּבָאָה אֶל־בֵּית הַגַּנָּב וְאֶל־בֵּית הַנִּשְׁבָּע בִּשְׁמִי לַשָּׁקֶר
ה וְלָנֶה בְּתוֹךְ בֵּיתוֹ וְכִלַּתּוּ וְאֶת־עֵצָיו וְאֶת־אֲבָנָיו׃ וַיֵּצֵא הַמַּלְאָךְ
הַדֹּבֵר בִּי וַיֹּאמֶר אֵלַי שָׂא נָא עֵינֶיךָ וּרְאֵה מָה הַיּוֹצֵאת הַזֹּאת׃
ו וָאֹמַר מַה־הִיא וַיֹּאמֶר זֹאת הָאֵיפָה הַיּוֹצֵאת וַיֹּאמֶר זֹאת עֵינָם
ז בְּכָל־הָאָרֶץ׃ וְהִנֵּה כִּכַּר עֹפֶרֶת נִשֵּׂאת וְזֹאת אִשָּׁה אַחַת יוֹשֶׁבֶת
ח בְּתוֹךְ הָאֵיפָה׃ וַיֹּאמֶר זֹאת הָרִשְׁעָה וַיַּשְׁלֵךְ אֹתָהּ אֶל־תּוֹךְ
ט הָאֵיפָה וַיַּשְׁלֵךְ אֶת־אֶבֶן הָעֹפֶרֶת אֶל־פִּיהָ׃ וָאֶשָּׂא
עֵינַי וָאֵרֶא וְהִנֵּה שְׁתַּיִם נָשִׁים יוֹצְאוֹת וְרוּחַ בְּכַנְפֵיהֶם וְלָהֵנָּה
כְנָפַיִם כְּכַנְפֵי הַחֲסִידָה וַתִּשֶּׂאנָה אֶת־הָאֵיפָה בֵּין הָאָרֶץ וּבֵין
י הַשָּׁמָיִם׃ וָאֹמַר אֶל־הַמַּלְאָךְ הַדֹּבֵר בִּי אָנָה הֵמָּה מוֹלִכוֹת אֶת־
יא הָאֵיפָה׃ וַיֹּאמֶר אֵלַי לִבְנוֹת־לָה בַיִת בְּאֶרֶץ שִׁנְעָר וְהוּכַן
ו א וְהֻנִּיחָה שָּׁם עַל־מְכֻנָתָהּ׃ וָאָשֻׁב וָאֶשָּׂא עֵינַי
וָאֶרְאֶה וְהִנֵּה אַרְבַּע מַרְכָּבוֹת יֹצְאוֹת מִבֵּין שְׁנֵי הֶהָרִים
ב וְהֶהָרִים הָרֵי נְחֹשֶׁת׃ בַּמֶּרְכָּבָה הָרִאשֹׁנָה סוּסִים אֲדֻמִּים
ג וּבַמֶּרְכָּבָה הַשֵּׁנִית סוּסִים שְׁחֹרִים׃ וּבַמֶּרְכָּבָה הַשְּׁלִשִׁית סוּסִים
ד לְבָנִים וּבַמֶּרְכָּבָה הָרְבִעִית סוּסִים בְּרֻדִּים אֲמֻצִּים׃ וָאַעַן וָאֹמַר
ה אֶל־הַמַּלְאָךְ הַדֹּבֵר בִּי מָה־אֵלֶּה אֲדֹנִי׃ וַיַּעַן הַמַּלְאָךְ וַיֹּאמֶר
אֵלַי אֵלֶּה אַרְבַּע רֻחוֹת הַשָּׁמַיִם יוֹצְאוֹת מֵהִתְיַצֵּב עַל־אֲדוֹן
ו כָּל־הָאָרֶץ׃ אֲשֶׁר־בָּהּ הַסּוּסִים הַשְּׁחֹרִים יֹצְאִים אֶל־אֶרֶץ
צָפוֹן וְהַלְּבָנִים יָצְאוּ אֶל־אַחֲרֵיהֶם וְהַבְּרֻדִּים יָצְאוּ אֶל־אֶרֶץ
ז הַתֵּימָן׃ וְהָאֲמֻצִּים יָצְאוּ וַיְבַקְשׁוּ לָלֶכֶת לְהִתְהַלֵּךְ בָּאָרֶץ
ח וַיֹּאמֶר לְכוּ הִתְהַלְּכוּ בָאָרֶץ וַתִּתְהַלַּכְנָה בָּאָרֶץ׃ וַיַּזְעֵק אֹתִי

וַיְדַבֵּ֣ר אֵלַ֣י לֵאמֹ֔ר רְאֵ֚ה הַיּֽוֹצְאִים֙ אֶל־אֶ֣רֶץ צָפ֔וֹן הֵנִ֖יחוּ אֶת־
רוּחִ֖י בְּאֶ֥רֶץ צָפֽוֹן:　　　　וַיְהִ֥י דְבַר־יְהוָ֖ה אֵלַ֥י לֵאמֹֽר:　ט
לָק֙וֹחַ֙ מֵאֵ֣ת הַגּוֹלָ֔ה מֵחֶלְדַּ֕י וּמֵאֵ֥ת טוֹבִיָּ֖ה וּמֵאֵ֣ת יְדַֽעְיָ֑ה וּבָאתָ֣　י
אַתָּ֣ה בַיּ֣וֹם הַה֗וּא וּבָאתָ֙ בֵּ֣ית יֹֽאשִׁיָּ֔ה בֶּן־צְפַנְיָ֖ה אֲשֶׁר־בָּ֥אוּ
מִבָּבֶֽל: וְלָקַחְתָּ֥ כֶֽסֶף־וְזָהָ֖ב וְעָשִׂ֣יתָ עֲטָר֑וֹת וְשַׂמְתָּ֛ בְּרֹ֥אשׁ　יא
יְהוֹשֻׁ֥עַ בֶּן־יְהוֹצָדָ֖ק הַכֹּהֵ֥ן הַגָּדֽוֹל: וְאָמַרְתָּ֙ אֵלָ֣יו לֵאמֹ֔ר כֹּ֥ה　יב
אָמַ֛ר יְהוָ֥ה צְבָא֖וֹת לֵאמֹ֑ר הִנֵּה־אִ֞ישׁ צֶ֤מַח שְׁמוֹ֙ וּמִתַּחְתָּ֣יו
יִצְמָ֔ח וּבָנָ֖ה אֶת־הֵיכַ֥ל יְהוָֽה: וְ֠הוּא יִבְנֶ֞ה אֶת־הֵיכַ֤ל יְהוָה֙ וְהֽוּא־　יג
יִשָּׂ֣א ה֔וֹד וְיָשַׁ֥ב וּמָשַׁ֖ל עַל־כִּסְא֑וֹ וְהָיָ֤ה כֹהֵן֙ עַל־כִּסְא֔וֹ וַעֲצַ֣ת
שָׁל֔וֹם תִּהְיֶ֖ה בֵּ֥ין שְׁנֵיהֶֽם: וְהָעֲטָרֹ֗ת תִּהְיֶ֞ה לְחֵ֧לֶם וּלְטוֹבִיָּ֛ה　יד
וְלִידַֽעְיָ֖ה וּלְחֵ֣ן בֶּן־צְפַנְיָ֑ה לְזִכָּר֖וֹן בְּהֵיכַ֥ל יְהוָֽה: וּרְחוֹקִ֣ים ׀ יָבֹ֗אוּ　טו
וּבָנוּ֙ בְּהֵיכַ֣ל יְהוָ֔ה וִֽידַעְתֶּ֕ם כִּֽי־יְהוָ֥ה צְבָא֖וֹת שְׁלָחַ֣נִי אֲלֵיכֶ֑ם וְהָיָה֙
אִם־שָׁמ֣וֹעַ תִּשְׁמְע֔וּן בְּק֖וֹל יְהוָ֥ה אֱלֹהֵיכֶֽם:　　　　וַיְהִ֞י　ז　א
בִּשְׁנַ֣ת אַרְבַּ֔ע לְדָרְיָ֖וֶשׁ הַמֶּ֑לֶךְ הָיָ֨ה דְבַר־יְהוָה֙ אֶל־זְכַרְיָ֔ה
בְּאַרְבָּעָ֛ה לַחֹ֥דֶשׁ הַתְּשִׁעִ֖י בְּכִסְלֵֽו: וַיִּשְׁלַח֙ בֵּֽית־אֵ֔ל שַׂרְאֶ֕צֶר　ב
וְרֶ֥גֶם מֶ֖לֶךְ וַֽאֲנָשָׁ֑יו לְחַלּ֖וֹת אֶת־פְּנֵ֥י יְהוָֽה: לֵאמֹ֗ר אֶל־　ג
הַכֹּֽהֲנִים֙ אֲשֶׁר֙ לְבֵית־יְהוָ֣ה צְבָא֔וֹת וְאֶל־הַנְּבִיאִ֖ים לֵאמֹ֑ר
הַֽאֶבְכֶּה֙ בַּחֹ֣דֶשׁ הַֽחֲמִשִׁ֔י הִנָּזֵ֕ר כַּאֲשֶׁ֣ר עָשִׂ֔יתִי זֶ֖ה כַּמֶּ֥ה
שָׁנִֽים:　　　　וַיְהִ֛י דְּבַר־יְהוָ֥ה צְבָא֖וֹת אֵלַ֥י לֵאמֹֽר:　ד
אֱמֹר֙ אֶל־כָּל־עַ֣ם הָאָ֔רֶץ וְאֶל־הַכֹּהֲנִ֖ים לֵאמֹ֑ר כִּֽי־צַמְתֶּ֣ם וְסָפ֗וֹד　ה
בַּחֲמִישִׁ֣י וּבַשְּׁבִיעִ֔י וְזֶ֕ה שִׁבְעִ֖ים שָׁנָ֑ה הֲצ֥וֹם צַמְתֻּ֖נִי אָֽנִי: וְכִ֥י　ו
תֹאכְל֖וּ וְכִ֣י תִשְׁתּ֑וּ הֲל֤וֹא אַתֶּם֙ הָאֹ֣כְלִ֔ים וְאַתֶּ֖ם הַשֹּׁתִֽים: הֲל֣וֹא　ז
אֶת־הַדְּבָרִ֗ים אֲשֶׁ֨ר קָרָ֤א יְהוָה֙ בְּיַד֙ הַנְּבִיאִ֣ים הָרִֽאשֹׁנִ֔ים בִּהְי֤וֹת
יְרֽוּשָׁלִַ֨ם֙ יֹשֶׁ֣בֶת וּשְׁלֵוָ֔ה וְעָרֶ֖יהָ סְבִיבֹתֶ֑יהָ וְהַנֶּ֥גֶב וְהַשְּׁפֵלָ֖ה
יֹשֵֽׁב:　　　　וַֽיְהִי֙ דְּבַר־יְהוָ֔ה אֶל־זְכַרְיָ֖ה לֵאמֹֽר: כֹּ֥ה　ח
אָמַ֛ר יְהוָ֥ה צְבָא֖וֹת לֵאמֹ֑ר מִשְׁפַּ֤ט אֱמֶת֙ שְׁפֹ֔טוּ וְחֶ֣סֶד וְֽרַחֲמִ֔ים
עֲשׂ֖וּ אִ֥ישׁ אֶת־אָחִֽיו: וְאַלְמָנָ֧ה וְיָת֛וֹם גֵּ֥ר וְעָנִ֖י אַֽל־תַּעֲשֹׁ֑קוּ　י

יא וְרֵעַת אִישׁ אָחִיו אַל־תַּחְשְׁבוּ בִּלְבַבְכֶם: וַיְמָאֲנוּ לְהַקְשִׁיב

יב וַיִּתְּנוּ כָתֵף סֹרָרֶת וְאָזְנֵיהֶם הִכְבִּידוּ מִשְּׁמוֹעַ: וְלִבָּם שָׂמוּ שָׁמִיר מִשְּׁמוֹעַ אֶת־הַתּוֹרָה וְאֶת־הַדְּבָרִים אֲשֶׁר שָׁלַח יהוה צְבָאוֹת בְּרוּחוֹ בְּיַד הַנְּבִיאִים הָרִאשֹׁנִים וַיְהִי קֶצֶף גָּדוֹל מֵאֵת יהוה

יג צְבָאוֹת: וַיְהִי כַאֲשֶׁר־קָרָא וְלֹא שָׁמֵעוּ כֵּן יִקְרְאוּ וְלֹא אֶשְׁמָע אָמַר יהוה צְבָאוֹת: וְאֵסָעֲרֵם עַל כָּל־הַגּוֹיִם אֲשֶׁר לֹא־יְדָעוּם

יד וְהָאָרֶץ נָשַׁמָּה אַחֲרֵיהֶם מֵעֹבֵר וּמִשָּׁב וַיָּשִׂימוּ אֶרֶץ־חֶמְדָּה לְשַׁמָּה: ח א וַיְהִי דְּבַר־יהוה צְבָאוֹת לֵאמֹר: כֹּה אָמַר יהוה צְבָאוֹת קִנֵּאתִי לְצִיּוֹן קִנְאָה גְדוֹלָה וְחֵמָה גְדוֹלָה

ג קִנֵּאתִי לָהּ: כֹּה אָמַר יהוה שַׁבְתִּי אֶל־צִיּוֹן וְשָׁכַנְתִּי בְּתוֹךְ יְרוּשָׁלָ͏ִם וְנִקְרְאָה יְרוּשָׁלַ͏ִם עִיר הָאֱמֶת וְהַר־יהוה

ד צְבָאוֹת הַר הַקֹּדֶשׁ: כֹּה אָמַר יהוה צְבָאוֹת עֹד יֵשְׁבוּ זְקֵנִים וּזְקֵנוֹת בִּרְחֹבוֹת יְרוּשָׁלָ͏ִם וְאִישׁ מִשְׁעַנְתּוֹ בְּיָדוֹ

ה מֵרֹב יָמִים: וּרְחֹבוֹת הָעִיר יִמָּלְאוּ יְלָדִים וִילָדוֹת מְשַׂחֲקִים בִּרְחֹבֹתֶיהָ: כֹּה אָמַר יהוה צְבָאוֹת כִּי יִפָּלֵא

ו בְּעֵינֵי שְׁאֵרִית הָעָם הַזֶּה בַּיָּמִים הָהֵם גַּם־בְּעֵינַי יִפָּלֵא נְאֻם יהוה צְבָאוֹת: כֹּה אָמַר יהוה צְבָאוֹת הִנְנִי

ח מוֹשִׁיעַ אֶת־עַמִּי מֵאֶרֶץ מִזְרָח וּמֵאֶרֶץ מְבוֹא הַשָּׁמֶשׁ: וְהֵבֵאתִי אֹתָם וְשָׁכְנוּ בְּתוֹךְ יְרוּשָׁלָ͏ִם וְהָיוּ־לִי לְעָם וַאֲנִי אֶהְיֶה לָהֶם

ט לֵאלֹהִים בֶּאֱמֶת וּבִצְדָקָה: כֹּה־אָמַר יהוה צְבָאוֹת תֶּחֱזַקְנָה יְדֵיכֶם הַשֹּׁמְעִים בַּיָּמִים הָאֵלֶּה אֵת הַדְּבָרִים הָאֵלֶּה מִפִּי הַנְּבִיאִים אֲשֶׁר בְּיוֹם יֻסַּד בֵּית־יהוה צְבָאוֹת

י הַהֵיכָל לְהִבָּנוֹת: כִּי לִפְנֵי הַיָּמִים הָהֵם שְׂכַר הָאָדָם לֹא נִהְיָה וּשְׂכַר הַבְּהֵמָה אֵינֶנָּה וְלַיּוֹצֵא וְלַבָּא אֵין־שָׁלוֹם מִן־הַצָּר וַאֲשַׁלַּח

יא אֶת־כָּל־הָאָדָם אִישׁ בְּרֵעֵהוּ: וְעַתָּה לֹא כַיָּמִים הָרִאשֹׁנִים אֲנִי

יב לִשְׁאֵרִית הָעָם הַזֶּה נְאֻם יהוה צְבָאוֹת: כִּי־זֶרַע הַשָּׁלוֹם הַגֶּפֶן תִּתֵּן פִּרְיָהּ וְהָאָרֶץ תִּתֵּן אֶת־יְבוּלָהּ וְהַשָּׁמַיִם יִתְּנוּ

יג טַלָּם וְהִנְחַלְתִּי אֶת־שְׁאֵרִית הָעָם הַזֶּה אֶת־כָּל־אֵלֶּה׃ וְהָיָה
כַּאֲשֶׁר הֱיִיתֶם קְלָלָה בַּגּוֹיִם בֵּית יְהוּדָה וּבֵית יִשְׂרָאֵל
כֵּן אוֹשִׁיעַ אֶתְכֶם וִהְיִיתֶם בְּרָכָה אַל־תִּירָאוּ תֶּחֱזַקְנָה
יד יְדֵיכֶם׃ כִּי כֹה אָמַר יְהוָה צְבָאוֹת כַּאֲשֶׁר
זָמַמְתִּי לְהָרַע לָכֶם בְּהַקְצִיף אֲבֹתֵיכֶם אֹתִי אָמַר יְהוָה צְבָאוֹת
טו וְלֹא נִחָמְתִּי׃ כֵּן שַׁבְתִּי זָמַמְתִּי בַּיָּמִים הָאֵלֶּה לְהֵיטִיב אֶת־
טז יְרוּשָׁלִַם וְאֶת־בֵּית יְהוּדָה אַל־תִּירָאוּ׃ אֵלֶּה הַדְּבָרִים אֲשֶׁר
תַּעֲשׂוּ דַּבְּרוּ אֱמֶת אִישׁ אֶת־רֵעֵהוּ אֱמֶת וּמִשְׁפַּט שָׁלוֹם שִׁפְטוּ
יז בְּשַׁעֲרֵיכֶם׃ וְאִישׁ ׀ אֶת־רָעַת רֵעֵהוּ אַל־תַּחְשְׁבוּ בִּלְבַבְכֶם
וּשְׁבֻעַת שֶׁקֶר אַל־תֶּאֱהָבוּ כִּי אֶת־כָּל־אֵלֶּה אֲשֶׁר שָׂנֵאתִי נְאֻם־
יח יט יְהוָה׃ וַיְהִי דְּבַר־יְהוָה צְבָאוֹת אֵלַי לֵאמֹר׃ כֹּה־
אָמַר יְהוָה צְבָאוֹת צוֹם הָרְבִיעִי וְצוֹם הַחֲמִישִׁי וְצוֹם הַשְּׁבִיעִי
וְצוֹם הָעֲשִׂירִי יִהְיֶה לְבֵית־יְהוּדָה לְשָׂשׂוֹן וּלְשִׂמְחָה וּלְמֹעֲדִים
כ טוֹבִים וְהָאֱמֶת וְהַשָּׁלוֹם אֱהָבוּ׃ כֹּה אָמַר יְהוָה
כא צְבָאוֹת עֹד אֲשֶׁר יָבֹאוּ עַמִּים וְיֹשְׁבֵי עָרִים רַבּוֹת׃ וְהָלְכוּ יוֹשְׁבֵי
אַחַת אֶל־אַחַת לֵאמֹר נֵלְכָה הָלוֹךְ לְחַלּוֹת אֶת־פְּנֵי יְהוָה
כב וּלְבַקֵּשׁ אֶת־יְהוָה צְבָאוֹת אֵלְכָה גַּם־אָנִי׃ וּבָאוּ עַמִּים רַבִּים
וְגוֹיִם עֲצוּמִים לְבַקֵּשׁ אֶת־יְהוָה צְבָאוֹת בִּירוּשָׁלִָם וּלְחַלּוֹת
כג אֶת־פְּנֵי יְהוָה׃ כֹּה־אָמַר יְהוָה צְבָאוֹת בַּיָּמִים יט
הָהֵמָּה אֲשֶׁר יַחֲזִיקוּ עֲשָׂרָה אֲנָשִׁים מִכֹּל לְשֹׁנוֹת הַגּוֹיִם וְהֶחֱזִיקוּ
בִּכְנַף אִישׁ יְהוּדִי לֵאמֹר נֵלְכָה עִמָּכֶם כִּי שָׁמַעְנוּ אֱלֹהִים
ט א עִמָּכֶם׃ מַשָּׂא דְבַר־יְהוָה בְּאֶרֶץ חַדְרָךְ וְדַמֶּשֶׂק
ב מְנֻחָתוֹ כִּי לַיהוָה עֵין אָדָם וְכֹל שִׁבְטֵי יִשְׂרָאֵל׃ וְגַם־חֲמָת
ג תִּגְבָּל־בָּהּ צֹר וְצִידוֹן כִּי חָכְמָה מְאֹד׃ וַתִּבֶן צֹר מָצוֹר לָהּ
ד וַתִּצְבָּר־כֶּסֶף כֶּעָפָר וְחָרוּץ כְּטִיט חוּצוֹת׃ הִנֵּה אֲדֹנָי יוֹרִשֶׁנָּה
ה וְהִכָּה בַיָּם חֵילָהּ וְהִיא בָּאֵשׁ תֵּאָכֵל׃ תֵּרֶא אַשְׁקְלוֹן וְתִירָא
וְעַזָּה וְתָחִיל מְאֹד וְעֶקְרוֹן כִּי־הֹבִישׁ מֶבָּטָהּ וְאָבַד מֶלֶךְ מֵעַזָּה

ו וְאַשְׁקְל֖וֹן לֹ֥א תֵשֵֽׁב׃ וְיָשַׁ֥ב מַמְזֵ֖ר בְּאַשְׁדּ֑וֹד וְהִכְרַתִּ֖י גְּא֥וֹן
ז פְּלִשְׁתִּֽים׃ וַהֲסִרֹתִ֨י דָמָ֜יו מִפִּ֗יו וְשִׁקֻּצָיו֙ מִבֵּ֣ין שִׁנָּ֔יו וְנִשְׁאַ֥ר גַּם־
ח ה֖וּא לֵאלֹהֵ֑ינוּ וְהָיָה֙ כְּאַלֻּ֣ף בִּיהוּדָ֔ה וְעֶקְר֖וֹן כִּיבוּסִֽי׃ וְחָנִ֨יתִי
לְבֵיתִ֤י מִצָּבָה֙ מֵעֹבֵ֣ר וּמִשָּׁ֔ב וְלֹא־יַעֲבֹ֧ר עֲלֵיהֶ֛ם ע֖וֹד נֹגֵ֑שׂ כִּ֥י
ט עַתָּ֖ה רָאִ֥יתִי בְעֵינָֽי׃ גִּילִ֨י מְאֹ֜ד בַּת־צִיּ֗וֹן הָרִ֙יעִי֙
בַּ֣ת יְרֽוּשָׁלִַ֔ם הִנֵּ֤ה מַלְכֵּךְ֙ יָ֣בוֹא לָ֔ךְ צַדִּ֥יק וְנוֹשָׁ֖ע ה֑וּא עָנִי֙ וְרֹכֵ֣ב
י עַל־חֲמ֔וֹר וְעַל־עַ֖יִר בֶּן־אֲתֹנֽוֹת׃ וְהִכְרַתִּי־רֶ֣כֶב מֵאֶפְרַ֗יִם וְסוּס֙
מִיר֣וּשָׁלִַ֔ם וְנִכְרְתָה֙ קֶ֣שֶׁת מִלְחָמָ֔ה וְדִבֶּ֥ר שָׁל֖וֹם לַגּוֹיִ֑ם וּמָשְׁלוֹ֙
יא מִיָּ֣ם עַד־יָ֔ם וּמִנָּהָ֖ר עַד־אַפְסֵי־אָֽרֶץ׃ גַּם־אַ֣תְּ בְּדַם־בְּרִיתֵ֗ךְ
יב שִׁלַּ֤חְתִּי אֲסִירַ֙יִךְ֙ מִבּ֔וֹר אֵ֥ין מַ֖יִם בּֽוֹ׃ שׁ֚וּבוּ לְבִצָּר֔וֹן אֲסִירֵ֖י
יג הַתִּקְוָ֑ה גַּם־הַיּ֕וֹם מַגִּ֥יד מִשְׁנֶ֖ה אָשִׁ֥יב לָֽךְ׃ כִּֽי־דָרַ֨כְתִּי לִ֜י יְהוּדָ֗ה
קֶ֚שֶׁת מִלֵּ֣אתִי אֶפְרַ֔יִם וְעוֹרַרְתִּ֤י בָנַ֙יִךְ֙ צִיּ֔וֹן עַל־בָּנַ֖יִךְ יָוָ֑ן וְשַׂמְתִּ֖יךְ
יד כְּחֶ֥רֶב גִּבּֽוֹר׃ וַֽיהוָה֙ עֲלֵיהֶ֣ם יֵרָאֶ֔ה וְיָצָ֥א כַבָּרָ֖ק חִצּ֑וֹ וַאדֹנָ֤י יֱהֹוִה֙
טו בַּשּׁוֹפָ֣ר יִתְקָ֔ע וְהָלַ֖ךְ בְּסַעֲר֥וֹת תֵּימָֽן׃ יְהוָ֣ה צְבָאוֹת֮ יָגֵ֣ן עֲלֵיהֶם֒
וְאָכְל֗וּ וְכָֽבְשׁוּ֙ אַבְנֵי־קֶ֔לַע וְשָׁת֥וּ הָמ֖וּ כְּמוֹ־יָ֑יִן וּמָֽלְאוּ֙ כַּמִּזְרָ֔ק
טז כְּזָוִיּ֖וֹת מִזְבֵּֽחַ׃ וְֽהוֹשִׁיעָ֞ם יְהוָ֧ה אֱלֹהֵיהֶ֛ם בַּיּ֥וֹם הַה֖וּא כְּצֹ֣אן עַמּ֑וֹ
יז כִּ֚י אַבְנֵי־נֵ֔זֶר מִֽתְנוֹסְס֖וֹת עַל־אַדְמָתֽוֹ׃ כִּ֥י מַה־טּוּב֖וֹ וּמַה־יָפְי֑וֹ
י א דָּגָן֙ בַּחוּרִ֔ים וְתִיר֖וֹשׁ יְנוֹבֵ֥ב בְּתֻלֽוֹת׃ שַׁאֲל֨וּ מֵיְהוָ֤ה מָטָר֙ בְּעֵ֣ת
מַלְק֔וֹשׁ יְהוָ֖ה עֹשֶׂ֣ה חֲזִיזִ֑ים וּמְטַר־גֶּ֙שֶׁם֙ יִתֵּ֣ן לָהֶ֔ם לְאִ֖ישׁ עֵ֥שֶׂב
ב בַּשָּׂדֶֽה׃ כִּ֧י הַתְּרָפִ֣ים דִּבְּרוּ־אָ֗וֶן וְהַקּֽוֹסְמִים֙ חָ֣זוּ שֶׁ֔קֶר וַחֲלֹמוֹת֙
הַשָּׁ֣וְא יְדַבֵּ֔רוּ הֶ֖בֶל יְנַֽחֵמ֑וּן עַל־כֵּן֙ נָסְע֣וּ כְמוֹ־צֹ֔אן יַעֲנ֖וּ כִּי־אֵ֥ין
ג רֹעֶֽה׃ עַל־הָרֹעִים֙ חָרָ֣ה אַפִּ֔י וְעַל־הָעַתּוּדִ֖ים
אֶפְק֑וֹד כִּֽי־פָקַד֩ יְהוָ֨ה צְבָא֤וֹת אֶת־עֶדְרוֹ֙ אֶת־בֵּ֣ית יְהוּדָ֔ה וְשָׂ֣ם
ד אוֹתָ֔ם כְּס֥וּס הוֹד֖וֹ בַּמִּלְחָמָֽה׃ מִמֶּ֤נּוּ פִנָּה֙ מִמֶּ֣נּוּ יָתֵ֔ד מִמֶּ֖נּוּ קֶ֣שֶׁת
ה מִלְחָמָ֑ה מִמֶּ֛נּוּ יֵצֵ֥א כָל־נוֹגֵ֖שׂ יַחְדָּֽו׃ וְהָי֨וּ כְגִבֹּרִ֜ים בּוֹסִ֨ים בְּטִ֤יט
חוּצוֹת֙ בַּמִּלְחָמָ֔ה וְנִלְחֲמ֕וּ כִּ֥י יְהוָ֖ה עִמָּ֑ם וְהֹבִ֖ישׁוּ רֹכְבֵ֥י סוּסִֽים׃
ו וְגִבַּרְתִּ֣י ׀ אֶת־בֵּ֣ית יְהוּדָ֗ה וְאֶת־בֵּ֤ית יוֹסֵף֙ אוֹשִׁ֔יעַ וְהוֹשְׁבוֹתִ֗ים

כִּי רִחַמְתִּים וְהָיוּ כַּאֲשֶׁר לֹא־זְנַחְתִּים כִּי אֲנִי יְהוָה אֱלֹהֵיהֶם
וְאֶעֱנֵם׃ וְהָיוּ כְגִבּוֹר אֶפְרַיִם וְשָׂמַח לִבָּם כְּמוֹ־יָיִן וּבְנֵיהֶם יִרְאוּ ז
וְשָׂמֵחוּ יָגֵל לִבָּם בַּיהוָה׃ אֶשְׁרְקָה לָהֶם וַאֲקַבְּצֵם כִּי פְדִיתִים ח
וְרָבוּ כְּמוֹ רָבוּ׃ וְאֶזְרָעֵם בָּעַמִּים וּבַמֶּרְחַקִּים יִזְכְּרוּנִי וְחָיוּ אֶת־ ט
בְּנֵיהֶם וָשָׁבוּ׃ וַהֲשִׁבוֹתִים מֵאֶרֶץ מִצְרַיִם וּמֵאַשּׁוּר אֲקַבְּצֵם וְאֶל־ י
אֶרֶץ גִּלְעָד וּלְבָנוֹן אֲבִיאֵם וְלֹא יִמָּצֵא לָהֶם׃ וְעָבַר בַּיָּם צָרָה יא
וְהִכָּה בַיָּם גַּלִּים וְהֹבִישׁוּ כֹּל מְצוּלוֹת יְאֹר וְהוּרַד גְּאוֹן אַשּׁוּר
וְשֵׁבֶט מִצְרַיִם יָסוּר׃ וְגִבַּרְתִּים בַּיהוָה וּבִשְׁמוֹ יִתְהַלָּכוּ נְאֻם יב
יְהוָה׃ פְּתַח לְבָנוֹן דְּלָתֶיךָ וְתֹאכַל אֵשׁ בַּאֲרָזֶיךָ׃ א יא
הֵילֵל בְּרוֹשׁ כִּי־נָפַל אֶרֶז אֲשֶׁר אַדִּרִים שֻׁדָּדוּ הֵילִילוּ אַלּוֹנֵי בָשָׁן ב
הַבָּצִיר כִּי יָרַד יַעַר הבצור׃ קוֹל יִלְלַת הָרֹעִים כִּי שֻׁדְּדָה אַדַּרְתָּם קוֹל ג
שַׁאֲגַת כְּפִירִים כִּי שֻׁדַּד גְּאוֹן הַיַּרְדֵּן׃ כֹּה אָמַר ד
יְהוָה אֱלֹהָי רְעֵה אֶת־צֹאן הַהֲרֵגָה׃ אֲשֶׁר קֹנֵיהֶן יַהַרְגֻן וְלֹא ה
יֶאְשָׁמוּ וּמֹכְרֵיהֶן יֹאמַר בָּרוּךְ יְהוָה וַאעְשִׁר וְרֹעֵיהֶם לֹא יַחְמוֹל
עֲלֵיהֶן׃ כִּי לֹא אֶחְמוֹל עוֹד עַל־יֹשְׁבֵי הָאָרֶץ נְאֻם־יְהוָה וְהִנֵּה ו
אָנֹכִי מַמְצִיא אֶת־הָאָדָם אִישׁ בְּיַד־רֵעֵהוּ וּבְיַד מַלְכּוֹ וְכִתְּתוּ
אֶת־הָאָרֶץ וְלֹא אַצִּיל מִיָּדָם׃ וָאֶרְעֶה אֶת־צֹאן הַהֲרֵגָה לָכֵן ז
עֲנִיֵּי הַצֹּאן וָאֶקַּח־לִי שְׁנֵי מַקְלוֹת לְאַחַד קָרָאתִי נֹעַם וּלְאַחַד
קָרָאתִי חֹבְלִים וָאֶרְעֶה אֶת־הַצֹּאן׃ וָאַכְחִד אֶת־שְׁלֹשֶׁת הָרֹעִים ח
בְּיֶרַח אֶחָד וַתִּקְצַר נַפְשִׁי בָּהֶם וְגַם־נַפְשָׁם בָּחֲלָה בִי׃ וָאֹמַר לֹא ט
אֶרְעֶה אֶתְכֶם הַמֵּתָה תָמוּת וְהַנִּכְחֶדֶת תִּכָּחֵד וְהַנִּשְׁאָרוֹת
תֹּאכַלְנָה אִשָּׁה אֶת־בְּשַׂר רְעוּתָהּ׃ וָאֶקַּח אֶת־מַקְלִי אֶת־נֹעַם י
וָאֶגְדַּע אֹתוֹ לְהָפֵיר אֶת־בְּרִיתִי אֲשֶׁר כָּרַתִּי אֶת־כָּל־הָעַמִּים׃
וַתֻּפַר בַּיּוֹם הַהוּא וַיֵּדְעוּ כֵן עֲנִיֵּי הַצֹּאן הַשֹּׁמְרִים אֹתִי כִּי דְבַר־ יא
יְהוָה הוּא׃ וָאֹמַר אֲלֵיהֶם אִם־טוֹב בְּעֵינֵיכֶם הָבוּ שְׂכָרִי וְאִם־ יב
לֹא ׀ חֲדָלוּ וַיִּשְׁקְלוּ אֶת־שְׂכָרִי שְׁלֹשִׁים כָּסֶף׃ וַיֹּאמֶר יְהוָה אֵלַי יג
הַשְׁלִיכֵהוּ אֶל־הַיּוֹצֵר אֶדֶר הַיְקָר אֲשֶׁר יָקַרְתִּי מֵעֲלֵיהֶם וָאֶקְחָה

יד שְׁלֹשִׁים הַכָּסֶף וָאַשְׁלִיךְ אֹתוֹ בֵּית יְהוָה אֶל־הַיּוֹצֵר: וָאֶגְדַּע
אֶת־מַקְלִי הַשֵּׁנִי אֵת הַחֹבְלִים לְהָפֵר אֶת־הָאַחֲוָה בֵּין יְהוּדָה
טו וּבֵין יִשְׂרָאֵל: וַיֹּאמֶר יְהוָה אֵלָי עוֹד קַח־לְךָ כְּלִי
טז רֹעֶה אֱוִלִי: כִּי הִנֵּה־אָנֹכִי מֵקִים רֹעֶה בָּאָרֶץ הַנִּכְחָדוֹת לֹא־
יִפְקֹד הַנַּעַר לֹא־יְבַקֵּשׁ וְהַנִּשְׁבֶּרֶת לֹא יְרַפֵּא הַנִּצָּבָה לֹא יְכַלְכֵּל
יז וּבְשַׂר הַבְּרִיאָה יֹאכַל וּפַרְסֵיהֶן יְפָרֵק: הוֹי רֹעִי הָאֱלִיל עֹזְבִי
הַצֹּאן חֶרֶב עַל־זְרוֹעוֹ וְעַל־עֵין יְמִינוֹ זְרֹעוֹ יָבוֹשׁ תִּיבָשׁ וְעֵין
יב א יְמִינוֹ כָּהֹה תִכְהֶה: מַשָּׂא דְבַר־יְהוָה עַל־ כ
יִשְׂרָאֵל נְאֻם־יְהוָה נֹטֶה שָׁמַיִם וְיֹסֵד אָרֶץ וְיֹצֵר רוּחַ־אָדָם
ב בְּקִרְבּוֹ: הִנֵּה אָנֹכִי שָׂם אֶת־יְרוּשָׁלִַם סַף־רַעַל לְכָל־הָעַמִּים
ג סָבִיב וְגַם עַל־יְהוּדָה יִהְיֶה בַמָּצוֹר עַל־יְרוּשָׁלִָם: וְהָיָה בַיּוֹם־
הַהוּא אָשִׂים אֶת־יְרוּשָׁלִַם אֶבֶן מַעֲמָסָה לְכָל־הָעַמִּים כָּל־
ד עֹמְסֶיהָ שָׂרוֹט יִשָּׂרֵטוּ וְנֶאֶסְפוּ עָלֶיהָ כֹּל גּוֹיֵי הָאָרֶץ: בַּיּוֹם הַהוּא
נְאֻם־יְהוָה אַכֶּה כָל־סוּס בַּתִּמָּהוֹן וְרֹכְבוֹ בַּשִּׁגָּעוֹן וְעַל־בֵּית
ה יְהוּדָה אֶפְקַח אֶת־עֵינַי וְכֹל סוּס הָעַמִּים אַכֶּה בַּעִוָּרוֹן: וְאָמְרוּ
אַלֻּפֵי יְהוּדָה בְּלִבָּם אַמְצָה לִי יֹשְׁבֵי יְרוּשָׁלִַם בַּיהוָה צְבָאוֹת
ו אֱלֹהֵיהֶם: בַּיּוֹם הַהוּא אָשִׂים אֶת־אַלֻּפֵי יְהוּדָה כְּכִיּוֹר אֵשׁ
בְּעֵצִים וּכְלַפִּיד אֵשׁ בְּעָמִיר וְאָכְלוּ עַל־יָמִין וְעַל־שְׂמֹאול אֶת־
כָּל־הָעַמִּים סָבִיב וְיָשְׁבָה יְרוּשָׁלִַם עוֹד תַּחְתֶּיהָ בִּירוּשָׁלִָם:
ז וְהוֹשִׁיעַ יְהוָה אֶת־אָהֳלֵי יְהוּדָה בָּרִאשֹׁנָה לְמַעַן לֹא־תִגְדַּל
ח תִּפְאֶרֶת בֵּית־דָּוִיד וְתִפְאֶרֶת יֹשֵׁב יְרוּשָׁלִַם עַל־יְהוּדָה: בַּיּוֹם
הַהוּא יָגֵן יְהוָה בְּעַד יוֹשֵׁב יְרוּשָׁלִַם וְהָיָה הַנִּכְשָׁל בָּהֶם בַּיּוֹם
ט הַהוּא כְּדָוִיד וּבֵית דָּוִיד כֵּאלֹהִים כְּמַלְאַךְ יְהוָה לִפְנֵיהֶם: וְהָיָה
בַּיּוֹם הַהוּא אֲבַקֵּשׁ לְהַשְׁמִיד אֶת־כָּל־הַגּוֹיִם הַבָּאִים עַל־
י יְרוּשָׁלִָם: וְשָׁפַכְתִּי עַל־בֵּית דָּוִיד וְעַל ׀ יוֹשֵׁב יְרוּשָׁלִַם רוּחַ חֵן
וְתַחֲנוּנִים וְהִבִּיטוּ אֵלַי אֵת אֲשֶׁר־דָּקָרוּ וְסָפְדוּ עָלָיו כְּמִסְפֵּד עַל־
יא הַיָּחִיד וְהָמֵר עָלָיו כְּהָמֵר עַל־הַבְּכוֹר: בַּיּוֹם הַהוּא יִגְדַּל הַמִּסְפֵּד

יב בִּירוּשָׁלִַם כְּמִסְפַּד הֲדַדְרִמּוֹן בְּבִקְעַת מְגִדּוֹן: וְסָפְדָה הָאָרֶץ
מִשְׁפָּחוֹת מִשְׁפָּחוֹת לְבָד מִשְׁפַּחַת בֵּית־דָּוִיד לְבָד וּנְשֵׁיהֶם לְבָד
יג מִשְׁפַּחַת בֵּית־נָתָן לְבָד וּנְשֵׁיהֶם לְבָד: מִשְׁפַּחַת בֵּית־לֵוִי
יד לְבָד וּנְשֵׁיהֶם לְבָד מִשְׁפַּחַת הַשִּׁמְעִי לְבָד וּנְשֵׁיהֶם לְבָד: כֹּל
הַמִּשְׁפָּחוֹת הַנִּשְׁאָרוֹת מִשְׁפָּחֹת מִשְׁפָּחֹת לְבָד וּנְשֵׁיהֶם לְבָד:
יג א בַּיּוֹם הַהוּא יִהְיֶה מָקוֹר נִפְתָּח לְבֵית דָּוִיד וּלְיֹשְׁבֵי יְרוּשָׁלִָם
ב לְחַטַּאת וּלְנִדָּה: וְהָיָה בַיּוֹם הַהוּא נְאֻם | יְהוָה צְבָאוֹת אַכְרִית
אֶת־שְׁמוֹת הָעֲצַבִּים מִן־הָאָרֶץ וְלֹא יִזָּכְרוּ עוֹד וְגַם אֶת־
ג הַנְּבִיאִים וְאֶת־רוּחַ הַטֻּמְאָה אַעֲבִיר מִן־הָאָרֶץ: וְהָיָה כִּי־יִנָּבֵא
אִישׁ עוֹד וְאָמְרוּ אֵלָיו אָבִיו וְאִמּוֹ יֹלְדָיו לֹא תִחְיֶה כִּי שֶׁקֶר
ד דִּבַּרְתָּ בְּשֵׁם יְהוָה וּדְקָרֻהוּ אָבִיהוּ וְאִמּוֹ יֹלְדָיו בְּהִנָּבְאוֹ: וְהָיָה |
בַּיּוֹם הַהוּא יֵבֹשׁוּ הַנְּבִיאִים אִישׁ מֵחֶזְיֹנוֹ בְּהִנָּבְאֹתוֹ וְלֹא
ה יִלְבְּשׁוּ אַדֶּרֶת שֵׂעָר לְמַעַן כַּחֵשׁ: וְאָמַר לֹא נָבִיא אָנֹכִי
ו אִישׁ־עֹבֵד אֲדָמָה אָנֹכִי כִּי־אָדָם הִקְנַנִי מִנְּעוּרָי: וְאָמַר
אֵלָיו מָה הַמַּכּוֹת הָאֵלֶּה בֵּין יָדֶיךָ וְאָמַר אֲשֶׁר הֻכֵּיתִי בֵּית
ז מְאַהֲבָי: חֶרֶב עוּרִי עַל־רֹעִי וְעַל־גֶּבֶר עֲמִיתִי
נְאֻם יְהוָה צְבָאוֹת הַךְ אֶת־הָרֹעֶה וּתְפוּצֶיןָ הַצֹּאן וַהֲשִׁבֹתִי יָדִי
ח עַל־הַצֹּעֲרִים: וְהָיָה בְכָל־הָאָרֶץ נְאֻם־יְהוָה פִּי־שְׁנַיִם בָּהּ יִכָּרְתוּ
ט יִגְוָעוּ וְהַשְּׁלִשִׁית יִוָּתֶר בָּהּ: וְהֵבֵאתִי אֶת־הַשְּׁלִשִׁית בָּאֵשׁ
וּצְרַפְתִּים כִּצְרֹף אֶת־הַכֶּסֶף וּבְחַנְתִּים כִּבְחֹן אֶת־הַזָּהָב הוּא |
יִקְרָא בִשְׁמִי וַאֲנִי אֶעֱנֶה אֹתוֹ אָמַרְתִּי עַמִּי הוּא וְהוּא יֹאמַר
יד א יְהוָה אֱלֹהָי: הִנֵּה יוֹם־בָּא לַיהוָה וְחֻלַּק שְׁלָלֵךְ
ב בְּקִרְבֵּךְ: וְאָסַפְתִּי אֶת־כָּל־הַגּוֹיִם | אֶל־יְרוּשָׁלִַם לַמִּלְחָמָה
וְנִלְכְּדָה הָעִיר וְנָשַׁסּוּ הַבָּתִּים וְהַנָּשִׁים תשגלנה וְיָצָא חֲצִי תִּשָּׁכַבְנָה
ג הָעִיר בַּגּוֹלָה וְיֶתֶר הָעָם לֹא יִכָּרֵת מִן־הָעִיר: וְיָצָא יְהוָה וְנִלְחַם
ד בַּגּוֹיִם הָהֵם כְּיוֹם הִלָּחֲמוֹ בְּיוֹם קְרָב: וְעָמְדוּ רַגְלָיו בַּיּוֹם־הַהוּא
עַל־הַר הַזֵּיתִים אֲשֶׁר עַל־פְּנֵי יְרוּשָׁלִַם מִקֶּדֶם וְנִבְקַע הַר הַזֵּיתִים

מֵחֶצְיוֹ מִזְרָחָה וָיָמָּה גֵּיא גְּדוֹלָה מְאֹד וּמָשׁ חֲצִי הָהָר צָפוֹנָה
ה וְחֶצְיוֹ נֶגְבָּה: וְנַסְתֶּם גֵּיא־הָרַי כִּי־יַגִּיעַ גֵּי־הָרִים אֶל־אָצַל וְנַסְתֶּם
כַּאֲשֶׁר נַסְתֶּם מִפְּנֵי הָרַעַשׁ בִּימֵי עֻזִּיָּה מֶלֶךְ־יְהוּדָה וּבָא יְהוָה
ו אֱלֹהַי כָּל־קְדֹשִׁים עִמָּךְ: וְהָיָה בַּיּוֹם הַהוּא לֹא־יִהְיֶה אוֹר יְקָרוֹת
ז יקפאון: וְהָיָה יוֹם־אֶחָד הוּא יִוָּדַע לַיהוָה לֹא־יוֹם וְלֹא־לָיְלָה וְקִפָּאוֹן
ח וְהָיָה לְעֵת־עֶרֶב יִהְיֶה־אוֹר: וְהָיָה ׀ בַּיּוֹם הַהוּא יֵצְאוּ מַיִם־חַיִּים
מִירוּשָׁלַםִ חֶצְיָם אֶל־הַיָּם הַקַּדְמוֹנִי וְחֶצְיָם אֶל־הַיָּם הָאַחֲרוֹן
ט בַּקַּיִץ וּבָחֹרֶף יִהְיֶה: וְהָיָה יְהוָה לְמֶלֶךְ עַל־כָּל־הָאָרֶץ בַּיּוֹם
י הַהוּא יִהְיֶה יְהוָה אֶחָד וּשְׁמוֹ אֶחָד: יִסּוֹב כָּל־הָאָרֶץ כָּעֲרָבָה
מִגֶּבַע לְרִמּוֹן נֶגֶב יְרוּשָׁלָםִ וְרָאֲמָה וְיָשְׁבָה תַחְתֶּיהָ לְמִשַּׁעַר
בִּנְיָמִן עַד־מְקוֹם שַׁעַר הָרִאשׁוֹן עַד־שַׁעַר הַפִּנִּים וּמִגְדַּל חֲנַנְאֵל
יא עַד יִקְבֵי הַמֶּלֶךְ: וְיָשְׁבוּ בָהּ וְחֵרֶם לֹא יִהְיֶה־עוֹד וְיָשְׁבָה יְרוּשָׁלַםִ
יב לָבֶטַח: וְזֹאת ׀ תִּהְיֶה הַמַּגֵּפָה אֲשֶׁר יִגֹּף יְהוָה
אֶת־כָּל־הָעַמִּים אֲשֶׁר צָבְאוּ עַל־יְרוּשָׁלָםִ הָמֵק ׀ בְּשָׂרוֹ וְהוּא
עֹמֵד עַל־רַגְלָיו וְעֵינָיו תִּמַּקְנָה בְחֹרֵיהֶן וּלְשׁוֹנוֹ תִּמַּק בְּפִיהֶם:
יג וְהָיָה בַּיּוֹם הַהוּא תִּהְיֶה מְהוּמַת־יְהוָה רַבָּה בָּהֶם וְהֶחֱזִיקוּ אִישׁ
יד יַד רֵעֵהוּ וְעָלְתָה יָדוֹ עַל־יַד רֵעֵהוּ: וְגַם־יְהוּדָה תִּלָּחֵם בִּירוּשָׁלָםִ
טו וְאֻסַּף חֵיל כָּל־הַגּוֹיִם סָבִיב זָהָב וָכֶסֶף וּבְגָדִים לָרֹב מְאֹד: וְכֵן
תִּהְיֶה מַגֵּפַת הַסּוּס הַפֶּרֶד הַגָּמָל וְהַחֲמוֹר וְכָל־הַבְּהֵמָה אֲשֶׁר
טז יִהְיֶה בַּמַּחֲנוֹת הָהֵמָּה כַּמַּגֵּפָה הַזֹּאת: וְהָיָה כָּל־הַנּוֹתָר מִכָּל־
הַגּוֹיִם הַבָּאִים עַל־יְרוּשָׁלָםִ וְעָלוּ מִדֵּי שָׁנָה בְשָׁנָה לְהִשְׁתַּחֲוֹת
יז לְמֶלֶךְ יְהוָה צְבָאוֹת וְלָחֹג אֶת־חַג הַסֻּכּוֹת: וְהָיָה אֲשֶׁר לֹא־
יַעֲלֶה מֵאֵת מִשְׁפְּחוֹת הָאָרֶץ אֶל־יְרוּשָׁלַםִ לְהִשְׁתַּחֲוֹת לְמֶלֶךְ
יח יְהוָה צְבָאוֹת וְלֹא עֲלֵיהֶם יִהְיֶה הַגָּשֶׁם: וְאִם־מִשְׁפַּחַת מִצְרַיִם
לֹא־תַעֲלֶה וְלֹא בָאָה וְלֹא עֲלֵיהֶם תִּהְיֶה הַמַּגֵּפָה אֲשֶׁר יִגֹּף
יְהוָה אֶת־הַגּוֹיִם אֲשֶׁר לֹא יַעֲלוּ לָחֹג אֶת־חַג הַסֻּכּוֹת:
יט זֹאת תִּהְיֶה חַטַּאת מִצְרָיִם וְחַטַּאת כָּל־הַגּוֹיִם אֲשֶׁר לֹא

כ יַעֲלוּ לָחֹג אֶת־חַג הַסֻּכּוֹת׃ בַּיּוֹם הַהוּא יִהְיֶה עַל־מְצִלּוֹת
הַסּוּס קֹדֶשׁ לַיהוָה וְהָיָה הַסִּירוֹת בְּבֵית יְהוָה כַּמִּזְרָקִים
כא כא לִפְנֵי הַמִּזְבֵּחַ׃ וְהָיָה כָּל־סִיר בִּירוּשָׁלַ͏ִם וּבִיהוּדָה קֹדֶשׁ
לַיהוָה צְבָאוֹת וּבָאוּ כָּל־הַזֹּבְחִים וְלָקְחוּ מֵהֶם וּבִשְּׁלוּ בָהֶם
וְלֹא־יִהְיֶה כְנַעֲנִי עוֹד בְּבֵית־יְהוָה צְבָאוֹת בַּיּוֹם הַהוּא׃

מלאכי

א א מַשָּׂא דְבַר־יְהוָה אֶל־יִשְׂרָאֵל בְּיַד מַלְאָכִי׃ אָהַבְתִּי אֶתְכֶם
אָמַר יְהוָה וַאֲמַרְתֶּם בַּמָּה אֲהַבְתָּנוּ הֲלוֹא־אָח עֵשָׂו לְיַעֲקֹב
ג נְאֻם־יְהוָה וָאֹהַב אֶת־יַעֲקֹב׃ וְאֶת־עֵשָׂו שָׂנֵאתִי וָאָשִׂים אֶת־
ד הָרָיו שְׁמָמָה וְאֶת־נַחֲלָתוֹ לְתַנּוֹת מִדְבָּר׃ כִּי־תֹאמַר אֱדוֹם
רֻשַּׁשְׁנוּ וְנָשׁוּב וְנִבְנֶה חֳרָבוֹת כֹּה אָמַר יְהוָה צְבָאוֹת הֵמָּה יִבְנוּ
וַאֲנִי אֶהֱרוֹס וְקָרְאוּ לָהֶם גְּבוּל רִשְׁעָה וְהָעָם אֲשֶׁר־זָעַם יְהוָה
ה עַד־עוֹלָם׃ וְעֵינֵיכֶם תִּרְאֶינָה וְאַתֶּם תֹּאמְרוּ יִגְדַּל יְהוָה מֵעַל
ו לִגְבוּל יִשְׂרָאֵל׃ בֵּן יְכַבֵּד אָב וְעֶבֶד אֲדֹנָיו וְאִם־אָב אָנִי אַיֵּה
כְבוֹדִי וְאִם־אֲדוֹנִים אָנִי אַיֵּה מוֹרָאִי אָמַר ׀ יְהוָה צְבָאוֹת לָכֶם
ז הַכֹּהֲנִים בּוֹזֵי שְׁמִי וַאֲמַרְתֶּם בַּמֶּה בָזִינוּ אֶת־שְׁמֶךָ׃ מַגִּישִׁים
עַל־מִזְבְּחִי לֶחֶם מְגֹאָל וַאֲמַרְתֶּם בַּמֶּה גֵאַלְנוּךָ בֶּאֱמָרְכֶם שֻׁלְחַן
ח יְהוָה נִבְזֶה הוּא׃ וְכִי־תַגִּשׁוּן עִוֵּר לִזְבֹּחַ אֵין רָע וְכִי תַגִּישׁוּ
פִּסֵּחַ וְחֹלֶה אֵין רָע הַקְרִיבֵהוּ נָא לְפֶחָתֶךָ הֲיִרְצְךָ אוֹ הֲיִשָּׂא
ט פָנֶיךָ אָמַר יְהוָה צְבָאוֹת׃ וְעַתָּה חַלּוּ־נָא פְנֵי־אֵל וִיחָנֵנוּ מִיֶּדְכֶם
י הָיְתָה זֹּאת הֲיִשָּׂא מִכֶּם פָּנִים אָמַר יְהוָה צְבָאוֹת׃ מִי גַם־בָּכֶם
וְיִסְגֹּר דְּלָתַיִם וְלֹא־תָאִירוּ מִזְבְּחִי חִנָּם אֵין־לִי חֵפֶץ בָּכֶם אָמַר
יא יְהוָה צְבָאוֹת וּמִנְחָה לֹא־אֶרְצֶה מִיֶּדְכֶם׃ כִּי מִמִּזְרַח־שֶׁמֶשׁ
וְעַד־מְבוֹאוֹ גָּדוֹל שְׁמִי בַּגּוֹיִם וּבְכָל־מָקוֹם מֻקְטָר מֻגָּשׁ לִשְׁמִי
יב וּמִנְחָה טְהוֹרָה כִּי־גָדוֹל שְׁמִי בַּגּוֹיִם אָמַר יְהוָה צְבָאוֹת׃ וְאַתֶּם

מְחַלְּלִים אוֹתוֹ בֶּאֱמָרְכֶם שֻׁלְחַן אֲדֹנָי מְגֹאָל הוּא וְנִיבוֹ נִבְזֶה
יג אָכְלוֹ: וַאֲמַרְתֶּם הִנֵּה מַתְּלָאָה וְהִפַּחְתֶּם אוֹתוֹ אָמַר יְהוָה
צְבָאוֹת וַהֲבֵאתֶם גָּזוּל וְאֶת־הַפִּסֵּחַ וְאֶת־הַחוֹלֶה וַהֲבֵאתֶם אֶת־
יד הַמִּנְחָה הַאֶרְצֶה אוֹתָהּ מִיֶּדְכֶם אָמַר יְהוָה: וְאָרוּר נוֹכֵל וְיֵשׁ
בְּעֶדְרוֹ זָכָר וְנֹדֵר וְזֹבֵחַ מָשְׁחָת לַאדֹנָי כִּי מֶלֶךְ גָּדוֹל אָנִי אָמַר
ב א יְהוָה צְבָאוֹת וּשְׁמִי נוֹרָא בַגּוֹיִם: וְעַתָּה אֲלֵיכֶם הַמִּצְוָה הַזֹּאת
ב הַכֹּהֲנִים: אִם־לֹא תִשְׁמְעוּ וְאִם־לֹא תָשִׂימוּ עַל־לֵב לָתֵת כָּבוֹד
לִשְׁמִי אָמַר יְהוָה צְבָאוֹת וְשִׁלַּחְתִּי בָכֶם אֶת־הַמְּאֵרָה וְאָרוֹתִי
ג אֶת־בִּרְכוֹתֵיכֶם וְגַם אָרוֹתִיהָ כִּי אֵינְכֶם שָׂמִים עַל־לֵב: הִנְנִי
גֹעֵר לָכֶם אֶת־הַזֶּרַע וְזֵרִיתִי פֶרֶשׁ עַל־פְּנֵיכֶם פֶּרֶשׁ חַגֵּיכֶם וְנָשָׂא
ד אֶתְכֶם אֵלָיו: וִידַעְתֶּם כִּי שִׁלַּחְתִּי אֲלֵיכֶם אֵת הַמִּצְוָה הַזֹּאת
ה לִהְיוֹת בְּרִיתִי אֶת־לֵוִי אָמַר יְהוָה צְבָאוֹת: בְּרִיתִי | הָיְתָה אִתּוֹ
הַחַיִּים וְהַשָּׁלוֹם וָאֶתְּנֵם־לוֹ מוֹרָא וַיִּירָאֵנִי וּמִפְּנֵי שְׁמִי נִחַת הוּא:
ו תּוֹרַת אֱמֶת הָיְתָה בְּפִיהוּ וְעַוְלָה לֹא־נִמְצָא בִשְׂפָתָיו בְּשָׁלוֹם
ז וּבְמִישׁוֹר הָלַךְ אִתִּי וְרַבִּים הֵשִׁיב מֵעָוֹן: כִּי־שִׂפְתֵי כֹהֵן יִשְׁמְרוּ־
ח דַעַת וְתוֹרָה יְבַקְשׁוּ מִפִּיהוּ כִּי מַלְאַךְ יְהוָה־צְבָאוֹת הוּא: וְאַתֶּם
סַרְתֶּם מִן־הַדֶּרֶךְ הִכְשַׁלְתֶּם רַבִּים בַּתּוֹרָה שִׁחַתֶּם בְּרִית הַלֵּוִי
ט אָמַר יְהוָה צְבָאוֹת: וְגַם־אֲנִי נָתַתִּי אֶתְכֶם נִבְזִים וּשְׁפָלִים לְכָל־
הָעָם כְּפִי אֲשֶׁר אֵינְכֶם שֹׁמְרִים אֶת־דְּרָכַי וְנֹשְׂאִים פָּנִים
י בַּתּוֹרָה: הֲלוֹא אָב אֶחָד לְכֻלָּנוּ הֲלוֹא אֵל אֶחָד בְּרָאָנוּ מַדּוּעַ
יא נִבְגַּד אִישׁ בְּאָחִיו לְחַלֵּל בְּרִית אֲבֹתֵינוּ: בָּגְדָה יְהוּדָה
וְתוֹעֵבָה נֶעֶשְׂתָה בְיִשְׂרָאֵל וּבִירוּשָׁלָ‍ִם כִּי | חִלֵּל יְהוּדָה קֹדֶשׁ
יב יְהוָה אֲשֶׁר אָהֵב וּבָעַל בַּת־אֵל נֵכָר: יַכְרֵת יְהוָה לָאִישׁ
אֲשֶׁר יַעֲשֶׂנָּה עֵר וְעֹנֶה מֵאָהֳלֵי יַעֲקֹב וּמַגִּישׁ מִנְחָה לַיהוָה
יג צְבָאוֹת: וְזֹאת שֵׁנִית תַּעֲשׂוּ כַּסּוֹת דִּמְעָה אֶת־
מִזְבַּח יְהוָה בְּכִי וַאֲנָקָה מֵאֵין עוֹד פְּנוֹת אֶל־הַמִּנְחָה וְלָקַחַת
יד רָצוֹן מִיֶּדְכֶם: וַאֲמַרְתֶּם עַל־מָה עַל כִּי־יְהוָה הֵעִיד בֵּינְךָ

וּבֵין ׀ אֵשֶׁת נְעוּרֶיךָ אֲשֶׁר אַתָּה בָּגַדְתָּה בָּהּ וְהִיא חֲבֶרְתְּךָ
טו וְאֵשֶׁת בְּרִיתֶךָ׃ וְלֹא־אֶחָד עָשָׂה וּשְׁאָר רוּחַ לוֹ וּמָה הָאֶחָד
מְבַקֵּשׁ זֶרַע אֱלֹהִים וְנִשְׁמַרְתֶּם בְּרוּחֲכֶם וּבְאֵשֶׁת נְעוּרֶיךָ
טז אַל־יִבְגֹּד׃ כִּי־שָׂנֵא שַׁלַּח אָמַר יְהוָה אֱלֹהֵי יִשְׂרָאֵל וְכִסָּה
חָמָס עַל־לְבוּשׁוֹ אָמַר יְהוָה צְבָאוֹת וְנִשְׁמַרְתֶּם בְּרוּחֲכֶם וְלֹא
יז תִבְגֹּדוּ׃ הוֹגַעְתֶּם יְהוָה בְּדִבְרֵיכֶם וַאֲמַרְתֶּם בַּמָּה
הוֹגָעְנוּ בֶּאֱמָרְכֶם כָּל־עֹשֵׂה רָע טוֹב ׀ בְּעֵינֵי יְהוָה וּבָהֶם הוּא
ג א חָפֵץ אוֹ אַיֵּה אֱלֹהֵי הַמִּשְׁפָּט׃ הִנְנִי שֹׁלֵחַ מַלְאָכִי וּפִנָּה־דֶרֶךְ
לְפָנָי וּפִתְאֹם יָבוֹא אֶל־הֵיכָלוֹ הָאָדוֹן ׀ אֲשֶׁר־אַתֶּם מְבַקְשִׁים
וּמַלְאַךְ הַבְּרִית אֲשֶׁר־אַתֶּם חֲפֵצִים הִנֵּה־בָא אָמַר יְהוָה צְבָאוֹת׃
ב וּמִי מְכַלְכֵּל אֶת־יוֹם בּוֹאוֹ וּמִי הָעֹמֵד בְּהֵרָאוֹתוֹ כִּי־הוּא כְּאֵשׁ
ג מְצָרֵף וּכְבֹרִית מְכַבְּסִים׃ וְיָשַׁב מְצָרֵף וּמְטַהֵר כֶּסֶף וְטִהַר אֶת־
בְּנֵי־לֵוִי וְזִקַּק אֹתָם כַּזָּהָב וְכַכָּסֶף וְהָיוּ לַיהוָה מַגִּישֵׁי מִנְחָה
ד בִּצְדָקָה׃ וְעָרְבָה לַיהוָה מִנְחַת יְהוּדָה וִירוּשָׁלָםִ כִּימֵי עוֹלָם
ה וּכְשָׁנִים קַדְמֹנִיּוֹת׃ וְקָרַבְתִּי אֲלֵיכֶם לַמִּשְׁפָּט וְהָיִיתִי ׀ עֵד מְמַהֵר
בַּמְכַשְּׁפִים וּבַמְנָאֲפִים וּבַנִּשְׁבָּעִים לַשָּׁקֶר וּבְעֹשְׁקֵי שְׂכַר־שָׂכִיר
ו אַלְמָנָה וְיָתוֹם וּמַטֵּי־גֵר וְלֹא יְרֵאוּנִי אָמַר יְהוָה צְבָאוֹת׃ כִּי
ז אֲנִי יְהוָה לֹא שָׁנִיתִי וְאַתֶּם בְּנֵי־יַעֲקֹב לֹא כְלִיתֶם׃ לְמִימֵי
אֲבֹתֵיכֶם סַרְתֶּם מֵחֻקַּי וְלֹא שְׁמַרְתֶּם שׁוּבוּ אֵלַי וְאָשׁוּבָה
ח אֲלֵיכֶם אָמַר יְהוָה צְבָאוֹת וַאֲמַרְתֶּם בַּמֶּה נָשׁוּב׃ הֲיִקְבַּע
אָדָם אֱלֹהִים כִּי אַתֶּם קֹבְעִים אֹתִי וַאֲמַרְתֶּם בַּמֶּה קְבַעֲנוּךָ
ט הַמַּעֲשֵׂר וְהַתְּרוּמָה׃ בַּמְּאֵרָה אַתֶּם נֵאָרִים וְאֹתִי אַתֶּם
י קֹבְעִים הַגּוֹי כֻּלּוֹ׃ הָבִיאוּ אֶת־כָּל־הַמַּעֲשֵׂר אֶל־בֵּית הָאוֹצָר
וִיהִי טֶרֶף בְּבֵיתִי וּבְחָנוּנִי נָא בָּזֹאת אָמַר יְהוָה צְבָאוֹת
אִם־לֹא אֶפְתַּח לָכֶם אֵת אֲרֻבּוֹת הַשָּׁמַיִם וַהֲרִיקֹתִי לָכֶם
יא בְּרָכָה עַד־בְּלִי־דָי׃ וְגָעַרְתִּי לָכֶם בָּאֹכֵל וְלֹא־יַשְׁחִת לָכֶם
אֶת־פְּרִי הָאֲדָמָה וְלֹא־תְשַׁכֵּל לָכֶם הַגֶּפֶן בַּשָּׂדֶה אָמַר

יב יְהוָה צְבָאוֹת׃ וְאִשְּׁרוּ אֶתְכֶם כָּל־הַגּוֹיִם כִּי־תִהְיוּ אַתֶּם
יג אֶרֶץ חֵפֶץ אָמַר יְהוָה צְבָאוֹת׃ חָזְקוּ עָלַי
יד דִּבְרֵיכֶם אָמַר יְהוָה וַאֲמַרְתֶּם מַה־נִּדְבַּרְנוּ עָלֶיךָ׃ אֲמַרְתֶּם
שָׁוְא עֲבֹד אֱלֹהִים וּמַה־בֶּצַע כִּי שָׁמַרְנוּ מִשְׁמַרְתּוֹ וְכִי
טו הָלַכְנוּ קְדֹרַנִּית מִפְּנֵי יְהוָה צְבָאוֹת׃ וְעַתָּה אֲנַחְנוּ מְאַשְּׁרִים
טז זֵדִים גַּם־נִבְנוּ עֹשֵׂי רִשְׁעָה גַּם בָּחֲנוּ אֱלֹהִים וַיִּמָּלֵטוּ׃ אָז נִדְבְּרוּ
יִרְאֵי יְהוָה אִישׁ אֶל־רֵעֵהוּ וַיַּקְשֵׁב יְהוָה וַיִּשְׁמָע וַיִּכָּתֵב סֵפֶר
יז זִכָּרוֹן לְפָנָיו לְיִרְאֵי יְהוָה וּלְחֹשְׁבֵי שְׁמוֹ׃ וְהָיוּ לִי אָמַר יְהוָה
צְבָאוֹת לַיּוֹם אֲשֶׁר אֲנִי עֹשֶׂה סְגֻלָּה וְחָמַלְתִּי עֲלֵיהֶם כַּאֲשֶׁר
יח יַחְמֹל אִישׁ עַל־בְּנוֹ הָעֹבֵד אֹתוֹ׃ וְשַׁבְתֶּם וּרְאִיתֶם בֵּין צַדִּיק
יט לְרָשָׁע בֵּין עֹבֵד אֱלֹהִים לַאֲשֶׁר לֹא עֲבָדוֹ׃ כִּי־
הִנֵּה הַיּוֹם בָּא בֹּעֵר כַּתַּנּוּר וְהָיוּ כָל־זֵדִים וְכָל־עֹשֵׂה רִשְׁעָה קַשׁ
וְלִהַט אֹתָם הַיּוֹם הַבָּא אָמַר יְהוָה צְבָאוֹת אֲשֶׁר לֹא־יַעֲזֹב לָהֶם
כ שֹׁרֶשׁ וְעָנָף׃ וְזָרְחָה לָכֶם יִרְאֵי שְׁמִי שֶׁמֶשׁ צְדָקָה וּמַרְפֵּא
כא בִּכְנָפֶיהָ וִיצָאתֶם וּפִשְׁתֶּם כְּעֶגְלֵי מַרְבֵּק׃ וְעַסּוֹתֶם רְשָׁעִים כִּי־
יִהְיוּ אֵפֶר תַּחַת כַּפּוֹת רַגְלֵיכֶם בַּיּוֹם אֲשֶׁר אֲנִי עֹשֶׂה אָמַר יְהוָה
כב צְבָאוֹת׃ זִכְרוּ תּוֹרַת מֹשֶׁה עַבְדִּי אֲשֶׁר צִוִּיתִי
כג אוֹתוֹ בְחֹרֵב עַל־כָּל־יִשְׂרָאֵל חֻקִּים וּמִשְׁפָּטִים׃ הִנֵּה אָנֹכִי שֹׁלֵחַ
לָכֶם אֵת אֵלִיָּה הַנָּבִיא לִפְנֵי בּוֹא יוֹם יְהוָה הַגָּדוֹל וְהַנּוֹרָא׃
כד וְהֵשִׁיב לֵב־אָבוֹת עַל־בָּנִים וְלֵב בָּנִים עַל־אֲבוֹתָם פֶּן־אָבוֹא
וְהִכֵּיתִי אֶת־הָאָרֶץ חֵרֶם׃

הנה אנכי שלח לכם את אליה הנביא
לפני בוא יום יהוה הגדול והנורא

כתובים

תהלים

א ספר ראשון
א אַשְׁרֵי־הָאִישׁ אֲשֶׁר ׀ לֹא הָלַךְ בַּעֲצַת רְשָׁעִים וּבְדֶרֶךְ חַטָּאִים
ב לֹא עָמָד וּבְמוֹשַׁב לֵצִים לֹא יָשָׁב׃ כִּי אִם בְּתוֹרַת יהוה חֶפְצוֹ
ג וּבְתוֹרָתוֹ יֶהְגֶּה יוֹמָם וָלָיְלָה׃ וְהָיָה כְּעֵץ שָׁתוּל עַל־פַּלְגֵי מָיִם
אֲשֶׁר פִּרְיוֹ ׀ יִתֵּן בְּעִתּוֹ וְעָלֵהוּ לֹא־יִבּוֹל וְכֹל אֲשֶׁר־יַעֲשֶׂה
ד ה יַצְלִיחַ׃ לֹא־כֵן הָרְשָׁעִים כִּי אִם־כַּמֹּץ אֲשֶׁר־תִּדְּפֶנּוּ רוּחַ׃ עַל־
כֵּן ׀ לֹא־יָקֻמוּ רְשָׁעִים בַּמִּשְׁפָּט וְחַטָּאִים בַּעֲדַת צַדִּיקִים׃
ו כִּי־יוֹדֵעַ יהוה דֶּרֶךְ צַדִּיקִים וְדֶרֶךְ רְשָׁעִים תֹּאבֵד׃
ב א ב לָמָּה רָגְשׁוּ גוֹיִם וּלְאֻמִּים יֶהְגּוּ־רִיק׃ יִתְיַצְּבוּ ׀ מַלְכֵי־אֶרֶץ
ג וְרוֹזְנִים נוֹסְדוּ־יָחַד עַל־יהוה וְעַל־מְשִׁיחוֹ׃ נְנַתְּקָה אֶת־
ד מוֹסְרוֹתֵימוֹ וְנַשְׁלִיכָה מִמֶּנּוּ עֲבֹתֵימוֹ׃ יוֹשֵׁב בַּשָּׁמַיִם יִשְׂחָק
ה ו אֲדֹנָי יִלְעַג־לָמוֹ׃ אָז יְדַבֵּר אֵלֵימוֹ בְאַפּוֹ וּבַחֲרוֹנוֹ יְבַהֲלֵמוֹ׃ וַאֲנִי
ז נָסַכְתִּי מַלְכִּי עַל־צִיּוֹן הַר־קָדְשִׁי׃ אֲסַפְּרָה אֶל חֹק יהוה אָמַר
ח אֵלַי בְּנִי אַתָּה אֲנִי הַיּוֹם יְלִדְתִּיךָ׃ שְׁאַל מִמֶּנִּי וְאֶתְּנָה גוֹיִם
ט נַחֲלָתֶךָ וַאֲחֻזָּתְךָ אַפְסֵי־אָרֶץ׃ תְּרֹעֵם בְּשֵׁבֶט בַּרְזֶל כִּכְלִי יוֹצֵר
י יא תְּנַפְּצֵם׃ וְעַתָּה מְלָכִים הַשְׂכִּילוּ הִוָּסְרוּ שֹׁפְטֵי אָרֶץ׃ עִבְדוּ אֶת־
יב יהוה בְּיִרְאָה וְגִילוּ בִּרְעָדָה׃ נַשְּׁקוּ־בַר פֶּן־יֶאֱנַף ׀ וְתֹאבְדוּ דֶרֶךְ
כִּי־יִבְעַר כִּמְעַט אַפּוֹ אַשְׁרֵי כָּל־חוֹסֵי בוֹ׃
ג א ב מִזְמוֹר לְדָוִד בְּבָרְחוֹ מִפְּנֵי ׀ אַבְשָׁלוֹם בְּנוֹ׃ יהוה מָה־רַבּוּ צָרָי
ג רַבִּים קָמִים עָלָי׃ רַבִּים אֹמְרִים לְנַפְשִׁי אֵין יְשׁוּעָתָה לּוֹ
ד בֵאלֹהִים סֶלָה׃ וְאַתָּה יהוה מָגֵן בַּעֲדִי כְּבוֹדִי וּמֵרִים רֹאשִׁי׃
ה ו קוֹלִי אֶל־יהוה אֶקְרָא וַיַּעֲנֵנִי מֵהַר קָדְשׁוֹ סֶלָה׃ אֲנִי שָׁכַבְתִּי
ז וָאִישָׁנָה הֱקִיצוֹתִי כִּי יהוה יִסְמְכֵנִי׃ לֹא־אִירָא מֵרִבְבוֹת עָם
ח אֲשֶׁר סָבִיב שָׁתוּ עָלָי׃ קוּמָה יהוה ׀ הוֹשִׁיעֵנִי אֱלֹהַי כִּי־הִכִּיתָ
ט אֶת־כָּל־אֹיְבַי לֶחִי שִׁנֵּי רְשָׁעִים שִׁבַּרְתָּ׃ לַיהוה הַיְשׁוּעָה
עַל־עַמְּךָ בִרְכָתֶךָ סֶּלָה׃
ד א ב לַמְנַצֵּחַ בִּנְגִינוֹת מִזְמוֹר לְדָוִד׃ בְּקָרְאִי עֲנֵנִי ׀ אֱלֹהֵי צִדְקִי בַּצָּר
ג הִרְחַבְתָּ לִּי חָנֵּנִי וּשְׁמַע תְּפִלָּתִי׃ בְּנֵי־אִישׁ עַד־מֶה כְבוֹדִי

ד לִכְלִמָּה תֶּאֱהָבוּן רִיק תְּבַקְשׁוּ כָזָב סֶלָה: וּדְעוּ כִּי־הִפְלָה
ה יְהוָה חָסִיד לוֹ יְהוָה יִשְׁמַע בְּקָרְאִי אֵלָיו: רִגְזוּ וְאַל־תֶּחֱטָאוּ
ו אִמְרוּ בִלְבַבְכֶם עַל־מִשְׁכַּבְכֶם וְדֹמּוּ סֶלָה: זִבְחוּ זִבְחֵי־
ז צֶדֶק וּבִטְחוּ אֶל־יְהוָה: רַבִּים אֹמְרִים מִי־יַרְאֵנוּ טוֹב נְסָה־
ח עָלֵינוּ אוֹר פָּנֶיךָ יְהוָה: נָתַתָּה שִׂמְחָה בְלִבִּי מֵעֵת דְּגָנָם
ט וְתִירוֹשָׁם רָבּוּ: בְּשָׁלוֹם יַחְדָּו אֶשְׁכְּבָה וְאִישָׁן כִּי־אַתָּה יְהוָה
לְבָדָד לָבֶטַח תּוֹשִׁיבֵנִי:
ה א ב לַמְנַצֵּחַ אֶל־הַנְּחִילוֹת מִזְמוֹר לְדָוִד: אֲמָרַי הַאֲזִינָה ׀ יְהוָה בִּינָה
ג הֲגִיגִי: הַקְשִׁיבָה ׀ לְקוֹל שַׁוְעִי מַלְכִּי וֵאלֹהָי כִּי־אֵלֶיךָ אֶתְפַּלָּל:
ד ה יְהוָה בֹּקֶר תִּשְׁמַע קוֹלִי בֹּקֶר אֶעֱרָךְ־לְךָ וַאֲצַפֶּה: כִּי ׀ לֹא אֵל־
ו חָפֵץ רֶשַׁע ׀ אָתָּה לֹא יְגֻרְךָ רָע: לֹא־יִתְיַצְּבוּ הוֹלְלִים לְנֶגֶד
ז עֵינֶיךָ שָׂנֵאתָ כָּל־פֹּעֲלֵי אָוֶן: תְּאַבֵּד דֹּבְרֵי כָזָב אִישׁ־דָּמִים
ח וּמִרְמָה יְתָעֵב ׀ יְהוָה: וַאֲנִי בְּרֹב חַסְדְּךָ אָבוֹא בֵיתֶךָ אֶשְׁתַּחֲוֶה
ט אֶל־הֵיכַל־קָדְשְׁךָ בְּיִרְאָתֶךָ: יְהוָה ׀ נְחֵנִי בְצִדְקָתֶךָ לְמַעַן שׁוֹרְרָי
י הושר לְפָנַי דַּרְכֶּךָ: כִּי אֵין בְּפִיהוּ נְכוֹנָה קִרְבָּם הַוּוֹת קֶבֶר־ הַיְשַׁר
יא פָּתוּחַ גְּרוֹנָם לְשׁוֹנָם יַחֲלִיקוּן: הַאֲשִׁימֵם ׀ אֱלֹהִים יִפְּלוּ
יב מִמֹּעֲצוֹתֵיהֶם בְּרֹב פִּשְׁעֵיהֶם הַדִּיחֵמוֹ כִּי מָרוּ בָךְ: וְיִשְׂמְחוּ
כָל־חוֹסֵי בָךְ לְעוֹלָם יְרַנֵּנוּ וְתָסֵךְ עָלֵימוֹ וְיַעְלְצוּ בְךָ אֹהֲבֵי שְׁמֶךָ:
יג כִּי־אַתָּה תְּבָרֵךְ צַדִּיק יְהוָה כַּצִּנָּה רָצוֹן תַּעְטְרֶנּוּ:
ו א ב לַמְנַצֵּחַ בִּנְגִינוֹת עַל־הַשְּׁמִינִית מִזְמוֹר לְדָוִד: יְהוָה אַל־בְּאַפְּךָ
ג תוֹכִיחֵנִי וְאַל־בַּחֲמָתְךָ תְיַסְּרֵנִי: חָנֵּנִי יְהוָה כִּי אֻמְלַל אָנִי רְפָאֵנִי
ד יְהוָה כִּי נִבְהֲלוּ עֲצָמָי: וְנַפְשִׁי נִבְהֲלָה מְאֹד וְאַתָּ יְהוָה עַד־מָתָי:
ה ו שׁוּבָה יְהוָה חַלְּצָה נַפְשִׁי הוֹשִׁיעֵנִי לְמַעַן חַסְדֶּךָ: כִּי אֵין בַּמָּוֶת
ז זִכְרֶךָ בִּשְׁאוֹל מִי יוֹדֶה־לָּךְ: יָגַעְתִּי ׀ בְּאַנְחָתִי אַשְׂחֶה בְכָל־לַיְלָה
ח מִטָּתִי בְּדִמְעָתִי עַרְשִׂי אַמְסֶה: עָשְׁשָׁה מִכַּעַס עֵינִי עָתְקָה בְּכָל־
ט צוֹרְרָי: סוּרוּ מִמֶּנִּי כָּל־פֹּעֲלֵי אָוֶן כִּי־שָׁמַע יְהוָה קוֹל בִּכְיִי:
י יא שָׁמַע יְהוָה תְּחִנָּתִי יְהוָה תְּפִלָּתִי יִקָּח: יֵבֹשׁוּ ׀ וְיִבָּהֲלוּ מְאֹד כָּל־

אֹיְבָי יֵשֻׁבוּ יֵבֹשׁוּ רָגַע׃
א ב שִׁגָּיוֹן לְדָוִד אֲשֶׁר־שָׁר לַיהוָה עַל־דִּבְרֵי־כוּשׁ בֶּן־יְמִינִי׃ יְהוָה
ג אֱלֹהַי בְּךָ חָסִיתִי הוֹשִׁיעֵנִי מִכָּל־רֹדְפַי וְהַצִּילֵנִי׃ פֶּן־יִטְרֹף
ד כְּאַרְיֵה נַפְשִׁי פֹּרֵק וְאֵין מַצִּיל׃ יְהוָה אֱלֹהַי אִם־עָשִׂיתִי זֹאת
ה אִם־יֶשׁ־עָוֶל בְּכַפָּי׃ אִם־גָּמַלְתִּי שׁוֹלְמִי רָע וָאֲחַלְּצָה צוֹרְרִי
ו רֵיקָם׃ יִרַדֹּף אוֹיֵב ׀ נַפְשִׁי וְיַשֵּׂג וְיִרְמֹס לָאָרֶץ חַיָּי וּכְבוֹדִי ׀
ז לֶעָפָר יַשְׁכֵּן סֶלָה׃ קוּמָה יְהוָה ׀ בְּאַפֶּךָ הִנָּשֵׂא בְּעַבְרוֹת צוֹרְרָי
ח וְעוּרָה אֵלַי מִשְׁפָּט צִוִּיתָ׃ וַעֲדַת לְאֻמִּים תְּסוֹבְבֶךָּ וְעָלֶיהָ
ט לַמָּרוֹם שׁוּבָה׃ יְהוָה יָדִין עַמִּים שָׁפְטֵנִי יְהוָה כְּצִדְקִי וּכְתֻמִּי
י עָלָי׃ יִגְמָר־נָא רַע ׀ רְשָׁעִים וּתְכוֹנֵן צַדִּיק וּבֹחֵן לִבּוֹת וּכְלָיוֹת
יא יב אֱלֹהִים צַדִּיק׃ מָגִנִּי עַל־אֱלֹהִים מוֹשִׁיעַ יִשְׁרֵי־לֵב׃ אֱלֹהִים
יג שׁוֹפֵט צַדִּיק וְאֵל זֹעֵם בְּכָל־יוֹם׃ אִם־לֹא יָשׁוּב חַרְבּוֹ יִלְטוֹשׁ
יד קַשְׁתּוֹ דָרַךְ וַיְכוֹנְנֶהָ׃ וְלוֹ הֵכִין כְּלֵי־מָוֶת חִצָּיו לְדֹלְקִים יִפְעָל׃
טו טז הִנֵּה יְחַבֶּל־אָוֶן וְהָרָה עָמָל וְיָלַד שָׁקֶר׃ בּוֹר כָּרָה וַיַּחְפְּרֵהוּ וַיִּפֹּל
יז בְּשַׁחַת יִפְעָל׃ יָשׁוּב עֲמָלוֹ בְרֹאשׁוֹ וְעַל קָדְקֳדוֹ חֲמָסוֹ יֵרֵד׃
יח אוֹדֶה יְהוָה כְּצִדְקוֹ וַאֲזַמְּרָה שֵׁם־יְהוָה עֶלְיוֹן׃
ח א ב לַמְנַצֵּחַ עַל־הַגִּתִּית מִזְמוֹר לְדָוִד׃ יְהוָה אֲדֹנֵינוּ מָה־אַדִּיר שִׁמְךָ
ג בְּכָל־הָאָרֶץ אֲשֶׁר־תְּנָה הוֹדְךָ עַל־הַשָּׁמָיִם׃ מִפִּי עוֹלְלִים ׀
ד וְיֹנְקִים יִסַּדְתָּ עֹז לְמַעַן צוֹרְרֶיךָ לְהַשְׁבִּית אוֹיֵב וּמִתְנַקֵּם׃ כִּי־
אֶרְאֶה שָׁמֶיךָ מַעֲשֵׂה אֶצְבְּעֹתֶיךָ יָרֵחַ וְכוֹכָבִים אֲשֶׁר כּוֹנָנְתָּה׃
ה ו מָה־אֱנוֹשׁ כִּי־תִזְכְּרֶנּוּ וּבֶן־אָדָם כִּי תִפְקְדֶנּוּ׃ וַתְּחַסְּרֵהוּ מְּעַט
ז מֵאֱלֹהִים וְכָבוֹד וְהָדָר תְּעַטְּרֵהוּ׃ תַּמְשִׁילֵהוּ בְּמַעֲשֵׂי יָדֶיךָ כֹּל
ח שַׁתָּה תַחַת־רַגְלָיו׃ צֹנֶה וַאֲלָפִים כֻּלָּם וְגַם בַּהֲמוֹת שָׂדָי׃
ט צִפּוֹר שָׁמַיִם וּדְגֵי הַיָּם עֹבֵר אָרְחוֹת יַמִּים׃ יְהוָה אֲדֹנֵינוּ מָה־
אַדִּיר שִׁמְךָ בְּכָל־הָאָרֶץ׃
ט א ב לַמְנַצֵּחַ עַל־מוּת לַבֵּן מִזְמוֹר לְדָוִד׃ אוֹדֶה יְהוָה בְּכָל־לִבִּי
ג אֲסַפְּרָה כָּל־נִפְלְאוֹתֶיךָ׃ אֶשְׂמְחָה וְאֶעֶלְצָה בָךְ אֲזַמְּרָה שִׁמְךָ

ד ה עֶלְיוֹן: בְּשׁוּב־אוֹיְבַי אָחוֹר יִכָּשְׁלוּ וְיֹאבְדוּ מִפָּנֶיךָ: כִּי־עָשִׂיתָ
ו מִשְׁפָּטִי וְדִינִי יָשַׁבְתָּ לְכִסֵּא שׁוֹפֵט צֶדֶק: גָּעַרְתָּ גוֹיִם אִבַּדְתָּ
ז רָשָׁע שְׁמָם מָחִיתָ לְעוֹלָם וָעֶד: הָאוֹיֵב ׀ תַּמּוּ חֳרָבוֹת לָנֶצַח
ח וְעָרִים נָתַשְׁתָּ אָבַד זִכְרָם הֵמָּה: וַיהוָה לְעוֹלָם יֵשֵׁב כּוֹנֵן
ט לַמִּשְׁפָּט כִּסְאוֹ: וְהוּא יִשְׁפֹּט־תֵּבֵל בְּצֶדֶק יָדִין לְאֻמִּים
י בְּמֵישָׁרִים: וִיהִי יְהוָה מִשְׂגָּב לַדָּךְ מִשְׂגָּב לְעִתּוֹת בַּצָּרָה:
יא יב וְיִבְטְחוּ בְךָ יוֹדְעֵי שְׁמֶךָ כִּי לֹא־עָזַבְתָּ דֹרְשֶׁיךָ יְהוָה: זַמְּרוּ
יג לַיהוָה יֹשֵׁב צִיּוֹן הַגִּידוּ בָעַמִּים עֲלִילוֹתָיו: כִּי־דֹרֵשׁ דָּמִים אוֹתָם
יד זָכָר לֹא־שָׁכַח צַעֲקַת עניים: חָנְנֵנִי יְהוָה רְאֵה עָנְיִי מִשֹּׂנְאָי — עֲנָוִים
טו מְרוֹמְמִי מִשַּׁעֲרֵי־מָוֶת: לְמַעַן אֲסַפְּרָה כָּל־תְּהִלָּתֶיךָ בְּשַׁעֲרֵי
טז בַת־צִיּוֹן אָגִילָה בִּישׁוּעָתֶךָ: טָבְעוּ גוֹיִם בְּשַׁחַת עָשׂוּ בְּרֶשֶׁת־זוּ
יז טָמָנוּ נִלְכְּדָה רַגְלָם: נוֹדַע ׀ יְהוָה מִשְׁפָּט עָשָׂה בְּפֹעַל כַּפָּיו נוֹקֵשׁ
יח רָשָׁע הִגָּיוֹן סֶלָה: יָשׁוּבוּ רְשָׁעִים לִשְׁאוֹלָה כָּל־גּוֹיִם שְׁכֵחֵי
יט אֱלֹהִים: כִּי לֹא לָנֶצַח יִשָּׁכַח אֶבְיוֹן תִּקְוַת ענוים תֹּאבַד לָעַד: — עֲנִיִּים
כ כא קוּמָה יְהוָה אַל־יָעֹז אֱנוֹשׁ יִשָּׁפְטוּ גוֹיִם עַל־פָּנֶיךָ: שִׁיתָה יְהוָה ׀
מוֹרָה לָהֶם יֵדְעוּ גוֹיִם אֱנוֹשׁ הֵמָּה סֶּלָה:

י א ב לָמָה יְהוָה תַּעֲמֹד בְּרָחוֹק תַּעְלִים לְעִתּוֹת בַּצָּרָה: בְּגַאֲוַת
ג רָשָׁע יִדְלַק עָנִי יִתָּפְשׂוּ ׀ בִּמְזִמּוֹת זוּ חָשָׁבוּ: כִּי־הִלֵּל רָשָׁע עַל־
ד תַּאֲוַת נַפְשׁוֹ וּבֹצֵעַ בֵּרֵךְ נִאֵץ ׀ יְהוָה: רָשָׁע כְּגֹבַהּ אַפּוֹ בַּל־
ה יִדְרֹשׁ אֵין אֱלֹהִים כָּל־מְזִמּוֹתָיו: יָחִילוּ דְרָכָו ׀ בְּכָל־עֵת מָרוֹם
ו מִשְׁפָּטֶיךָ מִנֶּגְדּוֹ כָּל־צוֹרְרָיו יָפִיחַ בָּהֶם: אָמַר בְּלִבּוֹ בַּל־אֶמּוֹט
ז לְדֹר וָדֹר אֲשֶׁר לֹא־בְרָע: אָלָה ׀ פִּיהוּ מָלֵא וּמִרְמוֹת וָתֹךְ תַּחַת
ח לְשׁוֹנוֹ עָמָל וָאָוֶן: יֵשֵׁב ׀ בְּמַאְרַב חֲצֵרִים בַּמִּסְתָּרִים יַהֲרֹג נָקִי
ט עֵינָיו לְחֵלְכָה יִצְפֹּנוּ: יֶאֱרֹב בַּמִּסְתָּר ׀ כְּאַרְיֵה בְסֻכֹּה יֶאֱרֹב
י לַחֲטוֹף עָנִי יַחְטֹף עָנִי בְּמָשְׁכוֹ בְרִשְׁתּוֹ: ודכה יָשֹׁחַ וְנָפַל — יִדְכֶּה
יא בַּעֲצוּמָיו חלכאים: אָמַר בְּלִבּוֹ שָׁכַח אֵל הִסְתִּיר פָּנָיו בַּל־ — חֵל כָּאִים
יב רָאָה לָנֶצַח: קוּמָה יְהוָה אֵל נְשָׂא יָדֶךָ אַל־תִּשְׁכַּח עניים: — עֲנָוִים

יג יד עַל־מֶה ׀ נִאֵץ רָשָׁע ׀ אֱלֹהִים אָמַר בְּלִבּוֹ לֹא תִדְרֹשׁ׃ רָאִתָה
כִּי־אַתָּה ׀ עָמָל וָכַעַס ׀ תַּבִּיט לָתֵת בְּיָדֶךָ עָלֶיךָ יַעֲזֹב חֵלֶכָה
טו יָתוֹם אַתָּה ׀ הָיִיתָ עוֹזֵר׃ שְׁבֹר זְרוֹעַ רָשָׁע וָרָע תִּדְרוֹשׁ־רִשְׁעוֹ
טז יז בַל־תִּמְצָא׃ יְהוָה מֶלֶךְ עוֹלָם וָעֶד אָבְדוּ גוֹיִם מֵאַרְצוֹ׃ תַּאֲוַת
יח עֲנָוִים שָׁמַעְתָּ יְהוָה תָּכִין לִבָּם תַּקְשִׁיב אָזְנֶךָ׃ לִשְׁפֹּט יָתוֹם
וָדָךְ בַּל־יוֹסִיף עוֹד לַעֲרֹץ אֱנוֹשׁ מִן־הָאָרֶץ׃
יא א לַמְנַצֵּחַ לְדָוִד בַּיהוָה ׀ חָסִיתִי אֵיךְ תֹּאמְרוּ לְנַפְשִׁי נוּדוּ הַרְכֶם נוֹדִי
ב צִפּוֹר׃ כִּי הִנֵּה הָרְשָׁעִים יִדְרְכוּן קֶשֶׁת כּוֹנְנוּ חִצָּם עַל־יֶתֶר
ג לִירוֹת בְּמוֹ־אֹפֶל לְיִשְׁרֵי־לֵב׃ כִּי הַשָּׁתוֹת יֵהָרֵסוּן צַדִּיק
ד מַה־פָּעָל׃ יְהוָה ׀ בְּהֵיכַל קָדְשׁוֹ יְהוָה בַּשָּׁמַיִם כִּסְאוֹ עֵינָיו
ה יֶחֱזוּ עַפְעַפָּיו יִבְחֲנוּ בְּנֵי אָדָם׃ יְהוָה צַדִּיק יִבְחָן וְרָשָׁע
ו וְאֹהֵב חָמָס שָׂנְאָה נַפְשׁוֹ׃ יַמְטֵר עַל־רְשָׁעִים פַּחִים אֵשׁ
ז וְגָפְרִית וְרוּחַ זִלְעָפוֹת מְנָת כּוֹסָם׃ כִּי־צַדִּיק יְהוָה צְדָקוֹת ב
אָהֵב יָשָׁר יֶחֱזוּ פָנֵימוֹ׃
יב א ב לַמְנַצֵּחַ עַל־הַשְּׁמִינִית מִזְמוֹר לְדָוִד׃ הוֹשִׁיעָה יְהוָה כִּי־גָמַר
ג חָסִיד כִּי־פַסּוּ אֱמוּנִים מִבְּנֵי אָדָם׃ שָׁוְא ׀ יְדַבְּרוּ אִישׁ אֶת־רֵעֵהוּ
ד שְׂפַת חֲלָקוֹת בְּלֵב וָלֵב יְדַבֵּרוּ׃ יַכְרֵת יְהוָה כָּל־שִׂפְתֵי חֲלָקוֹת
ה לָשׁוֹן מְדַבֶּרֶת גְּדֹלוֹת׃ אֲשֶׁר אָמְרוּ ׀ לִלְשֹׁנֵנוּ נַגְבִּיר שְׂפָתֵינוּ
ו אִתָּנוּ מִי אָדוֹן לָנוּ׃ מִשֹּׁד עֲנִיִּים מֵאַנְקַת אֶבְיוֹנִים עַתָּה אָקוּם
ז יֹאמַר יְהוָה אָשִׁית בְּיֵשַׁע יָפִיחַ לוֹ׃ אִמְרוֹת יְהוָה אֲמָרוֹת
ח טְהֹרוֹת כֶּסֶף צָרוּף בַּעֲלִיל לָאָרֶץ מְזֻקָּק שִׁבְעָתָיִם׃ אַתָּה־יְהוָה
ט תִּשְׁמְרֵם תִּצְּרֶנּוּ ׀ מִן־הַדּוֹר זוּ לְעוֹלָם׃ סָבִיב רְשָׁעִים יִתְהַלָּכוּן
כְּרֻם זֻלּוּת לִבְנֵי אָדָם׃
יג א ב לַמְנַצֵּחַ מִזְמוֹר לְדָוִד׃ עַד־אָנָה יְהוָה תִּשְׁכָּחֵנִי נֶצַח עַד־אָנָה ׀
ג תַּסְתִּיר אֶת־פָּנֶיךָ מִמֶּנִּי׃ עַד־אָנָה אָשִׁית עֵצוֹת בְּנַפְשִׁי יָגוֹן
ד בִּלְבָבִי יוֹמָם עַד־אָנָה ׀ יָרוּם אֹיְבִי עָלָי׃ הַבִּיטָה עֲנֵנִי יְהוָה
ה אֱלֹהַי הָאִירָה עֵינַי פֶּן־אִישַׁן הַמָּוֶת׃ פֶּן־יֹאמַר אֹיְבִי יְכָלְתִּיו

ו צָרַי יָגִילוּ כִּי אֶמּוֹט: וַאֲנִי ׀ בְּחַסְדְּךָ בָטַחְתִּי יָגֵל לִבִּי בִּישׁוּעָתֶךָ
אָשִׁירָה לַיהוָה כִּי גָמַל עָלָי:
יד א לַמְנַצֵּחַ לְדָוִד אָמַר נָבָל בְּלִבּוֹ אֵין אֱלֹהִים הִשְׁחִיתוּ הִתְעִיבוּ
ב עֲלִילָה אֵין עֹשֵׂה־טוֹב: יְהוָה מִשָּׁמַיִם הִשְׁקִיף עַל־בְּנֵי־אָדָם
ג לִרְאוֹת הֲיֵשׁ מַשְׂכִּיל דֹּרֵשׁ אֶת־אֱלֹהִים: הַכֹּל סָר יַחְדָּו נֶאֱלָחוּ
ד אֵין עֹשֵׂה־טוֹב אֵין גַּם־אֶחָד: הֲלֹא יָדְעוּ כָּל־פֹּעֲלֵי אָוֶן אֹכְלֵי
ה עַמִּי אָכְלוּ לֶחֶם יְהוָה לֹא קָרָאוּ: שָׁם ׀ פָּחֲדוּ פָחַד כִּי־אֱלֹהִים
ו ז בְּדוֹר צַדִּיק: עֲצַת־עָנִי תָבִישׁוּ כִּי יְהוָה מַחְסֵהוּ: מִי יִתֵּן
מִצִּיּוֹן יְשׁוּעַת יִשְׂרָאֵל בְּשׁוּב יְהוָה שְׁבוּת עַמּוֹ יָגֵל יַעֲקֹב
יִשְׂמַח יִשְׂרָאֵל:
טו א מִזְמוֹר לְדָוִד יְהוָה מִי־יָגוּר בְּאָהֳלֶךָ מִי־יִשְׁכֹּן בְּהַר קָדְשֶׁךָ:
ב ג הוֹלֵךְ תָּמִים וּפֹעֵל צֶדֶק וְדֹבֵר אֱמֶת בִּלְבָבוֹ: לֹא־רָגַל ׀ עַל־
לְשֹׁנוֹ לֹא־עָשָׂה לְרֵעֵהוּ רָעָה וְחֶרְפָּה לֹא־נָשָׂא עַל־קְרֹבוֹ:
ד נִבְזֶה ׀ בְּעֵינָיו נִמְאָס וְאֶת־יִרְאֵי יְהוָה יְכַבֵּד נִשְׁבַּע לְהָרַע
ה וְלֹא יָמִר: כַּסְפּוֹ ׀ לֹא־נָתַן בְּנֶשֶׁךְ וְשֹׁחַד עַל־נָקִי לֹא־לָקָח
עֹשֵׂה אֵלֶּה לֹא יִמּוֹט לְעוֹלָם:
טז א ב מִכְתָּם לְדָוִד שָׁמְרֵנִי אֵל כִּי־חָסִיתִי בָךְ: אָמַרְתְּ לַיהוָה אֲדֹנָי
ג אָתָּה טוֹבָתִי בַּל־עָלֶיךָ: לִקְדוֹשִׁים אֲשֶׁר־בָּאָרֶץ הֵמָּה וְאַדִּירֵי
ד כָּל־חֶפְצִי־בָם: יִרְבּוּ עַצְּבוֹתָם אַחֵר מָהָרוּ בַּל־אַסִּיךְ נִסְכֵּיהֶם
ה מִדָּם וּבַל־אֶשָּׂא אֶת־שְׁמוֹתָם עַל־שְׂפָתָי: יְהוָה מְנָת־חֶלְקִי
ו וְכוֹסִי אַתָּה תּוֹמִיךְ גּוֹרָלִי: חֲבָלִים נָפְלוּ־לִי בַּנְּעִמִים אַף־נַחֲלָת
ז שָׁפְרָה עָלָי: אֲבָרֵךְ אֶת־יְהוָה אֲשֶׁר יְעָצָנִי אַף־לֵילוֹת יִסְּרוּנִי
ח ט כִלְיוֹתָי: שִׁוִּיתִי יְהוָה לְנֶגְדִּי תָמִיד כִּי מִימִינִי בַּל־אֶמּוֹט: לָכֵן ׀
י שָׂמַח לִבִּי וַיָּגֶל כְּבוֹדִי אַף־בְּשָׂרִי יִשְׁכֹּן לָבֶטַח: כִּי ׀ לֹא־תַעֲזֹב
יא נַפְשִׁי לִשְׁאוֹל לֹא־תִתֵּן חסידיך לִרְאוֹת שָׁחַת: תּוֹדִיעֵנִי אֹרַח חֲסִידְךָ
חַיִּים שֹׂבַע שְׂמָחוֹת אֶת־פָּנֶיךָ נְעִמוֹת בִּימִינְךָ נֶצַח:
יז א תְּפִלָּה לְדָוִד שִׁמְעָה יְהוָה ׀ צֶדֶק הַקְשִׁיבָה רִנָּתִי הַאֲזִינָה תְּפִלָּתִי

ב בְּלֹא שִׂפְתֵי מִרְמָה: מִלְּפָנֶיךָ מִשְׁפָּטִי יֵצֵא עֵינֶיךָ תֶּחֱזֶינָה
ג מֵישָׁרִים: בָּחַנְתָּ לִבִּי ׀ פָּקַדְתָּ לַּיְלָה צְרַפְתַּנִי בַל־תִּמְצָא זַמֹּתִי
ד בַּל־יַעֲבָר־פִּי: לִפְעֻלּוֹת אָדָם בִּדְבַר שְׂפָתֶיךָ אֲנִי שָׁמַרְתִּי
ה אָרְחוֹת פָּרִיץ: תָּמֹךְ אֲשֻׁרַי בְּמַעְגְּלוֹתֶיךָ בַּל־נָמוֹטּוּ פְעָמָי:
ו ז אֲנִי־קְרָאתִיךָ כִי־תַעֲנֵנִי אֵל הַט־אָזְנְךָ לִי שְׁמַע אִמְרָתִי: הַפְלֵה
ח חֲסָדֶיךָ מוֹשִׁיעַ חוֹסִים מִמִּתְקוֹמְמִים בִּימִינֶךָ: שָׁמְרֵנִי כְּאִישׁוֹן
ט בַּת־עָיִן בְּצֵל כְּנָפֶיךָ תַּסְתִּירֵנִי: מִפְּנֵי רְשָׁעִים זוּ שַׁדּוּנִי אֹיְבַי
י יא בְּנֶפֶשׁ יַקִּיפוּ עָלָי: חֶלְבָּמוֹ סָּגְרוּ פִּימוֹ דִּבְּרוּ בְגֵאוּת: אַשֻּׁרֵנוּ
יב עַתָּה סבבוני עֵינֵיהֶם יָשִׁיתוּ לִנְטוֹת בָּאָרֶץ: דִּמְיֹנוֹ כְּאַרְיֵה סְבָבוּנוּ
יג יִכְסוֹף לִטְרֹף וְכִכְפִיר יֹשֵׁב בְּמִסְתָּרִים: קוּמָה יהוה קַדְּמָה
יד פָנָיו הַכְרִיעֵהוּ פַּלְּטָה נַפְשִׁי מֵרָשָׁע חַרְבֶּךָ: מִמְתִים יָדְךָ ׀
יהוה מִמְתִים מֵחֶלֶד חֶלְקָם בַּחַיִּים וצפינך תְּמַלֵּא בִטְנָם וּצְפוּנְךָ
טו יִשְׂבְּעוּ בָנִים וְהִנִּיחוּ יִתְרָם לְעוֹלְלֵיהֶם: אֲנִי בְּצֶדֶק אֶחֱזֶה פָנֶיךָ
אֶשְׂבְּעָה בְהָקִיץ תְּמוּנָתֶךָ:
יח א לַמְנַצֵּחַ לְעֶבֶד יהוה לְדָוִד אֲשֶׁר דִּבֶּר ׀ לַיהוה אֶת־דִּבְרֵי הַשִּׁירָה
הַזֹּאת בְּיוֹם ׀ הִצִּיל־יהוה אוֹתוֹ מִכַּף כָּל־אֹיְבָיו וּמִיַּד שָׁאוּל:
ב ג וַיֹּאמַר אֶרְחָמְךָ יהוה חִזְקִי: יהוה ׀ סַלְעִי וּמְצוּדָתִי וּמְפַלְטִי אֵלִי
ד צוּרִי אֶחֱסֶה־בּוֹ מָגִנִּי וְקֶרֶן־יִשְׁעִי מִשְׂגַּבִּי: מְהֻלָּל אֶקְרָא יהוה
ה וּמִן־אֹיְבַי אִוָּשֵׁעַ: אֲפָפוּנִי חֶבְלֵי־מָוֶת וְנַחֲלֵי בְלִיַּעַל יְבַעֲתוּנִי:
ו ז חֶבְלֵי שְׁאוֹל סְבָבוּנִי קִדְּמוּנִי מוֹקְשֵׁי מָוֶת: בַּצַּר־לִי ׀ אֶקְרָא
יהוה וְאֶל־אֱלֹהַי אֲשַׁוֵּעַ יִשְׁמַע מֵהֵיכָלוֹ קוֹלִי וְשַׁוְעָתִי לְפָנָיו ׀
ח תָּבוֹא בְאָזְנָיו: וַתִּגְעַשׁ וַתִּרְעַשׁ ׀ הָאָרֶץ וּמוֹסְדֵי הָרִים יִרְגָּזוּ
ט וַיִּתְגָּעֲשׁוּ כִּי־חָרָה לוֹ: עָלָה עָשָׁן ׀ בְּאַפּוֹ וְאֵשׁ־מִפִּיו תֹּאכֵל
י גֶּחָלִים בָּעֲרוּ מִמֶּנּוּ: וַיֵּט שָׁמַיִם וַיֵּרַד וַעֲרָפֶל תַּחַת רַגְלָיו:
יא יב וַיִּרְכַּב עַל־כְּרוּב וַיָּעֹף וַיֵּדֶא עַל־כַּנְפֵי־רוּחַ: יָשֶׁת חֹשֶׁךְ ׀ סִתְרוֹ
יג סְבִיבוֹתָיו סֻכָּתוֹ חֶשְׁכַת־מַיִם עָבֵי שְׁחָקִים: מִנֹּגַהּ נֶגְדּוֹ עָבָיו
יד עָבְרוּ בָּרָד וְגַחֲלֵי־אֵשׁ: וַיַּרְעֵם בַּשָּׁמַיִם ׀ יהוה וְעֶלְיוֹן יִתֵּן קֹלוֹ

בָּרָד וְגַחֲלֵי־אֵשׁ: וַיִּשְׁלַח חִצָּיו וַיְפִיצֵם וּבְרָקִים רָב וַיְהֻמֵּם: טו
וַיֵּרָאוּ ׀ אֲפִיקֵי מַיִם וַיִּגָּלוּ מוֹסְדוֹת תֵּבֵל מִגַּעֲרָתְךָ יהוה מִנִּשְׁמַת טז
רוּחַ אַפֶּךָ: יִשְׁלַח מִמָּרוֹם יִקָּחֵנִי יַמְשֵׁנִי מִמַּיִם רַבִּים: יַצִּילֵנִי יז יח
מֵאֹיְבִי עָז וּמִשֹּׂנְאַי כִּי־אָמְצוּ מִמֶּנִּי: יְקַדְּמוּנִי בְיוֹם־אֵידִי וַיְהִי־ יט
יהוה לְמִשְׁעָן לִי: וַיּוֹצִיאֵנִי לַמֶּרְחָב יְחַלְּצֵנִי כִּי חָפֵץ בִּי: יִגְמְלֵנִי כ כא
יהוה כְּצִדְקִי כְּבֹר יָדַי יָשִׁיב לִי: כִּי־שָׁמַרְתִּי דַּרְכֵי יהוה וְלֹא־ כב
רָשַׁעְתִּי מֵאֱלֹהָי: כִּי כָל־מִשְׁפָּטָיו לְנֶגְדִּי וְחֻקֹּתָיו לֹא־אָסִיר מֶנִּי: כג
וָאֱהִי תָמִים עִמּוֹ וָאֶשְׁתַּמֵּר מֵעֲוֹנִי: וַיָּשֶׁב־יהוה לִי כְצִדְקִי כְּבֹר כד כה
יָדַי לְנֶגֶד עֵינָיו: עִם־חָסִיד תִּתְחַסָּד עִם־גְּבַר תָּמִים תִּתַּמָּם: כו
עִם־נָבָר תִּתְבָּרָר וְעִם־עִקֵּשׁ תִּתְפַּתָּל: כִּי־אַתָּה עַם־עָנִי תוֹשִׁיעַ כז כח
וְעֵינַיִם רָמוֹת תַּשְׁפִּיל: כִּי־אַתָּה תָּאִיר נֵרִי יהוה אֱלֹהַי יַגִּיהַּ כט
חָשְׁכִּי: כִּי־בְךָ אָרֻץ גְּדוּד וּבֵאלֹהַי אֲדַלֶּג־שׁוּר: הָאֵל תָּמִים ל לא
דַּרְכּוֹ אִמְרַת־יהוה צְרוּפָה מָגֵן הוּא לְכֹל ׀ הַחֹסִים בּוֹ: כִּי מִי לב
אֱלוֹהַּ מִבַּלְעֲדֵי יהוה וּמִי צוּר זוּלָתִי אֱלֹהֵינוּ: הָאֵל הַמְאַזְּרֵנִי לג
חָיִל וַיִּתֵּן תָּמִים דַּרְכִּי: מְשַׁוֶּה רַגְלַי כָּאַיָּלוֹת וְעַל בָּמֹתַי יַעֲמִידֵנִי: לד
מְלַמֵּד יָדַי לַמִּלְחָמָה וְנִחֲתָה קֶשֶׁת־נְחוּשָׁה זְרוֹעֹתָי: וַתִּתֶּן־לִי לה לו
מָגֵן יִשְׁעֶךָ וִימִינְךָ תִסְעָדֵנִי וְעַנְוַתְךָ תַרְבֵּנִי: תַּרְחִיב צַעֲדִי תַחְתָּי לז
וְלֹא מָעֲדוּ קַרְסֻלָּי: אֶרְדּוֹף אוֹיְבַי וְאַשִּׂיגֵם וְלֹא־אָשׁוּב עַד־ לח
כַּלּוֹתָם: אֶמְחָצֵם וְלֹא־יֻכְלוּ קוּם יִפְּלוּ תַּחַת רַגְלָי: וַתְּאַזְּרֵנִי חַיִל לט מ
לַמִּלְחָמָה תַּכְרִיעַ קָמַי תַּחְתָּי: וְאֹיְבַי נָתַתָּה לִּי עֹרֶף וּמְשַׂנְאַי מא
אַצְמִיתֵם: יְשַׁוְּעוּ וְאֵין־מוֹשִׁיעַ עַל־יהוה וְלֹא עָנָם: וְאֶשְׁחָקֵם מב מג
כְּעָפָר עַל־פְּנֵי־רוּחַ כְּטִיט חוּצוֹת אֲרִיקֵם: תְּפַלְּטֵנִי מֵרִיבֵי מד
עָם תְּשִׂימֵנִי לְרֹאשׁ גּוֹיִם עַם לֹא־יָדַעְתִּי יַעַבְדוּנִי: לְשֵׁמַע מה
אֹזֶן יִשָּׁמְעוּ לִי בְּנֵי־נֵכָר יְכַחֲשׁוּ־לִי: בְּנֵי־נֵכָר יִבֹּלוּ וְיַחְרְגוּ מו
מִמִּסְגְּרוֹתֵיהֶם: חַי־יהוה וּבָרוּךְ צוּרִי וְיָרוּם אֱלוֹהֵי יִשְׁעִי: הָאֵל מז מח
הַנּוֹתֵן נְקָמוֹת לִי וַיַּדְבֵּר עַמִּים תַּחְתָּי: מְפַלְּטִי מֵאֹיְבָי אַף מִן־ מט
קָמַי תְּרוֹמְמֵנִי מֵאִישׁ חָמָס תַּצִּילֵנִי: עַל־כֵּן ׀ אוֹדְךָ בַגּוֹיִם ׀ יהוה נ

נא וּלְשִׁמְךָ אֲזַמֵּרָה׃ מַגְדִּל יְשׁוּעוֹת מַלְכּוֹ וְעֹשֶׂה חֶסֶד ׀ לִמְשִׁיחוֹ
לְדָוִד וּלְזַרְעוֹ עַד־עוֹלָם׃

יט א ב לַמְנַצֵּחַ מִזְמוֹר לְדָוִד׃ הַשָּׁמַיִם מְסַפְּרִים כְּבוֹד־אֵל וּמַעֲשֵׂה יָדָיו
ג מַגִּיד הָרָקִיעַ׃ יוֹם לְיוֹם יַבִּיעַ אֹמֶר וְלַיְלָה לְּלַיְלָה יְחַוֶּה־דָּעַת׃
ד ה אֵין־אֹמֶר וְאֵין דְּבָרִים בְּלִי נִשְׁמָע קוֹלָם׃ בְּכָל־הָאָרֶץ ׀ יָצָא
ו קַוָּם וּבִקְצֵה תֵבֵל מִלֵּיהֶם לַשֶּׁמֶשׁ שָׂם־אֹהֶל בָּהֶם׃ וְהוּא כְּחָתָן
ז יֹצֵא מֵחֻפָּתוֹ יָשִׂישׂ כְּגִבּוֹר לָרוּץ אֹרַח׃ מִקְצֵה הַשָּׁמַיִם ׀ מוֹצָאוֹ
ח וּתְקוּפָתוֹ עַל־קְצוֹתָם וְאֵין נִסְתָּר מֵחַמָּתוֹ׃ תּוֹרַת יְהוָה תְּמִימָה
ט מְשִׁיבַת נָפֶשׁ עֵדוּת יְהוָה נֶאֱמָנָה מַחְכִּימַת פֶּתִי׃ פִּקּוּדֵי יְהוָה
י יְשָׁרִים מְשַׂמְּחֵי־לֵב מִצְוַת יְהוָה בָּרָה מְאִירַת עֵינָיִם׃ יִרְאַת
יְהוָה ׀ טְהוֹרָה עוֹמֶדֶת לָעַד מִשְׁפְּטֵי־יְהוָה אֱמֶת צָדְקוּ יַחְדָּו׃
יא הַנֶּחֱמָדִים מִזָּהָב וּמִפַּז רָב וּמְתוּקִים מִדְּבַשׁ וְנֹפֶת צוּפִים׃
יב יג גַּם־עַבְדְּךָ נִזְהָר בָּהֶם בְּשָׁמְרָם עֵקֶב רָב׃ שְׁגִיאוֹת מִי־יָבִין
יד מִנִּסְתָּרוֹת נַקֵּנִי׃ גַּם מִזֵּדִים ׀ חֲשֹׂךְ עַבְדֶּךָ אַל־יִמְשְׁלוּ־בִי אָז
טו אֵיתָם וְנִקֵּיתִי מִפֶּשַׁע רָב׃ יִהְיוּ לְרָצוֹן ׀ אִמְרֵי־פִי וְהֶגְיוֹן לִבִּי
לְפָנֶיךָ יְהוָה צוּרִי וְגֹאֲלִי׃

כ א ב לַמְנַצֵּחַ מִזְמוֹר לְדָוִד׃ יַעַנְךָ יְהוָה בְּיוֹם צָרָה יְשַׂגֶּבְךָ שֵׁם ׀ אֱלֹהֵי
ג ד יַעֲקֹב׃ יִשְׁלַח־עֶזְרְךָ מִקֹּדֶשׁ וּמִצִּיּוֹן יִסְעָדֶךָּ׃ יִזְכֹּר כָּל־מִנְחֹתֶךָ
ה וְעוֹלָתְךָ יְדַשְּׁנֶה סֶלָה׃ יִתֶּן־לְךָ כִלְבָבֶךָ וְכָל־עֲצָתְךָ יְמַלֵּא׃
ו נְרַנְּנָה ׀ בִּישׁוּעָתֶךָ וּבְשֵׁם־אֱלֹהֵינוּ נִדְגֹּל יְמַלֵּא יְהוָה כָּל־
ז מִשְׁאֲלוֹתֶיךָ׃ עַתָּה יָדַעְתִּי כִּי הוֹשִׁיעַ ׀ יְהוָה מְשִׁיחוֹ יַעֲנֵהוּ מִשְּׁמֵי
ח קָדְשׁוֹ בִּגְבֻרוֹת יֵשַׁע יְמִינוֹ׃ אֵלֶּה בָרֶכֶב וְאֵלֶּה בַסּוּסִים וַאֲנַחְנוּ ׀
ט בְּשֵׁם־יְהוָה אֱלֹהֵינוּ נַזְכִּיר׃ הֵמָּה כָּרְעוּ וְנָפָלוּ וַאֲנַחְנוּ קַּמְנוּ
י וַנִּתְעוֹדָד׃ יְהוָה הוֹשִׁיעָה הַמֶּלֶךְ יַעֲנֵנוּ בְיוֹם־קָרְאֵנוּ׃ ג

כא א ב לַמְנַצֵּחַ מִזְמוֹר לְדָוִד׃ יְהוָה בְּעָזְּךָ יִשְׂמַח־מֶלֶךְ וּבִישׁוּעָתְךָ מַה־
ג יָּגִיל מְאֹד׃ תַּאֲוַת לִבּוֹ נָתַתָּה לּוֹ וַאֲרֶשֶׁת שְׂפָתָיו בַּל־מָנַעְתָּ יָגֶל
ד ה סֶּלָה׃ כִּי־תְקַדְּמֶנּוּ בִּרְכוֹת טוֹב תָּשִׁית לְרֹאשׁוֹ עֲטֶרֶת פָּז׃ חַיִּים ׀

שָׁאַל מִמְּךָ נָתַתָּה לּוֹ אֹרֶךְ יָמִים עוֹלָם וָעֶד׃ גָּדוֹל כְּבוֹדוֹ
ו בִּישׁוּעָתֶךָ הוֹד וְהָדָר תְּשַׁוֶּה עָלָיו׃ כִּי־תְשִׁיתֵהוּ בְרָכוֹת לָעַד
ז תְּחַדֵּהוּ בְשִׂמְחָה אֶת־פָּנֶיךָ׃ כִּי־הַמֶּלֶךְ בֹּטֵחַ בַּיהוָה וּבְחֶסֶד
ח עֶלְיוֹן בַּל־יִמּוֹט׃ תִּמְצָא יָדְךָ לְכָל־אֹיְבֶיךָ יְמִינְךָ תִּמְצָא שֹׂנְאֶיךָ׃
ט תְּשִׁיתֵמוֹ ׀ כְּתַנּוּר אֵשׁ לְעֵת פָּנֶיךָ יְהוָה בְּאַפּוֹ יְבַלְּעֵם וְתֹאכְלֵם
י אֵשׁ׃ פִּרְיָמוֹ מֵאֶרֶץ תְּאַבֵּד וְזַרְעָם מִבְּנֵי אָדָם׃ כִּי־נָטוּ
יא יב עָלֶיךָ רָעָה חָשְׁבוּ מְזִמָּה בַּל־יוּכָלוּ׃ כִּי תְּשִׁיתֵמוֹ שֶׁכֶם
יג בְּמֵיתָרֶיךָ תְּכוֹנֵן עַל־פְּנֵיהֶם׃ רוּמָה יְהוָה בְעֻזֶּךָ נָשִׁירָה
יד וּנְזַמְּרָה גְּבוּרָתֶךָ׃
כב א ב לַמְנַצֵּחַ עַל־אַיֶּלֶת הַשַּׁחַר מִזְמוֹר לְדָוִד׃ אֵלִי אֵלִי לָמָה עֲזַבְתָּנִי
ג רָחוֹק מִישׁוּעָתִי דִּבְרֵי שַׁאֲגָתִי׃ אֱלֹהַי אֶקְרָא יוֹמָם וְלֹא תַעֲנֶה
ד ה וְלַיְלָה וְלֹא־דוּמִיָּה לִי׃ וְאַתָּה קָדוֹשׁ יוֹשֵׁב תְּהִלּוֹת יִשְׂרָאֵל׃ בְּךָ
ו בָּטְחוּ אֲבֹתֵינוּ בָּטְחוּ וַתְּפַלְּטֵמוֹ׃ אֵלֶיךָ זָעֲקוּ וְנִמְלָטוּ בְּךָ בָטְחוּ
ז וְלֹא־בוֹשׁוּ׃ וְאָנֹכִי תוֹלַעַת וְלֹא־אִישׁ חֶרְפַּת אָדָם וּבְזוּי עָם׃
ח ט כָּל־רֹאַי יַלְעִגוּ לִי יַפְטִירוּ בְשָׂפָה יָנִיעוּ רֹאשׁ׃ גֹּל אֶל־יְהוָה
י יְפַלְּטֵהוּ יַצִּילֵהוּ כִּי חָפֵץ בּוֹ׃ כִּי־אַתָּה גֹחִי מִבָּטֶן מַבְטִיחִי עַל־
יא יב שְׁדֵי אִמִּי׃ עָלֶיךָ הָשְׁלַכְתִּי מֵרָחֶם מִבֶּטֶן אִמִּי אֵלִי אָתָּה׃ אַל־
יג תִּרְחַק מִמֶּנִּי כִּי־צָרָה קְרוֹבָה כִּי־אֵין עוֹזֵר׃ סְבָבוּנִי פָּרִים רַבִּים
יד טו אַבִּירֵי בָשָׁן כִּתְּרוּנִי׃ פָּצוּ עָלַי פִּיהֶם אַרְיֵה טֹרֵף וְשֹׁאֵג׃ כַּמַּיִם
נִשְׁפַּכְתִּי וְהִתְפָּרְדוּ כָּל־עַצְמוֹתָי הָיָה לִבִּי כַּדּוֹנָג נָמֵס בְּתוֹךְ
טז מֵעָי׃ יָבֵשׁ כַּחֶרֶשׂ ׀ כֹּחִי וּלְשׁוֹנִי מֻדְבָּק מַלְקוֹחָי וְלַעֲפַר־מָוֶת
יז תִּשְׁפְּתֵנִי׃ כִּי סְבָבוּנִי כְּלָבִים עֲדַת מְרֵעִים הִקִּיפוּנִי כָּאֲרִי יָדַי
יח יט וְרַגְלָי׃ אֲסַפֵּר כָּל־עַצְמוֹתָי הֵמָּה יַבִּיטוּ יִרְאוּ־בִי׃ יְחַלְּקוּ בְגָדַי
כ לָהֶם וְעַל־לְבוּשִׁי יַפִּילוּ גוֹרָל׃ וְאַתָּה יְהוָה אַל־תִּרְחָק אֱיָלוּתִי
כא לְעֶזְרָתִי חוּשָׁה׃ הַצִּילָה מֵחֶרֶב נַפְשִׁי מִיַּד־כֶּלֶב יְחִידָתִי׃
כב כג הוֹשִׁיעֵנִי מִפִּי אַרְיֵה וּמִקַּרְנֵי רֵמִים עֲנִיתָנִי׃ אֲסַפְּרָה שִׁמְךָ
כד לְאֶחָי בְּתוֹךְ קָהָל אֲהַלְלֶךָּ׃ יִרְאֵי יְהוָה ׀ הַלְלוּהוּ כָּל־זֶרַע יַעֲקֹב

כה כַּבְּדוּהוּ וְגוּרוּ מִמֶּנּוּ כָּל־זֶרַע יִשְׂרָאֵל: כִּי לֹא־בָזָה וְלֹא שִׁקַּץ
כו עֱנוּת עָנִי וְלֹא־הִסְתִּיר פָּנָיו מִמֶּנּוּ וּבְשַׁוְּעוֹ אֵלָיו שָׁמֵעַ: מֵאִתְּךָ
כז תְּהִלָּתִי בְּקָהָל רָב נְדָרַי אֲשַׁלֵּם נֶגֶד יְרֵאָיו: יֹאכְלוּ עֲנָוִים ׀
כח וְיִשְׂבָּעוּ יְהַלְלוּ יְהוָה דֹּרְשָׁיו יְחִי לְבַבְכֶם לָעַד: יִזְכְּרוּ ׀ וְיָשֻׁבוּ
אֶל־יְהוָה כָּל־אַפְסֵי־אָרֶץ וְיִשְׁתַּחֲווּ לְפָנֶיךָ כָּל־מִשְׁפְּחוֹת גּוֹיִם:
כט ל כִּי לַיהוָה הַמְּלוּכָה וּמֹשֵׁל בַּגּוֹיִם: אָכְלוּ וַיִּשְׁתַּחֲווּ ׀ כָּל־דִּשְׁנֵי־
לא אֶרֶץ לְפָנָיו יִכְרְעוּ כָּל־יוֹרְדֵי עָפָר וְנַפְשׁוֹ לֹא חִיָּה: זֶרַע
לב יַעַבְדֶנּוּ יְסֻפַּר לַאדֹנָי לַדּוֹר: יָבֹאוּ וְיַגִּידוּ צִדְקָתוֹ לְעַם נוֹלָד
כִּי עָשָׂה:

כג א ב מִזְמוֹר לְדָוִד יְהוָה רֹעִי לֹא אֶחְסָר: בִּנְאוֹת דֶּשֶׁא יַרְבִּיצֵנִי עַל־
ג מֵי מְנֻחוֹת יְנַהֲלֵנִי: נַפְשִׁי יְשׁוֹבֵב יַנְחֵנִי בְמַעְגְּלֵי־צֶדֶק לְמַעַן
ד שְׁמוֹ: גַּם כִּי־אֵלֵךְ בְּגֵיא צַלְמָוֶת לֹא־אִירָא רָע כִּי־אַתָּה עִמָּדִי
ה שִׁבְטְךָ וּמִשְׁעַנְתֶּךָ הֵמָּה יְנַחֲמֻנִי: תַּעֲרֹךְ לְפָנַי ׀ שֻׁלְחָן נֶגֶד צֹרְרָי
ו דִּשַּׁנְתָּ בַשֶּׁמֶן רֹאשִׁי כּוֹסִי רְוָיָה: אַךְ ׀ טוֹב וָחֶסֶד יִרְדְּפוּנִי כָּל־יְמֵי
חַיָּי וְשַׁבְתִּי בְּבֵית־יְהוָה לְאֹרֶךְ יָמִים:

כד א ב לְדָוִד מִזְמוֹר לַיהוָה הָאָרֶץ וּמְלוֹאָהּ תֵּבֵל וְיֹשְׁבֵי בָהּ: כִּי־הוּא
ג עַל־יַמִּים יְסָדָהּ וְעַל־נְהָרוֹת יְכוֹנְנֶהָ: מִי־יַעֲלֶה בְהַר־יְהוָה וּמִי־
ד יָקוּם בִּמְקוֹם קָדְשׁוֹ: נְקִי כַפַּיִם וּבַר־לֵבָב אֲשֶׁר לֹא־נָשָׂא לַשָּׁוְא
ה נַפְשׁוֹ וְלֹא נִשְׁבַּע לְמִרְמָה: יִשָּׂא בְרָכָה מֵאֵת יְהוָה וּצְדָקָה נַפְשִׁי
ו מֵאֱלֹהֵי יִשְׁעוֹ: זֶה דּוֹר דֹּרְשָׁו מְבַקְשֵׁי פָנֶיךָ יַעֲקֹב סֶלָה:
ז שְׂאוּ שְׁעָרִים ׀ רָאשֵׁיכֶם וְהִנָּשְׂאוּ פִּתְחֵי עוֹלָם וְיָבוֹא מֶלֶךְ
ח הַכָּבוֹד: מִי זֶה מֶלֶךְ הַכָּבוֹד יְהוָה עִזּוּז וְגִבּוֹר יְהוָה גִּבּוֹר
ט מִלְחָמָה: שְׂאוּ שְׁעָרִים ׀ רָאשֵׁיכֶם וּשְׂאוּ פִּתְחֵי עוֹלָם וְיָבֹא
י מֶלֶךְ הַכָּבוֹד: מִי הוּא זֶה מֶלֶךְ הַכָּבוֹד יְהוָה צְבָאוֹת הוּא
מֶלֶךְ הַכָּבוֹד סֶלָה:

כה א ב לְדָוִד אֵלֶיךָ יְהוָה נַפְשִׁי אֶשָּׂא: אֱלֹהַי בְּךָ בָטַחְתִּי אַל־אֵבוֹשָׁה
ג אַל־יַעַלְצוּ אֹיְבַי לִי: גַּם כָּל־קֹוֶיךָ לֹא יֵבֹשׁוּ יֵבֹשׁוּ הַבּוֹגְדִים

ד ה רֵיקָם׃ דְּרָכֶיךָ יְהוָה הוֹדִיעֵנִי אֹרְחוֹתֶיךָ לַמְּדֵנִי׃ הַדְרִיכֵנִי
בַאֲמִתֶּךָ ׀ וְלַמְּדֵנִי כִּי־אַתָּה אֱלֹהֵי יִשְׁעִי אוֹתְךָ קִוִּיתִי כָּל־הַיּוֹם׃
ו ז זְכֹר־רַחֲמֶיךָ יְהוָה וַחֲסָדֶיךָ כִּי מֵעוֹלָם הֵמָּה׃ חַטֹּאות נְעוּרַי ׀
ח וּפְשָׁעַי אַל־תִּזְכֹּר כְּחַסְדְּךָ זְכָר־לִי־אַתָּה לְמַעַן טוּבְךָ יְהוָה׃ טוֹב־
ט וְיָשָׁר יְהוָה עַל־כֵּן יוֹרֶה חַטָּאִים בַּדָּרֶךְ׃ יַדְרֵךְ עֲנָוִים בַּמִּשְׁפָּט
י וִילַמֵּד עֲנָוִים דַּרְכּוֹ׃ כָּל־אָרְחוֹת יְהוָה חֶסֶד וֶאֱמֶת לְנֹצְרֵי בְרִיתוֹ
יא יב וְעֵדֹתָיו׃ לְמַעַן־שִׁמְךָ יְהוָה וְסָלַחְתָּ לַעֲוֺנִי כִּי רַב־הוּא׃ מִי־זֶה
יג הָאִישׁ יְרֵא יְהוָה יוֹרֶנּוּ בְּדֶרֶךְ יִבְחָר׃ נַפְשׁוֹ בְּטוֹב תָּלִין וְזַרְעוֹ
יד טו יִירַשׁ אָרֶץ׃ סוֹד יְהוָה לִירֵאָיו וּבְרִיתוֹ לְהוֹדִיעָם׃ עֵינַי תָּמִיד
טז אֶל־יְהוָה כִּי הוּא־יוֹצִיא מֵרֶשֶׁת רַגְלָי׃ פְּנֵה־אֵלַי וְחָנֵּנִי כִּי־יָחִיד
יז יח וְעָנִי אָנִי׃ צָרוֹת לְבָבִי הִרְחִיבוּ מִמְּצוּקוֹתַי הוֹצִיאֵנִי׃ רְאֵה עָנְיִי
יט וַעֲמָלִי וְשָׂא לְכָל־חַטֹּאותָי׃ רְאֵה־אוֹיְבַי כִּי־רָבּוּ וְשִׂנְאַת חָמָס
כ שְׂנֵאוּנִי׃ שָׁמְרָה נַפְשִׁי וְהַצִּילֵנִי אַל־אֵבוֹשׁ כִּי־חָסִיתִי בָךְ׃
כא כב תֹּם־וָיֹשֶׁר יִצְּרוּנִי כִּי קִוִּיתִיךָ׃ פְּדֵה אֱלֹהִים אֶת־יִשְׂרָאֵל מִכֹּל
צָרוֹתָיו׃

כו א לְדָוִד ׀ שָׁפְטֵנִי יְהוָה כִּי־אֲנִי בְּתֻמִּי הָלַכְתִּי וּבַיהוָה בָּטַחְתִּי לֹא
ב ג אֶמְעָד׃ בְּחָנֵנִי יְהוָה וְנַסֵּנִי צרופה כִלְיוֹתַי וְלִבִּי׃ כִּי־חַסְדְּךָ לְנֶגֶד צָרְפָה
ד עֵינָי וְהִתְהַלַּכְתִּי בַּאֲמִתֶּךָ׃ לֹא־יָשַׁבְתִּי עִם־מְתֵי־שָׁוְא וְעִם
ה נַעֲלָמִים לֹא אָבוֹא׃ שָׂנֵאתִי קְהַל מְרֵעִים וְעִם־רְשָׁעִים לֹא
ו ז אֵשֵׁב׃ אֶרְחַץ בְּנִקָּיוֹן כַּפָּי וַאֲסֹבְבָה אֶת־מִזְבַּחֲךָ יְהוָה׃ לַשְׁמִעַ
ח בְּקוֹל תּוֹדָה וּלְסַפֵּר כָּל־נִפְלְאוֹתֶיךָ׃ יְהוָה אָהַבְתִּי מְעוֹן בֵּיתֶךָ
ט וּמְקוֹם מִשְׁכַּן כְּבוֹדֶךָ׃ אַל־תֶּאֱסֹף עִם־חַטָּאִים נַפְשִׁי וְעִם־
י אַנְשֵׁי דָמִים חַיָּי׃ אֲשֶׁר־בִּידֵיהֶם זִמָּה וִימִינָם מָלְאָה שֹּׁחַד׃
יא יב וַאֲנִי בְּתֻמִּי אֵלֵךְ פְּדֵנִי וְחָנֵּנִי׃ רַגְלִי עָמְדָה בְמִישׁוֹר בְּמַקְהֵלִים
אֲבָרֵךְ יְהוָה׃

כז א לְדָוִד ׀ יְהוָה ׀ אוֹרִי וְיִשְׁעִי מִמִּי אִירָא יְהוָה מָעוֹז־חַיַּי מִמִּי
ב אֶפְחָד׃ בִּקְרֹב עָלַי ׀ מְרֵעִים לֶאֱכֹל אֶת־בְּשָׂרִי צָרַי וְאֹיְבַי לִי

ג הֵמָּה כָשְׁלוּ וְנָפָלוּ: אִם־תַּחֲנֶה עָלַי ׀ מַחֲנֶה לֹא־יִירָא לִבִּי אִם־
ד תָּקוּם עָלַי מִלְחָמָה בְּזֹאת אֲנִי בוֹטֵחַ: אַחַת ׀ שָׁאַלְתִּי מֵאֵת־
יהוה אוֹתָהּ אֲבַקֵּשׁ שִׁבְתִּי בְּבֵית־יהוה כׇּל־יְמֵי חַיַּי לַחֲזוֹת
ה בְּנֹעַם־יהוה וּלְבַקֵּר בְּהֵיכָלוֹ: כִּי יִצְפְּנֵנִי ׀ בְּסֻכֹּה בְּיוֹם רָעָה
ו יַסְתִּרֵנִי בְּסֵתֶר אׇהֳלוֹ בְּצוּר יְרוֹמְמֵנִי: וְעַתָּה יָרוּם רֹאשִׁי עַל
אֹיְבַי סְבִיבוֹתַי וְאֶזְבְּחָה בְאׇהֳלוֹ זִבְחֵי תְרוּעָה אָשִׁירָה וַאֲזַמְּרָה
ז ח לַיהוה: שְׁמַע־יהוה קוֹלִי אֶקְרָא וְחׇנֵּנִי וַעֲנֵנִי: לְךָ ׀ אָמַר לִבִּי
ט בַּקְּשׁוּ פָנָי אֶת־פָּנֶיךָ יהוה אֲבַקֵּשׁ: אַל־תַּסְתֵּר פָּנֶיךָ ׀ מִמֶּנִּי אַל
תַּט־בְּאַף עַבְדֶּךָ עֶזְרָתִי הָיִיתָ אַל־תִּטְּשֵׁנִי וְאַל־תַּעַזְבֵנִי אֱלֹהֵי
י יא יִשְׁעִי: כִּי־אָבִי וְאִמִּי עֲזָבוּנִי וַיהוה יַאַסְפֵנִי: הוֹרֵנִי יהוה דַּרְכֶּךָ
יב וּנְחֵנִי בְּאֹרַח מִישׁוֹר לְמַעַן שׁוֹרְרָי: אַל־תִּתְּנֵנִי בְּנֶפֶשׁ צָרָי כִּי
יג קָמוּ־בִי עֵדֵי־שֶׁקֶר וִיפֵחַ חָמָס: לוּלֵא הֶאֱמַנְתִּי לִרְאוֹת
יד בְּטוּב־יהוה בְּאֶרֶץ חַיִּים: קַוֵּה אֶל־יהוה חֲזַק וְיַאֲמֵץ לִבֶּךָ
וְקַוֵּה אֶל־יהוה:

כח א לְדָוִד אֵלֶיךָ יהוה ׀ אֶקְרָא צוּרִי אַל־תֶּחֱרַשׁ מִמֶּנִּי פֶּן־תֶּחֱשֶׁה
ב מִמֶּנִּי וְנִמְשַׁלְתִּי עִם־יוֹרְדֵי בוֹר: שְׁמַע קוֹל תַּחֲנוּנַי בְּשַׁוְּעִי אֵלֶיךָ
ג בְּנׇשְׂאִי יָדַי אֶל־דְּבִיר קׇדְשֶׁךָ: אַל־תִּמְשְׁכֵנִי עִם־רְשָׁעִים וְעִם־
ד פֹּעֲלֵי אָוֶן דֹּבְרֵי שָׁלוֹם עִם־רֵעֵיהֶם וְרָעָה בִּלְבָבָם: תֶּן־לָהֶם
כְּפׇעֳלָם וּכְרֹעַ מַעַלְלֵיהֶם כְּמַעֲשֵׂה יְדֵיהֶם תֵּן לָהֶם הָשֵׁב גְּמוּלָם
ה לָהֶם: כִּי לֹא יָבִינוּ אֶל־פְּעֻלֹּת יהוה וְאֶל־מַעֲשֵׂה יָדָיו יֶהֶרְסֵם
ו ז וְלֹא יִבְנֵם: בָּרוּךְ יהוה כִּי־שָׁמַע קוֹל תַּחֲנוּנָי: יהוה ׀ עֻזִּי וּמָגִנִּי
ח בּוֹ בָטַח לִבִּי וְנֶעֱזָרְתִּי וַיַּעֲלֹז לִבִּי וּמִשִּׁירִי אֲהוֹדֶנּוּ: יהוה עֹז־לָמוֹ
ט וּמָעוֹז יְשׁוּעוֹת מְשִׁיחוֹ הוּא: הוֹשִׁיעָה ׀ אֶת־עַמֶּךָ וּבָרֵךְ אֶת־
נַחֲלָתֶךָ וּרְעֵם וְנַשְּׂאֵם עַד־הָעוֹלָם:

כט א ב מִזְמוֹר לְדָוִד הָבוּ לַיהוה בְּנֵי אֵלִים הָבוּ לַיהוה כָּבוֹד וָעֹז: הָבוּ
ג לַיהוה כְּבוֹד שְׁמוֹ הִשְׁתַּחֲווּ לַיהוה בְּהַדְרַת־קֹדֶשׁ: קוֹל יהוה
ד עַל־הַמָּיִם אֵל־הַכָּבוֹד הִרְעִים יהוה עַל־מַיִם רַבִּים: קוֹל־יהוה

ה בַּכֹּחַ קוֹל יהוה בֶּהָדָר: קוֹל יהוה שֹׁבֵר אֲרָזִים וַיְשַׁבֵּר יהוה
ו אֶת־אַרְזֵי הַלְּבָנוֹן: וַיַּרְקִידֵם כְּמוֹ־עֵגֶל לְבָנוֹן וְשִׂרְיֹן כְּמוֹ בֶן־
ז ח רְאֵמִים: קוֹל־יהוה חֹצֵב לַהֲבוֹת אֵשׁ: קוֹל יהוה יָחִיל מִדְבָּר
ט יָחִיל יהוה מִדְבַּר קָדֵשׁ: קוֹל יהוה ׀ יְחוֹלֵל אַיָּלוֹת וַיֶּחֱשֹׂף
י יְעָרוֹת וּבְהֵיכָלוֹ כֻּלּוֹ אֹמֵר כָּבוֹד: יהוה לַמַּבּוּל יָשָׁב וַיֵּשֶׁב
יא יהוה מֶלֶךְ לְעוֹלָם: יהוה עֹז לְעַמּוֹ יִתֵּן יהוה ׀ יְבָרֵךְ אֶת־ ד
עַמּוֹ בַשָּׁלוֹם:
א ב מִזְמוֹר שִׁיר־חֲנֻכַּת הַבַּיִת לְדָוִד: אֲרוֹמִמְךָ יהוה כִּי דִלִּיתָנִי ל
ג ד וְלֹא־שִׂמַּחְתָּ אֹיְבַי לִי: יהוה אֱלֹהָי שִׁוַּעְתִּי אֵלֶיךָ וַתִּרְפָּאֵנִי: יהוה
ה הֶעֱלִיתָ מִן־שְׁאוֹל נַפְשִׁי חִיִּיתַנִי מיורדי־בור: זַמְּרוּ לַיהוה מִיָּרְדִי־
ו חֲסִידָיו וְהוֹדוּ לְזֵכֶר קָדְשׁוֹ: כִּי רֶגַע ׀ בְּאַפּוֹ חַיִּים בִּרְצוֹנוֹ בָּעֶרֶב
ז יָלִין בֶּכִי וְלַבֹּקֶר רִנָּה: וַאֲנִי אָמַרְתִּי בְשַׁלְוִי בַּל־אֶמּוֹט לְעוֹלָם:
ח יהוה בִּרְצוֹנְךָ הֶעֱמַדְתָּה לְהַרְרִי עֹז הִסְתַּרְתָּ פָנֶיךָ הָיִיתִי נִבְהָל:
ט י אֵלֶיךָ יהוה אֶקְרָא וְאֶל־אֲדֹנָי אֶתְחַנָּן: מַה־בֶּצַע בְּדָמִי בְּרִדְתִּי
יא אֶל שָׁחַת הֲיוֹדְךָ עָפָר הֲיַגִּיד אֲמִתֶּךָ: שְׁמַע־יהוה וְחָנֵּנִי יהוה
יב הֱיֵה־עֹזֵר לִי: הָפַכְתָּ מִסְפְּדִי לְמָחוֹל לִי פִּתַּחְתָּ שַׂקִּי וַתְּאַזְּרֵנִי
יג שִׂמְחָה: לְמַעַן ׀ יְזַמֶּרְךָ כָבוֹד וְלֹא יִדֹּם יהוה אֱלֹהַי לְעוֹלָם
אוֹדֶךָּ:
א ב לַמְנַצֵּחַ מִזְמוֹר לְדָוִד: בְּךָ־יהוה חָסִיתִי אַל־אֵבוֹשָׁה לְעוֹלָם לא
ג בְּצִדְקָתְךָ פַלְּטֵנִי: הַטֵּה אֵלַי ׀ אָזְנְךָ מְהֵרָה הַצִּילֵנִי הֱיֵה לִי ׀
ד לְצוּר־מָעוֹז לְבֵית מְצוּדוֹת לְהוֹשִׁיעֵנִי: כִּי־סַלְעִי וּמְצוּדָתִי אָתָּה
ה וּלְמַעַן שִׁמְךָ תַּנְחֵנִי וּתְנַהֲלֵנִי: תּוֹצִיאֵנִי מֵרֶשֶׁת זוּ טָמְנוּ לִי כִּי־
ו אַתָּה מָעוּזִּי: בְּיָדְךָ אַפְקִיד רוּחִי פָּדִיתָה אוֹתִי יהוה אֵל אֱמֶת:
ז ח שָׂנֵאתִי הַשֹּׁמְרִים הַבְלֵי־שָׁוְא וַאֲנִי אֶל־יהוה בָּטָחְתִּי: אָגִילָה
וְאֶשְׂמְחָה בְּחַסְדֶּךָ אֲשֶׁר רָאִיתָ אֶת־עָנְיִי יָדַעְתָּ בְּצָרוֹת נַפְשִׁי:
ט י וְלֹא הִסְגַּרְתַּנִי בְּיַד־אוֹיֵב הֶעֱמַדְתָּ בַמֶּרְחָב רַגְלָי: חָנֵּנִי יהוה
יא כִּי צַר־לִי עָשְׁשָׁה בְכַעַס עֵינִי נַפְשִׁי וּבִטְנִי: כִּי כָלוּ בְיָגוֹן חַיַּי

יב וּשְׁנוֹתַי בַּאֲנָחָה כָּשַׁל בַּעֲוֺנִי כֹחִי וַעֲצָמַי עָשֵׁשׁוּ׃ מִכָּל־צֹרְרַי
הָיִיתִי חֶרְפָּה וְלִשְׁכֵנַי ׀ מְאֹד וּפַחַד לִמְיֻדָּעָי רֹאַי בַּחוּץ נָדְדוּ
יג יד מִמֶּנִּי׃ נִשְׁכַּחְתִּי כְּמֵת מִלֵּב הָיִיתִי כִּכְלִי אֹבֵד׃ כִּי שָׁמַעְתִּי ׀ דִּבַּת
טו רַבִּים מָגוֹר מִסָּבִיב בְּהִוָּסְדָם יַחַד עָלַי לָקַחַת נַפְשִׁי זָמָמוּ׃ וַאֲנִי ׀
טז עָלֶיךָ בָטַחְתִּי יְהוָה אָמַרְתִּי אֱלֹהַי אָתָּה׃ בְּיָדְךָ עִתֹּתָי הַצִּילֵנִי
יז מִיַּד־אוֹיְבַי וּמֵרֹדְפָי׃ הָאִירָה פָנֶיךָ עַל־עַבְדֶּךָ הוֹשִׁיעֵנִי בְחַסְדֶּךָ׃
יח יְהוָה אַל־אֵבוֹשָׁה כִּי קְרָאתִיךָ יֵבֹשׁוּ רְשָׁעִים יִדְּמוּ לִשְׁאוֹל׃
יט תֵּאָלַמְנָה שִׂפְתֵי שָׁקֶר הַדֹּבְרוֹת עַל־צַדִּיק עָתָק בְּגַאֲוָה וָבוּז׃
כ מָה רַב טוּבְךָ אֲשֶׁר־צָפַנְתָּ לִּירֵאֶיךָ פָּעַלְתָּ לַחוֹסִים בָּךְ נֶגֶד
כא בְּנֵי אָדָם׃ תַּסְתִּירֵם ׀ בְּסֵתֶר פָּנֶיךָ מֵרֻכְסֵי אִישׁ תִּצְפְּנֵם בְּסֻכָּה
כב מֵרִיב לְשֹׁנוֹת׃ בָּרוּךְ יְהוָה כִּי הִפְלִיא חַסְדּוֹ לִי בְּעִיר מָצוֹר׃
כג וַאֲנִי ׀ אָמַרְתִּי בְחָפְזִי נִגְרַזְתִּי מִנֶּגֶד עֵינֶיךָ אָכֵן שָׁמַעְתָּ קוֹל
כד תַּחֲנוּנַי בְּשַׁוְּעִי אֵלֶיךָ׃ אֶהֱבוּ אֶת־יְהוָה כָּל־חֲסִידָיו אֱמוּנִים
כה נֹצֵר יְהוָה וּמְשַׁלֵּם עַל־יֶתֶר עֹשֵׂה גַאֲוָה׃ חִזְקוּ וְיַאֲמֵץ
לְבַבְכֶם כָּל־הַמְיַחֲלִים לַיהוָה׃

לב א ב לְדָוִד מַשְׂכִּיל אַשְׁרֵי נְשׂוּי־פֶּשַׁע כְּסוּי חֲטָאָה׃ אַשְׁרֵי־אָדָם לֹא
ג יַחְשֹׁב יְהוָה לוֹ עָוֺן וְאֵין בְּרוּחוֹ רְמִיָּה׃ כִּי־הֶחֱרַשְׁתִּי בָּלוּ עֲצָמָי
ד בְּשַׁאֲגָתִי כָּל־הַיּוֹם׃ כִּי ׀ יוֹמָם וָלַיְלָה תִּכְבַּד עָלַי יָדֶךָ נֶהְפַּךְ
ה לְשַׁדִּי בְּחַרְבֹנֵי קַיִץ סֶלָה׃ חַטָּאתִי אוֹדִיעֲךָ וַעֲוֺנִי לֹא־כִסִּיתִי
אָמַרְתִּי אוֹדֶה עֲלֵי פְשָׁעַי לַיהוָה וְאַתָּה נָשָׂאתָ עֲוֺן חַטָּאתִי
ו סֶלָה׃ עַל־זֹאת יִתְפַּלֵּל כָּל־חָסִיד ׀ אֵלֶיךָ לְעֵת מְצֹא רַק לְשֵׁטֶף
ז מַיִם רַבִּים אֵלָיו לֹא יַגִּיעוּ׃ אַתָּה ׀ סֵתֶר לִי מִצַּר תִּצְּרֵנִי רָנֵּי פַלֵּט
ח תְּסוֹבְבֵנִי סֶלָה׃ אַשְׂכִּילְךָ ׀ וְאוֹרְךָ בְּדֶרֶךְ־זוּ תֵלֵךְ אִיעֲצָה עָלֶיךָ
ט עֵינִי׃ אַל־תִּהְיוּ ׀ כְּסוּס כְּפֶרֶד אֵין הָבִין בְּמֶתֶג־וָרֶסֶן עֶדְיוֹ
י לִבְלוֹם בַּל קְרֹב אֵלֶיךָ׃ רַבִּים מַכְאוֹבִים לָרָשָׁע וְהַבּוֹטֵחַ
יא בַּיהוָה חֶסֶד יְסוֹבְבֶנּוּ׃ שִׂמְחוּ בַיהוָה וְגִילוּ צַדִּיקִים וְהַרְנִינוּ
כָּל־יִשְׁרֵי־לֵב׃

לג

א ב רַנְּנוּ צַדִּיקִים בַּיהוה לַיְשָׁרִים נָאוָה תְהִלָּה: הוֹדוּ לַיהוה בְּכִנּוֹר
ג בְּנֵבֶל עָשׂוֹר זַמְּרוּ־לוֹ: שִׁירוּ־לוֹ שִׁיר חָדָשׁ הֵיטִיבוּ נַגֵּן בִּתְרוּעָה:
ד ה כִּי־יָשָׁר דְּבַר־יהוה וְכָל־מַעֲשֵׂהוּ בֶּאֱמוּנָה: אֹהֵב צְדָקָה וּמִשְׁפָּט
ו חֶסֶד יהוה מָלְאָה הָאָרֶץ: בִּדְבַר יהוה שָׁמַיִם נַעֲשׂוּ וּבְרוּחַ פִּיו
ז ח כָּל־צְבָאָם: כֹּנֵס כַּנֵּד מֵי הַיָּם נֹתֵן בְּאֹצָרוֹת תְּהוֹמוֹת: יִירְאוּ
ט מֵיהוה כָּל־הָאָרֶץ מִמֶּנּוּ יָגוּרוּ כָּל־יֹשְׁבֵי תֵבֵל: כִּי הוּא אָמַר
י וַיֶּהִי הוּא־צִוָּה וַיַּעֲמֹד: יהוה הֵפִיר עֲצַת־גּוֹיִם הֵנִיא מַחְשְׁבוֹת
יא עַמִּים: עֲצַת יהוה לְעוֹלָם תַּעֲמֹד מַחְשְׁבוֹת לִבּוֹ לְדֹר וָדֹר:
יב יג אַשְׁרֵי הַגּוֹי אֲשֶׁר־יהוה אֱלֹהָיו הָעָם ׀ בָּחַר לְנַחֲלָה לוֹ: מִשָּׁמַיִם
יד הִבִּיט יהוה רָאָה אֶת־כָּל־בְּנֵי הָאָדָם: מִמְּכוֹן־שִׁבְתּוֹ הִשְׁגִּיחַ
טו אֶל כָּל־יֹשְׁבֵי הָאָרֶץ: הַיֹּצֵר יַחַד לִבָּם הַמֵּבִין אֶל־כָּל־מַעֲשֵׂיהֶם:
טז יז אֵין־הַמֶּלֶךְ נוֹשָׁע בְּרָב־חָיִל גִּבּוֹר לֹא־יִנָּצֵל בְּרָב־כֹּחַ: שֶׁקֶר
יח הַסּוּס לִתְשׁוּעָה וּבְרֹב חֵילוֹ לֹא יְמַלֵּט: הִנֵּה עֵין יהוה אֶל־
יט יְרֵאָיו לַמְיַחֲלִים לְחַסְדּוֹ: לְהַצִּיל מִמָּוֶת נַפְשָׁם וּלְחַיּוֹתָם בָּרָעָב:
כ כא נַפְשֵׁנוּ חִכְּתָה לַיהוה עֶזְרֵנוּ וּמָגִנֵּנוּ הוּא: כִּי־בוֹ יִשְׂמַח לִבֵּנוּ
כב כִּי בְשֵׁם קָדְשׁוֹ בָטָחְנוּ: יְהִי־חַסְדְּךָ יהוה עָלֵינוּ כַּאֲשֶׁר
יִחַלְנוּ לָךְ:

לד א לְדָוִד בְּשַׁנּוֹתוֹ אֶת־טַעְמוֹ לִפְנֵי אֲבִימֶלֶךְ וַיְגָרְשֵׁהוּ וַיֵּלַךְ:
ב ג אֲבָרְכָה אֶת־יהוה בְּכָל־עֵת תָּמִיד תְּהִלָּתוֹ בְּפִי: בַּיהוה
ד תִּתְהַלֵּל נַפְשִׁי יִשְׁמְעוּ עֲנָוִים וְיִשְׂמָחוּ: גַּדְּלוּ לַיהוה אִתִּי
ה וּנְרוֹמְמָה שְׁמוֹ יַחְדָּו: דָּרַשְׁתִּי אֶת־יהוה וְעָנָנִי וּמִכָּל־מְגוּרוֹתַי
ו ז הִצִּילָנִי: הִבִּיטוּ אֵלָיו וְנָהָרוּ וּפְנֵיהֶם אַל־יֶחְפָּרוּ: זֶה עָנִי קָרָא
ח וַיהוה שָׁמֵעַ וּמִכָּל־צָרוֹתָיו הוֹשִׁיעוֹ: חֹנֶה מַלְאַךְ־יהוה סָבִיב
ט לִירֵאָיו וַיְחַלְּצֵם: טַעֲמוּ וּרְאוּ כִּי־טוֹב יהוה אַשְׁרֵי הַגֶּבֶר יֶחֱסֶה־
י יא בּוֹ: יְראוּ אֶת־יהוה קְדֹשָׁיו כִּי־אֵין מַחְסוֹר לִירֵאָיו: כְּפִירִים
יב רָשׁוּ וְרָעֵבוּ וְדֹרְשֵׁי יהוה לֹא־יַחְסְרוּ כָל־טוֹב: לְכוּ־בָנִים שִׁמְעוּ־
יג לִי יִרְאַת יהוה אֲלַמֶּדְכֶם: מִי־הָאִישׁ הֶחָפֵץ חַיִּים אֹהֵב יָמִים

יד טו לִרְאוֹת טוֹב: נְצֹר לְשׁוֹנְךָ מֵרָע וּשְׂפָתֶיךָ מִדַּבֵּר מִרְמָה: סוּר
טז מֵרָע וַעֲשֵׂה־טוֹב בַּקֵּשׁ שָׁלוֹם וְרָדְפֵהוּ: עֵינֵי יהוה אֶל־צַדִּיקִים
יז וְאָזְנָיו אֶל־שַׁוְעָתָם: פְּנֵי יהוה בְּעֹשֵׂי רָע לְהַכְרִית מֵאֶרֶץ זִכְרָם:
יח יט צָעֲקוּ וַיהוה שָׁמֵעַ וּמִכָּל־צָרוֹתָם הִצִּילָם: קָרוֹב יהוה לְנִשְׁבְּרֵי־
כ לֵב וְאֶת־דַּכְּאֵי־רוּחַ יוֹשִׁיעַ: רַבּוֹת רָעוֹת צַדִּיק וּמִכֻּלָּם יַצִּילֶנּוּ
כא כב יהוה: שֹׁמֵר כָּל־עַצְמוֹתָיו אַחַת מֵהֵנָּה לֹא נִשְׁבָּרָה: תְּמוֹתֵת
כג רָשָׁע רָעָה וְשֹׂנְאֵי צַדִּיק יֶאְשָׁמוּ: פּוֹדֶה יהוה נֶפֶשׁ עֲבָדָיו וְלֹא
יֶאְשְׁמוּ כָּל־הַחֹסִים בּוֹ:

לה א ב לְדָוִד ׀ רִיבָה יהוה אֶת־יְרִיבַי לְחַם אֶת־לֹחֲמָי: הַחֲזֵק מָגֵן וְצִנָּה
ג וְקוּמָה בְּעֶזְרָתִי: וְהָרֵק חֲנִית וּסְגֹר לִקְרַאת רֹדְפָי אֱמֹר לְנַפְשִׁי
ד יְשֻׁעָתֵךְ אָנִי: יֵבֹשׁוּ וְיִכָּלְמוּ מְבַקְשֵׁי נַפְשִׁי יִסֹּגוּ אָחוֹר וְיַחְפְּרוּ
ה ו חֹשְׁבֵי רָעָתִי: יִהְיוּ כְּמֹץ לִפְנֵי־רוּחַ וּמַלְאַךְ יהוה דּוֹחֶה: יְהִי־
ז דַרְכָּם חֹשֶׁךְ וַחֲלַקְלַקּוֹת וּמַלְאַךְ יהוה רֹדְפָם: כִּי־חִנָּם טָמְנוּ־לִי
ח שַׁחַת רִשְׁתָּם חִנָּם חָפְרוּ לְנַפְשִׁי: תְּבוֹאֵהוּ שׁוֹאָה לֹא־יֵדָע
ט וְרִשְׁתּוֹ אֲשֶׁר־טָמַן תִּלְכְּדוֹ בְּשׁוֹאָה יִפָּל־בָּהּ: וְנַפְשִׁי תָּגִיל בַּיהוה
י תָּשִׂישׂ בִּישׁוּעָתוֹ: כָּל עַצְמוֹתַי ׀ תֹּאמַרְנָה יהוה מִי כָמוֹךָ מַצִּיל
יא עָנִי מֵחָזָק מִמֶּנּוּ וְעָנִי וְאֶבְיוֹן מִגֹּזְלוֹ: יְקוּמוּן עֵדֵי חָמָס אֲשֶׁר לֹא־
יב יָדַעְתִּי יִשְׁאָלוּנִי: יְשַׁלְּמוּנִי רָעָה תַּחַת טוֹבָה שְׁכוֹל לְנַפְשִׁי:
יג וַאֲנִי ׀ בַּחֲלוֹתָם לְבוּשִׁי שָׂק עִנֵּיתִי בַצּוֹם נַפְשִׁי וּתְפִלָּתִי עַל־חֵיקִי
יד תָשׁוּב: כְּרֵעַ־כְּאָח לִי הִתְהַלָּכְתִּי כַּאֲבֶל־אֵם קֹדֵר שַׁחוֹתִי:
טו וּבְצַלְעִי שָׂמְחוּ וְנֶאֱסָפוּ נֶאֶסְפוּ עָלַי נֵכִים וְלֹא יָדַעְתִּי קָרְעוּ
טז יז וְלֹא־דָמּוּ: בְּחַנְפֵי לַעֲגֵי מָעוֹג חָרֹק עָלַי שִׁנֵּימוֹ: אֲדֹנָי כַּמָּה
יח תִּרְאֶה הָשִׁיבָה נַפְשִׁי מִשֹּׁאֵיהֶם מִכְּפִירִים יְחִידָתִי: אוֹדְךָ בְּקָהָל
יט רָב בְּעַם עָצוּם אֲהַלְלֶךָּ: אַל־יִשְׂמְחוּ־לִי אֹיְבַי שֶׁקֶר שֹׂנְאַי חִנָּם
כ יִקְרְצוּ־עָיִן: כִּי לֹא שָׁלוֹם יְדַבֵּרוּ וְעַל רִגְעֵי־אֶרֶץ דִּבְרֵי מִרְמוֹת
כא יַחֲשֹׁבוּן: וַיַּרְחִיבוּ עָלַי פִּיהֶם אָמְרוּ הֶאָח ׀ הֶאָח רָאֲתָה עֵינֵינוּ:
כב כג רָאִיתָה יהוה אַל־תֶּחֱרַשׁ אֲדֹנָי אַל־תִּרְחַק מִמֶּנִּי: הָעִירָה

וְהָקִיצָה לְמִשְׁפָּטִי אֱלֹהַי וַאדֹנָי לְרִיבִי׃ שָׁפְטֵנִי כְצִדְקְךָ יהוה כד
אֱלֹהָי וְאַל־יִשְׂמְחוּ־לִי׃ אַל־יֹאמְרוּ בְלִבָּם הֶאָח נַפְשֵׁנוּ אַל־ כה
יֹאמְרוּ בִּלַּעֲנוּהוּ׃ יֵבֹשׁוּ וְיַחְפְּרוּ | יַחְדָּו שְׂמֵחֵי רָעָתִי יִלְבְּשׁוּ־ כו
בֹשֶׁת וּכְלִמָּה הַמַּגְדִּילִים עָלָי׃ יָרֹנּוּ וְיִשְׂמְחוּ חֲפֵצֵי צִדְקִי כז
ה וְיֹאמְרוּ תָמִיד יִגְדַּל יהוה הֶחָפֵץ שְׁלוֹם עַבְדּוֹ׃ וּלְשׁוֹנִי תֶּהְגֶּה כח
צִדְקֶךָ כָּל־הַיּוֹם תְּהִלָּתֶךָ׃
לו לַמְנַצֵּחַ | לְעֶבֶד־יהוה לְדָוִד׃ נְאֻם־פֶּשַׁע לָרָשָׁע בְּקֶרֶב לִבִּי אֵין־ א ב
פַּחַד אֱלֹהִים לְנֶגֶד עֵינָיו׃ כִּי־הֶחֱלִיק אֵלָיו בְּעֵינָיו לִמְצֹא עֲוֺנוֹ ג
לִשְׂנֹא׃ דִּבְרֵי־פִיו אָוֶן וּמִרְמָה חָדַל לְהַשְׂכִּיל לְהֵיטִיב׃ אָוֶן | ד ה
יַחְשֹׁב עַל־מִשְׁכָּבוֹ יִתְיַצֵּב עַל־דֶּרֶךְ לֹא־טוֹב רָע לֹא יִמְאָס׃
יהוה בְּהַשָּׁמַיִם חַסְדֶּךָ אֱמוּנָתְךָ עַד־שְׁחָקִים׃ צִדְקָתְךָ | כְּהַרְרֵי־ ו ז
אֵל מִשְׁפָּטֶךָ תְּהוֹם רַבָּה אָדָם וּבְהֵמָה תוֹשִׁיעַ | יהוה׃ מַה־יָּקָר ח
חַסְדְּךָ אֱלֹהִים וּבְנֵי אָדָם בְּצֵל כְּנָפֶיךָ יֶחֱסָיוּן׃ יִרְוְיֻן מִדֶּשֶׁן בֵּיתֶךָ ט
וְנַחַל עֲדָנֶיךָ תַשְׁקֵם׃ כִּי־עִמְּךָ מְקוֹר חַיִּים בְּאוֹרְךָ נִרְאֶה־ י
אוֹר׃ מְשֹׁךְ חַסְדְּךָ לְיֹדְעֶיךָ וְצִדְקָתְךָ לְיִשְׁרֵי־לֵב׃ אַל־תְּבוֹאֵנִי יא יב
רֶגֶל גַּאֲוָה וְיַד־רְשָׁעִים אַל־תְּנִדֵנִי׃ שָׁם נָפְלוּ פֹּעֲלֵי אָוֶן יג
דֹּחוּ וְלֹא־יָכְלוּ קוּם׃
לז לְדָוִד | אַל־תִּתְחַר בַּמְּרֵעִים אַל־תְּקַנֵּא בְּעֹשֵׂי עַוְלָה׃ כִּי כֶחָצִיר א ב
מְהֵרָה יִמָּלוּ וּכְיֶרֶק דֶּשֶׁא יִבּוֹלוּן׃ בְּטַח בַּיהוה וַעֲשֵׂה־טוֹב שְׁכָן־ ג
אֶרֶץ וּרְעֵה אֱמוּנָה׃ וְהִתְעַנַּג עַל־יהוה וְיִתֶּן־לְךָ מִשְׁאֲלֹת לִבֶּךָ׃ ד
גּוֹל עַל־יהוה דַּרְכֶּךָ וּבְטַח עָלָיו וְהוּא יַעֲשֶׂה׃ וְהוֹצִיא כָאוֹר ה ו
צִדְקֶךָ וּמִשְׁפָּטֶךָ כַּצָּהֳרָיִם׃ דּוֹם | לַיהוה וְהִתְחוֹלֵל לוֹ אַל־תִּתְחַר ז
בְּמַצְלִיחַ דַּרְכּוֹ בְּאִישׁ עֹשֶׂה מְזִמּוֹת׃ הֶרֶף מֵאַף וַעֲזֹב חֵמָה אַל־ ח
תִּתְחַר אַךְ־לְהָרֵעַ׃ כִּי־מְרֵעִים יִכָּרֵתוּן וְקֹוֵי יהוה הֵמָּה יִירְשׁוּ־ ט
אָרֶץ׃ וְעוֹד מְעַט וְאֵין רָשָׁע וְהִתְבּוֹנַנְתָּ עַל־מְקוֹמוֹ וְאֵינֶנּוּ׃ י
וַעֲנָוִים יִירְשׁוּ־אָרֶץ וְהִתְעַנְּגוּ עַל־רֹב שָׁלוֹם׃ זֹמֵם רָשָׁע לַצַּדִּיק יא יב
וְחֹרֵק עָלָיו שִׁנָּיו׃ אֲדֹנָי יִשְׂחַק־לוֹ כִּי־רָאָה כִּי־יָבֹא יוֹמוֹ׃ חֶרֶב | יג יד

פָּתְחוּ רְשָׁעִים וְדָרְכוּ קַשְׁתָּם לְהַפִּיל עָנִי וְאֶבְיוֹן לִטְבוֹחַ
טו טז יִשְׁרֵי־דָרֶךְ׃ חַרְבָּם תָּבוֹא בְלִבָּם וְקַשְּׁתוֹתָם תִּשָּׁבַרְנָה׃ טוֹב־
יז מְעַט לַצַּדִּיק מֵהֲמוֹן רְשָׁעִים רַבִּים׃ כִּי זְרוֹעוֹת רְשָׁעִים
יח תִּשָּׁבַרְנָה וְסוֹמֵךְ צַדִּיקִים יְהוָה׃ יוֹדֵעַ יְהוָה יְמֵי תְמִימִם
יט וְנַחֲלָתָם לְעוֹלָם תִּהְיֶה׃ לֹא־יֵבֹשׁוּ בְּעֵת רָעָה וּבִימֵי רְעָבוֹן
כ יִשְׂבָּעוּ׃ כִּי רְשָׁעִים ׀ יֹאבֵדוּ וְאֹיְבֵי יְהוָה כִּיקַר כָּרִים כָּלוּ בֶעָשָׁן
כא כב כָּלוּ׃ לֹוֶה רָשָׁע וְלֹא יְשַׁלֵּם וְצַדִּיק חוֹנֵן וְנוֹתֵן׃ כִּי מְבֹרָכָיו יִירְשׁוּ
כג אָרֶץ וּמְקֻלָּלָיו יִכָּרֵתוּ׃ מֵיְהוָה מִצְעֲדֵי־גֶבֶר כּוֹנָנוּ וְדַרְכּוֹ יֶחְפָּץ׃
כד כה כִּי־יִפֹּל לֹא־יוּטָל כִּי־יְהוָה סוֹמֵךְ יָדוֹ׃ נַעַר ׀ הָיִיתִי גַּם־זָקַנְתִּי
כו וְלֹא־רָאִיתִי צַדִּיק נֶעֱזָב וְזַרְעוֹ מְבַקֶּשׁ־לָחֶם׃ כָּל־הַיּוֹם חוֹנֵן
כז כח וּמַלְוֶה וְזַרְעוֹ לִבְרָכָה׃ סוּר מֵרָע וַעֲשֵׂה־טוֹב וּשְׁכֹן לְעוֹלָם׃ כִּי
יְהוָה ׀ אֹהֵב מִשְׁפָּט וְלֹא־יַעֲזֹב אֶת־חֲסִידָיו לְעוֹלָם נִשְׁמָרוּ וְזֶרַע
כט ל רְשָׁעִים נִכְרָת׃ צַדִּיקִים יִירְשׁוּ־אָרֶץ וְיִשְׁכְּנוּ לָעַד עָלֶיהָ׃ פִּי־
לא צַדִּיק יֶהְגֶּה חָכְמָה וּלְשׁוֹנוֹ תְּדַבֵּר מִשְׁפָּט׃ תּוֹרַת אֱלֹהָיו בְּלִבּוֹ
לב לג לֹא תִמְעַד אֲשֻׁרָיו׃ צוֹפֶה רָשָׁע לַצַּדִּיק וּמְבַקֵּשׁ לַהֲמִיתוֹ׃ יְהוָה
לד לֹא־יַעַזְבֶנּוּ בְיָדוֹ וְלֹא יַרְשִׁיעֶנּוּ בְּהִשָּׁפְטוֹ׃ קַוֵּה אֶל־יְהוָה ׀ וּשְׁמֹר
לה דַּרְכּוֹ וִירוֹמִמְךָ לָרֶשֶׁת אָרֶץ בְּהִכָּרֵת רְשָׁעִים תִּרְאֶה׃ רָאִיתִי
לו רָשָׁע עָרִיץ וּמִתְעָרֶה כְּאֶזְרָח רַעֲנָן׃ וַיַּעֲבֹר וְהִנֵּה אֵינֶנּוּ
לז וָאֲבַקְשֵׁהוּ וְלֹא נִמְצָא׃ שְׁמָר־תָּם וּרְאֵה יָשָׁר כִּי־אַחֲרִית
לח לְאִישׁ שָׁלוֹם׃ וּפֹשְׁעִים נִשְׁמְדוּ יַחְדָּו אַחֲרִית רְשָׁעִים נִכְרָתָה׃
לט מ וּתְשׁוּעַת צַדִּיקִים מֵיְהוָה מָעוּזָּם בְּעֵת צָרָה׃ וַיַּעְזְרֵם יְהוָה
וַיְפַלְּטֵם יְפַלְּטֵם מֵרְשָׁעִים וְיוֹשִׁיעֵם כִּי־חָסוּ בוֹ׃
לח א ב מִזְמוֹר לְדָוִד לְהַזְכִּיר׃ יְהוָה אַל־בְּקֶצְפְּךָ תוֹכִיחֵנִי וּבַחֲמָתְךָ
ג ד תְיַסְּרֵנִי׃ כִּי־חִצֶּיךָ נִחֲתוּ בִי וַתִּנְחַת עָלַי יָדֶךָ׃ אֵין־מְתֹם
ה בִּבְשָׂרִי מִפְּנֵי זַעְמֶךָ אֵין־שָׁלוֹם בַּעֲצָמַי מִפְּנֵי חַטָּאתִי׃ כִּי עֲוֺנֹתַי
ו עָבְרוּ רֹאשִׁי כְּמַשָּׂא כָבֵד יִכְבְּדוּ מִמֶּנִּי׃ הִבְאִישׁוּ נָמַקּוּ חַבּוּרֹתָי
ז מִפְּנֵי אִוַּלְתִּי׃ נַעֲוֵיתִי שַׁחֹתִי עַד־מְאֹד כָּל־הַיּוֹם קֹדֵר הִלָּכְתִּי׃

ח ט כִּֽי־כְסָלַי מָלְאוּ נִקְלֶה וְאֵין מְתֹם בִּבְשָׂרִי: נְפוּגוֹתִי וְנִדְכֵּיתִי עַד־
י מְאֹד שָׁאַגְתִּי מִנַּהֲמַת לִבִּי: אֲדֹנָי נֶגְדְּךָ כָל־תַּאֲוָתִי וְאַנְחָתִי
יא מִמְּךָ לֹא־נִסְתָּרָה: לִבִּי סְחַרְחַר עֲזָבַנִי כֹחִי וְאוֹר־עֵינַי גַּם־הֵם
יב אֵין אִתִּי: אֹהֲבַי ׀ וְרֵעַי מִנֶּגֶד נִגְעִי יַעֲמֹדוּ וּקְרוֹבַי מֵרָחֹק עָמָדוּ:
יג וַיְנַקְשׁוּ ׀ מְבַקְשֵׁי נַפְשִׁי וְדֹרְשֵׁי רָעָתִי דִּבְּרוּ הַוּוֹת וּמִרְמוֹת כָּל־
יד טו הַיּוֹם יֶהְגּוּ: וַאֲנִי כְחֵרֵשׁ לֹא אֶשְׁמָע וּכְאִלֵּם לֹא יִפְתַּח־פִּיו: וָאֱהִי
טז כְּאִישׁ אֲשֶׁר לֹא־שֹׁמֵעַ וְאֵין בְּפִיו תּוֹכָחוֹת: כִּי־לְךָ יְהוָה הוֹחָלְתִּי
יז אַתָּה תַעֲנֶה אֲדֹנָי אֱלֹהָי: כִּי־אָמַרְתִּי פֶּן־יִשְׂמְחוּ־לִי בְּמוֹט רַגְלִי
יח יט עָלַי הִגְדִּילוּ: כִּי־אֲנִי לְצֶלַע נָכוֹן וּמַכְאוֹבִי נֶגְדִּי תָמִיד: כִּי־
כ עֲוֺנִי אַגִּיד אֶדְאַג מֵחַטָּאתִי: וְאֹיְבַי חַיִּים עָצֵמוּ וְרַבּוּ שֹׂנְאַי
כא שָׁקֶר: וּמְשַׁלְּמֵי רָעָה תַּחַת טוֹבָה יִשְׂטְנוּנִי תַּחַת רדופי־ רָדְפִי־
כב כג טוֹב: אַל־תַּעַזְבֵנִי יְהוָה אֱלֹהַי אַל־תִּרְחַק מִמֶּנִּי: חוּשָׁה
לְעֶזְרָתִי אֲדֹנָי תְּשׁוּעָתִי:
לט א ב לַמְנַצֵּחַ לידיתון מִזְמוֹר לְדָוִד: אָמַרְתִּי אֶשְׁמְרָה דְרָכַי מֵחֲטוֹא לִידוּתוּן
ג בִלְשׁוֹנִי אֶשְׁמְרָה־לְפִי מַחְסוֹם בְּעֹד רָשָׁע לְנֶגְדִּי: נֶאֱלַמְתִּי
ד דוּמִיָּה הֶחֱשֵׁיתִי מִטּוֹב וּכְאֵבִי נֶעְכָּר: חַם־לִבִּי ׀ בְּקִרְבִּי בַּהֲגִיגִי
ה תִבְעַר־אֵשׁ דִּבַּרְתִּי בִּלְשׁוֹנִי: הוֹדִיעֵנִי יְהוָה ׀ קִצִּי וּמִדַּת יָמַי
ו מַה־הִיא אֵדְעָה מֶה־חָדֵל אָנִי: הִנֵּה טְפָחוֹת ׀ נָתַתָּה יָמַי וְחֶלְדִּי
ז כְאַיִן נֶגְדֶּךָ אַךְ־כָּל־הֶבֶל כָּל־אָדָם נִצָּב סֶלָה: אַךְ־בְּצֶלֶם ׀
ח יִתְהַלֶּךְ־אִישׁ אַךְ־הֶבֶל יֶהֱמָיוּן יִצְבֹּר וְלֹא־יֵדַע מִי־אֹסְפָם: וְעַתָּה
ט מַה־קִּוִּיתִי אֲדֹנָי תּוֹחַלְתִּי לְךָ הִיא: מִכָּל־פְּשָׁעַי הַצִּילֵנִי חֶרְפַּת
י נָבָל אַל־תְּשִׂימֵנִי: נֶאֱלַמְתִּי לֹא אֶפְתַּח־פִּי כִּי אַתָּה עָשִׂיתָ:
יא יב הָסֵר מֵעָלַי נִגְעֶךָ מִתִּגְרַת יָדְךָ אֲנִי כָלִיתִי: בְּתוֹכָחוֹת עַל־
עָוֺן ׀ יִסַּרְתָּ אִישׁ וַתֶּמֶס כָּעָשׁ חֲמוּדוֹ אַךְ הֶבֶל כָּל־אָדָם סֶלָה:
יג שִׁמְעָה תְפִלָּתִי ׀ יְהוָה וְשַׁוְעָתִי ׀ הַאֲזִינָה אֶל־דִּמְעָתִי אַל־
יד תֶּחֱרַשׁ כִּי גֵר אָנֹכִי עִמָּךְ תּוֹשָׁב כְּכָל־אֲבוֹתָי: הָשַׁע מִמֶּנִּי
וְאַבְלִיגָה בְּטֶרֶם אֵלֵךְ וְאֵינֶנִּי:

א ב לַמְנַצֵּחַ לְדָוִד מִזְמוֹר׃ קַוֹּה קִוִּיתִי יהוה וַיֵּט אֵלַי וַיִּשְׁמַע שַׁוְעָתִי׃
ג וַיַּעֲלֵנִי ׀ מִבּוֹר שָׁאוֹן מִטִּיט הַיָּוֵן וַיָּקֶם עַל־סֶלַע רַגְלַי כּוֹנֵן אֲשֻׁרָי׃
ד וַיִּתֵּן בְּפִי ׀ שִׁיר חָדָשׁ תְּהִלָּה לֵאלֹהֵינוּ יִרְאוּ רַבִּים וְיִירָאוּ
ה וְיִבְטְחוּ בַּיהוה׃ אַשְׁרֵי־הַגֶּבֶר אֲשֶׁר־שָׂם יהוה מִבְטַחוֹ וְלֹא־
ו פָנָה אֶל־רְהָבִים וְשָׂטֵי כָזָב׃ רַבּוֹת עָשִׂיתָ ׀ אַתָּה ׀ יהוה אֱלֹהַי
נִפְלְאֹתֶיךָ וּמַחְשְׁבֹתֶיךָ אֵלֵינוּ אֵין ׀ עֲרֹךְ אֵלֶיךָ אַגִּידָה וַאֲדַבֵּרָה
ז עָצְמוּ מִסַּפֵּר׃ זֶבַח וּמִנְחָה ׀ לֹא־חָפַצְתָּ אָזְנַיִם כָּרִיתָ לִּי עוֹלָה
ח וַחֲטָאָה לֹא שָׁאָלְתָּ׃ אָז אָמַרְתִּי הִנֵּה־בָאתִי בִּמְגִלַּת־סֵפֶר
ט כָּתוּב עָלָי׃ לַעֲשׂוֹת־רְצוֹנְךָ אֱלֹהַי חָפָצְתִּי וְתוֹרָתְךָ בְּתוֹךְ מֵעָי׃
י בִּשַּׂרְתִּי צֶדֶק ׀ בְּקָהָל רָב הִנֵּה שְׂפָתַי לֹא אֶכְלָא יהוה אַתָּה
יא יָדָעְתָּ׃ צִדְקָתְךָ לֹא־כִסִּיתִי ׀ בְּתוֹךְ לִבִּי אֱמוּנָתְךָ וּתְשׁוּעָתְךָ
יב אָמָרְתִּי לֹא־כִחַדְתִּי חַסְדְּךָ וַאֲמִתְּךָ לְקָהָל רָב׃ אַתָּה יהוה לֹא־
יג תִכְלָא רַחֲמֶיךָ מִמֶּנִּי חַסְדְּךָ וַאֲמִתְּךָ תָּמִיד יִצְּרוּנִי׃ כִּי אָפְפוּ־עָלַי ׀
רָעוֹת עַד־אֵין מִסְפָּר הִשִּׂיגוּנִי עֲוֹנֹתַי וְלֹא־יָכֹלְתִּי לִרְאוֹת עָצְמוּ
יד מִשַּׂעֲרוֹת רֹאשִׁי וְלִבִּי עֲזָבָנִי׃ רְצֵה יהוה לְהַצִּילֵנִי יהוה לְעֶזְרָתִי
טו חוּשָׁה׃ יֵבֹשׁוּ וְיַחְפְּרוּ ׀ יַחַד מְבַקְשֵׁי נַפְשִׁי לִסְפּוֹתָהּ יִסֹּגוּ אָחוֹר
טז וְיִכָּלְמוּ חֲפֵצֵי רָעָתִי׃ יָשֹׁמּוּ עַל־עֵקֶב בָּשְׁתָּם הָאֹמְרִים לִי הֶאָח ׀
יז הֶאָח׃ יָשִׂישׂוּ וְיִשְׂמְחוּ ׀ בְּךָ כָּל־מְבַקְשֶׁיךָ יֹאמְרוּ תָמִיד יִגְדַּל
יח יהוה אֹהֲבֵי תְּשׁוּעָתֶךָ׃ וַאֲנִי ׀ עָנִי וְאֶבְיוֹן אֲדֹנָי יַחֲשָׁב לִי עֶזְרָתִי
וּמְפַלְטִי אַתָּה אֱלֹהַי אַל־תְּאַחַר׃

מא א ב לַמְנַצֵּחַ מִזְמוֹר לְדָוִד׃ אַשְׁרֵי מַשְׂכִּיל אֶל־דָּל בְּיוֹם רָעָה יְמַלְּטֵהוּ
ג יהוה׃ יהוה ׀ יִשְׁמְרֵהוּ וִיחַיֵּהוּ יאשר בָּאָרֶץ וְאַל־תִּתְּנֵהוּ בְּנֶפֶשׁ וְאֻשַּׁר
ד אֹיְבָיו׃ יהוה יִסְעָדֶנּוּ עַל־עֶרֶשׂ דְּוָי כָּל־מִשְׁכָּבוֹ הָפַכְתָּ בְחָלְיוֹ׃
ה ו אֲנִי־אָמַרְתִּי יהוה חָנֵּנִי רְפָאָה נַפְשִׁי כִּי־חָטָאתִי לָךְ׃ אוֹיְבַי
ז יֹאמְרוּ רַע לִי מָתַי יָמוּת וְאָבַד שְׁמוֹ׃ וְאִם־בָּא לִרְאוֹת ׀ שָׁוְא
ח יְדַבֵּר לִבּוֹ יִקְבָּץ־אָוֶן לוֹ יֵצֵא לַחוּץ יְדַבֵּר׃ יַחַד עָלַי יִתְלַחֲשׁוּ
ט כָּל־שֹׂנְאָי עָלָי ׀ יַחְשְׁבוּ רָעָה לִי׃ דְּבַר־בְּלִיַּעַל יָצוּק בּוֹ וַאֲשֶׁר

י שֹׁכֵב לֹא־יוֹסִיף לָקוּם׃ גַּם־אִישׁ שְׁלוֹמִי ׀ אֲשֶׁר־בָּטַחְתִּי בוֹ אוֹכֵל
יא לַחְמִי הִגְדִּיל עָלַי עָקֵב׃ וְאַתָּה יְהוָה חָנֵּנִי וַהֲקִימֵנִי וַאֲשַׁלְּמָה
יב יג לָהֶם׃ בְּזֹאת יָדַעְתִּי כִּי־חָפַצְתָּ בִּי כִּי לֹא־יָרִיעַ אֹיְבִי עָלָי׃ וַאֲנִי
יד בְּתֻמִּי תָּמַכְתָּ בִּי וַתַּצִּיבֵנִי לְפָנֶיךָ לְעוֹלָם׃ בָּרוּךְ יְהוָה ׀ אֱלֹהֵי ו
יִשְׂרָאֵל מֵהָעוֹלָם וְעַד־הָעוֹלָם אָמֵן ׀ וְאָמֵן׃

מב א ב לַמְנַצֵּחַ מַשְׂכִּיל לִבְנֵי־קֹרַח׃ כְּאַיָּל תַּעֲרֹג עַל־אֲפִיקֵי־מָיִם כֵּן ספר שני
ג נַפְשִׁי תַעֲרֹג אֵלֶיךָ אֱלֹהִים׃ צָמְאָה נַפְשִׁי ׀ לֵאלֹהִים לְאֵל חָי
ד מָתַי אָבוֹא וְאֵרָאֶה פְּנֵי אֱלֹהִים׃ הָיְתָה־לִּי דִמְעָתִי לֶחֶם יוֹמָם
ה וָלָיְלָה בֶּאֱמֹר אֵלַי כָּל־הַיּוֹם אַיֵּה אֱלֹהֶיךָ׃ אֵלֶּה אֶזְכְּרָה ׀
וְאֶשְׁפְּכָה עָלַי ׀ נַפְשִׁי כִּי אֶעֱבֹר ׀ בַּסָּךְ אֶדַּדֵּם עַד־בֵּית אֱלֹהִים
ו בְּקוֹל־רִנָּה וְתוֹדָה הָמוֹן חוֹגֵג׃ מַה־תִּשְׁתּוֹחֲחִי ׀ נַפְשִׁי וַתֶּהֱמִי
ז עָלָי הוֹחִלִי לֵאלֹהִים כִּי־עוֹד אוֹדֶנּוּ יְשׁוּעוֹת פָּנָיו׃ אֱלֹהַי עָלַי
נַפְשִׁי תִשְׁתּוֹחָח עַל־כֵּן אֶזְכָּרְךָ מֵאֶרֶץ יַרְדֵּן וְחֶרְמוֹנִים מֵהַר
ח מִצְעָר׃ תְּהוֹם־אֶל־תְּהוֹם קוֹרֵא לְקוֹל צִנּוֹרֶיךָ כָּל־מִשְׁבָּרֶיךָ
ט וְגַלֶּיךָ עָלַי עָבָרוּ׃ יוֹמָם ׀ יְצַוֶּה יְהוָה ׀ חַסְדּוֹ וּבַלַּיְלָה שִׁירֹה עִמִּי
י תְּפִלָּה לְאֵל חַיָּי׃ אוֹמְרָה ׀ לְאֵל סַלְעִי לָמָה שְׁכַחְתָּנִי לָמָּה־קֹדֵר
יא אֵלֵךְ בְּלַחַץ אוֹיֵב׃ בְּרֶצַח ׀ בְּעַצְמוֹתַי חֵרְפוּנִי צוֹרְרָי בְּאָמְרָם אֵלַי
יב כָּל־הַיּוֹם אַיֵּה אֱלֹהֶיךָ׃ מַה־תִּשְׁתּוֹחֲחִי ׀ נַפְשִׁי וּמַה־תֶּהֱמִי עָלָי
הוֹחִילִי לֵאלֹהִים כִּי־עוֹד אוֹדֶנּוּ יְשׁוּעֹת פָּנַי וֵאלֹהָי׃
מג א שָׁפְטֵנִי אֱלֹהִים ׀ וְרִיבָה רִיבִי מִגּוֹי לֹא־חָסִיד מֵאִישׁ־מִרְמָה
ב וְעַוְלָה תְפַלְּטֵנִי׃ כִּי־אַתָּה ׀ אֱלֹהֵי מָעוּזִּי לָמָה זְנַחְתָּנִי לָמָּה־קֹדֵר
ג אֶתְהַלֵּךְ בְּלַחַץ אוֹיֵב׃ שְׁלַח־אוֹרְךָ וַאֲמִתְּךָ הֵמָּה יַנְחוּנִי יְבִיאוּנִי
ד אֶל־הַר־קָדְשְׁךָ וְאֶל־מִשְׁכְּנוֹתֶיךָ׃ וְאָבוֹאָה ׀ אֶל־מִזְבַּח אֱלֹהִים
ה אֶל־אֵל שִׂמְחַת גִּילִי וְאוֹדְךָ בְכִנּוֹר אֱלֹהִים אֱלֹהָי׃ מַה־
תִּשְׁתּוֹחֲחִי ׀ נַפְשִׁי וּמַה־תֶּהֱמִי עָלָי הוֹחִילִי לֵאלֹהִים כִּי־עוֹד
אוֹדֶנּוּ יְשׁוּעֹת פָּנַי וֵאלֹהָי׃

א ב לַמְנַצֵּחַ לִבְנֵי־קֹרַח מַשְׂכִּיל׃ אֱלֹהִים ׀ בְּאָזְנֵינוּ שָׁמַעְנוּ אֲבוֹתֵינוּ
ג סִפְּרוּ־לָנוּ פֹּעַל־פָּעַלְתָּ בִימֵיהֶם בִּימֵי קֶדֶם׃ אַתָּה ׀ יָדְךָ גּוֹיִם
ד הוֹרַשְׁתָּ וַתִּטָּעֵם תָּרַע לְאֻמִּים וַתְּשַׁלְּחֵם׃ כִּי לֹא בְחַרְבָּם יָרְשׁוּ
אֶרֶץ וּזְרוֹעָם לֹא־הוֹשִׁיעָה לָּמוֹ כִּי־יְמִינְךָ וּזְרוֹעֲךָ וְאוֹר פָּנֶיךָ כִּי
ה ו רְצִיתָם׃ אַתָּה־הוּא מַלְכִּי אֱלֹהִים צַוֵּה יְשׁוּעוֹת יַעֲקֹב׃ בְּךָ
ז צָרֵינוּ נְנַגֵּחַ בְּשִׁמְךָ נָבוּס קָמֵינוּ׃ כִּי לֹא בְקַשְׁתִּי אֶבְטָח וְחַרְבִּי
ח לֹא תוֹשִׁיעֵנִי׃ כִּי הוֹשַׁעְתָּנוּ מִצָּרֵינוּ וּמְשַׂנְאֵינוּ הֱבִישׁוֹתָ׃
ט י בֵּאלֹהִים הִלַּלְנוּ כָל־הַיּוֹם וְשִׁמְךָ ׀ לְעוֹלָם נוֹדֶה סֶלָה׃ אַף־זָנַחְתָּ
יא וַתַּכְלִימֵנוּ וְלֹא־תֵצֵא בְּצִבְאוֹתֵינוּ׃ תְּשִׁיבֵנוּ אָחוֹר מִנִּי־צָר
יב וּמְשַׂנְאֵינוּ שָׁסוּ לָמוֹ׃ תִּתְּנֵנוּ כְּצֹאן מַאֲכָל וּבַגּוֹיִם זֵרִיתָנוּ׃
יג יד תִּמְכֹּר־עַמְּךָ בְלֹא־הוֹן וְלֹא־רִבִּיתָ בִּמְחִירֵיהֶם׃ תְּשִׂימֵנוּ חֶרְפָּה
טו לִשְׁכֵנֵינוּ לַעַג וָקֶלֶס לִסְבִיבוֹתֵינוּ׃ תְּשִׂימֵנוּ מָשָׁל בַּגּוֹיִם מְנוֹד־
טז רֹאשׁ בַּלְאֻמִּים׃ כָּל־הַיּוֹם כְּלִמָּתִי נֶגְדִּי וּבֹשֶׁת פָּנַי כִּסָּתְנִי׃
יז יח מִקּוֹל מְחָרֵף וּמְגַדֵּף מִפְּנֵי אוֹיֵב וּמִתְנַקֵּם׃ כָּל־זֹאת בָּאַתְנוּ וְלֹא
יט שְׁכַחֲנוּךָ וְלֹא־שִׁקַּרְנוּ בִּבְרִיתֶךָ׃ לֹא־נָסוֹג אָחוֹר לִבֵּנוּ וַתֵּט
כ אֲשֻׁרֵינוּ מִנִּי אָרְחֶךָ׃ כִּי דִכִּיתָנוּ בִּמְקוֹם תַּנִּים וַתְּכַס עָלֵינוּ
כא כב בְצַלְמָוֶת׃ אִם־שָׁכַחְנוּ שֵׁם אֱלֹהֵינוּ וַנִּפְרֹשׂ כַּפֵּינוּ לְאֵל זָר׃ הֲלֹא
כג אֱלֹהִים יַחֲקָר־זֹאת כִּי־הוּא יֹדֵעַ תַּעֲלֻמוֹת לֵב׃ כִּי־עָלֶיךָ הֹרַגְנוּ
כד כָל־הַיּוֹם נֶחְשַׁבְנוּ כְּצֹאן טִבְחָה׃ עוּרָה ׀ לָמָּה תִישַׁן ׀ אֲדֹנָי
כה הָקִיצָה אַל־תִּזְנַח לָנֶצַח׃ לָמָּה־פָנֶיךָ תַסְתִּיר תִּשְׁכַּח עָנְיֵנוּ
כו כז וְלַחֲצֵנוּ׃ כִּי שָׁחָה לֶעָפָר נַפְשֵׁנוּ דָּבְקָה לָאָרֶץ בִּטְנֵנוּ׃ קוּמָה
עֶזְרָתָה לָּנוּ וּפְדֵנוּ לְמַעַן חַסְדֶּךָ׃
מה א ב לַמְנַצֵּחַ עַל־שֹׁשַׁנִּים לִבְנֵי־קֹרַח מַשְׂכִּיל שִׁיר יְדִידֹת׃ רָחַשׁ לִבִּי ׀
דָּבָר טוֹב אֹמֵר אָנִי מַעֲשַׂי לְמֶלֶךְ לְשׁוֹנִי עֵט ׀ סוֹפֵר מָהִיר׃
ג יָפְיָפִיתָ מִבְּנֵי אָדָם הוּצַק חֵן בְּשְׂפְתוֹתֶיךָ עַל־כֵּן בֵּרַכְךָ אֱלֹהִים
ד ה לְעוֹלָם׃ חֲגוֹר־חַרְבְּךָ עַל־יָרֵךְ גִּבּוֹר הוֹדְךָ וַהֲדָרֶךָ׃ וַהֲדָרְךָ ׀ צְלַח
ו רְכַב עַל־דְּבַר־אֱמֶת וְעַנְוָה־צֶדֶק וְתוֹרְךָ נוֹרָאוֹת יְמִינֶךָ׃ חִצֶּיךָ

ז שְׁנוּנִים עַמִּים תַּחְתֶּיךָ יִפְּלוּ בְּלֵב אוֹיְבֵי הַמֶּלֶךְ: כִּסְאֲךָ אֱלֹהִים
ח עוֹלָם וָעֶד שֵׁבֶט מִישֹׁר שֵׁבֶט מַלְכוּתֶךָ: אָהַבְתָּ צֶּדֶק וַתִּשְׂנָא
ט רֶשַׁע עַל־כֵּן ׀ מְשָׁחֲךָ אֱלֹהִים אֱלֹהֶיךָ שֶׁמֶן שָׂשׂוֹן מֵחֲבֵרֶךָ: מֹר־
י וַאֲהָלוֹת קְצִיעוֹת כָּל־בִּגְדֹתֶיךָ מִן־הֵיכְלֵי שֵׁן מִנִּי שִׂמְּחוּךָ: בְּנוֹת
יא מְלָכִים בְּיִקְּרוֹתֶיךָ נִצְּבָה שֵׁגַל לִימִינְךָ בְּכֶתֶם אוֹפִיר: שִׁמְעִי־
יב בַת וּרְאִי וְהַטִּי אָזְנֵךְ וְשִׁכְחִי עַמֵּךְ וּבֵית אָבִיךְ: וְיִתְאָו הַמֶּלֶךְ
יג יָפְיֵךְ כִּי־הוּא אֲדֹנַיִךְ וְהִשְׁתַּחֲוִי־לוֹ: וּבַת־צֹר ׀ בְּמִנְחָה פָּנַיִךְ יְחַלּוּ
יד עֲשִׁירֵי עָם: כָּל־כְּבוּדָּה בַת־מֶלֶךְ פְּנִימָה מִמִּשְׁבְּצוֹת זָהָב
טו לְבוּשָׁהּ: לִרְקָמוֹת תּוּבַל לַמֶּלֶךְ בְּתוּלוֹת אַחֲרֶיהָ רֵעוֹתֶיהָ
טז מוּבָאוֹת לָךְ: תּוּבַלְנָה בִּשְׂמָחֹת וָגִיל תְּבֹאֶינָה בְּהֵיכַל מֶלֶךְ:
יז יח תַּחַת אֲבֹתֶיךָ יִהְיוּ בָנֶיךָ תְּשִׁיתֵמוֹ לְשָׂרִים בְּכָל־הָאָרֶץ: אַזְכִּירָה
שִׁמְךָ בְּכָל־דֹּר וָדֹר עַל־כֵּן עַמִּים יְהוֹדֻךָ לְעֹלָם וָעֶד:
מו א ב לַמְנַצֵּחַ לִבְנֵי־קֹרַח עַל־עֲלָמוֹת שִׁיר: אֱלֹהִים לָנוּ מַחֲסֶה וָעֹז
ג עֶזְרָה בְצָרוֹת נִמְצָא מְאֹד: עַל־כֵּן לֹא־נִירָא בְּהָמִיר אָרֶץ
ד וּבְמוֹט הָרִים בְּלֵב יַמִּים: יֶהֱמוּ יֶחְמְרוּ מֵימָיו יִרְעֲשׁוּ־הָרִים
ה בְּגַאֲוָתוֹ סֶלָה: נָהָר פְּלָגָיו יְשַׂמְּחוּ עִיר־אֱלֹהִים קְדֹשׁ מִשְׁכְּנֵי
ו עֶלְיוֹן: אֱלֹהִים בְּקִרְבָּהּ בַּל־תִּמּוֹט יַעְזְרֶהָ אֱלֹהִים לִפְנוֹת בֹּקֶר:
ז ח הָמוּ גוֹיִם מָטוּ מַמְלָכוֹת נָתַן בְּקוֹלוֹ תָּמוּג אָרֶץ: יְהוָה צְבָאוֹת
ט עִמָּנוּ מִשְׂגָּב לָנוּ אֱלֹהֵי יַעֲקֹב סֶלָה: לְכוּ־חֲזוּ מִפְעֲלוֹת יְהוָה
י אֲשֶׁר־שָׂם שַׁמּוֹת בָּאָרֶץ: מַשְׁבִּית מִלְחָמוֹת עַד־קְצֵה הָאָרֶץ
יא קֶשֶׁת יְשַׁבֵּר וְקִצֵּץ חֲנִית עֲגָלוֹת יִשְׂרֹף בָּאֵשׁ: הַרְפּוּ וּדְעוּ כִּי־
יב אָנֹכִי אֱלֹהִים אָרוּם בַּגּוֹיִם אָרוּם בָּאָרֶץ: יְהוָה צְבָאוֹת עִמָּנוּ
מִשְׂגָּב לָנוּ אֱלֹהֵי יַעֲקֹב סֶלָה:
מז א ב לַמְנַצֵּחַ לִבְנֵי־קֹרַח מִזְמוֹר: כָּל־הָעַמִּים תִּקְעוּ־כָף הָרִיעוּ
ג לֵאלֹהִים בְּקוֹל רִנָּה: כִּי־יְהוָה עֶלְיוֹן נוֹרָא מֶלֶךְ גָּדוֹל עַל־
ד ה כָּל־הָאָרֶץ: יַדְבֵּר עַמִּים תַּחְתֵּינוּ וּלְאֻמִּים תַּחַת רַגְלֵינוּ: יִבְחַר־
ו לָנוּ אֶת־נַחֲלָתֵנוּ אֶת גְּאוֹן יַעֲקֹב אֲשֶׁר־אָהֵב סֶלָה: עָלָה אֱלֹהִים

ז בִּתְרוּעָה יְהוָה בְּקוֹל שׁוֹפָר: זַמְּרוּ אֱלֹהִים זַמֵּרוּ זַמְּרוּ לְמַלְכֵּנוּ
ח ט זַמֵּרוּ: כִּי מֶלֶךְ כָּל־הָאָרֶץ אֱלֹהִים זַמְּרוּ מַשְׂכִּיל: מָלַךְ
י אֱלֹהִים עַל־גּוֹיִם אֱלֹהִים יָשַׁב ׀ עַל־כִּסֵּא קָדְשׁוֹ: נְדִיבֵי
עַמִּים ׀ נֶאֱסָפוּ עַם אֱלֹהֵי אַבְרָהָם כִּי לֵאלֹהִים מָגִנֵּי־אֶרֶץ
מְאֹד נַעֲלָה:

מח א ב שִׁיר מִזְמוֹר לִבְנֵי־קֹרַח: גָּדוֹל יְהוָה וּמְהֻלָּל מְאֹד בְּעִיר אֱלֹהֵינוּ
ג הַר־קָדְשׁוֹ: יְפֵה נוֹף מְשׂוֹשׂ כָּל־הָאָרֶץ הַר־צִיּוֹן יַרְכְּתֵי צָפוֹן
ד ה קִרְיַת מֶלֶךְ רָב: אֱלֹהִים בְּאַרְמְנוֹתֶיהָ נוֹדַע לְמִשְׂגָּב: כִּי־הִנֵּה
ו הַמְּלָכִים נוֹעֲדוּ עָבְרוּ יַחְדָּו: הֵמָּה רָאוּ כֵּן תָּמָהוּ נִבְהֲלוּ נֶחְפָּזוּ:
ז ח רְעָדָה אֲחָזָתַם שָׁם חִיל כַּיּוֹלֵדָה: בְּרוּחַ קָדִים תְּשַׁבֵּר אֳנִיּוֹת
ט תַּרְשִׁישׁ: כַּאֲשֶׁר שָׁמַעְנוּ ׀ כֵּן רָאִינוּ בְּעִיר־יְהוָה צְבָאוֹת בְּעִיר
י אֱלֹהֵינוּ אֱלֹהִים יְכוֹנְנֶהָ עַד־עוֹלָם סֶלָה: דִּמִּינוּ אֱלֹהִים חַסְדֶּךָ
יא בְּקֶרֶב הֵיכָלֶךָ: כְּשִׁמְךָ ׀ אֱלֹהִים כֵּן תְּהִלָּתְךָ עַל־קַצְוֵי־אֶרֶץ צֶדֶק
יב מָלְאָה יְמִינֶךָ: יִשְׂמַח ׀ הַר־צִיּוֹן תָּגֵלְנָה בְּנוֹת יְהוּדָה לְמַעַן
יג יד מִשְׁפָּטֶיךָ: סֹבּוּ צִיּוֹן וְהַקִּיפוּהָ סִפְרוּ מִגְדָּלֶיהָ: שִׁיתוּ לִבְּכֶם ׀
טו לְחֵילָה פַּסְּגוּ אַרְמְנוֹתֶיהָ לְמַעַן תְּסַפְּרוּ לְדוֹר אַחֲרוֹן: כִּי זֶה ׀
אֱלֹהִים אֱלֹהֵינוּ עוֹלָם וָעֶד הוּא יְנַהֲגֵנוּ עַל־מוּת:

מט א ב לַמְנַצֵּחַ לִבְנֵי־קֹרַח מִזְמוֹר: שִׁמְעוּ־זֹאת כָּל־הָעַמִּים הַאֲזִינוּ כָּל־
ג ד יֹשְׁבֵי חָלֶד: גַּם־בְּנֵי אָדָם גַּם־בְּנֵי־אִישׁ יַחַד עָשִׁיר וְאֶבְיוֹן: פִּי
ה יְדַבֵּר חָכְמוֹת וְהָגוּת לִבִּי תְבוּנוֹת: אַטֶּה לְמָשָׁל אָזְנִי אֶפְתַּח
ו ז בְּכִנּוֹר חִידָתִי: לָמָּה אִירָא בִּימֵי רָע עֲוֺן עֲקֵבַי יְסוּבֵּנִי: הַבֹּטְחִים
ח עַל־חֵילָם וּבְרֹב עָשְׁרָם יִתְהַלָּלוּ: אָח לֹא־פָדֹה יִפְדֶּה אִישׁ לֹא־
ט י יִתֵּן לֵאלֹהִים כָּפְרוֹ: וְיֵקַר פִּדְיוֹן נַפְשָׁם וְחָדַל לְעוֹלָם: וִיחִי־עוֹד
יא לָנֶצַח לֹא יִרְאֶה הַשָּׁחַת: כִּי יִרְאֶה ׀ חֲכָמִים יָמוּתוּ יַחַד כְּסִיל
יב וָבַעַר יֹאבֵדוּ וְעָזְבוּ לַאֲחֵרִים חֵילָם: קִרְבָּם בָּתֵּימוֹ ׀ לְעוֹלָם
יג מִשְׁכְּנֹתָם לְדֹר וָדֹר קָרְאוּ בִשְׁמוֹתָם עֲלֵי אֲדָמוֹת: וְאָדָם בִּיקָר
יד בַּל־יָלִין נִמְשַׁל כַּבְּהֵמוֹת נִדְמוּ: זֶה דַרְכָּם כֵּסֶל לָמוֹ וְאַחֲרֵיהֶם ׀

טו בְּפִיהֶם יִרְצוּ סֶלָה׃ כַּצֹּאן ׀ לִשְׁאוֹל שַׁתּוּ מָוֶת יִרְעֵם וַיִּרְדּוּ בָם
טז יְשָׁרִים ׀ לַבֹּקֶר וצירם לְבַלּוֹת שְׁאוֹל מִזְּבֻל לוֹ׃ אַךְ־אֱלֹהִים וְצוּרָם
יז יִפְדֶּה נַפְשִׁי מִיַּד־שְׁאוֹל כִּי יִקָּחֵנִי סֶלָה׃ אַל־תִּירָא כִּי־יַעֲשִׁר
יח אִישׁ כִּי־יִרְבֶּה כְּבוֹד בֵּיתוֹ׃ כִּי לֹא בְמוֹתוֹ יִקַּח הַכֹּל לֹא־יֵרֵד
יט כ אַחֲרָיו כְּבוֹדוֹ׃ כִּי־נַפְשׁוֹ בְּחַיָּיו יְבָרֵךְ וְיוֹדֻךָ כִּי־תֵיטִיב לָךְ׃ תָּבוֹא ז
כא עַד־דּוֹר אֲבוֹתָיו עַד־נֵצַח לֹא יִרְאוּ־אוֹר׃ אָדָם בִּיקָר וְלֹא יָבִין
נִמְשַׁל כַּבְּהֵמוֹת נִדְמוּ׃
נ א מִזְמוֹר לְאָסָף אֵל ׀ אֱלֹהִים יְהוָה דִּבֶּר וַיִּקְרָא־אָרֶץ מִמִּזְרַח־
ב ג שֶׁמֶשׁ עַד־מְבֹאוֹ׃ מִצִּיּוֹן מִכְלַל־יֹפִי אֱלֹהִים הוֹפִיעַ׃ יָבֹא אֱלֹהֵינוּ
ד וְאַל־יֶחֱרַשׁ אֵשׁ־לְפָנָיו תֹּאכֵל וּסְבִיבָיו נִשְׂעֲרָה מְאֹד׃ יִקְרָא אֶל־
ה הַשָּׁמַיִם מֵעָל וְאֶל־הָאָרֶץ לָדִין עַמּוֹ׃ אִסְפוּ־לִי חֲסִידָי כֹּרְתֵי
ו בְרִיתִי עֲלֵי־זָבַח׃ וַיַּגִּידוּ שָׁמַיִם צִדְקוֹ כִּי־אֱלֹהִים ׀ שֹׁפֵט הוּא
ז סֶלָה׃ שִׁמְעָה עַמִּי ׀ וַאֲדַבֵּרָה יִשְׂרָאֵל וְאָעִידָה בָּךְ אֱלֹהִים
ח אֱלֹהֶיךָ אָנֹכִי׃ לֹא עַל־זְבָחֶיךָ אוֹכִיחֶךָ וְעוֹלֹתֶיךָ לְנֶגְדִּי תָמִיד׃
ט י לֹא־אֶקַּח מִבֵּיתְךָ פָר מִמִּכְלְאֹתֶיךָ עַתּוּדִים׃ כִּי־לִי כָל־חַיְתוֹ־
יא יָעַר בְּהֵמוֹת בְּהַרְרֵי־אָלֶף׃ יָדַעְתִּי כָּל־עוֹף הָרִים וְזִיז שָׂדַי
יב יג עִמָּדִי׃ אִם־אֶרְעַב לֹא־אֹמַר לָךְ כִּי־לִי תֵּבֵל וּמְלֹאָהּ׃ הַאוֹכַל
יד בְּשַׂר אַבִּירִים וְדַם עַתּוּדִים אֶשְׁתֶּה׃ זְבַח לֵאלֹהִים תּוֹדָה וְשַׁלֵּם
טו טז לְעֶלְיוֹן נְדָרֶיךָ׃ וּקְרָאֵנִי בְּיוֹם צָרָה אֲחַלֶּצְךָ וּתְכַבְּדֵנִי׃ וְלָרָשָׁע ׀
יז אָמַר אֱלֹהִים מַה־לְּךָ לְסַפֵּר חֻקָּי וַתִּשָּׂא בְרִיתִי עֲלֵי־פִיךָ׃ וְאַתָּה
יח שָׂנֵאתָ מוּסָר וַתַּשְׁלֵךְ דְּבָרַי אַחֲרֶיךָ׃ אִם־רָאִיתָ גַנָּב וַתִּרֶץ עִמּוֹ
יט וְעִם מְנָאֲפִים חֶלְקֶךָ׃ פִּיךָ שָׁלַחְתָּ בְרָעָה וּלְשׁוֹנְךָ תַּצְמִיד
כ כא מִרְמָה׃ תֵּשֵׁב בְּאָחִיךָ תְדַבֵּר בְּבֶן־אִמְּךָ תִּתֶּן־דֹּפִי׃ אֵלֶּה עָשִׂיתָ ׀
וְהֶחֱרַשְׁתִּי דִּמִּיתָ הֱיוֹת־אֶהְיֶה כָמוֹךָ אוֹכִיחֲךָ וְאֶעֶרְכָה לְעֵינֶיךָ׃
כב כג בִּינוּ־נָא זֹאת שֹׁכְחֵי אֱלוֹהַּ פֶּן־אֶטְרֹף וְאֵין מַצִּיל׃ זֹבֵחַ תּוֹדָה
יְכַבְּדָנְנִי וְשָׂם דֶּרֶךְ אַרְאֶנּוּ בְּיֵשַׁע אֱלֹהִים׃
נא א ב לַמְנַצֵּחַ מִזְמוֹר לְדָוִד׃ בְּבוֹא־אֵלָיו נָתָן הַנָּבִיא כַּאֲשֶׁר־בָּא אֶל־

נא
ג בַּת־שָׁבַע׃ חָנֵּנִי אֱלֹהִים כְּחַסְדֶּךָ כְּרֹב רַחֲמֶיךָ מְחֵה פְשָׁעָי׃
ד ה הרבה כַּבְּסֵנִי מֵעֲוֺנִי וּמֵחַטָּאתִי טַהֲרֵנִי׃ כִּי־פְשָׁעַי אֲנִי אֵדָע הֶרֶב
ו וְחַטָּאתִי נֶגְדִּי תָמִיד׃ לְךָ לְבַדְּךָ ׀ חָטָאתִי וְהָרַע בְּעֵינֶיךָ עָשִׂיתִי
ז לְמַעַן תִּצְדַּק בְּדָבְרֶךָ תִּזְכֶּה בְשָׁפְטֶךָ׃ הֵן־בְּעָווֹן חוֹלָלְתִּי
ח וּבְחֵטְא יֶחֱמַתְנִי אִמִּי׃ הֵן־אֱמֶת חָפַצְתָּ בַטֻּחוֹת וּבְסָתֻם חָכְמָה
ט תוֹדִיעֵנִי׃ תְּחַטְּאֵנִי בְאֵזוֹב וְאֶטְהָר תְּכַבְּסֵנִי וּמִשֶּׁלֶג אַלְבִּין׃
י יא תַּשְׁמִיעֵנִי שָׂשׂוֹן וְשִׂמְחָה תָּגֵלְנָה עֲצָמוֹת דִּכִּיתָ׃ הַסְתֵּר פָּנֶיךָ
יב מֵחֲטָאָי וְכָל־עֲוֺנֹתַי מְחֵה׃ לֵב טָהוֹר בְּרָא־לִי אֱלֹהִים וְרוּחַ נָכוֹן
יג חַדֵּשׁ בְּקִרְבִּי׃ אַל־תַּשְׁלִיכֵנִי מִלְּפָנֶיךָ וְרוּחַ קָדְשְׁךָ אַל־תִּקַּח
יד טו מִמֶּנִּי׃ הָשִׁיבָה לִּי שְׂשׂוֹן יִשְׁעֶךָ וְרוּחַ נְדִיבָה תִסְמְכֵנִי׃ אֲלַמְּדָה
טז פֹשְׁעִים דְּרָכֶיךָ וְחַטָּאִים אֵלֶיךָ יָשׁוּבוּ׃ הַצִּילֵנִי מִדָּמִים ׀ אֱלֹהִים
יז אֱלֹהֵי תְּשׁוּעָתִי תְּרַנֵּן לְשׁוֹנִי צִדְקָתֶךָ׃ אֲדֹנָי שְׂפָתַי תִּפְתָּח וּפִי
יח יַגִּיד תְּהִלָּתֶךָ׃ כִּי ׀ לֹא־תַחְפֹּץ זֶבַח וְאֶתֵּנָה עוֹלָה לֹא תִרְצֶה׃
יט זִבְחֵי אֱלֹהִים רוּחַ נִשְׁבָּרָה לֵב־נִשְׁבָּר וְנִדְכֶּה אֱלֹהִים לֹא תִבְזֶה׃
כ כא הֵיטִיבָה בִרְצוֹנְךָ אֶת־צִיּוֹן תִּבְנֶה חוֹמוֹת יְרוּשָׁלִָם׃ אָז תַּחְפֹּץ
זִבְחֵי־צֶדֶק עוֹלָה וְכָלִיל אָז יַעֲלוּ עַל־מִזְבַּחֲךָ פָרִים׃
נב א ב לַמְנַצֵּחַ מַשְׂכִּיל לְדָוִד׃ בְּבוֹא ׀ דּוֹאֵג הָאֲדֹמִי וַיַּגֵּד לְשָׁאוּל וַיֹּאמֶר
ג לוֹ בָּא דָוִד אֶל־בֵּית אֲחִימֶלֶךְ׃ מַה־תִּתְהַלֵּל בְּרָעָה הַגִּבּוֹר חֶסֶד
ד אֵל כָּל־הַיּוֹם׃ הַוּוֹת תַּחְשֹׁב לְשׁוֹנֶךָ כְּתַעַר מְלֻטָּשׁ עֹשֵׂה רְמִיָּה׃
ה ו אָהַבְתָּ רָּע מִטּוֹב שֶׁקֶר ׀ מִדַּבֵּר צֶדֶק סֶלָה׃ אָהַבְתָּ כָל־דִּבְרֵי־
ז בָלַע לְשׁוֹן מִרְמָה׃ גַּם־אֵל יִתָּצְךָ לָנֶצַח יַחְתְּךָ וְיִסָּחֲךָ מֵאֹהֶל
ח וְשֵׁרֶשְׁךָ מֵאֶרֶץ חַיִּים סֶלָה׃ וְיִרְאוּ צַדִּיקִים וְיִירָאוּ וְעָלָיו
ט יִשְׂחָקוּ׃ הִנֵּה הַגֶּבֶר לֹא יָשִׂים אֱלֹהִים מָעוּזּוֹ וַיִּבְטַח בְּרֹב
י עָשְׁרוֹ יָעֹז בְּהַוָּתוֹ׃ וַאֲנִי ׀ כְּזַיִת רַעֲנָן בְּבֵית אֱלֹהִים בָּטַחְתִּי
יא בְחֶסֶד־אֱלֹהִים עוֹלָם וָעֶד׃ אוֹדְךָ לְעוֹלָם כִּי עָשִׂיתָ וַאֲקַוֶּה
שִׁמְךָ כִי־טוֹב נֶגֶד חֲסִידֶיךָ׃
נג א ב לַמְנַצֵּחַ עַל־מָחֲלַת מַשְׂכִּיל לְדָוִד׃ אָמַר נָבָל בְּלִבּוֹ אֵין אֱלֹהִים

ג הִשְׁחִיתוּ וְהִתְעִיבוּ עָוֶל אֵין עֹשֵׂה־טוֹב: אֱלֹהִים מִשָּׁמַיִם
הִשְׁקִיף עַל־בְּנֵי־אָדָם לִרְאוֹת הֲיֵשׁ מַשְׂכִּיל דֹּרֵשׁ אֶת־אֱלֹהִים:
ד ה כֻּלּוֹ סָג יַחְדָּו נֶאֱלָחוּ אֵין עֹשֵׂה־טוֹב אֵין גַּם־אֶחָד: הֲלֹא יָדְעוּ
ו פֹּעֲלֵי אָוֶן אֹכְלֵי עַמִּי אָכְלוּ לֶחֶם אֱלֹהִים לֹא קָרָאוּ: שָׁם ׀ פָּחֲדוּ־
פַחַד לֹא־הָיָה פָחַד כִּי־אֱלֹהִים פִּזַּר עַצְמוֹת חֹנָךְ הֱבִשֹׁתָה כִּי־
ז אֱלֹהִים מְאָסָם: מִי יִתֵּן מִצִּיּוֹן יְשֻׁעוֹת יִשְׂרָאֵל בְּשׁוּב אֱלֹהִים
שְׁבוּת עַמּוֹ יָגֵל יַעֲקֹב יִשְׂמַח יִשְׂרָאֵל:
נד א ב לַמְנַצֵּחַ בִּנְגִינֹת מַשְׂכִּיל לְדָוִד: בְּבֹא הַזִּיפִים וַיֹּאמְרוּ לְשָׁאוּל
ג הֲלֹא דָוִד מִסְתַּתֵּר עִמָּנוּ: אֱלֹהִים בְּשִׁמְךָ הוֹשִׁיעֵנִי וּבִגְבוּרָתְךָ
ד ה תְדִינֵנִי: אֱלֹהִים שְׁמַע תְּפִלָּתִי הַאֲזִינָה לְאִמְרֵי־פִי: כִּי זָרִים ׀
קָמוּ עָלַי וְעָרִיצִים בִּקְשׁוּ נַפְשִׁי לֹא שָׂמוּ אֱלֹהִים לְנֶגְדָּם סֶלָה:
ו ז הִנֵּה אֱלֹהִים עֹזֵר לִי אֲדֹנָי בְּסֹמְכֵי נַפְשִׁי: ישוב הָרַע לְשֹׁרְרָי יָשִׁיב
ח בַּאֲמִתְּךָ הַצְמִיתֵם: בִּנְדָבָה אֶזְבְּחָה־לָּךְ אוֹדֶה שִּׁמְךָ יְהוָה כִּי־
ט טוֹב: כִּי מִכָּל־צָרָה הִצִּילָנִי וּבְאֹיְבַי רָאֲתָה עֵינִי:
נה א ב לַמְנַצֵּחַ בִּנְגִינֹת מַשְׂכִּיל לְדָוִד: הַאֲזִינָה אֱלֹהִים תְּפִלָּתִי וְאַל־
ג תִּתְעַלַּם מִתְּחִנָּתִי: הַקְשִׁיבָה לִּי וַעֲנֵנִי אָרִיד בְּשִׂיחִי וְאָהִימָה:
ד מִקּוֹל אוֹיֵב מִפְּנֵי עָקַת רָשָׁע כִּי־יָמִיטוּ עָלַי אָוֶן וּבְאַף יִשְׂטְמוּנִי:
ה ו לִבִּי יָחִיל בְּקִרְבִּי וְאֵימוֹת מָוֶת נָפְלוּ עָלָי: יִרְאָה וָרַעַד יָבֹא בִי
ז וַתְּכַסֵּנִי פַּלָּצוּת: וָאֹמַר מִי־יִתֶּן־לִּי אֵבֶר כַּיּוֹנָה אָעוּפָה וְאֶשְׁכֹּנָה:
ח ט הִנֵּה אַרְחִיק נְדֹד אָלִין בַּמִּדְבָּר סֶלָה: אָחִישָׁה מִפְלָט לִי מֵרוּחַ
י סֹעָה מִסָּעַר: בַּלַּע אֲדֹנָי פַּלַּג לְשׁוֹנָם כִּי־רָאִיתִי חָמָס וְרִיב
יא בָּעִיר: יוֹמָם וָלַיְלָה יְסוֹבְבֻהָ עַל־חוֹמֹתֶיהָ וְאָוֶן וְעָמָל בְּקִרְבָּהּ:
יב יג הַוּוֹת בְּקִרְבָּהּ וְלֹא־יָמִישׁ מֵרְחֹבָהּ תֹּךְ וּמִרְמָה: כִּי לֹא־אוֹיֵב
יד יְחָרְפֵנִי וְאֶשָּׂא לֹא־מְשַׂנְאִי עָלַי הִגְדִּיל וְאֶסָּתֵר מִמֶּנּוּ: וְאַתָּה
טו אֱנוֹשׁ כְּעֶרְכִּי אַלּוּפִי וּמְיֻדָּעִי: אֲשֶׁר יַחְדָּו נַמְתִּיק סוֹד בְּבֵית
טז אֱלֹהִים נְהַלֵּךְ בְּרָגֶשׁ: ישימות ׀ עָלֵימוֹ יֵרְדוּ שְׁאוֹל חַיִּים כִּי־ יַשִּׁיא מָוֶת ׀
יז רָעוֹת בִּמְגוּרָם בְּקִרְבָּם: אֲנִי אֶל־אֱלֹהִים אֶקְרָא וַיהוָה יוֹשִׁיעֵנִי:

יח יט עֶרֶב וָבֹקֶר וְצׇהֳרַיִם אָשִׂיחָה וְאֶהֱמֶה וַיִּשְׁמַע קוֹלִי: פָּדָה בְשָׁלוֹם
כ נַפְשִׁי מִקְּרׇב־לִי כִּי־בְרַבִּים הָיוּ עִמָּדִי: יִשְׁמַע ׀ אֵל ׀ וְיַעֲנֵם
וְיֹשֵׁב קֶדֶם סֶלָה אֲשֶׁר אֵין חֲלִיפוֹת לָמוֹ וְלֹא יָרְאוּ אֱלֹהִים:
כא כב שָׁלַח יָדָיו בִּשְׁלֹמָיו חִלֵּל בְּרִיתוֹ: חָלְקוּ ׀ מַחְמָאֹת פִּיו וּקְרָב־
כג לִבּוֹ רַכּוּ דְבָרָיו מִשֶּׁמֶן וְהֵמָּה פְתִחוֹת: הַשְׁלֵךְ עַל־יְהֹוָה ׀ יְהָבְךָ
כד וְהוּא יְכַלְכְּלֶךָ לֹא־יִתֵּן לְעוֹלָם מוֹט לַצַּדִּיק: וְאַתָּה אֱלֹהִים ׀
תּוֹרִדֵם לִבְאֵר שַׁחַת אַנְשֵׁי דָמִים וּמִרְמָה לֹא־יֶחֱצוּ יְמֵיהֶם
וַאֲנִי אֶבְטַח־בָּךְ:

נו א לַמְנַצֵּחַ ׀ עַל־יוֹנַת אֵלֶם רְחֹקִים לְדָוִד מִכְתָּם בֶּאֱחֹז אוֹתוֹ
ב פְלִשְׁתִּים בְּגַת: חׇנֵּנִי אֱלֹהִים כִּי־שְׁאָפַנִי אֱנוֹשׁ כׇּל־הַיּוֹם לֹחֵם
ג יִלְחָצֵנִי: שָׁאֲפוּ שׁוֹרְרַי כׇּל־הַיּוֹם כִּי־רַבִּים לֹחֲמִים לִי מָרוֹם:
ד ה יוֹם אִירָא אֲנִי אֵלֶיךָ אֶבְטָח: בֵּאלֹהִים אֲהַלֵּל דְּבָרוֹ בֵּאלֹהִים
ו בָּטַחְתִּי לֹא אִירָא מַה־יַּעֲשֶׂה בָשָׂר לִי: כׇּל־הַיּוֹם דְּבָרַי יְעַצֵּבוּ
ז עָלַי כׇּל־מַחְשְׁבֹתָם לָרָע: יָגוּרוּ ׀ יצפינו הֵמָּה עֲקֵבַי יִשְׁמֹרוּ יִצְפֹּנוּ
ח כַּאֲשֶׁר קִוּוּ נַפְשִׁי: עַל־אָוֶן פַּלֶּט־לָמוֹ בְּאַף עַמִּים ׀ הוֹרֵד אֱלֹהִים:
ט נֹדִי סָפַרְתָּה אָתָּה שִׂימָה דִמְעָתִי בְנֹאדֶךָ הֲלֹא בְּסִפְרָתֶךָ: אָז ׀
י יָשׁוּבוּ אוֹיְבַי אָחוֹר בְּיוֹם אֶקְרָא זֶה־יָדַעְתִּי כִּי־אֱלֹהִים לִי:
יא יב בֵּאלֹהִים אֲהַלֵּל דָּבָר בַּיהֹוָה אֲהַלֵּל דָּבָר: בֵּאלֹהִים בָּטַחְתִּי לֹא
יג אִירָא מַה־יַּעֲשֶׂה אָדָם לִי: עָלַי אֱלֹהִים נְדָרֶיךָ אֲשַׁלֵּם תּוֹדֹת
יד לָךְ: כִּי הִצַּלְתָּ נַפְשִׁי מִמָּוֶת הֲלֹא רַגְלַי מִדֶּחִי לְהִתְהַלֵּךְ לִפְנֵי
אֱלֹהִים בְּאוֹר הַחַיִּים:

נז א לַמְנַצֵּחַ אַל־תַּשְׁחֵת לְדָוִד מִכְתָּם בְּבׇרְחוֹ מִפְּנֵי־שָׁאוּל בַּמְּעָרָה:
ב חׇנֵּנִי אֱלֹהִים ׀ חׇנֵּנִי כִּי בְךָ חָסָיָה נַפְשִׁי וּבְצֵל־כְּנָפֶיךָ אֶחְסֶה עַד
ג ד יַעֲבֹר הַוּוֹת: אֶקְרָא לֵאלֹהִים עֶלְיוֹן לָאֵל גֹּמֵר עָלָי: יִשְׁלַח
מִשָּׁמַיִם ׀ וְיוֹשִׁיעֵנִי חֵרֵף שֹׁאֲפִי סֶלָה יִשְׁלַח אֱלֹהִים חַסְדּוֹ וַאֲמִתּוֹ:
ה נַפְשִׁי ׀ בְּתוֹךְ לְבָאִם אֶשְׁכְּבָה לֹהֲטִים בְּנֵי־אָדָם שִׁנֵּיהֶם חֲנִית
ו וְחִצִּים וּלְשׁוֹנָם חֶרֶב חַדָּה: רוּמָה עַל־הַשָּׁמַיִם אֱלֹהִים עַל כׇּל־

ז הָאָרֶץ כְּבוֹדֶךָ: רֶשֶׁת ׀ הֵכִינוּ לִפְעָמַי כָּפַף נַפְשִׁי כָּרוּ לְפָנַי
ח שִׂיחָה נָפְלוּ בְתוֹכָהּ סֶלָה: נָכוֹן לִבִּי אֱלֹהִים נָכוֹן לִבִּי אָשִׁירָה
ט וַאֲזַמֵּרָה: עוּרָה כְבוֹדִי עוּרָה הַנֵּבֶל וְכִנּוֹר אָעִירָה שָּׁחַר:
י יא אוֹדְךָ בָעַמִּים ׀ אֲדֹנָי אֲזַמֶּרְךָ בַּלְאֻמִּים: כִּי־גָדֹל עַד־שָׁמַיִם
יב חַסְדֶּךָ וְעַד־שְׁחָקִים אֲמִתֶּךָ: רוּמָה עַל־שָׁמַיִם אֱלֹהִים עַל ח
כָּל־הָאָרֶץ כְּבוֹדֶךָ:
נח א ב לַמְנַצֵּחַ אַל־תַּשְׁחֵת לְדָוִד מִכְתָּם: הַאֻמְנָם אֵלֶם צֶדֶק תְּדַבֵּרוּן
ג מֵישָׁרִים תִּשְׁפְּטוּ בְּנֵי אָדָם: אַף־בְּלֵב עוֹלֹת תִּפְעָלוּן בָּאָרֶץ
ד חֲמַס יְדֵיכֶם תְּפַלֵּסוּן: זֹרוּ רְשָׁעִים מֵרָחֶם תָּעוּ מִבֶּטֶן דֹּבְרֵי כָזָב:
ה חֲמַת־לָמוֹ כִּדְמוּת חֲמַת־נָחָשׁ כְּמוֹ־פֶתֶן חֵרֵשׁ יַאְטֵם אָזְנוֹ:
ו ז אֲשֶׁר לֹא־יִשְׁמַע לְקוֹל מְלַחֲשִׁים חוֹבֵר חֲבָרִים מְחֻכָּם: אֱלֹהִים
ח הֲרָס־שִׁנֵּימוֹ בְּפִימוֹ מַלְתְּעוֹת כְּפִירִים נְתֹץ ׀ יְהוָה: יִמָּאֲסוּ כְמוֹ־
ט מַיִם יִתְהַלְּכוּ־לָמוֹ יִדְרֹךְ חִצָּו כְּמוֹ יִתְמֹלָלוּ: כְּמוֹ שַׁבְּלוּל תֶּמֶס
י יַהֲלֹךְ נֵפֶל אֵשֶׁת בַּל־חָזוּ שָׁמֶשׁ: בְּטֶרֶם יָבִינוּ סִּירֹתֵיכֶם אָטָד
יא כְּמוֹ־חַי כְּמוֹ־חָרוֹן יִשְׂעָרֶנּוּ: יִשְׂמַח צַדִּיק כִּי־חָזָה נָקָם פְּעָמָיו
יב יִרְחַץ בְּדַם הָרָשָׁע: וְיֹאמַר אָדָם אַךְ־פְּרִי לַצַּדִּיק אַךְ יֵשׁ־
אֱלֹהִים שֹׁפְטִים בָּאָרֶץ:
נט א לַמְנַצֵּחַ אַל־תַּשְׁחֵת לְדָוִד מִכְתָּם בִּשְׁלֹחַ שָׁאוּל וַיִּשְׁמְרוּ אֶת־
ב הַבַּיִת לַהֲמִיתוֹ: הַצִּילֵנִי מֵאֹיְבַי ׀ אֱלֹהָי מִמִּתְקוֹמְמַי תְּשַׂגְּבֵנִי:
ג ד הַצִּילֵנִי מִפֹּעֲלֵי אָוֶן וּמֵאַנְשֵׁי דָמִים הוֹשִׁיעֵנִי: כִּי הִנֵּה אָרְבוּ
ה לְנַפְשִׁי יָגוּרוּ עָלַי עַזִּים לֹא־פִשְׁעִי וְלֹא־חַטָּאתִי יְהוָה: בְּלִי־עָוֺן
ו יְרֻצוּן וְיִכּוֹנָנוּ עוּרָה לִקְרָאתִי וּרְאֵה: וְאַתָּה יְהוָה־אֱלֹהִים ׀
צְבָאוֹת אֱלֹהֵי יִשְׂרָאֵל הָקִיצָה לִפְקֹד כָּל־הַגּוֹיִם אַל־תָּחֹן כָּל־
ז ח בֹּגְדֵי אָוֶן סֶלָה: יָשׁוּבוּ לָעֶרֶב יֶהֱמוּ כַכָּלֶב וִיסוֹבְבוּ עִיר: הִנֵּה ׀
ט יַבִּיעוּן בְּפִיהֶם חֲרָבוֹת בְּשִׂפְתוֹתֵיהֶם כִּי־מִי שֹׁמֵעַ: וְאַתָּה יְהוָה
י תִּשְׂחַק־לָמוֹ תִּלְעַג לְכָל־גּוֹיִם: עֻזּוֹ אֵלֶיךָ אֶשְׁמֹרָה כִּי־אֱלֹהִים
יא יב מִשְׂגַּבִּי: אֱלֹהֵי חסדו יְקַדְּמֵנִי אֱלֹהִים יַרְאֵנִי בְשֹׁרְרָי: אַל־ חַסְדִּי

ל

תַּהַרְגֵם ׀ פֶּן־יִשְׁכְּחוּ עַמִּי הֲנִיעֵמוֹ בְחֵילְךָ וְהוֹרִידֵמוֹ מָגִנֵּנוּ אֲדֹנָי׃
יג חַטַּאת־פִּימוֹ דְּבַר־שְׂפָתֵימוֹ וְיִלָּכְדוּ בִגְאוֹנָם וּמֵאָלָה וּמִכַּחַשׁ
יד יְסַפֵּרוּ׃ כַּלֵּה בְחֵמָה כַּלֵּה וְאֵינֵמוֹ וְיֵדְעוּ כִּי־אֱלֹהִים מֹשֵׁל בְּיַעֲקֹב
טו לְאַפְסֵי הָאָרֶץ סֶלָה׃ וְיָשֻׁבוּ לָעֶרֶב יֶהֱמוּ כַכָּלֶב וִיסוֹבְבוּ עִיר׃
טז יז הֵמָּה ינועון לֶאֱכֹל אִם־לֹא יִשְׂבְּעוּ וַיָּלִינוּ׃ וַאֲנִי ׀ אָשִׁיר עֻזֶּךָ יְנִיעוּן
יח וַאֲרַנֵּן לַבֹּקֶר חַסְדֶּךָ כִּי־הָיִיתָ מִשְׂגָּב לִי וּמָנוֹס בְּיוֹם צַר־לִי׃ עֻזִּי
אֵלֶיךָ אֲזַמֵּרָה כִּי־אֱלֹהִים מִשְׂגַּבִּי אֱלֹהֵי חַסְדִּי׃
ס א ב לַמְנַצֵּחַ עַל־שׁוּשַׁן עֵדוּת מִכְתָּם לְדָוִד לְלַמֵּד׃ בְּהַצּוֹתוֹ ׀ אֶת
אֲרַם נַהֲרַיִם וְאֶת־אֲרַם צוֹבָה וַיָּשָׁב יוֹאָב וַיַּךְ אֶת־אֱדוֹם בְּגֵיא־
ג מֶלַח שְׁנֵים עָשָׂר אָלֶף׃ אֱלֹהִים זְנַחְתָּנוּ פְרַצְתָּנוּ אָנַפְתָּ תְּשׁוֹבֵב
ד ה לָנוּ׃ הִרְעַשְׁתָּה אֶרֶץ פְּצַמְתָּהּ רְפָה שְׁבָרֶיהָ כִי־מָטָה׃ הִרְאִיתָ
ו עַמְּךָ קָשָׁה הִשְׁקִיתָנוּ יַיִן תַּרְעֵלָה׃ נָתַתָּה לִּירֵאֶיךָ נֵּס לְהִתְנוֹסֵס
ז מִפְּנֵי קֹשֶׁט סֶלָה׃ לְמַעַן יֵחָלְצוּן יְדִידֶיךָ הוֹשִׁיעָה יְמִינְךָ ועננו׃ וַעֲנֵנִי
ח אֱלֹהִים ׀ דִּבֶּר בְּקָדְשׁוֹ אֶעְלֹזָה אֲחַלְּקָה שְׁכֶם וְעֵמֶק סֻכּוֹת
ט אֲמַדֵּד׃ לִי גִלְעָד ׀ וְלִי מְנַשֶּׁה וְאֶפְרַיִם מָעוֹז רֹאשִׁי יְהוּדָה
י מְחֹקְקִי׃ מוֹאָב ׀ סִיר רַחְצִי עַל־אֱדוֹם אַשְׁלִיךְ נַעֲלִי עָלַי פְּלֶשֶׁת
יא יב הִתְרֹעָעִי׃ מִי יוֹבִלֵנִי עִיר מָצוֹר מִי נָחַנִי עַד־אֱדוֹם׃ הֲלֹא־אַתָּה
יג אֱלֹהִים זְנַחְתָּנוּ וְלֹא־תֵצֵא אֱלֹהִים בְּצִבְאוֹתֵינוּ׃ הָבָה־לָּנוּ
יד עֶזְרָת מִצָּר וְשָׁוְא תְּשׁוּעַת אָדָם׃ בֵּאלֹהִים נַעֲשֶׂה־חָיִל
וְהוּא יָבוּס צָרֵינוּ׃
סא א ב לַמְנַצֵּחַ ׀ עַל־נְגִינַת לְדָוִד׃ שִׁמְעָה אֱלֹהִים רִנָּתִי הַקְשִׁיבָה
ג תְּפִלָּתִי׃ מִקְצֵה הָאָרֶץ ׀ אֵלֶיךָ אֶקְרָא בַּעֲטֹף לִבִּי בְּצוּר־יָרוּם
ד ה מִמֶּנִּי תַנְחֵנִי׃ כִּי־הָיִיתָ מַחְסֶה לִי מִגְדַּל־עֹז מִפְּנֵי אוֹיֵב׃ אָגוּרָה
ו בְאָהָלְךָ עוֹלָמִים אֶחֱסֶה בְסֵתֶר כְּנָפֶיךָ סֶּלָה׃ כִּי־אַתָּה אֱלֹהִים
ז שָׁמַעְתָּ לִנְדָרָי נָתַתָּ יְרֻשַּׁת יִרְאֵי שְׁמֶךָ׃ יָמִים עַל־יְמֵי־מֶלֶךְ
ח תּוֹסִיף שְׁנוֹתָיו כְּמוֹ־דֹר וָדֹר׃ יֵשֵׁב עוֹלָם לִפְנֵי אֱלֹהִים
ט חֶסֶד וֶאֱמֶת מַן יִנְצְרֻהוּ׃ כֵּן אֲזַמְּרָה שִׁמְךָ לָעַד לְשַׁלְּמִי

נִדְרַ֗י י֤וֹם ׀ יֽוֹם׃
לַמְנַצֵּ֥חַ עַֽל־יְד֗וּתוּן מִזְמ֥וֹר לְדָוִֽד׃ אַ֣ךְ אֶל־אֱ֭לֹהִים דּֽוּמִיָּ֣ה נַפְשִׁ֑י א ב
מִ֝מֶּ֗נּוּ יְשׁוּעָתִֽי׃ אַךְ־ה֣וּא צ֭וּרִי וִֽישׁוּעָתִ֑י מִ֝שְׂגַּבִּ֗י לֹא־אֶמּ֥וֹט רַבָּֽה׃ ג
עַד־אָ֤נָה ׀ תְּהוֹתְת֣וּ עַל־אִישׁ֮ תְּרָצְּח֪וּ כֻ֫לְּכֶ֥ם כְּקִ֥יר נָט֑וּי גָּ֝דֵ֗ר ד
הַדְּחוּיָֽה׃ אַ֤ךְ מִשְּׂאֵת֨וֹ ׀ יָעֲצ֣וּ לְהַדִּיחַ֮ יִרְצ֪וּ כָ֫זָ֥ב בְּפִ֥יו יְבָרֵ֑כוּ ה
וּ֝בְקִרְבָּ֗ם יְקַלְלוּ־סֶֽלָה׃ אַ֣ךְ לֵ֭אלֹהִים דּ֣וֹמִּי נַפְשִׁ֑י כִּי־מִ֝מֶּ֗נּוּ ו
תִּקְוָתִֽי׃ אַךְ־ה֣וּא צ֭וּרִי וִישׁוּעָתִ֑י מִ֝שְׂגַּבִּ֗י לֹ֣א אֶמּֽוֹט׃ עַל־אֱ֭לֹהִים ז ח
יִשְׁעִ֣י וּכְבוֹדִ֑י צוּר־עֻזִּ֥י מַ֝חְסִ֗י בֵּֽאלֹהִֽים׃ בִּטְח֘וּ ב֤וֹ בְכָל־עֵ֨ת ׀ עָ֗ם ט
שִׁפְכֽוּ־לְפָנָ֥יו לְבַבְכֶ֑ם אֱלֹהִ֖ים מַחֲסֶה־לָּ֣נוּ סֶֽלָה׃ אַ֤ךְ ׀ הֶ֥בֶל בְּנֵֽי־ י
אָדָם֮ כָּזָ֪ב בְּנֵ֫י אִ֥ישׁ בְּמֹאזְנַ֥יִם לַעֲל֑וֹת הֵ֝֗מָּה מֵהֶ֥בֶל יָֽחַד׃ אַל־ יא
תִּבְטְח֣וּ בְעֹ֭שֶׁק וּבְגָזֵ֥ל אַל־תֶּהְבָּ֗לוּ חַ֤יִל ׀ כִּֽי־יָנ֑וּב אַל־תָּשִׁ֥יתוּ
לֵֽב׃ אַחַ֤ת ׀ דִּבֶּ֬ר אֱלֹהִ֗ים שְׁתַּֽיִם־ז֥וּ שָׁמָ֑עְתִּי כִּ֥י עֹ֝֗ז לֵאלֹהִֽים׃ יב
וּלְךָֽ־אֲדֹנָ֥י חָ֑סֶד כִּֽי־אַתָּ֨ה תְשַׁלֵּ֖ם לְאִ֣ישׁ כְּֽמַעֲשֵֽׂהוּ׃ יג
מִזְמ֥וֹר לְדָוִ֑ד בִּ֝הְיוֹת֗וֹ בְּמִדְבַּ֥ר יְהוּדָֽה׃ אֱלֹהִ֤ים ׀ אֵלִ֣י אַתָּה֮ א ב סג
אֲֽשַׁ֫חֲ֥רֶךָּ צָמְאָ֬ה לְךָ֨ ׀ נַפְשִׁ֗י כָּמַ֣הּ לְךָ֣ בְשָׂרִ֑י בְּאֶֽרֶץ־צִיָּ֖ה וְעָיֵ֣ף
בְּלִי־מָֽיִם׃ כֵּ֭ן בַּקֹּ֣דֶשׁ חֲזִיתִ֑ךָ לִרְא֥וֹת עֻ֝זְּךָ֗ וּכְבוֹדֶֽךָ׃ כִּי־ט֣וֹב ג ד
חַ֭סְדְּךָ מֵֽחַיִּ֗ים שְׂפָתַ֥י יְשַׁבְּחֽוּנְךָ׃ כֵּ֣ן אֲבָרֶכְךָ֣ בְחַיָּ֑י בְּ֝שִׁמְךָ֗ אֶשָּׂ֥א ה
כַפָּֽי׃ כְּמ֤וֹ חֵ֣לֶב וָ֭דֶשֶׁן תִּשְׂבַּ֣ע נַפְשִׁ֑י וְשִׂפְתֵ֥י רְ֝נָנ֗וֹת יְהַלֶּל־פִּֽי׃ ו
אִם־זְכַרְתִּ֥יךָ עַל־יְצוּעָ֑י בְּ֝אַשְׁמֻר֗וֹת אֶהְגֶּה־בָּֽךְ׃ כִּֽי־הָיִ֣יתָ עֶזְרָ֣תָה ז ח
לִּ֑י וּבְצֵ֖ל כְּנָפֶ֣יךָ אֲרַנֵּֽן׃ דָּבְקָ֣ה נַפְשִׁ֣י אַחֲרֶ֑יךָ בִּ֝֗י תָּמְכָ֥ה יְמִינֶֽךָ׃ ט
וְהֵ֗מָּה לְ֭שׁוֹאָה יְבַקְשׁ֣וּ נַפְשִׁ֑י יָ֝בֹ֗אוּ בְּֽתַחְתִּיּ֥וֹת הָאָֽרֶץ׃ יַגִּירֻ֥הוּ י יא
עַל־יְדֵי־חָ֑רֶב מְנָ֖ת שֻׁעָלִ֣ים יִהְיֽוּ׃ וְהַמֶּ֗לֶךְ יִשְׂמַ֥ח בֵּאלֹ֫הִ֥ים יב
יִ֭תְהַלֵּל כָּל־הַנִּשְׁבָּ֣ע בּ֑וֹ כִּ֥י יִ֝סָּכֵ֗ר פִּ֣י דֽוֹבְרֵי־שָֽׁקֶר׃
לַמְנַצֵּ֗חַ מִזְמ֥וֹר לְדָוִֽד׃ שְׁמַע־אֱלֹהִ֣ים קוֹלִ֣י בְשִׂיחִ֑י מִפַּ֥חַד א֝וֹיֵ֗ב א ב סד
תִּצֹּ֥ר חַיָּֽי׃ תַּ֭סְתִּירֵנִי מִסּ֣וֹד מְרֵעִ֑ים מֵ֝רִגְשַׁ֗ת פֹּ֣עֲלֵי אָֽוֶן׃ אֲשֶׁ֤ר ג ד
שָֽׁנְנ֣וּ כַחֶ֣רֶב לְשׁוֹנָ֑ם דָּֽרְכ֥וּ חִ֝צָּ֗ם דָּבָ֥ר מָֽר׃ לִירֹ֣ת בַּמִּסְתָּרִ֣ים תָּ֑ם ה
פִּתְאֹ֥ם יֹ֝רֻ֗הוּ וְלֹ֣א יִירָֽאוּ׃ יְחַזְּקוּ־לָ֨מוֹ ׀ דָּ֘בָ֤ר רָ֗ע יְֽסַפְּר֗וּ לִטְמ֣וֹן ו

ז מוֹקְשִׁים אָמְרוּ מִי יִרְאֶה־לָּמוֹ: יַחְפְּשׂוּ־עוֹלֹת תַּמְנוּ חֵפֶשׂ
ח מְחֻפָּשׂ וְקֶרֶב אִישׁ וְלֵב עָמֹק: וַיֹּרֵם אֱלֹהִים חֵץ פִּתְאוֹם הָיוּ
ט מַכּוֹתָם: וַיַּכְשִׁילֻהוּ עָלֵימוֹ לְשׁוֹנָם יִתְנֹדְדוּ כׇּל־רֹאֵה בָם: וַיִּירְאוּ
יא כׇּל־אָדָם וַיַּגִּידוּ פֹּעַל אֱלֹהִים וּמַעֲשֵׂהוּ הִשְׂכִּילוּ: יִשְׂמַח צַדִּיק
בַּיהוָה וְחָסָה בוֹ וְיִתְהַלְלוּ כׇּל־יִשְׁרֵי־לֵב:

סה א ב לַמְנַצֵּחַ מִזְמוֹר לְדָוִד שִׁיר: לְךָ דֻמִיָּה תְהִלָּה אֱלֹהִים בְּצִיּוֹן וּלְךָ
ג ד יְשֻׁלַּם־נֶדֶר: שֹׁמֵעַ תְּפִלָּה עָדֶיךָ כׇּל־בָּשָׂר יָבֹאוּ: דִּבְרֵי עֲוֺנֹת
ה גָּבְרוּ מֶנִּי פְּשָׁעֵינוּ אַתָּה תְכַפְּרֵם: אַשְׁרֵי ׀ תִּבְחַר וּתְקָרֵב יִשְׁכֹּן
ו חֲצֵרֶיךָ נִשְׂבְּעָה בְּטוּב בֵּיתֶךָ קְדֹשׁ הֵיכָלֶךָ: נוֹרָאוֹת ׀ בְּצֶדֶק
ז תַּעֲנֵנוּ אֱלֹהֵי יִשְׁעֵנוּ מִבְטָח כׇּל־קַצְוֵי־אֶרֶץ וְיָם רְחֹקִים: מֵכִין
ח הָרִים בְּכֹחוֹ נֶאְזָר בִּגְבוּרָה: מַשְׁבִּיחַ ׀ שְׁאוֹן יַמִּים שְׁאוֹן גַּלֵּיהֶם
ט וַהֲמוֹן לְאֻמִּים: וַיִּירְאוּ ׀ יֹשְׁבֵי קְצָוֺת מֵאוֹתֹתֶיךָ מוֹצָאֵי־בֹקֶר
י וָעֶרֶב תַּרְנִין: פָּקַדְתָּ הָאָרֶץ ׀ וַתְּשֹׁקְקֶהָ רַבַּת תַּעְשְׁרֶנָּה פֶּלֶג
יא אֱלֹהִים מָלֵא מָיִם תָּכִין דְּגָנָם כִּי־כֵן תְּכִינֶהָ: תְּלָמֶיהָ רַוֵּה נַחֵת
יב גְּדוּדֶהָ בִּרְבִיבִים תְּמֹגְגֶנָּה צִמְחָהּ תְּבָרֵךְ: עִטַּרְתָּ שְׁנַת טוֹבָתֶךָ
יג וּמַעְגָּלֶיךָ יִרְעֲפוּן דָּשֶׁן: יִרְעֲפוּ נְאוֹת מִדְבָּר וְגִיל גְּבָעוֹת
יד תַּחְגֹּרְנָה: לָבְשׁוּ כָרִים ׀ הַצֹּאן וַעֲמָקִים יַעַטְפוּ־בָר יִתְרוֹעֲעוּ
אַף־יָשִׁירוּ:

סו א ב לַמְנַצֵּחַ שִׁיר מִזְמוֹר הָרִיעוּ לֵאלֹהִים כׇּל־הָאָרֶץ: זַמְּרוּ כְבוֹד־
ג שְׁמוֹ שִׂימוּ כָבוֹד תְּהִלָּתוֹ: אִמְרוּ לֵאלֹהִים מַה־נּוֹרָא מַעֲשֶׂיךָ
ד בְּרֹב עֻזְּךָ יְכַחֲשׁוּ לְךָ אֹיְבֶיךָ: כׇּל־הָאָרֶץ ׀ יִשְׁתַּחֲווּ לְךָ וִיזַמְּרוּ־
ה לָךְ יְזַמְּרוּ שִׁמְךָ סֶלָה: לְכוּ וּרְאוּ מִפְעֲלוֹת אֱלֹהִים נוֹרָא עֲלִילָה
ו עַל־בְּנֵי אָדָם: הָפַךְ יָם ׀ לְיַבָּשָׁה בַּנָּהָר יַעַבְרוּ בְרָגֶל שָׁם נִשְׂמְחָה־
ז בּוֹ: מֹשֵׁל בִּגְבוּרָתוֹ ׀ עוֹלָם עֵינָיו בַּגּוֹיִם תִּצְפֶּינָה הַסּוֹרְרִים ׀ אַל־
ח יָרִימוּ לָמוֹ סֶלָה: בָּרְכוּ עַמִּים ׀ אֱלֹהֵינוּ וְהַשְׁמִיעוּ קוֹל תְּהִלָּתוֹ: יָרוּמוּ
ט הַשָּׂם נַפְשֵׁנוּ בַּחַיִּים וְלֹא־נָתַן לַמּוֹט רַגְלֵנוּ: כִּי־בְחַנְתָּנוּ אֱלֹהִים
יא צְרַפְתָּנוּ כִּצְרׇף־כָּסֶף: הֲבֵאתָנוּ בַמְּצוּדָה שַׂמְתָּ מוּעָקָה

יב בְמָתְנֵינוּ: הִרְכַּבְתָּ אֱנוֹשׁ לְרֹאשֵׁנוּ בָּאנוּ־בָאֵשׁ וּבַמַּיִם וַתּוֹצִיאֵנוּ
יג יד לָרְוָיָה: אָבוֹא בֵיתְךָ בְעוֹלוֹת אֲשַׁלֵּם לְךָ נְדָרָי: אֲשֶׁר־פָּצוּ שְׂפָתָי
טו וְדִבֶּר־פִּי בַּצַּר־לִי: עֹלוֹת מֵחִים אַעֲלֶה־לָּךְ עִם־קְטֹרֶת אֵילִים
טז אֶעֱשֶׂה בָקָר עִם־עַתּוּדִים סֶלָה: לְכוּ־שִׁמְעוּ וַאֲסַפְּרָה כָּל־יִרְאֵי
יז אֱלֹהִים אֲשֶׁר עָשָׂה לְנַפְשִׁי: אֵלָיו פִּי־קָרָאתִי וְרוֹמַם תַּחַת
יח יט לְשׁוֹנִי: אָוֶן אִם־רָאִיתִי בְלִבִּי לֹא יִשְׁמַע ׀ אֲדֹנָי: אָכֵן שָׁמַע
כ אֱלֹהִים הִקְשִׁיב בְּקוֹל תְּפִלָּתִי: בָּרוּךְ אֱלֹהִים אֲשֶׁר לֹא־הֵסִיר
תְּפִלָּתִי וְחַסְדּוֹ מֵאִתִּי:
סז א ב לַמְנַצֵּחַ בִּנְגִינֹת מִזְמוֹר שִׁיר: אֱלֹהִים יְחָנֵּנוּ וִיבָרְכֵנוּ יָאֵר פָּנָיו
ג ד אִתָּנוּ סֶלָה: לָדַעַת בָּאָרֶץ דַּרְכֶּךָ בְּכָל־גּוֹיִם יְשׁוּעָתֶךָ: יוֹדוּךָ
ה עַמִּים ׀ אֱלֹהִים יוֹדוּךָ עַמִּים כֻּלָּם: יִשְׂמְחוּ וִירַנְּנוּ לְאֻמִּים כִּי־
ו תִשְׁפֹּט עַמִּים מִישֹׁר וּלְאֻמִּים ׀ בָּאָרֶץ תַּנְחֵם סֶלָה: יוֹדוּךָ
ז עַמִּים ׀ אֱלֹהִים יוֹדוּךָ עַמִּים כֻּלָּם: אֶרֶץ נָתְנָה יְבוּלָהּ
ח יְבָרְכֵנוּ אֱלֹהִים אֱלֹהֵינוּ: יְבָרְכֵנוּ אֱלֹהִים וְיִירְאוּ אוֹתוֹ כָּל־ ט
אַפְסֵי־אָרֶץ:
סח א ב לַמְנַצֵּחַ לְדָוִד מִזְמוֹר שִׁיר: יָקוּם אֱלֹהִים יָפוּצוּ אוֹיְבָיו וְיָנוּסוּ
ג מְשַׂנְאָיו מִפָּנָיו: כְּהִנְדֹּף עָשָׁן תִּנְדֹּף כְּהִמֵּס דּוֹנַג מִפְּנֵי־אֵשׁ
ד יֹאבְדוּ רְשָׁעִים מִפְּנֵי אֱלֹהִים: וְצַדִּיקִים יִשְׂמְחוּ יַעַלְצוּ לִפְנֵי
ה אֱלֹהִים וְיָשִׂישׂוּ בְשִׂמְחָה: שִׁירוּ ׀ לֵאלֹהִים זַמְּרוּ שְׁמוֹ סֹלּוּ לָרֹכֵב
ו בָּעֲרָבוֹת בְּיָהּ שְׁמוֹ וְעִלְזוּ לְפָנָיו: אֲבִי יְתוֹמִים וְדַיַּן אַלְמָנוֹת
ז אֱלֹהִים בִּמְעוֹן קָדְשׁוֹ: אֱלֹהִים ׀ מוֹשִׁיב יְחִידִים ׀ בַּיְתָה מוֹצִיא
ח אֲסִירִים בַּכּוֹשָׁרוֹת אַךְ סוֹרְרִים שָׁכְנוּ צְחִיחָה: אֱלֹהִים בְּצֵאתְךָ
ט לִפְנֵי עַמֶּךָ בְּצַעְדְּךָ בִישִׁימוֹן סֶלָה: אֶרֶץ רָעָשָׁה ׀ אַף־שָׁמַיִם
י נָטְפוּ מִפְּנֵי אֱלֹהִים זֶה סִינַי מִפְּנֵי אֱלֹהִים אֱלֹהֵי יִשְׂרָאֵל: גֶּשֶׁם
יא נְדָבוֹת תָּנִיף אֱלֹהִים נַחֲלָתְךָ וְנִלְאָה אַתָּה כוֹנַנְתָּהּ: חַיָּתְךָ
יב יָשְׁבוּ־בָהּ תָּכִין בְּטוֹבָתְךָ לֶעָנִי אֱלֹהִים: אֲדֹנָי יִתֶּן־אֹמֶר
יג הַמְבַשְּׂרוֹת צָבָא רָב: מַלְכֵי צְבָאוֹת יִדֹּדוּן יִדֹּדוּן וּנְוַת־בַּיִת

יד תְּחַלֵּק שָׁלָל: אִם־תִּשְׁכְּבוּן בֵּין שְׁפַתָּיִם כַּנְפֵי יוֹנָה נֶחְפָּה בַכֶּסֶף
טו וְאֶבְרוֹתֶיהָ בִּירַקְרַק חָרוּץ: בְּפָרֵשׂ שַׁדַּי מְלָכִים בָּהּ תַּשְׁלֵג
טז יז בְּצַלְמוֹן: הַר־אֱלֹהִים הַר־בָּשָׁן הַר גַּבְנֻנִּים הַר־בָּשָׁן: לָמָּה ׀
תְּרַצְּדוּן הָרִים גַּבְנֻנִּים הָהָר חָמַד אֱלֹהִים לְשִׁבְתּוֹ אַף־יְהוָה
יח יִשְׁכֹּן לָנֶצַח: רֶכֶב אֱלֹהִים רִבֹּתַיִם אַלְפֵי שִׁנְאָן אֲדֹנָי בָם סִינַי
יט בַּקֹּדֶשׁ: עָלִיתָ לַמָּרוֹם ׀ שָׁבִיתָ שֶּׁבִי לָקַחְתָּ מַתָּנוֹת בָּאָדָם וְאַף
כ סוֹרְרִים לִשְׁכֹּן ׀ יָהּ אֱלֹהִים: בָּרוּךְ אֲדֹנָי יוֹם ׀ יוֹם יַעֲמָס־לָנוּ
כא הָאֵל יְשׁוּעָתֵנוּ סֶלָה: הָאֵל ׀ לָנוּ אֵל לְמוֹשָׁעוֹת וְלֵיהוִה אֲדֹנָי
כב לַמָּוֶת תּוֹצָאוֹת: אַךְ־אֱלֹהִים יִמְחַץ רֹאשׁ אֹיְבָיו קָדְקֹד שֵׂעָר
כג מִתְהַלֵּךְ בַּאֲשָׁמָיו: אָמַר אֲדֹנָי מִבָּשָׁן אָשִׁיב אָשִׁיב מִמְּצֻלוֹת יָם:
כד כה לְמַעַן ׀ תִּמְחַץ רַגְלְךָ בְּדָם לְשׁוֹן כְּלָבֶיךָ מֵאֹיְבִים מִנֵּהוּ: רָאוּ
כו הֲלִיכוֹתֶיךָ אֱלֹהִים הֲלִיכוֹת אֵלִי מַלְכִּי בַקֹּדֶשׁ: קִדְּמוּ שָׁרִים
כז אַחַר נֹגְנִים בְּתוֹךְ עֲלָמוֹת תּוֹפֵפוֹת: בְּמַקְהֵלוֹת בָּרְכוּ אֱלֹהִים
כח אֲדֹנָי מִמְּקוֹר יִשְׂרָאֵל: שָׁם בִּנְיָמִן ׀ צָעִיר רֹדֵם שָׂרֵי יְהוּדָה
כט רִגְמָתָם שָׂרֵי זְבֻלוּן שָׂרֵי נַפְתָּלִי: צִוָּה אֱלֹהֶיךָ עֻזֶּךָ עוּזָּה אֱלֹהִים
ל לא זוּ פָּעַלְתָּ לָּנוּ: מֵהֵיכָלֶךָ עַל־יְרוּשָׁלָ͏ִם לְךָ יוֹבִילוּ מְלָכִים שָׁי: גְּעַר
חַיַּת קָנֶה עֲדַת אַבִּירִים ׀ בְּעֶגְלֵי עַמִּים מִתְרַפֵּס בְּרַצֵּי־כָסֶף בִּזַּר
לב עַמִּים קְרָבוֹת יֶחְפָּצוּ: יֶאֱתָיוּ חַשְׁמַנִּים מִנִּי מִצְרָיִם כּוּשׁ תָּרִיץ
לג יָדָיו לֵאלֹהִים: מַמְלְכוֹת הָאָרֶץ שִׁירוּ לֵאלֹהִים זַמְּרוּ אֲדֹנָי
לד לה סֶלָה: לָרֹכֵב בִּשְׁמֵי שְׁמֵי־קֶדֶם הֵן יִתֵּן בְּקוֹלוֹ קוֹל עֹז: תְּנוּ עֹז
לו לֵאלֹהִים עַל־יִשְׂרָאֵל גַּאֲוָתוֹ וְעֻזּוֹ בַּשְּׁחָקִים: נוֹרָא אֱלֹהִים ׀
מִמִּקְדָּשֶׁיךָ אֵל יִשְׂרָאֵל הוּא נֹתֵן ׀ עֹז וְתַעֲצֻמוֹת לָעָם בָּרוּךְ
אֱלֹהִים:

סט א ב לַמְנַצֵּחַ עַל־שׁוֹשַׁנִּים לְדָוִד: הוֹשִׁיעֵנִי אֱלֹהִים כִּי בָאוּ מַיִם עַד־
ג נָפֶשׁ: טָבַעְתִּי ׀ בִּיוֵן מְצוּלָה וְאֵין מָעֳמָד בָּאתִי בְמַעֲמַקֵּי־מַיִם
ד וְשִׁבֹּלֶת שְׁטָפָתְנִי: יָגַעְתִּי בְקָרְאִי נִחַר גְּרוֹנִי כָּלוּ עֵינַי מְיַחֵל
ה לֵאלֹהָי: רַבּוּ ׀ מִשַּׂעֲרוֹת רֹאשִׁי שֹׂנְאַי חִנָּם עָצְמוּ מַצְמִיתַי אֹיְבַי

ו שֶׁקֶר אֲשֶׁר לֹא־גָזַלְתִּי אָז אָשִׁיב׃ אֱלֹהִים אַתָּה יָדַעְתָּ לְאִוַּלְתִּי
ז וְאַשְׁמוֹתַי מִמְּךָ לֹא־נִכְחָדוּ׃ אַל־יֵבֹשׁוּ בִי ׀ קֹוֶיךָ אֲדֹנָי יֱהוִה
ח צְבָאוֹת אַל־יִכָּלְמוּ בִי מְבַקְשֶׁיךָ אֱלֹהֵי יִשְׂרָאֵל׃ כִּי־עָלֶיךָ
ט נָשָׂאתִי חֶרְפָּה כִּסְּתָה כְלִמָּה פָנָי׃ מוּזָר הָיִיתִי לְאֶחָי וְנָכְרִי
י לִבְנֵי אִמִּי׃ כִּי־קִנְאַת בֵּיתְךָ אֲכָלָתְנִי וְחֶרְפּוֹת חוֹרְפֶיךָ נָפְלוּ
יא יב עָלָי׃ וָאֶבְכֶּה בַצּוֹם נַפְשִׁי וַתְּהִי לַחֲרָפוֹת לִי׃ וָאֶתְּנָה לְבוּשִׁי שָׂק
יג וָאֱהִי לָהֶם לְמָשָׁל׃ יָשִׂיחוּ בִי יֹשְׁבֵי שָׁעַר וּנְגִינוֹת שׁוֹתֵי שֵׁכָר׃
יד וַאֲנִי תְפִלָּתִי־לְךָ ׀ יְהוָה עֵת רָצוֹן אֱלֹהִים בְּרָב־חַסְדֶּךָ עֲנֵנִי
טו בֶּאֱמֶת יִשְׁעֶךָ׃ הַצִּילֵנִי מִטִּיט וְאַל־אֶטְבָּעָה אִנָּצְלָה מִשֹּׂנְאַי
טז וּמִמַּעֲמַקֵּי־מָיִם׃ אַל־תִּשְׁטְפֵנִי ׀ שִׁבֹּלֶת מַיִם וְאַל־תִּבְלָעֵנִי
יז מְצוּלָה וְאַל־תֶּאְטַר־עָלַי בְּאֵר פִּיהָ׃ עֲנֵנִי יְהוָה כִּי־טוֹב חַסְדֶּךָ
יח כְּרֹב רַחֲמֶיךָ פְּנֵה אֵלָי׃ וְאַל־תַּסְתֵּר פָּנֶיךָ מֵעַבְדֶּךָ כִּי־צַר־לִי
יט כ מַהֵר עֲנֵנִי׃ קָרְבָה אֶל־נַפְשִׁי גְאָלָהּ לְמַעַן אֹיְבַי פְּדֵנִי׃ אַתָּה
כא יָדַעְתָּ חֶרְפָּתִי וּבָשְׁתִּי וּכְלִמָּתִי נֶגְדְּךָ כָּל־צוֹרְרָי׃ חֶרְפָּה ׀ שָׁבְרָה
כב לִבִּי וָאָנוּשָׁה וָאֲקַוֶּה לָנוּד וָאַיִן וְלַמְנַחֲמִים וְלֹא מָצָאתִי׃ וַיִּתְּנוּ
כג בְּבָרוּתִי רֹאשׁ וְלִצְמָאִי יַשְׁקוּנִי חֹמֶץ׃ יְהִי־שֻׁלְחָנָם לִפְנֵיהֶם לְפָח
כד וְלִשְׁלוֹמִים לְמוֹקֵשׁ׃ תֶּחְשַׁכְנָה עֵינֵיהֶם מֵרְאוֹת וּמָתְנֵיהֶם תָּמִיד
כה כו הַמְעַד׃ שְׁפָךְ־עֲלֵיהֶם זַעְמֶךָ וַחֲרוֹן אַפְּךָ יַשִּׂיגֵם׃ תְּהִי־טִירָתָם
כז נְשַׁמָּה בְּאָהֳלֵיהֶם אַל־יְהִי יֹשֵׁב׃ כִּי־אַתָּה אֲשֶׁר־הִכִּיתָ רָדָפוּ
כח וְאֶל־מַכְאוֹב חֲלָלֶיךָ יְסַפֵּרוּ׃ תְּנָה־עָוֺן עַל־עֲוֺנָם וְאַל־יָבֹאוּ
כט ל בְּצִדְקָתֶךָ׃ יִמָּחוּ מִסֵּפֶר חַיִּים וְעִם צַדִּיקִים אַל־יִכָּתֵבוּ׃ וַאֲנִי עָנִי
לא וְכוֹאֵב יְשׁוּעָתְךָ אֱלֹהִים תְּשַׂגְּבֵנִי׃ אֲהַלְלָה שֵׁם־אֱלֹהִים בְּשִׁיר
לב לג וַאֲגַדְּלֶנּוּ בְתוֹדָה׃ וְתִיטַב לַיהוָה מִשּׁוֹר פָּר מַקְרִן מַפְרִיס׃ רָאוּ
לד עֲנָוִים יִשְׂמָחוּ דֹּרְשֵׁי אֱלֹהִים וִיחִי לְבַבְכֶם׃ כִּי־שֹׁמֵעַ אֶל־
לה אֶבְיוֹנִים יְהוָה וְאֶת־אֲסִירָיו לֹא בָזָה׃ יְהַלְלוּהוּ שָׁמַיִם וָאָרֶץ
לו יַמִּים וְכָל־רֹמֵשׂ בָּם׃ כִּי אֱלֹהִים ׀ יוֹשִׁיעַ צִיּוֹן וְיִבְנֶה עָרֵי
לז יְהוּדָה וְיָשְׁבוּ שָׁם וִירֵשׁוּהָ׃ וְזֶרַע עֲבָדָיו יִנְחָלוּהָ וְאֹהֲבֵי

ע
שְׁמוֹ יִשְׁכְּנוּ־בָהּ:
א ב לַמְנַצֵּחַ לְדָוִד לְהַזְכִּיר: אֱלֹהִים לְהַצִּילֵנִי יְהוָה לְעֶזְרָתִי חוּשָׁה:
ג יֵבֹשׁוּ וְיַחְפְּרוּ מְבַקְשֵׁי נַפְשִׁי יִסֹּגוּ אָחוֹר וְיִכָּלְמוּ חֲפֵצֵי רָעָתִי:
ד ה יָשׁוּבוּ עַל־עֵקֶב בָּשְׁתָּם הָאֹמְרִים הֶאָח ׀ הֶאָח: יָשִׂישׂוּ וְיִשְׂמְחוּ ׀
בְּךָ כָּל־מְבַקְשֶׁיךָ וְיֹאמְרוּ תָמִיד יִגְדַּל אֱלֹהִים אֹהֲבֵי יְשׁוּעָתֶךָ:
ו וַאֲנִי ׀ עָנִי וְאֶבְיוֹן אֱלֹהִים חוּשָׁה לִּי עֶזְרִי וּמְפַלְטִי אַתָּה יְהוָה
אַל־תְּאַחַר:
א א ב בְּךָ־יְהוָה חָסִיתִי אַל־אֵבוֹשָׁה לְעוֹלָם: בְּצִדְקָתְךָ תַּצִּילֵנִי
ג וּתְפַלְּטֵנִי הַטֵּה־אֵלַי אָזְנְךָ וְהוֹשִׁיעֵנִי: הֱיֵה לִי ׀ לְצוּר מָעוֹן
ד לָבוֹא תָּמִיד צִוִּיתָ לְהוֹשִׁיעֵנִי כִּי־סַלְעִי וּמְצוּדָתִי אָתָּה: אֱלֹהַי
ה פַּלְּטֵנִי מִיַּד רָשָׁע מִכַּף מְעַוֵּל וְחוֹמֵץ: כִּי־אַתָּה תִקְוָתִי אֲדֹנָי
ו יְהוִה מִבְטַחִי מִנְּעוּרָי: עָלֶיךָ ׀ נִסְמַכְתִּי מִבֶּטֶן מִמְּעֵי אִמִּי אַתָּה
ז גוֹזִי בְּךָ תְהִלָּתִי תָמִיד: כְּמוֹפֵת הָיִיתִי לְרַבִּים וְאַתָּה מַחֲסִי־עֹז:
ח ט יִמָּלֵא פִי תְּהִלָּתֶךָ כָּל־הַיּוֹם תִּפְאַרְתֶּךָ: אַל־תַּשְׁלִיכֵנִי לְעֵת
י זִקְנָה כִּכְלוֹת כֹּחִי אַל־תַּעַזְבֵנִי: כִּי־אָמְרוּ אוֹיְבַי לִי וְשֹׁמְרֵי נַפְשִׁי
יא נוֹעֲצוּ יַחְדָּו: לֵאמֹר אֱלֹהִים עֲזָבוֹ רִדְפוּ וְתִפְשׂוּהוּ כִּי־אֵין מַצִּיל:
יב יג אֱלֹהִים אַל־תִּרְחַק מִמֶּנִּי אֱלֹהַי לְעֶזְרָתִי חישה: יֵבֹשׁוּ יִכְלוּ שֹׂטְנֵי חוּשָׁה
יד נַפְשִׁי יַעֲטוּ חֶרְפָּה וּכְלִמָּה מְבַקְשֵׁי רָעָתִי: וַאֲנִי תָּמִיד אֲיַחֵל
טו וְהוֹסַפְתִּי עַל־כָּל־תְּהִלָּתֶךָ: פִּי ׀ יְסַפֵּר צִדְקָתֶךָ כָּל־הַיּוֹם
טז תְּשׁוּעָתֶךָ כִּי לֹא יָדַעְתִּי סְפֹרוֹת: אָבוֹא בִּגְבֻרוֹת אֲדֹנָי יְהוִה
יז אַזְכִּיר צִדְקָתְךָ לְבַדֶּךָ: אֱלֹהִים לִמַּדְתַּנִי מִנְּעוּרָי וְעַד־הֵנָּה אַגִּיד
יח נִפְלְאוֹתֶיךָ: וְגַם עַד־זִקְנָה ׀ וְשֵׂיבָה אֱלֹהִים אַל־תַּעַזְבֵנִי עַד־אַגִּיד
יט זְרוֹעֲךָ לְדוֹר לְכָל־יָבוֹא גְּבוּרָתֶךָ: וְצִדְקָתְךָ אֱלֹהִים עַד־מָרוֹם
כ אֲשֶׁר־עָשִׂיתָ גְדֹלוֹת אֱלֹהִים מִי כָמוֹךָ: אֲשֶׁר הראיתנו ׀ צָרוֹת הִרְאִיתַנִי
רַבּוֹת וְרָעוֹת תָּשׁוּב תחיינו וּמִתְּהֹמוֹת הָאָרֶץ תָּשׁוּב תעלנו: תְּחַיֵּנִי | תַּעֲלֵנִי
כא כב תֶּרֶב ׀ גְּדֻלָּתִי וְתִסֹּב תְּנַחֲמֵנִי: גַּם־אֲנִי ׀ אוֹדְךָ בִכְלִי־נֶבֶל אֲמִתְּךָ
כג אֱלֹהָי אֲזַמְּרָה לְךָ בְכִנּוֹר קְדוֹשׁ יִשְׂרָאֵל: תְּרַנֵּנָּה שְׂפָתַי כִּי

כד אֲזַמְּרָה־לָּךְ וְנַפְשִׁי אֲשֶׁר פָּדִיתָ: גַּם־לְשׁוֹנִי כָּל־הַיּוֹם תֶּהְגֶּה
צִדְקָתֶךָ כִּי־בֹשׁוּ כִי־חָפְרוּ מְבַקְשֵׁי רָעָתִי:

א ב עב לִשְׁלֹמֹה ׀ אֱלֹהִים מִשְׁפָּטֶיךָ לְמֶלֶךְ תֵּן וְצִדְקָתְךָ לְבֶן־מֶלֶךְ: יָדִין
ג עַמְּךָ בְצֶדֶק וַעֲנִיֶּיךָ בְמִשְׁפָּט: יִשְׂאוּ הָרִים שָׁלוֹם לָעָם וּגְבָעוֹת
ד בִּצְדָקָה: יִשְׁפֹּט ׀ עֲנִיֵּי־עָם יוֹשִׁיעַ לִבְנֵי אֶבְיוֹן וִידַכֵּא עוֹשֵׁק:
ה ו יִירָאוּךָ עִם־שָׁמֶשׁ וְלִפְנֵי יָרֵחַ דּוֹר דּוֹרִים: יֵרֵד כְּמָטָר עַל־גֵּז
ז כִּרְבִיבִים זַרְזִיף אָרֶץ: יִפְרַח־בְּיָמָיו צַדִּיק וְרֹב שָׁלוֹם עַד־בְּלִי
ח ט יָרֵחַ: וְיֵרְדְּ מִיָּם עַד־יָם וּמִנָּהָר עַד־אַפְסֵי־אָרֶץ: לְפָנָיו יִכְרְעוּ
י צִיִּים וְאֹיְבָיו עָפָר יְלַחֵכוּ: מַלְכֵי תַרְשִׁישׁ וְאִיִּים מִנְחָה יָשִׁיבוּ
יא מַלְכֵי שְׁבָא וּסְבָא אֶשְׁכָּר יַקְרִיבוּ: וְיִשְׁתַּחֲווּ־לוֹ כָל־מְלָכִים כָּל־
יב יג גּוֹיִם יַעַבְדוּהוּ: כִּי־יַצִּיל אֶבְיוֹן מְשַׁוֵּעַ וְעָנִי וְאֵין־עֹזֵר לוֹ: יָחֹס
יד עַל־דַּל וְאֶבְיוֹן וְנַפְשׁוֹת אֶבְיוֹנִים יוֹשִׁיעַ: מִתּוֹךְ וּמֵחָמָס יִגְאַל
טו נַפְשָׁם וְיֵיקַר דָּמָם בְּעֵינָיו: וִיחִי וְיִתֶּן־לוֹ מִזְּהַב שְׁבָא וְיִתְפַּלֵּל
טז בַּעֲדוֹ תָמִיד כָּל־הַיּוֹם יְבָרְכֶנְהוּ: יְהִי פִסַּת־בַּר ׀ בָּאָרֶץ בְּרֹאשׁ
יז הָרִים יִרְעַשׁ כַּלְּבָנוֹן פִּרְיוֹ וְיָצִיצוּ מֵעִיר כְּעֵשֶׂב הָאָרֶץ: יְהִי שְׁמוֹ ׀
לְעוֹלָם לִפְנֵי־שֶׁמֶשׁ יִנּוֹן שְׁמוֹ וְיִתְבָּרְכוּ בוֹ כָּל־גּוֹיִם יְאַשְּׁרוּהוּ: יִנּוֹן
יח יט בָּרוּךְ ׀ יְהוָה אֱלֹהִים אֱלֹהֵי יִשְׂרָאֵל עֹשֵׂה נִפְלָאוֹת לְבַדּוֹ: וּבָרוּךְ ׀
שֵׁם כְּבוֹדוֹ לְעוֹלָם וְיִמָּלֵא כְבוֹדוֹ אֶת־כֹּל הָאָרֶץ אָמֵן ׀ וְאָמֵן:
כ כָּלּוּ תְפִלּוֹת דָּוִד בֶּן־יִשָׁי: י

ספר שלישי

א ב עג מִזְמוֹר לְאָסָף אַךְ טוֹב לְיִשְׂרָאֵל אֱלֹהִים לְבָרֵי לֵבָב: וַאֲנִי כִּמְעַט
ג נָטָיוּ רַגְלָי כְּאַיִן שפכה אֲשֻׁרָי: כִּי־קִנֵּאתִי בַּהוֹלְלִים שְׁלוֹם נָטָיו | שֻׁפְּכוּ
ד ה רְשָׁעִים אֶרְאֶה: כִּי אֵין חַרְצֻבּוֹת לְמוֹתָם וּבָרִיא אוּלָם: בַּעֲמַל
ו אֱנוֹשׁ אֵינֵמוֹ וְעִם־אָדָם לֹא יְנֻגָּעוּ: לָכֵן עֲנָקַתְמוֹ גַאֲוָה יַעֲטָף־
ז ח שִׁית חָמָס לָמוֹ: יָצָא מֵחֵלֶב עֵינֵמוֹ עָבְרוּ מַשְׂכִּיּוֹת לֵבָב: יָמִיקוּ ׀
ט וִידַבְּרוּ בְרָע עֹשֶׁק מִמָּרוֹם יְדַבֵּרוּ: שַׁתּוּ בַשָּׁמַיִם פִּיהֶם וּלְשׁוֹנָם
י תִּהֲלַךְ בָּאָרֶץ: לָכֵן ׀ ישוב עַמּוֹ הֲלֹם וּמֵי מָלֵא יִמָּצוּ לָמוֹ: יָשׁוּב

יא יב וְאָמְרוּ אֵיכָה יָדַע־אֵל וְיֵשׁ דֵּעָה בְעֶלְיוֹן: הִנֵּה־אֵלֶּה רְשָׁעִים
יג וְשַׁלְוֵי עוֹלָם הִשְׂגּוּ־חָיִל: אַךְ־רִיק זִכִּיתִי לְבָבִי וָאֶרְחַץ בְּנִקָּיוֹן
יד טו כַּפָּי: וָאֱהִי נָגוּעַ כָּל־הַיּוֹם וְתוֹכַחְתִּי לַבְּקָרִים: אִם־אָמַרְתִּי
טז אֲסַפְּרָה כְמוֹ הִנֵּה דוֹר בָּנֶיךָ בָגָדְתִּי: וָאֲחַשְּׁבָה לָדַעַת זֹאת עָמָל
יז יח הִיא בְעֵינָי: עַד־אָבוֹא אֶל־מִקְדְּשֵׁי־אֵל אָבִינָה לְאַחֲרִיתָם: אַךְ הוּא
יט בַּחֲלָקוֹת תָּשִׁית לָמוֹ הִפַּלְתָּם לְמַשּׁוּאוֹת: אֵיךְ הָיוּ לְשַׁמָּה
כ כְרָגַע סָפוּ תַמּוּ מִן־בַּלָּהוֹת: כַּחֲלוֹם מֵהָקִיץ אֲדֹנָי בָּעִיר | צַלְמָם
כא כב תִּבְזֶה: כִּי יִתְחַמֵּץ לְבָבִי וְכִלְיוֹתַי אֶשְׁתּוֹנָן: וַאֲנִי־בַעַר וְלֹא
כג אֵדָע בְּהֵמוֹת הָיִיתִי עִמָּךְ: וַאֲנִי תָמִיד עִמָּךְ אָחַזְתָּ בְּיַד־יְמִינִי:
כד כה בַּעֲצָתְךָ תַנְחֵנִי וְאַחַר כָּבוֹד תִּקָּחֵנִי: מִי־לִי בַשָּׁמָיִם וְעִמְּךָ לֹא־
כו חָפַצְתִּי בָאָרֶץ: כָּלָה שְׁאֵרִי וּלְבָבִי צוּר־לְבָבִי וְחֶלְקִי אֱלֹהִים
כז כח לְעוֹלָם: כִּי־הִנֵּה רְחֵקֶיךָ יֹאבֵדוּ הִצְמַתָּה כָּל־זוֹנֶה מִמֶּךָּ: וַאֲנִי |
קִרֲבַת אֱלֹהִים לִי טוֹב שַׁתִּי | בַּאדֹנָי יֱהֹוִה מַחְסִי לְסַפֵּר
כָּל־מַלְאֲכוֹתֶיךָ:

עד א מַשְׂכִּיל לְאָסָף לָמָה אֱלֹהִים זָנַחְתָּ לָנֶצַח יֶעְשַׁן אַפְּךָ בְּצֹאן
ב מַרְעִיתֶךָ: זְכֹר עֲדָתְךָ | קָנִיתָ קֶּדֶם גָּאַלְתָּ שֵׁבֶט נַחֲלָתֶךָ הַר־צִיּוֹן
ג זֶה | שָׁכַנְתָּ בּוֹ: הָרִימָה פְעָמֶיךָ לְמַשֻּׁאוֹת נֶצַח כָּל־הֵרַע אוֹיֵב
ד בַּקֹּדֶשׁ: שָׁאֲגוּ צֹרְרֶיךָ בְּקֶרֶב מוֹעֲדֶךָ שָׂמוּ אוֹתֹתָם אֹתוֹת:
ה ו יִוָּדַע כְּמֵבִיא לְמָעְלָה בִּסֲבָךְ־עֵץ קַרְדֻּמּוֹת: וְעַתָּ פִּתּוּחֶיהָ יָּחַד
ז בְּכַשִּׁיל וְכֵילַפֹּת יַהֲלֹמוּן: שִׁלְחוּ בָאֵשׁ מִקְדָּשֶׁךָ לָאָרֶץ חִלְּלוּ
ח מִשְׁכַּן־שְׁמֶךָ: אָמְרוּ בְלִבָּם נִינָם יָחַד שָׂרְפוּ כָל־מוֹעֲדֵי־אֵל
ט בָּאָרֶץ: אוֹתֹתֵינוּ לֹא־רָאִינוּ אֵין־עוֹד נָבִיא וְלֹא־אִתָּנוּ יֹדֵעַ עַד־
י יא מָה: עַד־מָתַי אֱלֹהִים יְחָרֶף צָר יְנָאֵץ אוֹיֵב שִׁמְךָ לָנֶצַח: לָמָּה
יב תָשִׁיב יָדְךָ וִימִינֶךָ מִקֶּרֶב חוֹקְךָ כַלֵּה: וֵאלֹהִים מַלְכִּי מִקֶּדֶם חֵיקְךָ
יג פֹּעֵל יְשׁוּעוֹת בְּקֶרֶב הָאָרֶץ: אַתָּה פוֹרַרְתָּ בְעָזְּךָ יָם שִׁבַּרְתָּ
יד רָאשֵׁי תַנִּינִים עַל־הַמָּיִם: אַתָּה רִצַּצְתָּ רָאשֵׁי לִוְיָתָן תִּתְּנֶנּוּ
טו מַאֲכָל לְעָם לְצִיִּים: אַתָּה בָקַעְתָּ מַעְיָן וָנָחַל אַתָּה הוֹבַשְׁתָּ

טו נַהֲרוֹת אֵיתָן: לְךָ יוֹם אַף־לְךָ לָיְלָה אַתָּה הֲכִינוֹתָ מָאוֹר וָשָׁמֶשׁ:
יז יח אַתָּה הִצַּבְתָּ כָּל־גְּבוּלוֹת אָרֶץ קַיִץ וָחֹרֶף אַתָּה יְצַרְתָּם: זְכָר־
יט זֹאת אוֹיֵב חֵרֵף ׀ יְהוָה וְעַם־נָבָל נִאֲצוּ שְׁמֶךָ: אַל־תִּתֵּן לְחַיַּת
כ נֶפֶשׁ תּוֹרֶךָ חַיַּת עֲנִיֶּיךָ אַל־תִּשְׁכַּח לָנֶצַח: הַבֵּט לַבְּרִית כִּי־
כא מָלְאוּ מַחֲשַׁכֵּי־אֶרֶץ נְאוֹת חָמָס: אַל־יָשֹׁב דַּךְ נִכְלָם עָנִי
כב וְאֶבְיוֹן יְהַלְלוּ שְׁמֶךָ: קוּמָה אֱלֹהִים רִיבָה רִיבֶךָ זְכֹר חֶרְפָּתְךָ
כג מִנִּי־נָבָל כָּל־הַיּוֹם: אַל־תִּשְׁכַּח קוֹל צֹרְרֶיךָ שְׁאוֹן קָמֶיךָ
עֹלֶה תָמִיד:
עה א ב לַמְנַצֵּחַ אַל־תַּשְׁחֵת מִזְמוֹר לְאָסָף שִׁיר: הוֹדִינוּ לְּךָ ׀ אֱלֹהִים
ג הוֹדִינוּ וְקָרוֹב שְׁמֶךָ סִפְּרוּ נִפְלְאוֹתֶיךָ: כִּי אֶקַּח מוֹעֵד אֲנִי
ד מֵישָׁרִים אֶשְׁפֹּט: נְמֹגִים אֶרֶץ וְכָל־יֹשְׁבֶיהָ אָנֹכִי תִכַּנְתִּי
ה עַמּוּדֶיהָ סֶּלָה: אָמַרְתִּי לַהוֹלְלִים אַל־תָּהֹלּוּ וְלָרְשָׁעִים אַל־
ו תָּרִימוּ קָרֶן: אַל־תָּרִימוּ לַמָּרוֹם קַרְנְכֶם תְּדַבְּרוּ בְצַוָּאר עָתָק:
ז ח כִּי לֹא מִמּוֹצָא וּמִמַּעֲרָב וְלֹא מִמִּדְבַּר הָרִים: כִּי־אֱלֹהִים שֹׁפֵט
ט זֶה יַשְׁפִּיל וְזֶה יָרִים: כִּי כוֹס בְּיַד־יְהוָה וְיַיִן חָמַר ׀ מָלֵא מֶסֶךְ
י וַיַּגֵּר מִזֶּה אַךְ־שְׁמָרֶיהָ יִמְצוּ יִשְׁתּוּ כֹּל רִשְׁעֵי־אָרֶץ: וַאֲנִי
יא אַגִּיד לְעֹלָם אֲזַמְּרָה לֵאלֹהֵי יַעֲקֹב: וְכָל־קַרְנֵי רְשָׁעִים אֲגַדֵּעַ
תְּרוֹמַמְנָה קַרְנוֹת צַדִּיק:
עו א ב לַמְנַצֵּחַ בִּנְגִינֹת מִזְמוֹר לְאָסָף שִׁיר: נוֹדָע בִּיהוּדָה אֱלֹהִים
ג ד בְּיִשְׂרָאֵל גָּדוֹל שְׁמוֹ: וַיְהִי בְשָׁלֵם סֻכּוֹ וּמְעוֹנָתוֹ בְצִיּוֹן: שָׁמָּה
ה שִׁבַּר רִשְׁפֵי־קָשֶׁת מָגֵן וְחֶרֶב וּמִלְחָמָה סֶלָה: נָאוֹר אַתָּה אַדִּיר
ו מֵהַרְרֵי־טָרֶף: אֶשְׁתּוֹלְלוּ ׀ אַבִּירֵי לֵב נָמוּ שְׁנָתָם וְלֹא־מָצְאוּ כָל־
ז אַנְשֵׁי־חַיִל יְדֵיהֶם: מִגַּעֲרָתְךָ אֱלֹהֵי יַעֲקֹב נִרְדָּם וְרֶכֶב וָסוּס:
ח ט אַתָּה ׀ נוֹרָא אַתָּה וּמִי־יַעֲמֹד לְפָנֶיךָ מֵאָז אַפֶּךָ: מִשָּׁמַיִם
י הִשְׁמַעְתָּ דִּין אֶרֶץ יָרְאָה וְשָׁקָטָה: בְּקוּם־לַמִּשְׁפָּט אֱלֹהִים
יא לְהוֹשִׁיעַ כָּל־עַנְוֵי־אֶרֶץ סֶלָה: כִּי־חֲמַת אָדָם תּוֹדֶךָּ שְׁאֵרִית
יב חֵמֹת תַּחְגֹּר: נִדְרוּ וְשַׁלְּמוּ לַיהוָה אֱלֹהֵיכֶם כָּל־סְבִיבָיו יֹבִילוּ

יג שַׁי לַמּוֹרָא׃ יִבְצֹר רוּחַ נְגִידִים נוֹרָא לְמַלְכֵי־אָרֶץ׃

עז א ב לַמְנַצֵּחַ עַל־ידיתון לְאָסָף מִזְמוֹר׃ קוֹלִי אֶל־אֱלֹהִים וְאֶצְעָקָה יְדוּתוּן
ג קוֹלִי אֶל־אֱלֹהִים וְהַאֲזִין אֵלָי׃ בְּיוֹם צָרָתִי אֲדֹנָי דָּרָשְׁתִּי יָדִי ׀
ד לַיְלָה נִגְּרָה וְלֹא תָפוּג מֵאֲנָה הִנָּחֵם נַפְשִׁי׃ אֶזְכְּרָה אֱלֹהִים
ה וְאֶהֱמָיָה אָשִׂיחָה ׀ וְתִתְעַטֵּף רוּחִי סֶלָה׃ אָחַזְתָּ שְׁמֻרוֹת עֵינָי
ו נִפְעַמְתִּי וְלֹא אֲדַבֵּר׃ חִשַּׁבְתִּי יָמִים מִקֶּדֶם שְׁנוֹת עוֹלָמִים׃
ז אֶזְכְּרָה נְגִינָתִי בַּלָּיְלָה עִם־לְבָבִי אָשִׂיחָה וַיְחַפֵּשׂ רוּחִי׃
ח ט הַלְעוֹלָמִים יִזְנַח ׀ אֲדֹנָי וְלֹא־יֹסִיף לִרְצוֹת עוֹד׃ הֶאָפֵס לָנֶצַח
י חַסְדּוֹ גָּמַר אֹמֶר לְדֹר וָדֹר׃ הֲשָׁכַח חַנּוֹת אֵל אִם־קָפַץ בְּאַף
יא יב רַחֲמָיו סֶלָה׃ וָאֹמַר חַלּוֹתִי הִיא שְׁנוֹת יְמִין עֶלְיוֹן׃ אזכיר אֶזְכּוֹר
יג מַעַלְלֵי־יָהּ כִּי־אֶזְכְּרָה מִקֶּדֶם פִּלְאֶךָ׃ וְהָגִיתִי בְכָל־פָּעֳלֶךָ
יד וּבַעֲלִילוֹתֶיךָ אָשִׂיחָה׃ אֱלֹהִים בַּקֹּדֶשׁ דַּרְכֶּךָ מִי־אֵל גָּדוֹל
טו טז כֵּאלֹהִים׃ אַתָּה הָאֵל עֹשֵׂה פֶלֶא הוֹדַעְתָּ בָעַמִּים עֻזֶּךָ׃ גָּאַלְתָּ
יז בִּזְרוֹעַ עַמֶּךָ בְּנֵי־יַעֲקֹב וְיוֹסֵף סֶלָה׃ רָאוּךָ מַּיִם ׀ אֱלֹהִים רָאוּךָ
יח מַּיִם יָחִילוּ אַף יִרְגְּזוּ תְהֹמוֹת׃ זֹרְמוּ מַיִם ׀ עָבוֹת קוֹל נָתְנוּ
יט שְׁחָקִים אַף־חֲצָצֶיךָ יִתְהַלָּכוּ׃ קוֹל רַעַמְךָ ׀ בַּגַּלְגַּל הֵאִירוּ
כ בְרָקִים תֵּבֵל רָגְזָה וַתִּרְעַשׁ הָאָרֶץ׃ בַּיָּם דַּרְכֶּךָ ושביליך וּשְׁבִילְךָ
כא בְּמַיִם רַבִּים וְעִקְּבוֹתֶיךָ לֹא נֹדָעוּ׃ נָחִיתָ כַצֹּאן עַמֶּךָ בְּיַד־
מֹשֶׁה וְאַהֲרֹן׃

עח א מַשְׂכִּיל לְאָסָף הַאֲזִינָה עַמִּי תּוֹרָתִי הַטּוּ אָזְנְכֶם לְאִמְרֵי־פִי׃
ב ג אֶפְתְּחָה בְמָשָׁל פִּי אַבִּיעָה חִידוֹת מִנִּי־קֶדֶם׃ אֲשֶׁר שָׁמַעְנוּ
ד וַנֵּדָעֵם וַאֲבוֹתֵינוּ סִפְּרוּ־לָנוּ׃ לֹא נְכַחֵד ׀ מִבְּנֵיהֶם לְדוֹר אַחֲרוֹן
ה מְסַפְּרִים תְּהִלּוֹת יהוה וֶעֱזוּזוֹ וְנִפְלְאוֹתָיו אֲשֶׁר עָשָׂה׃ וַיָּקֶם
עֵדוּת ׀ בְּיַעֲקֹב וְתוֹרָה שָׂם בְּיִשְׂרָאֵל אֲשֶׁר צִוָּה אֶת־אֲבוֹתֵינוּ
ו לְהוֹדִיעָם לִבְנֵיהֶם׃ לְמַעַן יֵדְעוּ ׀ דּוֹר אַחֲרוֹן בָּנִים יִוָּלֵדוּ יָקֻמוּ
ז וִיסַפְּרוּ לִבְנֵיהֶם׃ וְיָשִׂימוּ בֵאלֹהִים כִּסְלָם וְלֹא יִשְׁכְּחוּ מַעַלְלֵי־
ח אֵל וּמִצְוֹתָיו יִנְצֹרוּ׃ וְלֹא יִהְיוּ ׀ כַּאֲבוֹתָם דּוֹר סוֹרֵר וּמֹרֶה דּוֹר

ט לֹא־הֵכִין לִבּוֹ וְלֹא־נֶאֶמְנָה אֶת־אֵל רוּחוֹ: בְּנֵי־אֶפְרַיִם נוֹשְׁקֵי
י רוֹמֵי־קֶשֶׁת הָפְכוּ בְּיוֹם קְרָב: לֹא שָׁמְרוּ בְּרִית אֱלֹהִים וּבְתוֹרָתוֹ
יא יב מֵאֲנוּ לָלֶכֶת: וַיִּשְׁכְּחוּ עֲלִילוֹתָיו וְנִפְלְאוֹתָיו אֲשֶׁר הֶרְאָם: נֶגֶד
יג אֲבוֹתָם עָשָׂה פֶלֶא בְּאֶרֶץ מִצְרַיִם שְׂדֵה־צֹעַן: בָּקַע יָם וַיַּעֲבִירֵם
יד וַיַּצֶּב־מַיִם כְּמוֹ־נֵד: וַיַּנְחֵם בֶּעָנָן יוֹמָם וְכָל־הַלַּיְלָה בְּאוֹר אֵשׁ:
טו טז יְבַקַּע צֻרִים בַּמִּדְבָּר וַיַּשְׁקְ כִּתְהֹמוֹת רַבָּה: וַיּוֹצִא נוֹזְלִים מִסָּלַע
יז וַיּוֹרֶד כַּנְּהָרוֹת מָיִם: וַיּוֹסִיפוּ עוֹד לַחֲטֹא־לוֹ לַמְרוֹת עֶלְיוֹן
יח יט בַּצִּיָּה: וַיְנַסּוּ־אֵל בִּלְבָבָם לִשְׁאָל־אֹכֶל לְנַפְשָׁם: וַיְדַבְּרוּ
כ בֵּאלֹהִים אָמְרוּ הֲיוּכַל אֵל לַעֲרֹךְ שֻׁלְחָן בַּמִּדְבָּר: הֵן הִכָּה־
צוּר ׀ וַיָּזוּבוּ מַיִם וּנְחָלִים יִשְׁטֹפוּ הֲגַם־לֶחֶם יוּכַל תֵּת אִם־יָכִין
כא שְׁאֵר לְעַמּוֹ: לָכֵן ׀ שָׁמַע יהוה וַיִּתְעַבָּר וְאֵשׁ נִשְּׂקָה בְיַעֲקֹב
כב וְגַם־אַף עָלָה בְיִשְׂרָאֵל: כִּי לֹא הֶאֱמִינוּ בֵּאלֹהִים וְלֹא בָטְחוּ
כג כד בִּישׁוּעָתוֹ: וַיְצַו שְׁחָקִים מִמָּעַל וְדַלְתֵי שָׁמַיִם פָּתָח: וַיַּמְטֵר
כה עֲלֵיהֶם מָן לֶאֱכֹל וּדְגַן־שָׁמַיִם נָתַן לָמוֹ: לֶחֶם אַבִּירִים אָכַל
כו אִישׁ צֵידָה שָׁלַח לָהֶם לָשֹׂבַע: יַסַּע קָדִים בַּשָּׁמָיִם וַיְנַהֵג בְּעֻזּוֹ
כז כח תֵימָן: וַיַּמְטֵר עֲלֵיהֶם כֶּעָפָר שְׁאֵר וּכְחוֹל יַמִּים עוֹף כָּנָף: וַיַּפֵּל
כט בְּקֶרֶב מַחֲנֵהוּ סָבִיב לְמִשְׁכְּנֹתָיו: וַיֹּאכְלוּ וַיִּשְׂבְּעוּ מְאֹד
ל וְתַאֲוָתָם יָבִא לָהֶם: לֹא־זָרוּ מִתַּאֲוָתָם עוֹד אָכְלָם בְּפִיהֶם:
לא וְאַף אֱלֹהִים ׀ עָלָה בָהֶם וַיַּהֲרֹג בְּמִשְׁמַנֵּיהֶם וּבַחוּרֵי יִשְׂרָאֵל
לב לג הִכְרִיעַ: בְּכָל־זֹאת חָטְאוּ־עוֹד וְלֹא הֶאֱמִינוּ בְּנִפְלְאוֹתָיו: וַיְכַל־
לד בַּהֶבֶל יְמֵיהֶם וּשְׁנוֹתָם בַּבֶּהָלָה: אִם־הֲרָגָם וּדְרָשׁוּהוּ וְשָׁבוּ
לה לו וְשִׁחֲרוּ־אֵל: וַיִּזְכְּרוּ כִּי־אֱלֹהִים צוּרָם וְאֵל עֶלְיוֹן גֹּאֲלָם: וַיְפַתּוּהוּ
לז בְּפִיהֶם וּבִלְשׁוֹנָם יְכַזְּבוּ־לוֹ: וְלִבָּם לֹא־נָכוֹן עִמּוֹ וְלֹא נֶאֶמְנוּ
לח בִּבְרִיתוֹ: וְהוּא רַחוּם ׀ יְכַפֵּר עָוֺן וְלֹא־יַשְׁחִית וְהִרְבָּה לְהָשִׁיב יא
לט אַפּוֹ וְלֹא־יָעִיר כָּל־חֲמָתוֹ: וַיִּזְכֹּר כִּי־בָשָׂר הֵמָּה רוּחַ הוֹלֵךְ וְלֹא
מ מא יָשׁוּב: כַּמָּה יַמְרוּהוּ בַמִּדְבָּר יַעֲצִיבוּהוּ בִּישִׁימוֹן: וַיָּשׁוּבוּ וַיְנַסּוּ
מב אֵל וּקְדוֹשׁ יִשְׂרָאֵל הִתְווּ: לֹא־זָכְרוּ אֶת־יָדוֹ יוֹם אֲשֶׁר־פָּדָם

מג מִנִּי־צָר׃ אֲשֶׁר־שָׂם בְּמִצְרַיִם אֹתוֹתָיו וּמוֹפְתָיו בִּשְׂדֵה־צֹעַן׃
מד מה וַיַּהֲפֹךְ לְדָם יְאֹרֵיהֶם וְנֹזְלֵיהֶם בַּל־יִשְׁתָּיוּן׃ יְשַׁלַּח בָּהֶם עָרֹב
מו וַיֹּאכְלֵם וּצְפַרְדֵּעַ וַתַּשְׁחִיתֵם׃ וַיִּתֵּן לֶחָסִיל יְבוּלָם וִיגִיעָם
מז מח לָאַרְבֶּה׃ יַהֲרֹג בַּבָּרָד גַּפְנָם וְשִׁקְמוֹתָם בַּחֲנָמַל׃ וַיַּסְגֵּר לַבָּרָד
מט בְּעִירָם וּמִקְנֵיהֶם לָרְשָׁפִים׃ יְשַׁלַּח־בָּם ׀ חֲרוֹן אַפּוֹ עֶבְרָה וָזַעַם
נ וְצָרָה מִשְׁלַחַת מַלְאֲכֵי רָעִים׃ יְפַלֵּס נָתִיב לְאַפּוֹ לֹא־חָשַׂךְ
נא מִמָּוֶת נַפְשָׁם וְחַיָּתָם לַדֶּבֶר הִסְגִּיר׃ וַיַּךְ כָּל־בְּכוֹר בְּמִצְרָיִם
נב רֵאשִׁית אוֹנִים בְּאָהֳלֵי־חָם׃ וַיַּסַּע כַּצֹּאן עַמּוֹ וַיְנַהֲגֵם כַּעֵדֶר
נג בַּמִּדְבָּר׃ וַיַּנְחֵם לָבֶטַח וְלֹא פָחָדוּ וְאֶת־אוֹיְבֵיהֶם כִּסָּה הַיָּם׃
נד נה וַיְבִיאֵם אֶל־גְּבוּל קָדְשׁוֹ הַר־זֶה קָנְתָה יְמִינוֹ׃ וַיְגָרֶשׁ מִפְּנֵיהֶם ׀
גּוֹיִם וַיַּפִּילֵם בְּחֶבֶל נַחֲלָה וַיַּשְׁכֵּן בְּאָהֳלֵיהֶם שִׁבְטֵי יִשְׂרָאֵל׃
נו נז וַיְנַסּוּ וַיַּמְרוּ אֶת־אֱלֹהִים עֶלְיוֹן וְעֵדוֹתָיו לֹא שָׁמָרוּ׃ וַיִּסֹּגוּ
נח וַיִּבְגְּדוּ כַּאֲבוֹתָם נֶהְפְּכוּ כְּקֶשֶׁת רְמִיָּה׃ וַיַּכְעִיסוּהוּ בְּבָמוֹתָם
נט וּבִפְסִילֵיהֶם יַקְנִיאוּהוּ׃ שָׁמַע אֱלֹהִים וַיִּתְעַבָּר וַיִּמְאַס מְאֹד
ס סא בְּיִשְׂרָאֵל׃ וַיִּטֹּשׁ מִשְׁכַּן שִׁלוֹ אֹהֶל שִׁכֵּן בָּאָדָם׃ וַיִּתֵּן לַשְּׁבִי עֻזּוֹ
סב וְתִפְאַרְתּוֹ בְיַד־צָר׃ וַיַּסְגֵּר לַחֶרֶב עַמּוֹ וּבְנַחֲלָתוֹ הִתְעַבָּר׃
סג סד בַּחוּרָיו אָכְלָה־אֵשׁ וּבְתוּלֹתָיו לֹא הוּלָּלוּ׃ כֹּהֲנָיו בַּחֶרֶב נָפָלוּ
סה וְאַלְמְנֹתָיו לֹא תִבְכֶּינָה׃ וַיִּקַץ כְּיָשֵׁן ׀ אֲדֹנָי כְּגִבּוֹר מִתְרוֹנֵן מִיָּיִן׃
סו סז וַיַּךְ־צָרָיו אָחוֹר חֶרְפַּת עוֹלָם נָתַן לָמוֹ׃ וַיִּמְאַס בְּאֹהֶל יוֹסֵף
סח וּבְשֵׁבֶט אֶפְרַיִם לֹא בָחָר׃ וַיִּבְחַר אֶת־שֵׁבֶט יְהוּדָה אֶת־הַר צִיּוֹן
סט אֲשֶׁר אָהֵב׃ וַיִּבֶן כְּמוֹ־רָמִים מִקְדָּשׁוֹ כְּאֶרֶץ יְסָדָהּ לְעוֹלָם׃
ע עא וַיִּבְחַר בְּדָוִד עַבְדּוֹ וַיִּקָּחֵהוּ מִמִּכְלְאֹת צֹאן׃ מֵאַחַר עָלוֹת הֱבִיאוֹ
עב לִרְעוֹת בְּיַעֲקֹב עַמּוֹ וּבְיִשְׂרָאֵל נַחֲלָתוֹ׃ וַיִּרְעֵם כְּתֹם לְבָבוֹ
וּבִתְבוּנוֹת כַּפָּיו יַנְחֵם׃
עט א מִזְמוֹר לְאָסָף אֱלֹהִים בָּאוּ גוֹיִם ׀ בְּנַחֲלָתֶךָ טִמְּאוּ אֶת־הֵיכַל
ב קָדְשֶׁךָ שָׂמוּ אֶת־יְרוּשָׁלִַם לְעִיִּים׃ נָתְנוּ אֶת־נִבְלַת עֲבָדֶיךָ
ג מַאֲכָל לְעוֹף הַשָּׁמָיִם בְּשַׂר חֲסִידֶיךָ לְחַיְתוֹ־אָרֶץ׃ שָׁפְכוּ דָמָם ׀

כַּמַּיִם סְבִיבוֹת יְרוּשָׁלָ͏ִם וְאֵין קוֹבֵר׃ הָיִינוּ חֶרְפָּה לִשְׁכֵנֵינוּ לַעַג ד
וָקֶלֶס לִסְבִיבוֹתֵינוּ׃ עַד־מָה יְהוָה תֶּאֱנַף לָנֶצַח תִּבְעַר כְּמוֹ־ ה
אֵשׁ קִנְאָתֶךָ׃ שְׁפֹךְ חֲמָתְךָ ׀ אֶל־הַגּוֹיִם אֲשֶׁר לֹא־יְדָעוּךָ וְעַל ו
מַמְלָכוֹת אֲשֶׁר בְּשִׁמְךָ לֹא קָרָאוּ׃ כִּי אָכַל אֶת־יַעֲקֹב וְאֶת־ ז
נָוֵהוּ הֵשַׁמּוּ׃ אַל־תִּזְכָּר־לָנוּ עֲוֺנֹת רִאשֹׁנִים מַהֵר יְקַדְּמוּנוּ ח
רַחֲמֶיךָ כִּי דַלּוֹנוּ מְאֹד׃ עָזְרֵנוּ ׀ אֱלֹהֵי יִשְׁעֵנוּ עַל־דְּבַר כְּבוֹד־ ט
שְׁמֶךָ וְהַצִּילֵנוּ וְכַפֵּר עַל־חַטֹּאתֵינוּ לְמַעַן שְׁמֶךָ׃ לָמָּה ׀ יֹאמְרוּ י
הַגּוֹיִם אַיֵּה אֱלֹהֵיהֶם יִוָּדַע בגיים לְעֵינֵינוּ נִקְמַת דַּם־עֲבָדֶיךָ בַּגּוֹיִם
הַשָּׁפוּךְ׃ תָּבוֹא לְפָנֶיךָ אֶנְקַת אָסִיר כְּגֹדֶל זְרוֹעֲךָ הוֹתֵר בְּנֵי יא
תְמוּתָה׃ וְהָשֵׁב לִשְׁכֵנֵינוּ שִׁבְעָתַיִם אֶל־חֵיקָם חֶרְפָּתָם אֲשֶׁר יב
חֵרְפוּךָ אֲדֹנָי׃ וַאֲנַחְנוּ עַמְּךָ ׀ וְצֹאן מַרְעִיתֶךָ נוֹדֶה לְּךָ לְעוֹלָם יג
לְדֹר וָדֹר נְסַפֵּר תְּהִלָּתֶךָ׃
לַמְנַצֵּחַ אֶל־שֹׁשַׁנִּים עֵדוּת לְאָסָף מִזְמוֹר׃ רֹעֵה יִשְׂרָאֵל ׀ הַאֲזִינָה א ב פ
נֹהֵג כַּצֹּאן יוֹסֵף יֹשֵׁב הַכְּרוּבִים הוֹפִיעָה׃ לִפְנֵי אֶפְרַיִם ׀ וּבִנְיָמִן ג
וּמְנַשֶּׁה עוֹרְרָה אֶת־גְּבוּרָתֶךָ וּלְכָה לִישֻׁעָתָה לָּנוּ׃ אֱלֹהִים ד
הֲשִׁיבֵנוּ וְהָאֵר פָּנֶיךָ וְנִוָּשֵׁעָה׃ יְהוָה אֱלֹהִים צְבָאוֹת עַד־מָתַי ה
עָשַׁנְתָּ בִּתְפִלַּת עַמֶּךָ׃ הֶאֱכַלְתָּם לֶחֶם דִּמְעָה וַתַּשְׁקֵמוֹ ו
בִּדְמָעוֹת שָׁלִישׁ׃ תְּשִׂימֵנוּ מָדוֹן לִשְׁכֵנֵינוּ וְאֹיְבֵינוּ יִלְעֲגוּ־לָמוֹ׃ ז
אֱלֹהִים צְבָאוֹת הֲשִׁיבֵנוּ וְהָאֵר פָּנֶיךָ וְנִוָּשֵׁעָה׃ גֶּפֶן מִמִּצְרַיִם ח ט
תַּסִּיעַ תְּגָרֵשׁ גּוֹיִם וַתִּטָּעֶהָ׃ פִּנִּיתָ לְפָנֶיהָ וַתַּשְׁרֵשׁ שָׁרָשֶׁיהָ י
וַתְּמַלֵּא־אָרֶץ׃ כָּסּוּ הָרִים צִלָּהּ וַעֲנָפֶיהָ אַרְזֵי־אֵל׃ תְּשַׁלַּח יא יב
קְצִירֶהָ עַד־יָם וְאֶל־נָהָר יוֹנְקוֹתֶיהָ׃ לָמָּה פָּרַצְתָּ גְדֵרֶיהָ וְאָרוּהָ יג
כָּל־עֹבְרֵי דָרֶךְ׃ יְכַרְסְמֶנָּה חֲזִיר מִיָּעַר וְזִיז שָׂדַי יִרְעֶנָּה׃ אֱלֹהִים יד טו
צְבָאוֹת שׁוּב נָא הַבֵּט מִשָּׁמַיִם וּרְאֵה וּפְקֹד גֶּפֶן זֹאת׃ וְכַנָּה טז
אֲשֶׁר־נָטְעָה יְמִינֶךָ וְעַל־בֵּן אִמַּצְתָּה לָּךְ׃ שְׂרֻפָה בָאֵשׁ כְּסוּחָה יז
מִגַּעֲרַת פָּנֶיךָ יֹאבֵדוּ׃ תְּהִי־יָדְךָ עַל־אִישׁ יְמִינֶךָ עַל־בֶּן־אָדָם יח
אִמַּצְתָּ לָּךְ׃ וְלֹא־נָסוֹג מִמֶּךָּ תְּחַיֵּנוּ וּבְשִׁמְךָ נִקְרָא׃ יְהוָה יט כ

אֱלֹהִים צְבָאוֹת הֲשִׁיבֵנוּ הָאֵר פָּנֶיךָ וְנִוָּשֵׁעָה׃
פא א ב לַמְנַצֵּחַ ׀ עַל־הַגִּתִּית לְאָסָף׃ הַרְנִינוּ לֵאלֹהִים עוּזֵּנוּ הָרִיעוּ
ג לֵאלֹהֵי יַעֲקֹב׃ שְׂאוּ־זִמְרָה וּתְנוּ־תֹף כִּנּוֹר נָעִים עִם־נָבֶל׃
ד ה תִּקְעוּ בַחֹדֶשׁ שׁוֹפָר בַּכֵּסֶה לְיוֹם חַגֵּנוּ׃ כִּי חֹק לְיִשְׂרָאֵל הוּא
ו מִשְׁפָּט לֵאלֹהֵי יַעֲקֹב׃ עֵדוּת ׀ בִּיהוֹסֵף שָׂמוֹ בְּצֵאתוֹ עַל־אֶרֶץ
ז מִצְרָיִם שְׂפַת לֹא־יָדַעְתִּי אֶשְׁמָע׃ הֲסִירוֹתִי מִסֵּבֶל שִׁכְמוֹ כַּפָּיו
ח מִדּוּד תַּעֲבֹרְנָה׃ בַּצָּרָה קָרָאתָ וָאֲחַלְּצֶךָּ אֶעֶנְךָ בְּסֵתֶר רַעַם
ט אֶבְחָנְךָ עַל־מֵי מְרִיבָה סֶלָה׃ שְׁמַע עַמִּי וְאָעִידָה בָּךְ יִשְׂרָאֵל
י אִם־תִּשְׁמַע־לִי׃ לֹא־יִהְיֶה בְךָ אֵל זָר וְלֹא תִשְׁתַּחֲוֶה לְאֵל נֵכָר׃
יא אָנֹכִי ׀ יהוה אֱלֹהֶיךָ הַמַּעַלְךָ מֵאֶרֶץ מִצְרָיִם הַרְחֶב־פִּיךָ
יב וַאֲמַלְאֵהוּ׃ וְלֹא־שָׁמַע עַמִּי לְקוֹלִי וְיִשְׂרָאֵל לֹא־אָבָה לִי׃
יג יד וָאֲשַׁלְּחֵהוּ בִּשְׁרִירוּת לִבָּם יֵלְכוּ בְּמוֹעֲצוֹתֵיהֶם׃ לוּ עַמִּי שֹׁמֵעַ
טו לִי יִשְׂרָאֵל בִּדְרָכַי יְהַלֵּכוּ׃ כִּמְעַט אוֹיְבֵיהֶם אַכְנִיעַ וְעַל־צָרֵיהֶם
טז אָשִׁיב יָדִי׃ מְשַׂנְאֵי יהוה יְכַחֲשׁוּ־לוֹ וִיהִי עִתָּם לְעוֹלָם׃
יז וַיַּאֲכִילֵהוּ מֵחֵלֶב חִטָּה וּמִצּוּר דְּבַשׁ אַשְׂבִּיעֶךָ׃
פב א מִזְמוֹר לְאָסָף אֱלֹהִים נִצָּב בַּעֲדַת־אֵל בְּקֶרֶב אֱלֹהִים יִשְׁפֹּט׃
ב ג עַד־מָתַי תִּשְׁפְּטוּ־עָוֶל וּפְנֵי רְשָׁעִים תִּשְׂאוּ־סֶלָה׃ שִׁפְטוּ־דַל
ד וְיָתוֹם עָנִי וָרָשׁ הַצְדִּיקוּ׃ פַּלְּטוּ־דַל וְאֶבְיוֹן מִיַּד רְשָׁעִים הַצִּילוּ׃
ה לֹא יָדְעוּ ׀ וְלֹא יָבִינוּ בַּחֲשֵׁכָה יִתְהַלָּכוּ יִמּוֹטוּ כָּל־מוֹסְדֵי אָרֶץ׃
ו ז אֲנִי־אָמַרְתִּי אֱלֹהִים אַתֶּם וּבְנֵי עֶלְיוֹן כֻּלְּכֶם׃ אָכֵן כְּאָדָם
ח תְּמוּתוּן וּכְאַחַד הַשָּׂרִים תִּפֹּלוּ׃ קוּמָה אֱלֹהִים שָׁפְטָה הָאָרֶץ
כִּי־אַתָּה תִנְחַל בְּכָל־הַגּוֹיִם׃
פג א ב שִׁיר מִזְמוֹר לְאָסָף׃ אֱלֹהִים אַל־דֳּמִי־לָךְ אַל־תֶּחֱרַשׁ וְאַל־
ג תִּשְׁקֹט אֵל׃ כִּי־הִנֵּה אוֹיְבֶיךָ יֶהֱמָיוּן וּמְשַׂנְאֶיךָ נָשְׂאוּ רֹאשׁ׃
ד ה עַל־עַמְּךָ יַעֲרִימוּ סוֹד וְיִתְיָעֲצוּ עַל־צְפוּנֶיךָ׃ אָמְרוּ לְכוּ וְנַכְחִידֵם
ו מִגּוֹי וְלֹא־יִזָּכֵר שֵׁם־יִשְׂרָאֵל עוֹד׃ כִּי נוֹעֲצוּ לֵב יַחְדָּו עָלֶיךָ
ז ח בְּרִית יִכְרֹתוּ׃ אָהֳלֵי אֱדוֹם וְיִשְׁמְעֵאלִים מוֹאָב וְהַגְרִים׃ גְּבָל

ט וְעַמּוֹן וַעֲמָלֵק פְּלֶשֶׁת עִם־יֹשְׁבֵי צוֹר: גַּם־אַשּׁוּר נִלְוָה עִמָּם הָיוּ
י זְרוֹעַ לִבְנֵי־לוֹט סֶלָה: עֲשֵׂה־לָהֶם כְּמִדְיָן כְּסִיסְרָא כְיָבִין בְּנַחַל
יא יב קִישׁוֹן: נִשְׁמְדוּ בְעֵין־דֹּאר הָיוּ דֹּמֶן לָאֲדָמָה: שִׁיתֵמוֹ נְדִיבֵמוֹ
יג כְּעֹרֵב וְכִזְאֵב וּכְזֶבַח וּכְצַלְמֻנָּע כָּל־נְסִיכֵמוֹ: אֲשֶׁר אָמְרוּ
יד נִירְשָׁה לָּנוּ אֵת נְאוֹת אֱלֹהִים: אֱלֹהַי שִׁיתֵמוֹ כַגַּלְגַּל כְּקַשׁ
טו טז לִפְנֵי־רוּחַ: כְּאֵשׁ תִּבְעַר־יָעַר וּכְלֶהָבָה תְּלַהֵט הָרִים: כֵּן
יז תִּרְדְּפֵם בְּסַעֲרֶךָ וּבְסוּפָתְךָ תְבַהֲלֵם: מַלֵּא פְנֵיהֶם קָלוֹן וִיבַקְשׁוּ
יח יט שִׁמְךָ יְהוָה: יֵבֹשׁוּ וְיִבָּהֲלוּ עֲדֵי־עַד וְיַחְפְּרוּ וְיֹאבֵדוּ: וְיֵדְעוּ כִּי־
אַתָּה שִׁמְךָ יְהוָה לְבַדֶּךָ עֶלְיוֹן עַל־כָּל־הָאָרֶץ:
פד א ב לַמְנַצֵּחַ עַל־הַגִּתִּית לִבְנֵי־קֹרַח מִזְמוֹר: מַה־יְּדִידוֹת מִשְׁכְּנוֹתֶיךָ
ג יְהוָה צְבָאוֹת: נִכְסְפָה וְגַם־כָּלְתָה ׀ נַפְשִׁי לְחַצְרוֹת יְהוָה לִבִּי
ד וּבְשָׂרִי יְרַנְּנוּ אֶל אֵל־חָי: גַּם־צִפּוֹר ׀ מָצְאָה בַיִת וּדְרוֹר ׀ קֵן ׀
לָהּ אֲשֶׁר־שָׁתָה אֶפְרֹחֶיהָ אֶת־מִזְבְּחוֹתֶיךָ יְהוָה צְבָאוֹת מַלְכִּי
ה ו וֵאלֹהָי: אַשְׁרֵי יוֹשְׁבֵי בֵיתֶךָ עוֹד יְהַלְלוּךָ סֶּלָה: אַשְׁרֵי אָדָם
ז עוֹז־לוֹ בָךְ מְסִלּוֹת בִּלְבָבָם: עֹבְרֵי ׀ בְּעֵמֶק הַבָּכָא מַעְיָן יְשִׁיתוּהוּ
ח גַּם־בְּרָכוֹת יַעְטֶה מוֹרֶה: יֵלְכוּ מֵחַיִל אֶל־חָיִל יֵרָאֶה אֶל־אֱלֹהִים
ט בְּצִיּוֹן: יְהוָה אֱלֹהִים צְבָאוֹת שִׁמְעָה תְפִלָּתִי הַאֲזִינָה אֱלֹהֵי
י יא יַעֲקֹב סֶלָה: מָגִנֵּנוּ רְאֵה אֱלֹהִים וְהַבֵּט פְּנֵי מְשִׁיחֶךָ: כִּי טוֹב־
יוֹם בַּחֲצֵרֶיךָ מֵאָלֶף בָּחַרְתִּי הִסְתּוֹפֵף בְּבֵית אֱלֹהַי מִדּוּר
יב בְּאָהֳלֵי־רֶשַׁע: כִּי שֶׁמֶשׁ ׀ וּמָגֵן יְהוָה אֱלֹהִים חֵן וְכָבוֹד יִתֵּן
יג יְהוָה לֹא יִמְנַע־טוֹב לַהֹלְכִים בְּתָמִים: יְהוָה צְבָאוֹת אַשְׁרֵי יב
אָדָם בֹּטֵחַ בָּךְ:
פה א ב לַמְנַצֵּחַ לִבְנֵי־קֹרַח מִזְמוֹר: רָצִיתָ יְהוָה אַרְצֶךָ שַׁבְתָּ שבות שְׁבִית
ג ד יַעֲקֹב: נָשָׂאתָ עֲוֺן עַמֶּךָ כִּסִּיתָ כָל־חַטָּאתָם סֶלָה: אָסַפְתָּ כָל־
ה עֶבְרָתֶךָ הֱשִׁיבוֹתָ מֵחֲרוֹן אַפֶּךָ: שׁוּבֵנוּ אֱלֹהֵי יִשְׁעֵנוּ וְהָפֵר
ו ז כַּעַסְךָ עִמָּנוּ: הַלְעוֹלָם תֶּאֱנַף־בָּנוּ תִּמְשֹׁךְ אַפְּךָ לְדֹר וָדֹר: הֲלֹא־
ח אַתָּה תָּשׁוּב תְּחַיֵּנוּ וְעַמְּךָ יִשְׂמְחוּ־בָךְ: הַרְאֵנוּ יְהוָה חַסְדֶּךָ

ט וְיֶשְׁעֲךָ תִּתֶּן־לָנוּ׃ אֶשְׁמְעָה מַה־יְדַבֵּר הָאֵל ׀ יְהוָה כִּי ׀ יְדַבֵּר
י שָׁלוֹם אֶל־עַמּוֹ וְאֶל־חֲסִידָיו וְאַל־יָשׁוּבוּ לְכִסְלָה׃ אַךְ קָרוֹב
יא לִירֵאָיו יִשְׁעוֹ לִשְׁכֹּן כָּבוֹד בְּאַרְצֵנוּ׃ חֶסֶד־וֶאֱמֶת נִפְגָּשׁוּ צֶדֶק
יב יג וְשָׁלוֹם נָשָׁקוּ׃ אֱמֶת מֵאֶרֶץ תִּצְמָח וְצֶדֶק מִשָּׁמַיִם נִשְׁקָף׃ גַּם־
יד יְהוָה יִתֵּן הַטּוֹב וְאַרְצֵנוּ תִּתֵּן יְבוּלָהּ׃ צֶדֶק לְפָנָיו יְהַלֵּךְ וְיָשֵׂם
לְדֶרֶךְ פְּעָמָיו׃

פו א ב תְּפִלָּה לְדָוִד הַטֵּה־יְהוָה אָזְנְךָ עֲנֵנִי כִּי־עָנִי וְאֶבְיוֹן אָנִי׃ שָׁמְרָה
נַפְשִׁי כִּי־חָסִיד אָנִי הוֹשַׁע עַבְדְּךָ אַתָּה אֱלֹהַי הַבּוֹטֵחַ אֵלֶיךָ׃
ג ד חָנֵּנִי אֲדֹנָי כִּי־אֵלֶיךָ אֶקְרָא כָּל־הַיּוֹם׃ שַׂמֵּחַ נֶפֶשׁ עַבְדֶּךָ כִּי־
ה אֵלֶיךָ אֲדֹנָי נַפְשִׁי אֶשָּׂא׃ כִּי־אַתָּה אֲדֹנָי טוֹב וְסַלָּח וְרַב־חֶסֶד
ו לְכָל־קֹרְאֶיךָ׃ הַאֲזִינָה יְהוָה תְּפִלָּתִי וְהַקְשִׁיבָה בְּקוֹל תַּחֲנוּנוֹתָי׃
ז ח בְּיוֹם צָרָתִי אֶקְרָאֶךָּ כִּי תַעֲנֵנִי׃ אֵין־כָּמוֹךָ בָאֱלֹהִים ׀ אֲדֹנָי וְאֵין
ט כְּמַעֲשֶׂיךָ׃ כָּל־גּוֹיִם ׀ אֲשֶׁר עָשִׂיתָ יָבוֹאוּ ׀ וְיִשְׁתַּחֲווּ לְפָנֶיךָ אֲדֹנָי
י וִיכַבְּדוּ לִשְׁמֶךָ׃ כִּי־גָדוֹל אַתָּה וְעֹשֵׂה נִפְלָאוֹת אַתָּה אֱלֹהִים
יא לְבַדֶּךָ׃ הוֹרֵנִי יְהוָה ׀ דַּרְכֶּךָ אֲהַלֵּךְ בַּאֲמִתֶּךָ יַחֵד לְבָבִי לְיִרְאָה
יב שְׁמֶךָ׃ אוֹדְךָ ׀ אֲדֹנָי אֱלֹהַי בְּכָל־לְבָבִי וַאֲכַבְּדָה שִׁמְךָ לְעוֹלָם׃
יג יד כִּי־חַסְדְּךָ גָּדוֹל עָלָי וְהִצַּלְתָּ נַפְשִׁי מִשְּׁאוֹל תַּחְתִּיָּה׃ אֱלֹהִים ׀
זֵדִים קָמוּ־עָלַי וַעֲדַת עָרִיצִים בִּקְשׁוּ נַפְשִׁי וְלֹא שָׂמוּךָ לְנֶגְדָּם׃
טו וְאַתָּה אֲדֹנָי אֵל־רַחוּם וְחַנּוּן אֶרֶךְ אַפַּיִם וְרַב־חֶסֶד וֶאֱמֶת׃
טז פְּנֵה אֵלַי וְחָנֵּנִי תְּנָה־עֻזְּךָ לְעַבְדֶּךָ וְהוֹשִׁיעָה לְבֶן־אֲמָתֶךָ׃
יז עֲשֵׂה־עִמִּי אוֹת לְטוֹבָה וְיִרְאוּ שֹׂנְאַי וְיֵבֹשׁוּ כִּי־אַתָּה יְהוָה
עֲזַרְתַּנִי וְנִחַמְתָּנִי׃

פז א ב לִבְנֵי־קֹרַח מִזְמוֹר שִׁיר יְסוּדָתוֹ בְּהַרְרֵי־קֹדֶשׁ׃ אֹהֵב יְהוָה שַׁעֲרֵי
ג צִיּוֹן מִכֹּל מִשְׁכְּנוֹת יַעֲקֹב׃ נִכְבָּדוֹת מְדֻבָּר בָּךְ עִיר הָאֱלֹהִים
ד סֶלָה׃ אַזְכִּיר ׀ רַהַב וּבָבֶל לְיֹדְעָי הִנֵּה פְלֶשֶׁת וְצוֹר עִם־כּוּשׁ זֶה
ה יֻלַּד־שָׁם׃ וּלְצִיּוֹן ׀ יֵאָמַר אִישׁ וְאִישׁ יֻלַּד־בָּהּ וְהוּא יְכוֹנְנֶהָ עֶלְיוֹן׃
ו ז יְהוָה יִסְפֹּר בִּכְתוֹב עַמִּים זֶה יֻלַּד־שָׁם סֶלָה׃ וְשָׁרִים כְּחֹלְלִים

כָּל־מַעְיָנַי בָּךְ׃
א שִׁיר מִזְמוֹר לִבְנֵי קֹרַח לַמְנַצֵּחַ עַל־מָחֲלַת לְעַנּוֹת מַשְׂכִּיל
ב לְהֵימָן הָאֶזְרָחִי׃ יְהוָה אֱלֹהֵי יְשׁוּעָתִי יוֹם־צָעַקְתִּי בַלַּיְלָה נֶגְדֶּךָ׃
ג ד תָּבוֹא לְפָנֶיךָ תְּפִלָּתִי הַטֵּה אָזְנְךָ לְרִנָּתִי׃ כִּי־שָׂבְעָה בְרָעוֹת
ה נַפְשִׁי וְחַיַּי לִשְׁאוֹל הִגִּיעוּ׃ נֶחְשַׁבְתִּי עִם־יוֹרְדֵי בוֹר הָיִיתִי כְּגֶבֶר
ו אֵין־אֱיָל׃ בַּמֵּתִים חָפְשִׁי כְּמוֹ חֲלָלִים ׀ שֹׁכְבֵי קֶבֶר אֲשֶׁר לֹא
ז זְכַרְתָּם עוֹד וְהֵמָּה מִיָּדְךָ נִגְזָרוּ׃ שַׁתַּנִי בְּבוֹר תַּחְתִּיּוֹת
ח בְּמַחֲשַׁכִּים בִּמְצֹלוֹת׃ עָלַי סָמְכָה חֲמָתֶךָ וְכָל־מִשְׁבָּרֶיךָ עִנִּיתָ
ט סֶּלָה׃ הִרְחַקְתָּ מְיֻדָּעַי מִמֶּנִּי שַׁתַּנִי תוֹעֵבוֹת לָמוֹ כָּלֻא וְלֹא אֵצֵא׃
י עֵינִי דָאֲבָה מִנִּי עֹנִי קְרָאתִיךָ יְהוָה בְּכָל־יוֹם שִׁטַּחְתִּי אֵלֶיךָ
יא כַפָּי׃ הֲלַמֵּתִים תַּעֲשֶׂה־פֶּלֶא אִם־רְפָאִים יָקוּמוּ ׀ יוֹדוּךָ סֶּלָה׃
יב יג הַיְסֻפַּר בַּקֶּבֶר חַסְדֶּךָ אֱמוּנָתְךָ בָּאֲבַדּוֹן׃ הֲיִוָּדַע בַּחֹשֶׁךְ פִּלְאֶךָ
יד וְצִדְקָתְךָ בְּאֶרֶץ נְשִׁיָּה׃ וַאֲנִי ׀ אֵלֶיךָ יְהוָה שִׁוַּעְתִּי וּבַבֹּקֶר תְּפִלָּתִי
טו טז תְקַדְּמֶךָּ׃ לָמָה יְהוָה תִּזְנַח נַפְשִׁי תַּסְתִּיר פָּנֶיךָ מִמֶּנִּי׃ עָנִי אֲנִי
יז וְגֹוֵעַ מִנֹּעַר נָשָׂאתִי אֵמֶיךָ אָפוּנָה׃ עָלַי עָבְרוּ חֲרוֹנֶיךָ בִּעוּתֶיךָ
יח יט צִמְּתוּתֻנִי׃ סַבּוּנִי כַמַּיִם כָּל־הַיּוֹם הִקִּיפוּ עָלַי יָחַד׃ הִרְחַקְתָּ
מִמֶּנִּי אֹהֵב וָרֵעַ מְיֻדָּעַי מַחְשָׁךְ׃
פט א ב מַשְׂכִּיל לְאֵיתָן הָאֶזְרָחִי׃ חַסְדֵי יְהוָה עוֹלָם אָשִׁירָה לְדֹר וָדֹר ׀
ג אוֹדִיעַ אֱמוּנָתְךָ בְּפִי׃ כִּי־אָמַרְתִּי עוֹלָם חֶסֶד יִבָּנֶה שָׁמַיִם ׀ תָּכִן
ד ה אֱמוּנָתְךָ בָהֶם׃ כָּרַתִּי בְרִית לִבְחִירִי נִשְׁבַּעְתִּי לְדָוִד עַבְדִּי׃ עַד־
ו עוֹלָם אָכִין זַרְעֶךָ וּבָנִיתִי לְדֹר־וָדוֹר כִּסְאֲךָ סֶלָה׃ וְיוֹדוּ שָׁמַיִם
ז פִּלְאֲךָ יְהוָה אַף־אֱמוּנָתְךָ בִּקְהַל קְדֹשִׁים׃ כִּי מִי בַשַּׁחַק יַעֲרֹךְ
ח לַיהוָה יִדְמֶה לַיהוָה בִּבְנֵי אֵלִים׃ אֵל נַעֲרָץ בְּסוֹד־קְדֹשִׁים רַבָּה
ט וְנוֹרָא עַל־כָּל־סְבִיבָיו׃ יְהוָה ׀ אֱלֹהֵי צְבָאוֹת מִי־כָמוֹךָ חֲסִין ׀
י יָהּ וֶאֱמוּנָתְךָ סְבִיבוֹתֶיךָ׃ אַתָּה מוֹשֵׁל בְּגֵאוּת הַיָּם בְּשׂוֹא גַלָּיו
יא אַתָּה תְשַׁבְּחֵם׃ אַתָּה דִכִּאתָ כֶחָלָל רָהַב בִּזְרוֹעַ עֻזְּךָ פִּזַּרְתָּ
יב אוֹיְבֶיךָ׃ לְךָ שָׁמַיִם אַף־לְךָ אָרֶץ תֵּבֵל וּמְלֹאָהּ אַתָּה יְסַדְתָּם׃

יג יד צָפוֹן וְיָמִין אַתָּה בְרָאתָם תָּבוֹר וְחֶרְמוֹן בְּשִׁמְךָ יְרַנֵּנוּ׃ לְךָ זְרוֹעַ
טו עִם־גְּבוּרָה תָּעֹז יָדְךָ תָּרוּם יְמִינֶךָ׃ צֶדֶק וּמִשְׁפָּט מְכוֹן כִּסְאֶךָ
טז חֶסֶד וֶאֱמֶת יְקַדְּמוּ פָנֶיךָ׃ אַשְׁרֵי הָעָם יוֹדְעֵי תְרוּעָה יְהוָה בְּאוֹר־
יז יח פָּנֶיךָ יְהַלֵּכוּן׃ בְּשִׁמְךָ יְגִילוּן כָּל־הַיּוֹם וּבְצִדְקָתְךָ יָרוּמוּ׃ כִּי־
יט תִפְאֶרֶת עֻזָּמוֹ אָתָּה וּבִרְצוֹנְךָ תרים קַרְנֵנוּ׃ כִּי לַיהוָה מָגִנֵּנוּ תָּרוּם
כ וְלִקְדוֹשׁ יִשְׂרָאֵל מַלְכֵּנוּ׃ אָז דִּבַּרְתָּ בְחָזוֹן לַחֲסִידֶיךָ וַתֹּאמֶר
כא שִׁוִּיתִי עֵזֶר עַל־גִּבּוֹר הֲרִימוֹתִי בָחוּר מֵעָם׃ מָצָאתִי דָּוִד עַבְדִּי
כב בְּשֶׁמֶן קָדְשִׁי מְשַׁחְתִּיו׃ אֲשֶׁר יָדִי תִּכּוֹן עִמּוֹ אַף־זְרוֹעִי תְאַמְּצֶנּוּ׃
כג כד לֹא־יַשִּׁא אוֹיֵב בּוֹ וּבֶן־עַוְלָה לֹא יְעַנֶּנּוּ׃ וְכַתּוֹתִי מִפָּנָיו צָרָיו
כה וּמְשַׂנְאָיו אֶגּוֹף׃ וֶאֱמוּנָתִי וְחַסְדִּי עִמּוֹ וּבִשְׁמִי תָּרוּם קַרְנוֹ׃
כו כז וְשַׂמְתִּי בַיָּם יָדוֹ וּבַנְּהָרוֹת יְמִינוֹ׃ הוּא יִקְרָאֵנִי אָבִי אָתָּה אֵלִי
כח כט וְצוּר יְשׁוּעָתִי׃ אַף־אָנִי בְּכוֹר אֶתְּנֵהוּ עֶלְיוֹן לְמַלְכֵי־אָרֶץ׃ לְעוֹלָם
ל אשמור־לוֹ חַסְדִּי וּבְרִיתִי נֶאֱמֶנֶת לוֹ׃ וְשַׂמְתִּי לָעַד זַרְעוֹ וְכִסְאוֹ אֶשְׁמָר־
לא לב כִּימֵי שָׁמָיִם׃ אִם־יַעַזְבוּ בָנָיו תּוֹרָתִי וּבְמִשְׁפָּטַי לֹא יֵלֵכוּן׃ אִם־
לג חֻקֹּתַי יְחַלֵּלוּ וּמִצְוֹתַי לֹא יִשְׁמֹרוּ׃ וּפָקַדְתִּי בְשֵׁבֶט פִּשְׁעָם
לד וּבִנְגָעִים עֲוֺנָם׃ וְחַסְדִּי לֹא־אָפִיר מֵעִמּוֹ וְלֹא אֲשַׁקֵּר בֶּאֱמוּנָתִי׃
לה לו לֹא־אֲחַלֵּל בְּרִיתִי וּמוֹצָא שְׂפָתַי לֹא אֲשַׁנֶּה׃ אַחַת נִשְׁבַּעְתִּי
לז בְקָדְשִׁי אִם־לְדָוִד אֲכַזֵּב׃ זַרְעוֹ לְעוֹלָם יִהְיֶה וְכִסְאוֹ כַשֶּׁמֶשׁ
לח לט נֶגְדִּי׃ כְּיָרֵחַ יִכּוֹן עוֹלָם וְעֵד בַּשַּׁחַק נֶאֱמָן סֶלָה׃ וְאַתָּה זָנַחְתָּ
מ וַתִּמְאָס הִתְעַבַּרְתָּ עִם־מְשִׁיחֶךָ׃ נֵאַרְתָּה בְּרִית עַבְדֶּךָ חִלַּלְתָּ
מא מב לָאָרֶץ נִזְרוֹ׃ פָּרַצְתָּ כָל־גְּדֵרֹתָיו שַׂמְתָּ מִבְצָרָיו מְחִתָּה׃ שַׁסֻּהוּ
מג כָּל־עֹבְרֵי דָרֶךְ הָיָה חֶרְפָּה לִשְׁכֵנָיו׃ הֲרִימוֹתָ יְמִין צָרָיו הִשְׂמַחְתָּ
מד כָּל־אוֹיְבָיו׃ אַף־תָּשִׁיב צוּר חַרְבּוֹ וְלֹא הֲקֵמֹתוֹ בַּמִּלְחָמָה׃
מה מו הִשְׁבַּתָּ מִטְּהָרוֹ וְכִסְאוֹ לָאָרֶץ מִגַּרְתָּה׃ הִקְצַרְתָּ יְמֵי עֲלוּמָיו
מז הֶעֱטִיתָ עָלָיו בּוּשָׁה סֶלָה׃ עַד־מָה יְהוָה תִּסָּתֵר לָנֶצַח תִּבְעַר
מח כְּמוֹ־אֵשׁ חֲמָתֶךָ׃ זְכָר־אֲנִי מֶה־חָלֶד עַל־מַה־שָּׁוְא בָּרָאתָ כָל־
מט בְּנֵי־אָדָם׃ מִי גֶבֶר יִחְיֶה וְלֹא יִרְאֶה־מָּוֶת יְמַלֵּט נַפְשׁוֹ מִיַּד־

נ שְׁאוֹל סֶלָה׃ אַיֵּה ׀ חֲסָדֶיךָ הָרִאשֹׁנִים ׀ אֲדֹנָי נִשְׁבַּעְתָּ לְדָוִד
נא בֶּאֱמוּנָתֶךָ׃ זְכֹר אֲדֹנָי חֶרְפַּת עֲבָדֶיךָ שְׂאֵתִי בְחֵיקִי כָּל־רַבִּים
נב עַמִּים׃ אֲשֶׁר חֵרְפוּ אוֹיְבֶיךָ ׀ יְהוָה אֲשֶׁר חֵרְפוּ עִקְּבוֹת מְשִׁיחֶךָ׃
נג בָּרוּךְ יְהוָה לְעוֹלָם אָמֵן ׀ וְאָמֵן׃

ספר רביעי

צ א תְּפִלָּה לְמֹשֶׁה אִישׁ־הָאֱלֹהִים אֲדֹנָי מָעוֹן אַתָּה הָיִיתָ לָּנוּ בְּדֹר
ב וָדֹר׃ בְּטֶרֶם ׀ הָרִים יֻלָּדוּ וַתְּחוֹלֵל אֶרֶץ וְתֵבֵל וּמֵעוֹלָם עַד־עוֹלָם
ג ד אַתָּה אֵל׃ תָּשֵׁב אֱנוֹשׁ עַד־דַּכָּא וַתֹּאמֶר שׁוּבוּ בְנֵי־אָדָם׃ כִּי
אֶלֶף שָׁנִים בְּעֵינֶיךָ כְּיוֹם אֶתְמוֹל כִּי יַעֲבֹר וְאַשְׁמוּרָה בַלָּיְלָה׃
ה ו זְרַמְתָּם שֵׁנָה יִהְיוּ בַּבֹּקֶר כֶּחָצִיר יַחֲלֹף׃ בַּבֹּקֶר יָצִיץ וְחָלָף
ז ח לָעֶרֶב יְמוֹלֵל וְיָבֵשׁ׃ כִּי־כָלִינוּ בְאַפֶּךָ וּבַחֲמָתְךָ נִבְהָלְנוּ׃ שַׁתָּ
ט עֲוֺנֹתֵינוּ לְנֶגְדֶּךָ עֲלֻמֵנוּ לִמְאוֹר פָּנֶיךָ׃ כִּי כָל־יָמֵינוּ פָּנוּ בְעֶבְרָתֶךָ
י כִּלִּינוּ שָׁנֵינוּ כְמוֹ־הֶגֶה׃ יְמֵי־שְׁנוֹתֵינוּ בָהֶם שִׁבְעִים שָׁנָה וְאִם
בִּגְבוּרֹת ׀ שְׁמוֹנִים שָׁנָה וְרָהְבָּם עָמָל וָאָוֶן כִּי־גָז חִישׁ וַנָּעֻפָה׃
יא יב מִי־יוֹדֵעַ עֹז אַפֶּךָ וּכְיִרְאָתְךָ עֶבְרָתֶךָ׃ לִמְנוֹת יָמֵינוּ כֵּן הוֹדַע
יג וְנָבִא לְבַב חָכְמָה׃ שׁוּבָה יְהוָה עַד־מָתָי וְהִנָּחֵם עַל־עֲבָדֶיךָ׃
יד טו שַׂבְּעֵנוּ בַבֹּקֶר חַסְדֶּךָ וּנְרַנְּנָה וְנִשְׂמְחָה בְּכָל־יָמֵינוּ׃ שַׂמְּחֵנוּ
טז כִּימוֹת עִנִּיתָנוּ שְׁנוֹת רָאִינוּ רָעָה׃ יֵרָאֶה אֶל־עֲבָדֶיךָ פָעֳלֶךָ
יז וַהֲדָרְךָ עַל־בְּנֵיהֶם׃ וִיהִי ׀ נֹעַם אֲדֹנָי אֱלֹהֵינוּ עָלֵינוּ וּמַעֲשֵׂה יג
יָדֵינוּ כּוֹנְנָה עָלֵינוּ וּמַעֲשֵׂה יָדֵינוּ כּוֹנְנֵהוּ׃
צא א ב יֹשֵׁב בְּסֵתֶר עֶלְיוֹן בְּצֵל שַׁדַּי יִתְלוֹנָן׃ אֹמַר לַיהוָה מַחְסִי
ג וּמְצוּדָתִי אֱלֹהַי אֶבְטַח־בּוֹ׃ כִּי הוּא יַצִּילְךָ מִפַּח יָקוּשׁ מִדֶּבֶר
ד הַוּוֹת׃ בְּאֶבְרָתוֹ ׀ יָסֶךְ לָךְ וְתַחַת־כְּנָפָיו תֶּחְסֶה צִנָּה וְסֹחֵרָה
ה ו אֲמִתּוֹ׃ לֹא־תִירָא מִפַּחַד לָיְלָה מֵחֵץ יָעוּף יוֹמָם׃ מִדֶּבֶר בָּאֹפֶל
ז יַהֲלֹךְ מִקֶּטֶב יָשׁוּד צָהֳרָיִם׃ יִפֹּל מִצִּדְּךָ ׀ אֶלֶף וּרְבָבָה מִימִינֶךָ
ח ט אֵלֶיךָ לֹא יִגָּשׁ׃ רַק בְּעֵינֶיךָ תַבִּיט וְשִׁלֻּמַת רְשָׁעִים תִּרְאֶה׃ כִּי־
י אַתָּה יְהוָה מַחְסִי עֶלְיוֹן שַׂמְתָּ מְעוֹנֶךָ׃ לֹא־תְאֻנֶּה אֵלֶיךָ רָעָה

צא

יא וְנֶגַע לֹא־יִקְרַב בְּאָהֳלֶךָ׃ כִּי מַלְאָכָיו יְצַוֶּה־לָּךְ לִשְׁמָרְךָ בְּכָל־
יב יג דְּרָכֶיךָ׃ עַל־כַּפַּיִם יִשָּׂאוּנְךָ פֶּן־תִּגֹּף בָּאֶבֶן רַגְלֶךָ׃ עַל־שַׁחַל וָפֶתֶן
יד תִּדְרֹךְ תִּרְמֹס כְּפִיר וְתַנִּין׃ כִּי בִי חָשַׁק וַאֲפַלְּטֵהוּ אֲשַׂגְּבֵהוּ
טו כִּי־יָדַע שְׁמִי׃ יִקְרָאֵנִי ׀ וְאֶעֱנֵהוּ עִמּוֹ־אָנֹכִי בְצָרָה אֲחַלְּצֵהוּ
טז וַאֲכַבְּדֵהוּ׃ אֹרֶךְ יָמִים אַשְׂבִּיעֵהוּ וְאַרְאֵהוּ בִּישׁוּעָתִי׃

צב א ב מִזְמוֹר שִׁיר לְיוֹם הַשַּׁבָּת׃ טוֹב לְהֹדוֹת לַיהוָה וּלְזַמֵּר לְשִׁמְךָ
ג ד עֶלְיוֹן׃ לְהַגִּיד בַּבֹּקֶר חַסְדֶּךָ וֶאֱמוּנָתְךָ בַּלֵּילוֹת׃ עֲלֵי־עָשׂוֹר
ה וַעֲלֵי־נָבֶל עֲלֵי הִגָּיוֹן בְּכִנּוֹר׃ כִּי שִׂמַּחְתַּנִי יְהוָה בְּפָעֳלֶךָ בְּמַעֲשֵׂי
ו יָדֶיךָ אֲרַנֵּן׃ מַה־גָּדְלוּ מַעֲשֶׂיךָ יְהוָה מְאֹד עָמְקוּ מַחְשְׁבֹתֶיךָ׃
ז ח אִישׁ־בַּעַר לֹא יֵדָע וּכְסִיל לֹא־יָבִין אֶת־זֹאת׃ בִּפְרֹחַ רְשָׁעִים ׀
ט כְּמוֹ עֵשֶׂב וַיָּצִיצוּ כָּל־פֹּעֲלֵי אָוֶן לְהִשָּׁמְדָם עֲדֵי־עַד׃ וְאַתָּה
י מָרוֹם לְעֹלָם יְהוָה׃ כִּי הִנֵּה אֹיְבֶיךָ יְהוָה כִּי־הִנֵּה אֹיְבֶיךָ יֹאבֵדוּ
יא יִתְפָּרְדוּ כָּל־פֹּעֲלֵי אָוֶן׃ וַתָּרֶם כִּרְאֵים קַרְנִי בַּלֹּתִי בְּשֶׁמֶן רַעֲנָן׃
יב יג וַתַּבֵּט עֵינִי בְּשׁוּרָי בַּקָּמִים עָלַי מְרֵעִים תִּשְׁמַעְנָה אָזְנָי׃ צַדִּיק
יד כַּתָּמָר יִפְרָח כְּאֶרֶז בַּלְּבָנוֹן יִשְׂגֶּה׃ שְׁתוּלִים בְּבֵית יְהוָה
טו בְּחַצְרוֹת אֱלֹהֵינוּ יַפְרִיחוּ׃ עוֹד יְנוּבוּן בְּשֵׂיבָה דְּשֵׁנִים וְרַעֲנַנִּים
טז יִהְיוּ׃ לְהַגִּיד כִּי־יָשָׁר יְהוָה צוּרִי וְלֹא־עלתה בּוֹ׃ עוֹלָתָה

צג א יְהוָה מָלָךְ גֵּאוּת לָבֵשׁ לָבֵשׁ יְהוָה עֹז הִתְאַזָּר אַף־תִּכּוֹן תֵּבֵל
ב ג בַּל־תִּמּוֹט׃ נָכוֹן כִּסְאֲךָ מֵאָז מֵעוֹלָם אָתָּה׃ נָשְׂאוּ נְהָרוֹת ׀ יְהוָה
ד נָשְׂאוּ נְהָרוֹת קוֹלָם יִשְׂאוּ נְהָרוֹת דָּכְיָם׃ מִקֹּלוֹת ׀ מַיִם רַבִּים
ה אַדִּירִים מִשְׁבְּרֵי־יָם אַדִּיר בַּמָּרוֹם יְהוָה׃ עֵדֹתֶיךָ ׀ נֶאֶמְנוּ מְאֹד
לְבֵיתְךָ נַאֲוָה־קֹדֶשׁ יְהוָה לְאֹרֶךְ יָמִים׃

צד א ב אֵל־נְקָמוֹת יְהוָה אֵל נְקָמוֹת הוֹפִיעַ׃ הִנָּשֵׂא שֹׁפֵט הָאָרֶץ הָשֵׁב
ג גְּמוּל עַל־גֵּאִים׃ עַד־מָתַי רְשָׁעִים ׀ יְהוָה עַד־מָתַי רְשָׁעִים יַעֲלֹזוּ׃
ד ה יַבִּיעוּ יְדַבְּרוּ עָתָק יִתְאַמְּרוּ כָּל־פֹּעֲלֵי אָוֶן׃ עַמְּךָ יְהוָה יְדַכְּאוּ
ו ז וְנַחֲלָתְךָ יְעַנּוּ׃ אַלְמָנָה וְגֵר יַהֲרֹגוּ וִיתוֹמִים יְרַצֵּחוּ׃ וַיֹּאמְרוּ לֹא
ח יִרְאֶה־יָּהּ וְלֹא־יָבִין אֱלֹהֵי יַעֲקֹב׃ בִּינוּ בֹּעֲרִים בָּעָם וּכְסִילִים

ט מָתַי תַּשְׂכִּילוּ: הֲנֹטַע אֹזֶן הֲלֹא יִשְׁמָע אִם־יֹצֵר עַיִן הֲלֹא יַבִּיט:
י יא הֲיֹסֵר גּוֹיִם הֲלֹא יוֹכִיחַ הַמְלַמֵּד אָדָם דָּעַת: יהוה יֹדֵעַ מַחְשְׁבוֹת
יב אָדָם כִּי־הֵמָּה הָבֶל: אַשְׁרֵי הַגֶּבֶר אֲשֶׁר־תְּיַסְּרֶנּוּ יָּהּ וּמִתּוֹרָתְךָ
יג יד תְלַמְּדֶנּוּ: לְהַשְׁקִיט לוֹ מִימֵי רָע עַד יִכָּרֶה לָרָשָׁע שָׁחַת: כִּי ׀
טו לֹא־יִטֹּשׁ יהוה עַמּוֹ וְנַחֲלָתוֹ לֹא יַעֲזֹב: כִּי־עַד־צֶדֶק יָשׁוּב מִשְׁפָּט
טז וְאַחֲרָיו כָּל־יִשְׁרֵי־לֵב: מִי־יָקוּם לִי עִם־מְרֵעִים מִי־יִתְיַצֵּב לִי
יז עִם־פֹּעֲלֵי אָוֶן: לוּלֵי יהוה עֶזְרָתָה לִּי כִּמְעַט ׀ שָׁכְנָה דוּמָה
יח יט נַפְשִׁי: אִם־אָמַרְתִּי מָטָה רַגְלִי חַסְדְּךָ יהוה יִסְעָדֵנִי: בְּרֹב
כ שַׂרְעַפַּי בְּקִרְבִּי תַּנְחוּמֶיךָ יְשַׁעַשְׁעוּ נַפְשִׁי: הַיְחָבְרְךָ כִּסֵּא הַוּוֹת
כא כב יֹצֵר עָמָל עֲלֵי־חֹק: יָגוֹדּוּ עַל־נֶפֶשׁ צַדִּיק וְדָם נָקִי יַרְשִׁיעוּ: וַיְהִי
כג יהוה לִי לְמִשְׂגָּב וֵאלֹהַי לְצוּר מַחְסִי: וַיָּשֶׁב עֲלֵיהֶם ׀ אֶת־אוֹנָם
וּבְרָעָתָם יַצְמִיתֵם יַצְמִיתֵם יהוה אֱלֹהֵינוּ:
צה א ב לְכוּ נְרַנְּנָה לַיהוה נָרִיעָה לְצוּר יִשְׁעֵנוּ: נְקַדְּמָה פָנָיו בְּתוֹדָה
ג בִּזְמִרוֹת נָרִיעַ לוֹ: כִּי אֵל גָּדוֹל יהוה וּמֶלֶךְ גָּדוֹל עַל־כָּל־אֱלֹהִים:
ד ה אֲשֶׁר בְּיָדוֹ מֶחְקְרֵי־אָרֶץ וְתוֹעֲפוֹת הָרִים לוֹ: אֲשֶׁר־לוֹ הַיָּם וְהוּא
ו עָשָׂהוּ וְיַבֶּשֶׁת יָדָיו יָצָרוּ: בֹּאוּ נִשְׁתַּחֲוֶה וְנִכְרָעָה נִבְרְכָה לִפְנֵי־
ז יהוה עֹשֵׂנוּ: כִּי הוּא אֱלֹהֵינוּ וַאֲנַחְנוּ ׀ עַם מַרְעִיתוֹ וְצֹאן יָדוֹ
ח הַיּוֹם אִם־בְּקֹלוֹ תִשְׁמָעוּ: אַל־תַּקְשׁוּ לְבַבְכֶם כִּמְרִיבָה
ט כְּיוֹם מַסָּה בַּמִּדְבָּר: אֲשֶׁר נִסּוּנִי אֲבוֹתֵיכֶם בְּחָנוּנִי גַּם־
י רָאוּ פָעֳלִי: אַרְבָּעִים שָׁנָה ׀ אָקוּט בְּדוֹר וָאֹמַר עַם תֹּעֵי
יא לֵבָב הֵם וְהֵם לֹא־יָדְעוּ דְרָכָי: אֲשֶׁר־נִשְׁבַּעְתִּי בְאַפִּי אִם־
יְבֹאוּן אֶל־מְנוּחָתִי:
צו א ב שִׁירוּ לַיהוה שִׁיר חָדָשׁ שִׁירוּ לַיהוה כָּל־הָאָרֶץ: שִׁירוּ לַיהוה
ג בָּרְכוּ שְׁמוֹ בַּשְּׂרוּ מִיּוֹם־לְיוֹם יְשׁוּעָתוֹ: סַפְּרוּ בַגּוֹיִם כְּבוֹדוֹ בְּכָל־
ד הָעַמִּים נִפְלְאוֹתָיו: כִּי גָדוֹל יהוה וּמְהֻלָּל מְאֹד נוֹרָא הוּא עַל־
ה כָּל־אֱלֹהִים: כִּי ׀ כָּל־אֱלֹהֵי הָעַמִּים אֱלִילִים וַיהוה שָׁמַיִם עָשָׂה:
ו ז הוֹד־וְהָדָר לְפָנָיו עֹז וְתִפְאֶרֶת בְּמִקְדָּשׁוֹ: הָבוּ לַיהוה מִשְׁפְּחוֹת

ח עַמִּים הָבוּ לַיהוה כָּבוֹד וָעֹז: הָבוּ לַיהוה כְּבוֹד שְׁמוֹ שְׂאוּ־מִנְחָה
ט וּבֹאוּ לְחַצְרוֹתָיו: הִשְׁתַּחֲווּ לַיהוה בְּהַדְרַת־קֹדֶשׁ חִילוּ מִפָּנָיו
י כָּל־הָאָרֶץ: אִמְרוּ בַגּוֹיִם ׀ יהוה מָלָךְ אַף־תִּכּוֹן תֵּבֵל בַּל־תִּמּוֹט
יא יָדִין עַמִּים בְּמֵישָׁרִים: יִשְׂמְחוּ הַשָּׁמַיִם וְתָגֵל הָאָרֶץ יִרְעַם הַיָּם
יב וּמְלֹאוֹ: יַעֲלֹז שָׂדַי וְכָל־אֲשֶׁר־בּוֹ אָז יְרַנְּנוּ כָּל־עֲצֵי־יָעַר:
יג לִפְנֵי יהוה ׀ כִּי בָא כִּי בָא לִשְׁפֹּט הָאָרֶץ יִשְׁפֹּט־תֵּבֵל בְּצֶדֶק
וְעַמִּים בֶּאֱמוּנָתוֹ:
צז א ב יהוה מָלָךְ תָּגֵל הָאָרֶץ יִשְׂמְחוּ אִיִּים רַבִּים: עָנָן וַעֲרָפֶל סְבִיבָיו
ג צֶדֶק וּמִשְׁפָּט מְכוֹן כִּסְאוֹ: אֵשׁ לְפָנָיו תֵּלֵךְ וּתְלַהֵט סָבִיב צָרָיו:
ד ה הֵאִירוּ בְרָקָיו תֵּבֵל רָאֲתָה וַתָּחֵל הָאָרֶץ: הָרִים כַּדּוֹנַג נָמַסּוּ
ו מִלִּפְנֵי יהוה מִלִּפְנֵי אֲדוֹן כָּל־הָאָרֶץ: הִגִּידוּ הַשָּׁמַיִם צִדְקוֹ
ז וְרָאוּ כָל־הָעַמִּים כְּבוֹדוֹ: יֵבֹשׁוּ ׀ כָּל־עֹבְדֵי פֶסֶל הַמִּתְהַלְלִים
ח בָּאֱלִילִים הִשְׁתַּחֲווּ־לוֹ כָּל־אֱלֹהִים: שָׁמְעָה וַתִּשְׂמַח ׀ צִיּוֹן
ט וַתָּגֵלְנָה בְּנוֹת יְהוּדָה לְמַעַן מִשְׁפָּטֶיךָ יהוה: כִּי־אַתָּה יהוה
י עֶלְיוֹן עַל־כָּל־הָאָרֶץ מְאֹד נַעֲלֵיתָ עַל־כָּל־אֱלֹהִים: אֹהֲבֵי
יהוה שִׂנְאוּ רָע שֹׁמֵר נַפְשׁוֹת חֲסִידָיו מִיַּד רְשָׁעִים יַצִּילֵם:
יא יב אוֹר זָרֻעַ לַצַּדִּיק וּלְיִשְׁרֵי־לֵב שִׂמְחָה: שִׂמְחוּ צַדִּיקִים בַּיהוה
וְהוֹדוּ לְזֵכֶר קָדְשׁוֹ:
צח א מִזְמוֹר שִׁירוּ לַיהוה ׀ שִׁיר חָדָשׁ כִּי־נִפְלָאוֹת עָשָׂה הוֹשִׁיעָה־לּוֹ
ב יְמִינוֹ וּזְרוֹעַ קָדְשׁוֹ: הוֹדִיעַ יהוה יְשׁוּעָתוֹ לְעֵינֵי הַגּוֹיִם גִּלָּה
ג צִדְקָתוֹ: זָכַר חַסְדּוֹ ׀ וֶאֱמוּנָתוֹ לְבֵית יִשְׂרָאֵל רָאוּ כָל־אַפְסֵי־
ד אָרֶץ אֵת יְשׁוּעַת אֱלֹהֵינוּ: הָרִיעוּ לַיהוה כָּל־הָאָרֶץ פִּצְחוּ וְרַנְּנוּ
ה ו וְזַמֵּרוּ: זַמְּרוּ לַיהוה בְּכִנּוֹר בְּכִנּוֹר וְקוֹל זִמְרָה: בַּחֲצֹצְרוֹת וְקוֹל
ז שׁוֹפָר הָרִיעוּ לִפְנֵי ׀ הַמֶּלֶךְ יהוה: יִרְעַם הַיָּם וּמְלֹאוֹ תֵּבֵל וְיֹשְׁבֵי
ח ט בָהּ: נְהָרוֹת יִמְחֲאוּ־כָף יַחַד הָרִים יְרַנֵּנוּ: לִפְנֵי־יהוה כִּי בָא
לִשְׁפֹּט הָאָרֶץ יִשְׁפֹּט־תֵּבֵל בְּצֶדֶק וְעַמִּים בְּמֵישָׁרִים:
צט א ב יהוה מָלָךְ יִרְגְּזוּ עַמִּים יֹשֵׁב כְּרוּבִים תָּנוּט הָאָרֶץ: יהוה בְּצִיּוֹן

צט
ג גָּדוֹל וָרָם הוּא עַל־כׇּל־הָעַמִּים׃ יוֹדוּ שִׁמְךָ גָּדוֹל וְנוֹרָא קָדוֹשׁ
ד הוּא׃ וְעֹז מֶלֶךְ מִשְׁפָּט אָהֵב אַתָּה כּוֹנַנְתָּ מֵישָׁרִים מִשְׁפָּט
ה וּצְדָקָה בְּיַעֲקֹב ׀ אַתָּה עָשִׂיתָ׃ רוֹמְמוּ יְהוָה אֱלֹהֵינוּ וְהִשְׁתַּחֲווּ
ו לַהֲדֹם רַגְלָיו קָדוֹשׁ הוּא׃ מֹשֶׁה וְאַהֲרֹן ׀ בְּכֹהֲנָיו וּשְׁמוּאֵל
ז בְּקֹרְאֵי שְׁמוֹ קֹרְאִים אֶל־יְהוָה וְהוּא יַעֲנֵם׃ בְּעַמּוּד עָנָן יְדַבֵּר
ח אֲלֵיהֶם שָׁמְרוּ עֵדֹתָיו וְחֹק נָתַן־לָמוֹ׃ יְהוָה אֱלֹהֵינוּ אַתָּה עֲנִיתָם
ט אֵל נֹשֵׂא הָיִיתָ לָהֶם וְנֹקֵם עַל־עֲלִילוֹתָם׃ רוֹמְמוּ יְהוָה אֱלֹהֵינוּ
וְהִשְׁתַּחֲווּ לְהַר קׇדְשׁוֹ כִּי־קָדוֹשׁ יְהוָה אֱלֹהֵינוּ׃

ק
א ב מִזְמוֹר לְתוֹדָה הָרִיעוּ לַיהוָה כׇּל־הָאָרֶץ׃ עִבְדוּ אֶת־יְהוָה
ג בְּשִׂמְחָה בֹּאוּ לְפָנָיו בִּרְנָנָה׃ דְּעוּ כִּי־יְהוָה הוּא אֱלֹהִים הוּא
ד עָשָׂנוּ ולא אֲנַחְנוּ עַמּוֹ וְצֹאן מַרְעִיתוֹ׃ בֹּאוּ שְׁעָרָיו ׀ בְּתוֹדָה וְלוֹ
ה חֲצֵרֹתָיו בִּתְהִלָּה הוֹדוּ לוֹ בָּרְכוּ שְׁמוֹ׃ כִּי־טוֹב יְהוָה לְעוֹלָם
חַסְדּוֹ וְעַד־דֹּר וָדֹר אֱמוּנָתוֹ׃

קא
א לְדָוִד מִזְמוֹר חֶסֶד־וּמִשְׁפָּט אָשִׁירָה לְךָ יְהוָה אֲזַמֵּרָה׃ יד
ב אַשְׂכִּילָה ׀ בְּדֶרֶךְ תָּמִים מָתַי תָּבוֹא אֵלָי אֶתְהַלֵּךְ בְּתׇם־לְבָבִי
ג בְּקֶרֶב בֵּיתִי׃ לֹא־אָשִׁית ׀ לְנֶגֶד עֵינַי דְּבַר־בְּלִיָּעַל עֲשֹׂה־סֵטִים
ד שָׂנֵאתִי לֹא יִדְבַּק בִּי׃ לֵבָב עִקֵּשׁ יָסוּר מִמֶּנִּי רָע לֹא אֵדָע׃
ה מלושני בַסֵּתֶר ׀ רֵעֵהוּ אוֹתוֹ אַצְמִית גְּבַהּ־עֵינַיִם וּרְחַב לֵבָב מְלׇשְׁנִי
ו אֹתוֹ לֹא אוּכָל׃ עֵינַי ׀ בְּנֶאֶמְנֵי־אֶרֶץ לָשֶׁבֶת עִמָּדִי הֹלֵךְ בְּדֶרֶךְ
ז תָּמִים הוּא יְשָׁרְתֵנִי׃ לֹא־יֵשֵׁב ׀ בְּקֶרֶב בֵּיתִי עֹשֵׂה רְמִיָּה דֹּבֵר
ח שְׁקָרִים לֹא־יִכּוֹן לְנֶגֶד עֵינָי׃ לַבְּקָרִים אַצְמִית כׇּל־רִשְׁעֵי־אָרֶץ
לְהַכְרִית מֵעִיר־יְהוָה כׇּל־פֹּעֲלֵי אָוֶן׃

קב
א ב תְּפִלָּה לְעָנִי כִי־יַעֲטֹף וְלִפְנֵי יְהוָה יִשְׁפֹּךְ שִׂיחוֹ׃ יְהוָה שִׁמְעָה
ג תְפִלָּתִי וְשַׁוְעָתִי אֵלֶיךָ תָבוֹא׃ אַל־תַּסְתֵּר פָּנֶיךָ ׀ מִמֶּנִּי בְּיוֹם
ד צַר לִי הַטֵּה־אֵלַי אׇזְנֶךָ בְּיוֹם אֶקְרָא מַהֵר עֲנֵנִי׃ כִּי־כָלוּ בְעָשָׁן
ה יָמָי וְעַצְמוֹתַי כְּמוֹקֵד נִחָרוּ׃ הוּכָּה כָעֵשֶׂב וַיִּבַשׁ לִבִּי כִּי־שָׁכַחְתִּי
ו ז מֵאֲכֹל לַחְמִי׃ מִקּוֹל אַנְחָתִי דָּבְקָה עַצְמִי לִבְשָׂרִי׃ דָּמִיתִי

ח לקאת מדבר הייתי ככוס חרבות: שקדתי ואהיה כצפור
ט י בודד על־גג: כל־היום חרפוני אויבי מהוללי בי נשבעו: כי־
יא אפר כלחם אכלתי ושקוי בבכי מסכתי: מפני־זעמך וקצפך
יב יג כי נשאתני ותשליכני: ימי כצל נטוי ואני כעשב איבש: ואתה
יד יהוה לעולם תשב וזכרך לדר ודר: אתה תקום תרחם ציון
טו כי־עת לחננה כי־בא מועד: כי־רצו עבדיך את־אבניה ואת־
טז עפרה יחננו: וייראו גוים את־שם יהוה וכל־מלכי הארץ את־
יז יח כבודך: כי־בנה יהוה ציון נראה בכבודו: פנה אל־תפלת
יט הערער ולא־בזה את־תפלתם: תכתב זאת לדור אחרון ועם
כ נברא יהלל־יה: כי־השקיף ממרום קדשו יהוה משמים | אל־
כא כב ארץ הביט: לשמע אנקת אסיר לפתח בני תמותה: לספר
כג בציון שם יהוה ותהלתו בירושלם: בהקבץ עמים יחדו
כד כה וממלכות לעבד את־יהוה: ענה בדרך כחו קצר ימי: אמר כֹּחִי
כו אלי אל־תעלני בחצי ימי בדור דורים שנותיך: לפנים הארץ
כז יסדת ומעשה ידיך שמים: המה | יאבדו ואתה תעמד וכלם
כח כבגד יבלו כלבוש תחליפם ויחלפו: ואתה־הוא ושנותיך לא
כט יתמו: בני־עבדיך ישכונו וזרעם לפניך יכון:
קג א ב לדוד | ברכי נפשי את־יהוה וכל־קרבי את־שם קדשו: ברכי
ג נפשי את־יהוה ואל־תשכחי כל־גמוליו: הסלח לכל־עונכי
ד הרפא לכל־תחלואיכי: הגואל משחת חייכי המעטרכי חסד
ה ו ורחמים: המשביע בטוב עדיך תתחדש כנשר נעוריכי: עשה
ז צדקות יהוה ומשפטים לכל־עשוקים: יודיע דרכיו למשה
ח לבני ישראל עלילותיו: רחום וחנון יהוה ארך אפים ורב־
ט י חסד: לא־לנצח יריב ולא לעולם יטור: לא כחטאינו עשה
יא לנו ולא כעונתינו גמל עלינו: כי כגבה שמים על־הארץ גבר
יב חסדו על־יראיו: כרחק מזרח ממערב הרחיק ממנו את־
יג יד פשעינו: כרחם אב על־בנים רחם יהוה על־יראיו: כי־הוא

טו יָדַע יִצְרֵנוּ זָכוּר כִּי־עָפָר אֲנָחְנוּ: אֱנוֹשׁ כֶּחָצִיר יָמָיו כְּצִיץ
טז הַשָּׂדֶה כֵּן יָצִיץ: כִּי רוּחַ עָבְרָה־בּוֹ וְאֵינֶנּוּ וְלֹא־יַכִּירֶנּוּ עוֹד
יז מְקוֹמוֹ: וְחֶסֶד יְהוָה ׀ מֵעוֹלָם וְעַד־עוֹלָם עַל־יְרֵאָיו וְצִדְקָתוֹ
יח יט לִבְנֵי בָנִים: לְשֹׁמְרֵי בְרִיתוֹ וּלְזֹכְרֵי פִקֻּדָיו לַעֲשׂוֹתָם: יְהוָה
כ בַּשָּׁמַיִם הֵכִין כִּסְאוֹ וּמַלְכוּתוֹ בַּכֹּל מָשָׁלָה: בָּרְכוּ יְהוָה
כא מַלְאָכָיו גִּבֹּרֵי כֹחַ עֹשֵׂי דְבָרוֹ לִשְׁמֹעַ בְּקוֹל דְּבָרוֹ: בָּרְכוּ יְהוָה
כב כָּל־צְבָאָיו מְשָׁרְתָיו עֹשֵׂי רְצוֹנוֹ: בָּרְכוּ יְהוָה ׀ כָּל־מַעֲשָׂיו בְּכָל־
מְקֹמוֹת מֶמְשַׁלְתּוֹ בָּרְכִי נַפְשִׁי אֶת־יְהוָה:
קד א בָּרְכִי נַפְשִׁי אֶת־יְהוָה יְהוָה אֱלֹהַי גָּדַלְתָּ מְּאֹד הוֹד וְהָדָר
ב ג לָבָשְׁתָּ: עֹטֶה־אוֹר כַּשַּׂלְמָה נוֹטֶה שָׁמַיִם כַּיְרִיעָה: הַמְקָרֶה
ד בַמַּיִם עֲלִיּוֹתָיו הַשָּׂם־עָבִים רְכוּבוֹ הַמְהַלֵּךְ עַל־כַּנְפֵי־רוּחַ: עֹשֶׂה
ה מַלְאָכָיו רוּחוֹת מְשָׁרְתָיו אֵשׁ לֹהֵט: יָסַד־אֶרֶץ עַל־מְכוֹנֶיהָ בַּל־
ו תִּמּוֹט עוֹלָם וָעֶד: תְּהוֹם כַּלְּבוּשׁ כִּסִּיתוֹ עַל־הָרִים יַעַמְדוּ־מָיִם:
ז ח מִן־גַּעֲרָתְךָ יְנוּסוּן מִן־קוֹל רַעַמְךָ יֵחָפֵזוּן: יַעֲלוּ הָרִים יֵרְדוּ
ט בְקָעוֹת אֶל־מְקוֹם זֶה ׀ יָסַדְתָּ לָהֶם: גְּבוּל־שַׂמְתָּ בַּל־יַעֲבֹרוּן
י בַּל־יְשׁוּבוּן לְכַסּוֹת הָאָרֶץ: הַמְשַׁלֵּחַ מַעְיָנִים בַּנְּחָלִים בֵּין הָרִים
יא יב יְהַלֵּכוּן: יַשְׁקוּ כָּל־חַיְתוֹ שָׂדָי יִשְׁבְּרוּ פְרָאִים צְמָאָם: עֲלֵיהֶם
יג עוֹף־הַשָּׁמַיִם יִשְׁכּוֹן מִבֵּין עֳפָאיִם יִתְּנוּ־קוֹל: מַשְׁקֶה הָרִים
יד מֵעֲלִיּוֹתָיו מִפְּרִי מַעֲשֶׂיךָ תִּשְׂבַּע הָאָרֶץ: מַצְמִיחַ חָצִיר ׀ לַבְּהֵמָה
טו וְעֵשֶׂב לַעֲבֹדַת הָאָדָם לְהוֹצִיא לֶחֶם מִן־הָאָרֶץ: וְיַיִן ׀ יְשַׂמַּח
לְבַב־אֱנוֹשׁ לְהַצְהִיל פָּנִים מִשָּׁמֶן וְלֶחֶם לְבַב־אֱנוֹשׁ יִסְעָד:
טז יז יִשְׂבְּעוּ עֲצֵי יְהוָה אַרְזֵי לְבָנוֹן אֲשֶׁר נָטָע: אֲשֶׁר־שָׁם צִפֳּרִים
יח יְקַנֵּנוּ חֲסִידָה בְּרוֹשִׁים בֵּיתָהּ: הָרִים הַגְּבֹהִים לַיְּעֵלִים סְלָעִים
יט כ מַחְסֶה לַשְׁפַנִּים: עָשָׂה יָרֵחַ לְמוֹעֲדִים שֶׁמֶשׁ יָדַע מְבוֹאוֹ: תָּשֶׁת־
כא חֹשֶׁךְ וִיהִי לָיְלָה בּוֹ־תִרְמֹשׂ כָּל־חַיְתוֹ־יָעַר: הַכְּפִירִים שֹׁאֲגִים
כב לַטָּרֶף וּלְבַקֵּשׁ מֵאֵל אָכְלָם: תִּזְרַח הַשֶּׁמֶשׁ יֵאָסֵפוּן וְאֶל־
כג כד מְעוֹנֹתָם יִרְבָּצוּן: יֵצֵא אָדָם לְפָעֳלוֹ וְלַעֲבֹדָתוֹ עֲדֵי־עָרֶב: מָה־

רַבּ֬וּ מַעֲשֶׂ֨יךָ ׀ יְהוָ֗ה כֻּ֭לָּם בְּחָכְמָ֣ה עָשִׂ֑יתָ מָלְאָ֥ה הָ֝אָ֗רֶץ קִנְיָנֶֽךָ׃
כה זֶ֤ה ׀ הַיָּ֥ם גָּדוֹל֮ וּרְחַ֢ב יָ֫דָ֥יִם שָֽׁם־רֶ֭מֶשׂ וְאֵ֣ין מִסְפָּ֑ר חַיּ֥וֹת קְ֝טַנּ֗וֹת
כו עִם־גְּדֹלֽוֹת׃ שָׁ֭ם אֳנִיּ֣וֹת יְהַלֵּכ֑וּן לִ֝וְיָתָ֗ן זֶֽה־יָצַ֥רְתָּ לְשַֽׂחֶק־בּֽוֹ׃
כז כח כֻּ֭לָּם אֵלֶ֣יךָ יְשַׂבֵּר֑וּן לָתֵ֖ת אָכְלָ֣ם בְּעִתּֽוֹ׃ תִּתֵּ֣ן לָ֭הֶם יִלְקֹט֑וּן
כט תִּפְתַּ֥ח יָ֝דְךָ֗ יִשְׂבְּע֥וּן טֽוֹב׃ תַּסְתִּ֣יר פָּנֶיךָ֮ יִבָּהֵ֪ל֫וּן תֹּסֵ֣ף ר֭וּחָם
ל יִגְוָע֑וּן וְֽאֶל־עֲפָרָ֥ם יְשׁוּבֽוּן׃ תְּשַׁלַּ֣ח ר֭וּחֲךָ יִבָּרֵא֑וּן וּ֝תְחַדֵּ֗שׁ פְּנֵ֣י
לא לב אֲדָמָֽה׃ יְהִ֤י כְב֣וֹד יְהוָ֣ה לְעוֹלָ֑ם יִשְׂמַ֖ח יְהוָ֣ה בְּמַעֲשָֽׂיו׃ הַמַּבִּ֣יט
לג לָ֭אָרֶץ וַתִּרְעָ֑ד יִגַּ֖ע בֶּהָרִ֣ים וְיֶעֱשָֽׁנוּ׃ אָשִׁ֣ירָה לַיהוָ֣ה בְּחַיָּ֑י
לד אֲזַמְּרָ֖ה לֵאלֹהַ֣י בְּעוֹדִֽי׃ יֶעֱרַ֣ב עָלָ֣יו שִׂיחִ֑י אָ֝נֹכִ֗י אֶשְׂמַ֥ח בַּיהוָֽה׃
לה יִתַּ֤מּוּ חַטָּאִ֨ים ׀ מִן־הָאָ֡רֶץ וּרְשָׁעִ֤ים ׀ ע֣וֹד אֵינָ֗ם בָּרְכִ֣י נַ֭פְשִׁי
אֶת־יְהוָ֗ה הַֽלְלוּ־יָֽהּ׃

קה א ב הוֹד֣וּ לַ֭יהוָה קִרְא֣וּ בִּשְׁמ֑וֹ הוֹדִ֥יעוּ בָ֝עַמִּ֗ים עֲלִילוֹתָֽיו׃ שִֽׁירוּ־ל֥וֹ
ג זַמְּרוּ־ל֑וֹ שִׂ֝֗יחוּ בְּכָל־נִפְלְאוֹתָֽיו׃ הִֽ֭תְהַלְלוּ בְּשֵׁ֣ם קָדְשׁ֑וֹ יִ֝שְׂמַ֗ח
ד ה לֵ֤ב ׀ מְבַקְשֵׁ֬י יְהוָֽה׃ דִּרְשׁ֣וּ יְהוָ֣ה וְעֻזּ֑וֹ בַּקְּשׁ֖וּ פָנָ֣יו תָּמִֽיד׃ זִכְר֗וּ
ו נִפְלְאוֹתָ֣יו אֲשֶׁר־עָשָׂ֑ה מֹ֝פְתָ֗יו וּמִשְׁפְּטֵי־פִֽיו׃ זֶ֭רַע אַבְרָהָ֣ם עַבְדּ֑וֹ
ז בְּנֵ֖י יַעֲקֹ֣ב בְּחִירָֽיו׃ ה֭וּא יְהוָ֣ה אֱלֹהֵ֑ינוּ בְּכָל־הָ֝אָ֗רֶץ מִשְׁפָּטָֽיו׃
ח ט זָכַ֣ר לְעוֹלָ֣ם בְּרִית֑וֹ דָּבָ֥ר צִ֝וָּ֗ה לְאֶ֣לֶף דּֽוֹר׃ אֲשֶׁ֣ר כָּ֭רַת אֶת־
י אַבְרָהָ֑ם וּשְׁבוּעָת֥וֹ לְיִשְׂחָֽק׃ וַיַּעֲמִידֶ֣הָ לְיַעֲקֹ֣ב לְחֹ֑ק לְ֝יִשְׂרָאֵ֗ל
יא בְּרִ֣ית עוֹלָֽם׃ לֵאמֹ֗ר לְךָ֗ אֶתֵּ֥ן אֶת־אֶֽרֶץ־כְּנָ֑עַן חֶ֝֗בֶל נַחֲלַתְכֶֽם׃
יב יג בִּֽ֭הְיוֹתָם מְתֵ֣י מִסְפָּ֑ר כִּ֝מְעַ֗ט וְגָרִ֥ים בָּֽהּ׃ וַֽ֭יִּתְהַלְּכוּ מִגּ֣וֹי אֶל־גּ֑וֹי
יד מִ֝מַּמְלָכָ֗ה אֶל־עַ֥ם אַחֵֽר׃ לֹא־הִנִּ֣יחַ אָדָ֣ם לְעָשְׁקָ֑ם וַיּ֖וֹכַח עֲלֵיהֶ֣ם
טו טז מְלָכִֽים׃ אַֽל־תִּגְּע֥וּ בִמְשִׁיחָ֑י וְ֝לִנְבִיאַ֗י אַל־תָּרֵֽעוּ׃ וַיִּקְרָ֣א רָ֭עָב
יז עַל־הָאָ֑רֶץ כָּֽל־מַטֵּה־לֶ֥חֶם שָׁבָֽר׃ שָׁלַ֣ח לִפְנֵיהֶ֣ם אִ֑ישׁ לְ֝עֶ֗בֶד
יח יט נִמְכַּ֥ר יוֹסֵֽף׃ עִנּ֣וּ בַכֶּ֣בֶל רגליו בַּ֝רְזֶ֗ל בָּ֣אָה נַפְשֽׁוֹ׃ עַד־עֵ֥ת בֹּֽא־ רַגְל֑וֹ
כ דְבָר֑וֹ אִמְרַ֖ת יְהוָ֣ה צְרָפָֽתְהוּ׃ שָׁ֣לַח מֶ֭לֶךְ וַיַּתִּירֵ֑הוּ מֹשֵׁ֥ל עַ֝מִּ֗ים
כא כב וַֽיְפַתְּחֵֽהוּ׃ שָׂמ֣וֹ אָד֣וֹן לְבֵית֑וֹ וּ֝מֹשֵׁ֗ל בְּכָל־קִנְיָנֽוֹ׃ לֶאְסֹ֣ר שָׂרָ֣יו
כג בְּנַפְשׁ֑וֹ וּזְקֵנָ֥יו יְחַכֵּֽם׃ וַיָּבֹ֣א יִשְׂרָאֵ֣ל מִצְרָ֑יִם וְ֝יַעֲקֹ֗ב גָּ֣ר בְּאֶֽרֶץ־

חָם: וַיֶּפֶר אֶת־עַמּוֹ מְאֹד וַיַּעֲצִמֵהוּ מִצָּרָיו: הָפַךְ לִבָּם לִשְׂנֹא כד כה
עַמּוֹ לְהִתְנַכֵּל בַּעֲבָדָיו: שָׁלַח מֹשֶׁה עַבְדּוֹ אַהֲרֹן אֲשֶׁר בָּחַר־בּוֹ: כו
שָׂמוּ־בָם דִּבְרֵי אֹתוֹתָיו וּמֹפְתִים בְּאֶרֶץ חָם: שָׁלַח חֹשֶׁךְ וַיַּחְשִׁךְ כז כח
דְּבָרוֹ וְלֹא־מָרוּ אֶת־דבריו: הָפַךְ אֶת־מֵימֵיהֶם לְדָם וַיָּמֶת אֶת־דְּגָתָם: כט
שָׁרַץ אַרְצָם צְפַרְדְּעִים בְּחַדְרֵי מַלְכֵיהֶם: אָמַר וַיָּבֹא עָרֹב כִּנִּים ל לא
בְּכָל־גְּבוּלָם: נָתַן גִּשְׁמֵיהֶם בָּרָד אֵשׁ לֶהָבוֹת בְּאַרְצָם: וַיַּךְ גַּפְנָם לב לג
וּתְאֵנָתָם וַיְשַׁבֵּר עֵץ גְּבוּלָם: אָמַר וַיָּבֹא אַרְבֶּה וְיֶלֶק וְאֵין לד
מִסְפָּר: וַיֹּאכַל כָּל־עֵשֶׂב בְּאַרְצָם וַיֹּאכַל פְּרִי אַדְמָתָם: וַיַּךְ כָּל־ לה לו
בְּכוֹר בְּאַרְצָם רֵאשִׁית לְכָל־אוֹנָם: וַיּוֹצִיאֵם בְּכֶסֶף וְזָהָב וְאֵין לז
בִּשְׁבָטָיו כּוֹשֵׁל: שָׂמַח מִצְרַיִם בְּצֵאתָם כִּי־נָפַל פַּחְדָּם עֲלֵיהֶם: לח
פָּרַשׂ עָנָן לְמָסָךְ וְאֵשׁ לְהָאִיר לָיְלָה: שָׁאַל וַיָּבֵא שְׂלָו וְלֶחֶם לט מ
שָׁמַיִם יַשְׂבִּיעֵם: פָּתַח צוּר וַיָּזוּבוּ מָיִם הָלְכוּ בַּצִּיּוֹת נָהָר: כִּי־זָכַר מא מב
אֶת־דְּבַר קָדְשׁוֹ אֶת־אַבְרָהָם עַבְדּוֹ: וַיּוֹצִא עַמּוֹ בְשָׂשׂוֹן בְּרִנָּה מג
אֶת־בְּחִירָיו: וַיִּתֵּן לָהֶם אַרְצוֹת גּוֹיִם וַעֲמַל לְאֻמִּים יִירָשׁוּ: מד
טו בַּעֲבוּר ׀ יִשְׁמְרוּ חֻקָּיו וְתוֹרֹתָיו יִנְצֹרוּ הַלְלוּיָהּ: מה
קו הַלְלוּיָהּ ׀ הוֹדוּ לַיהוָה כִּי־טוֹב כִּי לְעוֹלָם חַסְדּוֹ: מִי יְמַלֵּל א ב
גְּבוּרוֹת יהוה יַשְׁמִיעַ כָּל־תְּהִלָּתוֹ: אַשְׁרֵי שֹׁמְרֵי מִשְׁפָּט עֹשֵׂה ג
צְדָקָה בְכָל־עֵת: זָכְרֵנִי יהוה בִּרְצוֹן עַמֶּךָ פָּקְדֵנִי בִּישׁוּעָתֶךָ: ד
לִרְאוֹת ׀ בְּטוֹבַת בְּחִירֶיךָ לִשְׂמֹחַ בְּשִׂמְחַת גּוֹיֶךָ לְהִתְהַלֵּל ה
עִם־נַחֲלָתֶךָ: חָטָאנוּ עִם־אֲבוֹתֵינוּ הֶעֱוִינוּ הִרְשָׁעְנוּ: אֲבוֹתֵינוּ ו ז
בְמִצְרַיִם ׀ לֹא־הִשְׂכִּילוּ נִפְלְאוֹתֶיךָ לֹא זָכְרוּ אֶת־רֹב חֲסָדֶיךָ
וַיַּמְרוּ עַל־יָם בְּיַם־סוּף: וַיּוֹשִׁיעֵם לְמַעַן שְׁמוֹ לְהוֹדִיעַ אֶת־ ח
גְּבוּרָתוֹ: וַיִּגְעַר בְּיַם־סוּף וַיֶּחֱרָב וַיּוֹלִיכֵם בַּתְּהֹמוֹת כַּמִּדְבָּר: ט
וַיּוֹשִׁיעֵם מִיַּד שׂוֹנֵא וַיִּגְאָלֵם מִיַּד אוֹיֵב: וַיְכַסּוּ־מַיִם צָרֵיהֶם אֶחָד י יא
מֵהֶם לֹא נוֹתָר: וַיַּאֲמִינוּ בִדְבָרָיו יָשִׁירוּ תְּהִלָּתוֹ: מִהֲרוּ שָׁכְחוּ יב יג
מַעֲשָׂיו לֹא־חִכּוּ לַעֲצָתוֹ: וַיִּתְאַוּוּ תַאֲוָה בַּמִּדְבָּר וַיְנַסּוּ־אֵל יד
בִּישִׁימוֹן: וַיִּתֵּן לָהֶם שֶׁאֱלָתָם וַיְשַׁלַּח רָזוֹן בְּנַפְשָׁם: וַיְקַנְאוּ טו טז

יז לְמֹשֶׁה בַּמַּחֲנֶה לְאַהֲרֹן קְדוֹשׁ יְהוָה׃ תִּפְתַּח־אֶרֶץ וַתִּבְלַע דָּתָן
יח וַתְּכַס עַל־עֲדַת אֲבִירָם׃ וַתִּבְעַר־אֵשׁ בַּעֲדָתָם לֶהָבָה תְּלַהֵט
יט כ רְשָׁעִים׃ יַעֲשׂוּ־עֵגֶל בְּחֹרֵב וַיִּשְׁתַּחֲווּ לְמַסֵּכָה׃ וַיָּמִירוּ אֶת־
כא כְּבוֹדָם בְּתַבְנִית שׁוֹר אֹכֵל עֵשֶׂב׃ שָׁכְחוּ אֵל מוֹשִׁיעָם עֹשֶׂה
כב גְדֹלוֹת בְּמִצְרָיִם׃ נִפְלָאוֹת בְּאֶרֶץ חָם נוֹרָאוֹת עַל־יַם־סוּף׃
כג וַיֹּאמֶר לְהַשְׁמִידָם לוּלֵי מֹשֶׁה בְחִירוֹ עָמַד בַּפֶּרֶץ לְפָנָיו לְהָשִׁיב
כד חֲמָתוֹ מֵהַשְׁחִית׃ וַיִּמְאֲסוּ בְּאֶרֶץ חֶמְדָּה לֹא־הֶאֱמִינוּ לִדְבָרוֹ׃
כה כו וַיֵּרָגְנוּ בְאָהֳלֵיהֶם לֹא שָׁמְעוּ בְּקוֹל יְהוָה׃ וַיִּשָּׂא יָדוֹ לָהֶם לְהַפִּיל
כז אוֹתָם בַּמִּדְבָּר׃ וּלְהַפִּיל זַרְעָם בַּגּוֹיִם וּלְזָרוֹתָם בָּאֲרָצוֹת׃
כח כט וַיִּצָּמְדוּ לְבַעַל פְּעוֹר וַיֹּאכְלוּ זִבְחֵי מֵתִים׃ וַיַּכְעִיסוּ בְּמַעַלְלֵיהֶם
ל וַתִּפְרָץ־בָּם מַגֵּפָה׃ וַיַּעֲמֹד פִּינְחָס וַיְפַלֵּל וַתֵּעָצַר הַמַּגֵּפָה׃
לא לב וַתֵּחָשֶׁב לוֹ לִצְדָקָה לְדֹר וָדֹר עַד־עוֹלָם׃ וַיַּקְצִיפוּ עַל־מֵי מְרִיבָה
לג וַיֵּרַע לְמֹשֶׁה בַּעֲבוּרָם׃ כִּי־הִמְרוּ אֶת־רוּחוֹ וַיְבַטֵּא בִּשְׂפָתָיו׃
לד לה לֹא־הִשְׁמִידוּ אֶת־הָעַמִּים אֲשֶׁר אָמַר יְהוָה לָהֶם׃ וַיִּתְעָרְבוּ
לו בַגּוֹיִם וַיִּלְמְדוּ מַעֲשֵׂיהֶם׃ וַיַּעַבְדוּ אֶת־עֲצַבֵּיהֶם וַיִּהְיוּ לָהֶם
לז לח לְמוֹקֵשׁ׃ וַיִּזְבְּחוּ אֶת־בְּנֵיהֶם וְאֶת־בְּנוֹתֵיהֶם לַשֵּׁדִים׃ וַיִּשְׁפְּכוּ
דָם נָקִי דַּם־בְּנֵיהֶם וּבְנוֹתֵיהֶם אֲשֶׁר זִבְּחוּ לַעֲצַבֵּי כְנָעַן וַתֶּחֱנַף
לט מ הָאָרֶץ בַּדָּמִים׃ וַיִּטְמְאוּ בְמַעֲשֵׂיהֶם וַיִּזְנוּ בְּמַעַלְלֵיהֶם׃ וַיִּחַר־
מא אַף יְהוָה בְּעַמּוֹ וַיְתָעֵב אֶת־נַחֲלָתוֹ׃ וַיִּתְּנֵם בְּיַד־גּוֹיִם וַיִּמְשְׁלוּ
מב מג בָהֶם שֹׂנְאֵיהֶם׃ וַיִּלְחָצוּם אוֹיְבֵיהֶם וַיִּכָּנְעוּ תַּחַת יָדָם׃ פְּעָמִים
מד רַבּוֹת יַצִּילֵם וְהֵמָּה יַמְרוּ בַעֲצָתָם וַיָּמֹכּוּ בַּעֲוֺנָם׃ וַיַּרְא בַּצַּר לָהֶם
מה מו בְּשָׁמְעוֹ אֶת־רִנָּתָם׃ וַיִּזְכֹּר לָהֶם בְּרִיתוֹ וַיִּנָּחֵם כְּרֹב חֲסָדָו׃ וַיִּתֵּן
מז אוֹתָם לְרַחֲמִים לִפְנֵי כָּל־שׁוֹבֵיהֶם׃ הוֹשִׁיעֵנוּ ׀ יְהוָה אֱלֹהֵינוּ
וְקַבְּצֵנוּ מִן־הַגּוֹיִם לְהֹדוֹת לְשֵׁם קָדְשֶׁךָ לְהִשְׁתַּבֵּחַ בִּתְהִלָּתֶךָ׃
מח בָּרוּךְ יְהוָה ׀ אֱלֹהֵי יִשְׂרָאֵל מִן־הָעוֹלָם ׀ וְעַד הָעוֹלָם וְאָמַר
כָּל־הָעָם אָמֵן הַלְלוּיָהּ׃

א ב הֹדוּ לַיהוָה כִּי־טוֹב כִּי לְעוֹלָם חַסְדּוֹ: יֹאמְרוּ גְּאוּלֵי יְהוָה אֲשֶׁר
ג גְּאָלָם מִיַּד־צָר: וּמֵאֲרָצוֹת קִבְּצָם מִמִּזְרָח וּמִמַּעֲרָב מִצָּפוֹן
ד וּמִיָּם: תָּעוּ בַמִּדְבָּר בִּישִׁימוֹן דָּרֶךְ עִיר מוֹשָׁב לֹא מָצָאוּ:
ה ו רְעֵבִים גַּם־צְמֵאִים נַפְשָׁם בָּהֶם תִּתְעַטָּף: וַיִּצְעֲקוּ אֶל־יְהוָה
ז בַּצַּר לָהֶם מִמְּצוּקוֹתֵיהֶם יַצִּילֵם: וַיַּדְרִיכֵם בְּדֶרֶךְ יְשָׁרָה לָלֶכֶת
ח ט אֶל־עִיר מוֹשָׁב: יוֹדוּ לַיהוָה חַסְדּוֹ וְנִפְלְאוֹתָיו לִבְנֵי אָדָם: כִּי־
י הִשְׂבִּיעַ נֶפֶשׁ שֹׁקֵקָה וְנֶפֶשׁ רְעֵבָה מִלֵּא־טוֹב: יֹשְׁבֵי חֹשֶׁךְ
יא וְצַלְמָוֶת אֲסִירֵי עֳנִי וּבַרְזֶל: כִּי־הִמְרוּ אִמְרֵי־אֵל וַעֲצַת עֶלְיוֹן
יב יג נָאָצוּ: וַיַּכְנַע בֶּעָמָל לִבָּם כָּשְׁלוּ וְאֵין עֹזֵר: וַיִּזְעֲקוּ אֶל־יְהוָה
יד בַּצַּר לָהֶם מִמְּצֻקוֹתֵיהֶם יוֹשִׁיעֵם: יוֹצִיאֵם מֵחֹשֶׁךְ וְצַלְמָוֶת
טו וּמוֹסְרוֹתֵיהֶם יְנַתֵּק: יוֹדוּ לַיהוָה חַסְדּוֹ וְנִפְלְאוֹתָיו לִבְנֵי אָדָם:
טז יז כִּי־שִׁבַּר דַּלְתוֹת נְחֹשֶׁת וּבְרִיחֵי בַרְזֶל גִּדֵּעַ: אֱוִלִים מִדֶּרֶךְ
יח פִּשְׁעָם וּמֵעֲוֹנֹתֵיהֶם יִתְעַנּוּ: כָּל־אֹכֶל תְּתַעֵב נַפְשָׁם וַיַּגִּיעוּ
יט עַד־שַׁעֲרֵי מָוֶת: וַיִּזְעֲקוּ אֶל־יְהוָה בַּצַּר לָהֶם מִמְּצֻקוֹתֵיהֶם
כ כא יוֹשִׁיעֵם: יִשְׁלַח דְּבָרוֹ וְיִרְפָּאֵם וִימַלֵּט מִשְּׁחִיתוֹתָם: יוֹדוּ לַיהוָה
כב חַסְדּוֹ וְנִפְלְאוֹתָיו לִבְנֵי אָדָם: וְיִזְבְּחוּ זִבְחֵי תוֹדָה וִיסַפְּרוּ
כג מַעֲשָׂיו בְּרִנָּה: ׆ יוֹרְדֵי הַיָּם בָּאֳנִיּוֹת עֹשֵׂי מְלָאכָה
כד בְּמַיִם רַבִּים: ׆ הֵמָּה רָאוּ מַעֲשֵׂי יְהוָה וְנִפְלְאוֹתָיו
כה בִּמְצוּלָה: ׆ וַיֹּאמֶר וַיַּעֲמֵד רוּחַ סְעָרָה וַתְּרוֹמֵם גַּלָּיו: ׆
כו כז יַעֲלוּ שָׁמַיִם יֵרְדוּ תְהוֹמוֹת נַפְשָׁם בְּרָעָה תִתְמוֹגָג: ׆ יָחוֹגּוּ
כח וְיָנוּעוּ כַּשִּׁכּוֹר וְכָל־חָכְמָתָם תִּתְבַּלָּע: ׆ וַיִּצְעֲקוּ אֶל־
כט יְהוָה בַּצַּר לָהֶם וּמִמְּצוּקֹתֵיהֶם יוֹצִיאֵם: יָקֵם סְעָרָה לִדְמָמָה
ל וַיֶּחֱשׁוּ גַּלֵּיהֶם: וַיִּשְׂמְחוּ כִי־יִשְׁתֹּקוּ וַיַּנְחֵם אֶל־מְחוֹז חֶפְצָם:
לא לב יוֹדוּ לַיהוָה חַסְדּוֹ וְנִפְלְאוֹתָיו לִבְנֵי אָדָם: וִירוֹמְמוּהוּ בִּקְהַל־עָם
לג וּבְמוֹשַׁב זְקֵנִים יְהַלְלוּהוּ: יָשֵׂם נְהָרוֹת לְמִדְבָּר וּמֹצָאֵי מַיִם
לד לה לְצִמָּאוֹן: אֶרֶץ פְּרִי לִמְלֵחָה מֵרָעַת יוֹשְׁבֵי בָהּ: יָשֵׂם מִדְבָּר

ס

לו לַאֲגַם־מַיִם וְאֶרֶץ צִיָּה לְמֹצָאֵי מָיִם: וַיּוֹשֶׁב שָׁם רְעֵבִים וַיְכוֹנְנוּ
לז עִיר מוֹשָׁב: וַיִּזְרְעוּ שָׂדוֹת וַיִּטְּעוּ כְרָמִים וַיַּעֲשׂוּ פְּרִי תְבוּאָה:
לח לט וַיְבָרְכֵם וַיִּרְבּוּ מְאֹד וּבְהֶמְתָּם לֹא יַמְעִיט: וַיִּמְעֲטוּ וַיָּשֹׁחוּ
מ מֵעֹצֶר רָעָה וְיָגוֹן: נ שֹׁפֵךְ בּוּז עַל־נְדִיבִים וַיַּתְעֵם בְּתֹהוּ
מא מב לֹא־דָרֶךְ: וַיְשַׂגֵּב אֶבְיוֹן מֵעוֹנִי וַיָּשֶׂם כַּצֹּאן מִשְׁפָּחוֹת: יִרְאוּ
מג יְשָׁרִים וְיִשְׂמָחוּ וְכָל־עַוְלָה קָפְצָה פִּיהָ: מִי־חָכָם וְיִשְׁמָר־אֵלֶּה
וְיִתְבּוֹנְנוּ חַסְדֵי יְהוָה:
קח א ב שִׁיר מִזְמוֹר לְדָוִד: נָכוֹן לִבִּי אֱלֹהִים אָשִׁירָה וַאֲזַמְּרָה אַף־
ג ד כְבוֹדִי: עוּרָה הַנֵּבֶל וְכִנּוֹר אָעִירָה שָּׁחַר: אוֹדְךָ בָעַמִּים ׀ יְהוָה
ה וַאֲזַמֶּרְךָ בַּלְאֻמִּים: כִּי־גָדוֹל מֵעַל־שָׁמַיִם חַסְדֶּךָ וְעַד־שְׁחָקִים
ו אֲמִתֶּךָ: רוּמָה עַל־שָׁמַיִם אֱלֹהִים וְעַל כָּל־הָאָרֶץ כְּבוֹדֶךָ:
ז ח לְמַעַן יֵחָלְצוּן יְדִידֶיךָ הוֹשִׁיעָה יְמִינְךָ ועננו: אֱלֹהִים ׀ דִּבֶּר וַעֲנֵנִי
ט בְקָדְשׁוֹ אֶעְלֹזָה אֲחַלְּקָה שְׁכֶם וְעֵמֶק סֻכּוֹת אֲמַדֵּד: לִי גִלְעָד ׀
י לִי מְנַשֶּׁה וְאֶפְרַיִם מָעוֹז רֹאשִׁי יְהוּדָה מְחֹקְקִי: מוֹאָב ׀ סִיר
יא רַחְצִי עַל־אֱדוֹם אַשְׁלִיךְ נַעֲלִי עֲלֵי־פְלֶשֶׁת אֶתְרוֹעָע: מִי יֹבִלֵנִי
יב עִיר מִבְצָר מִי נָחַנִי עַד־אֱדוֹם: הֲלֹא־אֱלֹהִים זְנַחְתָּנוּ וְלֹא־תֵצֵא
יג אֱלֹהִים בְּצִבְאֹתֵינוּ: הָבָה־לָּנוּ עֶזְרָת מִצָּר וְשָׁוְא תְּשׁוּעַת אָדָם:
יד בֵּאלֹהִים נַעֲשֶׂה־חָיִל וְהוּא יָבוּס צָרֵינוּ:
קט א ב לַמְנַצֵּחַ לְדָוִד מִזְמוֹר אֱלֹהֵי תְהִלָּתִי אַל־תֶּחֱרַשׁ: כִּי פִי רָשָׁע
ג וּפִי־מִרְמָה עָלַי פָּתָחוּ דִּבְּרוּ אִתִּי לְשׁוֹן שָׁקֶר: וְדִבְרֵי שִׂנְאָה
ד סְבָבוּנִי וַיִּלָּחֲמוּנִי חִנָּם: תַּחַת־אַהֲבָתִי יִשְׂטְנוּנִי וַאֲנִי תְפִלָּה:
ה ו וַיָּשִׂימוּ עָלַי רָעָה תַּחַת טוֹבָה וְשִׂנְאָה תַּחַת אַהֲבָתִי: הַפְקֵד
ז עָלָיו רָשָׁע וְשָׂטָן יַעֲמֹד עַל־יְמִינוֹ: בְּהִשָּׁפְטוֹ יֵצֵא רָשָׁע וּתְפִלָּתוֹ
ח ט תִּהְיֶה לַחֲטָאָה: יִהְיוּ־יָמָיו מְעַטִּים פְּקֻדָּתוֹ יִקַּח אַחֵר: יִהְיוּ־
י בָנָיו יְתוֹמִים וְאִשְׁתּוֹ אַלְמָנָה: וְנוֹעַ יָנוּעוּ בָנָיו וְשִׁאֵלוּ וְדָרְשׁוּ
יא מֵחָרְבוֹתֵיהֶם: יְנַקֵּשׁ נוֹשֶׁה לְכָל־אֲשֶׁר־לוֹ וְיָבֹזּוּ זָרִים יְגִיעוֹ:
יב יג אַל־יְהִי־לוֹ מֹשֵׁךְ חָסֶד וְאַל־יְהִי חוֹנֵן לִיתוֹמָיו: יְהִי־אַחֲרִיתוֹ

יד לְהַכְרִית בְּדוֹר אַחֵר יִמַּח שְׁמָם: יִזָּכֵר ׀ עֲוֹן אֲבֹתָיו אֶל־יְהוָה
טו וְחַטַּאת אִמּוֹ אַל־תִּמָּח: יִהְיוּ נֶגֶד־יְהוָה תָּמִיד וְיַכְרֵת מֵאֶרֶץ
טז זִכְרָם: יַעַן אֲשֶׁר ׀ לֹא זָכַר עֲשׂוֹת חָסֶד וַיִּרְדֹּף אִישׁ־עָנִי וְאֶבְיוֹן
יז וְנִכְאֵה לֵבָב לְמוֹתֵת: וַיֶּאֱהַב קְלָלָה וַתְּבוֹאֵהוּ וְלֹא־חָפֵץ
יח בִּבְרָכָה וַתִּרְחַק מִמֶּנּוּ: וַיִּלְבַּשׁ קְלָלָה כְּמַדּוֹ וַתָּבֹא כַמַּיִם
יט בְּקִרְבּוֹ וְכַשֶּׁמֶן בְּעַצְמוֹתָיו: תְּהִי־לוֹ כְּבֶגֶד יַעְטֶה וּלְמֵזַח תָּמִיד
כ יַחְגְּרֶהָ: זֹאת ׀ פְּעֻלַּת שֹׂטְנַי מֵאֵת יְהוָה וְהַדֹּבְרִים רָע עַל־נַפְשִׁי:
כא וְאַתָּה ׀ יֱהוִה אֲדֹנָי עֲשֵׂה־אִתִּי לְמַעַן שְׁמֶךָ כִּי־טוֹב חַסְדְּךָ
כב כג הַצִּילֵנִי: כִּי־עָנִי וְאֶבְיוֹן אָנֹכִי וְלִבִּי חָלַל בְּקִרְבִּי: כְּצֵל כִּנְטוֹתוֹ
כד נֶהֱלָכְתִּי נִנְעַרְתִּי כָּאַרְבֶּה: בִּרְכַּי כָּשְׁלוּ מִצּוֹם וּבְשָׂרִי כָּחַשׁ
כה כו מִשָּׁמֶן: וַאֲנִי ׀ הָיִיתִי חֶרְפָּה לָהֶם יִרְאוּנִי יְנִיעוּן רֹאשָׁם: עָזְרֵנִי
כז יְהוָה אֱלֹהָי הוֹשִׁיעֵנִי כְחַסְדֶּךָ: וְיֵדְעוּ כִּי־יָדְךָ זֹּאת אַתָּה יְהוָה
כח עֲשִׂיתָהּ: יְקַלְלוּ־הֵמָּה וְאַתָּה תְבָרֵךְ קָמוּ ׀ וַיֵּבֹשׁוּ וְעַבְדְּךָ יִשְׂמָח:
כט ל יִלְבְּשׁוּ שׂוֹטְנַי כְּלִמָּה וְיַעֲטוּ כַמְעִיל בָּשְׁתָּם: אוֹדֶה יְהוָה מְאֹד
לא בְּפִי וּבְתוֹךְ רַבִּים אֲהַלְלֶנּוּ: כִּי־יַעֲמֹד לִימִין אֶבְיוֹן לְהוֹשִׁיעַ
מִשֹּׁפְטֵי נַפְשׁוֹ:
קי א לְדָוִד מִזְמוֹר נְאֻם יְהוָה ׀ לַאדֹנִי שֵׁב לִימִינִי עַד־אָשִׁית אֹיְבֶיךָ
ב הֲדֹם לְרַגְלֶיךָ: מַטֵּה עֻזְּךָ יִשְׁלַח יְהוָה מִצִּיּוֹן רְדֵה בְּקֶרֶב אֹיְבֶיךָ:
ג עַמְּךָ נְדָבֹת בְּיוֹם חֵילֶךָ בְּהַדְרֵי־קֹדֶשׁ מֵרֶחֶם מִשְׁחָר לְךָ טַל
ד יַלְדֻתֶיךָ: נִשְׁבַּע יְהוָה ׀ וְלֹא יִנָּחֵם אַתָּה־כֹהֵן לְעוֹלָם עַל־דִּבְרָתִי
ה ו מַלְכִּי־צֶדֶק: אֲדֹנָי עַל־יְמִינְךָ מָחַץ בְּיוֹם־אַפּוֹ מְלָכִים: יָדִין
ז בַּגּוֹיִם מָלֵא גְוִיּוֹת מָחַץ רֹאשׁ עַל־אֶרֶץ רַבָּה: מִנַּחַל בַּדֶּרֶךְ
יִשְׁתֶּה עַל־כֵּן יָרִים רֹאשׁ:
קיא א ב הַלְלוּיָהּ ׀ אוֹדֶה יְהוָה בְּכָל־לֵבָב בְּסוֹד יְשָׁרִים וְעֵדָה: גְּדֹלִים
ג מַעֲשֵׂי יְהוָה דְּרוּשִׁים לְכָל־חֶפְצֵיהֶם: הוֹד־וְהָדָר פָּעֳלוֹ וְצִדְקָתוֹ
ד ה עֹמֶדֶת לָעַד: זֵכֶר עָשָׂה לְנִפְלְאֹתָיו חַנּוּן וְרַחוּם יְהוָה: טֶרֶף
ו נָתַן לִירֵאָיו יִזְכֹּר לְעוֹלָם בְּרִיתוֹ: כֹּחַ מַעֲשָׂיו הִגִּיד לְעַמּוֹ

ז לָתֵת לָהֶם נַחֲלַת גּוֹיִם: מַעֲשֵׂי יָדָיו אֱמֶת וּמִשְׁפָּט נֶאֱמָנִים
ח כָּל־פִּקּוּדָיו: סְמוּכִים לָעַד לְעוֹלָם עֲשׂוּיִם בֶּאֱמֶת וְיָשָׁר:
ט פְּדוּת | שָׁלַח לְעַמּוֹ צִוָּה־לְעוֹלָם בְּרִיתוֹ קָדוֹשׁ וְנוֹרָא שְׁמוֹ:
י רֵאשִׁית חָכְמָה | יִרְאַת יהוה שֵׂכֶל טוֹב לְכָל־עֹשֵׂיהֶם תְּהִלָּתוֹ טז
עֹמֶדֶת לָעַד:
קיב א הַלְלוּיָהּ | אַשְׁרֵי־אִישׁ יָרֵא אֶת־יהוה בְּמִצְוֹתָיו חָפֵץ מְאֹד:
ב ג גִּבּוֹר בָּאָרֶץ יִהְיֶה זַרְעוֹ דּוֹר יְשָׁרִים יְבֹרָךְ: הוֹן־וָעֹשֶׁר בְּבֵיתוֹ
ד וְצִדְקָתוֹ עֹמֶדֶת לָעַד: זָרַח בַּחֹשֶׁךְ אוֹר לַיְשָׁרִים חַנּוּן וְרַחוּם
ה ו וְצַדִּיק: טוֹב־אִישׁ חוֹנֵן וּמַלְוֶה יְכַלְכֵּל דְּבָרָיו בְּמִשְׁפָּט: כִּי־
ז לְעוֹלָם לֹא־יִמּוֹט לְזֵכֶר עוֹלָם יִהְיֶה צַדִּיק: מִשְּׁמוּעָה רָעָה לֹא
ח יִירָא נָכוֹן לִבּוֹ בָּטֻחַ בַּיהוה: סָמוּךְ לִבּוֹ לֹא יִירָא עַד אֲשֶׁר־
ט יִרְאֶה בְצָרָיו: פִּזַּר | נָתַן לָאֶבְיוֹנִים צִדְקָתוֹ עֹמֶדֶת לָעַד קַרְנוֹ
י תָּרוּם בְּכָבוֹד: רָשָׁע יִרְאֶה | וְכָעָס שִׁנָּיו יַחֲרֹק וְנָמָס תַּאֲוַת
רְשָׁעִים תֹּאבֵד:
קיג א ב הַלְלוּיָהּ | הַלְלוּ עַבְדֵי יהוה הַלְלוּ אֶת־שֵׁם יהוה: יְהִי שֵׁם יהוה
ג מְבֹרָךְ מֵעַתָּה וְעַד־עוֹלָם: מִמִּזְרַח־שֶׁמֶשׁ עַד־מְבוֹאוֹ מְהֻלָּל
ד ה שֵׁם יהוה: רָם עַל־כָּל־גּוֹיִם | יהוה עַל הַשָּׁמַיִם כְּבוֹדוֹ: מִי
ו כַּיהוה אֱלֹהֵינוּ הַמַּגְבִּיהִי לָשָׁבֶת: הַמַּשְׁפִּילִי לִרְאוֹת בַּשָּׁמַיִם
ז ח וּבָאָרֶץ: מְקִימִי מֵעָפָר דָּל מֵאַשְׁפֹּת יָרִים אֶבְיוֹן: לְהוֹשִׁיבִי
ט עִם־נְדִיבִים עִם נְדִיבֵי עַמּוֹ: מוֹשִׁיבִי | עֲקֶרֶת הַבַּיִת אֵם־
הַבָּנִים שְׂמֵחָה הַלְלוּיָהּ:
קיד א ב בְּצֵאת יִשְׂרָאֵל מִמִּצְרָיִם בֵּית יַעֲקֹב מֵעַם לֹעֵז: הָיְתָה יְהוּדָה
ג לְקָדְשׁוֹ יִשְׂרָאֵל מַמְשְׁלוֹתָיו: הַיָּם רָאָה וַיָּנֹס הַיַּרְדֵּן יִסֹּב
ד ה לְאָחוֹר: הֶהָרִים רָקְדוּ כְאֵילִים גְּבָעוֹת כִּבְנֵי־צֹאן: מַה־לְּךָ הַיָּם
ו כִּי תָנוּס הַיַּרְדֵּן תִּסֹּב לְאָחוֹר: הֶהָרִים תִּרְקְדוּ כְאֵילִים גְּבָעוֹת
ז ח כִּבְנֵי־צֹאן: מִלִּפְנֵי אָדוֹן חוּלִי אָרֶץ מִלִּפְנֵי אֱלוֹהַּ יַעֲקֹב: הַהֹפְכִי
הַצּוּר אֲגַם־מָיִם חַלָּמִישׁ לְמַעְיְנוֹ־מָיִם:

א לֹא לָנוּ יְהוָה לֹא לָנוּ כִּי־לְשִׁמְךָ תֵּן כָּבוֹד עַל־חַסְדְּךָ עַל־
ב ג אֲמִתֶּךָ: לָמָּה יֹאמְרוּ הַגּוֹיִם אַיֵּה־נָא אֱלֹהֵיהֶם: וֵאלֹהֵינוּ
ד בַשָּׁמָיִם כֹּל אֲשֶׁר־חָפֵץ עָשָׂה: עֲצַבֵּיהֶם כֶּסֶף וְזָהָב מַעֲשֵׂה יְדֵי
ה ו אָדָם: פֶּה־לָהֶם וְלֹא יְדַבֵּרוּ עֵינַיִם לָהֶם וְלֹא יִרְאוּ: אָזְנַיִם לָהֶם
ז וְלֹא יִשְׁמָעוּ אַף לָהֶם וְלֹא יְרִיחוּן: יְדֵיהֶם ׀ וְלֹא יְמִישׁוּן רַגְלֵיהֶם
ח וְלֹא יְהַלֵּכוּ לֹא־יֶהְגּוּ בִּגְרוֹנָם: כְּמוֹהֶם יִהְיוּ עֹשֵׂיהֶם כֹּל אֲשֶׁר־
ט בֹּטֵחַ בָּהֶם: יִשְׂרָאֵל בְּטַח בַּיהוָה עֶזְרָם וּמָגִנָּם הוּא: בֵּית אַהֲרֹן
יא בִּטְחוּ בַיהוָה עֶזְרָם וּמָגִנָּם הוּא: יִרְאֵי יְהוָה בִּטְחוּ בַיהוָה עֶזְרָם
יב וּמָגִנָּם הוּא: יְהוָה זְכָרָנוּ יְבָרֵךְ יְבָרֵךְ אֶת־בֵּית יִשְׂרָאֵל יְבָרֵךְ
יג יד אֶת־בֵּית אַהֲרֹן: יְבָרֵךְ יִרְאֵי יְהוָה הַקְּטַנִּים עִם־הַגְּדֹלִים: יֹסֵף
טו יְהוָה עֲלֵיכֶם עֲלֵיכֶם וְעַל־בְּנֵיכֶם: בְּרוּכִים אַתֶּם לַיהוָה עֹשֵׂה
טז שָׁמַיִם וָאָרֶץ: הַשָּׁמַיִם שָׁמַיִם לַיהוָה וְהָאָרֶץ נָתַן לִבְנֵי־אָדָם:
יז יח לֹא הַמֵּתִים יְהַלְלוּ־יָהּ וְלֹא כָּל־יֹרְדֵי דוּמָה: וַאֲנַחְנוּ ׀ נְבָרֵךְ
יָהּ מֵעַתָּה וְעַד־עוֹלָם הַלְלוּ־יָהּ:

קט א ב אָהַבְתִּי כִּי־יִשְׁמַע ׀ יְהוָה אֶת־קוֹלִי תַּחֲנוּנָי: כִּי־הִטָּה אָזְנוֹ לִי
ג וּבְיָמַי אֶקְרָא: אֲפָפוּנִי ׀ חֶבְלֵי־מָוֶת וּמְצָרֵי שְׁאוֹל מְצָאוּנִי צָרָה
ד ה וְיָגוֹן אֶמְצָא: וּבְשֵׁם־יְהוָה אֶקְרָא אָנָּה יְהוָה מַלְּטָה נַפְשִׁי: חַנּוּן
ו יְהוָה וְצַדִּיק וֵאלֹהֵינוּ מְרַחֵם: שֹׁמֵר פְּתָאיִם יְהוָה דַּלֹּתִי וְלִי
ז ח יְהוֹשִׁיעַ: שׁוּבִי נַפְשִׁי לִמְנוּחָיְכִי כִּי־יְהוָה גָּמַל עָלָיְכִי: כִּי חִלַּצְתָּ
ט נַפְשִׁי מִמָּוֶת אֶת־עֵינִי מִן־דִּמְעָה אֶת־רַגְלִי מִדֶּחִי: אֶתְהַלֵּךְ
י לִפְנֵי יְהוָה בְּאַרְצוֹת הַחַיִּים: הֶאֱמַנְתִּי כִּי אֲדַבֵּר אֲנִי עָנִיתִי מְאֹד:
יא יב אֲנִי אָמַרְתִּי בְחָפְזִי כָּל־הָאָדָם כֹּזֵב: מָה־אָשִׁיב לַיהוָה כָּל־
יג יד תַּגְמוּלוֹהִי עָלָי: כּוֹס־יְשׁוּעוֹת אֶשָּׂא וּבְשֵׁם יְהוָה אֶקְרָא: נְדָרַי
טו לַיהוָה אֲשַׁלֵּם נֶגְדָה־נָּא לְכָל־עַמּוֹ: יָקָר בְּעֵינֵי יְהוָה הַמָּוְתָה
טז לַחֲסִידָיו: אָנָּה יְהוָה כִּי־אֲנִי עַבְדֶּךָ אֲנִי־עַבְדְּךָ בֶּן־אֲמָתֶךָ
יז פִּתַּחְתָּ לְמוֹסֵרָי: לְךָ־אֶזְבַּח זֶבַח תּוֹדָה וּבְשֵׁם יְהוָה אֶקְרָא:
יח יט נְדָרַי לַיהוָה אֲשַׁלֵּם נֶגְדָה־נָּא לְכָל־עַמּוֹ: בְּחַצְרוֹת ׀ בֵּית יְהוָה

בְּתוֹכֵכִי יְרוּשָׁלָ͏ִם הַלְלוּיָהּ:

קיז א ב הַלְלוּ אֶת־יְהוָה כָּל־גּוֹיִם שַׁבְּחוּהוּ כָּל־הָאֻמִּים: כִּי גָבַר עָלֵינוּ ׀
חַסְדּוֹ וֶאֱמֶת־יְהוָה לְעוֹלָם הַלְלוּיָהּ:

יח א ב הוֹדוּ לַיהוָה כִּי־טוֹב כִּי לְעוֹלָם חַסְדּוֹ: יֹאמַר־נָא יִשְׂרָאֵל כִּי
ג ד לְעוֹלָם חַסְדּוֹ: יֹאמְרוּ־נָא בֵית־אַהֲרֹן כִּי לְעוֹלָם חַסְדּוֹ: יֹאמְרוּ־
ה נָא יִרְאֵי יְהוָה כִּי לְעוֹלָם חַסְדּוֹ: מִן־הַמֵּצַר קָרָאתִי יָּהּ עָנָנִי
ו ז בַמֶּרְחָב יָהּ: יְהוָה לִי לֹא אִירָא מַה־יַּעֲשֶׂה לִי אָדָם: יְהוָה לִי
ח בְּעֹזְרָי וַאֲנִי אֶרְאֶה בְשֹׂנְאָי: טוֹב לַחֲסוֹת בַּיהוָה מִבְּטֹחַ בָּאָדָם:
ט י טוֹב לַחֲסוֹת בַּיהוָה מִבְּטֹחַ בִּנְדִיבִים: כָּל־גּוֹיִם סְבָבוּנִי בְּשֵׁם
יא יְהוָה כִּי אֲמִילַם: סַבּוּנִי גַם־סְבָבוּנִי בְּשֵׁם יְהוָה כִּי אֲמִילַם:
יב יג סַבּוּנִי כִדְבֹרִים דֹּעֲכוּ כְּאֵשׁ קוֹצִים בְּשֵׁם יְהוָה כִּי אֲמִילַם: דַּחֹה
יד דְחִיתַנִי לִנְפֹּל וַיהוָה עֲזָרָנִי: עָזִּי וְזִמְרָת יָהּ וַיְהִי־לִי לִישׁוּעָה:
טו טז קוֹל ׀ רִנָּה וִישׁוּעָה בְּאָהֳלֵי צַדִּיקִים יְמִין יְהוָה עֹשָׂה חָיִל: יְמִין
יז יְהוָה רוֹמֵמָה יְמִין יְהוָה עֹשָׂה חָיִל: לֹא אָמוּת כִּי־אֶחְיֶה וַאֲסַפֵּר
יח יט מַעֲשֵׂי יָהּ: יַסֹּר יִסְּרַנִּי יָּהּ וְלַמָּוֶת לֹא נְתָנָנִי: פִּתְחוּ־לִי שַׁעֲרֵי־
כ צֶדֶק אָבֹא־בָם אוֹדֶה יָהּ: זֶה־הַשַּׁעַר לַיהוָה צַדִּיקִים יָבֹאוּ בוֹ:
כא כב אוֹדְךָ כִּי עֲנִיתָנִי וַתְּהִי־לִי לִישׁוּעָה: אֶבֶן מָאֲסוּ הַבּוֹנִים הָיְתָה
כג כד לְרֹאשׁ פִּנָּה: מֵאֵת יְהוָה הָיְתָה זֹּאת הִיא נִפְלָאת בְּעֵינֵינוּ: זֶה־
כה הַיּוֹם עָשָׂה יְהוָה נָגִילָה וְנִשְׂמְחָה בוֹ: אָנָּא יְהוָה הוֹשִׁיעָה נָּא
כו אָנָּא יְהוָה הַצְלִיחָה נָּא: בָּרוּךְ הַבָּא בְּשֵׁם יְהוָה בֵּרַכְנוּכֶם מִבֵּית
כז יְהוָה: אֵל ׀ יְהוָה וַיָּאֶר לָנוּ אִסְרוּ־חַג בַּעֲבֹתִים עַד־קַרְנוֹת
כח כט הַמִּזְבֵּחַ: אֵלִי אַתָּה וְאוֹדֶךָּ אֱלֹהַי אֲרוֹמְמֶךָּ: הוֹדוּ לַיהוָה כִּי־
טוֹב כִּי לְעוֹלָם חַסְדּוֹ:

יט א ב אַשְׁרֵי תְמִימֵי־דָרֶךְ הַהֹלְכִים בְּתוֹרַת יְהוָה: אַשְׁרֵי נֹצְרֵי
ג עֵדֹתָיו בְּכָל־לֵב יִדְרְשׁוּהוּ: אַף לֹא־פָעֲלוּ עַוְלָה בִּדְרָכָיו הָלָכוּ:
ד ה אַתָּה צִוִּיתָה פִקֻּדֶיךָ לִשְׁמֹר מְאֹד: אַחֲלַי יִכֹּנוּ דְרָכָי לִשְׁמֹר
ו ז חֻקֶּיךָ: אָז לֹא־אֵבוֹשׁ בְּהַבִּיטִי אֶל־כָּל־מִצְוֺתֶיךָ: אוֹדְךָ

ח בְּיֹשֶׁר לֵבָב בְּלָמְדִי מִשְׁפְּטֵי צִדְקֶךָ: אֶת־חֻקֶּיךָ אֶשְׁמֹר אַל־
תַּעַזְבֵנִי עַד־מְאֹד:

ט בַּמֶּה יְזַכֶּה־נַּעַר אֶת־אָרְחוֹ לִשְׁמֹר כִּדְבָרֶךָ: בְּכָל־לִבִּי
יא דְרַשְׁתִּיךָ אַל־תַּשְׁגֵּנִי מִמִּצְוֺתֶיךָ: בְּלִבִּי צָפַנְתִּי אִמְרָתֶךָ
יב יג לְמַעַן לֹא אֶחֱטָא־לָךְ: בָּרוּךְ אַתָּה יהוה לַמְּדֵנִי חֻקֶּיךָ: בִּשְׂפָתַי
יד סִפַּרְתִּי כֹּל מִשְׁפְּטֵי־פִיךָ: בְּדֶרֶךְ עֵדְוֺתֶיךָ שַׂשְׂתִּי כְּעַל כָּל־הוֹן:
טו טז בְּפִקֻּדֶיךָ אָשִׂיחָה וְאַבִּיטָה אֹרְחֹתֶיךָ: בְּחֻקֹּתֶיךָ אֶשְׁתַּעֲשָׁע
לֹא אֶשְׁכַּח דְּבָרֶךָ:

יז יח גְּמֹל עַל־עַבְדְּךָ אֶחְיֶה וְאֶשְׁמְרָה דְבָרֶךָ: גַּל־עֵינַי וְאַבִּיטָה
יט נִפְלָאוֹת מִתּוֹרָתֶךָ: גֵּר אָנֹכִי בָאָרֶץ אַל־תַּסְתֵּר מִמֶּנִּי מִצְוֺתֶיךָ:
כ כא גָּרְסָה נַפְשִׁי לְתַאֲבָה אֶל־מִשְׁפָּטֶיךָ בְכָל־עֵת: גָּעַרְתָּ זֵדִים
כב אֲרוּרִים הַשֹּׁגִים מִמִּצְוֺתֶיךָ: גַּל מֵעָלַי חֶרְפָּה וָבוּז כִּי עֵדֹתֶיךָ
כג כד נָצָרְתִּי: גַּם יָשְׁבוּ שָׂרִים בִּי נִדְבָּרוּ עַבְדְּךָ יָשִׂיחַ בְּחֻקֶּיךָ: גַּם־
עֵדֹתֶיךָ שַׁעֲשֻׁעָי אַנְשֵׁי עֲצָתִי:

כה כו דָּבְקָה לֶעָפָר נַפְשִׁי חַיֵּנִי כִּדְבָרֶךָ: דְּרָכַי סִפַּרְתִּי וַתַּעֲנֵנִי לַמְּדֵנִי
כז כח חֻקֶּיךָ: דֶּרֶךְ־פִּקּוּדֶיךָ הֲבִינֵנִי וְאָשִׂיחָה בְּנִפְלְאוֹתֶיךָ: דָּלְפָה נַפְשִׁי
כט מִתּוּגָה קַיְּמֵנִי כִּדְבָרֶךָ: דֶּרֶךְ־שֶׁקֶר הָסֵר מִמֶּנִּי וְתוֹרָתְךָ חָנֵּנִי:
ל לא דֶּרֶךְ־אֱמוּנָה בָחָרְתִּי מִשְׁפָּטֶיךָ שִׁוִּיתִי: דָּבַקְתִּי בְעֵדְוֺתֶיךָ יהוה
לב אַל־תְּבִישֵׁנִי: דֶּרֶךְ־מִצְוֺתֶיךָ אָרוּץ כִּי תַרְחִיב לִבִּי:

לג לד הוֹרֵנִי יהוה דֶּרֶךְ חֻקֶּיךָ וְאֶצְּרֶנָּה עֵקֶב: הֲבִינֵנִי וְאֶצְּרָה תוֹרָתֶךָ
לה וְאֶשְׁמְרֶנָּה בְכָל־לֵב: הַדְרִיכֵנִי בִּנְתִיב מִצְוֺתֶיךָ כִּי־בוֹ חָפָצְתִּי:
לו לז הַט־לִבִּי אֶל־עֵדְוֺתֶיךָ וְאַל אֶל־בָּצַע: הַעֲבֵר עֵינַי מֵרְאוֹת שָׁוְא
לח לט בִּדְרָכֶךָ חַיֵּנִי: הָקֵם לְעַבְדְּךָ אִמְרָתֶךָ אֲשֶׁר לְיִרְאָתֶךָ: הַעֲבֵר
מ חֶרְפָּתִי אֲשֶׁר יָגֹרְתִּי כִּי מִשְׁפָּטֶיךָ טוֹבִים: הִנֵּה תָּאַבְתִּי
לְפִקֻּדֶיךָ בְּצִדְקָתְךָ חַיֵּנִי:

מא מב וִיבֹאֻנִי חֲסָדֶךָ יהוה תְּשׁוּעָתְךָ כְּאִמְרָתֶךָ: וְאֶעֱנֶה חֹרְפִי
מג דָבָר כִּי־בָטַחְתִּי בִּדְבָרֶךָ: וְאַל־תַּצֵּל מִפִּי דְבַר־אֱמֶת עַד־

מד מְאֹד כִּי לְמִשְׁפָּטֶךָ יִחָלְתִּי: וְאֶשְׁמְרָה תוֹרָתְךָ תָמִיד לְעוֹלָם
מה מו וָעֶד: וְאֶתְהַלְּכָה בָרְחָבָה כִּי פִקֻּדֶיךָ דָרָשְׁתִּי: וַאֲדַבְּרָה
מז בְעֵדֹתֶיךָ נֶגֶד מְלָכִים וְלֹא אֵבוֹשׁ: וְאֶשְׁתַּעֲשַׁע בְּמִצְוֹתֶיךָ
מח אֲשֶׁר אָהָבְתִּי: וְאֶשָּׂא־כַפַּי אֶל־מִצְוֹתֶיךָ אֲשֶׁר אָהָבְתִּי
וְאָשִׂיחָה בְחֻקֶּיךָ:
מט נ זְכָר־דָּבָר לְעַבְדֶּךָ עַל אֲשֶׁר יִחַלְתָּנִי: זֹאת נֶחָמָתִי בְעָנְיִי כִּי
נא אִמְרָתְךָ חִיָּתְנִי: זֵדִים הֱלִיצֻנִי עַד־מְאֹד מִתּוֹרָתְךָ לֹא נָטִיתִי:
נב נג זָכַרְתִּי מִשְׁפָּטֶיךָ מֵעוֹלָם ׀ יהוה וָאֶתְנֶחָם: זַלְעָפָה אֲחָזַתְנִי
נד מֵרְשָׁעִים עֹזְבֵי תּוֹרָתֶךָ: זְמִרוֹת הָיוּ־לִי חֻקֶּיךָ בְּבֵית מְגוּרָי:
נה נו זָכַרְתִּי בַלַּיְלָה שִׁמְךָ יהוה וָאֶשְׁמְרָה תּוֹרָתֶךָ: זֹאת הָיְתָה־לִּי
כִּי פִקֻּדֶיךָ נָצָרְתִּי:
נז נח חֶלְקִי יהוה אָמַרְתִּי לִשְׁמֹר דְּבָרֶיךָ: חִלִּיתִי פָנֶיךָ בְכָל־לֵב חָנֵּנִי
נט ס כְּאִמְרָתֶךָ: חִשַּׁבְתִּי דְרָכָי וָאָשִׁיבָה רַגְלַי אֶל־עֵדֹתֶיךָ: חַשְׁתִּי
סא וְלֹא הִתְמַהְמָהְתִּי לִשְׁמֹר מִצְוֹתֶיךָ: חֶבְלֵי רְשָׁעִים עִוְּדֻנִי תּוֹרָתְךָ
סב לֹא שָׁכָחְתִּי: חֲצוֹת־לַיְלָה אָקוּם לְהוֹדוֹת לָךְ עַל מִשְׁפְּטֵי
סג סד צִדְקֶךָ: חָבֵר אָנִי לְכָל־אֲשֶׁר יְרֵאוּךָ וּלְשֹׁמְרֵי פִּקּוּדֶיךָ: חַסְדְּךָ
יהוה מָלְאָה הָאָרֶץ חֻקֶּיךָ לַמְּדֵנִי:
סה סו טוֹב עָשִׂיתָ עִם־עַבְדְּךָ יהוה כִּדְבָרֶךָ: טוּב טַעַם וָדַעַת לַמְּדֵנִי
סז כִּי בְמִצְוֹתֶיךָ הֶאֱמָנְתִּי: טֶרֶם אֶעֱנֶה אֲנִי שֹׁגֵג וְעַתָּה אִמְרָתְךָ
סח סט שָׁמָרְתִּי: טוֹב־אַתָּה וּמֵטִיב לַמְּדֵנִי חֻקֶּיךָ: טָפְלוּ עָלַי שֶׁקֶר זֵדִים
ע אֲנִי בְּכָל־לֵב ׀ אֶצֹּר פִּקּוּדֶיךָ: טָפַשׁ כַּחֵלֶב לִבָּם אֲנִי תּוֹרָתְךָ
עא עב שִׁעֲשָׁעְתִּי: טוֹב־לִי כִי־עֻנֵּיתִי לְמַעַן אֶלְמַד חֻקֶּיךָ: טוֹב־לִי יז
תוֹרַת־פִּיךָ מֵאַלְפֵי זָהָב וָכָסֶף:
עג עד יָדֶיךָ עָשׂוּנִי וַיְכוֹנְנוּנִי הֲבִינֵנִי וְאֶלְמְדָה מִצְוֹתֶיךָ: יְרֵאֶיךָ יִרְאוּנִי
עה וְיִשְׂמָחוּ כִּי לִדְבָרְךָ יִחָלְתִּי: יָדַעְתִּי יהוה כִּי־צֶדֶק מִשְׁפָּטֶיךָ
עו וֶאֱמוּנָה עִנִּיתָנִי: יְהִי־נָא חַסְדְּךָ לְנַחֲמֵנִי כְּאִמְרָתְךָ לְעַבְדֶּךָ:
עז עח יְבֹאוּנִי רַחֲמֶיךָ וְאֶחְיֶה כִּי־תוֹרָתְךָ שַׁעֲשֻׁעָי: יֵבֹשׁוּ זֵדִים כִּי־

עט שֶׁקֶר עִוְּתוּנִי אֲנִי אָשִׂיחַ בְּפִקּוּדֶיךָ׃ יָשׁוּבוּ לִי יְרֵאֶיךָ וידעו וְיֹדְעֵי
פ עֵדֹתֶיךָ׃ יְהִי־לִבִּי תָמִים בְּחֻקֶּיךָ לְמַעַן לֹא אֵבוֹשׁ׃
פא פב כָּלְתָה לִתְשׁוּעָתְךָ נַפְשִׁי לִדְבָרְךָ יִחָלְתִּי׃ כָּלוּ עֵינַי לְאִמְרָתֶךָ
פג לֵאמֹר מָתַי תְּנַחֲמֵנִי׃ כִּי־הָיִיתִי כְּנֹאד בְּקִיטוֹר חֻקֶּיךָ לֹא
פד פה שָׁכָחְתִּי׃ כַּמָּה יְמֵי־עַבְדֶּךָ מָתַי תַּעֲשֶׂה בְרֹדְפַי מִשְׁפָּט׃ כָּרוּ־לִי
פו זֵדִים שִׁיחוֹת אֲשֶׁר לֹא כְתוֹרָתֶךָ׃ כָּל־מִצְוֹתֶיךָ אֱמוּנָה שֶׁקֶר
פז רְדָפוּנִי עָזְרֵנִי׃ כִּמְעַט כִּלּוּנִי בָאָרֶץ וַאֲנִי לֹא־עָזַבְתִּי פִקֻּדֶיךָ׃
פח כְּחַסְדְּךָ חַיֵּנִי וְאֶשְׁמְרָה עֵדוּת פִּיךָ׃
פט צ לְעוֹלָם יְהוָה דְּבָרְךָ נִצָּב בַּשָּׁמָיִם׃ לְדֹר וָדֹר אֱמוּנָתֶךָ כּוֹנַנְתָּ
צא צב אֶרֶץ וַתַּעֲמֹד׃ לְמִשְׁפָּטֶיךָ עָמְדוּ הַיּוֹם כִּי הַכֹּל עֲבָדֶיךָ׃ לוּלֵי
צג תוֹרָתְךָ שַׁעֲשֻׁעָי אָז אָבַדְתִּי בְעָנְיִי׃ לְעוֹלָם לֹא־אֶשְׁכַּח פִּקּוּדֶיךָ
צד צה כִּי־בָם חִיִּיתָנִי׃ לְךָ־אֲנִי הוֹשִׁיעֵנִי כִּי פִקּוּדֶיךָ דָרָשְׁתִּי׃ לִי קִוּוּ
צו רְשָׁעִים לְאַבְּדֵנִי עֵדֹתֶיךָ אֶתְבּוֹנָן׃ לְכָל־תִּכְלָה רָאִיתִי קֵץ
רְחָבָה מִצְוָתְךָ מְאֹד׃
צז צח מָה־אָהַבְתִּי תוֹרָתֶךָ כָּל־הַיּוֹם הִיא שִׂיחָתִי׃ מֵאֹיְבַי תְּחַכְּמֵנִי
צט מִצְוֹתֶךָ כִּי לְעוֹלָם הִיא־לִי׃ מִכָּל־מְלַמְּדַי הִשְׂכַּלְתִּי כִּי עֵדְוֹתֶיךָ
ק קא שִׂיחָה לִי׃ מִזְּקֵנִים אֶתְבּוֹנָן כִּי פִקּוּדֶיךָ נָצָרְתִּי׃ מִכָּל־אֹרַח רָע
קב כָּלִאתִי רַגְלָי לְמַעַן אֶשְׁמֹר דְּבָרֶךָ׃ מִמִּשְׁפָּטֶיךָ לֹא־סָרְתִּי
קג כִּי־אַתָּה הוֹרֵתָנִי׃ מַה־נִּמְלְצוּ לְחִכִּי אִמְרָתֶךָ מִדְּבַשׁ לְפִי׃
קד מִפִּקּוּדֶיךָ אֶתְבּוֹנָן עַל־כֵּן שָׂנֵאתִי ׀ כָּל־אֹרַח שָׁקֶר׃
קה קו נֵר־לְרַגְלִי דְבָרֶךָ וְאוֹר לִנְתִיבָתִי׃ נִשְׁבַּעְתִּי וָאֲקַיֵּמָה לִשְׁמֹר
קז קח מִשְׁפְּטֵי צִדְקֶךָ׃ נַעֲנֵיתִי עַד־מְאֹד יְהוָה חַיֵּנִי כִדְבָרֶךָ׃ נִדְבוֹת
קט פִּי רְצֵה־נָא יְהוָה וּמִשְׁפָּטֶיךָ לַמְּדֵנִי׃ נַפְשִׁי בְכַפִּי תָמִיד וְתוֹרָתְךָ
קי קיא לֹא שָׁכָחְתִּי׃ נָתְנוּ רְשָׁעִים פַּח לִי וּמִפִּקּוּדֶיךָ לֹא תָעִיתִי׃ נָחַלְתִּי
קיב עֵדְוֹתֶיךָ לְעוֹלָם כִּי־שְׂשׂוֹן לִבִּי הֵמָּה׃ נָטִיתִי לִבִּי לַעֲשׂוֹת חֻקֶּיךָ
לְעוֹלָם עֵקֶב׃
קיג קיד סֵעֲפִים שָׂנֵאתִי וְתוֹרָתְךָ אָהָבְתִּי׃ סִתְרִי וּמָגִנִּי אָתָּה לִדְבָרְךָ

קטו קטז יִחַלְתִּי: סוּרוּ מִמֶּנִּי מְרֵעִים וְאֶצְּרָה מִצְוֺת אֱלֹהָי: סָמְכֵנִי
קיז כְאִמְרָתְךָ וְאֶחְיֶה וְאַל־תְּבִישֵׁנִי מִשִּׂבְרִי: סְעָדֵנִי וְאִוָּשֵׁעָה
קיח וְאֶשְׁעָה בְחֻקֶּיךָ תָמִיד: סָלִיתָ כָּל־שׁוֹגִים מֵחֻקֶּיךָ כִּי־שֶׁקֶר
קיט תַּרְמִיתָם: סִגִים הִשְׁבַּתָּ כָל־רִשְׁעֵי־אָרֶץ לָכֵן אָהַבְתִּי עֵדֹתֶיךָ:
קכ סָמַר מִפַּחְדְּךָ בְשָׂרִי וּמִמִּשְׁפָּטֶיךָ יָרֵאתִי:

קכא קכב עָשִׂיתִי מִשְׁפָּט וָצֶדֶק בַּל־תַּנִּיחֵנִי לְעֹשְׁקָי: עֲרֹב עַבְדְּךָ לְטוֹב
קכג קכד אַל־יַעַשְׁקֻנִי זֵדִים: עֵינַי כָּלוּ לִישׁוּעָתֶךָ וּלְאִמְרַת צִדְקֶךָ: עֲשֵׂה
קכה עִם־עַבְדְּךָ כְחַסְדֶּךָ וְחֻקֶּיךָ לַמְּדֵנִי: עַבְדְּךָ־אָנִי הֲבִינֵנִי וְאֵדְעָה
קכו קכז עֵדֹתֶיךָ: עֵת לַעֲשׂוֹת לַיהוָה הֵפֵרוּ תּוֹרָתֶךָ: עַל־כֵּן אָהַבְתִּי
קכח מִצְוֺתֶיךָ מִזָּהָב וּמִפָּז: עַל־כֵּן ׀ כָּל־פִּקּוּדֵי כֹל יִשָּׁרְתִּי כָּל־
אֹרַח שֶׁקֶר שָׂנֵאתִי:

קכט קל פְּלָאוֹת עֵדְוֺתֶיךָ עַל־כֵּן נְצָרָתַם נַפְשִׁי: פֵּתַח־דְּבָרֶיךָ יָאִיר מֵבִין
קלא קלב פְּתָיִים: פִּי־פָעַרְתִּי וָאֶשְׁאָפָה כִּי לְמִצְוֺתֶיךָ יָאָבְתִּי: פְּנֵה־אֵלַי
קלג וְחָנֵּנִי כְּמִשְׁפָּט לְאֹהֲבֵי שְׁמֶךָ: פְּעָמַי הָכֵן בְּאִמְרָתֶךָ וְאַל־
קלד תַּשְׁלֶט־בִּי כָל־אָוֶן: פְּדֵנִי מֵעֹשֶׁק אָדָם וְאֶשְׁמְרָה פִּקּוּדֶיךָ:
קלה קלו פָּנֶיךָ הָאֵר בְּעַבְדֶּךָ וְלַמְּדֵנִי אֶת־חֻקֶּיךָ: פַּלְגֵי־מַיִם יָרְדוּ עֵינָי עַל
לֹא־שָׁמְרוּ תוֹרָתֶךָ:

קלז קלח צַדִּיק אַתָּה יְהוָה וְיָשָׁר מִשְׁפָּטֶיךָ: צִוִּיתָ צֶדֶק עֵדֹתֶיךָ וֶאֱמוּנָה
קלט קמ מְאֹד: צִמְּתַתְנִי קִנְאָתִי כִּי־שָׁכְחוּ דְבָרֶיךָ צָרָי: צְרוּפָה
קמא אִמְרָתְךָ מְאֹד וְעַבְדְּךָ אֲהֵבָהּ: צָעִיר אָנֹכִי וְנִבְזֶה פִּקֻּדֶיךָ
קמב קמג לֹא שָׁכָחְתִּי: צִדְקָתְךָ צֶדֶק לְעוֹלָם וְתוֹרָתְךָ אֱמֶת: צַר־
קמד וּמָצוֹק מְצָאוּנִי מִצְוֺתֶיךָ שַׁעֲשֻׁעָי: צֶדֶק עֵדְוֺתֶיךָ לְעוֹלָם
הֲבִינֵנִי וְאֶחְיֶה:

קמה קמו קָרָאתִי בְכָל־לֵב עֲנֵנִי יְהוָה חֻקֶּיךָ אֶצֹּרָה: קְרָאתִיךָ הוֹשִׁיעֵנִי
קמז וְאֶשְׁמְרָה עֵדֹתֶיךָ: קִדַּמְתִּי בַנֶּשֶׁף וָאֲשַׁוֵּעָה לדבריך יִחָלְתִּי: לִדְבָרְךָ
קמח קמט קִדְּמוּ עֵינַי אַשְׁמֻרוֹת לָשִׂיחַ בְּאִמְרָתֶךָ: קוֹלִי שִׁמְעָה כְחַסְדֶּךָ
קנ יְהוָה כְּמִשְׁפָּטֶךָ חַיֵּנִי: קָרְבוּ רֹדְפֵי זִמָּה מִתּוֹרָתְךָ רָחָקוּ:

קנא קנב קָרוֹב אַתָּה יְהוָה וְכָל־מִצְוֺתֶיךָ אֱמֶת׃ קֶדֶם יָדַעְתִּי מֵעֵדֹתֶיךָ
כִּי לְעוֹלָם יְסַדְתָּם׃
קנג קנד רְאֵה־עָנְיִי וְחַלְּצֵנִי כִּי־תוֹרָתְךָ לֹא שָׁכָחְתִּי׃ רִיבָה רִיבִי וּגְאָלֵנִי
קנה לְאִמְרָתְךָ חַיֵּנִי׃ רָחוֹק מֵרְשָׁעִים יְשׁוּעָה כִּי־חֻקֶּיךָ לֹא דָרָשׁוּ׃
קנו קנז רַחֲמֶיךָ רַבִּים ׀ יְהוָה כְּמִשְׁפָּטֶיךָ חַיֵּנִי׃ רַבִּים רֹדְפַי וְצָרָי
קנח מֵעֵדְוֺתֶיךָ לֹא נָטִיתִי׃ רָאִיתִי בֹגְדִים וָאֶתְקוֹטָטָה אֲשֶׁר אִמְרָתְךָ
קנט קס לֹא שָׁמָרוּ׃ רְאֵה כִּי־פִקּוּדֶיךָ אָהָבְתִּי יְהוָה כְּחַסְדְּךָ חַיֵּנִי׃ רֹאשׁ־
דְּבָרְךָ אֱמֶת וּלְעוֹלָם כָּל־מִשְׁפַּט צִדְקֶךָ׃
קסא קסב שָׂרִים רְדָפוּנִי חִנָּם ומדבריך פָּחַד לִבִּי׃ שָׂשׂ אָנֹכִי עַל־אִמְרָתֶךָ (וּמִדְּבָרְךָ)
קסג כְּמוֹצֵא שָׁלָל רָב׃ שֶׁקֶר שָׂנֵאתִי וָאֲתַעֵבָה תּוֹרָתְךָ אָהָבְתִּי׃
קסד קסה שֶׁבַע בַּיּוֹם הִלַּלְתִּיךָ עַל מִשְׁפְּטֵי צִדְקֶךָ׃ שָׁלוֹם רָב לְאֹהֲבֵי
קסו תוֹרָתֶךָ וְאֵין־לָמוֹ מִכְשׁוֹל׃ שִׂבַּרְתִּי לִישׁוּעָתְךָ יְהוָה וּמִצְוֺתֶיךָ
קסז קסח עָשִׂיתִי׃ שָׁמְרָה נַפְשִׁי עֵדֹתֶיךָ וָאֹהֲבֵם מְאֹד׃ שָׁמַרְתִּי פִקּוּדֶיךָ
וְעֵדֹתֶיךָ כִּי כָל־דְּרָכַי נֶגְדֶּךָ׃
קסט קע תִּקְרַב רִנָּתִי לְפָנֶיךָ יְהוָה כִּדְבָרְךָ הֲבִינֵנִי׃ תָּבוֹא תְּחִנָּתִי לְפָנֶיךָ
קעא כְּאִמְרָתְךָ הַצִּילֵנִי׃ תַּבַּעְנָה שְׂפָתַי תְּהִלָּה כִּי תְלַמְּדֵנִי חֻקֶּיךָ׃
קעב קעג תַּעַן לְשׁוֹנִי אִמְרָתֶךָ כִּי כָל־מִצְוֺתֶיךָ צֶּדֶק׃ תְּהִי־יָדְךָ לְעָזְרֵנִי
קעד כִּי פִקּוּדֶיךָ בָחָרְתִּי׃ תָּאַבְתִּי לִישׁוּעָתְךָ יְהוָה וְתוֹרָתְךָ שַׁעֲשֻׁעָי׃
קעה קעו תְּחִי־נַפְשִׁי וּתְהַלְלֶךָּ וּמִשְׁפָּטֶךָ יַעְזְרֻנִי׃ תָּעִיתִי כְּשֶׂה אֹבֵד בַּקֵּשׁ
עַבְדֶּךָ כִּי מִצְוֺתֶיךָ לֹא שָׁכָחְתִּי׃
קכ א ב שִׁיר הַמַּעֲלוֹת אֶל־יְהוָה בַּצָּרָתָה לִּי קָרָאתִי וַיַּעֲנֵנִי׃ יְהוָה
ג הַצִּילָה נַפְשִׁי מִשְּׂפַת־שֶׁקֶר מִלָּשׁוֹן רְמִיָּה׃ מַה־יִּתֵּן לְךָ וּמַה־
ד יֹּסִיף לָךְ לָשׁוֹן רְמִיָּה׃ חִצֵּי גִבּוֹר שְׁנוּנִים עִם גַּחֲלֵי רְתָמִים׃
ה ו אוֹיָה־לִי כִּי־גַרְתִּי מֶשֶׁךְ שָׁכַנְתִּי עִם־אָהֳלֵי קֵדָר׃ רַבַּת
ז שָׁכְנָה־לָּהּ נַפְשִׁי עִם שׂוֹנֵא שָׁלוֹם׃ אֲנִי־שָׁלוֹם וְכִי אֲדַבֵּר הֵמָּה
לַמִּלְחָמָה׃
קכא א ב שִׁיר לַמַּעֲלוֹת אֶשָּׂא עֵינַי אֶל־הֶהָרִים מֵאַיִן יָבֹא עֶזְרִי׃ עֶזְרִי

ג מֵעִם יְהוָה עֹשֵׂה שָׁמַיִם וָאָרֶץ׃ אַל־יִתֵּן לַמּוֹט רַגְלֶךָ אַל־יָנוּם
ד ה שֹׁמְרֶךָ׃ הִנֵּה לֹא־יָנוּם וְלֹא יִישָׁן שׁוֹמֵר יִשְׂרָאֵל׃ יְהוָה שֹׁמְרֶךָ
ו יְהוָה צִלְּךָ עַל־יַד יְמִינֶךָ׃ יוֹמָם הַשֶּׁמֶשׁ לֹא־יַכֶּכָּה וְיָרֵחַ בַּלָּיְלָה׃
ז ח יְהוָה יִשְׁמָרְךָ מִכָּל־רָע יִשְׁמֹר אֶת־נַפְשֶׁךָ׃ יְהוָה יִשְׁמָר־צֵאתְךָ
וּבוֹאֶךָ מֵעַתָּה וְעַד־עוֹלָם׃

קכב א שִׁיר הַמַּעֲלוֹת לְדָוִד שָׂמַחְתִּי בְּאֹמְרִים לִי בֵּית יְהוָה נֵלֵךְ׃
ב ג עֹמְדוֹת הָיוּ רַגְלֵינוּ בִּשְׁעָרַיִךְ יְרוּשָׁלִָם׃ יְרוּשָׁלִַם הַבְּנוּיָה כְּעִיר
ד שֶׁחֻבְּרָה־לָּהּ יַחְדָּו׃ שֶׁשָּׁם עָלוּ שְׁבָטִים שִׁבְטֵי־יָהּ עֵדוּת
ה לְיִשְׂרָאֵל לְהֹדוֹת לְשֵׁם יְהוָה׃ כִּי שָׁמָּה ׀ יָשְׁבוּ כִסְאוֹת
ו לְמִשְׁפָּט כִּסְאוֹת לְבֵית דָּוִד׃ שַׁאֲלוּ שְׁלוֹם יְרוּשָׁלִָם יִשְׁלָיוּ
ז ח אֹהֲבָיִךְ׃ יְהִי־שָׁלוֹם בְּחֵילֵךְ שַׁלְוָה בְּאַרְמְנוֹתָיִךְ׃ לְמַעַן אַחַי
ט וְרֵעָי אֲדַבְּרָה־נָּא שָׁלוֹם בָּךְ׃ לְמַעַן בֵּית־יְהוָה אֱלֹהֵינוּ
אֲבַקְשָׁה טוֹב לָךְ׃

קכג א ב שִׁיר הַמַּעֲלוֹת אֵלֶיךָ נָשָׂאתִי אֶת־עֵינַי הַיֹּשְׁבִי בַּשָּׁמָיִם׃ הִנֵּה
כְעֵינֵי עֲבָדִים אֶל־יַד אֲדוֹנֵיהֶם כְּעֵינֵי שִׁפְחָה אֶל־יַד גְּבִרְתָּהּ
ג כֵּן עֵינֵינוּ אֶל־יְהוָה אֱלֹהֵינוּ עַד שֶׁיְּחָנֵּנוּ׃ חָנֵּנוּ יְהוָה חָנֵּנוּ
ד כִּי־רַב שָׂבַעְנוּ בוּז׃ רַבַּת שָׂבְעָה־לָּהּ נַפְשֵׁנוּ הַלַּעַג הַשַּׁאֲנַנִּים
הַבּוּז לגאיונים׃ לִגְאֵי יוֹנִים

קכד א שִׁיר הַמַּעֲלוֹת לְדָוִד לוּלֵי יְהוָה שֶׁהָיָה לָנוּ יֹאמַר־נָא יִשְׂרָאֵל׃
ב ג לוּלֵי יְהוָה שֶׁהָיָה לָנוּ בְּקוּם עָלֵינוּ אָדָם׃ אֲזַי חַיִּים בְּלָעוּנוּ
ד בַּחֲרוֹת אַפָּם בָּנוּ׃ אֲזַי הַמַּיִם שְׁטָפוּנוּ נַחְלָה עָבַר עַל־
ה ו נַפְשֵׁנוּ׃ אֲזַי עָבַר עַל־נַפְשֵׁנוּ הַמַּיִם הַזֵּידוֹנִים׃ בָּרוּךְ יְהוָה
ז שֶׁלֹּא נְתָנָנוּ טֶרֶף לְשִׁנֵּיהֶם׃ נַפְשֵׁנוּ כְּצִפּוֹר נִמְלְטָה מִפַּח
ח יוֹקְשִׁים הַפַּח נִשְׁבָּר וַאֲנַחְנוּ נִמְלָטְנוּ׃ עֶזְרֵנוּ בְּשֵׁם יְהוָה
עֹשֵׂה שָׁמַיִם וָאָרֶץ׃

קכה א שִׁיר הַמַּעֲלוֹת הַבֹּטְחִים בַּיהוָה כְּהַר־צִיּוֹן לֹא־יִמּוֹט לְעוֹלָם
ב יֵשֵׁב׃ יְרוּשָׁלִַם הָרִים סָבִיב לָהּ וַיהוָה סָבִיב לְעַמּוֹ מֵעַתָּה וְעַד־

ג עוֹלָם: כִּי לֹא יָנוּחַ שֵׁבֶט הָרֶשַׁע עַל גּוֹרַל הַצַּדִּיקִים לְמַעַן לֹא־
ד יִשְׁלְחוּ הַצַּדִּיקִים ׀ בְּעַוְלָתָה יְדֵיהֶם: הֵיטִיבָה יְהוָה לַטּוֹבִים
ה וְלִישָׁרִים בְּלִבּוֹתָם: וְהַמַּטִּים עֲקַלְקַלּוֹתָם יוֹלִיכֵם יְהוָה אֶת־
פֹּעֲלֵי הָאָוֶן שָׁלוֹם עַל־יִשְׂרָאֵל:

קכו א ב שִׁיר הַמַּעֲלוֹת בְּשׁוּב יְהוָה אֶת־שִׁיבַת צִיּוֹן הָיִינוּ כְּחֹלְמִים: אָז
יִמָּלֵא שְׂחוֹק פִּינוּ וּלְשׁוֹנֵנוּ רִנָּה אָז יֹאמְרוּ בַגּוֹיִם הִגְדִּיל יְהוָה
ג לַעֲשׂוֹת עִם־אֵלֶּה: הִגְדִּיל יְהוָה לַעֲשׂוֹת עִמָּנוּ הָיִינוּ שְׂמֵחִים:
ד ה שׁוּבָה יְהוָה אֶת־שבותנו כַּאֲפִיקִים בַּנֶּגֶב: הַזֹּרְעִים בְּדִמְעָה (שְׁבִיתֵנוּ)
ו בְּרִנָּה יִקְצֹרוּ: הָלוֹךְ יֵלֵךְ ׀ וּבָכֹה נֹשֵׂא מֶשֶׁךְ־הַזָּרַע בֹּא־יָבֹא
בְרִנָּה נֹשֵׂא אֲלֻמֹּתָיו:

קכז א שִׁיר הַמַּעֲלוֹת לִשְׁלֹמֹה אִם־יְהוָה ׀ לֹא־יִבְנֶה בַיִת שָׁוְא עָמְלוּ
ב בוֹנָיו בּוֹ אִם־יְהוָה לֹא־יִשְׁמָר־עִיר שָׁוְא ׀ שָׁקַד שׁוֹמֵר: שָׁוְא לָכֶם ׀
מַשְׁכִּימֵי קוּם מְאַחֲרֵי־שֶׁבֶת אֹכְלֵי לֶחֶם הָעֲצָבִים כֵּן יִתֵּן לִידִידוֹ
ג ד שֵׁנָא: הִנֵּה נַחֲלַת יְהוָה בָּנִים שָׂכָר פְּרִי הַבָּטֶן: כְּחִצִּים בְּיַד־
ה גִּבּוֹר כֵּן בְּנֵי הַנְּעוּרִים: אַשְׁרֵי הַגֶּבֶר אֲשֶׁר מִלֵּא אֶת־אַשְׁפָּתוֹ
מֵהֶם לֹא־יֵבֹשׁוּ כִּי־יְדַבְּרוּ אֶת־אוֹיְבִים בַּשָּׁעַר:

קכח א ב שִׁיר הַמַּעֲלוֹת אַשְׁרֵי כָּל־יְרֵא יְהוָה הַהֹלֵךְ בִּדְרָכָיו: יְגִיעַ כַּפֶּיךָ
ג כִּי תֹאכֵל אַשְׁרֶיךָ וְטוֹב לָךְ: אֶשְׁתְּךָ ׀ כְּגֶפֶן פֹּרִיָּה בְּיַרְכְּתֵי בֵיתֶךָ
ד בָּנֶיךָ כִּשְׁתִלֵי זֵיתִים סָבִיב לְשֻׁלְחָנֶךָ: הִנֵּה כִי־כֵן יְבֹרַךְ גָּבֶר יְרֵא
ה יְהוָה: יְבָרֶכְךָ יְהוָה מִצִּיּוֹן וּרְאֵה בְּטוּב יְרוּשָׁלָםִ כֹּל יְמֵי חַיֶּיךָ:
ו וּרְאֵה־בָנִים לְבָנֶיךָ שָׁלוֹם עַל־יִשְׂרָאֵל: יח

קכט א ב שִׁיר הַמַּעֲלוֹת רַבַּת צְרָרוּנִי מִנְּעוּרָי יֹאמַר־נָא יִשְׂרָאֵל: רַבַּת
ג צְרָרוּנִי מִנְּעוּרָי גַּם לֹא־יָכְלוּ לִי: עַל־גַּבִּי חָרְשׁוּ חֹרְשִׁים הֶאֱרִיכוּ
ד ה למענותם: יְהוָה צַדִּיק קִצֵּץ עֲבוֹת רְשָׁעִים: יֵבֹשׁוּ וְיִסֹּגוּ אָחוֹר (לְמַעֲנִיתָם)
ו ז כֹּל שֹׂנְאֵי צִיּוֹן: יִהְיוּ כַּחֲצִיר גַּגּוֹת שֶׁקַּדְמַת שָׁלַף יָבֵשׁ: שֶׁלֹּא
ח מִלֵּא כַפּוֹ קוֹצֵר וְחִצְנוֹ מְעַמֵּר: וְלֹא אָמְרוּ ׀ הָעֹבְרִים בִּרְכַּת־
יְהוָה אֲלֵיכֶם בֵּרַכְנוּ אֶתְכֶם בְּשֵׁם יְהוָה:

קל
א ב שִׁיר הַמַּעֲלוֹת מִמַּעֲמַקִּים קְרָאתִיךָ יְהוָה: אֲדֹנָי שִׁמְעָה
ג בְקוֹלִי תִּהְיֶינָה אָזְנֶיךָ קַשֻּׁבוֹת לְקוֹל תַּחֲנוּנָי: אִם־עֲוֺנוֹת
ד תִּשְׁמָר־יָהּ אֲדֹנָי מִי יַעֲמֹד: כִּי־עִמְּךָ הַסְּלִיחָה לְמַעַן תִּוָּרֵא:
ה ו קִוִּיתִי יְהוָה קִוְּתָה נַפְשִׁי וְלִדְבָרוֹ הוֹחָלְתִּי: נַפְשִׁי לַאדֹנָי
ז מִשֹּׁמְרִים לַבֹּקֶר שֹׁמְרִים לַבֹּקֶר: יַחֵל יִשְׂרָאֵל אֶל־יְהוָה
ח כִּי־עִם־יְהוָה הַחֶסֶד וְהַרְבֵּה עִמּוֹ פְדוּת: וְהוּא יִפְדֶּה אֶת־
יִשְׂרָאֵל מִכֹּל עֲוֺנֹתָיו:

קלא א שִׁיר הַמַּעֲלוֹת לְדָוִד יְהוָה ׀ לֹא־גָבַהּ לִבִּי וְלֹא־רָמוּ עֵינַי וְלֹא־
ב הִלַּכְתִּי ׀ בִּגְדֹלוֹת וּבְנִפְלָאוֹת מִמֶּנִּי: אִם־לֹא שִׁוִּיתִי ׀ וְדוֹמַמְתִּי
ג נַפְשִׁי כְּגָמֻל עֲלֵי אִמּוֹ כַּגָּמֻל עָלַי נַפְשִׁי: יַחֵל יִשְׂרָאֵל אֶל־
יְהוָה מֵעַתָּה וְעַד־עוֹלָם:

קלב א ב שִׁיר הַמַּעֲלוֹת זְכוֹר־יְהוָה לְדָוִד אֵת כָּל־עֻנּוֹתוֹ: אֲשֶׁר נִשְׁבַּע
ג לַיהוָה נָדַר לַאֲבִיר יַעֲקֹב: אִם־אָבֹא בְּאֹהֶל בֵּיתִי אִם־אֶעֱלֶה
ד ה עַל־עֶרֶשׂ יְצוּעָי: אִם־אֶתֵּן שְׁנַת לְעֵינָי לְעַפְעַפַּי תְּנוּמָה: עַד־
ו אֶמְצָא מָקוֹם לַיהוָה מִשְׁכָּנוֹת לַאֲבִיר יַעֲקֹב: הִנֵּה־שְׁמַעֲנוּהָ
ז בְאֶפְרָתָה מְצָאנוּהָ בִּשְׂדֵי־יָעַר: נָבוֹאָה לְמִשְׁכְּנוֹתָיו נִשְׁתַּחֲוֶה
ח ט לַהֲדֹם רַגְלָיו: קוּמָה יְהוָה לִמְנוּחָתֶךָ אַתָּה וַאֲרוֹן עֻזֶּךָ: כֹּהֲנֶיךָ
י יִלְבְּשׁוּ־צֶדֶק וַחֲסִידֶיךָ יְרַנֵּנוּ: בַּעֲבוּר דָּוִד עַבְדֶּךָ אַל־תָּשֵׁב פְּנֵי
יא מְשִׁיחֶךָ: נִשְׁבַּע־יְהוָה ׀ לְדָוִד אֱמֶת לֹא־יָשׁוּב מִמֶּנָּה מִפְּרִי בִטְנְךָ
יב אָשִׁית לְכִסֵּא־לָךְ: אִם־יִשְׁמְרוּ בָנֶיךָ ׀ בְּרִיתִי וְעֵדֹתִי זוֹ אֲלַמְּדֵם
יג גַּם־בְּנֵיהֶם עֲדֵי־עַד יֵשְׁבוּ לְכִסֵּא־לָךְ: כִּי־בָחַר יְהוָה בְּצִיּוֹן אִוָּהּ
יד טו לְמוֹשָׁב לוֹ: זֹאת־מְנוּחָתִי עֲדֵי־עַד פֹּה אֵשֵׁב כִּי אִוִּתִיהָ: צֵידָהּ
טז בָּרֵךְ אֲבָרֵךְ אֶבְיוֹנֶיהָ אַשְׂבִּיעַ לָחֶם: וְכֹהֲנֶיהָ אַלְבִּישׁ יֶשַׁע
יז וַחֲסִידֶיהָ רַנֵּן יְרַנֵּנוּ: שָׁם אַצְמִיחַ קֶרֶן לְדָוִד עָרַכְתִּי נֵר לִמְשִׁיחִי:
יח אוֹיְבָיו אַלְבִּישׁ בֹּשֶׁת וְעָלָיו יָצִיץ נִזְרוֹ:

קלג א שִׁיר הַמַּעֲלוֹת לְדָוִד הִנֵּה מַה־טּוֹב וּמַה־נָּעִים שֶׁבֶת אַחִים גַּם־
ב יָחַד: כַּשֶּׁמֶן הַטּוֹב ׀ עַל־הָרֹאשׁ יֹרֵד עַל־הַזָּקָן זְקַן־אַהֲרֹן שֶׁיֹּרֵד

עַל־פִּי מִדּוֹתָיו׃ כְּטַל־חֶרְמוֹן שֶׁיֹּרֵד עַל־הַרְרֵי צִיּוֹן כִּי שָׁם ׀ צִוָּה ג
יְהוָה אֶת־הַבְּרָכָה חַיִּים עַד־הָעוֹלָם׃

קלד שִׁיר הַמַּעֲלוֹת הִנֵּה ׀ בָּרְכוּ אֶת־יְהוָה כָּל־עַבְדֵי יְהוָה הָעֹמְדִים א
בְּבֵית־יְהוָה בַּלֵּילוֹת׃ שְׂאוּ־יְדֵכֶם קֹדֶשׁ וּבָרְכוּ אֶת־יְהוָה׃ ב
יְבָרֶכְךָ יְהוָה מִצִּיּוֹן עֹשֵׂה שָׁמַיִם וָאָרֶץ׃ ג

קלה הַלְלוּיָהּ ׀ הַלְלוּ אֶת־שֵׁם יְהוָה הַלְלוּ עַבְדֵי יְהוָה׃ שֶׁעֹמְדִים א ב
בְּבֵית יְהוָה בְּחַצְרוֹת בֵּית אֱלֹהֵינוּ׃ הַלְלוּיָהּ כִּי־טוֹב יְהוָה זַמְּרוּ ג
לִשְׁמוֹ כִּי נָעִים׃ כִּי־יַעֲקֹב בָּחַר לוֹ יָהּ יִשְׂרָאֵל לִסְגֻלָּתוֹ׃ כִּי אֲנִי ד ה
יָדַעְתִּי כִּי־גָדוֹל יְהוָה וַאֲדֹנֵינוּ מִכָּל־אֱלֹהִים׃ כֹּל אֲשֶׁר־חָפֵץ ו
יְהוָה עָשָׂה בַּשָּׁמַיִם וּבָאָרֶץ בַּיַּמִּים וְכָל־תְּהֹמוֹת׃ מַעֲלֶה נְשִׂאִים ז
מִקְצֵה הָאָרֶץ בְּרָקִים לַמָּטָר עָשָׂה מוֹצֵא־רוּחַ מֵאוֹצְרוֹתָיו׃
שֶׁהִכָּה בְּכוֹרֵי מִצְרָיִם מֵאָדָם עַד־בְּהֵמָה׃ שָׁלַח ׀ אוֹתֹת וּמֹפְתִים ח ט
בְּתוֹכֵכִי מִצְרָיִם בְּפַרְעֹה וּבְכָל־עֲבָדָיו׃ שֶׁהִכָּה גּוֹיִם רַבִּים וְהָרַג י
מְלָכִים עֲצוּמִים׃ לְסִיחוֹן ׀ מֶלֶךְ הָאֱמֹרִי וּלְעוֹג מֶלֶךְ הַבָּשָׁן וּלְכֹל יא
מַמְלְכוֹת כְּנָעַן׃ וְנָתַן אַרְצָם נַחֲלָה נַחֲלָה לְיִשְׂרָאֵל עַמּוֹ׃ יְהוָה יב יג
שִׁמְךָ לְעוֹלָם יְהוָה זִכְרְךָ לְדֹר־וָדֹר׃ כִּי־יָדִין יְהוָה עַמּוֹ וְעַל־ יד
עֲבָדָיו יִתְנֶחָם׃ עֲצַבֵּי הַגּוֹיִם כֶּסֶף וְזָהָב מַעֲשֵׂה יְדֵי אָדָם׃ פֶּה־ טו טז
לָהֶם וְלֹא יְדַבֵּרוּ עֵינַיִם לָהֶם וְלֹא יִרְאוּ׃ אָזְנַיִם לָהֶם וְלֹא יַאֲזִינוּ יז
אַף אֵין־יֶשׁ־רוּחַ בְּפִיהֶם׃ כְּמוֹהֶם יִהְיוּ עֹשֵׂיהֶם כֹּל אֲשֶׁר־בֹּטֵחַ יח
בָּהֶם׃ בֵּית יִשְׂרָאֵל בָּרְכוּ אֶת־יְהוָה בֵּית אַהֲרֹן בָּרְכוּ אֶת־יְהוָה׃ יט
בֵּית הַלֵּוִי בָּרְכוּ אֶת־יְהוָה יִרְאֵי יְהוָה בָּרְכוּ אֶת־יְהוָה׃ בָּרוּךְ כ כא
יְהוָה ׀ מִצִּיּוֹן שֹׁכֵן יְרוּשָׁלָםִ הַלְלוּיָהּ׃

קלו הוֹדוּ לַיהוָה כִּי־טוֹב כִּי לְעוֹלָם חַסְדּוֹ׃ הוֹדוּ לֵאלֹהֵי הָאֱלֹהִים א ב
כִּי לְעוֹלָם חַסְדּוֹ׃ הוֹדוּ לַאֲדֹנֵי הָאֲדֹנִים כִּי לְעוֹלָם חַסְדּוֹ׃ לְעֹשֵׂה ג ד
נִפְלָאוֹת גְּדֹלוֹת לְבַדּוֹ כִּי לְעוֹלָם חַסְדּוֹ׃ לְעֹשֵׂה הַשָּׁמַיִם ה
בִּתְבוּנָה כִּי לְעוֹלָם חַסְדּוֹ׃ לְרֹקַע הָאָרֶץ עַל־הַמָּיִם כִּי לְעוֹלָם ו
חַסְדּוֹ׃ לְעֹשֵׂה אוֹרִים גְּדֹלִים כִּי לְעוֹלָם חַסְדּוֹ׃ אֶת־הַשֶּׁמֶשׁ ז ח

ט לְמֶמְשֶׁלֶת בַּיּוֹם כִּי לְעוֹלָם חַסְדּוֹ: אֶת־הַיָּרֵחַ וְכוֹכָבִים
י לְמֶמְשְׁלוֹת בַּלָּיְלָה כִּי לְעוֹלָם חַסְדּוֹ: לְמַכֵּה מִצְרַיִם בִּבְכוֹרֵיהֶם
יא יב כִּי לְעוֹלָם חַסְדּוֹ: וַיּוֹצֵא יִשְׂרָאֵל מִתּוֹכָם כִּי לְעוֹלָם חַסְדּוֹ: בְּיָד
יג חֲזָקָה וּבִזְרוֹעַ נְטוּיָה כִּי לְעוֹלָם חַסְדּוֹ: לְגֹזֵר יַם־סוּף לִגְזָרִים כִּי
יד טו לְעוֹלָם חַסְדּוֹ: וְהֶעֱבִיר יִשְׂרָאֵל בְּתוֹכוֹ כִּי לְעוֹלָם חַסְדּוֹ: וְנִעֵר
טז פַּרְעֹה וְחֵילוֹ בְיַם־סוּף כִּי לְעוֹלָם חַסְדּוֹ: לְמוֹלִיךְ עַמּוֹ בַּמִּדְבָּר
יז יח כִּי לְעוֹלָם חַסְדּוֹ: לְמַכֵּה מְלָכִים גְּדֹלִים כִּי לְעוֹלָם חַסְדּוֹ: וַיַּהֲרֹג
יט מְלָכִים אַדִּירִים כִּי לְעוֹלָם חַסְדּוֹ: לְסִיחוֹן מֶלֶךְ הָאֱמֹרִי כִּי
כ כא לְעוֹלָם חַסְדּוֹ: וּלְעוֹג מֶלֶךְ הַבָּשָׁן כִּי לְעוֹלָם חַסְדּוֹ: וְנָתַן אַרְצָם
כב לְנַחֲלָה כִּי לְעוֹלָם חַסְדּוֹ: נַחֲלָה לְיִשְׂרָאֵל עַבְדּוֹ כִּי לְעוֹלָם
כג כד חַסְדּוֹ: שֶׁבְּשִׁפְלֵנוּ זָכַר לָנוּ כִּי לְעוֹלָם חַסְדּוֹ: וַיִּפְרְקֵנוּ מִצָּרֵינוּ
כה כו כִּי לְעוֹלָם חַסְדּוֹ: נֹתֵן לֶחֶם לְכָל־בָּשָׂר כִּי לְעוֹלָם חַסְדּוֹ: הוֹדוּ
לְאֵל הַשָּׁמָיִם כִּי לְעוֹלָם חַסְדּוֹ:

קלז א ב עַל־נַהֲרוֹת ׀ בָּבֶל שָׁם יָשַׁבְנוּ גַּם־בָּכִינוּ בְּזָכְרֵנוּ אֶת־צִיּוֹן: עַל־
ג עֲרָבִים בְּתוֹכָהּ תָּלִינוּ כִּנֹּרוֹתֵינוּ: כִּי שָׁם ׀ שְׁאֵלוּנוּ שׁוֹבֵינוּ
ד דִּבְרֵי־שִׁיר וְתוֹלָלֵינוּ שִׂמְחָה שִׁירוּ לָנוּ מִשִּׁיר צִיּוֹן: אֵיךְ נָשִׁיר
ה אֶת־שִׁיר־יְהוָה עַל אַדְמַת נֵכָר: אִם־אֶשְׁכָּחֵךְ יְרוּשָׁלָם תִּשְׁכַּח
ו יְמִינִי: תִּדְבַּק לְשׁוֹנִי ׀ לְחִכִּי אִם־לֹא אֶזְכְּרֵכִי אִם־לֹא אַעֲלֶה
ז אֶת־יְרוּשָׁלַם עַל רֹאשׁ שִׂמְחָתִי: זְכֹר יְהוָה ׀ לִבְנֵי אֱדוֹם אֵת יוֹם
ח יְרוּשָׁלָם הָאֹמְרִים עָרוּ ׀ עָרוּ עַד הַיְסוֹד בָּהּ: בַּת־בָּבֶל הַשְּׁדוּדָה
ט אַשְׁרֵי שֶׁיְשַׁלֶּם־לָךְ אֶת־גְּמוּלֵךְ שֶׁגָּמַלְתְּ לָנוּ: אַשְׁרֵי ׀ שֶׁיֹּאחֵז
וְנִפֵּץ אֶת־עֹלָלַיִךְ אֶל־הַסָּלַע:

קלח א ב לְדָוִד ׀ אוֹדְךָ בְכָל־לִבִּי נֶגֶד אֱלֹהִים אֲזַמְּרֶךָּ: אֶשְׁתַּחֲוֶה אֶל־
הֵיכַל קָדְשְׁךָ וְאוֹדֶה אֶת־שְׁמֶךָ עַל־חַסְדְּךָ וְעַל־אֲמִתֶּךָ כִּי־
ג הִגְדַּלְתָּ עַל־כָּל־שִׁמְךָ אִמְרָתֶךָ: בְּיוֹם קָרָאתִי וַתַּעֲנֵנִי תַּרְהִבֵנִי
ד בְנַפְשִׁי עֹז: יוֹדוּךָ יְהוָה כָּל־מַלְכֵי־אָרֶץ כִּי שָׁמְעוּ אִמְרֵי־פִיךָ:
ה ו וְיָשִׁירוּ בְּדַרְכֵי יְהוָה כִּי־גָדוֹל כְּבוֹד יְהוָה: כִּי־רָם יְהוָה וְשָׁפָל

יִרְאֶה וְגָבֹהַּ מִמֶּרְחָק יְיֵדָע: אִם־אֵלֵךְ ׀ בְּקֶרֶב צָרָה תְּחַיֵּנִי עַל ז
אַף אֹיְבַי תִּשְׁלַח יָדֶךָ וְתוֹשִׁיעֵנִי יְמִינֶךָ: יְהוָה יִגְמֹר בַּעֲדִי יְהוָה ח
חַסְדְּךָ לְעוֹלָם מַעֲשֵׂי יָדֶיךָ אַל־תֶּרֶף:

לַמְנַצֵּחַ לְדָוִד מִזְמוֹר יְהוָה חֲקַרְתַּנִי וַתֵּדָע: אַתָּה יָדַעְתָּ שִׁבְתִּי קלט א ב
וְקוּמִי בַּנְתָּה לְרֵעִי מֵרָחוֹק: אָרְחִי וְרִבְעִי זֵרִיתָ וְכָל־דְּרָכַי ג
הִסְכַּנְתָּה: כִּי אֵין מִלָּה בִּלְשׁוֹנִי הֵן יְהוָה יָדַעְתָּ כֻלָּהּ: אָחוֹר ד ה
וָקֶדֶם צַרְתָּנִי וַתָּשֶׁת עָלַי כַּפֶּכָה: פלאיה דַעַת מִמֶּנִּי נִשְׂגְּבָה ו פְּלִיאָה
לֹא־אוּכַל לָהּ: אָנָה אֵלֵךְ מֵרוּחֶךָ וְאָנָה מִפָּנֶיךָ אֶבְרָח: אִם־ ז ח
אֶסַּק שָׁמַיִם שָׁם אָתָּה וְאַצִּיעָה שְּׁאוֹל הִנֶּךָּ: אֶשָּׂא כַנְפֵי־שָׁחַר ט
אֶשְׁכְּנָה בְּאַחֲרִית יָם: גַּם־שָׁם יָדְךָ תַנְחֵנִי וְתֹאחֲזֵנִי יְמִינֶךָ: וָאֹמַר י יא
אַךְ־חֹשֶׁךְ יְשׁוּפֵנִי וְלַיְלָה אוֹר בַּעֲדֵנִי: גַּם־חֹשֶׁךְ לֹא־יַחְשִׁיךְ מִמֶּךָ יב
וְלַיְלָה כַּיּוֹם יָאִיר כַּחֲשֵׁיכָה כָּאוֹרָה: כִּי־אַתָּה קָנִיתָ כִלְיֹתָי יג
תְּסֻכֵּנִי בְּבֶטֶן אִמִּי: אוֹדְךָ עַל כִּי נוֹרָאוֹת נִפְלֵיתִי נִפְלָאִים יד
מַעֲשֶׂיךָ וְנַפְשִׁי יֹדַעַת מְאֹד: לֹא־נִכְחַד עָצְמִי מִמֶּךָּ אֲשֶׁר־עֻשֵּׂיתִי טו
בַסֵּתֶר רֻקַּמְתִּי בְּתַחְתִּיּוֹת אָרֶץ: גָּלְמִי ׀ רָאוּ עֵינֶיךָ וְעַל־סִפְרְךָ טז
כֻּלָּם יִכָּתֵבוּ יָמִים יֻצָּרוּ ולא אֶחָד בָּהֶם: וְלִי מַה־יָּקְרוּ רֵעֶיךָ אֵל יז וְלוֹ
מֶה עָצְמוּ רָאשֵׁיהֶם: אֶסְפְּרֵם מֵחוֹל יִרְבּוּן הֱקִיצֹתִי וְעוֹדִי עִמָּךְ: יח
אִם־תִּקְטֹל אֱלוֹהַּ ׀ רָשָׁע וְאַנְשֵׁי דָמִים סוּרוּ מֶנִּי: אֲשֶׁר יֹמְרוּךָ יט כ
לִמְזִמָּה נָשֻׂא לַשָּׁוְא עָרֶיךָ: הֲלוֹא־מְשַׂנְאֶיךָ יְהוָה ׀ אֶשְׂנָא כא
וּבִתְקוֹמְמֶיךָ אֶתְקוֹטָט: תַּכְלִית שִׂנְאָה שְׂנֵאתִים לְאוֹיְבִים הָיוּ כב
לִי: חָקְרֵנִי אֵל וְדַע לְבָבִי בְּחָנֵנִי וְדַע שַׂרְעַפָּי: וּרְאֵה אִם־ כג כד
דֶּרֶךְ־עֹצֶב בִּי וּנְחֵנִי בְּדֶרֶךְ עוֹלָם:

לַמְנַצֵּחַ מִזְמוֹר לְדָוִד: חַלְּצֵנִי יְהוָה מֵאָדָם רָע מֵאִישׁ חֲמָסִים קמ א ב
תִּנְצְרֵנִי: אֲשֶׁר חָשְׁבוּ רָעוֹת בְּלֵב כָּל־יוֹם יָגוּרוּ מִלְחָמוֹת: שָׁנְנוּ ג ד
לְשׁוֹנָם כְּמוֹ־נָחָשׁ חֲמַת עַכְשׁוּב תַּחַת שְׂפָתֵימוֹ סֶלָה: שָׁמְרֵנִי ה
יְהוָה ׀ מִידֵי רָשָׁע מֵאִישׁ חֲמָסִים תִּנְצְרֵנִי אֲשֶׁר חָשְׁבוּ לִדְחוֹת
פְּעָמָי: טָמְנוּ־גֵאִים ׀ פַּח לִי וַחֲבָלִים פָּרְשׂוּ רֶשֶׁת לְיַד־מַעְגָּל ו

ז מְקֹשִׁים שָׁתוּ־לִי סֶלָה: אָמַרְתִּי לַיהוה אֵלִי אָתָּה הַאֲזִינָה
ח יהוה קוֹל תַּחֲנוּנָי: יֱהֹוִה אֲדֹנָי עֹז יְשׁוּעָתִי סַכֹּתָה לְרֹאשִׁי
ט בְּיוֹם נָשֶׁק: אַל־תִּתֵּן יהוה מַאֲוַיֵּי רָשָׁע זְמָמוֹ אַל־תָּפֵק יָרוּמוּ
י יא סֶלָה: רֹאשׁ מְסִבָּי עֲמַל שְׂפָתֵימוֹ יכסומו: ימיטו עֲלֵיהֶם יְכַסֵּמוֹ | יִמּוֹטוּ
יב גֶּחָלִים בָּאֵשׁ יַפִּלֵם בְּמַהֲמֹרוֹת בַּל־יָקוּמוּ: אִישׁ לָשׁוֹן בַּל־
יג יִכּוֹן בָּאָרֶץ אִישׁ־חָמָס רָע יְצוּדֶנּוּ לְמַדְחֵפֹת: יָדַעְתְּ כִּי־יַעֲשֶׂה
יד יהוה דִּין עָנִי מִשְׁפַּט אֶבְיֹנִים: אַךְ צַדִּיקִים יוֹדוּ לִשְׁמֶךָ יֵשְׁבוּ יט
יְשָׁרִים אֶת־פָּנֶיךָ:

קמא א מִזְמוֹר לְדָוִד יהוה קְרָאתִיךָ חוּשָׁה לִּי הַאֲזִינָה קוֹלִי בְּקָרְאִי־
ב לָךְ: תִּכּוֹן תְּפִלָּתִי קְטֹרֶת לְפָנֶיךָ מַשְׂאַת כַּפַּי מִנְחַת־עָרֶב:
ג ד שִׁיתָה יהוה שָׁמְרָה לְפִי נִצְּרָה עַל־דַּל שְׂפָתָי: אַל־תַּט־לִבִּי ׀
לְדָבָר ׀ רָע לְהִתְעוֹלֵל עֲלִלוֹת ׀ בְּרֶשַׁע אֶת־אִישִׁים פֹּעֲלֵי־אָוֶן
ה וּבַל־אֶלְחַם בְּמַנְעַמֵּיהֶם: יֶהֶלְמֵנִי צַדִּיק ׀ חֶסֶד וְיוֹכִיחֵנִי שֶׁמֶן
ו רֹאשׁ אַל־יָנִי רֹאשִׁי כִּי־עוֹד וּתְפִלָּתִי בְּרָעוֹתֵיהֶם: נִשְׁמְטוּ בִידֵי־
ז סֶלַע שֹׁפְטֵיהֶם וְשָׁמְעוּ אֲמָרַי כִּי נָעֵמוּ: כְּמוֹ פֹלֵחַ וּבֹקֵעַ בָּאָרֶץ
ח נִפְזְרוּ עֲצָמֵינוּ לְפִי שְׁאוֹל: כִּי אֵלֶיךָ ׀ יֱהֹוִה אֲדֹנָי עֵינָי בְּכָה חָסִיתִי
ט אַל־תְּעַר נַפְשִׁי: שָׁמְרֵנִי מִידֵי פַח יָקְשׁוּ לִי וּמֹקְשׁוֹת פֹּעֲלֵי אָוֶן:
י יִפְּלוּ בְמַכְמֹרָיו רְשָׁעִים יַחַד אָנֹכִי עַד־אֶעֱבוֹר:

קמב א ב מַשְׂכִּיל לְדָוִד בִּהְיוֹתוֹ בַמְּעָרָה תְפִלָּה: קוֹלִי אֶל־יהוה אֶזְעָק
ג קוֹלִי אֶל־יהוה אֶתְחַנָּן: אֶשְׁפֹּךְ לְפָנָיו שִׂיחִי צָרָתִי לְפָנָיו אַגִּיד:
ד בְּהִתְעַטֵּף עָלַי ׀ רוּחִי וְאַתָּה יָדַעְתָּ נְתִיבָתִי בְּאֹרַח־זוּ אֲהַלֵּךְ
ה טָמְנוּ פַח לִי: הַבֵּיט יָמִין ׀ וּרְאֵה וְאֵין־לִי מַכִּיר אָבַד מָנוֹס מִמֶּנִּי
ו אֵין דּוֹרֵשׁ לְנַפְשִׁי: זָעַקְתִּי אֵלֶיךָ יהוה אָמַרְתִּי אַתָּה מַחְסִי חֶלְקִי
ז בְּאֶרֶץ הַחַיִּים: הַקְשִׁיבָה ׀ אֶל־רִנָּתִי כִּי־דַלּוֹתִי מְאֹד הַצִּילֵנִי
ח מֵרֹדְפַי כִּי אָמְצוּ מִמֶּנִּי: הוֹצִיאָה מִמַּסְגֵּר ׀ נַפְשִׁי לְהוֹדוֹת אֶת־
שְׁמֶךָ בִּי יַכְתִּרוּ צַדִּיקִים כִּי תִגְמֹל עָלָי:

קמג א מִזְמוֹר לְדָוִד יהוה ׀ שְׁמַע תְּפִלָּתִי הַאֲזִינָה אֶל־תַּחֲנוּנַי בֶּאֱמֻנָתְךָ

קמ
עֲנֵנִי בְּצִדְקָתֶךָ׃ וְאַל־תָּבוֹא בְמִשְׁפָּט אֶת־עַבְדֶּךָ כִּי לֹא־יִצְדַּק ב
לְפָנֶיךָ כָל־חָי׃ כִּי רָדַף אוֹיֵב ׀ נַפְשִׁי דִּכָּא לָאָרֶץ חַיָּתִי הוֹשִׁיבַנִי ג
בְמַחֲשַׁכִּים כְּמֵתֵי עוֹלָם׃ וַתִּתְעַטֵּף עָלַי רוּחִי בְּתוֹכִי יִשְׁתּוֹמֵם ד
לִבִּי׃ זָכַרְתִּי יָמִים ׀ מִקֶּדֶם הָגִיתִי בְכָל־פָּעֳלֶךָ בְּמַעֲשֵׂה יָדֶיךָ ה
אֲשׂוֹחֵחַ׃ פֵּרַשְׂתִּי יָדַי אֵלֶיךָ נַפְשִׁי ׀ כְּאֶרֶץ־עֲיֵפָה לְךָ סֶלָה׃ מַהֵר ו ז
עֲנֵנִי ׀ יְהוָה כָּלְתָה רוּחִי אַל־תַּסְתֵּר פָּנֶיךָ מִמֶּנִּי וְנִמְשַׁלְתִּי עִם־
יֹרְדֵי בוֹר׃ הַשְׁמִיעֵנִי בַבֹּקֶר ׀ חַסְדֶּךָ כִּי־בְךָ בָטָחְתִּי הוֹדִיעֵנִי ח
דֶּרֶךְ־זוּ אֵלֵךְ כִּי־אֵלֶיךָ נָשָׂאתִי נַפְשִׁי׃ הַצִּילֵנִי מֵאֹיְבַי ׀ יְהוָה אֵלֶיךָ ט
כִסִּתִי׃ לַמְּדֵנִי ׀ לַעֲשׂוֹת רְצוֹנֶךָ כִּי־אַתָּה אֱלוֹהָי רוּחֲךָ טוֹבָה י
תַּנְחֵנִי בְּאֶרֶץ מִישׁוֹר׃ לְמַעַן־שִׁמְךָ יְהוָה תְּחַיֵּנִי בְּצִדְקָתְךָ ׀ יא
תוֹצִיא מִצָּרָה נַפְשִׁי׃ וּבְחַסְדְּךָ תַּצְמִית אֹיְבָי וְהַאֲבַדְתָּ כָּל־ יב
צֹרְרֵי נַפְשִׁי כִּי אֲנִי עַבְדֶּךָ׃

קמ
לְדָוִד ׀ בָּרוּךְ יְהוָה ׀ צוּרִי הַמְלַמֵּד יָדַי לַקְרָב אֶצְבְּעוֹתַי לַמִּלְחָמָה׃ א
חַסְדִּי וּמְצוּדָתִי מִשְׂגַּבִּי וּמְפַלְטִי לִי מָגִנִּי וּבוֹ חָסִיתִי הָרוֹדֵד עַמִּי ב
תַחְתָּי׃ יְהוָה מָה־אָדָם וַתֵּדָעֵהוּ בֶּן־אֱנוֹשׁ וַתְּחַשְּׁבֵהוּ׃ אָדָם ג ד
לַהֶבֶל דָּמָה יָמָיו כְּצֵל עוֹבֵר׃ יְהוָה הַט־שָׁמֶיךָ וְתֵרֵד גַּע בֶּהָרִים ה
וְיֶעֱשָׁנוּ׃ בְּרוֹק בָּרָק וּתְפִיצֵם שְׁלַח חִצֶּיךָ וּתְהֻמֵּם׃ שְׁלַח יָדֶיךָ ו ז
מִמָּרוֹם פְּצֵנִי וְהַצִּילֵנִי מִמַּיִם רַבִּים מִיַּד בְּנֵי נֵכָר׃ אֲשֶׁר פִּיהֶם ח
דִּבֶּר־שָׁוְא וִימִינָם יְמִין שָׁקֶר׃ אֱלֹהִים שִׁיר חָדָשׁ אָשִׁירָה לָּךְ ט
בְּנֵבֶל עָשׂוֹר אֲזַמְּרָה־לָּךְ׃ הַנּוֹתֵן תְּשׁוּעָה לַמְּלָכִים הַפּוֹצֶה י
אֶת־דָּוִד עַבְדּוֹ מֵחֶרֶב רָעָה׃ פְּצֵנִי וְהַצִּילֵנִי מִיַּד בְּנֵי־נֵכָר יא
אֲשֶׁר פִּיהֶם דִּבֶּר־שָׁוְא וִימִינָם יְמִין שָׁקֶר׃ אֲשֶׁר בָּנֵינוּ ׀ יב
כִּנְטִעִים מְגֻדָּלִים בִּנְעוּרֵיהֶם בְּנוֹתֵינוּ כְזָוִיֹּת מְחֻטָּבוֹת תַּבְנִית
הֵיכָל׃ מְזָוֵינוּ מְלֵאִים מְפִיקִים מִזַּן אֶל זַן צֹאונֵנוּ מַאֲלִיפוֹת יג
מְרֻבָּבוֹת בְּחוּצוֹתֵינוּ׃ אַלּוּפֵינוּ מְסֻבָּלִים אֵין פֶּרֶץ וְאֵין יוֹצֵאת יד
וְאֵין צְוָחָה בִּרְחֹבֹתֵינוּ׃ אַשְׁרֵי הָעָם שֶׁכָּכָה לּוֹ אַשְׁרֵי טו
הָעָם שֶׁיְהוָה אֱלֹהָיו׃

מה
א תְּהִלָּה לְדָוִד אֲרוֹמִמְךָ אֱלוֹהַי הַמֶּלֶךְ וַאֲבָרְכָה שִׁמְךָ לְעוֹלָם
ב ג וָעֶד׃ בְּכָל־יוֹם אֲבָרְכֶךָּ וַאֲהַלְלָה שִׁמְךָ לְעוֹלָם וָעֶד׃ גָּדוֹל יְהוָה
ד וּמְהֻלָּל מְאֹד וְלִגְדֻלָּתוֹ אֵין חֵקֶר׃ דּוֹר לְדוֹר יְשַׁבַּח מַעֲשֶׂיךָ
ה וּגְבוּרֹתֶיךָ יַגִּידוּ׃ הֲדַר כְּבוֹד הוֹדֶךָ וְדִבְרֵי נִפְלְאֹתֶיךָ אָשִׂיחָה׃
ו ז וֶעֱזוּז נוֹרְאֹתֶיךָ יֹאמֵרוּ וגדלותיך אֲסַפְּרֶנָּה׃ זֵכֶר רַב־טוּבְךָ וּגְדוּלָּתְךָ
ח יַבִּיעוּ וְצִדְקָתְךָ יְרַנֵּנוּ׃ חַנּוּן וְרַחוּם יְהוָה אֶרֶךְ אַפַּיִם וּגְדָל־
ט י חָסֶד׃ טוֹב־יְהוָה לַכֹּל וְרַחֲמָיו עַל־כָּל־מַעֲשָׂיו׃ יוֹדוּךָ יְהוָה כָּל־
יא מַעֲשֶׂיךָ וַחֲסִידֶיךָ יְבָרְכוּכָה׃ כְּבוֹד מַלְכוּתְךָ יֹאמֵרוּ וּגְבוּרָתְךָ
יב יְדַבֵּרוּ׃ לְהוֹדִיעַ ׀ לִבְנֵי הָאָדָם גְּבוּרֹתָיו וּכְבוֹד הֲדַר מַלְכוּתוֹ׃
יג יד מַלְכוּתְךָ מַלְכוּת כָּל־עֹלָמִים וּמֶמְשַׁלְתְּךָ בְּכָל־דּוֹר וָדֹר׃ סוֹמֵךְ
טו יְהוָה לְכָל־הַנֹּפְלִים וְזוֹקֵף לְכָל־הַכְּפוּפִים׃ עֵינֵי־כֹל אֵלֶיךָ יְשַׂבֵּרוּ
טז וְאַתָּה נוֹתֵן־לָהֶם אֶת־אָכְלָם בְּעִתּוֹ׃ פּוֹתֵחַ אֶת־יָדֶךָ וּמַשְׂבִּיעַ
יז לְכָל־חַי רָצוֹן׃ צַדִּיק יְהוָה בְּכָל־דְּרָכָיו וְחָסִיד בְּכָל־מַעֲשָׂיו׃
יח יט קָרוֹב יְהוָה לְכָל־קֹרְאָיו לְכֹל אֲשֶׁר יִקְרָאֻהוּ בֶאֱמֶת׃ רְצוֹן־
כ יְרֵאָיו יַעֲשֶׂה וְאֶת־שַׁוְעָתָם יִשְׁמַע וְיוֹשִׁיעֵם׃ שׁוֹמֵר יְהוָה אֶת־
כא כָּל־אֹהֲבָיו וְאֵת כָּל־הָרְשָׁעִים יַשְׁמִיד׃ תְּהִלַּת יְהוָה יְדַבֶּר פִּי
וִיבָרֵךְ כָּל־בָּשָׂר שֵׁם קָדְשׁוֹ לְעוֹלָם וָעֶד׃

מו
א ב הַלְלוּיָהּ הַלְלִי נַפְשִׁי אֶת־יְהוָה׃ אֲהַלְלָה יְהוָה בְּחַיָּי אֲזַמְּרָה
ג לֵאלֹהַי בְּעוֹדִי׃ אַל־תִּבְטְחוּ בִנְדִיבִים בְּבֶן־אָדָם ׀ שֶׁאֵין לוֹ
ד תְשׁוּעָה׃ תֵּצֵא רוּחוֹ יָשֻׁב לְאַדְמָתוֹ בַּיּוֹם הַהוּא אָבְדוּ
ה עֶשְׁתֹּנֹתָיו׃ אַשְׁרֵי שֶׁאֵל יַעֲקֹב בְּעֶזְרוֹ שִׂבְרוֹ עַל־יְהוָה אֱלֹהָיו׃
ו עֹשֶׂה ׀ שָׁמַיִם וָאָרֶץ אֶת־הַיָּם וְאֶת־כָּל־אֲשֶׁר־בָּם הַשֹּׁמֵר
ז אֱמֶת לְעוֹלָם׃ עֹשֶׂה מִשְׁפָּט ׀ לָעֲשׁוּקִים נֹתֵן לֶחֶם לָרְעֵבִים
ח יְהוָה מַתִּיר אֲסוּרִים׃ יְהוָה ׀ פֹּקֵחַ עִוְרִים יְהוָה זֹקֵף כְּפוּפִים
ט יְהוָה אֹהֵב צַדִּיקִים׃ יְהוָה ׀ שֹׁמֵר אֶת־גֵּרִים יָתוֹם וְאַלְמָנָה
י יְעוֹדֵד וְדֶרֶךְ רְשָׁעִים יְעַוֵּת׃ יִמְלֹךְ יְהוָה ׀ לְעוֹלָם אֱלֹהַיִךְ צִיּוֹן
לְדֹר וָדֹר הַלְלוּיָהּ׃

קמז
א ב הַלְלוּיָהּ ׀ כִּי־טוֹב זַמְּרָה אֱלֹהֵינוּ כִּי־נָעִים נָאוָה תְהִלָּה׃ בּוֹנֵה
ג יְרוּשָׁלִַם יְהוָה נִדְחֵי יִשְׂרָאֵל יְכַנֵּס׃ הָרֹפֵא לִשְׁבוּרֵי לֵב וּמְחַבֵּשׁ
ד ה לְעַצְּבוֹתָם׃ מוֹנֶה מִסְפָּר לַכּוֹכָבִים לְכֻלָּם שֵׁמוֹת יִקְרָא׃ גָּדוֹל
ו אֲדוֹנֵינוּ וְרַב־כֹּחַ לִתְבוּנָתוֹ אֵין מִסְפָּר׃ מְעוֹדֵד עֲנָוִים יְהוָה
ז מַשְׁפִּיל רְשָׁעִים עֲדֵי־אָרֶץ׃ עֱנוּ לַיהוָה בְּתוֹדָה זַמְּרוּ לֵאלֹהֵינוּ
ח בְכִנּוֹר׃ הַמְכַסֶּה שָׁמַיִם ׀ בְּעָבִים הַמֵּכִין לָאָרֶץ מָטָר הַמַּצְמִיחַ
ט הָרִים חָצִיר׃ נוֹתֵן לִבְהֵמָה לַחְמָהּ לִבְנֵי עֹרֵב אֲשֶׁר יִקְרָאוּ׃ לֹא
יא בִגְבוּרַת הַסּוּס יֶחְפָּץ לֹא־בְשׁוֹקֵי הָאִישׁ יִרְצֶה׃ רוֹצֶה יְהוָה אֶת־
יב יְרֵאָיו אֶת־הַמְיַחֲלִים לְחַסְדּוֹ׃ שַׁבְּחִי יְרוּשָׁלִַם אֶת־יְהוָה הַלְלִי
יג יד אֱלֹהַיִךְ צִיּוֹן׃ כִּי־חִזַּק בְּרִיחֵי שְׁעָרָיִךְ בֵּרַךְ בָּנַיִךְ בְּקִרְבֵּךְ׃ הַשָּׂם־
טו גְּבוּלֵךְ שָׁלוֹם חֵלֶב חִטִּים יַשְׂבִּיעֵךְ׃ הַשֹּׁלֵחַ אִמְרָתוֹ אָרֶץ עַד־
טז יז מְהֵרָה יָרוּץ דְּבָרוֹ׃ הַנֹּתֵן שֶׁלֶג כַּצָּמֶר כְּפוֹר כָּאֵפֶר יְפַזֵּר׃ מַשְׁלִיךְ
יח קַרְחוֹ כְפִתִּים לִפְנֵי קָרָתוֹ מִי יַעֲמֹד׃ יִשְׁלַח דְּבָרוֹ וְיַמְסֵם יַשֵּׁב
יט רוּחוֹ יִזְּלוּ־מָיִם׃ מַגִּיד דְּבָרָו לְיַעֲקֹב חֻקָּיו וּמִשְׁפָּטָיו לְיִשְׂרָאֵל׃
כ לֹא עָשָׂה כֵן ׀ לְכָל־גּוֹי וּמִשְׁפָּטִים בַּל־יְדָעוּם הַלְלוּיָהּ׃

קמח
א הַלְלוּיָהּ ׀ הַלְלוּ אֶת־יְהוָה מִן־הַשָּׁמַיִם הַלְלוּהוּ בַּמְּרוֹמִים׃
ב ג הַלְלוּהוּ כָל־מַלְאָכָיו הַלְלוּהוּ כָּל־צְבָאָו׃ הַלְלוּהוּ שֶׁמֶשׁ וְיָרֵחַ
ד הַלְלוּהוּ כָּל־כּוֹכְבֵי אוֹר׃ הַלְלוּהוּ שְׁמֵי הַשָּׁמָיִם וְהַמַּיִם אֲשֶׁר ׀
ה מֵעַל הַשָּׁמָיִם׃ יְהַלְלוּ אֶת־שֵׁם יְהוָה כִּי הוּא צִוָּה וְנִבְרָאוּ׃
ו ז וַיַּעֲמִידֵם לָעַד לְעוֹלָם חָק־נָתַן וְלֹא יַעֲבוֹר׃ הַלְלוּ אֶת־יְהוָה
ח מִן־הָאָרֶץ תַּנִּינִים וְכָל־תְּהֹמוֹת׃ אֵשׁ וּבָרָד שֶׁלֶג וְקִיטוֹר רוּחַ
ט סְעָרָה עֹשָׂה דְבָרוֹ׃ הֶהָרִים וְכָל־גְּבָעוֹת עֵץ פְּרִי וְכָל־אֲרָזִים׃
י יא הַחַיָּה וְכָל־בְּהֵמָה רֶמֶשׂ וְצִפּוֹר כָּנָף׃ מַלְכֵי־אֶרֶץ וְכָל־לְאֻמִּים
יב שָׂרִים וְכָל־שֹׁפְטֵי אָרֶץ׃ בַּחוּרִים וְגַם־בְּתוּלוֹת זְקֵנִים עִם־
יג נְעָרִים׃ יְהַלְלוּ ׀ אֶת־שֵׁם יְהוָה כִּי־נִשְׂגָּב שְׁמוֹ לְבַדּוֹ הוֹדוֹ
יד עַל־אֶרֶץ וְשָׁמָיִם׃ וַיָּרֶם קֶרֶן ׀ לְעַמּוֹ תְּהִלָּה לְכָל־חֲסִידָיו לִבְנֵי
יִשְׂרָאֵל עַם קְרֹבוֹ הַלְלוּיָהּ׃

פ

מט א ב הַלְלוּיָהּ ׀ שִׁירוּ לַיהוָה שִׁיר חָדָשׁ תְּהִלָּתוֹ בִּקְהַל חֲסִידִים׃ יִשְׂמַח
ג יִשְׂרָאֵל בְּעֹשָׂיו בְּנֵי־צִיּוֹן יָגִילוּ בְמַלְכָּם׃ יְהַלְלוּ שְׁמוֹ בְמָחוֹל
ד בְּתֹף וְכִנּוֹר יְזַמְּרוּ־לוֹ׃ כִּי־רוֹצֶה יְהוָה בְּעַמּוֹ יְפָאֵר עֲנָוִים
ה בִּישׁוּעָה׃ יַעְלְזוּ חֲסִידִים בְּכָבוֹד יְרַנְּנוּ עַל־מִשְׁכְּבוֹתָם׃
ו ז רוֹמְמוֹת אֵל בִּגְרוֹנָם וְחֶרֶב פִּיפִיּוֹת בְּיָדָם׃ לַעֲשׂוֹת נְקָמָה
ח בַּגּוֹיִם תּוֹכֵחוֹת בַּלְאֻמִּים׃ לֶאְסֹר מַלְכֵיהֶם בְּזִקִּים וְנִכְבְּדֵיהֶם
ט בְּכַבְלֵי בַרְזֶל׃ לַעֲשׂוֹת בָּהֶם ׀ מִשְׁפָּט כָּתוּב הָדָר הוּא לְכָל־
חֲסִידָיו הַלְלוּיָהּ׃

קנ א ב הַלְלוּיָהּ ׀ הַלְלוּ־אֵל בְּקָדְשׁוֹ הַלְלוּהוּ בִּרְקִיעַ עֻזּוֹ׃ הַלְלוּהוּ
ג בִגְבוּרֹתָיו הַלְלוּהוּ כְּרֹב גֻּדְלוֹ׃ הַלְלוּהוּ בְּתֵקַע שׁוֹפָר הַלְלוּהוּ
ד בְּנֵבֶל וְכִנּוֹר׃ הַלְלוּהוּ בְתֹף וּמָחוֹל הַלְלוּהוּ בְּמִנִּים וְעוּגָב׃
ה ו הַלְלוּהוּ בְצִלְצְלֵי־שָׁמַע הַלְלוּהוּ בְּצִלְצְלֵי תְרוּעָה׃ כֹּל הַנְּשָׁמָה
תְּהַלֵּל יָהּ הַלְלוּיָהּ׃

משלי

א

א ב מִשְׁלֵי שְׁלֹמֹה בֶן־דָּוִד מֶלֶךְ יִשְׂרָאֵל׃ לָדַעַת חׇכְמָה וּמוּסָר
ג לְהָבִין אִמְרֵי בִינָה׃ לָקַחַת מוּסַר הַשְׂכֵּל צֶדֶק וּמִשְׁפָּט
ד ה וּמֵשָׁרִים׃ לָתֵת לִפְתָאיִם עׇרְמָה לְנַעַר דַּעַת וּמְזִמָּה׃ יִשְׁמַע
ו חָכָם וְיוֹסֶף לֶקַח וְנָבוֹן תַּחְבֻּלוֹת יִקְנֶה׃ לְהָבִין מָשָׁל וּמְלִיצָה
ז דִּבְרֵי חֲכָמִים וְחִידֹתָם׃ יִרְאַת יהוה רֵאשִׁית דָּעַת חׇכְמָה
וּמוּסָר אֱוִילִים בָּזוּ׃
ח ט שְׁמַע בְּנִי מוּסַר אָבִיךָ וְאַל־תִּטֹּשׁ תּוֹרַת אִמֶּךָ׃ כִּי ׀ לִוְיַת חֵן
י הֵם לְרֹאשֶׁךָ וַעֲנָקִים לְגַרְגְּרֹתֶךָ׃ בְּנִי אִם־יְפַתּוּךָ חַטָּאִים אַל־
יא תֹּבֵא׃ אִם־יֹאמְרוּ לְכָה אִתָּנוּ נֶאֶרְבָה לְדָם נִצְפְּנָה לְנָקִי חִנָּם׃
יב יג נִבְלָעֵם כִּשְׁאוֹל חַיִּים וּתְמִימִים כְּיוֹרְדֵי בוֹר׃ כׇּל־הוֹן יָקָר נִמְצָא
יד נְמַלֵּא בָתֵּינוּ שָׁלָל׃ גּוֹרָלְךָ תַּפִּיל בְּתוֹכֵנוּ כִּיס אֶחָד יִהְיֶה לְכֻלָּנוּ׃
טו טז בְּנִי אַל־תֵּלֵךְ בְּדֶרֶךְ אִתָּם מְנַע רַגְלְךָ מִנְּתִיבָתָם׃ כִּי רַגְלֵיהֶם
יז לָרַע יָרוּצוּ וִימַהֲרוּ לִשְׁפׇּךְ־דָּם׃ כִּי־חִנָּם מְזֹרָה הָרָשֶׁת בְּעֵינֵי כׇּל־
יח יט בַּעַל כָּנָף׃ וְהֵם לְדָמָם יֶאֱרֹבוּ יִצְפְּנוּ לְנַפְשֹׁתָם׃ כֵּן אׇרְחוֹת כׇּל־
בֹּצֵעַ בָּצַע אֶת־נֶפֶשׁ בְּעָלָיו יִקָּח׃
כ כא חׇכְמוֹת בַּחוּץ תָּרֹנָּה בָּרְחֹבוֹת תִּתֵּן קוֹלָהּ׃ בְּרֹאשׁ הֹמִיּוֹת
כב תִּקְרָא בְּפִתְחֵי שְׁעָרִים בָּעִיר אֲמָרֶיהָ תֹאמֵר׃ עַד־מָתַי ׀ פְּתָיִם
תְּאֵהֲבוּ פֶתִי וְלֵצִים לָצוֹן חָמְדוּ לָהֶם וּכְסִילִים יִשְׂנְאוּ־דָעַת׃
כג תָּשׁוּבוּ לְתוֹכַחְתִּי הִנֵּה אַבִּיעָה לָכֶם רוּחִי אוֹדִיעָה דְבָרַי
כד כה אֶתְכֶם׃ יַעַן קָרָאתִי וַתְּמָאֵנוּ נָטִיתִי יָדִי וְאֵין מַקְשִׁיב׃ וַתִּפְרְעוּ
כו כׇל־עֲצָתִי וְתוֹכַחְתִּי לֹא אֲבִיתֶם׃ גַּם־אֲנִי בְּאֵידְכֶם אֶשְׂחָק אֶלְעַג
כז בְּבֹא פַחְדְּכֶם׃ בְּבֹא כשאוה ׀ פַּחְדְּכֶם וְאֵידְכֶם כְּסוּפָה יֶאֱתֶה כְּשׁוֹאָה
כח בְּבֹא עֲלֵיכֶם צָרָה וְצוּקָה׃ אָז יִקְרָאֻנְנִי וְלֹא אֶעֱנֶה יְשַׁחֲרֻנְנִי וְלֹא
כט ל יִמְצָאֻנְנִי׃ תַּחַת כִּי־שָׂנְאוּ דָעַת וְיִרְאַת יהוה לֹא בָחָרוּ׃ לֹא־אָבוּ
לא לַעֲצָתִי נָאֲצוּ כׇּל־תּוֹכַחְתִּי׃ וְיֹאכְלוּ מִפְּרִי דַרְכָּם וּמִמֹּעֲצֹתֵיהֶם
לב יִשְׂבָּעוּ׃ כִּי מְשׁוּבַת פְּתָיִם תַּהַרְגֵם וְשַׁלְוַת כְּסִילִים תְּאַבְּדֵם׃
לג וְשֹׁמֵעַ לִי יִשְׁכׇּן־בֶּטַח וְשַׁאֲנַן מִפַּחַד רָעָה׃

ב

א ב בְּנִי אִם־תִּקַּח אֲמָרָי וּמִצְוֺתַי תִּצְפֹּן אִתָּךְ: לְהַקְשִׁיב לַחָכְמָה
ג אָזְנֶךָ תַּטֶּה לִבְּךָ לַתְּבוּנָה: כִּי אִם לַבִּינָה תִקְרָא לַתְּבוּנָה תִּתֵּן
ד ה קוֹלֶךָ: אִם־תְּבַקְשֶׁנָּה כַכָּסֶף וְכַמַּטְמוֹנִים תַּחְפְּשֶׂנָּה: אָז תָּבִין
ו יִרְאַת יהוה וְדַעַת אֱלֹהִים תִּמְצָא: כִּי־יהוה יִתֵּן חָכְמָה מִפִּיו
ז ח דַּעַת וּתְבוּנָה: וצפן לַיְשָׁרִים תּוּשִׁיָּה מָגֵן לְהֹלְכֵי תֹם: לִנְצֹר יִצְפֹּן
ט אָרְחוֹת מִשְׁפָּט וְדֶרֶךְ חֲסִידָו יִשְׁמֹר: אָז תָּבִין צֶדֶק וּמִשְׁפָּט
י וּמֵישָׁרִים כָּל־מַעְגַּל־טוֹב: כִּי־תָבוֹא חָכְמָה בְלִבֶּךָ וְדַעַת
יא יב לְנַפְשְׁךָ יִנְעָם: מְזִמָּה תִּשְׁמֹר עָלֶיךָ תְּבוּנָה תִנְצְרֶכָּה: לְהַצִּילְךָ
יג מִדֶּרֶךְ רָע מֵאִישׁ מְדַבֵּר תַּהְפֻּכוֹת: הַעֹזְבִים אָרְחוֹת יֹשֶׁר לָלֶכֶת
יד טו בְּדַרְכֵי־חֹשֶׁךְ: הַשְּׂמֵחִים לַעֲשׂוֹת רָע יָגִילוּ בְּתַהְפֻּכוֹת רָע: אֲשֶׁר
טז אָרְחֹתֵיהֶם עִקְּשִׁים וּנְלוֹזִים בְּמַעְגְּלוֹתָם: לְהַצִּילְךָ מֵאִשָּׁה זָרָה
יז מִנָּכְרִיָּה אֲמָרֶיהָ הֶחֱלִיקָה: הַעֹזֶבֶת אַלּוּף נְעוּרֶיהָ וְאֶת־בְּרִית
יח אֱלֹהֶיהָ שָׁכֵחָה: כִּי שָׁחָה אֶל־מָוֶת בֵּיתָהּ וְאֶל־רְפָאִים
יט מַעְגְּלֹתֶיהָ: כָּל־בָּאֶיהָ לֹא יְשׁוּבוּן וְלֹא־יַשִּׂיגוּ אָרְחוֹת חַיִּים:
כ כא לְמַעַן תֵּלֵךְ בְּדֶרֶךְ טוֹבִים וְאָרְחוֹת צַדִּיקִים תִּשְׁמֹר: כִּי־יְשָׁרִים
כב יִשְׁכְּנוּ־אָרֶץ וּתְמִימִים יִוָּתְרוּ בָהּ: וּרְשָׁעִים מֵאֶרֶץ יִכָּרֵתוּ
וּבוֹגְדִים יִסְּחוּ מִמֶּנָּה:

ג

א ב בְּנִי תּוֹרָתִי אַל־תִּשְׁכָּח וּמִצְוֺתַי יִצֹּר לִבֶּךָ: כִּי אֹרֶךְ יָמִים
ג וּשְׁנוֹת חַיִּים וְשָׁלוֹם יוֹסִיפוּ לָךְ: חֶסֶד וֶאֱמֶת אַל־יַעַזְבֻךָ קָשְׁרֵם
ד עַל־גַּרְגְּרוֹתֶיךָ כָּתְבֵם עַל־לוּחַ לִבֶּךָ: וּמְצָא־חֵן וְשֵׂכֶל־טוֹב
בְּעֵינֵי אֱלֹהִים וְאָדָם:
ה ו בְּטַח אֶל־יהוה בְּכָל־לִבֶּךָ וְאֶל־בִּינָתְךָ אַל־תִּשָּׁעֵן: בְּכָל־דְּרָכֶיךָ
ז דָעֵהוּ וְהוּא יְיַשֵּׁר אֹרְחֹתֶיךָ: אַל־תְּהִי חָכָם בְּעֵינֶיךָ יְרָא אֶת־
ח ט יהוה וְסוּר מֵרָע: רִפְאוּת תְּהִי לְשָׁרֶּךָ וְשִׁקּוּי לְעַצְמוֹתֶיךָ: כַּבֵּד
י אֶת־יהוה מֵהוֹנֶךָ וּמֵרֵאשִׁית כָּל־תְּבוּאָתֶךָ: וְיִמָּלְאוּ אֲסָמֶיךָ
שָׂבָע וְתִירוֹשׁ יְקָבֶיךָ יִפְרֹצוּ:
יא יב מוּסַר יהוה בְּנִי אַל־תִּמְאָס וְאַל־תָּקֹץ בְּתוֹכַחְתּוֹ: כִּי אֶת

יג אֲשֶׁר יֶאֱהַב יְהוָה יוֹכִיחַ וּכְאָב אֶת־בֵּן יִרְצֶה׃ אַשְׁרֵי אָדָם
יד מָצָא חָכְמָה וְאָדָם יָפִיק תְּבוּנָה׃ כִּי טוֹב סַחְרָהּ מִסְּחַר־כָּסֶף
טו וּמֵחָרוּץ תְּבוּאָתָהּ׃ יְקָרָה הִיא מפניים וְכָל־חֲפָצֶיךָ לֹא יִשְׁווּ־ מִפְּנִינִים
טז יז בָהּ׃ אֹרֶךְ יָמִים בִּימִינָהּ בִּשְׂמֹאולָהּ עֹשֶׁר וְכָבוֹד׃ דְּרָכֶיהָ
יח דַרְכֵי־נֹעַם וְכָל־נְתִיבוֹתֶיהָ שָׁלוֹם׃ עֵץ־חַיִּים הִיא לַמַּחֲזִיקִים
בָּהּ וְתֹמְכֶיהָ מְאֻשָּׁר׃
יט כ יְהוָה בְּחָכְמָה יָסַד־אָרֶץ כּוֹנֵן שָׁמַיִם בִּתְבוּנָה׃ בְּדַעְתּוֹ תְּהוֹמוֹת
כא נִבְקָעוּ וּשְׁחָקִים יִרְעֲפוּ־טָל׃ בְּנִי אַל־יָלֻזוּ מֵעֵינֶיךָ נְצֹר תֻּשִׁיָּה
כב כג וּמְזִמָּה׃ וְיִהְיוּ חַיִּים לְנַפְשֶׁךָ וְחֵן לְגַרְגְּרֹתֶיךָ׃ אָז תֵּלֵךְ לָבֶטַח
כד דַּרְכֶּךָ וְרַגְלְךָ לֹא תִגּוֹף׃ אִם־תִּשְׁכַּב לֹא־תִפְחָד וְשָׁכַבְתָּ וְעָרְבָה
כה שְׁנָתֶךָ׃ אַל־תִּירָא מִפַּחַד פִּתְאֹם וּמִשֹּׁאַת רְשָׁעִים כִּי תָבֹא׃
כו כז כִּי־יְהוָה יִהְיֶה בְכִסְלֶךָ וְשָׁמַר רַגְלְךָ מִלָּכֶד׃ אַל־תִּמְנַע־טוֹב
כח מִבְּעָלָיו בִּהְיוֹת לְאֵל ידיך לַעֲשׂוֹת׃ אַל־תֹּאמַר לרעיך ׀ לֵךְ יָדְךָ | לְרֵעֲךָ ׀
כט וָשׁוּב וּמָחָר אֶתֵּן וְיֵשׁ אִתָּךְ׃ אַל־תַּחֲרֹשׁ עַל־רֵעֲךָ רָעָה וְהוּא־
ל יוֹשֵׁב לָבֶטַח אִתָּךְ׃ אַל־תרוב עִם־אָדָם חִנָּם אִם־לֹא גְמָלְךָ תָּרִיב
לא לב רָעָה׃ אַל־תְּקַנֵּא בְּאִישׁ חָמָס וְאַל־תִּבְחַר בְּכָל־דְּרָכָיו׃ כִּי
לג תוֹעֲבַת יְהוָה נָלוֹז וְאֶת־יְשָׁרִים סוֹדוֹ׃ מְאֵרַת יְהוָה בְּבֵית רָשָׁע
לד וּנְוֵה צַדִּיקִים יְבָרֵךְ׃ אִם־לַלֵּצִים הוּא־יָלִיץ ולעניים יִתֶּן־חֵן׃ וְלַעֲנָוִים
לה כָּבוֹד חֲכָמִים יִנְחָלוּ וּכְסִילִים מֵרִים קָלוֹן׃
ד א ב שִׁמְעוּ בָנִים מוּסַר אָב וְהַקְשִׁיבוּ לָדַעַת בִּינָה׃ כִּי לֶקַח טוֹב
ג נָתַתִּי לָכֶם תּוֹרָתִי אַל־תַּעֲזֹבוּ׃ כִּי־בֵן הָיִיתִי לְאָבִי רַךְ וְיָחִיד לִפְנֵי
ד ה אִמִּי׃ וַיֹּרֵנִי וַיֹּאמֶר לִי יִתְמָךְ־דְּבָרַי לִבֶּךָ שְׁמֹר מִצְוֹתַי וֶחְיֵה׃ קְנֵה
ו חָכְמָה קְנֵה בִינָה אַל־תִּשְׁכַּח וְאַל־תֵּט מֵאִמְרֵי־פִי׃ אַל־תַּעַזְבֶהָ
ז וְתִשְׁמְרֶךָּ אֱהָבֶהָ וְתִצְּרֶךָּ׃ רֵאשִׁית חָכְמָה קְנֵה חָכְמָה וּבְכָל־
ח קִנְיָנְךָ קְנֵה בִינָה׃ סַלְסְלֶהָ וּתְרוֹמְמֶךָּ תְּכַבֵּדְךָ כִּי תְחַבְּקֶנָּה׃
ט י תִּתֵּן לְרֹאשְׁךָ לִוְיַת־חֵן עֲטֶרֶת תִּפְאֶרֶת תְּמַגְּנֶךָּ׃ שְׁמַע בְּנִי
יא וְקַח אֲמָרָי וְיִרְבּוּ לְךָ שְׁנוֹת חַיִּים׃ בְּדֶרֶךְ חָכְמָה הֹרֵתִיךָ

ד

יב הִֽדְרַכְתִּיךָ בְּמַעְגְּלֵי־יֹֽשֶׁר׃ בְּֽלֶכְתְּךָ לֹא־יֵצַר צַעֲדֶךָ וְאִם־תָּרוּץ
יג יד לֹא תִכָּשֵֽׁל׃ הַחֲזֵק בַּמּוּסָר אַל־תֶּרֶף נִצְּרֶהָ כִּי־הִיא חַיֶּֽיךָ׃ בְּאֹרַח
טו רְשָׁעִים אַל־תָּבֹא וְאַל־תְּאַשֵּׁר בְּדֶרֶךְ רָעִֽים׃ פְּרָעֵהוּ אַל־
טז תַּעֲבָר־בּוֹ שְׂטֵה מֵעָלָיו וַעֲבֽוֹר׃ כִּי לֹא יִשְׁנוּ אִם־לֹא יָרֵעוּ וְנִגְזְלָה
יז שְׁנָתָם אִם־לֹא יכשולו׃ כִּי לָחֲמוּ לֶחֶם רֶשַׁע וְיֵין חֲמָסִים יִשְׁתּֽוּ׃ יַכְשִֽׁילוּ
יח יט וְאֹרַח צַדִּיקִים כְּאוֹר נֹגַהּ הוֹלֵךְ וָאוֹר עַד־נְכוֹן הַיּֽוֹם׃ דֶּרֶךְ
כ רְשָׁעִים כָּאֲפֵלָה לֹא יָדְעוּ בַּמֶּה יִכָּשֵֽׁלוּ׃ בְּנִי
כא לִדְבָרַי הַקְשִׁיבָה לַאֲמָרַי הַט־אָזְנֶֽךָ׃ אַל־יַלִּיזוּ מֵעֵינֶיךָ שָׁמְרֵם
כב בְּתוֹךְ לְבָבֶֽךָ׃ כִּי־חַיִּים הֵם לְמֹצְאֵיהֶם וּֽלְכָל־בְּשָׂרוֹ מַרְפֵּֽא׃
כג כד מִֽכָּל־מִשְׁמָר נְצֹר לִבֶּךָ כִּֽי־מִמֶּנּוּ תּוֹצְאוֹת חַיִּֽים׃ הָסֵר מִמְּךָ
כה עִקְּשׁוּת פֶּה וּלְזוּת שְׂפָתַיִם הַרְחֵק מִמֶּֽךָּ׃ עֵינֶיךָ לְנֹכַח יַבִּיטוּ
כו וְעַפְעַפֶּיךָ יַיְשִׁרוּ נֶגְדֶּֽךָ׃ פַּלֵּס מַעְגַּל רַגְלֶךָ וְֽכָל־דְּרָכֶיךָ יִכֹּֽנוּ׃
כז אַל־תֶּט־יָמִין וּשְׂמֹאול הָסֵר רַגְלְךָ מֵרָֽע׃
ה א ב בְּנִי לְחָכְמָתִי הַקְשִׁיבָה לִתְבוּנָתִי הַט־אָזְנֶֽךָ׃ לִשְׁמֹר מְזִמּוֹת
ג וְדַעַת שְׂפָתֶיךָ יִנְצֹֽרוּ׃ כִּי נֹפֶת תִּטֹּפְנָה שִׂפְתֵי זָרָה וְחָלָק מִשֶּׁמֶן
ד ה חִכָּֽהּ׃ וְאַחֲרִיתָהּ מָרָה כַלַּעֲנָה חַדָּה כְּחֶרֶב פִּיּֽוֹת׃ רַגְלֶיהָ יֹרְדוֹת
ו מָוֶת שְׁאוֹל צְעָדֶיהָ יִתְמֹֽכוּ׃ אֹרַח חַיִּים פֶּן־תְּפַלֵּס נָעוּ מַעְגְּלֹתֶיהָ
לֹא תֵדָֽע׃
ז ח וְעַתָּה בָנִים שִׁמְעוּ־לִי וְאַל־תָּסוּרוּ מֵאִמְרֵי־פִֽי׃ הַרְחֵק מֵעָלֶיהָ
ט דַרְכֶּךָ וְאַל־תִּקְרַב אֶל־פֶּתַח בֵּיתָֽהּ׃ פֶּן־תִּתֵּן לַאֲחֵרִים הוֹדֶךָ
י וּשְׁנֹתֶיךָ לְאַכְזָרִֽי׃ פֶּֽן־יִשְׂבְּעוּ זָרִים כֹּחֶךָ וַעֲצָבֶיךָ בְּבֵית נָכְרִֽי׃
יא יב וְנָהַמְתָּ בְאַחֲרִיתֶךָ בִּכְלוֹת בְּשָׂרְךָ וּשְׁאֵרֶֽךָ׃ וְאָמַרְתָּ אֵיךְ שָׂנֵאתִי
יג מוּסָר וְתוֹכַחַת נָאַץ לִבִּֽי׃ וְֽלֹא־שָׁמַעְתִּי בְּקוֹל מוֹרָי וְלִֽמְלַמְּדַי
יד לֹא־הִטִּיתִי אָזְנִֽי׃ כִּמְעַט הָיִיתִי בְכָל־רָע בְּתוֹךְ קָהָל וְעֵדָֽה׃
טו טז שְׁתֵה־מַיִם מִבּוֹרֶךָ וְנֹזְלִים מִתּוֹךְ בְּאֵרֶֽךָ׃ יָפוּצוּ מַעְיְנֹתֶיךָ חוּצָה
יז יח בָּרְחֹבוֹת פַּלְגֵי־מָֽיִם׃ יִֽהְיוּ־לְךָ לְבַדֶּךָ וְאֵין לְזָרִים אִתָּֽךְ׃ יְהִֽי־ ב
יט מְקוֹרְךָ בָרוּךְ וּשְׂמַח מֵאֵשֶׁת נְעוּרֶֽךָ׃ אַיֶּלֶת אֲהָבִים וְיַעֲלַת־חֵן

כ דַּדֶּיהָ יְרַוֻּךָ בְכָל־עֵת בְּאַהֲבָתָהּ תִּשְׁגֶּה תָמִיד: וְלָמָּה תִשְׁגֶּה בְנִי
כא בְזָרָה וּתְחַבֵּק חֵק נָכְרִיָּה: כִּי נֹכַח ׀ עֵינֵי יְהוָה דַּרְכֵי־אִישׁ וְכָל־
כב מַעְגְּלֹתָיו מְפַלֵּס: עֲווֹנֹתָיו יִלְכְּדֻנוֹ אֶת־הָרָשָׁע וּבְחַבְלֵי חַטָּאתוֹ
כג א יִתָּמֵךְ: הוּא יָמוּת בְּאֵין מוּסָר וּבְרֹב אִוַּלְתּוֹ יִשְׁגֶּה: בְּנִי אִם־
ב עָרַבְתָּ לְרֵעֶךָ תָּקַעְתָּ לַזָּר כַּפֶּיךָ: נוֹקַשְׁתָּ בְאִמְרֵי־פִיךָ נִלְכַּדְתָּ
ג בְּאִמְרֵי־פִיךָ: עֲשֵׂה זֹאת אֵפוֹא ׀ בְּנִי וְהִנָּצֵל כִּי בָאתָ בְכַף־
ד רֵעֶךָ לֵךְ הִתְרַפֵּס וּרְהַב רֵעֶיךָ: אַל־תִּתֵּן שֵׁנָה לְעֵינֶיךָ וּתְנוּמָה
ה לְעַפְעַפֶּיךָ: הִנָּצֵל כִּצְבִי מִיָּד וּכְצִפּוֹר מִיַּד יָקוּשׁ:
ו ז לֵךְ־אֶל־נְמָלָה עָצֵל רְאֵה דְרָכֶיהָ וַחֲכָם: אֲשֶׁר אֵין־לָהּ קָצִין
ח ט שֹׁטֵר וּמֹשֵׁל: תָּכִין בַּקַּיִץ לַחְמָהּ אָגְרָה בַקָּצִיר מַאֲכָלָהּ: עַד־
י מָתַי עָצֵל ׀ תִּשְׁכָּב מָתַי תָּקוּם מִשְּׁנָתֶךָ: מְעַט שֵׁנוֹת מְעַט
יא תְּנוּמוֹת מְעַט ׀ חִבֻּק יָדַיִם לִשְׁכָּב: וּבָא־כִמְהַלֵּךְ רֵאשֶׁךָ
וּמַחְסֹרְךָ כְּאִישׁ מָגֵן:
יב יג אָדָם בְּלִיַּעַל אִישׁ אָוֶן הוֹלֵךְ עִקְּשׁוּת פֶּה: קֹרֵץ בְּעֵינָו
יד מֹלֵל בְּרַגְלָו מֹרֶה בְּאֶצְבְּעֹתָיו: תַּהְפֻּכוֹת ׀ בְּלִבּוֹ חֹרֵשׁ רָע
טו בְּכָל־עֵת מדנים יְשַׁלֵּחַ: עַל־כֵּן פִּתְאֹם יָבוֹא אֵידוֹ פֶּתַע מִדְיָנִים
יִשָּׁבֵר וְאֵין מַרְפֵּא:
טז יז שֶׁשׁ־הֵנָּה שָׂנֵא יְהוָה וְשֶׁבַע תועבות נַפְשׁוֹ: עֵינַיִם רָמוֹת תּוֹעֲבַת
יח לְשׁוֹן שָׁקֶר וְיָדַיִם שֹׁפְכוֹת דָּם־נָקִי: לֵב חֹרֵשׁ מַחְשְׁבוֹת
יט אָוֶן רַגְלַיִם מְמַהֲרוֹת לָרוּץ לָרָעָה: יָפִיחַ כְּזָבִים עֵד שָׁקֶר
כ וּמְשַׁלֵּחַ מְדָנִים בֵּין אַחִים: נְצֹר בְּנִי מִצְוַת
כא אָבִיךָ וְאַל־תִּטֹּשׁ תּוֹרַת אִמֶּךָ: קָשְׁרֵם עַל־לִבְּךָ תָמִיד עָנְדֵם
כב עַל־גַּרְגְּרֹתֶךָ: בְּהִתְהַלֶּכְךָ ׀ תַּנְחֶה אֹתָךְ בְּשָׁכְבְּךָ תִּשְׁמֹר
כג עָלֶיךָ וַהֲקִיצוֹתָ הִיא תְשִׂיחֶךָ: כִּי נֵר מִצְוָה וְתוֹרָה אוֹר וְדֶרֶךְ
כד חַיִּים תּוֹכְחוֹת מוּסָר: לִשְׁמָרְךָ מֵאֵשֶׁת רָע מֵחֶלְקַת לָשׁוֹן
כה כו נָכְרִיָּה: אַל־תַּחְמֹד יָפְיָהּ בִּלְבָבֶךָ וְאַל־תִּקָּחֲךָ בְּעַפְעַפֶּיהָ: כִּי
בְעַד־אִשָּׁה זוֹנָה עַד־כִּכַּר לָחֶם וְאֵשֶׁת אִישׁ נֶפֶשׁ יְקָרָה תָצוּד:

כז כח הֲיַחְתֶּה אִישׁ אֵשׁ בְּחֵיקוֹ וּבְגָדָיו לֹא תִשָּׂרַפְנָה: אִם־יְהַלֵּךְ
כט אִישׁ עַל־הַגֶּחָלִים וְרַגְלָיו לֹא תִכָּוֶינָה: כֵּן הַבָּא אֶל־אֵשֶׁת
ל רֵעֵהוּ לֹא יִנָּקֶה כָּל־הַנֹּגֵעַ בָּהּ: לֹא־יָבוּזוּ לַגַּנָּב כִּי יִגְנוֹב
לא לְמַלֵּא נַפְשׁוֹ כִּי יִרְעָב: וְנִמְצָא יְשַׁלֵּם שִׁבְעָתָיִם אֶת־כָּל־הוֹן
לב בֵּיתוֹ יִתֵּן: נֹאֵף אִשָּׁה חֲסַר־לֵב מַשְׁחִית נַפְשׁוֹ הוּא יַעֲשֶׂנָּה:
לג לד נֶגַע־וְקָלוֹן יִמְצָא וְחֶרְפָּתוֹ לֹא תִמָּחֶה: כִּי־קִנְאָה חֲמַת־גָּבֶר
לה וְלֹא־יַחְמוֹל בְּיוֹם נָקָם: לֹא־יִשָּׂא פְּנֵי כָל־כֹּפֶר וְלֹא־יֹאבֶה
א כִּי תַרְבֶּה־שֹׁחַד: בְּנִי שְׁמֹר אֲמָרָי וּמִצְוֹתַי
ב תִּצְפֹּן אִתָּךְ: שְׁמֹר מִצְוֹתַי וֶחְיֵה וְתוֹרָתִי כְּאִישׁוֹן עֵינֶיךָ:
ג ד קָשְׁרֵם עַל־אֶצְבְּעֹתֶיךָ כָּתְבֵם עַל־לוּחַ לִבֶּךָ: אֱמֹר לַחָכְמָה
ה אֲחֹתִי אָתְּ וּמֹדָע לַבִּינָה תִקְרָא: לִשְׁמָרְךָ מֵאִשָּׁה זָרָה
ו מִנָּכְרִיָּה אֲמָרֶיהָ הֶחֱלִיקָה: כִּי בְּחַלּוֹן בֵּיתִי בְּעַד אֶשְׁנַבִּי
ז ח נִשְׁקָפְתִּי: וָאֵרֶא בַפְּתָאיִם אָבִינָה בַבָּנִים נַעַר חֲסַר־לֵב: עֹבֵר
ט בַּשּׁוּק אֵצֶל פִּנָּהּ וְדֶרֶךְ בֵּיתָהּ יִצְעָד: בְּנֶשֶׁף־בְּעֶרֶב יוֹם בְּאִישׁוֹן
י לַיְלָה וַאֲפֵלָה: וְהִנֵּה אִשָּׁה לִקְרָאתוֹ שִׁית זוֹנָה וּנְצֻרַת לֵב:
יא יב הֹמִיָּה הִיא וְסֹרָרֶת בְּבֵיתָהּ לֹא־יִשְׁכְּנוּ רַגְלֶיהָ: פַּעַם ׀ בַּחוּץ
יג פַּעַם בָּרְחֹבוֹת וְאֵצֶל כָּל־פִּנָּה תֶאֱרֹב: וְהֶחֱזִיקָה בּוֹ וְנָשְׁקָה
יד לּוֹ הֵעֵזָה פָנֶיהָ וַתֹּאמַר לוֹ: זִבְחֵי שְׁלָמִים עָלָי הַיּוֹם שִׁלַּמְתִּי
טו טז נְדָרָי: עַל־כֵּן יָצָאתִי לִקְרָאתֶךָ לְשַׁחֵר פָּנֶיךָ וָאֶמְצָאֶךָּ: מַרְבַדִּים
יז רָבַדְתִּי עַרְשִׂי חֲטֻבוֹת אֵטוּן מִצְרָיִם: נַפְתִּי מִשְׁכָּבִי מֹר אֲהָלִים
יח יט וְקִנָּמוֹן: לְכָה נִרְוֶה דֹדִים עַד־הַבֹּקֶר נִתְעַלְּסָה בָּאֳהָבִים: כִּי
כ אֵין הָאִישׁ בְּבֵיתוֹ הָלַךְ בְּדֶרֶךְ מֵרָחוֹק: צְרוֹר־הַכֶּסֶף לָקַח בְּיָדוֹ
כא לְיוֹם הַכֵּסֶא יָבֹא בֵיתוֹ: הִטַּתּוּ בְּרֹב לִקְחָהּ בְּחֵלֶק שְׂפָתֶיהָ
כב תַּדִּיחֶנּוּ: הוֹלֵךְ אַחֲרֶיהָ פִּתְאֹם כְּשׁוֹר אֶל־טָבַח יָבֹא וּכְעֶכֶס
כג אֶל־מוּסַר אֱוִיל: עַד יְפַלַּח חֵץ כְּבֵדוֹ כְּמַהֵר צִפּוֹר אֶל־פָּח
וְלֹא־יָדַע כִּי־בְנַפְשׁוֹ הוּא:
כד כה וְעַתָּה בָנִים שִׁמְעוּ־לִי וְהַקְשִׁיבוּ לְאִמְרֵי־פִי: אַל־יֵשְׂטְ אֶל־

כו דְּרָכֶיהָ לִבֶּךָ אַל־תֵּתַע בִּנְתִיבוֹתֶיהָ: כִּי־רַבִּים חֲלָלִים הִפִּילָה
כז וַעֲצֻמִים כָּל־הֲרֻגֶיהָ: דַּרְכֵי שְׁאוֹל בֵּיתָהּ יֹרְדוֹת אֶל־חַדְרֵי־
ח א ב מָוֶת: הֲלֹא־חָכְמָה תִקְרָא וּתְבוּנָה תִּתֵּן קוֹלָהּ: בְּרֹאשׁ־מְרֹמִים
ג עֲלֵי־דָרֶךְ בֵּית נְתִיבוֹת נִצָּבָה: לְיַד־שְׁעָרִים לְפִי־קָרֶת מְבוֹא
ד פְתָחִים תָּרֹנָּה: אֲלֵיכֶם אִישִׁים אֶקְרָא וְקוֹלִי אֶל־בְּנֵי אָדָם:
ה ו הָבִינוּ פְתָאיִם עָרְמָה וּכְסִילִים הָבִינוּ לֵב: שִׁמְעוּ כִּי־נְגִידִים
ז אֲדַבֵּר וּמִפְתַּח שְׂפָתַי מֵישָׁרִים: כִּי־אֱמֶת יֶהְגֶּה חִכִּי וְתוֹעֲבַת
ח ט שְׂפָתַי רֶשַׁע: בְּצֶדֶק כָּל־אִמְרֵי־פִי אֵין בָּהֶם נִפְתָּל וְעִקֵּשׁ: כֻּלָּם
י נְכֹחִים לַמֵּבִין וִישָׁרִים לְמֹצְאֵי דָעַת: קְחוּ־מוּסָרִי וְאַל־כָּסֶף
יא וְדַעַת מֵחָרוּץ נִבְחָר: כִּי־טוֹבָה חָכְמָה מִפְּנִינִים וְכָל־חֲפָצִים לֹא
יב יִשְׁווּ־בָהּ: אֲנִי־חָכְמָה שָׁכַנְתִּי עָרְמָה וְדַעַת מְזִמּוֹת אֶמְצָא:
יג יִרְאַת יְהוָה שְׂנֹאת רָע גֵּאָה וְגָאוֹן ׀ וְדֶרֶךְ רָע וּפִי תַהְפֻּכוֹת
יד טו שָׂנֵאתִי: לִי־עֵצָה וְתוּשִׁיָּה אֲנִי בִינָה לִי גְבוּרָה: בִּי מְלָכִים
טז יִמְלֹכוּ וְרוֹזְנִים יְחֹקְקוּ צֶדֶק: בִּי שָׂרִים יָשֹׂרוּ וּנְדִיבִים כָּל־שֹׁפְטֵי
יז יח צֶדֶק: אֲנִי אהביה אֵהָב וּמְשַׁחֲרַי יִמְצָאֻנְנִי: עֹשֶׁר־וְכָבוֹד אִתִּי אֹהֲבַי
יט הוֹן עָתֵק וּצְדָקָה: טוֹב פִּרְיִי מֵחָרוּץ וּמִפָּז וּתְבוּאָתִי מִכֶּסֶף
כ כא נִבְחָר: בְּאֹרַח־צְדָקָה אֲהַלֵּךְ בְּתוֹךְ נְתִיבוֹת מִשְׁפָּט: לְהַנְחִיל
אֹהֲבַי ׀ יֵשׁ וְאֹצְרֹתֵיהֶם אֲמַלֵּא:
כב כג יְהוָה קָנָנִי רֵאשִׁית דַּרְכּוֹ קֶדֶם מִפְעָלָיו מֵאָז: מֵעוֹלָם נִסַּכְתִּי
כד מֵרֹאשׁ מִקַּדְמֵי־אָרֶץ: בְּאֵין־תְּהֹמוֹת חוֹלָלְתִּי בְּאֵין מַעְיָנוֹת
כה כו נִכְבַּדֵּי־מָיִם: בְּטֶרֶם הָרִים הָטְבָּעוּ לִפְנֵי גְבָעוֹת חוֹלָלְתִּי: עַד־
כז לֹא עָשָׂה אֶרֶץ וְחוּצוֹת וְרֹאשׁ עַפְרוֹת תֵּבֵל: בַּהֲכִינוֹ שָׁמַיִם
כח שָׁם אָנִי בְּחוּקוֹ חוּג עַל־פְּנֵי תְהוֹם: בְּאַמְּצוֹ שְׁחָקִים מִמָּעַל
כט בַּעֲזוֹז עִינוֹת תְּהוֹם: בְּשׂוּמוֹ לַיָּם ׀ חֻקּוֹ וּמַיִם לֹא יַעַבְרוּ־פִיו
ל בְּחוּקוֹ מוֹסְדֵי אָרֶץ: וָאֶהְיֶה אֶצְלוֹ אָמוֹן וָאֶהְיֶה שַׁעֲשֻׁעִים
לא יוֹם ׀ יוֹם מְשַׂחֶקֶת לְפָנָיו בְּכָל־עֵת: מְשַׂחֶקֶת בְּתֵבֵל אַרְצוֹ
וְשַׁעֲשֻׁעַי אֶת־בְּנֵי אָדָם:

לב לג וְעַתָּה בָנִים שִׁמְעוּ־לִי וְאַשְׁרֵי דְּרָכַי יִשְׁמֹרוּ׃ שִׁמְעוּ מוּסָר וַחֲכָמוּ
לד וְאַל־תִּפְרָעוּ׃ אַשְׁרֵי אָדָם שֹׁמֵעַ לִי לִשְׁקֹד עַל־דַּלְתֹתַי יוֹם ׀ יוֹם
לה לִשְׁמֹר מְזוּזֹת פְּתָחָי׃ כִּי מֹצְאִי מֹצְאֵי חַיִּים וַיָּפֶק רָצוֹן מֵיְהוָה׃ מָצָא
לו וְחֹטְאִי חֹמֵס נַפְשׁוֹ כָּל־מְשַׂנְאַי אָהֲבוּ מָוֶת׃
ט א ב חָכְמוֹת בָּנְתָה בֵיתָהּ חָצְבָה עַמּוּדֶיהָ שִׁבְעָה׃ טָבְחָה טִבְחָהּ
ג מָסְכָה יֵינָהּ אַף עָרְכָה שֻׁלְחָנָהּ׃ שָׁלְחָה נַעֲרֹתֶיהָ תִקְרָא עַל־גַּפֵּי
ד ה מְרֹמֵי קָרֶת׃ מִי־פֶתִי יָסֻר הֵנָּה חֲסַר־לֵב אָמְרָה לּוֹ׃ לְכוּ לַחֲמוּ
ו בְלַחֲמִי וּשְׁתוּ בְּיַיִן מָסָכְתִּי׃ עִזְבוּ פְתָאיִם וִחְיוּ וְאִשְׁרוּ בְּדֶרֶךְ
ז ח בִּינָה׃ יֹסֵר לֵץ לֹקֵחַ לוֹ קָלוֹן וּמוֹכִיחַ לְרָשָׁע מוּמוֹ׃ אַל־תּוֹכַח
ט לֵץ פֶּן־יִשְׂנָאֶךָּ הוֹכַח לְחָכָם וְיֶאֱהָבֶךָּ׃ תֵּן לְחָכָם וְיֶחְכַּם־עוֹד
י הוֹדַע לְצַדִּיק וְיוֹסֶף לֶקַח׃ תְּחִלַּת חָכְמָה יִרְאַת יְהוָה וְדַעַת
יא יב קְדֹשִׁים בִּינָה׃ כִּי־בִי יִרְבּוּ יָמֶיךָ וְיוֹסִיפוּ לְּךָ שְׁנוֹת חַיִּים׃ אִם־ ג
יג חָכַמְתָּ חָכַמְתָּ לָּךְ וְלַצְתָּ לְבַדְּךָ תִשָּׂא׃ אֵשֶׁת כְּסִילוּת הֹמִיָּה
יד פְּתַיּוּת וּבַל־יָדְעָה מָּה׃ וְיָשְׁבָה לְפֶתַח בֵּיתָהּ עַל־כִּסֵּא
טו טז מְרֹמֵי קָרֶת׃ לִקְרֹא לְעֹבְרֵי־דָרֶךְ הַמְיַשְּׁרִים אֹרְחוֹתָם׃ מִי־
יז פֶתִי יָסֻר הֵנָּה וַחֲסַר־לֵב וְאָמְרָה לּוֹ׃ מַיִם־גְּנוּבִים יִמְתָּקוּ
יח וְלֶחֶם סְתָרִים יִנְעָם׃ וְלֹא־יָדַע כִּי־רְפָאִים שָׁם בְּעִמְקֵי
שְׁאוֹל קְרֻאֶיהָ׃
א ב מִשְׁלֵי שְׁלֹמֹה בֵּן חָכָם יְשַׂמַּח־אָב וּבֵן כְּסִיל תּוּגַת אִמּוֹ׃ לֹא־
ג יוֹעִילוּ אוֹצְרוֹת רֶשַׁע וּצְדָקָה תַּצִּיל מִמָּוֶת׃ לֹא־יַרְעִיב יְהוָה
ד נֶפֶשׁ צַדִּיק וְהַוַּת רְשָׁעִים יֶהְדֹּף׃ רָאשׁ עֹשֶׂה כַף־רְמִיָּה וְיַד
ה חָרוּצִים תַּעֲשִׁיר׃ אֹגֵר בַּקַּיִץ בֵּן מַשְׂכִּיל נִרְדָּם בַּקָּצִיר בֵּן
ו ז מֵבִישׁ׃ בְּרָכוֹת לְרֹאשׁ צַדִּיק וּפִי רְשָׁעִים יְכַסֶּה חָמָס׃ זֵכֶר
ח צַדִּיק לִבְרָכָה וְשֵׁם רְשָׁעִים יִרְקָב׃ חֲכַם־לֵב יִקַּח מִצְוֹת וֶאֱוִיל
ט שְׂפָתַיִם יִלָּבֵט׃ הוֹלֵךְ בַּתֹּם יֵלֶךְ בֶּטַח וּמְעַקֵּשׁ דְּרָכָיו יִוָּדֵעַ׃
י יא קֹרֵץ עַיִן יִתֵּן עַצָּבֶת וֶאֱוִיל שְׂפָתַיִם יִלָּבֵט׃ מְקוֹר חַיִּים פִּי צַדִּיק
יב וּפִי רְשָׁעִים יְכַסֶּה חָמָס׃ שִׂנְאָה תְּעֹרֵר מְדָנִים וְעַל כָּל־פְּשָׁעִים

י
יג תְּכַסֶּה אַהֲבָה: בְּשִׂפְתֵי נָבוֹן תִּמָּצֵא חָכְמָה וְשֵׁבֶט לְגֵו חֲסַר־
יד טו לֵב: חֲכָמִים יִצְפְּנוּ־דָעַת וּפִי־אֱוִיל מְחִתָּה קְרֹבָה: הוֹן עָשִׁיר
טז קִרְיַת עֻזּוֹ מְחִתַּת דַּלִּים רֵישָׁם: פְּעֻלַּת צַדִּיק לְחַיִּים תְּבוּאַת
יז רָשָׁע לְחַטָּאת: אֹרַח לְחַיִּים שׁוֹמֵר מוּסָר וְעוֹזֵב תּוֹכַחַת מַתְעֶה:
יח יט מְכַסֶּה שִׂנְאָה שִׂפְתֵי־שָׁקֶר וּמוֹצִא דִבָּה הוּא כְסִיל: בְּרֹב דְּבָרִים
כ לֹא יֶחְדַּל־פָּשַׁע וְחוֹשֵׂךְ שְׂפָתָיו מַשְׂכִּיל: כֶּסֶף נִבְחָר לְשׁוֹן צַדִּיק
כא לֵב רְשָׁעִים כִּמְעָט: שִׂפְתֵי צַדִּיק יִרְעוּ רַבִּים וֶאֱוִילִים בַּחֲסַר־לֵב
כב כג יָמוּתוּ: בִּרְכַּת יהוה הִיא תַעֲשִׁיר וְלֹא־יוֹסִף עֶצֶב עִמָּהּ: כִּשְׂחוֹק
כד לִכְסִיל עֲשׂוֹת זִמָּה וְחָכְמָה לְאִישׁ תְּבוּנָה: מְגוֹרַת רָשָׁע הִיא
כה תְבוֹאֶנּוּ וְתַאֲוַת צַדִּיקִים יִתֵּן: כַּעֲבוֹר סוּפָה וְאֵין רָשָׁע וְצַדִּיק
כו יְסוֹד עוֹלָם: כַּחֹמֶץ ׀ לַשִּׁנַּיִם וְכֶעָשָׁן לָעֵינָיִם כֵּן הֶעָצֵל לְשֹׁלְחָיו:
כז כח יִרְאַת יהוה תּוֹסִיף יָמִים וּשְׁנוֹת רְשָׁעִים תִּקְצֹרְנָה: תּוֹחֶלֶת
כט צַדִּיקִים שִׂמְחָה וְתִקְוַת רְשָׁעִים תֹּאבֵד: מָעוֹז לַתֹּם דֶּרֶךְ יהוה
ל וּמְחִתָּה לְפֹעֲלֵי אָוֶן: צַדִּיק לְעוֹלָם בַּל־יִמּוֹט וּרְשָׁעִים לֹא
לא יִשְׁכְּנוּ־אָרֶץ: פִּי־צַדִּיק יָנוּב חָכְמָה וּלְשׁוֹן תַּהְפֻּכוֹת תִּכָּרֵת:
לב א **א** שִׂפְתֵי צַדִּיק יֵדְעוּן רָצוֹן וּפִי רְשָׁעִים תַּהְפֻּכוֹת: מֹאזְנֵי מִרְמָה
ב תּוֹעֲבַת יהוה וְאֶבֶן שְׁלֵמָה רְצוֹנוֹ: בָּא־זָדוֹן וַיָּבֹא קָלוֹן וְאֶת־
ג צְנוּעִים חָכְמָה: תֻּמַּת יְשָׁרִים תַּנְחֵם וְסֶלֶף בֹּגְדִים ושדם: יְשָׁדֵּם
ד ה לֹא־יוֹעִיל הוֹן בְּיוֹם עֶבְרָה וּצְדָקָה תַּצִּיל מִמָּוֶת: צִדְקַת תָּמִים
ו תְּיַשֵּׁר דַּרְכּוֹ וּבְרִשְׁעָתוֹ יִפֹּל רָשָׁע: צִדְקַת יְשָׁרִים תַּצִּילֵם וּבְהַוַּת
ז בֹּגְדִים יִלָּכֵדוּ: בְּמוֹת אָדָם רָשָׁע תֹּאבַד תִּקְוָה וְתוֹחֶלֶת אוֹנִים
ח ט אָבָדָה: צַדִּיק מִצָּרָה נֶחֱלָץ וַיָּבֹא רָשָׁע תַּחְתָּיו: בְּפֶה חָנֵף
י יַשְׁחִת רֵעֵהוּ וּבְדַעַת צַדִּיקִים יֵחָלֵצוּ: בְּטוּב צַדִּיקִים תַּעֲלֹץ
יא קִרְיָה וּבַאֲבֹד רְשָׁעִים רִנָּה: בְּבִרְכַּת יְשָׁרִים תָּרוּם קָרֶת וּבְפִי
יב רְשָׁעִים תֵּהָרֵס: בָּז־לְרֵעֵהוּ חֲסַר־לֵב וְאִישׁ תְּבוּנוֹת יַחֲרִישׁ:
יג יד הוֹלֵךְ רָכִיל מְגַלֶּה־סּוֹד וְנֶאֱמַן־רוּחַ מְכַסֶּה דָבָר: בְּאֵין תַּחְבֻּלוֹת
טו יִפָּל־עָם וּתְשׁוּעָה בְּרֹב יוֹעֵץ: רַע־יֵרוֹעַ כִּי־עָרַב זָר וְשֹׂנֵא

תּוֹקְעִים בּוֹטֵחַ׃ אֵשֶׁת־חֵן תִּתְמֹךְ כָּבוֹד וְעָרִיצִים יִתְמְכוּ־עֹשֶׁר׃ טז
גֹּמֵל נַפְשׁוֹ אִישׁ חָסֶד וְעֹכֵר שְׁאֵרוֹ אַכְזָרִי׃ רָשָׁע עֹשֶׂה פְעֻלַּת־ יז יח
שָׁקֶר וְזֹרֵעַ צְדָקָה שֶׂכֶר אֱמֶת׃ כֵּן־צְדָקָה לְחַיִּים וּמְרַדֵּף רָעָה יט
לְמוֹתוֹ׃ תּוֹעֲבַת יהוה עִקְּשֵׁי־לֵב וּרְצוֹנוֹ תְּמִימֵי דָרֶךְ׃ יָד לְיָד כ כא
לֹא־יִנָּקֶה רָּע וְזֶרַע צַדִּיקִים נִמְלָט׃ נֶזֶם זָהָב בְּאַף חֲזִיר אִשָּׁה כב
יָפָה וְסָרַת טָעַם׃ תַּאֲוַת צַדִּיקִים אַךְ־טוֹב תִּקְוַת רְשָׁעִים כג
עֶבְרָה׃ יֵשׁ מְפַזֵּר וְנוֹסָף עוֹד וְחוֹשֵׂךְ מִיֹּשֶׁר אַךְ־לְמַחְסוֹר׃ נֶפֶשׁ־ כד כה
בְּרָכָה תְדֻשָּׁן וּמַרְוֶה גַּם־הוּא יוֹרֶא׃ מֹנֵעַ בָּר יִקְּבֻהוּ לְאוֹם כו
וּבְרָכָה לְרֹאשׁ מַשְׁבִּיר׃ שֹׁחֵר טוֹב יְבַקֵּשׁ רָצוֹן וְדֹרֵשׁ רָעָה כז
תְבוֹאֶנּוּ׃ בּוֹטֵחַ בְּעָשְׁרוֹ הוּא יִפֹּל וְכֶעָלֶה צַדִּיקִים יִפְרָחוּ׃ עוֹכֵר כח כט
בֵּיתוֹ יִנְחַל־רוּחַ וְעֶבֶד אֱוִיל לַחֲכַם־לֵב׃ פְּרִי־צַדִּיק עֵץ חַיִּים ל
וְלֹקֵחַ נְפָשׁוֹת חָכָם׃ הֵן צַדִּיק בָּאָרֶץ יְשֻׁלָּם אַף כִּי־רָשָׁע וְחוֹטֵא׃ לא
אֹהֵב מוּסָר אֹהֵב דָּעַת וְשֹׂנֵא תוֹכַחַת בָּעַר׃ טוֹב יָפִיק רָצוֹן יב א ב
מֵיהוה וְאִישׁ מְזִמּוֹת יַרְשִׁיעַ׃ לֹא־יִכּוֹן אָדָם בְּרֶשַׁע וְשֹׁרֶשׁ ג
צַדִּיקִים בַּל־יִמּוֹט׃ אֵשֶׁת־חַיִל עֲטֶרֶת בַּעְלָהּ וּכְרָקָב בְּעַצְמוֹתָיו ד
מְבִישָׁה׃ מַחְשְׁבוֹת צַדִּיקִים מִשְׁפָּט תַּחְבֻּלוֹת רְשָׁעִים מִרְמָה׃ ה
דִּבְרֵי רְשָׁעִים אֱרָב־דָּם וּפִי יְשָׁרִים יַצִּילֵם׃ הָפוֹךְ רְשָׁעִים וְאֵינָם ו ז
וּבֵית צַדִּיקִים יַעֲמֹד׃ לְפִי־שִׂכְלוֹ יְהֻלַּל־אִישׁ וְנַעֲוֵה־לֵב יִהְיֶה ח
לָבוּז׃ טוֹב נִקְלֶה וְעֶבֶד לוֹ מִמִּתְכַּבֵּד וַחֲסַר־לָחֶם׃ יוֹדֵעַ צַדִּיק ט י
נֶפֶשׁ בְּהֶמְתּוֹ וְרַחֲמֵי רְשָׁעִים אַכְזָרִי׃ עֹבֵד אַדְמָתוֹ יִשְׂבַּע־לָחֶם יא
וּמְרַדֵּף רֵיקִים חֲסַר־לֵב׃ חָמַד רָשָׁע מְצוֹד רָעִים וְשֹׁרֶשׁ יב
צַדִּיקִים יִתֵּן׃ בְּפֶשַׁע שְׂפָתַיִם מוֹקֵשׁ רָע וַיֵּצֵא מִצָּרָה צַדִּיק׃ יג
יָשִׁיב מִפְּרִי פִי־אִישׁ יִשְׂבַּע־טוֹב וּגְמוּל יְדֵי־אָדָם יָשׁוּב לוֹ׃ דֶּרֶךְ אֱוִיל יד טו
יָשָׁר בְּעֵינָיו וְשֹׁמֵעַ לְעֵצָה חָכָם׃ אֱוִיל בַּיּוֹם יִוָּדַע כַּעְסוֹ וְכֹסֶה טז
קָלוֹן עָרוּם׃ יָפִיחַ אֱמוּנָה יַגִּיד צֶדֶק וְעֵד שְׁקָרִים מִרְמָה׃ יֵשׁ יז יח
בּוֹטֶה כְּמַדְקְרוֹת חָרֶב וּלְשׁוֹן חֲכָמִים מַרְפֵּא׃ שְׂפַת־אֱמֶת תִּכּוֹן יט
לָעַד וְעַד־אַרְגִּיעָה לְשׁוֹן שָׁקֶר׃ מִרְמָה בְּלֶב־חֹרְשֵׁי רָע וּלְיֹעֲצֵי כ

יב
כא שָׁלוֹם שִׂמְחָה׃ לֹא־יְאֻנֶּה לַצַּדִּיק כָּל־אָוֶן וּרְשָׁעִים מָלְאוּ רָע׃
כב כג תּוֹעֲבַת יהוה שִׂפְתֵי־שָׁקֶר וְעֹשֵׂי אֱמוּנָה רְצוֹנוֹ׃ אָדָם עָרוּם
כד כֹּסֶה דָּעַת וְלֵב כְּסִילִים יִקְרָא אִוֶּלֶת׃ יַד־חָרוּצִים תִּמְשׁוֹל
כה וּרְמִיָּה תִּהְיֶה לָמַס׃ דְּאָגָה בְלֶב־אִישׁ יַשְׁחֶנָּה וְדָבָר טוֹב
כו כז יְשַׂמְּחֶנָּה׃ יָתֵר מֵרֵעֵהוּ צַדִּיק וְדֶרֶךְ רְשָׁעִים תַּתְעֵם׃ לֹא־יַחֲרֹךְ
כח רְמִיָּה צֵידוֹ וְהוֹן־אָדָם יָקָר חָרוּץ׃ בְּאֹרַח־צְדָקָה חַיִּים וְדֶרֶךְ
נְתִיבָה אַל־מָוֶת׃

יג א ב בֵּן חָכָם מוּסַר אָב וְלֵץ לֹא־שָׁמַע גְּעָרָה׃ מִפְּרִי פִי־אִישׁ יֹאכַל
ג טוֹב וְנֶפֶשׁ בֹּגְדִים חָמָס׃ נֹצֵר פִּיו שֹׁמֵר נַפְשׁוֹ פֹּשֵׂק שְׂפָתָיו
ד מְחִתָּה־לוֹ׃ מִתְאַוָּה וָאַיִן נַפְשׁוֹ עָצֵל וְנֶפֶשׁ חָרֻצִים תְּדֻשָּׁן׃
ה ו דְּבַר־שֶׁקֶר יִשְׂנָא צַדִּיק וְרָשָׁע יַבְאִישׁ וְיַחְפִּיר׃ צְדָקָה תִּצֹּר תָּם־
ז דָּרֶךְ וְרִשְׁעָה תְּסַלֵּף חַטָּאת׃ יֵשׁ מִתְעַשֵּׁר וְאֵין כֹּל מִתְרוֹשֵׁשׁ
ח ט וְהוֹן רָב׃ כֹּפֶר נֶפֶשׁ־אִישׁ עָשְׁרוֹ וְרָשׁ לֹא־שָׁמַע גְּעָרָה׃ אוֹר־
י צַדִּיקִים יִשְׂמָח וְנֵר רְשָׁעִים יִדְעָךְ׃ רַק־בְּזָדוֹן יִתֵּן מַצָּה וְאֶת־
יא יב נוֹעָצִים חָכְמָה׃ הוֹן מֵהֶבֶל יִמְעָט וְקֹבֵץ עַל־יָד יַרְבֶּה׃ תּוֹחֶלֶת
יג מְמֻשָּׁכָה מַחֲלָה־לֵב וְעֵץ חַיִּים תַּאֲוָה בָאָה׃ בָּז לְדָבָר יֵחָבֶל לוֹ
יד וִירֵא מִצְוָה הוּא יְשֻׁלָּם׃ תּוֹרַת חָכָם מְקוֹר חַיִּים לָסוּר מִמֹּקְשֵׁי
טו טז מָוֶת׃ שֵׂכֶל־טוֹב יִתֶּן־חֵן וְדֶרֶךְ בֹּגְדִים אֵיתָן׃ כָּל־עָרוּם יַעֲשֶׂה
יז בְדָעַת וּכְסִיל יִפְרֹשׂ אִוֶּלֶת׃ מַלְאָךְ רָשָׁע יִפֹּל בְּרָע וְצִיר אֱמוּנִים
יח יט מַרְפֵּא׃ רֵישׁ וְקָלוֹן פּוֹרֵעַ מוּסָר וְשׁוֹמֵר תּוֹכַחַת יְכֻבָּד׃ תַּאֲוָה
כ נִהְיָה תֶּעֱרַב לְנָפֶשׁ וְתוֹעֲבַת כְּסִילִים סוּר מֵרָע׃ הלוך אֶת־ הוֹלֵךְ
כא חֲכָמִים וחכם וְרֹעֶה כְסִילִים יֵרוֹעַ׃ חַטָּאִים תְּרַדֵּף רָעָה וְאֶת־ יֶחְכָּם
כב צַדִּיקִים יְשַׁלֶּם־טוֹב׃ טוֹב יַנְחִיל בְּנֵי־בָנִים וְצָפוּן לַצַּדִּיק חֵיל
כג כד חוֹטֵא׃ רָב־אֹכֶל נִיר רָאשִׁים וְיֵשׁ נִסְפֶּה בְּלֹא מִשְׁפָּט׃ חוֹשֵׂךְ
כה שִׁבְטוֹ שׂוֹנֵא בְנוֹ וְאֹהֲבוֹ שִׁחֲרוֹ מוּסָר׃ צַדִּיק אֹכֵל לְשֹׂבַע נַפְשׁוֹ

יד א וּבֶטֶן רְשָׁעִים תֶּחְסָר׃ חַכְמוֹת נָשִׁים בָּנְתָה בֵיתָהּ וְאִוֶּלֶת בְּיָדֶיהָ
ב ג תֶהֶרְסֶנּוּ׃ הוֹלֵךְ בְּיָשְׁרוֹ יְרֵא יהוה וּנְלוֹז דְּרָכָיו בּוֹזֵהוּ׃ בְּפִי־אֱוִיל

ד חֹטֶר גַּאֲוָה וְשִׂפְתֵי חֲכָמִים תִּשְׁמוּרֵם׃ בְּאֵין אֲלָפִים אֵבוּס בָּר ד
וְרָב־תְּבוּאוֹת בְּכֹחַ שׁוֹר׃ עֵד אֱמוּנִים לֹא יְכַזֵּב וְיָפִיחַ כְּזָבִים ה
עֵד שָׁקֶר׃ בִּקֶּשׁ־לֵץ חָכְמָה וָאָיִן וְדַעַת לְנָבוֹן נָקָל׃ לֵךְ מִנֶּגֶד ו ז
לְאִישׁ כְּסִיל וּבַל־יָדַעְתָּ שִׂפְתֵי־דָעַת׃ חָכְמַת עָרוּם הָבִין דַּרְכּוֹ ח
וְאִוֶּלֶת כְּסִילִים מִרְמָה׃ אֱוִלִים יָלִיץ אָשָׁם וּבֵין יְשָׁרִים רָצוֹן׃ לֵב ט י
יוֹדֵעַ מָרַּת נַפְשׁוֹ וּבְשִׂמְחָתוֹ לֹא־יִתְעָרַב זָר׃ בֵּית רְשָׁעִים יִשָּׁמֵד יא
וְאֹהֶל יְשָׁרִים יַפְרִיחַ׃ יֵשׁ דֶּרֶךְ יָשָׁר לִפְנֵי־אִישׁ וְאַחֲרִיתָהּ דַּרְכֵי־ יב
מָוֶת׃ גַּם־בִּשְׂחֹק יִכְאַב־לֵב וְאַחֲרִיתָהּ שִׂמְחָה תוּגָה׃ מִדְּרָכָיו יג יד
יִשְׂבַּע סוּג לֵב וּמֵעָלָיו אִישׁ טוֹב׃ פֶּתִי יַאֲמִין לְכָל־דָּבָר וְעָרוּם טו
יָבִין לַאֲשֻׁרוֹ׃ חָכָם יָרֵא וְסָר מֵרָע וּכְסִיל מִתְעַבֵּר וּבוֹטֵחַ׃ קְצַר־ טז יז
אַפַּיִם יַעֲשֶׂה אִוֶּלֶת וְאִישׁ מְזִמּוֹת יִשָּׂנֵא׃ נָחֲלוּ פְתָאיִם אִוֶּלֶת יח
וַעֲרוּמִים יַכְתִּרוּ דָעַת׃ שַׁחוּ רָעִים לִפְנֵי טוֹבִים וּרְשָׁעִים עַל־ יט
שַׁעֲרֵי צַדִּיק׃ גַּם־לְרֵעֵהוּ יִשָּׂנֵא רָשׁ וְאֹהֲבֵי עָשִׁיר רַבִּים׃ בָּז־ כ כא
לְרֵעֵהוּ חוֹטֵא וּמְחוֹנֵן עניים אַשְׁרָיו׃ הֲלוֹא־יִתְעוּ חֹרְשֵׁי רָע כב (ענוים)
וְחֶסֶד וֶאֱמֶת חֹרְשֵׁי טוֹב׃ בְּכָל־עֶצֶב יִהְיֶה מוֹתָר וּדְבַר־שְׂפָתַיִם כג
אַךְ־לְמַחְסוֹר׃ עֲטֶרֶת חֲכָמִים עָשְׁרָם אִוֶּלֶת כְּסִילִים אִוֶּלֶת׃ כד
מַצִּיל נְפָשׁוֹת עֵד אֱמֶת וְיָפִחַ כְּזָבִים מִרְמָה׃ בְּיִרְאַת יהוה כה כו
מִבְטַח־עֹז וּלְבָנָיו יִהְיֶה מַחְסֶה׃ יִרְאַת יהוה מְקוֹר חַיִּים לָסוּר כז
מִמֹּקְשֵׁי מָוֶת׃ בְּרָב־עָם הַדְרַת־מֶלֶךְ וּבְאֶפֶס לְאֹם מְחִתַּת כח
רָזוֹן׃ אֶרֶךְ אַפַּיִם רַב־תְּבוּנָה וּקְצַר־רוּחַ מֵרִים אִוֶּלֶת׃ חַיֵּי כט ל
בְשָׂרִים לֵב מַרְפֵּא וּרְקַב עֲצָמוֹת קִנְאָה׃ עֹשֵׁק דָּל חֵרֵף עֹשֵׂהוּ לא
וּמְכַבְּדוֹ חֹנֵן אֶבְיוֹן׃ בְּרָעָתוֹ יִדָּחֶה רָשָׁע וְחֹסֶה בְמוֹתוֹ צַדִּיק׃ לב
בְּלֵב נָבוֹן תָּנוּחַ חָכְמָה וּבְקֶרֶב כְּסִילִים תִּוָּדֵעַ׃ צְדָקָה תְרוֹמֵם־ לג לד
גּוֹי וְחֶסֶד לְאֻמִּים חַטָּאת׃ רְצוֹן־מֶלֶךְ לְעֶבֶד מַשְׂכִּיל וְעֶבְרָתוֹ לה
תִּהְיֶה מֵבִישׁ׃ מַעֲנֶה־רַּךְ יָשִׁיב חֵמָה וּדְבַר־עֶצֶב יַעֲלֶה־אָף׃ א טו
לְשׁוֹן חֲכָמִים תֵּיטִיב דָּעַת וּפִי כְסִילִים יַבִּיעַ אִוֶּלֶת׃ בְּכָל־מָקוֹם ב ג
עֵינֵי יהוה צֹפוֹת רָעִים וְטוֹבִים׃ מַרְפֵּא לָשׁוֹן עֵץ חַיִּים וְסֶלֶף ד

ה בָּהּ שֶׁבֶר בְּרוּחַ׃ אֱוִיל יִנְאַץ מוּסַר אָבִיו וְשֹׁמֵר תּוֹכַחַת יַעְרִם׃
ו ז בֵּית צַדִּיק חֹסֶן רָב וּבִתְבוּאַת רָשָׁע נֶעְכָּרֶת׃ שִׂפְתֵי חֲכָמִים
ח יְזָרוּ דָעַת וְלֵב כְּסִילִים לֹא־כֵן׃ זֶבַח רְשָׁעִים תּוֹעֲבַת יְהוָה
ט וּתְפִלַּת יְשָׁרִים רְצוֹנוֹ׃ תּוֹעֲבַת יְהוָה דֶּרֶךְ רָשָׁע וּמְרַדֵּף צְדָקָה
י יא יֶאֱהָב׃ מוּסָר רָע לְעֹזֵב אֹרַח שׂוֹנֵא תוֹכַחַת יָמוּת׃ שְׁאוֹל
יב וַאֲבַדּוֹן נֶגֶד יְהוָה אַף כִּי־לִבּוֹת בְּנֵי־אָדָם׃ לֹא־יֶאֱהַב לֵץ הוֹכֵחַ
יג לוֹ אֶל־חֲכָמִים לֹא יֵלֵךְ׃ לֵב שָׂמֵחַ יֵיטִב פָּנִים וּבְעַצְּבַת־לֵב רוּחַ
יד טו נְכֵאָה׃ לֵב נָבוֹן יְבַקֶּשׁ־דָּעַת וּפְנֵי כְסִילִים יִרְעֶה אִוֶּלֶת׃ כָּל־יְמֵי ופי
טז עָנִי רָעִים וְטוֹב־לֵב מִשְׁתֶּה תָמִיד׃ טוֹב־מְעַט בְּיִרְאַת יְהוָה
יז מֵאוֹצָר רָב וּמְהוּמָה בוֹ׃ טוֹב אֲרֻחַת יָרָק וְאַהֲבָה־שָׁם מִשּׁוֹר
יח אָבוּס וְשִׂנְאָה־בוֹ׃ אִישׁ חֵמָה יְגָרֶה מָדוֹן וְאֶרֶךְ אַפַּיִם יַשְׁקִיט
יט רִיב׃ דֶּרֶךְ עָצֵל כִּמְשֻׂכַת חָדֶק וְאֹרַח יְשָׁרִים סְלֻלָה׃
כ כא בֵּן חָכָם יְשַׂמַּח־אָב וּכְסִיל אָדָם בּוֹזֶה אִמּוֹ׃ אִוֶּלֶת שִׂמְחָה
כב לַחֲסַר־לֵב וְאִישׁ תְּבוּנָה יְיַשֶּׁר־לָכֶת׃ הָפֵר מַחֲשָׁבוֹת בְּאֵין סוֹד
כג וּבְרֹב יוֹעֲצִים תָּקוּם׃ שִׂמְחָה לָאִישׁ בְּמַעֲנֵה־פִיו וְדָבָר בְּעִתּוֹ
כד מַה־טּוֹב׃ אֹרַח חַיִּים לְמַעְלָה לְמַשְׂכִּיל לְמַעַן סוּר מִשְּׁאוֹל
כה כו מָטָּה׃ בֵּית גֵּאִים יִסַּח ׀ יְהוָה וְיַצֵּב גְּבוּל אַלְמָנָה׃ תּוֹעֲבַת יְהוָה
כז מַחְשְׁבוֹת רָע וּטְהֹרִים אִמְרֵי־נֹעַם׃ עֹכֵר בֵּיתוֹ בּוֹצֵעַ בָּצַע
כח וְשׂוֹנֵא מַתָּנֹת יִחְיֶה׃ לֵב צַדִּיק יֶהְגֶּה לַעֲנוֹת וּפִי רְשָׁעִים יַבִּיעַ
כט ל רָעוֹת׃ רָחוֹק יְהוָה מֵרְשָׁעִים וּתְפִלַּת צַדִּיקִים יִשְׁמָע׃ מְאוֹר־
לא עֵינַיִם יְשַׂמַּח־לֵב שְׁמוּעָה טוֹבָה תְּדַשֶּׁן־עָצֶם׃ אֹזֶן שֹׁמַעַת
לב תּוֹכַחַת חַיִּים בְּקֶרֶב חֲכָמִים תָּלִין׃ פּוֹרֵעַ מוּסָר מוֹאֵס נַפְשׁוֹ
לג וְשׁוֹמֵעַ תּוֹכַחַת קוֹנֶה לֵּב׃ יִרְאַת יְהוָה מוּסַר חָכְמָה וְלִפְנֵי
טז א ב כָבוֹד עֲנָוָה׃ לְאָדָם מַעַרְכֵי־לֵב וּמֵיְהוָה מַעֲנֵה לָשׁוֹן׃ כָּל־
ג דַּרְכֵי־אִישׁ זַךְ בְּעֵינָיו וְתֹכֵן רוּחוֹת יְהוָה׃ גֹּל אֶל־יְהוָה מַעֲשֶׂיךָ
ד וְיִכֹּנוּ מַחְשְׁבֹתֶיךָ׃ כֹּל פָּעַל יְהוָה לַמַּעֲנֵהוּ וְגַם־רָשָׁע לְיוֹם רָעָה׃
ה ו תּוֹעֲבַת יְהוָה כָּל־גְּבַהּ־לֵב יָד לְיָד לֹא יִנָּקֶה׃ בְּחֶסֶד וֶאֱמֶת

ז יְכֻפַּר עָוֺן וּבְיִרְאַת יְהוָה סוּר מֵרָע׃ בִּרְצוֹת יְהוָה דַּרְכֵי־אִישׁ
ח גַּם־אוֹיְבָיו יַשְׁלִם אִתּוֹ׃ טוֹב מְעַט בִּצְדָקָה מֵרֹב תְּבוּאוֹת בְּלֹא
ט י מִשְׁפָּט׃ לֵב אָדָם יְחַשֵּׁב דַּרְכּוֹ וַיהוָה יָכִין צַעֲדוֹ׃ קֶסֶם ׀ עַל־
יא שִׂפְתֵי־מֶלֶךְ בְּמִשְׁפָּט לֹא יִמְעַל־פִּיו׃ פֶּלֶס ׀ וּמֹאזְנֵי מִשְׁפָּט לַיהוָה
יב מַעֲשֵׂהוּ כָּל־אַבְנֵי־כִיס׃ תּוֹעֲבַת מְלָכִים עֲשׂוֹת רֶשַׁע כִּי בִצְדָקָה
יג יד יִכּוֹן כִּסֵּא׃ רְצוֹן מְלָכִים שִׂפְתֵי־צֶדֶק וְדֹבֵר יְשָׁרִים יֶאֱהָב׃ חֲמַת־
טו מֶלֶךְ מַלְאֲכֵי־מָוֶת וְאִישׁ חָכָם יְכַפְּרֶנָּה׃ בְּאוֹר־פְּנֵי־מֶלֶךְ חַיִּים
טז וּרְצוֹנוֹ כְּעָב מַלְקוֹשׁ׃ קְנֹה־חָכְמָה מַה־טּוֹב מֵחָרוּץ וּקְנוֹת בִּינָה
יז נִבְחָר מִכָּסֶף׃ מְסִלַּת יְשָׁרִים סוּר מֵרָע שֹׁמֵר נַפְשׁוֹ נֹצֵר דַּרְכּוֹ׃
יח יט לִפְנֵי־שֶׁבֶר גָּאוֹן וְלִפְנֵי כִשָּׁלוֹן גֹּבַהּ רוּחַ׃ טוֹב שְׁפַל־רוּחַ אֶת־
כ עניים מֵחַלֵּק שָׁלָל אֶת־גֵּאִים׃ מַשְׂכִּיל עַל־דָּבָר יִמְצָא־טוֹב עֲנָוִים
כא וּבוֹטֵחַ בַּיהוָה אַשְׁרָיו׃ לַחֲכַם־לֵב יִקָּרֵא נָבוֹן וּמֶתֶק שְׂפָתַיִם
כב כג יֹסִיף לֶקַח׃ מְקוֹר חַיִּים שֵׂכֶל בְּעָלָיו וּמוּסַר אֱוִלִים אִוֶּלֶת׃ לֵב
כד חָכָם יַשְׂכִּיל פִּיהוּ וְעַל־שְׂפָתָיו יֹסִיף לֶקַח׃ צוּף־דְּבַשׁ אִמְרֵי־
כה נֹעַם מָתוֹק לַנֶּפֶשׁ וּמַרְפֵּא לָעָצֶם׃ יֵשׁ דֶּרֶךְ יָשָׁר לִפְנֵי־אִישׁ
כו וְאַחֲרִיתָהּ דַּרְכֵי־מָוֶת׃ נֶפֶשׁ עָמֵל עָמְלָה לּוֹ כִּי־אָכַף עָלָיו פִּיהוּ׃
כז כח אִישׁ בְּלִיַּעַל כֹּרֶה רָעָה וְעַל־שפתיו כְּאֵשׁ צָרָבֶת׃ אִישׁ תַּהְפֻּכוֹת שְׂפָתוֹ
כט יְשַׁלַּח מָדוֹן וְנִרְגָּן מַפְרִיד אַלּוּף׃ אִישׁ חָמָס יְפַתֶּה רֵעֵהוּ וְהוֹלִיכוֹ
ל בְּדֶרֶךְ לֹא־טוֹב׃ עֹצֶה עֵינָיו לַחְשֹׁב תַּהְפֻּכוֹת קֹרֵץ שְׂפָתָיו כִּלָּה
לא לב רָעָה׃ עֲטֶרֶת תִּפְאֶרֶת שֵׂיבָה בְּדֶרֶךְ צְדָקָה תִּמָּצֵא׃ טוֹב אֶרֶךְ
לג אַפַּיִם מִגִּבּוֹר וּמֹשֵׁל בְּרוּחוֹ מִלֹּכֵד עִיר׃ בַּחֵיק יוּטַל אֶת־הַגּוֹרָל
יז א וּמֵיְהוָה כָּל־מִשְׁפָּטוֹ׃ טוֹב פַּת חֲרֵבָה וְשַׁלְוָה־בָהּ מִבַּיִת מָלֵא
ב זִבְחֵי־רִיב׃ עֶבֶד־מַשְׂכִּיל יִמְשֹׁל בְּבֵן מֵבִישׁ וּבְתוֹךְ אַחִים יַחֲלֹק
ג ד נַחֲלָה׃ מַצְרֵף לַכֶּסֶף וְכוּר לַזָּהָב וּבֹחֵן לִבּוֹת יְהוָה׃ מֵרַע מַקְשִׁיב
ה עַל־שְׂפַת־אָוֶן שֶׁקֶר מֵזִין עַל־לְשׁוֹן הַוֹּת׃ לֹעֵג לָרָשׁ חֵרֵף עֹשֵׂהוּ
ו שָׂמֵחַ לְאֵיד לֹא יִנָּקֶה׃ עֲטֶרֶת זְקֵנִים בְּנֵי בָנִים וְתִפְאֶרֶת בָּנִים
ז אֲבוֹתָם׃ לֹא־נָאוָה לְנָבָל שְׂפַת־יֶתֶר אַף כִּי־לְנָדִיב שְׂפַת־שָׁקֶר׃

ח אֶבֶן־חֵן הַשֹּׁחַד בְּעֵינֵי בְעָלָיו אֶל־כָּל־אֲשֶׁר יִפְנֶה יַשְׂכִּיל׃
ט י מְכַסֶּה־פֶּשַׁע מְבַקֵּשׁ אַהֲבָה וְשֹׁנֶה בְדָבָר מַפְרִיד אַלּוּף׃ תֵּחַת
יא גְּעָרָה בְמֵבִין מֵהַכּוֹת כְּסִיל מֵאָה׃ אַךְ־מְרִי יְבַקֶּשׁ־רָע וּמַלְאָךְ
יב אַכְזָרִי יְשֻׁלַּח־בּוֹ׃ פָּגוֹשׁ דֹּב שַׁכּוּל בְּאִישׁ וְאַל־כְּסִיל בְּאִוַּלְתּוֹ׃
יג יד מֵשִׁיב רָעָה תַּחַת טוֹבָה לֹא־תָמִישׁ רָעָה מִבֵּיתוֹ׃ פּוֹטֵר מַיִם תָמוּשׁ
טו רֵאשִׁית מָדוֹן וְלִפְנֵי הִתְגַּלַּע הָרִיב נְטוֹשׁ׃ מַצְדִּיק רָשָׁע וּמַרְשִׁיעַ
טז צַדִּיק תּוֹעֲבַת יְהוָה גַּם־שְׁנֵיהֶם׃ לָמָּה־זֶּה מְחִיר בְּיַד־כְּסִיל
יז לִקְנוֹת חָכְמָה וְלֶב־אָיִן׃ בְּכָל־עֵת אֹהֵב הָרֵעַ וְאָח לְצָרָה יִוָּלֵד׃
יח יט אָדָם חֲסַר־לֵב תּוֹקֵעַ כָּף עֹרֵב עֲרֻבָּה לִפְנֵי רֵעֵהוּ׃ אֹהֵב פֶּשַׁע
כ אֹהֵב מַצָּה מַגְבִּיהַּ פִּתְחוֹ מְבַקֶּשׁ־שָׁבֶר׃ עִקֶּשׁ־לֵב לֹא יִמְצָא־
כא טוֹב וְנֶהְפָּךְ בִּלְשׁוֹנוֹ יִפּוֹל בְּרָעָה׃ יֹלֵד כְּסִיל לְתוּגָה לוֹ וְלֹא־
כב יִשְׂמַח אֲבִי נָבָל׃ לֵב שָׂמֵחַ יֵיטִב גֵּהָה וְרוּחַ נְכֵאָה תְּיַבֶּשׁ־גָּרֶם׃
כג שֹׁחַד מֵחֵק רָשָׁע יִקָּח לְהַטּוֹת אָרְחוֹת מִשְׁפָּט׃
כד כה אֶת־פְּנֵי מֵבִין חָכְמָה וְעֵינֵי כְסִיל בִּקְצֵה־אָרֶץ׃ כַּעַס לְאָבִיו בֵּן
כו כְּסִיל וּמֶמֶר לְיוֹלַדְתּוֹ׃ גַּם עֲנוֹשׁ לַצַּדִּיק לֹא־טוֹב לְהַכּוֹת נְדִיבִים
כז כח עַל־יֹשֶׁר׃ חוֹשֵׂךְ אֲמָרָיו יוֹדֵעַ דָּעַת וקר־רוּחַ אִישׁ תְּבוּנָה׃ גַּם יְקַר־
יח א אֱוִיל מַחֲרִישׁ חָכָם יֵחָשֵׁב אֹטֵם שְׂפָתָיו נָבוֹן׃ לְתַאֲוָה יְבַקֵּשׁ
ב נִפְרָד בְּכָל־תּוּשִׁיָּה יִתְגַּלָּע׃ לֹא־יַחְפֹּץ כְּסִיל בִּתְבוּנָה כִּי אִם־
ג ד בְּהִתְגַּלּוֹת לִבּוֹ׃ בְּבוֹא־רָשָׁע בָּא גַם־בּוּז וְעִם־קָלוֹן חֶרְפָּה׃ מַיִם
ה עֲמֻקִּים דִּבְרֵי פִי־אִישׁ נַחַל נֹבֵעַ מְקוֹר חָכְמָה׃ שְׂאֵת פְּנֵי־רָשָׁע
ו לֹא־טוֹב לְהַטּוֹת צַדִּיק בַּמִּשְׁפָּט׃ שִׂפְתֵי כְסִיל יָבֹאוּ בְרִיב וּפִיו
ז לְמַהֲלֻמוֹת יִקְרָא׃ פִּי־כְסִיל מְחִתָּה־לוֹ וּשְׂפָתָיו מוֹקֵשׁ נַפְשׁוֹ׃
ח ט דִּבְרֵי נִרְגָּן כְּמִתְלַהֲמִים וְהֵם יָרְדוּ חַדְרֵי־בָטֶן׃ גַּם מִתְרַפֶּה
י בִמְלַאכְתּוֹ אָח הוּא לְבַעַל מַשְׁחִית׃ מִגְדַּל־עֹז שֵׁם יְהוָה בּוֹ־ ה
יא יָרוּץ צַדִּיק וְנִשְׂגָּב׃ הוֹן עָשִׁיר קִרְיַת עֻזּוֹ וּכְחוֹמָה נִשְׂגָּבָה
יב יג בְּמַשְׂכִּיתוֹ׃ לִפְנֵי־שֶׁבֶר יִגְבַּהּ לֶב־אִישׁ וְלִפְנֵי כָבוֹד עֲנָוָה׃ מֵשִׁיב
יד דָּבָר בְּטֶרֶם יִשְׁמָע אִוֶּלֶת הִיא־לוֹ וּכְלִמָּה׃ רוּחַ־אִישׁ יְכַלְכֵּל

טו מַחֲלֵהוּ וְרוּחַ נְכֵאָה מִי יִשָּׂאֶנָּה: לֵב נָבוֹן יִקְנֶה־דָּעַת וְאֹזֶן
טז חֲכָמִים תְּבַקֶּשׁ־דָּעַת: מַתָּן אָדָם יַרְחִיב לוֹ וְלִפְנֵי גְדֹלִים יַנְחֶנּוּ:
יז יח צַדִּיק הָרִאשׁוֹן בְּרִיבוֹ יבא־רֵעֵהוּ וַחֲקָרוֹ: מִדְיָנִים יַשְׁבִּית הַגּוֹרָל וּבָא־
יט וּבֵין עֲצוּמִים יַפְרִיד: אָח נִפְשָׁע מִקִּרְיַת־עֹז ומדונים כִּבְרִיחַ וּמִדְיָנִים
כ אַרְמוֹן: מִפְּרִי פִי־אִישׁ תִּשְׂבַּע בִּטְנוֹ תְּבוּאַת שְׂפָתָיו יִשְׂבָּע:
כא כב מָוֶת וְחַיִּים בְּיַד־לָשׁוֹן וְאֹהֲבֶיהָ יֹאכַל פִּרְיָהּ: מָצָא אִשָּׁה מָצָא
כג טוֹב וַיָּפֶק רָצוֹן מֵיְהוָה: תַּחֲנוּנִים יְדַבֶּר־רָשׁ וְעָשִׁיר יַעֲנֶה עַזּוֹת:
כד יט א אִישׁ רֵעִים לְהִתְרֹעֵעַ וְיֵשׁ אֹהֵב דָּבֵק מֵאָח: טוֹב רָשׁ הוֹלֵךְ
ב בְּתֻמּוֹ מֵעִקֵּשׁ שְׂפָתָיו וְהוּא כְסִיל: גַּם בְּלֹא־דַעַת נֶפֶשׁ לֹא־
ג טוֹב וְאָץ בְּרַגְלַיִם חוֹטֵא: אִוֶּלֶת אָדָם תְּסַלֵּף דַּרְכּוֹ וְעַל־יְהוָה
ד ה יִזְעַף לִבּוֹ: הוֹן יֹסִיף רֵעִים רַבִּים וְדָל מֵרֵעֵהוּ יִפָּרֵד: עֵד שְׁקָרִים
ו לֹא יִנָּקֶה וְיָפִיחַ כְּזָבִים לֹא יִמָּלֵט: רַבִּים יְחַלּוּ פְנֵי־נָדִיב וְכָל־
ז הָרֵעַ לְאִישׁ מַתָּן: כָּל אֲחֵי־רָשׁ ׀ שְׂנֵאֻהוּ אַף כִּי מְרֵעֵהוּ
ח רָחֲקוּ מִמֶּנּוּ מְרַדֵּף אֲמָרִים לא־הֵמָּה: קֹנֶה־לֵּב אֹהֵב נַפְשׁוֹ לוֹ־
ט שֹׁמֵר תְּבוּנָה לִמְצֹא־טוֹב: עֵד שְׁקָרִים לֹא יִנָּקֶה וְיָפִיחַ
כְּזָבִים יֹאבֵד:
י יא לֹא־נָאוֶה לִכְסִיל תַּעֲנוּג אַף כִּי־לְעֶבֶד ׀ מְשֹׁל בְּשָׂרִים: שֵׂכֶל
יב אָדָם הֶאֱרִיךְ אַפּוֹ וְתִפְאַרְתּוֹ עֲבֹר עַל־פָּשַׁע: נַהַם כַּכְּפִיר זַעַף
יג מֶלֶךְ וּכְטַל עַל־עֵשֶׂב רְצוֹנוֹ: הַוֹּת לְאָבִיו בֵּן כְּסִיל וְדֶלֶף טֹרֵד
יד מִדְיְנֵי אִשָּׁה: בַּיִת וָהוֹן נַחֲלַת אָבוֹת וּמֵיְהוָה אִשָּׁה מַשְׂכָּלֶת:
טו טז עַצְלָה תַּפִּיל תַּרְדֵּמָה וְנֶפֶשׁ רְמִיָּה תִרְעָב: שֹׁמֵר מִצְוָה שֹׁמֵר
יז נַפְשׁוֹ בּוֹזֵה דְרָכָיו יומת: מַלְוֵה יְהוָה חוֹנֵן דָּל וּגְמֻלוֹ יְשַׁלֶּם־לוֹ: יָמוּת
יח יט יַסֵּר בִּנְךָ כִּי־יֵשׁ תִּקְוָה וְאֶל־הֲמִיתוֹ אַל־תִּשָּׂא נַפְשֶׁךָ: גרל־חֵמָה גְּדָל־
כ נֹשֵׂא עֹנֶשׁ כִּי אִם־תַּצִּיל וְעוֹד תּוֹסִף: שְׁמַע עֵצָה וְקַבֵּל מוּסָר
כא לְמַעַן תֶּחְכַּם בְּאַחֲרִיתֶךָ: רַבּוֹת מַחֲשָׁבוֹת בְּלֶב־אִישׁ וַעֲצַת
כב יְהוָה הִיא תָקוּם: תַּאֲוַת אָדָם חַסְדּוֹ וְטוֹב־רָשׁ מֵאִישׁ כָּזָב:
כג כד יִרְאַת יְהוָה לְחַיִּים וְשָׂבֵעַ יָלִין בַּל־יִפָּקֶד רָע: טָמַן עָצֵל יָדוֹ

כה בְּצַלַּחַת גַּם־אֶל־פִּיהוּ לֹא יְשִׁיבֶנָּה׃ לֵץ תַּכֶּה וּפֶתִי יַעְרִם וְהוֹכִיחַ
כו לְנָבוֹן יָבִין דָּעַת׃ מְשַׁדֶּד־אָב יַבְרִיחַ אֵם בֵּן מֵבִישׁ וּמַחְפִּיר׃
כז כח חֲדַל־בְּנִי לִשְׁמֹעַ מוּסָר לִשְׁגוֹת מֵאִמְרֵי־דָעַת׃ עֵד בְּלִיַּעַל יָלִיץ
כט מִשְׁפָּט וּפִי רְשָׁעִים יְבַלַּע־אָוֶן׃ נָכוֹנוּ לַלֵּצִים שְׁפָטִים וּמַהֲלֻמוֹת
כ א ב לְגֵו כְּסִילִים׃ לֵץ הַיַּיִן הֹמֶה שֵׁכָר וְכָל־שֹׁגֶה בּוֹ לֹא יֶחְכָּם׃ נַהַם
ג כַּכְּפִיר אֵימַת מֶלֶךְ מִתְעַבְּרוֹ חוֹטֵא נַפְשׁוֹ׃ כָּבוֹד לָאִישׁ שֶׁבֶת
ד מֵרִיב וְכָל־אֱוִיל יִתְגַּלָּע׃ מֵחֹרֶף עָצֵל לֹא־יַחֲרֹשׁ ישאל בַקָּצִיר וְשָׁאַל
ה ו וָאָיִן׃ מַיִם עֲמֻקִּים עֵצָה בְלֶב־אִישׁ וְאִישׁ תְּבוּנָה יִדְלֶנָּה׃ רָב־
ז אָדָם יִקְרָא אִישׁ חַסְדּוֹ וְאִישׁ אֱמוּנִים מִי יִמְצָא׃ מִתְהַלֵּךְ בְּתֻמּוֹ
ח צַדִּיק אַשְׁרֵי בָנָיו אַחֲרָיו׃ מֶלֶךְ יוֹשֵׁב עַל־כִּסֵּא־דִין מְזָרֶה בְעֵינָיו
ט י כָּל־רָע׃ מִי־יֹאמַר זִכִּיתִי לִבִּי טָהַרְתִּי מֵחַטָּאתִי׃ אֶבֶן וָאֶבֶן
יא אֵיפָה וְאֵיפָה תּוֹעֲבַת יְהוָה גַּם־שְׁנֵיהֶם׃ גַּם בְּמַעֲלָלָיו יִתְנַכֶּר־
יב נַעַר אִם־זַךְ וְאִם־יָשָׁר פָּעֳלוֹ׃ אֹזֶן שֹׁמַעַת וְעַיִן רֹאָה יְהוָה עָשָׂה
יג גַם־שְׁנֵיהֶם׃ אַל־תֶּאֱהַב שֵׁנָה פֶּן־תִּוָּרֵשׁ פְּקַח עֵינֶיךָ שְׂבַע־לָחֶם׃
יד טו רַע רַע יֹאמַר הַקּוֹנֶה וְאֹזֵל לוֹ אָז יִתְהַלָּל׃ יֵשׁ זָהָב וְרָב־פְּנִינִים
טז וּכְלִי יְקָר שִׂפְתֵי־דָעַת׃ לְקַח־בִּגְדוֹ כִּי־עָרַב זָר וּבְעַד נכרים נָכְרִיָּה
יז חַבְלֵהוּ׃ עָרֵב לָאִישׁ לֶחֶם שָׁקֶר וְאַחַר יִמָּלֵא־פִיהוּ חָצָץ׃
יח יט מַחֲשָׁבוֹת בְּעֵצָה תִכּוֹן וּבְתַחְבֻּלוֹת עֲשֵׂה מִלְחָמָה׃ גּוֹלֶה־סּוֹד
כ הוֹלֵךְ רָכִיל וּלְפֹתֶה שְׂפָתָיו לֹא תִתְעָרָב׃ מְקַלֵּל אָבִיו וְאִמּוֹ
כא יִדְעַךְ נֵרוֹ באישון חֹשֶׁךְ׃ נַחֲלָה מבחלת בָּרִאשׁוֹנָה וְאַחֲרִיתָהּ בֶּאֱשׁוּן | מְבֹהֶלֶת
כב לֹא תְבֹרָךְ׃ אַל־תֹּאמַר אֲשַׁלְּמָה־רָע קַוֵּה לַיהוָה וְיֹשַׁע לָךְ׃
כג כד תּוֹעֲבַת יְהוָה אֶבֶן וָאָבֶן וּמֹאזְנֵי מִרְמָה לֹא־טוֹב׃ מֵיְהוָה
כה מִצְעֲדֵי־גָבֶר וְאָדָם מַה־יָּבִין דַּרְכּוֹ׃ מוֹקֵשׁ אָדָם יָלַע קֹדֶשׁ
כו וְאַחַר נְדָרִים לְבַקֵּר׃ מְזָרֶה רְשָׁעִים מֶלֶךְ חָכָם וַיָּשֶׁב עֲלֵיהֶם
כז כח אוֹפָן׃ נֵר יְהוָה נִשְׁמַת אָדָם חֹפֵשׂ כָּל־חַדְרֵי־בָטֶן׃ חֶסֶד וֶאֱמֶת
כט יִצְּרוּ־מֶלֶךְ וְסָעַד בַּחֶסֶד כִּסְאוֹ׃ תִּפְאֶרֶת בַּחוּרִים כֹּחָם וַהֲדַר
ל זְקֵנִים שֵׂיבָה׃ חַבֻּרוֹת פֶּצַע תמריק בְּרָע וּמַכּוֹת חַדְרֵי־בָטֶן׃ תַּמְרוּק

כא
א ב פַּלְגֵי־מַיִם לֶב־מֶלֶךְ בְּיַד־יְהוָה עַל־כָּל־אֲשֶׁר יַחְפֹּץ יַטֶּנּוּ׃ כָּל־
ג דֶּרֶךְ־אִישׁ יָשָׁר בְּעֵינָיו וְתֹכֵן לִבּוֹת יְהוָה׃ עֲשֹׂה צְדָקָה וּמִשְׁפָּט
ד נִבְחָר לַיהוָה מִזָּבַח׃ רוּם־עֵינַיִם וּרְחַב־לֵב נִר רְשָׁעִים חַטָּאת׃
ה ו מַחְשְׁבוֹת חָרוּץ אַךְ־לְמוֹתָר וְכָל־אָץ אַךְ־לְמַחְסוֹר׃ פֹּעַל
ז אֹצָרוֹת בִּלְשׁוֹן שָׁקֶר הֶבֶל נִדָּף מְבַקְשֵׁי־מָוֶת׃ שֹׁד־רְשָׁעִים
ח יְגוֹרֵם כִּי מֵאֲנוּ לַעֲשׂוֹת מִשְׁפָּט׃ הֲפַכְפַּךְ דֶּרֶךְ אִישׁ וָזָר וְזַךְ יָשָׁר
ט פָּעֳלוֹ׃ טוֹב לָשֶׁבֶת עַל־פִּנַּת־גָּג מֵאֵשֶׁת מדונים וּבֵית חָבֶר׃ מִדְיָנִים
י יא נֶפֶשׁ רָשָׁע אִוְּתָה־רָע לֹא־יֻחַן בְּעֵינָיו רֵעֵהוּ׃ בַּעְנָשׁ־לֵץ יֶחְכַּם־
יב פֶּתִי וּבְהַשְׂכִּיל לְחָכָם יִקַּח־דָּעַת׃ מַשְׂכִּיל צַדִּיק לְבֵית רָשָׁע
יג מְסַלֵּף רְשָׁעִים לָרָע׃ אֹטֵם אָזְנוֹ מִזַּעֲקַת־דָּל גַּם־הוּא יִקְרָא
יד וְלֹא יֵעָנֶה׃ מַתָּן בַּסֵּתֶר יִכְפֶּה־אָף וְשֹׁחַד בַּחֵק חֵמָה עַזָּה׃
טו טז שִׂמְחָה לַצַּדִּיק עֲשׂוֹת מִשְׁפָּט וּמְחִתָּה לְפֹעֲלֵי אָוֶן׃ אָדָם תּוֹעֶה
יז מִדֶּרֶךְ הַשְׂכֵּל בִּקְהַל רְפָאִים יָנוּחַ׃ אִישׁ מַחְסוֹר אֹהֵב שִׂמְחָה
יח אֹהֵב יַיִן־וָשֶׁמֶן לֹא יַעֲשִׁיר׃ כֹּפֶר לַצַּדִּיק רָשָׁע וְתַחַת יְשָׁרִים
יט כ בּוֹגֵד׃ טוֹב שֶׁבֶת בְּאֶרֶץ־מִדְבָּר מֵאֵשֶׁת מדונים וָכָעַס׃ אוֹצָר ׀ מִדְיָנִים
כא נֶחְמָד וָשֶׁמֶן בִּנְוֵה חָכָם וּכְסִיל אָדָם יְבַלְּעֶנּוּ׃ רֹדֵף צְדָקָה וָחָסֶד
כב יִמְצָא חַיִּים צְדָקָה וְכָבוֹד׃ עִיר גִּבֹּרִים עָלָה חָכָם וַיֹּרֶד עֹז
כג כד מִבְטֶחָה׃ שֹׁמֵר פִּיו וּלְשׁוֹנוֹ שֹׁמֵר מִצָּרוֹת נַפְשׁוֹ׃ זֵד יָהִיר לֵץ
כה שְׁמוֹ עוֹשֶׂה בְּעֶבְרַת זָדוֹן׃ תַּאֲוַת עָצֵל תְּמִיתֶנּוּ כִּי־מֵאֲנוּ יָדָיו
כו כז לַעֲשׂוֹת׃ כָּל־הַיּוֹם הִתְאַוָּה תַאֲוָה וְצַדִּיק יִתֵּן וְלֹא יַחְשֹׂךְ׃ זֶבַח
כח רְשָׁעִים תּוֹעֵבָה אַף כִּי־בְזִמָּה יְבִיאֶנּוּ׃ עֵד־כְּזָבִים יֹאבֵד וְאִישׁ
כט שׁוֹמֵעַ לָנֶצַח יְדַבֵּר׃ הֵעֵז אִישׁ רָשָׁע בְּפָנָיו וְיָשָׁר הוּא ׀ יכין יָבִין
ל לא דרכיו׃ אֵין חָכְמָה וְאֵין תְּבוּנָה וְאֵין עֵצָה לְנֶגֶד יְהוָה׃ סוּס מוּכָן דַּרְכּוֹ
כב א לְיוֹם מִלְחָמָה וְלַיהוָה הַתְּשׁוּעָה׃ נִבְחָר שֵׁם מֵעֹשֶׁר רָב מִכֶּסֶף
ב ג וּמִזָּהָב חֵן טוֹב׃ עָשִׁיר וָרָשׁ נִפְגָּשׁוּ עֹשֵׂה כֻלָּם יְהוָה׃ עָרוּם ׀
ד רָאָה רָעָה ויסתר וּפְתָיִים עָבְרוּ וְנֶעֱנָשׁוּ׃ עֵקֶב עֲנָוָה יִרְאַת וְנִסְתָּר
ה יְהוָה עֹשֶׁר וְכָבוֹד וְחַיִּים׃ צִנִּים פַּחִים בְּדֶרֶךְ עִקֵּשׁ שׁוֹמֵר נַפְשׁוֹ

ו יִרְחַק מֵהֶם: חֲנֹךְ לַנַּעַר עַל־פִּי דַרְכּוֹ גַּם כִּי־יַזְקִין לֹא־יָסוּר
ז ח מִמֶּנָּה: עָשִׁיר בְּרָשִׁים יִמְשׁוֹל וְעֶבֶד לֹוֶה לְאִישׁ מַלְוֶה: זוֹרֵעַ
ט עַוְלָה יקצור־אָוֶן וְשֵׁבֶט עֶבְרָתוֹ יִכְלֶה: טוֹב־עַיִן הוּא יְבֹרָךְ יִקְצָר־
י כִּי־נָתַן מִלַּחְמוֹ לַדָּל: גָּרֵשׁ לֵץ וְיֵצֵא מָדוֹן וְיִשְׁבֹּת דִּין וְקָלוֹן:
יא יב אֹהֵב טהור־לֵב חֵן שְׂפָתָיו רֵעֵהוּ מֶלֶךְ: עֵינֵי יהוה נָצְרוּ דָעַת טְהָר־
יג וַיְסַלֵּף דִּבְרֵי בֹגֵד: אָמַר עָצֵל אֲרִי בַחוּץ בְּתוֹךְ רְחֹבוֹת אֵרָצֵחַ:
יד טו שׁוּחָה עֲמֻקָּה פִּי זָרוֹת זְעוּם יהוה יפול־שָׁם: אִוֶּלֶת קְשׁוּרָה יִפָּל־
טז בְלֶב־נָעַר שֵׁבֶט מוּסָר יַרְחִיקֶנָּה מִמֶּנּוּ: עֹשֵׁק דָּל לְהַרְבּוֹת לוֹ
יז נֹתֵן לְעָשִׁיר אַךְ־לְמַחְסוֹר: הַט אָזְנְךָ וּשְׁמַע דִּבְרֵי חֲכָמִים וְלִבְּךָ
יח תָּשִׁית לְדַעְתִּי: כִּי־נָעִים כִּי־תִשְׁמְרֵם בְּבִטְנֶךָ יִכֹּנוּ יַחְדָּו עַל־
יט שְׂפָתֶיךָ: לִהְיוֹת בַּיהוה מִבְטַחֶךָ הוֹדַעְתִּיךָ הַיּוֹם אַף־אָתָּה:
כ כא הֲלֹא כָתַבְתִּי לְךָ שלשום בְּמֹעֵצוֹת וָדָעַת: לְהוֹדִיעֲךָ קֹשְׁטְ ו שָׁלִישִׁים
כב אִמְרֵי אֱמֶת לְהָשִׁיב אֲמָרִים אֱמֶת לְשֹׁלְחֶיךָ: אַל־
כג תִּגְזָל־דָּל כִּי דַל־הוּא וְאַל־תְּדַכֵּא עָנִי בַשָּׁעַר: כִּי־יהוה יָרִיב
כד רִיבָם וְקָבַע אֶת־קֹבְעֵיהֶם נָפֶשׁ: אַל־תִּתְרַע אֶת־בַּעַל אָף
כה וְאֶת־אִישׁ חֵמוֹת לֹא תָבוֹא: פֶּן־תֶּאֱלַף אֹרְחֹתָו וְלָקַחְתָּ מוֹקֵשׁ
כו כז לְנַפְשֶׁךָ: אַל־תְּהִי בְתֹקְעֵי־כָף בַּעֹרְבִים מַשָּׁאוֹת: אִם־אֵין־לְךָ
כח לְשַׁלֵּם לָמָּה יִקַּח מִשְׁכָּבְךָ מִתַּחְתֶּיךָ: אַל־תַּסֵּג גְּבוּל עוֹלָם
כט אֲשֶׁר עָשׂוּ אֲבוֹתֶיךָ: חָזִיתָ אִישׁ ׀ מָהִיר בִּמְלַאכְתּוֹ לִפְנֵי־מְלָכִים
כג א יִתְיַצָּב בַּל־יִתְיַצֵּב לִפְנֵי חֲשֻׁכִּים: כִּי־תֵשֵׁב לִלְחוֹם אֶת־מוֹשֵׁל
ב בִּין תָּבִין אֶת־אֲשֶׁר לְפָנֶיךָ: וְשַׂמְתָּ שַׂכִּין בְּלֹעֶךָ אִם־בַּעַל נֶפֶשׁ
ג ד אָתָּה: אַל־תִּתְאָו לְמַטְעַמּוֹתָיו וְהוּא לֶחֶם כְּזָבִים: אַל־תִּיגַע
ה לְהַעֲשִׁיר מִבִּינָתְךָ חֲדָל: התעוף עֵינֶיךָ בּוֹ וְאֵינֶנּוּ כִּי עָשֹׂה הֲתָעִיף
ו יַעֲשֶׂה־לּוֹ כְנָפַיִם כְּנֶשֶׁר ועוף הַשָּׁמָיִם: אַל־תִּלְחַם אֶת־לֶחֶם יָעוּף
ז רַע עָיִן וְאַל־תִּתְאָו לְמַטְעַמֹּתָיו: כִּי ׀ כְּמוֹ־שָׁעַר בְּנַפְשׁוֹ כֶּן־הוּא
ח אֱכוֹל וּשְׁתֵה יֹאמַר לָךְ וְלִבּוֹ בַּל־עִמָּךְ: פִּתְּךָ־אָכַלְתָּ תְקִיאֶנָּה
ט וְשִׁחַתָּ דְּבָרֶיךָ הַנְּעִימִים: בְּאָזְנֵי כְסִיל אַל־תְּדַבֵּר כִּי־יָבוּז לְשֵׂכֶל

כג

י יא מְלֶיךָ׃ אַל־תַּסֵּג גְּבוּל עוֹלָם וּבִשְׂדֵי יְתוֹמִים אַל־תָּבֹא׃ כִּי־
יב גֹאֲלָם חָזָק הוּא־יָרִיב אֶת־רִיבָם אִתָּךְ׃ הָבִיאָה לַמּוּסָר לִבֶּךָ
יג וְאָזְנֶךָ לְאִמְרֵי־דָעַת׃ אַל־תִּמְנַע מִנַּעַר מוּסָר כִּי־תַכֶּנּוּ בַשֵּׁבֶט
יד טו לֹא יָמוּת׃ אַתָּה בַּשֵּׁבֶט תַּכֶּנּוּ וְנַפְשׁוֹ מִשְּׁאוֹל תַּצִּיל׃ בְּנִי אִם־
טז חָכַם לִבֶּךָ יִשְׂמַח לִבִּי גַם־אָנִי׃ וְתַעְלֹזְנָה כִלְיוֹתָי בְּדַבֵּר שְׂפָתֶיךָ
יז מֵישָׁרִים׃ אַל־יְקַנֵּא לִבְּךָ בַּחַטָּאִים כִּי אִם־בְּיִרְאַת־יְהוָה כָּל־
יח יט הַיּוֹם׃ כִּי אִם־יֵשׁ אַחֲרִית וְתִקְוָתְךָ לֹא תִכָּרֵת׃ שְׁמַע־אַתָּה בְנִי
כ וַחֲכָם וְאַשֵּׁר בַּדֶּרֶךְ לִבֶּךָ׃ אַל־תְּהִי בְסֹבְאֵי־יָיִן בְּזֹלְלֵי בָשָׂר לָמוֹ׃
כא כב כִּי־סֹבֵא וְזוֹלֵל יִוָּרֵשׁ וּקְרָעִים תַּלְבִּישׁ נוּמָה׃ שְׁמַע לְאָבִיךָ זֶה
כג יְלָדֶךָ וְאַל־תָּבוּז כִּי־זָקְנָה אִמֶּךָ׃ אֱמֶת קְנֵה וְאַל־תִּמְכֹּר חָכְמָה
כד כה וּמוּסָר וּבִינָה׃ גוֹל יגוֹל אֲבִי צַדִּיק יוֹלֵד חָכָם וישמח בּוֹ׃ יִשְׂמַח־
כו אָבִיךָ וְאִמֶּךָ וְתָגֵל יוֹלַדְתֶּךָ׃ תְּנָה־בְנִי לִבְּךָ לִי וְעֵינֶיךָ דְּרָכַי
כז כח תרצנה׃ כִּי־שׁוּחָה עֲמֻקָּה זוֹנָה וּבְאֵר צָרָה נָכְרִיָּה׃ אַף־הִיא
כט כְּחֶתֶף תֶּאֱרֹב וּבוֹגְדִים בְּאָדָם תּוֹסִף׃ לְמִי אוֹי לְמִי אֲבוֹי לְמִי
מדונים ׀ לְמִי שִׂיחַ לְמִי פְּצָעִים חִנָּם לְמִי חַכְלִלוּת עֵינָיִם׃
ל לא לַמְאַחֲרִים עַל־הַיָּיִן לַבָּאִים לַחְקֹר מִמְסָךְ׃ אַל־תֵּרֶא יַיִן כִּי
לב יִתְאַדָּם כִּי־יִתֵּן בכיס עֵינוֹ יִתְהַלֵּךְ בְּמֵישָׁרִים׃ אַחֲרִיתוֹ כְּנָחָשׁ
לג יִשָּׁךְ וּכְצִפְעֹנִי יַפְרִשׁ׃ עֵינֶיךָ יִרְאוּ זָרוֹת וְלִבְּךָ יְדַבֵּר תַּהְפֻּכוֹת׃
לד לה וְהָיִיתָ כְּשֹׁכֵב בְּלֶב־יָם וּכְשֹׁכֵב בְּרֹאשׁ חִבֵּל׃ הִכּוּנִי בַל־חָלִיתִי
כד א הֲלָמוּנִי בַּל־יָדָעְתִּי מָתַי אָקִיץ אוֹסִיף אֲבַקְשֶׁנּוּ עוֹד׃ אַל־תְּקַנֵּא
ב בְּאַנְשֵׁי רָעָה וְאַל־תִּתְאָו לִהְיוֹת אִתָּם׃ כִּי־שֹׁד יֶהְגֶּה לִבָּם וְעָמָל
ג שִׂפְתֵיהֶם תְּדַבֵּרְנָה׃ בְּחָכְמָה יִבָּנֶה בָּיִת וּבִתְבוּנָה יִתְכּוֹנָן׃
ד ה וּבְדַעַת חֲדָרִים יִמָּלְאוּ כָּל־הוֹן יָקָר וְנָעִים׃ גֶּבֶר־חָכָם בַּעוֹז
ו וְאִישׁ־דַּעַת מְאַמֶּץ־כֹּחַ׃ כִּי בְתַחְבֻּלוֹת תַּעֲשֶׂה־לְּךָ מִלְחָמָה
ז וּתְשׁוּעָה בְּרֹב יוֹעֵץ׃ רָאמוֹת לֶאֱוִיל חָכְמוֹת בַּשַּׁעַר לֹא יִפְתַּח־
ח ט פִּיהוּ׃ מְחַשֵּׁב לְהָרֵעַ לוֹ בַּעַל־מְזִמּוֹת יִקְרָאוּ׃ זִמַּת אִוֶּלֶת חַטָּאת
י יא וְתוֹעֲבַת לְאָדָם לֵץ׃ הִתְרַפִּיתָ בְּיוֹם צָרָה צַר כֹּחֶכָה׃ הַצֵּל

גִּיל יָגִיל
וְיוֹלֵד | יִשְׂמַח
תִּצֹּרְנָה
מִדְיָנִים ׀
בַּכּוֹס

יב לְקֻחִים לַמָּוֶת וּמָטִים לַהֶרֶג אִם־תַּחְשׂוֹךְ׃ כִּי־תֹאמַר הֵן לֹא־
יָדַעְנוּ זֶה הֲלֹא־תֹכֵן לִבּוֹת ׀ הוּא־יָבִין וְנֹצֵר נַפְשְׁךָ הוּא יֵדָע
יג וְהֵשִׁיב לְאָדָם כְּפָעֳלוֹ׃ אֱכָל־בְּנִי דְבַשׁ כִּי־טוֹב וְנֹפֶת מָתוֹק עַל־
יד חִכֶּךָ׃ כֵּן ׀ דְּעֶה חָכְמָה לְנַפְשֶׁךָ אִם־מָצָאתָ וְיֵשׁ אַחֲרִית וְתִקְוָתְךָ
טו לֹא תִכָּרֵת׃ אַל־תֶּאֱרֹב רָשָׁע לִנְוֵה צַדִּיק אַל־תְּשַׁדֵּד רִבְצוֹ׃
טז יז כִּי שֶׁבַע ׀ יִפּוֹל צַדִּיק וָקָם וּרְשָׁעִים יִכָּשְׁלוּ בְרָעָה׃ בִּנְפֹל אויביך אוֹיִבְךָ
יח אַל־תִּשְׂמָח וּבִכָּשְׁלוֹ אַל־יָגֵל לִבֶּךָ׃ פֶּן־יִרְאֶה יְהוָה וְרַע בְּעֵינָיו
וְהֵשִׁיב מֵעָלָיו אַפּוֹ׃
יט כ אַל־תִּתְחַר בַּמְּרֵעִים אַל־תְּקַנֵּא בָּרְשָׁעִים׃ כִּי ׀ לֹא־תִהְיֶה
כא אַחֲרִית לָרָע נֵר רְשָׁעִים יִדְעָךְ׃ יְרָא־אֶת־יְהוָה בְּנִי וָמֶלֶךְ
כב עִם־שׁוֹנִים אַל־תִּתְעָרָב׃ כִּי־פִתְאֹם יָקוּם אֵידָם וּפִיד שְׁנֵיהֶם
מִי יוֹדֵעַ׃
כג כד גַּם־אֵלֶּה לַחֲכָמִים הַכֵּר־פָּנִים בְּמִשְׁפָּט בַּל־טוֹב׃ אֹמֵר ׀
כה לְרָשָׁע צַדִּיק אָתָּה יִקְּבֻהוּ עַמִּים יִזְעָמוּהוּ לְאֻמִּים׃ וְלַמּוֹכִיחִים
כו יִנְעָם וַעֲלֵיהֶם תָּבוֹא בִרְכַּת־טוֹב׃ שְׂפָתַיִם יִשָּׁק מֵשִׁיב
כז דְּבָרִים נְכֹחִים׃ הָכֵן בַּחוּץ ׀ מְלַאכְתֶּךָ וְעַתְּדָהּ בַּשָּׂדֶה לָךְ
אַחַר וּבָנִיתָ בֵיתֶךָ׃
כח כט אַל־תְּהִי עֵד־חִנָּם בְּרֵעֶךָ וַהֲפִתִּיתָ בִּשְׂפָתֶיךָ׃ אַל־תֹּאמַר כַּאֲשֶׁר
עָשָׂה־לִי כֵּן אֶעֱשֶׂה־לּוֹ אָשִׁיב לָאִישׁ כְּפָעֳלוֹ׃
ל לא עַל־שְׂדֵה אִישׁ־עָצֵל עָבַרְתִּי וְעַל־כֶּרֶם אָדָם חֲסַר־לֵב׃ וְהִנֵּה
עָלָה כֻלּוֹ ׀ קִמְּשֹׂנִים כָּסּוּ פָנָיו חֲרֻלִּים וְגֶדֶר אֲבָנָיו נֶהֱרָסָה׃
לב לג וָאֶחֱזֶה אָנֹכִי אָשִׁית לִבִּי רָאִיתִי לָקַחְתִּי מוּסָר׃ מְעַט שֵׁנוֹת
לד מְעַט תְּנוּמוֹת מְעַט ׀ חִבֻּק יָדַיִם לִשְׁכָּב׃ וּבָא־מִתְהַלֵּךְ רֵישֶׁךָ
וּמַחְסֹרֶיךָ כְּאִישׁ מָגֵן׃
כה א גַּם־אֵלֶּה מִשְׁלֵי שְׁלֹמֹה אֲשֶׁר הֶעְתִּיקוּ אַנְשֵׁי ׀ חִזְקִיָּה מֶלֶךְ־
ב יְהוּדָה׃ כְּבֹד אֱלֹהִים הַסְתֵּר דָּבָר וּכְבֹד מְלָכִים חֲקֹר דָּבָר׃
ג ד שָׁמַיִם לָרוּם וָאָרֶץ לָעֹמֶק וְלֵב מְלָכִים אֵין חֵקֶר׃ הָגוֹ סִיגִים

מִכָּסֶף וַיֵּצֵא לַצֹּרֵף כֶּלִי׃ הָגוֹ רָשָׁע לִפְנֵי־מֶלֶךְ וְיִכּוֹן בַּצֶּדֶק כִּסְאוֹ׃ ה
אַל־תִּתְהַדַּר לִפְנֵי־מֶלֶךְ וּבִמְקוֹם גְּדֹלִים אַל־תַּעֲמֹד׃ כִּי טוֹב ו ז
אֲמָר־לְךָ עֲלֵה הֵנָּה מֵהַשְׁפִּילְךָ לִפְנֵי נָדִיב אֲשֶׁר רָאוּ עֵינֶיךָ׃
אַל־תֵּצֵא לָרִב מַהֵר פֶּן מַה־תַּעֲשֶׂה בְּאַחֲרִיתָהּ בְּהַכְלִים אֹתְךָ ח
רֵעֶךָ׃ רִיבְךָ רִיב אֶת־רֵעֶךָ וְסוֹד אַחֵר אַל־תְּגָל׃ פֶּן־יְחַסֶּדְךָ ט י
שֹׁמֵעַ וְדִבָּתְךָ לֹא תָשׁוּב׃ תַּפּוּחֵי זָהָב בְּמַשְׂכִּיּוֹת כָּסֶף יא
דָּבָר דָּבֻר עַל־אָפְנָיו׃ נֶזֶם זָהָב וַחֲלִי־כָתֶם מוֹכִיחַ חָכָם יב
עַל־אֹזֶן שֹׁמָעַת׃
ז כְּצִנַּת־שֶׁלֶג ׀ בְּיוֹם קָצִיר צִיר נֶאֱמָן לְשֹׁלְחָיו וְנֶפֶשׁ אֲדֹנָיו
יָשִׁיב׃
נְשִׂיאִים וְרוּחַ וְגֶשֶׁם אָיִן אִישׁ מִתְהַלֵּל בְּמַתַּת־שָׁקֶר׃ בְּאֹרֶךְ יד טו
אַפַּיִם יְפֻתֶּה קָצִין וְלָשׁוֹן רַכָּה תִּשְׁבָּר־גָּרֶם׃ דְּבַשׁ מָצָאתָ אֱכֹל טז
דַּיֶּךָּ פֶּן־תִּשְׂבָּעֶנּוּ וַהֲקֵאתוֹ׃ הֹקַר רַגְלְךָ מִבֵּית רֵעֶךָ פֶּן־יִשְׂבָּעֲךָ יז
וּשְׂנֵאֶךָ׃ מֵפִיץ וְחֶרֶב וְחֵץ שָׁנוּן אִישׁ־עֹנֶה בְרֵעֵהוּ עֵד שָׁקֶר׃ יח
שֵׁן רָעָה וְרֶגֶל מוּעָדֶת מִבְטָח בּוֹגֵד בְּיוֹם צָרָה׃ מַעֲדֶה־בֶּגֶד ׀ יט כ
בְּיוֹם קָרָה חֹמֶץ עַל־נָתֶר וְשָׁר בַּשִּׁרִים עַל לֶב־רָע׃ אִם־רָעֵב כא
שֹׂנַאֲךָ הַאֲכִלֵהוּ לָחֶם וְאִם־צָמֵא הַשְׁקֵהוּ מָיִם׃ כִּי גֶחָלִים כב
אַתָּה חֹתֶה עַל־רֹאשׁוֹ וַיהוָה יְשַׁלֶּם־לָךְ׃ רוּחַ צָפוֹן תְּחוֹלֵל כג
גָּשֶׁם וּפָנִים נִזְעָמִים לְשׁוֹן סָתֶר׃ טוֹב שֶׁבֶת עַל־פִּנַּת־גָּג מֵאֵשֶׁת כד
מִדְיָנִים מדונים וּבֵית חָבֶר׃
מַיִם קָרִים עַל־נֶפֶשׁ עֲיֵפָה וּשְׁמוּעָה טוֹבָה מֵאֶרֶץ מֶרְחָק׃ מַעְיָן כה כו
נִרְפָּשׂ וּמָקוֹר מָשְׁחָת צַדִּיק מָט לִפְנֵי־רָשָׁע׃ אָכֹל דְּבַשׁ הַרְבּוֹת כז
לֹא־טוֹב וְחֵקֶר כְּבֹדָם כָּבוֹד׃ עִיר פְּרוּצָה אֵין חוֹמָה אִישׁ אֲשֶׁר כח
אֵין מַעְצָר לְרוּחוֹ׃ כַּשֶּׁלֶג ׀ בַּקַּיִץ וְכַמָּטָר בַּקָּצִיר כֵּן לֹא־נָאוֶה א כו
לוֹ לִכְסִיל כָּבוֹד׃ כַּצִּפּוֹר לָנוּד כַּדְּרוֹר לָעוּף כֵּן קִלְלַת חִנָּם לא ב
תָבֹא׃ שׁוֹט לַסּוּס מֶתֶג לַחֲמוֹר וְשֵׁבֶט לְגֵו כְּסִילִים׃ אַל־תַּעַן ג ד
כְּסִיל כְּאִוַּלְתּוֹ פֶּן־תִּשְׁוֶה־לּוֹ גַם־אָתָּה׃ עֲנֵה כְסִיל כְּאִוַּלְתּוֹ ה

ו פֶּן־יִהְיֶה חָכָם בְּעֵינָיו׃ מְקַצֶּה רַגְלַיִם חָמָס שֹׁתֶה שֹׁלֵחַ דְּבָרִים
ז ח בְּיַד־כְּסִיל׃ דַּלְיוּ שֹׁקַיִם מִפִּסֵּחַ וּמָשָׁל בְּפִי כְסִילִים׃ כִּצְרוֹר
ט אֶבֶן בְּמַרְגֵּמָה כֵּן־נוֹתֵן לִכְסִיל כָּבוֹד׃ חוֹחַ עָלָה בְיַד־שִׁכּוֹר
י וּמָשָׁל בְּפִי כְסִילִים׃ רַב מְחוֹלֵל־כֹּל
יא וְשֹׂכֵר כְּסִיל וְשֹׂכֵר עֹבְרִים׃ כְּכֶלֶב שָׁב עַל־קֵאוֹ כְּסִיל שׁוֹנֶה
יב יג בְאִוַּלְתּוֹ׃ רָאִיתָ אִישׁ חָכָם בְּעֵינָיו תִּקְוָה לִכְסִיל מִמֶּנּוּ׃ אָמַר
יד עָצֵל שַׁחַל בַּדָּרֶךְ אֲרִי בֵּין הָרְחֹבוֹת׃ הַדֶּלֶת תִּסּוֹב עַל־צִירָהּ
טו וְעָצֵל עַל־מִטָּתוֹ׃ טָמַן עָצֵל יָדוֹ בַּצַּלָּחַת נִלְאָה לַהֲשִׁיבָהּ אֶל־
טז יז פִּיו׃ חָכָם עָצֵל בְּעֵינָיו מִשִּׁבְעָה מְשִׁיבֵי טָעַם׃ מַחֲזִיק בְּאָזְנֵי־
יח כָלֶב עֹבֵר מִתְעַבֵּר עַל־רִיב לֹּא־לוֹ׃ כְּמִתְלַהְלֵהַּ הַיֹּרֶה זִקִּים
יט חִצִּים וָמָוֶת׃ כֵּן־אִישׁ רִמָּה אֶת־רֵעֵהוּ וְאָמַר הֲלֹא־מְשַׂחֵק אָנִי׃
כ כא בְּאֶפֶס עֵצִים תִּכְבֶּה־אֵשׁ וּבְאֵין נִרְגָּן יִשְׁתֹּק מָדוֹן׃ פֶּחָם לְגֶחָלִים
וְעֵצִים לְאֵשׁ וְאִישׁ מִדוֹנִים לְחַרְחַר־רִיב׃ מִדְיָנִים
כב כג דִּבְרֵי נִרְגָּן כְּמִתְלַהֲמִים וְהֵם יָרְדוּ חַדְרֵי־בָטֶן׃ כֶּסֶף סִיגִים
כד מְצֻפֶּה עַל־חָרֶשׂ שְׂפָתַיִם דֹּלְקִים וְלֶב־רָע׃ בִּשְׂפָתָו יִנָּכֵר שׂוֹנֵא
כה וּבְקִרְבּוֹ יָשִׁית מִרְמָה׃ כִּי־יְחַנֵּן קוֹלוֹ אַל־תַּאֲמֶן־בּוֹ כִּי שֶׁבַע
כו תּוֹעֵבוֹת בְּלִבּוֹ׃ תִּכַּסֶּה שִׂנְאָה בְּמַשָּׁאוֹן תִּגָּלֶה רָעָתוֹ בְקָהָל׃
כז כח כֹּרֶה־שַּׁחַת בָּהּ יִפֹּל וְגֹלֵל אֶבֶן אֵלָיו תָּשׁוּב׃ לְשׁוֹן־שֶׁקֶר יִשְׂנָא
כז א דַכָּיו וּפֶה חָלָק יַעֲשֶׂה מִדְחֶה׃ אַל־תִּתְהַלֵּל בְּיוֹם מָחָר כִּי לֹא־
ב תֵדַע מַה־יֵּלֶד יוֹם׃ יְהַלֶּלְךָ זָר וְלֹא־פִיךָ נָכְרִי וְאַל־שְׂפָתֶיךָ׃
ג ד כֹּבֶד־אֶבֶן וְנֵטֶל הַחוֹל וְכַעַס אֱוִיל כָּבֵד מִשְּׁנֵיהֶם׃ אַכְזְרִיּוּת
ה חֵמָה וְשֶׁטֶף אָף וּמִי יַעֲמֹד לִפְנֵי קִנְאָה׃ טוֹבָה תּוֹכַחַת מְגֻלָּה
ו מֵאַהֲבָה מְסֻתָּרֶת׃ נֶאֱמָנִים פִּצְעֵי אוֹהֵב וְנַעְתָּרוֹת נְשִׁיקוֹת
ז שׂוֹנֵא׃ נֶפֶשׁ שְׂבֵעָה תָּבוּס נֹפֶת וְנֶפֶשׁ רְעֵבָה כָּל־מַר מָתוֹק׃
ח ט כְּצִפּוֹר נוֹדֶדֶת מִן־קִנָּהּ כֵּן־אִישׁ נוֹדֵד מִמְּקוֹמוֹ׃ שֶׁמֶן וּקְטֹרֶת
י יְשַׂמַּח־לֵב וּמֶתֶק רֵעֵהוּ מֵעֲצַת־נָפֶשׁ׃ רֵעֲךָ ורעה אָבִיךָ אַל־ וְרֵעַ
תַּעֲזֹב וּבֵית אָחִיךָ אַל־תָּבוֹא בְּיוֹם אֵידֶךָ טוֹב שָׁכֵן קָרוֹב

יא יב מֵאָח רָחוֹק׃ חֲכַם בְּנִי וְשַׂמַּח לִבִּי וְאָשִׁיבָה חֹרְפִי דָבָר׃ עָרוּם
יג רָאָה רָעָה נִסְתָּר פְּתָאיִם עָבְרוּ נֶעֱנָשׁוּ׃ קַח־בִּגְדוֹ כִּי־עָרַב זָר
יד וּבְעַד נָכְרִיָּה חַבְלֵהוּ׃ מְבָרֵךְ רֵעֵהוּ ׀ בְּקוֹל גָּדוֹל בַּבֹּקֶר הַשְׁכֵּים
טו קְלָלָה תֵּחָשֶׁב לוֹ׃ דֶּלֶף טוֹרֵד בְּיוֹם סַגְרִיר וְאֵשֶׁת מדונים מִדְיָנִים
טז יז נִשְׁתָּוָה׃ צֹפְנֶיהָ צָפַן־רוּחַ וְשֶׁמֶן יְמִינוֹ יִקְרָא׃ בַּרְזֶל בְּבַרְזֶל יָחַד
יח וְאִישׁ יַחַד פְּנֵי־רֵעֵהוּ׃ נֹצֵר תְּאֵנָה יֹאכַל פִּרְיָהּ וְשֹׁמֵר אֲדֹנָיו
יט כ יְכֻבָּד׃ כַּמַּיִם הַפָּנִים לַפָּנִים כֵּן לֵב־הָאָדָם לָאָדָם׃ שְׁאוֹל וַאֲבַדֹּה
לֹא תִשְׂבַּעְנָה וְעֵינֵי הָאָדָם לֹא תִשְׂבַּעְנָה׃
כא כב מַצְרֵף לַכֶּסֶף וְכוּר לַזָּהָב וְאִישׁ לְפִי מַהֲלָלוֹ׃ אִם־תִּכְתּוֹשׁ
אֶת־הָאֱוִיל ׀ בַּמַּכְתֵּשׁ בְּתוֹךְ הָרִיפוֹת בַּעֱלִי לֹא־תָסוּר
מֵעָלָיו אִוַּלְתּוֹ׃
כג כד יָדֹעַ תֵּדַע פְּנֵי צֹאנֶךָ שִׁית לִבְּךָ לַעֲדָרִים׃ כִּי לֹא לְעוֹלָם חֹסֶן
כה וְאִם־נֵזֶר לְדוֹר דור׃ גָּלָה חָצִיר וְנִרְאָה־דֶשֶׁא וְנֶאֶסְפוּ עִשְּׂבוֹת וָדוֹר
כו כז הָרִים׃ כְּבָשִׂים לִלְבוּשֶׁךָ וּמְחִיר שָׂדֶה עַתּוּדִים׃ וְדֵי ׀ חֲלֵב עִזִּים
כח א לְלַחְמְךָ לְלֶחֶם בֵּיתֶךָ וְחַיִּים לְנַעֲרוֹתֶיךָ׃ נָסוּ וְאֵין־רֹדֵף רָשָׁע
ב וְצַדִּיקִים כִּכְפִיר יִבְטָח׃ בְּפֶשַׁע אֶרֶץ רַבִּים שָׂרֶיהָ וּבְאָדָם מֵבִין
ג יֹדֵעַ כֵּן יַאֲרִיךְ׃ גֶּבֶר רָשׁ וְעֹשֵׁק דַּלִּים מָטָר סֹחֵף וְאֵין לָחֶם׃
ד ה עֹזְבֵי תוֹרָה יְהַלְלוּ רָשָׁע וְשֹׁמְרֵי תוֹרָה יִתְגָּרוּ בָם׃ אַנְשֵׁי־רָע
לֹא־יָבִינוּ מִשְׁפָּט וּמְבַקְשֵׁי יְהוָה יָבִינוּ כֹל׃
ו ז טוֹב־רָשׁ הוֹלֵךְ בְּתֻמּוֹ מֵעִקֵּשׁ דְּרָכַיִם וְהוּא עָשִׁיר׃ נוֹצֵר תּוֹרָה
ח בֵּן מֵבִין וְרֹעֶה זוֹלְלִים יַכְלִים אָבִיו׃ מַרְבֶּה הוֹנוֹ בְּנֶשֶׁךְ
ט ובתרבית לְחוֹנֵן דַּלִּים יִקְבְּצֶנּוּ׃ מֵסִיר אָזְנוֹ מִשְּׁמֹעַ תּוֹרָה גַּם־ וְתַרְבִּית
י תְּפִלָּתוֹ תּוֹעֵבָה׃ מַשְׁגֶּה יְשָׁרִים ׀ בְּדֶרֶךְ רָע בִּשְׁחוּתוֹ הוּא־יִפּוֹל
יא וּתְמִימִים יִנְחֲלוּ־טוֹב׃ חָכָם בְּעֵינָיו אִישׁ עָשִׁיר וְדַל מֵבִין
יב יַחְקְרֶנּוּ׃ בַּעֲלֹץ צַדִּיקִים רַבָּה תִפְאָרֶת וּבְקוּם רְשָׁעִים יְחֻפַּשׂ
יג יד אָדָם׃ מְכַסֶּה פְשָׁעָיו לֹא יַצְלִיחַ וּמוֹדֶה וְעֹזֵב יְרֻחָם׃ אַשְׁרֵי
טו אָדָם מְפַחֵד תָּמִיד וּמַקְשֶׁה לִבּוֹ יִפּוֹל בְּרָעָה׃ אֲרִי־נֹהֵם וְדֹב

שׁוֹקֵק מוֹשֵׁל רָשָׁע עַל עַם־דָּל׃
טז נָגִיד חֲסַר תְּבוּנוֹת וְרַב מַעֲשַׁקּוֹת שֹׂנְאֵי בֶצַע יַאֲרִיךְ ח שֹׂנֵא
יָמִים׃
יז יח אָדָם עָשֻׁק בְּדַם־נָפֶשׁ עַד־בּוֹר יָנוּס אַל־יִתְמְכוּ־בוֹ׃ הוֹלֵךְ
יט תָּמִים יִוָּשֵׁעַ וְנֶעְקַשׁ דְּרָכַיִם יִפּוֹל בְּאֶחָת׃ עֹבֵד אַדְמָתוֹ יִשְׂבַּע־
כ לָחֶם וּמְרַדֵּף רֵיקִים יִשְׂבַּע־רִישׁ׃ אִישׁ אֱמוּנוֹת רַב־בְּרָכוֹת וְאָץ
כא לְהַעֲשִׁיר לֹא יִנָּקֶה׃ הַכֵּר־פָּנִים לֹא־טוֹב וְעַל־פַּת־לֶחֶם יִפְשַׁע־
כב כג גָּבֶר׃ נִבְהָל לַהוֹן אִישׁ רַע עָיִן וְלֹא־יֵדַע כִּי־חֶסֶר יְבֹאֶנּוּ׃ מוֹכִיחַ
כד אָדָם אַחֲרַי חֵן יִמְצָא מִמַּחֲלִיק לָשׁוֹן׃ גּוֹזֵל ׀ אָבִיו וְאִמּוֹ וְאֹמֵר
כה אֵין־פָּשַׁע חָבֵר הוּא לְאִישׁ מַשְׁחִית׃ רְחַב־נֶפֶשׁ יְגָרֶה מָדוֹן
כו וּבֹטֵחַ עַל־יְהוָה יְדֻשָּׁן׃ בּוֹטֵחַ בְּלִבּוֹ הוּא כְסִיל וְהוֹלֵךְ בְּחָכְמָה
כז הוּא יִמָּלֵט׃ נוֹתֵן לָרָשׁ אֵין מַחְסוֹר וּמַעְלִים עֵינָיו רַב־מְאֵרוֹת׃
ט כח א בְּקוּם רְשָׁעִים יִסָּתֵר אָדָם וּבְאָבְדָם יִרְבּוּ צַדִּיקִים׃ אִישׁ תּוֹכָחוֹת
ב מַקְשֶׁה־עֹרֶף פֶּתַע יִשָּׁבֵר וְאֵין מַרְפֵּא׃ בִּרְבוֹת צַדִּיקִים יִשְׂמַח
ג הָעָם וּבִמְשֹׁל רָשָׁע יֵאָנַח עָם׃ אִישׁ־אֹהֵב חָכְמָה יְשַׂמַּח אָבִיו
ד וְרֹעֶה זוֹנוֹת יְאַבֶּד־הוֹן׃ מֶלֶךְ בְּמִשְׁפָּט יַעֲמִיד אָרֶץ וְאִישׁ
ה תְּרוּמוֹת יֶהֶרְסֶנָּה׃ גֶּבֶר מַחֲלִיק עַל־רֵעֵהוּ רֶשֶׁת פּוֹרֵשׂ עַל־
ו ז פְּעָמָיו׃ בְּפֶשַׁע אִישׁ רָע מוֹקֵשׁ וְצַדִּיק יָרוּן וְשָׂמֵחַ׃ יֹדֵעַ צַדִּיק
ח דִּין דַּלִּים רָשָׁע לֹא־יָבִין דָּעַת׃ אַנְשֵׁי לָצוֹן יָפִיחוּ קִרְיָה וַחֲכָמִים
ט יָשִׁיבוּ אָף׃ אִישׁ־חָכָם נִשְׁפָּט אֶת־אִישׁ אֱוִיל וְרָגַז וְשָׂחַק וְאֵין
י יא נָחַת׃ אַנְשֵׁי דָמִים יִשְׂנְאוּ־תָם וִישָׁרִים יְבַקְשׁוּ נַפְשׁוֹ׃ כָּל־רוּחוֹ
יב יוֹצִיא כְסִיל וְחָכָם בְּאָחוֹר יְשַׁבְּחֶנָּה׃ מֹשֵׁל מַקְשִׁיב עַל־דְּבַר־
יג שָׁקֶר כָּל־מְשָׁרְתָיו רְשָׁעִים׃ רָשׁ וְאִישׁ תְּכָכִים נִפְגָּשׁוּ מֵאִיר־
יד עֵינֵי שְׁנֵיהֶם יְהוָה׃ מֶלֶךְ שׁוֹפֵט בֶּאֱמֶת דַּלִּים כִּסְאוֹ לָעַד יִכּוֹן׃
טו טז שֵׁבֶט וְתוֹכַחַת יִתֵּן חָכְמָה וְנַעַר מְשֻׁלָּח מֵבִישׁ אִמּוֹ׃ בִּרְבוֹת
יז רְשָׁעִים יִרְבֶּה־פָּשַׁע וְצַדִּיקִים בְּמַפַּלְתָּם יִרְאוּ׃ יַסֵּר בִּנְךָ וִינִיחֶךָ
וְיִתֵּן מַעֲדַנִּים לְנַפְשֶׁךָ׃

יח יט בְּאֵין חָזוֹן יִפָּרַע עָם וְשֹׁמֵר תּוֹרָה אַשְׁרֵהוּ: בִּדְבָרִים לֹא־יִוָּסֶר
כ עָבֶד כִּי־יָבִין וְאֵין מַעֲנֶה: חָזִיתָ אִישׁ אָץ בִּדְבָרָיו תִּקְוָה לִכְסִיל
כא כב מִמֶּנּוּ: מְפַנֵּק מִנֹּעַר עַבְדּוֹ וְאַחֲרִיתוֹ יִהְיֶה מָנוֹן: אִישׁ־אַף יְגָרֶה
כג מָדוֹן וּבַעַל חֵמָה רַב־פָּשַׁע: גַּאֲוַת אָדָם תַּשְׁפִּילֶנּוּ וּשְׁפַל־רוּחַ
כד יִתְמֹךְ כָּבוֹד: חוֹלֵק עִם־גַּנָּב שׂוֹנֵא נַפְשׁוֹ אָלָה יִשְׁמַע וְלֹא יַגִּיד:
כה כו חֶרְדַּת אָדָם יִתֵּן מוֹקֵשׁ וּבוֹטֵחַ בַּיהוָה יְשֻׂגָּב: רַבִּים מְבַקְשִׁים
כז פְּנֵי־מוֹשֵׁל וּמֵיְהוָה מִשְׁפַּט־אִישׁ: תּוֹעֲבַת צַדִּיקִים אִישׁ עָוֶל
וְתוֹעֲבַת רָשָׁע יְשַׁר־דָּרֶךְ:
ל א דִּבְרֵי ׀ אָגוּר בִּן־יָקֶה הַמַּשָּׂא נְאֻם הַגֶּבֶר לְאִיתִיאֵל לְאִיתִיאֵל
ב ג וְאֻכָל: כִּי בַעַר אָנֹכִי מֵאִישׁ וְלֹא־בִינַת אָדָם לִי: וְלֹא־לָמַדְתִּי
ד חָכְמָה וְדַעַת קְדֹשִׁים אֵדָע: מִי עָלָה־שָׁמַיִם ׀ וַיֵּרַד מִי אָסַף־
רוּחַ ׀ בְּחָפְנָיו מִי צָרַר־מַיִם ׀ בַּשִּׂמְלָה מִי הֵקִים כָּל־אַפְסֵי־אָרֶץ
ה מַה־שְּׁמוֹ וּמַה־שֶּׁם־בְּנוֹ כִּי תֵדָע: כָּל־אִמְרַת אֱלוֹהַּ צְרוּפָה
ו מָגֵן הוּא לַחֹסִים בּוֹ: אַל־תּוֹסְףְּ עַל־דְּבָרָיו פֶּן־יוֹכִיחַ בְּךָ
ז וְנִכְזָבְתָּ: שְׁתַּיִם שָׁאַלְתִּי מֵאִתָּךְ אַל־תִּמְנַע מִמֶּנִּי
ח בְּטֶרֶם אָמוּת: שָׁוְא ׀ וּדְבַר־כָּזָב הַרְחֵק מִמֶּנִּי רֵאשׁ וָעֹשֶׁר אַל־
ט תִּתֶּן־לִי הַטְרִיפֵנִי לֶחֶם חֻקִּי: פֶּן־אֶשְׂבַּע ׀ וְכִחַשְׁתִּי וְאָמַרְתִּי מִי
י יְהוָה וּפֶן־אִוָּרֵשׁ וְגָנַבְתִּי וְתָפַשְׂתִּי שֵׁם אֱלֹהָי: אַל־
יא תַּלְשֵׁן עֶבֶד אֶל־אֲדֹנָו פֶּן־יְקַלֶּלְךָ וְאָשָׁמְתָּ: דּוֹר אָבִיו יְקַלֵּל
יב יג וְאֶת־אִמּוֹ לֹא יְבָרֵךְ: דּוֹר טָהוֹר בְּעֵינָיו וּמִצֹּאָתוֹ לֹא רֻחָץ: דּוֹר
יד מָה־רָמוּ עֵינָיו וְעַפְעַפָּיו יִנָּשֵׂאוּ: דּוֹר ׀ חֲרָבוֹת שִׁנָּיו וּמַאֲכָלוֹת
מְתַלְּעֹתָיו לֶאֱכֹל עֲנִיִּים מֵאֶרֶץ וְאֶבְיוֹנִים מֵאָדָם:
טו לַעֲלוּקָה ׀ שְׁתֵּי בָנוֹת הַב ׀ הַב שָׁלוֹשׁ הֵנָּה לֹא תִשְׂבַּעְנָה אַרְבַּע
טז לֹא־אָמְרוּ הוֹן: שְׁאוֹל וְעֹצֶר רָחַם אֶרֶץ לֹא־שָׂבְעָה מַּיִם וְאֵשׁ
יז לֹא־אָמְרָה הוֹן: עַיִן ׀ תִּלְעַג לְאָב וְתָבוּז לִיקֲּהַת אֵם יִקְּרוּהָ
יח עֹרְבֵי־נַחַל וְיֹאכְלוּהָ בְנֵי־נָשֶׁר: שְׁלֹשָׁה הֵמָּה
יט נִפְלְאוּ מִמֶּנִּי וְאַרְבָּעָ לֹא יְדַעְתִּים: דֶּרֶךְ הַנֶּשֶׁר ׀ בַּשָּׁמַיִם

ל
דֶּרֶךְ נָחָשׁ עֲלֵי צוּר דֶּרֶךְ־אֳנִיָּה בְלֶב־יָם וְדֶרֶךְ גֶּבֶר בְּעַלְמָה׃
כ כֵּן ׀ דֶּרֶךְ אִשָּׁה מְנָאָפֶת אָכְלָה וּמָחֲתָה פִיהָ וְאָמְרָה לֹא־
פָעַלְתִּי אָוֶן׃
כא כב תַּחַת שָׁלוֹשׁ רָגְזָה אֶרֶץ וְתַחַת אַרְבַּע לֹא־תוּכַל שְׂאֵת׃ תַּחַת
כג עֶבֶד כִּי יִמְלוֹךְ וְנָבָל כִּי יִשְׂבַּע־לָחֶם׃ תַּחַת שְׂנוּאָה כִּי תִבָּעֵל
וְשִׁפְחָה כִּי־תִירַשׁ גְּבִרְתָּהּ׃
כד כה אַרְבָּעָה הֵם קְטַנֵּי־אָרֶץ וְהֵמָּה חֲכָמִים מְחֻכָּמִים׃ הַנְּמָלִים עַם
כו לֹא־עָז וַיָּכִינוּ בַקַּיִץ לַחְמָם׃ שְׁפַנִּים עַם לֹא־עָצוּם וַיָּשִׂימוּ
כז כח בַסֶּלַע בֵּיתָם׃ מֶלֶךְ אֵין לָאַרְבֶּה וַיֵּצֵא חֹצֵץ כֻּלּוֹ׃ שְׂמָמִית
בְּיָדַיִם תְּתַפֵּשׂ וְהִיא בְּהֵיכְלֵי מֶלֶךְ׃
כט ל שְׁלֹשָׁה הֵמָּה מֵיטִיבֵי צָעַד וְאַרְבָּעָה מֵיטִבֵי לָכֶת׃ לַיִשׁ גִּבּוֹר
לא בַּבְּהֵמָה וְלֹא־יָשׁוּב מִפְּנֵי־כֹל׃ זַרְזִיר מָתְנַיִם אוֹ־תָיִשׁ וּמֶלֶךְ
לב לג אַלְקוּם עִמּוֹ׃ אִם־נָבַלְתָּ בְהִתְנַשֵּׂא וְאִם־זַמּוֹתָ יָד לְפֶה׃ כִּי
מִיץ חָלָב יוֹצִיא חֶמְאָה וּמִיץ־אַף יוֹצִיא דָם וּמִיץ אַפַּיִם יוֹצִיא
לא א רִיב׃ דִּבְרֵי לְמוּאֵל מֶלֶךְ מַשָּׂא אֲשֶׁר־יִסְּרַתּוּ
ב ג אִמּוֹ׃ מַה־בְּרִי וּמַה־בַּר־בִּטְנִי וּמֶה בַּר־נְדָרָי׃ אַל־תִּתֵּן לַנָּשִׁים
ד חֵילֶךָ וּדְרָכֶיךָ לַמְחוֹת מְלָכִין׃ אַל לַמְלָכִים ׀ לְמוֹאֵל אַל
ה לַמְלָכִים שְׁתוֹ־יָיִן וּלְרוֹזְנִים או שֵׁכָר׃ פֶּן־יִשְׁתֶּה וְיִשְׁכַּח אֵי
ו מְחֻקָּק וִישַׁנֶּה דִּין כָּל־בְּנֵי־עֹנִי׃ תְּנוּ־שֵׁכָר לְאוֹבֵד וְיַיִן לְמָרֵי
ז ח נָפֶשׁ׃ יִשְׁתֶּה וְיִשְׁכַּח רִישׁוֹ וַעֲמָלוֹ לֹא יִזְכָּר־עוֹד׃ פְּתַח־
ט פִּיךָ לְאִלֵּם אֶל־דִּין כָּל־בְּנֵי חֲלוֹף׃ פְּתַח־פִּיךָ שְׁפָט־צֶדֶק
וְדִין עָנִי וְאֶבְיוֹן׃
י יא אֵשֶׁת־חַיִל מִי יִמְצָא וְרָחֹק מִפְּנִינִים מִכְרָהּ׃ בָּטַח בָּהּ לֵב בַּעְלָהּ
יב יג וְשָׁלָל לֹא יֶחְסָר׃ גְּמָלַתְהוּ טוֹב וְלֹא־רָע כֹּל יְמֵי חַיֶּיהָ׃ דָּרְשָׁה
יד צֶמֶר וּפִשְׁתִּים וַתַּעַשׂ בְּחֵפֶץ כַּפֶּיהָ׃ הָיְתָה כָּאֳנִיּוֹת סוֹחֵר
טו מִמֶּרְחָק תָּבִיא לַחְמָהּ׃ וַתָּקָם ׀ בְּעוֹד לַיְלָה וַתִּתֵּן טֶרֶף לְבֵיתָהּ
טז וְחֹק לְנַעֲרֹתֶיהָ׃ זָמְמָה שָׂדֶה וַתִּקָּחֵהוּ מִפְּרִי כַפֶּיהָ נָטַע כָּרֶם׃

לא

יז חָגְרָה בְעוֹז מָתְנֶיהָ וַתְּאַמֵּץ זְרוֹעֹתֶיהָ: טָעֲמָה כִּי־טוֹב סַחְרָהּ

יח לֹא־יִכְבֶּה בַלַּיְלָ נֵרָהּ: יָדֶיהָ שִׁלְּחָה בַכִּישׁוֹר וְכַפֶּיהָ תָּמְכוּ פָלֶךְ:

כ כַּפָּהּ פָּרְשָׂה לֶעָנִי וְיָדֶיהָ שִׁלְּחָה לָאֶבְיוֹן: לֹא־תִירָא לְבֵיתָהּ

כא מִשָּׁלֶג כִּי כָל־בֵּיתָהּ לָבֻשׁ שָׁנִים: מַרְבַדִּים עָשְׂתָה־לָּהּ שֵׁשׁ

כב וְאַרְגָּמָן לְבוּשָׁהּ: נוֹדָע בַּשְּׁעָרִים בַּעְלָהּ בְּשִׁבְתּוֹ עִם־זִקְנֵי־אָרֶץ:

כג סָדִין עָשְׂתָה וַתִּמְכֹּר וַחֲגוֹר נָתְנָה לַכְּנַעֲנִי: עוֹז־וְהָדָר לְבוּשָׁהּ

כה וַתִּשְׂחַק לְיוֹם אַחֲרוֹן: פִּיהָ פָּתְחָה בְחָכְמָה וְתוֹרַת־חֶסֶד עַל־

כו לְשׁוֹנָהּ: צוֹפִיָּה הֲלִיכוֹת בֵּיתָהּ וְלֶחֶם עַצְלוּת לֹא תֹאכֵל: קָמוּ

כח בָנֶיהָ וַיְאַשְּׁרוּהָ בַּעְלָהּ וַיְהַלְלָהּ: רַבּוֹת בָּנוֹת עָשׂוּ חָיִל וְאַתְּ

כט עָלִית עַל־כֻּלָּנָה: שֶׁקֶר הַחֵן וְהֶבֶל הַיֹּפִי אִשָּׁה יִרְאַת־יְהוָה הִיא

ל תִתְהַלָּל: תְּנוּ־לָהּ מִפְּרִי יָדֶיהָ וִיהַלְלוּהָ בַשְּׁעָרִים מַעֲשֶׂיהָ:

לא

הֲלִיכוֹת

אבות

א אִישׁ הָיָה בְאֶרֶץ־עוּץ אִיּוֹב שְׁמוֹ וְהָיָה ׀ הָאִישׁ הַהוּא תָּם וְיָשָׁר א
ב וִירֵא אֱלֹהִים וְסָר מֵרָע׃ וַיִּוָּלְדוּ לוֹ שִׁבְעָה בָנִים וְשָׁלוֹשׁ בָּנוֹת׃
ג וַיְהִי מִקְנֵהוּ שִׁבְעַת אַלְפֵי־צֹאן וּשְׁלֹשֶׁת אַלְפֵי גְמַלִּים וַחֲמֵשׁ
מֵאוֹת צֶמֶד־בָּקָר וַחֲמֵשׁ מֵאוֹת אֲתוֹנוֹת וַעֲבֻדָּה רַבָּה מְאֹד וַיְהִי
ד הָאִישׁ הַהוּא גָּדוֹל מִכָּל־בְּנֵי־קֶדֶם׃ וְהָלְכוּ בָנָיו וְעָשׂוּ מִשְׁתֶּה
בֵּית אִישׁ יוֹמוֹ וְשָׁלְחוּ וְקָרְאוּ לִשְׁלֹשֶׁת אַחְיֹתֵיהֶם לֶאֱכֹל
ה וְלִשְׁתּוֹת עִמָּהֶם׃ וַיְהִי כִּי הִקִּיפוּ יְמֵי הַמִּשְׁתֶּה וַיִּשְׁלַח אִיּוֹב
וַיְקַדְּשֵׁם וְהִשְׁכִּים בַּבֹּקֶר וְהֶעֱלָה עֹלוֹת מִסְפַּר כֻּלָּם כִּי אָמַר
אִיּוֹב אוּלַי חָטְאוּ בָנַי וּבֵרְכוּ אֱלֹהִים בִּלְבָבָם כָּכָה יַעֲשֶׂה אִיּוֹב
ו כָּל־הַיָּמִים׃ וַיְהִי הַיּוֹם וַיָּבֹאוּ בְּנֵי הָאֱלֹהִים
ז לְהִתְיַצֵּב עַל־יְהוָה וַיָּבוֹא גַם־הַשָּׂטָן בְּתוֹכָם׃ וַיֹּאמֶר יְהוָה
אֶל־הַשָּׂטָן מֵאַיִן תָּבֹא וַיַּעַן הַשָּׂטָן אֶת־יְהוָה וַיֹּאמַר מִשּׁוּט
ח בָּאָרֶץ וּמֵהִתְהַלֵּךְ בָּהּ׃ וַיֹּאמֶר יְהוָה אֶל־הַשָּׂטָן הֲשַׂמְתָּ לִבְּךָ
עַל־עַבְדִּי אִיּוֹב כִּי אֵין כָּמֹהוּ בָּאָרֶץ אִישׁ תָּם וְיָשָׁר יְרֵא אֱלֹהִים
ט וְסָר מֵרָע׃ וַיַּעַן הַשָּׂטָן אֶת־יְהוָה וַיֹּאמַר הַחִנָּם יָרֵא אִיּוֹב
י אֱלֹהִים׃ הֲלֹא־אַתְּ שַׂכְתָּ בַעֲדוֹ וּבְעַד־בֵּיתוֹ וּבְעַד כָּל־אֲשֶׁר־לוֹ
יא מִסָּבִיב מַעֲשֵׂה יָדָיו בֵּרַכְתָּ וּמִקְנֵהוּ פָּרַץ בָּאָרֶץ׃ וְאוּלָם שְׁלַח־
יב נָא יָדְךָ וְגַע בְּכָל־אֲשֶׁר־לוֹ אִם־לֹא עַל־פָּנֶיךָ יְבָרְכֶךָּ׃ וַיֹּאמֶר
יְהוָה אֶל־הַשָּׂטָן הִנֵּה כָל־אֲשֶׁר־לוֹ בְּיָדֶךָ רַק אֵלָיו אַל־תִּשְׁלַח
יג יָדֶךָ וַיֵּצֵא הַשָּׂטָן מֵעִם פְּנֵי יְהוָה׃ וַיְהִי הַיּוֹם וּבָנָיו וּבְנֹתָיו אֹכְלִים
יד וְשֹׁתִים יַיִן בְּבֵית אֲחִיהֶם הַבְּכוֹר׃ וּמַלְאָךְ בָּא אֶל־אִיּוֹב וַיֹּאמַר
טו הַבָּקָר הָיוּ חֹרְשׁוֹת וְהָאֲתֹנוֹת רֹעוֹת עַל־יְדֵיהֶם׃ וַתִּפֹּל שְׁבָא
וַתִּקָּחֵם וְאֶת־הַנְּעָרִים הִכּוּ לְפִי־חָרֶב וָאִמָּלְטָה רַק־אֲנִי לְבַדִּי
טז לְהַגִּיד לָךְ׃ עוֹד ׀ זֶה מְדַבֵּר וְזֶה בָּא וַיֹּאמַר אֵשׁ אֱלֹהִים נָפְלָה
מִן־הַשָּׁמַיִם וַתִּבְעַר בַּצֹּאן וּבַנְּעָרִים וַתֹּאכְלֵם וָאִמָּלְטָה רַק־אֲנִי
יז לְבַדִּי לְהַגִּיד לָךְ׃ עוֹד ׀ זֶה מְדַבֵּר וְזֶה בָּא וַיֹּאמַר כַּשְׂדִּים שָׂמוּ ׀
שְׁלֹשָׁה רָאשִׁים וַיִּפְשְׁטוּ עַל־הַגְּמַלִּים וַיִּקָּחוּם וְאֶת־הַנְּעָרִים

יח הַכּוּ לְפִי־חָרֶב וָאִמָּלְטָה רַק־אֲנִי לְבַדִּי לְהַגִּיד לָךְ׃ עַד זֶה מְדַבֵּר
וְזֶה בָּא וַיֹּאמַר בָּנֶיךָ וּבְנוֹתֶיךָ אֹכְלִים וְשֹׁתִים יַיִן בְּבֵית אֲחִיהֶם
יט הַבְּכוֹר׃ וְהִנֵּה רוּחַ גְּדוֹלָה בָּאָה ׀ מֵעֵבֶר הַמִּדְבָּר וַיִּגַּע בְּאַרְבַּע
פִּנּוֹת הַבַּיִת וַיִּפֹּל עַל־הַנְּעָרִים וַיָּמוּתוּ וָאִמָּלְטָה רַק־אֲנִי לְבַדִּי
כ לְהַגִּיד לָךְ׃ וַיָּקָם אִיּוֹב וַיִּקְרַע אֶת־מְעִלוֹ וַיָּגָז אֶת־רֹאשׁוֹ וַיִּפֹּל
כא אַרְצָה וַיִּשְׁתָּחוּ׃ וַיֹּאמֶר עָרֹם יָצָתִי מִבֶּטֶן אִמִּי וְעָרֹם אָשׁוּב
כב שָׁמָּה יְהוָה נָתַן וַיהוָה לָקָח יְהִי שֵׁם יְהוָה מְבֹרָךְ׃ בְּכָל־זֹאת
ב א לֹא־חָטָא אִיּוֹב וְלֹא־נָתַן תִּפְלָה לֵאלֹהִים׃ וַיְהִי הַיּוֹם וַיָּבֹאוּ בְּנֵי
הָאֱלֹהִים לְהִתְיַצֵּב עַל־יְהוָה וַיָּבוֹא גַם־הַשָּׂטָן בְּתֹכָם לְהִתְיַצֵּב
ב עַל־יְהוָה׃ וַיֹּאמֶר יְהוָה אֶל־הַשָּׂטָן אֵי מִזֶּה תָּבֹא וַיַּעַן הַשָּׂטָן
ג אֶת־יְהוָה וַיֹּאמַר מִשֻּׁט בָּאָרֶץ וּמֵהִתְהַלֵּךְ בָּהּ׃ וַיֹּאמֶר יְהוָה
אֶל־הַשָּׂטָן הֲשַׂמְתָּ לִבְּךָ אֶל־עַבְדִּי אִיּוֹב כִּי אֵין כָּמֹהוּ בָּאָרֶץ
אִישׁ תָּם וְיָשָׁר יְרֵא אֱלֹהִים וְסָר מֵרָע וְעֹדֶנּוּ מַחֲזִיק בְּתֻמָּתוֹ
ד וַתְּסִיתֵנִי בוֹ לְבַלְּעוֹ חִנָּם׃ וַיַּעַן הַשָּׂטָן אֶת־יְהוָה וַיֹּאמַר עוֹר
ה בְּעַד־עוֹר וְכֹל אֲשֶׁר לָאִישׁ יִתֵּן בְּעַד נַפְשׁוֹ׃ אוּלָם שְׁלַח־נָא
ו יָדְךָ וְגַע אֶל־עַצְמוֹ וְאֶל־בְּשָׂרוֹ אִם־לֹא אֶל־פָּנֶיךָ יְבָרְכֶךָּ׃ וַיֹּאמֶר
ז יְהוָה אֶל־הַשָּׂטָן הִנּוֹ בְיָדֶךָ אַךְ אֶת־נַפְשׁוֹ שְׁמֹר׃ וַיֵּצֵא הַשָּׂטָן
מֵאֵת פְּנֵי יְהוָה וַיַּךְ אֶת־אִיּוֹב בִּשְׁחִין רָע מִכַּף רַגְלוֹ עד וְעַד
ח קָדְקֳדוֹ׃ וַיִּקַּח־לוֹ חֶרֶשׂ לְהִתְגָּרֵד בּוֹ וְהוּא יֹשֵׁב בְּתוֹךְ־הָאֵפֶר׃
ט וַתֹּאמֶר לוֹ אִשְׁתּוֹ עֹדְךָ מַחֲזִיק בְּתֻמָּתֶךָ בָּרֵךְ אֱלֹהִים וָמֻת׃
י וַיֹּאמֶר אֵלֶיהָ כְּדַבֵּר אַחַת הַנְּבָלוֹת תְּדַבֵּרִי גַּם אֶת־הַטּוֹב
נְקַבֵּל מֵאֵת הָאֱלֹהִים וְאֶת־הָרָע לֹא נְקַבֵּל בְּכָל־זֹאת לֹא־
חָטָא אִיּוֹב בִּשְׂפָתָיו׃

יא וַיִּשְׁמְעוּ שְׁלֹשֶׁת ׀ רֵעֵי אִיּוֹב אֵת כָּל־הָרָעָה הַזֹּאת הַבָּאָה עָלָיו
וַיָּבֹאוּ אִישׁ מִמְּקֹמוֹ אֱלִיפַז הַתֵּימָנִי וּבִלְדַּד הַשּׁוּחִי וְצוֹפַר
יב הַנַּעֲמָתִי וַיִּוָּעֲדוּ יַחְדָּו לָבוֹא לָנוּד־לוֹ וּלְנַחֲמוֹ׃ וַיִּשְׂאוּ אֶת־
עֵינֵיהֶם מֵרָחוֹק וְלֹא הִכִּירֻהוּ וַיִּשְׂאוּ קוֹלָם וַיִּבְכּוּ וַיִּקְרְעוּ אִישׁ

מֵעָל֑וֹ וַיִּזְרְק֥וּ עָפָ֛ר עַל־רָאשֵׁיהֶ֖ם הַשָּׁמָֽיְמָה: וַיֵּשְׁב֤וּ אִתּ֙וֹ
לָאָ֔רֶץ שִׁבְעַ֥ת יָמִ֖ים וְשִׁבְעַ֣ת לֵיל֑וֹת וְאֵין־דֹּבֵ֤ר אֵלָיו֙ דָּבָ֔ר

ג א כִּ֣י רָא֔וּ כִּֽי־גָדַ֥ל הַכְּאֵ֖ב מְאֹֽד: אַֽחֲרֵי־כֵ֗ן פָּתַ֤ח אִיּוֹב֙ אֶת־פִּ֔יהוּ
וַיְקַלֵּ֖ל אֶת־יוֹמֽוֹ:

ב וַיַּ֥עַן אִיּ֗וֹב וַיֹּאמַֽר: יֹ֣אבַד י֭וֹם אִוָּ֣לֶד בּ֑וֹ וְהַלַּ֥יְלָה אָ֝מַ֗ר הֹ֣רָה גָֽבֶר:

ד הַיּ֤וֹם הַהוּא֙ יְהִ֣י חֹ֔שֶׁךְ אַֽל־יִדְרְשֵׁ֣הוּ אֱל֣וֹהַּ מִמָּ֑עַל וְאַל־תּוֹפַ֖ע

ה עָלָ֣יו נְהָרָֽה: יִגְאָלֻ֡הוּ חֹ֣שֶׁךְ וְ֭צַלְמָוֶת תִּשְׁכָּן־עָלָ֣יו עֲנָנָ֑ה יְ֝בַעֲתֻ֗הוּ

ו כִּֽמְרִ֥ירֵי יֽוֹם: הַלַּ֥יְלָה הַהוּא֮ יִקָּחֵ֢ה֫וּ אֹ֥פֶל אַל־יִ֭חַדְּ בִּימֵ֣י שָׁנָ֑ה

ז בְּמִסְפַּ֥ר יְ֝רָחִ֗ים אַל־יָבֹֽא: הִנֵּ֤ה הַלַּ֣יְלָה הַ֭הוּא יְהִ֣י גַלְמ֑וּד אַל־

ח תָּבֹ֖א רְנָנָ֣ה בֽוֹ: יִקְּבֻ֥הוּ אֹֽרְרֵי־י֑וֹם הָ֝עֲתִידִ֗ים עֹרֵ֥ר לִוְיָתָֽן: יֶחְשְׁכוּ֮

י כֽוֹכְבֵ֪י נִ֫שְׁפּ֥וֹ יְקַו־לְא֥וֹר וָאַ֑יִן וְאַל־יִ֝רְאֶ֗ה בְּעַפְעַפֵּי־שָֽׁחַר: כִּ֤י לֹ֣א

יא סָ֭גַר דַּלְתֵ֣י בִטְנִ֑י וַיַּסְתֵּ֥ר עָ֝מָ֗ל מֵעֵינָֽי: לָ֤מָּה לֹּ֣א מֵרֶ֣חֶם אָמ֑וּת

יב מִבֶּ֖טֶן יָצָ֣אתִי וְאֶגְוָֽע: מַ֭דּוּעַ קִדְּמ֣וּנִי בִרְכָּ֑יִם וּמַה־שָּׁ֝דַ֗יִם כִּ֣י

יג אִינָֽק: כִּֽי־עַ֭תָּה שָׁכַ֣בְתִּי וְאֶשְׁק֑וֹט יָ֝שַׁ֗נְתִּי אָ֤ז ׀ יָנ֬וּחַֽ לִֽי: עִם־

יד מְ֭לָכִים וְיֹ֣עֲצֵי אָ֑רֶץ הַבֹּנִ֖ים חֳרָב֣וֹת לָֽמוֹ: א֣וֹ עִם־שָׂ֭רִים זָהָ֣ב לָהֶ֑ם

טז הַֽמְמַלְאִ֖ים בָּתֵּיהֶ֣ם כָּֽסֶף: א֤וֹ כְנֵ֣פֶל טָ֭מוּן לֹ֣א אֶהְיֶ֑ה כְּ֝עֹֽלְלִ֗ים

יז לֹא־רָ֥אוּ אֽוֹר: שָׁ֣ם רְ֭שָׁעִים חָ֣דְלוּ רֹ֑גֶז וְשָׁ֥ם יָ֝נ֗וּחוּ יְגִ֣יעֵי כֹֽחַ:

יח יַ֭חַד אֲסִירִ֣ים שַׁאֲנָ֑נוּ לֹ֥א שָׁ֝מְע֗וּ ק֣וֹל נֹגֵֽשׂ: קָטֹ֣ן וְ֭גָדוֹל שָׁ֣ם ה֑וּא

כ וְ֝עֶ֗בֶד חָפְשִׁ֥י מֵאֲדֹנָֽיו: לָ֤מָּה יִתֵּ֣ן לְעָמֵ֣ל א֑וֹר וְ֝חַיִּ֗ים לְמָ֥רֵי נָֽפֶשׁ:

כא הַֽמְחַכִּ֣ים לַמָּ֣וֶת וְאֵינֶ֑נּוּ וַֽ֝יַּחְפְּרֻ֗הוּ מִמַּטְמוֹנִֽים: הַשְּׂמֵחִ֥ים אֱלֵי־

כג גִ֑יל יָ֝שִׂ֗ישׂוּ כִּ֣י יִמְצְאוּ־קָֽבֶר: לְ֭גֶבֶר אֲשֶׁר־דַּרְכּ֣וֹ נִסְתָּ֑רָה וַיָּ֖סֶךְ

כד אֱל֣וֹהַּ בַּעֲדֽוֹ: כִּֽי־לִפְנֵ֣י לַ֭חְמִי אַנְחָתִ֣י תָבֹ֑א וַֽיִּתְּכ֥וּ כַ֝מַּ֗יִם שַׁאֲגֹתָֽי:

כה כִּ֤י פַ֣חַד פָּ֭חַדְתִּי וַיֶּאֱתָיֵ֑נִי וַאֲשֶׁ֥ר יָ֝גֹ֗רְתִּי יָ֣בֹא לִֽי: לֹ֤א שָׁלַ֨וְתִּי ׀
וְלֹ֖א שָׁקַ֥טְתִּי וְֽלֹא־נָ֗חְתִּי וַיָּ֥בֹא רֹֽגֶז:

ד א וַ֭יַּעַן אֱלִיפַ֥ז הַֽתֵּימָנִ֗י וַיֹּאמַֽר: הֲנִסָּ֬ה דָבָ֣ר אֵלֶ֣יךָ תִּלְאֶ֑ה וַעְצֹ֥ר

ג בְּ֝מִלִּ֗ין מִ֣י יוּכָֽל: הִ֭נֵּה יִסַּ֣רְתָּ רַבִּ֑ים וְיָדַ֖יִם רָפ֣וֹת תְּחַזֵּֽק: כּ֭וֹשֵׁל

ה יְקִימ֣וּן מִלֶּ֑יךָ וּבִרְכַּ֖יִם כֹּרְע֣וֹת תְּאַמֵּֽץ: כִּ֤י עַתָּ֨ה ׀ תָּב֣וֹא אֵ֭לֶיךָ

ו וַתֵּלֶא תִּגַּע עָדֶיךָ וַתִּבָּהֵל׃ הֲלֹא יִרְאָתְךָ כִּסְלָתֶךָ תִּקְוָתְךָ וְתֹם
ז ח דְּרָכֶיךָ׃ זְכָר־נָא מִי הוּא נָקִי אָבָד וְאֵיפֹה יְשָׁרִים נִכְחָדוּ׃ כַּאֲשֶׁר
ט רָאִיתִי חֹרְשֵׁי אָוֶן וְזֹרְעֵי עָמָל יִקְצְרֻהוּ׃ מִנִּשְׁמַת אֱלוֹהַּ יֹאבֵדוּ
י וּמֵרוּחַ אַפּוֹ יִכְלוּ׃ שַׁאֲגַת אַרְיֵה וְקוֹל שָׁחַל וְשִׁנֵּי כְפִירִים נִתָּעוּ׃
יא יב לַיִשׁ אֹבֵד מִבְּלִי־טָרֶף וּבְנֵי לָבִיא יִתְפָּרָדוּ׃ וְאֵלַי דָּבָר יְגֻנָּב וַתִּקַּח
יג אָזְנִי שֵׁמֶץ מֶנְהוּ׃ בִּשְׂעִפִּים מֵחֶזְיֹנוֹת לָיְלָה בִּנְפֹל תַּרְדֵּמָה עַל־
יד טו אֲנָשִׁים׃ פַּחַד קְרָאַנִי וּרְעָדָה וְרֹב עַצְמוֹתַי הִפְחִיד׃ וְרוּחַ עַל־
טז פָּנַי יַחֲלֹף תְּסַמֵּר שַׂעֲרַת בְּשָׂרִי׃ יַעֲמֹד ׀ וְלֹא־אַכִּיר מַרְאֵהוּ
יז תְּמוּנָה לְנֶגֶד עֵינָי דְּמָמָה וָקוֹל אֶשְׁמָע׃ הַאֱנוֹשׁ מֵאֱלוֹהַּ יִצְדָּק
יח אִם־מֵעֹשֵׂהוּ יִטְהַר־גָּבֶר׃ הֵן בַּעֲבָדָיו לֹא יַאֲמִין וּבְמַלְאָכָיו יָשִׂים
יט תָּהֳלָה׃ אַף ׀ שֹׁכְנֵי בָתֵּי־חֹמֶר אֲשֶׁר־בֶּעָפָר יְסוֹדָם יְדַכְּאוּם לִפְנֵי־
כ כא עָשׁ׃ מִבֹּקֶר לָעֶרֶב יֻכַּתּוּ מִבְּלִי מֵשִׂים לָנֶצַח יֹאבֵדוּ׃ הֲלֹא־נִסַּע
ה א יִתְרָם בָּם יָמוּתוּ וְלֹא בְחָכְמָה׃ קְרָא־נָא הֲיֵשׁ עוֹנֶךָּ וְאֶל־מִי
ב מִקְּדֹשִׁים תִּפְנֶה׃ כִּי־לֶאֱוִיל יַהֲרָג־כָּעַשׂ וּפֹתֶה תָּמִית קִנְאָה׃
ג ד אֲנִי־רָאִיתִי אֱוִיל מַשְׁרִישׁ וָאֶקּוֹב נָוֵהוּ פִתְאֹם׃ יִרְחֲקוּ בָנָיו מִיֶּשַׁע
ה וְיִדַּכְּאוּ בַשַּׁעַר וְאֵין מַצִּיל׃ אֲשֶׁר קְצִירוֹ ׀ רָעֵב יֹאכֵל וְאֶל־מִצִּנִּים
ו יִקָּחֵהוּ וְשָׁאַף צַמִּים חֵילָם׃ כִּי ׀ לֹא־יֵצֵא מֵעָפָר אָוֶן וּמֵאֲדָמָה
ז לֹא־יִצְמַח עָמָל׃ כִּי־אָדָם לְעָמָל יוּלָּד וּבְנֵי־רֶשֶׁף יַגְבִּיהוּ עוּף׃
ח ט אוּלָם אֲנִי אֶדְרֹשׁ אֶל־אֵל וְאֶל־אֱלֹהִים אָשִׂים דִּבְרָתִי׃ עֹשֶׂה
י גְדֹלוֹת וְאֵין חֵקֶר נִפְלָאוֹת עַד־אֵין מִסְפָּר׃ הַנֹּתֵן מָטָר עַל־פְּנֵי־
יא אָרֶץ וְשֹׁלֵחַ מַיִם עַל־פְּנֵי חוּצוֹת׃ לָשׂוּם שְׁפָלִים לְמָרוֹם וְקֹדְרִים
יב שָׂגְבוּ יֶשַׁע׃ מֵפֵר מַחְשְׁבוֹת עֲרוּמִים וְלֹא־תַעֲשֶׂינָה יְדֵיהֶם
יג יד תּוּשִׁיָּה׃ לֹכֵד חֲכָמִים בְּעָרְמָם וַעֲצַת נִפְתָּלִים נִמְהָרָה׃ יוֹמָם
טו יְפַגְּשׁוּ־חֹשֶׁךְ וְכַלַּיְלָה יְמַשְׁשׁוּ בַצָּהֳרָיִם׃ וַיֹּשַׁע מֵחֶרֶב מִפִּיהֶם
טז וּמִיַּד חָזָק אֶבְיוֹן׃ וַתְּהִי לַדַּל תִּקְוָה וְעֹלָתָה קָפְצָה פִּיהָ׃ הִנֵּה
יז אַשְׁרֵי אֱנוֹשׁ יוֹכִחֶנּוּ אֱלוֹהַּ וּמוּסַר שַׁדַּי אַל־תִּמְאָס׃ כִּי הוּא
יח יט יַכְאִיב וְיֶחְבָּשׁ יִמְחַץ וְיָדָו תִּרְפֶּינָה׃ בְּשֵׁשׁ צָרוֹת יַצִּילֶךָּ וּבְשֶׁבַע ׀

כ לֹא־יִגַּע בְּךָ רָע: בְּרָעָב פָּדְךָ מִמָּוֶת וּבְמִלְחָמָה מִידֵי חָרֶב:
כא כב בְּשׁוֹט לָשׁוֹן תֵּחָבֵא וְלֹא־תִירָא מִשֹּׁד כִּי יָבוֹא: לְשֹׁד וּלְכָפָן
כג תִּשְׂחָק וּמֵחַיַּת הָאָרֶץ אַל־תִּירָא: כִּי עִם־אַבְנֵי הַשָּׂדֶה בְרִיתֶךָ
כד וְחַיַּת הַשָּׂדֶה הָשְׁלְמָה־לָךְ: וְיָדַעְתָּ כִּי־שָׁלוֹם אָהֳלֶךָ וּפָקַדְתָּ
כה נָוְךָ וְלֹא תֶחֱטָא: וְיָדַעְתָּ כִּי־רַב זַרְעֶךָ וְצֶאֱצָאֶיךָ כְּעֵשֶׂב הָאָרֶץ:
כו כז תָּבוֹא בְכֶלַח אֱלֵי־קָבֶר כַּעֲלוֹת גָּדִישׁ בְּעִתּוֹ: הִנֵּה־זֹאת חֲקַרְנוּהָ ב
ו א כֶּן־הִיא שְׁמָעֶנָּה וְאַתָּה דַע־לָךְ: וַיַּעַן אִיּוֹב
ב וַיֹּאמַר: לוּ שָׁקוֹל יִשָּׁקֵל כַּעְשִׂי והיתי בְּמֹאזְנַיִם יִשְׂאוּ־יָחַד: וְהַוָּתִי
ג ד כִּי־עַתָּה מֵחוֹל יַמִּים יִכְבָּד עַל־כֵּן דְּבָרַי לָעוּ: כִּי חִצֵּי שַׁדַּי
ה עִמָּדִי אֲשֶׁר חֲמָתָם שֹׁתָה רוּחִי בִּעוּתֵי אֱלוֹהַּ יַעַרְכוּנִי: הֲיִנְהַק־
ו פֶּרֶא עֲלֵי־דֶשֶׁא אִם יִגְעֶה־שּׁוֹר עַל־בְּלִילוֹ: הֲיֵאָכֵל תָּפֵל מִבְּלִי־
ז מֶלַח אִם־יֶשׁ־טַעַם בְּרִיר חַלָּמוּת: מֵאֲנָה לִנְגּוֹעַ נַפְשִׁי הֵמָּה
ח ט כִּדְוֵי לַחְמִי: מִי־יִתֵּן תָּבוֹא שֶׁאֱלָתִי וְתִקְוָתִי יִתֵּן אֱלוֹהַּ: וְיֹאֵל
י אֱלוֹהַּ וִידַכְּאֵנִי יַתֵּר יָדוֹ וִיבַצְּעֵנִי: וּתְהִי־עוֹד ׀ נֶחָמָתִי וַאֲסַלְּדָה
יא בְחִילָה לֹא יַחְמוֹל כִּי־לֹא כִחַדְתִּי אִמְרֵי קָדוֹשׁ: מַה־כֹּחִי כִי־
יב אֲיַחֵל וּמַה־קִּצִּי כִּי־אַאֲרִיךְ נַפְשִׁי: אִם־כֹּחַ אֲבָנִים כֹּחִי אִם־
יג יד בְּשָׂרִי נָחוּשׁ: הַאִם אֵין עֶזְרָתִי בִי וְתֻשִׁיָּה נִדְּחָה מִמֶּנִּי: לַמָּס
טו מֵרֵעֵהוּ חָסֶד וְיִרְאַת שַׁדַּי יַעֲזוֹב: אַחַי בָּגְדוּ כְמוֹ־נָחַל כַּאֲפִיק
טז יז נְחָלִים יַעֲבֹרוּ: הַקֹּדְרִים מִנִּי־קָרַח עָלֵימוֹ יִתְעַלֶּם־שָׁלֶג: בְּעֵת
יח יְזֹרְבוּ נִצְמָתוּ בְּחֻמּוֹ נִדְעֲכוּ מִמְּקוֹמָם: יִלָּפְתוּ אָרְחוֹת דַּרְכָּם
יט יַעֲלוּ בַתֹּהוּ וְיֹאבֵדוּ: הִבִּיטוּ אָרְחוֹת תֵּמָא הֲלִיכֹת שְׁבָא קִוּוּ־
כ כא לָמוֹ: בֹּשׁוּ כִּי־בָטָח בָּאוּ עָדֶיהָ וַיֶּחְפָּרוּ: כִּי־עַתָּה הֱיִיתֶם לוֹ
כב תִּרְאוּ חֲתַת וַתִּירָאוּ: הֲכִי־אָמַרְתִּי הָבוּ לִי וּמִכֹּחֲכֶם שִׁחֲדוּ
כג כד בַעֲדִי: וּמַלְּטוּנִי מִיַּד־צָר וּמִיַּד עָרִיצִים תִּפְדּוּנִי: הוֹרוּנִי וַאֲנִי
כה אַחֲרִישׁ וּמַה־שָּׁגִיתִי הָבִינוּ לִי: מַה־נִּמְרְצוּ אִמְרֵי־יֹשֶׁר וּמַה־
כו יּוֹכִיחַ הוֹכֵחַ מִכֶּם: הַלְהוֹכַח מִלִּים תַּחְשֹׁבוּ וּלְרוּחַ אִמְרֵי נֹאָשׁ:
כז כח אַף־עַל־יָתוֹם תַּפִּילוּ וְתִכְרוּ עַל־רֵיעֲכֶם: וְעַתָּה הוֹאִילוּ פְנוּ־

כט כִּי וְעַל־פְּנֵיכֶם אִם־אֲכַזֵּב׃ שֻׁבוּ־נָא אַל־תְּהִי עַוְלָה ושבי עוֹד וְשָׁבוּ
ל א ז צִדְקִי־בָהּ׃ הֲיֵשׁ־בִּלְשׁוֹנִי עַוְלָה אִם־חִכִּי לֹא־יָבִין הַוּוֹת׃ הֲלֹא־
ב צָבָא לֶאֱנוֹשׁ עֲלֵי־אָרֶץ וְכִימֵי שָׂכִיר יָמָיו׃ כְּעֶבֶד יִשְׁאַף־צֵל
ג וּכְשָׂכִיר יְקַוֶּה פָעֳלוֹ׃ כֵּן הָנְחַלְתִּי לִי יַרְחֵי־שָׁוְא וְלֵילוֹת עָמָל
ד מִנּוּ־לִי׃ אִם־שָׁכַבְתִּי וְאָמַרְתִּי מָתַי אָקוּם וּמִדַּד־עָרֶב וְשָׂבַעְתִּי
ה נְדֻדִים עֲדֵי־נָשֶׁף׃ לָבַשׁ בְּשָׂרִי רִמָּה וגיש עָפָר עוֹרִי רָגַע וַיִּמָּאֵס׃ וְגוּשׁ
ו ז יָמַי קַלּוּ מִנִּי־אָרֶג וַיִּכְלוּ בְּאֶפֶס תִּקְוָה׃ זְכֹר כִּי־רוּחַ חַיָּי לֹא־
ח תָשׁוּב עֵינִי לִרְאוֹת טוֹב׃ לֹא־תְשׁוּרֵנִי עֵין רֹאִי עֵינֶיךָ בִּי וְאֵינֶנִּי׃
ט י כָּלָה עָנָן וַיֵּלַךְ כֵּן יוֹרֵד שְׁאוֹל לֹא יַעֲלֶה׃ לֹא־יָשׁוּב עוֹד לְבֵיתוֹ
יא וְלֹא־יַכִּירֶנּוּ עוֹד מְקֹמוֹ׃ גַּם־אֲנִי לֹא אֶחֱשָׂךְ פִּי אֲדַבְּרָה בְּצַר
יב רוּחִי אָשִׂיחָה בְּמַר נַפְשִׁי׃ הֲיָם־אָנִי אִם־תַּנִּין כִּי־תָשִׂים עָלַי
יג מִשְׁמָר׃ כִּי־אָמַרְתִּי תְּנַחֲמֵנִי עַרְשִׂי יִשָּׂא בְשִׂיחִי מִשְׁכָּבִי׃
יד טו וְחִתַּתַּנִי בַחֲלֹמוֹת וּמֵחֶזְיֹנוֹת תְּבַעֲתַנִּי׃ וַתִּבְחַר מַחֲנָק נַפְשִׁי מָוֶת
טז מֵעַצְמוֹתָי׃ מָאַסְתִּי לֹא־לְעֹלָם אֶחְיֶה חֲדַל מִמֶּנִּי כִּי־הֶבֶל יָמָי׃
יז יח מָה־אֱנוֹשׁ כִּי תְגַדְּלֶנּוּ וְכִי־תָשִׁית אֵלָיו לִבֶּךָ׃ וַתִּפְקְדֶנּוּ לִבְקָרִים
יט לִרְגָעִים תִּבְחָנֶנּוּ׃ כַּמָּה לֹא־תִשְׁעֶה מִמֶּנִּי לֹא־תַרְפֵּנִי עַד־בִּלְעִי
כ רֻקִּי׃ חָטָאתִי מָה אֶפְעַל ׀ לָךְ נֹצֵר הָאָדָם לָמָה שַׂמְתַּנִי לְמִפְגָּע
כא לָךְ וָאֶהְיֶה עָלַי לְמַשָּׂא׃ וּמֶה ׀ לֹא־תִשָּׂא פִשְׁעִי וְתַעֲבִיר אֶת־עֲוֺנִי
ח א כִּי־עַתָּה לֶעָפָר אֶשְׁכָּב וְשִׁחֲרְתַּנִי וְאֵינֶנִּי׃ וַיַּעַן
ב בִּלְדַּד הַשּׁוּחִי וַיֹּאמַר׃ עַד־אָן תְּמַלֶּל־אֵלֶּה וְרוּחַ כַּבִּיר אִמְרֵי־
ג ד פִיךָ׃ הַאֵל יְעַוֵּת מִשְׁפָּט וְאִם־שַׁדַּי יְעַוֵּת־צֶדֶק׃ אִם־בָּנֶיךָ חָטְאוּ־
ה לוֹ וַיְשַׁלְּחֵם בְּיַד־פִּשְׁעָם׃ אִם־אַתָּה תְּשַׁחֵר אֶל־אֵל וְאֶל־שַׁדַּי
ו תִּתְחַנָּן׃ אִם־זַךְ וְיָשָׁר אָתָּה כִּי־עַתָּה יָעִיר עָלֶיךָ וְשִׁלַּם נְוַת
ז ח צִדְקֶךָ׃ וְהָיָה רֵאשִׁיתְךָ מִצְעָר וְאַחֲרִיתְךָ יִשְׂגֶּה מְאֹד׃ כִּי־שְׁאַל־
ט נָא לְדֹר רִישׁוֹן וְכוֹנֵן לְחֵקֶר אֲבוֹתָם׃ כִּי־תְמוֹל אֲנַחְנוּ וְלֹא נֵדָע
י כִּי צֵל יָמֵינוּ עֲלֵי־אָרֶץ׃ הֲלֹא־הֵם יוֹרוּךָ יֹאמְרוּ לָךְ וּמִלִּבָּם יוֹצִאוּ
יא יב מִלִּים׃ הֲיִגְאֶה־גֹּמֶא בְּלֹא בִצָּה יִשְׂגֶּה־אָחוּ בְלִי־מָיִם׃ עֹדֶנּוּ

יג באבו לא יקטף ולפני כל־חציר ייבש׃ כן ארחות כל־שכחי
יד אל ותקות חנף תאבד׃ אשר־יקוט כסלו ובית עכביש מבטחו׃
טו טז ישען על־ביתו ולא יעמד יחזיק בו ולא יקום׃ רטב הוא לפני־
יז שמש ועל־גנתו ינקתו תצא׃ על־גל שרשיו יסבכו בית אבנים
יח יט יחזה׃ אם־יבלענו ממקמו וכחש בו לא ראיתיך׃ הן־הוא
כ משוש דרכו ומעפר אחר יצמחו׃ הן־אל לא ימאס־תם ולא־
כא יחזיק ביד־מרעים׃ עד־ימלה שחוק פיך ושפתיך תרועה׃
ט כב א שנאיך ילבשו־בשת ואהל רשעים איננו׃ ויען
ב איוב ויאמר׃ אמנם ידעתי כי־כן ומה־יצדק אנוש עם־אל׃
ג ד אם־יחפץ לריב עמו לא־יעננו אחת מני־אלף׃ חכם לבב ואמיץ
ה כח מי־הקשה אליו וישלם׃ המעתיק הרים ולא ידעו אשר
ו ז הפכם באפו׃ המרגיז ארץ ממקומה ועמודיה יתפלצון׃ האמר
ח לחרס ולא יזרח ובעד כוכבים יחתם׃ נטה שמים לבדו ודורך
ט י על־במתי ים׃ עשה־עש כסיל וכימה וחדרי תמן׃ עשה גדלות
יא עד־אין חקר ונפלאות עד־אין מספר׃ הן יעבר עלי ולא
יב אראה ויחלף ולא־אבין לו׃ הן יחתף מי ישיבנו מי־יאמר
יג אליו מה־תעשה׃ אלוה לא־ישיב אפו תחתו שחחו עזרי רהב׃
יד טו אף כי־אנכי אעננו אבחרה דברי עמו׃ אשר אם־צדקתי לא
טז אענה למשפטי אתחנן׃ אם־קראתי ויענני לא־אאמין כי־
יז יח יאזין קולי׃ אשר־בשערה ישופני והרבה פצעי חנם׃ לא־יתנני
יט השב רוחי כי ישבעני ממררים׃ אם־לכח אמיץ הנה ואם־
כ כא למשפט מי יועידני׃ אם־אצדק פי ירשיעני תם־אני ויעקשני׃ תם־
כב אני לא־אדע נפשי אמאס חיי׃ אחת היא על־כן אמרתי תם
כג כד ורשע הוא מכלה׃ אם־שוט ימית פתאם למסת נקים ילעג׃ ארץ ׀
כה נתנה ביד־רשע פני־שפטיה יכסה אם־לא אפוא מי־הוא׃ וימי
כו קלו מני־רץ ברחו לא־ראו טובה׃ חלפו עם־אניות אבה כנשר
כז יטוש עלי־אכל׃ אם־אמרי אשכחה שיחי אעזבה פני ואבליגה׃

כח כט יָגֹרְתִּי כָל־עַצְּבֹתָי יָדַעְתִּי כִּי־לֹא תְנַקֵּנִי׃ אָנֹכִי אֶרְשָׁע לָמָּה־
ל זֶּה הֶבֶל אִיגָע׃ אִם־הִתְרָחַצְתִּי במו־שָׁלֶג וַהֲזִכּוֹתִי בְּבֹר כַּפָּי׃ בְמֵי־
לא לב אָז בַּשַּׁחַת תִּטְבְּלֵנִי וְתִעֲבוּנִי שַׂלְמוֹתָי׃ כִּי־לֹא־אִישׁ כָּמֹנִי אֶעֱנֶנּוּ
לג נָבוֹא יַחְדָּו בַּמִּשְׁפָּט׃ לֹא יֵשׁ־בֵּינֵינוּ מוֹכִיחַ יָשֵׁת יָדוֹ עַל־שְׁנֵינוּ׃
לד לה יָסֵר מֵעָלַי שִׁבְטוֹ וְאֵמָתוֹ אַל־תְּבַעֲתַנִּי׃ אֲדַבְּרָה וְלֹא אִירָאֶנּוּ
י א כִּי־לֹא־כֵן אָנֹכִי עִמָּדִי׃ נָקְטָה נַפְשִׁי בְּחַיָּי אֶעֶזְבָה עָלַי שִׂיחִי
ב אֲדַבְּרָה בְּמַר נַפְשִׁי׃ אֹמַר אֶל־אֱלוֹהַּ אַל־תַּרְשִׁיעֵנִי הוֹדִיעֵנִי
ג עַל מַה־תְּרִיבֵנִי׃ הֲטוֹב לְךָ ׀ כִּי־תַעֲשֹׁק כִּי־תִמְאַס יְגִיעַ כַּפֶּיךָ
ד וְעַל־עֲצַת רְשָׁעִים הוֹפָעְתָּ׃ הַעֵינֵי בָשָׂר לָךְ אִם־כִּרְאוֹת אֱנוֹשׁ
ה ו תִּרְאֶה׃ הֲכִימֵי אֱנוֹשׁ יָמֶיךָ אִם־שְׁנוֹתֶיךָ כִּימֵי גָבֶר׃ כִּי־תְבַקֵּשׁ
ז לַעֲוֹנִי וּלְחַטָּאתִי תִדְרוֹשׁ׃ עַל־דַּעְתְּךָ כִּי־לֹא אֶרְשָׁע וְאֵין מִיָּדְךָ
ח ט מַצִּיל׃ יָדֶיךָ עִצְּבוּנִי וַיַּעֲשׂוּנִי יַחַד סָבִיב וַתְּבַלְּעֵנִי׃ זְכָר־נָא כִּי־
י כַחֹמֶר עֲשִׂיתָנִי וְאֶל־עָפָר תְּשִׁיבֵנִי׃ הֲלֹא כֶחָלָב תַּתִּיכֵנִי וְכַגְּבִנָּה
יא יב תַּקְפִּיאֵנִי׃ עוֹר וּבָשָׂר תַּלְבִּישֵׁנִי וּבַעֲצָמוֹת וְגִידִים תְּשֹׂכְכֵנִי׃ חַיִּים
יג וָחֶסֶד עָשִׂיתָ עִמָּדִי וּפְקֻדָּתְךָ שָׁמְרָה רוּחִי׃ וְאֵלֶּה צָפַנְתָּ בִלְבָבֶךָ
יד יָדַעְתִּי כִּי־זֹאת עִמָּךְ׃ אִם־חָטָאתִי וּשְׁמַרְתָּנִי וּמֵעֲוֹנִי לֹא תְנַקֵּנִי׃
טו אִם־רָשַׁעְתִּי אַלְלַי לִי וְצָדַקְתִּי לֹא־אֶשָּׂא רֹאשִׁי שְׂבַע קָלוֹן
טז יז וּרְאֵה עָנְיִי׃ וְיִגְאֶה כַּשַּׁחַל תְּצוּדֵנִי וְתָשֹׁב תִּתְפַּלָּא בִי׃ תְּחַדֵּשׁ
יח עֵדֶיךָ ׀ נֶגְדִּי וְתֶרֶב כַּעַשְׂךָ עִמָּדִי חֲלִיפוֹת וְצָבָא עִמִּי׃ וְלָמָּה
יט מֵרֶחֶם הֹצֵאתָנִי אֶגְוַע וְעַיִן לֹא־תִרְאֵנִי׃ כַּאֲשֶׁר לֹא־הָיִיתִי אֶהְיֶה
כ מִבֶּטֶן לַקֶּבֶר אוּבָל׃ הֲלֹא־מְעַט יָמַי יחדל ישית מִמֶּנִּי וְאַבְלִיגָה וַחֲדָל וְשִׁית
כא מְּעָט׃ בְּטֶרֶם אֵלֵךְ וְלֹא אָשׁוּב אֶל־אֶרֶץ חֹשֶׁךְ וְצַלְמָוֶת׃
כב אֶרֶץ עֵיפָתָה ׀ כְּמוֹ אֹפֶל צַלְמָוֶת וְלֹא סְדָרִים וַתֹּפַע כְּמוֹ־
יא א ב אֹפֶל׃ וַיַּעַן צֹפַר הַנַּעֲמָתִי וַיֹּאמַר׃ הֲרֹב דְּבָרִים לֹא יֵעָנֶה
ג וְאִם־אִישׁ שְׂפָתַיִם יִצְדָּק׃ בַּדֶּיךָ מְתִים יַחֲרִישׁוּ וַתִּלְעַג וְאֵין
ד ה מַכְלִם׃ וַתֹּאמֶר זַךְ לִקְחִי וּבַר הָיִיתִי בְעֵינֶיךָ׃ וְאוּלָם מִי־יִתֵּן
ו אֱלוֹהַּ דַּבֵּר וְיִפְתַּח שְׂפָתָיו עִמָּךְ׃ וְיַגֶּד־לְךָ ׀ תַּעֲלֻמוֹת חָכְמָה כִּי־

ז כִּפְלַיִם לְתוּשִׁיָּה וְדַע ׀ כִּי־יַשֶּׁה לְךָ אֱלוֹהַּ מֵעֲוֺנֶךָ׃ הַחֵקֶר אֱלוֹהַּ
ח תִּמְצָא אִם עַד־תַּכְלִית שַׁדַּי תִּמְצָא׃ גָּבְהֵי שָׁמַיִם מַה־תִּפְעָל
ט עֲמֻקָּה מִשְּׁאוֹל מַה־תֵּדָע׃ אֲרֻכָּה מֵאֶרֶץ מִדָּהּ וּרְחָבָה מִנִּי־יָם׃
י יא אִם־יַחֲלֹף וְיַסְגִּיר וְיַקְהִיל וּמִי יְשִׁיבֶנּוּ׃ כִּי־הוּא יָדַע מְתֵי־שָׁוְא
יב וַיַּרְא־אָוֶן וְלֹא יִתְבּוֹנָן׃ וְאִישׁ נָבוּב יִלָּבֵב וְעַיִר פֶּרֶא אָדָם יִוָּלֵד׃
יג יד אִם־אַתָּה הֲכִינוֹתָ לִבֶּךָ וּפָרַשְׂתָּ אֵלָיו כַּפֶּךָ׃ אִם־אָוֶן בְּיָדְךָ
טו הַרְחִיקֵהוּ וְאַל־תַּשְׁכֵּן בְּאֹהָלֶיךָ עַוְלָה׃ כִּי־אָז ׀ תִּשָּׂא פָנֶיךָ מִמּוּם
טז וְהָיִיתָ מֻצָק וְלֹא תִירָא׃ כִּי־אַתָּה עָמָל תִּשְׁכָּח כְּמַיִם עָבְרוּ תִזְכֹּר׃
יז יח וּמִצָּהֳרַיִם יָקוּם חָלֶד תָּעֻפָה כַּבֹּקֶר תִּהְיֶה׃ וּבָטַחְתָּ כִּי־יֵשׁ תִּקְוָה
יט וְחָפַרְתָּ לָבֶטַח תִּשְׁכָּב׃ וְרָבַצְתָּ וְאֵין מַחֲרִיד וְחִלּוּ פָנֶיךָ רַבִּים׃ ג
כ וְעֵינֵי רְשָׁעִים תִּכְלֶינָה וּמָנוֹס אָבַד מִנְהֶם וְתִקְוָתָם מַפַּח־
יב א ב נָפֶשׁ׃ וַיַּעַן אִיּוֹב וַיֹּאמַר׃ אָמְנָם כִּי אַתֶּם־עָם
ג וְעִמָּכֶם תָּמוּת חָכְמָה׃ גַּם־לִי לֵבָב ׀ כְּמוֹכֶם לֹא־נֹפֵל אָנֹכִי
ד מִכֶּם וְאֶת־מִי־אֵין כְּמוֹ־אֵלֶּה׃ שְׂחֹק לְרֵעֵהוּ ׀ אֶהְיֶה קֹרֵא
ה לֶאֱלוֹהַּ וַיַּעֲנֵהוּ שְׂחוֹק צַדִּיק תָּמִים׃ לַפִּיד בּוּז לְעַשְׁתּוּת שַׁאֲנָן
ו נָכוֹן לְמוֹעֲדֵי רָגֶל׃ יִשְׁלָיוּ אֹהָלִים ׀ לְשֹׁדְדִים וּבַטֻּחוֹת לְמַרְגִּיזֵי
ז אֵל לַאֲשֶׁר הֵבִיא אֱלוֹהַּ בְּיָדוֹ׃ וְאוּלָם שְׁאַל־נָא בְהֵמוֹת וְתֹרֶךָּ
ח וְעוֹף הַשָּׁמַיִם וְיַגֶּד־לָךְ׃ אוֹ שִׂיחַ לָאָרֶץ וְתֹרֶךָּ וִיסַפְּרוּ לְךָ דְּגֵי
ט י הַיָּם׃ מִי לֹא־יָדַע בְּכָל־אֵלֶּה כִּי יַד־יְהוָה עָשְׂתָה זֹּאת׃ אֲשֶׁר בְּיָדוֹ
יא נֶפֶשׁ כָּל־חָי וְרוּחַ כָּל־בְּשַׂר־אִישׁ׃ הֲלֹא־אֹזֶן מִלִּין תִּבְחָן וְחֵךְ אֹכֶל
יב יג יִטְעַם־לוֹ׃ בִּישִׁישִׁים חָכְמָה וְאֹרֶךְ יָמִים תְּבוּנָה׃ עִמּוֹ חָכְמָה
יד וּגְבוּרָה לוֹ עֵצָה וּתְבוּנָה׃ הֵן יַהֲרוֹס וְלֹא יִבָּנֶה יִסְגֹּר עַל־אִישׁ וְלֹא
טו טז יִפָּתֵחַ׃ הֵן יַעְצֹר בַּמַּיִם וְיִבָשׁוּ וִישַׁלְּחֵם וְיַהַפְכוּ־אָרֶץ׃ עִמּוֹ עֹז
יז וְתוּשִׁיָּה לוֹ שֹׁגֵג וּמַשְׁגֶּה׃ מוֹלִיךְ יוֹעֲצִים שׁוֹלָל וְשֹׁפְטִים יְהוֹלֵל׃
יח יט מוּסַר מְלָכִים פִּתֵּחַ וַיֶּאְסֹר אֵזוֹר בְּמָתְנֵיהֶם׃ מוֹלִיךְ כֹּהֲנִים שׁוֹלָל
כ כא וְאֵתָנִים יְסַלֵּף׃ מֵסִיר שָׂפָה לְנֶאֱמָנִים וְטַעַם זְקֵנִים יִקָּח׃ שׁוֹפֵךְ
כב בּוּז עַל־נְדִיבִים וּמְזִיחַ אֲפִיקִים רִפָּה׃ מְגַלֶּה עֲמֻקוֹת מִנִּי־חֹשֶׁךְ

יב

כג וַיֹּצֵא לָאוֹר צַלְמָוֶת׃ מַשְׂגִּיא לַגּוֹיִם וַיְאַבְּדֵם שֹׁטֵחַ לַגּוֹיִם וַיַּנְחֵם׃
כד כה מֵסִיר לֵב רָאשֵׁי עַם־הָאָרֶץ וַיַּתְעֵם בְּתֹהוּ לֹא־דָרֶךְ׃ יְמַשְׁשׁוּ־
יג א חֹשֶׁךְ וְלֹא־אוֹר וַיַּתְעֵם כַּשִּׁכּוֹר׃ הֶן־כֹּל רָאֲתָה עֵינִי שָׁמְעָה אָזְנִי
ב ג וַתָּבֶן לָהּ׃ כְּדַעְתְּכֶם יָדַעְתִּי גַם־אָנִי לֹא־נֹפֵל אָנֹכִי מִכֶּם׃ אוּלָם
ד אֲנִי אֶל־שַׁדַּי אֲדַבֵּר וְהוֹכֵחַ אֶל־אֵל אֶחְפָּץ׃ וְאוּלָם אַתֶּם טֹפְלֵי־
ה שֶׁקֶר רֹפְאֵי אֱלִל כֻּלְּכֶם׃ מִי־יִתֵּן הַחֲרֵשׁ תַּחֲרִישׁוּן וּתְהִי לָכֶם
ו ז לְחָכְמָה׃ שִׁמְעוּ־נָא תוֹכַחְתִּי וְרִבוֹת שְׂפָתַי הַקְשִׁיבוּ׃ הַלְאֵל
ח תְּדַבְּרוּ עַוְלָה וְלוֹ תְּדַבְּרוּ רְמִיָּה׃ הֲפָנָיו תִּשָּׂאוּן אִם־לָאֵל תְּרִיבוּן׃
ט י הֲטוֹב כִּי־יַחְקֹר אֶתְכֶם אִם־כְּהָתֵל בֶּאֱנוֹשׁ תְּהָתֵלּוּ בוֹ׃ הוֹכֵחַ
יא יוֹכִיחַ אֶתְכֶם אִם־בַּסֵּתֶר פָּנִים תִּשָּׂאוּן׃ הֲלֹא שְׂאֵתוֹ תְּבַעֵת
יב אֶתְכֶם וּפַחְדּוֹ יִפֹּל עֲלֵיכֶם׃ זִכְרֹנֵיכֶם מִשְׁלֵי־אֵפֶר לְגַבֵּי־חֹמֶר
יג יד גַּבֵּיכֶם׃ הַחֲרִישׁוּ מִמֶּנִּי וַאֲדַבְּרָה־אָנִי וְיַעֲבֹר עָלַי מָה׃ עַל־מָה ׀
טו אֶשָּׂא בְשָׂרִי בְשִׁנָּי וְנַפְשִׁי אָשִׂים בְּכַפִּי׃ הֵן יִקְטְלֵנִי לֹא אֲיַחֵל אַךְ־ לו
טז דְּרָכַי אֶל־פָּנָיו אוֹכִיחַ׃ גַּם־הוּא־לִי לִישׁוּעָה כִּי־לֹא לְפָנָיו חָנֵף
יז יח יָבוֹא׃ שִׁמְעוּ שָׁמוֹעַ מִלָּתִי וְאַחֲוָתִי בְּאָזְנֵיכֶם׃ הִנֵּה־נָא עָרַכְתִּי
יט מִשְׁפָּט יָדַעְתִּי כִּי־אֲנִי אֶצְדָּק׃ מִי־הוּא יָרִיב עִמָּדִי כִּי־עַתָּה
כ אַחֲרִישׁ וְאֶגְוָע׃ אַךְ־שְׁתַּיִם אַל־תַּעַשׂ עִמָּדִי אָז מִפָּנֶיךָ לֹא אֶסָּתֵר׃
כא כב כַּפְּךָ מֵעָלַי הַרְחַק וְאֵמָתְךָ אַל־תְּבַעֲתַנִּי׃ וּקְרָא וְאָנֹכִי אֶעֱנֶה אוֹ־
כג אֲדַבֵּר וַהֲשִׁיבֵנִי׃ כַּמָּה לִי עֲוֹנוֹת וְחַטָּאוֹת פִּשְׁעִי וְחַטָּאתִי הֹדִיעֵנִי׃
כד כה לָמָּה־פָנֶיךָ תַסְתִּיר וְתַחְשְׁבֵנִי לְאוֹיֵב לָךְ׃ הֶעָלֶה נִדָּף תַּעֲרוֹץ וְאֶת־
כו קַשׁ יָבֵשׁ תִּרְדֹּף׃ כִּי־תִכְתֹּב עָלַי מְרֹרוֹת וְתוֹרִישֵׁנִי עֲוֹנוֹת נְעוּרָי׃
כז וְתָשֵׂם בַּסַּד ׀ רַגְלַי וְתִשְׁמוֹר כָּל־אָרְחֹתָי עַל־שָׁרְשֵׁי רַגְלַי
כח יד א תִּתְחַקֶּה׃ וְהוּא כְּרָקָב יִבְלֶה כְּבֶגֶד אֲכָלוֹ עָשׁ׃ אָדָם יְלוּד אִשָּׁה
ב קְצַר יָמִים וּשְׂבַע־רֹגֶז׃ כְּצִיץ יָצָא וַיִּמָּל וַיִּבְרַח כַּצֵּל וְלֹא יַעֲמוֹד׃
ג ד אַף־עַל־זֶה פָּקַחְתָּ עֵינֶךָ וְאֹתִי תָבִיא בְמִשְׁפָּט עִמָּךְ׃ מִי־יִתֵּן
ה טָהוֹר מִטָּמֵא לֹא אֶחָד׃ אִם־חֲרוּצִים ׀ יָמָיו מִסְפַּר־חֳדָשָׁיו אִתָּךְ
ו חֻקָּו עָשִׂיתָ וְלֹא יַעֲבֹר׃ שְׁעֵה מֵעָלָיו וְיֶחְדָּל עַד־יִרְצֶה כְּשָׂכִיר

ז יוֹמוֹ׃ כִּי יֵשׁ לָעֵץ תִּקְוָה אִם־יִכָּרֵת וְעוֹד יַחֲלִיף וְיֹנַקְתּוֹ לֹא
ח ט תֶחְדָּל׃ אִם־יַזְקִין בָּאָרֶץ שָׁרְשׁוֹ וּבֶעָפָר יָמוּת גִּזְעוֹ׃ מֵרֵיחַ מַיִם
י יַפְרִחַ וְעָשָׂה קָצִיר כְּמוֹ־נָטַע׃ וְגֶבֶר יָמוּת וַיֶּחֱלָשׁ וַיִּגְוַע אָדָם
יא יב וְאַיּוֹ׃ אָזְלוּ־מַיִם מִנִּי־יָם וְנָהָר יֶחֱרַב וְיָבֵשׁ׃ וְאִישׁ שָׁכַב וְלֹא־
יג יָקוּם עַד־בִּלְתִּי שָׁמַיִם לֹא יָקִיצוּ וְלֹא־יֵעֹרוּ מִשְּׁנָתָם׃ מִי יִתֵּן ׀
בִּשְׁאוֹל תַּצְפִּנֵנִי תַּסְתִּירֵנִי עַד־שׁוּב אַפֶּךָ תָּשִׁית לִי חֹק וְתִזְכְּרֵנִי׃
יד אִם־יָמוּת גֶּבֶר הֲיִחְיֶה כָּל־יְמֵי צְבָאִי אֲיַחֵל עַד־בּוֹא חֲלִיפָתִי׃
טו טז תִּקְרָא וְאָנֹכִי אֶעֱנֶךָּ לְמַעֲשֵׂה יָדֶיךָ תִכְסֹף׃ כִּי־עַתָּה צְעָדַי
יז תִּסְפּוֹר לֹא־תִשְׁמוֹר עַל־חַטָּאתִי׃ חָתֻם בִּצְרוֹר פִּשְׁעִי וַתִּטְפֹּל
יח יט עַל־עֲוֺנִי׃ וְאוּלָם הַר־נוֹפֵל יִבּוֹל וְצוּר יֶעְתַּק מִמְּקֹמוֹ׃ אֲבָנִים ׀
שָׁחֲקוּ מַיִם תִּשְׁטֹף־סְפִיחֶיהָ עֲפַר־אָרֶץ וְתִקְוַת אֱנוֹשׁ הֶאֱבַדְתָּ׃
כ כא תִּתְקְפֵהוּ לָנֶצַח וַיַּהֲלֹךְ מְשַׁנֶּה פָנָיו וַתְּשַׁלְּחֵהוּ׃ יִכְבְּדוּ בָנָיו וְלֹא
כב יֵדָע וְיִצְעֲרוּ וְלֹא־יָבִין לָמוֹ׃ אַךְ־בְּשָׂרוֹ עָלָיו יִכְאָב וְנַפְשׁוֹ עָלָיו
טו א ב תֶּאֱבָל׃ וַיַּעַן אֱלִיפַז הַתֵּימָנִי וַיֹּאמַר׃ הֶחָכָם יַעֲנֶה
ג דַעַת־רוּחַ וִימַלֵּא קָדִים בִּטְנוֹ׃ הוֹכֵחַ בְּדָבָר לֹא יִסְכּוֹן וּמִלִּים
ד לֹא־יוֹעִיל בָּם׃ אַף־אַתָּה תָּפֵר יִרְאָה וְתִגְרַע שִׂיחָה לִפְנֵי־אֵל׃
ה ו כִּי יְאַלֵּף עֲוֺנְךָ פִיךָ וְתִבְחַר לְשׁוֹן עֲרוּמִים׃ יַרְשִׁיעֲךָ פִיךָ וְלֹא־
ז אָנִי וּשְׂפָתֶיךָ יַעֲנוּ־בָךְ׃ הֲרִאישׁוֹן אָדָם תִּוָּלֵד וְלִפְנֵי גְבָעוֹת
ח ט חוֹלָלְתָּ׃ הַבְסוֹד אֱלוֹהַּ תִּשְׁמָע וְתִגְרַע אֵלֶיךָ חָכְמָה׃ מַה־
י יָּדַעְתָּ וְלֹא נֵדָע תָּבִין וְלֹא־עִמָּנוּ הוּא׃ גַּם־שָׂב גַּם־יָשִׁישׁ בָּנוּ
יא כַּבִּיר מֵאָבִיךָ יָמִים׃ הַמְעַט מִמְּךָ תַּנְחֻמוֹת אֵל וְדָבָר לָאַט
יב יג עִמָּךְ׃ מַה־יִּקָּחֲךָ לִבֶּךָ וּמַה־יִּרְזְמוּן עֵינֶיךָ׃ כִּי־תָשִׁיב אֶל־אֵל
יד רוּחֶךָ וְהֹצֵאתָ מִפִּיךָ מִלִּין׃ מָה־אֱנוֹשׁ כִּי־יִזְכֶּה וְכִי־יִצְדַּק יְלוּד
טו טז אִשָּׁה׃ הֵן בִּקְדֹשָׁו לֹא יַאֲמִין וְשָׁמַיִם לֹא־זַכּוּ בְעֵינָיו׃ אַף כִּי־
יז נִתְעָב וְנֶאֱלָח אִישׁ־שֹׁתֶה כַמַּיִם עַוְלָה׃ אֲחַוְךָ שְׁמַע־לִי וְזֶה־
יח יט חָזִיתִי וַאֲסַפֵּרָה׃ אֲשֶׁר־חֲכָמִים יַגִּידוּ וְלֹא כִחֲדוּ מֵאֲבוֹתָם׃ לָהֶם
כ לְבַדָּם נִתְּנָה הָאָרֶץ וְלֹא־עָבַר זָר בְּתוֹכָם׃ כָּל־יְמֵי רָשָׁע הוּא

כא מִתְחוֹלֵל וּמִסְפַּר שָׁנִים נִצְפְּנוּ לֶעָרִיץ׃ קוֹל־פְּחָדִים בְּאָזְנָיו בַּשָּׁלוֹם
כב שׁוֹדֵד יְבוֹאֶנּוּ׃ לֹא־יַאֲמִין שׁוּב מִנִּי־חֹשֶׁךְ וצפו הוּא אֱלֵי־חָרֶב׃ וְצָפוּי
כג כד נֹדֵד הוּא לַלֶּחֶם אַיֵּה יָדַע ׀ כִּי־נָכוֹן בְּיָדוֹ יוֹם־חֹשֶׁךְ׃ יְבַעֲתֻהוּ
כה צַר וּמְצוּקָה תִּתְקְפֵהוּ כְּמֶלֶךְ ׀ עָתִיד לַכִּידוֹר׃ כִּי־נָטָה אֶל־אֵל
כו יָדוֹ וְאֶל־שַׁדַּי יִתְגַּבָּר׃ יָרוּץ אֵלָיו בְּצַוָּאר בַּעֲבִי גַּבֵּי מָגִנָּיו׃
כז כח כִּי־כִסָּה פָנָיו בְּחֶלְבּוֹ וַיַּעַשׂ פִּימָה עֲלֵי־כָסֶל׃ וַיִּשְׁכּוֹן ׀ עָרִים
כט נִכְחָדוֹת בָּתִּים לֹא־יֵשְׁבוּ לָמוֹ אֲשֶׁר הִתְעַתְּדוּ לְגַלִּים׃ לֹא־
ל יֶעְשַׁר וְלֹא־יָקוּם חֵילוֹ וְלֹא־יִטֶּה לָאָרֶץ מִנְלָם׃ לֹא־יָסוּר ׀ מִנִּי־
לא חֹשֶׁךְ יֹנַקְתּוֹ תְּיַבֵּשׁ שַׁלְהָבֶת וְיָסוּר בְּרוּחַ פִּיו׃ אַל־יַאֲמֵן בַּשָּׁו
לב נִתְעָה כִּי־שָׁוְא תִּהְיֶה תְמוּרָתוֹ׃ בְּלֹא־יוֹמוֹ תִּמָּלֵא וְכִפָּתוֹ לֹא
לג לד רַעֲנָנָה׃ יַחְמֹס כַּגֶּפֶן בִּסְרוֹ וְיַשְׁלֵךְ כַּזַּיִת נִצָּתוֹ׃ כִּי־עֲדַת חָנֵף
לה גַּלְמוּד וְאֵשׁ אָכְלָה אָהֳלֵי־שֹׁחַד׃ הָרֹה עָמָל וְיָלֹד אָוֶן וּבִטְנָם
טז א ב תָּכִין מִרְמָה׃ וַיַּעַן אִיּוֹב וַיֹּאמַר׃ שָׁמַעְתִּי כְאֵלֶּה
ג רַבּוֹת מְנַחֲמֵי עָמָל כֻּלְּכֶם׃ הֲקֵץ לְדִבְרֵי־רוּחַ אוֹ מַה־יַּמְרִיצְךָ
ד כִּי תַעֲנֶה׃ גַּם ׀ אָנֹכִי כָּכֶם אֲדַבֵּרָה לוּ־יֵשׁ נַפְשְׁכֶם תַּחַת
נַפְשִׁי אַחְבִּירָה עֲלֵיכֶם בְּמִלִּים וְאָנִיעָה עֲלֵיכֶם בְּמוֹ רֹאשִׁי׃
ה ו אֲאַמִּצְכֶם בְּמוֹ־פִי וְנִיד שְׂפָתַי יַחְשֹׂךְ׃ אִם־אֲדַבְּרָה לֹא־יֵחָשֵׂךְ
ז כְּאֵבִי וְאַחְדְּלָה מַה־מִּנִּי יַהֲלֹךְ׃ אַךְ־עַתָּה הֶלְאָנִי הֲשִׁמּוֹתָ כָּל־
ח ט עֲדָתִי׃ וַתִּקְמְטֵנִי לְעֵד הָיָה וַיָּקָם בִּי כַחֲשִׁי בְּפָנַי יַעֲנֶה׃ אַפּוֹ
י טָרַף ׀ וַיִּשְׂטְמֵנִי חָרַק עָלַי בְּשִׁנָּיו צָרִי ׀ יִלְטוֹשׁ עֵינָיו לִי׃ פָּעֲרוּ
יא עָלַי ׀ בְּפִיהֶם בְּחֶרְפָּה הִכּוּ לְחָיָי יַחַד עָלַי יִתְמַלָּאוּן׃ יַסְגִּירֵנִי
יב אֵל אֶל עֲוִיל וְעַל־יְדֵי רְשָׁעִים יִרְטֵנִי׃ שָׁלֵו הָיִיתִי ׀ וַיְפַרְפְּרֵנִי
יג וְאָחַז בְּעָרְפִּי וַיְפַצְפְּצֵנִי וַיְקִימֵנִי לוֹ לְמַטָּרָה׃ יָסֹבּוּ עָלַי ׀ רַבָּיו
יד יְפַלַּח כִּלְיוֹתַי וְלֹא יַחְמוֹל יִשְׁפֹּךְ לָאָרֶץ מְרֵרָתִי׃ יִפְרְצֵנִי פֶרֶץ
טו עַל־פְּנֵי־פָרֶץ יָרֻץ עָלַי כְּגִבּוֹר׃ שַׂק תָּפַרְתִּי עֲלֵי גִלְדִּי וְעֹלַלְתִּי
טז יז בֶעָפָר קַרְנִי׃ פָּנַי חמרמרה מִנִּי־בֶכִי וְעַל עַפְעַפַּי צַלְמָוֶת׃ עַל חֳמַרְמְרוּ
יח לֹא־חָמָס בְּכַפָּי וּתְפִלָּתִי זַכָּה׃ אֶרֶץ אַל־תְּכַסִּי דָמִי וְאַל־יְהִי

יט מְקוֹם לְזַעֲקָתִי׃ גַּם־עַתָּה הִנֵּה־בַשָּׁמַיִם עֵדִי וְשָׂהֲדִי בַּמְּרוֹמִים׃
כ כא מְלִיצַי רֵעָי אֶל־אֱלוֹהַּ דָּלְפָה עֵינִי׃ וְיוֹכַח לְגֶבֶר עִם־אֱלוֹהַּ
כב וּבֶן־אָדָם לְרֵעֵהוּ׃ כִּי־שְׁנוֹת מִסְפָּר יֶאֱתָיוּ וְאֹרַח לֹא־אָשׁוּב
יז א ב אֶהֱלֹךְ׃ רוּחִי חֻבָּלָה יָמַי נִזְעָכוּ קְבָרִים לִי׃ אִם־לֹא הֲתֻלִים
ג עִמָּדִי וּבְהַמְּרוֹתָם תָּלַן עֵינִי׃ שִׂימָה־נָּא עָרְבֵנִי עִמָּךְ מִי הוּא
ד ה לְיָדִי יִתָּקֵעַ׃ כִּי־לִבָּם צָפַנְתָּ מִּשָּׂכֶל עַל־כֵּן לֹא תְרֹמֵם׃ לְחֵלֶק
ו יַגִּיד רֵעִים וְעֵינֵי בָנָיו תִּכְלֶנָה׃ וְהִצִּגַנִי לִמְשֹׁל עַמִּים וְתֹפֶת
ז ח לְפָנִים אֶהְיֶה׃ וַתֵּכַהּ מִכַּעַשׂ עֵינִי וִיצֻרַי כַּצֵּל כֻּלָּם׃ יָשֹׁמּוּ
ט יְשָׁרִים עַל־זֹאת וְנָקִי עַל־חָנֵף יִתְעֹרָר׃ וְיֹאחֵז צַדִּיק דַּרְכּוֹ ד
י וּטֳהָר־יָדַיִם יֹסִיף אֹמֶץ׃ וְאֻלָּם כֻּלָּם תָּשֻׁבוּ וּבֹאוּ נָא וְלֹא־
יא אֶמְצָא בָכֶם חָכָם׃ יָמַי עָבְרוּ זִמֹּתַי נִתְּקוּ מוֹרָשֵׁי לְבָבִי׃
יב יג לַיְלָה לְיוֹם יָשִׂימוּ אוֹר קָרוֹב מִפְּנֵי־חֹשֶׁךְ׃ אִם־אֲקַוֶּה שְׁאוֹל
יד בֵּיתִי בַּחֹשֶׁךְ רִפַּדְתִּי יְצוּעָי׃ לַשַּׁחַת קָרָאתִי אָבִי אָתָּה אִמִּי
טו טז וַאֲחֹתִי לָרִמָּה׃ וְאַיֵּה אֵפוֹ תִקְוָתִי וְתִקְוָתִי מִי יְשׁוּרֶנָּה׃ בַּדֵּי שְׁאֹל
יח א תֵּרַדְנָה אִם־יַחַד עַל־עָפָר נָחַת׃ וַיַּעַן בִּלְדַּד
ב הַשֻּׁחִי וַיֹּאמַר׃ עַד־אָנָה ׀ תְּשִׂימוּן קִנְצֵי לְמִלִּין תָּבִינוּ וְאַחַר
ג ד נְדַבֵּר׃ מַדּוּעַ נֶחְשַׁבְנוּ כַבְּהֵמָה נִטְמִינוּ בְּעֵינֵיכֶם׃ טֹרֵף נַפְשׁוֹ
ה בְּאַפּוֹ הַלְמַעַנְךָ תֵּעָזַב אָרֶץ וְיֶעְתַּק־צוּר מִמְּקֹמוֹ׃ גַּם אוֹר רְשָׁעִים
ו יִדְעָךְ וְלֹא־יִגַּהּ שְׁבִיב אִשּׁוֹ׃ אוֹר חָשַׁךְ בְּאָהֳלוֹ וְנֵרוֹ עָלָיו יִדְעָךְ׃
ז ח יֵצְרוּ צַעֲדֵי אוֹנוֹ וְתַשְׁלִיכֵהוּ עֲצָתוֹ׃ כִּי־שֻׁלַּח בְּרֶשֶׁת בְּרַגְלָיו
ט י וְעַל־שְׂבָכָה יִתְהַלָּךְ׃ יֹאחֵז בְּעָקֵב פָּח יַחֲזֵק עָלָיו צַמִּים׃ טָמוּן
יא בָּאָרֶץ חַבְלוֹ וּמַלְכֻּדְתּוֹ עֲלֵי נָתִיב׃ סָבִיב בִּעֲתֻהוּ בַלָּהוֹת
יב יג וֶהֱפִיצֻהוּ לְרַגְלָיו׃ יְהִי־רָעֵב אֹנוֹ וְאֵיד נָכוֹן לְצַלְעוֹ׃ יֹאכַל בַּדֵּי
יד עוֹרוֹ יֹאכַל בַּדָּיו בְּכוֹר מָוֶת׃ יִנָּתֵק מֵאָהֳלוֹ מִבְטַחוֹ וְתַצְעִדֵהוּ
טו לְמֶלֶךְ בַּלָּהוֹת׃ תִּשְׁכּוֹן בְּאָהֳלוֹ מִבְּלִי־לוֹ יְזֹרֶה עַל־נָוֵהוּ גָפְרִית׃
טז יז מִתַּחַת שָׁרָשָׁיו יִבָשׁוּ וּמִמַּעַל יִמַּל קְצִירוֹ׃ זִכְרוֹ־אָבַד מִנִּי־אָרֶץ
יח וְלֹא־שֵׁם לוֹ עַל־פְּנֵי־חוּץ׃ יֶהְדְּפֻהוּ מֵאוֹר אֶל־חֹשֶׁךְ וּמִתֵּבֵל

יט כ יְנַדְּהוּ: לֹא נִין לוֹ וְלֹא־נֶכֶד בְּעַמּוֹ וְאֵין שָׂרִיד בִּמְגוּרָיו: עַל־
כא יוֹמוֹ נָשַׁמּוּ אַחֲרֹנִים וְקַדְמֹנִים אָחֲזוּ שָׂעַר: אַךְ־אֵלֶּה מִשְׁכְּנוֹת
א יט עַוָּל וְזֶה מְקוֹם לֹא־יָדַע־אֵל: וַיַּעַן אִיּוֹב וַיֹּאמַר:
ב ג עַד־אָנָה תּוֹגְיוּן נַפְשִׁי וּתְדַכְּאוּנַנִי בְמִלִּים: זֶה עֶשֶׂר פְּעָמִים
ד תַּכְלִימוּנִי לֹא־תֵבֹשׁוּ תַּהְכְּרוּ־לִי: וְאַף־אָמְנָם שָׁגִיתִי אִתִּי
ה תָּלִין מְשׁוּגָתִי: אִם־אָמְנָם עָלַי תַּגְדִּילוּ וְתוֹכִיחוּ עָלַי חֶרְפָּתִי:
ו ז דְּעוּ־אֵפוֹ כִּי־אֱלוֹהַּ עִוְּתָנִי וּמְצוּדוֹ עָלַי הִקִּיף: הֵן אֶצְעַק חָמָס
ח וְלֹא אֵעָנֶה אֲשַׁוַּע וְאֵין מִשְׁפָּט: אָרְחִי גָדַר וְלֹא אֶעֱבוֹר וְעַל־
ט נְתִיבוֹתַי חֹשֶׁךְ יָשִׂים: כְּבוֹדִי מֵעָלַי הִפְשִׁיט וַיָּסַר עֲטֶרֶת רֹאשִׁי:
י יא יִתְּצֵנִי סָבִיב וָאֵלַךְ וַיַּסַּע כָּעֵץ תִּקְוָתִי: וַיַּחַר עָלַי אַפּוֹ וַיַּחְשְׁבֵנִי
יב לוֹ כְצָרָיו: יַחַד ׀ יָבֹאוּ גְדוּדָיו וַיָּסֹלּוּ עָלַי דַּרְכָּם וַיַּחֲנוּ סָבִיב
יג יד לְאָהֳלִי: אַחַי מֵעָלַי הִרְחִיק וְיֹדְעַי אַךְ־זָרוּ מִמֶּנִּי: חָדְלוּ קְרוֹבָי
טו וּמְיֻדָּעַי שְׁכֵחוּנִי: גָּרֵי בֵיתִי וְאַמְהֹתַי לְזָר תַּחְשְׁבֻנִי נָכְרִי הָיִיתִי
טז יז בְעֵינֵיהֶם: לְעַבְדִּי קָרָאתִי וְלֹא יַעֲנֶה בְּמוֹ־פִי אֶתְחַנֶּן־לוֹ: רוּחִי
יח זָרָה לְאִשְׁתִּי וְחַנֹּתִי לִבְנֵי בִטְנִי: גַּם־עֲוִילִים מָאֲסוּ בִי אָקוּמָה
יט וַיְדַבְּרוּ־בִי: תִּעֲבוּנִי כָּל־מְתֵי סוֹדִי וְזֶה־אָהַבְתִּי נֶהְפְּכוּ־בִי:
כ כא בְּעוֹרִי וּבִבְשָׂרִי דָּבְקָה עַצְמִי וָאֶתְמַלְּטָה בְּעוֹר שִׁנָּי: חָנֻּנִי חָנֻּנִי
כב אַתֶּם רֵעָי כִּי יַד־אֱלוֹהַּ נָגְעָה בִּי: לָמָּה תִּרְדְּפֻנִי כְמוֹ־אֵל
כג וּמִבְּשָׂרִי לֹא תִשְׂבָּעוּ: מִי־יִתֵּן אֵפוֹ וְיִכָּתְבוּן מִלָּי מִי־יִתֵּן בַּסֵּפֶר
כד כה וְיֻחָקוּ: בְּעֶט־בַּרְזֶל וְעֹפָרֶת לָעַד בַּצּוּר יֵחָצְבוּן: וַאֲנִי יָדַעְתִּי
כו גֹּאֲלִי חָי וְאַחֲרוֹן עַל־עָפָר יָקוּם: וְאַחַר עוֹרִי נִקְּפוּ־זֹאת וּמִבְּשָׂרִי
כז אֶחֱזֶה אֱלוֹהַּ: אֲשֶׁר אֲנִי ׀ אֶחֱזֶה־לִּי וְעֵינַי רָאוּ וְלֹא־זָר כָּלוּ
כח כִלְיֹתַי בְּחֵקִי: כִּי תֹאמְרוּ מַה־נִּרְדָּף־לוֹ וְשֹׁרֶשׁ דָּבָר נִמְצָא־בִי:
כט גּוּרוּ לָכֶם ׀ מִפְּנֵי־חֶרֶב כִּי־חֵמָה עֲוֹנוֹת חָרֶב לְמַעַן תֵּדְעוּן
א ב כ שַׁדִּין: וַיַּעַן צֹפַר הַנַּעֲמָתִי וַיֹּאמַר: לָכֵן שְׂעִפַּי שַׁדּוּן
ג יְשִׁיבוּנִי וּבַעֲבוּר חוּשִׁי בִי: מוּסַר כְּלִמָּתִי אֶשְׁמָע וְרוּחַ מִבִּינָתִי
ד ה יַעֲנֵנִי: הֲזֹאת יָדַעְתָּ מִנִּי־עַד מִנִּי שִׂים אָדָם עֲלֵי־אָרֶץ: כִּי

ו רְנְנַת רְשָׁעִים מִקָּרוֹב וְשִׂמְחַת חָנֵף עֲדֵי־רָגַע׃ אִם־יַעֲלֶה
ז לַשָּׁמַיִם שִׂיאוֹ וְרֹאשׁוֹ לָעָב יַגִּיעַ׃ כְּגֶלְלוֹ לָנֶצַח יֹאבֵד רֹאָיו
ח יֹאמְרוּ אַיּוֹ׃ כַּחֲלוֹם יָעוּף וְלֹא יִמְצָאֻהוּ וְיֻדַּד כְּחֶזְיוֹן לָיְלָה׃
ט עַיִן שְׁזָפַתּוּ וְלֹא תוֹסִיף וְלֹא־עוֹד תְּשׁוּרֶנּוּ מְקוֹמוֹ׃ בָּנָיו יְרַצּוּ
יא דַלִּים וְיָדָיו תָּשֵׁבְנָה אוֹנוֹ׃ עַצְמוֹתָיו מָלְאוּ עֲלוּמָו וְעִמּוֹ עַל־
יב עָפָר תִּשְׁכָּב׃ אִם־תַּמְתִּיק בְּפִיו רָעָה יַכְחִידֶנָּה תַּחַת לְשׁוֹנוֹ׃
יג יד יַחְמֹל עָלֶיהָ וְלֹא יַעַזְבֶנָּה וְיִמְנָעֶנָּה בְּתוֹךְ חִכּוֹ׃ לַחְמוֹ בְּמֵעָיו
טו נֶהְפָּךְ מְרוֹרַת פְּתָנִים בְּקִרְבּוֹ׃ חַיִל בָּלַע וַיְקִאֶנּוּ מִבִּטְנוֹ יֹרִשֶׁנּוּ
טז יז אֵל׃ רֹאשׁ־פְּתָנִים יִינָק תַּהַרְגֵהוּ לְשׁוֹן אֶפְעֶה׃ אַל־יֵרֶא
יח בִפְלַגּוֹת נַהֲרֵי נַחֲלֵי דְּבַשׁ וְחֶמְאָה׃ מֵשִׁיב יָגָע וְלֹא יִבְלָע כְּחֵיל
יט תְּמוּרָתוֹ וְלֹא יַעֲלֹס׃ כִּי־רִצַּץ עָזַב דַּלִּים בַּיִת גָּזַל וְלֹא יִבְנֵהוּ׃
כ כא כִּי ׀ לֹא־יָדַע שָׁלֵו בְּבִטְנוֹ בַּחֲמוּדוֹ לֹא יְמַלֵּט׃ אֵין־שָׂרִיד לְאָכְלוֹ
כב עַל־כֵּן לֹא־יָחִיל טוּבוֹ׃ בִּמְלֹאות שִׂפְקוֹ יֵצֶר לוֹ כָּל־יַד עָמֵל
כג תְּבֹאֶנּוּ׃ יְהִי ׀ לְמַלֵּא בִטְנוֹ יְשַׁלַּח־בּוֹ חֲרוֹן אַפּוֹ וְיַמְטֵר עָלֵימוֹ
כד כה בִּלְחוּמוֹ׃ יִבְרַח מִנֵּשֶׁק בַּרְזֶל תַּחְלְפֵהוּ קֶשֶׁת נְחוּשָׁה׃ שָׁלַף
כו וַיֵּצֵא מִגֵּוָה וּבָרָק מִמְּרֹרָתוֹ יַהֲלֹךְ עָלָיו אֵמִים׃ כָּל־חֹשֶׁךְ טָמוּן
כז לִצְפּוּנָיו תְּאָכְלֵהוּ אֵשׁ לֹא־נֻפָּח יֵרַע שָׂרִיד בְּאָהֳלוֹ׃ יְגַלּוּ שָׁמַיִם
כח עֲוֺנוֹ וְאֶרֶץ מִתְקוֹמָמָה לוֹ׃ יִגֶל יְבוּל בֵּיתוֹ נִגָּרוֹת בְּיוֹם אַפּוֹ׃
כט א זֶה ׀ חֵלֶק־אָדָם רָשָׁע מֵאֱלֹהִים וְנַחֲלַת אִמְרוֹ מֵאֵל׃ וַיַּעַן
ב אִיּוֹב וַיֹּאמַר׃ שִׁמְעוּ שָׁמוֹעַ מִלָּתִי וּתְהִי־זֹאת תַּנְחוּמֹתֵיכֶם׃
ג ד שָׂאוּנִי וְאָנֹכִי אֲדַבֵּר וְאַחַר דַּבְּרִי תַלְעִיג׃ הֶאָנֹכִי לְאָדָם שִׂיחִי
ה וְאִם־מַדּוּעַ לֹא־תִקְצַר רוּחִי׃ פְּנוּ־אֵלַי וְהָשַׁמּוּ וְשִׂימוּ יָד עַל־פֶּה׃
ו ז וְאִם־זָכַרְתִּי וְנִבְהָלְתִּי וְאָחַז בְּשָׂרִי פַּלָּצוּת׃ מַדּוּעַ רְשָׁעִים יִחְיוּ
ח עָתְקוּ גַּם־גָּבְרוּ חָיִל׃ זַרְעָם נָכוֹן לִפְנֵיהֶם עִמָּם וְצֶאֱצָאֵיהֶם
ט י לְעֵינֵיהֶם׃ בָּתֵּיהֶם שָׁלוֹם מִפָּחַד וְלֹא שֵׁבֶט אֱלוֹהַּ עֲלֵיהֶם׃ שׁוֹרוֹ
יא עִבַּר וְלֹא יַגְעִל תְּפַלֵּט פָּרָתוֹ וְלֹא תְשַׁכֵּל׃ יְשַׁלְּחוּ כַצֹּאן
יב עֲוִילֵיהֶם וְיַלְדֵיהֶם יְרַקֵּדוּן׃ יִשְׂאוּ כְּתֹף וְכִנּוֹר וְיִשְׂמְחוּ לְקוֹל

עוּגָב׃ יבלו בַטּוֹב יְמֵיהֶם וּבְרֶגַע שְׁאוֹל יֵחָתּוּ׃ וַיֹּאמְרוּ לָאֵל יג יד
סוּר מִמֶּנּוּ וְדַעַת דְּרָכֶיךָ לֹא חָפָצְנוּ׃ מַה־שַּׁדַּי כִּי־נַעַבְדֶנּוּ טו
וּמַה־נּוֹעִיל כִּי נִפְגַּע־בּוֹ׃ הֵן לֹא בְיָדָם טוּבָם עֲצַת רְשָׁעִים טז
רָחֲקָה מֶנִּי׃ כַּמָּה ׀ נֵר־רְשָׁעִים יִדְעָךְ וְיָבֹא עָלֵימוֹ אֵידָם חֲבָלִים יז
יְחַלֵּק בְּאַפּוֹ׃ יִהְיוּ כְּתֶבֶן לִפְנֵי־רוּחַ וּכְמֹץ גְּנָבַתּוּ סוּפָה׃ אֱלוֹהַּ יח יט
יִצְפֹּן־לְבָנָיו אוֹנוֹ יְשַׁלֵּם אֵלָיו וְיֵדָע׃ יִרְאוּ עֵינָו כִּידוֹ וּמֵחֲמַת כ
שַׁדַּי יִשְׁתֶּה׃ כִּי מַה־חֶפְצוֹ בְּבֵיתוֹ אַחֲרָיו וּמִסְפַּר חֳדָשָׁיו חֻצָּצוּ׃ כא
הַלְאֵל יְלַמֶּד־דָּעַת וְהוּא רָמִים יִשְׁפּוֹט׃ זֶה יָמוּת בְּעֶצֶם תֻּמּוֹ כב כג
כֻּלּוֹ שַׁלְאֲנַן וְשָׁלֵיו׃ עֲטִינָיו מָלְאוּ חָלָב וּמֹחַ עַצְמוֹתָיו יְשֻׁקֶּה׃ כד
וְזֶה יָמוּת בְּנֶפֶשׁ מָרָה וְלֹא־אָכַל בַּטּוֹבָה׃ יַחַד עַל־עָפָר יִשְׁכָּבוּ כה כו
וְרִמָּה תְּכַסֶּה עֲלֵיהֶם׃ הֵן יָדַעְתִּי מַחְשְׁבוֹתֵיכֶם וּמְזִמּוֹת עָלַי כז
תַּחְמֹסוּ׃ כִּי תֹאמְרוּ אַיֵּה בֵית־נָדִיב וְאַיֵּה אֹהֶל ׀ מִשְׁכְּנוֹת כח
רְשָׁעִים׃ הֲלֹא שְׁאֶלְתֶּם עוֹבְרֵי דָרֶךְ וְאֹתֹתָם לֹא תְנַכֵּרוּ׃ כִּי כט ל
לְיוֹם אֵיד יֵחָשֶׂךְ רָע לְיוֹם עֲבָרוֹת יוּבָלוּ׃ מִי־יַגִּיד עַל־פָּנָיו לא
דַּרְכּוֹ וְהוּא־עָשָׂה מִי יְשַׁלֶּם־לוֹ׃ וְהוּא לִקְבָרוֹת יוּבָל וְעַל־ לב
גָּדִישׁ יִשְׁקוֹד׃ מָתְקוּ־לוֹ רִגְבֵי נָחַל וְאַחֲרָיו כָּל־אָדָם יִמְשׁוֹךְ לג
וּלְפָנָיו אֵין מִסְפָּר׃ וְאֵיךְ תְּנַחֲמוּנִי הָבֶל וּתְשׁוּבֹתֵיכֶם נִשְׁאַר־ לד
מָעַל׃ וַיַּעַן אֱלִיפַז הַתֵּמָנִי וַיֹּאמַר׃ הַלְאֵל יִסְכָּן־ כב א ב
גָּבֶר כִּי־יִסְכֹּן עָלֵימוֹ מַשְׂכִּיל׃ הַחֵפֶץ לְשַׁדַּי כִּי תִצְדָּק וְאִם־ ג
בֶּצַע כִּי־תַתֵּם דְּרָכֶיךָ׃ הֲמִיִּרְאָתְךָ יֹכִיחֶךָ יָבוֹא עִמְּךָ בַּמִּשְׁפָּט׃ ד
הֲלֹא רָעָתְךָ רַבָּה וְאֵין־קֵץ לַעֲוֺנֹתֶיךָ׃ כִּי־תַחְבֹּל אַחֶיךָ חִנָּם ה ו
וּבִגְדֵי עֲרוּמִּים תַּפְשִׁיט׃ לֹא־מַיִם עָיֵף תַּשְׁקֶה וּמֵרָעֵב תִּמְנַע־ ז
לָחֶם׃ וְאִישׁ זְרוֹעַ לוֹ הָאָרֶץ וּנְשׂוּא פָנִים יֵשֶׁב בָּהּ׃ אַלְמָנוֹת ח ט
שִׁלַּחְתָּ רֵיקָם וּזְרֹעוֹת יְתֹמִים יְדֻכָּא׃ עַל־כֵּן סְבִיבוֹתֶיךָ פַחִים י
וִיבַהֶלְךָ פַּחַד פִּתְאֹם׃ אוֹ־חֹשֶׁךְ לֹא־תִרְאֶה וְשִׁפְעַת־מַיִם יא
תְּכַסֶּךָּ׃ הֲלֹא־אֱלוֹהַּ גֹּבַהּ שָׁמָיִם וּרְאֵה רֹאשׁ כּוֹכָבִים כִּי־ יב
רָמּוּ׃ וְאָמַרְתָּ מַה־יָּדַע אֵל הַבְעַד עֲרָפֶל יִשְׁפּוֹט׃ עָבִים סֵתֶר־ יג יד

טו לוֹ וְלֹא יִרְאֶה וְחוּג שָׁמַיִם יִתְהַלָּךְ: הַאֹרַח עוֹלָם תִּשְׁמוֹר
טז אֲשֶׁר דָּרְכוּ מְתֵי־אָוֶן: אֲשֶׁר־קֻמְּטוּ וְלֹא־עֵת נָהָר יוּצַק יְסוֹדָם:
יז יח הָאֹמְרִים לָאֵל סוּר מִמֶּנּוּ וּמַה־יִּפְעַל שַׁדַּי לָמוֹ: וְהוּא מִלֵּא
יט בָתֵּיהֶם טוֹב וַעֲצַת רְשָׁעִים רָחֲקָה מֶנִּי: יִרְאוּ צַדִּיקִים וְיִשְׂמָחוּ
כ וְנָקִי יִלְעַג־לָמוֹ: אִם־לֹא נִכְחַד קִימָנוּ וְיִתְרָם אָכְלָה אֵשׁ:
כא כב הַסְכֶּן־נָא עִמּוֹ וּשְׁלָם בָּהֶם תְּבוֹאַתְךָ טוֹבָה: קַח־נָא מִפִּיו
כג תּוֹרָה וְשִׂים אֲמָרָיו בִּלְבָבֶךָ: אִם־תָּשׁוּב עַד־שַׁדַּי תִּבָּנֶה
כד תַּרְחִיק עַוְלָה מֵאָהֳלֶךָ: וְשִׁית־עַל־עָפָר בָּצֶר וּבְצוּר נְחָלִים
כה כו אוֹפִיר: וְהָיָה שַׁדַּי בְּצָרֶיךָ וְכֶסֶף תּוֹעָפוֹת לָךְ: כִּי־אָז עַל־
כז שַׁדַּי תִּתְעַנָּג וְתִשָּׂא אֶל־אֱלוֹהַּ פָּנֶיךָ: תַּעְתִּיר אֵלָיו וְיִשְׁמָעֶךָּ
כח וּנְדָרֶיךָ תְשַׁלֵּם: וְתִגְזַר־אֹמֶר וְיָקָם לָךְ וְעַל־דְּרָכֶיךָ נָגַהּ אוֹר:
כט ל כִּי־הִשְׁפִּילוּ וַתֹּאמֶר גֵּוָה וְשַׁח עֵינַיִם יוֹשִׁעַ: יְמַלֵּט אִי־נָקִי ה
כג א ב וְנִמְלַט בְּבֹר כַּפֶּיךָ: וַיַּעַן אִיּוֹב וַיֹּאמַר: גַּם־
ג הַיּוֹם מְרִי שִׂחִי יָדִי כָּבְדָה עַל־אַנְחָתִי: מִי־יִתֵּן יָדַעְתִּי וְאֶמְצָאֵהוּ
ד אָבוֹא עַד־תְּכוּנָתוֹ: אֶעֶרְכָה לְפָנָיו מִשְׁפָּט וּפִי אֲמַלֵּא תוֹכָחוֹת:
ה ו אֵדְעָה מִלִּים יַעֲנֵנִי וְאָבִינָה מַה־יֹּאמַר לִי: הַבְּרָב־כֹּחַ יָרִיב
ז עִמָּדִי לֹא אַךְ־הוּא יָשִׂם בִּי: שָׁם יָשָׁר נוֹכָח עִמּוֹ וַאֲפַלְּטָה
ח לָנֶצַח מִשֹּׁפְטִי: הֵן קֶדֶם אֶהֱלֹךְ וְאֵינֶנּוּ וְאָחוֹר וְלֹא־אָבִין לוֹ:
ט י שְׂמֹאול בַּעֲשֹׂתוֹ וְלֹא־אָחַז יַעְטֹף יָמִין וְלֹא אֶרְאֶה: כִּי־יָדַע
יא דֶּרֶךְ עִמָּדִי בְּחָנַנִי כַּזָּהָב אֵצֵא: בַּאֲשֻׁרוֹ אָחֲזָה רַגְלִי דַּרְכּוֹ
יב שָׁמַרְתִּי וְלֹא־אָט: מִצְוַת שְׂפָתָיו וְלֹא אָמִישׁ מֵחֻקִּי צָפַנְתִּי
יג יד אִמְרֵי־פִיו: וְהוּא בְאֶחָד וּמִי יְשִׁיבֶנּוּ וְנַפְשׁוֹ אִוְּתָה וַיָּעַשׂ: כִּי
טו יַשְׁלִים חֻקִּי וְכָהֵנָּה רַבּוֹת עִמּוֹ: עַל־כֵּן מִפָּנָיו אֶבָּהֵל אֶתְבּוֹנֵן
טז יז וְאֶפְחַד מִמֶּנּוּ: וְאֵל הֵרַךְ לִבִּי וְשַׁדַּי הִבְהִילָנִי: כִּי־לֹא נִצְמַתִּי
כד א מִפְּנֵי־חֹשֶׁךְ וּמִפָּנַי כִּסָּה־אֹפֶל: מַדּוּעַ מִשַּׁדַּי לֹא־
ב נִצְפְּנוּ עִתִּים וְיֹדְעָו לֹא־חָזוּ יָמָיו: גְּבֻלוֹת יַשִּׂיגוּ עֵדֶר גָּזְלוּ
ג ד וַיִּרְעוּ: חֲמוֹר יְתוֹמִים יִנְהָגוּ יַחְבְּלוּ שׁוֹר אַלְמָנָה: יַטּוּ אֶבְיֹנִים

מִדֶּרֶךְ יַחַד חֻבְּאוּ עֲנִוֵּי־אָרֶץ: הֵן פְּרָאִים ׀ בַּמִּדְבָּר יָצְאוּ בְּפָעֳלָם ה
עֲנִיֵּי־
מְשַׁחֲרֵי לַטָּרֶף עֲרָבָה לוֹ לֶחֶם לַנְּעָרִים: בַּשָּׂדֶה בְּלִילוֹ יקצירו ו
יִקְצוֹרוּ
וְכֶרֶם רָשָׁע יְלַקֵּשׁוּ: עָרוֹם יָלִינוּ מִבְּלִי לְבוּשׁ וְאֵין כְּסוּת ז
בַּקָּרָה: מִזֶּרֶם הָרִים יִרְטָבוּ וּמִבְּלִי מַחְסֶה חִבְּקוּ־צוּר: יִגְזְלוּ ח ט
מִשֹּׁד יָתוֹם וְעַל־עָנִי יַחְבֹּלוּ: עָרוֹם הִלְּכוּ בְּלִי לְבוּשׁ וּרְעֵבִים י
נָשְׂאוּ עֹמֶר: בֵּין־שׁוּרֹתָם יַצְהִירוּ יְקָבִים דָּרְכוּ וַיִּצְמָאוּ: יא
מֵעִיר מְתִים ׀ יִנְאָקוּ וְנֶפֶשׁ־חֲלָלִים תְּשַׁוֵּעַ וֶאֱלוֹהַּ לֹא־יָשִׂים יב
תִּפְלָה: הֵמָּה ׀ הָיוּ בְּמֹרְדֵי אוֹר לֹא־הִכִּירוּ דְרָכָיו וְלֹא יָשְׁבוּ יג
בִּנְתִיבֹתָיו: לָאוֹר יָקוּם רוֹצֵחַ יִקְטָל־עָנִי וְאֶבְיוֹן וּבַלַּיְלָה יְהִי יד
כַגַּנָּב: וְעֵין נֹאֵף ׀ שָׁמְרָה נֶשֶׁף לֵאמֹר לֹא־תְשׁוּרֵנִי עָיִן וְסֵתֶר טו
פָּנִים יָשִׂים: חָתַר בַּחֹשֶׁךְ בָּתִּים יוֹמָם חִתְּמוּ־לָמוֹ לֹא־יָדְעוּ טז
אוֹר: כִּי יַחְדָּו ׀ בֹּקֶר לָמוֹ צַלְמָוֶת כִּי־יַכִּיר בַּלְהוֹת צַלְמָוֶת: יז
קַל־הוּא ׀ עַל־פְּנֵי־מַיִם תְּקֻלַּל חֶלְקָתָם בָּאָרֶץ לֹא־יִפְנֶה דֶּרֶךְ יח
כְּרָמִים: צִיָּה גַם־חֹם יִגְזְלוּ מֵימֵי־שֶׁלֶג שְׁאוֹל חָטָאוּ: יִשְׁכָּחֵהוּ יט כ
רֶחֶם ׀ מְתָקוֹ רִמָּה עוֹד לֹא־יִזָּכֵר וַתִּשָּׁבֵר כָּעֵץ עַוְלָה: רֹעֶה כא
עֲקָרָה לֹא תֵלֵד וְאַלְמָנָה לֹא יְיֵטִיב: וּמָשַׁךְ אַבִּירִים בְּכֹחוֹ כב
יָקוּם וְלֹא־יַאֲמִין בַּחַיִּין: יִתֶּן־לוֹ לָבֶטַח וְיִשָּׁעֵן וְעֵינֵיהוּ כג
עַל־דַּרְכֵיהֶם: רוֹמּוּ מְּעַט ׀ וְאֵינֶנּוּ וְהֻמְּכוּ כַּכֹּל יִקָּפְצוּן כד
וּכְרֹאשׁ שִׁבֹּלֶת יִמָּלוּ: וְאִם־לֹא אֵפוֹ מִי יַכְזִבֵנִי וְיָשֵׂם לְאַל כה
מִלָּתִי: וַיַּעַן בִּלְדַּד הַשֻּׁחִי וַיֹּאמַר: הַמְשֵׁל וָפַחַד א ב כה
עִמּוֹ עֹשֶׂה שָׁלוֹם בִּמְרוֹמָיו: הֲיֵשׁ מִסְפָּר לִגְדוּדָיו וְעַל־מִי לֹא־ ג
יָקוּם אוֹרֵהוּ: וּמַה־יִּצְדַּק אֱנוֹשׁ עִם־אֵל וּמַה־יִּזְכֶּה יְלוּד אִשָּׁה: ד
הֵן עַד־יָרֵחַ וְלֹא יַאֲהִיל וְכוֹכָבִים לֹא־זַכּוּ בְעֵינָיו: אַף כִּי־ ה ו
אֱנוֹשׁ רִמָּה וּבֶן־אָדָם תּוֹלֵעָה: וַיַּעַן אִיּוֹב וַיֹּאמַר: א כו
מֶה־עָזַרְתָּ לְלֹא־כֹחַ הוֹשַׁעְתָּ זְרוֹעַ לֹא־עֹז: מַה־יָּעַצְתָּ לְלֹא ב ג
חָכְמָה וְתֻשִׁיָּה לָרֹב הוֹדָעְתָּ: אֶת־מִי הִגַּדְתָּ מִלִּין וְנִשְׁמַת־ ד
מִי יָצְאָה מִמֶּךָּ: הָרְפָאִים יְחוֹלָלוּ מִתַּחַת מַיִם וְשֹׁכְנֵיהֶם: ה

ו ז עָרוֹם שְׁאוֹל נֶגְדּוֹ וְאֵין כְּסוּת לָאֲבַדּוֹן: נֹטֶה צָפוֹן עַל־תֹּהוּ
ח תֹּלֶה אֶרֶץ עַל־בְּלִימָה: צֹרֵר מַיִם בְּעָבָיו וְלֹא־נִבְקַע עָנָן
ט י תַּחְתָּם: מְאַחֵז פְּנֵי־כִסֵּה פַּרְשֵׁז עָלָיו עֲנָנוֹ: חֹק־חָג עַל־פְּנֵי־
יא מָיִם עַד־תַּכְלִית אוֹר עִם־חֹשֶׁךְ: עַמּוּדֵי שָׁמַיִם יְרוֹפָפוּ וְיִתְמְהוּ
יב יג מִגַּעֲרָתוֹ: בְּכֹחוֹ רָגַע הַיָּם וּבתובנתו מָחַץ רָהַב: בְּרוּחוֹ שָׁמַיִם וּבִתְבוּנָתוֹ
יד שִׁפְרָה חֹלְלָה יָדוֹ נָחָשׁ בָּרִיחַ: הֶן־אֵלֶּה ׀ קְצוֹת דְּרָכָו וּמַה־שֵּׁמֶץ
כז א דָּבָר נִשְׁמַע־בּוֹ וְרַעַם גְּבוּרֹתָו מִי יִתְבּוֹנָן: וַיֹּסֶף
ב אִיּוֹב שְׂאֵת מְשָׁלוֹ וַיֹּאמַר: חַי־אֵל הֵסִיר מִשְׁפָּטִי וְשַׁדַּי הֵמַר
ג ד נַפְשִׁי: כִּי־כָל־עוֹד נִשְׁמָתִי בִי וְרוּחַ אֱלוֹהַּ בְּאַפִּי: אִם־תְּדַבֵּרְנָה
ה שְׂפָתַי עַוְלָה וּלְשׁוֹנִי אִם־יֶהְגֶּה רְמִיָּה: חָלִילָה לִּי אִם־אַצְדִּיק
ו אֶתְכֶם עַד־אֶגְוָע לֹא־אָסִיר תֻּמָּתִי מִמֶּנִּי: בְּצִדְקָתִי הֶחֱזַקְתִּי
ז וְלֹא אַרְפֶּהָ לֹא־יֶחֱרַף לְבָבִי מִיָּמָי: יְהִי כְרָשָׁע אֹיְבִי וּמִתְקוֹמְמִי
ח כְעַוָּל: כִּי מַה־תִּקְוַת חָנֵף כִּי יִבְצָע כִּי יֵשֶׁל אֱלוֹהַּ נַפְשׁוֹ:
ט י הַצַעֲקָתוֹ יִשְׁמַע ׀ אֵל כִּי־תָבוֹא עָלָיו צָרָה: אִם־עַל־שַׁדַּי
יא יִתְעַנָּג יִקְרָא אֱלוֹהַּ בְּכָל־עֵת: אוֹרֶה אֶתְכֶם בְּיַד־אֵל אֲשֶׁר
יב עִם־שַׁדַּי לֹא אֲכַחֵד: הֵן־אַתֶּם כֻּלְּכֶם חֲזִיתֶם וְלָמָּה־זֶּה הֶבֶל
יג תֶּהְבָּלוּ: זֶה ׀ חֵלֶק־אָדָם רָשָׁע ׀ עִם־אֵל וְנַחֲלַת עָרִיצִים מִשַּׁדַּי
יד יִקָּחוּ: אִם־יִרְבּוּ בָנָיו לְמוֹ־חָרֶב וְצֶאֱצָאָיו לֹא יִשְׂבְּעוּ־לָחֶם:
טו טז שְׂרִידָו בַּמָּוֶת יִקָּבֵרוּ וְאַלְמְנֹתָיו לֹא תִבְכֶּינָה: אִם־יִצְבֹּר כֶּעָפָר
יז כָּסֶף וְכַחֹמֶר יָכִין מַלְבּוּשׁ: יָכִין וְצַדִּיק יִלְבָּשׁ וְכֶסֶף נָקִי
יח יט יַחֲלֹק: בָּנָה כָעָשׁ בֵּיתוֹ וּכְסֻכָּה עָשָׂה נֹצֵר: עָשִׁיר יִשְׁכַּב וְלֹא
כ יֵאָסֵף עֵינָיו פָּקַח וְאֵינֶנּוּ: תַּשִּׂיגֵהוּ כַמַּיִם בַּלָּהוֹת לַיְלָה גְּנָבַתּוּ
כא כב סוּפָה: יִשָּׂאֵהוּ קָדִים וְיֵלַךְ וִישָׂעֲרֵהוּ מִמְּקֹמוֹ: וְיַשְׁלֵךְ עָלָיו
כג וְלֹא יַחְמֹל מִיָּדוֹ בָּרוֹחַ יִבְרָח: יִשְׂפֹּק עָלֵימוֹ כַפֵּימוֹ וְיִשְׁרֹק
כח א ב עָלָיו מִמְּקֹמוֹ: כִּי יֵשׁ לַכֶּסֶף מוֹצָא וּמָקוֹם לַזָּהָב יָזֹקּוּ: בַּרְזֶל
ג מֵעָפָר יֻקָּח וְאֶבֶן יָצוּק נְחוּשָׁה: קֵץ ׀ שָׂם לַחֹשֶׁךְ וּלְכָל־תַּכְלִית
ד הוּא חוֹקֵר אֶבֶן אֹפֶל וְצַלְמָוֶת: פָּרַץ נַחַל ׀ מֵעִם־גָּר הַנִּשְׁכָּחִים

ה מִנִּי־רָגֶל דַּלּוּ מֵאֱנוֹשׁ נָעוּ: אֶרֶץ מִמֶּנָּה יֵצֵא־לָחֶם וְתַחְתֶּיהָ
ו ז נֶהְפַּךְ כְּמוֹ־אֵשׁ: מְקוֹם־סַפִּיר אֲבָנֶיהָ וְעַפְרֹת זָהָב לוֹ: נָתִיב
ח לֹא־יְדָעוֹ עָיִט וְלֹא שְׁזָפַתּוּ עֵין אַיָּה: לֹא־הִדְרִיכֻהוּ בְנֵי־שָׁחַץ
ט לֹא־עָדָה עָלָיו שָׁחַל: בַּחַלָּמִישׁ שָׁלַח יָדוֹ הָפַךְ מִשֹּׁרֶשׁ הָרִים:
י יא בַּצּוּרוֹת יְאֹרִים בִּקֵּעַ וְכָל־יְקָר רָאֲתָה עֵינוֹ: מִבְּכִי נְהָרוֹת
יב חִבֵּשׁ וְתַעֲלֻמָהּ יֹצִא אוֹר: וְהַחָכְמָה מֵאַיִן תִּמָּצֵא
יג וְאֵי זֶה מְקוֹם בִּינָה: לֹא־יָדַע אֱנוֹשׁ עֶרְכָּהּ וְלֹא תִמָּצֵא
יד בְּאֶרֶץ הַחַיִּים: תְּהוֹם אָמַר לֹא בִי־הִיא וְיָם אָמַר אֵין
טו טז עִמָּדִי: לֹא־יֻתַּן סְגוֹר תַּחְתֶּיהָ וְלֹא יִשָּׁקֵל כֶּסֶף מְחִירָהּ: לֹא־
יז תְסֻלֶּה בְּכֶתֶם אוֹפִיר בְּשֹׁהַם יָקָר וְסַפִּיר: לֹא־יַעַרְכֶנָּה זָהָב
יח וּזְכוֹכִית וּתְמוּרָתָהּ כְּלִי־פָז: רָאמוֹת וְגָבִישׁ לֹא יִזָּכֵר וּמֶשֶׁךְ
יט חָכְמָה מִפְּנִינִים: לֹא־יַעַרְכֶנָּה פִּטְדַת־כּוּשׁ בְּכֶתֶם טָהוֹר לֹא
כ תְסֻלֶּה: וְהַחָכְמָה מֵאַיִן תָּבוֹא וְאֵי זֶה מְקוֹם
כא כב בִּינָה: וְנֶעֶלְמָה מֵעֵינֵי כָל־חָי וּמֵעוֹף הַשָּׁמַיִם נִסְתָּרָה: אֲבַדּוֹן
כג וָמָוֶת אָמְרוּ בְּאָזְנֵינוּ שָׁמַעְנוּ שִׁמְעָהּ: אֱלֹהִים הֵבִין דַּרְכָּהּ
כד וְהוּא יָדַע אֶת־מְקוֹמָהּ: כִּי־הוּא לִקְצוֹת־הָאָרֶץ יַבִּיט תַּחַת
כה כָּל־הַשָּׁמַיִם יִרְאֶה: לַעֲשׂוֹת לָרוּחַ מִשְׁקָל וּמַיִם תִּכֵּן בְּמִדָּה:
כו כז בַּעֲשֹׂתוֹ לַמָּטָר חֹק וְדֶרֶךְ לַחֲזִיז קֹלוֹת: אָז רָאָהּ וַיְסַפְּרָהּ
כח הֱכִינָהּ וְגַם־חֲקָרָהּ: וַיֹּאמֶר ׀ לָאָדָם הֵן יִרְאַת אֲדֹנָי הִיא חָכְמָה
כט א וְסוּר מֵרָע בִּינָה: וַיֹּסֶף אִיּוֹב שְׂאֵת מְשָׁלוֹ וַיֹּאמַר:
ב ג מִי־יִתְּנֵנִי כְיַרְחֵי־קֶדֶם כִּימֵי אֱלוֹהַּ יִשְׁמְרֵנִי: בְּהִלּוֹ נֵרוֹ עֲלֵי
ד רֹאשִׁי לְאוֹרוֹ אֵלֶךְ חֹשֶׁךְ: כַּאֲשֶׁר הָיִיתִי בִּימֵי חָרְפִּי בְּסוֹד
ה ו אֱלוֹהַּ עֲלֵי אָהֳלִי: בְּעוֹד שַׁדַּי עִמָּדִי סְבִיבוֹתַי נְעָרָי: בִּרְחֹץ
ז הֲלִיכַי בְּחֵמָה וְצוּר יָצוּק עִמָּדִי פַּלְגֵי־שָׁמֶן: בְּצֵאתִי שַׁעַר עֲלֵי־
ח קָרֶת בָּרְחוֹב אָכִין מוֹשָׁבִי: רָאוּנִי נְעָרִים וְנֶחְבָּאוּ וִישִׁישִׁים
ט קָמוּ עָמָדוּ: שָׂרִים עָצְרוּ בְמִלִּים וְכַף יָשִׂימוּ לְפִיהֶם: קוֹל־
י יא נְגִידִים נֶחְבָּאוּ וּלְשׁוֹנָם לְחִכָּם דָּבֵקָה: כִּי אֹזֶן שָׁמְעָה וַתְּאַשְּׁרֵנִי

יב וְעַיִן רָאֲתָה וַתְּעִידֵנִי׃ כִּי־אֲמַלֵּט עָנִי מְשַׁוֵּעַ וְיָתוֹם וְלֹא־עֹזֵר
יג יד לוֹ׃ בִּרְכַּת אֹבֵד עָלַי תָּבֹא וְלֵב אַלְמָנָה אַרְנִן׃ צֶדֶק לָבַשְׁתִּי ו
טו וַיִּלְבָּשֵׁנִי כַמְעִיל וְצָנִיף מִשְׁפָּטִי׃ עֵינַיִם הָיִיתִי לַעִוֵּר וְרַגְלַיִם
טז לַפִּסֵּחַ אָנִי׃ אָב אָנֹכִי לָאֶבְיוֹנִים וְרִב לֹא־יָדַעְתִּי אֶחְקְרֵהוּ׃
יז יח וָאֲשַׁבְּרָה מְתַלְּעוֹת עַוָּל וּמִשִּׁנָּיו אַשְׁלִיךְ טָרֶף׃ וָאֹמַר עִם־קִנִּי
יט אֶגְוָע וְכַחוֹל אַרְבֶּה יָמִים׃ שָׁרְשִׁי פָתוּחַ אֱלֵי־מָיִם וְטַל יָלִין
כ כא בִּקְצִירִי׃ כְּבוֹדִי חָדָשׁ עִמָּדִי וְקַשְׁתִּי בְּיָדִי תַחֲלִיף׃ לִי־שָׁמְעוּ
כב וְיִחֵלּוּ וְיִדְּמוּ לְמוֹ עֲצָתִי׃ אַחֲרֵי דְבָרִי לֹא יִשְׁנוּ וְעָלֵימוֹ תִּטֹּף
כג כד מִלָּתִי׃ וְיִחֲלוּ כַמָּטָר לִי וּפִיהֶם פָּעֲרוּ לְמַלְקוֹשׁ׃ אֶשְׂחַק
כה אֲלֵהֶם לֹא יַאֲמִינוּ וְאוֹר פָּנַי לֹא יַפִּילוּן׃ אֶבְחַר דַּרְכָּם וְאֵשֵׁב
ל א רֹאשׁ וְאֶשְׁכּוֹן כְּמֶלֶךְ בַּגְּדוּד כַּאֲשֶׁר אֲבֵלִים יְנַחֵם׃ וְעַתָּה ו
שָׂחֲקוּ עָלַי צְעִירִים מִמֶּנִּי לְיָמִים אֲשֶׁר־מָאַסְתִּי אֲבוֹתָם לָשִׁית
ב עִם־כַּלְבֵי צֹאנִי׃ גַּם־כֹּחַ יְדֵיהֶם לָמָּה לִּי עָלֵימוֹ אָבַד כָּלַח׃
ג בְּחֶסֶר וּבְכָפָן גַּלְמוּד הַעֹרְקִים צִיָּה אֶמֶשׁ שׁוֹאָה וּמְשֹׁאָה׃
ד ה הַקֹּטְפִים מַלּוּחַ עֲלֵי־שִׂיחַ וְשֹׁרֶשׁ רְתָמִים לַחְמָם׃ מִן־גֵּו יְגֹרָשׁוּ
ו יָרִיעוּ עָלֵימוֹ כַּגַּנָּב׃ בַּעֲרוּץ נְחָלִים לִשְׁכֹּן חֹרֵי עָפָר וְכֵפִים׃
ז ח בֵּין־שִׂיחִים יִנְהָקוּ תַּחַת חָרוּל יְסֻפָּחוּ׃ בְּנֵי־נָבָל גַּם־בְּנֵי בְלִי־
ט שֵׁם נִכְּאוּ מִן־הָאָרֶץ׃ וְעַתָּה נְגִינָתָם הָיִיתִי וָאֱהִי לָהֶם לְמִלָּה׃
י יא תִּעֲבוּנִי רָחֲקוּ מֶנִּי וּמִפָּנַי לֹא־חָשְׂכוּ רֹק׃ כִּי־יתרו פִּתַּח וַיְעַנֵּנִי יִתְרִי
יב וְרֶסֶן מִפָּנַי שִׁלֵּחוּ׃ עַל־יָמִין פִּרְחַח יָקוּמוּ רַגְלַי שִׁלֵּחוּ וַיָּסֹלּוּ עָלַי
יג אָרְחוֹת אֵידָם׃ נָתְסוּ נְתִיבָתִי להיתי יֹעִילוּ לֹא עֹזֵר לָמוֹ׃ לְהַוָּתִי
יד טו כְּפֶרֶץ רָחָב יֶאֱתָיוּ תַּחַת שֹׁאָה הִתְגַּלְגָּלוּ׃ הָהְפַּךְ עָלַי בַּלָּהוֹת
טז תִּרְדֹּף כָּרוּחַ נְדִבָתִי וּכְעָב עָבְרָה יְשֻׁעָתִי׃ וְעַתָּה עָלַי תִּשְׁתַּפֵּךְ
יז נַפְשִׁי יֹאחֲזוּנִי יְמֵי־עֹנִי׃ לַיְלָה עֲצָמַי נִקַּר מֵעָלָי וְעֹרְקַי לֹא
יח יט יִשְׁכָּבוּן׃ בְּרָב־כֹּחַ יִתְחַפֵּשׂ לְבוּשִׁי כְּפִי כֻתָּנְתִּי יַאַזְרֵנִי׃ הֹרָנִי
כ לַחֹמֶר וָאֶתְמַשֵּׁל כֶּעָפָר וָאֵפֶר׃ אֲשַׁוַּע אֵלֶיךָ וְלֹא תַעֲנֵנִי
כא עָמַדְתִּי וַתִּתְבֹּנֶן בִּי׃ תֵּהָפֵךְ לְאַכְזָר לִי בְּעֹצֶם יָדְךָ תִשְׂטְמֵנִי׃

תְּשִׁיָּה
תִּשָּׂאֵנִי אֶל־רוּחַ תַּרְכִּיבֵנִי וּתְמֹגְגֵנִי תשוה׃ כִּי־יָדַעְתִּי מָוֶת כב כג
תְּשִׁיבֵנִי וּבֵית מוֹעֵד לְכָל־חָי׃ אַךְ לֹא־בְעִי יִשְׁלַח־יָד אִם־ כד
בְּפִידוֹ לָהֶן שׁוּעַ׃ אִם־לֹא בָכִיתִי לִקְשֵׁה־יוֹם עָגְמָה נַפְשִׁי כה
לָאֶבְיוֹן׃ כִּי טוֹב קִוִּיתִי וַיָּבֹא רָע וַאֲיַחֲלָה לְאוֹר וַיָּבֹא אֹפֶל׃ כו
מֵעַי רֻתְּחוּ וְלֹא־דָמּוּ קִדְּמֻנִי יְמֵי־עֹנִי׃ קֹדֵר הִלַּכְתִּי בְּלֹא כז כח
חַמָּה קַמְתִּי בַקָּהָל אֲשַׁוֵּעַ׃ אָח הָיִיתִי לְתַנִּים וְרֵעַ לִבְנוֹת כט
יַעֲנָה׃ עוֹרִי שָׁחַר מֵעָלָי וְעַצְמִי־חָרָה מִנִּי־חֹרֶב׃ וַיְהִי לְאֵבֶל ל לא
כִּנֹּרִי וְעֻגָבִי לְקוֹל בֹּכִים׃ בְּרִית כָּרַתִּי לְעֵינָי וּמָה אֶתְבּוֹנֵן א לא
עַל־בְּתוּלָה׃ וּמֶה ׀ חֵלֶק אֱלוֹהַּ מִמָּעַל וְנַחֲלַת שַׁדַּי מִמְּרֹמִים׃ ב
הֲלֹא־אֵיד לְעַוָּל וְנֵכֶר לְפֹעֲלֵי אָוֶן׃ הֲלֹא־הוּא יִרְאֶה דְרָכָי ג ד
וְכָל־צְעָדַי יִסְפּוֹר׃ אִם־הָלַכְתִּי עִם־שָׁוְא וַתַּחַשׁ עַל־מִרְמָה ה
רַגְלִי׃ יִשְׁקְלֵנִי בְמֹאזְנֵי־צֶדֶק וְיֵדַע אֱלוֹהַּ תֻּמָּתִי׃ אִם־תִּטֶּה ו ז
אַשֻּׁרִי מִנִּי הַדָּרֶךְ וְאַחַר עֵינַי הָלַךְ לִבִּי וּבְכַפַּי דָּבַק מְאוּם׃
אֶזְרְעָה וְאַחֵר יֹאכֵל וְצֶאֱצָאַי יְשֹׁרָשׁוּ׃ אִם־נִפְתָּה לִבִּי עַל־ ח ט
אִשָּׁה וְעַל־פֶּתַח רֵעִי אָרָבְתִּי׃ תִּטְחַן לְאַחֵר אִשְׁתִּי וְעָלֶיהָ י
הִיא | וְהוּא
יִכְרְעוּן אֲחֵרִין׃ כִּי־הוא זִמָּה והיא עָוֺן פְּלִילִים׃ כִּי אֵשׁ הִיא יא יב
עַד־אֲבַדּוֹן תֹּאכֵל וּבְכָל־תְּבוּאָתִי תְשָׁרֵשׁ׃ אִם־אֶמְאַס מִשְׁפַּט יג
עַבְדִּי וַאֲמָתִי בְּרִבָם עִמָּדִי׃ וּמָה אֶעֱשֶׂה כִּי־יָקוּם אֵל וְכִי־ יד
יִפְקֹד מָה אֲשִׁיבֶנּוּ׃ הֲלֹא־בַבֶּטֶן עֹשֵׂנִי עָשָׂהוּ וַיְכֻנֶנּוּ בָּרֶחֶם טו
אֶחָד׃ אִם־אֶמְנַע מֵחֵפֶץ דַּלִּים וְעֵינֵי אַלְמָנָה אֲכַלֶּה׃ וְאֹכַל טז יז
פִּתִּי לְבַדִּי וְלֹא־אָכַל יָתוֹם מִמֶּנָּה׃ כִּי מִנְּעוּרַי גְּדֵלַנִי כְאָב יח
וּמִבֶּטֶן אִמִּי אַנְחֶנָּה׃ אִם־אֶרְאֶה אוֹבֵד מִבְּלִי לְבוּשׁ וְאֵין כְּסוּת יט
לָאֶבְיוֹן׃ אִם־לֹא בֵרְכוּנִי חֲלָצָו וּמִגֵּז כְּבָשַׂי יִתְחַמָּם׃ אִם־ כ כא
הֲנִיפוֹתִי עַל־יָתוֹם יָדִי כִּי־אֶרְאֶה בַשַּׁעַר עֶזְרָתִי׃ כְּתֵפִי מִשִּׁכְמָה כב
תִפּוֹל וְאֶזְרֹעִי מִקָּנָה תִשָּׁבֵר׃ כִּי־פַחַד אֵלַי אֵיד אֵל וּמִשְּׂאֵתוֹ כג
לֹא אוּכָל׃ אִם־שַׂמְתִּי זָהָב כִּסְלִי וְלַכֶּתֶם אָמַרְתִּי מִבְטַחִי׃ כד
אִם־אֶשְׂמַח כִּי־רַב חֵילִי וְכִי־כַבִּיר מָצְאָה יָדִי׃ אִם־אֶרְאֶה כה כו

כז אוֹר כִּי יָהֵל וְיָרֵחַ יָקָר הֹלֵךְ: וַיִּפְתְּ בַּסֵּתֶר לִבִּי וַתִּשַּׁק יָדִי
כח כט לְפִי: גַּם־הוּא עָוֺן פְּלִילִי כִּי־כִחַשְׁתִּי לָאֵל מִמָּעַל: אִם־אֶשְׂמַח
ל בְּפִיד מְשַׂנְאִי וְהִתְעֹרַרְתִּי כִּי־מְצָאוֹ רָע: וְלֹא־נָתַתִּי לַחֲטֹא
לא חִכִּי לִשְׁאֹל בְּאָלָה נַפְשׁוֹ: אִם־לֹא אָמְרוּ מְתֵי אָהֳלִי מִי־יִתֵּן
לב מִבְּשָׂרוֹ לֹא נִשְׂבָּע: בַּחוּץ לֹא־יָלִין גֵּר דְּלָתַי לָאֹרַח אֶפְתָּח:
לג לד אִם־כִּסִּיתִי כְאָדָם פְּשָׁעָי לִטְמוֹן בְּחֻבִּי עֲוֺנִי: כִּי אֶעֱרוֹץ ׀ הָמוֹן
לה רַבָּה וּבוּז־מִשְׁפָּחוֹת יְחִתֵּנִי וָאֶדֹּם לֹא־אֵצֵא פָתַח: מִי יִתֶּן־
לו לִי ׀ שֹׁמֵעַ לִי הֶן־תָּוִי שַׁדַּי יַעֲנֵנִי וְסֵפֶר כָּתַב אִישׁ רִיבִי: אִם־
לז לֹא עַל־שִׁכְמִי אֶשָּׂאֶנּוּ אֶעֶנְדֶנּוּ עֲטָרוֹת לִי: מִסְפַּר צְעָדַי
לח אַגִּידֶנּוּ כְּמוֹ־נָגִיד אֲקָרֲבֶנּוּ: אִם־עָלַי אַדְמָתִי תִזְעָק וְיַחַד
לט תְּלָמֶיהָ יִבְכָּיוּן: אִם־כֹּחָהּ אָכַלְתִּי בְלִי־כָסֶף וְנֶפֶשׁ בְּעָלֶיהָ
מ הִפָּחְתִּי: תַּחַת חִטָּה ׀ יֵצֵא חוֹחַ וְתַחַת־שְׂעֹרָה בָאְשָׁה תַּמּוּ
דִּבְרֵי אִיּוֹב:

לב א וַיִּשְׁבְּתוּ שְׁלֹשֶׁת הָאֲנָשִׁים הָאֵלֶּה מֵעֲנוֹת אֶת־אִיּוֹב כִּי הוּא
ב צַדִּיק בְּעֵינָיו: וַיִּחַר אַף ׀ אֱלִיהוּא בֶן־בַּרַכְאֵל
הַבּוּזִי מִמִּשְׁפַּחַת רָם בְּאִיּוֹב חָרָה אַפּוֹ עַל־צַדְּקוֹ נַפְשׁוֹ
ג מֵאֱלֹהִים: וּבִשְׁלֹשֶׁת רֵעָיו חָרָה אַפּוֹ עַל אֲשֶׁר לֹא־מָצְאוּ
ד מַעֲנֶה וַיַּרְשִׁיעוּ אֶת־אִיּוֹב: וֶאֱלִיהוּ חִכָּה אֶת־אִיּוֹב בִּדְבָרִים
ה כִּי זְקֵנִים־הֵמָּה מִמֶּנּוּ לְיָמִים: וַיַּרְא אֱלִיהוּא כִּי אֵין מַעֲנֶה
ו בְּפִי שְׁלֹשֶׁת הָאֲנָשִׁים וַיִּחַר אַפּוֹ: וַיַּעַן ׀ אֱלִיהוּא
בֶן־בַּרַכְאֵל הַבּוּזִי וַיֹּאמַר צָעִיר אֲנִי לְיָמִים וְאַתֶּם יְשִׁישִׁים
ז עַל־כֵּן זָחַלְתִּי וָאִירָא ׀ מֵחַוֹּת דֵּעִי אֶתְכֶם: אָמַרְתִּי יָמִים
ח יְדַבֵּרוּ וְרֹב שָׁנִים יֹדִיעוּ חָכְמָה: אָכֵן רוּחַ־הִיא בֶאֱנוֹשׁ וְנִשְׁמַת
ט שַׁדַּי תְּבִינֵם: לֹא־רַבִּים יֶחְכָּמוּ וּזְקֵנִים יָבִינוּ מִשְׁפָּט: לָכֵן
י אָמַרְתִּי שִׁמְעָה־לִּי אֲחַוֶּה דֵעִי אַף־אָנִי: הֵן הוֹחַלְתִּי ׀ לְדִבְרֵיכֶם
יא יב אָזִין עַד־תְּבוּנֹתֵיכֶם עַד־תַּחְקְרוּן מִלִּין: וְעָדֵיכֶם אֶתְבּוֹנָן
יג וְהִנֵּה אֵין לְאִיּוֹב מוֹכִיחַ עוֹנֶה אֲמָרָיו מִכֶּם: פֶּן־תֹּאמְרוּ

יד מָצָאנוּ חָכְמָה אֵל יִדְּפֶנּוּ לֹא־אִישׁ: וְלֹא־עָרַךְ אֵלַי מִלִּין
טו וּבְאִמְרֵיכֶם לֹא אֲשִׁיבֶנּוּ: חַתּוּ לֹא־עָנוּ עוֹד הֶעְתִּיקוּ מֵהֶם
טז יז מִלִּים: וְהוֹחַלְתִּי כִּי־לֹא יְדַבֵּרוּ כִּי עָמְדוּ לֹא־עָנוּ עוֹד: אַעֲנֶה
יח אַף־אֲנִי חֶלְקִי אֲחַוֶּה דֵעִי אַף־אָנִי: כִּי מָלֵתִי מִלִּים הֱצִיקַתְנִי
יט רוּחַ בִּטְנִי: הִנֵּה בִטְנִי כְּיַיִן לֹא־יִפָּתֵחַ כְּאֹבוֹת חֲדָשִׁים יִבָּקֵעַ:
כ כא אֲדַבְּרָה וְיִרְוַח־לִי אֶפְתַּח שְׂפָתַי וְאֶעֱנֶה: אַל־נָא אֶשָּׂא פְנֵי־
כב אִישׁ וְאֶל־אָדָם לֹא אֲכַנֶּה: כִּי לֹא יָדַעְתִּי אֲכַנֶּה כִּמְעַט יִשָּׂאֵנִי
לג א ב עֹשֵׂנִי: וְאוּלָם שְׁמַע־נָא אִיּוֹב מִלָּי וְכָל־דְּבָרַי הַאֲזִינָה: הִנֵּה־
ג נָא פָּתַחְתִּי פִי דִּבְּרָה לְשׁוֹנִי בְחִכִּי: יֹשֶׁר־לִבִּי אֲמָרָי וְדַעַת
ד שְׂפָתַי בָּרוּר מִלֵּלוּ: רוּחַ־אֵל עָשָׂתְנִי וְנִשְׁמַת שַׁדַּי תְּחַיֵּנִי:
ה ו אִם־תּוּכַל הֲשִׁיבֵנִי עֶרְכָה לְפָנַי הִתְיַצָּבָה: הֵן־אֲנִי כְפִיךָ לָאֵל
ז מֵחֹמֶר קֹרַצְתִּי גַם־אָנִי: הִנֵּה אֵמָתִי לֹא תְבַעֲתֶךָּ וְאַכְפִּי
ח ט עָלֶיךָ לֹא־יִכְבָּד: אַךְ אָמַרְתָּ בְאָזְנָי וְקוֹל מִלִּין אֶשְׁמָע: זַךְ
י אֲנִי בְּלִי פָשַׁע חַף אָנֹכִי וְלֹא עָוֺן לִי: הֵן תְּנוּאוֹת עָלַי יִמְצָא
יא יב יַחְשְׁבֵנִי לְאוֹיֵב לוֹ: יָשֵׂם בַּסַּד רַגְלָי יִשְׁמֹר כָּל־אָרְחֹתָי: הֶן־
יג זֹאת לֹא־צָדַקְתָּ אֶעֱנֶךָּ כִּי־יִרְבֶּה אֱלוֹהַּ מֵאֱנוֹשׁ: מַדּוּעַ אֵלָיו
יד רִיבוֹתָ כִּי כָל־דְּבָרָיו לֹא־יַעֲנֶה: כִּי־בְאַחַת יְדַבֶּר־אֵל וּבִשְׁתַּיִם
טו לֹא יְשׁוּרֶנָּה: בַּחֲלוֹם ׀ חֶזְיוֹן לַיְלָה בִּנְפֹל תַּרְדֵּמָה עַל־אֲנָשִׁים
טז בִּתְנוּמוֹת עֲלֵי מִשְׁכָּב: אָז יִגְלֶה אֹזֶן אֲנָשִׁים וּבְמֹסָרָם יַחְתֹּם:
יז יח לְהָסִיר אָדָם מַעֲשֶׂה וְגֵוָה מִגֶּבֶר יְכַסֶּה: יַחְשֹׂךְ נַפְשׁוֹ מִנִּי־שָׁחַת
יט וְחַיָּתוֹ מֵעֲבֹר בַּשָּׁלַח: וְהוּכַח בְּמַכְאוֹב עַל־מִשְׁכָּבוֹ וריב וְרוֹב
כ כא עֲצָמָיו אֵתָן: וְזִהֲמַתּוּ חַיָּתוֹ לָחֶם וְנַפְשׁוֹ מַאֲכַל תַּאֲוָה: יִכֶל
כב בְּשָׂרוֹ מֵרֹאִי ושפי עַצְמוֹתָיו לֹא רֻאּוּ: וַתִּקְרַב לַשַּׁחַת נַפְשׁוֹ וְשֻׁפּוּ
כג וְחַיָּתוֹ לַמְמִתִים: אִם־יֵשׁ עָלָיו ׀ מַלְאָךְ מֵלִיץ אֶחָד מִנִּי־אָלֶף
כד לְהַגִּיד לְאָדָם יָשְׁרוֹ: וַיְחֻנֶּנּוּ וַיֹּאמֶר פְּדָעֵהוּ מֵרֶדֶת שָׁחַת
כה כו מָצָאתִי כֹפֶר: רֻטֲפַשׁ בְּשָׂרוֹ מִנֹּעַר יָשׁוּב לִימֵי עֲלוּמָיו: יֶעְתַּר
אֶל־אֱלוֹהַּ ׀ וַיִּרְצֵהוּ וַיַּרְא פָּנָיו בִּתְרוּעָה וַיָּשֶׁב לֶאֱנוֹשׁ צִדְקָתוֹ:

כז יָשֹׁר ׀ עַל־אֲנָשִׁים וַיֹּאמֶר חָטָאתִי וְיָשָׁר הֶעֱוֵיתִי וְלֹא־שָׁוָה לִי:
כח כט פָּדָה נַפְשִׁי מֵעֲבֹר בַּשָּׁחַת וחיתי בָּאוֹר תִּרְאֶה: הֶן־כָּל־אֵלֶּה נַפְשׁוֹ | וְחַיָּתוֹ
ל יִפְעַל־אֵל פַּעֲמַיִם שָׁלוֹשׁ עִם־גָּבֶר: לְהָשִׁיב נַפְשׁוֹ מִנִּי־שָׁחַת
לא לֵאוֹר בְּאוֹר הַחַיִּים: הַקְשֵׁב אִיּוֹב שְׁמַע־לִי הַחֲרֵשׁ וְאָנֹכִי
לב לג אֲדַבֵּר: אִם־יֵשׁ־מִלִּין הֲשִׁיבֵנִי דַּבֵּר כִּי־חָפַצְתִּי צַדְּקֶךָּ: אִם־אַיִן ז
לד א אַתָּה שְׁמַע־לִי הַחֲרֵשׁ וַאֲאַלֶּפְךָ חָכְמָה: וַיַּעַן אֱלִיהוּא
ב ג וַיֹּאמַר: שִׁמְעוּ חֲכָמִים מִלָּי וְיֹדְעִים הַאֲזִינוּ לִי: כִּי־אֹזֶן מִלִּין
ד תִּבְחָן וְחֵךְ יִטְעַם לֶאֱכֹל: מִשְׁפָּט נִבְחֲרָה־לָּנוּ נֵדְעָה בֵינֵינוּ מַה־
ה ו טּוֹב: כִּי־אָמַר אִיּוֹב צָדַקְתִּי וְאֵל הֵסִיר מִשְׁפָּטִי: עַל־מִשְׁפָּטִי
ז אֲכַזֵּב אָנוּשׁ חִצִּי בְלִי־פָשַׁע: מִי־גֶבֶר כְּאִיּוֹב יִשְׁתֶּה־לַּעַג כַּמָּיִם:
ח ט וְאָרַח לְחֶבְרָה עִם־פֹּעֲלֵי אָוֶן וְלָלֶכֶת עִם־אַנְשֵׁי־רֶשַׁע: כִּי־
י אָמַר לֹא יִסְכָּן־גָּבֶר בִּרְצֹתוֹ עִם־אֱלֹהִים: לָכֵן ׀ אַנְשֵׁי לֵבָב
יא שִׁמְעוּ לִי חָלִלָה לָאֵל מֵרֶשַׁע וְשַׁדַּי מֵעָוֶל: כִּי פֹעַל אָדָם
יב יְשַׁלֶּם־לוֹ וּכְאֹרַח אִישׁ יַמְצִאֶנּוּ: אַף־אָמְנָם אֵל לֹא־יַרְשִׁיעַ
יג וְשַׁדַּי לֹא־יְעַוֵּת מִשְׁפָּט: מִי־פָקַד עָלָיו אָרְצָה וּמִי שָׂם תֵּבֵל
יד טו כֻּלָּהּ: אִם־יָשִׂים אֵלָיו לִבּוֹ רוּחוֹ וְנִשְׁמָתוֹ אֵלָיו יֶאֱסֹף: יִגְוַע
טז כָּל־בָּשָׂר יָחַד וְאָדָם עַל־עָפָר יָשׁוּב: וְאִם־בִּינָה שִׁמְעָה־זֹּאת
יז הַאֲזִינָה לְקוֹל מִלָּי: הַאַף שׂוֹנֵא מִשְׁפָּט יַחֲבוֹשׁ וְאִם־צַדִּיק
יח יט כַּבִּיר תַּרְשִׁיעַ: הַאֲמֹר לְמֶלֶךְ בְּלִיָּעַל רָשָׁע אֶל־נְדִיבִים: אֲשֶׁר
לֹא־נָשָׂא ׀ פְּנֵי שָׂרִים וְלֹא נִכַּר־שׁוֹעַ לִפְנֵי־דָל כִּי־מַעֲשֵׂה יָדָיו
כ כֻּלָּם: רֶגַע ׀ יָמֻתוּ וַחֲצוֹת לָיְלָה יְגֹעֲשׁוּ עָם וְיַעֲבֹרוּ וְיָסִירוּ אַבִּיר
כא כב לֹא בְיָד: כִּי־עֵינָיו עַל־דַּרְכֵי־אִישׁ וְכָל־צְעָדָיו יִרְאֶה: אֵין־
כג חֹשֶׁךְ וְאֵין צַלְמָוֶת לְהִסָּתֶר שָׁם פֹּעֲלֵי אָוֶן: כִּי לֹא עַל־אִישׁ
כד יָשִׂים עוֹד לַהֲלֹךְ אֶל־אֵל בַּמִּשְׁפָּט: יָרֹעַ כַּבִּירִים לֹא־חֵקֶר
כה וַיַּעֲמֵד אֲחֵרִים תַּחְתָּם: לָכֵן יַכִּיר מַעְבָּדֵיהֶם וְהָפַךְ לַיְלָה
כו כז וְיִדַּכָּאוּ: תַּחַת־רְשָׁעִים סְפָקָם בִּמְקוֹם רֹאִים: אֲשֶׁר עַל־כֵּן
כח סָרוּ מֵאַחֲרָיו וְכָל־דְּרָכָיו לֹא הִשְׂכִּילוּ: לְהָבִיא עָלָיו צַעֲקַת־

כט דַּל וְצַעֲקַת עֲנִיִּים יִשְׁמָע: וְהוּא יַשְׁקִט ׀ וּמִי יַרְשִׁעַ וְיַסְתֵּר פָּנִים
ל וּמִי יְשׁוּרֶנּוּ וְעַל־גּוֹי וְעַל־אָדָם יָחַד: מִמְּלֹךְ אָדָם חָנֵף מִמֹּקְשֵׁי
לא לב עָם: כִּי אֶל־אֵל הֶאָמַר נָשָׂאתִי לֹא אֶחְבֹּל: בִּלְעֲדֵי אֶחֱזֶה
לג אַתָּה הֹרֵנִי אִם־עָוֶל פָּעַלְתִּי לֹא אֹסִיף: הֲמֵעִמְּךָ יְשַׁלְּמֶנָּה ׀
לד כִּי־מָאַסְתָּ כִּי־אַתָּה תִבְחַר וְלֹא־אָנִי וּמַה־יָּדַעְתָּ דַבֵּר: אַנְשֵׁי
לה לֵבָב יֹאמְרוּ לִי וְגֶבֶר חָכָם שֹׁמֵעַ לִי: אִיּוֹב לֹא־בְדַעַת יְדַבֵּר
לו וּדְבָרָיו לֹא בְהַשְׂכֵּיל: אָבִי יִבָּחֵן אִיּוֹב עַד־נֶצַח עַל־תְּשֻׁבֹת
לז בְּאַנְשֵׁי־אָוֶן: כִּי יֹסִיף עַל־חַטָּאתוֹ פֶשַׁע בֵּינֵינוּ יִסְפּוֹק וְיֶרֶב
לה א ב אֲמָרָיו לָאֵל: וַיַּעַן אֱלִיהוּ וַיֹּאמַר: הֲזֹאת חָשַׁבְתָּ
ג לְמִשְׁפָּט אָמַרְתָּ צִדְקִי מֵאֵל: כִּי־תֹאמַר מַה־יִּסְכָּן־לָךְ מָה־
ד ה אֹעִיל מֵחַטָּאתִי: אֲנִי אֲשִׁיבְךָ מִלִּין וְאֶת־רֵעֶיךָ עִמָּךְ: הַבֵּט
ו שָׁמַיִם וּרְאֵה וְשׁוּר שְׁחָקִים גָּבְהוּ מִמֶּךָּ: אִם־חָטָאתָ מַה־
ז תִּפְעָל־בּוֹ וְרַבּוּ פְשָׁעֶיךָ מַה־תַּעֲשֶׂה־לּוֹ: אִם־צָדַקְתָּ מַה־
ח תִּתֶּן־לוֹ אוֹ מַה־מִיָּדְךָ יִקָּח: לְאִישׁ־כָּמוֹךָ רִשְׁעֶךָ וּלְבֶן־אָדָם
ט צִדְקָתֶךָ: מֵרֹב עֲשׁוּקִים יַזְעִיקוּ יְשַׁוְּעוּ מִזְּרוֹעַ רַבִּים:
י יא וְלֹא־אָמַר אַיֵּה אֱלוֹהַ עֹשָׂי נֹתֵן זְמִרוֹת בַּלָּיְלָה: מַלְּפֵנוּ
יב מִבַּהֲמוֹת אָרֶץ וּמֵעוֹף הַשָּׁמַיִם יְחַכְּמֵנוּ: שָׁם יִצְעֲקוּ וְלֹא
יג יַעֲנֶה מִפְּנֵי גְּאוֹן רָעִים: אַךְ־שָׁוְא לֹא־יִשְׁמַע ׀ אֵל וְשַׁדַּי
יד לֹא יְשׁוּרֶנָּה: אַף כִּי־תֹאמַר לֹא תְשׁוּרֶנּוּ דִּין לְפָנָיו וּתְחוֹלֵל
טו טז לוֹ: וְעַתָּה כִּי־אַיִן פָּקַד אַפּוֹ וְלֹא־יָדַע בַּפַּשׁ מְאֹד: וְאִיּוֹב הֶבֶל
לו א יִפְצֶה־פִּיהוּ בִּבְלִי־דַעַת מִלִּין יַכְבִּר: וַיֹּסֶף
ב אֱלִיהוּא וַיֹּאמַר: כַּתַּר־לִי זְעֵיר וַאֲחַוֶּךָּ כִּי־עוֹד לֶאֱלוֹהַּ מִלִּים:
ג ד אֶשָּׂא דֵעִי לְמֵרָחוֹק וּלְפֹעֲלִי אֶתֵּן־צֶדֶק: כִּי־אָמְנָם לֹא־שֶׁקֶר
ה מִלָּי תְּמִים דֵּעוֹת עִמָּךְ: הֶן־אֵל כַּבִּיר וְלֹא יִמְאָס כַּבִּיר כֹּחַ
ו ז לֵב: לֹא־יְחַיֶּה רָשָׁע וּמִשְׁפַּט עֲנִיִּים יִתֵּן: לֹא־יִגְרַע מִצַּדִּיק
ח עֵינָיו וְאֶת־מְלָכִים לַכִּסֵּא וַיֹּשִׁיבֵם לָנֶצַח וַיִּגְבָּהוּ: וְאִם־אֲסוּרִים
ט בַּזִּקִּים יִלָּכְדוּן בְּחַבְלֵי־עֹנִי: וַיַּגֵּד לָהֶם פָּעֳלָם וּפִשְׁעֵיהֶם כִּי

יא יִתְגַּבָּֽרוּ׃ וַיִּגֶל אׇזְנָם לַמּוּסָר וַיֹּאמֶר כִּֽי־יְשֻׁבוּן מֵאָֽוֶן׃ אִם־
יב יִשְׁמְעוּ וְֽיַעֲבֹדוּ יְכַלּוּ יְמֵיהֶם בַּטּוֹב וּשְׁנֵיהֶם בַּנְּעִימִֽים׃ וְאִם־
יג לֹא יִשְׁמְעוּ בְּשֶׁלַח יַעֲבֹרוּ וְיִגְועוּ כִּבְלִי־דָֽעַת׃ וְֽחַנְפֵי־לֵב יָשִׂימוּ
יד אָף לֹא יְשַׁוְּעוּ כִּי אֲסָרָֽם׃ תָּמֹת בַּנֹּעַר נַפְשָׁם וְחַיָּתָם בַּקְּדֵשִֽׁים׃
טו טז יְחַלֵּץ עָנִי בְעׇנְיוֹ וְיִגֶל בַּלַּחַץ אׇזְנָֽם׃ וְאַף הֲסִיתְךָ ׀ מִפִּי־צָר
יז רַחַב לֹא־מוּצָק תַּחְתֶּיהָ וְנַחַת שֻׁלְחָנְךָ מָלֵא דָֽשֶׁן׃ וְדִין־רָשָׁע
יח מָלֵאתָ דִּין וּמִשְׁפָּט יִתְמֹֽכוּ׃ כִּֽי־חֵמָה פֶּן־יְסִיתְךָ בְשָׂפֶק וְרׇב־
יט כֹּפֶר אַל־יַטֶּֽךָּ׃ הֲיַעֲרֹךְ שׁוּעֲךָ לֹא בְצָר וְכֹל מַאֲמַצֵּי־כֹֽחַ׃
כ כא אַל־תִּשְׁאַף הַלָּיְלָה לַעֲלוֹת עַמִּים תַּחְתָּֽם׃ הִשָּׁמֶר אַל־תֵּפֶן
כב אֶל־אָוֶן כִּֽי־עַל־זֶה בָּחַרְתָּ מֵעֹֽנִי׃ הֶן־אֵל יַשְׂגִּיב בְּכֹחוֹ מִי
כג כָמֹהוּ מוֹרֶֽה׃ מִֽי־פָקַד עָלָיו דַּרְכּוֹ וּמִֽי־אָמַר פָּעַלְתָּ עַוְלָֽה׃
כד כה זְכֹר כִּֽי־תַשְׂגִּיא פׇעֳלוֹ אֲשֶׁר שֹׁרְרוּ אֲנָשִֽׁים׃ כׇּל־אָדָם חָֽזוּ־בוֹ
כו אֱנוֹשׁ יַבִּיט מֵרָחֽוֹק׃ הֶן־אֵל שַׂגִּיא וְלֹא נֵדָע מִסְפַּר שָׁנָיו וְלֹא־
כז כח חֵֽקֶר׃ כִּי יְגָרַע נִטְפֵי־מָיִם יָזֹקּוּ מָטָר לְאֵדֽוֹ׃ אֲשֶׁר־יִזְּלוּ
כט שְׁחָקִים יִרְעֲפוּ עֲלֵי ׀ אָדָם רָֽב׃ אַף אִם־יָבִין מִפְרְשֵׂי־עָב תְּשֻׁאוֹת
ל לא סֻכָּתֽוֹ׃ הֵן־פָּרַשׂ עָלָיו אוֹרוֹ וְשׇׁרְשֵׁי הַיָּם כִּסָּֽה׃ כִּי־בָם יָדִין
לב עַמִּים יִתֶּן־אֹכֶל לְמַכְבִּֽיר׃ עַל־כַּפַּיִם כִּסָּה־אוֹר וַיְצַו עָלֶיהָ
לז לג א בְמַפְגִּֽיעַ׃ יַגִּיד עָלָיו רֵעוֹ מִקְנֶה אַף עַל־עוֹלֶֽה׃ אַף־לְזֹאת
ב יֶחֱרַד לִבִּי וְיִתַּר מִמְּקוֹמֽוֹ׃ שִׁמְעוּ שָׁמוֹעַ בְּרֹגֶז קֹלוֹ וְהֶגֶה מִפִּיו
ג יֵצֵֽא׃ תַּֽחַת־כׇּל־הַשָּׁמַיִם יִשְׁרֵהוּ וְאוֹרוֹ עַל־כַּנְפוֹת הָאָֽרֶץ׃
ד אַחֲרָיו ׀ יִשְׁאַג־קוֹל יַרְעֵם בְּקוֹל גְּאוֹנוֹ וְלֹא יְעַקְּבֵם כִּֽי־יִשָּׁמַע
ה קוֹלֽוֹ׃ יַרְעֵם אֵל בְּקוֹלוֹ נִפְלָאוֹת עֹשֶׂה גְדֹלוֹת וְלֹא נֵדָֽע׃
ו כִּי לַשֶּׁלֶג ׀ יֹאמַר הֱוֵא אָרֶץ וְגֶשֶׁם מָטָר וְגֶשֶׁם מִטְרוֹת עֻזּֽוֹ׃
ז ח בְּיַד־כׇּל־אָדָם יַחְתּוֹם לָדַעַת כׇּל־אַנְשֵׁי מַעֲשֵֽׂהוּ׃ וַתָּבוֹא חַיָּה
ט בְמוֹ־אָרֶב וּבִמְעוֹנֹתֶיהָ תִשְׁכֹּֽן׃ מִן־הַחֶדֶר תָּבוֹא סוּפָה וּמִמְּזָרִים
י יא קָרָֽה׃ מִנִּשְׁמַת־אֵל יִתֶּן־קָרַח וְרֹחַב מַיִם בְּמוּצָֽק׃ אַף־בְּרִי
יב יַטְרִיחַ עָב יָפִיץ עֲנַן אוֹרֽוֹ׃ וְהוּא מְסִבּוֹת ׀ מִתְהַפֵּךְ בְּתַחְבּוּלֹתָו

יג לְפָעֳלָם כֹּל אֲשֶׁר יְצַוֵּם ׀ עַל־פְּנֵי תֵבֵל אָרְצָה: אִם־לְשֵׁבֶט אִם־
יד לְאַרְצוֹ אִם־לְחֶסֶד יַמְצִאֵהוּ: הַאֲזִינָה זֹּאת אִיּוֹב עֲמֹד וְהִתְבּוֹנֵן ׀
טו נִפְלְאוֹת אֵל: הֲתֵדַע בְּשׂוּם־אֱלוֹהַ עֲלֵיהֶם וְהוֹפִיעַ אוֹר עֲנָנוֹ:
טז יז הֲתֵדַע עַל־מִפְלְשֵׂי־עָב מִפְלְאוֹת תְּמִים דֵּעִים: אֲשֶׁר־בְּגָדֶיךָ
יח חַמִּים בְּהַשְׁקִט אֶרֶץ מִדָּרוֹם: תַּרְקִיעַ עִמּוֹ לִשְׁחָקִים חֲזָקִים
יט כִּרְאִי מוּצָק: הוֹדִיעֵנוּ מַה־נֹּאמַר לוֹ לֹא־נַעֲרֹךְ מִפְּנֵי־חֹשֶׁךְ:
כ כא הַיְסֻפַּר־לוֹ כִּי אֲדַבֵּר אִם־אָמַר אִישׁ כִּי יְבֻלָּע: וְעַתָּה ׀ לֹא
כב רָאוּ אוֹר בָּהִיר הוּא בַּשְּׁחָקִים וְרוּחַ עָבְרָה וַתְּטַהֲרֵם: מִצָּפוֹן
כג זָהָב יֶאֱתֶה עַל־אֱלוֹהַ נוֹרָא הוֹד: שַׁדַּי לֹא־מְצָאנֻהוּ שַׂגִּיא־
כד כֹחַ וּמִשְׁפָּט וְרֹב־צְדָקָה לֹא יְעַנֶּה: לָכֵן יְרֵאוּהוּ אֲנָשִׁים לֹא־
לח א יִרְאֶה כָּל־חַכְמֵי־לֵב: וַיַּעַן־יְהוָה אֶת־אִיּוֹב
ב ג מִנהַסְּעָרָה וַיֹּאמַר: מִי זֶה ׀ מַחְשִׁיךְ עֵצָה בְמִלִּין בְּלִי־דָעַת: אֱזָר־ מִן ׀ הַסְּעָרָה
ד נָא כְגֶבֶר חֲלָצֶיךָ וְאֶשְׁאָלְךָ וְהוֹדִיעֵנִי: אֵיפֹה הָיִיתָ בְּיָסְדִי־
ה אָרֶץ הַגֵּד אִם־יָדַעְתָּ בִינָה: מִי־שָׂם מְמַדֶּיהָ כִּי תֵדָע אוֹ מִי־
ו נָטָה עָלֶיהָ קָּו: עַל־מָה אֲדָנֶיהָ הָטְבָּעוּ אוֹ מִי־יָרָה אֶבֶן
ז ח פִּנָּתָהּ: בְּרָן־יַחַד כּוֹכְבֵי בֹקֶר וַיָּרִיעוּ כָּל־בְּנֵי אֱלֹהִים: וַיָּסֶךְ
ט בִּדְלָתַיִם יָם בְּגִיחוֹ מֵרֶחֶם יֵצֵא: בְּשׂוּמִי עָנָן לְבֻשׁוֹ וַעֲרָפֶל
י יא חֲתֻלָּתוֹ: וָאֶשְׁבֹּר עָלָיו חֻקִּי וָאָשִׂים בְּרִיחַ וּדְלָתָיִם: וָאֹמַר
יב עַד־פֹּה תָבוֹא וְלֹא תֹסִיף וּפֹא־יָשִׁית בִּגְאוֹן גַּלֶּיךָ: הֲמִיָּמֶיךָ
יג צִוִּיתָ בֹּקֶר יִדַּעְתָּה שַׁחַר מְקֹמוֹ: לֶאֱחֹז בְּכַנְפוֹת הָאָרֶץ הַשַּׁחַר
יד וְיִנָּעֲרוּ רְשָׁעִים מִמֶּנָּה: תִּתְהַפֵּךְ כְּחֹמֶר חוֹתָם וְיִתְיַצְּבוּ כְּמוֹ
טו טז לְבוּשׁ: וְיִמָּנַע מֵרְשָׁעִים אוֹרָם וּזְרוֹעַ רָמָה תִּשָּׁבֵר: הֲבָאתָ
יז עַד־נִבְכֵי־יָם וּבְחֵקֶר תְּהוֹם הִתְהַלָּכְתָּ: הֲנִגְלוּ לְךָ שַׁעֲרֵי־
יח מָוֶת וְשַׁעֲרֵי צַלְמָוֶת תִּרְאֶה: הִתְבֹּנַנְתָּ עַד־רַחֲבֵי־אָרֶץ הַגֵּד
יט אִם־יָדַעְתָּ כֻלָּהּ: אֵי־זֶה הַדֶּרֶךְ יִשְׁכָּן־אוֹר וְחֹשֶׁךְ אֵי־זֶה
כ כא מְקֹמוֹ: כִּי תִקָּחֶנּוּ אֶל־גְּבוּלוֹ וְכִי תָבִין נְתִיבוֹת בֵּיתוֹ: יָדַעְתָּ
כב כִּי־אָז תִּוָּלֵד וּמִסְפַּר יָמֶיךָ רַבִּים: הֲבָאתָ אֶל־אֹצְרוֹת שֶׁלֶג

כג וְאוֹצְרוֹת בָּרָד תִּרְאֶה׃ אֲשֶׁר־חָשַׂכְתִּי לְעֶת־צָר לְיוֹם קְרָב
כד וּמִלְחָמָה׃ אֵי־זֶה הַדֶּרֶךְ יֵחָלֶק אוֹר יָפֵץ קָדִים עֲלֵי־אָרֶץ׃
כה כו מִי־פִלַּג לַשֶּׁטֶף תְּעָלָה וְדֶרֶךְ לַחֲזִיז קֹלוֹת׃ לְהַמְטִיר עַל־אֶרֶץ
כז לֹא־אִישׁ מִדְבָּר לֹא־אָדָם בּוֹ׃ לְהַשְׂבִּיעַ שֹׁאָה וּמְשֹׁאָה
כח וּלְהַצְמִיחַ מֹצָא דֶשֶׁא׃ הֲיֵשׁ־לַמָּטָר אָב אוֹ מִי־הוֹלִיד אֶגְלֵי־
כט ל טָל׃ מִבֶּטֶן מִי יָצָא הַקָּרַח וּכְפֹר שָׁמַיִם מִי יְלָדוֹ׃ כָּאֶבֶן מַיִם
לא יִתְחַבָּאוּ וּפְנֵי תְהוֹם יִתְלַכָּדוּ׃ הַתְקַשֵּׁר מַעֲדַנּוֹת כִּימָה אוֹ־
לב מֹשְׁכוֹת כְּסִיל תְּפַתֵּחַ׃ הֲתֹצִיא מַזָּרוֹת בְּעִתּוֹ וְעַיִשׁ עַל־בָּנֶיהָ
לג תַנְחֵם׃ הֲיָדַעְתָּ חֻקּוֹת שָׁמָיִם אִם־תָּשִׂים מִשְׁטָרוֹ בָאָרֶץ׃
לד לה הֲתָרִים לָעָב קוֹלֶךָ וְשִׁפְעַת־מַיִם תְּכַסֶּךָּ׃ הַתְשַׁלַּח בְּרָקִים ח
לו וְיֵלֵכוּ וְיֹאמְרוּ לְךָ הִנֵּנוּ׃ מִי־שָׁת בַּטֻּחוֹת חָכְמָה אוֹ מִי־נָתַן
לז לַשֶּׂכְוִי בִינָה׃ מִי־יְסַפֵּר שְׁחָקִים בְּחָכְמָה וְנִבְלֵי שָׁמַיִם מִי
לח לט יַשְׁכִּיב׃ בְּצֶקֶת עָפָר לַמּוּצָק וּרְגָבִים יְדֻבָּקוּ׃ הֲתָצוּד לְלָבִיא
מ טָרֶף וְחַיַּת כְּפִירִים תְּמַלֵּא׃ כִּי־יָשֹׁחוּ בַמְּעוֹנוֹת יֵשְׁבוּ בַסֻּכָּה
מא לְמוֹ־אָרֶב׃ מִי יָכִין לָעֹרֵב צֵידוֹ כִּי־יְלָדָו אֶל־אֵל יְשַׁוֵּעוּ יִתְעוּ
לט א לִבְלִי־אֹכֶל׃ הֲיָדַעְתָּ עֵת לֶדֶת יַעֲלֵי־סָלַע חֹלֵל אַיָּלוֹת תִּשְׁמֹר׃
ב ג תִּסְפֹּר יְרָחִים תְּמַלֶּאנָה וְיָדַעְתָּ עֵת לִדְתָּנָה׃ תִּכְרַעְנָה
ד יַלְדֵיהֶן תְּפַלַּחְנָה חֶבְלֵיהֶם תְּשַׁלַּחְנָה׃ יַחְלְמוּ בְנֵיהֶם יִרְבּוּ
ה בַבָּר יָצְאוּ וְלֹא־שָׁבוּ לָמוֹ׃ מִי־שִׁלַּח פֶּרֶא חָפְשִׁי וּמֹסְרוֹת עָרוֹד
ו ז מִי פִתֵּחַ׃ אֲשֶׁר־שַׂמְתִּי עֲרָבָה בֵיתוֹ וּמִשְׁכְּנוֹתָיו מְלֵחָה׃ יִשְׂחַק
ח לַהֲמוֹן קִרְיָה תְּשֻׁאוֹת נוֹגֵשׂ לֹא יִשְׁמָע׃ יְתוּר הָרִים מִרְעֵהוּ
ט וְאַחַר כָּל־יָרוֹק יִדְרוֹשׁ׃ הֲיֹאבֶה רֵּים עָבְדֶךָ אִם־יָלִין עַל־
י אֲבוּסֶךָ׃ הֲתִקְשָׁר־רֵים בְּתֶלֶם עֲבֹתוֹ אִם־יְשַׂדֵּד עֲמָקִים
יא יב אַחֲרֶיךָ׃ הֲתִבְטַח־בּוֹ כִּי־רַב כֹּחוֹ וְתַעֲזֹב אֵלָיו יְגִיעֶךָ׃ הֲתַאֲמִין
יג בּוֹ כִּי־ישוב זַרְעֶךָ וְגָרְנְךָ יֶאֱסֹף׃ כְּנַף־רְנָנִים נֶעֱלָסָה אִם־ יָשִׁיב
יד אֶבְרָה חֲסִידָה וְנֹצָה׃ כִּי־תַעֲזֹב לָאָרֶץ בֵּצֶיהָ וְעַל־עָפָר תְּחַמֵּם׃
טו טז וַתִּשְׁכַּח כִּי־רֶגֶל תְּזוּרֶהָ וְחַיַּת הַשָּׂדֶה תְּדוּשֶׁהָ׃ הִקְשִׁיחַ בָּנֶיהָ

יז לְלֹא־לָהּ לְרִיק יְגִיעָהּ בְּלִי־פָחַד׃ כִּי־הִשָּׁהּ אֱלוֹהַּ חָכְמָה וְלֹא־
יח חָלַק לָהּ בַּבִּינָה׃ כָּעֵת בַּמָּרוֹם תַּמְרִיא תִּשְׂחַק לַסּוּס
יט וּלְרֹכְבוֹ׃ הֲתִתֵּן לַסּוּס גְּבוּרָה הֲתַלְבִּישׁ צַוָּארוֹ רַעְמָה׃
כ כא הֲתַרְעִישֶׁנּוּ כָּאַרְבֶּה הוֹד נַחְרוֹ אֵימָה׃ יַחְפְּרוּ בָעֵמֶק וְיָשִׂישׂ
כב בְּכֹחַ יֵצֵא לִקְרַאת־נָשֶׁק׃ יִשְׂחַק לְפַחַד וְלֹא יֵחָת וְלֹא־יָשׁוּב
כג כד מִפְּנֵי־חָרֶב׃ עָלָיו תִּרְנֶה אַשְׁפָּה לַהַב חֲנִית וְכִידוֹן׃ בְּרַעַשׁ
כה וְרֹגֶז יְגַמֶּא־אָרֶץ וְלֹא־יַאֲמִין כִּי־קוֹל שׁוֹפָר׃ בְּדֵי שֹׁפָר ׀ יֹאמַר
כו הֶאָח וּמֵרָחוֹק יָרִיחַ מִלְחָמָה רַעַם שָׂרִים וּתְרוּעָה׃ הֲמִבִּינָתְךָ
כז יַאֲבֶר־נֵץ יִפְרֹשׂ כְּנָפָו לְתֵימָן׃ אִם־עַל־פִּיךָ יַגְבִּיהַּ נָשֶׁר וְכִי
כח כט יָרִים קִנּוֹ׃ סֶלַע יִשְׁכֹּן וְיִתְלֹנָן עַל־שֶׁן־סֶלַע וּמְצוּדָה׃ מִשָּׁם
ל חָפַר־אֹכֶל לְמֵרָחוֹק עֵינָיו יַבִּיטוּ׃ וְאֶפְרֹחָו יְעַלְעוּ־דָם וּבַאֲשֶׁר
מ א ב חֲלָלִים שָׁם הוּא׃ וַיַּעַן יְהוָה אֶת־אִיּוֹב וַיֹּאמַר׃ הֲרֹב
ג עִם־שַׁדַּי יִסּוֹר מוֹכִיחַ אֱלוֹהַּ יַעֲנֶנָּה׃ וַיַּעַן אִיּוֹב אֶת־
ד ה יְהוָה וַיֹּאמַר׃ הֵן קַלֹּתִי מָה אֲשִׁיבֶךָּ יָדִי שַׂמְתִּי לְמוֹ־פִי׃ אַחַת
ו דִּבַּרְתִּי וְלֹא אֶעֱנֶה וּשְׁתַּיִם וְלֹא אוֹסִיף׃ וַיַּעַן־יְהוָה
ז אֶת־אִיּוֹב מִנְסְעָרָה וַיֹּאמַר׃ אֱזָר־נָא כְגֶבֶר חֲלָצֶיךָ אֶשְׁאָלְךָ מִן ׀ סְעָרָה
ח ט וְהוֹדִיעֵנִי׃ הַאַף תָּפֵר מִשְׁפָּטִי תַּרְשִׁיעֵנִי לְמַעַן תִּצְדָּק׃ וְאִם־
י זְרוֹעַ כָּאֵל ׀ לָךְ וּבְקוֹל כָּמֹהוּ תַרְעֵם׃ עֲדֵה־נָא גָאוֹן וָגֹבַהּ
יא וְהוֹד וְהָדָר תִּלְבָּשׁ׃ הָפֵץ עֶבְרוֹת אַפֶּךָ וּרְאֵה כָל־גֵּאֶה
יב וְהַשְׁפִּילֵהוּ׃ רְאֵה כָל־גֵּאֶה הַכְנִיעֵהוּ וַהֲדֹךְ רְשָׁעִים תַּחְתָּם׃
יג יד טָמְנֵם בֶּעָפָר יָחַד פְּנֵיהֶם חֲבֹשׁ בַּטָּמוּן׃ וְגַם־אֲנִי אוֹדֶךָּ כִּי־
טו תוֹשִׁעַ לְךָ יְמִינֶךָ׃ הִנֵּה־נָא בְהֵמוֹת אֲשֶׁר־עָשִׂיתִי עִמָּךְ חָצִיר
טז כַּבָּקָר יֹאכֵל׃ הִנֵּה־נָא כֹחוֹ בְמָתְנָיו וְאֹנוֹ בִּשְׁרִירֵי בִטְנוֹ׃
יז יח יַחְפֹּץ זְנָבוֹ כְמוֹ־אָרֶז גִּידֵי פַחֲדָו יְשֹׂרָגוּ׃ עֲצָמָיו אֲפִיקֵי נְחוּשָׁה
יט גְּרָמָיו כִּמְטִיל בַּרְזֶל׃ הוּא רֵאשִׁית דַּרְכֵי־אֵל הָעֹשׂוֹ יַגֵּשׁ
כ חַרְבּוֹ׃ כִּי־בוּל הָרִים יִשְׂאוּ־לוֹ וְכָל־חַיַּת הַשָּׂדֶה יְשַׂחֲקוּ־שָׁם׃
כא כב תַּחַת־צֶאֱלִים יִשְׁכָּב בְּסֵתֶר קָנֶה וּבִצָּה׃ יְסֻכֻּהוּ צֶאֱלִים צִלֲלוֹ

מ
כג יְסֻבֻּהוּ עַרְבֵי־נָחַל׃ הֵן יַעֲשֹׁק נָהָר וְלֹא יַחְפּוֹז יִבְטַח ׀ כִּי־יָגִיחַ
כד כה יַרְדֵּן אֶל־פִּיהוּ׃ בְּעֵינָיו יִקָּחֶנּוּ בְּמוֹקְשִׁים יִנְקָב־אָף׃ תִּמְשֹׁךְ
כו לִוְיָתָן בְּחַכָּה וּבְחֶבֶל תַּשְׁקִיעַ לְשֹׁנוֹ׃ הֲתָשִׂים אַגְמֹן בְּאַפּוֹ
כז וּבְחוֹחַ תִּקֹּב לֶחֱיוֹ׃ הֲיַרְבֶּה אֵלֶיךָ תַּחֲנוּנִים אִם־יְדַבֵּר אֵלֶיךָ
כח כט רַכּוֹת׃ הֲיִכְרֹת בְּרִית עִמָּךְ תִּקָּחֶנּוּ לְעֶבֶד עוֹלָם׃ הַתְשַׂחֶק־בּוֹ
ל כַּצִּפּוֹר וְתִקְשְׁרֶנּוּ לְנַעֲרוֹתֶיךָ׃ יִכְרוּ עָלָיו חַבָּרִים יֶחֱצוּהוּ בֵּין
לא לב כְּנַעֲנִים׃ הַתְמַלֵּא בְשֻׂכּוֹת עוֹרוֹ וּבְצִלְצַל דָּגִים רֹאשׁוֹ׃ שִׂים־
מא א עָלָיו כַּפֶּךָ זְכֹר מִלְחָמָה אַל־תּוֹסַף׃ הֵן־תֹּחַלְתּוֹ נִכְזָבָה הֲגַם
ב אֶל־מַרְאָיו יֻטָל׃ לֹא־אַכְזָר כִּי יְעוּרֶנּוּ וּמִי הוּא לְפָנַי יִתְיַצָּב׃
ג ד מִי הִקְדִּימַנִי וַאֲשַׁלֵּם תַּחַת כָּל־הַשָּׁמַיִם לִי־הוּא׃ לֹא־אַחֲרִישׁ לו־
ה בַּדָּיו וּדְבַר־גְּבוּרוֹת וְחִין עֶרְכּוֹ׃ מִי־גִלָּה פְּנֵי לְבוּשׁוֹ בְּכֶפֶל רִסְנוֹ
ו ז מִי יָבוֹא׃ דַּלְתֵי פָנָיו מִי פִתֵּחַ סְבִיבוֹת שִׁנָּיו אֵימָה׃ גַּאֲוָה
ח אֲפִיקֵי מָגִנִּים סָגוּר חוֹתָם צָר׃ אֶחָד בְּאֶחָד יִגַּשׁוּ וְרוּחַ לֹא־יָבֹא
ט י בֵינֵיהֶם׃ אִישׁ־בְּאָחִיהוּ יְדֻבָּקוּ יִתְלַכְּדוּ וְלֹא יִתְפָּרָדוּ׃ עֲטִישֹׁתָיו
יא תָּהֶל אוֹר וְעֵינָיו כְּעַפְעַפֵּי־שָׁחַר׃ מִפִּיו לַפִּידִים יַהֲלֹכוּ כִּידוֹדֵי
יב יג אֵשׁ יִתְמַלָּטוּ׃ מִנְּחִירָיו יֵצֵא עָשָׁן כְּדוּד נָפוּחַ וְאַגְמֹן׃ נַפְשׁוֹ
יד גֶּחָלִים תְּלַהֵט וְלַהַב מִפִּיו יֵצֵא׃ בְּצַוָּארוֹ יָלִין עֹז וּלְפָנָיו תָּדוּץ
טו טז דְּאָבָה׃ מַפְּלֵי בְשָׂרוֹ דָבֵקוּ יָצוּק עָלָיו בַּל־יִמּוֹט׃ לִבּוֹ יָצוּק
יז כְּמוֹ־אָבֶן וְיָצוּק כְּפֶלַח תַּחְתִּית׃ מִשֵּׂתוֹ יָגוּרוּ אֵלִים מִשְּׁבָרִים
יח יִתְחַטָּאוּ׃ מַשִּׂיגֵהוּ חֶרֶב בְּלִי תָקוּם חֲנִית מַסָּע וְשִׁרְיָה׃
יט כ יַחְשֹׁב לְתֶבֶן בַּרְזֶל לְעֵץ רִקָּבוֹן נְחוּשָׁה׃ לֹא־יַבְרִיחֶנּוּ בֶן־
כא קָשֶׁת לְקַשׁ נֶהְפְּכוּ־לוֹ אַבְנֵי־קָלַע׃ כְּקַשׁ נֶחְשְׁבוּ תוֹתָח
כב וְיִשְׂחַק לְרַעַשׁ כִּידוֹן׃ תַּחְתָּיו חַדּוּדֵי חָרֶשׂ יִרְפַּד חָרוּץ עֲלֵי־
כג כד טִיט׃ יַרְתִּיחַ כַּסִּיר מְצוּלָה יָם יָשִׂים כַּמֶּרְקָחָה׃ אַחֲרָיו יָאִיר
כה נָתִיב יַחְשֹׁב תְּהוֹם לְשֵׂיבָה׃ אֵין־עַל־עָפָר מָשְׁלוֹ הֶעָשׂוּ
כו לִבְלִי־חָת׃ אֵת כָּל־גָּבֹהַּ יִרְאֶה הוּא מֶלֶךְ עַל־כָּל־בְּנֵי־
מב א ב שָׁחַץ׃ וַיַּעַן אִיּוֹב אֶת־יְהוָה וַיֹּאמַר׃ יָדַעְתָּ כִּי־

כֹּל תּוּכָל וְלֹא־יִבָּצֵר מִמְּךָ מְזִמָּה: מִי זֶה ׀ מַעְלִים עֵצָה בְּלִי ג
דָעַת לָכֵן הִגַּדְתִּי וְלֹא אָבִין נִפְלָאוֹת מִמֶּנִּי וְלֹא אֵדָע: שְׁמַע־ ד
נָא וְאָנֹכִי אֲדַבֵּר אֶשְׁאָלְךָ וְהוֹדִיעֵנִי: לְשֵׁמַע־אֹזֶן שְׁמַעְתִּיךָ ה
וְעַתָּה עֵינִי רָאָתְךָ: עַל־כֵּן אֶמְאַס וְנִחַמְתִּי עַל־עָפָר וָאֵפֶר: ו
וַיְהִי אַחַר דִּבֶּר יְהוָה אֶת־הַדְּבָרִים הָאֵלֶּה אֶל־אִיּוֹב וַיֹּאמֶר ז
יְהוָה אֶל־אֱלִיפַז הַתֵּימָנִי חָרָה אַפִּי בְךָ וּבִשְׁנֵי רֵעֶיךָ כִּי לֹא
דִבַּרְתֶּם אֵלַי נְכוֹנָה כְּעַבְדִּי אִיּוֹב: וְעַתָּה קְחוּ־לָכֶם שִׁבְעָה־ ח
פָרִים וְשִׁבְעָה אֵילִים וּלְכוּ ׀ אֶל־עַבְדִּי אִיּוֹב וְהַעֲלִיתֶם עוֹלָה
בַּעַדְכֶם וְאִיּוֹב עַבְדִּי יִתְפַּלֵּל עֲלֵיכֶם כִּי אִם־פָּנָיו אֶשָּׂא
לְבִלְתִּי עֲשׂוֹת עִמָּכֶם נְבָלָה כִּי לֹא דִבַּרְתֶּם אֵלַי נְכוֹנָה
כְּעַבְדִּי אִיּוֹב: וַיֵּלְכוּ אֱלִיפַז הַתֵּימָנִי וּבִלְדַּד הַשּׁוּחִי צֹפַר ט
הַנַּעֲמָתִי וַיַּעֲשׂוּ כַּאֲשֶׁר דִּבֶּר אֲלֵיהֶם יְהוָה וַיִּשָּׂא יְהוָה אֶת־
פְּנֵי אִיּוֹב: וַיהוָה שָׁב אֶת־שְׁבִית אִיּוֹב בְּהִתְפַּלְלוֹ בְּעַד רֵעֵהוּ י שְׁבוּת
וַיֹּסֶף יְהוָה אֶת־כָּל־אֲשֶׁר לְאִיּוֹב לְמִשְׁנֶה: וַיָּבֹאוּ אֵלָיו כָּל־ יא
אֶחָיו וְכָל־אַחְיֹתָיו וְכָל־יֹדְעָיו לְפָנִים וַיֹּאכְלוּ עִמּוֹ לֶחֶם
בְּבֵיתוֹ וַיָּנֻדוּ לוֹ וַיְנַחֲמוּ אֹתוֹ עַל כָּל־הָרָעָה אֲשֶׁר־הֵבִיא
יְהוָה עָלָיו וַיִּתְּנוּ־לוֹ אִישׁ קְשִׂיטָה אֶחָת וְאִישׁ נֶזֶם זָהָב אֶחָד:
וַיהוָה בֵּרַךְ אֶת־אַחֲרִית אִיּוֹב מֵרֵאשִׁתוֹ וַיְהִי־לוֹ אַרְבָּעָה יב
עָשָׂר אֶלֶף צֹאן וְשֵׁשֶׁת אֲלָפִים גְּמַלִּים וְאֶלֶף־צֶמֶד בָּקָר וְאֶלֶף
אֲתוֹנוֹת: וַיְהִי־לוֹ שִׁבְעָנָה בָנִים וְשָׁלוֹשׁ בָּנוֹת: וַיִּקְרָא שֵׁם־ יג יד
הָאַחַת יְמִימָה וְשֵׁם הַשֵּׁנִית קְצִיעָה וְשֵׁם הַשְּׁלִישִׁית קֶרֶן
הַפּוּךְ: וְלֹא נִמְצָא נָשִׁים יָפוֹת כִּבְנוֹת אִיּוֹב בְּכָל־הָאָרֶץ וַיִּתֵּן טו
לָהֶם אֲבִיהֶם נַחֲלָה בְּתוֹךְ אֲחֵיהֶם: וַיְחִי אִיּוֹב אַחֲרֵי־זֹאת טז
מֵאָה וְאַרְבָּעִים שָׁנָה וַיַּרְא אֶת־בָּנָיו וְאֶת־בְּנֵי בָנָיו אַרְבָּעָה
דֹּרוֹת: וַיָּמָת אִיּוֹב זָקֵן וּשְׂבַע יָמִים: יז

שיר השירים

א

א ב שִׁ֥יר הַשִּׁירִ֖ים אֲשֶׁ֥ר לִשְׁלֹמֹֽה׃ יִשָּׁקֵ֙נִי֙ מִנְּשִׁיק֣וֹת פִּ֔יהוּ כִּֽי־
ג טוֹבִ֥ים דֹּדֶ֖יךָ מִיָּֽיִן׃ לְרֵ֙יחַ֙ שְׁמָנֶ֣יךָ טוֹבִ֔ים שֶׁ֖מֶן תּוּרַ֣ק שְׁמֶ֑ךָ עַל־
ד כֵּ֖ן עֲלָמ֥וֹת אֲהֵבֽוּךָ׃ מָשְׁכֵ֖נִי אַחֲרֶ֣יךָ נָּר֑וּצָה הֱבִיאַ֨נִי הַמֶּ֜לֶךְ
חֲדָרָ֗יו נָגִ֤ילָה וְנִשְׂמְחָה֙ בָּ֔ךְ נַזְכִּ֤ירָה דֹדֶ֙יךָ֙ מִיַּ֔יִן מֵישָׁרִ֖ים
ה אֲהֵבֽוּךָ׃ שְׁחוֹרָ֤ה אֲנִי֙ וְֽנָאוָ֔ה בְּנ֖וֹת יְרוּשָׁלִָ֑ם כְּאָהֳלֵ֣י
ו קֵדָ֔ר כִּירִיע֖וֹת שְׁלֹמֹֽה׃ אַל־תִּרְא֙וּנִי֙ שֶׁאֲנִ֣י שְׁחַרְחֹ֔רֶת שֶׁשֱּׁזָפַ֖תְנִי
הַשָּׁ֑מֶשׁ בְּנֵ֧י אִמִּ֣י נִֽחֲרוּ־בִ֗י שָׂמֻ֙נִי֙ נֹטֵרָ֣ה אֶת־הַכְּרָמִ֔ים כַּרְמִ֥י
ז שֶׁלִּ֖י לֹ֥א נָטָֽרְתִּי׃ הַגִּ֣ידָה לִּ֗י שֶׁאָֽהֲבָה֙ נַפְשִׁ֔י אֵיכָ֣ה תִרְעֶ֔ה אֵיכָ֖ה
תַּרְבִּ֣יץ בַּֽצָּהֳרָ֑יִם שַׁלָּמָ֤ה אֶֽהְיֶה֙ כְּעֹ֣טְיָ֔ה עַ֖ל עֶדְרֵ֥י חֲבֵרֶֽיךָ׃
ח אִם־לֹ֤א תֵֽדְעִי֙ לָ֔ךְ הַיָּפָ֖ה בַּנָּשִׁ֑ים צְֽאִי־לָ֞ךְ בְּעִקְבֵ֣י הַצֹּ֗אן
ט וּרְעִי֙ אֶת־גְּדִיֹּתַ֔יִךְ עַ֖ל מִשְׁכְּנ֥וֹת הָרֹעִֽים׃ לְסֻֽסָתִי֙
י בְּרִכְבֵ֣י פַרְעֹ֔ה דִּמִּיתִ֖יךְ רַעְיָתִֽי׃ נָאו֤וּ לְחָיַ֙יִךְ֙ בַּתֹּרִ֔ים צַוָּארֵ֖ךְ
יא יב בַּחֲרוּזִֽים׃ תּוֹרֵ֤י זָהָב֙ נַֽעֲשֶׂה־לָּ֔ךְ עִ֖ם נְקֻדּ֥וֹת הַכָּֽסֶף׃ עַד־
יג שֶׁהַמֶּ֙לֶךְ֙ בִּמְסִבּ֔וֹ נִרְדִּ֖י נָתַ֥ן רֵיחֽוֹ׃ צְר֨וֹר הַמֹּ֤ר ׀ דּוֹדִי֙ לִ֔י בֵּ֥ין שָׁדַ֖י
יד טו יָלִֽין׃ אֶשְׁכֹּ֨ל הַכֹּ֤פֶר ׀ דּוֹדִי֙ לִ֔י בְּכַרְמֵ֖י עֵ֥ין גֶּֽדִי׃ הִנָּ֤ךְ
טז יָפָה֙ רַעְיָתִ֔י הִנָּ֥ךְ יָפָ֖ה עֵינַ֥יִךְ יוֹנִֽים׃ הִנְּךָ֨ יָפֶ֤ה דוֹדִי֙ אַ֣ף נָעִ֔ים
יז אַף־עַרְשֵׂ֖נוּ רַעֲנָנָֽה׃ קֹר֤וֹת בָּתֵּ֙ינוּ֙ אֲרָזִ֔ים רחיטנו בְּרוֹתִֽים׃ רָהִיטֵ֖נוּ

ב

א ב אֲנִי֙ חֲבַצֶּ֣לֶת הַשָּׁר֔וֹן שֽׁוֹשַׁנַּ֖ת הָעֲמָקִֽים׃ כְּשֽׁוֹשַׁנָּה֙ בֵּ֣ין הַחוֹחִ֔ים
ג כֵּ֥ן רַעְיָתִ֖י בֵּ֥ין הַבָּנֽוֹת׃ כְּתַפּ֙וּחַ֙ בַּעֲצֵ֣י הַיַּ֔עַר כֵּ֥ן דּוֹדִ֖י בֵּ֣ין
ד הַבָּנִ֑ים בְּצִלּוֹ֙ חִמַּ֣דְתִּי וְיָשַׁ֔בְתִּי וּפִרְי֖וֹ מָת֥וֹק לְחִכִּֽי׃ הֱבִיאַ֙נִי֙
ה אֶל־בֵּ֣ית הַיָּ֔יִן וְדִגְל֥וֹ עָלַ֖י אַהֲבָֽה׃ סַמְּכ֙וּנִי֙ בָּֽאֲשִׁישׁ֔וֹת רַפְּד֖וּנִי
ו בַּתַּפּוּחִ֑ים כִּי־חוֹלַ֥ת אַהֲבָ֖ה אָֽנִי׃ שְׂמֹאלוֹ֙ תַּ֣חַת לְרֹאשִׁ֔י וִימִינ֖וֹ
ז תְּחַבְּקֵֽנִי׃ הִשְׁבַּ֨עְתִּי אֶתְכֶ֜ם בְּנ֤וֹת יְרוּשָׁלִַ֙ם֙ בִּצְבָא֔וֹת א֖וֹ
בְּאַיְל֣וֹת הַשָּׂדֶ֑ה אִם־תָּעִ֧ירוּ ׀ וְֽאִם־תְּעֽוֹרְר֛וּ אֶת־הָאַהֲבָ֖ה עַ֥ד
ח שֶׁתֶּחְפָּֽץ׃ ק֣וֹל דּוֹדִ֔י הִנֵּה־זֶ֖ה בָּ֑א מְדַלֵּג֙ עַל־הֶ֣הָרִ֔ים
ט מְקַפֵּ֖ץ עַל־הַגְּבָעֽוֹת׃ דּוֹמֶ֤ה דוֹדִי֙ לִצְבִ֔י א֖וֹ לְעֹ֣פֶר הָֽאַיָּלִ֑ים
הִנֵּה־זֶ֤ה עוֹמֵד֙ אַחַ֣ר כָּתְלֵ֔נוּ מַשְׁגִּ֙יחַ֙ מִן־הַחַלֹּנ֔וֹת מֵצִ֖יץ מִן־

י הַחֲרַכִּים: עָנָה דוֹדִי וְאָמַר לִי קוּמִי לָךְ רַעְיָתִי יָפָתִי וּלְכִי־
יא יב לָךְ: כִּי־הִנֵּה הַסְּתָו עָבָר הַגֶּשֶׁם חָלַף הָלַךְ לוֹ: הַנִּצָּנִים נִרְאוּ
יג בָאָרֶץ עֵת הַזָּמִיר הִגִּיעַ וְקוֹל הַתּוֹר נִשְׁמַע בְּאַרְצֵנוּ: הַתְּאֵנָה
חָנְטָה פַגֶּיהָ וְהַגְּפָנִים ׀ סְמָדַר נָתְנוּ רֵיחַ קוּמִי לכי רַעְיָתִי יָפָתִי לָךְ
יד וּלְכִי־לָךְ: יוֹנָתִי בְּחַגְוֵי הַסֶּלַע בְּסֵתֶר הַמַּדְרֵגָה
הַרְאִינִי אֶת־מַרְאַיִךְ הַשְׁמִיעִנִי אֶת־קוֹלֵךְ כִּי־קוֹלֵךְ עָרֵב
טו וּמַרְאֵיךְ נָאוֶה: אֶחֱזוּ־לָנוּ שׁוּעָלִים שֻׁעָלִים קְטַנִּים
טז מְחַבְּלִים כְּרָמִים וּכְרָמֵינוּ סְמָדַר: דּוֹדִי לִי וַאֲנִי לוֹ הָרֹעֶה
יז בַּשּׁוֹשַׁנִּים: עַד שֶׁיָּפוּחַ הַיּוֹם וְנָסוּ הַצְּלָלִים סֹב דְּמֵה־לְךָ דוֹדִי
ג א לִצְבִי אוֹ לְעֹפֶר הָאַיָּלִים עַל־הָרֵי בָתֶר: עַל־
מִשְׁכָּבִי בַּלֵּילוֹת בִּקַּשְׁתִּי אֵת שֶׁאָהֲבָה נַפְשִׁי בִּקַּשְׁתִּיו וְלֹא
ב מְצָאתִיו: אָקוּמָה נָּא וַאֲסוֹבְבָה בָעִיר בַּשְּׁוָקִים וּבָרְחֹבוֹת
ג אֲבַקְשָׁה אֵת שֶׁאָהֲבָה נַפְשִׁי בִּקַּשְׁתִּיו וְלֹא מְצָאתִיו: מְצָאוּנִי
ד הַשֹּׁמְרִים הַסֹּבְבִים בָּעִיר אֵת שֶׁאָהֲבָה נַפְשִׁי רְאִיתֶם: כִּמְעַט
שֶׁעָבַרְתִּי מֵהֶם עַד שֶׁמָּצָאתִי אֵת שֶׁאָהֲבָה נַפְשִׁי אֲחַזְתִּיו
וְלֹא אַרְפֶּנּוּ עַד־שֶׁהֲבֵיאתִיו אֶל־בֵּית אִמִּי וְאֶל־חֶדֶר
ה הוֹרָתִי: הִשְׁבַּעְתִּי אֶתְכֶם בְּנוֹת יְרוּשָׁלִַם בִּצְבָאוֹת אוֹ
בְּאַיְלוֹת הַשָּׂדֶה אִם־תָּעִירוּ ׀ וְאִם־תְּעוֹרְרוּ אֶת־הָאַהֲבָה
ו עַד שֶׁתֶּחְפָּץ: מִי זֹאת עֹלָה מִן־הַמִּדְבָּר
כְּתִימֲרוֹת עָשָׁן מְקֻטֶּרֶת מוֹר וּלְבוֹנָה מִכֹּל אַבְקַת רוֹכֵל:
ז הִנֵּה מִטָּתוֹ שֶׁלִּשְׁלֹמֹה שִׁשִּׁים גִּבֹּרִים סָבִיב לָהּ מִגִּבֹּרֵי
ח יִשְׂרָאֵל: כֻּלָּם אֲחֻזֵי חֶרֶב מְלֻמְּדֵי מִלְחָמָה אִישׁ חַרְבּוֹ עַל־
ט יְרֵכוֹ מִפַּחַד בַּלֵּילוֹת: אַפִּרְיוֹן עָשָׂה לוֹ הַמֶּלֶךְ
י שְׁלֹמֹה מֵעֲצֵי הַלְּבָנוֹן: עַמּוּדָיו עָשָׂה כֶסֶף רְפִידָתוֹ זָהָב
יא מֶרְכָּבוֹ אַרְגָּמָן תּוֹכוֹ רָצוּף אַהֲבָה מִבְּנוֹת יְרוּשָׁלִָם: צְאֶינָה ׀
וּרְאֶינָה בְּנוֹת צִיּוֹן בַּמֶּלֶךְ שְׁלֹמֹה בָּעֲטָרָה שֶׁעִטְּרָה־לּוֹ אִמּוֹ
ד א בְּיוֹם חֲתֻנָּתוֹ וּבְיוֹם שִׂמְחַת לִבּוֹ: הִנָּךְ יָפָה

ד רַעְיָתִי הִנָּךְ יָפָה עֵינַיִךְ יוֹנִים מִבַּעַד לְצַמָּתֵךְ שַׂעְרֵךְ כְּעֵדֶר
ב הָעִזִּים שֶׁגָּלְשׁוּ מֵהַר גִּלְעָד: שִׁנַּיִךְ כְּעֵדֶר הַקְּצוּבוֹת שֶׁעָלוּ מִן־
ג הָרַחְצָה שֶׁכֻּלָּם מַתְאִימוֹת וְשַׁכֻּלָה אֵין בָּהֶם: כְּחוּט הַשָּׁנִי
שִׂפְתֹתַיִךְ וּמִדְבָּרֵיךְ נָאוֶה כְּפֶלַח הָרִמּוֹן רַקָּתֵךְ מִבַּעַד לְצַמָּתֵךְ:
ד כְּמִגְדַּל דָּוִיד צַוָּארֵךְ בָּנוּי לְתַלְפִּיּוֹת אֶלֶף הַמָּגֵן תָּלוּי עָלָיו כֹּל
ה שִׁלְטֵי הַגִּבֹּרִים: שְׁנֵי שָׁדַיִךְ כִּשְׁנֵי עֳפָרִים תְּאוֹמֵי צְבִיָּה הָרוֹעִים
ו בַּשּׁוֹשַׁנִּים: עַד שֶׁיָּפוּחַ הַיּוֹם וְנָסוּ הַצְּלָלִים אֵלֶךְ לִי אֶל־הַר
ז הַמּוֹר וְאֶל־גִּבְעַת הַלְּבוֹנָה: כֻּלָּךְ יָפָה רַעְיָתִי וּמוּם אֵין
ח בָּךְ: אִתִּי מִלְּבָנוֹן כַּלָּה אִתִּי מִלְּבָנוֹן תָּבוֹאִי
תָּשׁוּרִי | מֵרֹאשׁ אֲמָנָה מֵרֹאשׁ שְׂנִיר וְחֶרְמוֹן מִמְּעֹנוֹת אֲרָיוֹת
ט מֵהַרְרֵי נְמֵרִים: לִבַּבְתִּנִי אֲחֹתִי כַלָּה לִבַּבְתִּנִי באחד מֵעֵינַיִךְ בְּאַחַת
י בְּאַחַד עֲנָק מִצַּוְּרֹנָיִךְ: מַה־יָּפוּ דֹדַיִךְ אֲחֹתִי כַלָּה מַה־טֹּבוּ
יא דֹדַיִךְ מִיַּיִן וְרֵיחַ שְׁמָנַיִךְ מִכָּל־בְּשָׂמִים: נֹפֶת תִּטֹּפְנָה שִׂפְתוֹתַיִךְ
כַּלָּה דְּבַשׁ וְחָלָב תַּחַת לְשׁוֹנֵךְ וְרֵיחַ שַׂלְמֹתַיִךְ כְּרֵיחַ
יב לְבָנוֹן: גַּן | נָעוּל אֲחֹתִי כַלָּה גַּל נָעוּל מַעְיָן
יג חָתוּם: שְׁלָחַיִךְ פַּרְדֵּס רִמּוֹנִים עִם פְּרִי מְגָדִים כְּפָרִים עִם־
יד נְרָדִים: נֵרְדְּ | וְכַרְכֹּם קָנֶה וְקִנָּמוֹן עִם כָּל־עֲצֵי לְבוֹנָה מֹר
טו וַאֲהָלוֹת עִם כָּל־רָאשֵׁי בְשָׂמִים: מַעְיַן גַּנִּים בְּאֵר מַיִם חַיִּים
טז וְנֹזְלִים מִן־לְבָנוֹן: עוּרִי צָפוֹן וּבוֹאִי תֵימָן הָפִיחִי גַנִּי יִזְּלוּ
ה א בְשָׂמָיו יָבֹא דוֹדִי לְגַנּוֹ וְיֹאכַל פְּרִי מְגָדָיו: בָּאתִי לְגַנִּי אֲחֹתִי
כַלָּה אָרִיתִי מוֹרִי עִם־בְּשָׂמִי אָכַלְתִּי יַעְרִי עִם־דִּבְשִׁי שָׁתִיתִי
ב יֵינִי עִם־חֲלָבִי אִכְלוּ רֵעִים שְׁתוּ וְשִׁכְרוּ דּוֹדִים: אֲנִי
יְשֵׁנָה וְלִבִּי עֵר קוֹל | דּוֹדִי דוֹפֵק פִּתְחִי־לִי אֲחֹתִי רַעְיָתִי יוֹנָתִי
ג תַמָּתִי שֶׁרֹּאשִׁי נִמְלָא־טָל קְוֻצּוֹתַי רְסִיסֵי לָיְלָה: פָּשַׁטְתִּי אֶת־
כֻּתָּנְתִּי אֵיכָכָה אֶלְבָּשֶׁנָּה רָחַצְתִּי אֶת־רַגְלַי אֵיכָכָה אֲטַנְּפֵם:
ד ה דּוֹדִי שָׁלַח יָדוֹ מִן־הַחֹר וּמֵעַי הָמוּ עָלָיו: קַמְתִּי אֲנִי לִפְתֹּחַ
לְדוֹדִי וְיָדַי נָטְפוּ־מוֹר וְאֶצְבְּעֹתַי מוֹר עֹבֵר עַל כַּפּוֹת הַמַּנְעוּל:

ה

ו פָּתַחְתִּי אֲנִי לְדוֹדִי וְדוֹדִי חָמַק עָבָר נַפְשִׁי יָצְאָה בְדַבְּרוֹ
ז בִּקַּשְׁתִּיהוּ וְלֹא מְצָאתִיהוּ קְרָאתִיו וְלֹא עָנָנִי: מְצָאֻנִי
הַשֹּׁמְרִים הַסֹּבְבִים בָּעִיר הִכּוּנִי פְצָעוּנִי נָשְׂאוּ אֶת־רְדִידִי מֵעָלַי
ח שֹׁמְרֵי הַחֹמוֹת: הִשְׁבַּעְתִּי אֶתְכֶם בְּנוֹת יְרוּשָׁלָ͏ִם אִם־תִּמְצְאוּ
ט אֶת־דּוֹדִי מַה־תַּגִּידוּ לוֹ שֶׁחוֹלַת אַהֲבָה אָנִי: מַה־דּוֹדֵךְ
י מִדּוֹד הַיָּפָה בַּנָּשִׁים מַה־דּוֹדֵךְ מִדּוֹד שֶׁכָּכָה הִשְׁבַּעְתָּנוּ: דּוֹדִי
יא צַח וְאָדוֹם דָּגוּל מֵרְבָבָה: רֹאשׁוֹ כֶּתֶם פָּז קְוֻצּוֹתָיו תַּלְתַּלִּים
יב שְׁחֹרוֹת כָּעוֹרֵב: עֵינָיו כְּיוֹנִים עַל־אֲפִיקֵי מָיִם רֹחֲצוֹת בֶּחָלָב
יג יֹשְׁבוֹת עַל־מִלֵּאת: לְחָיָו כַּעֲרוּגַת הַבֹּשֶׂם מִגְדְּלוֹת מֶרְקָחִים
יד שִׂפְתוֹתָיו שׁוֹשַׁנִּים נֹטְפוֹת מוֹר עֹבֵר: יָדָיו גְּלִילֵי זָהָב מְמֻלָּאִים
טו בַּתַּרְשִׁישׁ מֵעָיו עֶשֶׁת שֵׁן מְעֻלֶּפֶת סַפִּירִים: שׁוֹקָיו עַמּוּדֵי
שֵׁשׁ מְיֻסָּדִים עַל־אַדְנֵי־פָז מַרְאֵהוּ כַּלְּבָנוֹן בָּחוּר כָּאֲרָזִים:
טז חִכּוֹ מַמְתַקִּים וְכֻלּוֹ מַחֲמַדִּים זֶה דוֹדִי וְזֶה רֵעִי בְּנוֹת יְרוּשָׁלָ͏ִם:
ו א אָנָה הָלַךְ דּוֹדֵךְ הַיָּפָה בַּנָּשִׁים אָנָה פָּנָה דוֹדֵךְ וּנְבַקְשֶׁנּוּ
ב עִמָּךְ: דּוֹדִי יָרַד לְגַנּוֹ לַעֲרֻגוֹת הַבֹּשֶׂם לִרְעוֹת בַּגַּנִּים וְלִלְקֹט
ג שׁוֹשַׁנִּים: אֲנִי לְדוֹדִי וְדוֹדִי לִי הָרֹעֶה בַּשּׁוֹשַׁנִּים:
ד ה יָפָה אַתְּ רַעְיָתִי כְּתִרְצָה נָאוָה כִּירוּשָׁלָ͏ִם אֲיֻמָּה כַּנִּדְגָּלוֹת: הָסֵבִּי
עֵינַיִךְ מִנֶּגְדִּי שֶׁהֵם הִרְהִיבֻנִי שַׂעְרֵךְ כְּעֵדֶר הָעִזִּים שֶׁגָּלְשׁוּ
ו מִן־הַגִּלְעָד: שִׁנַּיִךְ כְּעֵדֶר הָרְחֵלִים שֶׁעָלוּ מִן־הָרַחְצָה שֶׁכֻּלָּם
ז מַתְאִימוֹת וְשַׁכֻּלָה אֵין בָּהֶם: כְּפֶלַח הָרִמּוֹן רַקָּתֵךְ מִבַּעַד
ח לְצַמָּתֵךְ: שִׁשִּׁים הֵמָּה מְלָכוֹת וּשְׁמֹנִים פִּילַגְשִׁים וַעֲלָמוֹת
ט אֵין מִסְפָּר: אַחַת הִיא יוֹנָתִי תַמָּתִי אַחַת הִיא לְאִמָּהּ בָּרָה
הִיא לְיוֹלַדְתָּהּ רָאוּהָ בָנוֹת וַיְאַשְּׁרוּהָ מְלָכוֹת וּפִילַגְשִׁים
י וַיְהַלְלוּהָ: מִי־זֹאת הַנִּשְׁקָפָה כְּמוֹ־שָׁחַר יָפָה כַלְּבָנָה
יא בָּרָה כַּחַמָּה אֲיֻמָּה כַּנִּדְגָּלוֹת: אֶל־גִּנַּת אֱגוֹז יָרַדְתִּי לִרְאוֹת
יב בְּאִבֵּי הַנָּחַל לִרְאוֹת הֲפָרְחָה הַגֶּפֶן הֵנֵצוּ הָרִמֹּנִים: לֹא יָדַעְתִּי
ז א נַפְשִׁי שָׂמַתְנִי מַרְכְּבוֹת עַמִּי־נָדִיב: שׁוּבִי שׁוּבִי הַשּׁוּלַמִּית

שׁוּבִי שׁוּבִי וְנֶחֱזֶה־בָּךְ מַה־תֶּחֱזוּ בַּשּׁוּלַמִּית כִּמְחֹלַת הַמַּחֲנָיִם׃
ב מַה־יָּפוּ פְעָמַיִךְ בַּנְּעָלִים בַּת־נָדִיב חַמּוּקֵי יְרֵכַיִךְ כְּמוֹ חֲלָאִים
ג מַעֲשֵׂה יְדֵי אָמָּן׃ שָׁרְרֵךְ אַגַּן הַסַּהַר אַל־יֶחְסַר הַמָּזֶג בִּטְנֵךְ
ד עֲרֵמַת חִטִּים סוּגָה בַּשּׁוֹשַׁנִּים׃ שְׁנֵי שָׁדַיִךְ כִּשְׁנֵי עֳפָרִים תָּאֳמֵי
ה צְבִיָּה׃ צַוָּארֵךְ כְּמִגְדַּל הַשֵּׁן עֵינַיִךְ בְּרֵכוֹת בְּחֶשְׁבּוֹן עַל־שַׁעַר
ו בַּת־רַבִּים אַפֵּךְ כְּמִגְדַּל הַלְּבָנוֹן צוֹפֶה פְּנֵי דַמָּשֶׂק׃ רֹאשֵׁךְ עָלַיִךְ
ז כַּכַּרְמֶל וְדַלַּת רֹאשֵׁךְ כָּאַרְגָּמָן מֶלֶךְ אָסוּר בָּרְהָטִים׃ מַה־
ח יָּפִית וּמַה־נָּעַמְתְּ אַהֲבָה בַּתַּעֲנוּגִים׃ זֹאת קוֹמָתֵךְ דָּמְתָה לְתָמָר
ט וְשָׁדַיִךְ לְאַשְׁכֹּלוֹת׃ אָמַרְתִּי אֶעֱלֶה בְתָמָר אֹחֲזָה בְּסַנְסִנָּיו
י וְיִהְיוּ־נָא שָׁדַיִךְ כְּאֶשְׁכְּלוֹת הַגֶּפֶן וְרֵיחַ אַפֵּךְ כַּתַּפּוּחִים׃ וְחִכֵּךְ
כְּיֵין הַטּוֹב הוֹלֵךְ לְדוֹדִי לְמֵישָׁרִים דּוֹבֵב שִׂפְתֵי יְשֵׁנִים׃
יא יב אֲנִי לְדוֹדִי וְעָלַי תְּשׁוּקָתוֹ׃ לְכָה דוֹדִי נֵצֵא הַשָּׂדֶה נָלִינָה
יג בַּכְּפָרִים׃ נַשְׁכִּימָה לַכְּרָמִים נִרְאֶה אִם־פָּרְחָה הַגֶּפֶן פִּתַּח
יד הַסְּמָדַר הֵנֵצוּ הָרִמּוֹנִים שָׁם אֶתֵּן אֶת־דֹּדַי לָךְ׃ הַדּוּדָאִים
נָתְנוּ־רֵיחַ וְעַל־פְּתָחֵינוּ כָּל־מְגָדִים חֲדָשִׁים גַּם־יְשָׁנִים דּוֹדִי
ח א צָפַנְתִּי לָךְ׃ מִי יִתֶּנְךָ כְּאָח לִי יוֹנֵק שְׁדֵי אִמִּי אֶמְצָאֲךָ בַחוּץ
ב אֶשָּׁקְךָ גַּם לֹא־יָבֻזוּ לִי׃ אֶנְהָגֲךָ אֲבִיאֲךָ אֶל־בֵּית אִמִּי תְּלַמְּדֵנִי
ג אַשְׁקְךָ מִיַּיִן הָרֶקַח מֵעֲסִיס רִמֹּנִי׃ שְׂמֹאלוֹ תַּחַת רֹאשִׁי וִימִינוֹ
ד תְּחַבְּקֵנִי׃ הִשְׁבַּעְתִּי אֶתְכֶם בְּנוֹת יְרוּשָׁלָ͏ִם מַה־תָּעִירוּ ׀ וּמַה־
ה תְּעֹרְרוּ אֶת־הָאַהֲבָה עַד שֶׁתֶּחְפָּץ׃ מִי זֹאת
עֹלָה מִן־הַמִּדְבָּר מִתְרַפֶּקֶת עַל־דּוֹדָהּ תַּחַת הַתַּפּוּחַ עוֹרַרְתִּיךָ
ו שָׁמָּה חִבְּלַתְךָ אִמֶּךָ שָׁמָּה חִבְּלָה יְלָדַתְךָ׃ שִׂימֵנִי כַחוֹתָם
עַל־לִבֶּךָ כַּחוֹתָם עַל־זְרוֹעֶךָ כִּי־עַזָּה כַמָּוֶת אַהֲבָה קָשָׁה
ז כִשְׁאוֹל קִנְאָה רְשָׁפֶיהָ רִשְׁפֵּי אֵשׁ שַׁלְהֶבֶתְיָה׃ מַיִם רַבִּים לֹא
יוּכְלוּ לְכַבּוֹת אֶת־הָאַהֲבָה וּנְהָרוֹת לֹא יִשְׁטְפוּהָ אִם־יִתֵּן אִישׁ
ח אֶת־כָּל־הוֹן בֵּיתוֹ בָּאַהֲבָה בּוֹז יָבוּזוּ לוֹ׃ אָחוֹת
לָנוּ קְטַנָּה וְשָׁדַיִם אֵין לָהּ מַה־נַּעֲשֶׂה לַאֲחֹתֵנוּ בַּיּוֹם שֶׁיְּדֻבַּר־

ט בָּהּ׃ אִם־חוֹמָה הִיא נִבְנֶה עָלֶיהָ טִירַת כָּסֶף וְאִם־דֶּלֶת הִיא
י נָצוּר עָלֶיהָ לוּחַ אָרֶז׃ אֲנִי חוֹמָה וְשָׁדַי כַּמִּגְדָּלוֹת אָז הָיִיתִי
יא בְעֵינָיו כְּמוֹצְאֵת שָׁלוֹם׃ כֶּרֶם הָיָה לִשְׁלֹמֹה בְּבַעַל הָמוֹן נָתַן
יב אֶת־הַכֶּרֶם לַנֹּטְרִים אִישׁ יָבִא בְּפִרְיוֹ אֶלֶף כָּסֶף׃ כַּרְמִי שֶׁלִּי
יג לְפָנָי הָאֶלֶף לְךָ שְׁלֹמֹה וּמָאתַיִם לְנֹטְרִים אֶת־פִּרְיוֹ׃ הַיּוֹשֶׁבֶת
יד בַּגַּנִּים חֲבֵרִים מַקְשִׁיבִים לְקוֹלֵךְ הַשְׁמִיעִנִי׃ בְּרַח ׀ דּוֹדִי וּדְמֵה־
לְךָ לִצְבִי אוֹ לְעֹפֶר הָאַיָּלִים עַל הָרֵי בְשָׂמִים׃

רות

א

א וַיְהִי בִּימֵי שְׁפֹט הַשֹּׁפְטִים וַיְהִי רָעָב בָּאָרֶץ וַיֵּלֶךְ אִישׁ מִבֵּית
ב לֶחֶם יְהוּדָה לָגוּר בִּשְׂדֵי מוֹאָב הוּא וְאִשְׁתּוֹ וּשְׁנֵי בָנָיו: וְשֵׁם
הָאִישׁ אֱלִימֶלֶךְ וְשֵׁם אִשְׁתּוֹ נָעֳמִי וְשֵׁם שְׁנֵי־בָנָיו ׀ מַחְלוֹן
וְכִלְיוֹן אֶפְרָתִים מִבֵּית לֶחֶם יְהוּדָה וַיָּבֹאוּ שְׂדֵי־מוֹאָב וַיִּהְיוּ־
ג שָׁם: וַיָּמָת אֱלִימֶלֶךְ אִישׁ נָעֳמִי וַתִּשָּׁאֵר הִיא וּשְׁנֵי בָנֶיהָ:
ד וַיִּשְׂאוּ לָהֶם נָשִׁים מֹאֲבִיּוֹת שֵׁם הָאַחַת עָרְפָּה וְשֵׁם הַשֵּׁנִית
ה רוּת וַיֵּשְׁבוּ שָׁם כְּעֶשֶׂר שָׁנִים: וַיָּמוּתוּ גַם־שְׁנֵיהֶם מַחְלוֹן וְכִלְיוֹן
ו וַתִּשָּׁאֵר הָאִשָּׁה מִשְּׁנֵי יְלָדֶיהָ וּמֵאִישָׁהּ: וַתָּקָם הִיא וְכַלֹּתֶיהָ
וַתָּשָׁב מִשְּׂדֵי מוֹאָב כִּי שָׁמְעָה בִּשְׂדֵה מוֹאָב כִּי־פָקַד יהוה
ז אֶת־עַמּוֹ לָתֵת לָהֶם לָחֶם: וַתֵּצֵא מִן־הַמָּקוֹם אֲשֶׁר הָיְתָה־
שָׁמָּה וּשְׁתֵּי כַלֹּתֶיהָ עִמָּהּ וַתֵּלַכְנָה בַדֶּרֶךְ לָשׁוּב אֶל־אֶרֶץ
ח יְהוּדָה: וַתֹּאמֶר נָעֳמִי לִשְׁתֵּי כַלֹּתֶיהָ לֵכְנָה שֹּׁבְנָה אִשָּׁה לְבֵית
אִמָּהּ יעשה יהוה עִמָּכֶם חֶסֶד כַּאֲשֶׁר עֲשִׂיתֶם עִם־הַמֵּתִים יַעַשׂ
ט וְעִמָּדִי: יִתֵּן יהוה לָכֶם וּמְצֶאןָ מְנוּחָה אִשָּׁה בֵּית אִישָׁהּ וַתִּשַּׁק
י לָהֶן וַתִּשֶּׂאנָה קוֹלָן וַתִּבְכֶּינָה: וַתֹּאמַרְנָה־לָּהּ כִּי־אִתָּךְ נָשׁוּב
יא לְעַמֵּךְ: וַתֹּאמֶר נָעֳמִי שֹׁבְנָה בְנֹתַי לָמָּה תֵלַכְנָה עִמִּי הַעוֹד־
יב לִי בָנִים בְּמֵעַי וְהָיוּ לָכֶם לַאֲנָשִׁים: שֹׁבְנָה בְנֹתַי לֵכְןָ כִּי זָקַנְתִּי
מִהְיוֹת לְאִישׁ כִּי אָמַרְתִּי יֶשׁ־לִי תִקְוָה גַּם הָיִיתִי הַלַּיְלָה
יג לְאִישׁ וְגַם יָלַדְתִּי בָנִים: הֲלָהֵן ׀ תְּשַׂבֵּרְנָה עַד אֲשֶׁר יִגְדָּלוּ
הֲלָהֵן תֵּעָגֵנָה לְבִלְתִּי הֱיוֹת לְאִישׁ אַל בְּנֹתַי כִּי־מַר־לִי מְאֹד
יד מִכֶּם כִּי־יָצְאָה בִי יַד־יהוה: וַתִּשֶּׂנָה קוֹלָן וַתִּבְכֶּינָה עוֹד
טו וַתִּשַּׁק עָרְפָּה לַחֲמוֹתָהּ וְרוּת דָּבְקָה בָּהּ: וַתֹּאמֶר הִנֵּה שָׁבָה
טז יְבִמְתֵּךְ אֶל־עַמָּהּ וְאֶל־אֱלֹהֶיהָ שׁוּבִי אַחֲרֵי יְבִמְתֵּךְ: וַתֹּאמֶר
רוּת אַל־תִּפְגְּעִי־בִי לְעָזְבֵךְ לָשׁוּב מֵאַחֲרָיִךְ כִּי אֶל־אֲשֶׁר
תֵּלְכִי אֵלֵךְ וּבַאֲשֶׁר תָּלִינִי אָלִין עַמֵּךְ עַמִּי וֵאלֹהַיִךְ אֱלֹהָי:
יז בַּאֲשֶׁר תָּמוּתִי אָמוּת וְשָׁם אֶקָּבֵר כֹּה יַעֲשֶׂה יהוה לִי וְכֹה
יח יֹסִיף כִּי הַמָּוֶת יַפְרִיד בֵּינִי וּבֵינֵךְ: וַתֵּרֶא כִּי־מִתְאַמֶּצֶת הִיא

יט לָלֶכֶת אִתָּהּ וַתֶּחְדַּל לְדַבֵּר אֵלֶיהָ׃ וַתֵּלַכְנָה שְׁתֵּיהֶם עַד־בּוֹאָנָה
בֵּית לָחֶם וַיְהִי כְּבוֹאָנָה בֵּית לֶחֶם וַתֵּהֹם כָּל־הָעִיר עֲלֵיהֶן
כ וַתֹּאמַרְנָה הֲזֹאת נָעֳמִי׃ וַתֹּאמֶר אֲלֵיהֶן אַל־תִּקְרֶאנָה לִי
כא נָעֳמִי קְרֶאןָ לִי מָרָא כִּי־הֵמַר שַׁדַּי לִי מְאֹד׃ אֲנִי מְלֵאָה הָלַכְתִּי
וְרֵיקָם הֱשִׁיבַנִי יְהוָה לָמָּה תִקְרֶאנָה לִי נָעֳמִי וַיהוָה עָנָה בִי
כב וְשַׁדַּי הֵרַע לִי׃ וַתָּשָׁב נָעֳמִי וְרוּת הַמּוֹאֲבִיָּה כַלָּתָהּ עִמָּהּ
הַשָּׁבָה מִשְּׂדֵי מוֹאָב וְהֵמָּה בָּאוּ בֵּית לֶחֶם בִּתְחִלַּת קְצִיר
ב א שְׂעֹרִים׃ וּלְנָעֳמִי מְיֻדָּע לְאִישָׁהּ אִישׁ גִּבּוֹר חַיִל מִמִּשְׁפַּחַת מוֹדַע
ב אֱלִימֶלֶךְ וּשְׁמוֹ בֹּעַז׃ וַתֹּאמֶר רוּת הַמּוֹאֲבִיָּה אֶל־נָעֳמִי אֵלְכָה־
נָּא הַשָּׂדֶה וַאֲלַקֳטָה בַשִּׁבֳּלִים אַחַר אֲשֶׁר אֶמְצָא־חֵן בְּעֵינָיו
ג וַתֹּאמֶר לָהּ לְכִי בִתִּי׃ וַתֵּלֶךְ וַתָּבוֹא וַתְּלַקֵּט בַּשָּׂדֶה אַחֲרֵי
הַקֹּצְרִים וַיִּקֶר מִקְרֶהָ חֶלְקַת הַשָּׂדֶה לְבֹעַז אֲשֶׁר מִמִּשְׁפַּחַת
ד אֱלִימֶלֶךְ׃ וְהִנֵּה־בֹעַז בָּא מִבֵּית לֶחֶם וַיֹּאמֶר לַקּוֹצְרִים יְהוָה
ה עִמָּכֶם וַיֹּאמְרוּ לוֹ יְבָרֶכְךָ יְהוָה׃ וַיֹּאמֶר בֹּעַז לְנַעֲרוֹ הַנִּצָּב
ו עַל־הַקּוֹצְרִים לְמִי הַנַּעֲרָה הַזֹּאת׃ וַיַּעַן הַנַּעַר הַנִּצָּב עַל־
הַקּוֹצְרִים וַיֹּאמַר נַעֲרָה מוֹאֲבִיָּה הִיא הַשָּׁבָה עִם־נָעֳמִי מִשְּׂדֵי
ז מוֹאָב׃ וַתֹּאמֶר אֲלַקֳטָה־נָּא וְאָסַפְתִּי בָעֳמָרִים אַחֲרֵי הַקּוֹצְרִים
וַתָּבוֹא וַתַּעֲמוֹד מֵאָז הַבֹּקֶר וְעַד־עַתָּה זֶה שִׁבְתָּהּ הַבַּיִת
ח מְעָט׃ וַיֹּאמֶר בֹּעַז אֶל־רוּת הֲלוֹא שָׁמַעַתְּ בִּתִּי אַל־תֵּלְכִי
לִלְקֹט בְּשָׂדֶה אַחֵר וְגַם לֹא תַעֲבוּרִי מִזֶּה וְכֹה תִדְבָּקִין עִם־
ט נַעֲרֹתָי׃ עֵינַיִךְ בַּשָּׂדֶה אֲשֶׁר־יִקְצֹרוּן וְהָלַכְתְּ אַחֲרֵיהֶן הֲלוֹא
צִוִּיתִי אֶת־הַנְּעָרִים לְבִלְתִּי נָגְעֵךְ וְצָמִת וְהָלַכְתְּ אֶל־הַכֵּלִים
י וְשָׁתִית מֵאֲשֶׁר יִשְׁאֲבוּן הַנְּעָרִים׃ וַתִּפֹּל עַל־פָּנֶיהָ וַתִּשְׁתַּחוּ
אָרְצָה וַתֹּאמֶר אֵלָיו מַדּוּעַ מָצָאתִי חֵן בְּעֵינֶיךָ לְהַכִּירֵנִי וְאָנֹכִי
יא נָכְרִיָּה׃ וַיַּעַן בֹּעַז וַיֹּאמֶר לָהּ הֻגֵּד הֻגַּד לִי כֹּל אֲשֶׁר־עָשִׂית
אֶת־חֲמוֹתֵךְ אַחֲרֵי מוֹת אִישֵׁךְ וַתַּעַזְבִי אָבִיךְ וְאִמֵּךְ וְאֶרֶץ
יב מוֹלַדְתֵּךְ וַתֵּלְכִי אֶל־עַם אֲשֶׁר לֹא־יָדַעַתְּ תְּמוֹל שִׁלְשׁוֹם׃ יְשַׁלֵּם

יְהוָה פָּעֳלֵךְ וּתְהִי מַשְׂכֻּרְתֵּךְ שְׁלֵמָה מֵעִם יְהוָה אֱלֹהֵי יִשְׂרָאֵל
יג אֲשֶׁר־בָּאת לַחֲסוֹת תַּחַת־כְּנָפָיו׃ וַתֹּאמֶר אֶמְצָא־חֵן בְּעֵינֶיךָ
אֲדֹנִי כִּי נִחַמְתָּנִי וְכִי דִבַּרְתָּ עַל־לֵב שִׁפְחָתֶךָ וְאָנֹכִי לֹא אֶהְיֶה
יד כְּאַחַת שִׁפְחֹתֶיךָ׃ וַיֹּאמֶר לָה בֹעַז לְעֵת הָאֹכֶל גֹּשִׁי הֲלֹם וְאָכַלְתְּ
מִן־הַלֶּחֶם וְטָבַלְתְּ פִּתֵּךְ בַּחֹמֶץ וַתֵּשֶׁב מִצַּד הַקֹּצְרִים וַיִּצְבָּט־
טו לָהּ קָלִי וַתֹּאכַל וַתִּשְׂבַּע וַתֹּתַר׃ וַתָּקָם לְלַקֵּט וַיְצַו בֹּעַז אֶת־
טז נְעָרָיו לֵאמֹר גַּם בֵּין הָעֳמָרִים תְּלַקֵּט וְלֹא תַכְלִימוּהָ׃ וְגַם שֹׁל־
תָּשֹׁלּוּ לָהּ מִן־הַצְּבָתִים וַעֲזַבְתֶּם וְלִקְּטָה וְלֹא תִגְעֲרוּ־בָהּ׃
יז וַתְּלַקֵּט בַּשָּׂדֶה עַד־הָעָרֶב וַתַּחְבֹּט אֵת אֲשֶׁר־לִקֵּטָה וַיְהִי
יח כְּאֵיפָה שְׂעֹרִים׃ וַתִּשָּׂא וַתָּבוֹא הָעִיר וַתֵּרֶא חֲמוֹתָהּ אֵת
אֲשֶׁר־לִקֵּטָה וַתּוֹצֵא וַתִּתֶּן־לָהּ אֵת אֲשֶׁר־הוֹתִרָה מִשָּׂבְעָהּ׃
יט וַתֹּאמֶר לָהּ חֲמוֹתָהּ אֵיפֹה לִקַּטְתְּ הַיּוֹם וְאָנָה עָשִׂית יְהִי מַכִּירֵךְ
בָּרוּךְ וַתַּגֵּד לַחֲמוֹתָהּ אֵת אֲשֶׁר־עָשְׂתָה עִמּוֹ וַתֹּאמֶר שֵׁם
כ הָאִישׁ אֲשֶׁר עָשִׂיתִי עִמּוֹ הַיּוֹם בֹּעַז׃ וַתֹּאמֶר נָעֳמִי לְכַלָּתָהּ
בָּרוּךְ הוּא לַיהוָה אֲשֶׁר לֹא־עָזַב חַסְדּוֹ אֶת־הַחַיִּים וְאֶת־הַמֵּתִים
כא וַתֹּאמֶר לָהּ נָעֳמִי קָרוֹב לָנוּ הָאִישׁ מִגֹּאֲלֵנוּ הוּא׃ וַתֹּאמֶר
רוּת הַמּוֹאֲבִיָּה גַּם ׀ כִּי־אָמַר אֵלַי עִם־הַנְּעָרִים אֲשֶׁר־לִי תִּדְבָּקִין
כב עַד אִם־כִּלּוּ אֵת כָּל־הַקָּצִיר אֲשֶׁר־לִי׃ וַתֹּאמֶר נָעֳמִי אֶל־רוּת
כַּלָּתָהּ טוֹב בִּתִּי כִּי תֵצְאִי עִם־נַעֲרוֹתָיו וְלֹא יִפְגְּעוּ־בָךְ בְּשָׂדֶה
כג אַחֵר׃ וַתִּדְבַּק בְּנַעֲרוֹת בֹּעַז לְלַקֵּט עַד־כְּלוֹת קְצִיר־הַשְּׂעֹרִים
ג א וּקְצִיר הַחִטִּים וַתֵּשֶׁב אֶת־חֲמוֹתָהּ׃ וַתֹּאמֶר לָהּ נָעֳמִי חֲמוֹתָהּ
ב בִּתִּי הֲלֹא אֲבַקֶּשׁ־לָךְ מָנוֹחַ אֲשֶׁר יִיטַב־לָךְ׃ וְעַתָּה הֲלֹא בֹעַז
מֹדַעְתָּנוּ אֲשֶׁר הָיִית אֶת־נַעֲרוֹתָיו הִנֵּה־הוּא זֹרֶה אֶת־גֹּרֶן
ג הַשְּׂעֹרִים הַלָּיְלָה׃ וְרָחַצְתְּ ׀ וָסַכְתְּ וְשַׂמְתְּ שמלתך עָלַיִךְ [שִׂמְלֹתַיִךְ]
וירדתי הַגֹּרֶן אַל־תִּוָּדְעִי לָאִישׁ עַד כַּלֹּתוֹ לֶאֱכֹל וְלִשְׁתּוֹת׃ [וְיָרַדְתְּ]
ד וִיהִי בְשָׁכְבוֹ וְיָדַעַתְּ אֶת־הַמָּקוֹם אֲשֶׁר יִשְׁכַּב־שָׁם וּבָאת
וְגִלִּית מַרְגְּלֹתָיו ושכבתי וְהוּא יַגִּיד לָךְ אֵת אֲשֶׁר תַּעֲשִׂין׃ [וְשָׁכָבְתְּ]

ה ו וַתֹּאמֶר אֵלֶיהָ כֹּל אֲשֶׁר־תֹּאמְרִי אֶעֱשֶׂה׃ וַתֵּרֶד הַגֹּרֶן וַתַּעַשׂ אֵלַי
ז כְּכֹל אֲשֶׁר־צִוַּתָּה חֲמוֹתָהּ׃ וַיֹּאכַל בֹּעַז וַיֵּשְׁתְּ וַיִּיטַב לִבּוֹ וַיָּבֹא
לִשְׁכַּב בִּקְצֵה הָעֲרֵמָה וַתָּבֹא בַלָּט וַתְּגַל מַרְגְּלֹתָיו וַתִּשְׁכָּב׃
ח וַיְהִי בַּחֲצִי הַלַּיְלָה וַיֶּחֱרַד הָאִישׁ וַיִּלָּפֵת וְהִנֵּה אִשָּׁה שֹׁכֶבֶת
ט מַרְגְּלֹתָיו׃ וַיֹּאמֶר מִי־אָתְּ וַתֹּאמֶר אָנֹכִי רוּת אֲמָתֶךָ וּפָרַשְׂתָּ
י כְנָפֶךָ עַל־אֲמָתְךָ כִּי גֹאֵל אָתָּה׃ וַיֹּאמֶר בְּרוּכָה אַתְּ לַיהוָה
בִּתִּי הֵיטַבְתְּ חַסְדֵּךְ הָאַחֲרוֹן מִן־הָרִאשׁוֹן לְבִלְתִּי־לֶכֶת אַחֲרֵי
יא הַבַּחוּרִים אִם־דַּל וְאִם־עָשִׁיר׃ וְעַתָּה בִּתִּי אַל־תִּירְאִי כֹּל
אֲשֶׁר־תֹּאמְרִי אֶעֱשֶׂה־לָּךְ כִּי יוֹדֵעַ כָּל־שַׁעַר עַמִּי כִּי אֵשֶׁת
יב חַיִל אָתְּ׃ וְעַתָּה כִּי אָמְנָם כִּי אם גֹאֵל אָנֹכִי וְגַם יֵשׁ גֹּאֵל
יג קָרוֹב מִמֶּנִּי׃ לִינִי ׀ הַלַּיְלָה וְהָיָה בַבֹּקֶר אִם־יִגְאָלֵךְ טוֹב יִגְאָל
וְאִם־לֹא יַחְפֹּץ לְגָאֳלֵךְ וּגְאַלְתִּיךְ אָנֹכִי חַי־יְהוָה שִׁכְבִי עַד־
יד הַבֹּקֶר׃ וַתִּשְׁכַּב מַרְגְּלוֹתָו עַד־הַבֹּקֶר וַתָּקָם בטרום יַכִּיר אִישׁ בְּטֶרֶם
טו אֶת־רֵעֵהוּ וַיֹּאמֶר אַל־יִוָּדַע כִּי־בָאָה הָאִשָּׁה הַגֹּרֶן׃ וַיֹּאמֶר
הָבִי הַמִּטְפַּחַת אֲשֶׁר־עָלַיִךְ וְאֶחֳזִי־בָהּ וַתֹּאחֶז בָּהּ וַיָּמָד שֵׁשׁ־
טז שְׂעֹרִים וַיָּשֶׁת עָלֶיהָ וַיָּבֹא הָעִיר׃ וַתָּבוֹא אֶל־חֲמוֹתָהּ וַתֹּאמֶר
יז מִי־אַתְּ בִּתִּי וַתַּגֶּד־לָהּ אֵת כָּל־אֲשֶׁר עָשָׂה־לָהּ הָאִישׁ׃ וַתֹּאמֶר
שֵׁשׁ־הַשְּׂעֹרִים הָאֵלֶּה נָתַן לִי כִּי אָמַר אַל־תָּבוֹאִי רֵיקָם אֵלַי
יח אֶל־חֲמוֹתֵךְ׃ וַתֹּאמֶר שְׁבִי בִתִּי עַד אֲשֶׁר תֵּדְעִין אֵיךְ יִפֹּל
ד א דָּבָר כִּי לֹא יִשְׁקֹט הָאִישׁ כִּי אִם־כִּלָּה הַדָּבָר הַיּוֹם׃ וּבֹעַז
עָלָה הַשַּׁעַר וַיֵּשֶׁב שָׁם וְהִנֵּה הַגֹּאֵל עֹבֵר אֲשֶׁר דִּבֶּר־בֹּעַז
ב וַיֹּאמֶר סוּרָה שְׁבָה־פֹּה פְּלֹנִי אַלְמֹנִי וַיָּסַר וַיֵּשֵׁב׃ וַיִּקַּח עֲשָׂרָה
ג אֲנָשִׁים מִזִּקְנֵי הָעִיר וַיֹּאמֶר שְׁבוּ־פֹה וַיֵּשֵׁבוּ׃ וַיֹּאמֶר לַגֹּאֵל
חֶלְקַת הַשָּׂדֶה אֲשֶׁר לְאָחִינוּ לֶאֱלִימֶלֶךְ מָכְרָה נָעֳמִי הַשָּׁבָה
ד מִשְּׂדֵה מוֹאָב׃ וַאֲנִי אָמַרְתִּי אֶגְלֶה אָזְנְךָ לֵאמֹר קְנֵה נֶגֶד
הַיֹּשְׁבִים וְנֶגֶד זִקְנֵי עַמִּי אִם־תִּגְאַל גְּאָל וְאִם־לֹא יִגְאַל הַגִּידָה
לִּי וְאֵדַע כִּי אֵין זוּלָתְךָ לִגְאוֹל וְאָנֹכִי אַחֲרֶיךָ וַיֹּאמֶר אָנֹכִי

ה אֲגָאֵל: וַיֹּאמֶר בֹּעַז בְּיוֹם־קְנוֹתְךָ הַשָּׂדֶה מִיַּד נָעֳמִי וּמֵאֵת
רוּת הַמּוֹאֲבִיָּה אֵשֶׁת־הַמֵּת קניתי לְהָקִים שֵׁם־הַמֵּת עַל- קָנִיתָ
ו נַחֲלָתוֹ: וַיֹּאמֶר הַגֹּאֵל לֹא אוּכַל לגאול־לִי פֶּן־אַשְׁחִית אֶת- לִגְאָל-
ז נַחֲלָתִי גְּאַל־לְךָ אַתָּה אֶת־גְּאֻלָּתִי כִּי לֹא־אוּכַל לִגְאֹל: וְזֹאת
לְפָנִים בְּיִשְׂרָאֵל עַל־הַגְּאוּלָּה וְעַל־הַתְּמוּרָה לְקַיֵּם כָּל־דָּבָר
ח שָׁלַף אִישׁ נַעֲלוֹ וְנָתַן לְרֵעֵהוּ וְזֹאת הַתְּעוּדָה בְּיִשְׂרָאֵל: וַיֹּאמֶר
ט הַגֹּאֵל לְבֹעַז קְנֵה־לָךְ וַיִּשְׁלֹף נַעֲלוֹ: וַיֹּאמֶר בֹּעַז לַזְּקֵנִים וְכָל-
הָעָם עֵדִים אַתֶּם הַיּוֹם כִּי קָנִיתִי אֶת־כָּל־אֲשֶׁר לֶאֱלִימֶלֶךְ
י וְאֵת כָּל־אֲשֶׁר לְכִלְיוֹן וּמַחְלוֹן מִיַּד נָעֳמִי: וְגַם אֶת־רוּת
הַמֹּאֲבִיָּה אֵשֶׁת מַחְלוֹן קָנִיתִי לִי לְאִשָּׁה לְהָקִים שֵׁם־הַמֵּת עַל-
נַחֲלָתוֹ וְלֹא־יִכָּרֵת שֵׁם־הַמֵּת מֵעִם אֶחָיו וּמִשַּׁעַר מְקוֹמוֹ עֵדִים
יא אַתֶּם הַיּוֹם: וַיֹּאמְרוּ כָּל־הָעָם אֲשֶׁר־בַּשַּׁעַר וְהַזְּקֵנִים עֵדִים יִתֵּן
יהוה אֶת־הָאִשָּׁה הַבָּאָה אֶל־בֵּיתֶךָ כְּרָחֵל ׀ וּכְלֵאָה אֲשֶׁר בָּנוּ
שְׁתֵּיהֶם אֶת־בֵּית יִשְׂרָאֵל וַעֲשֵׂה־חַיִל בְּאֶפְרָתָה וּקְרָא־שֵׁם בְּבֵית
יב לָחֶם: וִיהִי בֵיתְךָ כְּבֵית פֶּרֶץ אֲשֶׁר־יָלְדָה תָמָר לִיהוּדָה מִן-
יג הַזֶּרַע אֲשֶׁר יִתֵּן יהוה לְךָ מִן־הַנַּעֲרָה הַזֹּאת: וַיִּקַּח בֹּעַז אֶת־רוּת
וַתְּהִי־לוֹ לְאִשָּׁה וַיָּבֹא אֵלֶיהָ וַיִּתֵּן יהוה לָהּ הֵרָיוֹן וַתֵּלֶד בֵּן:
יד וַתֹּאמַרְנָה הַנָּשִׁים אֶל־נָעֳמִי בָּרוּךְ יהוה אֲשֶׁר לֹא הִשְׁבִּית לָךְ
טו גֹּאֵל הַיּוֹם וְיִקָּרֵא שְׁמוֹ בְּיִשְׂרָאֵל: וְהָיָה לָךְ לְמֵשִׁיב נֶפֶשׁ
וּלְכַלְכֵּל אֶת־שֵׂיבָתֵךְ כִּי כַלָּתֵךְ אֲשֶׁר־אֲהֵבַתֶךְ יְלָדַתּוּ אֲשֶׁר־הִיא
טז טוֹבָה לָךְ מִשִּׁבְעָה בָּנִים: וַתִּקַּח נָעֳמִי אֶת־הַיֶּלֶד וַתְּשִׁתֵהוּ
יז בְחֵיקָהּ וַתְּהִי־לוֹ לְאֹמֶנֶת: וַתִּקְרֶאנָה לוֹ הַשְּׁכֵנוֹת שֵׁם לֵאמֹר
יֻלַּד־בֵּן לְנָעֳמִי וַתִּקְרֶאנָה שְׁמוֹ עוֹבֵד הוּא אֲבִי־יִשַׁי אֲבִי דָוִד:
יח יט וְאֵלֶּה תּוֹלְדוֹת פָּרֶץ פֶּרֶץ הוֹלִיד אֶת־חֶצְרוֹן: וְחֶצְרוֹן הוֹלִיד
כ אֶת־רָם וְרָם הוֹלִיד אֶת־עַמִּינָדָב: וְעַמִּינָדָב הוֹלִיד אֶת־נַחְשׁוֹן
כא וְנַחְשׁוֹן הוֹלִיד אֶת־שַׂלְמָה: וְשַׂלְמוֹן הוֹלִיד אֶת־בֹּעַז וּבֹעַז
כב הוֹלִיד אֶת־עוֹבֵד: וְעֹבֵד הוֹלִיד אֶת־יִשָׁי וְיִשַׁי הוֹלִיד אֶת־דָּוִד:

איכה

א אֵיכָה ׀ יָשְׁבָה בָדָד הָעִיר רַבָּתִי עָם הָיְתָה כְּאַלְמָנָה רַבָּתִי
ב בַגּוֹיִם שָׂרָתִי בַּמְּדִינוֹת הָיְתָה לָמַס: בָּכוֹ תִבְכֶּה בַּלַּיְלָה
וְדִמְעָתָהּ עַל לֶחֱיָהּ אֵין־לָהּ מְנַחֵם מִכָּל־אֹהֲבֶיהָ כָּל־רֵעֶיהָ
ג בָּגְדוּ בָהּ הָיוּ לָהּ לְאֹיְבִים: גָּלְתָה יְהוּדָה מֵעֹנִי וּמֵרֹב עֲבֹדָה
הִיא יָשְׁבָה בַגּוֹיִם לֹא מָצְאָה מָנוֹחַ כָּל־רֹדְפֶיהָ הִשִּׂיגוּהָ בֵּין
ד הַמְּצָרִים: דַּרְכֵי צִיּוֹן אֲבֵלוֹת מִבְּלִי בָּאֵי מוֹעֵד כָּל־שְׁעָרֶיהָ
ה שׁוֹמֵמִין כֹּהֲנֶיהָ נֶאֱנָחִים בְּתוּלֹתֶיהָ נּוּגוֹת וְהִיא מַר־לָהּ: הָיוּ צָרֶיהָ
לְרֹאשׁ אֹיְבֶיהָ שָׁלוּ כִּי־יהוה הוֹגָהּ עַל־רֹב פְּשָׁעֶיהָ עוֹלָלֶיהָ
ו הָלְכוּ שְׁבִי לִפְנֵי־צָר: וַיֵּצֵא מן בת־צִיּוֹן כָּל־הֲדָרָהּ הָיוּ שָׂרֶיהָ מִבַּת־
ז כְּאַיָּלִים לֹא־מָצְאוּ מִרְעֶה וַיֵּלְכוּ בְלֹא־כֹחַ לִפְנֵי רוֹדֵף: זָכְרָה
יְרוּשָׁלִַם יְמֵי עָנְיָהּ וּמְרוּדֶיהָ כֹּל מַחֲמֻדֶיהָ אֲשֶׁר הָיוּ מִימֵי קֶדֶם
בִּנְפֹל עַמָּהּ בְּיַד־צָר וְאֵין עוֹזֵר לָהּ רָאוּהָ צָרִים שָׂחֲקוּ עַל־
ח מִשְׁבַּתֶּהָ: חֵטְא חָטְאָה יְרוּשָׁלִַם עַל־כֵּן לְנִידָה הָיָתָה כָּל־
מְכַבְּדֶיהָ הִזִּילוּהָ כִּי־רָאוּ עֶרְוָתָהּ גַּם־הִיא נֶאֶנְחָה וַתָּשָׁב אָחוֹר:
ט טֻמְאָתָהּ בְּשׁוּלֶיהָ לֹא זָכְרָה אַחֲרִיתָהּ וַתֵּרֶד פְּלָאִים אֵין מְנַחֵם
י לָהּ רְאֵה יהוה אֶת־עָנְיִי כִּי הִגְדִּיל אוֹיֵב: יָדוֹ פָּרַשׂ צָר עַל כָּל־
מַחֲמַדֶּיהָ כִּי־רָאֲתָה גוֹיִם בָּאוּ מִקְדָּשָׁהּ אֲשֶׁר צִוִּיתָה לֹא־יָבֹאוּ
יא בַקָּהָל לָךְ: כָּל־עַמָּהּ נֶאֱנָחִים מְבַקְּשִׁים לֶחֶם נָתְנוּ מחמודיהם מַחֲמַדֵּיהֶם
יב בְּאֹכֶל לְהָשִׁיב נָפֶשׁ רְאֵה יהוה וְהַבִּיטָה כִּי הָיִיתִי זוֹלֵלָה: לוֹא
אֲלֵיכֶם כָּל־עֹבְרֵי דֶרֶךְ הַבִּיטוּ וּרְאוּ אִם־יֵשׁ מַכְאוֹב כְּמַכְאֹבִי
יג אֲשֶׁר עוֹלַל לִי אֲשֶׁר הוֹגָה יהוה בְּיוֹם חֲרוֹן אַפּוֹ: מִמָּרוֹם
שָׁלַח־אֵשׁ בְּעַצְמֹתַי וַיִּרְדֶּנָּה פָּרַשׂ רֶשֶׁת לְרַגְלַי הֱשִׁיבַנִי אָחוֹר
יד נְתָנַנִי שֹׁמֵמָה כָּל־הַיּוֹם דָּוָה: נִשְׂקַד עֹל פְּשָׁעַי בְּיָדוֹ יִשְׂתָּרְגוּ
עָלוּ עַל־צַוָּארִי הִכְשִׁיל כֹּחִי נְתָנַנִי אֲדֹנָי בִּידֵי לֹא־אוּכַל קוּם:
טו סִלָּה כָל־אַבִּירַי ׀ אֲדֹנָי בְּקִרְבִּי קָרָא עָלַי מוֹעֵד לִשְׁבֹּר בַּחוּרָי
טז גַּת דָּרַךְ אֲדֹנָי לִבְתוּלַת בַּת־יְהוּדָה: עַל־אֵלֶּה ׀ אֲנִי בוֹכִיָּה
עֵינִי ׀ עֵינִי יֹרְדָה מַּיִם כִּי־רָחַק מִמֶּנִּי מְנַחֵם מֵשִׁיב נַפְשִׁי הָיוּ

איכה

בָּנַ֣י שֽׁוֹמֵמִ֔ים כִּ֥י גָבַ֖ר אוֹיֵֽב: פֵּֽרְשָׂה֩ צִיּ֨וֹן בְּיָדֶ֜יהָ אֵ֣ין מְנַחֵ֣ם לָ֗הּ   יז
צִוָּ֧ה יְהֹוָ֛ה לְיַעֲקֹ֖ב סְבִיבָ֣יו צָרָ֑יו הָיְתָ֧ה יְרוּשָׁלִַ֛ם לְנִדָּ֖ה בֵּינֵיהֶֽם:

הָעַמִּ֗ים   צַדִּ֥יק ה֛וּא יְהֹוָ֖ה כִּ֣י פִ֣יהוּ מָרִ֑יתִי שִׁמְעוּ־נָ֣א כׇל־עַמִּים֮ וּרְאוּ֒   יח
מַכְאֹבִ֔י בְּתוּלֹתַ֥י וּבַחוּרַ֖י הָלְכ֥וּ בַשֶּֽׁבִי: קָרָ֤אתִי לַֽמְאַהֲבַי֙ הֵ֣מָּה   יט
רִמּ֔וּנִי כֹּהֲנַ֥י וּזְקֵנַ֖י בָּעִ֣יר גָּוָ֑עוּ כִּֽי־בִקְשׁ֥וּ אֹ֙כֶל֙ לָ֔מוֹ וְיָשִׁ֖יבוּ אֶת־
נַפְשָֽׁם: רְאֵ֨ה יְהֹוָ֤ה כִּֽי־צַר־לִי֙ מֵעַ֣י חֳמַרְמָ֔רוּ נֶהְפַּ֤ךְ לִבִּי֙ בְּקִרְבִּ֔י   כ
כִּ֥י מָר֖וֹ מָרִ֑יתִי מִח֥וּץ שִׁכְּלָה־חֶ֖רֶב בַּבַּ֥יִת כַּמָּֽוֶת: שָׁמְע֞וּ כִּ֧י   כא
נֶאֱנָחָ֣ה אָ֗נִי אֵ֤ין מְנַחֵם֙ לִ֔י כׇּל־אֹ֨יְבַ֜י שָׁמְע֤וּ רָֽעָתִי֙ שָׂ֔שׂוּ כִּ֥י
אַתָּ֣ה עָשִׂ֑יתָ הֵבֵ֥אתָ יוֹם־קָרָ֖אתָ וְיִֽהְי֣וּ כָמֹ֑נִי: תָּבֹ֨א כׇל־   כב
רָעָתָ֣ם לְפָנֶ֘יךָ֮ וְעוֹלֵ֣ל לָ֒מוֹ֒ כַּאֲשֶׁ֥ר עוֹלַ֛לְתָּ לִ֖י עַ֣ל כׇּל־פְּשָׁעָ֑י כִּֽי־
רַבּ֥וֹת אַנְחֹתַ֖י וְלִבִּ֥י דַוָּֽי:

אֵיכָה֩ יָעִ֨יב בְּאַפּ֤וֹ ׀ אֲדֹנָי֙ אֶת־בַּת־צִיּ֔וֹן הִשְׁלִ֤יךְ מִשָּׁמַ֙יִם֙ אֶ֔רֶץ   ב א
תִּפְאֶ֖רֶת יִשְׂרָאֵ֑ל וְלֹא־זָכַ֥ר הֲדֹם־רַגְלָ֖יו בְּי֥וֹם אַפּֽוֹ: בִּלַּ֨ע אֲדֹנָ֜י   ב

וְלֹ֤א   לֹ֣א חָמַ֗ל אֵ֚ת כׇּל־נְא֣וֹת יַעֲקֹ֔ב הָרַ֧ס בְּעֶבְרָת֛וֹ מִבְצְרֵ֥י בַת־
יְהוּדָ֖ה הִגִּ֣יעַ לָאָ֑רֶץ חִלֵּ֥ל מַמְלָכָ֖ה וְשָׂרֶֽיהָ: גָּדַ֣ע בׇּחֳרִי־אַ֗ף   ג
כֹּ֚ל קֶ֣רֶן יִשְׂרָאֵ֔ל הֵשִׁ֥יב אָח֛וֹר יְמִינ֖וֹ מִפְּנֵ֣י אוֹיֵ֑ב וַיִּבְעַ֤ר בְּיַעֲקֹב֙
כְּאֵ֣שׁ לֶֽהָבָ֔ה אָכְלָ֖ה סָבִֽיב: דָּרַ֨ךְ קַשְׁתּ֜וֹ כְּאוֹיֵ֗ב נִצָּ֤ב יְמִינוֹ֙   ד
כְּצָ֔ר וַֽיַּהֲרֹ֔ג כֹּ֖ל מַחֲמַדֵּי־עָ֑יִן בְּאֹ֙הֶל֙ בַּת־צִיּ֔וֹן שָׁפַ֥ךְ כָּאֵ֖שׁ
חֲמָתֽוֹ: הָיָ֨ה אֲדֹנָ֤י ׀ כְּאוֹיֵב֙ בִּלַּ֣ע יִשְׂרָאֵ֔ל בִּלַּע֙ כׇּל־אַרְמְנוֹתֶ֔יהָ   ה
שִׁחֵ֖ת מִבְצָרָ֑יו וַיֶּ֙רֶב֙ בְּבַת־יְהוּדָ֔ה תַּאֲנִיָּ֖ה וַאֲנִיָּֽה: וַיַּחְמֹ֤ס כַּגַּן֙   ו
שֻׂכּ֔וֹ שִׁחֵ֖ת מֹעֲד֑וֹ שִׁכַּ֣ח יְהֹוָ֣ה ׀ בְּצִיּ֗וֹן מוֹעֵד֙ וְשַׁבָּ֔ת וַיִּנְאַ֥ץ
בְּזַֽעַם־אַפּ֖וֹ מֶ֥לֶךְ וְכֹהֵֽן: זָנַ֨ח אֲדֹנָ֤י ׀ מִזְבְּחוֹ֙ נִאֵ֣ר מִקְדָּשׁ֔וֹ הִסְגִּ֛יר   ז
בְּיַד־אוֹיֵ֖ב חוֹמֹ֣ת אַרְמְנוֹתֶ֑יהָ ק֛וֹל נָתְנ֥וּ בְּבֵית־יְהֹוָ֖ה כְּי֥וֹם
מוֹעֵֽד: חָשַׁ֨ב יְהֹוָ֤ה ׀ לְהַשְׁחִית֙ חוֹמַ֣ת בַּת־צִיּ֔וֹן נָ֣טָה קָ֔ו לֹֽא־   ח
הֵשִׁ֥יב יָד֖וֹ מִבַּלֵּ֑עַ וַיַּֽאֲבֶל־חֵ֥ל וְחוֹמָ֖ה יַחְדָּ֥ו אֻמְלָֽלוּ: טָבְע֤וּ   ט
בָאָ֙רֶץ֙ שְׁעָרֶ֔יהָ אִבַּ֥ד וְשִׁבַּ֖ר בְּרִיחֶ֑יהָ מַלְכָּ֨הּ וְשָׂרֶ֤יהָ בַגּוֹיִם֙ אֵ֣ין
תּוֹרָ֔ה גַּם־נְבִיאֶ֕יהָ לֹא־מָצְא֥וּ חָז֖וֹן מֵיְהֹוָֽה: יֵשְׁב֨וּ לָאָ֤רֶץ יִדְּמוּ֙   י

קסו

זִקְנֵי בַת־צִיּוֹן הֶעֱלוּ עָפָר עַל־רֹאשָׁם חָגְרוּ שַׂקִּים הוֹרִידוּ
יא לָאָרֶץ רֹאשָׁן בְּתוּלֹת יְרוּשָׁלִָם׃ כָּלוּ בַדְּמָעוֹת עֵינַי חֳמַרְמְרוּ
מֵעַי נִשְׁפַּךְ לָאָרֶץ כְּבֵדִי עַל־שֶׁבֶר בַּת־עַמִּי בֵּעָטֵף עוֹלֵל וְיוֹנֵק
יב בִּרְחֹבוֹת קִרְיָה׃ לְאִמֹּתָם יֹאמְרוּ אַיֵּה דָּגָן וָיָיִן בְּהִתְעַטְּפָם
יג כֶּחָלָל בִּרְחֹבוֹת עִיר בְּהִשְׁתַּפֵּךְ נַפְשָׁם אֶל־חֵיק אִמֹּתָם׃ מָה־
אעודך מָה אֲדַמֶּה־לָּךְ הַבַּת יְרוּשָׁלִַם מָה אַשְׁוֶה־לָּךְ וַאֲנַחֲמֵךְ אֲעִידֵךְ
יד בְּתוּלַת בַּת־צִיּוֹן כִּי־גָדוֹל כַּיָּם שִׁבְרֵךְ מִי יִרְפָּא־לָךְ׃ נְבִיאַיִךְ
חָזוּ לָךְ שָׁוְא וְתָפֵל וְלֹא־גִלּוּ עַל־עֲוֹנֵךְ לְהָשִׁיב שביתך וַיֶּחֱזוּ שְׁבוּתֵךְ
טו לָךְ מַשְׂאוֹת שָׁוְא וּמַדּוּחִים׃ סָפְקוּ עָלַיִךְ כַּפַּיִם כָּל־עֹבְרֵי דֶרֶךְ
שָׁרְקוּ וַיָּנִעוּ רֹאשָׁם עַל־בַּת יְרוּשָׁלִָם הֲזֹאת הָעִיר שֶׁיֹּאמְרוּ
טז כְּלִילַת יֹפִי מָשׂוֹשׂ לְכָל־הָאָרֶץ׃ פָּצוּ עָלַיִךְ פִּיהֶם כָּל־אֹיְבַיִךְ
שָׁרְקוּ וַיַּחַרְקוּ־שֵׁן אָמְרוּ בִּלָּעְנוּ אַךְ זֶה הַיּוֹם שֶׁקִּוִּינֻהוּ מָצָאנוּ
יז רָאִינוּ׃ עָשָׂה יְהוָה אֲשֶׁר זָמָם בִּצַּע אֶמְרָתוֹ אֲשֶׁר צִוָּה מִימֵי־
קֶדֶם הָרַס וְלֹא חָמָל וַיְשַׂמַּח עָלַיִךְ אוֹיֵב הֵרִים קֶרֶן צָרָיִךְ׃
יח צָעַק לִבָּם אֶל־אֲדֹנָי חוֹמַת בַּת־צִיּוֹן הוֹרִידִי כַנַּחַל דִּמְעָה יוֹמָם
יט וָלַיְלָה אַל־תִּתְּנִי פוּגַת לָךְ אַל־תִּדֹּם בַּת־עֵינֵךְ׃ קוּמִי ׀ רֹנִּי
בַלַּיְלָה לְרֹאשׁ אַשְׁמֻרוֹת שִׁפְכִי כַמַּיִם לִבֵּךְ נֹכַח פְּנֵי אֲדֹנָי שְׂאִי
אֵלָיו כַּפַּיִךְ עַל־נֶפֶשׁ עוֹלָלַיִךְ הָעֲטוּפִים בְּרָעָב בְּרֹאשׁ כָּל־
כ חוּצוֹת׃ רְאֵה יְהוָה וְהַבִּיטָה לְמִי עוֹלַלְתָּ כֹּה אִם־תֹּאכַלְנָה
נָשִׁים פִּרְיָם עֹלְלֵי טִפֻּחִים אִם־יֵהָרֵג בְּמִקְדַּשׁ אֲדֹנָי כֹּהֵן
כא וְנָבִיא׃ שָׁכְבוּ לָאָרֶץ חוּצוֹת נַעַר וְזָקֵן בְּתוּלֹתַי וּבַחוּרַי נָפְלוּ
כב בֶחָרֶב הָרַגְתָּ בְּיוֹם אַפֶּךָ טָבַחְתָּ לֹא חָמָלְתָּ׃ תִּקְרָא כְיוֹם
מוֹעֵד מְגוּרַי מִסָּבִיב וְלֹא הָיָה בְּיוֹם אַף־יְהוָה פָּלִיט וְשָׂרִיד
אֲשֶׁר־טִפַּחְתִּי וְרִבִּיתִי אֹיְבִי כִלָּם׃
ג א ב אֲנִי הַגֶּבֶר רָאָה עֳנִי בְּשֵׁבֶט עֶבְרָתוֹ׃ אוֹתִי נָהַג וַיֹּלַךְ חֹשֶׁךְ וְלֹא־
ג ד אוֹר׃ אַךְ בִּי יָשֻׁב יַהֲפֹךְ יָדוֹ כָּל־הַיּוֹם׃ בִּלָּה בְשָׂרִי וְעוֹרִי שִׁבַּר
ה עַצְמוֹתָי׃ בָּנָה עָלַי וַיַּקַּף רֹאשׁ וּתְלָאָה׃ בְּמַחֲשַׁכִּים הוֹשִׁיבַנִי

ז ח כְּמֵתֵי עוֹלָם: גָּדַר בַּעֲדִי וְלֹא אֵצֵא הִכְבִּיד נְחָשְׁתִּי: גַּם כִּי
ט אֶזְעַק וַאֲשַׁוֵּעַ שָׂתַם תְּפִלָּתִי: גָּדַר דְּרָכַי בְּגָזִית נְתִיבֹתַי עִוָּה:
י יא דֹּב אֹרֵב הוּא לִי אריה בְּמִסְתָּרִים: דְּרָכַי סוֹרֵר וַיְפַשְּׁחֵנִי שָׂמַנִי אֲרִי
יב יג שׁוֹמֵם: דָּרַךְ קַשְׁתּוֹ וַיַּצִּיבֵנִי כַּמַּטָּרָא לַחֵץ: הֵבִיא בְּכִלְיוֹתָי בְּנֵי
יד טו אַשְׁפָּתוֹ: הָיִיתִי שְּׂחֹק לְכָל־עַמִּי נְגִינָתָם כָּל־הַיּוֹם: הִשְׂבִּיעַנִי
טז בַמְּרוֹרִים הִרְוַנִי לַעֲנָה: וַיַּגְרֵס בֶּחָצָץ שִׁנָּי הִכְפִּישַׁנִי בָּאֵפֶר:
יז יח וַתִּזְנַח מִשָּׁלוֹם נַפְשִׁי נָשִׁיתִי טוֹבָה: וָאֹמַר אָבַד נִצְחִי וְתוֹחַלְתִּי
יט כ מֵיהוה: זְכָר־עָנְיִי וּמְרוּדִי לַעֲנָה וָרֹאשׁ: זָכוֹר תִּזְכּוֹר ותשיח וְתָשׁוֹחַ
כא כב עָלַי נַפְשִׁי: זֹאת אָשִׁיב אֶל־לִבִּי עַל־כֵּן אוֹחִיל: חַסְדֵי יהוה
כג כִּי לֹא־תָמְנוּ כִּי לֹא־כָלוּ רַחֲמָיו: חֲדָשִׁים לַבְּקָרִים רַבָּה
כד כה אֱמוּנָתֶךָ: חֶלְקִי יהוה אָמְרָה נַפְשִׁי עַל־כֵּן אוֹחִיל לוֹ: טוֹב
כו יהוה לְקֹוָו לְנֶפֶשׁ תִּדְרְשֶׁנּוּ: טוֹב וְיָחִיל וְדוּמָם לִתְשׁוּעַת
כז כח יהוה: טוֹב לַגֶּבֶר כִּי־יִשָּׂא עֹל בִּנְעוּרָיו: יֵשֵׁב בָּדָד וְיִדֹּם כִּי
כט ל נָטַל עָלָיו: יִתֵּן בֶּעָפָר פִּיהוּ אוּלַי יֵשׁ תִּקְוָה: יִתֵּן לְמַכֵּהוּ
לא לב לֶחִי יִשְׂבַּע בְּחֶרְפָּה: כִּי לֹא יִזְנַח לְעוֹלָם אֲדֹנָי: כִּי אִם־הוֹגָה
לג לד וְרִחַם כְּרֹב חֲסָדָו: כִּי לֹא עִנָּה מִלִּבּוֹ וַיַּגֶּה בְּנֵי־אִישׁ: לְדַכֵּא
לה תַּחַת רַגְלָיו כֹּל אֲסִירֵי אָרֶץ: לְהַטּוֹת מִשְׁפַּט־גָּבֶר נֶגֶד פְּנֵי
לו לז עֶלְיוֹן: לְעַוֵּת אָדָם בְּרִיבוֹ אֲדֹנָי לֹא רָאָה: מִי זֶה אָמַר וַתֶּהִי
לח לט אֲדֹנָי לֹא צִוָּה: מִפִּי עֶלְיוֹן לֹא תֵצֵא הָרָעוֹת וְהַטּוֹב: מַה־
מ יִּתְאוֹנֵן אָדָם חָי גֶּבֶר עַל־חֲטָאָו: נַחְפְּשָׂה דְרָכֵינוּ וְנַחְקֹרָה
מא וְנָשׁוּבָה עַד־יהוה: נִשָּׂא לְבָבֵנוּ אֶל־כַּפָּיִם אֶל־אֵל בַּשָּׁמָיִם:
מב מג נַחְנוּ פָשַׁעְנוּ וּמָרִינוּ אַתָּה לֹא סָלָחְתָּ: סַכֹּתָה בָאַף וַתִּרְדְּפֵנוּ
מד מה הָרַגְתָּ לֹא חָמָלְתָּ: סַכֹּתָה בֶעָנָן לָךְ מֵעֲבוֹר תְּפִלָּה: סְחִי
מו וּמָאוֹס תְּשִׂימֵנוּ בְּקֶרֶב הָעַמִּים: פָּצוּ עָלֵינוּ פִּיהֶם כָּל־אֹיְבֵינוּ:
מז מח פַּחַד וָפַחַת הָיָה לָנוּ הַשֵּׁאת וְהַשָּׁבֶר: פַּלְגֵי־מַיִם תֵּרַד עֵינִי
מט נ עַל־שֶׁבֶר בַּת־עַמִּי: עֵינִי נִגְּרָה וְלֹא תִדְמֶה מֵאֵין הֲפֻגוֹת: עַד־
נא יַשְׁקִיף וְיֵרֶא יהוה מִשָּׁמָיִם: עֵינִי עוֹלְלָה לְנַפְשִׁי מִכֹּל בְּנוֹת

נב נג עִירִי׃ צוֹד צָדוּנִי כַּצִּפּוֹר אֹיְבַי חִנָּם׃ צָמְתוּ בַבּוֹר חַיָּי וַיַּדּוּ־
נד נה אֶבֶן בִּי׃ צָפוּ־מַיִם עַל־רֹאשִׁי אָמַרְתִּי נִגְזָרְתִּי׃ קָרָאתִי שִׁמְךָ
נו יְהוָה מִבּוֹר תַּחְתִּיּוֹת׃ קוֹלִי שָׁמָעְתָּ אַל־תַּעְלֵם אָזְנְךָ לְרַוְחָתִי
נז נח לְשַׁוְעָתִי׃ קָרַבְתָּ בְּיוֹם אֶקְרָאֶךָּ אָמַרְתָּ אַל־תִּירָא׃ רַבְתָּ אֲדֹנָי
נט רִיבֵי נַפְשִׁי גָּאַלְתָּ חַיָּי׃ רָאִיתָה יְהוָה עַוָּתָתִי שָׁפְטָה מִשְׁפָּטִי׃
ס סא רָאִיתָה כָּל־נִקְמָתָם כָּל־מַחְשְׁבֹתָם לִי׃ שָׁמַעְתָּ חֶרְפָּתָם
סב יְהוָה כָּל־מַחְשְׁבֹתָם עָלָי׃ שִׂפְתֵי קָמַי וְהֶגְיוֹנָם עָלַי כָּל־הַיּוֹם׃
סג סד שִׁבְתָּם וְקִימָתָם הַבִּיטָה אֲנִי מַנְגִּינָתָם׃ תָּשִׁיב לָהֶם גְּמוּל
סה יְהוָה כְּמַעֲשֵׂה יְדֵיהֶם׃ תִּתֵּן לָהֶם מְגִנַּת־לֵב תַּאֲלָתְךָ לָהֶם׃
סו תִּרְדֹּף בְּאַף וְתַשְׁמִידֵם מִתַּחַת שְׁמֵי יְהוָה׃
ד א אֵיכָה יוּעַם זָהָב יִשְׁנֶא הַכֶּתֶם הַטּוֹב תִּשְׁתַּפֵּכְנָה אַבְנֵי־קֹדֶשׁ
ב בְּרֹאשׁ כָּל־חוּצוֹת׃ בְּנֵי צִיּוֹן הַיְקָרִים הַמְסֻלָּאִים בַּפָּז אֵיכָה
ג נֶחְשְׁבוּ לְנִבְלֵי־חֶרֶשׂ מַעֲשֵׂה יְדֵי יוֹצֵר׃ גַּם־תנין חָלְצוּ שַׁד תַּנִּים
ד הֵינִיקוּ גּוּרֵיהֶן בַּת־עַמִּי לְאַכְזָר כי ענים בַּמִּדְבָּר׃ דָּבַק לְשׁוֹן כַּיְעֵנִים
יוֹנֵק אֶל־חִכּוֹ בַּצָּמָא עוֹלָלִים שָׁאֲלוּ לֶחֶם פֹּרֵשׂ אֵין לָהֶם׃
ה הָאֹכְלִים לְמַעֲדַנִּים נָשַׁמּוּ בַּחוּצוֹת הָאֱמֻנִים עֲלֵי תוֹלָע חִבְּקוּ
ו אַשְׁפַּתּוֹת׃ וַיִּגְדַּל עֲוֺן בַּת־עַמִּי מֵחַטַּאת סְדֹם הַהֲפוּכָה כְמוֹ־
ז רָגַע וְלֹא־חָלוּ בָהּ יָדָיִם׃ זַכּוּ נְזִירֶיהָ מִשֶּׁלֶג צַחוּ מֵחָלָב אָדְמוּ
ח עֶצֶם מִפְּנִינִים סַפִּיר גִּזְרָתָם׃ חָשַׁךְ מִשְּׁחוֹר תָּאֳרָם לֹא נִכְּרוּ
ט בַּחוּצוֹת צָפַד עוֹרָם עַל־עַצְמָם יָבֵשׁ הָיָה כָעֵץ׃ טוֹבִים הָיוּ
חַלְלֵי־חֶרֶב מֵחַלְלֵי רָעָב שֶׁהֵם יָזוּבוּ מְדֻקָּרִים מִתְּנוּבֹת שָׂדָי׃
י יְדֵי נָשִׁים רַחֲמָנִיּוֹת בִּשְּׁלוּ יַלְדֵיהֶן הָיוּ לְבָרוֹת לָמוֹ בְּשֶׁבֶר
יא בַּת־עַמִּי׃ כִּלָּה יְהוָה אֶת־חֲמָתוֹ שָׁפַךְ חֲרוֹן אַפּוֹ וַיַּצֶּת־אֵשׁ
יב בְּצִיּוֹן וַתֹּאכַל יְסוֹדֹתֶיהָ׃ לֹא הֶאֱמִינוּ מַלְכֵי־אֶרֶץ וכל יֹשְׁבֵי כֹּל
יג תֵבֵל כִּי יָבֹא צַר וְאוֹיֵב בְּשַׁעֲרֵי יְרוּשָׁלִָם׃ מֵחַטֹּאת נְבִיאֶיהָ
יד עֲוֺנֹת כֹּהֲנֶיהָ הַשֹּׁפְכִים בְּקִרְבָּהּ דַּם צַדִּיקִים׃ נָעוּ עִוְרִים
טו בַּחוּצוֹת נְגֹאֲלוּ בַּדָּם בְּלֹא יוּכְלוּ יִגְּעוּ בִּלְבֻשֵׁיהֶם׃ סוּרוּ טָמֵא

קָרְא֤וּ לָמוֹ֙ ס֣וּרוּ ס֔וּרוּ אַל־תִּגָּ֖עוּ כִּ֣י נָצ֑וּ גַּם־נָ֙עוּ֙ אָֽמְר֣וּ בַּגּוֹיִ֔ם לֹ֥א

טז יוֹסִ֖פוּ לָגֽוּר: פְּנֵ֤י יְהוָה֙ חִלְּקָ֔ם לֹ֥א יוֹסִ֖יף לְהַבִּיטָ֑ם פְּנֵ֤י כֹֽהֲנִים֙ לֹ֣א

יז נָשָׂ֔אוּ זְקֵנִ֖ים לֹ֥א חָנָֽנוּ: עוֹדֵ֙ינוּ֙ תִּכְלֶ֣ינָה עֵינֵ֔ינוּ אֶל־עֶזְרָתֵ֖נוּ הָ֑בֶל

יח בְּצִפִּיָּתֵ֣נוּ צִפִּ֔ינוּ אֶל־גּ֖וֹי לֹ֥א יוֹשִֽׁעַ: צָד֣וּ צְעָדֵ֔ינוּ מִלֶּ֖כֶת בִּרְחֹֽבֹתֵ֑ינוּ

יט קָרַ֥ב קִצֵּ֖ינוּ מָלְא֣וּ יָמֵ֑ינוּ כִּי־בָ֖א קִצֵּֽינוּ: קַלִּ֤ים הָיוּ֙ רֹדְפֵ֔ינוּ מִנִּשְׁרֵ֖י

כ שָׁמָ֑יִם עַל־הֶהָרִ֣ים דְּלָקֻ֔נוּ בַּמִּדְבָּ֖ר אָ֥רְבוּ לָֽנוּ: ר֤וּחַ אַפֵּ֙ינוּ֙ מְשִׁ֣יחַ

יְהוָ֔ה נִלְכַּ֖ד בִּשְׁחִיתוֹתָ֑ם אֲשֶׁ֣ר אָמַ֔רְנוּ בְּצִלּ֖וֹ נִֽחְיֶ֥ה בַגּוֹיִֽם:

כא שִׂ֤ישִׂי וְשִׂמְחִי֙ בַּת־אֱד֔וֹם יוֹשֶׁ֖בֶת בְּאֶ֣רֶץ ע֑וּץ גַּם־עָלַ֙יִךְ֙ תַּעֲבָר־

כב כּ֔וֹס תִּשְׁכְּרִ֖י וְתִתְעָרִֽי: תַּם־עֲוֺנֵךְ֙ בַּת־צִיּ֔וֹן לֹ֥א יוֹסִ֖יף לְהַגְלוֹתֵ֑ךְ

פָּקַ֤ד עֲוֺנֵךְ֙ בַּת־אֱד֔וֹם גִּלָּ֖ה עַל־חַטֹּאתָֽיִךְ:

ה א זְכֹ֤ר יְהוָה֙ מֶֽה־הָ֣יָה לָ֔נוּ הַבִּ֖יטָה וּרְאֵ֥ה אֶת־חֶרְפָּתֵֽנוּ: נַחֲלָתֵ֙נוּ֙

ג נֶֽהֶפְכָ֣ה לְזָרִ֔ים בָּתֵּ֖ינוּ לְנָכְרִֽים: יְתוֹמִ֤ים הָיִ֙ינוּ֙ אֵ֣ין אָ֔ב אִמֹּתֵ֖ינוּ

ה כְּאַלְמָנֽוֹת: מֵימֵ֙ינוּ֙ בְּכֶ֣סֶף שָׁתִ֔ינוּ עֵצֵ֖ינוּ בִּמְחִ֥יר יָבֹֽאוּ: עַ֤ל

ו צַוָּארֵ֙נוּ֙ נִרְדָּ֔פְנוּ יָגַ֖עְנוּ לֹ֣א הֽוּנַֽח־לָֽנוּ: מִצְרַ֙יִם֙ נָתַ֣נּוּ יָ֔ד אַשּׁ֖וּר

ז לִשְׂבֹּ֥עַ לָֽחֶם: אֲבֹתֵ֤ינוּ חָֽטְאוּ֙ אֵינָ֔ם אֲנַ֖חְנוּ עֲוֺנֹתֵיהֶ֥ם סָבָֽלְנוּ:

ח עֲבָדִים֙ מָ֣שְׁלוּ בָ֔נוּ פֹּרֵ֖ק אֵ֣ין מִיָּדָֽם: בְּנַפְשֵׁ֙נוּ֙ נָבִ֣יא לַחְמֵ֔נוּ

י מִפְּנֵ֖י חֶ֣רֶב הַמִּדְבָּֽר: עוֹרֵ֙נוּ֙ כְּתַנּ֣וּר נִכְמָ֔רוּ מִפְּנֵ֖י זַלְעֲפ֥וֹת

יא רָעָֽב: נָשִׁים֙ בְּצִיּ֣וֹן עִנּ֔וּ בְּתֻלֹ֖ת בְּעָרֵ֣י יְהוּדָֽה: שָׂרִים֙ בְּיָדָ֣ם

יב נִתְל֔וּ פְּנֵ֥י זְקֵנִ֖ים לֹ֥א נֶהְדָּֽרוּ: בַּחוּרִים֙ טְח֣וֹן נָשָׂ֔אוּ וּנְעָרִ֖ים

יג בָּעֵ֣ץ כָּשָֽׁלוּ: זְקֵנִים֙ מִשַּׁ֣עַר שָׁבָ֔תוּ בַּחוּרִ֖ים מִנְּגִינָתָֽם: שָׁבַת֙

יד מְשׂ֣וֹשׂ לִבֵּ֔נוּ נֶהְפַּ֥ךְ לְאֵ֖בֶל מְחֹלֵֽנוּ: נָֽפְלָה֙ עֲטֶ֣רֶת רֹאשֵׁ֔נוּ

טו אֽוֹי־נָ֥א לָ֖נוּ כִּ֣י חָטָֽאנוּ: עַל־זֶ֗ה הָיָ֤ה דָוֶה֙ לִבֵּ֔נוּ עַל־אֵ֖לֶּה

יז חָֽשְׁכ֥וּ עֵינֵֽינוּ: עַ֤ל הַר־צִיּוֹן֙ שֶׁשָּׁמֵ֔ם שֽׁוּעָלִ֖ים הִלְּכוּ־בֽוֹ: אַתָּ֤ה

יח יְהוָה֙ לְעוֹלָ֣ם תֵּשֵׁ֔ב כִּסְאֲךָ֖ לְד֣וֹר וָד֑וֹר: לָ֤מָּה לָנֶ֙צַח֙ תִּשְׁכָּחֵ֔נוּ

כ תַּֽעַזְבֵ֖נוּ לְאֹ֥רֶךְ יָמִֽים: הֲשִׁיבֵ֨נוּ יְהוָ֤ה ׀ אֵלֶ֙יךָ֙ וְֽנָשׁ֔וּבָה חַדֵּ֥שׁ

כא יָמֵ֖ינוּ כְּקֶֽדֶם: כִּ֚י אִם־מָאֹ֣ס מְאַסְתָּ֔נוּ קָצַ֥פְתָּ עָלֵ֖ינוּ עַד־מְאֹֽד:

כב

הֲשִׁיבֵנוּ יהוה אליך ונשובה חדש ימינו כקדם

מגילות

א א ב דִּבְרֵי קֹהֶלֶת בֶּן־דָּוִד מֶלֶךְ בִּירוּשָׁלִָם: הֲבֵל הֲבָלִים אָמַר
ג קֹהֶלֶת הֲבֵל הֲבָלִים הַכֹּל הָבֶל: מַה־יִּתְרוֹן לָאָדָם בְּכָל־עֲמָלוֹ
ד שֶׁיַּעֲמֹל תַּחַת הַשָּׁמֶשׁ: דּוֹר הֹלֵךְ וְדוֹר בָּא וְהָאָרֶץ לְעוֹלָם
ה עֹמָדֶת: וְזָרַח הַשֶּׁמֶשׁ וּבָא הַשָּׁמֶשׁ וְאֶל־מְקוֹמוֹ שׁוֹאֵף זוֹרֵחַ
ו הוּא שָׁם: הוֹלֵךְ אֶל־דָּרוֹם וְסוֹבֵב אֶל־צָפוֹן סוֹבֵב ׀ סֹבֵב הוֹלֵךְ
ז הָרוּחַ וְעַל־סְבִיבֹתָיו שָׁב הָרוּחַ: כָּל־הַנְּחָלִים הֹלְכִים אֶל־
הַיָּם וְהַיָּם אֵינֶנּוּ מָלֵא אֶל־מְקוֹם שֶׁהַנְּחָלִים הֹלְכִים שָׁם הֵם
ח שָׁבִים לָלָכֶת: כָּל־הַדְּבָרִים יְגֵעִים לֹא־יוּכַל אִישׁ לְדַבֵּר לֹא־
ט תִשְׂבַּע עַיִן לִרְאוֹת וְלֹא־תִמָּלֵא אֹזֶן מִשְּׁמֹעַ: מַה־שֶּׁהָיָה הוּא
שֶׁיִּהְיֶה וּמַה־שֶּׁנַּעֲשָׂה הוּא שֶׁיֵּעָשֶׂה וְאֵין כָּל־חָדָשׁ תַּחַת
י הַשָּׁמֶשׁ: יֵשׁ דָּבָר שֶׁיֹּאמַר רְאֵה־זֶה חָדָשׁ הוּא כְּבָר הָיָה לְעֹלָמִים
יא אֲשֶׁר הָיָה מִלְּפָנֵנוּ: אֵין זִכְרוֹן לָרִאשֹׁנִים וְגַם לָאַחֲרֹנִים שֶׁיִּהְיוּ
לֹא־יִהְיֶה לָהֶם זִכָּרוֹן עִם שֶׁיִּהְיוּ לָאַחֲרֹנָה:
יב יג אֲנִי קֹהֶלֶת הָיִיתִי מֶלֶךְ עַל־יִשְׂרָאֵל בִּירוּשָׁלִָם: וְנָתַתִּי אֶת־
לִבִּי לִדְרוֹשׁ וְלָתוּר בַּחָכְמָה עַל כָּל־אֲשֶׁר נַעֲשָׂה תַּחַת
הַשָּׁמָיִם הוּא ׀ עִנְיַן רָע נָתַן אֱלֹהִים לִבְנֵי הָאָדָם לַעֲנוֹת בּוֹ:
יד רָאִיתִי אֶת־כָּל־הַמַּעֲשִׂים שֶׁנַּעֲשׂוּ תַּחַת הַשָּׁמֶשׁ וְהִנֵּה הַכֹּל
טו הֶבֶל וּרְעוּת רוּחַ: מְעֻוָּת לֹא־יוּכַל לִתְקֹן וְחֶסְרוֹן לֹא־יוּכַל
טז לְהִמָּנוֹת: דִּבַּרְתִּי אֲנִי עִם־לִבִּי לֵאמֹר אֲנִי הִנֵּה הִגְדַּלְתִּי
וְהוֹסַפְתִּי חָכְמָה עַל כָּל־אֲשֶׁר־הָיָה לְפָנַי עַל־יְרוּשָׁלִָם וְלִבִּי
יז רָאָה הַרְבֵּה חָכְמָה וָדָעַת: וָאֶתְּנָה לִבִּי לָדַעַת חָכְמָה וְדַעַת
יח הֹלֵלוֹת וְשִׂכְלוּת יָדַעְתִּי שֶׁגַּם־זֶה הוּא רַעְיוֹן רוּחַ: כִּי בְּרֹב
ב א חָכְמָה רָב־כָּעַס וְיוֹסִיף דַּעַת יוֹסִיף מַכְאוֹב: אָמַרְתִּי אֲנִי בְּלִבִּי
לְכָה־נָּא אֲנַסְּכָה בְשִׂמְחָה וּרְאֵה בְטוֹב וְהִנֵּה גַם־הוּא הָבֶל:
ב ג לִשְׂחוֹק אָמַרְתִּי מְהוֹלָל וּלְשִׂמְחָה מַה־זֹּה עֹשָׂה: תַּרְתִּי בְלִבִּי
לִמְשׁוֹךְ בַּיַּיִן אֶת־בְּשָׂרִי וְלִבִּי נֹהֵג בַּחָכְמָה וְלֶאֱחֹז בְּסִכְלוּת
עַד אֲשֶׁר־אֶרְאֶה אֵי־זֶה טוֹב לִבְנֵי הָאָדָם אֲשֶׁר יַעֲשׂוּ תַּחַת

ב

הַשָּׁמַיִם מִסְפַּר יְמֵי חַיֵּיהֶם: הִגְדַּלְתִּי מַעֲשָׂי בָּנִיתִי לִי בָּתִּים ד
נָטַעְתִּי לִי כְּרָמִים: עָשִׂיתִי לִי גַּנּוֹת וּפַרְדֵּסִים וְנָטַעְתִּי בָהֶם עֵץ ה
כָּל־פֶּרִי: עָשִׂיתִי לִי בְּרֵכוֹת מָיִם לְהַשְׁקוֹת מֵהֶם יַעַר צוֹמֵחַ ו
עֵצִים: קָנִיתִי עֲבָדִים וּשְׁפָחוֹת וּבְנֵי־בַיִת הָיָה לִי גַּם מִקְנֶה בָקָר ז
וָצֹאן הַרְבֵּה הָיָה לִי מִכֹּל שֶׁהָיוּ לְפָנַי בִּירוּשָׁלִָם: כָּנַסְתִּי לִי ח
גַּם־כֶּסֶף וְזָהָב וּסְגֻלַּת מְלָכִים וְהַמְּדִינוֹת עָשִׂיתִי לִי שָׁרִים
וְשָׁרוֹת וְתַעֲנֻגוֹת בְּנֵי הָאָדָם שִׁדָּה וְשִׁדּוֹת: וְגָדַלְתִּי וְהוֹסַפְתִּי ט
מִכֹּל שֶׁהָיָה לְפָנַי בִּירוּשָׁלִָם אַף חָכְמָתִי עָמְדָה לִּי: וְכֹל אֲשֶׁר י
שָׁאֲלוּ עֵינַי לֹא אָצַלְתִּי מֵהֶם לֹא־מָנַעְתִּי אֶת־לִבִּי מִכָּל־שִׂמְחָה
כִּי־לִבִּי שָׂמֵחַ מִכָּל־עֲמָלִי וְזֶה־הָיָה חֶלְקִי מִכָּל־עֲמָלִי: וּפָנִיתִי יא
אֲנִי בְּכָל־מַעֲשַׂי שֶׁעָשׂוּ יָדַי וּבֶעָמָל שֶׁעָמַלְתִּי לַעֲשׂוֹת וְהִנֵּה
הַכֹּל הֶבֶל וּרְעוּת רוּחַ וְאֵין יִתְרוֹן תַּחַת הַשָּׁמֶשׁ: וּפָנִיתִי אֲנִי יב
לִרְאוֹת חָכְמָה וְהוֹלֵלוֹת וְסִכְלוּת כִּי ׀ מֶה הָאָדָם שֶׁיָּבוֹא אַחֲרֵי
הַמֶּלֶךְ אֵת אֲשֶׁר־כְּבָר עָשׂוּהוּ: וְרָאִיתִי אָנִי שֶׁיֵּשׁ יִתְרוֹן לַחָכְמָה יג
מִן־הַסִּכְלוּת כִּיתְרוֹן הָאוֹר מִן־הַחֹשֶׁךְ: הֶחָכָם עֵינָיו בְּרֹאשׁוֹ יד
וְהַכְּסִיל בַּחֹשֶׁךְ הוֹלֵךְ וְיָדַעְתִּי גַם־אָנִי שֶׁמִּקְרֶה אֶחָד יִקְרֶה אֶת־
כֻּלָּם: וְאָמַרְתִּי אֲנִי בְּלִבִּי כְּמִקְרֵה הַכְּסִיל גַּם־אֲנִי יִקְרֵנִי וְלָמָּה טו
חָכַמְתִּי אֲנִי אָז יוֹתֵר וְדִבַּרְתִּי בְלִבִּי שֶׁגַּם־זֶה הָבֶל: כִּי אֵין זִכְרוֹן טז
לֶחָכָם עִם־הַכְּסִיל לְעוֹלָם בְּשֶׁכְּבָר הַיָּמִים הַבָּאִים הַכֹּל נִשְׁכָּח
וְאֵיךְ יָמוּת הֶחָכָם עִם־הַכְּסִיל: וְשָׂנֵאתִי אֶת־הַחַיִּים כִּי רַע עָלַי יז
הַמַּעֲשֶׂה שֶׁנַּעֲשָׂה תַּחַת הַשָּׁמֶשׁ כִּי־הַכֹּל הֶבֶל וּרְעוּת רוּחַ:
וְשָׂנֵאתִי אֲנִי אֶת־כָּל־עֲמָלִי שֶׁאֲנִי עָמֵל תַּחַת הַשָּׁמֶשׁ שֶׁאַנִּיחֶנּוּ יח
לָאָדָם שֶׁיִּהְיֶה אַחֲרָי: וּמִי יוֹדֵעַ הֶחָכָם יִהְיֶה אוֹ סָכָל וְיִשְׁלַט יט
בְּכָל־עֲמָלִי שֶׁעָמַלְתִּי וְשֶׁחָכַמְתִּי תַּחַת הַשָּׁמֶשׁ גַּם־זֶה הָבֶל:
וְסַבּוֹתִי אֲנִי לְיַאֵשׁ אֶת־לִבִּי עַל כָּל־הֶעָמָל שֶׁעָמַלְתִּי תַּחַת כ
הַשָּׁמֶשׁ: כִּי־יֵשׁ אָדָם שֶׁעֲמָלוֹ בְּחָכְמָה וּבְדַעַת וּבְכִשְׁרוֹן כא
וּלְאָדָם שֶׁלֹּא עָמַל־בּוֹ יִתְּנֶנּוּ חֶלְקוֹ גַּם־זֶה הֶבֶל וְרָעָה רַבָּה:

ב
כב כִּי מֶה־הֹוֶה לָאָדָם בְּכָל־עֲמָלוֹ וּבְרַעְיוֹן לִבּוֹ שֶׁהוּא עָמֵל
כג תַּחַת הַשָּׁמֶשׁ׃ כִּי כָל־יָמָיו מַכְאֹבִים וָכַעַס עִנְיָנוֹ גַּם־בַּלַּיְלָה
כד לֹא־שָׁכַב לִבּוֹ גַּם־זֶה הֶבֶל הוּא׃ אֵין־טוֹב בָּאָדָם שֶׁיֹּאכַל
וְשָׁתָה וְהֶרְאָה אֶת־נַפְשׁוֹ טוֹב בַּעֲמָלוֹ גַּם־זֹה רָאִיתִי אָנִי
כה כִּי מִיַּד הָאֱלֹהִים הִיא׃ כִּי מִי יֹאכַל וּמִי יָחוּשׁ חוּץ מִמֶּנִּי׃
כו כִּי לְאָדָם שֶׁטּוֹב לְפָנָיו נָתַן חָכְמָה וְדַעַת וְשִׂמְחָה וְלַחוֹטֶא
נָתַן עִנְיָן לֶאֱסֹף וְלִכְנוֹס לָתֵת לְטוֹב לִפְנֵי הָאֱלֹהִים גַּם־זֶה
ג א הֶבֶל וּרְעוּת רוּחַ׃ לַכֹּל זְמָן וְעֵת לְכָל־חֵפֶץ תַּחַת הַשָּׁמָיִם׃
ב עֵת לָלֶדֶת וְעֵת לָמוּת
עֵת לָטַעַת וְעֵת לַעֲקוֹר נָטוּעַ׃
ג עֵת לַהֲרוֹג וְעֵת לִרְפּוֹא
עֵת לִפְרוֹץ וְעֵת לִבְנוֹת׃
ד עֵת לִבְכּוֹת וְעֵת לִשְׂחוֹק
עֵת סְפוֹד וְעֵת רְקוֹד׃
ה עֵת לְהַשְׁלִיךְ אֲבָנִים וְעֵת כְּנוֹס אֲבָנִים
עֵת לַחֲבוֹק וְעֵת לִרְחֹק מֵחַבֵּק׃
ו עֵת לְבַקֵּשׁ וְעֵת לְאַבֵּד
עֵת לִשְׁמוֹר וְעֵת לְהַשְׁלִיךְ׃
ז עֵת לִקְרוֹעַ וְעֵת לִתְפּוֹר
עֵת לַחֲשׁוֹת וְעֵת לְדַבֵּר׃
ח עֵת לֶאֱהֹב וְעֵת לִשְׂנֹא
עֵת מִלְחָמָה וְעֵת שָׁלוֹם׃
ט מַה־יִּתְרוֹן הָעוֹשֶׂה בַּאֲשֶׁר הוּא עָמֵל׃ רָאִיתִי אֶת־הָעִנְיָן אֲשֶׁר
יא נָתַן אֱלֹהִים לִבְנֵי הָאָדָם לַעֲנוֹת בּוֹ׃ אֶת־הַכֹּל עָשָׂה יָפֶה
בְעִתּוֹ גַּם אֶת־הָעֹלָם נָתַן בְּלִבָּם מִבְּלִי אֲשֶׁר לֹא־יִמְצָא
הָאָדָם אֶת־הַמַּעֲשֶׂה אֲשֶׁר־עָשָׂה הָאֱלֹהִים מֵרֹאשׁ וְעַד־סוֹף׃
יב יָדַעְתִּי כִּי אֵין טוֹב בָּם כִּי אִם־לִשְׂמוֹחַ וְלַעֲשׂוֹת טוֹב בְּחַיָּיו׃

יג וְגַם כָּל־הָאָדָם שֶׁיֹּאכַל וְשָׁתָה וְרָאָה טוֹב בְּכָל־עֲמָלוֹ מַתַּת
יד אֱלֹהִים הִיא׃ יָדַעְתִּי כִּי כָּל־אֲשֶׁר יַעֲשֶׂה הָאֱלֹהִים הוּא יִהְיֶה
לְעוֹלָם עָלָיו אֵין לְהוֹסִיף וּמִמֶּנּוּ אֵין לִגְרֹעַ וְהָאֱלֹהִים עָשָׂה
טו שֶׁיִּרְאוּ מִלְּפָנָיו׃ מַה־שֶּׁהָיָה כְּבָר הוּא וַאֲשֶׁר לִהְיוֹת כְּבָר הָיָה
טז וְהָאֱלֹהִים יְבַקֵּשׁ אֶת־נִרְדָּף׃ וְעוֹד רָאִיתִי תַּחַת הַשָּׁמֶשׁ מְקוֹם
יז הַמִּשְׁפָּט שָׁמָּה הָרֶשַׁע וּמְקוֹם הַצֶּדֶק שָׁמָּה הָרָשַׁע׃ אָמַרְתִּי אֲנִי
בְּלִבִּי אֶת־הַצַּדִּיק וְאֶת־הָרָשָׁע יִשְׁפֹּט הָאֱלֹהִים כִּי־עֵת לְכָל־
יח חֵפֶץ וְעַל כָּל־הַמַּעֲשֶׂה שָׁם׃ אָמַרְתִּי אֲנִי בְּלִבִּי עַל־דִּבְרַת
בְּנֵי הָאָדָם לְבָרָם הָאֱלֹהִים וְלִרְאוֹת שְׁהֶם־בְּהֵמָה הֵמָּה לָהֶם׃
יט כִּי מִקְרֶה בְנֵי־הָאָדָם וּמִקְרֶה הַבְּהֵמָה וּמִקְרֶה אֶחָד לָהֶם כְּמוֹת
זֶה כֵּן מוֹת זֶה וְרוּחַ אֶחָד לַכֹּל וּמוֹתַר הָאָדָם מִן־הַבְּהֵמָה אָיִן
כ כִּי הַכֹּל הָבֶל׃ הַכֹּל הוֹלֵךְ אֶל־מָקוֹם אֶחָד הַכֹּל הָיָה מִן־הֶעָפָר
כא וְהַכֹּל שָׁב אֶל־הֶעָפָר׃ מִי יוֹדֵעַ רוּחַ בְּנֵי הָאָדָם הָעֹלָה הִיא
כב לְמָעְלָה וְרוּחַ הַבְּהֵמָה הַיֹּרֶדֶת הִיא לְמַטָּה לָאָרֶץ׃ וְרָאִיתִי כִּי
אֵין טוֹב מֵאֲשֶׁר יִשְׂמַח הָאָדָם בְּמַעֲשָׂיו כִּי־הוּא חֶלְקוֹ כִּי מִי
ד א יְבִיאֶנּוּ לִרְאוֹת בְּמֶה שֶׁיִּהְיֶה אַחֲרָיו׃ וְשַׁבְתִּי אֲנִי וָאֶרְאֶה אֶת־
כָּל־הָעֲשֻׁקִים אֲשֶׁר נַעֲשִׂים תַּחַת הַשָּׁמֶשׁ וְהִנֵּה ׀ דִּמְעַת
הָעֲשֻׁקִים וְאֵין לָהֶם מְנַחֵם וּמִיַּד עֹשְׁקֵיהֶם כֹּחַ וְאֵין לָהֶם
ב מְנַחֵם׃ וְשַׁבֵּחַ אֲנִי אֶת־הַמֵּתִים שֶׁכְּבָר מֵתוּ מִן־הַחַיִּים אֲשֶׁר
ג הֵמָּה חַיִּים עֲדֶנָה׃ וְטוֹב מִשְּׁנֵיהֶם אֵת אֲשֶׁר־עֲדֶן לֹא הָיָה
אֲשֶׁר לֹא־רָאָה אֶת־הַמַּעֲשֶׂה הָרָע אֲשֶׁר נַעֲשָׂה תַּחַת הַשָּׁמֶשׁ׃
ד וְרָאִיתִי אֲנִי אֶת־כָּל־עָמָל וְאֵת כָּל־כִּשְׁרוֹן הַמַּעֲשֶׂה כִּי הִיא
ה קִנְאַת־אִישׁ מֵרֵעֵהוּ גַּם־זֶה הֶבֶל וּרְעוּת רוּחַ׃ הַכְּסִיל חֹבֵק
ו אֶת־יָדָיו וְאֹכֵל אֶת־בְּשָׂרוֹ׃ טוֹב מְלֹא כַף נָחַת מִמְּלֹא חָפְנַיִם
ז עָמָל וּרְעוּת רוּחַ׃ וְשַׁבְתִּי אֲנִי וָאֶרְאֶה הֶבֶל תַּחַת הַשָּׁמֶשׁ׃
ח יֵשׁ אֶחָד וְאֵין שֵׁנִי גַּם בֵּן וָאָח אֵין־לוֹ וְאֵין קֵץ לְכָל־עֲמָלוֹ
גַּם־עֵינָיו לֹא־תִשְׂבַּע עֹשֶׁר וּלְמִי ׀ אֲנִי עָמֵל וּמְחַסֵּר אֶת־נַפְשִׁי עֵינוֹ

ט מִטּוֹבָה גַּם־זֶה הֶבֶל וְעִנְיַן רָע הוּא: טוֹבִים הַשְּׁנַיִם מִן־הָאֶחָד
י אֲשֶׁר יֵשׁ־לָהֶם שָׂכָר טוֹב בַּעֲמָלָם: כִּי אִם־יִפֹּלוּ הָאֶחָד יָקִים
יא אֶת־חֲבֵרוֹ וְאִילוֹ הָאֶחָד שֶׁיִּפּוֹל וְאֵין שֵׁנִי לַהֲקִימוֹ: גַּם אִם־
יב יִשְׁכְּבוּ שְׁנַיִם וְחַם לָהֶם וּלְאֶחָד אֵיךְ יֵחָם: וְאִם־יִתְקְפוֹ הָאֶחָד
יג הַשְּׁנַיִם יַעַמְדוּ נֶגְדּוֹ וְהַחוּט הַמְשֻׁלָּשׁ לֹא בִמְהֵרָה יִנָּתֵק: טוֹב
יֶלֶד מִסְכֵּן וְחָכָם מִמֶּלֶךְ זָקֵן וּכְסִיל אֲשֶׁר לֹא־יָדַע לְהִזָּהֵר
יד עוֹד: כִּי־מִבֵּית הָסוּרִים יָצָא לִמְלֹךְ כִּי גַּם בְּמַלְכוּתוֹ נוֹלַד
טו רָשׁ: רָאִיתִי אֶת־כָּל־הַחַיִּים הַמְהַלְּכִים תַּחַת הַשָּׁמֶשׁ עִם
טז הַיֶּלֶד הַשֵּׁנִי אֲשֶׁר יַעֲמֹד תַּחְתָּיו: אֵין־קֵץ לְכָל־הָעָם לְכֹל
אֲשֶׁר־הָיָה לִפְנֵיהֶם גַּם הָאַחֲרוֹנִים לֹא יִשְׂמְחוּ־בוֹ כִּי־גַם־זֶה
יז הֶבֶל וְרַעְיוֹן רוּחַ: שְׁמֹר רגליך כַּאֲשֶׁר תֵּלֵךְ אֶל־בֵּית הָאֱלֹהִים רַגְלְךָ
וְקָרוֹב לִשְׁמֹעַ מִתֵּת הַכְּסִילִים זָבַח כִּי־אֵינָם יוֹדְעִים לַעֲשׂוֹת
ה א רָע: אַל־תְּבַהֵל עַל־פִּיךָ וְלִבְּךָ אַל־יְמַהֵר לְהוֹצִיא דָבָר לִפְנֵי
הָאֱלֹהִים כִּי הָאֱלֹהִים בַּשָּׁמַיִם וְאַתָּה עַל־הָאָרֶץ עַל־כֵּן יִהְיוּ
ב דְבָרֶיךָ מְעַטִּים: כִּי בָּא הַחֲלוֹם בְּרֹב עִנְיָן וְקוֹל כְּסִיל בְּרֹב
ג דְּבָרִים: כַּאֲשֶׁר תִּדֹּר נֶדֶר לֵאלֹהִים אַל־תְּאַחֵר לְשַׁלְּמוֹ כִּי
ד אֵין חֵפֶץ בַּכְּסִילִים אֵת אֲשֶׁר־תִּדֹּר שַׁלֵּם: טוֹב אֲשֶׁר לֹא־
ה תִדֹּר מִשֶּׁתִּדּוֹר וְלֹא תְשַׁלֵּם: אַל־תִּתֵּן אֶת־פִּיךָ לַחֲטִיא אֶת־
בְּשָׂרֶךָ וְאַל־תֹּאמַר לִפְנֵי הַמַּלְאָךְ כִּי שְׁגָגָה הִיא לָמָּה יִקְצֹף
ו הָאֱלֹהִים עַל־קוֹלֶךָ וְחִבֵּל אֶת־מַעֲשֵׂה יָדֶיךָ: כִּי בְרֹב חֲלֹמוֹת
ז וַהֲבָלִים וּדְבָרִים הַרְבֵּה כִּי אֶת־הָאֱלֹהִים יְרָא: אִם־עֹשֶׁק
רָשׁ וְגֵזֶל מִשְׁפָּט וָצֶדֶק תִּרְאֶה בַמְּדִינָה אַל־תִּתְמַהּ עַל־הַחֵפֶץ
ח כִּי גָבֹהַּ מֵעַל גָּבֹהַּ שֹׁמֵר וּגְבֹהִים עֲלֵיהֶם: וְיִתְרוֹן אֶרֶץ בַּכֹּל
ט הִיא מֶלֶךְ לְשָׂדֶה נֶעֱבָד: אֹהֵב כֶּסֶף לֹא־יִשְׂבַּע כֶּסֶף וּמִי־אֹהֵב הוּא
י בֶּהָמוֹן לֹא תְבוּאָה גַּם־זֶה הָבֶל: בִּרְבוֹת הַטּוֹבָה רַבּוּ אוֹכְלֶיהָ
יא וּמַה־כִּשְׁרוֹן לִבְעָלֶיהָ כִּי אִם־רְאִית עֵינָיו: מְתוּקָה שְׁנַת הָעֹבֵד רְאוּת
אִם־מְעַט וְאִם־הַרְבֵּה יֹאכֵל וְהַשָּׂבָע לֶעָשִׁיר אֵינֶנּוּ מַנִּיחַ לוֹ

יב לִישֽׁוֹן׃ יֵשׁ רָעָה חוֹלָה רָאִיתִי תַּחַת הַשָּׁמֶשׁ עֹשֶׁר שָׁמוּר
יג לִבְעָלָיו לְרָעָתֽוֹ׃ וְאָבַד הָעֹשֶׁר הַהוּא בְּעִנְיַן רָע וְהוֹלִיד בֵּן
יד וְאֵין בְּיָדוֹ מְאֽוּמָה׃ כַּאֲשֶׁר יָצָא מִבֶּטֶן אִמּוֹ עָרוֹם יָשׁוּב
טו לָלֶכֶת כְּשֶׁבָּא וּמְאוּמָה לֹא־יִשָּׂא בַעֲמָלוֹ שֶׁיֹּלֵךְ בְּיָדֽוֹ׃ וְגַם־
זֹה רָעָה חוֹלָה כָּל־עֻמַּת שֶׁבָּא כֵּן יֵלֵךְ וּמַה־יִּתְרוֹן לוֹ שֶׁיַּעֲמֹל
טז לָרֽוּחַ׃ גַּם כָּל־יָמָיו בַּחֹשֶׁךְ יֹאכֵל וְכָעַס הַרְבֵּה וְחָלְיוֹ וָקָֽצֶף׃
יז הִנֵּה אֲשֶׁר־רָאִיתִי אָנִי טוֹב אֲשֶׁר־יָפֶה לֶאֱכוֹל וְלִשְׁתּוֹת וְלִרְאוֹת
טוֹבָה בְּכָל־עֲמָלוֹ ׀ שֶׁיַּעֲמֹל תַּֽחַת־הַשֶּׁמֶשׁ מִסְפַּר יְמֵי־חַיָּו
יח אֲשֶׁר־נָֽתַן־לוֹ הָאֱלֹהִים כִּי־הוּא חֶלְקֽוֹ׃ גַּם כָּל־הָאָדָם אֲשֶׁר
נָֽתַן־לוֹ הָאֱלֹהִים עֹשֶׁר וּנְכָסִים וְהִשְׁלִיטוֹ לֶאֱכֹל מִמֶּנּוּ וְלָשֵׂאת
יט אֶת־חֶלְקוֹ וְלִשְׂמֹחַ בַּעֲמָלוֹ זֹה מַתַּת אֱלֹהִים הִֽיא׃ כִּי לֹא
הַרְבֵּה יִזְכֹּר אֶת־יְמֵי חַיָּיו כִּי הָאֱלֹהִים מַעֲנֶה בְּשִׂמְחַת לִבּֽוֹ׃
ו א יֵשׁ רָעָה אֲשֶׁר רָאִיתִי תַּחַת הַשָּׁמֶשׁ וְרַבָּה הִיא עַל־הָאָדָֽם׃
ב אִישׁ אֲשֶׁר יִתֶּן־לוֹ הָאֱלֹהִים עֹשֶׁר וּנְכָסִים וְכָבוֹד וְאֵינֶנּוּ חָסֵר
לְנַפְשׁוֹ ׀ מִכֹּל אֲשֶׁר־יִתְאַוֶּה וְלֹא־יַשְׁלִיטֶנּוּ הָאֱלֹהִים לֶאֱכֹל
ג מִמֶּנּוּ כִּי אִישׁ נָכְרִי יֹאכְלֶנּוּ זֶה הֶבֶל וָחֳלִי רָע הֽוּא׃ אִם־יוֹלִיד
אִישׁ מֵאָה וְשָׁנִים רַבּוֹת יִחְיֶה וְרַב ׀ שֶׁיִּהְיוּ יְמֵי־שָׁנָיו וְנַפְשׁוֹ
לֹא־תִשְׂבַּע מִן־הַטּוֹבָה וְגַם־קְבוּרָה לֹא־הָיְתָה לּוֹ אָמַרְתִּי
ד טוֹב מִמֶּנּוּ הַנָּֽפֶל׃ כִּי־בַהֶבֶל בָּא וּבַחֹשֶׁךְ יֵלֵךְ וּבַחֹשֶׁךְ שְׁמוֹ
ה ו יְכֻסֶּֽה׃ גַּם־שֶׁמֶשׁ לֹא־רָאָה וְלֹא יָדָע נַחַת לָזֶה מִזֶּֽה׃ וְאִלּוּ
חָיָה אֶלֶף שָׁנִים פַּעֲמַיִם וְטוֹבָה לֹא רָאָה הֲלֹא אֶל־מָקוֹם
ז אֶחָד הַכֹּל הוֹלֵֽךְ׃ כָּל־עֲמַל הָאָדָם לְפִיהוּ וְגַם־הַנֶּפֶשׁ לֹא
ח תִמָּלֵֽא׃ כִּי מַה־יּוֹתֵר לֶחָכָם מִן־הַכְּסִיל מַה־לֶּעָנִי יוֹדֵעַ לַהֲלֹךְ
ט נֶגֶד הַחַיִּֽים׃ טוֹב מַרְאֵה עֵינַיִם מֵהֲלָךְ־נָפֶשׁ גַּם־זֶה הֶבֶל
י וּרְעוּת רֽוּחַ׃ מַה־שֶּֽׁהָיָה כְּבָר נִקְרָא שְׁמוֹ וְנוֹדָע אֲשֶׁר־הוּא
יא אָדָם וְלֹא־יוּכַל לָדִין עִם שהתקיף מִמֶּֽנּוּ׃ כִּי יֵשׁ־דְּבָרִים שֶׁתַּקִּיף
יב הַרְבֵּה מַרְבִּים הָבֶל מַה־יֹּתֵר לָאָדָֽם׃ כִּי מִֽי־יוֹדֵעַ מַה־טּוֹב

לָאָדָם בַּחַיִּים מִסְפַּר יְמֵי־חַיֵּי הֶבְלוֹ וְיַעֲשֵׂם כַּצֵּל אֲשֶׁר מִי־
ז א יַגִּיד לָאָדָם מַה־יִּהְיֶה אַחֲרָיו תַּחַת הַשָּׁמֶשׁ: טוֹב ג
ב שֵׁם מִשֶּׁמֶן טוֹב וְיוֹם הַמָּוֶת מִיּוֹם הִוָּלְדוֹ: טוֹב לָלֶכֶת אֶל־
בֵּית־אֵבֶל מִלֶּכֶת אֶל־בֵּית מִשְׁתֶּה בַּאֲשֶׁר הוּא סוֹף כָּל־
ג הָאָדָם וְהַחַי יִתֵּן אֶל־לִבּוֹ: טוֹב כַּעַס מִשְּׂחוֹק כִּי־בְרֹעַ פָּנִים
ד יִיטַב לֵב: לֵב חֲכָמִים בְּבֵית אֵבֶל וְלֵב כְּסִילִים בְּבֵית שִׂמְחָה:
ה ו טוֹב לִשְׁמֹעַ גַּעֲרַת חָכָם מֵאִישׁ שֹׁמֵעַ שִׁיר כְּסִילִים: כִּי כְקוֹל
ז הַסִּירִים תַּחַת הַסִּיר כֵּן שְׂחֹק הַכְּסִיל וְגַם־זֶה הָבֶל: כִּי הָעֹשֶׁק
ח יְהוֹלֵל חָכָם וִיאַבֵּד אֶת־לֵב מַתָּנָה: טוֹב אַחֲרִית דָּבָר
ט מֵרֵאשִׁיתוֹ טוֹב אֶרֶךְ־רוּחַ מִגְּבַהּ רוּחַ: אַל־תְּבַהֵל בְּרוּחֲךָ
י לִכְעוֹס כִּי כַעַס בְּחֵיק כְּסִילִים יָנוּחַ: אַל־תֹּאמַר מֶה הָיָה
שֶׁהַיָּמִים הָרִאשֹׁנִים הָיוּ טוֹבִים מֵאֵלֶּה כִּי לֹא מֵחָכְמָה
יא שָׁאַלְתָּ עַל־זֶה: טוֹבָה חָכְמָה עִם־נַחֲלָה וְיֹתֵר לְרֹאֵי הַשָּׁמֶשׁ:
יב כִּי בְּצֵל הַחָכְמָה בְּצֵל הַכָּסֶף וְיִתְרוֹן דַּעַת הַחָכְמָה תְּחַיֶּה
יג בְעָלֶיהָ: רְאֵה אֶת־מַעֲשֵׂה הָאֱלֹהִים כִּי מִי יוּכַל לְתַקֵּן אֵת
יד אֲשֶׁר עִוְּתוֹ: בְּיוֹם טוֹבָה הֱיֵה בְטוֹב וּבְיוֹם רָעָה רְאֵה גַּם אֶת־
זֶה לְעֻמַּת־זֶה עָשָׂה הָאֱלֹהִים עַל־דִּבְרַת שֶׁלֹּא יִמְצָא הָאָדָם
טו אַחֲרָיו מְאוּמָה: אֶת־הַכֹּל רָאִיתִי בִּימֵי הֶבְלִי יֵשׁ צַדִּיק אֹבֵד
טז בְּצִדְקוֹ וְיֵשׁ רָשָׁע מַאֲרִיךְ בְּרָעָתוֹ: אַל־תְּהִי צַדִּיק הַרְבֵּה
יז וְאַל־תִּתְחַכַּם יוֹתֵר לָמָּה תִּשּׁוֹמֵם: אַל־תִּרְשַׁע הַרְבֵּה וְאַל־
יח תְּהִי סָכָל לָמָּה תָמוּת בְּלֹא עִתֶּךָ: טוֹב אֲשֶׁר תֶּאֱחֹז בָּזֶה
וְגַם־מִזֶּה אַל־תַּנַּח אֶת־יָדֶךָ כִּי־יְרֵא אֱלֹהִים יֵצֵא אֶת־כֻּלָּם:
יט כ הַחָכְמָה תָּעֹז לֶחָכָם מֵעֲשָׂרָה שַׁלִּיטִים אֲשֶׁר הָיוּ בָּעִיר: כִּי
כא אָדָם אֵין צַדִּיק בָּאָרֶץ אֲשֶׁר יַעֲשֶׂה־טּוֹב וְלֹא יֶחֱטָא: גַּם
לְכָל־הַדְּבָרִים אֲשֶׁר יְדַבֵּרוּ אַל־תִּתֵּן לִבֶּךָ אֲשֶׁר לֹא־תִשְׁמַע
כב אֶת־עַבְדְּךָ מְקַלְלֶךָ: כִּי גַּם־פְּעָמִים רַבּוֹת יָדַע לִבֶּךָ אֲשֶׁר
כג גַּם־אַתָּ קִלַּלְתָּ אֲחֵרִים: כָּל־זֹה נִסִּיתִי בַחָכְמָה אָמַרְתִּי

אֶחְכָּמָה וְהִיא רְחוֹקָה מִמֶּנִּי׃ רָחוֹק מַה־שֶּׁהָיָה וְעָמֹק ׀ עָמֹק כד
מִי יִמְצָאֶנּוּ׃ סַבּוֹתִי אֲנִי וְלִבִּי לָדַעַת וְלָתוּר וּבַקֵּשׁ חָכְמָה כה
וְחֶשְׁבּוֹן וְלָדַעַת רֶשַׁע כֶּסֶל וְהַסִּכְלוּת הוֹלֵלוֹת׃ וּמוֹצֶא אֲנִי כו
מַר מִמָּוֶת אֶת־הָאִשָּׁה אֲשֶׁר־הִיא מְצוֹדִים וַחֲרָמִים לִבָּהּ
אֲסוּרִים יָדֶיהָ טוֹב לִפְנֵי הָאֱלֹהִים יִמָּלֵט מִמֶּנָּה וְחוֹטֵא יִלָּכֶד
בָּהּ׃ רְאֵה זֶה מָצָאתִי אָמְרָה קֹהֶלֶת אַחַת לְאַחַת לִמְצֹא כז
חֶשְׁבּוֹן׃ אֲשֶׁר עוֹד־בִּקְשָׁה נַפְשִׁי וְלֹא מָצָאתִי אָדָם אֶחָד כח
מֵאֶלֶף מָצָאתִי וְאִשָּׁה בְכָל־אֵלֶּה לֹא מָצָאתִי׃ לְבַד רְאֵה־זֶה כט
מָצָאתִי אֲשֶׁר עָשָׂה הָאֱלֹהִים אֶת־הָאָדָם יָשָׁר וְהֵמָּה בִקְשׁוּ
חִשְּׁבֹנוֹת רַבִּים׃ מִי כְּהֶחָכָם וּמִי יוֹדֵעַ פֵּשֶׁר דָּבָר חָכְמַת אָדָם א ח
תָּאִיר פָּנָיו וְעֹז פָּנָיו יְשֻׁנֶּא׃ אֲנִי פִּי־מֶלֶךְ שְׁמוֹר וְעַל דִּבְרַת ב
שְׁבוּעַת אֱלֹהִים׃ אַל־תִּבָּהֵל מִפָּנָיו תֵּלֵךְ אַל־תַּעֲמֹד בְּדָבָר ג
רָע כִּי כָּל־אֲשֶׁר יַחְפֹּץ יַעֲשֶׂה׃ בַּאֲשֶׁר דְּבַר־מֶלֶךְ שִׁלְטוֹן וּמִי ד
יֹאמַר־לוֹ מַה־תַּעֲשֶׂה׃ שׁוֹמֵר מִצְוָה לֹא יֵדַע דָּבָר רָע וְעֵת ה
וּמִשְׁפָּט יֵדַע לֵב חָכָם׃ כִּי לְכָל־חֵפֶץ יֵשׁ עֵת וּמִשְׁפָּט כִּי־רָעַת ו
הָאָדָם רַבָּה עָלָיו׃ כִּי־אֵינֶנּוּ יֹדֵעַ מַה־שֶּׁיִּהְיֶה כִּי כַּאֲשֶׁר יִהְיֶה ז
מִי יַגִּיד לוֹ׃ אֵין אָדָם שַׁלִּיט בָּרוּחַ לִכְלוֹא אֶת־הָרוּחַ וְאֵין ח
שִׁלְטוֹן בְּיוֹם הַמָּוֶת וְאֵין מִשְׁלַחַת בַּמִּלְחָמָה וְלֹא־יְמַלֵּט רֶשַׁע
אֶת־בְּעָלָיו׃ אֶת־כָּל־זֶה רָאִיתִי וְנָתוֹן אֶת־לִבִּי לְכָל־מַעֲשֶׂה ט
אֲשֶׁר נַעֲשָׂה תַּחַת הַשָּׁמֶשׁ עֵת אֲשֶׁר שָׁלַט הָאָדָם בְּאָדָם
לְרַע לוֹ׃ וּבְכֵן רָאִיתִי רְשָׁעִים קְבֻרִים וָבָאוּ וּמִמְּקוֹם קָדוֹשׁ י
יְהַלֵּכוּ וְיִשְׁתַּכְּחוּ בָעִיר אֲשֶׁר כֵּן־עָשׂוּ גַּם־זֶה הָבֶל׃ אֲשֶׁר אֵין־ יא
נַעֲשָׂה פִתְגָם מַעֲשֵׂה הָרָעָה מְהֵרָה עַל־כֵּן מָלֵא לֵב בְּנֵי־הָאָדָם
בָּהֶם לַעֲשׂוֹת רָע׃ אֲשֶׁר חֹטֶא עֹשֶׂה רָע מְאַת וּמַאֲרִיךְ לוֹ יב
כִּי גַּם־יוֹדֵעַ אָנִי אֲשֶׁר יִהְיֶה־טּוֹב לְיִרְאֵי הָאֱלֹהִים אֲשֶׁר יִירְאוּ
מִלְּפָנָיו׃ וְטוֹב לֹא־יִהְיֶה לָרָשָׁע וְלֹא־יַאֲרִיךְ יָמִים כַּצֵּל אֲשֶׁר יג
אֵינֶנּוּ יָרֵא מִלִּפְנֵי אֱלֹהִים׃ יֶשׁ־הֶבֶל אֲשֶׁר נַעֲשָׂה עַל־הָאָרֶץ יד

אֲשֶׁר ׀ יֵשׁ צַדִּיקִים אֲשֶׁר מַגִּיעַ אֲלֵהֶם כְּמַעֲשֵׂה הָרְשָׁעִים
וְיֵשׁ רְשָׁעִים שֶׁמַּגִּיעַ אֲלֵהֶם כְּמַעֲשֵׂה הַצַּדִּיקִים אָמַרְתִּי שֶׁגַּם־
טו זֶה הָבֶל׃ וְשִׁבַּחְתִּי אֲנִי אֶת־הַשִּׂמְחָה אֲשֶׁר אֵין־טוֹב לָאָדָם
תַּחַת הַשֶּׁמֶשׁ כִּי אִם־לֶאֱכוֹל וְלִשְׁתּוֹת וְלִשְׂמוֹחַ וְהוּא יִלְוֶנּוּ
טז בַעֲמָלוֹ יְמֵי חַיָּיו אֲשֶׁר־נָתַן־לוֹ הָאֱלֹהִים תַּחַת הַשָּׁמֶשׁ׃ כַּאֲשֶׁר
נָתַתִּי אֶת־לִבִּי לָדַעַת חָכְמָה וְלִרְאוֹת אֶת־הָעִנְיָן אֲשֶׁר
נַעֲשָׂה עַל־הָאָרֶץ כִּי גַם בַּיּוֹם וּבַלַּיְלָה שֵׁנָה בְּעֵינָיו אֵינֶנּוּ
יז רֹאֶה׃ וְרָאִיתִי אֶת־כָּל־מַעֲשֵׂה הָאֱלֹהִים כִּי לֹא יוּכַל הָאָדָם
לִמְצוֹא אֶת־הַמַּעֲשֶׂה אֲשֶׁר נַעֲשָׂה תַחַת־הַשֶּׁמֶשׁ בְּשֶׁל אֲשֶׁר
יַעֲמֹל הָאָדָם לְבַקֵּשׁ וְלֹא יִמְצָא וְגַם אִם־יֹאמַר הֶחָכָם לָדַעַת
ט א לֹא יוּכַל לִמְצֹא׃ כִּי אֶת־כָּל־זֶה נָתַתִּי אֶל־לִבִּי וְלָבוּר אֶת־
כָּל־זֶה אֲשֶׁר הַצַּדִּיקִים וְהַחֲכָמִים וַעֲבָדֵיהֶם בְּיַד הָאֱלֹהִים
ב גַּם־אַהֲבָה גַם־שִׂנְאָה אֵין יוֹדֵעַ הָאָדָם הַכֹּל לִפְנֵיהֶם׃ הַכֹּל
כַּאֲשֶׁר לַכֹּל מִקְרֶה אֶחָד לַצַּדִּיק וְלָרָשָׁע לַטּוֹב וְלַטָּהוֹר וְלַטָּמֵא
וְלַזֹּבֵחַ וְלַאֲשֶׁר אֵינֶנּוּ זֹבֵחַ כַּטּוֹב כַּחֹטֶא הַנִּשְׁבָּע כַּאֲשֶׁר
ג שְׁבוּעָה יָרֵא׃ זֶה ׀ רָע בְּכֹל אֲשֶׁר־נַעֲשָׂה תַּחַת הַשֶּׁמֶשׁ כִּי־
מִקְרֶה אֶחָד לַכֹּל וְגַם לֵב בְּנֵי־הָאָדָם מָלֵא־רָע וְהוֹלֵלוֹת
ד בִּלְבָבָם בְּחַיֵּיהֶם וְאַחֲרָיו אֶל־הַמֵּתִים׃ כִּי־מִי אֲשֶׁר יבחר אֶל יְחֻבַּר
כָּל־הַחַיִּים יֵשׁ בִּטָּחוֹן כִּי־לְכֶלֶב חַי הוּא טוֹב מִן־הָאַרְיֵה הַמֵּת׃
ה כִּי הַחַיִּים יוֹדְעִים שֶׁיָּמֻתוּ וְהַמֵּתִים אֵינָם יוֹדְעִים מְאוּמָה
ו וְאֵין־עוֹד לָהֶם שָׂכָר כִּי נִשְׁכַּח זִכְרָם׃ גַּם אַהֲבָתָם גַּם־שִׂנְאָתָם
גַּם־קִנְאָתָם כְּבָר אָבָדָה וְחֵלֶק אֵין־לָהֶם עוֹד לְעוֹלָם בְּכֹל אֲשֶׁר־
ז נַעֲשָׂה תַּחַת הַשָּׁמֶשׁ׃ לֵךְ אֱכֹל בְּשִׂמְחָה לַחְמֶךָ וּשֲׁתֵה בְלֶב־טוֹב ד
ח יֵינֶךָ כִּי כְבָר רָצָה הָאֱלֹהִים אֶת־מַעֲשֶׂיךָ׃ בְּכָל־עֵת יִהְיוּ
ט בְגָדֶיךָ לְבָנִים וְשֶׁמֶן עַל־רֹאשְׁךָ אַל־יֶחְסָר׃ רְאֵה חַיִּים עִם־
אִשָּׁה אֲשֶׁר־אָהַבְתָּ כָּל־יְמֵי חַיֵּי הֶבְלֶךָ אֲשֶׁר נָתַן־לְךָ תַּחַת
הַשֶּׁמֶשׁ כֹּל יְמֵי הֶבְלֶךָ כִּי הוּא חֶלְקְךָ בַּחַיִּים וּבַעֲמָלְךָ אֲשֶׁר־

י אַתָּה עָמֵל תַּחַת הַשָּׁמֶשׁ: כֹּל אֲשֶׁר תִּמְצָא יָדְךָ לַעֲשׂוֹת
בְּכֹחֲךָ עֲשֵׂה כִּי אֵין מַעֲשֶׂה וְחֶשְׁבּוֹן וְדַעַת וְחָכְמָה בִּשְׁאוֹל
יא אֲשֶׁר אַתָּה הֹלֵךְ שָׁמָּה: שַׁבְתִּי וְרָאֹה תַחַת־הַשֶּׁמֶשׁ כִּי לֹא
לַקַּלִּים הַמֵּרוֹץ וְלֹא לַגִּבּוֹרִים הַמִּלְחָמָה וְגַם לֹא לַחֲכָמִים
לֶחֶם וְגַם לֹא לַנְּבֹנִים עֹשֶׁר וְגַם לֹא לַיֹּדְעִים חֵן כִּי־עֵת וָפֶגַע
יב יִקְרֶה אֶת־כֻּלָּם: כִּי גַּם לֹא־יֵדַע הָאָדָם אֶת־עִתּוֹ כַּדָּגִים
שֶׁנֶּאֱחָזִים בִּמְצוֹדָה רָעָה וְכַצִּפֳּרִים הָאֲחֻזוֹת בַּפָּח כָּהֵם יוּקָשִׁים
יג בְּנֵי הָאָדָם לְעֵת רָעָה כְּשֶׁתִּפּוֹל עֲלֵיהֶם פִּתְאֹם: גַּם־זֹה רָאִיתִי
יד חָכְמָה תַּחַת הַשָּׁמֶשׁ וּגְדוֹלָה הִיא אֵלָי: עִיר קְטַנָּה וַאֲנָשִׁים
בָּהּ מְעָט וּבָא־אֵלֶיהָ מֶלֶךְ גָּדוֹל וְסָבַב אֹתָהּ וּבָנָה עָלֶיהָ
טו מְצוֹדִים גְּדֹלִים: וּמָצָא בָהּ אִישׁ מִסְכֵּן חָכָם וּמִלַּט־הוּא
אֶת־הָעִיר בְּחָכְמָתוֹ וְאָדָם לֹא זָכַר אֶת־הָאִישׁ הַמִּסְכֵּן הַהוּא:
טז וְאָמַרְתִּי אָנִי טוֹבָה חָכְמָה מִגְּבוּרָה וְחָכְמַת הַמִּסְכֵּן בְּזוּיָה
יז וּדְבָרָיו אֵינָם נִשְׁמָעִים: דִּבְרֵי חֲכָמִים בְּנַחַת נִשְׁמָעִים מִזַּעֲקַת
יח מוֹשֵׁל בַּכְּסִילִים: טוֹבָה חָכְמָה מִכְּלֵי קְרָב וְחוֹטֶא אֶחָד יְאַבֵּד
י א טוֹבָה הַרְבֵּה: זְבוּבֵי מָוֶת יַבְאִישׁ יַבִּיעַ שֶׁמֶן רוֹקֵחַ יָקָר מֵחָכְמָה
ב מִכָּבוֹד סִכְלוּת מְעָט: לֵב חָכָם לִימִינוֹ וְלֵב כְּסִיל לִשְׂמֹאלוֹ:
ג וְגַם־בַּדֶּרֶךְ כשהסכל הֹלֵךְ לִבּוֹ חָסֵר וְאָמַר לַכֹּל סָכָל הוּא: כְּשֶׁסָּכָל
ד אִם־רוּחַ הַמּוֹשֵׁל תַּעֲלֶה עָלֶיךָ מְקוֹמְךָ אַל־תַּנַּח כִּי מַרְפֵּא יַנִּיחַ
ה חֲטָאִים גְּדוֹלִים: יֵשׁ רָעָה רָאִיתִי תַּחַת הַשָּׁמֶשׁ כִּשְׁגָגָה שֶׁיֹּצָא
ו מִלִּפְנֵי הַשַּׁלִּיט: נִתַּן הַסֶּכֶל בַּמְּרוֹמִים רַבִּים וַעֲשִׁירִים בַּשֵּׁפֶל
ז יֵשֵׁבוּ: רָאִיתִי עֲבָדִים עַל־סוּסִים וְשָׂרִים הֹלְכִים כַּעֲבָדִים עַל־
ח ט הָאָרֶץ: חֹפֵר גּוּמָּץ בּוֹ יִפּוֹל וּפֹרֵץ גָּדֵר יִשְּׁכֶנּוּ נָחָשׁ: מַסִּיעַ
י אֲבָנִים יֵעָצֵב בָּהֶם בּוֹקֵעַ עֵצִים יִסָּכֶן בָּם: אִם־קֵהָה הַבַּרְזֶל
יא וְהוּא לֹא־פָנִים קִלְקַל וַחֲיָלִים יְגַבֵּר וְיִתְרוֹן הַכְשֵׁיר חָכְמָה: אִם־
יב יִשֹּׁךְ הַנָּחָשׁ בְּלוֹא־לָחַשׁ וְאֵין יִתְרוֹן לְבַעַל הַלָּשׁוֹן: דִּבְרֵי פִי־
יג חָכָם חֵן וְשִׂפְתוֹת כְּסִיל תְּבַלְּעֶנּוּ: תְּחִלַּת דִּבְרֵי־פִיהוּ סִכְלוּת

יד וְאַחֲרִית פִּיהוּ הוֹלֵלוּת רָעָה׃ וְהַסָּכָל יַרְבֶּה דְבָרִים לֹא־יֵדַע
טו הָאָדָם מַה־שֶּׁיִּהְיֶה וַאֲשֶׁר יִהְיֶה מֵאַחֲרָיו מִי יַגִּיד לוֹ׃ עֲמַל
טז הַכְּסִילִים תְּיַגְּעֶנּוּ אֲשֶׁר לֹא־יָדַע לָלֶכֶת אֶל־עִיר׃ אִי־לָךְ אֶרֶץ
יז שֶׁמַּלְכֵּךְ נָעַר וְשָׂרַיִךְ בַּבֹּקֶר יֹאכֵלוּ׃ אַשְׁרֵיךְ אֶרֶץ שֶׁמַּלְכֵּךְ בֶּן־
יח חוֹרִים וְשָׂרַיִךְ בָּעֵת יֹאכֵלוּ בִּגְבוּרָה וְלֹא בַשְּׁתִי׃ בַּעֲצַלְתַּיִם
יט יִמַּךְ הַמְּקָרֶה וּבְשִׁפְלוּת יָדַיִם יִדְלֹף הַבָּיִת׃ לִשְׂחוֹק עֹשִׂים
כ לֶחֶם וְיַיִן יְשַׂמַּח חַיִּים וְהַכֶּסֶף יַעֲנֶה אֶת־הַכֹּל׃ גַּם בְּמַדָּעֲךָ מֶלֶךְ
אַל־תְּקַלֵּל וּבְחַדְרֵי מִשְׁכָּבְךָ אַל־תְּקַלֵּל עָשִׁיר כִּי עוֹף הַשָּׁמַיִם
יא א יוֹלִיךְ אֶת־הַקּוֹל וּבַעַל הכנפים יַגֵּיד דָּבָר׃ שַׁלַּח לַחְמְךָ עַל־ כְּנָפַיִם
ב פְּנֵי הַמָּיִם כִּי־בְרֹב הַיָּמִים תִּמְצָאֶנּוּ׃ תֶּן־חֵלֶק לְשִׁבְעָה וְגַם
ג לִשְׁמוֹנָה כִּי לֹא תֵדַע מַה־יִּהְיֶה רָעָה עַל־הָאָרֶץ׃ אִם־יִמָּלְאוּ
הֶעָבִים גֶּשֶׁם עַל־הָאָרֶץ יָרִיקוּ וְאִם־יִפּוֹל עֵץ בַּדָּרוֹם וְאִם
ד בַּצָּפוֹן מְקוֹם שֶׁיִּפּוֹל הָעֵץ שָׁם יְהוּא׃ שֹׁמֵר רוּחַ לֹא יִזְרָע
ה וְרֹאֶה בֶעָבִים לֹא יִקְצוֹר׃ כַּאֲשֶׁר אֵינְךָ יוֹדֵעַ מַה־דֶּרֶךְ הָרוּחַ
כַּעֲצָמִים בְּבֶטֶן הַמְּלֵאָה כָּכָה לֹא תֵדַע אֶת־מַעֲשֵׂה הָאֱלֹהִים
ו אֲשֶׁר יַעֲשֶׂה אֶת־הַכֹּל׃ בַּבֹּקֶר זְרַע אֶת־זַרְעֶךָ וְלָעֶרֶב אַל־
תַּנַּח יָדֶךָ כִּי אֵינְךָ יוֹדֵעַ אֵי זֶה יִכְשַׁר הֲזֶה אוֹ־זֶה וְאִם־שְׁנֵיהֶם
ז כְּאֶחָד טוֹבִים׃ וּמָתוֹק הָאוֹר וְטוֹב לַעֵינַיִם לִרְאוֹת אֶת־
ח הַשָּׁמֶשׁ׃ כִּי אִם־שָׁנִים הַרְבֵּה יִחְיֶה הָאָדָם בְּכֻלָּם יִשְׂמָח וְיִזְכֹּר
ט אֶת־יְמֵי הַחֹשֶׁךְ כִּי־הַרְבֵּה יִהְיוּ כָּל־שֶׁבָּא הָבֶל׃ שְׂמַח בָּחוּר
בְּיַלְדוּתֶךָ וִיטִיבְךָ לִבְּךָ בִּימֵי בְחוּרוֹתֶךָ וְהַלֵּךְ בְּדַרְכֵי לִבְּךָ
ובמראי עֵינֶיךָ וְדָע כִּי עַל־כָּל־אֵלֶּה יְבִיאֲךָ הָאֱלֹהִים בַּמִּשְׁפָּט׃ וּבְמַרְאֵה
י וְהָסֵר כַּעַס מִלִּבֶּךָ וְהַעֲבֵר רָעָה מִבְּשָׂרֶךָ כִּי־הַיַּלְדוּת וְהַשַּׁחֲרוּת
יב א הָבֶל׃ וּזְכֹר אֶת־בּוֹרְאֶיךָ בִּימֵי בְּחוּרֹתֶיךָ עַד אֲשֶׁר לֹא־יָבֹאוּ
ב יְמֵי הָרָעָה וְהִגִּיעוּ שָׁנִים אֲשֶׁר תֹּאמַר אֵין־לִי בָהֶם חֵפֶץ׃ עַד
אֲשֶׁר לֹא־תֶחְשַׁךְ הַשֶּׁמֶשׁ וְהָאוֹר וְהַיָּרֵחַ וְהַכּוֹכָבִים וְשָׁבוּ
ג הֶעָבִים אַחַר הַגָּשֶׁם׃ בַּיּוֹם שֶׁיָּזֻעוּ שֹׁמְרֵי הַבַּיִת וְהִתְעַוְּתוּ

אַנְשֵׁי הֶחָיִל וּבָטְלוּ הַטֹּחֲנוֹת כִּי מִעֵטוּ וְחָשְׁכוּ הָרֹאוֹת בָּאֲרֻבּוֹת׃
וְסֻגְּרוּ דְלָתַיִם בַּשּׁוּק בִּשְׁפַל קוֹל הַטַּחֲנָה וְיָקוּם לְקוֹל הַצִּפּוֹר ד
וְיִשַּׁחוּ כָּל־בְּנוֹת הַשִּׁיר׃ גַּם מִגָּבֹהַּ יִרָאוּ וְחַתְחַתִּים בַּדֶּרֶךְ ה
וְיָנֵאץ הַשָּׁקֵד וְיִסְתַּבֵּל הֶחָגָב וְתָפֵר הָאֲבִיּוֹנָה כִּי־הֹלֵךְ הָאָדָם
יֵרָתֵק אֶל־בֵּית עוֹלָמוֹ וְסָבְבוּ בַשּׁוּק הַסֹּפְדִים׃ עַד אֲשֶׁר לֹא־ירחק ו
חֶבֶל הַכֶּסֶף וְתָרֻץ גֻּלַּת הַזָּהָב וְתִשָּׁבֶר כַּד עַל־הַמַּבּוּעַ וְנָרֹץ
הַגַּלְגַּל אֶל־הַבּוֹר׃ וְיָשֹׁב הֶעָפָר עַל־הָאָרֶץ כְּשֶׁהָיָה וְהָרוּחַ ז
תָּשׁוּב אֶל־הָאֱלֹהִים אֲשֶׁר נְתָנָהּ׃ הֲבֵל הֲבָלִים אָמַר הַקּוֹהֶלֶת ח
הַכֹּל הָבֶל׃ וְיֹתֵר שֶׁהָיָה קֹהֶלֶת חָכָם עוֹד לִמַּד־דַּעַת אֶת־ ט
הָעָם וְאִזֵּן וְחִקֵּר תִּקֵּן מְשָׁלִים הַרְבֵּה׃ בִּקֵּשׁ קֹהֶלֶת לִמְצֹא י
דִּבְרֵי־חֵפֶץ וְכָתוּב יֹשֶׁר דִּבְרֵי אֱמֶת׃ דִּבְרֵי חֲכָמִים כַּדָּרְבֹנוֹת יא
וּכְמַשְׂמְרוֹת נְטוּעִים בַּעֲלֵי אֲסֻפּוֹת נִתְּנוּ מֵרֹעֶה אֶחָד׃ וְיֹתֵר יב
מֵהֵמָּה בְּנִי הִזָּהֵר עֲשׂוֹת סְפָרִים הַרְבֵּה אֵין קֵץ וְלַהַג הַרְבֵּה
יְגִעַת בָּשָׂר׃ סוֹף דָּבָר הַכֹּל נִשְׁמָע אֶת־הָאֱלֹהִים יְרָא וְאֶת־ יג
מִצְוֹתָיו שְׁמוֹר כִּי־זֶה כָּל־הָאָדָם׃ כִּי אֶת־כָּל־מַעֲשֶׂה הָאֱלֹהִים יד
יָבִא בְמִשְׁפָּט עַל כָּל־נֶעְלָם אִם־טוֹב וְאִם־רָע׃

סוף דבר הכל נשמע
את האלהים ירא
ואת מצותיו
שמור
כי זה
כל האדם

אסתר

א

א וַיְהִי בִּימֵי אֲחַשְׁוֵרוֹשׁ הוּא אֲחַשְׁוֵרוֹשׁ הַמֹּלֵךְ מֵהֹדּוּ וְעַד־כּוּשׁ
ב שֶׁבַע וְעֶשְׂרִים וּמֵאָה מְדִינָה: בַּיָּמִים הָהֵם כְּשֶׁבֶת ׀ הַמֶּלֶךְ
ג אֲחַשְׁוֵרוֹשׁ עַל כִּסֵּא מַלְכוּתוֹ אֲשֶׁר בְּשׁוּשַׁן הַבִּירָה: בִּשְׁנַת
שָׁלוֹשׁ לְמָלְכוֹ עָשָׂה מִשְׁתֶּה לְכָל־שָׂרָיו וַעֲבָדָיו חֵיל ׀ פָּרַס
ד וּמָדַי הַפַּרְתְּמִים וְשָׂרֵי הַמְּדִינוֹת לְפָנָיו: בְּהַרְאֹתוֹ אֶת־עֹשֶׁר
כְּבוֹד מַלְכוּתוֹ וְאֶת־יְקָר תִּפְאֶרֶת גְּדוּלָּתוֹ יָמִים רַבִּים שְׁמוֹנִים
ה וּמְאַת יוֹם: וּבִמְלוֹאת ׀ הַיָּמִים הָאֵלֶּה עָשָׂה הַמֶּלֶךְ לְכָל־הָעָם
הַנִּמְצְאִים בְּשׁוּשַׁן הַבִּירָה לְמִגָּדוֹל וְעַד־קָטָן מִשְׁתֶּה שִׁבְעַת
ו יָמִים בַּחֲצַר גִּנַּת בִּיתַן הַמֶּלֶךְ: חוּר ׀ כַּרְפַּס וּתְכֵלֶת אָחוּז
בְּחַבְלֵי־בוּץ וְאַרְגָּמָן עַל־גְּלִילֵי כֶסֶף וְעַמּוּדֵי שֵׁשׁ מִטּוֹת ׀ זָהָב
ז וָכֶסֶף עַל רִצְפַת בַּהַט־וָשֵׁשׁ וְדַר וְסֹחָרֶת: וְהַשְׁקוֹת בִּכְלֵי זָהָב
ח וְכֵלִים מִכֵּלִים שׁוֹנִים וְיֵין מַלְכוּת רָב כְּיַד הַמֶּלֶךְ: וְהַשְּׁתִיָּה
כַדָּת אֵין אֹנֵס כִּי־כֵן ׀ יִסַּד הַמֶּלֶךְ עַל כָּל־רַב בֵּיתוֹ לַעֲשׂוֹת
ט כִּרְצוֹן אִישׁ־וָאִישׁ: גַּם וַשְׁתִּי הַמַּלְכָּה עָשְׂתָה
י מִשְׁתֵּה נָשִׁים בֵּית הַמַּלְכוּת אֲשֶׁר לַמֶּלֶךְ אֲחַשְׁוֵרוֹשׁ: בַּיּוֹם
הַשְּׁבִיעִי כְּטוֹב לֵב־הַמֶּלֶךְ בַּיָּיִן אָמַר לִמְהוּמָן בִּזְּתָא חַרְבוֹנָא
בִּגְתָא וַאֲבַגְתָא זֵתַר וְכַרְכַּס שִׁבְעַת הַסָּרִיסִים הַמְשָׁרְתִים
יא אֶת־פְּנֵי הַמֶּלֶךְ אֲחַשְׁוֵרוֹשׁ: לְהָבִיא אֶת־וַשְׁתִּי הַמַּלְכָּה לִפְנֵי
הַמֶּלֶךְ בְּכֶתֶר מַלְכוּת לְהַרְאוֹת הָעַמִּים וְהַשָּׂרִים אֶת־יָפְיָהּ
יב כִּי־טוֹבַת מַרְאֶה הִיא: וַתְּמָאֵן הַמַּלְכָּה וַשְׁתִּי לָבוֹא בִּדְבַר
הַמֶּלֶךְ אֲשֶׁר בְּיַד הַסָּרִיסִים וַיִּקְצֹף הַמֶּלֶךְ מְאֹד וַחֲמָתוֹ בָּעֲרָה
יג בוֹ: וַיֹּאמֶר הַמֶּלֶךְ לַחֲכָמִים יֹדְעֵי הָעִתִּים כִּי־
יד כֵן דְּבַר הַמֶּלֶךְ לִפְנֵי כָּל־יֹדְעֵי דָּת וָדִין: וְהַקָּרֹב אֵלָיו כַּרְשְׁנָא
שֵׁתָר אַדְמָתָא תַרְשִׁישׁ מֶרֶס מַרְסְנָא מְמוּכָן שִׁבְעַת שָׂרֵי ׀
טו פָּרַס וּמָדַי רֹאֵי פְּנֵי הַמֶּלֶךְ הַיֹּשְׁבִים רִאשֹׁנָה בַּמַּלְכוּת: כְּדָת
מַה־לַּעֲשׂוֹת בַּמַּלְכָּה וַשְׁתִּי עַל ׀ אֲשֶׁר לֹא־עָשְׂתָה אֶת־
טז מַאֲמַר הַמֶּלֶךְ אֲחַשְׁוֵרוֹשׁ בְּיַד הַסָּרִיסִים: וַיֹּאמֶר

אסתר

מְמוּכָ֞ן

מוּמְכָ֜ן לִפְנֵ֣י הַמֶּ֗לֶךְ וְהַשָּׂרִים֙ לֹ֤א עַל־הַמֶּ֙לֶךְ֙ לְבַדּ֔וֹ עָוְתָ֖ה
וַשְׁתִּ֣י הַמַּלְכָּ֑ה כִּ֤י עַל־כָּל־הַשָּׂרִים֙ וְעַל־כָּל־הָ֣עַמִּ֔ים אֲשֶׁ֕ר בְּכָל־
מְדִינ֖וֹת הַמֶּ֥לֶךְ אֲחַשְׁוֵרֽוֹשׁ: כִּֽי־יֵצֵ֤א דְבַר־הַמַּלְכָּה֙ עַל־כָּל־
הַנָּשִׁ֔ים לְהַבְז֥וֹת בַּעְלֵיהֶ֖ן בְּעֵינֵיהֶ֑ן בְּאָמְרָ֗ם הַמֶּ֣לֶךְ אֲחַשְׁוֵר֜וֹשׁ
אָמַ֗ר לְהָבִ֞יא אֶת־וַשְׁתִּ֧י הַמַּלְכָּ֛ה לְפָנָ֖יו וְלֹא־בָֽאָה: וְ֠הַיּוֹם
הַזֶּ֞ה תֹּאמַ֣רְנָה ׀ שָׂר֣וֹת פָּֽרַס־וּמָדַ֗י אֲשֶׁ֤ר שָֽׁמְעוּ֙ אֶת־דְּבַ֣ר
הַמַּלְכָּ֔ה לְכֹ֖ל שָׂרֵ֣י הַמֶּ֑לֶךְ וּכְדַ֖י בִּזָּי֥וֹן וָקָֽצֶף: אִם־עַל־הַמֶּ֣לֶךְ
ט֗וֹב יֵצֵ֤א דְבַר־מַלְכוּת֙ מִלְּפָנָ֔יו וְיִכָּתֵ֛ב בְּדָתֵ֥י פָֽרַס־וּמָדַ֖י וְלֹ֣א
יַעֲב֑וֹר אֲשֶׁ֨ר לֹֽא־תָב֜וֹא וַשְׁתִּ֗י לִפְנֵי֙ הַמֶּ֣לֶךְ אֲחַשְׁוֵר֔וֹשׁ וּמַלְכוּתָהּ֙
יִתֵּ֣ן הַמֶּ֔לֶךְ לִרְעוּתָ֖הּ הַטּוֹבָ֥ה מִמֶּֽנָּה: וְנִשְׁמַע֩ פִּתְגָ֨ם הַמֶּ֤לֶךְ
אֲשֶֽׁר־יַעֲשֶׂה֙ בְּכָל־מַלְכוּת֔וֹ כִּ֥י רַבָּ֖ה הִ֑יא וְכָל־הַנָּשִׁ֗ים יִתְּנ֤וּ
יְקָר֙ לְבַעְלֵיהֶ֔ן לְמִגָּד֖וֹל וְעַד־קָטָֽן: וַיִּיטַב֙ הַדָּבָ֔ר בְּעֵינֵ֥י הַמֶּ֖לֶךְ
וְהַשָּׂרִ֑ים וַיַּ֥עַשׂ הַמֶּ֖לֶךְ כִּדְבַ֥ר מְמוּכָֽן: וַיִּשְׁלַ֤ח סְפָרִים֙ אֶל־
כָּל־מְדִינ֣וֹת הַמֶּ֔לֶךְ אֶל־מְדִינָ֤ה וּמְדִינָה֙ כִּכְתָבָ֔הּ וְאֶל־עַ֥ם
וָעָ֖ם כִּלְשׁוֹנ֑וֹ לִהְי֤וֹת כָּל־אִישׁ֙ שֹׂרֵ֣ר בְּבֵית֔וֹ וּמְדַבֵּ֖ר כִּלְשׁ֥וֹן
עַמּֽוֹ:

ב

אַחַר֙ הַדְּבָרִ֣ים הָאֵ֔לֶּה כְּשֹׁ֕ךְ חֲמַ֖ת הַמֶּ֣לֶךְ
אֲחַשְׁוֵר֑וֹשׁ זָכַ֣ר אֶת־וַשְׁתִּ֗י וְאֵת֙ אֲשֶׁר־עָשָׂ֔תָה וְאֵ֥ת אֲשֶׁר־נִגְזַ֖ר
עָלֶֽיהָ: וַיֹּאמְר֥וּ נַעֲרֵֽי־הַמֶּ֖לֶךְ מְשָׁרְתָ֑יו יְבַקְשׁ֥וּ לַמֶּ֛לֶךְ נְעָר֥וֹת
בְּתוּל֖וֹת טוֹב֥וֹת מַרְאֶֽה: וְיַפְקֵ֨ד הַמֶּ֣לֶךְ פְּקִידִים֮ בְּכָל־מְדִינ֣וֹת
מַלְכוּתוֹ֒ וְיִקְבְּצ֣וּ אֶת־כָּל־נַעֲרָֽה־בְ֠תוּלָה טוֹבַ֨ת מַרְאֶ֜ה אֶל־
שׁוּשַׁ֤ן הַבִּירָה֙ אֶל־בֵּ֣ית הַנָּשִׁ֔ים אֶל־יַ֥ד הֵגֶ֛א סְרִ֥יס הַמֶּ֖לֶךְ
שֹׁמֵ֣ר הַנָּשִׁ֑ים וְנָת֖וֹן תַּמְרֻקֵיהֶֽן: וְהַֽנַּעֲרָ֗ה אֲשֶׁ֤ר תִּיטַב֙ בְּעֵינֵ֣י
הַמֶּ֔לֶךְ תִּמְלֹ֖ךְ תַּ֣חַת וַשְׁתִּ֑י וַיִּיטַ֧ב הַדָּבָ֛ר בְּעֵינֵ֥י הַמֶּ֖לֶךְ וַיַּ֥עַשׂ
כֵּֽן:

ב

אִ֣ישׁ יְהוּדִ֔י הָיָ֖ה בְּשׁוּשַׁ֣ן הַבִּירָ֑ה וּשְׁמ֣וֹ
מָרְדֳּכַ֗י בֶּ֣ן יָאִ֧יר בֶּן־שִׁמְעִ֛י בֶּן־קִ֖ישׁ אִ֥ישׁ יְמִינִֽי: אֲשֶׁ֤ר הָגְלָה֙
מִיר֣וּשָׁלַ֔יִם עִם־הַגֹּלָה֙ אֲשֶׁ֣ר הָגְלְתָ֔ה עִ֚ם יְכָנְיָ֣ה מֶֽלֶךְ־יְהוּדָ֔ה
אֲשֶׁ֣ר הֶגְלָ֔ה נְבוּכַדְנֶאצַּ֖ר מֶ֣לֶךְ בָּבֶֽל: וַיְהִ֨י אֹמֵ֜ן אֶת־הֲדַסָּ֗ה

הִיא אֶסְתֵּר בַּת־דֹּדוֹ כִּי אֵין לָהּ אָב וָאֵם וְהַנַּעֲרָה יְפַת־
תֹּאַר וְטוֹבַת מַרְאֶה וּבְמוֹת אָבִיהָ וְאִמָּהּ לְקָחָהּ מָרְדֳּכַי לוֹ
ח לְבַת: וַיְהִי בְּהִשָּׁמַע דְּבַר־הַמֶּלֶךְ וְדָתוֹ וּבְהִקָּבֵץ נְעָרוֹת רַבּוֹת
אֶל־שׁוּשַׁן הַבִּירָה אֶל־יַד הֵגָי וַתִּלָּקַח אֶסְתֵּר אֶל־בֵּית הַמֶּלֶךְ
ט אֶל־יַד הֵגַי שֹׁמֵר הַנָּשִׁים: וַתִּיטַב הַנַּעֲרָה בְעֵינָיו וַתִּשָּׂא חֶסֶד
לְפָנָיו וַיְבַהֵל אֶת־תַּמְרוּקֶיהָ וְאֶת־מָנוֹתֶהָ לָתֵת לָהּ וְאֵת
שֶׁבַע הַנְּעָרוֹת הָרְאֻיוֹת לָתֶת־לָהּ מִבֵּית הַמֶּלֶךְ וַיְשַׁנֶּהָ וְאֶת־
י נַעֲרוֹתֶיהָ לְטוֹב בֵּית הַנָּשִׁים: לֹא־הִגִּידָה אֶסְתֵּר אֶת־עַמָּהּ
יא וְאֶת־מוֹלַדְתָּהּ כִּי מָרְדֳּכַי צִוָּה עָלֶיהָ אֲשֶׁר לֹא־תַגִּיד: וּבְכָל־
יוֹם וָיוֹם מָרְדֳּכַי מִתְהַלֵּךְ לִפְנֵי חֲצַר בֵּית־הַנָּשִׁים לָדַעַת אֶת־
יב שְׁלוֹם אֶסְתֵּר וּמַה־יֵּעָשֶׂה בָּהּ: וּבְהַגִּיעַ תֹּר נַעֲרָה וְנַעֲרָה
לָבוֹא ׀ אֶל־הַמֶּלֶךְ אֲחַשְׁוֵרוֹשׁ מִקֵּץ הֱיוֹת לָהּ כְּדָת הַנָּשִׁים
שְׁנֵים עָשָׂר חֹדֶשׁ כִּי כֵּן יִמְלְאוּ יְמֵי מְרוּקֵיהֶן שִׁשָּׁה חֳדָשִׁים
בְּשֶׁמֶן הַמֹּר וְשִׁשָּׁה חֳדָשִׁים בַּבְּשָׂמִים וּבְתַמְרוּקֵי הַנָּשִׁים:
יג וּבָזֶה הַנַּעֲרָה בָּאָה אֶל־הַמֶּלֶךְ אֵת כָּל־אֲשֶׁר תֹּאמַר יִנָּתֵן לָהּ
יד לָבוֹא עִמָּהּ מִבֵּית הַנָּשִׁים עַד־בֵּית הַמֶּלֶךְ: בָּעֶרֶב ׀ הִיא בָאָה
וּבַבֹּקֶר הִיא שָׁבָה אֶל־בֵּית הַנָּשִׁים שֵׁנִי אֶל־יַד שַׁעַשְׁגַז סְרִיס
הַמֶּלֶךְ שֹׁמֵר הַפִּילַגְשִׁים לֹא־תָבוֹא עוֹד אֶל־הַמֶּלֶךְ כִּי אִם־
טו חָפֵץ בָּהּ הַמֶּלֶךְ וְנִקְרְאָה בְשֵׁם: וּבְהַגִּיעַ תֹּר־אֶסְתֵּר בַּת־
אֲבִיחַיִל ׀ דֹּד מָרְדֳּכַי אֲשֶׁר לָקַח־לוֹ לְבַת לָבוֹא אֶל־הַמֶּלֶךְ
לֹא בִקְשָׁה דָּבָר כִּי אִם אֶת־אֲשֶׁר יֹאמַר הֵגַי סְרִיס־הַמֶּלֶךְ
טז שֹׁמֵר הַנָּשִׁים וַתְּהִי אֶסְתֵּר נֹשֵׂאת חֵן בְּעֵינֵי כָּל־רֹאֶיהָ: וַתִּלָּקַח
אֶסְתֵּר אֶל־הַמֶּלֶךְ אֲחַשְׁוֵרוֹשׁ אֶל־בֵּית מַלְכוּתוֹ בַּחֹדֶשׁ
יז הָעֲשִׂירִי הוּא־חֹדֶשׁ טֵבֵת בִּשְׁנַת־שֶׁבַע לְמַלְכוּתוֹ: וַיֶּאֱהַב
הַמֶּלֶךְ אֶת־אֶסְתֵּר מִכָּל־הַנָּשִׁים וַתִּשָּׂא־חֵן וָחֶסֶד לְפָנָיו מִכָּל־
הַבְּתוּלֹת וַיָּשֶׂם כֶּתֶר־מַלְכוּת בְּרֹאשָׁהּ וַיַּמְלִיכֶהָ תַּחַת וַשְׁתִּי:
יח וַיַּעַשׂ הַמֶּלֶךְ מִשְׁתֶּה גָדוֹל לְכָל־שָׂרָיו וַעֲבָדָיו אֵת מִשְׁתֵּה

אֶסְתֵּ֑ר וַהֲנָחָ֤ה לַמְּדִינוֹת֙ עָשָׂ֔ה וַיִּתֵּ֥ן מַשְׂאֵ֖ת כְּיַ֥ד הַמֶּֽלֶךְ׃
וּבְהִקָּבֵ֥ץ בְּתוּל֖וֹת שֵׁנִ֑ית וּמָרְדֳּכַ֖י יֹשֵׁ֥ב בְּשַֽׁעַר־הַמֶּֽלֶךְ׃ אֵ֣ין יט כ
אֶסְתֵּ֗ר מַגֶּ֤דֶת מֽוֹלַדְתָּהּ֙ וְאֶת־עַמָּ֔הּ כַּאֲשֶׁ֛ר צִוָּ֥ה עָלֶ֖יהָ מָרְדֳּכָ֑י
וְאֶת־מַאֲמַ֤ר מָרְדֳּכַי֙ אֶסְתֵּ֣ר עֹשָׂ֔ה כַּאֲשֶׁ֛ר הָיְתָ֥ה בְאָמְנָ֖ה
אִתּֽוֹ׃ בַּיָּמִ֣ים הָהֵ֔ם וּמָרְדֳּכַ֖י יֹשֵׁ֣ב בְּשַֽׁעַר־הַמֶּ֑לֶךְ כא
קָצַף֩ בִּגְתָ֨ן וָתֶ֜רֶשׁ שְׁנֵֽי־סָרִיסֵ֤י הַמֶּ֙לֶךְ֙ מִשֹּׁמְרֵ֣י הַסַּ֔ף וַיְבַקְשׁוּ֙
לִשְׁלֹ֣חַ יָ֔ד בַּמֶּ֖לֶךְ אֲחַשְׁוֵרֹֽשׁ׃ וַיִּוָּדַ֤ע הַדָּבָר֙ לְמָרְדֳּכַ֔י וַיַּגֵּ֖ד כב
לְאֶסְתֵּ֣ר הַמַּלְכָּ֑ה וַתֹּ֧אמֶר אֶסְתֵּ֛ר לַמֶּ֖לֶךְ בְּשֵׁ֥ם מָרְדֳּכָֽי׃ וַיְבֻקַּ֤שׁ כג
הַדָּבָר֙ וַיִּמָּצֵ֔א וַיִּתָּל֥וּ שְׁנֵיהֶ֖ם עַל־עֵ֑ץ וַיִּכָּתֵ֗ב בְּסֵ֛פֶר דִּבְרֵ֥י הַיָּמִ֖ים
ג לִפְנֵ֥י הַמֶּֽלֶךְ׃ אַחַ֣ר ׀ הַדְּבָרִ֣ים הָאֵ֗לֶּה גִּדַּל֩ הַמֶּ֨לֶךְ א
אֲחַשְׁוֵר֜וֹשׁ אֶת־הָמָ֧ן בֶּֽן־הַמְּדָ֛תָא הָאֲגָגִ֖י וַֽיְנַשְּׂאֵ֑הוּ וַיָּ֙שֶׂם֙ אֶת־
כִּסְא֔וֹ מֵעַ֕ל כָּל־הַשָּׂרִ֖ים אֲשֶׁ֥ר אִתּֽוֹ׃ וְכָל־עַבְדֵ֨י הַמֶּ֜לֶךְ אֲשֶׁר־ ב
בְּשַׁ֣עַר הַמֶּ֗לֶךְ כֹּרְעִ֤ים וּמִֽשְׁתַּחֲוִים֙ לְהָמָ֔ן כִּי־כֵ֖ן צִוָּה־ל֣וֹ הַמֶּ֑לֶךְ
וּמָ֨רְדֳּכַ֔י לֹ֥א יִכְרַ֖ע וְלֹ֥א יִֽשְׁתַּחֲוֶֽה׃ וַ֠יֹּאמְרוּ עַבְדֵ֥י הַמֶּ֛לֶךְ אֲשֶׁר־ ג
בְּשַׁ֥עַר הַמֶּ֖לֶךְ לְמָרְדֳּכָ֑י מַדּ֙וּעַ֙ אַתָּ֣ה עוֹבֵ֔ר אֵ֖ת מִצְוַ֥ת הַמֶּֽלֶךְ׃ וַיְהִ֗י ד
כְּאָמְרָ֤ם באמרם אֵלָיו֙ י֣וֹם וָי֔וֹם וְלֹ֥א שָׁמַ֖ע אֲלֵיהֶ֑ם וַיַּגִּ֣ידוּ לְהָמָ֗ן לִרְאוֹת֙
הֲיַֽעַמְדוּ֙ דִּבְרֵ֣י מָרְדֳּכַ֔י כִּֽי־הִגִּ֥יד לָהֶ֖ם אֲשֶׁר־ה֥וּא יְהוּדִֽי׃ וַיַּ֣רְא הָמָ֔ן ה
כִּי־אֵ֣ין מָרְדֳּכַ֔י כֹּרֵ֥עַ וּמִשְׁתַּחֲוֶ֖ה ל֑וֹ וַיִּמָּלֵ֥א הָמָ֖ן חֵמָֽה׃ וַיִּ֣בֶז בְּעֵינָ֗יו ו
לִשְׁלֹ֤ח יָד֙ בְּמָרְדֳּכַ֣י לְבַדּ֔וֹ כִּֽי־הִגִּ֥ידוּ ל֖וֹ אֶת־עַ֣ם מָרְדֳּכָ֑י וַיְבַקֵּ֣שׁ
הָמָ֗ן לְהַשְׁמִ֧יד אֶת־כָּל־הַיְּהוּדִ֛ים אֲשֶׁ֛ר בְּכָל־מַלְכ֥וּת אֲחַשְׁוֵר֖וֹשׁ
עַ֥ם מָרְדֳּכָֽי׃ בַּחֹ֤דֶשׁ הָֽרִאשׁוֹן֙ הוּא־חֹ֣דֶשׁ נִיסָ֔ן בִּשְׁנַת֙ שְׁתֵּ֣ים ז
עֶשְׂרֵ֔ה לַמֶּ֖לֶךְ אֲחַשְׁוֵר֑וֹשׁ הִפִּ֣יל פּוּר֩ ה֨וּא הַגּוֹרָ֜ל לִפְנֵ֣י
הָמָ֗ן מִיּ֧וֹם ׀ לְי֛וֹם וּמֵחֹ֛דֶשׁ לְחֹ֥דֶשׁ שְׁנֵים־עָשָׂ֖ר הוּא־חֹ֥דֶשׁ
ג אֲדָֽר׃ וַיֹּ֤אמֶר הָמָן֙ לַמֶּ֣לֶךְ אֲחַשְׁוֵר֔וֹשׁ יֶשְׁנ֣וֹ עַם־ ח
אֶחָ֗ד מְפֻזָּ֤ר וּמְפֹרָד֙ בֵּ֣ין הָֽעַמִּ֔ים בְּכֹ֖ל מְדִינ֣וֹת מַלְכוּתֶ֑ךָ וְדָתֵיהֶ֞ם
שֹׁנ֣וֹת מִכָּל־עָ֗ם וְאֶת־דָּתֵ֤י הַמֶּ֙לֶךְ֙ אֵינָ֣ם עֹשִׂ֔ים וְלַמֶּ֖לֶךְ אֵין־שֹׁוֶ֥ה
לְהַנִּיחָֽם׃ אִם־עַל־הַמֶּ֣לֶךְ ט֔וֹב יִכָּתֵ֖ב לְאַבְּדָ֑ם וַעֲשֶׂ֨רֶת אֲלָפִ֜ים ט

כִּכַּר־כֶּסֶף אֶשְׁקוֹל עַל־יְדֵי עֹשֵׂי הַמְּלָאכָה לְהָבִיא אֶל־גִּנְזֵי
י הַמֶּלֶךְ׃ וַיָּסַר הַמֶּלֶךְ אֶת־טַבַּעְתּוֹ מֵעַל יָדוֹ וַיִּתְּנָהּ לְהָמָן בֶּן־
יא הַמְּדָתָא הָאֲגָגִי צֹרֵר הַיְּהוּדִים׃ וַיֹּאמֶר הַמֶּלֶךְ לְהָמָן הַכֶּסֶף
יב נָתוּן לָךְ וְהָעָם לַעֲשׂוֹת בּוֹ כַּטּוֹב בְּעֵינֶיךָ׃ וַיִּקָּרְאוּ סֹפְרֵי הַמֶּלֶךְ
בַּחֹדֶשׁ הָרִאשׁוֹן בִּשְׁלוֹשָׁה עָשָׂר יוֹם בּוֹ וַיִּכָּתֵב כְּכָל־אֲשֶׁר־צִוָּה
הָמָן אֶל אֲחַשְׁדַּרְפְּנֵי־הַמֶּלֶךְ וְאֶל־הַפַּחוֹת אֲשֶׁר ׀ עַל־מְדִינָה
וּמְדִינָה וְאֶל־שָׂרֵי עַם וָעָם מְדִינָה וּמְדִינָה כִּכְתָבָהּ וְעַם וָעָם
כִּלְשׁוֹנוֹ בְּשֵׁם הַמֶּלֶךְ אֲחַשְׁוֵרֹשׁ נִכְתָּב וְנֶחְתָּם בְּטַבַּעַת הַמֶּלֶךְ׃
יג וְנִשְׁלוֹחַ סְפָרִים בְּיַד הָרָצִים אֶל־כָּל־מְדִינוֹת הַמֶּלֶךְ לְהַשְׁמִיד
לַהֲרֹג וּלְאַבֵּד אֶת־כָּל־הַיְּהוּדִים מִנַּעַר וְעַד־זָקֵן טַף וְנָשִׁים
בְּיוֹם אֶחָד בִּשְׁלוֹשָׁה עָשָׂר לְחֹדֶשׁ שְׁנֵים־עָשָׂר הוּא־חֹדֶשׁ אֲדָר
יד וּשְׁלָלָם לָבוֹז׃ פַּתְשֶׁגֶן הַכְּתָב לְהִנָּתֵן דָּת בְּכָל־מְדִינָה וּמְדִינָה
טו גָּלוּי לְכָל־הָעַמִּים לִהְיוֹת עֲתִדִים לַיּוֹם הַזֶּה׃ הָרָצִים יָצְאוּ
דְחוּפִים בִּדְבַר הַמֶּלֶךְ וְהַדָּת נִתְּנָה בְּשׁוּשַׁן הַבִּירָה וְהַמֶּלֶךְ
ד א וְהָמָן יָשְׁבוּ לִשְׁתּוֹת וְהָעִיר שׁוּשָׁן נָבוֹכָה׃ וּמָרְדֳּכַי
יָדַע אֶת־כָּל־אֲשֶׁר נַעֲשָׂה וַיִּקְרַע מָרְדֳּכַי אֶת־בְּגָדָיו וַיִּלְבַּשׁ
ב שַׂק וָאֵפֶר וַיֵּצֵא בְּתוֹךְ הָעִיר וַיִּזְעַק זְעָקָה גְדֹלָה וּמָרָה׃ וַיָּבוֹא
עַד לִפְנֵי שַׁעַר־הַמֶּלֶךְ כִּי אֵין לָבוֹא אֶל־שַׁעַר הַמֶּלֶךְ בִּלְבוּשׁ
ג שָׂק׃ וּבְכָל־מְדִינָה וּמְדִינָה מְקוֹם אֲשֶׁר דְּבַר־הַמֶּלֶךְ וְדָתוֹ
מַגִּיעַ אֵבֶל גָּדוֹל לַיְּהוּדִים וְצוֹם וּבְכִי וּמִסְפֵּד שַׂק וָאֵפֶר יֻצַּע
ד לָרַבִּים׃ ותבואינה נַעֲרוֹת אֶסְתֵּר וְסָרִיסֶיהָ וַיַּגִּידוּ לָהּ (וַתָּבוֹאנָה)
וַתִּתְחַלְחַל הַמַּלְכָּה מְאֹד וַתִּשְׁלַח בְּגָדִים לְהַלְבִּישׁ אֶת־
ה מָרְדֳּכַי וּלְהָסִיר שַׂקּוֹ מֵעָלָיו וְלֹא קִבֵּל׃ וַתִּקְרָא אֶסְתֵּר לַהֲתָךְ
מִסָּרִיסֵי הַמֶּלֶךְ אֲשֶׁר הֶעֱמִיד לְפָנֶיהָ וַתְּצַוֵּהוּ עַל־מָרְדֳּכָי לָדַעַת
ו מַה־זֶּה וְעַל־מַה־זֶּה׃ וַיֵּצֵא הֲתָךְ אֶל־מָרְדֳּכָי אֶל־רְחוֹב הָעִיר
ז אֲשֶׁר לִפְנֵי שַׁעַר־הַמֶּלֶךְ׃ וַיַּגֶּד־לוֹ מָרְדֳּכַי אֵת כָּל־אֲשֶׁר קָרָהוּ
וְאֵת ׀ פָּרָשַׁת הַכֶּסֶף אֲשֶׁר אָמַר הָמָן לִשְׁקוֹל עַל־גִּנְזֵי הַמֶּלֶךְ

בַּיְּהוּדִים

ח בַּיְּהוּדִ֖ים לְאַבְּדָֽם׃ וְאֶת־פַּתְשֶׁ֣גֶן כְּתָֽב־הַדָּ֡ת אֲשֶׁר־נִתַּ֨ן בְּשׁוּשָׁ֤ן
לְהַשְׁמִידָם֙ נָ֣תַן ל֔וֹ לְהַרְא֥וֹת אֶת־אֶסְתֵּ֖ר וּלְהַגִּ֣יד לָ֑הּ וּלְצַוּ֣וֹת
עָלֶ֗יהָ לָב֨וֹא אֶל־הַמֶּ֧לֶךְ לְהִֽתְחַנֶּן־ל֛וֹ וּלְבַקֵּ֥שׁ מִלְּפָנָ֖יו עַל־
ט י עַמָּֽהּ׃ וַיָּב֖וֹא הֲתָ֑ךְ וַיַּגֵּ֣ד לְאֶסְתֵּ֔ר אֵ֖ת דִּבְרֵ֥י מָרְדֳּכָֽי׃ וַתֹּ֤אמֶר
יא אֶסְתֵּר֙ לַהֲתָ֔ךְ וַתְּצַוֵּ֖הוּ אֶֽל־מָרְדֳּכָֽי׃ כָּל־עַבְדֵ֣י הַמֶּ֡לֶךְ וְעַם֩
מְדִינ֨וֹת הַמֶּ֜לֶךְ יֹֽדְעִ֗ים אֲשֶׁ֣ר כָּל־אִ֣ישׁ וְאִשָּׁ֡ה אֲשֶׁ֣ר־יָבֽוֹא
אֶל־הַמֶּ֜לֶךְ אֶל־הֶחָצֵ֣ר הַפְּנִימִ֗ית אֲשֶׁ֤ר לֹֽא־יִקָּרֵא֙ אַחַ֣ת דָּת֔וֹ
לְהָמִ֔ית לְ֠בַד מֵאֲשֶׁ֨ר יֽוֹשִׁיט־ל֥וֹ הַמֶּ֛לֶךְ אֶת־שַׁרְבִ֥יט הַזָּהָ֖ב
וְחָיָ֑ה וַאֲנִ֗י לֹ֤א נִקְרֵ֙אתִי֙ לָב֣וֹא אֶל־הַמֶּ֔לֶךְ זֶ֖ה שְׁלוֹשִׁ֥ים יֽוֹם׃
יב יג וַיַּגִּ֣ידוּ לְמָרְדֳּכָ֔י אֵ֖ת דִּבְרֵ֥י אֶסְתֵּֽר׃ וַיֹּ֥אמֶר מָרְדֳּכַ֖י לְהָשִׁ֣יב
אֶל־אֶסְתֵּ֑ר אַל־תְּדַמִּ֣י בְנַפְשֵׁ֔ךְ לְהִמָּלֵ֥ט בֵּית־הַמֶּ֖לֶךְ מִכָּל־
יד הַיְּהוּדִֽים׃ כִּ֣י אִם־הַחֲרֵ֣שׁ תַּחֲרִישִׁי֮ בָּעֵ֣ת הַזֹּאת֒ רֶ֣וַח וְהַצָּלָ֞ה
יַעֲמ֤וֹד לַיְּהוּדִים֙ מִמָּק֣וֹם אַחֵ֔ר וְאַ֥תְּ וּבֵית־אָבִ֖יךְ תֹּאבֵ֑דוּ וּמִ֣י
טו יוֹדֵ֔עַ אִם־לְעֵ֣ת כָּזֹ֔את הִגַּ֖עַתְּ לַמַּלְכֽוּת׃ וַתֹּ֥אמֶר אֶסְתֵּ֖ר
טז לְהָשִׁ֥יב אֶֽל־מָרְדֳּכָֽי׃ לֵךְ֩ כְּנ֨וֹס אֶת־כָּל־הַיְּהוּדִ֜ים הַנִּמְצְאִ֣ים
בְּשׁוּשָׁ֗ן וְצ֣וּמוּ עָ֠לַי וְאַל־תֹּאכְל֨וּ וְאַל־תִּשְׁתּ֜וּ שְׁלֹ֤שֶׁת יָמִים֙
לַ֣יְלָה וָי֔וֹם גַּם־אֲנִ֥י וְנַעֲרֹתַ֖י אָצ֣וּם כֵּ֑ן וּבְכֵ֞ן אָב֤וֹא אֶל־הַמֶּ֙לֶךְ֙
יז אֲשֶׁ֣ר לֹֽא־כַדָּ֔ת וְכַאֲשֶׁ֥ר אָבַ֖דְתִּי אָבָֽדְתִּי׃ וַיַּעֲבֹ֖ר מָרְדֳּכָ֑י וַיַּ֕עַשׂ
ה א כְּכֹ֛ל אֲשֶׁר־צִוְּתָ֥ה עָלָ֖יו אֶסְתֵּֽר׃ וַיְהִ֣י ׀ בַּיּ֣וֹם הַשְּׁלִישִׁ֗י וַתִּלְבַּ֤שׁ
אֶסְתֵּר֙ מַלְכ֔וּת וַֽתַּעֲמֹ֞ד בַּחֲצַ֤ר בֵּית־הַמֶּ֙לֶךְ֙ הַפְּנִימִ֔ית נֹ֖כַח
בֵּ֣ית הַמֶּ֑לֶךְ וְ֠הַמֶּלֶךְ יוֹשֵׁ֞ב עַל־כִּסֵּ֤א מַלְכוּתוֹ֙ בְּבֵ֣ית הַמַּלְכ֔וּת
ב נֹ֖כַח פֶּ֥תַח הַבָּֽיִת׃ וַיְהִי֩ כִרְא֨וֹת הַמֶּ֜לֶךְ אֶת־אֶסְתֵּ֣ר הַמַּלְכָּ֗ה
עֹמֶ֙דֶת֙ בֶּֽחָצֵ֔ר נָשְׂאָ֥ה חֵ֖ן בְּעֵינָ֑יו וַיּ֨וֹשֶׁט הַמֶּ֜לֶךְ לְאֶסְתֵּ֗ר אֶת־
שַׁרְבִ֤יט הַזָּהָב֙ אֲשֶׁ֣ר בְּיָד֔וֹ וַתִּקְרַ֣ב אֶסְתֵּ֔ר וַתִּגַּ֖ע בְּרֹ֥אשׁ
ג הַשַּׁרְבִֽיט׃ וַיֹּ֤אמֶר לָהּ֙ הַמֶּ֔לֶךְ מַה־לָּ֖ךְ אֶסְתֵּ֣ר הַמַּלְכָּ֑ה וּמַה־
ד בַּקָּשָׁתֵ֛ךְ עַד־חֲצִ֥י הַמַּלְכ֖וּת וְיִנָּ֥תֶן לָֽךְ׃ וַתֹּ֣אמֶר אֶסְתֵּ֔ר אִם־
עַל־הַמֶּ֖לֶךְ ט֑וֹב יָב֨וֹא הַמֶּ֤לֶךְ וְהָמָן֙ הַיּ֔וֹם אֶל־הַמִּשְׁתֶּ֖ה אֲשֶׁר־

ה עָשִׂיתִי לוֹ: וַיֹּאמֶר הַמֶּלֶךְ מַהֲרוּ אֶת־הָמָן לַעֲשׂוֹת אֶת־דְּבַר
אֶסְתֵּר וַיָּבֹא הַמֶּלֶךְ וְהָמָן אֶל־הַמִּשְׁתֶּה אֲשֶׁר־עָשְׂתָה אֶסְתֵּר:
ו וַיֹּאמֶר הַמֶּלֶךְ לְאֶסְתֵּר בְּמִשְׁתֵּה הַיַּיִן מַה־שְּׁאֵלָתֵךְ וְיִנָּתֵן לָךְ
ז וּמַה־בַּקָּשָׁתֵךְ עַד־חֲצִי הַמַּלְכוּת וְתֵעָשׂ: וַתַּעַן אֶסְתֵּר וַתֹּאמַר
ח שְׁאֵלָתִי וּבַקָּשָׁתִי: אִם־מָצָאתִי חֵן בְּעֵינֵי הַמֶּלֶךְ וְאִם־עַל־
הַמֶּלֶךְ טוֹב לָתֵת אֶת־שְׁאֵלָתִי וְלַעֲשׂוֹת אֶת־בַּקָּשָׁתִי יָבוֹא
הַמֶּלֶךְ וְהָמָן אֶל־הַמִּשְׁתֶּה אֲשֶׁר אֶעֱשֶׂה לָהֶם וּמָחָר אֶעֱשֶׂה
ט כִּדְבַר הַמֶּלֶךְ: וַיֵּצֵא הָמָן בַּיּוֹם הַהוּא שָׂמֵחַ וְטוֹב לֵב וְכִרְאוֹת
הָמָן אֶת־מָרְדֳּכַי בְּשַׁעַר הַמֶּלֶךְ וְלֹא־קָם וְלֹא־זָע מִמֶּנּוּ וַיִּמָּלֵא
י הָמָן עַל־מָרְדֳּכַי חֵמָה: וַיִּתְאַפַּק הָמָן וַיָּבוֹא אֶל־בֵּיתוֹ וַיִּשְׁלַח
יא וַיָּבֵא אֶת־אֹהֲבָיו וְאֶת־זֶרֶשׁ אִשְׁתּוֹ: וַיְסַפֵּר לָהֶם הָמָן אֶת־
כְּבוֹד עָשְׁרוֹ וְרֹב בָּנָיו וְאֵת כָּל־אֲשֶׁר גִּדְּלוֹ הַמֶּלֶךְ וְאֵת אֲשֶׁר
יב נִשְּׂאוֹ עַל־הַשָּׂרִים וְעַבְדֵי הַמֶּלֶךְ: וַיֹּאמֶר הָמָן אַף לֹא־הֵבִיאָה
אֶסְתֵּר הַמַּלְכָּה עִם־הַמֶּלֶךְ אֶל־הַמִּשְׁתֶּה אֲשֶׁר־עָשָׂתָה כִּי
יג אִם־אוֹתִי וְגַם־לְמָחָר אֲנִי קָרוּא־לָהּ עִם־הַמֶּלֶךְ: וְכָל־זֶה אֵינֶנּוּ
שֹׁוֶה לִי בְּכָל־עֵת אֲשֶׁר אֲנִי רֹאֶה אֶת־מָרְדֳּכַי הַיְּהוּדִי יוֹשֵׁב
יד בְּשַׁעַר הַמֶּלֶךְ: וַתֹּאמֶר לוֹ זֶרֶשׁ אִשְׁתּוֹ וְכָל־אֹהֲבָיו יַעֲשׂוּ־עֵץ
גָּבֹהַּ חֲמִשִּׁים אַמָּה וּבַבֹּקֶר ׀ אֱמֹר לַמֶּלֶךְ וְיִתְלוּ אֶת־מָרְדֳּכַי
עָלָיו וּבֹא עִם־הַמֶּלֶךְ אֶל־הַמִּשְׁתֶּה שָׂמֵחַ וַיִּיטַב הַדָּבָר לִפְנֵי
ו א הָמָן וַיַּעַשׂ הָעֵץ: בַּלַּיְלָה הַהוּא נָדְדָה שְׁנַת
הַמֶּלֶךְ וַיֹּאמֶר לְהָבִיא אֶת־סֵפֶר הַזִּכְרֹנוֹת דִּבְרֵי הַיָּמִים וַיִּהְיוּ
ב נִקְרָאִים לִפְנֵי הַמֶּלֶךְ: וַיִּמָּצֵא כָתוּב אֲשֶׁר הִגִּיד מָרְדֳּכַי עַל־
בִּגְתָנָא וָתֶרֶשׁ שְׁנֵי סָרִיסֵי הַמֶּלֶךְ מִשֹּׁמְרֵי הַסַּף אֲשֶׁר בִּקְשׁוּ
ג לִשְׁלֹחַ יָד בַּמֶּלֶךְ אֲחַשְׁוֵרוֹשׁ: וַיֹּאמֶר הַמֶּלֶךְ מַה־נַּעֲשָׂה יְקָר
וּגְדוּלָּה לְמָרְדֳּכַי עַל־זֶה וַיֹּאמְרוּ נַעֲרֵי הַמֶּלֶךְ מְשָׁרְתָיו לֹא־
ד נַעֲשָׂה עִמּוֹ דָּבָר: וַיֹּאמֶר הַמֶּלֶךְ מִי בֶחָצֵר וְהָמָן בָּא לַחֲצַר
בֵּית־הַמֶּלֶךְ הַחִיצוֹנָה לֵאמֹר לַמֶּלֶךְ לִתְלוֹת אֶת־מָרְדֳּכַי עַל־

ו

ה הָעֵ֖ץ אֲשֶׁר־הֵכִ֥ין לֽוֹ׃ וַיֹּ֨אמְר֜וּ נַעֲרֵ֤י הַמֶּ֙לֶךְ֙ אֵלָ֔יו הִנֵּ֥ה הָמָ֖ן
ו עֹמֵ֣ד בֶּחָצֵ֑ר וַיֹּ֥אמֶר הַמֶּ֖לֶךְ יָבֽוֹא׃ וַיָּבוֹא֮ הָמָן֒ וַיֹּ֤אמֶר לוֹ֙
הַמֶּ֔לֶךְ מַה־לַּעֲשׂ֕וֹת בָּאִ֕ישׁ אֲשֶׁ֥ר הַמֶּ֖לֶךְ חָפֵ֣ץ בִּיקָר֑וֹ וַיֹּ֤אמֶר
ז הָמָן֙ בְּלִבּ֔וֹ לְמִ֞י יַחְפֹּ֥ץ הַמֶּ֛לֶךְ לַעֲשׂ֥וֹת יְקָ֖ר יוֹתֵ֥ר מִמֶּֽנִּי׃ וַיֹּ֥אמֶר
ח הָמָ֖ן אֶל־הַמֶּ֑לֶךְ אִ֕ישׁ אֲשֶׁ֥ר הַמֶּ֖לֶךְ חָפֵ֥ץ בִּיקָרֽוֹ׃ יָבִ֙יאוּ֙ לְב֣וּשׁ
מַלְכ֔וּת אֲשֶׁ֥ר לָֽבַשׁ־בּ֖וֹ הַמֶּ֑לֶךְ וְס֗וּס אֲשֶׁ֨ר רָכַ֤ב עָלָיו֙ הַמֶּ֔לֶךְ
ט וַאֲשֶׁ֥ר נִתַּ֛ן כֶּ֥תֶר מַלְכ֖וּת בְּרֹאשֽׁוֹ׃ וְנָת֨וֹן הַלְּב֜וּשׁ וְהַסּ֗וּס עַל־
יַד־אִ֞ישׁ מִשָּׂרֵ֤י הַמֶּ֙לֶךְ֙ הַֽפַּרְתְּמִ֔ים וְהִלְבִּ֙ישׁוּ֙ אֶת־הָאִ֔ישׁ אֲשֶׁ֥ר
הַמֶּ֖לֶךְ חָפֵ֣ץ בִּיקָר֑וֹ וְהִרְכִּיבֻ֤הוּ עַל־הַסּוּס֙ בִּרְח֣וֹב הָעִ֔יר וְקָרְא֣וּ
י לְפָנָ֔יו כָּ֚כָה יֵעָשֶׂ֣ה לָאִ֔ישׁ אֲשֶׁ֥ר הַמֶּ֖לֶךְ חָפֵ֥ץ בִּיקָרֽוֹ׃ וַיֹּ֨אמֶר
הַמֶּ֜לֶךְ לְהָמָ֗ן מַ֠הֵר קַ֣ח אֶת־הַלְּב֤וּשׁ וְאֶת־הַסּוּס֙ כַּאֲשֶׁ֣ר דִּבַּ֔רְתָּ
וַעֲשֵׂה־כֵן֙ לְמָרְדֳּכַ֣י הַיְּהוּדִ֔י הַיּוֹשֵׁ֖ב בְּשַׁ֣עַר הַמֶּ֑לֶךְ אַל־תַּפֵּ֣ל
ד יא דָּבָ֔ר מִכֹּ֖ל אֲשֶׁ֥ר דִּבַּֽרְתָּ׃ וַיִּקַּ֤ח הָמָן֙ אֶת־הַלְּב֣וּשׁ וְאֶת־הַסּ֔וּס
וַיַּלְבֵּ֖שׁ אֶֽת־מָרְדֳּכָ֑י וַיַּרְכִּיבֵ֙הוּ֙ בִּרְח֣וֹב הָעִ֔יר וַיִּקְרָ֣א לְפָנָ֔יו כָּ֚כָה
יב יֵעָשֶׂ֣ה לָאִ֔ישׁ אֲשֶׁ֥ר הַמֶּ֖לֶךְ חָפֵ֥ץ בִּיקָרֽוֹ׃ וַיָּ֥שָׁב מָרְדֳּכַ֖י אֶל־
יג שַׁ֣עַר הַמֶּ֑לֶךְ וְהָמָן֙ נִדְחַ֣ף אֶל־בֵּית֔וֹ אָבֵ֖ל וַחֲפ֥וּי רֹֽאשׁ׃ וַיְסַפֵּ֨ר
הָמָ֜ן לְזֶ֤רֶשׁ אִשְׁתּוֹ֙ וּלְכָל־אֹ֣הֲבָ֔יו אֵ֖ת כָּל־אֲשֶׁ֣ר קָרָ֑הוּ וַיֹּ֩אמְרוּ֩
ל֨וֹ חֲכָמָ֜יו וְזֶ֣רֶשׁ אִשְׁתּ֗וֹ אִ֣ם מִזֶּ֣רַע הַיְּהוּדִ֡ים מָרְדֳּכַ֞י אֲשֶׁר֩
יד הַחִלּ֨וֹתָ לִנְפֹּ֤ל לְפָנָיו֙ לֹא־תוּכַ֣ל ל֔וֹ כִּֽי־נָפ֥וֹל תִּפּ֖וֹל לְפָנָֽיו׃ עוֹדָם֙
מְדַבְּרִ֣ים עִמּ֔וֹ וְסָרִיסֵ֥י הַמֶּ֖לֶךְ הִגִּ֑יעוּ וַיַּבְהִ֙לוּ֙ לְהָבִ֣יא אֶת־הָמָ֔ן
ז א אֶל־הַמִּשְׁתֶּ֖ה אֲשֶׁר־עָשְׂתָ֥ה אֶסְתֵּֽר׃ וַיָּבֹ֤א הַמֶּ֙לֶךְ֙ וְהָמָ֔ן לִשְׁתּ֖וֹת
ב עִם־אֶסְתֵּ֥ר הַמַּלְכָּֽה׃ וַיֹּאמֶר֩ הַמֶּ֨לֶךְ לְאֶסְתֵּ֜ר גַּ֣ם בַּיּ֣וֹם הַשֵּׁנִ֗י
בְּמִשְׁתֵּ֣ה הַיַּ֔יִן מַה־שְּׁאֵלָתֵ֛ךְ אֶסְתֵּ֥ר הַמַּלְכָּ֖ה וְתִנָּ֣תֵֽן לָ֑ךְ וּמַה־
ג בַּקָּשָׁתֵ֛ךְ עַד־חֲצִ֥י הַמַּלְכ֖וּת וְתֵעָֽשׂ׃ וַתַּ֨עַן אֶסְתֵּ֤ר הַמַּלְכָּה֙
וַתֹּאמַ֔ר אִם־מָצָ֨אתִי חֵ֤ן בְּעֵינֶ֙יךָ֙ הַמֶּ֔לֶךְ וְאִם־עַל־הַמֶּ֖לֶךְ ט֑וֹב
ד תִּנָּֽתֶן־לִ֤י נַפְשִׁי֙ בִּשְׁאֵ֣לָתִ֔י וְעַמִּ֖י בְּבַקָּשָׁתִֽי׃ כִּ֤י נִמְכַּ֙רְנוּ֙ אֲנִ֣י
וְעַמִּ֔י לְהַשְׁמִ֖יד לַהֲר֣וֹג וּלְאַבֵּ֑ד וְאִלּוּ֩ לַעֲבָדִ֨ים וְלִשְׁפָח֤וֹת נִמְכַּ֙רְנוּ֙

ה הֶחֱרַשְׁתִּי כִּי אֵין הַצָּר שֹׁוֶה בְּנֵזֶק הַמֶּלֶךְ׃ וַיֹּאמֶר
הַמֶּלֶךְ אֲחַשְׁוֵרוֹשׁ וַיֹּאמֶר לְאֶסְתֵּר הַמַּלְכָּה מִי הוּא זֶה וְאֵי־זֶה
ו הוּא אֲשֶׁר־מְלָאוֹ לִבּוֹ לַעֲשׂוֹת כֵּן׃ וַתֹּאמֶר אֶסְתֵּר אִישׁ צַר וְאוֹיֵב
ז הָמָן הָרָע הַזֶּה וְהָמָן נִבְעָת מִלִּפְנֵי הַמֶּלֶךְ וְהַמַּלְכָּה׃ וְהַמֶּלֶךְ
קָם בַּחֲמָתוֹ מִמִּשְׁתֵּה הַיַּיִן אֶל־גִּנַּת הַבִּיתָן וְהָמָן עָמַד לְבַקֵּשׁ
עַל־נַפְשׁוֹ מֵאֶסְתֵּר הַמַּלְכָּה כִּי רָאָה כִּי־כָלְתָה אֵלָיו הָרָעָה
ח מֵאֵת הַמֶּלֶךְ׃ וְהַמֶּלֶךְ שָׁב מִגִּנַּת הַבִּיתָן אֶל־בֵּית ׀ מִשְׁתֵּה
הַיַּיִן וְהָמָן נֹפֵל עַל־הַמִּטָּה אֲשֶׁר אֶסְתֵּר עָלֶיהָ וַיֹּאמֶר הַמֶּלֶךְ
הֲגַם לִכְבּוֹשׁ אֶת־הַמַּלְכָּה עִמִּי בַּבָּיִת הַדָּבָר יָצָא מִפִּי הַמֶּלֶךְ
ט וּפְנֵי הָמָן חָפוּ׃ וַיֹּאמֶר חַרְבוֹנָה אֶחָד מִן־הַסָּרִיסִים לִפְנֵי
הַמֶּלֶךְ גַּם הִנֵּה־הָעֵץ אֲשֶׁר־עָשָׂה הָמָן לְמָרְדֳּכַי אֲשֶׁר דִּבֶּר־טוֹב
עַל־הַמֶּלֶךְ עֹמֵד בְּבֵית הָמָן גָּבֹהַּ חֲמִשִּׁים אַמָּה וַיֹּאמֶר הַמֶּלֶךְ
י תְּלֻהוּ עָלָיו׃ וַיִּתְלוּ אֶת־הָמָן עַל־הָעֵץ אֲשֶׁר־הֵכִין לְמָרְדֳּכָי
ח א וַחֲמַת הַמֶּלֶךְ שָׁכָכָה׃ בַּיּוֹם הַהוּא נָתַן הַמֶּלֶךְ
אֲחַשְׁוֵרוֹשׁ לְאֶסְתֵּר הַמַּלְכָּה אֶת־בֵּית הָמָן צֹרֵר היהודיים הַיְּהוּדִים
ב וּמָרְדֳּכַי בָּא לִפְנֵי הַמֶּלֶךְ כִּי־הִגִּידָה אֶסְתֵּר מַה הוּא־לָהּ׃ וַיָּסַר
הַמֶּלֶךְ אֶת־טַבַּעְתּוֹ אֲשֶׁר הֶעֱבִיר מֵהָמָן וַיִּתְּנָהּ לְמָרְדֳּכָי וַתָּשֶׂם
ג אֶסְתֵּר אֶת־מָרְדֳּכַי עַל־בֵּית הָמָן׃ וַתּוֹסֶף אֶסְתֵּר
וַתְּדַבֵּר לִפְנֵי הַמֶּלֶךְ וַתִּפֹּל לִפְנֵי רַגְלָיו וַתֵּבְךְּ וַתִּתְחַנֶּן־לוֹ
לְהַעֲבִיר אֶת־רָעַת הָמָן הָאֲגָגִי וְאֵת מַחֲשַׁבְתּוֹ אֲשֶׁר חָשַׁב
ד עַל־הַיְּהוּדִים׃ וַיּוֹשֶׁט הַמֶּלֶךְ לְאֶסְתֵּר אֵת שַׁרְבִט הַזָּהָב וַתָּקָם
ה אֶסְתֵּר וַתַּעֲמֹד לִפְנֵי הַמֶּלֶךְ׃ וַתֹּאמֶר אִם־עַל־הַמֶּלֶךְ טוֹב
וְאִם־מָצָאתִי חֵן לְפָנָיו וְכָשֵׁר הַדָּבָר לִפְנֵי הַמֶּלֶךְ וְטוֹבָה אֲנִי
בְּעֵינָיו יִכָּתֵב לְהָשִׁיב אֶת־הַסְּפָרִים מַחֲשֶׁבֶת הָמָן בֶּן־הַמְּדָתָא
הָאֲגָגִי אֲשֶׁר כָּתַב לְאַבֵּד אֶת־הַיְּהוּדִים אֲשֶׁר בְּכָל־מְדִינוֹת
ו הַמֶּלֶךְ׃ כִּי אֵיכָכָה אוּכַל וְרָאִיתִי בָּרָעָה אֲשֶׁר־יִמְצָא אֶת־עַמִּי
ז וְאֵיכָכָה אוּכַל וְרָאִיתִי בְּאָבְדַן מוֹלַדְתִּי׃ וַיֹּאמֶר

הַמֶּלֶךְ אֲחַשְׁוֵרֹשׁ לְאֶסְתֵּר הַמַּלְכָּה וּלְמָרְדֳּכַי הַיְּהוּדִי הִנֵּה בֵית־
הָמָן נָתַתִּי לְאֶסְתֵּר וְאֹתוֹ תָּלוּ עַל־הָעֵץ עַל אֲשֶׁר־שָׁלַח יָדוֹ
ח ביהודיים: וְאַתֶּם כִּתְבוּ עַל־הַיְּהוּדִים כַּטּוֹב בְּעֵינֵיכֶם בְּשֵׁם
הַמֶּלֶךְ וְחִתְמוּ בְּטַבַּעַת הַמֶּלֶךְ כִּי־כְתָב אֲשֶׁר־נִכְתָּב בְּשֵׁם־
ט הַמֶּלֶךְ וְנַחְתּוֹם בְּטַבַּעַת הַמֶּלֶךְ אֵין לְהָשִׁיב: וַיִּקָּרְאוּ סֹפְרֵי־
הַמֶּלֶךְ בָּעֵת־הַהִיא בַּחֹדֶשׁ הַשְּׁלִישִׁי הוּא־חֹדֶשׁ סִיוָן בִּשְׁלוֹשָׁה
וְעֶשְׂרִים בּוֹ וַיִּכָּתֵב כְּכָל־אֲשֶׁר־צִוָּה מָרְדֳּכַי אֶל־הַיְּהוּדִים וְאֶל
הָאֲחַשְׁדַּרְפְּנִים וְהַפַּחוֹת וְשָׂרֵי הַמְּדִינוֹת אֲשֶׁר ׀ מֵהֹדּוּ וְעַד־
כּוּשׁ שֶׁבַע וְעֶשְׂרִים וּמֵאָה מְדִינָה מְדִינָה וּמְדִינָה כִּכְתָבָהּ
י וְעַם וָעָם כִּלְשֹׁנוֹ וְאֶל־הַיְּהוּדִים כִּכְתָבָם וְכִלְשׁוֹנָם: וַיִּכְתֹּב
בְּשֵׁם הַמֶּלֶךְ אֲחַשְׁוֵרֹשׁ וַיַּחְתֹּם בְּטַבַּעַת הַמֶּלֶךְ וַיִּשְׁלַח סְפָרִים
בְּיַד הָרָצִים בַּסּוּסִים רֹכְבֵי הָרֶכֶשׁ הָאֲחַשְׁתְּרָנִים בְּנֵי הָרַמָּכִים:
יא אֲשֶׁר נָתַן הַמֶּלֶךְ לַיְּהוּדִים ׀ אֲשֶׁר ׀ בְּכָל־עִיר וָעִיר לְהִקָּהֵל
וְלַעֲמֹד עַל־נַפְשָׁם לְהַשְׁמִיד וְלַהֲרֹג וּלְאַבֵּד אֶת־כָּל־חֵיל עַם
יב וּמְדִינָה הַצָּרִים אֹתָם טַף וְנָשִׁים וּשְׁלָלָם לָבוֹז: בְּיוֹם אֶחָד
בְּכָל־מְדִינוֹת הַמֶּלֶךְ אֲחַשְׁוֵרוֹשׁ בִּשְׁלוֹשָׁה עָשָׂר לְחֹדֶשׁ שְׁנֵים־
יג עָשָׂר הוּא־חֹדֶשׁ אֲדָר: פַּתְשֶׁגֶן הַכְּתָב לְהִנָּתֵן דָּת בְּכָל־מְדִינָה
וּמְדִינָה גָּלוּי לְכָל־הָעַמִּים וְלִהְיוֹת היהודיים עתודים לַיּוֹם
יד הַזֶּה לְהִנָּקֵם מֵאֹיְבֵיהֶם: הָרָצִים רֹכְבֵי הָרֶכֶשׁ הָאֲחַשְׁתְּרָנִים
יָצְאוּ מְבֹהָלִים וּדְחוּפִים בִּדְבַר הַמֶּלֶךְ וְהַדָּת נִתְּנָה בְּשׁוּשַׁן
טו הַבִּירָה: וּמָרְדֳּכַי יָצָא ׀ מִלִּפְנֵי הַמֶּלֶךְ בִּלְבוּשׁ
מַלְכוּת תְּכֵלֶת וָחוּר וַעֲטֶרֶת זָהָב גְּדוֹלָה וְתַכְרִיךְ בּוּץ וְאַרְגָּמָן
טז וְהָעִיר שׁוּשָׁן צָהֲלָה וְשָׂמֵחָה: לַיְּהוּדִים הָיְתָה אוֹרָה וְשִׂמְחָה ה
יז וְשָׂשֹׂן וִיקָר: וּבְכָל־מְדִינָה וּמְדִינָה וּבְכָל־עִיר וָעִיר מְקוֹם
אֲשֶׁר דְּבַר־הַמֶּלֶךְ וְדָתוֹ מַגִּיעַ שִׂמְחָה וְשָׂשׂוֹן לַיְּהוּדִים מִשְׁתֶּה
וְיוֹם טוֹב וְרַבִּים מֵעַמֵּי הָאָרֶץ מִתְיַהֲדִים כִּי־נָפַל פַּחַד־
א הַיְּהוּדִים עֲלֵיהֶם: וּבִשְׁנֵים עָשָׂר חֹדֶשׁ הוּא־חֹדֶשׁ אֲדָר בִּשְׁלוֹשָׁה ט

בַּיְּהוּדִים
הַיְּהוּדִים עֲתִידִים

עָשָׂר יוֹם בּוֹ אֲשֶׁר הִגִּיעַ דְּבַר־הַמֶּלֶךְ וְדָתוֹ לְהֵעָשׂוֹת בַּיּוֹם
אֲשֶׁר שִׂבְּרוּ אֹיְבֵי הַיְּהוּדִים לִשְׁלוֹט בָּהֶם וְנַהֲפוֹךְ הוּא אֲשֶׁר
ב יִשְׁלְטוּ הַיְּהוּדִים הֵמָּה בְּשֹׂנְאֵיהֶם׃ נִקְהֲלוּ הַיְּהוּדִים בְּעָרֵיהֶם
בְּכָל־מְדִינוֹת הַמֶּלֶךְ אֲחַשְׁוֵרוֹשׁ לִשְׁלֹחַ יָד בִּמְבַקְשֵׁי רָעָתָם
ג וְאִישׁ לֹא־עָמַד לִפְנֵיהֶם כִּי־נָפַל פַּחְדָּם עַל־כָּל־הָעַמִּים׃ וְכָל־
שָׂרֵי הַמְּדִינוֹת וְהָאֲחַשְׁדַּרְפְּנִים וְהַפַּחוֹת וְעֹשֵׂי הַמְּלָאכָה
אֲשֶׁר לַמֶּלֶךְ מְנַשְּׂאִים אֶת־הַיְּהוּדִים כִּי־נָפַל פַּחַד־מָרְדֳּכַי
ד עֲלֵיהֶם׃ כִּי־גָדוֹל מָרְדֳּכַי בְּבֵית הַמֶּלֶךְ וְשָׁמְעוֹ הוֹלֵךְ בְּכָל־
ה הַמְּדִינוֹת כִּי־הָאִישׁ מָרְדֳּכַי הוֹלֵךְ וְגָדוֹל׃ וַיַּכּוּ הַיְּהוּדִים
בְּכָל־אֹיְבֵיהֶם מַכַּת־חֶרֶב וְהֶרֶג וְאַבְדָן וַיַּעֲשׂוּ בְשֹׂנְאֵיהֶם
ו כִּרְצוֹנָם׃ וּבְשׁוּשַׁן הַבִּירָה הָרְגוּ הַיְּהוּדִים וְאַבֵּד חֲמֵשׁ מֵאוֹת
ז אִישׁ׃ וְאֵת
פַּרְשַׁנְדָּתָא וְאֵת
דַּלְפוֹן וְאֵת
ח אַסְפָּתָא׃ וְאֵת
פּוֹרָתָא וְאֵת
אֲדַלְיָא וְאֵת
ט אֲרִידָתָא׃ וְאֵת
פַּרְמַשְׁתָּא וְאֵת
אֲרִיסַי וְאֵת
אֲרִידַי וְאֵת
י וַיְזָתָא׃ עֲשֶׂרֶת
בְּנֵי הָמָן בֶּן־הַמְּדָתָא צֹרֵר הַיְּהוּדִים הָרָגוּ וּבַבִּזָּה לֹא שָׁלְחוּ
יא אֶת־יָדָם׃ בַּיּוֹם הַהוּא בָּא מִסְפַּר הַהֲרוּגִים בְּשׁוּשַׁן הַבִּירָה
יב לִפְנֵי הַמֶּלֶךְ׃ וַיֹּאמֶר הַמֶּלֶךְ לְאֶסְתֵּר הַמַּלְכָּה בְּשׁוּשַׁן הַבִּירָה
הָרְגוּ הַיְּהוּדִים וְאַבֵּד חֲמֵשׁ מֵאוֹת אִישׁ וְאֵת עֲשֶׂרֶת בְּנֵי־הָמָן
בִּשְׁאָר מְדִינוֹת הַמֶּלֶךְ מֶה עָשׂוּ וּמַה־שְּׁאֵלָתֵךְ וְיִנָּתֵן לָךְ וּמַה־

בַקָּשָׁתֵ֛ךְ ע֖וֹד וְתֵעָֽשׂ׃ וַתֹּ֤אמֶר אֶסְתֵּר֙ אִם־עַל־הַמֶּ֣לֶךְ ט֔וֹב יג
יִנָּתֵ֣ן גַּם־מָחָ֗ר לַיְּהוּדִים֙ אֲשֶׁ֣ר בְּשׁוּשָׁ֔ן לַעֲשׂ֖וֹת כְּדָ֣ת הַיּ֑וֹם
וְאֵ֛ת עֲשֶׂ֥רֶת בְּנֵֽי־הָמָ֖ן יִתְל֥וּ עַל־הָעֵֽץ׃ וַיֹּ֤אמֶר הַמֶּ֙לֶךְ֙ לְהֵעָשׂ֣וֹת יד
כֵּ֔ן וַתִּנָּתֵ֥ן דָּ֖ת בְּשׁוּשָׁ֑ן וְאֵ֛ת עֲשֶׂ֥רֶת בְּנֵֽי־הָמָ֖ן תָּלֽוּ׃ וַיִּקָּהֲל֞וּ טו
היהודיים אֲשֶׁר־בְּשׁוּשָׁ֗ן גַּ֠ם בְּי֨וֹם אַרְבָּעָ֤ה עָשָׂר֙ לְחֹ֣דֶשׁ אֲדָ֔ר הַיְּהוּדִ֗ים
וַיַּֽהַרְג֣וּ בְשׁוּשָׁ֔ן שְׁלֹ֥שׁ מֵא֖וֹת אִ֑ישׁ וּבַ֨בִּזָּ֔ה לֹ֥א שָֽׁלְח֖וּ אֶת־יָדָֽם׃
וּשְׁאָ֣ר הַיְּהוּדִ֡ים אֲשֶׁר֩ בִּמְדִינ֨וֹת הַמֶּ֜לֶךְ נִקְהֲל֣וּ ׀ וְעָמֹ֣ד עַל־ טז
נַפְשָׁ֗ם וְנ֙וֹחַ֙ מֵאֹ֣יְבֵיהֶ֔ם וְהָרֹג֙ בְּשֹׂ֣נְאֵיהֶ֔ם חֲמִשָּׁ֥ה וְשִׁבְעִ֖ים אָ֑לֶף
וּבַ֨בִּזָּ֔ה לֹ֥א שָֽׁלְח֖וּ אֶת־יָדָֽם׃ בְּיוֹם־שְׁלוֹשָׁ֥ה עָשָׂ֖ר לְחֹ֣דֶשׁ אֲדָ֑ר יז
וְנ֗וֹחַ בְּאַרְבָּעָ֤ה עָשָׂר֙ בּ֔וֹ וְעָשֹׂ֣ה אֹת֔וֹ י֖וֹם מִשְׁתֶּ֥ה וְשִׂמְחָֽה׃
והיהודיים אֲשֶׁר־בְּשׁוּשָׁ֗ן נִקְהֲלוּ֙ בִּשְׁלוֹשָׁ֤ה עָשָׂר֙ בּ֔וֹ וּבְאַרְבָּעָ֥ה יח וְהַיְּהוּדִ֗ים
עָשָׂ֖ר בּ֑וֹ וְנ֗וֹחַ בַּחֲמִשָּׁ֤ה עָשָׂר֙ בּ֔וֹ וְעָשֹׂ֣ה אֹת֔וֹ י֖וֹם מִשְׁתֶּ֥ה
וְשִׂמְחָֽה׃ עַל־כֵּ֞ן הַיְּהוּדִ֣ים הפרוזים הַיֹּשְׁבִים֮ בְּעָרֵ֣י הַפְּרָזוֹת֒ יט הַפְּרָזִ֗ים
עֹשִׂ֗ים אֵ֠ת י֣וֹם אַרְבָּעָ֤ה עָשָׂר֙ לְחֹ֣דֶשׁ אֲדָ֔ר שִׂמְחָ֖ה וּמִשְׁתֶּ֣ה
וְי֣וֹם ט֑וֹב וּמִשְׁלֹ֥חַ מָנ֖וֹת אִ֥ישׁ לְרֵעֵֽהוּ׃ וַיִּכְתֹּ֣ב מָרְדֳּכַ֔י אֶת־ כ
הַדְּבָרִ֖ים הָאֵ֑לֶּה וַיִּשְׁלַ֨ח סְפָרִ֜ים אֶל־כָּל־הַיְּהוּדִ֗ים אֲשֶׁר֙ בְּכָל־
מְדִינוֹת֙ הַמֶּ֣לֶךְ אֲחַשְׁוֵר֔וֹשׁ הַקְּרוֹבִ֖ים וְהָרְחוֹקִֽים׃ לְקַיֵּם֮ עֲלֵיהֶם֒ כא
לִהְי֣וֹת עֹשִׂ֗ים אֵ֠ת י֣וֹם אַרְבָּעָ֤ה עָשָׂר֙ לְחֹ֣דֶשׁ אֲדָ֔ר וְאֵ֛ת יוֹם־
חֲמִשָּׁ֥ה עָשָׂ֖ר בּ֑וֹ בְּכָל־שָׁנָ֖ה וְשָׁנָֽה׃ כַּיָּמִ֗ים אֲשֶׁר־נָ֨חוּ בָהֶ֤ם כב
הַיְּהוּדִים֙ מֵאֹ֣יְבֵיהֶ֔ם וְהַחֹ֗דֶשׁ אֲשֶׁר֩ נֶהְפַּ֨ךְ לָהֶ֤ם מִיָּגוֹן֙ לְשִׂמְחָ֔ה
וּמֵאֵ֖בֶל לְי֣וֹם ט֑וֹב לַעֲשׂ֣וֹת אוֹתָ֗ם יְמֵי֙ מִשְׁתֶּ֣ה וְשִׂמְחָ֔ה וּמִשְׁלֹ֤חַ
מָנוֹת֙ אִ֣ישׁ לְרֵעֵ֔הוּ וּמַתָּנ֖וֹת לָֽאֶבְיֹנִֽים׃ וְקִבֵּל֙ הַיְּהוּדִ֔ים אֵ֥ת כג
אֲשֶׁר־הֵחֵ֖לּוּ לַעֲשׂ֑וֹת וְאֵ֛ת אֲשֶׁר־כָּתַ֥ב מָרְדֳּכַ֖י אֲלֵיהֶֽם׃ כִּי֩ כד
הָמָ֨ן בֶּן־הַמְּדָ֜תָא הָאֲגָגִ֗י צֹרֵר֙ כָּל־הַיְּהוּדִ֔ים חָשַׁ֥ב עַל־הַיְּהוּדִ֖ים
לְאַבְּדָ֑ם וְהִפִּ֥ל פּוּר֙ ה֣וּא הַגּוֹרָ֔ל לְהֻמָּ֖ם וּֽלְאַבְּדָֽם׃ וּבְבֹאָהּ֮ כה
לִפְנֵ֣י הַמֶּלֶךְ֒ אָמַ֣ר עִם־הַסֵּ֔פֶר יָשׁ֞וּב מַחֲשַׁבְתּ֧וֹ הָרָעָ֛ה אֲשֶׁר־
חָשַׁ֥ב עַל־הַיְּהוּדִ֖ים עַל־רֹאשׁ֑וֹ וְתָל֥וּ אֹת֛וֹ וְאֶת־בָּנָ֖יו עַל־הָעֵֽץ׃

כו עַל־כֵּן קָרְאוּ לַיָּמִים הָאֵלֶּה פוּרִים עַל־שֵׁם הַפּוּר עַל־כֵּן עַל־
כָּל־דִּבְרֵי הָאִגֶּרֶת הַזֹּאת וּמָה־רָאוּ עַל־כָּכָה וּמָה הִגִּיעַ אֲלֵיהֶם׃
כז קִיְּמוּ וְקִבְּלֻ הַיְּהוּדִים ׀ עֲלֵיהֶם ׀ וְעַל־זַרְעָם וְעַל כָּל־הַנִּלְוִים
עֲלֵיהֶם וְלֹא יַעֲבוֹר לִהְיוֹת עֹשִׂים אֵת־שְׁנֵי הַיָּמִים הָאֵלֶּה
כח כִּכְתָבָם וְכִזְמַנָּם בְּכָל־שָׁנָה וְשָׁנָה׃ וְהַיָּמִים הָאֵלֶּה נִזְכָּרִים
וְנַעֲשִׂים בְּכָל־דּוֹר וָדוֹר מִשְׁפָּחָה וּמִשְׁפָּחָה מְדִינָה וּמְדִינָה
וְעִיר וָעִיר וִימֵי הַפּוּרִים הָאֵלֶּה לֹא יַעַבְרוּ מִתּוֹךְ הַיְּהוּדִים
כט וְזִכְרָם לֹא־יָסוּף מִזַּרְעָם׃ וַתִּכְתֹּב אֶסְתֵּר הַמַּלְכָּה
בַת־אֲבִיחַיִל וּמָרְדֳּכַי הַיְּהוּדִי אֶת־כָּל־תֹּקֶף לְקַיֵּם אֵת אִגֶּרֶת
ל הַפֻּרִים הַזֹּאת הַשֵּׁנִית׃ וַיִּשְׁלַח סְפָרִים אֶל־כָּל־הַיְּהוּדִים אֶל־
שֶׁבַע וְעֶשְׂרִים וּמֵאָה מְדִינָה מַלְכוּת אֲחַשְׁוֵרוֹשׁ דִּבְרֵי שָׁלוֹם
לא וֶאֱמֶת׃ לְקַיֵּם אֶת־יְמֵי הַפֻּרִים הָאֵלֶּה בִּזְמַנֵּיהֶם כַּאֲשֶׁר קִיַּם
עֲלֵיהֶם מָרְדֳּכַי הַיְּהוּדִי וְאֶסְתֵּר הַמַּלְכָּה וְכַאֲשֶׁר קִיְּמוּ עַל־
לב נַפְשָׁם וְעַל־זַרְעָם דִּבְרֵי הַצּוֹמוֹת וְזַעֲקָתָם׃ וּמַאֲמַר אֶסְתֵּר
י א קִיַּם דִּבְרֵי הַפֻּרִים הָאֵלֶּה וְנִכְתָּב בַּסֵּפֶר׃ וַיָּשֶׂם
ב הַמֶּלֶךְ אחשרש ׀ מַס עַל־הָאָרֶץ וְאִיֵּי הַיָּם׃ וְכָל־מַעֲשֵׂה אֲחַשְׁוֵרוֹשׁ
תָקְפּוֹ וּגְבוּרָתוֹ וּפָרָשַׁת גְּדֻלַּת מָרְדֳּכַי אֲשֶׁר גִּדְּלוֹ הַמֶּלֶךְ הֲלוֹא־
ג הֵם כְּתוּבִים עַל־סֵפֶר דִּבְרֵי הַיָּמִים לְמַלְכֵי מָדַי וּפָרָס׃ כִּי ׀
מָרְדֳּכַי הַיְּהוּדִי מִשְׁנֶה לַמֶּלֶךְ אֲחַשְׁוֵרוֹשׁ וְגָדוֹל לַיְּהוּדִים וְרָצוּי
לְרֹב אֶחָיו דֹּרֵשׁ טוֹב לְעַמּוֹ וְדֹבֵר שָׁלוֹם לְכָל־זַרְעוֹ׃

דניאל

א בִּשְׁנַ֣ת שָׁל֔וֹשׁ לְמַלְכ֖וּת יְהוֹיָקִ֣ים מֶֽלֶךְ־יְהוּדָ֑ה בָּ֣א נְבוּכַדְנֶאצַּ֧ר
ב מֶֽלֶךְ־בָּבֶ֛ל יְרוּשָׁלִַ֖ם וַיָּ֥צַר עָלֶֽיהָ׃ וַיִּתֵּן֩ אֲדֹנָ֨י בְּיָד֜וֹ אֶת־יְהוֹיָקִ֣ים
מֶֽלֶךְ־יְהוּדָ֗ה וּמִקְצָת֙ כְּלֵ֣י בֵית־הָאֱלֹהִ֔ים וַיְבִיאֵ֥ם אֶֽרֶץ־שִׁנְעָ֖ר
ג בֵּ֣ית אֱלֹהָ֑יו וְאֶת־הַכֵּלִ֣ים הֵבִ֔יא בֵּ֖ית אוֹצַ֥ר אֱלֹהָֽיו׃ וַיֹּ֣אמֶר
הַמֶּ֔לֶךְ לְאַשְׁפְּנַ֖ז רַ֣ב סָרִיסָ֑יו לְהָבִ֞יא מִבְּנֵ֧י יִשְׂרָאֵ֛ל וּמִזֶּ֥רַע
ד הַמְּלוּכָ֖ה וּמִן־הַֽפַּרְתְּמִֽים׃ יְלָדִ֣ים אֲשֶׁ֣ר אֵֽין־בָּהֶ֣ם כָּל־מאום֩
וְטוֹבֵ֨י מַרְאֶ֜ה וּמַשְׂכִּילִ֣ים בְּכָל־חָכְמָ֗ה וְיֹ֤דְעֵי דַ֙עַת֙ וּמְבִינֵ֣י מַדָּ֔ע
וַאֲשֶׁר֙ כֹּ֣חַ בָּהֶ֔ם לַעֲמֹ֖ד בְּהֵיכַ֣ל הַמֶּ֑לֶךְ וּֽלְלַמְּדָ֥ם סֵ֖פֶר וּלְשׁ֥וֹן
ה כַּשְׂדִּֽים׃ וַיְמַן֩ לָהֶ֨ם הַמֶּ֜לֶךְ דְּבַר־י֣וֹם בְּיוֹמ֗וֹ מִפַּת־בַּ֤ג הַמֶּ֙לֶךְ֙
וּמִיֵּ֣ין מִשְׁתָּ֔יו וּֽלְגַדְּלָ֖ם שָׁנִ֣ים שָׁל֑וֹשׁ וּמִ֨קְצָתָ֔ם יַֽעַמְד֖וּ לִפְנֵ֥י
ו הַמֶּֽלֶךְ׃ וַיְהִ֣י בָהֶ֔ם מִבְּנֵ֖י יְהוּדָ֑ה דָּנִיֵּ֣אל חֲנַנְיָ֔ה מִֽישָׁאֵ֖ל וַעֲזַרְיָֽה׃
ז וַיָּ֧שֶׂם לָהֶ֛ם שַׂ֥ר הַסָּרִיסִ֖ים שֵׁמ֑וֹת וַיָּ֨שֶׂם לְדָנִיֵּ֜אל בֵּ֣לְטְשַׁאצַּ֗ר
ח וְלַחֲנַנְיָה֙ שַׁדְרַ֔ךְ וּלְמִֽישָׁאֵל֙ מֵישַׁ֔ךְ וְלַעֲזַרְיָ֖ה עֲבֵ֥ד נְגֽוֹ׃ וַיָּ֤שֶׂם
דָּנִיֵּאל֙ עַל־לִבּ֔וֹ אֲשֶׁ֧ר לֹֽא־יִתְגָּאַ֛ל בְּפַת־בַּ֥ג הַמֶּ֖לֶךְ וּבְיֵ֣ין מִשְׁתָּ֑יו
ט וַיְבַקֵּשׁ֙ מִשַּׂ֣ר הַסָּרִיסִ֔ים אֲשֶׁ֖ר לֹ֥א יִתְגָּאָֽל׃ וַיִּתֵּ֤ן הָאֱלֹהִים֙ אֶת־
י דָּ֣נִיֵּ֔אל לְחֶ֖סֶד וּֽלְרַחֲמִ֑ים לִפְנֵ֖י שַׂ֥ר הַסָּרִיסִֽים׃ וַיֹּ֜אמֶר שַׂ֤ר
הַסָּרִיסִים֙ לְדָ֣נִיֵּ֔אל יָרֵ֤א אֲנִי֙ אֶת־אֲדֹנִ֣י הַמֶּ֔לֶךְ אֲשֶׁ֥ר מִנָּ֖ה אֶת־
מַאֲכַלְכֶ֣ם וְאֶת־מִשְׁתֵּיכֶ֑ם אֲשֶׁ֣ר לָ֩מָּה֩ יִרְאֶ֨ה אֶת־פְּנֵיכֶ֜ם זֹעֲפִ֗ים
יא מִן־הַיְלָדִים֙ אֲשֶׁ֣ר כְּגִֽילְכֶ֔ם וְחִיַּבְתֶּ֥ם אֶת־רֹאשִׁ֖י לַמֶּֽלֶךְ׃ וַיֹּ֣אמֶר
דָּנִיֵּ֔אל אֶל־הַמֶּלְצַ֕ר אֲשֶׁ֤ר מִנָּה֙ שַׂ֣ר הַסָּרִיסִ֔ים עַל־דָּ֣נִיֵּ֔אל
יב חֲנַנְיָ֖ה מִֽישָׁאֵ֥ל וַעֲזַרְיָֽה׃ נַס־נָ֥א אֶת־עֲבָדֶ֖יךָ יָמִ֣ים עֲשָׂרָ֑ה וְיִתְּנוּ־
יג לָ֧נוּ מִן־הַזֵּרֹעִ֛ים וְנֹאכְלָ֖ה וּמַ֥יִם וְנִשְׁתֶּֽה׃ וְיֵרָא֨וּ לְפָנֶ֜יךָ מַרְאֵ֗ינוּ
וּמַרְאֵה֙ הַיְלָדִ֔ים הָאֹ֣כְלִ֔ים אֵ֖ת פַּת־בַּ֣ג הַמֶּ֑לֶךְ וְכַאֲשֶׁ֣ר תִּרְאֵ֔ה
יד עֲשֵׂ֖ה עִם־עֲבָדֶֽיךָ׃ וַיִּשְׁמַ֥ע לָהֶ֖ם לַדָּבָ֣ר הַזֶּ֑ה וַיְנַסֵּ֖ם יָמִ֥ים עֲשָׂרָֽה׃
טו וּמִקְצָת֙ יָמִ֣ים עֲשָׂרָ֔ה נִרְאָ֤ה מַרְאֵיהֶם֙ ט֔וֹב וּבְרִיאֵ֖י בָּשָׂ֑ר מִן־
טז כָּל־הַיְלָדִ֔ים הָאֹ֣כְלִ֔ים אֵ֖ת פַּת־בַּ֥ג הַמֶּֽלֶךְ׃ וַיְהִ֣י הַמֶּלְצַ֗ר נֹשֵׂא֙ אֶת־
יז פַּת־בָּגָ֔ם וְיֵ֖ין מִשְׁתֵּיהֶ֑ם וְנֹתֵ֥ן לָהֶ֖ם זֵרְעֹנִֽים׃ וְהַיְלָדִ֣ים הָאֵ֣לֶּה

אַרְבַּעְתָּם נָתַן לָהֶם הָאֱלֹהִים מַדָּע וְהַשְׂכֵּל בְּכָל־סֵפֶר וְחָכְמָה
יח וְדָנִיֵּאל הֵבִין בְּכָל־חָזוֹן וַחֲלֹמוֹת: וּלְמִקְצָת הַיָּמִים אֲשֶׁר־אָמַר
יט הַמֶּלֶךְ לַהֲבִיאָם וַיְבִיאֵם שַׂר הַסָּרִיסִים לִפְנֵי נְבֻכַדְנֶצַּר: וַיְדַבֵּר
אִתָּם הַמֶּלֶךְ וְלֹא נִמְצָא מִכֻּלָּם כְּדָנִיֵּאל חֲנַנְיָה מִישָׁאֵל
כ וַעֲזַרְיָה וַיַּעַמְדוּ לִפְנֵי הַמֶּלֶךְ: וְכֹל דְּבַר חָכְמַת בִּינָה אֲשֶׁר־
בִּקֵּשׁ מֵהֶם הַמֶּלֶךְ וַיִּמְצָאֵם עֶשֶׂר יָדוֹת עַל כָּל־הַחַרְטֻמִּים
כא הָאַשָּׁפִים אֲשֶׁר בְּכָל־מַלְכוּתוֹ: וַיְהִי דָּנִיֵּאל עַד־שְׁנַת אַחַת
ב א לְכוֹרֶשׁ הַמֶּלֶךְ: וּבִשְׁנַת שְׁתַּיִם לְמַלְכוּת נְבֻכַדְנֶצַּר
חָלַם נְבֻכַדְנֶצַּר חֲלֹמוֹת וַתִּתְפָּעֶם רוּחוֹ וּשְׁנָתוֹ נִהְיְתָה עָלָיו:
ב וַיֹּאמֶר הַמֶּלֶךְ לִקְרֹא לַחַרְטֻמִּים וְלָאַשָּׁפִים וְלַמְכַשְּׁפִים
וְלַכַּשְׂדִּים לְהַגִּיד לַמֶּלֶךְ חֲלֹמֹתָיו וַיָּבֹאוּ וַיַּעַמְדוּ לִפְנֵי הַמֶּלֶךְ:
ג וַיֹּאמֶר לָהֶם הַמֶּלֶךְ חֲלוֹם חָלָמְתִּי וַתִּפָּעֶם רוּחִי לָדַעַת אֶת־
ד הַחֲלוֹם: וַיְדַבְּרוּ הַכַּשְׂדִּים לַמֶּלֶךְ אֲרָמִית מַלְכָּא לְעָלְמִין
ה חֱיִי אֱמַר חֶלְמָא לעבדיך וּפִשְׁרָא נְחַוֵּא: עָנֵה מַלְכָּא וְאָמַר לְעַבְדָךְ
לכשדיא מִלְּתָה מִנִּי אַזְדָּא הֵן לָא תְהוֹדְעוּנַּנִי חֶלְמָא וּפִשְׁרֵהּ לְכַשְׂדָּאֵי
ו הַדָּמִין תִּתְעַבְדוּן וּבָתֵּיכוֹן נְוָלִי יִתְּשָׂמוּן: וְהֵן חֶלְמָא וּפִשְׁרֵהּ
תְּהַחֲוֺן מַתְּנָן וּנְבִזְבָּה וִיקָר שַׂגִּיא תְּקַבְּלוּן מִן־קֳדָמָי לָהֵן
ז חֶלְמָא וּפִשְׁרֵהּ הַחֲוֺנִי: עֲנוֹ תִנְיָנוּת וְאָמְרִין מַלְכָּא חֶלְמָא
ח יֵאמַר לְעַבְדוֹהִי וּפִשְׁרָה נְהַחֲוֵה: עָנֵה מַלְכָּא וְאָמַר מִן־יַצִּיב
יָדַע אֲנָה דִּי עִדָּנָא אַנְתּוּן זָבְנִין כָּל־קֳבֵל דִּי חֲזֵיתוּן דִּי־
ט אַזְדָּא מִנִּי מִלְּתָא: דִּי הֵן־חֶלְמָא לָא תְהוֹדְעֻנַּנִי חֲדָה־הִיא
דָתְכוֹן וּמִלָּה כִדְבָה וּשְׁחִיתָה הזמנתון לְמֵאמַר קֳדָמַי עַד דִּי הִזְדְּמִנְתּוּן
עִדָּנָא יִשְׁתַּנֵּא לָהֵן חֶלְמָא אֱמַרוּ לִי וְאִנְדַּע דִּי פִשְׁרֵהּ תְּהַחֲוֻנַּנִי:
י עֲנוֹ כשדיא קֳדָם־מַלְכָּא וְאָמְרִין לָא־אִיתַי אֱנָשׁ עַל־יַבֶּשְׁתָּא דִּי כַּשְׂדָּאֵי
מִלַּת מַלְכָּא יוּכַל לְהַחֲוָיָה כָּל־קֳבֵל דִּי כָּל־מֶלֶךְ רַב וְשַׁלִּיט
יא מִלָּה כִדְנָה לָא שְׁאֵל לְכָל־חַרְטֹּם וְאָשַׁף וְכַשְׂדָּי: וּמִלְּתָא דִי־
מַלְכָּה שָׁאֵל יַקִּירָה וְאָחֳרָן לָא אִיתַי דִּי יְחַוִּנַּהּ קֳדָם מַלְכָּא

יב לָהֵן אֱלָהִין דִּי מְדָרְהוֹן עִם־בִּשְׂרָא לָא אִיתוֹהִי: כָּל־קֳבֵל
דְּנָה מַלְכָּא בְּנַס וּקְצַף שַׂגִּיא וַאֲמַר לְהוֹבָדָה לְכֹל חַכִּימֵי
יג בָבֶל: וְדָתָא נֶפְקַת וְחַכִּימַיָּא מִתְקַטְּלִין וּבְעוֹ דָּנִיֵּאל וְחַבְרוֹהִי
יד לְהִתְקְטָלָה: בֵּאדַיִן דָּנִיֵּאל הֲתִיב עֵטָא וּטְעֵם
לְאַרְיוֹךְ רַב־טַבָּחַיָּא דִּי מַלְכָּא דִּי נְפַק לְקַטָּלָה לְחַכִּימֵי בָּבֶל:
טו עָנֵה וְאָמַר לְאַרְיוֹךְ שַׁלִּיטָא דִי־מַלְכָּא עַל־מָה דָתָא מְהַחְצְפָה
טז מִן־קֳדָם מַלְכָּא אֱדַיִן מִלְּתָא הוֹדַע אַרְיוֹךְ לְדָנִיֵּאל: וְדָנִיֵּאל
עַל וּבְעָה מִן־מַלְכָּא דִּי זְמָן יִנְתֵּן־לֵהּ וּפִשְׁרָא לְהַחֲוָיָה
יז לְמַלְכָּא: אֱדַיִן דָּנִיֵּאל לְבַיְתֵהּ אֲזַל וְלַחֲנַנְיָה
יח מִישָׁאֵל וַעֲזַרְיָה חַבְרוֹהִי מִלְּתָא הוֹדַע: וְרַחֲמִין לְמִבְעֵא מִן־
קֳדָם אֱלָהּ שְׁמַיָּא עַל־רָזָא דְּנָה דִּי לָא יְהֹבְדוּן דָּנִיֵּאל וְחַבְרוֹהִי
יט עִם־שְׁאָר חַכִּימֵי בָבֶל: אֱדַיִן לְדָנִיֵּאל בְּחֶזְוָא דִי־לֵילְיָא רָזָא גֲלִי
כ אֱדַיִן דָּנִיֵּאל בָּרִךְ לֶאֱלָהּ שְׁמַיָּא: עָנֵה דָנִיֵּאל וְאָמַר לֶהֱוֵא שְׁמֵהּ
דִּי־אֱלָהָא מְבָרַךְ מִן־עָלְמָא וְעַד־עָלְמָא דִּי חָכְמְתָא וּגְבוּרְתָא
כא דִּי־לֵהּ הִיא: וְהוּא מְהַשְׁנֵא עִדָּנַיָּא וְזִמְנַיָּא מְהַעְדֵּה מַלְכִין
וּמְהָקֵים מַלְכִין יָהֵב חָכְמְתָא לְחַכִּימִין וּמַנְדְּעָא לְיָדְעֵי בִינָה:
כב הוּא גָּלֵא עַמִּיקָתָא וּמְסַתְּרָתָא יָדַע מָה בַחֲשׁוֹכָא ונהירא עִמֵּהּ וּנְהוֹרָא
כג שְׁרֵא: לָךְ ׀ אֱלָהּ אֲבָהָתִי מְהוֹדֵא וּמְשַׁבַּח אֲנָה דִּי חָכְמְתָא
וּגְבוּרְתָא יְהַבְתְּ לִי וּכְעַן הוֹדַעְתַּנִי דִּי־בְעֵינָא מִנָּךְ דִּי־מִלַּת
כד מַלְכָּא הוֹדַעְתֶּנָא: כָּל־קֳבֵל דְּנָה דָּנִיֵּאל עַל עַל־אַרְיוֹךְ דִּי
מַנִּי מַלְכָּא לְהוֹבָדָה לְחַכִּימֵי בָבֶל אֲזַל ׀ וְכֵן אֲמַר־לֵהּ
לְחַכִּימֵי בָבֶל אַל־תְּהוֹבֵד הַעֵלְנִי קֳדָם מַלְכָּא וּפִשְׁרָא לְמַלְכָּא
אֲחַוֵּא:
כה אֱדַיִן אַרְיוֹךְ בְּהִתְבְּהָלָה הַנְעֵל לְדָנִיֵּאל קֳדָם מַלְכָּא וְכֵן אֲמַר־
לֵהּ דִּי־הַשְׁכַּחַת גְּבַר מִן־בְּנֵי גָלוּתָא דִּי יְהוּד דִּי פִשְׁרָא לְמַלְכָּא
כו יְהוֹדַע: עָנֵה מַלְכָּא וְאָמַר לְדָנִיֵּאל דִּי שְׁמֵהּ בֵּלְטְשַׁאצַּר
כז האיתיך כָּהֵל לְהוֹדָעֻתַנִי חֶלְמָא דִי־חֲזֵית וּפִשְׁרֵהּ: עָנֵה דָנִיֵּאל הַאִיתָךְ

קֳדָם מַלְכָּא וְאָמַר רָזָא דִּי־מַלְכָּא שָׁאֵל לָא חַכִּימִין אָשְׁפִין

חַרְטֻמִּין גָּזְרִין יָכְלִין לְהַחֲוָיָה לְמַלְכָּא: בְּרַם אִיתַי אֱלָהּ כח

בִּשְׁמַיָּא גָּלֵא רָזִין וְהוֹדַע לְמַלְכָּא נְבוּכַדְנֶצַּר מָה דִּי לֶהֱוֵא

בְּאַחֲרִית יוֹמַיָּא חֶלְמָךְ וְחֶזְוֵי רֵאשָׁךְ עַל־מִשְׁכְּבָךְ דְּנָה

אַנְתְּ ׀ רַעְיוֹנָךְ   הוּא: אַנְתָּה מַלְכָּא רַעְיוֹנָךְ עַל־מִשְׁכְּבָךְ סְלִקוּ כט

מָה דִּי לֶהֱוֵא אַחֲרֵי דְנָה וְגָלֵא רָזַיָּא הוֹדְעָךְ מָה־דִי לֶהֱוֵא:

וַאֲנָה לָא בְחָכְמָה דִּי־אִיתַי בִּי מִן־כָּל־חַיַּיָּא רָזָא דְנָה גֱּלִי לִי ל

לָהֵן עַל־דִּבְרַת דִּי פִשְׁרָא לְמַלְכָּא יְהוֹדְעוּן וְרַעְיוֹנֵי לִבְבָךְ

אַנְתְּ   תִּנְדַּע: אַנְתָּה מַלְכָּא חָזֵה הֲוַיְתָ וַאֲלוּ צְלֵם לא

חַד שַׂגִּיא צַלְמָא דִּכֵּן רַב וְזִיוֵהּ יַתִּיר קָאֵם לְקָבְלָךְ וְרֵוֵהּ

דְּחִיל: הוּא צַלְמָא רֵאשֵׁהּ דִּי־דְהַב טָב חֲדוֹהִי וּדְרָעוֹהִי דִּי לב

מִנְהֵן   כְסַף מְעוֹהִי וְיַרְכָתֵהּ דִּי נְחָשׁ: שָׁקוֹהִי דִּי פַרְזֶל רַגְלוֹהִי מִנְּהוֹן לג

וּמִנְּהֵן   דִּי פַרְזֶל וּמִנְּהוֹן דִּי חֲסַף: חָזֵה הֲוַיְתָ עַד דִּי הִתְגְּזֶרֶת אֶבֶן לד

דִּי־לָא בִידַיִן וּמְחָת לְצַלְמָא עַל־רַגְלוֹהִי דִּי פַרְזְלָא וְחַסְפָּא

ב   וְהַדֵּקֶת הִמּוֹן: בֵּאדַיִן דָּקוּ כַחֲדָה פַּרְזְלָא חַסְפָּא נְחָשָׁא כַּסְפָּא לה

וְדַהֲבָא וַהֲווֹ כְּעוּר מִן־אִדְּרֵי־קַיִט וּנְשָׂא הִמּוֹן רוּחָא וְכָל־אֲתַר

לָא־הִשְׁתְּכַח לְהוֹן וְאַבְנָא ׀ דִּי־מְחָת לְצַלְמָא הֲוָת לְטוּר רַב

וּמְלָאת כָּל־אַרְעָא: דְּנָה חֶלְמָא וּפִשְׁרֵהּ נֵאמַר קֳדָם־ לו

אַנְתְּ   מַלְכָּא: אַנְתָּה מַלְכָּא מֶלֶךְ מַלְכַיָּא דִּי אֱלָהּ לז

שְׁמַיָּא מַלְכוּתָא חִסְנָא וְתָקְפָּא וִיקָרָא יְהַב־לָךְ: וּבְכָל־דִּי לח

דָיְרִין   דָאֲרִין בְּנֵי־אֲנָשָׁא חֵיוַת בָּרָא וְעוֹף־שְׁמַיָּא יְהַב בִּידָךְ וְהַשְׁלְטָךְ

אַנְתְּ   בְּכָלְּהוֹן אַנְתָּה הוּא רֵאשָׁה דִּי דַהֲבָא: וּבָתְרָךְ תְּקוּם מַלְכוּ לט

אַרְעָא ׀ תְּלִיתָאָה   אָחֳרִי אֲרַעא מִנָּךְ וּמַלְכוּ תְלִיתָיאָ אָחֳרִי דִּי נְחָשָׁא דִּי תִשְׁלַט

בְּכָל־אַרְעָא: וּמַלְכוּ רְבִיעָיָה תֶּהֱוֵא תַקִּיפָה כְּפַרְזְלָא כָּל־ מ

רְבִיעָאָה   קֳבֵל דִּי פַרְזְלָא מְהַדֵּק וְחָשֵׁל כֹּלָּא וּכְפַרְזְלָא דִּי־מְרָעַע כָּל־

מִנְהֵן   אִלֵּין תַּדִּק וְתֵרֹעַ: וְדִי־חֲזַיְתָה רַגְלַיָּא וְאֶצְבְּעָתָא מִנְּהוֹן חֲסַף מא

וּמִנְּהֵן   דִּי־פֶחָר וּמִנְּהוֹן פַּרְזֶל מַלְכוּ פְלִיגָה תֶּהֱוֵה וּמִן־נִצְבְּתָא דִּי־

רו

פַּרְזְלָא לֶהֱוֵא־בַהּ כָּל־קֳבֵל דִּי חֲזַיְתָה פַּרְזְלָא מְעָרַב בַּחֲסַף
מב טִינָא׃ וְאֶצְבְּעָת רַגְלַיָּא מִנְּהוֹן פַּרְזֶל וּמִנְּהוֹן חֲסַף מִן־קְצָת מִנְּהֵן | וּמִנְּהֵן
מג מַלְכוּתָא תֶּהֱוֵה תַקִּיפָה וּמִנַּהּ תֶּהֱוֵא תְבִירָה׃ דִּי חֲזַיְתָ פַּרְזְלָא וְדִי
מְעָרַב בַּחֲסַף טִינָא מִתְעָרְבִין לֶהֱוֺן בִּזְרַע אֲנָשָׁא וְלָא־לֶהֱוֺן
דָּבְקִין דְּנָה עִם־דְּנָה הֵא־כְדִי פַרְזְלָא לָא מִתְעָרַב עִם־חַסְפָּא׃
מד וּבְיוֹמֵיהוֹן דִּי מַלְכַיָּא אִנּוּן יְקִים אֱלָהּ שְׁמַיָּא מַלְכוּ דִּי לְעָלְמִין
לָא תִתְחַבַּל וּמַלְכוּתָה לְעַם אָחֳרָן לָא תִשְׁתְּבִק תַּדִּק וְתָסֵיף
מה כָּל־אִלֵּין מַלְכְוָתָא וְהִיא תְּקוּם לְעָלְמַיָּא׃ כָּל־קֳבֵל דִּי־חֲזַיְתָ
דִּי מִטּוּרָא אִתְגְּזֶרֶת אֶבֶן דִּי־לָא בִידַיִן וְהַדֶּקֶת פַּרְזְלָא נְחָשָׁא
חַסְפָּא כַּסְפָּא וְדַהֲבָא אֱלָהּ רַב הוֹדַע לְמַלְכָּא מָה דִּי לֶהֱוֵא
מו אַחֲרֵי דְנָה וְיַצִּיב חֶלְמָא וּמְהֵימַן פִּשְׁרֵהּ׃ בֵּאדַיִן
מַלְכָּא נְבוּכַדְנֶצַּר נְפַל עַל־אַנְפּוֹהִי וּלְדָנִיֵּאל סְגִד וּמִנְחָה
מז וְנִיחֹחִין אֲמַר לְנַסָּכָה לֵהּ׃ עָנֵה מַלְכָּא לְדָנִיֵּאל וְאָמַר מִן־
קְשֹׁט דִּי אֱלָהֲכוֹן הוּא אֱלָהּ אֱלָהִין וּמָרֵא מַלְכִין וְגָלֵה רָזִין
מח דִּי יְכֵלְתָּ לְמִגְלֵא רָזָא דְנָה׃ אֱדַיִן מַלְכָּא לְדָנִיֵּאל רַבִּי וּמַתְּנָן
רַבְרְבָן שַׂגִּיאָן יְהַב־לֵהּ וְהַשְׁלְטֵהּ עַל כָּל־מְדִינַת בָּבֶל וְרַב־
מט סִגְנִין עַל כָּל־חַכִּימֵי בָבֶל׃ וְדָנִיֵּאל בְּעָא מִן־מַלְכָּא וּמַנִּי עַל
עֲבִידְתָּא דִּי מְדִינַת בָּבֶל לְשַׁדְרַךְ מֵישַׁךְ וַעֲבֵד נְגוֹ וְדָנִיֵּאל
ג א בִּתְרַע מַלְכָּא׃ נְבוּכַדְנֶצַּר מַלְכָּא עֲבַד צְלֵם
דִּי־דְהַב רוּמֵהּ אַמִּין שִׁתִּין פְּתָיֵהּ אַמִּין שִׁת אֲקִימֵהּ בְּבִקְעַת
ב דּוּרָא בִּמְדִינַת בָּבֶל׃ וּנְבוּכַדְנֶצַּר מַלְכָּא שְׁלַח לְמִכְנַשׁ ׀
לַאֲחַשְׁדַּרְפְּנַיָּא סִגְנַיָּא וּפַחֲוָתָא אֲדַרְגָּזְרַיָּא גְדָבְרַיָּא דְּתָבְרַיָּא
תִּפְתָּיֵא וְכֹל שִׁלְטֹנֵי מְדִינָתָא לְמֵתֵא לַחֲנֻכַּת צַלְמָא דִּי הֲקֵים
ג נְבוּכַדְנֶצַּר מַלְכָּא׃ בֵּאדַיִן מִתְכַּנְּשִׁין אֲחַשְׁדַּרְפְּנַיָּא סִגְנַיָּא
וּפַחֲוָתָא אֲדַרְגָּזְרַיָּא גְדָבְרַיָּא דְּתָבְרַיָּא תִּפְתָּיֵא וְכֹל שִׁלְטֹנֵי
מְדִינָתָא לַחֲנֻכַּת צַלְמָא דִּי הֲקֵים נְבוּכַדְנֶצַּר מַלְכָּא וְקָאמִין וְקָיְמִין
ד לָקֳבֵל צַלְמָא דִּי הֲקֵים נְבוּכַדְנֶצַּר׃ וְכָרוֹזָא קָרֵא בְחָיִל לְכוֹן

ה אָֽמְרִין עַֽמְמַיָּא אֻמַּיָּא וְלִשָּׁנַיָּא׃ בְּעִדָּנָא דִּֽי־תִשְׁמְעוּן קָל
קַרְנָא מַֽשְׁרוֹקִיתָא קיתרס סַבְּכָא פְּסַנְתֵּרִין סוּמְפֹּנְיָה וְכֹל זְנֵי קַתְרוֹס
זְמָרָא תִּפְּלוּן וְתִסְגְּדוּן לְצֶלֶם דַּהֲבָא דִּי הֲקֵים נְבוּכַדְנֶצַּר
ו מַלְכָּא׃ וּמַן־דִּי־לָא יִפֵּל וְיִסְגֻּד בַּהּ־שַׁעֲתָא יִתְרְמֵא לְגֽוֹא־
ז אַתּוּן נוּרָא יָקִדְתָּא׃ כָּל־קֳבֵל דְּנָה בֵּהּ זִמְנָא כְּדִי שָֽׁמְעִין כָּל־
עַֽמְמַיָּא קָל קַרְנָא מַֽשְׁרוֹקִיתָא קיתרס שַׂבְּכָא פְּסַנְטֵרִין וְכֹל קַתְרוֹס
זְנֵי זְמָרָא נָֽפְלִין כָּל־עַֽמְמַיָּא אֻמַּיָּא וְלִשָּׁנַיָּא סָגְדִין לְצֶלֶם
ח דַּהֲבָא דִּי הֲקֵים נְבוּכַדְנֶצַּר מַלְכָּא׃ כָּל־קֳבֵל דְּנָה בֵּהּ זִמְנָא
ט קְרִבוּ גֻּבְרִין כַּשְׂדָּאִין וַאֲכַלוּ קַרְצֵיהוֹן דִּי יְהוּדָיֵא׃ עֲנוֹ וְאָמְרִין
י לִנְבוּכַדְנֶצַּר מַלְכָּא מַלְכָּא לְעָלְמִין חֱיִי׃ אנתה מַלְכָּא שָׂמְתָּ אַנְתְּ
טְעֵם דִּי כָל־אֱנָשׁ דִּי־יִשְׁמַע קָל קַרְנָא מַֽשְׁרֹקִיתָא קיתרס קַתְרוֹס
שַׂבְּכָא פְסַנְתֵּרִין וסיפניה וְכֹל זְנֵי זְמָרָא יִפֵּל וְיִסְגֻּד לְצֶלֶם וְסוּפֹּנְיָה
יא דַּהֲבָא׃ וּמַן־דִּי־לָא יִפֵּל וְיִסְגֻּד יִתְרְמֵא לְגוֹא־אַתּוּן נוּרָא
יב יָקִדְתָּא׃ אִיתַי גֻּבְרִין יְהוּדָאיִן דִּֽי־מַנִּיתָ יָתְהוֹן עַל־עֲבִידַת
מְדִינַת בָּבֶל שַׁדְרַךְ מֵישַׁךְ וַעֲבֵד נְגוֹ גֻּבְרַיָּא אִלֵּךְ לָא־שָׂמוּ
עליך מַלְכָּא טְעֵם לאלהיך לָא פָלְחִין וּלְצֶלֶם דַּהֲבָא דִּי עֲלָךְ | לֵֽאלָהָךְ
יג הֲקֵימְתָּ לָא סָגְדִין׃ בֵּאדַיִן נְבוּכַדְנֶצַּר בִּרְגַז
וַחֲמָא אֲמַר לְהַיְתָיָה לְשַׁדְרַךְ מֵישַׁךְ וַעֲבֵד נְגוֹ בֵּאדַיִן גֻּבְרַיָּא
יד אִלֵּךְ הֵיתָיוּ קֳדָם מַלְכָּא׃ עָנֵה נְבוּכַדְנֶצַּר וְאָמַר לְהוֹן הַצְדָּא
שַׁדְרַךְ מֵישַׁךְ וַעֲבֵד נְגוֹ לֵֽאלָהַי לָא אִֽיתֵיכוֹן פָּלְחִין וּלְצֶלֶם
טו דַּהֲבָא דִּי הֲקֵימֶת לָא סָגְדִין׃ כְּעַן הֵן אִיתֵיכוֹן עֲתִידִין דִּי
בְעִדָּנָא דִֽי־תִשְׁמְעוּן קָל קַרְנָא מַשְׁרוֹקִיתָא קיתרס שַׂבְּכָא קַתְרוֹס
פְּסַנְתֵּרִין וְסוּמְפֹּנְיָה וְכֹל ׀ זְנֵי זְמָרָא תִּפְּלוּן וְתִסְגְּדוּן לְצַלְמָא
דִֽי־עַבְדֵת וְהֵן לָא תִסְגְּדוּן בַּהּ־שַׁעֲתָא תִתְרְמוֹן לְגֽוֹא־אַתּוּן
טז נוּרָא יָקִדְתָּא וּמַן־הוּא אֱלָהּ דִּי יְשֵֽׁיזְבִנְכוֹן מִן־יְדָי׃ עֲנוֹ שַׁדְרַךְ
מֵישַׁךְ וַעֲבֵד נְגוֹ וְאָמְרִין לְמַלְכָּא נְבוּכַדְנֶצַּר לָא־חַשְׁחִין אֲנַחְנָא
יז עַל־דְּנָה פִּתְגָם לַהֲתָבוּתָךְ׃ הֵן אִיתַי אֱלָהַנָא דִּי־אֲנַחְנָא

פָּלְחִין יָכִל לְשֵׁיזָבוּתַנָא מִן־אַתּוּן נוּרָא יָקִדְתָּא וּמִן־יְדָךְ מַלְכָּא
יח יְשֵׁיזִב׃ וְהֵן לָא יְדִיעַ לֶהֱוֵא־לָךְ מַלְכָּא דִּי לאלהיך לָא־אִיתַנָא לֵאלָהָךְ
יט פָּלְחִין וּלְצֶלֶם דַּהֲבָא דִּי הֲקֵימְתָּ לָא נִסְגֻּד׃ בֵּאדַיִן
נְבוּכַדְנֶצַּר הִתְמְלִי חֱמָא וּצְלֵם אַנְפּוֹהִי אשתנו עַל־שַׁדְרַךְ אֶשְׁתַּנִּי
מֵישַׁךְ וַעֲבֵד נְגוֹ עָנֵה וְאָמַר לְמֵזֵא לְאַתּוּנָא חַד־שִׁבְעָה עַל
כ דִּי חֲזֵה לְמֵזְיֵהּ׃ וּלְגֻבְרִין גִּבָּרֵי־חַיִל דִּי בְחַיְלֵהּ אֲמַר לְכַפָּתָה
לְשַׁדְרַךְ מֵישַׁךְ וַעֲבֵד נְגוֹ לְמִרְמֵא לְאַתּוּן נוּרָא יָקִדְתָּא׃
כא בֵּאדַיִן גֻּבְרַיָּא אִלֵּךְ כְּפִתוּ בְּסַרְבָּלֵיהוֹן פטישיהון וְכַרְבְּלָתְהוֹן פַּטְּשֵׁיהוֹן
כב וּלְבֻשֵׁיהוֹן וּרְמִיו לְגוֹא־אַתּוּן נוּרָא יָקִדְתָּא׃ כָּל־קֳבֵל דְּנָה
מִן־דִּי מִלַּת מַלְכָּא מַחְצְפָה וְאַתּוּנָא אֵזֵה יַתִּירָה גֻּבְרַיָּא אִלֵּךְ
דִּי הַסִּקוּ לְשַׁדְרַךְ מֵישַׁךְ וַעֲבֵד נְגוֹ קַטִּל הִמּוֹן שְׁבִיבָא דִּי
כג נוּרָא׃ וְגֻבְרַיָּא אִלֵּךְ תְּלָתֵּהוֹן שַׁדְרַךְ מֵישַׁךְ וַעֲבֵד נְגוֹ נְפַלוּ
כד לְגוֹא־אַתּוּן־נוּרָא יָקִדְתָּא מְכַפְּתִין׃ אֱדַיִן נְבוּכַדְנֶצַּר
מַלְכָּא תְּוַהּ וְקָם בְּהִתְבְּהָלָה עָנֵה וְאָמַר לְהַדָּבְרוֹהִי הֲלָא
גֻבְרִין תְּלָתָה רְמֵינָא לְגוֹא־נוּרָא מְכַפְּתִין עָנַיִן וְאָמְרִין
כה לְמַלְכָּא יַצִּיבָא מַלְכָּא׃ עָנֵה וְאָמַר הָא־אֲנָה חָזֵה גֻּבְרִין
אַרְבְּעָה שְׁרַיִן מַהְלְכִין בְּגוֹא־נוּרָא וַחֲבָל לָא־אִיתַי בְּהוֹן
כו וְרֵוֵהּ דִּי רביעיא דָּמֵה לְבַר־אֱלָהִין׃ בֵּאדַיִן קְרֵב רְבִיעָאָה
נְבוּכַדְנֶצַּר לִתְרַע אַתּוּן נוּרָא יָקִדְתָּא עָנֵה וְאָמַר שַׁדְרַךְ
מֵישַׁךְ וַעֲבֵד־נְגוֹ עַבְדוֹהִי דִּי־אֱלָהָא עליא פֻּקוּ וֶאֱתוֹ בֵּאדַיִן עִלָּאָה
כז נָפְקִין שַׁדְרַךְ מֵישַׁךְ וַעֲבֵד נְגוֹ מִן־גּוֹא נוּרָא׃ וּמִתְכַּנְּשִׁין
אֲחַשְׁדַּרְפְּנַיָּא סִגְנַיָּא וּפַחֲוָתָא וְהַדָּבְרֵי מַלְכָּא חָזַיִן לְגֻבְרַיָּא
אִלֵּךְ דִּי לָא־שְׁלֵט נוּרָא בגשמיהון וּשְׂעַר רֵאשְׁהוֹן לָא הִתְחָרַךְ בְּגֶשְׁמְהוֹן
כח וְסָרְבָּלֵיהוֹן לָא שְׁנוֹ וְרֵיחַ נוּר לָא עֲדָת בְּהוֹן׃ עָנֵה נְבוּכַדְנֶצַּר
וְאָמַר בְּרִיךְ אֱלָהֲהוֹן דִּי־שַׁדְרַךְ מֵישַׁךְ וַעֲבֵד נְגוֹ דִּי־שְׁלַח
מַלְאֲכֵהּ וְשֵׁיזִב לְעַבְדוֹהִי דִּי הִתְרְחִצוּ עֲלוֹהִי וּמִלַּת מַלְכָּא
שַׁנִּיו וִיהַבוּ גשמיהון דִּי לָא־יִפְלְחוּן וְלָא־יִסְגְּדוּן לְכָל־אֱלָהּ לָהֵן גֶּשְׁמְהוֹן

לֵאלָהֲהוֹן׃ וּמִנִּי שִׂים טְעֵם דִּי כָל־עַם אֻמָּה וְלִשָּׁן דִּי־יֵאמַר כט
שָׁלוּ שלה עַל־אֱלָהֲהוֹן דִּי־שַׁדְרַךְ מֵישַׁךְ וַעֲבֵד נְגוֹא הַדָּמִין יִתְעֲבֵד
וּבַיְתֵהּ נְוָלִי יִשְׁתַּוֵּה כָּל־קֳבֵל דִּי לָא אִיתַי אֱלָהּ אָחֳרָן דִּי־
ג יִכֻּל לְהַצָּלָה כִּדְנָה׃ בֵּאדַיִן מַלְכָּא הַצְלַח לְשַׁדְרַךְ מֵישַׁךְ ל
וַעֲבֵד נְגוֹ בִּמְדִינַת בָּבֶל׃ נְבוּכַדְנֶצַּר מַלְכָּא לא
דָּיְרִין לְכָל־עַמְמַיָּא אֻמַיָּא וְלִשָּׁנַיָּא דִּי־דארין בְּכָל־אַרְעָא שְׁלָמְכוֹן
עִלָּאָה יִשְׂגֵּא׃ אָתַיָּא וְתִמְהַיָּא דִּי עֲבַד עִמִּי אֱלָהָא עליא שְׁפַר קָדָמַי לב
לְהַחֲוָיָה׃ אָתוֹהִי כְּמָה רַבְרְבִין וְתִמְהוֹהִי כְּמָה תַקִּיפִין לג
מַלְכוּתֵהּ מַלְכוּת עָלַם וְשָׁלְטָנֵהּ עִם־דָּר וְדָר׃ אֲנָה נְבוּכַדְנֶצַּר א ד
שְׁלֵה הֲוֵית בְּבַיְתִי וְרַעְנַן בְּהֵיכְלִי׃ חֵלֶם חֲזֵית וִידַחֲלִנַּנִי ב
וְהַרְהֹרִין עַל־מִשְׁכְּבִי וְחֶזְוֵי רֵאשִׁי יְבַהֲלֻנַּנִי׃ וּמִנִּי שִׂים טְעֵם ג
לְהַנְעָלָה קָדָמַי לְכֹל חַכִּימֵי בָבֶל דִּי־פְשַׁר חֶלְמָא יְהוֹדְעֻנַּנִי׃
עָלִּין | כַּשְׂדָּאֵי בֵּאדַיִן עללין חַרְטֻמַיָּא אָשְׁפַיָּא כשדיא וְגָזְרַיָּא וְחֶלְמָא אָמַר ד
אֲנָה קֳדָמֵיהוֹן וּפִשְׁרֵהּ לָא־מְהוֹדְעִין לִי׃ וְעַד אָחֳרֵין עַל ה
קָדָמַי דָּנִיֵּאל דִּי־שְׁמֵהּ בֵּלְטְשַׁאצַּר כְּשֻׁם אֱלָהִי וְדִי רוּחַ־
אֱלָהִין קַדִּישִׁין בֵּהּ וְחֶלְמָא קָדָמוֹהִי אַמְרֵת׃ בֵּלְטְשַׁאצַּר ו
רַב חַרְטֻמַיָּא דִּי ׀ אֲנָה יִדְעֵת דִּי רוּחַ אֱלָהִין קַדִּישִׁין בָּךְ
וְכָל־רָז לָא־אָנֵס לָךְ חֶזְוֵי חֶלְמִי דִי־חֲזֵית וּפִשְׁרֵהּ אֱמַר׃ וְחֶזְוֵי ז
רֵאשִׁי עַל־מִשְׁכְּבִי חָזֵה הֲוֵית וַאֲלוּ אִילָן בְּגוֹא אַרְעָא וְרוּמֵהּ
שַׂגִּיא׃ רְבָה אִילָנָא וּתְקִף וְרוּמֵהּ יִמְטֵא לִשְׁמַיָּא וַחֲזוֹתֵהּ ח
לְסוֹף כָּל־אַרְעָא׃ עָפְיֵהּ שַׁפִּיר וְאִנְבֵּהּ שַׂגִּיא וּמָזוֹן לְכֹלָּא־ ט
יְדוּרָן בֵהּ תְּחֹתוֹהִי תַּטְלֵל ׀ חֵיוַת בָּרָא וּבְעַנְפוֹהִי ידרון צִפֲּרֵי שְׁמַיָּא
וּמִנֵּהּ יִתְּזִין כָּל־בִּשְׂרָא׃ חָזֵה הֲוֵית בְּחֶזְוֵי רֵאשִׁי עַל־מִשְׁכְּבִי י
וַאֲלוּ עִיר וְקַדִּישׁ מִן־שְׁמַיָּא נָחִת׃ קָרֵא בְחַיִל וְכֵן אָמַר גֹּדּוּ יא
אִילָנָא וְקַצִּצוּ עַנְפוֹהִי אַתַּרוּ עָפְיֵהּ וּבַדַּרוּ אִנְבֵּהּ תְּנֻד חֵיוְתָא
מִן־תַּחְתּוֹהִי וְצִפְּרַיָּא מִן־עַנְפוֹהִי׃ בְּרַם עִקַּר שָׁרְשׁוֹהִי בְּאַרְעָא יב
שְׁבֻקוּ וּבֶאֱסוּר דִּי־פַרְזֶל וּנְחָשׁ בְּדִתְאָא דִּי בָרָא וּבְטַל שְׁמַיָּא

יג יִצְטַבַּע וְעִם־חֵיוְתָא חֲלָקֵהּ בַּעֲשַׂב אַרְעָא׃ לִבְבֵהּ מִן־אנושא   אֲנָשָׁא
יְשַׁנּוֹן וּלְבַב חֵיוָא יִתְיְהִב לֵהּ וְשִׁבְעָה עִדָּנִין יַחְלְפוּן עֲלוֹהִי׃
יד בִּגְזֵרַת עִירִין פִּתְגָמָא וּמֵאמַר קַדִּישִׁין שְׁאֵלְתָא עַד־דִּבְרַת
דִּי יִנְדְּעוּן חַיַּיָּא דִּי־שַׁלִּיט עליא בְּמַלְכוּת אנושא וּלְמַן־דִּי   עִלָּאָה | אֲנָשָׁא
טו יִצְבֵּא יִתְּנִנַּהּ וּשְׁפַל אֲנָשִׁים יְקִים עליה׃ דְּנָה חֶלְמָא חֲזֵית   עֲלַהּ
אֲנָה מַלְכָּא נְבוּכַדְנֶצַּר ואנתה בֵּלְטְשַׁאצַּר פשרא אֱמַר   וְאַנְתְּ | פִּשְׁרֵהּ
כָּל־קֳבֵל דִּי ׀ כָּל־חַכִּימֵי מַלְכוּתִי לָא־יָכְלִין פִּשְׁרָא לְהוֹדָעֻתַנִי
טז ואנתה כָּהֵל דִּי רוּחַ־אֱלָהִין קַדִּישִׁין בָּךְ׃ אֱדַיִן דָּנִיֵּאל דִּי־   וְאַנְתְּ
שְׁמֵהּ בֵּלְטְשַׁאצַּר אֶשְׁתּוֹמַם כְּשָׁעָה חֲדָה וְרַעְיֹנֹהִי יְבַהֲלֻנֵּהּ
עָנֵה מַלְכָּא וְאָמַר בֵּלְטְשַׁאצַּר חֶלְמָא ופשרא אַל־יְבַהֲלָךְ   וּפִשְׁרֵהּ
עָנֵה בֵלְטְשַׁאצַּר וְאָמַר מָרְאִי חֶלְמָא לשנאיך וּפִשְׁרֵהּ לעריך׃   לְשָׂנְאָךְ | לְעָרָךְ
יז אִילָנָא דִּי חֲזַיְתָ דִּי רְבָה וּתְקִף וְרוּמֵהּ יִמְטֵא לִשְׁמַיָּא וַחֲזוֹתֵהּ
יח לְכָל־אַרְעָא׃ וְעָפְיֵהּ שַׁפִּיר וְאִנְבֵּהּ שַׂגִּיא וּמָזוֹן לְכֹלָּא־בֵהּ
תְּחֹתוֹהִי תְּדוּר חֵיוַת בָּרָא וּבְעַנְפוֹהִי יִשְׁכְּנָן צִפֲּרֵי שְׁמַיָּא׃
יט אנתה־הוּא מַלְכָּא דִּי רבית וּתְקֵפְתְּ וּרְבוּתָךְ רְבָת וּמְטָת   אַנְתְּ־ | רְבַיְתָ
כ לִשְׁמַיָּא וְשָׁלְטָנָךְ לְסוֹף אַרְעָא׃ וְדִי חֲזָה מַלְכָּא עִיר וְקַדִּישׁ
נָחִת ׀ מִן־שְׁמַיָּא וְאָמַר גֹּדּוּ אִילָנָא וְחַבְּלוּהִי בְּרַם עִקַּר
שָׁרְשׁוֹהִי בְּאַרְעָא שְׁבֻקוּ וּבֶאֱסוּר דִּי־פַרְזֶל וּנְחָשׁ בְּדִתְאָא דִּי
בָרָא וּבְטַל שְׁמַיָּא יִצְטַבַּע וְעִם־חֵיוַת בָּרָא חֲלָקֵהּ עַד דִּי־
כא שִׁבְעָה עִדָּנִין יַחְלְפוּן עֲלוֹהִי׃ דְּנָה פִשְׁרָא מַלְכָּא וּגְזֵרַת עליא   עִלָּאָה
כב הִיא דִּי מְטָת עַל־מָרְאִי מַלְכָּא׃ וְלָךְ טָרְדִין מִן־אֲנָשָׁא וְעִם־
חֵיוַת בָּרָא לֶהֱוֵה מְדֹרָךְ וְעִשְׂבָּא כְתוֹרִין ׀ לָךְ יְטַעֲמוּן וּמִטַּל
שְׁמַיָּא לָךְ מְצַבְּעִין וְשִׁבְעָה עִדָּנִין יַחְלְפוּן עליך עַד דִּי־תִנְדַּע   עֲלָךְ
דִּי־שַׁלִּיט עליא בְּמַלְכוּת אֲנָשָׁא וּלְמַן־דִּי יִצְבֵּא יִתְּנִנַּהּ׃   עִלָּאָה
כג וְדִי אֲמַרוּ לְמִשְׁבַּק עִקַּר שָׁרְשׁוֹהִי דִּי אִילָנָא מַלְכוּתָךְ לָךְ
כד קַיָּמָה מִן־דִּי תִנְדַּע דִּי שַׁלִּטִן שְׁמַיָּא׃ לָהֵן מַלְכָּא מִלְכִּי יִשְׁפַּר
עליך וחטיך בְּצִדְקָה פְרֻק וַעֲוָיָתָךְ בְּמִחַן עֲנָיִן הֵן תֶּהֱוֵה אַרְכָה   עֲלָךְ | וַחֲטָאָךְ

לִשְׁלֵוְתָךְ׃ כֹּלָּא מְטָא עַל־נְבוּכַדְנֶצַּר מַלְכָּא׃ לִקְצָת כה כו
יַרְחִין תְּרֵי־עֲשַׂר עַל־הֵיכַל מַלְכוּתָא דִּי בָבֶל מְהַלֵּךְ הֲוָה׃
עָנֵה מַלְכָּא וְאָמַר הֲלָא דָא־הִיא בָּבֶל רַבְּתָא דִּי־אֲנָה בֱנַיְתַהּ כז
לְבֵית מַלְכוּ בִּתְקַף חִסְנִי וְלִיקָר הַדְרִי׃ עוֹד מִלְּתָא בְּפֻם כח
מַלְכָּא קָל מִן־שְׁמַיָּא נְפַל לָךְ אָמְרִין נְבוּכַדְנֶצַּר מַלְכָּא
מַלְכוּתָה עֲדָת מִנָּךְ׃ וּמִן־אֲנָשָׁא לָךְ טָרְדִין וְעִם־חֵיוַת בָּרָא כט
עֲלָךְ מְדֹרָךְ עִשְׂבָּא כְתוֹרִין לָךְ יְטַעֲמוּן וְשִׁבְעָה עִדָּנִין יַחְלְפוּן עליך
עִלָּאָה עַד דִּי־תִנְדַּע דִּי־שַׁלִּיט עליא בְּמַלְכוּת אֲנָשָׁא וּלְמַן־דִּי
יִצְבֵּא יִתְּנִנַּהּ׃ בַּהּ־שַׁעֲתָא מִלְּתָא סָפַת עַל־נְבוּכַדְנֶצַּר וּמִן־ ל
אֲנָשָׁא טְרִיד וְעִשְׂבָּא כְתוֹרִין יֵאכֻל וּמִטַּל שְׁמַיָּא גִּשְׁמֵהּ
יִצְטַבַּע עַד דִּי שַׂעְרֵהּ כְּנִשְׁרִין רְבָה וְטִפְרוֹהִי כְצִפְּרִין׃ וְלִקְצָת לא
יוֹמַיָּה אֲנָה נְבוּכַדְנֶצַּר עַיְנַי ׀ לִשְׁמַיָּא נִטְלֵת וּמַנְדְּעִי עֲלַי
וּלְעִלָּאָה יְתוּב ולעליא בָּרְכֵת וּלְחַי עָלְמָא שַׁבְּחֵת וְהַדְּרֵת דִּי שָׁלְטָנֵהּ
דָּיְרֵי שָׁלְטָן עָלַם וּמַלְכוּתֵהּ עִם־דָּר וְדָר׃ וְכָל־דארי אַרְעָא כְּלָה לב
וְדָיְרֵי חֲשִׁיבִין וּכְמִצְבְּיֵהּ עָבֵד בְּחֵיל שְׁמַיָּא ודארי אַרְעָא וְלָא אִיתַי
דִּי־יְמַחֵא בִידֵהּ וְיֵאמַר לֵהּ מָה עֲבַדְתְּ׃ בֵּהּ־זִמְנָא מַנְדְּעִי ׀ לג
יְתוּב עֲלַי וְלִיקַר מַלְכוּתִי הַדְרִי וְזִוִי יְתוּב עֲלַי וְלִי הַדָּבְרַי
וְרַבְרְבָנַי יְבַעוֹן וְעַל־מַלְכוּתִי הָתְקְנַת וּרְבוּ יַתִּירָה הוּסְפַת לִי׃
כְּעַן אֲנָה נְבֻכַדְנֶצַּר מְשַׁבַּח וּמְרוֹמֵם וּמְהַדַּר לְמֶלֶךְ שְׁמַיָּא דִּי לד
כָל־מַעֲבָדוֹהִי קְשֹׁט וְאֹרְחָתֵהּ דִּין וְדִי מַהְלְכִין בְּגֵוָה יָכִל
לְהַשְׁפָּלָה׃

בֵּלְשַׁאצַּר מַלְכָּא עֲבַד לְחֶם רַב לְרַבְרְבָנוֹהִי אֲלַף וְלָקֳבֵל א ה
אַלְפָּא חַמְרָא שָׁתֵה׃ בֵּלְשַׁאצַּר אֲמַר ׀ בִּטְעֵם חַמְרָא לְהַיְתָיָה ב
לְמָאנֵי דַּהֲבָא וְכַסְפָּא דִּי הַנְפֵּק נְבוּכַדְנֶצַּר אֲבוּהִי מִן־הֵיכְלָא
דִּי בִירוּשְׁלֶם וְיִשְׁתּוֹן בְּהוֹן מַלְכָּא וְרַבְרְבָנוֹהִי שֵׁגְלָתֵהּ
וּלְחֵנָתֵהּ׃ בֵּאדַיִן הַיְתִיו מָאנֵי דַהֲבָא דִּי הַנְפִּקוּ מִן־הֵיכְלָא ג
דִּי־בֵית אֱלָהָא דִּי בִירוּשְׁלֶם וְאִשְׁתִּיו בְּהוֹן מַלְכָּא וְרַבְרְבָנוֹהִי

ד שַׁגְּלָתֵהּ וּלְחֵנָתֵהּ׃ אִשְׁתִּיו חַמְרָא וְשַׁבַּחוּ לֵאלָהֵי דַּהֲבָא
ה וְכַסְפָּא נְחָשָׁא פַרְזְלָא אָעָא וְאַבְנָא׃ בַּהּ־שַׁעֲתָה נְפַקוּ אֶצְבְּעָן נְפַ֫קָה
דִּי יַד־אֱנָשׁ וְכָתְבָן לָקֳבֵל נֶבְרַשְׁתָּא עַל־גִּירָא דִּי־כְתַל הֵיכְלָא
ו דִּי מַלְכָּא וּמַלְכָּא חָזֵה פַּס יְדָה דִּי כָתְבָה׃ אֱדַיִן מַלְכָּא זִיוֺהִי
שְׁנוֺהִי וְרַעְיֹנֹהִי יְבַהֲלוּנֵּהּ וְקִטְרֵי חַרְצֵהּ מִשְׁתָּרַיִן וְאַרְכֻבָּתֵהּ
ז דָּא לְדָא נָקְשָׁן׃ קָרֵא מַלְכָּא בְּחַיִל לְהֶעָלָה לְאָשְׁפַיָּא כשדיא כַּשְׂדָּאֵי
וְגָזְרַיָּא עָנֵה מַלְכָּא וְאָמַר ׀ לְחַכִּימֵי בָבֶל דִּי כָל־אֱנָשׁ דִּי־
יִקְרֵה כְּתָבָה דְנָה וּפִשְׁרֵהּ יְחַוִּנַּנִי אַרְגְּוָנָא יִלְבַּשׁ והמונכא דִּי־ וְהַמְנִיכָא
ח דַהֲבָא עַל־צַוְּארֵהּ וְתַלְתִּי בְמַלְכוּתָא יִשְׁלַט׃ אֱדַיִן
עללין כֹּל חַכִּימֵי מַלְכָּא וְלָא־כָהֲלִין כְּתָבָא לְמִקְרֵא ופשרא עָלִּין | וּפִשְׁרֵהּ
ט לְהוֺדָעָה לְמַלְכָּא׃ אֱדַיִן מַלְכָּא בֵלְשַׁאצַּר שַׂגִּיא מִתְבָּהַל
י וְזִיוֺהִי שָׁנַיִן עֲלוֺהִי וְרַבְרְבָנוֺהִי מִשְׁתַּבְּשִׁין׃ מַלְכְּתָא לָקֳבֵל
מִלֵּי מַלְכָּא וְרַבְרְבָנוֺהִי לְבֵית מִשְׁתְּיָא עללת עֲנָת מַלְכְּתָא עַלַּת
וַאֲמֶרֶת מַלְכָּא לְעָלְמִין חֱיִי אַל־יְבַהֲלוּךְ רַעְיוֺנָךְ וזיויך אַל־ וְזִיוָךְ
יא יִשְׁתַּנּוֺ׃ אִיתַי גְּבַר בְּמַלְכוּתָךְ דִּי רוּחַ אֱלָהִין קַדִּישִׁין בֵּהּ
וּבְיוֺמֵי אֲבוּךְ נַהִירוּ וְשָׂכְלְתָנוּ וְחָכְמָה כְּחָכְמַת־אֱלָהִין
הִשְׁתְּכַחַת בֵּהּ וּמַלְכָּא נְבֻכַדְנֶצַּר אֲבוּךְ רַב חַרְטֻמִּין אָשְׁפִין
יב כַּשְׂדָּאִין גָּזְרִין הֲקִימֵהּ אֲבוּךְ מַלְכָּא׃ כָּל־קֳבֵל דִּי רוּחַ ׀ יַתִּירָה ד
וּמַנְדַּע וְשָׂכְלְתָנוּ מְפַשַּׁר חֶלְמִין וְאַחֲוָיַת אֲחִידָן וּמְשָׁרֵא קִטְרִין
הִשְׁתְּכַחַת בֵּהּ בְּדָנִיֵּאל דִּי־מַלְכָּא שָׂם־שְׁמֵהּ בֵּלְטְשַׁאצַּר כְּעַן
יג דָּנִיֵּאל יִתְקְרֵי וּפִשְׁרָה יְהַחֲוֵה׃ בֵּאדַיִן דָּנִיֵּאל הֻעַל
קֳדָם מַלְכָּא עָנֵה מַלְכָּא וְאָמַר לְדָנִיֵּאל אנתה־הוּא דָּנִיֵּאל אַנְתְּ־
דִּי־מִן־בְּנֵי גָלוּתָא דִּי יְהוּד דִּי הַיְתִי מַלְכָּא אַבִי מִן־יְהוּד׃
יד וְשִׁמְעֵת עליך דִּי רוּחַ אֱלָהִין בָּךְ וְנַהִירוּ וְשָׂכְלְתָנוּ וְחָכְמָה עֲלָךְ
טו יַתִּירָה הִשְׁתְּכַחַת בָּךְ׃ וּכְעַן הֻעַלּוּ קָדָמַי חַכִּימַיָּא אָשְׁפַיָּא
דִּי־כְתָבָה דְנָה יִקְרוֺן וּפִשְׁרֵהּ לְהוֺדָעֻתַנִי וְלָא־כָהֲלִין פְּשַׁר־
טז מִלְּתָא לְהַחֲוָיָה׃ וַאֲנָה שִׁמְעֵת עליך דִּי־תוכל פִּשְׁרִין עֲלָךְ | תִכּוּל

לְמִפְשַׁ֤ר וְקִטְרִין֙ לְמִשְׁרֵ֔א כְּעַ֣ן הֵ֤ן תּוּכַל֙ כְּתָבָ֣א לְמִקְרֵ֔א   תֻּבַּל

וּפִשְׁרֵ֖הּ לְהֽוֹדָעֻתַ֑נִי אַרְגְּוָנָ֣א תִלְבַּ֗שׁ וְהַמּוֹנְכָ֤א דִֽי־דַהֲבָא֙ עַֽל־   וְהַמְנִיכָא

צַוְּארָ֔ךְ וְתַלְתָּ֥א בְמַלְכוּתָ֖א תִּשְׁלַֽט: בֵּאדַ֗יִן   יז

עָנֵ֤ה דָֽנִיֵּאל֙ וְאָמַ֣ר קֳדָ֣ם מַלְכָּ֔א מַתְּנָתָךְ֙ לָ֣ךְ לֶֽהֶוְיָ֔ן וּנְבָ֣זְבְּיָתָ֔ךְ

לְאָחֳרָ֖ן הַ֑ב בְּרַ֗ם כְּתָבָא֙ אֶקְרֵ֣א לְמַלְכָּ֔א וּפִשְׁרָ֖א אֲהוֹדְעִנֵּֽהּ:

אַ֣נְתְּ מַלְכָּ֔א אֱלָהָא֙ עִלָּאָ֔ה מַלְכוּתָ֥א וּרְבוּתָ֖א וִיקָרָ֣א וְהַדְרָ֑א   אַנְתְּ | עִלָּאָה

יְהַ֖ב לִנְבֻכַדְנֶצַּ֥ר אֲבֽוּךְ: וּמִן־רְבוּתָא֙ דִּ֣י יְהַב־לֵ֔הּ כֹּ֣ל עַֽמְמַיָּ֗א   יח

אֻמַיָּא֙ וְלִשָּׁ֣נַיָּ֔א הֲו֛וֹ זָיְעִ֥ין וְדָחֲלִ֖ין מִן־קֳדָמ֑וֹהִי דִּֽי־הֲוָ֨א צָבֵ֜א   זָיְעִין

הֲוָ֣ה קָטֵ֗ל וְדִֽי־הֲוָ֤ה צָבֵא֙ הֲוָ֣ה מַחֵ֔א וְדִֽי־הֲוָ֤ה צָבֵא֙ הֲוָ֣ה

מָרִ֔ים וְדִֽי־הֲוָ֥ה צָבֵ֖א הֲוָ֣ה מַשְׁפִּֽיל: וּכְדִי֙ רִ֣ם לִבְבֵ֔הּ וְרוּחֵ֖הּ

תִּֽקְפַ֣ת לַהֲזָדָ֑ה הָנְחַת֙ מִן־כָּרְסֵ֣א מַלְכוּתֵ֔הּ וִֽיקָרָ֖ה הֶעְדִּ֥יו

מִנֵּֽהּ: וּמִן־בְּנֵי֩ אֲנָשָׁ֨א טְרִ֜יד וְלִבְבֵ֣הּ | עִם־חֵֽיוְתָ֣א שַׁוִּ֗יְ וְעִם־   שַׁוִּיְו   כא

עֲרָֽדַיָּא֙ מְדוֹרֵ֔הּ עִשְׂבָּ֤א כְתוֹרִין֙ יְטַֽעֲמוּנֵּ֔הּ וּמִטַּ֥ל שְׁמַיָּ֖א גִּשְׁמֵ֣הּ

יִצְטַבַּ֑ע עַ֣ד דִּֽי־יְדַ֗ע דִּֽי־שַׁלִּ֞יט אֱלָהָ֤א עִלָּאָה֙ בְּמַלְכ֣וּת אֲנָשָׁ֔א   עִלָּאָה

וּלְמַן־דִּ֥י יִצְבֵּ֖ה יְהָקֵ֣ים עֲלַֽיַּהּ: וְאַ֤נְתְּ בְּרֵהּ֙ בֵּלְשַׁאצַּ֔ר לָ֥א   עֲלַהּ | וְאַנְתְּ   כב

הַשְׁפֵּ֖לְתְּ לִבְבָ֑ךְ כָּל־קֳבֵ֕ל דִּ֥י כָל־דְּנָ֖ה יְדַֽעְתָּ: וְעַ֣ל מָֽרֵא־   כג

שְׁמַיָּ֣א | הִתְרוֹמַ֡מְתָּ וּלְמָֽאנַיָּ֨א דִֽי־בַיְתֵ֜הּ הַיְתִ֣יו קָֽדָמָ֗יךְ וְאַ֨נְתְּ   קָדָמָךְ | וְאַנְתְּ

וְרַבְרְבָנָ֜ךְ שֵֽׁגְלָתָ֣ךְ וּלְחֵנָתָךְ֮ חַמְרָא֮ שָׁתַ֣יִן בְּהוֹן֒ וְלֵֽאלָהֵ֣י כַסְפָּֽא־   וְרַבְרְבָנָךְ

וְ֠דַהֲבָא נְחָשָׁ֨א פַרְזְלָ֜א אָעָ֣א וְאַבְנָ֗א דִּ֠י לָֽא־חָזַ֧יִן וְלָֽא־

שָֽׁמְעִ֛ין וְלָ֥א יָדְעִ֖ין שַׁבַּ֑חְתָּ וְלֵֽאלָהָ֞א דִּֽי־נִשְׁמְתָ֥ךְ בִּידֵ֛הּ וְכָל־

אֹרְחָתָ֥ךְ לֵ֖הּ לָ֣א הַדַּֽרְתָּ: בֵּאדַ֨יִן֙ מִן־קֳדָמ֔וֹהִי שְׁלִ֖יחַ פַּסָּ֣א דִֽי־   כד

יְדָ֑א וּכְתָבָ֥א דְנָ֖ה רְשִֽׁים: וּדְנָ֥ה כְתָבָ֖א דִּ֣י רְשִׁ֑ים מְנֵ֥א מְנֵ֖א   כה

תְּקֵ֥ל וּפַרְסִֽין: דְּנָ֖ה פְּשַׁר־מִלְּתָ֑א מְנֵ֕א מְנָֽה־אֱלָהָ֥א מַלְכוּתָ֖ךְ   כו

וְהַשְׁלְמַֽהּ: תְּקֵ֑ל תְּקִ֥ילְתָּה בְמֹֽאזַנְיָ֖א וְהִשְׁתְּכַ֥חַתְּ חַסִּֽיר: פְּרֵ֑ס   כֿז

פְּרִיסַת֙ מַלְכוּתָ֔ךְ וִֽיהִיבַ֖ת לְמָדַ֥י וּפָרָֽס: בֵּאדַ֣יִן | אֲמַ֣ר   כט

בֵּלְשַׁאצַּ֗ר וְהַלְבִּ֤ישׁוּ לְדָֽנִיֵּאל֙ אַרְגְּוָנָ֔א וְהַמּוֹנְכָ֥א דִֽי־דַהֲבָ֖א עַֽל־   וְהַמְנִיכָא

צַוְּארֵ֑הּ וְהַכְרִ֣זֽוּ עֲל֔וֹהִי דִּֽי־לֶהֱוֵ֥א שַׁלִּ֛יט תַּלְתָּ֖א בְּמַלְכוּתָֽא:

ל בֵּהּ בְּלֵילְיָא קְטִיל בֵּלְאשַׁצַּר מַלְכָּא כשדיא׃ כַּשְׂדָּאָה
ו א ב וְדָרְיָוֶשׁ מדיא קַבֵּל מַלְכוּתָא כְּבַר שְׁנִין שִׁתִּין וְתַרְתֵּין׃ שְׁפַר מָדָאָה
קֳדָם דָּרְיָוֶשׁ וַהֲקִים עַל־מַלְכוּתָא לַאֲחַשְׁדַּרְפְּנַיָּא מְאָה
ג וְעֶשְׂרִין דִּי לֶהֱוֺן בְּכָל־מַלְכוּתָא׃ וְעֵלָּא מִנְּהוֹן סָרְכִין תְּלָתָה
דִּי דָנִיֵּאל חַד מִנְּהוֹן דִּי־לֶהֱוֺן אֲחַשְׁדַּרְפְּנַיָּא אִלֵּין יָהֲבִין לְהוֹן
ד טַעְמָא וּמַלְכָּא לָא־לֶהֱוֵא נָזִק׃ אֱדַיִן דָּנִיֵּאל דְּנָה הֲוָא מִתְנַצַּח
עַל־סָרְכַיָּא וַאֲחַשְׁדַּרְפְּנַיָּא כָּל־קֳבֵל דִּי רוּחַ יַתִּירָא בֵּהּ
ה וּמַלְכָּא עֲשִׁית לַהֲקָמוּתֵהּ עַל־כָּל־מַלְכוּתָא׃ אֱדַיִן סָרְכַיָּא
וַאֲחַשְׁדַּרְפְּנַיָּא הֲווֹ בָעַיִן עִלָּה לְהַשְׁכָּחָה לְדָנִיֵּאל מִצַּד מַלְכוּתָא
וְכָל־עִלָּה וּשְׁחִיתָה לָא־יָכְלִין לְהַשְׁכָּחָה כָּל־קֳבֵל דִּי־מְהֵימַן
ו הוּא וְכָל־שָׁלוּ וּשְׁחִיתָה לָא הִשְׁתְּכַחַת עֲלוֹהִי׃ אֱדַיִן גֻּבְרַיָּא
אִלֵּךְ אָמְרִין דִּי לָא נְהַשְׁכַּח לְדָנִיֵּאל דְּנָה כָּל־עִלָּא לָהֵן
ז הַשְׁכַּחְנָה עֲלוֹהִי בְּדָת אֱלָהֵהּ׃ אֱדַיִן סָרְכַיָּא
וַאֲחַשְׁדַּרְפְּנַיָּא אִלֵּן הַרְגִּשׁוּ עַל־מַלְכָּא וְכֵן אָמְרִין לֵהּ דָּרְיָוֶשׁ
ח מַלְכָּא לְעָלְמִין חֱיִי׃ אִתְיָעַטוּ כֹּל ׀ סָרְכֵי מַלְכוּתָא סִגְנַיָּא
וַאֲחַשְׁדַּרְפְּנַיָּא הַדָּבְרַיָּא וּפַחֲוָתָא לְקַיָּמָה קְיָם מַלְכָּא וּלְתַקָּפָה
אֱסָר דִּי כָל־דִּי־יִבְעֵא בָעוּ מִן־כָּל־אֱלָהּ וֶאֱנָשׁ עַד־יוֹמִין
ט תְּלָתִין לָהֵן מִנָּךְ מַלְכָּא יִתְרְמֵא לְגֹב אַרְיָוָתָא׃ כְּעַן מַלְכָּא
תְּקִים אֱסָרָא וְתִרְשֻׁם כְּתָבָא דִּי לָא לְהַשְׁנָיָה כְּדָת־מָדַי
י וּפָרַס דִּי־לָא תֶעְדֵּא׃ כָּל־קֳבֵל דְּנָה מַלְכָּא דָּרְיָוֶשׁ רְשַׁם
יא כְּתָבָא וֶאֱסָרָא׃ וְדָנִיֵּאל כְּדִי יְדַע דִּי־רְשִׁים כְּתָבָא עַל לְבַיְתֵהּ ה
וְכַוִּין פְּתִיחָן לֵהּ בְּעִלִּיתֵהּ נֶגֶד יְרוּשְׁלֶם וְזִמְנִין תְּלָתָה בְיוֹמָא
הוּא ׀ בָּרֵךְ עַל־בִּרְכוֹהִי וּמְצַלֵּא וּמוֹדֵא קֳדָם אֱלָהֵהּ כָּל־קֳבֵל
יב דִּי־הֲוָא עָבֵד מִן־קַדְמַת דְּנָה׃ אֱדַיִן גֻּבְרַיָּא אִלֵּךְ הַרְגִּשׁוּ
יג וְהַשְׁכַּחוּ לְדָנִיֵּאל בָּעֵא וּמִתְחַנַּן קֳדָם אֱלָהֵהּ׃ בֵּאדַיִן קְרִבוּ
וְאָמְרִין קֳדָם־מַלְכָּא עַל־אֱסָר מַלְכָּא הֲלָא אֱסָר רְשַׁמְתָּ דִּי
כָל־אֱנָשׁ דִּי־יִבְעֵא מִן־כָּל־אֱלָהּ וֶאֱנָשׁ עַד־יוֹמִין תְּלָתִין

לָהֵן מִנָּךְ מַלְכָּא יִתְרְמֵא לְגוֹב אַרְיָוָתָא עָנֵה מַלְכָּא וְאָמַר
יד יַצִּיבָא מִלְּתָא כְּדָת־מָדַי וּפָרַס דִּי־לָא תֶעְדֵּא׃ בֵּאדַיִן עֲנוֹ
וְאָמְרִין קֳדָם מַלְכָּא דִּי דָנִיֵּאל דִּי מִן־בְּנֵי גָלוּתָא דִּי יְהוּד
לָא־שָׂם עליך מַלְכָּא טְעֵם וְעַל־אֱסָרָא דִּי רְשַׁמְתָּ וְזִמְנִין עֲלָךְ
טו תְּלָתָה בְּיוֹמָא בָּעֵא בָּעוּתֵהּ׃ אֱדַיִן מַלְכָּא כְּדִי מִלְּתָא שְׁמַע
שַׂגִּיא בְּאֵשׁ עֲלוֹהִי וְעַל דָּנִיֵּאל שָׂם בָּל לְשֵׁיזָבוּתֵהּ וְעַד
טז מֶעָלֵי שִׁמְשָׁא הֲוָא מִשְׁתַּדַּר לְהַצָּלוּתֵהּ׃ בֵּאדַיִן גֻּבְרַיָּא אִלֵּךְ
הַרְגִּשׁוּ עַל־מַלְכָּא וְאָמְרִין לְמַלְכָּא דַּע מַלְכָּא דִּי־דָת לְמָדַי
וּפָרַס דִּי־כָל־אֱסָר וּקְיָם דִּי־מַלְכָּא יְהָקֵים לָא לְהַשְׁנָיָה׃
יז בֵּאדַיִן מַלְכָּא אֲמַר וְהַיְתִיו לְדָנִיֵּאל וּרְמוֹ לְגֻבָּא דִּי אַרְיָוָתָא
עָנֵה מַלְכָּא וְאָמַר לְדָנִיֵּאל אֱלָהָךְ דִּי אנתה פָּלַח־לֵהּ אַנְתְּ
יח בִּתְדִירָא הוּא יְשֵׁיזְבִנָּךְ׃ וְהֵיתָיִת אֶבֶן חֲדָה וְשֻׂמַת עַל־פֻּם
גֻּבָּא וְחַתְמַהּ מַלְכָּא בְּעִזְקְתֵהּ וּבְעִזְקָת רַבְרְבָנוֹהִי דִּי לָא־
יט תִשְׁנֵא צְבוּ בְּדָנִיֵּאל׃ אֱדַיִן אֲזַל מַלְכָּא לְהֵיכְלֵהּ וּבָת טְוָת
כ וְדַחֲוָן לָא־הַנְעֵל קָדָמוֹהִי וְשִׁנְתֵּהּ נַדַּת עֲלוֹהִי׃ בֵּאדַיִן מַלְכָּא
בִּשְׁפַרְפָּרָא יְקוּם בְּנָגְהָא וּבְהִתְבְּהָלָה לְגֻבָּא דִּי־אַרְיָוָתָא אֲזַל׃
כא וּכְמִקְרְבֵהּ לְגֻבָּא לְדָנִיֵּאל בְּקָל עֲצִיב זְעִק עָנֵה מַלְכָּא וְאָמַר
לְדָנִיֵּאל דָּנִיֵּאל עֲבֵד אֱלָהָא חַיָּא אֱלָהָךְ דִּי אנתה פָּלַח־ אַנְתְּ
כב לֵהּ בִּתְדִירָא הַיְכִל לְשֵׁיזָבוּתָךְ מִן־אַרְיָוָתָא׃ אֱדַיִן דָּנִיֵּאל
כג עִם־מַלְכָּא מַלִּל מַלְכָּא לְעָלְמִין חֱיִי׃ אֱלָהִי שְׁלַח מַלְאֲכֵהּ
וּסֲגַר פֻּם אַרְיָוָתָא וְלָא חַבְּלוּנִי כָּל־קֳבֵל דִּי קֳדָמוֹהִי זָכוּ
כד הִשְׁתְּכַחַת לִי וְאַף קדמיך מַלְכָּא חֲבוּלָה לָא עַבְדֵת׃ בֵּאדַיִן קֳדָמָךְ
מַלְכָּא שַׂגִּיא טְאֵב עֲלוֹהִי וּלְדָנִיֵּאל אֲמַר לְהַנְסָקָה מִן־גֻּבָּא
וְהֻסַּק דָּנִיֵּאל מִן־גֻּבָּא וְכָל־חֲבָל לָא־הִשְׁתְּכַח בֵּהּ דִּי הֵימִן
כה בֵּאלָהֵהּ׃ וַאֲמַר מַלְכָּא וְהַיְתִיו גֻּבְרַיָּא אִלֵּךְ דִּי־אֲכַלוּ קַרְצוֹהִי
דִּי דָנִיֵּאל וּלְגֹב אַרְיָוָתָא רְמוֹ אִנּוּן בְּנֵיהוֹן וּנְשֵׁיהוֹן וְלָא־מְטוֹ
לְאַרְעִית גֻּבָּא עַד דִּי־שְׁלִטוּ בְהוֹן אַרְיָוָתָא וְכָל־גַּרְמֵיהוֹן

כו הַדָּֽקוּ׃ בֵּאדַ֜יִן דָּרְיָ֣וֶשׁ מַלְכָּ֗א כְּתַ֞ב לְֽכָל־עַֽמְמַיָּ֡א אֻמַיָּ֣א
כז וְ֠לִשָּׁנַיָּא דִּֽי־דָאְרִ֥ין בְּכָל־אַרְעָ֖א שְׁלָמְכ֥וֹן יִשְׂגֵּֽא׃ מִן־קֳדָמַי֮ דָּיְרִין
שִׂ֣ים טְעֵם֒ דִּ֣י ׀ בְּכָל־שָׁלְטָ֣ן מַלְכוּתִ֗י לֶהֱוֺ֤ן זָאְעִין֙ וְדָ֣חֲלִ֔ין מִן־ זָיְעִין
קֳדָ֖ם אֱלָהֵ֣הּ דִּֽי־דָנִיֵּ֑אל דִּי־ה֣וּא ׀ אֱלָהָ֣א חַיָּ֗א וְקַיָּם֙ לְעָ֣לְמִ֔ין
כח וּמַלְכוּתֵהּ֙ דִּֽי־לָ֣א תִתְחַבַּ֔ל וְשָׁלְטָנֵ֖הּ עַד־סוֹפָֽא׃ מְשֵׁיזִ֣ב וּמַצִּ֔ל
וְעָבֵד֙ אָתִ֣ין וְתִמְהִ֔ין בִּשְׁמַיָּ֖א וּבְאַרְעָ֑א דִּ֚י שֵׁיזִ֣יב לְדָנִיֵּ֔אל מִן־
כט יַ֖ד אַרְיָוָתָֽא׃ וְדָנִיֵּ֣אל דְּנָ֔ה הַצְלַ֖ח בְּמַלְכ֣וּת דָּרְיָ֑וֶשׁ וּבְמַלְכ֖וּת
כּ֥וֹרֶשׁ פרסיא׃ פָּֽרְסָאָֽה
ז א בִּשְׁנַ֣ת חֲדָ֗ה לְבֵלְאשַׁצַּר֙ מֶ֣לֶךְ בָּבֶ֔ל דָּנִיֵּאל֙ חֵ֣לֶם חֲזָ֔ה וְחֶזְוֵ֥י
רֵאשֵׁ֖הּ עַל־מִשְׁכְּבֵ֑הּ בֵּאדַ֙יִן֙ חֶלְמָ֣א כְתַ֔ב רֵ֥אשׁ מִלִּ֖ין אֲמַֽר׃
ב עָנֵ֤ה דָנִיֵּאל֙ וְאָמַ֔ר חָזֵ֥ה הֲוֵ֛ית בְּחֶזְוִ֥י עִם־לֵֽילְיָ֑א וַאֲר֗וּ אַרְבַּע֙
ג רוּחֵ֣י שְׁמַיָּ֔א מְגִיחָ֖ן לְיַמָּ֥א רַבָּֽא׃ וְאַרְבַּ֤ע חֵיוָן֙ רַבְרְבָ֔ן סָלְקָ֖ן
ד מִן־יַמָּ֑א שָׁנְיָ֖ן דָּ֥א מִן־דָּֽא׃ קַדְמָיְתָ֣א כְאַרְיֵ֔ה וְגַפִּ֥ין דִּֽי־נְשַׁ֖ר
לַ֑הּ חָזֵ֣ה הֲוֵ֡ית עַד֩ דִּי־מְּרִ֨יטוּ גפיה וּנְטִ֫ילַת מִן־אַרְעָ֗א וְעַל־ גַּפַּ֜הּ
ה רַגְלַ֙יִן֙ כֶּאֱנָ֣שׁ הֳקִימַ֔ת וּלְבַ֥ב אֱנָ֖שׁ יְהִ֥יב לַֽהּ׃ וַאֲר֣וּ חֵיוָה֩ אָחֳרִ֨י
תִנְיָנָ֜ה דָּמְיָ֣ה לְדֹ֗ב וְלִשְׂטַר־חַד֙ הֳקִמַ֔ת וּתְלָ֥ת עִלְעִ֛ין בְּפֻמַּ֖הּ
ו בֵּ֣ין שניה וְכֵן֙ אָמְרִ֣ין לַ֔הּ ק֥וּמִי אֲכֻ֖לִי בְּשַׂ֥ר שַׂגִּֽיא׃ בָּאתַ֨ר דְּנָ֜ה שִׁנַּ֑הּ
חָזֵ֣ה הֲוֵ֗ית וַאֲר֤וּ אָחֳרִי֙ כִּנְמַ֔ר וְלַ֛הּ גַּפִּ֥ין אַרְבַּ֛ע דִּי־ע֖וֹף עַל־
ז גביה וְאַרְבְּעָ֤ה רֵאשִׁין֙ לְחֵ֣יוְתָ֔א וְשָׁלְטָ֖ן יְהִ֥יב לַֽהּ׃ בָּאתַ֣ר דְּנָה֩ גַּבַּ֑הּ
חָזֵ֨ה הֲוֵ֜ית בְּחֶזְוֵ֣י לֵֽילְיָ֗א וַאֲר֣וּ חֵיוָה֩ רביעיה דְּחִילָ֨ה וְאֵֽימְתָנִ֜י רְבִֽיעָאָ֗ה
וְתַקִּיפָ֣א יַתִּ֗ירָה וְשִׁנַּ֨יִן דִּֽי־פַרְזֶ֥ל לַהּ֙ רַבְרְבָ֔ן אָֽכְלָ֣ה וּמַדֱּקָ֔ה
וּשְׁאָ֖רָא ברגליה רָפְסָ֑ה וְהִ֣יא מְשַׁנְּיָ֗ה מִן־כָּל־חֵֽיוָתָא֙ דִּ֣י קדמיה בְּרַגְלַ֣הּ | קָֽדָמַ֔הּ
ח וְקַרְנַ֥יִן עֲשַׂ֖ר לַֽהּ׃ מִשְׂתַּכַּ֨ל הֲוֵ֜ית בְּקַרְנַיָּ֗א וַ֠אֲלוּ קֶ֣רֶן אָחֳרִ֤י
זְעֵירָה֙ סִלְקָ֣ת ביניהון וּתְלָ֗ת מִן־קַרְנַיָּא֙ קַדְמָ֣יָתָ֔א אתעקרו בֵּֽינֵיהֵ֔ן | אֶתְעֲקַ֖רָה
מִן־קדמיה וַ֠אֲלוּ עַיְנִ֨ין כְּעַיְנֵ֤י אֲנָשָׁא֙ בְּקַרְנָא־דָ֔א וּפֻ֖ם מְמַלִּ֥ל קֳדָמַ֑הּ
ט רַבְרְבָֽן׃ חָזֵ֣ה הֲוֵ֗ית עַ֣ד דִּ֤י כָרְסָוָן֙ רְמִ֔יו וְעַתִּ֥יק יוֹמִ֖ין יְתִ֑ב
לְבוּשֵׁ֣הּ ׀ כִּתְלַ֣ג חִוָּ֗ר וּשְׂעַ֤ר רֵאשֵׁהּ֙ כַּעֲמַ֣ר נְקֵ֔א כָּרְסְיֵהּ֙ שְׁבִיבִ֣ין

דניאל

ז

דִּי־נוּר גָּלְגִּלּוֹהִי נוּר דָּלִק: נְהַר דִּי־נוּר נָגֵד וְנָפֵק מִן־קֳדָמוֹהִי י

אֶלֶף אֱלָפִים יְשַׁמְּשׁוּנֵּהּ וְרִבּוֹ רִבְבָן קָדָמוֹהִי יְקוּמוּן דִּינָא יְתִב אַלְפִין ׀ רִבְבָן

וְסִפְרִין פְּתִיחוּ: חָזֵה הֲוֵית בֵּאדַיִן מִן־קָל מִלַּיָּא רַבְרְבָתָא דִּי יא

קַרְנָא מְמַלְּלָה חָזֵה הֲוֵית עַד דִּי קְטִילַת חֵיוְתָא וְהוּבַד גִּשְׁמַהּ

וִיהִיבַת לִיקֵדַת אֶשָּׁא: וּשְׁאָר חֵיוָתָא הֶעְדִּיו שָׁלְטָנְהוֹן וְאַרְכָה יב

בְחַיִּין יְהִיבַת לְהוֹן עַד־זְמַן וְעִדָּן: חָזֵה הֲוֵית בְּחֶזְוֵי לֵילְיָא יג

וַאֲרוּ עִם־עֲנָנֵי שְׁמַיָּא כְּבַר אֱנָשׁ אָתֵה הֲוָה וְעַד־עַתִּיק יוֹמַיָּא

מְטָה וּקְדָמוֹהִי הַקְרְבוּהִי: וְלֵהּ יְהִב שָׁלְטָן וִיקָר וּמַלְכוּ וְכֹל יד

עַמְמַיָּא אֻמַּיָּא וְלִשָּׁנַיָּא לֵהּ יִפְלְחוּן שָׁלְטָנֵהּ שָׁלְטָן עָלַם דִּי־

לָא יֶעְדֵּה וּמַלְכוּתֵהּ דִּי־לָא תִתְחַבַּל: אֶתְכְּרִיַּת טו

רוּחִי אֲנָה דָנִיֵּאל בְּגוֹא נִדְנֶה וְחֶזְוֵי רֵאשִׁי יְבַהֲלֻנַּנִי: קִרְבֵת עַל־ טז

חַד מִן־קָאֲמַיָּא וְיַצִּיבָא אֶבְעֵא־מִנֵּהּ עַל־כָּל־דְּנָה וַאֲמַר־לִי

וּפְשַׁר מִלַּיָּא יְהוֹדְעִנַּנִי: אִלֵּין חֵיוָתָא רַבְרְבָתָא דִּי אִנִּין אַרְבַּע יז

אַרְבְּעָה מַלְכִין יְקוּמוּן מִן־אַרְעָא: וִיקַבְּלוּן מַלְכוּתָא קַדִּישֵׁי יח

עֶלְיוֹנִין וְיַחְסְנוּן מַלְכוּתָא עַד־עָלְמָא וְעַד עָלַם עָלְמַיָּא: אֱדַיִן יט

צְבִית לְיַצָּבָא עַל־חֵיוְתָא רְבִיעָיְתָא דִּי־הֲוָת שָׁנְיָה מִן־כָּלְּהֵן כָּלְּהֵן

דְּחִילָה יַתִּירָה שִׁנַּהּ דִּי־פַרְזֶל וְטִפְרַהּ דִּי־נְחָשׁ אָכְלָה מַדֲּקָה שִׁנַּהּ ׀ וְטִפְרַהּ

וּשְׁאָרָא בְּרַגְלַהּ רָפְסָה: וְעַל־קַרְנַיָּא עֲשַׂר דִּי בְרֵאשַׁהּ וְאָחֳרִי כ בְּרַגְלַהּ

דִּי סִלְקַת וּנְפַלוּ מִן־קֳדָמֵיהּ תְּלָת וְקַרְנָא דִכֵּן וְעַיְנִין לַהּ וּפֻם וּנְפַלָה ׀ קָדָמֵהּ

מְמַלִּל רַבְרְבָן וְחֶזְוַהּ רַב מִן־חַבְרָתַהּ: חָזֵה הֲוֵית וְקַרְנָא דִכֵּן כא

עָבְדָא קְרָב עִם־קַדִּישִׁין וְיָכְלָה לְהוֹן: עַד דִּי־אֲתָה עַתִּיק כב

יוֹמַיָּא וְדִינָא יְהִב לְקַדִּישֵׁי עֶלְיוֹנִין וְזִמְנָא מְטָה וּמַלְכוּתָא

הֶחֱסִנוּ קַדִּישִׁין: כֵּן אֲמַר חֵיוְתָא רְבִיעָיְתָא מַלְכוּ רְבִיעָיָה רְבִיעָאָה כג

תֶּהֱוֵא בְאַרְעָא דִּי תִשְׁנֵא מִן־כָּל־מַלְכְוָתָא וְתֵאכֻל כָּל־אַרְעָא

וּתְדוּשִׁנַּהּ וְתַדְּקִנַּהּ: וְקַרְנַיָּא עֲשַׂר מִנַּהּ מַלְכוּתָה עַשְׂרָה כד

מַלְכִין יְקֻמוּן וְאָחֳרָן יְקוּם אַחֲרֵיהוֹן וְהוּא יִשְׁנֵא מִן־קַדְמָיֵא

וּתְלָתָה מַלְכִין יְהַשְׁפִּל: וּמִלִּין לְצַד עִלָּיָא יְמַלִּל וּלְקַדִּישֵׁי כה עִלָּאָה ריש

עֶלְיוֹנִין יְבַלֵּא וְיִסְבַּר לְהַשְׁנָיָה זִמְנִין וְדָת וְיִתְיַהֲבוּן בִּידֵהּ עַד־
כו עִדָּן וְעִדָּנִין וּפְלַג עִדָּן׃ וְדִינָא יִתִּב וְשָׁלְטָנֵהּ יְהַעְדּוֹן לְהַשְׁמָדָה
כז וּלְהוֹבָדָה עַד־סוֹפָא׃ וּמַלְכוּתָא וְשָׁלְטָנָא וּרְבוּתָא דִּי מַלְכְוָת
תְּחוֹת כָּל־שְׁמַיָּא יְהִיבַת לְעַם קַדִּישֵׁי עֶלְיוֹנִין מַלְכוּתֵהּ
כח מַלְכוּת עָלַם וְכֹל שָׁלְטָנַיָּא לֵהּ יִפְלְחוּן וְיִשְׁתַּמְּעוּן׃ עַד־כָּה
סוֹפָא דִי־מִלְּתָא אֲנָה דָנִיֵּאל שַׂגִּיא ׀ רַעְיוֹנַי יְבַהֲלֻנַּנִי וְזִיוַי
יִשְׁתַּנּוֹן עֲלַי וּמִלְּתָא בְּלִבִּי נִטְרֵת׃
ח א בִּשְׁנַת שָׁלוֹשׁ לְמַלְכוּת בֵּלְאשַׁצַּר הַמֶּלֶךְ חָזוֹן נִרְאָה אֵלַי אֲנִי
ב דָנִיֵּאל אַחֲרֵי הַנִּרְאָה אֵלַי בַּתְּחִלָּה׃ וָאֶרְאֶה בֶּחָזוֹן וַיְהִי בִּרְאֹתִי
וַאֲנִי בְּשׁוּשַׁן הַבִּירָה אֲשֶׁר בְּעֵילָם הַמְּדִינָה וָאֶרְאֶה בֶּחָזוֹן וַאֲנִי
ג הָיִיתִי עַל־אוּבַל אוּלָי׃ וָאֶשָּׂא עֵינַי וָאֶרְאֶה וְהִנֵּה ׀ אַיִל אֶחָד
עֹמֵד לִפְנֵי הָאֻבָל וְלוֹ קְרָנָיִם וְהַקְּרָנַיִם גְּבֹהוֹת וְהָאַחַת גְּבֹהָה
ד מִן־הַשֵּׁנִית וְהַגְּבֹהָה עֹלָה בָּאַחֲרֹנָה׃ רָאִיתִי אֶת־הָאַיִל מְנַגֵּחַ
יָמָּה וְצָפוֹנָה וָנֶגְבָּה וְכָל־חַיּוֹת לֹא־יַעַמְדוּ לְפָנָיו וְאֵין מַצִּיל
ה מִיָּדוֹ וְעָשָׂה כִרְצֹנוֹ וְהִגְדִּיל׃ וַאֲנִי ׀ הָיִיתִי מֵבִין וְהִנֵּה צְפִיר־
הָעִזִּים בָּא מִן־הַמַּעֲרָב עַל־פְּנֵי כָל־הָאָרֶץ וְאֵין נוֹגֵעַ בָּאָרֶץ
ו וְהַצָּפִיר קֶרֶן חָזוּת בֵּין עֵינָיו׃ וַיָּבֹא עַד־הָאַיִל בַּעַל הַקְּרָנַיִם
ז אֲשֶׁר רָאִיתִי עֹמֵד לִפְנֵי הָאֻבָל וַיָּרָץ אֵלָיו בַּחֲמַת כֹּחוֹ׃ וּרְאִיתִיו
מַגִּיעַ ׀ אֵצֶל הָאַיִל וַיִּתְמַרְמַר אֵלָיו וַיַּךְ אֶת־הָאַיִל וַיְשַׁבֵּר
אֶת־שְׁתֵּי קְרָנָיו וְלֹא־הָיָה כֹחַ בָּאַיִל לַעֲמֹד לְפָנָיו וַיַּשְׁלִיכֵהוּ
ח אַרְצָה וַיִּרְמְסֵהוּ וְלֹא־הָיָה מַצִּיל לָאַיִל מִיָּדוֹ׃ וּצְפִיר הָעִזִּים
הִגְדִּיל עַד־מְאֹד וּכְעָצְמוֹ נִשְׁבְּרָה הַקֶּרֶן הַגְּדוֹלָה וַתַּעֲלֶנָה
ט חָזוּת אַרְבַּע תַּחְתֶּיהָ לְאַרְבַּע רוּחוֹת הַשָּׁמָיִם׃ וּמִן־הָאַחַת
מֵהֶם יָצָא קֶרֶן־אַחַת מִצְּעִירָה וַתִּגְדַּל־יֶתֶר אֶל־הַנֶּגֶב וְאֶל־
י הַמִּזְרָח וְאֶל־הַצֶּבִי׃ וַתִּגְדַּל עַד־צְבָא הַשָּׁמָיִם וַתַּפֵּל אַרְצָה
יא מִן־הַצָּבָא וּמִן־הַכּוֹכָבִים וַתִּרְמְסֵם׃ וְעַד שַׂר־הַצָּבָא הִגְדִּיל
יב וּמִמֶּנּוּ הרים הַתָּמִיד וְהֻשְׁלַךְ מְכוֹן מִקְדָּשׁוֹ׃ וְצָבָא תִּנָּתֵן עַל־

הורם

הַתָּמִיד בְּפָשַׁע וְתַשְׁלֵךְ אֱמֶת אַרְצָה וְעָשְׂתָה וְהִצְלִיחָה׃
יג וָאֶשְׁמְעָה אֶחָד־קָדוֹשׁ מְדַבֵּר וַיֹּאמֶר אֶחָד קָדוֹשׁ לַפַּלְמוֹנִי
הַמְדַבֵּר עַד־מָתַי הֶחָזוֹן הַתָּמִיד וְהַפֶּשַׁע שֹׁמֵם תֵּת וְקֹדֶשׁ
יד וְצָבָא מִרְמָס׃ וַיֹּאמֶר אֵלַי עַד עֶרֶב בֹּקֶר אַלְפַּיִם וּשְׁלֹשׁ מֵאוֹת
טו וְנִצְדַּק קֹדֶשׁ׃ וַיְהִי בִּרְאֹתִי אֲנִי דָנִיֵּאל אֶת־הֶחָזוֹן וָאֲבַקְשָׁה
טז בִינָה וְהִנֵּה עֹמֵד לְנֶגְדִּי כְּמַרְאֵה־גָבֶר׃ וָאֶשְׁמַע קוֹל־אָדָם בֵּין
יז אוּלָי וַיִּקְרָא וַיֹּאמַר גַּבְרִיאֵל הָבֵן לְהַלָּז אֶת־הַמַּרְאֶה׃ וַיָּבֹא
אֵצֶל עָמְדִי וּבְבֹאוֹ נִבְעַתִּי וָאֶפְּלָה עַל־פָּנָי וַיֹּאמֶר אֵלַי הָבֵן
יח בֶּן־אָדָם כִּי לְעֶת־קֵץ הֶחָזוֹן׃ וּבְדַבְּרוֹ עִמִּי נִרְדַּמְתִּי עַל־פָּנַי
יט אָרְצָה וַיִּגַּע־בִּי וַיַּעֲמִידֵנִי עַל־עָמְדִי׃ וַיֹּאמֶר הִנְנִי מוֹדִיעֲךָ
כ אֵת אֲשֶׁר־יִהְיֶה בְּאַחֲרִית הַזָּעַם כִּי לְמוֹעֵד קֵץ׃ הָאַיִל אֲשֶׁר־
כא רָאִיתָ בַּעַל הַקְּרָנָיִם מַלְכֵי מָדַי וּפָרָס׃ וְהַצָּפִיר הַשָּׂעִיר מֶלֶךְ
יָוָן וְהַקֶּרֶן הַגְּדוֹלָה אֲשֶׁר בֵּין־עֵינָיו הוּא הַמֶּלֶךְ הָרִאשׁוֹן׃
כב וְהַנִּשְׁבֶּרֶת וַתַּעֲמֹדְנָה אַרְבַּע תַּחְתֶּיהָ אַרְבַּע מַלְכֻיוֹת מִגּוֹי
כג יַעֲמֹדְנָה וְלֹא בְכֹחוֹ׃ וּבְאַחֲרִית מַלְכוּתָם כְּהָתֵם הַפֹּשְׁעִים
כד יַעֲמֹד מֶלֶךְ עַז־פָּנִים וּמֵבִין חִידוֹת׃ וְעָצַם כֹּחוֹ וְלֹא בְכֹחוֹ
וְנִפְלָאוֹת יַשְׁחִית וְהִצְלִיחַ וְעָשָׂה וְהִשְׁחִית עֲצוּמִים וְעַם־
כה קְדֹשִׁים׃ וְעַל־שִׂכְלוֹ וְהִצְלִיחַ מִרְמָה בְּיָדוֹ וּבִלְבָבוֹ יַגְדִּיל
וּבְשַׁלְוָה יַשְׁחִית רַבִּים וְעַל שַׂר־שָׂרִים יַעֲמֹד וּבְאֶפֶס יָד יִשָּׁבֵר׃
כו וּמַרְאֵה הָעֶרֶב וְהַבֹּקֶר אֲשֶׁר נֶאֱמַר אֱמֶת הוּא וְאַתָּה סְתֹם
כז הֶחָזוֹן כִּי לְיָמִים רַבִּים׃ וַאֲנִי דָנִיֵּאל נִהְיֵיתִי וְנֶחֱלֵיתִי יָמִים
וָאָקוּם וָאֶעֱשֶׂה אֶת־מְלֶאכֶת הַמֶּלֶךְ וָאֶשְׁתּוֹמֵם עַל־הַמַּרְאֶה
וְאֵין מֵבִין׃

ט א בִּשְׁנַת אַחַת לְדָרְיָוֶשׁ בֶּן־אֲחַשְׁוֵרוֹשׁ מִזֶּרַע מָדָי אֲשֶׁר הָמְלַךְ
ב עַל מַלְכוּת כַּשְׂדִּים׃ בִּשְׁנַת אַחַת לְמָלְכוֹ אֲנִי דָּנִיֵּאל בִּינֹתִי
בַּסְּפָרִים מִסְפַּר הַשָּׁנִים אֲשֶׁר הָיָה דְבַר־יְהוָה אֶל־יִרְמְיָה
ג הַנָּבִיא לְמַלֹּאות לְחָרְבוֹת יְרוּשָׁלִַם שִׁבְעִים שָׁנָה׃ וָאֶתְּנָה

אֶת־פָּנַי אֶל־אֲדֹנָי הָאֱלֹהִים לְבַקֵּשׁ תְּפִלָּה וְתַחֲנוּנִים בְּצוֹם
ד וְשַׂק וָאֵפֶר׃ וָאֶתְפַּלְלָה לַיהוָה אֱלֹהַי וָאֶתְוַדֶּה וָאֹמְרָה אָנָּא ו
אֲדֹנָי הָאֵל הַגָּדוֹל וְהַנּוֹרָא שֹׁמֵר הַבְּרִית וְהַחֶסֶד לְאֹהֲבָיו
ה וּלְשֹׁמְרֵי מִצְוֺתָיו׃ חָטָאנוּ וְעָוִינוּ והרשענו וּמָרָדְנוּ וְסוֹר הִרְשַׁעְנוּ
ו מִמִּצְוֺתֶךָ וּמִמִּשְׁפָּטֶיךָ׃ וְלֹא שָׁמַעְנוּ אֶל־עֲבָדֶיךָ הַנְּבִיאִים
אֲשֶׁר דִּבְּרוּ בְּשִׁמְךָ אֶל־מְלָכֵינוּ שָׂרֵינוּ וַאֲבֹתֵינוּ וְאֶל כָּל־עַם
ז הָאָרֶץ׃ לְךָ אֲדֹנָי הַצְּדָקָה וְלָנוּ בֹּשֶׁת הַפָּנִים כַּיּוֹם הַזֶּה לְאִישׁ
יְהוּדָה וּלְיוֹשְׁבֵי יְרוּשָׁלִַם וּלְכָל־יִשְׂרָאֵל הַקְּרֹבִים וְהָרְחֹקִים
בְּכָל־הָאֲרָצוֹת אֲשֶׁר הִדַּחְתָּם שָׁם בְּמַעֲלָם אֲשֶׁר מָעֲלוּ־בָךְ׃
ח יְהוָה לָנוּ בֹּשֶׁת הַפָּנִים לִמְלָכֵינוּ לְשָׂרֵינוּ וְלַאֲבֹתֵינוּ אֲשֶׁר
ט חָטָאנוּ לָךְ׃ לַאדֹנָי אֱלֹהֵינוּ הָרַחֲמִים וְהַסְּלִחוֹת כִּי מָרַדְנוּ
י בּוֹ׃ וְלֹא שָׁמַעְנוּ בְּקוֹל יְהוָה אֱלֹהֵינוּ לָלֶכֶת בְּתוֹרֹתָיו אֲשֶׁר
יא נָתַן לְפָנֵינוּ בְּיַד עֲבָדָיו הַנְּבִיאִים׃ וְכָל־יִשְׂרָאֵל עָבְרוּ אֶת־
תּוֹרָתֶךָ וְסוֹר לְבִלְתִּי שְׁמוֹעַ בְּקֹלֶךָ וַתִּתַּךְ עָלֵינוּ הָאָלָה
וְהַשְּׁבֻעָה אֲשֶׁר כְּתוּבָה בְּתוֹרַת מֹשֶׁה עֶבֶד־הָאֱלֹהִים כִּי
יב חָטָאנוּ לוֹ׃ וַיָּקֶם אֶת־דבריו ׀ אֲשֶׁר־דִּבֶּר עָלֵינוּ וְעַל־שֹׁפְטֵינוּ דְּבָרוֹ
אֲשֶׁר שְׁפָטוּנוּ לְהָבִיא עָלֵינוּ רָעָה גְדֹלָה אֲשֶׁר לֹא־נֶעֶשְׂתָה
יג תַּחַת כָּל־הַשָּׁמַיִם כַּאֲשֶׁר נֶעֶשְׂתָה בִּירוּשָׁלִָם׃ כַּאֲשֶׁר כָּתוּב
בְּתוֹרַת מֹשֶׁה אֵת כָּל־הָרָעָה הַזֹּאת בָּאָה עָלֵינוּ וְלֹא־חִלִּינוּ
אֶת־פְּנֵי ׀ יְהוָה אֱלֹהֵינוּ לָשׁוּב מֵעֲוֺנֵנוּ וּלְהַשְׂכִּיל בַּאֲמִתֶּךָ׃
יד וַיִּשְׁקֹד יְהוָה עַל־הָרָעָה וַיְבִיאֶהָ עָלֵינוּ כִּי־צַדִּיק יְהוָה אֱלֹהֵינוּ
טו עַל־כָּל־מַעֲשָׂיו אֲשֶׁר עָשָׂה וְלֹא שָׁמַעְנוּ בְּקֹלוֹ׃ וְעַתָּה ׀ אֲדֹנָי
אֱלֹהֵינוּ אֲשֶׁר הוֹצֵאתָ אֶת־עַמְּךָ מֵאֶרֶץ מִצְרַיִם בְּיָד חֲזָקָה
טז וַתַּעַשׂ־לְךָ שֵׁם כַּיּוֹם הַזֶּה חָטָאנוּ רָשָׁעְנוּ׃ אֲדֹנָי כְּכָל־
צִדְקֹתֶךָ יָשָׁב־נָא אַפְּךָ וַחֲמָתְךָ מֵעִירְךָ יְרוּשָׁלִַם הַר־קָדְשֶׁךָ
כִּי בַחֲטָאֵינוּ וּבַעֲוֺנוֹת אֲבֹתֵינוּ יְרוּשָׁלִַם וְעַמְּךָ לְחֶרְפָּה לְכָל־
יז סְבִיבֹתֵינוּ׃ וְעַתָּה ׀ שְׁמַע אֱלֹהֵינוּ אֶל־תְּפִלַּת עַבְדְּךָ וְאֶל־

תַּחֲנוּנָיו וְהָאֵר פָּנֶיךָ עַל־מִקְדָּשְׁךָ הַשָּׁמֵם לְמַעַן אֲדֹנָי׃ הַטֵּה יח
אֱלֹהַי ׀ אָזְנְךָ וּשְׁמָע פקחה עֵינֶיךָ וּרְאֵה שֹׁמְמֹתֵינוּ וְהָעִיר פְּקַח
אֲשֶׁר־נִקְרָא שִׁמְךָ עָלֶיהָ כִּי ׀ לֹא עַל־צִדְקֹתֵינוּ אֲנַחְנוּ מַפִּילִים
תַּחֲנוּנֵינוּ לְפָנֶיךָ כִּי עַל־רַחֲמֶיךָ הָרַבִּים׃ אֲדֹנָי ׀ שְׁמָעָה אֲדֹנָי ׀ יט
סְלָחָה אֲדֹנָי הַקֲשִׁיבָה וַעֲשֵׂה אַל־תְּאַחַר לְמַעַנְךָ אֱלֹהַי כִּי־
שִׁמְךָ נִקְרָא עַל־עִירְךָ וְעַל־עַמֶּךָ׃ וְעוֹד אֲנִי מְדַבֵּר וּמִתְפַּלֵּל כ
וּמִתְוַדֶּה חַטָּאתִי וְחַטַּאת עַמִּי יִשְׂרָאֵל וּמַפִּיל תְּחִנָּתִי לִפְנֵי
יְהוָה אֱלֹהַי עַל הַר־קֹדֶשׁ אֱלֹהָי׃ וְעוֹד אֲנִי מְדַבֵּר בַּתְּפִלָּה כא
וְהָאִישׁ גַּבְרִיאֵל אֲשֶׁר רָאִיתִי בֶחָזוֹן בַּתְּחִלָּה מֻעָף בִּיעָף נֹגֵעַ
אֵלַי כְּעֵת מִנְחַת־עָרֶב׃ וַיָּבֶן וַיְדַבֵּר עִמִּי וַיֹּאמַר דָּנִיֵּאל עַתָּה כב
יָצָאתִי לְהַשְׂכִּילְךָ בִינָה׃ בִּתְחִלַּת תַּחֲנוּנֶיךָ יָצָא דָבָר וַאֲנִי כג
בָּאתִי לְהַגִּיד כִּי חֲמוּדוֹת אָתָּה וּבִין בַּדָּבָר וְהָבֵן בַּמַּרְאֶה׃
שָׁבֻעִים שִׁבְעִים נֶחְתַּךְ עַל־עַמְּךָ ׀ וְעַל־עִיר קָדְשֶׁךָ לְכַלֵּא כד
הַפֶּשַׁע ולחתם חטאות וּלְכַפֵּר עָוֺן וּלְהָבִיא צֶדֶק עֹלָמִים וּלְהָתֵם חַטָּאת
וְלַחְתֹּם חָזוֹן וְנָבִיא וְלִמְשֹׁחַ קֹדֶשׁ קָדָשִׁים׃ וְתֵדַע וְתַשְׂכֵּל מִן־ כה
מֹצָא דָבָר לְהָשִׁיב וְלִבְנוֹת יְרוּשָׁלִַם עַד־מָשִׁיחַ נָגִיד שָׁבֻעִים
שִׁבְעָה וְשָׁבֻעִים שִׁשִּׁים וּשְׁנַיִם תָּשׁוּב וְנִבְנְתָה רְחוֹב וְחָרוּץ
וּבְצוֹק הָעִתִּים׃ וְאַחֲרֵי הַשָּׁבֻעִים שִׁשִּׁים וּשְׁנַיִם יִכָּרֵת מָשִׁיחַ כו
וְאֵין לוֹ וְהָעִיר וְהַקֹּדֶשׁ יַשְׁחִית עַם נָגִיד הַבָּא וְקִצּוֹ בַשֶּׁטֶף
וְעַד קֵץ מִלְחָמָה נֶחֱרֶצֶת שֹׁמֵמוֹת׃ וְהִגְבִּיר בְּרִית לָרַבִּים שָׁבוּעַ כז
אֶחָד וַחֲצִי הַשָּׁבוּעַ יַשְׁבִּית ׀ זֶבַח וּמִנְחָה וְעַל כְּנַף שִׁקּוּצִים
מְשֹׁמֵם וְעַד־כָּלָה וְנֶחֱרָצָה תִּתַּךְ עַל־שֹׁמֵם׃
בִּשְׁנַת שָׁלוֹשׁ לְכוֹרֶשׁ מֶלֶךְ פָּרַס דָּבָר נִגְלָה לְדָנִיֵּאל אֲשֶׁר־נִקְרָא י א
שְׁמוֹ בֵּלְטְשַׁאצַּר וֶאֱמֶת הַדָּבָר וְצָבָא גָדוֹל וּבִין אֶת־הַדָּבָר וּבִינָה
לוֹ בַּמַּרְאֶה׃ בַּיָּמִים הָהֵם אֲנִי דָנִיֵּאל הָיִיתִי מִתְאַבֵּל שְׁלֹשָׁה ב
שָׁבֻעִים יָמִים׃ לֶחֶם חֲמֻדוֹת לֹא אָכַלְתִּי וּבָשָׂר וָיַיִן לֹא־בָא אֶל־ ג
פִּי וְסוֹךְ לֹא־סָכְתִּי עַד־מְלֹאת שְׁלֹשֶׁת שָׁבֻעִים יָמִים׃

ד וּבְיוֹם עֶשְׂרִים וְאַרְבָּעָה לַחֹדֶשׁ הָרִאשׁוֹן וַאֲנִי הָיִיתִי עַל־יַד
ה הַנָּהָר הַגָּדוֹל הוּא חִדָּקֶל׃ וָאֶשָּׂא אֶת־עֵינַי וָאֵרֶא וְהִנֵּה אִישׁ־
ו אֶחָד לָבוּשׁ בַּדִּים וּמָתְנָיו חֲגֻרִים בְּכֶתֶם אוּפָז׃ וּגְוִיָּתוֹ כְתַרְשִׁישׁ
וּפָנָיו כְּמַרְאֵה בָרָק וְעֵינָיו כְּלַפִּידֵי אֵשׁ וּזְרֹעֹתָיו וּמַרְגְּלֹתָיו
ז כְּעֵין נְחֹשֶׁת קָלָל וְקוֹל דְּבָרָיו כְּקוֹל הָמוֹן׃ וְרָאִיתִי אֲנִי דָנִיֵּאל
לְבַדִּי אֶת־הַמַּרְאָה וְהָאֲנָשִׁים אֲשֶׁר הָיוּ עִמִּי לֹא רָאוּ אֶת־
הַמַּרְאָה אֲבָל חֲרָדָה גְדֹלָה נָפְלָה עֲלֵיהֶם וַיִּבְרְחוּ בְּהֵחָבֵא׃
ח וַאֲנִי נִשְׁאַרְתִּי לְבַדִּי וָאֶרְאֶה אֶת־הַמַּרְאָה הַגְּדֹלָה הַזֹּאת וְלֹא
נִשְׁאַר־בִּי כֹּחַ וְהוֹדִי נֶהְפַּךְ עָלַי לְמַשְׁחִית וְלֹא עָצַרְתִּי כֹּחַ׃
ט וָאֶשְׁמַע אֶת־קוֹל דְּבָרָיו וּכְשָׁמְעִי אֶת־קוֹל דְּבָרָיו וַאֲנִי הָיִיתִי
י נִרְדָּם עַל־פָּנַי וּפָנַי אָרְצָה׃ וְהִנֵּה־יָד נָגְעָה בִּי וַתְּנִיעֵנִי עַל־
יא בִּרְכַּי וְכַפּוֹת יָדָי׃ וַיֹּאמֶר אֵלַי דָּנִיֵּאל אִישׁ־חֲמֻדוֹת הָבֵן
בַּדְּבָרִים אֲשֶׁר אָנֹכִי דֹּבֵר אֵלֶיךָ וַעֲמֹד עַל־עָמְדֶךָ כִּי עַתָּה
שֻׁלַּחְתִּי אֵלֶיךָ וּבְדַבְּרוֹ עִמִּי אֶת־הַדָּבָר הַזֶּה עָמַדְתִּי מַרְעִיד׃
יב וַיֹּאמֶר אֵלַי אַל־תִּירָא דָנִיֵּאל כִּי ׀ מִן־הַיּוֹם הָרִאשׁוֹן אֲשֶׁר
נָתַתָּ אֶת־לִבְּךָ לְהָבִין וּלְהִתְעַנּוֹת לִפְנֵי אֱלֹהֶיךָ נִשְׁמְעוּ
יג דְבָרֶיךָ וַאֲנִי בָאתִי בִּדְבָרֶיךָ׃ וְשַׂר ׀ מַלְכוּת פָּרַס עֹמֵד לְנֶגְדִּי
עֶשְׂרִים וְאֶחָד יוֹם וְהִנֵּה מִיכָאֵל אַחַד הַשָּׂרִים הָרִאשֹׁנִים בָּא
יד לְעָזְרֵנִי וַאֲנִי נוֹתַרְתִּי שָׁם אֵצֶל מַלְכֵי פָרָס׃ וּבָאתִי לַהֲבִינְךָ
אֵת אֲשֶׁר־יִקְרָה לְעַמְּךָ בְּאַחֲרִית הַיָּמִים כִּי־עוֹד חָזוֹן לַיָּמִים׃
טו וּבְדַבְּרוֹ עִמִּי כַּדְּבָרִים הָאֵלֶּה נָתַתִּי פָנַי אַרְצָה וְנֶאֱלָמְתִּי׃
טז וְהִנֵּה כִּדְמוּת בְּנֵי אָדָם נֹגֵעַ עַל־שְׂפָתָי וָאֶפְתַּח־פִּי וָאֲדַבְּרָה
וָאֹמְרָה אֶל־הָעֹמֵד לְנֶגְדִּי אֲדֹנִי בַּמַּרְאָה נֶהֶפְכוּ צִירַי עָלַי
יז וְלֹא עָצַרְתִּי כֹּחַ׃ וְהֵיךְ יוּכַל עֶבֶד אֲדֹנִי זֶה לְדַבֵּר עִם־אֲדֹנִי
זֶה וַאֲנִי מֵעַתָּה לֹא־יַעֲמָד־בִּי כֹחַ וּנְשָׁמָה לֹא נִשְׁאֲרָה־בִי׃
יח יט וַיֹּסֶף וַיִּגַּע־בִּי כְּמַרְאֵה אָדָם וַיְחַזְּקֵנִי׃ וַיֹּאמֶר אַל־תִּירָא אִישׁ־
חֲמֻדוֹת שָׁלוֹם לָךְ חֲזַק וַחֲזָק וּכְדַבְּרוֹ עִמִּי הִתְחַזַּקְתִּי וָאֹמְרָה

דניאל

י

כ וַיְדַבֵּ֤ר אֲדֹנָי֙ כִּ֣י חִזַּקְתָּ֔נִי וַיֹּ֨אמֶר֙ הֲיָדַ֔עְתָּ לָמָּה־בָּ֖אתִי אֵלֶ֑יךָ
וְעַתָּ֣ה אָשׁ֔וּב לְהִלָּחֵ֖ם עִם־שַׂ֣ר פָּרָ֑ס וַאֲנִ֣י יוֹצֵ֔א וְהִנֵּ֥ה שַׂר־

כא יָוָ֖ן בָּֽא׃ אֲבָל֙ אַגִּ֣יד לְךָ֔ אֶת־הָרָשׁ֖וּם בִּכְתָ֣ב אֱמֶ֑ת וְאֵ֨ין אֶחָ֜ד
מִתְחַזֵּ֤ק עִמִּי֙ עַל־אֵ֔לֶּה כִּ֥י אִם־מִיכָאֵ֖ל שַׂרְכֶֽם׃ וַאֲנִי֙ א יא
בִּשְׁנַ֣ת אַחַ֔ת לְדָרְיָ֖וֶשׁ הַמָּדִ֑י עָמְדִ֛י לְמַחֲזִ֥יק וּלְמָע֖וֹז לֽוֹ׃

ב וְעַתָּ֕ה אֱמֶ֖ת אַגִּ֣יד לָ֑ךְ הִנֵּה־עוֹד֩ שְׁלֹשָׁ֨ה מְלָכִ֜ים עֹמְדִ֣ים
לְפָרַ֗ס וְהָֽרְבִיעִי֙ יַעֲשִׁ֤יר עֹֽשֶׁר־גָּדוֹל֙ מִכֹּ֔ל וּכְחֶזְקָת֣וֹ בְעָשְׁר֔וֹ

ג יָעִ֣יר הַכֹּ֔ל אֵ֖ת מַלְכ֥וּת יָוָֽן׃ וְעָמַ֖ד מֶ֣לֶךְ גִּבּ֑וֹר וּמָשַׁל֙ מִמְשָׁ֣ל
רַ֔ב וְעָשָׂ֖ה כִּרְצוֹנֽוֹ׃ וּכְעָמְדוֹ֙ תִּשָּׁבֵ֣ר מַלְכוּת֔וֹ וְתֵחָ֖ץ לְאַרְבַּ֣ע ד
רוּח֣וֹת הַשָּׁמָ֑יִם וְלֹ֣א לְאַחֲרִית֗וֹ וְלֹ֤א כְמָשְׁלוֹ֙ אֲשֶׁ֣ר מָשָׁ֔ל כִּ֤י
תִנָּתֵשׁ֙ מַלְכוּת֔וֹ וְלַאֲחֵרִ֖ים מִלְּבַד־אֵֽלֶּה׃ וְיֶחֱזַ֥ק מֶֽלֶךְ־הַנֶּ֖גֶב ה
וּמִן־שָׂרָ֑יו וְיֶחֱזַ֤ק עָלָיו֙ וּמָשָׁ֔ל מִמְשָׁ֥ל רַ֖ב מֶמְשַׁלְתּֽוֹ׃ וּלְקֵ֣ץ ו
שָׁנִים֮ יִתְחַבָּרוּ֒ וּבַ֣ת מֶֽלֶךְ־הַנֶּ֗גֶב תָּבוֹא֙ אֶל־מֶ֣לֶךְ הַצָּפ֔וֹן
לַעֲשׂ֖וֹת מֵישָׁרִ֑ים וְלֹֽא־תַעְצֹ֞ר כּ֣וֹחַ הַזְּר֗וֹעַ וְלֹ֤א יַעֲמֹד֙ וּזְרֹע֔וֹ
וְתִנָּתֵ֨ן הִ֤יא וּמְבִיאֶ֨יהָ֙ וְהַיֹּ֣לְדָ֔הּ וּמַחֲזִקָ֖הּ בָּעִתִּֽים׃ וְעָמַ֜ד מִנֵּ֧צֶר ז
שָׁרָשֶׁ֛יהָ כַּנּ֖וֹ וְיָבֹ֣א אֶל־הַחַ֑יִל וְיָבֹ֞א בְּמָע֨וֹז֙ מֶ֣לֶךְ הַצָּפ֔וֹן וְעָשָׂ֥ה
בָהֶ֖ם וְהֶחֱזִֽיק׃ וְגַ֣ם אֱלֹֽהֵיהֶ֡ם עִם־נְסִֽכֵיהֶם֩ עִם־כְּלֵ֨י חֶמְדָּתָ֜ם ח
כֶּ֧סֶף וְזָהָ֛ב בַּשְּׁבִ֖י יָבִ֣א מִצְרָ֑יִם וְהוּא֙ שָׁנִ֣ים יַעֲמֹ֔ד מִמֶּ֖לֶךְ
הַצָּפֽוֹן׃ וּבָ֗א בְּמַלְכוּת֙ מֶ֣לֶךְ הַנֶּ֔גֶב וְשָׁ֖ב אֶל־אַדְמָתֽוֹ׃ וּבָנָ֣יו ט
יִתְגָּר֗וּ וְאָֽסְפוּ֙ הֲמוֹן֙ חֲיָלִ֣ים רַבִּ֔ים וּבָ֣א בֹ֔וא וְשָׁטַ֖ף וְעָבָ֑ר וְיָשֹׁ֥ב
וְיִתְגָּר֖וּ עַד־מָעֻזֹּֽה׃ וְיִתְמַרְמַר֙ מֶ֣לֶךְ הַנֶּ֔גֶב וְיָצָ֕א וְנִלְחַ֥ם עִמּ֖וֹ וְיִתְגָּרֶ֖ה יא
עִם־מֶ֣לֶךְ הַצָּפ֑וֹן וְהֶֽעֱמִיד֙ הָמ֣וֹן רָ֔ב וְנִתַּ֥ן הֶהָמ֖וֹן בְּיָדֽוֹ׃ וְנִשָּׂ֥א יב
הֶהָמ֖וֹן יָ֣ר֑וּם לְבָב֑וֹ וְהִפִּ֛יל רִבֹּא֖וֹת וְלֹ֥א יָעֽוֹז׃ וְשָׁב֙ מֶ֣לֶךְ הַצָּפ֔וֹן וְרָם֙ יג
וְהֶעֱמִ֣יד הָמ֔וֹן רָ֖ב מִן־הָרִאשׁ֑וֹן וּלְקֵ֨ץ הָֽעִתִּ֤ים שָׁנִים֙ יָב֣וֹא
ב֗וֹא בְּחַ֤יִל גָּדוֹל֙ וּבִרְכ֣וּשׁ רָ֔ב׃ וּבָעִתִּ֣ים הָהֵ֔ם רַבִּ֥ים יַעַמְד֖וּ יד
עַל־מֶ֣לֶךְ הַנֶּ֑גֶב וּבְנֵ֣י ׀ פָּרִיצֵ֣י עַמְּךָ֗ יִֽנַּשְׂאֽוּ לְהַעֲמִ֥יד חָז֖וֹן
וְנִכְשָֽׁלוּ׃ וְיָבֹא֙ מֶ֣לֶךְ הַצָּפ֔וֹן וְיִשְׁפֹּ֖ךְ סוֹלְלָ֑ה וְלָכַ֖ד עִ֥יר מִבְצָר֖וֹת טו

רכד

וּזְרֹעוֹת הַנֶּגֶב לֹא יַעֲמֹדוּ וְעַם מִבְחָרָיו וְאֵין כֹּחַ לַעֲמֹד׃
טז וְיַעַשׂ הַבָּא אֵלָיו כִּרְצוֹנוֹ וְאֵין עוֹמֵד לְפָנָיו וְיַעֲמֹד בְּאֶרֶץ־
יז הַצְּבִי וְכָלָה בְיָדוֹ׃ וְיָשֵׂם ׀ פָּנָיו לָבוֹא בְּתֹקֶף כָּל־מַלְכוּתוֹ
וִישָׁרִים עִמּוֹ וְעָשָׂה וּבַת הַנָּשִׁים יִתֶּן־לוֹ לְהַשְׁחִיתָהּ וְלֹא
יח תַעֲמֹד וְלֹא־לוֹ תִהְיֶה׃ וישב ׀ פָּנָיו לְאִיִּים וְלָכַד רַבִּים וְיָשֵׂם
יט וְהִשְׁבִּית קָצִין חֶרְפָּתוֹ לוֹ בִּלְתִּי חֶרְפָּתוֹ יָשִׁיב לוֹ׃ וְיָשֵׁב פָּנָיו
כ לְמָעוּזֵּי אַרְצוֹ וְנִכְשַׁל וְנָפַל וְלֹא יִמָּצֵא׃ וְעָמַד עַל־כַּנּוֹ
מַעֲבִיר נוֹגֵשׂ הֶדֶר מַלְכוּת וּבְיָמִים אֲחָדִים יִשָּׁבֵר וְלֹא
כא בְאַפַּיִם וְלֹא בְמִלְחָמָה׃ וְעָמַד עַל־כַּנּוֹ נִבְזֶה וְלֹא־נָתְנוּ עָלָיו
הוֹד מַלְכוּת וּבָא בְשַׁלְוָה וְהֶחֱזִיק מַלְכוּת בַּחֲלַקְלַקּוֹת׃
כב כג וּזְרֹעוֹת הַשֶּׁטֶף יִשָּׁטְפוּ מִלְּפָנָיו וְיִשָּׁבֵרוּ וְגַם נְגִיד בְּרִית׃ וּמִן־
הִתְחַבְּרוּת אֵלָיו יַעֲשֶׂה מִרְמָה וְעָלָה וְעָצַם בִּמְעַט־גּוֹי׃
כד בְּשַׁלְוָה וּבְמִשְׁמַנֵּי מְדִינָה יָבוֹא וְעָשָׂה אֲשֶׁר לֹא־עָשׂוּ אֲבֹתָיו
וַאֲבוֹת אֲבֹתָיו בִּזָּה וְשָׁלָל וּרְכוּשׁ לָהֶם יִבְזוֹר וְעַל מִבְצָרִים
כה יְחַשֵּׁב מַחְשְׁבֹתָיו וְעַד־עֵת׃ וְיָעֵר כֹּחוֹ וּלְבָבוֹ עַל־מֶלֶךְ הַנֶּגֶב
בְּחַיִל גָּדוֹל וּמֶלֶךְ הַנֶּגֶב יִתְגָּרֶה לַמִּלְחָמָה בְּחַיִל־גָּדוֹל וְעָצוּם
כו עַד־מְאֹד וְלֹא יַעֲמֹד כִּי־יַחְשְׁבוּ עָלָיו מַחֲשָׁבוֹת׃ וְאֹכְלֵי
כז פַת־בָּגוֹ יִשְׁבְּרוּהוּ וְחֵילוֹ יִשְׁטוֹף וְנָפְלוּ חֲלָלִים רַבִּים׃ וּשְׁנֵיהֶם
הַמְּלָכִים לְבָבָם לְמֵרָע וְעַל־שֻׁלְחָן אֶחָד כָּזָב יְדַבֵּרוּ וְלֹא
כח תִצְלָח כִּי־עוֹד קֵץ לַמּוֹעֵד׃ וְיָשֹׁב אַרְצוֹ בִּרְכוּשׁ גָּדוֹל וּלְבָבוֹ
כט עַל־בְּרִית קֹדֶשׁ וְעָשָׂה וְשָׁב לְאַרְצוֹ׃ לַמּוֹעֵד יָשׁוּב וּבָא
ל בַנֶּגֶב וְלֹא־תִהְיֶה כָרִאשֹׁנָה וְכָאַחֲרֹנָה׃ וּבָאוּ בוֹ צִיִּים כִּתִּים
וְנִכְאָה וְשָׁב וְזָעַם עַל־בְּרִית־קוֹדֶשׁ וְעָשָׂה וְשָׁב וְיָבֵן עַל־
לא עֹזְבֵי בְּרִית קֹדֶשׁ׃ וּזְרֹעִים מִמֶּנּוּ יַעֲמֹדוּ וְחִלְּלוּ הַמִּקְדָּשׁ
לב הַמָּעוֹז וְהֵסִירוּ הַתָּמִיד וְנָתְנוּ הַשִּׁקּוּץ מְשֹׁמֵם׃ וּמַרְשִׁיעֵי
לג בְרִית יַחֲנִיף בַּחֲלַקּוֹת וְעַם יֹדְעֵי אֱלֹהָיו יַחֲזִקוּ וְעָשׂוּ׃ וּמַשְׂכִּילֵי
עָם יָבִינוּ לָרַבִּים וְנִכְשְׁלוּ בְּחֶרֶב וּבְלֶהָבָה בִּשְׁבִי וּבְבִזָּה

יָמִים: וּבְהִכָּשְׁלָ֗ם יֵעָזְר֖וּ עֵ֣זֶר מְעָ֑ט וְנִלְו֧וּ עֲלֵיהֶ֛ם רַבִּ֖ים לד
בַּחֲלַקְלַקּֽוֹת: וּמִן־הַמַּשְׂכִּילִ֣ים יִכָּֽשְׁל֗וּ לִצְר֥וֹף בָּהֶ֛ם וּלְבָרֵ֥ר לה
וְלַלְבֵּ֖ן עַד־עֵ֣ת קֵ֑ץ כִּי־ע֖וֹד לַמּוֹעֵֽד: וְעָשָׂ֨ה כִרְצוֹנ֜וֹ הַמֶּ֗לֶךְ לו
וְיִתְרוֹמֵ֤ם וְיִתְגַּדֵּל֙ עַל־כָּל־אֵ֔ל וְעַל֙ אֵ֣ל אֵלִ֔ים יְדַבֵּ֖ר נִפְלָא֑וֹת
וְהִצְלִ֙יחַ֙ עַד־כָּ֣לָה זַ֔עַם כִּ֥י נֶחֱרָצָ֖ה נֶעֱשָֽׂתָה: וְעַל־אֱלֹהֵ֤י לז
אֲבֹתָיו֙ לֹ֣א יָבִ֔ין וְעַל־חֶמְדַּ֥ת נָשִׁ֛ים וְעַֽל־כָּל־אֱל֖וֹהַּ לֹ֣א יָבִ֑ין
כִּ֥י עַל־כֹּ֖ל יִתְגַּדָּֽל: וְלֶאֱלֹ֙הַּ֙ מָֽעֻזִּ֣ים עַל־כַּנּ֣וֹ יְכַבֵּ֑ד וְלֶאֱל֗וֹהַּ לח
אֲשֶׁ֤ר לֹא־יְדָעֻ֙הוּ֙ אֲבֹתָ֔יו יְכַבֵּ֛ד בְּזָהָ֥ב וּבְכֶ֖סֶף וּבְאֶ֥בֶן יְקָרָ֖ה
וּבַחֲמֻדֽוֹת: וְעָשָׂ֞ה לְמִבְצְרֵ֤י מָֽעֻזִּים֙ עִם־אֱל֣וֹהַּ נֵכָ֔ר אֲשֶׁ֥ר לט
הִכִּ֖יר יַרְבֶּ֣ה כָב֑וֹד וְהִמְשִׁילָם֙ בָּֽרַבִּ֔ים וַאֲדָמָ֖ה יְחַלֵּ֥ק בִּמְחִֽיר:
וּבְעֵ֣ת קֵ֗ץ יִתְנַגַּ֤ח עִמּוֹ֙ מֶ֣לֶךְ הַנֶּ֔גֶב וְיִשְׂתָּעֵ֨ר עָלָ֜יו מֶ֣לֶךְ הַצָּפ֗וֹן מ
בְּרֶ֙כֶב֙ וּבְפָ֣רָשִׁ֔ים וּבָאֳנִיּ֖וֹת רַבּ֑וֹת וּבָ֥א בַאֲרָצ֖וֹת וְשָׁטַ֥ף וְעָבָֽר:
וּבָ֙א בְּאֶ֣רֶץ הַצְּבִ֔י וְרַבּ֖וֹת יִכָּשֵׁ֑לוּ וְאֵ֙לֶּה֙ יִמָּלְט֣וּ מִיָּד֔וֹ אֱד֥וֹם מא
וּמוֹאָ֖ב וְרֵאשִׁ֥ית בְּנֵ֥י עַמּֽוֹן: וְיִשְׁלַ֥ח יָד֖וֹ בַּאֲרָצ֑וֹת וְאֶ֥רֶץ מב
מִצְרַ֖יִם לֹ֥א תִהְיֶ֖ה לִפְלֵיטָֽה: וּמָשַׁ֗ל בְּמִכְמַנֵּי֙ הַזָּהָ֣ב וְהַכֶּ֔סֶף מג
וּבְכֹ֖ל חֲמֻד֣וֹת מִצְרָ֑יִם וְלֻבִ֥ים וְכֻשִׁ֖ים בְּמִצְעָדָֽיו: וּשְׁמֻע֣וֹת מד
יְבַהֲלֻ֔הוּ מִמִּזְרָ֖ח וּמִצָּפ֑וֹן וְיָצָא֙ בְּחֵמָ֣א גְדֹלָ֔ה לְהַשְׁמִ֖יד וּֽלְהַחֲרִ֥ים
רַבִּֽים: וְיִטַּע֙ אׇהֳלֵ֣י אַפַּדְנ֔וֹ בֵּ֥ין יַמִּ֖ים לְהַר־צְבִי־קֹ֑דֶשׁ וּבָ֣א מה
עַד־קִצּ֔וֹ וְאֵ֥ין עוֹזֵ֖ר לֽוֹ: וּבָעֵת֩ הַהִ֨יא יַעֲמֹ֜ד מִֽיכָאֵ֣ל הַשַּׂ֣ר א יב
הַגָּד֗וֹל הָעֹמֵד֙ עַל־בְּנֵ֣י עַמֶּ֔ךָ וְהָֽיְתָה֙ עֵ֣ת צָרָ֔ה אֲשֶׁ֥ר לֹֽא־
נִֽהְיְתָה֙ מִֽהְי֣וֹת גּ֔וֹי עַ֖ד הָעֵ֣ת הַהִ֑יא וּבָעֵ֤ת הַהִיא֙ יִמָּלֵ֣ט עַמְּךָ֔
כָּל־הַנִּמְצָ֖א כָּת֣וּב בַּסֵּֽפֶר: וְרַבִּ֕ים מִיְּשֵׁנֵ֥י אַדְמַת־עָפָ֖ר יָקִ֑יצוּ ב
אֵ֚לֶּה לְחַיֵּ֣י עוֹלָ֔ם וְאֵ֥לֶּה לַחֲרָפ֖וֹת לְדִרְא֥וֹן עוֹלָֽם: וְהַ֙מַּשְׂכִּלִ֔ים ג
יַזְהִ֖רוּ כְּזֹ֣הַר הָרָקִ֑יעַ וּמַצְדִּיקֵי֙ הָֽרַבִּ֔ים כַּכּוֹכָבִ֖ים לְעוֹלָ֥ם
וָעֶֽד: וְאַתָּ֣ה דָֽנִיֵּ֗אל סְתֹ֧ם הַדְּבָרִ֛ים וַחֲתֹ֥ם הַסֵּ֖פֶר ד
עַד־עֵ֣ת קֵ֑ץ יְשֹׁטְט֥וּ רַבִּ֖ים וְתִרְבֶּ֥ה הַדָּֽעַת: וְרָאִ֙יתִי֙ אֲנִ֣י דָֽנִיֵּ֔אל ה
וְהִנֵּ֛ה שְׁנַ֥יִם אֲחֵרִ֖ים עֹמְדִ֑ים אֶחָ֥ד הֵ֙נָּה֙ לִשְׂפַ֣ת הַיְאֹ֔ר וְאֶחָ֥ד

ו הַנֵּה לִשְׂפַת הַיְאֹר: וַיֹּאמֶר לָאִישׁ לְבוּשׁ הַבַּדִּים אֲשֶׁר מִמַּעַל
ז לְמֵימֵי הַיְאֹר עַד־מָתַי קֵץ הַפְּלָאוֹת: וָאֶשְׁמַע אֶת־הָאִישׁ ׀
לְבוּשׁ הַבַּדִּים אֲשֶׁר מִמַּעַל לְמֵימֵי הַיְאֹר וַיָּרֶם יְמִינוֹ וּשְׂמֹאלוֹ
אֶל־הַשָּׁמַיִם וַיִּשָּׁבַע בְּחֵי הָעוֹלָם כִּי לְמוֹעֵד מוֹעֲדִים וָחֵצִי
ח וּכְכַלּוֹת נַפֵּץ יַד־עַם־קֹדֶשׁ תִּכְלֶינָה כָל־אֵלֶּה: וַאֲנִי שָׁמַעְתִּי
ט וְלֹא אָבִין וָאֹמְרָה אֲדֹנִי מָה אַחֲרִית אֵלֶּה: וַיֹּאמֶר לֵךְ
י דָּנִיֵּאל כִּי־סְתֻמִים וַחֲתֻמִים הַדְּבָרִים עַד־עֵת קֵץ: יִתְבָּרֲרוּ
וְיִתְלַבְּנוּ וְיִצָּרְפוּ רַבִּים וְהִרְשִׁיעוּ רְשָׁעִים וְלֹא יָבִינוּ כָּל־
יא רְשָׁעִים וְהַמַּשְׂכִּלִים יָבִינוּ: וּמֵעֵת הוּסַר הַתָּמִיד וְלָתֵת
יב שִׁקּוּץ שֹׁמֵם יָמִים אֶלֶף מָאתַיִם וְתִשְׁעִים: אַשְׁרֵי הַמְחַכֶּה
יג וְיַגִּיעַ לְיָמִים אֶלֶף שְׁלֹשׁ מֵאוֹת שְׁלֹשִׁים וַחֲמִשָּׁה: וְאַתָּה
לֵךְ לַקֵּץ וְתָנוּחַ וְתַעֲמֹד לְגֹרָלְךָ לְקֵץ הַיָּמִין:

עזרא · נחמיה

א א וּבִשְׁנַת אַחַת לְכוֹרֶשׁ מֶלֶךְ פָּרַס לִכְלוֹת דְּבַר־יְהוָה מִפִּי
יִרְמְיָה הֵעִיר יְהוָה אֶת־רוּחַ כֹּרֶשׁ מֶלֶךְ־פָּרַס וַיַּעֲבֶר־קוֹל
ב בְּכָל־מַלְכוּתוֹ וְגַם־בְּמִכְתָּב לֵאמֹר׃ כֹּה אָמַר כֹּרֶשׁ מֶלֶךְ
פָּרַס כֹּל מַמְלְכוֹת הָאָרֶץ נָתַן לִי יְהוָה אֱלֹהֵי הַשָּׁמָיִם וְהוּא־
ג פָקַד עָלַי לִבְנוֹת־לוֹ בַיִת בִּירוּשָׁלַ͏ִם אֲשֶׁר בִּיהוּדָה׃ מִי־בָכֶם
מִכָּל־עַמּוֹ יְהִי אֱלֹהָיו עִמּוֹ וְיַעַל לִירוּשָׁלַ͏ִם אֲשֶׁר בִּיהוּדָה
וְיִבֶן אֶת־בֵּית יְהוָה אֱלֹהֵי יִשְׂרָאֵל הוּא הָאֱלֹהִים אֲשֶׁר
ד בִּירוּשָׁלָ͏ִם׃ וְכָל־הַנִּשְׁאָר מִכָּל־הַמְּקֹמוֹת אֲשֶׁר הוּא גָר־שָׁם
יְנַשְּׂאוּהוּ אַנְשֵׁי מְקֹמוֹ בְּכֶסֶף וּבְזָהָב וּבִרְכוּשׁ וּבִבְהֵמָה עִם־
ה הַנְּדָבָה לְבֵית הָאֱלֹהִים אֲשֶׁר בִּירוּשָׁלָ͏ִם׃ וַיָּקוּמוּ רָאשֵׁי
הָאָבוֹת לִיהוּדָה וּבִנְיָמִן וְהַכֹּהֲנִים וְהַלְוִיִּם לְכֹל הֵעִיר הָאֱלֹהִים
אֶת־רוּחוֹ לַעֲלוֹת לִבְנוֹת אֶת־בֵּית יְהוָה אֲשֶׁר בִּירוּשָׁלָ͏ִם׃
ו וְכָל־סְבִיבֹתֵיהֶם חִזְּקוּ בִידֵיהֶם בִּכְלֵי־כֶסֶף בַּזָּהָב בָּרְכוּשׁ
וּבַבְּהֵמָה וּבַמִּגְדָּנוֹת לְבַד עַל־כָּל־הִתְנַדֵּב׃
ז וְהַמֶּלֶךְ כּוֹרֶשׁ הוֹצִיא אֶת־כְּלֵי בֵית־יְהוָה אֲשֶׁר הוֹצִיא
ח נְבוּכַדְנֶצַּר מִירוּשָׁלַ͏ִם וַיִּתְּנֵם בְּבֵית אֱלֹהָיו׃ וַיּוֹצִיאֵם כּוֹרֶשׁ
מֶלֶךְ פָּרַס עַל־יַד מִתְרְדָת הַגִּזְבָּר וַיִּסְפְּרֵם לְשֵׁשְׁבַּצַּר הַנָּשִׂיא
ט לִיהוּדָה׃ וְאֵלֶּה מִסְפָּרָם אֲגַרְטְלֵי זָהָב שְׁלֹשִׁים
י אֲגַרְטְלֵי־כֶסֶף אָלֶף מַחֲלָפִים תִּשְׁעָה וְעֶשְׂרִים׃ כְּפוֹרֵי זָהָב
שְׁלֹשִׁים כְּפוֹרֵי כֶסֶף מִשְׁנִים אַרְבַּע מֵאוֹת וַעֲשָׂרָה כֵּלִים
יא אֲחֵרִים אָלֶף׃ כָּל־כֵּלִים לַזָּהָב וְלַכֶּסֶף חֲמֵשֶׁת אֲלָפִים וְאַרְבַּע
מֵאוֹת הַכֹּל הֶעֱלָה שֵׁשְׁבַּצַּר עִם הֵעָלוֹת הַגּוֹלָה מִבָּבֶל
לִירוּשָׁלָ͏ִם׃
ב א וְאֵלֶּה ׀ בְּנֵי הַמְּדִינָה הָעֹלִים מִשְּׁבִי הַגּוֹלָה אֲשֶׁר הֶגְלָה
נבוכדנצור מֶלֶךְ־בָּבֶל לְבָבֶל וַיָּשׁוּבוּ לִירוּשָׁלַ͏ִם וִיהוּדָה אִישׁ נְבוּכַדְנֶצַּר
ב לְעִירוֹ׃ אֲשֶׁר־בָּאוּ עִם־זְרֻבָּבֶל יֵשׁוּעַ נְחֶמְיָה שְׂרָיָה רְעֵלָיָה
מָרְדֳּכַי בִּלְשָׁן מִסְפָּר בִּגְוַי רְחוּם בַּעֲנָה מִסְפַּר אַנְשֵׁי עַם

ג ד יִשְׂרָאֵל: בְּנֵי פַרְעֹשׁ אַלְפַּיִם מֵאָה שִׁבְעִים וּשְׁנָיִם: בְּנֵי שְׁפַטְיָה
ה שְׁלֹשׁ מֵאוֹת שִׁבְעִים וּשְׁנָיִם: בְּנֵי אָרַח שְׁבַע מֵאוֹת חֲמִשָּׁה
ו וְשִׁבְעִים: בְּנֵי־פַחַת מוֹאָב לִבְנֵי יֵשׁוּעַ יוֹאָב אַלְפַּיִם שְׁמֹנֶה
ז מֵאוֹת וּשְׁנֵים עָשָׂר: בְּנֵי עֵילָם אֶלֶף מָאתַיִם חֲמִשִּׁים וְאַרְבָּעָה:
ח ט בְּנֵי זַתּוּא תְּשַׁע מֵאוֹת וְאַרְבָּעִים וַחֲמִשָּׁה: בְּנֵי זַכָּי שְׁבַע
י יא מֵאוֹת וְשִׁשִּׁים: בְּנֵי בָנִי שֵׁשׁ מֵאוֹת אַרְבָּעִים וּשְׁנָיִם: בְּנֵי בֵבָי
יב שֵׁשׁ מֵאוֹת עֶשְׂרִים וּשְׁלֹשָׁה: בְּנֵי עַזְגָּד אֶלֶף מָאתַיִם עֶשְׂרִים
יג יד וּשְׁנָיִם: בְּנֵי אֲדֹנִיקָם שֵׁשׁ מֵאוֹת שִׁשִּׁים וְשִׁשָּׁה: בְּנֵי בִגְוָי
טו אַלְפַּיִם חֲמִשִּׁים וְשִׁשָּׁה: בְּנֵי עָדִין אַרְבַּע מֵאוֹת חֲמִשִּׁים
טז יז וְאַרְבָּעָה: בְּנֵי־אָטֵר לִיחִזְקִיָּה תִּשְׁעִים וּשְׁמֹנָה: בְּנֵי בֵצָי שְׁלֹשׁ
יח יט מֵאוֹת עֶשְׂרִים וּשְׁלֹשָׁה: בְּנֵי יוֹרָה מֵאָה וּשְׁנֵים עָשָׂר: בְּנֵי
כ חָשֻׁם מָאתַיִם עֶשְׂרִים וּשְׁלֹשָׁה: בְּנֵי גִבָּר תִּשְׁעִים וַחֲמִשָּׁה:
כא כב בְּנֵי בֵית־לָחֶם מֵאָה עֶשְׂרִים וּשְׁלֹשָׁה: אַנְשֵׁי נְטֹפָה חֲמִשִּׁים
כג כד וְשִׁשָּׁה: אַנְשֵׁי עֲנָתוֹת מֵאָה עֶשְׂרִים וּשְׁמֹנָה: בְּנֵי עַזְמָוֶת
כה אַרְבָּעִים וּשְׁנָיִם: בְּנֵי קִרְיַת עָרִים כְּפִירָה וּבְאֵרוֹת שְׁבַע מֵאוֹת
כו וְאַרְבָּעִים וּשְׁלֹשָׁה: בְּנֵי הָרָמָה וָגָבַע שֵׁשׁ מֵאוֹת עֶשְׂרִים
כז כח וְאֶחָד: אַנְשֵׁי מִכְמָס מֵאָה עֶשְׂרִים וּשְׁנָיִם: אַנְשֵׁי בֵית־אֵל
כט ל וְהָעָי מָאתַיִם עֶשְׂרִים וּשְׁלֹשָׁה: בְּנֵי נְבוֹ חֲמִשִּׁים וּשְׁנָיִם: בְּנֵי
לא מַגְבִּישׁ מֵאָה חֲמִשִּׁים וְשִׁשָּׁה: בְּנֵי עֵילָם אַחֵר אֶלֶף מָאתַיִם
לב לג חֲמִשִּׁים וְאַרְבָּעָה: בְּנֵי חָרִם שְׁלֹשׁ מֵאוֹת וְעֶשְׂרִים: בְּנֵי־לֹד
לד חָדִיד וְאוֹנוֹ שְׁבַע מֵאוֹת עֶשְׂרִים וַחֲמִשָּׁה: בְּנֵי יְרֵחוֹ שְׁלֹשׁ
לה מֵאוֹת אַרְבָּעִים וַחֲמִשָּׁה: בְּנֵי סְנָאָה שְׁלֹשֶׁת אֲלָפִים וְשֵׁשׁ
לו מֵאוֹת וּשְׁלֹשִׁים: הַכֹּהֲנִים בְּנֵי יְדַעְיָה לְבֵית יֵשׁוּעַ תְּשַׁע מֵאוֹת
לז לח שִׁבְעִים וּשְׁלֹשָׁה: בְּנֵי אִמֵּר אֶלֶף חֲמִשִּׁים וּשְׁנָיִם: בְּנֵי פַשְׁחוּר
לט אֶלֶף מָאתַיִם אַרְבָּעִים וְשִׁבְעָה: בְּנֵי חָרִם אֶלֶף וְשִׁבְעָה עָשָׂר:
מ הַלְוִיִּם בְּנֵי־יֵשׁוּעַ וְקַדְמִיאֵל לִבְנֵי הוֹדַוְיָה שִׁבְעִים וְאַרְבָּעָה:
מא מב הַמְשֹׁרְרִים בְּנֵי אָסָף מֵאָה עֶשְׂרִים וּשְׁמֹנָה: בְּנֵי הַשֹּׁעֲרִים בְּנֵי־

שַׁלּוּם בְּנֵי־אָטֵר בְּנֵי־טַלְמוֹן בְּנֵי־עַקּוּב בְּנֵי חֲטִיטָא בְּנֵי שֹׁבָי
מג הַכֹּל מֵאָה שְׁלֹשִׁים וְתִשְׁעָה׃ הַנְּתִינִים בְּנֵי־צִיחָא בְנֵי־חֲשׂוּפָא
מד מה בְנֵי טַבָּעוֹת׃ בְּנֵי־קֵרֹס בְּנֵי־סִיעֲהָא בְּנֵי פָדוֹן׃ בְּנֵי־לְבָנָה בְנֵי־
מו מז חֲגָבָה בְּנֵי עַקּוּב׃ בְּנֵי־חָגָב בְּנֵי־שמלי בְּנֵי חָנָן׃ בְּנֵי־גִדֵּל בְּנֵי־ שַׁלְמַי
מח מט גַחַר בְּנֵי רְאָיָה׃ בְּנֵי־רְצִין בְּנֵי־נְקוֹדָא בְּנֵי גַזָּם׃ בְּנֵי־עֻזָּא בְנֵי־
נ נא פָסֵחַ בְּנֵי בֵסָי׃ בְּנֵי־אַסְנָה בְנֵי־מְעוּנִים בְּנֵי נפיסים׃ בְּנֵי־בַקְבּוּק נְפוּסִים
נב בְּנֵי־חֲקוּפָא בְּנֵי חַרְחוּר׃ בְּנֵי־בַצְלוּת בְּנֵי־מְחִידָא בְּנֵי חַרְשָׁא׃
נג נד בְּנֵי־בַרְקוֹס בְּנֵי־סִיסְרָא בְּנֵי־תָמַח׃ בְּנֵי נְצִיחַ בְּנֵי חֲטִיפָא׃
נה נו בְּנֵי עַבְדֵי שְׁלֹמֹה בְּנֵי־סֹטַי בְּנֵי־הַסֹּפֶרֶת בְּנֵי פְרוּדָא׃ בְּנֵי־
נז יַעְלָה בְנֵי־דַרְקוֹן בְּנֵי גִדֵּל׃ בְּנֵי שְׁפַטְיָה בְנֵי־חַטִּיל בְּנֵי פֹּכֶרֶת
נח הַצְּבָיִים בְּנֵי אָמִי׃ כָּל־הַנְּתִינִים וּבְנֵי עַבְדֵי שְׁלֹמֹה שְׁלֹשׁ מֵאוֹת
נט תִּשְׁעִים וּשְׁנָיִם׃ וְאֵלֶּה הָעֹלִים מִתֵּל מֶלַח תֵּל
חַרְשָׁא כְּרוּב אַדָּן אִמֵּר וְלֹא יָכְלוּ לְהַגִּיד בֵּית־אֲבוֹתָם וְזַרְעָם
ס אִם מִיִּשְׂרָאֵל הֵם׃ בְּנֵי־דְלָיָה בְנֵי־טוֹבִיָּה בְּנֵי נְקוֹדָא שֵׁשׁ
סא מֵאוֹת חֲמִשִּׁים וּשְׁנָיִם׃ וּמִבְּנֵי הַכֹּהֲנִים בְּנֵי
חֳבַיָּה בְּנֵי הַקּוֹץ בְּנֵי בַרְזִלַּי אֲשֶׁר לָקַח מִבְּנוֹת בַּרְזִלַּי הַגִּלְעָדִי
סב אִשָּׁה וַיִּקָּרֵא עַל־שְׁמָם׃ אֵלֶּה בִּקְשׁוּ כְתָבָם הַמִּתְיַחְשִׂים וְלֹא
סג נִמְצָאוּ וַיְגֹאֲלוּ מִן־הַכְּהֻנָּה׃ וַיֹּאמֶר הַתִּרְשָׁתָא לָהֶם אֲשֶׁר
לֹא־יֹאכְלוּ מִקֹּדֶשׁ הַקֳּדָשִׁים עַד עֲמֹד כֹּהֵן לְאוּרִים וּלְתֻמִּים׃
סד כָּל־הַקָּהָל כְּאֶחָד אַרְבַּע רִבּוֹא אַלְפַּיִם שְׁלֹשׁ־מֵאוֹת שִׁשִּׁים׃
סה מִלְּבַד עַבְדֵיהֶם וְאַמְהֹתֵיהֶם אֵלֶּה שִׁבְעַת אֲלָפִים שְׁלֹשׁ מֵאוֹת
סו שְׁלֹשִׁים וְשִׁבְעָה וְלָהֶם מְשֹׁרְרִים וּמְשֹׁרְרוֹת מָאתָיִם׃ סוּסֵיהֶם
שְׁבַע מֵאוֹת שְׁלֹשִׁים וְשִׁשָּׁה פִּרְדֵיהֶם מָאתַיִם אַרְבָּעִים
סז וַחֲמִשָּׁה׃ גְּמַלֵּיהֶם אַרְבַּע מֵאוֹת שְׁלֹשִׁים וְחָמֵשׁ חֲמֹרִים
סח שֵׁשֶׁת אֲלָפִים שְׁבַע מֵאוֹת וְעֶשְׂרִים׃ וּמֵרָאשֵׁי
הָאָבוֹת בְּבוֹאָם לְבֵית יְהוָה אֲשֶׁר בִּירוּשָׁלִָם הִתְנַדְּבוּ לְבֵית
סט הָאֱלֹהִים לְהַעֲמִידוֹ עַל־מְכוֹנוֹ׃ כְּכֹחָם נָתְנוּ לְאוֹצַר הַמְּלָאכָה

זָהָב דַּרְכְּמוֹנִים שֵׁשׁ־רִבֹּאוֹת וָאֶלֶף וְכֶסֶף מָנִים חֲמֵשֶׁת
ע אֲלָפִים וְכָתְנֹת כֹּהֲנִים מֵאָה׃ וַיֵּשְׁבוּ הַכֹּהֲנִים
וְהַלְוִיִּם וּמִן־הָעָם וְהַמְשֹׁרְרִים וְהַשּׁוֹעֲרִים וְהַנְּתִינִים בְּעָרֵיהֶם
ג א וְכָל־יִשְׂרָאֵל בְּעָרֵיהֶם׃ וַיִּגַּע הַחֹדֶשׁ הַשְּׁבִיעִי
וּבְנֵי יִשְׂרָאֵל בֶּעָרִים וַיֵּאָסְפוּ הָעָם כְּאִישׁ אֶחָד אֶל־יְרוּשָׁלִָם׃
ב וַיָּקָם יֵשׁוּעַ בֶּן־יוֹצָדָק וְאֶחָיו הַכֹּהֲנִים וּזְרֻבָּבֶל בֶּן־שְׁאַלְתִּיאֵל
וְאֶחָיו וַיִּבְנוּ אֶת־מִזְבַּח אֱלֹהֵי יִשְׂרָאֵל לְהַעֲלוֹת עָלָיו עֹלוֹת
ג כַּכָּתוּב בְּתוֹרַת מֹשֶׁה אִישׁ־הָאֱלֹהִים׃ וַיָּכִינוּ הַמִּזְבֵּחַ עַל־
מְכוֹנֹתָיו כִּי בְּאֵימָה עֲלֵיהֶם מֵעַמֵּי הָאֲרָצוֹת וַיַּעַל עָלָיו
ד עֹלוֹת לַיהוָה עֹלוֹת לַבֹּקֶר וְלָעָרֶב׃ וַיַּעֲשׂוּ אֶת־חַג הַסֻּכּוֹת
כַּכָּתוּב וְעֹלַת יוֹם בְּיוֹם בְּמִסְפָּר כְּמִשְׁפַּט דְּבַר־יוֹם בְּיוֹמוֹ׃
ה וְאַחֲרֵי־כֵן עֹלַת תָּמִיד וְלֶחֳדָשִׁים וּלְכָל־מוֹעֲדֵי יְהוָה הַמְקֻדָּשִׁים
ו וּלְכֹל מִתְנַדֵּב נְדָבָה לַיהוָה׃ מִיּוֹם אֶחָד לַחֹדֶשׁ הַשְּׁבִיעִי
ז הֵחֵלּוּ לְהַעֲלוֹת עֹלוֹת לַיהוָה וְהֵיכַל יְהוָה לֹא יֻסָּד׃ וַיִּתְּנוּ־
כֶסֶף לַחֹצְבִים וְלֶחָרָשִׁים וּמַאֲכָל וּמִשְׁתֶּה וָשֶׁמֶן לַצִּדֹנִים
וְלַצֹּרִים לְהָבִיא עֲצֵי אֲרָזִים מִן־הַלְּבָנוֹן אֶל־יָם יָפוֹא כְּרִשְׁיוֹן
ח כּוֹרֶשׁ מֶלֶךְ־פָּרַס עֲלֵיהֶם׃ וּבַשָּׁנָה הַשֵּׁנִית
לְבוֹאָם אֶל־בֵּית הָאֱלֹהִים לִירוּשָׁלִַם בַּחֹדֶשׁ הַשֵּׁנִי הֵחֵלּוּ
זְרֻבָּבֶל בֶּן־שְׁאַלְתִּיאֵל וְיֵשׁוּעַ בֶּן־יוֹצָדָק וּשְׁאָר אֲחֵיהֶם
הַכֹּהֲנִים וְהַלְוִיִּם וְכָל־הַבָּאִים מֵהַשְּׁבִי יְרוּשָׁלִַם וַיַּעֲמִידוּ אֶת־
הַלְוִיִּם מִבֶּן עֶשְׂרִים שָׁנָה וָמַעְלָה לְנַצֵּחַ עַל־מְלֶאכֶת בֵּית־
ט יְהוָה׃ וַיַּעֲמֹד יֵשׁוּעַ בָּנָיו וְאֶחָיו קַדְמִיאֵל וּבָנָיו בְּנֵי־יְהוּדָה
כְּאֶחָד לְנַצֵּחַ עַל־עֹשֵׂה הַמְּלָאכָה בְּבֵית הָאֱלֹהִים בְּנֵי חֵנָדָד
י בְּנֵיהֶם וַאֲחֵיהֶם הַלְוִיִּם׃ וְיִסְּדוּ הַבֹּנִים אֶת־הֵיכַל יְהוָה וַיַּעֲמִידוּ
הַכֹּהֲנִים מְלֻבָּשִׁים בַּחֲצֹצְרוֹת וְהַלְוִיִּם בְּנֵי־אָסָף בַּמְצִלְתַּיִם
יא לְהַלֵּל אֶת־יְהוָה עַל־יְדֵי דָּוִיד מֶלֶךְ־יִשְׂרָאֵל׃ וַיַּעֲנוּ בְּהַלֵּל
וּבְהוֹדֹת לַיהוָה כִּי טוֹב כִּי־לְעוֹלָם חַסְדּוֹ עַל־יִשְׂרָאֵל וְכָל־

הָעָם הֵרִיעוּ תְרוּעָה גְדוֹלָה בְהַלֵּל לַיהוָה עַל הוּסַד בֵּית־
יב יְהוָה׃ וְרַבִּים מֵהַכֹּהֲנִים וְהַלְוִיִּם וְרָאשֵׁי הָאָבוֹת הַזְּקֵנִים אֲשֶׁר
רָאוּ אֶת־הַבַּיִת הָרִאשׁוֹן בְּיָסְדוֹ זֶה הַבַּיִת בְּעֵינֵיהֶם בֹּכִים
יג בְּקוֹל גָּדוֹל וְרַבִּים בִּתְרוּעָה בְשִׂמְחָה לְהָרִים קוֹל׃ וְאֵין הָעָם ב
מַכִּירִים קוֹל תְּרוּעַת הַשִּׂמְחָה לְקוֹל בְּכִי הָעָם כִּי הָעָם
מְרִיעִים תְּרוּעָה גְדוֹלָה וְהַקּוֹל נִשְׁמַע עַד־לְמֵרָחוֹק׃
ד א וַיִּשְׁמְעוּ צָרֵי יְהוּדָה וּבִנְיָמִן כִּי־בְנֵי הַגּוֹלָה בּוֹנִים הֵיכָל לַיהוָה
ב אֱלֹהֵי יִשְׂרָאֵל׃ וַיִּגְּשׁוּ אֶל־זְרֻבָּבֶל וְאֶל־רָאשֵׁי הָאָבוֹת וַיֹּאמְרוּ
לָהֶם נִבְנֶה עִמָּכֶם כִּי כָכֶם נִדְרוֹשׁ לֵאלֹהֵיכֶם וְלֹא ׀ אֲנַחְנוּ וְלוֹ ׀
זֹבְחִים מִימֵי אֵסַר חַדֹּן מֶלֶךְ אַשּׁוּר הַמַּעֲלֶה אֹתָנוּ פֹּה׃
ג וַיֹּאמֶר לָהֶם זְרֻבָּבֶל וְיֵשׁוּעַ וּשְׁאָר רָאשֵׁי הָאָבוֹת לְיִשְׂרָאֵל
לֹא־לָכֶם וָלָנוּ לִבְנוֹת בַּיִת לֵאלֹהֵינוּ כִּי אֲנַחְנוּ יַחַד נִבְנֶה
לַיהוָה אֱלֹהֵי יִשְׂרָאֵל כַּאֲשֶׁר צִוָּנוּ הַמֶּלֶךְ כּוֹרֶשׁ מֶלֶךְ־פָּרָס׃
ד וַיְהִי עַם־הָאָרֶץ מְרַפִּים יְדֵי עַם־יְהוּדָה ומבלהים אוֹתָם וּמְבַהֲלִים
ה לִבְנוֹת׃ וְסֹכְרִים עֲלֵיהֶם יוֹעֲצִים לְהָפֵר עֲצָתָם כָּל־יְמֵי כּוֹרֶשׁ
ו מֶלֶךְ פָּרַס וְעַד־מַלְכוּת דָּרְיָוֶשׁ מֶלֶךְ־פָּרָס׃ וּבְמַלְכוּת
אֲחַשְׁוֵרוֹשׁ בִּתְחִלַּת מַלְכוּתוֹ כָּתְבוּ שִׂטְנָה עַל־יֹשְׁבֵי יְהוּדָה
ז וִירוּשָׁלִָם׃ וּבִימֵי אַרְתַּחְשַׁשְׂתָּא כָּתַב בִּשְׁלָם מִתְרְדָת
טָבְאֵל וּשְׁאָר כְּנָוֺתָו עַל־אַרְתַּחְשַׁשְׂתְּא מֶלֶךְ פָּרָס וּכְתָב
ח הַנִּשְׁתְּוָן כָּתוּב אֲרָמִית וּמְתֻרְגָּם אֲרָמִית׃ רְחוּם
בְּעֵל־טְעֵם וְשִׁמְשַׁי סָפְרָא כְּתַבוּ אִגְּרָה חֲדָה עַל־יְרוּשְׁלֶם
ט לְאַרְתַּחְשַׁשְׂתְּא מַלְכָּא כְּנֵמָא׃ אֱדַיִן רְחוּם בְּעֵל־טְעֵם
וְשִׁמְשַׁי סָפְרָא וּשְׁאָר כְּנָוָתְהוֹן דִּינָיֵא וַאֲפַרְסַתְכָיֵא טַרְפְּלָיֵא
י אֲפָרְסָיֵא ארכוי בָבְלָיֵא שׁוּשַׁנְכָיֵא דהוא עֵלְמָיֵא׃ וּשְׁאָר דֶּהָיֵא
אֻמַּיָּא דִּי הַגְלִי אָסְנַפַּר רַבָּא וְיַקִּירָא וְהוֹתֵב הִמּוֹ בְּקִרְיָה
יא דִּי שָׁמְרָיִן וּשְׁאָר עֲבַר־נַהֲרָה וּכְעֶנֶת׃ דְּנָה פַּרְשֶׁגֶן
אִגַּרְתָּא דִּי שְׁלַחוּ עֲלוֹהִי עַל־אַרְתַּחְשַׁשְׂתָּא מַלְכָּא עבדיך עַבְדָךְ

אֱנָ֥שׁ עֲבַֽר־נַהֲרָ֖ה וּכְעֶֽנֶת׃ יְדִ֣יעַ לֶהֱוֵ֣א לְמַלְכָּ֗א יב
דִּ֣י יְהוּדָיֵ֗א דִּ֤י סְלִ֙קוּ֙ מִן־לְוָתָ֔ךְ עֲלֶ֕ינָא אֲת֖וֹ לִירוּשְׁלֶ֑ם קִרְיְתָ֨א
שַׁכְלִ֫לוּ מָֽרָדְתָּ֤א וּבִאישְׁתָּא֙ בָּנַ֔יִן וְשׁוּרַיָּ֣א אשכללו וְאֻשַּׁיָּ֖א יַחִֽיטוּ׃
כְּעַ֞ן יְדִ֣יעַ לֶהֱוֵ֣א לְמַלְכָּ֗א דִּ֠י הֵ֣ן קִרְיְתָ֨א דָ֤ךְ תִּתְבְּנֵא֙ וְשׁוּרַיָּ֣א יג
יִשְׁתַּכְלְל֔וּן מִנְדָּה־בְלוֹ֙ וַהֲלָ֔ךְ לָ֣א יִנְתְּנ֔וּן וְאַפְּתֹ֖ם מַלְכִ֥ים
תְּהַנְזִֽק׃ כְּעַ֗ן כָּל־קֳבֵל֙ דִּֽי־מְלַ֤ח הֵֽיכְלָא֙ מְלַ֔חְנָא וְעַרְוַ֣ת יד
מַלְכָּ֔א לָ֥א אֲרִ֖יךְ לַ֣נָא לְמֶחֱזֵ֑א עַל־דְּנָ֙ה֙ שְׁלַ֔חְנָא וְהוֹדַ֖עְנָא
לְמַלְכָּֽא׃ דִּ֠י יְבַקַּ֞ר בִּסְפַ֣ר דָּכְרָנַיָּא֮ דִּ֣י אֲבָהָתָךְ֒ וּ֠תְהַשְׁכַּח טו
בִּסְפַ֨ר דָּכְרָנַיָּ֜א וְתִנְדַּ֗ע דִּ֣י קִרְיְתָ֣א דָךְ֩ קִרְיָ֨א מָֽרָדָ֜א וּמְהַנְזְקַ֣ת
מַלְכִין֮ וּמְדִנָן֒ וְאֶשְׁתַּדּוּר֙ עָבְדִ֣ין בְּגַוַּ֔הּ מִן־יוֹמָ֖ת עָלְמָ֑א עַל־
דְּנָ֖ה קִרְיְתָ֥א דָ֖ךְ הָחָרְבַֽת׃ מְהוֹדְעִ֤ין אֲנַ֙חְנָה֙ לְמַלְכָּ֔א דִּ֣י הֵ֣ן טז
קִרְיְתָ֤א דָךְ֙ תִּתְבְּנֵ֔א וְשׁוּרַ֖יָּה יִשְׁתַּכְלְל֑וּן לָקֳבֵ֣ל דְּנָ֔ה חֲלָק֙
בַּעֲבַ֣ר נַהֲרָ֔א לָ֥א אִיתַ֖י לָֽךְ׃ פִּתְגָמָ֞א שְׁלַ֣ח מַלְכָּ֗א יז
עַל־רְח֤וּם בְּעֵל־טְעֵם֙ וְשִׁמְשַׁ֣י סָפְרָ֔א וּשְׁאָר֙ כְּנָוָ֣תְה֔וֹן דִּ֥י יָתְבִ֖ין
בְּשָׁמְרָ֑יִן וּשְׁאָ֧ר עֲבַֽר־נַהֲרָ֛ה שְׁלָ֥ם וּכְעֶֽת׃ נִשְׁתְּוָנָ֕א דִּ֥י שְׁלַחְתּ֖וּן יח
עֲלֶ֑ינָא מְפָרַ֥שׁ קֱרִ֖י קָדָמָֽי׃ וּמִנִּ֣י שִׂ֣ים טְעֵ֗ם וּבַקַּ֙רוּ֙ וְהַשְׁכַּ֔חוּ דִּ֚י יט
קִרְיְתָ֣א דָ֔ךְ מִן־יוֹמָת֙ עָֽלְמָ֔א עַל־מַלְכִ֖ין מִתְנַשְּׂאָ֑ה וּמְרַ֥ד
וְאֶשְׁתַּדּ֖וּר מִתְעֲבֶד־בַּֽהּ׃ וּמַלְכִ֣ין תַּקִּיפִ֗ין הֲווֹ֙ עַל־יְר֣וּשְׁלֶ֔ם כ
וְשַׁ֨לִּיטִ֔ין בְּכֹ֖ל עֲבַ֣ר נַהֲרָ֑ה וּמִדָּ֛ה בְּל֥וֹ וַהֲלָ֖ךְ מִתְיְהֵ֥ב לְהֽוֹן׃
כְּעַן֙ שִׂ֣ימוּ טְּעֵ֔ם לְבַטָּלָ֖א גֻּבְרַיָּ֣א אִלֵּ֑ךְ וְקִרְיְתָ֤א דָךְ֙ לָ֣א כא
תִתְבְּנֵ֔א עַד־מִנִּ֖י טַעְמָ֥א יִתְּשָֽׂם׃ וּזְהִירִ֥ין הֱו֛וֹ שָׁל֖וּ לְמֶעְבַּ֣ד כב
עַל־דְּנָ֑ה לְמָה֙ יִשְׂגֵּ֣א חֲבָלָ֔א לְהַנְזָקַ֖ת מַלְכִֽין׃ אֱדַ֡יִן כג
מִן־דִּ֠י פַּרְשֶׁ֞גֶן נִשְׁתְּוָנָ֗א דִּי֙ אַרְתַּחְשַׁ֣שְׂתְּא מַלְכָּ֔א קֱרִ֧י קֳדָם־
רְח֛וּם וְשִׁמְשַׁ֥י סָפְרָ֖א וּכְנָוָתְה֑וֹן אֲזַ֨לוּ בִבְהִיל֤וּ לִירֽוּשְׁלֶם֙
עַל־יְה֣וּדָיֵ֔א וּבַטִּ֥לוּ הִמּ֖וֹ בְּאֶדְרָ֥ע וְחָֽיִל׃ בֵּאדַ֗יִן כד
בְּטֵלַת֙ עֲבִידַ֣ת בֵּית־אֱלָהָ֔א דִּ֖י בִּירוּשְׁלֶ֑ם וַהֲוָת֙ בָּֽטְלָ֔א עַ֗ד
שְׁנַ֣ת תַּרְתֵּ֔ין לְמַלְכ֖וּת דָּרְיָ֥וֶשׁ מֶלֶךְ־פָּרָֽס׃

א וְהִתְנַבִּי חַגַּי נביאה וּזְכַרְיָה בַר־עִדּוֹא נְבִיאַיָּא עַל־יְהוּדָיֵא נְבִיָּא
ב דִּי בִיהוּד וּבִירוּשְׁלֶם בְּשֻׁם אֱלָהּ יִשְׂרָאֵל עֲלֵיהוֹן׃ בֵּאדַיִן
קָמוּ זְרֻבָּבֶל בַּר־שְׁאַלְתִּיאֵל וְיֵשׁוּעַ בַּר־יוֹצָדָק וְשָׁרִיו לְמִבְנֵא
בֵּית אֱלָהָא דִּי בִירוּשְׁלֶם וְעִמְּהוֹן נְבִיאַיָּה דִי־אֱלָהָא מְסַעֲדִין
לְהוֹן׃
ג בֵּהּ־זִמְנָא אֲתָא עֲלֵיהוֹן תַּתְּנַי פַּחַת עֲבַר־נַהֲרָה וּשְׁתַר בּוֹזְנַי
וּכְנָוָתְהוֹן וְכֵן אָמְרִין לְהֹם מַן־שָׂם לְכֹם טְעֵם בַּיְתָא דְנָה לִבְּנֵא
ד וְאֻשַּׁרְנָא דְנָה לְשַׁכְלָלָה׃ אֱדַיִן כְּנֵמָא אֲמַרְנָא לְּהֹם מַן־אִנּוּן
ה שְׁמָהָת גֻּבְרַיָּא דִּי־דְנָה בִנְיָנָא בָּנַיִן׃ וְעֵין אֱלָהֲהֹם הֲוָת עַל־
שָׂבֵי יְהוּדָיֵא וְלָא־בַטִּלוּ הִמּוֹ עַד־טַעְמָא לְדָרְיָוֶשׁ יְהָךְ וֶאֱדַיִן
ו יְתִיבוּן נִשְׁתְּוָנָא עַל־דְּנָה׃ פַּרְשֶׁגֶן אִגַּרְתָּא דִּי־
שְׁלַח תַּתְּנַי ׀ פַּחַת עֲבַר־נַהֲרָה וּשְׁתַר בּוֹזְנַי וּכְנָוָתֵהּ אֲפַרְסְכָיֵא
ז דִּי בַּעֲבַר נַהֲרָה עַל־דָּרְיָוֶשׁ מַלְכָּא׃ פִּתְגָמָא שְׁלַחוּ עֲלוֹהִי
ח וְכִדְנָה כְּתִיב בְּגַוֵּהּ לְדָרְיָוֶשׁ מַלְכָּא שְׁלָמָא כֹלָּא׃ יְדִיעַ ׀ לֶהֱוֵא
לְמַלְכָּא דִּי־אֲזַלְנָא לִיהוּד מְדִינְתָּא לְבֵית אֱלָהָא רַבָּא וְהוּא
מִתְבְּנֵא אֶבֶן גְּלָל וְאָע מִתְּשָׂם בְּכֻתְלַיָּא וַעֲבִידְתָּא דָךְ
ט אָסְפַּרְנָא מִתְעַבְדָא וּמַצְלַח בְּיֶדְהֹם׃ אֱדַיִן שְׁאֵלְנָא לְשָׂבַיָּא
אִלֵּךְ כְּנֵמָא אֲמַרְנָא לְּהֹם מַן־שָׂם לְכֹם טְעֵם בַּיְתָא דְנָה
י לְמִבְנְיָה וְאֻשַּׁרְנָא דְנָה לְשַׁכְלָלָה׃ וְאַף שְׁמָהָתְהֹם שְׁאֵלְנָא
יא לְהֹם לְהוֹדָעוּתָךְ דִּי נִכְתֻּב שֻׁם־גֻּבְרַיָּא דִּי בְרָאשֵׁיהֹם׃ וּכְנֵמָא
פִתְגָמָא הֲתִיבוּנָא לְמֵמַר אֲנַחְנָא הִמּוֹ עַבְדוֹהִי דִי־אֱלָהּ
שְׁמַיָּא וְאַרְעָא וּבָנַיִן בַּיְתָא דִּי־הֲוָא בְנֵה מִקַּדְמַת דְּנָה
יב שְׁנִין שַׂגִּיאָן וּמֶלֶךְ לְיִשְׂרָאֵל רַב בְּנָהִי וְשַׁכְלְלֵהּ׃ לָהֵן מִן־דִּי
הַרְגִּזוּ אֲבָהֳתַנָא לֶאֱלָהּ שְׁמַיָּא יְהַב הִמּוֹ בְּיַד נְבוּכַדְנֶצַּר
מֶלֶךְ־בָּבֶל כסדיא וּבַיְתָה דְנָה סַתְרֵהּ וְעַמָּה הַגְלִי כַּסְדָּאָה
יג לְבָבֶל׃ בְּרַם בִּשְׁנַת חֲדָה לְכוֹרֶשׁ מַלְכָּא דִּי
יד בָבֶל כּוֹרֶשׁ מַלְכָּא שָׂם טְעֵם בֵּית־אֱלָהָא דְנָה לִבְּנֵא׃ וְאַף

מָאנַיָּא דִי־בֵית־אֱלָהָא דִּי דַהֲבָה וְכַסְפָּא דִּי נְבוּכַדְנֶצַּר
הַנְפֵּק מִן־הֵיכְלָא דִּי בִירוּשְׁלֶם וְהֵיבֵל הִמּוֹ לְהֵיכְלָא דִּי
בָבֶל הַנְפֵּק הִמּוֹ כּוֹרֶשׁ מַלְכָּא מִן־הֵיכְלָא דִּי בָבֶל וִיהִיבוּ
טו לְשֵׁשְׁבַּצַּר שְׁמֵהּ דִּי פֶחָה שָׂמֵהּ׃ וַאֲמַר־לֵהּ ׀ אלה מָאנַיָּא אֵל
שֵׂא אֵזֶל־אֲחֵת הִמּוֹ בְּהֵיכְלָא דִּי בִירוּשְׁלֶם וּבֵית אֱלָהָא
טז יִתְבְּנֵא עַל־אַתְרֵהּ׃ אֱדַיִן שֵׁשְׁבַּצַּר דֵּךְ אֲתָא
יְהַב אֻשַּׁיָּא דִּי־בֵית אֱלָהָא דִּי בִירוּשְׁלֶם וּמִן־אֱדַיִן וְעַד־כְּעַן
יז מִתְבְּנֵא וְלָא שְׁלִם׃ וּכְעַן הֵן עַל־מַלְכָּא טָב יִתְבַּקַּר בְּבֵית
גִּנְזַיָּא דִּי־מַלְכָּא תַמָּה דִּי בְּבָבֶל הֵן אִיתַי דִּי־מִן־כּוֹרֶשׁ מַלְכָּא
שִׂים טְעֵם לְמִבְנֵא בֵּית־אֱלָהָא דֵךְ בִּירוּשְׁלֶם וּרְעוּת מַלְכָּא
ו א עַל־דְּנָה יִשְׁלַח עֲלֶינָא׃ בֵּאדַיִן דָּרְיָוֶשׁ מַלְכָּא
שָׂם טְעֵם וּבַקַּרוּ ׀ בְּבֵית סִפְרַיָּא דִּי גִנְזַיָּא מְהַחֲתִין תַּמָּה
ב בְּבָבֶל׃ וְהִשְׁתְּכַח בְּאַחְמְתָא בְּבִירְתָא דִּי בְּמָדַי מְדִינְתָּא
ג מְגִלָּה חֲדָה וְכֵן־כְּתִיב בְּגַוַּהּ דִּכְרוֹנָה׃ בִּשְׁנַת
חֲדָה לְכוֹרֶשׁ מַלְכָּא כּוֹרֶשׁ מַלְכָּא שָׂם טְעֵם בֵּית־אֱלָהָא
בִירוּשְׁלֶם בַּיְתָא יִתְבְּנֵא אֲתַר דִּי־דָבְחִין דִּבְחִין וְאֻשּׁוֹהִי
ד מְסוֹבְלִין רוּמֵהּ אַמִּין שִׁתִּין פְּתָיֵהּ אַמִּין שִׁתִּין׃ נִדְבָּכִין דִּי־
אֶבֶן גְּלָל תְּלָתָא וְנִדְבָּךְ דִּי־אָע חֲדַת וְנִפְקְתָא מִן־בֵּית
ה מַלְכָּא תִּתְיְהִב׃ וְאַף מָאנֵי בֵית־אֱלָהָא דִּי דַהֲבָה וְכַסְפָּא
דִּי נְבוּכַדְנֶצַּר הַנְפֵּק מִן־הֵיכְלָא דִי־בִירוּשְׁלֶם וְהֵיבֵל לְבָבֶל
יַהֲתִיבוּן וִיהָךְ לְהֵיכְלָא דִי־בִירוּשְׁלֶם לְאַתְרֵהּ וְתַחֵת בְּבֵית
ו אֱלָהָא׃ כְּעַן תַּתְּנַי פַּחַת עֲבַר־נַהֲרָה שְׁתַר בּוֹזְנַי
וּכְנָוָתְהוֹן אֲפַרְסְכָיֵא דִּי בַּעֲבַר נַהֲרָה רַחִיקִין הֲווֹ מִן־תַּמָּה׃
ז שְׁבֻקוּ לַעֲבִידַת בֵּית־אֱלָהָא דֵךְ פַּחַת יְהוּדָיֵא וּלְשָׂבֵי יְהוּדָיֵא
ח בֵּית־אֱלָהָא דֵךְ יִבְנוֹן עַל־אַתְרֵהּ׃ וּמִנִּי שִׂים טְעֵם לְמָא דִי־
תַעַבְדוּן עִם־שָׂבֵי יְהוּדָיֵא אִלֵּךְ לְמִבְנֵא בֵּית־אֱלָהָא דֵךְ
וּמִנִּכְסֵי מַלְכָּא דִּי מִדַּת עֲבַר נַהֲרָה אָסְפַּרְנָא נִפְקְתָא תֶּהֱוֵא

ט מִתְיַהֲבָא לְגֻבְרַיָּא אִלֵּךְ דִּי־לָא לְבַטָּלָא׃ וּמָה חַשְׁחָן וּבְנֵי
תוֹרִין וְדִכְרִין וְאִמְּרִין ׀ לַעֲלָוָן ׀ לֶאֱלָהּ שְׁמַיָּא חִנְטִין מְלַח ׀
חֲמַר וּמְשַׁח כְּמֵאמַר כָּהֲנַיָּא דִי־בִירוּשְׁלֶם לֶהֱוֵא מִתְיְהֵב
י לְהֹם יוֹם ׀ בְּיוֹם דִּי־לָא שָׁלוּ׃ דִּי־לֶהֱוֺן מְהַקְרְבִין נִיחוֹחִין
יא לֶאֱלָהּ שְׁמַיָּא וּמְצַלַּיִן לְחַיֵּי מַלְכָּא וּבְנוֹהִי׃ וּמִנִּי שִׂים טְעֵם דִּי
כָל־אֱנָשׁ דִּי יְהַשְׁנֵא פִּתְגָמָא דְנָה יִתְנְסַח אָע מִן־בַּיְתֵהּ וּזְקִיף
יב יִתְמְחֵא עֲלֹהִי וּבַיְתֵהּ נְוָלוּ יִתְעֲבֵד עַל־דְּנָה׃ וֵאלָהָא דִּי שַׁכִּן
שְׁמֵהּ תַּמָּה יְמַגַּר כָּל־מֶלֶךְ וְעַם דִּי ׀ יִשְׁלַח יְדֵהּ לְהַשְׁנָיָה
לְחַבָּלָה בֵּית־אֱלָהָא דֵךְ דִּי בִירוּשְׁלֶם אֲנָה דָרְיָוֶשׁ שָׂמֶת
יג טְעֵם אָסְפַּרְנָא יִתְעֲבִד׃ אֱדַיִן תַּתְּנַי פַּחַת עֲבַר־
נַהֲרָה שְׁתַר בּוֹזְנַי וּכְנָוָתְהוֹן לָקֳבֵל דִּי־שְׁלַח דָּרְיָוֶשׁ מַלְכָּא
יד כְּנֵמָא אָסְפַּרְנָא עֲבַדוּ׃ וְשָׂבֵי יְהוּדָיֵא בָּנַיִן וּמַצְלְחִין בִּנְבוּאַת
חַגַּי נביאה וּזְכַרְיָה בַּר־עִדּוֹא וּבְנוֹ וְשַׁכְלִלוּ מִן־טַעַם אֱלָהּ נְבִיָּא
יִשְׂרָאֵל וּמִטְּעֵם כּוֹרֶשׁ וְדָרְיָוֶשׁ וְאַרְתַּחְשַׁשְׂתְּא מֶלֶךְ פָּרָס׃
טו וְשֵׁיצִיא בַּיְתָה דְנָה עַד יוֹם תְּלָתָה לִירַח אֲדָר דִּי־הִיא שְׁנַת־
טז שֵׁת לְמַלְכוּת דָּרְיָוֶשׁ מַלְכָּא׃ וַעֲבַדוּ בְנֵי־
יִשְׂרָאֵל כָּהֲנַיָּא וְלֵוָיֵא וּשְׁאָר בְּנֵי־גָלוּתָא חֲנֻכַּת בֵּית־אֱלָהָא
יז דְנָה בְּחֶדְוָה׃ וְהַקְרִבוּ לַחֲנֻכַּת בֵּית־אֱלָהָא דְנָה תּוֹרִין מְאָה
דִּכְרִין מָאתַיִן אִמְּרִין אַרְבַּע מְאָה וּצְפִירֵי עִזִּין לחטיא עַל־ לְחַטָּאָה
יח כָּל־יִשְׂרָאֵל תְּרֵי־עֲשַׂר לְמִנְיָן שִׁבְטֵי יִשְׂרָאֵל׃ וַהֲקִימוּ כָהֲנַיָּא ג
בִּפְלֻגָּתְהוֹן וְלֵוָיֵא בְּמַחְלְקָתְהוֹן עַל־עֲבִידַת אֱלָהָא דִּי
יט בִירוּשְׁלֶם כִּכְתָב סְפַר מֹשֶׁה׃ וַיַּעֲשׂוּ בְנֵי־הַגּוֹלָה
כ אֶת־הַפָּסַח בְּאַרְבָּעָה עָשָׂר לַחֹדֶשׁ הָרִאשׁוֹן׃ כִּי הִטַּהֲרוּ
הַכֹּהֲנִים וְהַלְוִיִּם כְּאֶחָד כֻּלָּם טְהוֹרִים וַיִּשְׁחֲטוּ הַפֶּסַח לְכָל־
כא בְּנֵי הַגּוֹלָה וְלַאֲחֵיהֶם הַכֹּהֲנִים וְלָהֶם׃ וַיֹּאכְלוּ בְנֵי־יִשְׂרָאֵל
הַשָּׁבִים מֵהַגּוֹלָה וְכֹל הַנִּבְדָּל מִטֻּמְאַת גּוֹיֵ־הָאָרֶץ אֲלֵהֶם
כב לִדְרֹשׁ לַיהוָה אֱלֹהֵי יִשְׂרָאֵל׃ וַיַּעֲשׂוּ חַג־מַצּוֹת שִׁבְעַת יָמִים

בְּשִׂמְחָה כִּי ׀ שִׂמְּחָם יְהוָה וְהֵסֵב לֵב מֶלֶךְ־אַשּׁוּר עֲלֵיהֶם לְחַזֵּק ו
יְדֵיהֶם בִּמְלֶאכֶת בֵּית־הָאֱלֹהִים אֱלֹהֵי יִשְׂרָאֵל׃ וְאַחַר א ז
הַדְּבָרִים הָאֵלֶּה בְּמַלְכוּת אַרְתַּחְשַׁסְתְּא מֶלֶךְ־פָּרָס עֶזְרָא
בֶּן־שְׂרָיָה בֶּן־עֲזַרְיָה בֶּן־חִלְקִיָּה׃ בֶּן־שַׁלּוּם בֶּן־צָדוֹק בֶּן־ ב
אֲחִיטוּב׃ בֶּן־אֲמַרְיָה בֶן־עֲזַרְיָה בֶּן־מְרָיוֹת׃ בֶּן־זְרַחְיָה בֶן־ ג ד
עֻזִּי בֶּן־בֻּקִּי׃ בֶּן־אֲבִישׁוּעַ בֶּן־פִּינְחָס בֶּן־אֶלְעָזָר בֶּן־אַהֲרֹן ה
הַכֹּהֵן הָרֹאשׁ׃ הוּא עֶזְרָא עָלָה מִבָּבֶל וְהוּא־סֹפֵר מָהִיר ו
בְּתוֹרַת מֹשֶׁה אֲשֶׁר־נָתַן יְהוָה אֱלֹהֵי יִשְׂרָאֵל וַיִּתֶּן־לוֹ הַמֶּלֶךְ
כְּיַד־יְהוָה אֱלֹהָיו עָלָיו כֹּל בַּקָּשָׁתוֹ׃ וַיַּעֲלוּ מִבְּנֵי־ ז
יִשְׂרָאֵל וּמִן־הַכֹּהֲנִים וְהַלְוִיִּם וְהַמְשֹׁרְרִים וְהַשֹּׁעֲרִים וְהַנְּתִינִים
אֶל־יְרוּשָׁלִָם בִּשְׁנַת־שֶׁבַע לְאַרְתַּחְשַׁסְתְּא הַמֶּלֶךְ׃ וַיָּבֹא ח
יְרוּשָׁלִַם בַּחֹדֶשׁ הַחֲמִישִׁי הִיא שְׁנַת הַשְּׁבִיעִית לַמֶּלֶךְ׃ כִּי ט
בְּאֶחָד לַחֹדֶשׁ הָרִאשׁוֹן הוּא יְסֻד הַמַּעֲלָה מִבָּבֶל וּבְאֶחָד
לַחֹדֶשׁ הַחֲמִישִׁי בָּא אֶל־יְרוּשָׁלִַם כְּיַד־אֱלֹהָיו הַטּוֹבָה עָלָיו׃
כִּי עֶזְרָא הֵכִין לְבָבוֹ לִדְרֹשׁ אֶת־תּוֹרַת יְהוָה וְלַעֲשֹׂת וּלְלַמֵּד י
בְּיִשְׂרָאֵל חֹק וּמִשְׁפָּט׃ וְזֶה ׀ פַּרְשֶׁגֶן הַנִּשְׁתְּוָן אֲשֶׁר יא
נָתַן הַמֶּלֶךְ אַרְתַּחְשַׁסְתְּא לְעֶזְרָא הַכֹּהֵן הַסֹּפֵר סֹפֵר דִּבְרֵי
מִצְוֺת־יְהוָה וְחֻקָּיו עַל־יִשְׂרָאֵל׃ אַרְתַּחְשַׁסְתְּא מֶלֶךְ יב
מַלְכַיָּא לְעֶזְרָא כָהֲנָא סָפַר דָּתָא דִּי־אֱלָהּ שְׁמַיָּא גְּמִיר
וּכְעֶנֶת׃ מִנִּי שִׂים טְעֵם דִּי כָל־מִתְנַדַּב בְּמַלְכוּתִי מִן־עַמָּא יג
יִשְׂרָאֵל וְכָהֲנוֹהִי וְלֵוָיֵא לִמְהָךְ לִירוּשְׁלֶם עִמָּךְ יְהָךְ׃ כָּל־ יד
קֳבֵל דִּי מִן־קֳדָם מַלְכָּא וְשִׁבְעַת יָעֲטֹהִי שְׁלִיחַ לְבַקָּרָא עַל־
יְהוּד וְלִירוּשְׁלֶם בְּדָת אֱלָהָךְ דִּי בִידָךְ׃ וּלְהֵיבָלָה כְּסַף וּדְהַב טו
דִּי־מַלְכָּא וְיָעֲטוֹהִי הִתְנַדַּבוּ לֶאֱלָהּ יִשְׂרָאֵל דִּי בִירוּשְׁלֶם
מִשְׁכְּנֵהּ׃ וְכֹל כְּסַף וּדְהַב דִּי תְהַשְׁכַּח בְּכֹל מְדִינַת בָּבֶל עִם טז
הִתְנַדָּבוּת עַמָּא וְכָהֲנַיָּא מִתְנַדְּבִין לְבֵית אֱלָהֲהֹם דִּי
בִירוּשְׁלֶם׃ כָּל־קֳבֵל דְּנָה אָסְפַּרְנָא תִקְנֵא בְּכַסְפָּא דְנָה יז

תּוֹרִין ׀ דִּכְרִין אִמְּרִין וּמִנְחָתְהוֹן וְנִסְכֵּיהוֹן וּתְקָרֵב הִמּוֹ עַל־
יח מַדְבְּחָה דִּי בֵּית אֱלָהֲכֹם דִּי בִירוּשְׁלֶם׃ וּמָה דִי עליך וְעַל־ עֲלָךְ
אחיך יִיטַב בִּשְׁאָר כַּסְפָּא וְדַהֲבָה לְמֶעְבַּד כִּרְעוּת אֱלָהֲכֹם אֶחָךְ
יט תַּעַבְדוּן׃ וּמָאנַיָּא דִּי־מִתְיַהֲבִין לָךְ לְפָלְחָן בֵּית אֱלָהָךְ הַשְׁלֵם
כ קֳדָם אֱלָהּ יְרוּשְׁלֶם׃ וּשְׁאָר חַשְׁחוּת בֵּית אֱלָהָךְ דִּי יִפֶּל־לָךְ
כא לְמִנְתַּן תִּנְתֵּן מִן־בֵּית גִּנְזֵי מַלְכָּא׃ וּמִנִּי אֲנָה אַרְתַּחְשַׁסְתְּא
מַלְכָּא שִׂים טְעֵם לְכֹל גִּזַּבְרַיָּא דִּי בַּעֲבַר נַהֲרָה דִּי כָל־
דִּי יִשְׁאֲלֶנְכוֹן עֶזְרָא כָהֲנָה סָפַר דָּתָא דִּי־אֱלָהּ שְׁמַיָּא
כב אָסְפַּרְנָא יִתְעֲבִד׃ עַד־כְּסַף כַּכְּרִין מְאָה וְעַד־חִנְטִין כּוֹרִין
מְאָה וְעַד־חֲמַר בַּתִּין מְאָה וְעַד־בַּתִּין מְשַׁח מְאָה וּמְלַח
כג דִּי־לָא כְתָב׃ כָּל־דִּי מִן־טַעַם אֱלָהּ שְׁמַיָּא יִתְעֲבֵד אַדְרַזְדָּא
לְבֵית אֱלָהּ שְׁמַיָּא דִּי־לְמָה לֶהֱוֵא קְצַף עַל־מַלְכוּת מַלְכָּא
כד וּבְנוֹהִי׃ וּלְכֹם מְהוֹדְעִין דִּי כָל־כָּהֲנַיָּא וְלֵוָיֵא זַמָּרַיָּא תָרָעַיָּא
נְתִינַיָּא וּפָלְחֵי בֵּית אֱלָהָא דְנָה מִנְדָּה בְלוֹ וַהֲלָךְ לָא שַׁלִּיט
כה לְמִרְמֵא עֲלֵיהֹם׃ וְאַנְתְּ עֶזְרָא כְּחָכְמַת אֱלָהָךְ דִּי־בִידָךְ מֶנִּי
שָׁפְטִין וְדַיָּנִין דִּי־לֶהֱוֺן דאנין לְכָל־עַמָּה דִּי בַּעֲבַר נַהֲרָה דָּיְנִין
כו לְכָל־יָדְעֵי דָּתֵי אֱלָהָךְ וְדִי לָא יָדַע תְּהוֹדְעוּן׃ וְכָל־דִּי־לָא
לֶהֱוֵא עָבֵד דָּתָא דִי־אֱלָהָךְ וְדָתָא דִּי מַלְכָּא אָסְפַּרְנָא דִּינָה
לֶהֱוֵא מִתְעֲבֵד מִנֵּהּ הֵן לְמוֹת הֵן לשרשו הֵן־לַעֲנָשׁ נִכְסִין לִשְׁרֹשִׁי
כז וְלֶאֱסוּרִין׃ בָּרוּךְ יְהוָה אֱלֹהֵי אֲבוֹתֵינוּ אֲשֶׁר נָתַן
כָּזֹאת בְּלֵב הַמֶּלֶךְ לְפָאֵר אֶת־בֵּית יְהוָה אֲשֶׁר בִּירוּשָׁלִָם׃
כח וְעָלַי הִטָּה־חֶסֶד לִפְנֵי הַמֶּלֶךְ וְיוֹעֲצָיו וּלְכָל־שָׂרֵי הַמֶּלֶךְ
הַגִּבֹּרִים וַאֲנִי הִתְחַזַּקְתִּי כְּיַד־יְהוָה אֱלֹהַי עָלַי וָאֶקְבְּצָה
מִיִּשְׂרָאֵל רָאשִׁים לַעֲלוֹת עִמִּי׃
ח א וְאֵלֶּה רָאשֵׁי אֲבֹתֵיהֶם וְהִתְיַחְשָׂם הָעֹלִים עִמִּי בְּמַלְכוּת
ב אַרְתַּחְשַׁסְתְּא הַמֶּלֶךְ מִבָּבֶל׃ מִבְּנֵי פִינְחָס גֵּרְשֹׁם מִבְּנֵי
ג אִיתָמָר דָּנִיֵּאל מִבְּנֵי דָוִיד חַטּוּשׁ׃ מִבְּנֵי שְׁכַנְיָה מִבְּנֵי פַרְעֹשׁ

ד זְכַרְיָה וְעִמּוֹ הִתְיַחֵשׂ לִזְכָרִים מֵאָה וַחֲמִשִּׁים׃ מִבְּנֵי פַּחַת
ה מוֹאָב אֶלְיְהוֹעֵינַי בֶּן־זְרַחְיָה וְעִמּוֹ מָאתַיִם הַזְּכָרִים׃ מִבְּנֵי
ו שְׁכַנְיָה בֶּן־יַחֲזִיאֵל וְעִמּוֹ שְׁלֹשׁ מֵאוֹת הַזְּכָרִים׃ וּמִבְּנֵי עָדִין
ז עֶבֶד בֶּן־יוֹנָתָן וְעִמּוֹ חֲמִשִּׁים הַזְּכָרִים׃ וּמִבְּנֵי עֵילָם יְשַׁעְיָה
ח בֶּן־עֲתַלְיָה וְעִמּוֹ שִׁבְעִים הַזְּכָרִים׃ וּמִבְּנֵי שְׁפַטְיָה זְבַדְיָה בֶּן־
ט מִיכָאֵל וְעִמּוֹ שְׁמֹנִים הַזְּכָרִים׃ מִבְּנֵי יוֹאָב עֹבַדְיָה בֶּן־יְחִיאֵל
י וְעִמּוֹ מָאתַיִם וּשְׁמֹנָה עָשָׂר הַזְּכָרִים׃ וּמִבְּנֵי שְׁלוֹמִית בֶּן־
יא יוֹסִפְיָה וְעִמּוֹ מֵאָה וְשִׁשִּׁים הַזְּכָרִים׃ וּמִבְּנֵי בֵבַי זְכַרְיָה בֶּן־
יב בֵּבָי וְעִמּוֹ עֶשְׂרִים וּשְׁמֹנָה הַזְּכָרִים׃ וּמִבְּנֵי עַזְגָּד יוֹחָנָן בֶּן־הַקָּטָן
יג וְעִמּוֹ מֵאָה וַעֲשָׂרָה הַזְּכָרִים׃ וּמִבְּנֵי אֲדֹנִיקָם אַחֲרֹנִים וְאֵלֶּה
שְׁמוֹתָם אֱלִיפֶלֶט יְעִיאֵל וּשְׁמַעְיָה וְעִמָּהֶם שִׁשִּׁים הַזְּכָרִים׃
יד וּמִבְּנֵי בִּגְוַי עוּתַי וזבוד וְעִמָּהֶם שִׁבְעִים הַזְּכָרִים׃ וְזַכּוּר
טו וָאֶקְבְּצֵם אֶל־הַנָּהָר הַבָּא אֶל־אַהֲוָא וַנַּחֲנֶה שָׁם יָמִים שְׁלֹשָׁה
טז וָאָבִינָה בָעָם וּבַכֹּהֲנִים וּמִבְּנֵי לֵוִי לֹא־מָצָאתִי שָׁם׃ וָאֶשְׁלְחָה
לֶאֱלִיעֶזֶר לַאֲרִיאֵל לִשְׁמַעְיָה וּלְאֶלְנָתָן וּלְיָרִיב וּלְאֶלְנָתָן וּלְנָתָן
יז וְלִזְכַרְיָה וְלִמְשֻׁלָּם רָאשִׁים וּלְיוֹיָרִיב וּלְאֶלְנָתָן מְבִינִים׃ ואוצאה וָאֲצַוֶּה
אוֹתָם עַל־אִדּוֹ הָרֹאשׁ בְּכָסִפְיָא הַמָּקוֹם וָאָשִׂימָה בְּפִיהֶם
דְּבָרִים לְדַבֵּר אֶל־אִדּוֹ אָחִיו הנתונים בְּכָסִפְיָא הַמָּקוֹם הַנְּתִינִים
יח לְהָבִיא־לָנוּ מְשָׁרְתִים לְבֵית אֱלֹהֵינוּ׃ וַיָּבִיאוּ לָנוּ כְּיַד־
אֱלֹהֵינוּ הַטּוֹבָה עָלֵינוּ אִישׁ שֶׂכֶל מִבְּנֵי מַחְלִי בֶּן־לֵוִי בֶּן־
יט יִשְׂרָאֵל וְשֵׁרֵבְיָה וּבָנָיו וְאֶחָיו שְׁמֹנָה עָשָׂר׃ וְאֶת־חֲשַׁבְיָה וְאִתּוֹ
כ יְשַׁעְיָה מִבְּנֵי מְרָרִי אֶחָיו וּבְנֵיהֶם עֶשְׂרִים׃ וּמִן־
הַנְּתִינִים שֶׁנָּתַן דָּוִיד וְהַשָּׂרִים לַעֲבֹדַת הַלְוִיִּם נְתִינִים מָאתַיִם
כא וְעֶשְׂרִים כֻּלָּם נִקְּבוּ בְשֵׁמוֹת׃ וָאֶקְרָא שָׁם צוֹם עַל־הַנָּהָר
אַהֲוָא לְהִתְעַנּוֹת לִפְנֵי אֱלֹהֵינוּ לְבַקֵּשׁ מִמֶּנּוּ דֶּרֶךְ יְשָׁרָה לָנוּ
כב וּלְטַפֵּנוּ וּלְכָל־רְכוּשֵׁנוּ׃ כִּי בֹשְׁתִּי לִשְׁאוֹל מִן־הַמֶּלֶךְ חַיִל
וּפָרָשִׁים לְעָזְרֵנוּ מֵאוֹיֵב בַּדָּרֶךְ כִּי־אָמַרְנוּ לַמֶּלֶךְ לֵאמֹר יַד־

אֱלֹהֵינוּ עַל־כָּל־מְבַקְשָׁיו לְטוֹבָה וְעֻזּוֹ וְאַפּוֹ עַל כָּל־עֹזְבָיו׃
כג כד וַנָּצוּמָה וַנְּבַקְשָׁה מֵאֱלֹהֵינוּ עַל־זֹאת וַיֵּעָתֵר לָנוּ׃ וָאַבְדִּילָה
מִשָּׂרֵי הַכֹּהֲנִים שְׁנֵים עָשָׂר לְשֵׁרֵבְיָה חֲשַׁבְיָה וְעִמָּהֶם מֵאֲחֵיהֶם
כה עֲשָׂרָה׃ ואשקולה לָהֶם אֶת־הַכֶּסֶף וְאֶת־הַזָּהָב וְאֶת־הַכֵּלִים וָאֶשְׁקֲלָה
תְּרוּמַת בֵּית־אֱלֹהֵינוּ הַהֵרִימוּ הַמֶּלֶךְ וְיֹעֲצָיו וְשָׂרָיו וְכָל־
כו יִשְׂרָאֵל הַנִּמְצָאִים׃ וָאֶשְׁקֲלָה עַל־יָדָם כֶּסֶף כִּכָּרִים שֵׁשׁ־
מֵאוֹת וַחֲמִשִּׁים וּכְלֵי־כֶסֶף מֵאָה לְכִכָּרִים זָהָב מֵאָה כִכָּר׃
כז וּכְפֹרֵי זָהָב עֶשְׂרִים לַאֲדַרְכֹנִים אָלֶף וּכְלֵי נְחֹשֶׁת מֻצְהָב
כח טוֹבָה שְׁנַיִם חֲמוּדֹת כַּזָּהָב׃ וָאֹמְרָה אֲלֵהֶם אַתֶּם קֹדֶשׁ
לַיהוָה וְהַכֵּלִים קֹדֶשׁ וְהַכֶּסֶף וְהַזָּהָב נְדָבָה לַיהוָה אֱלֹהֵי
כט אֲבֹתֵיכֶם׃ שִׁקְדוּ וְשִׁמְרוּ עַד־תִּשְׁקְלוּ לִפְנֵי שָׂרֵי הַכֹּהֲנִים
וְהַלְוִיִּם וְשָׂרֵי־הָאָבוֹת לְיִשְׂרָאֵל בִּירוּשָׁלִָם הַלִּשְׁכוֹת בֵּית
ל יְהוָה׃ וְקִבְּלוּ הַכֹּהֲנִים וְהַלְוִיִּם מִשְׁקַל הַכֶּסֶף וְהַזָּהָב וְהַכֵּלִים
לא לְהָבִיא לִירוּשָׁלִַם לְבֵית אֱלֹהֵינוּ׃ וַנִּסְעָה מִנְּהַר
אַהֲוָא בִּשְׁנֵים עָשָׂר לַחֹדֶשׁ הָרִאשׁוֹן לָלֶכֶת יְרוּשָׁלִָם וְיַד־
אֱלֹהֵינוּ הָיְתָה עָלֵינוּ וַיַּצִּילֵנוּ מִכַּף אוֹיֵב וְאוֹרֵב עַל־הַדָּרֶךְ׃
לב לג וַנָּבוֹא יְרוּשָׁלִָם וַנֵּשֶׁב שָׁם יָמִים שְׁלֹשָׁה׃ וּבַיּוֹם הָרְבִיעִי נִשְׁקַל
הַכֶּסֶף וְהַזָּהָב וְהַכֵּלִים בְּבֵית אֱלֹהֵינוּ עַל יַד־מְרֵמוֹת בֶּן־
אוּרִיָּה הַכֹּהֵן וְעִמּוֹ אֶלְעָזָר בֶּן־פִּינְחָס וְעִמָּהֶם יוֹזָבָד בֶּן־יֵשׁוּעַ
לד וְנוֹעַדְיָה בֶן־בִּנּוּי הַלְוִיִּם׃ בְּמִסְפָּר בְּמִשְׁקָל לַכֹּל וַיִּכָּתֵב כָּל־
לה הַמִּשְׁקָל בָּעֵת הַהִיא׃ הַבָּאִים מֵהַשְּׁבִי בְנֵי־ ד
הַגּוֹלָה הִקְרִיבוּ עֹלוֹת ׀ לֵאלֹהֵי יִשְׂרָאֵל פָּרִים שְׁנֵים־עָשָׂר
עַל־כָּל־יִשְׂרָאֵל אֵילִים ׀ תִּשְׁעִים וְשִׁשָּׁה כְּבָשִׂים שִׁבְעִים
לו וְשִׁבְעָה צְפִירֵי חַטָּאת שְׁנֵים עָשָׂר הַכֹּל עוֹלָה לַיהוָה׃ וַיִּתְּנוּ ׀
אֶת־דָּתֵי הַמֶּלֶךְ לַאֲחַשְׁדַּרְפְּנֵי הַמֶּלֶךְ וּפַחֲווֹת עֵבֶר הַנָּהָר
ט א וְנִשְּׂאוּ אֶת־הָעָם וְאֶת־בֵּית־הָאֱלֹהִים׃ וּכְכַלּוֹת
אֵלֶּה נִגְּשׁוּ אֵלַי הַשָּׂרִים לֵאמֹר לֹא־נִבְדְּלוּ הָעָם יִשְׂרָאֵל

וְהַכֹּהֲנִים וְהַלְוִיִּם מֵעַמֵּי הָאֲרָצוֹת כְּתֹעֲבֹתֵיהֶם לַכְּנַעֲנִי הַחִתִּי
ב הַפְּרִזִּי הַיְבוּסִי הָעַמֹּנִי הַמֹּאָבִי הַמִּצְרִי וְהָאֱמֹרִי׃ כִּי־נָשְׂאוּ
מִבְּנֹתֵיהֶם לָהֶם וְלִבְנֵיהֶם וְהִתְעָרְבוּ זֶרַע הַקֹּדֶשׁ בְּעַמֵּי הָאֲרָצוֹת
ג וְיַד הַשָּׂרִים וְהַסְּגָנִים הָיְתָה בַּמַּעַל הַזֶּה רִאשׁוֹנָה׃ וּכְשָׁמְעִי
אֶת־הַדָּבָר הַזֶּה קָרַעְתִּי אֶת־בִּגְדִי וּמְעִילִי וָאֶמְרְטָה מִשְּׂעַר
ד רֹאשִׁי וּזְקָנִי וָאֵשְׁבָה מְשׁוֹמֵם׃ וְאֵלַי יֵאָסְפוּ כֹּל חָרֵד בְּדִבְרֵי
אֱלֹהֵי־יִשְׂרָאֵל עַל מַעַל הַגּוֹלָה וַאֲנִי יֹשֵׁב מְשׁוֹמֵם עַד לְמִנְחַת
ה הָעָרֶב׃ וּבְמִנְחַת הָעֶרֶב קַמְתִּי מִתַּעֲנִיתִי וּבְקָרְעִי בִגְדִי וּמְעִילִי
ו וָאֶכְרְעָה עַל־בִּרְכַּי וָאֶפְרְשָׂה כַפַּי אֶל־יְהוָה אֱלֹהָי׃ וָאֹמְרָה
אֱלֹהַי בֹּשְׁתִּי וְנִכְלַמְתִּי לְהָרִים אֱלֹהַי פָּנַי אֵלֶיךָ כִּי עֲוֹנֹתֵינוּ
ז רָבוּ לְמַעְלָה רֹּאשׁ וְאַשְׁמָתֵנוּ גָדְלָה עַד לַשָּׁמָיִם׃ מִימֵי
אֲבֹתֵינוּ אֲנַחְנוּ בְּאַשְׁמָה גְדֹלָה עַד הַיּוֹם הַזֶּה וּבַעֲוֹנֹתֵינוּ נִתַּנּוּ
אֲנַחְנוּ מְלָכֵינוּ כֹהֲנֵינוּ בְּיַד ׀ מַלְכֵי הָאֲרָצוֹת בַּחֶרֶב בַּשְּׁבִי
ח וּבַבִּזָּה וּבְבֹשֶׁת פָּנִים כְּהַיּוֹם הַזֶּה׃ וְעַתָּה כִּמְעַט־רֶגַע הָיְתָה
תְחִנָּה מֵאֵת ׀ יְהוָה אֱלֹהֵינוּ לְהַשְׁאִיר לָנוּ פְּלֵיטָה וְלָתֶת־לָנוּ
יָתֵד בִּמְקוֹם קָדְשׁוֹ לְהָאִיר עֵינֵינוּ אֱלֹהֵינוּ וּלְתִתֵּנוּ מִחְיָה
ט מְעַט בְּעַבְדֻתֵנוּ׃ כִּי־עֲבָדִים אֲנַחְנוּ וּבְעַבְדֻתֵנוּ לֹא עֲזָבָנוּ
אֱלֹהֵינוּ וַיַּט־עָלֵינוּ חֶסֶד לִפְנֵי מַלְכֵי פָרַס לָתֶת־לָנוּ מִחְיָה
לְרוֹמֵם אֶת־בֵּית אֱלֹהֵינוּ וּלְהַעֲמִיד אֶת־חָרְבֹתָיו וְלָתֶת־לָנוּ
י גָדֵר בִּיהוּדָה וּבִירוּשָׁלִָם׃ וְעַתָּה מַה־נֹּאמַר אֱלֹהֵינוּ אַחֲרֵי־
יא זֹאת כִּי עָזַבְנוּ מִצְוֺתֶיךָ׃ אֲשֶׁר צִוִּיתָ בְּיַד עֲבָדֶיךָ הַנְּבִיאִים
לֵאמֹר הָאָרֶץ אֲשֶׁר אַתֶּם בָּאִים לְרִשְׁתָּהּ אֶרֶץ נִדָּה הִיא
בְּנִדַּת עַמֵּי הָאֲרָצוֹת בְּתוֹעֲבֹתֵיהֶם אֲשֶׁר מִלְאוּהָ מִפֶּה אֶל־
יב פֶּה בְּטֻמְאָתָם׃ וְעַתָּה בְּנוֹתֵיכֶם אַל־תִּתְּנוּ לִבְנֵיהֶם וּבְנֹתֵיהֶם
אַל־תִּשְׂאוּ לִבְנֵיכֶם וְלֹא־תִדְרְשׁוּ שְׁלֹמָם וְטוֹבָתָם עַד־עוֹלָם
לְמַעַן תֶּחֶזְקוּ וַאֲכַלְתֶּם אֶת־טוּב הָאָרֶץ וְהוֹרַשְׁתֶּם לִבְנֵיכֶם
יג עַד־עוֹלָם׃ וְאַחֲרֵי כָּל־הַבָּא עָלֵינוּ בְּמַעֲשֵׂינוּ הָרָעִים וּבְאַשְׁמָתֵנוּ

עזרא

ט

הִגְדַּלְתָּ כִּי ׀ אַתָּה אֱלֹהֵ֫ינוּ חָשַׂ֣כְתָּ לְמַ֫טָּה מֵֽעֲוֺנֵ֫נוּ וְנָתַ֫תָּה לָּ֫נוּ

פְּלֵיטָ֖ה כָּזֹ֑את: הֲנָשׁוּב֙ לְהָפֵ֣ר מִצְוֺתֶ֔יךָ וּֽלְהִתְחַתֵּ֔ן בְּעַמֵּ֖י   יד
הַתֹּעֵב֣וֹת הָאֵ֑לֶּה הֲל֤וֹא תֶֽאֱנַף־בָּ֨נוּ֙ עַד־כַּלֵּ֔ה לְאֵ֥ין שְׁאֵרִ֖ית

וּפְלֵיטָ֑ה: יְהוָ֞ה אֱלֹהֵ֤י יִשְׂרָאֵל֙ צַדִּ֣יק אַ֔תָּה כִּֽי־   טו
נִשְׁאַ֥רְנוּ פְלֵיטָ֖ה כְּהַיּ֣וֹם הַזֶּ֑ה הִנְנ֤וּ לְפָנֶ֨יךָ֙ בְּאַשְׁמָתֵ֔ינוּ כִּ֣י אֵ֥ין

לַעֲמ֖וֹד לְפָנֶ֥יךָ עַל־זֹֽאת: וּֽכְהִתְפַּלֵּ֣ל עֶזְרָ֗א   י
וּכְ֠הִתְוַדֹּת֠וֹ בֹּכֶ֣ה וּמִתְנַפֵּל֮ לִפְנֵ֣י בֵּ֣ית הָאֱלֹהִים֒ נִקְבְּצ֣וּ אֵלָ֣יו
מִיִּשְׂרָאֵ֡ל קָהָל֩ רַב־מְאֹ֨ד אֲנָשִׁ֤ים וְנָשִׁים֙ וִֽילָדִ֔ים כִּֽי־בָכ֥וּ הָעָ֖ם
הַרְבֵּ֥ה בֶֽכֶה:

ב   וַיַּעַן֩ שְׁכַנְיָ֨ה בֶן־יְחִיאֵ֜ל מִבְּנֵ֤י עוֹלָם֙ וַיֹּ֣אמֶר לְעֶזְרָ֔א אֲנַ֨חְנוּ֙   עֵילָ֗ם
מָעַ֣לְנוּ בֵֽאלֹהֵ֔ינוּ וַנֹּ֛שֶׁב נָשִׁ֥ים נָכְרִיּ֖וֹת מֵעַמֵּ֣י הָאָ֑רֶץ וְעַתָּ֛ה יֵשׁ־
מִקְוֶ֥ה לְיִשְׂרָאֵ֖ל עַל־זֹֽאת: וְעַתָּ֣ה נִֽכְרָת־בְּרִ֣ית לֵֽאלֹהֵ֗ינוּ   ג
לְהוֹצִ֨יא כָל־נָשִׁ֜ים וְהַנּוֹלָ֤ד מֵהֶם֙ בַּעֲצַ֣ת אֲדֹנָ֔י וְהַחֲרֵדִ֖ים בְּמִצְוַ֣ת
אֱלֹהֵ֑ינוּ וְכַתּוֹרָ֖ה יֵעָשֶֽׂה: ק֛וּם כִּֽי־עָלֶ֥יךָ הַדָּבָ֖ר וַאֲנַ֣חְנוּ עִמָּ֑ךְ   ד
חֲזַ֖ק וַעֲשֵֽׂה: וַיָּ֣קָם עֶזְרָ֗א וַיַּשְׁבַּ֞ע אֶת־שָׂרֵ֣י   ה
הַכֹּהֲנִ֣ים הַלְוִיִּ֗ם וְכָל־יִשְׂרָאֵ֔ל לַעֲשׂ֖וֹת כַּדָּבָ֣ר הַזֶּ֑ה וַיִּשָּׁבֵֽעוּ:
וַיָּ֣קָם עֶזְרָ֗א מִלִּפְנֵי֙ בֵּ֣ית הָאֱלֹהִ֔ים וַיֵּ֕לֶךְ אֶל־לִשְׁכַּ֖ת יְהוֹחָנָ֣ן בֶּן־   ו
אֶלְיָשִׁ֑יב וַיֵּ֣לֶךְ שָׁ֗ם לֶ֤חֶם לֹֽא־אָכַל֙ וּמַ֣יִם לֹֽא־שָׁתָ֔ה כִּ֥י מִתְאַבֵּ֖ל
עַל־מַ֥עַל הַגּוֹלָֽה: וַיַּעֲבִ֨ירוּ ק֜וֹל בִּיהוּדָ֣ה וִ֥ירוּשָׁלִַ֗ם לְכֹל֙ בְּנֵ֣י   ז
הַגּוֹלָ֔ה לְהִקָּבֵ֖ץ יְרוּשָׁלִָֽם: וְכֹל֩ אֲשֶׁ֨ר לֹֽא־יָב֜וֹא לִשְׁלֹ֣שֶׁת הַיָּמִ֗ים   ח
כַּעֲצַ֤ת הַשָּׂרִים֙ וְהַזְּקֵנִ֔ים יָחֳרַ֖ם כָּל־רְכוּשׁ֑וֹ וְה֥וּא יִבָּדֵ֖ל מִקְּהַ֥ל
הַגּוֹלָֽה:

ט   וַיִּקָּבְצ֣וּ כָל־אַנְשֵֽׁי־יְהוּדָה֩ וּבִנְיָמִ֨ן ׀ יְרוּשָׁלִַ֜ם לִשְׁלֹ֣שֶׁת הַיָּמִ֗ים
ה֛וּא חֹ֥דֶשׁ הַתְּשִׁיעִ֖י בְּעֶשְׂרִ֣ים בַּחֹ֑דֶשׁ וַיֵּשְׁב֣וּ כָל־הָעָ֗ם בִּרְח֤וֹב
בֵּ֣ית הָאֱלֹהִ֔ים מַרְעִידִ֥ים עַל־הַדָּבָ֖ר וּמֵהַגְּשָׁמִֽים: וַיָּ֨קָם עֶזְרָ֤א   י
הַכֹּהֵן֙ וַיֹּ֣אמֶר אֲלֵהֶ֔ם אַתֶּ֣ם מְעַלְתֶּ֔ם וַתֹּשִׁ֖יבוּ נָשִׁ֣ים נָכְרִיּ֑וֹת
לְהוֹסִ֖יף עַל־אַשְׁמַ֣ת יִשְׂרָאֵֽל: וְעַתָּ֗ה תְּנ֥וּ תוֹדָ֛ה לַיהוָ֥ה אֱלֹהֵֽי־   יא

רמה

אֲבֹתֵיכֶם וַעֲשׂוּ רְצוֹנוֹ וְהִבָּדְלוּ מֵעַמֵּי הָאָרֶץ וּמִן־הַנָּשִׁים
יב הַנָּכְרִיּוֹת׃ וַיַּעֲנוּ כָל־הַקָּהָל וַיֹּאמְרוּ קוֹל גָּדוֹל
יג כֵּן כדבריך עָלֵינוּ לַעֲשׂוֹת׃ אֲבָל הָעָם רָב וְהָעֵת גְּשָׁמִים וְאֵין כִּדְבָרְךָ
כֹּחַ לַעֲמוֹד בַּחוּץ וְהַמְּלָאכָה לֹא־לְיוֹם אֶחָד וְלֹא לִשְׁנַיִם כִּי־
יד הִרְבִּינוּ לִפְשֹׁעַ בַּדָּבָר הַזֶּה׃ יַעַמְדוּ־נָא שָׂרֵינוּ לְכָל־הַקָּהָל וְכֹל ׀
אֲשֶׁר בֶּעָרֵינוּ הַהֹשִׁיב נָשִׁים נָכְרִיּוֹת יָבֹא לְעִתִּים מְזֻמָּנִים
וְעִמָּהֶם זִקְנֵי־עִיר וָעִיר וְשֹׁפְטֶיהָ עַד לְהָשִׁיב חֲרוֹן אַף־אֱלֹהֵינוּ
טו מִמֶּנּוּ עַד לַדָּבָר הַזֶּה׃ אַךְ יוֹנָתָן בֶּן־עֲשָׂהאֵל וְיַחְזְיָה בֶן־תִּקְוָה
טז עָמְדוּ עַל־זֹאת וּמְשֻׁלָּם וְשַׁבְּתַי הַלֵּוִי עֲזָרֻם׃ וַיַּעֲשׂוּ־כֵן בְּנֵי
הַגּוֹלָה וַיִּבָּדְלוּ עֶזְרָא הַכֹּהֵן אֲנָשִׁים רָאשֵׁי הָאָבוֹת לְבֵית
אֲבֹתָם וְכֻלָּם בְּשֵׁמוֹת וַיֵּשְׁבוּ בְּיוֹם אֶחָד לַחֹדֶשׁ הָעֲשִׂירִי
יז לִדְרְיוֹשׁ הַדָּבָר׃ וַיְכַלּוּ בַכֹּל אֲנָשִׁים הַהֹשִׁיבוּ נָשִׁים נָכְרִיּוֹת עַד
יח יוֹם אֶחָד לַחֹדֶשׁ הָרִאשׁוֹן׃ וַיִּמָּצֵא מִבְּנֵי
הַכֹּהֲנִים אֲשֶׁר הֹשִׁיבוּ נָשִׁים נָכְרִיּוֹת מִבְּנֵי יֵשׁוּעַ בֶּן־יוֹצָדָק
יט וְאֶחָיו מַעֲשֵׂיָה וֶאֱלִיעֶזֶר וְיָרִיב וּגְדַלְיָה׃ וַיִּתְּנוּ יָדָם לְהוֹצִיא
כ נְשֵׁיהֶם וַאֲשֵׁמִים אֵיל־צֹאן עַל־אַשְׁמָתָם׃ וּמִבְּנֵי אִמֵּר חֲנָנִי
כא וּזְבַדְיָה׃ וּמִבְּנֵי חָרִם מַעֲשֵׂיָה וְאֵלִיָּה וּשְׁמַעְיָה וִיחִיאֵל וְעֻזִּיָּה׃
כב וּמִבְּנֵי פַּשְׁחוּר אֶלְיוֹעֵינַי מַעֲשֵׂיָה יִשְׁמָעֵאל נְתַנְאֵל יוֹזָבָד
כג וְאֶלְעָשָׂה׃ וּמִן־הַלְוִיִּם יוֹזָבָד וְשִׁמְעִי וְקֵלָיָה הוּא קְלִיטָא
כד פְּתַחְיָה יְהוּדָה וֶאֱלִיעֶזֶר׃ וּמִן־הַמְשֹׁרְרִים אֶלְיָשִׁיב וּמִן־
כה הַשֹּׁעֲרִים שַׁלֻּם וָטֶלֶם וְאוּרִי׃ וּמִיִּשְׂרָאֵל מִבְּנֵי פַרְעֹשׁ רַמְיָה
כו וְיִזִּיָּה וּמַלְכִּיָּה וּמִיָּמִן וְאֶלְעָזָר וּמַלְכִּיָּה וּבְנָיָה׃ וּמִבְּנֵי עֵילָם
כז מַתַּנְיָה זְכַרְיָה וִיחִיאֵל וְעַבְדִּי וִירֵמוֹת וְאֵלִיָּה׃ וּמִבְּנֵי זַתּוּא
כח אֶלְיוֹעֵנַי אֶלְיָשִׁיב מַתַּנְיָה וִירֵמוֹת וְזָבָד וַעֲזִיזָא׃ וּמִבְּנֵי בֵּבָי
כט יְהוֹחָנָן חֲנַנְיָה זַבַּי עַתְלָי׃ וּמִבְּנֵי בָּנִי מְשֻׁלָּם מַלּוּךְ וַעֲדָיָה יָשׁוּב
ל וּשְׁאָל ירמות׃ וּמִבְּנֵי פַּחַת מוֹאָב עַדְנָא וּכְלָל בְּנָיָה מַעֲשֵׂיָה וְרָמוֹת
לא מַתַּנְיָה בְצַלְאֵל וּבִנּוּי וּמְנַשֶּׁה׃ וּבְנֵי חָרִם אֱלִיעֶזֶר יִשִּׁיָּה מַלְכִּיָּה

לב לג שְׁמַעְיָה שִׁמְעוֹן׃ בִּנְיָמִן מַלּוּךְ שְׁמַרְיָה׃ מִבְּנֵי חָשֻׁם מַתְּנַי
לד מַתַּתָּה זָבָד אֱלִיפֶלֶט יְרֵמַי מְנַשֶּׁה שִׁמְעִי׃ מִבְּנֵי בָנִי מַעֲדַי
לה לו עַמְרָם וְאוּאֵל׃ בְּנָיָה בֵדְיָה כלוהי׃ וַנְיָה מְרֵמוֹת אֶלְיָשִׁיב׃ כְּלוּהוּ
לז לח לט מַתַּנְיָה מַתְּנַי ויעשו׃ וּבָנִי וּבִנּוּי שִׁמְעִי׃ וְשֶׁלֶמְיָה וְנָתָן וַעֲדָיָה׃ וְיַעֲשָׂי
מ מא מב מִכְנַדְבַי שָׁשַׁי שָׁרָי׃ עֲזַרְאֵל וְשֶׁלֶמְיָהוּ שְׁמַרְיָה׃ שַׁלּוּם אֲמַרְיָה
מג יוֹסֵף׃ מִבְּנֵי נְבוֹ יְעִיאֵל מַתִּתְיָה זָבָד זְבִינָא ידו וְיוֹאֵל בְּנָיָה׃ יַדַּי
מד כָּל־אֵלֶּה נשאי נָשִׁים נָכְרִיּוֹת וְיֵשׁ מֵהֶם נָשִׁים וַיָּשִׂימוּ נָשְׂאוּ
בָּנִים׃

נחמיה

א א דִּבְרֵי נְחֶמְיָה בֶּן־חֲכַלְיָה וַיְהִי בְחֹדֶשׁ־
ב כִּסְלֵו שְׁנַת עֶשְׂרִים וַאֲנִי הָיִיתִי בְּשׁוּשַׁן הַבִּירָה׃ וַיָּבֹא חֲנָנִי
אֶחָד מֵאַחַי הוּא וַאֲנָשִׁים מִיהוּדָה וָאֶשְׁאָלֵם עַל־הַיְּהוּדִים
ג הַפְּלֵיטָה אֲשֶׁר־נִשְׁאֲרוּ מִן־הַשֶּׁבִי וְעַל־יְרוּשָׁלִָם׃ וַיֹּאמְרוּ לִי
הַנִּשְׁאָרִים אֲשֶׁר נִשְׁאֲרוּ מִן־הַשְּׁבִי שָׁם בַּמְּדִינָה בְּרָעָה גְדֹלָה
ד וּבְחֶרְפָּה וְחוֹמַת יְרוּשָׁלִַם מְפֹרָצֶת וּשְׁעָרֶיהָ נִצְּתוּ בָאֵשׁ׃ וַיְהִי
כְּשָׁמְעִי ׀ אֶת־הַדְּבָרִים הָאֵלֶּה יָשַׁבְתִּי וָאֶבְכֶּה וָאֶתְאַבְּלָה
ה יָמִים וָאֱהִי צָם וּמִתְפַּלֵּל לִפְנֵי אֱלֹהֵי הַשָּׁמָיִם׃ וָאֹמַר אָנָּא
יהוה אֱלֹהֵי הַשָּׁמַיִם הָאֵל הַגָּדוֹל וְהַנּוֹרָא שֹׁמֵר הַבְּרִית וָחֶסֶד
ו לְאֹהֲבָיו וּלְשֹׁמְרֵי מִצְוֹתָיו׃ תְּהִי נָא אָזְנְךָ־קַשֶּׁבֶת וְעֵינֶיךָ
פְתוּחוֹת לִשְׁמֹעַ אֶל־תְּפִלַּת עַבְדְּךָ אֲשֶׁר אָנֹכִי מִתְפַּלֵּל
לְפָנֶיךָ הַיּוֹם יוֹמָם וָלַיְלָה עַל־בְּנֵי יִשְׂרָאֵל עֲבָדֶיךָ וּמִתְוַדֶּה
עַל־חַטֹּאות בְּנֵי־יִשְׂרָאֵל אֲשֶׁר חָטָאנוּ לָךְ וַאֲנִי וּבֵית־אָבִי
ז חָטָאנוּ׃ חֲבֹל חָבַלְנוּ לָךְ וְלֹא־שָׁמַרְנוּ אֶת־הַמִּצְוֹת וְאֶת־
ח הַחֻקִּים וְאֶת־הַמִּשְׁפָּטִים אֲשֶׁר צִוִּיתָ אֶת־מֹשֶׁה עַבְדֶּךָ׃ זְכָר־
נָא אֶת־הַדָּבָר אֲשֶׁר צִוִּיתָ אֶת־מֹשֶׁה עַבְדְּךָ לֵאמֹר אַתֶּם
ט תִּמְעָלוּ אֲנִי אָפִיץ אֶתְכֶם בָּעַמִּים׃ וְשַׁבְתֶּם אֵלַי וּשְׁמַרְתֶּם
מִצְוֹתַי וַעֲשִׂיתֶם אֹתָם אִם־יִהְיֶה נִדַּחֲכֶם בִּקְצֵה הַשָּׁמַיִם
מִשָּׁם אֲקַבְּצֵם והבואתים אֶל־הַמָּקוֹם אֲשֶׁר בָּחַרְתִּי לְשַׁכֵּן וַהֲבִיאוֹתִים
י אֶת־שְׁמִי שָׁם׃ וְהֵם עֲבָדֶיךָ וְעַמֶּךָ אֲשֶׁר פָּדִיתָ בְּכֹחֲךָ הַגָּדוֹל

ה וּבְיָדְךָ֣ הַחֲזָקָ֑ה אָנָּ֣א אֲדֹנָ֗י תְּהִ֣י נָ֣א אָזְנְךָֽ־קַשֶּׁ֘בֶת֮ אֶל־תְּפִלַּ֣ת
עַבְדְּךָ֗ וְאֶל־תְּפִלַּ֣ת עֲבָדֶ֙יךָ֙ הַֽחֲפֵצִים֙ לְיִרְאָ֣ה אֶת־שְׁמֶ֔ךָ
וְהַצְלִֽיחָה־נָּ֤א לְעַבְדְּךָ֙ הַיּ֔וֹם וּתְנֵ֥הוּ לְרַחֲמִ֖ים לִפְנֵ֣י הָאִ֣ישׁ
ב הַזֶּ֑ה וַאֲנִ֥י הָיִ֖יתִי מַשְׁקֶ֥ה לַמֶּֽלֶךְ׃   וַיְהִ֣י ׀ בְּחֹ֣דֶשׁ
נִיסָ֗ן שְׁנַ֥ת עֶשְׂרִ֛ים לְאַרְתַּחְשַׁ֥סְתְּא הַמֶּ֖לֶךְ יַ֣יִן לְפָנָ֑יו וָאֶשָּׂ֤א
ב אֶת־הַיַּ֙יִן֙ וָאֶתְּנָ֣ה לַמֶּ֔לֶךְ וְלֹא־הָיִ֥יתִי רַ֖ע לְפָנָֽיו׃ וַיֹּ֩אמֶר֩ לִ֨י
הַמֶּ֜לֶךְ מַדּ֣וּעַ ׀ פָּנֶ֣יךָ רָעִ֗ים וְאַתָּה֙ אֵֽינְךָ֣ חוֹלֶ֔ה אֵ֣ין זֶ֔ה כִּי־אִ֖ם
ג רֹ֣עַֽ לֵ֑ב וָאִירָ֖א הַרְבֵּ֥ה מְאֹֽד׃ וָאֹמַ֣ר לַמֶּ֔לֶךְ הַמֶּ֖לֶךְ לְעוֹלָ֣ם
יִחְיֶ֑ה מַדּ֜וּעַ לֹא־יֵרְע֣וּ פָנַ֗י אֲשֶׁ֨ר הָעִ֜יר בֵּית־קִבְר֤וֹת אֲבֹתַי֙
ד חֲרֵבָ֔ה וּשְׁעָרֶ֖יהָ אֻכְּל֥וּ בָאֵֽשׁ׃   וַיֹּ֤אמֶר לִי֙ הַמֶּ֔לֶךְ
עַל־מַה־זֶּ֖ה אַתָּ֣ה מְבַקֵּ֑שׁ וָאֶתְפַּלֵּ֕ל אֶל־אֱלֹהֵ֖י הַשָּׁמָֽיִם׃ וָאֹמַ֣ר
ה לַמֶּ֗לֶךְ אִם־עַל־הַמֶּ֙לֶךְ֙ ט֔וֹב וְאִם־יִיטַ֥ב עַבְדְּךָ֖ לְפָנֶ֑יךָ אֲשֶׁ֣ר
תִּשְׁלָחֵ֣נִי אֶל־יְהוּדָ֗ה אֶל־עִ֛יר קִבְר֥וֹת אֲבֹתַ֖י וְאֶבְנֶֽנָּה׃ וַיֹּ֩אמֶר֩ לִ֨י
ו הַמֶּ֜לֶךְ וְהַשֵּׁגַ֣ל ׀ יוֹשֶׁ֣בֶת אֶצְל֗וֹ עַד־מָתַ֛י יִהְיֶ֥ה מַֽהֲלָכֲךָ֖ וּמָתַ֣י
תָּשׁ֑וּב וַיִּיטַ֤ב לִפְנֵֽי־הַמֶּ֙לֶךְ֙ וַיִּשְׁלָחֵ֔נִי וָאֶתְּנָ֥ה ל֖וֹ זְמָֽן׃ וָאוֹמַר֮ לַמֶּלֶךְ֒
ז אִם־עַל־הַמֶּ֣לֶךְ ט֔וֹב אִגְּרֹות֙ יִתְּנוּ־לִ֔י עַל־פַּחֲו֖וֹת עֵ֣בֶר הַנָּהָ֑ר
אֲשֶׁר֙ יַעֲבִיר֔וּנִי עַ֥ד אֲשֶׁר־אָב֖וֹא אֶל־יְהוּדָֽה׃ וְאִגֶּ֡רֶת אֶל־אָסָ֣ף
ח שֹׁמֵ֣ר הַפַּרְדֵּ֣ס אֲשֶׁר֮ לַמֶּלֶךְ֒ אֲשֶׁ֣ר יִתֶּן־לִ֣י עֵצִ֗ים לְקָר֣וֹת אֶת־
שַׁעֲרֵ֤י הַבִּירָה֙ אֲשֶׁר־לַבַּ֔יִת וּלְחוֹמַ֥ת הָעִ֖יר וְלַבַּ֣יִת אֲשֶׁר־אָב֣וֹא
אֵלָ֑יו וַיִּתֶּן־לִ֣י הַמֶּ֔לֶךְ כְּיַד־אֱלֹהַ֖י הַטּוֹבָ֥ה עָלָֽי׃ וָאָב֗וֹא אֶל־
ט פַּחֲווֹת֙ עֵ֣בֶר הַנָּהָ֔ר וָאֶתְּנָ֣ה לָהֶ֔ם אֵ֖ת אִגְּר֣וֹת הַמֶּ֑לֶךְ וַיִּשְׁלַ֤ח
עִמִּי֙ הַמֶּ֔לֶךְ שָׂ֥רֵי חַ֖יִל וּפָרָשִֽׁים׃   וַיִּשְׁמַ֞ע סַנְבַלַּ֣ט
י הַחֹרֹנִ֗י וְטֽוֹבִיָּה֙ הָעֶ֣בֶד הָֽעַמֹּנִ֔י וַיֵּ֥רַע לָהֶ֖ם רָעָ֣ה גְדֹלָ֑ה אֲשֶׁר־
יא בָּ֣א אָדָ֔ם לְבַקֵּ֥שׁ טוֹבָ֖ה לִבְנֵ֥י יִשְׂרָאֵֽל׃ וָאָב֖וֹא אֶל־יְרֽוּשָׁלִָ֑ם
יב וָאֱהִי־שָׁ֖ם יָמִ֥ים שְׁלֹשָֽׁה׃ וָאָק֣וּם ׀ לַ֗יְלָה אֲנִי֮ וַאֲנָשִׁ֣ים ׀ מְעַט֒
עִמִּ֔י וְלֹא־הִגַּ֣דְתִּי לְאָדָ֔ם מָ֗ה אֱלֹהַי֙ נֹתֵ֣ן אֶל־לִבִּ֔י לַעֲשׂ֖וֹת
לִירֽוּשָׁלִָ֑ם וּבְהֵמָה֙ אֵ֣ין עִמִּ֔י כִּ֚י אִם־הַבְּהֵמָ֔ה אֲשֶׁ֥ר אֲנִ֖י רֹכֵ֥ב

יג בָ֛הּ׃ וָאֵצְאָ֨ה בְשַֽׁעַר־הַגַּ֜יְא לַ֗יְלָה וְאֶל־פְּנֵי֙ עֵ֣ין הַתַּנִּ֔ין וְאֶל־
שַׁ֣עַר הָאַשְׁפֹּ֑ת וָאֱהִ֨י שֹׂבֵ֜ר בְּחוֹמֹ֤ת יְרוּשָׁלִַ֙ם֙ אֲשֶׁר־המפרוצים הֵ֣ם ׀ פְּרוּצִ֔ים
יד וּשְׁעָרֶ֖יהָ אֻכְּל֥וּ בָאֵֽשׁ׃ וָאֶֽעֱבֹר֙ אֶל־שַׁ֣עַר הָעַ֔יִן וְאֶל־בְּרֵכַ֖ת
טו הַמֶּ֑לֶךְ וְאֵֽין־מָק֥וֹם לַבְּהֵמָ֖ה לַעֲבֹ֥ר תַּחְתָּֽי׃ וָאֱהִ֨י עֹלֶ֤ה בַנַּ֙חַל֙
לַ֔יְלָה וָאֱהִ֖י שֹׂבֵ֣ר בַּחוֹמָ֑ה וָֽאָשׁ֗וּב וָאָב֛וֹא בְּשַׁ֥עַר הַגַּ֖יְא וָאָשֽׁוּב׃
טז וְהַסְּגָנִ֗ים לֹ֤א יָֽדְעוּ֙ אָ֣נָה הָלַ֔כְתִּי וּמָ֖ה אֲנִ֣י עֹשֶׂ֑ה וְלַיְּהוּדִ֨ים
וְלַכֹּהֲנִ֜ים וְלַחֹרִ֣ים וְלַסְּגָנִ֗ים וּלְיֶ֙תֶר֙ עֹשֵׂ֣ה הַמְּלָאכָ֔ה עַד־כֵּ֖ן לֹ֥א
יז הִגַּֽדְתִּי׃ וָאוֹמַ֣ר אֲלֵהֶ֗ם אַתֶּ֤ם רֹאִים֙ הָרָעָה֙ אֲשֶׁ֣ר אֲנַ֣חְנוּ בָ֔הּ
אֲשֶׁ֤ר יְרוּשָׁלִַ֙ם֙ חֲרֵבָ֔ה וּשְׁעָרֶ֖יהָ נִצְּת֣וּ בָאֵ֑שׁ לְכוּ֙ וְנִבְנֶה֙ אֶת־
יח חוֹמַ֣ת יְרוּשָׁלִַ֔ם וְלֹא־נִהְיֶ֥ה ע֖וֹד חֶרְפָּֽה׃ וָאַגִּ֨יד לָהֶ֜ם אֶת־יַ֣ד
אֱלֹהַ֗י אֲשֶׁר־הִיא֙ טוֹבָ֣ה עָלַ֔י וְאַף־דִּבְרֵ֥י הַמֶּ֖לֶךְ אֲשֶׁ֣ר אָֽמַר־לִ֑י
יט וַיֹּֽאמְרוּ֙ נָק֣וּם וּבָנִ֔ינוּ וַיְחַזְּק֥וּ יְדֵיהֶ֖ם לַטּוֹבָֽה׃ וַיִּשְׁמַ֡ע
סַנְבַלַּ֣ט הַחֹרֹנִ֡י וְטֹבִיָּ֣ה ׀ הָעֶ֣בֶד הָעַמּוֹנִ֡י וְגֶ֣שֶׁם הָֽעַרְבִ֗י וַיַּלְעִ֙גוּ֙ לָ֔נוּ
וַיִּבְז֖וּ עָלֵ֑ינוּ וַיֹּאמְר֗וּ מָֽה־הַדָּבָ֤ר הַזֶּה֙ אֲשֶׁ֣ר אַתֶּ֣ם עֹשִׂ֔ים
כ הַעַ֥ל הַמֶּ֖לֶךְ אַתֶּ֥ם מֹרְדִֽים׃ וָאָשִׁ֨יב אוֹתָ֜ם דָּבָ֗ר וָאוֹמַ֤ר לָהֶם֙
אֱלֹהֵ֣י הַשָּׁמַ֗יִם ה֚וּא יַצְלִ֣יחַֽ לָ֔נוּ וַאֲנַ֥חְנוּ עֲבָדָ֖יו נָק֣וּם וּבָנִ֑ינוּ
וְלָכֶ֗ם אֵין־חֵ֧לֶק וּצְדָקָ֛ה וְזִכָּר֖וֹן בִּירוּשָׁלִָֽם׃
ג א וַיָּקָם֩ אֶלְיָשִׁ֨יב הַכֹּהֵ֜ן הַגָּד֗וֹל וְאֶחָ֤יו הַכֹּֽהֲנִים֙ וַיִּבְנוּ֙ אֶת־שַׁ֣עַר
הַצֹּ֔אן הֵ֣מָּה קִדְּשׁ֔וּהוּ וַיַּֽעֲמִ֖ידוּ דַּלְתֹתָ֑יו וְעַד־מִגְדַּ֨ל הַמֵּאָ֤ה
ב קִדְּשׁ֔וּהוּ עַ֖ד מִגְדַּ֥ל חֲנַנְאֵֽל׃ וְעַל־יָד֥וֹ בָנ֖וּ אַנְשֵׁ֣י יְרֵח֑וֹ וְעַל־
ג יָד֥וֹ בָנָ֖ה זַכּ֥וּר בֶּן־אִמְרִֽי׃ וְאֵ֙ת שַׁ֣עַר הַדָּגִ֔ים בָּנ֖וּ בְּנֵ֣י הַסְּנָאָ֑ה
ד הֵ֣מָּה קֵר֔וּהוּ וַֽיַּעֲמִ֙ידוּ֙ דַּלְתֹתָ֔יו מַנְעוּלָ֖יו וּבְרִיחָֽיו׃ וְעַל־יָדָ֣ם
הֶחֱזִ֗יק מְרֵמ֤וֹת בֶּן־אוּרִיָּה֙ בֶּן־הַקּ֔וֹץ וְעַל־יָדָ֣ם הֶחֱזִ֔יק מְשֻׁלָּ֕ם
בֶּן־בֶּֽרֶכְיָ֖ה בֶּן־מְשֵׁיזַבְאֵ֑ל וְעַל־יָדָ֣ם הֶחֱזִ֔יק צָד֖וֹק בֶּן־בַּעֲנָֽא׃
ה וְעַל־יָדָ֖ם הֶחֱזִ֣יקוּ הַתְּקוֹעִ֑ים וְאַדִּירֵיהֶ֕ם לֹא־הֵבִ֣יאוּ צַוָּרָ֔ם
ו בַּעֲבֹדַ֖ת אֲדֹנֵיהֶֽם׃ וְאֵת֩ שַׁ֨עַר הַיְשָׁנָ֜ה הֶחֱזִ֗יקוּ יוֹיָדָע֙ בֶּן־פָּסֵ֔חַ
וּמְשֻׁלָּ֖ם בֶּן־בְּסֽוֹדְיָ֑ה הֵ֣מָּה קֵר֔וּהוּ וַֽיַּעֲמִ֙ידוּ֙ דַּלְתֹתָ֔יו וּמַנְעֻלָ֖יו

וּבְרִיחָֽיו׃ וְעַל־יָדָם הֶחֱזִיק מְלַטְיָה הַגִּבְעֹנִי וְיָדוֹן הַמֵּרֹנֹתִי אַנְשֵׁי ז
גִבְעוֹן וְהַמִּצְפָּה לְכִסֵּא פַּחַת עֵבֶר הַנָּהָר׃ עַל־יָדוֹ הֶחֱזִיק ח
עֻזִּיאֵל בֶּן־חַרְהֲיָה צוֹרְפִים וְעַל־יָדוֹ הֶחֱזִיק חֲנַנְיָה בֶּן־
הָרַקָּחִים וַיַּעַזְבוּ יְרוּשָׁלִַם עַד הַחוֹמָה הָרְחָבָה׃ וְעַל־יָדָם ט
הֶחֱזִיק רְפָיָה בֶן־חוּר שַׂר חֲצִי פֶּלֶךְ יְרוּשָׁלִָם׃ וְעַל־יָדָם הֶחֱזִיק י
יְדָיָה בֶן־חֲרוּמַף וְנֶגֶד בֵּיתוֹ וְעַל־יָדוֹ הֶחֱזִיק חַטּוּשׁ בֶּן־
חֲשַׁבְנְיָה׃ מִדָּה שֵׁנִית הֶחֱזִיק מַלְכִּיָּה בֶן־חָרִם וְחַשּׁוּב בֶּן־ יא
פַּחַת מוֹאָב וְאֵת מִגְדַּל הַתַּנּוּרִים׃ וְעַל־יָדוֹ הֶחֱזִיק שַׁלּוּם יב
בֶּן־הַלּוֹחֵשׁ שַׂר חֲצִי פֶּלֶךְ יְרוּשָׁלִָם הוּא וּבְנוֹתָיו׃ אֵת שַׁעַר יג
הַגַּיְא הֶחֱזִיק חָנוּן וְיֹשְׁבֵי זָנוֹחַ הֵמָּה בָנוּהוּ וַיַּעֲמִידוּ דַּלְתֹתָיו
מַנְעֻלָיו וּבְרִיחָיו וְאֶלֶף אַמָּה בַּחוֹמָה עַד שַׁעַר הַשְׁפוֹת׃
וְאֵת ׀ שַׁעַר הָאַשְׁפּוֹת הֶחֱזִיק מַלְכִּיָּה בֶן־רֵכָב שַׂר פֶּלֶךְ בֵּית־ יד
הַכָּרֶם הוּא יִבְנֶנּוּ וְיַעֲמִיד דַּלְתֹתָיו מַנְעֻלָיו וּבְרִיחָיו׃ וְאֵת טו
שַׁעַר הָעַיִן הֶחֱזִיק שַׁלּוּן בֶּן־כָּל־חֹזֶה שַׂר פֶּלֶךְ הַמִּצְפָּה הוּא
וְיַעֲמִיד יִבְנֶנּוּ וִיטַלְלֶנּוּ ויעמידו דַּלְתֹתָיו מַנְעֻלָיו וּבְרִיחָיו וְאֵת חוֹמַת
בְּרֵכַת הַשֶּׁלַח לְגַן־הַמֶּלֶךְ וְעַד־הַמַּעֲלוֹת הַיּוֹרְדוֹת מֵעִיר
דָּוִיד׃ אַחֲרָיו הֶחֱזִיק נְחֶמְיָה בֶן־עַזְבּוּק שַׂר חֲצִי פֶּלֶךְ בֵּית־ טז
צוּר עַד־נֶגֶד קִבְרֵי דָוִיד וְעַד הַבְּרֵכָה הָעֲשׂוּיָה וְעַד בֵּית
הַגִּבֹּרִים׃ אַחֲרָיו הֶחֱזִיקוּ הַלְוִיִּם רְחוּם בֶּן־בָּנִי עַל־יָדוֹ הֶחֱזִיק יז
חֲשַׁבְיָה שַׂר־חֲצִי־פֶלֶךְ קְעִילָה לְפִלְכּוֹ׃ אַחֲרָיו הֶחֱזִיקוּ אֲחֵיהֶם יח
בַּוַּי בֶּן־חֵנָדָד שַׂר חֲצִי פֶּלֶךְ קְעִילָה׃ וַיְחַזֵּק עַל־יָדוֹ עֵזֶר בֶּן־ יט
יֵשׁוּעַ שַׂר הַמִּצְפָּה מִדָּה שֵׁנִית מִנֶּגֶד עֲלֹת הַנֶּשֶׁק הַמִּקְצֹעַ׃
זַכַּי אַחֲרָיו הֶחֱרָה הֶחֱזִיק בָּרוּךְ בֶּן־זבי מִדָּה שֵׁנִית מִן־הַמִּקְצוֹעַ כ
עַד־פֶּתַח בֵּית אֶלְיָשִׁיב הַכֹּהֵן הַגָּדוֹל׃ אַחֲרָיו הֶחֱזִיק מְרֵמוֹת כא
בֶּן־אוּרִיָּה בֶּן־הַקּוֹץ מִדָּה שֵׁנִית מִפֶּתַח בֵּית אֶלְיָשִׁיב וְעַד־
תַּכְלִית בֵּית אֶלְיָשִׁיב׃ וְאַחֲרָיו הֶחֱזִיקוּ הַכֹּהֲנִים אַנְשֵׁי הַכִּכָּר׃ כב
אַחֲרָיו הֶחֱזִיק בִּנְיָמִן וְחַשּׁוּב נֶגֶד בֵּיתָם אַחֲרָיו הֶחֱזִיק עֲזַרְיָה כג

כד בֶּן־מַעֲשֵׂיָה בֶּן־עֲנָנְיָה אֵצֶל בֵּיתוֹ׃ אַחֲרָיו הֶחֱזִיק בִּנּוּי בֶּן־
חֵנָדָד מִדָּה שֵׁנִית מִבֵּית עֲזַרְיָה עַד־הַמִּקְצוֹעַ וְעַד־הַפִּנָּה׃
כה פָּלָל בֶּן־אוּזַי מִנֶּגֶד הַמִּקְצוֹעַ וְהַמִּגְדָּל הַיּוֹצֵא מִבֵּית הַמֶּלֶךְ
כו הָעֶלְיוֹן אֲשֶׁר לַחֲצַר הַמַּטָּרָה אַחֲרָיו פְּדָיָה בֶן־פַּרְעֹשׁ׃ וְהַנְּתִינִים
הָיוּ יֹשְׁבִים בָּעֹפֶל עַד נֶגֶד שַׁעַר הַמַּיִם לַמִּזְרָח וְהַמִּגְדָּל
כז הַיּוֹצֵא׃ אַחֲרָיו הֶחֱזִיקוּ הַתְּקֹעִים מִדָּה שֵׁנִית מִנֶּגֶד הַמִּגְדָּל
כח הַגָּדוֹל הַיּוֹצֵא וְעַד חוֹמַת הָעֹפֶל׃ מֵעַל ׀ שַׁעַר הַסּוּסִים הֶחֱזִיקוּ
כט הַכֹּהֲנִים אִישׁ לְנֶגֶד בֵּיתוֹ׃ אַחֲרָיו הֶחֱזִיק צָדוֹק בֶּן־אִמֵּר נֶגֶד
בֵּיתוֹ וְאַחֲרָיו הֶחֱזִיק שְׁמַעְיָה בֶן־שְׁכַנְיָה שֹׁמֵר שַׁעַר הַמִּזְרָח׃
ל אחרי הֶחֱזִיק חֲנַנְיָה בֶן־שֶׁלֶמְיָה וְחָנוּן בֶּן־צָלָף הַשִּׁשִּׁי מִדָּה אַחֲרָיו
לא שֵׁנִי אַחֲרָיו הֶחֱזִיק מְשֻׁלָּם בֶּן־בֶּרֶכְיָה נֶגֶד נִשְׁכָּתוֹ׃ אחרי אַחֲרָיו
הֶחֱזִיק מַלְכִּיָּה בֶּן־הַצֹּרְפִי עַד־בֵּית הַנְּתִינִים וְהָרֹכְלִים נֶגֶד
לב שַׁעַר הַמִּפְקָד וְעַד עֲלִיַּת הַפִּנָּה׃ וּבֵין עֲלִיַּת הַפִּנָּה לְשַׁעַר הַצֹּאן
לג הֶחֱזִיקוּ הַצֹּרְפִים וְהָרֹכְלִים׃ וַיְהִי כַּאֲשֶׁר שָׁמַע
סַנְבַלַּט כִּי־אֲנַחְנוּ בוֹנִים אֶת־הַחוֹמָה וַיִּחַר לוֹ וַיִּכְעַס הַרְבֵּה
לד וַיַּלְעֵג עַל־הַיְּהוּדִים׃ וַיֹּאמֶר ׀ לִפְנֵי אֶחָיו וְחֵיל שֹׁמְרוֹן וַיֹּאמֶר
מָה הַיְּהוּדִים הָאֲמֵלָלִים עֹשִׂים הֲיַעַזְבוּ לָהֶם הֲיִזְבָּחוּ הַיְכַלּוּ
בַיּוֹם הַיְחַיּוּ אֶת־הָאֲבָנִים מֵעֲרֵמוֹת הֶעָפָר וְהֵמָּה שְׂרוּפוֹת׃
לה וְטוֹבִיָּה הָעַמֹּנִי אֶצְלוֹ וַיֹּאמֶר גַּם אֲשֶׁר־הֵם בּוֹנִים אִם־יַעֲלֶה
לו שׁוּעָל וּפָרַץ חוֹמַת אַבְנֵיהֶם׃ שְׁמַע אֱלֹהֵינוּ כִּי־הָיִינוּ בוּזָה
לז וְהָשֵׁב חֶרְפָּתָם אֶל־רֹאשָׁם וּתְנֵם לְבִזָּה בְּאֶרֶץ שִׁבְיָה׃ וְאַל־
תְּכַס עַל־עֲוֺנָם וְחַטָּאתָם מִלְּפָנֶיךָ אַל־תִּמָּחֶה כִּי הִכְעִיסוּ
לח לְנֶגֶד הַבּוֹנִים׃ וַנִּבְנֶה אֶת־הַחוֹמָה וַתִּקָּשֵׁר כָּל־הַחוֹמָה עַד־ ו
חֶצְיָהּ וַיְהִי לֵב לָעָם לַעֲשׂוֹת׃

ד א וַיְהִי ׀ כַּאֲשֶׁר שָׁמַע סַנְבַלַּט וְטוֹבִיָּה וְהָעַרְבִים וְהָעַמֹּנִים
וְהָאַשְׁדּוֹדִים כִּי־עָלְתָה אֲרוּכָה לְחֹמוֹת יְרוּשָׁלִַם כִּי־הֵחֵלּוּ
ב הַפְּרֻצִים לְהִסָּתֵם וַיִּחַר לָהֶם מְאֹד׃ וַיִּקְשְׁרוּ כֻלָּם יַחְדָּו לָבוֹא

ג לְהִלָּחֵם בִּירוּשָׁלָ͏ִם וְלַעֲשׂוֹת לוֹ תּוֹעָה׃ וַנִּתְפַּלֵּל אֶל־אֱלֹהֵינוּ
ד וַנַּעֲמִיד מִשְׁמָר עֲלֵיהֶם יוֹמָם וָלַיְלָה מִפְּנֵיהֶם׃ וַיֹּאמֶר
יְהוּדָה כָּשַׁל כֹּחַ הַסַּבָּל וְהֶעָפָר הַרְבֵּה וַאֲנַחְנוּ לֹא נוּכַל
ה לִבְנוֹת בַּחוֹמָה׃ וַיֹּאמְרוּ צָרֵינוּ לֹא יֵדְעוּ וְלֹא יִרְאוּ עַד אֲשֶׁר־
ו נָבוֹא אֶל־תּוֹכָם וַהֲרַגְנוּם וְהִשְׁבַּתְנוּ אֶת־הַמְּלָאכָה׃ וַיְהִי
כַּאֲשֶׁר־בָּאוּ הַיְּהוּדִים הַיֹּשְׁבִים אֶצְלָם וַיֹּאמְרוּ לָנוּ עֶשֶׂר פְּעָמִים
ז מִכָּל־הַמְּקֹמוֹת אֲשֶׁר־תָּשׁוּבוּ עָלֵינוּ׃ וָאַעֲמִיד מִתַּחְתִּיּוֹת
לַמָּקוֹם מֵאַחֲרֵי לַחוֹמָה בצחחיים וָאַעֲמִיד אֶת־הָעָם לְמִשְׁפָּחוֹת בַּצְּחִיחִים
ח עִם־חַרְבֹתֵיהֶם רָמְחֵיהֶם וְקַשְּׁתֹתֵיהֶם׃ וָאֵרֶא וָאָקוּם וָאֹמַר
אֶל־הַחֹרִים וְאֶל־הַסְּגָנִים וְאֶל־יֶתֶר הָעָם אַל־תִּירְאוּ מִפְּנֵיהֶם
אֶת־אֲדֹנָי הַגָּדוֹל וְהַנּוֹרָא זְכֹרוּ וְהִלָּחֲמוּ עַל־אֲחֵיכֶם בְּנֵיכֶם
ט וּבְנֹתֵיכֶם נְשֵׁיכֶם וּבָתֵּיכֶם׃ וַיְהִי כַּאֲשֶׁר שָׁמְעוּ
אוֹיְבֵינוּ כִּי־נוֹדַע לָנוּ וַיָּפֶר הָאֱלֹהִים אֶת־עֲצָתָם ונשוב כֻּלָּנוּ וַנָּשָׁב
י אֶל־הַחוֹמָה אִישׁ אֶל־מְלַאכְתּוֹ׃ וַיְהִי ׀ מִן־הַיּוֹם הַהוּא חֲצִי
נְעָרַי עֹשִׂים בַּמְּלָאכָה וְחֶצְיָם מַחֲזִיקִים וְהָרְמָחִים הַמָּגִנִּים
יא וְהַקְּשָׁתוֹת וְהַשִּׁרְיֹנִים וְהַשָּׂרִים אַחֲרֵי כָּל־בֵּית יְהוּדָה׃ הַבּוֹנִים
בַּחוֹמָה וְהַנֹּשְׂאִים בַּסֶּבֶל עֹמְשִׂים בְּאַחַת יָדוֹ עֹשֶׂה בַמְּלָאכָה
יב וְאַחַת מַחֲזֶקֶת הַשָּׁלַח׃ וְהַבּוֹנִים אִישׁ חַרְבּוֹ אֲסוּרִים עַל־מָתְנָיו
יג וּבוֹנִים וְהַתּוֹקֵעַ בַּשּׁוֹפָר אֶצְלִי׃ וָאֹמַר אֶל־הַחֹרִים וְאֶל־הַסְּגָנִים
וְאֶל־יֶתֶר הָעָם הַמְּלָאכָה הַרְבֵּה וּרְחָבָה וַאֲנַחְנוּ נִפְרָדִים
יד עַל־הַחוֹמָה רְחוֹקִים אִישׁ מֵאָחִיו׃ בִּמְקוֹם
אֲשֶׁר תִּשְׁמְעוּ אֶת־קוֹל הַשּׁוֹפָר שָׁמָּה תִּקָּבְצוּ אֵלֵינוּ אֱלֹהֵינוּ
טו יִלָּחֶם לָנוּ׃ וַאֲנַחְנוּ עֹשִׂים בַּמְּלָאכָה וְחֶצְיָם מַחֲזִיקִים בָּרְמָחִים
טז מֵעֲלוֹת הַשַּׁחַר עַד צֵאת הַכּוֹכָבִים׃ גַּם בָּעֵת הַהִיא אָמַרְתִּי
לָעָם אִישׁ וְנַעֲרוֹ יָלִינוּ בְּתוֹךְ יְרוּשָׁלָ͏ִם וְהָיוּ־לָנוּ הַלַּיְלָה מִשְׁמָר
יז וְהַיּוֹם מְלָאכָה׃ וְאֵין אֲנִי וְאַחַי וּנְעָרַי וְאַנְשֵׁי הַמִּשְׁמָר אֲשֶׁר
אַחֲרַי אֵין־אֲנַחְנוּ פֹשְׁטִים בְּגָדֵינוּ אִישׁ שִׁלְחוֹ הַמָּיִם׃

א וַתְּהִי צַעֲקַת הָעָם וּנְשֵׁיהֶם גְּדוֹלָה אֶל־אֲחֵיהֶם הַיְּהוּדִים׃
ב וְיֵשׁ אֲשֶׁר אֹמְרִים בָּנֵינוּ וּבְנֹתֵינוּ אֲנַחְנוּ רַבִּים וְנִקְחָה דָגָן
ג וְנֹאכְלָה וְנִחְיֶה׃ וְיֵשׁ אֲשֶׁר אֹמְרִים שְׂדֹתֵינוּ וּכְרָמֵינוּ וּבָתֵּינוּ
ד אֲנַחְנוּ עֹרְבִים וְנִקְחָה דָגָן בָּרָעָב׃ וְיֵשׁ אֲשֶׁר אֹמְרִים לָוִינוּ
ה כֶסֶף לְמִדַּת הַמֶּלֶךְ שְׂדֹתֵינוּ וּכְרָמֵינוּ׃ וְעַתָּה כִּבְשַׂר אַחֵינוּ
בְּשָׂרֵנוּ כִּבְנֵיהֶם בָּנֵינוּ וְהִנֵּה אֲנַחְנוּ כֹבְשִׁים אֶת־בָּנֵינוּ וְאֶת־
בְּנֹתֵינוּ לַעֲבָדִים וְיֵשׁ מִבְּנֹתֵינוּ נִכְבָּשׁוֹת וְאֵין לְאֵל יָדֵנוּ
ו וּשְׂדֹתֵינוּ וּכְרָמֵינוּ לַאֲחֵרִים׃ וַיִּחַר לִי מְאֹד כַּאֲשֶׁר שָׁמַעְתִּי
ז אֶת־זַעֲקָתָם וְאֵת הַדְּבָרִים הָאֵלֶּה׃ וַיִּמָּלֵךְ לִבִּי עָלַי וָאָרִיבָה
אֶת־הַחֹרִים וְאֶת־הַסְּגָנִים וָאֹמְרָה לָהֶם מַשָּׁא אִישׁ־בְּאָחִיו
ח אַתֶּם נשאים וָאֶתֵּן עֲלֵיהֶם קְהִלָּה גְדוֹלָה׃ וָאֹמְרָה לָהֶם נֹשִׁים
אֲנַחְנוּ קָנִינוּ אֶת־אַחֵינוּ הַיְּהוּדִים הַנִּמְכָּרִים לַגּוֹיִם כְּדֵי
בָנוּ וְגַם־אַתֶּם תִּמְכְּרוּ אֶת־אֲחֵיכֶם וְנִמְכְּרוּ־לָנוּ וַיַּחֲרִישׁוּ
ט וְלֹא מָצְאוּ דָּבָר׃ ויאמר לֹא־טוֹב הַדָּבָר אֲשֶׁר־אַתֶּם עֹשִׂים וָאֹמַר
י הֲלוֹא בְּיִרְאַת אֱלֹהֵינוּ תֵּלֵכוּ מֵחֶרְפַּת הַגּוֹיִם אוֹיְבֵינוּ׃ וְגַם־
אֲנִי אַחַי וּנְעָרַי נֹשִׁים בָּהֶם כֶּסֶף וְדָגָן נַעַזְבָה־נָּא אֶת־הַמַּשָּׁא
יא הַזֶּה׃ הָשִׁיבוּ נָא לָהֶם כְּהַיּוֹם שְׂדֹתֵיהֶם כַּרְמֵיהֶם זֵיתֵיהֶם
וּבָתֵּיהֶם וּמְאַת הַכֶּסֶף וְהַדָּגָן הַתִּירוֹשׁ וְהַיִּצְהָר אֲשֶׁר אַתֶּם
יב נֹשִׁים בָּהֶם׃ וַיֹּאמְרוּ נָשִׁיב וּמֵהֶם לֹא נְבַקֵּשׁ כֵּן נַעֲשֶׂה כַּאֲשֶׁר
אַתָּה אוֹמֵר וָאֶקְרָא אֶת־הַכֹּהֲנִים וָאַשְׁבִּיעֵם לַעֲשׂוֹת כַּדָּבָר
יג הַזֶּה׃ גַּם־חָצְנִי נָעַרְתִּי וָאֹמְרָה כָּכָה יְנַעֵר הָאֱלֹהִים אֶת־כָּל־
הָאִישׁ אֲשֶׁר לֹא־יָקִים אֶת־הַדָּבָר הַזֶּה מִבֵּיתוֹ וּמִיגִיעוֹ וְכָכָה
יִהְיֶה נָעוּר וָרֵק וַיֹּאמְרוּ כָל־הַקָּהָל אָמֵן וַיְהַלְלוּ אֶת־יְהוָה
יד וַיַּעַשׂ הָעָם כַּדָּבָר הַזֶּה׃ גַּם מִיּוֹם ׀ אֲשֶׁר־צִוָּה אֹתִי לִהְיוֹת
פֶּחָם בְּאֶרֶץ יְהוּדָה מִשְּׁנַת עֶשְׂרִים וְעַד שְׁנַת שְׁלֹשִׁים וּשְׁתַּיִם
לְאַרְתַּחְשַׁסְתְּא הַמֶּלֶךְ שָׁנִים שְׁתֵּים עֶשְׂרֵה אֲנִי וְאַחַי לֶחֶם
טו הַפֶּחָה לֹא אָכַלְתִּי׃ וְהַפַּחוֹת הָרִאשֹׁנִים אֲשֶׁר־לְפָנַי הִכְבִּידוּ

עַל־הָעָם וַיִּקְחוּ מֵהֶם בְּלֶחֶם וָיַיִן אַחַר כֶּסֶף־שְׁקָלִים אַרְבָּעִים
גַּם נַעֲרֵיהֶם שָׁלְטוּ עַל־הָעָם וַאֲנִי לֹא־עָשִׂיתִי כֵן מִפְּנֵי יִרְאַת
טז אֱלֹהִים׃ וְגַם בִּמְלֶאכֶת הַחוֹמָה הַזֹּאת הֶחֱזַקְתִּי וְשָׂדֶה
יז לֹא קָנִינוּ וְכָל־נְעָרַי קְבוּצִים שָׁם עַל־הַמְּלָאכָה׃ וְהַיְּהוּדִים
וְהַסְּגָנִים מֵאָה וַחֲמִשִּׁים אִישׁ וְהַבָּאִים אֵלֵינוּ מִן־הַגּוֹיִם אֲשֶׁר־
יח סְבִיבֹתֵינוּ עַל־שֻׁלְחָנִי׃ וַאֲשֶׁר הָיָה נַעֲשֶׂה לְיוֹם אֶחָד שׁוֹר
אֶחָד צֹאן שֵׁשׁ־בְּרֻרוֹת וְצִפֳּרִים נַעֲשׂוּ־לִי וּבֵין עֲשֶׂרֶת יָמִים
בְּכָל־יַיִן לְהַרְבֵּה וְעִם־זֶה לֶחֶם הַפֶּחָה לֹא בִקַּשְׁתִּי כִּי־כָבְדָה
יט הָעֲבֹדָה עַל־הָעָם הַזֶּה׃ זָכְרָה־לִּי אֱלֹהַי לְטוֹבָה כֹּל אֲשֶׁר־
ו א עָשִׂיתִי עַל־הָעָם הַזֶּה׃ וַיְהִי כַאֲשֶׁר נִשְׁמַע
לְסַנְבַלַּט וְטוֹבִיָּה וּלְגֶשֶׁם הָעַרְבִי וּלְיֶתֶר אֹיְבֵינוּ כִּי בָנִיתִי
אֶת־הַחוֹמָה וְלֹא־נוֹתַר בָּהּ פָּרֶץ גַּם עַד־הָעֵת הַהִיא דְּלָתוֹת
ב לֹא־הֶעֱמַדְתִּי בַשְּׁעָרִים׃ וַיִּשְׁלַח סַנְבַלַּט וְגֶשֶׁם אֵלַי לֵאמֹר
לְכָה וְנִוָּעֲדָה יַחְדָּו בַּכְּפִירִים בְּבִקְעַת אוֹנוֹ וְהֵמָּה חֹשְׁבִים
ג לַעֲשׂוֹת לִי רָעָה׃ וָאֶשְׁלְחָה עֲלֵיהֶם מַלְאָכִים לֵאמֹר מְלָאכָה
גְדוֹלָה אֲנִי עֹשֶׂה וְלֹא אוּכַל לָרֶדֶת לָמָּה תִשְׁבַּת הַמְּלָאכָה
ד כַּאֲשֶׁר אַרְפֶּהָ וְיָרַדְתִּי אֲלֵיכֶם׃ וַיִּשְׁלְחוּ אֵלַי כַּדָּבָר הַזֶּה אַרְבַּע
ה פְּעָמִים וָאָשִׁיב אוֹתָם כַּדָּבָר הַזֶּה׃ וַיִּשְׁלַח אֵלַי סַנְבַלַּט
כַּדָּבָר הַזֶּה פַּעַם חֲמִישִׁית אֶת־נַעֲרוֹ וְאִגֶּרֶת פְּתוּחָה בְּיָדוֹ׃
ו כָּתוּב בָּהּ בַּגּוֹיִם נִשְׁמָע וְגַשְׁמוּ אֹמֵר אַתָּה וְהַיְּהוּדִים חֹשְׁבִים
לִמְרוֹד עַל־כֵּן אַתָּה בוֹנֶה הַחוֹמָה וְאַתָּה הֹוֶה לָהֶם לְמֶלֶךְ
ז כַּדְּבָרִים הָאֵלֶּה׃ וְגַם־נְבִיאִים הֶעֱמַדְתָּ לִקְרֹא עָלֶיךָ בִירוּשָׁלִַם
לֵאמֹר מֶלֶךְ בִּיהוּדָה וְעַתָּה יִשָּׁמַע לַמֶּלֶךְ כַּדְּבָרִים הָאֵלֶּה
ח וְעַתָּה לְכָה וְנִוָּעֲצָה יַחְדָּו׃ וָאֶשְׁלְחָה אֵלָיו לֵאמֹר לֹא נִהְיָה
כַּדְּבָרִים הָאֵלֶּה אֲשֶׁר אַתָּה אוֹמֵר כִּי מִלִּבְּךָ אַתָּה בוֹדָאם׃
ט כִּי כֻלָּם מְיָרְאִים אוֹתָנוּ לֵאמֹר יִרְפּוּ יְדֵיהֶם מִן־הַמְּלָאכָה
י וְלֹא תֵעָשֶׂה וְעַתָּה חַזֵּק אֶת־יָדָי׃ וַאֲנִי בָאתִי בֵּית שְׁמַעְיָה

בֶּן־דְּלָיָה בֶּן־מְהֵיטַבְאֵל וְהוּא עָצוּר וַיֹּאמֶר נִוָּעֵד אֶל־בֵּית
הָאֱלֹהִים אֶל־תּוֹךְ הַהֵיכָל וְנִסְגְּרָה דַּלְתוֹת הַהֵיכָל כִּי בָּאִים
יא לְהָרְגֶךָ וְלַיְלָה בָּאִים לְהָרְגֶךָ׃ וָאֹמְרָה הַאִישׁ כָּמוֹנִי יִבְרָח
יב וּמִי כָמוֹנִי אֲשֶׁר־יָבוֹא אֶל־הַהֵיכָל וָחָי לֹא אָבוֹא׃ וָאַכִּירָה
וְהִנֵּה לֹא־אֱלֹהִים שְׁלָחוֹ כִּי הַנְּבוּאָה דִּבֶּר עָלַי וְטוֹבִיָּה
יג וְסַנְבַלַּט שְׂכָרוֹ׃ לְמַעַן שָׂכוּר הוּא לְמַעַן־אִירָא וְאֶעֱשֶׂה־כֵּן
יד וְחָטָאתִי וְהָיָה לָהֶם לְשֵׁם רָע לְמַעַן יְחָרְפוּנִי׃ זָכְרָה
אֱלֹהַי לְטוֹבִיָּה וּלְסַנְבַלַּט כְּמַעֲשָׂיו אֵלֶּה וְגַם לְנוֹעַדְיָה הַנְּבִיאָה
טו וּלְיֶתֶר הַנְּבִיאִים אֲשֶׁר הָיוּ מְיָרְאִים אוֹתִי׃ וַתִּשְׁלַם הַחוֹמָה ז
טז בְּעֶשְׂרִים וַחֲמִשָּׁה לֶאֱלוּל לַחֲמִשִּׁים וּשְׁנַיִם יוֹם׃ וַיְהִי
כַּאֲשֶׁר שָׁמְעוּ כָּל־אוֹיְבֵינוּ וַיִּרְאוּ כָּל־הַגּוֹיִם אֲשֶׁר סְבִיבֹתֵינוּ
וַיִּפְּלוּ מְאֹד בְּעֵינֵיהֶם וַיֵּדְעוּ כִּי מֵאֵת אֱלֹהֵינוּ נֶעֶשְׂתָה
יז הַמְּלָאכָה הַזֹּאת׃ גַּם ׀ בַּיָּמִים הָהֵם מַרְבִּים חֹרֵי יְהוּדָה
אִגְּרֹתֵיהֶם הוֹלְכוֹת עַל־טוֹבִיָּה וַאֲשֶׁר לְטוֹבִיָּה בָּאוֹת אֲלֵיהֶם׃
יח כִּי־רַבִּים בִּיהוּדָה בַּעֲלֵי שְׁבוּעָה לוֹ כִּי־חָתָן הוּא לִשְׁכַנְיָה
יט בֶּן־אָרַח וִיהוֹחָנָן בְּנוֹ לָקַח אֶת־בַּת־מְשֻׁלָּם בֶּן בֶּרֶכְיָה׃ גַּם
טוֹבֹתָיו הָיוּ אֹמְרִים לְפָנַי וּדְבָרַי הָיוּ מוֹצִיאִים לוֹ אִגְּרוֹת
שָׁלַח טוֹבִיָּה לְיָרְאֵנִי׃

ז א וַיְהִי כַּאֲשֶׁר נִבְנְתָה הַחוֹמָה וָאַעֲמִיד הַדְּלָתוֹת וַיִּפָּקְדוּ
ב הַשּׁוֹעֲרִים וְהַמְשֹׁרְרִים וְהַלְוִיִּם׃ וָאֲצַוֶּה אֶת־חֲנָנִי אָחִי וְאֶת־
חֲנַנְיָה שַׂר הַבִּירָה עַל־יְרוּשָׁלָ‍ִם כִּי־הוּא כְּאִישׁ אֱמֶת וְיָרֵא
ג אֶת־הָאֱלֹהִים מֵרַבִּים׃ ויאמר לָהֶם לֹא יִפָּתְחוּ שַׁעֲרֵי יְרוּשָׁלַ‍ִם וָאֹמַר
עַד־חֹם הַשֶּׁמֶשׁ וְעַד הֵם עֹמְדִים יָגִיפוּ הַדְּלָתוֹת וֶאֱחֹזוּ וְהַעֲמֵיד
מִשְׁמְרוֹת יֹשְׁבֵי יְרוּשָׁלַ‍ִם אִישׁ בְּמִשְׁמָרוֹ וְאִישׁ נֶגֶד בֵּיתוֹ׃
ד וְהָעִיר רַחֲבַת יָדַיִם וּגְדֹלָה וְהָעָם מְעַט בְּתוֹכָהּ וְאֵין בָּתִּים
ה בְּנוּיִם׃ וַיִּתֵּן אֱלֹהַי אֶל־לִבִּי וָאֶקְבְּצָה אֶת־הַחֹרִים וְאֶת־
הַסְּגָנִים וְאֶת־הָעָם לְהִתְיַחֵשׂ וָאֶמְצָא סֵפֶר הַיַּחַשׂ הָעוֹלִים

בָּרִאשׁוֹנָה וָאֶמְצָא כָּתוּב בּוֹ׃ ו אֵלֶּה ׀ בְּנֵי הַמְּדִינָה
הָעֹלִים מִשְּׁבִי הַגּוֹלָה אֲשֶׁר הֶגְלָה נְבוּכַדְנֶצַּר מֶלֶךְ בָּבֶל
ז וַיָּשׁוּבוּ לִירוּשָׁלַםִ וְלִיהוּדָה אִישׁ לְעִירוֹ׃ הַבָּאִים עִם־זְרֻבָּבֶל
יֵשׁוּעַ נְחֶמְיָה עֲזַרְיָה רַעַמְיָה נַחֲמָנִי מָרְדֳּכַי בִּלְשָׁן מִסְפֶּרֶת
ח בִּגְוַי נְחוּם בַּעֲנָה מִסְפַּר אַנְשֵׁי עַם יִשְׂרָאֵל׃ בְּנֵי פַרְעֹשׁ
ט אַלְפַּיִם מֵאָה וְשִׁבְעִים וּשְׁנָיִם׃ בְּנֵי שְׁפַטְיָה שְׁלֹשׁ מֵאוֹת
י יא שִׁבְעִים וּשְׁנָיִם׃ בְּנֵי אָרַח שֵׁשׁ מֵאוֹת חֲמִשִּׁים וּשְׁנָיִם׃ בְּנֵי־
פַחַת מוֹאָב לִבְנֵי יֵשׁוּעַ וְיוֹאָב אַלְפַּיִם וּשְׁמֹנֶה מֵאוֹת שְׁמֹנָה
יב יג עָשָׂר׃ בְּנֵי עֵילָם אֶלֶף מָאתַיִם חֲמִשִּׁים וְאַרְבָּעָה׃ בְּנֵי זַתּוּא
יד שְׁמֹנֶה מֵאוֹת אַרְבָּעִים וַחֲמִשָּׁה׃ בְּנֵי זַכָּי שְׁבַע מֵאוֹת וְשִׁשִּׁים׃
טו טז בְּנֵי בִנּוּי שֵׁשׁ מֵאוֹת אַרְבָּעִים וּשְׁמֹנָה׃ בְּנֵי בֵבָי שֵׁשׁ מֵאוֹת
יז עֶשְׂרִים וּשְׁמֹנָה׃ בְּנֵי עַזְגָּד אַלְפַּיִם שְׁלֹשׁ מֵאוֹת עֶשְׂרִים
יח יט וּשְׁנָיִם׃ בְּנֵי אֲדֹנִיקָם שֵׁשׁ מֵאוֹת שִׁשִּׁים וְשִׁבְעָה׃ בְּנֵי בִגְוָי
כ אַלְפַּיִם שִׁשִּׁים וְשִׁבְעָה׃ בְּנֵי עָדִין שֵׁשׁ מֵאוֹת חֲמִשִּׁים וַחֲמִשָּׁה׃
כא כב בְּנֵי־אָטֵר לְחִזְקִיָּה תִּשְׁעִים וּשְׁמֹנָה׃ בְּנֵי חָשֻׁם שְׁלֹשׁ מֵאוֹת
כג עֶשְׂרִים וּשְׁמֹנָה׃ בְּנֵי בֵצָי שְׁלֹשׁ מֵאוֹת עֶשְׂרִים וְאַרְבָּעָה׃
כד כה בְּנֵי חָרִיף מֵאָה שְׁנֵים עָשָׂר׃ בְּנֵי גִבְעוֹן תִּשְׁעִים וַחֲמִשָּׁה׃
כו כז אַנְשֵׁי בֵית־לֶחֶם וּנְטֹפָה מֵאָה שְׁמֹנִים וּשְׁמֹנָה׃ אַנְשֵׁי עֲנָתוֹת
כח מֵאָה עֶשְׂרִים וּשְׁמוֹנָה׃ אַנְשֵׁי בֵית־עַזְמָוֶת אַרְבָּעִים וּשְׁנָיִם׃
כט אַנְשֵׁי קִרְיַת יְעָרִים כְּפִירָה וּבְאֵרוֹת שְׁבַע מֵאוֹת אַרְבָּעִים
ל וּשְׁלֹשָׁה׃ אַנְשֵׁי הָרָמָה וָגָבַע שֵׁשׁ מֵאוֹת עֶשְׂרִים וְאֶחָד׃
לא לב אַנְשֵׁי מִכְמָס מֵאָה וְעֶשְׂרִים וּשְׁנָיִם׃ אַנְשֵׁי בֵית־אֵל וְהָעָי
לג לד מֵאָה עֶשְׂרִים וּשְׁלֹשָׁה׃ אַנְשֵׁי נְבוֹ אַחֵר חֲמִשִּׁים וּשְׁנָיִם׃ בְּנֵי
לה עֵילָם אַחֵר אֶלֶף מָאתַיִם חֲמִשִּׁים וְאַרְבָּעָה׃ בְּנֵי חָרִם שְׁלֹשׁ
לו לז מֵאוֹת וְעֶשְׂרִים׃ בְּנֵי יְרֵחוֹ שְׁלֹשׁ מֵאוֹת אַרְבָּעִים וַחֲמִשָּׁה׃ בְּנֵי־
לח לֹד חָדִיד וְאוֹנוֹ שְׁבַע מֵאוֹת וְעֶשְׂרִים וְאֶחָד׃ בְּנֵי סְנָאָה
לט שְׁלֹשֶׁת אֲלָפִים תְּשַׁע מֵאוֹת וּשְׁלֹשִׁים׃ הַכֹּהֲנִים בְּנֵי יְדַעְיָה

מ לְבֵית יֵשׁוּעַ תְּשַׁע מֵאוֹת שִׁבְעִים וּשְׁלֹשָׁה: בְּנֵי אִמֵּר אֶלֶף
מא חֲמִשִּׁים וּשְׁנָיִם: בְּנֵי פַשְׁחוּר אֶלֶף מָאתַיִם אַרְבָּעִים וְשִׁבְעָה:
מב מג בְּנֵי חָרִם אֶלֶף שִׁבְעָה עָשָׂר: הַלְוִיִּם בְּנֵי־יֵשׁוּעַ לְקַדְמִיאֵל
מד לִבְנֵי לְהוֹדְוָה שִׁבְעִים וְאַרְבָּעָה: הַמְשֹׁרְרִים בְּנֵי אָסָף מֵאָה
מה אַרְבָּעִים וּשְׁמֹנָה: הַשֹּׁעֲרִים בְּנֵי־שַׁלֻּם בְּנֵי־אָטֵר בְּנֵי־טַלְמֹן בְּנֵי־
מו עַקּוּב בְּנֵי חֲטִיטָא בְּנֵי שֹׁבָי מֵאָה שְׁלֹשִׁים וּשְׁמֹנָה: הַנְּתִינִים
מז בְּנֵי־צִחָא בְנֵי־חֲשֻׂפָא בְּנֵי טַבָּעוֹת: בְּנֵי־קֵירֹס בְּנֵי־סִיעָא בְּנֵי
מח מט פָדוֹן: בְּנֵי־לְבָנָה בְנֵי־חֲגָבָא בְּנֵי שַׂלְמָי: בְּנֵי־חָנָן בְּנֵי־גִדֵּל בְּנֵי־
נ נא גָחַר: בְּנֵי־רְאָיָה בְנֵי־רְצִין בְּנֵי נְקוֹדָא: בְּנֵי־גַזָּם בְּנֵי־עֻזָּא בְּנֵי
נב נג פָסֵחַ: בְּנֵי־בֵסָי בְּנֵי־מְעוּנִים בְּנֵי נפושסים: בְּנֵי־בַקְבּוּק בְּנֵי־ נְפִישְׁסִים
נד נה חֲקוּפָא בְּנֵי חַרְחוּר: בְּנֵי־בַצְלִית בְּנֵי־מְחִידָא בְּנֵי חַרְשָׁא: בְּנֵי־
נו נז בַרְקוֹס בְּנֵי־סִיסְרָא בְּנֵי־תָמַח: בְּנֵי נְצִיחַ בְּנֵי חֲטִיפָא: בְּנֵי
נח עַבְדֵי שְׁלֹמֹה בְּנֵי־סוֹטַי בְּנֵי־סֹפֶרֶת בְּנֵי פְרִידָא: בְּנֵי־יַעְלָא בְנֵי־
נט דַרְקוֹן בְּנֵי גִדֵּל: בְּנֵי שְׁפַטְיָה בְנֵי־חַטִּיל בְּנֵי פֹּכֶרֶת הַצְּבָיִים בְּנֵי
ס אָמוֹן: כָּל־הַנְּתִינִים וּבְנֵי עַבְדֵי שְׁלֹמֹה שְׁלֹשׁ מֵאוֹת תִּשְׁעִים
סא וּשְׁנָיִם: וְאֵלֶּה הָעוֹלִים מִתֵּל מֶלַח תֵּל חַרְשָׁא
כְּרוּב אַדּוֹן וְאִמֵּר וְלֹא יָכְלוּ לְהַגִּיד בֵּית־אֲבֹתָם וְזַרְעָם אִם
סב מִיִּשְׂרָאֵל הֵם: בְּנֵי־דְלָיָה בְנֵי־טוֹבִיָּה בְּנֵי נְקוֹדָא שֵׁשׁ מֵאוֹת
סג וְאַרְבָּעִים וּשְׁנָיִם: וּמִן־הַכֹּהֲנִים בְּנֵי חֳבַיָּה בְּנֵי
הַקּוֹץ בְּנֵי בַרְזִלַּי אֲשֶׁר לָקַח מִבְּנוֹת בַּרְזִלַּי הַגִּלְעָדִי אִשָּׁה
סד וַיִּקָּרֵא עַל־שְׁמָם: אֵלֶּה בִּקְשׁוּ כְתָבָם הַמִּתְיַחְשִׂים וְלֹא נִמְצָא
סה וַיְגֹאֲלוּ מִן־הַכְּהֻנָּה: וַיֹּאמֶר הַתִּרְשָׁתָא לָהֶם אֲשֶׁר לֹא־יֹאכְלוּ
סו מִקֹּדֶשׁ הַקֳּדָשִׁים עַד עֲמֹד הַכֹּהֵן לְאוּרִים וְתֻמִּים: כָּל־הַקָּהָל
סז כְּאֶחָד אַרְבַּע רִבּוֹא אַלְפַּיִם שְׁלֹשׁ־מֵאוֹת וְשִׁשִּׁים: מִלְּבַד
עַבְדֵיהֶם וְאַמְהֹתֵיהֶם אֵלֶּה שִׁבְעַת אֲלָפִים שְׁלֹשׁ מֵאוֹת שְׁלֹשִׁים
וְשִׁבְעָה וְלָהֶם מְשֹׁרְרִים וּמְשֹׁרְרוֹת מָאתַיִם וְאַרְבָּעִים וַחֲמִשָּׁה:

בקצת ספרים כתוב כאן:

סוּסֵיהֶם שְׁבַע מֵאוֹת שְׁלֹשִׁים וְשִׁשָּׁה פִּרְדֵיהֶם מָאתַיִם אַרְבָּעִים וַחֲמִשָּׁה:

סח גְּמַלִּים אַרְבַּע מֵאוֹת שְׁלֹשִׁים וַחֲמִשָּׁה חֲמֹרִים שֵׁשֶׁת אֲלָפִים
סט שְׁבַע מֵאוֹת וְעֶשְׂרִים׃ וּמִקְצָת רָאשֵׁי הָאָבוֹת
נָתְנוּ לַמְּלָאכָה הַתִּרְשָׁתָא נָתַן לָאוֹצָר זָהָב דַּרְכְּמֹנִים
אֶלֶף מִזְרָקוֹת חֲמִשִּׁים כָּתְנוֹת כֹּהֲנִים שְׁלֹשִׁים וַחֲמֵשׁ
ע מֵאוֹת׃ וּמֵרָאשֵׁי הָאָבוֹת נָתְנוּ לְאוֹצַר הַמְּלָאכָה זָהָב
עא דַּרְכְּמוֹנִים שְׁתֵּי רִבּוֹת וְכֶסֶף מָנִים אַלְפַּיִם וּמָאתָיִם׃ וַאֲשֶׁר
נָתְנוּ שְׁאֵרִית הָעָם זָהָב דַּרְכְּמֹנִים שְׁתֵּי רִבּוֹא וְכֶסֶף מָנִים
עב אַלְפָּיִם וְכָתְנֹת כֹּהֲנִים שִׁשִּׁים וְשִׁבְעָה׃ וַיֵּשְׁבוּ הַכֹּהֲנִים וְהַלְוִיִּם
וְהַשּׁוֹעֲרִים וְהַמְשֹׁרְרִים וּמִן־הָעָם וְהַנְּתִינִים וְכָל־יִשְׂרָאֵל
בְּעָרֵיהֶם וַיִּגַּע הַחֹדֶשׁ הַשְּׁבִיעִי וּבְנֵי יִשְׂרָאֵל בְּעָרֵיהֶם׃
ח א וַיֵּאָסְפוּ כָל־הָעָם כְּאִישׁ אֶחָד אֶל־הָרְחוֹב אֲשֶׁר לִפְנֵי שַׁעַר־
הַמָּיִם וַיֹּאמְרוּ לְעֶזְרָא הַסֹּפֵר לְהָבִיא אֶת־סֵפֶר תּוֹרַת מֹשֶׁה
ב אֲשֶׁר־צִוָּה יהוה אֶת־יִשְׂרָאֵל׃ וַיָּבִיא עֶזְרָא הַכֹּהֵן אֶת־הַתּוֹרָה
לִפְנֵי הַקָּהָל מֵאִישׁ וְעַד־אִשָּׁה וְכֹל מֵבִין לִשְׁמֹעַ בְּיוֹם אֶחָד
ג לַחֹדֶשׁ הַשְּׁבִיעִי׃ וַיִּקְרָא־בוֹ לִפְנֵי הָרְחוֹב אֲשֶׁר ׀ לִפְנֵי שַׁעַר־
הַמַּיִם מִן־הָאוֹר עַד־מַחֲצִית הַיּוֹם נֶגֶד הָאֲנָשִׁים וְהַנָּשִׁים
ד וְהַמְּבִינִים וְאָזְנֵי כָל־הָעָם אֶל־סֵפֶר הַתּוֹרָה׃ וַיַּעֲמֹד עֶזְרָא
הַסֹּפֵר עַל־מִגְדַּל־עֵץ אֲשֶׁר עָשׂוּ לַדָּבָר וַיַּעֲמֹד אֶצְלוֹ
מַתִּתְיָה וְשֶׁמַע וַעֲנָיָה וְאוּרִיָּה וְחִלְקִיָּה וּמַעֲשֵׂיָה עַל־יְמִינוֹ
וּמִשְּׂמֹאלוֹ פְּדָיָה וּמִישָׁאֵל וּמַלְכִּיָּה וְחָשֻׁם וְחַשְׁבַּדָּנָה זְכַרְיָה
ה מְשֻׁלָּם׃ וַיִּפְתַּח עֶזְרָא הַסֵּפֶר לְעֵינֵי כָל־הָעָם
ו כִּי־מֵעַל כָּל־הָעָם הָיָה וּכְפִתְחוֹ עָמְדוּ כָל־הָעָם׃ וַיְבָרֶךְ
עֶזְרָא אֶת־יהוה הָאֱלֹהִים הַגָּדוֹל וַיַּעֲנוּ כָל־הָעָם אָמֵן ׀ אָמֵן
ז בְּמֹעַל יְדֵיהֶם וַיִּקְּדוּ וַיִּשְׁתַּחֲוֻּ לַיהוה אַפַּיִם אָרְצָה׃ וְיֵשׁוּעַ
וּבָנִי וְשֵׁרֵבְיָה ׀ יָמִין עַקּוּב שַׁבְּתַי ׀ הוֹדִיָּה מַעֲשֵׂיָה קְלִיטָא
עֲזַרְיָה יוֹזָבָד חָנָן פְּלָאיָה וְהַלְוִיִּם מְבִינִים אֶת־הָעָם לַתּוֹרָה
ח וְהָעָם עַל־עָמְדָם׃ וַיִּקְרְאוּ בַסֵּפֶר בְּתוֹרַת הָאֱלֹהִים מְפֹרָשׁ

ט וְשׂ֣וֹם שֶׂ֔כֶל וַיָּבִ֖ינוּ בַּמִּקְרָֽא׃ וַיֹּ֣אמֶר נְחֶמְיָ֣ה ה֣וּא
הַתִּרְשָׁ֡תָא וְעֶזְרָ֣א הַכֹּהֵ֣ן ׀ הַסֹּפֵ֡ר וְהַלְוִיִּ֞ם הַמְּבִינִ֣ים אֶת־הָעָ֗ם
לְכָל־הָעָ֗ם הַיּ֤וֹם קָדֹֽשׁ־הוּא֙ לַיהוָ֣ה אֱלֹהֵיכֶ֔ם אַל־תִּֽתְאַבְּל֖וּ
וְאַל־תִּבְכּ֑וּ כִּ֤י בוֹכִים֙ כָּל־הָעָ֔ם כְּשָׁמְעָ֖ם אֶת־דִּבְרֵ֥י הַתּוֹרָֽה׃
י וַיֹּ֣אמֶר לָהֶ֡ם לְכוּ֩ אִכְל֨וּ מַשְׁמַנִּ֜ים וּשְׁת֣וּ מַֽמְתַקִּ֗ים וְשִׁלְח֤וּ ח
מָנוֹת֙ לְאֵ֣ין נָכ֣וֹן ל֔וֹ כִּֽי־קָד֥וֹשׁ הַיּ֖וֹם לַאֲדֹנֵ֑ינוּ וְאַל־תֵּ֣עָצֵ֔בוּ
יא כִּֽי־חֶדְוַ֥ת יְהוָ֖ה הִ֥יא מָֽעֻזְּכֶֽם׃ וְהַלְוִיִּ֞ם מַחְשִׁ֤ים לְכָל־הָעָם֙
יב לֵאמֹ֣ר הַ֔סּוּ כִּ֥י הַיּ֖וֹם קָדֹ֑שׁ וְאַל־תֵּעָצֵֽבוּ׃ וַיֵּלְכ֨וּ כָל־הָעָ֜ם
לֶאֱכֹ֣ל וְלִשְׁתּ֗וֹת וּלְשַׁלַּ֤ח מָנוֹת֙ וְלַעֲשׂ֔וֹת שִׂמְחָ֖ה גְדוֹלָ֑ה כִּ֤י
יג הֵבִ֙ינוּ֙ בַּדְּבָרִ֔ים אֲשֶׁ֥ר הוֹדִ֖יעוּ לָהֶֽם׃ וּבַיּ֣וֹם הַשֵּׁנִ֡י
נֶאֶסְפוּ֩ רָאשֵׁ֨י הָאָב֜וֹת לְכָל־הָעָ֗ם הַכֹּֽהֲנִים֙ וְהַלְוִיִּ֔ם אֶל־עֶזְרָ֖א
יד הַסֹּפֵ֑ר וּֽלְהַשְׂכִּ֖יל אֶל־דִּבְרֵ֥י הַתּוֹרָֽה׃ וַֽיִּמְצְא֖וּ כָּת֣וּב בַּתּוֹרָ֑ה
אֲשֶׁ֨ר צִוָּ֤ה יְהוָה֙ בְּיַד־מֹשֶׁ֔ה אֲשֶׁר֩ יֵשְׁב֨וּ בְנֵֽי־יִשְׂרָאֵ֧ל בַּסֻּכּ֛וֹת
טו בֶּחָ֖ג בַּחֹ֥דֶשׁ הַשְּׁבִיעִֽי׃ וַאֲשֶׁ֨ר יַשְׁמִ֜יעוּ וְיַֽעֲבִ֨ירוּ ק֥וֹל בְּכָל־
עָרֵיהֶם֮ וּבִירוּשָׁלִַ֣ם לֵאמֹר֒ צְא֣וּ הָהָ֗ר וְהָבִ֙יאוּ֙ עֲלֵי־זַ֙יִת֙ וַעֲלֵי־
עֵ֣ץ שֶׁ֔מֶן וַעֲלֵ֣י הֲדַ֗ס וַעֲלֵי֙ תְּמָרִ֔ים וַעֲלֵ֖י עֵ֣ץ עָבֹ֑ת לַעֲשֹׂ֥ת
טז סֻכֹּ֖ת כַּכָּתֽוּב׃ וַיֵּצְא֣וּ הָעָם֮ וַיָּבִיאוּ֒ וַיַּעֲשׂוּ֩ לָהֶ֨ם סֻכּ֜וֹת אִ֣ישׁ
עַל־גַּגּ֗וֹ וּבְחַצְרֹתֵיהֶ֔ם וּבְחַצְר֖וֹת בֵּ֣ית הָאֱלֹהִ֑ים וּבִרְחוֹב֙ שַׁ֣עַר
יז הַמַּ֔יִם וּבִרְח֖וֹב שַׁ֥עַר אֶפְרָֽיִם׃ וַיַּעֲשׂ֣וּ כָֽל־הַ֠קָּהָל הַשָּׁבִ֨ים מִן־
הַשְּׁבִ֥י ׀ סֻכּוֹת֮ וַיֵּשְׁב֣וּ בַסֻּכּוֹת֒ כִּ֣י לֹֽא־עָשׂ֡וּ מִימֵי֩ יֵשׁ֨וּעַ בִּן־
נ֥וּן כֵּן֙ בְּנֵ֣י יִשְׂרָאֵ֔ל עַ֖ד הַיּ֣וֹם הַה֑וּא וַתְּהִ֥י שִׂמְחָ֖ה גְּדוֹלָ֥ה
יח מְאֹֽד׃ וַ֠יִּקְרָא בְּסֵ֨פֶר תּוֹרַ֤ת הָֽאֱלֹהִים֙ י֣וֹם ׀ בְּי֔וֹם מִן־הַיּוֹם֙
הָֽרִאשׁ֔וֹן עַ֖ד הַיּ֣וֹם הָאַחֲר֑וֹן וַיַּֽעֲשׂוּ־חָג֙ שִׁבְעַ֣ת יָמִ֔ים וּבַיּ֧וֹם
הַשְּׁמִינִ֛י עֲצֶ֖רֶת כַּמִּשְׁפָּֽט׃

ט א וּבְי֨וֹם עֶשְׂרִ֤ים וְאַרְבָּעָה֙ לַחֹ֣דֶשׁ הַזֶּ֔ה נֶאֶסְפ֣וּ בְנֵֽי־יִשְׂרָאֵ֔ל
ב בְּצ֣וֹם וּבְשַׂקִּ֔ים וַאֲדָמָ֖ה עֲלֵיהֶֽם׃ וַיִּבָּֽדְלוּ֙ זֶ֣רַע יִשְׂרָאֵ֔ל מִכֹּ֖ל
בְּנֵ֣י נֵכָ֑ר וַיַּֽעַמְד֗וּ וַיִּתְוַדּוּ֙ עַל־חַטֹּ֣אתֵיהֶ֔ם וַעֲוֺנ֖וֹת אֲבֹתֵיהֶֽם׃

וַיָּק֙וּמוּ֙ עַל־עָמְדָ֔ם וַֽיִּקְרְא֗וּ בְּסֵ֨פֶר֙ תּוֹרַ֣ת יְהוָ֣ה אֱלֹֽהֵיהֶ֔ם ג
רְבִעִ֣ית הַיּ֑וֹם וּרְבִעִית֙ מִתְוַדִּ֣ים וּמִֽשְׁתַּחֲוִ֔ים לַיהוָ֖ה
אֱלֹהֵיהֶֽם׃ וַיָּ֜קָם עַֽל־מַעֲלֵ֣ה הַלְוִיִּ֗ם יֵשׁ֨וּעַ֙ וּבָנִ֣י ד
קַדְמִיאֵ֜ל שְׁבַנְיָ֤ה בֻּנִּי֙ שֵׁרֵ֣בְיָ֔ה בָּנִ֥י כְנָ֖נִי וַיִּזְעֲק֔וּ בְּק֣וֹל גָּד֔וֹל אֶל־
יְהוָ֖ה אֱלֹהֵיהֶֽם׃ וַיֹּאמְר֣וּ הַלְוִיִּ֡ם יֵשׁ֣וּעַ וְ֠קַדְמִיאֵל בָּנִ֨י חֲשַׁבְנְיָ֤ה ה
שֵׁרֵֽבְיָה֙ הֽוֹדִיָּ֣ה שְׁבַנְיָ֔ה פְּתַֽחְיָ֑ה ק֗וּמוּ בָּרֲכוּ֙ אֶת־יְהוָ֣ה אֱלֹֽהֵיכֶ֔ם
מִן־הָעוֹלָ֖ם עַד־הָעוֹלָ֑ם וִיבָרְכוּ֙ שֵׁ֣ם כְּבוֹדֶ֔ךָ וּמְרוֹמַ֥ם עַל־כָּל־
בְּרָכָ֖ה וּתְהִלָּֽה׃ אַתָּה־ה֣וּא יְהוָה֮ לְבַדֶּךָ֒ אַתָּ֣ה עָשִׂ֡יתָ אֶת־ ו
הַשָּׁמַיִם֩ שְׁמֵ֨י הַשָּׁמַ֜יִם וְכָל־צְבָאָ֗ם הָאָ֜רֶץ וְכָל־אֲשֶׁ֤ר עָלֶ֨יהָ֙
הַיַּמִּים֙ וְכָל־אֲשֶׁ֣ר בָּהֶ֔ם וְאַתָּ֖ה מְחַיֶּ֣ה אֶת־כֻּלָּ֑ם וּצְבָ֥א הַשָּׁמַ֖יִם
לְךָ֥ מִשְׁתַּחֲוִֽים׃ אַתָּה־הוּא֙ יְהוָ֣ה הָאֱלֹהִ֔ים אֲשֶׁ֤ר בָּחַ֨רְתָּ֙ ז
בְּאַבְרָ֔ם וְהֽוֹצֵאת֖וֹ מֵא֣וּר כַּשְׂדִּ֑ים וְשַׂ֥מְתָּ שְּׁמ֖וֹ אַבְרָהָֽם׃ וּמָצָ֣אתָ ח
אֶת־לְבָבוֹ֮ נֶאֱמָ֣ן לְפָנֶיךָ֒ וְכָר֣וֹת עִמּ֣וֹ הַבְּרִ֗ית לָתֵ֡ת אֶת־אֶ֩רֶץ֩
הַכְּנַעֲנִ֨י הַחִתִּ֜י הָאֱמֹרִ֧י וְהַפְּרִזִּ֛י וְהַיְבוּסִ֥י וְהַגִּרְגָּשִׁ֖י לָתֵ֣ת לְזַרְע֑וֹ
וַתָּ֥קֶם אֶת־דְּבָרֶ֖יךָ כִּ֥י צַדִּ֥יק אָֽתָּה׃ וַתֵּ֛רֶא אֶת־עֳנִ֥י אֲבֹתֵ֖ינוּ ט
בְּמִצְרָ֑יִם וְאֶת־זַעֲקָתָ֥ם שָׁמַ֖עְתָּ עַל־יַם־סֽוּף׃ וַ֠תִּתֵּן אֹתֹ֨ת י
וּמֹֽפְתִ֜ים בְּפַרְעֹ֤ה וּבְכָל־עֲבָדָיו֙ וּבְכָל־עַ֣ם אַרְצ֔וֹ כִּ֣י יָדַ֔עְתָּ כִּ֥י
הֵזִ֖ידוּ עֲלֵיהֶ֑ם וַתַּֽעַשׂ־לְךָ֥ שֵׁ֖ם כְּהַיּ֥וֹם הַזֶּֽה׃ וְהַיָּם֙ בָּקַ֣עְתָּ לִפְנֵיהֶ֔ם יא
וַיַּֽעַבְר֥וּ בְתוֹךְ־הַיָּ֖ם בַּיַּבָּשָׁ֑ה וְֽאֶת־רֹ֨דְפֵיהֶ֜ם הִשְׁלַ֧כְתָּ בִמְצוֹלֹ֛ת
כְּמוֹ־אֶ֖בֶן בְּמַ֥יִם עַזִּֽים׃ וּבְעַמּ֣וּד עָנָ֔ן הִנְחִיתָ֖ם יוֹמָ֑ם וּבְעַמּ֨וּד יב
אֵ֤שׁ לַ֨יְלָה֙ לְהָאִ֣יר לָהֶ֔ם אֶת־הַדֶּ֖רֶךְ אֲשֶׁ֥ר יֵֽלְכוּ־בָֽהּ׃ וְעַ֤ל הַר־ יג
סִינַי֙ יָרַ֔דְתָּ וְדַבֵּ֥ר עִמָּהֶ֖ם מִשָּׁמָ֑יִם וַתִּתֵּ֨ן לָהֶ֜ם מִשְׁפָּטִ֤ים יְשָׁרִים֙
וְתוֹרֹ֣ת אֱמֶ֔ת חֻקִּ֥ים וּמִצְוֺ֖ת טוֹבִֽים׃ וְאֶת־שַׁבַּ֥ת קָדְשְׁךָ֖ הוֹדַ֣עְתָּ יד
לָהֶ֑ם וּמִצְו֤וֹת וְחֻקִּים֙ וְתוֹרָ֔ה צִוִּ֣יתָ לָהֶ֔ם בְּיַ֖ד מֹשֶׁ֥ה עַבְדֶּֽךָ׃
וְ֠לֶחֶם מִשָּׁמַ֜יִם נָתַ֤תָּה לָהֶם֙ לִרְעָבָ֔ם וּמַ֗יִם מִסֶּ֛לַע הוֹצֵ֥אתָ לָהֶ֖ם טו
לִצְמָאָ֑ם וַתֹּ֣אמֶר לָהֶ֗ם לָבוֹא֙ לָרֶ֣שֶׁת אֶת־הָאָ֔רֶץ אֲשֶׁר־נָשָׂ֥אתָ
אֶת־יָדְךָ֖ לָתֵ֣ת לָהֶֽם׃ וְהֵ֥ם וַאֲבֹתֵ֖ינוּ הֵזִ֑ידוּ וַיַּקְשׁוּ֙ אֶת־עָרְפָּ֔ם טז

רסו

יז וְלֹא שָׁמְעוּ אֶל־מִצְוֺתֶיךָ׃ וַיְמָאֲנוּ לִשְׁמֹעַ וְלֹא־זָכְרוּ נִפְלְאֹתֶיךָ
אֲשֶׁר עָשִׂיתָ עִמָּהֶם וַיַּקְשׁוּ אֶת־עָרְפָּם וַיִּתְּנוּ־רֹאשׁ לָשׁוּב
לְעַבְדֻתָם בְּמִרְיָם וְאַתָּה אֱלוֹהַּ סְלִיחוֹת חַנּוּן וְרַחוּם אֶרֶךְ־
יח אַפַּיִם וְרַב־וחסד וְלֹא עֲזַבְתָּם׃ אַף כִּי־עָשׂוּ לָהֶם עֵגֶל מַסֵּכָה חֶסֶד
וַיֹּאמְרוּ זֶה אֱלֹהֶיךָ אֲשֶׁר הֶעֶלְךָ מִמִּצְרָיִם וַיַּעֲשׂוּ נֶאָצוֹת
יט גְּדֹלוֹת׃ וְאַתָּה בְּרַחֲמֶיךָ הָרַבִּים לֹא עֲזַבְתָּם בַּמִּדְבָּר אֶת־
עַמּוּד הֶעָנָן לֹא־סָר מֵעֲלֵיהֶם בְּיוֹמָם לְהַנְחֹתָם בְּהַדֶּרֶךְ וְאֶת־
עַמּוּד הָאֵשׁ בְּלַיְלָה לְהָאִיר לָהֶם וְאֶת־הַדֶּרֶךְ אֲשֶׁר יֵלְכוּ־
כ בָהּ׃ וְרוּחֲךָ הַטּוֹבָה נָתַתָּ לְהַשְׂכִּילָם וּמַנְךָ לֹא־מָנַעְתָּ מִפִּיהֶם
כא וּמַיִם נָתַתָּה לָהֶם לִצְמָאָם׃ וְאַרְבָּעִים שָׁנָה כִּלְכַּלְתָּם בַּמִּדְבָּר
כב לֹא חָסֵרוּ שַׂלְמֹתֵיהֶם לֹא בָלוּ וְרַגְלֵיהֶם לֹא בָצֵקוּ׃ וַתִּתֵּן
לָהֶם מַמְלָכוֹת וַעֲמָמִים וַתַּחְלְקֵם לְפֵאָה וַיִּירְשׁוּ אֶת־אֶרֶץ
סִיחוֹן וְאֶת־אֶרֶץ מֶלֶךְ חֶשְׁבּוֹן וְאֶת־אֶרֶץ עוֹג מֶלֶךְ־הַבָּשָׁן׃
כג וּבְנֵיהֶם הִרְבִּיתָ כְּכֹכְבֵי הַשָּׁמָיִם וַתְּבִיאֵם אֶל־הָאָרֶץ אֲשֶׁר־
כד אָמַרְתָּ לַאֲבֹתֵיהֶם לָבוֹא לָרָשֶׁת׃ וַיָּבֹאוּ הַבָּנִים וַיִּירְשׁוּ אֶת־
הָאָרֶץ וַתַּכְנַע לִפְנֵיהֶם אֶת־יֹשְׁבֵי הָאָרֶץ הַכְּנַעֲנִים וַתִּתְּנֵם
בְּיָדָם וְאֶת־מַלְכֵיהֶם וְאֶת־עַמְמֵי הָאָרֶץ לַעֲשׂוֹת בָּהֶם כִּרְצוֹנָם׃
כה וַיִּלְכְּדוּ עָרִים בְּצֻרוֹת וַאֲדָמָה שְׁמֵנָה וַיִּירְשׁוּ בָּתִּים מְלֵאִים־
כָּל־טוּב בֹּרוֹת חֲצוּבִים כְּרָמִים וְזֵיתִים וְעֵץ מַאֲכָל לָרֹב
כו וַיֹּאכְלוּ וַיִּשְׂבְּעוּ וַיַּשְׁמִינוּ וַיִּתְעַדְּנוּ בְּטוּבְךָ הַגָּדוֹל׃ וַיַּמְרוּ
וַיִּמְרְדוּ בָּךְ וַיַּשְׁלִכוּ אֶת־תּוֹרָתְךָ אַחֲרֵי גַוָּם וְאֶת־נְבִיאֶיךָ
הָרָגוּ אֲשֶׁר־הֵעִידוּ בָם לַהֲשִׁיבָם אֵלֶיךָ וַיַּעֲשׂוּ נֶאָצוֹת גְּדוֹלֹת׃
כז וַתִּתְּנֵם בְּיַד צָרֵיהֶם וַיָּצֵרוּ לָהֶם וּבְעֵת צָרָתָם יִצְעֲקוּ אֵלֶיךָ
וְאַתָּה מִשָּׁמַיִם תִּשְׁמָע וּכְרַחֲמֶיךָ הָרַבִּים תִּתֵּן לָהֶם מוֹשִׁיעִים
כח וְיוֹשִׁיעוּם מִיַּד צָרֵיהֶם׃ וּכְנוֹחַ לָהֶם יָשׁוּבוּ לַעֲשׂוֹת רַע לְפָנֶיךָ
וַתַּעַזְבֵם בְּיַד אֹיְבֵיהֶם וַיִּרְדּוּ בָהֶם וַיָּשׁוּבוּ וַיִּזְעָקוּךָ וְאַתָּה
כט מִשָּׁמַיִם תִּשְׁמַע וְתַצִּילֵם כְּרַחֲמֶיךָ רַבּוֹת עִתִּים׃ וַתָּעַד בָּהֶם

לְהֲשִׁיבָם אֶל־תּוֹרָתֶךָ וְהֵמָּה הֵזִידוּ וְלֹא־שָׁמְעוּ לְמִצְוֹתֶיךָ
וּבְמִשְׁפָּטֶיךָ חָטְאוּ־בָם אֲשֶׁר־יַעֲשֶׂה אָדָם וְחָיָה בָהֶם וַיִּתְּנוּ
כָתֵף סוֹרֶרֶת וְעָרְפָּם הִקְשׁוּ וְלֹא שָׁמֵעוּ: וַתִּמְשֹׁךְ עֲלֵיהֶם ל
שָׁנִים רַבּוֹת וַתָּעַד בָּם בְּרוּחֲךָ בְּיַד־נְבִיאֶיךָ וְלֹא הֶאֱזִינוּ
וַתִּתְּנֵם בְּיַד עַמֵּי הָאֲרָצֹת: וּבְרַחֲמֶיךָ הָרַבִּים לֹא־עֲשִׂיתָם לא
כָּלָה וְלֹא עֲזַבְתָּם כִּי אֵל־חַנּוּן וְרַחוּם אָתָּה: וְעַתָּה אֱלֹהֵינוּ לב
הָאֵל הַגָּדוֹל הַגִּבּוֹר וְהַנּוֹרָא שׁוֹמֵר הַבְּרִית וְהַחֶסֶד אַל־יִמְעַט
לְפָנֶיךָ אֵת כָּל־הַתְּלָאָה אֲשֶׁר־מְצָאַתְנוּ לִמְלָכֵינוּ לְשָׂרֵינוּ
וּלְכֹהֲנֵינוּ וְלִנְבִיאֵנוּ וְלַאֲבֹתֵינוּ וּלְכָל־עַמֶּךָ מִימֵי מַלְכֵי אַשּׁוּר
עַד הַיּוֹם הַזֶּה: וְאַתָּה צַדִּיק עַל כָּל־הַבָּא עָלֵינוּ כִּי־אֱמֶת עָשִׂיתָ לג
וַאֲנַחְנוּ הִרְשָׁעְנוּ: וְאֶת־מְלָכֵינוּ שָׂרֵינוּ כֹּהֲנֵינוּ וַאֲבֹתֵינוּ לֹא עָשׂוּ לד
תּוֹרָתֶךָ וְלֹא הִקְשִׁיבוּ אֶל־מִצְוֹתֶיךָ וּלְעֵדְוֹתֶיךָ אֲשֶׁר הַעִידֹתָ
בָּהֶם: וְהֵם בְּמַלְכוּתָם וּבְטוּבְךָ הָרָב אֲשֶׁר־נָתַתָּ לָהֶם וּבְאֶרֶץ לה
הָרְחָבָה וְהַשְּׁמֵנָה אֲשֶׁר־נָתַתָּ לִפְנֵיהֶם לֹא עֲבָדוּךָ וְלֹא־שָׁבוּ
מִמַּעַלְלֵיהֶם הָרָעִים: הִנֵּה אֲנַחְנוּ הַיּוֹם עֲבָדִים וְהָאָרֶץ אֲשֶׁר־ לו
נָתַתָּה לַאֲבֹתֵינוּ לֶאֱכֹל אֶת־פִּרְיָהּ וְאֶת־טוּבָהּ הִנֵּה אֲנַחְנוּ
עֲבָדִים עָלֶיהָ: וּתְבוּאָתָהּ מַרְבָּה לַמְּלָכִים אֲשֶׁר־נָתַתָּה עָלֵינוּ לז
בְּחַטֹּאותֵינוּ וְעַל גְּוִיֹּתֵינוּ מֹשְׁלִים וּבִבְהֶמְתֵּנוּ כִּרְצוֹנָם וּבְצָרָה
גְדוֹלָה אֲנָחְנוּ:
ט וּבְכָל־זֹאת אֲנַחְנוּ כֹּרְתִים אֲמָנָה וְכֹתְבִים וְעַל הֶחָתוּם שָׂרֵינוּ א י
לְוִיֵּנוּ כֹּהֲנֵינוּ: וְעַל הַחֲתוּמִים נְחֶמְיָה הַתִּרְשָׁתָא בֶּן־חֲכַלְיָה ב
וְצִדְקִיָּה: שְׂרָיָה עֲזַרְיָה יִרְמְיָה: פַּשְׁחוּר אֲמַרְיָה מַלְכִּיָּה: ג ד
חַטּוּשׁ שְׁבַנְיָה מַלּוּךְ: חָרִם מְרֵמוֹת עֹבַדְיָה: דָּנִיֵּאל גִּנְּתוֹן ה ו ז
בָּרוּךְ: מְשֻׁלָּם אֲבִיָּה מִיָּמִן: מַעַזְיָה בִלְגַּי שְׁמַעְיָה אֵלֶּה ח ט
הַכֹּהֲנִים: וְהַלְוִיִּם וְיֵשׁוּעַ בֶּן־אֲזַנְיָה בִּנּוּי מִבְּנֵי חֵנָדָד קַדְמִיאֵל: י
וַאֲחֵיהֶם שְׁבַנְיָה הוֹדִיָּה קְלִיטָא פְּלָאיָה חָנָן: מִיכָא רְחוֹב יא יב
חֲשַׁבְיָה: זַכּוּר שֵׁרֵבְיָה שְׁבַנְיָה: הוֹדִיָּה בָנִי בְּנִינוּ: רָאשֵׁי הָעָם יג יד טו

טז יז פַּרְעֹשׁ פַּחַת מוֹאָב עֵילָם זַתּוּא בָּנִי: בֻּנִּי עַזְגָּד בֵּבָי: אֲדֹנִיָּה
יח יט כ בִּגְוַי עָדִין: אָטֵר חִזְקִיָּה עַזּוּר: הוֹדִיָּה חָשֻׁם בֵּצָי: חָרִיף
כא כב עֲנָתוֹת נובי: מַגְפִּיעָשׁ מְשֻׁלָּם חֵזִיר: מְשֵׁיזַבְאֵל צָדוֹק יַדּוּעַ: נֵיבָי
כג כד כה פְּלַטְיָה חָנָן עֲנָיָה: הוֹשֵׁעַ חֲנַנְיָה חַשּׁוּב: הַלּוֹחֵשׁ פִּלְחָא
כו כז כח שׁוֹבֵק: רְחוּם חֲשַׁבְנָה מַעֲשֵׂיָה: וַאֲחִיָּה חָנָן עָנָן: מַלּוּךְ חָרִם
כט בַּעֲנָה: וּשְׁאָר הָעָם הַכֹּהֲנִים הַלְוִיִּם הַשּׁוֹעֲרִים הַמְשֹׁרְרִים
הַנְּתִינִים וְכָל־הַנִּבְדָּל מֵעַמֵּי הָאֲרָצוֹת אֶל־תּוֹרַת הָאֱלֹהִים
ל נְשֵׁיהֶם בְּנֵיהֶם וּבְנֹתֵיהֶם כֹּל יוֹדֵעַ מֵבִין: מַחֲזִיקִים עַל־
אֲחֵיהֶם אַדִּירֵיהֶם וּבָאִים בְּאָלָה וּבִשְׁבוּעָה לָלֶכֶת בְּתוֹרַת
הָאֱלֹהִים אֲשֶׁר נִתְּנָה בְּיַד מֹשֶׁה עֶבֶד־הָאֱלֹהִים וְלִשְׁמוֹר
לא וְלַעֲשׂוֹת אֶת־כָּל־מִצְוֹת יְהוָה אֲדֹנֵינוּ וּמִשְׁפָּטָיו וְחֻקָּיו: וַאֲשֶׁר
לֹא־נִתֵּן בְּנֹתֵינוּ לְעַמֵּי הָאָרֶץ וְאֶת־בְּנֹתֵיהֶם לֹא נִקַּח לְבָנֵינוּ:
לב וְעַמֵּי הָאָרֶץ הַמְבִיאִים אֶת־הַמַּקָּחוֹת וְכָל־שֶׁבֶר בְּיוֹם הַשַּׁבָּת
לִמְכּוֹר לֹא־נִקַּח מֵהֶם בַּשַּׁבָּת וּבְיוֹם קֹדֶשׁ וְנִטֹּשׁ אֶת־הַשָּׁנָה
לג הַשְּׁבִיעִית וּמַשָּׁא כָל־יָד: וְהֶעֱמַדְנוּ עָלֵינוּ מִצְוֹת לָתֵת עָלֵינוּ
לד שְׁלִשִׁית הַשֶּׁקֶל בַּשָּׁנָה לַעֲבֹדַת בֵּית אֱלֹהֵינוּ: לְלֶחֶם הַמַּעֲרֶכֶת
וּמִנְחַת הַתָּמִיד וּלְעוֹלַת הַתָּמִיד הַשַּׁבָּתוֹת הֶחֳדָשִׁים לַמּוֹעֲדִים
וְלַקֳּדָשִׁים וְלַחַטָּאוֹת לְכַפֵּר עַל־יִשְׂרָאֵל וְכֹל מְלֶאכֶת בֵּית־
לה אֱלֹהֵינוּ: וְהַגּוֹרָלוֹת הִפַּלְנוּ עַל־קֻרְבַּן הָעֵצִים
הַכֹּהֲנִים הַלְוִיִּם וְהָעָם לְהָבִיא לְבֵית אֱלֹהֵינוּ לְבֵית־אֲבֹתֵינוּ
לְעִתִּים מְזֻמָּנִים שָׁנָה בְשָׁנָה לְבַעֵר עַל־מִזְבַּח יְהוָה אֱלֹהֵינוּ
לו כַּכָּתוּב בַּתּוֹרָה: וּלְהָבִיא אֶת־בִּכּוּרֵי אַדְמָתֵנוּ וּבִכּוּרֵי כָּל־
לז פְּרִי כָל־עֵץ שָׁנָה בְשָׁנָה לְבֵית יְהוָה: וְאֶת־בְּכֹרוֹת בָּנֵינוּ
וּבְהֶמְתֵּנוּ כַּכָּתוּב בַּתּוֹרָה וְאֶת־בְּכוֹרֵי בְקָרֵינוּ וְצֹאנֵינוּ לְהָבִיא
לח לְבֵית אֱלֹהֵינוּ לַכֹּהֲנִים הַמְשָׁרְתִים בְּבֵית אֱלֹהֵינוּ: וְאֶת־
רֵאשִׁית עֲרִיסֹתֵינוּ וּתְרוּמֹתֵינוּ וּפְרִי כָל־עֵץ תִּירוֹשׁ וְיִצְהָר
נָבִיא לַכֹּהֲנִים אֶל־לִשְׁכוֹת בֵּית־אֱלֹהֵינוּ וּמַעְשַׂר אַדְמָתֵנוּ

לט לַלְוִיִּם וְהֵם הַלְוִיִּם הַמְעַשְּׂרִים בְּכֹל עָרֵי עֲבֹדָתֵנוּ: וְהָיָה
הַכֹּהֵן בֶּן־אַהֲרֹן עִם־הַלְוִיִּם בַּעְשֵׂר הַלְוִיִּם וְהַלְוִיִּם יַעֲלוּ אֶת־
מַעֲשַׂר הַמַּעֲשֵׂר לְבֵית אֱלֹהֵינוּ אֶל־הַלְּשָׁכוֹת לְבֵית הָאוֹצָר:
מ כִּי אֶל־הַלְּשָׁכוֹת יָבִיאוּ בְנֵי־יִשְׂרָאֵל וּבְנֵי הַלֵּוִי אֶת־תְּרוּמַת
הַדָּגָן הַתִּירוֹשׁ וְהַיִּצְהָר וְשָׁם כְּלֵי הַמִּקְדָּשׁ וְהַכֹּהֲנִים הַמְשָׁרְתִים
יא א וְהַשּׁוֹעֲרִים וְהַמְשֹׁרְרִים וְלֹא נַעֲזֹב אֶת־בֵּית אֱלֹהֵינוּ: וַיֵּשְׁבוּ
שָׂרֵי־הָעָם בִּירוּשָׁלִָם וּשְׁאָר הָעָם הִפִּילוּ גוֹרָלוֹת לְהָבִיא ׀
אֶחָד מִן־הָעֲשָׂרָה לָשֶׁבֶת בִּירוּשָׁלִַם עִיר הַקֹּדֶשׁ וְתֵשַׁע הַיָּדוֹת
ב בֶּעָרִים: וַיְבָרְכוּ הָעָם לְכֹל הָאֲנָשִׁים הַמִּתְנַדְּבִים לָשֶׁבֶת
ג בִּירוּשָׁלִָם: וְאֵלֶּה רָאשֵׁי הַמְּדִינָה אֲשֶׁר יָשְׁבוּ
בִּירוּשָׁלִָם וּבְעָרֵי יְהוּדָה יָשְׁבוּ אִישׁ בַּאֲחֻזָּתוֹ בְּעָרֵיהֶם יִשְׂרָאֵל
ד הַכֹּהֲנִים וְהַלְוִיִּם וְהַנְּתִינִים וּבְנֵי עַבְדֵי שְׁלֹמֹה: וּבִירוּשָׁלִַם יָשְׁבוּ
מִבְּנֵי יְהוּדָה וּמִבְּנֵי בִנְיָמִן מִבְּנֵי יְהוּדָה עֲתָיָה בֶן־עֻזִּיָּה בֶּן־זְכַרְיָה
ה בֶּן־אֲמַרְיָה בֶּן־שְׁפַטְיָה בֶן־מַהֲלַלְאֵל מִבְּנֵי פָרֶץ: וּמַעֲשֵׂיָה
בֶן־בָּרוּךְ בֶּן־כָּל־חֹזֶה בֶּן־חֲזָיָה בֶן־עֲדָיָה בֶן־יוֹיָרִיב בֶּן־זְכַרְיָה בֶּן־
ו הַשִּׁלֹנִי: כָּל־בְּנֵי־פֶרֶץ הַיֹּשְׁבִים בִּירוּשָׁלִָם אַרְבַּע מֵאוֹת שִׁשִּׁים
ז וּשְׁמֹנָה אַנְשֵׁי־חָיִל: וְאֵלֶּה בְּנֵי בִנְיָמִן סַלֻּא בֶּן־
מְשֻׁלָּם בֶּן־יוֹעֵד בֶּן־פְּדָיָה בֶן־קוֹלָיָה בֶן־מַעֲשֵׂיָה בֶּן־אִיתִיאֵל
ח בֶּן־יְשַׁעְיָה: וְאַחֲרָיו גַּבַּי סַלָּי תְּשַׁע מֵאוֹת עֶשְׂרִים וּשְׁמֹנָה:
ט וְיוֹאֵל בֶּן־זִכְרִי פָּקִיד עֲלֵיהֶם וִיהוּדָה בֶן־הַסְּנוּאָה עַל־הָעִיר
י מִשְׁנֶה: מִן־הַכֹּהֲנִים יְדַעְיָה בֶן־יוֹיָרִיב יָכִין:
יא שְׂרָיָה בֶן־חִלְקִיָּה בֶּן־מְשֻׁלָּם בֶּן־צָדוֹק בֶּן־מְרָיוֹת בֶּן־אֲחִיטוּב
יב נְגִד בֵּית הָאֱלֹהִים: וַאֲחֵיהֶם עֹשֵׂה הַמְּלָאכָה לַבַּיִת שְׁמֹנֶה
מֵאוֹת עֶשְׂרִים וּשְׁנָיִם וַעֲדָיָה בֶּן־יְרֹחָם בֶּן־פְּלַלְיָה בֶּן־אַמְצִי
יג בֶן־זְכַרְיָה בֶּן־פַּשְׁחוּר בֶּן־מַלְכִּיָּה: וְאֶחָיו רָאשִׁים לְאָבוֹת מָאתַיִם
אַרְבָּעִים וּשְׁנָיִם וַעֲמַשְׁסַי בֶּן־עֲזַרְאֵל בֶּן־אַחְזַי בֶּן־מְשִׁלֵּמוֹת בֶּן־
יד אִמֵּר: וַאֲחֵיהֶם גִּבֹּרֵי חַיִל מֵאָה עֶשְׂרִים וּשְׁמֹנָה וּפָקִיד עֲלֵיהֶם

יא

טו זַבְדִּיאֵל בֶּן־הַגְּדוֹלִים׃ וּמִן־הַלְוִיִּם שְׁמַעְיָה בֶן־חַשּׁוּב
טז בֶּן־עַזְרִיקָם בֶּן־חֲשַׁבְיָה בֶּן־בּוּנִּי׃ וְשַׁבְּתַי וְיוֹזָבָד עַל־הַמְּלָאכָה
יז הַחִיצֹנָה לְבֵית הָאֱלֹהִים מֵרָאשֵׁי הַלְוִיִּם׃ וּמַתַּנְיָה בֶן־מִיכָא
בֶּן־זַבְדִּי בֶן־אָסָף רֹאשׁ הַתְּחִלָּה יְהוֹדֶה לַתְּפִלָּה וּבַקְבֻּקְיָה
יח מִשְׁנֶה מֵאֶחָיו וְעַבְדָּא בֶּן־שַׁמּוּעַ בֶּן־גָּלָל בֶּן־ידיתון׃ כָּל־הַלְוִיִּם ידוּתוּן
יט בְּעִיר הַקֹּדֶשׁ מָאתַיִם שְׁמֹנִים וְאַרְבָּעָה׃ וְהַשּׁוֹעֲרִים
עַקּוּב טַלְמוֹן וַאֲחֵיהֶם הַשֹּׁמְרִים בַּשְּׁעָרִים מֵאָה שִׁבְעִים
כ וּשְׁנָיִם׃ וּשְׁאָר יִשְׂרָאֵל הַכֹּהֲנִים הַלְוִיִּם בְּכָל־עָרֵי יְהוּדָה
כא אִישׁ בְּנַחֲלָתוֹ׃ וְהַנְּתִינִים יֹשְׁבִים בָּעֹפֶל וְצִיחָא וְגִשְׁפָּא עַל־
כב הַנְּתִינִים׃ וּפְקִיד הַלְוִיִּם בִּירוּשָׁלִַם עֻזִּי בֶן־בָּנִי בֶּן־
חֲשַׁבְיָה בֶּן־מַתַּנְיָה בֶּן־מִיכָא מִבְּנֵי אָסָף הַמְשֹׁרְרִים לְנֶגֶד
כג מְלֶאכֶת בֵּית־הָאֱלֹהִים׃ כִּי־מִצְוַת הַמֶּלֶךְ עֲלֵיהֶם וַאֲמָנָה עַל־
כד הַמְשֹׁרְרִים דְּבַר־יוֹם בְּיוֹמוֹ׃ וּפְתַחְיָה בֶּן־מְשֵׁיזַבְאֵל
כה מִבְּנֵי־זֶרַח בֶּן־יְהוּדָה לְיַד הַמֶּלֶךְ לְכָל־דָּבָר לָעָם׃ וְאֶל־
הַחֲצֵרִים בִּשְׂדֹתָם מִבְּנֵי יְהוּדָה יָשְׁבוּ בְּקִרְיַת הָאַרְבַּע וּבְנֹתֶיהָ
כו וּבְדִיבֹן וּבְנֹתֶיהָ וּבִיקַּבְצְאֵל וַחֲצֵרֶיהָ׃ וּבְיֵשׁוּעַ וּבְמֹלָדָה וּבְבֵית־
כז כח פֶּלֶט׃ וּבַחֲצַר שׁוּעָל וּבִבְאֵר שָׁבַע וּבְנֹתֶיהָ׃ וּבְצִקְלַג וּבִמְכֹנָה
כט ל וּבִבְנֹתֶיהָ׃ וּבְעֵין רִמּוֹן וּבְצָרְעָה וּבְיַרְמוּת׃ זָנֹחַ עֲדֻלָּם וְחַצְרֵיהֶם
לָכִישׁ וּשְׂדֹתֶיהָ עֲזֵקָה וּבְנֹתֶיהָ וַיַּחֲנוּ מִבְּאֵר־שֶׁבַע עַד־גֵּיא
לא הִנֹּם׃ וּבְנֵי בִנְיָמִן מִגָּבַע מִכְמָשׂ וְעַיָּה וּבֵית־אֵל וּבְנֹתֶיהָ׃
לב לג לד עֲנָתוֹת נֹב עֲנָנְיָה׃ חָצוֹר ׀ רָמָה גִּתָּיִם׃ חָדִיד צְבֹעִים
לה לו נְבַלָּט׃ לֹד וְאוֹנוֹ גֵּי הַחֲרָשִׁים׃ וּמִן־הַלְוִיִּם מַחְלְקוֹת יְהוּדָה
יב א לְבִנְיָמִין׃ וְאֵלֶּה הַכֹּהֲנִים וְהַלְוִיִּם אֲשֶׁר עָלוּ עִם־
ב זְרֻבָּבֶל בֶּן־שְׁאַלְתִּיאֵל וְיֵשׁוּעַ שְׂרָיָה יִרְמְיָה עֶזְרָא׃ אֲמַרְיָה
ג ד ה מַלּוּךְ חַטּוּשׁ׃ שְׁכַנְיָה רְחֻם מְרֵמֹת׃ עִדּוֹא גִנְּתוֹי אֲבִיָּה׃ מִיָּמִין
ו ז מַעַדְיָה בִּלְגָּה׃ שְׁמַעְיָה וְיוֹיָרִיב יְדַעְיָה׃ סַלּוּ עָמוֹק חִלְקִיָּה
ח יְדַעְיָה אֵלֶּה רָאשֵׁי הַכֹּהֲנִים וַאֲחֵיהֶם בִּימֵי יֵשׁוּעַ׃ וְהַלְוִיִּם יֵשׁוּעַ

בְּנּוּי קַדְמִיאֵל שֵׁרֵבְיָה יְהוּדָה מַתַּנְיָה עַל־הֻיְּדוֹת הוּא וְאֶחָיו׃
ט וּבַקְבֻּקְיָה וענו אֲחֵיהֶם לְנֶגְדָּם לְמִשְׁמָרוֹת׃ וְיֵשׁוּעַ הוֹלִיד — וְעֻנִּי
אֶת־יוֹיָקִים וְיוֹיָקִים הוֹלִיד אֶת־אֶלְיָשִׁיב וְאֶלְיָשִׁיב אֶת־
יא יוֹיָדָע׃ וְיוֹיָדָע הוֹלִיד אֶת־יוֹנָתָן וְיוֹנָתָן הוֹלִיד אֶת־יַדּוּעַ׃
יב וּבִימֵי יוֹיָקִים הָיוּ כֹהֲנִים רָאשֵׁי הָאָבוֹת לִשְׂרָיָה מְרָיָה לְיִרְמְיָה
יג יד חֲנַנְיָה׃ לְעֶזְרָא מְשֻׁלָּם לַאֲמַרְיָה יְהוֹחָנָן׃ למלוכי יוֹנָתָן — לִמְלִיכוּ
טו טז לִשְׁבַנְיָה יוֹסֵף׃ לְחָרִם עַדְנָא לִמְרָיוֹת חֶלְקָי׃ לעדיא זְכַרְיָה — לְעִדּוֹא
יז לְגִנְּתוֹן מְשֻׁלָּם׃ לַאֲבִיָּה זִכְרִי לְמִנְיָמִין לְמוֹעַדְיָה פִּלְטָי׃
יח יט לְבִלְגָּה שַׁמּוּעַ לִשְׁמַעְיָה יְהוֹנָתָן׃ וּלְיוֹיָרִיב מַתְּנַי לִידַעְיָה עֻזִּי׃
כ כא לְסַלַּי קַלָּי לְעָמוֹק עֵבֶר׃ לְחִלְקִיָּה חֲשַׁבְיָה לִידַעְיָה נְתַנְאֵל׃
כב הַלְוִיִּם בִּימֵי אֶלְיָשִׁיב יוֹיָדָע וְיוֹחָנָן וְיַדּוּעַ כְּתוּבִים רָאשֵׁי
כג אָבוֹת וְהַכֹּהֲנִים עַל־מַלְכוּת דָּרְיָוֶשׁ הַפָּרְסִי׃ בְּנֵי לֵוִי
רָאשֵׁי הָאָבוֹת כְּתוּבִים עַל־סֵפֶר דִּבְרֵי הַיָּמִים וְעַד־יְמֵי יוֹחָנָן
כד בֶּן־אֶלְיָשִׁיב׃ וְרָאשֵׁי הַלְוִיִּם חֲשַׁבְיָה שֵׁרֵבְיָה וְיֵשׁוּעַ בֶּן־
קַדְמִיאֵל וַאֲחֵיהֶם לְנֶגְדָּם לְהַלֵּל לְהוֹדוֹת בְּמִצְוַת דָּוִיד אִישׁ־
כה הָאֱלֹהִים מִשְׁמָר לְעֻמַּת מִשְׁמָר׃ מַתַּנְיָה וּבַקְבֻּקְיָה עֹבַדְיָה
מְשֻׁלָּם טַלְמוֹן עַקּוּב שֹׁמְרִים שׁוֹעֲרִים מִשְׁמָר בַּאֲסֻפֵּי הַשְּׁעָרִים׃
כו אֵלֶּה בִּימֵי יוֹיָקִים בֶּן־יֵשׁוּעַ בֶּן־יוֹצָדָק וּבִימֵי נְחֶמְיָה הַפֶּחָה
כז וְעֶזְרָא הַכֹּהֵן הַסּוֹפֵר׃ וּבַחֲנֻכַּת חוֹמַת יְרוּשָׁלַםִ בִּקְשׁוּ י
אֶת־הַלְוִיִּם מִכָּל־מְקוֹמֹתָם לַהֲבִיאָם לִירוּשָׁלָםִ לַעֲשֹׂת חֲנֻכָּה
כח וְשִׂמְחָה וּבְתוֹדוֹת וּבְשִׁיר מְצִלְתַּיִם נְבָלִים וּבְכִנֹּרוֹת׃ וַיֵּאָסְפוּ
בְּנֵי הַמְשֹׁרְרִים וּמִן־הַכִּכָּר סְבִיבוֹת יְרוּשָׁלַםִ וּמִן־חַצְרֵי נְטֹפָתִי׃
כט וּמִבֵּית הַגִּלְגָּל וּמִשְּׂדוֹת גֶּבַע וְעַזְמָוֶת כִּי חֲצֵרִים בָּנוּ לָהֶם
ל הַמְשֹׁרְרִים סְבִיבוֹת יְרוּשָׁלָםִ׃ וַיִּטַּהֲרוּ הַכֹּהֲנִים וְהַלְוִיִּם וַיְטַהֲרוּ
לא אֶת־הָעָם וְאֶת־הַשְּׁעָרִים וְאֶת־הַחוֹמָה׃ וָאַעֲלֶה אֶת־שָׂרֵי
יְהוּדָה מֵעַל לַחוֹמָה וָאַעֲמִידָה שְׁתֵּי תוֹדֹת גְּדוֹלֹת וְתַהֲלֻכֹת
לב לַיָּמִין מֵעַל לַחוֹמָה לְשַׁעַר הָאַשְׁפֹּת׃ וַיֵּלֶךְ אַחֲרֵיהֶם הוֹשַׁעְיָה

לג לד וַחֲצִי שָׂרֵי יְהוּדָה: וַעֲזַרְיָה עֶזְרָא וּמְשֻׁלָּם: יְהוּדָה וּבִנְיָמִן
וּשְׁמַעְיָה וְיִרְמְיָה:
לה וּמִבְּנֵי הַכֹּהֲנִים בַּחֲצֹצְרוֹת זְכַרְיָה בֶן־יוֹנָתָן בֶּן־שְׁמַעְיָה בֶּן־
לו מַתַּנְיָה בֶּן־מִיכָיָה בֶּן־זַכּוּר בֶּן־אָסָף: וְאֶחָיו שְׁמַעְיָה וַעֲזַרְאֵל
מִלֲלַי גִּלֲלַי מָעַי נְתַנְאֵל וִיהוּדָה חֲנָנִי בִּכְלֵי־שִׁיר דָּוִיד אִישׁ
לז הָאֱלֹהִים וְעֶזְרָא הַסּוֹפֵר לִפְנֵיהֶם: וְעַל שַׁעַר הָעַיִן וְנֶגְדָּם עָלוּ
עַל־מַעֲלוֹת עִיר דָּוִיד בַּמַּעֲלֶה לַחוֹמָה מֵעַל לְבֵית דָּוִיד וְעַד
לח שַׁעַר הַמַּיִם מִזְרָח: וְהַתּוֹדָה הַשֵּׁנִית הַהוֹלֶכֶת לְמוֹאל וַאֲנִי
אַחֲרֶיהָ וַחֲצִי הָעָם מֵעַל לְהַחוֹמָה מֵעַל לְמִגְדַּל הַתַּנּוּרִים וְעַד
לט הַחוֹמָה הָרְחָבָה: וּמֵעַל לְשַׁעַר־אֶפְרַיִם וְעַל־שַׁעַר הַיְשָׁנָה
וְעַל־שַׁעַר הַדָּגִים וּמִגְדַּל חֲנַנְאֵל וּמִגְדַּל הַמֵּאָה וְעַד שַׁעַר
מ הַצֹּאן וְעָמְדוּ בְּשַׁעַר הַמַּטָּרָה: וַתַּעֲמֹדְנָה שְׁתֵּי הַתּוֹדֹת בְּבֵית
מא הָאֱלֹהִים וַאֲנִי וַחֲצִי הַסְּגָנִים עִמִּי: וְהַכֹּהֲנִים אֶלְיָקִים מַעֲשֵׂיָה
מב מִנְיָמִין מִיכָיָה אֶלְיוֹעֵינַי זְכַרְיָה חֲנַנְיָה בַּחֲצֹצְרוֹת: וּמַעֲשֵׂיָה
וּשְׁמַעְיָה וְאֶלְעָזָר וְעֻזִּי וִיהוֹחָנָן וּמַלְכִּיָּה וְעֵילָם וָעָזֶר וַיַּשְׁמִיעוּ
מג הַמְשֹׁרְרִים וְיִזְרַחְיָה הַפָּקִיד: וַיִּזְבְּחוּ בַיּוֹם הַהוּא זְבָחִים גְּדוֹלִים
וַיִּשְׂמָחוּ כִּי הָאֱלֹהִים שִׂמְּחָם שִׂמְחָה גְדוֹלָה וְגַם הַנָּשִׁים
מד וְהַיְלָדִים שָׂמֵחוּ וַתִּשָּׁמַע שִׂמְחַת יְרוּשָׁלִַם מֵרָחוֹק: וַיִּפָּקְדוּ
בַיּוֹם הַהוּא אֲנָשִׁים עַל־הַנְּשָׁכוֹת לָאוֹצָרוֹת ׀ לַתְּרוּמוֹת
לָרֵאשִׁית וְלַמַּעַשְׂרוֹת לִכְנוֹס בָּהֶם לִשְׂדֵי הֶעָרִים מְנָאוֹת
הַתּוֹרָה לַכֹּהֲנִים וְלַלְוִיִּם כִּי שִׂמְחַת יְהוּדָה עַל־הַכֹּהֲנִים וְעַל־
מה הַלְוִיִּם הָעֹמְדִים: וַיִּשְׁמְרוּ מִשְׁמֶרֶת אֱלֹהֵיהֶם וּמִשְׁמֶרֶת
הַטָּהֳרָה וְהַמְשֹׁרְרִים וְהַשֹּׁעֲרִים כְּמִצְוַת דָּוִיד שְׁלֹמֹה בְנוֹ:
מו כִּי־בִימֵי דָוִיד וְאָסָף מִקֶּדֶם רָאשֵׁ הַמְשֹׁרְרִים וְשִׁיר־תְּהִלָּה
מז וְהֹדוֹת לֵאלֹהִים: וְכָל־יִשְׂרָאֵל בִּימֵי זְרֻבָּבֶל וּבִימֵי נְחֶמְיָה
נֹתְנִים מְנָיוֹת הַמְשֹׁרְרִים וְהַשֹּׁעֲרִים דְּבַר־יוֹם בְּיוֹמוֹ וּמַקְדִּשִׁים
יג א לַלְוִיִּם וְהַלְוִיִּם מַקְדִּשִׁים לִבְנֵי אַהֲרֹן: בַּיּוֹם הַהוּא

נִקְרָא בְּסֵפֶר מֹשֶׁה בְּאָזְנֵי הָעָם וְנִמְצָא כָּתוּב בּוֹ אֲשֶׁר לֹא־
ב יָבוֹא עַמֹּנִי וּמֹאָבִי בִּקְהַל הָאֱלֹהִים עַד־עוֹלָם׃ כִּי לֹא קִדְּמוּ
אֶת־בְּנֵי יִשְׂרָאֵל בַּלֶּחֶם וּבַמָּיִם וַיִּשְׂכֹּר עָלָיו אֶת־בִּלְעָם לְקַלְלוֹ
ג וַיַּהֲפֹךְ אֱלֹהֵינוּ הַקְּלָלָה לִבְרָכָה׃ וַיְהִי כְּשָׁמְעָם אֶת־הַתּוֹרָה
ד וַיַּבְדִּילוּ כָל־עֵרֶב מִיִּשְׂרָאֵל׃ וְלִפְנֵי מִזֶּה אֶלְיָשִׁיב הַכֹּהֵן נָתוּן
ה בְּלִשְׁכַּת בֵּית־אֱלֹהֵינוּ קָרוֹב לְטוֹבִיָּה׃ וַיַּעַשׂ לוֹ לִשְׁכָּה גְדוֹלָה
וְשָׁם הָיוּ לְפָנִים נֹתְנִים אֶת־הַמִּנְחָה הַלְּבוֹנָה וְהַכֵּלִים וּמַעְשַׂר
הַדָּגָן הַתִּירוֹשׁ וְהַיִּצְהָר מִצְוַת הַלְוִיִּם וְהַמְשֹׁרְרִים וְהַשֹּׁעֲרִים
ו וּתְרוּמַת הַכֹּהֲנִים׃ וּבְכָל־זֶה לֹא הָיִיתִי בִּירוּשָׁלִָם כִּי בִּשְׁנַת
שְׁלֹשִׁים וּשְׁתַּיִם לְאַרְתַּחְשַׁסְתְּא מֶלֶךְ־בָּבֶל בָּאתִי אֶל־הַמֶּלֶךְ
ז וּלְקֵץ יָמִים נִשְׁאַלְתִּי מִן־הַמֶּלֶךְ׃ וָאָבוֹא לִירוּשָׁלִָם וָאָבִינָה
בָרָעָה אֲשֶׁר עָשָׂה אֶלְיָשִׁיב לְטוֹבִיָּה לַעֲשׂוֹת לוֹ נִשְׁכָּה בְּחַצְרֵי
ח בֵּית הָאֱלֹהִים׃ וַיֵּרַע לִי מְאֹד וָאַשְׁלִיכָה אֶת־כָּל־כְּלֵי בֵית־
ט טוֹבִיָּה הַחוּץ מִן־הַלִּשְׁכָּה׃ וָאֹמְרָה וַיְטַהֲרוּ הַלְּשָׁכוֹת וָאָשִׁיבָה
י שָּׁם כְּלֵי בֵּית הָאֱלֹהִים אֶת־הַמִּנְחָה וְהַלְּבוֹנָה׃ וָאֵדְעָה כִּי־
מְנָיוֹת הַלְוִיִּם לֹא נִתָּנָה וַיִּבְרְחוּ אִישׁ־לְשָׂדֵהוּ הַלְוִיִּם וְהַמְשֹׁרְרִים
יא עֹשֵׂי הַמְּלָאכָה׃ וָאָרִיבָה אֶת־הַסְּגָנִים וָאֹמְרָה מַדּוּעַ נֶעֱזַב
יב בֵּית־הָאֱלֹהִים וָאֶקְבְּצֵם וָאַעֲמִדֵם עַל־עָמְדָם׃ וְכָל־יְהוּדָה
יג הֵבִיאוּ מַעְשַׂר הַדָּגָן וְהַתִּירוֹשׁ וְהַיִּצְהָר לָאוֹצָרוֹת׃ וָאוֹצְרָה
עַל־אוֹצָרוֹת שֶׁלֶמְיָה הַכֹּהֵן וְצָדוֹק הַסּוֹפֵר וּפְדָיָה מִן־הַלְוִיִּם
וְעַל־יָדָם חָנָן בֶּן־זַכּוּר בֶּן־מַתַּנְיָה כִּי נֶאֱמָנִים נֶחְשָׁבוּ וַעֲלֵיהֶם
יד לַחֲלֹק לַאֲחֵיהֶם׃ זָכְרָה־לִּי אֱלֹהַי עַל־זֹאת וְאַל־
טו תֶּמַח חֲסָדַי אֲשֶׁר עָשִׂיתִי בְּבֵית אֱלֹהַי וּבְמִשְׁמָרָיו׃ בַּיָּמִים
הָהֵמָּה רָאִיתִי בִיהוּדָה ׀ דֹּרְכִים־גִּתּוֹת ׀ בַּשַּׁבָּת וּמְבִיאִים
הָעֲרֵמוֹת וְעֹמְסִים עַל־הַחֲמֹרִים וְאַף־יַיִן עֲנָבִים וּתְאֵנִים וְכָל־
מַשָּׂא וּמְבִיאִים יְרוּשָׁלִַם בְּיוֹם הַשַּׁבָּת וָאָעִיד בְּיוֹם מִכְרָם
טז צָיִד׃ וְהַצֹּרִים יָשְׁבוּ בָהּ מְבִיאִים דָּאג וְכָל־מֶכֶר וּמוֹכְרִים

יז בַּשַּׁבָּת לִבְנֵי יְהוּדָה וּבִירוּשָׁלָ͏ִם: וָאָרִיבָה אֵת חֹרֵי יְהוּדָה
וָאֹמְרָה לָהֶם מָה־הַדָּבָר הָרָע הַזֶּה אֲשֶׁר אַתֶּם עֹשִׂים
יח וּמְחַלְּלִים אֶת־יוֹם הַשַּׁבָּת: הֲלוֹא כֹה עָשׂוּ אֲבֹתֵיכֶם וַיָּבֵא
אֱלֹהֵינוּ עָלֵינוּ אֵת כָּל־הָרָעָה הַזֹּאת וְעַל הָעִיר הַזֹּאת וְאַתֶּם
יט מוֹסִיפִים חָרוֹן עַל־יִשְׂרָאֵל לְחַלֵּל אֶת־הַשַּׁבָּת: וַיְהִי
כַּאֲשֶׁר צָלֲלוּ שַׁעֲרֵי יְרוּשָׁלַ͏ִם לִפְנֵי הַשַּׁבָּת וָאֹמְרָה וַיִּסָּגְרוּ
הַדְּלָתוֹת וָאֹמְרָה אֲשֶׁר לֹא יִפְתָּחוּם עַד אַחַר הַשַּׁבָּת וּמִנְּעָרַי
כ הֶעֱמַדְתִּי עַל־הַשְּׁעָרִים לֹא־יָבוֹא מַשָּׂא בְּיוֹם הַשַּׁבָּת: וַיָּלִינוּ
הָרֹכְלִים וּמֹכְרֵי כָל־מִמְכָּר מִחוּץ לִירוּשָׁלָ͏ִם פַּעַם וּשְׁתָּיִם:
כא וָאָעִידָה בָהֶם וָאֹמְרָה אֲלֵיהֶם מַדּוּעַ אַתֶּם לֵנִים נֶגֶד הַחוֹמָה
אִם־תִּשְׁנוּ יָד אֶשְׁלַח בָּכֶם מִן־הָעֵת הַהִיא לֹא־בָאוּ בַּשַּׁבָּת:
כב וָאֹמְרָה לַלְוִיִּם אֲשֶׁר יִהְיוּ מִטַּהֲרִים וּבָאִים שֹׁמְרִים הַשְּׁעָרִים
לְקַדֵּשׁ אֶת־יוֹם הַשַּׁבָּת גַּם־זֹאת זָכְרָה־לִּי אֱלֹהַי וְחוּסָה עָלַי
כג כְּרֹב חַסְדֶּךָ:   גַּם ׀ בַּיָּמִים הָהֵם רָאִיתִי אֶת־הַיְּהוּדִים
כד הֹשִׁיבוּ נָשִׁים אשדודיות עַמֳּנִיּוֹת מוֹאֲבִיּוֹת: וּבְנֵיהֶם חֲצִי מְדַבֵּר
כה אַשְׁדּוֹדִית וְאֵינָם מַכִּירִים לְדַבֵּר יְהוּדִית וְכִלְשׁוֹן עַם וָעָם: וָאָרִיב
עִמָּם וָאֲקַלְלֵם וָאַכֶּה מֵהֶם אֲנָשִׁים וָאֶמְרְטֵם וָאַשְׁבִּיעֵם בֵּאלֹהִים
אִם־תִּתְּנוּ בְנֹתֵיכֶם לִבְנֵיהֶם וְאִם־תִּשְׂאוּ מִבְּנֹתֵיהֶם לִבְנֵיכֶם
כו וְלָכֶם: הֲלוֹא עַל־אֵלֶּה חָטָא־שְׁלֹמֹה מֶלֶךְ־יִשְׂרָאֵל וּבַגּוֹיִם
הָרַבִּים לֹא־הָיָה מֶלֶךְ כָּמֹהוּ וְאָהוּב לֵאלֹהָיו הָיָה וַיִּתְּנֵהוּ אֱלֹהִים
כז מֶלֶךְ עַל־כָּל־יִשְׂרָאֵל גַּם־אוֹתוֹ הֶחֱטִיאוּ הַנָּשִׁים הַנָּכְרִיּוֹת: וְלָכֶם
הֲנִשְׁמַע לַעֲשֹׂת אֵת כָּל־הָרָעָה הַגְּדוֹלָה הַזֹּאת לִמְעֹל בֵּאלֹהֵינוּ
כח לְהֹשִׁיב נָשִׁים נָכְרִיּוֹת: וּמִבְּנֵי יוֹיָדָע בֶּן־אֶלְיָשִׁיב הַכֹּהֵן הַגָּדוֹל
כט חָתָן לְסַנְבַלַּט הַחֹרֹנִי וָאַבְרִיחֵהוּ מֵעָלָי: זָכְרָה לָהֶם אֱלֹהָי עַל־
ל גָּאֳלֵי הַכְּהֻנָּה וּבְרִית הַכְּהֻנָּה וְהַלְוִיִּם: וְטִהַרְתִּים מִכָּל־נֵכָר
לא וָאַעֲמִידָה מִשְׁמָרוֹת לַכֹּהֲנִים וְלַלְוִיִּם אִישׁ בִּמְלַאכְתּוֹ: וּלְקֻרְבַּן
הָעֵצִים בְּעִתִּים מְזֻמָּנוֹת וְלַבִּכּוּרִים זָכְרָה־לִּי אֱלֹהַי לְטוֹבָה:

אשדדיות
עמנית

דברי הימים

א

א ב ג אָדָם שֵׁת אֱנוֹשׁ׃ קֵינָן מַהֲלַלְאֵל יָרֶד׃ חֲנוֹךְ מְתוּשֶׁלַח לָמֶךְ׃ א
ד ה נֹחַ שֵׁם חָם וָיָפֶת׃ בְּנֵי יֶפֶת גֹּמֶר וּמָגוֹג וּמָדַי וְיָוָן וְתֻבָל וּמֶשֶׁךְ
ו ז וְתִירָס׃ וּבְנֵי גֹּמֶר אַשְׁכְּנַז וְדִיפַת וְתוֹגַרְמָה׃ וּבְנֵי יָוָן אֱלִישָׁה
ח וְתַרְשִׁישָׁה כִּתִּים וְרוֹדָנִים׃ בְּנֵי חָם כּוּשׁ וּמִצְרָיִם
ט פּוּט וּכְנָעַן׃ וּבְנֵי כוּשׁ סְבָא וַחֲוִילָה וְסַבְתָּא וְרַעְמָא וְסַבְתְּכָא
י וּבְנֵי רַעְמָא שְׁבָא וּדְדָן׃ וְכוּשׁ יָלַד אֶת־נִמְרוֹד הוּא הֵחֵל לִהְיוֹת
יא גִּבּוֹר בָּאָרֶץ׃ וּמִצְרַיִם יָלַד אֶת־לוּדִיים וְאֶת־עֲנָמִים לוּדִים
יב וְאֶת־לְהָבִים וְאֶת־נַפְתֻּחִים׃ וְאֶת־פַּתְרֻסִים וְאֶת־כַּסְלֻחִים
יג אֲשֶׁר יָצְאוּ מִשָּׁם פְּלִשְׁתִּים וְאֶת־כַּפְתֹּרִים׃ וּכְנַעַן יָלַד
יד אֶת־צִידוֹן בְּכֹרוֹ וְאֶת־חֵת׃ וְאֶת־הַיְבוּסִי וְאֶת־הָאֱמֹרִי וְאֵת
טו טז הַגִּרְגָּשִׁי׃ וְאֶת־הַחִוִּי וְאֶת־הַעַרְקִי וְאֶת־הַסִּינִי׃ וְאֶת־הָאַרְוָדִי וְאֶת־
יז הַצְּמָרִי וְאֶת־הַחֲמָתִי׃ בְּנֵי שֵׁם עֵילָם וְאַשּׁוּר וְאַרְפַּכְשַׁד
יח וְלוּד וַאֲרָם וְעוּץ וְחוּל וְגֶתֶר וָמֶשֶׁךְ׃ וְאַרְפַּכְשַׁד יָלַד
יט אֶת־שָׁלַח וְשֶׁלַח יָלַד אֶת־עֵבֶר׃ וּלְעֵבֶר יֻלַּד שְׁנֵי בָנִים שֵׁם
כ הָאֶחָד פֶּלֶג כִּי בְיָמָיו נִפְלְגָה הָאָרֶץ וְשֵׁם אָחִיו יָקְטָן׃ וְיָקְטָן
כא יָלַד אֶת־אַלְמוֹדָד וְאֶת־שָׁלֶף וְאֶת־חֲצַרְמָוֶת וְאֶת־יָרַח׃ וְאֶת־
כב הֲדוֹרָם וְאֶת־אוּזָל וְאֶת־דִּקְלָה׃ וְאֶת־עֵיבָל וְאֶת־אֲבִימָאֵל
כג וְאֶת־שְׁבָא׃ וְאֶת־אוֹפִיר וְאֶת־חֲוִילָה וְאֶת־יוֹבָב כָּל־אֵלֶּה
כד כה כו בְּנֵי יָקְטָן׃ שֵׁם ׀ אַרְפַּכְשַׁד שָׁלַח׃ עֵבֶר פֶּלֶג רְעוּ׃ שְׂרוּג
כז כח נָחוֹר תָּרַח׃ אַבְרָם הוּא אַבְרָהָם׃ בְּנֵי אַבְרָהָם יִצְחָק
כט וְיִשְׁמָעֵאל׃ אֵלֶּה תֹּלְדוֹתָם בְּכוֹר יִשְׁמָעֵאל נְבָיוֹת
ל וְקֵדָר וְאַדְבְּאֵל וּמִבְשָׂם׃ מִשְׁמָע וְדוּמָה מַשָּׂא חֲדַד וְתֵימָא׃
לא לב יְטוּר נָפִישׁ וָקֵדְמָה אֵלֶּה הֵם בְּנֵי יִשְׁמָעֵאל׃ וּבְנֵי
קְטוּרָה פִּילֶגֶשׁ אַבְרָהָם יָלְדָה אֶת־זִמְרָן וְיָקְשָׁן וּמְדָן
לג וּמִדְיָן וְיִשְׁבָּק וְשׁוּחַ וּבְנֵי יָקְשָׁן שְׁבָא וּדְדָן׃ וּבְנֵי
מִדְיָן עֵיפָה וָעֵפֶר וַחֲנוֹךְ וַאֲבִידָע וְאֶלְדָּעָה כָּל־אֵלֶּה בְּנֵי
לד קְטוּרָה׃ וַיּוֹלֶד אַבְרָהָם אֶת־יִצְחָק בְּנֵי יִצְחָק עֵשָׂו

לה וְיִשְׂרָאֵל׃ בְּנֵי עֵשָׂו אֱלִיפַז רְעוּאֵל וִיעוּשׁ וְיַעְלָם
לו וְקֹרַח׃ בְּנֵי אֱלִיפָז תֵּימָן וְאוֹמָר צְפִי וְגַעְתָּם קְנַז
לז וְתִמְנָע וַעֲמָלֵק׃ בְּנֵי רְעוּאֵל נַחַת זֶרַח שַׁמָּה
לח וּמִזָּה׃ וּבְנֵי שֵׂעִיר לוֹטָן וְשׁוֹבָל וְצִבְעוֹן וַעֲנָה וְדִישֹׁן
לט וְאֵצֶר וְדִישָׁן׃ וּבְנֵי לוֹטָן חֹרִי וְהוֹמָם וַאֲחוֹת לוֹטָן
מ תִּמְנָע׃ בְּנֵי שׁוֹבָל עַלְיָן וּמָנַחַת וְעֵיבָל שְׁפִי וְאוֹנָם
מא וּבְנֵי צִבְעוֹן אַיָּה וַעֲנָה׃ בְּנֵי עֲנָה דִּישׁוֹן וּבְנֵי
מב דִישׁוֹן חַמְרָן וְאֶשְׁבָּן וְיִתְרָן וּכְרָן׃ בְּנֵי־אֵצֶר בִּלְהָן
מג וְזַעֲוָן יַעֲקָן בְּנֵי דִישׁוֹן עוּץ וַאֲרָן׃ וְאֵלֶּה הַמְּלָכִים
אֲשֶׁר מָלְכוּ בְּאֶרֶץ אֱדוֹם לִפְנֵי מְלָךְ־מֶלֶךְ לִבְנֵי יִשְׂרָאֵל
מד בֶּלַע בֶּן־בְּעוֹר וְשֵׁם עִירוֹ דִּנְהָבָה׃ וַיָּמָת בָּלַע וַיִּמְלֹךְ תַּחְתָּיו
מה יוֹבָב בֶּן־זֶרַח מִבָּצְרָה׃ וַיָּמָת יוֹבָב וַיִּמְלֹךְ תַּחְתָּיו חוּשָׁם
מו מֵאֶרֶץ הַתֵּימָנִי׃ וַיָּמָת חוּשָׁם וַיִּמְלֹךְ תַּחְתָּיו הֲדַד בֶּן־בְּדַד הַמַּכֶּה
מז אֶת־מִדְיָן בִּשְׂדֵה מוֹאָב וְשֵׁם עִירוֹ עיות׃ וַיָּמָת הֲדָד וַיִּמְלֹךְ עֲוִית
מח תַּחְתָּיו שַׂמְלָה מִמַּשְׂרֵקָה׃ וַיָּמָת שַׂמְלָה וַיִּמְלֹךְ תַּחְתָּיו שָׁאוּל
מט מֵרְחֹבוֹת הַנָּהָר׃ וַיָּמָת שָׁאוּל וַיִּמְלֹךְ תַּחְתָּיו בַּעַל חָנָן בֶּן־
נ עַכְבּוֹר׃ וַיָּמָת בַּעַל חָנָן וַיִּמְלֹךְ תַּחְתָּיו הֲדַד וְשֵׁם עִירוֹ פָּעִי
נא וְשֵׁם אִשְׁתּוֹ מְהֵיטַבְאֵל בַּת־מַטְרֵד בַּת מֵי זָהָב׃ וַיָּמָת הֲדָד
וַיִּהְיוּ אַלּוּפֵי אֱדוֹם אַלּוּף תִּמְנָע אַלּוּף עליה אַלּוּף יְתֵת׃ עַלְוָה
נב נג אַלּוּף אָהֳלִיבָמָה אַלּוּף אֵלָה אַלּוּף פִּינֹן׃ אַלּוּף קְנַז אַלּוּף
נד תֵּימָן אַלּוּף מִבְצָר׃ אַלּוּף מַגְדִּיאֵל אַלּוּף עִירָם אֵלֶּה
ב א אַלּוּפֵי אֱדוֹם׃ אֵלֶּה בְּנֵי יִשְׂרָאֵל רְאוּבֵן שִׁמְעוֹן
ב לֵוִי וִיהוּדָה יִשָּׂשכָר וּזְבֻלוּן׃ דָּן יוֹסֵף וּבִנְיָמִן נַפְתָּלִי גָּד
ג וְאָשֵׁר׃ בְּנֵי יְהוּדָה עֵר וְאוֹנָן וְשֵׁלָה שְׁלוֹשָׁה נוֹלַד לוֹ
מִבַּת־שׁוּעַ הַכְּנַעֲנִית וַיְהִי עֵר ׀ בְּכוֹר יְהוּדָה רַע בְּעֵינֵי יְהוָה
ד וַיְמִיתֵהוּ׃ וְתָמָר כַּלָּתוֹ יָלְדָה לּוֹ אֶת־פֶּרֶץ וְאֶת־זָרַח כָּל־בְּנֵי
ה יְהוּדָה חֲמִשָּׁה׃ בְּנֵי פֶרֶץ חֶצְרוֹן וְחָמוּל׃ וּבְנֵי זֶרַח

ז זִמְרִי וְאֵיתָן וְהֵימָן וְכַלְכֹּל וָדָרַע כֻּלָּם חֲמִשָּׁה׃ וּבְנֵי
ח כַּרְמִי עָכָר עוֹכֵר יִשְׂרָאֵל אֲשֶׁר מָעַל בַּחֵרֶם׃ וּבְנֵי
ט אֵיתָן עֲזַרְיָה׃ וּבְנֵי חֶצְרוֹן אֲשֶׁר נוֹלַד־לוֹ אֶת־יְרַחְמְאֵל
י וְאֶת־רָם וְאֶת־כְּלוּבָי׃ וְרָם הוֹלִיד אֶת־עַמִּינָדָב וְעַמִּינָדָב
יא הוֹלִיד אֶת־נַחְשׁוֹן נְשִׂיא בְּנֵי יְהוּדָה׃ וְנַחְשׁוֹן הוֹלִיד אֶת־שַׂלְמָא
יב וְשַׂלְמָא הוֹלִיד אֶת־בֹּעַז׃ וּבֹעַז הוֹלִיד אֶת־עוֹבֵד וְעוֹבֵד הוֹלִיד
יג אֶת־יִשָׁי׃ וְאִישַׁי הוֹלִיד אֶת־בְּכֹרוֹ אֶת־אֱלִיאָב וַאֲבִינָדָב הַשֵּׁנִי
יד טו וְשִׁמְעָא הַשְּׁלִישִׁי׃ נְתַנְאֵל הָרְבִיעִי רַדַּי הַחֲמִישִׁי׃ אֹצֶם הַשִּׁשִּׁי
טז דָּוִיד הַשְּׁבִעִי׃ וְאַחְיֹתֵיהֶם צְרוּיָה וַאֲבִיגָיִל וּבְנֵי צְרוּיָה אַבְשַׁי
יז וְיוֹאָב וַעֲשָׂה־אֵל שְׁלֹשָׁה׃ וַאֲבִיגַיִל יָלְדָה אֶת־עֲמָשָׂא וַאֲבִי
יח עֲמָשָׂא יֶתֶר הַיִּשְׁמְעֵאלִי׃ וְכָלֵב בֶּן־חֶצְרוֹן הוֹלִיד אֶת־
עֲזוּבָה אִשָּׁה וְאֶת־יְרִיעוֹת וְאֵלֶּה בָנֶיהָ יֵשֶׁר וְשׁוֹבָב וְאַרְדּוֹן׃
יט כ וַתָּמָת עֲזוּבָה וַיִּקַּח־לוֹ כָלֵב אֶת־אֶפְרָת וַתֵּלֶד לוֹ אֶת־חוּר׃ וְחוּר
כא הוֹלִיד אֶת־אוּרִי וְאוּרִי הוֹלִיד אֶת־בְּצַלְאֵל׃ וְאַחַר
בָּא חֶצְרוֹן אֶל־בַּת־מָכִיר אֲבִי גִלְעָד וְהוּא לְקָחָהּ וְהוּא בֶּן־
כב שִׁשִּׁים שָׁנָה וַתֵּלֶד לוֹ אֶת־שְׂגוּב׃ וּשְׂגוּב הוֹלִיד אֶת־יָאִיר
כג וַיְהִי־לוֹ עֶשְׂרִים וְשָׁלוֹשׁ עָרִים בְּאֶרֶץ הַגִּלְעָד׃ וַיִּקַּח
גְּשׁוּר־וַאֲרָם אֶת־חַוֺּת יָאִיר מֵאִתָּם אֶת־קְנָת וְאֶת־בְּנֹתֶיהָ
כד שִׁשִּׁים עִיר כָּל־אֵלֶּה בְּנֵי מָכִיר אֲבִי־גִלְעָד׃ וְאַחַר מוֹת־חֶצְרוֹן
בְּכָלֵב אֶפְרָתָה וְאֵשֶׁת חֶצְרוֹן אֲבִיָּה וַתֵּלֶד לוֹ אֶת־אַשְׁחוּר
כה אֲבִי תְקוֹעַ׃ וַיִּהְיוּ בְנֵי־יְרַחְמְאֵל בְּכוֹר חֶצְרוֹן הַבְּכוֹר ׀ רָם
כו וּבוּנָה וָאֹרֶן וָאֹצֶם אֲחִיָּה׃ וַתְּהִי אִשָּׁה אַחֶרֶת לִירַחְמְאֵל וּשְׁמָהּ
כז עֲטָרָה הִיא אֵם אוֹנָם׃ וַיִּהְיוּ בְנֵי־רָם בְּכוֹר יְרַחְמְאֵל
כח מַעַץ וְיָמִין וָעֵקֶר׃ וַיִּהְיוּ בְנֵי־אוֹנָם שַׁמַּי וְיָדָע וּבְנֵי שַׁמַּי נָדָב
כט וַאֲבִישׁוּר׃ וְשֵׁם אֵשֶׁת אֲבִישׁוּר אֲבִיהָיִל וַתֵּלֶד לוֹ אֶת־
ל אַחְבָּן וְאֶת־מוֹלִיד׃ וּבְנֵי נָדָב סֶלֶד וְאַפָּיִם וַיָּמָת סֶלֶד לֹא
לא בָנִים׃ וּבְנֵי אַפַּיִם יִשְׁעִי וּבְנֵי יִשְׁעִי שֵׁשָׁן וּבְנֵי שֵׁשָׁן

לב אַחְלָי׃ וּבְנֵי יָדָע אֲחִי שַׁמַּי יֶתֶר וְיוֹנָתָן וַיָּמָת יֶתֶר לֹא
לג בָנִים׃ וּבְנֵי יוֹנָתָן פֶּלֶת וְזָזָא אֵלֶּה הָיוּ בְּנֵי יְרַחְמְאֵל׃
לד וְלֹא־הָיָה לְשֵׁשָׁן בָּנִים כִּי אִם־בָּנוֹת וּלְשֵׁשָׁן עֶבֶד מִצְרִי וּשְׁמוֹ
לה יַרְחָע׃ וַיִּתֵּן שֵׁשָׁן אֶת־בִּתּוֹ לְיַרְחָע עַבְדּוֹ לְאִשָּׁה וַתֵּלֶד לוֹ
לו לז אֶת־עַתָּי׃ וְעַתַּי הוֹלִיד אֶת־נָתָן וְנָתָן הוֹלִיד אֶת־זָבָד׃ וְזָבָד
לח הוֹלִיד אֶת־אֶפְלָל וְאֶפְלָל הוֹלִיד אֶת־עוֹבֵד׃ וְעוֹבֵד הוֹלִיד
לט אֶת־יֵהוּא וְיֵהוּא הוֹלִיד אֶת־עֲזַרְיָה׃ וַעֲזַרְיָה הוֹלִיד אֶת־חָלֶץ
מ וְחֶלֶץ הוֹלִיד אֶת־אֶלְעָשָׂה׃ וְאֶלְעָשָׂה הוֹלִיד אֶת־סִסְמָי וְסִסְמָי
מא הוֹלִיד אֶת־שַׁלּוּם׃ וְשַׁלּוּם הוֹלִיד אֶת־יְקַמְיָה וִיקַמְיָה הוֹלִיד
מב אֶת־אֱלִישָׁמָע׃ וּבְנֵי כָלֵב אֲחִי יְרַחְמְאֵל מֵישָׁע בְּכֹרוֹ
מג הוּא אֲבִי־זִיף וּבְנֵי מָרֵשָׁה אֲבִי חֶבְרוֹן׃ וּבְנֵי חֶבְרוֹן קֹרַח וְתַפֻּחַ
מד וְרֶקֶם וָשָׁמַע׃ וְשֶׁמַע הוֹלִיד אֶת־רַחַם אֲבִי יָרְקֳעָם וְרֶקֶם
מה מו הוֹלִיד אֶת־שַׁמָּי׃ וּבֶן־שַׁמַּי מָעוֹן וּמָעוֹן אֲבִי בֵית־צוּר׃ וְעֵיפָה
פִּילֶגֶשׁ כָּלֵב יָלְדָה אֶת־חָרָן וְאֶת־מוֹצָא וְאֶת־גָּזֵז וְחָרָן הוֹלִיד
מז אֶת־גָּזֵז׃ וּבְנֵי יָהְדָּי רֶגֶם וְיוֹתָם וְגֵישָׁן וָפֶלֶט וְעֵיפָה
מח מט וָשָׁעַף׃ פִּלֶגֶשׁ כָּלֵב מַעֲכָה יָלַד שֶׁבֶר וְאֶת־תִּרְחֲנָה׃ וַתֵּלֶד
שַׁעַף אֲבִי מַדְמַנָּה אֶת־שְׁוָא אֲבִי מַכְבֵּנָה וַאֲבִי גִבְעָא וּבַת־
נ כָּלֵב עַכְסָה׃ אֵלֶּה הָיוּ בְּנֵי כָלֵב בֶּן־חוּר בְּכוֹר אֶפְרָתָה שׁוֹבָל
נא אֲבִי קִרְיַת יְעָרִים׃ שַׂלְמָא אֲבִי בֵית־לָחֶם חָרֵף אֲבִי בֵית־
נב גָּדֵר׃ וַיִּהְיוּ בָנִים לְשׁוֹבָל אֲבִי קִרְיַת יְעָרִים הָרֹאֶה חֲצִי הַמְּנֻחוֹת׃
נג וּמִשְׁפְּחוֹת קִרְיַת יְעָרִים הַיִּתְרִי וְהַפּוּתִי וְהַשֻּׁמָתִי וְהַמִּשְׁרָעִי
נד מֵאֵלֶּה יָצְאוּ הַצָּרְעָתִי וְהָאֶשְׁתָּאֻלִי׃ בְּנֵי שַׂלְמָא בֵּית
לֶחֶם וּנְטוֹפָתִי עַטְרוֹת בֵּית יוֹאָב וַחֲצִי הַמָּנַחְתִּי הַצָּרְעִי׃
נה וּמִשְׁפְּחוֹת סוֹפְרִים ישבו יַעְבֵּץ תִּרְעָתִים שִׁמְעָתִים שׂוּכָתִים יֹשְׁבֵי
ג א הֵמָּה הַקִּינִים הַבָּאִים מֵחַמַּת אֲבִי בֵית־רֵכָב׃ וְאֵלֶּה
הָיוּ בְּנֵי דָוִיד אֲשֶׁר נוֹלַד־לוֹ בְּחֶבְרוֹן הַבְּכוֹר ׀ אַמְנֹן לַאֲחִינֹעַם
ב הַיִּזְרְעֵאלִית שֵׁנִי דָּנִיֵּאל לַאֲבִיגַיִל הַכַּרְמְלִית׃ הַשְּׁלִשִׁי

לְאַבְשָׁלוֹם בֶּן־מַעֲכָה בַּת־תַּלְמַי מֶלֶךְ גְּשׁוּר הָרְבִיעִי אֲדֹנִיָּה
ג בֶן־חַגִּית׃ הַחֲמִישִׁי שְׁפַטְיָה לַאֲבִיטָל הַשִּׁשִּׁי יִתְרְעָם לְעֶגְלָה
ד אִשְׁתּוֹ׃ שִׁשָּׁה נוֹלַד־לוֹ בְחֶבְרוֹן וַיִּמְלָךְ־שָׁם שֶׁבַע שָׁנִים וְשִׁשָּׁה
ה חֳדָשִׁים וּשְׁלֹשִׁים וְשָׁלוֹשׁ שָׁנָה מָלַךְ בִּירוּשָׁלִָם׃ וְאֵלֶּה
נוּלְּדוּ־לוֹ בִּירוּשָׁלָיִם שִׁמְעָא וְשׁוֹבָב וְנָתָן וּשְׁלֹמֹה אַרְבָּעָה
ו ז לְבַת־שׁוּעַ בַּת־עַמִּיאֵל׃ וְיִבְחָר וֶאֱלִישָׁמָע וֶאֱלִיפָלֶט׃ וְנֹגַהּ
ח ט וְנֶפֶג וְיָפִיעַ׃ וֶאֱלִישָׁמָע וְאֶלְיָדָע וֶאֱלִיפֶלֶט תִּשְׁעָה׃ כֹּל בְּנֵי
י דָוִיד מִלְּבַד בְּנֵי־פִילַגְשִׁים וְתָמָר אֲחוֹתָם׃ וּבֶן־שְׁלֹמֹה
יא רְחַבְעָם אֲבִיָּה בְנוֹ אָסָא בְנוֹ יְהוֹשָׁפָט בְּנוֹ׃ יוֹרָם בְּנוֹ אֲחַזְיָהוּ
יב יג בְנוֹ יוֹאָשׁ בְּנוֹ׃ אֲמַצְיָהוּ בְנוֹ עֲזַרְיָה בְנוֹ יוֹתָם בְּנוֹ׃ אָחָז בְּנוֹ
יד טו חִזְקִיָּהוּ בְנוֹ מְנַשֶּׁה בְנוֹ׃ אָמוֹן בְּנוֹ יֹאשִׁיָּהוּ בְנוֹ׃ וּבְנֵי יֹאשִׁיָּהוּ
הַבְּכוֹר יוֹחָנָן הַשֵּׁנִי יְהוֹיָקִים הַשְּׁלִשִׁי צִדְקִיָּהוּ הָרְבִיעִי שַׁלּוּם׃
טז יז וּבְנֵי יְהוֹיָקִים יְכָנְיָה בְנוֹ צִדְקִיָּה בְנוֹ׃ וּבְנֵי יְכָנְיָה אַסִּר
יח שְׁאַלְתִּיאֵל בְּנוֹ׃ וּמַלְכִּירָם וּפְדָיָה וְשֶׁנְאַצַּר יְקַמְיָה הוֹשָׁמָע
יט וּנְדַבְיָה׃ וּבְנֵי פְדָיָה זְרֻבָּבֶל וְשִׁמְעִי וּבֶן־זְרֻבָּבֶל מְשֻׁלָּם וַחֲנַנְיָה
כ וּשְׁלֹמִית אֲחוֹתָם׃ וַחֲשֻׁבָה וָאֹהֶל וּבֶרֶכְיָה וַחֲסַדְיָה יוּשַׁב חֶסֶד
כא חָמֵשׁ׃ וּבֶן־חֲנַנְיָה פְּלַטְיָה וִישַׁעְיָה בְּנֵי רְפָיָה בְּנֵי אַרְנָן בְּנֵי
כב עֹבַדְיָה בְּנֵי שְׁכַנְיָה׃ וּבְנֵי שְׁכַנְיָה שְׁמַעְיָה וּבְנֵי שְׁמַעְיָה
כג חַטּוּשׁ וְיִגְאָל וּבָרִיחַ וּנְעַרְיָה וְשָׁפָט שִׁשָּׁה׃ וּבֶן־נְעַרְיָה אֶלְיוֹעֵינַי
כד וְחִזְקִיָּה וְעַזְרִיקָם שְׁלֹשָׁה׃ וּבְנֵי אֶלְיוֹעֵינַי הודיוהו וְאֶלְיָשִׁיב הוֹדַוְיָהוּ
ד א וּפְלָיָה וְעַקּוּב וְיוֹחָנָן וּדְלָיָה וַעֲנָנִי שִׁבְעָה׃ בְּנֵי
ב יְהוּדָה פֶּרֶץ חֶצְרוֹן וְכַרְמִי וְחוּר וְשׁוֹבָל׃ וּרְאָיָה בֶן־שׁוֹבָל
הוֹלִיד אֶת־יַחַת וְיַחַת הוֹלִיד אֶת־אֲחוּמַי וְאֶת־לָהַד אֵלֶּה
ג מִשְׁפְּחוֹת הַצָּרְעָתִי׃ וְאֵלֶּה אֲבִי עֵיטָם יִזְרְעֶאל וְיִשְׁמָא
ד וְיִדְבָּשׁ וְשֵׁם אֲחוֹתָם הַצְּלֶלְפּוֹנִי׃ וּפְנוּאֵל אֲבִי גְדֹר וְעֵזֶר אֲבִי
ה חוּשָׁה אֵלֶּה בְנֵי־חוּר בְּכוֹר אֶפְרָתָה אֲבִי בֵּית לָחֶם׃ וּלְאַשְׁחוּר
ו אֲבִי תְקוֹעַ הָיוּ שְׁתֵּי נָשִׁים חֶלְאָה וְנַעֲרָה׃ וַתֵּלֶד לוֹ נַעֲרָה

אֶת־אֲחֻזָּם וְאֶת־חֵפֶר וְאֶת־תֵּימְנִי וְאֶת־הָאֲחַשְׁתָּרִי אֵלֶּה בְּנֵי
ז ח נַעֲרָה׃ וּבְנֵי חֶלְאָה צֶרֶת יצחר וְאֶתְנָן׃ וְקוֹץ הוֹלִיד אֶת־עָנוּב וְצֹחַר
ט וְאֶת־הַצֹּבֵבָה וּמִשְׁפְּחֹת אֲחַרְחֵל בֶּן־הָרוּם׃ וַיְהִי יַעְבֵּץ נִכְבָּד
מֵאֶחָיו וְאִמּוֹ קָרְאָה שְׁמוֹ יַעְבֵּץ לֵאמֹר כִּי יָלַדְתִּי בְּעֹצֶב׃
י וַיִּקְרָא יַעְבֵּץ לֵאלֹהֵי יִשְׂרָאֵל לֵאמֹר אִם־בָּרֵךְ תְּבָרְכֵנִי וְהִרְבִּיתָ ב
אֶת־גְּבוּלִי וְהָיְתָה יָדְךָ עִמִּי וְעָשִׂיתָ מֵּרָעָה לְבִלְתִּי עָצְבִּי וַיָּבֵא
יא אֱלֹהִים אֶת־אֲשֶׁר שָׁאָל׃ וּכְלוּב אֲחִי־שׁוּחָה הוֹלִיד
יב אֶת־מְחִיר הוּא אֲבִי אֶשְׁתּוֹן׃ וְאֶשְׁתּוֹן הוֹלִיד אֶת־בֵּית
רָפָא וְאֶת־פָּסֵחַ וְאֶת־תְּחִנָּה אֲבִי עִיר־נָחָשׁ אֵלֶּה אַנְשֵׁי
יג רֵכָה׃ וּבְנֵי קְנַז עָתְנִיאֵל וּשְׂרָיָה וּבְנֵי עָתְנִיאֵל חֲתַת׃
יד וּמְעוֹנֹתַי הוֹלִיד אֶת־עָפְרָה וּשְׂרָיָה הוֹלִיד אֶת־יוֹאָב אֲבִי גֵּיא
טו חֲרָשִׁים כִּי חֲרָשִׁים הָיוּ׃ וּבְנֵי כָּלֵב בֶּן־יְפֻנֶּה עִירוּ
טז אֵלָה וָנָעַם וּבְנֵי אֵלָה וּקְנַז׃ וּבְנֵי יְהַלֶּלְאֵל זִיף וְזִיפָה תִּירְיָא
יז וַאֲשַׂרְאֵל׃ וּבֶן־עֶזְרָה יֶתֶר וּמֶרֶד וְעֵפֶר וְיָלוֹן וַתַּהַר אֶת־
יח מִרְיָם וְאֶת־שַׁמַּי וְאֶת־יִשְׁבָּח אֲבִי אֶשְׁתְּמֹעַ׃ וְאִשְׁתּוֹ הַיְהֻדִיָּה
יָלְדָה אֶת־יֶרֶד אֲבִי גְדוֹר וְאֶת־חֶבֶר אֲבִי שׂוֹכוֹ וְאֶת־
יְקוּתִיאֵל אֲבִי זָנוֹחַ וְאֵלֶּה בְּנֵי בִּתְיָה בַת־פַּרְעֹה אֲשֶׁר לָקַח
יט מָרֶד׃ וּבְנֵי אֵשֶׁת הוֹדִיָּה אֲחוֹת נַחַם אֲבִי קְעִילָה
כ הַגַּרְמִי וְאֶשְׁתְּמֹעַ הַמַּעֲכָתִי׃ וּבְנֵי שִׁימוֹן אַמְנוֹן וְרִנָּה בֶּן־חָנָן
כא ותולון וּבְנֵי יִשְׁעִי זוֹחֵת וּבֶן־זוֹחֵת׃ בְּנֵי שֵׁלָה בֶן־יְהוּדָה עֵר וְתִילוֹן
אֲבִי לֵכָה וְלַעְדָּה אֲבִי מָרֵשָׁה וּמִשְׁפְּחוֹת בֵּית־עֲבֹדַת הַבֻּץ
כב לְבֵית אַשְׁבֵּעַ׃ וְיוֹקִים וְאַנְשֵׁי כֹזֵבָא וְיוֹאָשׁ וְשָׂרָף אֲשֶׁר־בָּעֲלוּ
כג לְמוֹאָב וְיָשֻׁבִי לָחֶם וְהַדְּבָרִים עַתִּיקִים׃ הֵמָּה הַיּוֹצְרִים וְיֹשְׁבֵי
כד נְטָעִים וּגְדֵרָה עִם־הַמֶּלֶךְ בִּמְלַאכְתּוֹ יָשְׁבוּ שָׁם׃ בְּנֵי
כה שִׁמְעוֹן נְמוּאֵל וְיָמִין יָרִיב זֶרַח שָׁאוּל׃ שַׁלֻּם בְּנוֹ מִבְשָׂם בְּנוֹ
כו מִשְׁמָע בְּנוֹ׃ וּבְנֵי מִשְׁמָע חַמּוּאֵל בְּנוֹ זַכּוּר בְּנוֹ שִׁמְעִי בְנוֹ׃
כז וּלְשִׁמְעִי בָּנִים שִׁשָּׁה עָשָׂר וּבָנוֹת שֵׁשׁ וּלְאֶחָיו אֵין בָּנִים

כח רַבִּים וְכָל מִשְׁפַּחְתָּם לֹא הִרְבּוּ עַד־בְּנֵי יְהוּדָה׃ וַיֵּשְׁבוּ
כט בִּבְאֵר־שֶׁבַע וּמוֹלָדָה וַחֲצַר שׁוּעָל׃ וּבְבִלְהָה וּבְעֶצֶם וּבְתוֹלָד׃
ל לא וּבִבְתוּאֵל וּבְחָרְמָה וּבְצִיקְלָג׃ וּבְבֵית מַרְכָּבוֹת וּבַחֲצַר סוּסִים
וּבְבֵית בִּרְאִי וּבְשַׁעֲרָיִם אֵלֶּה עָרֵיהֶם עַד־מְלֹךְ דָּוִיד׃
לב לג וְחַצְרֵיהֶם עֵיטָם וָעַיִן רִמּוֹן וְתֹכֶן וְעָשָׁן עָרִים חָמֵשׁ׃ וְכָל־
חַצְרֵיהֶם אֲשֶׁר סְבִיבוֹת הֶעָרִים הָאֵלֶּה עַד־בָּעַל זֹאת מוֹשְׁבֹתָם
לד לה וְהִתְיַחְשָׂם לָהֶם׃ וּמְשׁוֹבָב וְיַמְלֵךְ וְיוֹשָׁה בֶּן־אֲמַצְיָה׃ וְיוֹאֵל
לו וְיֵהוּא בֶּן־יוֹשִׁבְיָה בֶּן־שְׂרָיָה בֶּן־עֲשִׂיאֵל׃ וְאֶלְיוֹעֵינַי וְיַעֲקֹבָה
לז וִישׁוֹחָיָה וַעֲשָׂיָה וַעֲדִיאֵל וִישִׂימִאֵל וּבְנָיָה׃ וְזִיזָא בֶן־שִׁפְעִי
לח בֶן־אַלּוֹן בֶּן־יְדָיָה בֶּן־שִׁמְרִי בֶּן־שְׁמַעְיָה׃ אֵלֶּה הַבָּאִים
בְּשֵׁמוֹת נְשִׂיאִים בְּמִשְׁפְּחוֹתָם וּבֵית אֲבוֹתֵיהֶם פָּרְצוּ לָרוֹב׃
לט וַיֵּלְכוּ לִמְבוֹא גְדֹר עַד לְמִזְרַח הַגָּיְא לְבַקֵּשׁ מִרְעֶה לְצֹאנָם׃
מ וַיִּמְצְאוּ מִרְעֶה שָׁמֵן וָטוֹב וְהָאָרֶץ רַחֲבַת יָדַיִם וְשֹׁקֶטֶת
מא וּשְׁלֵוָה כִּי מִן־חָם הַיֹּשְׁבִים שָׁם לְפָנִים׃ וַיָּבֹאוּ אֵלֶּה הַכְּתוּבִים
בְּשֵׁמוֹת בִּימֵי ׀ יְחִזְקִיָּהוּ מֶלֶךְ־יְהוּדָה וַיַּכּוּ אֶת־אָהֳלֵיהֶם וְאֶת־
המעינים אֲשֶׁר נִמְצְאוּ־שָׁמָּה וַיַּחֲרִימֻם עַד־הַיּוֹם הַזֶּה וַיֵּשְׁבוּ הַמְּעוּנִים
מב תַּחְתֵּיהֶם כִּי־מִרְעֶה לְצֹאנָם שָׁם׃ וּמֵהֶם ׀ מִן־בְּנֵי שִׁמְעוֹן
הָלְכוּ לְהַר שֵׂעִיר אֲנָשִׁים חֲמֵשׁ מֵאוֹת וּפְלַטְיָה וּנְעַרְיָה וּרְפָיָה
מג וְעֻזִּיאֵל בְּנֵי יִשְׁעִי בְּרֹאשָׁם׃ וַיַּכּוּ אֶת־שְׁאֵרִית הַפְּלֵטָה לַעֲמָלֵק
ה א וַיֵּשְׁבוּ שָׁם עַד הַיּוֹם הַזֶּה׃ וּבְנֵי רְאוּבֵן בְּכוֹר־יִשְׂרָאֵל
כִּי הוּא הַבְּכוֹר וּבְחַלְּלוֹ יְצוּעֵי אָבִיו נִתְּנָה בְּכֹרָתוֹ לִבְנֵי יוֹסֵף
ב בֶּן־יִשְׂרָאֵל וְלֹא לְהִתְיַחֵשׂ לַבְּכֹרָה׃ כִּי יְהוּדָה גָּבַר בְּאֶחָיו
ג וּלְנָגִיד מִמֶּנּוּ וְהַבְּכֹרָה לְיוֹסֵף׃ בְּנֵי רְאוּבֵן בְּכוֹר
ד יִשְׂרָאֵל חֲנוֹךְ וּפַלּוּא חֶצְרוֹן וְכַרְמִי׃ בְּנֵי יוֹאֵל שְׁמַעְיָה בְנוֹ גּוֹג
ה ו בְּנוֹ שִׁמְעִי בְנוֹ׃ מִיכָה בְנוֹ רְאָיָה בְנוֹ בַּעַל בְּנוֹ׃ בְּאֵרָה בְנוֹ
אֲשֶׁר הֶגְלָה תִּלְּגַת פִּלְנְאֶסֶר מֶלֶךְ אַשֻּׁר הוּא נָשִׂיא לָראוּבֵנִי׃
ז וְאֶחָיו לְמִשְׁפְּחֹתָיו בְּהִתְיַחֵשׂ לְתֹלְדוֹתָם הָרֹאשׁ יְעִיאֵל

ח וּזְכַרְיָהוּ׃ וּבֶלַע בֶּן־עָזָז בֶּן־שֶׁמַע בֶּן־יוֹאֵל הוּא יוֹשֵׁב בַּעֲרֹעֵר
ט וְעַד־נְבוֹ וּבַעַל מְעוֹן׃ וְלַמִּזְרָח יָשַׁב עַד־לְבוֹא מִדְבָּרָה לְמִן־
י הַנָּהָר פְּרָת כִּי מִקְנֵיהֶם רָבוּ בְּאֶרֶץ גִּלְעָד׃ וּבִימֵי שָׁאוּל
עָשׂוּ מִלְחָמָה עִם־הַהַגְרִאִים וַיִּפְּלוּ בְּיָדָם וַיֵּשְׁבוּ בְּאָהֳלֵיהֶם
יא עַל־כָּל־פְּנֵי מִזְרָח לַגִּלְעָד׃ וּבְנֵי־גָד לְנֶגְדָּם יָשְׁבוּ
יב בְּאֶרֶץ הַבָּשָׁן עַד־סַלְכָה׃ יוֹאֵל הָרֹאשׁ וְשָׁפָם הַמִּשְׁנֶה וְיַעְנַי
יג וְשָׁפָט בַּבָּשָׁן׃ וַאֲחֵיהֶם לְבֵית אֲבוֹתֵיהֶם מִיכָאֵל וּמְשֻׁלָּם וְשֶׁבַע
יד וְיוֹרַי וְיַעְכָּן וְזִיעַ וָעֵבֶר שִׁבְעָה׃ אֵלֶּה ׀ בְּנֵי אֲבִיחַיִל
בֶּן־חוּרִי בֶּן־יָרוֹחַ בֶּן־גִּלְעָד בֶּן־מִיכָאֵל בֶּן־יְשִׁישַׁי בֶּן־יַחְדּוֹ
טו בֶּן־בּוּז׃ אֲחִי בֶּן־עַבְדִּיאֵל בֶּן־גּוּנִי רֹאשׁ לְבֵית אֲבוֹתָם׃
טז וַיֵּשְׁבוּ בַּגִּלְעָד בַּבָּשָׁן וּבִבְנֹתֶיהָ וּבְכָל־מִגְרְשֵׁי שָׁרוֹן עַל־
יז תּוֹצְאוֹתָם׃ כֻּלָּם הִתְיַחְשׂוּ בִּימֵי יוֹתָם מֶלֶךְ־יְהוּדָה וּבִימֵי
יח יָרָבְעָם מֶלֶךְ־יִשְׂרָאֵל׃ בְּנֵי־רְאוּבֵן וְגָדִי וַחֲצִי שֵׁבֶט־
מְנַשֶּׁה מִן־בְּנֵי־חַיִל אֲנָשִׁים נֹשְׂאֵי מָגֵן וְחֶרֶב וְדֹרְכֵי קֶשֶׁת
וּלְמוּדֵי מִלְחָמָה אַרְבָּעִים וְאַרְבָּעָה אֶלֶף וּשְׁבַע־מֵאוֹת וְשִׁשִּׁים
יט יֹצְאֵי צָבָא׃ וַיַּעֲשׂוּ מִלְחָמָה עִם־הַהַגְרִיאִים וִיטוּר וְנָפִישׁ
כ וְנוֹדָב׃ וַיֵּעָזְרוּ עֲלֵיהֶם וַיִּנָּתְנוּ בְיָדָם הַהַגְרִיאִים וְכֹל שֶׁעִמָּהֶם
כִּי לֵאלֹהִים זָעֲקוּ בַּמִּלְחָמָה וְנַעְתּוֹר לָהֶם כִּי־בָטְחוּ בוֹ׃
כא וַיִּשְׁבּוּ מִקְנֵיהֶם גְּמַלֵּיהֶם חֲמִשִּׁים אֶלֶף וְצֹאן מָאתַיִם וַחֲמִשִּׁים
כב אֶלֶף וַחֲמוֹרִים אַלְפָּיִם וְנֶפֶשׁ אָדָם מֵאָה אָלֶף׃ כִּי־חֲלָלִים
רַבִּים נָפָלוּ כִּי מֵהָאֱלֹהִים הַמִּלְחָמָה וַיֵּשְׁבוּ תַחְתֵּיהֶם עַד־
כג הַגֹּלָה׃ וּבְנֵי חֲצִי שֵׁבֶט מְנַשֶּׁה יָשְׁבוּ בָּאָרֶץ מִבָּשָׁן
כד עַד־בַּעַל חֶרְמוֹן וּשְׂנִיר וְהַר־חֶרְמוֹן הֵמָּה רָבוּ׃ וְאֵלֶּה רָאשֵׁי
בֵית־אֲבוֹתָם וְעֵפֶר וְיִשְׁעִי וֶאֱלִיאֵל וְעַזְרִיאֵל וְיִרְמְיָה וְהוֹדַוְיָה
וְיַחְדִּיאֵל אֲנָשִׁים גִּבּוֹרֵי חַיִל אַנְשֵׁי שֵׁמוֹת רָאשִׁים לְבֵית
כה אֲבוֹתָם׃ וַיִּמְעֲלוּ בֵּאלֹהֵי אֲבֹתֵיהֶם וַיִּזְנוּ אַחֲרֵי
כו אֱלֹהֵי עַמֵּי־הָאָרֶץ אֲשֶׁר־הִשְׁמִיד אֱלֹהִים מִפְּנֵיהֶם׃ וַיָּעַר

אֱלֹהֵי יִשְׂרָאֵל אֶת־רוּחַ ׀ פּוּל מֶֽלֶךְ־אַשּׁוּר וְאֶת־רוּחַ תִּלְּגַת
פִּלְנֶסֶר מֶלֶךְ אַשּׁוּר וַיַּגְלֵם לָרְאוּבֵנִי וְלַגָּדִי וְלַחֲצִי שֵׁבֶט
מְנַשֶּׁה וַיְבִיאֵם לַחְלַח וְחָבוֹר וְהָרָא וּנְהַר גּוֹזָן עַד הַיּוֹם
כז כח הַזֶּה׃ בְּנֵי לֵוִי גֵּרְשׁוֹן קְהָת וּמְרָרִי׃ וּבְנֵי קְהָת עַמְרָם
כט יִצְהָר וְחֶבְרוֹן וְעֻזִּיאֵל׃ וּבְנֵי עַמְרָם אַהֲרֹן וּמֹשֶׁה
ל וּמִרְיָם וּבְנֵי אַהֲרֹן נָדָב וַאֲבִיהוּא אֶלְעָזָר וְאִיתָמָר׃ אֶלְעָזָר
לא הוֹלִיד אֶת־פִּינְחָס פִּינְחָס הֹלִיד אֶת־אֲבִישׁוּעַ׃ וַאֲבִישׁוּעַ
לב הוֹלִיד אֶת־בֻּקִּי וּבֻקִּי הוֹלִיד אֶת־עֻזִּי׃ וְעֻזִּי הוֹלִיד אֶת־זְרַחְיָה
לג וּזְרַחְיָה הוֹלִיד אֶת־מְרָיוֹת׃ מְרָיוֹת הוֹלִיד אֶת־אֲמַרְיָה
לד וַאֲמַרְיָה הוֹלִיד אֶת־אֲחִיטוּב׃ וַאֲחִיטוּב הוֹלִיד אֶת־צָדוֹק
לה וְצָדוֹק הוֹלִיד אֶת־אֲחִימָעַץ׃ וַאֲחִימַעַץ הוֹלִיד אֶת־עֲזַרְיָה
לו וַעֲזַרְיָה הוֹלִיד אֶת־יוֹחָנָן׃ וְיוֹחָנָן הוֹלִיד אֶת־עֲזַרְיָה הוּא
לז אֲשֶׁר כִּהֵן בַּבַּיִת אֲשֶׁר־בָּנָה שְׁלֹמֹה בִּירוּשָׁלִָם׃ וַיּוֹלֶד עֲזַרְיָה
לח אֶת־אֲמַרְיָה וַאֲמַרְיָה הוֹלִיד אֶת־אֲחִיטוּב׃ וַאֲחִיטוּב הוֹלִיד
לט אֶת־צָדוֹק וְצָדוֹק הוֹלִיד אֶת־שַׁלּוּם׃ וְשַׁלּוּם הוֹלִיד אֶת־
מ חִלְקִיָּה וְחִלְקִיָּה הוֹלִיד אֶת־עֲזַרְיָה׃ וַעֲזַרְיָה הוֹלִיד אֶת־שְׂרָיָה
מא וּשְׂרָיָה הוֹלִיד אֶת־יְהוֹצָדָק׃ וִיהוֹצָדָק הָלַךְ בְּהַגְלוֹת יְהוָה
ו א אֶת־יְהוּדָה וִירוּשָׁלִָם בְּיַד נְבֻכַדְנֶאצַּר׃ בְּנֵי לֵוִי
ב גֵּרְשֹׁם קְהָת וּמְרָרִי׃ וְאֵלֶּה שְׁמוֹת בְּנֵי־גֵרְשׁוֹם לִבְנִי וְשִׁמְעִי׃
ג ד וּבְנֵי קְהָת עַמְרָם וְיִצְהָר וְחֶבְרוֹן וְעֻזִּיאֵל׃ בְּנֵי מְרָרִי מַחְלִי
ה וּמֻשִׁי וְאֵלֶּה מִשְׁפְּחוֹת הַלֵּוִי לַאֲבוֹתֵיהֶם׃ לְגֵרְשׁוֹם לִבְנִי בְנוֹ
ו יַחַת בְּנוֹ זִמָּה בְנוֹ׃ יוֹאָח בְּנוֹ עִדּוֹ בְנוֹ זֶרַח בְּנוֹ יְאָתְרַי בְּנוֹ׃
ז ח בְּנֵי קְהָת עַמִּינָדָב בְּנוֹ קֹרַח בְּנוֹ אַסִּיר בְּנוֹ׃ אֶלְקָנָה בְנוֹ
ט וְאֶבְיָסָף בְּנוֹ וְאַסִּיר בְּנוֹ׃ תַּחַת בְּנוֹ אוּרִיאֵל בְּנוֹ עֻזִּיָּה בְנוֹ
י יא וְשָׁאוּל בְּנוֹ׃ וּבְנֵי אֶלְקָנָה עֲמָשַׂי וַאֲחִימוֹת׃ אֶלְקָנָה בנו בְּנֵי
יב אֶלְקָנָה צוֹפַי בְּנוֹ וְנַחַת בְּנוֹ׃ אֱלִיאָב בְּנוֹ יְרֹחָם בְּנוֹ אֶלְקָנָה
יג יד בְנוֹ׃ וּבְנֵי שְׁמוּאֵל הַבְּכֹר וַשְׁנִי וַאֲבִיָּה׃ בְּנֵי מְרָרִי מַחְלִי לִבְנִי

בְּנוֹ שִׁמְעִי בְנוֹ עֻזָּה בְנוֹ׃ שִׁמְעָא בְנוֹ חַגִּיָּה בְנוֹ עֲשָׂיָה בְנוֹ׃ טו
וְאֵלֶּה אֲשֶׁר הֶעֱמִיד דָּוִיד עַל־יְדֵי־שִׁיר בֵּית יְהוָה מִמְּנוֹחַ טז
הָאָרוֹן׃ וַיִּהְיוּ מְשָׁרְתִים לִפְנֵי מִשְׁכַּן אֹהֶל־מוֹעֵד בַּשִּׁיר עַד־ יז
בְּנוֹת שְׁלֹמֹה אֶת־בֵּית יְהוָה בִּירוּשָׁלִָם וַיַּעַמְדוּ כְמִשְׁפָּטָם
עַל־עֲבוֹדָתָם׃ וְאֵלֶּה הָעֹמְדִים וּבְנֵיהֶם מִבְּנֵי הַקְּהָתִי הֵימָן יח
הַמְשׁוֹרֵר בֶּן־יוֹאֵל בֶּן־שְׁמוּאֵל׃ בֶּן־אֶלְקָנָה בֶּן־יְרֹחָם בֶּן־ יט
צוּף אֱלִיאֵל בֶּן־תֹּחַ׃ בֶּן־צִיף בֶּן־אֶלְקָנָה בֶּן־מַחַת בֶּן־עֲמָשָׂי׃ כ
בֶּן־אֶלְקָנָה בֶּן־יוֹאֵל בֶּן־עֲזַרְיָה בֶּן־צְפַנְיָה׃ בֶּן־תַּחַת בֶּן־אַסִּיר כא כב
בֶּן־אֶבְיָסָף בֶּן־קֹרַח׃ בֶּן־יִצְהָר בֶּן־קְהָת בֶּן־לֵוִי בֶּן־יִשְׂרָאֵל׃ כג
וְאָחִיו אָסָף הָעֹמֵד עַל־יְמִינוֹ אָסָף בֶּן־בֶּרֶכְיָהוּ בֶּן־שִׁמְעָא׃ בֶּן־ כד כה
מִיכָאֵל בֶּן־בַּעֲשֵׂיָה בֶּן־מַלְכִּיָּה׃ בֶּן־אֶתְנִי בֶן־זֶרַח בֶּן־ כו
עֲדָיָה׃ בֶּן־אֵיתָן בֶּן־זִמָּה בֶּן־שִׁמְעִי׃ בֶּן־יַחַת בֶּן־גֵּרְשֹׁם בֶּן־ כז כח
לֵוִי׃ וּבְנֵי מְרָרִי אֲחֵיהֶם עַל־הַשְּׂמֹאול אֵיתָן בֶּן־ כט
קִישִׁי בֶּן־עַבְדִּי בֶּן־מַלּוּךְ׃ בֶּן־חֲשַׁבְיָה בֶן־אֲמַצְיָה בֶּן־חִלְקִיָּה׃ ל
בֶּן־אַמְצִי בֶן־בָּנִי בֶּן־שָׁמֶר׃ בֶּן־מַחְלִי בֶּן־מוּשִׁי בֶּן־מְרָרִי לא לב
בֶּן־לֵוִי׃ וַאֲחֵיהֶם הַלְוִיִּם נְתוּנִים לְכָל־עֲבוֹדַת מִשְׁכַּן לג
ג בֵּית הָאֱלֹהִים׃ וְאַהֲרֹן וּבָנָיו מַקְטִירִים עַל־מִזְבַּח הָעוֹלָה לד
וְעַל־מִזְבַּח הַקְּטֹרֶת לְכֹל מְלֶאכֶת קֹדֶשׁ הַקֳּדָשִׁים וּלְכַפֵּר עַל־
יִשְׂרָאֵל כְּכֹל אֲשֶׁר־צִוָּה מֹשֶׁה עֶבֶד הָאֱלֹהִים׃ וְאֵלֶּה לה
בְּנֵי אַהֲרֹן אֶלְעָזָר בְּנוֹ פִּינְחָס בְּנוֹ אֲבִישׁוּעַ בְּנוֹ׃ בֻּקִּי בְנוֹ עֻזִּי לו
בְנוֹ זְרַחְיָה בְנוֹ׃ מְרָיוֹת בְּנוֹ אֲמַרְיָה בְנוֹ אֲחִיטוּב בְּנוֹ׃ צָדוֹק לז לח
בְּנוֹ אֲחִימַעַץ בְּנוֹ׃ וְאֵלֶּה מוֹשְׁבוֹתָם לְטִירוֹתָם לט
בִּגְבוּלָם לִבְנֵי אַהֲרֹן לְמִשְׁפַּחַת הַקְּהָתִי כִּי לָהֶם הָיָה
הַגּוֹרָל׃ וַיִּתְּנוּ לָהֶם אֶת־חֶבְרוֹן בְּאֶרֶץ יְהוּדָה וְאֶת־מִגְרָשֶׁיהָ מ
סְבִיבֹתֶיהָ׃ וְאֶת־שְׂדֵה הָעִיר וְאֶת־חֲצֵרֶיהָ נָתְנוּ לְכָלֵב בֶּן־ מא
יְפֻנֶּה׃ וְלִבְנֵי אַהֲרֹן נָתְנוּ אֶת־עָרֵי הַמִּקְלָט אֶת־ מב
חֶבְרוֹן וְאֶת־לִבְנָה וְאֶת־מִגְרָשֶׁיהָ וְאֶת־יַתִּר וְאֶת־אֶשְׁתְּמֹעַ

מג וְאֶת־מִגְרָשֶׁיהָ: וְאֶת־חִילֵ֖ן וְאֶת־מִגְרָשֶׁ֛יהָ אֶת־דְּבִ֖יר וְאֶת־

מד מִגְרָשֶׁ֑יהָ: וְאֶת־עָשָׁ֥ן וְאֶת־מִגְרָשֶׁ֖יהָ וְאֶת־בֵּ֥ית שֶׁ֖מֶשׁ וְאֶת־

מה מִגְרָשֶׁ֑יהָ: וּמִמַּטֵּ֣ה בִנְיָמִ֗ן אֶת־גֶּ֙בַע֙ וְאֶת־מִגְרָשֶׁ֔יהָ וְאֶת־עָלֶ֖מֶת

וְאֶת־מִגְרָשֶׁ֑יהָ וְאֶת־עֲנָת֖וֹת וְאֶת־מִגְרָשֶׁ֑יהָ כָּל־עָרֵיהֶ֛ם שָׁלֹשׁ־

מו עֶשְׂרֵ֥ה עִ֖יר בְּמִשְׁפְּחוֹתֵיהֶֽם: וְלִבְנֵ֨י קְהָ֜ת הַנּֽוֹתָרִ֗ים

מִמִּשְׁפַּ֙חַת֙ הַמַּטֶּ֔ה מִֽמַּחֲצִ֞ית מַטֵּ֨ה חֲצִ֧י מְנַשֶּׁ֛ה בַּגּוֹרָ֖ל עָרִ֥ים

מז עָֽשֶׂר: וְלִבְנֵ֣י גֵרְשׁ֗וֹם לְמִשְׁפְּחוֹתָם֙ מִמַּטֵּ֤ה יִשָּׂשכָר֙

וּמִמַּטֵּ֣ה אָשֵׁ֗ר וּמִמַּטֵּ֤ה נַפְתָּלִי֙ וּמִמַּטֵּ֤ה מְנַשֶּׁה֙ בַּבָּשָׁ֔ן עָרִ֖ים

מח שְׁלֹ֥שׁ עֶשְׂרֵֽה: לִבְנֵ֨י מְרָרִי֙ לְמִשְׁפְּחוֹתָ֔ם מִמַּטֵּ֣ה רְאוּבֵ֣ן

מט וּמִמַּטֵּה־גָ֖ד וּמִמַּטֵּ֣ה זְבֻל֑וּן בַּגּוֹרָ֖ל עָרִ֥ים שְׁתַּ֥יִם עֶשְׂרֵֽה: וַיִּתְּנ֣וּ

נ בְנֵֽי־יִשְׂרָאֵ֣ל לַלְוִיִּ֔ם אֶת־הֶעָרִ֖ים וְאֶת־מִגְרְשֵׁיהֶֽם: וַיִּתְּנ֣וּ

בַגּוֹרָ֗ל מִמַּטֵּ֤ה בְנֵֽי־יְהוּדָה֙ וּמִמַּטֵּ֣ה בְנֵֽי־שִׁמְע֔וֹן וּמִמַּטֵּ֖ה

בְּנֵ֣י בִנְיָמִ֑ן אֵ֚ת הֶעָרִ֣ים הָאֵ֔לֶּה אֲשֶׁר־יִקְרְא֥וּ אֶתְהֶ֖ם

נא בְּשֵׁמֽוֹת: וּמִמִּשְׁפְּחוֹת֙ בְּנֵ֣י קְהָ֔ת וַיְהִ֖י עָרֵ֥י גְבוּלָ֖ם

נב מִמַּטֵּ֣ה אֶפְרָ֑יִם: וַיִּתְּנ֣וּ לָהֶ֗ם אֶת־עָרֵ֤י הַמִּקְלָט֙ אֶת־שְׁכֶ֖ם וְאֶת־

נג מִגְרָשֶׁ֙יהָ֙ בְּהַ֣ר אֶפְרָ֔יִם וְאֶת־גֶּ֖זֶר וְאֶת־מִגְרָשֶׁ֑יהָ וְאֶת־יׇקְמְעָ֖ם

נד וְאֶת־מִגְרָשֶׁ֑יהָ וְאֶת־בֵּ֥ית חוֹר֖וֹן וְאֶת־מִגְרָשֶׁ֑יהָ וְאֶת־אַיָּל֖וֹן וְאֶת־

נה מִגְרָשֶׁ֑יהָ וְאֶת־גַּת־רִמּ֖וֹן וְאֶת־מִגְרָשֶׁ֑יהָ: וּמִֽמַּחֲצִית֙ מַטֵּ֣ה מְנַשֶּׁ֔ה

אֶת־עָנֵר֙ וְאֶת־מִגְרָשֶׁ֔יהָ וְאֶת־בִּלְעָ֖ם וְאֶת־מִגְרָשֶׁ֑יהָ לְמִשְׁפַּ֖חַת

נו לִבְנֵ֣י קְהָ֖ת הַנּוֹתָרִֽים: לִבְנֵ֣י גֵרְשׁ֗וֹם מִֽמִּשְׁפַּ֙חַת֙ חֲצִי֙

מַטֵּ֣ה מְנַשֶּׁ֔ה אֶת־גּוֹלָ֥ן בַּבָּשָׁ֖ן וְאֶת־מִגְרָשֶׁ֑יהָ וְאֶת־עַשְׁתָּר֖וֹת

נז וְאֶת־מִגְרָשֶׁ֑יהָ: וּמִמַּטֵּ֣ה יִשָּׂשכָ֔ר אֶת־קֶ֖דֶשׁ וְאֶת־

נח מִגְרָשֶׁ֑יהָ אֶת־דׇּבְרַ֖ת וְאֶת־מִגְרָשֶׁ֑יהָ: וְאֶת־רָאמ֖וֹת וְאֶת־

נט מִגְרָשֶׁ֑יהָ וְאֶת־עָנֵ֖ם וְאֶת־מִגְרָשֶׁ֑יהָ: וּמִמַּטֵּ֣ה אָשֵׁ֗ר

ס אֶת־מָשָׁל֙ וְאֶת־מִגְרָשֶׁ֔יהָ וְאֶת־עַבְד֖וֹן וְאֶת־מִגְרָשֶׁ֑יהָ: וְאֶת־

סא חוּקֹק֙ וְאֶת־מִגְרָשֶׁ֔יהָ וְאֶת־רְחֹ֖ב וְאֶת־מִגְרָשֶׁ֑יהָ: וּמִמַּטֵּ֣ה

נַפְתָּלִ֗י אֶת־קֶ֤דֶשׁ בַּגָּלִיל֙ וְאֶת־מִגְרָשֶׁ֔יהָ וְאֶת־חַמּ֖וֹן וְאֶת־

סב מִגְרָשֶׁ֔יהָ וְאֶת־קִרְיָתַ֖יִם וְאֶת־מִגְרָשֶֽׁיהָ׃ לִבְנֵ֨י
מְרָרִ֜י הַנּֽוֹתָרִ֗ים מִמַּטֵּה֙ זְבוּל֔וּן אֶת־רִמּוֹנ֖וֹ וְאֶת־מִגְרָשֶׁ֑יהָ
סג אֶת־תָּב֖וֹר וְאֶת־מִגְרָשֶֽׁיהָ׃ וּמֵעֵ֜בֶר לְיַרְדֵּ֣ן יְרֵחוֹ֮ לְמִזְרַ֣ח
הַיַּרְדֵּן֒ מִמַּטֵּ֣ה רְאוּבֵ֔ן אֶת־בֶּ֥צֶר בַּמִּדְבָּ֖ר וְאֶת־מִגְרָשֶׁ֑יהָ
סד וְאֶת־יַ֖הְצָה וְאֶת־מִגְרָשֶֽׁיהָ׃ וְאֶת־קְדֵמוֹת֙ וְאֶת־מִגְרָשֶׁ֔יהָ
סה וְאֶת־מֵיפַ֖עַת וְאֶת־מִגְרָשֶֽׁיהָ׃ וּמִמַּטֵּה־גָ֔ד
אֶת־רָאמ֥וֹת בַּגִּלְעָ֖ד וְאֶת־מִגְרָשֶׁ֑יהָ וְאֶת־מַחֲנַ֖יִם וְאֶת־
סו מִגְרָשֶֽׁיהָ׃ וְאֶת־חֶשְׁבּוֹן֙ וְאֶת־מִגְרָשֶׁ֔יהָ וְאֶת־יַעְזֵ֖יר וְאֶת־
ז א מִגְרָשֶֽׁיהָ׃ וְלִבְנֵ֣י יִשָּׂשכָ֔ר תּוֹלָ֥ע וּפוּאָ֖ה יָשִׁ֣יב יָשׁ֑וּב
ב וְשִׁמְר֖וֹן אַרְבָּעָֽה׃ וּבְנֵ֣י תוֹלָ֗ע עֻזִּ֡י וּרְפָיָ֡ה וִירִיאֵ֡ל וְיַחְמַ֡י
וְיִבְשָׂ֣ם וּשְׁמוּאֵל֩ רָאשִׁ֨ים לְבֵית־אֲבוֹתָ֤ם לְתוֹלָע֙ גִּבּ֣וֹרֵי חַ֔יִל
לְתֹלְדוֹתָ֑ם מִסְפָּרָם֙ בִּימֵ֣י דָוִ֔יד עֶשְׂרִֽים־וּשְׁנַ֥יִם אֶ֖לֶף וְשֵׁ֥שׁ
ג מֵאֽוֹת׃ וּבְנֵ֥י עֻזִּ֖י יִֽזְרַֽחְיָ֑ה וּבְנֵ֣י יִֽזְרַֽחְיָ֡ה מִֽיכָאֵ֡ל וְעֹבַדְיָ֡ה
ד וְיוֹאֵ֣ל יִשִּׁיָּ֗ה חֲמִשָּׁ֛ה רָאשִׁ֖ים כֻּלָּֽם׃ וַעֲלֵיהֶ֨ם לְתֹלְדוֹתָ֜ם לְבֵ֣ית
אֲבוֹתָ֗ם גְּדוּדֵי֙ צְבָ֣א מִלְחָמָ֔ה שְׁלֹשִׁ֥ים וְשִׁשָּׁ֖ה אָ֑לֶף כִּֽי־הִרְבּ֥וּ
ה נָשִׁ֖ים וּבָנִֽים׃ וַאֲחֵיהֶם֙ לְכֹל֙ מִשְׁפְּח֣וֹת יִשָּׂשכָ֔ר גִּבּוֹרֵ֖י חֲיָלִ֑ים
ו שְׁמוֹנִ֤ים וְשִׁבְעָה֙ אֶ֔לֶף הִתְיַחְשָׂ֖ם לַכֹּֽל׃ בִּנְיָמִ֗ן בֶּ֛לַע
ז וָבֶ֥כֶר וִידִיעֲאֵ֖ל שְׁלֹשָֽׁה׃ וּבְנֵ֣י בֶ֗לַע אֶצְבּ֡וֹן וְעֻזִּ֡י וְעֻזִּיאֵ֡ל וִירִימ֡וֹת
וְעִירִ֗י חֲמִשָּׁה֙ רָאשֵׁי֙ בֵּ֣ית אָב֔וֹת גִּבּוֹרֵ֖י חֲיָלִ֑ים וְהִתְיַחְשָׂ֗ם
ח עֶשְׂרִ֤ים וּשְׁנַ֙יִם֙ אֶ֔לֶף וּשְׁלֹשִׁ֖ים וְאַרְבָּעָֽה׃ וּבְנֵ֣י בֶ֗כֶר
זְמִירָ֡ה וְיוֹעָ֡שׁ וֶאֱלִיעֶ֡זֶר וְאֶלְיוֹעֵינַ֡י וְעָמְרִ֡י וִירֵמ֡וֹת וַאֲבִיָּ֡ה וַעֲנָת֡וֹת
ט וְעָלָ֑מֶת כָּל־אֵ֖לֶּה בְּנֵ֥י בָֽכֶר׃ וְהִתְיַחְשָׂ֣ם לְתֹלְדוֹתָ֗ם רָאשֵׁי֙
י בֵּ֣ית אֲבוֹתָ֔ם גִּבּוֹרֵ֖י חָ֑יִל עֶשְׂרִ֥ים אֶ֖לֶף וּמָאתָֽיִם׃ וּבְנֵ֥י
יְדִיעֲאֵ֖ל בִּלְהָ֑ן וּבְנֵ֣י בִלְהָ֡ן יעִ֡ישׁ וּבִנְיָמִ֡ן וְאֵה֡וּד וּֽכְנַעֲנָה֩ וְזֵיתָ֨ן יְע֡וּשׁ
יא וְתַרְשִׁ֖ישׁ וַאֲחִישָֽׁחַר׃ כָּל־אֵ֜לֶּה בְּנֵ֤י יְדִיעֲאֵל֙ לְרָאשֵׁ֣י הָֽאָב֔וֹת
גִּבּ֣וֹרֵי חֲיָלִ֑ים שִׁבְעָֽה־עָשָׂ֥ר אֶ֙לֶף֙ וּמָאתַ֔יִם יֹצְאֵ֥י צָבָ֖א לַמִּלְחָמָֽה׃
יב יג וְשֻׁפִּ֤ם וְחֻפִּם֙ בְּנֵ֣י עִ֔יר חֻשִׁ֖ם בְּנֵ֥י אַחֵֽר׃ בְּנֵ֣י נַפְתָּלִ֗י

יד יַחְצִיאֵל וְגוּנִי וְיֵצֶר וְשַׁלּוּם בְּנֵי בִלְהָה׃ בְּנֵי מְנַשֶּׁה
אַשְׂרִיאֵל אֲשֶׁר יָלָדָה פִּילַגְשׁוֹ הָאֲרַמִּיָּה יָלְדָה אֶת־מָכִיר אֲבִי
טו גִלְעָד׃ וּמָכִיר לָקַח אִשָּׁה לְחֻפִּים וּלְשֻׁפִּים וְשֵׁם אֲחֹתוֹ מַעֲכָה
טז וְשֵׁם הַשֵּׁנִי צְלָפְחָד וַתִּהְיֶנָה לִצְלָפְחָד בָּנוֹת׃ וַתֵּלֶד מַעֲכָה
אֵשֶׁת־מָכִיר בֵּן וַתִּקְרָא שְׁמוֹ פֶּרֶשׁ וְשֵׁם אָחִיו שָׁרֶשׁ וּבָנָיו
יז אוּלָם וָרָקֶם׃ וּבְנֵי אוּלָם בְּדָן אֵלֶּה בְּנֵי גִלְעָד בֶּן־מָכִיר
יח בֶּן־מְנַשֶּׁה׃ וַאֲחֹתוֹ הַמֹּלֶכֶת יָלְדָה אֶת־אִישׁ הוֹד וְאֶת־
יט אֲבִיעֶזֶר וְאֶת־מַחְלָה׃ וַיִּהְיוּ בְּנֵי שְׁמִידָע אַחְיָן וָשֶׁכֶם וְלִקְחִי
כ וַאֲנִיעָם׃ וּבְנֵי אֶפְרַיִם שׁוּתָלַח וּבֶרֶד בְּנוֹ וְתַחַת
כא בְּנוֹ וְאֶלְעָדָה בְנוֹ וְתַחַת בְּנוֹ׃ וְזָבָד בְּנוֹ וְשׁוּתֶלַח בְּנוֹ
וְעֵזֶר וְאֶלְעָד וַהֲרָגוּם אַנְשֵׁי־גַת הַנּוֹלָדִים בָּאָרֶץ כִּי יָרְדוּ
כב לָקַחַת אֶת־מִקְנֵיהֶם׃ וַיִּתְאַבֵּל אֶפְרַיִם אֲבִיהֶם יָמִים רַבִּים
כג וַיָּבֹאוּ אֶחָיו לְנַחֲמוֹ׃ וַיָּבֹא אֶל־אִשְׁתּוֹ וַתַּהַר וַתֵּלֶד בֵּן וַיִּקְרָא
כד אֶת־שְׁמוֹ בְּרִיעָה כִּי בְרָעָה הָיְתָה בְּבֵיתוֹ׃ וּבִתּוֹ שֶׁאֱרָה
וַתִּבֶן אֶת־בֵּית־חוֹרוֹן הַתַּחְתּוֹן וְאֶת־הָעֶלְיוֹן וְאֵת אֻזֵּן שֶׁאֱרָה׃
כה כו וְרֶפַח בְּנוֹ וְרֶשֶׁף וְתֶלַח בְּנוֹ וְתַחַן בְּנוֹ׃ לַעְדָּן בְּנוֹ עַמִּיהוּד
כז כח בְּנוֹ אֱלִישָׁמָע בְּנוֹ׃ נוֹן בְּנוֹ יְהוֹשֻׁעַ בְּנוֹ׃ וַאֲחֻזָּתָם
וּמֹשְׁבוֹתָם בֵּית־אֵל וּבְנֹתֶיהָ וְלַמִּזְרָח נַעֲרָן וְלַמַּעֲרָב גֶּזֶר וּבְנֹתֶיהָ
כט וּשְׁכֶם וּבְנֹתֶיהָ עַד־עַיָּה וּבְנֹתֶיהָ׃ וְעַל־יְדֵי בְנֵי־מְנַשֶּׁה בֵּית־
שְׁאָן וּבְנֹתֶיהָ תַּעְנַךְ וּבְנֹתֶיהָ מְגִדּוֹ וּבְנוֹתֶיהָ דּוֹר וּבְנוֹתֶיהָ בְּאֵלֶּה
ל יָשְׁבוּ בְּנֵי יוֹסֵף בֶּן־יִשְׂרָאֵל׃ בְּנֵי אָשֵׁר יִמְנָה וְיִשְׁוָה
לא וְיִשְׁוִי וּבְרִיעָה וְשֶׂרַח אֲחוֹתָם׃ וּבְנֵי בְרִיעָה חֶבֶר וּמַלְכִּיאֵל
לב הוּא אֲבִי ברזות׃ וְחֶבֶר הוֹלִיד אֶת־יַפְלֵט וְאֶת־שׁוֹמֵר וְאֶת־ בִּרְזָיִת
לג חוֹתָם וְאֵת שׁוּעָא אֲחוֹתָם׃ וּבְנֵי יַפְלֵט פָּסַךְ וּבִמְהָל וְעַשְׁוָת
לד לה אֵלֶּה בְּנֵי יַפְלֵט׃ וּבְנֵי שָׁמֶר אֲחִי ורוהגה יחבה וַאֲרָם׃ וּבֶן־ וְרׇהְגָּה וְחֻבָּה
לו הֵלֶם אָחִיו צוֹפַח וְיִמְנָע וְשֵׁלֶשׁ וְעָמָל׃ בְּנֵי צוֹפַח סוּחַ וְחַרְנֶפֶר
לז וְשׁוּעָל וּבֵרִי וְיִמְרָה׃ בֶּצֶר וָהוֹד וְשַׁמָּא וְשִׁלְשָׁה וְיִתְרָן

וּבְאֵרָא׃ וּבְנֵי יֶתֶר יְפֻנֶּה וּפִסְפָּה וַאֲרָא׃ וּבְנֵי עֻלָּא אָרַח וְחַנִּיאֵל לח לט
וְרִצְיָא׃ כָּל־אֵלֶּה בְנֵי־אָשֵׁר רָאשֵׁי בֵית־הָאָבוֹת בְּרוּרִים גִּבּוֹרֵי מ
חֲיָלִים רָאשֵׁי הַנְּשִׂיאִים וְהִתְיַחְשָׂם בַּצָּבָא בַּמִּלְחָמָה מִסְפָּרָם
אֲנָשִׁים עֶשְׂרִים וְשִׁשָּׁה אָלֶף׃
וּבִנְיָמִן הוֹלִיד אֶת־בֶּלַע בְּכֹרוֹ אַשְׁבֵּל הַשֵּׁנִי וְאַחְרַח הַשְּׁלִישִׁי׃ א ח
נוֹחָה הָרְבִיעִי וְרָפָא הַחֲמִישִׁי׃ וַיִּהְיוּ בָנִים לְבָלַע אַדָּר וְגֵרָא ב ג
וַאֲבִיהוּד׃ וַאֲבִישׁוּעַ וְנַעֲמָן וַאֲחוֹחַ׃ וְגֵרָא וּשְׁפוּפָן וְחוּרָם׃ ד ה
וְאֵלֶּה בְּנֵי אֵחוּד אֵלֶּה הֵם רָאשֵׁי אָבוֹת לְיוֹשְׁבֵי גֶבַע וַיַּגְלוּם ו
אֶל־מָנַחַת׃ וְנַעֲמָן וַאֲחִיָּה וְגֵרָא הוּא הֶגְלָם וְהוֹלִיד אֶת־עֻזָּא ז
וְאֶת־אֲחִיחֻד׃ וְשַׁחֲרַיִם הוֹלִיד בִּשְׂדֵה מוֹאָב מִן־שִׁלְחוֹ אֹתָם ח
חוּשִׁים וְאֶת־בַּעֲרָא נָשָׁיו׃ וַיּוֹלֶד מִן־חֹדֶשׁ אִשְׁתּוֹ אֶת־יוֹבָב ט
וְאֶת־צִבְיָא וְאֶת־מֵישָׁא וְאֶת־מַלְכָּם׃ וְאֶת־יְעוּץ וְאֶת־שָׂכְיָה י
וְאֶת־מִרְמָה אֵלֶּה בָנָיו רָאשֵׁי אָבוֹת׃ וּמֵחֻשִׁים הוֹלִיד אֶת־ יא
אֲבִיטוּב וְאֶת־אֶלְפָּעַל׃ וּבְנֵי אֶלְפַּעַל עֵבֶר וּמִשְׁעָם וָשָׁמֶד יב
הוּא בָּנָה אֶת־אוֹנוֹ וְאֶת־לֹד וּבְנֹתֶיהָ׃ וּבְרִעָה וָשֶׁמַע הֵמָּה יג
רָאשֵׁי הָאָבוֹת לְיוֹשְׁבֵי אַיָּלוֹן הֵמָּה הִבְרִיחוּ אֶת־יוֹשְׁבֵי גַת׃
וְאַחְיוֹ שָׁשַׁק וִירֵמוֹת׃ וּזְבַדְיָה וַעֲרָד וָעָדֶר׃ וּמִיכָאֵל וְיִשְׁפָּה יד טו טז
וְיוֹחָא בְּנֵי בְרִיעָה׃ וּזְבַדְיָה וּמְשֻׁלָּם וְחִזְקִי וָחָבֶר׃ וְיִשְׁמְרַי יז יח
וְיִזְלִיאָה וְיוֹבָב בְּנֵי אֶלְפָּעַל׃ וְיָקִים וְזִכְרִי וְזַבְדִּי׃ וֶאֱלִיעֵנַי יט כ
וְצִלְּתַי וֶאֱלִיאֵל׃ וַעֲדָיָה וּבְרָאיָה וְשִׁמְרָת בְּנֵי שִׁמְעִי׃ וְיִשְׁפָּן כא כב
וָעֵבֶר וֶאֱלִיאֵל׃ וְעַבְדּוֹן וְזִכְרִי וְחָנָן׃ וַחֲנַנְיָה וְעֵילָם וְעַנְתֹתִיָּה׃ כג כד
וְיִפְדְיָה ופניאל בְּנֵי שָׁשָׁק׃ וְשַׁמְשְׁרַי וּשְׁחַרְיָה וַעֲתַלְיָה׃ כה כו ופְנוּאֵל
וְיַעֲרֶשְׁיָה וְאֵלִיָּה וְזִכְרִי בְּנֵי יְרֹחָם׃ אֵלֶּה רָאשֵׁי אָבוֹת כז כח
לְתֹלְדוֹתָם רָאשִׁים אֵלֶּה יָשְׁבוּ בִירוּשָׁלָםִ׃ וּבְגִבְעוֹן כט
יָשְׁבוּ אֲבִי גִבְעוֹן וְשֵׁם אִשְׁתּוֹ מַעֲכָה׃ וּבְנוֹ הַבְּכוֹר עַבְדּוֹן ל
וְצוּר וְקִישׁ וּבַעַל וְנָדָב׃ וּגְדוֹר וְאַחְיוֹ וָזָכֶר׃ וּמִקְלוֹת הוֹלִיד לא לב
אֶת־שִׁמְאָה וְאַף־הֵמָּה נֶגֶד אֲחֵיהֶם יָשְׁבוּ בִירוּשָׁלַםִ עִם־

לג אֲחֵיהֶם׃ וְנֵר הוֹלִיד אֶת־קִישׁ וְקִישׁ הוֹלִיד אֶת־
שָׁאוּל וְשָׁאוּל הוֹלִיד אֶת־יְהוֹנָתָן וְאֶת־מַלְכִּי־שׁוּעַ וְאֶת־
לד אֲבִינָדָב וְאֶת־אֶשְׁבָּעַל׃ וּבֶן־יְהוֹנָתָן מְרִיב בָּעַל וּמְרִיב בַּעַל
לה הוֹלִיד אֶת־מִיכָה׃ וּבְנֵי מִיכָה פִּיתוֹן וָמֶלֶךְ וְתַאְרֵעַ וְאָחָז׃
לו וְאָחָז הוֹלִיד אֶת־יְהוֹעַדָּה וִיהוֹעַדָּה הוֹלִיד אֶת־עָלֶמֶת וְאֶת־
לז עַזְמָוֶת וְאֶת־זִמְרִי וְזִמְרִי הוֹלִיד אֶת־מוֹצָא׃ וּמוֹצָא הוֹלִיד
לח אֶת־בִּנְעָא רָפָה בְנוֹ אֶלְעָשָׂה בְנוֹ אָצֵל בְּנוֹ׃ וּלְאָצֵל שִׁשָּׁה
בָנִים וְאֵלֶּה שְׁמוֹתָם עַזְרִיקָם ׀ בֹּכְרוּ וְיִשְׁמָעֵאל וּשְׁעַרְיָה
לט וְעֹבַדְיָה וְחָנָן כָּל־אֵלֶּה בְּנֵי אָצֵל׃ וּבְנֵי עֵשֶׁק אָחִיו אוּלָם
מ בְּכֹרוֹ יְעוּשׁ הַשֵּׁנִי וֶאֱלִיפֶלֶט הַשְּׁלִשִׁי׃ וַיִּהְיוּ בְנֵי־אוּלָם ד
אֲנָשִׁים גִּבֹּרֵי־חַיִל דֹּרְכֵי קֶשֶׁת וּמַרְבִּים בָּנִים וּבְנֵי בָנִים
ט א מֵאָה וַחֲמִשִּׁים כָּל־אֵלֶּה מִבְּנֵי בִנְיָמִן׃ וְכָל־יִשְׂרָאֵל
הִתְיַחְשׂוּ וְהִנָּם כְּתוּבִים עַל־סֵפֶר מַלְכֵי יִשְׂרָאֵל וִיהוּדָה הָגְלוּ
ב לְבָבֶל בְּמַעֲלָם׃ וְהַיּוֹשְׁבִים הָרִאשֹׁנִים אֲשֶׁר בַּאֲחֻזָּתָם בְּעָרֵיהֶם
ג יִשְׂרָאֵל הַכֹּהֲנִים הַלְוִיִּם וְהַנְּתִינִים׃ וּבִירוּשָׁלִַם יָשְׁבוּ מִן־בְּנֵי
ד יְהוּדָה וּמִן־בְּנֵי בִנְיָמִן וּמִן־בְּנֵי אֶפְרַיִם וּמְנַשֶּׁה׃ עוּתַי בֶּן־
עַמִּיהוּד בֶּן־עָמְרִי בֶּן־אִמְרִי בֶּן־בנימן־בְּנֵי פֶרֶץ בֶּן־יְהוּדָה׃ בָּנִי מִן־
ה ו וּמִן־הַשִּׁילוֹנִי עֲשָׂיָה הַבְּכוֹר וּבָנָיו׃ וּמִן־בְּנֵי זֶרַח יְעוּאֵל וַאֲחֵיהֶם
ז שֵׁשׁ־מֵאוֹת וְתִשְׁעִים׃ וּמִן־בְּנֵי בִּנְיָמִן סַלּוּא בֶּן־מְשֻׁלָּם בֶּן־
ח הוֹדַוְיָה בֶּן־הַסְּנֻאָה׃ וְיִבְנְיָה בֶּן־יְרֹחָם וְאֵלָה בֶן־עֻזִּי בֶּן־מִכְרִי
ט וּמְשֻׁלָּם בֶּן־שְׁפַטְיָה בֶּן־רְעוּאֵל בֶּן־יִבְנִיָּה׃ וַאֲחֵיהֶם לְתֹלְדוֹתָם
תְּשַׁע מֵאוֹת וַחֲמִשִּׁים וְשִׁשָּׁה כָּל־אֵלֶּה אֲנָשִׁים רָאשֵׁי אָבוֹת
י לְבֵית אֲבֹתֵיהֶם׃ וּמִן־הַכֹּהֲנִים יְדַעְיָה וִיהוֹיָרִיב וְיָכִין׃
יא וַעֲזַרְיָה בֶּן־חִלְקִיָּה בֶּן־מְשֻׁלָּם בֶּן־צָדוֹק בֶּן־מְרָיוֹת בֶּן־אֲחִיטוּב
יב נְגִיד בֵּית הָאֱלֹהִים׃ וַעֲדָיָה בֶּן־יְרֹחָם בֶּן־פַּשְׁחוּר
בֶּן־מַלְכִּיָּה וּמַעְשַׂי בֶּן־עֲדִיאֵל בֶּן־יַחְזֵרָה בֶּן־מְשֻׁלָּם בֶּן־
יג מְשִׁלֵּמִית בֶּן־אִמֵּר׃ וַאֲחֵיהֶם רָאשִׁים לְבֵית אֲבוֹתָם אֶלֶף

וְשִׁבְעַ מֵאוֹת וְשִׁשִּׁים גִּבּוֹרֵי חֵיל מְלֶאכֶת עֲבוֹדַת בֵּית־
יד הָאֱלֹהִים׃ וּמִן־הַלְוִיִּם שְׁמַעְיָה בֶן־חַשּׁוּב בֶּן־עַזְרִיקָם בֶּן־
טו חֲשַׁבְיָה מִן־בְּנֵי מְרָרִי׃ וּבַקְבַּקַּר חֶרֶשׁ וְגָלָל וּמַתַּנְיָה בֶּן־
טז מִיכָא בֶּן־זִכְרִי בֶּן־אָסָף׃ וְעֹבַדְיָה בֶּן־שְׁמַעְיָה בֶּן־גָּלָל בֶּן־
יְדוּתוּן וּבֶרֶכְיָה בֶן־אָסָא בֶּן־אֶלְקָנָה הַיּוֹשֵׁב בְּחַצְרֵי נְטוֹפָתִי׃
יז וְהַשֹּׁעֲרִים שַׁלּוּם וְעַקּוּב וְטַלְמֹן וַאֲחִימָן וַאֲחִיהֶם שַׁלּוּם הָרֹאשׁ׃
יח וְעַד־הֵנָּה בְּשַׁעַר הַמֶּלֶךְ מִזְרָחָה הֵמָּה הַשֹּׁעֲרִים לְמַחֲנוֹת בְּנֵי
יט לֵוִי׃ וְשַׁלּוּם בֶּן־קוֹרֵא בֶּן־אֶבְיָסָף בֶּן־קֹרַח וְאֶחָיו לְבֵית־אָבִיו
הַקָּרְחִים עַל מְלֶאכֶת הָעֲבֹדָה שֹׁמְרֵי הַסִּפִּים לָאֹהֶל וַאֲבֹתֵיהֶם
כ עַל־מַחֲנֵה יְהוָה שֹׁמְרֵי הַמָּבוֹא׃ וּפִינְחָס בֶּן־אֶלְעָזָר נָגִיד הָיָה
כא עֲלֵיהֶם לְפָנִים יְהוָה ׀ עִמּוֹ׃ זְכַרְיָה בֶּן מְשֶׁלֶמְיָה שֹׁעֵר פֶּתַח
כב לְאֹהֶל מוֹעֵד׃ כֻּלָּם הַבְּרוּרִים לְשֹׁעֲרִים בַּסִּפִּים מָאתַיִם וּשְׁנֵים
עָשָׂר הֵמָּה בְחַצְרֵיהֶם הִתְיַחְשָׂם הֵמָּה יִסַּד דָּוִיד וּשְׁמוּאֵל
כג הָרֹאֶה בֶּאֱמוּנָתָם׃ וְהֵם וּבְנֵיהֶם עַל־הַשְּׁעָרִים לְבֵית־יְהוָה
כד לְבֵית הָאֹהֶל לְמִשְׁמָרוֹת׃ לְאַרְבַּע רוּחוֹת יִהְיוּ הַשֹּׁעֲרִים
כה מִזְרָח יָמָּה צָפוֹנָה וָנֶגְבָּה׃ וַאֲחֵיהֶם בְּחַצְרֵיהֶם לָבוֹא לְשִׁבְעַת
כו הַיָּמִים מֵעֵת אֶל־עֵת עִם־אֵלֶּה׃ כִּי בֶאֱמוּנָה הֵמָּה אַרְבַּעַת
גִּבֹּרֵי הַשֹּׁעֲרִים הֵם הַלְוִיִּם וְהָיוּ עַל־הַלְּשָׁכוֹת וְעַל־הָאֹצְרוֹת
כז בֵּית הָאֱלֹהִים׃ וּסְבִיבוֹת בֵּית־הָאֱלֹהִים יָלִינוּ כִּי־עֲלֵיהֶם
כח מִשְׁמֶרֶת וְהֵם עַל־הַמַּפְתֵּחַ וְלַבֹּקֶר לַבֹּקֶר׃ וּמֵהֶם עַל־כְּלֵי
כט הָעֲבוֹדָה כִּי בְמִסְפָּר יְבִיאוּם וּבְמִסְפָּר יוֹצִיאוּם׃ וּמֵהֶם מְמֻנִּים
עַל־הַכֵּלִים וְעַל כָּל־כְּלֵי הַקֹּדֶשׁ וְעַל־הַסֹּלֶת וְהַיַּיִן וְהַשֶּׁמֶן
ל וְהַלְּבוֹנָה וְהַבְּשָׂמִים׃ וּמִן־בְּנֵי הַכֹּהֲנִים רֹקְחֵי הַמִּרְקַחַת
לא לַבְּשָׂמִים׃ וּמַתִּתְיָה מִן־הַלְוִיִּם הוּא הַבְּכוֹר לְשַׁלֻּם הַקָּרְחִי
לב בֶּאֱמוּנָה עַל מַעֲשֵׂה הַחֲבִתִּים׃ וּמִן־בְּנֵי הַקְּהָתִי מִן־אֲחֵיהֶם
לג עַל־לֶחֶם הַמַּעֲרָכֶת לְהָכִין שַׁבַּת שַׁבָּת׃ וְאֵלֶּה
הַמְשֹׁרְרִים רָאשֵׁי אָבוֹת לַלְוִיִּם בַּלְּשָׁכֹת פטירים כִּי־יוֹמָם פְּטוּרִים

לד וְלַיְלָה עֲלֵיהֶם בַּמְּלָאכָה׃ אֵלֶּה רָאשֵׁי הָאָבוֹת לַלְוִיִּם לְתֹלְדוֹתָם
רָאשִׁים אֵלֶּה יָשְׁבוּ בִירוּשָׁלָםִ׃
לה לו וּבְגִבְעוֹן יָשְׁבוּ אֲבִי־גִבְעוֹן יעואל וְשֵׁם אִשְׁתּוֹ מַעֲכָה׃ וּבְנוֹ יְעִיאֵל
לז הַבְּכוֹר עַבְדּוֹן וְצוּר וְקִישׁ וּבַעַל וְנֵר וְנָדָב׃ וּגְדוֹר וְאַחְיוֹ וּזְכַרְיָה
לח וּמִקְלוֹת׃ וּמִקְלוֹת הוֹלִיד אֶת־שִׁמְאָם וְאַף־הֵם נֶגֶד אֲחֵיהֶם
לט יָשְׁבוּ בִירוּשָׁלַםִ עִם־אֲחֵיהֶם׃ וְנֵר הוֹלִיד אֶת־קִישׁ
וְקִישׁ הוֹלִיד אֶת־שָׁאוּל וְשָׁאוּל הוֹלִיד אֶת־יְהוֹנָתָן וְאֶת־
מ מַלְכִּי־שׁוּעַ וְאֶת־אֲבִינָדָב וְאֶת־אֶשְׁבָּעַל׃ וּבֶן־יְהוֹנָתָן מְרִיב
מא בָּעַל וּמְרִי־בַעַל הוֹלִיד אֶת־מִיכָה׃ וּבְנֵי מִיכָה פִּיתֹן וָמֶלֶךְ
מב וְתַחְרֵעַ׃ וְאָחָז הוֹלִיד אֶת־יַעְרָה וְיַעְרָה הוֹלִיד אֶת־עָלֶמֶת
מג וְאֶת־עַזְמָוֶת וְאֶת־זִמְרִי וְזִמְרִי הוֹלִיד אֶת־מוֹצָא׃ וּמוֹצָא
מד הוֹלִיד אֶת־בִּנְעָא וּרְפָיָה בְנוֹ אֶלְעָשָׂה בְנוֹ אָצֵל בְּנוֹ׃ וּלְאָצֵל
שִׁשָּׁה בָנִים וְאֵלֶּה שְׁמוֹתָם עַזְרִיקָם ׀ בֹּכְרוּ וְיִשְׁמָעֵאל וּשְׁעַרְיָה
וְעֹבַדְיָה וְחָנָן אֵלֶּה בְּנֵי אָצֵל׃

י א וּפְלִשְׁתִּים נִלְחֲמוּ בְיִשְׂרָאֵל וַיָּנָס אִישׁ־יִשְׂרָאֵל מִפְּנֵי פְלִשְׁתִּים
ב וַיִּפְּלוּ חֲלָלִים בְּהַר גִּלְבֹּעַ׃ וַיַּדְבְּקוּ פְלִשְׁתִּים אַחֲרֵי שָׁאוּל
וְאַחֲרֵי בָנָיו וַיַּכּוּ פְלִשְׁתִּים אֶת־יוֹנָתָן וְאֶת־אֲבִינָדָב וְאֶת־
ג מַלְכִּי־שׁוּעַ בְּנֵי שָׁאוּל׃ וַתִּכְבַּד הַמִּלְחָמָה עַל־שָׁאוּל וַיִּמְצָאֻהוּ
ד הַמּוֹרִים בַּקֶּשֶׁת וַיָּחֶל מִן־הַיּוֹרִים׃ וַיֹּאמֶר שָׁאוּל אֶל־נֹשֵׂא
כֵלָיו שְׁלֹף חַרְבְּךָ ׀ וְדָקְרֵנִי בָהּ פֶּן־יָבֹאוּ הָעֲרֵלִים הָאֵלֶּה
וְהִתְעַלְּלוּ־בִי וְלֹא אָבָה נֹשֵׂא כֵלָיו כִּי יָרֵא מְאֹד וַיִּקַּח שָׁאוּל
ה אֶת־הַחֶרֶב וַיִּפֹּל עָלֶיהָ׃ וַיַּרְא נֹשֵׂא־כֵלָיו כִּי מֵת שָׁאוּל וַיִּפֹּל
ו גַּם־הוּא עַל־הַחֶרֶב וַיָּמֹת׃ וַיָּמָת שָׁאוּל וּשְׁלֹשֶׁת בָּנָיו וְכָל־
ז בֵּיתוֹ יַחְדָּו מֵתוּ׃ וַיִּרְאוּ כָּל־אִישׁ יִשְׂרָאֵל אֲשֶׁר־בָּעֵמֶק כִּי נָסוּ
וְכִי־מֵתוּ שָׁאוּל וּבָנָיו וַיַּעַזְבוּ עָרֵיהֶם וַיָּנֻסוּ וַיָּבֹאוּ פְלִשְׁתִּים
ח וַיֵּשְׁבוּ בָּהֶם׃ וַיְהִי מִמָּחֳרָת וַיָּבֹאוּ פְלִשְׁתִּים לְפַשֵּׁט
אֶת־הַחֲלָלִים וַיִּמְצְאוּ אֶת־שָׁאוּל וְאֶת־בָּנָיו נֹפְלִים בְּהַר גִּלְבֹּעַ׃

ט וַיַּפְשִׁיטֻהוּ וַיִּשְׂאוּ אֶת־רֹאשׁוֹ וְאֶת־כֵּלָיו וַיְשַׁלְּחוּ בְאֶרֶץ־פְּלִשְׁתִּים
י סָבִיב לְבַשֵּׂר אֶת־עֲצַבֵּיהֶם וְאֶת־הָעָם: וַיָּשִׂימוּ אֶת־כֵּלָיו בֵּית
יא אֱלֹהֵיהֶם וְאֶת־גֻּלְגָּלְתּוֹ תָקְעוּ בֵית דָּגוֹן: וַיִּשְׁמְעוּ
יב כֹּל יָבֵישׁ גִּלְעָד אֵת כָּל־אֲשֶׁר־עָשׂוּ פְלִשְׁתִּים לְשָׁאוּל: וַיָּקוּמוּ
כָּל־אִישׁ חַיִל וַיִּשְׂאוּ אֶת־גּוּפַת שָׁאוּל וְאֵת גּוּפֹת בָּנָיו וַיְבִיאוּם
יָבֵישָׁה וַיִּקְבְּרוּ אֶת־עַצְמוֹתֵיהֶם תַּחַת הָאֵלָה בְּיָבֵשׁ וַיָּצוּמוּ
יג שִׁבְעַת יָמִים: וַיָּמָת שָׁאוּל בְּמַעֲלוֹ אֲשֶׁר־מָעַל בַּיהוָה עַל־דְּבַר
יד יְהוָה אֲשֶׁר לֹא־שָׁמָר וְגַם־לִשְׁאוֹל בָּאוֹב לִדְרוֹשׁ: וְלֹא־דָרַשׁ
בַּיהוָה וַיְמִיתֵהוּ וַיַּסֵּב אֶת־הַמְּלוּכָה לְדָוִיד בֶּן־יִשָׁי:
יא א וַיִּקָּבְצוּ כָל־יִשְׂרָאֵל אֶל־דָּוִיד חֶבְרוֹנָה לֵאמֹר הִנֵּה עַצְמְךָ
ב וּבְשָׂרְךָ אֲנָחְנוּ: גַּם־תְּמוֹל גַּם־שִׁלְשׁוֹם גַּם בִּהְיוֹת שָׁאוּל מֶלֶךְ
אַתָּה הַמּוֹצִיא וְהַמֵּבִיא אֶת־יִשְׂרָאֵל וַיֹּאמֶר יְהוָה אֱלֹהֶיךָ לְךָ
אַתָּה תִרְעֶה אֶת־עַמִּי אֶת־יִשְׂרָאֵל וְאַתָּה תִּהְיֶה נָגִיד עַל עַמִּי
ג יִשְׂרָאֵל: וַיָּבֹאוּ כָּל־זִקְנֵי יִשְׂרָאֵל אֶל־הַמֶּלֶךְ חֶבְרוֹנָה וַיִּכְרֹת
לָהֶם דָּוִיד בְּרִית בְּחֶבְרוֹן לִפְנֵי יְהוָה וַיִּמְשְׁחוּ אֶת־דָּוִיד לְמֶלֶךְ
ד עַל־יִשְׂרָאֵל כִּדְבַר יְהוָה בְּיַד־שְׁמוּאֵל: וַיֵּלֶךְ דָּוִיד
וְכָל־יִשְׂרָאֵל יְרוּשָׁלַםִ הִיא יְבוּס וְשָׁם הַיְבוּסִי יֹשְׁבֵי הָאָרֶץ:
ה וַיֹּאמְרוּ יֹשְׁבֵי יְבוּס לְדָוִיד לֹא תָבוֹא הֵנָּה וַיִּלְכֹּד דָּוִיד אֶת־מְצֻדַת
ו צִיּוֹן הִיא עִיר דָּוִיד: וַיֹּאמֶר דָּוִיד כָּל־מַכֵּה יְבוּסִי בָּרִאשֹׁנָה יִהְיֶה
לְרֹאשׁ וּלְשָׂר וַיַּעַל בָּרִאשׁוֹנָה יוֹאָב בֶּן־צְרוּיָה וַיְהִי לְרֹאשׁ:
ז ח וַיֵּשֶׁב דָּוִיד בַּמְצָד עַל־כֵּן קָרְאוּ־לוֹ עִיר דָּוִיד: וַיִּבֶן הָעִיר
מִסָּבִיב מִן־הַמִּלּוֹא וְעַד־הַסָּבִיב וְיוֹאָב יְחַיֶּה אֶת־שְׁאָר הָעִיר:
ט וַיֵּלֶךְ דָּוִיד הָלוֹךְ וְגָדוֹל וַיהוָה צְבָאוֹת עִמּוֹ: ה
י וְאֵלֶּה רָאשֵׁי הַגִּבּוֹרִים אֲשֶׁר לְדָוִיד הַמִּתְחַזְּקִים עִמּוֹ בְמַלְכוּתוֹ
יא עִם־כָּל־יִשְׂרָאֵל לְהַמְלִיכוֹ כִּדְבַר יְהוָה עַל־יִשְׂרָאֵל: וְאֵלֶּה
מִסְפַּר הַגִּבֹּרִים אֲשֶׁר לְדָוִיד יָשָׁבְעָם בֶּן־חַכְמוֹנִי רֹאשׁ הַשְּׁלוֹשִׁים הַשָּׁלִישִׁים
הוּא־עוֹרֵר אֶת־חֲנִיתוֹ עַל־שְׁלֹשׁ־מֵאוֹת חָלָל בְּפַעַם אֶחָת:

יב וְאַחֲרָיו אֶלְעָזָר בֶּן־דּוֹדוֹ הָאֲחוֹחִי הוּא בִּשְׁלוֹשָׁה הַגִּבֹּרִים׃
יג הוּא־הָיָה עִם־דָּוִיד בַּפַּס דַּמִּים וְהַפְּלִשְׁתִּים נֶאֶסְפוּ־שָׁם
לַמִּלְחָמָה וַתְּהִי חֶלְקַת הַשָּׂדֶה מְלֵאָה שְׂעוֹרִים וְהָעָם נָסוּ
יד מִפְּנֵי פְלִשְׁתִּים׃ וַיִּתְיַצְּבוּ בְתוֹךְ־הַחֶלְקָה וַיַּצִּילוּהָ וַיַּכּוּ אֶת־
טו פְּלִשְׁתִּים וַיּוֹשַׁע יְהוָה תְּשׁוּעָה גְדוֹלָה׃ וַיֵּרְדוּ שְׁלוֹשָׁה
מִן־הַשְּׁלוֹשִׁים רֹאשׁ עַל־הַצֻּר אֶל־דָּוִיד אֶל־מְעָרַת עֲדֻלָּם
טז וּמַחֲנֵה פְלִשְׁתִּים חֹנָה בְּעֵמֶק רְפָאִים׃ וְדָוִיד אָז בַּמְּצוּדָה
יז וּנְצִיב פְּלִשְׁתִּים אָז בְּבֵית לָחֶם׃ וַיִּתְאַו דָּוִיד וַיֹּאמַר מִי יַשְׁקֵנִי
יח מַיִם מִבּוֹר בֵּית־לֶחֶם אֲשֶׁר בַּשָּׁעַר׃ וַיִּבְקְעוּ הַשְּׁלֹשָׁה בְּמַחֲנֵה
פְלִשְׁתִּים וַיִּשְׁאֲבוּ־מַיִם מִבּוֹר בֵּית־לֶחֶם אֲשֶׁר בַּשַּׁעַר וַיִּשְׂאוּ
וַיָּבִאוּ אֶל־דָּוִיד וְלֹא־אָבָה דָוִיד לִשְׁתּוֹתָם וַיְנַסֵּךְ אֹתָם לַיהוָה׃
יט וַיֹּאמֶר חָלִילָה לִּי מֵאֱלֹהַי מֵעֲשׂוֹת זֹאת הֲדַם הָאֲנָשִׁים
הָאֵלֶּה אֶשְׁתֶּה בְנַפְשׁוֹתָם כִּי בְנַפְשׁוֹתָם הֱבִיאוּם וְלֹא אָבָה
כ לִשְׁתּוֹתָם אֵלֶּה עָשׂוּ שְׁלֹשֶׁת הַגִּבּוֹרִים׃ וְאַבְשַׁי
אֲחִי־יוֹאָב הוּא הָיָה רֹאשׁ הַשְּׁלוֹשָׁה וְהוּא עוֹרֵר אֶת־
כא חֲנִיתוֹ עַל־שְׁלֹשׁ מֵאוֹת חָלָל ולא־שֵׁם בַּשְּׁלוֹשָׁה׃ מִן־ וְלוֹ־
הַשְּׁלוֹשָׁה בַשְּׁנַיִם נִכְבָּד וַיְהִי לָהֶם לְשָׂר וְעַד־הַשְּׁלוֹשָׁה
כב לֹא־בָא׃ בְּנָיָה בֶן־יְהוֹיָדָע בֶּן־אִישׁ־חַיִל רַב־
פְּעָלִים מִן־קַבְצְאֵל הוּא הִכָּה אֵת שְׁנֵי אֲרִיאֵל מוֹאָב
כג וְהוּא יָרַד וְהִכָּה אֶת־הָאֲרִי בְּתוֹךְ הַבּוֹר בְּיוֹם הַשָּׁלֶג׃ וְהוּא
הִכָּה אֶת־הָאִישׁ הַמִּצְרִי אִישׁ מִדָּה ׀ חָמֵשׁ בָּאַמָּה וּבְיַד
הַמִּצְרִי חֲנִית כִּמְנוֹר אֹרְגִים וַיֵּרֶד אֵלָיו בַּשָּׁבֶט וַיִּגְזֹל אֶת־
כד הַחֲנִית מִיַּד הַמִּצְרִי וַיַּהַרְגֵהוּ בַּחֲנִיתוֹ׃ אֵלֶּה עָשָׂה בְּנָיָהוּ בֶּן־
כה יְהוֹיָדָע וְלוֹ־שֵׁם בִּשְׁלוֹשָׁה הַגִּבֹּרִים׃ מִן־הַשְּׁלוֹשִׁים הִנּוֹ
נִכְבָּד הוּא וְאֶל־הַשְּׁלֹשָׁה לֹא־בָא וַיְשִׂימֵהוּ דָוִיד עַל־
כו מִשְׁמַעְתּוֹ׃ וְגִבּוֹרֵי הַחֲיָלִים עֲשָׂהאֵל אֲחִי יוֹאָב
כז אֶלְחָנָן בֶּן־דּוֹדוֹ מִבֵּית לָחֶם׃ שַׁמּוֹת הַהֲרוֹרִי

כח חֲלֶץ הַפְּלוֹנִי: עִירָא בֶּן־עִקֵּשׁ הַתְּקוֹעִי אֲבִיעֶזֶר
כט ל הָעַנְּתוֹתִי: סִבְּכַי הַחֻשָׁתִי עִילַי הָאֲחוֹחִי: מַהְרַי
לא הַנְּטֹפָתִי חֵלֶד בֶּן־בַּעֲנָה הַנְּטוֹפָתִי: אִיתַי בֶּן־רִיבַי
לב מִגִּבְעַת בְּנֵי בִנְיָמִן בְּנָיָה הַפִּרְעָתֹנִי: חוּרַי מִנַּחֲלֵי
לג גָעַשׁ אֲבִיאֵל הָעַרְבָתִי: עַזְמָוֶת הַבַּחֲרוּמִי אֶלְיַחְבָּא
לד הַשַּׁעַלְבֹנִי: בְּנֵי הָשֵׁם הַגִּזוֹנִי יוֹנָתָן בֶּן־שָׁגֵה
לה הַהֲרָרִי: אֲחִיאָם בֶּן־שָׂכָר הַהֲרָרִי אֱלִיפַל בֶּן־
לו לז אוּר: חֵפֶר הַמְּכֵרָתִי אֲחִיָּה הַפְּלֹנִי: חֶצְרוֹ
לח הַכַּרְמְלִי נַעֲרַי בֶּן־אֶזְבָּי: יוֹאֵל אֲחִי נָתָן מִבְחָר בֶּן־
לט הַגְרִי: צֶלֶק הָעַמּוֹנִי נַחְרַי הַבֵּרֹתִי נֹשֵׂא כְּלֵי יוֹאָב בֶּן־
מ מא צְרוּיָה: עִירָא הַיִּתְרִי גָּרֵב הַיִּתְרִי: אוּרִיָּה
מב הַחִתִּי זָבָד בֶּן־אַחְלָי: עֲדִינָא בֶן־שִׁיזָא הָראוּבֵנִי
מג רֹאשׁ לָראוּבֵנִי וְעָלָיו שְׁלוֹשִׁים: חָנָן בֶּן־מַעֲכָה וְיוֹשָׁפָט
מד הַמִּתְנִי: עֻזִּיָּא הָעַשְׁתְּרָתִי שָׁמָע ויעואל בְּנֵי וִיעִיאֵל
מה חוֹתָם הָעֲרֹעֵרִי: יְדִיעֲאֵל בֶּן־שִׁמְרִי וְיֹחָא אָחִיו
מו הַתִּיצִי: אֱלִיאֵל הַמַּחֲוִים וִירִיבַי וְיוֹשַׁוְיָה בְּנֵי אֶלְנָעַם
מז וְיִתְמָה הַמּוֹאָבִי: אֱלִיאֵל וְעוֹבֵד וְיַעֲשִׂיאֵל הַמְּצֹבָיָה:
יב א וְאֵלֶּה הַבָּאִים אֶל־דָּוִיד לְצִיקְלַג עוֹד עָצוּר מִפְּנֵי שָׁאוּל בֶּן־
ב קִישׁ וְהֵמָּה בַּגִּבּוֹרִים עֹזְרֵי הַמִּלְחָמָה: נֹשְׁקֵי קֶשֶׁת מַיְמִינִים
וּמַשְׂמִאלִים בָּאֲבָנִים וּבַחִצִּים בַּקָּשֶׁת מֵאֲחֵי שָׁאוּל מִבִּנְיָמִן:
ג הָרֹאשׁ אֲחִיעֶזֶר וְיוֹאָשׁ בְּנֵי הַשְּׁמָעָה הַגִּבְעָתִי ויזואל וָפֶלֶט וִיזִיאֵל
ד בְּנֵי עַזְמָוֶת וּבְרָכָה וְיֵהוּא הָעַנְּתֹתִי: וְיִשְׁמַעְיָה הַגִּבְעוֹנִי גִּבּוֹר
ה בַּשְּׁלֹשִׁים וְעַל־הַשְּׁלֹשִׁים: וְיִרְמְיָה וְיַחֲזִיאֵל וְיוֹחָנָן וְיוֹזָבָד
ו הַגְּדֵרָתִי: אֶלְעוּזַי וִירִימוֹת וּבְעַלְיָה וּשְׁמַרְיָהוּ וּשְׁפַטְיָהוּ החריפי: הַחֲרוּפִי
ז ח אֶלְקָנָה וְיִשִּׁיָּהוּ וַעֲזַרְאֵל וְיוֹעֶזֶר וְיָשָׁבְעָם הַקָּרְחִים: וְיוֹעֵאלָה
ט וּזְבַדְיָה בְּנֵי יְרֹחָם מִן־הַגְּדוֹר: וּמִן־הַגָּדִי נִבְדְּלוּ אֶל־דָּוִיד לַמְצַד
מִדְבָּרָה גִּבֹּרֵי הַחַיִל אַנְשֵׁי צָבָא לַמִּלְחָמָה עֹרְכֵי צִנָּה וָרֹמַח

י וּפְנֵי אַרְיֵה פְּנֵיהֶם וְכִצְבָאיִם עַל־הֶהָרִים לְמַהֵר׃ עֵזֶר
יא הָרֹאשׁ עֹבַדְיָה הַשֵּׁנִי אֱלִיאָב הַשְּׁלִשִׁי׃ מִשְׁמַנָּה הָרְבִיעִי יִרְמְיָה
יב יג הַחֲמִשִּׁי׃ עַתַּי הַשִּׁשִּׁי אֱלִיאֵל הַשְּׁבִעִי׃ יוֹחָנָן הַשְּׁמִינִי אֶלְזָבָד
יד טו הַתְּשִׁיעִי׃ יִרְמְיָהוּ הָעֲשִׂירִי מַכְבַּנַּי עַשְׁתֵּי עָשָׂר׃ אֵלֶּה
מִבְּנֵי־גָד רָאשֵׁי הַצָּבָא אֶחָד לְמֵאָה הַקָּטָן וְהַגָּדוֹל לְאָלֶף׃
טז אֵלֶּה הֵם אֲשֶׁר עָבְרוּ אֶת־הַיַּרְדֵּן בַּחֹדֶשׁ הָרִאשׁוֹן וְהוּא
מְמַלֵּא עַל־כָּל־גדיתיו וַיַּבְרִיחוּ אֶת־כָּל־הָעֲמָקִים לַמִּזְרָח גְּדוֹתָיו
יז וְלַמַּעֲרָב׃ וַיָּבֹאוּ מִן־בְּנֵי בִנְיָמִן וִיהוּדָה עַד־לַמְצָד
יח לְדָוִיד׃ וַיֵּצֵא דָוִיד לִפְנֵיהֶם וַיַּעַן וַיֹּאמֶר לָהֶם אִם־לְשָׁלוֹם בָּאתֶם
אֵלַי לְעָזְרֵנִי יִהְיֶה־לִּי עֲלֵיכֶם לֵבָב לְיָחַד וְאִם־לְרַמּוֹתֵנִי לְצָרַי בְּלֹא
יט חָמָס בְּכַפַּי יֵרֶא אֱלֹהֵי אֲבוֹתֵינוּ וְיוֹכַח׃ וְרוּחַ לָבְשָׁה
אֶת־עֲמָשַׂי רֹאשׁ השלושים לְךָ דָוִיד וְעִמְּךָ בֶן־יִשַׁי שָׁלוֹם ׀ הַשָּׁלִישִׁים
שָׁלוֹם לְךָ וְשָׁלוֹם לְעֹזְרֶךָ כִּי עֲזָרְךָ אֱלֹהֶיךָ וַיְקַבְּלֵם דָּוִיד וַיִּתְּנֵם
כ בְּרָאשֵׁי הַגְּדוּד׃ וּמִמְּנַשֶּׁה נָפְלוּ עַל־דָּוִיד בְּבֹאוֹ עִם־
פְּלִשְׁתִּים עַל־שָׁאוּל לַמִּלְחָמָה וְלֹא עֲזָרֻם כִּי בְעֵצָה שִׁלְּחֻהוּ
כא סַרְנֵי פְלִשְׁתִּים לֵאמֹר בְּרָאשֵׁינוּ יִפּוֹל אֶל־אֲדֹנָיו שָׁאוּל׃ בְּלֶכְתּוֹ
אֶל־צִיקְלַג נָפְלוּ עָלָיו ׀ מִמְּנַשֶּׁה עַדְנַח וְיוֹזָבָד וִידִיעֲאֵל וּמִיכָאֵל
כב וְיוֹזָבָד וֶאֱלִיהוּא וְצִלְּתָי רָאשֵׁי הָאֲלָפִים אֲשֶׁר לִמְנַשֶּׁה׃ וְהֵמָּה
עָזְרוּ עִם־דָּוִיד עַל־הַגְּדוּד כִּי־גִבּוֹרֵי חַיִל כֻּלָּם וַיִּהְיוּ שָׂרִים
כג בַּצָּבָא׃ כִּי לְעֶת־יוֹם בְּיוֹם יָבֹאוּ עַל־דָּוִיד לְעָזְרוֹ עַד־לְמַחֲנֶה
כד גָדוֹל כְּמַחֲנֵה אֱלֹהִים׃ וְאֵלֶּה מִסְפְּרֵי רָאשֵׁי הֶחָלוּץ
לַצָּבָא בָּאוּ עַל־דָּוִיד חֶבְרוֹנָה לְהָסֵב מַלְכוּת שָׁאוּל אֵלָיו כְּפִי
כה יְהוָה׃ בְּנֵי יְהוּדָה נֹשְׂאֵי צִנָּה וָרֹמַח שֵׁשֶׁת אֲלָפִים
כו וּשְׁמוֹנֶה מֵאוֹת חֲלוּצֵי צָבָא׃ מִן־בְּנֵי שִׁמְעוֹן גִּבּוֹרֵי
כז חַיִל לַצָּבָא שִׁבְעַת אֲלָפִים וּמֵאָה׃ מִן־בְּנֵי הַלֵּוִי
כח אַרְבַּעַת אֲלָפִים וְשֵׁשׁ מֵאוֹת׃ וִיהוֹיָדָע הַנָּגִיד לְאַהֲרֹן
כט וְעִמּוֹ שְׁלֹשֶׁת אֲלָפִים וּשְׁבַע מֵאוֹת׃ וְצָדוֹק נַעַר גִּבּוֹר

חַיִל וּבֵית־אָבִיו שָׂרִים עֶשְׂרִים וּשְׁנָיִם׃ וּמִן־בְּנֵי בִנְיָמִן ל
אֲחֵי שָׁאוּל שְׁלֹשֶׁת אֲלָפִים וְעַד־הֵנָּה מַרְבִּיתָם שֹׁמְרִים מִשְׁמֶרֶת
בֵּית שָׁאוּל׃ וּמִן־בְּנֵי אֶפְרַיִם עֶשְׂרִים אֶלֶף וּשְׁמוֹנֶה לא
מֵאוֹת גִּבּוֹרֵי חַיִל אַנְשֵׁי שֵׁמוֹת לְבֵית אֲבוֹתָם׃ וּמֵחֲצִי לב
מַטֵּה מְנַשֶּׁה שְׁמוֹנָה עָשָׂר אָלֶף אֲשֶׁר נִקְּבוּ בְּשֵׁמוֹת לָבוֹא
לְהַמְלִיךְ אֶת־דָּוִיד׃ וּמִבְּנֵי יִשָּׂשכָר יוֹדְעֵי בִינָה לָעִתִּים לג
לָדַעַת מַה־יַּעֲשֶׂה יִשְׂרָאֵל רָאשֵׁיהֶם מָאתַיִם וְכָל־אֲחֵיהֶם עַל־
פִּיהֶם׃ מִזְּבֻלוּן יוֹצְאֵי צָבָא עֹרְכֵי מִלְחָמָה בְּכָל־כְּלֵי לד
מִלְחָמָה חֲמִשִּׁים אָלֶף וְלַעֲדֹר בְּלֹא־לֵב וָלֵב׃ וּמִנַּפְתָּלִי לה
שָׂרִים אָלֶף וְעִמָּהֶם בְּצִנָּה וַחֲנִית שְׁלֹשִׁים וְשִׁבְעָה
אָלֶף׃ וּמִן־הַדָּנִי עֹרְכֵי מִלְחָמָה עֶשְׂרִים־וּשְׁמוֹנָה אֶלֶף לו
וְשֵׁשׁ מֵאוֹת׃ וּמֵאָשֵׁר יוֹצְאֵי צָבָא לַעֲרֹךְ מִלְחָמָה לז
אַרְבָּעִים אָלֶף׃ וּמֵעֵבֶר לַיַּרְדֵּן מִן־הָרְאוּבֵנִי וְהַגָּדִי לח
וַחֲצִי ׀ שֵׁבֶט מְנַשֶּׁה בְּכֹל כְּלֵי צְבָא מִלְחָמָה מֵאָה וְעֶשְׂרִים
אָלֶף׃ כָּל־אֵלֶּה אַנְשֵׁי מִלְחָמָה עֹדְרֵי מַעֲרָכָה בְּלֵבָב שָׁלֵם לט
בָּאוּ חֶבְרוֹנָה לְהַמְלִיךְ אֶת־דָּוִיד עַל־כָּל־יִשְׂרָאֵל וְגַם כָּל־
שֵׁרִית יִשְׂרָאֵל לֵב אֶחָד לְהַמְלִיךְ אֶת־דָּוִיד׃ וַיִּהְיוּ־שָׁם עִם־ מ
דָּוִיד יָמִים שְׁלוֹשָׁה אֹכְלִים וְשׁוֹתִים כִּי־הֵכִינוּ לָהֶם אֲחֵיהֶם׃
ו וְגַם הַקְּרוֹבִים־אֲלֵיהֶם עַד־יִשָּׂשכָר וּזְבֻלוּן וְנַפְתָּלִי מְבִיאִים מא
לֶחֶם בַּחֲמוֹרִים וּבַגְּמַלִּים וּבַפְּרָדִים ׀ וּבַבָּקָר מַאֲכָל קֶמַח
דְּבֵלִים וְצִמּוּקִים וְיַיִן וְשֶׁמֶן וּבָקָר וְצֹאן לָרֹב כִּי שִׂמְחָה
בְּיִשְׂרָאֵל׃ וַיִּוָּעַץ דָּוִיד עִם־שָׂרֵי הָאֲלָפִים וְהַמֵּאוֹת א יג
לְכָל־נָגִיד׃ וַיֹּאמֶר דָּוִיד לְכֹל ׀ קְהַל יִשְׂרָאֵל אִם־עֲלֵיכֶם טוֹב ב
וּמִן־יְהוָה אֱלֹהֵינוּ נִפְרְצָה נִשְׁלְחָה עַל־אַחֵינוּ הַנִּשְׁאָרִים בְּכֹל
אַרְצוֹת יִשְׂרָאֵל וְעִמָּהֶם הַכֹּהֲנִים וְהַלְוִיִּם בְּעָרֵי מִגְרְשֵׁיהֶם
וְיִקָּבְצוּ אֵלֵינוּ׃ וְנָסֵבָּה אֶת־אֲרוֹן אֱלֹהֵינוּ אֵלֵינוּ כִּי־לֹא ג
דְרַשְׁנֻהוּ בִּימֵי שָׁאוּל׃ וַיֹּאמְרוּ כָל־הַקָּהָל לַעֲשׂוֹת כֵּן כִּי־יָשַׁר ד

ה הַדָּבָר בְּעֵינֵי כָּל־הָעָם: וַיַּקְהֵל דָּוִיד אֶת־כָּל־יִשְׂרָאֵל מִן־
שִׁיחוֹר מִצְרַיִם וְעַד־לְבוֹא חֲמָת לְהָבִיא אֶת־אֲרוֹן הָאֱלֹהִים
ו מִקִּרְיַת יְעָרִים: וַיַּעַל דָּוִיד וְכָל־יִשְׂרָאֵל בַּעֲלָתָה אֶל־קִרְיַת
יְעָרִים אֲשֶׁר לִיהוּדָה לְהַעֲלוֹת מִשָּׁם אֵת אֲרוֹן הָאֱלֹהִים ׀ יְהוָה
ז יוֹשֵׁב הַכְּרוּבִים אֲשֶׁר־נִקְרָא שֵׁם: וַיַּרְכִּיבוּ אֶת־אֲרוֹן הָאֱלֹהִים
עַל־עֲגָלָה חֲדָשָׁה מִבֵּית אֲבִינָדָב וְעֻזָּא וְאַחְיוֹ נֹהֲגִים בָּעֲגָלָה:
ח וְדָוִיד וְכָל־יִשְׂרָאֵל מְשַׂחֲקִים לִפְנֵי הָאֱלֹהִים בְּכָל־עֹז וּבְשִׁירִים
ט וּבְכִנֹּרוֹת וּבִנְבָלִים וּבְתֻפִּים וּבִמְצִלְתַּיִם וּבַחֲצֹצְרוֹת: וַיָּבֹאוּ
עַד־גֹּרֶן כִּידֹן וַיִּשְׁלַח עֻזָּא אֶת־יָדוֹ לֶאֱחֹז אֶת־הָאָרוֹן כִּי
י שָׁמְטוּ הַבָּקָר: וַיִּחַר־אַף יְהוָה בְּעֻזָּא וַיַּכֵּהוּ עַל אֲשֶׁר־שָׁלַח
יא יָדוֹ עַל־הָאָרוֹן וַיָּמָת שָׁם לִפְנֵי אֱלֹהִים: וַיִּחַר לְדָוִיד כִּי־
פָרַץ יְהוָה פֶּרֶץ בְּעֻזָּא וַיִּקְרָא לַמָּקוֹם הַהוּא פֶּרֶץ עֻזָּא עַד
יב הַיּוֹם הַזֶּה: וַיִּירָא דָוִיד אֶת־הָאֱלֹהִים בַּיּוֹם הַהוּא לֵאמֹר
יג הֵיךְ אָבִיא אֵלַי אֵת אֲרוֹן הָאֱלֹהִים: וְלֹא־הֵסִיר דָּוִיד אֶת־
הָאָרוֹן אֵלָיו אֶל־עִיר דָּוִיד וַיַּטֵּהוּ אֶל־בֵּית עֹבֵד־אֱדֹם
יד הַגִּתִּי: וַיֵּשֶׁב אֲרוֹן הָאֱלֹהִים עִם־בֵּית עֹבֵד אֱדֹם בְּבֵיתוֹ
שְׁלֹשָׁה חֳדָשִׁים וַיְבָרֶךְ יְהוָה אֶת־בֵּית עֹבֵד־אֱדֹם וְאֶת־
כָּל־אֲשֶׁר־לוֹ:
יד א וַיִּשְׁלַח חירם מֶלֶךְ־צֹר מַלְאָכִים אֶל־דָּוִיד וַעֲצֵי אֲרָזִים וְחָרָשֵׁי חוּרָם
ב קִיר וְחָרָשֵׁי עֵצִים לִבְנוֹת לוֹ בָּיִת: וַיֵּדַע דָּוִיד כִּי־הֱכִינוֹ יְהוָה
לְמֶלֶךְ עַל־יִשְׂרָאֵל כִּי־נִשֵּׂאת לְמַעְלָה מַלְכוּתוֹ בַּעֲבוּר עַמּוֹ
ג יִשְׂרָאֵל: וַיִּקַּח דָּוִיד עוֹד נָשִׁים בִּירוּשָׁלִָם וַיּוֹלֶד
ד דָּוִיד עוֹד בָּנִים וּבָנוֹת: וְאֵלֶּה שְׁמוֹת הַיְלוּדִים אֲשֶׁר הָיוּ־
ה לוֹ בִּירוּשָׁלִָם שַׁמּוּעַ וְשׁוֹבָב נָתָן וּשְׁלֹמֹה: וְיִבְחָר וֶאֱלִישׁוּעַ
ו ז וְאֶלְפָּלֶט: וְנֹגַהּ וְנֶפֶג וְיָפִיעַ: וֶאֱלִישָׁמָע וּבְעֶלְיָדָע וֶאֱלִיפָלֶט:
ח וַיִּשְׁמְעוּ פְלִשְׁתִּים כִּי־נִמְשַׁח דָּוִיד לְמֶלֶךְ עַל־כָּל־יִשְׂרָאֵל
וַיַּעֲלוּ כָל־פְּלִשְׁתִּים לְבַקֵּשׁ אֶת־דָּוִיד וַיִּשְׁמַע דָּוִיד וַיֵּצֵא

ט לִפְנֵיהֶם׃ וּפְלִשְׁתִּים בָּאוּ וַיִּפְשְׁטוּ בְּעֵמֶק רְפָאִים׃ וַיִּשְׁאַל דָּוִיד
בֵּאלֹהִים לֵאמֹר הַאֶעֱלֶה עַל־פלשתיים וּנְתַתָּם בְּיָדִי וַיֹּאמֶר פְּלִשְׁתִּים
יא לוֹ יְהוָה עֲלֵה וּנְתַתִּים בְּיָדֶךָ׃ וַיַּעֲלוּ בְּבַעַל־פְּרָצִים וַיַּכֵּם שָׁם
דָּוִיד וַיֹּאמֶר דָּוִיד פָּרַץ הָאֱלֹהִים אֶת־אוֹיְבַי בְּיָדִי כְּפֶרֶץ מָיִם
יב עַל־כֵּן קָרְאוּ שֵׁם־הַמָּקוֹם הַהוּא בַּעַל פְּרָצִים׃ וַיַּעַזְבוּ־שָׁם
יג אֶת־אֱלֹהֵיהֶם וַיֹּאמֶר דָּוִיד וַיִּשָּׂרְפוּ בָּאֵשׁ׃ וַיֹּסִיפוּ
יד עוֹד פְּלִשְׁתִּים וַיִּפְשְׁטוּ בָּעֵמֶק׃ וַיִּשְׁאַל עוֹד דָּוִיד בֵּאלֹהִים
וַיֹּאמֶר לוֹ הָאֱלֹהִים לֹא תַעֲלֶה אַחֲרֵיהֶם הָסֵב מֵעֲלֵיהֶם
טו וּבָאתָ לָהֶם מִמּוּל הַבְּכָאִים׃ וִיהִי כְּשָׁמְעֲךָ אֶת־קוֹל הַצְּעָדָה
בְּרָאשֵׁי הַבְּכָאִים אָז תֵּצֵא בַמִּלְחָמָה כִּי־יָצָא הָאֱלֹהִים
טז לְפָנֶיךָ לְהַכּוֹת אֶת־מַחֲנֵה פְלִשְׁתִּים׃ וַיַּעַשׂ דָּוִיד כַּאֲשֶׁר צִוָּהוּ
יז הָאֱלֹהִים וַיַּכּוּ אֶת־מַחֲנֵה פְלִשְׁתִּים מִגִּבְעוֹן וְעַד־גָּזְרָה׃ וַיֵּצֵא
שֵׁם־דָּוִיד בְּכָל־הָאֲרָצוֹת וַיהוָה נָתַן אֶת־פַּחְדּוֹ עַל־כָּל־
טו א הַגּוֹיִם׃ וַיַּעַשׂ־לוֹ בָתִּים בְּעִיר דָּוִיד וַיָּכֶן מָקוֹם לַאֲרוֹן הָאֱלֹהִים
ב וַיֶּט־לוֹ אֹהֶל׃ אָז אָמַר דָּוִיד לֹא לָשֵׂאת אֶת־אֲרוֹן הָאֱלֹהִים
כִּי אִם־הַלְוִיִּם כִּי־בָם ׀ בָּחַר יְהוָה לָשֵׂאת אֶת־אֲרוֹן יְהוָה
ג וּלְשָׁרְתוֹ עַד־עוֹלָם׃ וַיַּקְהֵל דָּוִיד אֶת־כָּל־יִשְׂרָאֵל
אֶל־יְרוּשָׁלִָם לְהַעֲלוֹת אֶת־אֲרוֹן יְהוָה אֶל־מְקוֹמוֹ אֲשֶׁר־הֵכִין
ד ה לוֹ׃ וַיֶּאֱסֹף דָּוִיד אֶת־בְּנֵי אַהֲרֹן וְאֶת־הַלְוִיִּם׃ לִבְנֵי
ו קְהָת אוּרִיאֵל הַשָּׂר וְאֶחָיו מֵאָה וְעֶשְׂרִים׃ לִבְנֵי מְרָרִי
ז עֲשָׂיָה הַשָּׂר וְאֶחָיו מָאתַיִם וְעֶשְׂרִים׃ לִבְנֵי גֵּרְשׁוֹם
ח יוֹאֵל הַשָּׂר וְאֶחָיו מֵאָה וּשְׁלֹשִׁים׃ לִבְנֵי אֱלִיצָפָן
ט שְׁמַעְיָה הַשָּׂר וְאֶחָיו מָאתָיִם׃ לִבְנֵי חֶבְרוֹן אֱלִיאֵל
י הַשָּׂר וְאֶחָיו שְׁמוֹנִים׃ לִבְנֵי עֻזִּיאֵל עַמִּינָדָב הַשָּׂר וְאֶחָיו
יא מֵאָה וּשְׁנֵים עָשָׂר׃ וַיִּקְרָא דָוִיד לְצָדוֹק וּלְאֶבְיָתָר
הַכֹּהֲנִים וְלַלְוִיִּם לְאוּרִיאֵל עֲשָׂיָה וְיוֹאֵל שְׁמַעְיָה וֶאֱלִיאֵל
יב וְעַמִּינָדָב׃ וַיֹּאמֶר לָהֶם אַתֶּם רָאשֵׁי הָאָבוֹת לַלְוִיִּם הִתְקַדְּשׁוּ

אַתֶּם וַאֲחֵיכֶם וְהַעֲלִיתֶם אֵת אֲרוֹן יהוה אֱלֹהֵי יִשְׂרָאֵל אֶל־
יג הֲכִינוֹתִי לוֹ: כִּי לְמַבָּרִאשׁוֹנָה לֹא אַתֶּם פָּרַץ יהוה אֱלֹהֵינוּ
יד בָּנוּ כִּי־לֹא דְרַשְׁנֻהוּ כַּמִּשְׁפָּט: וַיִּתְקַדְּשׁוּ הַכֹּהֲנִים וְהַלְוִיִּם
טו לְהַעֲלוֹת אֶת־אֲרוֹן יהוה אֱלֹהֵי יִשְׂרָאֵל: וַיִּשְׂאוּ בְנֵי־הַלְוִיִּם
אֵת אֲרוֹן הָאֱלֹהִים כַּאֲשֶׁר צִוָּה מֹשֶׁה כִּדְבַר יהוה בִּכְתֵפָם
טז בַּמֹּטוֹת עֲלֵיהֶם: וַיֹּאמֶר דָּוִיד לְשָׂרֵי הַלְוִיִּם לְהַעֲמִיד
אֶת־אֲחֵיהֶם הַמְשֹׁרְרִים בִּכְלֵי־שִׁיר נְבָלִים וְכִנֹּרוֹת וּמְצִלְתָּיִם
מַשְׁמִיעִים לְהָרִים־בְּקוֹל לְשִׂמְחָה:
יז וַיַּעֲמִידוּ הַלְוִיִּם אֵת הֵימָן בֶּן־יוֹאֵל וּמִן־אֶחָיו אָסָף בֶּן־בֶּרֶכְיָהוּ
יח וּמִן־בְּנֵי מְרָרִי אֲחֵיהֶם אֵיתָן בֶּן־קוּשָׁיָהוּ: וְעִמָּהֶם אֲחֵיהֶם
הַמִּשְׁנִים זְכַרְיָהוּ בֵּן וְיַעֲזִיאֵל וּשְׁמִירָמוֹת וִיחִיאֵל ׀ וְעֻנִּי אֱלִיאָב
וּבְנָיָהוּ וּמַעֲשֵׂיָהוּ וּמַתִּתְיָהוּ וֶאֱלִיפְלֵהוּ וּמִקְנֵיָהוּ וְעֹבֵד אֱדֹם
יט וִיעִיאֵל הַשֹּׁעֲרִים: וְהַמְשֹׁרְרִים הֵימָן אָסָף וְאֵיתָן בִּמְצִלְתַּיִם
כ נְחֹשֶׁת לְהַשְׁמִיעַ: וּזְכַרְיָה וַעֲזִיאֵל וּשְׁמִירָמוֹת וִיחִיאֵל וְעֻנִּי
כא וֶאֱלִיאָב וּמַעֲשֵׂיָהוּ וּבְנָיָהוּ בִּנְבָלִים עַל־עֲלָמוֹת: וּמַתִּתְיָהוּ
וֶאֱלִיפְלֵהוּ וּמִקְנֵיָהוּ וְעֹבֵד אֱדֹם וִיעִיאֵל וַעֲזַזְיָהוּ בְּכִנֹּרוֹת עַל־
כב הַשְּׁמִינִית לְנַצֵּחַ: וּכְנַנְיָהוּ שַׂר־הַלְוִיִּם בְּמַשָּׂא יָסֹר בַּמַּשָּׂא כִּי
כג כד מֵבִין הוּא: וּבֶרֶכְיָה וְאֶלְקָנָה שֹׁעֲרִים לָאָרוֹן: וּשְׁבַנְיָהוּ וְיוֹשָׁפָט
וּנְתַנְאֵל וַעֲמָשַׂי וּזְכַרְיָהוּ וּבְנָיָהוּ וֶאֱלִיעֶזֶר הַכֹּהֲנִים מחצצרים מַחְצְרִים
בַּחֲצֹצְרוֹת לִפְנֵי אֲרוֹן הָאֱלֹהִים וְעֹבֵד אֱדֹם וִיחִיָּה שֹׁעֲרִים לָאָרוֹן:
כה וַיְהִי דָוִיד וְזִקְנֵי יִשְׂרָאֵל וְשָׂרֵי הָאֲלָפִים הַהֹלְכִים לְהַעֲלוֹת אֶת־
כו אֲרוֹן בְּרִית־יהוה מִן־בֵּית עֹבֵד־אֱדֹם בְּשִׂמְחָה: וַיְהִי
בֶּעְזֹר הָאֱלֹהִים אֶת־הַלְוִיִּם נֹשְׂאֵי אֲרוֹן בְּרִית־יהוה וַיִּזְבְּחוּ
כז שִׁבְעָה־פָרִים וְשִׁבְעָה אֵילִים: וְדָוִיד מְכֻרְבָּל ׀ בִּמְעִיל בּוּץ
וְכָל־הַלְוִיִּם הַנֹּשְׂאִים אֶת־הָאָרוֹן וְהַמְשֹׁרְרִים וּכְנַנְיָה הַשַּׂר
כח הַמַּשָּׂא הַמְשֹׁרְרִים וְעַל־דָּוִיד אֵפוֹד בָּד: וְכָל־יִשְׂרָאֵל מַעֲלִים
אֶת־אֲרוֹן בְּרִית־יהוה בִּתְרוּעָה וּבְקוֹל שׁוֹפָר וּבַחֲצֹצְרוֹת

כט וּבִמְצִלְתַּיִם מַשְׁמִעִים בִּנְבָלִים וְכִנֹּרוֹת׃ וַיְהִי אֲרוֹן בְּרִית
יְהוָה בָּא עַד־עִיר דָּוִיד וּמִיכַל בַּת־שָׁאוּל נִשְׁקְפָה ׀ בְּעַד
הַחַלּוֹן וַתֵּרֶא אֶת־הַמֶּלֶךְ דָּוִיד מְרַקֵּד וּמְשַׂחֵק וַתִּבֶז לוֹ
בְּלִבָּהּ׃

טז א וַיָּבִיאוּ אֶת־אֲרוֹן הָאֱלֹהִים וַיַּצִּיגוּ אֹתוֹ בְּתוֹךְ
הָאֹהֶל אֲשֶׁר נָטָה־לוֹ דָּוִיד וַיַּקְרִיבוּ עֹלוֹת וּשְׁלָמִים לִפְנֵי
ב הָאֱלֹהִים׃ וַיְכַל דָּוִיד מֵהַעֲלוֹת הָעֹלָה וְהַשְּׁלָמִים וַיְבָרֶךְ אֶת־
ג הָעָם בְּשֵׁם יְהוָה׃ וַיְחַלֵּק לְכָל־אִישׁ יִשְׂרָאֵל מֵאִישׁ וְעַד־אִשָּׁה
ד לְאִישׁ כִּכַּר־לֶחֶם וְאֶשְׁפָּר וַאֲשִׁישָׁה׃ וַיִּתֵּן לִפְנֵי אֲרוֹן יְהוָה
מִן־הַלְוִיִּם מְשָׁרְתִים וּלְהַזְכִּיר וּלְהוֹדוֹת וּלְהַלֵּל לַיהוָה אֱלֹהֵי
ה יִשְׂרָאֵל׃ אָסָף הָרֹאשׁ וּמִשְׁנֵהוּ זְכַרְיָה יְעִיאֵל
וּשְׁמִירָמוֹת וִיחִיאֵל וּמַתִּתְיָה וֶאֱלִיאָב וּבְנָיָהוּ וְעֹבֵד אֱדֹם
וִיעִיאֵל בִּכְלֵי נְבָלִים וּבְכִנֹּרוֹת וְאָסָף בַּמְצִלְתַּיִם מַשְׁמִיעַ׃
ו וּבְנָיָהוּ וְיַחֲזִיאֵל הַכֹּהֲנִים בַּחֲצֹצְרוֹת תָּמִיד לִפְנֵי אֲרוֹן בְּרִית־
ז הָאֱלֹהִים׃ בַּיּוֹם הַהוּא אָז נָתַן דָּוִיד בָּרֹאשׁ לְהֹדוֹת לַיהוָה
בְּיַד־אָסָף וְאֶחָיו׃

ח ט הוֹדוּ לַיהוָה קִרְאוּ בִשְׁמוֹ הוֹדִיעוּ בָעַמִּים עֲלִילֹתָיו׃ שִׁירוּ לוֹ
י זַמְּרוּ־לוֹ שִׂיחוּ בְּכָל־נִפְלְאֹתָיו׃ הִתְהַלְלוּ בְּשֵׁם קָדְשׁוֹ יִשְׂמַח
יא יב לֵב מְבַקְשֵׁי יְהוָה׃ דִּרְשׁוּ יְהוָה וְעֻזּוֹ בַּקְּשׁוּ פָנָיו תָּמִיד׃ זִכְרוּ
יג נִפְלְאֹתָיו אֲשֶׁר עָשָׂה מֹפְתָיו וּמִשְׁפְּטֵי־פִיהוּ׃ זֶרַע יִשְׂרָאֵל
יד עַבְדּוֹ בְּנֵי יַעֲקֹב בְּחִירָיו׃ הוּא יְהוָה אֱלֹהֵינוּ בְּכָל־הָאָרֶץ
טו טז מִשְׁפָּטָיו׃ זִכְרוּ לְעוֹלָם בְּרִיתוֹ דָּבָר צִוָּה לְאֶלֶף דּוֹר׃ אֲשֶׁר
יז כָּרַת אֶת־אַבְרָהָם וּשְׁבוּעָתוֹ לְיִצְחָק׃ וַיַּעֲמִידֶהָ לְיַעֲקֹב לְחֹק
יח לְיִשְׂרָאֵל בְּרִית עוֹלָם׃ לֵאמֹר לְךָ אֶתֵּן אֶרֶץ־כְּנָעַן חֶבֶל
יט כ נַחֲלַתְכֶם׃ בִּהְיוֹתְכֶם מְתֵי מִסְפָּר כִּמְעַט וְגָרִים בָּהּ׃ וַיִּתְהַלְּכוּ
כא מִגּוֹי אֶל־גּוֹי וּמִמַּמְלָכָה אֶל־עַם אַחֵר׃ לֹא־הִנִּיחַ לְאִישׁ
כב לְעָשְׁקָם וַיּוֹכַח עֲלֵיהֶם מְלָכִים׃ אַל־תִּגְּעוּ בִּמְשִׁיחָי וּבִנְבִיאַי
כג אַל־תָּרֵעוּ׃ שִׁירוּ לַיהוָה כָּל־הָאָרֶץ בַּשְּׂרוּ מִיּוֹם־אֶל־יוֹם

כד יְשׁוּעָתוֹ: סַפְּרוּ בַגּוֹיִם אֶת־כְּבוֹדוֹ בְּכָל־הָעַמִּים נִפְלְאֹתָיו:
כה כִּי גָדוֹל יהוה וּמְהֻלָּל מְאֹד וְנוֹרָא הוּא עַל־כָּל־אֱלֹהִים:
כו כז כִּי כָּל־אֱלֹהֵי הָעַמִּים אֱלִילִים וַיהוה שָׁמַיִם עָשָׂה: הוֹד וְהָדָר
כח לְפָנָיו עֹז וְחֶדְוָה בִּמְקֹמוֹ: הָבוּ לַיהוה מִשְׁפְּחוֹת עַמִּים הָבוּ
כט לַיהוה כָּבוֹד וָעֹז: הָבוּ לַיהוה כְּבוֹד שְׁמוֹ שְׂאוּ מִנְחָה וּבֹאוּ
ל לְפָנָיו הִשְׁתַּחֲווּ לַיהוה בְּהַדְרַת־קֹדֶשׁ: חִילוּ מִלְּפָנָיו כָּל־
לא הָאָרֶץ אַף־תִּכּוֹן תֵּבֵל בַּל־תִּמּוֹט: יִשְׂמְחוּ הַשָּׁמַיִם וְתָגֵל
לב הָאָרֶץ וְיֹאמְרוּ בַגּוֹיִם יהוה מָלָךְ: יִרְעַם הַיָּם וּמְלוֹאוֹ יַעֲלֹץ
לג הַשָּׂדֶה וְכָל־אֲשֶׁר־בּוֹ: אָז יְרַנְּנוּ עֲצֵי הַיָּעַר מִלִּפְנֵי יהוה כִּי־
לד בָא לִשְׁפּוֹט אֶת־הָאָרֶץ: הוֹדוּ לַיהוה כִּי טוֹב כִּי לְעוֹלָם
לה חַסְדּוֹ: וְאִמְרוּ הוֹשִׁיעֵנוּ אֱלֹהֵי יִשְׁעֵנוּ וְקַבְּצֵנוּ וְהַצִּילֵנוּ מִן־
לו הַגּוֹיִם לְהֹדוֹת לְשֵׁם קָדְשֶׁךָ לְהִשְׁתַּבֵּחַ בִּתְהִלָּתֶךָ: בָּרוּךְ ז
יהוה אֱלֹהֵי יִשְׂרָאֵל מִן־הָעוֹלָם וְעַד־הָעֹלָם וַיֹּאמְרוּ כָל־
לז הָעָם אָמֵן וְהַלֵּל לַיהוה: וַיַּעֲזָב־שָׁם לִפְנֵי אֲרוֹן
בְּרִית־יהוה לְאָסָף וּלְאֶחָיו לְשָׁרֵת לִפְנֵי הָאָרוֹן תָּמִיד לִדְבַר־
לח יוֹם בְּיוֹמוֹ: וְעֹבֵד אֱדֹם וַאֲחֵיהֶם שִׁשִּׁים וּשְׁמוֹנָה וְעֹבֵד אֱדֹם
לט בֶּן־יְדִיתוּן וְחֹסָה לְשֹׁעֲרִים: וְאֵת ׀ צָדוֹק הַכֹּהֵן וְאֶחָיו הַכֹּהֲנִים
מ לִפְנֵי מִשְׁכַּן יהוה בַּבָּמָה אֲשֶׁר בְּגִבְעוֹן: לְהַעֲלוֹת עֹלוֹת לַיהוה
עַל־מִזְבַּח הָעֹלָה תָּמִיד לַבֹּקֶר וְלָעָרֶב וּלְכָל־הַכָּתוּב בְּתוֹרַת
מא יהוה אֲשֶׁר צִוָּה עַל־יִשְׂרָאֵל: וְעִמָּהֶם הֵימָן וִידוּתוּן וּשְׁאָר
הַבְּרוּרִים אֲשֶׁר נִקְּבוּ בְּשֵׁמוֹת לְהֹדוֹת לַיהוה כִּי לְעוֹלָם
מב חַסְדּוֹ: וְעִמָּהֶם הֵימָן וִידוּתוּן חֲצֹצְרוֹת וּמְצִלְתַּיִם לְמַשְׁמִיעִים
מג וּכְלֵי שִׁיר הָאֱלֹהִים וּבְנֵי יְדוּתוּן לַשָּׁעַר: וַיֵּלְכוּ כָל־הָעָם אִישׁ
יז א לְבֵיתוֹ וַיִּסֹּב דָּוִיד לְבָרֵךְ אֶת־בֵּיתוֹ: וַיְהִי כַּאֲשֶׁר
יָשַׁב דָּוִיד בְּבֵיתוֹ וַיֹּאמֶר דָּוִיד אֶל־נָתָן הַנָּבִיא הִנֵּה אָנֹכִי
יוֹשֵׁב בְּבֵית הָאֲרָזִים וַאֲרוֹן בְּרִית־יהוה תַּחַת יְרִיעוֹת:
ב וַיֹּאמֶר נָתָן אֶל־דָּוִיד כֹּל אֲשֶׁר בִּלְבָבְךָ עֲשֵׂה כִּי הָאֱלֹהִים

ג עִמָּךְ׃ וַיְהִי בַּלַּיְלָה הַהוּא וַיְהִי דְּבַר־אֱלֹהִים אֶל־
ד נָתָן לֵאמֹר׃ לֵךְ וְאָמַרְתָּ אֶל־דָּוִיד עַבְדִּי כֹּה אָמַר יְהוָה לֹא
ה אַתָּה תִּבְנֶה־לִּי הַבַּיִת לָשָׁבֶת׃ כִּי לֹא יָשַׁבְתִּי בְּבַיִת מִן־
הַיּוֹם אֲשֶׁר הֶעֱלֵיתִי אֶת־יִשְׂרָאֵל עַד הַיּוֹם הַזֶּה וָאֶהְיֶה
ו מֵאֹהֶל אֶל־אֹהֶל וּמִמִּשְׁכָּן׃ בְּכֹל אֲשֶׁר־הִתְהַלַּכְתִּי בְּכָל־
יִשְׂרָאֵל הֲדָבָר דִּבַּרְתִּי אֶת־אַחַד שֹׁפְטֵי יִשְׂרָאֵל אֲשֶׁר צִוִּיתִי
לִרְעוֹת אֶת־עַמִּי לֵאמֹר לָמָּה לֹא־בְנִיתֶם לִי בֵּית אֲרָזִים׃
ז וְעַתָּה כֹּה־תֹאמַר לְעַבְדִּי לְדָוִיד כֹּה אָמַר יְהוָה צְבָאוֹת אֲנִי
לְקַחְתִּיךָ מִן־הַנָּוֶה מִן־אַחֲרֵי הַצֹּאן לִהְיוֹת נָגִיד עַל עַמִּי
ח יִשְׂרָאֵל׃ וָאֶהְיֶה עִמְּךָ בְּכֹל אֲשֶׁר הָלַכְתָּ וָאַכְרִית אֶת־כָּל־
אוֹיְבֶיךָ מִפָּנֶיךָ וְעָשִׂיתִי לְךָ שֵׁם כְּשֵׁם הַגְּדוֹלִים אֲשֶׁר בָּאָרֶץ׃
ט וְשַׂמְתִּי מָקוֹם לְעַמִּי יִשְׂרָאֵל וּנְטַעְתִּיהוּ וְשָׁכַן תַּחְתָּיו וְלֹא
יִרְגַּז עוֹד וְלֹא־יוֹסִיפוּ בְנֵי־עַוְלָה לְבַלֹּתוֹ כַּאֲשֶׁר בָּרִאשׁוֹנָה׃
י וּלְמִיָּמִים אֲשֶׁר צִוִּיתִי שֹׁפְטִים עַל־עַמִּי יִשְׂרָאֵל וְהִכְנַעְתִּי
יא אֶת־כָּל־אוֹיְבֶיךָ וָאַגִּד לָךְ וּבַיִת יִבְנֶה־לְּךָ יְהוָה׃ וְהָיָה כִּי־
מָלְאוּ יָמֶיךָ לָלֶכֶת עִם־אֲבֹתֶיךָ וַהֲקִימוֹתִי אֶת־זַרְעֲךָ אַחֲרֶיךָ
יב אֲשֶׁר יִהְיֶה מִבָּנֶיךָ וַהֲכִינוֹתִי אֶת־מַלְכוּתוֹ׃ הוּא יִבְנֶה־לִּי
יג בָּיִת וְכֹנַנְתִּי אֶת־כִּסְאוֹ עַד־עוֹלָם׃ אֲנִי אֶהְיֶה־לּוֹ לְאָב וְהוּא
יִהְיֶה־לִּי לְבֵן וְחַסְדִּי לֹא־אָסִיר מֵעִמּוֹ כַּאֲשֶׁר הֲסִירוֹתִי מֵאֲשֶׁר
יד הָיָה לְפָנֶיךָ׃ וְהַעֲמַדְתִּיהוּ בְּבֵיתִי וּבְמַלְכוּתִי עַד־הָעוֹלָם וְכִסְאוֹ
טו יִהְיֶה נָכוֹן עַד־עוֹלָם׃ כְּכֹל הַדְּבָרִים הָאֵלֶּה וּכְכֹל הֶחָזוֹן הַזֶּה
טז כֵּן דִּבֶּר נָתָן אֶל־דָּוִיד׃ וַיָּבֹא הַמֶּלֶךְ דָּוִיד וַיֵּשֶׁב לִפְנֵי
יְהוָה וַיֹּאמֶר מִי־אֲנִי יְהוָה אֱלֹהִים וּמִי בֵיתִי כִּי הֲבִיאֹתַנִי
יז עַד־הֲלֹם׃ וַתִּקְטַן זֹאת בְּעֵינֶיךָ אֱלֹהִים וַתְּדַבֵּר עַל־בֵּית־
עַבְדְּךָ לְמֵרָחוֹק וּרְאִיתַנִי כְּתוֹר הָאָדָם הַמַּעֲלָה יְהוָה אֱלֹהִים׃
יח מַה־יּוֹסִיף עוֹד דָּוִיד אֵלֶיךָ לְכָבוֹד אֶת־עַבְדֶּךָ וְאַתָּה אֶת־
יט עַבְדְּךָ יָדָעְתָּ׃ יְהוָה בַּעֲבוּר עַבְדְּךָ וּכְלִבְּךָ עָשִׂיתָ אֵת כָּל־

כ הַגְּדוּלָּה הַזֹּאת לְהֹדִיעַ אֶת־כָּל־הַגְּדֻלּוֹת׃ יהוה אֵין כָּמוֹךָ
כא וְאֵין אֱלֹהִים זוּלָתֶךָ בְּכֹל אֲשֶׁר־שָׁמַעְנוּ בְּאָזְנֵינוּ׃ וּמִי כְּעַמְּךָ
יִשְׂרָאֵל גּוֹי אֶחָד בָּאָרֶץ אֲשֶׁר הָלַךְ הָאֱלֹהִים לִפְדּוֹת לוֹ עָם
לָשׂוּם לְךָ שֵׁם גְּדֻלּוֹת וְנֹרָאוֹת לְגָרֵשׁ מִפְּנֵי עַמְּךָ אֲשֶׁר־
כב פָּדִיתָ מִמִּצְרַיִם גּוֹיִם׃ וַתִּתֵּן אֶת־עַמְּךָ יִשְׂרָאֵל ׀ לְךָ לְעָם
כג עַד־עוֹלָם וְאַתָּה יהוה הָיִיתָ לָהֶם לֵאלֹהִים׃ וְעַתָּה יהוה
הַדָּבָר אֲשֶׁר דִּבַּרְתָּ עַל־עַבְדְּךָ וְעַל־בֵּיתוֹ יֵאָמֵן עַד־עוֹלָם
כד וַעֲשֵׂה כַּאֲשֶׁר דִּבַּרְתָּ׃ וְיֵאָמֵן וְיִגְדַּל שִׁמְךָ עַד־עוֹלָם לֵאמֹר
יהוה צְבָאוֹת אֱלֹהֵי יִשְׂרָאֵל אֱלֹהִים לְיִשְׂרָאֵל וּבֵית־דָּוִיד
כה עַבְדְּךָ נָכוֹן לְפָנֶיךָ׃ כִּי ׀ אַתָּה אֱלֹהַי גָּלִיתָ אֶת־אֹזֶן עַבְדְּךָ
כו לִבְנוֹת לוֹ בָּיִת עַל־כֵּן מָצָא עַבְדְּךָ לְהִתְפַּלֵּל לְפָנֶיךָ׃ וְעַתָּה
יהוה אַתָּה־הוּא הָאֱלֹהִים וַתְּדַבֵּר עַל־עַבְדְּךָ הַטּוֹבָה הַזֹּאת׃
כז וְעַתָּה הוֹאַלְתָּ לְבָרֵךְ אֶת־בֵּית עַבְדְּךָ לִהְיוֹת לְעוֹלָם לְפָנֶיךָ
יח א כִּי־אַתָּה יהוה בֵּרַכְתָּ וּמְבֹרָךְ לְעוֹלָם׃ וַיְהִי אַחֲרֵי־
כֵן וַיַּךְ דָּוִיד אֶת־פְּלִשְׁתִּים וַיַּכְנִיעֵם וַיִּקַּח אֶת־גַּת וּבְנֹתֶיהָ
ב מִיַּד פְּלִשְׁתִּים׃ וַיַּךְ אֶת־מוֹאָב וַיִּהְיוּ מוֹאָב עֲבָדִים לְדָוִיד
ג נֹשְׂאֵי מִנְחָה׃ וַיַּךְ דָּוִיד אֶת־הֲדַדְעֶזֶר מֶלֶךְ־צוֹבָה חֲמָתָה
ד בְּלֶכְתּוֹ לְהַצִּיב יָדוֹ בִּנְהַר פְּרָת׃ וַיִּלְכֹּד דָּוִיד מִמֶּנּוּ אֶלֶף רֶכֶב
וְשִׁבְעַת אֲלָפִים פָּרָשִׁים וְעֶשְׂרִים אֶלֶף אִישׁ רַגְלִי וַיְעַקֵּר דָּוִיד
ה אֶת־כָּל־הָרֶכֶב וַיּוֹתֵר מִמֶּנּוּ מֵאָה רָכֶב׃ וַיָּבֹא אֲרַם דַּרְמֶשֶׂק
לַעְזוֹר לַהֲדַדְעֶזֶר מֶלֶךְ צוֹבָה וַיַּךְ דָּוִיד בַּאֲרָם עֶשְׂרִים־וּשְׁנַיִם
ו אֶלֶף אִישׁ׃ וַיָּשֶׂם דָּוִיד בַּאֲרַם דַּרְמֶשֶׂק וַיְהִי אֲרָם לְדָוִיד
עֲבָדִים נֹשְׂאֵי מִנְחָה וַיּוֹשַׁע יהוה לְדָוִיד בְּכֹל אֲשֶׁר הָלָךְ׃
ז וַיִּקַּח דָּוִיד אֵת שִׁלְטֵי הַזָּהָב אֲשֶׁר הָיוּ עַל עַבְדֵי הֲדַדְעָזֶר
ח וַיְבִיאֵם יְרוּשָׁלָם׃ וּמִטִּבְחַת וּמִכּוּן עָרֵי הֲדַדְעֶזֶר לָקַח דָּוִיד
נְחֹשֶׁת רַבָּה מְאֹד בָּהּ ׀ עָשָׂה שְׁלֹמֹה אֶת־יָם הַנְּחֹשֶׁת וְאֶת־
ט הָעַמּוּדִים וְאֵת כְּלֵי הַנְּחֹשֶׁת׃ וַיִּשְׁמַע תֹּעוּ מֶלֶךְ חֲמָת

י כִּי הִכָּה דָוִיד אֶת־כָּל־חֵיל הֲדַדְעֶזֶר מֶלֶךְ־צוֹבָה: וַיִּשְׁלַח אֶת־
לִשְׁאָל־ הֲדוֹרָם־בְּנוֹ אֶל־הַמֶּלֶךְ־דָּוִיד לשאול־לוֹ לְשָׁלוֹם וּלְבָרְכוֹ עַל
אֲשֶׁר נִלְחַם בַּהֲדַדְעֶזֶר וַיַּכֵּהוּ כִּי־אִישׁ מִלְחֲמוֹת תֹּעוּ הָיָה
יא הֲדַדְעָזֶר וְכֹל כְּלֵי זָהָב וָכֶסֶף וּנְחֹשֶׁת: גַּם־אֹתָם הִקְדִּישׁ
הַמֶּלֶךְ דָּוִיד לַיהוָה עִם־הַכֶּסֶף וְהַזָּהָב אֲשֶׁר נָשָׂא מִכָּל־הַגּוֹיִם
יב מֵאֱדוֹם וּמִמּוֹאָב וּמִבְּנֵי עַמּוֹן וּמִפְּלִשְׁתִּים וּמֵעֲמָלֵק: וְאַבְשַׁי
בֶּן־צְרוּיָה הִכָּה אֶת־אֱדוֹם בְּגֵיא הַמֶּלַח שְׁמוֹנָה עָשָׂר אָלֶף:
יג וַיָּשֶׂם בֶּאֱדוֹם נְצִיבִים וַיִּהְיוּ כָל־אֱדוֹם עֲבָדִים לְדָוִיד וַיּוֹשַׁע
יד יְהוָה אֶת־דָּוִיד בְּכֹל אֲשֶׁר הָלָךְ: וַיִּמְלֹךְ דָּוִיד עַל־כָּל־יִשְׂרָאֵל
טו וַיְהִי עֹשֶׂה מִשְׁפָּט וּצְדָקָה לְכָל־עַמּוֹ: וְיוֹאָב בֶּן־צְרוּיָה עַל־
טז הַצָּבָא וִיהוֹשָׁפָט בֶּן־אֲחִילוּד מַזְכִּיר: וְצָדוֹק בֶּן־אֲחִיטוּב
יז וַאֲבִימֶלֶךְ בֶּן־אֶבְיָתָר כֹּהֲנִים וְשַׁוְשָׁא סוֹפֵר: וּבְנָיָהוּ בֶּן־יְהוֹיָדָע
עַל־הַכְּרֵתִי וְהַפְּלֵתִי וּבְנֵי־דָוִיד הָרִאשֹׁנִים לְיַד הַמֶּלֶךְ:
יט א וַיְהִי אַחֲרֵי־כֵן וַיָּמָת נָחָשׁ מֶלֶךְ בְּנֵי־עַמּוֹן וַיִּמְלֹךְ בְּנוֹ תַּחְתָּיו:
ב וַיֹּאמֶר דָּוִיד אֶעֱשֶׂה־חֶסֶד ׀ עִם־חָנוּן בֶּן־נָחָשׁ כִּי־עָשָׂה אָבִיו
עִמִּי חֶסֶד וַיִּשְׁלַח דָּוִיד מַלְאָכִים לְנַחֲמוֹ עַל־אָבִיו וַיָּבֹאוּ
ג עַבְדֵי דָוִיד אֶל־אֶרֶץ בְּנֵי־עַמּוֹן אֶל־חָנוּן לְנַחֲמוֹ: וַיֹּאמְרוּ
שָׂרֵי בְנֵי־עַמּוֹן לְחָנוּן הַמְכַבֵּד דָּוִיד אֶת־אָבִיךָ בְּעֵינֶיךָ כִּי־
שָׁלַח לְךָ מְנַחֲמִים הֲלֹא בַּעֲבוּר לַחְקֹר וְלַהֲפֹךְ וּלְרַגֵּל הָאָרֶץ
ד בָּאוּ עֲבָדָיו אֵלֶיךָ: וַיִּקַּח חָנוּן אֶת־עַבְדֵי דָוִיד וַיְגַלְּחֵם וַיִּכְרֹת
ה אֶת־מַדְוֵיהֶם בַּחֵצִי עַד־הַמִּפְשָׂעָה וַיְשַׁלְּחֵם: וַיֵּלְכוּ וַיַּגִּידוּ
לְדָוִיד עַל־הָאֲנָשִׁים וַיִּשְׁלַח לִקְרָאתָם כִּי־הָיוּ הָאֲנָשִׁים
נִכְלָמִים מְאֹד וַיֹּאמֶר הַמֶּלֶךְ שְׁבוּ בִירֵחוֹ עַד אֲשֶׁר־יְצַמַּח
ו זְקַנְכֶם וְשַׁבְתֶּם: וַיִּרְאוּ בְּנֵי עַמּוֹן כִּי הִתְבָּאֲשׁוּ עִם־
דָּוִיד וַיִּשְׁלַח חָנוּן וּבְנֵי עַמּוֹן אֶלֶף כִּכַּר־כֶּסֶף לִשְׂכֹּר לָהֶם
מִן־אֲרַם נַהֲרַיִם וּמִן־אֲרַם מַעֲכָה וּמִצּוֹבָה רֶכֶב וּפָרָשִׁים:
ז וַיִּשְׂכְּרוּ לָהֶם שְׁנַיִם וּשְׁלֹשִׁים אֶלֶף רֶכֶב וְאֶת־מֶלֶךְ מַעֲכָה

וְאֶת־עַמּוֹ וַיָּבֹאוּ וַיַּחֲנוּ לִפְנֵי מֵידְבָא וּבְנֵי עַמּוֹן נֶאֶסְפוּ מֵעָרֵיהֶם
ח וַיָּבֹאוּ לַמִּלְחָמָה׃ וַיִּשְׁמַע דָּוִיד וַיִּשְׁלַח אֶת־יוֹאָב
ט וְאֵת כָּל־צָבָא הַגִּבּוֹרִים׃ וַיֵּצְאוּ בְּנֵי עַמּוֹן וַיַּעַרְכוּ מִלְחָמָה
י פֶּתַח הָעִיר וְהַמְּלָכִים אֲשֶׁר־בָּאוּ לְבַדָּם בַּשָּׂדֶה׃ וַיַּרְא יוֹאָב
כִּי־הָיְתָה פְנֵי־הַמִּלְחָמָה אֵלָיו פָּנִים וְאָחוֹר וַיִּבְחַר מִכָּל־בָּחוּר
יא בְּיִשְׂרָאֵל וַיַּעֲרֹךְ לִקְרַאת אֲרָם׃ וְאֵת יֶתֶר הָעָם נָתַן בְּיַד
יב אַבְשַׁי אָחִיו וַיַּעַרְכוּ לִקְרַאת בְּנֵי עַמּוֹן׃ וַיֹּאמֶר אִם־תֶּחֱזַק
מִמֶּנִּי אֲרָם וְהָיִיתָ לִּי לִתְשׁוּעָה וְאִם־בְּנֵי עַמּוֹן יֶחֶזְקוּ מִמְּךָ
יג וְהוֹשַׁעְתִּיךָ׃ חֲזַק וְנִתְחַזְּקָה בְּעַד־עַמֵּנוּ וּבְעַד עָרֵי אֱלֹהֵינוּ ח
יד וַיהוָה הַטּוֹב בְּעֵינָיו יַעֲשֶׂה׃ וַיִּגַּשׁ יוֹאָב וְהָעָם אֲשֶׁר־עִמּוֹ לִפְנֵי
טו אֲרָם לַמִּלְחָמָה וַיָּנוּסוּ מִפָּנָיו׃ וּבְנֵי עַמּוֹן רָאוּ כִּי־נָס אֲרָם
וַיָּנוּסוּ גַם־הֵם מִפְּנֵי אַבְשַׁי אָחִיו וַיָּבֹאוּ הָעִירָה וַיָּבֹא יוֹאָב
טז יְרוּשָׁלִָם׃ וַיַּרְא אֲרָם כִּי נִגְּפוּ לִפְנֵי יִשְׂרָאֵל וַיִּשְׁלְחוּ
מַלְאָכִים וַיּוֹצִיאוּ אֶת־אֲרָם אֲשֶׁר מֵעֵבֶר הַנָּהָר וְשׁוֹפַךְ שַׂר־צְבָא
יז הֲדַדְעֶזֶר לִפְנֵיהֶם׃ וַיֻּגַּד לְדָוִיד וַיֶּאֱסֹף אֶת־כָּל־יִשְׂרָאֵל וַיַּעֲבֹר
הַיַּרְדֵּן וַיָּבֹא אֲלֵהֶם וַיַּעֲרֹךְ אֲלֵהֶם וַיַּעֲרֹךְ דָּוִיד לִקְרַאת אֲרָם
יח מִלְחָמָה וַיִּלָּחֲמוּ עִמּוֹ׃ וַיָּנָס אֲרָם מִלִּפְנֵי יִשְׂרָאֵל וַיַּהֲרֹג דָּוִיד
מֵאֲרָם שִׁבְעַת אֲלָפִים רֶכֶב וְאַרְבָּעִים אֶלֶף אִישׁ רַגְלִי וְאֵת
יט שׁוֹפַךְ שַׂר־הַצָּבָא הֵמִית׃ וַיִּרְאוּ עַבְדֵי הֲדַדְעֶזֶר כִּי נִגְּפוּ לִפְנֵי
יִשְׂרָאֵל וַיַּשְׁלִימוּ עִם־דָּוִיד וַיַּעַבְדֻהוּ וְלֹא־אָבָה אֲרָם לְהוֹשִׁיעַ
כ א אֶת־בְּנֵי־עַמּוֹן עוֹד׃ וַיְהִי לְעֵת תְּשׁוּבַת הַשָּׁנָה לְעֵת ׀
צֵאת הַמְּלָכִים וַיִּנְהַג יוֹאָב אֶת־חֵיל הַצָּבָא וַיַּשְׁחֵת ׀ אֶת־אֶרֶץ
בְּנֵי־עַמּוֹן וַיָּבֹא וַיָּצַר אֶת־רַבָּה וְדָוִיד יֹשֵׁב בִּירוּשָׁלִָם וַיַּךְ יוֹאָב
ב אֶת־רַבָּה וַיֶּהֶרְסֶהָ׃ וַיִּקַּח דָּוִיד אֶת־עֲטֶרֶת־מַלְכָּם מֵעַל רֹאשׁוֹ
וַיִּמְצָאָהּ ׀ מִשְׁקַל כִּכַּר־זָהָב וּבָהּ אֶבֶן יְקָרָה וַתְּהִי עַל־רֹאשׁ
ג דָּוִיד וּשְׁלַל הָעִיר הוֹצִיא הַרְבֵּה מְאֹד׃ וְאֶת־הָעָם אֲשֶׁר־בָּהּ
הוֹצִיא וַיָּשַׂר בַּמְּגֵרָה וּבַחֲרִיצֵי הַבַּרְזֶל וּבַמְּגֵרוֹת וְכֵן יַעֲשֶׂה דָּוִיד

לְכֹל עָרֵי בְנֵי־עַמּוֹן וַיָּשָׁב דָּוִיד וְכָל־הָעָם יְרוּשָׁלִָם׃ וַיְהִי ד
אַחֲרֵי־כֵן וַתַּעֲמֹד מִלְחָמָה בְּגֶזֶר עִם־פְּלִשְׁתִּים אָז הִכָּה סִבְּכַי
הַחֻשָׁתִי אֶת־סִפַּי מִילִדֵי הָרְפָאִים וַיִּכָּנֵעוּ׃ וַתְּהִי־עוֹד ה
יָעִיר מִלְחָמָה אֶת־פְּלִשְׁתִּים וַיַּךְ אֶלְחָנָן בֶּן־יָעוּר אֶת־לַחְמִי אֲחִי
גָּלְיָת הַגִּתִּי וְעֵץ חֲנִיתוֹ כִּמְנוֹר אֹרְגִים׃ וַתְּהִי־עוֹד ו
מִלְחָמָה בְּגַת וַיְהִי ׀ אִישׁ מִדָּה וְאֶצְבְּעֹתָיו שֵׁשׁ־וָשֵׁשׁ עֶשְׂרִים
וְאַרְבַּע וְגַם־הוּא נוֹלַד לְהָרָפָא׃ וַיְחָרֵף אֶת־יִשְׂרָאֵל וַיַּכֵּהוּ ז
יְהוֹנָתָן בֶּן־שִׁמְעָא אֲחִי דָוִיד׃ אֵל נוּלְּדוּ לְהָרָפָא בְּגַת וַיִּפְּלוּ ח
בְיַד־דָּוִיד וּבְיַד־עֲבָדָיו׃ וַיַּעֲמֹד שָׂטָן עַל־יִשְׂרָאֵל א כא
וַיָּסֶת אֶת־דָּוִיד לִמְנוֹת אֶת־יִשְׂרָאֵל׃ וַיֹּאמֶר דָּוִיד אֶל־יוֹאָב ב
וְאֶל־שָׂרֵי הָעָם לְכוּ סִפְרוּ אֶת־יִשְׂרָאֵל מִבְּאֵר שֶׁבַע וְעַד־דָּן
וְהָבִיאוּ אֵלַי וְאֵדְעָה אֶת־מִסְפָּרָם׃ וַיֹּאמֶר יוֹאָב יוֹסֵף יהוה ג
עַל־עַמּוֹ ׀ כָּהֵם מֵאָה פְעָמִים הֲלֹא אֲדֹנִי הַמֶּלֶךְ כֻּלָּם לַאדֹנִי
לַעֲבָדִים לָמָּה יְבַקֵּשׁ זֹאת אֲדֹנִי לָמָּה יִהְיֶה לְאַשְׁמָה לְיִשְׂרָאֵל׃
וּדְבַר־הַמֶּלֶךְ חָזַק עַל־יוֹאָב וַיֵּצֵא יוֹאָב וַיִּתְהַלֵּךְ בְּכָל־יִשְׂרָאֵל ד
וַיָּבֹא יְרוּשָׁלִָם׃ וַיִּתֵּן יוֹאָב אֶת־מִסְפַּר מִפְקַד־הָעָם אֶל־דָּוִיד ה
וַיְהִי כָל־יִשְׂרָאֵל אֶלֶף אֲלָפִים וּמֵאָה אֶלֶף אִישׁ שֹׁלֵף חֶרֶב
וִיהוּדָה אַרְבַּע מֵאוֹת וְשִׁבְעִים אֶלֶף אִישׁ שֹׁלֵף חָרֶב׃ וְלֵוִי וּבִנְיָמִן ו
לֹא פָקַד בְּתוֹכָם כִּי־נִתְעַב דְּבַר־הַמֶּלֶךְ אֶת־יוֹאָב׃ וַיֵּרַע בְּעֵינֵי ז
הָאֱלֹהִים עַל־הַדָּבָר הַזֶּה וַיַּךְ אֶת־יִשְׂרָאֵל׃ וַיֹּאמֶר דָּוִיד ח
אֶל־הָאֱלֹהִים חָטָאתִי מְאֹד אֲשֶׁר עָשִׂיתִי אֶת־הַדָּבָר הַזֶּה וְעַתָּה
הַעֲבֶר־נָא אֶת־עֲווֹן עַבְדְּךָ כִּי נִסְכַּלְתִּי מְאֹד׃ וַיְדַבֵּר ט
יהוה אֶל־גָּד חֹזֵה דָוִיד לֵאמֹר׃ לֵךְ וְדִבַּרְתָּ אֶל־דָּוִיד לֵאמֹר י
כֹּה אָמַר יהוה שָׁלוֹשׁ אֲנִי נֹטֶה עָלֶיךָ בְּחַר־לְךָ אַחַת מֵהֵנָּה
וְאֶעֱשֶׂה־לָּךְ׃ וַיָּבֹא גָד אֶל־דָּוִיד וַיֹּאמֶר לוֹ כֹּה־אָמַר יהוה יא
קַבֶּל־לָךְ׃ אִם־שָׁלוֹשׁ שָׁנִים רָעָב וְאִם־שְׁלֹשָׁה חֳדָשִׁים נִסְפֶּה יב
מִפְּנֵי־צָרֶיךָ וְחֶרֶב אוֹיִבְךָ ׀ לְמַשֶּׂגֶת וְאִם־שְׁלֹשֶׁת יָמִים חֶרֶב

יְהוָה ׀ וְדֶבֶר בָּאָרֶץ וּמַלְאַךְ יְהוָה מַשְׁחִית בְּכָל־גְּבוּל יִשְׂרָאֵל
יג וְעַתָּה רְאֵה מָה־אָשִׁיב אֶת־שֹׁלְחִי דָּבָר׃ וַיֹּאמֶר דָּוִיד
אֶל־גָּד צַר־לִי מְאֹד אֶפְּלָה־נָּא בְיַד־יְהוָה כִּי־רַבִּים רַחֲמָיו
יד מְאֹד וּבְיַד־אָדָם אַל־אֶפֹּל׃ וַיִּתֵּן יְהוָה דֶּבֶר בְּיִשְׂרָאֵל וַיִּפֹּל
טו מִיִּשְׂרָאֵל שִׁבְעִים אֶלֶף אִישׁ׃ וַיִּשְׁלַח הָאֱלֹהִים ׀ מַלְאָךְ ׀
לִירוּשָׁלִַם לְהַשְׁחִיתָהּ וּכְהַשְׁחִית רָאָה יְהוָה וַיִּנָּחֶם עַל־הָרָעָה
וַיֹּאמֶר לַמַּלְאָךְ הַמַּשְׁחִית רַב עַתָּה הֶרֶף יָדֶךָ וּמַלְאַךְ יְהוָה
טז עֹמֵד עִם־גֹּרֶן אָרְנָן הַיְבוּסִי׃ וַיִּשָּׂא דָוִיד אֶת־עֵינָיו
וַיַּרְא אֶת־מַלְאַךְ יְהוָה עֹמֵד בֵּין הָאָרֶץ וּבֵין הַשָּׁמַיִם וְחַרְבּוֹ
שְׁלוּפָה בְּיָדוֹ נְטוּיָה עַל־יְרוּשָׁלִָם וַיִּפֹּל דָּוִיד וְהַזְּקֵנִים מְכֻסִּים
יז בַּשַּׂקִּים עַל־פְּנֵיהֶם׃ וַיֹּאמֶר דָּוִיד אֶל־הָאֱלֹהִים הֲלֹא אֲנִי
אָמַרְתִּי לִמְנוֹת בָּעָם וַאֲנִי־הוּא אֲשֶׁר־חָטָאתִי וְהָרֵעַ הֲרֵעוֹתִי
וְאֵלֶּה הַצֹּאן מֶה עָשׂוּ יְהוָה אֱלֹהַי תְּהִי נָא יָדְךָ בִּי וּבְבֵית אָבִי
יח וּבְעַמְּךָ לֹא לְמַגֵּפָה׃ וּמַלְאַךְ יְהוָה אָמַר אֶל־גָּד
לֵאמֹר לְדָוִיד כִּי ׀ יַעֲלֶה דָוִיד לְהָקִים מִזְבֵּחַ לַיהוָה בְּגֹרֶן אָרְנָן
יט כ הַיְבֻסִי׃ וַיַּעַל דָּוִיד בִּדְבַר־גָּד אֲשֶׁר דִּבֶּר בְּשֵׁם יְהוָה׃ וַיָּשָׁב
אָרְנָן וַיַּרְא אֶת־הַמַּלְאָךְ וְאַרְבַּעַת בָּנָיו עִמּוֹ מִתְחַבְּאִים וְאָרְנָן
כא דָּשׁ חִטִּים׃ וַיָּבֹא דָוִיד עַד־אָרְנָן וַיַּבֵּט אָרְנָן וַיַּרְא אֶת־דָּוִיד
כב וַיֵּצֵא מִן־הַגֹּרֶן וַיִּשְׁתַּחוּ לְדָוִיד אַפַּיִם אָרְצָה׃ וַיֹּאמֶר דָּוִיד
אֶל־אָרְנָן תְּנָה־לִּי מְקוֹם הַגֹּרֶן וְאֶבְנֶה־בּוֹ מִזְבֵּחַ לַיהוָה
כג בְּכֶסֶף מָלֵא תְּנֵהוּ לִי וְתֵעָצַר הַמַּגֵּפָה מֵעַל הָעָם׃ וַיֹּאמֶר
אָרְנָן אֶל־דָּוִיד קַח־לָךְ וְיַעַשׂ אֲדֹנִי הַמֶּלֶךְ הַטּוֹב בְּעֵינָיו רְאֵה
נָתַתִּי הַבָּקָר לָעֹלוֹת וְהַמּוֹרִגִּים לָעֵצִים וְהַחִטִּים לַמִּנְחָה הַכֹּל
כד נָתָתִּי׃ וַיֹּאמֶר הַמֶּלֶךְ דָּוִיד לְאָרְנָן לֹא כִּי־קָנֹה אֶקְנֶה בְּכֶסֶף
מָלֵא כִּי לֹא־אֶשָּׂא אֲשֶׁר־לְךָ לַיהוָה וְהַעֲלוֹת עוֹלָה חִנָּם׃
כה כו וַיִּתֵּן דָּוִיד לְאָרְנָן בַּמָּקוֹם שִׁקְלֵי זָהָב מִשְׁקַל שֵׁשׁ מֵאוֹת׃ וַיִּבֶן
שָׁם דָּוִיד מִזְבֵּחַ לַיהוָה וַיַּעַל עֹלוֹת וּשְׁלָמִים וַיִּקְרָא אֶל־יְהוָה

כז וַיַּעֲנֵהוּ בָאֵשׁ מִן־הַשָּׁמַיִם עַל מִזְבַּח הָעֹלָה׃ וַיֹּאמֶר
כח יְהוָה לַמַּלְאָךְ וַיָּשֶׁב חַרְבּוֹ אֶל־נְדָנָהּ׃ בָּעֵת הַהִיא בִּרְאוֹת
כט דָּוִיד כִּי־עָנָהוּ יְהוָה בְּגֹרֶן אָרְנָן הַיְבוּסִי וַיִּזְבַּח שָׁם׃ וּמִשְׁכַּן
יְהוָה אֲשֶׁר־עָשָׂה מֹשֶׁה בַמִּדְבָּר וּמִזְבַּח הָעוֹלָה בָּעֵת הַהִיא
ל בַּבָּמָה בְּגִבְעוֹן׃ וְלֹא־יָכֹל דָּוִיד לָלֶכֶת לְפָנָיו לִדְרֹשׁ אֱלֹהִים
כב א כִּי נִבְעַת מִפְּנֵי חֶרֶב מַלְאַךְ יְהוָה׃ וַיֹּאמֶר דָּוִיד זֶה הוּא בֵּית
ב יְהוָה הָאֱלֹהִים וְזֶה־מִּזְבֵּחַ לְעֹלָה לְיִשְׂרָאֵל׃ וַיֹּאמֶר
דָּוִיד לִכְנוֹס אֶת־הַגֵּרִים אֲשֶׁר בְּאֶרֶץ יִשְׂרָאֵל וַיַּעֲמֵד חֹצְבִים
ג לַחְצוֹב אַבְנֵי גָזִית לִבְנוֹת בֵּית הָאֱלֹהִים׃ וּבַרְזֶל ׀ לָרֹב
לַמִּסְמְרִים לְדַלְתוֹת הַשְּׁעָרִים וְלַמְחַבְּרוֹת הֵכִין דָּוִיד וּנְחֹשֶׁת
ד לָרֹב אֵין מִשְׁקָל׃ וַעֲצֵי אֲרָזִים לְאֵין מִסְפָּר כִּי־הֵבִיאוּ הַצִּידֹנִים
ה וְהַצֹּרִים עֲצֵי אֲרָזִים לָרֹב לְדָוִיד׃ וַיֹּאמֶר דָּוִיד שְׁלֹמֹה
בְנִי נַעַר וָרָךְ וְהַבַּיִת לִבְנוֹת לַיהוָה לְהַגְדִּיל ׀ לְמַעְלָה לְשֵׁם
וּלְתִפְאֶרֶת לְכָל־הָאֲרָצוֹת אָכִינָה נָּא לוֹ וַיָּכֶן דָּוִיד לָרֹב לִפְנֵי
ו מוֹתוֹ׃ וַיִּקְרָא לִשְׁלֹמֹה בְנוֹ וַיְצַוֵּהוּ לִבְנוֹת בַּיִת לַיהוָה אֱלֹהֵי
ז יִשְׂרָאֵל׃ וַיֹּאמֶר דָּוִיד לִשְׁלֹמֹה בנו אֲנִי הָיָה עִם־ בְּנִי
ח לְבָבִי לִבְנוֹת בַּיִת לְשֵׁם יְהוָה אֱלֹהָי׃ וַיְהִי עָלַי דְּבַר־יְהוָה
לֵאמֹר דָּם לָרֹב שָׁפַכְתָּ וּמִלְחָמוֹת גְּדֹלוֹת עָשִׂיתָ לֹא־תִבְנֶה
ט בַיִת לִשְׁמִי כִּי דָּמִים רַבִּים שָׁפַכְתָּ אַרְצָה לְפָנָי׃ הִנֵּה־בֵן
נוֹלָד לָךְ הוּא יִהְיֶה אִישׁ מְנוּחָה וַהֲנִיחוֹתִי לוֹ מִכָּל־אוֹיְבָיו
מִסָּבִיב כִּי שְׁלֹמֹה יִהְיֶה שְׁמוֹ וְשָׁלוֹם וָשֶׁקֶט אֶתֵּן עַל־יִשְׂרָאֵל
י בְּיָמָיו׃ הוּא־יִבְנֶה בַיִת לִשְׁמִי וְהוּא יִהְיֶה־לִּי לְבֵן וַאֲנִי־
לוֹ לְאָב וַהֲכִינוֹתִי כִּסֵּא מַלְכוּתוֹ עַל־יִשְׂרָאֵל עַד־עוֹלָם׃
יא עַתָּה בְנִי יְהִי יְהוָה עִמָּךְ וְהִצְלַחְתָּ וּבָנִיתָ בֵּית יְהוָה אֱלֹהֶיךָ
יב כַּאֲשֶׁר דִּבֶּר עָלֶיךָ׃ אַךְ יִתֶּן־לְּךָ יְהוָה שֶׂכֶל וּבִינָה וִיצַוְּךָ עַל־
יג יִשְׂרָאֵל וְלִשְׁמוֹר אֶת־תּוֹרַת יְהוָה אֱלֹהֶיךָ׃ אָז תַּצְלִיחַ אִם־
תִּשְׁמוֹר לַעֲשׂוֹת אֶת־הַחֻקִּים וְאֶת־הַמִּשְׁפָּטִים אֲשֶׁר צִוָּה

יְהוָה אֶת־מֹשֶׁה עַל־יִשְׂרָאֵל חֲזַק וֶאֱמָץ אַל־תִּירָא וְאַל־תֵּחָת׃
יד וְהִנֵּה בְעָנְיִי הֲכִינוֹתִי לְבֵית־יְהוָה זָהָב כִּכָּרִים מֵאָה־אֶלֶף
וְכֶסֶף אֶלֶף אֲלָפִים כִּכָּרִים וְלַנְּחֹשֶׁת וְלַבַּרְזֶל אֵין מִשְׁקָל כִּי
טו לָרֹב הָיָה וְעֵצִים וַאֲבָנִים הֲכִינוֹתִי וַעֲלֵיהֶם תּוֹסִיף׃ וְעִמְּךָ
לָרֹב עֹשֵׂי מְלָאכָה חֹצְבִים וְחָרָשֵׁי אֶבֶן וָעֵץ וְכָל־חָכָם בְּכָל־
טז מְלָאכָה׃ לַזָּהָב לַכֶּסֶף וְלַנְּחֹשֶׁת וְלַבַּרְזֶל אֵין מִסְפָּר קוּם וַעֲשֵׂה
יז וִיהִי יְהוָה עִמָּךְ׃ וַיְצַו דָּוִיד לְכָל־שָׂרֵי יִשְׂרָאֵל לַעְזֹר לִשְׁלֹמֹה
יח בְנוֹ׃ הֲלֹא יְהוָה אֱלֹהֵיכֶם עִמָּכֶם וְהֵנִיחַ לָכֶם מִסָּבִיב כִּי ׀ נָתַן
בְּיָדִי אֵת יֹשְׁבֵי הָאָרֶץ וְנִכְבְּשָׁה הָאָרֶץ לִפְנֵי יְהוָה וְלִפְנֵי עַמּוֹ׃
יט עַתָּה תְּנוּ לְבַבְכֶם וְנַפְשְׁכֶם לִדְרוֹשׁ לַיהוָה אֱלֹהֵיכֶם וְקוּמוּ ט
וּבְנוּ אֶת־מִקְדַּשׁ יְהוָה הָאֱלֹהִים לְהָבִיא אֶת־אֲרוֹן בְּרִית־יְהוָה
וּכְלֵי קֹדֶשׁ הָאֱלֹהִים לַבַּיִת הַנִּבְנֶה לְשֵׁם־יְהוָה׃
כג א וְדָוִיד זָקֵן וְשָׂבַע יָמִים וַיַּמְלֵךְ אֶת־שְׁלֹמֹה בְנוֹ עַל־
ב יִשְׂרָאֵל׃ וַיֶּאֱסֹף אֶת־כָּל־שָׂרֵי יִשְׂרָאֵל וְהַכֹּהֲנִים
ג וְהַלְוִיִּם׃ וַיִּסָּפְרוּ הַלְוִיִּם מִבֶּן שְׁלֹשִׁים שָׁנָה וָמָעְלָה וַיְהִי
ד מִסְפָּרָם לְגֻלְגְּלֹתָם לִגְבָרִים שְׁלֹשִׁים וּשְׁמוֹנָה אָלֶף׃ מֵאֵלֶּה לְנַצֵּחַ
עַל־מְלֶאכֶת בֵּית־יְהוָה עֶשְׂרִים וְאַרְבָּעָה אָלֶף וְשֹׁטְרִים וְשֹׁפְטִים
ה שֵׁשֶׁת אֲלָפִים׃ וְאַרְבַּעַת אֲלָפִים שֹׁעֲרִים וְאַרְבַּעַת אֲלָפִים
ו מְהַלְלִים לַיהוָה בַּכֵּלִים אֲשֶׁר עָשִׂיתִי לְהַלֵּל׃ וַיֶּחָלְקֵם דָּוִיד
ז מַחְלְקוֹת לִבְנֵי לֵוִי לְגֵרְשׁוֹן קְהָת וּמְרָרִי׃ לַגֵּרְשֻׁנִּי
ח לַעְדָּן וְשִׁמְעִי׃ בְּנֵי לַעְדָּן הָרֹאשׁ יְחִיאֵל וְזֵתָם וְיוֹאֵל
ט שְׁלֹשָׁה׃ בְּנֵי שִׁמְעִי שלמות וַחֲזִיאֵל וְהָרָן שְׁלֹשָׁה שְׁלֹמִית
י אֵלֶּה רָאשֵׁי הָאָבוֹת לְלַעְדָּן׃ וּבְנֵי שִׁמְעִי יַחַת זִינָא
יא וִיעוּשׁ וּבְרִיעָה אֵלֶּה בְנֵי־שִׁמְעִי אַרְבָּעָה׃ וַיְהִי־יַחַת הָרֹאשׁ
וְזִיזָה הַשֵּׁנִי וִיעוּשׁ וּבְרִיעָה לֹא־הִרְבּוּ בָנִים וַיִּהְיוּ לְבֵית אָב
יב לִפְקֻדָּה אֶחָת׃ בְּנֵי קְהָת עַמְרָם יִצְהָר חֶבְרוֹן וְעֻזִּיאֵל
יג אַרְבָּעָה׃ בְּנֵי עַמְרָם אַהֲרֹן וּמֹשֶׁה וַיִּבָּדֵל אַהֲרֹן

לְהַקְדִּישׁוֹ קֹדֶשׁ קָדָשִׁים הוּא־וּבָנָיו עַד־עוֹלָם לְהַקְטִיר לִפְנֵי
יד יְהוָה לְשָׁרְתוֹ וּלְבָרֵךְ בִּשְׁמוֹ עַד־עוֹלָם׃ וּמֹשֶׁה אִישׁ הָאֱלֹהִים
טו בָּנָיו יִקָּרְאוּ עַל־שֵׁבֶט הַלֵּוִי׃ בְּנֵי מֹשֶׁה גֵּרְשׁוֹם
טז יז וֶאֱלִיעֶזֶר׃ בְּנֵי גֵרְשׁוֹם שְׁבוּאֵל הָרֹאשׁ׃ וַיִּהְיוּ בְנֵי־אֱלִיעֶזֶר רְחַבְיָה
הָרֹאשׁ וְלֹא־הָיָה לֶאֱלִיעֶזֶר בָּנִים אֲחֵרִים וּבְנֵי רְחַבְיָה רָבוּ
יח יט לְמָעְלָה׃ בְּנֵי יִצְהָר שְׁלֹמִית הָרֹאשׁ׃ בְּנֵי
חֶבְרוֹן יְרִיָּהוּ הָרֹאשׁ אֲמַרְיָה הַשֵּׁנִי יַחֲזִיאֵל הַשְּׁלִישִׁי וִיקַמְעָם
כ כא הָרְבִיעִי׃ בְּנֵי עֻזִּיאֵל מִיכָה הָרֹאשׁ וְיִשִּׁיָּה הַשֵּׁנִי׃ בְּנֵי
כב מְרָרִי מַחְלִי וּמוּשִׁי בְּנֵי מַחְלִי אֶלְעָזָר וְקִישׁ׃ וַיָּמָת אֶלְעָזָר וְלֹא־
כג הָיוּ לוֹ בָּנִים כִּי אִם־בָּנוֹת וַיִּשָּׂאוּם בְּנֵי־קִישׁ אֲחֵיהֶם׃ בְּנֵי מוּשִׁי
כד מַחְלִי וְעֵדֶר וִירֵמוֹת שְׁלוֹשָׁה׃ אֵלֶּה בְנֵי־לֵוִי לְבֵית אֲבֹתֵיהֶם
רָאשֵׁי הָאָבוֹת לִפְקוּדֵיהֶם בְּמִסְפַּר שֵׁמוֹת לְגֻלְגְּלֹתָם עֹשֵׂה
כה הַמְּלָאכָה לַעֲבֹדַת בֵּית יְהוָה מִבֶּן עֶשְׂרִים שָׁנָה וָמָעְלָה׃ כִּי
אָמַר דָּוִיד הֵנִיחַ יְהוָה אֱלֹהֵי־יִשְׂרָאֵל לְעַמּוֹ וַיִּשְׁכֹּן בִּירוּשָׁלִַם
כו עַד־לְעוֹלָם׃ וְגַם לַלְוִיִּם אֵין־לָשֵׂאת אֶת־הַמִּשְׁכָּן וְאֶת־כָּל־
כז כֵּלָיו לַעֲבֹדָתוֹ׃ כִּי בְדִבְרֵי דָוִיד הָאַחֲרוֹנִים הֵמָּה מִסְפַּר בְּנֵי־
כח לֵוִי מִבֶּן עֶשְׂרִים שָׁנָה וּלְמָעְלָה׃ כִּי מַעֲמָדָם לְיַד־בְּנֵי אַהֲרֹן
לַעֲבֹדַת בֵּית יְהוָה עַל־הַחֲצֵרוֹת וְעַל־הַלְּשָׁכוֹת וְעַל־טָהֳרַת
כט לְכָל־קֹדֶשׁ וּמַעֲשֵׂה עֲבֹדַת בֵּית הָאֱלֹהִים׃ וּלְלֶחֶם הַמַּעֲרֶכֶת
וּלְסֹלֶת לְמִנְחָה וְלִרְקִיקֵי הַמַּצּוֹת וְלַמַּחֲבַת וְלַמֻּרְבָּכֶת וּלְכָל־
ל מְשׂוּרָה וּמִדָּה׃ וְלַעֲמֹד בַּבֹּקֶר בַּבֹּקֶר לְהֹדוֹת וּלְהַלֵּל לַיהוָה
לא וְכֵן לָעָרֶב׃ וּלְכֹל הַעֲלוֹת עֹלוֹת לַיהוָה לַשַּׁבָּתוֹת לֶחֳדָשִׁים
לב וְלַמֹּעֲדִים בְּמִסְפָּר כְּמִשְׁפָּט עֲלֵיהֶם תָּמִיד לִפְנֵי יְהוָה׃ וְשָׁמְרוּ
אֶת־מִשְׁמֶרֶת אֹהֶל־מוֹעֵד וְאֵת מִשְׁמֶרֶת הַקֹּדֶשׁ וּמִשְׁמֶרֶת
כד א בְּנֵי אַהֲרֹן אֲחֵיהֶם לַעֲבֹדַת בֵּית יְהוָה׃ וְלִבְנֵי אַהֲרֹן
ב מַחְלְקוֹתָם בְּנֵי אַהֲרֹן נָדָב וַאֲבִיהוּא אֶלְעָזָר וְאִיתָמָר׃ וַיָּמָת
נָדָב וַאֲבִיהוּא לִפְנֵי אֲבִיהֶם וּבָנִים לֹא־הָיוּ לָהֶם וַיְכַהֲנוּ אֶלְעָזָר

ג וְאִיתָמָר׃ וַיֶּחָלְקֵם דָּוִיד וְצָדוֹק מִן־בְּנֵי אֶלְעָזָר וַאֲחִימֶלֶךְ מִן־
ד בְּנֵי אִיתָמָר לִפְקֻדָּתָם בַּעֲבֹדָתָם׃ וַיִּמָּצְאוּ בְנֵי־אֶלְעָזָר רַבִּים
לְרָאשֵׁי הַגְּבָרִים מִן־בְּנֵי אִיתָמָר וַיַּחְלְקוּם לִבְנֵי אֶלְעָזָר רָאשִׁים
לְבֵית־אָבוֹת שִׁשָּׁה עָשָׂר וְלִבְנֵי אִיתָמָר לְבֵית אֲבוֹתָם שְׁמוֹנָה׃
ה וַיַּחְלְקוּם בְּגוֹרָלוֹת אֵלֶּה עִם־אֵלֶּה כִּי־הָיוּ שָׂרֵי־קֹדֶשׁ וְשָׂרֵי
ו הָאֱלֹהִים מִבְּנֵי אֶלְעָזָר וּבִבְנֵי אִיתָמָר׃ וַיִּכְתְּבֵם
שְׁמַעְיָה בֶן־נְתַנְאֵל הַסּוֹפֵר מִן־הַלֵּוִי לִפְנֵי הַמֶּלֶךְ וְהַשָּׂרִים וְצָדוֹק
הַכֹּהֵן וַאֲחִימֶלֶךְ בֶּן־אֶבְיָתָר וְרָאשֵׁי הָאָבוֹת לַכֹּהֲנִים וְלַלְוִיִּם
ז בֵּית־אָב אֶחָד אָחֻז לְאֶלְעָזָר וְאָחֻז ׀ אָחֻז לְאִיתָמָר׃ וַיֵּצֵא
ח הַגּוֹרָל הָרִאשׁוֹן לִיהוֹיָרִיב לִידַעְיָה הַשֵּׁנִי׃ לְחָרִם הַשְּׁלִישִׁי
ט לִשְׂעֹרִים הָרְבִיעִי׃ לְמַלְכִּיָּה הַחֲמִישִׁי לְמִיָּמִן הַשִּׁשִּׁי׃ לְהַקּוֹץ
יא הַשְּׁבִיעִי לַאֲבִיָּה הַשְּׁמִינִי׃ לְיֵשׁוּעַ הַתְּשִׁעִי לִשְׁכַנְיָהוּ הָעֲשִׂרִי׃
יב יג לְאֶלְיָשִׁיב עַשְׁתֵּי עָשָׂר לְיָקִים שְׁנֵים עָשָׂר׃ לְחֻפָּה שְׁלֹשָׁה
יד עָשָׂר לְיֶשֶׁבְאָב אַרְבָּעָה עָשָׂר׃ לְבִלְגָּה חֲמִשָּׁה עָשָׂר לְאִמֵּר
טו שִׁשָּׁה עָשָׂר׃ לְחֵזִיר שִׁבְעָה עָשָׂר לְהַפִּצֵּץ שְׁמוֹנָה עָשָׂר׃
טז יז לִפְתַחְיָה תִּשְׁעָה עָשָׂר לִיחֶזְקֵאל הָעֶשְׂרִים׃ לְיָכִין אֶחָד
יח וְעֶשְׂרִים לְגָמוּל שְׁנַיִם וְעֶשְׂרִים׃ לִדְלָיָהוּ שְׁלֹשָׁה וְעֶשְׂרִים
יט לְמַעַזְיָהוּ אַרְבָּעָה וְעֶשְׂרִים׃ אֵלֶּה פְקֻדָּתָם לַעֲבֹדָתָם
לָבוֹא לְבֵית־יהוה כְּמִשְׁפָּטָם בְּיַד אַהֲרֹן אֲבִיהֶם כַּאֲשֶׁר צִוָּהוּ
כ יהוה אֱלֹהֵי יִשְׂרָאֵל׃ וְלִבְנֵי לֵוִי הַנּוֹתָרִים לִבְנֵי עַמְרָם שׁוּבָאֵל
כא לִבְנֵי שׁוּבָאֵל יֶחְדְּיָהוּ׃ לִרְחַבְיָהוּ לִבְנֵי רְחַבְיָהוּ הָרֹאשׁ יִשִּׁיָּה׃
כב כג לַיִּצְהָרִי שְׁלֹמוֹת לִבְנֵי שְׁלֹמוֹת יָחַת׃ וּבְנֵי יְרִיָּהוּ אֲמַרְיָהוּ הַשֵּׁנִי
כד יַחֲזִיאֵל הַשְּׁלִישִׁי יְקַמְעָם הָרְבִיעִי׃ בְּנֵי עֻזִּיאֵל מִיכָה לִבְנֵי
כה כו מִיכָה שמור׃ אֲחִי מִיכָה יִשִּׁיָּה לִבְנֵי יִשִּׁיָּה זְכַרְיָהוּ׃ בְּנֵי מְרָרִי שָׁמִיר
כז מַחְלִי וּמוּשִׁי בְּנֵי יַעֲזִיָּהוּ בְנוֹ׃ בְּנֵי מְרָרִי לְיַעֲזִיָּהוּ בְּנוֹ וְשֹׁהַם
כח כט וְזַכּוּר וְעִבְרִי׃ לְמַחְלִי אֶלְעָזָר וְלֹא־הָיָה לוֹ בָּנִים׃ לְקִישׁ בְּנֵי־
ל קִישׁ יְרַחְמְאֵל׃ וּבְנֵי מוּשִׁי מַחְלִי וְעֵדֶר וִירִימוֹת אֵלֶּה בְּנֵי

לא הַלְוִיִּם לְבֵית אֲבֹתֵיהֶם׃ וַיַּפִּילוּ גַם־הֵם גּוֹרָלוֹת לְעֻמַּת ׀ אֲחֵיהֶם
בְּנֵי־אַהֲרֹן לִפְנֵי דָּוִיד הַמֶּלֶךְ וְצָדוֹק וַאֲחִימֶלֶךְ וְרָאשֵׁי הָאָבוֹת
לַכֹּהֲנִים וְלַלְוִיִּם אָבוֹת הָרֹאשׁ לְעֻמַּת אָחִיו הַקָּטָן׃ וַיַּבְדֵּל
כה א
הַנִּבְּאִים דָּוִיד וְשָׂרֵי הַצָּבָא לַעֲבֹדָה לִבְנֵי אָסָף וְהֵימָן וִידוּתוּן הנביאים
בְּכִנֹּרוֹת בִּנְבָלִים וּבִמְצִלְתָּיִם וַיְהִי מִסְפָּרָם אַנְשֵׁי מְלָאכָה
ב לַעֲבֹדָתָם׃ לִבְנֵי אָסָף זַכּוּר וְיוֹסֵף וּנְתַנְיָה וַאֲשַׂרְאֵלָה בְּנֵי אָסָף
ג עַל יַד־אָסָף הַנִּבָּא עַל־יְדֵי הַמֶּלֶךְ׃ לִידוּתוּן בְּנֵי יְדוּתוּן גְּדַלְיָהוּ
וּצְרִי וִישַׁעְיָהוּ חֲשַׁבְיָהוּ וּמַתִּתְיָהוּ שִׁשָּׁה עַל יְדֵי אֲבִיהֶם ידותון
ד בַּכִּנּוֹר הַנִּבָּא עַל־הֹדוֹת וְהַלֵּל לַיהוָה׃ לְהֵימָן
בְּנֵי הֵימָן בֻּקִּיָּהוּ מַתַּנְיָהוּ עֻזִּיאֵל שְׁבוּאֵל וִירִימוֹת חֲנַנְיָה
חֲנָנִי אֱלִיאָתָה גִּדַּלְתִּי וְרֹמַמְתִּי עֶזֶר יָשְׁבְּקָשָׁה מַלּוֹתִי הוֹתִיר
ה מַחֲזִיאוֹת׃ כָּל־אֵלֶּה בָנִים לְהֵימָן חֹזֵה הַמֶּלֶךְ בְּדִבְרֵי הָאֱלֹהִים
לְהָרִים קָרֶן וַיִּתֵּן הָאֱלֹהִים לְהֵימָן בָּנִים אַרְבָּעָה עָשָׂר וּבָנוֹת
ו שָׁלוֹשׁ׃ כָּל־אֵלֶּה עַל־יְדֵי אֲבִיהֶם בַּשִּׁיר בֵּית יהוה בִּמְצִלְתַּיִם
נְבָלִים וְכִנֹּרוֹת לַעֲבֹדַת בֵּית הָאֱלֹהִים עַל יְדֵי הַמֶּלֶךְ
ז אָסָף וִידוּתוּן וְהֵימָן׃ וַיְהִי מִסְפָּרָם עִם־אֲחֵיהֶם מְלֻמְּדֵי־
ח שִׁיר לַיהוָה כָּל־הַמֵּבִין מָאתַיִם שְׁמוֹנִים וּשְׁמוֹנָה׃ וַיַּפִּילוּ
גּוֹרָלוֹת מִשְׁמֶרֶת לְעֻמַּת כַּקָּטֹן כַּגָּדוֹל מֵבִין עִם־
ט תַּלְמִיד׃ וַיֵּצֵא הַגּוֹרָל הָרִאשׁוֹן לְאָסָף לְיוֹסֵף
י גְּדַלְיָהוּ הַשֵּׁנִי הוּא־וְאֶחָיו וּבָנָיו שְׁנֵים עָשָׂר׃ הַשְּׁלִשִׁי זַכּוּר
יא בָּנָיו וְאֶחָיו שְׁנֵים עָשָׂר׃ הָרְבִיעִי לַיִּצְרִי
יב בָּנָיו וְאֶחָיו שְׁנֵים עָשָׂר׃ הַחֲמִישִׁי נְתַנְיָהוּ
יג בָּנָיו וְאֶחָיו שְׁנֵים עָשָׂר׃ הַשִּׁשִּׁי בֻּקִּיָּהוּ
יד בָּנָיו וְאֶחָיו שְׁנֵים עָשָׂר׃ הַשְּׁבִעִי יְשַׂרְאֵלָה
טו בָּנָיו וְאֶחָיו שְׁנֵים עָשָׂר׃ הַשְּׁמִינִי יְשַׁעְיָהוּ
טז בָּנָיו וְאֶחָיו שְׁנֵים עָשָׂר׃ הַתְּשִׁיעִי מַתַּנְיָהוּ
יז בָּנָיו וְאֶחָיו שְׁנֵים עָשָׂר׃ הָעֲשִׂירִי שִׁמְעִי

יח בָּנָיו וְאֶחָיו שְׁנֵים עָשָׂר: עַשְׁתֵּי־עָשָׂר עֲזַרְאֵל
יט בָּנָיו וְאֶחָיו שְׁנֵים עָשָׂר: הַשְּׁנֵים עָשָׂר לַחֲשַׁבְיָה
כ בָּנָיו וְאֶחָיו שְׁנֵים עָשָׂר: לִשְׁלֹשָׁה עָשָׂר שׁוּבָאֵל
כא בָּנָיו וְאֶחָיו שְׁנֵים עָשָׂר: לְאַרְבָּעָה עָשָׂר מַתִּתְיָהוּ
כב בָּנָיו וְאֶחָיו שְׁנֵים עָשָׂר: לַחֲמִשָּׁה עָשָׂר לִירֵמוֹת
כג בָּנָיו וְאֶחָיו שְׁנֵים עָשָׂר: לְשִׁשָּׁה עָשָׂר לַחֲנַנְיָהוּ
כד בָּנָיו וְאֶחָיו שְׁנֵים עָשָׂר: לְשִׁבְעָה עָשָׂר לְיָשְׁבְּקָשָׁה
כה בָּנָיו וְאֶחָיו שְׁנֵים עָשָׂר: לִשְׁמוֹנָה עָשָׂר לַחֲנָנִי
כו בָּנָיו וְאֶחָיו שְׁנֵים עָשָׂר: לְתִשְׁעָה עָשָׂר לְמַלּוֹתִי
כז בָּנָיו וְאֶחָיו שְׁנֵים עָשָׂר: לְעֶשְׂרִים לֶאֱלִיָּתָה
כח בָּנָיו וְאֶחָיו שְׁנֵים עָשָׂר: לְאֶחָד וְעֶשְׂרִים לְהוֹתִיר
כט בָּנָיו וְאֶחָיו שְׁנֵים עָשָׂר: לִשְׁנַיִם וְעֶשְׂרִים לְגִדַּלְתִּי
ל בָּנָיו וְאֶחָיו שְׁנֵים עָשָׂר: לִשְׁלֹשָׁה וְעֶשְׂרִים לְמַחֲזִיאוֹת
לא בָּנָיו וְאֶחָיו שְׁנֵים עָשָׂר: לְאַרְבָּעָה וְעֶשְׂרִים לְרוֹמַמְתִּי עָזֶר
כו א בָּנָיו וְאֶחָיו שְׁנֵים עָשָׂר: לְמַחְלְקוֹת לַשֹּׁעֲרִים לַקָּרְחִים
ב מְשֶׁלֶמְיָהוּ בֶן־קֹרֵא מִן־בְּנֵי אָסָף: וְלִמְשֶׁלֶמְיָהוּ בָּנִים זְכַרְיָהוּ
הַבְּכוֹר יְדִיעֲאֵל הַשֵּׁנִי זְבַדְיָהוּ הַשְּׁלִישִׁי יַתְנִיאֵל הָרְבִיעִי:
ג ד עֵילָם הַחֲמִישִׁי יְהוֹחָנָן הַשִּׁשִּׁי אֶלְיְהוֹעֵינַי הַשְּׁבִיעִי: וּלְעֹבֵד
אֱדֹם בָּנִים שְׁמַעְיָה הַבְּכוֹר יְהוֹזָבָד הַשֵּׁנִי יוֹאָח הַשְּׁלִשִׁי
ה וְשָׂכָר הָרְבִיעִי וּנְתַנְאֵל הַחֲמִישִׁי: עַמִּיאֵל הַשִּׁשִּׁי יִשָּׂשכָר י
ו הַשְּׁבִיעִי פְּעֻלְּתַי הַשְּׁמִינִי כִּי בֵרְכוֹ אֱלֹהִים: וְלִשְׁמַעְיָה
בְנוֹ נוֹלַד בָּנִים הַמִּמְשָׁלִים לְבֵית אֲבִיהֶם כִּי־גִבּוֹרֵי חַיִל
ז הֵמָּה: בְּנֵי שְׁמַעְיָה עָתְנִי וּרְפָאֵל וְעוֹבֵד אֶלְזָבָד אֶחָיו
ח בְּנֵי־חָיִל אֱלִיהוּ וּסְמַכְיָהוּ: כָּל־אֵלֶּה מִבְּנֵי ׀ עֹבֵד אֱדֹם הֵמָּה
וּבְנֵיהֶם וַאֲחֵיהֶם אִישׁ־חַיִל בַּכֹּחַ לַעֲבֹדָה שִׁשִּׁים וּשְׁנַיִם
ט לְעֹבֵד אֱדֹם: וְלִמְשֶׁלֶמְיָהוּ בָּנִים וְאַחִים בְּנֵי־חָיִל שְׁמוֹנָה
י עָשָׂר: וּלְחֹסָה מִן־בְּנֵי־מְרָרִי בָּנִים שִׁמְרִי הָרֹאשׁ

כִּי לֹא־הָיָה בְכוֹר וַיְשִׂימֵהוּ אָבִיהוּ לְרֹאשׁ׃ חִלְקִיָּהוּ הַשֵּׁנִי יא
טְבַלְיָהוּ הַשְּׁלִשִׁי זְכַרְיָהוּ הָרְבִעִי כָּל־בָּנִים וְאַחִים לְחֹסָה
יב שְׁלֹשָׁה עָשָׂר׃ לְאֵלֶּה מַחְלְקוֹת הַשֹּׁעֲרִים לְרָאשֵׁי הַגְּבָרִים
יג מִשְׁמָרוֹת לְעֻמַּת אֲחֵיהֶם לְשָׁרֵת בְּבֵית יְהוָה׃ וַיַּפִּילוּ גוֹרָלוֹת
יד כַּקָּטֹן כַּגָּדוֹל לְבֵית אֲבוֹתָם לְשַׁעַר וָשָׁעַר׃ וַיִּפֹּל
הַגּוֹרָל מִזְרָחָה לְשֶׁלֶמְיָהוּ וּזְכַרְיָהוּ בְנוֹ יוֹעֵץ בְּשֶׂכֶל הִפִּילוּ
טו גוֹרָלוֹת וַיֵּצֵא גוֹרָלוֹ צָפוֹנָה׃ לְעֹבֵד אֱדֹם נֶגְבָּה וּלְבָנָיו בֵּית
טז הָאֲסֻפִּים׃ לְשֻׁפִּים וּלְחֹסָה לַמַּעֲרָב עִם שַׁעַר שַׁלֶּכֶת בַּמְסִלָּה
יז הָעוֹלָה מִשְׁמָר לְעֻמַּת מִשְׁמָר׃ לַמִּזְרָח הַלְוִיִּם שִׁשָּׁה לַצָּפוֹנָה
לַיּוֹם אַרְבָּעָה לַנֶּגְבָּה לַיּוֹם אַרְבָּעָה וְלָאֲסֻפִּים שְׁנַיִם שְׁנָיִם׃
יח יט לַפַּרְבָּר לַמַּעֲרָב אַרְבָּעָה לַמְסִלָּה שְׁנַיִם לַפַּרְבָּר׃ אֵלֶּה
כ מַחְלְקוֹת הַשֹּׁעֲרִים לִבְנֵי הַקָּרְחִי וְלִבְנֵי מְרָרִי׃ וְהַלְוִיִּם אֲחִיָּה
עַל־אוֹצְרוֹת בֵּית הָאֱלֹהִים וּלְאֹצְרוֹת הַקֳּדָשִׁים׃
כא בְּנֵי לַעְדָּן בְּנֵי הַגֵּרְשֻׁנִּי לְלַעְדָּן רָאשֵׁי הָאָבוֹת לְלַעְדָּן הַגֵּרְשֻׁנִּי
כב יְחִיאֵלִי׃ בְּנֵי יְחִיאֵלִי זֵתָם וְיוֹאֵל אָחִיו עַל־אֹצְרוֹת בֵּית יְהוָה׃
כג כד לַעַמְרָמִי לַיִּצְהָרִי לַחֶבְרוֹנִי לָעָזִּיאֵלִי׃ וּשְׁבֻאֵל בֶּן־גֵּרְשׁוֹם בֶּן־
כה מֹשֶׁה נָגִיד עַל־הָאֹצָרוֹת׃ וְאֶחָיו לֶאֱלִיעֶזֶר רְחַבְיָהוּ בְנוֹ
כו וִישַׁעְיָהוּ בְנוֹ וְיֹרָם בְּנוֹ וְזִכְרִי בְנוֹ ושלמות בְּנוֹ׃ הוּא שְׁלֹמוֹת וּשְׁלֹמִית
וְאֶחָיו עַל כָּל־אֹצְרוֹת הַקֳּדָשִׁים אֲשֶׁר הִקְדִּישׁ דָּוִיד הַמֶּלֶךְ
כז וְרָאשֵׁי הָאָבוֹת לְשָׂרֵי־הָאֲלָפִים וְהַמֵּאוֹת וְשָׂרֵי הַצָּבָא׃ מִן־
כח הַמִּלְחָמוֹת וּמִן־הַשָּׁלָל הִקְדִּישׁוּ לְחַזֵּק לְבֵית יְהוָה׃ וְכֹל הַהִקְדִּישׁ
שְׁמוּאֵל הָרֹאֶה וְשָׁאוּל בֶּן־קִישׁ וְאַבְנֵר בֶּן־נֵר וְיוֹאָב בֶּן־
כט צְרוּיָה כֹּל הַמַּקְדִּישׁ עַל יַד־שְׁלֹמִית וְאֶחָיו׃ לַיִּצְהָרִי
כְּנַנְיָהוּ וּבָנָיו לַמְּלָאכָה הַחִיצוֹנָה עַל־יִשְׂרָאֵל לְשֹׁטְרִים
ל וּלְשֹׁפְטִים׃ לַחֶבְרוֹנִי חֲשַׁבְיָהוּ וְאֶחָיו בְּנֵי־חַיִל אֶלֶף
וּשְׁבַע־מֵאוֹת עַל פְּקֻדַּת יִשְׂרָאֵל מֵעֵבֶר לַיַּרְדֵּן מַעְרָבָה
לא לְכֹל מְלֶאכֶת יְהוָה וְלַעֲבֹדַת הַמֶּלֶךְ׃ לַחֶבְרוֹנִי יְרִיָּה הָרֹאשׁ

לְחֶבְרוֹנִי֙ לְתֹלְדֹתָ֣יו לְאָב֔וֹת בִּשְׁנַ֨ת הָאַרְבָּעִ֜ים לְמַלְכ֤וּת דָּוִיד֙
לב נִדְרָ֔שׁוּ וַיִּמָּצֵ֣א בָהֶ֗ם גִּבּ֥וֹרֵי חַ֖יִל בְּיַעְזֵ֥יר גִּלְעָֽד׃ וְאֶחָ֣יו בְּנֵי־
חַ֔יִל אַלְפַּ֥יִם וּשְׁבַ֣ע מֵא֖וֹת רָאשֵׁ֣י הָאָב֑וֹת וַיַּפְקִידֵ֞ם דָּוִ֣יד הַמֶּ֗לֶךְ
עַל־הָרֽאוּבֵנִ֤י וְהַגָּדִי֙ וַחֲצִ֙י שֵׁ֣בֶט הַֽמְנַשִּׁ֔י לְכָל־דְּבַ֥ר הָאֱלֹהִ֖ים
כז א וּדְבַ֥ר הַמֶּֽלֶךְ׃ וּבְנֵ֣י יִשְׂרָאֵ֣ל ׀ לְמִסְפָּרָ֡ם רָאשֵׁ֣י
הָאָב֡וֹת וְשָׂרֵ֣י הָאֲלָפִים֩ ׀ וְהַמֵּא֨וֹת וְשֹׁטְרֵיהֶ֜ם הַמְשָׁרְתִ֣ים אֶת־
הַמֶּ֗לֶךְ לְכֹ֣ל ׀ דְּבַ֣ר הַֽמַּחְלְק֗וֹת הַבָּאָ֤ה וְהַיֹּצֵאת֙ חֹ֣דֶשׁ בְּחֹ֔דֶשׁ
לְכֹ֖ל חָדְשֵׁ֣י הַשָּׁנָ֑ה הַמַּחֲלֹ֙קֶת֙ הָֽאַחַ֔ת עֶשְׂרִ֥ים וְאַרְבָּעָ֖ה
ב אָֽלֶף׃ עַ֞ל הַמַּחֲלֹ֤קֶת הָרִֽאשׁוֹנָה֙ לַחֹ֣דֶשׁ הָרִאשׁ֔וֹן
יָשָׁבְעָ֖ם בֶּן־זַבְדִּיאֵ֑ל וְעַל֙ מַחֲלֻקְתּ֔וֹ עֶשְׂרִ֥ים וְאַרְבָּעָ֖ה
ג אָֽלֶף׃ מִן־בְּנֵי־פֶ֖רֶץ הָרֹ֣אשׁ לְכָל־שָׂרֵ֣י הַצְּבָא֑וֹת לַחֹ֖דֶשׁ
ד הָרִאשֽׁוֹן׃ וְעַ֞ל מַחֲלֹ֣קֶת ׀ הַחֹ֣דֶשׁ הַשֵּׁנִ֗י דּוֹדַ֤י הָאֲחוֹחִי֙
וּמַֽחֲלֻקְתּ֔וֹ וּמִקְל֖וֹת הַנָּגִ֑יד וְעַל֙ מַחֲלֻקְתּ֔וֹ עֶשְׂרִ֥ים וְאַרְבָּעָ֖ה
ה אָֽלֶף׃ שַׂ֣ר הַצָּבָ֤א הַשְּׁלִישִׁי֙ לַחֹ֣דֶשׁ הַשְּׁלִישִׁ֔י בְּנָיָ֥הוּ
בֶן־יְהוֹיָדָ֛ע הַכֹּהֵ֖ן רֹ֑אשׁ וְעַל֙ מַחֲלֻקְתּ֔וֹ עֶשְׂרִ֥ים וְאַרְבָּעָ֖ה
ו אָֽלֶף׃ ה֣וּא בְנָיָ֔הוּ גִּבּ֥וֹר הַשְּׁלֹשִׁ֖ים וְעַל־הַשְּׁלֹשִׁ֑ים וּמַ֣חֲלֻקְתּ֔וֹ
ז עַמִּיזָבָ֖ד בְּנֽוֹ׃ הָרְבִיעִי֙ לַחֹ֣דֶשׁ הָרְבִיעִ֔י עֲשָׂהאֵל֙ אֲחִ֣י
יוֹאָ֔ב וּזְבַדְיָ֥ה בְנ֖וֹ אַחֲרָ֑יו וְעַל֙ מַחֲלֻקְתּ֔וֹ עֶשְׂרִ֥ים וְאַרְבָּעָ֖ה
ח אָֽלֶף׃ הַחֲמִישִׁי֙ לַחֹ֣דֶשׁ הַחֲמִישִׁ֔י הַשַּׂ֖ר שַׁמְה֣וּת
ט הַיִּזְרָ֑ח וְעַל֙ מַחֲלֻקְתּ֔וֹ עֶשְׂרִ֥ים וְאַרְבָּעָ֖ה אָֽלֶף׃ הַשִּׁשִּׁי֙
לַחֹ֣דֶשׁ הַשִּׁשִּׁ֔י עִירָ֥א בֶן־עִקֵּ֖שׁ הַתְּקוֹעִ֑י וְעַל֙ מַחֲלֻקְתּ֔וֹ עֶשְׂרִ֥ים
י וְאַרְבָּעָ֖ה אָֽלֶף׃ הַשְּׁבִיעִי֙ לַחֹ֣דֶשׁ הַשְּׁבִיעִ֔י חֶ֥לֶץ
הַפְּלוֹנִ֖י מִן־בְּנֵ֣י אֶפְרָ֑יִם וְעַל֙ מַחֲלֻקְתּ֔וֹ עֶשְׂרִ֥ים וְאַרְבָּעָ֖ה
יא אָֽלֶף׃ הַשְּׁמִינִי֙ לַחֹ֣דֶשׁ הַשְּׁמִינִ֔י סִבְּכַ֥י הַחֻשָׁתִ֖י לַזַּרְחִ֑י
יב וְעַל֙ מַחֲלֻקְתּ֔וֹ עֶשְׂרִ֥ים וְאַרְבָּעָ֖ה אָֽלֶף׃ הַתְּשִׁיעִי֙
לַחֹ֣דֶשׁ הַתְּשִׁיעִ֔י אֲבִיעֶ֖זֶר הָֽעַנְּתֹתִ֑י לבנימיני וְעַל֙ מַחֲלֻקְתּ֔וֹ לַבֶּ֣ן ׀ יְמִינִ֑י
יג עֶשְׂרִ֥ים וְאַרְבָּעָ֖ה אָֽלֶף׃ הָעֲשִׂירִי֙ לַחֹ֣דֶשׁ הָעֲשִׂירִ֔י

מַהְרַי הַנְּטוֹפָתִי לַזַּרְחִי וְעַל מַחֲלֻקְתּוֹ עֶשְׂרִים וְאַרְבָּעָה
יד אָלֶף׃ עַשְׁתֵּי־עָשָׂר לְעַשְׁתֵּי עָשָׂר הַחֹדֶשׁ בְּנָיָה
הַפִּרְעָתוֹנִי מִן־בְּנֵי אֶפְרָיִם וְעַל מַחֲלֻקְתּוֹ עֶשְׂרִים וְאַרְבָּעָה
טו אָלֶף׃ הַשְּׁנֵים עָשָׂר לִשְׁנֵים עָשָׂר הַחֹדֶשׁ חֶלְדַּי הַנְּטוֹפָתִי
טז לְעָתְנִיאֵל וְעַל מַחֲלֻקְתּוֹ עֶשְׂרִים וְאַרְבָּעָה אָלֶף׃ וְעַל
שִׁבְטֵי יִשְׂרָאֵל לָרְאוּבֵנִי נָגִיד אֱלִיעֶזֶר בֶּן־זִכְרִי לַשִּׁמְעוֹנִי
יז שְׁפַטְיָהוּ בֶּן־מַעֲכָה׃ לְלֵוִי חֲשַׁבְיָה בֶן־קְמוּאֵל לְאַהֲרֹן
יח צָדוֹק׃ לִיהוּדָה אֱלִיהוּ מֵאֲחֵי דָוִיד לְיִשָּׂשכָר עָמְרִי
יט בֶּן־מִיכָאֵל׃ לִזְבוּלֻן יִשְׁמַעְיָהוּ בֶּן־עֹבַדְיָהוּ לְנַפְתָּלִי
כ יְרִימוֹת בֶּן־עַזְרִיאֵל׃ לִבְנֵי אֶפְרַיִם הוֹשֵׁעַ בֶּן־עֲזַזְיָהוּ
כא לַחֲצִי שֵׁבֶט מְנַשֶּׁה יוֹאֵל בֶּן־פְּדָיָהוּ׃ לַחֲצִי הַמְנַשֶּׁה
כב גִּלְעָדָה יִדּוֹ בֶּן־זְכַרְיָהוּ לְבִנְיָמִן יַעֲשִׂיאֵל בֶּן־אַבְנֵר׃ לְדָן
כג עֲזַרְאֵל בֶּן־יְרֹחָם אֵלֶּה שָׂרֵי שִׁבְטֵי יִשְׂרָאֵל׃ וְלֹא־נָשָׂא דָוִיד
מִסְפָּרָם לְמִבֶּן עֶשְׂרִים שָׁנָה וּלְמָטָּה כִּי אָמַר יְהוָה לְהַרְבּוֹת
כד אֶת־יִשְׂרָאֵל כְּכוֹכְבֵי הַשָּׁמָיִם׃ יוֹאָב בֶּן־צְרוּיָה הֵחֵל לִמְנוֹת
וְלֹא כִלָּה וַיְהִי בָזֹאת קֶצֶף עַל־יִשְׂרָאֵל וְלֹא עָלָה הַמִּסְפָּר
כה בְּמִסְפַּר דִּבְרֵי הַיָּמִים לַמֶּלֶךְ דָּוִיד׃ וְעַל אֹצְרוֹת
הַמֶּלֶךְ עַזְמָוֶת בֶּן־עֲדִיאֵל וְעַל הָאֹצָרוֹת בַּשָּׂדֶה בֶּעָרִים
כו וּבַכְּפָרִים וּבַמִּגְדָּלוֹת יְהוֹנָתָן בֶּן־עֻזִּיָּהוּ׃ וְעַל עֹשֵׂי
כז מְלֶאכֶת הַשָּׂדֶה לַעֲבֹדַת הָאֲדָמָה עֶזְרִי בֶּן־כְּלוּב׃ וְעַל־
הַכְּרָמִים שִׁמְעִי הָרָמָתִי וְעַל שֶׁבַּכְּרָמִים לְאֹצְרוֹת הַיַּיִן זַבְדִּי
כח הַשִּׁפְמִי׃ וְעַל־הַזֵּיתִים וְהַשִּׁקְמִים אֲשֶׁר בַּשְּׁפֵלָה בַּעַל
כט חָנָן הַגְּדֵרִי וְעַל־אֹצְרוֹת הַשֶּׁמֶן יוֹעָשׁ׃ וְעַל־הַבָּקָר
הָרֹעִים בַּשָּׁרוֹן שִׁטְרַי הַשָּׁרוֹנִי וְעַל־הַבָּקָר בָּעֲמָקִים שָׁפָט בֶּן־ שִׁרְטַי
ל עַדְלָי׃ וְעַל־הַגְּמַלִּים אוֹבִיל הַיִּשְׁמְעֵלִי וְעַל־הָאֲתֹנוֹת
לא יֶחְדְּיָהוּ הַמֵּרֹנֹתִי׃ וְעַל־הַצֹּאן יָזִיז הַהַגְרִי כָּל־אֵלֶּה
לב שָׂרֵי הָרְכוּשׁ אֲשֶׁר לַמֶּלֶךְ דָּוִיד׃ וִיהוֹנָתָן דּוֹד־דָּוִיד

יוֹעֵץ אִישׁ־מֵבִין וְסוֹפֵר הוּא וִיחִיאֵל בֶּן־חַכְמוֹנִי עִם־בְּנֵי
לג הַמֶּלֶךְ׃ וַאֲחִיתֹפֶל יוֹעֵץ לַמֶּלֶךְ וְחוּשַׁי הָאַרְכִּי רֵעַ הַמֶּלֶךְ׃
לד וְאַחֲרֵי אֲחִיתֹפֶל יְהוֹיָדָע בֶּן־בְּנָיָהוּ וְאֶבְיָתָר וְשַׂר־צָבָא לַמֶּלֶךְ
כח א יוֹאָב׃ וַיַּקְהֵל דָּוִיד אֶת־כָּל־שָׂרֵי יִשְׂרָאֵל
שָׂרֵי הַשְּׁבָטִים וְשָׂרֵי הַמַּחְלְקוֹת הַמְשָׁרְתִים אֶת־הַמֶּלֶךְ וְשָׂרֵי
הָאֲלָפִים וְשָׂרֵי הַמֵּאוֹת וְשָׂרֵי כָל־רְכוּשׁ־וּמִקְנֶה ׀ לַמֶּלֶךְ וּלְבָנָיו
ב עִם־הַסָּרִיסִים וְהַגִּבּוֹרִים וּלְכָל־גִּבּוֹר חָיִל אֶל־יְרוּשָׁלִָם׃ וַיָּקָם
דָּוִיד הַמֶּלֶךְ עַל־רַגְלָיו וַיֹּאמֶר שְׁמָעוּנִי אַחַי וְעַמִּי אֲנִי עִם־
לְבָבִי לִבְנוֹת בֵּית מְנוּחָה לַאֲרוֹן בְּרִית־יְהוָה וְלַהֲדֹם רַגְלֵי
ג אֱלֹהֵינוּ וַהֲכִינוֹתִי לִבְנוֹת׃ וְהָאֱלֹהִים אָמַר לִי לֹא־תִבְנֶה
ד בַיִת לִשְׁמִי כִּי אִישׁ מִלְחָמוֹת אַתָּה וְדָמִים שָׁפָכְתָּ׃ וַיִּבְחַר
יְהוָה אֱלֹהֵי יִשְׂרָאֵל בִּי מִכֹּל בֵּית־אָבִי לִהְיוֹת לְמֶלֶךְ עַל־
יִשְׂרָאֵל לְעוֹלָם כִּי בִיהוּדָה בָּחַר לְנָגִיד וּבְבֵית יְהוּדָה בֵּית
ה אָבִי וּבִבְנֵי אָבִי בִּי רָצָה לְהַמְלִיךְ עַל־כָּל־יִשְׂרָאֵל׃ וּמִכָּל־
בָּנַי כִּי רַבִּים בָּנִים נָתַן לִי יְהוָה וַיִּבְחַר בִּשְׁלֹמֹה בְנִי לָשֶׁבֶת
ו עַל־כִּסֵּא מַלְכוּת יְהוָה עַל־יִשְׂרָאֵל׃ וַיֹּאמֶר לִי שְׁלֹמֹה בִנְךָ
הוּא־יִבְנֶה בֵיתִי וַחֲצֵרוֹתָי כִּי־בָחַרְתִּי בוֹ לִי לְבֵן וַאֲנִי אֶהְיֶה־
ז לּוֹ לְאָב׃ וַהֲכִינוֹתִי אֶת־מַלְכוּתוֹ עַד־לְעוֹלָם אִם־יֶחֱזַק לַעֲשׂוֹת
ח מִצְוֺתַי וּמִשְׁפָּטַי כַּיּוֹם הַזֶּה׃ וְעַתָּה לְעֵינֵי כָל־יִשְׂרָאֵל קְהַל־
יְהוָה וּבְאָזְנֵי אֱלֹהֵינוּ שִׁמְרוּ וְדִרְשׁוּ כָּל־מִצְוֺת יְהוָה אֱלֹהֵיכֶם
לְמַעַן תִּירְשׁוּ אֶת־הָאָרֶץ הַטּוֹבָה וְהִנְחַלְתֶּם לִבְנֵיכֶם אַחֲרֵיכֶם
ט עַד־עוֹלָם׃ וְאַתָּה שְׁלֹמֹה־בְנִי דַּע אֶת־אֱלֹהֵי אָבִיךָ וְעָבְדֵהוּ
בְּלֵב שָׁלֵם וּבְנֶפֶשׁ חֲפֵצָה כִּי כָל־לְבָבוֹת דּוֹרֵשׁ יְהוָה וְכָל־
יֵצֶר מַחֲשָׁבוֹת מֵבִין אִם־תִּדְרְשֶׁנּוּ יִמָּצֵא לָךְ וְאִם־תַּעַזְבֶנּוּ
יא י יַזְנִיחֲךָ לָעַד׃ רְאֵה ׀ עַתָּה כִּי־יְהוָה בָּחַר בְּךָ לִבְנוֹת־בַּיִת
יא לְמִקְדָּשׁ חֲזַק וַעֲשֵׂה׃ וַיִּתֵּן דָּוִיד לִשְׁלֹמֹה בְנוֹ אֶת־
תַּבְנִית הָאוּלָם וְאֶת־בָּתָּיו וְגַנְזַכָּיו וַעֲלִיֹּתָיו וַחֲדָרָיו הַפְּנִימִים

יב וּבֵית הַכַּפֹּרֶת׃ וְתַבְנִית כֹּל אֲשֶׁר הָיָה בָרוּחַ עִמּוֹ לְחַצְרוֹת
בֵּית־יְהוָה וּלְכָל־הַלְּשָׁכוֹת סָבִיב לְאֹצְרוֹת בֵּית הָאֱלֹהִים
יג וּלְאֹצְרוֹת הַקֳּדָשִׁים׃ וּלְמַחְלְקוֹת הַכֹּהֲנִים וְהַלְוִיִּם וּלְכָל־
מְלֶאכֶת עֲבוֹדַת בֵּית־יְהוָה וּלְכָל־כְּלֵי עֲבוֹדַת בֵּית־יְהוָה׃
יד לַזָּהָב בַּמִּשְׁקָל לַזָּהָב לְכָל־כְּלֵי עֲבוֹדָה וַעֲבוֹדָה לְכֹל כְּלֵי
טו הַכֶּסֶף בְּמִשְׁקָל לְכָל־כְּלֵי עֲבוֹדָה וַעֲבוֹדָה׃ וּמִשְׁקָל לִמְנֹרוֹת
הַזָּהָב וְנֵרֹתֵיהֶם זָהָב בְּמִשְׁקַל־מְנוֹרָה וּמְנוֹרָה וְנֵרֹתֶיהָ וְלִמְנֹרוֹת
הַכֶּסֶף בְּמִשְׁקָל לִמְנוֹרָה וְנֵרֹתֶיהָ כַּעֲבוֹדַת מְנוֹרָה וּמְנוֹרָה׃
טז וְאֶת־הַזָּהָב מִשְׁקָל לְשֻׁלְחֲנוֹת הַמַּעֲרֶכֶת לְשֻׁלְחַן וְשֻׁלְחָן
יז וְכֶסֶף לְשֻׁלְחֲנוֹת הַכָּסֶף׃ וְהַמִּזְלָגוֹת וְהַמִּזְרָקוֹת וְהַקְּשָׂוֹת זָהָב
טָהוֹר וְלִכְפוֹרֵי הַזָּהָב בְּמִשְׁקָל לִכְפוֹר וּכְפוֹר וְלִכְפוֹרֵי הַכֶּסֶף
יח בְּמִשְׁקָל לִכְפוֹר וּכְפוֹר׃ וּלְמִזְבַּח הַקְּטֹרֶת זָהָב מְזֻקָּק בַּמִּשְׁקָל
וּלְתַבְנִית הַמֶּרְכָּבָה הַכְּרֻבִים זָהָב לְפֹרְשִׂים וְסֹכְכִים עַל־
יט אֲרוֹן בְּרִית־יְהוָה׃ הַכֹּל בִּכְתָב מִיַּד יְהוָה עָלַי הִשְׂכִּיל כֹּל
כ מַלְאֲכוֹת הַתַּבְנִית׃ וַיֹּאמֶר דָּוִיד לִשְׁלֹמֹה בְנוֹ חֲזַק
וֶאֱמַץ וַעֲשֵׂה אַל־תִּירָא וְאַל־תֵּחָת כִּי יְהוָה אֱלֹהִים אֱלֹהַי
עִמָּךְ לֹא יַרְפְּךָ וְלֹא יַעַזְבֶךָּ עַד־לִכְלוֹת כָּל־מְלֶאכֶת עֲבוֹדַת
כא בֵּית־יְהוָה׃ וְהִנֵּה מַחְלְקוֹת הַכֹּהֲנִים וְהַלְוִיִּם לְכָל־עֲבוֹדַת
בֵּית הָאֱלֹהִים וְעִמְּךָ בְכָל־מְלָאכָה לְכָל־נָדִיב בַּחָכְמָה לְכָל־
כט א עֲבוֹדָה וְהַשָּׂרִים וְכָל־הָעָם לְכָל־דְּבָרֶיךָ׃ וַיֹּאמֶר דָּוִיד
הַמֶּלֶךְ לְכָל־הַקָּהָל שְׁלֹמֹה בְנִי אֶחָד בָּחַר־בּוֹ אֱלֹהִים נַעַר וָרָךְ
וְהַמְּלָאכָה גְדוֹלָה כִּי לֹא לְאָדָם הַבִּירָה כִּי לַיהוָה אֱלֹהִים׃
ב וּכְכָל־כֹּחִי הֲכִינוֹתִי לְבֵית־אֱלֹהַי הַזָּהָב ׀ לַזָּהָב וְהַכֶּסֶף לַכֶּסֶף
וְהַנְּחֹשֶׁת לַנְּחֹשֶׁת הַבַּרְזֶל לַבַּרְזֶל וְהָעֵצִים לָעֵצִים אַבְנֵי־
שֹׁהַם וּמִלּוּאִים אַבְנֵי־פוּךְ וְרִקְמָה וְכֹל אֶבֶן יְקָרָה וְאַבְנֵי־
ג שַׁיִשׁ לָרֹב׃ וְעוֹד בִּרְצוֹתִי בְּבֵית אֱלֹהַי יֶשׁ־לִי סְגֻלָּה זָהָב
וָכָסֶף נָתַתִּי לְבֵית־אֱלֹהַי לְמַעְלָה מִכָּל־הֲכִינוֹתִי לְבֵית הַקֹּדֶשׁ׃

ד שְׁלֹשֶׁת אֲלָפִים כִּכְּרֵי זָהָב מִזְּהַב אוֹפִיר וְשִׁבְעַת אֲלָפִים
ה כִּכַּר־כֶּסֶף מְזֻקָּק לָטוּחַ קִירוֹת הַבָּתִּים: לַזָּהָב לַזָּהָב וְלַכֶּסֶף
לַכֶּסֶף וּלְכָל־מְלָאכָה בְּיַד חָרָשִׁים וּמִי מִתְנַדֵּב לְמַלֹּאות יָדוֹ
ו הַיּוֹם לַיהוָה: וַיִּתְנַדְּבוּ שָׂרֵי הָאָבוֹת וְשָׂרֵי ׀ שִׁבְטֵי יִשְׂרָאֵל
ז וְשָׂרֵי הָאֲלָפִים וְהַמֵּאוֹת וּלְשָׂרֵי מְלֶאכֶת הַמֶּלֶךְ: וַיִּתְּנוּ
לַעֲבוֹדַת בֵּית־הָאֱלֹהִים זָהָב כִּכָּרִים חֲמֵשֶׁת־אֲלָפִים וַאֲדַרְכֹנִים
רִבּוֹ וְכֶסֶף כִּכָּרִים עֲשֶׂרֶת אֲלָפִים וּנְחֹשֶׁת רִבּוֹ וּשְׁמוֹנַת
ח אֲלָפִים כִּכָּרִים וּבַרְזֶל מֵאָה־אֶלֶף כִּכָּרִים: וְהַנִּמְצָא אִתּוֹ
אֲבָנִים נָתְנוּ לְאוֹצַר בֵּית־יְהוָה עַל יַד־יְחִיאֵל הַגֵּרְשֻׁנִּי:
ט וַיִּשְׂמְחוּ הָעָם עַל־הִתְנַדְּבָם כִּי בְּלֵב שָׁלֵם הִתְנַדְּבוּ לַיהוָה
י וְגַם דָּוִיד הַמֶּלֶךְ שָׂמַח שִׂמְחָה גְדוֹלָה: וַיְבָרֶךְ דָּוִיד
אֶת־יְהוָה לְעֵינֵי כָּל־הַקָּהָל וַיֹּאמֶר דָּוִיד בָּרוּךְ אַתָּה יְהוָה
יא אֱלֹהֵי יִשְׂרָאֵל אָבִינוּ מֵעוֹלָם וְעַד־עוֹלָם: לְךָ יְהוָה הַגְּדֻלָּה
וְהַגְּבוּרָה וְהַתִּפְאֶרֶת וְהַנֵּצַח וְהַהוֹד כִּי־כֹל בַּשָּׁמַיִם וּבָאָרֶץ
יב לְךָ יְהוָה הַמַּמְלָכָה וְהַמִּתְנַשֵּׂא לְכֹל ׀ לְרֹאשׁ: וְהָעֹשֶׁר וְהַכָּבוֹד
מִלְּפָנֶיךָ וְאַתָּה מוֹשֵׁל בַּכֹּל וּבְיָדְךָ כֹּחַ וּגְבוּרָה וּבְיָדְךָ לְגַדֵּל
יג וּלְחַזֵּק לַכֹּל: וְעַתָּה אֱלֹהֵינוּ מוֹדִים אֲנַחְנוּ לָךְ וּמְהַלְלִים
יד לְשֵׁם תִּפְאַרְתֶּךָ: וְכִי מִי אֲנִי וּמִי עַמִּי כִּי־נַעְצֹר כֹּחַ לְהִתְנַדֵּב
טו כָּזֹאת כִּי־מִמְּךָ הַכֹּל וּמִיָּדְךָ נָתַנּוּ לָךְ: כִּי־גֵרִים אֲנַחְנוּ
לְפָנֶיךָ וְתוֹשָׁבִים כְּכָל־אֲבֹתֵינוּ כַּצֵּל ׀ יָמֵינוּ עַל־הָאָרֶץ וְאֵין
טז מִקְוֶה: יְהוָה אֱלֹהֵינוּ כֹּל הֶהָמוֹן הַזֶּה אֲשֶׁר הֲכִינֹנוּ לִבְנוֹת־
יז לְךָ בַיִת לְשֵׁם קָדְשֶׁךָ מִיָּדְךָ היא וּלְךָ הַכֹּל: וְיָדַעְתִּי אֱלֹהַי הֽוּא
כִּי אַתָּה בֹּחֵן לֵבָב וּמֵישָׁרִים תִּרְצֶה אֲנִי בְּיֹשֶׁר לְבָבִי הִתְנַדַּבְתִּי
כָל־אֵלֶּה וְעַתָּה עַמְּךָ הַנִּמְצְאוּ־פֹה רָאִיתִי בְשִׂמְחָה לְהִתְנַדֶּב־
יח לָךְ: יְהוָה אֱלֹהֵי אַבְרָהָם יִצְחָק וְיִשְׂרָאֵל אֲבֹתֵינוּ שָׁמְרָה־
זֹּאת לְעוֹלָם לְיֵצֶר מַחְשְׁבוֹת לְבַב עַמֶּךָ וְהָכֵן לְבָבָם אֵלֶיךָ:
יט וְלִשְׁלֹמֹה בְנִי תֵּן לֵבָב שָׁלֵם לִשְׁמוֹר מִצְוֹתֶיךָ עֵדְוֹתֶיךָ וְחֻקֶּיךָ

וְלַעֲשׂ֣וֹת הַכֹּ֔ל וְלִבְנ֥וֹת הַבִּירָ֖ה אֲשֶׁר־הֲכִינֽוֹתִי׃ כ וַיֹּ֤אמֶר
דָּוִיד֙ לְכָל־הַקָּהָ֔ל בָּֽרְכוּ־נָ֖א אֶת־יְהוָ֣ה אֱלֹהֵיכֶ֑ם וַיְבָרְכ֣וּ כָֽל־
הַקָּהָ֗ל לַֽיהוָה֙ אֱלֹהֵ֣י אֲבֹתֵיהֶ֔ם וַיִּקְּד֧וּ וַיִּֽשְׁתַּחֲו֛וּ לַֽיהוָ֖ה וְלַמֶּֽלֶךְ׃
כא וַיִּזְבְּח֣וּ לַיהוָ֣ה ׀ זְ֠בָחִים וַיַּעֲל֨וּ עֹל֜וֹת לַֽיהוָ֗ה לְֽמָחֳרַת֮ הַיּ֣וֹם
הַהוּא֒ פָּרִ֨ים אֶ֜לֶף אֵילִ֥ים אֶ֛לֶף כְּבָשִׂ֥ים אֶ֖לֶף וְנִסְכֵּיהֶ֑ם וּזְבָחִ֥ים
לָרֹ֖ב לְכָל־יִשְׂרָאֵֽל׃ כב וַ֠יֹּאכְלוּ וַיִּשְׁתּ֞וּ לִפְנֵ֧י יְהוָ֛ה בַּיּ֥וֹם הַה֖וּא
בְּשִׂמְחָ֣ה גְדוֹלָ֑ה וַיַּמְלִ֨יכוּ שֵׁנִ֜ית לִשְׁלֹמֹ֣ה בֶן־דָּוִ֗יד וַיִּמְשְׁח֧וּ
לַיהוָ֛ה לְנָגִ֖יד וּלְצָד֥וֹק לְכֹהֵֽן׃ כג וַיֵּ֣שֶׁב שְׁלֹמֹ֡ה עַל־כִּסֵּ֣א יְהוָ֣ה ׀
לְמֶ֛לֶךְ תַּֽחַת־דָּוִ֥יד אָבִ֖יו וַיַּצְלַ֑ח וַיִּשְׁמְע֥וּ אֵלָ֖יו כָּל־יִשְׂרָאֵֽל׃
כד וְכָל־הַשָּׂרִים֙ וְהַגִּבֹּרִ֔ים וְגַ֕ם כָּל־בְּנֵ֖י הַמֶּ֣לֶךְ דָּוִ֑יד נָ֣תְנוּ יָ֔ד תַּ֖חַת
כה שְׁלֹמֹ֥ה הַמֶּֽלֶךְ׃ וַיְגַדֵּ֨ל יְהוָ֤ה אֶת־שְׁלֹמֹה֙ לְמַ֔עְלָה לְעֵינֵ֖י כָּל־
יִשְׂרָאֵ֑ל וַיִּתֵּ֤ן עָלָיו֙ ה֣וֹד מַלְכ֔וּת אֲשֶׁ֨ר לֹא־הָיָ֧ה עַל־כָּל־מֶ֛לֶךְ
כו לְפָנָ֖יו עַל־יִשְׂרָאֵֽל׃ וְדָוִ֖יד בֶּן־יִשָׁ֑י מָלַ֖ךְ עַל־כָּל־יִשְׂרָאֵֽל׃
כז וְהַיָּמִ֗ים אֲשֶׁ֤ר מָלַךְ֙ עַל־יִשְׂרָאֵ֔ל אַרְבָּעִ֖ים שָׁנָ֑ה בְּחֶבְר֤וֹן מָלַךְ֙
כח שֶׁ֣בַע שָׁנִ֔ים וּבִירוּשָׁלִַ֥ם מָלַ֖ךְ שְׁלֹשִׁ֥ים וְשָׁלֽוֹשׁ׃ וַיָּ֙מָת֙ בְּשֵׂיבָ֣ה
טוֹבָ֔ה שְׂבַ֥ע יָמִ֖ים עֹ֣שֶׁר וְכָב֑וֹד וַיִּמְלֹ֛ךְ שְׁלֹמֹ֥ה בְנ֖וֹ תַּחְתָּֽיו׃
כט וְדִבְרֵי֙ דָּוִ֣יד הַמֶּ֔לֶךְ הָרִאשֹׁנִ֖ים וְהָאַחֲרֹנִ֑ים הִנָּ֣ם כְּתוּבִ֗ים עַל־
דִּבְרֵי֙ שְׁמוּאֵ֣ל הָרֹאֶ֔ה וְעַל־דִּבְרֵ֖י נָתָ֣ן הַנָּבִ֑יא וְעַל־דִּבְרֵ֖י גָּ֥ד
ל הַחֹזֶֽה׃ עִ֥ם כָּל־מַלְכוּת֖וֹ וּגְבֽוּרָת֑וֹ וְהָֽעִתִּ֗ים אֲשֶׁ֨ר עָבְר֤וּ עָלָיו֙
וְעַל־יִשְׂרָאֵ֔ל וְעַ֖ל כָּל־מַמְלְכ֥וֹת הָאֲרָצֽוֹת׃

דברי הימים ב

א א וַיִּתְחַזֵּ֛ק
שְׁלֹמֹ֥ה בֶן־דָּוִ֖יד עַל־מַלְכוּת֑וֹ וַיהוָ֤ה אֱלֹהָיו֙ עִמּ֔וֹ וַֽיְגַדְּלֵ֖הוּ
ב לְמָֽעְלָה׃ וַיֹּ֧אמֶר שְׁלֹמֹ֣ה לְכָל־יִשְׂרָאֵ֗ל לְשָׂרֵ֨י הָאֲלָפִ֤ים וְהַמֵּאוֹת֙
ג וְלַשֹּׁ֣פְטִ֔ים וּלְכֹ֖ל נָשִׂ֣יא לְכָל־יִשְׂרָאֵ֑ל רָאשֵׁ֖י הָאָבֽוֹת׃ וַיֵּ֣לְכ֗וּ
שְׁלֹמֹה֙ וְכָל־הַקָּהָ֣ל עִמּ֔וֹ לַבָּמָ֖ה אֲשֶׁ֣ר בְּגִבְע֑וֹן כִּי־שָׁ֣ם הָיָ֗ה
אֹ֤הֶל מוֹעֵד֙ הָאֱלֹהִ֔ים אֲשֶׁ֥ר עָשָׂ֛ה מֹשֶׁ֥ה עֶֽבֶד־יְהוָ֖ה בַּמִּדְבָּֽר׃
ד אֲבָ֗ל אֲר֤וֹן הָאֱלֹהִים֙ הֶעֱלָ֣ה דָוִ֔יד מִקִּרְיַ֣ת יְעָרִ֔ים בַּהֵכִ֥ין ל֖וֹ
ה דָּוִ֑יד כִּ֛י נָֽטָה־ל֥וֹ אֹ֖הֶל בִּירוּשָׁלִָֽם׃ וּמִזְבַּ֣ח הַנְּחֹ֗שֶׁת אֲשֶׁ֤ר

עָשָׂה בְּצַלְאֵל בֶּן־אוּרִי בֶן־חוּר שָׂם לִפְנֵי מִשְׁכַּן יְהוָה וַיִּדְרְשֵׁהוּ
ו שְׁלֹמֹה וְהַקָּהָל׃ וַיַּעַל שְׁלֹמֹה שָׁם עַל־מִזְבַּח הַנְּחֹשֶׁת לִפְנֵי
ז יְהוָה אֲשֶׁר לְאֹהֶל מוֹעֵד וַיַּעַל עָלָיו עֹלוֹת אָלֶף׃ בַּלַּיְלָה
הַהוּא נִרְאָה אֱלֹהִים לִשְׁלֹמֹה וַיֹּאמֶר לוֹ שְׁאַל מָה אֶתֶּן־לָךְ׃
ח וַיֹּאמֶר שְׁלֹמֹה לֵאלֹהִים אַתָּה עָשִׂיתָ עִם־דָּוִיד אָבִי חֶסֶד
ט גָּדוֹל וְהִמְלַכְתַּנִי תַּחְתָּיו׃ עַתָּה יְהוָה אֱלֹהִים יֵאָמֵן דְּבָרְךָ עִם
י דָּוִיד אָבִי כִּי אַתָּה הִמְלַכְתַּנִי עַל־עַם רַב כַּעֲפַר הָאָרֶץ׃ עַתָּה
חָכְמָה וּמַדָּע תֶּן־לִי וְאֵצְאָה לִפְנֵי הָעָם־הַזֶּה וְאָבוֹאָה כִּי־מִי
יִשְׁפֹּט אֶת־עַמְּךָ הַזֶּה הַגָּדוֹל׃
יא וַיֹּאמֶר אֱלֹהִים ׀ לִשְׁלֹמֹה יַעַן אֲשֶׁר הָיְתָה זֹאת עִם־לְבָבֶךָ וְלֹא־
שָׁאַלְתָּ עֹשֶׁר נְכָסִים וְכָבוֹד וְאֵת נֶפֶשׁ שֹׂנְאֶיךָ וְגַם־יָמִים רַבִּים
לֹא שָׁאָלְתָּ וַתִּשְׁאַל־לְךָ חָכְמָה וּמַדָּע אֲשֶׁר תִּשְׁפּוֹט אֶת־עַמִּי
יב אֲשֶׁר הִמְלַכְתִּיךָ עָלָיו׃ הַחָכְמָה וְהַמַּדָּע נָתוּן לָךְ וְעֹשֶׁר
וּנְכָסִים וְכָבוֹד אֶתֶּן־לָךְ אֲשֶׁר ׀ לֹא־הָיָה כֵן לַמְּלָכִים אֲשֶׁר
יג לְפָנֶיךָ וְאַחֲרֶיךָ לֹא יִהְיֶה־כֵּן׃ וַיָּבֹא שְׁלֹמֹה לַבָּמָה אֲשֶׁר־בְּגִבְעוֹן
יד יְרוּשָׁלִַם מִלִּפְנֵי אֹהֶל מוֹעֵד וַיִּמְלֹךְ עַל־יִשְׂרָאֵל׃ וַיֶּאֱסֹף
שְׁלֹמֹה רֶכֶב וּפָרָשִׁים וַיְהִי־לוֹ אֶלֶף וְאַרְבַּע־מֵאוֹת רֶכֶב וּשְׁנֵים־
עָשָׂר אֶלֶף פָּרָשִׁים וַיַּנִּיחֵם בְּעָרֵי הָרֶכֶב וְעִם־הַמֶּלֶךְ בִּירוּשָׁלִָם׃
טו וַיִּתֵּן הַמֶּלֶךְ אֶת־הַכֶּסֶף וְאֶת־הַזָּהָב בִּירוּשָׁלִַם כָּאֲבָנִים וְאֵת־
טז הָאֲרָזִים נָתַן כַּשִּׁקְמִים אֲשֶׁר־בַּשְּׁפֵלָה לָרֹב׃ וּמוֹצָא הַסּוּסִים
אֲשֶׁר לִשְׁלֹמֹה מִמִּצְרָיִם וּמִקְוֵא סֹחֲרֵי הַמֶּלֶךְ מִקְוֵא יִקְחוּ
יז בִּמְחִיר׃ וַיַּעֲלוּ וַיּוֹצִיאוּ מִמִּצְרַיִם מֶרְכָּבָה בְּשֵׁשׁ מֵאוֹת כֶּסֶף
וְסוּס בַּחֲמִשִּׁים וּמֵאָה וְכֵן לְכָל־מַלְכֵי הַחִתִּים וּמַלְכֵי אֲרָם
יח בְּיָדָם יוֹצִיאוּ׃ וַיֹּאמֶר שְׁלֹמֹה לִבְנוֹת בַּיִת לְשֵׁם יְהוָה וּבַיִת
ב א לְמַלְכוּתוֹ׃ וַיִּסְפֹּר שְׁלֹמֹה שִׁבְעִים אֶלֶף אִישׁ סַבָּל וּשְׁמוֹנִים
אֶלֶף אִישׁ חֹצֵב בָּהָר וּמְנַצְּחִים עֲלֵיהֶם שְׁלֹשֶׁת אֲלָפִים וְשֵׁשׁ
מֵאוֹת׃

ב וַיִּשְׁלַח שְׁלֹמֹה אֶל־חוּרָם מֶלֶךְ־צֹר לֵאמֹר כַּאֲשֶׁר עָשִׂיתָ עִם־
יב ג דָּוִיד אָבִי וַתִּשְׁלַח־לוֹ אֲרָזִים לִבְנוֹת־לוֹ בַיִת לָשֶׁבֶת בּוֹ׃ הִנֵּה
אֲנִי בוֹנֶה־בַּיִת לְשֵׁם ׀ יְהוָה אֱלֹהָי לְהַקְדִּישׁ לוֹ לְהַקְטִיר לְפָנָיו
קְטֹרֶת־סַמִּים וּמַעֲרֶכֶת תָּמִיד וְעֹלוֹת לַבֹּקֶר וְלָעֶרֶב לַשַּׁבָּתוֹת
וְלֶחֳדָשִׁים וּלְמוֹעֲדֵי יְהוָה אֱלֹהֵינוּ לְעוֹלָם זֹאת עַל־יִשְׂרָאֵל׃
ד וְהַבַּיִת אֲשֶׁר־אֲנִי בוֹנֶה גָּדוֹל כִּי־גָדוֹל אֱלֹהֵינוּ מִכָּל־הָאֱלֹהִים׃
ה וּמִי יַעֲצָר־כֹּחַ לִבְנוֹת־לוֹ בַיִת כִּי הַשָּׁמַיִם וּשְׁמֵי הַשָּׁמַיִם לֹא
יְכַלְכְּלֻהוּ וּמִי אֲנִי אֲשֶׁר אֶבְנֶה־לּוֹ בַיִת כִּי אִם־לְהַקְטִיר לְפָנָיו׃
ו וְעַתָּה שְׁלַח־לִי אִישׁ־חָכָם לַעֲשׂוֹת בַּזָּהָב וּבַכֶּסֶף וּבַנְּחֹשֶׁת
וּבַבַּרְזֶל וּבָאַרְגְּוָן וְכַרְמִיל וּתְכֵלֶת וְיֹדֵעַ לְפַתֵּחַ פִּתּוּחִים עִם־
הַחֲכָמִים אֲשֶׁר עִמִּי בִּיהוּדָה וּבִירוּשָׁלִַם אֲשֶׁר הֵכִין דָּוִיד אָבִי׃
ז וּשְׁלַח־לִי עֲצֵי אֲרָזִים בְּרוֹשִׁים וְאַלְגּוּמִּים מֵהַלְּבָנוֹן כִּי אֲנִי
יָדַעְתִּי אֲשֶׁר עֲבָדֶיךָ יוֹדְעִים לִכְרוֹת עֲצֵי לְבָנוֹן וְהִנֵּה עֲבָדַי
ח עִם־עֲבָדֶיךָ׃ וּלְהָכִין לִי עֵצִים לָרֹב כִּי הַבַּיִת אֲשֶׁר־אֲנִי בוֹנֶה
ט גָּדוֹל וְהַפְלֵא׃ וְהִנֵּה לַחֹטְבִים לְכֹרְתֵי הָעֵצִים נָתַתִּי חִטִּים ׀
מַכּוֹת לַעֲבָדֶיךָ כֹּרִים עֶשְׂרִים אֶלֶף וּשְׂעֹרִים כֹּרִים עֶשְׂרִים אָלֶף
וְיַיִן בַּתִּים עֶשְׂרִים אֶלֶף וְשֶׁמֶן בַּתִּים עֶשְׂרִים אָלֶף׃
י וַיֹּאמֶר חוּרָם מֶלֶךְ־צֹר בִּכְתָב וַיִּשְׁלַח אֶל־שְׁלֹמֹה בְּאַהֲבַת
יא יְהוָה אֶת־עַמּוֹ נְתָנְךָ עֲלֵיהֶם מֶלֶךְ׃ וַיֹּאמֶר חוּרָם בָּרוּךְ יְהוָה
אֱלֹהֵי יִשְׂרָאֵל אֲשֶׁר עָשָׂה אֶת־הַשָּׁמַיִם וְאֶת־הָאָרֶץ אֲשֶׁר
נָתַן לְדָוִיד הַמֶּלֶךְ בֵּן חָכָם יוֹדֵעַ שֵׂכֶל וּבִינָה אֲשֶׁר יִבְנֶה־בַּיִת
יב לַיהוָה וּבַיִת לְמַלְכוּתוֹ׃ וְעַתָּה שָׁלַחְתִּי אִישׁ־חָכָם יוֹדֵעַ בִּינָה
יג לְחוּרָם אָבִי׃ בֶּן־אִשָּׁה מִן־בְּנוֹת דָּן וְאָבִיו אִישׁ־צֹרִי יוֹדֵעַ
לַעֲשׂוֹת בַּזָּהָב־וּבַכֶּסֶף בַּנְּחֹשֶׁת בַּבַּרְזֶל בָּאֲבָנִים וּבָעֵצִים
בָּאַרְגָּמָן בַּתְּכֵלֶת וּבַבּוּץ וּבַכַּרְמִיל וּלְפַתֵּחַ כָּל־פִּתּוּחַ וְלַחְשֹׁב
כָּל־מַחֲשָׁבֶת אֲשֶׁר יִנָּתֶן־לוֹ עִם־חֲכָמֶיךָ וְחַכְמֵי אֲדֹנִי דָּוִיד
יד אָבִיךָ׃ וְעַתָּה הַחִטִּים וְהַשְּׂעֹרִים הַשֶּׁמֶן וְהַיַּיִן אֲשֶׁר אָמַר

טו אֲדֹנִי יִשְׁלַח לַעֲבָדָיו: וַאֲנַחְנוּ נִכְרֹת עֵצִים מִן־הַלְּבָנוֹן כְּכָל־
צָרְכֶּךָ וּנְבִיאֵם לְךָ רַפְסֹדוֹת עַל־יָם יָפוֹ וְאַתָּה תַּעֲלֶה אֹתָם
טז יְרוּשָׁלִָם: וַיִּסְפֹּר שְׁלֹמֹה כָּל־הָאֲנָשִׁים הַגֵּירִים אֲשֶׁר
בְּאֶרֶץ יִשְׂרָאֵל אַחֲרֵי הַסְּפָר אֲשֶׁר סְפָרָם דָּוִיד אָבִיו וַיִּמָּצְאוּ
יז מֵאָה וַחֲמִשִּׁים אֶלֶף וּשְׁלֹשֶׁת אֲלָפִים וְשֵׁשׁ מֵאוֹת: וַיַּעַשׂ מֵהֶם
שִׁבְעִים אֶלֶף סַבָּל וּשְׁמֹנִים אֶלֶף חֹצֵב בָּהָר וּשְׁלֹשֶׁת אֲלָפִים
ג א וְשֵׁשׁ מֵאוֹת מְנַצְּחִים לְהַעֲבִיד אֶת־הָעָם: וַיָּחֶל שְׁלֹמֹה לִבְנוֹת
אֶת־בֵּית־יהוה בִּירוּשָׁלִַם בְּהַר הַמּוֹרִיָּה אֲשֶׁר נִרְאָה לְדָוִיד
ב אָבִיהוּ אֲשֶׁר הֵכִין בִּמְקוֹם דָּוִיד בְּגֹרֶן אָרְנָן הַיְבוּסִי: וַיָּחֶל
ג לִבְנוֹת בַּחֹדֶשׁ הַשֵּׁנִי בַּשֵּׁנִי בִּשְׁנַת אַרְבַּע לְמַלְכוּתוֹ: וְאֵלֶּה
הוּסַד שְׁלֹמֹה לִבְנוֹת אֶת־בֵּית הָאֱלֹהִים הָאֹרֶךְ אַמּוֹת בַּמִּדָּה
ד הָרִאשׁוֹנָה אַמּוֹת שִׁשִּׁים וְרֹחַב אַמּוֹת עֶשְׂרִים: וְהָאוּלָם אֲשֶׁר
עַל־פְּנֵי הָאֹרֶךְ עַל־פְּנֵי רֹחַב־הַבַּיִת אַמּוֹת עֶשְׂרִים וְהַגֹּבַהּ
ה מֵאָה וְעֶשְׂרִים וַיְצַפֵּהוּ מִפְּנִימָה זָהָב טָהוֹר: וְאֵת ׀ הַבַּיִת
הַגָּדוֹל חִפָּה עֵץ בְּרוֹשִׁים וַיְחַפֵּהוּ זָהָב טוֹב וַיַּעַל עָלָיו תִּמֹרִים
ו וְשַׁרְשְׁרוֹת: וַיְצַף אֶת־הַבַּיִת אֶבֶן יְקָרָה לְתִפְאָרֶת וְהַזָּהָב זְהַב
ז פַּרְוָיִם: וַיְחַף אֶת־הַבַּיִת הַקֹּרוֹת הַסִּפִּים וְקִירוֹתָיו וְדַלְתוֹתָיו
ח זָהָב וּפִתַּח כְּרוּבִים עַל־הַקִּירוֹת: וַיַּעַשׂ אֶת־בֵּית־
קֹדֶשׁ הַקֳּדָשִׁים אָרְכּוֹ עַל־פְּנֵי רֹחַב־הַבַּיִת אַמּוֹת עֶשְׂרִים
וְרָחְבּוֹ אַמּוֹת עֶשְׂרִים וַיְחַפֵּהוּ זָהָב טוֹב לְכִכָּרִים שֵׁשׁ מֵאוֹת:
ט וּמִשְׁקָל לְמִסְמְרוֹת לִשְׁקָלִים חֲמִשִּׁים זָהָב וְהָעֲלִיּוֹת חִפָּה
י זָהָב: וַיַּעַשׂ בְּבֵית־קֹדֶשׁ הַקֳּדָשִׁים כְּרוּבִים שְׁנַיִם
יא מַעֲשֵׂה צַעֲצֻעִים וַיְצַפּוּ אֹתָם זָהָב: וְכַנְפֵי הַכְּרוּבִים אָרְכָּם
אַמּוֹת עֶשְׂרִים כְּנַף הָאֶחָד לְאַמּוֹת חָמֵשׁ מַגַּעַת לְקִיר הַבַּיִת
וְהַכָּנָף הָאַחֶרֶת אַמּוֹת חָמֵשׁ מַגִּיעַ לִכְנַף הַכְּרוּב הָאַחֵר:
יב וּכְנַף הַכְּרוּב הָאֶחָד אַמּוֹת חָמֵשׁ מַגִּיעַ לְקִיר הַבַּיִת וְהַכָּנָף
יג הָאַחֶרֶת אַמּוֹת חָמֵשׁ דְּבֵקָה לִכְנַף הַכְּרוּב הָאַחֵר: כַּנְפֵי

הַכְּרוּבִים הָאֵלֶּה פֹּרְשִׂים אַמּוֹת עֶשְׂרִים וְהֵם עֹמְדִים עַל־
רַגְלֵיהֶם וּפְנֵיהֶם לַבָּיִת׃ וַיַּעַשׂ אֶת־הַפָּרֹכֶת תְּכֵלֶת יד
וְאַרְגָּמָן וְכַרְמִיל וּבוּץ וַיַּעַל עָלָיו כְּרוּבִים׃ וַיַּעַשׂ טו
לִפְנֵי הַבַּיִת עַמּוּדִים שְׁנַיִם אַמּוֹת שְׁלֹשִׁים וְחָמֵשׁ אֹרֶךְ וְהַצֶּפֶת
אֲשֶׁר־עַל־רֹאשׁוֹ אַמּוֹת חָמֵשׁ׃ וַיַּעַשׂ שַׁרְשְׁרוֹת טז
בַּדְּבִיר וַיִּתֵּן עַל־רֹאשׁ הָעַמֻּדִים וַיַּעַשׂ רִמּוֹנִים מֵאָה וַיִּתֵּן
בַּשַּׁרְשְׁרוֹת׃ וַיָּקֶם אֶת־הָעַמּוּדִים עַל־פְּנֵי הַהֵיכָל אֶחָד מִיָּמִין יז
הַיְמָנִי וְאֶחָד מֵהַשְּׂמֹאול וַיִּקְרָא שֵׁם־הימיני יָכִין וְשֵׁם הַשְּׂמָאלִי
בֹּעַז׃ וַיַּעַשׂ מִזְבַּח נְחֹשֶׁת עֶשְׂרִים אַמָּה אָרְכּוֹ וְעֶשְׂרִים א ד
אַמָּה רָחְבּוֹ וְעֶשֶׂר אַמּוֹת קוֹמָתוֹ׃ וַיַּעַשׂ אֶת־הַיָּם ב
מוּצָק עֶשֶׂר בָּאַמָּה מִשְּׂפָתוֹ אֶל־שְׂפָתוֹ עָגוֹל ׀ סָבִיב וְחָמֵשׁ
בָּאַמָּה קוֹמָתוֹ וְקָו שְׁלֹשִׁים בָּאַמָּה יָסֹב אֹתוֹ סָבִיב׃ וּדְמוּת ג
בְּקָרִים תַּחַת לוֹ סָבִיב ׀ סָבִיב סוֹבְבִים אֹתוֹ עֶשֶׂר בָּאַמָּה
מַקִּיפִים אֶת־הַיָּם סָבִיב שְׁנַיִם טוּרִים הַבָּקָר יְצוּקִים בְּמֻצַקְתּוֹ׃
עוֹמֵד עַל־שְׁנֵים עָשָׂר בָּקָר שְׁלֹשָׁה פֹנִים ׀ צָפוֹנָה וּשְׁלוֹשָׁה ד
פֹנִים ׀ יָמָּה וּשְׁלֹשָׁה ׀ פֹּנִים נֶגְבָּה וּשְׁלֹשָׁה פֹּנִים מִזְרָחָה וְהַיָּם
עֲלֵיהֶם מִלְמָעְלָה וְכָל־אֲחֹרֵיהֶם בָּיְתָה׃ וְעָבְיוֹ טֶפַח וּשְׂפָתוֹ ה
כְּמַעֲשֵׂה שְׂפַת־כּוֹס פֶּרַח שׁוֹשַׁנָּה מַחֲזִיק בַּתִּים שְׁלֹשֶׁת אֲלָפִים
יָכִיל׃ וַיַּעַשׂ כִּיּוֹרִים עֲשָׂרָה וַיִּתֵּן חֲמִשָּׁה מִיָּמִין ו
וַחֲמִשָּׁה מִשְּׂמֹאול לְרָחְצָה בָהֶם אֶת־מַעֲשֵׂה הָעוֹלָה יָדִיחוּ
בָם וְהַיָּם לְרָחְצָה לַכֹּהֲנִים בּוֹ׃ וַיַּעַשׂ אֶת־מְנֹרוֹת ז
הַזָּהָב עֶשֶׂר כְּמִשְׁפָּטָם וַיִּתֵּן בַּהֵיכָל חָמֵשׁ מִיָּמִין וְחָמֵשׁ
מִשְּׂמֹאול׃ וַיַּעַשׂ שֻׁלְחָנוֹת עֲשָׂרָה וַיַּנַּח בַּהֵיכָל חֲמִשָּׁה ח
מִיָּמִין וַחֲמִשָּׁה מִשְּׂמֹאול וַיַּעַשׂ מִזְרְקֵי זָהָב מֵאָה׃ וַיַּעַשׂ ט
חֲצַר הַכֹּהֲנִים וְהָעֲזָרָה הַגְּדוֹלָה וּדְלָתוֹת לָעֲזָרָה וְדַלְתוֹתֵיהֶם
צִפָּה נְחֹשֶׁת׃ וְאֶת־הַיָּם נָתַן מִכֶּתֶף הַיְמָנִית קֵדְמָה מִמּוּל י
נֶגְבָּה׃ וַיַּעַשׂ חוּרָם אֶת־הַסִּירוֹת וְאֶת־הַיָּעִים וְאֶת־ יא

הַמִּזְרָקוֹת וַיְכַל חירם לַעֲשׂוֹת אֶת־הַמְּלָאכָה אֲשֶׁר עָשָׂה חוּרָם
יב לַמֶּלֶךְ שְׁלֹמֹה בְּבֵית הָאֱלֹהִים׃ עַמּוּדִים שְׁנַיִם וְהַגֻּלּוֹת וְהַכֹּתָרוֹת
עַל־רֹאשׁ הָעַמּוּדִים שְׁתָּיִם וְהַשְּׂבָכוֹת שְׁתַּיִם לְכַסּוֹת אֶת־
יג שְׁתֵּי גֻּלּוֹת הַכֹּתָרוֹת אֲשֶׁר עַל־רֹאשׁ הָעַמּוּדִים׃ וְאֶת־הָרִמּוֹנִים
אַרְבַּע מֵאוֹת לִשְׁתֵּי הַשְּׂבָכוֹת שְׁנַיִם טוּרִים רִמּוֹנִים לַשְּׂבָכָה
הָאֶחָת לְכַסּוֹת אֶת־שְׁתֵּי גֻּלּוֹת הַכֹּתָרוֹת אֲשֶׁר עַל־פְּנֵי
יד הָעַמּוּדִים׃ וְאֶת־הַמְּכֹנוֹת עָשָׂה וְאֶת־הַכִּיֹּרוֹת עָשָׂה עַל־
טו הַמְּכֹנוֹת׃ אֶת־הַיָּם אֶחָד וְאֶת־הַבָּקָר שְׁנֵים־עָשָׂר תַּחְתָּיו׃
טז וְאֶת־הַסִּירוֹת וְאֶת־הַיָּעִים וְאֶת־הַמִּזְלָגוֹת וְאֶת־כָּל־כְּלֵיהֶם
עָשָׂה חוּרָם אָבִיו לַמֶּלֶךְ שְׁלֹמֹה לְבֵית יְהוָה נְחֹשֶׁת מָרוּק׃
יז בְּכִכַּר הַיַּרְדֵּן יְצָקָם הַמֶּלֶךְ בַּעֲבִי הָאֲדָמָה בֵּין סֻכּוֹת וּבֵין
יח צְרֵדָתָה׃ וַיַּעַשׂ שְׁלֹמֹה כָּל־הַכֵּלִים הָאֵלֶּה לָרֹב מְאֹד כִּי
יט לֹא נֶחְקַר מִשְׁקַל הַנְּחֹשֶׁת׃ וַיַּעַשׂ שְׁלֹמֹה אֵת כָּל־
הַכֵּלִים אֲשֶׁר בֵּית הָאֱלֹהִים וְאֵת מִזְבַּח הַזָּהָב וְאֶת־הַשֻּׁלְחָנוֹת
כ וַעֲלֵיהֶם לֶחֶם הַפָּנִים׃ וְאֶת־הַמְּנֹרוֹת וְנֵרֹתֵיהֶם לְבַעֲרָם
כא כַּמִּשְׁפָּט לִפְנֵי הַדְּבִיר זָהָב סָגוּר׃ וְהַפֶּרַח וְהַנֵּרוֹת וְהַמֶּלְקַחַיִם
כב זָהָב הוּא מִכְלוֹת זָהָב׃ וְהַמְזַמְּרוֹת וְהַמִּזְרָקוֹת וְהַכַּפּוֹת
וְהַמַּחְתּוֹת זָהָב סָגוּר וּפֶתַח הַבַּיִת דַּלְתוֹתָיו הַפְּנִימִיּוֹת לְקֹדֶשׁ
הַקֳּדָשִׁים וְדַלְתֵי הַבַּיִת לַהֵיכָל זָהָב׃
ה א וַתִּשְׁלַם כָּל־הַמְּלָאכָה אֲשֶׁר־עָשָׂה שְׁלֹמֹה לְבֵית יְהוָה וַיָּבֵא
שְׁלֹמֹה אֶת־קָדְשֵׁי ׀ דָּוִיד אָבִיו וְאֶת־הַכֶּסֶף וְאֶת־הַזָּהָב וְאֶת־
ב כָּל־הַכֵּלִים נָתַן בְּאֹצְרוֹת בֵּית הָאֱלֹהִים׃ אָז יַקְהֵיל
שְׁלֹמֹה אֶת־זִקְנֵי יִשְׂרָאֵל וְאֶת־כָּל־רָאשֵׁי הַמַּטּוֹת נְשִׂיאֵי
הָאָבוֹת לִבְנֵי יִשְׂרָאֵל אֶל־יְרוּשָׁלִַם לְהַעֲלוֹת אֶת־אֲרוֹן בְּרִית־
ג יְהוָה מֵעִיר דָּוִיד הִיא צִיּוֹן׃ וַיִּקָּהֲלוּ אֶל־הַמֶּלֶךְ כָּל־אִישׁ
ד יִשְׂרָאֵל בֶּחָג הוּא הַחֹדֶשׁ הַשְּׁבִעִי׃ וַיָּבֹאוּ כֹּל זִקְנֵי יִשְׂרָאֵל
ה וַיִּשְׂאוּ הַלְוִיִּם אֶת־הָאָרוֹן׃ וַיַּעֲלוּ אֶת־הָאָרוֹן וְאֶת־אֹהֶל מוֹעֵד

וְאֶת־כָּל־כְּלֵי הַקֹּדֶשׁ אֲשֶׁר בָּאֹהֶל הֶעֱלוּ אֹתָם הַכֹּהֲנִים
ו הַלְוִיִּם: וְהַמֶּלֶךְ שְׁלֹמֹה וְכָל־עֲדַת יִשְׂרָאֵל הַנּוֹעָדִים עָלָיו
לִפְנֵי הָאָרוֹן מְזַבְּחִים צֹאן וּבָקָר אֲשֶׁר לֹא־יִסָּפְרוּ וְלֹא
ז יִמָּנוּ מֵרֹב: וַיָּבִיאוּ הַכֹּהֲנִים אֶת־אֲרוֹן בְּרִית־יְהוָה אֶל־
מְקוֹמוֹ אֶל־דְּבִיר הַבַּיִת אֶל־קֹדֶשׁ הַקֳּדָשִׁים אֶל־תַּחַת כַּנְפֵי
ח הַכְּרוּבִים: וַיִּהְיוּ הַכְּרוּבִים פֹּרְשִׂים כְּנָפַיִם עַל־מְקוֹם הָאָרוֹן
ט וַיְכַסּוּ הַכְּרוּבִים עַל־הָאָרוֹן וְעַל־בַּדָּיו מִלְמָעְלָה: וַיַּאֲרִיכוּ
הַבַּדִּים וַיֵּרָאוּ רָאשֵׁי הַבַּדִּים מִן־הָאָרוֹן עַל־פְּנֵי הַדְּבִיר וְלֹא
י יֵרָאוּ הַחוּצָה וַיְהִי־שָׁם עַד הַיּוֹם הַזֶּה: אֵין בָּאָרוֹן רַק שְׁנֵי
הַלֻּחוֹת אֲשֶׁר־נָתַן מֹשֶׁה בְּחֹרֵב אֲשֶׁר כָּרַת יְהוָה עִם־בְּנֵי
יא יִשְׂרָאֵל בְּצֵאתָם מִמִּצְרָיִם: וַיְהִי בְּצֵאת הַכֹּהֲנִים מִן־
הַקֹּדֶשׁ כִּי כָּל־הַכֹּהֲנִים הַנִּמְצְאִים הִתְקַדָּשׁוּ אֵין לִשְׁמוֹר
יב לְמַחְלְקוֹת: וְהַלְוִיִּם הַמְשֹׁרְרִים לְכֻלָּם לְאָסָף לְהֵימָן לִידֻתוּן
וְלִבְנֵיהֶם וְלַאֲחֵיהֶם מְלֻבָּשִׁים בּוּץ בִּמְצִלְתַּיִם וּבִנְבָלִים
וְכִנֹּרוֹת עֹמְדִים מִזְרָח לַמִּזְבֵּחַ וְעִמָּהֶם כֹּהֲנִים לְמֵאָה וְעֶשְׂרִים
יג מחצררים בַּחֲצֹצְרוֹת: וַיְהִי כְאֶחָד למחצצרים וְלַמְשֹׁרְרִים מַחְצְרִים לַמְחַצְּרִים
לְהַשְׁמִיעַ קוֹל־אֶחָד לְהַלֵּל וּלְהֹדוֹת לַיהוָה וּכְהָרִים קוֹל
בַּחֲצֹצְרוֹת וּבִמְצִלְתַּיִם וּבִכְלֵי הַשִּׁיר וּבְהַלֵּל לַיהוָה כִּי טוֹב
יד כִּי לְעוֹלָם חַסְדּוֹ וְהַבַּיִת מָלֵא עָנָן בֵּית יְהוָה: וְלֹא־יָכְלוּ יג
הַכֹּהֲנִים לַעֲמוֹד לְשָׁרֵת מִפְּנֵי הֶעָנָן כִּי־מָלֵא כְבוֹד־יְהוָה אֶת־
ו א בֵּית הָאֱלֹהִים: אָז אָמַר שְׁלֹמֹה יְהוָה אָמַר לִשְׁכּוֹן
ב בָּעֲרָפֶל: וַאֲנִי בָּנִיתִי בֵית־זְבֻל לָךְ וּמָכוֹן לְשִׁבְתְּךָ עוֹלָמִים:
ג וַיַּסֵּב הַמֶּלֶךְ אֶת־פָּנָיו וַיְבָרֶךְ אֵת כָּל־קְהַל יִשְׂרָאֵל וְכָל־קְהַל
ד יִשְׂרָאֵל עוֹמֵד: וַיֹּאמֶר בָּרוּךְ יְהוָה אֱלֹהֵי יִשְׂרָאֵל אֲשֶׁר דִּבֶּר
ה בְּפִיו אֵת דָּוִיד אָבִי וּבְיָדָיו מִלֵּא לֵאמֹר: מִן־הַיּוֹם אֲשֶׁר
הוֹצֵאתִי אֶת־עַמִּי מֵאֶרֶץ מִצְרַיִם לֹא־בָחַרְתִּי בְעִיר מִכֹּל
שִׁבְטֵי יִשְׂרָאֵל לִבְנוֹת בַּיִת לִהְיוֹת שְׁמִי שָׁם וְלֹא־בָחַרְתִּי

ו בְּאִישׁ לִהְיוֹת נָגִיד עַל־עַמִּי יִשְׂרָאֵל׃ וָאֶבְחַר בִּירוּשָׁלַ͏ִם לִהְיוֹת
ז שְׁמִי שָׁם וָאֶבְחַר בְּדָוִיד לִהְיוֹת עַל־עַמִּי יִשְׂרָאֵל׃ וַיְהִי עִם־
ח לְבַב דָּוִיד אָבִי לִבְנוֹת בַּיִת לְשֵׁם יְהוָה אֱלֹהֵי יִשְׂרָאֵל׃ וַיֹּאמֶר
יְהוָה אֶל־דָּוִיד אָבִי יַעַן אֲשֶׁר הָיָה עִם־לְבָבְךָ לִבְנוֹת בַּיִת
ט לִשְׁמִי הֱטִיבוֹתָ כִּי הָיָה עִם־לְבָבֶךָ׃ רַק אַתָּה לֹא תִבְנֶה
י הַבָּיִת כִּי בִנְךָ הַיּוֹצֵא מֵחֲלָצֶיךָ הוּא־יִבְנֶה הַבַּיִת לִשְׁמִי׃ וַיָּקֶם
יְהוָה אֶת־דְּבָרוֹ אֲשֶׁר דִּבֵּר וָאָקוּם תַּחַת דָּוִיד אָבִי וָאֵשֵׁב ׀
עַל־כִּסֵּא יִשְׂרָאֵל כַּאֲשֶׁר דִּבֶּר יְהוָה וָאֶבְנֶה הַבַּיִת לְשֵׁם יְהוָה
יא אֱלֹהֵי יִשְׂרָאֵל׃ וָאָשִׂים שָׁם אֶת־הָאָרוֹן אֲשֶׁר שָׁם בְּרִית יְהוָה
יב אֲשֶׁר כָּרַת עִם־בְּנֵי יִשְׂרָאֵל׃ וַיַּעֲמֹד לִפְנֵי מִזְבַּח יְהוָה נֶגֶד
יג כָּל־קְהַל יִשְׂרָאֵל וַיִּפְרֹשׂ כַּפָּיו׃ כִּי־עָשָׂה שְׁלֹמֹה כִּיּוֹר נְחֹשֶׁת
וַיִּתְּנֵהוּ בְּתוֹךְ הָעֲזָרָה חָמֵשׁ אַמּוֹת אָרְכּוֹ וְחָמֵשׁ אַמּוֹת רָחְבּוֹ
וְאַמּוֹת שָׁלוֹשׁ קוֹמָתוֹ וַיַּעֲמֹד עָלָיו וַיִּבְרַךְ עַל־בִּרְכָּיו נֶגֶד כָּל־
יד קְהַל יִשְׂרָאֵל וַיִּפְרֹשׂ כַּפָּיו הַשָּׁמָיְמָה׃ וַיֹּאמַר יְהוָה אֱלֹהֵי
יִשְׂרָאֵל אֵין־כָּמוֹךָ אֱלֹהִים בַּשָּׁמַיִם וּבָאָרֶץ שֹׁמֵר הַבְּרִית
טו וְהַחֶסֶד לַעֲבָדֶיךָ הַהֹלְכִים לְפָנֶיךָ בְּכָל־לִבָּם׃ אֲשֶׁר שָׁמַרְתָּ
לְעַבְדְּךָ דָּוִיד אָבִי אֵת אֲשֶׁר־דִּבַּרְתָּ לוֹ וַתְּדַבֵּר בְּפִיךָ וּבְיָדְךָ
טז מִלֵּאתָ כַּיּוֹם הַזֶּה׃ וְעַתָּה יְהוָה ׀ אֱלֹהֵי יִשְׂרָאֵל שְׁמֹר לְעַבְדְּךָ
דָוִיד אָבִי אֵת אֲשֶׁר דִּבַּרְתָּ לּוֹ לֵאמֹר לֹא־יִכָּרֵת לְךָ אִישׁ
מִלְּפָנַי יוֹשֵׁב עַל־כִּסֵּא יִשְׂרָאֵל רַק אִם־יִשְׁמְרוּ בָנֶיךָ אֶת־
יז דַּרְכָּם לָלֶכֶת בְּתוֹרָתִי כַּאֲשֶׁר הָלַכְתָּ לְפָנָי׃ וְעַתָּה יְהוָה אֱלֹהֵי
יח יִשְׂרָאֵל יֵאָמֵן דְּבָרְךָ אֲשֶׁר דִּבַּרְתָּ לְעַבְדְּךָ לְדָוִיד׃ כִּי הַאֻמְנָם
יֵשֵׁב אֱלֹהִים אֶת־הָאָדָם עַל־הָאָרֶץ הִנֵּה שָׁמַיִם וּשְׁמֵי הַשָּׁמַיִם
יט לֹא יְכַלְכְּלוּךָ אַף כִּי־הַבַּיִת הַזֶּה אֲשֶׁר בָּנִיתִי׃ וּפָנִיתָ אֶל־
תְּפִלַּת עַבְדְּךָ וְאֶל־תְּחִנָּתוֹ יְהוָה אֱלֹהָי לִשְׁמֹעַ אֶל־הָרִנָּה
כ וְאֶל־הַתְּפִלָּה אֲשֶׁר עַבְדְּךָ מִתְפַּלֵּל לְפָנֶיךָ׃ לִהְיוֹת עֵינֶיךָ
פְתֻחוֹת אֶל־הַבַּיִת הַזֶּה יוֹמָם וָלַיְלָה אֶל־הַמָּקוֹם אֲשֶׁר

אָמַרְתָּ לָשׂוּם שִׁמְךָ שָׁם לִשְׁמוֹעַ אֶל־הַתְּפִלָּה אֲשֶׁר יִתְפַּלֵּל
כא עַבְדְּךָ אֶל־הַמָּקוֹם הַזֶּה׃ וְשָׁמַעְתָּ אֶל־תַּחֲנוּנֵי עַבְדְּךָ וְעַמְּךָ
יִשְׂרָאֵל אֲשֶׁר יִתְפַּלְלוּ אֶל־הַמָּקוֹם הַזֶּה וְאַתָּה תִּשְׁמַע
כב מִמְּקוֹם שִׁבְתְּךָ מִן־הַשָּׁמַיִם וְשָׁמַעְתָּ וְסָלָחְתָּ׃ אִם־יֶחֱטָא
אִישׁ לְרֵעֵהוּ וְנָשָׁא־בוֹ אָלָה לְהַאֲלֹתוֹ וּבָא אָלָה לִפְנֵי מִזְבַּחֲךָ
כג בַּבַּיִת הַזֶּה׃ וְאַתָּה ׀ תִּשְׁמַע מִן־הַשָּׁמַיִם וְעָשִׂיתָ וְשָׁפַטְתָּ
אֶת־עֲבָדֶיךָ לְהָשִׁיב לְרָשָׁע לָתֵת דַּרְכּוֹ בְּרֹאשׁוֹ וּלְהַצְדִּיק
כד צַדִּיק לָתֶת לוֹ כְּצִדְקָתוֹ׃ וְאִם־יִנָּגֵף עַמְּךָ יִשְׂרָאֵל
לִפְנֵי אוֹיֵב כִּי יֶחֶטְאוּ־לָךְ וְשָׁבוּ וְהוֹדוּ אֶת־שְׁמֶךָ וְהִתְפַּלְלוּ
כה וְהִתְחַנְּנוּ לְפָנֶיךָ בַּבַּיִת הַזֶּה׃ וְאַתָּה תִּשְׁמַע מִן־הַשָּׁמַיִם
וְסָלַחְתָּ לְחַטַּאת עַמְּךָ יִשְׂרָאֵל וַהֲשֵׁיבוֹתָם אֶל־הָאֲדָמָה
כו אֲשֶׁר־נָתַתָּה לָהֶם וְלַאֲבֹתֵיהֶם׃ בְּהֵעָצֵר הַשָּׁמַיִם
וְלֹא־יִהְיֶה מָטָר כִּי יֶחֶטְאוּ־לָךְ וְהִתְפַּלְלוּ אֶל־הַמָּקוֹם הַזֶּה
כז וְהוֹדוּ אֶת־שְׁמֶךָ מֵחַטָּאתָם יְשׁוּבוּן כִּי תַעֲנֵם׃ וְאַתָּה ׀ תִּשְׁמַע
הַשָּׁמַיִם וְסָלַחְתָּ לְחַטַּאת עֲבָדֶיךָ וְעַמְּךָ יִשְׂרָאֵל כִּי תוֹרֵם
אֶל־הַדֶּרֶךְ הַטּוֹבָה אֲשֶׁר יֵלְכוּ־בָהּ וְנָתַתָּה מָטָר עַל־אַרְצְךָ
כח אֲשֶׁר־נָתַתָּה לְעַמְּךָ לְנַחֲלָה׃ רָעָב כִּי־יִהְיֶה בָאָרֶץ
דֶּבֶר כִּי־יִהְיֶה שִׁדָּפוֹן וְיֵרָקוֹן אַרְבֶּה וְחָסִיל כִּי יִהְיֶה כִּי יָצַר־
כט לוֹ אֹיְבָיו בְּאֶרֶץ שְׁעָרָיו כָּל־נֶגַע וְכָל־מַחֲלָה׃ כָּל־תְּפִלָּה
כָל־תְּחִנָּה אֲשֶׁר יִהְיֶה לְכָל־הָאָדָם וּלְכֹל עַמְּךָ יִשְׂרָאֵל אֲשֶׁר
ל יֵדְעוּ אִישׁ נִגְעוֹ וּמַכְאֹבוֹ וּפָרַשׂ כַּפָּיו אֶל־הַבַּיִת הַזֶּה׃ וְאַתָּה
תִּשְׁמַע מִן־הַשָּׁמַיִם מְכוֹן שִׁבְתֶּךָ וְסָלַחְתָּ וְנָתַתָּה לָאִישׁ כְּכָל־
דְּרָכָיו אֲשֶׁר תֵּדַע אֶת־לְבָבוֹ כִּי אַתָּה לְבַדְּךָ יָדַעְתָּ אֶת־
לא לְבַב בְּנֵי הָאָדָם׃ לְמַעַן יִירָאוּךָ לָלֶכֶת בִּדְרָכֶיךָ כָּל־
הַיָּמִים אֲשֶׁר־הֵם חַיִּים עַל־פְּנֵי הָאֲדָמָה אֲשֶׁר נָתַתָּה
לב לַאֲבֹתֵינוּ׃ וְגַם אֶל־הַנָּכְרִי אֲשֶׁר לֹא־מֵעַמְּךָ יִשְׂרָאֵל
הוּא וּבָא ׀ מֵאֶרֶץ רְחוֹקָה לְמַעַן שִׁמְךָ הַגָּדוֹל וְיָדְךָ הַחֲזָקָה

לג וּזְרוֹעֲךָ הַנְּטוּיָה וּבָאוּ וְהִתְפַּלְלוּ אֶל־הַבַּיִת הַזֶּה׃ וְאַתָּה תִּשְׁמַע
מִן־הַשָּׁמַיִם מִמְּכוֹן שִׁבְתֶּךָ וְעָשִׂיתָ כְּכֹל אֲשֶׁר־יִקְרָא אֵלֶיךָ
הַנָּכְרִי לְמַעַן יֵדְעוּ כָל־עַמֵּי הָאָרֶץ אֶת־שְׁמֶךָ וּלְיִרְאָה אֹתְךָ
כְּעַמְּךָ יִשְׂרָאֵל וְלָדַעַת כִּי־שִׁמְךָ נִקְרָא עַל־הַבַּיִת הַזֶּה אֲשֶׁר
לד בָּנִיתִי׃ כִּי־יֵצֵא עַמְּךָ לַמִּלְחָמָה עַל־אוֹיְבָיו בַּדֶּרֶךְ
אֲשֶׁר תִּשְׁלָחֵם וְהִתְפַּלְלוּ אֵלֶיךָ דֶּרֶךְ הָעִיר הַזֹּאת אֲשֶׁר
לה בָּחַרְתָּ בָּהּ וְהַבַּיִת אֲשֶׁר־בָּנִיתִי לִשְׁמֶךָ׃ וְשָׁמַעְתָּ מִן־הַשָּׁמַיִם
לו אֶת־תְּפִלָּתָם וְאֶת־תְּחִנָּתָם וְעָשִׂיתָ מִשְׁפָּטָם׃ כִּי יֶחֶטְאוּ־לָךְ
כִּי אֵין אָדָם אֲשֶׁר לֹא־יֶחֱטָא וְאָנַפְתָּ בָם וּנְתַתָּם לִפְנֵי אוֹיֵב
לז וְשָׁבוּם שׁוֹבֵיהֶם אֶל־אֶרֶץ רְחוֹקָה אוֹ קְרוֹבָה׃ וְהֵשִׁיבוּ אֶל־
לְבָבָם בָּאָרֶץ אֲשֶׁר נִשְׁבּוּ־שָׁם וְשָׁבוּ ׀ וְהִתְחַנְּנוּ אֵלֶיךָ בְּאֶרֶץ
לח שִׁבְיָם לֵאמֹר חָטָאנוּ הֶעֱוִינוּ וְרָשָׁעְנוּ׃ וְשָׁבוּ אֵלֶיךָ בְּכָל־לִבָּם
וּבְכָל־נַפְשָׁם בְּאֶרֶץ שִׁבְיָם אֲשֶׁר־שָׁבוּ אֹתָם וְהִתְפַּלְלוּ דֶּרֶךְ
אַרְצָם אֲשֶׁר נָתַתָּה לַאֲבוֹתָם וְהָעִיר אֲשֶׁר בָּחַרְתָּ וְלַבַּיִת
לט אֲשֶׁר־בָּנִיתִי לִשְׁמֶךָ׃ וְשָׁמַעְתָּ מִן־הַשָּׁמַיִם מִמְּכוֹן שִׁבְתְּךָ
אֶת־תְּפִלָּתָם וְאֶת־תְּחִנֹּתֵיהֶם וְעָשִׂיתָ מִשְׁפָּטָם וְסָלַחְתָּ לְעַמְּךָ
מ אֲשֶׁר חָטְאוּ־לָךְ׃ עַתָּה אֱלֹהַי יִהְיוּ־נָא עֵינֶיךָ פְּתֻחוֹת וְאָזְנֶיךָ
מא קַשֻּׁבוֹת לִתְפִלַּת הַמָּקוֹם הַזֶּה׃ וְעַתָּה קוּמָה יְהוָה
אֱלֹהִים לְנוּחֶךָ אַתָּה וַאֲרוֹן עֻזֶּךָ כֹּהֲנֶיךָ יְהוָה אֱלֹהִים יִלְבְּשׁוּ
מב תְשׁוּעָה וַחֲסִידֶיךָ יִשְׂמְחוּ בַטּוֹב׃ יְהוָה אֱלֹהִים אַל־תָּשֵׁב
ז א פְּנֵי מְשִׁיחֶךָ זָכְרָה לְחַסְדֵי דָּוִיד עַבְדֶּךָ׃ וּכְכַלּוֹת
שְׁלֹמֹה לְהִתְפַּלֵּל וְהָאֵשׁ יָרְדָה מֵהַשָּׁמַיִם וַתֹּאכַל הָעֹלָה
ב וְהַזְּבָחִים וּכְבוֹד יְהוָה מָלֵא אֶת־הַבָּיִת׃ וְלֹא יָכְלוּ הַכֹּהֲנִים
לָבוֹא אֶל־בֵּית יְהוָה כִּי־מָלֵא כְבוֹד־יְהוָה אֶת־בֵּית יְהוָה׃
ג וְכֹל ׀ בְּנֵי יִשְׂרָאֵל רֹאִים בְּרֶדֶת הָאֵשׁ וּכְבוֹד יְהוָה עַל־הַבָּיִת
וַיִּכְרְעוּ אַפַּיִם אַרְצָה עַל־הָרִצְפָה וַיִּשְׁתַּחֲווּ וְהוֹדוֹת לַיהוָה
ד כִּי טוֹב כִּי לְעוֹלָם חַסְדּוֹ׃ וְהַמֶּלֶךְ וְכָל־הָעָם זֹבְחִים זֶבַח

דברי הימים ב

ז

לִפְנֵי יְהוָה: וַיִּזְבַּ֣ח הַמֶּ֣לֶךְ שְׁלֹמֹה֮ אֶת־זֶ֣בַח הַבָּקָר֒

עֶשְׂרִ֣ים וּשְׁנַ֣יִם אֶ֗לֶף וְצֹאן֙ מֵאָ֤ה וְעֶשְׂרִים֙ אֶ֔לֶף וַֽיַּחְנְכוּ֙ אֶת־

בֵּ֣ית הָאֱלֹהִ֔ים הַמֶּ֖לֶךְ וְכָל־הָעָֽם: וְהַכֹּהֲנִ֞ים עַל־מִשְׁמְרוֹתָ֣ם

עֹמְדִ֗ים וְהַלְוִיִּ֞ם בִּכְלֵי־שִׁ֤יר יְהוָה֙ אֲשֶׁ֨ר עָשָׂ֜ה דָּוִ֣יד הַמֶּ֗לֶךְ

לְהֹד֤וֹת לַֽיהוָה֙ כִּֽי־לְעוֹלָ֣ם חַסְדּ֔וֹ בְּהַלֵּ֥ל דָּוִ֖יד בְּיָדָ֑ם וְהַכֹּֽהֲנִים֙

מַחְצְרִ֔ים   מַחְצְרִ֣ים נֶגְדָּ֔ם וְכָל־יִשְׂרָאֵ֖ל עֹמְדִֽים: וַיְקַדֵּ֣שׁ שְׁלֹמֹ֗ה

אֶת־תּ֣וֹךְ הֶֽחָצֵ֗ר אֲשֶׁר֙ לִפְנֵ֣י בֵית־יְהוָ֔ה כִּֽי־עָ֤שָׂה שָׁם֙ הָעֹל֔וֹת

וְאֵ֖ת חֶלְבֵ֣י הַשְּׁלָמִ֑ים כִּֽי־מִזְבַּ֤ח הַנְּחֹ֨שֶׁת֙ אֲשֶׁר־עָשָׂ֣ה שְׁלֹמֹ֔ה

לֹ֣א יָכ֗וֹל לְהָכִ֛יל אֶת־הָעֹלָ֥ה וְאֶת־הַמִּנְחָ֖ה וְאֶת־הַחֲלָבִֽים:

ח   וַיַּ֣עַשׂ שְׁלֹמֹ֣ה אֶת־הֶחָ֣ג בָּעֵ֣ת הַהִ֗יא שִׁבְעַ֤ת יָמִים֙ וְכָל־יִשְׂרָאֵ֣ל

עִמּ֔וֹ קָהָ֖ל גָּד֣וֹל מְאֹ֑ד מִלְּב֥וֹא חֲמָ֖ת עַד־נַ֥חַל מִצְרָֽיִם: וַיַּֽעֲשׂ֞וּ

ט   בַּיּ֣וֹם הַשְּׁמִינִ֔י עֲצָ֖רֶת כִּ֣י ׀ חֲנֻכַּ֣ת הַמִּזְבֵּ֗חַ עָשׂוּ֙ שִׁבְעַ֣ת יָמִ֔ים

וְהֶחָ֖ג שִׁבְעַ֣ת יָמִֽים: וּבְי֨וֹם עֶשְׂרִ֤ים וּשְׁלֹשָׁה֙ לַחֹ֣דֶשׁ הַשְּׁבִיעִ֔י

י   שִׁלַּ֥ח אֶת־הָעָ֖ם לְאָהֳלֵיהֶ֑ם שְׂמֵחִים֙ וְט֣וֹבֵי לֵ֔ב עַל־הַטּוֹבָ֗ה

אֲשֶׁ֨ר עָשָׂ֤ה יְהוָה֙ לְדָוִ֣יד וְלִשְׁלֹמֹ֔ה וּלְיִשְׂרָאֵ֖ל עַמּֽוֹ: וַיְכַ֧ל

יא   שְׁלֹמֹ֛ה אֶת־בֵּ֥ית יְהוָ֖ה וְאֶת־בֵּ֣ית הַמֶּ֑לֶךְ וְאֵ֨ת כָּל־הַבָּ֜א עַל־לֵ֣ב

שְׁלֹמֹ֗ה לַעֲשׂ֛וֹת בְּבֵית־יְהוָ֥ה וּבְבֵית֖וֹ הִצְלִֽיחַ: וַיֵּרָ֧א

יב   יְהוָ֛ה אֶל־שְׁלֹמֹ֖ה בַּלָּ֑יְלָה וַיֹּ֣אמֶר ל֔וֹ שָׁמַ֨עְתִּי֙ אֶת־תְּפִלָּתֶ֔ךָ

וּבָחַ֜רְתִּי בַּמָּק֥וֹם הַזֶּ֛ה לִ֖י לְבֵ֥ית זָֽבַח: הֵ֣ן אֶֽעֱצֹ֤ר הַשָּׁמַ֨יִם֙ וְלֹֽא־

יג   יִהְיֶ֣ה מָטָ֔ר וְהֵן־אֲצַוֶּ֥ה עַל־חָגָ֖ב לֶאֱכ֣וֹל הָאָ֑רֶץ וְאִם־אֲשַׁלַּ֥ח

דֶּ֖בֶר בְּעַמִּֽי: וְיִכָּנְע֣וּ עַמִּ֡י אֲשֶׁ֣ר נִֽקְרָא־שְׁמִ֣י עֲלֵיהֶם֩ וְיִֽתְפַּֽלְל֨וּ

יד   וִֽיבַקְשׁ֤וּ פָנַי֙ וְיָשֻׁ֨בוּ֙ מִדַּרְכֵיהֶ֣ם הָרָעִ֔ים וַאֲנִי֙ אֶשְׁמַ֣ע מִן־הַשָּׁמַ֔יִם

טו   וְאֶסְלַח֙ לְחַטָּאתָ֔ם וְאֶרְפָּ֖א אֶת־אַרְצָֽם: עַתָּ֗ה עֵינַי֙ יִהְי֣וּ פְתֻח֔וֹת

טז   וְאָזְנַ֖י קַשֻּׁב֑וֹת לִתְפִלַּ֖ת הַמָּק֥וֹם הַזֶּֽה: וְעַתָּ֗ה בָּחַ֤רְתִּי וְהִקְדַּ֨שְׁתִּי֙

אֶת־הַבַּ֣יִת הַזֶּ֔ה לִהְי֥וֹת־שְׁמִי־שָׁ֖ם עַד־עוֹלָ֑ם וְהָי֨וּ עֵינַ֧י וְלִבִּ֛י

יז   שָׁ֖ם כָּל־הַיָּמִֽים: וְאַתָּ֞ה אִם־תֵּלֵ֣ךְ לְפָנַ֗י כַּאֲשֶׁ֤ר הָלַךְ֙ דָּוִ֣יד

אָבִ֔יךָ וְלַעֲשׂ֕וֹת כְּכֹ֖ל אֲשֶׁ֣ר צִוִּיתִ֑יךָ וְחֻקַּ֥י וּמִשְׁפָּטַ֖י תִּשְׁמֽוֹר:

יח וְהֲקִימוֹתִי אֵת כִּסֵּא מַלְכוּתֶךָ כַּאֲשֶׁר כָּרַתִּי לְדָוִיד אָבִיךָ לֵאמֹר
יט לֹא־יִכָּרֵת לְךָ אִישׁ מוֹשֵׁל בְּיִשְׂרָאֵל: וְאִם־תְּשׁוּבוּן אַתֶּם
וַעֲזַבְתֶּם חֻקּוֹתַי וּמִצְוֹתַי אֲשֶׁר נָתַתִּי לִפְנֵיכֶם וַהֲלַכְתֶּם וַעֲבַדְתֶּם
כ אֱלֹהִים אֲחֵרִים וְהִשְׁתַּחֲוִיתֶם לָהֶם: וּנְתַשְׁתִּים מֵעַל אַדְמָתִי
אֲשֶׁר־נָתַתִּי לָהֶם וְאֶת־הַבַּיִת הַזֶּה אֲשֶׁר־הִקְדַּשְׁתִּי לִשְׁמִי
אַשְׁלִיךְ מֵעַל פָּנָי וְאֶתְּנֶנּוּ לְמָשָׁל וְלִשְׁנִינָה בְּכָל־הָעַמִּים:
כא וְהַבַּיִת הַזֶּה אֲשֶׁר־הָיָה עֶלְיוֹן לְכָל־עֹבֵר עָלָיו יִשֹּׁם וְאָמַר
כב בַּמֶּה עָשָׂה יהוה כָּכָה לָאָרֶץ הַזֹּאת וְלַבַּיִת הַזֶּה: וְאָמְרוּ
עַל אֲשֶׁר עָזְבוּ אֶת־יהוה ׀ אֱלֹהֵי אֲבֹתֵיהֶם אֲשֶׁר הוֹצִיאָם
מֵאֶרֶץ מִצְרַיִם וַיַּחֲזִיקוּ בֵּאלֹהִים אֲחֵרִים וַיִּשְׁתַּחֲווּ לָהֶם
וַיַּעַבְדוּם עַל־כֵּן הֵבִיא עֲלֵיהֶם אֵת כָּל־הָרָעָה הַזֹּאת:
ח א וַיְהִי מִקֵּץ ׀ עֶשְׂרִים שָׁנָה אֲשֶׁר בָּנָה שְׁלֹמֹה אֶת־בֵּית יהוה
ב וְאֶת־בֵּיתוֹ: וְהֶעָרִים אֲשֶׁר נָתַן חוּרָם לִשְׁלֹמֹה בָּנָה שְׁלֹמֹה
ג אֹתָם וַיּוֹשֶׁב שָׁם אֶת־בְּנֵי יִשְׂרָאֵל: וַיֵּלֶךְ שְׁלֹמֹה חֲמָת צוֹבָה
ד וַיֶּחֱזַק עָלֶיהָ: וַיִּבֶן אֶת־תַּדְמֹר בַּמִּדְבָּר וְאֵת כָּל־עָרֵי הַמִּסְכְּנוֹת
ה אֲשֶׁר בָּנָה בַּחֲמָת: וַיִּבֶן אֶת־בֵּית חוֹרוֹן הָעֶלְיוֹן וְאֶת־בֵּית
ו חוֹרוֹן הַתַּחְתּוֹן עָרֵי מָצוֹר חוֹמוֹת דְּלָתַיִם וּבְרִיחַ: וְאֶת־בַּעֲלָת
וְאֵת כָּל־עָרֵי הַמִּסְכְּנוֹת אֲשֶׁר־הָיוּ לִשְׁלֹמֹה וְאֵת כָּל־עָרֵי
הָרֶכֶב וְאֵת עָרֵי הַפָּרָשִׁים וְאֵת ׀ כָּל־חֵשֶׁק שְׁלֹמֹה אֲשֶׁר חָשַׁק
ז לִבְנוֹת בִּירוּשָׁלַםִ וּבַלְּבָנוֹן וּבְכֹל אֶרֶץ מֶמְשַׁלְתּוֹ: כָּל־הָעָם
הַנּוֹתָר מִן־הַחִתִּי וְהָאֱמֹרִי וְהַפְּרִזִּי וְהַחִוִּי וְהַיְבוּסִי אֲשֶׁר לֹא
ח מִיִּשְׂרָאֵל הֵמָּה: מִן־בְּנֵיהֶם אֲשֶׁר נוֹתְרוּ אַחֲרֵיהֶם בָּאָרֶץ אֲשֶׁר
ט לֹא־כִלּוּם בְּנֵי יִשְׂרָאֵל וַיַּעֲלֵם שְׁלֹמֹה לְמַס עַד הַיּוֹם הַזֶּה: וּמִן־
בְּנֵי יִשְׂרָאֵל אֲשֶׁר לֹא־נָתַן שְׁלֹמֹה לַעֲבָדִים לִמְלַאכְתּוֹ כִּי־הֵמָּה
י אַנְשֵׁי מִלְחָמָה וְשָׂרֵי שָׁלִישָׁיו וְשָׂרֵי רִכְבּוֹ וּפָרָשָׁיו: וְאֵלֶּה שָׂרֵי
הנציבים אֲשֶׁר־לַמֶּלֶךְ שְׁלֹמֹה חֲמִשִּׁים וּמָאתַיִם הָרֹדִים בָּעָם: הַנִּצָּבִים
יא וְאֶת־בַּת־פַּרְעֹה הֶעֱלָה שְׁלֹמֹה מֵעִיר דָּוִיד לַבַּיִת אֲשֶׁר בָּנָה־

לָהּ כִּי אָמַר לֹא־תֵשֵׁב אִשָּׁה לִי בְּבֵית דָּוִיד מֶלֶךְ־יִשְׂרָאֵל כִּי־
קֹדֶשׁ הֵמָּה אֲשֶׁר־בָּאָה אֲלֵיהֶם אֲרוֹן יְהוָה׃
יב אָז הֶעֱלָה שְׁלֹמֹה עֹלוֹת לַיהוָה עַל מִזְבַּח יְהוָה אֲשֶׁר בָּנָה
יג לִפְנֵי הָאוּלָם׃ וּבִדְבַר־יוֹם בְּיוֹם לְהַעֲלוֹת כְּמִצְוַת מֹשֶׁה
לַשַּׁבָּתוֹת וְלֶחֳדָשִׁים וְלַמּוֹעֲדוֹת שָׁלוֹשׁ פְּעָמִים בַּשָּׁנָה בְּחַג
יד הַמַּצּוֹת וּבְחַג הַשָּׁבֻעוֹת וּבְחַג הַסֻּכּוֹת׃ וַיַּעֲמֵד כְּמִשְׁפַּט דָּוִיד־
אָבִיו אֶת־מַחְלְקוֹת הַכֹּהֲנִים עַל־עֲבֹדָתָם וְהַלְוִיִּם עַל־
מִשְׁמְרוֹתָם לְהַלֵּל וּלְשָׁרֵת נֶגֶד הַכֹּהֲנִים לִדְבַר־יוֹם בְּיוֹמוֹ
וְהַשּׁוֹעֲרִים בְּמַחְלְקוֹתָם לְשַׁעַר וָשָׁעַר כִּי כֵן מִצְוַת דָּוִיד אִישׁ־
טו הָאֱלֹהִים׃ וְלֹא סָרוּ מִצְוַת הַמֶּלֶךְ עַל־הַכֹּהֲנִים וְהַלְוִיִּם לְכָל־
טז דָּבָר וְלָאֹצָרוֹת׃ וַתִּכֹּן כָּל־מְלֶאכֶת שְׁלֹמֹה עַד־הַיּוֹם מוּסַד
יז בֵּית־יְהוָה וְעַד־כְּלֹתוֹ שָׁלֵם בֵּית יְהוָה׃ אָז הָלַךְ
שְׁלֹמֹה לְעֶצְיוֹן־גֶּבֶר וְאֶל־אֵילוֹת עַל־שְׂפַת הַיָּם בְּאֶרֶץ אֱדוֹם׃
יח וַיִּשְׁלַח־לוֹ חוּרָם בְּיַד־עֲבָדָיו אוניות וַעֲבָדִים יוֹדְעֵי יָם וַיָּבֹאוּ אֳנִיּוֹת
עִם־עַבְדֵי שְׁלֹמֹה אוֹפִירָה וַיִּקְחוּ מִשָּׁם אַרְבַּע־מֵאוֹת וַחֲמִשִּׁים
ט א כִּכַּר זָהָב וַיָּבִיאוּ אֶל־הַמֶּלֶךְ שְׁלֹמֹה׃ וּמַלְכַּת־שְׁבָא
שָׁמְעָה אֶת־שֵׁמַע שְׁלֹמֹה וַתָּבוֹא לְנַסּוֹת אֶת־שְׁלֹמֹה בְחִידוֹת
בִּירוּשָׁלִַם בְּחַיִל כָּבֵד מְאֹד וּגְמַלִּים נֹשְׂאִים בְּשָׂמִים וְזָהָב
לָרֹב וְאֶבֶן יְקָרָה וַתָּבוֹא אֶל־שְׁלֹמֹה וַתְּדַבֵּר עִמּוֹ אֵת כָּל־
ב אֲשֶׁר הָיָה עִם־לְבָבָהּ׃ וַיַּגֶּד־לָהּ שְׁלֹמֹה אֶת־כָּל־דְּבָרֶיהָ וְלֹא־
ג נֶעְלַם דָּבָר מִשְּׁלֹמֹה אֲשֶׁר לֹא הִגִּיד לָהּ׃ וַתֵּרֶא מַלְכַּת־שְׁבָא
ד אֵת חָכְמַת שְׁלֹמֹה וְהַבַּיִת אֲשֶׁר בָּנָה׃ וּמַאֲכַל שֻׁלְחָנוֹ וּמוֹשַׁב
עֲבָדָיו וּמַעֲמַד מְשָׁרְתָיו וּמַלְבּוּשֵׁיהֶם וּמַשְׁקָיו וּמַלְבּוּשֵׁיהֶם
ה וַעֲלִיָּתוֹ אֲשֶׁר יַעֲלֶה בֵּית יְהוָה וְלֹא־הָיָה עוֹד בָּהּ רוּחַ׃ וַתֹּאמֶר
אֶל־הַמֶּלֶךְ אֱמֶת הַדָּבָר אֲשֶׁר שָׁמַעְתִּי בְּאַרְצִי עַל־דְּבָרֶיךָ
ו וְעַל־חָכְמָתֶךָ׃ וְלֹא־הֶאֱמַנְתִּי לְדִבְרֵיהֶם עַד אֲשֶׁר־בָּאתִי
וַתִּרְאֶינָה עֵינַי וְהִנֵּה לֹא הֻגַּד־לִי חֲצִי מַרְבִּית חָכְמָתֶךָ יָסַפְתָּ

ז עַל־הַשְּׁמוּעָה אֲשֶׁר שָׁמָעְתִּי: אַשְׁרֵי אֲנָשֶׁיךָ וְאַשְׁרֵי עֲבָדֶיךָ
ח אֵלֶּה הָעֹמְדִים לְפָנֶיךָ תָּמִיד וְשֹׁמְעִים אֶת־חָכְמָתֶךָ: יְהִי יְהוָה
אֱלֹהֶיךָ בָּרוּךְ אֲשֶׁר חָפֵץ בְּךָ לְתִתְּךָ עַל־כִּסְאוֹ לְמֶלֶךְ לַיהוָה
אֱלֹהֶיךָ בְּאַהֲבַת אֱלֹהֶיךָ אֶת־יִשְׂרָאֵל לְהַעֲמִידוֹ לְעוֹלָם וַיִּתֶּנְךָ
ט עֲלֵיהֶם לְמֶלֶךְ לַעֲשׂוֹת מִשְׁפָּט וּצְדָקָה: וַתִּתֵּן לַמֶּלֶךְ מֵאָה
וְעֶשְׂרִים כִּכַּר זָהָב וּבְשָׂמִים לָרֹב מְאֹד וְאֶבֶן יְקָרָה וְלֹא הָיָה
י כַּבֹּשֶׂם הַהוּא אֲשֶׁר נָתְנָה מַלְכַּת־שְׁבָא לַמֶּלֶךְ שְׁלֹמֹה: וְגַם
עַבְדֵי חירם וְעַבְדֵי שְׁלֹמֹה אֲשֶׁר־הֵבִיאוּ זָהָב מֵאוֹפִיר הֵבִיאוּ חוּרָם
יא עֲצֵי אַלְגּוּמִּים וְאֶבֶן יְקָרָה: וַיַּעַשׂ הַמֶּלֶךְ אֶת־עֲצֵי הָאַלְגּוּמִּים
מְסִלּוֹת לְבֵית־יְהוָה וּלְבֵית הַמֶּלֶךְ וְכִנֹּרוֹת וּנְבָלִים לַשָּׁרִים וְלֹא־
יב נִרְאוּ כָהֵם לְפָנִים בְּאֶרֶץ יְהוּדָה: וְהַמֶּלֶךְ שְׁלֹמֹה נָתַן לְמַלְכַּת־
שְׁבָא אֶת־כָּל־חֶפְצָהּ אֲשֶׁר שָׁאָלָה מִלְּבַד אֲשֶׁר־הֵבִיאָה אֶל־
יג הַמֶּלֶךְ וַתַּהֲפֹךְ וַתֵּלֶךְ לְאַרְצָהּ הִיא וַעֲבָדֶיהָ: וַיְהִי מִשְׁקַל
הַזָּהָב אֲשֶׁר־בָּא לִשְׁלֹמֹה בְּשָׁנָה אֶחָת שֵׁשׁ מֵאוֹת וְשִׁשִּׁים
יד וְשֵׁשׁ כִּכְּרֵי זָהָב: לְבַד מֵאַנְשֵׁי הַתָּרִים וְהַסֹּחֲרִים מְבִיאִים
וְכָל־מַלְכֵי עֲרַב וּפַחוֹת הָאָרֶץ מְבִיאִים זָהָב וָכֶסֶף לִשְׁלֹמֹה:
טו וַיַּעַשׂ הַמֶּלֶךְ שְׁלֹמֹה מָאתַיִם צִנָּה זָהָב שָׁחוּט שֵׁשׁ מֵאוֹת זָהָב
טז שָׁחוּט יַעֲלֶה עַל־הַצִּנָּה הָאֶחָת: וּשְׁלֹשׁ־מֵאוֹת מָגִנִּים זָהָב
שָׁחוּט שְׁלֹשׁ מֵאוֹת זָהָב יַעֲלֶה עַל־הַמָּגֵן הָאֶחָת וַיִּתְּנֵם הַמֶּלֶךְ
יז בְּבֵית יַעַר הַלְּבָנוֹן: וַיַּעַשׂ הַמֶּלֶךְ כִּסֵּא־שֵׁן גָּדוֹל
יח וַיְצַפֵּהוּ זָהָב טָהוֹר: וְשֵׁשׁ מַעֲלוֹת לַכִּסֵּא וְכֶבֶשׁ בַּזָּהָב לַכִּסֵּא
מָאֳחָזִים וְיָדוֹת מִזֶּה וּמִזֶּה עַל־מְקוֹם הַשָּׁבֶת וּשְׁנַיִם אֲרָיוֹת
יט עֹמְדִים אֵצֶל הַיָּדוֹת: וּשְׁנֵים עָשָׂר אֲרָיוֹת עֹמְדִים שָׁם עַל־
כ שֵׁשׁ הַמַּעֲלוֹת מִזֶּה וּמִזֶּה לֹא־נַעֲשָׂה כֵן לְכָל־מַמְלָכָה: וְכֹל
כְּלֵי מַשְׁקֵה הַמֶּלֶךְ שְׁלֹמֹה זָהָב וְכֹל כְּלֵי בֵית־יַעַר הַלְּבָנוֹן
כא זָהָב סָגוּר אֵין כֶּסֶף נֶחְשָׁב בִּימֵי שְׁלֹמֹה לִמְאוּמָה: כִּי־אֳנִיּוֹת
לַמֶּלֶךְ הֹלְכוֹת תַּרְשִׁישׁ עִם עַבְדֵי חוּרָם אַחַת לְשָׁלוֹשׁ שָׁנִים

תָּבוֹאנָה ׀ אֳנִיּוֹת תַּרְשִׁישׁ נֹשְׂאוֹת זָהָב וָכֶסֶף שֶׁנְהַבִּים וְקוֹפִים
וְתוּכִּיִּים׃ וַיִּגְדַּל הַמֶּלֶךְ שְׁלֹמֹה מִכֹּל מַלְכֵי הָאָרֶץ לְעֹשֶׁר כב
וְחָכְמָה׃ וְכֹל מַלְכֵי הָאָרֶץ מְבַקְשִׁים אֶת־פְּנֵי שְׁלֹמֹה לִשְׁמֹעַ כג
טו אֶת־חָכְמָתוֹ אֲשֶׁר־נָתַן הָאֱלֹהִים בְּלִבּוֹ׃ וְהֵם מְבִיאִים אִישׁ כד
מִנְחָתוֹ כְּלֵי כֶסֶף וּכְלֵי זָהָב וּשְׂלָמוֹת נֵשֶׁק וּבְשָׂמִים סוּסִים
וּפְרָדִים דְּבַר־שָׁנָה בְּשָׁנָה׃ וַיְהִי לִשְׁלֹמֹה אַרְבַּעַת כה
אֲלָפִים אֻרְיוֹת סוּסִים וּמַרְכָּבוֹת וּשְׁנֵים־עָשָׂר אֶלֶף פָּרָשִׁים
וַיַּנִּיחֵם בְּעָרֵי הָרֶכֶב וְעִם־הַמֶּלֶךְ בִּירוּשָׁלִָם׃ וַיְהִי מוֹשֵׁל בְּכָל־ כו
הַמְּלָכִים מִן־הַנָּהָר וְעַד־אֶרֶץ פְּלִשְׁתִּים וְעַד גְּבוּל מִצְרָיִם׃
וַיִּתֵּן הַמֶּלֶךְ אֶת־הַכֶּסֶף בִּירוּשָׁלִַם כָּאֲבָנִים וְאֵת הָאֲרָזִים נָתַן כז
כַּשִּׁקְמִים אֲשֶׁר־בַּשְּׁפֵלָה לָרֹב׃ וּמוֹצִיאִים סוּסִים מִמִּצְרַיִם כח
לִשְׁלֹמֹה וּמִכָּל־הָאֲרָצוֹת׃ וּשְׁאָר דִּבְרֵי שְׁלֹמֹה הָרִאשֹׁנִים כט
וְהָאַחֲרוֹנִים הֲלֹא־הֵם כְּתוּבִים עַל־דִּבְרֵי נָתָן הַנָּבִיא וְעַל־
יֶעְדּוֹ נְבוּאַת אֲחִיָּה הַשִּׁילוֹנִי וּבַחֲזוֹת יעדי הַחֹזֶה עַל־יָרָבְעָם בֶּן־נְבָט׃
וַיִּמְלֹךְ שְׁלֹמֹה בִירוּשָׁלִַם עַל־כָּל־יִשְׂרָאֵל אַרְבָּעִים שָׁנָה׃ וַיִּשְׁכַּב ל לא
שְׁלֹמֹה עִם־אֲבֹתָיו וַיִּקְבְּרֻהוּ בְּעִיר דָּוִיד אָבִיו וַיִּמְלֹךְ רְחַבְעָם
בְּנוֹ תַּחְתָּיו׃ וַיֵּלֶךְ רְחַבְעָם שְׁכֶמָה כִּי שְׁכֶם בָּאוּ י א
כָל־יִשְׂרָאֵל לְהַמְלִיךְ אֹתוֹ׃ וַיְהִי כִּשְׁמֹעַ יָרָבְעָם בֶּן־נְבָט ב
וְהוּא בְמִצְרַיִם אֲשֶׁר בָּרַח מִפְּנֵי שְׁלֹמֹה הַמֶּלֶךְ וַיָּשָׁב יָרָבְעָם
מִמִּצְרָיִם׃ וַיִּשְׁלְחוּ וַיִּקְרְאוּ־לוֹ וַיָּבֹא יָרָבְעָם וְכָל־יִשְׂרָאֵל ג
וַיְדַבְּרוּ אֶל־רְחַבְעָם לֵאמֹר׃ אָבִיךָ הִקְשָׁה אֶת־עֻלֵּנוּ וְעַתָּה ד
הָקֵל מֵעֲבוֹדַת אָבִיךָ הַקָּשָׁה וּמֵעֻלּוֹ הַכָּבֵד אֲשֶׁר־נָתַן עָלֵינוּ
וְנַעַבְדֶךָּ׃ וַיֹּאמֶר אֲלֵהֶם עוֹד שְׁלֹשֶׁת יָמִים וְשׁוּבוּ אֵלָי וַיֵּלֶךְ ה
הָעָם׃ וַיִּוָּעַץ הַמֶּלֶךְ רְחַבְעָם אֶת־הַזְּקֵנִים אֲשֶׁר־הָיוּ ו
עֹמְדִים לִפְנֵי שְׁלֹמֹה אָבִיו בִּהְיֹתוֹ חַי לֵאמֹר אֵיךְ אַתֶּם נוֹעָצִים
לְהָשִׁיב לָעָם־הַזֶּה דָבָר׃ וַיְדַבְּרוּ אֵלָיו לֵאמֹר אִם־תִּהְיֶה ז
לְטוֹב לְהָעָם הַזֶּה וּרְצִיתָם וְדִבַּרְתָּ אֲלֵהֶם דְּבָרִים טוֹבִים

ח וְהָיוּ לְךָ עֲבָדִים כָּל־הַיָּמִים׃ וַיַּעֲזֹב אֶת־עֲצַת הַזְּקֵנִים אֲשֶׁר
יְעָצֻהוּ וַיִּוָּעַץ אֶת־הַיְלָדִים אֲשֶׁר גָּדְלוּ אִתּוֹ הָעֹמְדִים לְפָנָיו׃
ט וַיֹּאמֶר אֲלֵהֶם מָה אַתֶּם נוֹעָצִים וְנָשִׁיב דָּבָר אֶת־הָעָם הַזֶּה
אֲשֶׁר דִּבְּרוּ אֵלַי לֵאמֹר הָקֵל מִן־הָעֹל אֲשֶׁר־נָתַן אָבִיךָ
י עָלֵינוּ׃ וַיְדַבְּרוּ אִתּוֹ הַיְלָדִים אֲשֶׁר גָּדְלוּ אִתּוֹ לֵאמֹר כֹּה
תֹאמַר לָעָם אֲשֶׁר־דִּבְּרוּ אֵלֶיךָ לֵאמֹר אָבִיךָ הִכְבִּיד אֶת־
עֻלֵּנוּ וְאַתָּה הָקֵל מֵעָלֵינוּ כֹּה תֹּאמַר אֲלֵהֶם קָטָנִּי עָבָה מִמָּתְנֵי
יא אָבִי׃ וְעַתָּה אָבִי הֶעְמִיס עֲלֵיכֶם עֹל כָּבֵד וַאֲנִי אֹסִיף עַל־עֻלְּכֶם
יב אָבִי יִסַּר אֶתְכֶם בַּשּׁוֹטִים וַאֲנִי בָּעַקְרַבִּים׃ וַיָּבֹא
יָרָבְעָם וְכָל־הָעָם אֶל־רְחַבְעָם בַּיּוֹם הַשְּׁלִשִׁי כַּאֲשֶׁר דִּבֶּר
יג הַמֶּלֶךְ לֵאמֹר שׁוּבוּ אֵלַי בַּיּוֹם הַשְּׁלִשִׁי׃ וַיַּעֲנֵם הַמֶּלֶךְ קָשָׁה
יד וַיַּעֲזֹב הַמֶּלֶךְ רְחַבְעָם אֵת עֲצַת הַזְּקֵנִים׃ וַיְדַבֵּר אֲלֵהֶם כַּעֲצַת
הַיְלָדִים לֵאמֹר אַכְבִּיד אֶת־עֻלְּכֶם וַאֲנִי אֹסִיף עָלָיו אָבִי
טו יִסַּר אֶתְכֶם בַּשּׁוֹטִים וַאֲנִי בָּעַקְרַבִּים׃ וְלֹא־שָׁמַע הַמֶּלֶךְ אֶל־
הָעָם כִּי־הָיְתָה נְסִבָּה מֵעִם הָאֱלֹהִים לְמַעַן הָקִים יְהוָה אֶת־
דְּבָרוֹ אֲשֶׁר דִּבֶּר בְּיַד אֲחִיָּהוּ הַשִּׁלוֹנִי אֶל־יָרָבְעָם בֶּן־נְבָט׃
טז וְכָל־יִשְׂרָאֵל כִּי לֹא־שָׁמַע הַמֶּלֶךְ לָהֶם וַיָּשִׁיבוּ הָעָם ׀
אֶת־הַמֶּלֶךְ ׀ לֵאמֹר מַה־לָּנוּ חֵלֶק בְּדָוִיד וְלֹא־נַחֲלָה בְּבֶן־
יִשַׁי אִישׁ לְאֹהָלֶיךָ יִשְׂרָאֵל עַתָּה רְאֵה בֵיתְךָ דָּוִיד וַיֵּלֶךְ
יז כָּל־יִשְׂרָאֵל לְאֹהָלָיו׃ וּבְנֵי יִשְׂרָאֵל הַיֹּשְׁבִים בְּעָרֵי
יח יְהוּדָה וַיִּמְלֹךְ עֲלֵיהֶם רְחַבְעָם׃ וַיִּשְׁלַח הַמֶּלֶךְ רְחַבְעָם
אֶת־הֲדֹרָם אֲשֶׁר עַל־הַמַּס וַיִּרְגְּמוּ־בוֹ בְנֵי־יִשְׂרָאֵל אֶבֶן
וַיָּמֹת וְהַמֶּלֶךְ רְחַבְעָם הִתְאַמֵּץ לַעֲלוֹת בַּמֶּרְכָּבָה לָנוּס
יט יְרוּשָׁלִָם׃ וַיִּפְשְׁעוּ יִשְׂרָאֵל בְּבֵית דָּוִיד עַד הַיּוֹם
יא א הַזֶּה׃ וַיָּבֹא רְחַבְעָם יְרוּשָׁלִַם וַיַּקְהֵל אֶת־בֵּית יְהוּדָה
וּבִנְיָמִן מֵאָה וּשְׁמוֹנִים אֶלֶף בָּחוּר עֹשֵׂה מִלְחָמָה לְהִלָּחֵם
ב עִם־יִשְׂרָאֵל לְהָשִׁיב אֶת־הַמַּמְלָכָה לִרְחַבְעָם׃ וַיְהִי

ג דְּבַר־יְהוָה אֶל־שְׁמַעְיָהוּ אִישׁ־הָאֱלֹהִים לֵאמֹר: אֱמֹר אֶל־
רְחַבְעָם בֶּן־שְׁלֹמֹה מֶלֶךְ יְהוּדָה וְאֶל כָּל־יִשְׂרָאֵל בִּיהוּדָה
ד וּבִנְיָמִן לֵאמֹר: כֹּה אָמַר יְהוָה לֹא־תַעֲלוּ וְלֹא־תִלָּחֲמוּ עִם־
אֲחֵיכֶם שׁוּבוּ אִישׁ לְבֵיתוֹ כִּי מֵאִתִּי נִהְיָה הַדָּבָר הַזֶּה וַיִּשְׁמְעוּ
ה אֶת־דִּבְרֵי יְהוָה וַיָּשֻׁבוּ מִלֶּכֶת אֶל־יָרָבְעָם: וַיֵּשֶׁב
ו רְחַבְעָם בִּירוּשָׁלָם וַיִּבֶן עָרִים לְמָצוֹר בִּיהוּדָה: וַיִּבֶן אֶת־
ז בֵּית־לֶחֶם וְאֶת־עֵיטָם וְאֶת־תְּקוֹעַ: וְאֶת־בֵּית־צוּר וְאֶת־
ח ט שׂוֹכוֹ וְאֶת־עֲדֻלָּם: וְאֶת־גַּת וְאֶת־מָרֵשָׁה וְאֶת־זִיף: וְאֶת־
י אֲדוֹרַיִם וְאֶת־לָכִישׁ וְאֶת־עֲזֵקָה: וְאֶת־צָרְעָה וְאֶת־אַיָּלוֹן
יא וְאֶת־חֶבְרוֹן אֲשֶׁר בִּיהוּדָה וּבְבִנְיָמִן עָרֵי מְצֻרוֹת: וַיְחַזֵּק אֶת־
הַמְּצוּרוֹת וַיִּתֵּן בָּהֶם נְגִידִים וְאֹצְרוֹת מַאֲכָל וְשֶׁמֶן וָיָיִן:
יב וּבְכָל־עִיר וָעִיר צִנּוֹת וּרְמָחִים וַיְחַזְּקֵם לְהַרְבֵּה מְאֹד וַיְהִי־
יג לוֹ יְהוּדָה וּבִנְיָמִן: וְהַכֹּהֲנִים וְהַלְוִיִּם אֲשֶׁר בְּכָל־
יד יִשְׂרָאֵל הִתְיַצְּבוּ עָלָיו מִכָּל־גְּבוּלָם: כִּי־עָזְבוּ הַלְוִיִּם אֶת־
מִגְרְשֵׁיהֶם וַאֲחֻזָּתָם וַיֵּלְכוּ לִיהוּדָה וְלִירוּשָׁלָם כִּי־הִזְנִיחָם
טו יָרָבְעָם וּבָנָיו מִכַּהֵן לַיהוָה: וַיַּעֲמֶד־לוֹ כֹּהֲנִים לַבָּמוֹת
טז וְלַשְּׂעִירִים וְלָעֲגָלִים אֲשֶׁר עָשָׂה: וְאַחֲרֵיהֶם מִכֹּל שִׁבְטֵי
יִשְׂרָאֵל הַנֹּתְנִים אֶת־לְבָבָם לְבַקֵּשׁ אֶת־יְהוָה אֱלֹהֵי יִשְׂרָאֵל
יז בָּאוּ יְרוּשָׁלַם לִזְבּוֹחַ לַיהוָה אֱלֹהֵי אֲבוֹתֵיהֶם: וַיְחַזְּקוּ אֶת־
מַלְכוּת יְהוּדָה וַיְאַמְּצוּ אֶת־רְחַבְעָם בֶּן־שְׁלֹמֹה לְשָׁנִים שָׁלוֹשׁ
יח כִּי הָלְכוּ בְּדֶרֶךְ דָּוִיד וּשְׁלֹמֹה לְשָׁנִים שָׁלוֹשׁ: וַיִּקַּח־
לוֹ רְחַבְעָם אִשָּׁה אֶת־מָחֲלַת בן־יְרִימוֹת בֶּן־דָּוִיד אֲבִיהַיִל בַּת־
יט בַּת־אֱלִיאָב בֶּן־יִשָׁי: וַתֵּלֶד לוֹ בָּנִים אֶת־יְעוּשׁ וְאֶת־שְׁמַרְיָה
כ וְאֶת־זָהַם: וְאַחֲרֶיהָ לָקַח אֶת־מַעֲכָה בַּת־אַבְשָׁלוֹם וַתֵּלֶד לוֹ
כא אֶת־אֲבִיָּה וְאֶת־עַתַּי וְאֶת־זִיזָא וְאֶת־שְׁלֹמִית: וַיֶּאֱהַב רְחַבְעָם
אֶת־מַעֲכָה בַת־אַבְשָׁלוֹם מִכָּל־נָשָׁיו וּפִילַגְשָׁיו כִּי נָשִׁים
שְׁמוֹנֶה־עֶשְׂרֵה נָשָׂא וּפִילַגְשִׁים שִׁשִּׁים וַיּוֹלֶד עֶשְׂרִים וּשְׁמוֹנָה

כב בָּנִים וְשִׁשִּׁים בָּנוֹת׃ וַיַּעֲמֵד לָרֹאשׁ רְחַבְעָם אֶת־אֲבִיָּה בֶן־
כג מַעֲכָה לְנָגִיד בְּאֶחָיו כִּי לְהַמְלִיכוֹ׃ וַיָּבֶן וַיִּפְרֹץ מִכָּל־בָּנָיו
לְכָל־אַרְצוֹת יְהוּדָה וּבִנְיָמִן לְכֹל עָרֵי הַמְּצֻרוֹת וַיִּתֵּן לָהֶם
יב א הַמָּזוֹן לָרֹב וַיִּשְׁאַל הֲמוֹן נָשִׁים׃ וַיְהִי כְּהָכִין מַלְכוּת רְחַבְעָם
ב וּכְחֶזְקָתוֹ עָזַב אֶת־תּוֹרַת יְהוָה וְכָל־יִשְׂרָאֵל עִמּוֹ׃ וַיְהִי
בַּשָּׁנָה הַחֲמִישִׁית לַמֶּלֶךְ רְחַבְעָם עָלָה שִׁישַׁק מֶלֶךְ־מִצְרַיִם
ג עַל־יְרוּשָׁלִַם כִּי מָעֲלוּ בַּיהוָה׃ בְּאֶלֶף וּמָאתַיִם רֶכֶב וּבְשִׁשִּׁים
אֶלֶף פָּרָשִׁים וְאֵין מִסְפָּר לָעָם אֲשֶׁר־בָּאוּ עִמּוֹ מִמִּצְרַיִם
ד לוּבִים סֻכִּיִּים וְכוּשִׁים׃ וַיִּלְכֹּד אֶת־עָרֵי הַמְּצֻרוֹת אֲשֶׁר
ה לִיהוּדָה וַיָּבֹא עַד־יְרוּשָׁלִָם׃ וּשְׁמַעְיָה הַנָּבִיא בָּא
אֶל־רְחַבְעָם וְשָׂרֵי יְהוּדָה אֲשֶׁר־נֶאֶסְפוּ אֶל־יְרוּשָׁלִַם מִפְּנֵי
שִׁישָׁק וַיֹּאמֶר לָהֶם כֹּה־אָמַר יְהוָה אַתֶּם עֲזַבְתֶּם אֹתִי וְאַף־אֲנִי
ו עָזַבְתִּי אֶתְכֶם בְּיַד־שִׁישָׁק׃ וַיִּכָּנְעוּ שָׂרֵי־יִשְׂרָאֵל וְהַמֶּלֶךְ
ז וַיֹּאמְרוּ צַדִּיק | יְהוָה׃ וּבִרְאוֹת יְהוָה כִּי נִכְנָעוּ הָיָה דְבַר־
יְהוָה אֶל־שְׁמַעְיָה | לֵאמֹר נִכְנְעוּ לֹא אַשְׁחִיתֵם וְנָתַתִּי לָהֶם
כִּמְעַט לִפְלֵיטָה וְלֹא־תִתַּךְ חֲמָתִי בִּירוּשָׁלִַם בְּיַד־שִׁישָׁק׃
ח כִּי יִהְיוּ־לוֹ לַעֲבָדִים וְיֵדְעוּ עֲבוֹדָתִי וַעֲבוֹדַת מַמְלְכוֹת
ט הָאֲרָצוֹת׃ וַיַּעַל שִׁישַׁק מֶלֶךְ־מִצְרַיִם עַל־יְרוּשָׁלִַם
וַיִּקַּח אֶת־אֹצְרוֹת בֵּית־יְהוָה וְאֶת־אֹצְרוֹת בֵּית הַמֶּלֶךְ אֶת־
י הַכֹּל לָקָח וַיִּקַּח אֶת־מָגִנֵּי הַזָּהָב אֲשֶׁר עָשָׂה שְׁלֹמֹה׃ וַיַּעַשׂ
הַמֶּלֶךְ רְחַבְעָם תַּחְתֵּיהֶם מָגִנֵּי נְחֹשֶׁת וְהִפְקִיד עַל־יַד שָׂרֵי
יא הָרָצִים הַשֹּׁמְרִים פֶּתַח בֵּית הַמֶּלֶךְ׃ וַיְהִי מִדֵּי־בוֹא הַמֶּלֶךְ
בֵּית יְהוָה בָּאוּ הָרָצִים וּנְשָׂאוּם וֶהֱשִׁבוּם אֶל־תָּא הָרָצִים׃
טז יב וּבְהִכָּנְעוֹ שָׁב מִמֶּנּוּ אַף־יְהוָה וְלֹא לְהַשְׁחִית לְכָלָה וְגַם
יג בִּיהוּדָה הָיָה דְּבָרִים טוֹבִים׃ וַיִּתְחַזֵּק הַמֶּלֶךְ רְחַבְעָם
בִּירוּשָׁלִַם וַיִּמְלֹךְ כִּי בֶן־אַרְבָּעִים וְאַחַת שָׁנָה רְחַבְעָם בְּמָלְכוֹ
וּשְׁבַע עֶשְׂרֵה שָׁנָה | מָלַךְ בִּירוּשָׁלִַם הָעִיר אֲשֶׁר־בָּחַר יְהוָה

לָשׂוּם אֶת־שְׁמוֹ שָׁם מִכֹּל שִׁבְטֵי יִשְׂרָאֵל וְשֵׁם אִמּוֹ נַעֲמָה
יד הָעַמֹּנִית: וַיַּעַשׂ הָרָע כִּי לֹא הֵכִין לִבּוֹ לִדְרוֹשׁ אֶת־
טו יְהוָה: וְדִבְרֵי רְחַבְעָם הָרִאשֹׁנִים וְהָאַחֲרוֹנִים הֲלֹא־
הֵם כְּתוּבִים בְּדִבְרֵי שְׁמַעְיָה הַנָּבִיא וְעִדּוֹ הַחֹזֶה לְהִתְיַחֵשׂ
טז וּמִלְחֲמוֹת רְחַבְעָם וְיָרָבְעָם כָּל־הַיָּמִים: וַיִּשְׁכַּב רְחַבְעָם עִם־
יג א אֲבֹתָיו וַיִּקָּבֵר בְּעִיר דָּוִיד וַיִּמְלֹךְ אֲבִיָּה בְנוֹ תַּחְתָּיו: בִּשְׁנַת
ב שְׁמוֹנֶה עֶשְׂרֵה לַמֶּלֶךְ יָרָבְעָם וַיִּמְלֹךְ אֲבִיָּה עַל־יְהוּדָה: שָׁלוֹשׁ
שָׁנִים מָלַךְ בִּירוּשָׁלִַם וְשֵׁם אִמּוֹ מִיכָיָהוּ בַת־אוּרִיאֵל מִן־גִּבְעָה
ג וּמִלְחָמָה הָיְתָה בֵּין אֲבִיָּה וּבֵין יָרָבְעָם: וַיֶּאְסֹר אֲבִיָּה אֶת־
הַמִּלְחָמָה בְּחַיִל גִּבּוֹרֵי מִלְחָמָה אַרְבַּע־מֵאוֹת אֶלֶף אִישׁ
בָּחוּר וְיָרָבְעָם עָרַךְ עִמּוֹ מִלְחָמָה בִּשְׁמוֹנֶה מֵאוֹת
ד אֶלֶף אִישׁ בָּחוּר גִּבּוֹר חָיִל: וַיָּקָם אֲבִיָּה
מֵעַל לְהַר צְמָרַיִם אֲשֶׁר בְּהַר אֶפְרָיִם וַיֹּאמֶר שְׁמָעוּנִי יָרָבְעָם
ה וְכָל־יִשְׂרָאֵל: הֲלֹא לָכֶם לָדַעַת כִּי יְהוָה ׀ אֱלֹהֵי יִשְׂרָאֵל
נָתַן מַמְלָכָה לְדָוִיד עַל־יִשְׂרָאֵל לְעוֹלָם לוֹ וּלְבָנָיו בְּרִית
ו מֶלַח: וַיָּקָם יָרָבְעָם בֶּן־נְבָט עֶבֶד שְׁלֹמֹה בֶן־דָּוִיד וַיִּמְרֹד עַל־
ז אֲדֹנָיו: וַיִּקָּבְצוּ עָלָיו אֲנָשִׁים רֵקִים בְּנֵי בְלִיַּעַל וַיִּתְאַמְּצוּ עַל־
רְחַבְעָם בֶּן־שְׁלֹמֹה וּרְחַבְעָם הָיָה נַעַר וְרַךְ־לֵבָב וְלֹא הִתְחַזַּק
ח לִפְנֵיהֶם: וְעַתָּה ׀ אַתֶּם אֹמְרִים לְהִתְחַזֵּק לִפְנֵי מַמְלֶכֶת יְהוָה
בְּיַד בְּנֵי דָוִיד וְאַתֶּם הָמוֹן רָב וְעִמָּכֶם עֶגְלֵי זָהָב אֲשֶׁר עָשָׂה
ט לָכֶם יָרָבְעָם לֵאלֹהִים: הֲלֹא הִדַּחְתֶּם אֶת־כֹּהֲנֵי יְהוָה אֶת־
בְּנֵי אַהֲרֹן וְהַלְוִיִּם וַתַּעֲשׂוּ לָכֶם כֹּהֲנִים כְּעַמֵּי הָאֲרָצוֹת כָּל־
הַבָּא לְמַלֵּא יָדוֹ בְּפַר בֶּן־בָּקָר וְאֵילִם שִׁבְעָה וְהָיָה כֹהֵן לְלֹא
י אֱלֹהִים: וַאֲנַחְנוּ יְהוָה אֱלֹהֵינוּ וְלֹא עֲזַבְנֻהוּ וְכֹהֲנִים מְשָׁרְתִים
יא לַיהוָה בְּנֵי אַהֲרֹן וְהַלְוִיִּם בַּמְלָאכֶת: וּמַקְטִרִים לַיהוָה עֹלוֹת
בַּבֹּקֶר־בַּבֹּקֶר וּבָעֶרֶב־בָּעֶרֶב וּקְטֹרֶת־סַמִּים וּמַעֲרֶכֶת לֶחֶם
עַל־הַשֻּׁלְחָן הַטָּהוֹר וּמְנוֹרַת הַזָּהָב וְנֵרֹתֶיהָ לְבָעֵר בָּעֶרֶב

בָּעֶ֔רֶב כִּי־שֹׁמְרִ֗ים אֲנַ֙חְנוּ֙ אֶת־מִשְׁמֶ֙רֶת֙ יְהוָ֣ה אֱלֹהֵ֔ינוּ וְאַתֶּ֖ם

יב עֲזַבְתֶּ֣ם אֹת֑וֹ׃ וְהִנֵּה֩ עִמָּ֙נוּ בָרֹ֜אשׁ הָאֱלֹהִ֣ים ׀ וְכֹהֲנָ֗יו וַחֲצֹצְר֤וֹת

הַתְּרוּעָה֙ לְהָרִ֣יעַ עֲלֵיכֶ֔ם בְּנֵ֣י יִשְׂרָאֵ֔ל אַל־תִּלָּחֲמ֖וּ עִם־יְהוָ֥ה

יג אֱלֹהֵֽי־אֲבֹתֵיכֶ֖ם כִּי־לֹ֥א תַצְלִֽיחוּ׃ וְיָרָבְעָ֗ם הֵסֵב֙ אֶת־הַמַּאְרָ֔ב

לָב֖וֹא מֵאַחֲרֵיהֶ֑ם וַיִּֽהְיוּ֙ לִפְנֵ֣י יְהוּדָ֔ה וְהַמַּאְרָ֖ב מֵאַחֲרֵיהֶֽם׃

יד וַיִּפְנ֣וּ יְהוּדָ֗ה וְהִנֵּ֨ה לָהֶ֤ם הַמִּלְחָמָה֙ פָּנִ֣ים וְאָח֔וֹר וַֽיִּצְעֲק֖וּ לַיהוָ֑ה

מחצרים   טו וְהַכֹּֽהֲנִ֔ים מחצצרים בַּחֲצֹצְר֑וֹת׃ וַיָּרִ֙יעוּ֙ אִ֣ישׁ יְהוּדָ֔ה וַיְהִ֗י

בְּהָרִ֙יעַ֙ אִ֣ישׁ יְהוּדָ֔ה וְהָאֱלֹהִ֗ים נָגַ֤ף אֶת־יָרָבְעָם֙ וְכָל־יִשְׂרָאֵ֔ל

טז לִפְנֵ֥י אֲבִיָּ֖ה וִיהוּדָֽה׃ וַיָּנ֥וּסוּ בְנֵֽי־יִשְׂרָאֵ֖ל מִפְּנֵ֣י יְהוּדָ֑ה וַיִּתְּנֵ֥ם

יז אֱלֹהִ֖ים בְּיָדָֽם׃ וַיַּכּ֥וּ בָהֶ֛ם אֲבִיָּ֥ה וְעַמּ֖וֹ מַכָּ֣ה רַבָּ֑ה וַיִּפְּל֤וּ חֲלָלִים֙

מִיִּשְׂרָאֵ֔ל חֲמֵשׁ־מֵא֥וֹת אֶ֖לֶף אִ֥ישׁ בָּחֽוּר׃ יח וַיִּכָּנְע֥וּ בְנֵֽי־יִשְׂרָאֵ֖ל

בָּעֵ֣ת הַהִ֑יא וַיֶּֽאֶמְצוּ֙ בְּנֵ֣י יְהוּדָ֔ה כִּ֣י נִשְׁעֲנ֔וּ עַל־יְהוָ֖ה אֱלֹהֵ֥י

יט אֲבוֹתֵיהֶֽם׃ וַיִּרְדֹּ֣ף אֲבִיָּה֮ אַחֲרֵ֣י יָרָבְעָם֒ וַיִּלְכֹּ֤ד מִמֶּ֙נּוּ֙ עָרִ֔ים

אֶת־בֵּֽית־אֵ֥ל וְאֶת־בְּנוֹתֶ֖יהָ וְאֶת־יְשָׁנָ֣ה וְאֶת־בְּנוֹתֶ֑יהָ וְאֶת־

עפרין   כ עפרון וּבְנֹתֶ֑יהָ׃ וְלֹֽא־עָצַ֧ר כֹּֽחַ־יָרָבְעָ֛ם ע֖וֹד בִּימֵ֣י אֲבִיָּ֑הוּ

כא וַיִּגְּפֵ֥הוּ יְהוָ֖ה וַיָּמֹֽת׃   וַיִּתְחַזֵּ֣ק אֲבִיָּ֔הוּ וַיִּֽשָּׂא־ל֖וֹ נָשִׁ֣ים

אַרְבַּ֣ע עֶשְׂרֵ֑ה וַיּ֙וֹלֶד֙ עֶשְׂרִ֤ים וּשְׁנַ֙יִם֙ בָּנִ֔ים וְשֵׁ֥שׁ עֶשְׂרֵ֖ה

כב בָּנֽוֹת׃ וְיֶ֙תֶר֙ דִּבְרֵ֣י אֲבִיָּ֔ה וּדְרָכָ֖יו וּדְבָרָ֑יו כְּתוּבִ֕ים בְּמִדְרַ֖שׁ

כג הַנָּבִ֥יא עִדּֽוֹ׃ וַיִּשְׁכַּ֙ב אֲבִיָּ֜ה עִם־אֲבֹתָ֗יו וַיִּקְבְּר֤וּ אֹתוֹ֙ בְּעִ֣יר

דָּוִ֔יד וַיִּמְלֹ֛ךְ אָסָ֥א בְנ֖וֹ תַּחְתָּ֑יו בְּיָמָ֛יו שָׁקְטָ֥ה הָאָ֖רֶץ עֶ֥שֶׂר

יד א שָׁנִֽים׃   וַיַּ֙עַשׂ אָסָ֛א הַטּ֥וֹב וְהַיָּשָׁ֖ר בְּעֵינֵ֥י יְהוָ֥ה אֱלֹהָֽיו׃

ב וַיָּ֛סַר אֶת־מִזְבְּח֥וֹת הַנֵּכָ֖ר וְהַבָּמ֑וֹת וַיְשַׁבֵּר֙ אֶת־הַמַּצֵּב֔וֹת

ג וַיְגַדַּ֖ע אֶת־הָאֲשֵׁרִֽים׃ וַיֹּ֙אמֶר֙ לִֽיהוּדָ֔ה לִדְר֕וֹשׁ אֶת־יְהוָ֖ה

ד אֱלֹהֵ֣י אֲבוֹתֵיהֶ֑ם וְלַעֲשׂ֖וֹת הַתּוֹרָ֥ה וְהַמִּצְוָֽה׃ וַיָּ֙סַר֙ מִכָּל־עָרֵ֣י

יְהוּדָ֔ה אֶת־הַבָּמ֖וֹת וְאֶת־הַֽחַמָּנִ֑ים וַתִּשְׁקֹ֥ט הַמַּמְלָכָ֖ה לְפָנָֽיו׃

ה וַיִּ֛בֶן עָרֵ֥י מְצוּרָ֖ה בִּֽיהוּדָ֑ה כִּֽי־שָׁקְטָ֣ה הָאָ֗רֶץ וְאֵין־עִמּ֤וֹ מִלְחָמָה֙

ו בַּשָּׁנִ֣ים הָאֵ֔לֶּה כִּֽי־הֵנִ֥יחַ יְהוָ֖ה ל֑וֹ וַיֹּ֙אמֶר֙ לִֽיהוּדָ֔ה נִבְנֶ֣ה ׀

אֶת־הֶעָרִים הָאֵלֶּה וְנָסֵב חוֹמָה וּמִגְדָּלִים דְּלָתַיִם וּבְרִיחִים
עוֹדֶנּוּ הָאָרֶץ לְפָנֵינוּ כִּי דָרַשְׁנוּ אֶת־יְהוָה אֱלֹהֵינוּ דָּרַשְׁנוּ
ז וַיָּנַח לָנוּ מִסָּבִיב וַיִּבְנוּ וַיַּצְלִיחוּ׃ וַיְהִי לְאָסָא חַיִל
נֹשֵׂא צִנָּה וָרֹמַח מִיהוּדָה שְׁלֹשׁ מֵאוֹת אֶלֶף וּמִבִּנְיָמִן נֹשְׂאֵי
מָגֵן וְדֹרְכֵי קֶשֶׁת מָאתַיִם וּשְׁמוֹנִים אָלֶף כָּל־אֵלֶּה גִּבּוֹרֵי
ח חָיִל׃ וַיֵּצֵא אֲלֵיהֶם זֶרַח הַכּוּשִׁי בְּחַיִל אֶלֶף אֲלָפִים וּמַרְכָּבוֹת
ט שְׁלֹשׁ מֵאוֹת וַיָּבֹא עַד־מָרֵשָׁה׃ וַיֵּצֵא אָסָא לְפָנָיו וַיַּעַרְכוּ
י מִלְחָמָה בְּגֵיא צְפַתָה לְמָרֵשָׁה׃ וַיִּקְרָא אָסָא אֶל־יְהוָה אֱלֹהָיו
וַיֹּאמַר יְהוָה אֵין־עִמְּךָ לַעְזוֹר בֵּין רַב לְאֵין כֹּחַ עָזְרֵנוּ יְהוָה
אֱלֹהֵינוּ כִּי־עָלֶיךָ נִשְׁעַנּוּ וּבְשִׁמְךָ בָאנוּ עַל־הֶהָמוֹן הַזֶּה יְהוָה
יא אֱלֹהֵינוּ אַתָּה אַל־יַעְצֹר עִמְּךָ אֱנוֹשׁ׃ וַיִּגֹּף יְהוָה
יב אֶת־הַכּוּשִׁים לִפְנֵי אָסָא וְלִפְנֵי יְהוּדָה וַיָּנֻסוּ הַכּוּשִׁים׃ וַיִּרְדְּפֵם
אָסָא וְהָעָם אֲשֶׁר־עִמּוֹ עַד־לִגְרָר וַיִּפֹּל מִכּוּשִׁים לְאֵין־לָהֶם
מִחְיָה כִּי־נִשְׁבְּרוּ לִפְנֵי־יְהוָה וְלִפְנֵי מַחֲנֵהוּ וַיִּשְׂאוּ שָׁלָל הַרְבֵּה
יג מְאֹד׃ וַיַּכּוּ אֵת כָּל־הֶעָרִים סְבִיבוֹת גְּרָר כִּי־הָיָה פַחַד־
יְהוָה עֲלֵיהֶם וַיָּבֹזּוּ אֶת־כָּל־הֶעָרִים כִּי־בִזָּה רַבָּה הָיְתָה
יד בָהֶם׃ וְגַם־אָהֳלֵי מִקְנֶה הִכּוּ וַיִּשְׁבּוּ צֹאן לָרֹב וּגְמַלִּים וַיָּשֻׁבוּ
טו א יְרוּשָׁלִָם׃ וַעֲזַרְיָהוּ בֶּן־עוֹדֵד הָיְתָה עָלָיו רוּחַ אֱלֹהִים׃
ב וַיֵּצֵא לִפְנֵי אָסָא וַיֹּאמֶר לוֹ שְׁמָעוּנִי אָסָא וְכָל־יְהוּדָה וּבִנְיָמִן
יְהוָה עִמָּכֶם בִּהְיוֹתְכֶם עִמּוֹ וְאִם־תִּדְרְשֻׁהוּ יִמָּצֵא לָכֶם
ג וְאִם־תַּעַזְבֻהוּ יַעֲזֹב אֶתְכֶם׃ וְיָמִים רַבִּים לְיִשְׂרָאֵל
ד לְלֹא ׀ אֱלֹהֵי אֱמֶת וּלְלֹא כֹּהֵן מוֹרֶה וּלְלֹא תוֹרָה׃ וַיָּשָׁב
בַּצַּר־לוֹ עַל־יְהוָה אֱלֹהֵי יִשְׂרָאֵל וַיְבַקְשֻׁהוּ וַיִּמָּצֵא לָהֶם׃
ה וּבָעִתִּים הָהֵם אֵין שָׁלוֹם לַיּוֹצֵא וְלַבָּא כִּי מְהוּמֹת רַבּוֹת עַל
ו כָּל־יוֹשְׁבֵי הָאֲרָצוֹת׃ וְכֻתְּתוּ גוֹי־בְּגוֹי וְעִיר בְּעִיר כִּי־אֱלֹהִים
ז הֲמָמָם בְּכָל־צָרָה׃ וְאַתֶּם חִזְקוּ וְאַל־יִרְפּוּ יְדֵיכֶם כִּי יֵשׁ שָׂכָר
ח לִפְעֻלַּתְכֶם׃ וְכִשְׁמֹעַ אָסָא הַדְּבָרִים הָאֵלֶּה וְהַנְּבוּאָה

עֹדֵד הַנָּבִיא הִתְחַזַּק וַיַּעֲבֵר הַשִּׁקּוּצִים מִכָּל־אֶרֶץ יְהוּדָה
וּבִנְיָמִן וּמִן־הֶעָרִים אֲשֶׁר לָכַד מֵהַר אֶפְרָיִם וַיְחַדֵּשׁ אֶת־מִזְבַּח
ט יְהוָה אֲשֶׁר לִפְנֵי אוּלָם יְהוָה׃ וַיִּקְבֹּץ אֶת־כָּל־יְהוּדָה וּבִנְיָמִן
וְהַגָּרִים עִמָּהֶם מֵאֶפְרַיִם וּמְנַשֶּׁה וּמִשִּׁמְעוֹן כִּי־נָפְלוּ עָלָיו
י מִיִּשְׂרָאֵל לָרֹב בִּרְאֹתָם כִּי־יְהוָה אֱלֹהָיו עִמּוֹ׃ וַיִּקָּבְצוּ
יְרוּשָׁלִַם בַּחֹדֶשׁ הַשְּׁלִישִׁי לִשְׁנַת חֲמֵשׁ־עֶשְׂרֵה לְמַלְכוּת אָסָא׃
יא וַיִּזְבְּחוּ לַיהוָה בַּיּוֹם הַהוּא מִן־הַשָּׁלָל הֵבִיאוּ בָּקָר שְׁבַע מֵאוֹת
יב וְצֹאן שִׁבְעַת אֲלָפִים׃ וַיָּבֹאוּ בַבְּרִית לִדְרוֹשׁ אֶת־יְהוָה אֱלֹהֵי
יג אֲבוֹתֵיהֶם בְּכָל־לְבָבָם וּבְכָל־נַפְשָׁם׃ וְכֹל אֲשֶׁר לֹא־יִדְרֹשׁ
לַיהוָה אֱלֹהֵי־יִשְׂרָאֵל יוּמָת לְמִן־קָטֹן וְעַד־גָּדוֹל לְמֵאִישׁ
יד וְעַד־אִשָּׁה׃ וַיִּשָּׁבְעוּ לַיהוָה בְּקוֹל גָּדוֹל וּבִתְרוּעָה וּבַחֲצֹצְרוֹת
טו וּבְשׁוֹפָרוֹת׃ וַיִּשְׂמְחוּ כָל־יְהוּדָה עַל־הַשְּׁבוּעָה כִּי בְכָל־לְבָבָם יז
נִשְׁבָּעוּ וּבְכָל־רְצוֹנָם בִּקְשֻׁהוּ וַיִּמָּצֵא לָהֶם וַיָּנַח יְהוָה לָהֶם
טז מִסָּבִיב׃ וְגַם־מַעֲכָה אֵם ׀ אָסָא הַמֶּלֶךְ הֱסִירָהּ מִגְּבִירָה אֲשֶׁר־
עָשְׂתָה לָאֲשֵׁרָה מִפְלָצֶת וַיִּכְרֹת אָסָא אֶת־מִפְלַצְתָּהּ וַיָּדֶק
יז וַיִּשְׂרֹף בְּנַחַל קִדְרוֹן׃ וְהַבָּמוֹת לֹא־סָרוּ מִיִּשְׂרָאֵל רַק לְבַב־
יח אָסָא הָיָה שָׁלֵם כָּל־יָמָיו׃ וַיָּבֵא אֶת־קָדְשֵׁי אָבִיו וְקָדָשָׁיו בֵּית
יט הָאֱלֹהִים כֶּסֶף וְזָהָב וְכֵלִים׃ וּמִלְחָמָה לֹא הָיָתָה עַד שְׁנַת־
טז א שְׁלֹשִׁים וְחָמֵשׁ לְמַלְכוּת אָסָא׃ בִּשְׁנַת שְׁלֹשִׁים וָשֵׁשׁ
לְמַלְכוּת אָסָא עָלָה בַּעְשָׁא מֶלֶךְ־יִשְׂרָאֵל עַל־יְהוּדָה וַיִּבֶן
ב אֶת־הָרָמָה לְבִלְתִּי תֵּת יוֹצֵא וָבָא לְאָסָא מֶלֶךְ יְהוּדָה׃ וַיֹּצֵא
אָסָא כֶּסֶף וְזָהָב מֵאֹצְרוֹת בֵּית יְהוָה וּבֵית הַמֶּלֶךְ וַיִּשְׁלַח אֶל־
ג בֶּן־הֲדַד מֶלֶךְ אֲרָם הַיּוֹשֵׁב בְּדַרְמֶשֶׂק לֵאמֹר׃ בְּרִית בֵּינִי
וּבֵינֶךָ וּבֵין אָבִי וּבֵין אָבִיךָ הִנֵּה שָׁלַחְתִּי לְךָ כֶּסֶף וְזָהָב לֵךְ
ד הָפֵר בְּרִיתְךָ אֶת־בַּעְשָׁא מֶלֶךְ יִשְׂרָאֵל וְיַעֲלֶה מֵעָלָי׃ וַיִּשְׁמַע
בֶּן־הֲדַד אֶל־הַמֶּלֶךְ אָסָא וַיִּשְׁלַח אֶת־שָׂרֵי הַחֲיָלִים אֲשֶׁר־לוֹ
אֶל־עָרֵי יִשְׂרָאֵל וַיַּכּוּ אֶת־עִיּוֹן וְאֶת־דָּן וְאֵת אָבֵל מָיִם וְאֵת

ה כָּל־מִסְכְּנוֹת עָרֵי נַפְתָּלִי׃ וַיְהִי כִּשְׁמֹעַ בַּעְשָׁא וַיֶּחְדַּל מִבְּנוֹת
ו אֶת־הָרָמָה וַיַּשְׁבֵּת אֶת־מְלַאכְתּוֹ׃ וְאָסָא הַמֶּלֶךְ לָקַח
אֶת־כָּל־יְהוּדָה וַיִּשְׂאוּ אֶת־אַבְנֵי הָרָמָה וְאֶת־עֵצֶיהָ אֲשֶׁר בָּנָה
ז בַּעְשָׁא וַיִּבֶן בָּהֶם אֶת־גֶּבַע וְאֶת־הַמִּצְפָּה׃ וּבָעֵת
הַהִיא בָּא חֲנָנִי הָרֹאֶה אֶל־אָסָא מֶלֶךְ יְהוּדָה וַיֹּאמֶר אֵלָיו
בְּהִשָּׁעֶנְךָ עַל־מֶלֶךְ אֲרָם וְלֹא נִשְׁעַנְתָּ עַל־יְהוָה אֱלֹהֶיךָ עַל־
ח כֵּן נִמְלַט חֵיל מֶלֶךְ־אֲרָם מִיָּדֶךָ׃ הֲלֹא הַכּוּשִׁים וְהַלּוּבִים הָיוּ
לְחַיִל ׀ לָרֹב לְרֶכֶב וּלְפָרָשִׁים לְהַרְבֵּה מְאֹד וּבְהִשָּׁעֶנְךָ עַל־
ט יְהוָה נְתָנָם בְּיָדֶךָ׃ כִּי יְהוָה עֵינָיו מְשֹׁטְטוֹת בְּכָל־הָאָרֶץ
לְהִתְחַזֵּק עִם־לְבָבָם שָׁלֵם אֵלָיו נִסְכַּלְתָּ עַל־זֹאת כִּי מֵעַתָּה
י יֵשׁ עִמְּךָ מִלְחָמוֹת׃ וַיִּכְעַס אָסָא אֶל־הָרֹאֶה וַיִּתְּנֵהוּ בֵּית
הַמַּהְפֶּכֶת כִּי־בְזַעַף עִמּוֹ עַל־זֹאת וַיְרַצֵּץ אָסָא מִן־הָעָם בָּעֵת
יא הַהִיא׃ וְהִנֵּה דִּבְרֵי אָסָא הָרִאשׁוֹנִים וְהָאַחֲרוֹנִים הִנָּם כְּתוּבִים
יב עַל־סֵפֶר הַמְּלָכִים לִיהוּדָה וְיִשְׂרָאֵל׃ וַיֶּחֱלֵא אָסָא בִּשְׁנַת
שְׁלוֹשִׁים וָתֵשַׁע לְמַלְכוּתוֹ בְּרַגְלָיו עַד־לְמַעְלָה חָלְיוֹ וְגַם־
יג בְּחָלְיוֹ לֹא־דָרַשׁ אֶת־יְהוָה כִּי בָּרֹפְאִים׃ וַיִּשְׁכַּב אָסָא עִם־
יד אֲבֹתָיו וַיָּמָת בִּשְׁנַת אַרְבָּעִים וְאַחַת לְמָלְכוֹ׃ וַיִּקְבְּרֻהוּ
בְקִבְרֹתָיו אֲשֶׁר כָּרָה־לוֹ בְּעִיר דָּוִיד וַיַּשְׁכִּיבֻהוּ בַּמִּשְׁכָּב אֲשֶׁר
מִלֵּא בְּשָׂמִים וּזְנִים מְרֻקָּחִים בְּמִרְקַחַת מַעֲשֶׂה וַיִּשְׂרְפוּ־לוֹ
יז א שְׂרֵפָה גְּדוֹלָה עַד־לִמְאֹד׃ וַיִּמְלֹךְ יְהוֹשָׁפָט בְּנוֹ
ב תַּחְתָּיו וַיִּתְחַזֵּק עַל־יִשְׂרָאֵל׃ וַיִּתֶּן־חַיִל בְּכָל־עָרֵי יְהוּדָה
הַבְּצֻרוֹת וַיִּתֵּן נְצִיבִים בְּאֶרֶץ יְהוּדָה וּבְעָרֵי אֶפְרַיִם אֲשֶׁר לָכַד
ג אָסָא אָבִיו׃ וַיְהִי יְהוָה עִם־יְהוֹשָׁפָט כִּי הָלַךְ בְּדַרְכֵי דָּוִיד
ד אָבִיו הָרִאשֹׁנִים וְלֹא דָרַשׁ לַבְּעָלִים׃ כִּי לֵאלֹהֵי אָבִיו דָּרָשׁ
ה וּבְמִצְוֺתָיו הָלָךְ וְלֹא כְּמַעֲשֵׂה יִשְׂרָאֵל׃ וַיָּכֶן יְהוָה אֶת־
הַמַּמְלָכָה בְּיָדוֹ וַיִּתְּנוּ כָל־יְהוּדָה מִנְחָה לִיהוֹשָׁפָט וַיְהִי־לוֹ
ו עֹשֶׁר וְכָבוֹד לָרֹב׃ וַיִּגְבַּהּ לִבּוֹ בְּדַרְכֵי יְהוָה וְעוֹד הֵסִיר אֶת־

ז הַבָּמוֹת וְאֶת־הָאֲשֵׁרִים מִיהוּדָה׃ וּבִשְׁנַת שָׁלוֹשׁ
לְמָלְכוֹ שָׁלַח לְשָׂרָיו לְבֶן־חַיִל וּלְעֹבַדְיָה וְלִזְכַרְיָה וְלִנְתַנְאֵל
ח וּלְמִיכָיָהוּ לְלַמֵּד בְּעָרֵי יְהוּדָה׃ וְעִמָּהֶם הַלְוִיִּם שְׁמַעְיָהוּ
וּנְתַנְיָהוּ וּזְבַדְיָהוּ וַעֲשָׂהאֵל ושמרימות וִיהוֹנָתָן וַאֲדֹנִיָּהוּ וּשְׁמִירָמוֹת
וְטוֹבִיָּהוּ וְטוֹב אֲדוֹנִיָּה הַלְוִיִּם וְעִמָּהֶם אֱלִישָׁמָע וִיהוֹרָם
ט הַכֹּהֲנִים׃ וַיְלַמְּדוּ בִּיהוּדָה וְעִמָּהֶם סֵפֶר תּוֹרַת יְהוָה וַיָּסֹבּוּ
י בְּכָל־עָרֵי יְהוּדָה וַיְלַמְּדוּ בָּעָם׃ וַיְהִי ׀ פַּחַד יְהוָה עַל כָּל־
מַמְלְכוֹת הָאֲרָצוֹת אֲשֶׁר סְבִיבוֹת יְהוּדָה וְלֹא נִלְחֲמוּ עִם־
יא יְהוֹשָׁפָט׃ וּמִן־פְּלִשְׁתִּים מְבִיאִים לִיהוֹשָׁפָט מִנְחָה וְכֶסֶף מַשָּׂא
גַּם הָעַרְבִיאִים מְבִיאִים לוֹ צֹאן אֵילִים שִׁבְעַת אֲלָפִים וּשְׁבַע
יב מֵאוֹת וּתְיָשִׁים שִׁבְעַת אֲלָפִים וּשְׁבַע מֵאוֹת׃ וַיְהִי
יְהוֹשָׁפָט הֹלֵךְ וְגָדֵל עַד־לְמָעְלָה וַיִּבֶן בִּיהוּדָה בִּירָנִיּוֹת וְעָרֵי
יג מִסְכְּנוֹת׃ וּמְלָאכָה רַבָּה הָיָה לוֹ בְּעָרֵי יְהוּדָה וְאַנְשֵׁי מִלְחָמָה
יד גִּבּוֹרֵי חַיִל בִּירוּשָׁלִָם׃ וְאֵלֶּה פְקֻדָּתָם לְבֵית אֲבוֹתֵיהֶם
לִיהוּדָה שָׂרֵי אֲלָפִים עַדְנָה הַשָּׂר וְעִמּוֹ גִּבּוֹרֵי חַיִל שְׁלֹשׁ
טו מֵאוֹת אָלֶף׃ וְעַל־יָדוֹ יְהוֹחָנָן הַשָּׂר וְעִמּוֹ מָאתַיִם
טז וּשְׁמוֹנִים אָלֶף׃ וְעַל־יָדוֹ עֲמַסְיָה בֶן־זִכְרִי הַמִּתְנַדֵּב
יז לַיהוָה וְעִמּוֹ מָאתַיִם אֶלֶף גִּבּוֹר חָיִל׃ וּמִן־
בִּנְיָמִן גִּבּוֹר חַיִל אֶלְיָדָע וְעִמּוֹ נֹשְׁקֵי־קֶשֶׁת וּמָגֵן מָאתָיִם
יח אָלֶף׃ וְעַל־יָדוֹ יְהוֹזָבָד וְעִמּוֹ מֵאָה־וּשְׁמוֹנִים אֶלֶף
יט חֲלוּצֵי צָבָא׃ אֵלֶּה הַמְשָׁרְתִים אֶת־הַמֶּלֶךְ מִלְּבַד
יח א אֲשֶׁר־נָתַן הַמֶּלֶךְ בְּעָרֵי הַמִּבְצָר בְּכָל־יְהוּדָה׃ וַיְהִי
ב לִיהוֹשָׁפָט עֹשֶׁר וְכָבוֹד לָרֹב וַיִּתְחַתֵּן לְאַחְאָב׃ וַיֵּרֶד לְקֵץ
שָׁנִים אֶל־אַחְאָב לְשֹׁמְרוֹן וַיִּזְבַּח־לוֹ אַחְאָב צֹאן וּבָקָר לָרֹב
ג וְלָעָם אֲשֶׁר עִמּוֹ וַיְסִיתֵהוּ לַעֲלוֹת אֶל־רָמֹת גִּלְעָד׃ וַיֹּאמֶר
אַחְאָב מֶלֶךְ־יִשְׂרָאֵל אֶל־יְהוֹשָׁפָט מֶלֶךְ יְהוּדָה הֲתֵלֵךְ עִמִּי
רָמֹת גִּלְעָד וַיֹּאמֶר לוֹ כָּמוֹנִי כָמוֹךָ וּכְעַמְּךָ עַמִּי וְעִמְּךָ

ד בַּמִּלְחָמָה: וַיֹּאמֶר יְהוֹשָׁפָט אֶל־מֶלֶךְ יִשְׂרָאֵל דְּרָשׁ־נָא כַיּוֹם
ה אֶת־דְּבַר יְהוָה: וַיִּקְבֹּץ מֶלֶךְ־יִשְׂרָאֵל אֶת־הַנְּבִאִים אַרְבַּע
מֵאוֹת אִישׁ וַיֹּאמֶר אֲלֵהֶם הֲנֵלֵךְ אֶל־רָמֹת גִּלְעָד לַמִּלְחָמָה
ו אִם־אֶחְדָּל וַיֹּאמְרוּ עֲלֵה וְיִתֵּן הָאֱלֹהִים בְּיַד הַמֶּלֶךְ: וַיֹּאמֶר
ז יְהוֹשָׁפָט הַאֵין פֹּה נָבִיא לַיהוָה עוֹד וְנִדְרְשָׁה מֵאֹתוֹ: וַיֹּאמֶר
מֶלֶךְ־יִשְׂרָאֵל ׀ אֶל־יְהוֹשָׁפָט עוֹד אִישׁ־אֶחָד לִדְרוֹשׁ אֶת־
יְהוָה מֵאֹתוֹ וַאֲנִי שְׂנֵאתִיהוּ כִּי אֵינֶנּוּ מִתְנַבֵּא עָלַי לְטוֹבָה כִּי
כָל־יָמָיו לְרָעָה הוּא מִיכָיְהוּ בֶּן־יִמְלָא וַיֹּאמֶר יְהוֹשָׁפָט אַל־
ח יֹאמַר הַמֶּלֶךְ כֵּן: וַיִּקְרָא מֶלֶךְ יִשְׂרָאֵל אֶל־סָרִיס אֶחָד וַיֹּאמֶר
ט מַהֵר מִיכָהוּ בֶן־יִמְלָא: וּמֶלֶךְ יִשְׂרָאֵל וִיהוֹשָׁפָט מֶלֶךְ־יְהוּדָה מִיכָיְהוּ
יוֹשְׁבִים אִישׁ עַל־כִּסְאוֹ מְלֻבָּשִׁים בְּגָדִים וְיֹשְׁבִים בְּגֹרֶן פֶּתַח
י שַׁעַר שֹׁמְרוֹן וְכָל־הַנְּבִיאִים מִתְנַבְּאִים לִפְנֵיהֶם: וַיַּעַשׂ לוֹ
צִדְקִיָּהוּ בֶן־כְּנַעֲנָה קַרְנֵי בַרְזֶל וַיֹּאמֶר כֹּה־אָמַר יְהוָה בְּאֵלֶּה
יא תְּנַגַּח אֶת־אֲרָם עַד־כַּלּוֹתָם: וְכָל־הַנְּבִאִים נִבְּאִים כֵּן לֵאמֹר
יב עֲלֵה רָמֹת גִּלְעָד וְהַצְלַח וְנָתַן יְהוָה בְּיַד הַמֶּלֶךְ: וְהַמַּלְאָךְ
אֲשֶׁר־הָלַךְ ׀ לִקְרֹא לְמִיכָיְהוּ דִּבֶּר אֵלָיו לֵאמֹר הִנֵּה דִבְרֵי
הַנְּבִאִים פֶּה־אֶחָד טוֹב אֶל־הַמֶּלֶךְ וִיהִי־נָא דְבָרְךָ כְּאַחַד
יג מֵהֶם וְדִבַּרְתָּ טּוֹב: וַיֹּאמֶר מִיכָיְהוּ חַי־יְהוָה כִּי אֶת־אֲשֶׁר־
יד יֹאמַר אֱלֹהַי אֹתוֹ אֲדַבֵּר: וַיָּבֹא אֶל־הַמֶּלֶךְ וַיֹּאמֶר הַמֶּלֶךְ
אֵלָיו מִיכָה הֲנֵלֵךְ אֶל־רָמֹת גִּלְעָד לַמִּלְחָמָה אִם־אֶחְדָּל
טו וַיֹּאמֶר עֲלוּ וְהַצְלִיחוּ וְיִנָּתְנוּ בְּיֶדְכֶם: וַיֹּאמֶר אֵלָיו הַמֶּלֶךְ עַד־
כַּמֶּה פְעָמִים אֲנִי מַשְׁבִּיעֶךָ אֲשֶׁר לֹא־תְדַבֵּר אֵלַי רַק אֱמֶת
טז בְּשֵׁם יְהוָה: וַיֹּאמֶר רָאִיתִי אֶת־כָּל־יִשְׂרָאֵל נְפוֹצִים עַל־
הֶהָרִים כַּצֹּאן אֲשֶׁר אֵין־לָהֶן רֹעֶה וַיֹּאמֶר יְהוָה לֹא־אֲדֹנִים
יז לָאֵלֶּה יָשׁוּבוּ אִישׁ־לְבֵיתוֹ בְּשָׁלוֹם: וַיֹּאמֶר מֶלֶךְ־יִשְׂרָאֵל אֶל־
יְהוֹשָׁפָט הֲלֹא אָמַרְתִּי אֵלֶיךָ לֹא־יִתְנַבֵּא עָלַי טוֹב כִּי אִם־
יח לְרָע: וַיֹּאמֶר לָכֵן שִׁמְעוּ דְבַר־יְהוָה רָאִיתִי אֶת־ יח

יהוה יוֹשֵׁב עַל־כִּסְאוֹ וְכָל־צְבָא הַשָּׁמַיִם עֹמְדִים עַל־יְמִינוֹ
יט וּשְׂמֹאלוֹ׃ וַיֹּאמֶר יהוה מִי יְפַתֶּה אֶת־אַחְאָב מֶלֶךְ־יִשְׂרָאֵל
וְיַעַל וְיִפֹּל בְּרָמוֹת גִּלְעָד וַיֹּאמֶר זֶה אֹמֵר כָּכָה וְזֶה אֹמֵר כָּכָה׃
כ וַיֵּצֵא הָרוּחַ וַיַּעֲמֹד לִפְנֵי יהוה וַיֹּאמֶר אֲנִי אֲפַתֶּנּוּ וַיֹּאמֶר יהוה
כא אֵלָיו בַּמָּה׃ וַיֹּאמֶר אֵצֵא וְהָיִיתִי לְרוּחַ שֶׁקֶר בְּפִי כָּל־נְבִיאָיו
כב וַיֹּאמֶר תְּפַתֶּה וְגַם־תּוּכָל צֵא וַעֲשֵׂה־כֵן׃ וְעַתָּה הִנֵּה נָתַן
יהוה רוּחַ שֶׁקֶר בְּפִי נְבִיאֶיךָ אֵלֶּה וַיהוה דִּבֶּר עָלֶיךָ
כג רָעָה׃ וַיִּגַּשׁ צִדְקִיָּהוּ בֶן־כְּנַעֲנָה וַיַּךְ אֶת־מִיכָיְהוּ עַל־
הַלֶּחִי וַיֹּאמֶר אֵי זֶה הַדֶּרֶךְ עָבַר רוּחַ־יהוה מֵאִתִּי לְדַבֵּר אֹתָךְ׃
כד וַיֹּאמֶר מִיכָיְהוּ הִנְּךָ רֹאֶה בַּיּוֹם הַהוּא אֲשֶׁר תָּבוֹא חֶדֶר
כה בְּחֶדֶר לְהֵחָבֵא׃ וַיֹּאמֶר מֶלֶךְ יִשְׂרָאֵל קְחוּ אֶת־מִיכָיְהוּ וַהֲשִׁיבֻהוּ
כו אֶל־אָמוֹן שַׂר־הָעִיר וְאֶל־יוֹאָשׁ בֶּן־הַמֶּלֶךְ׃ וַאֲמַרְתֶּם כֹּה
אָמַר הַמֶּלֶךְ שִׂימוּ זֶה בֵּית הַכֶּלֶא וְהַאֲכִלֻהוּ לֶחֶם לַחַץ
כז וּמַיִם לַחַץ עַד שׁוּבִי בְשָׁלוֹם׃ וַיֹּאמֶר מִיכָיְהוּ אִם־שׁוֹב
תָּשׁוּב בְּשָׁלוֹם לֹא־דִבֶּר יהוה בִּי וַיֹּאמֶר שִׁמְעוּ עַמִּים
כח כֻּלָּם׃ וַיַּעַל מֶלֶךְ־יִשְׂרָאֵל וִיהוֹשָׁפָט מֶלֶךְ־יְהוּדָה
כט אֶל־רָמֹת גִּלְעָד׃ וַיֹּאמֶר מֶלֶךְ יִשְׂרָאֵל אֶל־יְהוֹשָׁפָט הִתְחַפֵּשׂ
וָבוֹא בַמִּלְחָמָה וְאַתָּה לְבַשׁ בְּגָדֶיךָ וַיִּתְחַפֵּשׂ מֶלֶךְ יִשְׂרָאֵל
ל וַיָּבֹאוּ בַּמִּלְחָמָה׃ וּמֶלֶךְ אֲרָם צִוָּה אֶת־שָׂרֵי הָרֶכֶב אֲשֶׁר־
לוֹ לֵאמֹר לֹא תִּלָּחֲמוּ אֶת־הַקָּטֹן אֶת־הַגָּדוֹל כִּי אִם־אֶת־
לא מֶלֶךְ יִשְׂרָאֵל לְבַדּוֹ׃ וַיְהִי כִּרְאוֹת שָׂרֵי הָרֶכֶב אֶת־יְהוֹשָׁפָט
וְהֵמָּה אָמְרוּ מֶלֶךְ־יִשְׂרָאֵל הוּא וַיָּסֹבּוּ עָלָיו לְהִלָּחֵם וַיִּזְעַק
לב יְהוֹשָׁפָט וַיהוה עֲזָרוֹ וַיְסִיתֵם אֱלֹהִים מִמֶּנּוּ׃ וַיְהִי כִּרְאוֹת
לג שָׂרֵי הָרֶכֶב כִּי לֹא־הָיָה מֶלֶךְ יִשְׂרָאֵל וַיָּשׁוּבוּ מֵאַחֲרָיו׃ וְאִישׁ
מָשַׁךְ בַּקֶּשֶׁת לְתֻמּוֹ וַיַּךְ אֶת־מֶלֶךְ יִשְׂרָאֵל בֵּין הַדְּבָקִים וּבֵין
הַשִּׁרְיָן וַיֹּאמֶר לָרַכָּב הֲפֹךְ ידיך וְהוֹצֵאתַנִי מִן־הַמַּחֲנֶה כִּי יָדְךָ
לד הָחֳלֵיתִי׃ וַתַּעַל הַמִּלְחָמָה בַּיּוֹם הַהוּא וּמֶלֶךְ יִשְׂרָאֵל הָיָה

מַעֲמִיד בַּמֶּרְכָּבָה נֹכַח אֲרָם עַד־הָעָרֶב וַיָּמָת לְעֵת בּוֹא
יט א הַשָּׁמֶשׁ׃ וַיָּשָׁב יְהוֹשָׁפָט מֶלֶךְ־יְהוּדָה אֶל־בֵּיתוֹ
ב בְּשָׁלוֹם לִירוּשָׁלִָם׃ וַיֵּצֵא אֶל־פָּנָיו יֵהוּא בֶן־חֲנָנִי הַחֹזֶה וַיֹּאמֶר
אֶל־הַמֶּלֶךְ יְהוֹשָׁפָט הֲלָרָשָׁע לַעְזֹר וּלְשֹׂנְאֵי יְהוָה תֶּאֱהָב
ג וּבָזֹאת עָלֶיךָ קֶּצֶף מִלִּפְנֵי יְהוָה׃ אֲבָל דְּבָרִים טוֹבִים נִמְצְאוּ
עִמָּךְ כִּי־בִעַרְתָּ הָאֲשֵׁרוֹת מִן־הָאָרֶץ וַהֲכִינוֹתָ לְבָבְךָ לִדְרֹשׁ
ד הָאֱלֹהִים׃ וַיֵּשֶׁב יְהוֹשָׁפָט בִּירוּשָׁלִָם וַיָּשָׁב וַיֵּצֵא בָעָם מִבְּאֵר
שֶׁבַע עַד־הַר אֶפְרַיִם וַיְשִׁיבֵם אֶל־יְהוָה אֱלֹהֵי אֲבוֹתֵיהֶם׃
ה וַיַּעֲמֵד שֹׁפְטִים בָּאָרֶץ בְּכָל־עָרֵי יְהוּדָה הַבְּצֻרוֹת לְעִיר וָעִיר׃
ו וַיֹּאמֶר אֶל־הַשֹּׁפְטִים רְאוּ מָה־אַתֶּם עֹשִׂים כִּי לֹא לְאָדָם
ז תִּשְׁפְּטוּ כִּי לַיהוָה וְעִמָּכֶם בִּדְבַר מִשְׁפָּט׃ וְעַתָּה יְהִי פַחַד־
יְהוָה עֲלֵיכֶם שִׁמְרוּ וַעֲשׂוּ כִּי־אֵין עִם־יְהוָה אֱלֹהֵינוּ עַוְלָה
ח וּמַשֹּׂא פָנִים וּמִקַּח־שֹׁחַד׃ וְגַם בִּירוּשָׁלִַם הֶעֱמִיד יְהוֹשָׁפָט
מִן־הַלְוִיִּם וְהַכֹּהֲנִים וּמֵרָאשֵׁי הָאָבוֹת לְיִשְׂרָאֵל לְמִשְׁפַּט
ט יְהוָה וְלָרִיב וַיָּשֻׁבוּ יְרוּשָׁלִָם׃ וַיְצַו עֲלֵיהֶם לֵאמֹר כֹּה תַעֲשׂוּן
י בְּיִרְאַת יְהוָה בֶּאֱמוּנָה וּבְלֵבָב שָׁלֵם׃ וְכָל־רִיב אֲשֶׁר־יָבוֹא
עֲלֵיכֶם מֵאֲחֵיכֶם ׀ הַיֹּשְׁבִים בְּעָרֵיהֶם בֵּין־דָּם ׀ לְדָם בֵּין־
תּוֹרָה לְמִצְוָה לְחֻקִּים וּלְמִשְׁפָּטִים וְהִזְהַרְתֶּם אֹתָם וְלֹא
יֶאְשְׁמוּ לַיהוָה וְהָיָה־קֶצֶף עֲלֵיכֶם וְעַל־אֲחֵיכֶם כֹּה תַעֲשׂוּן
יא וְלֹא תֶאְשָׁמוּ׃ וְהִנֵּה אֲמַרְיָהוּ כֹהֵן הָרֹאשׁ עֲלֵיכֶם לְכֹל ׀ דְּבַר
יְהוָה וּזְבַדְיָהוּ בֶן־יִשְׁמָעֵאל הַנָּגִיד לְבֵית־יְהוּדָה לְכֹל דְּבַר־
הַמֶּלֶךְ וְשֹׁטְרִים הַלְוִיִּם לִפְנֵיכֶם חִזְקוּ וַעֲשׂוּ וִיהִי יְהוָה עִם־
הַטּוֹב׃
כ א וַיְהִי אַחֲרֵי־כֵן בָּאוּ בְנֵי־מוֹאָב וּבְנֵי עַמּוֹן וְעִמָּהֶם ׀ מֵהָעַמּוֹנִים
ב עַל־יְהוֹשָׁפָט לַמִּלְחָמָה׃ וַיָּבֹאוּ וַיַּגִּידוּ לִיהוֹשָׁפָט לֵאמֹר בָּא
עָלֶיךָ הָמוֹן רָב מֵעֵבֶר לַיָּם מֵאֲרָם וְהִנָּם בְּחַצְצוֹן תָּמָר הִיא
ג עֵין גֶּדִי׃ וַיִּרָא וַיִּתֵּן יְהוֹשָׁפָט אֶת־פָּנָיו לִדְרוֹשׁ לַיהוָה וַיִּקְרָא־

ד צוֹם עַל־כָּל־יְהוּדָה׃ וַיִּקָּבְצוּ יְהוּדָה לְבַקֵּשׁ מֵיְהוָה גַּם מִכָּל־
ה עָרֵי יְהוּדָה בָּאוּ לְבַקֵּשׁ אֶת־יְהוָה׃ וַיַּעֲמֹד יְהוֹשָׁפָט בִּקְהַל
ו יְהוּדָה וִירוּשָׁלִַם בְּבֵית יְהוָה לִפְנֵי הֶחָצֵר הַחֲדָשָׁה׃ וַיֹּאמַר
יְהוָה אֱלֹהֵי אֲבֹתֵינוּ הֲלֹא אַתָּה־הוּא אֱלֹהִים בַּשָּׁמַיִם וְאַתָּה
מוֹשֵׁל בְּכֹל מַמְלְכוֹת הַגּוֹיִם וּבְיָדְךָ כֹּחַ וּגְבוּרָה וְאֵין עִמְּךָ
ז לְהִתְיַצֵּב׃ הֲלֹא ׀ אַתָּה אֱלֹהֵינוּ הוֹרַשְׁתָּ אֶת־יֹשְׁבֵי הָאָרֶץ
הַזֹּאת מִלִּפְנֵי עַמְּךָ יִשְׂרָאֵל וַתִּתְּנָהּ לְזֶרַע אַבְרָהָם אֹהַבְךָ
ח לְעוֹלָם׃ וַיֵּשְׁבוּ־בָהּ וַיִּבְנוּ לְךָ ׀ בָּהּ מִקְדָּשׁ לְשִׁמְךָ לֵאמֹר׃
ט אִם־תָּבוֹא עָלֵינוּ רָעָה חֶרֶב שְׁפוֹט וְדֶבֶר וְרָעָב נַעַמְדָה לִפְנֵי
הַבַּיִת הַזֶּה וּלְפָנֶיךָ כִּי שִׁמְךָ בַּבַּיִת הַזֶּה וְנִזְעַק אֵלֶיךָ מִצָּרָתֵנוּ
י וְתִשְׁמַע וְתוֹשִׁיעַ׃ וְעַתָּה הִנֵּה בְנֵי־עַמּוֹן וּמוֹאָב וְהַר־שֵׂעִיר
אֲשֶׁר לֹא־נָתַתָּה לְיִשְׂרָאֵל לָבוֹא בָהֶם בְּבֹאָם מֵאֶרֶץ מִצְרָיִם
יא כִּי סָרוּ מֵעֲלֵיהֶם וְלֹא הִשְׁמִידוּם׃ וְהִנֵּה־הֵם גֹּמְלִים עָלֵינוּ
יב לָבוֹא לְגָרְשֵׁנוּ מִיְּרֻשָּׁתְךָ אֲשֶׁר הוֹרַשְׁתָּנוּ׃ אֱלֹהֵינוּ הֲלֹא
תִשְׁפָּט־בָּם כִּי אֵין בָּנוּ כֹּחַ לִפְנֵי הֶהָמוֹן הָרָב הַזֶּה הַבָּא
יג עָלֵינוּ וַאֲנַחְנוּ לֹא נֵדַע מַה־נַּעֲשֶׂה כִּי עָלֶיךָ עֵינֵינוּ׃ וְכָל־יְהוּדָה
יד עֹמְדִים לִפְנֵי יְהוָה גַּם־טַפָּם נְשֵׁיהֶם וּבְנֵיהֶם׃ וְיַחֲזִיאֵל
בֶּן־זְכַרְיָהוּ בֶּן־בְּנָיָה בֶּן־יְעִיאֵל בֶּן־מַתַּנְיָה הַלֵּוִי מִן־בְּנֵי אָסָף
טו הָיְתָה עָלָיו רוּחַ יְהוָה בְּתוֹךְ הַקָּהָל׃ וַיֹּאמֶר הַקְשִׁיבוּ כָל־
יְהוּדָה וְיֹשְׁבֵי יְרוּשָׁלִַם וְהַמֶּלֶךְ יְהוֹשָׁפָט כֹּה־אָמַר יְהוָה לָכֶם
אַתֶּם אַל־תִּירְאוּ וְאַל־תֵּחַתּוּ מִפְּנֵי הֶהָמוֹן הָרָב הַזֶּה כִּי לֹא
טז לָכֶם הַמִּלְחָמָה כִּי לֵאלֹהִים׃ מָחָר רְדוּ עֲלֵיהֶם הִנָּם עֹלִים
בְּמַעֲלֵה הַצִּיץ וּמְצָאתֶם אֹתָם בְּסוֹף הַנַּחַל פְּנֵי מִדְבַּר
יז יְרוּאֵל׃ לֹא לָכֶם לְהִלָּחֵם בָּזֹאת הִתְיַצְּבוּ עִמְדוּ וּרְאוּ אֶת־
יְשׁוּעַת יְהוָה עִמָּכֶם יְהוּדָה וִירוּשָׁלִַם אַל־תִּירְאוּ וְאַל־תֵּחַתּוּ
יח מָחָר צְאוּ לִפְנֵיהֶם וַיהוָה עִמָּכֶם׃ וַיִּקֹּד יְהוֹשָׁפָט אַפַּיִם אַרְצָה
וְכָל־יְהוּדָה וְיֹשְׁבֵי יְרוּשָׁלִַם נָפְלוּ לִפְנֵי יְהוָה לְהִשְׁתַּחֲוֺת לַיהוָה׃

יט וַיָּקֻמוּ הַלְוִיִּם מִן־בְּנֵי הַקְּהָתִים וּמִן־בְּנֵי הַקָּרְחִים לְהַלֵּל לַיהוָה
כ אֱלֹהֵי יִשְׂרָאֵל בְּקוֹל גָּדוֹל לְמָעְלָה׃ וַיַּשְׁכִּימוּ בַבֹּקֶר וַיֵּצְאוּ
לְמִדְבַּר תְּקוֹעַ וּבְצֵאתָם עָמַד יְהוֹשָׁפָט וַיֹּאמֶר שְׁמָעוּנִי יְהוּדָה
וְיֹשְׁבֵי יְרוּשָׁלִַם הַאֲמִינוּ בַּיהוָה אֱלֹהֵיכֶם וְתֵאָמֵנוּ הַאֲמִינוּ
כא בִנְבִיאָיו וְהַצְלִיחוּ׃ וַיִּוָּעַץ אֶל־הָעָם וַיַּעֲמֵד מְשֹׁרְרִים לַיהוָה
וּמְהַלְלִים לְהַדְרַת־קֹדֶשׁ בְּצֵאת לִפְנֵי הֶחָלוּץ וְאֹמְרִים הוֹדוּ
כב לַיהוָה כִּי לְעוֹלָם חַסְדּוֹ׃ וּבְעֵת הֵחֵלּוּ בְרִנָּה וּתְהִלָּה נָתַן
יְהוָה ׀ מְאָרְבִים עַל־בְּנֵי עַמּוֹן מוֹאָב וְהַר־שֵׂעִיר הַבָּאִים
כג לִיהוּדָה וַיִּנָּגֵפוּ׃ וַיַּעַמְדוּ בְּנֵי עַמּוֹן וּמוֹאָב עַל־יֹשְׁבֵי הַר־שֵׂעִיר
לְהַחֲרִים וּלְהַשְׁמִיד וּכְכַלּוֹתָם בְּיוֹשְׁבֵי שֵׂעִיר עָזְרוּ אִישׁ בְּרֵעֵהוּ
כד לְמַשְׁחִית׃ וִיהוּדָה בָּא עַל־הַמִּצְפֶּה לַמִּדְבָּר וַיִּפְנוּ אֶל־הֶהָמוֹן
כה וְהִנָּם פְּגָרִים נֹפְלִים אַרְצָה וְאֵין פְּלֵיטָה׃ וַיָּבֹא יְהוֹשָׁפָט וְעַמּוֹ
לָבֹז אֶת־שְׁלָלָם וַיִּמְצְאוּ בָהֶם לָרֹב וּרְכוּשׁ וּפְגָרִים וּכְלֵי חֲמֻדוֹת
וַיְנַצְּלוּ לָהֶם לְאֵין מַשָּׂא וַיִּהְיוּ יָמִים שְׁלוֹשָׁה בֹּזְזִים אֶת־הַשָּׁלָל
כו כִּי רַב־הוּא׃ וּבַיּוֹם הָרְבִעִי נִקְהֲלוּ לְעֵמֶק בְּרָכָה כִּי שָׁם
בֵּרְכוּ אֶת־יְהוָה עַל־כֵּן קָרְאוּ אֶת־שֵׁם הַמָּקוֹם הַהוּא עֵמֶק
כז בְּרָכָה עַד־הַיּוֹם׃ וַיָּשֻׁבוּ כָּל־אִישׁ יְהוּדָה וִירוּשָׁלִַם וִיהוֹשָׁפָט
בְּרֹאשָׁם לָשׁוּב אֶל־יְרוּשָׁלִַם בְּשִׂמְחָה כִּי־שִׂמְּחָם יְהוָה
כח מֵאוֹיְבֵיהֶם׃ וַיָּבֹאוּ יְרוּשָׁלִַם בִּנְבָלִים וּבְכִנֹּרוֹת וּבַחֲצֹצְרוֹת
כט אֶל־בֵּית יְהוָה׃ וַיְהִי פַּחַד אֱלֹהִים עַל כָּל־מַמְלְכוֹת הָאֲרָצוֹת
ל בְּשָׁמְעָם כִּי נִלְחַם יְהוָה עִם אוֹיְבֵי יִשְׂרָאֵל׃ וַתִּשְׁקֹט מַלְכוּת
לא יְהוֹשָׁפָט וַיָּנַח לוֹ אֱלֹהָיו מִסָּבִיב׃ וַיִּמְלֹךְ יְהוֹשָׁפָט יט
עַל־יְהוּדָה בֶּן־שְׁלֹשִׁים וְחָמֵשׁ שָׁנָה בְּמָלְכוֹ וְעֶשְׂרִים וְחָמֵשׁ
לב שָׁנָה מָלַךְ בִּירוּשָׁלִַם וְשֵׁם אִמּוֹ עֲזוּבָה בַּת־שִׁלְחִי׃ וַיֵּלֶךְ בְּדֶרֶךְ
לג אָבִיו אָסָא וְלֹא־סָר מִמֶּנָּה לַעֲשׂוֹת הַיָּשָׁר בְּעֵינֵי יְהוָה׃ אַךְ
הַבָּמוֹת לֹא־סָרוּ וְעוֹד הָעָם לֹא־הֵכִינוּ לְבָבָם לֵאלֹהֵי
לד אֲבֹתֵיהֶם׃ וְיֶתֶר דִּבְרֵי יְהוֹשָׁפָט הָרִאשֹׁנִים וְהָאַחֲרֹנִים הִנָּם

כְּתוּבִים בְּדִבְרֵי יֵהוּא בֶן־חֲנָנִי אֲשֶׁר הֹעֲלָה עַל־סֵפֶר מַלְכֵי
לה יִשְׂרָאֵל׃ וְאַחֲרֵי־כֵן אֶתְחַבַּר יְהוֹשָׁפָט מֶלֶךְ־יְהוּדָה עִם אֲחַזְיָה
לו מֶלֶךְ־יִשְׂרָאֵל הוּא הִרְשִׁיעַ לַעֲשׂוֹת׃ וַיְחַבְּרֵהוּ עִמּוֹ לַעֲשׂוֹת
לז אֳנִיּוֹת לָלֶכֶת תַּרְשִׁישׁ וַיַּעֲשׂוּ אֳנִיּוֹת בְּעֶצְיוֹן גָּבֶר׃ וַיִּתְנַבֵּא
אֱלִיעֶזֶר בֶּן־דֹּדָוָהוּ מִמָּרֵשָׁה עַל־יְהוֹשָׁפָט לֵאמֹר כְּהִתְחַבֶּרְךָ
עִם־אֲחַזְיָהוּ פָּרַץ יְהוָה אֶת־מַעֲשֶׂיךָ וַיִּשָּׁבְרוּ אֳנִיּוֹת וְלֹא עָצְרוּ
כא א לָלֶכֶת אֶל־תַּרְשִׁישׁ׃ וַיִּשְׁכַּב יְהוֹשָׁפָט עִם־אֲבֹתָיו וַיִּקָּבֵר עִם־
ב אֲבֹתָיו בְּעִיר דָּוִיד וַיִּמְלֹךְ יְהוֹרָם בְּנוֹ תַּחְתָּיו׃ וְלוֹ־אַחִים בְּנֵי
יְהוֹשָׁפָט עֲזַרְיָה וִיחִיאֵל וּזְכַרְיָהוּ וַעֲזַרְיָהוּ וּמִיכָאֵל וּשְׁפַטְיָהוּ
ג כָּל־אֵלֶּה בְּנֵי יְהוֹשָׁפָט מֶלֶךְ יִשְׂרָאֵל׃ וַיִּתֵּן לָהֶם ׀ אֲבִיהֶם מַתָּנוֹת
רַבּוֹת לְכֶסֶף וּלְזָהָב וּלְמִגְדָּנוֹת עִם־עָרֵי מְצֻרוֹת בִּיהוּדָה וְאֶת־
ד הַמַּמְלָכָה נָתַן לִיהוֹרָם כִּי־הוּא הַבְּכוֹר׃ וַיָּקָם יְהוֹרָם
עַל־מַמְלֶכֶת אָבִיו וַיִּתְחַזַּק וַיַּהֲרֹג אֶת־כָּל־אֶחָיו בֶּחָרֶב וְגַם
ה מִשָּׂרֵי יִשְׂרָאֵל׃ בֶּן־שְׁלֹשִׁים וּשְׁתַּיִם שָׁנָה יְהוֹרָם בְּמָלְכוֹ
ו וּשְׁמוֹנֶה שָׁנִים מָלַךְ בִּירוּשָׁלִָם׃ וַיֵּלֶךְ בְּדֶרֶךְ ׀ מַלְכֵי יִשְׂרָאֵל
כַּאֲשֶׁר עָשׂוּ בֵּית אַחְאָב כִּי בַּת־אַחְאָב הָיְתָה לּוֹ אִשָּׁה וַיַּעַשׂ
ז הָרַע בְּעֵינֵי יְהוָה׃ וְלֹא־אָבָה יְהוָה לְהַשְׁחִית אֶת־בֵּית דָּוִיד
לְמַעַן הַבְּרִית אֲשֶׁר כָּרַת לְדָוִיד וְכַאֲשֶׁר אָמַר לָתֵת לוֹ נִיר
ח וּלְבָנָיו כָּל־הַיָּמִים׃ בְּיָמָיו פָּשַׁע אֱדוֹם מִתַּחַת יַד־יְהוּדָה
ט וַיַּמְלִיכוּ עֲלֵיהֶם מֶלֶךְ׃ וַיַּעֲבֹר יְהוֹרָם עִם־שָׂרָיו וְכָל־הָרֶכֶב
עִמּוֹ וַיְהִי קָם לַיְלָה וַיַּךְ אֶת־אֱדוֹם הַסּוֹבֵב אֵלָיו וְאֵת שָׂרֵי
י הָרָכֶב׃ וַיִּפְשַׁע אֱדוֹם מִתַּחַת יַד־יְהוּדָה עַד הַיּוֹם הַזֶּה אָז
תִּפְשַׁע לִבְנָה בָּעֵת הַהִיא מִתַּחַת יָדוֹ כִּי עָזַב אֶת־יְהוָה אֱלֹהֵי
יא אֲבֹתָיו׃ גַּם־הוּא עָשָׂה בָמוֹת בְּהָרֵי יְהוּדָה וַיֶּזֶן אֶת־יֹשְׁבֵי
יב יְרוּשָׁלִַם וַיַּדַּח אֶת־יְהוּדָה׃ וַיָּבֹא אֵלָיו מִכְתָּב מֵאֵלִיָּהוּ
הַנָּבִיא לֵאמֹר כֹּה ׀ אָמַר יְהוָה אֱלֹהֵי דָּוִיד אָבִיךָ תַּחַת אֲשֶׁר
לֹא־הָלַכְתָּ בְּדַרְכֵי יְהוֹשָׁפָט אָבִיךָ וּבְדַרְכֵי אָסָא מֶלֶךְ־יְהוּדָה׃

יג וַתֵּ֗לֶךְ בְּדֶ֙רֶךְ֙ מַלְכֵ֣י יִשְׂרָאֵ֔ל וַתַּזְנֶ֤ה אֶת־יְהוּדָה֙ וְאֶת־יֹשְׁבֵ֣י
יְרוּשָׁלִַ֔ם כְּהַזְנ֖וֹת בֵּ֣ית אַחְאָ֑ב וְגַ֨ם אֶת־אַחֶ֧יךָ בֵית־אָבִ֛יךָ
יד הַטּוֹבִ֥ים מִמְּךָ֖ הָרָֽגְתָּ׃ הִנֵּ֣ה יְהוָ֔ה נֹגֵ֛ף מַגֵּפָ֥ה גְדוֹלָ֖ה בְּעַמֶּ֑ךָ
טו וּבְבָנֶ֥יךָ וּבְנָשֶׁ֖יךָ וּבְכָל־רְכוּשֶֽׁךָ׃ וְאַתָּה֙ בָּחֳלָיִ֣ים רַבִּ֔ים בְּמַחֲלֵ֖ה
טז מֵעֶ֑יךָ עַד־יֵצְא֤וּ מֵעֶ֙יךָ֙ מִן־הַחֹ֔לִי יָמִ֖ים עַל־יָמִֽים׃ וַיָּ֨עַר יְהוָ֜ה
עַל־יְהוֹרָ֗ם אֵ֚ת ר֣וּחַ הַפְּלִשְׁתִּ֔ים וְהָ֣עַרְבִ֔ים אֲשֶׁ֖ר עַל־יַ֥ד כּוּשִֽׁים׃
יז וַיַּעֲל֤וּ בִֽיהוּדָה֙ וַיִּבְקָע֔וּהָ וַיִּשְׁבּ֗וּ אֵ֤ת כָּל־הָרְכוּשׁ֙ הַנִּמְצָ֣א לְבֵית־
הַמֶּ֔לֶךְ וְגַם־בָּנָ֖יו וְנָשָׁ֑יו וְלֹ֤א נִשְׁאַר־לוֹ֙ בֵּ֔ן כִּ֚י אִם־יְה֣וֹאָחָ֔ז קְטֹ֖ן
יח בָּנָֽיו׃ וְאַחֲרֵ֖י כָּל־זֹ֑את נְגָפ֞וֹ יְהוָ֧ה ׀ בְּמֵעָ֛יו לָחֳלִ֖י לְאֵ֥ין מַרְפֵּֽא׃
יט וַיְהִ֣י לְיָמִ֣ים ׀ מִיָּמִ֡ים וּכְעֵת֩ צֵ֨את הַקֵּ֜ץ לְיָמִ֣ים שְׁנַ֗יִם יָֽצְא֤וּ
מֵעָיו֙ עִם־חָלְי֔וֹ וַיָּ֖מָת בְּתַחֲלֻאִ֣ים רָעִ֑ים וְלֹא־עָ֨שׂוּ ל֥וֹ עַמּ֛וֹ
כ שְׂרֵפָ֖ה כִּשְׂרֵפַ֥ת אֲבֹתָֽיו׃ בֶּן־שְׁלֹשִׁ֨ים וּשְׁתַּ֤יִם הָיָה֙ בְמָלְכ֔וֹ
וּשְׁמוֹנֶ֣ה שָׁנִ֔ים מָלַ֖ךְ בִּירוּשָׁלִָ֑ם וַיֵּ֜לֶךְ בְּלֹ֣א חֶמְדָּ֗ה וַֽיִּקְבְּרֻ֙הוּ֙
כב א בְּעִ֣יר דָּוִ֔יד וְלֹ֖א בְּקִבְר֥וֹת הַמְּלָכִֽים׃ וַיַּמְלִ֣יכוּ יוֹשְׁבֵ֣י יְרוּשָׁלִַ֡ם
אֶת־אֲחַזְיָ֨הוּ בְנ֤וֹ הַקָּטֹן֙ תַּחְתָּ֔יו כִּ֚י כָּל־הָ֣רִאשֹׁנִ֔ים הָרַ֣ג הַגְּד֔וּד
הַבָּ֥א בָעַרְבִ֖ים לַֽמַּחֲנֶ֑ה וַיִּמְלֹ֗ךְ אֲחַזְיָ֛הוּ בֶּן־יְהוֹרָ֖ם מֶ֥לֶךְ
ב יְהוּדָֽה׃ בֶּן־אַרְבָּעִ֨ים וּשְׁתַּ֜יִם שָׁנָ֤ה אֲחַזְיָ֙הוּ֙ בְמָלְכ֔וֹ
וְשָׁנָ֣ה אַחַ֔ת מָלַ֖ךְ בִּירוּשָׁלִָ֑ם וְשֵׁ֣ם אִמּ֔וֹ עֲתַלְיָ֖הוּ בַּת־עָמְרִֽי׃
ג גַּם־ה֣וּא הָלַ֔ךְ בְּדַרְכֵ֖י בֵּ֣ית אַחְאָ֑ב כִּ֥י אִמּ֛וֹ הָיְתָ֥ה יֽוֹעַצְתּ֖וֹ
ד לְהַרְשִֽׁיעַ׃ וַיַּ֥עַשׂ הָרַ֛ע בְּעֵינֵ֥י יְהוָ֖ה כְּבֵ֣ית אַחְאָ֑ב כִּי־הֵ֜מָּה הָֽיוּ־
ה ל֣וֹ יוֹעֲצִ֗ים אַחֲרֵ֛י מ֥וֹת אָבִ֖יו לְמַשְׁחִ֥ית לֽוֹ׃ גַּ֣ם בַּעֲצָתָם֮ הָלַךְ֒
וַיֵּ֜לֶךְ אֶת־יְהוֹרָ֣ם בֶּן־אַחְאָ֗ב מֶ֤לֶךְ יִשְׂרָאֵל֙ לַמִּלְחָמָ֔ה עַל־חֲזָאֵ֥ל
ו מֶלֶךְ־אֲרָ֖ם בְּרָמ֣וֹת גִּלְעָ֑ד וַיַּכּ֥וּ הָרַמִּ֖ים אֶת־יוֹרָֽם׃ וַיָּ֜שָׁב
לְהִתְרַפֵּ֣א בְיִזְרְעֶ֗אל כִּ֤י הַמַּכִּים֙ אֲשֶׁ֣ר הִכֻּ֣הוּ בָֽרָמָ֔ה בְּהִֽלָּחֲמ֔וֹ
אֶת־חֲזָהאֵ֖ל מֶ֣לֶךְ אֲרָ֑ם וַעֲזַרְיָ֨הוּ בֶן־יְהוֹרָ֜ם מֶ֣לֶךְ יְהוּדָ֗ה יָרַ֡ד
לִרְא֞וֹת אֶת־יְהוֹרָ֧ם בֶּן־אַחְאָ֛ב בְּיִזְרְעֶ֖אל כִּי־חֹלֶ֥ה הֽוּא׃
ז וּמֵֽאֱלֹהִ֗ים הָיְתָה֙ תְּבוּסַ֣ת אֲחַזְיָ֔הוּ לָב֖וֹא אֶל־יוֹרָ֑ם וּבְבֹאוֹ֩ יָצָ֨א

עִם־יְהוֹרָ֗ם אֶל־יֵה֣וּא בֶּן־נִמְשִׁ֔י אֲשֶׁ֣ר מְשָׁח֣וֹ יְהוָ֔ה לְהַכְרִ֖ית

ח אֶת־בֵּ֣ית אַחְאָ֑ב: וַיְהִ֞י כְּהִשָּׁפֵ֤ט יֵהוּא֙ עִם־בֵּ֣ית אַחְאָ֔ב וַיִּמְצָ֗א
אֶת־שָׂרֵ֤י יְהוּדָה֙ וּבְנֵ֣י אֲחֵ֣י אֲחַזְיָ֔הוּ מְשָׁרְתִ֖ים לַאֲחַזְיָ֑הוּ וַיַּהַרְגֵֽם:

ט וַיְבַקֵּשׁ֙ אֶת־אֲחַזְיָ֔הוּ וַֽיִּלְכְּדֻ֖הוּ וְה֣וּא מִתְחַבֵּ֣א בְשֹׁמְר֔וֹן וַיְבִאֻ֣הוּ
אֶל־יֵה֗וּא וַיְמִתֻ֘הוּ֘ וַֽיִּקְבְּרֻ֒הוּ֒ כִּ֣י אָֽמְר֔וּ בֶּן־יְהוֹשָׁפָ֣ט ה֔וּא אֲשֶׁר־
דָּרַ֥שׁ אֶת־יְהוָ֖ה בְּכָל־לְבָב֑וֹ וְאֵין֙ לְבֵ֣ית אֲחַזְיָ֔הוּ לַעְצֹ֥ר כֹּ֖חַ

י לְמַמְלָכָֽה: וַֽעֲתַלְיָ֙הוּ֙ אֵ֣ם אֲחַזְיָ֔הוּ רָאֲתָ֖ה כִּ֣י מֵ֣ת
בְּנָ֑הּ וַתָּ֗קָם וַתְּדַבֵּ֛ר אֶת־כָּל־זֶ֥רַע הַמַּמְלָכָ֖ה לְבֵ֥ית יְהוּדָֽה:

יא וַתִּקַּ֣ח יְהוֹשַׁבְעַ֣ת בַּת־הַמֶּ֡לֶךְ אֶת־יוֹאָ֣שׁ בֶּן־אֲחַזְיָ֣הוּ וַתִּגְנֹ֣ב
אֹת֞וֹ מִתּ֣וֹךְ בְּנֵֽי־הַמֶּ֣לֶךְ הַמּֽוּמָתִ֗ים וַתִּתֵּ֨ן אֹת֤וֹ וְאֶת־מֵינִקְתּוֹ֙
בַּחֲדַ֣ר הַמִּטּ֔וֹת וַתַּסְתִּירֵ֡הוּ יְהוֹשַׁבְעַ֣ת בַּת־הַמֶּ֣לֶךְ יְהוֹרָ֡ם אֵ֣שֶׁת
יְהוֹיָדָ֣ע הַכֹּהֵ֩ן כִּ֨י הִ֜יא הָיְתָ֣ה אֲח֣וֹת אֲחַזְיָ֗הוּ מִפְּנֵ֧י עֲתַלְיָ֛הוּ

יב וְלֹ֥א הֱמִיתָֽתְהוּ: וַיְהִ֣י אִתָּ֗ם בְּבֵ֤ית הָֽאֱלֹהִים֙ מִתְחַבֵּ֔א שֵׁ֖שׁ שָׁנִ֑ים

כג א וַעֲתַלְיָ֖ה מֹלֶ֥כֶת עַל־הָאָֽרֶץ: וּבַשָּׁנָ֣ה הַשְּׁבִעִ֗ית
הִתְחַזַּ֣ק יְהוֹיָדָ֗ע וַיִּקַּ֣ח אֶת־שָׂרֵ֣י הַמֵּא֡וֹת לַעֲזַרְיָ֣הוּ בֶן־יְרֹחָ֣ם
וּֽלְיִשְׁמָעֵ֣אל בֶּן־יְהֽוֹחָנָ֗ן וְלַעֲזַרְיָ֤הוּ בֶן־עוֹבֵד֙ וְאֶת־מַֽעֲשֵׂיָ֣הוּ

ב בֶן־עֲדָיָ֗הוּ וְאֶת־אֱלִישָׁפָ֛ט בֶּן־זִכְרִ֖י עִמּ֣וֹ בַבְּרִֽית: וַיָּסֹ֣בּוּ
בִּֽיהוּדָ֗ה וַיִּקְבְּצ֤וּ אֶת־הַלְוִיִּם֙ מִכָּל־עָרֵ֣י יְהוּדָ֔ה וְרָאשֵׁ֥י הָאָב֖וֹת

ג לְיִשְׂרָאֵ֑ל וַיָּבֹ֖אוּ אֶל־יְרוּשָׁלָ֑͏ִם: וַיִּכְרֹת֩ כָּל־הַקָּהָ֨ל בְּרִ֜ית בְּבֵ֣ית
הָאֱלֹהִים֮ עִם־הַמֶּ֒לֶךְ֒ וַיֹּ֣אמֶר לָהֶ֔ם הִנֵּ֥ה בֶן־הַמֶּ֖לֶךְ יִמְלֹ֑ךְ

ד כַּאֲשֶׁ֖ר דִּבֶּ֣ר יְהוָ֑ה עַל־בְּנֵ֣י דָוִֽיד: זֶ֤ה הַדָּבָר֙ אֲשֶׁ֣ר תַּעֲשׂ֔וּ
הַשְּׁלִשִׁ֧ית מִכֶּ֛ם בָּאֵ֥י הַשַּׁבָּ֖ת לַכֹּהֲנִ֣ים וְלַלְוִיִּ֑ם לְשֹׁעֲרֵ֖י הַסִּפִּֽים:

ה וְהַשְּׁלִשִׁית֙ בְּבֵ֣ית הַמֶּ֔לֶךְ וְהַשְּׁלִשִׁ֖ית בְּשַׁ֣עַר הַיְס֑וֹד וְכָל־הָעָ֕ם

ו בְּחַצְר֖וֹת בֵּ֥ית יְהוָֽה: וְאַל־יָב֣וֹא בֵית־יְהוָ֗ה כִּ֤י אִם־הַכֹּהֲנִים֙
וְהַמְשָׁרְתִ֣ים לַלְוִיִּ֔ם הֵ֣מָּה יָבֹ֔אוּ כִּי־קֹ֖דֶשׁ הֵ֑מָּה וְכָל־הָעָ֕ם

ז יִשְׁמְר֖וּ מִשְׁמֶ֥רֶת יְהוָֽה: וְהִקִּיפוּ֩ הַלְוִיִּ֨ם אֶת־הַמֶּ֜לֶךְ סָבִ֗יב
אִ֚ישׁ וְכֵלָ֣יו בְּיָד֔וֹ וְהַבָּ֥א אֶל־הַבַּ֖יִת יוּמָ֑ת וִהְי֥וּ אֶת־הַמֶּ֖לֶךְ

בְּבֹאוֹ וּבְצֵאתוֹ: וַיַּעֲשׂוּ הַלְוִיִּם וְכָל־יְהוּדָה כְּכֹל אֲשֶׁר־צִוָּה ח
יְהוֹיָדָע הַכֹּהֵן וַיִּקְחוּ אִישׁ אֶת־אֲנָשָׁיו בָּאֵי הַשַּׁבָּת עִם יוֹצְאֵי
הַשַּׁבָּת כִּי לֹא פָטַר יְהוֹיָדָע הַכֹּהֵן אֶת־הַמַּחְלְקוֹת: וַיִּתֵּן ט
יְהוֹיָדָע הַכֹּהֵן לְשָׂרֵי הַמֵּאוֹת אֶת־הַחֲנִיתִים וְאֶת־הַמָּגִנּוֹת
וְאֶת־הַשְּׁלָטִים אֲשֶׁר לַמֶּלֶךְ דָּוִיד אֲשֶׁר בֵּית הָאֱלֹהִים:
וַיַּעֲמֵד אֶת־כָּל־הָעָם וְאִישׁ ׀ שִׁלְחוֹ בְיָדוֹ מִכֶּתֶף הַבַּיִת הַיְמָנִית י
עַד־כֶּתֶף הַבַּיִת הַשְּׂמָאלִית לַמִּזְבֵּחַ וְלַבָּיִת עַל־הַמֶּלֶךְ
כ סָבִיב: וַיּוֹצִיאוּ אֶת־בֶּן־הַמֶּלֶךְ וַיִּתְּנוּ עָלָיו אֶת־הַנֵּזֶר וְאֶת־ יא
הָעֵדוּת וַיַּמְלִיכוּ אֹתוֹ וַיִּמְשָׁחֻהוּ יְהוֹיָדָע וּבָנָיו וַיֹּאמְרוּ יְחִי
הַמֶּלֶךְ: וַתִּשְׁמַע עֲתַלְיָהוּ אֶת־קוֹל הָעָם הָרָצִים יב
וְהַמְהַלְלִים אֶת־הַמֶּלֶךְ וַתָּבוֹא אֶל־הָעָם בֵּית יְהוָה: וַתֵּרֶא יג
וְהִנֵּה הַמֶּלֶךְ עוֹמֵד עַל־עַמּוּדוֹ בַּמָּבוֹא וְהַשָּׂרִים וְהַחֲצֹצְרוֹת עַל־
הַמֶּלֶךְ וְכָל־עַם הָאָרֶץ שָׂמֵחַ וְתוֹקֵעַ בַּחֲצֹצְרוֹת וְהַמְשׁוֹרְרִים
בִּכְלֵי הַשִּׁיר וּמוֹדִיעִים לְהַלֵּל וַתִּקְרַע עֲתַלְיָהוּ אֶת־בְּגָדֶיהָ
וַתֹּאמֶר קֶשֶׁר קָשֶׁר: וַיּוֹצֵא יְהוֹיָדָע הַכֹּהֵן אֶת־שָׂרֵי יד
הַמֵּאוֹת ׀ פְּקוּדֵי הַחַיִל וַיֹּאמֶר אֲלֵהֶם הוֹצִיאוּהָ אֶל־מִבֵּית
הַשְּׂדֵרוֹת וְהַבָּא אַחֲרֶיהָ יוּמַת בֶּחָרֶב כִּי אָמַר הַכֹּהֵן לֹא
תְמִיתוּהָ בֵּית יְהוָה: וַיָּשִׂימוּ לָהּ יָדַיִם וַתָּבוֹא אֶל־מְבוֹא טו
שַׁעַר־הַסּוּסִים בֵּית הַמֶּלֶךְ וַיְמִיתוּהָ שָׁם:
וַיִּכְרֹת יְהוֹיָדָע בְּרִית בֵּינוֹ וּבֵין כָּל־הָעָם וּבֵין הַמֶּלֶךְ לִהְיוֹת טז
לְעָם לַיהוָה: וַיָּבֹאוּ כָל־הָעָם בֵּית־הַבַּעַל וַיִּתְּצֻהוּ וְאֶת־ יז
מִזְבְּחֹתָיו וְאֶת־צְלָמָיו שִׁבֵּרוּ וְאֵת מַתָּן כֹּהֵן הַבַּעַל הָרְגוּ
לִפְנֵי הַמִּזְבְּחוֹת: וַיָּשֶׂם יְהוֹיָדָע פְּקֻדֹּת בֵּית יְהוָה בְּיַד הַכֹּהֲנִים יח
הַלְוִיִּם אֲשֶׁר חָלַק דָּוִיד עַל־בֵּית יְהוָה לְהַעֲלוֹת עֹלוֹת יְהוָה
כַּכָּתוּב בְּתוֹרַת מֹשֶׁה בְּשִׂמְחָה וּבְשִׁיר עַל יְדֵי דָוִיד: וַיַּעֲמֵד יט
הַשּׁוֹעֲרִים עַל־שַׁעֲרֵי בֵּית יְהוָה וְלֹא־יָבוֹא טָמֵא לְכָל־דָּבָר:
וַיִּקַּח אֶת־שָׂרֵי הַמֵּאוֹת וְאֶת־הָאַדִּירִים וְאֶת־הַמּוֹשְׁלִים בָּעָם כ

וְאֶת ׀ כָּל־עַם הָאָ֔רֶץ וַיּוֹרִ֨דוּ אֶת־הַמֶּ֜לֶךְ מִבֵּ֤ית יהוה וַיָּבֹ֗אוּ
בְּתֽוֹךְ־שַׁ֤עַר הָֽעֶלְיוֹן֙ בֵּ֣ית הַמֶּ֔לֶךְ וַיּוֹשִׁ֙יבוּ֙ אֶת־הַמֶּ֔לֶךְ עַ֖ל כִּסֵּ֥א
הַמַּמְלָכָֽה: כא וַיִּשְׂמְח֥וּ כָל־עַם־הָאָ֖רֶץ וְהָעִ֣יר שָׁקָ֑טָה וְאֶת־
עֲתַלְיָ֖הוּ הֵמִ֥יתוּ בֶחָֽרֶב: כד א בֶּן־שֶׁ֤בַע שָׁנִים֙ יֹאָ֣שׁ בְּמָלְכ֔וֹ
וְאַרְבָּעִ֣ים שָׁנָ֔ה מָלַ֖ךְ בִּירֽוּשָׁלִָ֑ם וְשֵׁ֣ם אִמּ֔וֹ צִבְיָ֖ה מִבְּאֵ֥ר שָֽׁבַע:

ב וַיַּ֧עַשׂ יוֹאָ֛שׁ הַיָּשָׁ֖ר בְּעֵינֵ֣י יהוה כָּל־יְמֵ֖י יְהֽוֹיָדָ֥ע הַכֹּהֵֽן:

ג וַיִּשָּׂא־ל֥וֹ יְהֽוֹיָדָ֖ע נָשִׁ֣ים שְׁתָּ֑יִם וַיּ֖וֹלֶד בָּנִ֥ים וּבָנֽוֹת: ד וַיְהִ֖י אַחֲרֵי־

ה כֵ֔ן הָיָ֣ה עִם־לֵ֣ב יוֹאָ֔שׁ לְחַדֵּ֖שׁ אֶת־בֵּ֣ית יהוה: וַיִּקְבֹּ֞ץ אֶת־
הַכֹּהֲנִ֣ים וְהַלְוִיִּ֗ם וַיֹּ֣אמֶר לָהֶם֮ צְא֣וּ לְעָרֵ֣י יְהוּדָה֒ וְקִבְצוּ֙ מִכָּל־
יִשְׂרָאֵ֗ל כֶּ֛סֶף לְחַזֵּ֧ק ׀ אֶת־בֵּ֣ית אֱלֹֽהֵיכֶ֗ם מִדֵּ֤י שָׁנָה֙ בְּשָׁנָ֔ה
ו וְאַתֶּ֖ם תְּמַהֲר֣וּ לַדָּבָ֑ר וְלֹ֥א מִֽהֲר֖וּ הַלְוִיִּֽם: וַיִּקְרָ֣א
הַמֶּ֗לֶךְ לִֽיהֽוֹיָדָע֮ הָרֹאשׁ֒ וַיֹּ֣אמֶר ל֗וֹ מַדּ֙וּעַ֙ לֹֽא־דָרַ֣שְׁתָּ עַל־
הַלְוִיִּ֗ם לְהָבִ֞יא מִֽיהוּדָ֣ה וּמִירֽוּשָׁלִַ֔ם אֶת־מַשְׂאַ֞ת מֹשֶׁ֧ה עֶֽבֶד־
ז יהוה וְהַקָּהָ֖ל לְיִשְׂרָאֵ֑ל לְאֹ֖הֶל הָעֵדֽוּת: כִּ֤י עֲתַלְיָ֙הוּ֙ הַמִּרְשַׁ֔עַת
בָּנֶ֣יהָ פָרְצ֔וּ אֶת־בֵּ֖ית הָֽאֱלֹהִ֑ים וְגַם֙ כָּל־קָדְשֵׁ֣י בֵית־יהוה עָשׂ֖וּ
ח לַבְּעָלִֽים: וַיֹּ֣אמֶר הַמֶּ֔לֶךְ וַיַּֽעֲשׂ֖וּ אֲר֣וֹן אֶחָ֑ד וַֽיִּתְּנֻ֛הוּ בְּשַׁ֖עַר
ט בֵּית־יהוה חֽוּצָה: וַיִּתְּנוּ־ק֞וֹל בִּֽיהוּדָ֣ה וּבִירֽוּשָׁלִַ֗ם לְהָבִ֤יא
לַיהוה מַשְׂאַ֞ת מֹשֶׁ֧ה עֶֽבֶד־הָֽאֱלֹהִ֛ים עַל־יִשְׂרָאֵ֖ל בַּמִּדְבָּֽר:
י וַיִּשְׂמְח֥וּ כָל־הַשָּׂרִ֖ים וְכָל־הָעָ֑ם וַיָּבִ֛יאוּ וַיַּשְׁלִ֥יכוּ לָֽאָר֖וֹן עַד־
יא לְכַלֵּֽה: וַיְהִ֡י בְּעֵת֩ יָבִ֙יא אֶת־הָֽאָר֜וֹן אֶל־פְּקֻדַּ֣ת הַמֶּ֗לֶךְ בְּיַ֣ד
הַלְוִיִּם֮ וְכִרְאוֹתָ֣ם כִּי־רַ֣ב הַכֶּסֶף֒ וּבָ֞א סוֹפֵ֤ר הַמֶּ֙לֶךְ֙ וּפְקִ֣יד
כֹּהֵ֣ן הָרֹ֔אשׁ וִיעָ֙רוּ֙ אֶת־הָ֣אָר֔וֹן וְיִשָּׂאֻ֖הוּ וִֽישִׁיבֻ֣הוּ אֶל־מְקֹמ֑וֹ
יב כֹּ֤ה עָשׂוּ֙ לְי֣וֹם ׀ בְּי֔וֹם וַיַּֽאַסְפוּ־כֶ֖סֶף לָרֹֽב: וַיִּתְּנֵ֨הוּ הַמֶּ֜לֶךְ
וִיהֽוֹיָדָ֗ע אֶל־עוֹשֵׂה֙ מְלֶ֙אכֶת֙ עֲבוֹדַ֣ת בֵּית־יהוה וַיִּֽהְי֤וּ שֹׂכְרִים֙
חֹֽצְבִ֣ים וְחָֽרָשִׁ֔ים לְחַדֵּ֖שׁ בֵּ֣ית יהוה וְ֠גַם לְחָֽרָשֵׁ֤י בַרְזֶל֙ וּנְחֹ֔שֶׁת
יג לְחַזֵּ֖ק אֶת־בֵּ֣ית יהוה: וַֽיַּֽעֲשׂוּ֙ עֹשֵׂ֣י הַמְּלָאכָ֔ה וַתַּ֧עַל אֲרוּכָ֛ה
לַמְּלָאכָ֖ה בְּיָדָ֑ם וַיַּֽעֲמִ֙ידוּ֙ אֶת־בֵּ֣ית הָֽאֱלֹהִ֔ים עַל־מַתְכֻּנְתּ֖וֹ

וַיְאַמְּצֻהוּ׃ וּכְכַלּוֹתָם הֵבִיאוּ לִפְנֵי הַמֶּלֶךְ וִיהוֹיָדָע אֶת־שְׁאָר יד
הַכֶּסֶף וַיַּעֲשֵׂהוּ כֵלִים לְבֵית־יהוה כְּלֵי שָׁרֵת וְהַעֲלוֹת וְכַפּוֹת
וּכְלֵי זָהָב וָכָסֶף וַיִּהְיוּ מַעֲלִים עֹלוֹת בְּבֵית־יהוה תָּמִיד כֹּל יְמֵי
יְהוֹיָדָע׃ וַיִּזְקַן יְהוֹיָדָע וַיִּשְׂבַּע יָמִים וַיָּמֹת בֶּן־מֵאָה טו
וּשְׁלֹשִׁים שָׁנָה בְּמוֹתוֹ׃ וַיִּקְבְּרֻהוּ בְעִיר־דָּוִיד עִם־הַמְּלָכִים כִּי־ טז
עָשָׂה טוֹבָה בְּיִשְׂרָאֵל וְעִם־הָאֱלֹהִים וּבֵיתוֹ׃ וְאַחֲרֵי יז
מוֹת יְהוֹיָדָע בָּאוּ שָׂרֵי יְהוּדָה וַיִּשְׁתַּחֲווּ לַמֶּלֶךְ אָז שָׁמַע
הַמֶּלֶךְ אֲלֵיהֶם׃ וַיַּעַזְבוּ אֶת־בֵּית יהוה אֱלֹהֵי אֲבוֹתֵיהֶם יח
וַיַּעַבְדוּ אֶת־הָאֲשֵׁרִים וְאֶת־הָעֲצַבִּים וַיְהִי־קֶצֶף עַל־יְהוּדָה
וִירוּשָׁלִַם בְּאַשְׁמָתָם זֹאת׃ וַיִּשְׁלַח בָּהֶם נְבִאִים לַהֲשִׁיבָם יט
אֶל־יהוה וַיָּעִידוּ בָם וְלֹא הֶאֱזִינוּ׃ וְרוּחַ אֱלֹהִים כ
לָבְשָׁה אֶת־זְכַרְיָה בֶּן־יְהוֹיָדָע הַכֹּהֵן וַיַּעֲמֹד מֵעַל לָעָם וַיֹּאמֶר
לָהֶם כֹּה ׀ אָמַר הָאֱלֹהִים לָמָה אַתֶּם עֹבְרִים אֶת־מִצְוֹת יהוה
וְלֹא תַצְלִיחוּ כִּי־עֲזַבְתֶּם אֶת־יהוה וַיַּעֲזֹב אֶתְכֶם׃ וַיִּקְשְׁרוּ כא
עָלָיו וַיִּרְגְּמֻהוּ אֶבֶן בְּמִצְוַת הַמֶּלֶךְ בַּחֲצַר בֵּית יהוה׃ וְלֹא־ כב
זָכַר יוֹאָשׁ הַמֶּלֶךְ הַחֶסֶד אֲשֶׁר עָשָׂה יְהוֹיָדָע אָבִיו עִמּוֹ וַיַּהֲרֹג
אֶת־בְּנוֹ וּכְמוֹתוֹ אָמַר יֵרֶא יהוה וְיִדְרֹשׁ׃ וַיְהִי ׀ כג
לִתְקוּפַת הַשָּׁנָה עָלָה עָלָיו חֵיל אֲרָם וַיָּבֹאוּ אֶל־יְהוּדָה
וִירוּשָׁלִַם וַיַּשְׁחִיתוּ אֶת־כָּל־שָׂרֵי הָעָם מֵעָם וְכָל־שְׁלָלָם שִׁלְּחוּ
לְמֶלֶךְ דַּרְמָשֶׂק׃ כִּי בְמִצְעַר אֲנָשִׁים בָּאוּ ׀ חֵיל אֲרָם וַיהוה כד
נָתַן בְּיָדָם חַיִל לָרֹב מְאֹד כִּי עָזְבוּ אֶת־יהוה אֱלֹהֵי אֲבוֹתֵיהֶם
וְאֶת־יוֹאָשׁ עָשׂוּ שְׁפָטִים׃ וּבְלֶכְתָּם מִמֶּנּוּ כִּי־עָזְבוּ אֹתוֹ כה
בְּמַחֲלֻיִים רַבִּים הִתְקַשְּׁרוּ עָלָיו עֲבָדָיו בִּדְמֵי בְּנֵי יְהוֹיָדָע
הַכֹּהֵן וַיַּהַרְגֻהוּ עַל־מִטָּתוֹ וַיָּמֹת וַיִּקְבְּרֻהוּ בְּעִיר דָּוִיד וְלֹא
קְבָרֻהוּ בְּקִבְרוֹת הַמְּלָכִים׃ וְאֵלֶּה הַמִּתְקַשְּׁרִים עָלָיו זָבָד כו
בֶּן־שִׁמְעָת הָעַמּוֹנִית וִיהוֹזָבָד בֶּן־שִׁמְרִית הַמּוֹאָבִית׃ וּבָנָיו כז
וְרֹב הַמַּשָּׂא עָלָיו וִיסוֹד בֵּית הָאֱלֹהִים הִנָּם כְּתוּבִים עַל־מִדְרַשׁ

א סֵפֶר הַמְּלָכִים וַיִּמְלֹךְ אֲמַצְיָהוּ בְנוֹ תַּחְתָּיו׃ בֶּן־
עֶשְׂרִים וְחָמֵשׁ שָׁנָה מָלַךְ אֲמַצְיָהוּ וְעֶשְׂרִים וָתֵשַׁע שָׁנָה
ב מָלַךְ בִּירוּשָׁלִָם וְשֵׁם אִמּוֹ יְהוֹעַדָּן מִירוּשָׁלִָים׃ וַיַּעַשׂ הַיָּשָׁר
ג בְּעֵינֵי יְהוָה רַק לֹא בְּלֵבָב שָׁלֵם׃ וַיְהִי כַּאֲשֶׁר חָזְקָה הַמַּמְלָכָה
ד עָלָיו וַיַּהֲרֹג אֶת־עֲבָדָיו הַמַּכִּים אֶת־הַמֶּלֶךְ אָבִיו׃ וְאֶת־
בְּנֵיהֶם לֹא הֵמִית כִּי כַכָּתוּב בַּתּוֹרָה בְּסֵפֶר מֹשֶׁה אֲשֶׁר־
צִוָּה יְהוָה לֵאמֹר לֹא־יָמוּתוּ אָבוֹת עַל־בָּנִים וּבָנִים לֹא־
ה יָמוּתוּ עַל־אָבוֹת כִּי אִישׁ בְּחֶטְאוֹ יָמוּתוּ׃ וַיִּקְבֹּץ
אֲמַצְיָהוּ אֶת־יְהוּדָה וַיַּעֲמִידֵם לְבֵית־אָבוֹת לְשָׂרֵי הָאֲלָפִים
וּלְשָׂרֵי הַמֵּאוֹת לְכָל־יְהוּדָה וּבִנְיָמִן וַיִּפְקְדֵם לְמִבֶּן עֶשְׂרִים
שָׁנָה וָמַעְלָה וַיִּמְצָאֵם שְׁלֹשׁ־מֵאוֹת אֶלֶף בָּחוּר יוֹצֵא צָבָא
ו אֹחֵז רֹמַח וְצִנָּה׃ וַיִּשְׂכֹּר מִיִּשְׂרָאֵל מֵאָה אֶלֶף גִּבּוֹר חָיִל
ז בְּמֵאָה כִכַּר־כָּסֶף׃ וְאִישׁ הָאֱלֹהִים בָּא אֵלָיו לֵאמֹר הַמֶּלֶךְ
אַל־יָבוֹא עִמְּךָ צְבָא יִשְׂרָאֵל כִּי אֵין יְהוָה עִם־יִשְׂרָאֵל כֹּל
ח בְּנֵי אֶפְרָיִם׃ כִּי אִם־בֹּא אַתָּה עֲשֵׂה חֲזַק לַמִּלְחָמָה יַכְשִׁילְךָ
הָאֱלֹהִים לִפְנֵי אוֹיֵב כִּי יֶשׁ־כֹּחַ בֵּאלֹהִים לַעְזוֹר וּלְהַכְשִׁיל׃
ט וַיֹּאמֶר אֲמַצְיָהוּ לְאִישׁ הָאֱלֹהִים וּמַה־לַּעֲשׂוֹת לִמְאַת הַכִּכָּר
אֲשֶׁר נָתַתִּי לִגְדוּד יִשְׂרָאֵל וַיֹּאמֶר אִישׁ הָאֱלֹהִים יֵשׁ לַיהוָה
י לָתֶת לְךָ הַרְבֵּה מִזֶּה׃ וַיַּבְדִּילֵם אֲמַצְיָהוּ לְהַגְּדוּד אֲשֶׁר־בָּא
אֵלָיו מֵאֶפְרַיִם לָלֶכֶת לִמְקוֹמָם וַיִּחַר אַפָּם מְאֹד בִּיהוּדָה
יא וַיָּשׁוּבוּ לִמְקוֹמָם בָּחֳרִי־אָף׃ וַאֲמַצְיָהוּ הִתְחַזַּק וַיִּנְהַג
אֶת־עַמּוֹ וַיֵּלֶךְ גֵּיא הַמֶּלַח וַיַּךְ אֶת־בְּנֵי־שֵׂעִיר עֲשֶׂרֶת אֲלָפִים׃
יב וַעֲשֶׂרֶת אֲלָפִים חַיִּים שָׁבוּ בְּנֵי יְהוּדָה וַיְבִיאוּם לְרֹאשׁ הַסָּלַע
יג וַיַּשְׁלִיכוּם מֵרֹאשׁ הַסֶּלַע וְכֻלָּם נִבְקָעוּ׃ וּבְנֵי הַגְּדוּד
אֲשֶׁר הֵשִׁיב אֲמַצְיָהוּ מִלֶּכֶת עִמּוֹ לַמִּלְחָמָה וַיִּפְשְׁטוּ בְּעָרֵי
יְהוּדָה מִשֹּׁמְרוֹן וְעַד־בֵּית חוֹרוֹן וַיַּכּוּ מֵהֶם שְׁלֹשֶׁת אֲלָפִים
יד וַיָּבֹזּוּ בִּזָּה רַבָּה׃ וַיְהִי אַחֲרֵי בוֹא אֲמַצְיָהוּ מֵהַכּוֹת

אֶת־אֱדוֹמִים וַיָּבֵא אֶת־אֱלֹהֵי בְּנֵי שֵׂעִיר וַיַּעֲמִידֵם לוֹ לֵאלֹהִים
טו וְלִפְנֵיהֶם יִשְׁתַּחֲוֶה וְלָהֶם יְקַטֵּר׃ וַיִּחַר־אַף יְהוָה בַּאֲמַצְיָהוּ
וַיִּשְׁלַח אֵלָיו נָבִיא וַיֹּאמֶר לוֹ לָמָּה דָרַשְׁתָּ אֶת־אֱלֹהֵי
טז הָעָם אֲשֶׁר לֹא־הִצִּילוּ אֶת־עַמָּם מִיָּדֶךָ׃ וַיְהִי ׀ בְּדַבְּרוֹ אֵלָיו
וַיֹּאמֶר לוֹ הַלְיוֹעֵץ לַמֶּלֶךְ נְתַנּוּךָ חֲדַל־לְךָ לָמָּה יַכּוּךָ וַיֶּחְדַּל
הַנָּבִיא וַיֹּאמֶר יָדַעְתִּי כִּי־יָעַץ אֱלֹהִים לְהַשְׁחִיתֶךָ כִּי־עָשִׂיתָ
יז זֹּאת וְלֹא שָׁמַעְתָּ לַעֲצָתִי׃ וַיִּוָּעַץ אֲמַצְיָהוּ מֶלֶךְ
יְהוּדָה וַיִּשְׁלַח אֶל־יוֹאָשׁ בֶּן־יְהוֹאָחָז בֶּן־יֵהוּא מֶלֶךְ יִשְׂרָאֵל
יח לֵאמֹר לְךָ נִתְרָאֶה פָנִים׃ וַיִּשְׁלַח יוֹאָשׁ מֶלֶךְ־יִשְׂרָאֵל אֶל־
אֲמַצְיָהוּ מֶלֶךְ־יְהוּדָה לֵאמֹר הַחוֹחַ אֲשֶׁר בַּלְּבָנוֹן שָׁלַח אֶל־
הָאֶרֶז אֲשֶׁר בַּלְּבָנוֹן לֵאמֹר תְּנָה־אֶת־בִּתְּךָ לִבְנִי לְאִשָּׁה
וַתַּעֲבֹר חַיַּת הַשָּׂדֶה אֲשֶׁר בַּלְּבָנוֹן וַתִּרְמֹס אֶת־הַחוֹחַ׃
יט אָמַרְתָּ הִנֵּה הִכִּיתָ אֶת־אֱדוֹם וּנְשָׂאֲךָ לִבְּךָ לְהַכְבִּיד עַתָּה
שְׁבָה בְּבֵיתֶךָ לָמָּה תִתְגָּרֶה בְּרָעָה וְנָפַלְתָּ אַתָּה וִיהוּדָה
כ עִמָּךְ׃ וְלֹא־שָׁמַע אֲמַצְיָהוּ כִּי מֵהָאֱלֹהִים הִיא לְמַעַן תִּתָּם
כא בְּיָד כִּי דָרְשׁוּ אֵת אֱלֹהֵי אֱדוֹם׃ וַיַּעַל יוֹאָשׁ מֶלֶךְ־יִשְׂרָאֵל
וַיִּתְרָאוּ פָנִים הוּא וַאֲמַצְיָהוּ מֶלֶךְ־יְהוּדָה בְּבֵית שֶׁמֶשׁ אֲשֶׁר
כב כג לִיהוּדָה׃ וַיִּנָּגֶף יְהוּדָה לִפְנֵי יִשְׂרָאֵל וַיָּנֻסוּ אִישׁ לְאֹהָלָיו׃ וְאֵת
אֲמַצְיָהוּ מֶלֶךְ־יְהוּדָה בֶּן־יוֹאָשׁ בֶּן־יְהוֹאָחָז תָּפַשׂ יוֹאָשׁ מֶלֶךְ־
יִשְׂרָאֵל בְּבֵית שָׁמֶשׁ וַיְבִיאֵהוּ יְרוּשָׁלִַם וַיִּפְרֹץ בְּחוֹמַת יְרוּשָׁלִַם
כד מִשַּׁעַר אֶפְרַיִם עַד־שַׁעַר הַפּוֹנֶה אַרְבַּע מֵאוֹת אַמָּה׃ וְכָל־
הַזָּהָב וְהַכֶּסֶף וְאֵת כָּל־הַכֵּלִים הַנִּמְצְאִים בְּבֵית־הָאֱלֹהִים עִם־
עֹבֵד אֱדוֹם וְאֶת־אֹצְרוֹת בֵּית הַמֶּלֶךְ וְאֵת בְּנֵי הַתַּעֲרֻבוֹת
כה וַיָּשָׁב שֹׁמְרוֹן׃ וַיְחִי אֲמַצְיָהוּ בֶן־יוֹאָשׁ מֶלֶךְ יְהוּדָה
אַחֲרֵי מוֹת יוֹאָשׁ בֶּן־יְהוֹאָחָז מֶלֶךְ יִשְׂרָאֵל חֲמֵשׁ עֶשְׂרֵה שָׁנָה׃
כו וְיֶתֶר דִּבְרֵי אֲמַצְיָהוּ הָרִאשֹׁנִים וְהָאַחֲרוֹנִים הֲלֹא הִנָּם כְּתוּבִים
כז עַל־סֵפֶר מַלְכֵי־יְהוּדָה וְיִשְׂרָאֵל׃ וּמֵעֵת אֲשֶׁר־סָר אֲמַצְיָהוּ

מֵאַחֲרֵי יְהוָה וַיִּקְשְׁרוּ עָלָיו קֶשֶׁר בִּירוּשָׁלַ͏ִם וַיָּנָס לָכִישָׁה
כח וַיִּשְׁלְחוּ אַחֲרָיו לָכִישָׁה וַיְמִיתֻהוּ שָׁם׃ וַיִּשָּׂאֻהוּ עַל־הַסּוּסִים
כו א וַיִּקְבְּרוּ אֹתוֹ עִם־אֲבֹתָיו בְּעִיר יְהוּדָה׃ וַיִּקְחוּ כָּל־עַם יְהוּדָה
אֶת־עֻזִּיָּהוּ וְהוּא בֶּן־שֵׁשׁ עֶשְׂרֵה שָׁנָה וַיַּמְלִיכוּ אֹתוֹ תַּחַת
ב אָבִיו אֲמַצְיָהוּ׃ הוּא בָּנָה אֶת־אֵילוֹת וַיְשִׁיבֶהָ לִיהוּדָה אַחֲרֵי כא
שְׁכַב־הַמֶּלֶךְ עִם־אֲבֹתָיו׃
ג בֶּן־שֵׁשׁ עֶשְׂרֵה שָׁנָה עֻזִּיָּהוּ בְמָלְכוֹ וַחֲמִשִּׁים וּשְׁתַּיִם שָׁנָה
ד מָלַךְ בִּירוּשָׁלָ͏ִם וְשֵׁם אִמּוֹ יכיליה מִן־יְרוּשָׁלָ͏ִם׃ וַיַּעַשׂ הַיָּשָׁר יְכָלְיָה
ה בְּעֵינֵי יְהוָה כְּכֹל אֲשֶׁר־עָשָׂה אֲמַצְיָהוּ אָבִיו׃ וַיְהִי לִדְרֹשׁ
אֱלֹהִים בִּימֵי זְכַרְיָהוּ הַמֵּבִין בִּרְאֹת הָאֱלֹהִים וּבִימֵי דָּרְשׁוֹ
ו אֶת־יְהוָה הִצְלִיחוֹ הָאֱלֹהִים׃ וַיֵּצֵא וַיִּלָּחֶם בַּפְּלִשְׁתִּים וַיִּפְרֹץ
אֶת־חוֹמַת גַּת וְאֵת חוֹמַת יַבְנֵה וְאֵת חוֹמַת אַשְׁדּוֹד וַיִּבְנֶה
ז עָרִים בְּאַשְׁדּוֹד וּבַפְּלִשְׁתִּים׃ וַיַּעְזְרֵהוּ הָאֱלֹהִים עַל־פְּלִשְׁתִּים
ח וְעַל־הערביים הַיֹּשְׁבִים בְּגוּר־בָּעַל וְהַמְּעוּנִים׃ וַיִּתְּנוּ הָעַמּוֹנִים הָעַרְבִים
מִנְחָה לְעֻזִּיָּהוּ וַיֵּלֶךְ שְׁמוֹ עַד־לְבוֹא מִצְרַיִם כִּי הֶחֱזִיק עַד־
ט לְמָעְלָה׃ וַיִּבֶן עֻזִּיָּהוּ מִגְדָּלִים בִּירוּשָׁלַ͏ִם עַל־שַׁעַר הַפִּנָּה
י וְעַל־שַׁעַר הַגַּיְא וְעַל־הַמִּקְצוֹעַ וַיְחַזְּקֵם׃ וַיִּבֶן מִגְדָּלִים
בַּמִּדְבָּר וַיַּחְצֹב בֹּרוֹת רַבִּים כִּי מִקְנֶה־רַּב הָיָה לוֹ וּבַשְּׁפֵלָה
וּבַמִּישׁוֹר אִכָּרִים וְכֹרְמִים בֶּהָרִים וּבַכַּרְמֶל כִּי־אֹהֵב אֲדָמָה
יא הָיָה׃ וַיְהִי לְעֻזִּיָּהוּ חַיִל עֹשֵׂה מִלְחָמָה יוֹצְאֵי צָבָא
לִגְדוּד בְּמִסְפַּר פְּקֻדָּתָם בְּיַד יעואל הַסּוֹפֵר וּמַעֲשֵׂיָהוּ הַשּׁוֹטֵר יְעִיאֵל
יב עַל יַד־חֲנַנְיָהוּ מִשָּׂרֵי הַמֶּלֶךְ׃ כֹּל מִסְפַּר רָאשֵׁי הָאָבוֹת לְגִבּוֹרֵי
יג חָיִל אַלְפַּיִם וְשֵׁשׁ מֵאוֹת׃ וְעַל־יָדָם חֵיל צָבָא שְׁלֹשׁ מֵאוֹת
אֶלֶף וְשִׁבְעַת אֲלָפִים וַחֲמֵשׁ מֵאוֹת עוֹשֵׂי מִלְחָמָה בְּכֹחַ
יד חָיִל לַעְזֹר לַמֶּלֶךְ עַל־הָאוֹיֵב׃ וַיָּכֶן לָהֶם עֻזִּיָּהוּ לְכָל־הַצָּבָא
מָגִנִּים וּרְמָחִים וְכוֹבָעִים וְשִׁרְיֹנוֹת וּקְשָׁתוֹת וּלְאַבְנֵי קְלָעִים׃
טו וַיַּעַשׂ ׀ בִּירוּשָׁלַ͏ִם חִשְּׁבֹנוֹת מַחֲשֶׁבֶת חוֹשֵׁב לִהְיוֹת עַל־

הַמִּגְדָּלִים וְעַל־הַפִּנּוֹת לִירוֹא בַּחִצִּים וּבָאֲבָנִים גְּדֹלוֹת וַיֵּצֵא
שְׁמוֹ עַד־לְמֵרָחוֹק כִּי־הִפְלִיא לְהֵעָזֵר עַד כִּי־חָזָק׃ וּכְחֶזְקָתוֹ טז
גָּבַהּ לִבּוֹ עַד־לְהַשְׁחִית וַיִּמְעַל בַּיהוָה אֱלֹהָיו וַיָּבֹא אֶל־הֵיכַל
יְהוָה לְהַקְטִיר עַל־מִזְבַּח הַקְּטֹרֶת׃ וַיָּבֹא אַחֲרָיו עֲזַרְיָהוּ יז
הַכֹּהֵן וְעִמּוֹ כֹּהֲנִים ׀ לַיהוָה שְׁמוֹנִים בְּנֵי־חָיִל׃ וַיַּעַמְדוּ עַל־ יח
עֻזִּיָּהוּ הַמֶּלֶךְ וַיֹּאמְרוּ לוֹ לֹא־לְךָ עֻזִּיָּהוּ לְהַקְטִיר לַיהוָה כִּי
לַכֹּהֲנִים בְּנֵי־אַהֲרֹן הַמְקֻדָּשִׁים לְהַקְטִיר צֵא מִן־הַמִּקְדָּשׁ כִּי
מָעַלְתָּ וְלֹא־לְךָ לְכָבוֹד מֵיְהוָה אֱלֹהִים׃ וַיִּזְעַף עֻזִּיָּהוּ וּבְיָדוֹ יט
מִקְטֶרֶת לְהַקְטִיר וּבְזַעְפּוֹ עִם־הַכֹּהֲנִים וְהַצָּרַעַת זָרְחָה בְמִצְחוֹ
לִפְנֵי הַכֹּהֲנִים בְּבֵית יְהוָה מֵעַל לְמִזְבַּח הַקְּטֹרֶת׃ וַיִּפֶן אֵלָיו כ
עֲזַרְיָהוּ כֹהֵן הָרֹאשׁ וְכָל־הַכֹּהֲנִים וְהִנֵּה־הוּא מְצֹרָע בְּמִצְחוֹ
וַיַּבְהִלוּהוּ מִשָּׁם וְגַם־הוּא נִדְחַף לָצֵאת כִּי נִגְּעוֹ יְהוָה׃ וַיְהִי כא
הַחָפְשִׁית עֻזִּיָּהוּ הַמֶּלֶךְ מְצֹרָע ׀ עַד־יוֹם מוֹתוֹ וַיֵּשֶׁב בֵּית החפשות מְצֹרָע
כִּי נִגְזַר מִבֵּית יְהוָה וְיוֹתָם בְּנוֹ עַל־בֵּית הַמֶּלֶךְ שׁוֹפֵט אֶת־
עַם הָאָרֶץ׃ וְיֶתֶר דִּבְרֵי עֻזִּיָּהוּ הָרִאשֹׁנִים וְהָאַחֲרֹנִים כָּתַב כב
יְשַׁעְיָהוּ בֶן־אָמוֹץ הַנָּבִיא׃ וַיִּשְׁכַּב עֻזִּיָּהוּ עִם־אֲבֹתָיו וַיִּקְבְּרוּ כג
אֹתוֹ עִם־אֲבֹתָיו בִּשְׂדֵה הַקְּבוּרָה אֲשֶׁר לַמְּלָכִים כִּי אָמְרוּ
מְצוֹרָע הוּא וַיִּמְלֹךְ יוֹתָם בְּנוֹ תַּחְתָּיו׃ בֶּן־עֶשְׂרִים א כז
וְחָמֵשׁ שָׁנָה יוֹתָם בְּמָלְכוֹ וְשֵׁשׁ־עֶשְׂרֵה שָׁנָה מָלַךְ בִּירוּשָׁלָ͏ִם
וְשֵׁם אִמּוֹ יְרוּשָׁה בַּת־צָדוֹק׃ וַיַּעַשׂ הַיָּשָׁר בְּעֵינֵי יְהוָה כְּכֹל ב
אֲשֶׁר־עָשָׂה עֻזִּיָּהוּ אָבִיו רַק לֹא־בָא אֶל־הֵיכַל יְהוָה וְעוֹד
הָעָם מַשְׁחִיתִים׃ הוּא בָּנָה אֶת־שַׁעַר בֵּית־יְהוָה הָעֶלְיוֹן ג
וּבְחוֹמַת הָעֹפֶל בָּנָה לָרֹב׃ וְעָרִים בָּנָה בְּהַר יְהוּדָה וּבֶחֳרָשִׁים ד
בָּנָה בִּירָנִיּוֹת וּמִגְדָּלִים׃ וְהוּא נִלְחַם עִם־מֶלֶךְ בְּנֵי־עַמּוֹן וַיֶּחֱזַק ה
עֲלֵיהֶם וַיִּתְּנוּ־לוֹ בְנֵי־עַמּוֹן בַּשָּׁנָה הַהִיא מֵאָה כִּכַּר־כֶּסֶף
וַעֲשֶׂרֶת אֲלָפִים כֹּרִים חִטִּים וּשְׂעוֹרִים עֲשֶׂרֶת אֲלָפִים זֹאת
הֵשִׁיבוּ לוֹ בְּנֵי עַמּוֹן וּבַשָּׁנָה הַשֵּׁנִית וְהַשְּׁלִשִׁית׃ וַיִּתְחַזֵּק ו

ז יוֹתָם כִּי הֵכִין דְּרָכָיו לִפְנֵי יְהוָה אֱלֹהָיו׃ וְיֶתֶר דִּבְרֵי יוֹתָם
וְכָל־מִלְחֲמֹתָיו וּדְרָכָיו הִנָּם כְּתוּבִים עַל־סֵפֶר מַלְכֵי יִשְׂרָאֵל
ח וִיהוּדָה׃ בֶּן־עֶשְׂרִים וְחָמֵשׁ שָׁנָה הָיָה בְמָלְכוֹ וְשֵׁשׁ־עֶשְׂרֵה
ט שָׁנָה מָלַךְ בִּירוּשָׁלִָם׃ וַיִּשְׁכַּב יוֹתָם עִם־אֲבֹתָיו וַיִּקְבְּרוּ אֹתוֹ
כח א בְּעִיר דָּוִיד וַיִּמְלֹךְ אָחָז בְּנוֹ תַּחְתָּיו׃ בֶּן־עֶשְׂרִים שָׁנָה אָחָז
בְּמָלְכוֹ וְשֵׁשׁ־עֶשְׂרֵה שָׁנָה מָלַךְ בִּירוּשָׁלִָם וְלֹא־עָשָׂה הַיָּשָׁר
ב בְּעֵינֵי יְהוָה כְּדָוִיד אָבִיו׃ וַיֵּלֶךְ בְּדַרְכֵי מַלְכֵי יִשְׂרָאֵל וְגַם
ג מַסֵּכוֹת עָשָׂה לַבְּעָלִים׃ וְהוּא הִקְטִיר בְּגֵיא בֶן־הִנֹּם וַיַּבְעֵר
אֶת־בָּנָיו בָּאֵשׁ כְּתֹעֲבוֹת הַגּוֹיִם אֲשֶׁר הֹרִישׁ יְהוָה מִפְּנֵי בְּנֵי
ד יִשְׂרָאֵל׃ וַיְזַבֵּחַ וַיְקַטֵּר בַּבָּמוֹת וְעַל־הַגְּבָעוֹת וְתַחַת כָּל־עֵץ
ה רַעֲנָן׃ וַיִּתְּנֵהוּ יְהוָה אֱלֹהָיו בְּיַד מֶלֶךְ אֲרָם וַיַּכּוּ־בוֹ וַיִּשְׁבּוּ
מִמֶּנּוּ שִׁבְיָה גְדוֹלָה וַיָּבִיאוּ דַּרְמָשֶׂק וְגַם בְּיַד־מֶלֶךְ יִשְׂרָאֵל
ו נִתָּן וַיַּךְ־בּוֹ מַכָּה גְדוֹלָה׃ וַיַּהֲרֹג פֶּקַח בֶּן־רְמַלְיָהוּ
בִּיהוּדָה מֵאָה וְעֶשְׂרִים אֶלֶף בְּיוֹם אֶחָד הַכֹּל בְּנֵי־חָיִל בְּעָזְבָם
ז אֶת־יְהוָה אֱלֹהֵי אֲבוֹתָם׃ וַיַּהֲרֹג זִכְרִי ׀ גִּבּוֹר אֶפְרַיִם
אֶת־מַעֲשֵׂיָהוּ בֶּן־הַמֶּלֶךְ וְאֶת־עַזְרִיקָם נְגִיד הַבָּיִת וְאֶת־אֶלְקָנָה
ח מִשְׁנֵה הַמֶּלֶךְ׃ וַיִּשְׁבּוּ בְנֵי־יִשְׂרָאֵל מֵאֲחֵיהֶם מָאתַיִם
אֶלֶף נָשִׁים בָּנִים וּבָנוֹת וְגַם־שָׁלָל רָב בָּזְזוּ מֵהֶם וַיָּבִיאוּ אֶת־
ט הַשָּׁלָל לְשֹׁמְרוֹן׃ וְשָׁם הָיָה נָבִיא לַיהוָה עֹדֵד שְׁמוֹ
וַיֵּצֵא לִפְנֵי הַצָּבָא הַבָּא לְשֹׁמְרוֹן וַיֹּאמֶר לָהֶם הִנֵּה בַּחֲמַת יְהוָה
אֱלֹהֵי־אֲבוֹתֵיכֶם עַל־יְהוּדָה נְתָנָם בְּיֶדְכֶם וַתַּהַרְגוּ־בָם בְּזַעַף
י עַד לַשָּׁמַיִם הִגִּיעַ׃ וְעַתָּה בְּנֵי־יְהוּדָה וִירוּשָׁלִַם אַתֶּם אֹמְרִים
לִכְבֹּשׁ לַעֲבָדִים וְלִשְׁפָחוֹת לָכֶם הֲלֹא רַק־אַתֶּם עִמָּכֶם אֲשָׁמוֹת
יא לַיהוָה אֱלֹהֵיכֶם׃ וְעַתָּה שְׁמָעוּנִי וְהָשִׁיבוּ הַשִּׁבְיָה אֲשֶׁר שְׁבִיתֶם
יב מֵאֲחֵיכֶם כִּי חֲרוֹן אַף־יְהוָה עֲלֵיכֶם׃ וַיָּקֻמוּ אֲנָשִׁים
מֵרָאשֵׁי בְנֵי־אֶפְרַיִם עֲזַרְיָהוּ בֶן־יְהוֹחָנָן בֶּרֶכְיָהוּ בֶן־מְשִׁלֵּמוֹת
וִיחִזְקִיָּהוּ בֶן־שַׁלֻּם וַעֲמָשָׂא בֶן־חַדְלָי עַל־הַבָּאִים מִן־הַצָּבָא׃

יג וַיֹּאמְרוּ לָהֶם לֹא־תָבִיאוּ אֶת־הַשִּׁבְיָה הֵנָּה כִּי לְאַשְׁמַת יְהוָה
עָלֵינוּ אַתֶּם אֹמְרִים לְהֹסִיף עַל־חַטֹּאתֵנוּ וְעַל־אַשְׁמָתֵנוּ
יד כִּי־רַבָּה אַשְׁמָה לָנוּ וַחֲרוֹן אָף עַל־יִשְׂרָאֵל׃ וַיַּעֲזֹב
הֶחָלוּץ אֶת־הַשִּׁבְיָה וְאֶת־הַבִּזָּה לִפְנֵי הַשָּׂרִים וְכָל־הַקָּהָל׃
טו וַיָּקֻמוּ הָאֲנָשִׁים אֲשֶׁר־נִקְּבוּ בְשֵׁמוֹת וַיַּחֲזִיקוּ בַשִּׁבְיָה וְכָל־
מַעֲרֻמֵּיהֶם הִלְבִּישׁוּ מִן־הַשָּׁלָל וַיַּלְבִּשׁוּם וַיַּנְעִלוּם וַיַּאֲכִלוּם
וַיַּשְׁקוּם וַיְסֻכוּם וַיְנַהֲלוּם בַּחֲמֹרִים לְכָל־כּוֹשֵׁל וַיְבִיאוּם יְרֵחוֹ
טז עִיר־הַתְּמָרִים אֵצֶל אֲחֵיהֶם וַיָּשׁוּבוּ שֹׁמְרוֹן׃ בָּעֵת
יז הַהִיא שָׁלַח הַמֶּלֶךְ אָחָז עַל־מַלְכֵי אַשּׁוּר לַעְזֹר לוֹ׃ וְעוֹד
יח אֲדוֹמִים בָּאוּ וַיַּכּוּ בִיהוּדָה וַיִּשְׁבּוּ־שֶׁבִי׃ וּפְלִשְׁתִּים פָּשְׁטוּ
בְּעָרֵי הַשְּׁפֵלָה וְהַנֶּגֶב לִיהוּדָה וַיִּלְכְּדוּ אֶת־בֵּית־שֶׁמֶשׁ וְאֶת־
אַיָּלוֹן וְאֶת־הַגְּדֵרוֹת וְאֶת־שׂוֹכוֹ וּבְנוֹתֶיהָ וְאֶת־תִּמְנָה וּבְנוֹתֶיהָ
יט וְאֶת־גִּמְזוֹ וְאֶת־בְּנֹתֶיהָ וַיֵּשְׁבוּ שָׁם׃ כִּי־הִכְנִיעַ יְהוָה אֶת־
יְהוּדָה בַּעֲבוּר אָחָז מֶלֶךְ־יִשְׂרָאֵל כִּי הִפְרִיעַ בִּיהוּדָה וּמָעוֹל
כ מַעַל בַּיהוָה׃ וַיָּבֹא עָלָיו תִּלְּגַת פִּלְנְאֶסֶר מֶלֶךְ אַשּׁוּר וַיָּצַר
כא לוֹ וְלֹא חֲזָקוֹ׃ כִּי־חָלַק אָחָז אֶת־בֵּית יְהוָה וְאֶת־בֵּית הַמֶּלֶךְ
כב וְהַשָּׂרִים וַיִּתֵּן לְמֶלֶךְ אַשּׁוּר וְלֹא לְעֶזְרָה לוֹ׃ וּבְעֵת הָצֵר לוֹ
כג וַיּוֹסֶף לִמְעוֹל בַּיהוָה הוּא הַמֶּלֶךְ אָחָז׃ וַיִּזְבַּח לֵאלֹהֵי דַרְמֶשֶׂק
הַמַּכִּים בּוֹ וַיֹּאמֶר כִּי אֱלֹהֵי מַלְכֵי־אֲרָם הֵם מַעְזְרִים אֹתָם
לָהֶם אֲזַבֵּחַ וְיַעְזְרוּנִי וְהֵם הָיוּ־לוֹ לְהַכְשִׁילוֹ וּלְכָל־יִשְׂרָאֵל׃
כד וַיֶּאֱסֹף אָחָז אֶת־כְּלֵי בֵית־הָאֱלֹהִים וַיְקַצֵּץ אֶת־כְּלֵי בֵית־
הָאֱלֹהִים וַיִּסְגֹּר אֶת־דַּלְתוֹת בֵּית־יְהוָה וַיַּעַשׂ לוֹ מִזְבְּחוֹת
כה בְּכָל־פִּנָּה בִּירוּשָׁלִָם׃ וּבְכָל־עִיר וָעִיר לִיהוּדָה עָשָׂה בָמוֹת
לְקַטֵּר לֵאלֹהִים אֲחֵרִים וַיַּכְעֵס אֶת־יְהוָה אֱלֹהֵי אֲבֹתָיו׃
כו וְיֶתֶר דְּבָרָיו וְכָל־דְּרָכָיו הָרִאשֹׁנִים וְהָאַחֲרוֹנִים הִנָּם כְּתוּבִים
כז עַל־סֵפֶר מַלְכֵי יְהוּדָה וְיִשְׂרָאֵל׃ וַיִּשְׁכַּב אָחָז עִם־אֲבֹתָיו
וַיִּקְבְּרֻהוּ בָעִיר בִּירוּשָׁלִַם כִּי לֹא הֱבִיאֻהוּ לְקִבְרֵי מַלְכֵי

א ישראל וימלך יחזקיהו בנו תחתיו: יחזקיהו מלך
בן־עשרים וחמש שנה ועשרים ותשע שנה מלך בירושלם
ב ושם אמו אביה בת־זכריהו: ויעש הישר בעיני יהוה ככל
ג אשר־עשה דויד אביו: הוא בשנה הראשונה למלכו
ד בחדש הראשון פתח את־דלתות בית־יהוה ויחזקם: ויבא
ה את־הכהנים ואת־הלוים ויאספם לרחוב המזרח: ויאמר
להם שמעוני הלוים עתה התקדשו וקדשו את־בית יהוה
ו אלהי אבתיכם והוציאו את־הנדה מן־הקדש: כי־מעלו
אבתינו ועשו הרע בעיני יהוה־אלהינו ויעזבהו ויסבו
ז פניהם ממשכן יהוה ויתנו־ערף: גם סגרו דלתות האולם
ויכבו את־הנרות וקטרת לא הקטירו ועלה לא־העלו בקדש
ח לאלהי ישראל: ויהי קצף יהוה על־יהודה וירושלם ויתנם
ט לזועה לשמה ולשרקה כאשר אתם ראים בעיניכם: והנה לזעוה
נפלו אבותינו בחרב ובנינו ובנותינו ונשינו בשבי על־זאת:
י עתה עם־לבבי לכרות ברית ליהוה אלהי ישראל וישב ממנו
יא חרון אפו: בני עתה אל־תשלו כי־בכם בחר יהוה לעמד כב
יב לפניו לשרתו ולהיות לו משרתים ומקטרים: ויקמו
הלוים מחת בן־עמשי ויואל בן־עזריהו מן־בני הקהתי
ומן־בני מררי קיש בן־עבדי ועזריהו בן־יהללאל ומן־
יג הגרשני יואח בן־זמה ועדן בן־יואח: ומן־בני אליצפן
יד שמרי ויעואל ומן־בני אסף זכריהו ומתניהו: ומן־ ויעיאל
בני הימן יחואל ושמעי ומן־בני ידותון שמעיה ועזיאל: יחיאל
טו ויאספו את־אחיהם ויתקדשו ויבאו כמצות־המלך בדברי
טז יהוה לטהר בית יהוה: ויבאו הכהנים לפנימה בית־יהוה
לטהר ויוציאו את כל־הטמאה אשר מצאו בהיכל יהוה לחצר
יז בית יהוה ויקבלו הלוים להוציא לנחל־קדרון חוצה: ויחלו
באחד לחדש הראשון לקדש וביום שמונה לחדש באו

לְאוּלָם יְהוָה וַיְקַדְּשׁוּ אֶת־בֵּית־יְהוָה לְיָמִים שְׁמוֹנָה וּבְיוֹם
שִׁשָּׁה עָשָׂר לַחֹדֶשׁ הָרִאשׁוֹן כִּלּוּ׃ וַיָּבוֹאוּ פְנִימָה יח
אֶל־חִזְקִיָּהוּ הַמֶּלֶךְ וַיֹּאמְרוּ טִהַרְנוּ אֶת־כָּל־בֵּית יְהוָה אֶת־
מִזְבַּח הָעוֹלָה וְאֶת־כָּל־כֵּלָיו וְאֶת־שֻׁלְחַן הַמַּעֲרֶכֶת וְאֶת־
כָּל־כֵּלָיו׃ וְאֵת כָּל־הַכֵּלִים אֲשֶׁר הִזְנִיחַ הַמֶּלֶךְ אָחָז בְּמַלְכוּתוֹ יט
בְּמַעֲלוֹ הֵכַנּוּ וְהִקְדָּשְׁנוּ וְהִנָּם לִפְנֵי מִזְבַּח יְהוָה׃ וַיַּשְׁכֵּם כ
יְחִזְקִיָּהוּ הַמֶּלֶךְ וַיֶּאֱסֹף אֵת שָׂרֵי הָעִיר וַיַּעַל בֵּית יְהוָה׃
וַיָּבִיאוּ פָרִים־שִׁבְעָה וְאֵילִים שִׁבְעָה וּכְבָשִׂים שִׁבְעָה וּצְפִירֵי כא
עִזִּים שִׁבְעָה לְחַטָּאת עַל־הַמַּמְלָכָה וְעַל־הַמִּקְדָּשׁ וְעַל־
יְהוּדָה וַיֹּאמֶר לִבְנֵי אַהֲרֹן הַכֹּהֲנִים לְהַעֲלוֹת עַל־מִזְבַּח יְהוָה׃
וַיִּשְׁחֲטוּ הַבָּקָר וַיְקַבְּלוּ הַכֹּהֲנִים אֶת־הַדָּם וַיִּזְרְקוּ הַמִּזְבֵּחָה כב
וַיִּשְׁחֲטוּ הָאֵלִים וַיִּזְרְקוּ הַדָּם הַמִּזְבֵּחָה וַיִּשְׁחֲטוּ הַכְּבָשִׂים
וַיִּזְרְקוּ הַדָּם הַמִּזְבֵּחָה׃ וַיַּגִּישׁוּ אֶת־שְׂעִירֵי הַחַטָּאת לִפְנֵי הַמֶּלֶךְ כג
וְהַקָּהָל וַיִּסְמְכוּ יְדֵיהֶם עֲלֵיהֶם׃ וַיִּשְׁחָטוּם הַכֹּהֲנִים וַיְחַטְּאוּ כד
אֶת־דָּמָם הַמִּזְבֵּחָה לְכַפֵּר עַל־כָּל־יִשְׂרָאֵל כִּי לְכָל־יִשְׂרָאֵל
אָמַר הַמֶּלֶךְ הָעוֹלָה וְהַחַטָּאת׃ וַיַּעֲמֵד אֶת־הַלְוִיִּם בֵּית יְהוָה כה
בִּמְצִלְתַּיִם בִּנְבָלִים וּבְכִנֹּרוֹת בְּמִצְוַת דָּוִיד וְגָד חֹזֵה־הַמֶּלֶךְ
וְנָתָן הַנָּבִיא כִּי בְיַד־יְהוָה הַמִּצְוָה בְּיַד־נְבִיאָיו׃
וַיַּעַמְדוּ הַלְוִיִּם בִּכְלֵי דָוִיד וְהַכֹּהֲנִים בַּחֲצֹצְרוֹת׃ וַיֹּאמֶר כו כז
חִזְקִיָּהוּ לְהַעֲלוֹת הָעֹלָה לְהַמִּזְבֵּחַ וּבְעֵת הֵחֵל הָעוֹלָה הֵחֵל
שִׁיר־יְהוָה וְהַחֲצֹצְרוֹת וְעַל־יְדֵי כְּלֵי דָּוִיד מֶלֶךְ יִשְׂרָאֵל׃ וְכָל־ כח
מַחְצְרִים הַקָּהָל מִשְׁתַּחֲוִים וְהַשִּׁיר מְשׁוֹרֵר וְהַחֲצֹצְרוֹת מחצצרים הַכֹּל
עַד לִכְלוֹת הָעֹלָה׃ וּכְכַלּוֹת לְהַעֲלוֹת כָּרְעוּ הַמֶּלֶךְ וְכָל־ כט
הַנִּמְצְאִים אִתּוֹ וַיִּשְׁתַּחֲווּ׃ וַיֹּאמֶר יְחִזְקִיָּהוּ הַמֶּלֶךְ וְהַשָּׂרִים ל
לַלְוִיִּם לְהַלֵּל לַיהוָה בְּדִבְרֵי דָוִיד וְאָסָף הַחֹזֶה וַיְהַלְלוּ עַד־
לְשִׂמְחָה וַיִּקְּדוּ וַיִּשְׁתַּחֲווּ׃ וַיַּעַן יְחִזְקִיָּהוּ וַיֹּאמֶר עַתָּה לא
מִלֵּאתֶם יֶדְכֶם לַיהוָה גֹּשׁוּ וְהָבִיאוּ זְבָחִים וְתוֹדוֹת לְבֵית

יְהוָה וַיָּבִיאוּ הַקָּהָל זְבָחִים וְתוֹדוֹת וְכָל־נְדִיב לֵב עֹלוֹת׃
לב וַיְהִי מִסְפַּר הָעֹלָה אֲשֶׁר הֵבִיאוּ הַקָּהָל בָּקָר שִׁבְעִים אֵילִים
לג מֵאָה כְּבָשִׂים מָאתָיִם לְעֹלָה לַיהוָה כָּל־אֵלֶּה׃ וְהַקֳּדָשִׁים
לד בָּקָר שֵׁשׁ מֵאוֹת וְצֹאן שְׁלֹשֶׁת אֲלָפִים׃ רַק הַכֹּהֲנִים הָיוּ
לִמְעָט וְלֹא יָכְלוּ לְהַפְשִׁיט אֶת־כָּל־הָעֹלוֹת וַיְחַזְּקוּם אֲחֵיהֶם
הַלְוִיִּם עַד־כְּלוֹת הַמְּלָאכָה וְעַד־יִתְקַדְּשׁוּ הַכֹּהֲנִים כִּי הַלְוִיִּם
לה יִשְׁרֵי לֵבָב לְהִתְקַדֵּשׁ מֵהַכֹּהֲנִים׃ וְגַם־עֹלָה לָרֹב בְּחֶלְבֵי
לו הַשְּׁלָמִים וּבַנְּסָכִים לָעֹלָה וַתִּכּוֹן עֲבוֹדַת בֵּית־יְהוָה׃ וַיִּשְׂמַח
יְחִזְקִיָּהוּ וְכָל־הָעָם עַל הַהֵכִין הָאֱלֹהִים לָעָם כִּי בְּפִתְאֹם
ל א הָיָה הַדָּבָר׃ וַיִּשְׁלַח יְחִזְקִיָּהוּ עַל־כָּל־יִשְׂרָאֵל וִיהוּדָה
וְגַם־אִגְּרוֹת כָּתַב עַל־אֶפְרַיִם וּמְנַשֶּׁה לָבוֹא לְבֵית־יְהוָה
ב בִּירוּשָׁלָם לַעֲשׂוֹת פֶּסַח לַיהוָה אֱלֹהֵי יִשְׂרָאֵל׃ וַיִּוָּעַץ הַמֶּלֶךְ
וְשָׂרָיו וְכָל־הַקָּהָל בִּירוּשָׁלָם לַעֲשׂוֹת הַפֶּסַח בַּחֹדֶשׁ הַשֵּׁנִי׃
ג כִּי לֹא יָכְלוּ לַעֲשֹׂתוֹ בָּעֵת הַהִיא כִּי הַכֹּהֲנִים לֹא־הִתְקַדְּשׁוּ
ד לְמַדַּי וְהָעָם לֹא־נֶאֶסְפוּ לִירוּשָׁלָם׃ וַיִּישַׁר הַדָּבָר בְּעֵינֵי
ה הַמֶּלֶךְ וּבְעֵינֵי כָּל־הַקָּהָל׃ וַיַּעֲמִידוּ דָבָר לְהַעֲבִיר קוֹל בְּכָל־
יִשְׂרָאֵל מִבְּאֵר־שֶׁבַע וְעַד־דָּן לָבוֹא לַעֲשׂוֹת פֶּסַח לַיהוָה
ו אֱלֹהֵי־יִשְׂרָאֵל בִּירוּשָׁלָם כִּי לֹא לָרֹב עָשׂוּ כַּכָּתוּב׃ וַיֵּלְכוּ
הָרָצִים בָּאִגְּרוֹת מִיַּד הַמֶּלֶךְ וְשָׂרָיו בְּכָל־יִשְׂרָאֵל וִיהוּדָה
וּכְמִצְוַת הַמֶּלֶךְ לֵאמֹר בְּנֵי יִשְׂרָאֵל שׁוּבוּ אֶל־יְהוָה אֱלֹהֵי
אַבְרָהָם יִצְחָק וְיִשְׂרָאֵל וְיָשֹׁב אֶל־הַפְּלֵיטָה הַנִּשְׁאֶרֶת לָכֶם
ז מִכַּף מַלְכֵי אַשּׁוּר׃ וְאַל־תִּהְיוּ כַּאֲבוֹתֵיכֶם וְכַאֲחֵיכֶם אֲשֶׁר
מָעֲלוּ בַּיהוָה אֱלֹהֵי אֲבוֹתֵיהֶם וַיִּתְּנֵם לְשַׁמָּה כַּאֲשֶׁר אַתֶּם
ח רֹאִים׃ עַתָּה אַל־תַּקְשׁוּ עָרְפְּכֶם כַּאֲבוֹתֵיכֶם תְּנוּ־יָד לַיהוָה
וּבֹאוּ לְמִקְדָּשׁוֹ אֲשֶׁר הִקְדִּישׁ לְעוֹלָם וְעִבְדוּ אֶת־יְהוָה
ט אֱלֹהֵיכֶם וְיָשֹׁב מִכֶּם חֲרוֹן אַפּוֹ׃ כִּי בְשׁוּבְכֶם עַל־יְהוָה
אֲחֵיכֶם וּבְנֵיכֶם לְרַחֲמִים לִפְנֵי שׁוֹבֵיהֶם וְלָשׁוּב לָאָרֶץ הַזֹּאת

כִּי־חַנּוּן וְרַחוּם יְהוָה אֱלֹהֵיכֶם וְלֹא־יָסִיר פָּנִים מִכֶּם אִם־
תָּשׁוּבוּ אֵלָיו׃ וַיִּהְיוּ הָרָצִים עֹבְרִים מֵעִיר ׀ לָעִיר י
בְּאֶרֶץ־אֶפְרַיִם וּמְנַשֶּׁה וְעַד־זְבֻלוּן וַיִּהְיוּ מַשְׂחִיקִים עֲלֵיהֶם
וּמַלְעִגִים בָּם׃ אַךְ אֲנָשִׁים מֵאָשֵׁר וּמְנַשֶּׁה וּמִזְּבֻלוּן נִכְנְעוּ יא
וַיָּבֹאוּ לִירוּשָׁלָ͏ִם׃ גַּם בִּיהוּדָה הָיְתָה יַד הָאֱלֹהִים לָתֵת לָהֶם יב
לֵב אֶחָד לַעֲשׂוֹת מִצְוַת הַמֶּלֶךְ וְהַשָּׂרִים בִּדְבַר יְהוָה׃ וַיֵּאָסְפוּ יג
יְרוּשָׁלַ͏ִם עַם־רָב לַעֲשׂוֹת אֶת־חַג הַמַּצּוֹת בַּחֹדֶשׁ הַשֵּׁנִי קָהָל
לָרֹב מְאֹד׃ וַיָּקֻמוּ וַיָּסִירוּ אֶת־הַמִּזְבְּחוֹת אֲשֶׁר בִּירוּשָׁלָ͏ִם וְאֵת יד
כָּל־הַמְקַטְּרוֹת הֵסִירוּ וַיַּשְׁלִיכוּ לְנַחַל קִדְרוֹן׃ וַיִּשְׁחֲטוּ הַפֶּסַח טו
בְּאַרְבָּעָה עָשָׂר לַחֹדֶשׁ הַשֵּׁנִי וְהַכֹּהֲנִים וְהַלְוִיִּם נִכְלְמוּ
וַיִּתְקַדְּשׁוּ וַיָּבִיאוּ עֹלוֹת בֵּית יְהוָה׃ וַיַּעַמְדוּ עַל־עָמְדָם טז
כְּמִשְׁפָּטָם כְּתוֹרַת מֹשֶׁה אִישׁ־הָאֱלֹהִים הַכֹּהֲנִים זֹרְקִים אֶת־
הַדָּם מִיַּד הַלְוִיִּם׃ כִּי־רַבַּת בַּקָּהָל אֲשֶׁר לֹא־הִתְקַדָּשׁוּ וְהַלְוִיִּם יז
עַל־שְׁחִיטַת הַפְּסָחִים לְכֹל לֹא טָהוֹר לְהַקְדִּישׁ לַיהוָה׃ כִּי יח
מַרְבִּית הָעָם רַבַּת מֵאֶפְרַיִם וּמְנַשֶּׁה יִשָּׂשכָר וּזְבֻלוּן לֹא
הִטֶּהָרוּ כִּי־אָכְלוּ אֶת־הַפֶּסַח בְּלֹא כַכָּתוּב כִּי הִתְפַּלֵּל
יְחִזְקִיָּהוּ עֲלֵיהֶם לֵאמֹר יְהוָה הַטּוֹב יְכַפֵּר בְּעַד׃ כָּל־לְבָבוֹ יט
הֵכִין לִדְרוֹשׁ הָאֱלֹהִים ׀ יְהוָה אֱלֹהֵי אֲבוֹתָיו וְלֹא כְּטָהֳרַת
הַקֹּדֶשׁ׃ וַיִּשְׁמַע יְהוָה אֶל־יְחִזְקִיָּהוּ וַיִּרְפָּא אֶת־ כ
הָעָם׃ וַיַּעֲשׂוּ בְנֵי־יִשְׂרָאֵל הַנִּמְצְאִים בִּירוּשָׁלַ͏ִם אֶת־ כא
חַג הַמַּצּוֹת שִׁבְעַת יָמִים בְּשִׂמְחָה גְדוֹלָה וּמְהַלְלִים לַיהוָה
יוֹם ׀ בְּיוֹם הַלְוִיִּם וְהַכֹּהֲנִים בִּכְלֵי־עֹז לַיהוָה׃ וַיְדַבֵּר כב
יְחִזְקִיָּהוּ עַל־לֵב כָּל־הַלְוִיִּם הַמַּשְׂכִּילִים שֵׂכֶל־טוֹב לַיהוָה
וַיֹּאכְלוּ אֶת־הַמּוֹעֵד שִׁבְעַת הַיָּמִים מְזַבְּחִים זִבְחֵי שְׁלָמִים
וּמִתְוַדִּים לַיהוָה אֱלֹהֵי אֲבוֹתֵיהֶם׃ וַיִּוָּעֲצוּ כָּל־הַקָּהָל כג
לַעֲשׂוֹת שִׁבְעַת יָמִים אֲחֵרִים וַיַּעֲשׂוּ שִׁבְעַת יָמִים שִׂמְחָה׃
כִּי חִזְקִיָּהוּ מֶלֶךְ־יְהוּדָה הֵרִים לַקָּהָל אֶלֶף פָּרִים וְשִׁבְעַת כד

אֲלָפִ֣ים צֹ֔אן וְהַשָּׂרִ֖ים הֵרִ֣ימוּ לַקָּהָ֑ל פָּרִ֣ים אֶ֗לֶף וְצֹ֖אן עֲשֶׂ֣רֶת
אֲלָפִ֑ים וַיִּֽתְקַדְּשׁ֥וּ כֹהֲנִ֖ים לָרֹֽב: וַֽיִּשְׂמְח֣וּ ׀ כָּל־קְהַ֣ל יְהוּדָ֗ה
וְהַכֹּֽהֲנִים֙ וְהַלְוִיִּ֔ם וְכָל־הַקָּהָ֖ל הַבָּאִ֣ים מִיִּשְׂרָאֵ֑ל וְהַגֵּרִ֗ים
הַבָּאִים֙ מֵאֶ֣רֶץ יִשְׂרָאֵ֔ל וְהַיּֽוֹשְׁבִ֖ים בִּיהוּדָֽה: וַתְּהִ֥י שִׂמְחָ֖ה
גְדוֹלָ֣ה בִּירֽוּשָׁלָ֑םִ כִּ֣י מִימֵ֞י שְׁלֹמֹ֤ה בֶן־דָּוִיד֙ מֶ֣לֶךְ יִשְׂרָאֵ֔ל לֹ֥א
כָזֹ֖את בִּירֽוּשָׁלָֽםִ: וַיָּקֻ֜מוּ הַכֹּהֲנִ֧ים הַלְוִיִּ֛ם וַיְבָרְכ֥וּ
אֶת־הָעָ֖ם וַיִּשָּׁמַ֣ע בְּקוֹלָ֑ם וַתָּב֧וֹא תְפִלָּתָ֛ם לִמְע֥וֹן קָדְשׁ֖וֹ

לא לַשָּׁמָֽיִם: וּכְכַלּ֣וֹת כָּל־זֹ֗את יָצְא֤וּ כָל־יִשְׂרָאֵל֙ הַנִּמְצְאִ֔ים
לְעָרֵ֣י יְהוּדָ֔ה וַיְשַׁבְּר֣וּ הַמַּצֵּב֗וֹת וַיְגַדְּע֤וּ הָאֲשֵׁרִים֙ וַיְנַתְּצ֣וּ אֶת־
הַבָּמ֣וֹת וְאֶת־הַֽמִּזְבְּחֹ֗ת מִכָּל־יְהוּדָ֤ה וּבִנְיָמִן֙ וּבְאֶפְרַ֣יִם
וּמְנַשֶּׁ֖ה עַד־לְכַלֵּ֑ה וַיָּשׁ֜וּבוּ כָּל־בְּנֵ֧י יִשְׂרָאֵ֛ל אִ֥ישׁ לַאֲחֻזָּת֖וֹ
לְעָרֵיהֶֽם: וַיַּעֲמֵ֣ד יְחִזְקִיָּ֗הוּ אֶת־מַחְלְק֣וֹת הַכֹּהֲנִ֣ים
וְֽהַלְוִיִּ֡ם עַֽל־מַחְלְקוֹתָ֡ם אִ֣ישׁ ׀ כְּפִ֣י עֲבֹדָתוֹ֩ לַכֹּהֲנִ֨ים וְלַלְוִיִּ֜ם
לְעֹלָ֣ה וְלִשְׁלָמִ֗ים לְשָׁרֵת֙ וּלְהֹד֣וֹת וּלְהַלֵּ֔ל בְּשַׁעֲרֵ֖י מַחֲנ֥וֹת
יְהֹוָֽה: וּמְנָ֣ת הַמֶּ֗לֶךְ מִן־רְכוּשׁוֹ֮ לָעֹלוֹת֒ לְעֹל֣וֹת
הַבֹּ֣קֶר וְהָעֶ֔רֶב וְהָ֣עֹל֔וֹת לַשַּׁבָּת֖וֹת וְלֶחֳדָשִׁ֣ים וְלַמֹּעֲדִ֑ים
כַּכָּת֖וּב בְּתוֹרַ֥ת יְהֹוָֽה: וַיֹּ֣אמֶר לָעָ֗ם לְיוֹשְׁבֵ֣י יְרוּשָׁלַ֔םִ לָתֵ֕ת
מְנָ֥ת הַכֹּהֲנִ֖ים וְהַלְוִיִּ֑ם לְמַ֥עַן יֶחֶזְק֖וּ בְּתוֹרַ֥ת יְהֹוָֽה: וְכִפְרֹ֣ץ
הַדָּבָ֗ר הִרְבּ֤וּ בְנֵֽי־יִשְׂרָאֵל֙ רֵאשִׁ֣ית דָּגָ֗ן תִּיר֤וֹשׁ וְיִצְהָר֙ וּדְבַ֔שׁ
וְכֹ֖ל תְּבוּאַ֣ת שָׂדֶ֑ה וּמַעְשַׂ֥ר הַכֹּ֛ל לָרֹ֖ב הֵבִֽיאוּ: וּבְנֵ֧י יִשְׂרָאֵ֣ל
וִֽיהוּדָ֗ה הַיּֽוֹשְׁבִים֙ בְּעָרֵ֣י יְהוּדָ֔ה גַּם־הֵ֗ם מַעְשַׂ֤ר בָּקָר֙ וָצֹ֔אן
וּמַעְשַׂ֣ר קֳדָשִׁ֗ים הַמְקֻדָּשִׁים֙ לַיהֹוָ֣ה אֱלֹהֵיהֶ֔ם הֵבִ֕יאוּ וַֽיִּתְּנ֖וּ
עֲרֵמ֥וֹת עֲרֵמֽוֹת: בַּחֹ֨דֶשׁ הַשְּׁלִשִׁ֔י הֵחֵ֥לּוּ הָעֲרֵמ֖וֹת
לְיִסּ֑וֹד וּבַחֹ֥דֶשׁ הַשְּׁבִיעִ֖י כִּלּֽוּ: וַיָּבֹ֧אוּ יְחִזְקִיָּ֣הוּ
וְהַשָּׂרִ֗ים וַיִּרְאוּ֙ אֶת־הָ֣עֲרֵמ֔וֹת וַֽיְבָרְכוּ֙ אֶת־יְהֹוָ֔ה וְאֵ֖ת עַמּ֥וֹ
יִשְׂרָאֵֽל: וַיִּדְרֹ֣שׁ יְחִזְקִיָּ֗הוּ עַל־הַכֹּהֲנִ֛ים וְהַלְוִיִּ֖ם עַל־
הָעֲרֵמֽוֹת: וַיֹּ֣אמֶר אֵלָ֗יו עֲזַרְיָ֧הוּ הַכֹּהֵ֛ן הָרֹ֖אשׁ לְבֵ֣ית צָד֑וֹק כג

וַיֹּאמֶר מֵהָחֵל הַתְּרוּמָה לָבִיא בֵית־יְהוָה אָכוֹל וְשָׂבוֹעַ וְהוֹתֵר
עַד־לָרוֹב כִּי יְהוָה בֵּרַךְ אֶת־עַמּוֹ וְהַנּוֹתָר אֶת־הֶהָמוֹן
הַזֶּה׃ וַיֹּאמֶר יְחִזְקִיָּהוּ לְהָכִין לְשָׁכוֹת בְּבֵית יְהוָה יא
וַיָּכִינוּ׃ וַיָּבִיאוּ אֶת־הַתְּרוּמָה וְהַמַּעֲשֵׂר וְהַקֳּדָשִׁים בֶּאֱמוּנָה יב
כָּנַנְיָהוּ וַעֲלֵיהֶם נָגִיד כונניהו הַלֵּוִי וְשִׁמְעִי אָחִיהוּ מִשְׁנֶה׃ וִיחִיאֵל יג
וַעֲזַזְיָהוּ וְנַחַת וַעֲשָׂהאֵל וִירִימוֹת וְיוֹזָבָד וֶאֱלִיאֵל וְיִסְמַכְיָהוּ
כָּנַנְיָהוּ וּמַחַת וּבְנָיָהוּ פְּקִידִים מִיַּד כונניהו וְשִׁמְעִי אָחִיו בְּמִפְקַד
יְחִזְקִיָּהוּ הַמֶּלֶךְ וַעֲזַרְיָהוּ נְגִיד בֵּית־הָאֱלֹהִים׃ וְקוֹרֵא בֶן־יִמְנָה יד
הַלֵּוִי הַשּׁוֹעֵר לַמִּזְרָחָה עַל נִדְבוֹת הָאֱלֹהִים לָתֵת תְּרוּמַת
יְהוָה וְקָדְשֵׁי הַקֳּדָשִׁים׃ וְעַל־יָדוֹ עֵדֶן וּמִנְיָמִן וְיֵשׁוּעַ וּשְׁמַעְיָהוּ טו
אֲמַרְיָהוּ וּשְׁכַנְיָהוּ בְּעָרֵי הַכֹּהֲנִים בֶּאֱמוּנָה לָתֵת לַאֲחֵיהֶם
בְּמַחְלְקוֹת כַּגָּדוֹל כַּקָּטָן׃ מִלְּבַד הִתְיַחְשָׂם לִזְכָרִים מִבֶּן טז
שָׁלוֹשׁ שָׁנִים וּלְמַעְלָה לְכָל־הַבָּא לְבֵית־יְהוָה לִדְבַר־יוֹם
בְּיוֹמוֹ לַעֲבוֹדָתָם בְּמִשְׁמְרוֹתָם כְּמַחְלְקוֹתֵיהֶם׃ וְאֵת הִתְיַחֵשׂ יז
הַכֹּהֲנִים לְבֵית אֲבוֹתֵיהֶם וְהַלְוִיִּם מִבֶּן עֶשְׂרִים שָׁנָה וּלְמָעְלָה
בְּמִשְׁמְרוֹתֵיהֶם בְּמַחְלְקוֹתֵיהֶם׃ וּלְהִתְיַחֵשׂ בְּכָל־טַפָּם נְשֵׁיהֶם יח
וּבְנֵיהֶם וּבְנוֹתֵיהֶם לְכָל־קָהָל כִּי בֶאֱמוּנָתָם יִתְקַדְּשׁוּ־קֹדֶשׁ׃
וְלִבְנֵי אַהֲרֹן הַכֹּהֲנִים בִּשְׂדֵי מִגְרַשׁ עָרֵיהֶם בְּכָל־עִיר וָעִיר יט
אֲנָשִׁים אֲשֶׁר נִקְּבוּ בְּשֵׁמוֹת לָתֵת מָנוֹת לְכָל־זָכָר בַּכֹּהֲנִים
וּלְכָל־הִתְיַחֵשׂ בַּלְוִיִּם׃ וַיַּעַשׂ כָּזֹאת יְחִזְקִיָּהוּ בְּכָל־יְהוּדָה כ
וַיַּעַשׂ הַטּוֹב וְהַיָּשָׁר וְהָאֱמֶת לִפְנֵי יְהוָה אֱלֹהָיו׃ וּבְכָל־מַעֲשֶׂה כא
אֲשֶׁר־הֵחֵל ׀ בַּעֲבוֹדַת בֵּית־הָאֱלֹהִים וּבַתּוֹרָה וּבַמִּצְוָה לִדְרֹשׁ
לֵאלֹהָיו בְּכָל־לְבָבוֹ עָשָׂה וְהִצְלִיחַ׃
אַחֲרֵי הַדְּבָרִים וְהָאֱמֶת הָאֵלֶּה בָּא סַנְחֵרִיב מֶלֶךְ־אַשּׁוּר וַיָּבֹא א לב
בִיהוּדָה וַיִּחַן עַל־הֶעָרִים הַבְּצֻרוֹת וַיֹּאמֶר לְבִקְעָם אֵלָיו׃
וַיַּרְא יְחִזְקִיָּהוּ כִּי־בָא סַנְחֵרִיב וּפָנָיו לַמִּלְחָמָה עַל־יְרוּשָׁלִָם׃ ב
וַיִּוָּעַץ עִם־שָׂרָיו וְגִבֹּרָיו לִסְתּוֹם אֶת־מֵימֵי הָעֲיָנוֹת אֲשֶׁר ג

ד מִח֣וּץ לָעִ֑יר וַֽיַּעְזְרֽוּהוּ׃ וַיִּקָּבְצ֣וּ עַם־רָ֔ב וַֽיִּסְתְּמוּ֙ אֶת־כָּל־
הַמַּעְיָנ֔וֹת וְאֶת־הַנַּ֖חַל הַשּׁוֹטֵ֣ף בְּתוֹךְ־הָאָ֑רֶץ לֵאמֹ֗ר לָ֤מָּה
ה יָב֙וֹאוּ֙ מַלְכֵ֣י אַשּׁ֔וּר וּמָצְא֖וּ מַ֥יִם רַבִּֽים׃ וַיִּתְחַזַּ֡ק וַיִּ֣בֶן אֶת־כָּל־
הַחוֹמָ֣ה הַפְּרוּצָ֡ה וַיַּ֣עַל עַל־הַמִּגְדָּלוֹת֩ וְלַח֨וּצָה הַחוֹמָ֜ה אַחֶ֗רֶת
ו וַיְחַזֵּ֛ק אֶת־הַמִּלּ֖וֹא עִ֣יר דָּוִ֑יד וַיַּ֥עַשׂ שֶׁ֛לַח לָרֹ֖ב וּמָגִנִּֽים׃ וַיִּתֵּ֛ן
שָׂרֵ֥י מִלְחָמ֖וֹת עַל־הָעָ֑ם וַיִּקְבְּצֵ֣ם אֵלָ֗יו אֶל־רְחוֹב֙ שַׁ֣עַר הָעִ֔יר
ז וַיְדַבֵּ֥ר עַל־לְבָבָ֖ם לֵאמֹֽר׃ חִזְק֣וּ וְאִמְצ֔וּ אַל־תִּֽירְא֣וּ וְאַל־תֵּחַ֗תּוּ
מִפְּנֵי֙ מֶ֣לֶךְ אַשּׁ֔וּר וּמִלִּפְנֵ֖י כָּל־הֶהָמ֣וֹן אֲשֶׁר־עִמּ֑וֹ כִּֽי־עִמָּ֥נוּ
ח רַ֖ב מֵעִמּֽוֹ׃ עִמּוֹ֙ זְר֣וֹעַ בָּשָׂ֔ר וְעִמָּ֜נוּ יְהוָ֤ה אֱלֹהֵ֙ינוּ֙ לְעָזְרֵ֔נוּ
וּלְהִלָּחֵ֖ם מִלְחֲמֹתֵ֑נוּ וַיִּסָּמְכ֣וּ הָעָ֔ם עַל־דִּבְרֵ֖י יְחִזְקִיָּ֥הוּ מֶֽלֶךְ־
ט יְהוּדָֽה׃ אַחַ֣ר זֶ֗ה שָׁלַ֞ח סַנְחֵרִ֤יב מֶֽלֶךְ־אַשּׁוּר֙ עֲבָדָיו֙
יְר֣וּשָׁלַ֔יְמָה וְהוּא֙ עַל־לָכִ֔ישׁ וְכָל־מֶמְשַׁלְתּ֖וֹ עִמּ֑וֹ עַל־יְחִזְקִיָּ֙הוּ֙
י מֶ֣לֶךְ יְהוּדָ֔ה וְעַל־כָּל־יְהוּדָ֛ה אֲשֶׁ֥ר בִּירוּשָׁלַ֖͏ִם לֵאמֹֽר׃ כֹּ֣ה אָמַ֔ר
סַנְחֵרִ֖יב מֶ֣לֶךְ אַשּׁ֑וּר עַל־מָה֙ אַתֶּ֣ם בֹּֽטְחִ֔ים וְיֹשְׁבִ֥ים בְּמָצ֖וֹר
יא בִּירוּשָׁלָֽ͏ִם׃ הֲלֹ֤א יְחִזְקִיָּ֙הוּ֙ מַסִּ֣ית אֶתְכֶ֔ם לָתֵ֣ת אֶתְכֶ֗ם לָמ֛וּת
בְּרָעָ֥ב וּבְצָמָ֖א לֵאמֹ֑ר יְהוָ֣ה אֱלֹהֵ֔ינוּ יַצִּילֵ֕נוּ מִכַּ֖ף מֶ֥לֶךְ אַשּֽׁוּר׃
יב הֲלֹא־הוּא֙ יְחִזְקִיָּ֔הוּ הֵסִ֥יר אֶת־בָּמֹתָ֖יו וְאֶת־מִזְבְּחֹתָ֑יו וַיֹּ֨אמֶר
לִֽיהוּדָ֤ה וְלִירֽוּשָׁלַ֙͏ִם֙ לֵאמֹ֔ר לִפְנֵ֨י מִזְבֵּ֧חַ אֶחָ֛ד תִּֽשְׁתַּחֲו֖וּ וְעָלָ֥יו
יג תַּקְטִֽירוּ׃ הֲלֹ֣א תֵֽדְע֗וּ מֶ֤ה עָשִׂ֙יתִי֙ אֲנִ֣י וַאֲבוֹתַ֔י לְכֹ֖ל עַמֵּ֣י
הָאֲרָצ֑וֹת הֲיָכ֣וֹל יָֽכְל֗וּ אֱלֹהֵי֙ גּוֹיֵ֣ הָאֲרָצ֔וֹת לְהַצִּ֥יל אֶת־אַרְצָ֖ם
יד מִיָּדִֽי׃ מִ֗י בְּכָל־אֱלֹהֵ֞י הַגּוֹיִ֤ם הָאֵ֙לֶּה֙ אֲשֶׁ֣ר הֶחֱרִ֣ימוּ אֲבוֹתַ֔י
אֲשֶׁ֣ר יָכ֔וֹל לְהַצִּ֥יל אֶת־עַמּ֖וֹ מִיָּדִ֑י כִּ֚י יוּכַל֙ אֱלֹ֣הֵיכֶ֔ם לְהַצִּ֥יל
טו אֶתְכֶ֖ם מִיָּדִֽי׃ וְעַתָּ֡ה אַל־יַשִּׁיא֩ אֶתְכֶ֨ם חִזְקִיָּ֜הוּ וְאַל־יַסִּ֨ית
אֶתְכֶ֤ם כָּזֹאת֙ וְאַל־תַּאֲמִ֣ינוּ ל֔וֹ כִּי־לֹ֣א יוּכַ֗ל כָּל־אֱל֙וֹהַּ֙ כָּל־
גּ֣וֹי וּמַמְלָכָ֔ה לְהַצִּ֥יל עַמּ֛וֹ מִיָּדִ֖י וּמִיַּ֣ד אֲבוֹתָ֑י אַ֚ף כִּ֣י אֱלֹ֣הֵיכֶ֔ם
טז לֹא־יַצִּ֥ילוּ אֶתְכֶ֖ם מִיָּדִֽי׃ וְעוֹד֙ דִּבְּר֣וּ עֲבָדָ֔יו עַל־יְהוָ֖ה הָאֱלֹהִ֑ים
יז וְעַ֖ל יְחִזְקִיָּ֥הוּ עַבְדּֽוֹ׃ וּסְפָרִ֣ים כָּתַ֔ב לְחָרֵ֕ף לַיהוָ֖ה אֱלֹהֵ֣י יִשְׂרָאֵ֑ל

וְלֵאמֹר עָלָיו לֵאמֹר כֵּאלֹהֵי גּוֹיֵ הָאֲרָצוֹת אֲשֶׁר לֹא־הִצִּילוּ
יח עַמָּם מִיָּדִי כֵּן לֹא־יַצִּיל אֱלֹהֵי יְחִזְקִיָּהוּ עַמּוֹ מִיָּדִי׃ וַיִּקְרְאוּ
בְקוֹל־גָּדוֹל יְהוּדִית עַל־עַם יְרוּשָׁלַםִ אֲשֶׁר עַל־הַחוֹמָה לְיָרְאָם
יט וּלְבַהֲלָם לְמַעַן יִלְכְּדוּ אֶת־הָעִיר׃ וַיְדַבְּרוּ אֶל־אֱלֹהֵי יְרוּשָׁלָםִ
כ כְּעַל אֱלֹהֵי עַמֵּי הָאָרֶץ מַעֲשֵׂה יְדֵי הָאָדָם׃ וַיִּתְפַּלֵּל
יְחִזְקִיָּהוּ הַמֶּלֶךְ וִישַׁעְיָהוּ בֶן־אָמוֹץ הַנָּבִיא עַל־זֹאת וַיִּזְעֲקוּ
כא הַשָּׁמָיִם׃ וַיִּשְׁלַח יהוה מַלְאָךְ וַיַּכְחֵד כָּל־גִּבּוֹר חַיִל
וְנָגִיד וְשָׂר בְּמַחֲנֵה מֶלֶךְ אַשּׁוּר וַיָּשָׁב בְּבֹשֶׁת פָּנִים לְאַרְצוֹ
כב וַיָּבֹא בֵּית אֱלֹהָיו ומיציאו מֵעָיו שָׁם הִפִּילֻהוּ בֶחָרֶב׃ וַיּוֹשַׁע (וּמִיצִיאֵי)
יהוה אֶת־יְחִזְקִיָּהוּ וְאֵת ׀ יֹשְׁבֵי יְרוּשָׁלַםִ מִיַּד סַנְחֵרִיב מֶלֶךְ־
כג אַשּׁוּר וּמִיַּד־כֹּל וַיְנַהֲלֵם מִסָּבִיב׃ וְרַבִּים מְבִיאִים מִנְחָה
לַיהוה לִירוּשָׁלַםִ וּמִגְדָּנוֹת לִיחִזְקִיָּהוּ מֶלֶךְ יְהוּדָה וַיִּנַּשֵּׂא לְעֵינֵי
כָל־הַגּוֹיִם מֵאַחֲרֵי־כֵן׃
כד בַּיָּמִים הָהֵם חָלָה יְחִזְקִיָּהוּ עַד־לָמוּת וַיִּתְפַּלֵּל אֶל־יהוה
כה וַיֹּאמֶר לוֹ וּמוֹפֵת נָתַן לוֹ׃ וְלֹא־כִגְמֻל עָלָיו הֵשִׁיב יְחִזְקִיָּהוּ
כו כִּי גָבַהּ לִבּוֹ וַיְהִי עָלָיו קֶצֶף וְעַל־יְהוּדָה וִירוּשָׁלָםִ׃ וַיִּכָּנַע
יְחִזְקִיָּהוּ בְּגֹבַהּ לִבּוֹ הוּא וְיוֹשְׁבֵי יְרוּשָׁלָםִ וְלֹא־בָא עֲלֵיהֶם
כז קֶצֶף יהוה בִּימֵי יְחִזְקִיָּהוּ׃ וַיְהִי לִיחִזְקִיָּהוּ עֹשֶׁר וְכָבוֹד הַרְבֵּה
מְאֹד וְאֹצָרוֹת עָשָׂה־לוֹ לְכֶסֶף וּלְזָהָב וּלְאֶבֶן יְקָרָה וְלִבְשָׂמִים
כח וּלְמָגִנִּים וּלְכֹל כְּלֵי חֶמְדָּה׃ וּמִסְכְּנוֹת לִתְבוּאַת דָּגָן וְתִירוֹשׁ
כט וְיִצְהָר וְאֻרָוֹת לְכָל־בְּהֵמָה וּבְהֵמָה וַעֲדָרִים לָאֲוֵרוֹת׃ וְעָרִים
עָשָׂה לוֹ וּמִקְנֵה־צֹאן וּבָקָר לָרֹב כִּי נָתַן־לוֹ אֱלֹהִים רְכוּשׁ
ל רַב מְאֹד׃ וְהוּא יְחִזְקִיָּהוּ סָתַם אֶת־מוֹצָא מֵימֵי גִיחוֹן הָעֶלְיוֹן
ויישרם לְמַטָּה־מַּעְרָבָה לְעִיר דָּוִיד וַיַּצְלַח יְחִזְקִיָּהוּ בְּכָל־ (וַיַּשְּׁרֵם)
לא מַעֲשֵׂהוּ׃ וְכֵן בִּמְלִיצֵי ׀ שָׂרֵי בָבֶל הַמְשַׁלְּחִים עָלָיו לִדְרֹשׁ
הַמּוֹפֵת אֲשֶׁר הָיָה בָאָרֶץ עֲזָבוֹ הָאֱלֹהִים לְנַסּוֹתוֹ לָדַעַת
לב כָּל־בִּלְבָבוֹ׃ וְיֶתֶר דִּבְרֵי יְחִזְקִיָּהוּ וַחֲסָדָיו הִנָּם כְּתוּבִים

בַּחֲזוֹן יְשַׁעְיָהוּ בֶן־אָמוֹץ הַנָּבִיא עַל־סֵפֶר מַלְכֵי יְהוּדָה
לג וְיִשְׂרָאֵל׃ וַיִּשְׁכַּב יְחִזְקִיָּהוּ עִם־אֲבֹתָיו וַיִּקְבְּרֻהוּ בְּמַעֲלֵה
קִבְרֵי בְנֵי־דָוִיד וְכָבוֹד עָשׂוּ־לוֹ בְמוֹתוֹ כָל־יְהוּדָה וְיֹשְׁבֵי
לג א יְרוּשָׁלִָם וַיִּמְלֹךְ מְנַשֶּׁה בְנוֹ תַּחְתָּיו׃ בֶּן־שְׁתֵּים עֶשְׂרֵה
שָׁנָה מְנַשֶּׁה בְמָלְכוֹ וַחֲמִשִּׁים וְחָמֵשׁ שָׁנָה מָלַךְ בִּירוּשָׁלִָם׃
ב וַיַּעַשׂ הָרַע בְּעֵינֵי יְהוָה כְּתוֹעֲבוֹת הַגּוֹיִם אֲשֶׁר הוֹרִישׁ יְהוָה
ג מִפְּנֵי בְּנֵי יִשְׂרָאֵל׃ וַיָּשָׁב וַיִּבֶן אֶת־הַבָּמוֹת אֲשֶׁר נִתַּץ יְחִזְקִיָּהוּ
אָבִיו וַיָּקֶם מִזְבְּחוֹת לַבְּעָלִים וַיַּעַשׂ אֲשֵׁרוֹת וַיִּשְׁתַּחוּ לְכָל־
ד צְבָא הַשָּׁמַיִם וַיַּעֲבֹד אֹתָם׃ וּבָנָה מִזְבְּחוֹת בְּבֵית יְהוָה אֲשֶׁר
ה אָמַר יְהוָה בִּירוּשָׁלִַם יִהְיֶה־שְּׁמִי לְעוֹלָם׃ וַיִּבֶן מִזְבְּחוֹת לְכָל־
ו צְבָא הַשָּׁמָיִם בִּשְׁתֵּי חַצְרוֹת בֵּית־יְהוָה׃ וְהוּא הֶעֱבִיר אֶת־
בָּנָיו בָּאֵשׁ בְּגֵי בֶן־הִנֹּם וְעוֹנֵן וְנִחֵשׁ וְכִשֵּׁף וְעָשָׂה אוֹב וְיִדְּעוֹנִי
ז הִרְבָּה לַעֲשׂוֹת הָרַע בְּעֵינֵי יְהוָה לְהַכְעִיסוֹ׃ וַיָּשֶׂם אֶת־פֶּסֶל
הַסֶּמֶל אֲשֶׁר עָשָׂה בְּבֵית הָאֱלֹהִים אֲשֶׁר אָמַר אֱלֹהִים אֶל־
דָּוִיד וְאֶל־שְׁלֹמֹה בְנוֹ בַּבַּיִת הַזֶּה וּבִירוּשָׁלִַם אֲשֶׁר בָּחַרְתִּי
ח מִכֹּל שִׁבְטֵי יִשְׂרָאֵל אָשִׂים אֶת־שְׁמִי לְעֵילוֹם׃ וְלֹא אוֹסִיף
לְהָסִיר אֶת־רֶגֶל יִשְׂרָאֵל מֵעַל הָאֲדָמָה אֲשֶׁר הֶעֱמַדְתִּי
לַאֲבֹתֵיכֶם רַק ׀ אִם־יִשְׁמְרוּ לַעֲשׂוֹת אֵת כָּל־אֲשֶׁר צִוִּיתִים
ט לְכָל־הַתּוֹרָה וְהַחֻקִּים וְהַמִּשְׁפָּטִים בְּיַד־מֹשֶׁה׃ וַיֶּתַע מְנַשֶּׁה
אֶת־יְהוּדָה וְיֹשְׁבֵי יְרוּשָׁלִָם לַעֲשׂוֹת רָע מִן־הַגּוֹיִם אֲשֶׁר
י הִשְׁמִיד יְהוָה מִפְּנֵי בְּנֵי יִשְׂרָאֵל׃ וַיְדַבֵּר יְהוָה אֶל־
יא מְנַשֶּׁה וְאֶל־עַמּוֹ וְלֹא הִקְשִׁיבוּ׃ וַיָּבֵא יְהוָה עֲלֵיהֶם אֶת־
שָׂרֵי הַצָּבָא אֲשֶׁר לְמֶלֶךְ אַשּׁוּר וַיִּלְכְּדוּ אֶת־מְנַשֶּׁה בַּחֹחִים
יב וַיַּאַסְרֻהוּ בַּנְחֻשְׁתַּיִם וַיּוֹלִיכֻהוּ בָּבֶלָה׃ וּכְהָצֵר לוֹ חִלָּה אֶת־
יג פְּנֵי יְהוָה אֱלֹהָיו וַיִּכָּנַע מְאֹד מִלִּפְנֵי אֱלֹהֵי אֲבֹתָיו׃ וַיִּתְפַּלֵּל
אֵלָיו וַיֵּעָתֶר לוֹ וַיִּשְׁמַע תְּחִנָּתוֹ וַיְשִׁיבֵהוּ יְרוּשָׁלִַם לְמַלְכוּתוֹ
יד וַיֵּדַע מְנַשֶּׁה כִּי יְהוָה הוּא הָאֱלֹהִים׃ וְאַחֲרֵי־כֵן בָּנָה חוֹמָה

חִיצוֹנָה ׀ לְעִיר־דָּוִיד מַעְרָבָה לְגִיחוֹן בַּנַּחַל וְלָבוֹא בְשַׁעַר
הַדָּגִים וְסָבַב לָעֹפֶל וַיַּגְבִּיהֶהָ מְאֹד וַיָּשֶׂם שָׂרֵי־חַיִל בְּכָל־
טו הֶעָרִים הַבְּצֻרוֹת בִּיהוּדָה׃ וַיָּסַר אֶת־אֱלֹהֵי הַנֵּכָר וְאֶת־הַסֶּמֶל
מִבֵּית יְהוָה וְכָל־הַמִּזְבְּחוֹת אֲשֶׁר בָּנָה בְּהַר בֵּית־יְהוָה
טז וּבִירוּשָׁלִָם וַיַּשְׁלֵךְ חוּצָה לָעִיר׃ וַיָּכֶן אֶת־מִזְבַּח יְהוָה וַיִּזְבַּח וַיִּבֶן
עָלָיו זִבְחֵי שְׁלָמִים וְתוֹדָה וַיֹּאמֶר לִיהוּדָה לַעֲבוֹד אֶת־יְהוָה
יז אֱלֹהֵי יִשְׂרָאֵל׃ אֲבָל עוֹד הָעָם זֹבְחִים בַּבָּמוֹת רַק לַיהוָה
יח אֱלֹהֵיהֶם׃ וְיֶתֶר דִּבְרֵי מְנַשֶּׁה וּתְפִלָּתוֹ אֶל־אֱלֹהָיו וְדִבְרֵי
הַחֹזִים הַמְדַבְּרִים אֵלָיו בְּשֵׁם יְהוָה אֱלֹהֵי יִשְׂרָאֵל הִנָּם עַל־
יט דִּבְרֵי מַלְכֵי יִשְׂרָאֵל׃ וּתְפִלָּתוֹ וְהֵעָתֶר־לוֹ וְכָל־חַטָּאתוֹ וּמַעְלוֹ
וְהַמְּקֹמוֹת אֲשֶׁר בָּנָה בָהֶם בָּמוֹת וְהֶעֱמִיד הָאֲשֵׁרִים וְהַפְּסִלִים
כ לִפְנֵי הִכָּנְעוֹ הִנָּם כְּתוּבִים עַל דִּבְרֵי חוֹזָי׃ וַיִּשְׁכַּב מְנַשֶּׁה עִם־
אֲבֹתָיו וַיִּקְבְּרֻהוּ בֵּיתוֹ וַיִּמְלֹךְ אָמוֹן בְּנוֹ תַּחְתָּיו׃
כא בֶּן־עֶשְׂרִים וּשְׁתַּיִם שָׁנָה אָמוֹן בְּמָלְכוֹ וּשְׁתַּיִם שָׁנִים מָלַךְ
כב בִּירוּשָׁלִָם׃ וַיַּעַשׂ הָרַע בְּעֵינֵי יְהוָה כַּאֲשֶׁר עָשָׂה מְנַשֶּׁה אָבִיו
וּלְכָל־הַפְּסִילִים אֲשֶׁר עָשָׂה מְנַשֶּׁה אָבִיו זִבַּח אָמוֹן וַיַּעַבְדֵם׃
כג וְלֹא נִכְנַע מִלִּפְנֵי יְהוָה כְּהִכָּנַע מְנַשֶּׁה אָבִיו כִּי הוּא אָמוֹן
כד כה הִרְבָּה אַשְׁמָה׃ וַיִּקְשְׁרוּ עָלָיו עֲבָדָיו וַיְמִיתֻהוּ בְּבֵיתוֹ׃ וַיַּכּוּ
עַם־הָאָרֶץ אֵת כָּל־הַקֹּשְׁרִים עַל־הַמֶּלֶךְ אָמוֹן וַיַּמְלִיכוּ עַם־
הָאָרֶץ אֶת־יֹאשִׁיָּהוּ בְנוֹ תַּחְתָּיו׃
לד א בֶּן־שְׁמוֹנֶה שָׁנִים יֹאשִׁיָּהוּ בְמָלְכוֹ וּשְׁלֹשִׁים וְאַחַת שָׁנָה מָלַךְ
ב בִּירוּשָׁלִָם׃ וַיַּעַשׂ הַיָּשָׁר בְּעֵינֵי יְהוָה וַיֵּלֶךְ בְּדַרְכֵי דָּוִיד אָבִיו כד
וְלֹא־סָר יָמִין וּשְׂמֹאול׃
ג וּבִשְׁמוֹנֶה שָׁנִים לְמָלְכוֹ וְהוּא עוֹדֶנּוּ נַעַר הֵחֵל לִדְרוֹשׁ לֵאלֹהֵי
דָּוִיד אָבִיו וּבִשְׁתֵּים עֶשְׂרֵה שָׁנָה הֵחֵל לְטַהֵר אֶת־יְהוּדָה
ד וִירוּשָׁלִַם מִן־הַבָּמוֹת וְהָאֲשֵׁרִים וְהַפְּסִלִים וְהַמַּסֵּכוֹת׃ וַיְנַתְּצוּ
לְפָנָיו אֵת מִזְבְּחוֹת הַבְּעָלִים וְהַחַמָּנִים אֲשֶׁר־לְמַעְלָה מֵעֲלֵיהֶם

גִּדַּע וְהָאֲשֵׁרִים וְהַפְּסִלִים וְהַמַּסֵּכוֹת שִׁבַּר וְהֵדַק וַיִּזְרֹק עַל־
ה פְּנֵי הַקְּבָרִים הַזֹּבְחִים לָהֶם׃ וְעַצְמוֹת כֹּהֲנִים שָׂרַף עַל־
ו מזבחותים וַיְטַהֵר אֶת־יְהוּדָה וְאֶת־יְרוּשָׁלָ͏ִם׃ וּבְעָרֵי מְנַשֶּׁה מִזְבְּחוֹתָם
ז וְאֶפְרַיִם וְשִׁמְעוֹן וְעַד־נַפְתָּלִי בחר בתיהם סָבִיב׃ וַיְנַתֵּץ אֶת־ בְּחַרְבֹתֵיהֶם
הַמִּזְבְּחוֹת וְאֶת־הָאֲשֵׁרִים וְהַפְּסִלִים כִּתַּת לְהֵדַק וְכָל־הַחַמָּנִים
ח גִּדַּע בְּכָל־אֶרֶץ יִשְׂרָאֵל וַיָּשָׁב לִירוּשָׁלָ͏ִם׃ וּבִשְׁנַת
שְׁמוֹנֶה עֶשְׂרֵה לְמָלְכוֹ לְטַהֵר הָאָרֶץ וְהַבָּיִת שָׁלַח אֶת־
שָׁפָן בֶּן־אֲצַלְיָהוּ וְאֶת־מַעֲשֵׂיָהוּ שַׂר־הָעִיר וְאֵת יוֹאָח בֶּן־
ט יוֹאָחָז הַמַּזְכִּיר לְחַזֵּק אֶת־בֵּית יְהוָה אֱלֹהָיו׃ וַיָּבֹאוּ אֶל־
חִלְקִיָּהוּ ׀ הַכֹּהֵן הַגָּדוֹל וַיִּתְּנוּ אֶת־הַכֶּסֶף הַמּוּבָא בֵית־אֱלֹהִים
אֲשֶׁר אָסְפוּ־הַלְוִיִּם שֹׁמְרֵי הַסַּף מִיַּד מְנַשֶּׁה וְאֶפְרַיִם וּמִכֹּל
י שְׁאֵרִית יִשְׂרָאֵל וּמִכָּל־יְהוּדָה וּבִנְיָמִן וישבי יְרוּשָׁלָ͏ִם׃ וַיִּתְּנוּ וַיָּשֻׁבוּ
עַל־יַד עֹשֵׂה הַמְּלָאכָה הַמֻּפְקָדִים בְּבֵית יְהוָה וַיִּתְּנוּ אֹתוֹ
עוֹשֵׂי הַמְּלָאכָה אֲשֶׁר עֹשִׂים בְּבֵית יְהוָה לִבְדוֹק וּלְחַזֵּק
יא הַבָּיִת׃ וַיִּתְּנוּ לֶחָרָשִׁים וְלַבֹּנִים לִקְנוֹת אַבְנֵי מַחְצֵב וְעֵצִים
לַמְחַבְּרוֹת וּלְקָרוֹת אֶת־הַבָּתִּים אֲשֶׁר הִשְׁחִיתוּ מַלְכֵי
יב יְהוּדָה׃ וְהָאֲנָשִׁים עֹשִׂים בֶּאֱמוּנָה בַּמְּלָאכָה וַעֲלֵיהֶם ׀
מֻפְקָדִים יַחַת וְעֹבַדְיָהוּ הַלְוִיִּם מִן־בְּנֵי מְרָרִי וּזְכַרְיָה וּמְשֻׁלָּם
יג מִן־בְּנֵי הַקְּהָתִים לְנַצֵּחַ וְהַלְוִיִּם כָּל־מֵבִין בִּכְלֵי־שִׁיר׃ וְעַל
הַסַּבָּלִים וּמְנַצְּחִים לְכֹל עֹשֵׂה מְלָאכָה לַעֲבוֹדָה וַעֲבוֹדָה
יד וּמֵהַלְוִיִּם סוֹפְרִים וְשֹׁטְרִים וְשׁוֹעֲרִים׃ וּבְהוֹצִיאָם אֶת־הַכֶּסֶף
הַמּוּבָא בֵּית יְהוָה מָצָא חִלְקִיָּהוּ הַכֹּהֵן אֶת־סֵפֶר תּוֹרַת־יְהוָה
טו בְּיַד־מֹשֶׁה׃ וַיַּעַן חִלְקִיָּהוּ וַיֹּאמֶר אֶל־שָׁפָן הַסּוֹפֵר סֵפֶר הַתּוֹרָה
טז מָצָאתִי בְּבֵית יְהוָה וַיִּתֵּן חִלְקִיָּהוּ אֶת־הַסֵּפֶר אֶל־שָׁפָן׃ וַיָּבֵא
שָׁפָן אֶת־הַסֵּפֶר אֶל־הַמֶּלֶךְ וַיָּשֶׁב עוֹד אֶת־הַמֶּלֶךְ דָּבָר לֵאמֹר
יז כֹּל אֲשֶׁר־נִתַּן בְּיַד־עֲבָדֶיךָ הֵם עֹשִׂים׃ וַיַּתִּיכוּ אֶת־הַכֶּסֶף
הַנִּמְצָא בְּבֵית־יְהוָה וַיִּתְּנוּהוּ עַל־יַד הַמֻּפְקָדִים וְעַל־יַד עוֹשֵׂי

הַמְּלָאכָ֑ה: וַיַּגֵּ֞ד שָׁפָ֤ן הַסּוֹפֵר֙ לַמֶּ֣לֶךְ לֵאמֹ֔ר סֵ֚פֶר נָ֣תַן לִ֔י יח
חִלְקִיָּ֖הוּ הַכֹּהֵ֑ן וַיִּקְרָא־ב֥וֹ שָׁפָ֖ן לִפְנֵ֥י הַמֶּֽלֶךְ: וַיְהִי֙ כִּשְׁמֹ֣עַ הַמֶּ֔לֶךְ יט
אֵ֖ת דִּבְרֵ֣י הַתּוֹרָ֑ה וַיִּקְרַ֖ע אֶת־בְּגָדָֽיו: וַיְצַ֣ו הַמֶּ֡לֶךְ אֶת־חִלְקִיָּ֡הוּ כ
וְאֶת־אֲחִיקָ֣ם בֶּן־שָׁ֠פָן וְאֶת־עַבְדּ֨וֹן בֶּן־מִיכָ֜ה וְאֵ֣ת ׀ שָׁפָ֣ן
הַסּוֹפֵ֗ר וְאֵ֛ת עֲשָׂיָ֥ה עֶֽבֶד־הַמֶּ֖לֶךְ לֵאמֹֽר: לְכ֞וּ דִרְשׁ֣וּ אֶת־יְהֹוָ֗ה כא
בַּעֲדִ֤י וּבְעַד֙ הַנִּשְׁאָר֙ בְּיִשְׂרָאֵ֣ל וּבִֽיהוּדָ֔ה עַל־דִּבְרֵ֥י הַסֵּ֖פֶר
אֲשֶׁ֣ר נִמְצָ֑א כִּֽי־גְדוֹלָ֤ה חֲמַת־יְהֹוָה֙ אֲשֶׁ֣ר נִתְּכָ֣ה בָ֔נוּ עַ֣ל אֲשֶׁ֤ר
לֹא־שָֽׁמְרוּ֙ אֲבוֹתֵ֔ינוּ אֶת־דְּבַ֖ר יְהֹוָ֑ה לַעֲשׂ֕וֹת כְּכָל־הַכָּת֖וּב
עַל־הַסֵּ֥פֶר הַזֶּֽה: וַיֵּ֨לֶךְ חִלְקִיָּ֜הוּ וַאֲשֶׁ֣ר הַמֶּ֗לֶךְ אֶל־ כב

תָּקְהַ֛ת חֻלְדָּ֣ה הַנְּבִיאָ֣ה אֵ֗שֶׁת ׀ שַׁלֻּ֡ם בֶּן־תֹּוקְהַת֩ בֶּן־חַסְרָ֨ה שׁוֹמֵ֤ר
הַבְּגָדִים֙ וְהִ֛יא יוֹשֶׁ֥בֶת בִּירוּשָׁלַ֖͏ִם בַּמִּשְׁנֶ֑ה וַיְדַבְּר֥וּ אֵלֶ֖יהָ
כָּזֹֽאת: וַתֹּ֣אמֶר לָהֶ֔ם כֹּֽה־אָמַ֥ר יְהֹוָ֖ה אֱלֹהֵ֣י יִשְׂרָאֵ֑ל אִמְר֣וּ כג
לָאִ֔ישׁ אֲשֶׁר־שָׁלַ֥ח אֶתְכֶ֖ם אֵלָֽי:

כֹּ֚ה אָמַ֣ר יְהֹוָ֔ה הִנְנִ֨י מֵבִ֤יא רָעָה֙ עַל־הַמָּק֣וֹם הַזֶּ֔ה וְעַל־יֽוֹשְׁבָ֑יו כד
אֵ֤ת כׇּל־הָֽאָלוֹת֙ הַכְּתוּב֔וֹת עַל־הַסֵּ֖פֶר אֲשֶׁ֣ר קָרְא֑וּ לִפְנֵ֖י
מֶ֥לֶךְ יְהוּדָֽה: תַּ֗חַת ׀ אֲשֶׁ֣ר עֲזָב֗וּנִי וַֽיְקַטִּירוּ֙ לֵֽאלֹהִ֣ים אֲחֵרִ֔ים וַיִּקְטְר֨וּ כה
לְמַ֙עַן֙ הַכְעִיסֵ֔נִי בְּכֹ֖ל מַעֲשֵׂ֣י יְדֵיהֶ֑ם וְתִתַּ֧ךְ חֲמָתִ֛י בַּמָּק֥וֹם
הַזֶּ֖ה וְלֹ֥א תִכְבֶּֽה: וְאֶל־מֶ֣לֶךְ יְהוּדָ֗ה הַשֹּׁלֵ֤חַ אֶתְכֶם֙ לִדְר֣וֹשׁ כו
בַּֽיהֹוָ֔ה כֹּ֥ה תֹאמְר֖וּ אֵלָ֑יו כֹּֽה־אָמַ֤ר יְהֹוָה֙ אֱלֹהֵ֣י
יִשְׂרָאֵ֔ל הַדְּבָרִ֖ים אֲשֶׁ֥ר שָׁמָֽעְתָּ: יַ֠עַן רַךְ־לְבָבְךָ֞ וַתִּכָּנַ֣ע ׀ מִלִּפְנֵ֣י כז
אֱלֹהִ֗ים בְּשׇׁמְעֲךָ֙ אֶת־דְּבָרָ֔יו עַל־הַמָּק֤וֹם הַזֶּה֙ וְעַל־יֹ֣שְׁבָ֔יו
וַתִּכָּנַ֣ע לְפָנַ֔י וַתִּקְרַ֤ע אֶת־בְּגָדֶ֙יךָ֙ וַתֵּ֣בְךְּ לְפָנָ֔י וְגַם־אֲנִ֖י שָׁמַ֥עְתִּי
נְאֻם־יְהֹוָֽה: הִנְנִ֨י אֹֽסִפְךָ֜ אֶל־אֲבֹתֶ֗יךָ וְנֶאֱסַפְתָּ֣ אֶל־קִבְרֹתֶ֘יךָ֘ כח
בְּשָׁלוֹם֒ וְלֹא־תִרְאֶ֣ינָה עֵינֶ֔יךָ בְּכֹל֙ הָֽרָעָ֔ה אֲשֶׁ֥ר אֲנִ֛י מֵבִ֖יא עַל־
הַמָּק֥וֹם הַזֶּ֖ה וְעַל־יֹ֣שְׁבָ֑יו וַיָּשִׁ֥יבוּ אֶת־הַמֶּ֖לֶךְ דָּבָֽר: וַיִּשְׁלַ֖ח כט
הַמֶּ֑לֶךְ וַיֶּאֱסֹ֕ף אֶת־כׇּל־זִקְנֵ֥י יְהוּדָ֖ה וִירוּשָׁלָֽ͏ִם: וַיַּ֣עַל הַמֶּ֡לֶךְ ל
בֵּית־יְהֹוָ֡ה וְכׇל־אִ֣ישׁ יְהוּדָה֩ וְיֹשְׁבֵ֨י יְרוּשָׁלַ֜͏ִם וְהַכֹּהֲנִ֣ים וְהַלְוִיִּ֗ם

וְכָל־הָעָם מִגָּדוֹל וְעַד־קָטָן וַיִּקְרָא בְאָזְנֵיהֶם אֶת־כָּל־דִּבְרֵי
לא סֵפֶר הַבְּרִית הַנִּמְצָא בֵּית יְהוָה׃ וַיַּעֲמֹד הַמֶּלֶךְ עַל־עָמְדוֹ
וַיִּכְרֹת אֶת־הַבְּרִית לִפְנֵי יְהוָה לָלֶכֶת אַחֲרֵי יְהוָה וְלִשְׁמוֹר
אֶת־מִצְוֺתָיו וְעֵדְוֺתָיו וְחֻקָּיו בְּכָל־לְבָבוֹ וּבְכָל־נַפְשׁוֹ לַעֲשׂוֹת
לב אֶת־דִּבְרֵי הַבְּרִית הַכְּתוּבִים עַל־הַסֵּפֶר הַזֶּה׃ וַיַּעֲמֵד אֵת כָּל־
הַנִּמְצָא בִירוּשָׁלִַם וּבִנְיָמִן וַיַּעֲשׂוּ יֹשְׁבֵי יְרוּשָׁלִַם כִּבְרִית
לג אֱלֹהִים אֱלֹהֵי אֲבוֹתֵיהֶם׃ וַיָּסַר יֹאשִׁיָּהוּ אֶת־כָּל־הַתֹּעֵבוֹת
מִכָּל־הָאֲרָצוֹת אֲשֶׁר לִבְנֵי יִשְׂרָאֵל וַיַּעֲבֵד אֵת כָּל־הַנִּמְצָא
בְּיִשְׂרָאֵל לַעֲבוֹד אֶת־יְהוָה אֱלֹהֵיהֶם כָּל־יָמָיו לֹא סָרוּ מֵאַחֲרֵי
לה א יְהוָה אֱלֹהֵי אֲבוֹתֵיהֶם׃ וַיַּעַשׂ יֹאשִׁיָּהוּ בִירוּשָׁלִַם פֶּסַח
ב לַיהוָה וַיִּשְׁחֲטוּ הַפֶּסַח בְּאַרְבָּעָה עָשָׂר לַחֹדֶשׁ הָרִאשׁוֹן׃ וַיַּעֲמֵד
ג הַכֹּהֲנִים עַל־מִשְׁמְרוֹתָם וַיְחַזְּקֵם לַעֲבוֹדַת בֵּית יְהוָה׃ וַיֹּאמֶר
לַלְוִיִּם המבונים לְכָל־יִשְׂרָאֵל הַקְּדוֹשִׁים לַיהוָה תְּנוּ אֶת־ הַמְּבִינִים
אֲרוֹן־הַקֹּדֶשׁ בַּבַּיִת אֲשֶׁר בָּנָה שְׁלֹמֹה בֶן־דָּוִיד מֶלֶךְ יִשְׂרָאֵל
אֵין־לָכֶם מַשָּׂא בַּכָּתֵף עַתָּה עִבְדוּ אֶת־יְהוָה אֱלֹהֵיכֶם וְאֵת
ד עַמּוֹ יִשְׂרָאֵל׃ והכונו לְבֵית־אֲבוֹתֵיכֶם כְּמַחְלְקוֹתֵיכֶם בִּכְתָב וְהָכִינוּ
ה דָּוִיד מֶלֶךְ יִשְׂרָאֵל וּבְמִכְתַּב שְׁלֹמֹה בְנוֹ׃ וְעִמְדוּ בַקֹּדֶשׁ
לִפְלֻגּוֹת בֵּית הָאָבוֹת לַאֲחֵיכֶם בְּנֵי הָעָם וַחֲלֻקַּת בֵּית־אָב
ו לַלְוִיִּם׃ וְשַׁחֲטוּ הַפָּסַח וְהִתְקַדְּשׁוּ וְהָכִינוּ לַאֲחֵיכֶם לַעֲשׂוֹת כה
ז כִּדְבַר־יְהוָה בְּיַד־מֹשֶׁה׃ וַיָּרֶם יֹאשִׁיָּהוּ לִבְנֵי
הָעָם צֹאן כְּבָשִׂים וּבְנֵי־עִזִּים הַכֹּל לַפְּסָחִים לְכָל־הַנִּמְצָא
לְמִסְפַּר שְׁלֹשִׁים אֶלֶף וּבָקָר שְׁלֹשֶׁת אֲלָפִים אֵלֶּה מֵרְכוּשׁ
ח הַמֶּלֶךְ׃ וְשָׂרָיו לִנְדָבָה לָעָם לַכֹּהֲנִים וְלַלְוִיִּם הֵרִימוּ
חִלְקִיָּה וּזְכַרְיָהוּ וִיחִיאֵל נְגִידֵי בֵּית הָאֱלֹהִים לַכֹּהֲנִים נָתְנוּ
ט לַפְּסָחִים אַלְפַּיִם וְשֵׁשׁ מֵאוֹת וּבָקָר שְׁלֹשׁ מֵאוֹת׃ וכונניהו וְכָנַנְיָהוּ
וּשְׁמַעְיָהוּ וּנְתַנְאֵל אֶחָיו וַחֲשַׁבְיָהוּ וִיעִיאֵל וְיוֹזָבָד שָׂרֵי הַלְוִיִּם
הֵרִימוּ לַלְוִיִּם לַפְּסָחִים חֲמֵשֶׁת אֲלָפִים וּבָקָר חֲמֵשׁ מֵאוֹת׃

וַתִּכּוֹן הָעֲבוֹדָה וַיַּעַמְדוּ הַכֹּהֲנִים עַל־עָמְדָם וְהַלְוִיִּם עַל־ י
מַחְלְקוֹתָם כְּמִצְוַת הַמֶּלֶךְ׃ וַיִּשְׁחֲטוּ הַפָּסַח וַיִּזְרְקוּ הַכֹּהֲנִים יא
מִיָּדָם וְהַלְוִיִּם מַפְשִׁיטִים׃ וַיָּסִירוּ הָעֹלָה לְתִתָּם לְמִפְלַגּוֹת יב
לְבֵית־אָבוֹת לִבְנֵי הָעָם לְהַקְרִיב לַיהוָה כַּכָּתוּב בְּסֵפֶר
מֹשֶׁה וְכֵן לַבָּקָר׃ וַיְבַשְּׁלוּ הַפֶּסַח בָּאֵשׁ כַּמִּשְׁפָּט וְהַקֳּדָשִׁים יג
בִּשְּׁלוּ בַּסִּירוֹת וּבַדְּוָדִים וּבַצֵּלָחוֹת וַיָּרִיצוּ לְכָל־בְּנֵי הָעָם׃
וְאַחַר הֵכִינוּ לָהֶם וְלַכֹּהֲנִים כִּי הַכֹּהֲנִים בְּנֵי אַהֲרֹן בְּהַעֲלוֹת יד
הָעוֹלָה וְהַחֲלָבִים עַד־לָיְלָה וְהַלְוִיִּם הֵכִינוּ לָהֶם וְלַכֹּהֲנִים
בְּנֵי אַהֲרֹן׃ וְהַמְשֹׁרְרִים בְּנֵי־אָסָף עַל־מַעֲמָדָם כְּמִצְוַת דָּוִיד טו
וְאָסָף וְהֵימָן וִידֻתוּן חוֹזֵה הַמֶּלֶךְ וְהַשֹּׁעֲרִים לְשַׁעַר וָשָׁעַר
אֵין לָהֶם לָסוּר מֵעַל עֲבֹדָתָם כִּי־אֲחֵיהֶם הַלְוִיִּם הֵכִינוּ
לָהֶם׃ וַתִּכּוֹן כָּל־עֲבוֹדַת יְהוָה בַּיּוֹם הַהוּא לַעֲשׂוֹת הַפֶּסַח טז
וְהַעֲלוֹת עֹלוֹת עַל מִזְבַּח יְהוָה כְּמִצְוַת הַמֶּלֶךְ יֹאשִׁיָּהוּ׃
וַיַּעֲשׂוּ בְנֵי־יִשְׂרָאֵל הַנִּמְצְאִים אֶת־הַפֶּסַח בָּעֵת הַהִיא וְאֶת־ יז
חַג הַמַּצּוֹת שִׁבְעַת יָמִים׃ וְלֹא־נַעֲשָׂה פֶסַח כָּמֹהוּ בְּיִשְׂרָאֵל יח
מִימֵי שְׁמוּאֵל הַנָּבִיא וְכָל־מַלְכֵי יִשְׂרָאֵל ׀ לֹא־עָשׂוּ כַּפֶּסַח
אֲשֶׁר־עָשָׂה יֹאשִׁיָּהוּ וְהַכֹּהֲנִים וְהַלְוִיִּם וְכָל־יְהוּדָה וְיִשְׂרָאֵל
הַנִּמְצָא וְיוֹשְׁבֵי יְרוּשָׁלִָם׃ בִּשְׁמוֹנֶה עֶשְׂרֵה שָׁנָה יט
לְמַלְכוּת יֹאשִׁיָּהוּ נַעֲשָׂה הַפֶּסַח הַזֶּה׃ אַחֲרֵי כָל־זֹאת כ
אֲשֶׁר הֵכִין יֹאשִׁיָּהוּ אֶת־הַבַּיִת עָלָה נְכוֹ מֶלֶךְ־מִצְרַיִם
לְהִלָּחֵם בְּכַרְכְּמִישׁ עַל־פְּרָת וַיֵּצֵא לִקְרָאתוֹ יֹאשִׁיָּהוּ׃ וַיִּשְׁלַח כא
אֵלָיו מַלְאָכִים ׀ לֵאמֹר ׀ מַה־לִּי וָלָךְ מֶלֶךְ יְהוּדָה לֹא־
עָלֶיךָ אַתָּה הַיּוֹם כִּי אֶל־בֵּית מִלְחַמְתִּי וֵאלֹהִים אָמַר לְבַהֲלֵנִי
חֲדַל־לְךָ מֵאֱלֹהִים אֲשֶׁר־עִמִּי וְאַל־יַשְׁחִיתֶךָ׃ וְלֹא־הֵסֵב כב
יֹאשִׁיָּהוּ פָנָיו מִמֶּנּוּ כִּי לְהִלָּחֶם־בּוֹ הִתְחַפֵּשׂ וְלֹא שָׁמַע אֶל־
דִּבְרֵי נְכוֹ מִפִּי אֱלֹהִים וַיָּבֹא לְהִלָּחֵם בְּבִקְעַת מְגִדּוֹ׃ וַיֹּרוּ כג
הַיֹּרִים לַמֶּלֶךְ יֹאשִׁיָּהוּ וַיֹּאמֶר הַמֶּלֶךְ לַעֲבָדָיו הַעֲבִירוּנִי כִּי

כד הֶחֱלֵיתִי מְאֹד׃ וַיַּעֲבִירֻהוּ עֲבָדָיו מִן־הַמֶּרְכָּבָה וַיַּרְכִּיבֻהוּ עַל
רֶכֶב הַמִּשְׁנֶה אֲשֶׁר־לוֹ וַיּוֹלִיכֻהוּ יְרוּשָׁלִַם וַיָּמָת וַיִּקָּבֵר
בְּקִבְרוֹת אֲבֹתָיו וְכָל־יְהוּדָה וִירוּשָׁלִַם מִתְאַבְּלִים עַל־
כה יֹאשִׁיָּהוּ׃ וַיְקוֹנֵן יִרְמְיָהוּ עַל־יֹאשִׁיָּהוּ וַיֹּאמְרוּ
כָל־הַשָּׁרִים ׀ וְהַשָּׁרוֹת בְּקִינוֹתֵיהֶם עַל־יֹאשִׁיָּהוּ עַד־הַיּוֹם
וַיִּתְּנוּם לְחֹק עַל־יִשְׂרָאֵל וְהִנָּם כְּתוּבִים עַל־הַקִּינוֹת׃
כו כז וְיֶתֶר דִּבְרֵי יֹאשִׁיָּהוּ וַחֲסָדָיו כַּכָּתוּב בְּתוֹרַת יְהוָה׃ וּדְבָרָיו
הָרִאשֹׁנִים וְהָאַחֲרֹנִים הִנָּם כְּתוּבִים עַל־סֵפֶר מַלְכֵי־יִשְׂרָאֵל
לו א וִיהוּדָה׃ וַיִּקְחוּ עַם־הָאָרֶץ אֶת־יְהוֹאָחָז בֶּן־יֹאשִׁיָּהוּ
ב וַיַּמְלִיכֻהוּ תַחַת־אָבִיו בִּירוּשָׁלִָם׃ בֶּן־שָׁלוֹשׁ וְעֶשְׂרִים שָׁנָה
ג יוֹאָחָז בְּמָלְכוֹ וּשְׁלֹשָׁה חֳדָשִׁים מָלַךְ בִּירוּשָׁלִָם׃ וַיְסִירֵהוּ
מֶלֶךְ־מִצְרַיִם בִּירוּשָׁלִָם וַיַּעֲנֹשׁ אֶת־הָאָרֶץ מֵאָה כִכַּר־כֶּסֶף
ד וְכִכַּר זָהָב׃ וַיַּמְלֵךְ מֶלֶךְ־מִצְרַיִם אֶת־אֶלְיָקִים אָחִיו עַל־יְהוּדָה
וִירוּשָׁלִַם וַיַּסֵּב אֶת־שְׁמוֹ יְהוֹיָקִים וְאֶת־יוֹאָחָז אָחִיו לָקַח נְכוֹ
ה וַיְבִיאֵהוּ מִצְרָיְמָה׃ בֶּן־עֶשְׂרִים וְחָמֵשׁ שָׁנָה יְהוֹיָקִים
בְּמָלְכוֹ וְאַחַת עֶשְׂרֵה שָׁנָה מָלַךְ בִּירוּשָׁלִָם וַיַּעַשׂ הָרַע בְּעֵינֵי
ו יְהוָה אֱלֹהָיו׃ עָלָיו עָלָה נְבוּכַדְנֶאצַּר מֶלֶךְ בָּבֶל וַיַּאַסְרֵהוּ
ז בַּנְחֻשְׁתַּיִם לְהֹלִיכוֹ בָּבֶלָה׃ וּמִכְּלֵי בֵּית יְהוָה הֵבִיא נְבוּכַדְנֶאצַּר
ח לְבָבֶל וַיִּתְּנֵם בְּהֵיכָלוֹ בְּבָבֶל׃ וְיֶתֶר דִּבְרֵי יְהוֹיָקִים וְתֹעֲבֹתָיו
אֲשֶׁר־עָשָׂה וְהַנִּמְצָא עָלָיו הִנָּם כְּתוּבִים עַל־סֵפֶר מַלְכֵי
ט יִשְׂרָאֵל וִיהוּדָה וַיִּמְלֹךְ יְהוֹיָכִין בְּנוֹ תַּחְתָּיו׃ בֶּן־
שְׁמוֹנֶה שָׁנִים יְהוֹיָכִין בְּמָלְכוֹ וּשְׁלֹשָׁה חֳדָשִׁים וַעֲשֶׂרֶת
י יָמִים מָלַךְ בִּירוּשָׁלִָם וַיַּעַשׂ הָרַע בְּעֵינֵי יְהוָה׃ וְלִתְשׁוּבַת
הַשָּׁנָה שָׁלַח הַמֶּלֶךְ נְבוּכַדְנֶאצַּר וַיְבִאֵהוּ בָבֶלָה עִם־כְּלֵי
חֶמְדַּת בֵּית־יְהוָה וַיַּמְלֵךְ אֶת־צִדְקִיָּהוּ אָחִיו עַל־יְהוּדָה
יא וִירוּשָׁלִָם׃ בֶּן־עֶשְׂרִים וְאַחַת שָׁנָה צִדְקִיָּהוּ בְמָלְכוֹ
יב וְאַחַת עֶשְׂרֵה שָׁנָה מָלַךְ בִּירוּשָׁלִָם׃ וַיַּעַשׂ הָרַע בְּעֵינֵי

יג יְהוָה אֱלֹהָיו לֹא נִכְנַע מִלִּפְנֵי יִרְמְיָהוּ הַנָּבִיא מִפִּי יְהוָה: וְגַם
בַּמֶּלֶךְ נְבוּכַדְנֶאצַּר מָרָד אֲשֶׁר הִשְׁבִּיעוֹ בֵּאלֹהִים וַיֶּקֶשׁ אֶת־
יד עָרְפּוֹ וַיְאַמֵּץ אֶת־לְבָבוֹ מִשּׁוּב אֶל־יְהוָה אֱלֹהֵי יִשְׂרָאֵל: גַּם
כָּל־שָׂרֵי הַכֹּהֲנִים וְהָעָם הִרְבּוּ למעול־מַעַל כְּכֹל תֹּעֲבוֹת — לִמְעָל־
הַגּוֹיִם וַיְטַמְּאוּ אֶת־בֵּית יְהוָה אֲשֶׁר הִקְדִּישׁ בִּירוּשָׁלִָם:
טו וַיִּשְׁלַח יְהוָה אֱלֹהֵי אֲבוֹתֵיהֶם עֲלֵיהֶם בְּיַד מַלְאָכָיו הַשְׁכֵּם
טז וְשָׁלוֹחַ כִּי־חָמַל עַל־עַמּוֹ וְעַל־מְעוֹנוֹ: וַיִּהְיוּ מַלְעִבִים בְּמַלְאֲכֵי
הָאֱלֹהִים וּבוֹזִים דְּבָרָיו וּמִתַּעְתְּעִים בִּנְבִאָיו עַד עֲלוֹת
יז חֲמַת־יְהוָה בְּעַמּוֹ עַד־לְאֵין מַרְפֵּא: וַיַּעַל עֲלֵיהֶם אֶת־מֶלֶךְ
כשדיים וַיַּהֲרֹג בַּחוּרֵיהֶם בַּחֶרֶב בְּבֵית מִקְדָּשָׁם וְלֹא חָמַל — כַּשְׂדִּים
יח עַל־בָּחוּר וּבְתוּלָה זָקֵן וְיָשֵׁשׁ הַכֹּל נָתַן בְּיָדוֹ: וְכֹל כְּלֵי בֵּית
הָאֱלֹהִים הַגְּדֹלִים וְהַקְּטַנִּים וְאֹצְרוֹת בֵּית יְהוָה וְאֹצְרוֹת
יט הַמֶּלֶךְ וְשָׂרָיו הַכֹּל הֵבִיא בָבֶל: וַיִּשְׂרְפוּ אֶת־בֵּית הָאֱלֹהִים
וַיְנַתְּצוּ אֵת חוֹמַת יְרוּשָׁלִָם וְכָל־אַרְמְנוֹתֶיהָ שָׂרְפוּ בָאֵשׁ וְכָל־
כ כְּלֵי מַחֲמַדֶּיהָ לְהַשְׁחִית: וַיֶּגֶל הַשְּׁאֵרִית מִן־הַחֶרֶב אֶל־בָּבֶל
כא וַיִּהְיוּ־לוֹ וּלְבָנָיו לַעֲבָדִים עַד־מְלֹךְ מַלְכוּת פָּרָס: לְמַלֹּאות
דְּבַר־יְהוָה בְּפִי יִרְמְיָהוּ עַד־רָצְתָה הָאָרֶץ אֶת־שַׁבְּתוֹתֶיהָ
כב כָּל־יְמֵי הָשַּׁמָּה שָׁבָתָה לְמַלֹּאות שִׁבְעִים שָׁנָה: וּבִשְׁנַת
אַחַת לְכוֹרֶשׁ מֶלֶךְ פָּרַס לִכְלוֹת דְּבַר־יְהוָה בְּפִי יִרְמְיָהוּ
הֵעִיר יְהוָה אֶת־רוּחַ כּוֹרֶשׁ מֶלֶךְ־פָּרַס וַיַּעֲבֶר־קוֹל בְּכָל־
כג מַלְכוּתוֹ וְגַם־בְּמִכְתָּב לֵאמֹר: כֹּה־אָמַר כּוֹרֶשׁ ׀ מֶלֶךְ פָּרַס כָּל־
מַמְלְכוֹת הָאָרֶץ נָתַן לִי יְהוָה אֱלֹהֵי הַשָּׁמַיִם וְהוּא־פָקַד עָלַי
לִבְנוֹת־לוֹ בַיִת בִּירוּשָׁלִַם אֲשֶׁר בִּיהוּדָה מִי־בָכֶם מִכָּל־עַמּוֹ
יְהוָה אֱלֹהָיו עִמּוֹ וְיָעַל:

ספר התנ"ך שבהוצאת קורן

"תורה צִוה לנו משה, מורשה קהִלת יעקב" (דברים לג, ד). עם ישראל קיבל ממרום את דבר ה'. עם המתנה קיבלנו גם את האחריות להנחיל את התורה מורשה לדורות הבאים, ואם אנו עושים כן התורה עצמה מעידה בנו: "לקֹח את ספר התורה הזה, ושמתם אותו מצד ארון ברית ה' אלהיכם, והיה שם בך לעד" (שם לא, כו). גם לאחר שחרב בית קדשנו ונגנז ארון הברית, בבתי הכנסת בכל תפוצות ישראל שומרים בתוך ארון הקודש ספר תורה כתוב על קלף, במילים שאפשר לראות ולמשש. כל דור העמיד לנגד עיניו את המילים האלה, ודלה מהם את אשר דלה. יש שהסתפקו בהבנת פשטי המקראות, בסיפורים, בתיאורים ובחוקים. אך בכל דור עמדו גם בעלי הלכה ובעלי אגדה והעמידו מסורת עשירה וספרות ענפה היונקת ממילים אלה. בכל אות ובכל עיטור שעל גבי האותיות, גילו חכמי ישראל רמזים וסודות לאין מספר. ומה יעשה הדור הבא באלו האותיות? על ברכי אילו מסרים הטמונים בהן יחנך את ילדיו? כיצד יפסוק מהן הלכה? אילו דרשות חדשות ידרוש מתוך הקלף?

"משה קִבל תורה מסיני, ומסרה ליהושע, ויהושע לזקנים, וזקנים לנביאים, ונביאים מסרוה לאנשי כנסת הגדולה" (אבות פ"א מ"א). בכל דור ודור עמלו חכמי ישראל להבטיח שהמילים, הפסוקים והסדרים שבספרים אלה יגיעו לדור הבא כפי שניתנו בסיני. הם ראו בזה מלאכת קודש: "אמר רבה בר בר חנה אמר ר' יוחנן: מגיהי ספרים בירושלים היו נוטלין שכרן מתרומת הלשכה" (כתובות קו ע"א). מגיהי הספרים וממשיכיהם, חכמי המסורה, לא ביקשו לחדש; הם ראו עצמם שליחים הנושאים את בשורתו של הקב"ה, והתמסרו בכל מאודם למשימה זו – להעביר את דבר ה' שבספרי המקרא לדורות הבאים. הם לא ידעו אם הדור הבא ילמד כמו הדור שלהם, באילו חלקים יעסוק יותר ובאילו פחות, אבל היה ברור להם שהדור הבא הוא הנמען של הספרים האלו, לא פחות מהדור שלהם, ולכן עליהם להקפיד על כל אות ואות. אם בדור אחד לא ידעו לתת פשר למילה מסוימת, ייתכן שבדור הבא הדבר יבוא על פתרונו; ומה שבאותו הדור נראה מובן מאליו, עלול בדור הבא להישכח. כשליח הרץ בנחישות בשדה הקרב למסור מסר חשוב, כן בכל דור מסרו חכמי ישראל נפשם על משימה לאומית זו. שני בתי מקדש נבנו ונחרבו, עם ישראל עבר גלות ארוכה ומייסרת, וחכמי ישראל המשיכו להנחיל את מורשת התנ"ך מדור אחד למשנהו, לעתים במצבי דוחק וצער ואף תחת איום קיומי.

באמצע המאה החמש־עשרה עם המצאת הדפוס רבים מהמדפיסים הראשונים היו יהודים, והם שאפו להשתמש באמצעי הטכנולוגי החדש ולהדפיס את התנ"ך. התנ"ך השלם הראשון, שידוע לנו עליו, יצא לאור בשונצינו בשנת רמ"ח (1488). בתחילת המאה השש־עשרה החלו גם נוצרים להדפיס את ספרי המקרא ושאר ספרי היסוד של תורת ישראל, ועל כולם עלה המדפיס הווניציאני הנודע דניאל בומברג. מהדורתו השנייה רפ"ה/ו (1524/25), הידועה בשם מקראות גדולות, יצאה לאור בתבנית גדולה עם פירושי הראשונים והערות מסורה, ובתבנית קטנה בלי פירושים, והיא יסוד לכל מהדורה חדשה עד הדורות האחרונים, לרבות המהדורות שנדפסו בידי יהודים.

עם תקומת עם ישראל בארצו ושיבתו לנחלתו, התעוררה רוחו של אליהו קורן זכרו לברכה להדפיס את התנ"ך כאן בארץ הקודש, ישראל. לשם כך, העמיד שלושה

מהמומחים הידועים בדורו – דניאל גולדשמידט, אברהם משה הברמן ומאיר מדן, זכרם לברכה, למען יקבעו בעיון ובבדיקה מדוקדקת את הנוסח על פי המסורה, יתקנו שיבושים ויכריעו בין שינויי נוסח שנפלו בו במרוצת הדורות, וזאת על יסוד חוות דעתם של בעלי המסורה ושל המדקדקים והמפרשים, ועל פי מה שמצוי ברוב כתבי היד והדפוסים המוסמכים, ולא כהעתקה משועבדת לדפוס או לכתב יד מסוים.

כשני עשורים עמל אליהו קורן על מלאכת עיצוב האות על כל ניקודו וטעמיו. כדי לעמוד ברף הגבוה שהציב לעצמו להגיע אליו – עיצוב כל אות ותו בזיקה ישירה לכתבי יד יהודיים עתיקים, ובהקפדה על רמת עיצוב בינלאומית ומודרנית – שקד על הדבר ויגע בו יגיעה רבה. עד היום שמורות בארכיון ההוצאה מאות סקיצות של כל אותיות האלף בית, כל אחת מהן היא ציון דרך ביצירת הכלי המפואר שלתוכו תוצק תורה מפוארת, הנושאת בקרבה את המסר האלוהי.

בדורנו מתחוללת בעולם המהפכה הגדולה ביותר בתחום העברת תכנים למן המצאת הדפוס: השימוש באמצעים אלקטרוניים – תחילה לשמירה ולעיצוב, וכיום אף להצגת התכנים על גבי מסכים. בתשע השנים האחרונות עמלו אנשי הוצאת קורן להעביר את דברי משה והנביאים לעולם של קודים ופיקסלים. כבעבר, גם כאן נדרשה זהירות יתֵרה. למלאכת ההגהה נרתמו הרב דוד פוקס, הרב ינון חן, הרב כרמיאל כהן, הרב ישראל אליצור, הרב דוד קורץ, הרב אביחי גמדני ואפרת גרוס. על עבודת העיצוב עמלו אסתר באר, רינה בן גל, רוית כהן ואליהו משגב, ובעבודתם היו נאמנים לעקרונותיו של אליהו קורן זכרו לברכה.

עם סיום עבודה זו, אנו יכולים להצהיר בגאוות עבד הממלא את שליחותו, שנוסח התנ״ך מוכשר לשמש את כל החפצים לקרוא בו, בכל האמצעים השונים הידועים לנו ״עד היום הזה״. זה יותר מיובל שנים שהוצאת קורן נושאת בעול מסירת התנ״ך ומסריו בני 3500 שנה לדורות הבאים. אין אנו, חלילה, בעליו של הספר אלא משרתיו. וכשם שהיום אנו עושים את כל המאמצים להגיש את ספר התנ״ך המדויק ביותר באופן החזותי שיכבד ויפאר את תוכנו גם בעיניו של הדור הזה, כן אנו נושאים תפילה שנזכה להתמיד במאמצים אלה גם בעתיד.

המעלות שבתנ״ך זה

האות

האות מצטיינת במקוריותה. היא נוחה ביותר לקריאה, הואיל והוכנה על סמך ניסיונותיהם של מדעני האופטיקה, וההבדלים שבין האותיות הדומות זו לזו (ב־כ, ג־נ, ס־ם ועוד) מובלטים היטב.

כמו כן, ישנה הבחנה ברורה בין סימני הנקודה הדיאקריטית של האות ש (שׁ ימנית, שׂ שמאלית) והחולם החסר.

שָׂמַד · יִדְרְשׁוּן · שָׂנֵא · שֹׂנֵא · עֲשֹׂה · וְלַשֹּׂרֵקָה · שֹׁמְרֵי · נֹשְׂאֵי · הָעֹשֹׂת

ואי־אפשר להשתבש. וכך גם בכתבי יד קדמונים.

במיוחד הקפידה ההוצאה לדייק בהבחנה שבין סימן וּ, המציין אות וֹ ההגויה בחולם, ובין סימן וֹ, המציין חולם השייך לאות שלפניו (מִצְוֹת – מַצּוֹת).

הפתח הגנובה הוזזה לצד ימין, כראוי, כדי לסמן את הקריאה הנכונה: את התנועה לפני האות ה, ע, ח שבסוף התיבה. גם זה נעשה כדוגמת כתבי היד הקדמונים.

הטעמים תלישא גדולה, תלישא קטנה, זרקא, סגול ופשטא מקומם אינו מעל להברה המוטעמת אלא התלישא הגדולה בתחילת האות הראשונה של התיבה, ושאר הטעמים האמורים בקצה האות האחרונה של התיבה. על ידי כך עלול הקורא לטעות בהטעמתה הנכונה של המילה, ומשום כך נהגו הדפוסים להדפיס שני סימני פשטא במילה שטעמה מלעיל, האחד מעל ההברה המוטעמת והשני בסוף התיבה. אנו הלכנו בעקבות ר' וולף היידנהיים בחומשיו והדפסנו טעמים כפולים גם בזרקא, בסגול ובתלישא קטנה כשהמילה טעמה מלעיל, ובתלישא גדולה, כשהמילה טעמה מלרע.

השתפרה צורתם של סימני הניקוד והטעמים, המקֵלה הרבה על קריאה נוחה ונכונה. נעשו הבדלים עדינים בין הטעמים הדומים זה לזה, כגון: פשטא וקדמא, מהפך ויתיב. והעיקר – נשמרו במהדורה דקדוקי המסורת לפי טעמו של יהודי, שהתנ"ך הוא בית חייו.

במהדורה זו הבדלנו בין השווא הנע והשווא הנח, וסימַנו את השווא הנע בסימן בולט יותר, למשל, נַפְשְׁךָ. באותו אופן הבדלנו בין הקמץ הרגיל לקמץ הקטן באמצעות סימן גדול לקמץ הקטן, למשל, חָכְמָה. כידוע, ישנו הבדל בין מסורת הקריאה הספרדית לאופן הקריאה שהמליצה עליו האקדמיה. כל הקמצים שבהם ישנה מחלוקת, מסומנים בטעמי המקרא באמצעות געיה. משום כך, סימַנו אותם כקמצים קטנים בהתאם להוראות האקדמיה. המקפידים על המסורה הספרדית, יקראו כל קמץ שיש בו געיה כקמץ רחב (להרחבה ראו במאמר על שיטת הניקוד המופיע באתר ההוצאה, במדור 'אודות').

הכתיב והקרי

סימון הכתיב והקרי תוקן באופן יסודי ביותר.

הכתיב מסמן כיצד כתובה המילה בגוף המקרא, והקרי – כיצד היא נקראת; על כן מסומן הכתיב בפנים המקרא בלי ניקוד, ובצד העמוד באותה השורה נדפסה המילה, כפי שהיא נקראת. הקורא יודע בנקל להבחין בין הכתיב לקרי, שכן מילה שלא נוקדה – אין לקראה, והמילה כפי קריאתה נמצאת ממש לצדה (אך לא בפנים).

שם הוי"ה

שם **הוי"ה** בא בספר בלא ניקוד, כדי למנוע חילול השם על ידי קריאה לא נכונה, לפי הניקוד.

חלוקת התנ"ך

גם חלוקת התנ"ך לפרשיות היא לפי המסורה. התנ"ך – תורה נביאים כתובים – מחולק לעשרים וארבעה ספרים (ועל כן נקרא בפי הראשונים עשרים וארבעה). כל ספר נדפס הדפסה רצופה, ורק 'פתוחה' או 'סתומה' מחלקות את הכתוב. טקסט התנ"ך

אינו מתחלק, כמצוי בדפוסים שיצאו על ידי הנוצרים ובעקבותיהם על ידי מדפיסים יהודיים, לפי קפיטלים ופסוקים, שהם מעשה כומר באנגליה במאה השלוש־עשרה. סימון הקפיטל ומספורו של הפסוק בתוך הקפיטל נשתרש בכל הספרות היהודית, ומטעמים שימושיים אי־אפשר לבטלו כיום לחלוטין; ולכן הובא גם הסימון הזה, אבל לא בהבלטה, אלא לצד המקרא כלפי פנים וללא הפסקות בקפיטלים.

החלוקה הנוצרית היא בניגוד למסורה, והרי כמה דוגמאות בולטות מרבות:

בספר בראשית מתחיל הפרק הראשון של חלוקה זו בסיפור מעשה בראשית "בראשית ברא אלהים" ומסתיים אחרי "ויהי ערב ויהי בקר יום הששי". הפרק השני מתחיל "ויכלו השמים והארץ". ואילו לפי מסורת ישראל מתחיל סיפור מעשה בראשית "בראשית ברא אלהים" ומסתיים (אחרי "ויכלו השמים והארץ", בסיפור היום השביעי) במילים "אשר־ברא אלהים לעשות". כאן נגמר סדר א, והסדר השני מתחיל, כראוי, "אלה תולדות השמים והארץ".

לפי המסורה, יש בעשרים וארבעה הספרים ספר שמואל אחד, ספר מלכים אחד וספר דברי הימים אחד. משלושת הספרים האלה עשו הנוצרים שישה; דהיינו, ספר שמואל א, שמואל ב, מלכים א, מלכים ב, דברי הימים א ודברי הימים ב. במקום שהחלוקה הנוצרית מחלקת את ספר שמואל לשניים, אין לפי המסורה אפילו שורה חדשה ורק 'סתומה' מפרידה בין הכתובים, והוא הדין בספר דברי הימים. ובמקום שהחלוקה הנוצרית מחלקת את ספר מלכים לשני ספרים, אין לפי המסורה שום הפסקה — לא 'פתוחה' ולא 'סתומה', אלא המשך ישר. רק בצד, מטעמים שימושיים, צוין שמואל ב, מלכים ב, דברי הימים ב.

החלוקה היהודית המסורתית הובאה בהבלטה, כלומר, שם הספר בראש העמוד, והסדר בצד הרחב (החיצוני) של העמוד.

בפעם הראשונה הסדר מסומן במספרים שוטפים: א, ב, ג, וכו'. ידוע לנו על חלוקת התורה ל־154 סדרים, לפי מנהג ארץ ישראל קדום של מחזור שלוש שנים בקריאת התורה בציבור בשבתות — סדר אחד בכל שבת ושבת. הסדרים בתורה הם 'סדרי השבוע' של הקדמונים (במקביל ל'פרשיות השבוע' שלנו).

על משמעותה של החלוקה לסדרים בספרי נביאים וכתובים אין לנו ידיעות ממקורות קדמונים.

הציון הבולט של הסדרים העסיק חכמים מחכמי ישראל בימינו, ובכללם את ר' שאול קוסובסקי ז"ל. הוא התעמק בבעיה זו והציע לה פתרון מסתבר. הוא חישב את כמות הסדרים של כל הספרים ביחד והגיע למספר 293; זהו מספרם של ימות החול בשנה רגילה. סיכומם של ימות החול (293) וימי שבת וחג (71) הוא 364, כלומר, מניין ימיה של שנת השמש חסר יום אחד, כנגד יום תשעה באב, שהוא יום אסור בתלמוד תורה (וקוראים בו ספר איכה); ויום זה אף הוא נקרא מועד, ואין למנותו כאן בחשבון ימות החול. יוצא אפוא שנקבע סדר קריאה מן התורה, הנביאים והכתובים לכל יחיד ויחיד, לכל יום ויום מ־365 ימי השנה. וכך, כנראה, נהגו קדמונינו.

בכתבי היד העתיקים של התנ"ך הסימן לסדר הוא ס, ומפליא שהסימן הזה לא תמיד רשום בתחילתו של עניין חדש. אולי אפשר לפרש את הדבר כחוסר דיוק מצד הסופר, שאין בו כדי לגרום אי־הבנה מצד הקורא, שכן כל אדם יבין, שהסדר החדש מתחיל

עם התחלת ׳פתוחה׳ או ׳סתומה׳ הסמוכה לסימן זה. אבל אין תירוץ זה מתקבל על הדעת, מאחר שהסימן נמצא בכתבי יד שונים תמיד באותו מקום. דוגמאות בולטות לכך אנו מוצאים, למשל ב:

ספר יחזקאל, פרק טז ׳סתומה׳ בפסוק נט – הסדר מתחיל בפסוק ס.

ספר שני של תהלים מתחיל בפרק מב – והסדר מתחיל בפרק מא פסוק יד.

דוגמה בולטת יותר נמצאת בספר יונה – התחלת הסדר היא בסוף הנביא הקודם, עובדיה, בפסוק האחרון, כא.

התעמקות בתוכן הכתובים מגלה, שהפסוקים ה׳נוספים׳ האלה לפני התחלת העניין או אחריו ואפילו לפני ספר חדש, הם פסוקים בעלי תוכן של טובה ונחמה. והייתה כוונה להתחיל או לסיים קריאת סדר בתנ״ך בפסוק מבשר טובות – כפי שאנו נוהגים היום בקריאה להפסיק בטוב, ונמנעים מסיומים של פורענות.

אסמכתא לכך: במחזורי איטליה מתחילה ההפטרה של ספר יונה למנחה ליום כיפור בפסוק ״ועלו מושיעים בהר ציון לשפט את הר־עשו והיתה לה׳ המלוכה״, שהוא סוף ספר עובדיה, ולידו מסומנת התחלת סדר.

ועוד אסמכתא: אף אנו נוהגים להקדים למזמור ״ישב בסתר עליון״, תהלים צא, בהזדמנויות שונות את הפסוק האחרון של המזמור הקודם ״ויהי נעם ה׳ אלהינו עלינו״, שיש בו מן הברכה והנחמה – ואף הוא ראש סדר.

המהדורה הזאת נתקבלה ונתקדשה על ידי גדולי הדור בעולם (הרב משה פיינשטיין זצ״ל, הרב יוסף דב הלוי סולובייצ׳יק זצ״ל) ובארץ ישראל על ידי הרבנים הראשיים לדורותיהם.

דברי ברכה

הרבנות הראשית לישראל
THE CHIEF RABBINATE OF ISRAEL

ב"ה ירושלים השלמה ת"ו ט' בשבט תשמ"ה Jerusalem
תא' 057/85-(1)

לכבוד
הוצאת קורן
ירושלים ת"ו.

השלום והברכה !

כבר נודע בשערים ספרי התנ"ך המהודרים שבהוצאת קורן שבעיה"ק ירושלים ת"ו, אשר כבר שבחום וקלסום קודמינו הרבנים הראשיים לישראל. מעלה מיוחדת וחשובה לספרי תנ"ך אלו שנעשו בכלילת יופי באותיות שלמות ומהודרות, ניקוד ופיסוק טעמים בדייקנות מרובה על טהרת הקודש מתחילתם ועד סופם בידי יהודים בא"י שלא כהוצאות אחרות אשר צלמו מהוצאות המיסיונרים.

ועל כן באנו בזה לחזק את ידי המו"לים ולהמליץ לאחב"י להביא תנ"ך זה אל ביתם.

בברכת התורה,

אברהם כהנא שפירא
הרב הראשי לישראל

מרדכי אליהו
ראשון לציון הרב הראשי לישראל

רח' המלך ג'ורג' 58 ירושלים 94262 טל. 247112 ת.ד. 7525 P.O.B. 7525 tel 58 King George st. Jerusalem

RABBI MOSES FEINSTEIN
455 F. D. R. DRIVE
New York 2, N. Y.
ORegon 7-1222

משה פיינשטיין
ר"מ תפארת ירושלים
בנוא יארק

בע"ה

הנה ראיתי את תנ"ך שלם הנדפס עתה מקרוב בירושלים עיה"ק בדקדוק גדול בחילוק הפרשיות אף בנביאים וכתובים כפי המסורה וכדאשכחן בגמ', שגם בנביאים איכא פרשיות פרשיות וגם סימני הסדרים, שלא נדפס כן עד עתה. וכן דקדקו בהנקודות והטעמים, ויישר הדבר הזה בעיני גדולי א"י וגם אני מחזיק זה לענין גדול שיהיה בכל בית תנ"ך מדוקדק זה בשלמות, אף שעיקר הלימוד הוא באלו שנדפסו עם מפרשים כפירש"י ועוד, אבל הא להמג"א הלא בנביאים וכתובים ספר הנכתב כדין אף שאינו בגלילה. וגם שברוב ספרי תנ"ך איכא שגיאות מטעותי הדפוס שיש שנשרשו כבר ברוב הדפוסים שאין מדקדקים כל כך. וספר תנ"ך זה הוא מוגה ומדוקדק כפי שמעידין עליו, ולכן מן הראוי שיהיה בכל בית תנ"ך כז' וכן בכל ביהכ"נ וביהמ"ד, ובפרט שנדפס ע"י פועלים שומרי תורה.

וע"ז באתי על החתום בכ"ו טבת שנת תשכ"ו בנוא יארק.

נאום משה פיינשטיין

יוסף דוב הלוי סולובייצ'יק
JOSEPH SOLOVEITCHIK

לחברי ותלמידי הרבנים בכל מקומות מושבותיהם, מאין;
שלום וברכה!

הנני בזה להמליץ טוב על הוצאת ספרים של א. קורן אשר פעלה גדולות ונצורות בהוצאה את כתבי הקודש בהתאם למסורת אבות וקבלת בנים (בעניני מלא וחסר, נקודות וטעמים, פרשיות פתוחות וסתומות וכן כל כיוצא בהם)

אני מבקש מחברי ותלמידי כי יסייעו בידו בעד כל הוצאת הספרים של א. קורן בהפצת התנ"ך בבתי כנסיות ובבתי מדרשות, בבתי ספר ובבתים פרטיים. רצויה היא צדקה חשובה כדי לעודד העסק היוצא מן הכלל. תמיכה מאושר!

בכבוד רב, יוסף דוב הלוי סולובייצ'יק

יום חמישי
כ"ו תמוז
תשכ"ו

בין המצרים: יהפכם ה' לנו ימים אלה לששון ולשמחה!

הגהת מהדורה זו נעשתה בעיון רב ובבדיקה מדוקדקת, עד כמה שיד אדם מגעת, על יסוד חוות דעתם של בעלי המסורה ושל המדקדקים והמפרשים ועל פי מה שנמצא ברוב כתבי היד והדפוסים המקובלים כבני סמכא, ולא כהעתקה משועבדת לדפוס או לכתב יד מסוים.

חילופי נוסחאות

ברשימת חילופים זו הובאו רק נוסחאות, שיש בהן שינוי של ממש לגבי הנוסח המודפס בפנים. לא הובאו בה עניינים של מלא וחסר, ולא שינויי ניקוד קלים (חטף פתח כנגד שווא וכדומה), שאין בהם הבדל של ממש לגבי הקריאה או הפירוש.

לא הובאו אלא חילופים שמקורם מוסמך, כגון: עדויות מפורשות של המסורה ושל גדולי המפרשים והמדקדקים (ת״י, רש״י, ראב״ע, רד״ק, מנחת ש״י, רו״ה ועוד) או הנוסח שברוב כתבי היד והדפוסים הראשונים.

בראשית ט, כט

במקום: וַיְהִי

בספרים אחרים: וַיִּהְיוּ

ויקרא

במקום: פרשה פתוחה: ז, כח

בספרים אחרים: פרשה פתוחה: ז, כב

דברים כג, ב

במקום: דַּכָּה

בספרים אחרים: דַּכָּא

יהושע ו, טו

במקום: כַּעֲלוֹת

בספרים אחרים: בעלות כתיב כַּעֲלוֹת קרי

יהושע ח, כב

במקום: לוֹ

בספרים אחרים: לָהֶם

יהושע טו, נב

במקום: וְדוּמָה

בספרים אחרים: וְרוּמָה

שופטים כ, לד

במקום: מִנֶּגֶד

בספרים אחרים: מִנֶּגֶב

שמואל א׳ י, ה

במקום: גִּבְעַת

בספרים אחרים: אֶל־גִּבְעַת

שמואל א׳ יד, ג

במקום: אִיכָבוֹד

בספרים אחרים: אִי־כָבוֹד

שמואל א׳ יד, מט

במקום: וּמַלְכִּי־שׁוּעַ

בספרים אחרים: וּמַלְכִּישׁוּעַ

שמואל א׳ ל, ל

במקום: בְּכוֹר־עָשָׁן

בספרים אחרים: בְּבוֹר־עָשָׁן

שמואל א׳ לא, ב

במקום: וְאֶת־מַלְכִּי־שׁוּעַ

בספרים אחרים: וְאֶת־מַלְכִּישׁוּעַ

שמואל ב׳ ז, ח

במקום: לְדָוִד

בספרים אחרים: דָּוִד

שמואל ב׳ ז, כב

במקום: בְּכָל

בספרים אחרים: כְּכָל

שמואל ב׳ ח, פעמים רבות

במקום: הֲדַדְעֶזֶר

בספרים אחרים: הֲדַרְעֶזֶר

שמואל ב׳ י, ה

במקום: בִּירֵחוֹ

בספרים אחרים: בִּירֵחוֹ

שמואל ב׳ כג, לג

במקום: הָאֲרָרִי

בספרים אחרים: הָאֲרָרִי

מלכים א׳ ח, א

במקום: אֶת־כָּל־רָאשֵׁי

בספרים אחרים: וְאֶת־כָּל־רָאשֵׁי

מלכים א׳ ח, לא

במקום: וְנָשָׁא־

בספרים אחרים: וְנָשָׁא־

מלכים א׳ יב, ב

במקום: הַמֶּלֶךְ שְׁלֹמֹה

בספרים אחרים: שְׁלֹמֹה הַמֶּלֶךְ

מלכים א׳ טו, ט

במקום: עַל־יְהוּדָה

בספרים אחרים: מֶלֶךְ יְהוּדָה

מלכים ב׳ יא, ב

במקום: הַמְמוֹתְתִים

בספרים אחרים: הַמְמוֹתִים

מלכים ב׳ יב, כב

במקום: וִיוֹזָכָר

בספרים אחרים: וִיוֹזָבָד

מלכים ב׳ טו, לו

במקום: וְכָל־אֲשֶׁר

בספרים אחרים: אֲשֶׁר

מלכים ב׳ יט, לז

במקום: וְשַׂרְאֶצֶר

בספרים אחרים: וְשַׂרְאֶצֶר

מלכים ב׳ כג, ד

במקום: הָעֲשׂוּיִם

בספרים אחרים: העשוים כתיב הָעֲשׂוּיִם קרי

ישעיה ג, כג

במקום: הַגִּלְיֹנִים

בספרים אחרים: וְהַגִּלְיֹנִים

ישעיה ז, יד; ח, ח

במקום: עִמָּנוּאֵל

בספרים אחרים: עִמָּנוּ אֵל

ישעיה י, טו

במקום: וְאֶת־מְרִימָיו

בספרים אחרים: אֶת־מְרִימָיו

ישעיה לא, א

במקום: עַל־סוּסִים

בספרים אחרים: וְעַל־סוּסִים

ישעיה לד, יג

במקום: קִמּוֹשׂ

בספרים אחרים: קִמּוֹשׂ

ישעיה לז, לח

במקום: וְשַׂרְאֶצֶר

בספרים אחרים: וְשַׂרְאֶצֶר

ישעיה נד, ט

במקום: כִּי־מֵי

בספרים אחרים: כִּימֵי

ישעיה סג, יא

במקום: רֹעֵה

בספרים אחרים: רֹעֵי

ירמיה כד, א

במקום: יְכָנְיָהוּ

בספרים אחרים: יְכָנְיָה

ירמיה לט, פעמים רבות

במקום: שַׂרְאֶצֶר

בספרים אחרים: שַׂרְאֶצֶר

ירמיה נא, מו

במקום: מֹשֵׁל

בספרים אחרים: וּמֹשֵׁל

יחזקאל יד, ח

במקום: וַהֲשִׁמוֹתִיהוּ

בספרים אחרים: וַהֲשִׁמֹּתִיהוּ

יחזקאל טז, נג

במקום: שְׁבִיתְהֶ֫ן

בספרים אחרים: שְׁבוּתהן כתיב שְׁבִיתְהֶן קרי

יחזקאל ל, ט

במקום: כְּי֣וֹם מִצְרַ֔יִם

בספרים אחרים: בְּי֣וֹם מִצְרַ֔יִם

יחזקאל לא, יא

במקום: בְּרִשְׁע֖וֹ

בספרים אחרים: כְּרִשְׁע֖וֹ

יחזקאל לו, כג

במקום: לְעֵינֵיהֶֽם

בספרים אחרים: לְעֵינֵיכֶֽם

יחזקאל לט, כח

במקום: אֶל־אַדְמָתָ֑ם

בספרים אחרים: עַל־אַדְמָתָ֑ם

הושע ט, ו

במקום: קִמּ֣וֹשׂ

בספרים אחרים: קִימּ֣וֹשׂ

מיכה ב, ב

במקום: וְאִ֥ישׁ

בספרים אחרים: אִ֥ישׁ

מיכה ב, י

במקום: טָמְאָ֥ה

בספרים אחרים: טֻמְאָ֥ה, טָמְאָ֥ה

צפניה ג, טו

במקום: לֹא־תִירְאִ֥י

בספרים אחרים: לֹא־תִרְאִ֥י

חגי ב, י

במקום: בְּיַד־

בספרים אחרים: אֶל־

זכריה ז, ב

במקום: שַׂרְאֶ֔צֶר

בספרים אחרים: שַׂרְאֶ֔צֶר

תהלים ט, יד

במקום: חָֽנְנֵ֚נִי

בספרים אחרים: חָֽנְנֵ֚נִי

תהלים כד, ד

במקום: נפשׁוֹ כתיב נַפְשִׁ֑י קרי

בספרים אחרים: נַפְשׁ֑וֹ קרי וכתיב נַפְשׁ֑וֹ

נַפְשִׁ֑י קרי וכתיב

נפשׁי כתיב נַפְשׁ֑וֹ

תהלים מה, י

במקום: בְּיִקְּרוֹתֶ֑יךָ

בספרים אחרים: בְּיִקְרוֹתֶ֑יךָ

תהלים קיח, ה

במקום: בַּמֶּרְחָ֣ב יָֽהּ

בספרים אחרים: בַּמֶּרְחַבְיָֽה

משלי ז, כה

במקום: אַל־תֵּ֭תַע

בספרים אחרים: וְאַל־תֵּ֭תַע

משלי ח, טז

במקום: צֶֽדֶק

בספרים אחרים: אָֽרֶץ

משלי יז, כו

במקום: עֲלֵי־יֹֽשֶׁר

בספרים אחרים: עַל־יֹֽשֶׁר

משלי כד, לא

במקום: קִמְּשֹׂנִ֗ים

בספרים אחרים: קִמְּשׁוֹנִ֗ים

משלי כז, כ

במקום: וַאֲבַדֹּה

בספרים אחרים: ואבדה כתיב וַאֲבַדּוֹן קרי

איוב כא, יב

במקום: כְּתֹ֣ף

בספרים אחרים: בְּתֹ֣ף

איוב כח, יז

במקום: וּזְכוֹכִית

בספרים אחרים: וּזְכוֹכִית

איוב מ, יא

במקום: עַבְרוֹת

בספרים אחרים: עֶבְרוֹת

איוב מא, ב

במקום: יְעוּרֶנּוּ

בספרים אחרים: יעירנו כתיב יְעוּרֶנּוּ

קהלת יב, ד

במקום: וְיָקוּם

בספרים אחרים: וְיָקוּם

אסתר ח, יא

במקום: וְלַהֲרֹג

בספרים אחרים: לַהֲרֹג

אסתר ט, ב

במקום: לִפְנֵיהֶם

בספרים אחרים: בִּפְנֵיהֶם

דניאל א, פעמים רבות

במקום: פַּת־בַּג

בספרים אחרים: פַּתְבַּג

דניאל יא, כו

במקום: פַּת־בָּגוֹ

בספרים אחרים: פַּתְבָּגוֹ

עזרא ד, יג

במקום: וְאַפְּתֹם

בספרים אחרים: וְאַפְּתֹם

עזרא ח, יד

במקום: וְעִמָּהֶם

בספרים אחרים: וְעִמּוֹ

נחמיה ז, מח

במקום: שַׂלְמָי

בספרים אחרים: שַׂלְמָי

נחמיה ז, נד

במקום: בַּצְלִית

בספרים אחרים: בצלות כתיב בַּצְלִית קרי

דברי הימים א׳ ו, מג

במקום: חִילֵן

בספרים אחרים: חִילֵז

דברי הימים א׳ ט, יג

במקום: חֵיל

בספרים אחרים: חַיִל

דברי הימים א׳ יב, ח

במקום: הַגְּדוּר

בספרים אחרים: הַגְּדוּר, הַגְּדוּד

דברי הימים א׳ יח, פעמים רבות

במקום: הֲדַדְעֶזֶר

בספרים אחרים: הֲדַרְעֶזֶר

דברי הימים א׳ כב, י

במקום: כִּסֵּא

בספרים אחרים: אֶת־כִּסֵּא

דברי הימים א׳ כד, כג

במקום: וּבְנֵי

בספרים אחרים: וּבְנֵי

דברי הימים ב׳ ו, כב

במקום: וְנָשָׁא־

בספרים אחרים: וְנָשָׁא־

דברי הימים ב׳ י, יד

במקום: אַכְבִּיד

בספרים אחרים: אָבִי הִכְבִּיד

דברי הימים ב׳ י, טז

במקום: וְכָל־יִשְׂרָאֵל

בספרים אחרים: וְכָל־יִשְׂרָאֵל רָאוּ

דברי הימים ב׳ כ, לז

במקום: כְּהִתְחַבֶּרְךָ

בספרים אחרים: בְּהִתְחַבֶּרְךָ

קטעים מתוך ספר דניאל

פרקים: ב, ד – ז, כח

וספר עזרא

פרקים: ד, ח – ו, יח / ז, יב–כו

התרגום העברי (מארמית)

מטרת תרגום זה היא לסייע ללומד להבין את כוונת הפסוקים על פי פרשני המקרא רס"ג, רש"י, אבן עזרא ומצודות.

תרגום זה אינו מילולי אלא ענייני המכוון לפירוש הפשוט ביותר העולה מן הפירושים הנזכרים לעיל.

הרב זאב קרוב

ד וַיְדַבְּרוּ הַכַּשְׂדִּים לַמֶּלֶךְ אֲרָמִית יְחִי הַמֶּלֶךְ לְעוֹלָמִים אֱמֹר אֶת הַחֲלוֹם
לַעֲבָדֶיךָ וְאֶת הַפִּתְרוֹן נַגִּיד.
ה עוֹנֶה הַמֶּלֶךְ וְאוֹמֵר לַכַּשְׂדִּים הַדָּבָר מֻחְלָט מִלְּפָנַי אִם לֹא תוֹדִיעוּנִי אֶת
הַחֲלוֹם וּפִתְרוֹנוֹ נְתָחִים תֵּעָשׂוּ וּבָתֵּיכֶם אַשְׁפָּה יוּשָׂמוּ.
ו וְאִם אֶת הַחֲלוֹם וּפִתְרוֹנוֹ תַּגִּידוּ מַתָּנוֹת וּמַשְׂאֵת וְכָבוֹד רַב תְּקַבְּלוּ מִלְּפָנָי
לָכֵן אֶת הַחֲלוֹם וּפִתְרוֹנוֹ הַגִּידוּ לִי.
ז עָנוּ שֵׁנִית וְאוֹמְרִים הַמֶּלֶךְ יֹאמַר לַעֲבָדָיו אֶת הַחֲלוֹם וְאֶת הַפִּתְרוֹן
נַגִּיד.
ח עוֹנֶה הַמֶּלֶךְ וְאוֹמֵר בֶּאֱמֶת יוֹדֵעַ אֲנִי כִּי עֵת אַתֶּם קוֹנִים כָּל עֻמַּת אֲשֶׁר
רְאִיתֶם כִּי מוּדָע בָּרַבִּים מֵעִמִּי הַדָּבָר.
ט אֲשֶׁר אִם לֹא תוֹדִיעוּנִי אֶת הַחֲלוֹם אַחַת הִיא דָּתְכֶם וְדָבָר כּוֹזֵב וְנִשְׁחָת
הִתְכַּוַּנְתֶּם לֵאמֹר לְפָנַי עַד אֲשֶׁר תִּשְׁתַּנֶּה הָעֵת לָכֵן אֶת הַחֲלוֹם אִמְרוּ
לִי וְאֵדַע כִּי אֶת פִּתְרוֹנוֹ תַּגִּידוּ לִי.
י עָנוּ הַכַּשְׂדִּים לִפְנֵי הַמֶּלֶךְ וְאָמְרוּ אֵין אִישׁ עַל הַיַּבָּשָׁה אֲשֶׁר יוּכַל לְהַגִּיד
אֶת דְּבַר הַמֶּלֶךְ יַעַן אֲשֶׁר כָּל מֶלֶךְ גָּדוֹל וְשַׁלִּיט דָּבָר כָּזֶה לֹא שָׁאַל מֵאֵת
כָּל חַרְטֹם וְאַשָּׁף וְכַשְׂדִּי.
יא וְהַדָּבָר אֲשֶׁר הַמֶּלֶךְ שׁוֹאֵל כָּבֵד וְאַחֵר אַיִן אֲשֶׁר יַגִּידֶנּוּ לִפְנֵי הַמֶּלֶךְ כִּי
אִם אֱלֹהִים אֲשֶׁר אֵין מְעוֹנָם עִם בָּשָׂר.
יב כְּנֶגֶד זֶה זָעַף הַמֶּלֶךְ וְקָצַף מְאֹד וְאָמַר לְהַאֲבִיד אֶת כֹּל חַכְמֵי בָבֶל.
יג וְהַדָּת יָצְאָה וְהַחֲכָמִים נֶהֱרָגִים וְעָמְדוּ דָּנִיֵּאל וַחֲבֵרָיו לֵהָרֵג.
יד אָז הֵשִׁיב דָּנִיֵּאל עֵצָה וָטַעַם לְאַרְיוֹךְ שַׂר הַטַּבָּחִים שֶׁל הַמֶּלֶךְ אֲשֶׁר יָצָא
לַהֲרֹג אֶת חַכְמֵי בָבֶל.
טו עוֹנֶה וְאוֹמֵר לְאַרְיוֹךְ הַשַּׁלִּיט שֶׁל הַמֶּלֶךְ עַל מָה הַדָּת עַזָּה מִלִּפְנֵי הַמֶּלֶךְ
אָז הוֹדִיעַ אַרְיוֹךְ אֶת הַדָּבָר לְדָנִיֵּאל.
טז וְדָנִיֵּאל בָּא וּבִקֵּשׁ מִן הַמֶּלֶךְ כִּי זְמַן יִתֵּן לוֹ לְהַגִּיד אֶת פֵּשֶׁר הַחֲלוֹם
לַמֶּלֶךְ.
יז אָז דָּנִיֵּאל הָלַךְ לְבֵיתוֹ וְלַחֲנַנְיָה מִישָׁאֵל וַעֲזַרְיָה חֲבֵרָיו אֶת הַדָּבָר הוֹדִיעַ.
יח וְרַחֲמִים לְבַקֵּשׁ מִלִּפְנֵי אֱלֹהֵי הַשָּׁמַיִם עַל הָרָז הַזֶּה אֲשֶׁר לֹא יֹאבְדוּ דָּנִיֵּאל
וַחֲבֵרָיו עִם שְׁאָר חַכְמֵי בָבֶל.
יט אָז נִגְלָה הָרָז לְדָנִיֵּאל בַּחֲזוֹן הַלַּיְלָה אָז דָּנִיֵּאל בֵּרַךְ אֶת אֱלֹהֵי הַשָּׁמָיִם.

כ עוֹנֶה דָנִיֵּאל וְאוֹמֵר יְהִי שֵׁם הָאֱלֹהִים מְבֹרָךְ מִן הָעוֹלָם וְעַד הָעוֹלָם אֲשֶׁר
הַחָכְמָה וְהַגְּבוּרָה שֶׁלּוֹ הִיא.
כא וְהוּא מְשַׁנֶּה אֶת הָעִתִּים וְאֶת הַזְּמַנִּים מַעֲבִיר מְלָכִים וּמֵקִים מְלָכִים נוֹתֵן
הַחָכְמָה לַחֲכָמִים וְהַמַּדָּע לְיוֹדְעֵי בִינָה.
כב הוּא מְגַלֶּה עֲמֻקּוֹת וְנִסְתָּרוֹת יוֹדֵעַ מַה בַּחֹשֶׁךְ וְהָאוֹר עִמּוֹ שׁוֹכֵן.
כג לְךָ אֱלֹהֵי אֲבוֹתַי מוֹדֶה וּמְשַׁבֵּחַ אֲנִי עַל אֲשֶׁר נָתַתָּ לִי אֶת הַחָכְמָה וְאֶת
הַגְּבוּרָה וְעַתָּה הוֹדַעְתַּנִי אֶת אֲשֶׁר בִּקַּשְׁנוּ מִמְּךָ אֲשֶׁר אֶת דְּבַר הַמֶּלֶךְ
הוֹדַעְתָּנוּ.
כד כָּל עֻמַּת זֶה בָּא דָנִיֵּאל אֶל אַרְיוֹךְ אֲשֶׁר מִנָּה הַמֶּלֶךְ לְהַאֲבִיד אֶת חַכְמֵי
בָבֶל הָלַךְ וְכֵן אָמַר לוֹ אֶת חַכְמֵי בָבֶל אַל תְּאַבֵּד הֲבִיאֵנִי לִפְנֵי הַמֶּלֶךְ
וְאֶת הַפִּתְרוֹן לַמֶּלֶךְ אַגִּיד.
כה אָז הֵבִיא אַרְיוֹךְ בְּבְהִילוּת אֶת דָּנִיֵּאל לִפְנֵי הַמֶּלֶךְ וְכֵן אָמַר לוֹ כִּי מָצָאתִי
אִישׁ מִבְּנֵי גָּלוּת יְהוּדָה אֲשֶׁר יוֹדִיעַ לַמֶּלֶךְ אֶת הַפִּתְרוֹן.
כו עוֹנֶה הַמֶּלֶךְ וְאוֹמֵר לְדָנִיֵּאל אֲשֶׁר שְׁמוֹ בֵּלְטְשַׁאצַּר הֲיֶשְׁךָ יָכוֹל לְהוֹדִיעֵנִי
אֶת הַחֲלוֹם אֲשֶׁר רָאִיתִי וְאֶת פִּתְרוֹנוֹ.
כז עוֹנֶה דָנִיֵּאל לִפְנֵי הַמֶּלֶךְ וְאוֹמֵר הָרָז אֲשֶׁר הַמֶּלֶךְ שׁוֹאֵל אֵין חֲכָמִים
אַשָּׁפִים חַרְטֻמִּים גּוֹזְרִים יְכוֹלִים לְהַגִּיד לַמֶּלֶךְ.
כח אוּלָם יֵשׁ אֱלֹהִים בַּשָּׁמַיִם מְגַלֶּה רָזִים וְהוּא הוֹדִיעַ לַמֶּלֶךְ נְבוּכַדְנֶצַּר
אֶת אֲשֶׁר יִהְיֶה בְּאַחֲרִית הַיָּמִים חֲלוֹמְךָ וְחֶזְיוֹנוֹת רֹאשְׁךָ עַל מִשְׁכָּבְךָ
זֶה הוּא.
כט אַתָּה הַמֶּלֶךְ מַחְשְׁבוֹתֶיךָ עַל מִשְׁכָּבְךָ עָלוּ אֵת אֲשֶׁר יִהְיֶה אַחֲרֵי זֹאת
וּמְגַלֵּה הָרָזִים הוֹדִיעֲךָ אֵת אֲשֶׁר יִהְיֶה.
ל וַאֲנִי לֹא בְחָכְמָה אֲשֶׁר יֵשׁ בִּי מִכָּל הַחַיִּים הָרָז הַזֶּה נִגְלָה לִי כִּי אִם עַל
דִּבְרַת אֲשֶׁר יוֹדִיעוּ אֶת הַפִּתְרוֹן לַמֶּלֶךְ וְאֶת מַחְשְׁבוֹת לְבָבְךָ תֵּדָע.
לא אַתָּה הַמֶּלֶךְ רוֹאֶה הָיִיתָ וְהִנֵּה צֶלֶם אֶחָד עָצוּם הַצֶּלֶם הַהוּא גָּדוֹל וְזִיווֹ
יָתֵר עוֹמֵד לְנֶגְדְּךָ וּמַרְאֵהוּ נוֹרָא.
לב הַצֶּלֶם הַהוּא רֹאשׁוֹ זָהָב טוֹב חָזֵהוּ וּזְרוֹעוֹתָיו שֶׁל כֶּסֶף מֵעָיו וִירֵכָיו שֶׁל
נְחֹשֶׁת.
לג שׁוֹקָיו שֶׁל בַּרְזֶל רַגְלָיו מֵהֶן בַּרְזֶל וּמֵהֶן חָרֶשׂ.
לד רוֹאֶה הָיִיתָ עַד אֲשֶׁר נֶחְצְבָה אֶבֶן אֲשֶׁר לֹא בְיָדַיִם וְהִכְּתָה אֶת הַצֶּלֶם

עַל רַגְלָיו אֲשֶׁר מִבַּרְזֶל וְחֶרֶשׂ וְהֵדְקָה אוֹתָן.
לה אָז נִשְׁחֲקוּ כְּאֶחָד הַבַּרְזֶל הַחֶרֶשׂ הַנְּחֹשֶׁת הַכֶּסֶף וְהַזָּהָב וְהָיוּ כְּמוֹץ מִגָּרְנוֹת
קַיִץ וְנָשְׂאָה אוֹתָם הָרוּחַ וְכָל מָקוֹם לֹא נִמְצָא לָהֶם וְהָאֶבֶן אֲשֶׁר הִכְּתָה
אֶת הַצֶּלֶם הָיְתָה לְהַר גָּדוֹל וּמָלְאָה אֶת כָּל הָאָרֶץ.
לו זֶה הַחֲלוֹם וְאֶת פִּתְרוֹנוֹ נֹאמַר לִפְנֵי הַמֶּלֶךְ.
לז אַתָּה הַמֶּלֶךְ מֶלֶךְ הַמְּלָכִים אֲשֶׁר אֱלֹהֵי הַשָּׁמַיִם נָתַן לְךָ מַלְכוּת חֹסֶן
וְתֹקֶף וִיקָר.
לח וּבְכָל אֲשֶׁר גָּרִים בְּנֵי הָאָדָם חַיַּת הַשָּׂדֶה וְעוֹף הַשָּׁמַיִם נָתַן בְּיָדְךָ וְהִשְׁלִיטְךָ
בְּכֻלָּם אַתָּה הוּא רֹאשׁ הַזָּהָב.
לט וְאַחֲרֶיךָ תָּקוּם מַלְכוּת אַחֶרֶת שְׁפָלָה מִמְּךָ וּמַלְכוּת שְׁלִישִׁית אַחֶרֶת שֶׁל
נְחֹשֶׁת אֲשֶׁר תִּשְׁלֹט בְּכָל הָאָרֶץ.
מ וּמַלְכוּת רְבִיעִית תִּהְיֶה תַּקִּיפָה כַּבַּרְזֶל כְּמוֹ שֶׁהַבַּרְזֶל מֵדֵק וּמְכַתֵּת הַכֹּל
וְכַבַּרְזֶל הַמְרוֹצֵץ אֶת כָּל אֵלֶּה תָּדֵק וּתְרוֹצֵץ.
מא וַאֲשֶׁר רָאִיתָ אֶת הָרַגְלַיִם וְאֶת הָאֶצְבָּעוֹת מֵהֶן חֶרֶשׂ יוֹצֵר וּמֵהֶן בַּרְזֶל
מַלְכוּת מְפֻלֶּגֶת תִּהְיֶה וּמֵחֹזֶק הַבַּרְזֶל יִהְיֶה בָּהּ כָּל עֻמַּת שֶׁרָאִיתָ הַבַּרְזֶל
מְעֹרָב בְּחֶרֶשׂ הַטִּיט.
מב וְאֶצְבְּעוֹת הָרַגְלַיִם מֵהֶן בַּרְזֶל וּמֵהֶן חָרֶשׂ מִקְצַת הַמַּלְכוּת תִּהְיֶה חֲזָקָה
וּמִמֶּנָּה תִּהְיֶה שְׁבוּרָה.
מג וַאֲשֶׁר רָאִיתָ הַבַּרְזֶל מְעֹרָב בְּחֶרֶשׂ הַטִּיט יִהְיוּ מִתְעָרְבִים בְּזֶרַע הָאָדָם
וְלֹא יִהְיוּ דְבֵקִים זֶה בָּזֶה הֲלוֹ כְּמוֹ שֶׁהַבַּרְזֶל אֵינֶנּוּ מִתְעָרֵב עִם הֶחָרֶשׂ.
מד וּבִימֵי הַמְּלָכִים הָהֵם יָקִים אֱלֹהֵי הַשָּׁמַיִם מַלְכוּת אֲשֶׁר לְעוֹלָמִים לֹא
תִשָּׁחֵת וְהַמַּלְכוּת לְעַם אַחֵר לֹא תֵעָזֵב תָּדֵק וּתְכַלֶּה אֶת כָּל הַמַּלְכֻיּוֹת
הָאֵלֶּה וְהִיא תָּקוּם לְעוֹלָמִים.
מה כָּל עֻמַּת שֶׁרָאִיתָ כִּי מִן הָהָר נֶחְצְבָה אֶבֶן אֲשֶׁר לֹא בְיָדַיִם וְהֵדְקָה אֶת
הַבַּרְזֶל הַנְּחֹשֶׁת הַחֶרֶשׂ הַכֶּסֶף וְהַזָּהָב הָאֵל הַגָּדוֹל הוֹדִיעַ לַמֶּלֶךְ אֵת
אֲשֶׁר יִהְיֶה אַחֲרֵי זֹאת וְנָכוֹן הַחֲלוֹם וְנֶאֱמָן פִּתְרוֹנוֹ.
מו אָז נָפַל הַמֶּלֶךְ נְבוּכַדְנֶצַּר עַל אַפָּיו וְהִשְׁתַּחֲוָה לְדָנִיֵּאל וּמִנְחָה וְנִיחֹחִים
אָמַר לְנַסֵּךְ לוֹ.
מז עוֹנֶה הַמֶּלֶךְ לְדָנִיֵּאל וְאוֹמֵר בֶּאֱמֶת כִּי אֱלֹהֵיכֶם הוּא אֱלֹהֵי אֱלֹהִים וַאֲדוֹנֵי
מְלָכִים וּמְגַלֶּה רָזִים כִּי יָכֹלְתָּ לְגַלּוֹת אֶת הָרָז הַזֶּה.

מח אָז גִּדֵּל הַמֶּלֶךְ אֶת דָּנִיֵּאל וּמַתָּנוֹת גְּדוֹלוֹת רַבּוֹת נָתַן לוֹ וְהִשְׁלִיטוֹ עַל
כָּל מְדִינַת בָּבֶל וּמִנָּהוּ לְשַׂר סְגָנִים עַל כָּל חַכְמֵי בָבֶל.
מט וְדָנִיֵּאל בִּקֵּשׁ מִן הַמֶּלֶךְ וּמִנָּה עַל מְלֶאכֶת מְדִינַת בָּבֶל אֶת שַׁדְרַךְ מֵישַׁךְ
וַעֲבֵד נְגוֹ וְדָנִיֵּאל יוֹשֵׁב בְּשַׁעַר הַמֶּלֶךְ.
ג א נְבוּכַדְנֶצַּר הַמֶּלֶךְ עָשָׂה צֶלֶם זָהָב גָּבְהוֹ שִׁשִּׁים אַמּוֹת רָחְבּוֹ שֵׁשׁ אַמּוֹת
הֱקִימוֹ בְּבִקְעַת דּוּרָא בִּמְדִינַת בָּבֶל.
ב וּנְבוּכַדְנֶצַּר הַמֶּלֶךְ שָׁלַח לֶאֱסֹף אֶת הָאֲחַשְׁדַּרְפְּנִים הַסְּגָנִים וְהַפַּחוֹת
הַיּוֹעֲצִים הַגִּזְבָּרִים הַשּׁוֹפְטִים הַשּׁוֹטְרִים וְכֹל שַׁלִּיטֵי הַמְּדִינוֹת לָבוֹא
לַחֲנֻכַּת הַצֶּלֶם אֲשֶׁר הֵקִים נְבוּכַדְנֶצַּר הַמֶּלֶךְ.
ג אָז מִתְאַסְּפִים הָאֲחַשְׁדַּרְפְּנִים הַסְּגָנִים וְהַפַּחוֹת הַיּוֹעֲצִים הַגִּזְבָּרִים
הַשּׁוֹפְטִים הַתִּפְתָּאִים וְכֹל מוֹשְׁלֵי הַמְּדִינוֹת לַחֲנֻכַּת הַצֶּלֶם אֲשֶׁר הֵקִים
נְבוּכַדְנֶצַּר הַמֶּלֶךְ וְעוֹמְדִים מוּל הַצֶּלֶם אֲשֶׁר הֵקִים נְבוּכַדְנֶצַּר.
ד וְהַכָּרוֹז קוֹרֵא בְּכֹחַ אוֹמְרִים לָכֶם הָעַמִּים הָאֻמּוֹת וְהַלְּשׁוֹנוֹת.
ה בְּעֵת אֲשֶׁר תִּשְׁמְעוּ קוֹל הַקֶּרֶן הֶחָלִיל הַנֵּבֶל הַשָּׂלִישׁ פְּסַנְתֵּרִין סוּמְפֹּנְיָא
וְכֹל מִינֵי הַזֶּמֶר תִּפְּלוּ וְתִשְׁתַּחֲווּ לְצֶלֶם הַזָּהָב אֲשֶׁר הֵקִים נְבוּכַדְנֶצַּר הַמֶּלֶךְ.
ו וּמִי אֲשֶׁר לֹא יִפֹּל וְיִשְׁתַּחֲוֶה בָּהּ בַּשָּׁעָה יֻשְׁלַךְ אֶל תּוֹךְ כִּבְשַׁן הָאֵשׁ
הַיּוֹקֶדֶת.
ז בִּגְלַל זֶה בּוֹ בַּזְּמַן כַּאֲשֶׁר שׁוֹמְעִים כָּל הָעַמִּים קוֹל הַקֶּרֶן הֶחָלִיל הַנֵּבֶל
הַשָּׂלִישׁ פְּסַנְתֵּרִין וְכֹל מִינֵי הַזֶּמֶר נוֹפְלִים כָּל הָעַמִּים הָאֻמּוֹת וְהַלְּשׁוֹנוֹת
מִשְׁתַּחֲוִים לְצֶלֶם הַזָּהָב אֲשֶׁר הֵקִים נְבוּכַדְנֶצַּר הַמֶּלֶךְ.
ח בִּגְלַל זֶה בּוֹ בַּזְּמַן קָרְבוּ אֲנָשִׁים כַּשְׂדִּים וְהִלְשִׁינוּ אֶת הַיְּהוּדִים.
ט עָנוּ וְאָמְרוּ לִנְבוּכַדְנֶצַּר הַמֶּלֶךְ יְחִי הַמֶּלֶךְ לְעוֹלָמִים.
י אַתָּה הַמֶּלֶךְ שַׂמְתָּ צַו כִּי כָּל אִישׁ אֲשֶׁר יִשְׁמַע קוֹל הַקֶּרֶן הֶחָלִיל הַנֵּבֶל
הַשָּׂלִישׁ פְּסַנְתֵּרִין וְסוּמְפֹּנְיָא וְכֹל מִינֵי הַזֶּמֶר יִפֹּל וְיִשְׁתַּחֲוֶה לְצֶלֶם
הַזָּהָב.
יא וּמִי אֲשֶׁר לֹא יִפֹּל וְיִשְׁתַּחֲוֶה יֻשְׁלַךְ אֶל תּוֹךְ כִּבְשַׁן הָאֵשׁ הַיּוֹקֶדֶת.
יב יֵשׁ אֲנָשִׁים יְהוּדִים אֲשֶׁר מִנִּיתָ אוֹתָם עַל מְלֶאכֶת מְדִינַת בָּבֶל שַׁדְרַךְ
מֵישַׁךְ וַעֲבֵד נְגוֹ הָאֲנָשִׁים הָהֵם לֹא שָׂמוּ לֵב עָלֶיךָ הַמֶּלֶךְ אֶת אֱלֹהֶיךָ
אֵינָם עוֹבְדִים וּלְצֶלֶם הַזָּהָב אֲשֶׁר הֲקִימוֹתָ אֵינָם מִשְׁתַּחֲוִים.
יג אָז נְבוּכַדְנֶצַּר בְּרֹגֶז וְחֵמָה אָמַר לְהָבִיא אֶת שַׁדְרַךְ מֵישַׁךְ וַעֲבֵד נְגוֹ אָז

הוּבְאוּ הָאֲנָשִׁים הָהֵם לִפְנֵי הַמֶּלֶךְ.
יד עוֹנֶה נְבוּכַדְנֶצַּר וְאוֹמֵר לָהֶם הֲנָכוֹן שַׁדְרַךְ מֵישַׁךְ וַעֲבֵד נְגוֹ אֶת אֱלֹהַי
אֵינְכֶם עוֹבְדִים וּלְצֶלֶם הַזָּהָב אֲשֶׁר הֲקִימוֹתִי אֵינְכֶם מִשְׁתַּחֲוִים.
טו כָּעֵת אִם יֶשְׁכֶם עֲתִידִים אֲשֶׁר בְּעֵת אֲשֶׁר תִּשְׁמְעוּ קוֹל הַקֶּרֶן הֶחָלִיל
הַנֵּבֶל הַשָּׁלִישׁ פְּסַנְתֵּרִין וְסוּמְפֹּנְיָה וְכֹל מִינֵי הַזֶּמֶר תִּפְּלוּ וְתִשְׁתַּחֲווּ לְצֶלֶם
אֲשֶׁר עָשִׂיתִי וְאִם לֹא תִשְׁתַּחֲווּ בָּהּ בַּשָּׁעָה תֻּשְׁלְכוּ אֶל תּוֹךְ כִּבְשַׁן הָאֵשׁ
הַיּוֹקֶדֶת וּמִי הוּא אֱלֹהִים אֲשֶׁר יוֹשִׁיעֲכֶם מִיָּדִי.
טז עָנוּ שַׁדְרַךְ מֵישַׁךְ וַעֲבֵד נְגוֹ וְאָמְרוּ אֶל הַמֶּלֶךְ נְבוּכַדְנֶצַּר אֵין אֲנַחְנוּ
צְרִיכִים לַהֲשִׁיבְךָ דָּבָר עַל זֹאת.
יז אִם יֵשׁ בִּרְצוֹנוֹ אֱלֹהֵינוּ אֲשֶׁר אֲנַחְנוּ עוֹבְדִים יָכוֹל לְהוֹשִׁיעֵנוּ מִן כִּבְשַׁן
הָאֵשׁ הַיּוֹקֶדֶת וּמִיָּדְךָ הַמֶּלֶךְ יוֹשִׁיעַ.
יח וְאִם לֹא יַחְפֹּץ לְהַצִּילֵנוּ יְהִי יָדוּעַ לְךָ הַמֶּלֶךְ כִּי אֶת אֱלֹהֶיךָ אֵינֶנּוּ עוֹבְדִים
וּלְצֶלֶם הַזָּהָב אֲשֶׁר הֲקִימוֹתָ לֹא נִשְׁתַּחֲוֶה.
יט אָז נִמְלָא נְבוּכַדְנֶצַּר חֵמָה וּמַרְאֵה פָּנָיו נִשְׁתַּנָּה עַל שַׁדְרַךְ מֵישַׁךְ וַעֲבֵד
נְגוֹ עוֹנֶה וְאוֹמֵר לְהַשִּׂיק אֶת הַכִּבְשָׁן שִׁבְעָתַיִם עַל אֲשֶׁר רָאוּי לְהַשִּׂיקוֹ.
כ וְלַאֲנָשִׁים גִּבּוֹרֵי חַיִל אֲשֶׁר בְּחֵילוֹ אָמַר לִכְפֹּת אֶת שַׁדְרַךְ מֵישַׁךְ וַעֲבֵד
נְגוֹ לְהַשְׁלִיךְ אֶל תּוֹךְ כִּבְשַׁן הָאֵשׁ הַיֹּקֶדֶת.
כא אָז נֶאֶסְרוּ הָאֲנָשִׁים הָהֵם בִּמְעִילֵיהֶם מִכְנְסֵיהֶם וּמִצְנְפוֹתֵיהֶם וּלְבוּשֵׁיהֶם
וְהֻשְׁלְכוּ אֶל כִּבְשַׁן הָאֵשׁ הַיּוֹקֶדֶת.
כב כָּל עֻמַּת זֶה כֵּיוָן שֶׁדִּבֵּר הַמֶּלֶךְ עַז וְהַכִּבְשָׁן הֻשַּׂק מְאֹד הָאֲנָשִׁים הָהֵם
אֲשֶׁר הֶעֱלוּ אֶת שַׁדְרַךְ מֵישַׁךְ וַעֲבֵד נְגוֹ הֵמִית אוֹתָם שְׁבִיב הָאֵשׁ.
כג וְהָאֲנָשִׁים הָהֵם שְׁלָשְׁתָּם שַׁדְרַךְ מֵישַׁךְ וַעֲבֵד נְגוֹ נָפְלוּ אֶל תּוֹךְ כִּבְשַׁן
הָאֵשׁ הַיּוֹקֶדֶת כְּפוּתִים.
כד אָז תָּמַהּ נְבוּכַדְנֶצַּר הַמֶּלֶךְ וְקָם בְּבְהִילוּת עוֹנֶה וְאוֹמֵר אֶל יוֹעֲצָיו הֲלוֹא
שְׁלוֹשָׁה אֲנָשִׁים כְּפוּתִים הִשְׁלַכְנוּ אֶל תּוֹךְ הָאֵשׁ עוֹנִים וְאוֹמְרִים לַמֶּלֶךְ
הָאֱמֶת הַמֶּלֶךְ.
כה עוֹנֶה וְאוֹמֵר הִנֵּה אֲנִי רוֹאֶה אֲנָשִׁים אַרְבָּעָה מֻתָּרִים מְהַלְּכִים בְּתוֹךְ הָאֵשׁ
וַחֲבָלָה אֵין בָּהֶם וּמַרְאֵה הָרְבִיעִי דּוֹמֶה לְבֶן אֱלֹהִים.
כו אָז קָרַב נְבוּכַדְנֶצַּר אֶל שַׁעַר כִּבְשַׁן הָאֵשׁ הַיּוֹקֶדֶת עוֹנֶה וְאוֹמֵר שַׁדְרַךְ
מֵישַׁךְ וַעֲבֵד נְגוֹ עַבְדֵי הָאֵל הָעֶלְיוֹן צְאוּ וָבוֹאוּ אָז יוֹצְאִים שַׁדְרַךְ מֵישַׁךְ

וַעֲבֵד נְגוֹ מִתּוֹךְ הָאֵשׁ.
כז וּמִתְאַסְּפִים הָאֲחַשְׁדַּרְפְּנִים הַסְּגָנִים וְהַפַּחוֹת וְיוֹעֲצֵי הַמֶּלֶךְ רוֹאִים אֶת
הָאֲנָשִׁים הָהֵם אֲשֶׁר לֹא שָׁלְטָה הָאֵשׁ בְּגוּפָם וּשְׂעַר רֹאשָׁם לֹא חֹרַךְ
וּמְעִילֵיהֶם לֹא שֻׁנּוּ וְרֵיחַ אֵשׁ לֹא עָבַר בָּהֶם.
כח עוֹנֶה נְבוּכַדְנֶצַּר וְאוֹמֵר בָּרוּךְ אֱלֹהֵי שַׁדְרַךְ מֵישַׁךְ וַעֲבֵד נְגוֹ אֲשֶׁר שָׁלַח
אֶת מַלְאָכוֹ וְהוֹשִׁיעַ אֶת עֲבָדָיו אֲשֶׁר בָּטְחוּ עָלָיו וּדְבַר הַמֶּלֶךְ שִׁנּוּ וְנָתְנוּ
גוּפָם כְּדֵי שֶׁלֹּא יַעַבְדוּ וְלֹא יִשְׁתַּחֲווּ לְכָל אֵל כִּי אִם לֵאלֹהֵיהֶם.
כט וּמִמֶּנִּי נִתַּן צַו כִּי כָל עַם אֻמָּה וְלָשׁוֹן אֲשֶׁר יֹאמַר מִשְׁגֶּה עַל אֱלֹהֵי שַׁדְרַךְ
מֵישַׁךְ וַעֲבֵד נְגוֹ נְתָחִים יֵעָשֶׂה וּבֵיתוֹ אַשְׁפָּה יוּשַׂם כָּל עֻמַּת אֲשֶׁר אֵין
אֵל אַחֵר אֲשֶׁר יוּכַל לְהַצִּיל כָּמוֹהוּ.
ל אָז הִצְלִיחַ הַמֶּלֶךְ אֶת שַׁדְרַךְ מֵישַׁךְ וַעֲבֵד נְגוֹ בִּמְדִינַת בָּבֶל.
לא נְבוּכַדְנֶצַּר הַמֶּלֶךְ לְכָל הָעַמִּים הָאֻמּוֹת וְהַלְּשׁוֹנוֹת אֲשֶׁר דָּרִים בְּכָל הָאָרֶץ
שְׁלוֹמְכֶם יִשְׂגֶּה.
לב הָאוֹתוֹת וְהַמּוֹפְתִים אֲשֶׁר עָשָׂה עִמִּי הָאֵל הָעֶלְיוֹן טוֹב לְפָנַי לְהַגִּיד.
לג מָה רַבּוּ אוֹתוֹתָיו וּמֶה חָזְקוּ מוֹפְתָיו מַלְכוּתוֹ מַלְכוּת עוֹלָם וְשִׁלְטוֹנוֹ בְּכָל
דּוֹר וָדוֹר.
ד א אֲנִי נְבוּכַדְנֶצַּר שָׁלֵו הָיִיתִי בְּבֵיתִי וְרַעֲנָן בְּהֵיכָלִי.
ב חֲלוֹם רָאִיתִי וַיְפַחִידֵנִי וְהַרְהוֹרִים עַל מִשְׁכָּבִי וְחֶזְיוֹנוֹת רֹאשִׁי יְבַהֲלוּנִי.
ג וּמִמֶּנִּי נִתַּן צַו לְהָבִיא לְפָנַי אֶת כֹּל חַכְמֵי בָבֶל אֲשֶׁר יוֹדִיעוּנִי פִּתְרוֹן הַחֲלוֹם.
ד אָז בָּאִים הַחַרְטֻמִּים הָאַשָּׁפִים הַכַּשְׂדִּים וְהַגּוֹזְרִים וְאוֹמֵר אֲנִי אֶת הַחֲלוֹם
לִפְנֵיהֶם וּפִתְרוֹנוֹ אֵין מוֹדִיעִים לִי.
ה וְלִבְסוֹף בָּא לְפָנַי דָּנִיֵּאל אֲשֶׁר שְׁמוֹ בֵּלְטְשַׁאצַּר כְּשֵׁם אֱלֹהַי וַאֲשֶׁר רוּחַ
אֱלֹהִים קְדוֹשִׁים בּוֹ וְאֶת הַחֲלוֹם לְפָנָיו אָמַרְתִּי.
ו בֵּלְטְשַׁאצַּר שַׂר הַחַרְטֻמִּים אֲשֶׁר אֲנִי יָדַעְתִּי כִּי רוּחַ אֱלֹהִים קְדוֹשִׁים בְּךָ
וְכָל רָז אֵין אוֹנֵס אוֹתְךָ מַרְאֵה חֲלוֹמִי אֲשֶׁר רָאִיתִי וּפִתְרוֹנוֹ אֱמֹר.
ז וְחֶזְיוֹנוֹת רֹאשִׁי עַל מִשְׁכָּבִי רוֹאֶה הָיִיתִי וְהִנֵּה עֵץ בְּתוֹךְ הָאָרֶץ וְגָבְהוֹ
רָב.
ח גָּדַל הָעֵץ וְחָזַק וְגָבְהוֹ יַגִּיעַ לַשָּׁמַיִם וַחֲזוּתוֹ לִקְצֵה כָּל הָאָרֶץ.
ט נוֹפוֹ יָפֶה וּפִרְיוֹ רַב וּמָזוֹן בּוֹ לַכֹּל תַּחְתָּיו תֵּשֵׁב בְּצֵל חַיַּת הַשָּׂדֶה וּבַעֲנָפָיו
יִשְׁכְּנוּ צִפֲּרֵי הַשָּׁמַיִם וּמִמֶּנּוּ יִזּוֹן כָּל בָּשָׂר.

י רוֹאֶה הָיִיתִי בְּחֶזְיוֹנוֹת רֹאשִׁי עַל מִשְׁכָּבִי וְהִנֵּה מַלְאָךְ קָדוֹשׁ מִן הַשָּׁמַיִם
יוֹרֵד.
יא קוֹרֵא בְּכֹחַ וְכֵן אוֹמֵר כִּרְתוּ הָעֵץ וְקַצְּצוּ עֲנָפָיו הַשִּׁירוּ נוֹפוֹ וּפַזְּרוּ פִּרְיוֹ
תָּנוּד הַחַיָּה מִתַּחְתָּיו וְהַצִּפֳּרִים מֵעֲנָפָיו.
יב אַךְ שָׁרָשָׁיו הָעִקָּרִיִּים עִזְבוּ בָּאָרֶץ וּבְאֵסוּר בַּרְזֶל וּנְחֹשֶׁת בְּדֶשֶׁא הַשָּׂדֶה
וּבְטַל הַשָּׁמַיִם יְרֻטַּב וְעִם הַחַיָּה חֶלְקוֹ בְּעֵשֶׂב הָאָרֶץ.
יג לְבָבוֹ יִשְׁתַּנֶּה מִלֵּב אָדָם וְלֵב חַיָּה יִנָּתֵן לוֹ וְשֶׁבַע עִתִּים יַעַבְרוּ עָלָיו.
יד בִּגְזֵרַת הַמַּלְאָכִים הַדָּבָר וּבְמַאֲמַר קְדוֹשִׁים הָעִנְיָן עַל דִּבְרַת אֲשֶׁר יֵדְעוּ
הַחַיִּים כִּי שַׁלִּיט הָעֶלְיוֹן בְּמַלְכוּת הָאָדָם וּלְמִי אֲשֶׁר יִרְצֶה יִתְּנֶנָּה וְאֶת
שְׁפַל אֲנָשִׁים יָקִים עָלֶיהָ.
טו הַחֲלוֹם הַזֶּה רָאִיתִי אֲנִי הַמֶּלֶךְ נְבוּכַדְנֶצַּר וְאַתָּה בֵּלְטְשַׁאצַּר פִּתְרוֹנוֹ אֱמֹר
כָּל עֻמַּת אֲשֶׁר כָּל חַכְמֵי מַלְכוּתִי אֵין יְכוֹלִים לְהוֹדִיעֵנִי הַפִּתְרוֹן וְאַתָּה
יָכוֹל כִּי רוּחַ אֱלֹהִים קְדוֹשִׁים בְּךָ.
טז אָז הִשְׁתּוֹמֵם דָּנִיֵּאל אֲשֶׁר שְׁמוֹ בֵּלְטְשַׁאצַּר כְּשָׁעָה אַחַת וְרַעְיוֹנָיו
יְבַהֲלוּהוּ עוֹנֶה הַמֶּלֶךְ וְאוֹמֵר בֵּלְטְשַׁאצַּר הַחֲלוֹם וּפִתְרוֹנוֹ אַל יְבַהֶלְךָ
עוֹנֶה בֵּלְטְשַׁאצַּר וְאוֹמֵר אֲדוֹנִי הַחֲלוֹם לְשׂוֹנְאֶיךָ וּפִתְרוֹנוֹ לְצָרֶיךָ.
יז הָעֵץ אֲשֶׁר רָאִיתָ אֲשֶׁר גָּדַל וְחָזַק וְגָבְהוֹ יַגִּיעַ לַשָּׁמַיִם וַחֲזוּתוֹ לְכָל הָאָרֶץ.
יח וְנוֹפוֹ יָפֶה וּפִרְיוֹ רַב וּמָזוֹן לַכֹּל בּוֹ תַּחְתָּיו תֵּשֵׁב חַיַּת הַשָּׂדֶה וּבַעֲנָפָיו יִשְׁכְּנוּ
צִפֳּרֵי הַשָּׁמָיִם.
יט אַתָּה הוּא הַמֶּלֶךְ אֲשֶׁר גָּדַלְתָּ וְחָזַקְתָּ וּגְדֻלָּתְךָ גָּדְלָה וְהִגִּיעָה לַשָּׁמַיִם
וְשִׁלְטוֹנְךָ לִקְצֵה הָאָרֶץ.
כ וַאֲשֶׁר רָאָה הַמֶּלֶךְ מַלְאָךְ קָדוֹשׁ יוֹרֵד מִן הַשָּׁמַיִם וְאוֹמֵר כִּרְתוּ הָעֵץ
וְהַשְׁחִיתוּהוּ אַךְ שָׁרָשָׁיו הָעִקָּרִיִּים בָּאָרֶץ עִזְבוּ וּבְאֵסוּר בַּרְזֶל וּנְחֹשֶׁת
בְּדֶשֶׁא הַשָּׂדֶה וּבְטַל הַשָּׁמַיִם יְרֻטַּב וְעִם חַיַּת הַשָּׂדֶה חֶלְקוֹ עַד אֲשֶׁר
יַעַבְרוּ עָלָיו שֶׁבַע עִתִּים.
כא זֶה הַפִּתְרוֹן הַמֶּלֶךְ וּגְזֵרַת הָעֶלְיוֹן הִיא אֲשֶׁר הִגִּיעָה עַל אֲדוֹנִי הַמֶּלֶךְ.
כב וְאוֹתְךָ מְגָרְשִׁים מִן הָאָדָם וְעִם חַיַּת הַשָּׂדֶה יִהְיֶה מְעוֹנֶךָ וְעֵשֶׂב כַּבָּקָר
אוֹתְךָ יַאֲכִילוּ וּמִטַּל הַשָּׁמַיִם אוֹתְךָ מַרְטִיבִים וְשֶׁבַע עִתִּים יַעַבְרוּ עָלֶיךָ
עַד אֲשֶׁר תֵּדַע כִּי שַׁלִּיט הָעֶלְיוֹן בְּמַלְכוּת הָאָדָם וּלְמִי אֲשֶׁר יִרְצֶה יִתְּנֶנָּה.
כג וַאֲשֶׁר אָמְרוּ לַעֲזֹב עִקַּר שָׁרְשֵׁי הָעֵץ מַלְכוּתְךָ לְךָ עוֹמֶדֶת לְאַחַר שֶׁתֵּדַע

כִּי שַׁלִּיטִים הַשָּׁמַיִם.
כד לָכֵן הַמֶּלֶךְ עֲצָתִי תִּיטַב עָלֶיךָ וַחֲטָאֶיךָ בִּצְדָקָה פְּדֵה וַעֲווֹנוֹתֶיךָ בְּחֹנֵן
עֲנִיִּים אוּלַי תִּהְיֶה אֲרֻכָּה לְשַׁלְוָתֶךָ.
כה הַכֹּל הִגִּיעַ עַל נְבוּכַדְנֶצַּר הַמֶּלֶךְ.
כו לְקֵץ יְרָחִים שְׁנֵים עָשָׂר עַל הֵיכַל הַמַּלְכוּת אֲשֶׁר בְּבָבֶל מְהַלֵּךְ הָיָה.
כז עוֹנֶה הַמֶּלֶךְ וְאוֹמֵר הֲלוֹא זֹאת הִיא בָּבֶל רַבָּה אֲשֶׁר אֲנִי בְנִיתִיהָ לְבֵית
מַלְכוּת בְּתֹקֶף חָסְנִי וְלִכְבוֹד הֲדָרִי.
כח עוֹד הַדָּבָר בְּפִי הַמֶּלֶךְ קוֹל מִן הַשָּׁמַיִם נָפַל לְךָ אוֹמְרִים נְבוּכַדְנֶצַּר הַמֶּלֶךְ
הַמַּלְכוּת עָבְרָה מִמֶּךָּ.
כט וּמִן הָאָדָם מְגָרְשִׁים אוֹתְךָ וְעִם חַיַּת הַשָּׂדֶה מְעוֹנֶךָ עֵשֶׂב כַּבָּקָר אוֹתְךָ
יַאֲכִילוּ וְשֶׁבַע עִתִּים יַעַבְרוּ עָלֶיךָ עַד אֲשֶׁר תֵּדַע כִּי שַׁלִּיט הָעֶלְיוֹן בְּמַלְכוּת
הָאָדָם וּלְמִי אֲשֶׁר יִרְצֶה יִתְּנֶנָּה.
ל בָּהּ בַּשָּׁעָה הַדָּבָר כָּלָה עַל נְבוּכַדְנֶצַּר וּמִן הָאָדָם גֹּרַשׁ וְעֵשֶׂב כַּבָּקָר יֹאכֵל
וּמִטַּל הַשָּׁמַיִם יֻרְטַב עַד אֲשֶׁר שְׂעָרוֹ כִּנְשָׁרִים גָּדַל וְצִפָּרְנָיו כְּצִפֳּרִים.
לא וּלְקֵץ הַיָּמִים אֲנִי נְבוּכַדְנֶצַּר עֵינַי לַשָּׁמַיִם נָשָׂאתִי וְדַעְתִּי תָּשׁוּב עָלַי וְאֶת
הָעֶלְיוֹן בֵּרַכְתִּי וְאֶת חֵי הָעוֹלָם שִׁבַּחְתִּי וְהִדַּרְתִּי אֲשֶׁר שִׁלְטוֹנוֹ שִׁלְטוֹן
עוֹלָם וּמַלְכוּתוֹ עִם דּוֹר וָדוֹר.
לב וְכָל דָּרֵי הָאָרֶץ כְּאַיִן נֶחְשָׁבִים וְכִרְצוֹנוֹ עוֹשֶׂה בִּצְבָא הַשָּׁמַיִם וְדָרֵי הָאָרֶץ
וְאֵין אֲשֶׁר יְמַחֶה בְיָדוֹ וְיֹאמַר לוֹ מֶה עָשִׂיתָ.
לג בּוֹ בַּזְּמַן דַּעְתִּי תָּשׁוּב עָלַי וְלִכְבוֹד מַלְכוּתִי הֲדָרִי וְזִיוִי יָשׁוּב עָלַי וְאוֹתִי
יוֹעֲצַי וְשָׂרַי יְבַקְשׁוּ וְעַל מַלְכוּתִי הוּכַנְתִּי וּגְדֻלָּה יְתֵרָה נוֹסְפָה לִּי.
לד עַתָּה אֲנִי נְבוּכַדְנֶצַּר מְשַׁבֵּחַ וּמְרוֹמֵם וּמְהַדֵּר אֶת מֶלֶךְ הַשָּׁמַיִם אֲשֶׁר כָּל
מַעֲשָׂיו אֱמֶת וּדְרָכָיו מִשְׁפָּט וְאֶת הַמְהַלְּכִים בְּגַאֲוָה יָכוֹל לְהַשְׁפִּיל.
ה א בֵּלְשַׁאצַּר הַמֶּלֶךְ עָשָׂה מִשְׁתֶּה גָּדוֹל לְאֶלֶף גְּדוֹלָיו וּלְעֻמַּת הָאֶלֶף אֶת
הַיַּיִן שׁוֹתֶה.
ב בֵּלְשַׁאצַּר אָמַר בְּהַשְׁפָּעַת הַיַּיִן לְהָבִיא אֶת כְּלֵי הַזָּהָב וְהַכֶּסֶף אֲשֶׁר
הוֹצִיא נְבוּכַדְנֶצַּר אָבִיו מִן הַהֵיכָל אֲשֶׁר בִּירוּשָׁלַיִם וְיִשְׁתּוּ בָהֶם הַמֶּלֶךְ
וּגְדוֹלָיו נָשָׁיו וּפִילַגְשָׁיו.
ג אָז הֵבִיאוּ כְּלֵי הַזָּהָב אֲשֶׁר הוֹצִיאוּ מִן הֵיכַל בֵּית הָאֱלֹהִים אֲשֶׁר בִּירוּשָׁלַיִם
וְשָׁתוּ בָהֶם הַמֶּלֶךְ וּגְדוֹלָיו נָשָׁיו וּפִילַגְשָׁיו.

ד שָׁתוּ יַיִן וְשִׁבְּחוּ אֶת אֱלֹהֵי הַזָּהָב וְהַכֶּסֶף הַנְּחֹשֶׁת הַבַּרְזֶל הָעֵץ וְהָאָבֶן.
ה בָּהּ בְּשָׁעָה יָצְאוּ אֶצְבְּעוֹת יַד אָדָם וְכוֹתְבוֹת מוּל הַמְּנוֹרָה עַל סִיד כֹּתֶל
הַהֵיכָל אֲשֶׁר לַמֶּלֶךְ וְהַמֶּלֶךְ רוֹאֶה פַּס הַיָּד הַכּוֹתֶבֶת.
ו אָז שְׁנָה זִיו הַמֶּלֶךְ וְרַעְיוֹנָיו יְבַהֲלוּהוּ וְקִשְׁרֵי חֲלָצָיו מִתְפָּרְדִים וּבִרְכָּיו זוֹ
לָזוֹ מַקִּישׁוֹת.
ז קוֹרֵא הַמֶּלֶךְ בְּחָזְקָה לְהָבִיא אֶת הָאַשָּׁפִים הַכַּשְׂדִּים וְהַגּוֹזְרִים עוֹנֶה
הַמֶּלֶךְ וְאוֹמֵר לְחַכְמֵי בָבֶל אֲשֶׁר כָּל אִישׁ אֲשֶׁר יִקְרָא הַכְּתָב הַזֶּה וּפִתְרוֹנוֹ
יוֹדִיעֵנִי אַרְגָּמָן יִלְבַּשׁ וּרְבִיד הַזָּהָב עַל צַוָּארוֹ וְשָׁלִישׁ בַּמַּלְכוּת יִשְׁלֹט.
ח אָז בָּאִים כֹּל חַכְמֵי הַמֶּלֶךְ וְאֵין יְכוֹלִים לִקְרוֹא הַכְּתָב וּפִתְרוֹנוֹ לְהוֹדִיעַ
לַמֶּלֶךְ.
ט אָז נִבְהַל מְאֹד הַמֶּלֶךְ בֵּלְשַׁאצַּר וְזִיווֹ שְׁנָה עָלָיו וּגְדוֹלָיו מִשְׁתַּבְּשִׁים.
י לְעֻמַּת דִּבְרֵי הַמֶּלֶךְ וּגְדוֹלָיו בָּאָה הַמַּלְכָּה אֶל בֵּית הַמִּשְׁתֶּה עוֹנָה הַמַּלְכָּה
וְאוֹמֶרֶת יְחִי הַמֶּלֶךְ לְעוֹלָמִים אַל יְבַהֲלוּךָ רַעְיוֹנֶיךָ וְזִיוְךָ אַל יִשְׁנֶה.
יא יֵשׁ אִישׁ בְּמַלְכוּתְךָ אֲשֶׁר רוּחַ אֱלֹהִים קְדוֹשִׁים בּוֹ וּבִימֵי אָבִיךָ נִמְצְאָה
בּוֹ נְהָרָה וְשֵׂכֶל וְחָכְמָה כְּחָכְמַת אֱלֹהִים וְהַמֶּלֶךְ נְבוּכַדְנֶצַּר אָבִיךָ לְשַׂר
חַרְטֻמִּים אַשָּׁפִים כַּשְׂדִּים גּוֹזְרִים הֱקִימוֹ אָבִיךָ הַמֶּלֶךְ.
יב יַעַן אֲשֶׁר רוּחַ יְתֵרָה וּמַדָּע וְשֵׂכֶל פּוֹתֵר חֲלוֹמוֹת וְהַגָּדַת חִידוֹת וּמַתִּיר
קְשָׁרִים נִמְצְאָה בּוֹ בְּדָנִיֵּאל אֲשֶׁר הַמֶּלֶךְ שָׂם שְׁמוֹ בֵּלְטְשַׁאצַּר עַתָּה
דָּנִיֵּאל יִקָּרֵא וְאֶת הַפִּתְרוֹן יוֹדִיעַ.
יג אָז הוּבָא דָנִיֵּאל לִפְנֵי הַמֶּלֶךְ עוֹנֶה הַמֶּלֶךְ וְאוֹמֵר לְדָנִיֵּאל אַתָּה הוּא
דָנִיֵּאל אֲשֶׁר מִבְּנֵי גָלוּת יְהוּדָה אֲשֶׁר הֵבִיא הַמֶּלֶךְ אָבִי מִן יְהוּדָה.
יד וְשָׁמַעְתִּי עָלֶיךָ כִּי רוּחַ אֱלֹהִים בְּךָ וּנְהָרָה וְשֵׂכֶל וְחָכְמָה יְתֵרָה נִמְצְאָה
בְּךָ.
טו וְעַתָּה הוּבְאוּ לְפָנַי הַחֲכָמִים הָאַשָּׁפִים אֲשֶׁר יִקְרְאוּ הַכְּתָב הַזֶּה לְהוֹדִיעֵנִי
אֶת פִּתְרוֹנוֹ וְאֵינָם יְכוֹלִים לְהַגִּיד פִּתְרוֹן הַדָּבָר.
טז וַאֲנִי שָׁמַעְתִּי עָלֶיךָ כִּי תוּכַל לִפְתֹּר פִּתְרוֹנוֹת וּלְהַתִּיר קְשָׁרִים עַתָּה אִם
תּוּכַל לִקְרוֹא הַכְּתָב וּלְהוֹדִיעֵנִי פִּתְרוֹנוֹ אַרְגָּמָן תִּלְבַּשׁ וּרְבִיד הַזָּהָב עַל
צַוָּארְךָ וְשָׁלִישׁ בַּמַּלְכוּת תִּשְׁלֹט.
יז אָז עוֹנֶה דָנִיֵּאל וְאוֹמֵר לִפְנֵי הַמֶּלֶךְ מַתְּנוֹתֶיךָ לְךָ תִּהְיֶינָה וּמַשְׂאוֹתֶיךָ
לְאַחֵר תֵּן אַךְ הַכְּתָב אֶקְרָא לַמֶּלֶךְ וְהַפִּתְרוֹן אוֹדִיעֶנּוּ.

יח אַתָּה הַמֶּלֶךְ אֲשֶׁר הָאֵל הָעֶלְיוֹן נָתַן מַלְכוּת וּגְדֻלָּה וְכָבוֹד וְהָדָר לִנְבוּכַדְנֶצַּר
אָבִיךָ.
יט וּמֵהַגְּדֻלָּה אֲשֶׁר נָתַן לוֹ כָּל הָעַמִּים הָאֻמּוֹת וְהַלְּשׁוֹנוֹת הָיוּ חֲרֵדִים וִירֵאִים
מִלְּפָנָיו אֵת אֲשֶׁר הָיָה רוֹצֶה הָיָה הוֹרֵג וְאֵת אֲשֶׁר הָיָה רוֹצֶה הָיָה מְחַיֶּה
וְאֵת אֲשֶׁר הָיָה רוֹצֶה הָיָה מֵרִים וְאֵת אֲשֶׁר הָיָה רוֹצֶה הָיָה מַשְׁפִּיל.
כ וְכַאֲשֶׁר רָם לְבָבוֹ וְרוּחוֹ חָזְקָה לְהָזִיד הוּרַד מִכִּסֵּא מַלְכוּתוֹ וְאֶת הַכָּבוֹד
הֵסִירוּ מִמֶּנּוּ.
כא וּמִן בְּנֵי הָאָדָם גֹּרַשׁ וְלִבּוֹ הוּשַׂם עִם הַחַיָּה וְעִם הָעֲרוֹדִים מְעוֹנוֹ עֵשֶׂב
כַּבָּקָר יַאֲכִילוּהוּ וּמִטַּל הַשָּׁמַיִם גּוּפוֹ יִרְטַב עַד אֲשֶׁר יָדַע כִּי הָאֵל הָעֶלְיוֹן
שַׁלִּיט בְּמַלְכוּת הָאָדָם וְאֶת אֲשֶׁר יִרְצֶה יָקִים עָלֶיהָ.
כב וְאַתָּה בְּנוֹ בֵּלְשַׁאצַּר לֹא הִשְׁפַּלְתָּ לְבָבְךָ לַמְרוֹת אֲשֶׁר כָּל זֹאת
יָדָעְתָּ.
כג וְעַל אֲדוֹנֵי הַשָּׁמַיִם הִתְרוֹמַמְתָּ וְאֶת כְּלֵי בֵיתוֹ הֵבִיאוּ לְפָנֶיךָ וְאַתָּה וְשָׂרֶיךָ
נָשֶׁיךָ וּפִילַגְשֶׁיךָ יַיִן שׁוֹתִים בָּהֶם וְלֵאלֹהֵי הַכֶּסֶף וְהַזָּהָב הַנְּחֹשֶׁת הַבַּרְזֶל
הָעֵץ וְהָאֶבֶן אֲשֶׁר אֵינָם רוֹאִים וְאֵינָם שׁוֹמְעִים וְאֵינָם יוֹדְעִים שִׁבַּחְתָּ
וְאֶת הָאֵל אֲשֶׁר נִשְׁמָתְךָ בְּיָדוֹ וְכָל דְּרָכֶיךָ לוֹ לֹא הִדַּרְתָּ.
כד אָז מִלְּפָנָיו נִשְׁלַח פַּס הַיָּד וְהַכְּתָב הַזֶּה נִרְשָׁם.
כה וְזֶה הַכְּתָב אֲשֶׁר נִרְשָׁם מְנֵא מְנֵא תְּקֵל וּפַרְסִין.
כו זֶה פִּתְרוֹן הַדָּבָר מְנֵא מָנָה הָאֱלֹהִים מַלְכוּתְךָ וְהִשְׁלִימָהּ.
כז תְּקֵל נִשְׁקַלְתָּ בְּמֹאזְנַיִם וְנִמְצֵאתָ חָסֵר.
כח פְּרֵס נִפְרְסָה מַלְכוּתְךָ וְנִתְּנָה לְמָדַי וּפָרָס.
כט אָז אָמַר בֵּלְשַׁאצַּר וְהִלְבִּישׁוּ אֶת דָּנִיֵּאל אַרְגָּמָן וּרְבִיד הַזָּהָב עַל צַוָּארוֹ
וְהִכְרִיזוּ עָלָיו כִּי יִהְיֶה שַׁלִּיט הַשָּׁלִישׁ בַּמַּלְכוּת.
ל בּוֹ בַּלַּיְלָה נֶהֱרַג בֵּלְשַׁאצַּר הַמֶּלֶךְ הַכַּשְׂדִּי.
ו א וְדָרְיָוֶשׁ הַמָּדִי קִבֵּל אֶת הַמַּלְכוּת כְּבֶן שִׁשִּׁים וּשְׁתַּיִם שָׁנָה.
ב הָיָה טוֹב לִפְנֵי דָּרְיָוֶשׁ וְהֵקִים עַל הַמַּלְכוּת אֶת הָאֲחַשְׁדַּרְפְּנִים מֵאָה
וְעֶשְׂרִים אֲשֶׁר יִהְיוּ בְּכָל הַמַּלְכוּת.
ג וּלְמַעְלָה מֵהֶם רָאשִׁים שְׁלוֹשָׁה אֲשֶׁר דָּנִיֵּאל אֶחָד מֵהֶם אֲשֶׁר יִהְיוּ
הָאֲחַשְׁדַּרְפְּנִים הָאֵלֶּה נוֹתְנִים לָהֶם דְּבַר עֵצָה וְהַמֶּלֶךְ לֹא יִהְיֶה נִזָּק.
ד אָז דָּנִיֵּאל הַזֶּה הָיָה מִתְגַּבֵּר עַל הָרָאשִׁים וְהָאֲחַשְׁדַּרְפְּנִים יַעַן אֲשֶׁר רוּחַ

יִתְרָה בּוֹ וְהַמֶּלֶךְ חָשַׁב לַהֲקִימוֹ עַל כָּל הַמַּלְכוּת.
ה אָז הָיוּ הָרָאשִׁים וְהָאֲחַשְׁדַּרְפְּנִים מְבַקְשִׁים עִלָּה לִמְצוֹא לְדָנִיֵּאל מִצַּד
הַמַּלְכוּת וְכָל עִלָּה וּשְׁחִיתָה אֵינָם יְכוֹלִים לִמְצוֹא יַעַן אֲשֶׁר נֶאֱמָן הוּא
וְכָל שְׁגָגָה וּשְׁחִיתָה לֹא נִמְצְאָה עָלָיו.
ו אָז אָמְרוּ הָאֲנָשִׁים הָהֵם כִּי לֹא נִמְצָא לְדָנִיֵּאל הַזֶּה כָּל עִלָּה אַךְ מָצָאנוּ
עָלָיו בְּדָת אֱלֹהָיו.
ז אָז רָגְשׁוּ הָרָאשִׁים וְהָאֲחַשְׁדַּרְפְּנִים הָאֵלֶּה עַל הַמֶּלֶךְ וְכֵן אוֹמְרִים לוֹ
דָּרְיָוֶשׁ הַמֶּלֶךְ יְחִי לְעוֹלָמִים.
ח הִתְיַעֲצוּ כָּל רָאשֵׁי הַמַּלְכוּת הַסְּגָנִים וְהָאֲחַשְׁדַּרְפְּנִים הַיּוֹעֲצִים וְהַפַּחוֹת
לְקַיֵּם חֹק הַמֶּלֶךְ וּלְחַזֵּק אִסָּר כִּי כָל אֲשֶׁר יְבַקֵּשׁ בַּקָּשָׁה מִן כָּל אֵל וְאָדָם
עַד יָמִים שְׁלוֹשִׁים כִּי אִם מִמְּךָ הַמֶּלֶךְ יָשְׁלַךְ אֶל בּוֹר הָאֲרָיוֹת.
ט עַתָּה הַמֶּלֶךְ תַּעֲמִיד הָאִסָּר וְתִרְשֹׁם הַכְּתָב אֲשֶׁר אֵין לְשַׁנּוֹת כְּדָת מָדַי
וּפָרַס אֲשֶׁר לֹא תַעֲבֹר.
י כָּל עֻמַּת זֶה רָשַׁם הַמֶּלֶךְ דָּרְיָוֶשׁ הַכְּתָב וְהָאִסָּר.
יא וְדָנִיֵּאל כַּאֲשֶׁר יָדַע כִּי נִרְשַׁם הַכְּתָב בָּא לְבֵיתוֹ וְחַלּוֹנוֹת פְּתוּחִים לוֹ
בַּעֲלִיָּתוֹ נֶגֶד יְרוּשָׁלָיִם וּפְעָמִים שָׁלוֹשׁ בַּיּוֹם הוּא כּוֹרֵעַ עַל בִּרְכָּיו וּמִתְפַּלֵּל
וּמוֹדֶה לִפְנֵי אֱלֹהָיו כְּשֵׁם אֲשֶׁר הָיָה עוֹשֶׂה מִלִּפְנֵי זֶה.
יב אָז רָגְשׁוּ הָאֲנָשִׁים הָהֵם וּמָצְאוּ אֶת דָּנִיֵּאל מְבַקֵּשׁ וּמִתְחַנֵּן לִפְנֵי אֱלֹהָיו.
יג אָז קָרְבוּ וְאָמְרוּ לִפְנֵי הַמֶּלֶךְ הֲלוֹא אִסָּר רָשַׁמְתָּ כִּי כָל אִישׁ אֲשֶׁר
יְבַקֵּשׁ מִן כָּל אֵל וְאָדָם עַד יָמִים שְׁלוֹשִׁים כִּי אִם מִמְּךָ הַמֶּלֶךְ יָשְׁלַךְ
אֶל בּוֹר הָאֲרָיוֹת עוֹנֶה הַמֶּלֶךְ וְאוֹמֵר אֱמֶת הַדָּבָר כְּדָת מָדַי וּפָרַס
אֲשֶׁר לֹא תַעֲבֹר.
יד אָז עָנוּ וְאָמְרוּ לִפְנֵי הַמֶּלֶךְ כִּי דָנִיֵּאל אֲשֶׁר מִבְּנֵי גָּלוּת יְהוּדָה לֹא שָׂם
עָלֶיךָ הַמֶּלֶךְ לֵב וְעַל הָאִסָּר אֲשֶׁר רָשַׁמְתָּ וּפְעָמִים שָׁלוֹשׁ בַּיּוֹם מְבַקֵּשׁ
בַּקָּשָׁתוֹ.
טו אָז כַּאֲשֶׁר שָׁמַע הַמֶּלֶךְ הַדָּבָר מְאֹד הֵרַע לוֹ וְעַל דָּנִיֵּאל שָׂם לֵב לְהוֹשִׁיעוֹ
וְעַד בּוֹא הַשֶּׁמֶשׁ הָיָה מִתְאַמֵּץ לְהַצִּילוֹ.
טז אָז רָגְשׁוּ הָאֲנָשִׁים הָהֵם עַל הַמֶּלֶךְ וְאוֹמְרִים לַמֶּלֶךְ דַּע הַמֶּלֶךְ כִּי דָת
לְמָדַי וּפָרַס כִּי כָל אִסָּר וָחֹק אֲשֶׁר יָקִים הַמֶּלֶךְ אֵין לְשַׁנּוֹת.
יז אָז אָמַר הַמֶּלֶךְ וְהֵבִיאוּ אֶת דָּנִיֵּאל וְהִשְׁלִיכוּהוּ לְבוֹר הָאֲרָיוֹת עוֹנֶה

הַמֶּלֶךְ וְאוֹמֵר לְדָנִיֵּאל אֱלֹהֶיךָ אֲשֶׁר אַתָּה עוֹבֵד אוֹתוֹ תָּמִיד הוּא יוֹשִׁיעֶךָ.

יח וְהוּבְאָה אֶבֶן אַחַת וְהוּשְׂמָה עַל פִּי הַבּוֹר וַחֲתָמָהּ הַמֶּלֶךְ בְּטַבַּעְתּוֹ
וּבְטַבְּעוֹת שָׂרָיו אֲשֶׁר לֹא יְשֻׁנֶּה חֵפֶץ בְּדָנִיֵּאל.

יט אָז הָלַךְ הַמֶּלֶךְ לְהֵיכָלוֹ וְלָן בְּצוֹם וְשַׁעֲשׁוּעִים לֹא הֵבִיא לְפָנָיו וּשְׁנָתוֹ
נָדְדָה מִמֶּנּוּ.

כ אָז יָקוּם הַמֶּלֶךְ בַּשַּׁחַר כְּשֶׁהֵאִיר הַיּוֹם וּבְחִפָּזוֹן אֶל בּוֹר הָאֲרָיוֹת הָלַךְ.

כא וּכְקָרְבוֹ אֶל הַבּוֹר צָעַק אֶל דָּנִיֵּאל בְּקוֹל עָצוּב עוֹנֶה הַמֶּלֶךְ וְאוֹמֵר לְדָנִיֵּאל
דָּנִיֵּאל עֶבֶד הָאֵל הַחַי אֱלֹהֶיךָ אֲשֶׁר אַתָּה עוֹבֵד אוֹתוֹ תָּמִיד הֲיָכוֹל
לְהוֹשִׁיעֲךָ מִן הָאֲרָיוֹת.

כב אָז דִּבֵּר דָּנִיֵּאל עִם הַמֶּלֶךְ יְחִי הַמֶּלֶךְ לְעוֹלָמִים.

כג אֱלֹהַי שָׁלַח מַלְאָכוֹ וְסָגַר פִּי הָאֲרָיוֹת וְלֹא חִבְּלוּנִי יַעַן אֲשֶׁר נִמְצָאָה לִי
לְפָנָיו זָכוּת וְאַף לְפָנֶיךָ הַמֶּלֶךְ חֲבָלָה לֹא עָשִׂיתִי.

כד אָז הָיָה טוֹב מְאֹד עַל הַמֶּלֶךְ וְאָמַר לְהַעֲלוֹת אֶת דָּנִיֵּאל מִן הַבּוֹר וְהָעֳלָה
דָּנִיֵּאל מִן הַבּוֹר וְכָל פֶּצַע לֹא נִמְצָא בוֹ כִּי הֶאֱמִין בֵּאלֹהָיו.

כה וְאָמַר הַמֶּלֶךְ וְהֵבִיאוּ אֶת הָאֲנָשִׁים הָהֵם אֲשֶׁר הִלְשִׁינוּ אֶת דָּנִיֵּאל
וְאֶל בּוֹר הָאֲרָיוֹת הִשְׁלִיכוּ אוֹתָם וְאֶת בְּנֵיהֶם וּנְשֵׁיהֶם וְלֹא הִגִּיעוּ אֶל
תַּחְתִּית הַבּוֹר עַד אֲשֶׁר שָׁלְטוּ בָהֶם הָאֲרָיוֹת וְאֶת כָּל עַצְמוֹתֵיהֶם שָׁחֲקוּ
דָק.

כו אָז כָּתַב דָּרְיָוֶשׁ הַמֶּלֶךְ לְכָל הָעַמִּים הָאֻמּוֹת וְהַלְּשׁוֹנוֹת הַדָּרִים בְּכָל
הָאָרֶץ שְׁלוֹמְכֶם יִשְׂגֶּה.

כז מִלְּפָנַי נִתַּן צַו כִּי בְּכָל שִׁלְטוֹן מַלְכוּתִי יִהְיוּ חֲרֵדִים וִירֵאִים מִלִּפְנֵי אֱלֹהֵי
דָּנִיֵּאל כִּי הוּא הָאֵל הַחַי לְעוֹלָמִים וּמַלְכוּתוֹ אֲשֶׁר לֹא תִשָּׁחֵת וְשִׁלְטוֹנוֹ
לֹא יָמוּשׁ.

כח מוֹשִׁיעַ וּמַצִּיל וְעוֹשֶׂה אוֹתוֹת וּמוֹפְתִים בַּשָּׁמַיִם וּבָאָרֶץ אֲשֶׁר הוֹשִׁיעַ אֶת
דָּנִיֵּאל מִיַּד הָאֲרָיוֹת.

כט וְדָנִיֵּאל הַזֶּה הִצְלִיחַ בְּמַלְכוּת דָּרְיָוֶשׁ וּבְמַלְכוּת כּוֹרֶשׁ הַפָּרְסִי.

ז א בִּשְׁנַת אַחַת לְבֵלְאשַׁצַּר מֶלֶךְ בָּבֶל דָּנִיֵּאל חֲלוֹם רָאָה וְחֶזְיוֹנוֹת רֹאשׁוֹ
עַל מִשְׁכָּבוֹ אָז כָּתַב הַחֲלוֹם עִקְּרֵי הַדְּבָרִים אָמַר.

ב עוֹנֶה דָנִיֵּאל וְאוֹמֵר רוֹאֶה הָיִיתִי בְּחֶזְיוֹנִי עִם לַיְלָה וְהִנֵּה אַרְבַּע רוּחוֹת

הַשָּׁמַיִם מְגִיחוֹת לַיָּם הַגָּדוֹל.
ג וְאַרְבַּע חַיּוֹת גְּדוֹלוֹת עוֹלוֹת מִן הַיָּם שׁוֹנוֹת זֹאת מִזֹּאת.
ד הָרִאשׁוֹנָה כְּאַרְיֵה וְכַנְפֵי נֶשֶׁר לָהּ רוֹאֶה הָיִיתִי עַד אֲשֶׁר נִמְרְטוּ כְנָפֶיהָ
וְנִשְּׂאָה מִן הָאָרֶץ וְעַל רַגְלַיִם כְּאָדָם הוּקְמָה וְלֵב אָדָם נִתַּן לָהּ.
ה וְהִנֵּה חַיָּה אַחֶרֶת שְׁנִיָּה דּוֹמָה לְדֹב וּלְצַד אֶחָד הוּקְמָה וְשָׁלוֹשׁ צְלָעוֹת
בְּפִיהָ בֵּין שִׁנֶּיהָ וְכֵן אוֹמְרִים לָהּ קוּמִי אִכְלִי בָּשָׂר רָב.
ו אַחֲרֵי כֵן רוֹאֶה הָיִיתִי וְהִנֵּה חַיָּה אַחֶרֶת כְּנָמֵר וְלָהּ אַרְבַּע כַּנְפֵי עוֹף עַל
גַּבֶּיהָ וְאַרְבָּעָה רָאשִׁים לַחַיָּה וְשִׁלְטוֹן נִתַּן לָהּ.
ז אַחֲרֵי כֵן רוֹאֶה הָיִיתִי בְּחֶזְיוֹנוֹת הַלַּיְלָה וְהִנֵּה חַיָּה רְבִיעִית נוֹרָאָה וַאֲיֻמָּה
וַחֲזָקָה מְאֹד וְשִׁנֵּי בַרְזֶל גְּדוֹלוֹת לָהּ אוֹכֶלֶת וּמְדַקָּה וְהַנּוֹתָר בְּרַגְלֶיהָ
רוֹמֶסֶת וְהִיא מְשֻׁנָּה מִכָּל הַחַיּוֹת אֲשֶׁר לְפָנֶיהָ וְקַרְנַיִם עֶשֶׂר לָהּ.
ח מִתְבּוֹנֵן הָיִיתִי בַּקְּרָנַיִם וְהִנֵּה קֶרֶן אַחֶרֶת קְטַנָּה עָלְתָה בֵּינֵיהֶן וְשָׁלוֹשׁ
מֵהַקְּרָנַיִם הָרִאשׁוֹנוֹת נֶעֶקְרוּ מִלְּפָנֶיהָ וְהִנֵּה עֵינַיִם כְּעֵינֵי אָדָם בַּקֶּרֶן
הַזֹּאת וּפֶה מְדַבֵּר גְּדוֹלוֹת.
ט רוֹאֶה הָיִיתִי עַד אֲשֶׁר כִּסְאוֹת הָשְׁלְכוּ וְעַתִּיק יָמִים יָשַׁב לְבוּשׁוֹ כְּשֶׁלֶג
לָבָן וּשְׂעַר רֹאשׁוֹ כְּצֶמֶר נָקִי כִּסְאוֹ שְׁבִיבֵי אֵשׁ גַּלְגַּלָּיו אֵשׁ בּוֹעֶרֶת.
י נְהַר אֵשׁ נִמְשָׁךְ וְיוֹצֵא מִלְּפָנָיו אֶלֶף אֲלָפִים יְשָׁרְתוּהוּ וְרִבּוֹא רְבָבוֹת לְפָנָיו
יַעֲמֹדוּ הַמִּשְׁפָּט יָשַׁב וּסְפָרִים נִפְתָּחוּ.
יא רוֹאֶה הָיִיתִי אָז מִקּוֹל הַדְּבָרִים הַגְּדוֹלִים אֲשֶׁר הַקֶּרֶן מְדַבֶּרֶת רוֹאֶה הָיִיתִי
עַד אֲשֶׁר נֶהֶרְגָה הַחַיָּה וְהָאֳבַד גּוּפָהּ וְנִתְּנָה לִשְׂרֵפַת אֵשׁ.
יב וּשְׁאָר הַחַיּוֹת הֶעֱבִירוּ שִׁלְטוֹנָן וְאַרְכָה בְּחַיִּים נִתְּנָה לָהֶן עַד זְמַן
וָעֵת.
יג רוֹאֶה הָיִיתִי בְּחֶזְיוֹנוֹת הַלַּיְלָה וְהִנֵּה עִם עַנְנֵי הַשָּׁמַיִם כְּבֶן אָדָם הָיָה בָא
וְעַד עַתִּיק הַיָּמִים הִגִּיעַ וּלְפָנָיו הֱבִיאוּהוּ.
יד וְלוֹ נִתַּן שִׁלְטוֹן וְכָבוֹד וּמַלְכוּת וְכָל הָעַמִּים הָאֻמּוֹת וְהַלְּשׁוֹנוֹת אוֹתוֹ
יַעַבְדוּ שִׁלְטוֹנוֹ שִׁלְטוֹן עוֹלָם אֲשֶׁר לֹא יַעֲבֹר וּמַלְכוּתוֹ אֲשֶׁר לֹא תִשָּׁחֵת.
טו חָלְשָׁה רוּחִי אֲנִי דָנִיֵּאל בְּתוֹךְ נְדָנָהּ וְחֶזְיוֹנוֹת רֹאשִׁי יְבַהֲלוּנִי.
טז קָרַבְתִּי אֶל אֶחָד מִן הָעוֹמְדִים וְהָאֱמֶת אֲבַקֵּשׁ מִמֶּנּוּ עַל כָּל זֹאת וְאָמַר
לִי וּפִתְרוֹן הַדְּבָרִים יוֹדִיעֵנִי.
יז אֵלֶּה הַחַיּוֹת הַגְּדוֹלוֹת אֲשֶׁר הֵנָּה אַרְבַּע אַרְבָּעָה מְלָכִים יָקוּמוּ מִן הָאָרֶץ.

יח וִיקַבְּלוּ הַמַּלְכוּת קְדוֹשֵׁי עֶלְיוֹנִים וְיִירְשׁוּ הַמַּלְכוּת עַד הָעוֹלָם וְעַד עוֹלְמֵי
עוֹלָמִים.
יט אָז רָצִיתִי לְבָרֵר עַל הַחַיָּה הָרְבִיעִית אֲשֶׁר הָיְתָה שׁוֹנָה מִכֻּלָּן נוֹרָאָה
מְאֹד שִׁנֶּיהָ בַּרְזֶל וְצִפָּרְנֶיהָ נְחֹשֶׁת אוֹכֶלֶת מְדִקָּה וְהַנּוֹתָר בְּרַגְלֶיהָ
רוֹמֶסֶת.
כ וְעַל עֶשֶׂר הַקְּרָנַיִם אֲשֶׁר בְּרֹאשָׁהּ וְאַחֶרֶת אֲשֶׁר עָלְתָה וְנָפְלוּ מִלְּפָנֶיהָ
שָׁלוֹשׁ וְהַקֶּרֶן הַהִיא וְעֵינַיִם לָהּ וּפֶה מְדַבֵּר גְּדוֹלוֹת וּמַרְאֶהָ גָּדוֹל מִן
חַבְרוֹתֶיהָ.
כא רוֹאֶה הָיִיתִי וְהַקֶּרֶן הַהִיא עוֹשָׂה מִלְחָמָה עִם קְדוֹשִׁים וִיכוֹלָה לָהֶם.
כב עַד אֲשֶׁר בָּא עַתִּיק הַיָּמִים וְהַמִּשְׁפָּט נִתַּן לִקְדוֹשֵׁי עֶלְיוֹנִים וְהַזְּמַן הִגִּיעַ
וְהַמַּלְכוּת נָחֲלוּ קְדוֹשִׁים.
כג כֵּן אָמַר הַמַּלְאָךְ הַחַיָּה הָרְבִיעִית מַלְכוּת רְבִיעִית תִּהְיֶה בָּאָרֶץ אֲשֶׁר
תִּשְׁנֶה מִכָּל הַמַּלְכֻיּוֹת וְתֹאכַל כָּל הָאָרֶץ וּתְדוּשֶׁנָּה וּתְדִקֶּנָּה.
כד וְהַקְּרָנַיִם עֶשֶׂר מִמֶּנָּה הַמַּלְכוּת עֲשָׂרָה מְלָכִים יָקוּמוּ וְאַחֲרוֹן יָקוּם אַחֲרֵיהֶם
וְהוּא יִשְׁנֶה מֵהָרִאשׁוֹנִים וּשְׁלוֹשָׁה מְלָכִים יַשְׁפִּיל.
כה וּדְבָרִים לְצַד הָעֶלְיוֹן יְדַבֵּר וְאֶת קְדוֹשֵׁי עֶלְיוֹנִים יְאַבֵּיד וְיַחְשֹׁב לְשַׁנּוֹת
זְמַנִּים וָדָת וְיִנָּתְנוּ בְּיָדוֹ עַד מוֹעֵד וּמוֹעֲדִים וַחֲצִי מוֹעֵד.
כו וְהַמִּשְׁפָּט יֵשֵׁב וְשִׁלְטוֹנוֹ יַעֲבִירוּ לְהַשְׁמִיד וּלְהַאֲבִיד עַד הַסּוֹף.
כז וְהַמַּלְכוּת וְהַשִּׁלְטוֹן וְהַגְּדֻלָּה אֲשֶׁר לְמַלְכֻיּוֹת תַּחַת כָּל הַשָּׁמַיִם נִתְּנָה לְעַם
קְדוֹשֵׁי עֶלְיוֹנִים מַלְכוּתוֹ מַלְכוּת עוֹלָם וְכָל הַשִּׁלְטוֹנוֹת לוֹ יַעַבְדוּ וְיִשְׁמָעוּ.
כח עַד כֹּה סוֹף הַדָּבָר אֲנִי דָנִיֵּאל רַעְיוֹנַי יְבַהֲלוּנִי מְאֹד וְזִיוִי יִשְׁנֶה עָלַי וְהַדָּבָר
בְּלִבִּי שָׁמַרְתִּי.

ד ח רְחוּם הַמְדַבֵּר דִּבְרֵי טַעַם וְשִׁמְשַׁי הַסּוֹפֵר כָּתְבוּ אִגֶּרֶת אַחַת עַל יְרוּשָׁלַיִם
לְאַרְתַּחְשַׁשְׁתָּא הַמֶּלֶךְ לֵאמֹר.
ט אָז רְחוּם הַמְדַבֵּר דִּבְרֵי טַעַם וְשִׁמְשַׁי הַסּוֹפֵר וּשְׁאָר עֲמִיתֵיהֶם הַדִּינָיִים
הָאֲפַרְסַתְיִים הַטַּרְפְּלָיִים הַפָּרְסִים הָאַרְכְּיִים הַבַּבְלִיִּים הַשּׁוּשַׁנִּיִּים הַדֶּהָיִים
הָעֵילָמִים.
י וּשְׁאָר הָעַמִּים אֲשֶׁר הֶגְלָה אָסְנַפַּר הַגָּדוֹל וְהַנִּכְבָּד וְהוֹשִׁיב אוֹתָם בְּעִיר
שׁוֹמְרוֹן וּשְׁאָר עֵבֶר הַנָּהָר וּכְעֵת.
יא זֶה פִּתְרוֹן הָאִגֶּרֶת אֲשֶׁר שָׁלְחוּ אֵלָיו אֶל אַרְתַּחְשַׁשְׁתָּא הַמֶּלֶךְ עֲבָדֶיךָ
אַנְשֵׁי עֵבֶר הַנָּהָר וּכְעֵת.
יב יָדוּעַ יִהְיֶה לַמֶּלֶךְ שֶׁהַיְּהוּדִים אֲשֶׁר עָלוּ מִמְּךָ בָּאוּ אֵלֵינוּ לִירוּשָׁלַיִם הֵם
בּוֹנִים אֶת הָעִיר הַמּוֹרֶדֶת וְהָרָעָה וְאֶת הַחוֹמוֹת הִשְׁלִימוּ וְאֶת הַיְסוֹדוֹת
יְחַבֵּרוּ.
יג כָּעֵת יָדוּעַ יִהְיֶה לַמֶּלֶךְ שֶׁאִם הָעִיר הַהִיא תִּבָּנֶה וְהַחוֹמוֹת יֻשְׁלְמוּ אֶת
מִסֵּי הַמֶּלֶךְ לֹא יִתְּנוּ וְאוֹצַר הַמֶּלֶךְ יִנָּזֵק.
יד וּכְעֵת מֵאַחַר שֶׁמֶּלַח הַהֵיכָל אֲנַחְנוּ מוֹלְחִים וּגְנוּת הַמֶּלֶךְ לֹא יָאֶה לָנוּ
לִרְאוֹת עַל כֵּן שָׁלַחְנוּ וְהוֹדַעְנוּ לַמֶּלֶךְ.
טו אֲשֶׁר תִּדְרֹשׁ בְּסֵפֶר הַזִּכְרוֹנוֹת שֶׁל אֲבוֹתֶיךָ וְתִמְצָא בְּסֵפֶר הַזִּכְרוֹנוֹת
וְתֵדַע כִּי הָעִיר הַזֹּאת עִיר מוֹרֶדֶת וּמַזֶּקֶת מְלָכִים וּמְדִינוֹת וּמְרִידוֹת
עוֹשִׂים בְּתוֹכָהּ מִימוֹת עוֹלָם עַל זֶה הָעִיר הַהִיא הָחְרָבָה.
טז מוֹדִיעִים אֲנַחְנוּ לַמֶּלֶךְ כִּי אִם תִּבָּנֶה הָעִיר הַהִיא וְהַחוֹמוֹת תֻּשְׁלַמְנָה
בַּעֲבוּר זֶה חֵלֶק בְּעֵבֶר הַנָּהָר לֹא יִהְיֶה לָּךְ.
יז דָּבָר שָׁלַח הַמֶּלֶךְ אֶל רְחוּם הַמְדַבֵּר דִּבְרֵי טַעַם וְשִׁמְשַׁי הַסּוֹפֵר וּשְׁאָר
עֲמִיתֵיהֶם אֲשֶׁר יוֹשְׁבִים בְּשׁוֹמְרוֹן וּשְׁאָר עֵבֶר הַנָּהָר שָׁלוֹם וּכְעֵת.
יח הַדְּבָרִים אֲשֶׁר שְׁלַחְתֶּם אֵלֵינוּ מְפֹרָשׁ נִקְרָא לְפָנָי.
יט וּמִמֶּנִּי נִתַּן צַו וּבִקְּשׁוּ וּמָצְאוּ שֶׁהָעִיר הַזֹּאת מִימוֹת עוֹלָם עַל מְלָכִים
מִתְנַשֵּׂאת וּמְרִידוֹת וּמִלְחָמָה נַעֲשִׂים בָּהּ.
כ וּמְלָכִים חֲזָקִים הָיוּ עַל יְרוּשָׁלַיִם וּמוֹשְׁלִים בְּכֹל עֵבֶר הַנָּהָר וּמִסֵּי הַמֶּלֶךְ
נִתָּן לָהֶם.
כא עַתָּה תְּנוּ צַו לְבַטֵּל הָאֲנָשִׁים הָהֵם וְהָעִיר הַזֹּאת לֹא תִבָּנֶה עַד שֶׁמִּמֶּנִּי
יִנָּתֵן צַו.

כב וּזְהִירִים הֱיוּ מֵעֲשׂוֹת שְׁגָגָה עַל זֹאת בִּכְדֵי שֶׁלֹּא תִגְדַּל הַחֲבָלָה לְנֵזֶק הַמֶּלֶךְ.
כג אָז מֵאֲשֶׁר הַמִּכְתָּב שֶׁל אַרְתַּחְשַׁשְׁתְּא הַמֶּלֶךְ נִקְרָא לִפְנֵי רְחוּם וְשִׁמְשַׁי הַסּוֹפֵר וַעֲמִיתֵיהֶם הָלְכוּ בְחִפָּזוֹן לִירוּשָׁלַיִם אֶל הַיְּהוּדִים וּבִטְּלוּ אוֹתָם מִמְּלַאכְתָּם בִּזְרוֹעַ וָכֹחַ.
כד אָז בָּטְלָה מְלֶאכֶת בֵּית הָאֱלֹהִים אֲשֶׁר בִּירוּשָׁלַיִם וְהָיְתָה בְּטֵלָה עַד שְׁנַת שְׁתַּיִם לְמַלְכוּת דָּרְיָוֶשׁ מֶלֶךְ פָּרָס.
ה א וְהִתְנַבְּאוּ חַגַּי הַנָּבִיא וּזְכַרְיָה בֶּן עִדּוֹא הַנְּבִיאִים עַל הַיְּהוּדִים אֲשֶׁר בִּיהוּדָה וּבִירוּשָׁלַיִם בְּשֵׁם אֱלֹהֵי יִשְׂרָאֵל עֲלֵיהֶם.
ב אָז קָמוּ זְרֻבָּבֶל בֶּן שְׁאַלְתִּיאֵל וְיֵשׁוּעַ בֶּן יוֹצָדָק וְהֵחֵלּוּ לִבְנוֹת בֵּית הָאֱלֹהִים אֲשֶׁר בִּירוּשָׁלַיִם וְעִמָּהֶם נְבִיאֵי הָאֱלֹהִים עוֹזְרִים לָהֶם.
ג בְּאוֹתוֹ זְמַן בָּא אֲלֵיהֶם תַּתְּנַי פַּחַת עֵבֶר הַנָּהָר וּשְׁתַר בּוֹזְנַי וַעֲמִיתֵיהֶם וְכֵן אָמְרוּ לָהֶם מִי נָתַן לָכֶם צַו הַבַּיִת הַזֶּה לִבְנוֹת וּלְהַשְׁלִים הַבִּנְיָן הַזֶּה וְאֶת הַחוֹמוֹת.
ד אָז אָמַרְנוּ לָהֶם מִי הֵם שְׁמוֹת הָאֲנָשִׁים אֲשֶׁר הַבִּנְיָן הַזֶּה בּוֹנִים.
ה וְעֵין אֱלֹהֵיהֶם הָיְתָה עַל זִקְנֵי הַיְּהוּדִים וְלֹא בִטְּלוּ אוֹתָם עַד שֶׁהָעִנְיָן לְדָרְיָוֶשׁ יֵלֵךְ וְאָז יָשִׁיבוּ דְּבָרִים עַל זֶה.
ו פַּתְשֶׁגֶן הָאִגֶּרֶת אֲשֶׁר שָׁלַח תַּתְּנַי פַּחַת עֵבֶר הַנָּהָר וּשְׁתַר בּוֹזְנַי וַעֲמִיתָיו הַפָּרְסִים אֲשֶׁר בְּעֵבֶר הַנָּהָר אֶל דָּרְיָוֶשׁ הַמֶּלֶךְ.
ז דְּבָרִים שָׁלְחוּ אֵלָיו וְכָךְ כָּתוּב בְּתוֹכוֹ לְדָרְיָוֶשׁ הַמֶּלֶךְ כָּל הַשָּׁלוֹם יִהְיֶה לוֹ.
ח יָדוּעַ יִהְיֶה לַמֶּלֶךְ שֶׁהָלַכְנוּ לִמְדִינַת יְהוּד לְבֵית הָאֱלֹהִים הַגָּדוֹל וְהוּא נִבְנֶה אֶבֶן גְּלָל וְעֵץ מוּשָׂם בַּכְּתָלִים וּמְלָאכָה זוֹ נַעֲשֵׂית מַהֵר וּמַצְלִיחָה בְּיָדָם.
ט אָז שָׁאַלְנוּ לַזְּקֵנִים הָהֵם כָּכָה אָמַרְנוּ לָהֶם מִי נָתַן לָכֶם צַו לִבְנוֹת הַבַּיִת הַזֶּה וּלְהַשְׁלִים הַבִּנְיָן.
י וְאַף שְׁמוֹתֵיהֶם שָׁאַלְנוּ לָהֶם לְהוֹדִיעֲךָ שֶׁנִּכְתֹּב שֵׁם הָאֲנָשִׁים אֲשֶׁר בְּרָאשֵׁיהֶם.
יא וְכָכָה הֱשִׁיבוּנוּ דָּבָר לֵאמֹר אֲנַחְנוּ הִנְנוּ עֲבָדָיו שֶׁל אֱלֹהֵי הַשָּׁמַיִם וְהָאָרֶץ וּבוֹנִים אֶת הַבַּיִת אֲשֶׁר הָיָה בָּנוּי מִלִּפְנֵי כֵן שָׁנִים רַבּוֹת וּמֶלֶךְ יִשְׂרָאֵל גָּדוֹל בָּנָהוּ וְשִׁכְלְלוֹ.

יב אֶלָּא מֵאַחַר שֶׁהִרְגִּיזוּ אֲבוֹתֵינוּ אֶת אֱלֹהֵי הַשָּׁמַיִם נָתַן אוֹתָם בְּיַד נְבוּכַדְנֶצַּר מֶלֶךְ בָּבֶל הַכַּשְׂדִּי וְאֶת הַבַּיִת הַזֶּה הֶחֱרִיב וְהָעָם הֶגְלָה לְבָבֶל.
יג אוּלָם בִּשְׁנַת אַחַת לְכוֹרֶשׁ מֶלֶךְ בָּבֶל כּוֹרֶשׁ הַמֶּלֶךְ נָתַן צַו לִבְנוֹת בֵּית הָאֱלֹהִים הַזֶּה.
יד וְאַף הַכֵּלִים שֶׁל בֵּית הָאֱלֹהִים שֶׁל זָהָב וָכֶסֶף אֲשֶׁר נְבוּכַדְנֶצַּר הוֹצִיא מִן הַהֵיכָל אֲשֶׁר בִּירוּשָׁלַיִם וְהוֹבִיל אוֹתָם לַהֵיכָל שֶׁל בָּבֶל הוֹצִיא כּוֹרֶשׁ הַמֶּלֶךְ מִן הַהֵיכָל שֶׁבְּבָבֶל וּנְתָנָם לְשֵׁשְׁבַּצַּר שְׁמוֹ אֲשֶׁר פֶּחָה שָׂמוֹ.
טו וְאָמַר לוֹ אֵלֶּה הַכֵּלִים קַח שָׂא לֵךְ וְהַנַּח אוֹתָם בַּהֵיכָל אֲשֶׁר בִּירוּשָׁלָיִם וּבֵית הָאֱלֹהִים יִבָּנֶה עַל מְקוֹמוֹ.
טז אָז בָּא שֵׁשְׁבַּצַּר זֶה הִנִּיחַ הַיְסוֹדוֹת שֶׁל בֵּית הָאֱלֹהִים אֲשֶׁר בִּירוּשָׁלָיִם וּמִן אָז וְעַד עַתָּה נִבְנֶה וְלֹא נִשְׁלָם.
יז וְכָעֵת אִם עַל הַמֶּלֶךְ טוֹב יִדָּרֵשׁ בְּבֵית גִּנְזֵי הַמֶּלֶךְ שָׁם אֲשֶׁר בְּבָבֶל אִם מִכּוֹרֶשׁ הַמֶּלֶךְ נִתַּן צַו לִבְנוֹת בֵּית הָאֱלֹהִים הַהוּא בִּירוּשָׁלַיִם וּרְצוֹן הַמֶּלֶךְ עַל זֶה יִשְׁלַח אֵלֵינוּ.
ו א אָז דָּרְיָוֶשׁ הַמֶּלֶךְ נָתַן צַו וְדָרְשׁוּ בְּבֵית הַסְּפָרִים אֲשֶׁר הַגְּנָזִים מֻנָּחִים שָׁם בְּבָבֶל.
ב וַיִּמָּצֵא בְּאַחְמְתָא בַּבִּירָה אֲשֶׁר בִּמְדִינַת מָדַי מְגִלָּה אַחַת וְכֵן כָּתוּב בְּתוֹכָהּ זִכְרוֹן הַדְּבָרִים.
ג בִּשְׁנַת אַחַת לְכוֹרֶשׁ הַמֶּלֶךְ כּוֹרֶשׁ הַמֶּלֶךְ נָתַן צַו בֵּית הָאֱלֹהִים בִּירוּשָׁלַיִם הַבַּיִת יִבָּנֶה מָקוֹם אֲשֶׁר זוֹבְחִים זְבָחִים וִיסוֹדוֹתָיו מְנֻשָּׂאִים גָּבְהוֹ שִׁשִּׁים אַמּוֹת רָחְבּוֹ שִׁשִּׁים אַמּוֹת.
ד נִדְבָּכִים שֶׁל אֶבֶן גָּלָל שְׁלוֹשָׁה וְנִדְבָּךְ שֶׁל עֵץ אֶחָד וְהַהוֹצָאָה מִבֵּית הַמֶּלֶךְ תִּנָּתֵן.
ה וְאַף כְּלֵי בֵּית הָאֱלֹהִים שֶׁל זָהָב וָכֶסֶף אֲשֶׁר נְבוּכַדְנֶצַּר הוֹצִיא מִן הַהֵיכָל שֶׁבִּירוּשָׁלַיִם וְהוֹבִיל לְבָבֶל יָשִׁיבוּ וְיֵלֵךְ לַהֵיכָל שֶׁבִּירוּשָׁלַיִם לִמְקוֹמוֹ וְיֻנַּח בְּבֵית הָאֱלֹהִים.
ו כָּעֵת תַּתְּנַי פַּחַת עֵבֶר הַנָּהָר שְׁתַר בּוֹזְנַי וַעֲמִיתֵיהֶם הַפָּרְסִים אֲשֶׁר בְּעֵבֶר הַנָּהָר הֱיוּ רְחוֹקִים מִשָּׁם.
ז עִזְבוּ אֶת מְלֶאכֶת בֵּית הָאֱלֹהִים הַזֶּה שַׁלִּיטֵי הַיְּהוּדִים וּלְזִקְנֵי הַיְּהוּדִים

יִבְנוּ בֵּית הָאֱלֹהִים הַזֶּה עַל מְקוֹמוֹ.
ח וּמִמֶּנִּי נִתַּן צַו לְמַה שֶּׁתַּעֲשׂוּ עִם זִקְנֵי הַיְּהוּדִים הָאֵלֶּה לִבְנוֹת בֵּית אֱלֹהִים
זֶה וּמִנִּכְסֵי הַמֶּלֶךְ שֶׁל מִסֵּי עֵבֶר הַנָּהָר מַהֵר הַהוֹצָאָה תִּהְיֶה נִתֶּנֶת
לָאֲנָשִׁים הָאֵלֶּה אֲשֶׁר לֹא לְבַטֵּל.
ט וְכָל צָרְכָּם וּבְנֵי בָקָר וְאֵילִים וּכְבָשִׂים לְעוֹלוֹת לֵאלֹהֵי הַשָּׁמַיִם חִטִּים
מֶלַח יַיִן וָשֶׁמֶן כְּמַאֲמַר הַכֹּהֲנִים אֲשֶׁר בִּירוּשָׁלַיִם לִהְיוֹת נִתָּן לָהֶם יוֹם
בְּיוֹמוֹ בְּלֹא דִחוּי.
י אֲשֶׁר יִהְיוּ מַקְרִיבִים נִיחוֹחִים לֵאלֹהֵי הַשָּׁמַיִם וּמִתְפַּלְלִים לְחַיֵּי הַמֶּלֶךְ
וּבָנָיו.
יא וּמִמֶּנִּי נִתַּן צַו אֲשֶׁר כָּל אָדָם אֲשֶׁר יָפֵר דָּבָר זֶה יֵעָקֵר עֵץ מִן בֵּיתוֹ וְזָקוּף
יִתָּלֶה עָלָיו וּבֵיתוֹ יֶחֱרַב בַּעֲבוּר זֶה.
יב וְהָאֱלֹהִים אֲשֶׁר שִׁכֵּן שְׁמוֹ שָׁם יְמַגֵּר כָּל מֶלֶךְ וָעָם אֲשֶׁר יִשְׁלַח יָדוֹ לְשַׁנּוֹת
לְחַבֵּל בֵּית הָאֱלֹהִים אֲשֶׁר בִּירוּשָׁלָיִם אֲנִי דָרְיָוֶשׁ נָתַתִּי צַו מִיָּד יֵעָשֶׂה.
יג אָז תַּתְּנַי פַּחַת עֵבֶר הַנָּהָר שְׁתַר בּוֹזְנַי וַעֲמִיתֵיהֶם כְּמוֹ אֲשֶׁר שָׁלַח דָּרְיָוֶשׁ
הַמֶּלֶךְ כָּכָה מִיָּד עָשׂוּ.
יד וְזִקְנֵי הַיְּהוּדִים בּוֹנִים וּמַצְלִיחִים בִּנְבוּאַת חַגַּי הַנָּבִיא וּזְכַרְיָה בֶּן עִדּוֹא וּבָנוּ
וְהִשְׁלִימוּ לְפִי מִצְוַת אֱלֹהֵי יִשְׂרָאֵל וּלְפִי צַו כּוֹרֶשׁ וְדָרְיָוֶשׁ וְאַרְתַּחְשַׁשְׂתְּא
מֶלֶךְ פָּרָס.
טו וְהֻשְׁלַם בִּנְיַן הַבַּיִת הַזֶּה עַד יוֹם שְׁלוֹשָׁה לְחֹדֶשׁ אֲדָר אֲשֶׁר הִיא שְׁנַת
שֵׁשׁ לְמַלְכוּת דָּרְיָוֶשׁ הַמֶּלֶךְ.
טז וַיַּעֲשׂוּ בְנֵי יִשְׂרָאֵל הַכֹּהֲנִים וְהַלְוִיִּים וּשְׁאָר בְּנֵי הַגּוֹלָה חֲנֻכַּת בֵּית הָאֱלֹהִים
הַזֶּה בְּשִׂמְחָה.
יז וְהִקְרִיבוּ לַחֲנֻכַּת בֵּית הָאֱלֹהִים הַזֶּה פָּרִים מֵאָה אֵילִים מָאתַיִם כְּבָשִׂים
אַרְבַּע מֵאוֹת וּשְׂעִירֵי עִזִּים לְכַפֵּר עַל כָּל יִשְׂרָאֵל שְׁנֵים עָשָׂר לְמִנְיַן שִׁבְטֵי
יִשְׂרָאֵל.
יח וְהֵקִימוּ אֶת הַכֹּהֲנִים בְּמִשְׁמְרוֹתֵיהֶם וְהַלְוִיִּם בְּמַחְלְקוֹתֵיהֶם עַל עֲבוֹדַת
הָאֱלֹהִים אֲשֶׁר בִּירוּשָׁלַיִם כַּכָּתוּב בְּסֵפֶר מֹשֶׁה.
ז יב אַרְתַּחְשַׁשְׂתְּא מֶלֶךְ הַמְּלָכִים נוֹתֵן לְעֶזְרָא הַכֹּהֵן סוֹפֵר הַדָּת שֶׁל אֱלֹהֵי
הַשָּׁמַיִם וּמְבִינָה וְכָעֵת.

יג מִמֶּנִּי נִתַּן צַו שֶׁכָּל מִתְנַדֵּב בְּמַלְכוּתִי מֵעַם יִשְׂרָאֵל וְכֹהֲנָיו וְהַלְוִיִּם לָלֶכֶת לִירוּשָׁלַיִם יֵלֵךְ עִמְּךָ.
יד בַּעֲבוּר שֶׁמִּלִּפְנֵי הַמֶּלֶךְ וְשִׁבְעַת יוֹעֲצָיו נִשְׁלַחְתָּ לְפַקֵּחַ עַל יְהוּדָה וְעַל יְרוּשָׁלַיִם בְּדַת אֱלֹהֶיךָ אֲשֶׁר בְּיָדֶךָ.
טו וּלְהוֹבִיל כֶּסֶף וְזָהָב אֲשֶׁר הַמֶּלֶךְ וְיוֹעֲצָיו הִתְנַדְּבוּ לֵאלֹהֵי יִשְׂרָאֵל אֲשֶׁר מִשְׁכָּנוֹ בִּירוּשָׁלַיִם.
טז וְכָל כֶּסֶף וְזָהָב אֲשֶׁר תִּמְצָא בְּכֹל מְדִינַת בָּבֶל עִם נִדְבוֹת הָעָם וְהַכֹּהֲנִים מִתְנַדְּבִים לְבֵית אֱלֹהֵיהֶם אֲשֶׁר בִּירוּשָׁלָיִם.
יז עַל כֵּן מַהֵר תִּקְנֶה בַּכֶּסֶף הַזֶּה פָּרִים אֵילִים כְּבָשִׂים וּמִנְחָתָם וְנִסְכֵּיהֶם וְתַקְרִיב אוֹתָם עַל הַמִּזְבֵּחַ שֶׁל בֵּית אֱלֹהֵיכֶם אֲשֶׁר בִּירוּשָׁלָיִם.
יח וּמַה שֶּׁיִּיטַב עָלֶיךָ וְעַל אַחֶיךָ לַעֲשׂוֹת בִּשְׁאָר הַכֶּסֶף וְהַזָּהָב כִּרְצוֹן אֱלֹהֵיכֶם תַּעֲשׂוּ.
יט וְהַכֵּלִים הַנִּתָּנִים לְךָ לַעֲבוֹדַת בֵּית אֱלֹהֶיךָ הָבֵא בִּשְׁלֵמוּת לִפְנֵי אֱלֹהֵי יְרוּשָׁלָיִם.
כ וּשְׁאָר צָרְכֵי בֵּית אֱלֹהֶיךָ אֲשֶׁר יִפֹּל עָלֶיךָ לָתֵת תִּתֵּן מִבֵּית גִּנְזֵי הַמֶּלֶךְ.
כא וּמִמֶּנִּי אֲנִי אַרְתַּחְשַׁשְׂתְּא הַמֶּלֶךְ נִתַּן צַו לְכֹל הַגִּזְבָּרִים אֲשֶׁר בְּעֵבֶר הַנָּהָר שֶׁכָּל אֲשֶׁר יִשְׁאָלְכֶם עֶזְרָא הַכֹּהֵן סוֹפֵר הַדָּת שֶׁל אֱלֹהֵי הַשָּׁמַיִם מַהֵר יֵעָשֶׂה.
כב עַד כֶּסֶף כִּכָּרִים מֵאָה וְעַד חִטִּים כֹּרִים מֵאָה וְעַד יַיִן בַּתִּים מֵאָה וְעַד בַּתִּים שֶׁמֶן מֵאָה וּמֶלַח אֲשֶׁר לֹא כָתוּב.
כג כָּל אֲשֶׁר בְּמִצְוַת אֱלֹהֵי הַשָּׁמַיִם יֵעָשֶׂה בִּזְרִיזוּת לְבֵית אֱלֹהֵי הַשָּׁמַיִם פֶּן יִהְיֶה קֶצֶף עַל מַלְכוּת הַמֶּלֶךְ וּבָנָיו.
כד וְלָכֶם אָנוּ מוֹדִיעִים שֶׁכָּל הַכֹּהֲנִים וְהַלְוִיִּם הַמְשׁוֹרְרִים וְהַשּׁוֹעֲרִים הַנְּתִינִים וְעוֹבְדֵי בֵּית הָאֱלֹהִים הַזֶּה אֵין סַמְכוּת לְהַטִּיל עֲלֵיהֶם אֶת מִסֵּי הַמֶּלֶךְ.
כה וְאַתָּה עֶזְרָא כְּחָכְמַת אֱלֹהֶיךָ אֲשֶׁר בְּיָדְךָ מַנֵּה שׁוֹפְטִים וְדַיָּנִים שֶׁיִּהְיוּ דָּנִים לְכָל הָעָם אֲשֶׁר בְּעֵבֶר הַנָּהָר לְכָל יוֹדְעֵי דָּתֵי אֱלֹהֶיךָ וְכָל אֲשֶׁר אֵינוֹ יוֹדֵעַ תּוֹדִיעוּ.
כו וְכָל אֲשֶׁר לֹא יַעֲשֶׂה הַדָּת שֶׁל אֱלֹהֶיךָ וְהַדָּת שֶׁל הַמֶּלֶךְ מַהֵר דִּין יֵעָשֶׂה בּוֹ אִם לְמָוֶת אִם לְחֵרֶם אִם לַעֲנֹשׁ נְכָסִים וּלְיַסְּרוֹ בְּיִסּוּרִים.

עשרת הדיברות שבפרשת יתרו

בטעם העליון

אָנֹכִי֙ יְהוָ֣ה אֱלֹהֶ֔יךָ אֲשֶׁ֧ר הֹוצֵאתִ֛יךָ
מֵאֶ֧רֶץ מִצְרַ֛יִם מִבֵּ֥ית עֲבָדִ֖ים לֹֽא יִהְיֶ֥ה־לְךָ֛ אֱלֹהִ֥ים אֲחֵרִ֖ים עַל־
פָּנָ֑יַ לֹֽא־תַעֲשֶׂ֨ה־לְךָ֥ פֶ֙סֶל֙ ׀ וְכָל־תְּמוּנָ֡ה אֲשֶׁ֣ר בַּשָּׁמַ֣יִם ׀ מִמַּ֡עַל
וַאֲשֶׁ֣ר בָּאָ֣רֶץ מִתַּ֣חַת וַאֲשֶׁ֥ר בַּמַּ֣יִם ׀ מִתַּ֣חַת לָאָ֑רֶץ לֹֽא־
תִשְׁתַּחְוֶ֥ה לָהֶ֖ם וְלֹ֣א תָעָבְדֵ֑ם כִּ֣י אָנֹכִ֞י יְהוָ֤ה אֱלֹהֶ֙יךָ֙ אֵ֣ל קַנָּ֔א
פֹּקֵ֡ד עֲוֹ֣ן אָבֹ֧ת עַל־בָּנִ֛ים עַל־שִׁלֵּשִׁ֥ים וְעַל־רִבֵּעִ֖ים לְשֹׂנְאָ֑יַ
וְעֹ֥שֶׂה חֶ֖סֶד לַאֲלָפִ֑ים לְאֹהֲבַ֖י וּלְשֹׁמְרֵ֥י מִצְוֹתָֽי׃   לֹ֥א
תִשָּׂ֛א אֶת־שֵֽׁם־יְהוָ֥ה אֱלֹהֶ֖יךָ לַשָּׁ֑וְא כִּ֣י לֹ֤א יְנַקֶּה֙ יְהוָ֔ה אֵ֥ת
אֲשֶׁר־יִשָּׂ֥א אֶת־שְׁמֹ֖ו לַשָּֽׁוְא׃

זָכֹ֛ור֩ אֶת־יֹ֧ום הַשַּׁבָּ֖ת לְקַדְּשֹׁ֑ו שֵׁ֤שֶׁת יָמִים֙ תַּֽעֲבֹ֔ד וְעָשִׂ֖יתָ כָּל־
מְלַאכְתֶּֽךָ׃ וְיֹום֙ הַשְּׁבִיעִ֔י שַׁבָּ֖ת ׀ לַֽיהוָ֣ה אֱלֹהֶ֑יךָ לֹ֣א תַעֲשֶׂ֣ה כָל־
מְלָאכָ֡ה אַתָּ֣ה ׀ וּבִנְךָ֣ וּבִתֶּ֣ךָ עַבְדְּךָ֣ וַאֲמָֽתְךָ֣ וּבְהֶמְתֶּ֣ךָ וְגֵרְךָ֔ אֲשֶׁ֖ר
בִּשְׁעָרֶ֑יךָ כִּ֣י שֵֽׁשֶׁת־יָמִים֩ עָשָׂ֨ה יְהוָ֜ה אֶת־הַשָּׁמַ֣יִם וְאֶת־הָאָ֗רֶץ
אֶת־הַיָּם֙ וְאֶת־כָּל־אֲשֶׁר־בָּ֔ם וַיָּ֖נַח בַּיֹּ֣ום הַשְּׁבִיעִ֑י עַל־כֵּ֗ן בֵּרַ֤ךְ
יְהוָ֛ה אֶת־יֹ֥ום הַשַּׁבָּ֖ת וַֽיְקַדְּשֵֽׁהוּ׃   כַּבֵּ֥ד אֶת־אָבִ֖יךָ
וְאֶת־אִמֶּ֑ךָ לְמַ֙עַן֙ יַאֲרִכ֣וּן יָמֶ֔יךָ עַ֚ל הָאֲדָמָ֔ה אֲשֶׁר־יְהוָ֥ה אֱלֹהֶ֖יךָ
נֹתֵ֥ן לָֽךְ׃   לֹ֥א תִרְצָֽח׃   לֹ֣א
תִנְאָֽף׃   לֹ֣א תִגְנֹֽב׃   לֹֽא־
תַעֲנֶ֥ה בְרֵעֲךָ֖ עֵ֥ד שָֽׁקֶר׃   לֹֽא־
תַחְמֹ֖ד בֵּ֣ית רֵעֶ֑ךָ   לֹֽא־
תַחְמֹ֞ד אֵ֣שֶׁת רֵעֶ֗ךָ וְעַבְדֹּ֤ו וַאֲמָתֹו֙ וְשֹׁורֹ֣ו וַחֲמֹרֹ֔ו וְכֹ֖ל אֲשֶׁ֥ר
לְרֵעֶֽךָ׃

לדעת רוו״ה, יש לקרוא את הדיבר הראשון עד ״מבית עבדים״
בטעם התחתון.

עשרת הדיברות שבפרשת ואתחנן

בטעם העליון

אָנֹכִי֙ יְהוָ֣ה אֱלֹהֶ֔יךָ

אֲשֶׁ֧ר הוֹצֵאתִ֛יךָ מֵאֶ֥רֶץ מִצְרַ֖יִם מִבֵּ֣ית עֲבָדִ֑ים לֹֽא־יִהְיֶ֥ה לְךָ֛
אֱלֹהִ֥ים אֲחֵרִ֖ים עַל־פָּנָֽי‪ ׀‬ לֹֽא־תַעֲשֶׂ֥ה־לְךָ֣ פֶ֣סֶל ׀ כָּל־תְּמוּנָ֡ה
אֲשֶׁ֣ר בַּשָּׁמַ֣יִם ׀ מִמַּ֡עַל וַֽאֲשֶׁ֣ר בָּאָ֣רֶץ מִתַּ֗חַת וַֽאֲשֶׁ֣ר בַּמַּ֣יִם ׀
מִתַּ֣חַת לָאָ֑רֶץ לֹֽא־תִשְׁתַּֽחֲוֶ֥ה לָהֶ֖ם וְלֹ֣א תָֽעָבְדֵ֑ם כִּ֣י אָֽנֹכִ֞י
יְהוָ֤ה אֱלֹהֶ֨יךָ֙ אֵ֣ל קַנָּ֔א פֹּ֠קֵד עֲוֺ֨ן אָב֧וֹת עַל־בָּנִ֛ים וְעַל־שִׁלֵּשִׁ֥ים
וְעַל־רִבֵּעִ֖ים לְשֹֽׂנְאָֽי‪׃‬ וְעֹ֤שֶׂה חֶ֨סֶד֙ לַֽאֲלָפִ֔ים לְאֹֽהֲבַ֖י וּלְשֹֽׁמְרֵ֥י

מִצְוֺתָֽי‪ ׃‬   לֹ֥א תִשָּׂ֛א אֶת־שֵֽׁם־יְהוָ֥ה אֱלֹהֶ֖יךָ לַשָּׁ֑וְא כִּ֣י לֹ֧א   מִצְוֺתָֽי

יְנַקֶּה֙ יְהֹוָ֔ה אֵ֛ת אֲשֶׁר־יִשָּׂ֥א אֶת־שְׁמ֖וֹ לַשָּֽׁוְא‪ ׃‬   שָׁמ֣וֹר
אֶת־י֤וֹם הַשַּׁבָּת֙ לְקַדְּשׁ֔וֹ כַּֽאֲשֶׁ֥ר צִוְּךָ֖ ׀ יְהוָ֣ה אֱלֹהֶ֑יךָ שֵׁ֣שֶׁת
יָמִ֣ים תַּֽעֲבֹ֗ד וְעָשִׂ֨יתָ֙ כָּֽל־מְלַאכְתֶּ֔ךָ וְי֨וֹם֙ הַשְּׁבִיעִ֔י שַׁבָּ֣ת ׀ לַֽיהוָ֣ה
אֱלֹהֶ֗יךָ לֹ֣א תַֽעֲשֶׂ֣ה כָל־מְלָאכָ֡ה אַתָּ֣ה וּבִנְךָֽ־וּבִתֶּ֣ךָ וְעַבְדְּךָֽ־
וַֽאֲמָתֶ֜ךָ וְשֽׁוֹרְךָ֣ וַֽחֲמֹֽרְךָ֗ וְכָל־בְּהֶמְתֶּ֔ךָ וְגֵֽרְךָ֙ אֲשֶׁ֣ר בִּשְׁעָרֶ֔יךָ לְמַ֗עַן
יָנ֛וּחַ עַבְדְּךָ֥ וַֽאֲמָֽתְךָ֖ כָּמֽוֹךָ וְזָֽכַרְתָּ֗ כִּֽי־עֶ֣בֶד הָיִ֘יתָ֘ ׀ בְּאֶ֣רֶץ מִצְרַ֗יִם
וַיֹּצִ֨אֲךָ֜ יְהוָ֤ה אֱלֹהֶ֨יךָ֙ מִשָּׁ֔ם בְּיָ֥ד חֲזָקָ֖ה וּבִזְרֹ֣עַ נְטוּיָ֑ה עַל־כֵּ֗ן צִוְּךָ֙

יְהוָ֣ה אֱלֹהֶ֔יךָ לַֽעֲשׂ֖וֹת אֶת־י֥וֹם הַשַּׁבָּֽת‪ ׃‬   כַּבֵּ֣ד
אֶת־אָבִ֣יךָ וְאֶת־אִמֶּ֗ךָ כַּֽאֲשֶׁ֤ר צִוְּךָ֙ יְהוָ֣ה אֱלֹהֶ֔יךָ לְמַ֣עַן ׀ יַֽאֲרִיכֻ֣ן
יָמֶ֗יךָ וּלְמַ֨עַן֙ יִ֣יטַב לָ֔ךְ עַ֚ל הָֽאֲדָמָ֔ה אֲשֶׁר־יְהוָ֥ה אֱלֹהֶ֖יךָ נֹתֵ֥ן

לָֽךְ‪ ׃‬   לֹ֥א תִרְצָֽח‪ ׃‬   וְלֹ֖א

תִּנְאָֽף‪ ׃‬   וְלֹ֖א תִּגְנֹֽב‪ ׃‬   וְלֹֽא־

תַֽעֲנֶ֥ה בְרֵֽעֲךָ֖ עֵ֥ד שָֽׁוְא‪ ׃‬   וְלֹ֖א

תַחְמֹ֖ד אֵ֣שֶׁת רֵעֶ֑ךָ   וְלֹ֡א

תִתְאַוֶּ֜ה בֵּ֣ית רֵעֶ֗ךָ שָׂדֵ֜הוּ וְעַבְדּ֤וֹ וַֽאֲמָתוֹ֙ שׁוֹר֣וֹ וַֽחֲמֹר֔וֹ וְכֹ֖ל אֲשֶׁ֥ר
לְרֵעֶֽךָ‪ ׃‬

לדעת רוו״ה, יש לקרוא את הדיבר הראשון עד ״מבית עבדים״
בטעם התחתון.

הקריאות בתורה בימים מיוחדים

ראש חודש
במדבר כח, א–טו, עמ׳ רנד
מן ״וידבר ה׳״ עד ״ונסכו״

תעניות ציבור
שמות לב, יא–יד, עמ׳ קלד
מן ״ויחל משה״ עד ״לעשות לעמו״
וממשיכים שמות לד, א–י, עמ׳ קלז
״ויאמר ה׳״ עד ״עֹשה עמך״

תשעה באב
שחרית – דברים ד, כה–מ, עמ׳ רעח–רעט
מן ״כי־תוליד בנים״ עד ״כל־הימים״

מנחה – ראה לעיל, קריאה של תעניות ציבור

חנוכה
א׳ של חנוכה
מנהג ספרד:
במדבר ו, כב – ז, יז, עמ׳ רטו–רטז
מן ״וידבר ה׳״ עד ״נחשון בן־עמינדב״
מנהג אשכנז:
במדבר ז, א–יז, עמ׳ רטו–רטז
מן ״ויהי ביום כלות משה״ עד ״נחשון בן־עמינדב״

ב׳ עד ז׳ של חנוכה
קוראים את הקרבן השייך לאותו יום,
במדבר ז, יח–נג, עמ׳ רטז–ריח
בראש חודש טבת קוראים בספר ראשון קריאה
לראש חודש, ובספר שני קריאה לחנוכה

ח׳ של חנוכה
במדבר ז, נד – ח, ד, עמ׳ ריח–רכ
מן ״ביום השמיני״ עד ״כן עשה את־המנֹרה״

פורים
שמות יז, ח–טז, עמ׳ קט–קי
מן ״ויבא עמלק״ עד ״מדֹר דֹר״

הקריאות בתורה בשבתות מיוחדות

(ספר שני)

שבת ראש חודש	במדבר כח, ט–טו, עמ׳ רנד פרשיות "וביום השבת" "ובראשי חדשיכם" עד "ונסכו"
שבת חנוכה	קריאה לחנוכה של אותו יום (ראה חנוכה, עמ׳ 8)
	אם חל ראש חודש בשבת חנוכה קוראים בספר שני קריאה לשבת ראש חודש ובספר שלישי קריאה לחנוכה
שבת שקלים	שמות ל, יא–טז, עמ׳ קלא מן "וידבר ה׳" עד "על נפשֹתיכם"
	אם חל ראש חודש אדר בשבת קוראים בספר שני קריאה לשבת ראש חודש ובספר שלישי קריאה לשבת שקלים
שבת זכור	דברים כה, יז–יט, עמ׳ שי מן "זכור" עד "לא תשכח"
שבת פרה	במדבר יט, א–כב, עמ׳ רלט–רמ מן "וידבר ה׳" עד "עד הערב"
שבת החודש	שמות יב, א–כ, עמ׳ צט–ק מן "ויאמר ה׳" עד "תאכלו מצות"
	אם חל ראש חודש ניסן בשבת קוראים בספר שני קריאה לשבת ראש חודש ובספר שלישי קריאה לשבת החודש
שבת פורים של מוקפים	שמות יז, ח–טז, עמ׳ קט–קי מן "ויבא עמלק" עד "מדֹר דֹר"

הקריאות בתורה במועדים

פסח יום א׳ שמות יב, כא-נא, עמ׳ ק-קב
מן "ויקרא משה" עד "על-צבאֹתם"
אם חל בשבת - הספרדים קוראים
שמות יב, יד-נא, עמ׳ ק-קב
מן "והיה היום הזה" עד "על-צבאֹתם"

ספר שני (מפטיר), במדבר כח, טז-כה, עמ׳ רנד-רנה
מן "ובחֹדש הראשון" עד "לא תעשו"

יום ב׳ בחו״ל ויקרא כב, כו - כג, מד, עמ׳ קפט-קצב
מן "וידבר ה׳" עד "אל-בני ישראל"
ספר שני (מפטיר), כמו ביום א׳

א׳ דחוה״מ ויקרא כב, כו - כג, מד, עמ׳ קפט-קצב
מן "וידבר ה׳" עד "אל-בני ישראל"

ספר שני (רביעי), במדבר כח, יט-כה, עמ׳ רנד-רנה
מן "והקרבתם" עד "לא תעשו"

ב׳ דחוה״מ (א׳ דחוה״מ בחו״ל) שמות יג, א-טז, עמ׳ קב-קג
מן "וידבר ה׳" עד "ממצרים"
ספר שני "והקרבתם"

ג׳ דחוה״מ (ב׳ דחוה״מ בחו״ל) שמות כב, כד - כג, יט, עמ׳ קיז-קיח
מן "אם-כסף" עד "בחלב אמו"
(אם חל ביום א׳ בשבוע
הספרדים קוראים קריאה ליום ב׳ דחוה״מ)
ספר שני "והקרבתם"

ד׳ דחוה״מ (ג׳ דחוה״מ בחו״ל) שמות לד, א-כו, עמ׳ קלז-קלח
מן "ויאמר ה׳" עד "בחלב אמו"
(אם חל ביום ב׳ בשבוע
הספרדים קוראים קריאה ליום ג׳ דחוה״מ)
ספר שני "והקרבתם"

ה׳ דחוה״מ (ד׳ דחוה״מ בחו״ל) במדבר ט, א-יד, עמ׳ רכא-רכב
מן "וידבר ה׳" עד "ולאזרח הארץ"
ספר שני "והקרבתם"

פסח שבת חוה״מ **שמות לג, יב - לד, כו, עמ׳ קלו-קלח**
מן ״ויאמר משה״ עד ״בחלב אמו״
ספר שני ״והקרבתם״

שביעי של פסח **שמות יג, יז - טו, כו, עמ׳ קג-קז**
מן ״ויהי בשלח פרעה״ עד ״רֹפאך״
ספר שני (מפטיר) ״והקרבתם״

יום ח׳ בחו״ל **דברים טו, יט - טז, יז, עמ׳ רצז-רצט**
מן ״כל־הבכור״ עד ״אשר נתן־לך״
בשבת - דברים יד, כב - טז, יז, עמ׳ רצו-רצט
מן ״עשׂר תעשׂר״ עד ״אשר נתן־לך״
ספר שני (מפטיר) ״והקרבתם״

שבועות יום א׳ **שמות יט, א - כ, כג, עמ׳ קיב-קיד**
מן ״בחֹדש השלישי״ עד ״ערותך עליו״

ספר שני (מפטיר), במדבר כח, כו-לא, עמ׳ רנה
מן ״וביום הבִּכורים״ עד ״ונסכיהם״

יום ב׳ בחו״ל **ראה לעיל, פסח יום ח׳ בחו״ל**
ספר שני (מפטיר), כמו ביום א׳ של שבועות

ראש השנה יום א׳ **בראשית כא, א-לד, עמ׳ כז-כח**
מן ״וה׳ פקד את־שׂרה״ עד ״ימים רבים״

ספר שני (מפטיר), במדבר כט, א-ו, עמ׳ רנה
מן ״ובחֹדש השביעי״ עד ״אשה לה׳״

יום ב׳ **בראשית כב, א-כד, עמ׳ כח-ל**
מן ״ויהי אחר הדברים האלה״ עד ״ואת־מעכה״
ספר שני (מפטיר), כמו ביום א׳

יום הכיפורים שחרית **ויקרא טז, א-לד, עמ׳ קעח-קפ**
מן ״וידבר ה׳״ עד ״את־משה״

ספר שני (מפטיר), במדבר כט, ז-יא, עמ׳ רנה-רנו
מן ״ובעשור לחדש השביעי״ עד ״ונסכיהם״

מנחה **ויקרא יח, א-ל, עמ׳ קפא-קפג**
מן ״וידבר ה׳״ עד ״אני ה׳ אלהיכם״

סוכות

יום א׳ **ויקרא כב, כו - כג, מד, עמ׳ קפט-קצב**
מן ״וידבר ה׳״ עד ״אל-בני ישראל״

ספר שני (מפטיר), במדבר כט, יב-טז, עמ׳ רנו
מן ״ובחמשה עשר יום״ עד ״ונסכה״

יום ב׳ בחו״ל **כמו ביום א׳**

א׳ דחוה״מ **(לארבעת הקרואים) במדבר כט, יז-יט, עמ׳ רנו**
מן ״וביום השני״ עד ״ונסכיהם״

ב׳ דחוה״מ **(לארבעת הקרואים) במדבר כט, כ-כב, עמ׳ רנו**
מן ״וביום השלישי״ עד ״ונסכה״

א׳ דחוה״מ בחו״ל כהן, ״וביום השני״; לוי (ספרדים גם ישראל), ״וביום השלישי״;
ישראל, ״וביום הרביעי״; רביעי, ״וביום השני״ ״וביום השלישי״.

ג׳ דחוה״מ **(לארבעת הקרואים) במדבר כט, כג-כה, עמ׳ רנו**
מן ״וביום הרביעי״ עד ״ונסכה״

ב׳ דחוה״מ בחו״ל כהן, ״וביום השלישי״; לוי (ספרדים גם ישראל), ״וביום הרביעי״;
ישראל, ״וביום החמישי״; רביעי, ״וביום השלישי״ ״וביום הרביעי״.

ד׳ דחוה״מ **(לארבעת הקרואים) במדבר כט, כו-כח, עמ׳ רנו**
מן ״וביום החמישי״ עד ״ונסכה״

ג׳ דחוה״מ בחו״ל כהן, ״וביום הרביעי״; לוי (ספרדים גם ישראל), ״וביום החמישי״;
ישראל, ״וביום הששי״; רביעי, ״וביום הרביעי״ ״וביום החמישי״.

ה׳ דחוה״מ **(לארבעת הקרואים) במדבר כט, כט-לא, עמ׳**
רנו-רנז
מן ״וביום הששי״ עד ״ונסכיה״

ד׳ דחוה״מ בחו״ל כהן, ״וביום החמישי״; לוי (ספרדים גם ישראל), ״וביום הששי״;
ישראל, ״וביום השביעי״; רביעי, ״וביום החמישי״ ״וביום הששי״.

הושענא רבה **(לארבעת הקרואים) במדבר כט, לב-לד, עמ׳ רנז**
מן ״וביום השביעי״ עד ״ונסכה״

בחו״ל כהן, ״וביום החמישי״; לוי (ספרדים גם ישראל), ״וביום הששי״;
ישראל, ״וביום השביעי״; רביעי, ״וביום הששי״ ״וביום השביעי״.

שבת חוה״מ **שמות לג, יב - לד, כו, עמ׳ קלו-קלח**
מן ״ויאמר משה״ עד ״בחלב אמו״

ספר שני (מפטיר), קוראים את קרבן היום

בחו״ל **קרבן היום, כמו בארץ ישראל, בתוספת קרבן**
היום שלאחריו

שמיני עצרת (שמחת תורה בא״י)

ספר ראשון, דברים לג, א - לד, יב, עמ׳ שכה-שכז
מן ״וזאת הברכה״ עד ״לעיני כל־ישראל״

ספר שני, בראשית א, א - ב, ג, עמ׳ א-ב
מן ״בראשית ברא״ עד ״לעשות״

ספר שלישי, במדבר כט, לה - ל, א, עמ׳ רנז
״ביום השמיני עצרת״ עד ״את־משה״

בחו״ל דברים טו, יט - טז, יז, עמ׳ רצז-רצט
מן ״כל־הבכור״ עד ״אשר נתן־לך״
בשבת - דברים יד, כב - טז, יז, עמ׳ רצו-רצט
מן ״עשר תעשר״ עד ״אשר נתן־לך״

ספר שני (מפטיר), במדבר כט, לה - ל, א, עמ׳ רנז
״ביום השמיני עצרת״ עד ״את־משה״

שמחת תורה בחו״ל לעיל שמיני עצרת בארץ ישראל (שלושה ספרים)

בְּרָכוֹת הַהַפְטָרָה לְשַׁבָּת

לפני קריאת ההפטרה המפטיר מברך:

בָּרוּךְ אַתָּה יהוה אֱלֹהֵינוּ מֶלֶךְ הָעוֹלָם אֲשֶׁר בָּחַר בִּנְבִיאִים טוֹבִים, וְרָצָה בְדִבְרֵיהֶם הַנֶּאֱמָרִים בֶּאֱמֶת. בָּרוּךְ אַתָּה יהוה, הַבּוֹחֵר בַּתּוֹרָה וּבְמֹשֶׁה עַבְדּוֹ וּבְיִשְׂרָאֵל עַמּוֹ וּבִנְבִיאֵי הָאֱמֶת וָצֶדֶק.

אחרי קריאת ההפטרה המפטיר מברך:

בָּרוּךְ אַתָּה יהוה אֱלֹהֵינוּ מֶלֶךְ הָעוֹלָם, צוּר כָּל הָעוֹלָמִים, צַדִּיק בְּכָל הַדּוֹרוֹת, הָאֵל הַנֶּאֱמָן, הָאוֹמֵר וְעוֹשֶׂה, הַמְדַבֵּר וּמְקַיֵּם, שֶׁכָּל דְּבָרָיו אֱמֶת וָצֶדֶק. נֶאֱמָן אַתָּה הוּא יהוה אֱלֹהֵינוּ וְנֶאֱמָנִים דְּבָרֶיךָ, וְדָבָר אֶחָד מִדְּבָרֶיךָ אָחוֹר לֹא יָשׁוּב רֵיקָם, כִּי אֵל מֶלֶךְ נֶאֱמָן (וְרַחֲמָן) אָתָּה. בָּרוּךְ אַתָּה יהוה, הָאֵל הַנֶּאֱמָן בְּכָל דְּבָרָיו.

רַחֵם עַל צִיּוֹן כִּי הִיא בֵּית חַיֵּינוּ, וְלַעֲלוּבַת נֶפֶשׁ תּוֹשִׁיעַ בִּמְהֵרָה בְיָמֵינוּ. בָּרוּךְ אַתָּה יהוה, מְשַׂמֵּחַ צִיּוֹן בְּבָנֶיהָ.

שַׂמְּחֵנוּ יהוה אֱלֹהֵינוּ בְּאֵלִיָּהוּ הַנָּבִיא עַבְדֶּךָ, וּבְמַלְכוּת בֵּית דָּוִד מְשִׁיחֶךָ, בִּמְהֵרָה יָבוֹא וְיָגֵל לִבֵּנוּ. עַל כִּסְאוֹ לֹא יֵשֵׁב זָר, וְלֹא יִנְחֲלוּ עוֹד אֲחֵרִים אֶת כְּבוֹדוֹ, כִּי בְשֵׁם קָדְשְׁךָ נִשְׁבַּעְתָּ לּוֹ שֶׁלֹּא יִכְבֶּה נֵרוֹ לְעוֹלָם וָעֶד. בָּרוּךְ אַתָּה יהוה, מָגֵן דָּוִד.

עַל הַתּוֹרָה וְעַל הָעֲבוֹדָה וְעַל הַנְּבִיאִים וְעַל יוֹם הַשַּׁבָּת הַזֶּה, שֶׁנָּתַתָּ לָּנוּ יהוה אֱלֹהֵינוּ לִקְדֻשָּׁה וְלִמְנוּחָה, לְכָבוֹד וּלְתִפְאָרֶת. עַל הַכֹּל יהוה אֱלֹהֵינוּ אֲנַחְנוּ מוֹדִים לָךְ וּמְבָרְכִים אוֹתָךְ, יִתְבָּרַךְ שִׁמְךָ בְּפִי כָּל חַי תָּמִיד לְעוֹלָם וָעֶד. בָּרוּךְ אַתָּה יהוה, מְקַדֵּשׁ הַשַּׁבָּת.

סדר ההפטרות

לפי מנהג
האשכנזים והספרדים

בראשית
אשכנזים: ישעיה מב, ה **כה־אמר האל...**
עד מג, י **...ואחרי לא יהיה.**

ספרדים: ישעיה מב, ה **כה אמר האל...**
עד מב, כא **...יגדיל תורה ויאדיר.**

נח
אשכנזים: ישעיה נד, א **רני עקרה לא ילדה...**
עד נה, ה **...ולקדוש ישראל כי פארך.**

ספרדים: ישעיה נד, א **רני עקרה לא ילדה...**
עד נד, י **...אמר מרחמך ה׳.**

לך לך
ישעיה מ, כז **למה תאמר יעקב...**
עד מא, טז **...בקדוש ישראל תתהלל.**

וירא
אשכנזים: מלכים ב׳ ד, א **ואשה אחת מנשי בני־הנביאים...**
עד ד, לז **...ותשא את־בנה ותצא.**

ספרדים: מלכים ב׳ ד, א **ואשה אחת מנשי בני־הנביאים...**
עד ד, כג **...ותאמר שלום.**

חיי שרה
מלכים א׳ א, א **והמלך דוד זקן...**
עד א, לא **...יחי אדני המלך דוד לעלם.**

תולדת
מלאכי א, א **משא דבר־ה׳ אל־ישראל...**
עד ב, ז **...כי מלאך ה׳־צבאות הוא.**

פרשה	מנהג	מקום	הפטרה
ויצא	אשכנזים:	הושע יב, יג	**ויברח יעקב שדה ארם...**
		עד יד, י	**...ופשעים יכשלו בם.**
	ויש מוסיפים:	יואל ב, כו/כז	**ואכלתם אכול ושבוע...**
			...ולא־יבשו עמי לעולם.
	ספרדים:	הושע יא, ז	**ועמי תלואים למשובתי...**
		עד יב, יב	**...על תלמי שדי.**
		או עד יג, ה	**...בארץ תלאבות.**
וישלח		עבדיה	**חזון עבדיה...**
			...והיתה לה׳ המלוכה.
וישב		עמוס ב, ו	**כה אמר ה׳...**
		עד ג, ח	**...מי לא ינבא.**
מקץ		מלכים א׳ ג, טו	**ויקץ שלמה והנה חלום...**
		עד ד, א	**...מלך על־כל־ישראל.**
ויגש		יחזקאל לז, טו	**ויהי דבר־ה׳...**
		עד לז, כח	**...בהיות מקדשי בתוכם לעולם.**
ויחי		מלכים א׳ ב, א	**ויקרבו ימי־דוד למות...**
		עד ב, יב	**...ותכן מלכתו מאד.**
שמות	אשכנזים:	ישעיה כז, ו	**הבאים ישרש יעקב...**
		עד כח, יג	**...ונוקשו ונלכדו.**
		ועוד כט, כב/כג	**לכן כה־אמר ה׳...**
			...ואת־אלהי ישראל יעריצו.
	ספרדים:	ירמיה א, א	**דברי ירמיהו בן חלקיהו...**
		עד ב, ג	**...רעה תבא אליהם נאם־ה׳.**
וארא		יחזקאל כח, כה	**כה אמר אדני ה׳...**
		עד כט, כא	**...וידעו כי־אני ה׳.**

בא

ירמיה מו, יג **הדבר אשר דבר ה׳...**
עד מו, כח **...ונקה לא אנקך.**

בשלח

אשכנזים:
שופטים ד, ד **ודבורה אשה נביאה...**
עד ה, לא **...ותשקט הארץ ארבעים שנה.**

ספרדים:
שופטים ה, א **ותשר דבורה...**
עד ה, לא **...ותשקט הארץ ארבעים שנה.**

יתרו

אשכנזים:
ישעיה ו, א **בשנת־מות המלך עזיהו...**
עד ז, ו **...את בן־טבאל.**
ועוד ט, ה/ו **כי־ילד ילד־לנו... תעשה־זאת.**

ספרדים:
ישעיה ו, א **בשנת־מות המלך עזיהו...**
עד ו, יג **...זרע קדש מצבתה.**

משפטים

ירמיה לד, ח **הדבר אשר־היה אל־ירמיהו...**
עד לד, כב **...אתן שממה מאין ישב.**

ועוד לג, כה/כו **כה אמר ה׳... כי־אשוב את־שבותם ורחמתים.**

תרומה

מלכים א׳ ה, כו **וה׳ נתן חכמה לשלמה...**
עד ו, יג **...ולא אעזב את־עמי ישראל.**

תצוה

יחזקאל מג, י **אתה בן־אדם...**
עד מג, כז **...נאם אדני ה׳.**

כי תשא

אשכנזים:
מלכים א׳ יח, א **ויהי ימים רבים...**
עד יח, לט **...ה׳ הוא האלהים.**

ספרדים:
מלכים א׳ יח, כ **וישלח אחאב...**
עד יח, לט **...ה׳ הוא האלהים.**

ויקהל	אשכנזים:	מלכים א׳ ז, מ	**ויעש חירום...**
		עד ז, נ	**...לדלתי הבית להיכל זהב.**
	ספרדים:	מלכים א׳ ז, יג	**וישלח המלך שלמה...**
		עד ז, כו	**...אלפים בת יכיל.**
פקודי	אשכנזים:	מלכים א׳ ז, נא	**ותשלם כל־המלאכה...**
		עד ח, כא	**...בהוציאו אתם מארץ מצרים.**
	ספרדים:	מלכים א׳ ז, מ	**ויעש חירום את־הכירות...**
		עד ז, נ	**...לדלתי הבית להיכל זהב.**
ויקרא		ישעיה מג, כא	**עם זו יצרתי לי...**
		עד מד, כג	**...ובישראל יתפאר.**
צו		ירמיה ז, כא	**כה אמר ה׳ צבאות...**
		עד ח, ג	**...נאם ה׳ צבאות.**
		ועוד ט, כב/כג	**כה אמר ה׳...**
			...כי־באלה חפצתי נאם־ה׳.
שמיני	אשכנזים:	שמואל ב׳ ו, א	**ויסף עוד דוד...**
		עד ז, יז	**...כן דבר נתן אל־דוד.**
	ספרדים:	שמואל ב׳ ו, א	**ויסף עוד דוד...**
		עד ו, יט	**...וילך כל־העם איש לביתו.**
תזריע		מלכים ב׳ ד, מב	**ואיש בא מבעל שלשה...**
		עד ה, יט	**...וילך מאתו כברת ארץ.**
מצרע		מלכים ב׳ ז, ג	**וארבעה אנשים היו מצרעים...**
		עד ז, כ	**...וירמסו אתו העם בשער וימת.**

אחרי מות		יחזקאל כב, א עד כב, טז	**ויהי דבר־ה׳...** **...וידעת כי־אני ה׳.**
קדשים	אשכנזים:	עמוס ט, ז עד ט, טו	**הלוא כבני כשיים...** **...אמר ה׳ אלהיך.**
	ספרדים:	יחזקאל כ, ב עד כ, כ	**ויהי דבר־ה׳...** **...לדעת כי אני ה׳ אלהיכם.**
אמר		יחזקאל מד, טו עד מד, לא	**והכהנים הלוים בני צדוק...** **...לא יאכלו הכהנים.**
בהר סיני		ירמיה לב, ו עד לב, כז	**ויאמר ירמיהו...** **...הממני יפלא כל־דבר.**
בחקתי		ירמיה טז, יט עד יז, יד	**ה׳ עזי ומעוזי ומנוסי...** **...כי תהלתי אתה.**
במדבר		הושע ב, א עד ב, כב	**והיה מספר בני־ישראל...** **...וידעת את־ה׳.**
נשא		שופטים יג, ב עד יג, כה	**ויהי איש אחד מצרעה...** **...בין צרעה ובין אשתאול.**
בהעלתך		זכריה ב, יד עד ד, ז	**רני ושמחי בת־ציון...** **...תשאות חן חן לה.**
שלח לך		יהושע ב, א עד ב, כד	**וישלח יהושע בן־נון...** **...וגם־נמגו כל־ישבי הארץ מפנינו.**

קרח — שמואל א׳ יא, יד **ויאמר שמואל אל־העם...**
עד יב, כב **...לעשות אתכם לו לעם.**

חקת — שופטים יא, א **ויפתח הגלעדי...**
עד יא, לג **...מפני בני ישראל.**

בלק — מיכה ה, ו **והיה שארית יעקב...**
עד ו, ח **...והצנע לכת עם־אלהיך.**

פינחס (לפני י״ז בתמוז) — מלכים א׳ יח, מו **ויד־ה׳ היתה אל־אליהו...**
עד יט, כא **...ויקם וילך אחרי אליהו וישרתהו.**

פינחס או מטות
(לשבת שאחרי י״ז בתמוז) — ירמיה א, א **דברי ירמיהו בן־חלקיהו...**
עד ב, ג **...רעה תבא אליהם נאם־ה׳.**

מסעי — ירמיה ב, ד **שמעו דבר־ה׳ בית יעקב...**
עד ב, כח **...כי מספר עריך היו אלהיך יהודה.**
אשכנזים מוסיפים: ירמיה ג, ד **הלוא מעתה... אלוף נערי אתה.**

ספרדים מוסיפים: ירמיה ד, א/ב **אם־תשוב ישראל... ובו יתהללו.**

דברים — ישעיה א, א **חזון ישעיהו בן־אמוץ...**
עד א, כז **...ציון במשפט תפדה ושביה בצדקה.**

ואתחנן — ישעיה מ, א **נחמו נחמו עמי...**
עד מ, כו **...איש לא נעדר.**

עקב — ישעיה מט, יד **ותאמר ציון עזבני ה׳...**
עד נא, ג **...תודה וקול זמרה.**

ראה

ישעיה נד, יא **עניה סערה לא נחמה...**
עד נה, ה **...ולקדוש ישראל כי פארך.**

שפטים

ישעיה נא, יב **אנכי אנכי הוא מנחמכם...**
עד נב, יב **...ומאספכם אלהי ישראל.**

כי תצא

ישעיה נד, א **רני עקרה לא ילדה...**
עד נד, י **...אמר מרחמך ה׳.**

כי תבוא

ישעיה ס, א **קומי אורי כי בא אורך...**
עד ס, כב **...אני ה׳ בעתה אחישנה.**

נצבים

ישעיה סא, י **שוש אשיש בה׳...**
עד סג, ט **...כל־ימי עולם.**

וילך או האזינו (לשבת שבין ר״ה ליוה״כ)

אשכנזים:
הושע יד, ב **שובה ישראל...**
עד יד, י **...ופשעים יכשלו בם.**
ועוד יואל ב, טו **תקעו שופר בציון...**
עד ב, כז **...ולא־יבשו עמי לעולם.**

ספרדים:
הושע יד, ב **שובה ישראל...**
עד יד, י **...ופשעים יכשלו בם.**
ועוד מיכה ז, יח/כ **מי־אל כמוך... מימי קדם.**

האזינו (בין יוה״כ לסוכות) שמואל ב׳ כב, א **וידבר דוד לה׳...**
עד כב, נא **...לדוד ולזרעו עד־עולם.**

וזאת הברכה (שמחת תורה)

יהושע א, א **ויהי אחרי מות משה...**
אשכנזים: עד א, יח **...רק חזק ואמץ.**
ספרדים: עד א, ט **...בכל אשר תלך.**

שבת ראש חודש

ישעיה סו, א **כה אמר ה׳...**
עד סו, כד **...יבוא כל־בשר להשתחות לפני אמר ה׳.**

שבת ערב ראש חודש

שמואל א׳ כ, יח **ויאמר־לו יהונתן...**
עד כ, מב **...ובין זרעך עד־עולם.**

חנוכה שבת א׳

זכריה ב, יד **רני ושמחי בת־ציון...**
עד ד, ז **...תשאות חן חן לה.**

שבת ב׳

מלכים א׳ ז, מ **ויעש חירום את־הכירות...**
עד ז, נ **...לדלתי הבית להיכל זהב.**

תענית ציבור

מנחה

ישעיה נה, ו **דרשו ה׳ בהמצאו...**
עד נו, ח **...עוד אקבץ עליו לנקבציו.**

תשעה באב

שחרית

ירמיה ח, יג **אסף אסיפם נאם־ה׳...**
עד ט, כג **...כי־באלה חפצתי נאם־ה׳.**

מנחה אשכנזים:

ישעיה נה, ו **דרשו ה׳ בהמצאו...**
עד נו, ח **...עוד אקבץ עליו לנקבציו.**

ספרדים:

הושע יד, ב **שובה ישראל...**
עד יד, י **...ופשעים יכשלו בם.**
ועוד מיכה ז, יח/כ **מי־אל כמוך...**
...אשר־נשבעת לאבותינו מימי קדם.

שבת פרשת שקלים

אשכנזים: מלכים ב׳ יב, א **בן־שבע שנים...**
עד יב, יז **...לכהנים יהיו.**

ספרדים: מלכים ב׳ יא, יז **ויכרת יהוידע...**
עד יב, יז **...לכהנים יהיו.**

שבת פרשת זכור

(ופורים של מוקפים שחל בשבת)

אשכנזים: שמואל א׳ טו, ב **כה אמר ה׳ צבאות...**
עד טו, לד **...גבעת שאול.**

ספרדים: שמואל א׳ טו, א **ויאמר שמואל אל־שאול...**
עד טו, לד **...גבעת שאול.**

שבת פרשת פרה

אשכנזים: יחזקאל לו, טז **ויהי דבר־ה׳...**
עד לו, לח **...וידעו כי־אני ה׳.**

ספרדים: יחזקאל לו, טז **ויהי דבר־ה׳...**
עד לו, לו **...אני ה׳ דברתי ועשיתי.**

שבת פרשת החודש

אשכנזים: יחזקאל מה, טז **כל העם הארץ...**
עד מו, יח **...איש מאחזתו.**

ספרדים: יחזקאל מה, יח **כה־אמר אדני ה׳...**
עד מו, טו **...עולת תמיד.**

שבת הגדול

מלאכי ג, ד **וערבה לה׳...**
עד ג, כד **...הגדול והנורא.**

פסח יום א׳ יש מתחילים:

יהושע ג, ה/ז **ויאמר יהושע אל־העם...**
...אהיה עמך.
יהושע ה, ב **בעת ההיא...**
עד ו, א **...אין יוצא ואין בא.**
ועוד ו, כז **ויהי ה׳... בכל הארץ.**

יום ב׳ בחו״ל

מלכים ב׳ כג, א **וישלח המלך...**
עד כג, ט **...בתוך אחיהם.**
ועוד כג, כא/כה **ויצו המלך...**
...ואחריו לא־קם כמהו.

שבת חוה״מ

יחזקאל לז, א **היתה עלי יד־ה׳...**
עד לז, יד **...דברתי ועשיתי נאם־ה׳.**

יום ז׳

שמואל ב׳ כב, א **וידבר דוד לה׳...**
עד כב, נא **...לדוד ולזרעו עד־עולם.**

יום ח׳ בחו״ל

ישעיה י, לב **עוד היום בנב לעמד...**
עד יב, ו **...קדוש ישראל.**

שבועות יום א׳

יחזקאל א, א **ויהי בשלשים שנה...**
עד א, כח **...ואשמע קול מדבר.**
ועוד ג, יב **ותשאני רוח...**
...ברוך כבוד־ה׳ ממקומו.

יום ב׳ בחו״ל

חבקוק ב, כ **וה׳ בהיכל קדשו...**
עד ג, יט **...למנצח בנגינותי.**

ראש השנה | **יום א׳** | שמואל א׳ א, א | **ויהי איש אחד מן־הרמתים...**
עד ב, י | **...וירם קרן משיחו.**

יום ב׳ | ירמיה לא, א | **כה אמר ה׳...**
עד לא, יט | **...רחם ארחמנו נאם ה׳.**

יום הכיפורים | **שחרית** | ישעיה נז, יד | **ואמר סלו־סלו פנו־דרך...**
עד נח, יד | **...כי פי ה׳ דבר.**

מנחה | ספר יונה
מיכה ז, יח/כ | **מי־אל כמוך...**
...אשר־נשבעת לאבתינו מימי קדם.

סוכות | **יום א׳** | זכריה יד, א | **הנה יום־בא לה׳...**
עד יד, כא | **...ביום ההוא.**

יום ב׳ בחו״ל | מלכים א׳ ח, ב | **ויקהלו אל־המלך שלמה...**
עד ח, כא | **...בהוציאו אתם מארץ מצרים.**

שבת חוה״מ | יחזקאל לח, יח | **והיה ביום ההוא...**
עד לט, טז | **...וטהרו הארץ.**

שמחת תורה **שמיני עצרת, ראה וזאת הברכה**

שמיני עצרת **בחו״ל**

אשכנזים: מלכים א׳ ח, נד | **ויהי ככלות שלמה...**
עד ט, א | **...אשר חפץ לעשות.**

ספרדים: מלכים א׳ ח, נד | **ויהי ככלות שלמה...**
עד ח, סו | **...ולישראל עמו.**

שמות הטעמים וסימניהם

אשכנזים: מֵרְכָא טִפְחָא מֻנַּח אֶתְנַחְתָּא מֵרְכָא טִפְחָא סוֹף־פָּסוּק
מַהְפַּךְ פַּשְׁטָא מֻנַּח זָקֵף־קָטֹן זָקֵף־גָּדוֹל מֻנַּח | מֻנַּח רְבִיעַ
קַדְמָא דַּרְגָּא תְּבִיר מֻנַּח זַרְקָא מֻנַּח סֶגּוֹל תְּלִישָׁא־גְדוֹלָה
תְּלִישָׁא־קְטַנָּה קַדְמָא וְאַזְלָא אַזְלָא־גֵרֵשׁ גֵּרְשַׁיִם פָּזֵר
יְתִיב שַׁלְשֶׁלֶת גַּלְגַּל קַרְנֵי־פָרָה מֵרְכָא־כְפוּלָה
לְגַרְמֵהּ | סוֹף־פָּסוּק

ספרדים: זַרְקָא מַקַּף־שׁוֹפָר־הוֹלֵךְ סְגוֹלְתָּא פָּזֵר־גָּדוֹל
תַּלְשָׁא תִּילְשָׁא אַזְלָא־גְּרִישׁ פָּסֵק | רְבִיעַ שְׁנֵי־גְרִשִׁין
דַּרְגָּא תְּבִיר מַאֲרִיךְ טַרְחָא אַתְנָח שׁוֹפָר־מְהֻפָּךְ
קַדְמָא תְּרֵי־קַדְמִין זָקֵף־קָטֹן זָקֵף־גָּדוֹל שַׁלְשֶׁלֶת
גַּלְגַּל קַרְנֵי־פָרָה תְּרֵי־טַעֲמֵי יְתִיב סוֹף־פָּסוּק

תימנים: זַרְקָא מַקַּף־שׁוֹפָר־הוֹלֵךְ סְגֻלְתָּא פָּזֵר תְּלִשָׁא־יָמִין
תְּלִשָׁא־שְׂמֹאל אָזֵיל וְאָתֵי פְּסִיק | רְבִיעַ תְּרֵין־טַרְסִין
דַּרְגָּא תְּבִיר מַאֲרְכָה טִפְחָא אַתְנַחְתָּא שׁוֹפָר־הָפוּךְ
פִּשְׁטָא תְּרֵין־פִּשְׁטִין זָקֵף־קָטֹן זָקֵף־גָּדוֹל שַׁלְשֶׁלֶת
גַּלְגַּל קַרְנֵי־פָרָה תְּרֵין־טַעְמֵי יְתִיב סוֹף־פָּסוּק

תורה נביאים כתובים
הוגהו בעיון נמרץ על ידי
ד׳ גולדשמידט א״מ הברמן מ׳ מדן
הניקוד והטעמים תואמו לאותיות בבית ההוצאה
על פי שיטת קורן

ספר דניאל וקטעים מספר עזרא
תורגמו מארמית לעברית על ידי הרב זאב קרוב
והוגהו על ידי ד״ר יחיאל קארה

קורן ירושלים